Rick · Gunsenheimer · Schneider · Kremer

Lehrbuch Einkommensteuer

⚪ Inklusive WissensCheck
Lernstoff interaktiv einüben – Lernfortschritt überprüfen.

Als Käufer dieses Buches haben Sie kostenlos Zugang zum WissensCheck –
der ideale Weg, um den Lernstoff des Buches zu üben und zu vertiefen.

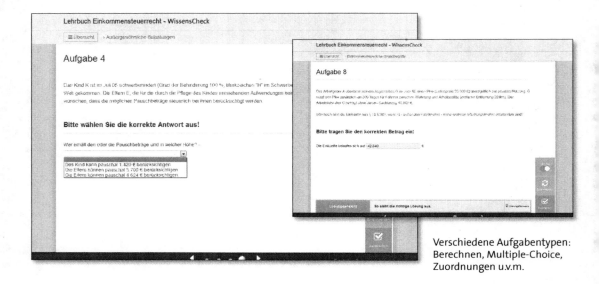

Verschiedene Aufgabentypen:
Berechnen, Multiple-Choice,
Zuordnungen u.v.m.

Schalten Sie jetzt Ihren WissensCheck frei!

1. Rufen Sie die Seite **www.nwb.de/go/freischalten** auf.

2. Geben Sie den eingedruckten Freischaltcode ein
und folgen Sie dem Anmeldedialog.

Ihr Freischaltcode:

CIVVNCMKGRWBNLIINSIKDF

Rick u.a., Lehrbuch Einkommensteuer

3. Produkt starten. Fertig!

P.S.: Nach dem Freischalten erreichen Sie den WissensCheck über **www.nwb.de**
(Anmeldung mit Benutzernamen und Kennwort).

www.nwb.de

Steuerfachkurs · Lehrbuch

Lehrbuch Einkommensteuer

Von
Professor Eberhard Rick
Diplom-Finanzwirt (FH) Gerhard Gunsenheimer, Steuerberater
Diplom-Finanzwirt Josef Schneider
Diplom-Finanzwirt Thomas Kremer

22., überarbeitete und aktualisierte Auflage

nwb AUSBILDUNG

Bearbeitervermerk:

Kapitel 1–3, 6, 12, 14:	Schneider
Kapitel 7, 8:	Gunsenheimer
Kapitel 4, 5, 9, 10, 11, 13, 15:	Rick

ISBN 978-3-482-**65832**-7

22., überarbeitete und aktualisierte Auflage 2016

© NWB Verlag GmbH & Co. KG, Herne 1998
www.nwb.de

Satz: Griebsch & Rochol Druck GmbH, Hamm

Druck: Hubert & Co., Göttingen

VORWORT

Jedem Steuerpflichtigen ist sie bekannt: die Einkommensteuer. Sich aber tatsächlich im Einkommensteuerrecht zurechtzufinden verlangt profunde Kenntnisse auf diesem äußerst komplexen und sich durch Gesetzgebung und Rechtsprechung ständig ändernden Steuerrechtsgebiet. Daher ist ein grundlegendes Lehrwerk für angehende Steuerberater, Steuerfachwirte oder Finanzanwärter nicht nur hilfreich, sondern unerlässlich.

Das vorliegende Lehrbuch will seinen Lesern das komplette prüfungsrelevante Wissen über die Einkommensteuer vermitteln. Sie finden hier eine systematische Darstellung mit vielen Beispielen und Abbildungen, die sie befähigt, sich auf die beruflichen Prüfungen und die praktische Arbeit vorzubereiten.

Das Buch wurde weiter verbessert und erweitert. So wurden den einzelnen Kapiteln jeweils detaillierte Inhaltsverzeichnisse vorangestellt. Wiederholungsfragen am Kapitelende dienen der Selbstkontrolle, geben Sicherheit oder decken etwaige letzte Wissenslücken auf. Verweise auf die jeweilige Fundstelle im Buch helfen, diese Wissenslücken schnell zu schließen. Zusätzliche Inhalte und ein WissensCheck stehen in der Online-Version des Buches zur Verfügung. Auf diese Weise ist das „Lehrbuch Einkommensteuer" ein zuverlässiger Begleiter bei Lehrgängen und Kursen, ist aber auch zum Selbststudium bestens geeignet.

An dieser Stelle möchten wir auch auf die „Fallsammlung Einkommensteuer" von Friebel, Rick, Schoor, Schneider verweisen, mit deren Hilfe die Leser die Anwendung theoretischen Wissens vertiefend trainieren können.

Die vorliegende 22. Auflage des Lehrbuchs wurde dem Rechtsstand 1. 1. 2016 angepasst.

Verfasser und Verlag hoffen, dass es Lesern und Lernenden nützlich ist. Für Anregungen und Kritik sind wir jederzeit dankbar.

Herne, im Juli 2016   *Verlag und Verfasser*

Kein Produkt ist so gut, dass es nicht noch verbessert werden könnte. Ihre Meinung ist uns wichtig! Was gefällt Ihnen gut? Was können wir in Ihren Augen noch verbessern? Bitte verwenden Sie für Ihr Feedback einfach unser Online-Formular auf:

www.nwb.de/go/feedback_lb

Als kleines Dankeschön verlosen wir unter allen Teilnehmern einmal pro Quartal ein Buchgeschenk.

INHALTSÜBERSICHT

LITERATURHINWEISE

Bundesministerium der Finanzen, Amtliches Einkommensteuer-Handbuch 2015, Herne 2015

Blödtner/Bilke/Heining, Lehrbuch Buchführung und Bilanzsteuerrecht, 11. Auflage, Herne 2015

Blümich/Falk, Einkommensteuergesetz, Loseblatt, München (Kommentar)

Friebel/Rick/Schneider/Schoor, Fallsammlung Einkommensteuer, 19. Auflage, Herne 2016

Herrmann/Heuer/Raupach, Einkommensteuergesetz und Körperschaftsteuergesetz mit Nebengesetzen, Loseblatt, Köln (Kommentar)

Kirchhoff/Söhn, Einkommensteuergesetz, Loseblatt, Köln (Kommentar)

Koltermann, Fallsammlung Bilanzsteuerrecht, 17. Auflage, Herne 2015

Wilke (Hrsg.), Fallsammlung Internationales Steuerrecht, 11. Auflage, Herne 2015

Schmidt, Einkommensteuergesetz, Kommentar, München, erscheint jährlich neu, zzt. 35. Auflage 2016

Tipke/Lang, Steuerrecht, 22. Auflage, Köln 2015

Wilke, Lehrbuch Internationales Steuerrecht, 13. Auflage, Herne 2016

ABKÜRZUNGSVERZEICHNIS

BMG	Beitragsbemessungsgrenze
BPO	Betriebsprüfungsordnung
BRD	Bundesrepublik Deutschland
BSG	Bundessozialgericht
BSHG	Bundessozialhilfegesetz
bspw.	beispielsweise
BStBl	Bundessteuerblatt
BT-Drucks.	Bundestags-Drucksache
Buchst.	Buchstabe
BV	Berechnungsverordnung
BVerfG	Bundesverfassungsgericht
BVFG	Bundesvertriebenengesetz
BVO	Betriebsvorrichtung

D

DA-Fam EStG	Dienstanweisung zur Durchführung des Familienleistungsausgleichs
DBA	Doppelbesteuerungsabkommen
DDR	Deutsche Demokratische Republik
d. h.	das heißt
DMBilG	D-Markbilanzgesetz 1990

E

€	Euro
EALG	Entschädigungs- und Ausgleichsleistungsgesetz
EFG	Entscheidungen der Finanzgerichte (Zeitschrift)
EFH	Einfamilienhaus
EGHGB	Einführungsgesetz zum Handelsgesetzbuch
EheG	Ehegesetz
EigRentG	Eigenheimrentengesetz
EnEV	Energieeinsparverordnung
ErfVO	Erfinderverordnung
ESt	Einkommensteuer
EStDV	Einkommensteuer-Durchführungsverordnung
EStG	Einkommensteuergesetz
EStH	Einkommensteuer-Hinweise
EStR	Einkommensteuer-Richtlinien
ETW	Eigentumswohnung
EU	Europäische Union
EURLUmsG	Richtlinien-Umsetzungsgesetz
EWG	Europäische Wirtschafts-Gemeinschaft
EWIV	Europäische wirtschaftliche Interessenvereinigung
EWR	Europäischer Wirtschaftsraum

F

f., ff.	folgend, folgende
FA/FÄ	Finanzamt/Finanzämter
FG	Finanzgericht
FinVerw	Finanzverwaltung
FKPG	Gesetz zur Umsetzung des Föderalen Konsolidierungsprogramms
FördG	Fördergebietsgesetz

G

GdE	Gesamtbetrag der Einkünfte
GenG	Genossenschaftsgesetz
GewStDV	Gewerbesteuer-Durchführungsverordnung
GG	Grundgesetz
ggf.	gegebenenfalls
grds.	grundsätzlich
GWG	geringwertige Wirtschaftsgüter

H

H	Hinweise zu den EStR (im amtlichen ESt-Handbuch)
HB	Handelsbilanz
HBeglG	Haushaltsbegleitgesetz
HFR	Höchstrichterliche Finanzrechtsprechung (Zeitschrift)
HGB	Handelsgesetzbuch
h. L.	herrschende Lehre
h. M.	herrschende(r) Meinung
Hs.	Halbsatz

I

i. d. F.	in der Fassung
i. d. R.	in der Regel
i. H.	in Höhe
insbes.	insbesondere
InvStG	Investmentsteuergesetz
InvZulG	Investitionszulagengesetz
i. S.	im Sinne
i. V.	in Verbindung

J

JStG	Jahressteuergesetz

K

KAGG	Gesetz über Kapitalanlagegesellschaften
KapErhStG	Kapitalerhöhungssteuergesetz
KapESt	Kapitalertragsteuer
KartStVO	Kartellsteuer-Verordnung
KG	Kommanditgesellschaft
KiSt	Kirchensteuer
Kj	Kalenderjahr
KÖSDi	Kölner Steuerdialog (Zeitschrift)
KSt	Körperschaftsteuer
KStDV	Körperschaftsteuer-Durchführungsverordnung
KStG	Körperschaftsteuergesetz

L

LAG	Lastenausgleichsgesetz
Lj.	Lebensjahr
LPartG	Gesetz über die Eingetragene Lebenspartnerschaft (Lebenspartnerschaftsgesetz)
LSt	Lohnsteuer
LStDV	Lohnsteuer-Durchführungsverordnung
LStR	Lohnsteuer-Richtlinien
lt.	laut

M

max.	maximal
mtl.	monatlich
m.w.N.	mit weiteren Nachweisen

N

Nr.	Nummer
n. st.	nach ständiger
n.v.	nicht veröffentlicht (bezieht sich auf Urteile)
NWB	Neue Wirtschafts-Briefe (Zeitschrift)

O

OFD	Oberfinanzdirektion

P

PartG	Parteiengesetz
PartGG	Partnerschaftsgesellschaftsgesetz
PflegeVG	Pflege-Versicherungsgesetz
PTNeuOG	Postneuordnungsgesetz
PV	Privatvermögen

R

R	Einkommensteuer-Richtlinie
RBW	Restbuchwert
Rdn.	Randnummer
RFH	Reichsfinanzhof
RGZ	Entscheidungen des Reichsgerichts in Zivilsachen
rkr.	rechtskräftig
RND	Restnutzungsdauer
Rspr.	Rechtsprechung
RStBl	Reichssteuerblatt
RVO	Reichsversicherungsordnung

S

s.	siehe
S.	Seite
s. a.	siehe auch
SED-UnBerG	SED-Unrechtsbereinigungsgesetz
SGB (IX)	(Neuntes Buch) Sozialgesetzbuch
sog.	so genannte(r)
SolZ	Solidaritätszuschlag
SolZG	Solidaritätszuschlaggesetz
st.	ständige
StandOG	Standortsicherungsgesetz
StÄndG	Steueränderungsgesetz
StEntlG	Steuerentlastungsgesetz
StGB	Strafgesetzbuch
StMBG	Missbrauchsbekämpfungs- und Steuerbereinigungsgesetz
StKapErhG	Steuerliches Kapitalerhöhungsgesetz
Stpfl.	Steuerpflichtige(r)
StPO	Strafprozessordnung
StRefG	Steuerreformgesetz
StSenkG	Steuersenkungsgesetz

T

TW	Teilwert
Tz.	Textziffer

U

u. a.	unter anderem
u. E.	unseres Erachtens
UmwStG	Umwandlungssteuergesetz
u. U.	unter Umständen
UVEG	Unfallversicherungs-Einordnungsgesetz

V

v.	von
VAG	Versicherungsaufsichtsgesetz
VermBG	Vermögensbildungsgesetz
VerschG	Verschollenheitsgesetz
vGA	verdeckte Gewinnausschüttung
vgl.	vergleiche
VO	Verordnung
v.T.	vom Tausend
VZ	Veranlagungszeitraum/-zeiträume

W

WEG	Wohneigentumsgesetz
WG	Wirtschaftsgut(güter)
Wj	Wirtschaftsjahr
WoBauFördG	Wohnungsbauförderungsgesetz
WoBauG	Wohnungsbaugesetz
WohneigFG	Wohneigentumsförderungsgesetz
WoPG	Wohnungsbau-Prämiengesetz

Z

ZFH	Zweifamilienhaus
ZPO	Zivilprozessordnung
zvE	zu versteuerndes Einkommen
zzgl.	zuzüglich
zzt.	zurzeit

KAPITEL 1: EINLEITUNG

Kapitel 1:
Einleitung

1.1 Geschichte der Einkommensteuer

1 Die Einkommensteuer (ESt) ist schon seit Langem eine der bedeutendsten Einnahme-
quellen aller zivilisierten Staaten. In Deutschland war die ESt im 19. Jahrhundert zunächst eine Angelegenheit der Länder. Nach dem Ersten Weltkrieg wurde sie durch Gesetz vom 29. 3. 1920 eine Reichssteuer. In der Folgezeit hat der Gesetzgeber das Einkommensteuerrecht permanent reformiert, so insbesondere durch das Gesetz vom
10. 8. 1925, das den im Wesentlichen heute noch gültigen Katalog der einzelnen Einkunftsarten einführte. Die im Kontrollratsgesetz vom 11. 2. 1946 normierte wesentliche
Anhebung des Steuertarifs wurde nach der Währungsreform durch mehrere Gesetze,
die Tarifsenkungen und steuerliche Vergünstigungen bei der Gewinn- und Einkommensermittlung vorsahen, wieder abgemildert. Eine bedeutende Änderung hat das Einkommensteuergesetz durch das Einkommensteuerreformgesetz vom 5. 8. 1974 erfahren. Mit diesem Gesetz ist u. a. der Sonderausgabenabzug von Versicherungs- und Bau-
sparbeiträgen neu geregelt worden. Zurzeit gilt das Einkommensteuergesetz 2002 (mit
späteren Änderungen, siehe Rdn. 2).

1.2 Rechts- und Verwaltungsvorschriften zur Einkommensteuer

2 Die Grundlagen des Einkommensteuerrechts sind in zahlreichen Gesetzen und Verordnungen festgelegt. Die wichtigsten einkommensteuerlichen Bestimmungen sind in folgenden Rechtsquellen enthalten:

▶ **Einkommensteuergesetz (EStG).** Die amtliche **Neufassung des EStG 2002** vom
19. 10. 2002 (BGBl 2002 I 4210) wurde am 8. 10. 2009 bekannt gegeben (BGBl
2009 I 3366), am 8. 12. 2009 wurde die Neubekanntgabe berichtigt (BGBl 2009 I
3862). Die jüngsten Änderungen des EStG erfolgten durch das Gesetz zur Modernisierung der Finanzaufsicht über Versicherungen vom 1. 4. 2015 (BGBl 2015 I
434), das Gesetz zur Neuregelung der Unterhaltssicherung sowie zur Änderung
soldatenrechtlicher Vorschriften vom 29. 6. 2015 (BGBl 2015 I 106), das Gesetz
zur Anhebung des Grundfreibetrags, des Kinderfreibetrags, des Kindergeldes und
des Kinderzuschlags vom 16. 7. 2015 (BGBl I 2015 1202), das Gesetz zur Entlastung der mittelständischen Wirtschaft von Bürokratie (Bürokratieentlastungs-
gesetz) vom 28. 7. 2015 (BGBl 2015 I 1400), die Zehnte Zuständigkeitsanpassungsverordnung vom 31. 8. 2015 (BGBl 2015 I 1474) sowie durch das Steueränderungsgesetz 2015 vom 2. 11. 2015 (BGBl 2015 I 1834).

▶ **Einkommensteuer-Durchführungsverordnung (EStDV)** 2000 i. d. F. der Bekanntmachung vom 10. 5. 2000 (BGBl 2000 I 717), mit späteren Änderungen, letztmals
durch das Gesetz zur Anpassung des nationalen Steuerrechts an den Beitritt Kroatiens zur EU und zur Änderung weiterer steuerlicher Vorschriften (sog. Kroatien-

gesetz) vom 25. 7. 2014 (BGBl 2014 I 1266), durch die Verordnung zur Änderung steuerlicher Verordnungen und weiterer Vorschriften vom 22. 12. 2014 (BGBl 2014 I 2392) sowie durch die Zehnte Zuständigkeitsanpassungsverordnung vom 31. 8. 2015 (BGBl 2015 I 1474).

▶ **Lohnsteuer-Durchführungsverordnung (LStDV)** 1990 i. d. F. der Bekanntmachung vom 10. 10. 1989 (BGBl 1989 I 1848), mit späteren Änderungen, letztmals durch das Gesetz zur Änderung und Vereinfachung der Unternehmensbesteuerung und des steuerlichen Reisekostenrechts vom 20. 2. 2013 (BGBl 2013 I 285) sowie das Gesetz zur Anpassung des nationalen Steuerrechts an den Beitritt Kroatiens zur EU und zur Änderung weiterer steuerlicher Vorschriften (sog. Kroatiengesetz) vom 25. 7. 2014 (BGBl 2014 I 1266).

Weitere Regelungen beinhalten die sog. „einkommensteuerlichen" Nebengesetze. Hierzu gehören insbesondere das Solidaritätszuschlaggesetz, das Außensteuergesetz, das Investmentsteuergesetz, das Investitionszulagengesetz sowie das Umwandlungssteuergesetz (Hinweis: eine Zusammenstellung aller Steuergesetze in ausbildungsgerechter Darstellung bietet die **„NWB Textausgabe Deutsche Steuergesetze"**, die jährlich neu erscheint).

Zur Klärung von Zweifels- und Auslegungsfragen bei der Anwendung des Einkommen-   3
steuerrechts haben die obersten Finanzbehörden allgemeine **Verwaltungsvorschriften** erlassen. Hier sind in erster Linie die von der Bundesregierung aufgrund der Ermächtigungsvorschrift in Art. 108 Abs. 7 GG ergangenen **Einkommensteuer-Richtlinien** (EStR) 2012 v. 16. 12. 2005 (BStBl I Sondernummer 1/2005), geändert durch die Einkommensteuer-Änderungsrichtlinien 2012 (EStÄR) vom 25. 3. 2013 (BStBl 2013 I 276) mit den Einkommensteuer-Hinweisen 2014, und die **Lohnsteuer-Richtlinien** (LStR) 2015 vom 22. 10. 2014 (BStBl 2014 I 1344) mit den Lohnsteuer-Hinweisen 2015 zu nennen. Die Abschnitte der EStR und LStR werden mit „R" zitiert, die der ergänzenden „Hinweise" mit „H".

Weitere Verwaltungsanweisungen zur Anwendung des Einkommensteuerrechts finden sich in den Erlassen des Bundesfinanzministeriums, der Finanzministerien der Länder sowie deren Oberfinanzdirektionen, Landesfinanzdirektionen bzw. Landesämtern für Steuern. Darüber hinaus werden wichtige einkommen- und lohnsteuerliche Regelungen in sog. Einkommensteuer- bzw. Lohnsteuer-Karteien zusammengestellt.

1.3 Die Stellung der Einkommensteuer im System der Steuern und die Verteilung ihres Aufkommens

Steuern können nach verschiedenen Gesichtspunkten untergliedert werden. Wesentli-   4
che Kriterien sind die Einteilung in direkte und indirekte Steuern sowie die Unterscheidung von Besitz-, Verkehr- und Verbrauchsteuern. Die ESt gehört diesbezüglich zu den direkten Steuern, da Steuerschuldner und Steuerträger identisch sind. Da die ESt an das vorhandene Einkommen anknüpft, gehört sie außerdem zur Gruppe der Besitzsteuern.

Letztere werden wiederum in Personen- und Sachsteuern unterteilt. Da die ESt die individuelle Leistungsfähigkeit der Steuerpflichtigen berücksichtigt, ist sie den Personensteuern zuzurechnen.

Nach der Verteilung des Steueraufkommens unterscheidet man Bundes-, Landes- und Gemeindesteuern. Nach Art. 106 Abs. 3 GG sind der Bund und die Länder grundsätzlich je zur Hälfte am Aufkommen der ESt beteiligt. Teile des Aufkommens der ESt sind nach Art. 106 Abs. 5 GG i. V. m. dem Gesetz zur Neuordnung der Gemeindefinanzen (Gemeindefinanzreformgesetz) von den Ländern an die Gemeinden weiterzuleiten.

1.4 Abgrenzung der Zuständigkeiten zwischen Bund und Ländern

1.4.1 Gesetzgebungshoheit

5   Nach Art. 105 Abs. 2 GG hat der Bund die konkurrierende Gesetzgebung über die Steuern vom Einkommen, da ihm das Aufkommen der ESt teilweise zusteht. Gesetze über die ESt sind föderative Gesetze, das bedeutet, dass der Bundesrat den vom Bundestag beschlossenen Einkommensteuergesetzen zustimmen muss.

1.4.2 Verwaltungshoheit

6   Die ESt wird grundsätzlich von den Landesfinanzbehörden verwaltet (Art. 108 Abs. 2 GG). Die Verwaltung des dem Bund zustehenden Anteils an der ESt hat der Bund als Auftragsverwaltung den Landesfinanzbehörden übertragen (Art. 108 Abs. 3 GG und § 17 Finanzverwaltungsgesetz v. 30. 8. 1971, BGBl 1971 I 1426, 1427 in der Fassung der Bekanntmachung vom 4. 4. 2006, BGBl 2006 I 846, ber. S. 1202), zuletzt geändert durch das Gesetz zur Anpassung des nationalen Steuerrechts an den Beitritt Kroatiens zur EU und zur Änderung weiterer steuerlicher Vorschriften (sog. Kroatiengesetz) vom 25. 7. 2014 (BGBl 2014 I 1266), das Gesetz zur Anpassung der Abgabenordnung an den Zollkodex der Union und zur Änderung weiterer steuerlicher Vorschriften (Zollkodex-Anpassungsgesetz) vom 30. 12. 2014 (BGBl 2014 I 2417), das auch als Jahressteuergesetz 2015 bezeichnet wird sowie durch das Steueränderungsgesetz 2015 vom 2. 11. 2015 (BGBl 2015 I 1834).

1.5 Bedeutung der Einkommensteuer

1.5.1 Aufkommen

7   Die Bedeutung der ESt für den Haushalt des Bundes und der Länder ergibt sich aus einer Übersicht der kassenmäßigen Steuereinnahmen von Bund, Ländern und Gemeinden aus dem Kalenderjahr 2014.

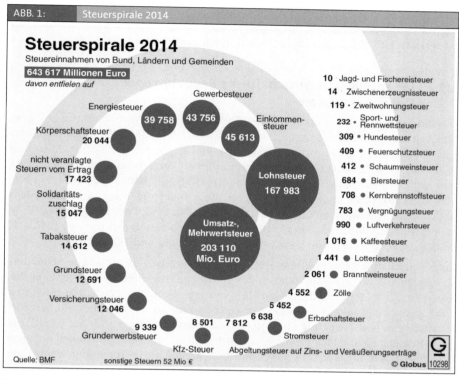

ABB. 1:   Steuerspirale 2014

Steuerspirale 2014

Steuereinnahmen von Bund, Ländern und Gemeinden

643 617 Millionen Euro

davon entfielen auf

Gewerbesteuer

Energiesteuer

Körperschaftsteuer
20 044

nicht veranlagte
Steuern vom Ertrag
17 423

Solidaritäts-
zuschlag
15 047

Tabaksteuer
14 612

Grundsteuer
12 691

Versicherungsteuer
12 046

9 339
Grunderwerbsteuer

8 501   7 812

6 638

5 452

4 552

Kfz-Steuer

Abgeltungsteuer auf Zins- und Veräußerungserträge

Stromsteuer

Erbschaftsteuer

Zölle

Branntweinsteuer

Lotteriesteuer

Kaffeesteuer

Luftverkehrsteuer

Vergnügungsteuer

Kernbrennstoffsteuer

Biersteuer

Schaumweinsteuer

Feuerschutzsteuer

Hundesteuer

Sport- und
Rennwettsteuer

Zweitwohnungsteuer

Zwischenerzeugnissteuer

Jagd- und Fischereisteuer

39 758   43 756

45 613

Einkommen-
steuer

Lohnsteuer
167 983

Umsatz-,
Mehrwertsteuer
203 110
Mio. Euro

10   Jagd- und Fischereisteuer
14   Zwischenerzeugnissteuer
119 · Zweitwohnungsteuer
232 · Sport- und Rennwettsteuer
309 · Hundesteuer
409 • Feuerschutzsteuer
412 • Schaumweinsteuer
684 ● Biersteuer
708 ● Kernbrennstoffsteuer
783 ● Vergnügungsteuer
990 ● Luftverkehrsteuer
1 016 ● Kaffeesteuer
1 441 ● Lotteriesteuer
2 061 ● Branntweinsteuer
4 552   Zölle
5 452
6 638   Erbschaftsteuer

Quelle: BMF   sonstige Steuern 52 Mio €   © Globus 10298

Steuerspirale 2014 NWB 2015, 1979, NWB DokID: RAAAE-93376

Wie aus Abbildung 1 ersichtlich ist, haben Bund, Länder und Gemeinden im Jahr 2014 rund 644 Milliarden Euro Steuern eingenommen. Spitzenreiter ist die Umsatzsteuer, die insgesamt 203,1 Milliarden Euro in die staatlichen Kassen brachte. An zweiter Stelle stand die Lohnsteuer mit 167,9 Milliarden Euro. Die Lohnsteuer ist allerdings keine eigenständige Steuer, sie gehört als besondere Erhebungsform zur Einkommensteuer. Rechnet man alle Steuern auf alle Arten von Einkommen zusammen, so wird klar, dass diese Steuerquelle am kräftigsten sprudelte: Lohnsteuer, veranlagte Einkommensteuer, nicht veranlagte Steuern vom Ertrag, veranlagte Körperschaftsteuer, Solidaritätszuschlag, sowie Abgeltungsteuer auf Zins- und Veräußerungserträge brachten es zusammen auf 273,9 Milliarden Euro. Das waren ca. 42 % des gesamten Steueraufkommens im Jahr 2014.

Durch die Erhebung von Einkommensteuervorauszahlungen sowie den direkten Abzug von Steuerbeträgen seitens der Arbeitgeber (Lohnsteuer), Kreditinstitute und sonstigen zum Kapitalertragsteuerabzug verpflichteten Personen und Institutionen (Abgeltungsteuer) sichert sich der Staat den regelmäßigen Zufluss von Einnahmen im Laufe des Jahres. Falls nach Ablauf des Jahres eine Veranlagung zur ESt durchgeführt wird, wird die ESt unter Berücksichtigung der Besonderheiten des Einzelfalls neu ermittelt. Es handelt sich somit um eine Art Endabrechnung, bei der die Einkommensteuervorauszahlungen und Abzugssteuern gem. § 36 Abs. 2 Nr. 1 und Nr. 2 EStG auf die durch Veranlagung ermittelte ESt angerechnet werden. Dies gilt nicht für die Kapitalertragsteuer auf Kapitalerträge, bei denen die Einkommensteuer durch die Erhebung der Kapitalertragsteuer nach § 43 Abs. 5 EStG abgegolten ist (vgl. im Einzelnen Kapitel 11.8).

1.5.2   Die soziale und wirtschaftliche Bedeutung der Einkommensteuer

8 Die Einkommensteuer berücksichtigt als Personensteuer die wirtschaftliche Leistungsfähigkeit des einzelnen Steuerpflichtigen; dabei spielen soziale Gesichtspunkte eine große Rolle. Dies zeigt sich insbesondere im progressiv gestalteten Steuertarif (§ 32a Abs. 1 EStG), in der Gewährung von tariflichen Vergünstigungen bei Verheirateten und eingetragenen Lebenspartnern (Splittingtarif nach § 32a Abs. 5 i.V.m. § 2 Abs. 8 EStG) sowie in der Gewährung von Steuerfreibeträgen aus den verschiedensten Gründen (z. B. Altersentlastungsbetrag nach § 24a EStG, Entlastungsbetrag für Alleinerziehende § 24b EStG, Berücksichtigung von Sonderausgaben nach §§ 10 ff. EStG und von außergewöhnlichen Belastungen nach §§ 33, 33a und 33b EStG).

Auch wirtschaftspolitisch hat das Einkommensteuerrecht eine erhebliche Bedeutung. So werden z. B. durch Bestimmungen des Einkommensteuerrechts der Wohnungsbau (§§ 7c, 7h, 7i, 7k EStG) und die eigene Altersvorsorge (§§ 10 Abs. 1 Nr. 2, 10a EStG) steuerlich gefördert. Zahlreiche weitere Vorschriften sind im Interesse bestimmter Wirtschaftszweige (z. B. Freibetrag für Land- und Forstwirtschaft nach § 13 Abs. 3 EStG) und zur Durchsetzung staatlich gewünschter wirtschaftspolitischer Maßnahmen ergangen (z. B. Investitionsabzugsbetrag und Sonderabschreibung zur Förderung kleiner und mittlerer Betriebe nach § 7g EStG).

9–10 *(Einstweilen frei)*

KAPITEL 2: STEUERPFLICHT

Kapitel 2:
Steuerpflicht

2.1 Persönliche und sachliche Steuerpflicht

Bei jedem Steuerfall ist zu untersuchen, ob und ggf. in welcher Höhe eine Steuerschuld 11
entstanden ist (§ 38 AO). ESt wird nur dann geschuldet, wenn zwei voneinander unabhängige Voraussetzungen erfüllt sind:

1. Die Person, welche die Steuer schuldet, ist steuerpflichtig (§ 33 Abs. 1 AO);

2. diese Person hat ein zu versteuerndes Einkommen erzielt.

(Einstweilen frei) 12

Aus diesem Grund unterscheidet das EStG zwei verschiedene Arten von „Steuerpflicht". 13
Einerseits dient der Begriff nach § 1 EStG zur Abgrenzung des Personenkreises, der
Steuerschuldner sein kann. Insofern spricht man von **persönlicher** Steuerpflicht.

Im EStG werden jedoch auch Einkünfte ausdrücklich als „steuerpflichtig" bezeichnet 14
(vgl. z. B. die §§ 18 Abs. 2, 22 Nr. 3 Satz 2 EStG). Der Begriff „Steuerpflicht" dient also
auch dazu, Art und Umfang der Einkünfte festzulegen, die der ESt unterliegen. Insofern
spricht man von **sachlicher** Steuerpflicht.

MERKE

Bei der persönlichen Steuerpflicht wird geprüft, wer der ESt unterliegt, bei der sachlichen Steuerpflicht wird geprüft, was der ESt unterliegt.

2.2 Die einkommensteuerpflichtigen Personen

Aus § 1 EStG geht hervor, dass nur natürliche Personen einkommensteuerpflichtig sein 15
können. **Juristische Personen** und **Personenvereinigungen** kommen somit nicht als
Schuldner von ESt in Betracht.

Das Einkommen juristischer Personen ist nach dem KStG zu besteuern (§ 1 Abs. 1 Nr. 1 16
bis 4 KStG). Das Gleiche gilt für das Einkommen nichtrechtsfähiger Vereine (§ 1 Abs. 1
Nr. 5 KStG). Andere Personenvereinigungen (z. B. Offene Handelsgesellschaften, Kommanditgesellschaften, Gesellschaften des bürgerlichen Rechts, Erbengemeinschaften,
Bruchteilsgemeinschaften) unterliegen weder der Einkommen- noch der Körperschaftsteuer. Die Höhe ihrer steuerpflichtigen Einkünfte wird durch Feststellungsbescheid gesondert und einheitlich für alle Beteiligten festgestellt, d. h. die Einkünfte der Personenvereinigung werden zunächst als Gesamtbetrag ermittelt und sodann entsprechend
dem jeweiligen Beteiligungsverhältnis auf die einzelnen Beteiligten aufgeteilt (§§ 179,
180 Abs. 1 Nr. 2a AO). Die anteiligen Beträge werden schließlich bei der Ermittlung des
Einkommens der beteiligten natürlichen und juristischen Personen erfasst und unterliegen dort der Einkommen- bzw. Körperschaftsteuer (§ 182 AO).

2.3 Arten und Bedeutung der persönlichen Steuerpflicht

17 Nach § 1 EStG sind natürliche Personen entweder

► unbeschränkt,

► beschränkt oder

► überhaupt nicht

persönlich einkommensteuerpflichtig.

Unbeschränkt steuerpflichtig sind in erster Linie (§ 1 Abs. 1 Satz 1 EStG) natürliche Personen, die im Inland einen Wohnsitz (§ 8 AO) oder ihren gewöhnlichen Aufenthalt (§ 9 AO) haben (vgl. Rdn. 20, 21). Darüber hinaus können auch natürliche Personen, die im Inland weder einen Wohnsitz noch einen gewöhnlichen Aufenthalt haben, unter bestimmten Voraussetzungen der unbeschränkten Steuerpflicht unterfallen.

Dies gilt einerseits für deutsche Staatsangehörige, die zu einer inländischen juristischen Person des öffentlichen Rechts in einem Dienstverhältnis stehen und dafür Arbeitslohn aus einer inländischen öffentlichen Kasse beziehen (§ 1 Abs. 2 EStG). Diese sog. **erweiterte unbeschränkte Steuerpflicht** gilt unter bestimmten weiteren Voraussetzungen auch für zum Haushalt gehörende Angehörige der betreffenden Personen (vgl. Rdn. 22, 23).

Andererseits haben natürliche Personen, deren Einkünfte im Wesentlichen der deutschen ESt unterliegen, unter bestimmten weiteren Voraussetzungen die Möglichkeit der Option zur unbeschränkten Steuerpflicht (§ 1 Abs. 3 EStG). In diesen Fällen liegt eine sog. **fiktive unbeschränkte Steuerpflicht** vor (vgl. Rdn. 24, 25).

18 Andere Personen, die im Inland weder einen Wohnsitz noch ihren gewöhnlichen Aufenthalt haben und auch nicht die Voraussetzungen des § 1 Abs. 2 oder Abs. 3 EStG erfüllen, sind **beschränkt steuerpflichtig,** wenn sie inländische Einkünfte i. S. des § 49 EStG erzielen (§ 1 Abs. 4 EStG).

19 Die Frage, ob eine natürliche Person der unbeschränkten oder der beschränkten Steuerpflicht unterliegt, ist von erheblicher Bedeutung für die Besteuerung, weil für beschränkt Steuerpflichtige zahlreiche Besonderheiten gelten (vgl. hierzu auch Kapitel 15):

1. Je nachdem, ob eine natürliche Person unbeschränkt oder beschränkt steuerpflichtig ist, werden ihre Einkünfte in unterschiedlichem Umfang der Besteuerung unterworfen. Bei **unbeschränkter** Steuerpflicht sind grundsätzlich alle inländischen und ausländischen Einkünfte i. S. d. § 2 Abs. 1 EStG zu erfassen (sog. **Welteinkommensprinzip**), soweit keine abweichenden Regelungen in Doppelbesteuerungsabkommen oder anderen zwischenstaatlichen Vereinbarungen bestehen. Bei **beschränkter** Steuerpflicht werden dagegen nur die **inländischen Einkünfte** i. S. des § 49 EStG besteuert (sog. Quellenprinzip).

2. Viele Bestimmungen, die bei unbeschränkter Steuerpflicht für die Ermittlung des zu versteuernden Einkommens gelten, beispielsweise die Vorschriften über den Abzug von Sonderausgaben und außergewöhnlichen Belastungen, sind bei beschränkter Steuerpflicht nicht oder nur eingeschränkt anwendbar (vgl. § 50 Abs. 1 Satz 3 EStG).

3. Bei beschränkter Steuerpflicht gelten besondere Vorschriften hinsichtlich der Berechnung der Steuer (vgl. § 50 Abs. 1 Satz 2 EStG).

4. Während bei unbeschränkter Steuerpflicht ein Steuerabzug nur vom Arbeitslohn in Form der Lohnsteuer (§§ 38 ff. EStG) und vom Kapitalertrag in Form der Kapitalertragsteuer (§§ 43 ff. EStG) in Frage kommt, ist der Steuerabzug in Fällen der beschränkten Steuerpflicht auch für andere inländische Einkünfte vorgesehen (vgl. § 50a EStG s. dazu Rdn. 2694 ff.).

Die Unterscheidung zwischen persönlicher und sachlicher Steuerpflicht verdeutlicht folgendes Schaubild:

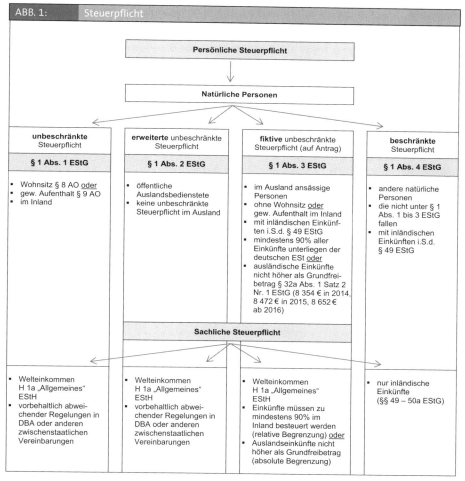

ABB. 1: Steuerpflicht

Persönliche Steuerpflicht			
Natürliche Personen			
unbeschränkte Steuerpflicht	**erweiterte** unbeschränkte Steuerpflicht	**fiktive** unbeschränkte Steuerpflicht (auf Antrag)	**beschränkte** Steuerpflicht
§ 1 Abs. 1 EStG	**§ 1 Abs. 2 EStG**	**§ 1 Abs. 3 EStG**	**§ 1 Abs. 4 EStG**
• Wohnsitz § 8 AO oder • gew. Aufenthalt § 9 AO • im Inland	• öffentliche Auslandsbedienstete • keine unbeschränkte Steuerpflicht im Ausland	• im Ausland ansässige Personen • ohne Wohnsitz oder gew. Aufenthalt im Inland • mit inländischen Einkünften i.S.d. § 49 EStG • mindestens 90% aller Einkünfte unterliegen der deutschen ESt oder • ausländische Einkünfte nicht höher als Grundfreibetrag § 32a Abs. 1 Satz 2 Nr. 1 EStG (8 354 € in 2014, 8 472 € in 2015, 8 652 € ab 2016)	• andere natürliche Personen • die nicht unter § 1 Abs. 1 bis 3 EStG fallen • mit inländischen Einkünften i.S.d. § 49 EStG
Sachliche Steuerpflicht			
• Welteinkommen H 1a „Allgemeines" EStH • vorbehaltlich abweichender Regelungen in DBA oder anderen zwischenstaatlichen Vereinbarungen	• Welteinkommen H 1a „Allgemeines" EStH • vorbehaltlich abweichender Regelungen in DBA oder anderen zwischenstaatlichen Vereinbarungen	• Welteinkommen H 1a „Allgemeines" EStH • Einkünfte müssen zu mindestens 90% im Inland besteuert werden (relative Begrenzung) oder • Auslandseinkünfte nicht höher als Grundfreibetrag (absolute Begrenzung)	• nur inländische Einkünfte (§§ 49 – 50a EStG)

2.4 Abgrenzung der unbeschränkten gegen die beschränkte Steuerpflicht

2.4.1 Abgrenzungsmerkmale

2.4.1.1 Wohnsitz und gewöhnlicher Aufenthalt

20 Zur Gebietshoheit eines Staates gehört auch das Recht, Steuern zu erheben (= Steuerhoheit). Da die Gebietshoheit eines Staates an seinen Grenzen endet, ist es notwendig, auch den Umfang der persönlichen Steuerpflicht nach örtlichen Kriterien abzugrenzen. Dabei liegt es nahe, alle natürlichen Personen uneingeschränkt der Besteuerung zu unterwerfen, die ihren Lebensmittelpunkt im Inland des jeweiligen Staates haben. Hierzu gehören in erster Linie natürliche Personen mit einem **inländischen Wohnsitz.**

Der Wohnsitz kann aber nicht allein als Maßstab für die Abgrenzung zwischen unbeschränkter und beschränkter Steuerpflicht dienen, denn auch Personen ohne Wohnsitz im Inland können hier ihren Lebensmittelpunkt haben. Es wäre nicht gerechtfertigt, Personen, die sich gewöhnlich im Inland aufhalten, aus irgendwelchen Gründen hier aber keinen Wohnsitz unterhalten, steuerlich anders zu behandeln als Personen mit inländischem Wohnsitz. Demgemäß bestimmt § 1 Abs. 1 Satz 1 EStG, dass eine der beiden Voraussetzungen zur unbeschränkten Steuerpflicht genügt, entweder ein inländischer Wohnsitz oder der gewöhnliche Aufenthalt im Inland. Dieser enge Zusammenhang zwischen **Wohnsitz** und **gewöhnlichem Aufenthalt** muss auch bei der Auslegung der beiden Begriffe beachtet werden.

21 Hat eine natürliche Person mehrere Wohnsitze, so genügt zur Annahme der unbeschränkten Steuerpflicht, dass einer dieser Wohnsitze im Inland liegt.

> **BEISPIEL:** ▸ A mit Wohnsitz und Gewerbebetrieb in Eupen (Belgien) ist Eigentümer eines Einfamilienhauses in Aachen. Während eines Teils des Jahres bewohnt er mit seiner Familie das Haus in Aachen. Während der restlichen Zeit des Jahres wohnt die Familie in Eupen, so dass das Haus in Aachen in diesem Zeitraum leer steht.
>
> A ist ganzjährig unbeschränkt steuerpflichtig, da hierfür im Falle mehrerer Wohnsitze genügt, dass **einer davon** im Inland (hier Aachen) liegt.

2.4.1.2 Bedeutung anderer Merkmale

2.4.1.2.1 Erweiterte unbeschränkte Steuerpflicht

22 Andere Merkmale als der Wohnsitz oder gewöhnliche Aufenthalt sind für die Abgrenzung der unbeschränkten Steuerpflicht i.S. des § 1 Abs. 1 EStG gegenüber der beschränkten Steuerpflicht grundsätzlich ohne Bedeutung. So kommt es weder auf das Alter, noch auf die Konfession oder den Beruf und auch nicht auf die **Staatsangehörigkeit** der betreffenden natürlichen Person an. Folglich ist auch ein ausländischer Staatsangehöriger in Deutschland unbeschränkt steuerpflichtig, wenn er seinen Wohnsitz oder gewöhnlichen Aufenthalt im Inland hat.

23 Eine Ausnahmeregelung hierzu beinhaltet § 1 Abs. 2 EStG. Nach dieser Vorschrift ist ein deutscher Staatsangehöriger auch dann unbeschränkt steuerpflichtig ist, wenn er im Inland weder einen Wohnsitz noch seinen gewöhnlichen Aufenthalt hat, aber in einem **Dienstverhältnis** zu einer **inländischen juristischen Person** des öffentlichen Rechts steht

und aus diesem Dienstverhältnis Bezüge aus einer inländischen öffentlichen Kasse bezieht **(deutsche Auslandsbeamte)**. Unbeschränkt steuerpflichtig sind in diesem Fall auch die zum Haushalt des Steuerpflichtigen gehörenden Angehörigen (§ 15 AO), die die deutsche Staatsangehörigkeit besitzen. Weitere Voraussetzung ist, dass diese Personen in dem ausländischen Staat, in dem sie ihren Wohnsitz oder gewöhnlichen Aufenthalt haben, lediglich in einem der beschränkten Einkommensteuerpflicht ähnlichen Umfang zu einer Steuer vom Einkommen herangezogen werden, da eine Doppelbesteuerung vermieden werden soll.

2.4.1.2.2 Fiktive unbeschränkte Steuerpflicht auf Antrag

Natürliche Personen können auch nach § 1 Abs. 3 EStG **auf Antrag als unbeschränkt** 24 **steuerpflichtig** behandelt werden, wenn sie weder Wohnsitz noch gewöhnlichen Aufenthalt im Inland haben, soweit sie inländische Einkünfte gem. § 49 EStG erzielen. Dies gilt jedoch nur, wenn ihre gesamten Einkünfte zu mindestens 90 % der deutschen ESt unterliegen oder die nicht der deutschen ESt unterliegenden Einkünfte unter dem Grundfreibetrag nach § 32a Abs. 1 Satz 2 Nr. 1 EStG von 8 354 € (VZ 2014), 8 472 (VZ 2015 bzw. 8 653 € (VZ 2016) liegen. Dabei ist die Höhe der nicht der deutschen ESt unterliegenden Einkünfte durch eine Bescheinigung der jeweiligen ausländischen Steuerbehörde nachzuweisen. Zur Vereinfachung dieses Verfahrens dienen entsprechende zweisprachige Bescheinigungen, die für alle Staaten innerhalb der EU-/EWR existieren.

BEISPIELE: ▸ Der ungarische Staatsangehörige U lebt in Budapest und erzielt ausschließlich Gewinne aus der Beteiligung an einer deutschen Kommanditgesellschaft.

Der deutsche Staatsangehörige D lebt in New York und bezieht ausschließlich Mieteinkünfte aus deutschem Grundbesitz.

U und D unterliegen nicht der unbeschränkten Steuerpflicht nach § 1 Abs. 1 EStG, da sie weder einen Wohnsitz noch ihren gewöhnlichen Aufenthalt im Inland haben. Die Staatsangehörigkeit spielt insoweit keine Rolle. Beide Personen beziehen ausschließlich inländische Einkünfte nach § 49 EStG, die der deutschen ESt unterliegen. Sie sind somit grundsätzlich beschränkt steuerpflichtig nach § 1 Abs. 4 EStG, unterliegen jedoch auf Antrag der fiktiven unbeschränkten Steuerpflicht (§ 1 Abs. 3 EStG). Hierzu ist eine Bescheinigung der jeweiligen ausländischen Steuerbehörde erforderlich, aus der hervorgeht, dass keine ausländischen Einkünfte vorhanden sind.

2.4.1.2.3 Fiktive unbeschränkte Steuerpflicht von EU- und EWR-Familienangehörigen 25

§ 1a Abs. 1 EStG beinhaltet Sonderregelungen bei der Anwendung von § 10 Abs. 1a EStG und § 26 Abs. 1 Satz 1 EStG für Staatsangehörige eines Mitgliedstaates der **Europäischen Union (EU)** oder eines Staates, auf den das Abkommen über den **Europäischen Wirtschaftsraum (EWR)** anwendbar ist, sofern sie nach § 1 Abs. 1 EStG unbeschränkt einkommensteuerpflichtig sind oder nach § 1 Abs. 3 EStG als unbeschränkt einkommensteuerpflichtig zu behandeln sind. Zu den sog. EWR-Staaten gehören neben den Mitgliedsländern der EU auch die Staaten Island, Norwegen und Liechtenstein (H 1a „Europäischer Wirtschaftsraum" EStH). In den angesprochenen Fällen gilt Folgendes:

1. Aufwendungen i. S. d. § 10 Abs. 1a EStG sind auch dann als Sonderausgaben abziehbar, wenn der Empfänger der Leistung oder Zahlung nicht unbeschränkt steuerpflichtig ist (vgl. Rdn. 297 ff.) und

2. der Empfänger der Unterhalts-, Versorgungsleistungen und Ausgleichszahlungen (§ 1a Abs. 1 Nr. 1 Satz 2 Buchst. a seinen Wohnsitz oder gewöhnlichen Aufenthalt in einem EU- oder EWR-Staat hat, die Staatsangehörigkeit dieser Person ist jedoch ohne Bedeutung. Außerdem muss die Besteuerung der Unterhalts-, Versorgungsleistungen bzw. Ausgleichszahlungen beim Empfänger durch eine Bescheinigung der zuständigen ausländischen Steuerbehörde nachgewiesen werden (§ 1a Abs. 1 Nr. 1 Satz 2 Buchst. b EStG).

3. Auf Antrag wird der nicht dauernd getrennte Ehegatte oder eingetragene Lebenspartner auch ohne Wohnsitz oder gewöhnlichen Aufenthalt im Inland für die Anwendung des § 26 Abs. 1 Satz 1 EStG als unbeschränkt einkommensteuerpflichtig behandelt, so dass eine Zusammenveranlagung unter Anwendung des Splittingtarifs ermöglicht wird (vgl. Rdn. 2306 ff.). Dabei ist bei der Prüfung der erweiterten unbeschränkten Steuerpflicht nach § 1 Abs. 3 Satz 2 EStG auf die Einkünfte beider Ehegatten abzustellen und der Grundfreibetrag zu verdoppeln (§ 1a Abs. 1 Nr. 2 Satz 3 EStG).

Zu den persönlichen Voraussetzungen, unter denen der Steuerpflichtige die familienbezogenen Steuervergünstigungen i. S. d. § 1a EStG in Anspruch nehmen kann, vgl. im Einzelnen nachfolgendes Schaubild.

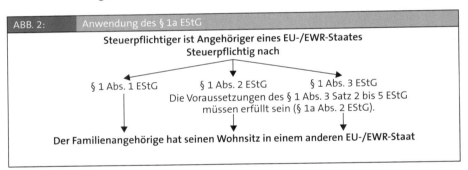

ABB. 2:   Anwendung des § 1a EStG

Steuerpflichtiger ist Angehöriger eines EU-/EWR-Staates
Steuerpflichtig nach

§ 1 Abs. 1 EStG   § 1 Abs. 2 EStG   § 1 Abs. 3 EStG
Die Voraussetzungen des § 1 Abs. 3 Satz 2 bis 5 EStG
müssen erfüllt sein (§ 1a Abs. 2 EStG).

Der Familienangehörige hat seinen Wohnsitz in einem anderen EU-/EWR-Staat

Wegen des zeitlichen Rahmens der Möglichkeit der Antragstellung i. S. d. § 1a EStG wird auf BFH v. 19. 1. 2000 I R 30/99 (BStBl 2000 II 657) hingewiesen.

BEISPIEL 1: ▶ R ist russischer Staatsbürger. Er wohnt in Moskau und bezieht ausschließlich Einkünfte aus Vermietung und Verpachtung, die nach dem DBA mit Russland in Deutschland zu versteuern sind.

R hat inländische Einkünfte nach § 49 Abs. 1 Nr. 6 EStG. Er ist nach § 1 Abs. 4 EStG grundsätzlich beschränkt steuerpflichtig, kann jedoch auf Antrag nach § 1 Abs. 3 EStG als unbeschränkt Steuerpflichtiger behandelt werden.

BEISPIEL 2: ▶ Siehe Beispiel 1. R ist verheiratet, seine Ehefrau ist ebenfalls Russin und wohnt in Moskau.

Lösung wie Beispiel 1. § 1a EStG kommt nicht zur Anwendung, da R nicht Staatsangehöriger eines EU-/EWR-Staates ist. Eine Zusammenveranlagung nach § 1a Abs. 1 Nr. 2 i. V. m. § 26 Abs. 1 Satz 1 EStG ist somit nicht möglich.

BEISPIEL 3: ▶ D und seine Ehefrau sind deutsche Staatsangehörige und wohnen in der Schweiz. D bezieht ausschließlich Einkünfte aus Vermietung und Verpachtung, die nach dem DBA mit der Schweiz in Deutschland zu versteuern sind.

D hat inländische Einkünfte nach § 49 Abs. 1 Nr. 6 EStG. Er ist nach § 1 Abs. 4 EStG grundsätzlich beschränkt steuerpflichtig, kann jedoch auf Antrag nach § 1 Abs. 3 EStG als unbeschränkt Steuerpflichtiger behandelt werden. Die Voraussetzungen des § 1a Abs. 1 Satz 1 EStG sind dann für D erfüllt:

▶ er ist Angehöriger eines EU-Staates (Deutschland) und

▶ nach § 1 Abs. 3 EStG unbeschränkt einkommensteuerpflichtig.

Die Familienvergünstigungen des § 1a EStG können für die Ehefrau allerdings nicht angewendet werden, da die Ehefrau ihren Wohnsitz oder gewöhnlichen Aufenthalt nicht in einem EU-/EWR-Staat hat. Eine Zusammenveranlagung nach § 1a Abs. 1 Nr. 2 i.V. m. § 26 Abs. 1 Satz 1 EStG ist somit auch in diesem Fall nicht möglich.

BEISPIEL 4: ▶ E ist deutscher Staatsangehöriger, seine Ehefrau R ist Russin. Beide haben ihren Wohnsitz in Belgien. D bezieht ausschließlich Einkünfte aus Vermietung und Verpachtung, die nach dem DBA mit Belgien in Deutschland zu versteuern sind.

E hat inländische Einkünfte nach § 49 Abs. 1 Nr. 6 EStG. Er ist nach § 1 Abs. 4 EStG grundsätzlich beschränkt steuerpflichtig, kann jedoch auf Antrag nach § 1 Abs. 3 EStG als unbeschränkt Steuerpflichtiger behandelt werden. Die Voraussetzungen des § 1a Abs. 1 Satz 1 EStG sind dann für E erfüllt:

▶ er ist Angehöriger eines EU-Staates (Deutschland) und

▶ nach § 1 Abs. 3 EStG unbeschränkt einkommensteuerpflichtig.

Die Familienvergünstigungen des § 1a EStG können für die Ehefrau angewendet werden, da die Ehefrau ihren Wohnsitz oder gewöhnlichen Aufenthalt in einem EU-/EWR-Staat (Belgien) hat. Die russische Staatsangehörigkeit der Ehefrau ist ohne Bedeutung. Eine Zusammenveranlagung nach § 1a Abs. 1 Nr. 2 i.V. m. § 26 Abs. 1 Satz 1 EStG ist somit möglich, sofern die gemeinsamen Einkünfte der Ehegatten zu mindestens 90 % der deutschen ESt unterliegen oder die nicht der deutschen ESt unterliegenden Einkünfte beider Ehegatten den doppelten Grundfreibetrag nicht übersteigen (§ 1a Abs. 1 Nr. 2 Satz 3 EStG).

2.4.1.2.4 Beschränkte Steuerpflicht

Natürliche Personen, die im Inland weder einen Wohnsitz (§ 8 AO) noch ihren gewöhnlichen Aufenthalt (§ 9 AO) haben, sind vorbehaltlich einer eventuellen erweiterten oder fiktiven unbeschränkten Steuerpflicht (vgl. Rdn. 22 – 25) **beschränkt** steuerpflichtig, wenn sie inländische Einkünfte i. S. des § 49 EStG (vgl. Rdn. 2630 ff.) bezogen haben. Dies gilt auch dann, wenn es sich um deutsche Staatsangehörige handelt.   26

Somit ist die Frage der beschränkten Steuerpflicht – im Gegensatz zur unbeschränkten persönlichen Steuerpflicht i. S. des § 1 Abs. 1 und 2 EStG – von der Erzielung von Einkünften abhängig.

Die sog. **erweiterte beschränkte Steuerpflicht** nach §§ 2 und 5 AStG erfasst neben den in § 49 EStG genannten noch weitere Einkünfte (vgl. Rdn. 2701 ff).

2.4.2 Der Wohnsitz

27 DEFINITION

Einen Wohnsitz hat jemand dort, wo er eine Wohnung unter Umständen innehat, die darauf schließen lassen, dass er die Wohnung beibehalten und benutzen wird (§ 8 AO).

Die Vorschrift des § 8 AO, die den Begriff des Wohnsitzes einheitlich für alle Steuergesetze regelt, stellt an die Begründung eines Wohnsitzes erheblich höhere Anforderungen als das Zivilrecht. Nach § 7 BGB setzt ein Wohnsitz nämlich lediglich voraus, dass sich jemand an einem Ort ständig niederlässt. Hierfür genügt, dass man sich an einem Ort ständig aufhält und zu erkennen gibt, dort nicht nur vorübergehend bleiben zu wollen. Somit kann zivilrechtlich einen Wohnsitz auch begründen, wer keine Wohnung innehat und auch nicht die Absicht hat, in absehbarer Zeit eine Wohnung zu beziehen.

Im Gegensatz zu § 7 BGB enthält § 8 AO als Voraussetzungen des steuerlichen Wohnsitzes ausschließlich objektive Merkmale. Da die tatsächlichen Umstände (BFH 10. 11. 1978 VI R 127/76, BStBl 1979 II 335) steuerlich allein entscheidend sind, können Ehegatten oder eingetragene Lebenspartner ihren Wohnsitz an verschiedenen Orten haben. Ebenso ist es möglich, dass minderjährige Kinder den Wohnsitz bei ihren Eltern aufgeben und einen eigenen Wohnsitz im steuerlichen Sinn begründen. Im Gegensatz dazu teilen minderjährige Kinder aus zivilrechtlicher Sicht grundsätzlich den Wohnsitz der Eltern (§ 8 BGB). Ebenso ist es steuerlich unerheblich, dass der Erbe gem. § 857 BGB mit dem Erbfall Besitzer der Wohnung des Erblassers wird. Der Erbe begründet an diesem Ort erst dann einen Wohnsitz im steuerrechtlichen Sinn, wenn die tatsächlichen Verhältnisse erkennen lassen, dass sämtliche Erfordernisse des § 8 AO erfüllt sind.

2.4.2.1 Wohnung

28 Eine Wohnung im Sinne des § 8 AO ist stets gegeben, wenn irgendwelche zum Aufenthalt geeignete, entsprechend eingerichtete Räumlichkeiten vorhanden sind. Was im Einzelfall als Wohnung angesehen werden kann, richtet sich nach der Verkehrsauffassung und damit nach örtlich und zeitlich unterschiedlichen Maßstäben (BFH 19. 7. 1951 III 35/51 U, BStBl 1951 III 176).

Der Wohnungsbegriff nach § 8 AO ist weit auszulegen, weil dessen Zweck, an den Lebensmittelpunkt anzuknüpfen, andernfalls nicht erreicht werden kann. Dem entspricht es, dass nach allgemeiner Rechtsauffassung schon ein einziger Raum als Wohnung i. S. des § 8 AO ausreichen kann. Im Unterschied zur bewertungsrechtlichen Definition einer Wohnung gehört eine eigene Kochgelegenheit ebenso wenig zu den unabdingbaren Erfordernissen wie eigene sanitäre Einrichtungen. So hat z. B. der Bewohner eines Zimmers in einem Alters- oder Pflegeheim in dieser Einrichtung seine „Wohnung". Nach der Rechtsprechung ist der Begriff „Wohnung" jedoch enger. Nur wenn die Räume den Verhältnissen des Steuerpflichtigen angemessen sind, sollen sie als „Wohnung" i. S. des § 8 AO angesehen werden können. Mit dieser Einschränkung kann auch ein möbliertes Zimmer als Wohnung in Betracht kommen (RFH 5.9.1940, RStBl 1940, 858).

Wohnwagen und Zelte sind dagegen nach der Verkehrsauffassung nicht als Wohnung anzusehen (BFH 15.11.1974 VI R 195/72, BStBl 1975 II 278).

2.4.2.2 Innehaben der Wohnung

Das in § 8 AO weiterhin geforderte Tatbestandsmerkmal „innehaben" der Wohnung be- 29
deutet, dass die tatsächliche und rechtliche Verfügungsmacht über die Wohnung bestehen muss (BFH 6.3.1968 I 38/65, BStBl 1968 II 439). Hiermit ist nichts anderes als die tatsächliche Herrschaft über die Wohnung in Verbindung mit dem Hausrecht gemeint (RFH 9.10.1940, RStBl 1940, 925). Daher hat der Mieter die gemietete Wohnung und der Benutzer einer unentgeltlich überlassenen Wohnung diese Wohnung inne. Aber auch bei Personen, die mit dem eigentlichen Wohnungsinhaber die Wohnung teilen, wird angenommen, dass sie die Wohnung „innehaben". Das gilt insbesondere für den Ehegatten, den eingetragenen Lebenspartner sowie für volljährige und minderjährige Kinder. Sie haben die Wohnung der Eltern „inne", bis erkennbar wird, dass sie nicht mehr bei den Eltern wohnen.

Das „Innehaben" der Wohnung wird selbst durch häufige und lang dauernde Abwesenheit nicht ohne Weiteres beendet, da die Ausübung der Verfügungsmacht durch Angehörige oder Dienstpersonal ausreicht (BFH 17.3.1961 VI 185/60 U, BStBl 1961 III 298). Aus diesem Grunde hat auch ein Verschollener bis zur Rechtskraft des Beschlusses über die Todeserklärung seinen Wohnsitz bei den nächsten Angehörigen (vgl. Rdn. 50 ff.).

2.4.2.3 Umstände, die auf Beibehaltung und Benutzung schließen lassen

§ 8 AO setzt schließlich Umstände voraus, unter denen man annehmen kann, dass der 30
Inhaber die Wohnung beibehalten und darüber hinaus auch in Zukunft selbst nutzen wird, dass er also immer wieder in die Wohnung zurückkehren wird. Benutzen nur die Angehörigen des Inhabers die Wohnung und steht fest, dass er sie selbst in absehbarer Zeit keinesfalls mehr benutzen wird, so hat er demnach die Wohnung zwar inne, sein steuerlicher Wohnsitz an diesem Ort ist aber trotzdem zu verneinen.

Wann auf die „Beibehaltung" einer Wohnung geschlossen werden kann, lässt das Ge- 31
setz offen. Ist die Dauer der Verfügungsmacht über die Wohnung von vornherein begrenzt, so erscheint es nach dem Wortlaut des § 8 AO als zweifelhaft, welcher Zeitraum es rechtfertigt, trotz der in absehbarer Zeit erfolgenden Aufgabe der Wohnung Umstände anzunehmen, die auf deren Beibehaltung schließen lassen. So setzt ein Wohnsitz nicht voraus, dass der Steuerpflichtige von dort aus seiner täglichen Arbeit nachgeht. Ebenso wenig ist es erforderlich, dass der Steuerpflichtige sich während einer Mindestzahl von Tagen im Jahr in der Wohnung aufhält (BFH 19.3.1997 I R 69/96, BStBl 1997 II 447).

Unter den dargelegten Gesichtspunkten ergeben sich aus § 8 AO für die Auslegung des 32
Wohnsitzbegriffes folgende Grundsätze (vgl. AEAO zu § 8):

a) Umstände, die auf die Beibehaltung der Wohnung schließen lassen, können angenommen werden, wenn die Verfügungsmacht über die Wohnung zwar zeitlich von vornherein begrenzt war, sich jedoch mindestens auf einen Zeitraum von mehr als sechs Monaten erstreckt;

b) ein kürzeres als sechsmonatiges Innehaben der Wohnung reicht zur Begründung eines Wohnsitzes nur aus, wenn die Wohnung für mehr als sechs Monate überlassen war und dann aufgrund eines späteren Entschlusses von dem Inhaber vorzeitig aufgegeben worden ist;

c) Innehaben einer Wohnung auf unbestimmte Zeit mit der Möglichkeit jederzeitiger Kündigung kann nur dann zur Begründung des Wohnsitzes genügen, wenn andere Umstände den Schluss zulassen, dass der Inhaber die Wohnung für wenigstens sechs Monate beibehalten wird.

BEISPIEL: ▶ Ein italienisches Ehepaar reist am 1. 5. 2015 in die Bundesrepublik Deutschland ein. Die Eheleute beabsichtigen, spätestens am 15. 10. 2015 wieder nach Italien zurückzukehren. Sie mieten in München für die Zeit vom 15. 5. - 15. 9. 2015 einen Kiosk, in dem sie eine Eisdiele betreiben und in dessen Nebenräumen sie wohnen. Am 30. 9. 2015 kehrt das Ehepaar nach Italien zurück. Es beabsichtigt nicht, im nächsten Jahr erneut nach Deutschland zu kommen.

Die Ehegatten haben weder einen Wohnsitz noch ihren gewöhnlichen Aufenthalt im Inland begründet. Zwar hatten sie eine Wohnung im Inland inne, aber nicht unter Umständen, die auf deren Beibehaltung schließen ließen, denn die Räumlichkeiten waren nur für vier Monate gemietet. Da die Eheleute durch den Betrieb der Eisdiele inländische Einkünfte im Sinne des § 49 Abs. 1 Nr. 2 Bst. a EStG erzielen, unterliegen sie der beschränkten Steuerpflicht (§ 1 Abs. 4 EStG).

d) Es spricht für die Beibehaltung eines Wohnsitzes, wenn jemand eine Wohnung, die er vor und nach einem Auslandsaufenthalt als einzige ständig nutzt, während desselben unverändert und in einem ständig nutzungsbereiten Zustand beibehält (BFH 19. 3. 1997 I R 69/96, BStBl 1997 II 447). Dies gilt auch wenn jemand seine Wohnung im Inland in unregelmäßigen Abständen immer wieder für ein paar Tage nutzt, sie aber während seiner Abwesenheit zur jederzeitigen Nutzung bereit steht (BFH 24. 1. 2001, I R 100/99, BFH/NV 2001, 1402, NWB DokID: [AAAAA-66710]).

33–35 *(Einstweilen frei)*

36 Der steuerliche Wohnsitz entfällt nicht schon in dem Zeitpunkt, in dem die Absicht erkennbar wird, die Wohnung aufzugeben. Die Aufgabe des Wohnsitzes erfolgt vielmehr erst mit Beendigung der Verfügungsmacht über die Wohnung. Im Übrigen fällt der Wohnsitz trotz weiterer Ausübung der Verfügungsmacht durch Angehörige oder Dienstpersonal weg, sobald feststeht, dass der Inhaber die Wohnung in absehbarer Zeit nicht mehr selbst benutzen wird. Behält der Wohnungsinhaber die Wohnung nach seiner Auswanderung zunächst noch bei, so ist es im Einzelfall schwierig, den Zeitpunkt der Aufgabe zu bestimmen.

2.4.3 Der gewöhnliche Aufenthalt

2.4.3.1 Begriff

37

Den gewöhnlichen Aufenthalt i. S. der Steuergesetze hat jemand dort, wo er sich unter Umständen aufhält, die erkennen lassen, dass er an diesem Ort oder in diesem Gebiet nicht nur vorübergehend verweilt (§ 9 Satz 1 AO; BFH 10. 8. 1983 I R 241/82, BStBl 1984 II 11; BFH 30. 8. 1989 I R 215/85, BStBl 1989 II 956).

Zur Begründung der unbeschränkten Steuerpflicht ist – im Unterschied zum Wohnsitz nach § 8 AO – nicht der gewöhnliche Aufenthalt an einem bestimmten Ort erforderlich. Wer sich gewöhnlich im Inland aufhält, ist auch dann unbeschränkt steuerpflichtig, wenn er ständig von Ort zu Ort reist. Notwendig ist aber eine gewisse Stetigkeit des Aufenthalts im Inland. Hierzu gehört, dass auch die Nächte zwischen den Arbeitstagen i. d. R. im Inland verbracht werden (BFH 6. 2. 1985 I R 23/82, BStBl 1985 II 331; BFH 25. 5. 1988 I R 225/82, BStBl 1988 II 944). Grenzgänger haben ihren gewöhnlichen Aufenthalt daher grundsätzlich im Wohnsitzstaat (BFH 10. 5. 1989 I R 50/85, BStBl 1989 II, 755; BFH 10. 7. 1996 I R 4/96, BStBl 1997 II, 15).

BEISPIEL: ▶ A hat seinen Wohnsitz in Belgien nahe der deutschen Grenze. Sein Gewerbebetrieb ist in Aachen belegen. Er hält sich deshalb tagsüber in Aachen auf und kehrt abends nach Hause zurück.

A hat keinen gewöhnlichen Aufenthalt im Inland, weil dem Aufenthalt in Aachen die erforderliche Stetigkeit fehlt (AEAO zu § 9 Nr. 2). Er unterliegt somit nicht der unbeschränkten Steuerpflicht nach § 1 Abs. 1 EStG.

A ist jedoch – vorbehaltlich § 1 Abs. 3 EStG - beschränkt steuerpflichtig nach § 1 Abs. 4 EStG, da er inländische Einkünfte im Sinne des § 49 Abs. 1 Nr. 2 Bst. a EStG bezieht.

2.4.3.2 Auslegungsregel des § 9 Satz 2 AO

Ein zeitlich zusammenhängender Aufenthalt im Inland von mehr als sechs Monaten Dauer ist stets und von Beginn an als gewöhnlicher Aufenthalt anzusehen (§ 9 Satz 2 AO). Die unbeschränkte Steuerpflicht beginnt dann mit der Einreise in das Inland, erstreckt sich also auch auf die ersten sechs Monate des Inlandsaufenthalts. Dass diese sechs Monate sämtlich zu demselben Kalenderjahr gehören, ist nicht erforderlich.   38

Die Berechnung der Sechsmonatsfrist richtet sich nach § 108 AO i. V. mit den §§ 187 – 193 BGB, denn § 108 AO gilt nicht nur für die verfahrensrechtlichen Bestimmungen der AO, sondern auch für materiell-rechtliche Fristen. Handelt es sich um einen ununterbrochenen Inlandsaufenthalt, so beginnt die Frist mit dem auf die Einreise folgenden Tag (§ 187 Abs. 1 BGB) und endet sechs Monate später mit Ablauf des Tages, der seiner Zahl nach dem Einreisetag entspricht (§ 188 Abs. 2 BGB).   39

BEISPIEL: ▶ A ist am 12. 10. 2015 aus seiner Heimat (Schweden) in die Bundesrepublik Deutschland eingereist und hier als Handelsvertreter tätig geworden, ohne einen Wohnsitz im Inland zu begründen. Nachdem er sich bis zum 14. 4. 2016 ständig in der Bundesrepublik Deutschland aufgehalten hat, kehrt er an diesem Tag nach Schweden zurück.

Da der Aufenthalt im Inland länger als sechs Monate gedauert hat, ist A unbeschränkt steuerpflichtig gewesen, und zwar vom Tage der Einreise an bis zum Verlassen des Bundesgebietes (§ 9 Satz 2 AO). Die Frist begann am 13. 10. 2015, da der Einreisetag nicht mitzählt (§ 187 Abs. 1 BGB). Sie endete mit Ablauf des 12. 4. 2016 (§ 188 Abs. 2 BGB).

40   Der sechsmonatige Aufenthalt im Inland muss jedoch nicht ununterbrochen bestehen (§ 9 Satz 2 Halbsatz 2 AO; BFH 3. 8. 1977 I R 210/75, BStBl 1978 II 118). Es genügt, wenn trotz vorübergehender Unterbrechungen durch Reisen ins Ausland noch ein einheitlicher Aufenthalt im Inland angenommen werden kann. Ist dies der Fall, so wird die Sechsmonatsfrist nach Tagen berechnet, wobei die Zeiten zwischendurch unternommener Auslandsreisen nicht mitgerechnet werden. Für die Prüfung der Sechsmonatsfrist wird jeder Monat mit 30 Tagen berücksichtigt (§ 191 BGB), sodass ein gewöhnlicher Aufenthalt nach § 9 AO vorliegt, wenn die Aufenthaltsdauer insgesamt mehr als 180 Tage beträgt. Berücksichtigt werden dabei nur volle Tage, die Tage der Ein- und Ausreise bleiben unberücksichtigt.

BEISPIEL: ▶ B war am 11. 10. 2015 aus seiner Heimat (Schweden) in das Bundesgebiet eingereist, hat hier jedoch keinen Wohnsitz begründet. Nachdem er am 22. 12. 2015 vorübergehend in seine Heimat zurückgekehrt war, um das Weihnachtsfest und den Jahreswechsel bei seinen Angehörigen zu verbringen, hielt er sich vom 3. 1. 2016 bis 29. 4. 2016 abermals in der Bundesrepublik Deutschland auf.

Trotz der Unterbrechung handelt es sich um einen als einheitlich zu wertenden Aufenthalt vom 11. 10. 2015 bis 29. 4. 2016. Während dieses ganzen Zeitraums war B unbeschränkt steuerpflichtig, denn der Inlandsaufenthalt hat mehr als 180 Tage gedauert (§ 9 Satz 2 AO, § 108 AO i V. m. § 191 BGB). Die Frist begann am Tage nach der Einreise (§ 187 Abs. 1 BGB), also mit dem 12. 10. 2015. Bis einschließlich 21. 12. 2015 hat B sich 70 Tage (Oktober 19 Tage, November 30 Tage, Dezember 21 Tage) im Inland aufgehalten. Der 22. 12. 2015 als Ausreisetag und der 3. 1. 2016 als Tag der erneuten Einreise sind nicht mitzurechnen, da bei Fristen, die nach Tagen oder längeren Zeiträumen bestimmt sind, nur nach vollen Tagen gerechnet wird. Vom 4. 1. 2016 bis einschließlich 28. 4. 2016 hat sich B nochmals an 115 vollen Tagen (Januar 27 Tage, Februar und März je 30 Tage, April 28 Tage) im Bundesgebiet aufgehalten, insgesamt also an 185 Tagen. Somit hat B für den gesamten Zeitraum einen gewöhnlichen Aufenthalt im Inland.

2.4.3.3   Verlängerte Frist von einem Jahr

41   Eine Ausnahme vom Grundsatz, dass ein mehr als sechsmonatiger Aufenthalt im Inland zu einem gewöhnlichen Aufenthalt und somit zur unbeschränkten Steuerpflicht führt, gilt für Personen, die sich ausschließlich zu Besuchs-, Erholungs-, Kur- oder ähnlichen privaten Zwecken im Inland aufhalten und sich dort weder gewerblich noch beruflich betätigen. In diesen Fällen gilt der Aufenthalt nicht als gewöhnlicher Aufenthalt, wenn er nicht länger als ein Jahr dauert (§ 9 Satz 3 AO).

2.4.3.4   Gewöhnlicher Aufenthalt bei kürzerer als sechsmonatiger Dauer

42   Der gewöhnliche Aufenthalt im Inland – und damit die unbeschränkte Steuerpflicht – kann ausnahmsweise auch bei einem Inlandsaufenthalt von weniger als sechs Monaten zu bejahen sein (§ 9 Satz 1 AO). Dies gilt stets, wenn die Umstände erkennen lassen, dass eine Person länger als sechs Monate im Inland bleiben will. Die unbeschränkte

Steuerpflicht besteht in einem solchen Fall vom Tage der Einreise an, selbst wenn der Aufenthalt im Inland infolge eines späteren Entschlusses die Dauer von sechs Monaten nicht erreicht (BFH 27.7.1962 VI 156/59 U, BStBl 1962 III 429; BFH 3.8.1977 I R 210/75, BStBl 1978 II 118).

BEISPIEL: ▶ Ein italienischer Facharbeiter hat sich verpflichtet, für 7 Monate bei einer deutschen Firma in Köln zu arbeiten. Wegen einer schweren Erkrankung kehrt er nach drei Monaten endgültig in seine Heimat zurück.

Der Italiener war während seines Aufenthalts in Köln unbeschränkt steuerpflichtig, da die Umstände erkennen ließen, dass er nicht nur vorübergehend im Inland verweilen wollte.

Die unbeschränkte Steuerpflicht kann hingegen nicht eintreten, wenn die Dauer des 43 Inlandsaufenthalts zunächst unbestimmt ist, schließlich aber doch weniger als sechs Monate ausmacht. § 9 Satz 1 AO verlangt für die Annahme eines gewöhnlichen Aufenthalts mehr, als dass die Aufenthaltsdauer nach den Umständen unklar ist. Es muss möglich sein, den Aufenthalt als nicht nur vorübergehend zu erkennen.

BEISPIEL: ▶ Ist der italienische Saisonarbeiter A ohne festen Vertrag in die Bundesrepublik Deutschland gekommen und macht er deutlich, dass er noch nicht weiß, wie lange er hier bleiben wird, so tritt die unbeschränkte Steuerpflicht nicht ein, falls er die Bundesrepublik Deutschland vor Ablauf von sechs Monaten wieder verlässt.

2.4.3.5   Bedeutung der §§ 8 und 9 AO in der Praxis der Finanzämter

In Fällen, in denen der Aufenthalt im Inland länger als 6 Monate gedauert hat, entste- 44 hen bei der Prüfung der Steuerpflicht zumeist keine Probleme. Aus § 9 Satz 2 AO geht hervor, dass der gewöhnliche Aufenthalt unter dieser Voraussetzung grundsätzlich zu bejahen ist, und zwar auch schon für die ersten 6 Monate. Dagegen ist die Frage, ob jemand seinen Wohnsitz oder gewöhnlichen Aufenthalt im Inland hat, bei einem Aufenthalt von weniger als 6 Monaten vielfach sehr schwierig zu beantworten. Dies gilt ebenso in Fällen, in denen festgestellt werden muss, zu welchem Zeitpunkt die unbeschränkte Steuerpflicht endet und die beschränkte Steuerpflicht beginnt.

2.4.4   Inland

Die Frage der beschränkten oder unbeschränkten Steuerpflicht hängt im Wesentlichen 45 davon ab, ob ein Wohnsitz (vgl. Rdn. 27 ff.) oder gewöhnlicher Aufenthalt (vgl. Rdn. 37 ff.) im **Inland** vorhanden ist. Der Inlandsbegriff ist vom Gesetzgeber im EStG nicht definiert worden. Als Inland ist folglich ganz allgemein der Geltungsbereich des EStG und somit das staatsrechtliche Hoheitsgebiet der Bundesrepublik Deutschland anzusehen.

Daneben gehört zum Inland auch der der Bundesrepublik Deutschland zustehende Anteil am **Festlandsockel,** soweit dort Naturschätze des Meeresgrundes und des Meeresuntergrundes erforscht oder ausgebeutet werden und – ab VZ 2015 – auch der der Bundesrepublik Deutschland zustehende Anteil an der ausschließlichen Wirtschaftszone, soweit dort Energieerzeugungsanlagen errichtet oder betrieben werden, die erneuerbare Energien nutzen (vgl. § 1 Abs. 1 Satz 2 Nr. 1 bzw. Nr. 2 EStG).

Daneben zählen zum Inland auch **Handelsschiffe,** die berechtigt sind, die deutsche Flagge zu führen, solange sie sich in deutschen Häfen oder auf hoher See befinden (H 1a „Schiffe" EStH).

Kriegsschiffe gehören sogar zum Inland, wenn sie in fremden Häfen liegen.

Der einkommensteuerliche Inlandsbegriff ist nicht identisch mit dem Inlandsbegriff im umsatzsteuerrechtlichen Sinn nach § 1 Abs. 2 Satz 1 UStG, in dem bestimmte staatsrechtlich zur Bundesrepublik Deutschland gehörende Gebiete (z. B. Büsingen, Insel Helgoland) nicht zum umsatzsteuerlichen Inland gehören.

2.4.5 Persönliche Befreiungen

46 Nach allgemeinen völkerrechtlichen Grundsätzen sind unter Wahrung der Gegenseitigkeit die Leiter und Mitglieder beglaubigter diplomatischer Vertretungen in der Bundesrepublik Deutschland sowie deren Familienangehörige als exterritorial und damit als nicht unbeschränkt steuerpflichtig anzusehen (§ 2 AO). Dasselbe gilt für Bedienstete dieser Personen, die keine deutschen Staatsangehörigen sind. Unabhängig davon können die genannten von der unbeschränkten Steuerpflicht befreiten Personen der beschränkten Steuerpflicht nach § 1 Abs. 4 EStG unterliegen, wenn sie inländische Einkünfte i. S. des § 49 EStG bezogen haben.

Weitere Sonderregelungen hinsichtlich der persönlichen Steuerpflicht bestehen für Angehörige ausländischer Streitkräfte, die in der Bundesrepublik Deutschland stationiert sind (BFH 14. 11. 1969 III R 95/68, BStBl 1970 II 153).

2.5 Beginn und Ende der Steuerpflicht

47 2.5.1 Unbeschränkte Steuerpflicht

Die unbeschränkte Steuerpflicht nach § 1 Abs. 1 EStG beginnt entweder mit der Geburt – wenn gleichzeitig Wohnsitz oder gewöhnlicher Aufenthalt im Inland gegeben sind – oder mit der Begründung eines Wohnsitzes oder des gewöhnlichen Aufenthaltes im Inland.

Sie endet durch Tod oder durch Aufgabe von Wohnsitz und gewöhnlichem Aufenthalt im Inland.

In den Fällen des § 1 Abs. 2 u. 3 EStG vgl. Rdn. 22 ff.

2.5.2 Beschränkte Steuerpflicht

48 Die **beschränkte Steuerpflicht** beginnt entweder mit der Geburt, wenn gleichzeitig inländische Einkünfte i. S. des § 49 EStG erzielt werden, oder mit der erstmaligen Erzielung inländischer Einkünfte i. S. des § 49 EStG. Sie beginnt ferner mit der Aufgabe von Wohnsitz oder gewöhnlichem Aufenthalt im Inland, wenn ab diesem Zeitpunkt inländische Einkünfte i. S. des § 49 EStG bezogen werden.

Das Ende der beschränkten Steuerpflicht kann durch Tod, Wegfall der inländischen Einkünfte oder Beginn der unbeschränkten Steuerpflicht eintreten.

2.5.3 Wechsel in der Art der Steuerpflicht

Wird ein unbeschränkt Steuerpflichtiger beschränkt steuerpflichtig oder tritt der umge- 49
kehrte Fall ein, so ist dies als Beendigung der bisherigen und Begründung einer neuen
Steuerpflicht anzusehen. Bei einem unterjährigen Wechsel der Steuerpflicht sind die
während der beschränkten Steuerpflicht erzielten inländischen Einkünfte im Fall einer
im Rahmen der unbeschränkten Steuerpflicht durchzuführenden Veranlagung zur unbeschränkten Steuerpflicht einzubeziehen (§ 2 Abs. 7 Satz 3 EStG).

Wegen der Durchführung der Besteuerung in den Fällen des **Wechsels der Steuerpflicht**
s. Rdn. 192.

2.5.4 Verschollenheit

Die **Steuerpflicht** – unbeschränkt wie beschränkte – beginnt frühestens mit der Ge- 50
burt und endet spätestens mit dem Tode (wegen Beginn und Ende in übrigen Fällen
vgl. Rdn. 47 ff.). Der Zeitraum der Steuerpflicht deckt sich daher grundsätzlich mit dem
Zeitraum der Rechtsfähigkeit i. S. d. BGB.

Eine Besonderheit ist jedoch bei **verschollenen** Personen zu beachten. Die Todeserklä- 51
rung Verschollener erfolgt häufig erst, nachdem sie schon lange Jahre vermisst waren.
Sie wirkt dann bürgerlich-rechtlich auf den mutmaßlichen Todeszeitpunkt zurück (§ 9
VerschG). Steuerlich war jedoch eine Sonderregelung erforderlich, weil ohne eine solche
die Veranlagungen für den Verschollenen und seine Erben nicht durchgeführt werden
konnten oder nach der Todeserklärung für u.U. weit zurückliegende Jahre berichtigt
werden mussten. Deshalb bestimmt § 49 AO, dass Verschollene bis zur Rechtskraft des
Beschlusses über die Todeserklärung als lebend zu behandeln sind. Da der Beschluss
über die Todeserklärung einen Monat nach seiner Zustellung rechtskräftig wird, bleibt
der Verschollene bis zu diesem Zeitpunkt persönlich einkommensteuerpflichtig. Eine
Rückwirkung auf den mutmaßlichen Todeszeitpunkt besteht hinsichtlich des Zeitraums
der persönlichen Steuerpflicht also im Unterschied zum Zivilrecht nicht.

BEISPIEL: ▶ Der nach einem Flugzeugunglück vermisste A wird durch Beschluss des zuständigen
Amtsgerichts vom 28.6.05 für tot erklärt. Als mutmaßlichen Todeszeitpunkt nennt der Beschluss den 12.9.01, den Tag, an dem A zuletzt gesehen wurde. Der Beschluss ist den Eltern
des A, die den Beschlussantrag gestellt hatten, am 5.7.05 zugestellt worden. A war Eigentümer eines Mietwohngrundstückes.

A gilt bürgerlich-rechtlich als mit dem 12.9.01 verstorben (widerlegbare Vermutung, § 9
VerschG). Das Grundstück ist ab diesem Zeitpunkt seinen Erben zuzurechnen (Gesamtrechtsnachfolge § 1922 BGB). Die nach dem 12.9.01 angefallenen Einnahmen sind daher Einnahmen
der Erben. Die Steuerpflicht des A endete jedoch nach § 49 AO erst mit der Rechtskraft des Todeserklärungsbeschlusses, also einen Monat nach Zustellung des Beschlusses an die Antragsteller, mit Ablauf des 5.8.05. Die vom 12.9.01 bis zum 5.8.05 erzielten Grundstückseinnah-
men sind demnach steuerlich nicht den Erben, sondern A selbst zuzurechnen. Lagen sie in den
einzelnen Jahren so hoch, dass sie zur Entstehung einer Steuerschuld geführt haben, so muss
gegen A ein auf seinen Namen lautender Steuerbescheid ergehen, der den Erben als Bekannt-
gabeempfängern zugesandt wird.

Die praktische Bedeutung des § 49 AO für die Erben des Verschollenen besteht einkom- 52
mensteuerlich vor allem darin, dass dessen Einkünfte für die Zeit bis zur Rechtskraft

des Todeserklärungsbeschlusses nicht mit denen der Erben zusammengerechnet werden dürfen.

53 Für die Frage, ob ein Verschollener Erbe geworden ist, kommt es dagegen auf den im Todeserklärungsbeschluss festgestellten mutmaßlichen Todeszeitpunkt an. Nach dem Wortlaut des § 49 AO könnte man allerdings annehmen, dass die steuerlichen Folgen der Todeserklärung auch insoweit vom bürgerlichen Recht abweichen. Der BFH hat jedoch in einem Urteil vom 21. 9. 1956 III 30/56 U (BStBl 1956 III 373) entschieden, dass § 49 AO hinsichtlich dieser Frage ohne Bedeutung ist.

> **BEISPIEL:** ▶ A ist seit dem 20. 1. 01 vermisst. Sein Vater, der einen Gewerbebetrieb führt, verstirbt in 08, ohne ein Testament zu hinterlassen. Ein Bruder des A führt den Betrieb seitdem weiter. Im Jahre 10 wird A für tot erklärt. Mutmaßlicher Todeszeitpunkt ist der 20. 1. 01.
>
> A hat seinen Vater nicht beerbt. Er gilt nach dem Beschluss über die Todeserklärung als am 20. 1. 01 verstorben, also lange Jahre vor seinem Vater. Diese erbrechtlichen Wirkungen der Todeserklärung gelten trotz § 49 AO auch für das Steuerrecht. Aus diesem Grunde darf der Gewinn, den der Gewerbebetrieb zwischen dem Tod des Vaters und der Rechtskraft des Todeserklärungsbeschlusses abgeworfen hat, dem A nicht anteilig zugerechnet werden.

54 § 49 AO ist ferner auch dann nicht anwendbar, wenn nach § 39 VerschG zur Behebung von Zweifeln nur der Zeitpunkt des Todes einer mit Sicherheit verstorbenen Person festgestellt wurde.

2.6 Sachliche Einkommensteuerpflicht

2.6.1 Allgemeines

55 Die **persönliche Steuerpflicht** in § 1 EStG knüpft regelmäßig an den **Wohnsitz** oder an den **gewöhnlichen Aufenthalt** des Steuerpflichtigen an. Für eine persönlich unbeschränkte ESt-Pflicht (§ 1 Abs. 1 EStG) ist nicht erforderlich, dass die Person auch einkommensteuerrechtlich relevante Einkünfte erzielt. Lediglich im Fall der beschränkten Steuerpflicht (§ 1 Abs. 4 EStG) setzt die persönliche Steuerpflicht zugleich eine sachliche Steuerpflicht, d. h. die Erzielung von Einkünften voraus. Zur Festsetzung einer ESt kommt es jedoch auch in Fällen der persönlichen Steuerpflicht i. S. des § 1 Abs. 1 EStG im Ergebnis nur dann, wenn auch sachlich eine Steuerpflicht vorliegt, d. h. wenn Einkünfte erzielt werden. Darüber hinaus setzt die sachliche Steuerpflicht auch voraus, dass die Bundesrepublik Deutschland das Recht hat, diese Einkünfte zu besteuern.

2.6.2 Beschränkungen

56 Im Falle der **unbeschränkten** Steuerpflicht unterliegen grundsätzlich sämtliche Einkünfte der steuerpflichtigen Person der Besteuerung in der Bundesrepublik Deutschland (= **Welteinkommensprinzip**), im Falle der **beschränkten** Steuerpflicht erstreckt sich die Besteuerung hingegen nur auf die im Inland erzielten Einkünfte (= **Quellenprinzip**). Gleichwohl können diese Grundsätze der sachlichen Steuerpflicht sowohl durch internationale Vereinbarungen als auch durch nationale Gesetze eingeschränkt sein. Entsprechende Regelungen ergeben sich insbesondere aus Abkommen zur Vermeidung der Doppelbesteuerung (DBA), durch andere zwischenstaatliche Vereinbarungen, durch einseitigen Steuerverzicht und durch die Steuerbefreiungen in §§ 3–3b EStG (vgl. H 1a

„Allgemeines" EStH). Die Steuerbefreiungen dienen dazu, ganz gezielt bestimmte Vorgänge von der Steuerpflicht auszunehmen, um diese hierdurch staatlich zu fördern (vgl. hierzu Rdn. 83 ff.).

Andererseits kann die sachliche Steuerpflicht sowohl für unbeschränkt als auch für be- 57
schränkt steuerpflichtige Personen durch bestimmte Regelungen des Außensteuergesetzes erweitert werden.

Auf die Ausführungen in Kapitel 15 zur **Besteuerung der beschränkt Steuerpflichtigen** 58
wird hingewiesen.

2.7 Kontrollfragen

FRAGEN

		Rdn.	
1.	Was versteht man unter persönlicher Steuerpflicht bzw. sachlicher Steuerpflicht?	13, 14	☐
2.	Bei welcher Art der persönlichen Steuerpflicht wird das Welteinkommen erfasst?	19	☐
3.	Inwieweit ist eine unbeschränkte Steuerpflicht auf Antrag möglich?	24	☐
4.	Können juristische Personen und Personenvereinigungen Schuldner von ESt sein?	15	☐
5.	Wie wird das Einkommen einer OHG ertragsteuerlich erfasst?	16	☐
6.	Kann ein ausländischer Staatsbürger unbeschränkt einkommensteuerpflichtig sein?	22	☐
7.	Kann ein Säugling ausländischer Eltern, der heute in München zur Welt kommt, unbeschränkt einkommensteuerpflichtig sein?	47	☐
8.	Ist ein Spanier, der in seinem Heimatland wohnt, ausschließlich dort seine Einkünfte erzielt und in Deutschland keinen gewöhnlichen Aufenthalt hat, beschränkt einkommensteuerpflichtig?	48	☐
9.	Führt der Wegzug einer natürlichen Person vom Inland ins Ausland zwingend zum Ende der unbeschränkten Steuerpflicht?	47	☐
10.	Kann die beschränkte Steuerpflicht mit der Geburt beginnen?	48	☐
11.	Kann die beschränkte Steuerpflicht durch Tod beendet werden?	48	☐
12.	Kann die beschränkte Steuerpflicht durch Wegfall der inländischen Einkünfte beendet werden?	48	☐
13.	Unterliegt ein Franzose, der seinen Wohnsitz von Frankreich nach Deutschland verlegt und ausschließlich Einkünfte in Frankreich bezieht, der unbeschränkten Steuerpflicht in Deutschland?	47	☐

(Einstweilen frei) 59–65

KAPITEL 3: EINKOMMENSTEUERLICHE GRUNDBEGRIFFE

Kapitel 3:
Einkommensteuerliche Grundbegriffe

3.1 Einkünfte und Gesamtbetrag der Einkünfte

3.1.1 Die zu erfassenden Bruttoerträge

66 Bei Einführung des EStG war zu entscheiden, ob sämtliche Vermögensmehrungen ausnahmslos als Einkommen behandelt werden oder ob insoweit Einschränkungen gemacht werden sollten. Zu dieser Frage bestehen zwei unterschiedliche Denkansätze: Nach der sog. **Reinvermögenszuwachstheorie** gehört jede Art von Vermögensmehrung ohne Rücksicht auf ihren Ursprung zum Einkommen, also auch alle einmaligen Vermögensmehrungen wie Erbschaften, Lotteriegewinne und Schenkungen. Dagegen setzt sich das Einkommen nach der sog. **Quellentheorie** nur aus den Erträgen **dauernd fließender Ertragsquellen** zusammen, bspw. aus Erträgen eines Betriebes (Gewinn), Erträgen der Arbeitskraft (Arbeitslohn), aus Grundbesitz (Miete bzw. Pacht) oder Kapitalvermögen (Zinsen und sonstige Kapitalerträge). Dagegen zählen einmalige Vermögensmehrungen nach der Quellentheorie nicht zum Einkommen.

Im EStG 1920 wurde der steuerliche Einkommensbegriff zunächst aus der Reinvermögenszuwachstheorie abgeleitet. Seit 1925 enthält § 2 Abs. 1 Nr. 1 – 7 EStG eine abschließende Aufzählung der insgesamt sieben Einkunftsarten („Der Einkommensteuer unterliegen…"). Das bedeutet, dass die Einkommensteuer ausschließlich solche Vermögensmehrungen erfasst, die sich einer dieser **Einkunftsarten** zuordnen lassen.

67 Das Gesetz nennt seit 1934 unverändert die folgenden **sieben Einkunftsarten**:

1. § 13 EStG : Einkünfte aus Land- und Forstwirtschaft,

2. § 15 EStG : Einkünfte aus Gewerbebetrieb,

3. § 18 EStG : Einkünfte aus selbständiger Arbeit,

4. § 19 EStG : Einkünfte aus nichtselbständiger Arbeit,

5. § 20 EStG : Einkünfte aus Kapitalvermögen,

6. § 21 EStG : Einkünfte aus Vermietung und Verpachtung,

7. § 22 EStG : sonstige Einkünfte.

68 Die zutreffende Unterscheidung einkommensteuerlich bedeutsamer Vermögensmehrungen von den nicht zu erfassenden Beträgen sowie die Abgrenzung der Einkunftsarten gegeneinander wird dadurch erleichtert, dass in den §§ 13 – 24 EStG für jede Einkunftsart festgelegt ist, welche Arten von Bezügen zu ihr gehören. § 22 EStG enthält auch für die siebte Einkunftsart eine solche Aufzählung, durch die abschließend geregelt wird, welche Beträge im Rahmen der sonstigen Einkünfte anzusetzen sind. Damit ist klargestellt, dass nicht etwa jede Vermögensmehrung, die in keine der ersten sechs Einkunftsarten eingeordnet werden kann, zu den sonstigen Einkünften rechnet. Somit fallen insbesondere Vermögensmehrungen durch Schenkung, Erbschaft oder Gewinn beim Glücksspiel unter keine der sieben Einkunftsarten und unterliegen somit nicht der ESt.

Um die einzelnen Einkunftsarten zutreffend gegeneinander abzugrenzen, ist im Gesetz 69 ferner bestimmt, dass Einnahmen nur dann zu den Einkünften aus Kapitalvermögen, Vermietung und Verpachtung oder zu den sonstigen Einkünften gehören, wenn sie nicht schon bei einer anderen Einkunftsart zu erfassen sind (sog. Subsidiaritätsklauseln). Wegen der Einzelheiten vgl. §§ 20 Abs. 8, 21 Abs. 3, 22 Nr. 1 Satz 1 u. Nr. 3, 23 Abs. 2 EStG.

> **BEISPIEL 1:** A erhält eine Dividende aus Aktien, die zu seinem gewerblichen Betriebsvermögen zählen.
>
> Es handelt sich zwar begrifflich um Einnahmen aus Kapitalvermögen gem. § 20 Abs. 1 Nr. 1 EStG; die Subsidiaritätsklausel des § 20 Abs. 8 EStG stellt aber klar, dass die Dividende vorrangig bei den Einkünften aus Gewerbebetrieb angesetzt werden muss.

> **BEISPIEL 2:** Vermieter B erhält von seinem Mieter M Verzugszinsen wegen verspäteter Mietzahlungen.
>
> Es handelt sich zwar begrifflich um Einnahmen aus Kapitalvermögen gem. § 20 Abs. 1 Nr. 7 EStG; die Subsidiaritätsklausel des § 20 Abs. 8 EStG stellt aber klar, dass die Zinsen vorrangig bei den Einkünften aus Vermietung und Verpachtung angesetzt werden müssen.

(Einstweilen frei) 70

3.1.2 Begriff der Einkünfte

3.1.2.1 Von den Bruttoerträgen abzuziehende Beträge

Die zweite grundlegende Frage, die sich bei der Festlegung des steuerlichen Einkom- 71 mensbegriffs ergab, betraf den Umfang, in dem Aufwendungen bei der Berechnung des Einkommens von den anzusetzenden Vermögensmehrungen abgezogen werden dürfen.

Das EStG enthält hinsichtlich der **Abzugsfähigkeit von Aufwendungen** den Grundsatz, 72 dass sich bei jeder Einkunftsart nur diejenigen Aufwendungen auswirken dürfen, die mit der Erzielung der Bruttobeträge aus der jeweiligen Einkunftsart zusammenhängen (sog. Veranlassungsprinzip, vgl. § 9 Abs. 1 Satz 2 EStG für den Bereich der Werbungskosten). Bei gleich hohen Einnahmen können die Aufwendungen, die notwendig waren, um sie zu erzielen, verschieden hoch sein. Diese Aufwendungen steuermindernd zu berücksichtigen, entspricht daher der steuerlichen Gerechtigkeit.

Da die Aufwendungen jeweils bei der Einkunftsart abzuziehen sind, mit deren Bruttobeträgen sie im Zusammenhang stehen, bezeichnet das Gesetz mit dem Ausdruck **„Einkünfte"** den **Reinertrag einer Einkunftsart.**

> **BEISPIEL:** Aus der Vermietung eines Mietwohngrundstücks, das nicht zu einem Betriebsvermögen gehört, hat der Grundstückseigentümer G im Jahre 01 Mieteinnahmen von 15 000 € erzielt. Die damit zusammenhängenden abzugsfähigen Aufwendungen haben unter Berücksichtigung der Gebäude-AfA 4 000 € betragen.
>
> G erzielt aus der Vermietung des Mietwohngrundstücks Einkünfte aus Vermietung und Verpachtung nach § 2 Abs. 1 Nr. 6 i. V. m. § 21 Abs. 1 Nr. 1 EStG. Die Einkünfte betragen nach Abzug der Werbungskosten (4 000 €) von den Einnahmen (15 000 €) 11 000 €.

Wie aus § 2 Abs. 1 EStG hervorgeht, gilt der Ausdruck „Einkünfte" für alle Einkunfts- 73 arten. Dabei spielt es keine Rolle, ob das Reinergebnis aus einer Einkunftsart positiv oder negativ ist. Verluste aus einer Einkunftsart können somit auch als negative Einkünfte bezeichnet werden.

> **BEISPIEL:** ▸ Haben die Mieteinnahmen im vorigen Beispiel 5 000 € betragen, und die damit zusammenhängenden Aufwendungen einschließlich der AfA 8 000 €, so sind die Einkünfte aus Vermietung und Verpachtung mit ./. 3 000 € (negative Einkünfte) anzusetzen.

74   Der Ausdruck „Einkünfte" hat im EStG nicht immer die gleiche Bedeutung. Zwar wird durch ihn im Allgemeinen das Gesamtergebnis aus einer der sieben Einkunftsarten bezeichnet, das bei einer Steuerfestsetzung berücksichtigt werden muss; im Einzelfall kann jedoch unter „Einkünften" auch nur ein Teilergebnis aus einer Einkunftsart zu verstehen sein.

> **BEISPIEL:** ▸ Ein Gewerbetreibender hat im Rahmen des Betriebs in 01 einen laufenden Gewinn von 5 000 € und einen steuerpflichtigen Veräußerungsgewinn nach § 16 EStG von 11 000 € erzielt.
>
> Die „Einkünfte" aus Gewerbebetrieb belaufen sich auf insgesamt 16 000 €. Zu den tarifbegünstigten außerordentlichen „Einkünften" (§ 34 Abs. 2 Nr. 1 EStG) gehört aber nur der Veräußerungsgewinn von 11 000 €.

In gleicher Weise kann der Begriff „Einkünfte" auch in den Formulierungen der §§ 22 u. 34 Abs. 1 und Abs. 3 EStG nur für das Teilergebnis einer Einkunftsart zutreffen.

75   Hat ein Steuerpflichtiger aus mehreren Einkunftsarten Einkünfte erzielt, so ist für jede Einkunftsart eine gesonderte Ermittlung erforderlich. Würde man die Einnahmen aus mehreren Einkunftsarten zusammenrechnen und die Summe um sämtliche mit diesen Einnahmen zusammenhängenden Aufwendungen vermindern, könnte dies leicht zu einer unrichtigen Steuerfestsetzung führen. Die vielfältigen Unterschiede bei der Ermittlung der einzelnen Einkunftsarten, insbesondere die unterschiedlichen Regelungen zum Umfang, in dem Aufwendungen abgezogen werden dürfen, zwingen zu einer getrennten Berechnung der Einkünfte für jede Einkunftsart.

Wegen der Einkünfte im Einzelnen s. Kapitel 11.

BEACHTE

Weil das EStG je nach Einkunftsart unterschiedliche Ermittlungsvorschriften vorsieht, sind die Einkünfte aus jeder Einkunftsart des § 2 Abs. 1 Nr. 1 bis 7 EStG im Rahmen einer ESt-Veranlagung zunächst getrennt zu ermitteln. Danach sind ab VZ 2009 die ermittelten Beträge zur Summe der Einkünfte zusammen zu rechnen (§ 2 Abs. 3 EStG). Dabei gelten für die Einkünfte aus Kapitalvermögen (§ 2 Abs. 1 Nr. 5 i. V. m. § 20 EStG) besondere Regelungen (§ 2 Abs. 5b EStG und Stichwort Abgeltungsteuer Rdn. 1932 ff.).

3.1.2.2   Keine Einkünfte bei Liebhaberei

76   Von den im Gesetz genannten Einkunftsarten setzen die Einkünfte aus Land- und Forstwirtschaft, aus Gewerbebetrieb, selbständiger Arbeit und nichtselbständiger Arbeit i. d. R. eine Tätigkeit voraus. Ferner können sonstige Einkünfte i. S. des § 22 Nr. 3 EStG auf einer Tätigkeit beruhen, bspw. Provisionen aus gelegentlicher Vermittlung. Der Zweck einer Tätigkeit, die ihrer Art nach in eine der erwähnten Einkunftsarten fällt, besteht in der Regel darin, einen finanziellen Gewinn zu erzielen. In Ausnahmefällen wird

eine entsprechende Tätigkeit aber auch in erster Linie deshalb ausgeübt, weil sie demjenigen, der tätig wird, Freude macht, wobei es ihm gleichgültig ist, ob Erträge anfallen oder ob er Verluste erleidet. Ist Letzteres der Fall, wird also auf die Dauer gesehen kein finanzieller Gewinn angestrebt, so handelt es sich bei der Tätigkeit um **„Liebhaberei".** Das Ergebnis einer Tätigkeit, die Liebhaberei darstellt, kann einkommensteuerlich nicht berücksichtigt werden. Das gilt für positive wie für negative Ergebnisse. § 2 Abs. 1 EStG, in dem die Einkunftsarten aufgezählt sind, setzt nach ständiger Rechtsprechung eine ernst gemeinte Beteiligung am Wirtschaftsleben voraus (BFH 25.6.1984 GrS 4/82, BStBl 1984 II 751). Diese wird nur bejaht, wenn der Steuerpflichtige auf Dauer gesehen beabsichtigt, positive Einkünfte aus der betreffenden Einkunftsart zu erzielen. Oberster Zweck des EStG ist es, dem Staat Einnahmen zu verschaffen. Dementsprechend darf bei den einzelnen Einkunftsarten nur das Ergebnis von Tätigkeiten erfasst werden, bei denen nicht von vornherein bewusst ständige Verluste in Kauf genommen werden.

Die Entscheidung, ob eine Tätigkeit als Liebhaberei anzusehen ist, wird in aller Regel anhand von objektiven Merkmalen getroffen. Ist die Tätigkeit so gestaltet, dass nach den Erkenntnissen der Betriebswirtschaftslehre auf die Dauer gesehen kein Überschuss der Erträge über die Aufwendungen erwartet werden kann, so handelt es sich um Liebhaberei (BFH 15.11.1984 IV R 139/81, BStBl 1985 II 205). Vielfach wird es nicht möglich sein, mit Sicherheit vorauszusagen, ob ein positives Gesamtergebnis erwartet werden kann. Deshalb ist ausschlaggebend, welcher Grad von Wahrscheinlichkeit für die Erzielung positiver Einkünfte spricht. Beispielsweise hat der BFH angenommen, dass trotz des Risikos aller Züchtungsversuche beim Züchten von Pflanzen im Allgemeinen nicht Liebhaberei, sondern eine ernsthafte Beteiligung am Wirtschaftsleben vorliegt (BFH 6.5.1954 IV 221/53 U, BStBl 1954 III 197). Dagegen hat der BFH bei einem Kaufmann, der neben seinem Beruf ein landwirtschaftliches Anwesen mit fremden Arbeitskräften betreibt, über 14 Jahre aber nur Verluste erwirtschaftete, Liebhaberei angenommen (BFH 18.3.1976 IV R 113/73, BStBl 1976 II 485).

Ist entsprechend der Wesensart einer Tätigkeit und nach der Art ihrer Ausübung ein- 77 deutig Liebhaberei anzunehmen, so fällt demgegenüber die Einlassung des Steuerpflichtigen, er habe ernsthaft Einkünfte erstrebt, als subjektives Moment nicht ins Gewicht. Nur in Grenzfällen können subjektive Merkmale Bedeutung erlangen (vgl. auch BFH 27.1.2000 IV R 33/99, BStBl 2000 II 227).

Die Notwendigkeit, zwischen ernsthafter Beteiligung am Wirtschaftsleben und Liebhaberei zu unterscheiden, kann sich insbesondere bei allen Einkunftsarten ergeben, die in Form einer Tätigkeit ausgeübt werden. Am häufigsten kommt Liebhaberei bei der Land- und Forstwirtschaft vor. Typische Beispiele bilden das vorwiegend zu Erholungszwecken erworbene Landgut eines Industriellen und eine ausschließlich zu Vergnügungszwecken betriebene Jagd. Ebenso ist die Tätigkeit der Schrebergärtnerei i.d.R. Liebhaberei, genau wie eine kleine Pferdezucht, bei der der Hobbycharakter überwiegt (BFH 17.3.1960 IV 193/58 U, BStBl 1960 III 324).

Im gewerblichen Bereich ist bspw. die Frage aufgeworfen worden, ob Sportanlagen, die 78 von Privatpersonen für öffentliche Massenveranstaltungen errichtet wurden, als Gewerbebetrieb oder als Liebhaberei anzusehen sind. Der BFH hat entschieden, dass es sich i.d.R. um Gewerbebetriebe handelt (BFH 28.6.1955 I 25/55 U, BStBl 1955 III 237).

79 Auch eine Tätigkeit, die bei ernsthafter Beteiligung am Wirtschaftsleben nach §§ 18 oder 19 EStG zu beurteilen wäre, kann im Ausnahmefall Liebhaberei darstellen.

> **BEISPIEL 1:** ▸ Ein Steuerpflichtiger, dessen wirtschaftliche Lage gesichert ist, betätigt sich als Vortragsmeister. Infolge geringer Vergütungen und häufiger Reisen hat er seit Jahren Verluste aus dieser Tätigkeit erlitten. Auch in Zukunft sind Verluste zu erwarten.
>
> Die Verluste dürfen nicht mit den positiven Einkünften aus anderen Einkunftsarten ausgeglichen werden, da es sich um Liebhaberei handelt.

> **BEISPIEL 2:** ▸ Ein vermögender Steuerpflichtiger ist als Dozent an einer technischen Hochschule tätig. Auf Vergütung hat er verzichtet. Ein Zusammenhang der Lehrtätigkeit mit einem Gewerbebetrieb oder einer freiberuflichen Tätigkeit des Steuerpflichtigen besteht nicht.
>
> Die Aufwendungen, die im Rahmen der Lehrtätigkeit gemacht werden, können nicht als Verluste aus § 19 EStG berücksichtigt werden, weil die Tätigkeit als Liebhaberei zu werten ist.

80 Obwohl die Einkünfte aus § 21 EStG nicht auf einer Tätigkeit, sondern auf einem Rechtsverhältnis beruhen, ist auch bei der Vermietung und Verpachtung von Grundstücken die Frage aufgeworfen worden, ob es sich hierbei um Liebhaberei handeln kann (BFH 14.12.1976 VIII R 99/72, BStBl 1977 II 305; BFH 25.6.1984 GrS 4/82, BStBl 1984 II 751). Die Notwendigkeit, dies zu entscheiden, kann sich insbesondere bei nicht auf Dauer angelegter Vermietungstätigkeit, bei Zweit- oder Ferienwohnungen bzw. bei einer verbilligten Vermietung an nahe Angehörige ergeben (BFH 21.10.1980 VIII R 81/79, BStBl 1981 II 452).

Bei einer auf Dauer angelegten Vermietung und Verpachtung kann nach dem BFH-Urteil vom 30.9.1997 IX R 80/94 (BStBl 1998 II 771) grundsätzlich davon ausgegangen werden, dass **Einkunftserzielungsabsicht gegeben** ist. Dies gilt nur dann nicht, wenn besondere Umstände gegen das Vorliegen einer Einkunftserzielungsabsicht sprechen (z. B. bei Mietkaufmodellen oder Bauherrenmodellen mit Rückkaufangebot oder Verkaufsgarantie) oder die Art der Nutzung für sich allein Beweisanzeichen für eine private, nicht mit der Einkunftserzielung zusammenhängende Veranlassung ist (z. B. bei einer Ferienwohnung). Nur in derartigen Ausnahmefällen muss festgestellt werden, ob während der voraussichtlichen Vermögensnutzung (Prognosezeitraum) ein Überschuss der Einnahmen über die Werbungskosten zu erreichen ist.

Die **typisierende Annahme** einer Einkunftserzielungsabsicht gilt nach dem BFH-Beschluss vom 25.3.2003 (IX B 2/03, BStBl 2003 II 479) **nicht** für die dauerhafte Verpachtung von **unbebautem** Grundbesitz. Mit Urteil vom 28.11.2007 (IX R 9/06, BStBl 2008 II 515) bestätigt der BFH die Rechtsprechung vom 25.3.2003 und führt weiter aus, dass der **Prognosezeitraum** auch bei einer Verpachtung **unbebauten** Grundbesitzes **30 Jahre** beträgt. Als Ergänzung des BFH-Urteils vom 28.11.2007 hat der BFH mit Urteil vom 26.11.2008 (IX R 67/07, BStBl 2009 II 370) entschieden, dass dann, wenn ein Stpfl. aufgrund einheitlichen Mietvertrags ein bebautes zusammen mit einem unbebauten Grundstück vermietet, die § 21 Abs. 1 Satz 1 Nr. 1 EStG zugrunde liegende Typisierung der Einkunftserzielungsabsicht bei auf Dauer angelegter Vermietungstätigkeit grundsätzlich nicht für die Vermietung des unbebauten Grundstücks gilt.

Zur Überschusserzielungsabsicht bei auf Dauer angelegter Vermietung und Verpachtung sowie zur einkommensteuerrechtlichen Behandlung von Ferienwohnungen nehmen die BMF-Schreiben vom 14.10.2002 (BStBl 2002 I 1039) und vom 8.10.2004

(BStBl 2004 I 933) Stellung. In Fällen der verbilligten Überlassung einer Wohnung zu Wohnzwecken ist § 21 Abs. 2 EStG zu beachten (vgl. hierzu Rdn. 1989 f.).

Es kann jeweils nur einheitlich für die gesamte Tätigkeit entschieden werden, ob eine 81 ernst gemeinte Beteiligung am Wirtschaftsleben vorliegt. Verneint man sie, so muss das gesamte Ergebnis der Tätigkeit einkommensteuerlich außer Betracht bleiben. Hat man aber bejaht, dass Einkünfte ernsthaft angestrebt werden, so kommt es grundsätzlich auf die Notwendigkeit von Aufwendungen nicht an. Abgesehen von den gesetzlichen Einschränkungen des § 4 Abs. 4a, Abs. 5, Abs. 5b und Abs. 6 EStG kann sich eine Begrenzung des Abzugs dann allenfalls aus § 12 EStG ergeben. Mit § 4 Abs. 4 EStG u. § 9 EStG ist es nicht vereinbar, in einem solchen Falle einzelne Aufwendungen mit der Begründung vom Abzug auszuschließen, es handele sich um Liebhaberei.

In der Praxis stellt sich das Problem in der Abgrenzung von subjektiven Vorträgen des 82 Steuerpflichtigen einerseits und objektiven Merkmalen für das Vorliegen der Einkunftserzielungsabsicht andererseits. In Zweifelsfällen beobachtet die Finanzverwaltung die Einkunftsentwicklung über mehrere Jahre und versucht dann, durch gezielte Fragestellung die Motivation des Steuerpflichtigen zu erkennen. Die Befragung zum Beispiel nach Werbemaßnahmen, Kalkulationen und Gewinnprognosen, Reaktionen auf ständige Verluste, Gestaltung des Geschäftssitzes, Öffnungszeiten, Warenbeständen und Anzahl von Angestellten soll dazu dienen, das Vorhandensein der Einkunftserzielungsabsicht anhand objektiver Kriterien zu überprüfen.

3.1.3 Steuerfreie Beträge

3.1.3.1 Steuerfreie Beträge i. S. der §§ 3 und 3b EStG

Die Steuerfreiheit bestimmter Einnahmen hat grundsätzlich keine Bedeutung für die 83 Frage, welcher Einkunftsart diese Beträge zugeordnet werden können; man könnte steuerfreie Einnahmen daher theoretisch einer bestimmten Einkunftsart zuordnen. Tatsächlich werden aber steuerfreie Einnahmen und die damit zusammenhängenden Ausgaben nicht als „Einkünfte" i. S. des EStG angesehen. Sie scheiden insbesondere auch aus, soweit die „Einkünfte" Voraussetzung oder Bemessungsgrundlage einer Steuerermäßigung sind (BFH 14. 1. 1972 VI R 30/69, BStBl 1972 II 341; BFH 18. 3. 1983 VI R 172/79, BStBl 1983 II 475). Insoweit kann man also davon ausgehen, dass eine Steuerbefreiung die entsprechende „Quelle" dem gesamten Anwendungsbereich des EStG entzieht (vgl. Rdn. 56).

Die Überschrift vor § 3 EStG lautet: **„Steuerfreie Einnahmen".** Aus der Befreiung von 84 „Einnahmen" darf nicht etwa gefolgert werden, dass trotz Steuerfreiheit dieser Bezüge damit zusammenhängende Betriebsausgaben oder Werbungskosten bei der betreffenden Einkunftsart abgezogen werden können. Dies stellt § 3c Abs. 1 EStG klar, wonach Betriebsausgaben oder Werbungskosten insoweit nicht abzugsfähig sind, als sie in unmittelbarem Zusammenhang mit steuerfreien Einnahmen stehen. Sonderregelungen beinhalten die Steuerbefreiungsvorschriften nach § 3 Nr. 40, Nr. 40a und Nr. 70 EStG, in denen die dort genannten Einkünfte nicht vollständig, sondern nur zu 40 % bzw. zur Hälfte steuerfrei gestellt werden. Konsequenterweise können auch die mit diesen Einkünften in Zusammenhang stehenden Aufwendungen nach den korrespondierenden

Vorschriften des § 3c Abs. 2 bzw. Abs. 3 EStG nur zu 60 % bzw. nur zur Hälfte in Abzug gebracht werden. Die Steuerfreiheit der Einnahmen und das damit verbundene Abzugsverbot des § 3c EStG entsprechen im Ergebnis der vollen oder teilweisen Befreiung von Einkünften.

85 Obwohl die Überschrift vor § 3 EStG missverständlich nur steuerfreie „Einnahmen" erwähnt, sind die in den §§ 3 und 3b EStG aufgezählten Bezüge selbstverständlich auch steuerfrei, soweit sie im Rahmen eines Betriebes anfallen, es sich also begrifflich um Betriebseinnahmen handelt. Die Bedeutung der Steuerbefreiungen besteht darin, dass die für steuerfrei erklärten Betriebseinnahmen oder Einnahmen sich zwar in eine Einkunftsart einordnen lassen, bei der Berechnung der Einkünfte aber so behandelt werden, als wären sie gar nicht erzielt worden. Unter Einnahmen i. S. des § 2 Abs. 2 EStG sind also nur **steuerpflichtige** Einnahmen zu verstehen. Steuerfreie Beträge wirken sich somit auf die Höhe der Einkünfte und mithin auch auf die Höhe des Gesamtbetrags der Einkünfte, des Einkommens und des zu versteuernden Einkommens nicht aus.

86 Wie in § 2 Abs. 2 EStG sind auch unter Einnahmen i. S. d. Vorschrift des § 9a EStG nur steuerpflichtige Beträge zu verstehen. Daraus folgt, dass der Abzug von Pauschbeträgen für Werbungskosten nach § 9a EStG nicht in Frage kommt, wenn nur steuerfreie Einnahmen erzielt wurden.

87 *(Einstweilen frei)*

3.1.3.2 Bestimmte Versicherungsleistungen

3.1.3.2.1 Leistungen aus Kranken- oder Pflegeversicherung (§ 3 Nr. 1 Buchst. a EStG)

88 Zu den nach § 3 Nr. 1 Buchst. a EStG steuerfreien Sach- und Barleistungen (H 3.1 „Allgemeines" EStH) aus einer gesetzlichen oder privaten Krankenversicherung sowie aus einer entsprechenden Pflegeversicherung gehören, insbesondere die Zahlung von Krankengeld sowie die Erstattung von Krankheitskosten durch die gesetzliche oder private Krankenversicherung. Zu den Krankenversicherungen in diesem Sinne gehören auch Krankentagegeldversicherungen (BFH 22. 5. 1969 IV R 144/68, BStBl 1969 II 489). Steuerfrei sind gem. H 3.1 „Krankenversicherung" EStH auch Leistungen aus einer ausländischen Krankenversicherung (BFH 26. 5. 1998 VI R 9/96, BStBl 1998 II 581).

BEISPIEL: ➤ Der Gewerbetreibende A hat auf freiwilliger Basis eine Krankenversicherung und eine Krankentagegeldversicherung abgeschlossen. Mit den Leistungen aus der Krankentagegeldversicherung will er im Krankheitsfall einen Teil seiner Betriebsausgaben abdecken. Anlässlich eines Krankenhausaufenthaltes sind ihm Aufwendungen für Arzt- und Krankenhauskosten in Höhe von 5 000 € entstanden. Diese Aufwendungen werden von der Krankenversicherung erstattet. Darüber hinaus erhält er aus seiner Krankentagegeldversicherung einen Betrag von 1 000 €, weil er während des Krankenhausaufenthaltes arbeitsunfähig war.

Sowohl die Leistungen aus der Krankenversicherung als auch die Leistungen aus der Krankentagegeldversicherung sind steuerfrei gem. § 3 Nr. 1 Buchst. a EStG. Auch die Tatsache, dass A mit den Leistungen aus der Krankentagegeldversicherung Betriebsausgaben abdecken wollte und somit ein mittelbarer Zusammenhang mit den Einkünften gegeben ist, ändert nichts an der Steuerfreiheit der Erstattungen.

3.1.3.2.2 Leistungen aus der gesetzlichen Unfallversicherung (§ 3 Nr. 1 Buchst. a EStG)

Zu den nach § 3 Nr. 1 Buchst. a EStG steuerfreien Leistungen gehören weiterhin Sach- 89 und Barleistungen (H 3.1 „Allgemeines" EStH) aus der gesetzlichen Unfallversicherung, nicht dagegen entsprechende Leistungen aus einer privaten Unfallversicherung. Die Steuerfreiheit kommt gem. H 3.1 „Unfallversicherung" EStH auch für entsprechende Leistungen aus einer ausländischen gesetzlichen Unfallversicherung in Betracht (BFH 7. 8. 1959 VI 299/57 U, BStBl 1998 III 462).

> **BEISPIEL:** ▶ B ist bei einem Verkehrsunfall von Unfallverursacher C so schwer verletzt worden, dass er einige Zeit arbeitsunfähig krank war. Die Versicherung des C zahlt an B neben den Krankheitskosten eine Entschädigung für entgangenen Verdienst in Höhe von 10 000 €. Außerdem erhält B aus einer von ihm selbst abgeschlossenen Unfallversicherung eine Einmalzahlung von 5 000 €. Die Beiträge zu der Unfallversicherung hatte B als Sonderausgaben abgezogen.
>
> Die Entschädigung seitens der Versicherung des C steht, soweit damit die Krankheitskosten abgedeckt werden, nicht im Zusammenhang mit irgendwelchen Einkünften. Eine Steuerbefreiung braucht daher nicht geprüft zu werden, weil die Zahlung nicht zu Einkünften i. S. des EStG führen kann.
>
> Die Entschädigung für entgangenen Verdienst dagegen führt zu Einkünften i. S. des § 24 Nr. 1 Buchst. a EStG. Eine Steuerbefreiung greift insoweit nicht ein, weil es sich um eine Entschädigung aus einer Haftpflichtversicherung, allenfalls aus einer Unfallversicherung des C handelt, die nicht gesetzliche Unfallversicherung ist.
>
> Die Einmalzahlung aus der Unfallversicherung des B führt nicht zu einkommensteuerlich relevanten Einnahmen, weil es sich um eine einmalige Geldleistung handelt, die nicht zu Einkünften i. S. des § 2 EStG führt.

3.1.3.2.3 Sachleistungen und Kinderzuschüsse aus der gesetzlichen Rentenversicherung einschließlich Sachleistungen nach dem Gesetz über die Alterssicherung der Landwirte (§ 3 Nr. 1 Buchst. b EStG)

Träger der gesetzlichen Rentenversicherung in Deutschland ist die Deutsche Rentenver- 90 sicherung. Für Selbständige in den Bereichen Landwirtschaft, Forsten und Gartenbau sowie für Angehörige dieses Personenkreises ist die Sozialversicherung für Landwirtschaft, Forsten und Gartenbau (SVLFG) zuständig. Steuerfrei nach § 3 Nr. 1 Buchst. b EStG sind nur Sachleistungen, die nach SGB VI bzw. nach dem Gesetz über die Alterssicherung der Landwirte erbracht werden, nicht dagegen die aus den gesetzlichen Rentenversicherungen gezahlten Renten. Diese Renten unterliegen als sonstige Einkünfte nach § 22 Nr. 1 Satz 3 Buchst. a Doppelbuchst. aa EStG mit ihrem Besteuerungsanteil der ESt. Kinderzuschüsse, die als Zuschlag zur Rente gezahlt werden, sind dagegen steuerfrei.

3.1.3.3 Weitere steuerfreie Einnahmen

3.1.3.3.1 Leistungen zur Arbeitsförderung (§ 3 Nr. 2 EStG)

Zu den steuerfreien Leistungen zur Arbeitsförderung nach dem SGB III gehören ins- 91 besondere das Arbeitslosengeld, das Teilarbeitslosengeld, das Kurzarbeitergeld, der Zuschuss zum Arbeitsentgelt, das Übergangsgeld, der Gründungszuschuss .sowie die übrigen Leistungen nach dem SGB III und entsprechenden Programmen des Bundes und der Länder, soweit sie Arbeitnehmern oder Arbeitsuchenden oder zur Förderung der Aus- oder Weiterbildung oder Existenzgründung der Empfänger gewährt werden (§ 3 Nr. 2 Buchst. a EStG). Zuschüsse zur Förderung von Existenzgründern aus Mitteln des Europäischen Sozialfonds und aus Landesmitteln sind gem. H 3.2 „Existenzgründerzuschuss" EStH nicht steuerfrei, wenn sie nicht der Aufstockung des Überbrückungsgeldes nach SGB III dienen (vgl. BFH vom 26. 6. 2002, BStBl 2002 II S. 697).

Außerdem sind nach § 3 Nr. 2 EStG steuerfrei:

► das Insolvenzgeld und Leistungen auf Grund der in §§ 169, 175 Abs. 2 SGB III genannten Ansprüche sowie Zahlungen des Arbeitgebers an einen Sozialleistungsträger auf Grund des gesetzlichen Forderungsübergangs nach § 115 Abs. 1 SGB X, wenn ein Insolvenzereignis nach § 165 SGB III vorliegt (§ 3 Nr. 2 Buchst. b EStG),

► die Arbeitslosenbeihilfe nach dem Soldatenversorgungsgesetz (§ 3 Nr. 2 Buchst. c EStG),

► Leistungen zur Sicherung des Lebensunterhalts und zur Eingliederung in Arbeit nach SGB II (§ 3 Nr. 2 Buchst. d EStG) sowie

► mit den in § 3 Nr. 1 bis Nr. 2d EStG genannten Leistungen, vergleichbare Leistungen ausländischer Rechtsträger, die ihren Sitz in einem Mitgliedstaat der Europäischen Union, in einem Staat, auf den das Abkommen über den Europäischen Wirtschaftsraum Anwendung findet oder in der Schweiz haben (§ 3 Nr. 2 Buchst. e EStG).

Die nach § 3 Nr. 2 EStG steuerfreien Leistungen unterliegen grundsätzlich dem Progressionsvorbehalt nach § 32b EStG (vgl. Kapitel 13.2).

Zahlungen nach dem SGB III, die dem **Arbeitgeber** zufließen, sind nach § 3 Nr. 2 EStG **nicht** steuerbefreit. Dies gilt auch für aus dem Ausland bezogenes Arbeitslosengeld. Es handelt sich dabei um wiederkehrende Bezüge i. S. d. § 22 Nr. 1 EStG, die ggf. nach dem DBA mit dem jeweiligen ausländischen Staat steuerfrei sein können (R 3.2 EStR).

Das sog. Arbeitslosengeld II (besser bekannt unter der Bezeichnung „Hartz IV") dient der Sicherung des Existenzminimums und steht daher nicht im Zusammenhang mit einer Einkunftsart. Es bedarf somit weder einer gesetzlichen Regelung hinsichtlich der Steuerfreiheit noch findet der Progressionsvorbehalt Anwendung.

3.1.3.3.2   Kapitalabfindungen und Beitragserstattungen (§ 3 Nr. 3 Buchst. a bis d EStG)

92 Steuerfrei sind Rentenabfindungen, Beitragserstattungen, Kapitalabfindungen und Ausgleichszahlungen, soweit sie nach den Bestimmungen des SGB aus der Deutschen Rentenversicherung, aus der Knappschaftsversicherung oder aufgrund beamtenrechtlicher Bestimmungen des Bundes und der Länder gezahlt werden. Darüber hinaus fallen auch entsprechende Leistungen aus berufsständischen Versorgungseinrichtungen unter die Steuerbefreiung.

93 *(Einstweilen frei)*

3.1.3.3.3   Reisekosten- und Umzugskostenvergütungen (§ 3 Nr. 13 u. 16 EStG)

94 Reisekostenvergütungen, Umzugskostenvergütungen und Trennungsgelder aus öffentlichen Kassen (§ 3 Nr. 13 EStG) sind steuerfrei. Die als Reisekostenvergütungen gezahl-

ten Vergütungen für Verpflegung sind jedoch nur insoweit steuerfrei, als sie die Pauschbeträge nach § 9 Abs. 4a EStG nicht übersteigen; Trennungsgelder sind nur insoweit steuerfrei, als sie die nach § 9 Abs. 1 Satz 3 Nr. 5 und § 9 Abs. 4a EStG abziehbaren Aufwendungen nicht übersteigen (vgl. R 3.13 LStR).

Vergütungen an Arbeitnehmer außerhalb des öffentlichen Dienstes (§ 3 Nr. 16 EStG) zur Erstattung von Reisekosten, Umzugskosten oder Mehraufwendungen bei doppelter Haushaltsführung sind steuerfrei, soweit sie die nach § 9 EStG als Werbungskosten abziehbaren Aufwendungen nicht übersteigen.

3.1.3.3.4   Zuschüsse zur Krankenversicherung (§ 3 Nr. 14 EStG)

Steuerfrei sind die **Zuschüsse** eines Trägers der gesetzlichen Rentenversicherung zu den 95 Aufwendungen eines Rentners für seine Krankenversicherung sowie vom gesetzlichen Rentenversicherungsträger getragene Anteile (§ 249a SGB V) an den Beiträgen für die gesetzliche Krankenversicherung.

3.1.3.3.5   Nebenberufliche Tätigkeiten (§ 3 Nr. 26, 26a, 26b EStG)

Aufwandsentschädigungen für   96

► nebenberufliche Tätigkeiten als Übungsleiter, Ausbilder, Erzieher, Betreuer oder für eine vergleichbare nebenberufliche Tätigkeit,

► nebenberufliche künstlerische Tätigkeiten oder

► die nebenberufliche Pflege alter, kranker oder behinderter Menschen

im Dienst oder Auftrag einer juristischen Person des öffentlichen Rechts, die in einem Mitgliedsstaat der EU oder einem EWR -Staat belegen ist, oder einer unter § 5 Abs. 1 Nr. 9 KStG fallenden Einrichtung zur Förderung gemeinnütziger, mildtätiger und kirchlicher Zwecke sind gem. § 3 Nr. 26 EStG bis zur Höhe von insgesamt 2 400 € im Jahr steuerfrei.

In der ursprünglichen Gesetzesfassung war der Anwendungsbereich der Steuerbefrei- 97 ung nach § 3 Nr. 26 EStG auf Aufwandsentschädigungen für Tätigkeiten im Auftrag einer inländischen **(deutschen)** öffentlichen Institution begrenzt. Aufgrund einer Vorlage des BFH vom 1. 3. 2006 (XI R 43/02, BStBl 2006 II 685) hat der EuGH im Urteil v. 18. 12. 2007 (C-281/06) entschieden, dass diese nationale Regelung des § 3 Nr. 26 EStG gegen EU-Recht verstößt.

Mit der Änderung des § 3 Nr. 26 EStG durch das JStG 2009 v. 19. 12. 2008 (BGBl 2008 I 98 2794) wurden die Folgerungen aus dem o.a. EuGH-Urteil in das nationale Recht umgesetzt. Nunmehr wird der Freibetrag nach § 3 Nr. 26 EStG auch dann gewährt, wenn eine Person im Dienst und im Auftrag einer Körperschaft des öffentlichen Rechts, die in einem anderen EU-/EWR-Staat belegen ist, nebenberuflich eine ausbildende oder andere nach der Vorschrift begünstigte Tätigkeit ausübt.

Die begünstigten Tätigkeiten der Übungsleiter, Ausbilder, Erzieher oder Betreuer etc. 99 haben miteinander gemeinsam, dass bei ihrer Ausübung durch persönliche Kontakte Einfluss auf andere Menschen genommen wird, um auf diese Weise deren Fähigkeiten zu entwickeln und zu fördern. Gemeinsames Merkmal aller begünstigten Tätigkeiten ist daher die **pädagogische Ausrichtung** (R 3.26 Abs. 1 LStR).

100   Zu den begünstigten Tätigkeiten gehören nach R 3.26 Abs. 1 LStR insbesondere die Tätigkeit eines Sporttrainers, Chorleiters, Orchesterdirigenten, die Lehr- und Vortragstätigkeit im Rahmen der Allgemein- und Ausbildung sowie die Durchführung von Kursen und Vorträgen an Schulen und Volkshochschulen (z. B. Erste-Hilfe-Kurs, Erteilung von Schwimmunterricht etc.). Der Freibetrag wird allerdings nur gewährt, wenn die Tätigkeit im Dienst oder im Auftrag einer der in § 3 Nr. 26 EStG genannten Personen erfolgt (R 3.26 Abs. 3 LStR). Nicht zu den begünstigten Einrichtungen gehören beispielsweise Berufsverbände oder Parteien.

Welche Einzeltätigkeiten von der Steuerfreiheit konkret erfasst bzw. nicht erfasst werden, hat die OFD Frankfurt am Main mit Verfügung v. 21. 10. 2013 - S 2245 A-2-St 213 folgendermaßen dargelegt:

Da der Übungsleiterfreibetrag nur angewandt werden darf, wenn mit der Tätigkeit ein direkter pädagogisch ausgerichteter persönlicher Kontakt zu den betreuten Menschen hergestellt wird, gilt er nicht für Aufwandsentschädigungen nach § 1835a BGB, die an ehrenamtliche rechtliche **Betreuer** (§§ 1896 ff. BGB), ehrenamtlich tätige **Vormünder** (§ 1773 BGB) und ehrenamtliche **Pfleger** (§§ 1909 ff. BGB) gezahlt werden. Diese Einnahmen fallen jedoch unter die Steuerbefreiung nach § 3 Nr. 26b EStG. Danach sind die entsprechenden Aufwandsentschädigungen nur insoweit steuerfrei, als sie zusammen mit anderen steuerfreien Einnahmen nach § 3 Nr. 26 EStG den Freibetrag von 2 400 € nicht überschreiten. Hinsichtlich der Berücksichtigung von Ausgaben gilt Satz 2 des § 3 Nr. 26 EStG entsprechend.

Auch **hauswirtschaftliche oder betreuende Hilfstätigkeiten** für alte oder behinderte Menschen, bei denen keine körperliche Pflege stattfindet (z. B. Putzen der Wohnung, Kochen, Einkaufen), fallen regelmäßig unter § 3 Nr. 26 EStG. Nicht begünstigt sind jedoch reine Hilfsdienste (z. B. Putzen, Waschen und Kochen) im Reinigungsdienst oder in der Küche von Altenheimen, Krankenhäusern und Behinderteneinrichtungen, da in diesen Fällen keine häusliche Betreuung im engeren Sinne stattfindet und kein unmittelbarer persönlicher Bezug zu den gepflegten Menschen besteht. Auch **Küchenmitarbeiter** in sog. Waldheimen können den Übungsleiterfreibetrag nicht beanspruchen.

Der Freibetrag gilt ferner nicht für **Notfallfahrdienste** bei Blut- und Organtransporten sowie für die Tätigkeiten als Patientenfürsprecher und Versichertenältester. Auch **Mahlzeitenbringdienste** sind nicht begünstigt, hier tätige Personen können aber für ihre Einnahmen den Freibetrag nach § 3 Nr. 26a EStG in Höhe von 720 € im Jahr beanspruchen.

Wer sich nebenberuflich im sog. **Hintergrunddienst eines Hausnotrufdienstes** engagiert (z. B. Wartung und Überprüfung der Hausnotrufgeräte), kann den Übungsleiterfreibetrag grundsätzlich nicht beanspruchen. Der Freibetrag darf jedoch für den Anteil der Vergütung beansprucht werden, der auf **tatsächliche Rettungseinsätze** entfällt. Insoweit ist also eine einzelfallabhängige Ermittlung erforderlich.

Nicht nutzbar ist der Freibetrag des Weiteren für Tätigkeiten in Zusammenhang mit Pferdesportveranstaltungen (als Richter, Parcourschef bzw. deren Assistent).

Zwar setzt die Steuerbefreiung des § 3 Nr. 26 EStG voraus, dass die Tätigkeit im Dienst oder im Auftrag einer juristischen Person des öffentlichen Rechts ausgeübt wird, die OFD weist aber darauf hin, dass auch ein nebenberufliches Engagement für einen Betrieb gewerblicher Art einer juristischen Person des öffentlichen Rechts begünstigt sein kann, wenn der Betrieb gemeinnützigen, mildtätigen oder kirchlichen Zwecken folgt (z. B. Krankenhaus oder Kindergarten).

Begünstigt sind nach der OFD-Verfügung zudem regelmäßig nebenberufliche Tätigkeiten folgender Personen:

► Notärzte, Ärzte im Behinderten- und Coronarsport

► Zahnärzte im „Arbeitskreis Jugendzahnpflege"

► Diakone für ausbildende, betreuende oder pflegende Tätigkeiten

► Ferienbetreuer

► Jugendleiter

► Leiter von Arbeitsgemeinschaften in der Referendarausbildung (Richter, Staatsanwälte und Verwaltungsbeamte des höheren Dienstes)

► Organisten in Kirchengemeinden

► Rettungssanitäter, Rettungsschwimmer

► Schulbusbegleiter und Schulweghelfer (dafür gilt auch die Steuerbefreiung nach § 3 Nr. 12 Satz 2 EStG)

► Stadtführer

Mitarbeiter der **Bahnhofsmissionen** können den Freibetrag nur für 60 % ihrer Einnahmen beanspruchen, da nur insoweit begünstigte Pflege- und Betreuungsleistungen angenommen werden. Im Einzelfall kann aber auch ein anderer vom Steuerpflichtigen nachgewiesener %-Satz der Einnahmen zur Anwendung kommen. Fahrer und Beifahrer von **Behindertentransporten** können den Freibetrag nur für 50 % ihrer Einnahmen beanspruchen.

Durch das Gesetz zur weiteren Stärkung des bürgerlichen Engagements vom 10. 10. 2007 (BGBl 2007 I 2332) ist in § 3 Nr. 26a EStG ein Freibetrag für Einnahmen aus allen **nebenberuflichen** Tätigkeiten im gemeinnützigen, mildtätigen oder kirchlichen Bereich i. H. v. 500 € im Jahr mit Wirkung ab VZ 2007 eingeführt worden. Das BMF-Schreiben vom 25. 11. 2008 (BStBl 2008 I 985) unter Berücksichtigung der Änderungen durch das BMF-Schreiben vom 14. 10. 2009 (BStBl 2009 I 1318) nimmt hierzu ausführlich Stellung. Auch dieser Freibetrag wurde durch das „Gesetz zur Stärkung des Ehrenamts" vom 21. 3. 2013 (BGBl 2013 I 556), rückwirkend ab 1. 1. 2013 auf 720 € angehoben. 101

Die Steuerbefreiungen nach § 3 Nr. 26 und Nr. 26a EStG sind grundsätzlich nebeneinander anwendbar, allerdings nicht gleichzeitig für ein- und dieselbe Tätigkeit. Die Steuerbefreiungen des § 3 Nr. 12 und Nr. 26 EStG gehen der Steuerbefreiung des § 3 Nr. 26a EStG vor. Für eine Tätigkeit, die neben einer nach § 3 Nr. 12 oder 26 EStG begünstigten Tätigkeit bei einer anderen oder derselben Körperschaft ausgeübt wird, kann die Steuerbefreiung nach § 3 Nr. 26a EStG nur dann in Anspruch genommen werden, wenn die Tätigkeit nebenberuflich ausgeübt wird und die Tätigkeiten voneinander trennbar sind, 102 gesondert vergütet werden und die dazu getroffenen Vereinbarungen eindeutig sind und auch durchgeführt werden. Einsatz- und Bereitschaftsdienstzeiten der Rettungssanitäter und Ersthelfer sind als einheitliche Tätigkeit zu behandeln, die insgesamt nach § 3 Nr. 26 EStG begünstigt sein kann und für die deshalb auch nicht teilweise die Steuerbefreiung nach § 3 Nr. 26a EStG gewährt wird.

103   Eine Tätigkeit, die ihrer Art nach keine übungsleitende, ausbildende, erzieherische, betreuende oder künstlerische Tätigkeit und keine Pflege alter, kranker oder behinderter Menschen ist, ist keine begünstigte Tätigkeit i. S. d. § 3 Nr. 26 EStG, auch wenn sie die übrigen Voraussetzungen des § 3 Nr. 26 EStG erfüllt, z. B. Tätigkeit als **Vorstandsmitglied,** als **Vereinskassierer** oder als **Gerätewart** bei einem Sportverein.

104   Zur **Bezahlung ehrenamtlicher Vereinsvorstände** s. das BMF-Schreiben vom 14. 10. 2009 (BStBl 2009 I 1318).

105   Da § 3 Nr. 26a EStG im Gegensatz zu § 3 Nr. 26 EStG keine Begrenzung auf bestimmte Tätigkeiten im gemeinnützigen Bereich beinhaltet, ist der Anwendungsbereich der Vorschrift vergleichsweise erheblich weiter. Begünstigt nach § 3 Nr. 26a EStG sind auch die Tätigkeiten der Vorstandsmitglieder, des **Kassierers,** des Platzwarts, der **Bürokraft** und des **Reinigungspersonals.** Betroffen sind wohl auch die **Väter und Mütter,** die ihre Kinder zum Fußballspiel fahren und dafür eine Aufwandsentschädigung erhalten, oder auch der **Zeugwart** eines Sportvereins, der die Trikots wäscht.

106   Die **Tätigkeit** der **Amateursportler** ist **nicht** begünstigt. Eine Tätigkeit im Dienst oder Auftrag einer steuerbegünstigten Körperschaft muss für deren ideellen Bereich einschließlich ihrer Zweckbetriebe ausgeübt werden. Tätigkeiten in einem **steuerpflichtigen wirtschaftlichen Geschäftsbetrieb** und bei der **Verwaltung** des **Vermögens** sind **nicht** begünstigt.

107   Mit der Änderung des § 3 Nr. 26a EStG durch das JStG 2009 vom 19. 12. 2008 (BGBl I 2008, 2794) wird – wie in § 3 Nr. 26 EStG – erreicht, dass der Freibetrag grundsätzlich auch dann gewährt wird, wenn eine Person im Dienst und im Auftrag einer Körperschaft des öffentlichen Rechts, die in einem anderen Mitgliedstaat der EU-/EWR belegen ist, nebenberuflich zur Förderung gemeinnütziger, mildtätiger oder kirchlicher Zwecke tätig wird.

108   Die Freibeträge nach § 3 Nr. 26 EStG i. H. v. 2 400 € und Nr. 26a EStG i. H. v. 720 € sind jeweils Jahresbeträge. Sie werden auch dann nur einmal gewährt, wenn mehrere begünstigte Tätigkeiten ausgeübt werden. Es erfolgt keine zeitanteilige Kürzung, wenn die begünstigte Tätigkeit lediglich wenige Monate ausgeübt wird.

109   Eine Tätigkeit wird nebenberuflich ausgeführt, wenn sie – bezogen auf das Kj. – nicht mehr als ein Drittel der Arbeitszeit eines vergleichbaren Vollzeiterwerbs in Anspruch nimmt (R 3.26 Abs. 2 LStR). Es können deshalb auch solche Personen nebenberuflich tätig sein, die im steuerrechtlichen Sinne keinen Hauptberuf ausüben, z. B. Hausfrauen, Vermieter, Studenten, Rentner oder Arbeitslose.

110   Betriebsausgaben bzw. Werbungskosten, die dem Steuerpflichtigen durch eine nebenberufliche Tätigkeit i. S. d. § 3 Nr. 26 und / oder § 3 Nr. 26a EStG entstehen, sind gem. R 3.26 Abs. 9 LStR **nur** zu **berücksichtigen,** wenn **sowohl die Einnahmen als auch die**

Aufwendungen den Freibetrag von 2 400 € bzw. 720 € und in Arbeitnehmerfällen – ggf. zusammen mit den Werbungskosten für andere berufliche Tätigkeiten – den Arbeitnehmer-Pauschbetrag nach § 9a Nr. 1 Buchst. a EStG von 1 000 € **übersteigen** (§ 3 Nr. 26 Satz 2 und Nr. 26a Satz 3 EStG). Der Arbeitnehmer-Pauschbetrag ist in jedem Fall anzusetzen, soweit er nicht bereits bei anderen Dienstverhältnissen verbraucht ist.

Zum Werbungskosten- bzw. Betriebsausgabenabzug im Zusammenhang mit der Steu- 111
erbefreiung des § 3 Nr. 26 EStG hat das FG Berlin-Brandenburg mit rechtskräftigem Urteil vom 5. 12. 2007 (7 K 3121/05 B, EFG 2008, 1535 : [MAAAC-81620]) Stellung genommen. Das FG hat dabei gegen die Verwaltungsauffassung in R 3.26 Abs. 9 LStR entschieden. In seiner Urteilsbegründung setzt sich das FG ausführlich mit der Problematik der Anwendung des § 3c EStG im Rahmen des § 3 Nr. 26 EStG auseinander; es geht dabei auch auf die Anwendung des § 3 Nr. 26 Satz 2 EStG ein.

Im vom FG Berlin-Brandenburg entschiedenen Urteilsfall hatte der Stpfl. 1 500 € Ein- 112
nahmen aus einer nebenberuflichen, selbstständigen Trainertätigkeit i. S. d. § 3 Nr. 26 EStG. Den Einnahmen standen Ausgaben i. H. v. 3 376 € gegenüber, so dass der Stpfl. einen Verlust i. S. d. § 18 EStG aus der Übungsleitertätigkeit i. H. v. 1 876 € beanspruchte. Das FA erkannte den Verlust unter Hinweis auf § 3 Nr. 26 EStG nicht an. Ein Abzug von Werbungskosten oder Betriebsausgaben sei nur möglich, wenn sowohl die Einnahmen als auch die Aufwendungen den Freibetrag i. H. v. 2 100 € (ab 2013 2 400 €) übersteigen würden. Folglich setzte das FA die ESt ohne Berücksichtigung des Verlustes fest.

Zur Begründung führte das FA weiter aus, dass gem. § 3c EStG Ausgaben nicht als Betriebsausgaben oder Werbungskosten abgezogen werden dürften, soweit sie mit steuerfreien Einnahmen in unmittelbarem wirtschaftlichen Zusammenhang stünden. § 3 Nr. 26 EStG stelle Einnahmen bis zu 2 100 € (ab 2013 2 400 €) im Kj. steuerfrei. Dies bedeute im Streitfall, dass die erzielten Einnahmen von 1 500 € in voller Höhe steuerfrei gestellt seien. Nach § 3c EStG sei daher kein Abzug von Aufwendungen mehr möglich. Etwas anderes gelte nur, wenn sowohl die Einnahmen als auch die Ausgaben den Freibetrag i. H. v. 2 100 € (ab 2013 2 400 €) übersteigen würden. Für diesen Fall ordne § 3 Nr. 26 Satz 2 EStG an, dass der Teil der Aufwendungen, der den Freibetrag übersteige, abgezogen werden dürfe. Ein solcher Fall liege hier allerdings nicht vor.

Nach Auffassung des FG Berlin-Brandenburg ist bei der Anwendung des § 3 Nr. 26 EStG davon auszugehen, dass dem Stpfl. im Zusammenhang mit der begünstigten Tätigkeit Aufwendungen i. H. d. steuerfrei gestellten Betrages erwachsen sind, die durch die gezahlte Aufwandsentschädigung ersetzt werden. Die in § 3 Nr. 26 EStG vorgesehene Steuerbefreiung hat somit die Wirkung einer Betriebsausgaben- oder Werbungskostenpauschale.

Bei der Anwendung des § 3 Nr. 26 EStG (Rechtslage ab 2013) sind folgende Einzelfälle 113
zu unterscheiden:

1. Die Einnahmen sind geringer als 2 400 €, die Ausgaben sind geringer als die Einnahmen.

2. Die Einnahmen sind geringer als 2 400 €, die Ausgaben sind höher als die Einnahmen, aber nicht höher als 2 400 €.

3. Die Einnahmen sind geringer als 2 400 €, die Ausgaben sind höher als 2 400 € (**Entscheidungsfall des FG**).

4. Die Einnahmen sind höher als 2 400 €, die Ausgaben sind nicht höher als 2 400 €.

5. Die Einnahmen sind höher als 2 400 €, die Ausgaben sind ebenfalls höher als 2 400 €, aber nicht höher als die Einnahmen.

Fall 1:

A erzielt freiberufliche Einnahmen i. H. v. 2 200 €, die nach § 3 Nr. 26 EStG begünstigt sind. Die Ausgaben dazu betragen 1 800 €.

Nach § 3c Abs. 1 EStG dürfen Ausgaben, soweit sie mit steuerfreien Einnahmen in unmittelbarem wirtschaftlichen Zusammenhang stehen, nicht als Betriebsausgaben oder Werbungskosten abgezogen werden. Der Zweck des § 3c EStG besteht nach der o. a. Entscheidung des FG Berlin-Brandenburg darin, die Doppelbegünstigung durch Gewährung der Steuerfreiheit für Einnahmen und gleichzeitig die Abzugsfähigkeit von Aufwendungen als Betriebsausgaben oder Werbungskosten i. H. d. steuerfreien Einnahmen zu vermeiden, und zwar genau für Aufwendungen bis zur Höhe der steuerfreien Einnahmen, nicht aber für darüber hinausgehende Aufwendungen. Da die Einnahmen von 2 200 € nach § 3 Nr. 26 EStG steuerfrei sind, können die Ausgaben i. H. v. 1 800 € nach § 3c Abs. 1 EStG nicht zusätzlich abgezogen werden.

Fall 2:

B erzielt freiberufliche Einnahmen i. H. v. 2 200 €, die nach § 3 Nr. 26 EStG begünstigt sind. Die Ausgaben dazu betragen 2 300 €.

Nach der Verwaltungsregelung in R 3.26 Abs. 9 LStR wären die Ausgaben insgesamt nicht abzugsfähig, da weder die Einnahmen noch die Ausgaben den Freibetrag von 2 400 € übersteigen.

Im Gegensatz dazu kommt § 3 Nr. 26 Satz 2 EStG nach der Entscheidung des FG Berlin-Brandenburg für diesen Fall nicht zur Anwendung. Nach ihrem Wortlaut gilt die Vorschrift nur, wenn die Einnahmen den Höchstbetrag von 2 400 € übersteigen. Somit ist der Fall unter Anwendung des § 3c Abs. 1 EStG so zu lösen, dass der Betriebsausgabenabzug nur i. H. d. steuerfreien Einnahmen von 2 200 € ausgeschlossen ist. Die diesen Betrag übersteigenden Betriebsausgaben sind jedoch abzugsfähig, so dass sich ein Verlust aus selbstständiger Tätigkeit i. H. v. 100 € ergibt.

Fall 3:

C erzielt freiberufliche Einnahmen i. H. v. 1 800 €, die nach § 3 Nr. 26 EStG begünstigt sind. Die Ausgaben dazu betragen 3 600 €.

Nach der Verwaltungsregelung in R 3.26 Abs. 9 LStR wären die Ausgaben insgesamt nicht abzugsfähig, da die Einnahmen den Freibetrag von 2 400 € nicht übersteigen.

Im Gegensatz dazu kommt § 3 Nr. 26 Satz 2 EStG nach der Entscheidung des FG Berlin-Brandenburg für diesen Fall nicht zur Anwendung. Soweit die Ausgaben die Einnahmen von 1 800 € übersteigen, sind sie als Betriebsausgaben abzugsfähig. Somit ergibt sich ein berücksichtigungsfähiger Verlust von 1 800 €.

Fall 4:

D erzielt freiberufliche Einnahmen i. H. v. 2 800 €, die nach § 3 Nr. 26 EStG begünstigt sind. Die Ausgaben dazu betragen 1 800 €.

Da die Einnahmen von 2 800 € den Höchstbetrag des § 3 Nr. 26 EStG i. H. v. 2 400 € übersteigen, ist § 3 Nr. 26 Satz 2 EStG anzuwenden. Danach dürfen die Ausgaben nur insoweit abgezogen werden, als sie den Betrag der steuerfreien Einnahmen i. H. v. 2 400 € übersteigen. Die Ausgaben i. H. v. 1 800 € sind demnach in voller Höhe nicht abzugsfähig.

Fall 5:

E erzielt freiberufliche Nebeneinnahmen i. H. v. 2 800 €, die nach § 3 Nr. 26 EStG begünstigt sind. Die Ausgaben dazu betragen 2 700 €.

Da die Einnahmen von 2 800 € den Höchstbetrag i. H. v. 2 400 € übersteigen, ist § 3 Nr. 26 Satz 2 EStG anzuwenden. Danach dürfen die Ausgaben nur insoweit abgezogen werden, als sie den Betrag der steuerfreien Einnahmen i. H. v. 2 400 € übersteigen. Die Ausgaben i. H. v. insgesamt 2 700 € sind demnach i. H. v. 2 400 € nicht abzugsfähig bzw. i. H. v. 300 € zu berücksichtigen. Es ergeben sich somit steuerpflichtige Einkünfte in Höhe von 100 €.

Auch das FG Rheinland-Pfalz hat sich in seinem Urteil vom 25. 5. 2011 − 2 K 1996/10 (EFG 2011 S. 1596) der Auffassung des FG Berlin-Brandenburg angeschlossen. Es heißt im Leitsatz: Das Ausgabenabzugsverbot des § 3 Nr. 26 Satz 2 EStG ist auch dann auf die Höhe der steuerfreien Einnahmen begrenzt, wenn diese unter dem Freibetrag von 2 100 € bzw. 2 400 € liegen. Das bedeutet im Umkehrschluss, dass Ausgaben, die die Einnahmen übersteigen, auch dann als Werbungskosten oder Betriebsausgaben berücksichtigt werden können, wenn die Einnahmen unter dem Freibetrag von 2 100 € bzw. 2 400 € liegen.

Entgegen der o. a. Rechtsprechung hält die Verwaltung an ihrer gegenteiligen Rechtsauffassung fest und lässt R 3.26 Abs. 9 LStR unverändert bestehen.

Zu weiteren Einzelheiten siehe auch das BMF-Schreiben betr. steuerfreie Einnahmen aus ehrenamtlicher Tätigkeit; Anwendungsschreiben zu § 3 Nr. 26a und 26b EStG (BMF v. 21. 11. 2014, BStBl 2014 I 1581).

3.1.3.3.6 Leistungen des Arbeitgebers zur Gesundheitsfürsorge (§ 3 Nr. 34 EStG)

Nach § 3 Nr. 34 EStG sind zusätzlich zum ohnehin geschuldeten Arbeitslohn erbrachte 114 Leistungen des Arbeitgebers zur betrieblichen Gesundheitsförderung (§§ 20 und 20a SGB V) steuerfrei, soweit sie den Freibetrag 500 € im Kalenderjahr nicht übersteigen. Hierunter fallen insbesondere Leistungen, die im „Leitfaden Prävention" aufgeführt sind, aber auch Barzuschüsse an die Mitarbeiter für extern durchgeführte Maßnahmen. Die Übernahme von Mitgliedsbeiträgen an Sportvereine oder Fitnessstudios ist dagegen nicht steuerbefreit.

3.1.3.3.7 Betreuung von Kindern und Angehörigen (§ 3 Nr. 34a EStG)

114a Durch das Zollkodex-Anpassungsgesetz vom 22.12.2014 (BGBl I S.2417) hat der Gesetzgeber eine weitere Steuerbefreiungsvorschrift in § 3 Nr.34a EStG eingeführt, die ab VZ 2015 anzuwenden ist. Danach sind zusätzlich zum geschuldeten Arbeitslohn erbrachte Leistungen des Arbeitgebers an ein Dienstleistungsunternehmen steuerfrei, das den Arbeitnehmer hinsichtlich der Betreuung von Kindern oder pflegebedürftigen Angehörigen berät oder hierfür Pflegepersonen vermittelt.

Unter die Steuerbefreiung fallen außerdem zusätzlich zum Arbeitslohn erbrachte Arbeitgeberleistungen zur Betreuung von steuerlich zu berücksichtigenden Kindern bis zur Vollendung des 14. Lebensjahres, zur Betreuung von behinderten Kindern, die aufgrund eines vor Vollendung des 25. Lebensjahres eingetretener Behinderung außerstande sind, sich selbst zu unterhalten und zur Betreuung aus zwingenden beruflichen Gründen erforderlich wird, auch wenn sie im Privathaushalt des Arbeitnehmers erfolgt.

Die Leistungen des Arbeitgebers i. S. d. § 3 Nr.34a EStG sind insoweit steuerfrei, als sie den Freibetrag von 600 € im Kalenderjahr nicht übersteigen.

3.1.3.3.8 Einnahmen für Pflegeleistungen (§ 3 Nr. 36 EStG)

115 Steuerfrei sind Einnahmen für **Leistungen zur Grundpflege** oder **hauswirtschaftlichen Versorgung** bis zur Höhe des Pflegegeldes nach § 37 SGB XI, wenn die Leistungen von Angehörigen des Pflegebedürftigen oder von anderen Personen, die damit eine sittliche Pflicht i. S. des § 33 Abs. 2 EStG gegenüber dem Pflegebedürftigen erfüllen, erbracht werden. Für Pflegegeldzahlungen aus privaten Versicherungsverträgen an den Pflegebedürftigen nach den Bestimmungen des SGB XI oder Zahlungen einer Pauschalbeihilfe nach Beihilfevorschriften für häusliche Pflege gilt Entsprechendes.

3.1.3.3.9 Sachprämien (§ 3 Nr. 38 EStG)

116 Steuerfrei sind ferner Sachprämien, die der Steuerpflichtige für die persönliche Inanspruchnahme von Dienstleistungen von Unternehmen unentgeltlich erhält, die diese zum Zwecke der Kundenbindung im allgemeinen Geschäftsverkehr in einem jedermann zugänglichen planmäßigen Verfahren gewähren, soweit ihr Wert 1 080 € im Kalenderjahr nicht übersteigt.

Das Unternehmen, das die Prämien gewährt, hat die Möglichkeit, die ESt auf den nicht steuerfreien Teil der Prämien mit einem Pauschsteuersatz von 2,25 % zu erheben (§ 37a EStG).

3.1.3.3.10 Vermögensmehrungen (§ 3 Nr. 40 EStG)

117 Die in § 3 Nr.40 EStG abschließend aufgelisteten Vermögensmehrungen sind zu 40 % von der ESt befreit. Hinsichtlich des Abzugs von hierzu gehörenden Aufwendungen wird auf § 3c Abs. 2 EStG hingewiesen.

3.1.3.3.11   Stipendien (§ 3 Nr. 44 EStG)

Stipendien, die unmittelbar aus öffentlichen Mitteln oder von zwischen- oder über- 118
staatlichen Einrichtungen, denen die Bundesrepublik Deutschland als Mitglied angehört, zur Förderung der Forschung oder zur Förderung der wissenschaftlichen oder
künstlerischen Ausbildung oder Fortbildung gewährt werden, sind ebenfalls steuerfrei.
Das Gleiche gilt für Stipendien, die zu den eben genannten Zwecken von einer Einrichtung, die von einer Körperschaft des öffentlichen Rechts errichtet ist oder verwaltet
wird, oder von einer Körperschaft, Personenvereinigung oder Vermögensmasse i. S. des
§ 5 Abs. 1 Nr. 9 KStG gegeben werden. Voraussetzung für die Steuerfreiheit ist, dass

a) die Stipendien einen für die Erfüllung der Forschungsaufgabe oder für die Bestrei-
    tung des Lebensunterhalts und die Deckung des Ausbildungsbedarfs erforderlichen
    Betrag nicht übersteigen und nach den von dem Geber erlassenen Richtlinien ver-
    geben werden und

b) der Empfänger im Zusammenhang mit dem Stipendium nicht zu einer bestimmten
    wissenschaftlichen oder künstlerischen Gegenleistung oder zu einer bestimmten
    Arbeitnehmertätigkeit verpflichtet ist.

3.1.3.3.12   Geldwerter Vorteil aus privater EDV-Nutzung (§ 3 Nr. 45 EStG)

Mit dem Gesetz zur Änderung des Gemeindereformgesetzes und von steuerlichen Vor- 119
schriften vom 8. 5. 2012 (BGBl 2012 I 1030) wurde die Steuerbefreiung des § 3 Nr. 45
EStG neu geregelt.

Die im Kj. 2000 eingeführte Steuerbefreiungsvorschrift § 3 Nr. 45 EStG gab den damali-
gen Stand der Technik wieder. Die Ausstattung privater Haushalte mit Personalcomputern war zu dieser Zeit in Deutschland im internationalen Vergleich eher gering. Daher
bestand vorrangig ein Interesse, ArbN, die an ihrem Arbeitsplatz mit Personalcomputern arbeiteten, auch zu Hause mit der notwendigen Hardware auszurüsten, um ihre
Fertigkeiten im Umgang mit den Geräten zu verbessern, sie in die Lage zu versetzen,
betriebliche Vorgänge auch zu Hause zu bearbeiten und von dort die Kommunikation
mit dem Betrieb des ArbG und dessen Geschäftspartnern durchzuführen. Die Ausstattung der ArbN mit auf die betriebliche Nutzung zugeschnittenen Personalcomputern
oder Telekommunikationsgeräten hat in den vergangenen Jahren an Bedeutung verloren.

Mit der Gesetzesänderung wird der Begriff „Personalcomputer" klarstellend durch die
allgemeineren Begriffe „Datenverarbeitungsgeräte und Telekommunikationsgeräte sowie deren Zubehör" ersetzt, um begrifflich auch Geräte wie Smartphones oder Tablets
einzubeziehen und den aktuellen Stand der Technik abzubilden. Zudem werden durch
den erweiterten Anwendungsbereich der Vorschrift geldwerte Vorteile des ArbN aus
der privaten Nutzung von System- und Anwendungsprogrammen, die ihm vom ArbG
oder auf Grund des Dienstverhältnisses von einem Dritten unentgeltlich oder verbilligt
überlassen werden, steuerfrei gestellt. Vorher war die Überlassung von Software nur
dann steuerfrei, wenn sie auf einem betrieblichen Personalcomputer installiert war,
den der ArbN privat nutzt.

119/1 Zur privaten Nutzung überlassene Systemprogramme (z. B. Betriebssystem, Virenscanner, Browser) und Anwendungsprogramme unterliegen nur dann der Steuerbefreiung, wenn der ArbG sie auch in seinem Betrieb einsetzt. Computerspiele sind in der Regel nicht steuerfrei. Steuerfrei sind insbesondere geldwerte Vorteile des ArbN aus der privaten Nutzung unentgeltlich oder verbilligt überlassener System- und Anwendungsprogramme im Rahmen sogenannter Home Use Programme, bei denen der ArbG mit einem Softwareanbieter eine sog. Volumenlizenzvereinbarung für Software abschließt, die auch für den ArbN eine private Nutzung der Software auf dem privaten Personalcomputer ermöglicht.

Die Ausweitung der Steuerbefreiung wirkt steuervereinfachend, weil nunmehr unbeachtlich ist, ob der ArbN die überlassenen Programme auf einem betrieblichen oder einem privaten Personalcomputer einsetzt. Außerdem reduziert sich in vielen Fällen der Erfassungs- und Bewertungsaufwand, auf den bisher im Hinblick auf die begrenzte Freistellung nach § 8 Abs. 2 Satz 11 EStG meist nicht verzichtet werden konnte.

Die Steuerbefreiung gilt ab 2015 auch für geldwerte Vorteile, die dem Steuerpflichtigen zusätzlich zu einer Aufwandsentschädigung i. S. d. § 3 Nr. 12 EStG gewährt werden.

3.1.3.3.13   Trinkgelder (§ 3 Nr. 51 EStG)

120 Trinkgelder, die dem Arbeitnehmer von Dritten gezahlt werden, ohne dass ein Rechtsanspruch darauf besteht, sind steuerfrei (§ 3 Nr. 51 EStG). Betroffen von dieser Regelung sind insbesondere Arbeitnehmer in der Gaststättenbranche und im Friseurhandwerk. Für die Praxis führt die Steuerbefreiung zur Vermeidung eines umfangreichen Ermittlungs- und Erfassungsaufwands. Nicht unter die Steuerbefreiung fallen Trinkgelder an sonstige Stpfl. wie Nicht-ArbN, selbständige Frisöre oder Handwerker.

3.1.3.3.14   Zukunftssicherungsleistungen (§ 3 Nr. 62 EStG)

121 **Steuerfrei gestellt nach § Nr. 62 EStG sind** Ausgaben des ArbG für die **Zukunftssicherung** der ArbN aufgrund gesetzlicher Verpflichtung und für diesen gleichgestellte Leistungen, soweit es sich nicht um Zuwendungen oder Beiträge des ArbG nach § 3 Nr. 56 und 63 EStG handelt. Dazu gehört insbesondere der gesetzliche Arbeitgeberanteil an der Renten-, Kranken- und Pflegeversicherung sowie an den Beiträgen zur Bundesanstalt für Arbeit. Die Steuerbefreiung reicht allerdings nur soweit, als der ArbG gesetzlich verpflichtet ist, diese Beiträge zu erbringen. Wenn und soweit der Arbeitgeber die entsprechenden Leistungen freiwillig erbringt, besteht grundsätzlich Steuerpflicht.

3.1.3.3.15   Erziehungsgeld/Elterngeld (§ 3 Nr. 67 EStG)

122 Das Erziehungsgeld nach dem Bundeserziehungsgeldgesetz sowie vergleichbare Leistungen der Länder (§ 3 Nr. 67 Buchst. a EStG) und das Elterngeld nach dem Bundeselterngeld- und Elternzeitgesetz sowie vergleichbare Leistungen der Länder (§ 3 Nr. 67 Buchst. b EStG) sind ebenfalls steuerfrei. Beim Elterngeld wird jedoch auf die Anwendung des **Progressionsvorbehalts** nach § 32b Abs. 1 Nr. 1 Buchst. j EStG hingewiesen.

3.1.3.4 Zuschläge für Sonntags-, Feiertags- und Nachtarbeit (§ 3b EStG)

Steuerfrei sind Zuschläge, die einem ArbN für tatsächlich geleistete Sonntags-, Feier- 123
tags- oder Nachtarbeit neben dem Grundlohn gezahlt werden. Die Steuerfreiheit gilt
jedoch gem. § 3b Abs. 1 EStG nur insoweit, als die Zuschläge

► für Nachtarbeit 25 %,

► für Sonntagsarbeit 50 %,

► für Arbeit am 31. Dezember (ab 14 Uhr) und an den gesetzlichen Feiertagen 125 %,

► für Arbeit am 24. Dezember (ab 14 Uhr), am 25. und 26. Dezember sowie am 1. Mai
150 % des Grundlohns

nicht übersteigen.

Grundlohn ist der laufende Arbeitslohn, der dem ArbN bei seiner regelmäßigen Arbeits- 123/1
zeit für den jeweiligen Lohnzahlungszeitraum zusteht; er ist in einen Stundenlohn umzurechnen und mit höchstens 50 € anzusetzen. Nachtarbeit ist die Arbeit in der Zeit
von 20 Uhr bis 6 Uhr. Sonntagsarbeit und Feiertagsarbeit ist die Arbeit in der Zeit von
0 Uhr bis 24 Uhr des jeweiligen Tages (§ 3b Abs. 2 EStG).

Wird die Nachtarbeit vor 0 Uhr aufgenommen, so erhöht sich der Zuschlag in der Zeit 123/2
von 0 Uhr bis 4 Uhr von 25 % auf 40 %. Außerdem gilt in diesen Fällen auch die Arbeit
in der Zeit von 0 Uhr bis 4 Uhr des auf den Sonn- oder Feiertag folgenden Tages als
Sonntags- und Feiertagsarbeit (§ 3b Abs. 3 EStG). Zu weiteren Einzelheiten s. auch R 3b
LStR.

3.1.3.5 Sonstige Steuerbefreiungen

Neben den bisher dargestellten Steuerbefreiungen gibt es zahlreiche weitere Befrei- 124
ungen in § 3 EStG und aufgrund anderer Gesetze und Verordnungen. Hingewiesen sei
hier vor allem auf die steuerfreien **Investitionszulagen** nach den Investitionszulagenge-
setzen und die Steuerfreiheit der **Arbeitnehmer-Sparzulage** nach § 13 Abs. 3 des Ver-
mögensbildungsgesetzes.

3.1.4 Die verschiedenen Arten der Ermittlung von Einkünften

Die Ermittlung der Einkünfte vollzieht sich nicht bei allen Einkunftsarten nach der glei- 125
chen Methode. Darauf deutet schon die Formulierung in § 2 Abs. 2 EStG hin, worin die
Einkünfte aus den ersten drei Einkunftsarten (Land- und Forstwirtschaft, Gewerbebetrieb, selbständige Arbeit) als **Gewinn** bezeichnet sind, während hinsichtlich der restlichen vier Einkunftsarten (nichtselbständige Arbeit, Kapitalvermögen, Vermietung und
Verpachtung, sonstige Einkünfte) **vom Überschuss der Einnahmen** über die **Werbungskosten** die Rede ist. Der unterschiedlichen Ausdrucksweise entsprechend, sind zwei
Gruppen von Einkünften zu unterscheiden, die **Gewinneinkünfte** nach § 2 Abs. 1 Nr. 1–3
EStG und die **Überschusseinkünfte** nach § 2 Abs. 1 Nr. 4–7 EStG.

Überschusseinkünfte werden ermittelt, indem man von der Summe der Einnahmen, 126
die der Steuerpflichtige im Ermittlungszeitraum aus der betreffenden Einkunftsart erzielt hat, die Summe der im gleichen Zeitraum geleisteten Werbungskosten abzieht
(§ 2 Abs. 2 Nr. 2 EStG). Diese Berechnungsweise ist zwingend. Es wäre deshalb unzuläs-

sig, noch nicht vereinnahmte, aber bereits fällige Beträge oder noch nicht geleistete Aufwendungen in die Ermittlung der Einkünfte einzubeziehen. Soweit Vermögensgegenstände der Erzielung von Überschusseinkünften dienen, werden Wertänderungen bei der Berechnung der Einkünfte zumeist nicht berücksichtigt. Ausnahmen bilden lediglich die Absetzungen für Abnutzung, die zu den Werbungskosten gehören (§§ 9 Abs. 1 Nr. 7, 7 Abs. 1, Abs. 4 EStG), einschließlich der außergewöhnlichen technischen oder wirtschaftlichen Abnutzung (z. B. durch Unfall), ferner Wertminderungen des Grund und Bodens, die durch Entnahme von Bodenschätzen vom Pächter des Grundstücks verursacht worden sind. Sie bestehen in der Verschlechterung der Ackerkrume. Da der Verpächter sie zur Erlangung der Pachteinnahmen bewusst in Kauf nimmt, stellen auch derartige Vermögensopfer Werbungskosten i. S. des § 9 Abs. 1 Satz 1 EStG dar (BFH 21. 10. 1960 VI 169/59 S, BStBl 1961 III 45).

127   Im Bereich der **Gewinneinkünfte** ist die Gewinnermittlung durch Betriebsvermögensvergleich gem. § 4 Abs. 1 EStG die praktisch bedeutsamste. Es gibt jedoch noch weitere Möglichkeiten der Gewinnermittlung, wie die Ermittlung des Überschusses der Betriebseinnahmen über die Betriebsausgaben gem. § 4 Abs. 3 EStG, die Gewinnermittlung nach Durchschnittssätzen gem. § 13a EStG sowie die Gewinnermittlung bei Handelsschiffen im internationalen Verkehr nach § 5a EStG (Tonnagebesteuerung).

LITERATURHINWEISE:

Nähere Informationen über die Berechnungsmethoden und die Voraussetzungen der Verwendung der einzelnen Gewinnermittlungsarten bietet Kapitel 9.1 in „Grundbegriffe der Gewinnermittlung". Ferner wird zu diesen Themen hingewiesen auf die Bände: *Gunsenheimer*, Die Einnahmenüberschussrechnung nach § 4 Abs. 3 EStG, 14. Aufl., Herne/Berlin 2015 und *Blödtner/Bilke/Heining*, Lehrbuch Buchführung und Bilanzsteuerrecht, 10. Aufl., Herne 2013.

128   Eine Reihe weiterer Merkmale rechtfertigt es jedoch, die Gewinneinkünfte allgemein gegen die Überschusseinkünfte abzugrenzen. Ohne dass hier eine erschöpfende Aufzählung dieser Merkmale gegeben werden kann, sei erwähnt, dass Gewinne aus der Veräußerung einzelner betrieblicher Wirtschaftsgüter sowie des ganzen Betriebs die Einkünfte erhöhen; die Veräußerung von Kapitalvermögen oder Grundvermögen, die nicht zu einem Betriebsvermögen gehören, beeinflusst hingegen die Höhe der Einkünfte nur in Ausnahmefällen (§§ 17, 20 Abs. 2, 22 Nr. 2, 23 EStG). Ferner ist der Abzug von Aufwendungen bei allen Gewinneinkünften in anderem Umfang zulässig als bei den Überschusseinkünften (vgl. §§ 4 Abs. 4 u. 5, § 6 Abs. 2 u. Abs. 2a, § 7 Abs. 2, § 7g EStG einerseits und § 9 EStG andererseits).

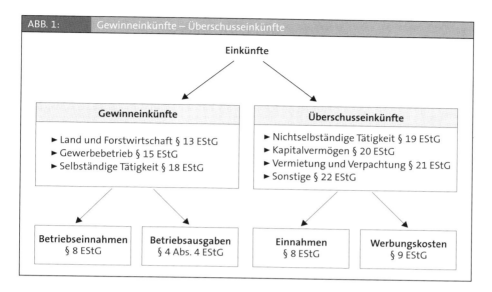

ABB. 1: Gewinneinkünfte – Überschusseinkünfte

Einkünfte

Gewinneinkünfte
- ► Land und Forstwirtschaft § 13 EStG
- ► Gewerbebetrieb § 15 EStG
- ► Selbständige Tätigkeit § 18 EStG

Überschusseinkünfte
- ► Nichtselbständige Tätigkeit § 19 EStG
- ► Kapitalvermögen § 20 EStG
- ► Vermietung und Verpachtung § 21 EStG
- ► Sonstige § 22 EStG

Betriebseinnahmen
§ 8 EStG

Betriebsausgaben
§ 4 Abs. 4 EStG

Einnahmen
§ 8 EStG

Werbungskosten
§ 9 EStG

HINWEIS:

Bei den Einkünften aus Kapitalvermögen tritt § 20 Abs. 9 EStG (Sparer-Pauschbetrag 801 € bei Ledigen und 1 602 € bei Zusammenveranlagung) an die Stelle der §§ 9 und 9a EStG (§ 2 Abs. 2 Satz 2 EStG). Die tatsächlich angefallenen Werbungskosten können – vorbehaltlich der Regelungen in § 32d Abs. 2 EStG – nicht berücksichtigt werden.

3.1.5 Betriebseinnahmen – Einnahmen

Ohne eine klärende gesetzliche Regelung könnten leicht Zweifel aufkommen, welche 129 Bruttobeträge bei den einzelnen Einkunftsarten als **Betriebseinnahmen** bzw. **Einnahmen** zu erfassen sind. Obwohl das Einordnen in die Einkunftsarten durch die in den §§ 13–24 EStG enthaltene Aufzählung von Bezügen erleichtert wird, sind damit nicht alle Zweifelsfragen ausgeräumt. Während jedoch der Begriff „Einnahmen" in § 8 EStG gesetzlich geregelt ist, beinhaltet das EStG keine Definition für den Begriff „Betriebseinnahmen". Aus diesem Grund ist es allgemein anerkannt, dass die für den Begriff der Einnahmen in § 8 EStG aufgestellten Grundsätze auch für die Auslegung des Begriffs der Betriebseinnahmen sinngemäß anzuwenden sind. Diese Tatsache ist insbesondere für die Gewinnermittlung nach § 4 Abs. 3 EStG wichtig, weil hier der Gewinn als Überschuss der Betriebseinnahmen über die Betriebsausgaben anzusetzen ist.

Wie aus § 8 Abs. 1 EStG hervorgeht, handelt es sich um Einnahmen bzw. Betriebsein- 130 nahmen, wenn die nachstehenden drei Voraussetzungen kumulativ erfüllt sind:

- ► dem Steuerpflichtigen müssen Güter zugeflossen sein,
- ► die Güter müssen in Geld oder Geldeswert bestehen,
- ► sie müssen im Rahmen einer Einkunftsart zugeflossen sein.

3.1.5.1 Zufließen von Gütern

131 a) Da dem Steuerpflichtigen **Güter zugeflossen** sein müssen, erzielt keine Betriebseinnahmen oder Einnahmen, wer auf ein ihm zustehendes Entgelt verzichtet hat. Es muss stets eine Vermögensmehrung tatsächlich eingetreten sein. Fordert z. B. ein Arzt oder Rechtsanwalt kein Honorar, weil er für einen Freund tätig geworden ist, so darf nicht etwa das angemessene Honorar als Betriebseinnahme angesetzt werden. Das Gleiche gilt für den Gesellschafter-Geschäftsführer einer GmbH, der mit der Kapitalgesellschaft kein Entgelt für seine Tätigkeit vereinbart hat. Ebenso hat ein Vermieter mit Einkünften aus § 21 EStG insoweit keine Einnahmen erzielt, als er auf die Miete verzichtet und somit vom Mieter keine Gegenleistung für die Überlassung der vermieteten Wohnung erhält.

132 Wegen der Besonderheiten, die sich bei einer ganz oder teilweise unentgeltlich überlassenen Wohnung ergeben können, vgl. §§ 10h, 21 Abs. 2 EStG sowie R 21.3 EStR.

133 b) Ferner entstehen keine Betriebseinnahmen oder Einnahmen, wenn der Wert eines zur Einkunftserzielung dienenden Vermögensgegenstandes wächst. § 8 EStG erfordert das Zufließen von „Gütern". Weil dieser Begriff inhaltlich mit dem von der Rechtsprechung für die Gewinneinkünfte entwickelten Begriff „Wirtschaftsgüter" übereinstimmt, müssen auch Güter i. S. des § 8 EStG stets selbständig bewertbar sein. Wegen der selbständigen Bewertbarkeit von Wirtschaftsgütern vgl. BFH 28. 3. 1973 I R 105/71 (BStBl 1974 II 2). Wertsteigerungen können aber nicht selbständig bewertet werden und sind somit grundsätzlich nicht als Betriebseinnahmen oder Einnahmen zu erfassen. Ausnahmen sind nach § 6 Abs. 1 Nr. 1 und Nr. 2 EStG (Ansatz des niedrigeren Teilwerts) möglich, wenn der Gewinn durch Betriebsvermögensvergleich ermittelt wird.

134 Somit können sich **Wertsteigerungen** im Vermögen frühestens beim Ausscheiden der betreffenden Wirtschaftsgüter aus dem Betrieb bzw. bei der Veräußerung des der Einnahmeerzielung dienenden Vermögens einkommensteuerlich auswirken, soweit die entsprechenden Veräußerungs- bzw. Entnahmegewinne der Besteuerung unterliegen.

135 c) Weil keine Güter zugeflossen sind, hat grundsätzlich auch derjenige keine Betriebseinnahmen bzw. Einnahmen erzielt, der durch eigene Tätigkeit oder durch die Benutzung eigener Sachen Ausgaben erspart hat, die Betriebsausgaben oder Werbungskosten darstellen würden.

BEISPIEL 1: ▶ Zum Gewerbebetrieb gehört ein Grundstück des Betriebsinhabers, das ausschließlich betrieblichen Zwecken dient.

Der Nutzungswert des Grundstücks erhöht den Gewinn nicht, denn dem Betriebsinhaber sind durch die Benutzung des eigenen Grundstücks keine Güter zugeflossen. Er hat zwar Ausgaben erspart, die ihm entstanden wären, wenn er ein gleichwertiges Grundstück hätte pachten müssen; andererseits hat er aber auch nicht die Möglichkeit, Pachtzinsen als Betriebsausgaben gewinnmindernd zu berücksichtigen.

BEISPIEL 2: Ein Hauseigentümer beseitigt selbst Mängel, die in seiner vermieteten Wohnung entstanden sind. Durch die eigene Arbeitsleistung erspart er 500 €, die er aufwenden müsste, wenn er einen Handwerker mit der Reparatur beauftragt hätte.

Die ersparten 500 € erhöhen nicht etwa die Einnahmen aus Vermietung und Verpachtung des Hauseigentümers, andererseits können mangels tatsächlicher Aufwendungen auch keine Werbungskosten in Abzug gebracht werden.

d) Der Zeitpunkt, in dem Betriebseinnahmen bzw. Einnahmen zu erfassen sind, be-   136
stimmt sich grundsätzlich nach dem Zuflussprinzip des § 11 EStG (vgl. Rdn. 200 ff.).
Erfolgt die Gewinnermittlung jedoch durch Betriebsvermögensvergleich, so sind Betriebseinnahmen nicht im Wirtschaftsjahr des Zuflusses, sondern im Wirtschaftsjahr ihrer Entstehung zu erfassen (vgl. § 252 Abs. 1 Nr. 5 HGB).

3.1.5.2   Güter in Geld oder Geldeswert

a) Von der Ausgabenersparnis durch eigene Tätigkeit oder Benutzung eigener Wirt-   137
schaftsgüter ist der Fall zu unterscheiden, in dem die Ausgabenersparnisse nur als Folge des Zufließens von Einnahmen entstehen. Beispielsweise erspart der ArbN, dem von seinem ArbG als Teil der Vergütung für die Arbeitsleistung eine Wohnung zur Verfügung gestellt worden ist, dadurch zwar Ausgaben; der Nutzungswert der Wohnung stellt für den ArbN aber trotzdem eine Einnahme aus § 19 EStG dar.

Durch § 8 EStG wird klargestellt, dass Betriebseinnahmen und Einnahmen nicht nur in Geld bestehen können, sondern dass auch andere **Güter** in Geldeswert zu erfassen sind. Der Grund hierfür liegt darin, dass es wirtschaftlich gleichgültig ist, ob eine Leistung in Geld besteht oder in anderen Werten, die sich in Geld umrechnen lassen. Unter Einnahmen, die in Form von Geld zufließen, sind nur solche zu verstehen, die mit den im Bundesgebiet geltenden gesetzlichen Zahlungsmitteln geleistet worden sind. Zahlungen in anderer Währung stellen Einnahmen in Geldeswert dar.

b) **Vermögensmehrungen,** die nicht in Geld bestehen, werden in § 8 Abs. 2 EStG „Sach-   138
bezüge" genannt. Dieser Ausdruck ist missverständlich, weil man glauben könnte, nur die Übereignung von Sachen, also von körperlichen Gegenständen (§ 90 BGB), sei als Sachbezug anzusehen. Aus § 8 Abs. 2 EStG geht jedoch hinreichend klar hervor, dass außer Sachen auch alle anderen geldwerten Güter (z. B. unentgeltliche Überlassung einer Wohnung oder eines Pkw zur Privatnutzung) als Sachbezüge in Betracht kommen.

Sachbezüge sind bei allen Einkunftsarten denkbar, werden aber vor allem ArbN ge-   139
währt. Besonders häufig ist die Überlassung von Verpflegung, Unterkunft und Wohnung sowie von im Betrieb des Arbeitgebers hergestellten Waren. Leitenden Angestellten wird auch oft ein Pkw auch zur privaten Nutzung überlassen (R 8.1 Abs. 9 LStR).

Des Weiteren zählen Dienstleistungen zu den Sachbezügen, z. B. führt die Beschäftigung eines Werksgärtners im Garten eines Angestellten zu Einnahmen dieses Angestellten. Ebenso kann der Vorteil, der in der Zinslosigkeit oder niedrigeren Verzinsung eines Darlehens besteht, bei einem ArbN als Einnahme aus § 19 EStG und bei dem Gesellschafter einer Kapitalgesellschaft als Einnahme aus § 20 EStG (BFH 25. 9. 1970 VI R 122/67, BStBl 1971 II 53) zu erfassen sein. Auch die Zuwendung einer Reise kann eine

Betriebseinnahme im Rahmen einer gewerblichen Gewinnermittlung sein (BFH 22. 7. 1988 III R 175/85, BStBl 1988 II 995; BFH 20. 4. 1989 IV R 106/87, BStBl 1989 II 641; BFH 28. 7. 1994 V R 16/92, BStBl 1995 II 274).

140 Sachbezüge sind grundsätzlich mit den um übliche Preisnachlässe geminderten üblichen Endpreisen am Abgabeort im Zeitpunkt der Abgabe zu bewerten (§ 8 Abs. 2 Satz 1 EStG). Erhält der ArbN eine Ware oder Dienstleistung, so kann der geldwerte Vorteil aus Vereinfachungsgründen mit 96 % des Endpreises angesetzt werden, zu dem die Ware oder Dienstleistung einem fremden Letztverbraucher im allgemeinen Geschäftsverkehr angeboten wird (R 8.1 Abs. 2 Satz 3 EStR). Einnahmen in fremder Währung sind mit dem Kurswert anzusetzen.

Sachbezüge, die nach § 8 Abs. 2 Satz 1 EStG zu bewerten sind, bleiben steuerfrei, wenn sie – nach Abzug eventueller Zuzahlungen des ArbN – die Freigrenze von 44 € im Kalendermonat nicht übersteigen (§ 8 Abs. 2 Satz 11 EStG).

Abweichend von § 8 Abs. 2 Satz 1 EStG richtet sich die Bewertung bestimmter Sachbezüge, insbesondere die Gewährung von Verpflegung, Unterkunft und Wohnung, nach den Bestimmungen der Sozialversicherungsentgeltverordnung (§ 8 Abs. 2 Satz 6 ff. EStG). Auch die Bewertung von Sachbezügen in Form der Überlassung eines betrieblichen Pkw zur privaten Nutzung ist in § 8 Abs. 2 Satz 2 – 5 EStG besonders geregelt.

BEISPIEL: ▶ A ist ArbN bei der Firma F. Laut Arbeitsvertrag steht ihm ein Firmenwagen (Bruttolistenpreis 30 000 €) zur Verfügung, den er im Jahr 02 wie folgt nutzte:

Geschäftsfahrten	13 000 km
180 Fahrten zwischen Wohnung und erster Tätigkeitsstätte (einfache Entfernung 10 Km)	3 600 km
Privatfahrten	5 000 km

Die anhand von Nachweisen über die Kfz-Kosten und die Jahreskilometerleistung (ordnungsgemäßes Fahrtenbuch) ermittelten Aufwendungen für den Firmenwagen im Jahr 02 betrugen 0,40 € pro gefahrenem Kilometer.

Lösung:

Die Pkw-Gestellung für Privatfahrten und für Fahrten zwischen Wohnung und erster Tätigkeitsstätte ist ein Sachbezug nach § 8 Abs. 2 EStG (R 8.1 Abs. 9 LStR). Die Fahrten wurden durch ein Fahrtenbuch nachgewiesen und können daher nach § 8 Abs. 2 Satz 4 i. V. mit § 6 Abs. 1 Nr. 4 Satz 3 EStG mit den auf die betreffenden Fahrten entfallenden anteiligen Aufwendungen bewertet werden. Der Wert des Sachbezugs beträgt somit

3 600 km + 5 000 km = 8 600 km x 0,40 €/km = 3 440 €.

Statt Fahrtenbuch und Belegnachweis ist der Sachbezug grundsätzlich gem. § 8 Abs. 2 Satz 2 – 3 EStG i. V. m. § 6 Abs. 1 Nr. 4 Satz 2 EStG nach der Listenpreismethode wie folgt anzusetzen:

Privatfahrten: 1 % des Listenpreises/Monat = 1 % von 30 000 € x 12 Monate = 3 600 €

Fahrten zur Arbeit: 0,03 % x Listenpreis x Entfernungskilometer/Monat = 0,03 % x 30 000 € x 10 Km x 12 Monate = 1 080 €

Der Wert des nach der Fahrtenbuchmethode ermittelten Sachbezugs beträgt somit insgesamt 3 440 €, der Wert nach Listenpreismethode beträgt 4 680 €.

Zur Möglichkeit der Pauschalversteuerung des geldwerten Vorteils aus der Pkw-Überlassung für Fahrten zwischen Wohnung und erster Tätigkeitsstätte und der damit einhergehenden Kürzung des Werbungskostenabzugs vgl. § 40 Abs. 2 Satz 2 und 3 EStG.

Eine weitere Ausnahmeregelung beinhaltet § 8 Abs. 3 EStG für die Bewertung von Sachbezügen in Form von Waren oder Dienstleistungen, die vom ArbG nicht überwiegend für seine ArbN, sondern für seine Geschäftskunden, hergestellt, vertrieben oder erbracht werden. In diesen Fällen richtet sich die Bewertung – vorbehaltlich einer eventuellen Pauschalversteuerung gem. § 40 EStG – nach dem um 4 % geminderten Endpreis, zu dem der Arbeitgeber oder der dem Abgeber nächstansässiger Abnehmer die Waren oder Dienstleistungen fremden Letztverbrauchern im allgemeinen Geschäftsverkehr anbietet. Die sich nach Abzug eventueller Zuzahlungen des ArbN ergebenden Vorteile sind steuerfrei, soweit sie insgesamt den sog. Rabattfreibetrag von 1 080 € im Kalenderjahr nicht übersteigen (§ 8 Abs. 3 Satz 2 EStG).

Anstelle der Bewertung nach § 8 Abs. 3 EStG kann der geldwerte Vorteil wahlweise auch nach § 8 Abs. 2 EStG ohne Bewertungsabschlag und ohne Rabattfreibetrag ermittelt werden (BFH 26. 07. 2012, BStBl 2013 II 400 und 402). Das Wahlrecht kann sowohl im Lohnsteuerabzugsverfahren als auch im Veranlagungsverfahren ausgeübt werden, sinnvollerweise dann, wenn die Bewertung nach § 8 Abs. 2 EStG zum steuerlich günstigeren Ergebnis, also einem niedrigerem Wertansatz führt (vgl. H 8.2 „Wahlrecht" LStH). Dies kommt beispielsweise in Frage, wenn der Rabattfreibetrag von 1 080 € bereits anderweitig ausgeschöpft wurde (vgl. im Einzelnen BMF vom 16. 05. 2013, BStBl 2013 I 729).

3.1.5.3   Zufließen „im Rahmen einer Einkunftsart"

Sind einem Stpfl. Güter in Geld oder Geldeswert zugeflossen, so handelt es sich um Betriebseinnahmen oder Einnahmen, wenn das Zufließen im Rahmen einer der sieben Einkunftsarten erfolgt ist. Sie müssen also im Zusammenhang mit einer der Tätigkeiten bzw. mit einem der Rechtsverhältnisse anfallen, die in den §§ 13 – 24 EStG genannt sind. Diese Voraussetzung hängt von den Umständen des Einzelfalles ab, es lassen sich jedoch einige allgemeine Grundsätze aufstellen. **141**

a) Zunächst ist es für die Einordnung in eine Einkunftsart unerheblich, unter welcher Bezeichnung die Güter zufließen und ob ein Rechtsanspruch auf sie besteht. Erhält bspw. ein ArbN neben dem Lohn für die geleistete Arbeit eine Abfindung, weil er auf seinen Urlaub verzichtet hat, so gehört die Abfindung zu den Einnahmen aus nichtselbständiger Arbeit. Aus dem gleichen Grund können als „Geschenk" bezeichnete Leistungen, die bei wirtschaftlicher Betrachtung keine Geschenke sind, weil ihnen eine Leistung des Begünstigten gegenübersteht, zu den Betriebseinnahmen oder Einnahmen zählen. **142**

BEISPIEL: ► Ein ArbN bekommt von seinem ArbG 800 € als „Weihnachtsgeschenk".
Der Betrag gehört in voller Höhe zum Arbeitslohn (§ 2 Abs. 1 LStDV), wenn das Weihnachtsgeschenk nur durch das Bestehen des Arbeitsverhältnisses erklärt werden kann.

b) Im Übrigen besteuert das EStG nicht nur entgeltliche Vorgänge. So sind bei den Gewinneinkünften auch **Geschenke** als Betriebseinnahmen zu erfassen, falls sie durch den Betrieb des Beschenkten und nicht durch persönliche Beziehungen des Schenkers zum Beschenkten veranlasst sind. Des Öfteren erhofft der Schenker eine Gegenleistung, die vom Beschenkten nicht erbracht wird. Das Geschenk ist dann trotz der Unentgeltlichkeit des Vorgangs Betriebseinnahme. **143**

BEISPIEL 1: Ein Großhändler mit Gewinnermittlung durch Betriebsvermögensvergleich nach § 4 Abs. 1 EStG erhält von einem seiner Lieferanten, von dem er nur in geringem Umfang Waren bezieht und den er persönlich nicht kennt, eine Uhr im Wert von 300 € geschenkt. Der Lieferant möchte auf diese Weise intensivere Geschäftsbeziehungen mit dem Großhändler erreichen. Der erstrebte Erfolg bleibt jedoch aus, weil der Großhändler bei anderen Lieferanten zu günstigeren Bedingungen einkaufen kann.

Es handelt sich zivilrechtlich um eine Schenkung (§ 516 BGB). Weil das Geschenk jedoch betrieblich veranlasst ist, erhöht es das Betriebsvermögen des Beschenkten und mithin auch seinen Gewinn. Da die Uhr unentgeltlich erworben wurde, muss sie mit dem Betrag angesetzt werden, den der Beschenkte im Zeitpunkt des Erwerbs dafür hätte aufwenden müssen. Verwendet der Beschenkte die Uhr für private Zwecke, so muss sie dem Betrieb mit dem Teilwert entnommen werden (§ 4 Abs. 1 Satz 2 i. V. m. § 6 Abs. 1 Nr. 4 EStG).

BEISPIEL 2: Ein Arzt erhält von einem Patienten über das in Rechnung gestellte Honorar hinaus wegen seiner überaus erfolgreichen Behandlung ein Geldgeschenk i. H. von 500 €.

Die 500 € sind Betriebseinnahmen, da sie dem Arzt in ursächlichem Zusammenhang mit dem Betrieb zugeflossen sind.

BEISPIEL 3: Nachdem sie die Gesellenprüfung erfolgreich bestanden haben, erhalten mehrere ArbN im Rahmen einer Feierstunde von ihrem ArbG Buchpräsente im Wert von jeweils 200 € geschenkt.

Auch diese freiwillige Zuwendung aus persönlichem Anlass führt in voller Höhe zu Einnahmen (= Arbeitslohn) nach § 2 Abs. 1 LStDV (R 19.3 LStR).

HINWEIS:

Für Geschenke, die nicht in Geld bestehen, kann der Schenker die ESt für den Beschenkten im Wege der Lohnsteuerpauschalierung nach § 37b EStG mit einem Pauschalsteuersatz von 30 % übernehmen. Das BMF-Schreiben v. 19. 5. 2015 (BStBl 2015 I 468) nimmt zur Pauschalierung der ESt bei Sachzuwendungen nach § 37b EStG ausführlich Stellung (s. a. Rdnr. 2489 ff.).

144   Auch bei anderen Einkunftsarten sieht das Gesetz die Besteuerung unentgeltlich zufließender Güter vor. So zählen **wiederkehrende Bezüge** i. S. des § 22 Nr. 1 EStG auch zu den Einnahmen, wenn sie unentgeltlich gewährt werden.

145 c) Gegen die steuerpflichtigen Einnahmen in Geldeswert (= die Sachbezüge) sind die sog. **Annehmlichkeiten** (Aufmerksamkeiten) abzugrenzen. Dabei handelt es sich um Aufwendungen des ArbG für seine ArbN, die nach der Verkehrsauffassung nicht als Arbeitslohn angesehen werden (BFH 26. 4. 1963 VI 291/62 U, BStBl 1963 III 329). Nach Ansicht des BFH stellen derartige Aufwendungen des ArbG nur dann einen geldwerten Vorteil des ArbN dar, wenn dieser durch die Zuwendung „objektiv" bereichert ist, der Anlass der Zuwendung unüblich ist oder der Wert der Zuwendung das übliche Maß überschreitet.

146   Geht man von § 8 EStG aus, so erscheint zweifelhaft, ob man die zu billigende Steuerfreiheit der Annehmlichkeiten damit begründen kann, es handele sich nicht um eine objektive Bereicherung. Unseres Erachtens umfasst der Begriff „Annehmlichkeiten" sowohl Vorteile, die nach der Verkehrsauffassung wegen fehlender Bewertbarkeit nicht als dem ArbN zugeflossene „Güter" angesehen werden können, als auch andere Vorteile, deren Wert sich in Geld ausdrücken lässt. Zur ersten Gruppe gehört

z. B. die Verbesserung des Arbeitsplatzes, etwa durch die Schaffung moderner Um-kleideräume, geräuschdämpfende Maßnahmen in Maschinenhallen, Anbringen von Waschbecken in Büroräumen usw., nicht jedoch die Überlassung von Diensttelefo-nen oder -handys für private Telefonate (BFH 22. 10. 1976 VI R 26/74, BStBl 1977 II 99).

Das wichtigste Beispiel für die zweite Gruppe von Annehmlichkeiten bilden die Zu-wendungen des ArbG an seine ArbN bei Betriebsausflügen, Weihnachtsfeiern und sonstigen Betriebsveranstaltungen. Nach der Rechtsprechung des BFH sind Zuwen-dungen aus Anlass von Betriebsveranstaltungen kein Arbeitslohn, da es sich um Leistungen im ganz überwiegenden Interesse des ArbG handelt, die keine Gegen-leistung für die Arbeitsleistung des ArbN darstellen (BFH 22. 3. 1985 VI R 170/82 und VI R 82/83, BStBl 1985 II 529, 532). Dies gilt jedoch nur unter der Vorausset-zung, dass es sich um eine herkömmliche (übliche) Betriebsveranstaltung und um bei diesen Veranstaltungen übliche Zuwendungen handelt (R 19.5 LStR). Betragen die Aufwendungen des ArbG für den einzelnen ArbN einschließlich Umsatzsteuer mehr als 110 € je Betriebsveranstaltung (Freigrenze), so sind die Aufwendungen in voller Höhe dem Arbeitslohn zuzurechnen (R 19.5 Abs. 4 Satz 2 LStR). Dies gilt jedoch nur für höchstens zwei Betriebsveranstaltungen im Kalenderjahr (R 19.5 Abs. 3 Satz 2 LStR).   147

Die o. a. Freigrenze von 110 € wurde mit Wirkung ab dem Kalenderjahr 2015 durch § 19 Abs. 1 Nr. 1a EStG in der Fassung des Zollkodex-Anpassungsgesetzes in einen Freibetrag von ebenfalls 110 € für bis zu zwei Betriebsveranstaltungen jährlich um-gewandelt. Das bedeutet, dass ein Betrag von 110 € für maximal zwei Betriebsver-anstaltungen pro Kalenderjahr auch dann steuerfrei bleiben kann, wenn die antei-ligen Aufwendungen pro ArbN über 110 € liegen. Zur lohn- und umsatzsteuerlichen Behandlung von Betriebsveranstaltungen s. das BMF-Schreiben vom 14. 10. 2015 (BStBl 2015 I 832).

Im Übrigen stellen Aufmerksamkeiten von geringem Wert (Sachzuwendungen bis 40 € bzw. ab 2015 bis 60 €), die dem ArbN aus Anlass eines besonderen persönli-chen Ereignisses gewährt werden (z. B. Blumen, Genussmittel, Bücher, Tonträger) keinen Arbeitslohn dar (R 19.6 LStR).   148

d) Die Einreihung zugeflossener Güter in eine Einkunftsart erfolgt unabhängig davon, ob die Leistung auf einem Rechtsgeschäft beruht, das gegen die guten Sitten oder ein gesetzliches Verbot verstößt. Steuerlich ist allein maßgebend, ob das mit dem Rechtsgeschäft bezweckte wirtschaftliche Ergebnis eingetreten ist oder nicht (§ 40 AO).   149

BEISPIEL: ▸ Ein Handelsvertreter hat dem Einkäufer eines großen Werkes für jede Bestellung Schmiergelder zugesagt und auch bezahlt.

Die Vereinbarung, Schmiergelder zu zahlen, verstößt gegen die guten Sitten. Das Rechts-geschäft war daher nach § 138 BGB nichtig, so dass der Einkäufer zivilrechtlich bezüglich der Schmiergelder keinen Zahlungsanspruch gegen den Vertreter erlangt hat. Da die Zahlungen aber geleistet wurden, sind sie im Rahmen des § 22 Nr. 3 EStG als Einnahmen des Einkäufers zu erfassen (§ 40 AO).

150 e) Schließlich ist bei der Prüfung, ob Güter im Rahmen einer Einkunftsart zugeflossen sind, § 24 EStG zu beachten. Danach fallen auch **Entschädigungen** für entgangene oder entgehende Einnahmen in die betreffende Einkunftsart (§ 24 Nr. 1 Buchst. a EStG). Außerdem regelt § 24 Nr. 2 EStG, dass Betriebseinnahmen oder Einnahmen auch dann zu erfassen sind, wenn ihnen eine frühere, nicht mehr ausgeübte Tätigkeit oder ein früheres, nicht mehr bestehendes Rechtsverhältnis zugrunde liegt. Dies gilt auch, wenn die betreffenden Erträge dem Rechtsnachfolger zufließen.

> **BEISPIEL:** V war Eigentümer eines Mietwohngrundstücks, das er im Jahr 01 verkauft hat. Er erhält in 02 von einem seiner früheren Mieter aufgrund eines rechtskräftigen Urteils 600 € rückständige Miete.
>
> Der Betrag von 600 € ist im Jahre 02 als Einnahme des Verkäufers aus Vermietung und Verpachtung anzusetzen (§§ 21 Abs. 1 Nr. 1 u. 24 Nr. 2 EStG), auch wenn im Zeitpunkt der Mietzahlung keine Vermietung mehr erfolgt.

151 f) **Zurückgezahlte Betriebsausgaben** sind als Betriebseinnahmen und **zurückgezahlte Werbungskosten** als Einnahmen im Rahmen der betreffenden Einkunftsart zu erfassen.

3.1.6 Betriebsausgaben und Werbungskosten

3.1.6.1 Allgemeines

152 Ebenso wichtig wie die Höhe der Betriebseinnahmen ist der Umfang, in dem sich **Betriebsausgaben** bei der Berechnung der Gewinneinkünfte auswirken. In gleicher Weise ist bei den Überschusseinkünften von Bedeutung, welche Beträge als **Werbungskosten** von den Einnahmen abgezogen werden dürfen. Aus diesem Grunde enthält das Gesetz für die Betriebsausgaben wie für die Werbungskosten Begriffsbestimmungen. Betriebsausgaben sind nach § 4 Abs. 4 EStG „die Aufwendungen, die durch den Betrieb veranlasst sind". Werbungskosten stellen nach § 9 Abs. 1 Satz 1 EStG „Aufwendungen zur Erwerbung, Sicherung und Erhaltung der Einnahmen" dar.

153 Der Gesetzeswortlaut lässt den Schluss zu, dass zwischen Werbungskosten und Betriebsausgaben ein grundlegender Unterschied besteht. Während der Betriebsausgabenbegriff kausal (durch Betrieb veranlasst) zu sehen ist, wurden die Werbungskosten über Jahre hinweg final gesehen. Die Rechtsprechung hat inzwischen den Werbungskostenbegriff dem der Betriebsausgaben angenähert. Danach sind Werbungskosten, beispielsweise im Rahmen des § 19 EStG, Aufwendungen, die **durch** das **Arbeitsverhältnis veranlasst sind** (BFH 28. 11. 1980 VI R 193/77, BStBl 1981 II 368).

154 Der BFH wurde zu dieser kausalen Auslegung vor allem dadurch bewogen, dass nachträgliche, d. h. nach Beendigung der Einnahmeerzielung anfallende Ausgaben im Rahmen der finalen Begriffsdefinition nicht erfasst werden. Dem kann aber entgegengehalten werden, dass im Falle der kausalen Auslegung vorweggenommene Ausgaben, die der künftigen Einnahmeerzielung dienen sollen, nicht gedeckt werden, weil ein Betrieb, Beruf usw., durch den die Ausgaben „veranlasst" werden könnten, noch gar nicht vorhanden ist. Im Ergebnis empfiehlt sich im Zweifelsfall eine wirtschaftliche Betrachtung, nach der Betriebsausgaben bzw. Werbungskosten immer dann vorliegen, wenn ein wirtschaftlicher Zusammenhang zwischen Einnahmen und Ausgaben besteht (BFH 8. 2. 1983 VIII R 130/79, BStBl 1983 II 554).

3.1.6.2 Merkmale der Betriebsausgaben und Werbungskosten

3.1.6.2.1 Aufwendungen

Die gesetzlichen Definitionen der Begriffe Betriebsausgaben (§ 4 Abs. 4 EStG) und Wer- 155
bungskosten (§ 9 Abs. 1 Satz 1 EStG) haben gemeinsam, dass jeweils von **„Aufwendungen"** die Rede ist. Diesen Begriff erläutert das EStG nicht, obwohl er auch bei den Sonderausgaben (§ 10 EStG) und in den Vorschriften über die außergewöhnlichen Belastungen (§§ 33 u. 33a EStG) verwendet wird. Die Bedeutung des Wortes „Aufwendungen" lässt sich jedoch aus dem gegenteiligen Begriff der „Einnahmen" ableiten: Während Einnahmen voraussetzen, dass dem Steuerpflichtigen Güter zufließen, also eine **Vermögensmehrung** eintritt, liegen im Umkehrschluss hierzu Aufwendungen vor, wenn Güter aus dem Vermögen des Steuerpflichtigen ausscheiden (**Vermögensminderung**). Die ausscheidenden Güter müssen analog zu den Einnahmen nicht notwendigerweise in Geld bestehen, es kann sich vielmehr auch um geldwerte Leistungen handeln. § 8 Abs. 2 EStG findet daher sinngemäß Anwendung.

Aufwendungen in diesem Sinne liegen daher auch dann vor, wenn ein Wertverlust eintritt, der ein Wirtschaftsgut betrifft, das ausschließlich oder nahezu ausschließlich der Einnahmeerzielung dient (z. B. Arbeitsmittel), oder wenn aus nahezu ausschließlich betrieblichen/beruflichen Gründen ein privates Wirtschaftsgut geschädigt wird (BFH 29. 4. 1983 VI R 139/80, BStBl 1983 II 586).

Entgehende oder entgangene Einnahmen sind dagegen keine Aufwendungen (BFH 156
15. 12. 1977 VI R 102/75, BStBl 1978 II 216). Bei unentgeltlicher **Überlassung einer Wohnung** kann daher der Nutzungswert einer solchen Wohnung beim Überlassenden weder zu den Betriebsausgaben noch zu den Werbungskosten gehören.

> **BEISPIEL:** Der ArbG zahlt dem ArbN monatlich 2 000 € Arbeitslohn und überlässt ihm außerdem eine zum Betriebsvermögen gehörende Wohnung mit einem Nutzungswert von 400 €, ohne dass der ArbN Miete zu zahlen hat. Der ArbN hat zwar monatlich 2 400 € Einnahmen aus nichtselbständiger Arbeit, weil der Nutzungswert der Wohnung für ihn eine Einnahme in Geldeswert darstellt; der ArbG darf jedoch nur 2 000 € als Betriebsausgabe behandeln, da sich sein Vermögen nicht um den Nutzungswert der Wohnung verringert. Wegen des Verzichts auf die Zahlung von Miete tritt zwar keine Vermögensmehrung, aber auch keine Vermögensminderung ein. Die Aufwendungen des ArbG bestehen nur in den gezahlten 2 000 €.

Wegen fehlender **Vermögensminderung** stellen auch vom Stpfl. selbst erbrachte 157
Dienstleistungen keine Betriebsausgaben oder Werbungskosten dar. Der Handwerker, der bei einem Auftraggeber persönlich eine Reparatur ausführt, darf also nicht etwa wegen der eigenen Arbeitsleistung einen angemessenen Betrag als Betriebsausgaben abziehen. Auch dem Vermieter, der eine Reparatur in der vermieteten Wohnung selbst ausgeführt hat, sind keine „Aufwendungen" erwachsen. Insoweit kommt ein Abzug von Werbungskosten nicht in Frage.

Sind Aufwendungen entstanden, die Betriebsausgaben oder Werbungskosten darstel- 158
len, so ergibt sich die weitere Frage, in welchem Ermittlungszeitraum (Rdn. 191 ff.) sie sich auswirken. Nach § 11 Abs. 2 Satz 1 EStG erfolgt der Abzug der Aufwendungen regelmäßig in dem Jahr, in dem sie **geleistet** wurden (Abflussprinzip). Die Vorschriften über den Betriebsvermögensvergleich, die durch § 11 EStG unberührt bleiben (§ 11

Abs. 2 Satz 6 EStG), führen jedoch vielfach dazu, dass Betriebsausgaben den Gewinn in einem anderen Wirtschaftsjahr als dem der Zahlung mindern.

3.1.6.2.2 Notwendigkeit ohne Bedeutung

159 Betriebsausgaben und Werbungskosten haben weiterhin gemeinsam, dass es i. d. R. nicht darauf ankommt, ob die Aufwendungen objektiv notwendig sind und ob sie im Rahmen des Üblichen liegen. Für die Betriebsausgaben geht dies aus § 4 Abs. 4 EStG hervor, der lediglich verlangt, dass die Aufwendungen durch den Betrieb „veranlasst" sind. Aufwendungen können aber auch dann betrieblich veranlasst sein, wenn sie sich bei objektiver Betrachtung als überflüssig oder den Rahmen des Üblichen überschreitend herausstellen. Allerdings wird der Abzug von Betriebsausgaben durch die Vorschrift des § 4 Abs. 5 EStG (vgl. Rdn. 1087 ff.) eingeschränkt.

160 Ebenso kommt es beim Abzug von Werbungskosten i. d. R. auf die Notwendigkeit der Aufwendungen und auf deren Üblichkeit nicht an. Es genügt, dass die Aufwendungen objektiv geeignet sind, die Einnahmeerzielung zu fördern, und vom Steuerpflichtigen subjektiv auch dazu bestimmt sind (BFH 28. 11. 1980 VI R 193/77, BStBl 1981 II 368).

Selbst unnötige Aufwendungen, die in dieser Absicht geleistet werden, gehören demnach zu den Werbungskosten. Auch die in § 9 Abs. 1 Satz 3 Nr. 1–4, 6 u. 7 EStG genannten Aufwendungen sind unabhängig von ihrer Notwendigkeit und Üblichkeit als Werbungskosten abzuziehen. Beispielsweise müssen ungewöhnlich hohe Ausgaben, die ein Arbeitnehmer zu seiner Fortbildung für Fachliteratur aufwendet, nach § 9 Abs. 1 Satz 3 Nr. 6 EStG in vollem Umfang als Werbungskosten berücksichtigt werden.

161 Rechtsprechung wie Finanzverwaltung messen der Notwendigkeit und Üblichkeit von Aufwendungen jedoch immer dann Bedeutung zu, wenn die Aufwendungen nicht ausschließlich die berufliche Tätigkeit des Steuerpflichtigen betreffen. Überschreiten die Aufwendungen das notwendige oder übliche Maß, so wird dies in solchen Fällen als Anhaltspunkt dafür gewertet, dass diese Ausgaben mindestens zum Teil nicht durch berufliche Interessen, sondern durch die **private Lebensführung** veranlasst sind. Insbesondere Aufwendungen im Zusammenhang mit einer beruflich begründeten doppelten Haushaltsführung sowie für berufliche veranlasste Übernachtungen erkennt der Gesetzgeber nur insoweit als Werbungskosten an, als es sich notwendige Mehraufwendungen handelt (s. § 9 Abs. 1 Satz 3 Nr. 5 u. Nr. 5a EStG).

3.1.6.2.3 Abgrenzung gegen nicht abzugsfähige Aufwendungen (§ 12 EStG)

162 Die sowohl bei den Betriebsausgaben als auch bei den Werbungskosten erforderliche Abgrenzung gegen **nicht abzugsfähige Kosten der Lebenshaltung** ist von großer praktischer Bedeutung. Als Aufwendungen, die durch den Betrieb, Beruf usw. veranlasst sind, könnte man bei weiter Auslegung der §§ 4 Abs. 4 EStG und 9 Abs. 1 Satz 1 EStG auch die Kosten des Haushalts des Steuerpflichtigen sowie sonstige Kosten ansehen, die mit seiner Lebensführung zusammenhängen. Es wäre jedoch nicht gerechtfertigt, solche Aufwendungen als Betriebsausgaben oder Werbungskosten zu berücksichtigen. Derartige Aufwendungen entstehen unabhängig davon, ob eine Tätigkeit ausgeübt wird, durch die der Stpfl. Einkünfte erzielt. Auf die Höhe der Einkünfte dürfen sich aber richti-

gerweise nur solche Aufwendungen auswirken, die unterblieben wären, wenn der Stpfl. die der Erlangung von Einkünften dienende Tätigkeit nicht ausgeübt hätte.

Die entgegengesetzte Auffassung würde zur Folge haben, dass bei sonst gleichen Ver- 163 hältnissen derjenige am wenigsten ESt zahlen müsste, der das meiste Geld für seine private Lebensführung ausgibt. Auch die Tatsache, dass angemessene Ernährung, Kleidung und Wohnung die Leistungsfähigkeit und damit die berufliche Tätigkeit des Stpfl. fördern, reicht daher nicht aus, hierfür entstandene Aufwendungen bei der Ermittlung der Einkünfte zum Abzug zuzulassen.

An dieser Stelle wird auch auf § 4 Abs. 4a EStG hingewiesen, der genau dieses Abgren- 164 zungsproblem aufgreift, indem er Zinszahlungen auf betriebliche Darlehen, die durch hohe Privatentnahmen veranlasst wurden und die damit nicht ausschließlich dem betrieblichen Bereich zufallen, nur in eingeschränkter Form zum Betriebsausgabenabzug zulässt.

Weitere Erläuterungen zum Thema „Nicht abzugsfähige Ausgaben" erhalten Sie in Kapitel 5, Rdn. 246 ff.

3.1.6.3 Die Rückzahlung von Einnahmen

Der finale Charakter des Werbungskostenbegriffs ist auch bei der Beurteilung eventuel- 165 ler Rückzahlungen von Einnahmen auslegungsbedürftig. Während die **Rückzahlung von Betriebseinnahmen** eindeutig zu den Betriebsausgaben zählt, stellt die **Rückzahlung steuerpflichtiger Einnahmen** nach der finalen Auslegung keine Werbungskosten dar. Derartige Rückzahlungen werden nicht in der Absicht geleistet, Einnahmen zu erwerben, zu sichern oder zu erhalten. Schon der RFH hat diese Zahlungen als „werbungskostenähnlichen" Aufwand behandelt und in Analogie zu § 9 EStG den Abzug zugelassen. Auch der BFH gestattet den Abzug, betrachtet die Rückzahlung jedoch als „negative Einnahme" (BFH 13.12.1963 VI 22/61 S, BStBl 1964 III 184).

3.1.7 Die Werbungskostenpauschbeträge

Da es außerordentlich schwierig sein kann, zu unterscheiden, ob Aufwendungen Wer- 166 bungskosten darstellen oder nicht, würden die Finanzämter selbst bei geringen Aufwendungen mitunter vor komplizierte und zeitraubende Abgrenzungsfragen gestellt. Um sie hiervon zu entlasten, enthält § 9a EStG für bestimmte Überschusseinkünfte **Werbungskostenpauschbeträge.**

Bei den einzelnen Einkunftsarten kann nicht mit gleich hohen Werbungskosten gerech- 167 net werden. Erfahrungsgemäß sind die Werbungskosten bei den Einkünften aus nichtselbständiger Arbeit höher als bei den sonstigen Einkünften i. S. des § 22 EStG. Man hat die Höhe der Pauschbeträge daher für diese beiden Einkunftsarten unterschiedlich bemessen:

Sie betragen:

1. ArbN-Pauschbetrag bei Einnahmen aus nichtselbständiger Tätigkeit ohne Versorgungsbezüge nach § 19 Abs. 2 EStG	§ 9a Satz 1 Nr. 1 Buchst. a EStG	1 000 €

2. WK-Pauschbetrag bei Versorgungsbezügen nach § 19 Abs. 2 EStG	§ 9a Satz 1 Nr. 1 Buchst. b EStG	102 €
3. WK-Pauschbetrag bei Einnahmen i. S. d. § 22 Nr. 1, 1a, und 5 EStG	§ 9a Satz 1 Nr. 3 EStG	102 €

168 Diese Pauschbeträge stellen die von den Einnahmen abzuziehenden Mindestbeträge dar. Wenn dem Steuerpflichtigen im Zusammenhang mit der Erzielung von Einnahmen aus nichtselbständiger Arbeit oder aus § 22 Nr. 1, 1a, und 5 EStG keine Aufwendungen erwachsen sind oder aber Aufwendungen, die niedriger liegen als der Pauschbetrag für die betreffende Einkunftsart, muss mindestens der Pauschbetrag abgezogen werden. Übersteigen die Werbungskosten dagegen den maßgebenden Pauschbetrag, so sind die tatsächlichen Aufwendungen zu berücksichtigen. Für den Abzug der Pauschbeträge ist kein Antrag erforderlich, sie werden im Rahmen des Lohnsteuerabzugs automatisch bzw. im Rahmen der Einkommensteuer-Veranlagung von Amts wegen berücksichtigt.

> **BEISPIEL:** Ein ArbN hat für den VZ 05 Werbungskosten von 900 € im Zusammenhang mit seinen Einnahmen aus nichtselbstständiger Tätigkeit geltend gemacht. Es kann dahingestellt bleiben, ob diese Beträge wirklich Werbungskosten darstellen, denn nach § 9a Satz 1 Nr. 1 Buchst. a EStG werden von den Einnahmen 1 000 € als ArbN-Pauschbetrag abgezogen.
>
> Hätte der ArbN beispielsweise 1 450 € Werbungskosten geltend gemacht, so obliegt es dem FA zu prüfen, welche Aufwendungen zu den Werbungskosten gehören. Würde sich herausstellen, dass nur 1 200 € zu den Werbungskosten zählen, so müsste dieser Betrag von den Einnahmen abgezogen werden.

169 Aus dem Zweck der Werbungskostenpauschbeträge ergibt sich allerdings auch eine Einschränkung hinsichtlich ihrer Höhe. Mit dem Ziel, eine Vereinfachungsregelung zu schaffen, wäre es nicht vereinbar, wenn der Werbungskostenpauschbetrag auch dann in voller Höhe von den Einnahmen abgezogen würde, falls diese den Pauschbetrag nicht erreichen. In derartigen Fällen ist die Vermutung gerechtfertigt, dass die Werbungskosten die Einnahmen nicht übersteigen, mag dies im Einzelfall auch einmal nicht zutreffen. Aus diesem Grunde gestattet § 9a Satz 2 EStG den Abzug der Werbungskostenpauschbeträge nur bis zur Höhe der steuerpflichtigen Einnahmen, so dass durch die Kürzung der Einnahmen um den Pauschbetrag nie ein Verlust aus der betreffenden Einkunftsart entstehen kann.

> **BEISPIEL:** Eine Hausfrau war im Jahr 05 nur im Monat Dezember als Verkäuferin tätig. Ihre steuerpflichtigen Einnahmen aus nichtselbständiger Arbeit betragen lediglich 900 €, die tatsächlichen Werbungskosten 260 €.
>
> Die Einkünfte aus § 19 EStG belaufen sich auf 0 €, denn der ArbN-Pauschbetrag darf nur bis zur Höhe der Einnahmen von 900 € abgezogen werden.
>
> Eine Besonderheit gilt beim Werbungskostenpauschbetrag für Versorgungsbezüge nach § 9a Satz 1 Nr. 1 Buchst. b EStG, der nur bis zur Höhe der um den Versorgungsfreibetrag und den Zuschlag zum Versorgungsfreibetrag geminderten Einnahmen abgezogen werden darf.

170 Die Pauschbeträge sind jeweils Jahresbeträge. Sie sind daher nicht anteilig zu kürzen, wenn nur während eines Teiles des Jahres Einnahmen aus der betreffenden Einkunftsart erzielt wurden oder wenn die persönliche Steuerpflicht lediglich während eines Teiles des Jahres bestanden hat (R 9a EStR).

Hat der Stpfl. im gleichen VZ sowohl Einkünfte aus einem aktiven Dienstverhältnis 170/1
nach § 19 Abs. 1 Nr. 1 EStG als auch Versorgungsbezüge nach §§ 19 Abs. 1 Nr. 2, Abs. 2
EStG bezogen, so können die Werbungskostenpauschbeträge nach § 9a Satz 1 Nr. 1
Buchst. a EStG und § 9a Satz 1 Nr. 1 Buchst. b EStG kumulativ in Anspruch genommen
werden. Auch hier erfolgt keine zeitanteilige Kürzung.

3.1.8 Summe der Einkünfte

3.1.8.1 Grundsatz

Die Einkünfte aus den sieben verschiedenen Einkunftsarten werden jeweils getrennt er- 171
mittelt und danach mit den jeweils übrigen Einkünften aus anderen Einkunftsarten zusammengerechnet, so dass sich daraus die **Summe der Einkünfte** ergibt (vgl.
§ 2 Abs. 3 EStG). Bei einer Zusammenveranlagung von Ehegatten oder eingetragenen
Lebenspartnern (vgl. Rdn. 2306 ff. bzw. 2321) sind für jeden Ehegatten bzw. jeden Lebenspartner die von ihm bezogenen Einkünfte gesondert zu ermitteln (H 26b „Gesonderte Ermittlung der Einkünfte" EStH). Die Zusammenveranlagung nach § 26b EStG
führt zwar zu einer Zusammenrechnung, nicht aber zu einer einheitlichen Ermittlung
der Einkünfte der Ehegatten bzw. Lebenspartner (R 26b Abs. 1 EStR). Kommt bei einem
oder auch bei beiden Ehegatten bzw. Lebenspartnern die Berücksichtigung eines Altersentlastungsbetrages i. S. d. § 24a EStG in Betracht, ist im Fall der Zusammenveranlagung der Altersentlastungsbetrag jedem Ehegatten bzw. Lebenspartner, der die altersmäßigen Voraussetzungen erfüllt, nach Maßgabe der von ihm bezogenen Einkünfte zu
gewähren (H 24a „Altersentlastungsbetrag bei Ehegatten" EStH). Ein Schema zur Ermittlung des Gesamtbetrags der Einkünfte bei Zusammenveranlagung findet sich in
Rdn. 177. Etwaige Einschränkungen hinsichtlich der Berücksichtigung von Verlusten
sind bei der Bildung der Summe der Einkünfte zu berücksichtigen (vgl. Rdn. 612 ff.).

3.1.8.2 Verlustausgleich

Einkünfte im steuerlichen Sinne sind sowohl positive als auch negative Ergebnisse, die 172
sich bei der Gegenüberstellung von Betriebseinnahmen und Betriebsausgaben bzw.
Einnahmen und Werbungskosten ergeben. Negative Ergebnisse werden als Verluste bezeichnet und sind grundsätzlich mit positiven Einkünften auszugleichen. Dabei geht
der **horizontale Verlustausgleich** dem **vertikalen Verlustausgleich** vor. Horizontaler Verlustausgleich ist die Verrechnung positiver und negativer Ergebnisse innerhalb derselben Einkunftsart.

> **BEISPIEL:** A hat zwei Häuser (kein Betriebsvermögen), aus denen er Einkünfte aus Vermietung
> und Verpachtung erzielt. Für Haus 1 übersteigen die Einnahmen die Werbungskosten um
> 10 000 €; für Haus 2 übersteigen die Werbungskosten die Einnahmen um 5 000 €. Der Verlust
> aus Haus 2 in Höhe von 5 000 € ist mit dem positiven Ergebnis aus Haus 1 in Höhe von
> 10 000 € auszugleichen (horizontaler Verlustausgleich), so dass die bei der Veranlagung des
> Stpfl. anzusetzenden **Einkünfte aus Vermietung und Verpachtung** + 5 000 € betragen.

Können aber Verluste nicht mit positiven Einkünften innerhalb derselben Einkunftsart 173
ausgeglichen werden, d. h. ist das Gesamtergebnis für diese Einkunftsart negativ, so ist
dieses negative Ergebnis mit positiven Ergebnissen anderer Einkunftsarten auszuglei-

chen (vertikaler Verlustausgleich). Sowohl beim horizontalen als auch beim vertikalen Verlustausgleich sind Verlustausgleichsverbote (Rdn. 615 ff.) zu beachten.

MERKE:

▶ Ein **horizontaler Verlustausgleich** ist die Verrechnung positiver und negativer Ergebnisse innerhalb **derselben** Einkunftsart,

▶ ein **vertikaler Verlustausgleich** ist die Verrechnung positiver und negativer Einkünfte innerhalb **verschiedener Einkunftsarten.**

HINWEIS:

Zum Verlustabzug, zur Einschränkung des Verlustabzugs sowie zu den Verlustabzugsverboten s. die Erläuterungen in Kapitel 6.6 (Rz. 612 ff.).

3.1.9 Gesamtbetrag der Einkünfte

174 Aus der nach Rdn. 171 ff. ermittelten Summe der Einkünfte aus den sieben Einkunftsarten (unter Beachtung der Verlustausgleichsbeschränkungen) ergibt sich nach Abzug des Altersentlastungsbetrags i. S. des § 24a EStG, des Entlastungsbetrags für Alleinerziehende nach § 24b EStG und des Freibetrags für Land- und Forstwirte i. S. des § 13 Abs. 3 EStG der **Gesamtbetrag der Einkünfte** (§ 2 Abs. 3 EStG).

175 Eine etwaige positive Summe der Einkünfte kann also durch die abzuziehenden Beträge negativ werden. Das Ergebnis ist in jedem Fall der Gesamtbetrag der Einkünfte. Ist der Betrag negativ, so handelt es sich jedoch nicht um den „nicht ausgeglichenen Verlust" i. S. des § 10d EStG. Zu beachten ist in diesem Fall, dass der Altersentlastungsbetrag, der Entlastungsbetrag für Alleinerziehende und der Freibetrag für Land- und Forstwirte bei der Ermittlung des Verlustabzugs nicht berücksichtigt werden dürfen (s. R 10d Abs. 1 EStR sowie 2. Beispiel unter Rdn. 614).

176 Für Ehegatten oder eingetragene Lebenspartner, die zusammenveranlagt werden, wird ein einheitlicher Gesamtbetrag der Einkünfte gebildet (§ 26b EStG, R 2 EStR).

TAB. 1:	Veranlagungsschema bei Zusammenveranlagung von Ehegatten bzw. eingetragenen Lebenspartnern (VZ 2015)			177
Einkünfte VZ 2015	**Ehemann** **(64. Lebens-** **jahr in 2014** **vollendet)**		**Ehefrau** **(64. Lebens-** **jahr in** **2014 voll-** **endet)**	
§ 13 Abs. 1 Nr. 1 EStG (s. u. wegen des Freibetrags)	5 000 €		–	
§ 15 Abs. 1 Nr. 1 EStG			./. 40 000 €	
Gewerbe 1 60 000 €	40 000 €	horizontaler Verlust- ausgleich		
Gewerbe 2 ./. 20 000 €				
§ 18 Abs. 1 Nr. 1 EStG			30 000 €	
§ 21 Abs. 1 Nr. 1 EStG	./. 5 000 €			
Haus 1 15 000 €		horizontaler Verlust- ausgleich	./. 5 000 €	
Haus 2 ./. 20 000 €				
Summe der Einkünfte jedes Ehegatten getrennt ermitteln	40 000 €		./. 15 000 €	
unter Berücksichtigung des vertikalen Verlustausgleichs auf der Ebene jedes Ehegatten getrennt.				
abzüglich eventuell AEB gem. § 24a EStG lt. Tabelle (2015) 24,0 % von 40.000 €, max. (positive Summe der Einkünfte vor Berücksichtigung der FB § 13 Abs. 3 EStG, R 24a Abs. 1 S. 1 EStR)	./. 1 140 €	Bei der Ehefrau ist kein Altersentlas-tungsbetrag möglich, da kein Arbeitslohn und keine positive Summe der Einkünfte vorhanden sind.		
Zwischensumme	38 860 €		./. 15 000 €	
Zusammenrechnung nach § 26b EStG		23 860 €		
hier: vertikaler Verlustausgleich zwischen den Ehegatten				
abzüglich Freibetrag gem. § 13 Abs. 3 EStG; Summe der Einkünfte darf bei Zusammenveranlagung 61 400 € nicht übersteigen. Die gemeinsame Summe der Einkünfte beträgt 25 000 € (vor Berücksichtigung des Altersentlastungsbetrages).		./. 1 340 €		
Gesamtbetrag der Einkünfte gem. § 2 Abs. 3 EStG (R 26b Abs. 1 EStR; H 26b „Gesonderte Ermittlung der Einkünfte" EStH)		22 520 €		
abzüglich Sonderausgaben (R 10.1 EStR) usw.				

3.2 Bemessungsgrundlage der Einkommensteuer

3.2.1 Einkommen

178 Durch die ESt wird das Einkommen, präziser ausgedrückt das „zu versteuernde Einkommen" natürlicher Personen besteuert. **Einkommen** ist nach § 2 Abs. 4 EStG der Gesamtbetrag der Einkünfte, vermindert um **die berücksichtigungsfähigen Sonderausgaben** und **außergewöhnlichen Belastungen.**

179 Ob Aufwendungen bei einer Einkunftsart oder als Sonderausgaben berücksichtigt werden, ist keineswegs gleichgültig. Abgesehen davon, dass der Abzug von Aufwendungen bei einzelnen Einkunftsarten nicht uneingeschränkt erfolgen darf bzw. dass die Aufwendungen mit Mindestbeträgen (Pauschbeträgen) abgezogen werden, dient der positive Gesamtbetrag der Einkünfte als Berechnungsgrundlage für den Spendenabzug (§ 10b Abs. 1 Satz 1 Nr. 1 EStG) und die zumutbare Belastung (§ 33 Abs. 3 EStG).

180 Werden bspw. Aufwendungen, die zu den Sonderausgaben gehören, irrtümlich bereits bei der Ermittlung der Einkünfte als Betriebsausgaben oder Werbungskosten abgezogen, so ist der Gesamtbetrag der Einkünfte und damit der Höchstbetrag für den Spendenabzug falsch berechnet.

> **BEISPIEL:** ▶ A hat lediglich Einkünfte aus Gewerbebetrieb. Durch das FA wurden Versicherungsbeiträge i. H. von 1 000 € irrtümlich zum Abzug als Betriebsausgaben zugelassen, obwohl sie zu den Sonderausgaben gehören. Der Gewinn aus dem Gewerbebetrieb beträgt nach Abzug der Versicherungsbeiträge 9 000 €. A hat 2 000 € für gemeinnützige Zwecke gespendet. Die Voraussetzungen des § 10b Abs. 1 EStG sind erfüllt.
>
> Da der Gewinn aus Gewerbebetrieb hier gleichzeitig den Gesamtbetrag der Einkünfte darstellt, kommen nach § 10b Abs. 1 Satz 1 Nr. 1 EStG höchstens 20 % von 9 000 € = 1 800 € für den Abzug als Sonderausgaben in Betracht. Der korrekte Gewinn beträgt jedoch 10 000 €, so dass richtigerweise 2 000 € als Spenden abgezogen werden dürfen.

181 Bei der Ermittlung des Einkommens ist außerdem zu berücksichtigen, dass nicht ausgeglichene Verluste des Folgejahres (Verlustrücktrag) oder der Vorjahre, die bei der „Verlustfeststellung" festgesetzt wurden (Verlustvortrag) vom Gesamtbetrag der Einkünfte abgezogen werden, und zwar vorrangig vor den Sonderausgaben und außergewöhnlichen Belastungen. Zu beachten ist dabei, dass auf Antrag des Stpfl. ganz oder teilweise vom Verlustrücktrag abzusehen ist (§ 10d Abs. 1 Satz 5 EStG), während der Verlustvortrag zwingend vorzunehmen ist.

Zum Verlustabzug nach § 10d EStG im Einzelnen vgl. Rdn. 612 ff.

3.2.2 Das zu versteuernde Einkommen

182 Das **Einkommen,** vermindert um die Freibeträge nach den § 32 Abs. 6 EStG und um die sonstigen Abzugsbeträge ist das zu versteuernde Einkommen (§ 2 Abs. 5 EStG). Dieses bildet die **Bemessungsgrundlage** für die tarifliche ESt (§ 32a EStG).

183 Missverständlich formuliert ist § 25 Abs. 1 EStG, wonach die ESt nach dem Einkommen (richtig: nach dem „zu versteuernden" Einkommen) veranlagt wird, das der Stpfl. im Veranlagungszeitraum bezogen hat. Diese Bestimmung steht mit § 2 Abs. 5 EStG und

§ 32a EStG nicht in Einklang. Offenbar wurde der umgangssprachliche Ausdruck an dieser Stelle verwendet.

Zusammenfassend bleibt festzustellen, dass nicht das „Einkommen", sondern das **„zu** 184 **versteuernde Einkommen"** die regelmäßige **Bemessungsgrundlage** der ESt bildet. Nur wenn ausnahmsweise keinerlei Veränderungen des Einkommens vorgenommen werden müssen, stellt dieses gleichzeitig das zu versteuernde Einkommen dar.

3.2.3 Zusammenfassung

Entsprechend den o. g. Ausführungen werden bei der Ermittlung des zu versteuernden 185 Einkommens die folgenden Schritte unterschieden (R 2 Abs. 1 EStR):

TAB. 2:	Zu versteuerndes Einkommen
	Einkünfte aus Land- und Forstwirtschaft (§§ 13–14a EStG)
+	Einkünfte aus Gewerbebetrieb (§§ 15–17 EStG)
+	Einkünfte aus selbständiger Arbeit (§ 18 EStG)
+	Einkünfte aus nichtselbständiger Arbeit (§ 19 EStG)
+	Einkünfte aus Kapitalvermögen (§ 20 EStG) - soweit sie in Fällen des § 32d Abs. 2 und 6 EStG nicht der Abgeltungssteuer unterliegen -
+	Einkünfte aus Vermietung und Verpachtung (§ 21 EStG)
+	sonstige Einkünfte (§§ 22 u. 23 EStG)
=	**Summe der Einkünfte aus den Einkunftsarten (§ 2 Abs. 1 EStG)**
./.	Altersentlastungsbetrag (§ 24a EStG)
./.	Entlastungsbetrag für Alleinerziehende (§ 24b EStG)
./.	Freibetrag für Land- und Forstwirte (§ 13 Abs. 3 EStG)
+	Hinzurechnungsbetrag (§ 52 Abs. 3 Satz 3 EStG sowie § 8 Abs. 5 Satz 2 AIG)
=	**Gesamtbetrag der Einkünfte (§ 2 Abs. 3 Satz 1 EStG)**
./.	Verlustabzug (§ 10d EStG)
./.	Sonderausgaben (§§ 10, 10a, 10b, 10c EStG)
./.	außergewöhnliche Belastungen (§§ 33–33b EStG)
./.	Steuerbegünstigung der zu Wohnzwecken genutzten Wohnungen und Gebäude (§§ 10f–10i EStG)
+	Erstattungsüberhänge (§ 10 Abs. 4b Satz 3 EStG)
=	**Einkommen (§ 2 Abs. 4 EStG)**
./.	Freibeträge für Kinder (§§ 31, 32 Abs. 6 EStG)
./.	Härteausgleich (§ 46 Abs. 3 EStG, § 70 EStDV)
=	**zu versteuerndes Einkommen (§§ 2 Abs. 5 Satz 1 u. 32a EStG)**

3.3 Besonderheiten bei Einkünften aus Kapitalvermögen

3.3.1 Berücksichtigung der Kapitaleinkünfte bis VZ 2011

Nach § 2 Abs. 5b Satz 1 EStG a. F. sind die abgeltend besteuerten privaten Kapitalerträge 185.1 weder in die Summe der Einkünfte, noch in den Gesamtbetrag der Einkünfte, in das Einkommen und das zu versteuernde Einkommen einzubeziehen. Die Einkünfte aus Kapitalvermögen, die nicht nach § 20 Abs. 8 EStG einer vorrangigen anderen Einkunftsart zuzuordnen sind, unterliegen nach § 32d Abs. 1 EStG einem gesonderten Steuertarif von 25 %.

185.2 Das bedeutet, dass die Einkommensteuer für Kapitalerträge, bei denen der Steuerabzug vom Kapitalertrag (Kapitalertragsteuer) erhoben wird (§§ 43 ff. EStG), grundsätzlich mit dem Steuerabzug abgegolten ist (§ 43 Abs. 5 EStG). Diese Kapitalerträge sind nach § 32d Abs. 1 EStG bereits mit dem gesonderten Steuertarif von 25 % (§ 43a Abs. 1 Satz 1 Nr. 1 EStG) versteuert und werden nicht mehr im Veranlagungsschema berücksichtigt.

185.3 Für steuerpflichtige Kapitalerträge, die nicht der Kapitalertragsteuer unterlegen haben, kommt die Abgeltungswirkung i. S. d. § 43 Abs. 5 EStG nicht in Betracht. Da aber auch für diese Kapitalerträge grundsätzlich der gesonderte Steuertarif von 25 % anzuwenden ist, sind sie ebenfalls nicht im Veranlagungsschema zur Ermittlung des zu versteuernden Einkommens zu berücksichtigen. Diese Kapitalerträge sind nach § 32d Abs. 3 EStG in der Einkommensteuererklärung anzugeben und nach § 32d Abs. 1 EStG mit dem gesonderten Steuertarif von 25 % zu versteuern. Die ESt auf diese Kapitalerträge erhöht die insgesamt festzusetzende tarifliche ESt.

185.4 Die durch den Steuerabzug vom Kapitalertrag abgeltend besteuerten privaten Kapitalerträge sind bis zum VZ 2011 u. a. dann in der Einkommensteuererklärung anzugeben, wenn der Steuerpflichtige für den Spendenabzug (§ 10b Abs. 1 EStG) einen entsprechenden Antrag stellt oder außergewöhnliche Belastungen i. S. d. § 33 EStG geltend macht. Grund dafür ist, dass die abgeltend besteuerten Kapitaleinkünfte im Rahmen des § 33 Abs. 3 EStG bei der Berechnung der zumutbaren Belastung berücksichtigt werden, beim Spendenabzug werden sie auf Antrag in die Ermittlung des Spendenhöchstbetrages (§ 10b Abs. 1 Nr. 1 EStG) einbezogen. Darüber hinaus müssen abgeltend besteuerte Kapitaleinkünfte eines Unterhaltsempfängers bei der Berücksichtigung von Unterhaltsleistungen nach § 33a Abs. 1 Satz 5 EStG angegeben werden (§ 2 Abs. 5b Satz 2 EStG a. F.).

185.5 Nicht betroffen von der Sonderregelung des § 32d Abs. 1 EStG sind Kapitalerträge, die nach § 32d Abs. 2 und Abs. 6 EStG erfasst werden. Diese Kapitalerträge unterliegen nicht dem gesonderten Steuertarif nach § 32d Abs. 1 EStG. Sie sind stattdessen in das Veranlagungsschema zur Ermittlung des zu versteuernden Einkommens einzubeziehen und unterliegen der tariflichen Einkommensteuer nach § 32a EStG. Konsequenterweise sind diese Kapitalerträge von der Sonderregelung des § 2 Abs. 5b Satz 1 EStG a. F. ausgenommen.

3.3.2 Berücksichtigung der Kapitaleinkünfte ab VZ 2012

185.6 Durch das Steuervereinfachungsgesetz 2011 vom 1. 11. 2011 (BGBl 2011 I 2131) wurde Satz 2 des § 2 Abs. 5b EStG mit Wirkung ab VZ 2012 aufgehoben.

185.7 Das bedeutet, dass die abgeltend besteuerten Kapitalerträge nicht mehr bei der Berechnung der zumutbaren Belastung sowie des Höchstbetrages beim Spendenabzug nach § 10b Abs. 1 EStG berücksichtigt werden. Insoweit entfällt ab VZ 2012 die Notwendigkeit, die betreffenden Kapitalerträge nur für diese Zwecke in der Einkommensteuererklärung anzugeben. Auch wenn die Einkünfte- und Bezügegrenze des § 32

Abs. 4 EStG für die steuerliche Berücksichtigung volljähriger Kinder mit Wirkung ab VZ 2012 weggefallen ist, sind die Kapitaleinkünfte weiterhin als Einkünfte einer unterhaltsberechtigten Person im Rahmen des § 33a Abs. 1 EStG einzubeziehen. Der Sparer-Pauschbetrag nach § 20 Abs. 9 EStG ist dabei nicht als Bezug anzusetzen.

Da der in § 2 Abs. 5b Satz 1 EStG verankerte Grundsatz nur für abgeltend besteuerte 185.8 Kapitalerträge greift, werden Kapitalerträge i. S. d. § 32d Abs. 2 und 6 EStG wie bisher im Rahmen der übrigen steuerlichen Vorschriften in die Veranlagung einbezogen und unterliegen der tariflichen Einkommensteuer nach § 32a EStG. Folglich sind die betreffenden Kapitalerträge zwingend in der Einkommensteuererklärung anzugeben. Selbstverständlich sind auch diese tariflich besteuerten Kapitaleinkünfte nach § 33a Abs. 1 EStG als Einkünfte der unterhaltsberechtigten Person anzusetzen, wobei auch hier der Sparer-Pauschbetrag nach § 20 Abs. 9 EStG nicht als Bezug anzusetzen ist.

3.4 Zeitliche Bestimmungen über die Einkommensbesteuerung

In den §§ 2 und 25 EStG enthält das EStG Vorschriften über den Zeitabschnitt, für den 186 die Besteuerung erfolgen soll. Zu unterscheiden sind dabei die Begriffe „**Bemessungszeitraum**", „**Veranlagungszeitraum**" und „**Ermittlungszeitraum**".

3.4.1 Der Bemessungszeitraum

Aus § 2 Abs. 7 Satz 1 EStG geht hervor, dass die ESt eine Jahressteuer ist. Da sich die 187 Höhe der Steuer nach der ESt-Tabelle (vgl. § 32a Abs. 1 EStG) richtet, ist diese also stets auf das zu versteuernde Einkommen anzuwenden, das innerhalb eines gesamten Kalenderjahres erzielt wurde. Das Kalenderjahr ist mithin der „**Bemessungszeitraum**" und die Steuertabelle eine (Kalender-)Jahrestabelle.

Hat ein Stpfl. nicht während des ganzen Kalenderjahres Einkünfte gehabt oder hat sei- 188 ne Steuerpflicht nur während eines Teils des Kalenderjahres bestanden, so ist der Bemessungszeitraum nicht etwa kürzer als das Kalenderjahr. Auch in derartigen Fällen ist das zu versteuernde Einkommen im Kalenderjahr bezogen und deshalb die Jahressteuertabelle darauf anzuwenden.

> **BEISPIEL:** A hat seit dem 1.7.01 seinen Wohnsitz im Bundesgebiet. Bis zu diesem Zeitpunkt hat er sich im Ausland aufgehalten und keine inländischen Einkünfte erzielt. Das zu versteuernde Einkommen, das er im zweiten Halbjahr 01 erzielt hat, beläuft sich auf 10 000 €.
>
> Die Steuertabelle ist auf ein zu versteuerndes Einkommen von 10 000 € anzuwenden. Aufgrund der Regelung in § 2 Abs. 7 Satz 1 EStG ist es nicht zulässig, das zu versteuernde Einkommen zu verdoppeln, weil das zu versteuernde Einkommen nicht in 12, sondern nur in 6 Monaten erzielt worden ist.

3.4.2 Der Veranlagungszeitraum

In § 25 Abs. 1 EStG ist geregelt, für welchen Zeitraum die Steuer veranlagt, d. h. in ei- 189 nem Steuerbescheid festgesetzt wird. Es wäre denkbar, dass dieser Zeitabschnitt sich nicht mit dem Bemessungszeitraum deckt. So könnte bspw. eine gesetzliche Regelung vorsehen, dass zwar die Steuertabelle auf das in einem Kalenderjahr erzielte zu versteuernde Einkommen anzuwenden ist, dass die Steuer jedoch jeweils für zwei Kalenderjahre nach deren Ablauf in einem einzigen Steuerbescheid festgesetzt werden muss.

Das Kalenderjahr ist aber nicht nur der Bemessungszeitraum, sondern nach § 25 Abs. 1 EStG gleichzeitig auch der **Veranlagungszeitraum.** Für jedes Kalenderjahr ergeht also ein gesonderter Steuerbescheid. In ihm wird die Steuer festgesetzt, die sich nach der Steuertabelle für das zu versteuernde Einkommen ergibt, das der Stpfl. in dem betreffenden Kalenderjahr erzielt hat.

190 Der Veranlagungszeitraum hat mit dem Bemessungszeitraum ferner gemeinsam, dass er nicht kürzer als ein Kalenderjahr sein kann. Hat die persönliche Steuerpflicht nicht während des ganzen Kalenderjahres bestanden, so erfolgt die Steuerfestsetzung trotzdem für das volle Kalenderjahr.

> **BEISPIEL:** Der ledige Stpfl. A ist am 30. 6. 2015 verstorben. Sein zu versteuerndes Einkommen im Jahr 2015 beträgt 15 600 €, die darauf entfallende Steuer 1 492 €.
>
> Der Steuerbescheid, den das FA dem bzw. den Erben zuschickt, trägt die Aufschrift „Steuerbescheid 2015", denn die Steuer wird nach § 25 Abs. 1 EStG für das gesamte Kalenderjahr (= Veranlagungszeitraum) festgesetzt.

3.4.3 Der Ermittlungszeitraum

3.4.3.1 Begriff und Dauer

191 Vom Bemessungszeitraum und Veranlagungszeitraum ist schließlich der **Ermittlungszeitraum** zu unterscheiden. Es ist der Zeitraum, in dem sich die Besteuerungsgrundlagen ergeben haben, d. h. in dem die Einnahmen zugeflossen und die abzugsfähigen Aufwendungen geleistet worden sind. Außerhalb des Ermittlungszeitraums angefallene Besteuerungsgrundlagen können bei der Berechnung des zu versteuernden Einkommens grundsätzlich nicht berücksichtigt werden. Eine Ausnahme kann sich jedoch bei regelmäßig wiederkehrenden Leistungen ergeben (§ 11 EStG, vgl. Rdn. 219).

Auch der Ermittlungszeitraum deckt sich im Allgemeinen mit dem Kalenderjahr (§ 25 Abs. 1 EStG). Er ist aber kürzer, wenn die persönliche Steuerpflicht nicht während des ganzen Kalenderjahres bestanden hat.

> **BEISPIEL:** Der ledige Stpfl. A, Eigentümer eines Mietwohngrundstücks, ist am 2. 8. 01 verstorben. Die Augustmiete war von drei Mietern bereits am 1. 8. 01 gezahlt worden, der vierte Mieter zahlte erst am 23. 8. 01. Der Erblasser hat am 25. 7. 01 Arztkosten i. H. von 1 000 € bezahlt, der Erbe am 10. 8. 01 Krankenhauskosten i. H. von 500 €, die den Erblasser betrafen.
>
> Für die Besteuerung des Erblassers sind nur die **zu seinen Lebzeiten** gezahlten Beträge bedeutsam. Der Ermittlungszeitraum für sein zu versteuerndes Einkommen begann am 1. 1. 01 um 0.00 Uhr und endete mit seinem Tode am 2. 8. 01. Die vom Erben am 23. 8. 01 vereinnahmte Miete und die von ihm am 10. 8. 01 gezahlten Krankenhauskosten wirken sich nicht auf das zu versteuernde Einkommen des Erblassers aus, sondern auf das des Erben.

3.4.3.2 Wechsel in der Steuerpflicht

Da die Einkommensteuer eine Jahressteuer ist, sind die Grundlagen für ihre Festset- 192
zung jeweils für ein Kalenderjahr zu ermitteln.

Besteht während des Kalenderjahres sowohl beschränkte als auch unbeschränkte Einkommensteuerpflicht, so sind die während der beschränkten Einkommensteuerpflicht
erzielten inländischen Einkünfte in eine Veranlagung zur unbeschränkten Einkommensteuerpflicht einzubeziehen (§ 2 Abs. 7 Satz 3 EStG).

> **BEISPIEL:** ► A ist am 30.4.01 in das Bundesgebiet eingewandert. Er war vorher als nichtselbstän-
> diger Handelsvertreter in Polen tätig und hat diese Tätigkeit nach seiner Einwanderung im
> Bundesgebiet fortgesetzt. Außerdem gehört ihm seit Jahren ein Mietwohngrundstück in Frank-
> furt. Am 10.8.01 erhielt A 800 € Provision für Aufträge, die er seinem polnischen Auftraggeber
> im Januar 01 vermittelt hatte. Die Einkünfte aus Vermietung und Verpachtung (§ 21 EStG) ha-
> ben im Monatsdurchschnitt 500 € betragen.
>
> In der Zeit der unbeschränkten Einkommensteuerpflicht hat der Stpfl. Einkünfte aus Vermie-
> tung und Verpachtung von 4 000 € (Mai bis Dezember 01) und Einkünfte als Handelsvertreter
> von 800 € erzielt. In die Veranlagung für das Jahr 01 – der unbeschränkten Einkommensteuer-
> pflicht – werden auch die während der Zeit der beschränkten Einkommensteuerpflicht erziel-
> ten inländischen Einkünfte aus Vermietung und Verpachtung i.H. von 2 000 € (Januar bis April
> 01) mit einbezogen.
>
> Allerdings kann es darüber hinaus erforderlich sein, ausländische Einkünfte im Rahmen des
> Progressionsvorbehalts nach § 32b Abs. 1 Nr. 2 – Nr. 4 EStG bei der Veranlagung einzubeziehen
> (s. hierzu Kapitel 15).

3.4.3.3 Wirtschaftsjahr

Auch wenn die Steuerpflicht während des ganzen Kalenderjahres bestanden hat, deckt 193
sich der Ermittlungszeitraum nicht immer mit dem Kalenderjahr. Ein abweichender Ermittlungszeitraum ist aber nur bei den Einkünften aus Land- und Forstwirtschaft und
den Einkünften aus Gewerbebetrieb möglich, nicht dagegen bei den übrigen Einkunftsarten und Besteuerungsgrundlagen. Landwirte, Forstwirte und Gewerbetreibende haben ihren Gewinn nach dem **Wirtschaftsjahr** zu ermitteln (§ 4a Abs. 1 Satz 1 EStG,
§§ 8b, 8c EStDV). Das Wirtschaftsjahr ist demnach der Ermittlungszeitraum für den Gewinn aus einem landwirtschaftlichen, forstwirtschaftlichen oder gewerblichen Betrieb
(= Gewinnermittlungszeitraum).

In der Regel umfasst das Wirtschaftsjahr zwölf Monate und deckt sich mit dem Kalen- 194
derjahr. Wird ein Betrieb eröffnet, erworben, aufgegeben oder veräußert, so entsteht
i.d.R. jedoch ein Wirtschaftsjahr, das kürzer als zwölf Monate ist. Das Gleiche gilt bei
einer Umstellung des Wirtschaftsjahres (§ 8b EStDV). Solche Wirtschaftsjahre, die einen
Zeitraum von weniger als zwölf Monaten umfassen, werden als **Rumpfwirtschaftsjahre
bezeichnet.** Bei der Umstellung des Wirtschaftsjahres bei Gewerbetreibenden nach
§ 4a Abs. 1 Satz 2 Nr. 2 EStG darf nur ein Rumpfwirtschaftsjahr entstehen.

> **BEISPIEL 1:** ► A eröffnet am 4.11.01 einen Gewerbebetrieb. Er will seine Abschlüsse regelmäßig
> auf den 31.12. eines Jahres erstellen.
>
> Sein erstes Wj umfasst als Rumpfwirtschaftsjahr nur den Zeitraum vom 4.11. bis 31.12.01.
> Für alle anderen Besteuerungsgrundlagen des VZ 01 bildet das Kj 01 den Ermittlungszeitraum.

> **BEISPIEL 2:** ▶ Das Wj des Gewerbetreibenden B lief jeweils vom 1. 10. bis 30. 9. Im Sommer 01 beschloss B, das Wj auf das Kj umzustellen.
>
> Die Umstellung ist nur in der Weise möglich, dass dem am 30. 9. 01 endenden Wj ein Rumpfwirtschaftsjahr für die Zeit vom 1. 10. bis zum 31. 12. 01 folgt. Es wäre unzulässig, stattdessen ein (verlängertes) Wirtschaftsjahr zu bilden, das vom 1. 10. 01 bis zum 31. 12. 02 reicht. Die Umstellung ist ohne Zustimmung des FA zulässig. § 4a Abs. 1 Satz 2 Nr. 2 Satz 2 EStG schreibt die Zustimmung nur für den umgekehrten Fall der Umstellung auf ein vom Kj abweichendes Wj vor, weil durch eine solche Umstellung die auf den Gewinn entfallende Steuer in das folgende Kj verlagert wird (vgl. § 4a Abs. 2 Nr. 2 EStG).

195 Der **Aufgabe des Betriebs,** die eine Willensentscheidung voraussetzt, muss in Analogie zu § 8b EStDV der Tod des Betriebsinhabers gleichgestellt werden. Mit dem Tod des Stpfl. endet das Wirtschaftsjahr ebenso wie der Ermittlungszeitraum für die übrigen Besteuerungsgrundlagen.

Behält ein bisher unbeschränkt steuerpflichtiger Landwirt, Forstwirt oder Gewerbetreibender seinen inländischen Betrieb trotz Verlegung des Wohnsitzes und gewöhnlichen Aufenthalts in das Ausland bei, so endet das Wirtschaftsjahr mit der Auswanderung, denn der Wegfall der unbeschränkten Steuerpflicht beendet den Ermittlungszeitraum für sämtliche Besteuerungsgrundlagen. Das Wirtschaftsjahr einer OHG oder KG läuft dagegen weiter, wenn ein Mitunternehmer auswandert. Der Gewinnanteil des ausgewanderten Mitunternehmers muss dann im Jahr der Auswanderung zumeist durch Schätzung auf den Zeitraum der unbeschränkten und der beschränkten Steuerpflicht aufgeteilt werden.

196 Das Wirtschaftsjahr für einen Betrieb, der in eine Personengesellschaft eingebracht wird, läuft trotz der Einbringung weiter, wenn dieser Betrieb bei wirtschaftlicher Betrachtungsweise als durch die Personengesellschaft fortgeführt angesehen werden kann. Das Gleiche gilt, wenn eine Personengesellschaft aufgelöst wird und ein Gesellschafter den Betrieb als Einzelkaufmann weiterführt (BFH 19. 8. 1969 VI R 27/69, BStBl 1970 II 37). In beiden Fällen darf daher das Wirtschaftsjahr zum Übernahmezeitpunkt nur mit Zustimmung des FA auf einen vom Kalenderjahr abweichenden Zeitraum umgestellt werden.

197 Vom Kalenderjahr **abweichende Wirtschaftsjahre** sind im Gesetz vorgesehen oder zugelassen, weil es zweckmäßig ist, Land- und Forstwirte sowie Inhaber gewerblicher Saisonbetriebe nicht zu zwingen, ihren Gewinn jeweils für ein Kalenderjahr zu ermitteln. Sie rechnen von Ernte zu Ernte bzw. von Saison zu Saison. Deshalb weicht das Wirtschaftsjahr bei Land- und Forstwirten vom Kalenderjahr ab und läuft grundsätzlich vom 1. 7. bis zum 30. 6. des folgenden Kalenderjahres (§ 4a Abs. 1 Satz 2 Nr. 1 EStG). Abweichend hiervon können bestimmte Landwirte und Forstwirte gem. § 4a Abs. 1 Satz 2 Nr. 1 Satz 2 EStG i. V. m. § 8c EStDV folgende andere Zeiträume als Wirtschaftsjahr bestimmen:

▶ Betriebe mit einem Futterbauanteil von mindestens 80 % der landwirtschaftlichen Nutzfläche können den Zeitraum vom 1. 5. bis zum 30. 4. als Wirtschaftsjahr bestimmen (§ 8c Abs. 1 Satz 1 Nr. 1 EStDV),

▶ Betriebe mit reiner Forstwirtschaft können den Zeitraum vom 1. 10. bis 30. 9. als Wirtschaftsjahr bestimmen (§ 8c Abs. 1 Satz 1 Nr. 2 EStDV),

► Betriebe mit reinem Weinbau können den Zeitraum vom 1. 9. bis 31. 8. als Wirtschaftsjahr bestimmen (§ 8c Abs. 1 Satz 1 Nr. 3 EStDV),

► Gartenbaubetriebe und reine Forstbetriebe können auch das Kalenderjahr als Wirtschaftsjahr bestimmen (§ 8c Abs. 2 Satz 1 EStDV).

Stellt ein Land- und Forstwirt von einem vom Kalenderjahr abweichenden Wirtschaftsjahr auf ein mit dem Kalenderjahr übereinstimmendes Wirtschaftsjahr um, verlängert sich das letzte vom Kalenderjahr abweichende Wirtschaftsjahr um den Zeitraum bis zum Beginn des ersten mit dem Kalenderjahr übereinstimmenden Wirtschaftsjahres; ein Rumpfwirtschaftsjahr ist nicht zu bilden. Dies gilt entsprechend, wenn ein Land- und Forstwirt mit einem reinen Weinbaubetrieb sein Wirtschaftsjahr vom 1. 7. bis zum 30. 6. auf den Zeitraum vom 1. 9. bis zum 31. 8. umstellt (§ 8c Abs. 2 Sätze 2 und 3 EStDV).

Auch Gewerbetreibende können anstelle des Kalenderjahres ein beliebiges abweichendes Wirtschaftsjahr wählen, wenn sie im Handelsregister eingetragen sind (§ 4a Abs. 1 Satz 2 Nr. 2 EStG).

Bei Land- und Forstwirten ist der Gewinn des Wirtschaftsjahres auf das Kalenderjahr, in   198 dem das Wirtschaftsjahr beginnt, und auf das Kalenderjahr, in dem es endet, entsprechend dem zeitlichen Anteil aufzuteilen (§ 4a Abs. 2 Nr. 1 EStG; vgl. Rdn. 1420). Bei der Aufteilung sind Veräußerungsgewinne im Sinne des § 14 EStG auszuscheiden und dem Gewinn des Kalenderjahres hinzuzurechnen, in dem sie entstanden sind.

BEISPIEL: ► Landwirt C hat in dem am 30. 6. 02 endenden Wj einen Gewinn von 10 000 € erzielt, im folgenden Wj, das am 30. 6. 03 endet, einen Gewinn von 16 000 €.

Bei der Veranlagung für das Kj 02 sind die Einkünfte aus dem landwirtschaftlichen Betrieb wie folgt zu ermitteln:

Gewinn des Wj 01/02	10 000 € : 2 = 5 000 €
Gewinn des Wj 02/03	16 000 € : 2 = 8 000 €
Einkünfte aus Land- und Forstwirtschaft § 13 EStG (VZ 02)	13 000 €

Bei Gewerbetreibenden gilt der Gewinn des Wirtschaftsjahres als in dem Kalenderjahr   199 bezogen, in dem das Wirtschaftsjahr endet (§ 4a Abs. 2 Nr. 2 EStG).

BEISPIEL: ► Das Wj des Kaufmanns D läuft jeweils vom 1. 4. bis 31. 3. D hat in dem am 31. 3. 01 endenden Wj einen Gewinn von 30 000 € und im am 31. 3. 02 endenden Wj einen Gewinn von 40 000 € erzielt.

Bei der Veranlagung für 01 betragen die Einkünfte aus Gewerbebetrieb 30 000 € und bei der Veranlagung für 02 40 000 €. Eine Aufteilung des Gewinns auf die Kj, in die das Wj fällt, ist bei gewerblichen Einkünften nicht zulässig.

3.5 Vereinnahmung und Verausgabung (§§ 11–11b EStG)

3.5.1 Die Bedeutung des § 11 EStG

Da die Grundlagen für die Festsetzung der ESt jeweils für ein Kalenderjahr zu ermitteln   200 sind, ist es erforderlich, sämtliche einkommensteuerlich bedeutsamen Beträge – **vereinnahmte wie verausgabte** – einem bestimmten Kalenderjahr zuzuordnen. Wie die Abgrenzung zu erfolgen hat, ergibt sich aus § 11 EStG. Die Vorschrift basiert auf der

Überlegung, dass die steuerlichen Auswirkungen sich regelmäßig in dem Zeitpunkt ergeben sollen, in dem die wirtschaftliche Leistungsfähigkeit durch die Vereinnahmung oder Verausgabung gestärkt bzw. geschwächt worden ist.

201 Zu versteuernde Beträge sind demgemäß im Allgemeinen im Kalenderjahr ihres **Zufließens** zu erfassen (§ 11 Abs. 1 Satz 1 EStG) und berücksichtigungsfähige Aufwendungen grundsätzlich in dem Kalenderjahr abzusetzen, in dem sie geleistet worden sind (§ 11 Abs. 2 Satz 1 EStG). Die eventuelle wirtschaftliche Zugehörigkeit der Leistungen zu einem anderen Kalenderjahr ist dabei grundsätzlich unerheblich. Eine Ausnahme gilt lediglich für regelmäßig wiederkehrende Beträge, die kurze Zeit vor Beginn oder kurze Zeit nach Beendigung des Kalenderjahres zugeflossen oder geleistet worden sind, zu dem sie wirtschaftlich gehören. Sie werden im Kalenderjahr ihrer wirtschaftlichen Zugehörigkeit berücksichtigt (§ 11 Abs. 1 Satz 2, Abs. 2 Satz 2 EStG). Vgl. hierzu im Einzelnen Rdnr. 219.

> **BEISPIEL 1:** ArbN A erleidet durch Verschulden des X im Mai 01 einen Unfall. Er ist infolgedessen bis zum Februar 02 arbeitsunfähig. Der Verdienstausfall i. H. von 8 500 € wird ihm im August 02 von X ersetzt.
>
> Die 8 500 € sind A im Jahre 02 zugeflossen und deshalb zusammen mit dem laufenden Arbeitslohn dieses Jahres als Einnahme aus nichtselbständiger Arbeit zu erfassen (§§ 19, 24 Nr. 1a EStG), obwohl die Entschädigung wirtschaftlich das Kj 01 betrifft.

> **BEISPIEL 2:** B hat zu Beginn jedes Monats 100 € für seine private Altersversorgung (Rürup-Rente) zu zahlen. Infolge finanzieller Schwierigkeiten hat er die fälligen Beträge für die Monate November und Dezember 01 zusammen mit Rückständen aus der ersten Jahreshälfte 02 erst am 15. 7. 02 entrichtet.
>
> Die Zahlung der Beiträge für November und Dezember 01 ist im Rahmen der Höchstbeträge des § 10 Abs. 3 EStG als Sonderausgabe des Jahres 02 zu berücksichtigen, weil diese Leistungen in diesem Jahr erfolgt ist (§ 11 Abs. 2 Satz 1 EStG). Dass die Leistungen wirtschaftlich das Jahr 01 betreffen, ist unerheblich. Die Ausnahmeregelung des § 11 Abs. 2 Satz 2 EStG greift nicht ein. Die Versicherungsbeiträge stellen zwar regelmäßig wiederkehrende Ausgaben dar, sind aber nicht kurze Zeit nach Beendigung des Kj 01 geleistet worden.

202 Eine Sonderregelung betrifft die zeitliche Erfassung der Einnahmen aus nichtselbständiger Arbeit. Nach § 11 Abs. 1 Satz 4 i. V. m. § 38a Abs. 1 Satz 2 EStG gilt laufender Arbeitslohn stets in dem Kalenderjahr als bezogen, in dem der Lohnzahlungszeitraum endet. Dagegen wird Arbeitslohn, der nicht als laufender Arbeitslohn gezahlt wird (sonstige Bezüge), in dem Kalenderjahr bezogen, in dem er dem ArbN zufließt (§ 38a Abs. 1 Satz 3 EStG). Insoweit gilt uneingeschränkt das Zuflussprinzip des § 11 Abs. 1 Satz 1 EStG.

> **BEISPIEL:** ArbN A erhält seinen Arbeitslohn jeweils am 15. eines Monats für die Zeit vom 15. bis zum 14. des folgenden Monats (vorschüssige Zahlung). Am 15. 12. 01 zahlt ihm der ArbG neben dem laufenden Arbeitslohn i. H. von 2 000 € (Zeitraum 15. 12. 01 bis zum 14. 1. 02) eine Jahresprämie i. H. von 500 €.
>
> Der laufende Arbeitslohn (2 000 €) gilt als im Kj 02 bezogen, da der Lohnzahlungszeitraum in diesem Kj endet (§ 38a Abs. 1 Satz 2 EStG). Die Jahresprämie von 700 € stellt einen sonstigen Bezug dar, der dem ArbN im Kj 01 zugeflossen und daher auch dort zu erfassen ist (§ 38a Abs. 1 Satz 3 EStG).

203 Dass die steuerlichen Auswirkungen im Regelfall im Jahr des Zufließens der Betriebseinnahmen oder Einnahmen ohne Rücksicht auf die wirtschaftliche Zugehörigkeit zu

einem anderen Kalenderjahr eintreten, kann wegen der Progression des ESt-Tarifs zu Härten führen. Auch durch die Zahlung von **Entschädigungen oder** Voraus- oder Nachzahlungen kann eine erhebliche Zusammenballung zu versteuernder Beträge in einem Jahr bewirkt werden. Deshalb sieht § 34 Abs. 2 Nr. 2 i. V. m. § 34 Abs. 1 EStG für Entschädigungen i. S. des § 24 Nr. 1 EStG einen begünstigten Tarif vor.

Bei **Ausgaben** für eine Nutzungsüberlassung von mehr als fünf Jahren (z. B. Mietvoraus- 204 zahlungen, Pachtzinszahlungen, vorausgezahlte Erbbauzinsen) sieht § 11 Abs. 2 Satz 3 EStG vor, dass die Zahlungen beim Leistenden abweichend von § 11 Abs. 2 Satz 1 EStG auf den Zeitraum der Nutzungsüberlassung verteilt werden müssen (vgl. Rdn. 1998). Parallel hierzu bestimmt § 11 Abs. 1 Satz 3 EStG, dass die entsprechenden Einnahmen beim Empfänger auf den Zeitraum der Nutzungsüberlassung werden können. Während also für den leistenden Stpfl. ein Verteilungszwang für die Ausgaben besteht, können die entsprechenden Einnahmen beim Empfänger wahlweise sofort besteuert oder aber ebenfalls verteilt werden.

Eine Ausnahme gilt gem. § 11 Abs. 2 Satz 4 EStG im Falle eines Damnums oder Disagios. Wird ein marktübliches Damnum oder Disagio im Rahmen einer Darlehnsgewährung für einen Zeitraum von mehr als 5 Jahren geleistet, so ist eine Verteilung nicht notwendig. Aus Vereinfachungsgründen kann von der Marktüblichkeit ausgegangen werden, wenn bei einem Darlehen mit einem Zinsfestschreibungszeitraum von mindestens 5 Jahren ein Damnum oder Disagio i. H. v. maximal 5 % vereinbart worden ist.

3.5.2 Der Geltungsbereich des § 11 EStG

3.5.2.1 Die unmittelbare Anwendung

Die Bestimmungen des § 11 EStG sind nur in Teilbereichen bei der Ermittlung des zu 205 versteuernden Einkommens anwendbar. Soweit der Gewinn durch Betriebsvermögensvergleich nach § 4 Abs. 1 EStG oder § 5 EStG ermittelt wird, ergibt sich aus dem Wesen dieser Gewinnermittlung, dass der Zeitpunkt, in dem Betriebseinnahmen als bezogen und Betriebsausgaben als geleistet anzusehen sind, die Höhe des Gewinns nicht berührt. Beim Betriebsvermögensvergleich wirkt sich **jede** Vermögensmehrung und -minderung aus, so dass auch Forderungen und Verbindlichkeiten die Höhe des Gewinns beeinflussen. Darüber hinaus bewirken Rechnungsabgrenzungsposten, dass Aufwendungen und Erträge das Ergebnis des Wirtschaftsjahres beeinflussen, zu dem sie wirtschaftlich gehören. Wegen der Besonderheiten beim Betriebsvermögensvergleich ist in § 11 Abs. 1 Satz 5 bzw. Abs. 2 Satz 6 EStG zur Klarstellung bestimmt, dass die Vorschriften über die Gewinnermittlung nach § 4 Abs. 1 EStG und § 5 EStG durch die Bestimmungen über die Vereinnahmung und Verausgabung unberührt bleiben, also vorrangig vor § 11 EStG anzuwenden sind.

Darüber hinaus ist die Anwendung des § 11 EStG weitgehend ausgeschlossen, wenn 206 der Gewinn aus Land- und Forstwirtschaft nach den Durchschnittssätzen des § 13a EStG ermittelt wird. Nur soweit Korrekturen des Grundbetrages von der Vereinnahmung oder Verausgabung bestimmter Beträge abhängen, wie das bspw. für Pachtzinsen gilt, ist § 11 EStG anzuwenden.

207 Die Vorschrift des § 11 EStG umfasst folgenden unmittelbaren Anwendungsbereich:

a) die Gewinnermittlung nach § 4 Abs. 3 EStG.

§ 11 EStG betrifft nach seinem Wortlaut zwar nur „Einnahmen", nicht dagegen „Betriebseinnahmen"; aus der Entstehungsgeschichte des § 11 EStG geht jedoch hervor, dass sich die Vorschrift auch auf die Gewinnermittlung nach § 4 Abs. 3 EStG beziehen soll;

b) die Ermittlung der Überschusseinkünfte (§ 2 Abs. 1 Nr. 4–7 EStG),

c) die Berechnung der in den §§ 10–10b EStG genannten Sonderausgaben,

d) die Ermittlung der Aufwendungen, die eine außergewöhnliche Belastung darstellen (§§ 33 u. 33a EStG).

208 Da die Grundsätze über die Absetzungen für Abnutzung (§ 7 EStG) sowohl bei der Gewinnermittlung nach § 4 Abs. 3 EStG (§ 4 Abs. 3 Satz 3 EStG) als auch im Rahmen des Werbungskostenabzugs bei den Überschusseinkünften zu berücksichtigen sind (§ 9 Abs. 1 Satz 3 Nr. 7 EStG), ist § 11 EStG insoweit nicht anzuwenden. Weitere Ausnahmen gelten für die Einkünfte aus Vermietung und Verpachtung, wie z. B. die Regelungen nach §§ 11a und 11b EStG (vgl. Rdn. 220).

3.5.2.2 Die analoge Anwendung

209 Neben dem unmittelbaren Anwendungsbereich ist eine analoge Anwendung des § 11 EStG auch in Fällen geboten, in denen zwar feststeht, welchem Kalenderjahr die Bezüge oder Aufwendungen zuzuordnen sind, steuerliche Vorschriften jedoch außerdem eine Entscheidung darüber erfordern, ob die Bezüge oder Aufwendungen in einem bestimmten Zeitraum innerhalb dieses Kalenderjahres vereinnahmt oder verausgabt worden sind. Insbesondere ist an folgende Fälle zu denken:

a) Wechsel zwischen unbeschränkter und beschränkter Steuerpflicht.

b) Erbfolge. Soweit nicht die Grundsätze des Betriebsvermögensvergleichs und die übrigen o. a. Einschränkungen entgegenstehen, richtet sich die Zurechnung vereinnahmter und verausgabter Beträge beim Erben bzw. beim Erblasser nach dem analog anzuwendenden § 11 EStG.

c) Sind Aufwendungen wegen außergewöhnlicher Belastung in besonderen Fällen nach § 33a Abs. 1 EStG nicht in sämtlichen Monaten des Kalenderjahres geleistet worden, so dass der Jahresfreibetrag nach § 33a Abs. 3 EStG gekürzt werden muss, so sind nur diejenigen eigenen Einkünfte und Bezüge der unterstützten Person anzurechnen, die diese im maßgebenden Unterstützungszeitraum bezogen hat. Sie sind unter analoger Anwendung des § 11 EStG abzugrenzen.

3.5.3 Die Begriffe „Zufließen" und „Leisten"

210 **Betriebseinnahmen oder Einnahmen fließen zu,** wenn der Empfänger die wirtschaftliche Verfügungsmacht über das Geld bzw. die Güter in Geldeswert (§ 8 EStG) erlangt. Umgekehrt werden Aufwendungen in dem Zeitpunkt geleistet, in dem der Leistende die wirtschaftliche Verfügungsmacht einbüßt (H 11 „Allgemeines" EStH).

Da der Übergang der wirtschaftlichen Verfügungsmacht das entscheidende Merkmal für die Beurteilung des Zeitpunkts der Vereinnahmung und Verausgabung bildet, sind bürgerlich-rechtliche Erwägungen insoweit von untergeordneter Bedeutung. Insbesondere kann die Verfügungsmacht wirtschaftlich schon vor der Erfüllung (§ 362 BGB) des Anspruchs auf eine Leistung i. S. des § 8 EStG übergehen. Es genügt, dass die Verwirklichung des Anspruchs in so greifbare Nähe gerückt ist, dass die Aussicht auf die Verwirklichung dem tatsächlichen Übergang der Güter gleichzustellen ist. Ferner kommt es auf die Fälligkeit regelmäßig nicht an, wenngleich sich der Moment des Zufließens gelegentlich mit dem Fälligkeitszeitpunkt deckt.

Wegen der vielfältigen Gestaltungsmöglichkeiten, die das Wirtschaftsleben kennzeichnen, ist es nicht möglich, allgemein gültige, für sämtliche Fälle passende Regeln darüber aufzustellen, wann die wirtschaftliche Verfügungsmacht erlangt bzw. aufgegeben wird. Die Entscheidung hierüber kann nur nach den jeweiligen Gegebenheiten getroffen werden. Einige besonders wichtige Einzelfälle seien nachfolgend erwähnt. **211**

3.5.3.1 Die Abtretung von Forderungen

Es ist zwischen der **Abtretung an Erfüllungsstatt** und der **Abtretung erfüllungshalber** zu unterscheiden. Nur mit der Abtretung an Erfüllungsstatt fließt dem Abtretungsempfänger (Zessionar) ein geldwerter Vorteil zu. Diese Art von Abtretungen ist dadurch gekennzeichnet, dass das Schuldverhältnis erlischt, weil der Gläubiger sich damit einverstanden erklärt hat, dass die Schuld statt durch die geschuldete Leistung durch die Abtretung der Forderung getilgt wird (§ 364 Abs. 1 BGB). **212**

Den Regelfall bildet jedoch die Abtretung erfüllungshalber (§ 364 Abs. 2 BGB), die stets vorliegt, wenn durch Auslegung der getroffenen Vereinbarungen nicht eindeutig festgestellt werden kann, dass eine Abtretung an Erfüllungsstatt gewollt ist. Das ursprüngliche Schuldverhältnis bleibt dann bestehen, und dem Abtretungsempfänger fließt erst dann etwas zu, wenn er tatsächlich geldwerte Vorteile erhält, sei es vom Schuldner der abgetretenen Forderung, sei es von dem Abtretenden (Zedenten), gegen den der Abtretungsempfänger vorgegangen ist, weil er sich aus der abgetretenen Forderung nicht befriedigen konnte. **213**

Bei Abtretung einer Forderung an Erfüllungsstatt ist zu prüfen, welchen Wert die Forderung hat (§ 8 Abs. 2 EStG). Durch die Abtretung einer im Abtretungszeitpunkt wertlosen Forderung können Einnahmen nicht zufließen. Zahlt der Schuldner die abgetretene Forderung später doch noch, so handelt es sich um einen Vorgang auf der Vermögensebene. **214**

3.5.3.2 Die Aufrechnung

Wenn eine Forderung durch **Aufrechnung** erlischt (§§ 387 ff. BGB), fließt ihr Geldwert dem Gläubiger in dem Augenblick zu, in dem ihm die Aufrechnungserklärung des Schuldners zugeht (§ 130 BGB). **215**

3.5.3.3 Das Damnum

Wann ein **Damnum,** das eine vom Darlehensschuldner neben der laufenden Verzinsung zu leistende zusätzliche Vergütung für die Kapitalnutzung darstellt, als Ausgabe geleis- **216** tet wird, richtet sich ohne Rücksicht auf die Art des Darlehens nach den durchgeführten Vereinbarungen der Vertragspartner. Entscheidend ist insbesondere die Frage, ob das Damnum oder Disagio nach marktüblichen Bedingungen gewährt wird (§ 11 Abs. 2 Satz 4 EStG, BMF 20. 10. 2003 BStBl 2003 I 546, Rdn. 15, H 11 „Damnum" EStH). Sehen sie bei einem Tilgungsdarlehen vor, dass bei der Auszahlung des Darlehens vom Gläubiger ein Damnum einbehalten wird, so leistet der Schuldner das Damnum in diesem Zeitpunkt (BFH 6. 12. 1965 GrS 2/64 S, BStBl 1966 III 144). Das Gleiche gilt bei Fälligkeitsdarlehen, d. h. bei Darlehen, die in **einem** Betrag zurückzuzahlen sind. Soll nach den Vereinbarungen das Damnum bei Auszahlung der ersten Darlehnsrate berücksichtigt werden, so ist dies der Zeitpunkt der Leistung. Lässt sich der Darlehensnehmer für das Damnum ein zusätzliches Darlehen einräumen, so leistet der Schuldner erst bei Tilgung dieses Darlehens (BFH 26. 11. 1974 VIII R 105/70, BStBl 1975 II 330). Der Zeitpunkt des Zufließens des Damnums beim Gläubiger ist ebenfalls nach diesen Grundsätzen zu beurteilen. Für den Schuldner wie für den Gläubiger gilt jedoch die bereits erwähnte Einschränkung, dass die Regeln über den Betriebsvermögensvergleich Vorrang vor § 11 EStG haben. Zur Frage der eventuellen Verteilung des Damnums auf die Darlehnslaufzeit vgl. Rdn. 204.

3.5.3.4 Die Gutschrift

217 Die **Gutschrift** in der Buchführung des Schuldners bildet ein Beweisanzeichen für das Zufließen, denn regelmäßig wird durch sie bekannt, dass der Gläubiger über den Betrag verfügen kann. Das gilt insbesondere für die Gutschrift von Arbeitslohn. Trotz der Gutschrift ist der geschuldete Betrag jedoch nicht zugeflossen, wenn der Schuldner entweder nicht zahlungsfähig oder nicht zahlungswillig ist (BFH 10. 7. 2001 VIII R 35/00, BStBl 2001 II 646 und BFH 30. 10. 2001 VIII R 15/01, BStBl 2002 II 138). Hieraus geht hervor, dass es für das Zufließen entscheidend darauf ankommt, in wessen Interesse die Gutschrift anstelle der sofortigen Erfüllung des Anspruchs erfolgt ist. Nur wenn der Gläubiger die Gutschrift gewünscht hat, ist das Zufließen zu bejahen. Die Gutschrift steht deshalb in jedem Fall der Zahlung gleich, wenn sich ein ArbN durch das Belassen von Arbeitslohn im Betrieb des Arbeitgebers eine Kapitalanlage schaffen wollte (BFH 19. 6. 1952 IV 86/52 U, BStBl 1953 III 170). Vgl. hierzu H 11 „Gutschrift" EStH.

Dem typischen stillen Gesellschafter fließt der Gewinnanteil im Regelfall mit der Gutschrift zu. Das gilt auch für den zusätzlichen Gewinnanteil, der durch eine Betriebsprüfung festgestellt wird.

3.5.3.5 Scheck und Wechsel

218 Die Hingabe eines **Wechsels** enthält regelmäßig eine Leistung erfüllungshalber, so dass beim Gläubiger mit der Entgegennahme des Wertpapiers noch kein Zufluss erfolgt ist. Dieser erfolgt erst mit Einlösung oder Diskontierung des Wechsels (H 11 „Wechsel" EStH). Bei Zahlung durch **Postscheck** ist der Betrag spätestens mit der Gutschrift auf dem Konto des Empfängers zugeflossen (BFH 5. 11. 1970 IV 210/65, BStBl 1971 II 97). Bei Zahlung mit **Scheck** erfolgt der Zufluss beim Berechtigten grundsätzlich mit Entgegennahme des Schecks, auch wenn die Abbuchung vom Konto des Zahlungsverpflichteten erst im folgenden Jahr vorgenommen wird (BFH 8. 11. 1968 VI R 81/67,

BStBl 1969 II 76). Dies gilt auch dann, wenn die zugrunde liegende Vereinbarung wegen eines gesetzlichen Verbots oder wegen Sittenwidrigkeit nichtig ist (BFH 20. 3. 2001 X R 97/97, BStBl 2001 II 482); die sofortige Bankeinlösung darf jedoch nicht durch zivilrechtliche Vereinbarung eingeschränkt sein (BFH 30. 10. 1980 IV R 97/78, BStBl 1981 II 305). Der Abfluss erfolgt bei Scheckzahlung grundsätzlich mit Hingabe des Schecks bzw. im Fall der Scheckübermittlung mit der Übergabe des Schecks an die Post bzw. dem Einwurf in den Briefkasten des Zahlungsempfängers (BFH vom 24. 9. 1985 IX R 2/80 BStBl 1986 II 284). Vgl. hierzu auch H 11 „Scheck" EStH.

3.5.3.6 Umsatzsteuer-Vorauszahlung

Eine für das vorangegangene Kj. geschuldete und innerhalb kurzer Zeit nach Beginn des Folgejahres entrichtete Umsatzsteuer-Vorauszahlung ist als regelmäßig wiederkehrende Ausgabe (vgl. Rdn. 219) im vorangegangenen Veranlagungszeitraum abziehbar (BFH Urteil v. 1. 8. 2007 XI R 48/05, BStBl 2008 II 282). Zur Anwendung des BFH-Urteils s. das BMF-Schreiben v. 10. 11. 2008 (BStBl 2008 I 958) sowie H 11 „Umsatzsteuervorauszahlungen/-erstattungen" EStH.

3.5.4 Ausnahmeregelung für regelmäßig wiederkehrende Einnahmen und Ausgaben

Bei regelmäßig wiederkehrenden Einnahmen und Ausgaben (insb. Zinsen, Renten sowie Miet- und Pachtzinsen) greift die Sonderregelung des § 11 Abs. 1 Satz 2 bzw. Abs. 2 Satz 2 EStG. Danach gelten regelmäßig wiederkehrende Einnahmen und Ausgaben, die dem Stpfl. kurze Zeit vor Beginn oder kurze Zeit nach Beendigung des Kj zugeflossen bzw. abgeflossen sind, zu dem sie wirtschaftlich gehören, als in dem Kj zu- bzw. abgeflossen, zu dem sie wirtschaftlich gehören (vgl. BFH 23. 9. 1999 IV R 1/99, BStBl 2000 II 121). Der Begriff „kurze Zeit" ist in der Variante „vor Beginn des Kj" ebenso auszulegen wie in der Variante „nach Beendigung des Kj" und umfasst einen Zeitraum von höchstens zehn Tagen (H 11 „Allgemeines – Kurze Zeit" EStH). Eine Erweiterung dieses Zeitraums unter Berufung auf besondere Verhältnisse des Einzelfalls kommt nicht in Betracht (BFH Beschluss vom 6. 11. 2002 X B 30/02, BFH/NV 2003, 169). 219

Das o. a. BFH-Urteil vom 23. 9. 1999 stellt für die wirtschaftliche Zuordnung der wiederkehrenden Ausgaben nicht darauf ab, ob sie noch in dem Kj fällig geworden sind, für das sie geleistet werden. Auch der Wortlaut des § 11 Abs. 1 Satz 2 EStG – auf den sich auch § 11 Abs. 2 Satz 2 EStG bezieht – stellt nicht auf die Fälligkeit der Einnahmen bzw. Ausgaben ab, so dass eine erst im nächsten Kj fällig werdende Zahlung für das abgelaufene Jahr noch in dem Zeitraum zu berücksichtigen ist, zu dem sie wirtschaftlich gehört (siehe jedoch H 11 „Allgemeines – Kurze Zeit" EStH).

Im Gegensatz dazu stellt der BFH im Urteil vom 24. 7. 1986 (IV R 309/84, BStBl 1987 II 16) auf die Fälligkeit um die Jahreswende ab, da sich dies aus dem Zweck der Sonderregelung zur Behandlung regelmäßig wiederkehrender Einnahmen und Ausgaben ergebe. Dadurch sollen Zufallsergebnisse bei strikter Anwendung des Zu- und Abflussprinzips vermieden werden. Auf dieses Urteil verweist die Verwaltung in H 11 „Allgemeines – Kurze Zeit" EStH ebenso wie auf das o. a. BFH-Urteil vom 23. 9. 1999. Sie zitiert dieses

Urteil dahingehend, dass es auf die Fälligkeit im Jahr der wirtschaftlichen Zugehörigkeit nicht ankomme. Dies ist allerdings nur ein Teil der Entscheidung. Die wesentliche Aussage bezüglich der Fälligkeit innerhalb des kurzen Zeitraums als Voraussetzung für die Anwendung des § 11 Abs. 1 Satz 2 sowie Abs. 2 Satz 2 EStG trifft der BFH mit seinem Vergleich des EStG 1925 mit der Fassung des § 11 EStG 1934.

Zitat:

„Der Gesetzgeber hat in Abkehr von § 11 EStG 1925 – wie aus der amtlichen Begründung zu § 11 EStG 1934 ersichtlich – für die Erfassung von Einnahmen und Ausgaben in § 11 Abs. 1 EStG 1934 bewusst nicht mehr wie § 11 Abs. 1 EStG 1925 auf die Fälligkeit, sondern nur noch auf den Zu- oder Abfluss der Einnahmen oder Ausgaben abgestellt. Dementsprechend kann es auch für regelmäßig wiederkehrende Einnahmen und Ausgaben, die kurz vor oder nach dem Kalenderjahr zu- oder abfließen, nicht auf die Fälligkeit ankommen. Entscheidend ist hier allein die wirtschaftliche Zugehörigkeit zu dem abgelaufenen Zeitraum."

Mit Urteil vom 1. 8. 2007 (XI R 48/05, BStBl 2008 II 282) nimmt der BFH erneut zu dem Problemkreis der wiederkehrenden Ausgaben Stellung. Dabei hat der BFH entschieden, dass eine für das vorangegangene Kj geschuldete und zu Beginn des Folgejahres entrichtete **USt-Vorauszahlung** als **regelmäßig wiederkehrende Ausgabe** im vorangegangenen Veranlagungszeitraum abziehbar ist (vgl. Rdn. 218). Zur Notwendigkeit der Fälligkeit kurz vor oder nach Ende des Kj nimmt der BFH nicht Stellung; er verweist lediglich auf sein Urteil vom 6. 7. 1995 (IV R 63/94, BStBl 1996 II 266). Nach diesem Urteil kommt es nicht darauf an, ob die Zahlungen noch in dem Kj fällig geworden sind, für das sie geleistet worden sind. Seinem Wortlaut nach stellt § 11 Abs. 1 Satz 2 EStG hierauf nicht ab; **entscheidend** ist danach vielmehr neben der **wirtschaftlichen Zugehörigkeit** zu dem jeweiligen Wj nur, dass die Einnahmen **kurze Zeit vor** Beginn oder kurze Zeit **nach** Beendigung des Kj dem Stpfl. **zugeflossen** sind. Die Zahlung kann auch erst im neuen Kj fällig geworden sein.

> ▪▪▪ **BEISPIEL:** ➤ A hat seit Mai 01 die fälligen Beiträge zu seiner privaten Krankenkasse nicht gezahlt. Am 6. 1. 02 überweist er den rückständigen Betrag von 7 x 25 € = 175 € zusammen mit dem Beitrag für Januar 02.
>
> Der rückständige Beitrag ist „kurze Zeit" nach Beendigung des Kj gezahlt worden. Im Kj der wirtschaftlichen Zugehörigkeit 01 sind somit 175 € als Sonderausgaben zu berücksichtigen. Es kommt nicht darauf an, ob die Fälligkeit der Zahlung innerhalb des 10-Tages-Zeitraums liegt.

HINWEIS:

Nach dem Urteil des FG Köln vom 24. 9. 2015 (15 K 3676/13) ist für die Anwendung des § 11 Abs. 1 Satz 2 EStG eine Fälligkeit innerhalb eines 10-Tageszeitraums vor Ablauf des Kalenderjahres keine Voraussetzung.

3.5.5 Sonderbehandlung nach §§ 11a und 11b EStG

220 Erhaltungsaufwendungen an Gebäuden sind grundsätzlich in vollem Umfang in dem Kalenderjahr als Ausgaben zu berücksichtigen, in dem sie geleistet worden sind,

§ 11 Abs. 2 Satz 1 EStG. Dieser Grundsatz wird durch die Sonderregelungen der §§ 11a, 11b EStG durchbrochen, nach denen Erhaltungsaufwendungen bei Gebäuden in Sanierungsgebieten und städtebaulichen Entwicklungsbereichen sowie Erhaltungsaufwendungen bei Baudenkmälern abweichend vom Abflussprinzip auf zwei bis fünf Jahre verteilt werden dürfen. Eine entsprechende Regelung für Erhaltungsaufwendungen im Allgemeinen beinhaltet § 82b EStDV.

3.6 Kontrollfragen

FRAGEN

		Rdn.	
1.	Stimmt es, dass der Begriff der „Einkünfte" lediglich für die Überschusseinkünfte anzuwenden ist?	71 ff.	☐
2.	Ist es zulässig, die Einnahmen verschiedener Einkunftsarten bei der Ermittlung der Summe der Einkünfte zusammenzurechnen und davon die gemeinsamen Ausgaben abzuziehen?	71 ff.	☐
3.	Ist es denkbar, dass ein „Liebhabereibetrieb" positive Einkünfte erzielt?	76 ff.	☐
4.	Stimmt die Aussage, dass bei einer auf Dauer angelegten Vermietung und Verpachtung trotz mehrjährigen Verlusten grundsätzlich keine „Liebhaberei" vorliegt?	76 ff.	☐
5.	Können Aufwendungen im unmittelbaren Zusammenhang mit steuerfreien Einnahmen bei der jeweiligen Einkunftsart als Betriebsausgaben oder Werbungskosten berücksichtigt werden?	83 ff.	☐
6.	In welche beiden Gruppen lassen sich die sieben Einkunftsarten einteilen?	125 ff.	☐
7.	Stimmt die Aussage, dass die Mieteinnahmen abzüglich der Werbungskosten aus Vermietung und Verpachtung den Gewinn aus Vermietung und Verpachtung ergeben?	125 ff.	☐
8.	Kann der Gewinn auf die Art berechnet werden, dass der Überschuss der Betriebseinnahmen über die Werbungskosten nach § 4 Abs. 3 EStG ermittelt wird?	125 ff.	☐
9.	Können Betriebseinnahmen auch in Geldeswert bestehen?	137 ff.	☐
10.	Kann bei der Hingabe von Geschenken die Einkommensteuer für den Beschenkten durch den Schenker beglichen werden?	143	☐
11.	Welche Steuerbegünstigungen bestehen für Sachzuwendungen an Arbeitnehmer?	147 f.	☐
12.	Können Betriebsausgaben auch bei der Ermittlung der Überschusseinkünfte abgezogen werden?	152 ff.	☐
13.	Stimmt es, dass die Werbungskostenpauschbeträge des § 9a EStG abzuziehende Höchstbeträge darstellen?	166 ff.	☐
14.	Kann es sein, dass der Arbeitnehmer-Pauschbetrag des § 9a Satz 1 Nr. 1 Buchst. a EStG nur bis zur Höhe von z. B. 400 € abgezogen werden darf?	166 ff.	☐
15.	Werden bei der Zusammenveranlagung von Ehegatten die jeweiligen Einkünfte der Ehegatten aus denselben Einkunftsarten zu einem Gesamtergebnis für eine Einkunftsart zusammengerechnet?	171 ff.	☐

16.	Stimmt es, dass der horizontale Verlustausgleich innerhalb desselben Jahres und der vertikale Verlustausgleich nur als Verlustausgleich im Vorjahr bzw. in den Folgejahren durchgeführt werden?	172 f.	☐
17.	Kann die Summe der Einkünfte betragsmäßig mit dem Gesamtbetrag der Einkünfte übereinstimmen?	174 ff.	☐
18.	An welcher Stelle im Veranlagungsschema wird der Freibetrag für Land- und Forstwirte (§ 13 Abs. 3 EStG) berücksichtigt?	174 ff.	☐
19.	Kann der Gesamtbetrag der Einkünfte negativ sein?	174 ff.	☐
20.	Beeinflusst der Sonderausgabenabzug die Höhe des Gesamtbetrags der Einkünfte?	174 ff.	☐
21.	Kann der Gesamtbetrag der Einkünfte die Höhe des Sonderausgabenabzugs beeinflussen?	178 ff.	☐
22.	Stimmt es, dass das Einkommen die Bemessungsgrundlage für die Ermittlung der Einkommensteuer darstellt?	185	☐
23.	Ist es möglich, dass die Einkommensteuer für private Kapitalerträge von der Bank für den Bankkunden beim Finanzamt entrichtet wird?	185.1 ff.	☐
24.	In welchen Fällen werden private Kapitalerträge bei der Ermittlung des zu versteuernden Einkommens berücksichtigt?	185.1 ff.	☐
25.	Entspricht der Ermittlungszeitraum immer dem Veranlagungszeitraum?	191 ff.	☐
26.	Der Gewinnermittlungszeitraum ist der Zeitraum, für den der Gewinn ermittelt wird. Entspricht dieser Zeitraum immer dem Veranlagungszeitraum?	191 ff.	☐
27.	Ist das Wirtschafsjahr immer identisch mit dem Kalenderjahr?	193 ff.	☐
28.	Kann das Wirtschafsjahr auch kürzer als 12 Monate sein?	193 ff.	☐
29.	Wie wird der Gewinn eines abweichenden Wirtschaftsjahres bei einem Landwirt grundsätzlich verteilt?	193 ff.	☐
30.	Wie wird der Gewinn eines abweichenden Wirtschaftsjahres eines Gewerbetreibenden einem Kalenderjahr zugerechnet?	193 ff.	☐
31.	Stimmt es, dass das Zu- und Abflussprinzip des § 11 EStG nur bei den Überschusseinkünften Anwendung findet?	205 ff.	☐
32.	Welche Sonderregelungen beinhaltet § 11 EStG für regelmäßig wiederkehrende Leistungen?	219	☐

221–225 *(Einstweilen frei)*

KAPITEL 4: ALLGEMEINE FRAGEN DER VERANLAGUNG

Kapitel 4:
Allgemeine Fragen der Veranlagung

226 Grundsätzlich wird der Steuerpflichtige nach Ablauf des Kalenderjahres mit dem Einkommen, das er im abgelaufenen Jahr erzielt hat, zur ESt veranlagt, § 25 Abs. 1 EStG.

Dies gilt jedoch in den Fällen nicht, in denen eine Veranlagung nach § 46 EStG (vgl. Rdn. 2546 ff.) oder nach § 43 Abs. 5 EStG (Abgeltungswirkung der Kapitalertragsteuer, vgl. Rdn. 2513 ff.) unterbleibt.

Die Veranlagung ist ein Verwaltungsverfahren zum Zwecke der Ermittlung der Besteuerungsgrundlagen und der Festsetzung der Steuerschuld durch einen Steuerbescheid. Die grundsätzlichen Vorschriften darüber sind hauptsächlich in der Abgabenordnung enthalten.

4.1 Die zu veranlagenden Personen

227 Jede **unbeschränkt steuerpflichtige** Person (§ 1 Abs. 1 – 3, § 1a EStG) wird mit dem im Veranlagungszeitraum erzielten Einkommen zur ESt veranlagt. Eine Ausnahme gilt jedoch grundsätzlich für die Steuerpflichtigen, die Einkünfte aus nichtselbständiger Tätigkeit beziehen (§ 19 EStG); hier wird die ESt i. d. R. dadurch erhoben, dass sie der Arbeitgeber vom Arbeitslohn einbehält und an das Finanzamt abführt (§§ 38 ff., § 46 Abs. 4 EStG). Dieser Grundsatz wird durchbrochen durch die Ausnahmevorschrift des § 46 Abs. 2 EStG: in dem dort aufgeführten Katalog sind die Fälle abschließend genannt, in denen auch für Steuerpflichtige, deren Einnahmen dem Lohnsteuerabzugsverfahren unterliegen, zwingend eine Veranlagung durchzuführen ist (vgl. Rdn. 2548 f.).

228 **Beschränkt steuerpflichtige** Personen (§ 1 Abs. 4 EStG) werden im Gegensatz zu den unbeschränkt Steuerpflichtigen lediglich mit ihren inländischen Einkünften (§ 49 EStG) zur ESt veranlagt. Eine Ausnahme von diesem Grundsatz bildet die Regelung des § 50 Abs. 2 Satz 1 EStG. Danach kommt eine Veranlagung für einen beschränkt Steuerpflichtigen **insoweit** nicht in Betracht, wie seine zu erfassenden Einkünfte dem Steuerabzug vom Arbeitslohn (Lohnsteuer), vom Kapitalertrag (Kapitalertragsteuer) oder dem besonderen Steuerabzug gem. § 50a EStG unterliegen.

4.2 Zeitraum und Zeitpunkt der Veranlagung

229 Der Steuerpflichtige wird mit dem Einkommen veranlagt, das er während eines Kalenderjahres bezogen hat. Das Kalenderjahr ist der **Veranlagungszeitraum** (§ 25 Abs. 1 EStG); das gilt auch dann, wenn die Steuerpflicht während des Kalenderjahres neu begründet wird, endet oder wechselt.

230 Die Veranlagung muss grundsätzlich nach Ablauf des Jahres durchgeführt werden, in dem das Einkommen erzielt wurde. Dies ist dadurch begründet, dass das Einkommen des ganzen Kalenderjahres zu erfassen ist. Der Steuerpflichtige hat jedoch unter Umständen nach § 37 EStG bereits im laufenden Kalenderjahr Vorauszahlungen auf die später festzusetzende Steuerschuld zu entrichten.

Kommt es **während** eines Kalenderjahres zu einem **Wechsel der Steuerpflicht,** ist nur 231
eine Veranlagung durchzuführen, in die die zu versteuernden Einkünfte gem. § 2 Abs. 7
Satz 3 und § 49 EStG einzubeziehen sind.

> **BEISPIEL:** ▶ A, der am 1. 4. von Köln nach Warschau verzogen ist, hat während des ganzen Jahres
> Einkünfte aus einem in Köln gelegenen Mietwohnhaus bezogen. Die unbeschränkte Steuer-
> pflicht endete am 1. 4. Die Voraussetzungen nach § 1 Abs. 3 EStG sind nicht gegeben.
>
> A wird für das Kalenderjahr einmal zur ESt veranlagt. Mit den im Ermittlungszeitraum vom
> 1. 1. bis 30. 3. erzielten Einkünften wird er als unbeschränkt Steuerpflichtiger herangezogen.
> Soweit die Einkünfte dem A vom 1. 4. bis 31. 12. zugeflossen sind, werden sie in die Veranla-
> gung als unbeschränkt Steuerpflichtiger einbezogen.
>
> (Vgl. auch Ausführungen in Abschn. 3 „Einkommensteuerliche Grundbegriffe", Rdn. 66 ff.)

4.3 Die Steuererklärung

Die ESt-Veranlagung setzt die Mitwirkung des Steuerpflichtigen voraus, die in erster Li- 232
nie in der Verpflichtung besteht, eine Steuererklärung abzugeben (§ 25 Abs. 3 EStG).
Nach § 56 **Satz 1** EStDV gilt dies bei unbeschränkt Steuerpflichtigen für folgende Fälle:

Nr. 1

Ehegatten, die im Veranlagungszeitraum die Voraussetzungen des § 26 Abs. 1 EStG erfüllt haben und die auch keine Einzelveranlagung (§ 26a EStG) gewählt haben,

a) wenn kein lohnversteuerter Arbeitslohn vorliegt und der Gesamtbetrag der Einkünfte mehr als das Zweifache des jeweils gültigen Grundfreibetrags nach § 32a Abs. 1
   Satz 2 Nr. 1 EStG beträgt oder

b) wenn mindestens von einem der Ehegatten lohnversteuerter Arbeitslohn bezogen
   wurde und eine Veranlagung gem. § 46 Abs. 2 Nr. 1 – 7 EStG durchzuführen ist

Nr. 2

bei Steuerpflichtigen, die nicht die Voraussetzungen des § 26 Abs. 1 EStG erfüllen, beträgt die unter Nr. 1 Buchst. a genannte Grenze das Einfache des Grundfreibetrags. Im
Übrigen sind die Verpflichtungsgründe identisch.

Unabhängig von den individuellen Einkommensverhältnissen ist eine Steuererklärung 233
auch abzugeben, wenn zum Schluss des vorangegangenen Veranlagungszeitraums ein
verbleibender Verlustabzug festgestellt wurde (§ 56 **Satz 2** EStDV, § 10d Abs. 4 EStG).

Werden Ehegatten nach §§ 26, 26b EStG **zusammen veranlagt,** müssen sie eine ge- 234
meinsame Steuererklärung abgeben und diese auch gemeinschaftlich unterschreiben
(§ 25 Abs. 3 Satz 2 EStG); bei der **Einzelveranlagung** nach § 26a EStG müssen die Ehegatten hingegen jeweils eine eigene Steuererklärung einreichen und unterschreiben,
da sie für diesen Veranlagungszeitraum so behandelt werden, als ob sie ledig wären
(vgl. Rdn. 2282 ff.).

Die lediglich mit ihren inländischen Einkünften i. S. des § 49 EStG beschränkt Steuer- 235
pflichtigen (§ 1 Abs. 4 EStG) sind nur dann zur Abgabe einer Steuererklärung verpflichtet, wenn und soweit die ESt nicht durch einen Steuerabzug abgegolten ist (§ 50 Abs. 2
EStG).

236 Doch auch insoweit der Steuerpflichtige nicht persönlich zur Abgabe einer Steuererklärung verpflichtet ist, kann ihn das Finanzamt hierzu jederzeit (nach pflichtgemäßem Ermessen) auffordern (§ 149 Abs. 1 Satz 2 AO).

237 Einkommensteuererklärungen sind i. d. R. fünf Monate nach Ablauf des betreffenden Kalenderjahres abzugeben (§ 149 Abs. 2 Satz 1 AO). Bei Steuerpflichtigen, die ihre Einkünfte aus Land- und Forstwirtschaft nach einem vom Kalenderjahr abweichenden Wirtschaftsjahr ermitteln (§ 4a Abs. 1 Nr. 1 EStG), endet diese Abgabefrist nicht vor Ablauf des fünften Monats, der auf den Schluss des abgelaufenen Wirtschaftsjahres folgt (§ 149 Abs. 2 Satz 2 AO), d. h. regelmäßig am 30. 11. (hier sind noch weitere Fristabläufe denkbar, § 8c Abs. 1 EStDV).

238 Durch gleich lautende Erlasse der obersten Finanzbehörden der Länder (so zuletzt Schreiben vom 4. 1. 2016, BStBl 2016 I 38) werden diese gesetzlichen Abgabefristen jährlich allgemein bis zum 30. 9. des Folgejahres verlängert (bzw. bis zum 31. 12. bei Steuerpflichtigen, die den Gewinn aus Land- und Forstwirtschaft nach einem vom Kalenderjahr abweichendem Wirtschaftsjahr ermitteln), **soweit** die Steuererklärungen durch **Angehörige der steuerberatenden Berufe** erstellt werden.

239 Der Steuerpflichtige hat für die Steuererklärung die amtlichen Vordrucke zu verwenden (§ 150 Abs. 1 Satz 1 AO). Werden Gewinneinkünfte gem. § 2 Abs. 1 Satz 1 Nr. 1 bis 3 EStG bezogen und liegt keine Arbeitnehmerveranlagung gem. § 46 Abs. 2 bis 8 EStG vor, ist diese Erklärung grundsätzlich durch Datenfernübertragung an das Finanzamt zu übermitteln, § 25 Abs. 4 EStG.

Hinsichtlich der Zulässigkeit der Verwendung von nichtamtlichen Vordrucken und der Möglichkeit der elektronischen Übermittlung komprimierter Steuererklärungen wird auf das BMF-Schreiben vom 3. 4. 2012, BStBl 2012 I 522 verwiesen. Der Stpfl. oder sein gesetzlicher Vertreter muss die Erklärung eigenhändig unterschreiben (§ 25 Abs. 3 EStG). Die Unterschrift des Steuerberaters oder eines anderen Bevollmächtigten genügt nicht; auch die Unterzeichnung des Vertreters mit dem Namen des Vertretenden ist nicht ausreichend. Jedoch kann die Steuererklärung durch einen Bevollmächtigten abgegeben werden, wenn der Steuerpflichtige an der Abgabe durch Abwesenheit oder andere Gründe verhindert ist (§ 80, § 150 Abs. 3 AO).

240 Der Steuererklärung sind die in § 60 Abs. 1 bis 3 EStDV angegebenen Unterlagen (Bilanz, Gewinn- und Verlustrechnung, Hauptabschlussübersicht, Geschäftsberichte) beizufügen. Zudem haben Steuerpflichtige, die ihren Gewinn durch Einnahme-Überschussrechnung gem. § 4 Abs. 3 EStG ermitteln, der Steuererklärung einen entsprechenden **amtlichen vorgeschriebenen Vordruck** beizufügen und diesen grundsätzlich durch Datenfernübertragung an das Finanzamt zu übermitteln, § 60 Abs. 4 EStDV.

4.4 Das Veranlagungsverfahren

241 Das **Veranlagungsverfahren** besteht aus zwei Teilen, nämlich der **Ermittlung** der Besteuerungsgrundlagen (z. B. der einzelnen Einkünfte, der Sonderausgaben und der tariflichen Freibeträge) und der **Festsetzung** der Steuerschuld. Das FA ermittelt unter Verwendung der in der Steuererklärung enthaltenen Angaben vom Amts wegen die tat-

sächlichen und rechtlichen Verhältnisse, die für die Steuerpflicht und die Bemessung der ESt von Bedeutung sind (§ 88 AO). Dabei kann die Behörde von dem Steuerpflichtigen Auskünfte und die Vorlage von Bescheinigungen und Nachweisen verlangen. Zur Aufklärung des Tatbestands darf sich das FA auch an dritte Personen (z. B. Sachverständige) wenden. Nach Abschluss der Ermittlungen wird in einem an den Steuerpflichtigen gerichteten Steuerbescheid die Steuerschuld festgesetzt (§ 155 AO). In dem Bescheid sind die ermittelten Besteuerungsgrundlagen anzugeben.

Unter den Voraussetzungen des § 180 AO findet ein besonderes **Feststellungsverfahren** 242 statt, in dem bestimmte Einkünfte nach Durchführung der notwendigen Ermittlungen gesondert von dem oben genannten Festsetzungsverfahren festzustellen sind. Darüber ergeht ein besonderer Feststellungsbescheid an den Steuerpflichtigen. An die in diesem Bescheid festgestellten Einkünfte ist das FA in dem sich anschließenden Verfahren zur Festsetzung der ESt gebunden (§ 182 AO).

(Einstweilen frei)   243–245

KAPITEL 5: NICHT ABZUGSFÄHIGE AUSGABEN (§ 12 ESTG)

Kapitel 5:
Nicht abzugsfähige Ausgaben (§ 12 EStG)

5.1 Allgemeines

246   Nach den Grundsätzen des ESt-Rechts sind Ausgaben entweder Betriebsausgaben bzw. Werbungskosten oder Aufwendungen für die Lebensführung. Letztgenannte Kosten stellen eine **Einkommensverwendung** dar und können steuermindernd nur dann berücksichtigt werden, wenn und soweit dies kraft besonderer gesetzlicher Regelung ermöglicht wird. So ist der Abzug von Sonderausgaben in den §§ 10–10b EStG ausdrücklich zugelassen. Ebenso können Lebenshaltungskosten als außergewöhnliche Belastungen (§§ 33–33b EStG) zu einer Steuerermäßigung führen.

247   Die Vorschrift des § 12 EStG gilt für alle Einkunftsarten. Hierbei gehen die Regelungen zu den Sonderausgaben (§§ 10 ff. EStG) bzw. den außergewöhnlichen Belastungen dem § 12 EStG grundsätzlich vor. Eine Ausnahme gilt hinsichtlich berücksichtigungsfähiger Versorgungsleistungen (§ 10 Abs. 1 Nr. 1a EStG, vgl. Rdn. 312 ff., vgl. Ausführungen zu § 12 Nr. 2 EStG).

248

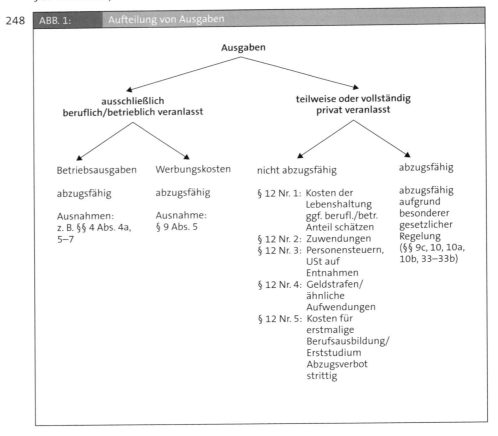

ABB. 1:   Aufteilung von Ausgaben

Ausgaben

ausschließlich beruflich/betrieblich veranlasst

teilweise oder vollständig privat veranlasst

Betriebsausgaben

abzugsfähig

Ausnahmen: z. B. §§ 4 Abs. 4a, 5–7

Werbungskosten

abzugsfähig

Ausnahme: § 9 Abs. 5

nicht abzugsfähig

§ 12 Nr. 1: Kosten der Lebenshaltung ggf. berufl./betr. Anteil schätzen
§ 12 Nr. 2: Zuwendungen
§ 12 Nr. 3: Personensteuern, USt auf Entnahmen
§ 12 Nr. 4: Geldstrafen/ ähnliche Aufwendungen
§ 12 Nr. 5: Kosten für erstmalige Berufsausbildung/ Erststudium Abzugsverbot strittig

abzugsfähig

abzugsfähig aufgrund besonderer gesetzlicher Regelung (§§ 9c, 10, 10a, 10b, 33–33b)

5.2 Kosten der Lebenshaltung (§ 12 Nr. 1 EStG)

Aufwendungen, die ausschließlich durch betriebliche (berufliche) Zwecke veranlasst 249
sind und keinen Bezug zum Privatleben des Steuerpflichtigen haben, stellen grundsätzlich abzugsfähige Betriebsausgaben dar, § 4 Abs. 4 EStG (Werbungskosten, § 9 EStG).

In Abgrenzung dazu nicht abzugsfähig sind die für den Haushalt des Stpfl. und für den
Unterhalt seiner Familienangehörigen aufgewendeten Beträge (§ 12 Nr. 1 **Satz 1** EStG).

Hierzu zählen sämtliche Aufwendungen für die private Lebensführung im weitesten
Sinne, z. B. Kosten für Wohnung, Verpflegung, Kleidung aber auch für die allgemeine
Schulausbildung und sonstige Bedürfnisse des täglichen Bedarfs.

Aufwendungen, die **teilweise** betrieblich (beruflich), teilweise aber auch privat ver- 250
anlasst sind (sog. gemischte Aufwendungen), sind nach dem Gesetzeswortlaut ebenfalls grundsätzlich **in vollem Umfang** vom Abzug ausgeschlossen (§ 12 Nr. 1 **Satz 2**
EStG).

Nach dem Beschluss des Großen Senats des BFH 21. 9. 2009 – GrS 1 / 06 (BStBl 2010 II 251
672) ist eine solche Auslegung des § 12 Nr. 1 Satz 2 EStG jedoch nicht uneingeschränkt
gerechtfertigt. Vielmehr lässt sich nach Auffassung des BFH allein aus dem Gesetz ein
allgemeines Aufteilungs- und Abzugsverbot nicht entnehmen.

Im Urteilsfall entschied das Gericht, dass Kosten für gemischt beruflich und privat veranlasste Reisen prinzipiell in abziehbare Werbungskosten/Betriebsausgaben und nicht
abzugsfähige Kosten der privaten Lebensführung aufgeteilt werden können, wenn die
beruflichen Zeiten (ggf. auch durch angemessene Schätzung) ermittelbar und nicht
von untergeordneter Bedeutung sind.

Obwohl das konkrete Gerichtsurteil zu einem Reisekostenfall ergangen ist, wurden 252
durch das BMF-Schreiben v. 6. 7. 2010, BStBl 2010 I 614 die aus der Sicht der Finanzverwaltung maßgeblichen Grundsätze für die Aufteilung gemischter Aufwendungen im
Allgemeinen wie folgt neu definiert:

1. Aufwendungen für den Haushalt des Steuerpflichtigen und den Unterhalt seiner Familienangehörigen sind (unverändert) vollständig vom Betriebsausgaben- bzw.
   Werbungskostenabzug ausgeschlossen (§ 12 Nr. 1 Satz 1 EStG).

2. Unter das uneingeschränkte Abzugsverbot des § 12 Nr. 1 Satz 2 EStG fallen Aufwendungen, die zwar der beruflichen/betrieblichen Tätigkeit dienen können, jedoch
   grundsätzlich durch die wirtschaftliche und gesellschaftliche Stellung des Steuerpflichtigen veranlasst sind. Nach Auffassung der Finanzverwaltung sind hiervon insbesondere die sog. Repräsentationsaufwendungen betroffen, die künftig nur noch
   berücksichtigungsfähig sein sollen, soweit sie ausschließlich oder nahezu ausschließlich beruflich/betrieblich veranlasst sind.

3. Aufwendungen, die eindeutig und klar abgrenzbar ausschließlich betrieblich/beruf-
   lich oder privat veranlasst sind, sind unmittelbar dem betrieblichen/beruflichen
   bzw. privaten Teil der Aufwendungen zuzurechnen.

4. Bei einer **untergeordneten betrieblichen/beruflichen Mitveranlassung** (< 10 %) sind
   die Aufwendungen grundsätzlich in vollem Umfang nicht abziehbar. Soweit in dem

entsprechenden Sachverhalt jedoch unbestritten ausschließlich betriebliche/berufliche Kostenanteile enthalten sind, können diese für sich genommen als Betriebsausgaben/Werbungskosten abgezogen werden (z. B. Besuch eines Fachseminars während einer Urlaubsreise).

5. Bei einer **untergeordneten privaten Mitveranlassung** (< 10 %) sind die Aufwendungen in vollem Umfang abziehbar (vorb. § 4 Abs. 5 und § 9 Abs. 5 EStG).

> **BEISPIEL:** Die Aufwendungen für die Anschaffung eines **Personalcomputers** können (unter Beachtung des § 7 EStG) **in vollem Umfang** als BA/WK abgezogen werden, wenn der private Nutzungsanteil 10 % nicht übersteigt. Liegt der private Nutzungsanteil darüber, sind die Kosten ggf. im Schätzungswege aufzuteilen (BFH 19. 2. 2004, BStBl 2004 II 958).

6. Die Aufteilung der Kosten soll nach sog. „Veranlassungsbeiträgen", z. B. Zeit-, Mengen- oder Flächenanteilen erfolgen.

> **BEISPIEL:** Aufteilung von Kfz-Kosten nach der „Fahrtenbuchregel":
>
> Die Vorschrift des § 6 Abs. 1 Nr. 4 Satz 3 EStG bietet für den Bereich der gemischten Nutzung eines dem Betriebsvermögen zuzurechnenden Kfz die Möglichkeit zur eindeutigen Trennung von privat und beruflich veranlassten Aufwendungen. Voraussetzung für ihre Anwendung ist das Vorliegen eines ordnungsgemäßen Fahrtenbuches, aus dem das Datum, die Fahrtstrecke sowie die Veranlassung jeder betrieblichen/beruflichen Fahrt hervorgehen (zum Begriff des „ordnungsgemäßen Fahrtenbuchs" aus der Sicht der FinVerw vgl. H 8.1 (9, 10) LStH „ordnungsgemäßes Fahrtenbuch". Nach dem sich hierbei ergebenden Nutzungsverhältnis erfolgt die Aufteilung der Gesamtkosten. Zu den aufzuteilenden Gesamtkosten in diesem Sinne gehören sowohl Fixkosten (Steuer, Versicherung, AfA, Finanzierungskosten) als auch laufende Kosten (Benzin, Wartung etc.).
>
> Soweit weiterhin objektive Aufteilungskriterien fehlen, verbleibt es hingegen beim uneingeschränkten Abzugsverbot.
>
> Ob und inwieweit das o. g. Urteil und die Folgerechtsprechung (z. B. BFH v. 19. 1. 2012, BStBl 2012 II 416), in Verbindung mit den Ausführungen des BMF künftig dazu geeignet sein wird, die Dauerproblematik der gemischten Aufwendungen zu entschärfen, muss abgewartet werden.
>
> So hat z. B. das FG Köln in einem Urteil v. 19. 5. 2011 10 K 4126/09 (EFG 2011, 1410, Rev. unter X R 32/11 n. n. e) entschieden, dass bei einer nachgewiesenen, nicht unerheblichen privaten Mitbenutzung eines Arbeitszimmers dessen Kosten im Rahmen einer sachgerechten Kostenaufteilung trotzdem als Werbungskosten berücksichtigt werden dürfen.
>
> Einen Katalog weiterer Unterscheidungs- und Abgrenzungskriterien enthält H 12.1 EStH 2015.

253–258 *(Einstweilen frei)*

5.3 Freiwillige Zuwendungen, Zuwendungen aufgrund einer freiwillig begründeten Rechtspflicht und Zuwendungen an gesetzlich unterhaltsberechtigte Personen (§ 12 Nr. 2 EStG)

259 **Zuwendungen** im Sinne dieser Vorschrift sind Ausgaben, denen keine (angemessene) Gegenleistung gegenübersteht. Es kann sich hierbei sowohl um einmalige als auch um wiederkehrende Leistungen handeln. In welcher Form sie gewährt werden (z. B. als Einzelschenkung, laufende Zuschüsse) ist ohne Bedeutung.

Eine Zuwendung ist **freiwillig,** wenn der Geber hierzu rechtlich nicht verpflichtet ist. 260
Eine moralisch sittliche Verpflichtung steht hierbei der Annahme der Freiwilligkeit
nicht entgegen.

Unter Zuwendungen aufgrund einer **freiwillig begründeten Rechtspflicht** sind Aus- 261
gaben zu verstehen, die in einem rechtswirksamen Vertrag versprochen worden sind;
dabei ist die Verpflichtung als solche (nämlich der Vertrag) freiwillig begründet worden.

> **BEISPIEL:** ▶ A zahlt seinem Neffen für die Dauer des Besuchs der höheren Schule und der Univer-
> sität monatlich 200 €. Zur Zahlung hat er sich durch einen rechtswirksamen Vertrag verpflich-
> tet.
>
> Die einzelnen Leistungen werden nicht freiwillig zugewendet. A schuldet sie jedoch aufgrund
> einer freiwillig begründeten Rechtspflicht. Es gilt daher das Abzugsverbot des § 12 Nr. 2 EStG.

Nicht abzugsfähig sind auch Zuwendungen an eine gegenüber dem Steuerpflichtigen 262
oder seinem Ehegatten **gesetzlich unterhaltsberechtigte Person** oder deren Ehegatten,
auch wenn diese Zuwendung auf einer besonderen Vereinbarung beruht. Gesetzlich
unterhaltsberechtigt i. S. des § 12 Nr. 2 EStG sind alle Personen, die nach bürgerlichem
Recht einen gesetzlichen Unterhaltsanspruch haben können. Ansprüche bestehen

a) zwischen Ehegatten (§ 1360 BGB),

b) zwischen Verwandten in gerader Linie (§ 1601 BGB), z. B. Eltern, Großeltern, Kindern
   und Enkelkindern (nicht dagegen zwischen Verwandten in der Seitenlinie),

c) zwischen Adoptiveltern und -kindern (§ 1751 Abs. 4, § 1754 BGB),

d) seitens des geschiedenen Ehegatten gegen den anderen, wenn er nicht selbst für
   seinen Unterhalt sorgen kann (§§ 1569 ff. BGB).

Bei Unterhaltsleistungen an den geschiedenen oder getrennt lebenden Ehegatten 263
greift das Abzugsverbot dann nicht, wenn der Steuerpflichtige seine Aufwendungen
entweder im Rahmen des § 10 Abs. 1 Nr. 1 EStG, d. h. mit Zustimmung des Empfängers,
als Sonderausgaben oder als außergewöhnliche Belastungen gem. § 33a Abs. 1 EStG
geltend macht (vgl. Rdn. 297).

Darüber hinaus steht die Vorschrift des § 12 Nr. 2 EStG in einer engen Wechselwirkung 264
zu § 10 Abs. 1 Nr. 1a EStG (bzw. § 22 Nr. 1 Satz 2 EStG):

Demnach ist der Sonderausgabenabzug für wiederkehrende Leistungen im Rahmen einer Vermögensübergabe dann nicht zu gewähren, wenn es sich um reine Unterhaltsleistungen handelt.

Zur Abgrenzung der Unterhaltsleistungen zu Versorgungsleistungen und Leistungen
im Austausch mit einer Gegenleistung wird insoweit auf die Rdn. 315 ff. und 2137 ff.
verwiesen.

(Einstweilen frei) 265–267

5.4 Personensteuern, Umsatzsteuer auf Entnahmen, steuerliche Nebenleistungen (§ 12 Nr. 3 EStG)

268 § 12 Nr. 3 EStG schließt den Abzug von **Personensteuern** aus. Dazu gehören die Einkommensteuer (einschließlich der Lohnsteuer und der Kapitalertragsteuer), die Erbschaftsteuer sowie die Kirchensteuer. Die Vorschrift hat im Wesentlichen klarstellenden Charakter, weil diese Steuerarten aufgrund ihrer privaten Veranlassung ohnehin nicht die Voraussetzungen für einen Betriebsausgaben- oder Werbungskostenabzug erfüllen. Gezahlte Kirchensteuern können aber kraft ausdrücklicher gesetzlicher Regelung als **Sonderausgaben** abgezogen werden (§ 10 Abs. 1 Nr. 4 EStG).

Die gezahlte Gewerbesteuer ist eine durch die Existenz eines Gewerbebetriebs i. S. des § 15 Abs. 1 EStG veranlasste Objektsteuer; ihr Abzug als Betriebsausgabe scheidet jedoch gem. § 4 Abs. 5b EStG aus.

269 Zu den nicht abzugsfähigen Kosten i. S. des § 12 Nr. 3 EStG gehört ferner die **Umsatzsteuer** für Umsätze, die Entnahmen sind (§ 3 Abs. 1b bzw. § 3 Abs. 9a UStG), sowie die Vorsteuerbeträge auf Aufwendungen, für die das Abzugsverbot des § 12 Nr. 1 EStG oder des § 4 Abs. 5 Satz 1 Nr. 1 bis 5, Nr. 7 oder Abs. 7 EStG gilt. Abzugsfähig ist jedoch die Vorsteuer, die im Rahmen der Pauschbeträge zu den Verpflegungsmehraufwendungen liegt, § 9 Abs. 4a EStG.

270 Das Abzugsverbot erstreckt sich nach § 12 Nr. 3 EStG letzter Satz auch auf die zu den nichtabziehbaren Steuern anfallenden steuerlichen Nebenleistungen i. S. des § 3 Abs. 4 AO, wie z. B. Verzögerungsgelder (§ 146 Abs. 2b AO), Verspätungszuschläge (§ 152 AO), Hinterziehungszinsen (§ 235 AO), Aussetzungszinsen (§ 237 AO), Säumniszuschläge (§ 240 AO) und Zwangsgelder (§ 329 AO) (eine vollständige Aufzählung der nicht abzugsfähigen Nebenleistungen enthält H 12.4 EStH „Nebenleistungen").

Eine Besonderheit gilt für Nachzahlungszinsen gem. § 233a AO: soweit diese für Steuern anfallen, die unter das Abzugsverbot des § 12 Nr. 3 EStG fallen, sind auch die entsprechenden Zinsen nicht abzugsfähig. Kommt es jedoch im Rahmen der Veranlagung zu einer Steuer**erstattung**, so sind die in diesem Zusammenhang entstehenden Erstattungszinsen steuerpflichtige Kapitaleinnahmen gem. § 20 Abs. 1 Nr. 7 Satz 3 EStG.

5.5 Geldstrafen und ähnliche Aufwendungen (§ 12 Nr. 4 EStG)

271 Nach der Nr. 4 des § 12 EStG dürfen weder bei der Ermittlung der Einkünfte noch bei der Ermittlung des Einkommens abgezogen werden:

1. Geldstrafen, die von einem Gericht nach den Strafvorschriften des Bundes- oder Landesrechts verhängt werden.

2. Aufwendungen aus in einem Strafverfahren angeordneten oder festgesetzten sonstigen Rechtsnachfolgen vermögensrechtlicher Art, bei denen der Strafcharakter der Maßnahme überwiegt. Zu den danach nicht abziehbaren Aufwendungen gehört vor allen Dingen der Wert der Gegenstände, deren Einziehung in den Fällen des § 74 Abs. 2 Nr. 1 StGB oder des § 76a StGB angeordnet oder festgesetzt worden ist. Wird

der Verfall von Gegenständen nach § 73 StGB angeordnet, so dient dies in erster Linie dem Ausgleich von rechtswidrig erlangten Vermögensvorteilen, so dass ein Überwiegen des Strafcharakters nicht anzunehmen ist. Entsprechendes gilt für Aufwendungen des Stpfl., die der Wiedergutmachung des entstandenen Schadens dienen. Beim Verfall sog. Tatentgelte (Bestechungsgelder, Agentenlohn) soll der Strafcharakter vermutet werden. Die Abzugsfähigkeit derartiger Aufwendungen kann daher nur dann eintreten, wenn der Stpfl. die Vermutung des Strafcharakters entkräftet.

3. Aufwendungen zur Erfüllung von Auflagen oder Weisungen, die in einem Strafverfahren erteilt werden und nicht lediglich der Schadenswiedergutmachung dienen. Danach fallen unter das Abzugsverbot insbesondere auch Ausgaben, die im Zusammenhang mit der Strafaussetzung zur Bewährung, bei einer Verwarnung mit Strafvorbehalt oder im Zusammenhang mit der Einstellung des Verfahrens dem Stpfl. vom Gericht auferlegt worden sind. Das gilt auch für Zahlungen an gemeinnützige Einrichtungen.

Anders als bei Geldbußen, Ordnungsgeldern, Verwarnungsgeldern usw. (vgl. § 4 Abs. 5 272 Nr. 8 EStG) tritt das Abzugsverbot nach § 12 Nr. 4 EStG auch dann ein, wenn die vorbezeichneten Aufwendungen in einem Strafverfahren entstanden sind, das außerhalb des Geltungsbereichs des EStG durchgeführt worden ist. Eine Ausnahme gilt allerdings dann, wenn die Maßnahmen wesentlichen Grundsätzen der deutschen Rechtsordnung widersprechen (R 12.3 EStR).

Kosten der Strafverteidigung sowie weitere Verfahrenskosten sind jedoch von dem Ab- 273 zugsverbot nicht betroffen, weil sie weder eine Strafe darstellen noch strafähnliche Rechtsfolgen beinhalten. Für die Beurteilung der Frage, ob derartige Aufwendungen bei der Ermittlung der Einkünfte oder des Einkommens abgezogen werden können, sind daher die allgemeinen Grundsätze der § 4 Abs. 4 EStG/§ 9 EStG bzw. § 12 Nr. 1 EStG (vgl. Rdn. 249 ff.) anzuwenden. Danach kommt ein Abzug in Betracht, wenn die Tat, auf die die entsprechenden Aufwendungen zurückzuführen sind, in Ausübung der betrieblichen oder beruflichen Tätigkeit begangen worden ist. Beruht die Tat jedoch auf privaten Gründen oder ist sie sowohl privat als auch betrieblich veranlasst, so stellen die Aufwendungen (unter der Voraussetzung der Nichtaufteilbarkeit) nicht abzugsfähige Kosten der Lebensführung dar (§ 12 Nr. 1 EStG). Zur Berücksichtigung von Strafverteidigerkosten als außergewöhnliche Belastungen gem. § 33 EStG vgl. BFH v. 18. 10. 2007 VI R 42/04, BStBl 2008 II 223.

In Abgrenzung dazu ist die im Rahmen eines (Steuer-) Strafverfahrens festgestellte Ver- 274 pflichtung zur Nachzahlung von Betriebssteuern als Betriebsausgabe abzugsfähig, da die Zahlung insoweit keinen Strafcharakter beinhaltet.

Erstattet ein Arbeitgeber seinem Arbeitnehmer eine gegen ihn festgesetzte Strafe/ 275 Geldbuße, die ihre Ursache in einer dienstlichen Verrichtung hat (z. B. anlässlich eines durch den Arbeitnehmer grob fahrlässig verschuldeten Unfalls), so ist diese Zahlung beim Arbeitgeber als Betriebsausgabe abzugsfähig. Die Zahlung des Arbeitnehmers an das Gericht ist dagegen gem. § 12 Nr. 4 EStG nicht abzugsfähig.

276 Nicht unter das Abzugsverbot des § 12 Nr. 4 EStG fallen des Weiteren Säumniszuschläge, Verspätungszuschläge, Stundungs- oder Hinterziehungszinsen sowie vergleichbare Leistungen, weil es sich insoweit nicht um Maßnahmen innerhalb eines Strafverfahrens handelt (unabhängig davon, ob der Steuerpflichtige derartigen Zahlungsverpflichtungen Strafcharakter beimisst).

In diesen Fällen ist jedoch das Abzugsverbot für bestimmte steuerliche Nebenleistungen zu prüfen (§ 12 Nr. 3 EStG s. o.).

5.6 Aufwendungen für die erstmalige Berufsausbildung bzw. für ein Erststudium (§ 12 Nr. 5 EStG)

277 Aufwendungen für die **erstmalige** Berufsausbildung sowie für ein **Erst**studium können grundsätzlich nicht einkommensmindernd geltend gemacht werden. Soweit die maßgeblichen Tatbestandsvoraussetzungen erfüllt sind, kommt hierfür jedoch u. U. ein Sonderausgabenabzug gem. § 10 Abs. 1 Nr. 7 EStG in Betracht.

278 Zur Abgrenzung zwischen diesen nur als Sonderausgaben in beschränktem Umfang berücksichtigungsfähigen Berufsausbildungskosten, den weiterhin als Werbungskosten abzugsfähigen Aufwendungen im Rahmen eines Ausbildungsdienstverhältnisses und den Aufwendungen für eine **weitere** Berufsausbildung/ein **weiteres** Studium vgl. Rdn. 454 ff. sowie BMF-Schreiben v. 22. 9. 2010, BStBl 2010 I 721.

279–280 *(Einstweilen frei)*

LITERATURHINWEIS:

Friebel/Rick/Schoor/Siegle, Fallsammlung Einkommensteuer, 19. Aufl., Kapitel 4

KAPITEL 6: SONDERAUSGABEN

Kapitel 6:
Sonderausgaben

6.1 Wesen und Begriff

6.1.1 Grundsätzliches zum Sonderausgabenabzug

Grundlage für die Einkommensbesteuerung ist in sachlicher Hinsicht die Summe der   281
Einkünfte, die ein Stpfl. innerhalb eines Kalenderjahres bezogen hat (§ 2 Abs. 1 und 7
EStG). Die ESt bemisst sich nach dem zu versteuernden Einkommen (§ 32a Abs. 1 Satz 1,
§ 50 Abs. 1 EStG), das sich aus dem Einkommen nach Abzug bestimmter Beträge ergibt
(§ 2 Abs. 5 EStG). Nach § 2 Abs. 4 EStG ist Einkommen der „Gesamtbetrag der Einkünfte,
vermindert um die Sonderausgaben und die außergewöhnlichen Belastungen".

Sonderausgaben sind die in den §§ 10, 10a und 10b EStG aufgezählten Aufwendungen   282
(Sonderausgaben im eigentlichen Sinne). Zu beachten sind die Pauschbeträge nach
§ 10c EStG. Der Verlustabzug nach § 10d EStG sowie die Vorschriften der §§ 10e bis 10i
EStG sind nur technisch den Sonderausgaben zugeordnet worden. Zur letztmaligen Anwendung des

► § 10e EStG siehe § 52 Abs. 26 Satz 6 EStG (Anschaffung oder Herstellung eines Objekts vor dem 1. 1. 1996);

► § 10h EStG siehe § 52 Abs. 28 EStG (Beginn der Herstellung vor dem 1. 1. 1996) und

► § 10i EStG siehe § 52 Abs. 29 EStG (Anschaffung oder Herstellung vor dem
  1. 1. 1999).

Unter dem Begriff „Sonderausgaben", der im Gesetz selbst nicht erläutert wird, sind in   283
§§ 10, 10a und 10b EStG eine Reihe von Lebenshaltungskosten zusammengefasst, die
aus kultur-, sozial-, steuer- und wirtschaftspolitischen Gründen bei der Einkommensermittlung steuermindernd berücksichtigt werden. Aufwendungen, die ihrer Natur
nach Betriebsausgaben oder Werbungskosten sind, scheiden als Sonderausgaben aus,
auch wenn sie aus besonderen Gründen bei der Ermittlung der Einkünfte nicht berücksichtigt werden können. Somit handelt es sich bei den unter dem Begriff „Sonderausgaben" zusammengefassten Ausgaben um Aufwendungen, die eine Einkommensverwendung darstellen und die, hätte der Gesetzgeber sie nicht besonders privilegiert, als
Lebenshaltungskosten nach § 12 EStG nicht abzugsfähig wären. Eine entsprechende
Anwendung der Sonderausgabenvorschriften auf andere ähnliche, im Gesetz aber nicht
aufgeführte Aufwendungen ist wegen des Ausnahmecharakters der §§ 10 ff. EStG nicht
zulässig. Die Aufzählung der Sonderausgaben in diesen Vorschriften ist also abschließend.

BEISPIEL: ► Ausgaben, die zur Abwendung höherer Sonderausgaben gemacht werden, können
nicht selbst als Sonderausgaben abgezogen werden; die Kosten eines Rechtsstreits um Sonderausgaben (z. B. einer Rentenlast) sind nicht selbst Sonderausgaben.

Die Versicherungsbeiträge für eine Krankentagegeldversicherung gehören zu den Kran-   284
kenversicherungen und dürfen nicht als Betriebsausgaben oder Werbungskosten abgezogen werden (H 10.5 „Krankentagegeldversicherung" EStH).

Von den eigentlichen Sonderausgaben i. S. der §§ 10, 10a und 10b EStG kann ein Teil in vollem, der Rest nur in begrenztem Umfang bei der Einkommensermittlung abgezogen werden.

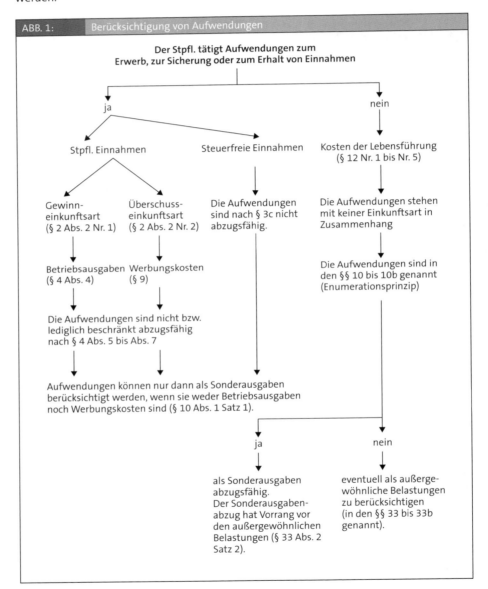

ABB. 1:   Berücksichtigung von Aufwendungen

285   Unbeschränkt, also in **vollem Umfang abzugsfähig** sind:

  a) lebenslange und wiederkehrende Versorgungsleistungen (§ 10 Abs. 1a Nr. 2 EStG; s. a. § 22 Nr. 1a EStG);

b) Leistungen aufgrund eines schuldrechtlichen Versorgungsausgleichs (§ 10 Abs. 1a Nr. 3 und 4 EStG; s. a. § 22 Nr. 1a EStG). Die Vorschrift wurde durch das JStG 2008 vom 20. 12. 2007 (BGBl I 2007, 3150) eingefügt;

c) Kirchensteuern (§ 10 Abs. 1 Nr. 4 EStG). Dies gilt allerdings nicht für die mit der Abgeltungsteuer erhobene Kirchensteuer. Für Kapitalerträge, die nach dem 31. 12. 2008 zufließen, wird die Kirchensteuer nach § 51a Abs. 2b bis 2d EStG als Zuschlag zur Kapitalertragsteuer erhoben. Die Kirchensteuer wird bei der Bemessung des für die Kapitalertragsteuer geltenden Steuersatzes nach § 32d Abs. 1 EStG mindernd in die Berechnung einbezogen. Damit wird die mit dem Sonderausgabenabzug verbundene mindernde Wirkung bereits unmittelbar berücksichtigt. Der Abzug der Kirchensteuer als Sonderausgabe im Rahmen der Einkommensteuerveranlagung wird daher insoweit ausgeschlossen (vgl. Rdn. 416).

Zu den **beschränkt abzugsfähigen** Sonderausgaben gehören:

a) Unterhaltsleistungen an den geschiedenen oder dauernd getrennt lebenden Ehegatten (§ 10 Abs. 1a Nr. 1 EStG);

b) Beiträge zu Versicherungen (§ 10 Abs. 1 Nr. 2, 3 und 3a EStG),

c) Kindesbetreuungskosten (§ 10 Abs. 1 Nr. 5 EStG),

d) Aufwendungen für die Berufsausbildung oder die Weiterbildung in einem nicht ausgeübten Beruf (§ 10 Abs. 1 Nr. 7 EStG),

e) Schulgeld für den Besuch von Ersatz- oder Ergänzungsschulen (§ 10 Abs. 1 Nr. 9 EStG),

f) Altersvorsorgebeiträge (§ 10a EStG),

g) Spenden (§ 10b EStG).

Überblick über die unbeschränkt und beschränkt abzugsfähigen Sonderausgaben: 286

TAB. 1:	Einteilung der Sonderausgaben		
unbeschränkt abziehbar	**beschränkt abziehbar**		**Sonderfälle**
§ 10 Abs. 1 Nr. 4 und Abs. 1a Nr. 2 bis 4 EStG	§ 10 Abs. 1 Nr. 5, 7 und 9 sowie Abs. 1a Nr. 1 EStG	§ 10b; Vorsorgeaufwendungen § 10 Abs. 1 Nr. 2, 3 und 3a (siehe Definition in § 10 Abs. 2) EStG.	§§ 10a, 10d–10i EStG
Pauschbetrag § 10c Satz 1 EStG : 36 €. Im Fall der Zusammenveranlagung von Ehegatten verdoppelt sich der Sonderausgaben-Pauschbetrag (§ 10c Satz 2 EStG).	Vorsorgepauschale gem. § 39b Abs. 2 Satz 5 Nr. 3 EStG ab 1. 1. 2010 bzw. Höchstbetrag § 10 Abs. 3, Abs. 4 und Abs. 4a EStG.		

Zum Abzug berechtigt ist grundsätzlich der Stpfl., der die Aufwendungen selbst − gesetzlich oder vertraglich − schuldet und auch selbst leistet (BFH 19. 4. 1989 X R 28/86, BStBl 1989 II 862). Das gilt auch für Aufwendungen, die er aufgrund von zugunsten Dritter abgeschlossener Verträge erbringt (H 10.1 „Abkürzung des Zahlungsweges" EStH). Nach dem BMF-Schreiben vom 7. 7. 2008 (BStBl 2008 I 717) sind die Grundsätze des BFH-Urteils v. 15. 1. 2008 IX R 45/07, (BStBl 2008 II 572) entsprechend anzuwenden.   287

Danach kommt eine Berücksichtigung der Zahlung unter dem Gesichtspunkt der Abkürzung des Vertragswegs für Aufwendungen, die Sonderausgaben oder außergewöhnliche Belastungen darstellen, nicht in Betracht.

288 Zahlt der Stpfl. zugunsten eines Dritten, ohne selbst gegenüber dem Gläubiger verpflichtet zu sein (Abkürzung des Zahlungsweges), so leistet er u. U. Sonderausgaben; in diesem Fall können die Aufwendungen auch Sonderausgaben des Dritten sein. Nach § 10 Abs. 1 Nr. 3 Satz 2 EStG werden Beiträge eines Kindes als eigene Beiträge des Stpfl. behandelt. Dagegen werden nach § 10 Abs. 1 Nr. 3 Satz 3 EStG eigene Beiträge des Stpfl. als eigene Beiträge des geschiedenen oder getrennt lebenden unbeschränkt einkommensteuerpflichtigen Ehegatten behandelt.

BEISPIEL 1: A schließt mit der B-Versicherung einen Lebensversicherungsvertrag zugunsten seines Neffen C ab.

LÖSUNG: A ist Versicherungsnehmer und schuldet selbst die Beiträge. Die Aufwendungen des A können dem Grunde nach als Sonderausgaben berücksichtigt werden..

BEISPIEL 2: V schließt mit der C-Versicherung einen Vertrag über eine Pkw-Haftpflichtversicherung ab; V schuldet die Beiträge. Sohn S zahlt die Beiträge unmittelbar an die C-Versicherung.

LÖSUNG: Keine Sonderausgaben für V, da er die Aufwendungen nicht getragen hat. Auch keine Sonderausgaben für S, da er die Beiträge nicht schuldet.

ALTERNATIVLÖSUNG: Die Versicherungsbeiträge können grundsätzlich vom Versicherungsnehmer als Sonderausgaben geltend gemacht werden (s. a. BMF vom 19. 8. 2013, BStBl 2013 I 1087, Rz. 68). Zu den Ausnahmen s. § 10 Abs. 1 Nr. 3 Satz 2 und 3 EStG.

Nach der bis zum Veranlagungszeitraum 2009 gültigen Verwaltungsmeinung in H 10.1 „Abzugsberechtigte Person" EStH 2009 konnten nur Aufwendungen abgezogen werden, die auf einer eigenen Verpflichtung des Stpfl. beruhen. Beiträge des Stpfl. für einen Dritten bzw. Beiträge von einem Dritten für den Stpfl. – Drittaufwand im Zusammenhang mit einem abgekürzten Zahlungs- und/oder Vertragsweg – waren somit grundsätzlich nicht als Sonderausgaben des Stpfl. zu berücksichtigen.

Die bis zum Veranlagungszeitraum 2009 vertretene Verwaltungsmeinung ist durch die Drittaufwand-Rechtsprechung des BFH obsolet. Mit Urteil vom 15. 11. 2005 (IX R 25/03, BStBl 2006 II 623) hat der BFH u. a. entschieden, dass die Mittelherkunft für den Ausgabenabzug nicht bedeutsam ist. »So kann der Stpfl. Aufwendungen selbst dann abziehen, wenn ein Dritter ihm den entsprechenden Betrag zuvor geschenkt hat, oder – statt ihm den Geldbetrag unmittelbar zu geben – in seinem Einvernehmen seine Schuld tilgt (vgl. § 267 Abs. 1 BGB)«.

Nach der BFH-Rechtsprechung sind die Aufwendungen aber nicht nur im Fall der Abkürzung des Zahlungswegs dem Stpfl. zurechenbar, sondern ebenso, wenn der Dritte im eigenen Namen für den Stpfl. einen Vertrag abschließt und aufgrund dessen auch selbst die geschuldete Zahlung leistet (abgekürzter Vertragsweg). Nach dem mittlerweile aufgehobenen BMF-Schreiben vom 9. 8. 2006 (BStBl 2006 I 492) waren die Grundsätze des BFH-Urteils vom 15. 11. 2005 nicht anzuwenden.

Mit Urteil vom 15. 1. 2008 (IX R 45/07, BStBl 2008 II 572) bestätigt der BFH seine Rechtsprechung. Nach dem BMF-Schreiben vom 7. 7. 2008 (BStBl 2008 I 717) wendet nun auch die Verwaltung die BFH-Rechtsprechung an und hebt den Nichtanwendungserlass vom 9.8.2006 auf. Einschränkend legt die Verwaltung fest, dass bei Dauerschuldverhältnissen eine Berücksichtigung der Zahlung unter dem Gesichtspunkt der Abkürzung des Vertragswegs weiterhin nicht in Betracht kommt. »Gleiches gilt für Aufwendungen, die Sonderausgaben oder außergewöhnliche Belastungen darstellen«. Ab dem Veranlagungszeitraum 2008 verweist die Verwaltung in H 10.1 „Abkürzung des Zahlungsweges" EStH auf das BMF-Schreiben vom 7.7.2008 (BStBl 2008 I 717) und verneint – entgegen der Bedeutung des Verweisstichworts – lediglich beim abgekürzten Vertragsweg den Sonderausgabenabzug. Wie bereits oben erwähnt, verzichtet die Verwaltung ab dem Veranlagungszeitraum 2010 in H 10.1 EStH auf das Verweisstichwort „Abzugsberechtigte Person", da das Abzugsverbot für den Drittaufwand im Rahmen eines abgekürzten Vertragswegs im BMF-Schreiben vom 7.7.2008 (BStBl 2008 I 717) und in H 10.1 „Abkürzung des Zahlungsweges" EStH geregelt ist. Konkrete Aussagen zur Berücksichtigung bzw. Nichtberücksichtigung der Aufwendungen im Rahmen des abgekürzten Zahlungsweges trifft die Verwaltung in ihren Hinweisen nicht.

Die BFH-Rechtsprechung zum Drittaufwand ist zum Werbungskosten- bzw. Betriebsausgabenabzug ergangen und kann m.E. aber auch auf den Sonderausgabenabzug übertragen werden. Der BFH (Urteil vom 30.1.1995, GrS 4/92, BStBl 1995 II 281) definiert Drittaufwand als Aufwendungen eines Dritten, die durch die Einkünfteerzielung des Stpfl. veranlasst sind. Diesen Drittaufwand kann der Stpfl. dann als Werbungskosten (Sonderausgaben) ansetzen, wenn ihm die Aufwendungen als eigene zugerechnet werden können. Davon ist nach der Rechtsprechung des BFH dann auszugehen, wenn sich die Aufwendungen des Dritten als Abkürzung des Zahlungsweges darstellen.

Aufwendungen können vom Stpfl. demzufolge dann als Werbungskosten (Sonderausgaben) abgezogen werden, wenn ein Dritter ihm einen Geldbetrag zuwenden will und der Dritte zur Abkürzung des Zahlungsweges Verbindlichkeiten des Stpfl., die diesem aus aufwandsverursachenden Vorgängen entstanden sind, begleicht (BFH vom 12.12.2000 VIII R 22, BStBl 2001 II 385).

Der Sohn wendet dem Vater entweder

▶ unmittelbar einen Geldbetrag zu, damit dieser die Versicherungszahlung selbst vornehmen kann (s. a. Schmidt/Heinicke EStG § 10 Rz. 22, 33. A. 2014) oder

▶ er tilgt im Einvernehmen mit dem Vater dessen Schuld (§ 267 Abs. 1 BGB).

Aus der Sicht des Vaters handelt es sich um einen „abgekürzten Zahlungsweg". Dem Vater sind die Kosten als eigener Aufwand zuzurechnen, die ein Dritter (der Sohn) in seinem Interesse (des Vaters) trägt. Die Aufwendungen sind als Sonderausgaben des Vaters zu berücksichtigen (kritisch Schmidt/Heinicke EStG § 10 Rz. 24 und 25, 34. A. 2015).

Bei Ehegatten, die nach § 26b EStG zusammen veranlagt werden, ist es für den Abzug 289 von Sonderausgaben i. S. der §§ 10, 10b EStG ohne Belang, ob sie der Ehemann oder die Ehefrau leistet (R 10.1 EStR). Wegen der Unterhaltsleistungen an den Ehegatten vgl. Rdn. 297.

Sonderausgaben, die ein Kind (§ 32 Abs. 1–5 EStG) aufgrund einer eigenen Verpflichtung zu leisten hat, können bei der Veranlagung der Eltern nicht berücksichtigt werden.

Das gilt auch dann, wenn die Eltern mit den Aufwendungen finanziell belastet sind (BFH 9. 5. 1974 VI R 147/71, BStBl 1974 II 545). Trägt das Kind die von ihm geschuldeten Beiträge nicht selbst, so kann es sie nicht als Sonderausgaben abziehen (BFH 19. 4. 1989 X R 2/84, BStBl 1989 II 683). Als Ausnahme hiervon können ab 1. 1. 2010 Kranken- und Pflegeversicherungsbeiträge eines Kindes nach § 10 Abs. 1 Nr. 3 Satz 2 EStG als eigene Beiträge des Stpfl. behandelt werden (R 10.4 EStR; Rz. 68 des BMF-Schreibens vom 19. 8. 2013, BStBl 2013 I 1087).

290 Sonderausgaben brauchen nicht aus dem Einkommen geleistet zu sein. Die Mittel können auch aus dem Vermögen entnommen oder durch Schuldaufnahme beschafft worden sein. Die Mittel zur Sonderausgabenleistung können auch durch eine Schenkung erlangt worden sein. Zu beachten ist jedoch, dass der Schenker nicht unmittelbar an die Versicherung leisten darf (siehe Rdn. 287).

291 Die Belastung des Stpfl. bezüglich der Sonderausgaben geschieht i. d. R. durch Geldleistungen. Aber gerade bei Unterhaltsleistungen i. S. d. § 10 Abs. 1 Nr. 1 EStG (ab 2015: § 10 Abs. 1a Nr. 1 EStG) und bei lebenslänglich wiederkehrenden Versorgungsleistungen i. S. d. § 10 Abs. 1 Nr. 1a EStG (ab 2015: § 10 Abs. 1a Nr. 2 EStG) sind auch Sachleistungen als Sonderausgaben möglich. Im Rahmen des § 10b Abs. 3 EStG gilt auch die Zuwendung von Wirtschaftsgütern als Spende i. S. dieser Vorschrift.

292 Die Sonderausgaben im eigentlichen Sinne (§§ 10, 10b EStG) müssen nach § 11 Abs. 2 EStG im VZ tatsächlich verausgabt worden sein. Für regelmäßig wiederkehrende Sonderausgaben gilt die Zurechnungsregel nach § 11 Abs. 2 Satz 2 EStG: Leistet der Stpfl. sie kurze Zeit vor Beginn oder kurze Zeit nach Beendigung des Kalenderjahres, zu dem sie wirtschaftlich gehören, so gelten sie als in diesem Kalenderjahr geleistet. Aufwendungen, die bei der Veranlagung für den Zeitraum, in dem sie geleistet worden sind, nicht berücksichtigt worden sind, können nicht auf einen späteren VZ übertragen werden. Werden Sonderausgaben in einem späteren VZ erstattet (sog. negative Sonderausgaben), so mindert der erstattete Betrag im Jahr der Erstattung Aufwendungen gleicher Art (H 10.1 „Abzugshöhe/Abzugszeitpunkt" EStH sowie unten Rdn. 296/1 ff.).

BEISPIEL: ▶ Erstattete Kirchensteuer ist nur mit den Kirchensteuerzahlungen im Erstattungsjahr zu verrechnen.

Übersteigt der Erstattungsbetrag die Zahlungen gleicher Art, so kommt eine Verrechnung mit anderen Sonderausgaben oder mit gleichartigen Aufwendungen späterer Jahre nicht in Betracht.

293 Für Sonderausgaben nach § 10 Abs. 1 Nr. 4, 5, 7 und 9, Abs. 1a und des § 10b EStG sind bei der Veranlagung mindestens die sich aus § 10c EStG ergebenden Pauschbeträge abzusetzen, wenn nicht höhere Aufwendungen nachgewiesen werden (vgl. Rdn. 522).

294 In **§ 10c EStG** werden die Regelungen zur Vorsorgepauschale durch das Bürgerentlastungsgesetz Krankenversicherung vom 16. 7. 2009 (BGBl 2009 I 1959) **aufgehoben.** Die Regelungen zur Berücksichtigung der Vorsorgeaufwendungen mittels einer Vorsorgepauschale im Rahmen des Lohnsteuerverfahrens finden sich ausschließlich in § 39b Abs. 2 Satz 5 Nr. 3 EStG. Eine Vorsorgepauschale wird grundsätzlich in allen Steuerklassen berücksichtigt. Pauschalierte Vorsorgeaufwendungen werden nur noch im Lohnsteuerabzugsverfahren berücksichtigt (§ 39b EStG). Im Veranlagungsverfahren erfolgt

ein Sonderausgabenabzug entsprechend der tatsächlich geleisteten Vorsorgeaufwendungen.

Die steuerliche Förderung der zusätzlichen Altersvorsorge erfolgt entweder durch eine   295
Zulage nach den §§ 79 ff. EStG oder alternativ mit dem Abzug der Sparleistung als Sonderausgabe nach § 10a EStG bei der ESt.

Bei der Veranlagung von beschränkt Stpfl. können grundsätzlich keine Sonderausgaben   296
abgezogen werden. Wegen Ausnahmen und Besonderheiten vgl. § 50 Abs. 1 EStG.

6.1.2 Erstattungen von Sonderausgaben und steuerfreie Zuschüsse

Durch das Steuervereinfachungsgesetz 2011 vom 1.11.2011 (BGBl 2011 I 2131) wird   296/1
in § 10 Abs. 4b EStG erstmals die steuerliche Behandlung von steuerfreien Zuschüssen
zu Sonderausgaben sowie Erstattungsbeträgen von Sonderausgaben gesetzlich geregelt. Bis zum Veranlagungszeitraum 2011 hatte die Vorgehensweise eine Vielzahl von
Änderungsveranlagungen und einen hohen Verwaltungsaufwand zur Folge. Zur Behandlung der Beitragserstattungen s. u. unter Gliederungspunkt 6.2.4.9. Zur Behandlung der Erstattungsüberhänge s. a. die Rz. 158 ff. des BMF-Schreibens vom 19.8.2013,
BStBl 2013 I 1087.

LITERATURHINWEIS:

Friebel/Rick/Schneider/Schoor, Fallsammlung Einkommensteuer, 19. Aufl., Fall 65.

6.2 Die einzelnen Sonderausgaben des § 10 EStG

6.2.1 Unterhaltsleistungen an den Ehegatten

6.2.1.1 Unterhaltshöchstbetrag

Unterhaltsleistungen (Geldzahlungen u. Sachleistungen) an den geschiedenen oder   297
dauernd getrennt lebenden Ehegatten können entweder als Sonderausgaben nach § 10
Abs. 1a Nr. 1 EStG oder als außergewöhnliche Belastung nach § 33a Abs. 1 EStG berücksichtigt werden. Insoweit greift das Abzugsverbot des § 12 Nr. 2 EStG nicht (vgl. § 12
Satz 1 EStG). Entsprechendes gilt auch für Unterhaltsleistungen in den Fällen der Nichtigkeit oder der Aufhebung der Ehe. Der Sonderausgabenabzug ist dabei **pro Empfänger** auf 13 805 € beschränkt (R 10.2. Abs. 3 EStR). Der darüber hinausgehende Betrag
darf nicht als außergewöhnliche Belastung abgezogen werden (H 33a.1 „Geschiedene
oder dauernd getrennt lebende Ehegatten" EStH).

Der **Höchstbetrag** ist ein **Jahresbetrag**. Er gilt auch, wenn nur in einem Teil des Kalenderjahres Unterhalt gezahlt wird oder der Berechtigte nur in einem Teil des Kalenderjahres unbeschränkt steuerpflichtig ist. Im letzten Fall kann für den anderen Teil des
Jahres eine Steuerermäßigung nach § 33a Abs. 1 EStG in Betracht kommen.

Mit dem Abzug im Rahmen des Höchstbetrages nach § 10 Abs. 1a Nr. 1 EStG sind auch
etwaige Berufsausbildungskosten des Ehegatten, die der Stpfl. zu tragen hat, abgegol-

ten. Sie können weder nach § 33a Abs. 1 EStG noch nach § 10 Abs. 1 Nr. 7 EStG abgezogen werden.

Rechtsanwaltskosten im Zusammenhang mit einem Realsplitting sind keine Steuerberatungskosten nach § 10 Abs. 1 Nr. 6 EStG noch Unterhaltszahlungen nach § 10 Abs. 1a Nr. 1 EStG (BFH 10. 3. 1999 XI R 86/95, BStBl 1999 II 522, H 10.2 „Rechtsanwaltskosten" EStH).

298   Der Höchstbetrag erhöht sich um den Betrag, der im jeweiligen Veranlagungszeitraum nach § 10 Abs. 1 Nr. 3 EStG für die Absicherung des geschiedenen oder dauernd getrennt lebenden unbeschränkt einkommensteuerpflichtigen Ehegatten aufgewandten Kranken- und Pflegeversicherungsbeiträge (§ 10 Abs. 1a Nr. 1 Satz 2 EStG ab 2010).

Ist in der Kranken- oder Pflegepflichtversicherung des Stpfl. auch ein geschiedener oder dauernd getrennt lebender unbeschränkt einkommensteuerpflichtiger Ehegatte mit abgesichert, sieht das Gesetz eine Sonderregelung vor (§ 10 Abs. 1 Nr. 3 Satz 3 EStG).

MERKE:

Die Sonderregelung des § 10 Abs. 1 Nr. 3 Satz 3 EStG ist nur dann anzuwenden, wenn in der Basisversicherung des Stpfl. der geschiedene Ehegatte mit abgesichert ist.

Mit dieser Sonderregelung wird sichergestellt, dass die Aufwendungen für eine Kranken- und Pflegepflichtversicherung auf sozialhilferechtlich gewährleistetem Leistungsniveau einmal bei der Ermittlung des zu versteuernden Einkommens berücksichtigt werden. Die von der steuerpflichtigen Person geleisteten Beiträge werden in diesem Fall als eigene Beiträge des geschiedenen oder dauernd getrennt lebenden unbeschränkt einkommensteuerpflichtigen Ehegatten behandelt. Eine Doppelberücksichtigung ist ausgeschlossen, da § 10 Abs. 1 Nr. 3 Satz 3 EStG nur zur Anwendung kommt, wenn der geschiedene oder dauernd getrennt lebende unbeschränkt einkommensteuerpflichtige Ehegatte zuvor einer Versteuerung der Unterhaltsleistungen nach § 22 Nr. 1a EStG im Rahmen des Realsplittings zugestimmt hat. Andernfalls liegen bei ihm steuerfreie Einnahmen vor und ein Abzug wäre nach § 10 Abs. 2 Nr. 1 EStG nicht möglich.

Nach dem Beschluss des BVerfG vom 13. 2. 2008 (2 BvL 1/06, DStR 2008, 604) müssen auch Beiträge für eine Kranken- und Pflegepflichtversicherung abziehbar sein, soweit sie für die Erlangung eines durch das SGB XII bestimmten sozialhilfegleichen Versorgungsniveaus erforderlich sind. Um dies adäquat im Rahmen des sog. begrenzten Realsplittings zu berücksichtigen, wird der Höchstbetrag nach § 10 Abs. 1a Nr. 1 Satz 1 EStG um denjenigen Betrag erhöht, der tatsächlich für eine entsprechende Absicherung des geschiedenen oder dauernd getrennt lebenden Ehegatten aufgewandt wird. In diesem Zusammenhang ist es ohne Bedeutung, ob der Unterhaltsberechtigte oder der Unterhaltsverpflichtete Versicherungsnehmer ist. Der Erhöhungsbetrag wirkt sich allerdings nur dann aus, wenn der Unterhaltsverpflichtete entsprechende Unterhaltsaufwendungen über den Betrag nach Satz 1 hinaus auch tatsächlich leistet. Die auch im Rahmen des Erhöhungsbetrags als Sonderausgaben beim Unterhaltsberechtigten berücksichtigten Unterhaltsleistungen unterliegen beim Unterhaltsberechtigten der Besteuerung nach § 22 Nr. 1a EStG (Korrespondenzprinzip). Dem Unterhaltsberechtigten steht gleichzeitig im Rahmen seiner Steuerveranlagung der Sonderausgabenabzug nach § 10 Abs. 1 Nr. 3 Satz 1 bzw. Nr. 3 Satz 3 EStG zu.

Nicht unter den Anwendungsbereich des § 10 Abs. 1 Nr. 3 Satz 3 EStG fallen hingegen Zahlungen der steuerpflichtigen Person unmittelbar an den geschiedenen oder dauernd getrennt lebenden unbeschränkt einkommensteuerpflichtige Ehegatten oder im Rahmen eines abgekürzten Zahlungsweges an eine Versicherung für eine von dem geschiedenen oder dauernd getrennt lebenden unbeschränkt einkommensteuerpflichtigen Ehegatten abgeschlossene Versicherung i. S. d. § 10 Abs. 1 Nr. 3 Satz 1 Buchst. a oder Buchst. b EStG. In diesem Fall handelt es sich um Beiträge des geschiedenen oder dauernd getrennt lebenden unbeschränkt einkommensteuerpflichtigen Ehegatten, die dieser im Rahmen seiner eigenen ESt-Erklärung geltend machen kann, sofern die Aufwendungen nicht im Zusammenhang mit steuerfreien Einkünften stehen. Der geschiedene oder dauernd getrennt lebende unbeschränkt einkommensteuerpflichtige Ehegatte muss daher der Versteuerung nach § 22 Nr. 1a EStG zugestimmt haben.

MERKE:

Der Sonderausgabenabzug setzt grundsätzlich voraus, dass der Stpfl. Aufwendungen aufgrund einer eigenen Verpflichtung als Versicherungsnehmer leistet. Unerheblich ist, wer nach dem Versicherungsvertrag versicherte Person oder Bezugsberechtigter ist. Beiträge zur Kranken- und Pflegeversicherung für mitversicherte Angehörige (z. B. den Ehegatten, den eingetragenen Lebenspartner oder Kinder) kann der Stpfl. daher als eigene Beiträge geltend machen.

Wie bereits oben erläutert, sind unter bestimmten Voraussetzungen Basisversicherungsbeiträge des Stpfl. für den geschiedenen Ehegatten dem geschiedenen Ehegatten gem. § 10 Abs. 1 Nr. 3 Satz 3 EStG zuzurechnen. Weiterhin ist zu beachten, dass die Übernahme der Basisversicherungsbeiträge durch den Stpfl. für den geschiedenen Ehegatten sich auch auf die Höhe des begrenzten Realsplittings i. S. d. § 10 Abs. 1a Nr. 1 EStG sowie auch auf die Höhe der maximal nach § 33a Abs. 1 Satz 1 EStG als außergewöhnliche Belastung abziehbaren Unterhaltsaufwendungen auswirken kann.

Fall 1:

Versicherungsnehmer	Begünstigte Person	Basisbeiträge geleistet durch
Stpfl. (Unterhaltsverpflichteter) ⟶ Unterhaltsleistungen	getrennt lebender Ehegatte (Unterhaltsempfänger) Einzelveranlagung (§ 25 Abs. 1 EStG)	Stpfl.
Die Familienversicherung der Ehegatten (§ 10 Abs. 1 SGB V) endet erst bei Rechtskraft des Scheidungsurteils.	Der Stpfl. hat nur dann Aufwendungen für seinen Ehegatten, wenn der Ehegatte freiwillig – gesetzlich oder privat – krankenversichert ist (s. a. Eilts, NWB 2010, 3900).	
Der geschiedene Ehegatte (unterhaltsverpflichteter) tilgt seine eigene Schuld mit eigenen Beiträgen. Es handelt sich um einen »Eigenaufwand«. Die Aufwendungen sind nach § 10 Abs. 1 Nr. 3 Satz 1 EStG als Sonderausgaben des unterhaltsverpflichteten Ehegatten zu berücksichtigen.	Der Unterhaltsempfänger erhält keinen Sonderausgabenabzug; es handelt sich um einen echten Drittaufwand im Rahmen eines abgekürzten Vertragswegs. Von einem »abgekürzten Vertragsweg« ist auszugehen, wenn der Dritte (hier: unterhaltsverpflichteter Ehegatte) im eigenen Namen für den Stpfl. einen Vertrag abschließt und auch selbst auf die geschuldete Zahlung leistet (vgl. BFH vom 23. 8. 1999 GrS 2/97, BStBl 1999 II 782). Wie bei der Abkürzung des Zahlungsweges bezwecken die Beteiligten mit diesem Vertrag und der Leistung hierauf eine Zuwendung an den Stpfl. Hier lässt der BFH den Abzug von Drittaufwand beim Stpfl. zu, wenn es sich um ein Geschäft des täglichen Lebens handelt.	

a) **§ 10 Abs. 1a Nr. 1 EStG ist erfüllt.**

In den Fällen des Realsplittings überträgt § 10 Abs. 1 Nr. 3 Satz 3 EStG den Sonderausgabenabzug auf den begünstigten Ehegatten (Unterhaltsempfänger); dieser hat die Unterhaltsleistungen des Stpfl. nach § 22 Nr. 1a EStG zu versteuern. Die Unterhaltsleistungen des Stpfl. (Unterhaltsverpflichteter) fallen unter § 10 Abs. 1a Nr. 1 EStG, wobei der Höchstbetrag des § 10 Abs. 1a Nr. 1 EStG um die geleisteten Basis-Kranken- und Pflegeversicherungsbasisbeiträge erhöht wird.

Die **Versicherungsbeiträge** sind als **Unterhaltsleistungen** Sonderausgaben i. S. d. **§ 10 Abs. 1a Nr. 1 EStG** beim Stpfl. (Unterhaltsverpflichteten).	Die eigenen Versicherungsleistungen des unterhaltsverpflichteten Ehegatten werden zu eigenen Versicherungsbeiträgen des unterhaltsberechtigten Ehegatten (Unterhaltsempfänger) nach § 10 Abs. 1 Nr. 3 Satz 3 EStG.

	Gleichzeitig sind die Versicherungsbeiträge als Einnahmen i. S. d. § 22 Nr. 1a EStG zu erfassen.
b)	**§ 10 Abs. 1a Nr. 1 EStG ist nicht erfüllt.** Der Ehegatte (Unterhaltsempfänger) hat dem Sonderausgabenabzug des Stpfl. (Unterhaltsverpflichteten) nicht zugestimmt. Die Umqualifizierung des § 10 Abs. 1 Nr. 3 Satz 3 EStG findet keine Anwendung. Es handelt sich um eigene Beiträge des Stpfl., die dieser als Sonderausgaben nach § 10 Abs. 1 Nr. 3 EStG abziehen kann. Die Beiträge zur Kranken- und Pflegeversicherung für mitversicherte Angehörige (z. B. den Ehegatten) kann der Stpfl. (Unterhaltsverpflichteter) als eigene Beiträge geltend machen. **Unterhaltsleistungen:** Ohne Antrag und/oder Zustimmung sind die im betreffenden Veranlagungszeitraum geleisteten Unterhaltszahlungen dem Grunde nach als **außergewöhnliche Belastung** i. S. d. § 33a Abs. 1 EStG zu berücksichtigen (H 33a.1 [Geschiedene oder dauernd getrennt lebende Ehegatten] EStH). Dabei erhöht sich der Höchstbetrag von 8 652 € um den Betrag der im jeweiligen Veranlagungszeitraum nach § 10 Abs. 1 Nr. 3 EStG für den Ehegatten aufgewendeten Basis-Kranken- und Pflegeversicherungsbeiträge (beachte R 33a.1 Abs. 5 EStR sowie die Vfg. der OFD Nordrhein-Westfalen vom 17. 9. 2015, Kurzinfo ESt 5/2013, NWB DokID: [YAAAF-02693]). Die Erhöhung tritt nicht ein, wenn die Beiträge bereits nach § 10 Abs. 1 Nr. 3 Satz 1 EStG beim Stpfl. selbst anzusetzen sind (§ 33a Abs. 1 Satz 2 Halbsatz 2 EStG).

Fall 2:

Versicherungsnehmer	Begünstigte Person	Beiträge geleistet durch
Stpfl. (Unterhaltsverpflichteter)	Stpfl. sowie getrennt lebender Ehegatte (Unterhaltsempfänger)	Stpfl. Es handelt sich um Beiträge i. S. d. § 10 Abs. 1 Nr. 3 Buchst. a und b (Basisaufwendungen) sowie um solche nach § 10 Abs. 1 Nr. 3a EStG.
Entrichtung von Unterhaltsleistungen an den getrennt lebenden Ehegatten.	Einzelveranlagung nach § 25 Abs. 1 EStG	Es handelt sich um eigene Versicherungsleistungen des Stpfl. (Eigenaufwand) nach § 10 Abs. 1 Nr. 3 Satz 1 und Nr. 3a EStG.
In den Fällen des Realsplittings überträgt § 10 Abs. 1 Nr. 3 Satz 3 EStG den Sonderausgabenabzug der Basisaufwendungen des § 10 Abs. 1 Nr. 3 Buchst. a und b EStG auf den begünstigten Ehegatten (Unterhaltsempfänger); dieser hat die Unterhaltsleistungen des Stpfl. nach § 22 Nr. 1a EStG zu versteuern.			

Die Unterhaltsleistungen des Stpfl. (Unterhaltsverpflichteter) fallen unter § 10 Abs. 1a Nr. 1 EStG, wobei der Höchstbetrag des § 10 Abs. 1a Nr. 1 EStG um die geleisteten Basis-Kranken- und Pflegeversicherungsbasisbeiträge erhöht wird.

Die Übernahme sonstiger Vorsorgeaufwendungen i. S. d. § 10 Abs. 1 Nr. 3a EStG durch den Stpfl. für seinen geschiedenen Ehegatten führt zu einem Konkurrenzverhältnis zwischen eigenen Vorsorgeaufwendungen und Unterhaltsleistungen nach § 10 Abs. 1a Nr. 1 EStG. Es besteht somit ein Wahlrecht zwischen dem Abzug nach § 10 Abs. 1 Nr. 3a i. V. m. Abs. 4 und Abs. 1 Nr. 1 EStG (s. a. Kulosa in H/H/R EStG/KStG, § 10 EStG, Rdnr. 55).

Der Versicherungsbeiträge i. S. d. § 10 Abs. 1 Nr. 3a EStG werden nicht auf den Unterhaltsempfänger als eigene Beiträge übertragen und erhöhen auch nicht den Unterhaltshöchstbetrag des § 10 Abs. 1a Nr. 1 EStG.

BEISPIEL 3: ▶ Der dauernd getrennt lebende Stpfl. A leistet Unterhalt an den Ehegatten E i. H. v. 13 000 € im Kj. Zusätzlich zu diesen Unterhaltsleistungen übernimmt A als Versicherungsnehmer für E auch die Basis-Krankenversicherungsleistungen i. H. v. 2 500 € und Basis-Pflegeversicherungsleistungen i. H. v. 500 € im Kj. Aus den Krankenversicherungsbeiträgen ergibt sich ein Anspruch auf Krankengeld.

Zusätzlich tätigt A eigene Basisvorsorgeaufwendungen i. S. d. § 10 Abs. 1 Nr. 3 Buchst. a und b EStG i. H. v. 800 €. Weiterhin hat A Aufwendungen für sonstige Vorsorgeaufwendungen i. S. d. § 10 Abs. 1 Nr. 3a EStG i. H. v. 1 400 €. A hat ausschließlich Einkünfte aus § 18 Abs. 1 Nr. 1 EStG.

Der Ehegatte E (Unterhaltsempfänger) hat die Zustimmung zum Sonderausgabenabzug des A auf der Anlage U auf einen Betrag von 14 200 € begrenzt.

LÖSUNG: ▶ Da A die Basis-Kranken- und Pflegeversicherungsbeiträge als Versicherungsnehmer leistet, handelt es sich um eigene Beiträge des A. Nach § 10 Abs. 1 Nr. 3 Buchst. a Satz 4 EStG ist der Basis-Krankenversicherungsbeitrag von 2 500 € um 4 % (100 €) auf 2 400 € zu kürzen, da ein Anspruch auf Krankengeld besteht. Der Kürzungsbetrag von 100 € fällt als Vorsorgeaufwand unter § 10 Abs. 1 Nr. 3a EStG. Erfasst werden danach u. a. Beiträge, soweit diese nicht nach § 10 Abs. 1 Nr. 3 Buchst. a oder b EStG zu berücksichtigen sind.

Eigene Basis-Kranken- und Pflegeversicherungsbeiträge des Stpfl., die dieser für seinen dauernd getrennt lebenden oder geschiedenen Ehegatten leistet, werden nach § 10 Abs. 1 Nr. 3 Satz 3 EStG als eigene Beiträge des Unterhaltsempfängers behandelt. Dies gilt allerdings nur in den Fällen des § 10 Abs. 1a Nr. 1 EStG.

Unterhaltsleistungen			13 000 €
Basisversicherungsleistungen für den Ehegatten	3 000 €		
Kürzung um 4 % von 2 500 €	./. 100 €		
verbleiben Basisversicherungsleistungen für den Ehegatten	2 900 €		
Zustimmung des Ehegatten § 10 Abs. 1a Nr. 1 EStG		14 200 €	13 000 €
		./. 1 200 €	
verbleiben Basis-Versicherungsbeiträge	1 700 €		1 200 €
Begrenztes Realsplitting (§ 10 Abs. 1a Nr. 1 EStG, § 22 Nr. 1a EStG)			**14 200 €**
eigene Basisversicherungsbeiträge des A			800 €
zzgl. Basisversicherungsleistungen für den Ehegatten			1 700 €
Summe Basisvorsorgeaufwendungen			2 500 €

Höchstbetrag (§ 10 Abs. 4 Satz 1 EStG)	2 800 €	2 800 €
noch zu berücksichtigen		300 €
sonstige Vorsorgeaufwendungen nach § 10 Abs. 1 Nr. 3a EStG		
Kürzungsbetrag beim Ehegatten	100 €	
Eigene Versicherungsbeiträge	1 400 €	
Summe	1 500 €	
davon zu berücksichtigen	300 €	300 €

Die Unterhaltsleistungen werden regelmäßig durch Zahlungsbelege nachgewiesen. Es muss aber darauf geachtet werden, dass in den nachgewiesenen Beträgen u.U. auch Unterhaltszahlungen an Kinder enthalten sein können. Der auf die Kinder entfallende Anteil kann jedoch nicht als Sonderausgaben abgezogen werden. Gegebenenfalls ist dieser Anteil zu schätzen. Eine einheitlich geleistete Unterhaltszahlung des Unterhaltsverpflichteten an seine ehemalige Ehefrau und seine Kinder ist für Zwecke des Realsplittings nicht nach Köpfen, sondern nach zivilrechtlichen Grundsätzen aufzuteilen. Dabei kann auf zivilrechtliche Unterhaltstitel oder übereinstimmende Berechnungen der Beteiligten zurückgegriffen werden, sofern nicht einer der Beteiligten die Berechnungen in substantiiert nachvollziehbarer Weise bestreitet (BFH 12.12.2007 XI R 36/05, BFH/NV 2008, 792). **299**

Der Erbe kann ihm gem. § 1586b BGB obliegende Unterhaltsleistungen an den geschiedenen Ehegatten des Erblassers nicht als Sonderausgaben abziehen. Ein Gesamtrechtsnachfolger tritt materiell-rechtlich und verfahrensrechtlich in die abgabenrechtliche Stellung des Rechtsvorgängers ein, wobei jedoch höchstpersönliche Verhältnisse oder Umstände, die unlösbar mit der Person des Rechtsvorgängers verknüpft sind (z.B. bestimmte für einen Besteuerungs- oder Begünstigungstatbestand erhebliche Eigenschaften), von der Zurechnung ausgeschlossen sind (hier: Sonderausgabenabzug aus Unterhaltsverpflichtungen des Erblassers nach § 10 Abs. 1a Nr. 1 EStG; BFH 12.11.1997 X R 83/94, BStBl 1998 II 148). **300**

6.2.1.2 Wohnungsüberlassung

Bei **unentgeltlicher Überlassung** einer eigenen Wohnung im Rahmen der Unterhaltsgewährung an den geschiedenen oder dauernd getrennt lebenden Ehegatten sind Unterhaltsleistungen in Höhe der durch die Nutzung verursachten, vom Geber getragenen Aufwendungen zu berücksichtigen. Dies sind z.B. Grundsteuer, Kosten von Heizung, elektrischem Strom, Wasser, Abwasser und Müllbeseitigung (verbrauchsabhängige Kosten). Weiterhin als Unterhaltsleistungen zu berücksichtigen sind auch Schuldzinsen und andere Finanzierungskosten, Erhaltungsaufwand, AfA und Feuerversicherungsbeiträge (verbrauchsunabhängige Kosten). Vgl. H 10.2 „Wohnungsüberlassung" EStH. Überlässt der geschiedene Ehemann seiner Ehefrau, die beide Miteigentümer eines Einfamilienhauses sind, aufgrund einer Unterhaltsvereinbarung das Haus zur alleinigen Nutzung, so kann er den Mietwert seines Miteigentumsanteils als Sonderausgabe i.S.d. § 10 Abs. 1a Nr. 1 EStG absetzen. Auch die verbrauchsunabhängigen Kosten für den Miteigentumsanteil der geschiedenen Ehefrau, welche der Ehemann nach der Unterhaltsvereinbarung trägt, sind Sonderausgaben (BFH 12.4.2000 IX R 127/96, BStBl **301**

2002 II 130). Zu beachten ist in diesem Zusammenhang, dass der Stpfl. mit dem Überlassen der Wohnung keine Einkünfte aus Vermietung u. Verpachtung i. S. von § 21 EStG erzielt (BFH 17. 3. 1992 IX R 264/87, BStBl 1992 II 1009).

Wird dagegen der volle Barunterhalt geleistet und aufgrund eines abgeschlossenen Mietvertrages die Wohnung an den unterhaltsberechtigten (geschiedenen oder dauernd getrennt lebenden) Ehegatten vermietet, so erzielt der Stpfl. Einkünfte nach § 21 EStG. Ein Missbrauch von Gestaltungsmöglichkeiten (§ 42 AO) liegt nicht vor (BFH 16. 1. 1996 IX R 13/92, BStBl 1996 II 214). In einem solchen Fall ist der volle Barunterhalt bis zum Höchstbetrag von 13 805 € nach § 10 Abs. 1a Nr. 1 EStG zu berücksichtigen (H 21.4 „Vermietung an Unterhaltsberechtigte" EStH).

Die Überlassung eines Grundstücks an den früheren Ehegatten zur Abgeltung von dessen Zugewinnausgleichsanspruch ist entgeltlich (BFH 8. 3. 2006 IX R 34/04, BFH/NV 2006, 1280, NWB DokID: [PAAAB-84347]). Der Fall unterscheidet sich von der Überlassung einer Wohnung aufgrund einer Unterhaltsvereinbarung, wenn die geschiedenen Ehegatten insoweit eine Sachleistung vereinbaren (BFH 17. 3. 1992, a. a. O.). Denn dort wird die Nutzungsüberlassung selbst als Unterhalt geschuldet, während sie im Urteilsfall vom 8. 3. 2006 (a. a. O.) geleistet wird, um eine andere Geldforderung damit zu begleichen.

BEISPIEL: Das Ehepaar A und B lebt im gesetzlichen Güterstand der Zugewinngemeinschaft. Ehemann A erwarb im Kj 04 für 100 000 € ein Grundstück zum alleinigen Eigentum, das von ihm seither vermietet wurde. Die Ehe wurde im Kj 10 geschieden. Der geschiedenen Ehefrau B stand daraufhin ein Zugewinnausgleich gegen A i. H. v. 250 000 € zu. Zur Abgeltung dieses Anspruchs übertrug ihr A das Grundstück, das im Kj 10 einen Verkehrswert von 300 000 € hatte. A und B vereinbarten deshalb neben der Grundstücksübertragung, dass die 50 000 €, um die der Grundstückswert den Zugewinnausgleich übersteigt, mit Unterhaltsforderungen der B an A verrechnet werden.

LÖSUNG: Es werden zwei unterschiedliche Forderungen der B erfüllt: Zum einen der Zugewinnausgleichsanspruch i. H. v. 250 000 € und zum anderen eine Unterhaltsforderung i. H. v. 50 000 €. A veräußert damit das Grundstück für 300 000 €. Der von A zu versteuernde Gewinn beträgt:

Veräußerungserlös	300 000 €
Anschaffungskosten	100 000 €
Gewinn aus § 23 EStG	200 000 €

Gleichzeitig kann A die durch die Grundstücksübertragung abgegoltenen Unterhaltsforderungen der B im Veranlagungszeitraum der Grundstücksübertragung grundsätzlich als Sonderausgaben i. S. v. § 10 Abs. 1a Nr. 1 EStG abziehen, wenn die rechtlichen Voraussetzungen erfüllt sind. Hierbei ist zu beachten, dass ein Abzug nur i. H. des in § 10 Abs. 1a Nr. 1 Satz 1 EStG genannten Höchstbetrages (13 805 €) möglich ist. Dies gilt auch dann, wenn Unterhaltsforderungen mehrerer Jahre verrechnet werden. Wegen § 11 Abs. 2 EStG ist ein Sonderausgabenabzug nur im Verrechnungsjahr mit dem in § 10 Abs. 1a Nr. 1 Satz 1 EStG genannten Höchstbetrag möglich.

6.2.1.3 Antrag und Zustimmung

302 Der Abzug als Sonderausgaben setzt vorbehaltlich § 1a Abs. 1 Nr. 1 EStG voraus, dass der **Empfänger unbeschränkt einkommensteuerpflichtig** ist und dem Sonderausgabenabzug beim Unterhaltsverpflichteten zugestimmt hat (sog. **Realsplitting**). Die Zustim-

mung des Empfängers muss der Geber – und nicht das FA – einholen (siehe H 10.2 „Zustimmung" EStH).

Ist der **Empfänger** nicht unbeschränkt einkommensteuerpflichtig, kann ein Abzug der Unterhaltsaufwendungen aufgrund eines Doppelbesteuerungsabkommens (z. B. mit Kanada) in Betracht kommen (H 10.2 „Nicht unbeschränkt einkommensteuerpflichtiger Empfänger" EStH). Ist diesbezüglich keine Regelung getroffen, ist der Sonderausgabenabzug zu versagen. Unter den Voraussetzungen des § 33a Abs. 1 Satz 5 EStG ist jedoch ggf. ein Abzug der Unterhaltsleistungen als außergewöhnliche Belastungen zulässig (Vfg. OFD Frankfurt vom 21. 2. 2007, S 2221aA – 1 – St 218, DB 2007, 1222). Hat der Empfänger seinen Wohnsitz in einem anderen Mitgliedstaat der EU, ist der Sonderausgabenabzug möglich, vorausgesetzt, das andere EU-Land bescheinigt die Besteuerung der Leistungen beim Empfänger. Ist die Besteuerung der Unterhaltsleistungen im Wohnsitzland des Empfängers nicht vorgesehen (z. B. in Österreich), kommt der Sonderausgabenabzug nicht in Betracht.

Wird der **Empfänger** nach § 1 Abs. 3 EStG als unbeschränkt einkommensteuerpflichtig behandelt, weil er z. B. im Inland Einkünfte aus Vermietung und Verpachtung erzielt und diese die einzigen Einkünfte darstellen, scheidet ein Sonderausgabenabzug von Unterhaltsleistungen nach § 10 Abs. 1a Nr. 1 EStG grundsätzlich aus. Voraussetzung für den Sonderausgabenabzug ist u. a., dass die Unterhaltsleistungen an den **unbeschränkt einkommensteuerpflichtigen** geschiedenen oder dauernd getrennt lebenden Ehegatten geleistet werden. Unter den Voraussetzungen des § 1 Abs. 3 EStG ist keine unbeschränkte Einkommensteuerpflicht in diesem Sinne gegeben; der Stpfl. wird lediglich als unbeschränkt einkommensteuerpflichtig behandelt.

Unterhaltsleistungen an einen nicht unbeschränkt einkommensteuerpflichtigen Empfänger – also auch an einen nach § 1 Abs. 3 EStG so behandelten Empfänger – sind nur unter den Voraussetzungen des § 1a Abs. 1 Nr. 1 EStG als Sonderausgaben zu berücksichtigen. Der Empfänger muss seinen Wohnsitz in einem EU-/EWR-Staat haben und nachweisen, dass die Unterhaltsleistungen auch dort versteuert werden.

Hat der Empfänger seinen Wohnsitz nicht in einem EU-/EWR-Staat, z. B. in der Türkei, kann der Geber die Unterhaltsleistungen nach dem Korrespondenzprinzip nur dann als Sonderausgaben geltend machen, wenn der Empfänger die Unterhaltsleistungen nach dem DBA in seinem Heimatland, z. B. der Türkei, versteuert. Sieht das DBA eine solche Versteuerung nicht vor, stellen die Unterhaltszahlungen beim Empfänger auch keine inländischen Einkünfte i. S. d. § 1 Abs. 3 i. V. m. § 49 Abs. 1 EStG dar und unterliegen auch nicht der deutschen Einkommensteuer.

Der Unterhaltsverpflichtete muss den Antrag auf Sonderausgabenabzug jährlich (für jeden VZ) neu stellen. Die Zustimmung des Empfängers ist bis auf Widerruf wirksam; das gilt auch dann, wenn diese Zustimmung im Rahmen eines Vergleichs erteilt wird (R 10.2 Abs. 2 EStR). Für Antrag und Zustimmung gibt es besondere Vordrucke (Anlage U).

Der Empfänger kann seine einmal erteilte Zustimmung nur vor Beginn des VZ widerrufen, für den die Zustimmung erstmals nicht mehr gelten soll. Die Zustimmung kann vor Beginn des Kj, für das sie erstmals nicht mehr gelten soll, sowohl gegenüber dem   303

Wohnsitz-FA des Unterhaltsleistenden als auch des Unterhaltsempfängers widerrufen werden. Ein Widerruf gegenüber dem Wohnsitz-FA des Unterhaltsempfängers schließt den Sonderausgabenabzug des Unterhaltsleistenden aus (BFH 2. 7. 2003, BStBl 2003 II 803).

> **BEISPIEL:** Die geschiedene Ehefrau S hat ab dem Kj 02 dem Sonderausgabenabzug der Unterhaltsleistungen i. H. v. 13 805 € ihres geschiedenen Ehemanns M zugestimmt. Am 13. 5. 04 reicht S die ESt-Erklärung 03 beim FA ein und widerruft dabei die Zustimmung zum Abzug als Sonderausgaben. In ihrer ESt-Erklärung für das Kj. 03 hat sie die Unterhaltsleistungen i. H. v. 13 805 € schon nicht mehr als sonstige Einkünfte gem. § 22 Nr. 1a EStG erklärt.
>
> Der Widerruf der Zustimmung wirkt erst ab dem Kj. 05, da der Widerruf vor Beginn des Kj., für den er wirksam werden soll, erklärt werden muss.

304 Im Fall der rechtskräftigen Verurteilung zur Erteilung der Zustimmung nach § 894 Abs. 1 ZPO wirkt die Zustimmung nur für das Kalenderjahr, das Gegenstand des Rechtsstreits war. Die Finanzbehörden sind nicht verpflichtet zu prüfen, ob die Verweigerung der Zustimmung rechtsmissbräuchlich ist (BFH 25. 7. 1990 X R 137/88, BStBl 1990 II 1022). Wird die Zustimmung erst nach Eintritt der Bestandskraft erteilt, ist der Bescheid nach § 175 Abs. 1 Nr. 2 AO zu ändern (BFH 12. 7. 1989 X R 8/84, BStBl 1989 II 957). Der Antrag sowie die Zustimmung sind auch nach Bestandskraft des Steuerbescheids möglich (H 10.2 „Allgemeines" EStH). Der Steuerbescheid ist nach § 175 Abs. 1 Nr. 2 AO zu ändern (BFH 12. 7. 1989 X R 8/84, BStBl 1989 II 957). Nach dem BFH-Urteil dürfen Antrag und Zustimmung nicht voneinander losgelöst beurteilt werden; d. h. man kann nicht die Zustimmung als Ereignis i. S. d. § 175 Abs. 1 Nr. 2 AO ansehen, den Antrag aber nicht. Ein nach Bestandskraft des Steuerbescheids gestellter Antrag wirkt unmittelbar rechtsgestaltend und nachträglich auf die Steuerschuld des Empfängers ein. Eine Antragsfrist sieht das Gesetz nicht vor.

305 Soweit die Unterhaltsleistungen vom Geber abgezogen werden können, hat der Empfänger sonstige Einkünfte gem. § 22 Nr. 1a EStG. Zwischen dem Sonderausgabenabzug des Zahlenden und der Erfassung der Zahlungen beim Empfänger besteht eine gesetzlich vorgegebene Korrespondenz. Die Abzugsfähigkeit beim Leistenden ist notwendige Voraussetzung für die Besteuerung beim Empfänger. Erst der **Antrag des Gebers** ist das die Besteuerung **auslösende Ereignis.** Ohne Antrag ist eine Zustimmungserklärung wirkungslos. Beantragt nach bestandskräftiger Veranlagung des Empfängers der Unterhaltsleistende die Anwendung des Realsplittings, so ist der Bescheid gegenüber dem Empfänger nach § 175 Abs. 1 Nr. 2 AO zu ändern, auch wenn dieser seine Zustimmung zum Realsplitting bereits vor Erlass des ersten Bescheids erteilt hat (rechtskräftiges Urteil des FG Köln v. 27. 4. 1995, EFG 1995, 893). Wird der Empfänger zeitlich vor dem Geber veranlagt, haben die Unterhaltszahlungen bei ihm zunächst außer Ansatz zu bleiben, weil der Abzug gesetzlich (noch) nicht erfüllt ist. Werden aber die Unterhaltszahlungen im Wege des Realsplittings vom Geber als Sonderausgaben geltend gemacht und berücksichtigt, so wird durch die zeitlich nachfolgende ESt-Veranlagung des Gebers beim Empfänger der Tatbestand des § 175 Abs. 1 Nr. 2 AO erfüllt (rechtskräftiges Urteil des FG Hamburg v. 13. 6. 1995, EFG 1995, 894).

Anders ist jedoch die Rechtsfolge, wenn der Geber erst nach Bestandkraft seines Einkommensteuerbescheids den Antrag auf Abzug von Unterhaltsleistungen im Wege des

Realsplittings stellt. Ein erst nach Bestandskraft des Einkommensteuerbescheids gestellter Antrag auf Abzug von Unterhaltsleistungen im Wege des Realsplittings ist kein rückwirkendes Ereignis, wenn die Zustimmungserklärung des Unterhaltsempfängers dem Geber bereits vor Eintritt der Bestandskraft vorlag (BFH v. 20. 8. 2014 X R 33/12, BFH/NV 2015 S. 97; Abgrenzung vom BFH-Urteil vom 12. 7. 1989 X R 8/84, BStBl 1989 II 957).

Die Vfg. der OFD Koblenz vom 30. 7. 2007 (S 2221 a/S 2255 A – St 321, DStR 2007, 1820) nimmt zu Antrag und Zustimmung zum Realsplitting Stellung. Danach wird klargestellt, dass die **Reduzierung** des in der Anlage U **zugestimmten Betrages durch** den **Unterhaltsgeber** mit **korrespondierender Auswirkung** beim **Unterhaltsempfänger** für einen **folgenden Veranlagungszeitraum** möglich ist. Der Geber kann für jedes Kj entscheiden, ob er die Unterhaltszahlungen als Sonderausgaben abziehen möchte und wenn ja, in welcher Höhe er dies tun möchte. Der Besteuerungsgrund i. S. d. § 22 Nr. 1a EStG beim Unterhaltsempfänger wird durch den gestellten Antrag des Gebers auf Sonderausgabenabzug ausgelöst.

BEISPIEL: Der Unterhaltsgeber füllte für den VZ 01 eine Anlage U aus, durch welche er die Anerkennung von Unterhaltsleistungen i. H. v. 10 000 € als Sonderausgaben beantragte. Tatsächlich hatte er aber 12 000 € gezahlt. Die Unterhaltsempfängerin stimmte dem Antrag des Unterhaltsgebers zu. Für den VZ 01 wurden vom FA 10 000 € als Sonderausgaben anerkannt.

Für den VZ 02 legte der Unterhaltsgeber seiner ESt-Erklärung die Anlage U bei und beantragte die Anerkennung von nur 6 000 € Unterhaltszahlungen als Sonderausgaben, obwohl die Zustimmung zum Abzug von 10 000 € nicht widerrufen war, und er wiederum tatsächlich 12 000 € gezahlt hatte. Im Abschnitt B „Zustimmung zum Antrag A" kreuzte er an, dass die Zustimmung des Unterhaltsempfängers vom VZ 01 dem FA bereits vorliegt.

LÖSUNG: Obwohl der Unterhaltsgeber 10 000 € Unterhaltsleistungen als Sonderausgaben geltend machen könnte, muss die Empfängerin nur 6 000 € Unterhaltsleistungen versteuern, weil der Geber seinen für den VZ 02 erstmaligen Sonderausgabenabzug auf 6 000 € beschränkt hat.

Unterhaltsleistungen, die ein unbeschränkt Steuerpflichtiger von seinem nicht unbeschränkt steuerpflichtigen geschiedenen oder dauernd getrennt lebenden Ehegatten erhält, sind nicht steuerbar (BFH 31. 3. 2004 X R 18/03, BStBl 2004 II 1047). Bei dem unbeschränkt steuerpflichtigen Empfänger handelt es sich nicht um wiederkehrende Bezüge i. S. d. § 22 Nr. 1 Satz 2 EStG. Unterhaltsleistungen von dem geschiedenen oder dauernd getrennt lebenden Ehegatten sind abschließend in § 22 Nr. 1a EStG geregelt. Danach liegen nur dann Einkünfte beim Empfänger vor, wenn die Unterhaltsleistungen beim Geber als Sonderausgaben abgezogen werden können. Für beschränkt Steuerpflichtige ist § 10 Abs. 1a Nr. 1 EStG nicht anzuwenden (§ 50 Abs. 1 EStG).

Der Antrag auf Sonderausgabenabzug kann für das jeweilige Jahr nicht zurückgenom- 306 men werden. Das gilt auch dann, wenn der Antrag im Lohnsteuerermäßigungsverfahren oder zum Zwecke der Herabsetzung von ESt-Vorauszahlungen gestellt worden ist. Antrag und Zustimmung zum begrenzten Realsplitting können nicht – auch nicht übereinstimmend – zurückgenommen oder nachträglich beschränkt werden (BFH 22. 9. 1999 XI R 121/96, BStBl 2000 II 218). Die Wahlrechtsausübung bindet die Betroffenen bereits vor der Unanfechtbarkeit der Steuerbescheide. Sind dagegen die Unterhaltsleistungen zunächst als außergewöhnliche Belastung berücksichtigt worden, so kann dies bis zur Bestandskraft der Steuerfestsetzung rückgängig gemacht und stattdessen auf Antrag des Steuerpflichtigen mit Zustimmung des Unterhaltsempfängers der Sonderausgabenabzug in Anspruch genommen werden.

§ 10 Abs. 1a Nr. 1 Satz 2 EStG verbietet zwar die nachträgliche Einschränkung (BFH 22. 9. 1999 XI R 121/96, a. a. O.), nicht aber die betragsmäßige Erweiterung eines bereits vorliegenden begrenzten Antrags zum Realsplitting (BFH 28. 6. 2006 XI R 32/05, BStBl 2007 II 5). Der Antrag auf Erweiterung kann auch noch nach Bestandskraft des ESt-Bescheids gestellt werden. Der erweiterte Antrag stellt i. V. m. der erweiterten Zustimmungserklärung ein rückwirkendes Ereignis i. S. d. § 175 Abs. 1 Satz 1 Nr. 2 AO dar.

6.2.1.4 Korrespondenzprinzip

307 Beim Unterhaltsempfänger sind nach § 22 Nr. 1a EStG die Unterhaltsleistungen in dem Umfang als Einnahmen zu erfassen, in dem sie der Geber als Sonderausgaben abziehen kann (wegen der Einzelheiten Hinweis auf Rdn. 2192).

308 Der Stpfl. ist nicht gezwungen, stets für alle von ihm an den (früheren) Ehegatten geleisteten Unterhaltsbeträge den Sonderausgabenabzug zu beantragen, er kann seinen Antrag vielmehr beschränken (R 10.2 Abs. 1 EStR).

BEISPIEL: A zahlt seinem geschiedenen Ehegatten B jährlich Unterhalt i. H. v. 15 338 €.

Als Sonderausgabenabzug kann – bei Vorliegen der übrigen Voraussetzungen – nur ein Betrag i. H. v. 13 805 € abgezogen werden. B muss diese 13 805 € (nicht die gezahlten 15 338 €) versteuern. Beschränkt A seinen Antrag auf Sonderausgabenabzug auf 5 112 €, muss B auch nur diese 5 112 € versteuern.

Stimmt die Empfängerin von Unterhaltszahlungen dem der Höhe nach beschränkten Antrag auf Abzug der Zahlungen als Sonderausgaben i. S. d. § 10 Abs. 1a Nr. 1 EStG zu, so beinhaltet dies keine der Höhe nach unbeschränkte Zustimmung für die Folgejahre (BFH 14. 4. 2005 XI R 33/03, BStBl 2005 II 825; H 10.2 „Zustimmung" EStH).

BEISPIEL: A zahlt seiner geschiedenen Ehefrau ab September 06 3 000 € Unterhalt. Im Jahr 07 leistet A 9 000 € und beantragt diesen Betrag als Sonderausgabenabzug nach § 10 Abs. 1a Nr. 1 EStG. A verweist auf die von der geschiedenen Ehefrau am 3. 6. 07 unterzeichnete „Anlage U" zur ESt-Erklärung 06, die die notwendige Zustimmung der Empfängerin enthalte und mangels Widerruf fortgelte.

A und seine geschiedene Ehefrau hatten den Abzug der Unterhaltsaufwendungen als Sonderausgaben durch die am 3. 6. 07 unterschriebene „Anlage U" auf 3 000 € begrenzt.

LÖSUNG: Der Sachverhalt und die Lösung ergeben sich aus dem BFH-Urteil vom 14. 4. 2005 (a. a. O.).

Die zulässige Beschränkung des Antrags auf einen bestimmten Betrag soll es den Betroffenen ermöglichen, die für sie günstigste Steuerbelastung zu erreichen. Eine derartige Beschränkung muss der Antragserklärung des Gebers selbst und der Zustimmung des Empfängers zu entnehmen sein, zumal eine einmal vorgenommene Begrenzung wegen der rechtsgestaltenden Wirkung der Wahlrechtsausübung die Betroffenen bereits vor der Unanfechtbarkeit der Steuerbescheide bindet.

Weil die Gestaltungswirkung an den „mit Zustimmung des Empfängers" gestellten Antrag des Gebers geknüpft ist, dürfen Antrag und Zustimmung nicht voneinander losgelöst beurteilt werden; das Wahlrecht muss einvernehmlich ausgeübt werden. Rechtlich relevant nach § 10 Abs. 1a Nr. 1 EStG ist allein der durch die Zustimmungserklärung des Empfängers qualifizierte Antrag des Gebers. Die Zustimmung ist eine einseitige, empfangsbedürftige, öffentlich-rechtliche Willenserklärung, deren Voraussetzungen im Zivilrecht und deren Rechtsfolgen im Steuerrecht liegen. Zustimmung ist die Einverständniserklärung zu dem von einem anderen vorgenommenen Rechtsgeschäft; sie kann bereits im Voraus (Einwilligung i. S. d. § 183 BGB) oder nachträglich (Genehmigung i. S. d. § 184 BGB) erteilt werden.

Die zu einem bestimmten Abzugsbetrag erteilte Zustimmung gilt daher auch für zukünftige Veranlagungszeiträume nur in dieser Höhe, es sei denn, Unterhaltsleistender und Unterhaltsempfänger einigten sich einvernehmlich auf einen anderen Wert.

6.2.1.5 Außergewöhnliche Belastungen i. S. d. § 33a Abs. 1 EStG

Auch wenn der Antrag auf Sonderausgabenabzug beschränkt wird, können die Unter- 309 haltsleistungen nicht, auch nicht anteilig, als außergewöhnliche Belastungen nach § 33a Abs. 1 EStG berücksichtigt werden (H 10.2 „Allgemeines" EStH). Durch die Antragstellung des Unterhaltsleistenden mit Zustimmung des Empfängers nach § 10 Abs. 1a Nr. 1 EStG werden die gesamten, in dem Kj geleisteten Unterhaltsaufwendungen – unbeschadet einer betragsmäßigen Begrenzung durch den Antragsteller oder durch den Höchstbetrag – zu Sonderausgaben umqualifiziert. Für den Abzug ist es unerheblich, ob es sich um laufende oder einmalige Leistungen bzw. um Nachzahlungen oder Vorauszahlungen handelt. Die der Art nach den Sonderausgaben zuzuordnenden Aufwendungen können auch nicht insoweit als außergewöhnliche Belastungen abgezogen werden, wie sie den für das Realsplitting geltenden Höchstbetrag übersteigen (BFH 7. 11. 2000 III R 23/98, BStBl 2001 II 338).

Für den VZ der Trennung (Jahr, in dem die Voraussetzungen des § 26 Abs. 1 Satz 1 EStG weggefallen sind) können die Unterhaltsaufwendungen an den dauernd getrennt lebenden Ehegatten nicht nach § 33a Abs. 1 EStG berücksichtigt werden, gleichgültig, ob die Ehegatten für das Trennungsjahr zusammen oder getrennt zur ESt veranlagt werden (BFH 31. 5. 1989 III R 166/86, BStBl 1989 II 658). Dies gilt u. E. auch im Anwendungsbereich des § 10 Abs. 1a Nr. 1 EStG.

LITERATURHINWEIS:

Friebel/Rick/Schoor/Schneider, Fallsammlung Einkommensteuer, 19. Aufl., Fall 40 – 45 *Myßen*, BürgEntlG KV: Änderungen mit Auswirkungen auf den privaten Bereich, NWB 50/2009, 3900; *Reinecke*, Das Familienheim bei Trennung und Scheidung, NWB 37/2009, 2899; *Risthaus*, Neuregelung zum Sonderausgabenabzug für Krankenversicherungsbeiträge, DStZ 2009, 669; *Stiller*, Unterhaltsleistungen an den ehemaligen bzw. dauernd getrennt lebenden Ehegatten: Steuerliche Behandlung und Optimierung, DStZ 2011, 154.

6.2.2 Versorgungsleistungen

6.2.2.1 Allgemeiner Überblick

Mit der gesetzlichen Änderung des § 10 Abs. 1 Nr. 1a EStG a. F. durch das Jahressteuer- 310 gesetz 2008 (JStG 2008) vom 20. 12. 2007 (BGBl I 3150) wird das Rechtsinstitut der Vermögensübergabe gegen Versorgungsleistungen auf seinen Kernbereich zurückgeführt. Nach § 10 Abs. 1a Nr. 2 EStG n. F. ab 2015 sind nur noch Versorgungsleistungen im Zusammenhang mit der Übertragung

▶ eines Anteils an einer Mitunternehmerschaft, die eine Tätigkeit i. S. d. §§ 13, 15 Abs. 1 Satz 1 Nr. 1, 18 Abs. 1 EStG ausübt,

▶ eines Betriebs oder Teilbetriebs sowie

▶ eines mindestens 50 % betragenden Anteils an einer GmbH, wenn der Übergeber als Geschäftsführer tätig war und der Übernehmer diese Tätigkeit übernimmt,

als Sonderausgaben abzugsfähig. Der Sonderausgabenabzug ist auch für den Teil der Versorgungsleistungen, der auf den Wohnteil eines Betriebs der Land- und Forstwirtschaft entfällt, zulässig (Rz. 7 des BMF-Schreibens vom 11. 3. 2010, BStBl 2010 I 227).

Zur einkommensteuerrechtlichen Behandlung von wiederkehrenden Leistungen im Zusammenhang mit einer Vermögensübertragung s. das BMF-Schreiben vom 11. 3. 2010 (BStBl 2010 I 227). Die Regelungen sind grundsätzlich auf alle wiederkehrenden Leistungen im Zusammenhang mit einer Vermögensübertragung anzuwenden, die auf einem nach dem 31. 12. 2007 geschlossenen Übertragungsvertrag (Abschluss des schuldrechtlichen Rechtsgeschäfts) beruhen. Für wiederkehrende Leistungen im Zusammenhang mit einer Vermögensübertragung, die auf einem vor dem 1. 1. 2008 geschlossenen Übertragungsvertrag beruhen, bleiben grundsätzlich § 10 Abs. 1 Nr. 1a EStG in der vor dem 1. 1. 2008 geltenden Fassung und das BMF-Schreiben vom 16. 9. 2004 (BStBl 2004 I 922) weiter anwendbar (zur Übergangsregelung s. § 52 Abs. 18 EStG).

311   Insbesondere folgende (bisher begünstigte) – ab 1. 1. 2008 durchgeführte – **Vermögensübertragungen** gegen wiederkehrende Leistungen sind **nicht** mehr nach § 10 Abs. 1a Nr. 2 EStG **begünstigt**:

▶ die Übertragung von privatem Immobilien- und Kapitalvermögen, das zu Einkünften aus Vermietung und Verpachtung oder Kapitalvermögen führt,

▶ die Übertragung von zu eigenen Wohnzwecken genutztem Grundbesitz,

▶ der Verzicht auf ein Nutzungsrecht,

▶ die Übertragung von Mitunternehmeranteilen an gewerblich geprägten oder vermögensverwaltenden Personengesellschaften,

▶ die Übertragung von Aktien unabhängig vom Beteiligungsumfang und von GmbH-Anteilen bis zu einer Beteiligungshöhe von 49,9 %.

Wird **nicht begünstigtes Vermögen** gegen Versorgungsleistungen übertragen, handelt es sich grundsätzlich um eine **(teil-) entgeltliche Vermögensübertragung gegen wiederkehrende Leistungen** i. S. von Teil C (Rz. 21 i. V. m. 65 ff.) des BMF-Schreibens vom 11. 3. 2010 (BStBl 2010 I 227), d. h. **Anschaffungsgeschäft** auf der Seite des Vermögensübernehmers und **Veräußerungsgeschäft** auf der Seite des Vermögensübergebers, ggf. mit Gewinnbesteuerung nach § 17 EStG oder § 23 EStG bei der Übertragung von Privatvermögen oder nach §§ 14, 16 oder 18 EStG bei der Übertragung von Betriebsvermögen.

Wiederkehrende Leistungen auf Zeit sind grundsätzlich **keine Versorgungsleistungen** (Rz. 56 des BMF-Schreibens vom 11. 3. 2010, a. a. O.). Wenn keine Versorgungsleistungen gegeben sind, handelt es sich um eine **entgeltliche Übertragung** gegen wiederkehrende Leistungen (Rz. 57, Rz. 65 und 66, Rz. 77 bis 79 des BMF-Schreibens vom 11. 3. 2010, a. a. O.).

Bei der Übertragung von Wirtschaftsgütern unter Angehörigen gegen **wiederkehrende Leistungen** sind die Leistungen in **Versorgungsleistungen**, **Veräußerungsleistungen** und in **Unterhaltsleistungen** abzugrenzen (Rz. 4 des BMF-Schreibens vom 13. 1. 1993, BStBl 1993 I 80 und Rz. 1 des BMF-Schreibens vom 11. 3. 2010, a. a. O.).

Im Zusammenhang mit einer **Vermögensübertragung** vereinbarte **Versorgungsleistun-** 312 **gen** sind vom Berechtigten als **Einkünfte nach § 22 Nr. 1a EStG** zu versteuern, wenn der Verpflichtete zum Abzug der Leistungen als Sonderausgaben nach § 10 Abs. 1a Nr. 2 EStG berechtigt ist **(Korrespondenzprinzip)**. Es kommt nicht darauf an, dass sich die wiederkehrenden Leistungen auch tatsächlich steuermindernd ausgewirkt haben.

Versorgungsleistungen anlässlich einer begünstigten Vermögensübertragung sind beim Empfänger in **vollem Umfang steuerpflichtig** und beim Verpflichteten in vollem Umfang als Sonderausgaben abziehbar. Dies gilt **unabhängig** davon, ob die wiederkehrenden Versorgungsleistungen in Form von **Renten oder dauernden Lasten** vereinbart sind. Bei der Ermittlung der Einkünfte nach § 22 Nr. 1a EStG ist § 9a Satz 1 Nr. 3 EStG anzuwenden (Rz. 52 des BMF-Schreibens vom 11. 3. 2010, a. a. O.).

Nach § 52 Abs. 18 EStG gilt die Altregelung auf die volle Laufzeit der vor dem 1. 1. 2008 313 vereinbarten Vermögensübertragungen weiter, es sei denn, das übertragene Vermögen bringt nur deshalb einen ausreichenden Ertrag, weil ersparte Aufwendungen mit Ausnahme des Nutzungsvorteils eines zu eigenen Zwecken vom Vermögensübernehmer genutzten Grundstücks zu den Erträgen des Vermögens gerechnet werden (§ 52 Abs. 18 Satz 2 EStG). Zur Übergangsregelung im Zusammenhang mit der Ablösung eines Vorbehaltsnießbrauchsrechts s. BFH 12. 5. 2015 (IX R 32/14, BFH/NV 2015, 1470).

6.2.2.2 Versorgungsleistungen

Im Rahmen von vorweggenommenen Erbfolgeregelungen vereinbarte Renten und dau- 314 ernde Lasten sind nur dann als Sonderausgaben abziehbar, wenn es sich um lebenslange und wiederkehrende Versorgungsleistungen handelt, die auf die **Lebenszeit** des **Empfängers** gezahlt werden (Rz. 56 des BMF-Schreibens vom 11. 3. 2010, BStBl 2010 II 227). Wiederkehrende Leistungen auf eine **Höchstzeit** (sog. **abgekürzte** Leibrenten oder dauernde Lasten) oder auf eine **Mindestzeit** (**verlängerte** Leibrenten) sind **stets** nach den Grundsätzen über die einkommensteuerrechtliche Behandlung **wiederkehrender Leistungen im Austausch mit einer Gegenleistung** zu behandeln.

Versorgungsleistungen sind alle im Übertragungsvertrag vereinbarten wiederkehrenden **Leistungen in Geld oder Geldeswert**. Hierzu gehören insbesondere Geldleistungen, Übernahme von Aufwendungen und Sachleistungen (Rz. 44 des BMF-Schreibens vom 11. 3. 2010, a. a. O.).

Versorgungsleistungen anlässlich einer **begünstigten** Vermögensübertragung sind beim **Empfänger** in **vollem Umfang steuerpflichtig** (§ 22 Nr. 1a EStG) und beim **Verpflichteten** in **vollem Umfang** als Sonderausgaben abziehbar (**Korrespondenzprinzip**). Dies gilt **unabhängig** davon, ob die wiederkehrenden Versorgungsleistungen in Form von **Renten** oder **dauernden Lasten** vereinbart sind (Rz. 52 des BMF-Schreibens vom 11. 3. 2010, a. a. O.).

Bei der Vermögensübertragung im Zusammenhang mit Versorgungsleistungen soll der Übernehmer nach dem Willen der Beteiligten – wenigstens teilweise – eine unentgeltliche Zuwendung erhalten. In den Fällen der Vermögensübertragung auf Angehörige spricht eine widerlegbare Vermutung dafür, dass die wiederkehrenden Leistungen unabhängig vom Wert des übertragenen Vermögens nach dem Versorgungsbedürfnis des Berechtigten und nach der wirtschaftlichen Leistungsfähigkeit des Verpflichteten bemessen worden sind.

315 Handelt es sich nicht um Versorgungsleistungen, so sind die Zahlungen grundsätzlich als Gegenleistung zu werten. Unbeachtlich für diese Einordnung ist dabei, ob es sich um voll- oder teilentgeltliche Rechtsgeschäfte handelt. Renten und dauernde Lasten, die als Gegenleistung für die Übertragung von Vermögen einzustufen sind, werden im Ergebnis wie Kaufpreisraten behandelt, d. h. sie beinhalten einen Tilgungs- und einen Zinsanteil (Rz. 57 und 65 ff. des BMF-Schreibens vom 11. 3. 2010, a. a. O.).

6.2.2.3 Abgrenzung der Versorgungsleistungen von Gegenleistungsrenten und Unterhaltsleistungen

316 Wiederkehrende Leistungen im Zusammenhang mit einer Vermögensübertragung können

► Versorgungsleistungen,

► Unterhaltsleistungen oder

► wiederkehrende Leistungen im Austausch mit einer Gegenleistung sein.

Liegen die Voraussetzungen des § 10 Abs. 1a Nr. 2 EStG vor, sind die Versorgungsleistungen beim Verpflichteten als Sonderausgaben abziehbar und beim Berechtigten nach § 22 Nr. 1a EStG steuerpflichtig. Unterhaltsleistungen (Zuwendungen) dürfen nach § 12 Nr. 2 EStG nicht abgezogen werden. Wiederkehrende Leistungen im Austausch mit einer Gegenleistung enthalten eine nichtsteuerbare oder steuerbare Vermögensumschichtung und einen Zinsanteil.

317 Nach § 10 Abs. 1a Nr. 2 EStG begünstigte Versorgungsleistungen sind wiederkehrende Leistungen, die im Zusammenhang mit einer Vermögensübertragung – in der Regel zur vorweggenommenen Erbfolge – geleistet werden. Voraussetzung ist die Übertragung bestimmten Vermögens grundsätzlich kraft einzelvertraglicher Regelung unter Lebenden mit Rücksicht auf die künftige Erbfolge. Eine Vermögensübertragung i. S. d. § 10 Abs. 1a Nr. 2 EStG kann ihren Rechtsgrund auch in einer Verfügung von Todes wegen haben, wenn sie im Wege der vorweggenommenen Erbfolge zu Lebzeiten des Erblassers ebenfalls begünstigt wäre (BFH 11. 10. 2007 X R 14/06, BStBl 2008 II 123).

318 Wiederkehrende Leistungen, die **keine Versorgungsleistungen** sind, sind nach den Grundsätzen der Rz. 66 des BMF-Schreibens vom 11. 3. 2010 (BStBl 2010 I 227) als **Gegenleistungsrente** oder als **Unterhaltsleistung** zu behandeln.

BEISPIEL: ► V überträgt nach dem 31. 12. 2007 im Wege der vorweggenommenen Erbfolge ein Grundstück im realen Wert von 50 000 € auf seinen Sohn S. S hat lebenslängliche Zahlungen im Kapitalwert (§ 14 BewG) von 200 000 € an seinen Vater zu erbringen.

LÖSUNG: ► Die Zahlungen können nicht als Sonderausgaben nach § 10 Abs. 1a Nr. 2 EStG berücksichtigt werden, da das Grundstück keine begünstigte Wirtschaftseinheit i. S. d. § 10 Abs. 1a Nr. 2 EStG darstellt. Es handelt sich um nicht abziehbare Zuwendungen an eine unterhaltsberechtigte Person i. S. v. § 12 Nr. 2 EStG, weil der Barwert der wiederkehrenden Leistung

(200 000 €) mehr als doppelt so hoch wie der Wert des übertragenen Vermögens (50 000 €) ist (Rz. 66 des BMF-Schreibens vom 11. 3. 2010, a. a. O.).

Unterhaltsleistungen liegen demzufolge vor, wenn der Kapital- oder Barwert der wie- 319 derkehrenden Leistung mehr als doppelt so hoch ist wie das übertragene Vermögen.

Für die Vermögensübergabe kommen folgende Leistungen in Betracht: 320

TAB. 2: Leistungen im Rahmen der Vermögensübergabe		
Versorgungsleistungen	**Unterhaltsleistungen**	**wiederkehrende Leistungen im Austausch mit einer Gegenleistung**
Nur wiederkehrende Leistungen auf die Lebenszeit des Empfängers (Rz. 56 des BMF-Schreibens vom 11. 3. 2010). Versorgungsleistungen stellen weder Veräußerungsentgelt noch Anschaffungskosten dar. Als Empfänger von Versorgungsleistungen kommen in Betracht: der Übergeber, dessen Ehegatte und die gesetzlich erbberechtigten Abkömmlinge des Übergebers (Rz. 50 des BMF-Schreibens vom 11. 3. 2010). Es muss begünstigtes Vermögen i. S. d. § 10 Abs. 1a Nr. 2 Satz 2 EStG übertragen werden.	Sind lebenslange wiederkehrende Versorgungsleistungen gegeben, können diese aber nicht als Sonderausgaben berücksichtigt werden, weil die **persönlichen Voraussetzungen** nicht vorliegen (z. B. unbeschränkte Einkommensteuerpflicht des Vermögensübernehmers), liegen nicht abziehbare Unterhaltsleistungen vor. Sind dagegen die **sachlichen Voraussetzungen** für den Sonderausgabenabzug nicht erfüllt, weil **keine Versorgungsleistungen** vorliegen, ist nach der Rz. 58 und 66 des BMF-Schreibens vom 11. 3. 2010 zu prüfen, ob nicht-abziehbare Unterhaltsleistungen oder wiederkehrende Leistungen im Austausch mit einer Gegenleistung vorliegen. Ist der Barwert der wiederkehrenden Leistung mehr als doppelt so hoch wie der Wert des übernommenen Vermögens (Rz. 66 des BMF-Schreibens vom 11. 3. 2010), liegen Unterhaltsleistungen vor.	Die Beteiligten müssen Leistung und Gegenleistung nach kaufmännischen Gesichtspunkten gegeneinander abgewogen haben.
Beim Verpflichteten: Sonderausgaben nach § 10 Abs. 1a Nr. 2 EStG; beim Berechtigten: wiederkehrende Bezüge nach § 22 Nr. 1a EStG.	Nicht abzugsfähig nach § 12 Nr. 2 EStG.	Enthalten ist eine nichtsteuerbare oder steuerbare Vermögensumschichtung und ein Zinsanteil.
Unentgeltliche Vorgänge: § 6 Abs. 3 EStG bei Betriebsvermögen, § 17 Abs. 2 Satz 5 EStG bei GmbH-Anteilen.		Entgeltlicher bzw. teilentgeltlicher Erwerb bzw. Veräußerung (§§ 16, 17, 23 EStG).
Bei der Schenkung eines Grundstücks führt der Beschenkte die AfA des Rechtsvorgängers fort (§ 11d Abs. 1 EStDV). Anschaffungsnebenkosten eines in vollem Umfang unentgeltlichen Erwerbs führen weder zu Anschaffungskosten noch zu Werbungskosten (BMF vom 13. 1. 1993, BStBl 1993 I 80, Rz. 13). Nach dem BFH-Urteil vom 9. 7. 2013 (IX R 43/11, BFH/NV 2013, 1853) sind die Anschaffungsnebenkosten im Wege der AfA abziehbar.		

Versorgungsleistungen sind der Inbegriff von Sach-, Natural-, Dienst- und Geldleistungen zur Versorgung einer Person (umfasst Zuwendungen zur Existenzsicherung, also zur Abdeckung der Grundbedürfnisse, wie Wohnen, Ernährung und sonstiger Lebensbedarf, Rz. 44 ff. des BMF-Schreibens v. 11. 3. 2010, a. a. O.).

321   Eine Vermögensübertragung kann wie folgt durchgeführt werden:

TAB. 3:	Möglichkeiten der Vermögensübertragung	
Voll unentgeltlich	**Teilentgeltlich**	**Entgeltlich**
Bei der Übertragung von begünstigtem Vermögen (Rz. 7 des BMF-Schreibens vom 11. 3. 2010) werden vom Übernehmer dem Übergeber oder Dritten (Rz. 50 des BMF-Schreibens vom 11. 3. 2010) Versorgungsleistungen (Versorgungsrenten bzw. dauernde Lasten) zugesagt. Versorgungsleistungen sind weder Veräußerungsentgelt noch Anschaffungskosten (Rz. 3 des BMF-Schreibens v. 11. 3. 2010, a. a. O.).	Der Übernehmer verpflichtet sich zur Zahlung eines bestimmten Geldbetrages an andere Angehörige des Übergebers oder Dritte (Gleichstellungsgeld) oder zu einer Abstandszahlung an den Übergeber (Rz. 7 des BMF-Schreibens v. 13. 1. 1993, a. a. O.). Die Übernahme von Verbindlichkeiten des Übergebers durch den Übernehmer führt zu einem Veräußerungsentgelt und zu Anschaffungskosten (Rz. 9 des BMF-Schreibens v. 13. 1. 1993, a. a. O.). Wiederkehrende Leistungen werden teilentgeltlich erbracht, wenn der Wert des übertragenen Vermögens höher ist als der Barwert der wiederkehrenden Leistungen (Rz. 66 des BMF-Schreibens vom 11. 3. 2010).	Ein voll entgeltliches Veräußerungsgeschäft ist dann anzunehmen, wenn die Werte der Leistung und Gegenleistung wie unter Fremden nach kaufmännischen Gesichtspunkten gegeneinander abgewogen sind. Bei Vermögensübertragung auf Abkömmlinge besteht eine nur in Ausnahmefällen zu widerlegende Vermutung dafür, dass die Übertragung aus familiären Gründen, nicht aber im Wege eines Veräußerungsgeschäftes unter kaufmännischer Abwägung von Leistung und Gegenleistung erfolgt. Diese für eine private Versorgungsrente sprechende widerlegbare Vermutung besteht indessen dann nicht, wenn die übertragenen Vermögenswerte einerseits und die Rentenverpflichtung (zuzüglich etwaiger weiterer Gegenleistungen) andererseits einander gleichwertig sind. Voraussetzung für eine (entgeltliche) Veräußerungs-/Erwerbsrente ist, dass die Vertragsbeteiligten subjektiv von der Gleichwertigkeit der beiderseitigen Leistungen ausgegangen sind. Maßgebend ist insoweit die Vorstellung des Erwerbers (BFH 30. 7. 2003, X R 12/01, BStBl 2004 II 211). Ist der Barwert (Tilgungsanteil) der wiederkehrenden Leistungen höher als der Wert des übertragenen Vermögens, ist Entgeltlichkeit i. H. des angemessenen Kaufpreises anzunehmen. Der übersteigende Betrag ist eine Zuwendung i. S. d. § 12 Nr. 2 EStG (Rz. 66 des BMF-Schreibens vom 11. 3. 2010).

Liegt keine unentgeltliche Vermögensübertragung gegen Versorgungsleistungen vor, 322
z. B. weil

► keine existenzsichernde und ausreichend ertragbringende Wirtschaftseinheit oder

► kein begünstigtes Vermögen i. S. d. § 10 Abs. 1a Nr. 2 Satz 2 EStG übertragen wird
  oder

► die wiederkehrenden Leistungen nicht auf die Lebenszeit des Berechtigten zu zahlen
  sind,

handelt es sich um eine entgeltliche Vermögensübertragung gegen wiederkehrende
Leistungen (Rdn. 57 ff. und 65 ff. des BMF-Schreibens v. 11. 3. 2010, BStBl 2010 I 227).

TAB. 4:	Entgeltliche Vermögensübertragung gegen wiederkehrende Leistungen auf Lebenszeit	
Wiederkehrende lebenslängliche Leistungen:		
Tilgungsanteil:	**Zinsanteil:**	
Ermittlung nach den Grundsätzen des BMF-Schreibens v. 10. 10. 2010 (BStBl 2010 I 810). Der Vervielfältiger i. S. d. § 14 Abs. 1 BewG wird jährlich durch das BMF im BStBl veröffentlicht.	Ermittlung nach der Ertragsanteilstabelle des § 22 Nr. 1 Satz 3 Buchst. a Doppelbuchst. bb bzw. nach § 55 EStDV (Rz. 71 und 72 des BMF-Schreibens v. 11. 3. 2010).	
In Höhe des **Barwerts** liegen **Anschaffungskosten** vor (Rz. 69 und 70 des BMF-Schreibens v. 11. 3. 2010).	Beim **Verpflichteten** grundsätzlich nicht abzugsfähig. Dient das Wirtschaftsgut der Einkünfteerzielung, ist der Zinsanteil als Werbungskosten oder Betriebsausgaben zu berücksichtigen (Rz. 72 des BMF-Schreibens v. 11. 3. 2010).	
Barwert ist höher als der Wert des übertragenen Vermögens:	**Behandlung beim Berechtigten**	
Entgeltlichkeit i. H. des angemessenen Kaufpreises. Übersteigender Betrag ist eine Zuwendung i. S. d. § 12 Nr. 2 EStG (Rz. 66 des BMF-Schreibens v. 11. 3. 2010).	**dauernde Last:** auf Laufzeit der wiederkehrenden Leistung verteilen; = Entgelt für die Stundung des Veräußerungspreises; Versteuerung nach § 20 Abs. 1 Nr. 7 EStG	**Rente:** Versteuerung nach § 22 Nr. 1 Satz 3 Buchst. a. Doppelbuchst. bb EStG.
	(Rdn. 75 ff. des BMF-Schreibens v. 11. 3. 2010).	
Barwert ist doppelt so hoch wie der Wert des übertragenen Vermögens: insgesamt Zuwendung nach § 12 Nr. 2 EStG. Der Berechtigte hat keine steuerbaren Einnahmen.		

Das BMF gibt mit Schreiben vom 17. 3. 2009 (BStBl 2009 I 47) in einer Anlage gem. § 14 Abs. 1 Satz 4 BewG die Vervielfältiger zur Berechnung des Kapitalwerts lebenslänglicher Nutzungen oder Leistungen bekannt, die ab 1. 1. 2007 bis zum 31. 12. 2007 und ab dem 1. 1. 2008 bis zum 31. 12. 2008 anzuwenden sind.

§ 14 Abs. 1 BewG ist durch das Erbschaftsteuerreformgesetz (ErbStRG) vom 24. 12. 2008 geändert worden. Für Bewertungsstichtage ab dem 1. 1. 2009 sind die Vervielfältiger zur Berechnung des Kapitalwerts von lebenslänglichen Nutzungen und Leistungen nach der Sterbetafel des Statistischen Bundesamtes zu ermitteln und ab dem 1. 1. des auf die Veröffentlichung der Sterbetafel durch das Statistische Bundesamt folgenden Kj. anzuwenden.

Vervielfältiger für Bewertungsstichtage	BMF vom	Fundstelle
1. 1. 2007 bis 31. 12. 2007	17. 3. 2009	BStBl 2009 I 474
1. 1. 2008 bis 31. 12. 2008	17. 3 2009	BStBl 2009 I 474
1. 1. 2009 bis 31. 12. 2009	20. 1. 2009	BStBl 2009 I 270
1. 1. 2010 bis 31. 12. 2010	1. 10. 2009	BStBl 2009 I 1168
1. 1. 2011 bis 31. 12. 2011	8. 11. 2010	BStBl 2010 I 1288
1. 1. 2012 bis 31. 12. 2012	26. 9. 2011	BStBl 2011 I 834
1. 1. 2013 bis 31. 12. 2013	26. 10. 2012	BStBl 2012 I 950
1. 1. 2014 bis 31. 12. 2015	13. 12. 2013	BStBl 2013 I 1609
Es gelten die Werte aus 2013 auch für 2014 und 2015. Die Kapitalwerte ab 2013 bestimmen sich nach dem BMF-Schreiben vom 26. 10. 2012 (BStBl 2012 I 950).		
1. 1. 2016	2. 12. 2015	BStBl 2015 I 954

6.2.2.4   Einzelheiten zum Versorgungsvertrag

323

TAB. 5:	Prüfungsschema bei vorweggenommener Erbfolge	
1. Empfänger des Vermögens?	Abkömmlinge und gesetzlich erbberechtigte entfernte Verwandte des Übergebers.
	Hat der Übernehmer aufgrund besonderer persönlicher Beziehungen zum Übergeber ein persönliches Interesse an der lebenslangen angemessenen Versorgung des Übergebers oder sind die Vertragsbedingungen allein nach dem Versorgungsbedürfnis des Übergebers und der Leistungsfähigkeit des Übernehmers vereinbart worden, können auch nahe stehende Dritte (z. B. Schwiegerkinder, Neffen und Nichten) und ausnahmsweise auch familienfremde Dritte Empfänger des Vermögens sein (BFH 16. 12. 1997 IX R 11/94, BStBl 1998 II 718; vom 16. 5. 2001, BFH/NV 2001, 1388; Rdn. 4 des BMF-Schreibens v. 11. 3. 2010, BStBl 2010 I 227).
2. Empfänger der Versorgungsleistungen?	Für die Abzugsfähigkeit von Versorgungsleistungen als Sonderausgaben i. S. d. § 10 Abs. 1a Nr. 2 EStG ist streng nach dem Vermögensübernehmer und dem Empfänger von Versorgungsleistungen zu unterscheiden. Während der Vermögensübernehmer ein Dritter sein kann, sind wiederkehrende Leistungen (Renten und dauernde Lasten) nur dann – unter weiteren Voraussetzungen – als Sonderausgaben i. S. d. § 10 Abs. 1a Nr. 2 EStG abzugsfähig, wenn der Empfänger der Bezüge zum sog. Generationennachfolge-Verbund gehört (Rdn. 50 des BMF-Schreibens v. 11. 3. 2010). Dieser umfasst grundsätzlich nur gegenüber dem Erblasser pflichtteilsberechtigte Personen (BFH 26. 11. 2003 X R 11/01, BStBl 2004 II 820; 17. 12. 2003 X R 2/01, BFH/NV 2004 1083, NWB DokID: [WAAAB-22072]). Nicht zum begünstigten Kreis des Generationennachfolge-Verbunds hat die Rechtsprechung gerechnet
	▶ die langjährige Haushälterin des Erblassers (BFH 14. 12. 1994 X R 1-2/90, BStBl 1996 II 680);
	▶ den bzw. die Lebensgefährten/-gefährtin des Erblassers (BFH 17. 12. 2003, BFH/NV 2004 1083);

	▶ die Stiefkinder des Erblassers (BFH 27. 3. 2001, BFH/NV 2001 1242); ▶ die Mitarbeiter im Betrieb des Erblassers (FG Hamburg v. 7. 8. 1995, EFG 1996 94)
3. Gegenstand der Vermögensüber-gabe?	Es muss sich um begünstigtes Vermögen handeln (Rz. 7 des BMF-Schreibens v. 11. 3. 2010), das auch ausreichend Ertrag bringt (Rz. 26 ff. des BMF-Schrei-bens v. 11. 3. 2010).

Personen, die zu einem früheren Zeitpunkt auf ihr Pflichtteilsrecht verzichtet haben, gehören nicht zum Generationennachfolge-Verbund (BFH 7. 3. 2006 X R 12/05, BFH/NV 2006, 1395).   324

Der Vermögensübergeber kann sich im Fall einer Vermögensübergabe von Todes we-gen Versorgungsleistungen i. S. von § 10 Abs. 1a Nr. 2 EStG auch für bestimmte dritte Personen vorbehalten. Ein solcher Vorbehalt zugunsten dritter Personen setzt aller-dings voraus, dass diese Personen dem sog. Generationennachfolge-Verbund angehö-ren. Dazu zählen grundsätzlich nur solche Personen, die gegenüber dem Erben bzw. den sonstigen letztwillig bedachten Vermögensübernehmern Pflichtteils- oder ähnliche Ansprüche (Zugewinnausgleich, §§ 1363 ff. BGB) hätten geltend machen können und sich stattdessen mit den ihnen (Vermächtnisweise) ausgesetzten Versorgungsleistun-gen bescheiden.

6.2.2.5 Gegenstand der Vermögensübertragung

6.2.2.5.1 Allgemeiner Überblick

325

| TAB. 6: | Prüfungsschema begünstigtes und nicht begünstigtes Vermögen |

Übertragenes Vermögen

▶ Mitunternehmeranteil an einer Personengesellschaft, die eine Tätigkeit i. S. der §§ 13, 15 Abs. 1 Satz 1 Nr. 1 oder des § 18 Abs. 1 EStG ausübt;

▶ Betrieb oder Teilbetrieb;

▶ ein mindestens 50 Prozent betragender Anteils an einer GmbH, wenn der Übergeber als Geschäftsführer tätig war und der Übernehmer diese Tätigkeit nach der Übertragung übernimmt.

= **Begünstigtes Vermögen i. S. d. § 10 Abs. 1a Nr. 2 Satz 2 EStG**

Ausreichend Ertrag bringendes Vermögen:

Das Merkmal der Versorgung ist nur bei der Übertragung von Vermögen i. S. d. § 10 Abs. 1a Nr. 2 Satz 2 EStG erfüllt, das ausreichend Ertrag bringt, um die Versorgung des Übergebers aus dem übernommenen Vermögen zumindest zu einem Teil zu sichern (Rz. 26 ff. des BMF-Schreibens v. 11. 3. 2010, BStBl 2010 I 227).

ja   nein

Begünstigte Versorgungsleistungen nach § 10 Abs. 1a Nr. 2 EStG.
Der Übergeber behält sich in Gestalt der Versorgungsleistungen typischerweise Erträge seines Vermögens vor, die nunmehr allerdings vom Übernehmer erwirtschaftet werden müssen (BFH 15. 7. 1991 GrS 1/90, BStBl 1992 II 78). Somit ist eine Versorgung insoweit gewährleistet, als der Vermögensübergeber durch die jeweilige Übertragung begünstigten Vermögens nicht länger selbst die Früchte aus diesem übertragenen Vermögen erwirtschaftet. Soweit im Zusammenhang mit der Vermögensübertragung **Versorgungsleistungen** zugesagt werden, sind diese **weder Veräußerungsentgelt noch Anschaffungskosten** (BFH 5. 7. 1990 GrS 4-6/89, BStBl 1990 II 847; Rz. 3 des BMF-Schreibens v. 11. 3. 2010).

Kein begünstigtes Vermögen i. S. d. § 10 Abs. 1a Nr. 2 Satz 2 EStG z. B.
▶ privates Immobilien- und Kapitalvermögen, das zu Einkünften aus Vermietung und Verpachtung oder Kapitalvermögen führt;
▶ zu eigenen Wohnzwecken genutzter Grundbesitz;
▶ der Verzicht auf ein Nutzungsrecht;
▶ Mitunternehmeranteile an gewerblich geprägten oder vermögensverwaltenden Personengesellschaften;
▶ Aktien unabhängig vom Beteiligungsumfang und von GmbH-Anteilen bis zu einer Beteiligungshöhe von 49,9 %.

Es ahndelt sich um eine **entgeltliche Vermögensübertragung gegen wiederkehrende Leistungen** (Rz. 57 und 65 des BMF-Schreibens v. 11. 3. 2010).

6.2.2.5.2 Begünstigtes Vermögen

6.2.2.5.2.1 Grundsätzliches

Der Gesetzgeber hat in § 10 Abs. 1a Nr. 2 Satz 2 Buchst. a bis c EStG eine Aufzählung 326
des begünstigten Vermögens aufgenommen. Eine begünstigte Vermögensübertragung
i. S. des § 10 Abs. 1a Nr. 2 EStG liegt nur vor bei Versorgungsleistungen im Zusammenhang mit der Übertragung

▶ eines Mitunternehmeranteils an einer Personengesellschaft, die eine Tätigkeit i. S.
der §§ 13, 15 Abs. 1 Satz 1 Nr. 1 oder des § 18 Abs. 1 EStG ausübt (vgl. Rz. 8 bis 11
des BMF-Schreibens vom 11. 3. 2010),

▶ eines Betriebs oder Teilbetriebs (vgl. Rz. 12 bis 14 des BMF-Schreibens vom
11. 3. 2010) sowie

▶ eines mindestens 50 % betragenden Anteils an einer Gesellschaft mit beschränkter
Haftung (GmbH), wenn der Übergeber als Geschäftsführer tätig war und der Über-
nehmer diese Tätigkeit nach der Übertragung übernimmt (vgl. Rz. 15 bis 20 des
BMF-Schreibens vom 11. 3. 2010).

6.2.2.5.2.2 Mitunternehmeranteil an einer Personengesellschaft

Begünstigt sind Versorgungsleistungen für die Übertragung eines Mitunternehmer- 327
anteils an einer Personengesellschaft (§ 10 Abs. 1a Nr. 2 Satz 2 Buchst. a EStG), wenn
die Personengesellschaft eine Tätigkeit i. S. der §§ 13, 15 Abs. 1 Satz 1 Nr. 1 oder des
§ 18 Abs. 1 EStG ausübt. Begünstigt ist dabei

▶ die Übertragung des **gesamten Mitunternehmeranteils** einschließlich des Sonderbetriebsvermögens

   – auf einen oder

   – mehrere Übernehmer;

▶ die Übertragung eines **Teils eines Mitunternehmeranteils** einschließlich der quota-
len Übertragung der wesentlichen Betriebsgrundlagen des Sonderbetriebsvermögens;

▶ die **unentgeltliche Aufnahme des Übernehmers** in ein bestehendes Einzelunternehmen.

Dieser Regelung liegt die Buchwertfortführung des § 6 Abs. 3 EStG zugrunde.

Der Sonderausgabenabzug kommt auch in Betracht, wenn im Zusammenhang mit Versorgungsleistungen **Anteile** an einer **Personengesellschaft** übertragen werden, die **verpachtet** sind, oder wenn **Anteile** an einer **Personengesellschaft** übertragen werden, die
selbst ihren gesamten Betrieb verpachtet hat, sofern der **Betrieb** mangels Betriebsaufgabeerklärung als **fortgeführt** gilt.

Neben der o. g. Vergünstigung einer Übertragung eines Mitunternehmeranteils an ei- 328
ner Personengesellschaft (OHG, KG, GbR) sind noch folgende Übertragungen begünstigt:

▶ die Übertragung eines Anteils an einer anderen Gesellschaft, bei der der Gesellschafter als Mitunternehmer anzusehen ist (z. B. atypische stille Gesellschaft);

▶ die Übertragung eines Anteils an Gemeinschaften, wenn die Beteiligten eine dem Gesellschafter einer Personengesellschaft wirtschaftlich vergleichbare Stellung haben (z. B. als Beteiligter an einer Erbengemeinschaft oder Gütergemeinschaft);

▶ die Übertragung von Anteilen an einer gewerblich infizierten Personengesellschaft i. S. d. § 15 Abs. 3 Nr. 1 1. Alternative EStG;

▶ die Übertragung eines Mitunternehmeranteils an einer Besitzgesellschaft im Rahmen einer Betriebsaufspaltung, soweit ihr die gewerbliche Tätigkeit der Betriebsgesellschaft auch nach der Übertragung zugerechnet wird;

329 **Keine Begünstigung** liegt vor, wenn

▶ eine vermögensverwaltende Personengesellschaft lediglich an einer gewerblich tätigen Gesellschaft beteiligt ist (§ 15 Abs. 3 Nr. 1 2. Alternative EStG);

▶ Anteile an einer gewerblich geprägten Personengesellschaft i. S. des § 15 Abs. 3 Nr. 2 EStG (z. B. an einer vermögensverwaltenden GmbH & Co. KG) übertragen werden, da die Gesellschaft keine Tätigkeit i. S. d. § 15 Abs. 1 Satz 1 Nr. 1 EStG ausübt.

6.2.2.5.2.3   Betriebe und Teilbetriebe

330 Begünstigt ist nach § 10 Abs. 1a Nr. 2 Satz 2 Buchst. b EStG die Übertragung eines laufenden Betriebs oder Teilbetriebs und die Übertragung eines verpachteten Betriebs oder Teilbetriebs, der mangels Betriebsaufgabeerklärung als fortgeführt gilt.

331 Zur Teilbetriebsdefinition s. die Verwaltungsregelung in R 16 Abs. 3 EStR. Ein Teilbetrieb i. S. d. § 10 Abs. 1a Nr. 2 Satz 2 Buchst. b EStG liegt vor, wenn ein mit einer gewissen Selbständigkeit ausgestatteter, organisch geschlossener Teil des Gesamtbetriebs übertragen wird, der für sich betrachtet alle Merkmale eines Betriebs i. S. d. EStG aufweist und für sich lebensfähig ist. Eine völlig selbständige Organisation mit eigener Buchführung ist nicht erforderlich. Der Teilbetrieb muss bereits vor der Vermögensübertragung als solcher existiert haben. Teilbetriebe können danach insbesondere Filialen und Zweigniederlassungen sein.

332 Die Teilbetriebsfiktion des § 16 Abs. 1 Satz 1 Nr. 1 Satz 2 EStG ist für die Fälle der begünstigten Vermögensübertragung im Zusammenhang mit Versorgungsleistungen nicht anzuwenden. Eine das gesamte Nennkapital umfassende Beteiligung an einer Kapitalgesellschaft kann daher nicht nach § 10 Abs. 1a Nr. 2 Satz 2 Buchst. b EStG begünstigt übertragen werden. Für die Übertragung von Anteilen an einer GmbH richtet sich die begünstigte Übertragung nach den Tatbestandsvoraussetzungen des § 10 Abs. 1a Nr. 2 Satz 2 Buchst. c EStG (Rz. 14 des BMF-Schreibens vom 11. 3. 2010, BStBl 2010 I 227).

6.2.2.5.2.4   Anteile an einer GmbH

333 § 10 Abs. 1a Nr. 2 Satz 2 Buchst. c EStG begünstigt nur die Übertragung von Anteilen an einer GmbH, nicht hingegen Anteile an anderen Kapitalgesellschaften. Begünstigt ist auch die Übertragung von Anteilen an einer der GmbH vergleichbaren Gesellschaftsform eines anderen Mitgliedstaats der EU oder eines Staates, auf den das Abkommen über den Europäischen Wirtschaftsraum anwendbar ist (vgl. Tabellen zum BMF-Schrei-

ben vom 24.12.1999, BStBl 1999 I 1076). Voraussetzung ist weiterhin, dass der Übergeber als Geschäftsführer tätig war und der Übernehmer die Geschäftsführertätigkeit nach der Übertragung übernimmt.

Nach dem Gesetzeswortlaut in § 10 Abs. 1a Nr. 2 Satz 2 Buchst. c EStG wird nicht gefordert, dass die GmbH eine gewerbliche Tätigkeit i. S. d. § 15 Abs. 1 Satz 1 Nr. 1 EStG ausübt. Anders als bei der Übertragung von Mitunternehmeranteilen i. S. d. § 10 Abs. 1a Nr. 2 Satz 2 Buchst. a EStG ist es daher möglich, GmbH-Anteile solcher GmbHs, die privaten Grundbesitz oder privates Kapitalvermögen verwalten, begünstigt zu übertragen. 334

Anders als bei der Übertragung von Mitunternehmeranteilen ist die begünstigte Übertragung der GmbH-Anteile auf beherrschende Beteiligungen beschränkt (mindestens 50 % Beteiligung). Beherrschende Beteiligungen von unter 50 % reichen nicht aus, da der Gesetzgeber nicht auf das Merkmal der Beherrschung, sondern auf die 50%ige Beteiligung abstellt. Wie oben dargestellt, können Mitunternehmeranteile dagegen in beliebiger Höhe übertragen werden. 335

Es ist nicht erforderlich, dass der Übergeber seinen gesamten Anteil überträgt, sofern der übertragene Anteil mindestens 50 % beträgt. Dabei sind Teilübertragungen jeweils isoliert zu betrachten (Rz. 16 des BMF-Schreibens vom 11.3.2010, BStBl 2010 I 227). 336

BEISPIEL: Vater V ist an der X-GmbH zu 50 % beteiligt. V hat im Rahmen einer stufenweise vorweggenommenen Erbfolge den Vermögensübernehmer S im Rahmen einer früheren Vermögensübertragung bereits zu 10 % beteiligt. V überträgt nun den verbleibenden 40%igen Anteil an der X-GmbH gegen Versorgungsleistungen an seinen Sohn S.

LÖSUNG: Eine begünstigte unentgeltliche Vermögensübergabe gegen Versorgungsleistungen kommt nicht in Betracht, da der jeweils übertragene Anteil nicht mindestens 50 % beträgt. Da die Voraussetzungen einer begünstigten unentgeltlichen Vermögensübertragung im Zusammenhang mit Versorgungsleistungen nicht vorliegen, gelten die Grundsätze der entgeltlichen Vermögensübertragung gegen wiederkehrende Leistungen der Rz. 65 ff. des BMF-Schreibens vom 11.3.2010 (a. a. O.).

BEISPIEL: Vater V ist an der X-GmbH zu 80 % beteiligt. V überträgt im Rahmen der vorweggenommen Erbfolge seinen GmbH-Anteil jeweils hälftig auf seine beiden Kinder.

LÖSUNG: Eine begünstigte unentgeltliche Vermögensübergabe gegen Versorgungsleistungen kommt nicht in Betracht, da der jeweils übertragene Anteil nicht mindestens 50 % beträgt.

Überträgt der Vermögensübergeber seine GmbH-Beteiligung auf mehrere Vermögensübernehmer, liegt eine begünstigte Vermögensübertragung i. S. d. § 10 Abs. 1a Nr. 2 Satz 2 Buchst. c EStG nur bezogen auf den Vermögensübernehmer vor, der mindestens einen 50 % betragenden Anteil erhalten und die Geschäftsführertätigkeit übernommen hat (Rz. 19 des BMF-Schreibens vom 11.3.2010, a. a. O.).

BEISPIEL: V ist zu 80 % an der X-GmbH beteiligt. Außerdem ist er Geschäftsführer der X-GmbH. V überträgt am 10.1.2013 einen 20 % betragenden Anteil an der X-GmbH auf seinen Sohn S. S verpflichtet sich dafür, wiederkehrende Leistungen i. H. v. monatlich 200 € an V zu zahlen. Am 1.1.2015 überträgt V den restlichen Anteil an der X-GmbH (60 %) auf S. S wird Geschäftsführer der X-GmbH, V zieht sich aus der Geschäftsführertätigkeit vollständig zurück. S verpflichtet sich im Zuge dieser Übertragung, V zusätzlich monatliche Versorgungsleistungen i. H. v. 2 000 € zu zahlen.

> **LÖSUNG:** ▸ Siehe auch das Beispiel in Rz. 17 des BMF-Schreibens vom 11. 3. 2010 (a. a. O.). Die wiederkehrenden Leistungen, die S im Zusammenhang mit der ersten Teilübertragung an V zu leisten hat, stellen keine Leistungen aufgrund einer nach § 10 Abs. 1a Nr. 2 Satz 2 Buchst. c EStG begünstigten Vermögensübertragung dar, weil der übertragene GmbH-Anteil nicht mindestens 50 % betragen hat. Im Übrigen hat S die Geschäftsführertätigkeit von V zu diesem Zeitpunkt noch nicht übernommen. Die Übertragung des 60 % betragenden GmbH-Anteils stellt hingegen eine begünstigte Übertragung dar, weil isoliert betrachtet alle Voraussetzungen des § 10 Abs. 1a Nr. 2 Satz 2 Buchst. c EStG erfüllt sind. S kann daher ab dem 1. 1. 2015 einen Betrag i. H. v. 2 000 € monatlich als Sonderausgaben geltend machen. V muss den monatlichen Betrag von 2 000 € als Einkünfte nach § 22 Nr. 1a EStG versteuern (Korrespondenzprinzip). Es kommt nicht darauf an, dass sich die wiederkehrenden Leistungen auch tatsächlich steuermindern ausgewirkt haben (Rz. 51 des BMF-Schreibens vom 11. 3. 2010, a. a. O.).

337 Zu einer **begünstigten** Vermögensübertragung im Zusammenhang mit Versorgungsleistungen führt nur die **Übertragung** eines mindestens **50 %** betragenden **Anteils an einer GmbH,** wenn der **Übergeber** als **Geschäftsführer** tätig war und der **Übernehmer** die **Geschäftsführertätigkeit** nach der Übertragung **übernimmt.** Überträgt ein Gesellschafter-Geschäftsführer einen mindestens 50 % betragenden Anteil an der GmbH auf den Übernehmer, liegen **begünstigte Versorgungsleistungen** nur vor, **solange** der **Vermögensübernehmer** eine **Geschäftsführertätigkeit** ausübt. Es ist **unschädlich,** wenn der **Übernehmer** bereits **vor** der **Übertragung Geschäftsführer** der Gesellschaft war, solange er es auch **nach** der **Übertragung bleibt.** Voraussetzung ist jedoch, dass der **Übergeber** seine **Geschäftsführertätigkeit insgesamt aufgibt** (Rz. 18 des BMF-Schreibens vom 11. 3. 2010, BStBl 2010 I 227).

Der **Übernehmer** muss **nicht dieselbe Funktion** im Rahmen der **Geschäftsführung** ausüben wie vormals der Übergeber. Voraussetzung ist nur, dass der Übergeber seine Geschäftsführertätigkeit insgesamt aufgibt.

> **BEISPIEL:** ▸ Vater V ist an der X-GmbH zu 100 % beteiligt. V überträgt im Rahmen der vorweggenommen Erbfolge seinen GmbH-Anteil jeweils hälftig auf seine beiden Kinder S und T. T übernimmt dabei Geschäftsführertätigkeit von V.

> **LÖSUNG:** ▸ Überträgt der Vermögensübergeber seine 100 %-GmbH-Beteiligung zu jeweils 50 % auf zwei Vermögensübernehmer, wird aber nur einer der Vermögensübernehmer Geschäftsführer, führt nur die Anteilsübertragung auf diesen zu einer begünstigten Vermögensübertragung i. S. d. § 10 Abs. 1a Nr. 2 EStG. Sind oder werden beide Übernehmer Geschäftsführer der Gesellschaft, dann liegt in beiden Fällen eine begünstigte Übertragung i. S. d. § 10 Abs. 1a Nr. 2 EStG vor (Rz. 19 des BMF-Schreibens vom 11. 3. 2010, a. a. O.).

> **BEISPIEL:** ▸ V ist zu 80 % an der X-GmbH beteiligt. Er ist außerdem Geschäftsführer der Gesellschaft. V überträgt seine GmbH-Beteiligung auf seine drei Söhne S, T und U. S erhält einen 15 % betragenden Anteil an der GmbH und verpflichtet sich, seinem Vater V wiederkehrende Leistungen i. H. v. 300 € monatlich zu zahlen. V überträgt dem Sohn T ebenfalls einen 15 % betragenden Anteil an der GmbH und die Geschäftsführung im Bereich der Produktionsplanung. T verpflichtet sich, V wiederkehrende Leistungen i. H. v. 800 € monatlich zu zahlen. U erhält von V einen 50 % betragenden Anteil an der GmbH und übernimmt die Geschäftsführung für den finanziellen Bereich der Gesellschaft von V. Er verpflichtet sich, V wiederkehrende Leistun-

gen i. H. v. 2 000 € monatlich zu zahlen. V hat die Geschäftsführertätigkeit insgesamt aufgegeben.

LÖSUNG: Sie auch das Beispiel in Rz. 20 des BMF-Schreibens vom 11. 3. 2010 (a. a. O.). Die Übertragungen der Anteile an S und T stellen keine begünstigten Übertragungen von Vermögen i. S. d. § 10 Abs. 1a Nr. 2 Satz 2 EStG dar, da in beiden Fällen nicht mindestens ein 50 % betragender Anteil übertragen wurde. An diesem Ergebnis ändert im Fall des T auch die Übertragung der Geschäftsführertätigkeit im Bereich der Produktionsplanung nichts, da die Voraussetzungen der Anteilshöhe und der Übernahme der Geschäftsführung gemeinsam erfüllt sein müssen. Die monatlichen Zahlungen der Söhne S und T sind somit nach den Grundsätzen über die einkommensteuerrechtliche Behandlung wiederkehrender Leistungen im Austausch mit einer Gegenleistung zu behandeln. Lediglich die Übertragung auf den Sohn U ist begünstigt nach § 10 Abs. 1a Nr. 2 EStG.

BEISPIEL: Vater V (65. Lebensjahr vollendet) ist an der A-GmbH (Privatvermögen) zu 30 % beteiligt. V überträgt die Anteile mit Wirkung zum 1. 7. 2010 auf seinen Sohn S. Der Verkehrswert der übertragenen Anteile beträgt 300 000 €. S zahlt an V eine lebenslängliche monatliche Rente von 1 500 €. V hatte die Anteile im Jahr 1999 für 150 000 € erworben. Die Kosten der Übertragung trägt S. Mit der Übertragung übernimmt S auch die Geschäftsführung von V.

LÖSUNG: Bei der Übertragung der Beteiligung handelt es sich nicht um eine Wirtschaftseinheit i. S. d. § 10 Abs. 1a Nr. 2 Satz 2 Buchst. c EStG. Es handelt sich somit nicht um eine Vermögensübertragung gegen Versorgungsleistungen (s. a. Rz. 7 des BMF-Schreibens vom 11. 3. 2010, a. a. O.). Nach Rz. 57 dieses BMF-Schreibens gelten die Rz. 65 ff. Es handelt sich grundsätzlich um wiederkehrende Leistungen im Austausch mit einer Gegenleistung.

Der Barwert der Leistung bildet die Anschaffungskosten des S sowie den Veräußerungspreis des V (Rz. 69 und 73 des BMF-Schreibens vom 11. 3. 2010).

Barwert (BMF-Schreiben vom 1. 10. 2009, BStBl 2009 I 1168):

VV 11,208 × Jahreswert 18 000 € =	201 974 €
Verkehrswert des übertragenden Vermögens	300 000 €

Nach Rz. 66 Satz 4 des BMF-Schreibens vom 11. 3. 2010 handelt es sich um einen teilentgeltlichen Erwerb i. H. v. 67,32 % (201 974 : 300 000 × 100).

Bei der teilentgeltlichen Übertragung ist nach der Trennungstheorie der Vorgang in einen entgeltlichen und einen unentgeltlichen Teil aufzuteilen (Rz. 14 des BMF-Schreibens vom 13. 1. 1993, BStBl 1993 I 80).

Die teilentgeltliche Veräußerung von Wirtschaftsgütern des Privatvermögens führt beim Übergeber nur unter den Voraussetzungen der §§ 17 und 23 EStG zu steuerpflichtigen Einkünften (Rz. 23 des BMF-Schreibens vom 13. 1. 1993, BStBl 1993 I 80). Die Voraussetzungen des § 17 Abs. 1 EStG sind erfüllt.

Bei Veräußerungsgewinnen i. S. des § 17 Abs. 2 EStG entsteht der Gewinn im Zeitpunkt der Veräußerung. Bei Veräußerung gegen eine Leibrente sind die Grundsätze der R 17 Abs. 7 Satz 2 i. V. m. R 16 Abs. 11 EStR anzuwenden. (Rz. 74 des BMF-Schreibens vom 11. 3. 2010, a. a. O.).

Veräußerungserlös	201 974 €
abzgl. Veräußerungskosten	./. 0 €
abzgl. Anschaffungskosten 67,32 % von 150 000 €	./. 100 980 €
Veräußerungsgewinn § 17 Abs. 2 EStG	100 994 €
davon sind 60 % steuerpflichtig (§ 3 Nr. 40 Satz 1 Buchst. c i. V. m. § 3c Abs. 2 EStG)	60 596 €

Der veräußerte Anteil der Kapitalgesellschaft beträgt 67,32 % von 30 % = 20,19 %. Der Freibetrag des § 17 Abs. 3 EStG beträgt 20,19 % von 9 060 € = 1 829 €.

Kürzung Freibetrag: 20,19 % von 36 100 € = 7 288 €	./. 7 288 €
schädlicher Betrag für die Kürzung des Freibetrages	53 308 €
Der Freibetrag entfällt. Der steuerpflichtige Veräußerungsgewinn beträgt	60 596 €

Der in den Veräußerungsleibrenten enthaltene Ertragsanteil ist nach § 22 Nr. 1 Satz 3 Buchst. a Doppelbuchst. bb EStG zu versteuern (Rz. 75 des BMF-Schreibens vom 11. 3. 2010, a. a. O.).

1 500 € × 6 Monate = 9 000 € × 18 % = 1 620 € abzgl. Pauschbetrag § 9a Satz 1 Nr. 3 EStG 102 € = 1 518 €.

Zuflussbesteuerung:

a) Zinsanteil s. o.

b) Tilgungsanteil (Rz. 74 des BMF-Schreibens vom 11. 3. 2010):

Zahlung	9 000 €
./. Zinsanteil	./. 1 620 €
Tilgungsanteil	7 380 €
Teileinkünfteverfahren § 3 Nr. 40 Buchst. c EStG 60 %	4 428 €
Verrechnung mit 60 % der maßgeblichen Anschaffungskosten (§ 3c Abs. 2 EStG) von 100 980 €	60 588 €

Eine Versteuerung des Tilgungsanteils erfolgt nicht.

BEISPIEL: Vater V (65. Lebensjahr vollendet) ist an der A-GmbH (Privatvermögen) zu 50 % beteiligt. V überträgt die Anteile mit Wirkung zum 1. 7. 2010 auf seinen Sohn S. Der Verkehrswert der übertragenen Anteile beträgt 300 000 €. S zahlt an V eine lebenslängliche monatliche Rente von 1 500 €. V hatte die Anteile im Jahr 1999 für 150 000 € erworben. Die Kosten der Übertragung trägt S. Mit der Übertragung übernimmt S auch die Geschäftsführung von V.

LÖSUNG: Bei der Übertragung der Beteiligung handelt es sich um eine Wirtschaftseinheit i. S. des § 10 Abs. 1a Nr. 2 Satz 2 Buchst. c EStG. Es erfolgt die Übertragung eines mindestens 50 %-Anteils an einer GmbH, bei der der Übergeber als Geschäftsführer tätig war und der Übernehmer diese Tätigkeit nach der Übertragung übernimmt (Rz. 7 des BMF-Schreibens vom 11. 3. 2010).

Es handelt sich somit um eine Vermögensübertragung gegen Versorgungsleistungen, da es sich bei dem GmbH-Anteil um eine ertragbringende Wirtschaftseinheit handelt (Rz. 2 und 3 des BMF-Schreibens vom 11. 3. 2010). Nach der Beweiserleichterung der Rz. 29 des BMF-Schreibens vom 11. 3. 2010 (a. a. O.) wird die ertragbringende Wirtschaftseinheit unterstellt.

Versorgungsleistungen stellen weder Veräußerungsentgelt noch Anschaffungskosten dar (Rz. 3 Satz 3 des BMF-Schreibens vom 11. 3. 2010).

Unter den weiteren Voraussetzungen des § 10 Abs. 1a Nr. 2 EStG hat der Sohn Sonderausgaben:

► es handelt sich um lebenslange wiederkehrende Versorgungsleistungen (Rz. 56 des BMF-Schreibens von 11. 3. 2010);

► die Versorgungsleistungen dürfen nicht mit Einkünften in wirtschaftlichem Zusammenhang stehen, die bei der Veranlagung außer Betracht bleiben (Rz. 49 des BMF-Schreibens vom 11. 3. 2010). Zu klären ist demnach, wie die Einkünfte aus der übertragenen Wirtschaftseinheit – GmbH-Anteile – steuerlich zu erfassen sind. Aus dem Ertrag – Dividende – der Anteile muss der Sohn die Rentenleistung erbringen können. Dabei wird unterstellt, dass dieser Ertrag bei S steuerlich erfasst wird; der Sohn kann dann die Rentenleistungen als Sonderausgaben abziehen, die dann wiederum beim Vater zu versteuern sind. Wenn die Dividenden jedoch steuerlich nicht erfasst werden und der Sohn die Sonderausgaben trotzdem abzöge, wäre dies eine Doppelbegünstigung. Dividenden unterliegen ab 2009 nach § 43 Abs. 5 EStG der Abgeltungswirkung. Sie sind nach § 2 Abs. 5b Satz 1 EStG nicht in die Veranlagung einzubeziehen. Nach der Verwaltungsauffassung in Rz. 49 Satz 2 des BMF-

Schreibens vom 11. 3. 2010 stehen die §§ 3 Nr. 40, 3 Nr. 40a und 32d EStG der Abziehbarkeit der Versorgungsleistungen nicht entgegen.

► Rentenzahlung 2010: 1 500 € × 6 = 9 000 € Sonderausgaben bei S und 9 000 € Einkünfte nach § 22 Nr. 1a EStG bei V;

► der Empfänger ist unbeschränkt einkommensteuerpflichtig (beachte § 1a Abs. 1a EStG).

Wird eine im **Betriebsvermögen** befindliche **GmbH-Beteiligung von weniger als 100 %**   338 gegen Versorgungsleistungen übertragen, so ist die Übertragung wie folgt zu behandeln:

a) § 10 Abs. 1a Nr. 2 Satz 2 Buchst. c EStG ist erfüllt (Beteiligung mindestens 50 % und Geschäftsführerwechsel zwischen Übergeber und Übernehmer; s. Rz. 15 ff. des BMF-Schreibens vom 11. 3. 2010):

Es handelt sich um eine unentgeltliche Übertragung gegen Versorgungsleistungen. Die Beteiligung ist aus dem Betriebsvermögen zu entnehmen. Die anschließende Übertragung im Rahmen der vorweggenommenen Erbfolge erfolgt im Privatvermögen (Rz. 33 des BMF-Schreibens vom 13. 1. 1993, BStBl 1993 I 80).

b) § 10 Abs. 1a Nr. 2 Satz 2 Buchst. c EStG ist nicht erfüllt, weil z. B. ein geringerer als ein 50 %-Anteil übertragen wird.

Es handelt sich nicht um Versorgungsleistungen.

Nach dem Grundsatz der **Teilentgeltlichkeit** ist der Vorgang nach der **Trennungstheorie** in einen entgeltlichen und einen unentgeltlichen Teil (Entnahme) aufzuteilen (Rz. 34 des BMF-Schreibens vom 13. 1. 1993, BStBl 1993 I 80). Der Barwert der wiederkehrenden Leistungen stellt den Veräußerungspreis dar. Der Zinsanteil stellt Betriebseinnahmen dar.

Unter den Voraussetzungen der Rz. 66 Satz 3 des BMF-Schreibens vom 11. 3. 2010 (BStBl 2010 I 227) kann es sich auch um Unterhaltsleistungen i. S. des § 12 Nr. 2 EStG handeln.

Der Barwert (Veräußerungserlös) ist nach dem Teileinkünfteverfahren des § 3 Nr. 40 Buchst. a EStG zu 60 % steuerpflichtig.

Die **100%ige GmbH-Beteiligung** im **Betriebsvermögen** wird nach § 16 Abs. 1 Nr. 1 Satz 2   339 EStG einem **Teilbetrieb** gleichgestellt.

Wird eine im **Betriebsvermögen** befindliche **100%ige GmbH-Beteiligung** gegen Versorgungsleistungen übertragen, so ist die Übertragung wie folgt zu behandeln:

a) § 10 Abs. 1a Nr. 2 Satz 2 Buchst. c EStG ist erfüllt (Beteiligung mindestens 50 % und Geschäftsführerwechsel zwischen Übergeber und Übernehmer; s. Rz. 15 ff. des BMF-Schreibens vom 11. 3. 2010):

Es handelt sich um eine unentgeltliche Übertragung gegen Versorgungsleistungen. Die Beteiligung ist aus dem Betriebsvermögen zu entnehmen. Die „Teilbetriebsentnahme" (§ 16 Abs. 1 Nr. 1 Satz 2 ESt) erfolgt nach § 16 Abs. 3 Satz 7 EStG mit dem gemeinen Wert. Die Entnahme gilt als Teilbetriebsaufgabe (§ 16 Abs. 3 Satz 1 i. V. m. Abs. 1 Nr. 1 Satz 2 EStG; H 16 (3) „Entnahme einer Beteiligung" EStH).

Die anschließende Übertragung gegen Versorgungsleistungen erfolgt im Privatvermögen (Rz. 33 des BMF-Schreibens vom 13. 1. 1993, BStBl 1993 I 80). Unter den Voraussetzungen des § 10 Abs. 1a Nr. 2 EStG kann der Übernehmer die Rentenzahlungen als Sonderausgaben abziehen; der Übergeber hat in gleicher Höhe Einkünfte nach § 22 Nr. 1a EStG.

b) § 10 Abs. 1a Nr. 2 Satz 2 Buchst. c EStG ist nicht erfüllt, weil z. B. der Übernehmer nicht die Geschäftsführung übernimmt.

Es handelt sich nicht um Versorgungsleistungen.

Nach dem Grundsatz der **Teilentgeltlichkeit** ist der Vorgang nach der **Trennungstheorie** in einen entgeltlichen und einen unentgeltlichen Teil (Entnahme) aufzuteilen (Rz. 34 des BMF-Schreibens vom 13. 1. 1993, BStBl 1993 I 80). Insgesamt handelt es sich um eine nach § 16 EStG begünstigte Teilbetriebsaufgabe (§ 16 Abs. 3 Satz 1 i. V. m. Abs. 1 Nr. 1 Satz 2 EStG). Der Barwert der wiederkehrenden Leistungen stellt den Veräußerungspreis dar (§ 16 Abs. 3 Satz 6 EStG).

Der Aufgabegewinn ist nach § 16 Abs. 2 EStG wie folgt zu ermitteln:

	Veräußerungserlös nach § 16 Abs. 3 Satz 6 EStG
+	Entnahmewert nach § 16 Abs. 3 Satz 7 EStG
./.	Veräußerungskosten des Veräußerers
./.	Buchwert der Beteiligung
=	Aufgabegewinn

Der Aufgabegewinn ist nach dem Teileinkünfteverfahren des § 3 Nr. 40 Buchst. b i. V. m. § 3c Abs. 2 EStG zu 60 % steuerpflichtig. Der Zinsanteil stellt Betriebseinnahmen dar.

Nach dem BFH-Urteil vom 10. 7. 1986 (IV R 12/81, BStBl 1986 II 811) ist bei der **teilentgeltlichen Übertragung** von **Betrieben, Teilbetrieben** und **Mitunternehmeranteilen** die **Einheitstheorie** anzuwenden. Nach der Einheitstheorie entsteht ein Veräußerungsgewinn nur dann, wenn die Gegenleistung den Buchwert übersteigt; der Erwerber kann gem. § 6 Abs. 3 EStG die stillen Reserven seines Vorgängers fortführen, soweit sie nicht durch die gewährte Gegenleistung aufgedeckt worden sind. Strittig ist, ob die 100%ige Beteiligung an einer Kapitalgesellschaft bei der Anwendung des § 6 Abs. 3 EStG auch als Teilbetrieb gilt (Hoffmann/Littmann, ESt-Kommentar, § 6 Rz. 1009, Loseblatt).

Nach dem BFH-Urteil vom 17. 7. 2008 (I R 77/06, BStBl 2009 II 464) ist die Teilbetriebsfiktion des § 16 Abs. 1 Satz 1 Nr. 1 Satz 2 EStG z. B. für § 24 UmwStG nicht anzuwenden. Unter einem Teilbetrieb ist ein organisch geschlossener, mit einer gewissen Selbstständigkeit ausgestatteter Teil eines Gesamtbetriebes zu verstehen, der für sich allein lebensfähig ist. Es muss eine Untereinheit des Gesamtbetriebs, d. h. ein selbstständiger Zweigbetrieb im Rahmen eines Gesamtunternehmens vorliegen (s. a. R 16 Abs. 3 EStR). Die Beteiligung an Kapitalgesellschaften erfüllt diese Voraussetzungen auch dann nicht, wenn sie das gesamte Nennkapital umfasst, weil es sich bei Beteiligungen nicht um betriebliche Organisationseinheiten handelt.

Zweck der Teilbetriebsfiktion des § 16 Abs. 1 Satz 1 Nr. 1 Satz 2 EStG ist es, auch die Gewinne aus der Veräußerung von Alleinbeteiligungen an Kapitalgesellschaften der Begünstigung nach § 16 Abs. 4 EStG zu unterstellen.

Was für § 24 UmwStG gilt, gilt m. E. auch für § 6 Abs. 3 EStG. Danach ist die **Einheitstheorie nicht anzuwenden**. Die Übertragung einer 100%igen Beteiligung aus dem Betriebsvermögen stellt eine Einzel-Wirtschaftsgut-Übertragung dar.

Gegen die Anwendung der Teilbetriebsfiktion im Zusammenhang mit einer teilentgeltlichen Vermögensübertragung unter Angehörigen spricht auch die Verwaltungsregelung in Rz. 14 des BMF-Schreibens vom 11. 3. 2010 (BStBl 2010 I 227). Danach ist die Teilbetriebsfiktion des § 16 Abs. 1 Satz 1 Nr. 1 Satz 2 EStG für die Fälle der begünstigten Vermögensübertragung im Zusammenhang mit Versorgungsleistungen nicht anzuwenden. Eine das gesamte Nennkapital umfassende Beteiligung an einer Kapitalgesellschaft kann daher nicht nach § 10 Abs. 1a Nr. 2 Satz 2 Buchst. b EStG begünstigt übertragen werden. Für die Übertragung von Anteilen an einer GmbH richtet sich die begünstigte Übertragung nach den Tatbestandsvoraussetzungen des § 10 Abs. 1a Nr. 2 Satz 2 Buchst. c EStG. Damit wird deutlich, dass die Anwendung der Teilbetriebsregelung des § 16 Abs. 1 Satz 1 Nr. 1 Satz 1 EStG im Zusammenhang mit § 10 Abs. 1a Nr. 2 Satz 2 Buchst. b EStG die Fortsetzung der betrieblichen Tätigkeit voraussetzt.

Nach diesen Grundsätzen ist für die teilentgeltliche Übertragung einer 100%igen Kapitalbeteiligung nicht die Einheitstheorie der Rz. 35 ff., sondern die Rz. 34 des BMF-Schreibens vom 13. 1. 1993 (BStBl 1993 I 80) anzuwenden. Es handelt sich um die Übertragung eines einzelnen Wirtschaftsguts des Betriebsvermögens.

Vor dem Hintergrund, dass § 10 Abs. 1a Nr. 2 Satz 2 Buchst. c EStG deutlich strengere 340 Anforderungen an die Übertragung aufweist als Buchst. a und Buchst. b, hat die Finanzverwaltung in Rz. 23 des BMF-Schreibens vom 11. 3. 2010 (a. a. O.) eine Missbrauchsregelung formuliert. Wird nämlich der Anteil an einer GmbH im Betriebsvermögen eines Betriebs, Teilbetriebs oder einer Mitunternehmerschaft (Gesamthands- und Sonderbetriebsvermögen) im Zusammenhang mit wiederkehrenden Leistungen auf den Vermögensübernehmer (mit-)übertragen, liegt eine insgesamt nach § 10 Abs. 1a Nr. 2 Satz 2 Buchst. a oder b EStG begünstigte Übertragung vor.

Eine Übertragung eines Mitunternehmeranteils oder eines Betriebs könnte aber auch als Möglichkeit genutzt werden, im Zusammenhang mit wiederkehrenden Leistungen einen GmbH-Anteil zu übertragen, bei dem für sich genommen die restriktiven Voraussetzungen des Buchst. c nicht erfüllt sind. Wurde der Anteil an der Körperschaft binnen eines Jahres vor der Vermögensübertragung in den Betrieb, Teilbetrieb oder die Mitunternehmerschaft eingelegt und gehört er dort nicht zum notwendigen Betriebsvermögen, oder ist der Betrieb, Teilbetrieb oder die Mitunternehmerschaft binnen eines Jahres vor der Vermögensübertragung durch Umwandlung einer Körperschaft entstanden, ist zu vermuten, dass § 10 Abs. 1a Nr. 2 Satz 2 Buchst. c EStG umgangen werden soll.

BEISPIEL: Im Betriebsvermögen des Betriebes A befindet sich eine 40%ige GmbH-Beteiligung. A überträgt seinen Betrieb gegen Versorgungsleistungen auf seinen Sohn B.

LÖSUNG: Da der Anteil an der GmbH im Betriebsvermögen des A-Betriebs im Zusammenhang mit wiederkehrenden Leistungen auf den Vermögensübernehmer (mit-)übertragen wird, liegt eine insgesamt nach § 10 Abs. 1a Nr. 2 Satz 2 Buchst. b EStG begünstigte Übertragung vor (Rz. 23 des BMF-Schreibens vom 11. 3. 2010).

ABWANDLUNG: A hatte die 40%ige GmbH-Beteiligung neun Monate vor der Betriebsübertragung in seinen Betrieb eingelegt. Die Beteiligung ist gewillkürtes Betriebsvermögen.

LÖSUNG: Nach der Missbrauchsvermutung in Rz. 23 des BMF-Schreibens vom 11. 3. 2010 ist die Übertragung des 40%igen GmbH-Anteils nicht nach § 10 Abs. 1a Nr. 2 Satz 2 Buchst. b EStG mit begünstigt. Die GmbH-Beteiligung wird als eigenständiger Vermögensgegenstand betrachtet mit der Folge, dass eine Übertragung von begünstigtem Vermögen nach Buchst. b und eine Übertragung von nicht begünstigtem Vermögen vorliegt, da für die Übertragung der GmbH-Beteiligung die Voraussetzungen des § 10 Abs. 1a Nr. 2 Satz 2 Buchst. c EStG nicht vorliegen.

Hat der Vermögensübergeber **begünstigtes und nicht begünstigtes Vermögen übertragen**, ist für die Zuordnung der Versorgungsleistungen die konkrete Vereinbarung im Übergabevertrag maßgebend. Dabei wird es grundsätzlich nicht beanstandet, wenn die wiederkehrenden Leistungen in vollem Umfang der Übertragung des begünstigten Vermögens zugeordnet werden. Wirft das begünstigte Vermögen im Zeitpunkt der Vermögensübertragung im Verhältnis zu den wiederkehrenden Leistungen durchschnittlich nur geringe Erträge ab oder wurde keine konkrete Vereinbarung getroffen, sind die wiederkehrenden Leistungen anhand eines angemessenen Maßstabs (z. B. Verhältnis der Erträge der einzelnen Vermögenswerte) aufzuteilen (Rz. 47 des BMF-Schreibens vom 11. 3. 2010).

6.2.2.5.2.5   Wohnteil eines Betriebs der Land- und Forstwirtschaft

341   Trotz der Beschränkung der Vorschrift auf den betrieblichen Kernbereich ist wegen der ausdrücklichen gesetzlichen Regelung in § 10 Abs. 1a Nr. 2 Satz 3 EStG auch der Teil der Versorgungsleistungen als Sonderausgaben abziehbar, der dem Wohnteil des land- und forstwirtschaftlichen Vermögens zuzurechnen ist. Zur näheren Bestimmung des Wohnteils wird § 160 Abs. 1 Nr. 3 BewG herangezogen. Der durch die gesetzliche Neuregelung im JStG 2008 eingeschränkte Anwendungsbereich des § 10 Abs. 1 Nr. 1a EStG (jetzt § 10 Abs. 1a Nr. 2 EStG) wirkt sich auch hier insoweit aus, als der Wohnteil nur zusammen mit dem land- und forstwirtschaftlichen Vermögen – als Teil dessen – begünstigt übertragen werden kann (s. *Grün*, Versorgungsleistungen im Zusammenhang mit einer Vermögensübertragung, NWB 14/2010, 1042, NWB DokID: [PAAAD-40247]).

6.2.2.5.3   Übertragung von Vermögen unter Nießbrauchsvorbehalt

6.2.2.5.3.1   Nießbrauch als Gegenstand der Vermögensübertragung

342   Das **Nießbrauchsrecht** selbst kann – anders als Verträge, die vor dem 1. 1. 2008 geschlossen wurden – **nicht** eigenständig **Gegenstand** einer begünstigten **Vermögensübergabe** sein; dies gilt unabhängig davon, ob das Nießbrauchsrecht an Vermögen i. S. d. § 10 Abs. 1a Nr. 2 Satz 2 EStG bestellt ist oder nicht (Rz. 21 des BMF-Schreibens vom 11. 3. 2010, BStBl 2010 I 227).

Wird das **Nießbrauchsrecht** (Vorbehaltsnießbrauch) gegen lebenslängliche wiederkehrende Leistungen **abgelöst,** gelten die **Grundsätze** über die einkommensteuerrechtlichen Behandlungen wiederkehrender Leistungen im **Austausch** mit einer **Gegenleistung.** Der **Kapitalwert** der lebenslänglichen Leistung führt bis zur Höhe des angemessenen Verkehrswerts des Nießbrauchsrechts zu **nachträglichen Anschaffungskosten** für das Wirtschaftsgut, an dem das Nießbrauchsrecht bestellt war (Rz. 59 des BMF-Schreibens vom 30. 9. 2013, BStBl 2013 I 1184 – Nießbrauch-Erlass). Der den Verkehrswert übersteigende Betrag stellt eine Zuwendung i. S. d. § 12 Nr. 2 EStG dar. Der in den wiederkehrenden Leistungen enthaltene **Zinsanteil** kann eventuell als **Betriebsausgaben** oder **Werbungskosten** berücksichtigt werden. Die wiederkehrenden Leistungen sind beim **bisherigen Nießbraucher** als **Veräußerungsleibrenten** mit dem **Ertragsanteil** nach § 22 Nr. 1 Satz 3 Buchst. a Doppelbuchst. bb EStG zu erfassen.

6.2.2.5.3.2   Übertragung unter Nießbrauchsvorbehalt

Wird zwar das Eigentum an nach § 10 Abs. 1a Nr. 2 Satz 2 EStG begünstigtem Vermögen übertragen aber gleichzeitig ein Nießbrauchsrecht eingeräumt, liegt keine begünstigte Vermögensübertragung im Zusammenhang mit Versorgungsleistungen vor (s. a. Rz. 21 des BMF-Schreibens vom 11. 3. 2010, BStBl 2010 I 227). Der Übernehmer kann keine Erträge erwirtschaften und damit aus dem übernommenen Vermögen auch nicht die Versorgung des Übergebers sicherstellen. Dies gilt allerdings nicht, wenn 343

► der Nießbrauch lediglich Sicherungszwecken dient und

► der Vermögensübergeber gleichzeitig mit der Bestellung des Nießbrauchs dessen Ausübung nach § 1059 BGB dem Vermögensübernehmer überlässt (Rz. 24 des BMF-Schreibens vom 11. 3. 2010, a. a. O.).

6.2.2.5.3.3   Gleitende Vermögensübergabe

Übergabeverträge nach dem 31. 12. 2007

Die Übertragung begünstigten Vermögens i. S. d. § 10 Abs. 1a Nr. 2 Satz 2 EStG unter Vorbehalt eines Nießbrauchsrechts gegen lebenslänglich wiederkehrende Leistungen stellt keine Übertragung gegen Versorgungsleistungen dar (Rz. 24 des BMF-Schreibens vom 11. 3. 2010, a. a. O.). Es gelten die Grundsätze der entgeltlichen Übertragung gegen wiederkehrende Leistungen (Rz. 57 und 65 ff. des BMF-Schreibens vom 11. 3. 2010, a. a. O.). 344

Wird ein an begünstigtem Vermögen vorbehaltenes Nießbrauchsrecht im Zusammenhang mit wiederkehrenden Leistungen abgelöst, können diese im sachlichen Zusammenhang mit der Vermögensübertragung stehen und daher Versorgungsleistungen sein (Rz. 25 des BMF-Schreibens vom 11. 3. 2010, a. a. O.).

Mit der Ablösung des Nießbrauchs durch die Versorgungsrente wird ein weiterer Schritt zur endgültigen Vermögensübergabe hin vollzogen: Der nach Art eines Altenteilsvertrages gestaltete Versorgungsvertrag enthebt den Übergeber der Notwendigkeit, die Erträge des Vermögens selbst zu erwirtschaften; er wird nunmehr vom Übernehmer des Vermögens versorgt. Mit der Versorgungsrente wird eine andere Form des Vorbehalts der Erträge des übergebenen Vermögens praktiziert; im Übrigen bleibt der wirtschaftliche Gehalt des Vorbehalts von Erträgen unverändert. Die Vereinbarung eines Vorbehaltsnießbrauchs und die Ablösung durch eine Versorgungsrente erscheinen somit als Teilakte einer zeitlich gestreckten »gleitenden« Vermögensübergabe (BFH 3. 6. 1992 X R 14/89, BStBl 1993 II 23). Zur Ablösung des Vorbehaltsnießbrauchsrechts s. a. Rz. 55 bis 58 des BMF-Schreibens vom 30. 9. 2013 (BStBl 2013 I 1184).

Für die Anerkennung von Versorgungsleistungen kommt es nicht darauf an, ob die wiederkehrenden Leistungen bereits im Übergabevertrag selbst vereinbart wurden oder erst im Zusammenhang mit der Ablösung des Nießbrauchsrechts vereinbart werden.

Übergabeverträge vor dem 1. 1. 2008

344/1 Für wiederkehrende Leistungen im Zusammenhang mit einer Vermögensübertragung, die auf einem vor dem 1. 1. 2008 geschlossenen Übertragungsvertrag beruhen, bleiben grundsätzlich § 10 Abs. 1 Nr. 1a EStG in der vor dem 1. 1. 2008 geltenden Fassung und das BMF-Schreiben vom 16. 9. 2004 (BStBl 2004 I 922) weiter anwendbar (Rz. 81 des BMF-Schreibens vom 11. 3. 2010, a. a. O.).

Die Übertragung von Vermögen, dessen gesamte Erträge der Übergeber sich mittels eines Nießbrauchs vorbehält (Totalnießbrauch) führte nicht zu einer begünstigten Vermögensübertragung (Rz. 12 des BMF-Schreibens vom 16. 9. 2004, a. a. O.). Die Ablösung des Vorbehaltsnießbrauchs kann aber als »gleitende« Vermögensübergabe begünstigt sein (Rz. 18 des BMF-Schreibens vom 16. 9. 2004, a. a. O.).

Fraglich ist wie zu verfahren ist, wenn aufgrund eines vor dem 1. 1. 2008 abgeschlossenen Übertragungsvertrags Vermögen unter Nießbrauchsvorbehalt auf den Vermögensübernehmer übertragen wurde und dieses Nießbrauchsrecht nach dem 31. 12. 2007 im Zusammenhang mit wiederkehrenden Leistungen abgelöst wird.

BEISPIEL: Vater V übertrug im März 2007 ein vermietetes Wohngrundstück im Wege der vorweggenommenen Erbfolge unentgeltlich auf den Sohn S und behielt sich den Nießbrauch daran vor. Im Vertrag ist für den Fall des Verzichts auf den Nießbrauch vorgesehen, dass S an den ehemaligen Nießbraucher einen monatlich wiederkehrenden Betrag zu zahlen hat, der der Höhe nach etwa den erzielten Netto-Pachteinnahmen des übertragenen Grundbesitzes entsprechen und als dauernde Last vereinbart werden sollte.

Im November 2010 verzichtet V auf den Nießbrauch und vereinbart mit S ein jährliches Baraltenteil von 15 000 €. S erzielte aus der Verpachtung des Grundstücks steuerbare Einkünfte von 24 600 €.

LÖSUNG: Zu Sachverhalt und Lösung s. BFH 12. 5. 2015 (IX R 32/14, BFH/NV 2015, 1470).

Nach der Verwaltungsregelung in Rz. 85 des BMF-Schreibens vom 11. 3. 2010 (a. a. O.) soll das alte Recht nur gelten, wenn die Ablösung des Nießbrauchsrechts gegen Versorgungsleistungen und der Zeitpunkt bereits im Übergabevertrag verbindlich vereinbart waren. Nach dem BFH-Urteil vom 12. 5. 2015 (IX R 32/14, BFH/NV 2015, 1470, Rz. 15) findet diese Regelung im Gesetz keine Stütze. Die Übergangsregelung regelt § 52 Abs. 18 Satz 1 und 2 EStG.

Nach § 52 Abs. 18 Satz 1 EStG ist § 10 Abs. 1a Nr. 2 EStG auf Versorgungsleistungen anzuwenden, die auf nach dem 31. 12. 2007 vereinbarten Vermögensübertragungen beruhen. Diese Voraussetzung ist im Beispielsfall schon deshalb nicht erfüllt, weil die hier allein in Betracht kommende Vermögensübertragung nicht nach dem 31. 12. 2007 vereinbart worden ist, sondern im März 2007.

Auf vor dem 1. 1. 2008 geschlossene Übergabeverträge ist § 10 Abs. 1a Nr. 2 EStG nur dann anwendbar, wenn das übertragene Vermögen nur deshalb ausreichenden Ertrag bringt, weil ersparte Aufwendungen mit Ausnahme des Nutzungsvorteils eines zu eigenen Zwecken vom Vermögensübernehmer genutzten Grundstücks zu den Erträgen des Vermögens gerechnet werden (§ 52 Abs. 18 Satz 2 EStG). Auch diese Voraussetzung ist im Beispielsfall nicht erfüllt.

Der für die Abziehbarkeit als Versorgungsleistung (dauernde Last) erforderliche sachliche Zusammenhang mit der Vermögensübergabe wird nicht dadurch unterbrochen, dass sich der Übergeber zunächst den Nießbrauch an dem übertragenen Vermögen vorbehalten hat und der Nießbrauch aufgrund eines später gefassten Entschlusses durch wiederkehrende Leistungen ersetzt wird (BFH, Urteil vom 3. 6. 1992 X R 147/88, BStBl 1993 II 98). In diesem Fall ist es nicht erforderlich, dass die Ablösung bereits im Übergabevertrag vereinbart ist. Es kommt vielmehr darauf an, ob die Versorgungsrente den ursprünglich vereinbarten Vorbehaltsnießbrauch ersetzt (gleitende Vermögensübergabe; BFH 16. 6. 2004 X R 50/01, BStBl 2005 II 130).

6.2.2.5.3.4 Leistungen auf Grund eines Wirtschaftsüberlassungsvertrages

Kennzeichnend für den Vertragstypus der Vermögensübergabe gegen Versorgungsleistungen ist u. a., dass Vermögen in Vorwegnahme der künftigen Erbfolge übertragen wird und die Eltern wirtschaftlich gesichert werden. Der Vermögensübergeber behält sich in Gestalt der Versorgungsleistungen typischerweise Erträge seines Vermögens vor, die nunmehr vom Vermögensübernehmer erwirtschaftet werden müssen. 344/2

Bei einem Wirtschaftsüberlassungsvertrag wird kein Vermögen in Vorwegnahme der künftigen Erbfolge übertragen. Der Hofeigentümer behält sein Vermögen und überlässt dem Nutzungsberechtigten lediglich die Nutzung des Vermögens gegen Übernahme verschiedener Verpflichtungen. Der Nutzungsberechtigte erwirbt auch kein wirtschaftliches Eigentum. Er kann den Eigentümer nicht im Regelfall für die gewöhnliche Nutzungsdauer von der Einwirkung auf das Wirtschaftsgut wirtschaftlich ausschließen, wie es § 39 Abs. 2 Nr. 1 Satz 1 AO verlangt. Von einem üblichen Pachtvertrag unterscheidet sich der Wirtschaftsüberlassungsvertrag nur insoweit, als kein monatlicher Pachtzins ausschließlich in Geld vereinbart wird. Als Entgelt für die Einräumung des Nutzungsrechts werden dem Eigentümer vielmehr altenteilsähnliche Leistungen, wie freier Umgang auf dem Hof, Übernahme der Kosten für Strom, Heizung, Wasser, Versicherungen und Beiträge sowie den Kapitaldienst etc. gewährt. Auch ein monatlicher Geldbetrag kann zur Bestreitung des Lebensunterhalts des Hofeigentümers bezahlt werden.

Nach Auffassung des BFH in seinem Urteil vom 25. 6. 2014 (X R 16/13, BStBl 2014 II 889) besteht keine Notwendigkeit, Wirtschaftsüberlassungsverträge Vermögensübergaben gegen Versorgungsleistungen gleichzustellen. Überlässt der Hofeigentümer seinen land- und forstwirtschaftlichen Betrieb zu einem angemessenen Entgelt, sind die Aufwendungen des Wirtschaftsübernehmers für die altenteilsähnlichen Leistungen als Betriebsausgaben abziehbar (gleichgültig, ob er seinen Gewinn nach § 13 EStG oder § 13a EStG ermittelt). Selbst wenn im Wirtschaftsüberlassungsvertrag eine unangemessen niedrige Gegenleistung vereinbart wird, steht dies der Anerkennung seiner Zahlungen als Betriebsausgaben nicht entgegen. Auch Zahlungen unterhalb des marktüblichen Lohns bei Arbeitsverhältnissen zwischen nahen Angehörigen erkennt die Rechtsprechung als Betriebsausgaben an. Gleiches gilt für die Zahlung von Darlehenszinsen unterhalb des marktüblichen Zinssatzes. Dass ein höheres als das marktübliche Entgelt nicht steuermindernd geltend gemacht werden kann, ergibt sich aus § 12 Nr. 2 EStG.

6.2.2.6   Ertragbringende Wirtschaftseinheit

6.2.2.6.1   Allgemeiner Überblick

345 Eine Vermögensübergabe gegen Versorgungsleistungen ist gegeben, wenn eine ertragbringende Wirtschaftseinheit des § 10 Abs. 1a Nr. 2 Satz 2 EStG übertragen wird, deren Erträge ausreichen, um die wiederkehrenden Leistungen zu erbringen. Von ausreichend Ertrag bringendem Vermögen ist auszugehen, wenn nach überschlägiger Berechnung die wiederkehrenden Leistungen nicht höher sind als der langfristig erzielbare Ertrag des übergebenen Vermögens (Rz. 26 und 27 des BMF-Schreibens vom 11. 3. 2010).

Reichen die Erträge nicht aus, gelten die Grundsätze über die einkommensteuerrechtliche Behandlung wiederkehrender Leistungen im Austausch mit einer Gegenleistung (Rz. 57 des BMF-Schreibens vom 11. 3. 2010, BStBl 2010 I 227).

6.2.2.6.2   Beweiserleichterung

346 Unter den folgenden Voraussetzungen besteht eine widerlegbare Vermutung dafür, dass die Erträge ausreichen, um die wiederkehrenden Leistungen zu erbringen (Rz. 29 des BMF-Schreibens vom 11. 3. 2010, a. a. O.):

▶ es muss sich um begünstigte Wirtschaftseinheiten i. S. d. § 10 Abs. 1a Nr. 2 Satz 2 Buchst. a bis c EStG handeln;

▶ der Betrieb oder Teilbetrieb muss vom Übernehmer tatsächlich fortgeführt werden;

▶ auch ein Mitunternehmeranteil oder ein GmbH-Anteil muss entsprechend fortgeführt werden.

347 Die **Beweiserleichterung** ist insbesondere in folgenden Fällen **nicht anzuwenden**:

▶ bei verpachteten oder überwiegend verpachteten Betrieben, Teilbetrieben, (Teil-)Mitunternehmeranteilen und GmbH-Anteilen oder

▶ bei Personengesellschaften, die selbst ihren gesamten Betrieb verpachtet haben;

▶ bei mehrjährigen Verlusten oder

▶ bei im Verhältnis zu den wiederkehrenden Leistungen geringen Gewinnen des Unternehmens;

▶ bei der Übertragung von begünstigtem und nicht begünstigtem Vermögen im Rahmen einer einheitlichen Vermögensübertragung (Rz. 30 des BMF-Schreibens vom 11. 3. 2010; s. a. Rz. 47 des BMF-Schreibens).

6.2.2.6.3   Ertragsermittlung

348 Zu Erträgen führen grundsätzlich nur Einnahmen, die den Tatbestand einer Einkunftsart i. S. des § 2 Abs. 1 EStG erfüllen. Einnahmen aus einer Tätigkeit ohne Einkünfte- oder Gewinnerzielungsabsicht sind daher nicht als Erträge zu beurteilen.

349 Versorgungsleistungen, die aus den laufenden Nettoerträgen eines übergebenden Betriebs erbracht werden können, sind – entgegen des BFH-Beschlusses vom 12. 5. 2003 GrS 2/00 (BStBl 2004 II 100) – auch dann als Sonderausgaben abziehbar, wenn der übergebende Betrieb nicht über einen ausreichenden Unternehmenswert verfügt (Rz. 31 des BMF-Schreibens v. 11. 3. 2010, BStBl I 227).

Die Erträge des übergebenen Vermögens sind auf der Grundlage der steuerlichen Ein- 350
künfte wie folgt zu ermitteln:

Einkünfte – Gewinne – der maßgeblichen Einkunftsart

+ Absetzung für Abnutzung

+ erhöhte Absetzungen

+ Sonderabschreibungen

+ außerordentliche Aufwendungen, z. B. größere Erhaltungsaufwendungen, die nicht jährlich üblicherweise anfallen

+ Nutzungsvorteile des Übernehmers aus ersparten Nettomietaufwendungen

= erzielbarer Nettoerträge

Der erzielbare Nettoertrag ist mit den steuerlichen Einkünften nicht identisch. Eine Kürzung des Ertrags um den Unternehmerlohn kommt nicht in Betracht (Rz. 32 des BMF-
Schreibens v. 11. 3. 2010, a. a. O.).

Der **durchschnittliche** jährliche Ertrag ist nach den **Verhältnissen** im **Zeitpunkt** der **Ver-** 351
mögensübergabe zu ermitteln (s. a. BFH 13. 12. 2005 X R 61/01, BStBl 2008 II 16). Für
die Ermittlung des durchschnittlichen Ertrags sind aus Vereinfachungsgründen die **Ein-**
künfte des **Jahres** der **Vermögensübergabe** und der **beiden vorangegangenen Jahre** heranzuziehen (Rz. 34 des BMF-Schreibens vom 11. 3. 2010, a. a. O.). Dem Vermögensübernehmer wird jedoch die Nachweispflicht zugebilligt, dass das übergebene Vermögen
unter seiner Regie höhere – ausreichende – Erträge erwarten lässt. Reicht der durchschnittliche jährliche Ertrag nach den Verhältnissen im Zeitpunkt der Vermögensübergabe nicht aus, um die jährliche Versorgungsleistung zu erbringen, wird eine begünstigte Vermögensübertragung akzeptiert, wenn der **Übernehmer** nachweist, dass für die
Zukunft ausreichend hohe **Nettoerträge** zu erwarten sind. Hiervon kann ausgegangen
werden, wenn die **durchschnittlichen Erträge** des **Jahres** der **Vermögensübergabe** und
der **beiden folgenden Jahre** ausreichen, um die wiederkehrenden Leistungen zu erbringen. Die **Veranlagungen** sind insoweit sowohl beim **Übergeber** als auch beim **Überneh-**
mer ab dem Jahr der Vermögensübergabe **vorläufig** nach § 165 AO vorzunehmen
(Rz. 35 des BMF-Schreibens vom 11. 3. 2010, a. a. O.).

Bei der **Übertragung von GmbH-Anteilen mindert** das **Gesellschafter-Geschäftsführer-** 352
gehalt des Vermögensübergebers **nicht** die maßgebenden **Erträge**, wenn die Ertragsermittlung nach dem Durchschnitt der der Vermögensübergabe vorangegangenen Jahre (Rz. 34 des BMF-Schreibens vom 11. 3. 2010, a. a. O.) durchgeführt wird. Wird die Ertragsermittlung nach dem Durchschnitt der der Vermögensübergabe folgenden Jahre
durchgeführt, mindert das Gesellschafter-Geschäftführergehalt des Vermögensübernehmers nicht die maßgeblichen Erträge (Rz. 32 des BMF-Schreibens vom 11. 3. 2010,
a. a. O.). Notfalls muss im Jahr der Vermögensübergabe das Gesellschafter-Geschäfts-
führergehalt des Übernehmers und des Übergebers jeweils anteilig dem Gewinn hinzugerechnet werden.

Bei der Ermittlung der **Erträge** aus dem **GmbH-Anteil** ist nicht auf die tatsächlich aus- 353
geschütteten, sondern auf die **ausschüttungsfähigen Gewinne** abzustellen (BFH
21. 7. 2004 X R 44/01, BStBl 2005 II 133). Maßgeblich ist dabei der ausschüttungsfähige

Gewinn, der dem Anteil der übertragenen GmbH-Beteiligung entspricht (mindestens 50 %).

6.2.2.7 Vermögensumschichtungen

6.2.2.7.1 Grundsatz der Beendigung der begünstigten Vermögensübertragung

354 Der sachliche Zusammenhang der wiederkehrenden Leistungen mit der begünstigten Vermögensübertragung endet grundsätzlich, wenn der Übernehmer den Betrieb aufgibt oder das übernommene Vermögen dem Übernehmer steuerrechtlich nicht mehr zuzurechnen ist. Die im Zusammenhang mit der Vermögensübertragung vereinbarten wiederkehrenden Leistungen zwischen dem Übergeber und dem Übernehmer sind ab diesem Zeitpunkt Unterhaltsleistungen i. S. des § 12 Nr. 2 EStG und dürfen beim Übernehmer nicht mehr als Sonderausgaben nach § 10 Abs. 1a Nr. 2 EStG abgezogen werden. Beim Übergeber sind sie nicht mehr nach § 22 Nr. 1a EStG steuerbar (Rz. 37 des BMF-Schreibens vom 11. 3. 2010, BStBl 2010 I 227).

6.2.2.7.2 Umschichtungsvorgänge

355 Die folgende Übersicht zeigt die verschiedenen Umschichtungsvorgänge und deren Behandlung.

TAB. 7:	Behandlung der Umschichtungsvorgänge	
Übernehmer		
Fall	**erhält**	
1	nicht begünstigtes Vermögen i. S. d. § 10 Abs. 1a Nr. 2 Satz 2 EStG, z. B.: Mietwohngrundstück.	schichtet um in begünstigtes Vermögen i. S. d. § 10 Abs. 1a Nr. 2 Satz 2 EStG, z. B.: Gewerbebetrieb oder Mitunternehmeranteil oder mindestens 50 %igen GmbH-Beteiligung mit Geschäftsführertätigkeit.
	Vor und nach der Umschichtung liegt keine begünstigte Vermögensübertragung im Zusammenhang mit Versorgungsleistungen vor (Rz. 36 des BMF-Schreibens vom 11. 3. 2010). Der sachliche Zusammenhang mit begünstigtem Vermögen soll auch dann nicht entstehen, wenn sich der Übernehmer bereits im Übergabevertrag verpflichtet, das nicht begünstigte Vermögen in begünstigtes Vermögen umzuschichten.	
2	begünstigtes Vermögen i. S. d. § 10 Abs. 1a Nr. 2 Satz 2 EStG gegen wiederkehrende lebenslängliche Versorgungsleistungen. Übernehmer Ü zahlt an Übergeber V (Vater). Ü macht den Sonderausgabenabzug geltend, V versteuert die Rentenzahlungen nach § 22 Nr. 1a EStG.	Übernehmer Ü überträgt seinerseits das übernommene Vermögen im Wege der vorweggenommenen Erbfolge an Sohn S (Enkel des V) weiter.
		a) Übernehmer S zahlt an Großvater V lebenslänglich wiederkehrende Versorgungsleistungen. Es liegen weiterhin Versorgungsleistungen vor, die S (Enkel) als Sonderausgaben abziehen kann. V (Großvater) muss die Leistungen weiterhin nach § 22 Nr. 1a EStG versteuern.
		b) Übernehmer S (Sohn) zahlt Versorgungsleistungen an Übergeber Ü (Vater), dieser zahlt wie bisher an V. Geht die Versorgungsverpflichtung nicht

		mit über, können die Versorgungsleistungen weiterhin abgezogen werden, wenn der Übernehmer diese aus ihm im Rahmen der weiteren Vermögensübertragung seinerseits eingeräumten Versorgungsleistungen bewirken kann (Rz. 38 und Rz. 50 des BMF-Schreibens vom 11. 3. 2010; s. a. das Beispiel in Rz. 39).
3	begünstigtes Vermögen i. S. d. § 10 Abs. 1a Nr. 2 Satz 2 EStG gegen wiederkehrende lebenslängliche Versorgungsleistungen. Übernehmer Ü zahlt an Übergeber V (Vater). Ü macht den Sonderausgabenabzug geltend, V versteuert die Rentenzahlungen nach § 22 Nr. 1a EStG.	überträgt Teile des begünstigt übernommenen Vermögens auf Dritte. Ü entrichtet weiterhin die Versorgungsleistungen an V.
	Die nach der Übertragung entrichteten wiederkehrenden Leistungen an den Übergeber können weiterhin als Versorgungsleistungen zu beurteilen sein. Voraussetzung ist, dass der nicht übertragene Teil des übernommenen Vermögens nach der Übertragung auf den Dritten ausreichende Erträge abwirft, um die Versorgungsleistungen zu finanzieren, und dass weiterhin begünstigtes Vermögen i. S. d. des § 10 Abs. 1a Nr. 2 Satz 2 EStG vorliegt. Maßgebend für die Beurteilung sind die Erträge ab dem Zeitpunkt, ab dem der übertragene Vermögensteil dem Übernehmer steuerrechtlich nicht mehr zuzurechnen ist (Rz. 40 des BMF-Schreibens vom 11. 3. 2010).	
4	begünstigtes Vermögen i. S. d. § 10 Abs. 1a Nr. 2 Satz 2 EStG gegen wiederkehrende lebenslängliche Versorgungsleistungen. Übernehmer Ü zahlt an Übergeber V (Vater). Ü macht den Sonderausgabenabzug geltend, V versteuert die Rentenzahlungen nach § 22 Nr. 1a EStG.	überträgt das begünstigt übernommenen Vermögens auf Dritte und erwirbt mit dem Erlös zeitnah anderes begünstigtes Vermögen Ü entrichtet weiterhin die Versorgungsleistungen an V.
		a) Der Erlös aus der Veräußerung wird nur zum Teil zur Anschaffung verwendet. Die nach der Übertragung an den Übergeber entrichteten wiederkehrenden Leistungen sind weiterhin Versorgungsleistungen (Rz. 41 des BMF-Schreibens vom 11. 3. 2010), wenn die wiederkehrenden Leistungen durch die Erträge aus dem neu angeschafften Vermögen abgedeckt werden.
		b) Der gesamte Erlös aus der Veräußerung reicht zur Anschaffung des neuen Vermögens nicht aus; der Übernehmer wendet bei der Umschichtung zusätzlich eigene Mittel zur Anschaffung auf. Die nach der Übertragung an den Übergeber entrichteten wiederkehrenden Leistungen sind weiterhin Versorgungsleistungen, wenn der auf den reinvestierten Veräußerungserlös entfallende Anteil an den Erträgen ausreicht, um die vereinbarten wiederkehrenden Leistungen zu erbringen.
		Maßgebend für die Beurteilung sind die Erträge ab dem Zeitpunkt der Anschaffung dieses Vermögens (**nachträgliche Umschichtung**). Von

		ausreichenden Erträgen kann regelmäßig ausgegangen werden, wenn die durchschnittlichen Erträge des Jahres der nachträglichen Umschichtung und der beiden folgenden Jahre ausreichen, um die wiederkehrenden Leistungen zu erbringen. Die Veranlagungen sind insoweit sowohl beim Übergeber als auch beim Übernehmer in dem Jahr der Umschichtung und in den beiden Folgejahren vorläufig gemäß § 165 AO vorzunehmen (Rz. 41 des BMF-Schreibens vom 11. 3. 2010).
5	begünstigtes Vermögen i. S. d. § 10 Abs. 1a Nr. 2 Satz 2 EStG gegen wiederkehrende lebenslängliche Versorgungsleistungen. Übernehmer Ü zahlt an Übergeber V (Vater). Ü macht den Sonderausgabenabzug geltend, V versteuert die Rentenzahlungen nach § 22 Nr. 1a EStG.	überträgt das begünstigt übernommene Vermögen auf Dritte und überlässt den Verkaufserlös z. B. ihrem Ehemann zur Verwendung in dessen land- und forstwirtschaftlichem Betrieb. Wird der Veräußerungserlös des überlassenen Vermögens nicht zur Finanzierung anderer Vermögensgegenstände verwendet, sondern lediglich einem anderen zur Verwendung in dessen Betriebsvermögen überlassen, ohne dass dem Übernehmer hierfür Gesellschaftsrechte oder ein anderer Gegenwert gewährt werden, stehen – gleichgültig ob es sich um das Betriebsvermögen des Ehegatten des Vermögensübernehmers oder einer dritten Person handelt – die Versorgungsleistungen bei wertender Betrachtung nicht mehr im Zusammenhang mit der Übertragung des Vermögens (BFH Urteil vom 8. 12. 2010, X R 35/10, BFH/NV 2011, 782). Dem Stpfl. kann kein Ersatzwirtschaftsgut zugerechnet werden, das als »unentgeltlich erworben« angesehen werden könnte. Vielmehr hat die Stpfl. (Ehefrau) ihrem Ehemann den Veräußerungserlös der von den Eltern überlassenen begünstigten Wirtschaftsgüter unentgeltlich zugewendet. Die Zahlungen der Ehefrau sind nach der Veräußerung der begünstigten Wirtschaftsgüter Unterhaltsleistungen i. S. v. § 12 Nr. 2 EStG, denn die steuerrechtliche Zurechnung der Versorgungsleistungen zu den wiederkehrenden Bezügen und Sonderausgaben beruht auf dem Umstand, dass sich der Vermögensübergeber in Gestalt der Versorgungsleistungen typischerweise Erträge seines Vermögens vorbehält, die nunmehr allerdings vom Vermögensübernehmer erwirtschaftet werden müssen. Mit der Veräußerung des überlassenen Vermögens endet der Transfer vorbehaltener Erträge, wenn der Übernehmer bei Umschichtung keine ausreichend ertragbringenden Wirtschaftsgüter erhält. Die Leistungen und Bezüge sind folglich nicht mehr als

		Sonderausgaben (§ 10 Abs. 1a Nr. 2 EStG) abziehbar und daher beim Berechtigten nicht steuerbar (§ 22 Nr. 1a EStG).
6	begünstigtes Vermögen i. S. d. § 10 Abs. 1a Nr. 2 Satz 2 EStG gegen wiederkehrende lebenslängliche Versorgungsleistungen. Übernehmer Ü zahlt an Übergeber V (Vater). Ü macht den Sonderausgabenabzug geltend, V versteuert die Rentenzahlungen nach § 22 Nr. 1a EStG.	Übernehmer Ü bringt Betrieb oder Mitunternehmeranteil nach § 20 UmwStG in eine GmbH ein (**Einbringung**). Ü erhält dafür neue Anteile an der GmbH. Die GmbH kann das eingebrachte Vermögen mindestens mit dem Buchwert, höchstens mit dem gemeinen Wert ansetzen (§ 20 Abs. 2 UmwStG).
	Nach der Einbringung in die GmbH endet der sachliche Zusammenhang der wiederkehrenden Leistungen mit der begünstigten Vermögensübertragung nicht, wenn nach der Einbringung die übrigen Voraussetzungen einer begünstigten Vermögensübergabe erfüllt sind. Ü muss also zu mindestens 50 % an der GmbH beteiligt und deren Geschäftsführer sein. Unmaßgeblich ist, mit welchem Wert das eingebrachte Vermögen bei der übernehmenden Gesellschaft angesetzt wird.	
7	begünstigtes Vermögen i. S. d. § 10 Abs. 1a Nr. 2 Satz 2 Buchst. c EStG gegen wiederkehrende lebenslängliche Versorgungsleistungen. Übernehmer Ü zahlt an Übergeber V (Vater). Ü macht den Sonderausgabenabzug geltend, V versteuert die Rentenzahlungen nach § 22 Nr. 1a EStG. Lösung s. Fall 6.	Übernehmer Ü bringt die begünstigten GmbH-Anteile (mindestens 50 %) gegen Gewährung neuer Anteile in eine GmbH ein (**Anteilstausch** i. S. d. § 21 UmwStG).
8	begünstigtes Vermögen i. S. d. § 10 Abs. 1a Nr. 2 Satz 2 Buchst. a und / oder Buchst. b EStG gegen wiederkehrende lebenslängliche Versorgungsleistungen. Übernehmer Ü zahlt an Übergeber V (Vater). Ü macht den Sonderausgabenabzug geltend, V versteuert die Rentenzahlungen nach § 22 Nr. 1a EStG.	Übernehmer Ü bringt Betrieb oder Mitunternehmeranteil nach § 24 UmwStG in eine Personengesellschaft ein (**Einbringung**). Ü wird dafür Mitunternehmer an der Gesellschaft. Die Gesellschaft kann das eingebrachte Vermögen mindestens mit dem Buchwert, höchstens mit dem gemeinen Wert ansetzen (§ 24 Abs. 2 UmwStG).
	Nach der Einbringung in die Personengesellschaft endet der sachliche Zusammenhang der wiederkehrenden Leistungen mit der begünstigten Vermögensübertragung nicht, wenn nach der Einbringung die übrigen Voraussetzungen einer begünstigten Vermögensübergabe erfüllt sind. Unmaßgeblich ist, mit welchem Wert das eingebrachte Vermögen bei der übernehmenden Gesellschaft angesetzt wird.	
9	Die Grundsätze der Fälle 6 bis 7 gelten auch für die formwechselnde Umwandlung oder Verschmelzung von Personengesellschaften.	
10	begünstigtes Vermögen i. S. d. § 10 Abs. 1a Nr. 2 Satz 2 Buchst. a EStG gegen wiederkehrende lebenslängliche Versorgungsleistungen. Übernehmer Ü zahlt an Übergeber V (Vater). Ü macht den Sonderausgabenabzug geltend, V versteuert die Rentenzahlungen nach § 22 Nr. 1a EStG.	Die Mitunternehmerschaft wird nach § 16 Abs. 3 Satz 2 bis 4 EStG real geteilt. Die **Realteilung** ist durch den auf der Ebene der **Mitunternehmerschaft** verwirklichten Tatbestand der **Betriebsaufgabe** gekennzeichnet. Zur Definition der Realteilung.s BMF-Schreiben vom 28. 2. 2006 (BStBl 2006 I 228 – Realteilungserlass).

> Im Fall der Realteilung (§ 16 Absatz 3 Satz 2 bis 4 EStG) wird der sachliche Zusammenhang der wiederkehrenden Leistungen mit der begünstigten Vermögensübertragung nur dann nicht beendet, wenn der Vermögensübernehmer einen Teilbetrieb oder Mitunternehmeranteil erhält und nach der Realteilung die übrigen Voraussetzungen für das Vorliegen der einer begünstigten Wirtschaftseinheit erfüllt sind (Rz. 43 des BMF-Schreibens vom 11. 3. 2010).

6.2.2.8 Form, Inhalt und Durchführung des Vertrages

356 Damit (als Sonderausgaben abzugsfähige) Versorgungsleistungen vorliegen können, sind noch weitere Voraussetzungen zu prüfen (Rz. 59 ff. des BMF-Schreibens v. 11. 3. 2010, BStBl 2010 I 227):

▶ Erfüllt der Vertrag die Anforderungen an Verträge zwischen nahen Angehörigen?

▶ Sind die Leistungen lebenslänglich und ohne Mindestlaufzeit zu erbringen?

▶ Ist Gegenstand der Übertragung ausreichend ertragbringendes Vermögen?

▶ Gehören der Vermögensübernehmer und der Empfänger der Leistungen zum versorgungsbedürftigen Generationenverbund?

357 Der Versorgungsvertrag entspricht nur dann den Anforderungen, die die Rechtsprechung an Verträge unter nahen Angehörigen stellt, wenn die **Formerfordernisse nach Zivilrecht beachtet** wurden. Der Vertrag muss einen **Mindestbestand an vertraglichen Vereinbarungen** beinhalten (Vertrag muss konkrete Angaben zum Umfang des übertragenen Vermögens, zur Höhe der Versorgungsleistungen und zur Art und Weise der Zahlungen enthalten). Es müssen **klare und eindeutige Vereinbarungen für die Zukunft** getroffen sein. Die Vereinbarungen müssen zu Beginn des Rechtsverhältnisses getroffen werden; rückwirkende Vereinbarungen sind nicht anzuerkennen. Vertragsänderungen, z. B. Erhöhung der Versorgungsleistungen, Aufnahme der Abänderungsklausel, sind nur beim Vorliegen von sachlichen Gründen anzuerkennen.

358 Einigen sich die Vertragsbeteiligten auf ein in Anbetracht des gestiegenen Versorgungsbedürfnisses neues Versorgungskonzept – z. B. wegen des Umzugs des Versorgungsberechtigten in ein Pflegeheim –, sind Zahlungen, die ab diesem Zeitpunkt nicht mehr aus dem Ertrag des übergebenen Vermögens erbracht werden können, freiwillige Leistungen i. S. d. § 12 Nr. 2 EStG. Um freiwillige Leistungen i. S. d. § 12 Nr. 2 EStG handelt es sich auch, soweit die Zahlungen zwar aus dem Ertrag des übergebenen Vermögens erbracht werden können, aber die Anpassung der wiederkehrenden Leistungen zwecks Übernahme eines Pflegerisikos im ursprünglichen Übertragungsvertrag ausdrücklich ausgeschlossen war.

359 Werden die Versorgungsleistungen im Fall einer erheblichen Ertragsminderung infolge einer Betriebsverpachtung nicht angepasst, obwohl die Abänderbarkeit aufgrund wesentlich veränderter Bedingungen vertraglich nicht ausgeschlossen war, sind die die dauerhaften Erträge übersteigenden Zahlungen freiwillige Leistungen i. S. d. § 12 Nr. 2 EStG (Rz. 61 und 62 des BMF-Schreibens vom 11. 3. 2010, a. a. O.).

6.2.2.9 Das Korrespondenzprinzip

Im Zusammenhang mit einer Vermögensübertragung vereinbarte Versorgungsleistun- 360
gen sind vom Berechtigten als Einkünfte nach § 22 Nr. 1a EStG zu versteuern, wenn der
Verpflichtete zum Abzug der Leistungen als Sonderausgaben nach § 10 Abs. 1a Nr. 2
EStG berechtigt ist. Es kommt nicht darauf an, dass sich die wiederkehrenden Leistungen auch tatsächlich steuermindernd ausgewirkt haben.

Versorgungsleistungen anlässlich einer begünstigten Vermögensübertragung sind 361
beim Empfänger in vollem Umfang steuerpflichtig und beim Verpflichteten in vollem
Umfang als Sonderausgaben abziehbar. Dies gilt unabhängig davon, ob die wiederkehrenden Versorgungsleistungen in Form von Renten oder dauernden Lasten vereinbart
sind. Bei der Ermittlung der Einkünfte nach § 22 Nr. 1a EStG ist § 9a Satz 1 Nr. 3 EStG
anzuwenden (Rz. 51 und 52 des BMF-Schreibens vom 11. 3. 2010, BStBl 2010 I 227).

Die folgende Übersicht zeigt die weiteren Voraussetzungen für den Sonderausgaben- 362
abzug der Versorgungsleistungen.

TAB. 8:	Voraussetzungen für den Sonderausgabenabzug der Versorgungsleistungen
Vermögensübergeber	**Vermögensübernehmer**
Einkünfte i. S. d. § 22 Nr. 1a EStG	**Sonderausgaben nach § 10 Abs. 1a Nr. 2 EStG**
Der **Vermögensübergeber** als Empfänger der Versorgungsleistungen muss unbeschränkt einkommensteuerpflichtig sein. Eine Ausnahme gilt in den Fällen des § 1a Abs. 1 Nr. 1 Buchst. a EStG : Ist der **Vermögensüber- nehmer** – Staatsangehöriger eines Mitgliedstaates der EU oder eines Staates, auf den das Abkommen über den Europäischen Wirtschaftsraum anwendbar ist, und – ist er nach § 1 Abs. 1 oder Abs. 3 EStG **unbeschränkt einkommensteuerpflichtig,** sind Versorgungsleistungen auch dann als Sonderausgaben abziehbar, wenn der Empfänger (Vermögensübergeber) nicht unbeschränkt einkommensteuerpflichtig ist. Voraussetzung ist in diesem Fall, dass der Empfänger seinen Wohnsitz oder gewöhnlichen Aufenthalt im Hoheitsgebiet eines anderen Mitgliedstaates der EU oder eines Staates hat, auf den das Abkommen über den Europäischen Wirtschaftsraum Anwendung findet, und dass die Besteuerung der Versorgungsleistungen beim Empfänger durch eine Bescheinigung der zuständigen ausländischen Steuerbehörde nachgewiesen wird.	Versorgungsleistungen, die mit steuerbefreiten Einkünften des Übernehmers, z. B. aufgrund eines DBA, in wirtschaftlichem Zusammenhang stehen, können nicht als Sonderausgaben berücksichtigt werden. § 3 Nr. 40, § 3 Nr. 40a und § 32d EStG stehen der Abziehbarkeit der Versorgungsleistungen nicht entgegen. Ist der Vermögensübernehmer in Deutschland nicht unbeschränkt einkommensteuerpflichtig, kann er die wiederkehrenden Leistungen nicht als Sonderausgaben nach § 10 Abs. 1a Nr. 2 EStG abziehen (§ 50 Abs. 1 Satz 3 EStG). In diesem Fall hat der Empfänger der Versorgungsleistungen die wiederkehrenden Leistungen nicht zu versteuern (Rz. 55 des BMF-Schreibens vom 11. 3. 2010).

Sind die persönlichen Voraussetzungen für den Sonderausgabenabzug nicht erfüllt, weil z. B. der Vermögensübernehmer nicht unbeschränkt einkommensteuerpflichtig ist, liegen hinsichtlich der wiederkehrenden Leistungen nichtabziehbare Unterhaltsleistungen i. S. d. § 12 Nr. 2 EStG vor. Der Empfänger hat die Versorgungsleistungen nicht zu versteuern.

Umgekehrt werden aus Unterhaltsleistungen i. S. d. § 12 Nr. 2 EStG ab dem Zeitpunkt Sonderausgaben nach § 10 Abs. 1a Nr. 2 EStG, ab dem die persönlichen Voraussetzungen für den Sonderausgabenabzug erfüllt sind, z. B. bei Beginn der unbeschränkten Einkommensteuerpflicht des Vermögensübernehmers (s. a. Rz. 54 und 55 des BMF-Schreibens vom 11. 3. 2010).

HINWEIS:

Soweit das deutsche Einkommensteuerrecht einem unbeschränkt Steuerpflichtigen erlaubt, wiederkehrende Leistungen, die im Zusammenhang mit einer Vermögensübertragung stehen, als Sonderausgaben abzuziehen, beschränkt Steuerpflichtigen einen solchen Abzug jedoch verwehrt (§ 50 Abs. 1 Satz 3 EStG), stellt dies eine unzulässige Beschränkung des freien Kapitalverkehrs (§ 63 AEUV) dar (EuGH Urteil vom 31. 3. 2011, C-450/09, DStR 2011, 664).

Mit Beschluss vom 14. 5. 2013 (I R 49/12, BStBl 2014 II 22) hat der BFH dem EuGH (C-559/13,) die Frage vorgelegt, ob der Abzugsausschluss für Versorgungsleistungen bei beschränkter Steuerpflicht (§ 50 Abs. 1 Satz 3 EStG) unionsrechtswidrig ist.

Die Frage lautet: "Steht Art. 63 AEUV der Regelung eines Mitgliedstaates entgegen, nach welcher private Versorgungsleistungen gebietsfremder Steuerpflichtiger, die im Zusammenhang mit einer Übertragung von ertragbringendem inländischen Vermögen im Zuge einer sog. vorweggenommenen Erbfolge stehen, nicht abzugsfähig sind, während entsprechende Zahlungen bei unbeschränkter Steuerpflicht abzugsfähig sind, allerdings der Abzug eine korrespondierende Steuerpflicht beim (unbeschränkt steuerpflichtigen) Leistungsempfänger zur Folge hat?"

Nach dem EuGH-Urteil vom 24. 2. 2015 (C-559/13, »Josef Grünewald«, DStR 2015, 474) verstößt die Regelung des § 50 Abs. 1 Satz 3 EStG gegen Europarecht, soweit sie einem gebietsfremden Stpfl. mit inländischen gewerblichen Einkünften verwehrt, von diesen Einkünfte die Versorgungsleistungen abzuziehen, die er als Gegenleistung für die Übertragung der entsprechenden Einnahmequelle gezahlt hat.

Unter Verweis auf das EuGH-Urteil vom 24. 2. 2015 (C-559/13, DStR 2015, 474) und im Hinblick auf eine gesetzliche Neuregelung des § 50 Abs. 1 EStG für den Abzug von Versorgungsleistungen als Sonderausgaben bei beschränkt Steuerpflichtigen sowie für die Besteuerung der Versorgungsleistungen beim Empfänger, gilt nach dem BMF-Schreiben (koordinierter Ländererlass) vom 18. 12. 2015 Folgendes:

Der Sonderausgabenabzug für Versorgungsleistungen i. S. d. § 10 Abs. 1a Nr. 2 EStG ist im Vorgriff auf eine gesetzliche Regelung auch beschränkt Steuerpflichtigen zu gewähren (auch wenn diese in einem Drittstaat ansässig sind). Dies gilt in allen noch offenen Fällen, wenn die Voraussetzungen des § 10 Abs. 1a Nr. 2 EStG ansonsten erfüllt sind.

Die Versorgungsleistung ist beim unbeschränkt steuerpflichtigen Empfänger in den Fällen, in denen sich der Sonderausgabenabzug entgegen § 50 Abs. 1 EStG ausschließlich aufgrund dieses Schreibens ergibt, nicht steuerpflichtig.

363 **BEISPIEL:** ➤ Vater V (59. Lebensjahr vollendet) überträgt sein Einzelunternehmen zum 1. 1. 2010 an seinen Sohn S (Wert des Betriebs 380 000 €, Buchwert 150 000 €). S soll als Gegenleistung zahlen:

a) eine monatliche Leibrente an V i. H. v. 2 392 €;

b) eine Abstandszahlung an V i. H. v. 180 000 €;

c) eine monatliche Leibrente an V i.H.v. 2392 € und zusätzlich eine Abstandszahlung an V i.H.v. 90 000 €;

d) eine monatliche Leibrente an seine Schwester T i.H.v. 2392 €. Die Rente erlischt mit dem Tod des V. Die Rente dient als Ausgleichszahlung dafür, dass S den Betrieb erhalten hat.

LÖSUNG:

a) Es handelt sich um die Übertragung einer Wirtschaftseinheit i.S.d. § 10 Abs. 1a Nr. 2 Satz 2 Buchst. b EStG.

Bei einer Vermögensübertragung an Angehörige spricht eine widerlegbare Vermutung dafür, dass die wiederkehrenden Leistungen unabhängig vom Wert des übertragenen Vermögens nach dem Versorgungsbedürfnis des Berechtigten und nach der wirtschaftlichen Leistungsfähigkeit des Verpflichteten bemessen worden sind (Rz. 5 des BMF-Schreibens vom 11.3.2010, BStBl 2010 I 227).

Versorgungsleistungen sind gegeben, wenn es sich um wiederkehrende Leistungen handelt, die auf die Lebenszeit des Empfängers gezahlt werden.

Es muss sich um eine ertragbringende Wirtschaftseinheit handeln (Rz. 26 ff. des BMF-Schreibens vom 11.3.2010, a.a.O.). Für die Wirtschaftseinheiten des § 10 Abs. 1a Nr. 2 Satz 2 EStG gelten grundsätzlich die Beweiserleichterungen nach Rz. 29 des BMF-Schreibens vom 11.3.2010. Eine Ertragsermittlung ist somit nicht durchzuführen.

Da die Voraussetzungen des § 10 Abs. 1a Nr. 2 EStG erfüllt sind, handelt es sich um eine voll unentgeltliche Übertragung eines Betriebs. Der Betrieb geht insgesamt zu Buchwerten auf S über (§ 6 Abs. 3 EStG). V muss zwar keinen Veräußerungsgewinn (§ 16 EStG) versteuern, er muss aber die wiederkehrenden Leistungen in voller Höhe (12 × 2392 € = 28 704 €) gem. § 22 Nr. 1a EStG ansetzen. S kann die wiederkehrenden Leistungen nach dem Korrespondenzprinzip (Rz. 51 ff. des BMF-Schreibens vom 11.3.2010, a.a.O.) in voller Höhe (28 704 €) nach § 10 Abs. 1a Nr. 2 EStG als Sonderausgaben geltend machen.

b) Die Voraussetzungen einer begünstigten unentgeltlichen Vermögensübertragung liegen nicht vor, da keine Versorgungsleistungen erbracht werden. Versorgungsleistungen sind nur wiederkehrende Leistungen, die auf die Lebenszeit des Empfängers gezahlt werden (Rz. 56 und 57 des BMF-Schreibens vom 11.3.2010, a.a.O.). Es gelten die Grundsätze der entgeltlichen Vermögensübertragung.

Für die einmalige Abstandszahlung gilt die Einheitstheorie (Rz. 35 ff. des BMF-Schreibens vom 13.1.1993, BStBl 1993 I 80). Da die Einmalzahlung i.H.v. 180 000 € das Kapitalkonto i.H.v. 150 000 € übersteigt, handelt es sich um einen entgeltlichen Vorgang. Nach § 16 Abs. 2 EStG beträgt der Veräußerungsgewinn des V 30 000 €. Nach Abzug des ungekürzten Freibetrages nach § 16 Abs. 4 EStG beträgt der Gewinn 0 €.

Der Sohn S tätigt einen entgeltlichen Erwerb, der zu einer Aufstockung der Buchwerte um die aufgedeckten stillen Reserven führt (§ 6 Abs. 1 Nr. 7 EStG).

c) Hinsichtlich der monatlichen Leibrente s. Lösung Fall a).

Hinsichtlich der Abstandszahlung s. Lösung Fall b) bis auf folgende Ausnahme:

Nach der Einheitstheorie übersteigt die Einmalzahlung i.H.v. 90 000 € nicht das Kapitalkonto i.H.v. 150 000 €. Nach Rz. 38 des BMF-Schreibens vom 13.1.1993 (BStBl 1993 I 80) hat S die Buchwerte fortzuführen. Es handelt sich somit insgesamt um einen unentgeltlichen Vorgang.

Wie im Fall a) muss V die wiederkehrenden Leistungen in voller Höhe (12 × 2392 € = 28 704 €) gem. § 22 Nr. 1a EStG ansetzen. S kann die wiederkehrenden Leistungen nach dem Korrespondenzprinzip (Rz. 51 ff. des BMF-Schreibens vom 11.3.2010, BStBl 2010 I 227) in voller Höhe (28 704 €) nach § 10 Abs. 1a Nr. 2 EStG als Sonderausgaben geltend machen.

Der feste Kaufpreis i. H.v. 90 000 € führt beim Vater zu nicht steuerbaren Einnahmen (Geldschenkung durch den Sohn). Beim Sohn führt der Kaufpreis von 90 000 € zu einer betrieblichen Schuld.

d) Es liegen keine privaten Versorgungsleistungen vor. Sind Empfänger der wiederkehrenden Leistungen die Geschwister des Übernehmers, besteht die widerlegbare Vermutung, dass diese nicht versorgt, sondern gleichgestellt werden sollen (Rz. 50 des BMF-Schreibens vom 11. 3. 2010, a. a. O.). Es gelten die Grundsätze der entgeltlichen Vermögensübertragung gegen wiederkehrende Leistungen.

In Höhe des Rentenbarwerts (28 704 € × 12,845 – Vervielfältiger [BMF-Schreiben vom 1. 10. 2009, BStBl 2009 I 1168] =) 368 788 € liegt ein Entgelt vor, das nach der Einheitstheorie den Buchwert übersteigt, so dass insgesamt eine Veräußerung durch V an S vorliegt. Der Veräußerungsgewinn des V beträgt (368 788 abzgl. 150 000 € =) 218 788 € nach § 16 Abs. 2 EStG. Der Gewinn ist im Wege des abgekürzten Zahlungsweges bei V zu erfassen.

V kann auch hinsichtlich der Veräußerungsleibrente die Zuflussbesteuerung nach R 16 Abs. 11 EStR wählen.

Die im Wege des abgekürzten Zahlungsweges bei T zufließenden Rentenzahlungen sind nach § 22 Nr. 1 Satz 2 EStG nicht als Einkünfte zu erfassen und bei V nach § 12 Nr. 2 EStG als Kosten der Lebensführung nicht abzugsfähig.

LITERATURHINWEIS:

Friebel/Rick/Schneider/Schoor, Fallsammlung Einkommensteuer, 19. Aufl. Fall 43 – 54

Grün, Versorgungsleistungen im Zusammenhang mit einer Vermögensübertragung, NWB 14/2010, 1042, NWB DokID: [PAAAD-40247]; *Kratzsch,* Vermögensübertragungen gegen wiederkehrende Leistungen, NWB 25/2010, 1964, NWB DokID: [JAAAD-44588]; *Wälzholz,* Aktuelle Gestaltungsprobleme mit Versorgungsleistungen nach § 10 Abs. 1 Nr. 1a EStG; DStR 2010, 850; *Risthaus,* Begünstigte Vermögensübertragungen gegen Versorgungsleistungen Teil I und II, DB 2010, 744 und 803; *Reddig,* Der 4. Rentenerlass bei Vermögensübertragungen gegen Versorgungsleistungen, DStZ 2010, 445; *Körper,* Steuerliche Förderung der privaten Altersvorsorge und betrieblichen Altersversorgung – BMF-Schreiben vom 31. 3. 2010 mit den Regelungen zum Versorgungsausgleich –, DStR 2010, 1214; *Moorkamp u. a.,* Die Vermögensübertragung gegen Zahlung von Versorgungsleistungen, Steuer & Studium 2012, 203; *Schoor,* Übertragung betrieblicher Sachgesamtheiten im Wege vorweggenommener Erbfolge, NWB 39/2014, 2954; *Keller* u. a., Die vorweggenommene Erbfolge unter Beteiligung Minderjähriger, NWB 34/2014, 2555; *Stinn,* Vorweggenommene Erbfolge in die Familien-GmbH, NWB 34/2014, 2538; *Schoor,* Kauf und Verkauf eines Hauses auf Rentenbasis, NWB 32/2014, 2427; *Paus,* Übertragung privater Grundstücke gegen wiederkehrende Bezüge, NWB 14/2014, 992.

6.2.3 Leistungen aufgrund eines schuldrechtlichen Versorgungsausgleichs

6.2.3.1 Grundsätzliches zum Versorgungsausgleich

364 Durch das Gesetz zur Strukturreform des Versorgungsausgleichs (VAStrRefG) vom 3. 4. 2009 (BGBl 2009 I 700) wird mit Wirkung ab 1. 9. 2009 der Versorgungsausgleich neu geregelt. Im Zuge der Scheidung von Ehegatten oder der Aufhebung einer eingetragenen Lebenspartnerschaft (§ 20 Abs. 1 LPartG) kommt es im Regelfall zur Durchführung eines Versorgungsausgleichs. Hierbei werden die von den Ehegatten oder Lebenspartnern (§ 20 LParG) in den unterschiedlichen Altersversorgungssystemen erworbenen

Anrechte zum Zeitpunkt der Scheidung innerhalb des jeweiligen Systems geteilt und für den ausgleichsberechtigten Ehegatten oder Lebenspartner eigenständige Versorgungsanrechte geschaffen, die unabhängig von den Versorgungsanrechten des ausgleichspflichtigen Ehegatten oder Lebenspartner im jeweiligen System gesondert weitergeführt werden. Die Anrechte werden also grundsätzlich **intern** (also innerhalb des jeweiligen Versorgungssystems) **geteilt** (s. a. Rz. 270, 271 des BMF-Schreibens vom 19. 8. 2013, BStBl 2013 I 1087).

Zu einem Ausgleich über ein anderes Versorgungssystem (**externe Teilung**) kommt es   365 nur noch in den in §§ 14 bis 17 VersAusglG geregelten Ausnahmefällen. Bei einer externen Teilung entscheidet die ausgleichsberechtigte Person über die Zielversorgung. Sie bestimmt also, in welches Versorgungssystem der Ausgleichswert zu transferieren ist (ggf. Aufstockung einer bestehenden Anwartschaft, ggf. Neubegründung einer Anwartschaft). Dabei darf die Zahlung des Kapitalbetrags an die gewählte Zielversorgung nicht zu nachteiligen steuerlichen Folgen bei der ausgleichspflichtigen Person führen, es sei denn, sie stimmt der Wahl der Zielversorgung zu (Rz. 272 des BMF-Schreibens vom 19. 8. 2013, BStBl 2013 I 1087).

Zu einem Ausgleich über ein anderes Versorgungssystem (externe Teilung – § 14 Vers-   366 AusglG –) kommt es, wenn

▶ die Beteiligten es wünschen oder

▶ die interne Teilung einen unverhältnismäßigen Aufwand verursachen würde.

Bei der **externen Teilung** nimmt die ausgleichsberechtigte Person an der Wertentwicklung des aufnehmenden Systems teil. Für Landes- und Kommunalbeamte bleibt es beim Ausgleich über die gesetzliche Rentenversicherung, solange deren Versorgungssysteme keine interne Teilung zulassen.

Steuerrechtlich führt   367

▶ die **interne Teilung** zur Steuerbefreiung des § 3 Nr. 55a EStG und

▶ die **externe Teilung** grundsätzlich zur Steuerbefreiung des § 3 Nr. 55b EStG.

Anrechte, die am Ende der Ehezeit noch **nicht ausgleichsreif** sind (z. B. weil ein Anrecht i. S. d. Betriebsrentengesetzes noch verfallbar ist oder weil das Anrecht bei einem ausländischen, zwischenstaatlichen oder überstaatlichen Versorgungsträger besteht, § 19 Abs. 2 VersAusglG), sind von der internen und externen **Teilung ausgeschlossen**. Insoweit kommen gem. § 19 Abs. 4 VersAusglG **Ausgleichsansprüche** nach der Scheidung in Betracht. Entsprechendes gilt, wenn die Ehegatten bzw. eingetragenen Lebenspartner gem. § 6 Abs. 1 Nr. 3 VersAusglG den Versorgungsausgleich ganz oder teilweise Ausgleichsansprüchen nach der Scheidung vorbehalten haben (s. a. BMF vom 9. 4. 2010, BStBl 2010 I 323 sowie Rz. 275 des BMF-Schreibens vom 19. 8. 2013, BStBl 2013 I 1087).

6.2.3.2   Vereinbarungen über den Versorgungsausgleich

Mit der Reform des Versorgungsausgleichs werden die formellen und materiellen Vo-   368 raussetzungen für Vereinbarungen über den Versorgungsausgleich in den §§ 6 bis 8 VersAusglG zusammengefasst. § 1408 Abs. 2 BGB enthält deshalb nur einen Verweis auf diese Vorschriften. Der erforderliche Schutz der Eheleute wird durch Formvorschriften (§ 7 VersAusglG) sowie die richterliche Prüfung der materiellen Wirksamkeit im Verfahren (§ 8 VersAusglG) erreicht.

369 Nach § 6 Abs. 1 Satz 1 VersAusglG können die Ehegatten **Vereinbarungen über den Versorgungsausgleich** schließen. Nach Satz 2 können sie den Versorgungsausgleich insbesondere ganz oder teilweise

1. in die Regelung der ehelichen Vermögensverhältnisse einbeziehen,

2. ausschließen sowie

3. Ausgleichsansprüchen nach der Scheidung gem. den §§ 20 bis 24 VersAusglG vorbehalten.

Schuldrechtliche Ausgleichszahlungen des Ausgleichsverpflichteten an den Ausgleichsberechtigten in Form einer schuldrechtlichen Ausgleichsrente (§ 20 VersAusglG; zur Abtretung von Versorgungsansprüchen: § 21 VersAusglG) oder in Form von Kapitalzahlungen (§ 22 VersAusglG) kann der Ausgleichsverpflichtete unter den Voraussetzungen des § 10 Abs. 1a Nr. 4 EStG als Sonderausgaben geltend machen (Rz. 2 des BMF-Schreibens vom 9. 4. 2010, BStBl 2010 I 323).

369/1 Abfindungszahlungen für den Verzicht auf den Versorgungsausgleich gem. § 6 Abs. 1 Satz 2 Nr. 2 und § 23 VersAusglG sind nach § 10 Abs. 1a Nr. 3 EStG ab dem VZ 2015 als Sonderausgaben zu berücksichtigen. Voraussetzung ist nach § 10 Abs. 1a Nr. 3 Satz 2 EStG die volle oder teilweise Zustimmung des Empfängers.

6.2.3.3 Die interne Teilung

6.2.3.3.1 Grundsätzliches zur internen Teilung

370 Nach § 9 Abs. 2 VersAusglG sind die Anrechte in der Regel nach den §§ 10 bis 13 VersAusglG intern zu teilen.

371 § 9 Abs. 3 VersAusglG stellt klar, dass eine **externe Teilung gegenüber der internen Teilung nachrangig** ist und nur in Frage kommt, wenn die Voraussetzungen des § 14 Abs. 2 VersAusglG oder des § 16 Abs. 1 oder 2 VersAusglG vorliegen.

372 § 9 Abs. 4 VersAusglG macht mit dem Verweis auf § 18 VersAusglG deutlich, dass der Ausgleich nicht in jedem Fall durchgeführt werden muss. Er findet in der Regel nicht statt, wenn die Differenz sämtlicher beiderseitiger Ausgleichswerte gering ist oder einzelne Anrechte nur einen geringen Ausgleichswert aufweisen.

373 **Der Grundsatz des Versorgungsausgleichs** lautet, dass jedes Anrecht innerhalb des jeweiligen Versorgungssystems zu teilen ist **(interne Teilung)**. Damit entstehen keine Transferverluste, also Unterschiede, die mit dem Wechsel von Versorgungssystemen verbunden sind. Die interne Teilung gewährleistet so eine gerechte Teilhabe, denn die ausgleichsberechtigte Person nimmt an den Chancen und Risiken des Versorgungssystems der ausgleichspflichtigen Person teil. Bei der internen Teilung spielen also die unterschiedlichen Wertentwicklungen und Leistungsspektren der Versorgungssysteme keine Rolle.

6.2.3.3.2 Steuerrechtliche Behandlung der internen Teilung

Bei der **internen Teilung** wird die Übertragung der Anrechte auf die ausgleichsberech- 374
tigte Person zum Zeitpunkt des Versorgungsausgleichs für beide Ehegatten oder Lebenspartner **nach § 3 Nr. 55a EStG steuerfrei** gestellt, weil auch bei den im Rahmen eines Versorgungsausgleichs übertragenen Anrechten auf eine Alters- und Invaliditäts-
versorgung das **Prinzip der nachgelagerten Besteuerung** eingehalten wird. Die Besteuerung erfolgt erst während der Auszahlungsphase. Die später zufließenden Leistungen
gehören dabei bei beiden Ehegatten oder Lebenspartnern zur gleichen Einkunftsart, da
die Versorgungsanrechte innerhalb des jeweiligen Systems geteilt wurden. Ein Wechsel
des Versorgungssystems und ein damit möglicherweise verbundener Wechsel der Besteuerung weg von der nachgelagerten Besteuerung hat nicht stattgefunden. Lediglich
die individuellen Merkmale für die Besteuerung sind bei jedem Ehegatten oder Lebenspartner gesondert zu ermitteln (Rz. 277 des BMF-Schreibens vom 19. 8. 2013, BStBl
2013 I 1087).

Durch § 3 Nr. 55a Satz 1 EStG wird ausdrücklich klargestellt, dass die **interne Teilung** 375
sowohl für die ausgleichspflichtige als auch die ausgleichsberechtigte Person **steuer-
neutral** ist. Die **ausgleichsberechtigte Person** erlangt bezüglich des neu begründeten
Anrechts steuerrechtlich die gleiche Rechtsstellung wie die ausgleichspflichtige Person.
§ 3 Nr. 55a Satz 2 EStG stellt ferner klar, dass nach der internen Teilung die (späteren)
Versorgungsleistungen bei der ausgleichsberechtigten Person so besteuert werden, wie
das Anrecht bei der ausgleichspflichtigen Person ohne Berücksichtigung der Teilung zu
besteuern wäre. Die (späteren) Versorgungsleistungen können daher (weiterhin) zu
Einkünften aus nicht selbstständiger Arbeit (§ 19 EStG) oder aus Kapitalvermögen (§ 20
EStG) oder zu sonstigen Einkünften (§ 22 EStG) führen. Die **ausgleichspflichtige** Person
versteuert (später) die zufließenden reduzierten und die ausgleichsberechtigte Person
die zufließenden Leistungen (Rz. 280 des BMF-Schreibens vom 19. 8. 2013, BStBl 2013 I
1087).

Für die Ermittlung des Versorgungsfreibetrags und des Zuschlags zum Versorgungsfrei- 376
betrag nach § 19 Abs. 2 EStG, des Besteuerungsanteils nach § 22 Nr. 1 Satz 3 Buchst. a
Doppelbuchst. aa EStG sowie des Ertragsanteils nach § 22 Nr. 1 Satz 3 Buchst. a Doppelbuchst. bb EStG bei der ausgleichsberechtigten Person ist auf deren Versorgungsbeginn, deren Rentenbeginn bzw. deren Lebensalter abzustellen (Rz. 281 des BMF-
Schreibens vom 19. 8. 2013, BStBl 2013 I 1087).

Das BMF-Schreiben vom 10. 11. 2011 (BStBl 2011 I 1084) regelt die Auswirkung einer 377
internen Teilung beim Versorgungsausgleich auf die Steuerfreiheit einer Unterstützungskasse und macht zugleich deutlich, dass der Ehegatte des Ausgleichsberechtigten
als begünstigter Angehöriger i. S. d. § 5 Abs. 1 Nr. 3 KStG gilt.

6.2.3.4   Die externe Teilung

6.2.3.4.1   Überblick über die externe Teilung

378   Die **externe Teilung**, also ein mit einem Wechsel des Versorgungsträgers verbundener Ausgleich, ist grundsätzlich in drei Fällen zulässig:

1. Nach § 14 Abs. 2 Nr. 1 VersAusglG ist dies möglich, wenn der Versorgungsträger mit dem Abfluss des Versorgungskapitals einverstanden ist und auch die ausgleichsberechtigte Person zustimmt. In diesem Fall besteht kein Anlass, eine externe Teilung wegen etwaiger Transferverluste von Gesetzes wegen zu unterbinden. Deshalb sieht das Gesetz hier auch keine Wertgrenze vor.

2. Bei kleineren Ausgleichswerten erlaubt es § 14 Abs. 2 Nr. 2 VersAusglG dem Versorgungsträger, auch ohne Zustimmung der ausgleichsberechtigten Person eine externe Teilung zu verlangen. Das entlastet die Versorgungsträger von der Verwaltung eines zusätzlichen Anrechts und ist auch für die ausgleichsberechtigte Person akzeptabel, weil hier praktische Erfordernisse das Interesse an einer optimalen Teilhabe überwiegen. Bei den internen Durchführungswegen der betrieblichen Altersversorgung ist darüber hinaus eine höhere Wertgrenze gerechtfertigt, weil dem Arbeitgeber hier unmittelbar die Verwaltung obliegt.

3. Schließlich sieht § 16 VersAusglG für die Beamtinnen und Beamten außerhalb der Bundesverwaltung vor, dass es wie nach geltendem Recht beim Ausgleich über die gesetzliche Rentenversicherung bleibt, solange die Bundesländer im Rahmen ihrer seit der Föderalismusreform begründeten Zuständigkeit eine interne Teilung nicht ermöglichen. Der Bund hat für diese Versorgungen keine Regelungskompetenz mehr. Für Beamtinnen und Beamte des Bundes gilt künftig der Grundsatz der internen Teilung nach § 10 VersAusglG.

379   Kommt es ausnahmsweise zu einer externen Teilung, so entscheidet die ausgleichsberechtigte Person nach § 15 Abs. 1 VersAusglG über die Zielversorgung, also darüber, in welches Versorgungssystem der Ausgleichswert zu transferieren ist. Sie kann beispielsweise eine bestehende Versorgung aufstocken, was einer Zersplitterung der Anrechte entgegenwirkt. Dabei darf die Zahlung des Kapitalbetrags an die gewählte Zielversorgung nicht zu nachteiligen steuerlichen Folgen bei der ausgleichpflichtigen Person führen, es sei denn, sie stimmt der Wahl der Zielversorgung zu. Verbunden ist die externe Teilung demnach mit der Leistung eines Kapitalbetrags in Höhe des Ausgleichswerts, der vom Versorgungsträger der ausgleichpflichtigen Person an den Versorgungsträger der ausgleichsberechtigten Person gezahlt wird (Rz. 274 des BMF-Schreibens vom 19. 8. 2013, BStBl 2013 I 1087).

380   Die gesetzliche Rentenversicherung ist Auffang-Zielversorgung, wenn die ausgleichsberechtigte Person ihr Wahlrecht nicht ausübt und es sich nicht um eine betriebliche Altersversorgung handelt. Bei einer betrieblichen Altersversorgung wird bei fehlender Ausübung des Wahlrechts ein Anspruch in der Versorgungsausgleichskasse begründet (§ 15 Abs. 3 VersAusglG; Rz. 272 und 273 des BMF-Schreibens vom 19. 8. 2013, BStBl 2013 I 1087).

6.2.3.4.2 Steuerrechtliche Behandlung der externen Teilung

Bei einer **externen Teilung** kann die **Übertragung** der **Anrechte** zu einer **Besteuerung**   381
führen, da sie mit einem **Wechsel** des **Versorgungsträgers** und damit regelmäßig mit
einem **Wechsel** des **Versorgungssystems** verbunden ist. § 3 Nr. 55b Satz 1 EStG stellt
deshalb die Leistung des Ausgleichswerts in den Fällen der externen Teilung für beide
Ehegatten oder Lebenspartner steuerfrei, soweit das Prinzip der nachgelagerten Besteuerung insgesamt eingehalten wird. Soweit die späteren Leistungen bei der ausgleichsberechtigten Person jedoch nicht der nachgelagerten Besteuerung unterliegen
werden (z. B. Besteuerung nach § 20 Abs. 1 Nr. 6 EStG oder nach § 22 Nr. 1 Satz 3
Buchst. a Doppelbuchst. bb EStG mit dem Ertragsanteil), greift die Steuerbefreiung
gem. § 3 Nr. 55b Satz 2 EStG nicht, und die Leistung des Ausgleichswerts ist bereits im
Zeitpunkt der Übertragung beim ausgleichspflichtigen Ehegatten oder Lebenspartner
zu besteuern. Soweit die Übertragung von Anrechten im Rahmen des Versorgungsausgleichs zu keinen Einkünften i. S. d. EStG führt, bedarf es keiner Steuerfreistellung nach
§ 3 Nr. 55b EStG. Die Besteuerung der später zufließenden Leistungen erfolgt bei jedem
Ehegatten oder Lebenspartner unabhängig davon, zu welchen Einkünften die Leistungen beim jeweils anderen Ehegatten oder Lebenspartner führen, und richtet sich danach, aus welchem Versorgungssystem sie jeweils geleistet werden (Rz. 278 und 283
des BMF-Schreibens vom 19. 8. 2013, BStBl 2013 I 1087).

BEISPIEL 1:

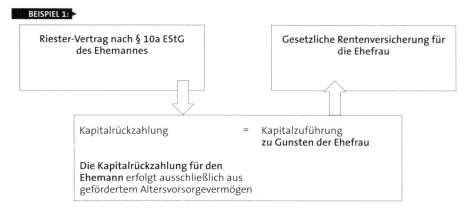

LÖSUNG: Die Kapitalrückzahlung zugunsten des Ehemanns ist die Ansparphase der Ehefrau.
Die Kapitalauszahlung zugunsten des Ehemanns würde nach § 22 Nr. 5 Satz 1 EStG in vollem
Umfang der Besteuerung unterliegen (s. a. Rz. 132 des BMF-Schreibens vom 24. 7. 2013, BStBl
2013 I 1022). Diese bereits versteuerten Beiträge unterliegen in der Auszahlungsphase bei der
Ehefrau wiederum der Versteuerung nach § 22 Nr. 1 Satz 3 Buchst. a Doppelbuchst. aa EStG;
somit wäre eine Doppelbesteuerung gegeben. Nach dem Grundsatz der nachgelagerten Besteuerung i. S. d. § 22 Nr. 5 EStG werden die Leistungen erst in der Auszahlungsphase besteuert
und die Beiträge bzw. Zahlungen in Ansparphase steuerfrei gestellt. Die Auszahlungsphase
wird in den Fällen des § 22 Nr. 1 Satz 3 Buchst. a Doppelbuchst. aa EStG schrittweise in eine
nachgelagerte Besteuerung überführt.

Um die Doppelbesteuerung zu vermeiden, ist die Kapitalrückzahlung für den Ehemann nach
§ 3 Nr. 55b Satz 1 EStG steuerfrei.

BEISPIEL 2:

| Betriebliche Direktzusage für den Ehemann | | Private Rentenversicherung mit Kapitalwahlrecht für die Ehefrau |

| Kapitalrückzahlung **für den Ehemann** | = | Kapitalzuführung **zu Gunsten der Ehefrau** |

LÖSUNG: Bei einer Direktzusage fließt dem ArbN im Zeitpunkt der Zahlung Arbeitslohn zu (Rz. 291 des BMF-Schreibens vom 24. 7. 2013, BStBl 2013 I 1022). Dieser Arbeitslohn ist steuerpflichtig und eventuell nach § 34 Abs. 1 EStG ermäßigt zu besteuern (s. a. Rz. 436 und 437 des BMF-Schreibens vom 24. 7. 2013, BStBl 2013 I 1022).

Die der Ehefrau aus der privaten Rentenversicherung zufließende Rente unterliegt der Besteuerung nach § 22 Nr. 1 Satz 3 Buchst. a Doppelbuchst. bb EStG. Eine nachgelagerte Besteuerung findet nicht statt.

In diesen Fällen gilt der Grundsatz: Keine Freistellung in der Ansparphase (§ 3 Nr. 55b Satz 2 EStG), Vergünstigung in der Auszahlungsphase durch die Versteuerung lediglich des Ertragsanteils.

Wäre die Kapitalrückzahlung nach § 3 Nr. 55b Satz 1 EStG steuerfrei gestellt, dann wäre die Ansparphase steuerfrei gestellt. Da auch die Auszahlungsphase begünstigt ist – Versteuerung lediglich mit dem Ertragsanteil –, läge insofern eine Doppelbegünstigung vor. Die Kapitalauszahlung ist in diesen Fällen nicht nach § 3 Nr. 55b Satz 2 EStG steuerfrei (s. a. Rz. 420 des BMF-Schreibens vom 24. 7. 2013, BStBl 2013 I 1022).

MERKE:

Die Steuerfreiheit nach § 3 Nr. 55b Satz 1 EStG greift gem. § 3 Nr. 55b Satz 2 EStG nicht, soweit Leistungen, die auf dem begründeten Anrecht beruhen, bei der ausgleichsberechtigten Person zu Einkünften nach

► § 20 Abs. 1 Nr. 6 EStG oder

► § 22 Nr. 1 Satz 3 Buchst. a Doppelbuchst. bb EStG führen würden.

BEISPIEL 3:

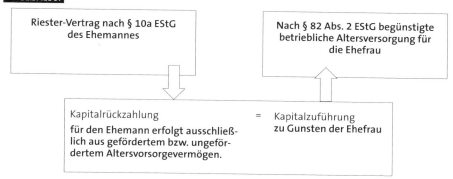

LÖSUNG: Eine steuerunschädliche Übertragung i. S. d. § 93 Abs. 1a Satz 1 EStG liegt u. a. vor, wenn aufgrund einer externen Teilung nach § 14 VersAusglG während der Ehezeit gebildetes gefördertes Altersvorsorgevermögen auf einen zertifizierten Altersvorsorgevertrag oder in eine nach § 82 Abs. 2 EStG begünstigte betriebliche Altersversorgung übertragen wird. Diese Übertagung führt nicht zu steuerpflichtigen Einnahmen (Rz. 422 und 423 des BMF-Schreibens vom 24. 7. 2013, BStBl 2013 I 1022). Eine Steuerbefreiung nach § 3 Nr. 55b EStG bedarf es daher nicht. Wird dabei ausschließlich ungefördertes Altersvorsorgevermögen übertragen, stellt dies eine mit einer Übertragung i. S. d. § 93 Abs. 1a EStG vergleichbare Übertragung dar (Rz. 425 i. d. F. des BMF-Schreibens vom 13. 1. 2014, BStBl 2014 I 97 – Änderung des BMF-Schreibens vom 24. 7. 2013, BStBl 2013 I 1022).

BEISPIEL 4:

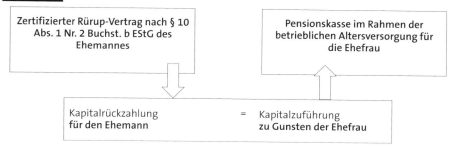

LÖSUNG: Die Kapitalrückzahlung zugunsten des Ehemanns ist die Ansparphase der Ehefrau. Die Kapitalauszahlung zugunsten des Ehemann würde nach § 22 Nr. 1 Satz 3 Buchst. a Doppelbuchst. aa EStG in vollem Umfang der Besteuerung unterliegen (s. a. Rz. 204 des BMF-Schreibens vom 19. 8. 2013, BStBl 2013 I 1087). Einmalige Leistungen (z. B. Kapitalauszahlungen) unterliegen ebenfalls der Besteuerung nach § 22 Nr. 1 Satz 3 Buchst. a Doppelbuchst. aa EStG (s. a. Beispiel 2 in Rz. 286 des BMF-Schreibens vom 19. 8. 2013, BStBl 2013 I 1087).

Der Ausgleichswert führt bei der Ehefrau zu einer Aufstockung einer bestehenden Anwartschaft bzw. zu einer Neubegründung einer Anwartschaft. Dabei darf die Zahlung des Kapitalbetrags an die gewählte Zielversorgung nicht zu nachteiligen steuerlichen Folgen bei der ausgleichspflichtigen Person führen, es sei denn, sie stimmt der Wahl der Zielversorgung zu (Rz. 402 des BMF-Schreibens vom 24. 7. 2013, BStBl I 2013 102).

Der Ausgleichswert ist nach § 3 Nr. 55b Satz 1 EStG steuerfrei. Die spätere geminderte Leistung unterliegt beim Ehemann der (nachgelagerten) Besteuerung nach § 22 Nr. 1 Satz 3 Buchst. a Doppelbuchst. aa EStG. Die Leistung bei der Ehefrau unterliegt – soweit diese auf dem eingezahlten Ausgleichswert beruht – der (nachgelagerten) Besteuerung nach § 22 Nr. 5 Satz 1 EStG.

Nach dem Grundsatz der nachgelagerten Besteuerung i. S. d. § 22 Nr. 5 EStG werden die Leistungen erst in der Auszahlungsphase besteuert und die Beiträge bzw. Zahlungen in Ansparphase steuerfrei gestellt. Die Auszahlungsphase wird in den Fällen des § 22 Nr. 1 Satz 3 Buchst. a Doppelbuchst. aa EStG schrittweise in eine nachgelagerte Besteuerung überführt.

382   § 3 Nr. 55b Satz 3 EStG normiert Informationspflichten bezüglich des im Rahmen der externen Teilung übertragenen Anrechts. Der Versorgungsträger der ausgleichpflichtigen Person hat insoweit gegenüber dem Versorgungsträger der ausgleichsberechtigten Person die für die Besteuerung der Leistungen erforderlichen Grundlagen mitzuteilen. Dadurch wird die sachgerechte Erfassung, Dokumentation und Mitteilung der steuerlich zu erfassenden Leistungen für die ausgleichsberechtigte Person sichergestellt. Andere Informationspflichten bleiben hiervon unberührt. Durch § 3 Nr. 55b Satz 4 EStG werden überflüssige Mitteilungen vermieden, wenn dem Versorgungsträger der ausgleichsberechtigten Person die für die Besteuerung der Leistungen erforderlichen Grundlagen ohnehin bekannt sind.

6.2.3.4.3   Ausnahmen von der internen oder der externen Teilung

383   Nicht in jedem Fall ist es erforderlich, ein Anrecht intern oder extern zu teilen. Deshalb sieht das Gesetz im Interesse aller Beteiligten folgende Ausnahmen vor: Nach § 3 Abs. 3 VersAusglG findet **bei einer kurzen Ehe von bis zu drei Jahren** grundsätzlich kein Ausgleich mehr statt. Die Eheleute erwarten hier in der Regel keinen Ausgleich. Das beschleunigt zudem die Scheidungsverfahren, weil in diesen Fällen schon die Auskunftserteilung und die Wertberechnung entbehrlich sind. Dieser Ausschluss im mutmaßlichen Interesse der Ehegatten entlastet damit auch die Familiengerichte und die Versorgungsträger.

384   Darüber hinaus regelt § 18 VersAusglG zwei Fälle, in denen ein Ausgleich in der Regel verzichtbar ist: Das wird zum einen nach § 18 Abs. 1 VersAusglG dann der Fall sein, wenn die Differenz sämtlicher gegenseitiger Ausgleichswerte geringfügig ist. Hier besteht – etwa bei Eheleuten mit annähernd gleich hohen Versorgungen – kein Anlass für einen Hin-und-her-Ausgleich. Der Verzicht auf einen Ausgleich entspricht hier meist dem Willen der Eheleute, zudem entlastet er die Versorgungsträger und das Familiengericht. Der Verzicht auf die Teilung von kleinen Ausgleichswerten (§ 18 Abs. 2 VersAusglG) entlastet zum anderen vor allem die Versorgungsträger, weil in diesen Fällen im Teilungssystem mit der Übertragung oder Begründung geringer Werte – sei es systemintern, sei es durch eine externe Teilung – ein unverhältnismäßiger Aufwand verbunden wäre. Nach § 6 Abs. 1 Satz 1 VersAusglG können die Ehegatten auch Vereinbarungen über den Versorgungsausgleich schließen.

6.2.3.5   Schuldrechtliche Ausgleichszahlungen ab dem 1. 9. 2009

6.2.3.5.1   Grundsätzliches

385   Ziel der **Strukturreform des Versorgungsausgleichs** ist es, den schuldrechtlichen Versorgungsausgleich (bisher §§ 1587f ff. BGB) so weit wie möglich entbehrlich zu machen.

Allerdings ist eine Teilung der Ansprüche nicht immer möglich. Die fehlende Ausgleichsreife ist in § 19 Abs. 2 VersAusglG geregelt. Danach ist ein Anrecht nicht ausgleichsreif,

1. wenn es dem Grunde oder der Höhe nach nicht hinreichend verfestigt ist, insbesondere als noch verfallbares Anrecht i. S. d. Betriebsrentengesetzes,

2. soweit es auf eine abzuschmelzende Leistung gerichtet ist,

3. soweit sein Ausgleich für die ausgleichsberechtigte Person unwirtschaftlich wäre oder

4. wenn es bei einem ausländischen, zwischenstaatlichen oder überstaatlichen Versorgungsträger besteht.

Für diese nicht ausgleichsreifen Ansprüche kommt nur ein schuldrechtlicher Ausgleich nach Maßgabe der §§ 20 ff. VersAusglG in Betracht.

Die gesetzliche Neuregelung des Versorgungsausgleichs im VersAusglG hat den Begriff **386** des »schuldrechtlichen Versorgungsausgleichs« durch den der schuldrechtlichen Ausgleichszahlungen ersetzt. Nach § 6 Abs. 1 Satz 2 VersAusglG können die Ehegatten Vereinbarungen über den Versorgungsausgleich in die Regelung der ehelichen Vermögensverhältnisse einbeziehen; sie können ihn ausschließen, sie können auch Ausgleichsansprüche vorbehalten. Neben der Möglichkeit der internen und der externen Teilung kann nach § 20 VersAusglG eine schuldrechtliche Ausgleichsrente verlangt werden. Mit der Neuregelung soll individuellen Regelungen mehr Raum gegeben werden (BFH Urteil vom 22. 8. 2012, X R 36/09, BFH/NV 2013, 436, Rz. 35).

6.2.3.5.2   Zahlung einer Ausgleichsrente nach § 20 VersAusglG

Bezieht die ausgleichspflichtige Person eine laufende Versorgung aus einem noch nicht **387** ausgeglichenen Anrecht, so kann die ausgleichsberechtigte Person von ihr den Ausgleichswert als Rente (schuldrechtliche Ausgleichsrente) verlangen (§ 20 Abs. 1 Satz 1 VersAusglG). Die Fälligkeit des Anspruchs ist in § 20 Abs. 2 VersAusglG geregelt. Danach ist der Anspruch ist fällig, sobald die ausgleichsberechtigte Person

1. eine eigene laufende Versorgung bezieht,

2. die Regelaltersgrenze der gesetzlichen Rentenversicherung erreicht hat oder

3. die gesundheitlichen Voraussetzungen für eine laufende Versorgung wegen Invalidität erfüllt.

6.2.3.5.3   Abtretung von Versorgungsansprüchen nach § 21 VersAusglG

Die ausgleichsberechtigte Person kann von der ausgleichspflichtigen Person verlangen, **388** ihr den Anspruch gegen den Versorgungsträger in Höhe der Ausgleichsrente abzutreten.

6.2.3.5.4   Anspruch auf Ausgleich von Kapitalzahlungen nach § 22 VersAusglG

Erhält die ausgleichspflichtige Person Kapitalzahlungen aus einem noch nicht ausgegli- **389** chenen Anrecht, so kann die ausgleichsberechtigte Person von ihr die Zahlung des Ausgleichswerts verlangen. Im Übrigen sind die §§ 20 und 21 VersAusglG entsprechend anzuwenden.

6.2.3.5.5 Anspruch auf Abfindung nach § 23 VersAusglG

390 Die ausgleichsberechtigte Person kann für ein noch nicht ausgeglichenes Anrecht von der ausgleichspflichtigen Person eine zweckgebundene Abfindung verlangen. Die Abfindung ist an den Versorgungsträger zu zahlen, bei dem ein bestehendes Anrecht ausgebaut oder ein neues Anrecht begründet werden soll. Der Anspruch besteht nur, wenn die Zahlung der Abfindung für die ausgleichspflichtige Person zumutbar ist.

6.2.3.5.6 Anspruch gegen die Witwe oder den Witwer nach § 26 VersAusglG

391 Stirbt der Ausgleichsverpflichtete und besteht ein noch nicht ausgeglichenes Anrecht bei einem ausländischen, zwischenstaatlichen oder überstaatlichen Versorgungsträger und leistet der Versorgungsträger eine Hinterbliebenenversorgung, kann die Witwe oder der Witwer zu Leistungen an den ausgleichsberechtigten, geschiedenen Ehegatten des Verstorbenen verpflichtet sein.

6.2.3.5.7 Regelungsbefugnisse der Ehegatten nach § 6 VersAusglG

392 Die Ehegatten können Vereinbarungen über den Versorgungsausgleich schließen. Sie können ihn insbesondere ganz oder teilweise

1. in die Regelung der ehelichen Vermögensverhältnisse einbeziehen,

2. ausschließen sowie

3. Ausgleichsansprüchen nach der Scheidung gem. den §§ 20 bis 24 VersAusglG vorbehalten.

Die besonderen formellen und materiellen Wirksamkeitsvoraussetzungen enthalten die §§ 7 und 8 VersAusglG.

6.2.3.6 Einkommensteuerrechtliche Behandlung von Ausgleichszahlungen im Rahmen des Versorgungsausgleichs

6.2.3.6.1 Grundsätzliches zum Korrespondenzprinzip zwischen Sonderausgaben nach § 10 Abs. 1a Nr. 3 und 4 EStG und Einnahmen nach § 22 Nr. 1a EStG

393 Leistungen vom Ausgleichsverpflichteten an den Ausgleichsberechtigten stellen einen Transfer von steuerbaren und steuerpflichtigen Einkünften dar, der sich auf die steuerliche Leistungsfähigkeit der Beteiligten auswirkt. Mit § 10 Abs. 1a Nr. 3 und 4 EStG wurde für diese Fälle eine eigenständige Regelung geschaffen, die berücksichtigt, in welchem Umfang die der Leistung zu Grunde liegenden Einnahmen (z. B. Leibrente nach § 22 EStG oder Einkünfte nach § 19 EStG) der Besteuerung unterliegen (s. a. BMF-Schreiben vom 9. 4. 2010, BStBl 2010 I 323).

394 Ist der Ausgleichsverpflichtete nicht unbeschränkt einkommensteuerpflichtig (§ 1 Abs. 4 EStG), kann er die Ausgleichszahlungen im Rahmen des Versorgungsausgleichs nicht als Sonderausgaben nach § 10 Abs. 1a Nr. 3 und 4 EStG abziehen (s. a. § 50 Abs. 1

Satz 3 EStG). In diesem Fall hat der Ausgleichsberechtigte diese Leistungen nicht zu versteuern (Rz. 8 des BMF-Schreibens vom 9. 4. 2010, BStBl 2010 I 323).

6.2.3.6.2   Schuldrechtliche Ausgleichsrente nach § 20 VersAusglG

Befindet sich das Anrecht bereits in der Leistungsphase und wird eine Ausgleichsrente   395
an den Ausgleichsberechtigten gezahlt (§ 20 VersAusglG), kann der Ausgleichsverpflichtete die Zahlungen nach § 10 Abs. 1a Nr. 4 EStG abziehen, soweit die ihnen zugrunde
liegenden Einnahmen bei ihm der Besteuerung unterliegen. Der Ausgleichsberechtigte
hat die entsprechenden Leistungen nach § 22 Nr. 1a EStG zu versteuern (Rz. 9 des BMF-
Schreibens vom 9. 4. 2010, BStBl 2010 I 323).

TAB. 9: Sonderausgabenabzug einer schuldrechtlichen Ausgleichsrente nach § 20 VersAusglG

Ausgleichsrente	Ausgleichsverpflichteter	Ausgleichsberechtigter
1. Leistung aus der - gesetzlichen Rentenversicherung, - berufsständischen Versorgungseinrichtung, - landwirtschaftlichen Alterskasse, - Basisvorsorge i. S. d. § 10 Abs. 1 Nr. 2 Buchst. b EStG (Rürup-Rente).	Leibrente i. S. d. § 22 Nr. 1 Satz 3 Buchst. a Doppelbuchst. aa EStG: Steuerpflichtig im Rahmen der nachgelagerten Besteuerung (Übergangsregelung). Ausgleichsrente: z. B. 50 % der Leibrente ————► Der Ausgleichsverpflichtete kann die Zahlung nach § 10 Abs. 1a Nr. 4 EStG als Sonderausgaben abziehen, soweit die ihnen zugrunde liegenden Einnahmen bei ihm der Besteuerung unterliegen. ▼	Die Ausgleichsrente von z. B. 50 % der Leibrente des Ausgleichsverpflichteten stellt grundsätzlich keine steuerpflichtigen Einkünfte dar. Der Ausgleichsberechtigte hat die entsprechenden Leistungen nach § 22 Nr. 1a EStG zu versteuern. ▼
	Korrespondenzprinzip	
	Sind die zugrunde liegenden Einnahmen nicht steuerbar oder steuerfrei, kommt ein Sonderausgabeabzug nach § 10 Abs. 1a Nr. 4 EStG nicht in Betracht.	Soweit kein Sonderausgabeabzug beim Ausgleichsverpflichteten in Betracht kommt, sind auch keine Einnahmen nach § 22 Nr. 1a EStG zu versteuern.
2. Versorgungsbezug i. S. d. § 19 Abs. 2 EStG	Der Versorgungsbezug unterliegt beim Versorgungsempfänger nach Abzug des Versorgungsfreibetrags und des Zuschlags zum Versorgungsfreibetrag nach § 19 Abs. 2 EStG der Besteuerung. Nur der der Besteuerung unterliegende Anteil kann als Sonderausgaben nach § 10 Abs. 1a Nr. 4 EStG geltend gemacht werden.	Der Ausgleichsberechtigte hat die Leistungen in entsprechendem Umfang nach § 22 Nr. 1a EStG zu versteuern.

3. Leibrente nach § 22 Nr. 1 Satz 3 Buchst. a Doppelbuchst. bb EStG aus einer privaten Rentenversicherung	Der Leibrente unterliegt beim Empfänger mit dem Ertragsanteil der Besteuerung.	
	Die Ausgleichszahlungen sind nur in Höhe des Ertragsanteils als Sonderausgaben nach § 10 Abs. 1a Nr. 4 EStG zu berücksichtigen.	Korrespondierend hierzu hat der Ausgleichsberechtigte die Ausgleichsrente in entsprechender Höhe nach § 22 Nr. 1a EStG zu versteuern.
4. Laufende Versorgung aus einem Pensionsfonds, einer Pensionskasse, einer Direktversicherung oder einem Riester-Vertrag	Die Versorgung unterliegt nach § 22 Nr. 5 EStG der Besteuerung.	
	Der Teil der Ausgleichsrente kann beim Ausgleichsverpflichteten als Sonderausgaben nach § 10 Abs. 1a Nr. 4 EStG berücksichtigt werden, der nach § 22 Nr. 5 EStG der Besteuerung unterliegt.	Der Ausgleichsberechtigte hat die Leistung in entsprechendem Umfang nach § 22 Nr. 1a EStG zu versteuern. Eine schädliche Verwendung nach § 93 EStG tritt nicht ein, da das geförderte Altersvorsorgevermögen unter den Voraussetzungen des AltZertG an den Ausgleichsverpflichteten gezahlt wird (Rz. 14 des BMF-Schreibens vom 9. 4. 2010, BStBl I 2010 323).

BEISPIEL 1: Die Ausgleichsverpflichtete A bezieht seit dem Jahr 2011 eine Leibrente aus der gesetzlichen Rentenversicherung. Laut Rentenbezugsmitteilung für das Jahr 2013 beträgt der Leistungsbetrag 10 000 € und der darin enthaltene Anpassungsbetrag 1 000 €. Als Ausgleichsrente zahlt A 50 % ihrer Leibrente – und somit insgesamt im Jahr 2013 einen Betrag i. H. v. 5 000 € – an den Ausgleichsberechtigten B.

LÖSUNG: Die Leibrente unterliegt für das Jahr 2013 bei der Ausgleichsverpflichteten nach § 22 Nr. 1 Satz 3 Buchst. a Doppelbuchst. aa EStG i. H. v. 6 580 € der Besteuerung (62 % von 9 000 € = 5 580 € zzgl. Anpassungsbetrag von 1 000 €). Nach § 10 Abs. 1a Nr. 4 EStG kann A von den an B geleisteten 5 000 € einen Betrag i. H. v. 3 290 € (50 % von 6 580 €, da die Ausgleichsrente 50 % der Leibrente beträgt) als Sonderausgaben geltend machen. B muss korrespondierend hierzu 3 188 € (= 3 290 € ./. 102 € Werbungskostenpauschbetrag bzw. ggf. abzüglich tatsächlicher Werbungskosten) nach § 22 Nr. 1a EStG versteuern (s. a. Beispiel 1 in Rz. 11 des BMF-Schreibens vom 9. 4. 2010, BStBl 2010 I 323).

BEISPIEL 2: Der Ausgleichsverpflichtete A bezieht im Jahr 2013 (Versorgungsbeginn 1. 1. 2011) eine Beamtenpension i. H. v. 20 000 €. Die Ausgleichsberechtigte B erhält eine Ausgleichsrente i. H. v. 10 000 € jährlich.

LÖSUNG: Nach Abzug der Freibeträge für Versorgungsbezüge nach § 19 Abs. 2 EStG i. H. v. 2 964 €, wird ein Betrag von 17 036 €, bei A der Besteuerung zugrunde gelegt. A kann einen Betrag i. H. v. 8 518 € (= 50 % von 17 036 €) als Sonderausgaben geltend machen. B hat einen Betrag i. H. v. 8 416 € (= 8 518 € ./. 102 € Werbungskostenpauschbetrag bzw. ggf. abzüglich tatsächlicher Werbungskosten) nach § 22 Nr. 1a EStG zu versteuern (s. a. Beispiel 2 in Rz. 12 des BMF-Schreibens vom 9. 4. 2010, BStBl 2010 I 323).

BEISPIEL 3: ▶ Der Ausgleichsverpflichtete A erhält nach Vollendung des 60. Lebensjahres aus dem Auszahlungsplan seines Riester-Vertrags eine monatliche Leistung i. H. v. 600 € bzw. eine jährliche Leistung i. H. v. 7 200 €. Bei der erstmaligen Auszahlung der Leistung waren bereits mehr als 12 Jahre seit dem Vertragsabschluss vergangen. Die Leistung beruht zu 70 % auf geförderten und zu 30 % auf ungeförderten Beiträgen; die ungeförderten Beiträge betragen 2 000 €. Im Rahmen des Versorgungsausgleichs zahlt A 50 % seiner (gesamten) Leistungen aus dem Riester-Vertrag an den Ausgleichsberechtigten B.

LÖSUNG: ▶ A hat die auf geförderten Beiträgen beruhende anteilige Leistung von 70 % nach § 22 Nr. 5 Satz 1 EStG i. H. v. 5 040 € (70 % von 7 200 €) im Rahmen der sonstigen Einkünfte zu versteuern. Die auf ungeförderten Beiträgen beruhende anteilige Leistung von 30 % hat er nach § 22 Nr. 5 Satz 2 Buchst. c EStG mit der Hälfte des Unterschiedsbetrags zwischen der Leistung und der Summe der auf sie entrichteten Beiträge zu versteuern. Der Unterschiedsbetrag zwischen der Leistung i. H. v. 2 160 € (30 % von 7 200 €) und der Summe der auf sie entrichteten ungeförderten Beiträge i. H. v. 2 000 € beträgt 160 €. Die ausgezahlte Leistung hat A i. H. v. 80 € (Hälfte des Unterschiedsbetrags, § 22 Nr. 5 Satz 2 Buchstabe c EStG) zu versteuern.

Beim Ausgleichsverpflichteten unterliegt die Leistung aus dem Auszahlungsplan zunächst i. H. v. 5 120 € (= 5 040 € + 80 €) der Besteuerung. Als Sonderausgaben nach § 10 Abs. 1a Nr. 4 EStG kann A einen Betrag i. H. v. 2 560 € geltend machen, da er 50 % der von ihm bezogenen Leistungen als Ausgleichsrente an B zahlt. B muss korrespondierend hierzu 2 458 € (= 2 560 € ./. 102 € Werbungskostenpauschbetrag bzw. ggf. abzüglich tatsächlicher Werbungskosten) nach § 22 Nr. 1 EStG versteuern (s. a. Beispiel 4 in Rz. 14 des BMF-Schreibens vom 9. 4. 2010, BStBl 2010 I 323).

6.2.3.6.3   Abtretung von Versorgungsansprüchen nach § 21 VersAusglG

396   Zum Sonderausgabenabzug nach § 10 Abs. 1a Nr. 4 EStG sowie zur Versteuerung nach § 22 Nr. 1a EStG gelten die obigen Ausführungen zu 6.2.3.6.2 (Rz. 15 bis 17 des BMF-Schreibens vom 9. 4. 2010, BStBl 2010 I 323).

TAB. 10:	Sonderausgabenabzug einer Abtretung von Versorgungsansprüchen nach § 21 VersAusglG	
Anspruch gegen den Versorgungsträger	**Ausgleichsverpflichteter**	**Ausgleichsberechtigter**
1. Leistung aus der – gesetzlichen Rentenversicherung, – berufsständischen Versorgungseinrichtung, – landwirtschaftlichen Alterskasse, – Basisvorsorge i. S. d. § 10 Abs. 1 Nr. 2 Buchst. b EStG (Rürup-Rente).	Abtretung des Anspruchs gegen den Versorgungsträger i. H. der Ausgleichsrente Abtretung: z. B. 50 % ⟶ Die Versorgungsleistungen sind in der Auszahlungsphase auch insoweit beim Ausgleichsverpflichteten steuerlich zu erfassen, als sie wegen der Abtretung nicht an ihn, sondern unmittelbar an den Ausgleichsberechtigten geleistet werden.	Tatsächlicher Zufluss der Ausgleichsrente.
2. Versorgungsbezug i. S. d. § 19 Abs. 2 EStG. 3. Leibrente nach § 22 Nr. 1 Satz 3 Buchst. a Doppelbuchst. bb EStG aus einer privaten Rentenversicherung. 4. Laufende Versorgung aus einem Pensionsfonds, einer Pensionskasse, einer Direktversicherung oder einem Riester-Vertrag.	Der Ausgleichsverpflichtete kann den bei ihm der Besteuerung unterliegenden Teil der Versorgungsleistungen als Sonderausgaben nach § 10 Abs. 1a Nr. 4 EStG abziehen.	Der Ausgleichsberechtigte hat die entsprechenden Ausgleichszahlungen im Rahmen des Versorgungsausgleichs nach § 22 Nr. 1a EStG zu versteuern.

6.2.3.6.4 Anspruch auf Ausgleich von Kapitalzahlungen nach § 22 VersAusglG

Zahlt der Ausgleichsverpflichtete einen Ausgleichswert für Kapitalzahlungen aus einem noch nicht ausgeglichenen Anrecht (§ 22 VersAusglG), ist die Zahlung beim Ausgleichsverpflichteten nach § 10 Abs. 1a Nr. 4 EStG in dem Umfang zu berücksichtigen, wie die dem Ausgleichswert zu Grunde liegenden Kapitalzahlungen beim Ausgleichsverpflichteten zu versteuern sind. Der Ausgleichsberechtigte hat die Zahlung korrespondierend hierzu nach § 22 Nr. 1a EStG zu versteuern (Rz. 18 des BMF-Schreibens vom 9. 4. 2010, BStBl 2010 I 323).   397

BEISPIEL 4: ▸ Der Ausgleichsverpflichtete A hat auf seinem zertifizierten Altersvorsorgevertrag gefördertes Altersvorsorgevermögen i. H. v. 50 000 € angespart. Zu Beginn der Auszahlungsphase lässt sich A im Rahmen einer förderunschädlichen Teilkapitalauszahlung 30 % des vorhandenen geförderten Altersvorsorgekapitals auszahlen (15 000 €). A zahlt dem Ausgleichsberechtigten B einen Ausgleichswert i. H. v. 7 500 € (50 % von 15 000 €).

LÖSUNG: Die Auszahlung unterliegt bei A nach § 22 Nr. 5 Satz 1 EStG i. H. v. 15 000 € der vollen nachgelagerten Besteuerung. Als Sonderausgaben nach § 10 Abs. 1a Nr. 4 EStG kann A einen Betrag i. H. v. 7 500 € (50 % von 15 000 €) ansetzen. B muss korrespondierend hierzu 7 398 € (= 7 500 € ./. 102 € Werbungskostenpauschbetrag bzw. ggf. abzüglich tatsächlicher Werbungskosten) nach § 22 Nr. 1a EStG versteuern (s. a. Beispiel 5 in Rz. 18 des BMF-Schreibens vom 9. 4. 2010, BStBl 2010 I 323).

6.2.3.6.5 Anspruch auf Abfindung nach § 23 VersAusglG

398 Die Zahlung der Abfindung (§ 23 VersAusglG) ist ein Vorgang auf der privaten Vermögensebene. Der Abfindung nach § 23 VersAusglG liegt – im Gegensatz zu den schuldrechtlichen Ausgleichszahlungen – kein steuerbarer Zufluss beim Ausgleichsverpflichteten zugrunde. Ein Sonderausgabenabzug nach § 10 Abs. 1 Nr. 1b EStG scheidet aus. Der Ausgleichsberechtigte muss die Leistungen demnach auch nicht nach § 22 Nr. 1c EStG versteuern. Auch eine Steuerermäßigung wegen außergewöhnlicher Belastung nach § 33 EStG scheidet aus (Rz. 19 bis 21 des BMF-Schreibens vom 9. 4. 2010, BStBl 2010 I 323).

Durch das Gesetz zur Anpassung der Abgabenordnung an den Zollkodex der Union und zur Änderung weiterer steuerlicher Vorschriften vom 22. 12. 2014 (BGBl 2014 I 2417) wird mit § 10 Abs. 1a Nr. 3 EStG ein neuer Abzugstatbestand für Ausgleichszahlungen zur Vermeidung des Versorgungsausgleichs nach einer Ehescheidung bzw. der Auflösung einer Lebenspartnerschaft (§ 6 Abs. 1 Satz 2 Nr. 2 VersAusglG) eingeführt. Damit wird in diesem Bereich ein bestehendes Regelungsdefizit beseitigt.

Die mit der angesprochenen materiell-rechtlichen Neuregelung in § 10 Abs. 1a Satz 1 Nr. 3 EStG geschaffene Abzugsmöglichkeit der Aufwendungen zur Vermeidung des Versorgungsausgleichs bezieht sich auf Zahlungen nach § 6 Abs. 1 Satz 2 Nr. 2 VersAusglG und § 1408 Abs. 2, § 1587 BGB. Nach dieser Regelung hat die ausgleichspflichtige Person die Möglichkeit, zur Vermeidung der Durchführung eines Versorgungsausgleichs, Ausgleichszahlungen an den Versorgungsberechtigten zu leisten/zu vereinbaren. Die entsprechenden Zahlungen können nunmehr steuerlich als Sonderausgaben geltend gemacht werden. Die Berücksichtigung erfolgt auf Antrag des Ausgleichsverpflichteten mit Zustimmung des Ausgleichsberechtigten. Dies ermöglicht den Verfahrensbeteiligten genau zu bestimmen, in welchem Umfang ein Abzug und die damit einhergehende Besteuerung erfolgen soll. Eine steuerliche Berücksichtigung des nicht von der Zustimmung umfassten Teils der Ausgleichszahlungen in einem vom Leistungsjahr abweichenden Veranlagungszeitraum ist nicht möglich.

Die angesprochene Ausgleichsmöglichkeit besteht versorgungsrechtlich unabhängig davon, ob sie eine beamtenrechtliche, eine öffentlich-rechtliche, eine private, eine geförderte oder eine betriebliche Altersversorgung betrifft. § 10 Abs. 1a Satz 1 Nr. 3 EStG ordnet deshalb alle entsprechenden Ausgleichszahlungen einheitlich dem Bereich des Sonderausgabenabzugs zu. Die bisherige steuerliche Einordnung dieser Zahlungen als Werbungskosten (s. z. B. BFH-Urteil vom 8. 3. 2006, BStBl 2006 II 446 u. 448, zu den Ausgleichszahlungen eines Beamten und damit zusammenhängender Schuldzinsen zur Vermeidung einer Kürzung seiner Versorgungsbezüge) oder als Vorgang auf der privaten Vermögensebene ist damit künftig unbeachtlich. Auf diese Weise wird eine steuerliche Gleichbehandlung aller Ausgleichszahlungen erreicht.

Der steuerliche Abzug der Aufwendungen des Ausgleichsverpflichteten als Sonderausgaben korrespondiert mit der Besteuerung der Leistungen beim Ausgleichsberechtigten (§ 22 Nr. 1a EStG).

Die Neuregelung gilt erstmals für im Veranlagungszeitraum 2015 geleistete Aufwendungen.

6.2.3.6.6 Anspruch gegen die Witwe oder den Witwer nach § 26 VersAusglG

Stirbt der Ausgleichsverpflichtete und besteht ein noch nicht ausgeglichenes Anrecht 399
bei einem ausländischen, zwischenstaatlichen oder überstaatlichen Versorgungsträger und leistet der Versorgungsträger eine Hinterbliebenenversorgung, kann die Witwe oder der Witwer zu Leistungen an den ausgleichsberechtigten, geschiedenen Ehegatten des Verstorbenen verpflichtet sein (§ 26 VersAusglG). Die Witwe oder der Witwer kann die Leistungen an den Ausgleichsberechtigten als Sonderausgaben nach § 10 Abs. 1a Nr. 4 EStG geltend machen. Der Ausgleichsberechtigte hat die Leistungen nach § 22 Nr. 1a EStG zu versteuern (Rz. 22 des BMF-Schreibens vom 9. 4. 2010, BStBl 2010 I 323).

LITERATURHINWEIS:

Grobshäuser, Ehescheidung im Steuerrecht, NWB 27/2011, 2316; *Wälzholz,* Versorgungsausgleich im Steuerrecht nach der Versorgungsausgleichsreform 2009, DStR 2010, 465; *Viefhues,* Der neue Versorgungsausgleich, NWB 24/2009, 1839; *Viefhues,* Die Erwerbsobliegenheit der Ehefrau nach Trennung und Scheidung, NWB 39/2012, 3177.

6.2.4 Vorsorgeaufwendungen

6.2.4.1 Allgemeiner Überblick

Unter Vorsorgeaufwendungen versteht der Gesetzgeber die in § 10 Abs. 1 Nr. 2, 3 und 400
3a EStG genannten Versicherungsbeiträge.

Die Vorsorgeaufwendungen werden unterteilt in

► Altersvorsorgeaufwendungen nach § 10 Abs. 1 Nr. 2 Buchst. a und b EStG und

► sonstige Vorsorgeaufwendungen nach § 10 Abs. 1 Nr. 3 Buchst. a und b sowie Nr. 3a EStG.

Durch das Gesetz zur verbesserten steuerlichen Berücksichtigung von Vorsorgeaufwendungen (Bürgerentlastungsgesetz Krankenversicherung) vom 16. 7. 2009 (BGBl I 2009, 1959) – im Folgenden Bürgerentlastungsgesetz genannt – sind die sonstigen Vorsorgeaufwendungen ab 2010 zu unterteilen in

► Basisvorsorgeaufwendungen für die Kranken- und Pflegeversicherung i. S. d. § 10 Abs. 1 Nr. 3 Buchst. a und b EStG sowie

► weitere Versicherungsbeiträge i. S. d. § 10 Abs. 1 Nr. 3a EStG.

Zur einkommensteuerrechtlichen Behandlung von Vorsorgeaufwendungen und Alters-bezügen nimmt das BMF mit Schreiben vom 19. 8. 2013 (BStBl 2013 I 1087) ausführlich Stellung. Dieses BMF-Schreiben ersetzt das bisherige BMF-Schreiben vom 13. 9. 2010 (BStBl 2010 I 681).

6.2.4.2 Zufluss- und Abflussprinzip

400a Regelmäßig wiederkehrende Ausgaben (z. B. Versicherungsbeiträge) sind im Rahmen des Sonderausgabenabzugs grundsätzlich in dem Kj. anzusetzen, in dem sie geleistet wurden (allgemeines Abflussprinzip des § 11 Abs. 2 Satz 1 EStG). Eine Ausnahme von diesem Grundsatz wird durch § 11 Abs. 2 Satz 2 EStG normiert. Danach sind regelmäßig wiederkehrende Ausgaben, die **kurze Zeit** (in der Regel in einem Zeitraum von 10 Tagen) vor oder nach Beendigung des Kj. **geleistet** werden, abweichend vom Jahr des tatsäch-lichen Abflusses dem Jahr der wirtschaftlichen Zugehörigkeit zuzuordnen, wenn die Ausgaben **kurze Zeit** vor oder nach dem Jahreswechsel **fällig** werden (vgl. H 11 [Kurze Zeit] EStH; BMF vom 19. 8. 2013, BStBl 2013 I 1087, Rz. 152 bis 155).

> **BEISPIEL 1:** Der am 1. 1. 2016 fällige Beitrag für den Monat Dezember 2015 wird am 10. 1. 16 geleistet.

> **LÖSUNG:** Grundsätzlich wäre der Beitrag im Kalenderjahr 2016 (Zahlung im Jahr 2016) anzu-setzen. Da die laufenden Beitragszahlungen aber regelmäßig wiederkehrend sind und die hier aufgeführte Zahlung innerhalb des Zeitraums vom 22. 12. bis 10. 1. fällig war und geleistet wurde, ist sie abweichend vom Jahr der Zahlung (Kj. 2016) dem Jahr der wirtschaftlichen Zuge-hörigkeit Kj. 2015 zuzuordnen.

> **BEISPIEL 2:** Der am 15. 1. 2016 fällige Beitrag für den Monat Dezember 2015 wird am 5. 1. 2016 geleistet.

> **LÖSUNG:** Da die Fälligkeit des Dezemberbeitrags außerhalb des sog. »Zehntageszeitraums« liegt, ist die Zahlung vom 5. 1. 2016 steuerlich dem Jahr 2016 zuzuordnen.

HINWEIS:

Nach dem Urteil des FG Köln vom 24. 9. 2015 (15 K 3676/13) ist für die Anwendung des § 11 Abs. 1 Satz 2 EStG eine Fälligkeit innerhalb eines 10-Tageszeitraums vor Ablauf des Kalenderjahres keine Voraussetzung.

6.2.4.3 Altersvorsorge

401 Altersvorsorge kann durch eine Grundvorsorge, durch eine Zusatzvorsorge sowie durch Kapitalanlagen geleistet werden. Die steuerliche Vergünstigung ist abhängig von der gewählten Anlageform. In vielen Fällen erfolgt eine nachgelagerte Versteuerung. Wäh-rend der Erwerbsphase erfolgt eine steuerliche Freistellung; in der Auszahlungsphase sind die Altersbezüge in vollem Umfang steuerpflichtig (§ 22 Nr. 5 EStG).

Zur steuerlichen Förderung der privaten und betrieblichen Altersversorgung siehe die ausführlichen Regelungen im BMF-Schreiben vom 24. 7. 2013 (BStBl 2013 I 1022).

Die Altersvorsorge ruht auf drei Säulen:

TAB. 11: Die drei Säulen der Altersvorsorge

Altersvorsorge

Grundversorgung	Zusatzversorgung	Kapitalanlage-Produkte
► Gesetzliche Rentenversicherung,	**Betriebliche Altersversorgung:**	► Aktien,
► Berufsständische Versorgung	► Direktzusage,	► Sparverträge,
► Versorgung der landwirtschaftlichen Altersklassen (§ 10 Abs. 1 Nr. 2 Buchst. a EStG),	► Unterstützungskasse,	► Investmentanteile,
	► Pensionsfonds,	► Kapitallebensversicherungen,
	► Pensionskasse,	► Rentenversicherungen mit
	► Direktversicherung;	► Kapitalwahlrecht.
► Kapitalgedeckte Leibrentenversicherung (§ 10 Abs. 1 Nr. 2 Buchst. b EStG).	**Private Altersversorgung:**	
	► Riester-Rente.	
Nachgelagerte Versteuerung: Die Freistellung während der Erwerbsphase erfolgt im Rahmen des Sonderausgabenabzugs. In der Auszahlungsphase sind die Altersbezüge in vollem Umfang steuerpflichtig.	Im Bereich der kapitalgedeckten betrieblichen Altersversorgung erfolgt ebenfalls die nachgelagerte Besteuerung. In der Ansparphase sind die Beiträge nach § 3 Nr. 63 EStG steuerfrei. Die steuerliche Freistellung der Altersvorsorgebeiträge bei der Riester-Rente erfolgt in der Ansparphase durch die Zulage oder den Sonderausgabenabzug.	Ab 1. 1. 2005 sind der Sonderausgabenabzug bei den Kapitallebensversicherungen und den Rentenversicherungen mit Kapitalwahlrecht sowie die Steuerfreiheit der Erträge entfallen. Erträge aus Verträgen, die nach dem 31. 12. 2004 mit einer Mindestlaufzeit von zwölf Jahren abgeschlossen und nach Vollendung des 60. Lebensjahres ausgezahlt werden, werden lediglich mit 50 % besteuert. Für Altverträge gelten weiterhin der Sonderausgabenabzug und die volle Steuerfreiheit der Erträge.
Steuerbefreiung der Arbeitgeberbeiträge nach § 3 Nr. 62 EStG.	Steuerbefreiung der Arbeitgeberbeiträge nach § 3 Nr. 56 oder Nr. 63 EStG.	

(Einstweilen frei) 402–405

LITERATURHINWEIS:

Friebel/Rick/Schneider/Schoor, Fallsammlung Einkommensteuer, 19. Aufl. Fall 61

6.2.4.4 Altersvorsorgeaufwendungen nach § 10 Abs. 1 Nr. 2 EStG

6.2.4.4.1 Überblick

406 Altersvorsorgeaufwendungen i. S. d. § 10 Abs. 1 Nr. 2 Buchst. a und b EStG (Grundversorgung) sind folgende Aufwendungen:

► Beiträge an die Träger der gesetzlichen Rentenversicherung einschließlich der Künstlersozialkasse (Rz. 1 bis 4 des BMF-Schreibens vom 19. 8. 2013, BStBl 2013 I 1087);

► Beiträge an die landwirtschaftlichen Alterskassen (Rz. 5 des BMF-Schreibens vom 19. 8. 2013, a. a. O.) und

► Beiträge an die berufsständischen Versorgungseinrichtungen (Rz. 6 und 7 des BMF-Schreibens vom 19. 8. 2013, a. a. O.).

► Beiträge des Stpfl. zum Aufbau einer eigenen kapitalgedeckten Altersversorgung („Rürup-Rente"), wenn der Vertrag nur die Zahlung einer monatlichen auf das Leben des Stpfl. bezogenen lebenslangen Leibrente nicht vor Vollendung des 62. Lebensjahres (bei vor dem 1. 1. 2012 abgeschlossenen Verträgen ist regelmäßig die Vollendung des 60. Lebensjahres maßgebend) oder die ergänzende Absicherung des Eintritts der Berufsunfähigkeit (Berufsunfähigkeitsrente), der verminderten Erwerbsfähigkeit (Erwerbsminderungsrente) oder von Hinterbliebenen (Hinterbliebenenrente) vorsieht (Rz. 17 ff. des BMF-Schreibens vom 19. 8. 2013, a. a. O.). Die genannten Ansprüche dürfen nicht vererblich, nicht übertragbar, nicht beleihbar, nicht veräußerbar und nicht kapitalisierbar sein und es darf darüber hinaus kein Anspruch auf Auszahlungen bestehen (§ 10 Abs. 1 Nr. 2 Buchst. b EStG sowie Rz. 8 ff. des BMF-Schreibens vom 19. 8. 2013, a. a. O.).

Durch das Altersvorsorge-Verbesserungsgesetz (AltvVerbG) vom 24. 6. 2013 (BGBl 2013 1667, BStBl 2013 I 790) wird in § 10 Abs. 1 Nr. 2 Satz 1 Buchst. b Doppelbuchst. bb EStG ab dem Veranlagungszeitraum 2014 die Absicherung gegen den Eintritt der Berufsunfähigkeit oder der verminderten Erwerbsfähigkeit neu geregelt. Die Änderungen durch das AltvVerbG werden im BMF-Schreiben vom 10. 1. 2014 (BStBl 2014 I 70) berücksichtigt. Durch das BMF-Schreiben vom 10. 1. 2014 (BStBl 2014 I 70) werden die Rz. 8 bis 44 und 204 des BMF-Schreibens vom 19. 8. 2013 (a. a. O.) neu gefasst.

Zum Nachweis der Beitragsleistungen s. Rz. 2 des BMF-Schreibens vom 19. 8. 2013, a. a. O.

Nach § 41b Abs. 1 Nr. 11 EStG sind die Beiträge zu den gesetzlichen Rentenversicherungen und an berufsständische Versorgungseinrichtungen getrennt nach ArbG- und ArbN-Anteil zu bescheinigen.

6.2.4.4.2 Beiträge zugunsten der gesetzlichen Rentenversicherung

407 Als Beiträge zur gesetzlichen Rentenversicherung sind Beiträge an folgende Träger der gesetzlichen Rentenversicherung zu berücksichtigen:

► Deutsche Rentenversicherung Bund,

► Deutsche Rentenversicherung Knappschaft-Bahn-See,

► Deutsche Rentenversicherung Regionalträger.

Im Jahr der Zahlung (Abflussprinzip des § 11 Abs. 2 EStG) sind u. a. folgende Beiträge zu 408
berücksichtigen:

► Pflichtbeiträge aufgrund einer abhängigen Beschäftigung;

► Pflichtbeiträge aufgrund einer selbständigen Tätigkeit;

► freiwillige Beiträge;

► Nachzahlungen von freiwilligen Beiträgen;

► freiwillige Zahlungen von Beiträgen zum Ausgleich einer Rentenminderung;

► freiwillige Zahlungen von Beiträgen zum Ausgleich einer Minderung durch einen
Versorgungsausgleich.

Bei der Berechnung der zu berücksichtigenden Altersvorsorgeaufwendungen ist der 409
nach § 3 Nr. 62 EStG steuerfreie Arbeitgeberanteil zur gesetzlichen Rentenversicherung
und ein diesem gleichgestellter steuerfreier Zuschuss des Arbeitgebers mit einzubeziehen (§ 10 Abs. 1 Nr. 2 Satz 6 EStG). Der sich insoweit aus dem Arbeitgeber- und Arbeitnehmeranteil ergebende Betrag wird dann mit dem in der Übergangsphase jeweils geltenden Prozentsatz angesetzt (§ 10 Abs. 3 Satz 4 EStG – im Kj 2013: 76 %, im Kj 2015:
80 %); anschließend wird der steuerfreie Arbeitgeberanteil zur gesetzlichen Rentenversicherung in Abzug gebracht (§ 10 Abs. 3 Satz 5 und 6 EStG).

6.2.4.4.3 Beiträge an landwirtschaftliche Alterskassen

Beiträge zur Alterssicherung der Landwirte können vom Landwirt, seinem Ehegatten 410
oder in bestimmten Fällen von mitarbeitenden Familienangehörigen geleistet werden.
Sie werden an die landwirtschaftliche Alterskasse entrichtet. Werden dem Versiche-
rungspflichtigen aufgrund des Gesetzes zur Alterssicherung der Landwirte Beitrags-
zuschüsse gewährt, mindern diese die nach § 10 Abs. 1 Nr. 2 Satz 1 Buchst. a EStG anzusetzenden Beiträge (Rz. 5 des BMF-Schreibens v. 19. 8. 2013, BStBl 2013 I 1087).

6.2.4.4.4 Beiträge zugunsten berufsständischer Versorgungseinrichtungen

Berufsständische Versorgungseinrichtungen sind Sondersysteme, die die Pflichtversor- 411
gung der Angehörigen kammerfähiger freier Berufe für den Fall des Alters, der Invalidität und des Todes gewährleisten. Erfasst werden insbesondere Ärzte, Apotheker, Architekten, Rechtsanwälte, Notare, Ingenieure und Steuerberater (Rz. 6 und 7 des BMF-
Schreibens v. 19. 8. 2013, a. a. O.).

Pflichtbeiträge von Angehörigen freier Berufe zu den Versorgungswerken ihrer jeweili- 412
gen Kammer sind nicht als Betriebsausgaben, sondern als Sonderausgaben nur teilweise abziehbar. Auch der Betriebsausgabenabzug eines dem „ArbG-Anteil" (§ 3 Nr. 62
EStG) entsprechenden Teils der Vorsorgeaufwendungen eines Selbstständigen kommt
nicht in Betracht (BFH 17. 3. 2004 IV B 185/02, BFH/NV 2004, 1245, NWB DokID:
[XAAAB-23758]). Bei Mitgliedsbeiträgen an berufsständische Versorgungseinrichtungen, die den gesetzlichen Rentenversicherungen vergleichbare Leistungen erbringen,
handelt es sich um Basisvorsorgeaufwendungen i. S. d. § 10 Abs. 1 Nr. 2 Buchst. a EStG.
Als Folge davon unterliegen Kapitalleistungen, die von berufsständischen Versorgungseinrichtungen nach dem 31. 12. 2004 ausgezahlt werden, gem. § 22 Nr. 1 Satz 3

Buchst. a Doppelbuchst. aa EStG der Besteuerung. Die durch das AltEinkG begründete Steuerpflicht ist verfassungsmäßig (BFH Urteil vom 23. 10. 2013 X R 21/12, BFH/NV 2014, 330; Verfassungsbeschwerde eingelegt, Az. BVerfG: 2 BvR 143/14).

Zur Anwendung des § 10 Abs. 1 Nr. 2 Buchst. a EStG bei Beiträgen an berufsständische Versorgungseinrichtungen siehe das BMF-Schreiben v. 7. 2. 2007 (BStBl 2007 I 262).

6.2.4.4.5   Beiträge zugunsten einer Leibrentenversicherung

6.2.4.4.5.1   Allgemeiner Überblick

413   Nach § 10 Abs. 1 Nr. 2 Buchst. b EStG werden als Beiträge zugunsten einer Altersversorgung im Alter auch Aufwendungen anerkannt, die vom Stpfl. zugunsten eines privatrechtlich geregelten Rechtsverhältnisses geleistet werden (Rz. 8 bis 32 des BMF-Schreibens vom 10. 1. 2014, BStBl 2014 I 70), wenn

▶ es sich um Beiträge zum Aufbau einer eigenen kapitalgedeckten Altersversorgung (Basisrente-Alter), ggf. ergänzt um eine Absicherung des Eintritts der verminderten Erwerbsfähigkeit, der Berufsunfähigkeit oder von Hinterbliebenen (§ 10 Abs. 1 Nr. 2 Buchst. b Doppelbuchst. aa EStG) oder

▶ zur Absicherung gegen den Eintritt der verminderten Erwerbsfähigkeit im Versicherungsfall (Basisrente-Erwerbsminderung), ggf. verbunden mit einer Absicherung gegen den Eintritt der Berufsunfähigkeit (§ 10 Abs. 1 Nr. 2 Buchst. b Doppelbuchst. bb EStG) handelt (»Rürup-Versicherung«; BMF vom 10. 1. 2014, BStBl 2014 I 70, Rz. 8).

▶ Eigene Beiträge zum Aufbau einer eigenen kapitalgedeckten Altersversorgung liegen vor, wenn **Personenidentität zwischen** dem **Beitragszahler, der versicherten Person** und dem **Leistungsempfänger** besteht (bei Ehegatten s. R 10.1 EStR; dies gilt für Lebenspartner entsprechend; BMF vom 10. 1. 2014, BStBl 2014 I 70, Rz. 9).

▶ Der Vertrag muss ausschließlich die Zahlung einer monatlichen lebenslangen Leibrente vorsehen (BMF v. 10. 1. 2014, BStBl 2014 I 70, Rz. 10).

Durch das Gesetz zur Anpassung der Abgabenordnung an den Zollkodex der Union und zur Änderung weiterer steuerlicher Vorschriften vom 22. 12. 2014 (BGBl 2014 I 2417) werden u. a. in § 10 Abs. 1 Nr. 2 EStG die Sätze 3 und 4 neu eingefügt. Danach wird bei der Basisrente – analog zur Riester-Rente – bei einer entsprechenden Vereinbarung zwischen dem Stpfl. und dem Anbieter seines Vertrags neben der monatlichen Auszahlung eine Zusammenfassung von zwölf Monatsleistungen in einer Auszahlung zugelassen. Außerdem wird klargestellt, dass auch die Abfindung einer Kleinbetragsrente möglich ist. Bisher war eine Zusammenfassung von Monatsleistungen in einer Auszahlung nicht zulässig. Die Regelung ist ein Beitrag zur Steuervereinfachung, da Aufwand für die Auszahlung von Kleinstbeträgen vermieden wird.

▶ Die Leibrentenzahlung (Basisrente-Alter) darf nicht vor Vollendung des 62. Lebensjahres des Stpfl. beginnen. Bei vor dem 1. 1. 2012 abgeschlossenen Verträgen ist regelmäßig die Vollendung des 60. Lebensjahres maßgebend (BMF vom 10. 1. 2014, a. a. O., Rz. 24).

Die sich aus dem Basisrentenvertrag ergebenden Leistungen sind nach § 22 Nr. 1 Satz 3 Buchst. a Doppelbuchst. aa EStG nachgelagert zu versteuern.

▶ Für den Abzug von Beiträgen nach § 10 Abs. 1 Nr. 2 Buchst. b Doppelbuchst. aa EStG ist seit dem Veranlagungszeitraum 2010 Voraussetzung, dass der Vertrag zertifiziert ist (BMF vom 10. 1. 2014, a. a. O., Rz. 23 und 25).

6.2.4.4.5.2 Absicherung von Berufsunfähigkeit, verminderter Erwerbsfähigkeit und Hinterbliebenen

Ergänzend kann auch der Eintritt der Berufsunfähigkeit, der verminderten Erwerbs- 414 fähigkeit oder die Versorgung von Hinterbliebenen abgesichert werden. Auf die ergänzende Absicherung dürfen maximal 49,9 % des zu zahlenden Versicherungsbeitrages entfallen, oder anders ausgedrückt, die ergänzende Absicherung des Eintritts der Berufsunfähigkeit, der verminderten Erwerbsfähigkeit und von Hinterbliebenen ist nur dann unschädlich, wenn mehr als 50 % der Beiträge auf eine eigene Altersversorgung des Stpfl. entfallen (Rz. 27 des BMF-Schreibens vom 10. 1. 2014, a. a. O.). Die Leistungen müssen in Form einer monatlichen Rente gezahlt werden. Die Leistungen sind nur an folgende Hinterbliebene zulässig:

▶ Ehegatte (nicht Lebenspartner),

▶ Kinder, solange Anspruch auf Kindergeld oder einen Kinderfreibetrag besteht (Rz. 33 des BMF-Schreibens vom 10. 1. 2014, a. a. O.).

Sämtliche Ansprüche aus dem Vertrag dürfen **nicht** (Rz. 16 ff. des BMF-Schreibens vom 10. 1. 2014, a. a. O.)

▶ vererblich,

▶ übertragbar,

▶ beleihbar,

▶ veräußerbar und

▶ kapitalisierbar sein.

Es darf kein Anspruch auf vorzeitige Auszahlung bestehen.

Die Übertragung zur Regelung von Scheidungsfolgen nach dem VersAusglG, insbesondere im Rahmen einer internen (§ 10 VersAusglG) oder externen Teilung (§ 14 VersAusglG), ist unschädlich.

Die OFD Rheinland erläutert anhand von zwei Beispielsfällen die Prüfung, ob bei einer 415 ergänzenden Berufsunfähigkeits- oder Erwerbsminderungsversicherung zur Rürup-Versicherung (Rz. 27 des BMF-Schreibens vom 10. 1. 2014, BStBl 2014 I 70) mehr als 50 % der Beiträge auf die eigene Altersversorgung des Stpfl. fallen (Vfg. OFD Rheinland vom 6. 9. 2007, o. Az., DB 2007, 2004).

6.2.4.4.5.3 Regelung ab 1. 1. 2014

Zur Erhöhung der Motivation, sich gegen das Risiko der Berufsunfähigkeit oder der ver- 415a minderten Erwerbsfähigkeit abzusichern, können ab dem Veranlagungszeitraum 2014 nach § 10 Abs. 1 Nr. 2 Satz 1 Buchst. b Doppelbuchst. bb EStG Beiträge zur Absicherung dieses Risikos im Rahmen des Abzugsvolumens zur Basisabsicherung im Alter geltend gemacht werden (Basisrente-Erwerbsminderung). Von dieser Regelung profitieren alle unbeschränkt Einkommensteuerpflichtigen gleichermaßen. Voraussetzung für die Abzugsmöglichkeit ist, dass

► die Beiträge auf einen nach § 5a AltZertG zertifizierten Vertrag eingezahlt werden (BMF vom 10. 1. 2014, BStBl 2014 I 70, Rz. 23 und 34). Zertifizierungen können auf Antrag des Anbieters erstmalig mit Wirkung zum 1. 1. 2014 erteilt werden. Demnach sind Beiträge zu Basisrentenverträgen-Erwerbsminderung grundsätzlich ab dem Veranlagungszeitraum 2014 abziehbar.

► Ein Basisrentenvertrag-Erwerbsminderung muss nach § 2 Abs. 1a Nr. 1 AltZertG zwingend eine Absicherung gegen den Eintritt der teilweisen oder vollen Erwerbsminderung vorsehen. Eine **Erwerbsminderung** liegt vor, wenn der Versicherungsnehmer voraussichtlich für **mindestens zwölf Monate** aufgrund von Krankheit, Körperverletzung oder Behinderung nicht in der Lage ist, unter den üblichen Bedingungen des allgemeinen Arbeitsmarktes **voll erwerbstätig** zu sein. Dabei ist von einer **teilweisen** Erwerbsminderung auszugehen, wenn der Versicherungsnehmer nicht imstande ist, **mindestens sechs Stunden** täglich erwerbstätig zu sein. Eine **volle Erwerbsminderung** liegt dagegen vor, wenn er hierzu nicht **mindestens drei Stunden** täglich in der Lage ist. Für die Beurteilung, ob eine Beschäftigung unter den üblichen Bedingungen des allgemeinen Arbeitsmarktes möglich und zumutbar ist, kommt es ausschließlich auf die gesundheitlichen Einschränkungen des Versicherten an. Die allgemeine Arbeitsmarktlage ist nicht zu beachten (BMF vom 10. 1. 2014, BStBl a. a. O., Rz. 35).

► Neben der Absicherung gegen den Eintritt der verminderten Erwerbsfähigkeit darf ein Basisrentenvertrag-Erwerbsminderung nach § 10 Abs. 1 Nr. 2 Satz 1 Buchst. b Doppelbuchst. bb EStG zusätzlich **auch** die **Absicherung** gegen den Eintritt der **Berufsunfähigkeit** enthalten.

► Tritt der Versicherungsfall (Erwerbsminderung oder ggf. Berufsunfähigkeit) bis zur Vollendung des 67. Lebensjahres ein, hat der Anbieter eine lebenslange gleichbleibende oder steigende Leibrente vorzusehen (BMF vom 10. 1. 2014, a. a. O., Rz. 36).

► Eine zeitliche Befristung der Erwerbsminderungs- oder Berufsunfähigkeitsrente ist ausschließlich für den Fall nicht zu beanstanden, dass die Erwerbsminderung oder Berufsunfähigkeit bis zur Vollendung des 67. Lebensjahres weggefallen ist.

► Sofern der Stpfl. bei Eintritt des Versicherungsfalls das 55. Lebensjahr vollendet hat, darf die zugesagte Rente in ihrer Höhe vom Alter des Stpfl. bei Eintritt des Versicherungsfalls abhängig gemacht werden (BMF vom 10. 1. 2014, a. a. O., Rz. 38).

415b Zu den nach § 2 Abs. 1a AltZertG vorgeschriebenen vertraglichen Regelungen wie

► Leistungsumfang,

► Leistungsbeginn,

► Beitragsstundung,

► Kündigungs- und Abänderungsverzicht sowie

► medizinische Mitwirkungspflicht des Stpfl.

siehe die Rz. 39 bis 44 des BMF-Schreibens vom 10. 1. 2014 (BStBl 2014 I 70).

6.2.4.4.5.4 Beiträge im Rahmen der betrieblichen Altersversorgung

Zu den nach § 10 Abs. 1 Nr. 2 Buchst. b EStG begünstigten Beiträgen können auch Bei- 416
träge an Pensionsfonds, Pensionskassen und Direktversicherungen gehören, die im
Rahmen der betrieblichen Altersversorgung erbracht werden, sofern es sich um Beiträge zu einem entsprechend zertifizierten Vertrag handelt. Beiträge, die nach § 3 Nr. 63
EStG steuerfrei waren oder nach § 40b EStG (alte Fassung) pauschal versteuert wurden,
können nicht im Rahmen des § 10 EStG als Sonderausgaben geltend gemacht werden;
der Stpfl. muss die Anwartschaft mit eigenen Mitteln aufbauen (Rz. 21 des BMF-Schreibens vom 10. 1. 2014, a. a. O.).

6.2.4.4.5.5 Zertifizierungsverfahren

Durch das JStG 2009 vom 19. 12. 2008 (BGBl 2008 I 2794) werden in § 10 Abs. 2 EStG 416a
die Voraussetzungen für den Sonderausgabenabzug der Beiträge für eine „Rürup-Versicherung" ergänzt. Im Unterschied zur steuerlich geförderten Altersvorsorge nach dem
Abschnitt XI des EStG gab es bisher für Basisrentenverträge kein Zertifizierungsverfah-
ren, in dem die entsprechenden Vertragsmuster von einer Zertifizierungsstelle auf das
Vorliegen der Voraussetzungen nach § 10 Abs. 1 Nr. 2 Buchst. b EStG geprüft wurden.
Dies hatte zur Folge, dass der Stpfl. gegenüber dem FA das Vorliegen der an das Anlage-
produkt zu stellenden Voraussetzungen nach § 10 Abs. 1 Nr. 2 Buchst. b EStG im Einzelfall nachweisen oder glaubhaft machen musste. Die entsprechenden Basisrentenverträge mussten daher in jedem Einzelfall anhand der vorgelegten Vertragsunterlagen
vom FA geprüft werden.

Weil die Einzelfallprüfung sehr zeitaufwändig und fehleranfällig ist und zudem eine 416b
bundeseinheitliche Rechtsanwendung bei der Beurteilung derselben Basisrentenverträge nicht sichergestellt ist, werden Beiträge zugunsten von Basisrentenverträgen i. S. d.
§ 10 Abs. 1 Nr. 2 Buchst. b EStG zukünftig nur noch anerkannt, wenn das dem Vertrag
zugrunde liegende Vertragsmuster nach § 5a AltZertG zertifiziert wurde. Damit entfällt
die aufwändige Einzelfallprüfung.

Zum 1. 7. 2010 übernimmt das BZSt die Zertifizierung von Altersvorsorge- und Basis- 416c
rentenverträgen (vgl. § 3 Abs. 1 AltZertG). Die Zertifizierung eines Basisrentenvertrages
ist die Feststellung, dass die Vertragsbedingungen des Basisrentenvertrages die Anforderungen des § 2 AltZertG erfüllen und der Anbieter den Anforderungen des § 2 Abs. 2
AltZertG entspricht (§ 2 Abs. 3 AltZertG). Dieser Vertrag ist damit im Rahmen des § 10
EStG steuerlich förderungsfähig (10 Abs. 1 Nr. 2 Buchst. b EStG). Nach § 3 Abs. 3 Alt-
ZertG prüft die Zertifizierungsstelle nicht, ob ein Altersvorsorge- oder ein Basisrentenvertrag wirtschaftlich tragfähig, die Zusage des Anbieters erfüllbar ist und ob die Vertragsbedingungen zivilrechtlich wirksam sind.

Die Zertifizierung der Vertragsmuster ist die Voraussetzung für die steuerliche För- 416d
derung zu Altersvorsorge- und Basisrentenverträgen gezahlter Beiträge als Sonderausgaben bei der ESt-Veranlagung. Wegen des steuerrechtlichen Schwerpunkts dieser
staatlichen Sonderaufgabe hat der Gesetzgeber die Zertifizierungsaufgaben auf das
BZSt verlagert.

6.2.4.5 Gemeinsame Voraussetzung für die Berücksichtigung von Vorsorgeaufwendungen

416e Voraussetzung für die Berücksichtigung von Beiträgen i. S. d. § 10 Abs. 1 Nr. 2, 3 und 3a EStG ist, dass diese nicht in unmittelbarem Zusammenhang mit steuerfreien Einnahmen stehen (§ 10 Abs. 2 Satz 1 Nr. 1 EStG; Rz. 156 ff. des BMF-Schreibens vom 19. 8. 2013, a. a. O.). Gesetzliche Arbeitnehmeranteile – z. B. zur gesetzlichen Rentenversicherung – in unmittelbarem wirtschaftlichen Zusammenhang mit steuerfreiem Arbeitslohn (z. B. nach dem Auslandstätigkeitserlass, aufgrund eines Doppelbesteuerungsabkommens oder aufgrund des zusätzlichen Höchstbetrags von 1 800 € nach § 3 Nr. 63 Satz 3 EStG) sind nicht als Sonderausgaben abziehbar.

Die Voraussetzung des § 10 Abs. 2 Satz 1 Nr. 1 EStG ist nach dem BFH-Urteil vom 18. 4. 2012 (X R 62/09, BStBl 2012 II 721) dann erfüllt, wenn ein Stpfl. steuerfreie Einnahmen erzielt und dieser Tatbestand gleichzeitig Pflichtbeiträge an einen Sozialversicherungsträger auslöst. In diesem Fall geht die Steuerbefreiung dem Sonderausgabenabzug logisch vor. Die mit der Verausgabung der Pflichtbeiträge verbundene Minderung der Leistungsfähigkeit wird bereits durch den Bezug der steuerfreien Einnahmen aufgefangen. Der unmittelbare wirtschaftliche Zusammenhang i. S. d. § 10 Abs. 2 Nr. 1 EStG ist danach dadurch gegeben, dass die steuerfreien Einnahmen verpflichtend der Finanzierung der Vorsorgeaufwendungen dienen. Werden aber im Zeitraum einer **Auslandstätigkeit**, deren Vergütungen unter Progressionsvorbehalt steuerfrei gestellt sind, **freiwillig** Beiträge zur gesetzlichen Rentenversicherung gezahlt, sind diese als Sonderausgaben i. S. v. § 10 Abs. 1 Nr. 2 Buchst. a EStG zu berücksichtigen (Urteil FG Köln vom 4. 6. 2014, 4 K 3168/13, EFG 2014, 1572, rkr.). Ein unmittelbarer wirtschaftlicher Zusammenhang zwischen Einnahmen und Aufwendungen i. S. v. § 10 Abs. 2 Satz 1 Nr. 1 EStG ist nicht gegeben, wenn die Beitragszahlung nicht auf einer sozialversicherungsrechtlichen Verpflichtung, sondern auf einem freien Entschluss des Stpfl. beruht.

416f Zur Behandlung von ArbG- und ArbN-Beiträgen zur Krankenversicherung bei abkommensrechtlich freigestelltem Arbeitslohn hat der BFH mit Urteil vom 3. 11. 2010 (I R 73/09, BFH/NV 2011, 773) entschieden, dass der vom Stpfl. gezahlte ArbN-Beitrag zur Krankenversicherung bei abkommensrechtlich freigestelltem Arbeitslohn gem. § 10 Abs. 2 Nr. 1 EStG aufgrund unmittelbaren wirtschaftlichen Zusammenhangs mit steuerfreien Einnahmen nicht als Sonderausgabe geltend gemacht werden kann. Der Begriff des unmittelbaren wirtschaftlichen Zusammenhangs entspricht demjenigen des § 3c EStG.

Der ArbN-Beitrag zur Krankenversicherung kann in diesem Fall auch nicht im Rahmen des Progressionsvorbehalts mindernd berücksichtigt werden, weil Sonderausgaben im Zusammenhang mit ausländischen Einkünften bei der Ermittlung des besonderen Steuersatzes seit der Änderung des § 32b Abs. 2 EStG durch das JStG 1996 unberücksichtigt bleiben. Diese gesetzliche Neuregelung begegnet keinen verfassungs- oder europarechtlichen Bedenken (BFH 18. 4. 2012 X R 62/09, BStBl 2012 II 721).

Auch das FG Düsseldorf hat mit Urteil vom 8. 5. 2015 (9 K 400/14, EFG 2015, 1355, rkr.) entschieden, dass niederländische Krankenversicherungsbeiträge, die bei der Auszahlung im Inland steuerfreier niederländischer Renten in Abhängigkeit von deren Höhe einbehalten werden, nicht nach § 10 Abs. 2 Satz 1 Nr. 1 EStG als Sonderausgaben abgezogen werden können, da sie in unmittelbarem wirtschaftlichem Zusammenhang mit steuerfreien Einnahmen stehen. Die niederländischen Sozialversicherungsbeiträge können auch nicht im Rahmen des Progressionsvorbehalts berücksichtigt werden, da in dessen Berechnung, ohne dass dem gemeinschaftsrechtlichen Bedenken entgegenstünden, nur »Einkünfte« eingehen (s. a. Urteil FG Rheinland-Pfalz vom 24. 3. 2015, 3 K 1443/13, EFG 2015, 1196, rkr.).

Durch das Bürgerentlastungsgesetz vom 16. 7. 2009 (BGBl 2009 I 1959) werden die Ab- 416g
zugsvoraussetzungen des § 10 Abs. 2 EStG weiter präzisiert. So wird § 10 Abs. 2 Satz 1 Nr. 1 EStG dahingehend ergänzt, dass steuerfreie Zuschüsse zu einer Kranken- oder Pflegeversicherung insgesamt mit den Vorsorgeaufwendungen i. S. d. § 10 Abs. 1 Nr. 3 EStG (Basisvorsorgeaufwendungen) und nicht mit solchen i. S. d. § 10 Abs. 1 Nr. 3a EStG in unmittelbarem wirtschaftlichen Zusammenhang stehen. Dies gilt auch, wenn der ArbN Wahlleistungen abgesichert hat. Der Zuschuss mindert in vollem Umfang die Beiträge zur Basisabsicherung (BMF vom 19. 8. 2013, a. a. O., Rz. 90). S. a. BMF vom 19. 8. 2013, a. a. O., Beispiel in Rz. 91.

Das FG Hamburg hat mit Urteil vom 21. 9. 2012 (3 K 144/11, EFG 2013, 26, rkr.) ent- 416h
schieden, dass die Verminderung des Sonderausgabenabzugs für die private Krankenversicherung der Basisversorgung um die Arbeitgeberzuschüsse auch insoweit verfassungsgemäß ist, als diese auf die Komfortversorgung entfallen (§ 10 Abs. 2 Satz 1 Nr. 1 Halbsatz 2 EStG). Auch das FG Nürnberg hielt mit Urteil vom 16. 1. 2013 (3 K 974/11, EFG 2013, 843, rkr.) die Berechnung des Sonderausgabenabzugs des § 10 Abs. 1 i. V. m. Abs. 2 Nr. 1 i. V. m. Abs. 4 EStG für nicht verfassungswidrig. Mit Urteil vom 2. 9. 2014 (IX R 43/13, BStBl 2015 II 257) bestätigt der BFH die Finanzgerichtsrechtsprechung indem er feststellt, dass ein steuerfreier Zuschuss nach § 10 Abs. 2 Satz 1 Nr. 1 Halbsatz 2 EStG ausschließlich mit den Beiträgen für die Basisleistungen i. S. d. § 10 Abs. 1 Nr. 3 EStG zu verrechnen ist. Die steuerfreien Zuschüsse sind nicht auf die Beitragsanteile für Basisleistungen i. S. d. § 10 Abs. 1 Nr. 3 EStG und für Zusatzleistungen i. S. d. § 10 Abs. 1 Nr. 3a EStG aufzuteilen.

Das FG Hamburg hat den Rechtsstreit auch zum Anlass genommen, zugleich die Rege- 416i
lung zu überprüfen, nach der andere Vorsorgeaufwendungen (wie ArbN-Anteile zur Arbeitslosenversicherung, Haftpflichtversicherung, Unfallversicherung) vom Sonderausgabenabzug ausgeschlossen sind, wenn die Aufwendungen für die Krankenversicherung der Basisversorgung den Höchstbetrag bereits ausschöpfen (§ 10 Abs. 4 Satz 4 EStG), und ist dabei zu dem Ergebnis gekommen, dass auch sie verfassungsgemäß sind.

Die Vorsorgeaufwendungen müssen weiterhin 416j

▶ an Versicherungsunternehmen, die ihren Sitz oder ihre Geschäftsleitung in einem EU-/EWR-Staat haben und das Versicherungsgeschäft im Inland betreiben dürfen, und Versicherungsunternehmen, denen die Erlaubnis zum Geschäftsbetrieb im Inland erteilt worden ist (§ 10 Abs. 2 Nr. 2 Buchst. a EStG),

▶ an berufsständische Versorgungseinrichtungen (§ 10 Abs. 2 Nr. 2 Buchst. b EStG),

► an einen Sozialversicherungsträger (§ 10 Abs. 2 Nr. 2 Buchst. c EStG) oder

► an einen Anbieter i. S. des § 80 EStG (§ 10 Abs. 2 Nr. 2 Buchst. d EStG)

geleistet werden.

Durch das Jahressteuergesetz 2007 vom 13. 12. 2006 (BGBl 2006 I 2878) werden mit Wirkung ab 1. 1. 2006 Anbieter i. S. d. § 80 EStG mit in den Kreis der Beitragsempfänger aufgenommen. § 80 EStG definiert den Anbieterbegriff unter Verweis auf § 82 Abs. 2 EStG (bestimmte betriebliche Versorgungseinrichtungen) und auf § 1 Abs. 2 AltZertG.

416k Durch das Bürgerentlastungsgesetz vom 16. 7. 2009 (BGBl 2009 I 1959) werden die Sätze 2 und 3 des § 10 Abs. 2 EStG neu gefasst. Danach werden Beiträge zu einer Rürup-Versicherung (§ 10 Abs. 1 Nr. 2 Buchst. b EStG) nur berücksichtigt, wenn

► die Beiträge zugunsten eines Vertrages geleistet wurden, der nach § 5a AltZertG zertifiziert ist, wobei die Zertifizierung Grundlagenbescheid i. S. d. § 171 Abs. 10 AO ist, und

► der Stpfl. gegenüber dem Anbieter in die Datenübermittlung nach § 10 Abs. 2a EStG eingewilligt hat.

Diese Einwilligung muss spätestens bis zum Ablauf des zweiten Kj, das auf das Beitragsjahr (Kj., in dem die Beiträge geleistet worden sind) folgt, geleistet werden.

416l Die Einwilligung in die Datenübermittlung i. S. d. § 10 Abs. 2a EStG gilt auch für Beiträge nach § 10 Abs. 1 Nr. 3 EStG (Basisvorsorgeaufwendungen). **Basisvorsorgeaufwendungen** für die Kranken- und Pflegeversicherung können nur im Zusammenhang mit der Datenübermittlung i. S. d. § 10 Abs. 2a EStG als Sonderausgaben berücksichtigt werden. Die Einwilligung gilt als erteilt, wenn die Beiträge mit der elektronischen Lohnsteuer-Bescheinigung (§ 41b Abs. 1 Satz 2 EStG) oder der Rentenbezugsmitteilung (§ 22a Abs. 1 Satz 1 Nr. 5 EStG) übermittelt werden.

416m Der Versicherungsanbieter hat die Höhe der im jeweiligen Beitragsjahr geleisteten und erstatteten Beiträge zu übermitteln. Die Übermittlung erfolgt durch Datenfernübertragung an die zentrale Stelle (§ 81 EStG) bis zum 28. 2. des dem Beitragsjahr folgenden Kj.

6.2.4.6 Sonstige Vorsorgeaufwendungen

6.2.4.6.1 Grundsätzliches

417 Mit dem Alterseinkünftegesetz vom 5. 7. 2004 (BGBl 2004 I 1427) wurde u. a. ab dem Veranlagungszeitraum 2005 der Sonderausgabenabzug der Vorsorgeaufwendungen neu geregelt. Der BFH hält mit Beschluss vom 14. 12. 2005 (X R 20/04, BStBl 2006 II 312) den begrenzten Sonderausgabenabzug für sonstige Vorsorgeaufwendungen (insbesondere Krankenversicherungsbeiträge) für verfassungswidrig. Dementsprechend hat er das Verfahren ausgesetzt und dem BVerfG zur Entscheidung vorgelegt (Az: 2 BvL 1/06).

417a Mit Beschlüssen vom 13. 2. 2008 (2 BvL 1/06, DStR 2008, 604, 2 BvR 1220/04, 2 BvR 410/05 u. a., Pressemitteilung Nr. 32/2008 des BVerfG vom 14. 3. 2008) hat das BVerfG die Verfassungswidrigkeit des Sonderausgabenabzugs von Krankenversicherungsbeiträgen festgestellt. Der Gesetzgeber ist verpflichtet, spätestens mit Wirkung zum 1. 1. 2010 eine Neuregelung zu treffen. Bis zu diesem Zeitpunkt bleiben die betreffenden einkommensteuerrechtlichen Vorschriften weiter anwendbar.

Das Bürgerentlastungsgesetz vom 16. 7. 2009 (BGBl 2009 I 1959) setzt die Vorgaben 417b des BVerfG um, indem es sicherstellt, dass die für eine Basiskranken- und Pflegeversicherung gezahlten Beiträge voll abziehbar sind. Ab dem VZ 2010 ist deshalb innerhalb der sonstigen Vorsorgeaufwendungen zwischen den Basiskrankenversicherungsbeiträgen und den Beiträgen zur gesetzlichen Pflegeversicherung in § 10 Abs. 1 Nr. 3 EStG sowie den weiteren sonstigen Vorsorgeaufwendungen in § 10 Abs. 1 Nr. 3a EStG zu unterscheiden. Die Beiträge zur Basisabsicherung können grundsätzlich vom Versicherungsnehmer – in den Fällen des § 10 Abs. 1 Nr. 3 Satz 2 EStG abweichend aber auch vom Unterhaltsverpflichteten – geltend gemacht werden, wenn dieser die eigenen Beiträge eines Kindes, für das ein Anspruch auf einen Kinderfreibetrag oder auf Kindergeld besteht, wirtschaftlich getragen hat (BMF vom 19. 8. 2013, BStBl 2013 I 1087, Rz. 68).

417c **Ab dem VZ 2010** sind die Vorsorgeaufwendungen wie folgt aufzuteilen:

TAB. 12:	Einteilung der Vorsorgeaufwendungen ab 2010			
Versorgungsaufwendungen				
Altersvorsorgeaufwendungen § 10 Abs. 1 Nr. 2		**Basisvorsorgeaufwendungen § 10 Abs. 1 Nr. 3**		**Sonstige Vorsorgeaufwendungen § 10 Abs. 1 Nr. 3a**
Buchst. a EStG	**Buchst. b EStG**	**Buchst. a EStG**	**Buchst. b EStG**	
Beiträge zu den gesetzlichen Rentenversicherungen oder ähnlichen Versicherungen	Beiträge zu einer eigenen kapitalgedeckten Altersversorgung (Rürup-Versicherung)	Beiträge für die Basisabsicherung im Krankheitsfall	Beiträge zur gesetzlichen bzw. privaten Pflegeversicherung	Beiträge zu Kranken- und Pflegeversicherungen, die über die Basisabsicherung hinausgehen, Beiträge zur Arbeitslosen-, Erwerbs- und Berufsunfähigkeitsversicherung, zu Unfall- und Haftpflichtversicherung sowie zu Risikolebensversicherungen, Beiträge zu den Altlebensversicherungen (Versicherungsbeginn vor dem 1. 1. 2005)
Höchstbetragsberechnung nach § 10 Abs. 3 EStG: Altersvorsorgeaufwendungen sind bis max. 20 000 € zu berücksichtigen.		Höchstbetragsberechnung nach § 10 Abs. 4 EStG: Die Basis- und sonstigen Vorsorgeaufwendungen sind bis max. 2 800 €, bzw. max. 1 900 € zu berücksichtigen.		
Ab dem 1. 1. 2015 sind die Vorsorgeaufwendungen nach § 10 Abs. 1 Nr. 2 EStG bis zu dem Höchstbetrag zur knappschaftlichen Rentenversicherung, aufgerundet auf einen vollen Betrag in Euro, zu berücksichtigen (s. u.)		Die Basisaufwendungen i. S. d. § 10 Abs. 1 Nr. 3 EStG übersteigen den Betrag von 2 800 € bzw. 1 900 €?		
		nein	ja	
		Die Basis- und sonstigen Vorsorgeaufwendungen sind bis max. 2 800 €, bzw. max. 1 900 € zu berücksichtigen.	Die gesamten Basisvorsorgeaufwendungen sind zu berücksichtigen.	Ein Abzug der sonstigen Vorsorgeaufwendungen i. S. d. § 10 Abs. 1 Nr. 3a EStG scheidet aus.
Bis zum Kj 2019 ist nach § 10 Abs. 4a EStG eine Günstigerrechnung durchzuführen.				

6.2.4.6.2 Zahlungen zugunsten Dritter und durch Dritte

417/d Die Versicherungsbeiträge können grundsätzlich vom Versicherungsnehmer als Sonderausgaben geltend gemacht werden (s. a. BMF vom 19. 8. 2013, BStBl 2013 I 1087, Rz. 68). Zu den Ausnahmen s. § 10 Abs. 1 Nr. 3 Satz 2 und 3 EStG. Bei Ehegatten, die nach § 26b EStG zusammen zur ESt veranlagt werden, ist es gleichgültig, wer von beiden die als Sonderausgaben abziehbaren Aufwendungen geleistet hat (R 10.1 EStR), denn zusammenveranlagte Ehegatten werden ab dem Gesamtbetrag der Einkünfte (§ 2 Abs. 4 EStG) gemeinsam als Stpfl. behandelt. Wählen Ehegatten dagegen die Einzelveranlagung nach § 26a EStG, werden nach § 26a Abs. 2 Satz 1 EStG Sonderausgaben demjenigen Ehegatten zugerechnet, der die Aufwendungen wirtschaftlich getragen hat. Auf übereinstimmenden Antrag der Ehegatten werden sie jeweils zur Hälfte abgezogen (§ 26a Abs. 2 Satz 2 EStG; s. a. BMF vom 19. 8. 2013, BStBl 2013 I 1087, Rz. 105 ff. und dort die Beispiele 1 und 2).

Nach der bis zum Veranlagungszeitraum 2009 gültigen Verwaltungsmeinung in H 10.1 [Abzugsberechtigte Person] EStH 2009 konnten nur Aufwendungen abgezogen werden, die auf einer eigenen Verpflichtung des Stpfl. beruhen. Beiträge des Stpfl. für einen Dritten bzw. Beiträge von einem Dritten für den Stpfl. – Drittaufwand im Zusammenhang mit einem abgekürzten Zahlungs- und/oder Vertragsweg – waren somit grundsätzlich nicht als Sonderausgaben des Stpfl. zu berücksichtigen.

Die bis zum Veranlagungszeitraum 2009 vertretene Verwaltungsmeinung ist durch die Drittaufwand-Rspr. des BFH obsolet. Mit Urteil vom 15. 11. 2005 (IX R 25/03, BStBl 2006 II 623) hat der BFH u. a. entschieden, dass die Mittelherkunft für den Ausgabenabzug nicht bedeutsam ist. »So kann der Stpfl. Aufwendungen selbst dann abziehen, wenn ein Dritter ihm den entsprechenden Betrag zuvor geschenkt hat, oder – statt ihm den Geldbetrag unmittelbar zu geben – in seinem Einvernehmen seine Schuld tilgt (vgl. § 267 Abs. 1 BGB)«.

Nach der BFH-Rspr. sind die Aufwendungen aber nicht nur im Fall der Abkürzung des Zahlungswegs dem Stpfl. zurechenbar, sondern ebenso, wenn der Dritte im eigenen Namen für den Stpfl. einen Vertrag abschließt und aufgrund dessen auch selbst die geschuldete Zahlung leistet (abgekürzter Vertragsweg). Nach dem mittlerweile aufgehobenen BMF-Schreiben vom 9. 8. 2006 (BStBl 2006 I 492) waren die Grundsätze des BFH-Urteils vom 15. 11. 2005 nicht anzuwenden.

Mit Urteil vom 15. 1. 2008 (IX R 45/07, BStBl 2008 II 572) bestätigt der BFH seine Rspr. Nach dem BMF-Schreiben vom 7. 7. 2008 (BStBl 2008 I 717) wendet nun auch die Verwaltung die BFH-Rspr. an und hebt den Nichtanwendungserlass vom 9. 8. 2006 auf. Einschränkend legt die Verwaltung fest, dass bei Dauerschuldverhältnissen eine Berücksichtigung der Zahlung unter dem Gesichtspunkt der Abkürzung des Vertragswegs weiterhin nicht in Betracht kommt. »Gleiches gilt für Aufwendungen, die Sonderausgaben oder außergewöhnliche Belastungen darstellen«. Ab dem Veranlagungszeitraum 2008 verweist die Verwaltung in H 10.1 [Abkürzung des Zahlungsweges] EStH auf das BMF-Schreiben vom 7. 7. 2008 (BStBl 2008 I 717) und verneint – entgegen der Bedeutung des Verweisstichworts – lediglich beim abgekürzten Vertragsweg den Sonderausgabenabzug. Wie bereits oben erwähnt, verzichtet die Verwaltung ab dem Veranlagungszeitraum 2010 in H 10.1 EStH auf das Verweisstichwort [Abzugsberechtigte Person], da das Abzugsverbot für den Drittaufwand im Rahmen eines abgekürzten Vertragswegs im BMF-Schreiben vom 7. 7. 2008 (BStBl 2008 I 717) und in H 10.1 [Abkürzung des Zahlungsweges] EStH geregelt ist. Konkrete Aussagen zur Berücksichtigung bzw. Nichtberücksichtigung der Aufwendungen im Rahmen des abgekürzten Zahlungsweges trifft die Verwaltung in ihren Hinweisen nicht.

Nach der BFH-Rspr. sowie der Verwaltungsanweisung im BMF-Schreiben vom 7.7.2008 (BStBl 2008 I 717) sind die Vorsorgeaufwendungen nach folgenden Grundsätzen zu berücksichtigen:

BEISPIEL 1:

Versicherungsnehmer	Begünstigter	Zahlender
Stpfl.	Stpfl.	Stpfl.
Es handelt sich um einen »Eigenaufwand« und somit um die Zahlung einer eigenen Schuld. Die Aufwendungen sind nach § 10 Abs. 1 Nr. 3 Satz 1 EStG als Sonderausgaben des Stpfl. zu berücksichtigen.		

BEISPIEL 2:

Versicherungsnehmer	Begünstigter	Zahlender
Stpfl. (Unterhaltsberechtigter)	Stpfl.	Geschiedener Ehegatte (Unterhaltsverpflichteter)
		Der geschiedene Ehegatte wendet dem Stpfl. entweder • unmittelbar einen Geldbetrag zu, damit dieser die Versicherungszahlung selbst vornehmen kann (s. a. Schmidt/Heinicke EStG § 10 Rz. 22, 34. A. 2015) oder • er tilgt im Eivernehmen mit dem Stpfl. dessen Schuld (§ 267 Abs. 1 BGB).
Es handelt sich um einen »abgekürzten Zahlungsweg«. Dem Stpfl. sind die Kosten als eigener Aufwand zuzurechnen, die ein Dritter in seinem – des Stpfl. – Interesse trägt. Die Aufwendungen sind nach **§ 10 Abs. 1 Nr. 3 Satz 1 EStG** als Sonderausgaben des Stpfl. zu berücksichtigen (s. a. kritisch Schmidt/Heinicke EStG § 10 Rz. 24, 34. A. 2015).		S. a. BFH Urteil vom 25.11.2010 (III R 79/09, BStBl 2011 II 450 und vom 7.2.2008, VI R 41/05, BFH/NV 2008, 1136). Unter Abkürzung des Zahlungsweges versteht die Rspr. die Zuwendung eines Geldbetrages an den Stpfl. in der Weise, dass ein Dritter im Einvernehmen mit dem Stpfl. dessen Schuld tilgt (s. a. BFH Urteil vom 12.12.2000 (VIII R 22/92, BStBl 2001 II 385).

BEISPIEL 3:

Versicherungsnehmer	Begünstigter	Zahlender
Geschiedener Ehegatte (Unterhaltsverpflichteter) schließt einen Vertrag zugunsten des unterhaltsberechtigten Ehegatten.	Stpfl. (Unterhaltsberechtigter)	Geschiedener Ehegatte (Unterhaltsverpflichteter)
Der geschiedene Ehegatte tilgt seine eigene Schuld mit eigenen Beiträgen. Es handelt sich um einen »Eigenaufwand«. Die Aufwendungen sind nach § 10 Abs. 1 Nr. 3 Satz 1 EStG als Sonderausgaben des Ehegatten zu berücksichtigen.		Der Stpfl. erhält keinen Sonderausgabenabzug; es handelt sich um einen echten **Drittaufwand** im Rahmen eines **abgekürzten Vertragswegs**. Von einem »abgekürzten Vertragsweg« ist auszugehen, wenn der Dritte (hier: geschiedener Ehegatte) im eigenen Namen für den Stpfl. einen Vertrag abschließt und auch selbst auf die geschuldete Zahlung leistet (vgl. BFH Urteil vom 23.8.1999, GrS 2/97,

		BStBl 1999 II 782). Wie bei der Abkürzung des Zahlungsweges bezwecken die Beteiligten mit diesem Vertrag und der Leistung hierauf eine Zuwendung an den Stpfl. Hier lässt der BFH den Abzug von Drittaufwand beim Stpfl. zu, wenn es sich um ein **Geschäft des täglichen Lebens** handelt.
	Bei Zustimmung zum Realsplitting (§ 10 Abs. 1a Nr. 1 EStG) sind die eigenen Beiträge des Ehegatten (Unterhaltsverpflichteter) als eigene Beiträge des Stpfl. (Unterhaltsberechtigter) zu behandeln (§ 10 Abs. 1 Nr. 3 Satz 3 EStG).	

6.2.4.6.2 Kranken- und Pflegeversicherungsbeiträge i. S. d. § 10 Abs. 1 Nr. 3 Buchst. a und b EStG

6.2.4.6.2.1 Grundsätzliches

Begünstigt sind nach § 10 Abs. 1 Nr. 3 Satz 1 Buchst. a EStG Beiträge zur Krankenver-   417e
sicherung, soweit diese zur Erlangung eines durch SGB XII bestimmten sozialhilfegleichen Versorgungsniveaus erforderlich sind (Basiskrankenversicherung):

► Für Beiträge zur gesetzlichen Krankenversicherung (GKV) sind dies die nach SGB V oder die nach dem Zweiten Gesetz über die Krankenversicherung der Landwirte festgesetzten Beiträge, ggf. gemindert um 4 % des Beitrags, soweit sich aus diesem ein Anspruch auf Krankengeld oder ein Anspruch auf eine Leistung, die anstelle von Krankengeld gewährt wird, ergeben kann. Bei selbst getragenen Eigenleistungen für Vorsorgeuntersuchungen handelt es sich hingegen nicht um Beiträge zu einer Krankenversicherung und damit auch nicht um Vorsorgeaufwendungen i. S. d. § 10 EStG.

► Für Beiträge zu einer privaten Krankenversicherung (PKV) sind dies die Beitragsanteile, die auf Vertragsleistungen entfallen, die, mit Ausnahme der auf das Krankengeld entfallenden Beitragsanteile, in Art, Umfang und Höhe den Leistungen nach dem SGB V vergleichbar sind, auf die ein Anspruch besteht. Die aufgrund eines tariflichen Selbstbehalts oder wegen der Wahl einer Beitragsrückerstattung selbst getragenen Krankheitskosten sind keine Beiträge zur Krankenversicherung.

► Bei einer bestehenden Basisabsicherung durch die GKV ist eine zeitgleiche zusätzliche PKV zur Basisabsicherung nicht erforderlich. In diesen Fällen sind bei Pflichtversicherten ausschließlich die Beiträge zur GKV und bei freiwillig Versicherten die höheren Beiträge als Beiträge für eine Basisabsicherung anzusetzen. Aus verwaltungsökonomischen Gründen ist der Sonderausgabenabzug für Beiträge an eine PKV als Basisabsicherung zu gewähren, wenn zeitgleich eine beitragsfreie Familienversicherung in der GKV gegeben ist (BMF vom 19. 8. 2013, BStBl 2013 I 1087, Rz. 69).

Keine Beiträge i. S. d. § 10 Abs. 1 Nr. 3 Satz 1 Buchst. a EStG sind Beiträge zu einer Aus-   417f
landskrankenversicherung (Reisekrankenversicherung), die zusätzlich zu einem beste-

henden Versicherungsschutz in der GKV oder PKV ohne eingehende persönliche Risiko-prüfung abgeschlossen wird (BMF vom 19. 8. 2013, BStBl 2013 I 1087, Rz. 75).

Beitragsrückerstattungen mindern – unabhängig von ihrer Bezeichnung, z. B. als Pauschalleistung, und soweit sie auf die Basisabsicherung entfallen – die nach § 10 Abs. 1 Nr. 3 Satz 1 Buchst. a EStG abziehbaren Krankenversicherungsbeiträge in dem Jahr, in dem sie zufließen. Die Minderung erfolgt unabhängig davon, ob oder in welcher Höhe sich die Beiträge im Abflussjahr steuerlich ausgewirkt haben (BMF vom 19. 8. 2013, BStBl 2013 I 1087, Rz. 71 ff. sowie die Erläuterungen zu den Erstattungsüberhängen unter 6.2.4.8).

Beitragsrückerstattungen sind z. B. auch Prämienzahlungen nach § 53 SGB V und Bonuszahlungen nach § 65a SGB V.

HINWEIS:

Nach § 53 Abs. 2 SGB V kann die Krankenkasse in ihrer Satzung für Mitglieder, die im Kalenderjahr länger als drei Monate versichert waren, eine Prämienzahlung vorsehen, wenn sie und ihre mitversicherten Angehörigen in diesem Kalenderjahr Leistungen zu Lasten der Krankenkasse nicht in Anspruch genommen haben. Die Prämienzahlung darf ein Zwölftel der jeweils im Kalenderjahr gezahlten Beiträge nicht überschreiten und wird innerhalb eines Jahres nach Ablauf des Kalenderjahres an das Mitglied gezahlt.

Nach § 65a Abs. 1 SGB V soll die Krankenkasse in ihrer Satzung bestimmen, unter welchen Voraussetzungen Versicherte, die

1. regelmäßig Leistungen zur Erfassung von gesundheitlichen Risiken und Früherkennung von Krankheiten nach den §§ 25 und 26 SGB V in Anspruch nehmen,

2. Leistungen für Schutzimpfungen nach § 20i SGB V in Anspruch nehmen oder

3. regelmäßig Leistungen der Krankenkassen zur verhaltensbezogenen Prävention nach § 20 Abs. 5 SGB V in Anspruch nehmen oder an vergleichbaren, qualitätsgesicherten Angeboten zur Förderung eines ge-sundheitsbewussten Verhaltens teilnehmen,

Anspruch auf einen Bonus haben.

Wird der Vorteil z. B. in Form von Bonuspunkten gewährt, sind diese in Euro umzurechnen und als Beitragsrückerstattung zu melden. Boni für familienversicherte Bonusprogrammteilnehmer sind dem Stammversicherten zuzurechnen. Aus Vereinfachungsgründen kann bei einem Stammversicherten, der für sich und seine im Rahmen seiner Familienversicherung mit abgesicherten Angehörigen Bonuspunkte sammelt, eine Beitragserstattung in dem Jahr gemeldet werden, in dem die Sach- oder Geldprämie an den Versicherten ausgegeben wird (BMF vom 19. 8. 2013, BStBl I 2013, 1087, Rz. 72).

HINWEIS:

Unter dem Az. X R 17/15 ist ein Revisionsverfahren anhängig, in dem darüber zu entscheiden ist, ob der Sonderausgabenabzug für Beiträge zur Basis-Krankenversicherung um Bonuszahlungen i. S. d. § 65a SGB V zu kürzen ist. Das FG Rheinland-Pfalz hat als Vorinstanz mit Urteil vom 28. 4. 2015 (3 K 1387/14, EFG 2015, 1357) entschieden, dass Bonuszahlungen der Krankenkasse den Sonderausgabenabzug für Krankenversicherungsbeiträge (Basisabsicherung) nicht mindern.

6.2.4.6.2.2 GKV-Versicherte

Als Sonderausgaben zu berücksichtigen sind die Beiträge zur Basiskranken- und -pfle- 417g
geversicherung der steuerpflichtigen Person

▶ für sich,

▶ ihren nicht dauernd getrennt lebenden unbeschränkt einkommensteuerpflichtigen
 Ehegatten,

▶ ihren Lebenspartner i. S. d. § 1 Abs. 1 des Lebenspartnerschaftsgesetzes und

▶ ihre Kinder, für die sie Anspruch auf einen Freibetrag nach § 32 Abs. 6 EStG oder auf
 Kindergeld hat

im Rahmen der **Familienversicherung** i. S. d. § 10 SGB V. Die Beiträge zur Basisabsicherung können grundsätzlich vom Versicherungsnehmer geltend gemacht werden (BMF
v. 19. 8. 2013, BStBl 2013 I 1087, Rz. 68).

Die Beiträge müssen dazu dienen, nach Art, Umfang und Höhe eine Absicherung zu er- 417h
halten (**Basisabsicherung**), die sich an dem sozialhilfegleichen Versorgungsniveau entsprechend SGB XII orientiert.

Versicherte in der **gesetzlichen Krankenversicherung** können daher ihre **Beiträge** mit
Ausnahme der Beitragsanteile, die auf einen **Krankengeldanspruch** entfallen, **in voller
Höhe** absetzen, da sie regelmäßig zur Erreichung des Versorgungsniveaus erforderlich
sind, das auch im Rahmen der Sozialhilfe zur Verfügung gestellt wird. Dies gilt auch für
kassenindividuelle Zusatzbeiträge nach § 242 SGB V (in der ab dem 1. 1. 2009 geltenden
Fassung), da sie ebenfalls Krankenversicherungsbeiträge darstellen, die regelmäßig
vom Sozialhilfeträger übernommen werden und damit in voller Höhe absetzbar sind
(Rz. 76 des BMF-Schreibens vom 19. 8. 2013, BStBl 2013 I 1087).

Nicht zum Leistungsumfang der Sozialhilfe zählen allerdings **Prämien** zu **Wahltarifen,** 417i
die Versicherte selbst zahlen müssen und die auch nicht vom Sozialhilfeträger übernommen werden; diese Prämien sind damit auch nicht nach § 10 Abs. 1 Nr. 3 Buchst. a
EStG zu berücksichtigen.

Erwirbt die steuerpflichtige Person mit dem von ihr geleisteten Beitrag an die gesetzli- 417j
che Krankenversicherung auch einen **Krankengeldanspruch,** dann ist der geleistete Beitrag zur gesetzlichen Krankenversicherung pauschal um den für das Krankengeld aufgewendeten Beitragsanteil zu kürzen. Der pauschale Kürzungssatz von 4 % orientiert
sich an den durchschnittlichen Ausgaben der gesetzlichen Krankenversicherung für das
Krankengeld. Eine Kürzung um die der Finanzierung des Krankengeldes dienenden Beitragsanteile ist allerdings nur dann vorzunehmen, wenn der steuerpflichtigen Person
dem Grunde nach ein Anspruch auf eine Krankengeldzahlung zusteht. Dies bedeutet,
dass beispielsweise bei den in der gesetzlichen Krankenversicherung versicherten Ren-
tenbeziehern eine Kürzung nicht zu erfolgen hat (Rz. 84 des BMF-Schreibens vom
19. 8. 2013, a. a. O.).

Der dem pflichtversicherten ArbN zuzurechnende GKV-Beitrag ist grundsätzlich von 417k
der Finanzverwaltung um 4 % zu mindern. Ist der Finanzverwaltung bekannt, dass der
ArbN im Einzelfall keinen Anspruch hat auf Krankengeld bzw. eine Leistung, die anstelle von Krankengeld gewährt wird, ist bei Berücksichtigung des Sonderausgabenabzugs

von der Finanzverwaltung keine Minderung i. H. v. 4 % vorzunehmen (Rz. 79 des BMF-Schreibens vom 19. 8. 2013, a. a. O.).

417l   Nicht anzusetzen sind auch Beiträge, die zur Finanzierung von Zusatzleistungen oder Komfortleistungen aufgewendet werden (z. B. Chefarztbehandlung, Ein-Bett-Zimmer im Krankenhaus; Rz. 69 des BMF-Schreibens vom 19. 8. 2013, a. a. O.).

6.2.4.6.2.3   PKV-Versicherte

417m   Der Basisabsicherung in einer PKV dienen die jeweiligen Beitragsanteile, mit denen Versicherungsleistungen finanziert werden, die in Art, Umfang und Höhe den Pflichtleistungen der GKV vergleichbar sind und auf die ein Anspruch besteht. Nicht zur Basisabsicherung gehören − wie bei der GKV − Beitragsanteile, die der Finanzierung von Wahlleistungen (z. B. Chefarztbehandlung, Einbettzimmer), des Krankenhaustagegeldes oder des Krankentagegeldes dienen (BMF vom 19. 8. 2013, a. a. O., Rz. 86 ff.).

Zu den Beiträgen zu Versicherungen gehören nicht nur die eigentlichen Prämien, sondern auch die üblichen mit dem Versicherungsverhältnis zusammenhängenden und vom Versicherungsnehmer zu tragenden Nebenleistungen. Nach dem Wortlaut muss es sich jedoch um Beiträge »zu« einer Krankenversicherung handeln. Daraus folgt, dass nur solche Ausgaben zu den Beiträgen zu Krankenversicherungen gehören können, die zumindest im Zusammenhang mit der Erlangung des Versicherungsschutzes stehen und damit − als Vorsorgeaufwendungen − letztlich der Vorsorge dienen. Zahlungen aufgrund von Selbst- bzw. Eigenbeteiligungen an entstehenden Kosten sind somit keine Beiträge zu einer Versicherung (Urteil FG Köln vom 15. 8. 2013, 15 K 1858/12, EFG 2014, 1477, Revision eingelegt, Az. BFH: X R 43/14). In dem Revisionsverfahren muss der BFH die Frage klären, ob es von Verfassungs wegen geboten ist, Selbstbehalte bei Krankenversicherungen ohne Kürzung um eine zumutbare Belastung zum Abzug als außergewöhnliche Belastung zuzulassen bzw. als Sonderausgabe zu berücksichtigen.

Entscheidungssachverhalt:

Der Kläger (und seine beiden Töchter) haben private Krankenversicherungsverträge abgeschlossen; dabei wurden geringere Versicherungsbeiträge durch einen Selbstbehalt erkauft. In seiner Einkommensteuererklärung machte der Kläger zunächst einen Selbstbehalt i. H. v. 1 800 € für sich und i. H. v. 1 080 € für seine Tochter A als außergewöhnliche Belastung geltend. Der Kläger wurde erklärungsgemäß veranlagt. Im Einspruchsverfahren machte der Kläger geltend, die Selbstbehalte für sich und seine Töchter seien als Sonderausgaben zu berücksichtigen, da sie sich im Rahmen der außergewöhnlichen Belastungen nicht auswirken würden (s. a. Urteil FG Niedersachsen vom 6. 5. 2012, 9 K 265/12, rkr.). Durch Beschluss vom 8. 10. 2013 (X B 110/13, BFH/NV 2014, 154) wurde die Beschwerde gegen das Urteil des FG Niedersachsen als unbegründet zurückgewiesen.

417n   Krankheitskosten, die der Versicherte selbst trägt, um in den Genuss einer Beitragsrückerstattung seiner Krankenversicherung zu kommen, sind nicht als Sonderausgaben abzugsfähig (FG Münster 17. 11. 2014, 5 K 149/14).

Der Sonderausgabenabzug setzt grundsätzlich voraus, dass der Stpfl. Aufwendungen aufgrund einer eigenen Verpflichtung als Versicherungsnehmer leistet. Unerheblich ist, wer nach dem Versicherungsvertrag versicherte Person oder Bezugsberechtigter ist. Beiträge zur Kranken- und Pflegeversicherung für mitversicherte Angehörige (z. B. den Ehegatten, den eingetragenen Lebenspartner oder Kinder) kann der Stpfl. daher als eigene Beiträge geltend machen. Besonderheiten bestehen bei Kindern sowie bei dauernd getrennt lebenden und geschiedenen Ehegatten. **417o**

Voraussetzung für die Anerkennung des Sonderausgabenabzugs der Basiskrankenversicherungsbeiträge i. S. d. § 10 Abs. 1 Nr. 3 Buchst. a EStG ist die Einwilligung in die Datenübermittlung i. S. d. § 10 Abs. 2a EStG. Basisvorsorgeaufwendungen für die Kranken- und Pflegeversicherung können nur im Zusammenhang mit der Datenübermittlung i. S. d. § 10 Abs. 2a EStG als Sonderausgaben berücksichtigt werden. Die Einwilligung gilt als erteilt, wenn die Beiträge mit der elektronischen Lohnsteuerbescheinigung (§ 41b Abs. 1 Satz 2 EStG) oder der Rentenbezugsmitteilung (§ 22a Abs. 1 Satz 1 Nr. 5 EStG) übermittelt werden (BMF v. 19. 8. 2013, a. a. O., Rz. 145 ff.). **417p**

Der Versicherungsanbieter hat die Höhe der im jeweiligen Beitragsjahr geleisteten und erstatteten Beiträge zu übermitteln (BMF vom 19. 8. 2013, BStBl 2013 I 1087, Rz. 122). Die Übermittlung erfolgt durch Datenfernübertragung an die zentrale Stelle (§ 81 EStG) bis zum 28. 2. des dem Beitragsjahr folgenden Kj. **417q**

Die Ermittlung des nach § 10 Abs. 1 Nr. 3 Buchst. a EStG nicht abziehbaren Teils der Beiträge – als Aufwendungen für die über die Basisabsicherung hinausgehenden Beiträge – wird in einer Rechtsverordnung geregelt (§ 10 Abs. 5 i. V. m. § 51 Abs. 1 Nr. 3 EStG). Siehe dazu die Verordnung zur tarifbezogenen Ermittlung der steuerlich berücksichtigungsfähigen Beiträge zum Erwerb eines Krankenversicherungsschutzes i. S. d. § 10 Abs. 1 Nr. 3 Buchst. a EStG (Krankenversicherungsbeitragsanteil-Ermittlungsverordnung – KVBEVO) vom 11. 8. 2009 (BGBl 2009 I 2730 sowie BMF vom 19. 8. 2013, a. a. O., Rz. 87). Das Versicherungsunternehmen hat gem. § 10 Abs. 2a Satz 4 Nr. 2 EStG die geleisteten Beiträge i. S. d. § 10 Abs. 1 Nr. 3 Buchst. a EStG an die zentrale Stelle zu übermitteln (BMF vom 19. 8. 2013, a. a. O., Rz. 143). **417r**

6.2.4.6.2.4 Eigene Beiträge eines Kindes

Nach § 10 Abs. 1 Nr. 3 Satz 2 EStG wird es ermöglicht, dass der Stpfl. **Kranken- und Pflegeversicherungsbeiträge** i. S. d. § 10 Abs. 1 Nr. 3 EStG **wie eigene Beiträge** berücksichtigen kann, die von seinem **unterhaltsberechtigten Kind**, für das ein Anspruch auf einen Freibetrag nach § 32 Abs. 6 EStG oder auf Kindergeld besteht, **geleistet** wurden, und die der **Stpfl.** im Rahmen seiner **Unterhaltspflicht getragen** hat. Die Eltern tragen die Aufwendungen immer dann, wenn sie ihrer Unterhaltsverpflichtung nachkommen, d. h. es kommt nicht darauf an, ob die Eltern tatsächlich die Versicherungsbeiträge bezahlt haben. Es genügt, wenn die Unterhaltsverpflichtung z. B. durch Sachleistungen wie Unterkunft und Verpflegung erfüllt wird (R 10.4 EStR; s. a. OFD Magdeburg vom 3. 11. 2011 S 2221 – 118 – St 224, DB 2011, 2575). Es sind insbesondere Fälle betroffen, in denen das Kind z. B. in der studentischen Versicherung versichert ist und von den Eltern unterstützt wird oder in einer Berufsausbildung ist (Abzug der Beiträge vom Arbeitslohn), auch wenn es unter 18 Jahre alt ist. Im Regelfall ist der Sonderausgabenabzug bei den **417s**

Eltern steuerlich günstiger, da sich beim Kind auf Grund der Höhe der Einkünfte keine oder nur eine geringe steuerliche Auswirkung ergäbe. Die Beiträge können zwischen den Eltern und dem Kind aufgeteilt, im Ergebnis aber nur einmal – entweder bei den Eltern oder beim Kind – als Vorsorgeaufwendungen berücksichtigt werden (Grundsatz der Einmalberücksichtigung; BMF vom 19. 8. 2013, a. a. O., Rz. 68 und R 10.4 EStR).

417t Beendet das Kind während des Jahres seine Ausbildung und entfällt damit der Kindergeldanspruch bzw. Anspruch auf den Kinderfreibetrag bei den Eltern, muss im Einzelfall im Rahmen einer Günstigerprüfung berechnet werden, ob die **während der Ausbildung** vom Arbeitslohn abgezogenen Kranken- und Pflegeversicherungsbeiträge (siehe letzte Lohnabrechnung als Auszubildender) bei den Eltern oder beim Kind berücksichtigt werden sollen. Sollen die Beiträge dann bei den Eltern berücksichtigt werden, ist die Zustimmung des Kindes erforderlich.

HINWEIS:

Mit der Gewährung von Unterhaltsleistungen tragen die Eltern u. a. auch indirekt die Basisvorsorgeaufwendungen ihres Kindes. Damit handelt es sich entweder um die Zuwendung eines Geldbetrages bzw. eines Sachwerts an das Kind oder es ist auch möglich, dass die Eltern im Einvernehmen mit dem Kind dessen Versicherungsbeiträge im Wege des abgekürzten Zahlungsweges begleichen. In beiden Fällen können die Basisvorsorgeaufwendungen grundsätzlich beim Kind als Versicherungsnehmer als eigene Beiträge nach § 10 Abs. 1 Nr. 3 Satz 1 EStG berücksichtigt werden. Auf Grund der Fiktion des § 10 Abs. 1 Nr. 3 Satz 2 EStG können aber die Eltern – ohne Versicherungsnehmer zu sein – die eigenen Beiträge des Kindes wie eigene Beiträge geltend machen. Es handelt sich dabei um echten Drittaufwand, der bei den Eltern als Sonderausgaben berücksichtigt wird.

6.2.4.6.2.5 Beiträge des Stpfl. für den geschiedenen oder dauernd getrennt lebenden Ehegatten

417u Ist in der Kranken- oder Pflegepflichtversicherung des Stpfl. auch ein geschiedener oder dauernd getrennt lebender unbeschränkt einkommensteuerpflichtiger Ehegatte mit abgesichert, sieht das Gesetz eine Sonderregelung vor (§ 10 Abs. 1 Nr. 3 Satz 3 EStG).

MERKE:

Die Sonderregelung des § 10 Abs. 1 Nr. 3 Satz 3 EStG ist nur dann anzuwenden, wenn in der Basisversicherung des Stpfl. der geschiedene Ehegatte mit abgesichert ist. Es handelt sich dabei um eigene Beiträge des Stpfl, die in Beiträge des Unterhalt empfangenden Ehegatten umqualifiziert werden. Eigene Beiträge können nur dann vorliegen, wenn der Stpfl. die Beiträge als Versicherungsnehmer schuldet.

417v Mit dieser Sonderregelung wird sichergestellt, dass die Aufwendungen für eine Kranken- und Pflege-Pflichtversicherung auf sozialhilferechtlich gewährleistetem Leistungsniveau einmal bei der Ermittlung des zu versteuernden Einkommens berücksichtigt werden. Die von der steuerpflichtigen Person geleisteten Beiträge werden in diesem Fall als eigene Beiträge des geschiedenen oder dauernd getrennt lebenden unbeschränkt einkommensteuerpflichtigen Ehegatten behandelt. Eine Doppelberücksichtigung ist ausgeschlossen, da § 10 Abs. 1 Nr. 3 Satz 3 EStG nur zur Anwendung kommt, wenn der geschiedene oder dauernd getrennt lebende unbeschränkt einkommensteuerpflichtige Ehegatte zuvor einer Versteuerung der Unterhaltsleistungen nach § 22 Nr. 1a EStG im Rahmen des Realsplittings zugestimmt hat.

Nach dem Beschluss des BVerfG vom 13. 2. 2008 (2 BvL 1/06, NWB DokID: [AAAAC-75760], DStR 2008, 604) müssen auch Beiträge für eine Kranken- und Pflegepflichtversicherung abziehbar sein, soweit sie für die Erlangung eines durch das SGB XII bestimmten sozialhilfegleichen Versorgungsniveaus erforderlich sind. Um dies adäquat im Rahmen des sog. begrenzten Realsplittings zu berücksichtigen, wird der Höchstbetrag nach § 10 Abs. 1a Nr. 1 Satz 1 EStG um denjenigen Betrag erhöht, der tatsächlich für eine entsprechende Absicherung des geschiedenen oder dauernd getrennt lebenden Ehegatten aufgewandt wird. In diesem Zusammenhang ist es ohne Bedeutung, ob der Unterhaltsberechtigte oder der Unterhaltsverpflichtete Versicherungsnehmer ist.

Der Erhöhungsbetrag wirkt sich allerdings nur dann aus, wenn der Unterhaltsverpflichtete entsprechende Unterhaltsaufwendungen über den Betrag nach Satz 1 hinaus auch tatsächlich leistet. Die auch im Rahmen des Erhöhungsbetrags als Sonderausgaben beim Unterhaltsberechtigten berücksichtigten Unterhaltsleistungen unterliegen beim Unterhaltsberechtigten der Besteuerung nach § 22 Nr. 1a EStG (Korrespondenzprinzip). Dem Unterhaltsberechtigten steht gleichzeitig im Rahmen seiner Steuerveranlagung der Sonderausgabenabzug nach § 10 Abs. 1 Nr. 3 Satz 1 bzw. Nr. 3 Satz 3 EStG zu.

Nicht unter den Anwendungsbereich des § 10 Abs. 1 Nr. 3 Satz 3 EStG fallen hingegen Zahlungen der steuerpflichtigen Person unmittelbar an den geschiedenen oder dauernd getrennt lebenden unbeschränkt einkommensteuerpflichtigen Ehegatten oder im Rahmen eines abgekürzten Zahlungsweges an eine Versicherung für eine von dem geschiedenen oder dauernd getrennt lebenden unbeschränkt einkommensteuerpflichtigen Ehegatten abgeschlossene Versicherung i. S. d. § 10 Abs. 1 Nr. 3 Satz 1 Buchst. a oder Buchst. b EStG. In diesem Fall handelt es sich um Beiträge des geschiedenen oder dauernd getrennt lebenden unbeschränkt einkommensteuerpflichtigen Ehegatten, die dieser im Rahmen seiner eigenen ESt-Erklärung geltend machen kann. 417w

Versicherungsnehmer	Begünstigter	Zahlender
Stpfl. (Unterhaltsberechtigter)	Stpfl.	Geschiedener Ehegatte (Unterhaltsverpflichteter)
Es handelt sich um einen »abgekürzten Zahlungsweg«. Dem Stpfl. sind die Kosten als eigener Aufwand zuzurechnen, die ein Dritter in seinem – des Stpfl. – Interesse trägt. Die Aufwendungen sind nach § 10 Abs. 1 Nr. 3 Satz 1 EStG als Sonderausgaben des Stpfl. zu berücksichtigen (kein Fall des § 10 Abs. 1 Nr. 3 Satz 3 EStG).	Der geschiedene Ehegatte wendet dem Stpfl. entweder • unmittelbar einen Geldbetrag zu, damit dieser die Versicherungszahlung selbst vornehmen kann (s. a. Schmidt/Heinicke EStG § 10 Rz. 22, 33. A. 2014) oder • er tilgt im Einvernehmen mit dem Stpfl. dessen Schuld (§ 267 Abs. 1 BGB).	
Der Höchstbetrag nach § 10 Abs. 1a Nr. 1 Satz 1 EStG wird um denjenigen Betrag erhöht, der tatsächlich für eine entsprechende Absicherung des geschiedenen oder dauernd getrennt lebenden Ehegatten aufgewandt wird.		

417x   Weiterhin ist zu beachten, dass die Übernahme der Basisversicherungsbeiträge durch den Stpfl. für den geschiedenen Ehegatten sich auch auf die Höhe der maximal nach § 33a Abs. 1 Satz 1 EStG als außergewöhnliche Belastung abziehbaren Unterhaltsaufwendungen auswirken kann. Siehe dazu die Übersichten unter dem Kapitel Unterhaltszahlungen (Rdn. 298).

6.2.4.6.2.6   Beitragszahlungen für künftige Veranlagungszeiträume

417y   Zahlt der Versicherte für seine Basisabsicherung zunächst einen erhöhten Beitrag, um ab einem bestimmten Alter durch eine entsprechend erhöhte Alterungsrückstellung i. S. d. § 12 Abs. 4a VAG eine zuvor vereinbarte zeitlich unbefristete Beitragsentlastung für seine Basisabsicherung zu erhalten, ist auch der auf die Basisabsicherung entfallende Beitragsanteil für die erhöhte Alterungsrückstellung nach § 10 Abs. 1 Nr. 3 Satz 1 Buchst. a EStG abziehbar (BMF vom 19. 8. 2013, a. a. O., Rz. 88).

417z   Durch das JStG 2010 wird in § 10 Abs. 1 Nr. 3 Satz 4 EStG ab dem Veranlagungszeitraum (VZ) 2011 (§ 52 Abs. 24 EStG) eine Beitragsbegrenzung im Jahr der Zahlung eingeführt. Beiträge, die für nach Ablauf des VZ beginnende Beitragsjahre geleistet werden und in der Summe das 2,5-fache der auf den VZ entfallenden Beiträge überschreiten, sind in dem VZ anzusetzen, für den sie geleistet wurden; dies gilt nicht für Beiträge, soweit sie der unbefristeten Beitragsminderung nach Vollendung des 62. Lebensjahrs dienen. Die Vorschrift gilt für Beiträge zur gesetzlichen und zur privaten Kranken- und Pflegeversicherung gleichermaßen. Für die Beiträge zur Pflegeversicherung und für die Beiträge zur Krankenversicherung sind jeweils getrennte Berechnungen durchzuführen (BMF vom 19. 8. 2013, a. a. O., Rz. 126).

Beiträge sind grundsätzlich in dem VZ zu berücksichtigen, in dem sie abfließen (§ 11 Abs. 2 EStG). Die Sonderregelung des § 10 Abs. 1 Nr. 3 Satz 4 EStG wurde eingeführt, um missbräuchliche Gestaltungen zu vermeiden. Das Abflussprinzip gilt für die im VZ geleisteten Beiträge, die dem Erwerb eines Versicherungsschutzes für nach dem Ablauf des VZ beginnende Beitragsjahre (maximal 12 Monate) dienen, nur noch, soweit die für die Zukunft geleisteten Beiträge das 2,5-fache der für den VZ gezahlten Beiträge nicht übersteigen. Diese Grenze übersteigende Beiträge sind in dem VZ zu berücksichtigen, für den sie geleistet wurden.

Beiträge zum Erwerb eines Basiskranken- und gesetzlichen Pflegeversicherungsschut-   417/1
zes im Alter können allerdings weiterhin unbegrenzt im Jahr des Abflusses abgezogen werden, soweit der Stpfl. wirtschaftlich endgültig mit ihnen belastet ist und sie nicht zurückgefordert werden können (kein Rückzahlungsanspruch). Derartige Aufwendungen haben einen ähnlichen Charakter wie Altersvorsorgeaufwendungen und sollen daher abziehbar sein.

Die Neuregelung bezieht sich nur auf Fallgestaltungen, in denen Beiträge für künftige VZ gezahlt werden. Nicht erfasst sind hingegen Zahlungen für zurückliegende Zeiträume. Für diese gilt weiterhin das Abflussprinzip.

TAB. 13:	Abzugsfähigkeit von Beitragsvorauszahlungen
Für die zeitliche Zuordnung der Beiträge sind zwei Vergleichsgrößen zu bilden:	
Zulässiges Vorauszahlungsvolumen:	**Summe der geleisteten Beitragsvorauszahlungen:**
Für den VZ vertraglich geschuldete Beiträge (nicht tatsächlich gezahlte Beiträge) jeweils gesondert für Basis-Kranken- und -Pflegeversicherung	Sämtliche im VZ abgeflossenen Basiskranken- bzw. gesetzlichen Pflegeversicherungsbeiträge – jeweils gesondert – die für nach dem VZ beginnende Beitragsjahre geleistet werden. Nicht in die Summe der geleisteten Beitragsvorauszahlungen einzubeziehen sind jedoch jene im VZ abgeflossenen Beiträge, die wegen § 11 Abs. 2 Satz 2 EStG erst im folgenden VZ anzusetzen sind. Diese sind in keinem VZ Beitragsvorauszahlungen.
Ergebnis × 2,5 = Zulässiges Vorauszahlungsvolumen (BMF vom 19. 8. 2013, BStBl 2013 I 1087, Rz. 129 bis 131).	**Ergebnis: Vergleich mit dem zulässigen Vorauszahlungsvolumen**
Summe der geleisteten Vorauszahlungen < zulässiges Vorauszahlungsvolumen:	
Keine Anwendung von § 10 Abs. 1 Nr. 3 Satz 4 EStG, d. h. die Beitragsvorauszahlungen sind im VZ des Abflusses abziehbar	
Summe der geleisteten Vorauszahlungen > zulässiges Vorauszahlungsvolumen:	
§ 10 Abs. 1 Nr. 3 Satz 4 EStG ist anzuwenden (BMF vom 19. 8. 2013, BStBl 2013 I 1087, Rz. 133 und 134):	

Der das zulässige Vorauszahlungsvolumen nicht übersteigende Teil der Beitragsvorauszahlungen ist im VZ des Abflusses abziehbar (§ 11 Abs. 2 Satz 1 EStG); § 11 Abs. 2 Satz 2 EStG bleibt unberührt.	Der verbleibende, das zulässige Vorauszahlungsvolumen übersteigende Teil der Summe der im Veranlagungszeitraum geleisteten Beitragsvorauszahlungen ist den Zeiträumen, für die die Beitragsvorauszahlungen geleistet wurden, gemäß ihrer zeitlichen Abfolge zuzuordnen und in dem betreffenden VZ anzusetzen.
Für die vom Versicherungsnehmer vorausbezahlten Beiträge findet die Rechtsfolge des § 10 Abs. 1 Nr. 3 Satz 4 EStG in den Fällen des § 10 Abs. 1 Nr. 3 Satz 2 EStG beim unterhaltsverpflichteten Stpfl. und in den Fällen des § 10 Abs. 1 Nr. 3 Satz 3 EStG beim Unterhaltsberechtigten Anwendung (BMF vom 19. 8. 2013, BStBl 2013 I 1087, Rz. 136).	

BEISPIEL 1: ► Ein verheirateter Beamter zahlt am 28. 12. 2011 die Basis-Vorsorgeaufwendungen i.H.v. 4 872 € für das Kj. 2012 und am 10. 12. 2012 die maximal steuerlich anzuerkennende Vorauszahlung auf seine Basiskranken- und Pflegeversicherung für die Jahre 2013, 2014 und bis Juni 2015. Die jährlichen Aufwendungen der Eheleute für die jährlichen Basisabsicherungen betragen 4 872 €. Für die sonstigen Vorsorgeaufwendungen i. S. d. § 10 Abs. 1 Nr. 3a EStG wenden die Eheleute insgesamt 1 000 € auf. Der Höchstbetrag nach § 10 Abs. 4 EStG beträgt für die Ehegatten 4 700 € (1 900 € für den Ehemann und 2 800 € für die Ehefrau).

LÖSUNG: ►

Kj. 2012		Kj. 2013	Kj. 2014	Kj. 2015
Der Beitrag für das Beitragsjahr 2012 ist nach der Regelung in § 11 Abs. 2 Satz 2 i.V. m. Abs. 1 Satz 2 EStG abweichend vom Zahlungsjahr 2011 im Jahr 2012 zu berücksichtigen.		4 872 €		
Geleistete Vorauszahlungen am 10. 12. 2012 für 2013 bis 2015 (4 872 € × 2,5)	12 180 €			
Zulässiges Vorauszahlungsvolumen:	12 180 €			
Der in 2012 absetzbare Teil der Vorauszahlungen i. H.v. 12 180 € ist den Kj. 2013, 2014 und 2015 zuzuordnen.		4 872 €	4 872 €	2 436 €
Im Kj. 2012 zu berücksichtigen:		12 180 €		
Summe der zu berücksichtigenden Versicherungsbeiträge i. S. d. § 10 Abs. 1 Nr. 3 EStG		17 052 €	0 €	0 €	2 436 €
Höchstbetrag nach § 10 Abs. 4 EStG		4 700 €	4 700 €	4 700 €	4 700 €
Versicherungsbeiträge i. S. d. § 10 Abs. 3a EStG : jeweils 1 000 €.				
Davon im jeweiligen VZ nach § 10 Abs. 4 EStG zu berücksichtigen		0 €	1 000 €	1 000 €	1 000 €

Nach § 10 Abs. 4 Satz 4 EStG sind im Kj. 2012 die gesamten Basisvorsorgeaufwendungen als Sonderausgaben zu berücksichtigen. Ein Abzug der Aufwendungen nach § 10 Abs. 1 Nr. 3a EStG scheidet aus. Da in den Jahren 2013 und 2014 keine Aufwendungen für Basisversicherungen vorliegen, können die übrigen Vorsorgeaufwendungen i. S. d. § 10 Abs. 1 Nr. 3a EStG bis maximal 4700 € berücksichtigt werden. Im Kj. 2015 betragen die Beiträge für die Basisabsicherung (ab Juli 2015: 4872 € : 2 =) 2436 €. Die übrigen Vorsorgeaufwendungen können noch zusätzlich berücksichtigt werden.

Kalenderjahr	ohne Vorauszahlung	mit Vorauszahlung
2012	4 872 €	17 052 €
2013	4 872 €	1 000 €
2014	4 872 €	1 000 €
2015	4 872 €	3 436 €
Gesamtbeträge	19 488 €	22 488 €

Die zusätzlich abzugsfähigen Sonderausgaben betragen 3 000 €. Bei einem Steuersatz von 30 % entspricht dies einer Steuerersparnis von 900 €.

BEISPIEL 2: Sachverhalt s. Beispiel 1. Die verheirateten Stpfl. sind beide als Freiberufler tätig. Die Aufwendungen für die Basisversicherungen sind unverändert. Die Aufwendungen für die weiteren Vorsorgeaufwendungen i. S. d. § 10 Abs. 1 Nr. 3a EStG betragen statt 1 000 € bei den Eheleuten insgesamt 6 000 €.

LÖSUNG 2: Der Höchstbetrag nach § 10 Abs. 4 EStG beträgt für die Ehegatten 5 600 € (2 800 € für den Ehemann und 2 800 € für die Ehefrau).

Kalenderjahr	ohne Vorauszahlung	mit Vorauszahlung
2012	5 600 €	17 052 €
2013	5 600 €	5 600 €
2014	5 600 €	5 600 €
2015	5 600 €	5 600 €
Gesamtbeträge	22 400 €	33 852 €

Die zusätzlich abzugsfähigen Sonderausgaben betragen 11 452 €. Bei einem Steuersatz von 30 % entspricht dies einer Steuerersparnis von 3 435 €.

6.2.4.6.3 Sonstige Vorsorgeaufwendungen i. S. d. § 10 Abs. 1 Nr. 3a EStG

6.2.4.6.3.1 Allgemeiner Überblick

Zu den sonstigen Vorsorgeaufwendungen i. S. d. § 10 Abs. 1 Nr. 3a EStG gehören 417/2 (Rz. 95 ff. des BMF-Schreibens vom 19. 8. 2013, BStBl 2013 I 1087):

▶ die nicht nach § 10 Abs. 1 Nr. 3 EStG zu berücksichtigenden Beitragsbestandteile wie

– Mehrleistungen,

– Wahltarife,

– Krankengeld,

– Beiträge für zusätzlich abgeschlossene private Pflegeversicherungen;

▶ Beiträge zur Arbeitslosenversicherung. Nach dem BFH-Urteil vom 16. 11. 2011 (X R 15/09, BStBl 2012 II 325) besteht kein verfassungsrechtlicher Anspruch darauf, die

Beiträge zur Arbeitslosenversicherung einkommensteuerrechtlich in voller Höhe oder zumindest im Wege eines negativen Progressionsvorbehalts zu berücksichtigen;

▶ Beiträge zur Erwerbs- und Berufsunfähigkeitsversicherung, die nicht Bestandteil einer Versicherung i. S. d. § 10 Abs. 1 Nr. 2 Satz 1 Buchst. b EStG sind; dies gilt auch für Beitragsbestandteile einer kapitalbildenden Lebensversicherung i. S. d. § 20 Abs. 1 Nr. 6 EStG, die bei der Ermittlung des steuerpflichtigen Ertrags nicht abgezogen werden dürfen;

▶ Beiträge zu Unfall- und Haftpflichtversicherungen sowie

▶ zu Risikolebensversicherungen;

▶ Beiträge zu den Altlebensversicherungen (Versicherungsbeginn vor dem 1. 1. 2005).

Ob die Aufwendungen für eine Risikolebensversicherung Werbungskosten begründen können, weil im Rahmen einer Finanzierung für ein Mietobjekt zur Absicherung der Darlehen diese Risikolebensversicherung notwendig ist, muss der BFH in einem anhängigen Revisionsverfahren entscheiden (IX R 35/14). Das FG Berlin-Brandenburg hat mit Urteil vom 7. 10. 2014 (6 K 6147/12, EFG 2015, 277) die traditionell herrschende Meinung wiedergegeben und die Risikolebensversicherung den Sonderausgaben zugeordnet. Das Gericht sieht in der Zuordnung des Versicherungsrisikos die tatsächliche Verwendung.

6.2.4.6.3.2   Lebensversicherungsbeiträge

418   Zu den sonstigen Vorsorgeaufwendungen i. S. d. § 10 Abs. 1 Nr. 3a EStG gehören folgende Lebensversicherungen (Rz. 96 bis 98 des BMF-Schreibens vom 19. 8. 2013, BStBl 2013 I 1078):

▶ Rentenversicherungen ohne Kapitalwahlrecht (bisher § 10 Abs. 1 Nr. 2 Buchst. b Doppelbuchst. bb EStG alte Fassung);

▶ Rentenversicherungen mit Kapitalwahlrecht gegen laufende Beitragsleistungen, wenn das Kapitalwahlrecht nicht vor Ablauf von zwölf Jahren seit Vertragsabschluss ausgeübt werden kann (bisher § 10 Abs. 1 Nr. 2 Buchst. b Doppelbuchst. cc EStG alte Fassung);

▶ Kapitalversicherungen gegen laufende Beitragsleistungen mit Sparanteil, wenn der Vertrag für die Dauer von mindestens zwölf Jahren abgeschlossen worden ist.

Die Laufzeit dieser Versicherungen muss vor dem 1. 1. 2005 begonnen haben und es muss ein Versicherungsbeitrag bis zum 31. 12. 2004 entrichtet worden sein. Die bisherigen Regelungen in § 10 Abs. 1 Nr. 2 Satz 2 bis 5 und Abs. 2 Satz 2 EStG sind weiter anzuwenden.

Ab 2004 sind Beiträge zu Lebensversicherungen i. S. der Doppelbuchst. cc und dd des § 10 Abs. 1 Nr. 2 Buchst. b EStG nur i. H. v. 88 % als Vorsorgeaufwendungen zu berücksichtigen (§ 10 Abs. 1 Nr. 2 Buchst. b EStG i. d. F. des HBeglG 2004).

Für Verträge, die vor dem 1. 1. 2005 abgeschlossen wurden, gilt hinsichtlich des Sonderausgabenabzugs weiterhin das BMF-Schreiben vom 22. 8. 2002 (BStBl 2002 I 827) mit der Maßgabe, dass vor dem 1. 1. 2005 die Versicherungslaufzeit begonnen hat und ein Versicherungsbeitrag geleistet wurde.

6.2.4.6.3.3 Beiträge zu Unfall- und Haftpflichtversicherungen

Eine Haftpflichtversicherung ist eine Versicherung gegen irgendwelche möglichen, aus 419
Vertrag oder Gesetz folgenden Ersatzpflichten, für die der Stpfl. einstehen muss. Unfall-
und Haftpflichtversicherungen können sowohl private als auch betriebliche Vorgänge
sein. So sind Unfallversicherungen bei Betrieben, bei denen in erheblichem Umfang
mit Betriebsunfällen gerechnet werden muss und die Gefahr von Betriebsunfällen den
Abschluss der Versicherung veranlasst hat (z. B. bei Schornsteinfeger- oder Maurermeis-
tern, Taxiunternehmern usw.), Betriebsvorgänge. Ist dagegen die Unfallgefahr des Betriebs gering und fällt sie im Rahmen der Gesamtgefährdung des Versicherten nicht ins
Gewicht, wie z. B. bei einem Steuerberater, so ist die Versicherung eine private Maßnahme. Wird eine Unfallversicherung für die Dauer einer Geschäftsreise abgeschlossen,
so sind die Versicherungsprämien Betriebsausgaben (ggf. Werbungskosten). Zur einkommensteuerlichen Behandlung von freiwilligen Unfallversicherungen vgl. BMF-
Schreiben v. 28. 10. 2009, BStBl 2009 I 1275.

Prämien für eine Dauerversicherung, die auch für Unfälle bei Privatreisen gilt, können 420
dagegen nur als Sonderausgaben geltend gemacht werden. Ebenso ist bei Haftpflichtversicherungen zu verfahren. Betrifft die Haftpflichtversicherung ein Kraftfahrzeug, das
zum Teil betrieblich und zum Teil privat genutzt wird, so ist die Prämie aufzuteilen. In
Höhe des der privaten Nutzung entsprechenden Anteils kann sie als Sonderausgabe,
im Übrigen als Betriebsausgabe (Werbungskosten) abgezogen werden. Arbeitnehmer,
die als Werbungskosten für Fahrten zwischen Wohnung und Arbeitsstätte die in § 9
Abs. 1 Nr. 4 EStG bezeichneten Pauschbeträge ansetzen, können aus Vereinfachungsgründen die vollen Beiträge zur Kraftfahrzeug-Haftpflichtversicherung als Sonderausgaben geltend machen (R 10.5 Satz 2 EStR).

HINWEIS:

Nach dem BFH-Urteil vom 9. 9. 2015 (X R 5/13, BFH/NV 2016, 116) ist die Regelung über die beschränkte Abziehbarkeit von sonstigen Vorsorgeaufwendungen (§ 10 Abs. 1 Nr. 3a EStG i. d. F. des
BürgEntlG KV) verfassungsrechtlich nicht zu beanstanden.

6.2.4.7 Globalbeiträge an ausländische Sozialversicherungsträger

Die Beiträge einer in Deutschland steuerpflichtigen Person zu einer gesetzlichen Sozial- 420a
versicherung können grundsätzlich als Sonderausgaben bei der ESt-Veranlagung geltend gemacht werden. Für beschränkt Steuerpflichtige gilt dies jedoch nur, wenn es
sich um ArbN handelt, die Einkünfte i. S. d. § 49 Abs. 1 Nr. 4 EStG beziehen und soweit
die Aufwendungen auf die Zeit entfallen, in der diese Einkünfte bezogen werden. Vorsorgeaufwendungen i. S. d. § 10 Abs. 1 Nr. 3a EStG sind bei beschränkt Steuerpflichtigen
generell nicht zu berücksichtigen (§ 50 Abs. 1 Satz 3 und 4 EStG).

420b Aufgrund der unterschiedlichen Abzugsvolumina sind Beiträge an die gesetzliche Sozialversicherung aufzuteilen in Beiträge an die gesetzliche Rentenversicherung, an die gesetzliche Kranken- und Pflegeversicherung sowie u. a. in Beiträge an die Arbeitslosenversicherung. Neben den Beiträgen an inländische Sozialversicherungsträger sind auch vergleichbare Zahlungen an ausländische Sozialversicherungsträger begünstigt (s. § 10 Abs. 2 Nr. 2 Buchst. c EStG). Anders als bei der inländischen gesetzlichen Sozialversicherung gibt es einige ausländische Sozialversicherungen, in denen – bezogen auf die Beitragsleistung – nicht nach den verschiedenen Sozialversicherungszweigen unterschieden und ein einheitlicher Sozialversicherungsbeitrag (Globalbeitrag) erhoben wird. Mit dem Globalbeitrag werden Leistungen u. a. bei Arbeitslosigkeit, Krankheit, Mutterschutz, Invalidität, Alter und Tod finanziert. Es wird von der ausländischen Sozialversicherung nicht danach differenziert, welcher Anteil des Beitrags für die Finanzierung der jeweiligen Sozialversicherungsleistungen eingesetzt wird. Für eine zutreffende steuerliche Berücksichtigung ist der an die ausländische gesetzliche Sozialversicherung vom ArbN mitgetragene Globalbeitrag auf die einzelnen Versicherungszweige aufzuteilen (BMF vom 19. 8. 2013, BStBl 2013 I 1087, Rz. 160).

420c Wie die vom Stpfl. geleisteten Globalbeiträge zur Ermittlung der steuerlich berücksichtigungsfähigen Vorsorgeaufwendungen (u. a. Beiträge an einen ausländischen gesetzlichen Rentenversicherungsträger) aufzuteilen sind, wird für jeden VZ durch gesondertes BMF-Schreiben bekannt gegeben:

▶ für den VZ 2011 und früher: BMF vom 5. 7. 2011 (BStBl 2011 I 711),

▶ für den VZ 2012 und teilweise auch für den VZ 2011: BMF vom 26. 1. 2012 (BStBl 2012 I 169),

▶ für den VZ 2013: BMF vom 29. 10. 2012 (BStBl 2012 I 1013),

▶ für den VZ 2014: BMF vom 8. 10. 2013 (BStBl 2013 I 1266),

▶ für den VZ 2015: BMF vom 3. 12. 2014 (BStBl 2014 I 1606),

▶ für den VZ 2016: BMF vom 28. 8. 2015 (BStBl 2015 I 632).

420d Die Aufteilung eines Globalbeitrages wird nachfolgend beispielhaft für Belgien aufgezeigt.

TAB. 14: Aufteilung des Globalbeitrags an ausländische gesetzliche Sozialversicherungen			
Vorsorgeaufwendungen nach	**Belgien**		
	2013	**2014/2015**	**2016**
§ 10 Abs. 1 Nr. 2 Buchst. a EStG	50,26 %	49,48 %	51,65 %
§ 10 Abs. 1 Nr. 3 Satz 1 Buchst. a und b (ohne Krankengeldanteil)	40,51 %	41,15 %	38,46 %
§ 10 Abs. 1 Nr. 3a EStG (Anteil vom Globalbeitrag für Krankengeld)	9,23 % (1,54 %)	9,37 % (1,56 %)	9,89 % (1,65 %)
Gesamtaufwand	100,00 %	100,00 %	100,00 %
Für Höchstbetragsberechnung gem. § 10 Abs. 3 EStG anzusetzender ArbG-Anteil	95,25 %	93,77 %	97,89 %

6.2.4.8 Beitragsrückerstattungen

Durch das Steuervereinfachungsgesetz 2011 vom 1.11.2011 (BGBl 2011 I 2131) wird 420e in § 10 Abs. 4b EStG erstmals die steuerliche Behandlung von steuerfreien Zuschüssen zu Sonderausgaben sowie Erstattungsbeträge von Sonderausgaben gesetzlich geregelt. Die bisherige Vorgehensweise hatte eine Vielzahl von Änderungsveranlagungen und einen hohen Verwaltungsaufwand zur Folge.

§ 10 Abs. 1 Nr. 4b EStG regelt die Behandlung steuerfreier Zuschüsse. Erhält der Stpfl. 420f steuerfreie Zuschüsse zu den Aufwendungen i. S. d. § 10 Abs. 1 Nr. 2 bis 3a EStG, ist er nicht wirtschaftlich mit den Aufwendungen belastet. Daher mindern steuerfreie Zuschüsse die entsprechenden Aufwendungen und werden wie Beitragsrückerstattungen behandelt. Weicht das Jahr der Beitragszahlung von dem Zuflussjahr des steuerfreien Zuschusses ab, ist der steuerfreie Zuschuss – gleichfalls wie bei einer Beitragsrückerstattung – mit gleichartigen Aufwendungen im Zuflussjahr zu verrechnen. Nur der Differenzbetrag ist als Sonderausgabe zu berücksichtigen.

Werden dem Stpfl. Aufwendungen i. S. d. § 10 Abs. 1 Satz 1 Nr. 2 bis 4 EStG im Veranla- 420g gungszeitraum erstattet, ist der Erstattungsbetrag mit den vom Stpfl. in diesem Veranlagungszeitraum geleisteten gleichartigen Aufwendungen zu verrechnen. Nur der Differenzbetrag ist als Sonderausgabe zu berücksichtigen. In diesem Sinne hat auch das FG Düsseldorf mit Urteil vom 6.6.2014, 1 K 2873/13 E) entschieden. Die von einer privaten Krankenversicherung rückvergüteten Beiträge für das Kj. 2010 mindern die im Folgejahr als Sonderausgaben geltend gemachten Beiträge zur Kranken- und Pflegeversicherung.

Sachverhalt und Entscheidungsgründe:

Der Kläger machte in seiner ESt-Erklärung für das Jahr 2011 die in diesem Jahr gezahlten Beiträge zur Krankenversicherung (sog. Basisabsicherung) als Sonderausgaben geltend, ohne die im Jahr 2011 erstatteten Krankenversicherungsbeiträge für das Jahr 2010 i. H. v. 495 € abzuziehen. Dagegen zog das beklagte FA die Erstattung von den Sonderausgaben ab. Mit dem Einspruch und der anschließenden Klage machte der Kläger geltend, dass die Beitragsrückerstattung um 111 € – dies entspreche dem Erstattungsbetrag, auf den er gegenüber seiner Krankenversicherung verzichtet habe – zu mindern sei.

Das FG kam zu der Entscheidung, dass der »Verzicht« auf einen Erstattungsanspruch zur Erlangung der Beitragsrückerstattung nicht als Sonderausgabe berücksichtigt werden kann. Die Beitragsrückerstattung könne nicht nur insoweit als Minderungsposten berücksichtigt werden, als sie die selbst getragenen Krankheitskosten übersteigt. Krankheitskosten seien keine Sonderausgaben, sondern allenfalls – bei Bezahlung zu berücksichtigende – außergewöhnliche Belastungen. Schließlich handele es sich bei den Krankheitskosten nicht um Beiträge zu Krankenversicherungen; diese seien auf die Erlangung von Versicherungsschutz gerichtet.

Übersteigen die vom Stpfl. erhaltenen Erstattungen die entsprechenden geleisteten Aufwendungen, sind die Aufwendungen insoweit mit Null anzusetzen, und es ergibt sich ein Erstattungsüberhang. In diesen Fällen war bisher der Sonderausgabenabzug für das Altjahr zu prüfen und gegebenenfalls zu korrigieren, so dass der alte Steuerbescheid gegebenenfalls zu ändern war (Wiederaufrollung der Steuerfestsetzungen von Vorjahren). Ab 1. 1. 2012 wird dieser Aufwand weitgehend vermieden, indem der Erstattungsüberhang bei Aufwendungen i. S. d. § 10 Abs. 1 Satz 1 Nr. 2 bis 3a EStG mit anderen Aufwendungen der jeweiligen Nummer zu verrechnen ist (BMF vom 19. 8. 2013, a. a. O., Rz. 158).

BEISPIEL: ▶ Ergibt sich ein Erstattungsüberhang bei den zu berücksichtigenden Beiträgen für eine Zusatzkrankenversicherung (keine Basisabsicherung) i. S. d. § 10 Abs. 1 Nr. 3a EStG, ist dieser Wert mit den zu berücksichtigenden Aufwendungen z. B. für eine Unfallversicherung (§ 10 Abs. 1 Nr. 3a EStG) zu verrechnen.

HINWEIS:

Erstattungsüberhänge bei den nach § 10 Abs. 1 Nr. 3 EStG anzusetzenden Beiträgen sind nicht mit den nach § 10 Abs. 1 Nr. 3a EStG zu berücksichtigenden Beiträgen zu verrechnen.

420h   Ein nach Verrechnung verbleibender Betrag eines Erstattungsüberhangs ist jeweils nach den Nr. 2, 3, 3a und 4 des § 10 Abs. 1 EStG möglich. Dabei sind Erstattungsüberhänge der Nr. 2 und 3a anders zu behandeln als diejenigen der Nr. 3 und 4 des § 10 Abs. 1 EStG.

420i   Ergibt sich nach der entsprechenden Verrechnung ein Erstattungsüberhang hinsichtlich der Beiträge i. S. d. § 10 Abs. 1 Nr. 2 und 3a EStG, ist der jeweilige Erstattungsüberhang im Rahmen derjenigen Einkommensteuerveranlagung zu berücksichtigen in der die Zahlung der entsprechenden Aufwendungen berücksichtigt wurde (bisherige Regelung).

420j   Erstattungsüberhänge der Nr. 3 und 4 des § 10 Abs. 1 sind nach § 10 Abs. 4b Satz 3 EStG dem Gesamtbetrag der Einkünfte des laufenden Veranlagungszeitraums hinzuzurechnen. Hiermit wird sichergestellt, dass der (nach Verrechnung mit gleichartigen Aufwendungen) verbleibende Erstattungsüberhang stets in voller Höhe steuerlich berücksichtigt wird. S. a. das ausführliche Beispiel in BMF v. 19. 8. 2013 (a. a. O., Rz. 159).

BEISPIEL: ▶

	Sonderausgaben gem. § 10 Abs. 1 (in Euro)					
	Nr. 2		Nr. 3a	Nr. 3		Nr. 4
	Buchst. a	Buchst. b		Buchst. a	Buchst. b	
Aufwendungen im Kj. 12	1 000	1 000	1 000	1 000	1 000	1 000
Erstattung im Kj. 12 aus dem Kj. 10	1 500	1 500	1 500	1 500	1 500	1 500
Differenzbetrag	./. 500	./. 500	./. 500	./. 500	./. 500	./. 500
Erstattungsüberhang		./. 1 000	./. 500		./. 1 000	./. 500

Der Erstattungsüberhang aus der Nr. 2 ist im Veranlagungsjahr, in dem die Zahlung der entsprechenden Aufwendungen berücksichtigt wurde, zu verrechnen (hier Kj. 10; bisherige Rechtslage; s. a. H 10.1 [Abzugshöhe / Abzugszeitpunkt – 2. Spiegelstrich] EStH).	Verrechnung im Veranlagungsjahr, in dem die Zahlung der entsprechenden Aufwendungen berücksichtigt wurde (hier Kj. 10; bisherige Rechtslage; s. a. H 10.1 [Abzugshöhe / Abzugszeitpunkt – 2. Spiegelstrich] EStH).	Der Erstattungsüberhang ist nach § 10 Abs. 4b Satz 3 EStG dem Gesamtbetrag der Einkünfte im Veranlagungszeitraum 12 hinzuzurechnen.

6.2.4.9 Höchstbetragsberechnungen

Durch das Alterseinkünftegesetz (AltEinkG) vom 5. 7. 2004 (BGBl 2004 I 1427) wird die   421
bis zum 31. 12. 2004 geltende, einheitliche Behandlung von Vorsorgeaufwendungen, bei der alle vom Stpfl. geleisteten Vorsorgeaufwendungen zusammengerechnet wurden und dann bis zu einer Obergrenze als Sonderausgaben abziehbar waren, aufgehoben. Ab dem VZ 2005 gibt es zwei Arten von Vorsorgeaufwendungen, die hinsichtlich ihres Abzugsumfangs und des maximalen Abzugsvolumens unterschiedlich behandelt werden. Dabei handelt es sich zum einen um die Aufwendungen für eine Altersvorsorge und zum anderen um die sonstigen Vorsorgeaufwendungen. Darüber hinaus gibt es aber weiterhin zusätzliche Abzugsmöglichkeiten für Beiträge zur „Riester-Rente" (§§ 10a und 79 ff. EStG) und zur betrieblichen Altersversorgung (§ 3 Nr. 63, § 40b EStG), deren Umfang durch eine Inanspruchnahme der Abzugsbeträge nach § 10 EStG nicht tangiert wird (*Myßen*, Das Alterseinkünftegesetz, NWB Fach 3, 13095).

Durch das Bürgerentlastungsgesetz vom 16. 7. 2009 (BGBl 2009 I 1959) werden die   421a
sonstigen Vorsorgeaufwendungen nachmals unterteilt, und zwar in

▶ Basisvorsorgeaufwendungen i. S. d. § 10 Abs. 1 Nr. 3 Buchst. a und Buchst. b EStG sowie

▶ sonstige Vorsorgeaufwendungen i. S. d. § 10 Abs. 1 Nr. 3a EStG.

Diese Unterteilung ist auch für die Höchstbetragsberechnung von Bedeutung (s. u.).

6.2.4.10 Höchstbetragsberechnung für Altersvorsorgeaufwendungen

6.2.4.10.1 Allgemeiner Überblick

Die Vorschrift des § 10 Abs. 3 EStG regelt den Umfang der abziehbaren Aufwendungen   422
für Altersvorsorgebeiträge i. S. d. § 10 Abs. 1 Nr. 2 EStG. Das **Abzugsvolumen** ist bis zum Veranlagungszeitraum 2014 auf **20 000 €** (**Verdoppelung** bei zusammenveranlagten **Ehegatten** auf **40 000 €**) begrenzt. Die Verdoppelung bei Ehegatten ist unabhängig davon, wer von den Ehegatten die begünstigten Beiträge entrichtet hat (Rz. 46 des BMF-Schreibens vom 19. 8. 2013, BStBl 2013 I 1078). Damit wird allen Stpfl. ein einheitliches Vorsorgevolumen eingeräumt, welches den steuerunbelasteten Aufbau einer adäqua-

ten Alterssicherung ermöglicht. Der Betrag liegt weit oberhalb des Höchstbetrages zur gesetzlichen Rentenversicherung der Arbeiter und Angestellten (2016: 18,7 % von 74 400 € = 13 913 €) und räumt daher auch Stpfl., die den Höchstbetrag zur gesetzlichen Rentenversicherung entrichten, ein zusätzliches Vorsorgevolumen ein.

422a   Durch das Gesetz zur Anpassung der Abgabenordnung an den Zollkodex der Union und zur Änderung weiterer steuerlicher Vorschriften vom 22. 12. 2014 (BGBl 2014 I 2417) wurde u. a. § 10 EStG neu gefasst. In § 10 Abs. 3 Satz 1 EStG wird das Abzugsvolumen für Beiträge zugunsten einer Basisvorsorge im Alter dynamisch an den Höchstbetrag zur knappschaftlichen Rentenversicherung (West) gekoppelt. Dieser ergibt sich aus der von der Bundesregierung zu erlassenen Verordnung über maßgebende Rechengrößen der Sozialversicherung

für 2015:   Sozialversicherungs-Rechengrößenverordnung 2015 vom
         1. 12. 2014 (BGBl 2014 I 1957)   89 400 €

für 2016   Sozialversicherungs-Rechengrößenverordnung 2016 vom
         30. 11. 2015 (BGBl 2015 I 2137)   91 800 €

und der Verordnung zur Bestimmung der Beitragssätze in der gesetzlichen Rentenversicherung

für 2015:   Beitragssatzverordnung 2015 vom 22. 12. 2014 (BGBl
         2014 I 2396)   24,8 %

unter Anwendung des jeweiligen Beitragssatzes auf die Beitragsbemessungsgrenze der knappschaftlichen Rentenversicherung (West). Für das Jahr 2015 ergibt sich somit ein Wert i. H. v. 22 172 € (89 400 € × 24,8 %) und für das Jahr 2016 ein Wert i. H. v. 22 767 € (91 800 € × 24,8 %).

TAB. 15:	Bezugsgrößen der Sozialversicherung					
Beitragsjahr	Beitragssatz (in Prozent)				Beitragsbemessungsgrenzen in der Renten- und Arbeitslosenversicherung / knappschaftliche Rentenversicherung		Beitragsbemessungsgrenzen in der Pflege- und Krankenversicherung einheitlich in allen Ländern
	RV / Knappschaft	ALV	PfV	KV	West	Ost	
2012	19,6	3,0	1,95; zusätzlich 0,25 für Kinderlose	14,6; zusätzlich 0,9	67 200 €	57 600 €	45 900 €
2013	18,9	3,0	2,05; zusätzlich 0,25 für Kinderlose	14,6; zusätzlich 0,9	69 600 €	58 800 €	47 250 €

2014	18,9	3,0	2,05; zusätzlich 0,25 für Kinderlose	14,6; zusätzlich 0,9	71 400 €	60 000 €	48 600 €
2015	18,7 / 24,8	3,0	2,35 zusätzlich 0,25 für Kinderlose	14,6 Zusatzbeitragssatz lt. Satzung der Krankenkasse	72 600 € / 89 400 €	62 400 €	49 500 €
2016	siehe 2015			14,6; durchschnittlicher Zusatzbeitragssatz (1,1 %)	74 400 € / 91 800 €	64 800 €	56 250 €

Zu den Grenzwerten 2012 in der Sozialversicherung s. Eilts, NWB 2011, 4417 sowie die 422b Verordnung über maßgebende Rechengrößen der Sozialversicherung für 2012 (Sozialversicherungs-Rechengrößenverordnung 2012) vom 2. 12. 2011 (BGBl 2011 I 2421).

Zu den Grenzwerten 2013 s. die Änderungen der sozialversicherungsrechtlichen Rechengrößen 2013 (Sozialversicherungs-Rechengrößenverordnung 2013 vom 26. 11. 2012, BGBl 2012 I 2361 und Eilts, NWB 52/2012, 4235). Durch das Gesetz zur Festsetzung der Beitragssätze in der gesetzlichen Rentenversicherung für das Jahr 2013 vom 5. 12. 2012 (BGBl 2012 I 2446) wird der Beitragssatz in der Rentenversicherung auf 18,9 % festgelegt. Durch das Gesetz zur Neuausrichtung der Pflegeversicherung vom 23. 10. 2012 (BGBl 2012 I 2246) wird der Beitragssatz in der Pflegeversicherung auf 2,05 % festgesetzt.

Durch das Gesetz zur Festsetzung der Beitragssätze in der gesetzlichen Rentenversicherung für das Jahr 2014 (Beitragssatzgesetz 2014, DT-Drs. 18/187 vom 16. 12. 2013) wird der Beitragssatz in der allgemeinen Rentenversicherung für das Jahr 2014 auf 18,9 % festgesetzt (Bekanntmachung der Beitragssätze in der allgemeinen Rentenversicherung und der knappschaftlichen Rentenversicherung für das Jahr 2014 vom 19. 12. 2013, BGBl 2013 I 4313). S. a. die Sozialversicherungs-Rechengrößenverordnung 2014 (BGBl 2013 I 4038).

Durch die Verordnung zur Bestimmung der Beitragssätze in der gesetzlichen Rentenversicherung (Beitragssatzverordnung 2015 vom 22. 12. 2014, BGBl 2014 I 2396) wird der Beitragssatz in der allgemeinen Rentenversicherung für das Jahr 2015 auf 18,7 % festgesetzt. S. a. die Sozialversicherungs-Rechengrößenverordnung 2015 vom 1. 12. 2014 (BGBl 2014 I 1957). Durch das Erste Pflegestärkungsgesetz – PSG I – vom 17. 12. 2014 (BGBl 2014 I 2222) wird der Beitragssatz zur Pflegeversicherung um 0,3 Beitragssatzpunkte auf 2,35 % erhöht. Der Beitragszuschlag für Kinderlose beträgt weiterhin 0,25 %.

Durch die Bekanntmachung der Beitragssätze in der allgemeinen Rentenversicherung und der knappschaftlichen Rentenversicherung für das Jahr 2016 vom 23. 11. 2015 (BGBl 2015 I 2110) beträgt der Beitragssatz für das Jahr 2016 in der Rentenversicherung weiterhin 18,7 %. Zu den Beitragsbemessungsgrenzen s. die Sozialversicherungs-Rechengrößenverordnung 2016 vom 30. 11. 2015 (BGBl 2015 I 2137).

Der durchschnittliche Zusatzbeitragssatz in der gesetzlichen Krankenversicherung für 2016 beträgt 1,1 % (Bekanntmachung des durchschnittlichen Zusatzbeitragssatzes nach § 242a Abs. 2 SGB V für das Jahr 2016 vom 26. 10. 2015, BAnz AT 30. 10. 2015 B7).

Mit dem PSG II steigt der Beitragssatz der Sozialen Pflegeversicherung zum 1. 1. 2017 um 0,2 Prozentpunkte auf 2,55 % bzw. 2,8 % für Kinderlose.

6.2.4.10.2   Kürzung des Höchstbetrages nach § 10 Abs. 3 Satz 3 EStG

6.2.4.10.2.1   Allgemeiner Überblick

423   Der jeweilige **Höchstbetrag** ist bei Stpfl., die zum Personenkreis des § 10 Abs. 3 Satz 3 Nr. 1 oder 2 EStG gehören, **um** einen **fiktiven Gesamtrentenversicherungsbeitrag** (ArbG- und ArbN-Anteil) zu **kürzen**. Dies gewährleistet eine Gleichbehandlung zwischen Pflichtversicherten in der gesetzlichen Rentenversicherung und anderen Stpfl., die eine Altersversorgung ganz oder teilweise ohne eigene Aufwendungen erlangen (Rz. 47 ff. des BMF-Schreibens vom 19. 8. 2013, BStBl 2013 I 1087). Der Gesamtbeitrag ist dabei anhand der Einnahmen aus der Tätigkeit zu ermitteln, die die Zugehörigkeit zum genannten Personenkreis begründen. Für die Berechnung des Kürzungsbetrages ist auf den zu Beginn des jeweiligen Kj geltenden Beitragssatz in der allgemeinen Rentenversicherung abzustellen.

Bei Ehegatten ist für jeden Ehegatten gesondert zu prüfen, ob und ggf. in welcher Höhe der gemeinsame Höchstbetrag von 40 000 € zu kürzen ist (Rz. 60 des BMF-Schreibens vom 19. 8. 2013, a. a. O.).

424   Nachgezahlter Arbeitslohn, der einem aktiven Beschäftigungsverhältnis zuzurechnen ist, in dessen Rahmen der Stpfl. durch Zukunftssicherungsausgaben des ArbG oder durch den Erwerb von Altersversorgungsansprüchen begünstigt worden ist, führt auch dann zur Kürzung des Vorwegabzugs bzw. zur Kürzung der Basisversorgung, wenn er erst nach Beendigung der aktiven Tätigkeit in einem späteren VZ zur Auszahlung an den Stpfl. gelangt. Dies gilt auch für den Bezug einer nicht der Sozialversicherungspflicht unterliegenden Abfindung wegen Auflösung des Beschäftigungsverhältnisses (BFH Urteile vom 17. 5. 2006, X R 19/05, BFH/NV 2006, 2049 und vom 26. 9. 2006, X R 7/05, BFH/NV 2007, 34).

6.2.4.10.2.2   Personenkreis des § 10 Abs. 3 Satz 3 Nr. 1 Buchst. a EStG

425   Unter § 10 Abs. 3 Satz 3 Nr. 1 Buchst. a EStG fallen (Rz. 49 des BMF-Schreibens vom 19. 8. 2013, a. a. O.):

▶ Beamte, Richter, Berufssoldaten, Soldaten auf Zeit;

▶ ArbN, die nach § 5 Abs. 1 Nr. 2 und 3 SGB VI oder § 230 SGB VI versicherungsfrei sind (z. B. Beschäftigte bei Trägern der Sozialversicherung, Geistliche der als öffentlich-rechtliche Körperschaften anerkannten Religionsgemeinschaften);

▶ ArbN, die auf Antrag des ArbG von der gesetzlichen Rentenversicherung befreit worden sind, z. B. Lehrkräfte an nicht öffentlichen Schulen, bei denen eine Altersversorgung nach beamtenrechtlichen oder entsprechenden kirchenrechtlichen Grundsätzen gewährleistet ist.

Der Höchstbetrag nach § 10 Abs. 3 Satz 1 EStG ist damit um einen fiktiven Gesamtbei- 426
trag zur allgemeinen Rentenversicherung zu kürzen. Bemessungsgrundlage für den
Kürzungsbetrag sind die erzielten steuerpflichtigen Einnahmen aus der Tätigkeit, die
die Zugehörigkeit zum Personenkreis des § 10 Abs. 3 Satz 3 Nr. 1 Buchst. a EStG begründen, höchstens bis zum Betrag der Beitragsbemessungsgrenze in der allgemeinen Rentenversicherung. Es ist unerheblich, ob die Zahlungen insgesamt beitragspflichtig gewesen wären, wenn Versicherungspflicht in der gesetzlichen Rentenversicherung bestanden hätte. Aus **Vereinfachungsgründen** ist einheitlich auf die **Beitragsbemessungsgrenze (Ost) abzustellen** (Rz. 50 und 51 des BMF-Schreibens vom 19. 8. 2013, a. a. O.).

6.2.4.10.2.3   Personenkreis des § 10 Abs. 3 Satz 3 Nr. 1 Buchst. b EStG

Unter § 10 Abs. 3 Satz 3 Nr. 1 Buchst. b EStG fallen ArbN, die während des ganzen oder 427
eines Teils des Kj nicht der gesetzlichen Rentenversicherungspflicht unterliegen und denen eine betriebliche Altersversorgung im Zusammenhang mit einem im betreffenden
Veranlagungszeitraum bestehenden Dienstverhältnis zugesagt worden ist. Hierzu können insbesondere beherrschende Gesellschafter-Geschäftsführer einer GmbH oder Vorstandsmitglieder einer Aktiengesellschaft gehören. Für die Beurteilung der Zugehörigkeit zu diesem Personenkreis sind alle Formen der betrieblichen Altersversorgung zu
berücksichtigen. Ohne Bedeutung sind dabei die Art der Finanzierung, die Höhe der
Versorgungszusage und die Art des Durchführungswegs. Ebenso ist unerheblich, ob im
betreffenden Veranlagungszeitraum Beiträge erbracht wurden oder die Versorgungs-
anwartschaft angewachsen ist (Rz. 52 bis 55 des BMF-Schreibens vom 19. 8. 2013, BStBl
2013 I 1087).

Für die Beurteilung, ob eine Kürzung vorzunehmen ist, ist auf das konkrete Dienstver- 428
hältnis in dem jeweiligen Veranlagungszeitraum abzustellen. Nicht einzubeziehen sind
Anwartschaftsrechte aus einer im gesamten Veranlagungszeitraum privat fortgeführten Direktversicherung, bei der der ArbN selbst Versicherungsnehmer ist.

Ist zugunsten des Alleingesellschafter-Geschäftsführers einer GmbH eine Direktver- 428a
sicherung von der Kapitalgesellschaft als Versicherungsnehmerin abgeschlossen worden, gehört dieser seit dem Jahr 2008 zum Personenkreis des § 10 Abs. 3 Satz 3 Nr. 1
Buchst. b EStG. Der Höchstbetrag für Beiträge, die der Alleingesellschafter-Geschäfts-
führer zum Aufbau einer »Rürup-Rente« erbringt, ist deshalb gemäß § 10 Abs. 3 Satz 3
EStG pauschal um den fiktiven Gesamtbeitrag zur allgemeinen Rentenversicherung zu
kürzen (BFH, 15. 7. 2014, X R 35/12, BStBl 2015 II 213).

Das BMF hat zur Kürzung des Vorwegabzugs nach § 10 Abs. 3 Nr. 2 Satz 2 Buchst. a 428b
EStG 2004, zur Kürzung des Höchstbetrags nach § 10 Abs. 3 Satz 3 EStG und zur Kürzung der Vorsorgepauschale nach § 10c Abs. 3 Nr. 2 EStG (bis einschließlich Kj. 2009)
bei Gesellschafter-Geschäftsführern von Kapitalgesellschaften Stellung genommen
(BMF vom 22. 5. 2007, BStBl 2007 I 493).

Mit Urteil vom 15. 7. 2014 (X R 35/12, BStBl 2015 II 213) hat der BFH entschieden, dass
eine Einschränkung des Sonderausgabenabzugs bei beherrschenden Gesellschafter-Ge-

schäftsführern einer GmbH mit Art. 3 Abs. 1 GG vereinbar ist (Hilbertz, NWB 2014, 3934).

Im Streitfall hatte die GmbH des Klägers im Jahr 1992 zu seinen Gunsten eine Direktversicherung abgeschlossen. Die Beiträge im Streitjahr 2008 betrugen 1 534 € und wurden vom Kläger im Wege einer Gehaltsumwandlung erbracht. Im Streitjahr 2008 zahlte der Kläger zudem 22 050 € in einen »Rürup-Rentenvertrag« ein. Von letzteren Aufwendungen konnte er aufgrund der gesetzlichen Regelung in § 10 Abs. 3 Sätze 1 bis 4 letztlich nur 6 108 € als Sonderausgaben abziehen (20 000 € abzgl. 19,9 % von 54 000 €, davon 66 %). Ohne die vorhandene Direktversicherung hätte der Kläger dagegen 13 200 € (20 000 € × 66 %) absetzen können.

6.2.4.10.2.4   Personenkreis des § 10 Abs. 3 Satz 3 Nr. 2 EStG

429 Zu den Steuerpflichtigen, die Einkünfte i. S. d. § 22 Nr. 4 EStG beziehen, gehören insbesondere

► Bundestagsabgeordnete,

► Landtagsabgeordnete,

► Abgeordnete des Europaparlaments.

430 Nicht zu diesem Personenkreis gehören z. B.

► ehrenamtliche Mitglieder kommunaler Vertretungen,

► kommunale Wahlbeamte wie Landräte und Bürgermeister.

431 Eine Kürzung des Höchstbetrags nach § 10 Abs. 3 Satz 3 Nr. 2 EStG ist jedoch nur vorzunehmen, wenn der Stpfl. zum genannten Personenkreis gehört und ganz oder teilweise ohne eigene Beitragsleistung einen Anspruch auf Altersversorgung nach dem Abgeordnetengesetz, dem Europaabgeordnetengesetz oder entsprechenden Gesetzen der Länder erwirbt.

432 Bemessungsgrundlage für den Kürzungsbetrag sind die Einnahmen i. S. d. § 22 Nr. 4 EStG, soweit sie die Zugehörigkeit zum maßgebenden Personenkreis begründen, höchstens der Betrag der Beitragsbemessungsgrenze in der allgemeinen Rentenversicherung. Aus Vereinfachungsgründen ist einheitlich auf die Beitragsbemessungsgrenze (Ost) in der allgemeinen Rentenversicherung abzustellen (Rz. 56 bis 59 des BMF-Schreibens vom 19. 8. 2013, a. a. O.).

6.2.4.10.3   Die Höchstbetragsberechnung

433 Die folgende Übersicht zeigt die Höchstbetragsberechnung für Altersvorsorgeaufwendungen.

TAB. 16: Höchstbetragsberechnung für Altersvorsorgeaufwendungen

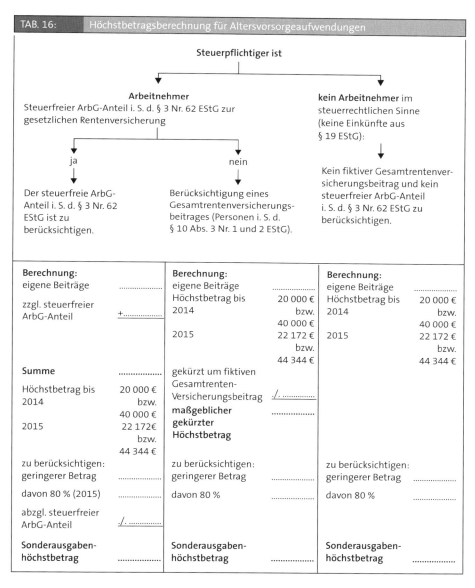

Der fiktive Gesamtbeitrag ermittelt sich unter Zugrundelegung des jeweils zu Beginn   434
des Kj gültigen Beitragssatzes zur gesetzlichen Rentenversicherung der Arbeiter und
Angestellten und der vom Stpfl. aus der betreffenden Tätigkeit erzielten steuerpflichtigen Einnahmen. Einnahmen oberhalb der Beitragsbemessungsgrenze (Ost) zur allgemeinen Rentenversicherung werden für die Ermittlung des fiktiven Gesamtrenten-
versicherungsbeitrages nicht angesetzt. Als Altersvorsorgeaufwendungen zu berücksichtigen sind danach entweder die tatsächlichen Altersvorsorgeaufwendungen oder
der niedrigere gekürzte Höchstbetrag. Von diesem zu berücksichtigenden Betrag sind

im Kj 2013 76 % als Altersvorsorgeaufwendungen anzusetzen. Dieser Prozentsatz steigt in den Folgejahren für alle Stpfl. jährlich um zwei Punkte (2015: 80 %; 2024: 98 %) an. Aufgrund der jährlichen Erhöhung um 2 Prozentpunkte des den Abzugsumfang begrenzenden Prozentsatzes wird im Jahr 2025 der vollständige Abzug der zu berücksichtigenden Aufwendungen des Stpfl. für seine Altersversorgung erreicht. Von den anzusetzenden Altersvorsorgeaufwendungen ist der nach § 3 Nr. 62 EStG steuerfreie ArbG-Anteil zur gesetzlichen Rentenversicherung abzuziehen. Der danach verbleibende Betrag ist als Sonderausgabe abziehbar (Rz. 61 und 62 des BMF-Schreibens vom 19. 8. 2013, BStBl 2013 I 1087).

BEISPIEL 1: ▶ Der gesetzlich rentenversicherungspflichtige ArbN A hat im Kj. 2015 steuerpflichtige Einnahmen aus nichtselbstständiger Arbeit i. H. v. 73 000 €. Die Beitragsbemessungsgrenze (West) beträgt 72 600 €. Der Höchstbetrag der knappschaftlichen Rentenversicherung (West) beträgt 89 400 € und der Beitragssatz 24,8 %.

LÖSUNG: ▶ S. a. BMF vom 19. 8. 2013, BStBl 2013 I 1087, Beispiel 1 in Rz. 64.

Die Beiträge des ArbN zur gesetzlichen Rentenversicherung sind Aufwendungen für die Altersvorsorge nach § 10 Abs. 1 Nr. 2 Buchst. a EStG.

18,7 % von 72 600 € = 13 576 €; davon die Hälfte =		6 788 €
Der Beitrag erhöht sich um den nach § 3 Nr. 62 EStG steuerfreien ArbG-Anteil (§ 10 Abs. 1 Nr. 2 Satz 6 EStG)		6 788 €
Altersvorsorgeaufwendungen insgesamt		13 576 €
Höchstbetragsberechnung nach § 10 Abs. 3 EStG:		
Altersvorsorgeaufwendungen (§ 10 Abs. 3 i.V.m. Abs. 1 Nr. 2 Satz 6 EStG	13 576 €	
Höchstbetrag (89 400 € × 24,8 % =)	22 172 €	
Kürzung des Höchstbetrages	0 €	
Verbleiben	13 576 € 22 172 €	
zu berücksichtigen		13 576 €
ansetzen 80 % von 13 576 € (§ 10 Abs. 3 Satz 4 und 6 EStG; BMF v. 19. 8. 2013, BStBl 2013 I 1087, Rz. 61)		10 861 €
abzgl. steuerfreier ArbG-Anteil nach § 3 Nr. 62 EStG (§ 10 Abs. 3 Satz 5 EStG)		./. 6 788 €
abzugsfähige Sonderausgaben nach § 10 Abs. 3 EStG		4 073 €
Die steuerfreie Förderung der Altersvorsorge setzt sich wie folgt zusammen:		
steuerfreier ArbG-Anteil i. S. d. § 3 Nr. 62 EStG		6 788 €
abzugsfähige Sonderausgaben		4 073 €
Insgesamt		10 861 €

BEISPIEL 2: ▶ Bei dem ArbN A im Beispiel 1 handelt es sich um einen Beamten. Der Beamte hat im Kj. 2015 Beiträge i. S. d. § 10 Abs. 1 Nr. 2 Buchst. b EStG zum Aufbau einer eigenen kapitalgedeckten Altersversorgung i. H. v. 13 576 € entrichtet.

LÖSUNG: S. a. BMF vom 19.8.2013, BStBl 2013 I 1087, Beispiel 2 in Rz. 65.

Altersvorsorgeaufwendungen insgesamt		13 576 €

Höchstbetragsberechnung nach § 10 Abs. 3 EStG:

Altersvorsorgeaufwendungen	13 576 €	
Höchstbetrag	22 172 €	

Kürzung des Höchstbetrages um einen fiktiven Gesamtrentenversicherungsbeitrag (Ost):

18,7 % von 62 400 € (§ 10 Abs. 3 Satz 3 Nr. 1 Buchst. a EStG)		11 668 €
Verbleiben	13 576 €	10 504 €
zu berücksichtigen		10 504 €
anzusetzen 80 % von 10 504 € (§ 10 Abs. 3 Satz 4 und 6 EStG)		8 403 €
abzugsfähige Sonderausgaben nach § 10 Abs. 3 EStG		8 403 €

Nach Rz. 51 des BMF-Schreibens vom 19.8.2013 (BStBl 2013 I 1087) ist bei der Kürzung des Höchstbetrages aus Vereinfachungsgründen einheitlich auf die Beitragsbemessungsgrenze (Ost) in der allgemeinen Rentenversicherung abzustellen.

BEISPIEL 3: Bei dem Stpfl. A im Beispiel 1 handelt es sich um einen selbstständig Tätigen mit Einkünften aus §§ 13, 15 oder 18 EStG. Der Stpfl. hat im Kj. 2015 Beiträge i. S. § 10 Abs. 1 Nr. 2 Buchst. b EStG zum Aufbau einer eigenen kapitalgedeckten Altersversorgung i. H.v. 13 576 € entrichtet.

LÖSUNG:

Altersvorsorgeaufwendungen insgesamt		13 576 €

Höchstbetragsberechnung nach § 10 Abs. 3 EStG:

Altersvorsorgeaufwendungen	13 576 €	
Höchstbetrag	22 172 €	
zu berücksichtigen		13 576 €
ansetzen 80 % von 13 576 €		10 861 €
abzugsfähige Sonderausgaben nach § 10 Abs. 3 EStG		10 861 €

BEISPIEL 4: Die Eheleute A und B zahlen im Kj. 2015 jeweils 8 000 € für eine Leibrentenversicherung i. S. d. § 10 Abs. 1 Nr. 2 Satz 1 Buchst. b EStG. A ist im Kj. 2015 als selbständiger Steuerberater tätig und zahlt darüber hinaus 15 000 € in die berufsständische Versorgungseinrichtung der Steuerberater, die der gesetzlichen Rentenversicherung vergleichbare Leistungen erbringt. B ist Beamtin ohne eigene Aufwendungen für ihre künftige Pension. Ihre Einnahmen aus dem Beamtenverhältnis betragen 40 202 €.

LÖSUNG: S. a. BMF vom 19.8.2013, BStBl 2013 I 1087, Beispiel 3 in Rz. 66.

Berufsständische Versorgungseinrichtung		15 000 €
Leibrentenversicherung		16 000 €
Insgesamt		31 000 €
Höchstbetrag (22 172 € × 2)	44 344 €	
abzgl. fiktiver Gesamtbeitrag Rentenversicherung (40 202 € x 18,7 %)	./. 7 517 €	
gekürzter Höchstbetrag	36 827 €	
80 % des geringeren Betrages (31 000 €)		24 800 €

6.2.4.11 Höchstbetragsberechnung für sonstige Vorsorgeaufwendungen

6.2.4.11.1 Abzugsbetrag bei Einzelveranlagung i. S. d. § 25 EStG

435 Durch das Bürgerentlastungsgesetz vom 16. 7. 2009 (BGBl 2009 I 1959) wird die Höchstbetragsberechnung des § 10 Abs. 4 EStG neu geregelt. Für die Basis- und sonstigen Vorsorgeaufwendungen i. S. des § 10 Abs. 1 Nr. 3 Buchst. a und Buchst. b sowie Nr. 3a EStG wird ein gemeinsames Abzugsvolumen eingeführt. Die Abzugsvolumina betragen 2 800 € bzw. 1 900 €. Das Abzugsvolumen steht primär für Beiträge zugunsten einer Basiskranken- und Pflegeversicherung zur Verfügung. Die entsprechenden Beiträge sind – auch wenn die genannten Abzugsvolumina überschritten werden – in jedem Fall voll abziehbar (Rz. 99 und 100 des BMF-Schreibens vom 19. 8. 2013, BStBl 2013 I 1087). Dieser unbegrenzte Abzug gilt bei der Krankenversicherung nur für Beiträge, die zur Abdeckung einer Grundversorgung im Krankheitsfall dienen. Beitragsanteile, die einen Anspruch auf Krankengeld oder Ähnliches begründen, sind nicht abzugsfähig (Rz. 103 des BMF-Schreibens vom 19. 8. 2013, a. a. O.).

435a Ein in der gesetzlichen Krankenversicherung pflichtversicherter ArbN kann aus diesen Gründen seine Beiträge grundsätzlich in voller Höhe geltend machen. Besteht allerdings Anspruch auf Krankengeld, so erfolgt eine pauschale Kürzung der Beiträge um 4 %.

Nach dem BFH-Urteil vom 16. 11. 2011 (X R 15/09, BStBl 2012 II 325) besteht kein verfassungsrechtlicher Anspruch darauf, die Beiträge zur Arbeitslosenversicherung einkommensteuerrechtlich in voller Höhe oder zumindest im Wege eines negativen Progressionsvorbehalts zu berücksichtigen. Unter dem Az. 2 BvR 598/12 ist vor dem BVerfG eine Verfassungsbeschwerde anhängig.

> **BEISPIEL 5:** ▶ **(für gesetzlich Versicherte)** Ein lediger ArbN hat Beiträge zur gesetzlichen Krankenversicherung i. H. v. 2 800 € und zur gesetzlichen Pflegeversicherung i. H. v. 400 € gezahlt. Aufgrund der Krankenversicherung besteht auch ein Anspruch auf Krankengeld. Zusätzlich zahlt er auch Beiträge zur Arbeitslosenversicherung i. H. v. 800 € und zur Haftpflichtversicherung i. H. v. 400 €.

> **LÖSUNG:** ▶ Die Krankenversicherungsbeiträge (§ 10 Abs. 1 Nr. 3 Buchst. a EStG) sind um 4 % zu kürzen (§ 10 Abs. 1 Nr. 3 Buchst. a Satz 4 EStG). Somit sind 2 688 € (= 2 800 € abzgl. 112 €) abziehbar. Daneben können ebenfalls die 400 € zur gesetzlichen Pflegeversicherung als Sonderausgaben abgezogen werden (§ 10 Abs. 1 Nr. 3 Buchst. b EStG).
>
> Insgesamt können so 3 088 € als Sonderausgaben von der Steuer abgezogen werden (§ 10 Abs. 4 Satz 4 EStG). Die Beiträge zur Arbeitslosen- und Haftpflichtversicherung (§ 10 Abs. 1 Nr. 3a EStG) wirken sich steuerlich nicht aus.

436 Für private Krankenversicherungen gilt, dass nur Versicherungsleistungen, die in Art, Umfang und Höhe den Leistungen der gesetzlichen Krankenversicherung entsprechen, abziehbar sind. Beitragsanteile die darüber hinausgehen, beispielsweise Chefarztbehandlung oder Einbettzimmer im Krankenhaus, dürfen nicht bei den Sonderausgaben berücksichtigt werden (BMF vom 19. 8. 2013, BStBl 2013 I 1087, Rz. 86).

436a Sind in einem Versicherungstarif begünstigte und nicht begünstigte Versicherungsleistungen abgesichert, muss der vom Versicherungsnehmer geleistete Beitrag durch das Krankenversicherungsunternehmen aufgeteilt werden. Wie diese Aufteilung in typisierender Weise zu erfolgen hat, wird durch die Verordnung zur tarifbezogenen Ermittlung der steuerlich berücksichtigungsfähigen Beiträge zum Erwerb eines Krankenversicherungsschutzes i. S. d. § 10 Abs. 1 Nr. 3 Satz 1 Buchst. a EStG (Krankenversicherungsbeitragsanteil-Ermittlungsverordnung; KVBEVO, BGBl 2009 I 2730) geregelt.

Der Höchstbetrag i. H. v. 1 900 € gilt z. B. für (Rz. 101 des BMF-Schreibens vom 19. 8. 2013, a. a. O.) 437

▶ Rentner, die aus der gesetzlichen Rentenversicherung nach § 3 Nr. 14 EStG steuerfreie Zuschüsse zu den Krankenversicherungsbeiträgen erhalten,

▶ Rentner, bei denen der Träger der gesetzlichen Rentenversicherung Beiträge an die GKV zahlt,

▶ sozialversicherungspflichtige ArbN, für die der ArbG nach § 3 Nr. 62 EStG steuerfreie Beiträge zur Krankenversicherung leistet; das gilt auch dann, wenn der Arbeitslohn aus einer Auslandstätigkeit aufgrund eines DBA steuerfrei gestellt wird,

▶ Besoldungsempfänger oder gleichgestellte Personen, die von ihrem ArbG nach § 3 Nr. 11 EStG steuerfreie Beihilfen zu Krankheitskosten erhalten,

▶ Beamte, die in der GKV freiwillig versichert sind und deshalb keine Beihilfe zu ihren Krankheitskosten – trotz eines grundsätzlichen Anspruchs – erhalten,

▶ Versorgungsempfänger im öffentlichen Dienst mit Beihilfeanspruch oder gleichgestellte Personen,

▶ in der GKV ohne eigene Beiträge familienversicherte Angehörige,

▶ Personen, für die steuerfreie Leistungen der Künstlersozialkasse nach § 3 Nr. 57 EStG erbracht werden.

Der nach § 3 Nr. 62 EStG steuerfreie ArbG-Anteil zur gesetzlichen Kranken- und Pflegeversicherung ist bei der Ermittlung des Höchstbetrages nach § 10 Abs. 4 EStG nicht zu berücksichtigen.

BEISPIEL 6: ▶ Der gesetzlich rentenversicherungspflichtige ArbN A (nicht kinderlos i. S. d. Pflegeversicherung) hat im Kj. 2015 steuerpflichtige Einnahmen aus nichtselbstständiger Arbeit i. H. v. 73 000 €. Die Beitragsbemessungsgrenzen in der Renten- und Arbeitslosenversicherung betragen im Kj 2015 72 600 €, in der Kranken- und Pflegeversicherung 49 500 €.

Der ArbN hat Aufwendungen für die Arbeitslosen-, Kranken- und Pflegeversicherung i. H. d. gesetzlichen Beiträge. In den Krankenversicherungsbeiträgen ist ein Anteil für Krankengeld enthalten. Die Krankenversicherung erhebt einen Zusatzbeitrag von 0,9 %.

Die Beiträge zu den Unfall- und Haftpflichtversicherungen betragen insgesamt 900 €; die Lebensversicherungsbeiträge i. S. d. § 10 Abs. 1 Nr. 3a EStG (§ 10 Abs. 1 Nr. 2 Buchst. b Doppelbuchst. dd EStG 2004) betragen seit Jahren insgesamt 3 000 €.

LÖSUNG: ▶

Zur Höchstbetragsberechnung nach § 10 Abs. 3 EStG siehe Lösung Beispiel 1. Die abzugsfähigen Sonderausgaben 2015 nach § 10 Abs. 3 EStG betragen danach

18,7 % von 72 600 € = 13 576 €; davon die Hälfte =	6 788 €
Der Beitrag erhöht sich um den nach § 3 Nr. 62 EStG steuerfreien ArbG-Anteil (§ 10 Abs. 1 Nr. 2 Satz 2 EStG)	6 788 €
Altersvorsorgeaufwendungen insgesamt	13 576 €

Höchstbetragsberechnung nach § 10 Abs. 3 EStG:

Altersvorsorgeaufwendungen (§ 10 Abs. 3 i. V. m. Abs. 1 Nr. 2 Satz 6 EStG)		13 576 €		
Höchstbetrag 2015			22 172 €	
Kürzung des Höchstbetrages			0 €	
Verbleiben		13 576 €	22 172 €	
zu berücksichtigen				13 576 €
ansetzen 80 % von 13 576 € (§ 10 Abs. 3 Satz 4 und 6 EStG; BMF vom 19. 8. 2013, BStBl I 2013, 1087, Rz. 61)				10 861 €
abzgl. steuerfreier ArbG-Anteil nach § 3 Nr. 62 EStG (§ 10 Abs. 3 Satz 5 EStG)				./. 6 788 €
abzugsfähige Sonderausgaben nach § 10 Abs. 3 EStG				4 073 €
Die ArbN-Anteile für die weiteren Sozialversicherungsbeiträge betragen				
Arbeitslosenversicherung	1,50 % von	72 600 €	1 089 €	
Krankenversicherung	8,20 % von	49 500 €	4 059 €	
Pflegeversicherung	1,175 % von	49 500 €	582 €	
Insgesamt			5 730 €	
weitere Versicherungsbeiträge: 88 % von 3 000 €			2 640 €	
Unfall- und Haftpflichtversicherung			900 €	
insgesamt nach § 10 Abs. 1 Nr. 3 und 3a EStG			9 270 €	
Basisvorsorgeaufwendungen				
– Krankenversicherung			4 059 €	
abzgl. 4 % für Krankengeld			./. 162 €	
Verbleiben			3 897 €	
– Pflegeversicherung			582 €	
insgesamt Basisabsicherung			4 479 €	
abzugsfähig nach § 10 Abs. 4 Satz 2 EStG (Höchstbetrag)			1 900 €	
Die Basisvorsorgeaufwendungen i. S. d. § 10 Abs. 1 Nr. 3 EStG i. H. v. 4 479 € übersteigen den Betrag von 1 900 €. Abzugsfähig sind nach § 10 Abs. 4 Satz 4 EStG die Basisvorsorgeaufwendungen (Mindestansatz)				4 479 €
Die weiteren Versicherungsbeiträge wirken sich steuerlich nicht mehr aus. Insgesamt abzugsfähig nach § 10 Abs. 3 und 4 EStG				8 552 €

6.2.4.11.2 Abzugsbetrag bei Zusammenveranlagung nach § 26b EStG

438   Bei zusammen veranlagten Ehegatten ist zunächst für jeden Ehegatten nach dessen persönlichen Verhältnissen der ihm zustehende Höchstbetrag zu bestimmen. Die Summe der beiden Höchstbeträge ist der gemeinsame Höchstbetrag (§ 10 Abs. 4 Satz 3 EStG). Übersteigen die von den Ehegatten geleisteten Beiträge für die Basisabsicherung (Basiskrankenversicherung und gesetzliche Pflegeversicherung) in der Summe den gemeinsamen Höchstbetrag, sind diese Beiträge für die Basisabsicherung als Sonderausgaben zu berücksichtigen. Eine betragsmäßige Deckelung auf den gemeinsamen Höchstbetrag erfolgt in diesen Fällen nicht. Ein zusätzlicher Abzug von Beiträgen nach

§ 10 Abs. 1 Nr. 3a EStG ist daneben nicht möglich (Rz. 104 des BMF-Schreibens vom 19. 8. 2013, BStBl 2013 I 1087).

Die OFD Frankfurt hat mit Vfg. vom 23. 9. 2013 (S 2221 A – 78 – St 218, NWB DokID: 439 [IAAAE-48492]) eine Übersicht mit häufig vorkommenden Fallvarianten und den Ehegatten jeweils zustehenden Höchstbeträgen veröffentlicht.

TAB. 17:	Höchstbeträge i. S. d. § 10 Abs. 4 bei Ehegatten		
Tätigkeit		**Höchstbeträge in Euro**	
Ehemann	Ehefrau	Ehemann	Ehefrau
Arbeiter, Angestellter	Arbeiterin, Angestellte, Arbeitslose (Hartz IV) oder Arbeitslosengeld I oder weder Arbeitslosengeld I oder II, Beamtin, Elternzeit, geringfügig Beschäftigte, Hausfrau, Rentnerin	1 900	1 900
Arbeiter, Angestellter	Selbständige	1 900	2 800
Beamter	Arbeiter, Angestellte, Arbeitslose (Hartz IV) oder Arbeitslosengeld I, Beamtin, Elternzeit, Rentnerin	1 900	1 900
Beamter	Hausfrau, Selbständige, Arbeitslose und weder Arbeitslosengeld I oder II, geringfügig Beschäftigte	1 900	1 900
Nach dem BFH-Urteil vom 23. 1. 2013 (X R 43/09, BStBl 2013 II 608) steht dem beihilfeberechtigten Ehegatten eines Beamten ebenfalls nur der ermäßigte Höchstbetrag nach § 10 Abs. 4 Satz 2 EStG zu (s. a. BMF v. 19. 8. 2013, a. a. O., Rz. 101).			
Rentner	Arbeiter, Angestellte, Arbeitslose (Hartz IV) oder Arbeitslosengeld I oder weder Arbeitslosengeld I oder II, Beamtin, geringfügig Beschäftigte, Hausfrau, Rentnerin	1 900	1 900
Rentner	Selbständige	1 900	2 800
Selbständiger	Arbeiter, Angestellte, Arbeitslose (Hartz IV) oder Arbeitslosengeld I, Beamtin, Elternzeit, Rentnerin	2 800	1 900
Selbständiger	Geringfügig Beschäftigte, Hausfrau, Arbeitslos und weder Arbeitslosengeld I oder II	2 800	2 800
Selbständiger	Selbständige	2 800	2 800
Hausmann	Elternzeit	2 800	1 900
Hausmann	Geringfügig Beschäftigte	2 800	2 800
Elternzeit	Beamtin	1 900	1 900
Elternzeit	Hausfrau	1 900	2 800
Geringfügig Beschäftigter	Hausfrau	2 800	2 800

BEISPIEL 7: ▶ Ehemann A bezieht im Kj 2015 einen sozialversicherungspflichtigen Arbeitslohn i. H. v. 23 000 €. Die Ehefrau B hat Einkünfte aus Gewerbebetrieb. B zahlt seit Jahren Beiträge für eine Lebensversicherung i. S. d. § 10 Abs. 1 Nr. 2 Buchst. b Doppelbuchst. dd EStG 2004 von

jährlich 2 500 €. Für die Haftpflicht- und Unfallversicherung zahlen die Eheleute insgesamt 900 €.

LÖSUNG: ▶

18,7 % von 23 000 € = 4 301 €; davon die Hälfte		2 150 €
Der Beitrag erhöht sich um den nach § 3 Nr. 62 EStG steuerfreien ArbG-Anteil		2 151 €
Altersvorsorgeaufwendungen insgesamt		4 301 €
Altersvorsorgeaufwendungen	4 301 €	
Höchstbetrag 2015		44 344 €
Kürzung des Höchstbetrages		0 €
Verbleiben	4 301 €	44 344 €
zu berücksichtigen		4 301 €
ansetzen 80 % von 4 301 €		3 441 €
abzüglich steuerfreier ArbG-Anteil nach § 3 Nr. 62 EStG		./. 2 151 €
abzugsfähige Sonderausgaben nach § 10 Abs. 3 EStG		1 190 €

Höchstbetragsberechnung nach § 10 Abs. 4 EStG:

Arbeitslosenversicherung	1,500 % von 23 000 €	345 €
Krankenversicherung	8,200 % von 23 000 €	1 886 €
Pflegeversicherung	1,175 % von 23 000 €	270 €
Insgesamt		2 501 €
weitere Versicherungsbeiträge: 88 % von 2 500 €		2 200 €
Unfall- und Haftpflichtversicherung		900 €
Insgesamt		5 601 €
Basisvorsorgeaufwendungen		
– Krankenversicherung		1 886 €
abzgl. 4 % für Krankengeld		./. 75 €
Verbleiben		1 811 €
– Pflegeversicherung		270 €
insgesamt Basisabsicherung		2 081 €
abzugsfähig nach § 10 Abs. 4 Satz 1 EStG für die Ehefrau B		2 800 €
abzugsfähig nach § 10 Abs. 4 Satz 2 EStG für den Ehemann A		1 900 €
gemeinsamer Höchstbetrag nach § 10 Abs. 3 Satz 3 EStG		4 700 €
gesamte Vorsorgeaufwendungen nach § 10 Abs. 1 Nr. 3 und 3a EStG		5 601 €

Die Basisvorsorgeaufwendungen i. S. d. § 10 Abs. 1 Nr. 3 EStG i. H. v. 2 081 € übersteigen nicht die gemeinsamen Höchstbeträge von 4 700 €. Abzugsfähig sind nach § 10 Abs. 4 Satz 1 und 2 EStG die gesamten Vorsorgeaufwendungen, höchstens die gemeinsamen Höchstbeträge.

	4 700 €
insgesamt abzugsfähig nach § 10 Abs. 3 und 4 EStG	5 890 €

BEISPIEL 8: ▶ Ehemann A (Beamter) bezieht im Kj 2015 Arbeitslohn i. H. v. 74 000 €, Ehefrau B bezieht einen sozialversicherungspflichtigen Arbeitslohn i. H. v. 73 000 €. Der Ehemann A hat im Kj 2015 jeweils 2 500 € an eine private Rentenversicherung i. S. d. § 10 Abs. 1 Nr. 2 Buchst. b EStG entrichtet. Für die private Basiskranken- und Pflegeversicherung wendet der Ehemann

laut Mitteilung der Versicherung insgesamt 3 000 € und für Zusatzleistungen insgesamt 600 € auf. Ehefrau B zahlt seit Jahren Beiträge für eine Lebensversicherung i. S. d. § 10 Abs. 1 Nr. 2 Buchst. b Doppelbuchst. dd EStG 2004 i. H.v. 2 500 €. Für die Haftpflicht- und Unfallversicherung zahlen die Eheleute insgesamt jeweils 900 €.

LÖSUNG: Gemeinsame Höchstbetragsberechnung nach § 10 Abs. 3 EStG:

18,7 % von 72 600 € (Beitragsbemessungsgrenze für den Arbeitslohn der Ehefrau) = 13 576 €; davon die Hälfte			6 788 €
Der Beitrag erhöht sich um den nach § 3 Nr. 62 EStG steuerfreien ArbG-Anteil			6 788 €
Altersvorsorgeaufwendungen der Ehefrau insgesamt			13 576 €
zzgl. Altersvorsorgebeiträge des Ehemannes			2 500 €
Altersvorsorgeaufwendungen insgesamt			16 076 €
Altersvorsorgeaufwendungen		16 076 €	
Höchstbetrag		44 344 €	
Kürzung des Höchstbetrages um 18,7 % von 62 400 € (Beitragsbemessungsgrenze Ost für den Arbeitslohn des Ehemannes)		11 668 €	
Verbleiben		16 076 € 32 676 €	
zu berücksichtigen			16 076 €
ansetzen 80 % von 16 076 €			12 861 €
abzüglich steuerfreier ArbG-Anteil nach § 3 Nr. 62 EStG			./. 6 788 €
abzugsfähige Sonderausgaben nach § 10 Abs. 3 EStG			6 073 €

Höchstbetragsberechnung nach § 10 Abs. 4 EStG:

Die ArbN-Anteile für die weiteren Sozialversicherungsbeiträge betragen

Arbeitslosenversicherung Ehefrau	1,500 % von 72 600 €	1 089 €
Krankenversicherung Ehefrau	8,200 % von 49 500 €	4 059 €
Pflegeversicherung Ehefrau	1,175 % von 49 500 €	582 €
Basiskranken- und Pflegeversicherung Ehemann		3 000 €
Zusatzversicherung Ehemann		600 €
weitere Versicherungsbeiträge: 88 % von 2 500 €		2 200 €
Unfall- und Haftpflichtversicherung		900 €
insgesamt nach § 10 Abs. 1 Nr. 3 und 3a EStG		12 430 €
Basisvorsorgeaufwendungen		
– Krankenversicherung Ehefrau		4 059 €
abzgl. 4 % für Krankengeld		./. 162 €
Verbleiben		3 897 €
– Pflegeversicherung		582 €
– Kranken- und Pflegeversicherung Ehemann		3 000 €
insgesamt Basisabsicherung		7 479 €
abzugsfähig nach § 10 Abs. 4 Satz 2 EStG für die Ehefrau B		1 900 €
abzugsfähig nach § 10 Abs. 4 Satz 2 EStG für den Ehemann A		1 900 €
gemeinsamer Höchstbetrag Nach § 10 Abs. 3 Satz 3 EStG		3 800 €

gesamte Vorsorgeaufwendungen nach § 10 Abs. 1 Nr. 3 und 3a EStG   12 430 €

Die Basisvorsorgeaufwendungen i. S. d. § 10 Abs. 1 Nr. 3 EStG i. H. v.
7 479 € übersteigen die gemeinsamen Höchstbeträge von 3 800 €.
Abzugsfähig sind nach § 10 Abs. 4 Satz 1 und 2 EStG die gesamten
Basisvorsorgeaufwendungen (Mindestansatz).   <u>7 479 €</u>

insgesamt abzugsfähig nach § 10 Abs. 3 und 4 EStG   13 552 €

6.2.4.12.3   Abzugsbetrag bei Einzelveranlagung nach § 26a EStG

440   Wird von den Ehegatten/Lebenspartnern die getrennte Veranlagung beantragt, wird der Höchstbetrag sowie der Mindestansatz für jeden Ehegatten/Lebenspartner gesondert ermittelt. Für die Berechnung des Mindestansatzes ist bei jedem Ehegatten/Lebenspartner der von ihm als Versicherungsnehmer geleistete Beitrag zur Basisabsicherung anzusetzen. Ist ein Kind Versicherungsnehmer, werden die Beiträge zur Kranken- und Pflegeversicherung i. S. d. § 10 Abs. 1 Nr. 3 Satz 2 EStG jedoch vom Unterhaltsverpflichteten getragen, sind die Beiträge entsprechend der wirtschaftlichen Tragung von dem jeweiligen unterhaltsverpflichteten Elternteil zu beantragen und anzusetzen (Grundsatz der Einmalberücksichtigung). Innerhalb der Ehe bzw. Lebenspartnerschaft folgt die weitere Zuordnung den Regelungen des § 26a Abs. 2 EStG (BMF vom 19. 8. 2013, a. a. O., Rz. 105).

BEISPIEL·9: ▶ Ehemann A ist selbstständig tätig und privat versichert. Er leistet als Versicherungsnehmer (VN) für seine Basiskrankenversicherung einen Jahresbeitrag i. H. v. 6 000 € bei Versicherung X. Seine Ehefrau B ist Beamtin und privat versichert bei Versicherung Y. Der von B als VN zu leistende Jahresbeitrag zur Basiskrankenversicherung beträgt 3 500 €. Der gemeinsame Sohn S ist im Vertrag von B mitversichert. Der hierfür zu leistende Jahresbeitrag zur Basiskrankenversicherung beträgt 1 000 €. Die Tochter T (24 Jahre alt) ist in der studentischen Krankenversicherung (KVdS) versichert und zahlt als VN einen Jahresbeitrag zu ihrer Basiskrankenversicherung i. H. v. 2 000 €. A und B erstatten T den von ihr geleisteten Jahresbeitrag im Rahmen ihrer Unterhaltsverpflichtung. Die Eheleute A und B beantragen die Einzelveranlagung, wobei § 26a Abs. 2 Satz 1 EStG Anwendung finden soll.

LÖSUNG: ▶ S. a. Beispiel 1 in Rz. 107 des BMF-Schreibens vom 19. 8. 2013 (a. a. O.). Der Höchstbetrag für Vorsorgeaufwendungen nach § 10 Abs. 4 EStG beträgt für A 2 800 € nach § 10 Abs. 4 Satz 1 EStG, da er seine Krankenversicherung vollständig aus eigenen Mitteln finanziert und auch keine steuerfreien Leistungen zu seinen Krankheitskosten erhält. Für B mindert sich der Höchstbetrag nach § 10 Abs. 4 Satz 2 EStG auf 1 900 €, da B einen Anspruch auf steuerfreie Beihilfen zu ihren Krankheitskosten hat. Dem für jeden Ehegatten gesondert ermittelten Höchstbetrag sind die jeweils von A bzw. von B als VN geleisteten Jahresbeiträge zur Basiskrankenversicherung gegenüberzustellen. Sowohl bei A als auch bei B übersteigen die als VN geleisteten Jahresbeiträge zur Basiskrankenversicherung die Höchstbeträge nach § 10 Abs. 4 EStG. Daher sind jeweils die Beiträge zur Basiskrankenversicherung anzusetzen (Mindestansatz).

A kann den Basiskrankenversicherungsbeitrag i. H. v. 6 000 € geltend machen. B kann in ihrer Veranlagung den von ihr als VN geleisteten Basiskrankenversicherungsbeitrag i. H. v. 3 500 € zuzüglich des Basiskrankenversicherungsbeitrags für ihren Sohn S i. H. v. 1 000 €, zusammen 4 500 € ansetzen. Den von A und B an T erstatteten Basiskrankenversicherungsbeitrag i. H. v. 2 000 € können A und B jeweils zu 1 000 € – entsprechend der wirtschaftlichen Tragung – im Rahmen der Sonderausgaben geltend machen.

Einzelveranlagung § 26a EStG		
	Ehemann A	Ehefrau B
Basisvorsorgeaufwendungen (§ 10 Abs. 1 Nr. 3 Satz 1 EStG)	6 000 €	3 500 €
zzgl. der von B mitgetragenen Basiskrankenversicherungsbeiträge für ihren Sohn nach § 10 Abs. 1 Nr. 3 Satz 1 EStG		1 000 €
zzgl. Der im Rahmen der Unterhaltsverpflichtung getragenen eigenen Beiträge des Kindes nach § 10 Abs. 1 Nr. 3 Satz 2 EStG nach der wirtschaftlichen Tragung	1 000 €	1 000 €
Basisvorsorgeaufwendungen insgesamt	7 000 €	5 500 €
Höchstbetrag nach § 10 Abs. 4 Satz 1 und 2 EStG	2 800 €	1 900 €
Mindestansatz (BMF vom 19. 8. 2013, BStBl 2013 I, 1087, Rz. 103)	7 000 €	5 500 €

6.2.4.11.4 Verfahren

Zum Verfahren hinsichtlich der Berücksichtigung der Basiskranken- und -pflegever- 441
sicherungsbeiträge siehe die Rz. 109 ff. des BMF-Schreibens vom 19. 8. 2013 (a. a. O.).

Es werden grundsätzlich nur noch solche Beiträge steuerlich berücksichtigt, die dem FA elektronisch übermittelt werden (§ 10 Abs. 2 Satz 3 EStG). Diese werden von dem Trägern der Krankenversicherung, den Krankenversicherungsunternehmen und der Künstlersozialkasse an die Zentrale Zulagenstelle für Altersvermögen (ZfA) bei der Deutschen Rentenversicherung Bund gemeldet, die diese in die sog. ELSTAM-Datenbank der Finanzverwaltung einpflegt. Durch dieses Verfahren wird vermieden, dass jährlich Beitragsbescheinigungen per Papier an die Beitragszahler versendet werden müssen, damit dieses der Steuererklärung beigefügt werden können. In die Datenübermittlung hat der Stpfl. grundsätzlich schriftlich einzuwilligen.

Bei Stpfl., deren Kranken- und Pflegepflichtversicherungsbeiträge bereits mit der elektronischen LSt-Bescheinigung oder der Rentenbezugsmitteilung an die Finanzverwaltung übermittelt werden, gilt die Einwilligung als erteilt. Die Übermittlung erfolgt dann mit der LSt-Bescheinigung bzw. mit der Rentenbezugsmitteilung.

Bestand das Versicherungsverhältnis für die Kranken- und Pflegepflichtversicherungen bereits vor dem 1. 1. 2010, dann gilt im Rahmen einer Übergangsregelung die erforderliche Einwilligung auch in anderen Fällen grundsätzlich als erteilt (§ 52 Abs. 24 EStG). Voraussetzung hierfür ist jedoch

a) eine schriftliche Information insbesondere der privaten Krankenversicherungsunternehmen an den Stpfl., dass von einer Einwilligung zur Datenübermittlung ausgegangen wird, und

b) dass hierfür die Identifikationsnummer verwendet wird und die Daten an die zentrale Stelle (ZfA, § 81 EStG) übermittelt werden.

Die Identifikationsnummer erfahren die Versicherungsunternehmen grundsätzlich vom Stpfl. selbst. Dies gilt zumindest, wenn das Versicherungsverhältnis für eine Kranken- oder Pflegepflichtversicherung nach dem 31. 12. 2009 begründet wird. Für den Verfahrensstart ist zur Vereinfachung der Abläufe geregelt, dass die Versicherungsunternehmen die für die Datenübermittlung erforderlichen Identifikationsnummern ihrer Versicherten direkt beim BZSt erfragen können, wenn das Versicherungsverhältnis für eine Kranken- oder Pflegepflichtversicherung bereits vor dem 1. 1. 2010 bestanden hat (§ 52 Abs. 24 Satz 2 Nr. 2 EStG).

Der Stpfl. kann dem beabsichtigten Verfahren innerhalb von vier Wochen nach Erhalt des Informationsschreibens schriftlich widersprechen.

Wird ein Versicherungsverhältnis für eine Kranken- oder Pflegepflichtversicherung nach dem 31. 12. 2009 begründet, ist eine schriftliche Einwilligung des Stpfl. in die Datenübermittlung erforderlich. Diese kann der Stpfl. allerdings bereits bei Abschluss eines entsprechenden Versicherungsvertrags abgeben (Vfg. OFD Hannover vom 20. 11. 2009, S 2221–384–StO 235, NWB DokID: [NAAAD-33338]).

Das BMF hat mit Schreiben vom 11. 10. 2010 (BStBl 2010 I 759) Inhalt und Aufbau der Datensätze zur Übermittlung der Kranken- und Pflegeversicherungsbeiträge und der Beiträge zu Basisrentenverträgen nach § 10 EStG bestimmt. Nach § 10 Abs. 2a Satz 4 EStG haben die übermittelnden Stellen ab dem Veranlagungszeitraum 2010 die Höhe der im jeweiligen Beitragsjahr geleisteten und erstatteten Beiträge zur Kranken- und Pflegeversicherung i. S. d. § 10 Abs. 1 Nr. 3 i. V. m. Abs. 2 Satz 3 EStG (Datensatz MZ10) und zu Basisrentenverträgen i. S. d. § 10 Abs. 1 Nr. 2 Buchst. b i. V. m. Abs. 2 Satz 2 EStG (Datensatz MZ20) nach amtlich vorgeschriebenem Datensatz durch Datenfernübertragung an die Finanzverwaltung zu übermitteln. Die amtlich vorgeschriebenen Datensätze und die Datensatzbeschreibungen werden auf der Internetseite des Bundeszentralamtes für Steuern (www.bzst.de) unter der Rubrik Bescheinigungsverfahren veröffentlicht. Zur elektronischen Datenübermittlung der Basisrenten- und Altersvorsorgebeiträge sowie zur Einhaltung der Frist nach den §§ 10 Abs. 2a Satz 4 und 10a Abs. 5 Satz 1 EStG s. a. das BMF-Schreiben vom 18. 8. 2011 (BStBl 2011 I 788).

6.2.4.12 Günstigerprüfung

442 Die Vorschrift des § 10 Abs. 4a EStG führt eine Günstigerprüfung bis zum Jahr 2019 ein (Rz. 164 bis 167 des BMF-Schreibens vom 19. 8. 2013, BStBl 2013 I 1087). Es findet dabei eine Vergleichsrechnung zwischen der Höchstbetragsberechnung des § 10 Abs. 3 und 4 EStG neuer Fassung und der Höchstbetragsberechnung des § 10 Abs. 3 EStG alter Fassung (bis 2004) statt. Die Höchstbeträge des § 10 Abs. 3 EStG alter Fassung werden dabei bis zum Jahr 2019 abgeschmolzen. Einzelheiten ergeben sich aus der Tabelle zu § 10 Abs. 4a EStG. Einbezogen in die Überprüfung werden nur Vorsorgeaufwendungen, die nach dem ab 2005 geltenden Recht abziehbar sind. Hierzu gehört aber nicht der nach § 10 Abs. 1 Nr. 2 Satz 2 EStG hinzuzurechnende Betrag (steuerfreier ArbG-Anteil zur gesetzlichen Rentenversicherung und ein diesem gleichgestellter steuerfreier Zuschuss des ArbG).

Folgende Höchstbeträge sind bei der Günstigerrechnung zu berücksichtigen:

TAB. 18:	Höchstbeträge bei der Günstigerprüfung	
Kalenderjahr	**Vorwegabzug**	**Vorwegabzug bei Zusammenveranlagung**
2005 – 2010	3 068 €	6 136 €
2011	2 700 €	5 400 €
2012	2 400 €	4 800 €
2013	2 100 €	4 200 €
2015	1 500 €	3 000 €
2019	300 €	600 €

Die folgende Übersicht zeigt die Höchstbetragsberechnung bis einschließlich VZ 2004.   443

TAB. 19:	Höchstbetragsberechnung bis zum Veranlagungszeitraum 2004		abzugsfähig
freiwillige Pflegeversicherungsbeiträge	……… €		
./. Höchstbetrag gem. § 10 Abs. 3 Nr. 3 EStG	./. 184 €		(184 €)
Unterschiedsbetrag	= ……… €	= ……… €	
andere Versicherungsbeiträge ohne Lebensversicherungen i. S. d. § 10 Abs. 1 Nr. 2 Buchst. b Doppelbuchst. cc und dd EStG		+ ……… €	
Lebensversicherungsbeiträge i. S. d. § 10 Abs. 1 Nr. 2 Buchst. b Doppelbuchst. cc und dd EStG	……… €		
davon ab dem Kj. 2004: 88 %	……… €	+ ……… €	
Summe der zu berücksichtigenden Aufwendungen		= ……… €	
./. Vorwegabzug gem. § 10 Abs. 3 Nr. 2 EStG	3 068 € / 6 136 €		
ab 2011	2 700 € / 5 400 €		
2015 (§ 10 Abs. 4a EStG)	1 500 € / 3 000 €		
./. 16 % des Arbeitslohns:	./. ……… €		
gekürzter Vorwegabzug aber	= ……… €	./. ……… €	
maximal die Summe der zu berücksichtigenden Aufwendungen			……… €
Unterschiedsbetrag, falls vorhanden		= ……… €	
./. Grundhöchstbetrag gem. § 10 Abs. 3 Nr. 1 EStG	1 334 € / 2 668 €	./. ……… €	
maximal den Unterschiedsbetrag			……… €
Unterschiedsbetrag (**verbleibender Betrag**), fall vorhanden		= ……… €	
./. 50 % des **verbleibenden Betrages** gem. § 10 Abs. 3 Nr. 4 EStG, höchstens 667 €/1 334 €		./. ……… €	……… €
Summe = abzugsfähige Vorsorgeaufwendungen			= ……… €

444 Ab dem Jahr 2006 werden in die Günstigerprüfung nach § 10 Abs. 4a Satz 1 EStG zunächst nur die Vorsorgeaufwendungen ohne die Beiträge nach § 10 Abs. 1 Nr. 2 Satz 1 Buchst. b EStG einbezogen. Die Beiträge zu einer eigenen kapitalgedeckten Altersversorgung i. S. d. § 10 Abs. 1 Nr. 2 Satz 1 Buchst. b EStG werden gesondert, und zwar stets mit dem sich aus § 10 Abs. 3 Satz 4 und 6 EStG ergebenden Prozentsatz berücksichtigt. Hierfür erhöhen sich die nach der Günstigerprüfung als Sonderausgaben zu berücksichtigenden Beträge um einen Erhöhungsbetrag (§ 10 Abs. 4a Satz 1 und 3 EStG) für Beiträge nach § 10 Abs. 1 Nr. 2 Satz 1 Buchst. b EStG.

Es ist jedoch im Rahmen der Günstigerprüfung mindestens der Betrag anzusetzen, der sich ergibt, wenn auch die Beiträge nach § 10 Abs. 1 Nr. 2 Satz 1 Buchst. b EStG in die Günstigerprüfung nach § 10 Abs. 4a Satz 1 EStG einbezogen werden, allerdings ohne Hinzurechnung des Erhöhungsbetrags nach § 10 Abs. 4a Satz 1 und 3 EStG. Der jeweils höhere Betrag (Vorsorgeaufwendungen nach dem ab 2010 geltenden Recht, Vorsorgeaufwendungen nach dem für das Jahr 2004 geltenden Recht zzgl. Erhöhungsbetrag oder Vorsorgeaufwendungen nach dem für das Jahr 2004 geltenden Recht einschließlich Beiträge nach § 10 Abs. 1 Nr. 2 Satz 1 Buchst. b EStG) wird dann als Sonderausgaben berücksichtigt (BMF v. 19. 8. 2013, BStBl 2013 I 1087, Rz. 166).

Ab dem **VZ 2006** ist die Günstigerrechnung wie folgt durchzuführen:

TAB. 20:	Die Günstigerrechnung des § 10 Abs. 4a EStG ab dem VZ 2006
Schritt	**Beschreibung**
1.	Berechnung des Abzugsvolumens nach § 10 Abs. 3 EStG
2.	Berechnung des Abzugsvolumens nach § 10 Abs. 4 EStG
3.	Summe = Betrag für den Vergleich mit dem Abzugsvolumen nach § 10 Abs. 3 EStG a. F.
4.	Berechnung des Abzugsvolumens nach altem Recht (bis 2004) für die Vorsorgeaufwendungen nach § 10 Abs. 1 Nr. 2 Buchst. a (nicht Buchst. b) und Nr. 3 und Nr. 3a EStG.
5.	zzgl. des Erhöhungsbetrages nach § 10 Abs. 4a Satz 3 EStG für Beiträge i. S. d. § 10 Abs. 1 Nr. 2 Buchst. b EStG.
6.	Summe = Betrag für den Vergleich mit dem Abzugsvolumen nach § 10 Abs. 3 und 4 EStG
7.	Nach § 10 Abs. 4a Satz 2 EStG ist bei Anwendung der Günstigerprüfung aber mindestens der Betrag anzusetzen, der sich ergibt, wenn auch die Beiträge zur Basisrente (§ 10 Abs. 1 Nr. 2 Satz 1 Buchst. b EStG) in die Berechnung des Abzugsvolumens nach dem bis 2004 geltenden Recht einbezogen werden (Mindestwert).

445 Das BMF hat zur Kürzung des Vorwegabzugs nach § 10 Abs. 3 Nr. 2 Satz 2 Buchst. a EStG 2004, zur Kürzung des Höchstbetrags nach § 10 Abs. 3 Satz 3 EStG und zur Kürzung der Vorsorgepauschale nach § 10c Abs. 3 Nr. 2 EStG (bis einschließlich Kj 2009) bei Gesellschafter-Geschäftsführern von Kapitalgesellschaften Stellung genommen (BMF-Schreiben vom 22. 5. 2007, BStBl 2007 I 493).

Ausführliche Beispiele zur Ermittlung der abzugsfähigen Vorsorgeaufwendungen finden Sie im Internet:

HINWEIS

Anhang, Rdn. 3000

LITERATURHINWEISE:

Friebel/Rick/Schneider/Schoor, Fallsammlung Einkommensteuer 19. Aufl., Kapitel 5; *Kußmaul u. a.,* Günstigerprüfung bei der „Rürup-Rente", Günstigerprüfung bei der „Riester-Rente" und Günstigerprüfung beim Kindergeld im Zusammenspiel, Steuer & Studium 2008, 44; *Harder-Buschner u. a.,* Vorsorgeaufwendungen im Lohnsteuerabzugsverfahren ab 2010, NWB 34/2009, 2636; *Grün,* Die Absetzbarkeit von Vorsorgeaufwendungen nach dem Bürgerentlastungsgesetz Krankenversicherung, DStR 2009, 1457; *Risthaus,* Neuregelung zum Sonderausgabenabzug für Krankenversicherungsbeiträge, DStZ 2009, 669; Dommermuth u. a., Die Basis- oder »Rürup«-Rente ohne Versicherungsvertrag – ist der rechtliche Rahmen belastbar?, DB 2009, 812; Manz, Vorsorgeaufwendungen auf dem Prüfstand des BFH, NWB 2010, 492; Ehlers u. a., Die Altersversorgung angestellter Rechtsanwälte und Steuerberater, NWB 2010, 765; Eilts, Kostenlose Mitversicherung von Familienangehörigen, NWB 2010, 3900; *Wißborn,* Zertifizierung von bestehenden Basisrentenverträgen, NWB 2010, 2531; *Liess,* Abzug von Vorsorgeaufwendungen als Sonderausgaben, NWB 2011, 1978; Welker, Altersvorsorge von Freiberuflern und Pflichtmitgliedschaft im Versorgungswerk, NWB 2013, 1025; *Myßen* u. a., Abzug von Vorsorgeaufwendungen und Besteuerung von Altersbezügen, NWB 2011, 280; Fritz, Sonderausgabenoptimierung mit Krankenkassenbeiträgen, Beilage zu NWB 2012, 7; *Eilts,* Grenzwerte 2013 in der Sozialversicherung, NWB 2012, 4235; *Werner,* Die Altersversorgung des GmbH-Geschäftsführers, NWB 2013, 1668; Bosse, Zur Sozialversicherungspflicht des GmbH-Geschäftsführers; NWB 2013, 2791; *Grün,* Neuerungen im BMF-Schreiben zur Behandlung von Vorsorgeaufwendungen und Altersbezügen, NWB 2013, 2914; *Klingebiel,* Flaute bei Zahlungen an umlagefinanzierte Versorgungswerke, NWB 7/2014, 435; *Wolter,* Einkommensteuerrechtliche Behandlung von Vorsorgeaufwendungen und Altersbezügen, DB 2013, 2646.

6.2.5 Kirchensteuern

6.2.5.1 Abziehbare Kirchensteuer

Kirchensteuern i. S. d. § 10 Abs. 1 Nr. 4 EStG sind Geldleistungen, die von den als Körper- 446
schaften öffentlichen Rechts anerkannten Religionsgemeinschaften von ihren Mitgliedern aufgrund gesetzlicher Vorschriften erhoben werden. Freiwillige Beiträge an Religionsgemeinschaften sind keine Steuern, können aber Spenden nach § 10b EStG sein.

Beiträge oder Umlagen, die von Mitgliedern religiöser Gemeinschaften geleistet werden, die mindestens in einem Bundesland als Körperschaften des öffentlichen Rechts anerkannt sind, können wie Kirchensteuern abgezogen werden. Der Abzug ist bis zur Höhe der Kirchensteuersätze (bei verschiedener Höhe bis zum höchsten Satz) zulässig, die in dem betreffenden Land unter Berücksichtigung der Kinderermäßigung von den als Körperschaften des öffentlichen Rechts anerkannten Religionsgemeinschaften festgesetzt sind (R 10.7 Abs. 1 EStR).

Als Sonderausgaben abzugsfähig sind, wie sich schon aus § 11 Abs. 2 EStG ergibt, die 447
Steuerbeträge, die der Stpfl. im Veranlagungszeitraum tatsächlich gezahlt hat. Es ist unerheblich, für welchen Zeitraum sie geleistet worden sind und ob es sich um Vorauszahlungen oder um endgültige festgesetzte Steuerbeträge handelt. Von den Zahlungen

sind Kirchensteuerbeträge abzuziehen, die dem Stpfl. im gleichen VZ erstattet worden sind (BFH 26. 6. 1996 X R 73/94, BStBl 1996 II 646; H 10.1 „Abzugshöhe/Abzugszeitpunkt" EStH).

448 Durch das Steuervereinfachungsgesetz 2011 v. 1. 11. 2011 (BGBl 2011 I 2131) wird in § 10 Abs. 4b EStG erstmals die steuerliche Behandlung von Erstattungsbeträgen von Sonderausgaben gesetzlich geregelt:

Werden dem Steuerpflichtigen u. a. Aufwendungen i. S. d. § 10 Abs. 1 Satz 1 Nr. 4 EStG im Veranlagungszeitraum erstattet, ist der Erstattungsbetrag mit den vom Steuerpflichtigen in diesem Veranlagungszeitraum geleisteten gleichartigen Aufwendungen zu verrechnen. Nur der Differenzbetrag ist als Sonderausgabe zu berücksichtigen. Übersteigen die vom Steuerpflichtigen erhaltenen Erstattungen die entsprechenden geleisteten Aufwendungen, sind die Aufwendungen insoweit mit Null anzusetzen, und es ergibt sich ein Erstattungsüberhang.

In diesen Fällen war bisher der Sonderausgabenabzug für das Altjahr zu prüfen und gegebenenfalls zu korrigieren, so dass der alte Steuerbescheid ggf. zu ändern war (Wiederaufrollung der Steuerfestsetzungen von Vorjahren). Ab 1. 1. 2012 wird dieser Aufwand dadurch vermieden, dass der Erstattungsüberhang nach § 10 Abs. 4b Satz 3 EStG dem Gesamtbetrag der Einkünfte des laufenden Veranlagungszeitraums hinzuzurechnen ist. Hiermit wird sichergestellt, dass der (nach Verrechnung mit gleichartigen Aufwendungen) verbleibende Erstattungsüberhang stets in voller Höhe steuerlich berücksichtigt wird.

449 Der Erbe darf eine von ihm für Rechnung des Erblassers gezahlte Kirchensteuerschuld als eigene Sonderausgaben absetzen.

6.2.5.2 Nicht abziehbare Kirchensteuer

450 Die gezahlte Kirchensteuer (KiSt) wird grundsätzlich als Sonderausgabe bei der Ermittlung der Bemessungsgrundlage der ESt abgezogen. Für Kapitalerträge, die nach dem 31. 12. 2008 zufließen, wird die KiSt nach § 51a Abs. 2b bis 2d EStG als Zuschlag zur Kapitalertragsteuer erhoben. Die KiSt wird bei der Bemessung des für die Kapitalertragsteuer geltenden Steuersatzes nach § 32d Abs. 1 EStG mindernd in die Berechnung einbezogen. Damit wird die mit dem Sonderausgabenabzug verbundene mindernde Wirkung bereits unmittelbar berücksichtigt. Der Abzug der KiSt als Sonderausgabe im Rahmen der Einkommensteuerveranlagung wird daher insoweit ausgeschlossen.

451 Für Einkünfte aus Kapitalvermögen im Privatvermögen beträgt der gesonderte Steuertarif nach § 32d EStG ab dem VZ 2009 25 % Die ESt (Abgeltungsteuer) wird als Kapitalertragsteuer nach § 43 EStG an der Quelle erhoben. Nach § 43 Abs. 5 EStG ist für Kapitalerträge i. S. d. § 20 EStG, die der Kapitalertragsteuer unterlegen haben, die ESt mit dem Steuerabzug abgegolten. Die Kapitalertragsteuer beträgt nach § 43a Abs. 1 Nr. 1 EStG 25 % des Kapitalertrags. Nach § 43a Abs. 2 EStG unterliegen der Kapitalertragsteuer die vollen Kapitalerträge ohne jeden Abzug. Unter den Voraussetzungen des § 44a Abs. 1 Nr. 1 EStG ist vom Steuerabzug in den Fällen Abstand zu nehmen, soweit die Kapitalerträge den Sparer-Pauschbetrag nicht übersteigen.

Ab dem VZ 2009 wird dem Stpfl. ein Wahlrecht eingeräumt. Er kann die Kirchensteuer   452
entweder als KiSt-Abzug einbehalten lassen oder sie von dem für ihn zuständigen FA
veranlagen lassen. Nach § 32d Abs. 1 Satz 3 und 4 EStG — und auch nach § 43a Abs. 1
Satz 2 EStG — mindert sich die pauschale ESt (25 %) bzw. der KapESt-Abzug um 25 %
der auf die Kapitalerträge entfallenden KiSt. Nach § 51a Abs. 2b und 2c EStG wird die
KiSt als Zuschlag zur Kapitalertragsteuer erhoben. Wird die KiSt nicht von der auszahlenden Stelle erhoben, weil z. B. kein Antrag gestellt wurde, ist die KiSt gem. § 51a
Abs. 2d EStG vom FA zu veranlagen. Wurde die KiSt nach § 51a Abs. 2c EStG erhoben,
kann der Stpfl. auch nach § 51a Abs. 2d EStG eine KiSt-Veranlagung beantragen.

Grundsätzlich ist die gezahlte KiSt nach § 10 Abs. 1 Nr. 4 EStG als Sonderausgabe ab-   453
ziehbar. Die KiSt mindert somit die Berechnungsgrundlage für die ESt. Die Minderung
der ESt durch die KiSt wird hier bereits im Rahmen der gesonderten Steuerfestsetzung
des § 32d EStG pauschal berücksichtigt. Zu beachten ist noch, dass der steuerentlasten-
de Abzug der Kirchensteuer für die Berechnung der ESt die KiSt selbst entlastet, da Bemessungsgrundlage der KiSt die ESt ist. § 32d Abs. 1 EStG enthält eine mathematische
Formel zur Berechnung der pauschalen ESt; diese gilt auch für den KapESt-Abzug nach
§ 43a Abs. 1 EStG.

Durch das JStG 2010 wird in § 10 Abs. 1 Nr. 4 EStG klargestellt, dass der Sonderaus-   453a
gabenabzug für KiSt auf Kapitalerträge, die nicht dem Kapitalertragsteuerabzug unterlegen haben, ebenfalls ausgeschlossen wird. Es handelt sich dabei um Kapitalerträge
i. S. d. § 32d Abs. 3 EStG, bei denen die Abgeltungsteuer nach § 32d Abs. 1 EStG berechnet wird. Bei bestehender Kirchensteuerpflicht erfolgt hiernach eine pauschale Minderung der auf die Kapitalerträge entfallenden KiSt um 25 % (pauschalierter Sonderausgabenabzug nach § 32d Abs. 1 Satz 3 bis 5 EStG).

$$\frac{E ./. 4 \, Q}{4 + K}$$

E: die nach den Vorschriften des ESt ermittelten Einkünfte;

Q: anrechenbare ausländische Steuer;

K: der jeweilige Kirchensteuersatz.

BEISPIEL: ▶

Die Einkünfte aus Kapitalvermögen betragen z. B. 8 000 €.

Danach beträgt die ESt 8 000 € : 4 =   2 000,00 €

Bei einem KiSt-Satz von 9 % und ohne ausländische Steuer beträgt die ESt:

$$\frac{8\,000\,€}{4 + 0,09} = \frac{8\,000\,€}{4,09} = 1\,956,00\,€$$

Die KiSt beträgt 1 956,00 € × 9 % =176,04 €

Nebenrechnung:

8 000 € × 25 % = 2 000,00 €; KiSt darauf 9 % = 180,00 €; diese mindert die Bemessungsgrundlage für die ESt (Sonderausgabenabzug); 8 000 € ./. 180,00 = 7 820,00 € (Bemessungsgrundlage für die ESt) × 25 % = 1 955,00 €; KiSt darauf 9 % = 175,95 €; diese mindert die Bemessungsgrundlage für die ESt (Sonderausgabenabzug); 8 000 €./. 175,95 = 7 824,05 € (Bemessungsgrundlage für die ESt) × 25 % = 1 956,01 €; KiSt darauf 9 % = 176,04 € (das Ergebnis entspricht dem der Formel).

Bei einer Bemessungsgrundlage von 8 000 € beträgt somit die ESt 1 956,01 € oder 24,450125 %; als Divisor somit 100 : 24,450125 = 4,09 (Betrag der Formel).

Bei einem KiSt-Satz von 9 % und einer unterstellten ausländischen Steuer von 600 € beträgt die ESt:

$$\frac{8\,000\,€\,./.\,4 \times 600\,€}{4 + 0,09} = \frac{5\,600\,€}{4,09} = 1\,369,19\,€$$

Die KiSt beträgt 1 369,19 € × 9 %   =   123,23 €

453b Durch das Gesetz zur Umsetzung der Beitreibungsrichtlinie sowie zur Änderung steuerlicher Vorschriften (Beitreibungsrichtlinie-Umsetzungsgesetz – BeitrRLUmsG – vom 7.12.2011, BGBl 2011 I 2592) wird in § 51a Abs. 2c und 2e EStG die Einbehaltung der KiSt auf Kapitalerträge neu geregelt. Nach § 52a Abs. 18 Satz 2 EStG ist die **Neuregelung** erstmals auf **nach dem 31.12.2014** zufließende Kapitalerträge anzuwenden (Amtshilferichtlinie-Umsetzungsgesetz vom 26.6.2013, BGBl 2013 I 1809). Zur nachfolgenden Erläuterung des Verfahrens der KiSt-Erhebung bei Kapitaleinkünften s. BT-Drs. 17/7524, 18 ff.

453c Das Verfahren wird wie folgt durchgeführt:

▶ Das BZSt stellt die Konfessionszugehörigkeit des Anlegers dem Kreditinstitut in einer Weise zum Abruf zur Verfügung, die es diesem erlaubt, den Abzug der KiSt gezielt für die erhebenden Religionsgemeinschaften durchzuführen – vergleichbar mit dem Lohnkirchensteuerabzugsverfahren. Dieser automatisierte Datenabruf ist verpflichtend für alle, die einen Steuerabzug vom Kapitalertrag vornehmen müssen. Die Informationen erhält das BZSt aus den beiden Datenquellen zur Steueridentifikationsnummer und zur Bildung der Lohnsteuerabzugsmerkmale (ELStAM). Hierin enthalten ist auch die Zugehörigkeit einer Person zu einer Religionsgemeinschaft.

▶ Das BZSt speichert die Daten, mit deren Hilfe eine Person einer Religionsgemeinschaft zugeordnet werden kann, und stellt sie als automatisiert abrufbares Merkmal für den KiSt-Abzug bereit. Dies geschieht über die Identifikationsnummer des Anlegers (§ 51a Abs. 2c Satz 1 Nr. 1 EStG).

▶ Banken können unbekannte Identifikationsnummern beim BZSt anfragen (§ 51a Abs. 2c Satz 1 Nr. 2 EStG).

▶ Kreditinstitute müssen einmal jährlich zwischen dem 1.9. und dem 31.10. beim BZSt anfragen, ob der Bankkunde kirchensteuerpflichtig ist. Hinzu kommen – etwa für Lebensversicherungen – Anlassabfragen bei Fälligkeit eines Vertrages. Auf Anfrage teilt das BZSt die Zugehörigkeit und den für die Religionsgemeinschaft geltenden Kirchensteuersatz mit.

▶ Kreditinstitute müssen rechtzeitig vor der Abfrage ihre Kunden individuell auf die bevorstehende Datenabfrage hinweisen (§ 51a Abs. 2c Satz 1 Nr. 3 EStG).

▶ Gehört der Anleger keiner Religionsgemeinschaft an oder hat er dem Abruf von Daten widersprochen, teilt das BZSt einen Nullwert mit (§ 51a Abs. 2c Satz 1 Nr. 3 Satz 10 und 11 EStG).

▶ Anschließend führt die Bank entsprechend KiSt ab. Das Verfahren entspricht dem bei der KapESt (§ 51a Abs. 2c Satz 1 Nr. 4 EStG).

Sind an den Kapitalerträgen ausschließlich Ehegatten beteiligt, wird der Anteil hälftig   453d
zugerechnet (§ 51a Abs. 2c Satz 7 EStG). Für andere Personenmehrheiten mit Gemeinschaftskonten gilt das automatisierte Verfahren nicht, die KiSt wird in der ESt-Veranlagung der Betroffenen berücksichtigt.

HINWEIS:

Anleger können unter Angabe ihrer Steuer-ID schriftlich beim BZSt beantragen, dass der automatisierte Datenabruf zur Religionsgemeinschaft bis auf schriftlichen Widerruf unterbleibt (§ 51a
Abs. 2e EStG). Die Banken müssen – etwa über einen (Online-)Kontoauszug – einen Hinweis auf
das Widerspruchsrecht geben. Liegt ein Sperrvermerk vor, ist der Antragsteller zur Abgabe einer
Steuererklärung zum Zwecke der Veranlagung zur KiSt verpflichtet. Damit er dies auch tatsächlich
macht, übermittelt das BZSt diesen Sperrvermerk dem zuständigen Wohnsitzfinanzamt. Dieses
kann den Sparer dann zur Abgabe einer Steuererklärung auffordern.

Teilen derzeit Sparer der Bank ihre Konfession nicht freiwillig mit, besteht zwar ebenfalls die gesetzliche Verpflichtung zur Deklaration in der Anlage KAP, weil die Abgabe
für die Kirche noch nicht geleistet worden ist. Jedoch geben nicht alle Privatanleger
ihre Kapitalerträge in der Steuererklärung an, weil Abgeltungsteuer und Solidaritätszuschlag schon ordnungsgemäß bezahlt worden sind. Dieses Defizit wird künftig un-
terbunden, denn

► Banken wissen, ob ihre Kunden eine Konfession besitzen oder keine KiSt zahlen
  müssen; so können Kreditinstitute mit der Kirchenabgabe genauso verfahren wie
  mit der Abgeltungsteuer;

► die Escape-Klausel, wonach der Anleger dem Abruf widersprechen kann, löst eine
  Kontrollmitteilung an das Wohnsitzfinanzamt aus.

LITERATURHINWEIS:

Friebel/Rick/Schoor/Schneider, Fallsammlung Einkommensteuer 19. Aufl. Fall 68

6.2.6 Kinderbetreuungskosten

6.2.6.1 Rechtsentwicklung

Nach der wechselvollen Geschichte des § 33c EStG waren Kinderbetreuungskosten bis   454
zum 31.12.1999 sowie ab dem 1.1.2002 in unterschiedlicher Höhe nach dem jeweils
geltenden Recht des § 33c EStG begünstigt. Ab dem 1.1.2006 wurde durch das Gesetz
zur steuerlichen Förderung von Wachstum und Beschäftigung vom 26.4.2006 (BGBl
2006 I 1091) die Vorschrift des § 33c EStG wieder aufgehoben und die Berücksichtigung
der Kinderbetreuungskosten in den §§ 4f sowie 10 Abs. 1 Nr. 5 und 8 EStG geregelt. Das
Anwendungsschreiben des BMF vom 19.1.2007 (BStBl 2007 I 184) regelt die steuerliche Berücksichtigung von Kinderbetreuungskosten bis 2011.

Durch das Gesetz zur Förderung von Familien und haushaltsnahen Dienstleistungen   455
(Familienleistungsgesetz – FamLeistG) vom 22.12.2008 (BGBl 2008 I 2955) werden die

Regelungen bezüglich der Kinderbetreuungskosten in den §§ 4f, 10 Abs. 1 Nr. 5 und 8 EStG ab dem Veranlagungszeitraum 2009 aufgehoben und in § 9c EStG zusammengefasst. § 9c Abs. 1 EStG enthält die bisherigen Regelungen zum Abzug der erwerbsbedingten Kinderbetreuungskosten und ersetzt damit den bisherigen § 4f EStG. § 9c Abs. 2 EStG enthält die bisherigen Regelungen zum Abzug der nicht erwerbsbedingten Kinderbetreuungskosten und ersetzt damit § 10 Abs. 1 Nr. 5 und 8 EStG. § 9c Abs. 3 EStG enthält die bisher in § 4f, § 10 Abs. 1 Nr. 5 und 8 EStG enthaltenen Verfahrensregelungen und Abzugsbedingungen.

456   Die mit Wirkung vom Veranlagungszeitraum 2006 eingeführten und seit 2009 in § 9c EStG zusammengeführten Regelungen zum Abzug von erwerbsbedingten und nicht erwerbsbedingten Kinderbetreuungskosten bis zu einem Höchstbetrag von 4 000 € je Kind werden ab dem Veranlagungszeitraum 2012 durch das Steuervereinfachungsgesetz 2011 v. 1. 11. 2011 (BGBl 2011 I 2131) in § 10 Abs. 1 Nr. 5 EStG unter Reduzierung der Anspruchsvoraussetzungen übernommen.

457   Nach der Neuregelung sind **Kinderbetreuungskosten** nur **einheitlich als Sonderausgaben** und nicht mehr auch wie Werbungskosten oder Betriebsausgaben abziehbar. Das Anwendungsschreiben des BMF vom 14. 3. 2012 (BStBl 2012 I 307) regelt die steuerliche Berücksichtigung von Kinderbetreuungskosten ab 2012.

458   Die Unterscheidung nach erwerbsbedingten und nicht erwerbsbedingten Kinderbetreuungskosten entfällt. Auf die persönlichen Anspruchsvoraussetzungen bei den steuerpflichtigen Eltern kommt es nicht mehr an. Aus diesem Grunde können Betreuungskosten für Kinder i. S. d. § 32 Abs. 1 EStG nunmehr ab Geburt des Kindes, jedoch wie bisher betragsmäßig eingeschränkt grundsätzlich nur bis zur Vollendung des 14. Lebensjahres berücksichtigt werden. Der Abzug wie Betriebsausgaben oder Werbungskosten ist ab dem Veranlagungszeitraum 2012 entfallen. Soweit es sich um Kinderbetreuungskosten handelt, die unter den Voraussetzungen der bis einschließlich 2011 geltenden gesetzlichen Regelung des § 9c EStG wie Betriebsausgaben oder Werbungskosten abgezogen werden konnten, kann die Neuregelung Auswirkungen haben, soweit außersteuerliche Rechtsnormen an steuerliche Einkommensbegriffe anknüpfen, wie z. B. § 14 Abs. 1 Wohngeldgesetz. Diese Auswirkungen werden durch den mit dem Steuervereinfachungsgesetz 2011 eingefügten § 2 Abs. 5a Satz 2 EStG vermieden: Knüpfen außersteuerliche Rechtsnormen an die Begriffe „Einkünfte", „Summe der Einkünfte" oder „Gesamtbetrag der Einkünfte" an, mindern sich für deren Zwecke diese Größen um die nach § 10 Abs. 1 Nr. 5 EStG abziehbaren Kinderbetreuungskosten. Auch bei Anwendung dieser Regelung wird nicht danach unterschieden, ob die Kinderbetreuungskosten erwerbsbedingt oder nicht erwerbsbedingt angefallen sind.

6.2.6.2   Die Voraussetzungen für den Abzug im Überblick

459   Ab 1. 1. 2012 sind nach § 10 Abs. 1 Nr. 5 EStG Kinderbetreuungskosten unter folgenden Voraussetzungen als Sonderausgaben zu berücksichtigen:

► zwei Drittel der Aufwendungen, höchstens 4 000 € je Kind

► für Dienstleistungen

► zur Betreuung eines zum Haushalt des Steuerpflichtigen gehörenden Kindes.

- Berücksichtigungsfähig sind Kinder i. S. d. § 32 Abs. 1 EStG,

- die das 14. Lebensjahr noch nicht vollendet haben oder

- wegen einer vor Vollendung des 25. Lebensjahres eingetretenen körperlichen, geistigen oder seelischen Behinderung außerstande sind, sich selbst zu unterhalten.

- Für nicht unbeschränkt einkommensteuerpflichtige Kinder ist der Betrag von 4 000 € eventuell nach der maßgeblichen Ländergruppeneinteilung zu kürzen.

- Die Aufwendungen müssen durch eine Rechnung belegt und durch Zahlung auf das Konto des Leistungserbringers erfolgt sein.

- Nicht Berücksichtigungsfähig sind Aufwendungen für Unterricht, die Vermittlung besonderer Fähigkeiten sowie für sportliche und andere Freizeitbeschäftigungen.

6.2.6.3 Voraussetzungen für den Abzug im Einzelnen

6.2.6.3.1 Dienstleistungen zur Betreuung von Kindern

Betreuung i. S. d. § 10 Abs. 1 Nr. 5 EStG ist die behütende oder beaufsichtigende Betreu- 460
ung, d. h. die persönliche Fürsorge für das Kind muss der Dienstleistung erkennbar zugrunde liegen. Berücksichtigt werden können danach z. B. Aufwendungen für (Rz. 3 und 4 des BMF-Schreibens vom 14. 3. 2012, BStBl 2012 I 307)

- die Unterbringung von Kindern in Kindergärten, Kindertagesstätten, Kinderhorten, Kinderheimen und Kinderkrippen sowie bei Tagesmüttern, Wochenmüttern und in Ganztagespflegestellen,

- die Beschäftigung von Kinderpflegern und Kinderpflegerinnen oder -schwestern, Erziehern und Erzieherinnen,

- die Beschäftigung von Hilfen im Haushalt, soweit sie ein Kind betreuen,

- die Beaufsichtigung des Kindes bei Erledigung seiner häuslichen Schulaufgaben.

6.2.6.3.2 Aufwendungen

Zu berücksichtigen sind Ausgaben in Geld oder Geldeswert (Wohnung, Kost, Waren, 461
sonstige Sachleistungen) für Dienstleistungen zur Betreuung eines Kindes einschließlich der Erstattungen an die Betreuungsperson (z. B. Fahrtkosten), wenn die Leistungen im Einzelnen in der Rechnung oder im Vertrag aufgeführt werden. Wird z. B. bei einer ansonsten unentgeltlich erbrachten Betreuung ein Fahrtkostenersatz gewährt, so ist dieser zu berücksichtigen, wenn hierüber eine Rechnung erstellt wird.

Werden für eine Nachmittagsbetreuung in der Schule Elternbeiträge erhoben und umfassen diese nicht nur eine Hausaufgabenbetreuung, sind Entgeltanteile, die z. B. auf Nachhilfe oder bestimmte Kurse (z. B. Computerkurs) oder auf eine etwaige Verpflegung entfallen, nicht zu berücksichtigen. Ein Abzug von Kinderbetreuungskosten ist nur möglich, wenn eine entsprechende Aufschlüsselung der Beiträge vorliegt.

Folgende Aufwendungen sind nicht als Kinderbetreuungskosten zu berücksichtigen 462
(§ 10 Abs. 1 Nr. 5 Satz 2 EStG):

- für Unterricht (z. B. Schulgeld, Nachhilfe oder Fremdsprachenunterricht),

- für die Vermittlung besonderer Fähigkeiten (z. B. Musikunterricht, Computerkurse),

► für sportliche und andere Freizeitbetätigungen (z. B. Mitgliedschaft in Sportvereinen oder anderen Vereinen, Tennis- oder Reitunterricht) oder

► für die Verpflegung des Kindes (Rz. 5 bis 11 des BMF-Schreibens vom 14. 3. 2012, BStBl 2012 I 307).

Der Begriff der Kinderbetreuung ist weit zu fassen. Er umfasst nicht nur die behütende und beaufsichtigende Betreuung, sondern auch die pädagogisch sinnvolle Gestaltung der in Kindergärten und ähnlichen Einrichtungen verbrachten Zeit. Der Bildungsauftrag dieser Einrichtungen hindert den vollständigen Abzug der von den Eltern geleisteten Beiträge und Gebühren grundsätzlich nicht.

463 Zur Abgrenzung zwischen Kinderbetreuungskosten und nicht abziehbaren Unterrichtsaufwendungen hat der BFH mit Urteil vom 19. 4. 2012 (III R 29/11, BStBl 2012 II 862) entschieden, dass nach § 10 Abs. 1 Nr. 5 Satz 2 EStG nicht begünstigte Aufwendungen für Unterricht oder die Vermittlung besonderer Fähigkeiten nur dann vorliegen, wenn die Dienstleistungen in einem regelmäßig organisatorisch, zeitlich und räumlich verselbständigten Rahmen stattfinden und die vom Leistungserbringer während der Unterrichts- oder Kurszeit ausgeübte Aufsicht über das Kind und damit die – behütete – Betreuung gegenüber der Vermittlung der besonderen (sprachlichen, musischen, sportlichen) Fähigkeiten als dem Hauptzweck der Dienstleistung in den Hintergrund rückt.

Bei beschränkter Steuerpflicht ist ein Abzug von Kinderbetreuungskosten ausgeschlossen (§ 50 Abs. 1 Satz 3 EStG).

464 Aufwendungen für Kinderbetreuung durch Angehörige des Steuerpflichtigen können nur berücksichtigt werden, wenn den Leistungen klare und eindeutige Vereinbarungen zu Grunde liegen, die zivilrechtlich wirksam zustande gekommen sind, inhaltlich dem zwischen Fremden Üblichen entsprechen, tatsächlich so auch durchgeführt werden und die Leistungen nicht üblicherweise auf familienrechtlicher Grundlage unentgeltlich erbracht werden. So können z. B. Aufwendungen für eine Mutter, die zusammen mit dem gemeinsamen Kind im Haushalt des Steuerpflichtigen lebt, nicht berücksichtigt werden. Auch bei einer eheähnlichen Lebensgemeinschaft oder einer Lebenspartnerschaft zwischen dem Steuerpflichtigen und der Betreuungsperson ist eine Berücksichtigung von Kinderbetreuungskosten nicht möglich. Leistungen an eine Person, die für das betreute Kind Anspruch auf einen Freibetrag nach § 32 Abs. 6 EStG oder auf Kindergeld hat, können nicht als Kinderbetreuungskosten anerkannt werden (Rz. 4 des BMF-Schreibens vom 14. 3. 2012, BStBl 2012 I 307).

6.2.6.3.3 Haushaltszugehörigkeit

465 Der BFH definiert mit Urteil vom 14. 11. 2001 (X R 24/99, BStBl 2002 II 244) die Haushaltszugehörigkeit. Die Haushaltszugehörigkeit erfordert eine Verantwortung für das materielle (Versorgung, Unterhaltsgewährung) und immaterielle Wohl (Fürsorge, Betreuung) des Kindes. Eine Heimunterbringung ist unschädlich, wenn die Wohnverhältnisse in der Familienwohnung die speziellen Bedürfnisse des Kindes berücksichtigen und es sich im Haushalt dieses Elternteils regelmäßig aufhält.

Ein Kind gehört zum Haushalt des jeweiligen Elternteils, in dessen Wohnung es dauerhaft lebt oder mit dessen Einwilligung es vorübergehend auswärts untergebracht ist.

Auch in Fällen, in denen dieser Elternteil mit dem Kind in der Wohnung seiner Eltern oder Schwiegereltern oder in Wohngemeinschaft mit anderen Personen lebt, ist die Haushaltszugehörigkeit des Kindes als gegeben anzusehen. Bei nicht zusammenlebenden Elternteilen ist grundsätzlich die Meldung des Kindes maßgebend (Rz. 12 des BMF-Schreibens vom 14. 3. 2012, BStBl 2012 I 307).

In Ausnahmefällen kann auch eine gleichzeitige Zugehörigkeit zu den Haushalten beider Eltern bestehen (BFH 14. 4. 1999 X R 11/97, BStBl 1999 II 594 und 28. 4. 2010 III R 79/08, BStBl 2011 II 30). Hält sich ein Kind in den Haushalten beider Elternteile in einer den Besuchscharakter überschreitenden Weise auf, ist es in den Haushalt desjenigen aufgenommen, in dessen Haushalt es sich überwiegend aufhält und seinen Lebensmittelpunkt hat (BFH 14. 12. 2004 VIII R 106/03, BStBl 2008 II 762). Hält sich das Kind in annähernd gleichem zeitlichen Umfang sowohl im Haushalt seiner Mutter als auch in dem seines Vaters auf, ist es in beiden Haushalten aufgenommen.

6.2.6.3.4 Höchstbetrag

Kinderbetreuungskosten sind in Höhe von zwei Dritteln der Aufwendungen, höchstens 4 000 € je Kind und Kalenderjahr abziehbar. Der Höchstbetrag ist ein Jahresbetrag. Eine zeitanteilige Aufteilung findet auch dann nicht statt, wenn für das Kind nicht im gesamten Kalenderjahr Betreuungskosten angefallen sind (Rz. 16 ff. des BMF-Schreibens vom 14. 3. 2012, BStBl 2012 I 307). Die Abzugsbeschränkung der Kinderbetreuungskosten auf zwei Drittel der Aufwendungen und einen Höchstbetrag von 4 000 € je Kind verstößt nicht gegen das Grundgesetz (BFH 9. 2. 2012 III R 67/09, BStBl 2012 II 567 und 5. 7. 2012 III R 80/09, BStBl 2012 II 816). 466

Der Höchstbetrag beläuft sich auch bei einem Elternpaar, das entweder gar nicht oder nur zeitweise zusammengelebt hat, auf 4 000 € je Kind für das gesamte Kalenderjahr. Eine Aufteilung auf die Zeiträume des gemeinsamen Haushalts bzw. der getrennten Haushalte ist nicht vorzunehmen. Haben beide Elternteile entsprechende Aufwendungen getragen, sind diese bei jedem Elternteil grundsätzlich nur bis zu einem Höchstbetrag von 2 000 € zu berücksichtigen. 467

Ergänzend zum BMF-Schreiben vom 14. 3. 2012 (BStBl 2012 I 307) hat die OFD Niedersachsen mit Vfg. vom 27. 4. 2015 (S 2221b – 1 – St 236 NWB DokID: [XAAAE-90769]) Stellung genommen. Danach wird festgelegt, dass das Betreuungsgeld nach § 4a ff. Bundeselterngeld- und Elternzeitgesetz (BEEG) nicht auf die als Sonderausgaben zu berücksichtigenden Kinderbetreuungskosten anzurechnen ist. 467a

HINWEIS:

Das Betreuungsgeld wurde zum 1. 8. 2013 eingeführt.

Das Betreuungsgeld auf Bundesebene wurde vom BVerfG mit Urteil vom 21. 7. 2015 (1 BvF 2/13 NWB DokID: [KAAAE-96650]) für mit dem Grundgesetz der Bundesrepublik Deutschland unvereinbar (verfassungswidrig) und daher nichtig erklärt. Die Karlsruher Verfassungsrichter haben erklärt, dass die Kompetenz zur Einführung eines Betreuungsgeldes nicht beim Bund liege. Aus diesem Grunde sind die §§ 4a – 4d BEEG, die einen Anspruch auf Betreuungsgeld regeln, nichtig (s. a. Pressemitteilung des BVerfG Nr. 57/2015 vom 21. 7. 2015).

Alle Familien, deren Antrag vor dem Urteil des BVerfG am 21. 7. 2015 bewilligt wurde, bekommen für den gesamten im Bescheid vorgesehenen Zeitraum Betreuungsgeld bezahlt. Das gilt demnach auch für Fälle, in denen Familien zwar schon einen Bescheid bekamen, aber noch kein Geld erhalten haben.

6.2.6.3.5 Abzugsberechtigte Personen

6.2.6.3.5.1 Zusammenveranlagung

468 Für den Abzug von Kinderbetreuungskosten als Sonderausgaben kommt es bei verheirateten Eltern, die nach § 26b EStG zusammen zur Einkommensteuer veranlagt werden, nicht darauf an, welcher Elternteil die Aufwendungen geleistet hat oder ob sie von beiden getragen wurden (Rz. 25 des BMF-Schreibens vom 14. 3. 2012, BStBl 2012 I 307).

6.2.6.3.5.2 Einzelveranlagung von Ehegatten

469 Mit Wirkung ab dem Veranlagungszeitraum 2013 wird die getrennte Veranlagung durch die Einzelveranlagung von Ehegatten nach § 26a EStG in der Fassung des Steuervereinfachungsgesetzes 2011 ersetzt. Nach § 26a Abs. 2 Satz 1 EStG sind Sonderausgaben demjenigen Ehegatten zuzurechnen, der die Aufwendungen wirtschaftlich getragen hat. Trifft dies auf beide Ehegatten zu, kann jeder seine tatsächlichen Aufwendungen grundsätzlich bis zur Höhe des hälftigen Abzugshöchstbetrages geltend machen. Etwas anderes gilt nur dann, wenn die Ehegatten einvernehmlich gegenüber dem Finanzamt eine anderweitige Aufteilung des Abzugshöchstbetrages wählen. Abweichend davon können die Kinderbetreuungskosten auf übereinstimmenden Antrag der Ehegatten von diesen jeweils zur Hälfte abgezogen werden (§ 26a Abs. 2 Satz 2 EStG). Der Abzug ist dabei bei jedem Ehegatten auf den hälftigen Abzugshöchstbetrag beschränkt. In begründeten Einzelfällen reicht der Antrag desjenigen Ehegatten, der die Aufwendungen wirtschaftlich getragen hat, aus (§ 26a Abs. 2 Satz 3 EStG). Die Wahl des Abzugs wird durch Angabe in der Steuererklärung getroffen (§ 26a Abs. 2 Satz 4 i. V. m. § 26 Abs. 2 Satz 3 EStG und Rz. 27 des BMF-Schreibens vom 14. 3. 2012, BStBl 2012 I 307).

6.2.6.3.5.3 Keine Ehegattenveranlagung

470 Der Höchstbetrag beläuft sich auch bei einem Elternpaar, das entweder gar nicht oder nur zeitweise zusammengelebt hat, auf 4 000 € je Kind für das gesamte Kalenderjahr. Eine Aufteilung auf die Zeiträume des gemeinsamen Haushalts bzw. der getrennten Haushalte ist nicht vorzunehmen. Haben beide Elternteile entsprechende Aufwendungen getragen, sind diese bei jedem Elternteil grundsätzlich nur bis zu einem Höchstbetrag von 2 000 € zu berücksichtigen (Rz. 17 des BMF-Schreibens vom 14. 3. 2012, BStBl 2012 I 307).

471 Mit Urteil v. 25. 11. 2010 (III R 79/09, BStBl 2011 II 450) hat der BFH entschieden, dass bei Kinderbetreuungskosten von zusammenlebenden, nicht miteinander verheirateten Eltern, bei denen nur ein Elternteil den Vertrag zur Kinderbetreuung abschließt und das Geld von seinem Konto zahlt, kein Zuordnungswahlrecht besteht. Das Entgelt des einen Elternteils kann dem anderen Elternteil weder vollständig noch anteilig unter dem

Gesichtspunkt des abgekürzten Zahlungs- oder Vertragswegs als von ihm getragener Aufwand zugerechnet werden.

Das FG Thüringen hat dies in seinem Urteil vom 27. 5. 2009 (2 K 211/08, EFG 2009, 1376 – Erste Instanz –) als „Wirtschaften aus einem Topf" beschrieben. Das FG-Urteil wurde durch BFH v. 25. 11. 2010 – III R 79/09, BStBl 2011 II 450, aufgehoben.

In seiner Entscheidung führt der BFH u. a. Folgendes aus: Das EStG wird durch die **Grundsätze** des objektiven und des subjektiven **Nettoprinzips** sowie der **Individualbesteuerung** geprägt. Eine Zurechnung von Einnahmen und Ausgaben setzt voraus, dass der Stpfl. den entsprechenden Tatbestand des EStG selbst verwirklicht hat. Ausgaben, die Dritte geleistet haben (sog. **Drittaufwand**), können grundsätzlich nur beim Dritten berücksichtigt werden, nicht aber bei dem insoweit nicht belasteten Stpfl. Die Vorschrift des § 10 Abs. 1 Nr. 5 EStG und auch die Vorgängervorschrift des § 9c EStG beziehen sich auf Aufwendungen des Stpfl. und enthalten insbesondere weder Zuordnungsregeln noch ein Zuordnungswahlrecht.

Die Rechtsgrundsätze zum **abgekürzten Zahlungs- oder Vertragsweg** erlauben es, dem Stpfl. Kosten als eigenen Aufwand zuzurechnen, die ein Dritter in seinem – des Stpfl. – Interesse trägt.

In Fällen der sog. Abkürzung des Zahlungsweges tilgt der Dritte im Einvernehmen mit dem Stpfl. dessen Schuld (§ 267 Abs. 1 BGB), statt dem Stpfl. den Geldbetrag unmittelbar zu geben und ihn die Zahlung vornehmen zu lassen (BFH 23. 8. 1999 GrS 2/97, BStBl 1999 II 782). Ein derartiger Fall ist vorliegend schon deshalb nicht gegeben, weil die Lebensgefährtin allein auf ihre **eigene Verbindlichkeit** geleistet hatte, denn nur sie hatte den Vertrag mit der Kindertagesstätte unterzeichnet.

Die Aufwendungen eines Dritten, der im eigenen Namen für den Stpfl. einen Vertrag schließt und auch selbst die geschuldeten Zahlungen leistet, können nach den Grundsätzen der Abkürzung des Vertragsweges beim Stpfl. abgezogen werden (z. B. BFH 15. 11. 2005 IX R 25/03, BStBl 2006 II 623, betr. einen vom Vater abgeschlossenen Werkvertrag über Erhaltungsarbeiten am vermieteten Grundstück des Stpfl.; v. 28. 9. 2010 IX R 42/09, BStBl 2011 II 271). Denn auch in diesem Fall wendet der Dritte dem Stpfl. – wie beim abgekürzten Zahlungsweg – Geld zu und bewirkt dadurch zugleich seine Entreicherung.

Die Anwendung der Grundsätze des abgekürzten Vertragsweges zugunsten des Stpfl., der die Aufwendungen nicht getragen hat, kommt jedoch nicht in Betracht. Denn die Lebensgefährtin wahrte mit dem Abschluss des Betreuungsvertrages für ihr Kind eigene Interessen, da die Kindertagesstätte sie von der ihr als Mutter obliegenden Personensorge entlastete und ihr die Erwerbstätigkeit ermöglichte. Zwar nützte die Unterbringung des Kindes in der Kindertagesstätte auch dem Vater, der – rechtlich oder zumindest tatsächlich – ebenfalls zur Betreuung verpflichtet war. Eine Zurechnung von Aufwendungen nach den Grundsätzen der Abkürzung des Vertragsweges setzt aber voraus, dass die aufgrund des Vertrages zu erbringenden Leistungen **eindeutig der Erwerbssphäre des Stpfl.** und nicht der des Dritten **zuzuordnen** sind.

Zu beachten ist, dass die Einnahmen des Vaters und seiner Lebensgefährtin, der Mutter des Kindes, nicht auf ein gemeinsames Konto geflossen sind, von dem sodann die anfallenden Ausgaben bezahlt wurden; vielmehr haben die Eltern ihre Vermögensverhältnisse getrennt gehalten. Der BFH lässt ausdrücklich offen, wie die Entscheidung gewesen wäre, wenn die Entgelte von einem Gemeinschaftskonto gezahlt worden wären. Ob die von einem Gemeinschaftskonto gezahlten Entgelte teilweise dem Vater zuzurechnen wären, obwohl nur die Lebensgefährtin der Kindertagesstätte zivilrechtlich verpflichtet war, und nach welchem Maßstab dies zu geschehen hätte – zur Hälfte, entsprechend dem Verhältnis der Brutto-Arbeitslöhne zu zwei Drittel oder nach dem konkreten Verhältnis der Einzahlungen auf das Gemeinschaftskonto – braucht nicht entschieden zu werden.

Wie der BFH weiterhin klarstellt, brauchte er nicht zu entscheiden, ob eine Zurechnung von Drittaufwand nach den Grundsätzen des abgekürzten Vertragsweges bei Verträgen über die Betreuung von Kleinkindern in einer Kindertagesstätte ohnehin ausgeschlossen ist, weil diese zu den **Dauerschuldverhältnissen** gehören, bei denen die Rechtsprechung die Anwendung der Grundsätze des abgekürzten Vertragsweges bisher abgelehnt hat (BFH 24. 2. 2000 IV R 75/98, BStBl 2000 II 314; v. 3. 12. 2002 IX R 14/00, BFH/NV 2003, 468; s. a. Rz. 28 und 29 des BMF-Schreibens vom 14. 3. 2012, BStBl 2012 I 307).

6.2.6.4 Nachweise

472 Der Abzug von Kinderbetreuungskosten setzt nach § 10 Abs. 1 Nr. 5 Satz 4 EStG voraus, dass der Steuerpflichtige für die Aufwendungen eine Rechnung erhalten hat und die Zahlung auf das Konto des Erbringers der Leistung erfolgt ist. Die Rechnung sowie die Zahlungsnachweise sind nur auf Verlangen des Finanzamts vorzulegen. Es muss sich nicht um eine Rechnung i. S. d. UStG handeln.

473 Einer Rechnung stehen gleich:

▶ bei einem sozialversicherungspflichtigen Beschäftigungsverhältnis oder einem Minijob der zwischen dem Arbeitgeber und dem Arbeitnehmer abgeschlossene schriftliche (Arbeits-) Vertrag,

▶ bei Au-pair-Verhältnissen ein Au-pair-Vertrag, aus dem ersichtlich ist, dass ein Anteil der Gesamtaufwendungen auf die Kinderbetreuung entfällt,

▶ bei der Betreuung in einem Kindergarten oder Hort der Bescheid des öffentlichen oder privaten Trägers über die zu zahlenden Gebühren,

▶ eine Quittung, z. B. über Nebenkosten zur Betreuung, wenn die Quittung genaue Angaben über die Art und die Höhe der Nebenkosten enthält. Ansonsten sind Nebenkosten nur zu berücksichtigen, wenn sie in den Vertrag oder die Rechnung aufgenommen worden sind (Rz. 21 des BMF-Schreibens vom 14. 3. 2012, BStBl 2012 I 307).

474 Die Zahlung auf das Konto des Erbringers der Leistung erfolgt in der Regel durch Überweisung. Beträge, für deren Begleichung ein Dauerauftrag eingerichtet worden ist oder die durch eine Einzugsermächtigung abgebucht oder im Wege des Online-Bankings überwiesen wurden, können in Verbindung mit dem Kontoauszug, der die Abbuchung ausweist, anerkannt werden. Das gilt auch bei Übergabe eines Verrechnungsschecks

oder der Teilnahme am Electronic-Cash-Verfahren oder an elektronischen Lastschriftverfahren.

Barzahlungen einschließlich Baranzahlungen oder Barteilzahlungen sowie Barschecks 475 können in keinem Fall anerkannt werden. Das gilt selbst dann, wenn die Barzahlung von dem Erbringer der Betreuungsleistung tatsächlich ordnungsgemäß verbucht worden ist und der Steuerpflichtige einen Nachweis über die ordnungsgemäße Buchung erhalten hat oder wenn eine Barzahlung durch eine später veranlasste Zahlung auf das Konto des Erbringers der Leistung ersetzt wird.

HINWEIS:

Der BFH hat mit Urteil vom 18.12.2014 (III R 63/13, BStBl 2015 II 583) entschieden, dass die Kosten für die Betreuung eines zum Haushalt der Eltern gehörenden Kindes nur dann steuerlich berücksichtigt werden können, wenn die Zahlungen nicht in bar, sondern auf ein Konto der Betreuungsperson erbracht wurden. Dies gilt auch dann, wenn die Betreuungsperson im Rahmen eines geringfügigen Beschäftigungsverhältnisses angestellt ist.

Voraussetzung für den Abzug von Aufwendungen für Dienstleistungen zur Betreuung eines zum Haushalt des Steuerpflichtigen gehörenden Kindes ist, dass der Steuerpflichtige für die Aufwendungen eine Rechnung erhalten hat und die Zahlung auf das Konto des Erbringers der Leistung erbracht worden ist. Nach der Entscheidung des BFH beschränkt diese Vorschrift die Nachweisanforderungen nicht auf bestimmte Arten von Dienstleistungen, etwa Dienstleistungen von Unternehmern, die Rechnungen im Sinne des Umsatzsteuerrechts ausstellen. Anders als bei Aufwendungen für haushaltsnahe Beschäftigungsverhältnisse (z.B. Kochen, Raum- und Wäschepflege) unterscheidet das Gesetz für den Nachweis von Kinderbetreuungskosten auch nicht danach, ob diese im Rahmen eines geringfügigen Beschäftigungsverhältnisses oder auf einer anderen Basis erbracht werden. Der BFH betont darüber hinaus, dass die Nachweiserfordernisse (Rechnung und Zahlung über das Konto der Betreuungsperson) Missbrauch und Schwarzarbeit vorbeugen sollen. Dies rechtfertige es, den Zahlungsfluss nur durch Kontobelege und nicht z.B. auch durch Barzahlungsquittungen oder Zeugenaussagen nachzuweisen.

Der Sonderausgabenabzug durch den Steuerpflichtigen ist auch möglich, wenn die Be- 476 treuungsleistung, für die der Steuerpflichtige eine Rechnung erhalten hat, von dem Konto eines Dritten bezahlt worden ist (abgekürzter Zahlungsweg). Voraussetzung hierfür ist nicht, dass der Stpfl. dem Dritten die Aufwendungen erstattet (BFH, Urteil vom 25.11.2010 III R 79/09, BStBl 2011 II 450). Zu beachten ist aber, dass auch die Zahlung des Dritten auf das Konto des Leistungsempfängers unbar erfolgt sein muss (OFD Niedersachsen vom 27.4.2015 S 2221b − 1 − St 236, NWB DokID: [XAAAE-90769]).

6.2.6.5 Konkurrenzen

Fallen Kinderbetreuungskosten dem Grunde nach unter die Regelungen des § 10 Abs.1 477 Nr.5 EStG, kommt ein Abzug nach § 35a EStG nicht in Betracht (§ 35a Abs.5 Satz 1 EStG). Dies gilt sowohl für den Betrag, der zwei Drittel der Aufwendungen für Dienstleistungen übersteigt, als auch für alle Aufwendungen, die den Höchstbetrag von 4 000 € je Kind übersteigen (Rz.30 des BMF-Schreibens vom 14.3.2012, BStBl 2012 I 307 sowie Rz.34 des BMF-Schreibens vom 10.1.2014, BStBl 2014 I 75).

BEISPIEL: ▸ Gemeinsamer Sachverhalt:

Die Eheleute A und B beschäftigen ganzjährig eine Hausangestellte für einen monatlichen Bruttoarbeitslohn von 800 €. Zusätzlich werden mtl. 165 € Arbeitgeberbeiträge zur Sozialversicherung abgeführt. Die Hausangestellte betreut zur Hälfte die Kinder und führt zur anderen Hälfte typische Haushaltsleistungen durch.

Fall a:

A und B sind beide erwerbstätig. Das gemeinsame Kind hat das 14. Lebensjahr nicht vollendet.

LÖSUNG A: ▸ Die mit Wirkung vom Veranlagungszeitraum 2006 eingeführten und seit 2009 in § 9c EStG zusammengeführten Regelungen zum Abzug von erwerbsbedingten und nicht erwerbsbedingten Kinderbetreuungskosten bis zu einem Höchstbetrag von 4 000 € je Kind sind – unter Verringerung der Anspruchsvoraussetzungen – mit Wirkung ab dem Veranlagungszeitraum 2012 in § 10 Abs. 1 Nr. 5 EStG übernommen worden. Die Unterscheidung nach erwerbsbedingten und nicht erwerbsbedingten Kinderbetreuungskosten entfällt. Auf die persönlichen Anspruchsvoraussetzungen bei den steuerpflichtigen Eltern, wie z. B. Erwerbstätigkeit oder Ausbildung, kommt es nicht mehr an. Aus diesem Grund können Betreuungskosten für Kinder i. S. d. § 32 Abs. 1 EStG ab dem Veranlagungszeitraum 2012 ab Geburt des Kindes bis zur Vollendung seines 14. Lebensjahres berücksichtigt werden. Darüber hinaus können solche Aufwendungen für Kinder berücksichtigt werden, die wegen einer vor Vollendung des 25. Lebensjahres eingetretenen körperlichen, geistigen oder seelischen Behinderung außerstande sind, sich selbst zu unterhalten.

Die jährlichen Aufwendungen für die Hausangestellte betragen 965 € × 12 = 11 580 €. Davon entfällt die Hälfte auf die Kinderbetreuung (5 790 €). Es handelt sich um erwerbsbedingte Kinderbetreuungskosten i. S. d. § 10 Abs. 1 Nr. 5 EStG. Zu berücksichtigen sind 2/3 der Aufwendungen von 5 790 € = 3 860 €, maximal 4 000 €. Nach § 10 Abs. 1 Nr. 5 EStG verbraucht sind somit 5 790 €.

Auf die typische Haushaltsleistungen entfallen 50 % von 11 580 € = 5 790 €.

Die Vergünstigungen für haushaltsnahe Beschäftigungsverhältnisse, die keine geringfügigen Beschäftigungsverhältnisse sind, regelt § 35a Abs. 2 EStG. Begünstigt sind 20 % der Aufwendungen, höchstens 4 000 €. Danach fallen unter § 35a Abs. 2 EStG 5 790 € × 20 % = 1 158 €, höchstens 4 000 €.

Fall b:

A und B sind beide erwerbstätig. Das gemeinsame Kind vollendet mit Ablauf des 14. 7. 2012 das 14. Lebensjahr.

LÖSUNG B: ▸ Die Voraussetzungen für den Abzug von Kinderbetreuungskosten i. S. d. § 10 Abs. 1 Nr. 5 EStG sind bis einschließlich Juli erfüllt. Von den monatlichen Aufwendungen i. H. v. 965 € entfallen die Hälfte = 482,50 € auf Kinderbetreuungskosten. Die Aufwendungen bis einschließlich Juli betragen demnach (7 × 482,50 € =) 3 377,50 €. Zu berücksichtigen sind 2/3 der Aufwendungen von 3 377,50 € = 2 251,66 €, maximal 4 000 €. Nach § 10 Abs. 1 Nr. 5 EStG verbraucht sind somit 3 377,50 €.

Nach dem Gesetzeswortlaut ist der Höchstbetrag nicht zeitanteilig zu kürzen. Der Höchstbetrag von 4 000 € steht in Relation zu den Aufwendungen, die wirtschaftlich auf die Zeit im Veranlagungszeitraum entfallen, in der die Abzugsvoraussetzungen vorliegen.

Da für die Kinderbetreuungsleistung von August bis Dezember die Voraussetzungen des § 10 Abs. 1 Nr. 5 EStG nicht erfüllt sind, fallen die verbleibenden Aufwendungen dafür i. H. v. (5 × 482,50 € =) 2 412,50 € unter § 35a Abs. 2 EStG. Auch die typischen Haushaltsleistungen sind i. H. v. (50 % von 11 580 € =) 5 790 € nach § 35a Abs. 2 EStG begünstigt.

Nach § 35a Abs. 2 EStG begünstigt sind 20 % der Aufwendungen, höchstens 4 000 €. Danach fallen unter § 35a Abs. 2 EStG 8 202,50 € × 20 % = 1 640,50 €, höchstens 4 000 €.

LITERATURHINWEIS:

Merker, Kinderbetreuungskosten – Steuerliche Berücksichtigung ab 2012, Steuer & Studium 2013 S. 9

6.2.7 Steuerberatungskosten

Durch das Gesetz zum Einstieg in ein steuerliches Sofortprogramm vom 22. 12. 2005 (BGBl 2005 I 3682) wird der Sonderausgabenabzug für Steuerberatungskosten ab dem Veranlagungszeitraum 2006 gestrichen. Der Werbungskosten- und Betriebsausgabenabzug ist davon nicht betroffen. **478**

Steuerberatungskosten, die den Kosten der Lebensführung zuzuordnen sind, sind ab dem 1. 1. 2006 nicht mehr als Sonderausgaben zu berücksichtigen. Maßgebend dafür ist der Zeitpunkt des Abflusses der Aufwendungen (§ 11 Abs. 2 Satz 1 EStG). Werden Steuerberatungskosten für den Veranlagungszeitraum 2005 vorschussweise (§ 8 StBGebV) bereits in 2005 gezahlt, so sind sie dem Grunde nach abziehbar. Eine spätere Rückzahlung aufgrund eines zu hohen Vorschusses mindert die abziehbaren Aufwendungen des Veranlagungszeitraumes 2005. Ein bereits bestandskräftiger Bescheid ist nach § 175 Abs. 1 Satz 1 Nr. 2 AO zu ändern. **479**

Das FG Baden-Württemberg hat mit Urteil vom 22. 7. 2008 (4 K 723/08, NWB DokID: [BAAAC-91173], Rev. eingelegt, Az. BFH: X R 40/08; rkr. durch Zurücknahme der Revision) zur Berücksichtigung von privaten Steuerberatungskosten bei der Einkommensteuer entschieden, dass Steuerberatungskosten nicht zum zwangsläufigen, pflichtbestimmten Aufwand der privaten Lebensführung rechnen, dessen steuerliche Berücksichtigung verfassungsrechtlich geboten ist. Für die Abziehbarkeit von Steuerberatungskosten nach § 10 Abs. 1 Nr. 6 EStG a. F. ist nach § 52 Abs. 1 Satz 1 EStG entscheidend, dass die Zahlung vor dem 1. 1. 2006 erfolgt ist. **480**

Auch das FG Düsseldorf hat mit Urteil vom 19. 3. 2010 (1 K 3692/07 E, EFG 2010, 1046, Revision eingelegt, Az. BFH: X R 10/10) die Verfassungsmäßigkeit der Abschaffung des Sonderausgabenabzugs privater Steuerberatungskosten ab 1. 1. 2006 bestätigt. Danach stellen Steuerberatungskosten für die Erstellung der Einkommensteuererklärung Kosten der privaten Lebensführung dar und sind nach Aufhebung der Vorschrift des § 10 Abs. 1 Nr. 6 EStG mit Wirkung zum 1. 1. 2006 nicht mehr als Sonderausgaben abzugsfähig. Voraussetzung für einen Abzug als Betriebsausgaben oder Werbungskosten ist, dass die Aufwendungen bei der Ermittlung der Einkünfte anfallen. Die Abschaffung des Sonderausgabenabzugs der privaten Steuerberatungskosten ist verfassungsgemäß. Es handelt sich insbesondere nicht um zwangsläufigen, pflichtbestimmten Aufwand. Nur wenn der Steuerpflichtige ohne die Geltendmachung seiner Rechte im Besteuerungsverfahren Gefahr liefe, seine Existenzgrundlage zu verlieren, wird ein möglicher Abzug der Aufwendungen nach § 33 Abs. 1 EStG als außergewöhnliche Belastungen in Betracht zu ziehen sein. **481**

482 Nach dem BFH-Urteil vom 4.2.2010 (X R 10/08, BStBl 2010 II 617) sind privat veranlasste Steuerberatungskosten steuerlich nicht abziehbar (*Weber/Grellet*, NWB 21/2010, 1670). Steuerberatungskosten für die Erstellung der Einkommensteuererklärung mindern weder die Einkünfte noch das Einkommen. Der Gesetzgeber war nicht aus verfassungsrechtlichen Gründen verpflichtet, den Abzug von Steuerberatungskosten zuzulassen. Die Neuregelung (Streichung des § 10 Abs. 1 Nr. 6 EStG a. F.) verletzt weder das objektive noch das subjektive Nettoprinzip; auch der Gleichheitssatz wird nicht verletzt. Ein Abzug ist auch im Hinblick auf die Kompliziertheit des Steuerrechts verfassungsrechtlich nicht geboten.

483 Das BMF-Schreiben vom 21.12.2007 (BStBl 2008 I 256) nimmt zur Zuordnung der Steuerberatungskosten zu den Betriebsausgaben, Werbungskosten oder Kosten der Lebensführung Stellung. Danach sind Steuerberatungskosten als Betriebsausgaben oder Werbungskosten abzuziehen, wenn und soweit sie bei der **Ermittlung der Einkünfte** anfallen oder im **Zusammenhang mit Betriebssteuern** (z. B. Gewerbesteuer, Umsatzsteuer, Grundsteuer für Betriebsgrundstücke) oder Investitionszulagen für Investitionen im einkünfterelevanten Bereich stehen.

Die Ermittlung der Einkünfte umfasst die Kosten der Buchführungsarbeiten und der Überwachung der Buchführung, die Ermittlung von Ausgaben oder Einnahmen, die Anfertigung von Zusammenstellungen, die Aufstellung von Bilanzen oder von Einnahmenüberschussrechnungen, die Beantwortung der sich dabei ergebenden Steuerfragen, soweit es sich nicht um Nebenleistungen nach § 12 Nr. 3 EStG handelt, und die Kosten der Beratung. Zur Ermittlung der Einkünfte zählt auch das Ausfüllen des Vordrucks Einnahmenüberschussrechnung (EÜR).

484 Das Übertragen der Ergebnisse aus der jeweiligen Einkunftsermittlung in die entsprechende Anlage zur Einkommensteuererklärung und das übrige Ausfüllen der Einkommensteuererklärung gehören nicht zur Einkunftsermittlung. Die hierauf entfallenden Kosten sowie Aufwendungen, die die Beratung in Tarif- oder Veranlagungsfragen betreffen oder im Zusammenhang mit der Ermittlung von Sonderausgaben und außergewöhnlichen Belastungen stehen, sind als Kosten der privaten Lebensführung gem. § 12 Nr. 1 EStG steuerlich nicht zu berücksichtigen.

485 Zu den der Privatsphäre zuzurechnenden Aufwendungen zählen auch die Steuerberatungskosten, die:

► durch haushaltsnahe Beschäftigungsverhältnisse veranlasst sind,

► im Zusammenhang mit der Inanspruchnahme haushaltsnaher Dienstleistungen oder der steuerlichen Berücksichtigung von Kinderbetreuungskosten stehen,

► die Erbschaft- oder Schenkungsteuer,

► das Kindergeld betreffen.

486 Steuerberatungskosten, die für Steuern entstehen, die sowohl betrieblich/beruflich als auch privat verursacht sein können, sind anhand ihrer Veranlassung den Betriebsausgaben/Werbungskosten oder den Kosten der Lebensführung zuzuordnen (z. B. Grundsteuer, Kraftfahrzeugsteuer, Zweitwohnungsteuer, Gebühren für verbindliche Auskünfte nach § 89 Abs. 3 bis 5 AO). Als Aufteilungsmaßstab dafür ist grundsätzlich die Gebührenrechnung des Steuerberaters heranzuziehen.

Entstehen dem Steuerpflichtigen Aufwendungen, die sowohl betrieblich/beruflich als 487 auch privat veranlasst sind, wie z.B. Beiträge an Lohnsteuerhilfevereine. Anschaffungskosten für Steuerfachliteratur zur Ermittlung der Einkünfte und des Einkommens, Beratungsgebühren für einen Rechtsstreit, der sowohl die Ermittlung von Einkünften als auch z.B. den Ansatz von außergewöhnlichen Belastungen umfasst, ist im Rahmen einer sachgerechten Schätzung eine Zuordnung zu den Betriebsausgaben, Werbungskosten oder Kosten der Lebensführung vorzunehmen. Dies gilt auch in den Fällen einer Vereinbarung einer Pauschalvergütung nach § 14 der StBGebV.

Bei Beiträgen an Lohnsteuerhilfevereine, Aufwendungen für steuerliche Fachliteratur 488 und Software wird es nicht beanstandet, wenn diese Aufwendungen i.H.v. 50% den Betriebsausgaben oder Werbungskosten zugeordnet werden. Dessen ungeachtet ist aus Vereinfachungsgründen der Zuordnung des Steuerpflichtigen bei Aufwendungen für gemischte Steuerberatungskosten bis zu einem Betrag von 100 € im Veranlagungszeitraum zu folgen.

BEISPIEL: ▶ Der Steuerpflichtige zahlt in 01 einen Beitrag an einen Lohnsteuerhilfeverein i.H.v. 120 €. Davon ordnet er 100 € den Werbungskosten zu; diese Zuordnung ist nicht zu beanstanden.

6.2.8 Aufwendungen für die Berufsausbildung oder die Weiterbildung in einem nicht ausgeübten Beruf

6.2.8.1 Allgemeiner Überblick

Aufgrund der Rechtsprechung des BFH wurde die Abzugsfähigkeit der eigenen Berufs- 489 ausbildungskosten durch das Gesetz zur Änderung der Abgabenordnung und weiterer Gesetze vom 21.7.2004 (BGBl 2004 I 1753) neu geregelt. Zur Anwendung der Rechtslage bis 2003 bzw. ab dem Veranlagungszeitraum 2004 äußert sich ausführlich die Vfg. der OFD Hannover vom 19.8.2004 (S 2354 – 399 – StH 214/S2354 – 173 – StO 213, DStR 2004, 1790). Das BMF hat mit Schreiben vom 22.9.2010, BStBl 2010 I 721) ausführlich zur einkommensteuerrechtlichen Behandlung von Berufsausbildungskosten gem. § 10 Abs. 1 Nr. 7 i.V.m. § 12 Nr. 5 EStG Stellung genommen.

Aufwendungen für die **erstmalige Berufsausbildung** oder ein **Erststudium, das zugleich** 490 eine **Erstausbildung** vermittelt, stellen nach § 12 Nr. 5 EStG **keine Betriebsausgaben oder Werbungskosten** dar, es sei denn, die Bildungsmaßnahme findet im Rahmen eines Dienstverhältnisses statt (Ausbildungsdienstverhältnis).

HINWEIS:

Durch das Gesetz zur Anpassung der Abgabenordnung an den Zollkodex der Union und zur Änderung weiterer steuerlicher Vorschriften vom 22.12.2014 (BGBl 2014 I 2417) wurde u.a. in § 4 Abs. 9 und § 9 Abs. 6 EStG die erstmalige Berufsausbildung konkreter definiert; § 12 Nr. 5 EStG wird ab 1.1.2015 aufgehoben. Weitere Erläuterungen s.u.

491   Aufwendungen für die eigene Berufsausbildung, die nicht Betriebsausgaben oder Werbungskosten darstellen, können nach § 10 Abs. 1 Nr. 7 EStG bis zu 6 000 € (4 000 € bis Veranlagungszeitraum 2011) im Kalenderjahr als Sonderausgaben abgezogen werden.

492   Durch das Gesetz zur Umsetzung der Beitreibungsrichtlinie sowie zur Änderung steuerlicher Vorschriften (Beitreibungsrichtlinie-Umsetzungsgesetz – BeitrRLUmsG – vom 7. 12. 2011, BGBl 2011 I 2592) werden in §§ 4 Abs. 9, 9 Abs. 6, 10 Abs. 1 Nr. 7 und 12 Nr. 5 EStG die Berücksichtigung von Berufsausbildungskosten im Rahmen einer Erstausbildung bzw. eines Erststudiums neu geregelt. Nach § 12 Nr. 5 EStG werden danach Aufwendungen des Stpfl. für seine erstmalige Berufsausbildung oder für ein Erststudium, das zugleich eine Erstausbildung vermittelt, als Kosten der Lebensführung angesehen, wenn diese Berufsausbildung oder dieses Erststudium nicht im Rahmen eines Dienstverhältnisses stattfindet. Nach § 52 Abs. 12, 23d und 30a EStG treten die Neuregelungen rückwirkend ab dem Veranlagungszeitraum 2004 in Kraft.

492a   Die Klarstellung ist erforderlich, weil der BFH in seinen Entscheidungen vom 28. 7. 2011 (VI R 38/10, BStBl 2012 II 561 und VI R 7/10, BStBl 2012 II 557) bemängelt hatte, dass der Wille des Gesetzgebers, die Kosten der Erstausbildung oder des Erststudiums vom Abzug als Werbungskosten oder Betriebsausgaben auszuschließen, sich im Normengefüge des EStG nicht eindeutig genug wiederfindet. Mit diesem Abzugsverbot wird nun die Grundentscheidung des Gesetzgebers verdeutlicht, dass die erste Berufsausbildung und das Erststudium als Erstausbildung der privaten Lebensführung zuzuordnen sind. Diese Grundentscheidung folgt auch den Grundsätzen des Sozialrechts, in dem diese Ausbildungsbereiche der Bildungsförderung und nicht der Arbeitsförderung unterliegen.

492b   Mit der Änderung des § 12 Nr. 5 EStG wird klargestellt, dass nur ein Erststudium, das zugleich eine Erstausbildung vermittelt, unter das Abzugsverbot des § 12 Nr. 5 EStG fällt.

492c   Das Abzugsverbot nach § 12 Nr. 5 EStG gilt, soweit bei den Sonderausgaben in § 10 Abs. 1 Nr. 7 EStG nichts anderes bestimmt ist. Nach § 10 Abs. 1 Nr. 7 EStG sind Aufwendungen für die Berufsausbildung bis zu einem Höchstbetrag abziehbar, wenn sie weder Betriebsausgaben noch Werbungskosten sind. In den §§ 4 Abs. 9 und 9 Abs. 6 EStG ist nun festgelegt, dass Berufsausbildungskosten für eine erstmalige Berufsausbildung oder für ein Erststudium, das zugleich eine Erstausbildung vermittelt, keine Betriebsausgaben oder Werbungskosten sind. Damit gilt hier der Sonderausgabenabzug.

492d   Zur Verfassungsmäßigkeit der Einschränkung des Werbungskostenabzugs für eine Erstausbildung durch das BeitrRLUmsG hat das FG Düsseldorf mit Urteil vom 14. 12. 2011 (14 K 4407/10 F, EFG 2012, 686, Revision eingelegt, Az. BFH: VI R 2/12) entschieden, dass die Aufwendungen für die – nicht auf einem Dienstverhältnis beruhende – erstmalige Ausbildung zum Berufspiloten in den Veranlagungszeiträumen 2005 bis 2007 gem. § 9 Abs. 6, § 12 Nr. 5 i. V. m. § 52 Abs. 23d, Abs. 30a EStG i. d. F. des BeitrRLUmsG vom 7. 12. 2011 nicht als Werbungskosten bei den Einkünften aus nichtselbstständiger Tätigkeit abzugsfähig sind (so auch FG Münster Urteil vom 20. 12. 2011, 5 K 3975/09 F, EFG 2012, Revision eingelegt, Az. BFH: VI R 8/12). Die Einführung von § 9 Abs. 6 und § 12 Nr. 5 EStG n. F. mit Wirkung ab dem Veranlagungszeitraum 2004 verstößt nicht gegen das verfassungsrechtliche Verbot, rückwirkende Gesetze zu erlassen (so auch FG Baden-Württemberg Urteil vom 26. 2. 2013, 10 K 4245/11, Revision eingelegt, Az. BFH VI R 2/13).

Mit Urteil vom 5. 11. 2013 (VIII R 22/12, BStBl 2014 II 165) hat der BFH die Rechtsauf- 492e fassung des FG Münster bestätigt (FG Münster, Urteil vom 18. 4. 2012 (10 K 4400/09, EFG 2012, 1433). Die gesetzliche Neuregelung in § 9 Abs. 6, § 12 Nr. 5 und § 52 Abs. 23d und 30a EStG durch das BeitrRLUmsG, nach der die Kosten für ein Erststudium als Erstausbildung keine vorweggenommenen Werbungskosten darstellen, verstößt nicht gegen Verfassungsrecht. Weder liegt ein Verstoß gegen das Rückwirkungsverbot noch gegen das objektive oder subjektive Nettoprinzip vor. Der Gesetzgeber durfte mit Rückwirkung ab Veranlagungszeitraum 2004 anordnen, dass Aufwendungen für ein Erststudium, das zugleich eine Erstausbildung vermittelt, keine (vorweggenommenen) Werbungskosten sind, wenn dieses Erststudium nicht im Rahmen eines Dienstverhältnisses stattfindet. Denn hiermit hat der Gesetzgeber die Rechtslage rückwirkend festgeschrieben, wie sie bis zur Änderung der höchstrichterlichen Rechtsprechung, der gefestigten höchstrichterlichen Rechtsprechung und der einhelligen Praxis der Finanzverwaltung und damit allgemeiner Rechtsanwendungspraxis entsprach. Die Gesetzesänderung durch das BeitrRLUmsG beruht auf der Fortentwicklung der Rechtsprechungsänderung des BFH mit Urteilen vom 28. 7. 2011, nach der solche Aufwendungen Werbungskosten i. S. v. § 9 Abs. 1 Satz 1 EStG sein können (BFH Urteile vom 28. 7. 2011, VI R 7/10, BStBl 2012 II 557 und VI R 38/10, BStBl 2012 II 561; Bericht des Finanzausschusses, BT-Drs. 17/7524, 12, 20).

Die gesetzlichen Neuregelungen in § 9 Abs. 6, § 12 Nr. 5 EStG und § 52 Abs. 23d, 30a 492f EStG verletzen auch nicht das **objektive** oder das **subjektive** Nettoprinzip (s. a. Saarländischen FG Urteil vom 4. 4. 2012, 2 K 1020/09). Während das objektive Nettoprinzip verlangt, dass nur das um die Erwerbsaufwendungen verminderte Einkommen steuerlich belastet wird, sieht das subjektive Nettoprinzip die Abziehbarkeit unvermeidbarer Privatausgaben vor. Bedeutung erlangt das Nettoprinzip vor allem auch im Zusammenhang mit den Anforderungen an eine hinreichende Folgerichtigkeit bei der näheren Ausgestaltung der gesetzgeberischen Grundentscheidungen. Ausnahmen von der folgerichtigen Umsetzung der mit dem objektiven Nettoprinzip getroffenen Belastungsentscheidung – so auch Abzugsverbote für beruflich veranlasste Aufwendungen – bedürfen eines besonderen, sachlich rechtfertigenden Grundes. Der Gesetzgeber kann sich hierbei generalisierender, typisierender und pauschalierender Regelungen bedienen (vgl. zum Nettoprinzip Weber-Grellet, FR 2011, 1028, 1030).

Trotz der Entscheidung des VIII. Senats vom 5. 11. 2013 (VIII R 22/12, BStBl 2014 II 165) 492g gelangt der VI. Senat zu der Rechtsauffassung, dass § 9 Abs. 6 EStG i. d. F. des BeitrRLUmsG wegen Verstoßes gegen den allgemeinen Gleichheitssatz (Art. 3 Abs. 1 GG) in seiner Ausprägung des Grundsatzes der Besteuerung nach der finanziellen Leistungsfähigkeit verfassungswidrig ist, weil die Aufwendungen des Stpfl. für seine eigene Berufsausbildung einkommensteuerrechtlich unberücksichtigt bleiben, indem sie weder als Werbungskosten noch in anderer Weise die einkommensteuerliche Bemessungsgrundlage in einer den verfassungsrechtlichen Anforderungen genügenden Weise mindern. Der VI. Senat hat die Rechtsfrage dem BVerfG vorgelegt (s. z. B. 2 BvL 23/14; BFH-Beschluss vom 17. 7. 2014 (VI R 2/12, BFH/NV 2014, 1954).

Vor dem BFH ist unter den Az. VI R 2/14, VI R 50/14 sowie VI R 30/13 die Frage anhängig, ob die Aufwendungen für eine erstmalige, nicht im Rahmen eines Dienstverhältnisses absolvierte Ausbildung zum Berufspiloten als vorab entstandene Werbungskosten abziehbar und ob die §§ 9 Abs. 6, 12 Nr. 5, 52 EStG i. d. F. des BeitrRLUmsG verfassungswidrig sind (insbesondere Verstoß gegen das objektive Nettoprinzip; s. a. Geserich, NWB 10/2014, 681).

Der BFH hatte sich im Urteil vom 13. 1. 2015 (IX R 22/14, BStBl II 2015, 829) mit der Frage zu beschäftigen, ob Verluste, die in vergangenen Jahren entstanden waren, nach § 10d EStG gesondert festgestellt werden können, wenn eine Veranlagung zur ESt für das Verlustentstehungsjahr nicht erfolgt ist und auch aufgrund inzwischen eingetretener Festsetzungsverjährung nicht mehr erfolgen kann. Die Klärung dieser Rechtsfrage ist insoweit von Bedeutung, als Verluste nur dann in späteren Jahren steuerlich nutzbar gemacht werden können, wenn sie zuvor nach § 10d EStG gesondert festgestellt worden sind.

Im Urteilsfall begehrte die Klägerin nachträglich die steuerliche Berücksichtigung von Kosten für ihre berufliche Erstausbildung. Sie hatte dazu im Juli 2012 Steuererklärungen für die Jahre 2005 bis 2007 eingereicht und auch die Feststellung von Verlustvorträgen beantragt. Das FA lehnte die Verlustfeststellung ab. Es berief sich auf die Bindungswirkung des Einkommensteuerbescheids für das Verlustfeststellungsverfahren. Danach könne eine Verlustfeststellung nur noch dann durchgeführt werden, wenn auch der Erlass eines entsprechenden Einkommensteuerbescheids möglich sei. Dies scheide aber aus, da eine Einkommensteuerfestsetzung wegen Eintritts der Festsetzungsverjährung nicht mehr möglich sei. Dagegen wandte sich die Klägerin mit dem Einspruch und nachfolgend der Klage.

Der BFH gab der Klägerin in Bezug auf die gesonderte Verlustfeststellung recht. Ein verbleibender Verlustvortrag nach § 10d EStG kann auch dann gesondert festgestellt werden, wenn ein Einkommensteuerbescheid für das Verlustentstehungsjahr nicht mehr erlassen werden kann. Eine Bindungswirkung des Einkommensteuerbescheids für die Feststellung des Verlustvortrags bestehe dann nicht, wenn eine Einkommensteuerveranlagung gar nicht durchgeführt worden ist. Mit der Entscheidung vereinfacht der BFH die Geltendmachung von Verlustvorträgen in zurückliegenden Jahren. Praktische Bedeutung hat dies vor allem für Stpfl., die sich in Ausbildung befinden oder vor kurzem ihre Ausbildung abgeschlossen haben. Auch wenn diese in der Vergangenheit keine Einkommensteuererklärung abgegeben haben und wegen Eintritts der Festsetzungsverjährung eine Einkommensteuerveranlagung nicht mehr durchgeführt werden kann, kann innerhalb der Verjährungsfrist für die Verlustfeststellung diese noch beantragt und durchgeführt werden. Dadurch ist es möglich, über den Antrag auf Verlustfeststellung und einen Einspruch gegen die dazu vom FA erfolgte Ablehnung von einer für den Stpfl. günstigen Entscheidung des BVerfG über die Frage der steuerlichen Abzugsfähigkeit von Kosten einer beruflichen Erstausbildung zu profitieren (zu den Vorlagen beim BVerfG s. o.).

Im Kj. 2016 kann die Verlustfeststellung bezüglich der Ausbildungskosten rückwirkend bis zum Veranlagungszeitraum 2009 beantragt werden. Anders als bei Antragsveranlagungen, für die keine Anlaufhemmung gilt (§ 170 Abs. 2 Nr. 1 AO), liegt der Verlustfeststellung eine Pflichterklärung zu Grunde mit der Folge einer längeren 3-jährigen Anlaufhemmung (§ 181 Abs. 1 Satz 2 i. V. m. § 170 Abs. 2 Nr. 1 AO). Damit snd Verlustfeststellungserklärungen ohne zwischenzeitliche ESt-Veranlagungen (z. B. bei Studenten ohne Einkünfte) anders als freiwillige ESt-Veranlagungsanträge 7 Jahre nachholbar (Schmidt/Heinicke, ESt § 10d Rz. 49, 34. A 2015; s. a. Pressemitteilung des BFH Nr. 30/2015 vom 29. 4. 2015).

6.2.8.2   Erstmalige Berufsausbildung i. S. d. § 12 Nr. 5 EStG

6.2.8.2.1   Überblick über die Rechtsprechung

Der Begriff der Berufsausbildung wird vom EStG bisher weder in § 12 Nr. 5 EStG a. F.   493
noch an anderer Stelle in § 10 Abs. 1 Nr. 7 oder § 32 Abs. 4 Satz 2 EStG definiert. Mit der
Problematik der erstmaligen Berufsausbildung setzt sich der BFH mit Urteil vom
27. 10. 2011 (VI R 52/10, BStBl 2012 II 825) auseinander. Im Streitfall begehrte der Stpfl.
die Ausbildungskosten zum Verkehrsflugzeugführer als vorweggenommene Werbungskosten (Zweitausbildung), da er zuvor bereits eine Ausbildung als Rettungssanitäter abgeschlossen hätte. Nach der Prüfung setzte ihn das Rote Kreuz im Rahmen des Zivil-
dienstes als Rettungssanitäter ein.

Nach der Entscheidung des BFH ist die Ausbildung zum Rettungssanitäter als Berufs-   493a
ausbildung anzusehen ist. Eine erstmalige Berufsausbildung i. S. v. § 12 Nr. 5 EStG a. F.
setzt weder ein Berufsausbildungsverhältnis nach dem Berufsausbildungsgesetz noch
eine Ausbildungsdauer von mindestens zwei Jahren voraus (entgegen der Verwaltungsmeinung in Rz. 4 ff. des BMF-Schreibens vom 22. 9. 2010, BStBl 2010 I 721). Maßgeblich
ist vielmehr, ob die Ausbildung den Stpfl. befähigt, aus der angestrebten Tätigkeit Einkünfte zu erzielen. Deshalb ist auch die Ausbildung zum Verkehrsflugzeugführer (Pilot)
eine Berufsausbildung in diesem Sinne. Dabei ist jedoch im Einzelfall zu prüfen, ob die
Ausbildung zum Erwerb einer Musterberechtigung für ein bestimmtes Verkehrsflug-
zeug eine zweite Ausbildung darstellt oder Teil einer einheitlichen Ausbildung ist (s.
dazu BFH 4. 3. 2010 III R 23/08, BFH/NV 2010, 1264 sowie H 9.2 [Erstmalige Berufsaus-
bildung] und [Fortbildung, 3. Spiegelstrich] LStH 2014).

Nach der Entscheidung des BFH wird der steuerrechtliche Begriff der Berufsausbildung   493b
vom Gesetz nicht näher beschrieben (s. § 10 Abs. 1 Nr. 7, § 12 Nr. 5, § 32 Abs. 4 Satz 2
EStG). Nach ständiger Rechtsprechung des BFH ist unter Berufsausbildung die Ausbildung zu einem künftigen Beruf zu verstehen. In Berufsausbildung befindet sich, wer
sein Berufsziel noch nicht erreicht hat, sich aber ernstlich darauf vorbereitet. Der Vorbereitung auf ein Berufsziel dienen alle Maßnahmen, bei denen es sich um den Erwerb
von Kenntnissen, Fähigkeiten und Erfahrungen handelt, die als Grundlage für die Ausübung des angestrebten Berufs geeignet sind (s. etwa BFH 9. 6. 1999 VI R 33/98, BStBl
1999 II 701; 4. 12. 2002 VI R 120/01, BStBl 2003 II 403). Gegenbegriff zur Berufsausbildung ist die Allgemeinbildung, die keine notwendige Voraussetzung für eine geplante
Berufsausübung darstellt (BFH 15. 3. 2007 VI R 14/04, BStBl 2007 II 814).

Nach diesen Grundsätzen hat der Kläger mit der Ausbildung zum Rettungssanitäter   493c
eine Berufsausbildung i. S. d. § 12 Nr. 5 EStG a. F. absolviert. Der Beruf des Rettungs-
sanitäters, der regelmäßig als Vollerwerbstätigkeit ausgeübt wird, setzt eine mehr-
monatige, landesrechtlich geregelte Ausbildung voraus. Entgegen der Auffassung des
FA ist es ohne Belang, dass der Kläger die Ausbildung während der Zivildienstzeit
durchlaufen und auch nur in diesem Zeitraum den Beruf ausgeübt hat.

Das FG Köln hat in seinem Urteil vom 12. 12. 2011 (7 K 3147/08, EFG 2012, 506) ent-   494
schieden, dass eine Flugbegleiterin auch dann die Kosten für eine spätere Berufsausbildung uneingeschränkt steuerlich als Werbungskosten geltend machen kann, wenn sie
außer der betriebsinternen Schulung bei einer Fluggesellschaft keinen staatlich aner-

kannten Ausbildungsberuf erlernt hat. Die Klägerin absolvierte im Anschluss an ihre Tätigkeit als Stewardess eine Pilotenausbildung. Die hierfür entstandenen Kosten in fünfstelliger Höhe machte sie als vorweggenommene Werbungskosten bei der ESt geltend. Das FA berücksichtigte nur einen Betrag i. H. v. 4 000 € als Sonderausgaben, weil es sich bei der Ausbildung zur Flugbegleiterin weder um eine Berufsausbildung nach dem Berufsausbildungsgesetz noch um einen ansonsten anerkannten Lehr- oder Anlernberuf handele. Die Pilotenausbildung stelle daher eine erstmalige Berufsausbildung i. S. d. § 12 Nr. 5 EStG a. F. dar, so dass deren Kosten nur eingeschränkt als Sonderausgaben berücksichtigt werden könnten. Das FG teilte diese Auffassung nicht und gab der Klage statt. Es ist der Ansicht, dass eine erstmalige Berufsausbildung i. S. dieser Vorschrift keine Ausbildung im Rahmen eines öffentlich-rechtlich geordneten Ausbildungsgangs erfordere. Ausreichend sei vielmehr, dass eine Ausbildung berufsbezogen sei und eine Grundvoraussetzung für die geplante Berufsausübung darstelle. Diese Voraussetzungen seien bei der Schulung zur Flugbegleiterin gegeben. Somit handele es sich bei der Pilotenausbildung um eine zweite Ausbildung, für die keine Abzugsbeschränkung gelte. In Fortführung seiner Rechtsprechung vom 27. 10. 2011 (VI R 52/10, BStBl 2012 II 825) bestätigt der BFH die Rechtsauffassung des FG Köln und stellt erneut fest, dass weder die erstmalige Berufsausbildung i. S. d. § 12 Nr. 5 EStG a. F. noch die i. S. d. § 9 Abs. 6 EStG ein Berufsausbildungsverhältnis nach dem Berufsbildungsgesetz oder eine bestimmte Ausbildungsdauer voraussetzen (BFH-Urteil vom 28. 2. 2013, VI R 6/12, BFH/NV 2013, 1166).

494a Mit Urteil vom 3. 7. 2014 (III R 52/13, BStBl 2015 II 152, Rz. 34) stellt der BFH fest, dass die Auslegung der Begriffe der erstmaligen Berufsausbildung in § 12 Nr. 5 EStG a. F. und in § 32 Abs. 4 Satz 2 EStG unterschiedlich sind. Die beiden Regelungen unterscheiden sich bereits insoweit, als sie die steuerliche Anerkennung unterschiedlicher Gegenstände betreffen. Während es im Rahmen des Familienleistungsausgleichs primär um die steuerliche Berücksichtigung des Existenzminimums des in Ausbildung befindlichen Kindes einschließlich des Ausbildungsbedarfs geht, regelt § 12 Nr. 5 EStG a. F. die steuerliche Anerkennung von Aufwendungen für die Ausbildung. Entsprechend muss die Auslegung des § 32 Abs. 4 Satz 2 EStG den Anforderungen des subjektiven Nettoprinzips genügen, während die Rechtsprechung bei der Anwendung des § 12 Nr. 5 EStG a. F. die folgerichtige Umsetzung des objektiven Nettoprinzips in den Blick nimmt. Entsprechend hat der BFH auch in seiner bisherigen Rechtsprechung bereits die Unabhängigkeit der beiden Regelungskomplexe betont (BFH-Urteil vom 27. 5. 2003 VI R 33/01, BStBl 2004 II 884).

6.2.8.2.2 Gesetzesänderung ab 2015

494b Durch das Gesetz zur Anpassung der Abgabenordnung an den Zollkodex der Union und zur Änderung weiterer steuerlicher Vorschriften vom 22. 12. 2014 (BGBl 2014 I 2417) wurde u. a. in § 4 Abs. 9 und § 9 Abs. 6 EStG die erstmalige Berufsausbildung konkreter definiert; § 12 Nr. 5 EStG wird aufgehoben.

Der Begriff der Erstausbildung war bis 2013 durch die Rechtsprechung noch nicht hinreichend geklärt. Der BFH hat dann mit Urteil vom 28. 2. 2013 (VI R 6/12, BFH/NV 2013, 1166) entschieden, dass eine erstmalige Berufsausbildung weder ein Berufsausbil-

dungsverhältnis nach dem Berufsbildungsgesetz noch eine bestimmte Ausbildungsdauer oder eine formale Abschlussprüfung voraussetzt (gegen BMF-Schreiben vom
22. 9. 2010, BStBl 2010 I 721). Die Definition des BFH erschwert eine sinnvolle Abgrenzung zwischen Erst- und Zweitausbildung und führt zu vom Gesetzgeber nicht gewollten Ergebnissen. Auf der Rechtsprechung basieren bereits Gestaltungen, bei denen vor
Beginn des Studiums »Ausbildungen« als Taxifahrer oder Skilehrer absolviert werden.
Die rechtssichere Bestimmung des Abschlusses der ersten Berufsausbildung erfordert
deshalb, dass die Berufsausbildung bestimmte Kriterien aufweist. Dazu gehört eine bestimmte Mindestdauer und eine bestimmte Qualität. Denn auch bereits von Kindheit
an kann der Stpfl. außerhalb der Allgemeinbildung bestimmte Fähigkeiten erwerben,
die er später beruflich nutzen kann, z. B. Musik- oder Sportausbildung. Hier soll eine
klare Grenze am Ende des Lebensabschnitts der ersten ordentlichen Berufsausbildung
geschaffen werden (BT-Drs. 18/3017, 42).

Nach der Neufassung der §§ 4 Abs. 9 und 9 Abs. 6 EStG liegt eine Berufsausbildung als
Erstausbildung vor, wenn

► eine geordnete Ausbildung

► mit einer Mindestdauer von 12 Monaten

► bei vollzeitiger Ausbildung und

► mit einer Abschlussprüfung

durchgeführt wird.

Nach der vorliegenden Änderung muss eine Berufsausbildung als Erstausbildung für
eine gewisse Dauer angelegt sein. Die Neuregelung bestimmt hier, sofern in Vollzeit
durchgeführt, einen Zeitraum von mindestens 12 Monaten. Um insbesondere auch die
kürzeren Ausbildungen als Helferinnen und Helfer im Gesundheits- und Sozialwesen
bei der Definition nicht unberücksichtigt zu lassen, wird die Mindestdauer auf 12 Monate festgelegt (BT-Drs. 18/3441, 58). »Vollzeit« heißt in diesem Zusammenhang eine
Dauer von durchschnittlich mindestens 20 Stunden wöchentlich (BT-Drs. 18/3017, 43).

Die Ausbildung muss die Vermittlung der erforderlichen beruflichen Handlungsfähig-
keit zum Ziel und zum Gegenstand haben. Neben staatlich anerkannten oder staatlich
geregelten Ausbildungen kommen auch solche Berufsausbildungen in Betracht, die
nach Richtlinien von Berufs- oder Wirtschaftsverbänden oder internen Vorschriften der
Bildungsträger geordnet sind. Letztere enthalten dabei insbesondere Ausführungen zu
den beruflichen Fertigkeiten, Kenntnissen und Fähigkeiten, die in der Berufsausbildung
vermittelt bzw. vom Auszubildenden erworben werden sollen, und zu der sachlichen
und zeitlichen Gliederung der Ausbildung. Ferner können sie auch Ausführungen zu
den Prüfungen enthalten.

Weitere Voraussetzung ist, dass die Berufsausbildung die zur Ausübung einer qualifizierten beruflichen Tätigkeit notwendigen beruflichen Fertigkeiten, Kenntnisse und Fähigkeiten zu vermitteln hat. Die Ausbildung zeichnet sich weiter dadurch aus, dass die
Ausbildungsziele definiert sind, ein feststehender Lehrplan existiert sowie Beginn und
Abschluss festgelegt sind. Weiterhin muss eine Berufsausbildung abgeschlossen sein,
damit sie als erstmalige Berufsausbildung anerkannt werden kann. Ein Abschluss kann

dabei durch Abschlussprüfung oder mittels planmäßiger Beendigung erfolgen. Eine abgebrochene Berufsausbildung ist damit keine abgeschlossene Berufsausbildung.

Berufsvorbereitende Maßnahmen oder Ausbildungen, die die gesetzliche Mindestausbildungsdauer von 12 Monaten unterschreiten, sind nach der Intention der vorliegenden Änderung keine Erstausbildung, weil sie nicht auf eine hinreichend qualifizierte berufliche Tätigkeit vorbereiten. Diese kurzen Ausbildungen erfolgen zwar auch oft auf der Grundlage von Rechts- und Verwaltungsvorschriften; es werden aber nur begrenzte berufliche Fähigkeiten für einfache Tätigkeiten erworben. Die Regelung geht bei diesen kurzen Ausbildungen typisierend davon aus, dass die auf eine solche Ausbildung folgende Berufsausbildung keine »Zweitausbildung« ist, für die ein Werbungskosten- oder Betriebsausgabenabzug gewährt werden kann.

Keine erste Berufsausbildung im Sinne dieser Regelung sind auch: z. B. ein Kurs zur Berufsorientierung oder -vorbereitung, Kurse zur Erlangung der Fahrerlaubnis für Nutzfahrzeuge oder der Berechtigung zum Fahren von Flurförderfahrzeugen (Gabelstapler), ein Betriebspraktikum, eine Maßnahme zur Vermittlung einfachster Berufstätigkeiten (Anlerntätigkeiten, kurzfristige Einweisungen) oder die Grundausbildung bei der Bundeswehr. Auch der Abschluss mehrerer unabhängiger Kurse stellt keine erste Berufsausbildung dar; dies gilt auch dann, wenn die Kurse inhaltlich aufeinander aufbauen.

§ 9 Abs. 6 Satz 5 EStG schafft für bestimmte Fälle einen Auffangtatbestand zur Erfüllung der Kriterien einer Erstausbildung. In diesen Fällen liegt eine Erstausbildung auch vor, wenn der Stpfl. den formalen Berufsabschluss einer durch Rechts- oder Verwaltungsvorschriften geregelten Berufsausbildung mit einer Mindestdauer von 12 Monaten erlangt, nachdem er zur Prüfung zugelassen wurde, ohne die entsprechende Berufsausbildung durchlaufen zu haben. Damit werden insbesondere Stpfl., die nach § 45 Abs. 2 des Berufsbildungsgesetzes, § 37 Absatz 2 der Handwerksordnung oder entsprechenden landesrechtlichen Regelungen als »Externe« zur Abschluss-/Gesellenprüfung zugelassen werden, diese bestehen und mit diesem Schritt ihre berufliche Perspektive verbessern konnten, auch für steuerliche Zwecke genauso behandelt werden, als hätten sie zuvor die entsprechende Berufsausbildung durchlaufen. Dies ist gerechtfertigt, da die Zulassung zur Abschlussprüfung regelmäßig eine längere berufspraktische Tätigkeit voraussetzt, in der die erforderlichen Kenntnisse, Fertigkeiten und Befähigungen erworben wurden.

Die Änderungen zu den Berufsausbildungskosten sind nach der allgemeinen Anwendungsregelung in § 52 Abs. 1 EStG ab 2015 anzuwenden.

§ 12 Nr. 5 EStG wird aufgehoben, weil die Kosten der Erstausbildung nach § 9 Abs. 6 bzw. § 4 Abs. 9 EStG vom Werbungskosten- und Betriebsausgabenabzug ausgeschlossen sind. Der Gesetzgeber ordnet diese Kosten der privaten Lebensführung zu. Auch bisher waren diese Kosten nach § 12 Nr. 5 EStG vom Abzug ausgeschlossen. § 12 Nr. 5 EStG hat keinen eigenständigen Regelungsinhalt mehr und wird deshalb aufgehoben. Die Möglichkeit des Sonderausgabenabzugs nach § 10 Abs. 1 Nr. 7 EStG bleibt bestehen.

Auch nach der Neuregelung durch das Gesetz zur Anpassung der Abgabenordnung an den Zoll-kodex der Union und zur Änderung weiterer steuerlicher Vorschriften vom 22.12.2014 (BGBl I 2014, 2417) muss – bezüglich der Berücksichtigung der Aufwendungen für eine erstmalige Berufs-ausbildung – die Entscheidung des BVerfG über die Vorlagefrage des VI. Senats des BFH abgewar-tet werden. Das BVerfG könnte – wie auch der 6. Senat des BFH – zu der Auffassung gelangen, dass Aufwendungen für die erstmalige Berufsausbildung als vorweggenommene Werbungskosten bzw. Betriebsausgaben zu berücksichtigen sind.

Mit Schreiben vom 20. 2. 2015 (BStBl 2015 I 174, Nr. 2a und 2b; s. a. BMF vom 5. 11. 2015, BStBl 2015 I 786) wird der Vorläufigkeitskatalog (§ 165 Abs. 1 Satz 2 Nr. 3 AO) um die Frage der Verfas-sungsmäßigkeit der Regelungen zur Abziehbarkeit von Aufwendungen für eine Berufsausbildung oder ein Studium – auch für Veranlagungszeiträume ab 2015 – erweitert.

6.2.8.3 Erststudium

Ein Studium stellt dann ein erstmaliges Studium i. S. d. § 12 Nr. 5 EStG a. F. dar, wenn es sich um eine Erstausbildung handelt. Es darf ihm kein anderes durch einen berufsquali-fizierenden Abschluss beendetes Studium oder keine andere abgeschlossene nichtaka-demische Berufsausbildung vorangegangen sein (BFH vom 18.6.2009, VI R 14/07, BStBl 2010 II 816). Dies gilt auch in den Fällen, in denen während eines Studiums eine Berufsausbildung erst abgeschlossen wird, unabhängig davon, ob die beiden Ausbil-dungen sich inhaltlich ergänzen. In diesen Fällen ist eine Berücksichtigung der Aufwen-dungen für das Studium als Werbungskosten/Betriebsausgaben erst – unabhängig vom Zahlungszeitpunkt – ab dem Zeitpunkt des Abschlusses der Berufsausbildung möglich. Davon ausgenommen ist ein Studium, das im Rahmen eines Dienstverhältnis-ses stattfindet. Ein Studium wird auf Grund der entsprechenden Prüfungsordnung ei-ner inländischen Hochschule durch eine Hochschulprüfung oder eine staatliche oder kirchliche Prüfung abgeschlossen (Rz. 13 des BMF-Schreibens vom 22. 9. 2010, BStBl 2010 I 721). 494c

Als berufsqualifizierender Studienabschluss gilt der Abschluss eines Studiengangs, durch den die fachliche Eignung für einen beruflichen Vorbereitungsdienst oder eine berufliche Einführung vermittelt wird (§ 10 Abs. 1 Satz 2 HRG). Dazu zählt beispielhaft der juristische Vorbereitungsdienst (Referendariat). Das erste juristische Staatsexamen stellt daher einen berufsqualifizierenden Abschluss dar (BMF v. 22. 9. 2010, BStBl 2010 I 721, Rz. 23). 494d

Nach § 19 Abs. 2 HRG stellt der Bachelor- oder Bakkalaureus-Grad einer inländischen Hochschule einen berufsqualifizierenden Abschluss dar. Daraus folgt, dass der Ab-schluss eines Bachelorstudiengangs den Abschluss eines Erststudiums darstellt und ein nachfolgender Studiengang als weiteres Studium anzusehen ist. 494e

Nach § 19 Abs. 3 HRG kann die Hochschule auf Grund von Prüfungen, mit denen ein weiterer berufsqualifizierender Abschluss erworben wird, einen Master- oder Magister-grad verleihen. Die Hochschule kann einen Studiengang ausschließlich mit dem Ab-schluss Bachelor anbieten (grundständig). Sie kann einen Studiengang mit dem Ab-schluss als Bachelor und einem inhaltlich darauf aufbauenden Masterstudiengang vor- 494f sehen (konsekutives Masterstudium). Sie kann aber auch ein Masterstudium anbieten, ohne selbst einen entsprechenden Bachelorstudiengang anzubieten (postgraduales Masterstudium).

Ein **Masterstudium** i. S. d. § 19 HRG kann nicht ohne ein abgeschlossenes Bachelor- oder anderes Studium aufgenommen werden. Es stellt daher ein weiteres Studium dar. Dies gilt auch für den Master of Business Administration (MBA).

494g Die **Ausbildung zum Arzt** endet nach der Approbationsordnung für Ärzte mit Abschluss der 18-monatigen Tätigkeit als Arzt im Praktikum. Die anschließende Erteilung der **Approbation** erfolgt nicht mehr im Rahmen der ärztlichen Ausbildung; die Zeit zwischen Ende der ärztlichen Ausbildung und der Erteilung der Approbation ist daher keine Ausbildung i. S. d. EStG. Die Aufwendungen während der Tätigkeit als Arzt im Praktikum sind als Werbungskosten abziehbar, da diese Tätigkeit im Rahmen eines Dienstverhältnisses ausgeübt wird.

494h Die Vorbereitung auf das Doktorexamen (**Promotion**) ist regelmäßig Berufsausbildung, wenn sie im Anschluss an das erfolgreich abgeschlossene Studium ernsthaft und nachhaltig durchgeführt wird (BFH Urteil vom 16. 3. 2004, VIII R 65/03, BFH/NV 2004, 1522). Es ist regelmäßig davon auszugehen, dass dem Promotionsstudium und der Promotion durch die Hochschule selber der Abschluss eines Studiums vorangeht. Aufwendungen für ein Promotionsstudium und die Promotion stellen Betriebsausgaben oder Werbungskosten dar, sofern ein berufsbezogener Veranlassungszusammenhang zu bejahen ist (BFH vom 4. 11. 2003, VI R 96/01, BStBl 2004 II 891). Dies gilt auch, wenn das Promotionsstudium bzw. die Promotion im Einzelfall ohne vorhergehenden berufsqualifizierenden Studienabschluss durchgeführt wird.

Eine Promotion stellt keinen berufsqualifizierenden Abschluss eines Studienganges dar (BMF vom 22. 9. 2010, BStBl 2010 I 721, Rz. 26).

494i Ein Studium i. S. d. § 12 Nr. 5 EStG a. F. liegt dann vor, wenn es sich um ein Studium an einer Hochschule i. S. d. § 1 HRG handelt. Nach dieser Vorschrift sind Hochschulen die Universitäten, die Pädagogischen Hochschulen, die Kunsthochschulen, die Fachhochschulen und die sonstigen Einrichtungen des Bildungswesens, die nach Landesrecht staatliche Hochschulen sind. Gleichgestellt sind private und kirchliche Bildungseinrichtungen sowie die Hochschulen des Bundes, die nach Landesrecht als Hochschule anerkannt werden. Studien können auch als Fernstudien durchgeführt werden (Rz. 12 des BMF-Schreibens vom 22. 9. 2010, BStBl 2010 I 721).

6.2.8.4 Praktika

494j Ein Praktikum ist regelmäßig Teil einer Bildungsmaßnahme und nicht auf Dauer angelegt. Das praktische Studiensemester ist einschließlich etwaiger Zusatzpraktika ein in das Studium integriertes, von der Universität bzw. Fachhochschule geregeltes, inhaltlich bestimmtes, betreutes und mit Lehrveranstaltungen begleitetes Studiensemester, das in der Regel in einem Betrieb oder in einer anderen Einrichtung der Berufspraxis außerhalb der Hochschule abgeleistet wird. Während der praktischen Studiensemester bleiben die Studenten Mitglieder der Hochschule mit den sich daraus ergebenden Rechten und Pflichten. Damit ist die Universität trotz der praktischen Ausbildung Mittelpunkt der Tätigkeit. Soweit keine vorherige abgeschlossene Berufsausbildung vorangegangen ist, stellt das Praktikum Teil einer ersten Berufsausbildung dar und unterliegt § 12 Nr. 5 EStG a. F. (Rz. 9 des BMF-Schreibens vom 22. 9. 2010, BStBl 2010 I 721).

6.2.8.5 Besuch allgemeinbildender Schulen

Mit Urteil vom 22. 6. 2006 (VI R 5/04, BStBl 2006 II 717) hat der BFH entschieden, dass   495
Aufwendungen für den Besuch allgemeinbildender Schulen regelmäßig keine Werbungskosten sind. Aufwendungen für eine Bildungsmaßnahme können, sofern sie beruflich veranlasst sind, Werbungskosten oder Betriebsausgaben sein. Liegt ein erwerbsbezogener Veranlassungszusammenhang vor, kommt es für die steuerliche Berücksichtigung der Aufwendungen nicht darauf an, ob ein neuer, ein anderer oder ein erstmaliger Beruf ausgeübt werden soll. Erforderlich ist ein hinreichend konkreter, objektiv feststellbarer Zusammenhang mit künftigen steuerbaren Einnahmen. Der BFH stellt in seiner Entscheidung fest, dass das FG unter Beachtung der vorgenannten Grundsätze zu Recht entschieden hat, dass die Aufwendungen des Klägers für den Besuch der Fachoberschule nicht beruflich veranlasst sind. Der erwerbsbezogene Veranlassungszusammenhang kann nur angenommen werden, wenn die Ausbildung konkret und berufsbezogen auf eine Berufstätigkeit vorbereitet. Erst die Verschaffung von Berufswissen erfüllt den Werbungskostenbegriff. Diese Voraussetzungen sind beim Besuch allgemeinbildender Schulen, zu denen auch Fachoberschulen zählen, typischerweise nicht gegeben. Es fehlt hier regelmäßig an der erforderlichen Berufsbezogenheit. Dagegen ist es nicht von ausschlaggebender Bedeutung, dass das Abitur die Voraussetzung für die Aufnahme eines Hochschulstudiums ist.

Die Kosten für den Besuch allgemeinbildender Schulen jeder Art – auch für Ersatz- und   495a
Ergänzungsschulen – sind ausnahmslos Ausbildungskosten i. S. d. § 12 Nr. 1 EStG, da der Schulbesuch, angefangen von der Grundschule, die notwendige Grundlage für das Leben und die Ausübung der verschiedensten Berufe schafft (§ 12 Nr. 1 EStG; Rz. 7 des BMF-Schreibens vom 22. 9. 2010, BStBl 2010 I 721). Der Besuch eines Berufskollegs zum Erwerb der Fachhochschulreife gilt als Besuch einer allgemeinbildenden Schule. Dies gilt auch, wenn solch ein Abschluss, z. B. das Abitur, nach Abschluss einer Berufsausbildung nachgeholt wird. Derartige Aufwendungen können als Sonderausgaben gem. § 10 Abs. 1 Nr. 7 EStG vom Gesamtbetrag der Einkünfte abgezogen werden.

6.2.8.6 Studium »ins Blaue hinein«

Mit rkr. Urteil vom 12. 5. 2010 (7 K 81/07, EFG 2011, 45) stellt das FG Baden-Württem-   496
berg fest, dass Stpfl., denen im Anschluss an eine erstmalige Berufsausbildung Kosten für eine weitere Berufsausbildung oder sonstige Bildungsmaßnahmen entstehen, von der Regelung des § 12 Nr. 5 EStG a. F. grundsätzlich nicht betroffen sind. Es bleibt insoweit dabei, dass jede berufliche Umschulung – d. h. auch eine berufliche Neuorientierung – zum Abzug der hierfür geleisteten Aufwendungen als Werbungskosten führen kann. Erzielt der Stpfl. noch keine Einnahmen, können vorab entstandene Werbungskosten gem. § 9 Abs. 1 Satz 1 EStG vorliegen. Maßgebend ist, dass die Aufwendungen beruflich veranlasst sind. Sie müssen in einem hinreichend konkreten, objektiv feststellbaren Zusammenhang mit künftigen steuerbaren Einnahmen aus einer beruflichen Tä-

tigkeit stehen. Ein unmittelbarer oder bestimmter zeitlicher Zusammenhang mit Einnahmen ist nicht erforderlich. Der notwendige Veranlassungszusammenhang fehlt allerdings dann, wenn »gleichsam ins Blaue hinein« studiert wird oder ansonsten private Gründe für die Aufnahme des Studiums nicht ausgeschlossen werden können (BFH Urteile vom 1. 2. 2007, VI R 62/03, BFH/NV 2007, 1291 vom 20. 7. 2006, VI R 26/05, BStBl 2006 II 764 und vom 26. 1. 2005, VI R 71/03, BStBl 2005 II 349).

Im Streitfall (7 K 81/07) hatte die Stpfl. F ein Studium in den USA in erster Linie aus privaten Gründen aufgenommen. F hatte bei ihrem Aufenthalt in den USA einen neuen Partner kennengelernt, zu dem sie in der Folge eine feste Beziehung aufgebaut hat. F wollte nach ihrer zwischenzeitlichen Rückkehr nach Deutschland wieder zurück in die USA und dort auf Dauer zusammen mit ihrem neuen Partner leben und in den USA arbeiten. F suchte dann jedoch vergeblich nach einer Arbeitsstelle in den USA. Mangels Arbeitsstelle in den USA bekam F indes auch kein Visum für die USA. In dieser Zwangslage kam F auf den Gedanken, ein Masterstudium in den USA aufzunehmen, da sie dadurch als Studentin in die USA einreisen und sich als Studentin dort aufhalten konnte. Nach den Erklärungen der Eltern der F hätte F ansonsten »nie und nimmer« ein Studium in den USA aufgenommen. Bei dieser Sachlage treten die von der F angesprochenen Umstände, die für eine erwerbsbezogene Veranlassung der Aufwendungen sprechen mögen, in den Hintergrund und werden durch die privaten Gründe für die Aufnahme des Studiums überlagert.

497 Im Revisionsverfahren VI R 71/03 (BFH-Urteil vom 26. 1. 2005, BStBl 2005 II 349) belegte die 55-jährige Klägerin das Studienfach »Kunstgeschichte« und strebte eine »Tätigkeit in einem Museum« an. Das FG hatte – wie vom BFH bestätigt – in der Vorentscheidung festgestellt, dass die behauptete angestrebte Tätigkeit zu wenig konkret sei. Es hat weiterhin in seine Würdigung eingezogen, dass bei der Aufnahme des Studienfachs »Kunstgeschichte« private Interessen und Neigungen und die Absicht der Freizeitgestaltung im Vordergrund gestanden haben könnten. Der BFH bestätigt weiterhin die Annahme des FG, dass nach Abschluss der Promotion wegen des Alters der Klägerin und ihrer mangelnden Berufserfahrung die Aussicht, als Berufsanfängerin mit ungefähr 55 Jahren eine Beschäftigung als Kunsthistorikerin zu finden, gering sei. Danach waren die Aufwendungen nicht als Werbungskosten, sondern als Sonderausgaben nach § 10 Abs. 1 Nr. 7 EStG zu berücksichtigen.

Der BFH betont, dass er an seiner bisherigen Rechtsprechung festhält, nach der auch Aufwendungen für die erstmalige Berufsausbildung unter Geltung des § 12 Nr. 5 EStG a. F. als Werbungskosten abziehbar sind, sofern ein hinreichend konkreter Veranlassungszusammenhang zwischen den Aufwendungen und der späteren auf Einkünfteerzielung gerichteten Berufstätigkeit besteht.

498 Zur betrieblichen Veranlassung von Aufwendungen s. a. Niedersächsisches FG Urteil vom 3. 11. 2011 (11 K 467/09, EFG 2012, 305, Revision eingelegt, Az. BFH: VIII R 49/11). Der BFH wird die Frage klären müssen, ob vor dem Hintergrund der gem. § 52 Abs. 12 Satz 11 EStG im Streitjahr 2004 anzuwendenden Vorschrift des § 4 Abs. 9 EStG Aufwendungen für ein Universitätsstudium (im Rahmen der Ermittlung der Einkünfte aus selbstständiger Arbeit) als Betriebsausgaben abgezogen werden können, wenn zuvor eine künstlerische Ausbildung beim eigenen Vater erfolgte, anschließend drei Jahre

eine Kunstschule besucht und nachfolgend an einer Universität Pädagogik studiert wurde, jedoch weder die künstlerische Ausbildung beim Vater noch die Kunstschule noch das Pädagogikstudium mit einer Abschlussprüfung abgeschlossen wurde.

6.2.8.7 Der Sonderausgabenabzug

6.2.8.7.1 Voraussetzungen für den Sonderausgabenabzug

Aufwendungen für die **erstmalige Berufsausbildung** und für das **Erststudium**, das **zugleich** eine **Erstausbildung** vermittelt, können als Sonderausgaben i. R. d. § 10 Abs. 1 Nr. 7 EStG abgezogen werden (R 9.2 Abs. 1 LStR). Den Anforderungen des modernen Berufslebens wird dadurch Rechnung getragen, dass diese Kosten bis zu einem Betrag von 6 000 € pro Kj. abgezogen werden können. Der Höchstbetrag gilt nach Satz 2 bei der Zusammenveranlagung von Ehegatten für jeden Ehegatten gesondert. Soweit berufliche Bildungsmaßnahmen nach dem Erwerb einer ersten Berufsausbildung oder nach einem ersten Studium erfolgen (weitere Berufsausbildung), sind sie unter dem Gesichtspunkt des lebenslangen Lernens in vollem Umfang als Betriebsausgaben bzw. Werbungskosten abziehbar (Rz. 2 und 13 des BMF-Schreibens vom 22. 9. 2010, BStBl 2010 I 721). 499

Aufwendungen, die nicht der Berufsausbildung dienen, fallen nicht unter § 10 Abs. 1 Nr. 7 EStG. Das FG Köln (Urteil vom 30. 5. 2012, 7 K 2764/08, EFG 2012, 2196, rkr.) hat Aufwendungen für einen auswärtigen Sprachkurs (Italienisch-Sprachkurs in Italien) weder zum Werbungskosten-, noch zum Sonderausgabenabzug i. S. d. § 10 Abs. 1 Nr. 7 EStG zugelassen. Aufwendungen für einen auswärtigen Sprachkurs sind nur bei einem konkreten Zusammenhang mit der Berufstätigkeit als Werbungskosten abziehbar. Der generelle Umstand, dass Fremdsprachenkenntnisse im Berufsleben als allgemein förderlich angesehen werden, begründet keinen ausreichend konkreten Zusammenhang für den Abzug von Aufwendungen eines Abteilungsleiters Personal/Finanzen für einen Sprachkurs in Italien. Aufwendungen für die Allgemeinbildung, die sich nicht als eine notwendige Voraussetzung für eine vom Steuerpflichtigen geplante Berufsausübung darstellt, sind auch keine Aufwendungen für eine eigene Berufsausbildung i. S. d. § 10 Nr. 7 EStG. 500

Das FG Rheinland-Pfalz hat mit Urteil vom 20. 6. 2012 (3 K 1240/10, DokID: [TAAAE-16148], rkr.) zu der Frage Stellung genommen, unter welchen Voraussetzungen die Aufwendungen für ein Theologiestudium als Werbungskosten oder als Sonderausgaben zu berücksichtigen sind. Danach kann ein Facharzt für Nuklearmedizin Aufwendungen für ein Theologiestudium auch dann nicht als Werbungskosten bei seinen Einkünften aus nichtselbstständiger Arbeit geltend machen, wenn er suizidgefährdete Patienten zu behandeln hat, das Studium jedoch keine dafür qualifizierende Inhalte vermittelt. Ein Abzug der Aufwendungen als Sonderausgaben kommt unter dem Gesichtspunkt der Berufsausbildungskosten nicht in Betracht. Denn Berufsausbildungskosten sind nur die Kosten für die erstmalige Berufsausbildung. Auch bei Aufwendungen für eine berufliche Umschulung und für eine berufliche Neuorientierung sind bei Vorliegen der weiteren Voraussetzungen als Werbungskosten abzugsfähig. An einen objektiv feststellbaren, hinreichend konkreten Zusammenhang der Aufwendungen zu der ärzt- 501 lichen Tätigkeit des Stpfl. fehlt es aber, so dass die weiteren Voraussetzungen für den Werbungskostenabzug nicht vorliegen.

6.2.8.7.2 Ende sowie Unterbrechung der Berufsausbildung

502 Eine Berufsausbildung ist dann abgeschlossen, wenn das Berufsziel erreicht ist. Die Aufwendungen für eine danach beginnende „zweite" Berufsausbildung sind in vollem Umfang als Werbungskosten oder Betriebsausgaben zu berücksichtigen.

> **BEISPIEL:** Die Stpfl. Eifrig (E) ist gelernte Einzelhandelskauffrau. Um ihre Arbeitsmarktchancen zu erhöhen, besucht sie ein Abendgymnasium und holt das Abitur nach. Im Anschluss an die Abiturprüfung entschließt sie sich, eine Ausbildung zur Reisefachangestellten zu beginnen. Nach erfolgreichem Abschluss beginnt sie danach mit einem Studium der Betriebswirtschaft.

> **LÖSUNG:** Bei den Aufwendungen zur Ablegung des Abiturs handelt es sich um Kosten der privaten Lebensführung i. S. d. § 12 Nr. 1 EStG, die nicht bei den einzelnen Einkunftsarten abgezogen werden können. Derartige Aufwendungen sind als Sonderausgaben gem. § 10 Abs. 1 Nr. 7 EStG zu berücksichtigen (Rz. 7 des BMF-Schreibens v. 22. 9. 2010, BStBl 2010 I 721).
>
> Die Ausbildung zur Reisefachfrau (Zweitausbildung) findet in der Regel in einem Dienstverhältnis statt, so dass die Aufwendungen als Werbungskosten zu berücksichtigen sind. Auch ohne Vorliegen eines Dienstverhältnisses wären die Aufwendungen im Rahmen der Zweitausbildung als Werbungskosten zu berücksichtigen (s. a. Rz. 2 und 13 des BMF-Schreibens vom 22. 9. 2010, BStBl 2010 I 721 und § 9 Abs. 6 EBG).

503 Bei einem Wechsel und einer Unterbrechung der erstmaligen Berufsausbildung bzw. bei einem Wechsel des Studiums ohne Abschluss des zunächst betriebenen Studiengangs, stellt die zunächst aufgenommene Berufsausbildung bzw. das zunächst aufgenommene Studium keine abgeschlossene Erstausbildung bzw. kein abgeschlossenes Erststudium dar (Rz. 10 und 19 des BMF-Schreibens v. 22. 9. 2010, BStBl 2010 I 721). Bei einer Unterbrechung eines Studiengangs ohne einen berufsqualifizierenden Abschluss und seiner späteren Weiterführung stellt der der Unterbrechung nachfolgende Studienteil kein weiteres Studium dar.

> **BEISPIEL:** An einer Universität wird der Studiengang des Maschinenbaustudiums aufgenommen, anschließend unterbrochen und nunmehr eine Ausbildung als Kfz-Mechaniker begonnen, aber ebenfalls nicht abgeschlossen. Danach wird das Studium des Maschinenbaus weitergeführt und abgeschlossen.

> **LÖSUNG:** § 12 Nr. 5 EStG (ab 2015: § 9 Abs. 6 EStG) ist auf beide Teile des Maschinenbaustudiums anzuwenden. Das gilt unabhängig davon, ob das Maschinenbaustudium an derselben Hochschule fortgeführt oder an einer anderen Hochschule bzw. Fachhochschule aufgenommen und abgeschlossen wird.
>
> Nach dem BFH-Urteil v. 28. 7. 2011 (VI R 7/10, a. a. O.) sind die Kosten eines Erststudiums unmittelbar nach Schulabschluss in voller Höhe abziehbar. Dies wird jedoch durch § 4 Abs. 9 und § 9 Abs. 6 EStG i. d. F. des BeitrRLUmsG – sowie auch nach § 9 Abs. 6 und § 4 Abs. 9 EStG i. d. F. des Zollkodexgesetzes ab 2015 – eingeschränkt. Danach stellen Kosten für ein Erststudium, das zugleich eine Erstausbildung vermittelt, keine Werbungskosten bzw. Betriebsausgaben dar, sondern sind nach § 12 Nr. 5 i. V. m. § 10 Abs. 1 Nr. 7 EStG als Sonderausgaben zu berücksichtigen (s. o.). Ab 2015 stellen die Aufwendungen ebenfalls Sonderausgaben i. S. d. § 10 Abs. 1 Nr. 7 EStG dar. Beachte aber die beim BVerfG anhängigen Verfahren, z. B. 2 BvL 23/14 (BFH-Beschluss vom 17. 7. 2014 VI R 2/12, BFH/NV 2014, 1954).

> **ABWANDLUNG:** Wird das begonnene Studium stattdessen, nachdem die Ausbildung als Kfz-Mechaniker erfolgreich abgeschlossen wurde, weitergeführt und abgeschlossen, ist § 12 Nr. 5

EStG a. F. nur auf den ersten Teil des Studiums anzuwenden, da der Fortsetzung des Studiums eine abgeschlossene nichtakademische Berufsausbildung vorausgeht (s. a. Beispiel in Rz. 19 des BMF-Schreibens v. 22. 9. 2010, BStBl I 2010, 721). Dies gilt auch ab 2015 nach § 9 Abs. 6 EStG.

Nach dem BFH-Urteil v. 28. 7. 2011 (VI R 7/10, a. a. O.) sind auch die Aufwendungen für den ersten Teil des Studiums in voller Höhe abziehbar. Dies wird jedoch durch § 4 Abs. 9 und § 9 Abs. 6 EStG i. d. F. des BeitrRLUmsG – sowie auch nach § 9 Abs. 6 und § 4 Abs. 9 EStG i. d. F. des Zollkodexgesetzes ab 2015 – eingeschränkt. Danach stellen Kosten für ein Erststudium, das zugleich eine Erstausbildung vermittelt, keine Werbungskosten bzw. Betriebsausgaben dar, sondern sind nach § 12 Nr. 5 i. V. m. § 10 Abs. 1 Nr. 7 EStG als Sonderausgaben zu berücksichtigen. Ab 2015 stellen die Aufwendungen ebenfalls Sonderausgaben i. S. d. § 10 Abs. 1 Nr. 7 EStG dar. Beachte aber die beim BVerfG anhängigen Verfahren (s. o.).

6.2.8.8 Zu berücksichtigende Ausbildungskosten

6.2.8.8.1 Allgemeiner Überblick

In den Sätzen 3 und 4 des § 10 Abs. 1 Nr. 7 EStG wird die Ermittlung der Aufwendungen geregelt. Zu den Aufwendungen für die eigene Berufsausbildung und das Erststudium (6 000 €-Grenze) gehören auch Aufwendungen für eine auswärtige Unterbringung. Als Ausbildungskosten kommen insbesondere folgende Aufwendungen in Betracht für: 504

► Arbeitsmittel. Die für Arbeitsmittel i. S. d. § 9 Abs. 1 Satz 3 Nr. 6 EStG geltenden Vorschriften sind sinngemäß anzuwenden (H 10.9 [Aufwendungen i. S. d. § 10 Abs. 1 Nr. 7 EStG] EStH). Nach R 9.12 LStR ist die Reglung des § 6 Abs. 2 EStG sinngemäß anzuwenden. Dabei können Anschaffungs- oder Herstellungskosten bis zu 410 € sofort als Werbungskosten abgesetzt werden;

► häusliches Arbeitszimmer. Siehe dazu auch Rz. 24 des BMF-Schreibens v. 2. 3. 2011 (BStBl 2011 I 195).

► Fachliteratur;

► Fahrten zwischen Wohnung und Ausbildungsort. Fahrtkosten sind mit 0,30 € für jeden Entfernungskilometer zu berücksichtigen.

Durch das Gesetz zur Änderung und Vereinfachung der Unternehmensbesteuerung und des steuerlichen Reisekostenrechts vom 20. 2. 2013 (BGBl 2013 I 285) wird in § 9 Abs. 4 Satz 8 EStG als erste Tätigkeitsstätte auch eine Bildungseinrichtung behandelt, die zum Zwecke eines **Vollzeitstudiums** oder einer **vollzeitigen Bildungsmaßnahme** aufgesucht wird. Voraussetzung für diese Annahme ist allerdings, dass die Maßnahme nicht durch ein bestehendes Dienstverhältnis veranlasst ist. Da der Stpfl. in diesen Fällen keinem Direktionsrecht unterliegt, sondern selbst die Entscheidung für die jeweilige Bildungseinrichtung trifft, hat er – vergleichbar dem ArbN, der einer betrieblichen Einrichtung dauerhaft zugeordnet ist – die Möglichkeit, sich auf die ihm entstehenden Wegekosten einzurichten und deren Höhe zu beeinflussen (BMF vom 30. 9. 2013, BStBl 2013 I 1279, Rz. 32 bis 34).

Ein **Vollzeitstudium** oder eine **vollzeitige Bildungsmaßnahme** liegt insbesondere vor, wenn der Steuerpflichtige im Rahmen des Studiums oder im Rahmen der Bildungsmaßnahme für einen Beruf ausgebildet wird und daneben entweder keiner Erwerbstätigkeit nachgeht oder während der gesamten Dauer des Studiums oder der Bildungsmaßnahme eine Erwerbstätigkeit mit durchschnittlich bis zu 20 Stunden regelmäßiger wöchentlicher Arbeitszeit oder in Form eines geringfügigen Beschäftigungsverhältnisses i. S. d. §§ 8 und 8a SGB IV ausübt (Rz. 33 des BMF-Schreibens vom 30. 9. 2013, BStBl 2013 I 1279; s. a. H 32.10 [Ausschluss von Kindern auf Grund einer Erwerbstätigkeit] EStH i. V. m. A 19.3 DA-KG 2014, BStBl 2014 I 918, 969).

▶ Fahrtkosten zwischen Wohnung und Praktikumstätigkeitsstätte. Mit Urteil vom 16. 1. 2013 (VI R 14/12, BStBl 2013 II 449) stellt der BFH fest, dass der Betrieb, in dem der Student den praktischen Teil seiner Hochschulausbildung ableistet, keine regelmäßige Arbeitsstätte i. S. von § 9 Abs. 1 Satz 3 Nr. 4 EStG ist. Die Universität ist trotz der praktischen Tätigkeit Mittelpunkt der Tätigkeit. Dem Abzug der Werbungskosten nach § 9 Abs. 1 Satz 1 EStG steht § 9 Abs. 6 EStG nicht entgegen, da sich der Praktikant während seiner Tätigkeit »im Rahmen eines Dienstverhältnisses« befindet. Bei dem Dienstverhältnis i. S. d. § 9 Abs. 6 EStG handelt es sich um ein Dienstverhältnis besonderer Art, das durch den Ausbildungszweck geprägt ist (sog. Ausbildungsdienstverhältnis).

Ab dem VZ 2014 ist die Universität nach § 9 Abs. 4 Satz 8 EStG die erste Tätigkeitsstätte des Studenten und bleibt dies auch während seines Praktikums. Die Fahrten zur Universität sind weiterhin mit der Entfernungspauschale i. S. d. § 9 Abs. 1 Satz 3 Nr. 4 EStG, die Fahrten zur Praktikumstätigkeitsstätte nach § 9 Abs. 1 Satz 3 Nr. 4a EStG zu berücksichtigen.

▶ Lehrgangs-, Schul- und Studiengebühren;

▶ Mehraufwand für Verpflegung;

▶ Lerngemeinschaften;

▶ Zinsen für ein Ausbildungsdarlehen (H 10.9 [Ausbildungsdarlehen/Studiendarlehen] EStH);

▶ Mehraufwand wegen auswärtiger Unterbringung. Für den Abzug der Aufwendungen ist nicht erforderlich, dass die Voraussetzungen einer doppelten Haushaltsführung vorliegen (Rz. 29 des BMF-Schreibens vom 22. 9. 2010, BStBl 2010 I 721). Durch die Neuregelung des steuerlichen Reisekostenrechts ab dem VZ 2014 ist die Verwaltungsmeinung in Rz. 29 obsolet.

Zur Berücksichtigung der Unterkunftskosten im Rahmen eines Studiums hat der BFH mit Urteil vom 19. 9. 2012 (VI R 78/10, BFH/NV 2013, 123) entschieden, dass die Kosten der Unterkunft eines Studenten am Studienort als vorab entstandene Werbungskosten nach § 9 Abs. 1 Satz 1 EStG in Abzug gebracht werden können, wenn der Studienort nicht der Lebensmittelpunkt des Stpfl. ist.

Eine doppelte Haushaltsführung setzt voraus, dass der ArbN außerhalb des Ortes, an dem er einen eigenen Hausstand unterhält, beschäftigt ist und auch wohnt. Das ist typischerweise dann der Fall, wenn sich der ArbN am Ort einer ersten Tätigkeitsstätte i. S. d. § 9 Abs. 1 Satz 3 Nr. 4 EStG (ab dem VZ 2014: § 9 Abs. 4 EStG) eine Unterkunft nimmt. Beschäftigungsort i. S. d. § 9 Abs. 1 Satz 3 Nr. 5 EStG ist somit der Ort der regelmäßigen Arbeitsstätte. Unter regelmäßiger Arbeitsstätte i. S. von § 9 Abs. 1 Satz 3 Nr. 4 EStG verstand der BFH nach seiner Rechtsprechung nur eine ortsfeste dauerhafte betriebliche Einrichtung des ArbG und damit regelmäßig den Betrieb des ArbG. Eine arbeitgeberfremde Bildungseinrichtung, wie eine Universität, war nicht als regelmäßige Arbeitsstätte anzusehen. Sucht ein Stpfl. eine solche Einrichtung auf, kommt § 9 Abs. 1 Satz 3 Nr. 5 EStG ebenso wenig wie bei der Auswärtstätigkeit eines ArbN in Betracht. Somit kommt § 9 Abs. 1 Satz 3 Nr. 5 EStG schon deshalb nicht zur Anwendung, weil eine Hochschule kein Beschäftigungsort i. S. d. Vorschrift ist (s. o. die BFH 9. 2. 2012 VI R 42/11, BFH/NV 2012, 856 und VI R 44/10, BFH/NV 2012, 854).

Ab dem Veranlagungszeitraum 2014 gilt eine Bildungseinrichtung, die außerhalb eines Dienstverhältnisses zum Zwecke eines Vollzeitstudiums oder einer vollzeitigen Bildungsmaßnahme aufgesucht wird, nach § 9 Abs. 4 Satz 8 EStG als erste Tätigkeitsstätte. Da ab dem VZ 2014 daher eine erste Tätigkeitsstätte vorliegt, sind auch die weiteren Voraussetzungen für das Vorliegen einer doppelten Haushaltsführung i S. d. § 9 Abs. 1 Satz 3 Nr. 5 EStG zu berücksichtigen. Danach liegt eine doppelte Haushaltsführung vor, wenn der Student außerhalb des Ortes seiner ersten Tätigkeitsstätte einen eigenen Haushalt unterhält und auch am Ort der ersten Tätigkeitsstätte wohnt. Das Vorliegen eines eigenen Hausstandes setzt das Innehaben einer Wohnung sowie eine finanzielle Beteiligung an den Kosten der Lebensführung (laufende Kosten der Haushaltsführung) voraus (s. Rz. 99 und 100 des BMF-Schreibens vom 24. 10. 2014, BStBl 2014 I 1412). Es genügt nicht, wenn der Arbeitnehmer (Student) z. B. im Haushalt der Eltern lediglich ein oder mehrere Zimmer unentgeltlich bewohnt oder wenn dem Arbeitnehmer (Student) eine Wohnung im Haus der Eltern unentgeltlich zur Nutzung überlassen wird. Die finanzielle Beteiligung an den Kosten der Haushaltsführung ist darzulegen und kann auch bei volljährigen Kindern, die bei ihren Eltern oder einem Elternteil wohnen, nicht generell unterstellt werden. Durch diese Neuregelung ist die anders lautende Rechtsprechung des BFH (z. B. BFH vom 16. 1. 2013, VI R 46/12, BStBl 2013 II 627) überholt. Eine finanzielle Beteiligung an den Kosten der Haushaltsführung mit Bagatellbeträgen ist nicht ausreichend. Betragen die Barleistungen des Arbeitnehmers (Student) mehr als 10 % der monatlich regelmäßig anfallenden laufenden Kosten der Haushaltsführung (z. B. Miete, Mietnebenkosten, Kosten für Lebensmittel und andere Dinge des täglichen Bedarfs) ist von einer finanziellen Beteiligung oberhalb der Bagatellgrenze auszugehen. Liegen die Barleistungen darunter, kann der Arbeitnehmer (Student) eine hinreichende finanzielle Beteiligung auch auf andere Art und Weise darlegen. Bei Ehegatten oder Lebenspartnern mit den Steuerklassen III, IV oder V kann eine finanzielle Beteiligung an den Kosten der Haushaltsführung ohne entsprechenden Nachweis unterstellt werden (BMF-Schreiben vom 24. 10. 2014, BStBl 2014 I 1412, Rz. 100 und 109).

Kosten der Unterkunft sind jedoch nur dann durch die Bildungsmaßnahme und damit beruflich veranlasst, wenn es sich dabei um notwendige Mehraufwendungen handelt. Das ist nur dann der Fall, wenn der Ort der Bildungsmaßnahme, hier der Studienort, nicht der Lebensmittelpunkt des Stpfl. ist und die Unterkunft dort zur Wohnung am Ort des Lebensmittelpunkts hinzukommt. Ob die außerhalb des Studienorts belegene Wohnung als Mittelpunkt seiner Lebensinteressen anzusehen ist, ist anhand einer Gesamtwürdigung aller Umstände des Einzelfalls festzustellen.

Kommt ein Abzug der Unterkunftskosten gem. § 9 Abs. 1 Satz 3 Nr. 5 EStG dem Grunde nach nicht in Betracht, scheidet auch eine steuerliche Berücksichtigung nach § 10 Abs. 1 Nr. 7 Satz 3 EStG aus. Bei einem steuerpflichtigen Studenten, der seinen Lebensmittelpunkt an den Studienort verlagert hat, kann regelmäßig nicht von einer auswärtigen Unterbringung ausgegangen werden.

▶ Diebstahlkosten. Die durch den Diebstahl eines Fahrrads verursachten Kosten stellen Werbungskosten dar, wenn der Verlust so gut wie ausschließlich beruflich und nicht wesentlich durch den Stpfl. privat mitveranlasst ist. Erfolgt der Diebstahl des Fahrrades eines Studenten aus dem Fahrradkeller der Privatwohnung, so dass sich kein durch den Hochschulbesuch bedingtes Risiko realisiert, dürfen die Aufwendungen nicht (§ 12 Nr. 1 EStG) steuermindernd angesetzt werden (FG Baden-Württemberg 16. 12. 2009 1 K 3933/09, EFG 2011, 789, bestätigt durch BFH 19. 9. 2012 VI R 78/10, BFH/NV 2013, 123).

6.2.8.8.2 Mietkosten im Wege eines abgekürzten Vertrags- oder Zahlungsweges

504a Mit Urteil vom 26. 11. 2009 (1 K 405/05, NWB DokID: [BAAAD-34823]) hat das Niedersächsische FG entschieden, dass Kosten eines Mietvertrages, den der Vater für seinen studierenden Sohn am auswärtigen Studienort abgeschlossen hat, keine Werbungskosten des Sohnes sind. Vielmehr sind die Kosten dem Vater zuzuordnen, der die Mietzahlungen bestritten hat. Die Mietkosten sind dem Sohn auch nicht im Wege eines abgekürzten Vertrags- oder Zahlungsweges als Werbungskosten zuzurechnen.

Der BFH hat bereits in der Entscheidung vom 23. 8. 1999 (GrS 2/97, BStBl 1999 II 782) den Aufwand eines Dritten als Werbungskosten eines Stpfl. zugelassen, wenn ein abgekürzter Zahlungsweg vorliegt. Als abgekürzter Zahlungsweg wird dabei die Zuwendung eines Geldbetrages an den Stpfl. in der Weise verstanden, dass der Zuwendende im Einvernehmen mit dem Stpfl. dessen Schuld tilgt (§ 267 Abs. 1 BGB), statt ihm dem Geldbetrag unmittelbar zu geben. Der Dritte muss für Rechnung des Stpfl. an dessen Gläubiger leisten. In der weiteren Entscheidung vom 15. 11. 2005 (IX R 25/03, BStBl 2006 II 623) hat der BFH diese Grundsätze ausgeweitet auf den abgekürzten Vertragsweg. Ein abgekürzter Vertragsweg liegt vor, wenn der Dritte in eigenem Namen für den Stpfl. einen Vertrag schließt und aufgrund dessen auch selbst die geschuldete Zahlung leistet.

Im Streitfall liegt kein abgekürzter Zahlungsweg im vorgenannten Sinne vor. Der Vater hat mit den Mietzahlungen eine eigene Schuld beglichen, weil er Vertragspartner des Vermieters war und aus dem Mietvertrag selber zur Mietzahlung verpflichtet worden war.

Es liegt auch kein abgekürzter Vertragsweg vor. Der BFH hat bereits in seiner vorangestellten Entscheidung vom 15. 11. 2005 (IX R 25/03, BStBl 2006 II 623), in der er die Grundsätze des abgekürzten Zahlungswegs auf den abgekürzten Vertragsweg ausgedehnt hatte, erkannt, dass diese Ausdehnung nicht auf Dauerschuldverhältnisse anzuwenden sei, insbesondere nicht auf Verträge auf Nutzungsüberlassungen wie Mietzahlungen eines Vaters für den Sohn zur Begründung einer doppelten Haushaltsführung, die Gegenstand der Entscheidung des BFH im Urteil vom 24.2.2000 (IV R 75/98, BStBl 2000 II 314) waren.

6.2.8.8.3   Besonderheiten bei Studiengebühren

6.2.8.8.3.1   Werbungskosten oder Sonderausgaben

Zur Berücksichtigung der Studiengebühren gem. § 10 Abs. 1 Nr. 7 EStG nimmt die Se-   504b
natsverwaltung für Finanzen Berlin mit Erlass vom 11.2.2009 (III B – S 2221 – 10/2008) Stellung.

Der Erlass zeigt zwei Modelle zur Finanzierung der Studiengebühren auf:

1. die **studienbegleitende** Finanzierung und

2. die dem Studium **nachlaufende** Finanzierung.

Studiengebühren gehören zu den Sonderausgaben i. S. d. § 10 Abs. 1 Nr. 7 EStG, die bis   504c
zu 6 000 € im Kj. berücksichtigt werden können. Um allen Studierenden den Zugang zum Hochschulstudium zu ermöglichen, werden teilweise Studienkredite von staatlichen Banken eingesetzt, aus denen den Studenten während des Studiums Geldmittel zufließen, die die Studenten nach Abschluss des Studiums und einer gewissen Karenzzeit wieder zurückzahlen müssen. Die mit Hilfe der Darlehen bezahlten Studiengebühren können nach § 10 Abs. 1 Nr. 7 EStG geltend gemacht werden, wirken sich jedoch steuerlich im Regelfall nicht aus, da Studierende im Allgemeinen keine oder nur geringe eigene Einkünfte haben, so dass die hierdurch bedingten Steuerausfälle gering sind. Nach Aufnahme der Berufstätigkeit wirken sich nur die Zinsen für die Ausbildungsdarlehen als Sonderausgaben aus, nicht aber die Aufwendungen zur Tilgung der Ausbildungs- oder Studiendarlehen.

Ein anderes Modell ist das Modell der **nachlaufenden** Studiengebühren. Hierbei wird   504d
auf eine dritte Partei, die die Vorfinanzierung regelt, verzichtet. Es wird stattdessen eine staatliche Stundung der Studienbeiträge und eine einkommensabhängige Rückzahlung eingeführt. Dies hat, anders als bei einer Finanzierung durch Darlehen, steuerlich zur Folge, dass Aufwendungen für Studiengebühren erst nach Abschluss des Studiums anfallen und der Stpfl. sie sodann im Rahmen des § 10 Abs. 1 Nr. 7 EStG als Sonderausgaben geltend machen kann. Da die Stpfl. zu diesem Zeitpunkt im Regelfall Einkünfte erzielen, wirken sich die als Sonderausgaben abzuziehenden Studiengebühren in diesen Fällen auf das Steueraufkommen aus.

Die ESt-Referenten des Bundes und der Länder haben daher erörtert, ob § 11 EStG einer Regelung entgegenstehe, nach der Studiengebühren grundsätzlich nur in den Jahren abziehbar sind, in denen sich der Stpfl. in Berufsausbildung befindet. Hiermit wäre eine gleichartige steuerliche Behandlung darlehensfinanzierter und nachlaufender Studiengebühren gewährleistet.

Der Vorschlag, § 10 Abs. 1 Nr. 7 EStG als nur für Zeiten der Berufsausbildung geltende Regelung zu betrachten, wurde abgelehnt. Folglich sind nachlaufende Studiengebühren nach den Grundsätzen des § 11 Abs. 2 EStG im Jahr der Zahlung und somit auch nach Abschluss der Berufsausbildung als Sonderausgaben abziehbar.

Zu der lohnsteuerlichen Behandlung der Übernahme von Studiengebühren durch den ArbG für ein berufsbegleitendes Studium nimmt das BMF mit Schreiben vom 13. 4. 2012 (BStBl I 2012, 531) ausführlich Stellung. Da das berufsbegleitende Studium im Rahmen eines Ausbildungsdienstverhältnisses stattfindet, stellen die vom ArbN geschuldeten und getragenen Studiengebühren Werbungskosten dar. Übernimmt der ArbG die Studiengebühren, so handelt es sich dabei entweder um Arbeitslohn des studierenden ArbN oder es wird unter bestimmten Voraussetzungen steuerrechtlich kein Vorteil mit Arbeitslohncharakter angenommen und damit ein ganz überwiegend eigenbetriebliches Interesse des ArbG unterstellt.

Übernimmt im Falle des Arbeitgeberwechsels der neue ArbG die Verpflichtung des ArbN, die vom bisherigen ArbG getragenen Studiengebühren an diesen zurückzuzahlen, führt dies nach bundeseinheitlichem Beschluss der obersten Finanzbehörden der Länder zu Arbeitslohn, da insoweit kein überwiegend eigenbetriebliches Interesse des neuen ArbG anzunehmen ist. Dies gilt sowohl bei sofortiger Übernahme des Rückzahlungsbetrags als auch bei Übernahme des Rückzahlungsbetrags durch den neuen ArbG im Darlehenswege (Vfg. FinBeh Berlin vom 16. 1. 2015, Kurzinfo LSt Nr. 1/15, DStR 2015, 699).

6.2.8.8.3.2 Studiengebühren als außergewöhnliche Belastungen

504e Der BFH hat mit Urteil vom 17. 12. 2009 (VI R 63/08, BStBl 2010 II 341) entschieden, dass Studiengebühren für den Besuch einer (privaten) Hochschule nicht als außergewöhnliche Belastung bei der ESt abziehbar sind.

Entstehen einem Stpfl. zwangsläufig größere Aufwendungen als der überwiegenden Mehrzahl der Stpfl. gleicher Einkommensverhältnisse, gleicher Vermögensverhältnisse und gleichen Familienstands, können die Aufwendungen als außergewöhnliche Belastungen gem. § 33 Abs. 1 EStG von der Bemessungsgrundlage der ESt abgezogen werden, soweit eine vom Gesetz festgelegte Zumutbarkeitsgrenze überschritten wird. Darüber hinaus kann zur Abgeltung des Sonderbedarfs für ein in Berufsausbildung befindliches und auswärtig untergebrachtes volljähriges Kind ein Freibetrag i. H. v. 924 € je Kj. abgezogen werden (§ 33a Abs. 2 EStG).

Im Streitfall hatten die Eltern für das Studium ihres 22-jährigen Sohnes an einer privaten Hochschule Studiengebühren i. H. v. 7 080 € entrichtet, die sie in ihrer ESt-Erklärung als außergewöhnliche Belastungen geltend machten. Das FA ließ den Abzug der Aufwendungen nicht zu, gewährte jedoch wegen der auswärtigen Unterbringung des Sohnes den Ausbildungsfreibetrag nach § 33a Abs. 2 Satz 1 EStG. Einspruch und Klage blieben erfolglos.

Der BFH hat nun die Studiengebühren weder nach § 33a Abs. 2 EStG noch nach § 33 EStG als außergewöhnliche Belastung anerkannt. Dabei hat er zunächst geprüft, ob Studiengebühren von dem in § 33a Abs. 2 EStG normierten Ausbildungsfreibetrag erfasst und damit abgegolten werden. Eine solch weitgehende Abgeltungswirkung wird jedoch – jedenfalls für Veranlagungszeiträume ab 2002 – verneint, weil damals der frühere Ausbildungsfreibetrag zu einem Sonderbedarfsfreibetrag für auswärtige Unterbringung abgeschmolzen worden sei. Gleichwohl hat der BFH die geltend gemachten

Studiengebühren nicht als außergewöhnliche Belastungen gem. § 33 EStG zum Abzug zugelassen.

Nach Auffassung des erkennenden VI. Senats des BFH handelt es sich bei derartigen Aufwendungen nicht um außergewöhnlichen, sondern um üblichen Ausbildungsbedarf und zwar selbst dann, wenn die Aufwendungen im Einzelfall außergewöhnlich hoch und für die Eltern unvermeidbar seien. Der übliche Ausbildungsbedarf werde in erster Linie durch Kindergeld und Kinderfreibetrag abgegolten. Damit sei eine Berücksichtigung von zusätzlichen Kosten für den Unterhalt und die Ausbildung eines Kindes gem. § 33 EStG grundsätzlich ausgeschlossen. Den dagegen vorgebrachten verfassungsrechtlichen Bedenken ist der BFH nicht gefolgt.

6.2.8.9 Liebhaberei

Die Aufwendungen von Bildungskosten, ohne die erkennbare, aufgrund objektiver Umstände nachvollziehbare Absicht, später eine Erwerbstätigkeit in dieser Richtung auszuüben, führt in der Regel nicht zu Sonderausgaben. 504f

Aufwendungen eines in Deutschland lebenden Ausländers für das Erlernen der deutschen Sprache gehören regelmäßig auch dann zu den nichtabziehbaren Kosten der Lebensführung, wenn ausreichende Deutschkenntnisse für einen angestrebten Ausbildungsplatz förderlich sind. Die Aufwendungen können nicht nach § 10 Abs. 1 Nr. 7 EStG als Sonderausgaben berücksichtigt werden (BFH 15. 3. 2007 VI R 14/04, BStBl 2007 II 814). Der Besuch der Deutschkurse fördert in erster Linie die Allgemeinbildung des Stpfl. und stellt damit keine Berufsausbildung i. S. d. § 10 Abs. 1 Nr. 7 EStG dar. 504g

LITERATURHINWEIS:

Klinkhammer u. a., Steuerliche Berücksichtigung von Aufwendungen für ein sogenanntes Erststudium, Steuer & Studium 2009, 580; *Schneider*, Berufsausbildungskosten: Werbungskosten oder Sonderausgaben, NWB 43/2009, 3332; *Steck*, Abzugsfähigkeit der Kosten eines Erststudiums nach den BFH-Urteilen vom 18. 6. 2009 – eine kritische Würdigung der Entscheidungen, DStZ 2010, 194; *Klinkhammer u. a.*, Einkommensteuerliche Behandlung der Aufwendungen für ein Erststudium, Steuer & Studium 2011, 113; *Bergkemper*, Kosten für berufliche Erstausbildung und Erststudium unmittelbar nach Schulabschluss können in voller Höhe abziehbar sein, DB 2011, 1947; *Geserich*, Fahrtkosten bei vollzeitiger Bildungsmaßnahme und Vollzeitstudium – Änderung der Rechtsprechung –, NWB 2012, 1226; *Lampert u. a.*, Steuern im Studium, Steuer & Studium 2012, 707; *Herrler*, Studiumskosten im Einkommensteuerrecht, Steuer & Studium 2014, 21; *Geserich*, Beruflich veranlasste Ausbildungskosten, NWB 10/2014, 681; *Kreft*, Berufsausbildung Privatsache?, Steuer & Studium 10/2014, 599; *Braun*, Berufsausbildungskosten – Mit Null und Nichts zufrieden?, NWB 50/2014, 3834.

6.2.9 Schulgeldzahlungen

6.2.9.1 Allgemeines zum Sonderausgabenabzug

Nach § 10 Abs. 1 Nr. 9 EStG sind 30 % des Entgelts, das der Stpfl. für ein Kind, für das er einen Kinderfreibetrag oder Kindergeld erhält, für den Besuch einer genehmigten Ersatz- oder allgemein bildenden Ergänzungsschule entrichtet, als Sonderausgaben ab- 505 zugsfähig. Das Entgelt darf nicht für Beherbergung, Betreuung und Verpflegung gezahlt werden (siehe R 10.10 EStR und H 10.10 [Nachweis] EStH).

Ein **Schulbesuch,** für den **Aufwendungen** nach § 10 Abs. 1 Nr. 9 EStG zu **berücksichtigen** sind, kommt regelmäßig **erst** mit dem **Beginn** der **öffentlich-rechtlichen Schulpflicht** und der Möglichkeit des Zugangs zu öffentlichen Schulen einschließlich öffentlicher Vorschulen in Betracht (BFH 16. 11. 2005 XI R 79/03, BStBl 2006 II 377).

Nach § 10 Abs. 1 Nr. 9 EStG haben Eltern die Möglichkeit, Aufwendungen für den Besuch bestimmter Schulen durch ihr Kind i. H. v. 30 % der Kosten, maximal bis zu einem Höchstbetrag von 5 000 € im Rahmen des Sonderausgabenabzugs geltend zu machen. Sind nicht die Eltern Vertragspartner der Schule sind, sondern ihr (volljähriges) Kind selbst, können auch in diesen Fällen die Eltern – bei Vorliegen der übrigen Voraussetzungen – entsprechende Aufwendungen im Rahmen des Sonderausgabenabzugs nach § 10 Abs. 1 Nr. 9 EStG geltend machen. Für die Anerkennung des Sonderausgabenabzugs nach § 10 Abs. 1 Nr. 9 EStG kommt es nicht darauf an, wer Vertragspartner der Schule ist oder von wem das Schulgeld tatsächlich geleistet wurde (BFH vom 9. 11. 2011 X R 24/09, BStBl 2012 II 321; BayLSt vom 8. 8. 2014 S 2221 1.1 – 9/47 St 32, NWB DokID: ZAAAE-72529, Tz. 1.4).

6.2.9.2   Rechtsprechung zur Gesetzesanwendung des § 10 Abs. 1 Nr. 9 EStG

6.2.9.2.1   Schulgeldzahlungen für eine Europäische Schule

506   Mit Urteil vom 5. 4. 2006 (XI R 1/04, BStBl 2006 II 682) hat der BFH entschieden, dass Schulgeldzahlungen für eine Europäische Schule gem. § 10 Abs. 1 Nr. 9 EStG zu 30 % als Sonderausgaben zu berücksichtigen sind. Im Streitfall ist die Europäische Schule nicht durch eine nationale Behörde staatlich genehmigt. Sie erfüllt aber die Voraussetzungen, unter denen bei einer deutschen Schule eine Genehmigung zu erteilen wäre und ist durch den deutschen Gesetzgeber in einer Weise anerkannt, die einer staatlichen Genehmigung gleichkommt. Die Regelung des § 10 Abs. 1 Nr. 9 EStG enthält insoweit eine (verdeckte) Regelungslücke, die der BFH im Wege teleologischer Extension in einer Art. 3 Abs. 1 GG entsprechenden Weise zu schließen hat.

6.2.9.2.2   Schulgeldzahlungen für Deutsche Schule im Ausland

506a   In vergleichbarer Weise hat der BFH entschieden, dass Schulgeld für eine von der ständigen Konferenz der Kultusminister der Länder (KMK) anerkannte Deutsche Schule im Ausland gem. § 10 Abs. 1 Nr. 9 EStG abziehbar ist (BFH 14. 12. 2004 XI R 32/03, BStBl 2005 II 518); dass die Anerkennung der Deutschen Schule im Ausland nicht von einer einzelnen Landesbehörde, sondern durch die KMK beschlossen werde, sei unschädlich.

6.2.9.2.3   Schulgeldzahlungen innerhalb der EU

506b   Im Urteil vom 11. 9. 2007 (C-318/05, C-76/05, NWB DokID: [VAAAC-57813] und [FAAAC-57814]) erklärte der EuGH die Versagung des Sonderausgabenabzugs von Schulgeld für Privatschulen in anderen Mitgliedstaaten als europarechtswidrig. Deutschland muss Privatschulen in der EU (und im Europäischen Wirtschaftsraum) gleich behandeln.

6.2.9.3   Änderungen durch das Jahressteuergesetz 2009

6.2.9.3.1   Begünstigte Schulen

Aufgrund der vorgenannten Rechtsprechung müssen zukünftig alle Schulgeldzahlun- 506c
gen an Schulen in privater Trägerschaft oder an überwiegend privat finanzierte Schulen
innerhalb des EU-/EWR-Raums gleich behandelt werden (JStG 2009 vom 19.12.2008,
BGBl 2008 I 2794). Zur Berücksichtigung von Schulgeldzahlungen als Sonderausgaben
nach § 10 Abs. 1 Nr. 9 EStG – Änderungen durch das JStG 2009 – nimmt das BMF mit
Schreiben (koordinierter Ländererlass) vom 9.3.2009 (BStBl 2009 I 487) Stellung.

Voraussetzung für die Berücksichtigung des Schulgeldes nach § 10 Abs. 1 Nr. 9 EStG ist,
dass die Schule in einem Mitgliedstaat der EU- oder in einem EWR-Staat belegen ist,
und die Schule zu einem von dem zuständigen inländischen Ministerium eines Landes,
von der Kultusministerkonferenz der Länder oder von einer inländischen Zeugnisaner-
kennungsstelle anerkannten oder einem inländischen Abschluss an einer öffentlichen
Schule als gleichwertig anerkannten allgemein bildenden oder berufsbildenden Schul-,
Jahrgangs- oder Berufsabschluss führt oder darauf vorbereitet. Der Besuch einer anderen Einrichtung, die auf einen Schul-, Jahrgangs- oder Berufsabschluss ordnungsgemäß
vorbereitet, steht einem o.g. Schulbesuch gleich. Der Besuch einer Deutschen Schule
im Ausland steht ebenfalls dem Besuch einer o.g. Schule gleich, unabhängig von ihrer
Belegenheit. Entgelte an andere Schulen außerhalb des EU-/EWR-Raumes können – wie
bisher – nicht als Sonderausgaben geltend gemacht werden.

Der BFH hat mit Urteil vom 9.5.2012 (X R 3/11, BStBl 2012 II 585) entschieden, dass in
Deutschland lebende Eltern das Schulgeld, das sie für den Schulbesuch ihres Kindes an
eine schweizerische Privatschule zahlen, nicht als Sonderausgabe abziehen können. In
zwei Urteilen vom 11.9.2007 (C-76/05, DStR 2007, 1670 und C-318/05, DokID: [VAA-
AC-57813]) hatte der EuGH entschieden, dass es gegen die Dienstleistungsfreiheit verstößt, wenn ein Staat Schuldgeldzahlungen an inländische Schulen zum Sonderausgabenabzug zulässt, Zahlungen an Privatschulen in anderen Mitgliedstaaten jedoch
nicht. Daraufhin hat der Gesetzgeber durch das JStG 2009 vom 19.12.2008 (BGBl 2008
I 2794) rückwirkend die Abziehbarkeit von Schulgeldzahlungen für in der EU oder im
EWR ansässige Privatschulen eingeführt. Diese Neuregelung gilt jedoch nicht für
schweizerische Privatschulen, da die Schweiz weder Mitglied der EU noch des EWR ist.
Ein Anspruch auf Gleichbehandlung kann auch nicht aus dem Freizügigkeitsabkommen
zwischen der Europäischen Gemeinschaft und der Schweiz vom 21.6.1999 (BGBl 2001
II 811) abgeleitet werden, da dessen Schutzbereich keinen vergleichbaren umfassenden
Schutz vor Diskriminierung grenzüberschreitender Sachverhalte gewährt. Wegen der
Eindeutigkeit der Rechtslage hat der BFH davon abgesehen, die Rechtsfragen dem
EuGH zur Entscheidung vorzulegen.

Da die bisherige Anlehnung des Sonderausgabenabzugs von Schulgeld an die Kriterien
des inländischen Schulrechts und die daraus folgende unterschiedliche steuerliche Behandlung der Schulgeldzahlungen an Ersatz- bzw. Ergänzungsschulen wegen des EU-/
EWR-weiten Anwendungsbereichs der Norm nicht fortgeführt wird, sind **nunmehr** erstmalig **auch Entgelte** an **berufsbildende Ergänzungsschulen** als **Sonderausgaben** nach
§ 10 Abs. 1 Nr. 9 EStG **abziehbar.** Nach der **bisherigen** Gesetzesfassung war Schulgeld

für den Besuch einer **allgemeinbildenden Ergänzungsschule** als Sonderausgabe (§ 10 Abs. 1 Nr. 9 EStG) nur **abziehbar,** wenn die **Schule** nach Landesschulrecht als **allgemein-bildende Ergänzungsschule förmlich anerkannt** ist (BFH 11. 6. 1997 X R 144/95, BStBl 1997 II 621). Das FG Rheinland-Pfalz hat mit Urteil vom 11. 11. 2008 (3 K 2562/07) noch dahingehend entschieden, dass das **Schulgeld** für eine allgemein anerkannte **be-rufsbildende Ergänzungsschule nicht** als **Sonderausgaben** berücksichtigt werden kann, da **nur allgemeinbildende Ergänzungsschulen begünstigt** sind.

506d Ab dem VZ 2008 ist die Klassifizierung der Schule (z. B. als Ersatz- oder Ergänzungsschu-le) für die Berücksichtigung von Schulgeldzahlungen nicht mehr von Bedeutung. Viel-mehr kommt es nunmehr – auch für Schulgeldzahlungen an inländische Schulen – al-lein auf den erreichten oder beabsichtigten Abschluss an. Führt eine im EU-/EWR-Raum belegene Privatschule oder eine Deutsche Schule im Ausland zu einem anerkannten Schul-, Jahrgangs- oder Berufsabschluss oder bereitet sie hierauf vor, kommt ein Son-derausgabenabzug der Schulgeldzahlungen in Betracht. Daher sind im Inland nicht nur wie bisher Entgelte an staatlich genehmigte oder nach Landesrecht erlaubte allgemein bildende und berufsbildende Ersatzschulen sowie an allgemein bildende anerkannte Er-gänzungsschulen einbezogen, sondern erstmalig auch solche an andere Schulen (z. B. berufsbildende Ergänzungsschulen einschließlich der Schulen des Gesundheitswesens) und solche Einrichtungen, die auf einen Beruf oder einen allgemeinbildenden Abschluss vorbereiten.

Die Prüfung und Feststellung der schulrechtlichen Kriterien obliegt allein dem zustän-digen inländischen Landesministerium (z. B. dem Schul- oder Kultusministerium), der Kultusministerkonferenz der Länder oder der zuständigen inländischen Zeugnisaner-kennungsstelle. Die Finanzverwaltung ist – wie bisher – an deren Entscheidung gebun-den und führt keine eigenen Prüfungen durch.

506e Zu den Einrichtungen, die auf einen Schul-, Jahrgangs- oder Berufsabschluss ordnungs-gemäß vorbereiten, gehören nur solche, die nach einem staatlich vorgegebenen, ge-nehmigten oder beaufsichtigten Lehrplan ausbilden. Hierzu gehören auch **Volkshoch-schulen** und **Einrichtungen der Weiterbildung** in Bezug auf die **Kurse** zur **Vorbereitung** auf die **Prüfungen** für **Nichtschülerinnen** und Nichtschüler zum **Erwerb** des **Haupt-** oder **Realschulabschlusses,** der **Fachhochschulreife** oder des **Abiturs,** wenn die Kurse hin-sichtlich der angebotenen Fächer sowie in Bezug auf Umfang und Niveau des Unter-richts den Anforderungen und Zielsetzungen der für die angestrebte Prüfung maßgeb-lichen Prüfungsordnung entsprechen. Daher gehören z. B. Nachhilfeinstitute, Musik-schulen, Sportvereine, Ferienkurse (insbesondere Feriensprachkurse) und Ähnliches nicht zu diesen Einrichtungen (BT-Drucks. 16/11108, 16).

506f Auch Entgelte an private Grundschulen können von § 10 Abs. 1 Nr. 9 EStG erfasst sein; der Schulbesuch von Grund- oder Förderschulen wird von der Norm durch den Verweis auf Jahrgangsabschlüsse umfasst. Dies gilt aber regelmäßig erst ab Beginn der öffent-lich-rechtlichen Schulpflicht (vgl. BFH 16. 11. 2005 XI R 79/03, BStBl 2006 II 377).

506g **Hochschulen** einschließlich der **Fachhochschulen** und die ihnen im EU-/EWR-Ausland gleichstehenden Einrichtungen fallen **nicht** unter den **Begriff** der **Schule. Studiengebüh-**

ren und ihnen **entsprechende Entgelte** sind somit **nicht** nach § 10 Abs. 1 Nr. 9 EStG als **Sonderausgaben** abziehbar (BT-Drucks. 16/11108, 16).

Nach dem Urteil des FG Münster vom 14. 8. 2015 (4 K 1563/15 E, EFG 2015, 1797, Rev. 506h eingelegt, Az. BFH X R 32/15) berechtigen Studienentgelte, die für einen allgemeinbildenden Abschluss vermittelndes Studium an einer privaten, staatlich anerkannten Fachhochschule entrichtet werden, nicht zum Sonderausgabenabzug nach § 10 Abs. 1 Nr. 9 EStG. Hochschulen – einschließlich der Fachhochschulen - sind nicht dem Begriff der »Schule« i. S. v. § 10 Abs. 1 Nr. 9 EStG zuzuordnen. Die Zweiteilung zwischen Schulen und Hochschulen wurde durch die Neufassung des § 10 Abs. 1 Nr. 9 EStG durch das Jahressteuergesetz 2009 vom 19. 12. 2008 nicht in Frage gestellt (s. a. Tz. 4 des BMF-Schreibens vom 9. 3. 2009, BStBl 2009 I 487).

6.2.8.3.2   Abziehbarer Höchstbetrag

Der als Sonderausgaben abziehbare Betrag beläuft sich auf 30 % des Schulgeldes, 506i höchstens jedoch 5 000 € für ein Kind, für das der Stpfl. Anspruch auf einen Freibetrag nach § 32 Abs. 6 EStG oder Kindergeld hat. Dies entspricht einem Schulgeld (ohne Entgelte für Beherbergung, Betreuung und Verpflegung) i. H. v. ca. 16 666 €. Nicht begünstigt ist das Entgelt für Beherbergung, Betreuung und Verpflegung des Kindes.

Der Höchstbetrag wird für jedes Kind, bei dem die Voraussetzungen vorliegen, je El- 506j ternpaar nur einmal gewährt (§ 10 Abs. 1 Nr. 9 Satz 2 EStG). Auch in den Fällen, in denen beide Elternteile anteilig die Kosten des Schulbesuchs tragen (z. B. weil sie nicht miteinander verheiratet sind oder weil sie als verheiratetes Elternpaar beide zum Haushaltseinkommen beitragen oder getrennt leben), kann somit der Höchstbetrag für jedes zu berücksichtigende Kind pro Elternpaar insgesamt nur einmal in jedem Veranlagungszeitraum geltend gemacht werden.

Da der Wortlaut des § 10 Abs. 1 Nr. 9 EStG Satz 2 dem des § 35a Abs. 5 Satz 4 EStG entspricht, erfolgt die Aufteilung des Höchstbetrages grundsätzlich nach Maßgabe der jeweiligen Aufwendungen, es sei denn, es wird einvernehmlich eine andere Aufteilung gewährt (s. a. Rz. 52 des BMF-Schreibens vom 10. 1. 2014, BStBl 2014 I 75, Anwendungsschreiben zu § 35a EStG). Haben somit beide Elternteile entsprechende Aufwendungen getragen, sind sie bei jedem Elternteil nur bis zu einem Höchstbetrag von 2 500 € zu berücksichtigen, es sei denn, die Eltern beantragen einvernehmlich eine andere Aufteilung. Eine abweichende Aufteilung kommt z. B. in Betracht, wenn die von einem Elternteil getragenen Aufwendungen den anteiligen Höchstbetrag von 2 500 € überschreiten, während die von dem anderen Elternteil getragenen Aufwendungen den anteiligen Höchstbetrag nicht erreichen.

6.2.9.4   Außergewöhnliche Belastung

Krankheitsbedingte Schulgeldzahlungen sind unter den Voraussetzungen des § 10 506k Abs. 1 Nr. 9 EStG i. H. v. 30 % des Schulgeldes als Sonderausgaben zu berücksichtigen. Der übersteigende Betrag kann nach § 33 Abs. 2 Satz 2 EStG als außergewöhnliche Belastung berücksichtigt werden. Aufwendungen für die Unterbringung des Kindes in einem Internat sind nur dann als außergewöhnliche Belastung abziehbar, wenn durch

Vorlage eines vorher eingeholten amtsärztlichen Attests die Notwendigkeit des Internatsbesuchs zur Heilung oder Linderung einer Krankheit nachgewiesen wird (BFH Beschluss vom 16.8.2006 III B 20/06, BFH/NV 2006, 2075). Das FG München hat mit Urteil vom 29.5.2008 (15 K 3058/05) zur Abzugsfähigkeit der Kosten des krankheitsbedingten Besuchs eines ausländischen Internats als außergewöhnliche Belastung wie folgt entschieden: Erfolgt die Unterbringung eines hochbegabten Kindes in einer Privatschule mit Internat in Schottland aus Krankheitsgründen, erfordert die Abzugsfähigkeit der Aufwendungen als außergewöhnliche Belastung ein vor dem Besuch der Schule bzw. vor Beginn des Schuljahres ausgestelltes amts- oder vertrauensärztliches Gutachten, welches die medizinische Notwendigkeit des Internatsbesuchs belegt.

Kosten für die Unterbringung eines Kindes aus sozialen, psychologischen oder pädagogischen Gründen sind nicht nach § 33 EStG zu berücksichtigen. Die gemeinschaftsrechtskonforme Auslegung des § 10 Abs. 1 Nr. 9 EStG ergibt, dass auch Zahlungen an Schulen im übrigen Gemeinschaftsgebiet als Sonderausgaben abzugsfähig sein können. Das an die schottische Cademuir International School gezahlte Schulgeld ist aufgrund der fehlenden allgemeinen Zugänglichkeit der Schule in Folge der Höhe des Schulgelds nicht als Sonderausgabe nach § 10 Abs. 1 Nr. 9 EStG abzugsfähig.

6.3 Steuerliche Förderung der zusätzlichen Altersvorsorge (§ 10a EStG)

507 Durch das Gesetz zur Reform der gesetzlichen Rentenversicherung und zur Förderung eines kapitalgedeckten Altersvorsorgevermögens (Altersvermögensgesetz – AVmG) vom 26.6.2001 (BStBl 2001 I 420) wird eine stufenweise staatliche Förderung der privaten Altersvorsorge eingeführt. Die in Art. 6 des AVmG betroffenen Änderungen des EStG traten zum 1.1.2002 in Kraft. Nähere Einzelheiten der steuerlichen Förderung der privaten und betrieblichen Altersversorgung regelt das BMF-Schreiben vom 24.7.2013 (BStBl 2013 I 1022, geändert und ergänzt durch die BMF-Schreiben vom 13.1.2014, BStBl 2014 I 97 und vom 13.3.2014, BStBl 2014 I 554).).

Weiterhin ist die Altersvorsorge-Durchführungsverordnung (AltvDV) vom 28.2.2005 (BGBl 2005 I 487) zu beachten. Diese regelt die Grundsätze zur Datenübermittlung sowie die Mitteilungs- und Anzeigepflichten. Das BMF-Schreiben v. 28.1.2005 (BStBl 2005 I 83) bestimmt den Inhalt und den Aufbau der für die Durchführung des Zulageverfahrens zu übermittelnden Datensätze (§ 99 Abs. 1 EStG).

508 Die steuerliche Förderung der zusätzlichen Altersvorsorge erfolgt entweder durch eine Zulage nach den §§ 79 ff. EStG. oder alternativ mit dem Abzug der Sparleistung als Sonderausgabe nach § 10a EStG bei der ESt. Ähnlich dem Familienleistungsausgleich wird der Sonderausgabenabzug nach § 10a EStG nur gewährt, wenn er günstiger als der Anspruch auf Zulage nach den §§ 79 ff. EStG ist (§ 10a Abs. 2 EStG). Diese Günstigerprüfung wird von Amts wegen vorgenommen. Ist der Sonderausgabenabzug günstiger, ist die tarifliche ESt um den Zulageanspruch zu erhöhen.

Der EuGH hat in seinem Urteil vom 10.9.2009 (C-269/07, BFH/NV 2009, 1930, NWB DokID: [PAAAD-28240]) die Auffassung vertreten, dass die Altersvorsorgezulage eine soziale Vergünstigung sei. Diese werde als Ausgleich für die in der deutschen Alterssicherung vorgenommenen Einschnitte gewährt. Dementsprechend müsse die Altersvorsorgezulage jedem Förderberechtigten zugute kommen, der in einem der genannten gesetzlichen Alterssicherungssysteme pflichtversichert ist. Die Zulagengewährung dürfe nicht vom steuerrechtlichen Status der jeweiligen Person abhängig gemacht werden. Nach Ansicht des EuGH sind die Gewährung eines Sonderausgabenabzugs nach § 10a EStG und die Altersvorsorgezulage getrennt zu beurteilen.

Nach dem EuGH-Urteil vom 10.9.2009 (C-269/07, BFH/NV 2009, 1930, NWB DokID: [PAAAD-28240]) wird die Bundesrepublik aufgefordert, die Riester-Förderung auszuweiten. Die Bundesrepublik Deutschland hat durch die Einführung und Beibehaltung der Vorschriften zur ergänzenden Altersvorsorge in den §§ 79 bis 99 EStG gegen ihre Verpflichtungen aus Art. 39 EG und Art. 7 Abs. 2 der Verordnung (EWG) Nr. 1612/68 des Rates vom 15.10.1968 über die Freizügigkeit der Arbeitnehmer innerhalb der Gemeinschaft sowie aus Art. 18 EG verstoßen, soweit diese Vorschriften

► Grenzarbeitnehmern und deren Ehegatten die Altersvorsorgezulage verweigern, falls sie in Deutschland nicht unbeschränkt steuerpflichtig sind,

► Grenzarbeitnehmern nicht gestatten, das geförderte Kapital für die Anschaffung oder Herstellung einer zu eigenen Wohnzwecken dienenden Wohnung zu verwenden, falls diese nicht in Deutschland belegen ist, und

► vorsehen, dass die Zulage bei Beendigung der unbeschränkten Steuerpflicht in Deutschland zurückzuzahlen ist.

Das Gesetz zur Umsetzung steuerlicher EU -Vorgaben sowie zur Änderung steuerlicher Vorschriften vom 8.4.2010 (BGBl 2010 I 386) sieht u. a. eine Umsetzung des EuGH-Urteils vom 10.9.2009 (C-269/07, BFH/NV 2009, 1930) vor.

Vor diesem Hintergrund wird der Kreis der potentiell Förderberechtigten in § 10a EStG – der über einen entsprechenden Verweis von § 79 EStG auf den § 10a EStG auch für die Zulageberechtigung maßgebend ist – dergestalt konkretisiert, dass zu der Gruppe der potentiell förderberechtigten Personen diejenigen gehören, in deren Alterssicherungssystem der inländische Gesetzgeber leistungsmindernd eingegriffen hat und die weiterhin in den betreffenden Systemen „aktiv" versichert sind. Bei den betroffenen Alterssicherungssystemen handelt es sich insbesondere um die inländische gesetzliche Rentenversicherung und um die inländische Beamtenversorgung.

Nicht begünstigt sind hingegen Personen, die in einem ausländischen gesetzlichen Rentenversicherungssystem pflichtversichert sind. Eine entsprechende Begrenzung ist gerechtfertigt, da der deutsche Gesetzgeber nicht leistungsmindernd in diese Alterssicherungssysteme eingegriffen hat. Dies entspricht im Übrigen auch einem im Rahmen des Klageverfahrens vorgetragenen Vorschlag der Europäischen Kommission, wegen des unmittelbaren Bezugs der Personen, die dem deutschen Alterssicherungssystem zwingend angeschlossen sind, die Mitgliedschaft im System der deutschen Alterssicherung und nicht den steuerlichen Status dieser Personen als Anknüpfungspunkt zu wählen.

Eine Zulagenberechtigung von unbeschränkt einkommensteuerpflichtigen Personen, die einer der Pflichtversicherung in der deutschen gesetzlichen Rentenversicherung vergleichbaren ausländischen gesetzlichen Rentenversicherungspflicht unterliegen, ist nur noch für vor dem 1. 1. 2010 abgeschlossene Altverträge vorgesehen (Rz. 14 ff. des BMF-Schreibens vom 24. 7. 2013, BStBl 2013 I 1022).

LITERATURHINWEIS:

Ausführliche Erläuterungen zur steuerlichen Förderung der privaten Altersvorsorge finden Sie in der online-Version Anhang, Rdn. 3001.

LITERATURHINWEIS:

Friebel/Rick/Schoor/Siegle, Fallsammlung Einkommensteuer, 18. Aufl., Kapitel 5; *Gunsenheimer,* Die steuerliche Förderung der zusätzlichen Altersvorsorge, Steuer & Studium 2003, 323; *Myßen,* Vereinfachungen bei der „Riester-Rente", NWB Fach 3, 13281, NWB DokID: [SAAAB-44017]; *Heubeck u. a.,* Zur Besteuerung der betrieblichen Altersversorgung nach dem Alterseinkünftegesetz, DB 2007, 592; *Myßen,* Private Altersvorsorge, NWB Fach 3, 14293, NWB DokID: [TAAAC-31891]; *Kußmaul u. a.,* Günstigerprüfung bei der „Rürup-Rente", Günstigerprüfung bei der „Riester-Rente" und Günstigerprüfung beim Kindergeld im Zusammenspiel, Steuer & Studium 2008, 44, NWB DokID: UAAAC-65666; *Gunsenheimer,* Die steuerliche Förderung der Riester-Rente, Steuer & Studium 2008, 470, NWB DokID: BAAAC-91938; *Weißflog,* Die »Riester-Förderung«, Steuer & Studium 2010, 629; *Myßen u. a.,* Steuerlich geförderte private Altersvorsorge und betriebliche Altersversorgung, NWB 2010, 2050; *Myßen u. a.,* Grundzüge der Riester-Förderung, NWB 2011, 4304; *Myßen u. a.,* Änderungen bei der Riester-Förderung durch das BeitrRLUmsG, NWB 2011, 4390; *Schrehardt,* Steuerliche Förderung der privaten Altersvorsorge und der betrieblichen Altersversorgung, DStR 2013, 2489; *Franz,* Riester- und Rürup-Produkte: Änderungen durch das Altersvorsorge-Verbesserungsgesetz, DB 2013, 1988; *Myßen u. a.,* AltvVerbG: Mehr Transparenz bei geförderten Altersvorsorgeprodukten, NWB 2013, 2062; *Myßen u. a.,* Basisvorsorge im Alter und Wohn-Riester, NWB 2013, 1977; *Herrmann,* Riester-Rente und Sonderausgabenabzug, NWB 2014, 748; *Myßen u. a.,* Steuerliche Förderung der privaten Altersvorsorge, DB 2014, 617.

509–549 *(Einstweilen frei)*

6.4 Steuerbegünstigung von Spenden (§ 10b EStG)

6.4.1 Allgemeines

6.4.1.1 Überblick über den Spendenabzug

550 Nach dem Gesetz zur weiteren Stärkung des bürgerlichen Engagements vom 10. 10. 2007 (BGBl 2007 I 2332) betragen die Höchstgrenzen 20 % des Gesamtbetrags der Einkünfte, alternativ 4 ‰ der Summe der gesamten Umsätze und der im Kj aufgewendeten Löhne und Gehälter. Soweit Zuwendungen im Veranlagungszeitraum nicht abgezogen werden können, können sie uneingeschränkt vorgetragen werden (§ 10b Abs. 1 Satz 9 und 10 EStG). Begünstigt sind nach § 10b Abs. 1 Satz 1 EStG Zuwendungen zur Förderung mildtätiger, kirchlicher, religiöser und wissenschaftlicher Zwecke und der als besonders förderungswürdig anerkannten gemeinnützigen Zwecke. Die Zuwendungen müssen zur Förderung der steuerbegünstigten Zwecke i. S. der §§ 52 bis 54 AO verwendet werden.

Nach § 2 Abs. 5b EStG werden abgeltend besteuerte Einkünfte nicht in die Ermittlung　551
des Spendenhöchstbetrags einbezogen.

In § 10b Abs. 1 Satz 1 EStG wird klargestellt, dass mit dem Begriff „**Zuwendungen**"　552
Spenden und **Mitgliedsbeiträge** gemeint sind. Zu den Mitgliedsbeiträgen gehören auch
Umlagen und Aufnahmegebühren. § 10b Abs. 1 Satz 1 EStG vereinheitlicht die steuer-
begünstigten Zwecke des EStG und der AO durch Verweis auf die §§ 52 bis 54 AO.

Spenden in den Vermögensstock einer Stiftung können auf Antrag des Stpfl. nach　553
§ 10b Abs. 1a EStG im Veranlagungszeitraum der Zuwendung und in den folgenden
neun Veranlagungszeiträumen bis zu einem Gesamtbetrag von 1 Mio. € zusätzlich zu
den Höchstbeträgen nach § 10b Abs. 1 EStG abgezogen werden; bei Ehegatten, die
nach den §§ 26, 26b zusammen veranlagt werden, können bis zu 2 Mio. € abgezogen
werden (s. unter Tz. 1 Buchst. b des BMF-Schreibens vom 15. 9. 2014, BStBl 2014 I 1278).
Zur Definition des zu erhaltenden Vermögens (Vermögensstock) einer Stiftung s. unter
Tz. 1. Buchst. a Doppelbuchst. aa des BMF-Schreibens vom 15. 9. 2014 (BStBl 2014 I
1278). Nicht abzugsfähig nach § 10b Abs. 1a Satz 1 EStG sind Spenden in das verbrauchbare Vermögen einer Stiftung (§ 10b Abs. 1a Satz 2 EStG; Tz. 1 Buchst. a Doppelbuchst. bb des BMF-Schreibens vom 15. 9. 2014, BStBl 2014 I 1278). Spenden in das Vermögen einer Verbrauchsstiftung sind nach den allgemeinen Grundsätzen des § 10b
Abs. 1 EStG zu behandeln.

Der bisherige Anwendungsbereich von § 10b Abs. 1a EStG für Spenden zur Förderung　554
gemeinnütziger, mildtätiger oder kirchlicher (steuerbegünstigter) Zwecke in den Vermögensstock einer inländischen Stiftung des öffentlichen Rechts oder einer nach § 5
Abs. 1 Nr. 9 KStG (gegebenenfalls i. V. m. § 5 Abs. 2 Nr. 2 Halbsatz 2 KStG) steuerbefreiten Stiftung des privaten Rechts wird – durch das Gesetz zur Umsetzung steuerlicher
EU-Vorgaben sowie zur Änderung steuerlicher Vorschriften vom 8. 4. 2010 (BGBl 2010 I
386) – entsprechend dem neuen Anwendungsbereich des § 10b Abs. 1 EStG auf Spenden in den Vermögensstock einer in einem Mitgliedstaat der EU oder einem Staat des
EWR belegenen Stiftung des öffentlichen Rechts (vgl. § 10b Abs. 1 Satz 2 Nr. 1 EStG)
oder einer – im Inland weder unbeschränkt noch beschränkt steuerpflichtigen – Stiftung des privaten Rechts ausgeweitet; in letzterem Fall ist Voraussetzung, dass die Stiftung nach § 5 Abs. 1 Nr. 9 KStG i. V. m. § 5 Abs. 2 Nr. 2 Halbsatz 2 KStG von der Körperschaftsteuer befreit wäre, wenn sie inländische Einkünfte erzielte (vgl. § 10b Abs. 1
Satz 2 Nr. 3 EStG).

Nach dem EuGH-Urteil vom 27. 1. 2009 (C-318/07 – Persche –, BStBl 2010 II 440) darf　555
die steuerliche Abzugsfähigkeit von Spenden an gemeinnützige Einrichtungen nicht
nur im Inland ansässigen Einrichtungen vorbehalten werden. Macht ein Stpfl. in einem
Mitgliedstaat die steuerliche Abzugsfähigkeit von Spenden an Einrichtungen geltend,
die in einem anderen Mitgliedstaat ansässig und dort als gemeinnützig anerkannt sind,
fallen solche Spenden auch dann unter die Bestimmungen des EG-Vertrags über den
freien Kapitalverkehr, wenn es sich um Sachspenden in Form von Gegenständen des
täglichen Gebrauchs handelt. Art. 56 EG steht der Regelung eines Mitgliedstaats entgegen, wonach bei Spenden an als gemeinnützig anerkannte Einrichtungen nur Spenden an im Inland ansässige Einrichtungen von der Steuer abgezogen werden können,
ohne jede Möglichkeit für den Spender, nachzuweisen, dass eine Spende an eine Ein-

richtung, die in einem anderen Mitgliedstaat ansässig ist, die nach dieser Regelung geltenden Voraussetzungen für die Gewährung einer solchen Vergünstigung erfüllt (s. a. Nachfolgeentscheidung des BFH vom 27. 5. 2009 X R 46/05, BFH/NV 2009, 1633, NWB DokID: [FAAAD-26940] sowie *Geserich*, DStR 2009, 1173). Zum Abzug einer Auslandsspende innerhalb der EU s. u. das BFH-Urteil vom 17. 9. 2013 (I R 16/12, BStBl 2014 II 440).

Nach § 5 Abs. 2 Nr. 2 KStG i. d. F. des JStG 2009 vom 19. 12. 2008 (BGBl 2008 I, 2794) gelten die Befreiungen des § 5 Abs. 1 Nr. 9 KStG auch für solche ausländischen Körperschaften, die nach den Rechtsvorschriften eines Mitgliedstaates der EU oder eines Staates des EWR gegründet wurden und Sitz und Ort der Geschäftsleitung innerhalb des Hoheitsgebietes eines dieser Staaten haben, wenn mit diesen Staaten ein Amtshilfeabkommen besteht. Unter diese Staaten fallen derzeit somit alle Mitgliedstaaten der EU, Island, und Norwegen (vgl. BMF-Schreiben vom 30. 7. 2008, BStBl 2008 I 810). Somit können nach dem JStG 2009 auch solche ausländischen Körperschaften, für die im Inland die Steuerbefreiung nach § 5 Abs. 1 Nr. 9 KStG anerkannt wurde, Empfänger steuerlich abziehbarer Zuwendungen sein.

Nach § 34 Abs. 5a KStG ist die Änderung durch das JStG 2009 auch für Veranlagungszeiträume vor 2009 anzuwenden. Mit der Änderung des § 5 Abs. 2 Nr. 2 KStG werden die Folgerungen aus dem EuGH-Urteil vom 14. 9. 2006 (C-386/01, NWB DokID: [AAAAC-16451]; DStR 2006, 1736) gezogen. Die ausländischen steuerbegünstigten Körperschaften werden den inländischen steuerbegünstigten Körperschaften gleichgestellt. Sie sind mit ihren inländischen Einkünften von der KSt befreit. Ihre wirtschaftlichen Geschäftsbetriebe werden – wie bei inländischen steuerbegünstigten Körperschaften – besteuert.

556 In § 51 AO werden durch das JStG 2009 die Steuerbegünstigen Zwecke neu geregelt. So setzt die Steuervergünstigung voraus, dass natürliche Personen mit Wohnsitz oder gewöhnlichem Aufenthalt im Inland gefördert werden (Inlandsbezug) oder die Tätigkeit zumindest zum Ansehen der Bundesrepublik Deutschland im Ausland (Ansehensgewinn) beitragen kann. Ohne diesen Ansehensgewinn wären inländische Körperschaften, die sich vorrangig oder nur im Ausland engagieren – beispielsweise in der Katastrophen- oder Entwicklungshilfe – von der Steuerbegünstigung ausgeschlossen.

Ausländische Organisationen sind grundsätzlich dann steuerbegünstigt, wenn sie den Inlandsbezug erfüllen. Der Ansehensgewinn durch ausländische Einrichtungen kann aber nicht grundsätzlich ausgeschlossen werden.

Durch die Einführung des Inlandsbezugs als weitere Voraussetzung der Anerkennung der Gemeinnützigkeit wird verdeutlicht, dass die Steuervergünstigungen für gemeinnütziges Handeln und der damit verbundene Verzicht auf Steuereinnahmen nur insoweit zu rechtfertigen sind, als die geförderten gemeinnützigen, mildtätigen oder kirchlichen Tätigkeiten – auch wenn sie von ausländischen Organisationen erbracht werden – einen Bezug zu Deutschland besitzen (BT-Drucks. 16/11108, 57).

Zur Anwendung des EuGH-Urteils vom 27. 1. 2009 (C-318/07 – Persche –, BStBl 2010 II 440) sowie der Nachfolgeentscheidung des BFH vom 27. 5. 2009 (X R 46/05, BFH/NV

2009, 1633, NWB DokID: [FAAAD-26940]) nimmt das BMF mit Schreiben vom 6. 4. 2010 (BStBl 2010 I 386) Stellung.

Das BMF-Schreiben vom 16. 5. 2011 (BStBl 2011 I 559) ergänzt das BMF-Schreiben vom 6. 4. 2010 (BStBl 2010 I 386). S. a. Geserich in NWB 2011, 2188. Zum Spendenabzug an ausländische Empfänger hat das FG Münster mit Urteil vom 8. 3. 2012 (2 K 2608/09 E, EFG 2012, 1539, rkr.) ausführlich Stellung genommen (s. u.). Danach ist die formelle Satzungsmäßigkeit auch bei ausländischen Körperschaften erforderlich.

6.4.1.2 Zuwendungsempfänger

Mit der Ausweitung des Anwendungsbereiches des § 10b EStG durch das Gesetz zur   557
Umsetzung steuerlicher EU -Vorgaben sowie zur Änderung steuerlicher Vorschriften vom 8. 4. 2010 (BGBl 2010 I 386) wird dem EuGH-Urteil vom 27. 1. 2009 (C-318/07 – Persche –, BStBl 2010 II 440) Rechnung getragen. Voraussetzung für den Abzug von Zuwendungen ist u. a., dass diese Zuwendungen an folgende Körperschaften geleistet werden (§ 10b Abs. 1 Satz 2 Nr. 1 bis 3 EStG):

1. an eine juristische Person des öffentlichen Rechts oder an eine öffentliche Dienststelle, die in einem Mitgliedstaat der EU oder in einem Staat belegen ist, auf den das Abkommen über den Europäischen Wirtschaftsraum (EWR-Abkommen) Anwendung findet, oder

2. an eine nach § 5 Abs. 1 Nr. 9 KStG steuerbefreite Körperschaft, Personenvereinigung oder Vermögensmasse oder

3. an eine Körperschaft, Personenvereinigung oder Vermögensmasse, die in einem Mitgliedstaat der EU oder in einem Staat belegen ist, auf den das Abkommen über den Europäischen Wirtschaftsraum (EWR-Abkommen) Anwendung findet, und die nach § 5 Abs. 1 Nr. 9 KStG i. V. m. § 5 Abs. 2 Nr. 2 Halbsatz 2 KStG steuerbefreit wäre, wenn sie inländische Einkünfte erzielen würde.

Zuwendungen zur Förderung steuerbegünstigter Zwecke i. S. der §§ 52 bis 54 AO sind   558
unter bestimmten weiteren Voraussetzungen auch dann als Sonderausgabe abziehbar, wenn sie an eine im Inland nicht – auch nicht beschränkt – steuerpflichtige Körperschaft geleistet werden, die in einem anderen Mitgliedstaat der EU oder in einem Staat des EWR ansässig ist und die nach § 5 Abs. 1 Nr. 9 KStG i. V. m. § 5 Abs. 2 Nr. 2 Halbsatz 2 KStG von der KSt befreit wäre, wenn sie inländische Einkünfte erzielte (vgl. § 10b Abs. 1 Satz 2 Nr. 3 EStG). Dies ist der Fall, wenn sie – ungeachtet der im Ansässigkeitsstaat zuerkannten Gemeinnützigkeit – nach ihrer Satzung, dem Stiftungsgeschäft oder der sonstigen Verfassung und nach ihrer tatsächlichen Geschäftsführung ausschließlich und unmittelbar gemeinnützigen, mildtätigen oder kirchlichen Zwecken nach Maßgabe der §§ 51 bis 68 AO dienen.

Das BMF-Schreiben v. 16. 5. 2011 (BStBl 2011 I 559) regelt die Anwendung des § 10b Abs. 1 Satz 2 Nr. 3 EStG. Für die Feststellung, ob der ausländische Zuwendungsempfänger die Voraussetzungen des § 10b Abs. 1 Satz 2 Nr. 3 EStG erfüllt, gelten die für die Gewährung der Steuerbefreiung nach § 5 Abs. 1 Nr. 9 KStG für inländische Körperschaften, Personenvereinigungen oder Vermögensmassen maßgebenden Grundsätze entsprechend. Der ausländische Zuwendungsempfänger muss daher nach der Satzung, dem

Stiftungsgeschäft oder der sonstigen Verfassung und nach der tatsächlichen Geschäftsführung ausschließlich und unmittelbar gemeinnützigen, mildtätigen oder kirchlichen Zwecken dienen (§§ 51 bis 68 AO).

Den Nachweis, dass der ausländische Zuwendungsempfänger die deutschen gemeinnützigkeitsrechtlichen Vorgaben erfüllt, hat der inländische Spender gegenüber dem für ihn zuständigen FA durch Vorlage geeigneter Belege zu erbringen. Dies wären insbesondere Satzung, Tätigkeitsbericht, Aufstellung der Einnahmen und Ausgaben, Kassenbericht, Vermögensübersicht mit Nachweisen über die Bildung und Entwicklung der Rücklagen, Aufzeichnung über die Vereinnahmung von Zuwendungen und deren zweckgerechte Verwendung, Vorstandsprotokolle (§ 90 Abs. 2 AO). Bescheinigungen über Zuwendungen von nicht im Inland steuerpflichtigen Organisationen reichen als alleiniger Nachweis nicht aus.

559 Für den Sonderausgabenabzug von Spenden und Mitgliedsbeiträgen an nicht im Inland ansässige Zuwendungsempfänger ist weitere Voraussetzung, dass der entsprechende andere Staat aufgrund von Abkommen oder innerstaatlichen Regelungen Amtshilfe und Unterstützung bei der Beitreibung leistet (vgl. § 10b Abs. 1 Satz 3 bis 5 EStG). Wenn es einem Stpfl. nicht gelingen sollte, im Hinblick auf den EU-/EWR-ausländischen Zuwendungsempfänger das Vorliegen der Voraussetzungen für einen Sonderausgabenabzug nach § 10b EStG nachzuweisen, müssen die inländischen Finanzbehörden – auch nach Auffassung des EuGH – die Möglichkeit haben, Amtshilfe in Anspruch zu nehmen. Die Unterstützung von inländischen Beitreibungsmaßnahmen durch den anderen Staat ist wegen der möglichen Haftungsinanspruchnahme des EU-/EWR-ausländischen Zuwendungsempfängers nach § 10b Abs. 4 Satz 2 ff. EStG notwendig. Der durch den Sonderausgabenabzug von Spenden und Mitgliedsbeiträgen bewirkte Verzicht des Staates auf Steuereinnahmen ist nur gerechtfertigt, soweit erwiesen ist, dass die von § 10b EStG vorausgesetzten Ziele erreicht werden.

560 Der in § 10b Abs. 1 Satz 6 EStG für Zuwendungen an juristische Personen des öffentlichen Rechts einschließlich ihrer Dienststellen, wenn diese die steuerbegünstigten Zwecke im Ausland verwirklichen, vorausgesetzte sogenannte Inlandsbezug ist analog § 51 Abs. 2 AO gestaltet, der eine Voraussetzung für die Steuerbefreiung nach § 5 Abs. 1 Nr. 9 KStG darstellt. Damit wird der Sonderausgabenabzug von Spenden und Mitgliedsbeiträgen, die an Zuwendungsempfänger im EU-/EWR-Ausland geleistet werden, insgesamt von denselben Voraussetzungen abhängig gemacht, unabhängig von der Rechtsform des jeweiligen Zuwendungsempfängers. Der Inlandsbezug nach § 10b Abs. 1 Satz 6 EStG gilt – analog zum Inlandsbezug nach § 51 Abs. 2 AO für gemeinnützige Körperschaften – unabhängig davon, ob die juristische Person des öffentlichen Rechts bzw. ihre Dienststelle im Inland oder im EU-/EWR-Ausland belegen ist (BT-Drucks. 17/506, 25).

Das FG Münster hat in seinem Urteil vom 8. 3. 2012 (2 K 2608/09 E, EFG 2012, 1539, rkr.) zu den einzelnen Voraussetzungen des Spendenabzugs an einen ausländischen Empfänger Stellung genommen.

Im Streitfall machte der Kläger Sachspenden an ein portugiesisches Seniorenheim als Sonderausgaben geltend. Der Heimbetreiber ist eine juristische Person, die mit einem rechtsfähigen Verein vergleichbar ist. Das beklagte FA versagte den Abzug zunächst mit der Begründung, dass der Spendenempfänger Inländer sein müsse.

Das im ersten Rechtszug ergangene Urteil, das die Auffassung des Finanzamts bestätigte, hob der BFH auf (BFH 27. 5. 2009 X R 46/05, BFH/NV 2009, 1633), nachdem der EuGH die Versagung der Spende als Verstoß gegen die Kapitalverkehrsfreiheit für gemeinschaftsrechtswidrig erklärt hatte (EuGH 27. 1. 2009 C-318/07, BStBl 2010 II 440).

Im zweiten Rechtszug hatte das FG Münster nun zu prüfen, ob der Spendenempfänger nach nationalem Recht die Anforderungen an eine gemeinnützige Einrichtung erfüllt; es kam zu dem Ergebnis, dass dies nicht der Fall sei. Der Betreiber des Seniorenheims fördere nach seiner Satzung zwar gemeinnützige Zwecke. Die Satzung enthalte aber keine ausdrücklichen Regelungen zur Mittelverwendung und auch aus der Auslegung aller Satzungsbestimmungen sei die erforderliche Vermögensbindung nicht erkennbar. Überdies enthielten die vom Kläger vorgelegten Spendenbescheinigungen keinen Nachweis darüber, dass der Empfänger die Gegenstände zur Förderung der gemeinnützigen Zwecke verwendet habe.

Der BFH hat im Urteil vom 21. 1. 2015 (X R 7/13, BStBl 2015 II 588) die Voraussetzungen präzisiert, unter denen Spenden an eine gemeinnützige Stiftung im EU-/EWR-Ausland gem. § 10b EStG steuermindernd abziehbar sind. Voraussetzung für den Spendenabzug an eine in der EU oder im EWR ansässige Stiftung ist, dass der Stpfl. Unterlagen vorlegt, die eine Überprüfung der tatsächlichen Geschäftsführung ermöglichen. Es ist daher nicht unionsrechtswidrig, von ihm einen bereits erstellten und der ausländischen Stiftungsbehörde eingereichten Tätigkeits- oder Rechenschaftsbericht der Empfängerin anzufordern. Dem steht auch nicht entgegen, dass der Spender im Gegensatz zu der begünstigten Einrichtung nicht selbst über alle notwendigen Informationen verfügt. Bereits der EuGH hat in seinem Urteil vom 27. 1. 2009 (C-318/07, BStBl 2010 II 440) entschieden, es ist einem Spender normalerweise möglich, von dieser Einrichtung Unterlagen zu erhalten, aus denen der Betrag und die Art der Spende, die von der Einrichtung verfolgten Ziele und ihr ordnungsgemäßer Umgang mit den Spenden hervorgehen. Das FA ist in einem solchen Fall nicht verpflichtet, im Wege der Amtshilfe die entsprechenden Informationen einzuholen (s. a. Pressemitteilung des BFH Nr. 33/2015 vom 6. 5. 2015).

Zu den erforderlichen Nachweisen bei Spenden ins Ausland hat das FG Düsseldorf mit Urteil vom 14. 1. 2013 (11 K 2439/10 E) entschieden, dass Spenden an im Ausland ansässige gemeinnützige Organisationen nur dann steuerlich absetzbar sind, wenn der Spendenempfänger die deutschen gemeinnützigkeitsrechtlichen Vorgaben erfüllt und der Spender dies gegenüber dem für ihn zuständigen FA durch Vorlage geeigneter Belege nachweist.

Zum Abzug einer Auslandsspende innerhalb der EU hat der BFH mit Urteil vom 17. 9. 2013 (I R 16/12, BStBl 2014 II 440) Folgendes entschieden: Spenden an eine Empfängerkörperschaft mit Sitz in einem anderen Mitgliedstaat der EU (hier Verein mit Sitz in Italien), können steuerlich abgezogen werden, wenn die begünstigte Einrichtung die Voraussetzungen der nationalen Rechtsvorschriften für die Gewährung von Steuervergünstigungen erfüllt. Der Spendenabzug setzt also u. a. voraus, dass die Anforderungen an die satzungsmäßige Vermögensbindung (§ 61 AO) gewahrt werden.

561
HINWEIS

Eine Spende, die direkt an den Papst geleistet wird, kann in Deutschland nicht steuermindernd berücksichtigt werden (Urteil FG Köln vom 15. 1. 2014, 13 K 3735/10).

562 *(Einstweilen frei)*

6.4.2 Der Abzug der Zuwendungen im Einzelnen

6.4.2.1 Spenden

563 Spenden sind freiwillige Leistungen, ohne dass dem Zuwendenden eine konkrete Gegenleistung gewährt wird (H 10b.1 „Leistungsaustausch" EStH). Nicht alle Zuwendungen, die der Stpfl. für begünstigte Zwecke vornimmt, sind aber nach § 10b EStG begünstigt. So ist z. B. eine Spende an einen Bettler nicht nach § 10b EStG abziehbar.

Spenden sind unentgeltliche Zuwendungen, die in Geld oder Geldeswert bestehen können. Ausgenommen davon sind nach § 10b Abs. 3 Satz 1 EStG die Zuwendungen von Nutzungen und Leistungen.

Zuwendungen von Mitgliedern an den eigenen Verein, die – ggf. im Verbund mit gleichgerichteten Leistungen anderer Vereinsmitglieder – unmittelbar und ursächlich mit einem durch den Verein ermöglichten Vorteil zusammenhängen, sind nicht als Spenden gem. § 10b EStG steuerlich absetzbar (BFH 2. 8. 2006 XI R 6/03, BStBl 2007 II 8). In dem Urteilsfall hatten Neumitglieder eines Golfclubs neben den Aufnahmegebühren und Mitgliedsbeiträgen noch ca. 7 500 € „Spenden" geleistet, die für notwendige Investitionen verwandt wurden. Diese Spende ist nicht zur uneigennützigen Förderung steuerbegünstigter Zwecke geleistet worden. Sie steht vielmehr in unmittelbarem zeitlichen und wirtschaftlichen Zusammenhang mit der Aufnahme des Steuerpflichtigen in den Golfclub und der damit eröffneten Möglichkeit, die Golfanlagen zu nutzen. Mit seiner Aufnahme kam der Steuerpflichtige in den Genuss der von den bisherigen Mitgliedern bereits erstellten kapitalintensiven Anlagen und trug zugleich seinerseits zu deren Erhalt und weiteren Ausbau bei. Da die Mitgliedsbeiträge nur zur Deckung der laufenden Personalkosten genügten, sollten die jeweils von den Neumitgliedern geleisteten Sonderzahlungen die Beschaffung der für den Erhalt und Ausbau der Anlagen erforderlichen zusätzlichen Finanzmittel gewährleisten (s. a. den Beitrag von *Tiedtke* u. a., DStR 2007, 765).

6.4.2.2 Mitgliedsbeiträge

564 Bei Mitgliedsbeiträgen handelt es sich um Zuwendungen, zu deren Leistung das jeweilige Mitglied lt. Satzung verpflichtet ist. Bei den als Spenden bezeichneten Zahlungen an den Verein ist zu prüfen, ob es sich dabei um freiwillige unentgeltliche Zuwendungen, d. h. um Spenden, oder um Sonderzahlungen handelt, zu deren Leistung die Mitglieder verpflichtet sind.

In § 10b Abs. 1 Satz 7 EStG wird klargestellt, dass Mitgliedsbeiträge an Kulturfördervereine selbst dann als Sonderausgaben abziehbar sind, wenn aufgrund der Satzung der Körperschaft oder deren tatsächlicher Geschäftsführung den Mitgliedern Vergünstigungen gewährt werden (z. B. Jahresgaben, verbilligter Eintritt, Veranstaltungen für Mitglieder). Es darf sich allerdings nicht um Mitgliedsbeiträge für kulturelle Betätigungen handeln, die in erster Linie der Freizeitgestaltung dienen.　565

Nach § 10b Abs. 1 Satz 8 EStG nicht abziehbar sind Mitgliedsbeiträge an Körperschaften, die　566

1. den Sport (§ 52 Abs. 2 Nr. 21 AO),

2. kulturelle Betätigungen, die in erster Linie der Freizeitgestaltung dienen,

3. die Heimatpflege und Heimatkunde (§ 52 Abs. 2 Nr. 22 AO) oder

4. Zwecke i. S. d. § 52 Abs. 2 Nr. 23 AO (die Förderung der Tierzucht, der Pflanzenzucht, der Kleingärtnerei, des traditionellen Brauchtums einschließlich des Karnevals, der Fastnacht und des Faschings, der Soldaten- und Reservistenbetreuung, des Amateurfunkens, des Modellflugs und des Hundesports) fördern.

6.4.2.3　Mandatsträgerbeiträge

Das BMF-Schreiben vom 10. 4. 2003 (BStBl 2003 I 286) nimmt zu Zuwendungen an politische Parteien und zur Behandlung von Mandatsträgerbeiträgen bei politischen Parteien Stellung. Mandatsträgerbeiträge sind keine Mitgliedsbeiträge im steuerrechtlichen Sinn, da es keine gesetzliche oder parlamentsordnungsgeschäftliche Verpflichtung zur Zahlung dieser Beiträge gibt. Bei diesen Zuwendungen handelt es sich vielmehr um Spenden, die nach § 50 Abs. 1 EStDV grundsätzlich nur abgezogen werden dürfen, wenn sie durch eine Zuwendungsbestätigung nach amtlichem Vordruck nachgewiesen werden. Ein vereinfachter Zuwendungsnachweis i. S. v. § 50 Abs. 3 EStDV, z. B. durch Beitragsquittungen, ist nicht zulässig.　567

6.4.2.4　Abgrenzung zu den Betriebsausgaben und Werbungskosten

Leistungen, die im Zusammenhang mit einer Einkunftsart stehen, sind keine Zuwendungen i. S. d. § 10b EStG. Zur Behandlung der Aufwendungen eines Sponsors siehe BMF-Schreiben v. 18. 2. 1998 (BStBl 1998 I 212 – Sponsoring-Erlass). Mit dem Sponsoring (H 10b.1 „Sponsoring" EStH) werden regelmäßig auch eigene unternehmensbezogene Ziele der Werbung oder Öffentlichkeitsarbeit verfolgt. Die im Zusammenhang mit dem Sponsoring gemachten Aufwendungen können　568

▶ Betriebsausgaben,

▶ Spenden oder

▶ Kosten der Lebensführung sein.

Betriebsausgaben liegen vor, wenn der Sponsor wirtschaftliche Vorteile für sein Unternehmen erstrebt oder für Produkte seines Unternehmens werben will. Für die Berücksichtigung der Aufwendungen als Betriebsausgaben kommt es nicht darauf an, ob die Leistungen notwendig, üblich oder zweckmäßig sind; die Aufwendungen dürfen auch dann als Betriebsausgaben abgezogen werden, wenn die Geld- oder Sachleistungen　569 des Sponsors und die erstrebten Werbeziele für das Unternehmen nicht gleichwertig sind. Nur bei einem krassen Missverhältnis ist der Betriebsausgabenabzug zu versagen.

Zuwendungen des Sponsors, die keine Betriebsausgaben sind, sind unter den Voraussetzungen des § 10b EStG als Spenden zu behandeln. Die Zuwendungen

► müssen freiwillig erbracht werden,

► dürfen kein Entgelt für eine bestimmte Leistung des Empfängers sein und

► dürfen nicht in einem tatsächlichen wirtschaftlichen Zusammenhang mit dessen Leistung stehen.

570 Sponsoringaufwendungen, die keine Betriebsausgaben und keine Spenden sind, sind nicht abziehbare Kosten der Lebensführung. Bei entsprechenden Zuwendungen einer Kapitalgesellschaft können verdeckte Gewinnausschüttungen vorliegen, wenn der Gesellschafter durch die Zuwendungen begünstigt wird, z. B. eigene Aufwendungen als Mäzen erspart.

Aufwendungen zur Förderung politischer Parteien sind nicht als Betriebsausgaben abzugsfähig (§ 4 Abs. 6 EStG).

6.4.2.5 Abgrenzung zwischen verdeckter Gewinnausschüttung und Spende

570a Spenden einer Kapitalgesellschaft an eine gemeinnützige Körperschaft können verdeckte Gewinnausschüttungen sein, wenn sie durch ein besonderes Näheverhältnis zwischen dem Spendenempfänger und dem Gesellschafter der spendenden Kapitalgesellschaft veranlasst sind. Ob dies der Fall ist, muss anhand aller Umstände des konkreten Einzelfalls beurteilt werden (BFH-Beschluss vom 19.12.2007, I R 83/06, BFH/NV 2008, 988 sowie BFH-Beschluss vom 10.6.2008, I B 19/08, BFH/NV 2008, 1704).

570b Nach § 9 Abs. 1 Nr. 2 KStG sind in den dort bestimmten Grenzen Aufwendungen einer Kapitalgesellschaft zur Förderung mildtätiger oder kirchlicher Zwecke einkommensmindernd abziehbar. Diese Regelung gilt jedoch nur »vorbehaltlich des § 8 Abs. 3« KStG, woraus folgt, dass von § 9 Abs. 1 Nr. 2 KStG erfasste Aufwendungen zugleich verdeckte Gewinnausschüttungen i. S. d. § 8 Abs. 3 Satz 2 KStG sein können und in diesem Fall das Einkommen der Kapitalgesellschaft nicht mindern dürfen. Für eine zur verdeckten Gewinnausschüttung führenden Vorteilszuwendung reicht es aus, wenn die Kapitalgesellschaft aus im Gesellschaftsverhältnis liegenden Gründen einer ihrem Gesellschafter nahe stehenden Person einen Vorteil zuwendet, ohne dass der Gesellschafter selbst – unmittelbar oder mittelbar – an dem Vorteil teilhat. Der BFH folgt nicht der im Schrifttum vertretenen Ansicht, dass eine solche Zuwendung generell keine verdeckte Gewinnausschüttung i. S. d. § 8 Abs. 3 Satz 2 KStG sein könne, wenn sie aus der Sicht des Leistenden eine Spende darstelle (so Janssen, Deutsche Steuer-Zeitung 2001, 161, 162). Eine Spende kann jedenfalls dann als verdeckte Gewinnausschüttung gewertet werden, wenn sie durch ein besonderes Näheverhältnis zwischen dem Empfänger und dem Gesellschafter der spendenden Kapitalgesellschaft veranlasst ist (s. a. Hessisches FG Urteil vom 18.9.2013, 4 K 2629/12, rkr.).

570c Die Kapitalgesellschaft handelt u. a. dann im Interesse des Gesellschafters, wenn sie die »Spenden« ausschließlich an eine bestimmte gemeinnützige Organisation geleistet hat. Nach der BFH-Rechtsprechung (BFH-Urteile vom 9.8.1989 I R 4/84, BStBl 1990 II

237 und vom 8.4.1992 I R 126/90, BStBl 1992 II 849) sind Spenden öffentlich-rechtlich organisierter Betriebe an ihren Gewährträger regelmäßig als verdeckte Gewinnausschüttungen anzusehen, soweit sie den durchschnittlichen Betrag der an andere Empfänger geleisteten Spenden übersteigen. Eine einseitige Ausrichtung des Spendenverhaltens kann somit auf dessen Veranlassung durch das Gesellschaftsverhältnis hinweisen.

Für eine verdeckte Gewinnausschüttung spricht auch, dass die Kapitalgesellschaft der   570d
Organisation nicht nur erhebliche Beträge zugewendet hat, sondern dass ihre Spendenpraxis auch durch stetige und selbst im Verlustjahr fortgesetzte Zuwendungen gekennzeichnet gewesen ist.

6.4.2.6   Zuwendungsnachweise

6.4.2.6.1   Allgemeine Grundsätze

Nach § 50 EStDV sind für die Abzugsfähigkeit der Zuwendungen nach den §§ 10b und   571
34g EStG zwei Zuwendungsnachweise möglich:

► die amtliche Zuwendungsbestätigung oder

► der Bareinzahlungsbeleg oder die Buchungsbestätigung eines Kreditinstituts.

Das BMF-Schreiben vom 7.11.2013 (BStBl 2013 I, 1333) enthält die neuen Muster für   572
Zuwendungsbestätigungen; das BMF-Schreiben vom 30.8.2012 (BStBl 2012 I 884) wird aufgehoben. Es wird nicht beanstandet, wenn bis zum 31.12.2013 die bisherigen Muster für Zuwendungsbestätigungen verwendet werden. Die neuen Muster für Zuwendungsbestätigungen werden als ausfüllbare Formulare unter www.formulare-bfinv.de zur Verfügung gestellt. Für den Abzug steuerbegünstigter Zuwendungen an nicht im Inland ansässiger Empfänger wird ausdrücklich auf das BMF-Schreiben vom 16.5.2011 (BStBl 2011 I 559, s.o.) hingewiesen.

Die in der Anlage des BMF-Schreibens vom 7.11.2013 (BStBl 2013 I 1333) beigefügten   573
Muster für Zuwendungsbestätigungen sind verbindliche Muster (vgl. § 50 Abs.1 EStDV). Die Zuwendungsbestätigungen können vom jeweiligen Zuwendungsempfänger anhand dieser Muster selbst hergestellt werden. In einer auf einen bestimmten Zuwendungsempfänger zugeschnittenen Zuwendungsbestätigung müssen nur die Angaben aus den veröffentlichten Mustern übernommen werden, die im Einzelfall einschlägig sind. Die in den Mustern vorgesehenen Hinweise zu den haftungsrechtlichen Folgen der Ausstellung einer unrichtigen Zuwendungsbestätigung und zur steuerlichen Anerkennung der Zuwendungsbestätigung sind stets in die Zuwendungsbestätigungen zu übernehmen.

Durch das Steuerbürokratieabbaugesetz vom 20.12.2008 (BGBl 2008 I 2850) wurde in   574
§ 50 Abs.1a EStDV die Möglichkeit einer elektronischen Zuwendungsbestätigung geschaffen. Diese kann vom Empfänger der Zuwendung elektronisch an das für die Besteuerung des Zuwendenden zuständige FA übermittelt werden.

6.4.2.6.2   Bareinzahlungsbeleg oder Buchungsbestätigung

575   Unter bestimmten Voraussetzungen genügt als Nachweis der Bareinzahlungsbeleg oder die Buchungsbestätigung eines Kreditinstituts.

▶ Die Zuwendung ist zur Hilfe in Katastrophenfällen innerhalb eines Zeitraums, den die obersten Finanzbehörden der Länder im Benehmen mit dem Bundesministerium der Finanzen bestimmen, auf ein für den Katastrophenfall eingerichtetes Sonderkonto einer inländischen juristischen Person des öffentlichen Rechts, einer inländischen öffentlichen Dienststelle oder eines inländischen amtlich anerkannten Verbandes der freien Wohlfahrtspflege einschließlich seiner Mitgliedsorganisationen eingezahlt worden (§ 50 Abs. 2 Nr. 1 EStDV) oder

▶ die Zuwendung übersteigt nicht 200 € (§ 50 Abs. 2 Nr. 2 EStDV) und

– der Empfänger ist eine inländische juristische Person des öffentlichen Rechts oder eine inländische öffentliche Dienststelle oder

– der Empfänger ist eine Körperschaft, Personenvereinigung oder Vermögensmasse i. S. d. § 5 Abs. 1 Nr. 9 KStG ist, wenn der steuerbegünstigte Zweck, für den die Zuwendung verwendet wird, und die Angaben über die Freistellung des Empfängers von der KSt sind auf einem von ihm hergestellten Beleg aufgedruckt und darauf ist angegeben, ob es sich bei der Zuwendung um eine Spende oder einen Mitgliedsbeitrag handelt, oder

– der Empfänger ist eine politische Partei i. S. d. § 2 PartG und bei Spenden ist der Verwendungszweck auf dem vom Empfänger hergestellten Beleg aufgedruckt ist.

Durch die Ergänzung des § 50 Abs. 2 Nr. 1 EStDV durch das Steuervereinfachungsgesetz 2011 werden bisher nur durch BMF-Schreiben oder durch die Entscheidung einer obersten Finanzbehörde der Länder und somit durch Verwaltungserlasse (sog. Katastrophenerlasse) geregelte vereinfachte Nachweisanforderungen nunmehr mit Wirkung ab dem Veranlagungszeitraum 2012 materiell-gesetzlich geregelt (Änderung des § 50 Abs. 2 Nr. 1 EStDV durch das Steuervereinfachungsgesetz 2011 v. 1. 11. 2011, BGBl 2011 I 2131). Dabei geht es um Spenden zur Hilfe in Katastrophenfällen, die bereits vor der Einrichtung eines Sonderkontos den Zuwendungsempfänger erreichen oder zu denen ein nicht steuerbegünstigter Spendensammler aufgerufen hatte und die von diesem an den endgültigen Zuwendungsempfänger weitergeleitet wurde.

Der Spender soll auch in den letztgenannten Fällen seine Zuwendung als Sonderausgabe steuerlich geltend machen können. Durch die Regelung in einer Rechtsverordnung verdeutlicht der Gesetzgeber, dass die Nachweisanforderungen so einfach und unkompliziert wie möglich sein sollen und es sich insoweit nicht nur um Billigkeitsmaßnahmen der Verwaltung handelt. Dies dient zum einen der Rechtssicherheit der Spender und fördert darüber hinaus die Transparenz des steuerlichen Spendenrechts insgesamt.

Die Spende muss tatsächlich für die begünstigten Zwecke verwendet werden (H 10b.1 „Zuwendungsbestätigung" EStH).

BEISPIEL: ▶ In der Mitgliederversammlung eines gemeinnützigen Sportvereins erhält der Schatzmeister des Vereins folgende Barzuwendungen:

von A eine Spende i. H. v. 50 €,

von B eine Spende i. H. v. 300 €,

von C den ausstehenden Mitgliedsbeitrag i. H. v. 80 €.

LÖSUNG: ▶ Die Förderung des Sports ist ein steuerbegünstigter Zweck i. S. d. § 52 Abs. 2 Nr. 21 AO. Da die Förderung des Sports in § 10b Abs. 1 Satz 8 Nr. 1 EStG aufgeführt ist, dürfen Mitgliedsbeiträge nicht als Zuwendungen abgezogen werden. Der Mitgliedsbeitrag i. H. v. 80 € ist nicht als Zuwendung i. S. d. § 10b Abs. 1 EStG abzugsfähig.

Für die Spende von 50 € ist nach § 50 Abs. 2 EStDV keine Zuwendungsbestätigung erforderlich. Der Schatzmeister erteilt dem Zuwender einen Beleg. Die Spende darf nicht für einen wirtschaftlichen Geschäftsbetrieb des Sportvereins verwendet werden. Auf dem Beleg ist deshalb der steuerbegünstigte Zweck anzugeben, für den die Spende verwendet wird, z. B. für die Jugendarbeit. Auf dem Beleg muss zusätzlich die Freistellung des Sportvereins von der KSt vermerkt sein, z. B. Freistellungsbescheid vom …. für die Jahre …

Auf dem Beleg muss außerdem ausdrücklich vermerkt sein, dass es sich bei der Zuwendung um eine Spende handelt. Für den Spendenabzug nach § 10b Abs. 1 EStG hat der Spender diesen Beleg beim FA vorzulegen (§ 50 Abs. 2 EStDV).

Voraussetzung für den Spendenabzug der 300 € nach § 10b Abs. 1 EStG ist, dass der Verein dem Spender eine Zuwendungsbestätigung nach § 50 Abs. 1 EStDV erteilt. Der Verein hat ein Doppel der Zuwendungsbestätigung aufzubewahren.

6.4.2.6.3 Die Zuwendungsbestätigung als materiell-rechtliche Voraussetzung für den Zuwendungsabzug

Die Erteilung einer Zuwendungsbestätigung i. S. d. § 50 EStDV ist ein rückwirkendes Ereignis i. S. d. § 175 Abs. 1 Satz 1 Nr. 2 AO, denn das Vorliegen der Bestätigung ist materiell-rechtliche Voraussetzung für den Spendenabzug (BFH v. 6. 3. 2003 XI R 13/02, BStBl 2003 II 554). Die Zuwendungsbestätigung ist unverzichtbare sachliche Voraussetzung für den Spendenabzug (ständige Rechtsprechung, vgl. z. B. BFH v. 23. 5. 1989 X R 17/85, BStBl 1989 II 879; v. 5. 2. 1992 I R 63/91, BStBl 1992 II 748). Allein der Zweck der Bestätigung, die Verwendung der Zuwendung zu steuerbegünstigten Zwecken nachzuweisen, nimmt ihr nicht den Charakter eines materiell-rechtlichen Tatbestandsmerkmals. 576

BEACHTE:

Auf Grund der BFH-Entscheidung vom 6. 3. 2003 (XI R 13/02, BStBl 2003 II 554) wurde – durch das EURLUmsG vom 9. 12. 2004 (BGBl 2004 I 3310, 3323 und BT-Drs. 15/4050) – § 175 Abs. 2 Satz 2 AO eingefügt. Danach ist die nachträgliche Vorlage der Spendenbescheinigung kein Fall des § 175 AO (s. a. AEAO zu § 175 Nr. 2.2 Abs. 3). Mit Urteil vom 18. 7. 2013 (13 K 4515/10, EFG 2013, 1720, Revision eingelegt, Az. BFH: X R 34/13) hat das FG Münster entschieden, dass ein bestandskräftiger ESt-Bescheid nicht aufgrund einer Spendenbescheinigung geändert werden kann, die nach Erlass des Bescheids ausgestellt wird. Der BFH wird jedoch zu klären haben, inwieweit sich das EuGH-Urteil vom 30. 6. 2011 (C-262/09, DStR 2011, 1262) auf die Anwendung des § 175 Abs. 2 Satz 2 AO auswirkt. Der nach der EuGH-Rechtsprechung entwickelte »Effektivitätsgrundsatz« besagt, dass die Ausübung der verliehen Rechte nicht praktisch unmöglich gemacht oder übermäßig erschwert wird (Rz. 55 des EuGH-Urteils vom 30. 6. 2011, C-262/09). Zum Effektivitätsgrundsatz hat der EuGH entschieden, dass die Festsetzung angemessener Ausschlussfristen für die Rechtsverfolgung im Interesse der Rechtssicherheit, die zugleich den Abgabepflichtigen und die Behörde schützt, mit dem Unionsrecht vereinbar ist. Zu beachten gilt, dass das nationale Recht mit § 175 Abs. 2 Satz 2 AO rückwirkend geändert wurde, ohne dass es den betroffenen Stpfl. durch eine Übergangsregelung ermöglicht worden wäre, ihren Anspruch geltend zu machen. Folglich steht der Effektivitätsgrundsatz einer solchen Gesetzesänderung entgegen, da den Stpfl. damit keine angemessene Frist zur Geltendmachung ihres Anspruchs während eines Übergangszeitraums eingeräumt wird. Es ist Sache des vorlegenden Gerichts, die entsprechende Frist festzusetzen.

6.4.2.7 Kirchliche Zwecke und Förderung der Religion

577 Ein kirchlicher Zweck liegt nur vor, wenn die Tätigkeit darauf gerichtet ist, eine Religionsgemeinschaft des öffentlichen Rechts zu fördern (§ 54 AO). Bei Religionsgemeinschaften, die nicht Körperschaften des öffentlichen Rechts sind, kann wegen Förderung der Religion eine Anerkennung als gemeinnützige Körperschaft in Betracht kommen (§ 52 Abs. 2 Nr. 2 AO). Nach § 10b Abs. 1 und Abs. 1a EStG sind unter den dort genannten Voraussetzungen Zuwendungen zur Förderung steuerbegünstigter Zwecke i. S. d. §§ 52 bis 54 AO abzugsfähig.

Von Zuwendungen zur Förderung der Religion und kirchlicher Zwecke müssen Beiträge i. S. d. R 10.7 EStR (H 10.7 EStH) abgegrenzt werden. Beiträge der Mitglieder von Religionsgemeinschaften (Kirchenbeiträge), die mindestens in einem Land als Körperschaft des öffentlichen Rechts anerkannt sind, aber während des ganzen Kj. keine Kirchensteuer erheben, sind aus Billigkeitsgründen wie Kirchensteuern abziehbar. Voraussetzung ist, dass der Stpfl. über die geleisteten Beiträge eine Empfangsbestätigung der Religionsgemeinschaft vorlegt. Der Abzug ist bis zur Höhe der Kirchensteuer zulässig, die in dem betreffenden Land von den als Körperschaften des öffentlichen Rechts anerkannten Religionsgemeinschaften erhoben wird. Bei unterschiedlichen Kirchensteuersätzen ist der höchste Steuersatz maßgebend. Die Billigkeitsregelungen sind nicht anzuwenden, wenn der Stpfl. gleichzeitig als Mitglied einer öffentlich-rechtlichen Religionsgemeinschaft zur Zahlung von Kirchensteuer verpflichtet ist.

Kirchenbeiträge, die nach den Billigkeitsregelungen nicht wie Kirchensteuer als Sonderausgaben abgezogen werden, können im Rahmen des § 10b EStG steuerlich berücksichtigt werden.

6.4.2.8 Sachspenden

6.4.2.8.1 Allgemeiner Überblick

578 Nach § 10b Abs. 3 EStG sind auch Sachspenden abzugsfähig. Es handelt sich dabei um die Zuwendung von Wirtschaftsgütern mit Ausnahme von Nutzungen und Leistungen.

578a Strittig ist, ob Blutspenden als Sachzuwendungen anzusehen sind. Während dies die Finanzverwaltung verneint (vgl. OFD Frankfurt vom 15. 12. 1994, FR 1995, 287; so auch Schmidt, § 10b EStG Rz 7), vertreten Blümich (§ 10b EStG Rz 120) und Frotscher (§ 10b EStG Rz 16) die gegenteilige Auffassung. Zwar handelt es sich bei Blut heute um ein gängiges Handelsgut mit Vermögenswert, es fehlt gleichwohl an einer Wertabgabe, da es zu keiner wirtschaftlichen Belastung des Spenders kommt; Entsprechendes gilt für Organspenden (H/H/R, § 10b EStG Rz 121). Etwas anderes gilt nur dann, wenn derjenige, der Blut spendet, auf einen Geldanspruch verzichtet (vgl. Schmidt, § 10b EStG Rz 7; Littmann/Bitz/Pust, § 10b EStG Rz. 231).

6.4.2.8.2 Spendenhöhe und Zuwendungsbestätigung

Aus der Spendenbestätigung müssen der Wert und die genaue Bezeichnung der ge- 579
spendeten Sache ersichtlich sein (H 10b.1 „Sachspende" EStH und BFH v. 2. 6. 2000
BStBl 2000 I 592 sowie BMF-Schreiben vom 7. 11. 2013, BStBl 2013 I 1333). Wird ein
WG unmittelbar nach seiner Entnahme aus dem Betriebsvermögen einer begünstigten
Körperschaft zur Verwendung für steuerbegünstigte Zwecke unentgeltlich überlassen,
so kann die Entnahme mit dem Buchwert angesetzt werden (§ 6 Abs. 1 Nr. 4 Satz 4
EStG). Dies gilt nicht für die Entnahme von Nutzungen und Leistungen. Bei Sachspen-
den aus einem Betriebsvermögen darf zuzüglich zu dem Entnahmewert i. S. d. § 6 Abs. 1
Nr. 4 EStG auch die bei der Entnahme der Sache angefallene USt abgezogen werden
(§ 10b Abs. 3 Satz 2 EStG i. d. F. des Steuervereinfachungsgesetzes 2011 vom 1. 11. 2011,
BGBl 2011 I 2131).

Hinsichtlich der Bescheinigung von Sachspenden weist die Verwaltung im BMF-Schreiben vom 7. 11. 2013 (BStBl 2013 I 1333) auf Folgendes hin:

579a

1. Sachspende aus einem Betriebsvermögen:

Stammt die Sachzuwendung nach den Angaben des Zuwendenden aus dessen Betriebsvermögen, ist die Sachzuwendung mit dem Entnahmewert (zzgl. der bei der Entnahme angefallenen USt; vgl. R 10b.1 Abs. 1 Satz 4 EStR sowie § 10b Abs. 3 Satz 2 EStG i. d. F. des Steuervverein-
fachungsgesetzes 2011 vom 1. 11. 2011, BGBl 2011 I 2131) anzusetzen. In diesen Fällen braucht
der Zuwendungsempfänger keine zusätzlichen Unterlagen in seine Buchführung aufzunehmen,
ebenso sind Angaben über die Unterlagen, die zur Wertermittlung gedient haben, nicht erforderlich. Der Entnahmewert ist grundsätzlich der Teilwert. Der Entnahmewert kann auch der
Buchwert sein, wenn das WG unmittelbar nach der Entnahme für steuerbegünstigte Zwecke
gespendet wird (sog. Buchwertprivileg § 6 Abs. 1 Nr. 4 Satz 4 und 5 EStG). Der auf der Zuwendungsbestätigung ausgewiesene Betrag darf den bei der Entnahme angesetzten Wert nicht
überschreiten. Dies gilt nicht für die Entnahme von Nutzungen und Leistungen.

2. Sachspende aus dem Privatvermögen:

Handelt es sich um eine Sachspende aus dem Privatvermögen des Zuwendenden, ist der gemeine Wert des gespendeten WG maßgebend, wenn dessen Veräußerung im Zeitpunkt der Zuwendung keinen Besteuerungstatbestand erfüllen würde (§ 10b Abs. 3 Satz 3 EStG). Ansonsten sind
die fortgeführten Anschaffungs- oder Herstellungskosten als Wert der Zuwendung auszuweisen. Dies gilt insbesondere bei Veräußerungstatbeständen, die unter § 17 oder § 23 EStG fallen
(z. B. Zuwendung einer mindestens 1 %igen Beteiligung an einer Kapitalgesellschaft (§ 17 EStG),
einer Immobilie, die sich weniger als zehn Jahre im Eigentum des Spenders befindet (§ 23 Abs. 1
Satz 1 Nr. 1 EStG), eines anderen WG i. S. d. § 23 Abs. 1 Satz 1 Nr. 2 EStG mit einer Eigentumsdau-
er von nicht mehr als einem Jahr). Der Zuwendungsempfänger hat anzugeben, welche Unterlagen er zur Ermittlung des angesetzten Wertes herangezogen hat. In Betracht kommt in diesem
Zusammenhang z. B. ein Gutachten über den aktuellen Wert der zugewendeten Sache oder der
sich aus der ursprünglichen Rechnung ergebende historische Kaufpreis unter Berücksichtigung
einer Absetzung für Abnutzung. Diese Unterlagen hat der Zuwendungsempfänger zusammen
mit der Zuwendungsbestätigung in seine Buchführung aufzunehmen.

BEISPIEL: Der Stpfl. S hat Einkünfte aus Gewerbebetrieb vor Berücksichtigung einer Sachspende i. H. v. 100 000 €. Die jeweiligen Einkünfte stellen auch gleichzeitig den Gesamtbetrag der Einkünfte dar. S tätigt aus seinem Betriebsvermögen eine Sachspende mit einem Buchwert von 20 000 € und einem Teilwert von 50 000 €.

LÖSUNG: Nach § 6 Abs. 1 Nr. 4 EStG kann die Entnahme des Gegenstandes aus dem Betriebsvermögen mit dem Teilwert oder dem Buchwert angesetzt werden.

	Ansatz mit dem Buchwert		Ansatz mit dem Teilwert	
Einkünfte aus Gewerbebetrieb vor der Sachspende		100 000 €		100 000 €
Sachspende:				
Entnahmewert		+ 20 000 €		+ 50 000 €
Buchwert		./. 20 000 €		./. 20 000 €
Gesamtbetrag der Einkünfte unter Berücksichtigung der Entnahme		**100 000 €**		**130 000 €**
Zuwendungshöhe der Sachspende (§ 10b Abs. 3 Satz 2 EStG)	20 000 €		50 000 €	
zu berücksichtigen nach § 10b Abs. 1 Satz 1 Nr. 1 EStG maximal 20 % des Gesamtbetrags der Einkünfte	20 000 €	./. 20 000 €	26 000 €	./. 26 000 €
Spendenvortrag / zu versteuerndes Einkommen	0 €	80 000 €	24 000 €	104 000 €
Tarifliche ESt nach der Grundtabelle 2012		**25 428 €**		**35 508 €**

Um die Steuermehrbelastung im Spendenabzugsjahr zu vermeiden, kann der Stpfl. statt des Teilwerts den Buchwert ansetzen.

TAB. 21:	Behandlung von Sachspenden	
Die Sachzuwendung stammt aus		
dem Betriebsvermögen.		**dem Privatvermögen.**
Die Sachzuwendung ist mit dem Entnahmewert anzusetzen (§ 10b Abs. 3 EStG). Die Höhe des Entnahmewertes bestimmt sich nach § 6 Abs. 1 Nr. 4 EStG. Die Zuwendung erfolgt unentgeltlich		Die Sachzuwendung ist mit dem gemeinen Wert anzusetzen.
an eine Körperschaft i. S. d. § 5 Abs. 1 Nr. 9 KStG oder an eine juristische Person des öffentlichen Rechts zur Verwendung für steuerbegünstigte Zwecke i. S. d. § 10b Abs. 1 Satz 1 EStG:	an eine Partei bzw. unabhängige Wählervereinigung:	Würde die Veräußerung einen Besteuerungstatbestand erfüllen, ist der Buchwert anzusetzen (§ 10b Abs. 3 Satz 3 und 4 EStG).
die Entnahme kann mit dem Buchwert angesetzt werden (Buchwertprivileg des § 6 Abs. 1 Nr. 4 Satz 4 EStG).	die Entnahme ist mit dem Teilwert anzusetzen. Das Buchwertprivileg ist nicht anzuwenden.	

Die Bewertung der Höhe der Zuwendung nach dem gemeinen Wert in den Fällen des § 10b Abs. 3 Satz 3 EStG (Zuwendung von WG aus dem Privatvermögen) kann zu steuerlichen Ergebnissen führen, die vom Gesetzgeber nicht gewollt sind und das Steueraufkommen beeinträchtigen können. Durch das JStG 2009 vom 19.12.2008 (BGBl 2008 I 2794) wird § 10b Abs. 3 Satz 3 und 4 EStG deshalb neu gefasst.

Wird z.B. eine Beteiligung i.S.d. § 17 EStG einer gemeinnützigen Einrichtung zugewandt, so führt dies mangels eines Realisationstatbestandes i.S.d. § 17 EStG nicht zur Entstehung eines Veräußerungsgewinns. Gleichzeitig kann aber nach der geltenden Fassung des § 10b Abs. 3 Satz 3 EStG für die Beteiligungsspende eine Zuwendungsbestätigung i.H.d. gemeinen Wertes der Beteiligung ausgestellt werden. Dies führt zu ungerechtfertigten Steuervorteilen. Würde die Veräußerung einen Besteuerungstatbestand erfüllen, ist der Buchwert anzusetzen (§ 10b Abs. 3 Satz 3 und 4 EStG).

6.4.2.8 Kleiderspenden

Gebrauchte Wirtschaftsgüter können Gegenstand einer Sachspende sein, deren Höhe 580 sich nach dem gemeinen Wert des zugewendeten WG richtet. Soweit gebrauchte Kleidung überhaupt einen gemeinen Wert (Marktwert) hat, sind die für eine Schätzung des Wertes maßgeblichen Faktoren, wie Neupreis, Zeitraum zwischen Anschaffung und Weggabe und der tatsächliche Erhaltungszustand im Einzelnen durch den Steuerpflichtigen nachzuweisen (betr. Kleiderspenden an das DRK; BFH 23.5.1989 X R 17/85, BStBl 1989 II 879).

Gemäß § 10b EStG sind Ausgaben zur Förderung u.a. der als besonders förderungswür- 581 dig anerkannten gemeinnützigen Zwecke bis zur Höhe von insgesamt 20% des Gesamtbetrages der Einkünfte als Sonderausgaben abziehbar. Als Ausgabe i.S. der Vorschrift gilt nach § 10b Abs. 3 EStG auch die Zuwendung von Wirtschaftsgütern mit Ausnahme von Nutzungen und Leistungen. Handelt es sich nicht um Wirtschaftsgüter, die aus einem Betriebsvermögen entnommen sind, bestimmt sich die Höhe der Ausgaben nach dem gemeinen Wert des zugewendeten WG (§ 10b Abs. 3 Satz 3 EStG).

§ 10b EStG setzt nicht voraus, dass die Ausgaben das Einkommen belasten. Die Her- 582 kunft der verwendeten Mittel ist grundsätzlich ohne Bedeutung. Das ergibt sich bereits daraus, dass nach § 10b Abs. 3 EStG auch die Zuwendung von Wirtschaftsgütern als Ausgabe anzusehen und mithin auch die Hingabe von Wirtschaftsgütern aus dem Vermögen des Stpfl. mit deren Wert als Aufwendung zu berücksichtigen ist.

Hinsichtlich des Nachweises schreibt § 50 Abs. 1 EStDV vor, dass Zuwendungen nur 583 dann abziehbar sind, wenn der Empfänger die ausschließliche Verwendung des zugewendeten Betrags für seine satzungsmäßigen Zwecke bestätigt. Diese Bestätigung ist nach ständiger Rechtsprechung unverzichtbare sachliche Voraussetzung für den Spendenabzug.

Der „gemeine Wert" ist im EStG nicht definiert. Maßgeblich ist deshalb die Begriffs- 584 bestimmung des § 9 Abs. 2 BewG. Danach bestimmt sich der gemeine Wert durch den Preis, der im gewöhnlichen Geschäftsverkehr nach der Beschaffenheit des Wirtschaftsguts bei einer Veräußerung zu erzielen wäre; dabei sind alle Umstände, die den Preis beeinflussen, zu berücksichtigen, ausgenommen außergewöhnliche oder persönliche

Verhältnisse. Bei der Wertfindung ist davon auszugehen, dass § 9 Abs. 2 BewG einen funktionierenden Markt, d. h. eine Nachfrage nach Wirtschaftsgütern von der Art des zu bewertenden Wirtschaftsguts voraussetzt. Dabei ist davon auszugehen, dass für gebrauchte Kleidung grundsätzlich ein Markt besteht, wie die zunehmende Zahl der Secondhandshops zeigt.

585   Grundsätzlich lässt sich der gemeine Wert des zu bewertenden Wirtschaftsguts am zuverlässigsten anhand von Verkaufspreisen anderer gleicher oder vergleichbarer Wirtschaftsgüter ermitteln. Voraussetzung hierfür ist jedoch, dass Verkaufsfälle in ausreichender Zahl stattgefunden haben und die maßgebenden Wertfaktoren der zu vergleichenden Wirtschaftsgüter im Wesentlichen übereinstimmen. Ist es nicht möglich, den gemeinen Wert aus Verkäufen abzuleiten, so muss er geschätzt werden.

586   Nach Auffassung des BFH ist es unzulässig, bei der Schätzung des gemeinen Werts die vom DRK als Empfänger bescheinigten Werte mit der Begründung als eigene zu übernehmen, diese Organisation habe „Erfahrungen auf diesem Gebiet". Tatsächliche Feststellungen, die diese Annahme rechtfertigten, sind zwingend notwendig. Falsch ist es auch, alle Kleidungsstücke eines bestimmten Warentyps (Mantel, Anorak, Blusen, Herrenhemden, Schuhe etc.) mit einem bestimmten Wert anzusetzen. Die Annahme, gebrauchte Kleidung einer bestimmten Warengattung habe – selbst eine vergleichbare Nutzungsdauer unterstellt – ohne Rücksicht auf deren Neuwert einen gleichen Gebrauchtwarenmarktwert, ist offensichtlich fehlerhaft; denn Faktoren, wie Material, Verarbeitung, Design, Marke etc., die sich im Kaufpreis niederschlagen, bleiben wertbestimmend auch dann, wenn die Gegenstände gebraucht weiterveräußert werden.

Der gemeine Wert von Kleidungsstücken wird durch den Gebrauch und – davon unabhängig – durch bloßen Zeitablauf gemindert. Kleidungsstücke sind Gegenstände, deren Wert besonders von der Änderung des modischen Geschmacks entscheidend mitbestimmt wird; sie sind nach kurzer Zeit auch als neue Wirtschaftsgüter nur noch schwer, als gebrauchte nur ausnahmsweise verkäuflich. Dass Wirtschaftsgüter, weil sie nicht verbraucht sind, noch einen Nutzungswert haben können, verschafft ihnen noch keinen Marktwert im Sinne eines gemeinen Werts.

6.4.2.9   Aufwandsspenden

587   Zur Abzugsfähigkeit von Aufwandsspenden (z. B. Fahrtkosten) s. Verfügung der OFD Magdeburg v. 19. 2. 1999 (NWB DokID: [MAAAA-83340], DStR 1999, 544). Das BMF-Schreiben v. 7. 6. 1999 (BStBl 1999 I 591) regelt die steuerliche Anerkennung sog. Aufwandsspenden an gemeinnützige Vereine i. S. d. § 10b Abs. 3 Satz 5 u. 6 EStG und ist auf alle Zusagen auf Aufwendungsersatz sowie auf alle Zusagen auf Vergütungen, die bis zum 31. 12. 2014 erteilt werden, anzuwenden. Für Aufwandsspenden ab 2015 gilt das BMF-Schreiben vom 25. 11. 2014 (BStBl 2014 I 1584).

588   Aufwendungsersatzansprüche i. S. d. § 670 BGB können Gegenstand sog. Aufwandsspenden gem. § 10b Abs. 3 Satz 5 und 6 EStG sein. Zunächst spricht aber die Vermutung dafür, dass Leistungen ehrenamtlich tätiger Mitglieder und Förderer des Vereins unentgeltlich und ohne Aufwendungsersatzanspruch erbracht werden. Der Gegenbeweis kann durch eine schriftliche Vereinbarung geführt werden, die vor der zum Aufwand führenden Tätigkeit getroffen sein muss. Hat also der Zuwendende einen Auf-

wendungsersatzanspruch gegenüber dem Verein und verzichtet er darauf, ist ein Spendenabzug nach § 10b Abs. 3 Satz 5 EStG nur zulässig,

▶ wenn der entsprechende Aufwendungsersatzanspruch

▶ durch Vertrag, Satzung oder einen rechtsgültigen Vorstandsbeschluss eingeräumt worden ist,

▶ bevor die zum Aufwand führende Tätigkeit begonnen wird.

▶ Ein Vorstandsbeschluss muss den Mitgliedern in geeigneter Weise bekannt gemacht werden.

▶ Eine rückwirkende Satzungsänderung reicht nicht aus.

▶ Aufwendungsersatzansprüche müssen ernsthaft eingeräumt sein und dürfen nicht unter der Bedingung des Verzichts stehen.

▶ Der Verein muss ungeachtet des späteren Verzichts in der Lage sein, den geschuldeten Aufwendungsersatz zu leisten.

Bei dem Verzicht auf den Ersatz der Aufwendungen handelt es sich nicht um eine Spende des Aufwands, sondern um eine Geldspende, bei der entbehrlich ist, dass Geld zwischen dem Verein und dem Zuwendenden tatsächlich hin und her fließt. In der Spendenbescheinigung ist deshalb eine Geldzuwendung zu bescheinigen. Für die Höhe der Zuwendung ist der vereinbarte Ersatzanspruch maßgebend. Ein unangemessen hoher Ersatzanspruch kann zum Verlust der Gemeinnützigkeit des Vereins führen. Werden im Auftrag des Vereins oder der Partei Fahrten mit dem eigenen Pkw durchgeführt, ist davon auszugehen, dass ein in einem Vertrag oder in der Satzung vereinbarter Aufwendungsersatzanspruch, der 0,30 €/km nicht übersteigt, als angemessen anzusehen ist. Ein höherer Erstattungsbetrag ist nur gegen Nachweis von tatsächlich höheren Aufwendungen möglich (OFD Frankfurt v. 21.2.2002, NWB DokID: [MAAAA-83366], DStR 2002 805). 589

Die Verzichtserklärung muss zeitnah erfolgen. Dies ist dann der Fall, wenn bei einmaligen Ansprüchen innerhalb von drei Monaten und bei einer regelmäßigen Tätigkeit alle drei Monate ein Verzicht erklärt wird. 589a

Zum Abzug von Aufwandsspenden hat das FG Berlin-Brandenburg mit Urteil vom 4.3.2014 (6 K 9244/11, EFG 2014, 989, rkr.) entschieden, dass es für den Abzug einer Aufwandsspende nicht ausreicht, wenn ein Vorstandsbeschluss der gemeinnützigen Körperschaft dem Zuwendenden einen Aufwendungsersatzanspruch einräumt, auf den der Zuwendende sodann verzichtet. Vielmehr ist erforderlich, dass der Anspruch durch Vertrag oder durch Satzung eingeräumt worden ist (Dißars, SteuerConsultant 2014, 21). 589b

HINWEIS:

Nach den Anweisungen des BMF-Schreibens vom 25.11.2014 (BStBl 2014 I 1584) ist die Anerkennung eines Aufwendungsersatzanspruches auch in den Fällen eines rechtsgültigen Vorstandsbeschlusses möglich, wenn der Vorstand dazu durch eine Regelung in der Satzung ermächtigt wurde. Im Urteilsfall war diese Ermächtigungsregelung in der Satzung nicht vorhanden.

Wird bei einer Körperschaft, die vor dem 1. 1. 2015 gegründet wurde, Aufwendungsersatz lediglich aufgrund eines rechtsgültigen Vorstandsbeschlusses ohne ausdrückliche Satzungsermächtigung eingeräumt, so muss die Satzung nicht allein zur Einräumung dieser Ermächtigung geändert werden (BMF vom 25. 11. 2014, BStBl 2014 I 1584, Tz. 7).

589c Voraussetzung für den Abzug von Aufwandsspenden ist im Hinblick auf die gleichgelagerten Interessen von Spender und Empfänger, dass die Beteiligten ernstlich gewollte, klare, eindeutige und widerspruchsfreie Abmachungen dazu getroffen haben, wem unter welchen Voraussetzungen ein Aufwendungsersatzanspruch in welcher Höhe zustehen soll, und dass die einzelnen Verträge und Willenserklärungen ihrem Inhalt entsprechend durchgeführt worden sind; die Vereinbarungen müssen insoweit einem »Fremdvergleich« standhalten. Da die Voraussetzungen für die Berücksichtigung der Aufwandsspenden im BMF-Schreiben vom 7. 6. 1999 (BStBl 1999 I 591) nicht eingehalten wurden, hat das FA den Verein zu recht wegen der Ausstellung falscher Bescheinigen in Haftung genommen.

6.4.2.10 Haftung

590 Wer vorsätzlich oder grob fahrlässig eine unrichtige Bestätigung ausstellt (1. Alternative) oder wer veranlasst, dass Zuwendungen nicht zu den in der Bestätigung angegebenen steuerbegünstigten Zwecken verwendet werden (2. Alternative), haftet für die entgangene Steuer. Diese ist mit 30 % des zugewendeten Betrags anzusetzen (§ 10b Abs. 4 EStG; s. a. Rathke u. a., NWB 42/2012, 3373).

591 **Haftungsschuldner** sind als **Gesamtschuldner** sowohl der **Zuwendungsempfänger** als auch die für ihn **handelnde natürliche Person**. Nach Ausübung des pflichtgemäßen Auswahlermessens können beide Gesamtschuldner gleichzeitig oder auch vorrangig die natürliche Person in Anspruch genommen werden. Hierdurch lassen sich jedoch viele bürgerschaftlich interessierte Personen davon abhalten, insbesondere verantwortungsvollere Aufgaben, z. B. im Vereinsvorstand, zu übernehmen. Um das ehrenamtliche Engagement zu unterstützen, wird durch das JStG 2009 vom 19. 12. 2008 (BGBl 2008 I 2794) eine **Reihenfolge** der **Inanspruchnahme** der **Gesamtschuldner** gesetzlich festgelegt.

Vorrangig haftet der **Zuwendungsempfänger** (z. B. der **Verein**). Die handelnde Person wird nur in Anspruch genommen, wenn die Inanspruchnahme des Vereins erfolglos ist, der Haftungsanspruch also weder durch Zahlung, Aufrechnung, Erlass oder Verjährung erloschen ist noch Vollstreckungsmaßnahmen gegen ihn zum Erfolg führen. Die Änderung ist nach der allgemeinen Anwendungsregelung in § 52 Abs. 1 EStG erstmals für den Veranlagungszeitraum 2009 anzuwenden. Die OFD Frankfurt nimmt mit Vfg. vom 17. 3. 2014 (S 2223 A – 95 – St 53) zu Haftungsfragen nach § 10b Abs. 4 EStG Stellung.

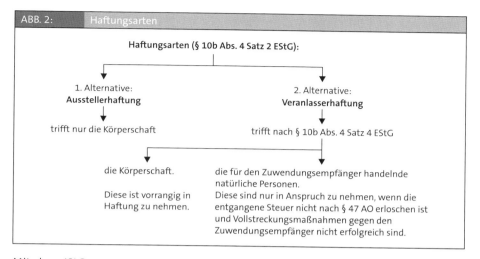

ABB. 2: Haftungsarten

Haftungsarten (§ 10b Abs. 4 Satz 2 EStG):

1. Alternative:
Ausstellerhaftung

trifft nur die Körperschaft

die Körperschaft.

Diese ist vorrangig in Haftung zu nehmen.

2. Alternative:
Veranlasserhaftung

trifft nach § 10b Abs. 4 Satz 4 EStG

die für den Zuwendungsempfänger handelnde natürliche Personen. Diese sind nur in Anspruch zu nehmen, wenn die entgangene Steuer nicht nach § 47 AO erloschen ist und Vollstreckungsmaßnahmen gegen den Zuwendungsempfänger nicht erfolgreich sind.

Mit dem JStG 2009 vom 19.12.2008 (BGBl 2008 I 2794) wird in § 10b Abs. 4 Satz 5 592
EStG eine Festsetzungsfrist für Spendenhaftungsbescheide eingeführt, nach der die Festsetzungsfrist für den Haftungsbescheid i.S.v. § 10b Abs. 4 Satz 2 EStG an den Ablauf der Festsetzungsfrist für die Körperschaftsteuerfestsetzung gegenüber der die Steuerbegünstigung begehrenden Körperschaft gekoppelt wird. Diese Ablaufhemmung ist erforderlich, weil das Vorliegen der Voraussetzungen für eine Haftungsinanspruchnahme nach § 10b Abs. 4 Satz 2 EStG ausschließlich im Rahmen der Überprüfung der Körperschaftsteuerbefreiung festgestellt werden kann.

Eine Spendenbescheinigung ist unrichtig, wenn sie Zuwendungen ausweist, die Entgelt 593
für Leistungen sind. Setzt der Schulträger das Schulgeld so niedrig an, dass der normale Betrieb der Schule nur durch die Zuwendungen der Eltern an einen Förderverein aufrechterhalten werden kann, die dieser satzungsgemäß an den Schulträger abzuführen hat, so handelt es sich bei diesen Zuwendungen um Leistungsentgelt, nicht um Spenden (BFH 12.8.1999 XI R 65/98, BStBl 2000 II 65).

6.4.2.11 Zuwendungen an politische Parteien und freie Wählervereinigungen

Nach § 10b Abs. 2 EStG sind Beiträge und Spenden an politische Parteien abziehbar, 594
wenn die Partei bei Zufluss der Zuwendung als politische Partei i.S.d. § 2 PartG anzusehen ist (R 10b.2). Die Steuerermäßigung nach § 34g EStG gilt auch für unabhängige Wählervereinigungen (§ 34g Nr. 2 EStG). Das BMF-Schreiben v. 16.6.1989 (BStBl 1989 I 239) nimmt zur Behandlung der Zuwendungen an unabhängige Wählervereinigungen Stellung.

Mitgliedsbeiträge und Spenden an politische Parteien können nur insoweit als Sonder- 595
ausgaben abgezogen werden, als für sie nicht eine Steuerermäßigung nach § 34g EStG gewährt worden ist. Danach vermindert sich die tarifliche ESt um 50 % der Ausgaben, höchstens um 825 € (bei Zusammenveranlagung von Ehegatten 1 650 €). Die danach verbleibenden Mitgliedsbeiträge und Spenden an politische Parteien sind nach § 10b

Abs. 2 EStG bis maximal 1 650 € bzw. bei Zusammenveranlagung bis 3 300 € als Sonderausgaben abzugsfähig.

BEISPIEL: ▶ Ein lediger Stpfl. spendet an eine politische Partei

a) 100 €,

b) 1 000 €,

c) 1 650 €,

d) 2 500 €,

e) 3 300 €,

f) 4 000 €.

LÖSUNG: ▶ Spenden können nur insoweit als Sonderausgaben abgezogen werden, als für sie nicht eine Steuerermäßigung nach § 34g EStG gewährt worden ist.

a) Die Steuerermäßigung nach § 34g EStG beträgt 50 % der Ausgaben = 50 €. Ein Sonderausgabenabzug ist danach nicht mehr möglich.

b) Die Steuerermäßigung nach § 34g EStG beträgt 50 % der Ausgaben = 500 €. Ein Sonderausgabenabzug ist danach nicht mehr möglich.

c) Die Steuerermäßigung nach § 34g EStG beträgt 50 % der Ausgaben = 825 €. Dies ist auch gleichzeitig der Höchstbetrag. Ein Sonderausgabenabzug ist danach nicht mehr möglich.

d) Die Steuerermäßigung nach § 34g EStG beträgt 50 % der Ausgaben = 1 250 €, höchstens jedoch 825 €. Von der Zuwendung i. H. v. 2 500 € sind nach § 34g EStG 1 650 € verbraucht. Ein Sonderausgabenabzug ist i. H. v. 850 € abzugsfähig.

e) Die Steuerermäßigung nach § 34g EStG beträgt 50 % der Ausgaben = 1 650 €, höchstens jedoch 825 €. Von der Zuwendung i. H. v. 3 300 € sind nach § 34g EStG 1 650 € verbraucht. Ein Sonderausgabenabzug ist i. H. v. 1 650 € abzugsfähig. Dies ist gleichzeitig der Höchstbetrag.

f) Die Steuerermäßigung nach § 34g EStG beträgt 50 % der Ausgaben = 2 000 €, höchstens jedoch 825 €. Von der Zuwendung i. H. v. 4 000 € sind nach § 34g EStG 1 650 € verbraucht. Für den Sonderausgabenabzug verbleibt ein Betrag i. H. v. 2 350 €. Abzugsfähig ist jedoch ein Betrag von höchstens 1 650 €, so dass sich 700 € steuerlich nicht auswirken.

Ein Wahlrecht zwischen dem Abzug der Zuwendungen von der Steuer nach § 34g EStG und dem Sonderausgabenabzug nach § 10b Abs. 2 EStG besteht nicht.

BEISPIEL: ▶ Ein Stpfl. spendet im Kj 13 folgende Beträge an folgende Einrichtungen:

a) Spende Deutscher Sportbund 2 500 €,

b) Spende an einen gemeinnützigen Sportverein 500 €,

c) Mitgliedsbeitrag DRK 60 €,

d) Spende an eine Universität für wissenschaftliche Zwecke 2 000 €,

e) Mitgliedsbeitrag an eine politische Partei 400 € und eine Spende 3 000 €.

Der Stpfl. wird zusammen mit seiner Ehefrau zur ESt veranlagt. Der Gesamtbetrag der Einkünfte beträgt 32 500 €.

LÖSUNG: ▶

a) Die Zuwendung dient steuerbegünstigten Zwecken i. S. d. § 52 Abs. 2 Nr. 21 AO

b) Siehe a).

c) Die Zuwendung dient steuerbegünstigten Zwecken i. S. d. § 52 Abs. 2 Nr. 9 AO i. V. m. § 23 Nr. 4 UStDV.

d) Die Zuwendung dient steuerbegünstigten Zwecken i. S. d. § 52 Abs. 2 Nr. 1 AO.

e) Die Zuwendungen sind unter den Voraussetzungen des § 10b Abs. 2 EStG abzugsfähig.

Die Höhe der nach § 10b EStG abzugsfähigen Ausgaben wird wie folgt ermittelt:

Zu berücksichtigende Zuwendungen

Insgesamt	8 460 €
davon an politische Parteien	./. 3 400 €
verbleiben nach § 10b Abs. 1 EStG zu berücksichtigen	5 060 €

Nach § 10b Abs. 2 EStG können Mitgliedsbeiträge und Spenden an politische Parteien nur insoweit als Sonderausgaben abgezogen werden, als für sie nicht eine Steuerermäßigung nach § 34g EStG gewährt worden ist. Die Steuerermäßigung nach § 34g EStG beträgt 50 % von 3 400 € = 1 700 €, höchstens 1 650 €. Von den Aufwendungen i. H. v. 3 400 € sind nach § 34g EStG somit 3 300 € verbraucht. Der Rest von 100 € ist als Sonderausgabe nach § 10b Abs. 2 EStG zu berücksichtigen.

Die Abzugsfähigkeit der Zuwendungen nach § 10b Abs. 1 EStG wird wie folgt ermittelt:

Zuwendungen insgesamt (kein Ausschluss von Mitgliedsbeiträgen)	5 060 €	
abzugsfähig sind 20 % des Gesamtbetrags der Einkünfte von 32 500 € =	6 500 €	
Maximal		5 060 €
zzgl. nach § 10b Abs. 2 EStG		100 €
als Sonderausgaben insgesamt abzugsfähig		5 160 €

ABWANDLUNG: ▸ Sachverhalt siehe s. o. Der Stpfl. ist ledig.

LÖSUNG: ▸ Zu berücksichtigende Zuwendungen

Insgesamt	8 460 €
davon an politische Parteien	./. 3 400 €
verbleiben nach § 10b Abs. 1 EStG zu berücksichtigen	5 060 €

Nach § 10b Abs. 2 EStG können Mitgliedsbeiträge und Spenden an politische Parteien nur insoweit als Sonderausgaben abgezogen werden, als für sie nicht eine Steuerermäßigung nach § 34g EStG gewährt worden ist. Die Steuerermäßigung nach § 34g EStG beträgt 50 % von 3 400 € = 1 700 €, höchstens 825 €. Von den Aufwendungen i. H. v. 3 400 € sind nach § 34g EStG somit 1 650 € verbraucht. Der Rest von 1 750 € ist als Sonderausgabe nach § 10b Abs. 2 EStG zu berücksichtigen.

Die Abzugsfähigkeit der Zuwendungen nach § 10b Abs. 1 EStG wird wie folgt ermittelt:

Zuwendungen insgesamt (kein Ausschluss von Mitgliedsbeiträgen)	5 060 €	
abzugsfähig sind 20 % des Gesamtbetrags der Einkünfte von 32 500 € =	6 500 €	
Maximal		5 060 €
zzgl. nach § 10b Abs. 2 EStG	1 750 €	
zu berücksichtigen maximal	1 650 €	1 650 €
als Sonderausgaben insgesamt abzugsfähig		6 710 €

6.4.2.12 Stiftungen

Die gesetzlichen Regelungen einer Stiftung finden sich in den §§ 80–89 BGB und in landesrechtlichen Vorschriften. Das BGB unterscheidet zwischen Stiftungen des öffentlichen Rechts und des Privatrechts. Stiftungen sind juristische Personen ohne Eigentümer. Träger der Stiftung ist die Organisation der Stiftung selbst. Steuerrechtlich wird eine gemeinnützige Stiftung wie ein Verein behandelt; nur der wirtschaftliche Geschäftsbetrieb unterliegt der KSt und der GewSt. Umsatzsteuerrechtlich ist die Stiftung Unternehmerin. Das gilt allerdings nicht für die reine Vermögensverwaltung.   596

597   Durch das Gesetz zur weiteren Stärkung des bürgerschaftlichen Engagements vom 10. 9. 2007 wurden die Regelungen zur steuerlichen Berücksichtigung von Zuwendungen vereinfacht. Differenziert werden muss nur noch, ob es sich bei einer Zuwendung zur Förderung steuerbegünstigter Zwecke i. S. d. §§ 52 bis 54 AO um eine Zuwendung in den Vermögensstock (das zu erhaltende Vermögen) einer Stiftung handelt oder nicht.

HINWEIS

Durch das Eherenamtsstärkungsgesetz vom 21. 3. 2013 (BGBl 2013 I 556) wurden die §§ 80 und 81 BGB um die rechtsfähige »Verbrauchsstiftung« ergänzt. § 80 Abs. 2 BGB wird dahingehend ergänzt, dass eine Stiftung als rechtsfähig anzuerkennen ist, wenn diese für eine bestimmte Zeit errichtet und das Vermögen für die Zweckverfolgung verbraucht werden soll (Verbrauchsstiftung). Nach dem im Stiftungsgeschäft festgelegten Zeitraum muss die Stiftung mindestens zehn Jahre bestehen. Das Stiftungsgeschäft muss die verbindliche Erklärung des Stifters enthalten, ein Vermögen zur Erfüllung eines von ihm vorgegebenen Zwecks zu widmen, das auch zum Verbrauch bestimmt werden kann.

In § 10b Abs. 1a Satz 2 EStG wurde geregelt, dass Spenden in das verbrauchbare Vermögen einer Stiftung nicht unter § 10b Abs. 1a EStG fallen. Zur Definition der Verbrauchsstiftung s. BMF v. 15. 9. 2014 (BStBl 2014 I 1278).

Die Stiftung muss die Voraussetzungen des § 10b Abs. 1 Satz 2 bis 6 EStG erfüllen. Als Höchstbeträge für Zuwendungen an Stiftungen gelten wie für alle anderen Zuwendungen die Höchstbeträge von 20 % des Gesamtbetrags der Einkünfte oder 4 ‰ der Summe der gesamten Umsätze und der im Kalenderjahr aufgewendeten Löhne und Gehälter.

598   Der Begriff Vermögensstock ist ein rein steuerlicher Begriff. Darunter ist das stiftungsrechtliche Grundstockvermögen, das der Stifter der Stiftung auf Dauer gewidmet hat, zu verstehen. Zur Definition des Vermögensstocks einer Stiftung s. BMF v. 15. 9. 2014 (BStBl 2014 I 1278).

599   Der **Sonderausgabenabzug** nach **§ 10b Abs. 1a EStG** – Spenden in den Vermögensstock einer Stiftung – **ist nur auf Antrag** des Steuerpflichtigen vorzunehmen; stellt der Steuerpflichtige **keinen Antrag,** gelten auch für Vermögensstockspenden die **allgemeinen Regelungen** nach § 10b Abs. 1 EStG. Im Antragsfall kann die Vermögensstockspende nach § 10b Abs. 1a EStG innerhalb eines Zeitraums von 10 Jahren vom Spender beliebig auf die einzelnen Jahre verteilt werden. Der Höchstbetrag beträgt 1 Mio. € (bei Ehegatten, die zusammen veranlagt werden 2 Mio. €) und ist auch dann anzusetzen, wenn die Spende in den Vermögensstock bereits bestehender Stiftungen (sog. Zustiftungen) geleistet werden.

600   Der Steuerpflichtige beantragt in seiner Einkommensteuererklärung erstens, in welcher Höhe die Zuwendung als Vermögensstockspende i. S. v. § 10b Abs. 1a EStG behandelt werden soll, und zweitens, in welcher Höhe er im entsprechenden Zeitraum eine Berücksichtigung wünscht. Leistet ein Steuerpflichtiger im VZ 10 beispielsweise 100 000 € in den Vermögensstock, entscheidet er im Rahmen seiner Einkommensteu-

ererklärung 10 über den Betrag, der als Vermögensstockspende nach § 10b Abs. 1a EStG behandelt werden soll – z. B. 80 000 € –, dann sind die übrigen 20 000 € Spenden im Rahmen der Höchstbeträge nach § 10b Abs. 1 EStG zu berücksichtigen.

Leistet ein Steuerpflichtiger einen höheren Betrag als 1 Mio. € in den Vermögensstock einer Stiftung, kann er den 1 Mio. € übersteigenden Betrag ebenfalls nach § 10b Abs. 1 EStG geltend machen. Im zweiten Schritt entscheidet der Steuerpflichtige über den Anteil der Vermögensstockspende, die er im VZ 10 abziehen möchte. Innerhalb des 10-Jahreszeitraums ist ein Wechsel zwischen § 10b Abs. 1a EStG und § 10b Abs. 1 EStG nicht zulässig.

Zur Behandlung der Vermögensstockspenden in eine Stiftung s. das BMF-Schreiben v.   601 18. 12. 2008 (BStBl 2009 I 16). Ab dem VZ 2013 ist das BMF-Schreiben vom 15. 9. 2014 (BStBl 2014 I 1278) anzuwenden.

BEISPIEL: ▶ Der Stpfl. Spiros Spender (Gesamtbetrag der Einkünfte 100 000 €) hat im VZ 13 folgende Zuwendungen getätigt:

an einen Fußballverein	3 000 €
an einen Verein, der mildtätige Zwecke fördert	6 000 €
an eine gemeinnützige Stiftung zur Förderung des Naturschutzes	25 000 €

LÖSUNG: ▶ Sachverhalt und Lösung s. Siegle, Steuerbegünstigung von Spenden, Steuer & Studium 12/2009, 594.

Die Abzugsfähigkeit von Spenden in den Vermögensstock steuerbegünstigter Stiftungen ist in § 10b Abs. 1a EStG geregelt. Die Spende muss nicht anlässlich einer Neugründung einer Stiftung erfolgen. Der Höchstbetrag beträgt 1 Mio. €. Die bis zum Höchstbetrag begünstigte Spende kann auf bis zu zehn Jahre verteilt werden. Der Höchstbetrag selbst kann innerhalb dieses Zeitraums nur einmal beansprucht werden.

Grundsätzlich ergibt sich nach § 10b Abs. 1 EStG folgende Berechnung:

Zuwendungen	
an einen Fußballverein	3 000 €
an einen Verein, der mildtätige Zwecke fördert	6 000 €
an eine gemeinnützige Stiftung zur Förderung des Naturschutzes	25 000 €
Summe Zuwendungen	34 000 €
Abzugsfähig sind 20 % des Gesamtbetrags der Einkünfte von 100 000 €	20 000 €

Danach können 20 000 € als Sonderausgaben abgezogen werden. Der übersteigende Betrag i. H. v. 14 000 € geht in den zeitlich unbefristeten Spendenvortrag ein.

Allerdings kann Spiros Spender auch einen Antrag nach § 10b Abs. 1a EStG stellen. Die Vermögensstockspende kann dann – je nach Antrag ganz oder teilweise – innerhalb eines Zehnjahreszeitraums beliebig verteilt werden. Damit kann Spiros einen Sonderausgabenabzug im Jahr 13 i. H. v. 34 000 € erreichen.

6.4.2.13 Spendenvortrag

Nach § 10b Abs. 1 Satz 9 EStG sind Zuwendungsbeträge, die die Höchstbeträge nach   602 § 10b Abs. 1 Satz 1 EStG überschreiten oder im Veranlagungszeitraum der Zuwendung nicht berücksichtigt werden können, nicht in den vorangegangenen Veranlagungszeitraum zurückzutragen, sondern in die folgenden Veranlagungszeiträume vorzutragen.

Der Vortrag ist zeitlich unbegrenzt. Für die vorzutragenden Zuwendungsbeträge gelten die Höchstbeträge nach § 10b Abs. 1 Satz 1 EStG entsprechend. Zuwendungen, die im laufenden Veranlagungszeitraum geleistet wurden, und diejenigen aus dem Vortrag sind zur Berechnung des Höchstbetrags zusammenzufassen. Für die Verfahrensregelungen ist § 10d Abs. 4 EStG sinngemäß anzuwenden.

603 Mit Schreiben vom 18. 12. 2008 (koordinierter Ländererlass, BStBl 2009 I 16) hat das BMF ein Anwendungsschreiben zu § 10b EStG herausgegeben. Das Schreiben regelt u. a. die weiterhin anwendbare Großspendenregelung. Es stellt klar, dass bei vorhandenen Großspenden bis zum 31. 12. 2006 ggf. noch für fünf Veranlagungszeiträume altes Recht neben neuem Recht anzuwenden ist. Auch für im Veranlagungszeitraum 2007 geleistete Spenden kann auf Antrag § 10b Abs. 1 EStG a. F. in Anspruch genommen werden. Dann gilt für diese Spenden auch der zeitlich begrenzte Großspendenvortrag nach altem Recht. Bei Ausübung des Wahlrechts ist für in 2007 geleistete Zuwendungen jedoch in vollem Umfang noch die frühere Rechtslage anzuwenden. So ist es z. B. nicht möglich, für Spenden an Stiftungen im Veranlagungszeitraum 2007 noch den zusätzlichen Höchstbetrag von 20 450 € in Anspruch zu nehmen und gleichzeitig für die übrigen Spenden den neuen prozentualen Abzugsbetrag von 20 % geltend zu machen.

604 Für einen Übergangszeitraum von maximal sechs Jahren ist neben der Feststellung des allgemeinen unbefristeten Spendenvortrags ggf. auch eine Feststellung des befristeten Großspendenvortrags nach altem Recht vorzunehmen. Verbleibt nach Ablauf der fünf Vortragsjahre ein Restbetrag, geht dieser nicht in den allgemeinen unbefristeten Spendenvortrag über, sondern ist verloren.

§ 10b Abs. 1 Satz 9 EStG regelt präzise die Reihenfolge der Abzüge vom Gesamtbetrag der Einkünfte. Nach § 2 Abs. 4 ist der Gesamtbetrag der Einkünfte u. a. um die Sonderausgaben zu mindern. Dabei ist nach § 10b Abs. 1 Satz 9 EStG folgende Reihenfolge zu beachten:

Gesamtbetrag der Einkünfte

./. Vorsorgeaufwendungen nach § 10 Abs. 3 und 4 EStG

./. Verlustabzug nach § 10d EStG

Verbleibender Restbetrag

./. abziehbare Zuwendungen nach § 10b EStG (bis max. Einkommen = 0 €)

605 Die abziehbaren Zuwendungen mindern den verbleibenden Restbetrag bis auf 0 €. Die darüber hinausgehenden abziehbaren Zuwendungen können nach § 10b Abs. 1 Satz 9 EStG in den nächsten Veranlagungszeitraum vorgetragen werden. Der Vortrag ist **zeitlich unbegrenzt**. Die vortragsfähigen Zuwendungen setzen sich somit aus zwei Teilen zusammen:

1. aus den abziehbaren Zuwendungen, die die Höchstbeträge überschreiten und

2. aus den abziehbaren Zuwendungen, deren Höchstbeträge den verminderten Gesamtbetrag der Einkünfte übersteigen.

Nach § 10d Abs. 1 Satz 10 ist der verbleibende Spendenvortrag gesondert festzustellen.

6.4.2.14 Spendenabzug bei notwendigen Schulkosten

Eine Spendenbescheinigung ist unrichtig, wenn sie Zuwendungen ausweist, die Entgelt 606
für Leistungen sind. Setzt der Schulträger das Schulgeld so niedrig an, dass der normale
Betrieb der Schule nur durch die Zuwendungen der Eltern an einen Förderverein aufrechterhalten werden kann, die dieser satzungsgemäß an den Schulträger abzuführen
hat, so handelt es sich bei diesen Zuwendungen um Leistungsentgelt, nicht um Spenden (BFH 12. 8. 1999 XI R 65/98, BStBl 2000 II 65). Insoweit ist eine Aufteilung in Schulgeld, das an den Schulträger abgeführt wird, und Spenden an den Förderverein nicht
zulässig. Leistungen der Eltern, die über den Betrag hinausgehen, der erforderlich ist,
um die Kosten des normalen Schulbetriebs zu decken, sind als Spenden abziehbar. Zu
den Kosten des normalen Schulbetriebs zählen insbesondere folgende Aufwendungen:

► laufende Sachkosten, z. B. Kosten für Lehrmittel, Versicherungen, Instandhaltung,
  Zinsen,

► laufende personelle Kosten, z. B. Lehrergehälter, Gehälter für sonstige Mitarbeiter,
  Versorgungsbezüge, Aufwendungen für Lehrerfortbildung,

► nutzungsbezogene Aufwendungen, z. B. Mieten, Erbbauzins, AfA,

► Kosten für übliche Schulveranstaltungen, falls sie von der Schule getragen werden.

Mit Beschluss vom 20. 7. 2006 (XI B 51/05, BFH/NV 2006, 2070) hat der BFH seine
Rechtsprechung vom 12. 8. 1999 (XI R 65/98, BStBl 2000 II 65) bestätigt und wie folgt
entschieden: Ob Beiträge der Eltern für den Schulbesuch der Kinder als Spende oder als
Entgelt für den Schulbesuch anzusehen sind, richtet sich nicht danach, ob sie freiwillig
oder unfreiwillig geleistet wurden; entscheidend ist vielmehr, ob die Leistungen der Eltern dazu dienen, die Kosten des normalen Schulbetriebs zu decken und deshalb als
Entgelt zu werten sind, oder ob sie darüber hinaus gehen und deshalb als Spende abziehbar sind.

LITERATURHINWEIS

Friebel/Rick/Schoor/Schneider, Fallsammlung Einkommensteuer, 19. Aufl., Fall 73 – 77; Fischer, Ak-
tuelles Spendenrecht, NWB 46/2015, 3414.

6.5 Sonderausgaben-Pauschbetrag (§ 10c EStG)

6.5.1 Allgemeines

Bei der Ermittlung des Einkommens sind für Sonderausgaben i. S. der §§ 10 und 10b 607
EStG Pauschbeträge abzuziehen, wenn nicht höhere Ausgaben nachgewiesen werden.

6.5.2 Sonderausgaben-Pauschbetrag

Für Sonderausgaben i. S. d. § 10 Abs. 1 Nr. 4, 5, 7 und 9 sowie Abs. 1a und nach § 10b 608
EStG wird ein Pauschbetrag i. H. v. 36 € abgezogen, wenn der Stpfl. keine höheren Aufwendungen nachweist. Im Fall der Zusammenveranlagung von Ehegatten erhöht sich
dieser Betrag nach § 10c Abs. 1 Satz 2 EStG auf 72 €. Dabei ist nicht Voraussetzung,
dass beide Ehegatten Einkünfte bezogen haben.

Neben einem Sonderausgaben-Pauschbetrag können als Sonderausgaben nur Vorsorgeaufwendungen, nach § 10d EStG abzugsfähige Verluste sowie die Beträge nach §§ 10e–10i EStG berücksichtigt werden.

6.5.3 Vorsorgepauschale

609 Durch das Gesetz zur verbesserten steuerlichen Berücksichtigung von Vorsorgeaufwendungen (Bürgerentlastungsgesetz Krankenversicherung) vom 16. 7. 2009 (BGBl 2009 I 1959) wird der Abzug von Vorsorgeaufwendungen ab dem 1. 1. 2010 in wesentlichen Punkten geändert. Eine gravierende Neuerung dabei ist, dass die Vorsorgepauschale nicht mehr im Veranlagungsverfahren zu berücksichtigen ist.

610 In § 10c EStG werden die Regelungen zur Vorsorgepauschale durch das Bürgerentlastungsgesetz Krankenversicherung vom 16. 7. 2009 (a. a. O.) aufgehoben. Hauptziel des Bürgerentlastungsgesetzes ist die Umsetzung der Forderung der BVerfG (Beschlüsse vom 13. 2. 2008, 2 BvL 1/06, NWB DokID: [AAAAC-75760], DStR 2008, 604, 2 BvR 1220/04, 2 BvR 410/05, NWB DokID: [UAAAC-75762] u. a.), Kranken- und Pflegeversicherungsbeiträge (ohne Anteil für Krankengeld und Komfortleistungen) als steuerfreies Existenzminimum sicherzustellen.

611 Die neuen Regelungen zur Berücksichtigung der Vorsorgeaufwendungen mittels einer Vorsorgepauschale im Rahmen des Lohnsteuerverfahrens finden sich ausschließlich in § 39b Abs. 2 Satz 5 Nr. 3 EStG. Eine Vorsorgepauschale wird grundsätzlich in allen Steuerklassen berücksichtigt.

Mit Schreiben vom 26. 11. 2013 (koordinierter Ländererlass, BStBl 2013 I 1532) nimmt das BMF zur Vorsorgepauschale ausführlich Stellung. Da, wie oben bereits erwähnt, die Vorsorgepauschale lediglich noch beim Lohnsteuerabzug zur Anwendung kommt, wird auf eine weitere Erläuterung der Berechnung verzichtet.

LITERATURHINWEIS

Friebel/Rick/Schoor/Siegle, Fallsammlung Einkommensteuer, 18. Aufl., Kapitel 5

6.6 Verlustabzug (§ 10d EStG)

6.6.1 Allgemeines

612 Bevor ein Verlustabzug nach § 10d EStG in Betracht kommt, ist der Verlustausgleich, d. h. die Verrechnung von positiven mit negativen Einkünften des Stpfl. vorzunehmen. Ergibt sich eine negative Summe der Einkünfte, so ist die Einkommensteuer in diesem Verlustentstehungsjahr mit 0 € anzusetzen.

Verluste werden einkommensteuerlich wie folgt berücksichtigt:

ABB. 3: Überblick über die Berücksichtigung von Verlusten

Horizontaler Verlustausgleich ⟶ Berücksichtigung innerhalb derselben Einkunftsart

Vertikaler Verlustausgleich ⟶ Berücksichtigung bei der Bildung der Summe der Einkünfte

Verlustabzug (§ 10d EStG) ⟶ Abzug wie Sonderausgaben vom Gesamtbetrag der Einkünfte

Verlustrücktrag oder Verlustvortrag

Der Verlustabzug bedeutet eine Abweichung vom Prinzip der Abschnittsbesteuerung. **613** Die negative Summe der Einkünfte des Verlustentstehungsjahres ist ggf. im Wege des Verlustrücktrags (§ 10d Abs. 1 EStG) und des Verlustvortrags (§ 10d Abs. 2 EStG) wie Sonderausgaben im Abzugsjahr zu berücksichtigen. Damit ist der Verlustabzug von der Einkunftsermittlung gelöst worden.

Ohne Bedeutung ist es, bei welcher Einkunftsart die nicht ausgeglichenen Verluste ent- **614** standen sind, so dass z. B. auch Verluste bei den Einkünften aus nichtselbständiger Arbeit (§ 19 EStG) abgezogen werden können.

BEISPIEL: ▶ A ist im Kj 2014 ganzjährig arbeitslos. Er hat sich in Kj 14 jedoch mehrfach (vergeblich) um eine Anstellung beworben. Dadurch sind Bewerbungskosten i. H. v. 614 € angefallen. Andere Einkünfte hat der ledige A in Kj 14 nicht erzielt.

Die Bewerbungskosten sind als Werbungskosten bei den Einkünften aus nichtselbständiger Arbeit zu berücksichtigen (§ 9 Abs. 1 Satz 1 EStG). Es ergibt sich damit für das Kj 14 ein Verlust aus nichtselbständiger Arbeit i. H. v. 614 €. Der Verlust kann im Wege des Verlustabzugs nach § 10d EStG berücksichtigt werden.

Der negative Gesamtbetrag der Einkünfte ist nicht maßgeblich für den Verlustabzug nach § 10d EStG. Die nach § 2 Abs. 3 EStG zur Ermittlung des Gesamtbetrags der Einkünfte von der Summe der Einkünfte abzuziehenden Beträge:

▶ Altersentlastungsbetrag,

▶ Freibetrag für Land- und Forstwirte nach § 13 Abs. 3 EStG und

▶ Entlastungsbetrag für Alleinerziehende nach § 24b EStG

werden bei der Ermittlung des Verlustabzugs nicht berücksichtigt (R 10d Abs. 1 EStR). Der Betrag der negativen Einkünfte, der bei der Ermittlung des Gesamtbetrags der Einkünfte nicht ausgeglichen wird, entspricht der negativen Summe der Einkünfte.

BEISPIEL: ▶ Ein lediger, allein stehender Stpfl. über 64 Jahre (Vollendung des 64. Lebensjahres im Kj 2014), der einen Freibetrag i. S. d. § 32 EStG oder Kindergeld für ein Kind erhält, erzielt im Veranlagungszeitraum 2016 folgende Einkünfte:

Einkünfte aus § 13 EStG   20 000 €

Einkünfte aus § 15 EStG   ./. 61 000 €

Einkünfte aus § 19 Abs. 1 Nr. 1 EStG   40 000 €

Der Arbeitslohn beträgt 41 000 €.

LÖSUNG: ▶ Der Gesamtbetrag der Einkünfte wird wie folgt ermittelt:

Summe der Einkünfte	./. 1 000 €
abzgl. Altersentlastungsbetrag nach § 24a EStG: 24 % des Arbeitslohns i. H. v. 41 000 € = 9 840 €, höchstens	./. 1 140 €
abzgl. Freibetrag nach § 13 Abs. 3 EStG	./. 670 €
abzgl. Entlastungsbetrag für Alleinerziehende nach § 24b EStG	./. 1 308 €
Gesamtbetrag der Einkünfte	./. 4 118 €

Nach § 10d EStG ist ein Verlustabzug möglich. Der Altersentlastungsbetrag, der Freibetrag für Land- und Forstwirte und der Entlastungsbetrag für Alleinerziehende werden bei der Ermittlung des Verlustabzugs nicht berücksichtigt (R 10d Abs. 1 EStR). Der Betrag der negativen Einkünfte, der bei der Ermittlung des Gesamtbetrags der Einkünfte nicht ausgeglichen wird, entspricht der negativen Summe der Einkünfte, hier 1 000 €.

615 In bestimmten Fällen sieht das EStG allerdings Verlustausgleichsverbote vor:

▶ Bei bestimmten ausländischen Einkunftsquellen dürfen Verluste nur mit positiven Einkünften der jeweils selben Art aus demselben Staat verrechnet werden (§ 2a EStG).

▶ Negative Einkünfte aus der Beteiligung an Verlustzuweisungsgesellschaften nach § 2b EStG. Durch das Gesetz zur Beschränkung der Verlustverrechnung im Zusammenhang mit Steuerstundungsmodellen vom 22. 12. 2005 (BGBl 2005 I 3683) wird § 2b EStG aufgehoben und dafür § 15b EStG neu eingeführt. Von der Verlustverrechnungsbeschränkung werden folgende Verluste erfasst:

— Verluste aus Land- und Forstwirtschaft (§ 13 Abs. 7 EStG);

— Verluste aus gewerblichen Steuerstundungsmodellen (§ 15b EStG);

— Verluste aus selbstständiger Arbeit (§ 18 Abs. 4 Satz 2 EStG);

— Verluste aus typisch stillen Gesellschaften (§ 20 Abs. 1 Nr. 4 Satz 2 EStG);

— Verluste aus Vermietung und Verpachtung (§ 21 Abs. 1 Satz 2 EStG), insbesondere aus geschlossenen Immobilienfonds;

— Verluste aus sonstigen Einkünften (§ 22 Nr. 1 Satz 1 EStG), insbesondere sog. Renten- bzw. Lebensversicherungsmodelle gegen fremdfinanzierten Einmalbetrag;

▶ Verluste aus gewerblicher Tierzucht oder gewerblicher Tierhaltung dürfen weder mit anderen Einkunftsarten aus Gewerbebetrieb noch mit Einkünften aus anderen Einkunftsarten ausgeglichen werden; sie dürfen auch nicht nach § 10d EStG abgezogen werden (§ 15 Abs. 4 Satz 1 und 2 EStG). Die Verluste mindern jedoch nach Maßgabe des § 10d EStG die Gewinne, die der Stpfl. in dem unmittelbar vorangegangenen und in den folgenden Wj. aus gewerblicher Tierzucht oder gewerblicher Tierhaltung erzielt hat oder erzielt;

▶ für Termingeschäfte in Form von Sicherungsgeschäften auf Aktien (§ 15 Abs. 4 Satz 3 EStG);

▶ Verluste aus atypisch stillen Beteiligungen und vergleichbaren Innengesellschaften an Kapitalgesellschaften, an denen unmittelbar oder mittelbar Kapitalgesellschaften beteiligt sind. Soweit an der stillen Gesellschaft unmittelbar oder mittelbar, ganz oder teilweise jedoch natürliche Personen beteiligt sind, bleibt der Verlust abzugsfähig (§ 15 Abs. 4 Satz 6 bis 8 EStG; BMF-Schreiben vom 19. 11. 2008, BStBl 2008 I 970);

▶ der einem Kommanditisten zuzurechnende Anteil am Verlust der KG darf weder mit anderen Einkünften aus Gewerbebetrieb noch mit Einkünften aus anderen Einkunftsarten ausgeglichen werden, soweit ein negatives Kapitalkonto des Kommanditisten entsteht oder sich erhöht; er darf insoweit auch nicht nach § 10d EStG abgezogen werden (§ 15a EStG);

▶ Verluste aus privaten Veräußerungsgeschäften dürfen nur bis zur Höhe des Veräußerungsgewinns, den der Stpfl. im gleichen Jahr erzielt hat, ausgeglichen werden; sie dürfen nicht nach § 10d EStG abgezogen werden (§ 23 Abs. 3 Satz 8 EStG); sie mindern jedoch nach Maßgabe des § 10d EStG die Einkünfte, die der Stpfl. in dem unmittelbar vorangegangenen Veranlagungszeitraum oder in den folgenden Veranlagungszeiträumen aus privaten Veräußerungsgeschäften erzielt hat. Nach dem BFH-Urteil vom 18. 10. 2006 (IV R 28/05, BStBl 2007 II 259) ist die Verlustverrechnungsbeschränkung für private Veräußerungsgeschäfte verfassungsgemäß. Mit dem Jahressteuergesetz 2007 vom 13. 12. 2006 (BGBl I 2006, 2878) wird in § 23 Abs. 3 Satz 6 EStG festgelegt, dass § 10d Abs. 4 EStG entsprechend gilt;

▶ bei Einkünften, die dem Steuerabzug unterliegen, und bei Einkünften i. S. d. § 20 Abs. 1 Nr. 5 und 7 EStG ist für beschränkt Steuerpflichtige ein Ausgleich mit Verlusten aus anderen Einkunftsarten nicht zulässig (§ 50 Abs. 2 EStG);

▶ Verluste aus der gelegentlichen Vermietung beweglicher Gegenstände dürfen bei der Ermittlung des Einkommens nicht abgezogen werden (§ 22 Nr. 3 Satz 3 EStG). Die Verluste mindern jedoch nach Maßgabe des § 10d EStG die Einkünfte, die der Stpfl. in dem unmittelbar vorangegangenen Veranlagungszeitraum oder in den folgenden Veranlagungszeiträumen aus diesen Leistungen erzielt hat oder erzielt. Mit dem Jahressteuergesetz 2007 (BGBl I 2006, 2878) wird in § 23 Abs. 3 Satz 6 EStG festgelegt, dass § 10d Abs. Abs. 4 entsprechend gilt;

▶ die Verlustverrechnung im Zusammenhang mit Einkünften aus Kapitalvermögen ab dem Veranlagungszeitraum 2009 regelt § 20 Abs. 6 EStG i. d. F. des Unternehmensteuerreformgesetzes 2008 vom 14. 8. 2007 (BGBl 2007 I 1912).

6.6.2 Überblick über den Verlustabzug

616

TAB. 22:	Verlustabzug nach § 10d EStG
Verlustabzug nach § 10d EStG	
Verlustrücktrag (§ 10d Abs. 1 EStG):	**Verlustvortrag (§ 10d Abs. 2 EStG):**
► von Amts wegen zu berücksichtigen: in den unmittelbar vorangegangenen Veranlagungszeitraum ► begrenzt auf 1 Mio. €, bei Zusammenveranlagung bis 2 Mio. €. Durch das Gesetz zur Änderung und Vereinfachung der Unternehmensbesteuerung und des steuerlichen Reisekostenrechts vom 20. 2. 2013 (BGBl 2013 I 285) wurde die Verlustrücktragsbegrenzung auf 1 Mio. € bzw. 2 Mio. € erhöht. Dies gilt erstmals für negative Einkünfte, die bei der Ermittlung des Gesamtbetrags der Einkünfte des VZ 2013 nicht ausgeglichen werden können (§ 52 Abs. 25 Satz 7 EStG).	zeitlich unbegrenzt; bis zur Höhe eines Sockelbetrages von 1 Mio. € können Verluste unbeschränkt vom GdE abgezogen werden (Mittelstandskomponente).
Auf Antrag des Stpfl. ist ganz oder teilweise von der Anwendung des Verlustrücktrags abzusehen. Im Antrag ist die Höhe des Verlustrücktrages anzugeben.	Für zusammenveranlagte Ehegatten wird der Sockelbetrag verdoppelt. Den 1 Mio. € übersteigenden Gesamtbetrag der Einkünfte kann der Stpfl. bis zu 60 % für einen Verlustvortrag nutzen.

Der BFH hat mit Beschluss vom 9. 4. 2010 (IX B 191/09, BFH/NV 2010, 1270) entschieden, dass der gegenüber Sonderausgaben und außergewöhnlichen Belastungen vorrangige Verlustabzug gem. § 10d Abs. 2 EStG keinen verfassungsrechtlichen Bedenken begegnet. Die Verfassungsbeschwerde gegen das Urteil wurde vom BVerfG nicht zur Entscheidung angenommen (BVerfG-Beschluss vom 13. 4. 2012, 2 BvR 1175/10).

6.6.3 Verlustrücktrag

6.6.3.1 Verlustrücktrag ohne Tarifbegrenzung i. S. d. § 34a EStG

617 Negative Einkünfte, die bei der Ermittlung des GdE nicht ausgeglichen werden, sind bis zu einem Betrag von 1 Mio. € (bis VZ 2012: 511 500 €), bei Ehegatten, die nach den §§ 26, 26b EStG zusammenveranlagt werden, bis zu einem Betrag von 2 Mio. € vom GdE des unmittelbar vorangegangenen Veranlagungszeitraums vorrangig vor Sonderausgaben, außergewöhnlichen Belastungen und sonstigen Abzugsbeträgen abzuziehen (Verlustrücktrag). Auf Antrag des Stpfl. ist ganz oder teilweise von der Anwendung eines Verlustrücktrages abzusehen. Im Antrag ist die Höhe des Verlustrücktrags anzugeben.

BEISPIEL 1: ► Gewinn gem. § 15 EStG im VZ 2012 5 Mio. €; Verlust gem. § 15 EStG im VZ 2013 4 Mio. €.

LÖSUNG: ► Nach § 10d Abs. 1 Satz 1 EStG sind die negativen Einkünfte bis zu einem Betrag i. H. v. 1 000 000 € vom Gesamtbetrag der Einkünfte des unmittelbar vorangegangenen VZ vorrangig vor Sonderausgaben, außergewöhnlichen Belastungen usw. abzuziehen (Verlustrücktrag).

Nach dem Verlustrücktrag betragen die Einkünfte aus § 15 EStG im VZ 2012 4 000 000 €. Der nach § 10d Abs. 2 Satz 1 EStG verbleibende Verlustvortrag beträgt 3 000 000 €. Dieser verbleibende Verlustvortrag ist nach § 10d Abs. 4 Satz 1 EStG gesondert festzustellen.

BEISPIEL 2: ► Kj 2014:

Einkünfte aus	§ 15 EStG	./. 120 000 €
	§ 18 EStG	150 000 €
	§ 20 EStG	50 000 €
	§ 21 EStG	5 000 €
Gesamtbetrag der Einkünfte:		85 000 €
Sonderausgaben		./. 8 000 €
Einkommen und zu versteuerndes Einkommen		77 000 €

Kj 2015:

Einkünfte aus	§ 15 EStG	0 €
	§ 18 EStG	200 000 €
	§ 20 EStG	25 000 €
	§ 21 EStG	./. 320 000 €

LÖSUNG: ► Kj 2015

Gesamtbetrag der Einkünfte: ./. 95 000 €

als Verlustrücktrag in den vorangegangenen Veranlagungszeitraum.

Verlustrücktrag nach § 10d EStG:

Auf Antrag des Stpfl. ist ganz oder teilweise von der Anwendung des Verlustrücktrages abzusehen. Im Antrag ist die Höhe des Verlustrücktrages anzugeben. Zur optimalen Ausnutzung des Verlustrücktrages ist Folgendes zu beachten:

Der Grundfreibetrag für den VZ 2014 beträgt 8 354 € (§ 32a Abs. 1 Nr. 1 EStG), d. h. bei einem zu versteuernden Einkommen i. H. des Grundfreibetrages beträgt die tarifliche ESt 0 €. Bei einem Verlustrücktrag in den VZ 2014 ist darauf zu achten, dass das zu versteuernde Einkommen den Grundfreibetrag nicht unterschreitet.

Der Gesamtbetrag der Einkünfte 2014 betrug nach der Veranlagung	85 000 €
abzgl. Grundfreibetrag	./. 8 354 €
maximale Minderung durch Verlustrücktrag, Sonderausgaben usw.	76 646 €
davon entfallen auf Sonderausgaben	./. 8 000 €
verbleiben für den Verlustrücktrag	68 646 €

Die Auswirkung des Verlustrücktrages mit und ohne Antrag des Steuerpflichtigen verdeutlicht die nachfolgende Übersicht:

LÖSUNG: ►

	Verlustrücktrag in den VZ 2014 ohne Antrag:	Verlustrücktrag in den VZ 2014 mit Antrag:
Gesamtbetrag der Einkünfte	85 000 €	85 000 €
Verlustrücktrag von 95 000 €	./. 85 000 €	./. 68 646 €
Sonderausgaben	./. 8 000 €	./. 8 000 €

Einkommen und zu versteuerndes Einkommen	./. 8 000 €	8 354 €
tarifliche ESt	0 €	0 €
verbleibender Verlustvortrag	10 000 €	26 354 €

6.6.3.2 Verlustrücktrag unter Berücksichtigung der Tarifbegrenzung i. S. d. § 34a EStG

618   § 34a EStG wurde durch das Unternehmensteuerreformgesetz 2008 vom 14. 8. 2007 (BGBl 2007 I 1912) in das EStG aufgenommen und ist ab dem Veranlagungszeitraum 2008 anzuwenden (§ 52 Abs. 48 EStG).

619   Nicht entnommene Gewinne sollen bei Einzelunternehmern und Mitunternehmern in vergleichbarer Weise wie das Einkommen einer Kapitalgesellschaft tariflich belastet werden. Der Anteil des Gewinns aus einem Betrieb oder Mitunternehmeranteil, den der Stpfl. im Wj nicht entnommen hat, soll auf Antrag nicht mehr dem (höheren) persönlichen progressiven Steuersatz des Stpfl., sondern lediglich einem ermäßigten Steuersatz von 28,25 % (zuzüglich Solidaritätszuschlag) unterliegen. Damit wird demjenigen Stpfl. eine Vergünstigung gewährt, der durch den Verzicht auf die private Verwendung von Gewinnen seinem Betrieb erwirtschaftetes Kapital weiterhin zur Verfügung stellt und damit die Eigenkapitalbasis seines Unternehmens nachhaltig stärkt. Soweit der begünstigt besteuerte Gewinn in späteren Jahren vom Stpfl. entnommen und damit die Eigenkapitalbasis des Unternehmens wieder geschwächt wird, entfällt der Begünstigungsgrund und es ist insoweit eine Nachversteuerung i. H. v. 25 % vorzunehmen. Die Vergünstigung können nur Stpfl. in Anspruch nehmen, die ihren Gewinn durch Betriebsvermögensvergleich ermitteln (§ 34a Abs. 6 Satz 1 Nr. 3 EStG und Abs. 2). Nach § 34a Abs. 1 Satz 1 Hs. 2 EStG ist die ESt für begünstigte Gewinne auf Antrag des Stpfl. ganz oder teilweise mit einem Steuersatz von 28,25 % zu berechnen.

620   Dem Stpfl. wird die Möglichkeit eingeräumt, den Antrag bis zur Unanfechtbarkeit des Einkommensteuerbescheids des nächsten Veranlagungszeitraums ganz oder teilweise **zurückzunehmen** (§ 34a Abs. 1 Satz 4 EStG). Von dieser Regelung werden insbesondere Sachverhalte begünstigt, in denen es im Folgejahr zu unvorhergesehenen Verlusten kommt. Die Regelung dient damit zur Vermeidung unbilliger Härten. Eine erstmalige Antragstellung oder eine Erweiterung des Antrags ist allerdings nicht möglich. Grundsätzlich kann der Antrag bis zur Bestandskraft des ESt-Bescheids gestellt, geändert oder zurückgenommen werden. Die ganze oder teilweise Zurücknahme ist in Verlustrücktragsfällen von Bedeutung. Nach § 10d Abs. 1 Satz 2 EStG i. V. m. § 34a Abs. 8 EStG dürfen negative Einkünfte nicht mit ermäßigt besteuerten Gewinnen ausgeglichen werden; sie dürfen insoweit auch nicht nach § 10d EStG abgezogen werden.

BEISPIEL 1: ▶ Die Abgabe der ESt-Erklärung 08 erfolgt im Dezember 09. Der Stpfl. beantragt die Thesaurierungsbegünstigung des gesamten nicht entnommenen Gewinns i. H. v. 100 000 € (§ 34a Abs. 2 EStG). Das zu versteuernde Einkommen (zvE) beträgt 150 000 €, der Gesamtbetrag der Einkünfte 170 000 € (positiver Saldo der Entnahmen und Einlagen 70 000 €). Im Veranlagungszeitraum 09 erzielt der Stpfl. einen Verlust i. H. v. 80 000 €, den er in das Jahr 08 zurücktragen will. Die ESt-Erklärung für das Kj 09 reicht er im Februar 12 beim FA ein. Der ESt-Bescheid 09 wird im Oktober 12 unanfechtbar.

LÖSUNG 1:

Gesamtbetrag der Einkünfte (= Gewinn aus § 15 EStG)	170 000 €
Sonderausgaben, außergewöhnliche	20 000 €
Belastungen	150 000 €

Das Einkommen und zu versteuerndes Einkommen (§ 2 Abs. 4 und 5 EStG)
beträgt lt. Sachverhalt
Die tarifliche ESt ohne Antrag i. S. d. § 34a EStG beträgt
55 086 €, der SolZ 5,5 % = 3 029,73 €.

Nach § 32a Abs. 1 Satz 2 EStG bleibt der nicht entnommene Gewinn i. H. v. 100 000 € bei der		./. 100 000 €
Ermittlung der tariflichen ESt außer Ansatz		50 000 €
Betrag für die tarifliche ESt nach der Grundtabelle		
Steuer lt. Tabelle		13 096 €
SolZ 5,5 %	720,28 €	
Steuer für den nicht entnommenen Gewinn nach § 34a EStG Abs. 1: 28,25 % von 100 000 €		28 500 €
SolZ 5,5 %	1 567,50 €	
Steuer und SolZ insgesamt	2 287,78 €	41 596 €

Der Verlust im Kj 09 ist nur mit nicht ermäßigt besteuerten Gewinnen zu verrechnen (§ 34a Abs. 8 EStG).

Nach § 10d Abs. 1 Satz 2 EStG ist der Gesamtbetrag der Einkünfte des unmittelbar vorangegangen Kj i. H. v.	170 000 €
um die Begünstigungsbeträge nach § 34a Abs. 3 Satz 1 EStG zu kürzen	./. 100 000 €
verbleiben als maximaler Verlustrücktrag	70 000 €

Bis zur Unanfechtbarkeit des ESt-Bescheids 09 im Oktober des Kj 12 kann der Stpfl. den Antrag ganz oder teilweise zurücknehmen. Er beantragt nunmehr im Kj 08 lediglich 90 000 € – statt wie bisher 100 000 € – nach § 34a Abs. 1 EStG zu begünstigen. Danach ergibt sich ein maximaler Verlustrücktrag i. H. v. 80 000 €.

Die Veranlagung für das Kj 08 ist wie folgt durchzuführen:

Gesamtbetrag der Einkünfte	170 000 €
abzüglich Verlustrücktrag (s. R 2 Abs. 1 Nr. 8 EStR)	./. 80 000 €
Sonderausgaben, außergewöhnliche Belastungen	./. 20 000 €
	70 000 €

Das Einkommen und zu versteuerndes Einkommen (§ 2 Abs. 4 und 5 EStG) beträgt
Die tarifliche ESt ohne Antrag i. S. d. § 34a EStG beträgt 21 486 € der SolZ
5,5 % = 1 181,73 €.

Nach § 32a Abs. 1 Satz 2 EStG bleibt der nicht entnommene Gewinn lt. Antrag i. H. v. 90 000 € bei der Ermittlung der	./. 70 000 €
tariflichen ESt außer Ansatz (maximal)	0 €
Betrag für die tarifliche ESt nach der Grundtabelle	
Steuer lt. Tabelle	0 €

SolZ 5,5 %	0,00 €

Steuer für den nicht entnommenen Gewinn nach § 34a Abs. 1 EStG: 28,25 % von 70 000 €		19 775 €
SolZ 5,5 %	1 087,62 €	
Steuer und SolZ insgesamt	1 087,62 €	19 775 €

Der Verlust des Jahres 09 kann in voller Höhe in das Jahr 08 zurückgetragen werden.

Ohne die Rücknahme des Antrags ergibt sich für das Kj 08 folgende Berechnung:

Gesamtbetrag der Einkünfte	170 000 €
abzüglich Verlustrücktrag (s. R 2 Abs. 1 Nr. 8 EStR)	./. 70 000 €
Sonderausgaben, außergewöhnliche Belastungen	./. 20 000 €
	80 000 €

Das Einkommen und zu versteuerndes Einkommen (§ 2 Abs. 4 und 5 EStG) beträgt		
Nach § 32a Abs. 1 Satz 2 EStG bleibt der nicht entnommene Gewinn lt. Antrag i. H. v. 100 000 € bei der Ermittlung der		./. 80 000 €
tariflichen ESt außer Ansatz (maximal)		0 €
Betrag für die tarifliche ESt nach der Grundtabelle		
Steuer lt. Tabelle		0 €
SolZ 5,5 %	0,00 €	
Steuer für den nicht entnommenen Gewinn nach § 34a Abs. 1 EStG: 28,25 % von 80 000 €		22 600 €
SolZ 5,5 %	1 243,00 €	
Steuer und SolZ insgesamt	1 243,00 €	22 600 €

6.6.4 Verlustvortrag

621 Nicht ausgeglichene negative Einkünfte, die nicht nach § 10d Abs. 1 EStG abgezogen worden sind, sind in den folgenden Veranlagungszeiträumen bis zu einem Gesamt-betrag der Einkünfte von 1 Mio. € unbeschränkt, darüber hinaus bis zu 60 % des 1 Mio. € übersteigenden Gesamtbetrags der Einkünfte vorrangig vor Sonderausgaben, außergewöhnlichen Belastungen und sonstigen Abzugsbeträgen abzuziehen (Verlust-vortrag). Bei Ehegatten, die nach §§ 26, 26b EStG zusammenveranlagt werden, tritt an die Stelle des Betrags von 1 Mio. € ein Betrag von 2 Mio. €. (§ 10d Abs. 2 EStG)

621a Mit Beschluss vom 26. 2. 2014 (I R 59/12, BStBl 2014 II 106) hat der BFH das BVerfG (Az. 2 BvL 19/14) im Rahmen eines Normenkontrollersuchens zur Verfassungsprüfung der sog. Mindestbesteuerung angerufen. In seinem Urteil vom 22. 8. 2012 (I R 9/11, BStBl 2013 II 512) hat der BFH entschieden, dass die sog. Mindestbesteuerung gem. § 10d Abs. 2 EStG »in ihrer Grundkonzeption« nicht verfassungswidrig ist. Das Gericht ist nun aber davon überzeugt, dass das nur für den »Normalfall« gilt, nicht jedoch dann, wenn der vom Gesetzgeber beabsichtigte, lediglich zeitliche Aufschub der Ver-lustverrechnung in einen endgültigen Ausschluss der Verlustverrechnung hineinwächst und damit ein sog. Definitiveffekt eintritt.

Erläuterung des Normenkontrollersuchens:

Die Einkommen- und Körperschaftsteuer soll die wirtschaftliche Leistungsfähigkeit eines Steuersubjekts abschöpfen. Ihre Bemessungsgrundlage ist deshalb das »Nettoeinkommen« nach Abzug der Erwerbsaufwendungen. Fallen die Aufwendungen nicht in demjenigen Kalenderjahr an, in dem die Einnahmen erzielt werden, oder übersteigen sie die Einnahmen, so dass ein Verlust erwirtschaftet wird, ermöglicht es das Gesetz, den Verlustausgleich auch über die zeitlichen Grenzen eines Bemessungszeitraums hinweg vorzunehmen (sog. überperiodischer Verlustabzug). Seit 2004 ist dieser Verlustabzug begrenzt: 40 % der positiven Einkünfte oberhalb eines Schwellenbetrags von 1 Mio. € werden auch dann der Ertragsbesteuerung unterworfen, wenn bisher noch nicht ausgeglichene Verluste vorliegen (sog. Mindestbesteuerung). Damit wird die Wirkung des Verlustabzugs in die Zukunft verschoben.

Im Streitfall musste eine Kapitalgesellschaft eine ihr zustehende Geldforderung zu einem Bilanzstichtag in voller Höhe auf Null abschreiben, wodurch ein Verlust entstand. Zwei Jahre später kam zu einer gegenläufigen Wertaufstockung, was einen entsprechenden Gewinn zur Folge hatte. Eine vollständige Verrechnung des Verlusts mit dem Gewinn im Wege des Verlustabzugs scheiterte im Gewinnjahr an der Mindestbesteuerung. Zwischenzeitlich war die Kapitalgesellschaft insolvent geworden, so dass sich der nicht ausgeglichene Verlust steuerlich auch in der Folgezeit nicht mehr auswirken konnte. In dem dadurch bewirkten Definitiveffekt der Mindestbesteuerung sieht der BFH einen gleichheitswidrigen Eingriff in den Kernbereich des ertragsteuerrechtlichen Nettoprinzips. Darüber, ob das zutrifft, wird nun das BVerfG zu entscheiden haben.

BEISPIEL 1:

Einkünfte im VZ 2012 aus	§ 18 EStG		§ 15 EStG	
		4 051 500 €		./. 2 051 500 €
vertikaler Verlustausgleich	./. 2 051 500 €			
Summe der Einkünfte und Gesamtbetrag der Einkünfte/verbleibender Verlust	2 000 000 €			
Sonderausgaben, außergewöhnliche Belastung	./. 20 000 €			
Einkommen, zu versteuerndes Einkommen	1 980 000 €			

Die Einkünfte im VZ 2013 betragen aus § 15 EStG	./. 3 000 000 €
Die Einkünfte im VZ 2014 betragen:	
§ 15 EStG	500 000 €
§ 18 EStG	700 000 €
§ 21 EStG	./. 80 000 €
Die abzugsfähigen Sonderausgaben betragen	10 000 €
Die abzugsfähigen außergewöhnlichen Belastungen betragen	4 800 €

LÖSUNG: Für den Verlust aus § 15 EStG im VZ 2013 i. H.v. 3 Mio. € ist § 10d Abs. 1 EStG anzuwenden. Der Verlustrücktrag in den VZ 2012 ist i. H.v. 1 000 000 € durchzuführen.

Summe der Einkünfte und Gesamtbetrag der Einkünfte	2 000 000 €
Verlustrücktrag aus 2013	./. 1 000 000 €
Sonderausgaben, außergewöhnliche Belastung	./. 20 000 €
Einkommen, zu versteuerndes Einkommen	980 000 €

Nach § 10d Abs. 4 EStG ist der am Schluss des VZ 2013 verbleibende Verlustvortrag gesondert festzustellen. Diese Feststellung ist wie folgt durchzuführen:

Bei der Ermittlung des Gesamtbetrags der Einkünfte nicht ausgeglichene negative Einkünfte	3 000 000 €
vermindert um die nach § 10d Abs. 1 EStG (Verlustrücktrag) abgezogenen Beträge	./. 1 000 000 €
Verlustvortrag zum 31. 12. 2010	2 000 000 €

Die ESt-Veranlagung im VZ 2014 ist wie folgt durchzuführen:

Gesamtbetrag der Einkünfte	1 120 000 €
Verlustvortrag I bis zu dem Sockelbetrag von maximal	./. 1 000 000 €
verbleibender Betrag	120 000 €
Verlustvortrag II bis maximal 60 % von 120 000 €	./. 72 000 €
nach dem Verlustvortrag verbleiben	48 000 €
abzüglich Sonderausgaben und außergewöhnliche Belastungen	./. 14 800 €
Einkommen, zu versteuerndes Einkommen	33 200 €

Der am Schluss des VZ 2014 verbleibende Verlustvortrag ist wie folgt festzustellen:

Bei der Ermittlung des Gesamtbetrags der Einkünfte nicht ausgeglichene negative Einkünfte	0 €
vermindert um die nach § 10d Abs. 2 EStG (Verlustvortrag) abziehbaren Beträge	./. 1 072 000 €
vermehrt um den auf den 31. 12. 2013 festgestellten verbleibenden Verlustvortrag	+ 2 000 000 €
Verlustvortrag zum 31. 12. 2014	928 000 €

6.6.5 Ehegattenveranlagung

622 Im Fall der Einzelveranlagung von Ehegatten kann der Steuerpflichtige den Verlustabzug nach § 10d EStG auch für Verluste derjenigen Veranlagungszeiträume geltend machen, in denen die Ehegatten nach § 26b EStG zusammen oder einzeln veranlagt worden sind. Der Verlustabzug kann in diesem Fall nur für Verluste geltend gemacht werden, die der einzeln veranlagte Ehegatte erlitten hat (§ 62d Abs. 1 EStDV).

Im Fall der Zusammenveranlagung von Ehegatten (§ 26b EStG) kann der Steuerpflichtige den Verlustabzug nach § 10d EStG auch für Verluste derjenigen Veranlagungszeiträume geltend machen, in denen die Ehegatten nach § 26a EStG einzeln veranlagt worden sind (§ 62d Abs. 2 Satz 1 EStDV).

623 Im Fall der Zusammenveranlagung von Ehegatten (§ 26b EStG) in einem Veranlagungszeitraum, in den negative Einkünfte nach § 10d Abs. 1 EStG zurückgetragen werden,

sind nach Anwendung des § 10d Abs. 1 EStG verbleibende negative Einkünfte für den Verlustvortrag nach § 10d Abs. 2 EStG in Veranlagungszeiträume, in denen eine Zusammenveranlagung nicht stattfindet, auf die Ehegatten nach dem Verhältnis aufzuteilen, in dem die auf den einzelnen Ehegatten entfallenden Verluste im Veranlagungszeitraum der Verlustentstehung zueinander stehen (§ 62d Abs. 2 Satz 2 EStDV).

BEISPIEL 1: ▶ Im VZ 2013 werden die Eheleute einzeln und im VZ 2012 zusammen zur ESt veranlagt. Im VZ 2012 haben die Eheleute folgende Summe der Einkünfte:

Summe der Einkünfte Ehemann	250 000 €
Summe der Einkünfte Ehefrau	./. 640 000 €
Gesamtbetrag der Einkünfte im VZ 2012	./. 390 000 €

Im VZ 2013 haben die Eheleute folgende Summe der Einkünfte:

	Ehemann	Ehefrau
Summe der Einkünfte = Gesamtbetrag der Einkünfte	250 000 €	190 000 €

Lösung:

Nach § 10d Abs. 3 ist der am Schluss des VZ 2012 verbleibende Verlust i. H. v. 390 000 € gesondert festzustellen. Dieser Verlust entfällt in voller Höhe auf die Ehefrau. Der Verlustvortrag im VZ 2013 kann nur für Verluste geltend gemacht werden, die der einzeln veranlagte Ehegatte erlitten hat.

Die Einzelveranlagung wird im VZ 2013 wie folgt durchgeführt:

	Ehemann	Ehefrau
Summe der Einkünfte = Gesamtbetrag der Einkünfte	250 000 €	190 000 €
Verlustvortrag	./. 0 €	./. 190 000 €
Verbleiben	250 000 €	0 €

Der nach § 10d Abs. 4 gesondert festzustellende Verlustvortrag zum 31. 12. 2013 beträgt für die Ehefrau 200 000 €.

BEISPIEL 2: ▶ Im VZ 2013 werden die Eheleute einzeln und im VZ 2012 zusammen zur ESt veranlagt. Im VZ 2012 haben die Eheleute folgende Summe der Einkünfte:

Summe der Einkünfte Ehemann	250 000 €
Summe der Einkünfte Ehefrau	190 000 €
Gesamtbetrag der Einkünfte im VZ 2012	440 000 €

Im VZ 2013 haben die Eheleute folgende Summe der Einkünfte:

	Ehemann	Ehefrau
Summe der Einkünfte = Gesamtbetrag der Einkünfte	250 000 €	./. 640 000 €

Lösung:

Nach § 10d Abs. 1 sind die negativen Einkünfte i. H. v. 640 000 € in den VZ 2012 zurückzutragen. Da die Eheleute im Rücktragsjahr zusammen veranlagt werden, ist der Rücktrag bis zu einem maximalen Betrag von 2 000 000 € möglich. Der Ehemann kann den Verlustabzug auch für Verluste derjenigen Veranlagungszeiträume geltend machen, in denen die Eheleute einzeln veranlagt worden sind.

Die Veranlagung des VZ 2012 ist gem. § 10d Abs. 1 Satz 2 wie folgt zu ändern:

Summe der Einkünfte Ehemann	250 000 €
Summe der Einkünfte Ehefrau	190 000 €
Gesamtbetrag der Einkünfte im VZ 2012	440 000 €
Verlustrücktrag aus 2013	./. 440 000 €

Nach § 10d Abs. 6 ist der am Schluss des VZ 2013 verbleibende Verlust i. H.v. 200 000 € gesondert festzustellen. Dieser Verlust entfällt in voller Höhe auf die Ehefrau.

BEISPIEL 3: Im VZ 2013 werden die Eheleute einzeln und im VZ 2012 zusammen zur ESt veranlagt. Im VZ 2012 haben die Eheleute folgende Summe der Einkünfte:

Summe der Einkünfte Ehemann	2 500 000 €
Summe der Einkünfte Ehefrau	1 900 000 €
Gesamtbetrag der Einkünfte im VZ 2012	4 400 000 €

Im VZ 2013 haben die Eheleute folgende Summe der Einkünfte:

	Ehemann	Ehefrau
Summe der Einkünfte = Gesamtbetrag der Einkünfte	./. 2 500 000 €	./. 1 500 000 €

LÖSUNG: Nach § 10d Abs. 1 sind die negativen Einkünfte in den VZ 2012 zurückzutragen. Da die Eheleute im Rücktragsjahr zusammen veranlagt werden, ist der Rücktrag bis zu einem maximalen Betrag von 2 000 000 € möglich. Die Eheleute können den Verlustabzug auch für Verluste derjenigen Veranlagungszeiträume geltend machen, in denen sie einzeln veranlagt worden sind.

Die Veranlagung des VZ 2012 ist gem. § 10d Abs. 1 Satz 2 wie folgt zu ändern:

Summe der Einkünfte Ehemann	2 500 000 €
Summe der Einkünfte Ehefrau	1 900 000 €
Gesamtbetrag der Einkünfte im VZ 2012	4 400 000 €
Verlustrücktrag aus 2013	./. 2 000 000 €

Von dem insgesamt zur Verfügung stehen Verlust i. H.v. 4 000 000 € verbleibt nach dem Verlustrücktrag ein Verlust von 2 000 000 € für einen Vortrag. Gemäß § 10d Abs. 4 ist der am Schluss des VZ 2013 verbleibende Verlust i. H.v. 2 000 000 € gesondert festzustellen. Die nach Durchführung des Verlustrücktrages verbleibenden Verluste sind auf die Ehegatten in dem Verhältnis aufzuteilen, in dem die Verluste der einzelnen Ehegatten im Entstehungsjahr zueinander stehen (§ 62d Abs. 2 Satz 2 EStDV), also im Verhältnis $5/_8$ Ehemann zu $3/_8$ Ehefrau. Dem Ehemann ist ein Verlust i. H.v. 2 000 000 € × $5/_8$ = 1 250 000 € und der Ehefrau ein Verlust i. H.v. 2 000 000 € × $3/_8$ = 750 000 € zuzuordnen.

6.6.6   Verlustabzug im Erbfall

624   Der BFH hat mit Urteil v. 16. 5. 2001 (I R 76/99, BStBl 2002 II 487) seine bisherige Rechtsprechung bestätigt, dass ein vom Erblasser mangels positiver Einkünfte nicht ausgeglichener Verlust bei der Veranlagung des Erben für das Jahr des Erbfalles zu berücksichtigen ist.

Der Erbe kann die Verluste des Erblassers jedoch nur dann ausgleichen bzw. abziehen, wenn er durch sie wirtschaftlich belastet ist (H 10d „Verlustabzug im Erbfall" EStH). Nach dem BMF-Schreiben v. 26. 7. 2002 (BStBl 2002 I 667) gilt hierzu Folgendes:

Nach bisheriger Rechtsprechung des BFH (16. 5. 2001, a. a. O., unter Hinweis auf den Beschluss v. 29. 3. 2000 I R 76/99, BStBl 2000 II 622) liegt eine wirtschaftliche Belastung des Erben insbesondere dann nicht vor, wenn der Erbe für Nachlassverbindlichkeiten entweder gar nicht oder nur beschränkt haftet. Siehe auch die Beispiele unter H 10d „Verlustabzug im Erbfall" EStH.

Mit Beschluss vom 28. 7. 2004 (XI R 54/99, BStBl 2005 II 262) hat der XI. Senat des BFH dem Großen Senat folgende Rechtsfrage zur Entscheidung vorgelegt: Kann der Erbe einen vom Erblasser nicht ausgenutzten Verlust bei seiner eigenen Veranlagung zur ESt geltend machen? (Az.: GrS 2/04).

Mit Beschluss vom 17. 12. 2007 (GrS 2/04; BStBl 2008 II 608) hat der Große Senat die **Vererblichkeit** des **Verlustvortrags** des Erben **beseitigt**. Danach kann der Erbe einen vom Erblasser nicht ausgenutzten Verlustvortrag nach § 10d EStG in Zukunft nicht mehr zur Minderung seiner eigenen ESt geltend machen. Aus Gründen des **Vertrauensschutzes** ist die neue, für die Stpfl. **ungünstigere Rechtsprechung** allerdings erst in solchen **Erbfällen** anzuwenden, die **nach Veröffentlichung** dieses Beschlusses eintreten werden.

Der Große Senat begründet seine Entscheidung wie folgt: Der Übergang des vom Erblasser nicht ausgenutzten Verlustvortrags auf den Erben könne weder auf zivilrechtliche noch auf steuerrechtliche Vorschriften und Prinzipien gestützt werden. Die ESt sei eine Personensteuer. Sie erfasse die im Einkommen zu Tage tretende Leistungsfähigkeit der einzelnen natürlichen Personen und werde daher vom Grundsatz der Individualbesteuerung und vom Prinzip der Besteuerung nach der individuellen Leistungsfähigkeit beherrscht. Hiermit sei es unvereinbar, die beim Erblasser nicht verbrauchten Verlustvorträge auf den Erben zu übertragen.

Zum Beschluss des Großen Senats des BFH vom 17. 12. 2007 (GrS 2/04, BStBl 2008 II 608) zur Anwendung des Verlustabzugs in Erbfällen nimmt das BMF mit Schreiben vom 24. 7. 2008 (koordinierter Ländererlass, BStBl 2008 I 809) Stellung. Mit seiner Entscheidung wendet sich der Große Senat des BFH gegen die seit über 40 Jahren bestehende Rechtsprechung und Verwaltungspraxis, wonach ein solcher Verlustabzug bei der Einkommensermittlung des Erben berücksichtigt wurde. Der BFH will jedoch seine bisherige – mit dieser Entscheidung überholte – Rechtsprechung aus Vertrauensschutzgründen weiterhin auf jene Erbfälle anwenden, die bis zum Ablauf des Tages der Veröffentlichung des Beschlusses eingetreten sind. Der Beschluss wurde erstmals am 12. 3. 2008 auf der Internetseite des BFH veröffentlicht. Unter Bezugnahme auf das Ergebnis der Erörterungen mit den obersten Finanzbehörden der Länder ist die bisherige Rechtsprechung – in Abweichung von der o. g. Entscheidung – weiterhin bis zum Ablauf des Tages der Veröffentlichung der Entscheidung im BStBl anzuwenden.

6.6.7 Gesonderte Verlustfeststellung

Bei der gesonderten Feststellung des verbleibenden Verlustvortrags nach § 10d Abs. 4 EStG ist eine Unterscheidung nach Einkunftsarten und Einkunftsquellen nur insoweit vorzunehmen, als negative Einkünfte besonderen Verlustverrechnungsbeschränkungen (H 10b „Besondere Verrechnungskreise" EStH) unterliegen (R 10d Abs. 7 EStR).   625

Der am Schluss eines jeden Veranlagungszeitraums verbleibende Verlustvortrag wird durch einen Feststellungsbescheid festgestellt (§ 10d Abs. 4 Satz 1 EStG). In diesem Verlustfeststellungsbescheid wird bindend über die Höhe des zu diesem Zeitpunkt verbleibenden Verlustvortrages entschieden.   626

627 Soweit der Verlust in dem nachfolgenden Veranlagungszeitraum nicht abgezogen werden kann, wird er – gegebenenfalls zusammen mit neu entstehenden Verlusten dieses Veranlagungszeitraums – in dem darauf folgenden Verlustfeststellungsbescheid erneut festgestellt. Dieses Verfahren setzt sich in weiteren Perioden fort, bis der Verlust aufgezehrt worden ist. Ein Verlustfeststellungsbescheid stellt daher einen Grundlagenbescheid entweder für die nachfolgende Steuerfestsetzung oder für einen nachfolgenden Verlustfeststellungsbescheid dar (R 10d Abs. 4 Satz 4 EStR).

628 Bei der Feststellung des verbleibenden Verlustvortrags sind die Besteuerungsgrundlagen so zu berücksichtigen, wie sie den Steuerfestsetzungen des Veranlagungszeitraums, auf dessen Schluss der verbleibende Verlustvortrag festgestellt wird, und des Veranlagungszeitraums, in dem ein Verlustrücktrag vorgenommen werden kann, zu Grunde gelegt worden sind; § 171 Abs. 10, § 175 Abs. 1 Satz 1 Nr. 1 und § 351 Abs. 2 AO sowie § 42 FGO gelten entsprechend (§ 10d Abs. 4 Satz 4 EStG). Nach § 10d Abs. 4 Satz 5 EStG dürfen die Besteuerungsgrundlagen bei der Feststellung des gesonderten Verlustvortrags nur insoweit abweichend von der Einkommensteuerfestsetzung berücksichtigt werden, wie die Aufhebung, Änderung oder Berichtigung der Steuerbescheide ausschließlich mangels Auswirkung auf die Höhe der festzusetzenden Steuer unterbleibt. Dies gilt nach § 52 Abs. 25 Satz 5 EStG i. d. F. des JStG 2010 für alle Verluste, für die nach dem 13. 12. 2010 eine Erklärung zur Feststellung des verbleibenden Verlustvortrags abgegeben wird.

629 Mit der Regelung des § 10d Abs. 4 Satz 4 EStG wird eine inhaltliche Bindung des Verlustfeststellungsbescheids an den Einkommensteuerbescheid erreicht, obwohl der Einkommensteuerbescheid kein Grundlagenbescheid ist. Die Besteuerungsgrundlagen sind im Feststellungsverfahren so zu berücksichtigen, wie sie der letzten bestandskräftigen Einkommensteuerfestsetzung zu Grunde liegen. Die Verlustfeststellung entfällt, wenn der Einkommensteuerbescheid des betroffenen Veranlagungszeitraums nicht mehr änderbar ist. Nach der Regelung des § 10d Abs. 4 Satz 5 EStG dürfen die Besteuerungsgrundlagen bei der Feststellung des gesonderten Verlustvortrags nur insoweit abweichend von der Einkommensteuerfestsetzung des Verlustentstehungsjahrs berücksichtigt werden, wie die Aufhebung, Änderung oder Berichtigung der Steuerbescheide ausschließlich mangels Auswirkung auf die Höhe der festzusetzenden Steuer unterbleibt. Ist eine Änderung des Einkommensteuerbescheids unabhängig von der fehlenden betragsmäßigen Auswirkung auch verfahrensrechtlich nicht möglich, bleibt es bei der in § 10d Abs. 4 Satz 4 EStG angeordneten Bindungswirkung.

630 Die Bindungswirkung greift damit nach dem Wortlaut des Gesetzes in § 10d Abs. 4 Satz 4 1. Halbsatz EStG nur ein, wenn die streitigen Besteuerungsgrundlagen »den Steuerfestsetzungen des Veranlagungszeitraums (...) zu Grunde gelegt worden sind«. Die Bindungswirkung setzt daher voraus, dass eine Einkommensteuerveranlagung (ggf. mit einer festzusetzenden Steuer von 0 €) durchgeführt worden ist. Wurde für das Verlustentstehungsjahr hingegen keine Einkommensteuerveranlagung durchgeführt oder wurde die durchgeführte Veranlagung wegen Ablaufs der Festsetzungsverjährung wieder aufgehoben, werden keine Besteuerungsgrundlagen einer Einkommensteuerveranlagung zu Grunde gelegt, mithin kann daher auch keine Bindungswirkung entstehen,

so dass der Erlass eines Verlustfeststellungsbescheids weiterhin möglich ist (vgl. Schmidt/Heinicke, EStG, 34. Aufl., § 10d Rz 49).

Mit der Neufassung von § 10d Abs. 4 Satz 4 und 5 EStG durch das JStG 2010 wollte der Gesetzgeber gezielt die Rechtsprechung des BFH aushebeln, wonach ein verbleibender Verlustvortrag auch dann erstmals gem. § 10d Abs. 4 Satz 1 EStG gesondert festzustellen ist, wenn der Einkommensteuerbescheid für das Verlustentstehungsjahr zwar bestandskräftig ist, darin aber keine ausgeglichenen negativen Einkünfte berücksichtigt worden sind (vgl. BFH 17. 9. 2008 IX R 70/06, BStBl 2009 II 897). Dieser Rechtsprechung lag aber eine zuvor ergangene Einkommensteuerfestsetzung zu Grunde. Nach der Gesetzesbegründung soll der Erlass eines Feststellungsbescheids dann unterbleiben, wenn der entsprechende Einkommensteuerbescheid bestandskräftig ist und verfahrensrechtlich nicht mehr geändert werden kann. Die Fallgestaltung, bei der kein Einkommensteuerbescheid vorliegt, wird in der Gesetzesbegründung nicht angesprochen und ist nicht Gegenstand der Neuregelung (vgl. BT-Drucks 17/2249, S. 51 f). 631

Nach dem BFH-Urteil vom 13. 1. 2015 (IX R 22/14, BStBl 2015 II 829) ist ein verbleibender Verlustvortrag auch dann erstmals gem. § 10d Abs. 4 Satz 1 EStG gesondert festzustellen, wenn ein Einkommensteuerbescheid für das Verlustentstehungsjahr wegen Eintritts der Festsetzungsverjährung nicht mehr erlassen werden kann. Eine durch § 10d Abs. 4 Satz 4 EStG angeordnete Bindungswirkung, wonach bei der Feststellung des verbleibenden Verlustvortrags die Besteuerungsgrundlagen so zu berücksichtigen sind, wie sie der Steuerfestsetzung des Veranlagungszeitraums, auf dessen Schluss der verbleibende Verlustvortrag festgestellt wird, zugrunde gelegt worden sind, besteht nicht, wenn keine Einkommensteuerveranlagung durchgeführt worden ist. 632

LITERATURHINWEIS

Friebel/Rick/Schoor/Schneider, Fallsammlung Einkommensteuer, 19. Aufl. Kapitel 5

6.7 Kontrollfragen

FRAGEN

Kapitel 6		Lösung s. Rdn.:
1.	Die Sonderausgaben können nach dem jeweils abzugsfähigen Umfang in zwei Gruppen unterteilt werden. Wie werden die Sonderausgaben nach dem abzugsfähigen Umfang unterteilt?	285 und 286	☐
2.	Können tatsächlich geleistete Aufwendungen eines Dritten als Sonderausgaben des Steuerpflichtigen zu berücksichtigen sein?	287 und 288	☐
3.	Gibt es eine Möglichkeit, Sonderausgaben eines Kindes, die dieses aus eigenem Recht geleistet hat, als eigene Beiträge der Eltern zu berücksichtigen?	288	☐
4.	Ist es denkbar, dass auch Sachleistungen als Sonderausgaben berücksichtigt werden können?	290, 297	☐

5.	Gibt es eine Norm, die die Behandlung von Erstattungsbeträgen von Sonderausgaben regelt?	296/1 f. ☐
6.	Kann der Unterhaltshöchstbetrag des § 10 Abs. 1a Nr. 1 EStG von 13 805 € pro Empfänger unter bestimmten Voraussetzungen erhöht werden?	298 ff. ☐
7.	Welche steuerliche Folge ergibt sich beim Unterhaltsempfänger, wenn der Geber den Sonderausgabenabzug in Anspruch nimmt?	302 ff. ☐
8.	Ab wann sind Vermögensübertragungen eines Grundstücks im Rahmen der vorweggenommenen Erbfolge gegen Versorgungsleistungen nicht mehr nach § 10 Abs. 1a Nr. 2 EStG begünstigt?	311 ☐
9.	Unter welchen Voraussetzungen sind Versorgungsleistungen gegeben?	314 ff. ☐
10.	Wie sind Versorgungsleistungen i. S. d. § 10 Abs. 1a Nr. 2 EStG beim Empfänger zu behandeln?	314, 316, 360 ☐
11.	Unter welchen Voraussetzungen sind bei einer Vermögensübertragung Unterhaltsleistungen gegeben?	318 ff. ☐
12.	Handelt es sich bei der Vermögensübergabe von Wirtschaftseinheiten i. S. d. § 10 Abs. 1a Nr. 2 EStG gegen Versorgungsleistungen um einen voll unentgeltlichen, einen teilentgeltlichen oder einen entgeltlichen Erwerb?	321 ☐
13.	Kann ein Nießbrauch Gegenstand einer begünstigten Vermögensübertragung i. S. d. § 10 Abs. 1a Nr. 2 EStG sein?	342 ff. ☐
14.	Was versteht man unter einer internen bzw. externen Teilung im Rahmen des Versorgungsausgleichs?	364 ff. ☐
15.	Wie ist beim schuldrechtlichen Versorgungsausgleich eine Ausgleichszahlung beim Verpflichteten und beim Berechtigten zu behandeln?	385 ff. ☐
16.	Wie sind Vorsorgeaufwendungen hinsichtlich ihres Abzugsumfangs zu unterteilen?	400 ☐
17.	Warum ist es sinnvoll, Vorsorgeaufwendungen in Altersvorsorgeaufwendungen, Basisvorsorgeaufwendungen und sonstige Vorsorgeaufwendungen zu unterteilen?	417c ☐
18.	Wie hoch ist das höchstmögliche Abzugsvolumen von Altersvorsorgeaufwendungen bei einem Ledigen?	422 ff. ☐
19.	Welche Besonderheit ist z. B. bei einem Beamten bei der Berechnung des höchstmöglichen Abzugsvolumens seiner Altersvorsorgeaufwendungen zu beachten?	425 ff. ☐
20.	Wie hoch sind die höchstmöglichen Abzugsvolumina sonstiger Vorsorgeaufwendungen eines Ledigen?	435 ☐
21.	Wie werden die höchstmöglichen Abzugsvolumina sonstiger Vorsorgeaufwendungen bei der Zusammenveranlagung ermittelt?	438 ff. ☐
22.	Sind Steuerberatungskosten, die im Veranlagungszeitraum 2011 für Beratungsleistungen im Kj. 2005 gezahlt werden, als Sonderausgaben abzugsfähig?	479 ☐
23.	Können Steuerberatungskosten auch als Werbungskosten bzw. Betriebsausgaben berücksichtigt werden?	478 ☐
24.	Unter welchen Voraussetzungen können Aufwendungen für die erstmalige Berufsausbildung als Werbungskosten bzw. Betriebsausgaben berücksichtigt werden?	489 ☐

25. Wie sind Aufwendungen für ein Erststudium, das zugleich eine Erstausbildung 490 vermittelt, steuerlich zu behandeln, wenn das Studium nicht im Rahmen eines Dienstverhältnisses stattfindet? ☐

26. Bis zu welcher Höhe können Schulgeldzahlungen steuerlich berücksichtigt 506i werden:
    a) bis 1 500 €
    b) bis 5 000 €
    c) bis 16 666 €? ☐

27. Unter welchen Voraussetzungen sind Kinderbetreuungskosten ab dem Ver- 459 anlagungszeitraum 2012 zu berücksichtigen? ☐

28.. Unter welchen Voraussetzungen sind Mitgliedsbeiträge an Körperschaften 566 nicht als Zuwendungen abzugsfähig? ☐

29.. Sind bei einer Sachzuwendung aus dem Betriebsvermögen an einen gemein- 579 nützigen Verein zwingend die stillen Reserven dieses Wirtschaftsgutes auf- zudecken? ☐

30. Unter welchen Voraussetzungen sind Zuwendungen an politische Parteien als 594 ff. Sonderausgaben abzugsfähig? ☐

31. Eine Zuwendung an eine politische Partei i. H.v. 825 € ermäßigt in dieser Höhe 595 unmittelbar die tarifliche Einkommensteuer nach § 34g EStG? ☐

32. Ist es möglich, Zuwendungen in den vorangegangenen Veranlagungszeitraum 602 zurückzutragen und in die folgenden Veranlagungszeiträume vorzutragen? ☐

33. Ein negativer Gesamtbetrag der Einkünfte ist immer als Verlustrück- bzw. -vor- 614 trag zu berücksichtigen. Stimmt diese Aussage? ☐

34. Stimmt es, dass ein Verlustrücktrag in den unmittelbar vorangegangenen Ver- 616 anlagungszeitraum unbegrenzt möglich ist? ☐

35. Ist es möglich, dass der Steuerpflichtige den Verlustrücktrag auf einen be- 617 stimmten Betrag, z. B. 5 000 €, begrenzen kann? ☐

(Einstweilen frei)   633–690

KAPITEL 7: FAMILIENLEISTUNGSAUSGLEICH

Kapitel 7:
Familienleistungsausgleich

7.1 Allgemeines

Aufgrund der **Vorgabe des Bundesverfassungsgerichts** (Beschlüsse v. 29. 5. 1990 1 BvL 691
20/84, 1 BvL 26/84, 1 BvL 4/86, BStBl 1990 II 653, v. 12. 6. 1990 1 BvL 72/86, BStBl 1990
II 664) wurde mit dem JStG 1996 der Familienlastenausgleich zum Familienleistungsausgleich durch **die** Gewährung von **Kindergeld oder durch den Abzug der Freibeträge
nach § 32 Abs. 6 EStG** fortentwickelt (**§ 31 Satz 1** EStG). Das **Kindergeld für Kinder von
unbeschränkt steuerpflichtigen Anspruchsberechtigten ist seither im Einkommensteuergesetz geregelt** (Abschn. X, §§ 62 – 78 EStG). Der für das Kindergeld und die Freibeträge nach § 32 Abs. 6 EStG geltende Kindbegriff wurde vereinheitlicht.

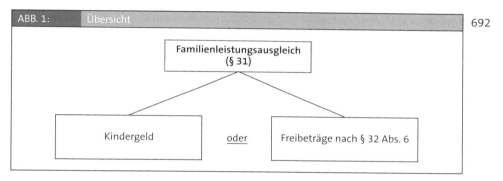

ABB. 1: Übersicht 692

Aufgrund ihrer Unterhaltsverpflichtung erwachsen den Eltern Aufwendungen für ihre 693
Kinder. Da die Aufwendungen die wirtschaftliche Leistungsfähigkeit der Eltern mindern, müssen sie gemäß den Vorgaben des BVerfG hierfür eine steuerliche Entlastung
erhalten, d. h. in Höhe des für das Existenzminimum einschließlich des Bedarfs für Betreuung und Erziehung oder Ausbildung eines Kindes erforderlichen Einkommensbetra-
ges darf ihr Einkommen steuerlich nicht belastet werden. Die steuerliche Entlastung
erfolgt durch die Bewilligung von Kindergeld und damit außerhalb der Einkommensteuerfestsetzung. Führt das Kindergeld noch nicht zur vollständigen steuerlichen Freistellung des Existenzminimums einschließlich des Bedarfs für die Betreuung und Erziehung oder Ausbildung eines Kindes, sind die Freibeträge nach § 32 Abs. 6 EStG im Rahmen der Ermittlung des zu versteuernden Einkommens und somit bei der Festsetzung
der Einkommensteuer abzuziehen.

Die Prüfung, ob die Entlastung der Eltern durch die Gewährung des Kindergeldes nach 694
§§ 62 ff. EStG oder durch den Abzug der Freibeträge nach § 32 Abs. 6 EStG bewirkt wird,
erfolgt von Amts wegen im Rahmen des Veranlagungsverfahrens zur Einkommensteuer nach Ablauf des Kalenderjahres (§ 31 Satz 1 EStG). Gegebenenfalls müssen die Eltern
die Durchführung der Veranlagung zur Einkommensteuer beantragen (§ 46 Abs. 2 Nr. 8
EStG).

Das Kindergeld beläuft sich im Jahr 2015 für das erste und zweite Kind auf jeweils 188 €/Monat, für das dritte Kind auf 194 €/Monat und für jedes weitere Kind auf 219 €/Monat.

Ab dem 1.1.2016 beträgt das Kindergeld für das erste und zweite Kind jeweils 190 €/Monat, für das dritte Kind 196 €/Monat und für jedes weitere Kind 221 €/Monat.

695–697   *(Einstweilen frei)*

698   Die vom Einkommen abzuziehenden Freibeträge des § 32 Abs. 6 EStG beinhalten den Freibetrag für das sächliche Existenzminimum (Kinderfreibetrag) und für den allgemeinen Betreuungs- und üblicherweise anfallenden Erziehungs- oder Ausbildungsbedarf eines Kindes. Zusätzlich entstehender Ausbildungsaufwand eines volljährigen und auswärts untergebrachten Kindes wird unter den Voraussetzungen des § 33a Abs. 2 EStG berücksichtigt. Der allgemein anfallende Betreuungsaufwand wird über den Familienleistungsausgleich abgegolten, der darüber hinaus erwachsende Betreuungsaufwand führt unter den Voraussetzungen des § 10 Abs. 1 Nr. 5 EStG oder § 35a Abs. 1 und 2 EStG zu einer zusätzlichen steuerlichen Ermäßigung.

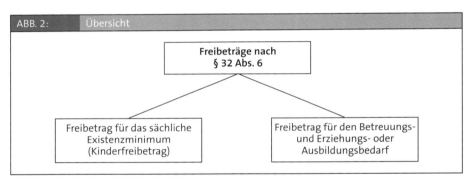

ABB. 2:   Übersicht

699   Die Freibeträge für das sächliche Existenzminimum, den Betreuungs- und Erziehungs- oder Ausbildungsbedarf kommen so lange in Betracht, wie ein Kind im Rahmen des Familienleistungsausgleichs zu berücksichtigen ist. Der Kinderfreibetrag beläuft sich für das Kalenderjahr 2015 auf 2 256 €/Elternteil, mithin auf insgesamt 4 512 €, und erhöht sich ab dem Veranlagungszeitraum 2016 auf 2 304 €/Elternteil, mithin auf insgesamt 4 608 €.

Der Freibetrag für den Betreuungs- und Erziehungs- oder Ausbildungsbedarf beträgt sowohl im Jahr 2015 als auch im Jahr 2016 unverändert 1 320 €/Elternteil bzw. 2 640 €/Kind.

700   Seit dem VZ 1996 gilt bei den **Freibeträgen nach § 32 Abs. 6** EStG – in Anlehnung an die Kindergeldvorschriften der §§ 62 ff. EStG – ebenfalls das **Monatsprinzip** (§ 32 Abs. 6 Satz 5 EStG). Das heißt, liegen die Voraussetzungen für die Berücksichtigung eines Kindes nicht in allen Monaten eines Kalenderjahres vor, erfolgt eine Kürzung der Freibeträge um die Monate, in denen die Voraussetzungen an keinem Tag vorgelegen haben.

BEISPIEL: ▸ Das (erste) Kind der unbeschränkt steuerpflichtigen und zusammen zu veranlagenden Eltern ist im Juli 2016 geboren.

Die Eltern haben Anspruch auf Kindergeld ab Juli 2016 und damit für 6 Monate i. H. von insgesamt 1 140 € (= 6 x 190 €) oder auf den Abzug der Freibeträge nach § 32 Abs. 6 EStG i. H. von 3 624 € (= 4 608 € + 2 640 €) = 7 248 €; 7 248 € x $^{6}/_{12}$ = 3°624 €.

Die **Freibeträge nach § 32 Abs. 6 EStG und das Kindergeld werden bis einschließlich des   701 Monats gewährt, in dem das Kind das 18. Lebensjahr vollendet. Sie entfallen,** wenn das Kind das 18. Lebensjahr vollendet hat und kein Verlängerungstatbestand des § 32 Abs. 4 Satz 1 oder Abs. 5 Satz 1 EStG vorliegt.

Aufwendungen für ein Kind können ferner das Einkommen/zu versteuernde Einkom-   702 men nach folgenden Vorschriften ermäßigen:

§ 10 Abs. 1 Nr. 3 Satz 2 EStG:	Beiträge zur (Basis-)Kranken- und Pflegeversicherung des Kindes
§ 10 Abs. 1 Nr. 5 EStG:	Kinderbetreuungskosten
§ 10 Abs. 1 Nr. 9 EStG:	Schulgeld
§ 24b EStG:	Entlastungsbetrag für Alleinerziehende
§ 33 Abs. 3 EStG:	Höhe der zumutbaren Belastung bei den (allgemeinen) außergewöhnlichen Belastungen
§ 33a Abs. 1 EStG:	Unterhaltsaufwendungen, wenn das Kind nicht im Rahmen des Familienleistungsausgleichs zu berücksichtigen ist
§ 33a Abs. 2 EStG:	Freibetrag zur Abgeltung des Sonderbedarfs für ein volljähriges, in Ausbildung stehendes und auswärts untergebrachtes Kind
§ 33b Abs. 5 EStG:	Übertragung des Pauschbetrages für Behinderte oder Hinterbliebene
§ 33b Abs. 6 EStG:	Pflege-Pauschbetrag

Ferner können Aufwendungen für haushaltsnahe Beschäftigungsverhältnisse oder für   703 die Inanspruchnahme haushaltsnaher Dienstleistungen wegen eines Kindes eine weitere Steuerermäßigung nach § 35a EStG bewirken.

Bezieht ein Stpfl. für ein Kind Kindergeld, hat er Anspruch auf eine höhere Altervorsor-   704 gezulage. In diesem Fall besteht nämlich nicht nur ein Anspruch auf die Grundzulage, sondern auch auf die Kinderzulage (§§ 83, 85 Abs. 1 EStG).

Darüber hinaus erlangt der Kindbegriff auch Bedeutung außerhalb des Einkommen-   705 steuerrechts, z. B. für die

▸ Gewährung der Arbeitnehmer-Sparzulage (§ 13 des 5. VermBG i.V. mit § 2 Abs. 5 Satz 2 EStG),

▸ Gewährung der Wohnungsbauprämie (§ 2a WoPG i.V. mit § 2 Abs. 5 Satz 2 EStG),

▸ Höhe der Zuschlagsteuern (§ 51a EStG), bspw. für die Kirchensteuer oder den Solidaritätszuschlag (§ 3 Abs. 2 und 2a SolZG).

Da die vorstehend genannten gesetzlichen Vorschriften an den Begriff des zu versteuernden Einkommens anknüpfen (z. B. § 13 des 5. VermBG oder § 2a WoPG), ist für diesen Zweck das zu versteuernde Einkommen stets um die Freibeträge nach § 32 Abs. 6 EStG zu vermindern (§ 2 Abs. 5 EStG). Dabei sind die Freibeträge nach § 32 Abs. 6 EStG bspw. für die Gewährung der Arbeitnehmer-Sparzulage oder der Wohnungsbauprämie für das gesamte Sparjahr zugrunde zu legen (BMF-Schreiben v. 23. 7. 2014, BStBl I 1175, Tz. 15 Abs. 5, und Nr. 2 Abs. 1 WoPR). Damit spielt es keine Rolle, ob die Freibeträge für den gesamten VZ oder nur für einen Teil des Kalenderjahres bei der Veranlagung zur Einkommensteuer zu berücksichtigen sind.

Ferner wird sichergestellt, dass bei der Ermittlung der Bemessungsgrundlage für die Zuschlagsteuern die Freibeträge nach § 32 Abs. 6 EStG auch dann berücksichtigt werden, wenn sie aufgrund der steuerlichen Entlastung durch das Kindergeld bei der Ermittlung der festzusetzenden Einkommensteuer nicht abgezogen worden sind (§ 51a Abs. 1 – 2a EStG). Hierbei werden die Freibeträge nach § 32 Abs. 6 EStG unabhängig vom Berücksichtigungszeitraum des Kindes im Kalenderjahr stets mit dem Jahresbetrag angesetzt.

7.2 Regelung des Kindergeldes (§§ 62 – 78 EStG)

706

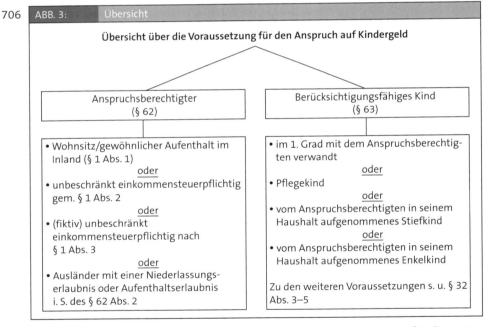

ABB. 3:   Übersicht

Übersicht über die Voraussetzung für den Anspruch auf Kindergeld

Anspruchsberechtigter (§ 62)	Berücksichtigungsfähiges Kind (§ 63)
• Wohnsitz/gewöhnlicher Aufenthalt im Inland (§ 1 Abs. 1) oder • unbeschränkt einkommensteuerpflichtig gem. § 1 Abs. 2 oder • (fiktiv) unbeschränkt einkommensteuerpflichtig nach § 1 Abs. 3 oder • Ausländer mit einer Niederlassungserlaubnis oder Aufenthaltserlaubnis i. S. des § 62 Abs. 2	• im 1. Grad mit dem Anspruchsberechtigten verwandt oder • Pflegekind oder • vom Anspruchsberechtigten in seinem Haushalt aufgenommenes Stiefkind oder • vom Anspruchsberechtigten in seinem Haushalt aufgenommenes Enkelkind Zu den weiteren Voraussetzungen s. u. § 32 Abs. 3–5

707 Wie bereits oben ausgeführt, beträgt das Kindergeld für das Jahr 2015 für die ersten zwei Kinder jeweils 188 €/Monat, für das dritte Kind 194 €/Monat und für jedes weitere Kind 219 €/Monat und erhöht sich ab dem 1. 1. 2016 für die ersten zwei Kinder auf jeweils 190 €/Monat, für das dritte Kind auf 196 €/Monat und für jedes weitere Kind auf jeweils 221 €/Monat (§ 66 Abs. 1 Satz 1 EStG). Es wird vom Beginn des Monats an, in dem die Anspruchsvoraussetzungen erfüllt sind, bis zum Ende des Monats gezahlt, in dem die Anspruchsvoraussetzungen entfallen (§ 66 Abs. 2 EStG i. V. mit § 32 EStG). Die Zahlung erfolgt damit für jeden Kalendermonat, in dem die Voraussetzun-

gen für die Berücksichtigung des Kindes wenigstens an einem Tag vorgelegen haben. Kinder, die weder einen Wohnsitz noch ihren gewöhnlichen Aufenthalt im Inland, in einem Mitgliedstaat der Europäischen Union oder in einem Staat, auf den das Abkommen über den Europäischen Wirtschaftsraum Anwendung findet, haben, können generell nicht berücksichtigt werden (§ 63 Abs. 1 Satz 6 EStG).

BEISPIEL: Das zweite Kind der unbeschränkt steuerpflichtigen und zusammen zu veranlagenden Eltern ist am 31. 3. 2016 geboren. Das erste Kind vollendet mit Ablauf des 1. 5. 2016 sein 18. Lebensjahr.

Die Eltern haben im Kj 2016 Anspruch auf Kindergeld für das zweite Kind ab dem Monat März und damit für 10 Monate i. H. von 1 900 € (= 10 Monate x 190 €).

Für das erste Kind haben sie Anspruch auf Kindergeld für 5 Monate i. H. von 950 € (= 5 Monate x 190 €).

Das Kindergeld ist schriftlich bei der zuständigen Familienkasse zu beantragen (§ 67 EStG). Es wird von ihr durch Bescheid festgesetzt und ausgezahlt (§ 70 Abs. 1 EStG). Die Zahlung erfolgt monatlich (§ 66 Abs. 2 EStG).

Ab dem 1. 1. 2016 ist für den Erhalt des Kindergelds für ein unbeschränkt oder beschränkt steuerpflichtiges Kind die Angabe der für das Kind vergebenen Identifikationsnummer erforderlich (§ 63 Abs. 1 Satz 3 i.V. mit § 52 Abs. 49a EStG). Ist das Kind dagegen nicht steuerpflichtig und hat es auch keine Identifikationsnummer erhalten, ist es in anderer geeigneter Weise zu idendifizieren (§ 63 Abs. 1 Satz 4 EStG). Weiteres hierzu ist im BMF-Schreiben vom 22. 12. 2015, BStBl 2016 I 12, geregelt. Vorrangig betroffen sind hiervon Kinder mit Wohnsitz außerhalb Deutschlands, aber in der Europäischen Union bzw. in einem Staat, der zum Europäischen Wirtschaftsraum (Island, Liechtenstein und Norwegen) gehört, mit Wohnsitz in der Schweiz und in Staaten, mit denen zwischenstaatliche Vereinbarungen und Abkommen über die Soziale Sicherheit bestehen.

Kindergeld wird nicht gezahlt, wenn für das Kind andere Leistungen zu zahlen sind 708 oder bei entsprechender Antragstellung zu zahlen wären. Diese Leistungen sind in § 65 Abs. 1 Satz 1 Nr. 1–3 EStG abschließend aufgezählt. Weiteres vgl. A 26 DA-KG 2014 (BStBl 2014 I 918, 976). Soweit es für einkommensteuerliche Vorschriften auf den Erhalt von Kindergeld ankommt, steht die Leistung i. S. des § 65 Abs. 1 Satz 1 EStG dem Kindergeld gleich (§ 65 Abs. 1 Satz 2 EStG).

Ist der Bruttobetrag der dem Kindergeld gleichgestellten anderen Leistung i. S. des § 65 Abs. 1 Satz 1 Nr. 1 EStG niedriger als das Kindergeld nach § 66 EStG, wird Kindergeld in Höhe des Unterschiedsbetrages gezahlt, wenn der Unterschiedsbetrag mindestens 5 € im Kalendermonat beträgt (§ 65 Abs. 2 EStG).

Das Kindergeld wird für jedes Kind nur einem Anspruchsberechtigten gezahlt (§ 64 Abs. 1 EStG). Es erhält grundsätzlich der Elternteil, der das Kind in seinem Haushalt aufgenommen hat („Obhutsprinzip", § 64 Abs. 2 Satz 1 EStG). Zu weiteren Fällen vgl. § 64 Abs. 2 Satz 2 ff. und Abs. 3 EStG.

Zuständig für die Festsetzung und Auszahlung des Kindergeldes ist das Bundeszentral- 709 amt für Steuern, wobei sich dieses Amt im Rahmen der Organleihe der organisatorischen und personellen Strukturen der Bundesagentur für Arbeit – Familienkasse – bedient. Die bei den zuständigen Agenturen für Arbeit angesiedelten Familienkassen gehören zwar zur jeweiligen Agentur für Arbeit, die Fachaufsicht liegt jedoch beim Bundeszentralamt für Steuern, O 2.1 DA-KG 2014 (BStBl 2014 I 918, 933), H 67 „Zuständigkeit" EStH.

710 Nach § 72 EStG erfolgt die Festsetzung und Zahlung des Kindergeldes an **Angehörige des öffentlichen Dienstes** grds. durch die zuständige juristische Person des öffentlichen Rechts, die insoweit zuständige Familienkasse ist (H 72 „Festsetzung und Zahlung des Kindergeldes an Angehörige des öffentlichen Dienstes" EStH. Näheres vgl. V 1.2 und 1.3 DA-KG 2014 (BStBl 2014 I 918, 979).

7.3 Voraussetzungen für die Berücksichtigung von Kindern (§ 32 Abs. 1 – 5 und Abs. 6 Satz 10 EStG)

7.3.1 Grundsätzliches

711 Für die Berücksichtigung eines Kindes ist erforderlich, dass

1. ein Kindschaftsverhältnis i. S. des § 32 Abs. 1 oder Abs. 6 Satz 10 EStG vorliegt

und

2. die altersmäßigen Voraussetzungen i. S. des § 32 Abs. 3 – 5 EStG erfüllt sind.

7.3.2 Begünstigte Kindschaftsverhältnisse

712

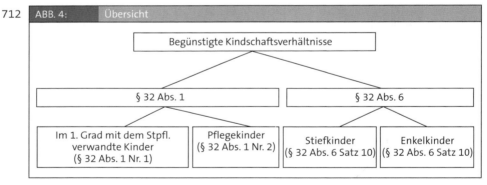

ABB. 4: Übersicht

713 Die **Voraussetzungen** für die Gewährung der Freibeträge nach § 32 Abs. 6 EStG ergeben sich aus **§ 32 Abs. 1 – 5** EStG. § 63 Abs. 1 EStG verweist im Hinblick auf das Kindergeld auf die Berücksichtigungsvorschriften des § 32 Abs. 3 bis 5 EStG. Abweichungen bestehen lediglich bei den Regelungen für Stief- und Enkelkinder. Für diese liegt kein Kindschaftsverhältnis gem. § 32 Abs. 1 EStG vor. Gleichwohl gehören in den Haushalt aufgenommene Kinder des Ehegatten (Stiefkinder) und in den Haushalt aufgenommene Enkel zum kindergeldrechtlichen Kindbegriff (§ 63 Abs. 1 Nr. 2 u. 3 EStG). Die Freibeträge nach § 32 Abs. 6 EStG können – in Abstimmung mit den Kindergeldvorschriften – nach § 32 Abs. 6 Satz 10 EStG ebenfalls auf Stief- oder Großeltern(teile) übertragen werden.

7.3.2.1 Kinder, die mit dem Stpfl. im 1. Grad verwandt sind (§ 32 Abs. 1 Nr. 1 EStG)

Kinder, die mit dem Stpfl. im 1. Grad verwandt sind, sind dessen leibliche oder ange- 714
nommene Kinder. Vgl. A 9 DA-KG 2014 (BStBl 2014 I 918, 946).

Mit der Adoption erlischt das Verwandtschaftsverhältnis eines minderjährigen Kindes 715
zu seinen bisherigen (leiblichen) Eltern und dessen Verwandten; nimmt ein Ehepartner
das Kind seines Ehepartners an, erlischt das Verwandtschaftsverhältnis nur zu dem anderen Elternteil und dessen Verwandten (§ 1755 BGB). Wird ein Volljähriger als Kind
adoptiert, gilt er ebenfalls als im 1. Grad mit dem Adoptierenden verwandt. Das Verwandtschaftsverhältnis zu seinen bisherigen (leiblichen) Eltern erlischt jedoch nur
dann, wenn das Vormundschaftsgericht der Adoption die Wirkung einer Volladoption
beigelegt hat (§ 1772 BGB), H 32.1 „Annahme als Kind" EStH.

Liegt keine Volladoption vor, bleibt das Kindschaftsverhältnis zu den bisherigen (leibli- 716
chen) Eltern und damit die Verwandtschaft im 1. Grad weiterhin bestehen. Die Unterhaltspflicht der Adoptiveltern geht allerdings derjenigen der bisherigen (leiblichen) Eltern vor (§ 1770 Abs. 3 BGB). Damit in solchen Fällen die Doppelberücksichtigung eines
volljährigen Kindes vermieden wird, ist das Adoptivkind vorrangig als angenommenes
Kind zu berücksichtigen (§ 32 Abs. 2 Satz 1 EStG).

7.3.2.2 Pflegekinder (§ 32 Abs. 1 Nr. 2 EStG)

Der Begriff des Pflegekindes ergibt sich nicht aus dem bürgerlichen Recht, sondern ist 717
im EStG definiert. Danach sind die **Voraussetzungen** eines Pflegekindschaftsverhältnisses erfüllt, wenn

▶ das Kind mit dem Stpfl. durch ein familienähnliches, auf längere Dauer angelegtes
   Band verbunden ist;

▶ der Stpfl. das Kind nicht zu Erwerbszwecken in seinen Haushalt aufgenommen hat;

▶ das Kind aus dem Obhuts- und Pflegeverhältnis der bisherigen (leiblichen) Eltern
   ausgeschieden ist.

Das nach § 32 Abs. 1 Nr. 2 EStG notwendige **familienähnliche Band** muss von vorn- 718
herein auf mehrere Jahre angelegt sein. Dabei kann im Regelfall bei einer von den Beteiligten beabsichtigten Dauer von mindestens 2 Jahren von einem Pflegekindschaftsverhältnis i. S. des EStG ausgegangen werden. Vgl. H 32.2 „Familienähnliches, auf längere Dauer berechnetes Band; nicht zu Erwerbszwecken" EStH. Ist der Aufenthalt des Kindes von Beginn an auf eine bestimmte Zeit begrenzt, kann man nicht von einem auf
Dauer berechneten Band sprechen (R 32.2 Abs. 1 Satz 2 EStR). Es ist nicht erforderlich,
dass zwischen dem Pflegekind und den Pflegeeltern stets ein Altersunterschied wie üblicherweise zwischen Eltern und Kindern besteht (BFH 5. 8. 1977 VI R 187/74, BStBl
1977 II 832, R 32.2 Abs. 3 Satz 1 EStR). Kinder, die mit dem Ziel der Adoption vom Steuerpflichtigen in Pflege genommen werden (§ 1744 BGB), sind regelmäßig Pflegekinder
(R 32.2 Abs. 1 Satz 3 EStR).

BEISPIEL: ▶ Die Eltern M und F sind bei einem Unfall im Kj 2016 ums Leben gekommen. Sie hin-
terlassen den zu diesem Zeitpunkt 8-jährigen Sven. Das Kind lebt seither im Haushalt seines
Onkels und dessen Ehefrau, die für den Unterhalt und die Ausbildung aufkommen. Die 24-jäh-

rige Tochter des Onkels beabsichtigt, Sven nach Abschluss ihres Studiums (voraussichtlich im Kj 2017) zu adoptieren.

Es liegt kein Pflegekindschaftsverhältnis vor, weil der Onkel und dessen Ehefrau das Kind nur vorübergehend aufgenommen haben. Zur Tochter des Onkels ist ebenfalls noch kein Pflegekindschaftsverhältnis begründet worden.

719 Mit der **familienartigen Bindung** zwischen Pflegeeltern und Pflegekind hängt eng zusammen, dass die Pflegeeltern aus Uneigennützigkeit handeln. Ein Kind, das von dem Stpfl. nur des Erwerbs wegen im Haushalt aufgenommen wird, oder das der Stpfl. beim Wegfall von Unterhaltsgeld usw. nicht mehr bei sich behalten würde, ist daher nicht Pflegekind, sondern Kostkind. Hat der Stpfl. mehr als sechs Kinder in seinem Haushalt aufgenommen, so spricht eine Vermutung dafür, dass es sich um (nicht berücksichtigungsfähige) Kostkinder handelt (R 32.2 Abs. 1 Satz 4 u. 5 EStR).

720 Das **Kind** ist im **Haushalt der Pflegeeltern** untergebracht, wenn es bei diesen seine Heimat gefunden hat und die Pflegeeltern anstelle der bisherigen (leiblichen) Eltern die Betreuung des Kindes übernommen haben. Dies ist z. B. der Fall, wenn der Stpfl. ein Kind im Rahmen von Hilfe zur Erziehung in Vollzeitpflege (§§ 27, 33 SGB VIII) oder von Eingliederungshilfe (§ 35a Abs. 2 Nr. 3 SGB VIII) in seinem Haushalt aufnimmt (R 32.2 Abs. 1 Satz 1 EStR). Der Aufnahme in den Haushalt steht nicht entgegen, dass sich das Kind zum Zwecke des Schulbesuchs oder der sonstigen Ausbildung vorübergehend an einem anderen Ort befindet.

> **BEISPIEL:** Tante A hat ihre 14-jährige Nichte Elfriede in ihrem Haushalt aufgenommen, weil ihre leiblichen Eltern bei einem Unfall im Kj 2016 ums Leben gekommen sind. Elfriede ist seit Mitte September 2012 zur schulischen Ausbildung in einem Internat untergebracht. Dort verbleibt sie auch nach dem Tod ihrer Eltern. Tante A behandelt Elfriede genauso wie ihre zwei eigenen Kinder. Sie zahlt beispielsweise die Internatskosten; Elfriede verbringt regelmäßig die Wochenenden und ihre Ferien bei Tante A.
>
> Es liegt ein Pflegekindschaftsverhältnis vor, weil Elfriede nach dem Tod ihrer leiblichen Eltern mit ihrer Tante A durch ein familienähnliches Band verbunden ist und sie in dem Haushalt ihrer Tante ein neues Zuhause gefunden hat. Die Fortführung des Internatsaufenthalts zur schulischen Ausbildung steht der Haushaltseingliederung nicht entgegen, da sie nur vorübergehend angelegt ist.

721 Ein **Pflegekindschaftsverhältnis** kann dagegen **nicht** angenommen werden, wenn der Stpfl. nicht nur das Kind, sondern auch einen Elternteil in seinen Haushalt aufnimmt, und zwar selbst dann nicht, wenn der Elternteil durch eine Schul- oder Berufsausbildung in der Obhut und Pflege des Kindes beeinträchtigt ist (BFH 9. 3. 1989 VI R 94/88, BStBl 1989 II 680). Ein zwischen einem allein erziehenden Elternteil und seinem Kind im Kleinkindalter begründetes Obhuts- und Pflegeverhältnis wird durch die vorübergehende Abwesenheit des Elternteils nicht unterbrochen (BFH 12. 6. 1991 III R 108/89, BStBl 1992 II 20). In der Regel kann angenommen werden, dass ein Obhuts- und Pflegeverhältnis zwischen einem allein erziehenden Elternteil und seinem bei Pflegeeltern lebenden, noch nicht schulpflichtigen Kind nicht mehr besteht, wenn der Elternteil mindestens ein Jahr lang keine für die Wahrung des Obhuts- und Pflegeverhältnisses ausreichenden Kontakte zu dem Kind hat (BFH 20. 1. 1995 III R 14/94, BStBl 1995 II 582). Gleiches gilt, wenn ein nach Aufnahme durch die Pflegeeltern noch schulpflichtiges Kind mehr als zwei Jahre lang keine ausreichenden Kontakte zu seinen leiblichen Eltern

hat (BFH 7.9.1995 III R 95/93, BStBl 1996 II 63). Vgl. hierzu H 32.2 „Fehlendes Obhuts-
und Pflegeverhältnis zu den Eltern" EStH.

Beanspruchen **nahe Verwandte** die Berücksichtigung des Kindes (z. B. Onkel oder Tante)   722
als Pflegeeltern und leben die leiblichen Kindeseltern noch, sind besonders strenge Anforderungen an das Ausscheiden aus dem elterlichen Obhuts- und Fürsorgeverhältnis
zu stellen. Besteht dieses zu den leiblichen Eltern nicht mehr, kann ein Pflegekindschaftsverhältnis auch zu jüngeren Geschwistern anerkannt werden (H 32.2 „Familienähnliches, auf längere Dauer berechnetes Band; nicht zu Erwerbszwecken" und „Fehlendes Obhuts- und Pflegeverhältnis zu den Eltern" EStH).

Das Gleiche gilt, wenn das zu betreuende Geschwisterteil von Kind an wegen Behinderung pflegebedürftig war und der betreuende Teil die Stelle der Eltern, z. B. nach deren Tod, einnimmt (R 32.2 Abs. 3 EStR).

Sind die **leiblichen Eltern verstorben,** ist das natürliche **Obhuts- und Fürsorgeverhältnis**   723
der Eltern zu dem Kinde erloschen. Solange die leiblichen Eltern noch leben, kann nur
beim Vorliegen besonderer Umstände angenommen werden, dass das Kind nicht mehr
unter der Obhut und Fürsorge seiner Eltern steht. Solche Umstände können z. B. darin
erblickt werden, dass die **Eltern ausgewandert** sind oder durch **Vernachlässigung** des
Kindes dessen Wohl gefährdet haben und deshalb das Familiengericht ihnen das Per-
sonensorgerecht entzogen hat (§ 1666 BGB). Auch wenn feststeht, dass die Eltern aus
anderen Gründen (z. B. schwere Krankheit) tatsächlich nicht mehr für das Kind sorgen
und dies anderen überlassen, kann darin eine Trennung der Eltern von ihrem Kind liegen. Gelegentliche Besuchskontakte allein stehen einer Trennung der familiären Bin-
dungen der leiblichen Eltern zu ihrem Kind nicht entgegen (R 32.2 Abs. 2 Satz 2 EStR).

(Einstweilen frei)   724

Das Pflegekindschaftsverhältnis kann jederzeit beendet werden, z. B. dadurch, dass die   725
Haushaltsgemeinschaft zwischen den Pflegeeltern und dem Kind aufgelöst wird.

Da die Begründung des Pflegekindschaftsverhältnisses die Verwandtschaft mit den bis-   726
herigen (leiblichen) Eltern im 1. Grad nicht beendet, ist zur Vermeidung einer Doppelberücksichtigung ein Pflegekind vorrangig bei den Pflegeeltern zu berücksichtigen (§ 32
Abs. 2 Satz 2 EStG).

7.3.3 Altersmäßige Voraussetzungen für die Berücksichtigung von Kindern

727

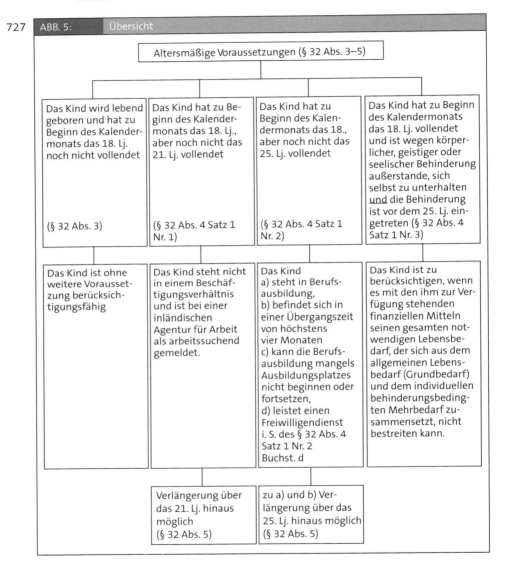

ABB. 5:   Übersicht

Altersmäßige Voraussetzungen (§ 32 Abs. 3–5)

Das Kind wird lebend geboren und hat zu Beginn des Kalendermonats das 18. Lj. noch nicht vollendet	Das Kind hat zu Beginn des Kalendermonats das 18. Lj., aber noch nicht das 21. Lj. vollendet	Das Kind hat zu Beginn des Kalendermonats das 18., aber noch nicht das 25. Lj. vollendet	Das Kind hat zu Beginn des Kalendermonats das 18. Lj. vollendet und ist wegen körperlicher, geistiger oder seelischer Behinderung außerstande, sich selbst zu unterhalten und die Behinderung ist vor dem 25. Lj. eingetreten (§ 32 Abs. 4 Satz 1 Nr. 3)
(§ 32 Abs. 3)	(§ 32 Abs. 4 Satz 1 Nr. 1)	(§ 32 Abs. 4 Satz 1 Nr. 2)	
Das Kind ist ohne weitere Voraussetzung berücksichtigungsfähig	Das Kind steht nicht in einem Beschäftigungsverhältnis und ist bei einer inländischen Agentur für Arbeit als arbeitssuchend gemeldet.	Das Kind a) steht in Berufsausbildung, b) befindet sich in einer Übergangszeit von höchstens vier Monaten c) kann die Berufsausbildung mangels Ausbildungsplatzes nicht beginnen oder fortsetzen, d) leistet einen Freiwilligendienst i. S. des § 32 Abs. 4 Satz 1 Nr. 2 Buchst. d	Das Kind ist zu berücksichtigen, wenn es mit den ihm zur Verfügung stehenden finanziellen Mitteln seinen gesamten notwendigen Lebensbedarf, der sich aus dem allgemeinen Lebensbedarf (Grundbedarf) und dem individuellen behinderungsbedingten Mehrbedarf zusammensetzt, nicht bestreiten kann.
	Verlängerung über das 21. Lj. hinaus möglich (§ 32 Abs. 5)	zu a) und b) Verlängerung über das 25. Lj. hinaus möglich (§ 32 Abs. 5)	

7.3.3.1 Kinder bis zur Vollendung des 18. Lebensjahres (§ 32 Abs. 3 EStG)

728   Nach **§ 32 Abs. 3** EStG wird ein Kind **vom Beginn des Kalendermonats** an berücksichtigt, in dem es lebend geboren wurde, und in jedem folgenden Kalendermonat, zu dessen Beginn es das **18. Lebensjahr noch nicht vollendet hat.** Für die Frage, ob ein Kind lebend geboren wurde, ist im Zweifel das Geburtenregister maßgebend.

Das 18. Lebensjahr wird mit Ablauf des Tages vollendet, der dem Geburtstag vorangeht (§ 187 Abs. 2 Satz 2 und § 188 Abs. 2 BGB).

BEISPIEL: Das eheliche Kind A ist am 1. 1. 1998 geboren.

Da bei der Berechnung des Lebensalters der Tag der Geburt mitzählt, hat A mit Ablauf des 31. 12. 2015 das 18. Lebensjahr vollendet. Das Kind ist gemäß § 32 Abs. 3 im Jahr 2016 nicht mehr zu berücksichtigen.

Wäre A dagegen am 2. 1. 1998 geboren, könnte es bei seinen Eltern für den Monat Januar 2016 nach § 32 Abs. 3 EStG noch berücksichtigt werden, da es sein 18. Lebensjahr erst mit Ablauf des 1. 1. 2016 vollendet hätte.

Für die Berücksichtigung eines Kindes, das zu Beginn des Kalendermonats das 18. Lebensjahr noch nicht vollendet hat, müssen keine weiteren Voraussetzungen erfüllt sein. Demzufolge spielt es keine Rolle, ob sich das minderjährige Kind beispielsweise in einer Berufsausbildung befindet oder nicht.

7.3.3.2 Berücksichtigungstatbestände für Kinder ab Vollendung des 18. Lebensjahres (§ 32 Abs. 4 EStG)

Ab dem Kalendermonat, zu dessen Beginn das Kind das 18. Lebensjahr vollendet hat, 729 kann es grds. nicht mehr steuerlich berücksichtigt werden, da der Gesetzgeber mit dem Eintritt der Volljährigkeit des Kindes davon ausgeht, dass das Kind nunmehr selbst in der Lage ist, für seinen Lebensunterhalt aufzukommen.

Da dies jedoch häufig noch nicht der Fall ist, hat der Gesetzgeber in § 32 Abs. 4 EStG Ausnahme- und damit Verlängerungstatbestände für die Kindesberücksichtigung zugelassen. Bei Erfüllung dieser Voraussetzungen ist eine Kindesberücksichtigung auch nach Vollendung des 18. Lebensjahres möglich, zumal die Eltern in diesen Fällen weiterhin zur Unterhaltsgewährung verpflichtet sind.

7.3.3.2.1 Berücksichtigung von Kindern ohne Beschäftigung (§ 32 Abs. 4 Satz 1 Nr. 1 EStG)

Ein Kind kann nach des § 32 Abs. 4 Satz 1 Nr. 1 EStG berücksichtigt werden, wenn es 730 noch nicht das 21. Lebensjahr vollendet hat, nicht in einem Beschäftigungsverhältnis steht und bei einer Agentur für Arbeit im Inland als arbeitssuchend gemeldet ist. Gemäß A 13 DA-KG 2014 (BStBl 2014 I 918, 949) kann es auch berücksichtigt werden, wenn es in einem anderen EU- bzw. EWR-Staat oder in der Schweiz bei der staatlichen Arbeitsermittlung arbeitssuchend gemeldet ist.

7.3.3.2.2 Berücksichtigung von Kindern im Zusammenhang mit der Berufsausbildung (§ 32 Abs. 4 Satz 1 Nr. 2 Buchst. a–c EStG)

Die **Berufsausbildung** soll die für die Ausübung eines Berufs notwendigen fachlichen 731 Fertigkeiten und Kenntnisse vermitteln. Hierzu gehören alle Maßnahmen, bei denen es sich um den Erwerb von Kenntnissen und Fähigkeiten handelt, die als Grundlage für die Ausübung des angestrebten Berufs geeignet und förderlich sind (H 32.5 „Allgemeines" EStH, A 14 DA-KG 2014 (BStBl 2014 I 918, 950). Unerheblich ist, ob alle vom Kind vorgenommenen Ausbildungsmaßnahmen in einer Ausbildungs- oder Studienordnung vorgeschrieben sind (BMF v. 8. 2. 2016, BStBl 2016 I 226, Rz. 21).

732 Zur **Berufsausbildung** nach § 32 Abs. 4 Satz 1 Nr. 2 Buchst. a EStG gehören z. B.:

▶ die Ausbildung an allgemein- oder berufsbildenden öffentlichen oder privaten Schulen (bspw. Grundschule, Hauptschule, Gymnasium, Realschule, Fachoberschule, Berufsoberschule),

▶ berufsbezogene Ausbildungsverhältnisse (z. B. die Ausbildung für einen handwerklichen, kaufmännischen oder technischen Beruf sowie in der Hauswirtschaft aufgrund eines Berufsausbildungsvertrages oder an einer Lehranstalt, bspw. Haushaltsschule oder Berufsfachschule),

▶ die Hochschulausbildung (z. B. Fachhochschule und Universität),

▶ Praktika, die für die Berufsausübung geeignet sind (z. B. das Anwaltspraktikum eines Jurastudenten, auch wenn es weder gesetzlich noch durch die Studienordnung vorgeschrieben, H 32.5 "Praktikum" EStH),

▶ qualifizierte Sprachaufenthalte im Ausland (bei einem Studenten der Anglistik, der einen Abschluss in diesem Studiengang anstrebt, gehört auch ein Auslandspraktikum als Fremdsprachenassistent an einer Schule in Großbritannien während eines Urlaubssemesters zur Berufsausbildung, BFH v. 14. 1. 2000, BStBl 2000 II 199).

733 *(Einstweilen frei)*

734 Für ein **behindertes Kind** umfasst der Begriff „Berufsausbildung" jede gezielte Maßnahme, durch die es auf eine Erwerbstätigkeit vorbereitet wird. Unter diesen Gesichtspunkten kann auch der Besuch einer Behindertenschule, einer Heimsonderschule oder das Arbeitstraining in einer Anlernwerkstatt oder Werkstatt für Behinderte eine Berufsausbildung darstellen (H 32.5 „Behinderte Kinder, die für einen Beruf ausgebildet werden" EStH).

735 Die Ausbildung muss die Zeit und Arbeitskraft des Kindes in einem Umfang in Anspruch nehmen, dass Bedenken gegen die Ernsthaftigkeit ausgeschlossen werden können. Regelmäßig kann eine tatsächliche Unterrichts- und Ausbildungszeit von 10 Wochenstunden als ausreichend angesehen werden. Damit berücksichtigt die FinVerw die höchstrichterliche Rechtsprechung, der zufolge die Berufsausbildung nicht mehr die überwiegende Zeit und Arbeitskraft des Kindes beanspruchen muss (BFH 9. 6. 1999 VI R 143/98, BStBl 1999 II 710, H 32.5 „Sprachaufenthalt im Ausland" und „Umfang der zeitlichen Inanspruchnahme durch die Berufsausbildung" EStH, A 14.9 und A 14.3 DA-KG 2014 (BStBl 2014 I 918, 953, 951).

736 Die Ferienzeit zwischen zwei Ausbildungsabschnitten gehört zur Berufsausbildung; nicht aber die Übergangzeit zwischen dem Abschluss der Berufsausbildung und dem Berufsantritt sowie die Probezeit bei erstmaligem Berufsantritt (BFH 31. 1. 1964 VI 5/63 U, BStBl 1964 III 300). Unterbrechungen aufgrund Erkrankung oder Mutterschutz gehören zur Berufsausbildung (H 32.5 „Unterbrechungszeiten" EStH).

737 Für die Berücksichtigung des Kindes nach § 32 Abs. 4 Satz 1 Nr. 2 Buchst. a EStG ist es unerheblich, ob es sich um die erste oder eine weitere Berufsausbildung für einen andersartigen oder gehobeneren Beruf handelt (H 32.5 „Erneute Berufsausbildung" EStH).

BEISPIEL: ▶ A ist 23 Jahre alt. Er hat vor zwei Jahren eine Ausbildung zum Bankkaufmann beendet und seitdem in seinem erlernten Beruf gearbeitet. Am 1.10.2016 beginnt A ein Studium der Betriebswirtschaftslehre.

A ist gemäß § 32 Abs.4 Satz 1 Nr. 2 Buchst. a EStG bei seinen Eltern ab Oktober 2016 (erneut) zu berücksichtigen, da er für einen Beruf ausgebildet wird. Das Studium ist Berufsausbildung i. S. von § 32 Abs.4 Satz 1 Nr. 2 Buchst. a EStG (H 32.5 „Schulbesuch" EStH).

Die Berufsausbildung ist abgeschlossen, wenn das Kind einen Ausbildungsstand er-   738
reicht hat, der es zur Berufsausübung befähigt. In der Regel wird die Berufsausbildung mit einer Prüfung abgeschlossen. Vgl. A 14.10 DA-KG 2014 (BStBl 2014 I 918, 954).

In Handwerksberufen wird die Berufsausbildung mit bestandener Gesellenprüfung, in   739
anderen Ausbildungsberufen mit der Gehilfenprüfung abgeschlossen. Vgl. A 14.10 Abs. 3 Satz 2 DA-KG 2014 (BStBl 2014 I 918, 954).

Ein Hochschulstudium ist grundsätzlich in dem Zeitpunkt abgeschlossen, in dem eine nach dem einschlägigen Prüfungsrecht zur Feststellung des Studienerfolgs vorgesehene Prüfungsentscheidung ergangen ist, es sei denn, dass sich ein ergänzendes oder Zweitstudium oder ein Dienstverhältnis i. S. der Referendarausbildung anschließt (H 32.5 „Beginn und Ende der Berufsausbildung" EStH, A 14.10 Abs. 3 Satz 3 DA-KG 2014 (BStBl 2014 I 918, 954).

BEISPIEL: ▶ Der Jurist, der sich nach Ablegung des ersten Staatsexamens als Referendar in Vorbereitung auf das zweite Staatsexamen befindet, ist noch in Berufsausbildung. Der Referendar durchläuft ein sog. Ausbildungsdienstverhältnis (BMF v. 7.12.2011, BStBl 2011 I 1243, Rz. 18).

Abschlussprüfungen und Examen gelten grundsätzlich mit der offiziellen schriftlichen   740
Bekanntgabe des Prüfungsergebnisses als abgelegt. Die Berufsausbildung endet bereits vor Bekanntgabe des Prüfungsergebnisses, wenn das Kind nach Erbringung aller Prüfungsleistungen eine Vollzeiterwerbstätigkeit aufnimmt (A 14.10 Abs.4 DA-KG 2014 (BStBl 2014 I 918, 954).

Befindet sich das Kind in einer **Übergangszeit von höchstens vier Monaten zwischen**   741
zwei Ausbildungsabschnitten oder einem Ausbildungsabschnitt und einem anderen Tatbestand i. S. des § 32 Abs.4 Satz 1 Nr. 2 Buchst. b EStG, so ist es ebenfalls zu berücksichtigen. Demzufolge kann ein volljähriges Kind, das nach dem Abitur ein freiwilliges soziales Jahr leistet und danach sein Studium aufnimmt, auch in den „Wartemonaten" bis zum Beginn des freiwilligen sozialen Jahres bei seinen Eltern berücksichtigt werden.

Für die Kindesberücksichtigung aufgrund der Übergangszeit reicht es aus, wenn der   742
nächste Ausbildungsabschnitt oder der in § 32 Abs.4 Satz 1 Nr. 2 Buchst. b EStG bezeichnete Tatbestand im 5. Kalendermonat nach Ablauf des Kalendermonats, in dem sich das Kind vorher in Ausbildung befunden hat, beginnt (H 32.6 „Übergangszeit nach § 32 Abs.4 Satz 1 Nr. 2 Buchst. b EStG" EStH, BFH 15.7.2003 VIII R 105/01, BStBl 2003 II 841, 847).

Dabei kann die Übergangszeit von vier Monaten auch in zwei VZ fallen.

> ■■■■ **BEISPIEL 1:** ▶ Der erste Ausbildungsabschnitt endet im Juli 2016. Der zweite Ausbildungsabschnitt muss spätestens im Dezember 2016 beginnen.

> ■■■■ **BEISPIEL 2:** ▶ Der erste Ausbildungsabschnitt wird im November 2015 beendet. Der zweite Ausbildungsabschnitt muss spätestens im April des Kj 2016 begonnen werden.

743 Kinder, **die mangels Ausbildungsplatzes ihre Berufsausbildung nicht beginnen oder fortsetzen können,** sind nach § 32 Abs. 4 Satz 1 Nr. 2 Buchst. c EStG zu berücksichtigen. Grundsätzlich ist jeder Ausbildungswunsch des Kindes anzuerkennen. Das gilt selbst dann, wenn das Kind bereits über eine abgeschlossene Berufsausbildung verfügt. Voraussetzung für die Anerkennung des Ausbildungswunsches ist aber, dass eine realistische Möglichkeit besteht, dass das Kind diese Berufsausbildung tatsächlich aufnehmen kann (R 32.7 Abs. 1 Satz 1 u. 2 EStR).

> ■■■■ **BEISPIEL:** ▶ Das Kind besitzt lediglich den Hauptschulabschluss, gibt aber an, den Beruf eines Arztes erlernen zu wollen. Aufgrund der gegebenen Schulbildung ist es dem Kind nicht möglich, diesen Beruf zu ergreifen. Eine Berücksichtigung nach § 32 Abs. 4 Satz 1 Nr. 2 Buchst. c EStG kommt daher nicht in Betracht. Besucht das Kind allerdings eine Allgemeinwissen vermittelnde Schule (z. B. um die Hochschulreife zu erlangen), ist eine Berücksichtigung nach § 32 Abs. 4 Satz 1 Nr. 2 Buchst. a EStG möglich.

7.3.3.2.3 Berücksichtigung von Kindern, die einen Freiwilligendienst i. S. des § 32 Abs. 4 Satz 1 Nr. 2 Buchst. d EStG leisten

744 Zu den hierzu erforderlichen Voraussetzungen für die Berücksichtigung als Kind vgl. § 32 Abs. 4 Satz 1 Nr. 2 Buchst. d EStG, H 32.8 „Geregelte Freiwilligendienste" EStH und A 17 DA-KG 2014 (BStBl 2014 I 918, 958).

7.3.3.2.4 Erstmalige Berufsausbildung, Erststudium, Erwerbstätigkeit (§ 32 Abs. 4 Satz 2 und 3 EStG)

744/1 Mit dem Steuervereinfachungsgesetz 2011 vom 1. 11. 2011 wurde mit Ablauf des 31. 12. 2011 die Einkünfte- und Bezügegrenze für die Berücksichtigung volljähriger Kinder i. S. des § 32 Abs. 4 Satz 1 Nr. 2 EStG abgeschafft. Gemäß § 32 Abs. 4 Satz 2 EStG in der ab 1. 1. 2012 geltenden Fassung wird ein volljähriges und noch nicht das 25. Lebensjahr vollendete Kind bis zum Abschluss seiner erstmaligen Berufsausbildung bzw. seines Erststudiums berücksichtigt. Ob das Kind eigene Einkünfte bezieht und/oder Bezüge erhält, spielt demzufolge keine Rolle mehr, da der Gesetzgeber typisierend unterstellt, dass das Kind über keine für seinen Lebensunterhalt ausreichenden Einkünfte und/oder Bezüge verfügt.

> ■■■■ **BEISPIEL:** ▶ Die 20-jährige Tochter der alleinerziehenden Stpfl. A steht im ganzen Jahr 2016 in einem Ausbildungsdienstverhältnis und bezieht eine Ausbildungsvergütung i. H. v. 1 000 €/Monat zuzüglich eines Weihnachtsgeldes i. H. v. 1 000 €. Zuvor hat sie das Abitur abgelegt.
>
> Die alleinerziehende A hat im ganzen Kalenderjahr 2016 Anspruch auf Kindergeld bzw. auf die Freibeträge i. S. des § 32 Abs. 6 EStG. Auf die Einkünfte der Tochter kommt es nicht an, da sie sich in erstmaliger Berufsausbildung befindet.

744/2 Unter „Berufsausbildung" i. S. des § 32 Abs. 4 Satz 2 EStG ist eine Ausbildung ohne Absolvierung eines Studiums zu verstehen. Gemäß BMF v. 8. 2. 2016, BStBl 2016 I 226, Rz. 3 liegt eine Berufsausbildung in diesem Sinne vor, wenn das Kind durch die berufliche Ausbildungsmaßnahme die erforderlichen fachlichen Fertigkeiten und Kenntnisse zur Berufsaufnahme erwirkt. Weitere Voraussetzung ist, dass der Beruf durch eine Ausbildung in einem öffentlich-rechtlich geordneten Ausbildungsgang erlernt und der Ausbildungsgang durch eine Prüfung abgeschlossen wird. Vgl. auch A 14 DA-KG 2014 (BStBl 2014 I 918, 950).

Die Berufsausbildung ist als erstmalige Berufsausbildung zu qualifizieren, wenn zuvor keine andere abgeschlossene Berufsausbildung bzw. kein Hochschulstudium absolviert wurde. Hiernach ist ein Kind, das eine allgemein bildende Schule, wie z. B. ein Gymnasium oder eine Fachoberschule, besucht und diese erfolgreich mit dem Abschlusszeugnis verlässt, nach § 32 Abs. 4 Satz 1 Nr. 2 Buchst. a EStG zu berücksichtigen. Der erfolgreiche Abschluss der allgemein bildenden Schule stellt jedoch noch keine Berufsausbildung i. S. des § 32 Abs. 4 Satz 2 EStG dar, da das Kind dadurch noch keinen Beruf ausüben kann. 744/3

Ein **Studium** i. S. des § 32 Abs. 4 Satz 2 EStG liegt vor, wenn es sich um ein Studium an einer Hochschule i. S. des § 1 Hochschulrahmengesetzes handelt. Hierunter fallen bspw. Universitäten, Pädagogische Hochschulen, Kunsthochschulen oder Fachhochschulen. 744/4

Das Studium stellt ein **Erststudium** i. S. des § 32 Abs. 4 Satz 2 EStG dar, wenn dem Studium kein anderes durch einen berufsqualifizierenden Abschluss beendetes Studium bzw. keine abgeschlossene nichtakademische Berufsausbildung vorangegangen ist. 744/5

Bei einem Wechsel des Studienganges ohne Abschluss des zunächst aufgenommenen Studiums stellt das zunächst aufgenommene Studium kein Erststudium dar, da es nicht mit einem berufsqualifizierenden Abschluss beendet wurde. Wird der Studiengang ohne einen berufsqualifizierenden Abschluss unterbrochen und später fortgeführt, stellt der vorangegangene Studienteil kein abgeschlossenes Erststudium dar.

Als Abschluss seiner berufsqualifizierenden Hochschulprüfung kann ein Hochschulgrad verliehen werden. Gemäß § 18 des Hochschulrahmengesetzes sind der Diplom- und der Magistergrad Hochschulgrade. Nach Landesrecht sind weitere Hochschulgrade (wie z. B. Bachelor- oder Mastergrad) möglich. 744/6

BEISPIEL: Der im Kj. 2016 das 23. Lj. vollendete Sohn studiert seit dem 1. 10. 2013 an der Universität in Heidelberg Jura. Zuvor hat er das Abitur abgelegt. Aus Aushilfstätigkeiten bezieht er im Jahr 2016 Einkünfte i. H. von 12.000 €. Seine in Würzburg lebenden Eltern beantragen den Abzug der Freibeträge i. S. des § 32 Abs. 6 EStG.

Den Eltern stehen die Freibeträge i. S. des § 32 Abs. 6 EStG im Kj. 2016 zu, weil ihr Sohn sich in einem Erststudium befindet und er noch nicht das 25. Lj. vollendet hat. Auf die vom Sohn bezogenen Einkünfte ist nicht abzustellen.

Hat das volljährige und noch nicht das 25. Lebensjahr vollendete Kind vor dem Studium 744/7

► eine nichtakademische Berufsausbildung abgeschlossen oder

► ein anderes durch einen berufsqualifizierenden Abschluss beendetes Studium absolviert,

kann es grundsätzlich nicht mehr als Kind i. S. des § 32 Abs. 4 Satz 1 Nr. 2 EStG berücksichtigt werden. Der Grund hierfür liegt darin, dass der Gesetzgeber (widerlegbar) unterstellt, dass das Kind für seinen Lebensunterhalt selbst sorgt und folglich über ein entsprechendes Einkommen verfügt.

Gemäß § 32 Abs. 4 Satz 2 EStG ist ein volljähriges Kind, das noch nicht das 25. Lebensjahr vollendet hat, jedoch

► bei einer weiteren nichtakademischen Berufsausbildung,

► bei einem Studium nach Abschluss einer nichtakademischen Berufsausbildung oder

► bei einem weiteren Studium, das auf einem mit einem berufsqualifizierenden Studienabschluss begonnen wird, zu berücksichtigen, wenn es **keiner Erwerbstätigkeit** nachgeht.

> **BEISPIEL:** ► Ein im Jahr 2016 sein 22. Lebensjahr vollendetes Kind hat im Anschluss an seinem Abitur eine Berufsausbildung zum Bankkaufmann erfolgreich durchlaufen. Ab dem 1. 10. 2016 studiert es an einer Universität in Deutschland Betriebswirtschaftslehre. Während seines Studiums an der Universität bezieht es keine Einkünfte.
>
> Das Kind ist gemäß § 32 Abs. 4 Satz 1 Nr. 2 Buchstabe a und Satz 2 EStG bei seinen Eltern zu berücksichtigen. Zum einen steht das volljährige und noch nicht das 25. Lebensjahr vollendete Kind mit dem Studium in einer Berufsausbildung. Andererseits geht es keiner Erwerbstätigkeit bei dem nach Abschluss der nichtakademischen Berufsausbildung zum Bankkaufmann aufgenommenen Studiums nach.

744/8   Der Begriff „Erwerbstätigkeit" ist in § 32 Abs. 4 Satz 2 EStG nicht definiert. Nach BMF vom 8. 2. 2016, BStBl 2016 I 226, Rz. 23 ist unter „Erwerbstätigkeit" nicht nur eine nichtselbständige Tätigkeit zu verstehen. Entsprechend dem BFH-Urteil vom 16. 5. 1975, BStBl 1975 II 537, ist ein Kind erwerbstätig, wenn es einer auf die Erzielung von Einkünften gerichteten Beschäftigung nachgeht, die den Einsatz seiner persönlichen Arbeitskraft erfordert. Demzufolge können auch land- und forstwirtschaftliche, gewerbliche oder selbständige Tätigkeiten „Erwerbstätigkeit" darstellen. Vgl. auch A 19.3 DA-KG 2014 (BStBl 2014 I 918, 969).

Die Verwaltung eigenen Vermögens, wie beispielsweise die Vermietung eines Wohngebäudes oder eine Geldanlage mit dem Bezug von Zinsen, stellt hingegen keine Erwerbstätigkeit dar (A 19.3 DA-KG 2014, BStBl 2014 I 918, 969).

Allerdings will der Gesetzgeber nicht jegliche Tätigkeit, die die persönliche Arbeitskraft des Kindes erfordert, einbeziehen. Daher sieht er in § 32 Abs. 4 Satz 3 EStG folgende Tätigkeiten als unschädlich an:

► eine Erwerbstätigkeit mit nicht mehr als 20 Stunden regelmäßiger wöchentlicher Arbeitszeit;

► ein Ausbildungsdienstverhältnis;

► ein geringfügiges Beschäftigungsverhältnis i. S. des § 8 Viertes Buch Sozialgesetzbuch;

► ein geringfügiges Beschäftigungsverhältnis i. S. des § 8a Viertes Buch Sozialgesetzbuch.

744/9   Bei der Prüfung, ob die regelmäßige wöchentliche Arbeitszeit insgesamt **nicht mehr als 20 Stunden** beträgt, ist von der individuell vertraglich vereinbarten Arbeitszeit auszugehen. Sie richtet sich damit nach der im Arbeits- oder Dienstvertrag festgelegten Arbeitszeit. Eine vorübergehende (höchstens 2 Monate andauernde) Überschreitung der

20 Stundenregelung ist steuerlich unschädlich, wenn während des Begünstigungszeitraums i. S. des § 32 Abs. 4 Satz 1 Nr. 2 EStG die durchschnittliche wöchentliche Arbeitszeit 20 Stunden nicht übersteigt (BMF vom 8. 2. 2016, BStBl 2016 I 226, Rz. 24, A 19.3.1 DA-KG 2014, BStBl 2014 I 918, 969).

1. BEISPIEL: ▶ Das im Kj. 2016 sein 22. Lj. vollendete Kind hat unmittelbar nach dem Abitur eine Ausbildung zum Industriekaufmann aufgenommen und im Jahr 2015 erfolgreich abgeschlossen. Seit 1. 10. 2015 studiert es an einer Universität in Deutschland. Da die finanzielle Unterstützung der Eltern nicht ausreicht, geht das Kind einer Arbeitnehmertätigkeit nach. Nach der Regelung im Arbeitsvertrag ist das Kind im Kj. 2016 wie folgt beschäftigt:

9. 1. – 31. 3.:	12 Wochen à 17 Stunden
1. 5. – 31. 7.:	13 Wochen à 20 Stunden
1. 8. – 30. 9.:	8 Wochen à 40 Stunden
1. 11. – 31. 12.:	8 Wochen à 19 Stunden

Damit ergibt sich folgende durchschnittliche wöchentliche Arbeitszeit:

$$\frac{(12 \text{ Wochen x } 17 \text{ Std.}) + (13 \text{ Wochen x } 20 \text{ Std.}) + (8 \text{ Wochen x } 40 \text{ Std.}) + (8 \text{ Wochen x } 19 \text{ Std.})}{52 \text{ Wochen}}$$

= 18 Std.

Das Kind ist aufgrund des Studiums für das ganze Jahr 2016 gemäß § 32 Abs. 4 Satz 1 Nr. 2 Buchst. a EStG zu berücksichtigen. Da das Studium jedoch nach Abschluss einer erstmaligen Berufsausbildung aufgenommen worden ist, kann das volljährige Kind nur dann berücksichtigt werden, wenn es keiner Erwerbstätigkeit oder einer unschädlichen Erwerbstätigkeit nachgeht.

Da es in den Monaten April und Oktober keiner Erwerbstätigkeit nachgeht, ist es in diesen Monaten zu berücksichtigen.

In den Monaten Januar bis einschließlich März, Mai bis einschließlich Juli und November sowie Dezember beträgt die vereinbarte Arbeitszeit weniger als 20 Stunden/Woche bzw. übersteigt 20 Stunden/Woche nicht, so dass die in diesen Zeiträumen ausgeübte Erwerbstätigkeit unschädlich ist und das volljährige Kind auch in diesen Monaten als Kind bei den Eltern zu berücksichtigen ist.

In den Monaten August und September beläuft sich die vereinbarte wöchentliche Arbeitszeit auf mehr als 20 Stunden/Woche, übersteigt jedoch den Zeitraum von 2 Monaten nicht, so dass es auch in diesem Zeitraum als Kind bei seinen Eltern berücksichtigt werden könnte, wenn die im Jahresdurchschnitt vereinbarte Erwerbstätigkeit 20 Stunden/Woche nicht überschreitet. Dies ist der Fall, da die im Jahresdurchschnitt vereinbarte Erwerbstätigkeit 18 Stunden/Woche beträgt und damit die Grenze von 20 Stunden/Woche nicht überschreitet.

Die Eltern haben damit im ganzen Jahr 2016 Anspruch auf Kindergeld bzw. auf die Freibeträge nach § 32 Abs. 6 EStG.

2. BEISPIEL: ▶ Gleicher Sachverhalt wie im vorstehenden 1. Beispiel mit der Abwandlung, dass das Kind im Zeitraum vom 1. 5. – 31. 7. wöchentlich 24 Stunden zu verrichten hat.

In diesem Fall ist das Kind sowohl im Zeitraum vom 1. 5. – 31. 7. als auch vom 1. 8. – 30. 9. mehr als 20 Stunden/Woche tätig. Da es sich um einen Zeitraum von 5 Monaten und damit mehr als 2 Monate handelt, liegt keine vorübergehende Überschreitung der 20 Stundengrenze mehr vor. Damit kann das Kind für die Monate Mai bis einschließlich September nicht als Kind i. S. des § 32 Abs. 4 Satz 1 – 3 EStG berücksichtigt werden. Für die übrigen Monate ist es als Kind zu berücksichtigen, da es entweder nicht erwerbstätig ist oder die wöchentliche Arbeitszeit 20 Stunden nicht übersteigt.

Eine **geringfügige Beschäftigung** i. S. des § 8 oder § 8a Viertes Buch Sozialgesetzbuch kann neben der Erwerbstätigkeit ausgeübt werden. Sie ist unschädlich, wenn dadurch die 20-Stundengrenze nicht überschritten wird (BMF vom 8. 2. 2016, BStBl 2016 I 226, Rz. 27).

Ein unschädliches Ausbildungsdienstverhältnis liegt vor, wenn die Ausbildung Gegenstand des Dienstverhältnisses ist (BMF vom 8. 2. 2016, BStBl 2016 I 226, Rz. 25, A 19.3.2 DA-KG 2014, BStBl 2014 I 918, 970). Eine neben einem Ausbildungsdienstverhältnis ausgeübte geringfügige Beschäftigung i. S. des § 8 oder § 8a Viertes Buch Sozialgesetzbuch ist unschädlich (BMF vom 8. 2. 2016, BStBl 2016 I 226, Rz. 25, A 19.3.3 DA-KG 2014, BStBl 2014 I 918, 971).

744/10   Ein unschädliche geringfügige Beschäftigung i. S. des § 8 und § 8a Viertes Buch Sozialgesetzbuch liegt vor, wenn das **Arbeitsentgelt** aus dieser Beschäftigung (ab dem 1. 1. 2013) regelmäßig 450 €/Monat nicht überschreitet (sog. geringfügig entlohnte Beschäftigung). Werden gleichzeitig mehrere geringfügige Beschäftigungsverhältnisse ausgeübt und übersteigt das Entgelt insgesamt 450 €/Monat nicht, ist dies ebenfalls nicht schädlich. Schädlich ist hingegen das gleichzeitige Bestehen mehrerer geringfügiger Beschäftigungsverhältnisse, wenn die daraus bezogenen Entgelte insgesamt mehr als 450 €/Monat betragen.

744/11   Eine geringfügige Beschäftigung ist nach § 8 Abs. 1 Nr. 2 Viertes Buch Sozialgesetzbuch auch gegeben, wenn das Entgelt zwar 450 € im Monat übersteigt, die Beschäftigung aber innerhalb eines Kalenderjahres

► auf längstens 2 Monate oder 50 Arbeitstage nach ihrer Eigenart begrenzt zu sein pflegt oder

► im Voraus vertraglich begrenzt ist (kurzfristige Beschäftigung).

Der 2-Monatszeitraum ist die zeitliche Grenze, wenn die Beschäftigung an mindestens 5 Tagen pro Woche ausgeübt wird. Beläuft sich die Beschäftigung regelmäßig auf weniger als 5 Tage pro Woche, ist die Begrenzung von 50 Arbeitstagen maßgeblich.

Die Zeiten mehrerer kurzfristiger Beschäftigungen werden zusammengerechnet. Dabei spielt es keine Rolle, ob die einzelnen Beschäftigungen bei dem gleichen Arbeitgeber oder bei verschiedenen Arbeitgebern ausgeübt werden. Wird dadurch die Grenze von 2 Monaten oder 50 Arbeitstagen überschritten, liegt keine unschädliche geringfügige Beschäftigung mehr vor.

744/12   Für die Beurteilung, ob ein geringfügiges Beschäftigungsverhältnis vorliegt, ist generell die Einstufung des **Arbeitgebers** maßgeblich. Vgl. A 19.3.3 Abs. 2 DA-KG 2014, BStBl 2014 I 918, 971.

744/13   Bei der Prüfung, ob die Voraussetzungen des § 32 Abs. 4 Satz 1 bis 3 EStG erfüllt sind, ist — wie bisher in § 32 Abs. 4 EStG normiert — auf den Kalendermonat abzustellen. Nach BMF vom 8. 2. 2016, BStBl 2016 I 226, Rz. 28, reicht es aus, wenn die Anspruchsvoraussetzungen in dem jeweiligen Kalendermonat an einem Tag vorliegen.

BEISPIEL: ► Ein volljähriges Kind absolviert nach dem Abitur zunächst ein Ausbildungsdienstverhältnis und nimmt danach — am 1. 10. 2015 — ein Hochschulstudium auf. Ab dem 15. 4. 2016

nimmt es eine unbefristete Beschäftigung mit einer wöchentlichen Arbeitszeit von 25 Stunden auf.

Das Kind ist aufgrund des Hochschulstudiums im Jahr 2016 nach § 32 Abs. 4 Satz 1 Nr. 2 Buchst. a EStG berücksichtigungsfähig. Da das Hochschulstudium nach Abschluss des Ausbildungsdienstverhältnisses und damit nach einer erstmaligen Berufsausbildung durchgeführt wird, kann das Kind nur berücksichtigt werden, wenn es keiner schädlichen Tätigkeit i. S. des § 32 Abs. 4 Satz 2 und 3 EStG nachgeht. Da die Erwerbstätigkeit mehr als 20 Stunden/Woche überschreitet ist sie schädlich. Das Kind kann jedoch für jeden Kalendermonat berücksichtigt werden, in dem wenigstens an einem Tage die Anspruchsvoraussetzungen vorgelegen haben. Zu den Anspruchsvoraussetzungen gehört auch „... keiner Erwerbstätigkeit nachgeht." Da das Kind in den Monaten Januar bis einschließlich März keine Erwerbstätigkeit inne hat, im Monat April erst am 15. die Erwerbstätigkeit aufgenommen hat und damit bis zum 14. 4. 2016 keiner Erwerbstätigkeit nachgegangen ist, ist es für die Monate Januar bis einschließlich April zu berücksichtigen.

Werden im Laufe eines Monats die Grenzen für eine geringfügige Beschäftigung i. S. 744/14 des § 8 oder § 8a Viertes Buch Sozialgesetzbuch überschritten, kann das Kind aufgrund des Monatsprinzip ab dem folgenden Monat nicht mehr berücksichtigt werden (BMF vom 8. 2. 2016, BStBl 2016 I 226, Rz. 29). Werden dagegen im Laufe eines Kalendermonats die Grenzen für eine geringfügige Beschäftigung unterschritten, kann das Kind hingegen aufgrund des Monatsprinzips in diesem Monat berücksichtigt werden.

Zusammengefasst ergibt sich folgendes Prüfungsschema:

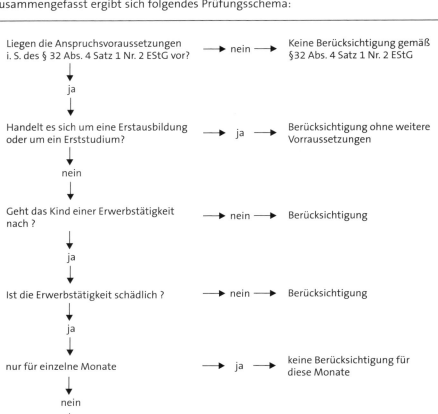

7.3.3.2.5 Berücksichtigung von behinderten Kindern (§ 32 Abs. 4 Satz 1 Nr. 3 EStG)

745 Kinder, die wegen körperlicher, geistiger oder seelischer Behinderung außerstande sind, sich selbst zu unterhalten, können auch nach Vollendung des 18. Lebensjahres berücksichtigt werden, wenn die Behinderung des Kindes vor dem 25. Lebensjahr eingetreten ist (§ 32 Abs. 4 Satz 1 Nr. 3 EStG).

746 Voraussetzung ist, dass eine Behinderung gegeben ist und aufgrund dieser das Kind nicht in der Lage ist, sich selbst zu unterhalten. Eine Behinderung i. S. von § 32 Abs. 4 Satz 1 Nr. 3 EStG ist vor allem dann anzunehmen, wenn das **Kind schwerbehindert** oder einem schwer behinderten Menschen gleichgestellt ist (§ 2 Abs. 2 und 3 SGB IX). Gemäß § 2 Abs. 2 SGB IX liegt Schwerbehinderung vor, wenn der Grad der Behinderung mindestens 50 beträgt und sie ihren Wohnsitz, ihren gewöhnlichen Aufenthalt oder ihre Beschäftigung auf einem Arbeitsplatz rechtmäßig im Geltungsbereich des SGB haben.

Ein behindertes Kind ist außerstande, sich selbst zu unterhalten, wenn es weder eine 747 Erwerbstätigkeit ausüben kann noch über ausreichende Mittel zur Bestreitung seines notwendigen Lebensbedarfs verfügt (BMF v. 8.2.2016, BStBl 2016 I 226, Rz. 30). Der notwendige Lebensbedarf eines behinderten Kindes setzt sich typischerweise aus dem allgemeinen Lebensbedarf (Grundbedarf) und dem individuellen behinderungsbeding- ten Mehrbedarf zusammen. Als Grundbedarf setzt die Finanzverwaltung den Grund- freibetrag nach § 32a Abs. 1 Satz 2 Nr. 1 EStG an. Die finanziellen Mittel des Kindes um- fassen sein verfügbares Nettoeinkommen und den von Dritten erhaltenen Leistungen.

Bei der Berechnung des verfügbaren Nettoeinkommens sind alle steuerpflichtigen Ein- 747a künfte i. S. des § 2 Abs. 1 Satz 1 Nr. 1 – 7 EStG, alle steuerfreien Einnahmen und etwaige Einkommen-, Kirchensteuer- und Solidaritätszuschlagserstattungen zu erfassen.

Abzuziehen sind gezahlte Steuern (Steuervorauszahlungen und -nachzahlungen sowie Steuerabzugsbeträge) und die unvermeidbaren Vorsorgeaufwendungen (gesetzliche Sozialversicherungsbeiträge bei Arbeitnehmern bzw. Beiträge zu einer Basiskranken- und Pflegepflichtversicherung).

Vgl. BMF v. 8.2.2016, BStBl 2016 I 226, Rz. 31, und A 18.5 und 18.6 DA-KG 2014, BStBl 2014 I 918, 964).

(Einstweilen frei) 748–767

7.3.3.3 Berücksichtigung über das 21. bzw. 25. Lebensjahr hinaus (§ 32 Abs. 5 EStG)

§ 32 Abs. 5 Satz 1 EStG ermöglicht die Berücksichtigung von Kindern, die den gesetzli- 768 chen Grundwehrdienst, sich freiwillig zum Wehrdienst bis zu höchstens 3 Jahren ver- pflichtet haben oder einen Ersatzdienst (z. B. Zivildienst, Tätigkeit als Entwicklungshel- fer) geleistet haben, **über das 21. Lebensjahr und über das 25. Lebensjahr hinaus,** weil für die Dauer dieser Dienste weder ein Anspruch auf Kindergeld besteht noch die Frei- beträge nach § 32 Abs. 6 EStG abgezogen werden können. Betrieb das Kind jedoch bspw. neben dem Zivildienst seine Berufsausbildung weiter, so kommt eine Berücksich- tigung über das 21. bzw. 25. Lj. hinaus insoweit nicht in Betracht, da es für die Dauer der Berufsausbildung unter § 32 Abs. 4 Satz 1 Nr. 2 Buchst. a EStG fiel.

Zu beachten ist, dass es sich dabei **nur** um die Fälle des **§ 32 Abs. 4 Satz 1 Nr. 1 EStG** 769 **(Beschäftigungslosigkeit) und des § 32 Abs. 4 Satz 1 Nr. 2 Buchst. a (Berufsausbildung) und b EStG (Übergangszeit)** handelt. Die **anderen Fälle des § 32 Abs. 4 Satz 1 Nr. 2 (Buchst. c und d) EStG sind nicht begünstigt.** Gemäß § 32 Abs. 5 Satz 3 EStG ist § 32 Abs. 4 Satz 2 und 3 EStG zu beachten.

BEISPIEL: ▶ Ein Kind vollendet sein 25. Lebensjahr mit Ablauf des 30.12.2015 und befindet sich auch im ganzen Jahr 2016 weiterhin in einem Erststudium. Das Kind hat den gesetzlichen Grundwehrdienst von 6 Monaten bei der Bundeswehr abgeleistet.

Das Kind ist aufgrund des 6-monatigen Grundwehrdienstes, einem Unterbrechungstat- bestand, für den Zeitraum vom 1.1.2016 – 30.6.2016 zu berücksichtigen.

Eine weitere Voraussetzung für die Verlängerung der Berücksichtigung des Kindes nach § 32 Abs. 5 Satz 1 EStG ist, dass das Kind den Dienst oder die Tätigkeit vor dem 1.7.2011 angetreten hat (§ 52 Abs. 32 Satz 2 EStG, A 20 DA-KG 2014, BStBl 2014 I 918, 971). Der Grund hierfür liegt darin, dass der gesetzliche Wehrdienst seit dem 1.7.2011 durch den freiwilligen Wehrdienst nach § 58b Soldatengesetz abgelöst worden und somit kein gesetzlicher Zwang zu einer Unterbrechung der Berufsausbildung mehr gegeben ist.

7.4 Die Freibeträge nach § 32 Abs. 6 EStG

770   Die Freibeträge nach § 32 Abs. 6 EStG **umfassen**

► den **Kinderfreibetrag (= Freibetrag für das sächliche Existenzminimum)** und

► den **Freibetrag für den Betreuungs- und Erziehungs- oder Ausbildungsbedarf** für ein zu berücksichtigendes Kind des Stpfl.

Die Freibeträge sind keine Jahresbeträge, sondern vielmehr für jeden **Kalendermonat,** in dem die Voraussetzungen vorgelegen haben (Monatsprinzip), bei der Veranlagung zur Einkommensteuer abzuziehen. Sie sind für jeden Monat zu gewähren, in dem die Voraussetzungen für ihre Inanspruchnahme zumindest zeitweise vorliegen (§ 32 Abs. 6 Satz 5 EStG).

Durch die Freibeträge nach § 32 Abs. 6 EStG (oder das Kindergeld) werden alle Aufwendungen für den Unterhalt (sächliches Existenzminimum) und die (üblicherweise) anfallenden Aufwendungen für die Betreuung sowie Erziehung oder Ausbildung eines zu berücksichtigenden Kindes abgegolten. Daneben können weitere Vergünstigungen in Betracht kommen (vgl. Rdn. 702 bis 705). Kann ein Kind im Rahmen des Familienleistungsausgleichs nicht berücksichtigt werden, kommt ggf. unter den Voraussetzungen des § 33a Abs. 1 EStG eine steuerliche Ermäßigung in Betracht.

771   **Einem Elternteil** steht für jedes zu berücksichtigende Kind grundsätzlich ein **Freibetrag**

► für das **sächliche Existenzminimum** für das Jahr 2015 i. H. von **2 256 €** und für das Jahr 2016 i. H. von **2 304 €** (Kinderfreibetrag) und

► für den üblicherweise anfallenden **Betreuungs- und Erziehungs- oder Ausbildungsbedarf** i. H. von 1 320 € im Kj zu (§ 32 Abs. 6 Satz 1 EStG).

772   Dadurch wird bei einem unbeschränkt einkommensteuerpflichtigen **Elternpaar,** bei dem die Voraussetzungen des **§ 26 Abs. 1 Satz 1 EStG nicht erfüllt** sind, der **Halbteilungsgrundsatz** verwirklicht. Er besagt, dass jedem Elternteil, der an der Zeugung des Kindes beteiligt war, die Hälfte des Kinderfreibetrages und des Freibetrages für den üblicherweise anfallenden Betreuungs- und Erziehungs- oder Ausbildungsbedarf zusteht, wobei es ohne Bedeutung ist, ob die Eltern miteinander verheiratet sind oder nicht und bei welchem Elternteil das Kind lebt. Durch diese Regelung wird die generelle Verpflichtung beider Elternteile zum Kindesunterhalt und zum allgemeinen Betreuungs- und Erziehungs- oder Ausbildungsbedarf beizutragen, berücksichtigt.

1. Fall:

Es handelt sich um geschiedene oder dauernd getrennt lebende Ehegatten bzw. um die Eltern eines nichtehelichen Kindes.

BEISPIEL: ▶ Die Eltern des 14-jährigen Felix sind seit mehreren Jahren geschieden. Das Kind lebt bei der Mutter in Dortmund und wird von dieser versorgt; sie erhält im Kj 2016 für Felix Kindergeld i. H. von monatlich 190 €. Der Vater leistet den festgesetzten Barunterhalt.

Beiden Elternteilen stehen die Freibeträge nach § 32 Abs. 6 Satz 1 EStG jeweils i. H. von 2 304 € und 1 320 € zu.

Das Gleiche gilt im Ergebnis bei einem Elternpaar, das im VZ 2016 die Einzelveranlagung wählt.

2. Fall:

Bei **Ehegatten,** die nach den §§ 26, 26b EStG **zusammen zur ESt veranlagt** werden, **verdoppelt sich der Kinderfreibetrag für das Kj 2015 auf 4 512 € und für das Kj 2016 auf 4 608 €** und der **Freibetrag für den Betreuungs- und Erziehungs- oder Ausbildungsbedarf sowohl für das Kj 2015 als auch für das Kj 2016 auf 2 640 €,** wenn das Kind zu beiden Ehegatten in einem Kindschaftsverhältnis steht (§ 32 Abs. 6 Satz 2 EStG).

BEISPIEL: ▶ Die Ehegatten A und B sind beide unbeschränkt steuerpflichtig und werden für das Kj 2016 zusammenveranlagt. In ihrem Haushalt in Köln lebt ihr 5-jähriges gemeinsames Kind.

Den Eltern stehen für das Kj 2016 die verdoppelten Freibeträge nach § 32 Abs. 6 Satz 2 EStG i. H. von 4 608 € und 2 640 € für ihr gemeinsames Kind zu.

Nach § 32 Abs. 6 Satz 3 EStG werden bei einem Stpfl. die **verdoppelten Freibeträge** i. H. 773 von 4 608 € und 2 640 € **auch** abgezogen, wenn

▶ der andere Elternteil verstorben ist. Einem verstorbenen Elternteil steht ein Elternteil gleich, dessen Wohnsitz oder gewöhnlicher Aufenthalt nicht zu ermitteln ist. Dies gilt auch, wenn der Vater des Kindes amtlich nicht feststellbar ist (R 32.12 EStR),

▶ der andere Elternteil nicht unbeschränkt steuerpflichtig ist,

▶ der Stpfl. das Kind allein angenommen hat,

▶ das Kind nur zu ihm in einem Pflegekindschaftsverhältnis steht.

BEISPIEL 1: ▶ Eine Mutter lebt mit ihrem 15-jährigen Sohn in Münster. Der Vater des Kindes ist 2012 verstorben.

Der Mutter stehen im Kj 2016 die verdoppelten Freibeträge i. H. von 4 608 € und 2 640 € für ihren Sohn zu.

BEISPIEL 2: ▶ Die geschiedene Mutter lebt mit ihrer 10-jährigen Tochter in München. Der Vater ist im Kj 2013 ins Ausland verzogen.

Der Mutter stehen im Kj 2016 die verdoppelten Freibeträge i. H. von 4 608 € und 2 640 € für ihre Tochter zu.

BEISPIEL 3: ▶ Die im Zeitpunkt der Adoption unverheiratete M hat im Kj 2015 die 3-jährige Sarah alleine adoptiert. Zusammen mit ihrem Ehemann E (Eheschließung im Dezember 2016) und der Adoptivtochter bewohnt sie eine Eigentumswohnung in Bamberg. M beantragt die Einzelveranlagung für das Kj 2016.

M stehen die verdoppelten Freibeträge i. H. von 4 608 € und 2 640 € für ihre Adoptivtochter zu, da sie das Kind alleine adoptiert hat.

BEISPIEL 4: Der 4-jährige Sven ist nichtehelich geboren. Der leibliche Vater ist amtlich nicht bekannt; die leibliche Mutter kümmert sich nicht um ihr Kind. Die unverheiratete F hat Sven im Kj 2015 in ihrem Haushalt aufgenommen und ein Pflegekindschaftsverhältnis begründet.

F stehen im Kj 2016 die verdoppelten Freibeträge i. H. von 4 608 € und 2 640 € zu, da das Kind nur zu ihr in einem Pflegekindschaftsverhältnis steht. Zwar ist Sven mit seiner leiblichen Mutter im 1. Grad verwandt und wäre aus diesem Grund bei ihr zu berücksichtigen; aufgrund des Vorrangprinzips des § 32 Abs. 2 Satz 2 EStG ist er jedoch ausschließlich bei seiner Pflegemutter zu berücksichtigen.

774 Abweichend vom Halbteilungsgrundsatz des § 32 Abs. 6 Satz 1 EStG wird bei einem Elternpaar, bei dem die Voraussetzungen des § 26 Abs. 1 Satz 1 EStG nicht vorliegen, auf Antrag eines Elternteils der **Kinderfreibetrag** des anderen Elternteils auf ihn **übertragen,** wenn er, **nicht** jedoch der andere Elternteil, seiner **Unterhaltspflicht** gegenüber dem Kind für das Kalenderjahr **im Wesentlichen nachkommt** (§ 32 Abs. 6 Satz 6, 1. Alternative EStG).

Ab 1. 1. 2012 ist auch eine Übertragung des Kinderfreibetrages möglich, wenn der andere Elternteil mangels Leistungsfähigkeit nicht unterhaltspflichtig ist (§ 32 Abs. 6 Satz 6, 2. Alternative EStG). Damit berücksichtigt der Gesetzgeber die Tatsache, dass in diesem Fall ein unbeschränkt steuerpflichtiger Elternteil die Aufwendungen für den Kindesunterhalt alleine trägt.

Werden für das Kind allerdings Unterhaltsleistungen nach dem Unterhaltsvorschussgesetz gezahlt, scheidet die Übertragung des Kinderfreibetrages auf den anderen Elternteil aus (§ 32 Abs. 6 Satz 7 EStG). Der Grund hierfür liegt darin, dass in diesem Fall ein unbeschränkt steuerpflichtiger Elternteil nicht alleine für den Kindesunterhalt aufkommt.

Übertragen werden stets sämtliche Monatsbeträge des Zeitraums im VZ, auf den sich die Unterhaltspflicht bezieht.

BEISPIEL: Der im Jahr 2016 sein 19. Lj. vollendende Bernd lebt bei seinem Vater in Kassel. Hier ist er mit ausschließlichem Wohnsitz gemeldet. Im ganzen Jahr 2016 entrichtet die in Frankfurt a. M. wohnende Mutter, obwohl sie unterhaltspflichtig ist, keinerlei Unterhalt. Seit August 2016 erhält der Vater antragsgemäß Unterhaltsleistungen nach dem Unterhaltsvorschussgesetz in Höhe von 500 €/Monat vom Jugendamt.

Da die Mutter im ganzen Jahr 2016 keinerlei Barunterhalt entrichtet und Bernd auch nicht bei ihr wohnt, erfüllt sie ihre Unterhaltspflicht auch nicht durch Naturalleistungen. Demzufolge kommt die Mutter ihrer Unterhaltsverpflichtung für das gesamte Jahr 2016 nicht nach. Grundsätzlich kann deshalb der Vater den auf die Mutter entfallenden Kinderfreibetrag auf Antrag auf sich übertragen lassen. Da er jedoch seit dem Monat August 2016 Unterhaltsleistungen nach dem Unterhaltsvorschussgesetz bezieht, reduziert sich die Übertragung des der Mutter zustehenden Kinderfreibetrages auf den Zeitraum Januar bis einschließlich Juli 2016. Dem Vater steht damit für den Zeitraum Januar bis Juli 2016 folgender Kinderfreibetrag zu:

Januar bis Juli 2016:

Vater: 7 Monate x 2 304 € : 12 Monate = 1 344 €.

Übertragung des der Mutter zustehenden Kinderfreibetrages:

7 Monate x 2 304 € : 12 Monate = 1 344 €

August bis Dezember 2016:

Vater: 5 Monate x 2 304 € : 12 Monate = 960 €

insgesamt: 3 648 €

Der Elternteil, in dessen Obhut sich das Kind befindet, erfüllt seine Unterhaltsverpflich- 775
tung i. d. R. durch die Pflege und Erziehung des Kindes (Naturalunterhalt, § 1606 Abs. 3
BGB, R 32.13 Abs. 2 Satz 2 EStR). Der Elternteil, in dessen Obhut sich das Kind nicht befindet, ist grds. zur Leistung von Barunterhalt verpflichtet (§ 1612 BGB, R 32.13 Abs. 1
Satz 1 EStR). Barunterhalt und Naturalunterhalt stehen sich hierbei gleichwertig gegenüber (BGH 21. 12. 1977 IV ZR 4/77). Der Barunterhalt ist regelmäßig vertraglich oder
gerichtlich festgelegt. Soweit die Höhe des Barunterhalts nicht durch gerichtliche Entscheidung oder vertraglich festgelegt ist, können im Zweifel die von den Oberlandes-
gerichten als Leitlinien aufgestellten Unterhaltstabellen, z. B. „Düsseldorfer Tabelle", einen Anhalt geben (R 32.13 Abs. 1 Satz 2 EStR).

Ein Elternteil kommt seiner Barunterhaltsverpflichtung gegenüber dem Kind im We- 776
sentlichen nach, wenn er sie mindestens zu 75 % erfüllt. Vgl. R 32.13 Abs. 2 Satz 1 EStR.

BEISPIEL 1: ▶ Die Eheleute M (Vater) und F (Mutter) sind seit mehreren Jahren geschieden. Seit
der Scheidung lebt der heute 12-jährige S bei seiner Mutter in Herne, bei der er mit Wohnung
gemeldet ist und die auch das Kindergeld erhält. Der Vater wohnt in Münster und zahlt den
vereinbarten Unterhalt für seinen Sohn. Mit Abgabe der Einkommensteuererklärung für das
Jahr 2016 beantragt sie den Kinderfreibetrag ihres geschiedenen Ehemannes auf sich zu übertragen.

Beide Elternteile erfüllen ihre Unterhaltsverpflichtung (Vater durch Barunterhaltszahlungen,
Mutter durch persönliche Sorge). Damit liegen die Voraussetzungen für eine Übertragung des
Kinderfreibetrages nach § 32 Abs. 6 Satz 6 EStG für den VZ 2016 nicht vor. Beiden Elternteilen
steht damit der Kinderfreibetrag i. H. von jeweils 2 304 € zu. Eine andere Aufteilung ist nicht
möglich.

Davon unabhängig ist die Gewährung des Freibetrages für den Betreuungs- und Erziehungs-/
Ausbildungsbedarf. Nach der Gesetzesfassung kann die Mutter den dem Vater zustehenden
Freibetrag für den Betreuungs- und Erziehungs-/Ausbildungsbedarf i. H. von 1 320 € auf sich
übertragen lassen. In diesem Fall erhöht sich ihr Freibetrag für den Betreuungs- und Erzie-
hungs- oder Ausbildungsbedarf auf 2 640 €. Vgl. hierzu Rdn. 779.

BEISPIEL 2: ▶ Wie Beispiel 1, jedoch kommt M seiner Barunterhaltsverpflichtung gegenüber dem
Kind ganzjährig nicht im Wesentlichen nach.

Auf Antrag der Mutter ist der Kinderfreibetrag des Vaters i. H. von 2 304 € auf sie zu übertragen, da sie ihrer Unterhaltsverpflichtung, nicht jedoch er seiner Unterhaltsverpflichtung im
Wesentlichen nachgekommen ist. Ferner erhält die Mutter den Freibetrag für den Betreuungs-
und Erziehungs- oder Ausbildungsbedarf i. H. von 1 320 € des Vaters. Vgl. hierzu Rdn. 779. Damit werden bei der Mutter beide Freibeträge in verdoppelter Höhe berücksichtigt.

Bei der Beurteilung der Frage, ob ein Elternteil seiner Unterhaltsverpflichtung gegen- 777
über einem Kind nachkommt, ist nicht auf den Zeitpunkt abzustellen, in dem der Unterhalt gezahlt worden ist, sondern auf den Zeitraum, für den der Unterhalt bestimmt
ist (H 32.13 „Beurteilungszeitraum" EStH; BFH 11. 12. 1992 III R 7/90, BStBl 1993 II
397). Damit sind auch Unterhaltsleistungen zu berücksichtigen, die erst nach Ablauf
des Zeitraums, für den sie bestimmt sind, entrichtet werden. Die laufende Unterhaltsverpflichtung kann auch durch ein angemessenes einmaliges Entgelt erfüllt werden
(BFH 25. 1. 1996 III R 137/93, BStBl 1997 II 21; H 32.13 „Freistellung von der Unterhaltsverpflichtung" EStH). In diesem Fall behält der von der laufenden Unterhaltsverpflichtung freigestellte Elternteil seinen Anspruch auf den Kinderfreibetrag.

778   Hat aus Gründen, die in der Person des Kindes liegen, oder wegen des Todes des Verpflichteten die Unterhaltsverpflichtung nicht während des ganzen Kalenderjahres bestanden, so ist für die Frage, inwieweit die Unterhaltsverpflichtung erfüllt worden ist, nur auf den Verpflichtungszeitraum abzustellen. Im Übrigen spielt es keine Rolle, ob die unbeschränkte Steuerpflicht des Kindes oder der Eltern während des ganzen Kalenderjahrs bestanden hat (R 32.13 Abs. 3 EStR; H 32.13 „Beispiele zu R 32.13 Abs. 3" EStH).

> **BEISPIEL 1:** ➤ K ist der 20 Jahre alte Sohn der seit Jahren geschiedenen Eheleute M und F. Seit der Scheidung lebte K bei seiner Mutter F in Iserlohn und war auch allein dort gemeldet. Am 30. 9. 2016 beendet er seine Berufsausbildung. Am 1. 10. 2016 tritt er in ein Arbeitsverhältnis ein. M zahlte für K bis einschließlich August 2016 den vereinbarten Barunterhalt.
>
> Der zum Barunterhalt verpflichtete Elternteil ist seiner Verpflichtung im Jahr 2016 nicht bis einschließlich September, sondern nur bis einschließlich August nachgekommen. Er hat seine für 9 Monate bestehende Unterhaltsverpflichtung für 8 Monate, also zu 88,89 % erfüllt. Da er somit seiner Barunterhaltsverpflichtung zu mindestens 75 % und somit im Wesentlichen nachgekommen ist, steht ihm der Kinderfreibetrag i. H. von 1 728 € (= $^9/_{12}$ Monate von 2 304 €) zu. Des Weiteren steht ihm der Freibetrag i. H. von 990 € (= $^9/_{12}$ Monate von 1 320 €) für den Betreuungs- und Erziehungs- oder Ausbildungsbedarf zu.

> **BEISPIEL 2:** ➤ K ist die 19 Jahre alte und während des gesamten Kj 2016 in Berufsausbildung stehende Tochter der unverheirateten, zusammenlebenden Eltern A und B. A, die bisher ihrer Unterhaltsverpflichtung durch Pflege und Erziehung des Kindes voll nachgekommen ist, verzieht am 31. 7. 2016 nach Spanien und leistet von da an keinen Unterhalt mehr. Der zum Barunterhalt verpflichtete Elternteil B kommt seiner Unterhaltspflicht in vollem Umfang nach und trägt nach dem Wegzug der Mutter den vollen Unterhalt für das Kind. Das Kind war bis zum 31. 7. 2016 bei beiden Elternteilen gemeldet, seit 1. 8. 2016 ist es nur noch beim Vater gemeldet.
>
> A hat ihre Unterhaltsverpflichtung, die sich auf das gesamte Kalenderjahr 2016 bezieht, lediglich für 7 Monate und damit nicht zu mindestens 75 % erfüllt. Der Vater erhält auf Antrag den verdoppelten Kinderfreibetrag i. H. von 4 608 €. Ferner steht dem Vater der Freibetrag für den Betreuungs- und Erziehungs- oder Ausbildungsbedarf i. H. von 2 640 € zu, da bei der Übertragung des Kinderfreibetrages auch der Freibetrag für den Betreuungs- und Erziehungs- oder Ausbildungsbedarf übertragen wird. Auf das Kindesalter kommt es in diesem Fall nicht an. Vgl. Rdn. 780.

Kommt ein Elternteil seiner konkreten Unterhaltsverpflichtung nach, so ist vom Halbteilungsgrundsatz beim Kinderfreibetrag auch dann nicht abzuweichen, wenn diese Verpflichtung im Verhältnis zum Unterhaltsbedarf des Kindes oder zur Unterhaltszahlung des anderen Elternteils gering ist (BFH 25. 7. 1997 VI R 113/95, BStBl 1998 II 433; H 32.13 „Konkrete Unterhaltsverpflichtung" EStH).

Da es für die steuerliche Berücksichtigung eines Kindes nicht auf die unbeschränkte Steuerpflicht des Kindes ankommt, können auch im Ausland wohnende Kinder berücksichtigt werden, soweit eine Entlastung der Eltern nach den Verhältnissen des Wohnsitzstaates des Kindes notwendig und angemessen ist. In diesen Fällen sind der Kinderfreibetrag und der Freibetrag für den Betreuungs- und Erziehungs- oder Ausbildungsbedarf ggf. entsprechend der sog. Ländergruppeneinteilung auf drei, zwei oder ein Viertel zu ermäßigen (§ 32 Abs. 6 Satz 4 EStG). Für die ab dem 1. 1. 2014 geltende Ländergruppeneinteilung vgl. BMF v. 18. 11. 2013, BStBl 2013 I 1462.

779   Auch die **Übertragung** des **Freibetrages für den Betreuungs- und Erziehungs- oder Ausbildungsbedarf** eines **minderjährigen Kindes** ist auf Antrag möglich. Hierbei handelt es

sich um ein eigenständiges, von der Übertragung des Kinderfreibetrages unabhängiges Verfahren. Dem antragstellenden unbeschränkt steuerpflichtigen Elternteil ist der dem anderen unbeschränkt steuerpflichtigen Elternteil zustehende Freibetrag für den Betreuungs- und Erziehungs- oder Ausbildungsbedarf, in dessen Wohnung das minderjährige Kind nicht gemeldet ist, zu übertragen (§ 32 Abs. 6 Satz 8 EStG). Diese Übertragungsmöglichkeit beschränkt sich nach dem Gesetzeswortlaut auf minderjährige Kinder, die nur bei einem Elternteil gemeldet sind. Die Übertragung des Freibetrages für den Betreuungs- und Erziehungs- oder Ausbildungsbedarf scheidet daher aus, wenn das minderjährige Kind in den Wohnungen beider Elternteile bzw. in der gemeinsamen Wohnung beider Elternteile gemeldet ist.

Gemäß § 32 Abs. 6 Satz 9 EStG scheidet jedoch die Übertragung des Freibetrags für den Betreuungs- und Erziehungs- oder Ausbildungsbedarf bei Widerspruch aus, weil der der Übertragung widersprechende Elternteil

► Kinderbetreuungskosten trägt oder

► das Kind regelmäßig in einem nicht unwesentlichen Umfang betreut.

Mit dieser ab dem VZ 2012 geltenden Regelung berücksichtigt der Gesetzgeber die Aufwendungen für die Kindesbetreuung des Elternteils, bei dem das minderjährige Kind nicht mit Wohnsitz gemeldet ist.

Zu dieser Problematik hat sich die Finanzverwaltung mit Schreiben vom 28. 6. 2013, BStBl 2013 I 845, wie folgt geäußert:

Als Kinderbetreuungskosten gelten nicht nur Aufwendungen für Dienstleistungen im Sinne des § 10 Abs. 1 Nr. 5 EStG, sondern alle Aufwendungen für die Betreuung, Erziehung oder Ausbildung des Kindes bis zur Vollendung seines 18. Lj.. Hierzu zählen bspw. Aufwendungen für die regelmäßige Unterbringung an Wochenenden.

Maßgebend für eine regelmäßige Betreuung in einem nicht unwesentlichen Umfang ist ein nicht nur gelegentlicher Umgang mit dem Kind, der erkennen lässt, dass der Elternteil die Betreuung mit einer gewissen Nachhaltigkeit wahrnimmt, d. h. fortdauernd und immer wieder in Kontakt zum Kind steht. Bei lediglich kurzzeitigem, anlassbezogenem Kontakt, bspw. zum Geburtstag, zu Weihnachten und zu Ostern, liegt eine Betreuung in unwesentlichem Umfang vor. Von einem nicht unwesentlichen Umfang der Betreuung des Kindes ist typischerweise auszugehen, wenn eine gerichtliche oder außergerichtliche Vereinbarung über einen regelmäßigen Umgang an Wochenenden und in den Ferien vorgelegt wird.

BEISPIEL: ► Die 10 Jahre alte Mira lebt bei ihrer Mutter in Düsseldorf. Im Rahmen der Ehescheidung wurde schriftlich festgelegt, dass Mira während der Woche bei ihrer Mutter in Düsseldorf wohnt und das Wochenende bei ihrem Vater in Herne verbringt. Die Schulferien verbringt sie gemäß der schriftlichen Vereinbarung – soweit wie möglich – zur Hälfte bei ihrer Mutter und bei ihrem Vater.

Beiden Eltern steht der Anspruch auf den Freibetrag für den Betreuungs- und Erziehungs- oder Ausbildungsbedarf im Jahr 2016 jeweils in Höhe von 1 320 € zu. Eine vollständige Inanspruchnahme durch die Mutter, mithin in Höhe von 2 640 €, ist bei Widerspruch des Vaters ausgeschlossen.

780   Mit Eintritt der Volljährigkeit scheidet eine Übertragung des Freibetrags für den Betreu-
ungs- und Erziehungs- oder Ausbildungsbedarf von einem unbeschränkt steuerpflichtigen Elternteil auf den anderen unbeschränkt steuerpflichtigen Elternteil grundsätzlich
gleichfalls aus. Die Übertragung ist ab dem des der Vollendung der Volljährigkeit folgenden Monats nicht mehr möglich (R 32.13 Abs. 4 Satz 6 EStR). Etwas anderes gilt allerdings in dem Fall, in dem der Kinderfreibetrag übertragen wird. In diesem Fall ist
nach Auffassung der Finanzverwaltung auch der Freibetrag für den Betreuungs- und
Erziehungs- oder Ausbildungsbedarf eines erwachsenen Kindes zu übertragen.

LITERATURHINWEIS:

Friebel/Rick/Schoor/Siegle, Fallsammlung Einkommensteuer, 19. Aufl., Fall 93

781   Mit der Übertragung des Kinderfreibetrages und des Freibetrages für den Betreuungs-
und Erziehungs- oder Ausbildungsbedarf verliert der übertragende Elternteil alle weiteren Vergünstigungen, die von der Gewährung eines Freibetrages nach § 32 Abs. 6
EStG bzw. von Kindergeld abhängig sind, H 32.13 „Steuerrechtliche Folgewirkungen der
Übertragung" EStH (vgl. Rdn. 702 und 705).

782   **Groß- und Stiefeltern** sind nach dem im Kindergeldrecht geltenden Vorrangprinzip, das
in § 63 Abs. 1 EStG übernommen wurde, grds. kindergeldberechtigt, wenn sie ein Enkel-
oder Stiefkind in ihren Haushalt aufgenommen haben. Damit musste auch die Möglichkeit geschaffen werden, die Freibeträge des § 32 Abs. 6 EStG, die den mit dem Kind
im 1. Grad verwandten Eltern zustehen, auf diese Personen zu übertragen (§ 32 Abs. 6
Satz 10 EStG).

Nach § 32 Abs. 6 Satz 10 EStG können

► auf Antrag eines Stief- bzw. Großelternteils

► die Freibeträge nach § 32 Abs. 6 EStG auf den Stief- oder Großelternteil übertragen
  werden,

► wenn er das Kind

► in seinem Haushalt aufgenommen hat oder er gegenüber dem Kind unterhaltsver-
  pflichtet ist.

Gemäß § 32 Abs. 6 Satz 11 EStG kann die Übertragung der Freibeträge auch mit Zustimmung des anspruchsberechtigten Elternteils geschehen.

Dies gilt jedoch nur dann, wenn beide Elternteile ihre Unterhaltspflicht (= Barunterhalt)
erfüllt haben bzw. für den Elternteil, der seiner Unterhaltspflicht nachgekommen ist. In
den übrigen Fällen (beide Elternteile sind bzw. ein Elternteil ist der Unterhaltsverpflichtung nicht nachgekommen) erfolgt die Übertragung ohne Zustimmung des mit dem
Kind im 1. Grad verwandten Elternteils.

7.5 Durchführung des Familienleistungsausgleichs (§ 31 EStG)

Der Familienleistungsausgleich erfolgt durch die Zahlung von Kindergeld oder falls es 783 für die steuerliche Freistellung in Höhe des Existenzminimums des Kindes einschl. des Bedarfs für die Betreuung und Erziehung oder Ausbildung nicht ausreicht, durch den Abzug der Freibeträge nach § 32 Abs. 6 EStG (§ 31 Satz 1 EStG). Die Vergleichsberechnung erfolgt nach Ablauf des Kj von Amts wegen, da erst nach Ablauf des Kj die für die Veranlagung zur Einkommensteuer erforderlichen Besteuerungsgrundlagen in vollem Umfang vorliegen (§ 31 Satz 1 EStG). Gleichwohl werden die Eltern bereits im laufenden Kj entlastet, und zwar durch die monatliche Zahlung von Kindergeld (§ 31 Satz 3 EStG).

Wird die gebotene steuerliche Freistellung durch den Anspruch auf das Kindergeld für 784 das Kind bzw. für die Kinder nicht in vollem Umfang bewirkt, sind bei der Veranlagung zur ESt nach Ablauf des Kj die Freibeträge nach § 32 Abs. 6 EStG abzuziehen (§ 31 Satz 4 EStG). Dies ist der Fall, wenn der Abzug der Freibeträge nach § 32 Abs. 6 EStG zu einer Einkommensteuerminderung führt, die höher ist als der Anspruch auf das Kindergeld. Zur Vermeidung einer Doppelbegünstigung ist in diesem Fall der Anspruch auf das Kindergeld der tariflichen ESt hinzuzurechnen und erhöht folglich die festzusetzende ESt (§ 2 Abs. 6 Satz 3, R 2 Abs. 2 EStR, § 31 Satz 4 EStG). Die Hinzurechnung des Kindergelds erfolgt selbst dann, wenn kein Kindergeld beantragt worden ist, weil § 31 Satz 4 EStG auf den Anspruch und nicht auf die Auszahlung des Kindergelds abstellt.

Gemäß H 31 „Prüfung der Steuerfreistellung" EStH ist bei der Einkommensteuerver- 785 anlagung für jedes Kind einzeln beginnend mit dem ältesten Kind zu prüfen, ob die Freibeträge gemäß § 32 Abs. 6 EStG abzuziehen sind. Die Freibeträge sind abzuziehen, wenn der Anspruch auf Kindergeld niedriger ist als die einkommensteuerliche Ermäßigung unter Berücksichtigung der Freibeträge i. S. des § 32 Abs. 6 EStG.

Aufgrund dieser Sichtweise kann es vorkommen, dass bei Eltern mit mehreren Kindern für ein Kind der Abzug der Freibeträge nach § 32 Abs. 6 EStG und für die anderen Kinder der Anspruch auf das Kindergeld günstiger ist.

Bei der Zusammenveranlagung von Ehegatten (§§ 26 u. 26b EStG) sind für die gemein- 786 samen Kinder die verdoppelten Freibeträge des § 32 Abs. 6 Satz 2 EStG mit dem Anspruch auf das Kindergeld zu vergleichen.

LITERATURHINWEIS:

Friebel/Rick/Schoor/Siegle, Fallsammlung Einkommensteuer, 19. Aufl., Fall 87

Bei unbeschränkt einkommensteuerpflichtigen Elternpaaren, bei denen die Vorausset- 787 zungen des § 26 Abs. 1 Satz 1 EStG nicht erfüllt sind, ist die Vergleichsberechnung für jeden Elternteil getrennt durchzuführen.

BEISPIEL: ▶ Die seit 10. 5. 2009 geschiedenen und in Herne und Recklinghausen lebenden Elternteile A und B haben einen gemeinsamen Sohn S, der am 1. 11. 1994 geboren ist und im Kj 2016

Betriebswirtschaftslehre studiert. Das Kind lebt im Haushalt der Mutter, bei der es auch mit Wohnsitz gemeldet ist. Der Vater kommt seiner Barunterhaltsverpflichtung in vollem Umfang nach. Das Einkommen des Vaters beträgt 57 762 € das der Mutter 20 000 €. Die Mutter bezog im Kj 2016 das Kindergeld. Beide Elternteile sind einzeln zu veranlagen.

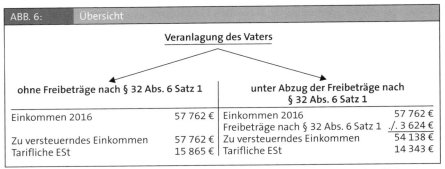

ABB. 6: Übersicht

Veranlagung des Vaters

ohne Freibeträge nach § 32 Abs. 6 Satz 1		unter Abzug der Freibeträge nach § 32 Abs. 6 Satz 1	
Einkommen 2016	57 762 €	Einkommen 2016	57 762 €
		Freibeträge nach § 32 Abs. 6 Satz 1	./. 3 624 €
Zu versteuerndes Einkommen	57 762 €	Zu versteuerndes Einkommen	54 138 €
Tarifliche ESt	15 865 €	Tarifliche ESt	14 343 €

Der Abzug der Freibeträge nach § 32 Abs. 6 Satz 1 EStG bewirkt beim Vater eine Einkommensteuerersparnis i. H. von 1 522 € (= 15 865 € ./. 14 343 €), die somit höher ist als der Anspruch auf das anteilige Kindergeld i. H. von 1 140 € (= 190 € x 12 Monate x 50 %). Damit sind die Freibeträge einkommensteuermindernd abzuziehen und der Anspruch auf das anteilige Kindergeld i. H. von 1 140 € ist der tariflichen Einkommensteuer i. H. von 14 343 € hinzuzurechnen, so dass die festzusetzende Einkommensteuer 15 483 € beträgt.

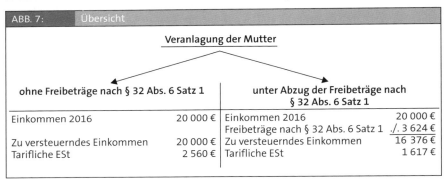

ABB. 7: Übersicht

Veranlagung der Mutter

ohne Freibeträge nach § 32 Abs. 6 Satz 1		unter Abzug der Freibeträge nach § 32 Abs. 6 Satz 1	
Einkommen 2016	20 000 €	Einkommen 2016	20 000 €
		Freibeträge nach § 32 Abs. 6 Satz 1	./. 3 624 €
Zu versteuerndes Einkommen	20 000 €	Zu versteuerndes Einkommen	16 376 €
Tarifliche ESt	2 560 €	Tarifliche ESt	1 617 €

Der Abzug der Freibeträge nach § 32 Abs. 6 Satz 1 EStG führt bei der Mutter zu einer Einkommensteuerersparnis i. H. von 943 € (= 2 560 € ./. 1 617 €). Die Einkommensteuerersparnis ist niedriger als der Anspruch auf das hälftige Kindergeld i. H. von 1 140 € (= 190 € x 12 Monate x 50 %). Damit erfolgt bei der Mutter kein Abzug der Freibeträge. Die tarifliche Einkommensteuer i. H. von 2 560 € ist zugleich die festzusetzende Einkommensteuer. Der Mutter verbleibt das hälftige Kindergeld, § 31 Satz 2 EStG.

788 Bei der Übertragung des Freibetrags für den Betreuungs- und Erziehungs- oder Ausbildungsbedarf auf den anderen Elternteil ist in die Vergleichsberechnung der Anspruch auf das Kindergeld entsprechend dem Verhältnis des in Anspruch genommenen Kinderfreibetrags – mithin also zur Hälfte – einzubeziehen, weil der zivilrechtliche Ausgleichsanspruch des barunterhaltspflichtigen Elternteils nicht von der Inanspruchnahme des Freibetrags für den Betreuungs- und Erziehungs- oder Ausbildungsbedarf abhängt (§ 31 Satz 4 EStG, letzter Hs.). Der vollständigen Inanspruchnahme des Freibetrags für den Betreuungs- und Erziehungs- oder Ausbildungsbedarf eines minderjährigen Kindes durch den Elternteil, bei dem das Kind gemeldet ist, kommt damit keine

Bedeutung zu (R 31 Abs. 3 Satz 4 EStR). Dementsprechend ist auch der Anspruch auf das hälftige Kindergeld nach § 2 Abs. 6 Satz 3 EStG der tariflichen Einkommensteuer hinzuzurechnen, falls die Freistellung des Existenzminimums im Rahmen der Einkommensteuerfestsetzung höher ist als der Anspruch auf das Kindergeld.

BEISPIEL: ▶ Bei den geschiedenen Eltern des minderjährigen Carsten, der mit alleinigem Wohnsitz im Kj 2016 bei der Mutter gemeldet ist, kommen bei der Veranlagung zur Einkommensteuer 2016 folgende Freibeträge in Betracht:

Mutter

Kinderfreibetrag	2 304 €
Freibetrag für den Betreuungs- und Erziehungs- oder Ausbildungsbedarf	
(2 x 1 320 € =)	2 640 €
Insgesamt	4 944 €

Vater

Kinderfreibetrag	2 304 €

Die Mutter bezieht das Kindergeld i. H. von 2 280 € (= 190 € x 12 Monate) im Jahr 2016.

Gleichwohl sind bei der Mutter und beim Vater der Anspruch auf das halbe Kindergeld i. H. von 1 140 € in die Günstigerrechnung des § 31 Satz 1 EStG einzubeziehen und ggf. der tariflichen ESt gem. § 2 Abs. 6 Satz 3 EStG hinzuzurechnen.

Erhält der Stpfl. hingegen nicht nur den Freibetrag für den Betreuungs- und Erziehungs- oder Ausbildungsbedarf, sondern auch den Freibetrag für das sächliche Existenzminimum (Kinderfreibetrag) des anderen Elternteils übertragen, so ist die Vergleichsberechnung lediglich für diesen Elternteil vorzunehmen. In diesem Fall sind die verdoppelten Freibeträge des § 32 Abs. 6 EStG mit dem Anspruch auf das gesamte Kindergeld zu vergleichen.   789

BEISPIEL: ▶ Bei den geschiedenen Eltern des minderjährigen Sohnes S, der mit alleinigem Wohnsitz im Kj 2016 bei der Mutter gemeldet ist, wird sowohl der Kinderfreibetrag als auch der Freibetrag für den Betreuungs- und Erziehungs- oder Ausbildungsbedarf des Vaters im VZ 2016 auf die Mutter übertragen. Die Mutter bezog das Kindergeld i. H. von 2 280 € im Jahr 2016.

Die Vergleichsberechnung ist lediglich für die Mutter vorzunehmen, da sie den verdoppelten Freibetrag für das sächliche Existenzminimum i. H. von 4 608 € erhält. Hierbei ist der Anspruch auf das volle Kindergeld i. H. von 2 280 € mit den verdoppelten Freibeträgen des § 32 Abs. 6 EStG und damit i. H. von 7 248 € zu vergleichen.

Ist bei einem steuerlich zu berücksichtigenden Kind   790

▶ ein Elternteil verstorben oder

▶ nicht unbeschränkt einkommensteuerpflichtig oder

▶ hat ein Stpfl. das Kind alleine adoptiert oder

▶ steht das Kind nur zu einem Stpfl. in einem Pflegekindschaftsverhältnis hat der Elternteil/Stpfl. sowohl Anspruch auf das (gesamte) Kindergeld als auch auf den verdoppelten Kinderfreibetrag und den verdoppelten Freibetrag für den Betreuungs- und Erziehungs- oder Ausbildungsbedarf (§ 32 Abs. 6 Satz 3 EStG i. V. mit § 66 Abs. 1 EStG). In diesen Fällen ist daher das gesamte Kindergeld mit den verdoppelten Freibeträgen des § 32 Abs. 6 Satz 3 EStG zu vergleichen (R 31 Abs. 3 Satz 3 EStR).

7.6 Kontrollfragen

		Rdn.:	
1.	Wie ist der Familienleistungsausgleich geregelt?	691–694	☐
2.	Gibt es neben dem Familienleistungsausgleich weitere Vergünstigungen für die Eltern)?	702–705	☐
3.	Welche Voraussetzungen müssen für die Berücksichtigung eines Kindes im Rahmen des § 32 EStG erfüllt sein?	711 f.	☐
4.	Unter welchen Voraussetzungen sind volljährige Kinder zu berücksichtigen?	727, 729, 769	☐
5.	In welchen Fällen erhalten Eltern bzw. erhält ein Elternteil den verdoppelten Kinderfreibetrag?	772–778	☐
6.	Unter welchen Voraussetzungen stehen Eltern bzw. steht einem Elternteil der verdoppelte Freibetrag für den Betreuungs- und Erziehungs- oder Ausbildungsbedarf zu?	772–773, 779–780	☐
7.	Können auch Groß- und Stiefeltern Anspruch auf Kindergeld bzw. auf die Freibeträge i. S. des § 32 Abs. 6 haben?	782	☐

791–800   *(Einstweilen frei)*

Kapitel 8:
Außergewöhnliche Belastungen

8.1 Bedeutung und Anwendungsbereich der Vorschriften über die außergewöhnlichen Belastungen

Die ESt ist ihrem Wesen nach eine Personensteuer (Subjektsteuer), d. h. ihre Höhe wird durch die persönlichen Verhältnisse des Stpfl., insbesondere durch seine individuelle Leistungsfähigkeit beeinflusst. Neben den Regelungen über die Sonderausgaben sind die außergewöhnlichen Belastungen (§§ 33 – 33b EStG) hierfür ein weiteres eindrucksvolles Beispiel. Sie ermöglichen eine Ermäßigung der ESt in den Fällen, in denen das Einkommen des Stpfl. durch bestimmte, eine Härte darstellende Aufwendungen belastet wird. 801

Aufgrund der Vermeidung von Härten handelt es sich bei den §§ 33 – 33b EStG um Regelungen, die mit § 163 AO (Abweichende Steuerfestsetzung aus Billigkeitsgründen) und § 227 AO (Erlass aufgrund Unbilligkeit) wesensverwandt sind. Sie sind jedoch keine Ermessensvorschriften, sondern der Stpfl. hat bei Vorliegen der gesetzlichen Voraussetzungen einen Rechtsanspruch auf die Steuerermäßigung. Der Umfang der Vergünstigung ist gleichfalls in den §§ 33 – 33b EStG festgelegt.

Bei der Einkommensbesteuerung werden Aufwendungen, die mit der Erzielung von Einkünften (§ 2 Abs. 1 Satz 1 Nr. 1 – 7 EStG) in Zusammenhang stehen, entweder als Betriebsausgaben (§ 4 Abs. 4 EStG) oder als Werbungskosten (§ 9 EStG), ggf. durch Pauschbeträge (§ 9a oder § 20 Abs. 9), steuermindernd berücksichtigt. Handelt es sich hingegen um Aufwendungen, die mit der Einkommensverwendung zusammenhängen, gehören sie zu den Lebenshaltungskosten und sind grds. unbeachtlich (§ 12 EStG). 802

Dieser Grundsatz wird jedoch u. a. durch die Vorschriften über die außergewöhnlichen Belastungen durchbrochen (vgl. die einleitende Klarstellung in § 12 EStG: „Soweit in § 10 Abs. 1 Nr. 1, 2 bis 5, 7 und 9 sowie Abs. 1a Nr. 1 EStG, den §§ 10a, 10b EStG und den §§ 33 bis 33b EStG nichts anderes bestimmt ist, dürfen weder bei den einzelnen Einkunftsarten noch vom Gesamtbetrag der Einkünfte abgezogen werden…"). Die Steuerermäßigung tritt dadurch ein, dass die außergewöhnlichen Belastungen (wie die Sonderausgaben) vom Gesamtbetrag der Einkünfte abgezogen werden (§ 2 Abs. 4 EStG).

Während § 33 EStG eine allgemeine Begriffsbestimmung beinhaltet und damit individuelle Einzelfälle erfasst, sind in den §§ 33a – 33b EStG besondere Fälle, die eine Typisierung gesetzlich zulassen, aufgezählt und folglich abschließend geregelt. Vgl. hierzu die nachfolgende Übersicht.

803

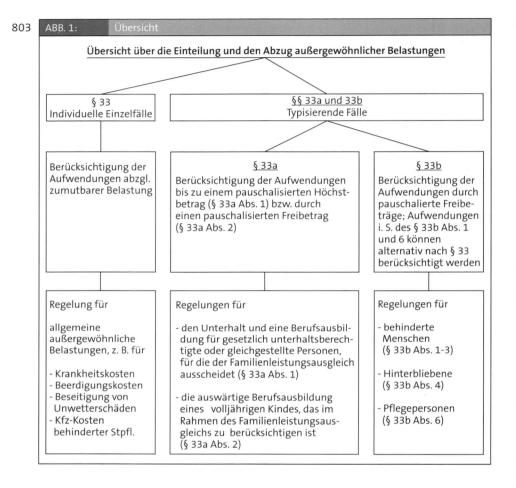

ABB. 1:   Übersicht

Übersicht über die Einteilung und den Abzug außergewöhnlicher Belastungen

§ 33 Individuelle Einzelfälle	§§ 33a und 33b Typisierende Fälle	

Berücksichtigung der Aufwendungen abzgl. zumutbarer Belastung	§ 33a Berücksichtigung der Aufwendungen bis zu einem pauschalierten Höchstbetrag (§ 33a Abs. 1) bzw. durch einen pauschalierten Freibetrag (§ 33a Abs. 2)	§ 33b Berücksichtigung der Aufwendungen durch pauschalierte Freibeträge; Aufwendungen i. S. des § 33b Abs. 1 und 6 können alternativ nach § 33 berücksichtigt werden

Regelung für	Regelungen für	Regelungen für
allgemeine außergewöhnliche Belastungen, z. B. für - Krankheitskosten - Beerdigungskosten - Beseitigung von Unwetterschäden - Kfz-Kosten behinderter Stpfl.	- den Unterhalt und eine Berufsausbildung für gesetzlich unterhaltsberechtigte oder gleichgestellte Personen, für die der Familienleistungsausgleich ausscheidet (§ 33a Abs. 1) - die auswärtige Berufsausbildung eines volljährigen Kindes, das im Rahmen des Familienleistungsausgleichs zu berücksichtigen ist (§ 33a Abs. 2)	- behinderte Menschen (§ 33b Abs. 1-3) - Hinterbliebene (§ 33b Abs. 4) - Pflegepersonen (§ 33b Abs. 6)

8.2 Die außergewöhnlichen Belastungen nach § 33 EStG

804 Um den unterschiedlichen Belastungen, die keine schematisierte Regelung ermöglichen, Rechnung tragen zu können, beinhaltet § 33 EStG lediglich eine allgemein gehaltene Begriffsbestimmung.

Für den Abzug nach § 33 EStG müssen folgende Voraussetzungen erfüllt sein:

1. Antrag (Rdn. 805).

2. Aufwendungen (Rdn. 806).

3. Keine Betriebsausgaben, Werbungskosten oder Sonderausgaben (Rdn. 807).

4. Keine Aufwendungen für Diätverpflegung (Rdn. 809).

5. Belastung des Stpfl. (Rdn. 810 ff.).

6. Außergewöhnlichkeit der Aufwendungen (Rdn. 827 ff.).

7. Zwangsläufigkeit der Aufwendungen dem Grunde und der Höhe nach (Rdn. 830 ff.).

8. Übersteigen der zumutbaren Belastung (Rdn. 842 ff.).

9. Bei Krankheitskosten: Nachweis gem. § 64 EStDV (Rdn. 848).

8.2.1 Antrag

Für die Berücksichtigung von Aufwendungen als außergewöhnliche Belastung ist ein 805
Antrag erforderlich (§ 33 Abs. 1 EStG). Der Antrag ist formfrei, d. h. es genügt, wenn ein
Stpfl. seiner Einkommensteuererklärung bspw. lediglich die hierzu maßgebenden Belege beilegt.

8.2.2 Aufwendungen

Nach § 33 Abs. 1 EStG müssen dem Stpfl. Aufwendungen erwachsen. Hierunter fallen 806
Güterabflüsse in Geld (Geldleistungen) oder Geldeswert (Sachleistungen). Der Aufwendungsbegriff entspricht damit der Definition der Aufwendungen bei den Betriebsausgaben (§ 4 Abs. 4 EStG), Werbungskosten (§ 9 Abs. 1 Satz 1 EStG) und Sonderausgaben (§ 10 Abs. 1 Satz 1 EStG). Entgangene Einnahmen und Vermögensverluste sind folglich keine berücksichtigungsfähigen Aufwendungen. Gleiches gilt für die Rücklage von Barvermögen zur Bestreitung künftiger Aufwendungen, selbst wenn die Außergewöhnlichkeit der künftigen Aufwendungen bereits feststeht (H 33.1 – 33.4 „Verausgabung" EStH).

BEISPIEL 1: ▶ Der Stpfl. bezahlt Krankheitskosten.

Der Geldabfluss führt zu Aufwendungen.

BEISPIEL 2: ▶ Infolge Krankheit entgehen dem Stpfl. freiberufliche Betriebseinnahmen. Die entgehenden Betriebseinnahmen können nicht nach § 33 EStG berücksichtigt werden, da keine Aufwendungen vorliegen.

BEISPIEL 3: ▶ Dem Stpfl. werden im Urlaub 500 € gestohlen. Es handelt sich um einen Vermögensverlust, der keine Aufwendung i. S. des § 33 EStG darstellt (vgl. *Schmidt/Loschelder*, EStG, § 33 Rz 6).

BEISPIEL 4: ▶ Der Stpfl. spart im VZ 2016 Geldbeträge für die Bezahlung seines Eigenanteils für eine Zahnbehandlung, die im Kj 2017 unumgänglich ist, an.

Die im Kj 2016 erfolgte Ansparung von Geldbeträgen zur Begleichung der im VZ 2017 anfallenden Aufwendungen für die Zahnbehandlung führt mangels Geldabflusses in diesem VZ noch nicht zu außergewöhnlichen Aufwendungen. Dass die Außergewöhnlichkeit der Aufwendungen im Kj 2016 bereits erkennbar ist, ändert daran nichts. Erst mit dem Mittelabfluss im Kj 2017 erwachsen dem Stpfl. die Aufwendungen.

Die Aufwendungen sind grundsätzlich nach § 11 Abs. 2 EStG im VZ des Abflusses zu berücksichtigen (R 33.1 Satz 3 EStR, H 33.1 – 33.4 „Verausgabung" EStH).

Demzufolge können Aufwendungen für eine sich über mehrere Kj erstreckende außergewöhnliche Belastung nur im jeweiligen Kj der Bezahlung berücksichtigt werden.

Auch über Darlehen finanzierte außergewöhnliche Belastungen sind im Jahr der Verausgabung und nicht erst im Jahr der Darlehenstilgung zu berücksichtigen (H 33.1–

33.4 „Darlehen" EStH). Die Zinsen für ein derartiges Darlehen zählen ebenfalls zu den außergewöhnlichen Belastungen; sie sind im Jahr ihrer Bezahlung als außergewöhnliche Belastung zu erfassen (H 33.1 – 33.4 „Zinsen" EStH).

BEISPIEL 1: ▶ Der Stpfl. leidet an einer Erkrankung, deren Heilungsprozess sich über die Kj 2016 bis einschließlich 2018 erstreckt. Im Kj 2016 entstehen ihm Kosten i. H. von 1 500 €, im Kj 2017 i. H. von 5 000 € und im Kj 2018 nochmals i. H. von 4 000 €, die er in den jeweiligen Kj bezahlt.

Die Aufwendungen stellen im jeweiligen VZ der Verausgabung eine außergewöhnliche Belastung i. S. des § 33 EStG dar. Sie sind daher in den VZ 2016 mit 1 500 €, 2017 mit 5 000 € und 2018 mit 4 000 € zu berücksichtigen.

BEISPIEL 2: ▶ Der Stpfl. hat als außergewöhnliche Belastungen nach § 33 EStG berücksichtigungsfähige Kosten für die durch Hochwasser geschädigte Wohnung i. H. von 10 000 € zu tragen. Er bezahlt diesen Betrag im Dezember 2016. Hierzu hat er einen Kredit i. H. von 6 000 € aufnehmen müssen, den er zum jeweiligen 31. 12. der Jahre 2017 – 2019 mit 2 000 € tilgt. Auf dieses Darlehen entrichtet der Stpfl. in den Jahren 2017 Zinsen i. H. von 480 €, 2018 Zinsen i. H. von 320 € und 2019 Zinsen i. H. von 160 €.

In 2016 ist der verausgabte Betrag von 10 000 € nach § 33 EStG berücksichtigungsfähig. Unbeachtlich ist, dass ein Teilbetrag von 6 000 € aus Darlehensmitteln finanziert wurde und die Tilgung insoweit erst in den Jahren 2017 – 2019 erfolgt. Auch die Zinsen sind dem Grunde nach gem. § 33 EStG abzugsfähig. Sie sind gleichfalls in den Jahren der Verausgabung (2017 i. H. von 480 €, 2018 i. H. von 320 € und 2019 i. H. von 160 €) zu berücksichtigen.

Zu einer steuerlichen Ermäßigung führen die abziehbaren Beträge in den beiden Beispielen jedoch nur insoweit, als sie die zumutbare Belastung, deren Höhe sich nach dem Gesamtbetrag der Einkünfte des jeweiligen Kj richtet, übersteigen (vgl. hierzu Rdn. 842 und 843).

8.2.3 Keine Betriebsausgaben, Werbungskosten oder Sonderausgaben

807 Das EStG grenzt die einzelnen Arten der abzugsfähigen Aufwendungen scharf gegeneinander ab. Dementsprechend bestimmt § 33 Abs. 2 Satz 2 EStG, dass diejenigen Aufwendungen, die zu den Betriebsausgaben, Werbungskosten oder zu den Sonderausgaben gehören, als außergewöhnliche Belastungen außer Betracht bleiben.

BEISPIEL 1: ▶ Ein selbständiger Schreinermeister verletzt sich bei seiner Berufsausübung an der Säge. Er leistet an einen Unfallchirurgen Behandlungskosten i. H. von 1 000 €.

Die Aufwendungen sind durch die gewerbliche Tätigkeit des Stpfl. veranlasst und damit nach § 4 Abs. 4 EStG abzuziehende Betriebsausgaben. Eine Berücksichtigung der Arztkosten als außergewöhnliche Belastung verbietet sich folglich nach § 33 Abs. 2 Satz 2 EStG.

BEISPIEL 2: ▶ Der Stpfl. S hat Beiträge zur gesetzlichen Renten-, Kranken-, Arbeitslosen- und Pflegeversicherung entrichtet, die im Rahmen der Höchstbetragsberechnung des § 10 Abs. 3 bis 4b EStG als Sonderausgaben vom Gesamtbetrag der Einkünfte abgezogen werden. Unter Hinweis auf die gesetzliche Beitragspflicht macht er die im Rahmen der Höchstbetragsbeschränkung nicht mehr abzugsfähigen Aufwendungen als außergewöhnliche Belastung geltend.

Die Beiträge zur gesetzlichen Renten-, Kranken-, Arbeitslosen- und Pflegeversicherung gehören zu den Sonderausgaben. Ihr Abzug ist in § 10 Abs. 1 Nr. 2, 3 und 3a, Abs. 2–4b EStG abschließend geregelt. Daher kann der die Höchstbeträge übersteigende Teil nicht als außergewöhnliche Belastung gem. § 33 Abs. 2 Satz 2 EStG berücksichtigt werden.

BEISPIEL 3: ▶ Die alleinerziehende Stpfl. ist vollzeiterwerbstätig. Zu ihrem Haushalt gehört ihr 10 Jahre altes Kind, für das sie im Jahr 2016 Kinderbetreuungskosten i. H. von 6 000 € aufgewendet hat. Die über den als Sonderausgaben abziehbaren Höchstbetrag von 4 000 € hinausgehenden 2 000 € macht sie als außergewöhnliche Belastung geltend.

Die Berücksichtigung der den Höchstbetrag übersteigenden und damit nicht als Sonderausgaben abziehbaren 2 000 € als außergewöhnliche Belastung ist nicht möglich, da § 33 Abs. 2 Satz 2 EStG den Abzug von Sonderausgaben ausdrücklich ausschließt.

Ausnahmeregelungen sieht § 33 Abs. 2 Satz 2 EStG lediglich für Aufwendungen für die 808
eigene Berufsausbildung (§ 10 Abs. 1 Nr. 7 EStG) und Schulgeldzahlungen (§ 10 Abs. 1 Nr. 9 EStG) vor. Er setzt allerdings voraus, dass diese Aufwendungen dem Grunde nach eine außergewöhnliche Belastung darstellen. Ist dies der Fall, so gilt das Abzugsverbot nur der Höhe nach, d. h. soweit sie der Höhe nach als Sonderausgaben zu berücksichtigen sind, scheidet ein Abzug als außergewöhnliche Belastung i. S. des § 33 EStG aus.

8.2.4 Keine Aufwendungen für Diätverpflegung

Aufwendungen, die durch Diätverpflegung entstehen, können nicht als außergewöhnli- 809
che Belastung berücksichtigt werden (§ 33 Abs. 2 Satz 3 EStG), weil die entsprechende Steuererleichterung vielfach ungerechtfertigt in Anspruch genommen worden ist und angesichts der heutigen Lebens- und Essgewohnheiten die Einhaltung einer Diät im Allgemeinen zu keiner Mehrbelastung, sondern oft sogar zu Einsparungen führt (vgl. die Einzelbegründung zu § 74 EStG des Entwurfs eines Dritten Steuerreformgesetzes; BT-Drucks. 700/73 v. 8. 11. 1973).

Dies gilt auch, wenn die Diätverpflegung anstelle einer sonst medikamentösen Behandlung tritt (H 33.1 – 33.4 „Diätverpflegung" EStH).

8.2.5 Belastung des Steuerpflichtigen

Der Stpfl. muss durch Aufwendungen i. S. des § 33 EStG belastet sein.   810

Eine Belastung scheidet in den folgenden Fällen aus:

► Erstattung der Aufwendungen (Rdn. 811 ff.).

► Erlangung eines Gegenwerts (Rdn. 819 ff.).

► Vorgänge auf der Vermögensebene (Rdn. 826).

8.2.5.1 Erstattung der Aufwendungen

8.2.5.1.1 Allgemeine Grundsätze

Begleicht ein Stpfl. Aufwendungen, die eine außergewöhnliche Belastung i. S. des § 33   811
EStG darstellen und erhält er sie von einem Dritten in voller Höhe erstattet, entfällt der Abzug, da er nur vorübergehend belastet war. Wird nur ein Teil der Aufwendungen ersetzt, so entfällt die Belastung insoweit; der nicht erstattete Restbetrag ist als außergewöhnliche Belastung zu berücksichtigen (R 33.1 Satz 2 EStR, H 33.1 – 33.4 „Verausgabung" EStH).

Für die Frage, ob der Stpfl. belastet ist, spielt es keine Rolle, von wem die Ersatzleistung 812
stammt und ob sie freiwillig oder aufgrund eines Rechtsanspruchs erfolgt ist. Das gilt

allerdings nur für steuerfreie oder nicht steuerbare Ersatzleistungen. Als steuerfreie bzw. nicht steuerbare Ersatzleistungen kommen bspw. in Betracht:

▶ Leistungen der eigenen Versicherung (z. B. Krankenkasse),

▶ Beihilfen und Unterstützungsleistungen durch den Arbeitgeber,

▶ Ersatzleistungen durch den Schadensverursacher (oder dessen Versicherung).

BEISPIEL: ▶ Arbeitnehmer B bezahlt im Kj 2016 Krankheitskosten i. H. von 4 500 €. Seine Krankenkasse erstattet ihm im Kj 2016 insgesamt 2 250 € und sein Arbeitgeber gewährt ihm im gleichen Jahr eine Beihilfe i. H. von 600 €. Die Beihilfe ist steuerfrei (§ 3 Nr. 11 EStG, R 3.11 LStR).

B ist wie folgt belastet:

Aufwendungen	4 500 €
./. steuerfreie Erstattung von der Krankenkasse	./. 2 250 €
./. steuerfreie Ersatzleistung seines Arbeitgebers	./. 600 €
Belastung	1 650 €

Hiervon ist noch die zumutbare Belastung (§ 33 Abs. 3 EStG) abzusetzen (vgl. hierzu Rdn. 842 und 843).

Steuerpflichtige Ersatzleistungen beseitigen die Belastung des Geschädigten dagegen nicht, weil in diesen Fällen die dem Stpfl. erwachsenen Aufwendungen i. S. des § 33 EStG aus dem zu versteuernden Einkommen gezahlt werden (H 33.1–33.4 „Ersatz von dritter Seite" EStH).

813 Voraussetzung für die Anrechnung der von dritter Seite geleisteten Erstattung ist aber, dass ein **enger Zusammenhang zwischen den Aufwendungen und der Ersatzleistung** besteht und die **Erstattung** dazu **bestimmt** ist, die entstandene **Belastung auszugleichen** (H 33.1 – 33.4 „Ersatz von Dritter Seite – Krankenhaustagegeldversicherungen" und „Krankentagegeldversicherung" EStH).

BEISPIEL 1: ▶ Eine selbständige Zahnärztin beantragt eine Steuerermäßigung nach § 33 EStG, weil sie im VZ 2016 Krankheitskosten i. H. von 4 385 € beglichen hat. Von ihrer Krankenkasse erhielt sie im gleichen Jahr eine Erstattung i. H. von 4 143 €, die sich wie folgt zusammensetzt:

Erstattung für angefallene Krankheitskosten	2 123 €
Krankentagegelder	2 020 €

Die zum Ausgleich für die angefallenen Krankheitskosten erhaltenen 2 123 € müssen mit den Aufwendungen verrechnet werden. Die Belastung beläuft sich demnach auf 4 385 € ./. 2 123 € = 2 262 €.

Die Krankentagegelder sind nicht auf die Krankheitskosten anzurechnen, weil sie nicht die anlässlich der Krankheit entstandenen Aufwendungen abdecken sollen. Sie sind vielmehr dazu bestimmt, den durch die Krankheit entstandenen Einnahmeausfall auszugleichen (H 33.1–33.4 „Krankentagegeldversicherung" EStH).

BEISPIEL 2: ▶ Dem Stpfl. S entstanden im VZ 2016 krankheitsbedingte Aufwendungen i. H. von 15 400 €. Aus den Unterlagen geht hervor, dass er sich mehrere Wochen in einem Krankenhaus stationär behandeln lassen musste. Seine Krankenkasse erstattete ihm im Kj 2016 vertragsgemäß 13 800 €, davon 3 800 € aufgrund seiner Krankenhaustagegeldversicherung.

Die aufgrund der Erkrankung entstandenen Aufwendungen i. H. von 15 400 € sind um die gesamte Erstattung der Krankenkasse zu mindern. Anders als bei der Krankentagegeldversicherung sollen die Leistungen aus der Krankenhaustagegeldversicherung die durch den stationären Aufenthalt im Krankenhaus angefallenen Kosten abdecken (H 33.1 – 33.4 „Ersatz von dritter Seite – Krankenhaustagegeldversicherungen" und „Krankenhaustagegeldversicherung" EStH).

Eine steuerliche Ermäßigung tritt in beiden Beispielen jedoch nur dann und insoweit ein, soweit die berücksichtigungsfähigen Aufwendungen die zumutbar Belastung übersteigen (vgl. hierzu Rdn. 842 und 843).

8.2.5.1.2 Behandlung der Ersatzleistungen

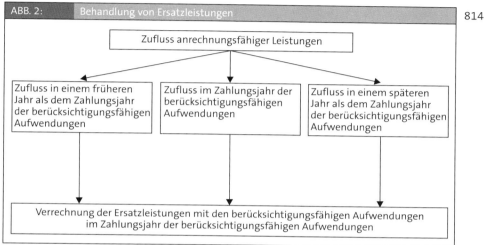

ABB. 2: Behandlung von Ersatzleistungen   814

Erhaltene Ersatzleistungen mindern die berücksichtigungsfähigen Aufwendungen. 815
Demnach sind auch solche Ersatzleistungen auf die berücksichtigungsfähigen Aufwendungen anzurechnen, die der Stpfl. bereits vor dem Zahlungsjahr der Aufwendungen erhalten hat. Das Gleiche gilt, wenn die Ersatzleistung in einem späteren Kj gezahlt worden ist, der Stpfl. aber bereits in dem Kj, in dem die Aufwendungen geleistet worden sind, mit der Zahlung rechnen konnte (H 33.1 – 33.4 „Ersatz von dritter Seite" EStH). Dies gilt auch dann, wenn der Stpfl. seinen Antrag auf Erstattung erst nach Ablauf des Jahres gestellt hat, in dem er die Aufwendungen beglichen hat.

Da nach dem Sinn und Zweck des § 33 EStG eine Steuerminderung der Höhe nach nur insoweit in Betracht kommt, soweit die zwangsläufigen Aufwendungen den Steuerpflichtigen tatsächlich belasten, scheidet die uneingeschränkte Anwendbarkeit des § 11 Abs. 2 EStG aus.

BEISPIEL: ▶ Der Angestellte A war von Dezember 2015 bis November 2016 schwer erkrankt. Von seinem Arbeitgeber erhielt er noch im Jahr 2015 einen steuerfreien Zuschuss zu den Krankheitskosten i. H. von 500 €, nachdem der Betriebsrat die Beihilfe befürwortet hatte. Nach Wiederherstellung der Gesundheit bezahlt A im August 2016 die Rechnung seines Arztes, die über 15 900 € lautet. Die private Krankenkasse, der A seit dem Überschreiten der Beitragsbemessungsgrenze angehört, erstattet im Januar 2017 auf den Rechnungsbetrag 13 600 €.

A erwuchs im VZ 2016 lediglich eine außergewöhnliche Belastung i. H. von 1 800 € (= 15 900 € ./. 500 € ./. 13 600 €). Sowohl die im Kj 2015 bezogene und nach § 3 Nr. 11 EStG steuerfreie Beihilfe des Arbeitgebers als auch die steuerfreie Erstattung durch die Krankenkasse im Jahr 2017 mindern seine Belastung, zumal er mit der Erstattung durch die Krankenkasse bereits zum Schluss des VZ 2016 rechnen konnte.

Die zumutbare Belastung (§ 33 Abs. 3 EStG) ist zu beachten (vgl. hierzu Rdn. 842 und 843).

816 Die **Höhe** der **Erstattung** wird im Zeitpunkt der Veranlagung zur Einkommensteuer häufig bereits bekannt sein und kann folglich bereits in zutreffender Höhe angesetzt werden. Ist das nicht der Fall, so kann die Höhe der Ersatzleistung geschätzt werden (§ 162 AO) und der Einkommensteuerbescheid in diesem Punkt nach § 165 AO für vorläufig erklärt werden oder ggf. unter dem Vorbehalt der Nachprüfung (§ 164 AO) erlassen werden (vgl. *Schmidt/Loschelder*, EStG § 33 EStG Rz. 13).

817 Ist der Steuerbescheid hingegen ohne eine solche Nebenbestimmung erlassen worden und ergibt sich zu einem späteren Zeitpunkt, dass der Erstattungsbetrag in unzutreffender Höhe geschätzt und damit die außergewöhnliche Belastung sowie die ESt nicht der gesetzlichen Höhe entsprechen, kann der Bescheid nach § 175 Abs. 1 Satz 1 Nr. 2 AO geändert werden (FG Köln 17. 3. 1988, EFG 1988, 422). In diesem Falle wird die Erstattung als ein Ereignis angesehen, das steuerliche Wirkung für die Vergangenheit entfaltet.

8.2.5.1.3   Verzicht auf Erstattungsansprüche

818 Unterbleibt die Erstattung, weil der Stpfl. einen Ersatzanspruch durch Verzicht oder sonstiges ihm zur Last zu legendes Verhalten (z. B., wenn der Stpfl. eine allgemein zugängliche und übliche Versicherungsmöglichkeit nicht wahrgenommen hat oder der Ersatzanspruch im Zeitpunkt der Geltendmachung bereits verjährt ist) eingebüßt hat, müssen die Aufwendungen gleichwohl mit diesem Anspruch verrechnet werden. Die Belastung des Einkommens bleibt in diesen Fällen zwar bestehen; sie ist jedoch nicht zwangsläufig entstanden (H 33.1–33.4 „Ersatz von dritter Seite" und „Versicherung" EStH, BFH 6. 5. 1994 III R 27/92, BStBl 1995 II 104; 26. 6. 2003, BStBl 2004 II 47; vgl. Rdn. 830 ff.).

> **BEISPIEL:** ▶ Durch einen Blitzschlag am 15. 7. 2016 in das vom Stpfl. S und seiner Familie angemietete und von ihnen bewohnte Einfamilienhaus kam es zu einem Wasserrohrbruch. Dadurch wurden mehrere Hausratsgegenstände und Kleidungsstücke beschädigt und unbenutzbar. Für die Wiederbeschaffung gaben der Stpfl. und seine Familie im Kj 2016 insgesamt 10 500 € aus. Eine Hausratversicherung hatte der Stpfl. nicht abgeschlossen, obwohl dies möglich gewesen wäre.
>
> Die Wiederbeschaffungskosten sind durch ein außergewöhnliches Ereignis, dem Wasserrohrbruch aufgrund des Blitzschlages, verursacht worden. Gegen Schäden an Hausrat und Kleidung sind Versicherungen üblich und zumutbar. Im konkreten Fall war der Abschluss einer Hausratversicherung möglich. Da der Stpfl. diese Möglichkeit nicht wahrnahm, können die Wiederbeschaffungskosten mangels Zwangsläufigkeit nicht als außergewöhnliche Belastungen berücksichtigt werden. Anders wäre es jedoch, wenn der Geschädigte eine Hausratversicherung abgeschlossen hätte und die Versicherungsleistungen die notwendigen Wiederbeschaffungskosten nicht in voller Höhe gedeckt hätten.

8.2.5.2   Erlangung eines Gegenwertes

819 Eine Belastung des Stpfl. liegt auch nicht vor, wenn der Stpfl. für die Aufwendungen einen Gegenwert erwirbt (Gegenwertlehre). Ein Gegenwert liegt nach höchstrichterlicher Rechtsprechung vor, wenn der Gegenstand oder die Leistung eine gewisse Marktgängigkeit besitzt, die in einem Verkehrswert zum Ausdruck kommt (H 33.1–33.4 „Gegenwert" EStH).

Aus diesem Grund hat die höchstrichterliche Rechtsprechung den Abzug als außerge- 820
wöhnliche Belastung z. B. in folgenden Fällen verneint:

► Aufwendungen eines Mieters für Schalldämmfenster zur Abschirmung des Straßen-
lärms (BFH 23. 1. 1976 VI R 62/74, BStBl 1976 II 194).

► Erwerb von Haushaltsgeräten, z. B. einer Waschmaschine für einen nahen Angehörigen aufgrund dessen Erkrankung (BFH 28. 4. 1978 VI R 145/75, BStBl 1978 II 456)
oder einer Geschirrspülmaschine für die gelähmte Ehefrau (BFH 21. 8. 1974 VI R
237/71, BStBl 1974 II 745).

► Aufwendungen für den Umbau oder die Neuanschaffung von Geräten für die Umstellung der Gasversorgung auf Erdgas (BFH 15. 2. 1974 VI R 67/70, BStBl 1974 II
335).

► Kosten für die Wiederbeschaffung eines beschlagnahmten Pkw (BFH 23. 2. 1968,
HFR 1968 S. 395).

Immaterielle Vorteile bilden keinen Gegenwert.

Der Abzug von Krankheitskosten darf demnach nicht deshalb verneint werden, weil die 821
aufgewendeten Beträge zur Wiederherstellung der Gesundheit geführt haben. Auch
Aufwendungen für Medikamente dürfen nicht vom Abzug ausgeschlossen werden,
weil der Stpfl. mit der Medizin veräußerbare Gegenstände erhalten hat. Unbillig wäre
es auch, den Gegenwert anzurechnen, wenn der frühere Zustand nicht wieder hergestellt werden kann. Die Gegenwertlehre findet also typischerweise keine Anwendung
bei Arzt- und Krankenhausleistungen sowie bei Aufwendungen für Heilmittel zur Wie-
dererlangung der Gesundheit.

Die Gegenwertlehre kann jedoch auch bei Erlangung materieller Werte nicht uneingeschränkt angewendet werden, da sie andernfalls dem Billigkeitscharakter des § 33 EStG
zuwider laufen würde. Hierbei handelt es sich vor allem um

► Aufwendungen zur Schadensbeseitigung bei einem existentiell notwendigen Gegenstand oder

► Aufwendungen für medizinische Hilfsmittel.

Vermögensverluste stellen, wie bereits in Rdn. 806 angeführt, keine außergewöhnli- 822
chen Belastungen dar. Aufwendungen für die Beseitigung eingetretener Schäden an einem Vermögensgegenstand, der für den Stpfl. existentiell notwendig ist, sind hingegen
unter den Voraussetzungen der R 33.2 EStR als außergewöhnliche Belastungen berücksichtigungsfähig, da der Stpfl. letztlich keinen wirtschaftlichen Vorteil erhält, sondern
lediglich der Zustand vor Eintritt des Schadensfalles wieder hergestellt wird.

BEISPIEL: ► Das in Grimma (Sachsen) liegende und zu eigenen Wohnzwecken genutzte Einfamilienhaus des Stpfl. wurde durch das Hochwasser der Mulde im Kj 2016 stark beschädigt. Des
Weiteren wurde sein Pkw total zerstört und die sich auf dem Grundstück in der Nähe des Ein-
familienhauses befindliche Garage ebenfalls stark beschädigt. Die Aufwendungen für die Wie-
derherstellung des Einfamilienhauses in den früheren Zustand beliefen sich auf 50 000 €, die
Aufwendungen für die Garage betrugen 10 000 € und für die Anschaffung eines gebrauchten
Pkw bezahlte er insgesamt 5 000 €. Eine Versicherung gegen Hochwasserschäden hatte der
Stpfl. nicht abgeschlossen. Sämtliche Aufwendungen tätigte er im Kj 2016. Von gemeinnützi-

gen Hilfsorganisationen erhielt er aus Spendensammlungen insgesamt 32 500 €, die sich entsprechend den Aufwendungen auf die drei Wirtschaftsgüter verteilen.

Die Aufwendungen für die Wiederherstellung des zu eigenen Wohnzwecken genutzten Einfamilienhauses in den Zustand vor dem Hochwassereintritt stellen eine außergewöhnliche Belastung dar, da es sich um einen existentiell notwendigen Gegenstand handelt, der durch ein unabwendbares Ereignis, nämlich das Hochwasser, beschädigt worden ist. Die Aufwendungen für die Beseitigung des Hochwasserschadens an der Garage sowie die Anschaffungskosten für den Pkw scheiden hingegen aus, da beide Wirtschaftsgüter nicht existentiell notwendig sind (R 33.2 Nr. 1 EStR).

Dass er keine Hochwasserversicherung abgeschlossen hat, spielt keine Rolle. Eine sog. Elementarversicherung, zu der eine Hochwasserversicherung gehört, stellt keine allgemein zugängliche und übliche Versicherungsmöglichkeit i.S. der R 33.2 Nr. 7 EStR dar (BMF-Schreiben v. 21. 6. 2013, BStBl 2013 I 769).

Da er nur den Schaden am Wohnhaus beseitigt – und nicht den Wert des Wohnhauses gegenüber dem Wert vor der Überschwemmung erhöht – hat, sind die angefallenen Aufwendungen der Höhe nach anzuerkennen. Sie sind jedoch um die auf das Einfamilienhaus entfallenden Schadensersatzleistungen der gemeinnützigen Hilfsorganisationen zu vermindern, da sie nicht steuerbar sind und er insoweit nicht belastet ist. Die (wirtschaftliche) außergewöhnliche Belastung berechnet sich damit wie folgt:

Aufwendungen für die Wiederherstellung des Einfamilienhauses in den früheren Zustand:	50 000 €
Minderung um die anteilige Schadensersatzleistungen (32 500 € : 65 000 € × 50 000 € =)	./. 25 000 €
Außergewöhnliche Belastung	25 000 €

(Die zumutbare Belastung ist jedoch noch zu berücksichtigen, vgl. Rdn. 842 und 843.)

823   Die Rechtsprechung und die FinVerw erkennen auch Aufwendungen zur Vermeidung oder Behebung gesundheitlicher Schäden durch schädliche Stoffe (bspw. Asbestsanierungen, Austausch von durch Holzschutzmittel verseuchten Holzvertäfelungen) an existenznotwendigen Gegenständen unter bestimmten Voraussetzungen als außergewöhnliche Belastungen an (vgl. hierzu BFH 9. 8. 2001 III R 6/01, BStBl 2002 II 240; 23. 5. 2002 III R 52/99, BStBl 2002 II 592, R 33.2 Nr. 2 EStR, H 33.1 – 33.4 „Gesundheitsgefährdung" EStH). Die in diesem Zusammenhang angefallenen Kosten für das Gutachten können ebenfalls als außergewöhnliche Belastung anzuerkennen sein (H 33.1 – 33.4 „Gutachter" EStH).

824   Medizinische Hilfsmittel (Hilfsmittel im engeren Sinne), die Folgen körperlicher Schäden oder Mängel lindern, sind bspw. Aufwendungen für Brillen, Hörapparate, Prothesen, Rollstühle und Schuheinlagen oder einen Treppenschräglift (H 33.1–33.4 „Behindertengerechte Ausstattung" EStH). Zum Nachweis vgl. Rdn. 848.

825   Bei der Anschaffung medizinischer Hilfsmittel, die sowohl von Kranken zur Linderung ihrer Leiden als auch von Gesunden zur Steigerung des Lebenskomforts angeschafft werden (Hilfsmittel im weiteren Sinne), wie bspw. bei der Anschaffung eines Treppenschräglifts, ist die Zwangsläufigkeit durch Vorlage eines vor dem Kauf erstellten amtsärztlichen oder gleichgestellten Attests nachzuweisen (§ 64 EStDV, R 33.4 Abs. 1 EStR). Dass ein Treppenlift ein medizinisches Hilfsmittel im weiteren Sinne des § 64 Abs. 1 Nr. 2 Buchstabe e EStDV sei, entschied das Finanzgericht Münster mit Urteil vom 18. 9. 2012 Az.: 11 K 3982/11 E, EFG 2013 S. 44. Mit Urteil vom 6. 2. 2014 VI R 61/12,

BStBl 2014 II 458, entschied das BFH jedoch, dass ein Treppenlift kein medizinisches Hilfsmittel in diesem Sinne sei, so dass der formalisierte Nachweis i. S. des § 64 Abs. 1 Nr. 2 Buchstabe e EStDV hier nicht anzuwenden sei. Vgl. auch H 33.1 – 33.4 „Medizinische Hilfsmittel als Gebrauchsgegenstände des täglichen Lebens" EStH. Im Übrigen vgl. Rdn. 848.

8.2.5.3 Vorgänge auf der Vermögensebene

Vorgänge, die auf der Vermögensebene liegen, können im Rahmen des § 33 EStG nicht berücksichtigt werden (BFH 16. 5. 1975 VI R 163/73, BStBl 1975 II 538). Das sind bspw.:   826

▶ Zugewinnausgleich bei Beendigung der Ehe (§§ 1372 ff. BGB),

▶ Erbauseinandersetzung.

> **BEISPIEL:** ▶ Der Stpfl. ist rechtskräftig geschieden. Er hat gegenüber seiner geschiedenen Ehefrau eine Zugewinnausgleichsverpflichtung i. H. von 200 000 €, die er im Dezember 2016 begleicht.
>
> Der Zugewinnausgleich regelt die Aufteilung des während der Ehe erworbenen Vermögens. Die Erfüllung der Zugewinnausgleichsverpflichtung ist keine existentiell notwendige Aufwendung und deshalb ein einkommensteuerlich unbeachtlicher Vorgang auf der privaten Vermögensebene (FG Nürnberg 12. 8. 1965, EFG 1965 S. 585). Dies gilt auch für evtl. angefallene Verzugszinsen oder vereinbarte Stundungszinsen (FG Hamburg 22. 1. 1988, EFG 1988, 368).

LITERATURHINWEIS:

Friebel/Rick/Schoor/Siegle, Fallsammlung Einkommensteuer, 19. Aufl., Fall 95

8.2.6 Außergewöhnlichkeit der Aufwendungen

Wie aus dem Wortlaut des § 33 Abs. 1 EStG hervorgeht, müssen die Aufwendungen außergewöhnlich sein. Dies ist der Fall, wenn dem Antragsteller „größere Aufwendungen als der überwiegenden Mehrzahl der Stpfl.   827

▶ gleicher Einkommensverhältnisse,

▶ gleicher Vermögensverhältnisse und

▶ gleichen Familienstandes"

erwachsen.

Trotz der Formulierung „größere Aufwendungen" kommt es bezgl. des Merkmals „Außergewöhnlichkeit" nicht nur auf die Höhe der Aufwendungen an. Vielmehr ist § 33 EStG nach seinem Sinn und Zweck so zu verstehen, dass nur die Aufwendungen abzugsfähig sind, die der überwiegenden Mehrzahl der Stpfl. nicht erwachsen. Demzufolge also in den besonderen Verhältnissen des einzelnen Stpfl begründet sind oder lediglich einer kleinen „Minderheit" entstehen (H 33.1 – 33.4 „Außergewöhnlich" EStH). Dabei sind Belastete mit Unbelasteten zu vergleichen. Als Zeitraum für den Vergleich ist das Kj, in dem die Aufwendungen entstehen, heranzuziehen.   828

829   Da § 33 EStG als Ergänzung zu den §§ 10 und 32a Abs. 1 EStG sicherstellen soll, dass die Besteuerung erst jenseits des Existenzminimums einsetzt, sind deshalb sämtliche übliche Aufwendungen der Lebensführung von § 33 EStG ausgeschlossen.

So sind bspw. folgende Aufwendungen grundsätzlich der Lebensführung zuzuordnen, als üblich und nicht nach § 33 EStG berücksichtigungsfähig anzusehen:

► Aufwendungen für die eigene oder gemietete Wohnung,

► Umzugskosten,

► Aufwendungen für Kleidung,

► Aufwendungen für Ernährung,

► Aufwendungen für den Urlaub.

8.2.7   Zwangsläufigkeit der Aufwendungen dem Grunde und der Höhe nach

830   Da nach dem Sinn und Zweck des § 33 EStG eine Ermäßigung der ESt in Härtefällen ermöglicht werden soll, rechtfertigen außergewöhnliche Aufwendungen keine Steuerermäßigung, wenn sie aus freien Stücken geleistet werden. Aus diesem Grund fordert § 33 EStG, dass die Aufwendungen „zwangsläufig" entstanden sind. Nach § 33 Abs. 2 EStG handelt es sich um zwangsläufige Aufwendungen eines Stpfl., „wenn er sich ihnen aus rechtlichen, tatsächlichen oder sittlichen Gründen nicht entziehen kann und soweit die Aufwendungen den Umständen nach notwendig sind und einen angemessenen Betrag nicht übersteigen". Die **Zwangsläufigkeit** ist mithin **in doppelter Hinsicht zu prüfen:**

► dem **Grunde** nach und

► der **Höhe** nach.

8.2.7.1   Die Zwangsläufigkeit dem Grunde nach

831   Aus § 33 Abs. 2 EStG geht hervor, dass Aufwendungen dem Grunde nach zwangsläufig sind, wenn der Stpfl. nicht die Möglichkeit hatte, sich ihnen zu entziehen, sie also für ihn **unvermeidbar** waren. Ist dies der Fall, so sind die Gründe, aus denen er die Aufwendungen nicht vermeiden konnte, ohne Bedeutung. Dies ergibt sich daraus, dass § 33 Abs. 2 EStG **rechtliche, tatsächliche** und **sittliche Gründe** nennt, womit sämtliche denkbaren Möglichkeiten erfasst sind. Die Aufzählung der drei Arten von Gründen hat daher die Bedeutung eines Hinweises darauf, dass die Zwangsläufigkeit außer auf rechtlichen auch auf anderen Gründen beruhen kann. Die Gründe sind hierbei nach inländischen Maßstäben zu beurteilen, da der in § 33a Abs. 1 EStG verankerte Gedanke auch im Rahmen des § 33 EStG gilt (FG Münster 7. 12. 1994, EFG 1995, 529).

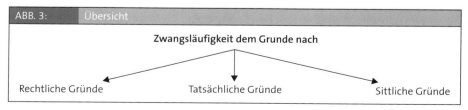

ABB. 3:   Übersicht

Zwangsläufigkeit dem Grunde nach

Rechtliche Gründe   Tatsächliche Gründe   Sittliche Gründe

Die Aufwendungen selbst werden meistens unvermeidbar sein, weil sie fast immer in Erfüllung einer rechtlichen Verpflichtung geleistet werden. So ist z. B. der Kranke aufgrund eines Dienstvertrages mit dem Arzt verpflichtet, dessen Inanspruchnahme zu bezahlen. Wer Möbel wiederbeschafft, erfüllt mit der Zahlung eine Verpflichtung aus dem Kaufvertrag. Schließlich sei als weiteres Beispiel erwähnt, dass Gerichtskosten nach einem verlorenen Prozess ebenfalls aufgrund einer rechtlichen Verpflichtung an die Gerichtskasse abgeführt werden. Verpflichtungen aufgrund rechtsgeschäftlicher Vereinbarungen können für sich allein eine Zwangsläufigkeit i. S. von § 33 Abs. 2 EStG regelmäßig nicht begründen (BFH 19. 5. 1995 III R 12/92, BStBl 1995 II 774).

Da das Bestehen einer rechtlichen Verpflichtung und damit die Zwangsläufigkeit der Aufwendungen selbst allein nicht genügt, muss hinzukommen, dass der Stpfl. sich auch dem Ereignis nicht entziehen konnte, das die Aufwendungen ausgelöst hat. Die rechtliche Verpflichtung muss mithin zwangsläufig entstanden sein (H 33.1–33.4 „Rechtliche Pflicht" EStH). Die Prüfung der Zwangsläufigkeit hat sich daher auf die Ursache der Aufwendungen – das Ereignis, auf dem sie unmittelbar beruhen – zu erstrecken.

BEISPIEL: A hat im Jahre 2016 vereinbarungsgemäß ein Darlehen i. H. von 2 000 € zurückgezahlt. Er hatte es im Vorjahr aufgenommen, um damit eine Urlaubsreise zu finanzieren. Er beantragt, die Tilgung des Darlehens als außergewöhnliche Belastung zu berücksichtigen.

Die Aufwendungen sind nicht zwangsläufig entstanden. A konnte sich der Tilgung zwar aus rechtlichen Gründen nicht entziehen (§ 488 BGB). Darüber hinaus wäre aber erforderlich, dass die Rückzahlungsverpflichtung zwangsläufig entstanden ist. Diese Voraussetzung fehlt bei dem von A für die Urlaubsreise aufgenommenen Darlehen offensichtlich, weil er die Urlaubsreise freiwillig und damit ohne Zwang antrat.

Mit Urteil vom 12. 5. 2011 VI R 42/10, BStBl 2011 II 1015, entschied der BFH in Abkehr von seiner bisherigen Rechtsprechung, dass Zivilprozesskosten sowohl für den Kläger als auch für den Beklagten unabhängig vom Gegenstand des Prozesses aus rechtlichen Gründen zwangsläufig erwachsen können. Unausweichlich seien Prozesskosten jedoch nur dann, wenn die beabsichtigte Rechtsverfolgung oder Rechtsverteidigung hinreichende Aussicht auf Erfolg bietet und nicht mutwillig erscheint. In dem vom BFH entschiedenen Verfahren ging es um die Frage, ob Prozesskosten für ein erfolglos geführtes Klageverfahren auf Zuerkennung von Krankentagegeld und Zinsen zwangsläufig erwachsen waren.

Mit Schreiben vom 20. 12. 2011, BStBl 2011 I 1286, wandte sich die Finanzverwaltung gegen die geänderte Rechtsprechung und teilte mit, dass sie dieses Urteil über den entschiedenen Einzelfall nicht anwenden werde. Zugleich wies sie darauf hin, dass sie eine gesetzliche Regelung im Sinne der bisherigen höchstrichterlichen Rechtsprechung anstrebe.

Mit dem Amtshilferichtlinie-Umsetzungsgesetz vom 26. 6. 2013, BGBl 2013 I 1809, wurde § 33 Abs. 2 EStG mit Wirkung zum 1. 1. 2013 um Satz 4 erweitert und die bisherige höchstrichterliche Rechtsprechung gesetzlich verankert. Demzufolge sind Prozesskosten für die Führung eines Rechtsstreits grundsätzlich nicht als zwangsläufig anzusehen (BFH-Urteil vom 18. 3. 2004 III R 24/03, BStBl 2004 II 726, und vom 27. 8. 2008 III R 50/06,BFH/NV 2009, 553). Handelt es sich jedoch um Prozesskosten, ohne die der Kläger oder Beklagte Gefahr liefe, seine Existenzgrundlage zu verlieren und seine lebens-notwendigen Bedürfnisse in dem üblichen Rahmen nicht mehr befriedigen zu können, sind sie (weiterhin) als zwangsläufig zu beurteilen. Vgl. auch das BFH-Urteil v. 18. 6. 2015 VI R 17/14, BStBl 2015 II 800. Hierunter fielen nach dem BFH-Urteil vom 9. 5. 1996 III R 224/94, BStBl 1996 II 596, m. w. N., die unmittelbaren Kosten für eine Ehescheidung und bestimmter Scheidungsfolgen, die nach § 623 ZPO a. F. (jetzt: § 137 Abs. 1 FamG) zusammen mit der Scheidungssache zu verhandeln und zu entscheiden sind und deshalb mit der Scheidung in einem unlösbaren prozessualen Zusammen-hang stehen. Des weiteren Prozeßkosten, die das Umgangsrecht mit dem Kind betref-fen (BFH-Urteil vom 4. 12. 2001 III R 31/00, BStBl 2002 II 382, und vom 27. 8. 2008 III R 50/06, BFH/NV 2009, 553) und Kosten für einen Vaterschaftsfeststellungsprozeß (BFH-Urteil vom 18. 3. 2004 III R 24/03, BStBl 2004 II 726). Da die höchstrichterliche Recht-sprechung jedoch bisher keine inhaltliche Schärfung der Begriffe „existentiell wichtiger Bereich" und „Existenzgefährdung" sowie auch keine Bestimmung des „Kernbereichs menschlichen Lebens" vorgenommen hat, bleibt mit Spannung abzuwarten, ob und unter welchen Voraussetzungen im Zusammenhang mit einer Scheidung angefallene Gerichts- und Rechtsanwaltskosten weiterhin als außergewöhnliche Belastung abzugs-fähig sind. Über die hierzu anhängigen Revisionsverfahren (VI R 66/14, VI R 81/14 und VI R 19/15) wird der BFH im Jahr 2016 entscheiden.

832   Nach der Rechtsprechung des BFH ist auf die Prüfung der Unabwendbarkeit des Ereig-nisses zu verzichten, wenn es sich um höchstpersönliche Angelegenheiten des Stpfl. handelt. Die **Ermittlungspflicht** und das **Ermittlungsrecht** des FA (§ 88 AO) werden vom BFH verneint, soweit die Beweggründe für Entschlüsse im höchstpersönlichen Lebens-bereich zu suchen sind.

Demnach ist bei Aufwendungen des privaten Lebensbereichs eine Unterscheidung vor-zunehmen hinsichtlich

► **höchstpersönlichen Angelegenheiten** und

► **anderen Angelegenheiten.**

833   Weil es sich um höchstpersönliche Dinge handelt, darf z. B. bei Krankheitskosten nicht geprüft werden, ob der Stpfl. die Krankheit durch schuldhaftes Verhalten selbst ver-ursacht hat. Auf die Wiederherstellung der Gesundheit kann nicht aus steuerlichen Gründen verzichtet werden.

Bei den anderen Angelegenheiten ist grundsätzlich der gesamte Ereignisablauf von Be-deutung. Das heißt die Ursache muss auf ihre Zwangsläufigkeit untersucht werden.

834   Die **Zwangsläufigkeit des Ereignisses** ist ebenfalls ohne Prüfung zu bejahen, wenn der Stpfl. keine Ursache für die Entstehung der Aufwendungen gesetzt hat. Dies gilt z. B., wenn die Aufwendungen als Folge einer Überschwemmung oder einer sonstigen Na-turkatastrophe anfallen. In vielen Fällen ist jedoch zu klären, ob der Stpfl. sein Verhal-ten so hätte einrichten können, dass die Aufwendungen vermieden worden wären. Es ist denkbar, dass derjenige, der durch sein Handeln eine Ursache für die Aufwendungen gesetzt hat, diese Handlung hätte unterlassen können. Umgekehrt ist es auch möglich, dass die Aufwendungen infolge einer Unterlassung des Stpfl. angefallen sind.

Gelangt man im Einzelfall zu dem Ergebnis, dass der Stpfl. die Möglichkeit hatte, sich   835
den Aufwendungen zu entziehen, entfällt damit nach dem Wortlaut des § 33 Abs. 2
EStG die Zwangsläufigkeit. Käme es allein auf die **Möglichkeit** an, die **Aufwendungen
zu vermeiden,** so würde man jedoch vielfach untragbare, dem Billigkeitscharakter des
§ 33 EStG nicht entsprechende Ergebnisse erhalten.

BEISPIEL 1: ▶ A hat die Kosten der Beerdigung seines Onkels i. H. von 4 200 € getragen, dessen
alleiniger Erbe er ist. Der Nachlass ist geringfügig überschuldet, wobei die Beerdigungskosten
nicht berücksichtigt sind.

A war als Erbe rechtlich verpflichtet, die Kosten der Beerdigung zu übernehmen (§ 1968 BGB).
Allerdings bestand für ihn die Möglichkeit, sich den Aufwendungen zu entziehen, denn er
konnte die Erbschaft ausschlagen (§ 1942 BGB). Bei einer Ausschlagung liegt dann eine rechtliche Verpflichtung kaum mehr vor, BFH 24. 7. 1987 III R 208/82, BStBl 1987 II 715; H 33.1 –
33.4 „Rechtliche Pflicht" EStH. (Zu untersuchen bleibt aber, ob für A eine sittliche Verpflichtung
zur Übernahme der Beerdigungskosten bestand.)

BEISPIEL 2: ▶ B hat im Straßenverkehr durch leichte Fahrlässigkeit den Tod eines anderen Ver-
kehrsteilnehmers verursacht. Er ist verurteilt worden, den Hinterbliebenen den entstandenen
Schaden zu ersetzen. B hat im Jahre 2016 insgesamt 5 000 € Prozesskosten gezahlt und nimmt
deshalb § 33 EStG für sich in Anspruch.

Die Aufwendungen sind nach der Rechtsprechung des BFH 5. 7. 1963, VI 272/615, BStBl 1963
III S. 499, zwangsläufig erfolgt. Es wäre B wohl möglich gewesen, die Aufwendungen zu vermeiden. Sie wären nicht entstanden, hätte B die im Verkehr erforderliche Sorgfalt walten lassen. Der BFH hält es jedoch für unbillig, dies dem Stpfl. entgegenzuhalten. Nach Ansicht des
BFH wäre eine andere Beurteilung nur geboten, wenn B durch einen vorsätzlichen Verstoß gegen Verkehrsvorschriften oder durch grob fahrlässiges Verhalten, z. B. durch Trunkenheit am
Steuer, den Unfall verursacht hätte (BFH 3. 6. 1982 VI R 41/79, BStBl 1982 II 749, und H 33.1–
33.4 „Schadensersatzleistungen" EStH).

(Die zumutbare Belastung ist jedoch noch zu berücksichtigen, vgl. Rdn. 842 und 843).

Soweit **rechtliche Gründe** bei der Prüfung der Zwangsläufigkeit von Bedeutung sind, ist   836
es gleichgültig, ob die Verpflichtung auf einer gesetzlichen Vorschrift, einem Rechtsgeschäft oder einem Verwaltungsakt beruht. Alle Arten rechtlicher Verpflichtungsgründe kommen in Betracht.

Typische Beispiele für **tatsächliche Gründe,** die Aufwendungen als zwangsläufig er-   837
scheinen lassen, sind Geburt, Krankheit, Tod, Unfall, Hochwasser, Überschwemmungen,
Krieg, politische Verfolgung und Vertreibung (R 33.2 Nr. 2 EStR).

Aus **sittlichen Gründen** kann sich der Stpfl. den Aufwendungen nicht entziehen, wenn   838
für ihn nach dem Urteil billig und gerecht Denkender eine moralische Verpflichtung besteht, die Leistungen zu erbringen. Diese sind mit anderen Worten zwangsläufig entstanden, wenn der Stpfl. im sittlich-moralischen Bereich oder auf gesellschaftlicher
Ebene mit Sanktionen rechnen musste, falls die Aufwendungen unterblieben wären
(BFH 24. 7. 1987 III R 208/82, BStBl 1987 II 715; 27. 10. 1989 III R 205/82, BStBl 1990 II
294; 22. 10. 1996 III R 265/94, BStBl 1997 II 558; H 33.1–33.4 „Sittliche Pflicht" EStH).

Nach höchstrichterlicher Rechtsprechung und den gleich lautenden Verwaltungsanweisungen (H 33.1 – 33.4 „Sittliche Pflicht" EStH) sind jedoch nicht alle aus ethischen
Gründen anerkennenswerten Aufwendungen für andere Personen als zwangsläufig anzusehen. Die sittliche Verpflichtung muss einer engen persönlichen Bindung zu der Person entspringen, für welche die Aufwendungen erfolgt sind. Enge persönliche Bindun-

gen hat man insbesondere zu allen Angehörigen (§ 15 AO). Ist ein Angehöriger unterstützungsbedürftig und besteht keine rechtliche Verpflichtung, ihm finanziell zu helfen, so beruhen die geleisteten Aufwendungen i. d. R. auf einer sittlichen Pflicht. Voraussetzung ist aber, dass sich der Angehörige in einer akuten Notlage befindet. Aber auch Aufwendungen, die anderen Personen zugute kommen, können bei Vorliegen besonderer Umstände aus sittlichen Gründen zwangsläufig sein.

So können z. B. Aufwendungen für den in eine wirtschaftliche Notlage geratenen guten Freund, der in früheren Jahren der Arbeitslosigkeit des Stpfl. großzügig geholfen hat, aus sittlichen Gründen zwangsläufig sein (BFH 25. 3. 1966 VI 320/65, BStBl 1966 III 534). Ferner Aufwendungen der Eltern für die Strafverteidigung ihres volljährigen Kindes, wenn es innerlich noch nicht gefestigt ist und dessen Verfehlung strafrechtlich noch nach dem Jugendstrafrecht geahndet werden kann (BFH 30. 10. 2003 III R 23/02, BStBl 2004 II 267).

Vorab ist aber bei Aufwendungen für dritte Personen danach zu fragen, ob die Person nicht selbst durch Erschließung eigener Quellen in der Lage ist, die Aufwendungen zu bestreiten. Sind gesetzlich unterhaltsverpflichtete Personen vorhanden, so ist die Unterstützung durch einen nicht unterhaltsverpflichteten Stpfl. nur bei Vorliegen besonderer Umstände aus sittlichen Gründen zwangsläufig.

839   Dagegen fehlt die Zwangsläufigkeit bei Aufwendungen, die in Erfüllung der **allgemeinen sittlichen Pflicht** geleistet werden, in Not geratenen Mitmenschen zu helfen (BFH 8. 4. 1954 IV 342/53 U, BStBl 1954 III 188, H 33.1 – 33.4 „Sittliche Pflicht" EStH). Inwieweit sich derartige Aufwendungen steuerlich auswirken dürfen, ist in den Bestimmungen über den Spendenabzug (§ 10b) abschließend geregelt.

8.2.7.2   Die Zwangsläufigkeit der Höhe nach

840   Aufwendungen, deren Zwangsläufigkeit dem Grunde nach feststeht, können sich nur insoweit steuermindernd auswirken, als sie den Umständen nach notwendig sind und einen angemessenen Betrag nicht übersteigen. Inwieweit Aufwendungen den Umständen nach notwendig sind, lässt sich nicht allgemein sagen. Es richtet sich nach der **Art des Ereignisses,** das die Aufwendungen auslöst. Soweit Aufwendungen den Umständen nach notwendig sind, kann man u. E. im Allgemeinen davon ausgehen, dass sie der Höhe nach auch angemessen sind. Dass in § 33 Abs. 2 EStG die Angemessenheit neben der Notwendigkeit erwähnt wird, kann daher nur Bedeutung haben, wenn zur Beseitigung oder Linderung der Folgen eines schädigenden Ereignisses unangemessen hohe Aufwendungen anfallen.

841   Eine **Begrenzung des Abzugs** von Aufwendungen auf einen angemessenen Betrag kommt insbesondere bei den Fahrtkosten gehbehinderter Menschen, bei Ausgaben für Kuren und bei Beerdigungskosten vor (R 33.4 Abs. 3 und 4 EStR, H 33.1 – 33.4 „Fahrtkosten behinderter Menschen" EStH).

8.2.8   Übersteigen der zumutbaren Belastung

842   Die dem Grunde und der Höhe nach berücksichtigungsfähigen Aufwendungen bewirken nicht in vollem Umfang eine Steuererleichterung. § 33 Abs. 1 EStG mutet vielmehr

dem Stpfl. zu, dass er einen Teil der außergewöhnlichen Aufwendungen selbst trägt, ohne hierfür eine steuerliche Vergünstigung zu erhalten. Dieser, keiner Steuerminderung unterliegende Teil heißt zumutbare Belastung. Sie dient, gestaffelt nach

► der Höhe des Gesamtbetrags der Einkünfte und

► dem Tarif oder der Zahl der Kinder

dem Zweck, die wirtschaftliche Leistungsfähigkeit des Stpfl. zu berücksichtigen. Nur soweit die Aufwendungen die wirtschaftliche Leistungsfähigkeit des Stpfl. und damit die zumutbare Belastung übersteigen, sind sie vom Gesamtbetrag der Einkünfte abzuziehen.

Mit zwei Urteilen vom 2.9.2015 VI R 32/13 und VI R 33/13 hat der BFH entschieden, dass es von Verfassungs wegen nicht geboten ist, bei der einkommensteuerrechtlichen Berücksichtigung dieser Aufwendungen auf den Ansatz der zumutbaren Belastung zu verzichten. Er hat damit dargelegt, dass die steuerliche Berücksichtigung der zumutbaren Belastung zu keinem Verstoß gegen das Grundgesetz führt.

Die zumutbare Belastung beträgt   843

TAB. 1: Zumutbare Belastung			
bei einem Gesamtbetrag der Einkünfte	bis 15 340 €	über 15 340 € bis 51 130 €	über 51 130 €
1. bei Stpfl, die keine Kinder haben und bei denen die ESt			
a) nach § 32a Abs. 1 EStG	5	6	7
b) nach § 32a Abs. 5 oder 6 EStG (Splitting-Verfahren) zu berechnen ist;	4	5	6
2. bei Stpfl. mit a) einem Kind oder zwei Kindern	2	3	4
b) drei oder mehr Kindern	1	1	2
	Prozent des Gesamtbetrages der Einkünfte.		

Die Bemessungsgrundlage bildet der Gesamtbetrag der Einkünfte i. S. des § 2 Abs. 3 EStG. Damit bleiben steuerfreie Einnahmen außer Ansatz und erhöhen die Bemessungsgrundlage nicht (BFH 16.12.1975 VIII R 147/71, BStBl 1976 II 360).

Mit Artikel 1 Nr. 2 Buchst. b des Steuervereinfachungsgesetzes 2011 vom 1.11.2011 843a wurde § 2 Abs. 5b Satz 2 EStG mit Ablauf des 31.12.2011 aufgehoben. Folglich sind ab dem 1.1.2012 Einkünfte aus Kapitalvermögen, die mit dem gesonderten Tarif des § 32d Abs. 1 EStG besteuert werden bzw. deren Besteuerung mit Einbehaltung der Kapitalertragsteuer gemäß § 43 Abs. 5 Satz 1 EStG abgeschlossen ist, nicht mehr zu berücksichtigen. Damit ist der Gesamtbetrag der Einkünfte nicht mehr um die mit dem gesonderten Steuertarif des § 32d Abs. 1 EStG besteuerten Einkünfte aus Kapitalvermögen zu erhöhen. Zu erfassen bleiben allerdings die Einkünfte aus Kapitalvermögen, die im Rahmen des § 32d Abs. 2 und 6 EStG mit dem Grund- oder Splittingtarif i. S. des § 32a Abs. 1, 5 oder 6 EStG besteuert werden, da diese Einkünfte aus Kapitalvermögen im Gesamtbetrag der Einkünfte enthalten sind.

844 Nach § 33 Abs. 3 Satz 2 EStG zählen als Kinder des Stpfl. die, für die er Anspruch auf einen Freibetrag nach § 32 Abs. 6 EStG oder Kindergeld hat. Es genügt damit, dass der Stpfl. Anspruch auf einen Freibetrag i. S. des § 32 Abs. 6 EStG oder auf Kindergeld für mindestens 1 Kalendermonat im VZ hat (vgl. Rdn. 691 ff.). Da § 33 Abs. 3 EStG an einen Freibetrag nach § 32 Abs. 6 EStG bzw. an das Kindergeld anknüpft, hat die Übertragung der gesamten Freibeträge des § 32 Abs. 6 EStG auf den anderen Elternteil Auswirkungen auf die Höhe der zumutbaren Belastung. In diesem Fall steht ihm der günstigere Prozentsatz der zumutbaren Belastung nicht mehr zu.

845 Berechnungsschema für die Höhe der abzugsfähigen außergewöhnlichen Belastung:

Außergewöhnliche Aufwendungen

./.   anzurechnende Ersatzleistungen

=   außergewöhnliche wirtschaftliche Belastung

./.   zumutbare Belastung

=   abzugsfähige außergewöhnliche Belastung

BEISPIEL 1: Stpfl. A ist verheiratet und wird mit seiner Ehefrau zusammen zur ESt veranlagt. Das Ehepaar hat zwei Kinder unter 18 Jahren. Der Gesamtbetrag der Einkünfte beträgt 45 000 €. Im Kj 2016 mussten die Ehegatten Krankheitskosten i. H. von 5 000 € bezahlen ohne eine Erstattung zu erhalten. Da die Eltern für beide Kinder Anspruch auf Kindergeld bzw. auf die Freibeträge nach § 32 Abs. 6 EStG haben, sind sie bei der Ermittlung der zumutbaren Belastung zu berücksichtigen.

Die Krankheitskosten sind als außergewöhnliche Belastung i. S. des § 33 EStG unter Berücksichtigung der zumutbaren Belastung in folgender Höhe bei Ermittlung des Einkommens abzugsfähig:

Dem Grunde und der Höhe nach berücksichtigungsfähige Aufwendungen	5 000 €
./. zumutbare Belastung (3 % von 45 000 €)	./. 1 350 €
abzugsfähige außergewöhnliche Belastung	3 650 €

BEISPIEL 2: Stpfl. B ist unverheiratet. Er hat ein Kind, das im Haushalt der Mutter lebt. Im VZ 2016 erhält B für das Kind lediglich den Kinderfreibetrag i. H. von 2 304 €; der Freibetrag für den Betreuungs- und Erziehungs- oder Ausbildungsbedarf wurde auf die Mutter übertragen. Im Rahmen der Einkommensteuer-Veranlagung 2016 belief sich der Gesamtbetrag der Einkünfte des B auf 48 000 €. Im Kj 2016 hat B zu berücksichtigende Krankheitskosten i. H. von 1 500 € und Beerdigungskosten i. H. von 2 000 € getragen. Da der Anspruch auf den Kinderfreibetrag ausreicht, ist das Kind bei der Ermittlung der Höhe der zumutbaren Belastung zu berücksichtigen.

Bei der Ermittlung des Einkommens ist demnach folgender Betrag abzuziehen:

Krankheitskosten	1 500 €
Beerdigungskosten	+ 2 000 €
Dem Grunde und der Höhe nach berücksichtigungsfähige Aufwendungen	3 500 €
./. zumutbare Belastung (3 % von 48 000 €)	./. 1 440 €
abzugsfähige außergewöhnliche Belastung	2 060 €

846 Bei der Ermittlung von außergewöhnlichen Belastungen bei Ehegatten, die nach § 26b EStG zusammenveranlagt werden, sind die Ehegatten als ein Stpfl. zu behandeln. Folg-

lich kommt es für die Berücksichtigung nicht darauf an, bei welchem Ehegatten die außergewöhnlichen Belastungen angefallen sind und wer die Kosten getragen hat.

Mit dem Steuervereinfachungsgesetz vom 1. 11. 2011, BGBl 2011 I S. 2131, wurde die   847 getrennte und die besondere Veranlagung mit Ablauf des 31. 12. 2012 aufgehoben. Ab dem VZ 2013 besteht damit lediglich noch die Möglichkeit der Einzelveranlagung (§ 26 Abs. 2 EStG i. d. F. des Steuervereinfachungsgesetzes 2011 vom 1. 11. 2011). Hierbei sind die außergewöhnlichen Belastungen grundsätzlich dem Ehegatten zuzurechnen, der sie wirtschaftlich getragen hat. Auf gemeinsamen Antrag beider Eheleute kann jeder Ehegatte allerdings 50 % der Aufwendungen berücksichtigen. Der gemeinsame Antrag ist bei Abgabe der Einkommensteuererklärung des jeweiligen Ehegatten zu stellen. Vgl. § 26a Abs. 2 Satz 1 – 3 EStG.

8.2.9 Bei Krankheitskosten: Nachweis gem. § 64 EStDV

Mit dem Steuervereinfachungsgesetz 2011 vom 1. 11. 2011 wurde § 33 um Abs. 4 EStG   848 erweitert. Hiernach kann die Bundesregierung durch Rechtsverordnung mit Zustimmung des Bundesrates Einzelheiten des Nachweises von Aufwendungen bestimmen.

Aufgrund dieser Ermächtigung wurde § 64 EStDV neu gefasst. Er schreibt nunmehr den Nachweis der Zwangsläufigkeit von Aufwendungen im Krankheitsfall gesetzlich wie folgt vor:

► durch eine ärztliche oder heilpraktische Verordnung für Arznei-, Heil- und Hilfsmittel;

► durch ein amtsärztliches Gutachten oder eine ärztliche Bescheinigung eines Medizinischen Dienstes der Krankenversicherung für

  — eine Bade- oder Heilkur,

  — eine psychotherapeutische Behandlung,

  — eine medizinisch erforderliche auswärtige Unterbringung eines an Legasthenie oder einer anderen Behinderung leidenden Kindes des Stpfl.,

  — die Notwendigkeit der Betreuung des Stpfl. durch eine Begleitperson, sofern sich die Notwendigkeit nicht aus dem Behindertenausweis oder dem entsprechenden Bescheid ergibt,

  — medizinische Hilfsmittel, die als allgemeine Gebrauchsgegenstände des täglichen Lebens i. S. des § 33 Abs. 1 des Fünften Buches Sozialgesetzbuch anzusehen sind,

  — wissenschaftlich nicht anerkannte Behandlungsmethoden, wie z. B. Frisch- und Trockenzellenbehandlungen, Sauerstoff-, Chelat- und Eigenbluttherapie.

Im Gegensatz zur höchstrichterlichen Rechtsprechung muss der gesetzlich vorgeschriebene Nachweis vor Beginn der Heilmaßnahme bzw. dem Erwerb des medizinischen Hilfsmittels ausgestellt worden sein. Damit ist der erst nach dem Beginn oder erst nach Abschluss der Heilmaßnahme eingeholte Nachweis steuerlich nicht mehr anzuerkennen.

Ferner ist auch die Bescheinigung des behandelnden Krankenhausarztes gesetzlich vorgeschrieben, wenn Aufwendungen für den Besuch des Stpfl. zur Heilung oder Linderung einer Krankheit des Ehegatten oder eines Kindes des Stpfl. geltend gemacht werden. Die Bescheinigung ist allerdings nur erforderlich, wenn der Ehegatte oder das Kind längere Zeit in einem Krankenhaus untergebracht ist.

Die Verpflichtung der zuständigen Gesundheitsbehörden zur Ausstellung des für steuerliche Zwecke erforderlichen Gesundheitszeugnisse, Gutachten und Bescheinigungen war bereits in § 64 EStDV enthalten.

8.2.10 Die Anwendung des § 33 EStG bei häufig vorkommenden Einzelfällen

849 Die nachfolgenden Ausführungen befassen sich mit der steuerlichen Behandlung bestimmter Aufwendungen, für die häufig eine Steuerermäßigung nach § 33 beantragt wird.

8.2.10.1 Krankheitskosten

850 Aufwendungen für eine beruflich veranlasste Krankheit können nicht als außergewöhnliche Belastung i. S. des § 33 EStG berücksichtigt werden, da sie zu den Betriebsausgaben oder Werbungskosten gehören (§ 33 Abs. 2 EStG). Dies gilt auch, wenn der Stpfl. den Beruf nicht mehr ausübt (BFH 9. 2. 1962 VI 10/61 U, BStBl 1962 III 235). In einem solchen Fall können die Aufwendungen zu nachträglichen und negativen Einkünften führen.

Bei privat veranlassten **Krankheitskosten** wird die **Zwangsläufigkeit** der Aufwendungen **stets unterstellt**, weil das die Krankheit auslösende Ereignis zur höchstpersönlichen Angelegenheit des Stpfl. gehört (vgl. Rdn. 833). Aufwendungen für eine Krankheit werden deshalb auch dann als außergewöhnliche Belastung anerkannt, wenn der Stpfl. die Krankheit durch Unachtsamkeit, Alkoholmissbrauch oder Fahrlässigkeit verursacht hat.

LITERATURHINWEIS:

Friebel/Rick/Schoor/Siegle, Fallsammlung Einkommensteuer, 18. Aufl., Fall 95

Auch bei der Höhe der Aufwendungen wird die Zwangsläufigkeit grundsätzlich unterstellt. Bei einem Aufenthalt im Krankenhaus steht die Wahl der Klasse dem Stpfl. frei; eine Prüfung der Zwangsläufigkeit findet bei der Höhe damit nicht statt. Ferner ist bei einem Aufenthalt im Krankenhaus grundsätzlich keine Haushaltsersparnis abzuziehen (H 33.1–33.4 „Haushaltsersparnis" EStH). Trinkgelder oder kleine Geschenke an das Personal erkennen sowohl die Finanzverwaltung als auch die höchstrichterliche Rechtsprechung nicht als außergewöhnliche Belastung an (H 33.1–33.4 „Trinkgelder" EStH, BFH 30. 10. 2003 III R 32/01, BStBl 2004 II 270, und vom 19. 4. 2012 VI R 74/10, BStBl 2012 II 577).

Bei außergewöhnlich hohen Aufwendungen, nicht allgemein anerkannten Behandlungsmethoden oder bei Behandlungen im Ausland kann allerdings eine Begrenzung auf einen angemessenen Betrag erforderlich sein.

Berücksichtigungsfähig sind die sog. unmittelbaren oder eigentlichen Krankheitskosten. Hierzu zählen vor allem die Aufwendungen für die Behandlung durch Ärzte, Heilpraktiker, Krankenschwestern, für die Wiederherstellung der Gesundheit erforderliche Operationen, Zahnbehandlungen und Zahnersatzleistungen, Medikamente, Aufenthalte in Krankenhäusern und die Kosten für medizinische Hilfsmittel (bspw. Prothesen, Rollstühlen, Brillen und Hörgeräte) sowie notwendige Fahrtkosten.

Besuchsfahrten zu einem im Krankenhaus für längere Zeit liegenden Ehegatten bzw. 851 einem Kind des Stpfl. sind eine außergewöhnliche Belastung, wenn der Besuch des Stpfl. nach dem Urteil des verantwortlichen Krankenhausarztes zur Linderung oder Heilung der Krankheit entscheidend beitragen kann (§ 64 Abs. 1 Nr. 3 EStDV). Vgl. Rdn. 848.

Bei der **Geburt eines Kindes** sind die Kosten für den Arzt, das Krankenhaus, der Hebam- 852 me wie Krankheitskosten zu behandeln. Die Kosten der Kindesausstattung fallen hingegen nicht mehr darunter, da der Stpfl. einen Gegenwert erhält.

Aufwendungen, die nur gelegentlich oder als Folge einer Krankheit entstehen, sind i. d. R. nicht als außergewöhnliche Belastung anzuerkennen (BFH 16. 5. 1975 VI R 132/72, BStBl 1975 II 536; 1. 12. 1978 VI R 149/75, BStBl 1979 II 78; 2. 12. 1981 VI R 167/79, BStBl 1982 II 297, sog. mittelbare Krankheitskosten). So sind z. B. Aufwendungen für den Unterhalt einer in Davos (Schweiz) gelegenen Zweitwohnung keine als außergewöhnliche Belastung abziehbaren Krankheitskosten, selbst wenn es sich um einen schwer asthmakranken Stpfl. handelt, der die Wohnung auf Anraten seines Arztes unterhält, um unter den dortigen klimatischen Verhältnissen Linderung seines Leidens zu finden (BFH 20. 11. 1987 III R 296/84, BStBl 1988 II 137).

Nicht abzugsfähig sind auch Aufwendungen, die lediglich der **Vorbeugung oder Erhal-** 853 **tung der Gesundheit** dienen (BFH 14. 8. 1997 III R 67/96, BStBl 1997 II 732 m. w. N.), wie es z. B. bei einer Frischzellenbehandlung der Fall sein kann. Aufwendungen für eine wissenschaftlich nicht anerkannte Behandlungsmethode, wie z. B. eine Frisch- oder Trockenzellenbehandlung, Sauerstoff-, Eigenblut- oder Chelat-Therapie, sind jedoch dann als eine außergewöhnliche Belastung zu berücksichtigen, wenn die Zwangsläufigkeit durch ein vor Beginn der Behandlung erstelltes amtsärztliches Attest oder einer gleichgestellten Bescheinigung nachgewiesen wird (§ 64 Abs. 1 Nr. 2 Buchstabe f EStDV). Vgl. hierzu Rdn. 848.

Auch Aufwendungen für die Ausübung einer Sportart sind grds. nicht berücksichtigungsfähig. Dies gilt ausnahmsweise nicht, wenn die Sportart nach genauer Einzelverordnung und unter ärztlicher Verantwortung oder einer entsprechend zugelassenen Person zur Heilung oder Linderung einer Krankheit oder eines Gebrechens ausgeübt wird (BFH v. 14. 08. 1997 III R 67/96, BStBl 1997 II 732).

Kosten des Stpfl. für **medizinische Fachliteratur** sind keine unmittelbaren Krankheits- 854 kosten und damit nicht abzugsfähig, auch wenn die Literatur dazu dient, die Entscheidung für eine bestimmte Therapie oder für die Behandlung durch einen bestimmten Arzt zu treffen (H 33.1–33.4 „Medizinische Fachliteratur" EStH).

Bei Unterbringung aufgrund eingetretener Pflegebedürftigkeit in einem Pflegeheim, ei- 855 nem Altenpflegeheim oder der Pflegeabteilung eines Altenheims gehören die Aufwendungen zu den Krankheitskosten. Wird hierbei der bisherige Haushalt aufgelöst, was generell der Fall ist, sind die Aufwendungen für die Heimunterbringung infolge Pflege um die Haushaltsersparnis zu kürzen (BFH v. 22. 8. 1980 VI R 138/77, BStBl 1981 II 23; v. 29. 9. 1989 III R 129/86, BStBl 1990 II 418, v. 15. 4. 2010 VI R 51/09, BStBl 2010 II 794). Sie bemisst sich nach dem in § 33a Abs. 1 Satz 1 EStG normierten Höchstbetrag, der sich im Kj. 2015 auf 8 472 € und im Kj 2016 auf 8 652 € beläuft. Vgl. R 33.3 Abs. 2 EStR. Gegebenenfalls ist der Höchstbetrag nur zeitanteilig anzusetzen. Nimmt der Stpfl. wegen seiner pflegebedingten Aufwendungen den Abzug nach § 33 EStG in Anspruch, sind die Gesamtkosten um den auf hauswirtschaftliche Dienstleistungen entfallenden Anteil zu kürzen.

856 Aufwendungen für die altersbedingte Unterbringung in einem Alten(wohn)heim sind allerdings keine Krankheitskosten, sondern Aufwendungen für die allgemeine Lebensführung (BFH v. 18. 4. 2002 III R 15/00, BStBl 2003 II 70).

Hat ein pflegebedürftiger Stpfl. einem Dritten Vermögenswerte zugewendet, so kann der Dritte Aufwendungen nach § 33 EStG grundsätzlich erst dann berücksichtigen, wenn die Pflegeaufwendungen den Wert des erhaltenen Vermögens übersteigen (R 33.3 Abs. 5 EStR).

> **BEISPIEL:** Ein Vater hat seiner Tochter sein Mietwohnhaus mit einem Verkehrswert i. H. von 750 000 € zugewendet. Danach wird er aufgrund zwischenzeitlich eingetretener Pflegebedürftigkeit in einem Pflegeheim untergebracht.
>
> Die Tochter kann Aufwendungen, die sie aufgrund der Pflegebedürftigkeit entrichtet, erst ab dem Zeitpunkt als außergewöhnliche Belastung abziehen, in dem die dem Grunde und der Höhe nach abzugsfähigen Aufwendungen den Wert des erhaltenen Vermögens i. H. von 750 000 € überschreiten. Die zumutbare Belastung ist zu berücksichtigen.

857 Auch Kosten für eine **Kur** können **ausnahmsweise** als außergewöhnliche Belastung berücksichtigt werden, wenn sie zur Heilung oder Linderung einer Krankheit notwendig ist (H 33.1–33.4 „Kur" EStH). Die Kurbedürftigkeit ist durch ein **vor** Kurbeginn ausgestelltes amtsärztliches Gutachten oder eine Bescheinigung eines Medizinischen Dienstes der Krankenversicherung nachzuweisen, § 64 Abs. 1 Nr. 2 Buchst. a EStDV.

Abzugsfähig sind die Fahrtkosten für die Hin- und Rückreise in Höhe der öffentlichen Verkehrsmittel (BFH 12. 6. 1991 III R 102/89, BStBl 1991 II 763); ausnahmsweise können die Pkw-Kosten angesetzt werden, wenn die Benutzung des Pkw aufgrund der besonderen persönlichen Verhältnisse des Stpfl. erforderlich ist (BFH 30. 6. 1967 VI R 104/66, BStBl 1967 III 655, H 33.1–33.4 „Kur – Fahrtkosten" EStH). Dies ist bspw. bei einem außergewöhnlich gehbehinderten Menschen der Fall (vgl. Rdn. 971 und 973 ff.).

Die Kosten für die ärztliche Überwachung und die Kurmittel sind in tatsächlicher Höhe abzugsfähig. Die Unterkunftskosten sind in angemessener Höhe zu berücksichtigen, und Verpflegungsmehraufwendungen sind in tatsächlich angefallener Höhe unter Abzug der Haushaltsersparnis in Höhe von 1/5 der Aufwendungen berücksichtigungsfähig (R 33.4 Abs. 3 Satz 2 EStR). Kosten für Kuren im Ausland sind i. d. R. nur bis zur Höhe der Aufwendungen anzuerkennen, die in einem dem Heilzweck entsprechenden inländischen Kurort anfallen würden (R 33.4 Abs. 3 Satz 1 EStR).

858 Aufwendungen für **Vorsorgekuren** können nur anerkannt werden, wenn aus einem Attest des Amtsarztes oder einer ärztlichen Bescheinigung eines Medizinischen Dienstes

der Krankenversicherung die Gefährdung der Gesundheit durch eine Krankheit zu ersehen ist, § 64 Abs. 1 Nr. 2 Buchst. a EStDV.

Anschaffungskosten für Gegenstände der Lebensführung, die – wie z. B. Mobiliar und 859
Bettwäsche – der Abnutzung unterliegen und die wegen der Allergie-Erkrankung eines
Familienmitglieds vorzeitig durch neue ersetzt werden, können nicht als außergewöhnliche Belastungen berücksichtigt werden (BFH 29. 11. 1991 III R 74/87, BStBl 1992 II
290).

Dagegen führen Aufwendungen für die erforderliche behindertengerechte Gestaltung
des individuellen Wohnbereichs zu einer außergewöhnlichen Belastung. Dies betrifft
Aufwendungen für den Umbau oder Neubau eines Hauses oder einer Wohnung auf
Grund der Behinderung. Dabei spielt es keine Rolle, ob die Behinderung auf einem nicht
vorhersehbaren Ereignis beruht und deshalb ein schnelles Handeln des Stpfl. oder seiner Angehörigen geboten ist (H 33.1 – 33.4 „Behindertengerechte Ausstattung" EStH,
BFH 24. 2. 2011 VI R 16/10, BStBl 2011 II 1012). Auf Grund des Abflussprinzips des § 11
Abs. 2 Satz 1 EStG sind die Aufwendungen im Jahr der Bezahlung als außergewöhnliche
Belastung abzugsfähig. Entgegen R 33.4 Abs. 5 Satz 2 EStR schließt der BFH in seinem
Urteil vom 22. 10. 2009 VI R 7 (07, BStBl 2010 II 280, die Inanspruchnahme des § 163
Satz 1 AO nicht aus. Hiernach ist in begründeten Einzelfällen eine Verteilung der behinderungsbedingten Aufwendungen auf mehrere Jahre möglich. Ein solcher Fall liegt beispielsweise vor, wenn sich die außergewöhnliche Belastung im Jahr des Zahlungsabflusses auf Grund eines geringen Gesamtbetrags der Einkünfte nicht in vollem Umfang steuerlich auswirken kann und in diesem Jahr folglich keine vollständige Beseitigung des Härtefalls möglich ist.

Der Nachweis der Zwangsläufigkeit kann gemäß R 33.4 Abs. 5 Satz EStR wie folgt erbracht werden:

► durch einen Bescheid eines gesetzlichen Trägers der Sozialversicherung oder der Sozialleistungen über die Bewilligung eines pflege- bzw. behinderungsbedingten Zuschusses (bspw. zur Verbesserung des individuellen Wohnumfeldes nach § 40 Abs. 4
SGB XI) oder

► durch ein Gutachten des Medizinischen Dienstes der Krankenversicherung (MDK),
des Sozialmedizinischen Dienstes (SMD) oder der Medicproof Gesellschaft für Medizinische Gutachten mbH.

Umzugskosten können nur in Ausnahmefällen Krankheitskosten sein (z. B. Umzugskos- 860
ten für den Umzug wegen eines gelähmten Kindes in eine leichter zu erreichende Wohnung; BFH 14. 12. 1965, BStBl 1966 III 113).

Aufwendungen von Eltern für die auswärtige Unterbringung eines erkrankten Kindes 861
können als außergewöhnliche Belastung anzusehen sein, wenn der auswärtige Aufenthalt zur Behandlung, Heilung oder Linderung der Krankheit notwendig ist. Dies gilt
auch dann, wenn daneben die Ausbildung des Kindes weitergeführt wird. Da in diesen
Fällen die Aufwendungen als Krankheitskosten nach § 33 EStG zu berücksichtigen sind,
scheidet der Abzug des Freibetrages für ein volljähriges, in Berufsausbildung stehendes
und auswärts untergebrachtes Kind, für das die Eltern Anspruch auf den Familienleis-

tungsausgleich haben, nach § 33a Abs. 2 EStG aus (H 33a.2 „Auswärtige Unterbringung – Legasthenie" EStH).

862 Von den im **Kj beglichenen Krankheitskosten sind erhaltene bzw. am Schluss des VZ zu erwartende Erstattungen abzuziehen** (H 33.1–33.4 „Ersatz von dritter Seite" EStH).

> **BEISPIEL:** Im VZ 2016 ergeben sich für den geschiedenen Stpfl. (Gesamtbetrag der Einkünfte: 100 000 €) folgende Krankheitskosten:
>
> ► Arztkosten: 3 500 €, Erstattung = 3 000 €.
>
> ► Aufwendungen für Arzneimittel: 800 €, Erstattung = 750 €.
>
> ► Aufwendungen für Zahnersatz: 15 000 €.
>
> Im Kj 2016 wurden aus eigenen Mitteln 11 750 € und aus Darlehensmitteln 8 000 € bezahlt (Schuldzinsen 2016: 450 €, Tilgung 2016: 500 €). Die für 2016 zu erwartende Ersatzleistung der Krankenversicherung für die Zahnbehandlung i. H. von 6 500 € fließt Ende Januar 2017 zu.
>
> Die Aufwendungen führen im VZ 2016 zu einer außergewöhnlichen Belastung nach § 33 EStG in folgender Höhe:
>
> Aufwendungen:
>
> | | |
> |---|---:|
> | Arztkosten | 3 500 € |
> | Arzneimittel | 800 € |
> | Zahnersatz | 15 000 € |
> | Schuldzinsen | 450 € |
> | Dem Grunde und der Höhe nach berücksichtigungsfähige Aufwendungen | 19 750 € |
> | steuerfreie Erstattungen in den Kj 2016 und 2017 (3 000 € + 750 € + 6 500 € =) | ./. 10 250 € |
> | außergewöhnliche wirtschaftliche Belastung | 9 500 € |
> | zumutbare Belastung = 7 % von 100 000 €) | ./. 7 000 € |
> | abzugsfähige außergewöhnliche Belastung | 2 500 € |

8.2.10.2 Beerdigungskosten

863 Beerdigungskosten sind nach § 1968 BGB Nachlassverbindlichkeiten des Erben. Sie sind dem Grunde nach nur insoweit nach § 33 EStG abzugsfähig, als sie den Wert des gesamten Nachlasses übersteigen und nicht durch Ersatzleistungen gedeckt sind. Dies gilt auch, wenn der Stpfl. als Erbe die Bestattungskosten für seinen verstorbenen Ehegatten trägt und die Ehegatten im Todesjahr oder dem vorangegangenen Kj die Voraussetzungen für die Zusammenveranlagung i. S. des § 26 Abs. 1 EStG erfüllt haben (BFH 23. 11. 1967 IV R 143/67, BStBl 1968 II 259; H 33.1–33.4 „Bestattungskosten" EStH). Ist der Nachlass überschuldet, kann der Erbe die Erbschaft ausschlagen, so dass ihm keine rechtliche Verpflichtung zur Begleichung der Nachlassverbindlichkeiten und damit der Beerdigungskosten trifft (BFH 24. 7. 1987 III R 208/82, BStBl 1987 II 715). Eine sittliche Verpflichtung zur Übernahme der Beerdigungskosten kann jedoch in Betracht kommen (BFH 24. 7. 1987 III R 208/82, BStBl 1987 II 715). Auch kann sich eine rechtliche Verpflichtung zur Tragung der Beerdigungskosten ggf. aus § 1615 Abs. 2 BGB ergeben.

Der Notwendigkeit und Angemessenheit dieser Aufwendungen sind eine besondere Bedeutung beizumessen (BFH 17. 9. 1987 III R 242/83, BStBl 1980 II 130).

Aufwendungen für Sarg, Transport, Anzeigen, Gebühren, Kosten für die Beerdigung selbst und eine „normale" Grabstätte sind dem Grunde nach berücksichtigungsfähig.

Unseres Erachtens können auch Aufwendungen für Blumen und Kränze abgezogen werden. Zur berücksichtigungsfähigen Höhe vgl. OFD Berlin 27.11.2003, DB 2004 S. 517.

Hingegen können nicht berücksichtigt werden:

▶ Reisekosten für die Teilnahme an der Beerdigung eines nahen Angehörigen; auch nicht bei größeren Entfernungen, da die Teilnahme – auch bei der Bestattung eines nahen Angehörigen – nicht außergewöhnlich ist (BFH 11.5.1979 VI R 37/76, BStBl 1979 II 558; 17.6.1994 III R 42/93, BStBl 1994 II 754; H 33.1–33.4 „Bestattungskosten" EStH).

▶ Aufwendungen für Trauerkleidung (Gegenwert, BFH 12.8.1966 VI R 76/66, BStBl 1967 III 364; H 33.1–33.4 „Bestattungskosten" EStH),

▶ Aufwendungen für die Bewirtung von Trauergästen (auch keine sittliche Zwangsläufigkeit, BFH 17.9.1987 III R 242/83, BStBl 1988 II 130; H 33.1–33.4 „Bestattungskosten" EStH),

▶ Aufwendungen für Grabpflege (nicht außergewöhnlich, BFH 23.11.1967 IV R 143/67, BStBl 1968 II 259),

▶ Aufwendungen für die Erneuerung eines Grabmals (FG Nürnberg v. 18.7.1979, EFG 1979, 600),

▶ Aufwendungen für die Umbettung des Verstorbenen (mangels rechtlicher und sittlicher Verpflichtung, FG Düsseldorf v. 12.2.1971, EFG 1971, 338, bestätigt durch BFH 19.6.1974 VI R 131/71 n.v.).

Beerdigungskosten sind allerdings – wie unter Rdn. 863 angeführt – nach § 33 EStG **864** nicht abzugsfähig, soweit sie entweder aus dem Nachlass bestritten oder durch andere Geldleistungen, die aufgrund des Ablebens gezahlt werden, gedeckt werden können. Beispielsweise fallen Leistungen aus einer (Kapital-)Lebensversicherung in den Nachlass, wenn der Erblasser von seinem Recht, einen Bezugsberechtigten zu benennen, keinen Gebrauch gemacht hat. In diesem Fall steht das Bezugsrecht dem Versicherungsnehmer selbst zu (vgl. BFH 22.2.1996 III R 7/94, BStBl 1996 II 413). Ist hingegen z.B. bei einer Sterbegeldversicherung ein Dritter als Bezugsberechtigter eingesetzt, hat der vertraglich begünstigte Dritte einen vom Erbgang unabhängigen Anspruch auf die Auszahlung der Versicherungssumme. Die Leistung der Sterbegeldversicherung fällt damit nicht in den Nachlass. Dies ändert jedoch nichts daran, dass die Leistung aus der Sterbegeldversicherung mit den gem. § 33 EStG zu berücksichtigenden Beerdigungskosten wirtschaftlich zusammenhängt. Die Versicherungsleistung der Sterbegeldversicherung ist aber nicht ausschließlich auf diejenigen Aufwendungen anzurechnen, die als eigentliche Bestattungskosten nach § 33 EStG zu berücksichtigen sind. Die Leistung soll nämlich nicht nur dazu dienen, die eigentlichen Bestattungskosten zu begleichen, sondern sämtliche Kosten, die mit der Beerdigung zusammenhängen. Die Versicherungsleistung ist daher nur in der Höhe anzurechnen, soweit sie auf die nach § 33 EStG dem Grunde und der Höhe nach berücksichtigungsfähigen Beerdigungskosten entfällt (H 33.1–33.4 „Bestattungskosten" EStH).

BEISPIEL: ▶ Die Ehefrau des Stpfl. ist vermögenslos gestorben. Da die Erblasserin den Stpfl. als Bezugsberechtigten eingesetzt hat, erhält er aus der Sterbegeldversicherung 4 800 €. Im Zusammenhang mit der Beerdigung wendet der Stpfl. auf:

Sarg, Friedhofsgebühren, Bestattungsunternehmer, Blumengebinde, Traueranzeigen,	6 000 €
Traueressen, Trauerkleidung	2 000 €

Nur die Aufwendungen für Sarg, Friedhofsgebühren etc. i. H. von 6 000 € sind gem. § 33 EStG berücksichtigungsfähig. Die Leistung aus der Sterbegeldversicherung fällt zwar nicht in den Nachlass; sie mindert jedoch die Beerdigungskosten, da der Stpfl. insoweit nicht belastet ist. Im Hinblick auf die steuerliche Berücksichtigung der Bestattungskosten ist sie auf berücksichtigungsfähige Aufwendungen (6 000 €) und nicht abzugsfähige Kosten (2 000 €) aufzuteilen. Danach entfällt ein Anteil i. H. von ³/₄ der Leistung aus der Sterbegeldversicherung (= 6 000 € : 8 000 €) auf die abziehbaren außergewöhnlichen Aufwendungen.

Dem Grunde und der Höhe nach § 33 Abs. 1 EStG berücksichtigungsfähige außergewöhnliche Aufwendungen	6 000 €
Leistung aus der Sterbegeldversicherung (³/₄ von 4 800 € = 3 600 €)	./. 3 600 €
außergewöhnliche Belastung	2 400 €

Hiervon ist noch die zumutbare Belastung abzuziehen.

865–873   *(Einstweilen frei)*

8.3 Die außergewöhnlichen Belastungen nach § 33a EStG

8.3.1 Gliederung der Vorschrift

874

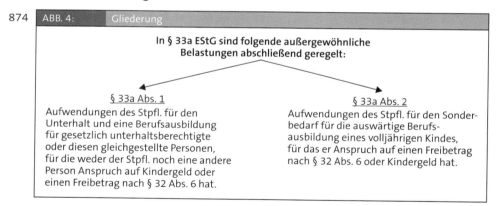

ABB. 4:   Gliederung

In § 33a EStG sind folgende außergewöhnliche Belastungen abschließend geregelt:

§ 33a Abs. 1
Aufwendungen des Stpfl. für den Unterhalt und eine Berufsausbildung für gesetzlich unterhaltsberechtigte oder diesen gleichgestellte Personen, für die weder der Stpfl. noch eine andere Person Anspruch auf Kindergeld oder einen Freibetrag nach § 32 Abs. 6 hat.

§ 33a Abs. 2
Aufwendungen des Stpfl. für den Sonderbedarf für die auswärtige Berufsausbildung eines volljährigen Kindes, für das er Anspruch auf einen Freibetrag nach § 32 Abs. 6 oder Kindergeld hat.

8.3.2 Abgrenzung des § 33a EStG zu § 33 EStG

875   § 33a EStG ist eine lex specialis, d. h. eine spezielle Vorschrift, die § 33 EStG vorgeht. Liegen demnach Aufwendungen vor, die unter die Vorschrift des § 33a EStG fallen, scheidet die Anwendung des § 33 EStG unabhängig von der Höhe der Aufwendungen aus (§ 33a Abs. 4 EStG). Gleichwohl sind bei § 33a EStG die Vorschriften des § 33 EStG zu beachten, soweit § 33a EStG nichts anderes bestimmt. Daher sind bspw. das Belastungsprinzip, der Aufwendungsbegriff und die Voraussetzung, dass die Aufwendungen keine Betriebsausgaben, Werbungskosten oder Sonderausgaben sein dürfen, maß-

gebend. Demgegenüber enthält § 33a EStG eigenständige Begriffe zur Außergewöhnlichkeit der Aufwendungen und zur Zwangsläufigkeit dem Grunde und der Höhe nach; des Weiteren entfällt die zumutbare Belastung.

Erwachsen einem Stpfl. Aufwendungen i. S. des § 33a Abs. 1 – 2 EStG, so ist – wie in Rdn. 875 bereits angesprochen – in den genannten Vorschriften abschließend geregelt, welche Steuerermäßigungen der Stpfl. hierfür beanspruchen kann. Insbesondere kann der Stpfl. **anstelle des dort vorgesehenen Höchstbetrages bzw. Freibetrages keine Steuerermäßigung nach § 33** EStG erhalten (§ 33a Abs. 4 EStG). Diese notwendige Rechtsfolge ergibt sich aus der Tatsache, dass es sich bei den Steuererleichterungen, die für die unter § 33a Abs. 1 – 2 EStG fallenden Sachverhalte gewährt werden, um eine gesetzliche Typisierung handelt.   876

> **BEISPIEL:** ▶ A hat seine mittellose Mutter unterstützt. Er hat im Kj 2016 die gesamten Unterhaltskosten i. H. von 14 000 € getragen. A beantragt eine Steuerermäßigung nach § 33a Abs. 1 Satz 1 EStG. Zusätzlich bittet er, die den Höchstbetrag nach § 33a Abs. 1 EStG i. H. von 8 652 € übersteigenden Aufwendungen i. H. von 5 348 € nach § 33 EStG zu berücksichtigen.
>
> A erhält eine Steuerermäßigung nach § 33a Abs. 1 Satz 1 EStG i. H. von 8 652 €. Eine zusätzliche Steuervergünstigung nach § 33 EStG kann nicht gewährt werden, weil § 33a Abs. 1 EStG den Abzug von Unterhaltsleistungen als außergewöhnliche Belastungen dem Grunde und der Höhe nach abschließend regelt (§ 33a Abs. 4 EStG).

8.3.3 Aufwendungen für den Unterhalt und eine etwaige Berufsausbildung an gesetzlich unterhaltsberechtigte oder gleichgestellte Personen (§ 33a Abs. 1 EStG)

8.3.3.1 Allgemeines

§ 33a Abs. 1 Satz 1 EStG regelt den Abzug von Aufwendungen für eine unterhaltsberechtigte Person. Die nachfolgende Übersicht vermittelt einen Überblick über die Voraussetzungen und die Höhe des Abzugsbetrages.   877

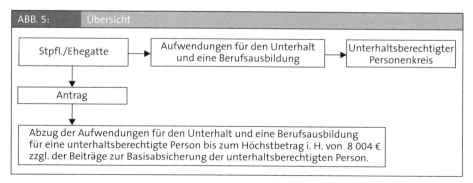

ABB. 5: Übersicht

(Liegen die Voraussetzungen nicht ganzjährig vor, ist der Höchstbetrag zu zwölfteln, § 33a Abs. 3 Satz 1 EStG).

8.3.3.2 Aufwendungen für den Unterhalt und eine etwaige Berufsausbildung

8.3.3.2.1 Unterhalt

878   Gemäß § 1610 Abs. 2 BGB umfassen die Aufwendungen für den Unterhalt nicht nur den **typischen Unterhalt,** sondern auch einen etwaigen **außergewöhnlichen Bedarf.** Der Unterhalt ist gem. § 1612 Abs. 1 BGB durch Entrichtung einer Geldrente zu erbringen. Sie kann unmittelbar oder mittelbar, bspw. als Mietzahlung oder in anderer Art, z. B. als Sachleistung durch Aufnahme und Verköstigung in der Wohnung des Unterhaltsverpflichteten erfolgen (BFH 19. 12. 1995 IX R 85/93, BStBl 1997 II 52).

879   Unter **§ 33a Abs. 1 Satz 1** EStG fallen allerdings nur die Aufwendungen für den **typischen Unterhalt.** Hierzu gehören z. B. Ernährung, Kleidung und Wohnung sowie Kranken- und Pflegeversicherungsbeiträge, die der Unterhalt leistende Stpfl. übernommen hat (H 33a.1 „Allgemeines zum Abzug von Unterhaltsaufwendungen" EStH). Gehört die unterhaltsberechtigte Person zum Haushalt des Stpfl., kann i. d. R. unterstellt werden, dass für sie Unterhaltsaufwendungen in Höhe des maßgeblichen Höchstbetrages erwachsen sind (R 33a.1 Abs. 1 Satz 5 EStR).

880   **Außergewöhnlicher Bedarf,** der aufgrund einer besonderen Lebenslage, wie bspw. einer Krankheit oder Körperbehinderung, anfällt, wird nicht von § 33a Abs. 1 Satz 1 EStG erfasst. Hier kommt vielmehr eine Steuerermäßigung nach § 33 EStG in Betracht (H 33a.1 „Abgrenzung zu § 33 EStG" EStH).

> **BEISPIEL:** Stpfl. T unterstützt im Kj 2016 ihren Vater monatlich mit 500 €. Ihr Vater hat nur ein geringes Vermögen und bezieht weder Einkünfte noch Bezüge. Im Kj 2016 übernahm sie nicht erstattete Krankheitskosten i. H. von 10 000 €.
>
> Die monatlichen Unterhaltszahlungen sind nach § 33a Abs. 1 EStG steuerlich abzugsfähig, da sie zum typischen Unterhalt gehören.
>
> Die übernommenen Krankheitskosten sind hingegen keine typischen Unterhaltsleistungen, da sie aufgrund eines außergewöhnlichen Bedarfs, nämlich der Erkrankung erwachsen sind. Leistungen aufgrund eines außergewöhnlichen Bedarfs kann der Zahlende jedoch unter den Voraussetzungen des § 33 EStG steuerlich berücksichtigen.

8.3.3.2.2 Berufsausbildung

881   Als weitere Aufwendungen, die eine Ermäßigung rechtfertigen, nennt § 33a Abs. 1 Satz 1 EStG Aufwendungen für eine etwaige Berufsausbildung der unterstützten Person. Wird eine in Berufsausbildung befindliche Person unterstützt, so ließe sich dem Wortlaut des § 33a Abs. 1 Satz 1 EStG entnehmen, dass der Abzug eines Betrages nach dieser Vorschrift allenfalls dann in Betracht kommt, wenn sowohl Aufwendungen für den üblichen Unterhalt als auch für die Berufsausbildung getragen wurden. Dies ist jedoch nicht der Fall, da auch die Kosten der Berufsausbildung zu den Unterhaltsleistungen gehören (§ 1610 Abs. 2 BGB). Die Aufwendungen für eine etwaige Berufsausbildung sind in § 33a Abs. 1 EStG nur zur Klarstellung gesondert erwähnt. Für die Inanspruchnahme des § 33a Abs. 1 Satz 1 EStG genügt es also, wenn dem Stpfl. entweder Aufwendungen für den Unterhalt oder für eine etwaige Berufsausbildung entstanden sind (H 33a.1 „Allgemeines zum Abzug von Unterhaltsaufwendungen" EStH).

8.3.3.3   Unterhaltsberechtigter Personenkreis

8.3.3.3.1   Gesetzlich unterhaltsberechtigte oder gleichgestellte Personen

Seit 1996 ist nach § 33a Abs. 1 Satz 1 EStG der Abzug von Aufwendungen für den Un-   882
terhalt und eine Berufsausbildung für Dritte nur noch dann möglich, wenn der Dritte
gegenüber dem Stpfl. oder seinem Ehegatten gesetzlich unterhaltsberechtigt ist. Der
Begriff der Zwangsläufigkeit (sittliche Verpflichtung) i. S. des § 33 Abs. 2 EStG erfuhr insoweit eine Einschränkung, und es wird an die zivilrechtliche Unterhaltsverpflichtung
angeknüpft. Danach ist eine Person unterhaltsberechtigt, wenn sie sich nicht selbst unterhalten kann (§ 1602 Abs. 1 BGB). Gesetzlich unterhaltsberechtigt sind alle Personen,
die nach bürgerlichem Recht oder nach dem Lebenspartnerschaftsgesetz gegenüber
dem Stpfl. oder seinem Ehegatten bzw. Lebenspartner einen Unterhaltsanspruch haben können (R 33a.1 Abs. 1 EStR).

Danach bestehen Ansprüche   883

► zwischen Ehegatten (§§ 1360 u. 1361 BGB),

► vonseiten eines geschiedenen Ehegatten an den anderen Ehegatten (§§ 1569 ff.
   BGB),

► zwischen Verwandten in gerader Linie (§ 1601 BGB), also z. B. Großeltern, Eltern, Kindern, Enkelkindern (§ 1589 BGB). Nicht hierzu gehören Verwandte in der Seitenlinie
   und Verschwägerte (§ 1590 BGB),

► zwischen Adoptiveltern und -kindern (§§ 1755 Abs. 1, 1770 Abs. 3 BGB),

► vonseiten der Mutter eines nichtehelichen Kindes gegenüber dem Vater, wenn sie
   das Kind betreut (§ 1615l Abs. 1–2 BGB) bzw. vonseiten des Vaters gegenüber der
   Mutter, wenn er das Kind für den in § 1615l Abs. 4 BGB genannten Fall betreut
   (H 33a.1 „Unterhaltsanspruch der Mutter bzw. des Vaters eines nichtehelichen Kindes" EStH).

Am 1. 8. 2001 ist das LPartG v. 16. 2. 2001 (BGBl 2001 I 266) in Kraft getreten. Demnach
bestehen auch Unterhaltsansprüche zwischen gleichgeschlechtlichen Lebenspartnern
nach rechtswirksamer Begründung der Lebenspartnerschaft (§ 1 LPartG)

► während des Zusammenlebens (§ 5 LPartG),

► bei Getrenntleben (§ 12 LPartG) und

► nach gerichtlicher Aufhebung der Lebenspartnerschaft (§ 16 LPartG).

Unterhaltsleistungen sind bei Vorliegen der übrigen Voraussetzungen nach § 33a
Abs. 1 Satz 1 EStG berücksichtigungsfähig, wenn die den Unterhalt empfangende Person zum Kreis der unterhaltsberechtigten Personen gehört und bedürftig ist, R 33a.1
Abs. 1 Satz 3 EStR. Es spielt keine Rolle, ob der Stpfl. vor- oder nachrangig zur Unterhaltsgewährung verpflichtet ist.

Unterhaltsleistungen an den **nicht dauernd getrennt lebenden Ehegatten/Lebenspart-**   884
ner i. S. des LPartG können nicht nach § 33a Abs. 1 Satz 1 EStG berücksichtigt werden,
wenn die Ehegatten/Lebenspartner i. S. des LPartG die Möglichkeit haben, zusammen
zur Einkommensteuer veranlagt zu werden, um dadurch den Splittingtarif zu erhalten.
Denn über den mit der Zusammenveranlagung verbundenen Splittingtarif (§ 32a Abs. 5

EStG) erhalten die Ehegatten/Lebenspartner i. S. des LPartG den weitestgehenden ein-kommensteuerlichen Lastenausgleich, der auch Unterhaltszahlungen zwischen den Ehepartnern einschließt. Unterhaltsleistungen an den nicht dauernd getrennt lebenden Ehegatten/Lebenspartner i. S. des LPartG kommen demnach für einen Abzug nach § 33a Abs. 1 Satz 1 EStG nur dann in Betracht, wenn der Ehegatte/Lebenspartner i. S. des LPartG nicht unbeschränkt einkommensteuerpflichtig ist und deshalb die Ehegat-tenbesteuerung/Lebenspartnerschaftsbesteuerung nach § 26 Abs. 1 EStG ausscheidet (vgl. BFH 28. 11. 1988 GrS 1/87, BStBl 1989 II 164). Zu beachten ist jedoch die Regelung des § 1a Abs. 1 Nr. 2 EStG. Kommt es über diese Regelung zur Ehegattenbesteuerung/Lebenspartnerschaftsbesteuerung mit dem nicht nach § 1 Abs. 1 EStG unbeschränkt steuerpflichtigen Ehegatten/Lebenspartner i. S. des LPartG, so scheidet wiederum die Anwendung des § 33a Abs. 1 Satz 1 EStG aus.

885　Unterhaltsleistungen für den **dauernd getrennt lebenden Ehegatten/Lebenspartner i. S. des LPartG bzw. geschiedenen unbeschränkt steuerpflichtigen Ehegatten/Lebens-partner i. S. des LPartG,** die nach der Trennung im Trennungsjahr geleistet werden, kön-nen nicht nach § 33a Abs. 1 Satz 1 EStG abgezogen werden, wenn die Ehegatten/Le-benspartner i. S. des LPartG für das Trennungsjahr noch die Voraussetzungen des § 26 Abs. 1 EStG erfüllen (H 33a.1 „Geschiedene oder dauernd getrennt lebende Ehegatten" EStH). In diesem Fall können die Ehegatten/Lebenspartner i. S. des LPartG nämlich für das Trennungsjahr noch die Zusammenveranlagung wählen. Das Abzugsverbot für Un-terhaltszahlungen im Trennungsjahr gilt auch für den Fall, dass die Ehegatten/Lebens-partner i. S. des LPartG (ab 1. 1. 2013) einzeln zur ESt veranlagt werden.

886　Sie können aber ab dem Jahr, das auf das Jahr der Trennung folgt, nach § 33a Abs. 1 Satz 1 EStG berücksichtigt werden, wenn hierfür der Sonderausgabenabzug nach § 10 Abs. 1a Nr. 1 EStG (Rdn. 297 ff.) nicht in Anspruch genommen wird. Wird der Sonder-ausgabenabzug in Anspruch genommen, scheidet die Anwendung des § 33a Abs. 1 Satz 1 EStG auch dann aus, soweit die Unterhaltsaufwendungen den als Sonderaus-gaben abgezogenen Teil (z. B. den Höchstbetrag von 13 805 €) übersteigen. Vgl. H 10.2 „Allgemeines" und H 33a.1 „Geschiedene oder dauernd getrennt lebende Ehegatten" EStH.

887　*(Einstweilen frei)*

888　Den gesetzlich unterhaltsberechtigten Personen sind Personen gleichgestellt, denen zum Unterhalt bestimmte inländische öffentliche Mittel, z. B. Sozialhilfe oder Arbeits-losengeld II, mit Rücksicht auf die Unterhaltsleistungen des Stpfl. gekürzt werden (§ 33a Abs. 1 Satz 3 EStG). Davon betroffen sind insbesondere Partner einer eheähn-lichen Gemeinschaft (nichteheliche Lebensgemeinschaft) oder in Haushaltsgemein-schaft mit dem Stpfl. lebende Verwandte und Verschwägerte (BFH 23. 10. 2002 III R 57/99, BStBl 2003 II 187; BMF vom 7. 6. 2010, BStBl 2010 I 582).

BEISPIEL: ▶ Max Müller und Fiona Bauer führen eine eheähnliche (nichteheliche) Lebensgemein-schaft. Fiona Bauer wurde der Anspruch auf Arbeitslosengeld II wegen des Zusammenlebens mit dem gut verdienenden Max Müller teilweise gekürzt.

Max Müller kann Unterhaltsleistungen gegenüber Fiona Bauer aufgrund des Zusammenlebens und des daraufhin gekürzten Arbeitslosengelds II nach § 33a Abs. 1 Satz 3 EStG in gleicher Höhe wie für eine gesetzlich unterhaltsberechtigte Person geltend machen.

8.3.3.3.2 Kein Anspruch auf Kindergeld oder einen Freibetrag nach § 32 Abs. 6 EStG

Eine weitere Voraussetzung für die Anwendung des § 33a Abs. 1 EStG ist, dass weder 889 der Stpfl. noch eine andere Person für den Unterhaltsempfänger Anspruch auf Kindergeld oder einen Freibetrag nach § 32 Abs. 6 EStG hat (§ 33a Abs. 1 Satz 4 EStG). Zum Kindergeld gehören auch kindergeldähnliche Leistungen, die der Stpfl. nach ausländischem Recht beanspruchen kann (BFH 4. 12. 2003, BStBl 2004 II 275). Damit soll vermieden werden, dass für die unterstützte Person eine zweifache Entlastung durch die Gewährung von Kindergeld bzw. eines Freibetrages nach § 32 Abs. 6 EStG und eine Steuerermäßigung nach § 33a Abs. 1 EStG beansprucht werden kann (BFH 22. 8. 1996 III R 105/93, BFH/NV 1997, 282 m. w. N.).

BEISPIEL 1: Die Großeltern entrichten im Kj 2016 die Kosten des Studiums ihres vermögenslosen 23-jährigen Enkelkindes, das auch keine eigenen Einkünfte und Bezüge hat. Das Enkelkind lebt bei seinen zusammenveranlagten Eltern, die jedoch nur über geringe Einkünfte verfügen und deshalb nicht in der Lage sind, ihr Kind im Rahmen des Studiums finanziell zu unterstützen.

Die Unterhaltsleistungen der Großeltern sind bei ihnen allein deshalb nicht nach § 33a Abs. 1 EStG berücksichtigungsfähig, da die Eltern für ihr Kind Anspruch auf Kindergeld bzw. auf die Freibeträge nach § 32 Abs. 6 EStG haben.

BEISPIEL 2: Die zusammenveranlagten Eltern gewähren im VZ 2016 ihrer 29jährigen studierenden Tochter monatlichen Unterhalt i. H. von 500 €. Die Tochter konnte ihr (Erst-)Studium aufgrund eines langwierigen Unfallleidens bisher noch nicht abschließen. Sie verfügt weder über eigenes Vermögen noch bezieht sie Einkünfte und Bezüge. Die Eltern haben weder Anspruch auf Kindergeld noch auf die Freibeträge des § 32 Abs. 6 EStG.

Die Unterhaltsleistungen an die gesetzlich unterhaltsberechtigte Tochter (Verwandte in gerader Linie) sind bei den Eltern nach § 33a Abs. 1 EStG berücksichtigungsfähig.

Da bei den Freibeträgen nach § 32 Abs. 6 EStG und beim Kindergeld das Monatsprinzip gilt, ist ein Anwendungsfall des § 33a Abs. 3 EStG möglich, wenn der Anspruch auf Kindergeld bzw. auf einen Freibetrag für Kinder nur während eines Teils des Kj bestanden hat.

BEISPIEL 3: Wie vorheriges Beispiel 2, jedoch vollendet die Tochter ihr 25. Lebensjahr am 27. 8. 2016.

Die Eltern haben bis einschließlich August 2016 für ihre Tochter Anspruch auf die Freibeträge nach § 32 Abs. 6 EStG bzw. auf Kindergeld. Die Unterhaltsleistungen für den Zeitraum von September bis Dezember 2016 können nunmehr nach Wegfall des Familienleistungsausgleichs (§ 31 EStG) gem. § 33a Abs. 1 EStG berücksichtigt werden (§ 33a Abs. 3 EStG).

8.3.3.4 Unterhaltsberechtigung

8.3.3.4.1 Unterhaltsberechtigte Person ist außerstande, sich selbst zu unterhalten

Gemäß § 1602 BGB ist **unterhaltsberechtigt** nur, wer **außerstande** ist, **sich selbst zu un-** 890 **terhalten.** Dies ist dann der Fall, wenn die Aufwendungen für den Unterhalt zwangsläufig erwachsen, d. h. wenn der Unterhaltsberechtigte die ihm zur Verfügung stehenden Quellen ausgeschöpft hat und die eigenen Mittel nicht zum Lebensunterhalt ausreichen (BFH 24. 5. 1968, BStBl 1968 II 674; 20. 1. 1978 VI R 123/77, BStBl 1978 II 340).

8.3.3.4.2 Unterhaltsberechtigte Person hat kein oder nur ein geringes Vermögen

891 Eine weitere Voraussetzung für die Anwendung des § 33a Abs. 1 EStG ist, dass die unterhaltene Person kein oder nur ein geringfügiges Vermögen besitzt (§ 33a Abs. 1 Satz 4 EStG). Nach R 33a.1 Abs. 2 Satz 3 EStR kann Vermögen mit einem Verkehrswert von nicht mehr als 15 500 € i. d. R. als geringfügig angesehen werden. Beim Berechnen dieser Wertgrenze lässt die FinVerw Vermögensgegenstände außer Betracht,

▶ deren Veräußerung eine Verschleuderung bedeuten würde,

▶ die einen besonderen persönlichen Wert, z. B. Erinnerungswert, haben oder die zum Hausrat des Unterstützten gehören.

Gemäß § 33a Abs. 1 Satz 4 Halbsatz 2 EStG bleibt ein angemessenes Hausgrundstück i. S. des § 90 Abs. 2 Nr. 8 SGB XII außer Ansatz. Voraussetzung hierfür ist, dass der Unterhaltsempfänger das Hausgrundstück allein oder zusammen mit Angehörigen, denen es nach seinem Tod weiter als Wohnung dienen soll, bewohnt (R 33a.1 Abs. 2 Satz 4 Nr. 2 EStR). Die Angemessenheit bestimmt sich nach der Zahl der Bewohner, dem Wohnbedarf (zum Beispiel behinderter, blinder oder pflegebedürftiger Menschen), der Grundstücksgröße, der Hausgröße, dem Zuschnitt und der Ausstattung des Wohngebäudes sowie dem Wert des Grundstücks einschließlich des Wohngebäudes. Die Aufnahme des § 90 Abs. 2 Nr. 8 SGB XII in § 33a Abs. 1 Satz 4 EStG erfolgte, weil der BFH mit seinem Urteil vom 30. 6. 2010 VI R 35/09, BStBl 2011 II 267, entschied, dass die in § 90 Abs. 2 Nr. 8 SGB XII verankerte Verschonungsregelung nur dann einkommensteuerlich zu beachten sei, wenn sie ausdrücklich im EStG enthalten ist.

Für die Prüfung, ob das Vermögen der unterstützten Person gering ist, ist der Verkehrswert um vorhandene Verbindlichkeiten der unterstützten Person zu kürzen (BFH 12. 12. 2002, BStBl 2003 II 655, H 33a.1 „Geringes Vermögen (Schonvermögen)" EStH).

> **BEISPIEL:** ▶ Die Mutter unterstützt im Kj 2016 ihre 28-jährige Tochter, die im Vorjahr ihr Studium erfolgreich abgeschlossen hat. Die Tochter hat sich im Kj 2016 erfolglos um eine Anstellung bemüht. Die Tochter besitzt Aktien i. H. von 15 000 €, die sie nicht für ihren Lebensunterhalt veräußern möchte.
>
> Die Tochter ist in gerader Linie mit der Mutter verwandt und gehört damit zum Kreis der unterhaltsberechtigten Personen. Ihr Vermögen ist gering, da es den Verkehrswert i. H. von 15 500 € nicht übersteigt. Die Unterhaltsleistungen werden bei der Mutter nach § 33a Abs. 1 EStG berücksichtigt.

Ist das Vermögen des Unterstützten hingegen nicht als geringfügig zu bewerten, können etwaige Unterhaltsaufwendungen des unterstützenden Stpfl. nicht nach § 33a Abs. 1 EStG steuermindernd berücksichtigt werden. Der Unterstützte hat vielmehr vorrangig eigenes, nicht geringfügiges Vermögen zur Bestreitung seines Lebensunterhalts einzusetzen und zu verwerten. Dabei kann es sich auch um Vermögen handeln, das keine anzurechnenden Einkünfte abwirft (BFH 14. 8. 1997 III R 68/96, BStBl 1998 II 241). Dies kann bspw. ein unbebautes Grundstück sein, das der Stpfl. Angehörigen unentgeltlich überlässt.

8.3.3.5 Höhe des abziehbaren Betrages

8.3.3.5.1 Höchstbetrag

Der (Grund-)Höchstbetrag beläuft sich gemäß § 33a Abs. 1 Satz 1 EStG für das Kalenderjahr 2015 auf 8 472 € und erhöht sich für das Kalenderjahr 2016 auf auf 8 652 €. 892

Nach § 33a Abs. 1 Satz 2 EStG erhöht sich der (Grund-)Höchstbetrag um den Betrag, der im VZ nach § 10 Abs. 1 Nr. 3 für die Absicherung der unterhaltenen Person aufgewendet wird. Dies gilt jedoch nicht für die Kranken- und Pflegeversicherungsbeiträge, die bereits nach § 10 Abs. 1 Nr. 3 Satz 1 anzusetzen sind, d. h., die der unterhaltsverpflichtete Stpfl. als Versicherungsnehmer (Vertragsabschluss zugunsten eines Dritten oder, falls versicherungsvertraglich möglich, Mitversicherung der unterhaltsberechtigten Person) selbst schuldet.

Bei der Berechnung des Erhöhungsbetrags für die Basisabsicherung der unterhaltenen Person spielt es keine Rolle,

▶ ob die Zahlungen für die Basisabsicherung zusammen mit dem übrigen Unterhalt an den Unterhaltsberechtigten erfolgen und der Unterhaltsberechtigte die Beiträge für die Basisabsicherung anschließend an seine Versicherung weiterleitet.

  oder

▶ ob der Unterhalt leistende Stpfl. die Beiträge für die Basisabsicherung der unterhaltsberechtigten Person im abgekürzten Zahlungswege direkt an die Kranken- und Pflegeversicherung der unterhaltsberechtigten Person entrichtet.

BEISPIEL: ▶ Der Stpfl. M unterstützt im Jahr 2016 sein Kind, für das kein Anspruch auf Kindergeld oder auf einen Freibetrag i. S. des § 32 Abs. 6 EStG besteht, mit Unterhaltsleistungen i. H. von insgesamt 9 000 €. Daneben überweist er die Beiträge des Kindes zur studentischen Kranken- und Pflegeversicherung i. H. von 70 €/Monat an die Krankenversicherung. Das Kind bezieht weder Einkünfte noch Bezüge und es verfügt auch über kein Vermögen.

Der Stpfl. kann zunächst gemäß § 33a Abs. 1 Satz 1 seine i. H. von 9 000 € erbrachten Unterhaltsleistungen bis zum Höchstbetrag von 8 652 € abziehen. Darüber hinaus sind gemäß § 33a Abs. 1 Satz 2 auch die Kranken- und Pflegeversicherungsbeiträge i. H. von insgesamt 840 € (= 70 € × 12 Monate) begünstigt und erhöhen folglich den Höchstbetrag auf 9 492 € (= 8 652 € + 840 €)

Damit belaufen sich die abzugsfähigen Unterhaltsleistungen auf insgesamt 9 492 €.

Da es sich **nicht** um einen Freibetrag, sondern um einen Höchstbetrag handelt, ist ein 893
Vergleich mit den tatsächlichen Unterhaltsaufwendungen geboten. Bezüglich der ansetzbaren Höhe der Unterhaltsaufwendungen ist die Höhe der Unterhaltsverpflichtung, die durch die sog. Opfergrenze (Rdn. 895) ermittelt wird, zu beachten. Nur soweit die im Kj geleisteten Unterhaltszahlungen innerhalb der Opfergrenze liegen und den Höchstbetrag nicht übersteigen, dürfen sie nach § 33a Abs. 1 EStG vom Gesamtbetrag der Einkünfte abgezogen werden.

Übersicht:

Unterhaltsaufwendungen ≤ Höchstbetrag
→ Abzug nach § 33a Abs. 1 Satz 1 EStG

894 Ist die unterhaltene Person nicht unbeschränkt steuerpflichtig, können die Unterhaltsleistungen bis zu der Höhe abgezogen werden, die nach den Verhältnissen des ausländischen Wohnsitzstaates der unterhaltenen Person erforderlich und angemessen ist, höchstens jedoch der Betrag, der sich nach § 33a Abs. 1 Satz 1 bis 5 EStG ergibt (§ 33a Abs. 1 Satz 6 EStG). Vgl. hierzu die sog. Ländergruppeneinteilung (R 33a.1 Abs. 4 EStR, H 33a.1 „Ländergruppeneinteilung" EStH; die ab dem 1. 1. 2014 geltende Ländergruppeneinteilung ergibt sich aus dem BMF-Schreiben vom 18. 11. 2013, BStBl 2013 I 1462). Keine Kürzung des Höchstbetrages erfolgt z. B., wenn die unterhaltene Person ihren Wohnsitz in Belgien, in der Schweiz oder in Norwegen hat. Eine Kürzung auf $^3/_4$ und damit auf 6 489 € im Jahr 2016 erfolgt z. B. bei Wohnsitz der unterstützten Person in Estland oder Portugal. Der Höchstbetrag ist für das Jahr 2016 auf $^1/_2$ (= 4 326 €) zu kürzen, wenn die unterhaltene Person z. B. in Polen oder in der Türkei wohnt. Er reduziert sich auf $^1/_4$ und beträgt für das Jahr 2016 damit 2 163 €, wenn die unterhaltene Person ihren Wohnsitz bspw. in Albanien, in der Ukraine oder in Georgien hat.

Ob für den Stpfl. eine Verpflichtung zur Unterhaltsgewährung besteht, ist nach inländischen Maßstäben zu beurteilen (§ 33a Abs. 1 Satz 6 letzter Hs. EStG). Die Beschränkung auf das inländische Recht ist verfassungsgemäß und europarechtskonform (BFH 4. 7. 2002 III R 8/01, BStBl 2002 II 760, H 33a.1 „Personen im Ausland" EStH). Die Begrenzung der Unterhaltshöchstbeträge durch die Ländergruppeneinteilung gilt auch dann, wenn die im Ausland wohnhafte Person Unterhalt in Höhe des inländischen Rechts bezieht (BFH 18. 12. 1996 III B 71/95, BFH/NV 1997 591).

895 Besteht keine Haushaltsgemeinschaft mit der unterhaltenen Person, dürfen Unterhaltsleistungen nur insoweit als außergewöhnliche Belastung abgezogen werden, als sie in einem angemessenen Verhältnis zum Nettoeinkommen des Leistenden stehen und diesem nach Abzug der Unterhaltsleistungen noch angemessene Mittel zur Bestreitung des Lebensbedarfs für sich sowie ggf. für seine Ehefrau und seine Kinder verbleiben (sog. **Opfergrenze**, BFH 4. 4. 1986 III R 245/83, BStBl 1986 II 852, 27. 9. 1991 III B 42/91, BStBl 1992 II 35; H 33a.1 „Opfergrenze" EStH). Daraus folgt, dass der Stpfl. gegenüber sog. **nichtprivilegierten Unterhaltsberechtigten** (z. B. Eltern, Schwiegereltern) nur insoweit rechtlich zur Unterhaltsleistung verpflichtet ist, als die Unterhaltsleistungen in einem vernünftigen Verhältnis zu seinem Einkommen stehen und ihm nach Abzug der Unterhaltsleistungen genügend Mittel zur Bestreitung des Lebensbedarfs für sich und ggf. seine Familie verbleiben (BMF-Schreiben vom 7. 6. 2010, BStBl 2010 I 582, Rz. 11). Die Opfergrenze ist unabhängig davon zu beachten, ob die unterhaltene Person im Inland oder im Ausland lebt (R 33a.1 Abs. 3 Satz 1 EStR).

Die Opfergrenze beträgt einen bestimmten Prozentsatz des Nettoeinkommens im Unterstützungszeitraum. Der Prozentsatz beläuft sich auf 1 % je volle 500 € des Nettoeinkommens, höchstens jedoch 50 %. Der Prozentsatz ist um je 5 %-Punkte für den Ehegatten und für jedes Kind, für das der Stpfl. Kindergeld oder eine andere Leistung für Kinder i. S. des § 65 EStG bzw. Freibeträge nach § 32 Abs. 6 EStG erhält, zu kürzen, höchstens jedoch um 25 %-Punkte (BMF-Schreiben v. 7. 6. 2010, BStBl 2010 I 582, Rz. 11). Bei der Ermittlung des Nettoeinkommens, das ist das dem Stpfl. effektiv zur Verfügung stehende Einkommen, sind alle steuerpflichtigen und steuerfreien Einnahmen (z. B. Kindergeld und vergleichbare Leistungen, ausgezahlte Arbeitnehmer-Sparzulagen, Sparer-

Freibetrag, steuerfreier Leibrentenanteil) sowie etwaige Steuererstattungen (z. B. Einkommen- und Kirchensteuer, Solidaritätszuschlag) anzusetzen. Davon abzuziehen sind die gesetzlichen Lohnabzüge (Lohn- und Kirchenlohnsteuern, Solidaritätszuschlag, Sozialabgaben) und die Werbungskosten. Macht der Stpfl. keine Werbungskosten geltend oder übersteigen sie nicht den Arbeitnehmer-Pauschbetrag, ist der Arbeitnehmer-Pauschbetrag anzusetzen (BMF-Schreiben v. 7. 6. 2010, BStBl 2010 I 582, Rz. 10). Gleiches gilt auch für den Sparer-Pauschbetrag (BMF-Schreiben v. 7. 6. 2010, BStBl 2010 I 582, Rz. 10).

Auf Leistungen des Stpfl. an seine im Ausland lebende Ehefrau, mit der er nicht zusammenveranlagt werden kann, ist die Opfergrenze nicht anzuwenden, da die Ehefrau eine privilegierte Person ist (BMF-Schreiben v. 7. 6. 2010, BStBl 2010 I 582, Rz. 11).

BEISPIEL: Der seit 1.1.2015 unbeschränkt steuerpflichtige Arbeitnehmer A unterhält im Kj 2016 seine in der Türkei lebende vermögenslose und keine Einkünfte und Bezüge beziehende Ehefrau i. H. von 6 000 € und seine verwitwete Mutter i. H. von 3 000 €. Die vermögenslose Mutter bezieht ebenfalls weder Einkünfte noch Bezüge. Die Ehefrau führt ihren Haushalt im Ort A und die Mutter führt ebenfalls einen eigenständigen Haushalt, allerdings im Ort B. A bezog im Kj 2016 einen Bruttoarbeitslohn zzgl. Steuererstattungen i. H. von 37 500 €. Seine Steuerabzüge betrugen 5 500 €, sein Arbeitnehmeranteil am Gesamtsozialversicherungsbeitrag 7 150 €, und Werbungskosten wegen doppelter Haushaltsführung sind mit 6 000 € anzuerkennen. Die Türkei gehört nach der Ländergruppeneinteilung in die Kategorie 3. Der Höchstbetrag beläuft sich damit auf 4 326 € (= 1/2 von 8 652 €).

Ermittlung der Opfergrenze:

Bruttoarbeitslohn zzgl. Steuererstattungen	37 500 €
Steuerabzüge	./. 5 500 €
Arbeitnehmeranteil am Gesamtsozialversicherungsbeitrag	./. 7 150 €
Werbungskosten wegen doppelter Haushaltsführung	/. 6 000 €
Nettoeinkommen	18 850 €
1 % je volle 500 € des Nettoeinkommens ergibt	37 %
abzügl. 5 % für die Ehefrau	./. 5 %
Opfergrenze	32 %

Die Mutter gehört nicht zum Kreis der privilegierten Unterhaltsberechtigten, so dass zu prüfen ist, ob die Zuwendungen i. H. von 3 000 € in voller Höhe zwangsläufig sind. Die Zwangsläufigkeit ist gegeben, da die Unterhaltsleistungen die Opfergrenze i. H. von 6 032 € (= 32 % von 18 850 €) nicht übersteigen. Da die Unterhaltsleistungen i. H. von 3 000 € auch innerhalb des Höchstbetrages i. H. von 4 326 € liegen, sind sie in voller Höhe von 3 000 € vom Gesamtbetrag der Einkünfte abzuziehen.

Auch die Unterstützung seiner Ehefrau ist nach § 33a Abs. 1 Satz 1 EStG begünstigt. Hierauf ist die Opfergrenze jedoch nicht anzuwenden. Die Unterhaltsleistungen für die Ehefrau können bis zur Höhe des Höchstbetrages von 4 326 € abgezogen werden.

8.3.3.5.2 Auswirkungen der Zahlungsweise

8.3.3.5.2.1 Grundsatz

§ 33a Abs. 1 EStG begünstigt zwar die Aufwendungen des Stpfl., zu denen er dem Grunde und der Höhe nach verpflichtet ist, der Abzug ist jedoch auf einen (Grund-)**Höchstbetrag** begrenzt. Der (Grund-)Höchstbetrag beläuft sich für das Jahr 2015 auf 8 472 € 896 und erhöht sich für das Jahr 2016 auf 8 652 €; der (Grund-)Höchstbetrag erhöht sich um die Kranken- und Pflegeversicherungsbeiträge, die der Mindestversorgung dienen und vom Unterhaltsleistenden über den Höchstbetrag hinaus entrichtet werden (vgl. Rdnr. 892).

Der (erhöhte) Höchstbetrag **vermindert** sich um den **Betrag**, um den die eigenen **Einkünfte und Bezüge der unterstützten Person den Betrag von 624 € übersteigen,** sowie um die von der unterhaltenen Person als **Ausbildungshilfe aus öffentlichen Mitteln** oder von **Förderungseinrichtungen, die hierfür öffentliche Mittel erhalten, bezogenen Zuschüsse** (§ 33a Abs. 1 Satz 5 EStG). Wird **nicht während des ganzen Jahres Unterhalt geleistet,** so ist der **Höchstbetrag** für jeden vollen Kalendermonat, in dem die Voraussetzungen des § 33a Abs. 1 EStG nicht vorliegen, **zu kürzen** (§ 33a Abs. 3 Satz 1 EStG). Es ist damit festzustellen, für welche Monate Zahlungen geleistet worden sind (BMF-Schreiben v. 7. 6. 2010, BStBl 2010 I 588, Rz. 22). Diese Frage ist für Vorauszahlungen grds. anders zu beurteilen als für Nachzahlungen.

8.3.3.5.2.2 Vorauszahlungen

897 Bei Vorauszahlungen kommt es nicht darauf an, in wie vielen Monaten des Jahres Aufwendungen geleistet wurden. § 33a Abs. 1 EStG stellt zwar darauf ab, ob dem Stpfl. Aufwendungen „erwachsen" sind. Man würde dem Billigkeitscharakter des § 33a EStG jedoch nicht entsprechen, wenn die Höhe der zu gewährenden Steuerermäßigung von der Zahlungsweise abhinge, die häufig vom Zufall beeinflusst wird. Vielmehr ist allein ausschlaggebend, für wie viele Monate des Jahres, in dem die Leistungen erfolgen, der Unterhalt bestimmt ist. Gelegentliche Aufwendungen können daher ebenso eine Ermäßigung nach § 33a EStG auslösen wie regelmäßige (BFH 10. 7. 1981 VI R 132/80, BStBl 1982 II 21; H 33a.1 „Allgemeines zum Abzug von Unterhaltsaufwendungen" EStH, BMF-Schreiben v. 7. 6. 2010, BStBl 2010 I 588, Rz. 24). Grundsätzlich geht die FinVerw davon aus, dass der Unterhaltsverpflichtete seine Zahlungen so einrichtet, dass sie den Lebensunterhalt der unterstützten Person bis zum Erhalt der nächsten Zahlung decken.

> **BEISPIEL:** A hat seinen arbeitsunfähigen Vater, der vermögenslos und ohne Einkünfte und Bezüge ist, während des gesamten VZ 2016 unterstützt. Er hat ihm zu Beginn der jeweiligen Quartale 1 550 € überwiesen. Die Opfergrenze ist nicht überschritten.
>
> Vom Gesamtbetrag der Einkünfte des A sind 6 200 € nach § 33a Abs. 1 EStG abzuziehen. Dies gilt, obwohl A nur in vier Monaten des Jahres Unterhalt gezahlt hat, da davon auszugehen ist, dass die Zahlungen bis zum Erhalt der nächsten Zahlungen bestimmt sind und die letzte Zahlung den Unterhaltsbedarf bis zum Ende des Jahres 2016 dient.

898 Soweit Vorauszahlungen nicht ausschließlich den Unterhaltsbedarf des laufenden, sondern auch des folgenden Jahres abdecken sollen, können sie nur im Jahr der Zahlung, nicht jedoch im Folgejahr berücksichtigt werden. Dabei unterstellt in FinVerw in ihrem Schreiben vom 7. 6. 2010, BStBl 2010 I 588, Rz. 25, zugunsten des Unterhaltsleistenden, dass die Vorauszahlungen der Bedarfsdeckung bis zum Ende des Kalenderjahres der Vorauszahlungen dienen. Vgl. hierzu das Beispiel im vorstehend genannten BMF-Schreiben in Rz. 25.

8.3.3.5.2.3 Nachzahlungen

Im Gegensatz zu den Vorauszahlungen ist es bei Nachzahlungen grds. gleichgültig, für   899
wie viele Monate die Unterhaltsleistungen erfolgen. In den Monaten, für welche die
Nachzahlung geleistet wird, hat der Unterstützende zum Unterhalt des Unterstützten
nicht beigetragen. Diese Tatsache lässt sich nicht rückwirkend beseitigen. Daher muss
der Höchstbetrag für den Nachzahlungszeitraum nach § 33a Abs. 3 Satz 1 EStG gekürzt
werden (BFH 25. 7. 1991 III R 52/88, BStBl 1992 II 32).

> **BEISPIEL:** A unterstützt seinen vermögenslosen und weder Einkünfte noch Bezüge erzielenden
> Vater. Vom 1. 7. 2016 bis zum 31. 12. 2016 überweist er monatlich 1 000 €. Für die im VZ 2016
> insgesamt geleisteten (6 × 1 000 € =) 6 000 € beantragt A eine Steuerermäßigung nach § 33a
> Abs. 1 EStG. Die Opfergrenze ist nicht überschritten.
>
> Von dem Gesamtbetrag der Einkünfte des A sind 4 326 € als außergewöhnliche Belastungen
> nach § 33a Abs. 1 und 3 EStG abzuziehen. Da A erst ab dem 1. 7. 2016 zum Unterhalt seines
> Vaters beigetragen hat, ist der nach § 33a Abs. 1 EStG in Betracht kommende Höchstbetrag
> von 8 652 € um auf 4 326 € zu kürzen (§ 33a Abs. 3 Satz 1 EStG).

Ausnahmsweise können Nachzahlungen auf Monate des Jahres der Zahlung zurück bezogen werden, wenn damit Schulden getilgt werden, die dem Empfänger in den vorangegangenen Monaten des Jahres zur Bestreitung von Lebenshaltungskosten entstanden sind (BMF-Schreiben v. 7. 6. 2010, BStBl 2010 I 588, Rz. 24).

8.3.3.5.3   Eigene Einkünfte und Bezüge der unterhaltenen Person

8.3.3.5.3.1   Anzurechnende Einkünfte und Bezüge

Auf den Höchstbetrag anzurechnen sind die von der unterhaltenen Person bezogenen   900
Einkünfte und Bezüge (§ 33a Abs. 1 Satz 5 EStG).

Als Einkünfte i. S. des § 33a Abs. 1 sind die Einkünfte i. S. des § 2 Abs. 2 EStG anzusehen
(BFH 8. 5. 1992 III R 66/90, BStBl 1992 II 900; BFH 19. 5. 2004 III R 28/02, BFH/NV 2004
S. 1631; BFH 26. 3. 2009 VI R 60/08, BFH/NV 2009 S. 1418).

Dabei sind gemäß R 33a.1 Abs. 3 Satz 1 EStR die Einkünfte stets in vollem Umfang anzusetzen. Demzufolge auch, soweit sie zur Bestreitung des Unterhalts nicht zur Verfügung stehen oder die Verfügungsbefugnis beschränkt ist. Dies gilt auch für Einkünfte, die durch unvermeidbare Versicherungsbeiträge der unterstützten Person gebunden
sind (R 33a.1 Abs. 3 Satz 2 EStR).

Nach dem Gesetzeszweck des § 33a Abs. 1 Satz 5 EStG sind jedoch nicht nur Einkünfte,
sondern auch **Bezüge,** die zur Bestreitung des Unterhalts und der Berufsausbildung der
unterstützten Person bestimmt oder geeignet sind, einzubeziehen.

Gemäß R 33a.1 Abs. 3 Satz 3 EStR sieht die Finanzverwaltung als Bezüge i. S. des § 33a
Abs. 1 Satz 5 EStG alle Einnahmen in Geld oder Geldeswert (Sachbezüge) an, die nicht
im Rahmen der einkommensteuerrechtlichen Einkunftsermittlung erfasst werden. Dies
sind folglich Einnahmen, die bei der Ermittlung des zu versteuernden Einkommens
nicht erfasst werden, dem Lebensunterhalt der unterhaltenen Person jedoch zur Verfügung stehen. Zu den anzurechnenden Bezügen gehören nach der in R 33a.1 Abs. 3
Satz 4 EStR nicht abschließenden Aufzählung („insbesondere") beispielsweise:

- ▶ Kapitalerträge i. S. des § 32d Abs. 1 EStG. (Da sie außerhalb der einkommensteuerrechtlichen Einkunftsermittlung erfasst werden, können sie nicht um den Sparer-Pauschbetrag nach § 20 Abs. 9 EStG gemindert werden. Eine Minderung kann jedoch gleichwohl – ggf. nach Feststellung und Anrechnung weiterer Bezüge – in Höhe der Kostenpauschale von 180 € eintreten. Siehe nachfolgend.);

- ▶ der nicht in die Besteuerung einfließende – und damit steuerfreie – Teil der Leibrenten aus der sog. Basisabsicherung i. S. des § 22 Nr. 1 Satz 3 Buchstabe a Doppelbuchstabe aa EStG und aus der Zusatzversorgung i. S. des § 33 Nr. 1 Satz 3 Buchstabe a Doppelbuchstabe bb EStG;

- ▶ die steuerfreien, jedoch dem Progressionsvorbehalt i. S. des § 32b EStG unterliegenden Einkünfte und Leistungen, also bspw. Einkünfte, die nach einem Doppelbesteuerungsabkommen in Deutschland steuerfrei sind, das Arbeitslosengeld oder das Mutterschaftsgeld;

- ▶ steuerfreie Einnahmen nach § 3 Nr. 1 Buchstabe a EStG (bspw. die Rente aus der gesetzlichen Unfallversicherung);

- ▶ die nach § 3 Nr. 5 EStG steuerfreien Geld- und Sachleistungen, die nach den in § 3 Nr. 5 EStG genannten Vorschriften des Wehrpflichtgesetzes oder des Zivildienstgesetzes gewährt werden;

- ▶ die unter § 3 Nr. 44 EStG fallenden und steuerfrei gestellten Stipendien;

- ▶ die nach § 3 Nr. 40 und 40a EStG zu 40 % steuerfrei bleibenden Beträge abzüglich der damit in Zusammenhang stehenden Aufwendungen i. S. des § 3c Abs. 2 EStG (bspw. Beteiligungserträge, die die unterstützte Person auf Grund ihrer Beteiligung von einer Kapitalgesellschaft bezieht und die nach dem Teileinkünfteverfahren besteuert werden. Während der steuerpflichtige – 60 % umfassende – Beteiligungsertrag in das zu versteuernde Einkommen einfließt und damit bereits bei den Einkünften berücksichtigt wird, ist der steuerfrei bleibende – 40 % umfassende Beteiligungsertrag – als Bezüge zu erfassen.);

- ▶ Unterhaltsleistungen des geschiedenen oder dauernd getrennt lebenden Ehegatten, soweit sie nicht als sonstige Einkünfte i. S. des § 22 Nr. 1a EStG im Rahmen der steuerrechtlichen Einkünfteermittlung erfasst werden;

- ▶ die nach § 40a EStG pauschal besteuerten Arbeitslöhne;

- ▶ die Zuschüsse eines Trägers der gesetzlichen Rentenversicherung zu den Aufwendungen eines Rentners für seine Krankenversicherung.

Bei den hiernach als Bezüge zu erfassenden Einnahmen sind aus Vereinfachungsgründen 180 € abzuziehen. Dadurch werden mit den Bezügen zusammenhängende Aufwendungen pauschal abgegolten. Der unterstützten Person steht es jedoch frei, höhere Aufwendungen, die im Zusammenhang mit der Zufluss der entsprechenden Bezüge stehen, nachzuweisen oder glaubhaft zumachen. Musste die unterstützte Person bspw. im Unterstützungsjahr Kosten für einen Rechtsstreit zur Erlangung (höherer) steuerfreier Bezüge entrichten und übersteigen sie die sog. Kostenpauschale von 180 €, erfolgt der Abzug der höheren tatsächlich angefallenen Aufwendungen (R 33a.1 Abs. 3 Satz 5 und 6 EStR). Die nach § 33a Abs. 1 Satz 5 EStG einzubeziehenden Einkünfte und Bezüge werden jedoch nur insoweit angerechnet, soweit sie den anrechnungsfreien Betrag von 624 € im Kj übersteigen (§ 33a Abs. 1 Satz 5 EStG).

Handelt es sich bei den Bezügen der unterhaltenen Person um Ausbildungsbeihilfen (Zuschüsse) aus öffentlichen Mitteln oder von Förderungseinrichtungen, die hierfür öffentliche Mittel erhalten, sind die Zuschüsse grundsätzlich unmittelbar und in vollem Umfang auf den Höchstbetrag anzurechnen (§ 33a Abs. 1 Satz 5 EStG). Bei ihnen wird der Freibetrag i. H. von 624 € nicht berücksichtigt.

Die Vollanrechnung der Ausbildungsbeihilfen aus öffentlichen Mitteln mindert die zivilrechtliche Unterhaltsverpflichtung der Eltern und rechtfertigt somit die Kürzung des Unterhaltshöchstbetrages. Gelten die Ausbildungsbeihilfen aus öffentlichen Mitteln dagegen Maßnahmen ab, deren Kosten die Eltern aufgrund ihrer Unterhaltsverpflichtung nicht zu tragen hätten, erfolgt keine Entlastung von ihrer Unterhaltsverpflichtung mit der Folge, dass diese Ausbildungsbeihilfen nicht auf den Unterhaltshöchstbetrag anzurechnen sind (BFH 4. 12. 2001 III R 47/00, BStBl 2002 II 195; H 33a.1 „Anrechnung eigener Einkünfte und Bezüge" EStH). 901

Die Verrechnung negativer Einkünfte mit Ausbildungsbeihilfen aus öffentlichen Mitteln oder von Fördereinrichtungen, die hierfür öffentliche Mittel erhalten, ist nicht möglich (BFH 7. 3. 2002 III R 22/01, BStBl 2002 II 802).

Somit ergibt sich folgendes Berechnungsschema: 902

TAB. 2:	Übersicht			
1.	Geleistete Unterstützung (Aufwendungen) für den Unterhalt und eine Berufsausbildung (innerhalb der Opfergrenze)			......€
2.	(Grund-)Höchstbetrag i. S. des § 33a Abs. 1 Satz 1 EStG		......€	
	Erhöhungsbetrag i. S. des § 33a Abs. 1 Satz 2 EStG		+......€	
	(Grund-)Höchstbetrag und Erhöhungsbetrag		......€	
	Einkünfte	......€		
	Bezüge	+......€		
	Zwischensumme	......€		
	Anrechnungsfreier Betrag	./.......€		
	Anzurechnender Betrag	......€	./.......€	
	Öffentliche Ausbildungszuschüsse		./.......€	
	Zu gewährender (Grund-)Höchstbetrag und Erhöhungsbetrag		......€	......€
3.	Berücksichtigung des niedrigeren Betrages aus 1. und 2.			......€

Bei der Berechnung der auf den (Grund-)Höchstbetrag und dem Erhöhungsbetrag i. S. des § 33a Abs. 1 Satz 2 EStG **anzurechnenden Bezüge einschließlich** der zur **Ausbildung bezogenen Zuschüsse aus öffentlichen Mitteln oder von Fördereinrichtungen, die hierbei öffentliche Zuschüsse** erhalten, ist aus Vereinfachungsgründen eine **Kostenpauschale** i. H. von **180 €** im Kj abzuziehen (H 33a.1 „Anrechnung eigener Einkünfte und Bezüge" EStH und R 32.10 Abs. 4 EStR). 903

Werden hingegen höhere Aufwendungen, die in wirtschaftlichem Zusammenhang mit den Bezügen stehen, nachgewiesen oder glaubhaft gemacht, wie bspw. Kosten eines Rechtsstreites zur Erlangung der Bezüge, so sind diese zu berücksichtigen.

Bei der Unterstützung von Angehörigen in ausländischen Staaten ist ferner die Ländergruppeneinteilung zu beachten (§ 33a Abs. 1 Satz 6 EStG, vgl. Rdn. 894). Ist aufgrund der Ländergruppeneinteilung der Höchstbetrag zu kürzen, vermindert sich auch der anrechnungsfreie Betrag i. H. von 624 € auf $^3/_4$ = 468 €, $^1/_2$ = 312 € bzw. auf $^1/_4$ = 156 € (BMF-Schreiben vom 18. 11. 2013, BStBl 2013 I 1462).

8.3.3.5.3.2 Berechnung des Abzugsbetrages bei ganzjähriger Unterstützung

904   **1. BEISPIEL (OHNE BEITRÄGE ZUR BASISABSICHERUNG):** ► A unterstützt seinen 80-jährigen vermögenslosen Großvater B mit insgesamt 3 600 € im Jahr 2016. Der Großvater erhält im Kj 2016 eine Leibrente von der gesetzlichen Rentenversicherung i. H. von 4 800 €. Der steuerfreie Teil der Leibrente beträgt 2 300 €. Die Unterstützung liegt innerhalb der Opfergrenze.

1.	Geleistete Unterstützung (innerhalb der Opfergrenze)				3 600 €
2.	(Grund-)Höchstbetrag		8 652 €		
2.1	Ermittlung der Einkünfte:				
	Leibrente (Sonstige Einkünfte i. S. des § 22 Nr. 1 Satz 3 Buchst. a) Doppelbuchstabe aa) EStG				
	Steuerpflichtige Einnahmen (4 800 € ./. 2 300 € =)	2 500 €			
	Werbungskosten-Pauschbetrag (§ 9a Satz 1 Nr. 3 EStG)	./. 102 €			
	Sonstige Einkünfte (§ 2 Abs. 2 Satz 1 Nr. 2 EStG)	2 398 €			
	Einkünfte i. S. des § 33a Abs. 1 Satz 5 EStG		2 398 €		
2.2	Ermittlung der Bezüge:				
	Steuerfreier Teil der Rentenbezüge (R 33a.1 Abs. 3 Satz 4 Nr. 2 EStR):	2 300 €			
	Kostenpauschale (R 33a.1 Abs. 3 Satz 5 EStR)	./. 180 €			
	Bezüge i. S. des § 33a Abs. 1 Satz 5 EStG	2 120 €	+ 2 120 €		
	Summe der Einkünfte und Bezüge		4 518 €		
	Anrechnungsfreier Betrag		./. 624 €		
	Anzurechnender Betrag		3 894 €	./. 3 894 €	
	Zu gewährender (Grund-)Höchstbetrag			4 758 €	4 758 €
3.	Berücksichtigung des niedrigeren Betrages aus 1. und 2.				3 600 €

2. BEISPIEL (MIT BEITRÄGEN ZUR BASISABSICHERUNG): ► Ein Stpfl. unterstützt seine im Kj 2016 ihr 29. Lebensjahr vollendende Tochter, deren Studienabschluss sich auf Grund einer längeren Erkrankung verzögert hat, mit monatlichen Zahlungen i. H. von 500 €, mithin in Höhe von 6 000 € im Kj 2016. Daneben überweist er die für die Basisabsicherung seiner Tochter erforderlichen Kranken- und Pflegeversicherungsbeiträge i. H. von 60 €/Monat unmittelbar an die Krankenkasse; Versicherungsnehmerin ist seine Tochter. Die Tochter bezog im Kj 2016 Einkünfte aus Gewerbebetrieb i. H. von 7 000 €. Die Unterstützung lag innerhalb der Opfergrenze.

1.	Geleistete Unterstützung (innerhalb der Opfergrenze)	6 000 €
2.	(Grund-)Höchstbetrag i. S. des § 33a Abs. 1 Satz 1 EStG	8 652 €

Erhöhungsbetrag i. S. des § 33a Abs. 1 Satz 2 EStG (60 € x 12 Monate = 720 €)		+ 720 €
(Grund-)Höchstbetrag und Erhöhungsbetrag		9 372 €
Einkünfte aus Gewerbebetrieb	7 000 €	
Anrechnungsfreier Betrag	./. 624 €	
Anzurechnender Betrag	6 376 € ./. 6 376 €	
Zu gewährender (Grund-)Höchstbetrag und Erhöhungsbetrag		2 996 € 2 996 €

3. Berücksichtigung des niedrigeren Betrags aus 1. und 2. 2 996 €

8.3.3.5.3.3 Die Berechnung des Abzugsbetrages in den Fällen des § 33a Abs. 3 EStG

Nach § 33a Abs. 3 Satz 1 EStG ermäßigen sich für jeden vollen Kalendermonat, in dem 905 die in § 33a Abs. 1 EStG genannten Voraussetzungen nicht vorgelegen haben, die dort bezeichneten Beträge (Höchstbetrag und anrechnungsfreier Betrag, H 33a.3 „Allgemeines" EStH) um je ein Zwölftel. Diese Regelung betrifft die Fälle, bei denen der Unterstützungszeitraum nicht das ganze Kj umfasst. Demzufolge können eigene Einkünfte und Bezüge der unterhaltenen Person auch nur insoweit angerechnet werden, soweit sie auf den Unterhaltszeitraum (Begünstigungszeitraum) entfallen (§ 33a Abs. 3 Satz 2 EStG). Unseres Erachtens ist es nicht zulässig, bei ganzjährigem Vorliegen der Voraussetzungen des § 33a Abs. 1 EStG den Antrag auf Steuerermäßigung nach § 33a Abs. 1 EStG auf einzelne Monate des Unterhaltszeitraums zu beschränken, in denen die unterstützte Person keine oder nur geringe eigene Einkünfte und Bezüge empfangen hat (vgl. OFD Köln 23. 9. 1987, DB 1987, 2333).

Der Jahresbetrag der eigenen Einkünfte und Bezüge ist bei Anwendung des § 33a Abs. 3 Satz 2 EStG gem. R 33a.3 Abs. 2 EStR aufzuteilen (vgl. hierzu Rdn. 764 und 765).

BEISPIEL 1: ▶ Die Stpfl. T unterstützt ab dem 1. 6. 2016 ihre am 27. 5. 1953 geborene Mutter (M), die ohne nennenswertes Vermögen ist, durch mtl. Zahlungen i. H. von 250 €. Die Opfergrenze ist nicht überschritten. M erzielt 2016 folgende Einnahmen:

▶ 1. 1. − 30. 5. 2016: Arbeitslohn aus einem gegenwärtigen Dienstverhältnis i. H. von insgesamt 7 500 €. Die elektronischen Lohnsteuerabzugsmerkmale lagen dem Arbeitgeber vor.

▶ 1. 6. − 31. 12. 2016: Altersrente aus der gesetzlichen Rentenversicherung i. H. von insgesamt 3 745 €. Die Altersrente bezieht sie seit dem 1. 6. 2016.

Die Ermäßigung nach § 33a Abs. 1 EStG ist für 7 Monate zu gewähren, da T ihre Mutter erst ab dem 1. 6. 2016 unterstützt (§ 33a Abs. 3 Satz 1 EStG). Für die Berechnung der abzugsfähigen Aufwendungen bleiben die Einkünfte und Bezüge, die die unterhaltsberechtigte Person außerhalb des Unterhaltszeitraums erzielt hat, unberücksichtigt (§ 33a Abs. 3 Satz 2 EStG). Das sind die Einkünfte aus nichtselbständiger Arbeit.

Berechnung der abzugsfähigen Aufwendungen:

1. Geleistete Unterstützung (innerhalb der Opfergrenze, 7 Monate × 250 € =) 1 750 €

2. (Grund-)Höchstbetrag: $^{7}/_{12}$ Monate von 8 652 € = 5 047 €

2.1 Ermittlung der Einkünfte:

Leibrente (Sonstige Einkünfte i. S. des § 22 Nr. 1 Satz 3 Buchst. a) EStG

Besteuerungsanteil (72 % von 3 745 € =)	2 696 €	
Werbungskosten-Pauschbetrag (§ 9a Satz 1 Nr. 3 EStG)	./. 102 €	
Sonstige Einkünfte (§ 2 Abs. 2 Satz 1 Nr. 2 EStG)	2 594 €	2 594 €

2.2 Ermittlung der Bezüge:

Nicht der ESt unterliegende Teil der Rentenbezüge (R 33a.1 Abs. 3 Satz 4 Nr. 2 EStR), 3 745 € ./. 2 696 € =	1 049 €		
Kostenpauschale (R 33a.1 Abs. 3 Satz 5 EStR)	./. 180 €		
Bezüge i. S. des § 33a Abs. 1 Satz 5 EStG	869 €	869 €	
Summe der Einkünfte und Bezüge i. S. des § 33a Abs. 3 Satz 1 EStG		3 463 €	
Anrechnungsfreier Betrag (⁷/₁₂ Monate von 624 € = 364 €)		./. 364 €	
Anzurechnender Betrag		3 099 €	./. 3 099 €
Zu gewährender (Grund-)Höchstbetrag			1 948 € 1 948 €

3. Berücksichtigung des niedrigeren Betrages aus 1. und 2.   1 750 €

BEISPIEL 2: Vater (V) mit Wohnsitz in Münster unterstützt seine 29-jährige Tochter T ab dem 1. 3. 2016 durch mtl. Unterhaltsleistungen i. H. von 520 €. T studiert ganzjährig auswärts an der Universität in Köln und hat nur ein geringfügiges Vermögen. T erzielt vom 1. 1. – 31. 12. 2016 einen Bruttoarbeitslohn aus Aushilfstätigkeiten i. H. von mtl. 325 €; Sonderzuwendungen (Urlaubsgeld, Weihnachtsgeld) bezog sie keine. Die Lohnsteuerabzugsmerkmale lagen dem jeweiligen Arbeitgeber vor. Die Opfergrenze ist nicht überschritten.

Die Ermäßigung nach § 33a Abs. 1 EStG ist für 10 Monate zu gewähren, da V seine Tochter erst ab dem 1. 3. 2016 unterstützt (§ 33a Abs. 3 Satz 1 EStG).

Berechnung der abzugsfähigen Aufwendungen:

1. Geleistete Unterstützung (innerhalb der Opfergrenze, 10 Monate × 520 € =)			5 200 €
2. (Grund-)Höchstbetrag: 10/12 Monate von 8 652 € =		7 210 €	

Ermittlung der Einkünfte aus nichtselbständiger Arbeit der T im Unterstützungszeitraum (§ 19 Abs. 1 Satz 1 Nr. 1 EStG):

Bruttoarbeitslohn (325 € × 10 Monate =)	3 250 €		
Anteiliger Arbeitnehmer-Pauschbetrag (§ 9a Satz 1 Nr. 1 Buchstabe a, R 33a.3 Abs. 2 Satz 1 Nr. 1 EStR), 10/12 Monate von 1 000 € =	./. 834 €		
Einkünfte aus nichtselbständiger Arbeit (§ 2 Abs. 2 Satz 1 Nr. 2 EStG)	2 416 €		
Anrechnungsfreier Betrag (¹⁰/₁₂ Monate von 624 € = 520 €)	./. 520 €		
Anzurechnender Betrag	1 896 €	./. 1 896 €	
Zu gewährender (Grund-)Höchstbetrag		5 314 €	5 314 €

3. Berücksichtigung des niedrigeren Betrages aus 1. und 2.   5 314 €

Als Ausbildungsbeihilfen bezogene Zuschüsse mindern dagegen nur die zeitanteiligen Höchstbeträge der Monate, für der sie bestimmt sind (§ 33a Abs. 3 Satz 3). Näheres hierzu vgl. H 33a.3 „Besonderheiten bei Zuschüssen" EStH.

8.3.3.5.4 Unterstützung mehrerer Personen, die einen gemeinsamen Haushalt führen

Trägt jemand zum Unterhalt mehrerer Personen bei, die in einer **Haushaltsgemein-** 906 **schaft** leben, so kann er für jede dieser Personen Unterhaltsleistungen bis zu dem nach § 33a Abs. 1 EStG maßgeblichen Höchstbetrag vom Gesamtbetrag der Einkünfte abziehen. Der Höchstbetrag ist grds. für jede der unterstützten Personen getrennt zu berechnen. Die Unterhaltsleistungen sind stets nach Köpfen aufzuteilen (H 33a.1 „Unterhalt für mehrere Personen" EStH).

BEISPIEL: ▶ Die Eltern des A leben in einer eheähnlichen (nichtehelichen) Lebensgemeinschaft. A hat seinen Eltern im Kj 2016 Unterhaltsleistungen i. H. von 12 000 € überwiesen. Die Überweisungen erfolgten jeweils zu Beginn des Quartals und beliefen sich stets auf 2 500 €. Der Vater des A bezieht im Kj 2016 einen Arbeitslohn i. H. von insgesamt 4 500 €, die elektronischen Lohnsteuerabzugsmerkmale lagen dem Arbeitgeber vor; seine Mutter bezieht mtl. 275 € Rente (Ertragsanteil 40 %). Beide Elternteile haben nur ein geringfügiges Vermögen. Die Opfergrenze ist nicht überschritten.

A) Berechnung der abzugsfähigen Aufwendungen hinsichtlich des Vaters:

1.	Geleistete Unterstützung (innerhalb der Opfergrenze, $^1/_2$ von 11 000 € =)				6 000 €
2.	(Grund-)Höchstbetrag			8 652 €	
	Ermittlung der Einkünfte des Vaters:				
	Arbeitslohn (§ 19 Abs. 1 Satz 1 Nr. 1 EStG)	4 500 €			
	Arbeitnehmer-Pauschbetrag (§ 9a Satz 1 Nr. 1 Buchstabe a EStG)	./. 1 000 €			
	Einkünfte des Vaters (§ 2 Abs. 2 Satz 1 Nr. 2 EStG)	3 500 €	3 500 €		
	Anrechnungsfreier Betrag		./. 624 €		
	Anzurechnender Betrag		2 876 €	./. 2 876 €	
	Zu gewährender (Grund-)Höchstbetrag			5 776 €	5 776 €
3.	Berücksichtigung des niedrigeren Betrages aus 1. und 2.				5 776 €

B) Berechnung der abzugsfähigen Aufwendungen hinsichtlich der Mutter:

1.	Geleistete Unterstützung (innerhalb der Opfergrenze, $^1/_2$ von 11 000 € =)				6 000 €
2.	(Grund-)Höchstbetrag			8 652 €	
2.1	Ermittlung der Einkünfte der Mutter:				
	Leibrente (Sonstige Einkünfte i. S. des § 22 Nr. 1 Satz 3 Buchst. a Doppelbuchstabe bb EStG), 12 Monate × 275 € =	3 300 €			
	Ertragsanteil (40 % von 3 300 € =)	1 320 €			
	Werbungskosten-Pauschbetrag (§ 9a Satz 1 Nr. 3 EStG)	./. 102 €			
	Einkünfte der Mutter (§ 2 Abs. 2 Satz 1 Nr. 2 EStG)	1 218 €	1 218 €		

    2.2 Ermittlung der Bezüge der Mutter:

Differenz zwischen Renteneinnahmen und Ertragsanteil (3 300 € ./. 1 320 € =) (R 33a.1 Abs. 3 Satz 4 Nr. 2 EStR):	1 980 €		
Kostenpauschale (R 33a.1 Abs. 3 Satz 5 EStR)	./. 180 €		
Bezüge der Mutter i. S. des § 33a Abs. 1 Satz 5 EStG	1 800 €	1 800 €	
Summe der Einkünfte und Bezüge der Mutter gem. § 33a Abs. 1 Satz 5 EStG	3 018 €		
Anrechnungsfreier Betrag	./. 624 €		
Anzurechnender Betrag	2 394 €	./. 2 394 €	
Zu gewährender (Grund-)Höchstbetrag		6 258 €	6 258 €

    3. Berücksichtigung des niedrigeren Betrages aus 1. und 2.   6 000 €

Im Ergebnis belaufen sich die abzugsfähigen Unterhaltsleistungen auf 11 776 € (= 5 776 € + 6 000 €).

907 Eine Ausnahme von der getrennten Berechnungsweise betrifft in Haushaltsgemeinschaft lebende Ehegatten, wobei es gleichgültig ist, ob die Unterhaltsleistungen für beide Ehegatten oder nur für einen von ihnen bestimmt waren. In beiden Fällen sind die getrennt ermittelten Einkünfte und Bezüge der Ehegatten zusammenzurechnen. Soweit die Summe der Einkünfte und Bezüge der unterstützten Ehegatten den verdoppelten anrechnungsfreien Betrag i. H. von 1 248 € übersteigt, verringert sich der verdoppelte (Grund-)Höchstbetrag für das Kj. 2015 i. H. von 16 944 € und für das Kj. 2016 i. H. von 17 304 € entsprechend (H 33a.1 „Unterhalt für mehrere Personen" EStH).

BEISPIEL: ▶ Sachverhalt wie in Rdn. 906 mit dem Unterschied, dass die einen gemeinsamen Haushalt führenden Eltern miteinander verheiratet sind.

Berechnung der abzugsfähigen Aufwendungen:

1. Geleistete Unterstützung (innerhalb der Opfergrenze)			12 000 €
2. (Grund-)Höchstbetrag (2 × 8 652 € =)		17 304 €	
2.1 Einkünfte des Vaters	3 500 €		
2.2 Einkünfte der Mutter	+ 1 218 €		
Bezüge der Mutter	+ 1 800 €		
Summe der Einkünfte und Bezüge der unterstützten Ehegatten	6 518 €		
Anrechnungsfreier Betrag (2 × 624 € =)	./. 1 248 €		
Anzurechnender Betrag	5 270 €	./. 5 270 €	
Zu gewährender (Grund-)Höchstbetrag		12 034 €	12 034 €

    3. Berücksichtigung des niedrigeren Betrages aus 1. und 2.   12 034 €

Wie der Vergleich mit dem vorangegangenen Beispiel zeigt, kann A in diesem Fall Unterhaltsleistungen in Höhe von 12 034 € – und damit 258 € (= 12 034 € ./. 5 776 € ./. 6 000 €) mehr – vom Gesamtbetrag der Einkünfte abziehen.

8.3.3.5.5   Unterstützung durch mehrere Personen

Tragen mehrere Personen gleichzeitig in einem VZ zum Unterhalt eines Unterstüt- 908
zungsbedürftigen bei, und liegen die Voraussetzungen des § 33a Abs. 1 EStG vor, so ist
der nach § 33a Abs. 1 EStG insgesamt abzugsfähige Betrag so zu berechnen, als habe
nur eine Person die gesamten Unterhaltszahlungen erbracht. Danach ist bei jedem Unterhaltsleistenden der Teil des sich ergebenden Betrages abzuziehen, der seinem Anteil
am Gesamtbetrag der Leistungen entspricht (§ 33a Abs. 1 Satz 7 EStG).

BEISPIEL: ▸ S und T haben während des gesamten VZ 2016 Unterhaltsleistungen für ihre Mutter
erbracht. S hat 4 320 € und T 2 880 € gezahlt. Die Mutter hat im gleichen Zeitraum lediglich
eine Rente aus der gesetzlichen Unfallversicherung i. H. von 2 680 € bezogen. Sie hat nur ein
geringfügiges Vermögen. Bei beiden Leistenden liegen die Aufwendungen innerhalb der Opfergrenze.

Berechnung der abzugsfähigen Aufwendungen:

1.	Von S und T geleistete Unterstützung (4 320 € + 2 880 € = 7 200 €)			7 200 €
2.	(Grund-)Höchstbetrag		8 652 €	
2.1	Bezüge der Mutter Steuerfreie Unfallrente (§ 3 Nr. 1 Buchst. a EStG)	2 680 €		
	Kostenpauschale (R 33a.1 Abs. 3 Satz 5 EStR)	./. 180 €		
	Bezüge der Mutter	2 500 €		
	Anrechnungsfreier Betrag	./. 624 €		
	Anzurechnender Betrag	1 876 €	./. 1 876 €	
	Zu gewährender (Grund-)Höchstbetrag		6 776 €	6 776 €
3.	Berücksichtigung des niedrigeren Betrages aus 1. und 2. unten			6 776 €
4.	Abzugsfähige Aufwendungen bei S: 60 % von 6 776 € =			4 066 €
	Abzugsfähige Aufwendungen bei T: 40 % von 6 776 € =			2 710 €

Ein Fall des § 33a Abs. 1 EStG letzter Satz liegt hingegen nicht vor, wenn nur eine von 909
mehreren Personen, die Unterhaltsleistungen für dieselbe Person erbringen, die Voraussetzungen des § 33a Abs. 1 EStG erfüllt. Dies ist z. B. dann der Fall, wenn ein Stpfl.
von einem unterhaltsverpflichteten Angehörigen und einem Dritten ohne Rechtsgrund
unterstützt wird. Nach dem Gesetzeswortlaut sind in diesem Fall die Unterhaltszahlungen desjenigen, bei dem die Voraussetzungen des § 33a Abs. 1 EStG nicht vorliegen, als
eigene Bezüge der unterstützten Person (BFH 17. 10. 1980 VI R 98/77, BStBl 1981 II
158) zu behandeln, so dass sich der Höchstbetrag des § 33a Abs. 1 EStG verringern
kann.

Mit Wirkung ab dem VZ 2015 ist weitere Voraussetzung für den Abzug von Unterhalts- 909a
leistungen, dass in der Einkommensteuererklärung des Unterhaltsleistenden die Identifikationsnummer der unterhaltenen Person angegeben ist, wenn die unterhaltene Person der unbeschränkten oder beschränkten Steuerpflicht unterliegt (§ 33a Abs. 1 Satz 9
EStG).

Die unterhaltene Person ist für diese Zwecke verpflichtet, die ihr erteilte Identifikationsnummer dem Unterhaltsleistenden mitzuteilen. Kommt die unterhaltene Person

dieser Verpflichtung nicht nach, ist der Unterhaltsleistende berechtigt, bei der für ihn zuständigen Finanzbehörde die Identifikationsnummer der unterhaltenen Person zu erfragen. Vgl. § 33a Abs. 1 Satz 10 und 11 EStG.

8.3.4 Freibetrag zur Abgeltung des Sonderbedarfs für ein volljähriges, in Berufsausbildung stehendes und auswärts untergebrachtes Kind (§ 33a Abs. 2 EStG)

8.3.4.1 Allgemeines

910 Mit dem Zweiten Gesetz zur Familienförderung v. 16. 8. 2001 hat der Gesetzgeber den allgemeinen Ausbildungsbedarf seit dem Kj 2002 in den Familienleistungsausgleich einbezogen. Damit wird der allgemeine Ausbildungsbedarf für Kinder, die die Voraussetzungen des § 32 EStG erfüllen, durch den einheitlichen Freibetrag für Betreuung und Erziehung oder Ausbildung abgegolten (vgl. Rdn. 691 und 770 ff.). Insoweit ist der Abzug eines Freibetrages für in Ausbildung stehende Kinder außerhalb des Familienleistungsausgleichs nicht mehr notwendig. Der Gesetzgeber hat deshalb die bisherigen Ausbildungsfreibeträge des § 33a Abs. 2 EStG mit Ablauf des VZ 2001 gestrichen.

Bei volljährigen Kindern, die sich in Berufsausbildung befinden, außerhalb des elterlichen Hausstandes untergebracht sind und für die die Eltern Anspruch auf den Familienleistungsausgleich haben, unterstellt der Gesetzgeber jedoch typisierend einen Mehrbedarf. Deshalb sieht die seit 1. 1. 2002 gültige Neuregelung des § 33a Abs. 2 EStG einen Freibetrag i. H. von 924 €/Kind vor.

Die nachfolgende Übersicht gibt einen Überblick über die Voraussetzungen für die Gewährung eines Freibetrages zur Abgeltung des Sonderbedarfs für ein volljähriges, in Berufsausbildung stehendes und auswärtig untergebrachtes Kind.

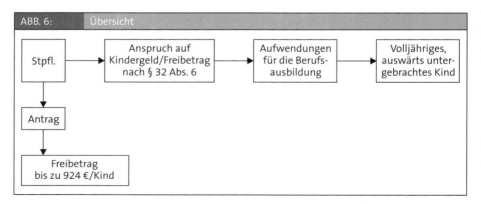

(Liegen die Voraussetzungen nicht ganzjährig vor, ist der Freibetrag zu zwölfteln, § 33a Abs. 3).

8.3.4.2 Berufsausbildung

Der Begriff „Berufsausbildung" ist identisch mit dem der Berufsausbildung i. S. des § 32   911
Abs. 4 Satz 1 Nr. 2 Buchst. a EStG (BFH 24. 6. 2004 III R 3/03, BStBl 2006 II 294). Daher
gelten die Ausführungen zu Rdn. 731 ff. entsprechend.

8.3.4.3 Aufwendungen für die Berufsausbildung

Für die Gewährung eines Freibetrages zur Abgeltung des Mehrbedarfs für ein volljäh-   912
riges, in Berufsausbildung stehendes auswärts untergebrachtes Kind für das die Eltern
Anspruch auf Kindergeld oder auf die Freibeträge i. S. des § 32 Abs. 6 EStG haben, wird
typisierend angenommen, dass den Eltern **Aufwendungen** für die **Berufsausbildung** des
Kindes entstehen und von den Eltern getragen werden, wie bspw. Kosten für die Unterbringung, Fahrtkosten, Aufwendungen für Lehr- und Lernmittel oder Studiengebühren.
Die Höhe der Aufwendungen ist ohne Bedeutung.

Die Aufwendungen sind den Kalendermonaten zuzurechnen, zu denen sie wirtschaft-   913
lich gehören. Erstreckt sich das Studium einschließlich der unterrichts- und vorlesungs-
freien Zeit über das ganze Kj, kann unterstellt werden, dass dem Stpfl. in jedem Monat
Aufwendungen entstanden sind (BFH 22. 3. 1996 III R 7/93, BStBl 1997 II 30).

Dem Stpfl. erwachsen ausnahmsweise keine Aufwendungen für die Berufsausbildung   914
seines Kindes, wenn das Kind die Aufwendungen aus seinem eigenen Vermögen bestreitet. Dieser wohl eher seltene Fall liegt bspw. vor, wenn der Stpfl. seinem volljährigen und studierenden Kind ein Kapitalvermögen geschenkt hat mit der Auflage, es
anzulegen und die Erträge für den Lebensunterhalt und die Ausbildung zu verwenden
(BFH 23. 2. 1994 X R 131/93, BStBl 1994 II 694).

8.3.4.4 Anspruch auf Kindergeld/Freibetrag nach § 32 Abs. 6 EStG

Der Freibetrag zur Abgeltung des Sonderbedarfs kann für ein volljähriges und auswärts   915
zur Ausbildung untergebrachtes Kind so lange gewährt werden, wie der Stpfl. für das
Kind Anspruch auf Kindergeld oder einen Freibetrag nach § 32 Abs. 6 EStG hat (vgl.
Rdn. 691 und 770 ff.).

BEISPIEL: Der Sohn S der zusammenveranlagten Eltern M u. F mit Wohnsitz in Oberhausen ist
am 1. 4. 1991 geboren. Er hat den gesetzlichen Grundwehrdienst von 9 Monaten geleistet. Im
Kj 2016 studiert er ganzjährig in Köln Jura und wohnt auch am Studienort. Seinen Eltern sind
für seine Berufsausbildung Aufwendungen erwachsen.

S hat mit Ablauf des 31. 3. 2016 das 25. Lebensjahr vollendet (§ 187 Abs. 2 Satz 2 und § 188
Abs. 2 BGB). Nach § 32 Abs. 4 Satz 1 Nr. 2 Buchst. a und Abs. 5 Satz 1 Nr. 1 EStG erhalten seine
Eltern jedoch für ihn auch nach Vollendung seines 25. Lebensjahres für die Dauer des inländischen gesetzlichen Grundwehrdienstes (9 Monate) Kindergeld oder die Freibeträge nach § 32
Abs. 6 EStG; somit bis zum 31. 12. 2016. Da der volljährige S sich durch sein Studium im Kj
2016 in Berufsausbildung befindet, seinen Eltern Aufwendungen hierfür erwachsen sind und
er auswärts untergebracht ist, erhalten seine Eltern einen Freibetrag zur Abgeltung des Sonderbedarfs für das ganze Kj 2016 und damit i. H. von 924 €.

8.3.4.5 Auswärtige Unterbringung

Eine **auswärtige Unterbringung** liegt vor, wenn das Kind außerhalb des Haushalts der   916
Eltern wohnt. Dies ist nur anzunehmen, wenn für das Kind außerhalb des Haushalts

der Eltern eine Wohnung ständig bereitgehalten und das Kind auch außerhalb des elterlichen Haushalts verpflegt wird. Die Unterbringung des Kindes muss darauf angelegt sein, die räumliche Selbständigkeit des Kindes während seiner ganzen Ausbildung, z. B. eines Studiums, oder eines bestimmten Ausbildungsabschnittes, z. B. eines Studiensemesters oder -trimesters, zu gewährleisten (R 33a.2 Abs. 2 EStR). Durch die besuchsweise Rückkehr des Kindes zu den Eltern in den (Semester-)Ferien wird die auswärtige Unterbringung nicht unterbrochen (BFH 22. 4. 1994 III R 22/92, BStBl 1994 II 887).

> **BEISPIEL:** ▶ Die in Düsseldorf wohnenden Eltern haben für ihre 19-jährige Tochter am Studienort in München ein Appartement angemietet. Sie entrichten die Miete und gewähren ihr finanzielle Unterstützung. Die Semesterferien verbringt sie regelmäßig bei ihren Eltern in Düsseldorf.
>
> Es liegt eine auswärtige Unterbringung vor, weil das Kind während des gesamten Studiums außerhalb des Haushalts der Eltern untergebracht ist. Die Rückkehr in die elterliche Wohnung in den Semesterferien ist unschädlich.

917   Auf die Gründe für die auswärtige Unterbringung kommt es nicht an (R 33a.2 Abs. 2 Satz 5 EStR). Eine auswärtige Unterbringung liegt bspw. deshalb auch vor, wenn ein verheiratetes Kind mit seinem ebenfalls studierenden Ehegatten eine eigene Wohnung bezogen hat (H 33a.2 „Auswärtige Unterbringung – Verheiratetes Kind" EStH).

918   Bei einem Elternpaar, das keinen gemeinsamen Haushalt führt (geschiedene oder dauernd getrennt lebende oder nicht miteinander verheiratete Eltern), ist eine auswärtige Unterbringung nur anzuerkennen, wenn das Kind aus den Haushalten beider Elternteile ausgegliedert ist (H 33a.2 „Auswärtige Unterbringung – Getrennte Haushalte beider Elternteile" EStH).

919   Eine auswärtige Unterbringung liegt hingegen nicht vor, wenn das Kind aufgrund einer Erkrankung auswärts untergebracht ist und der Schulbesuch nur anlässlich dieser Heilbehandlung gleichsam nebenbei und nachrangig erfolgt. So hat der BFH in zwei Urteilen vom 26. 6. 1992 III R 83/91, III R 8/91, BStBl 1993 II 212 und 278) die auswärtige Unterbringung eines Kindes wegen Asthma und Legasthenie (H 33a.2 „Auswärtige Unterbringung – Asthma und – Legasthenie" EStH) verneint.

8.3.4.6   Höhe des Freibetrages zur Abgeltung des Sonderbedarfs für ein volljähriges, in Berufsausbildung stehendes auswärts untergebrachtes Kind

8.3.4.6.1   Höhe des Freibetrages zur Abgeltung des Sonderbedarfs bei ganzjähriger Gewährung

920   Der Freibetrag zur Abgeltung des Sonderbedarfs beträgt für ein Kind 924 €. Ob das Kind über eigene Einkünfte oder Bezüge verfügt, ist unerheblich.

921–925   *(Einstweilen frei)*

926   Die Höhe des Freibetrages zur Abgeltung des Sonderbedarfs ermäßigt sich ggf. für ein Kind, das nicht unbeschränkt einkommensteuerpflichtig ist, auf $3/4 = 693\,€$, $1/2 = 462\,€$ oder auf $1/4 = 231\,€$ (§ 33a Abs. 2 Satz 3 i.V. mit Abs. 1 Satz 6 EStG). Zu der ab 1. 1. 2014 geltenden Ländergruppeneinteilung vgl. BMF v. 18. 11. 2013, BStBl 2013 I 1462.

8.3.4.6.2 Höhe des Freibetrages zur Abgeltung des Sonderbedarfs in den Fällen des § 33a Abs. 3 EStG

Sind dem Stpfl. nur während eines Teils des Jahres Aufwendungen für die Berufsausbil- 927 dung des Kindes entstanden (z. B. weil die auswärtige Berufsausbildung eines volljährigen Kindes erst im Laufe des Jahres begonnen oder beendet wurde), ermäßigt sich der Freibetrag für jeden vollen Kalendermonat, in dem die genannten Voraussetzungen nicht vorgelegen haben, um je ein Zwölftel.

Vollendet ein bereits auswärts untergebrachtes Kind im Laufe des Kj das 18. Lebensjahr oder kommt es nach der Vollendung des 18. Lebensjahres zu einem Wechsel zwischen Haushaltszugehörigkeit und auswärtiger Unterbringung, ist der Freibetrag ebenfalls zu zwölfteln.

> **BEISPIEL:** Ein Kind zusammenveranlagter Eltern vollendet Mitte August 2016 das 18. Lebensjahr. Das Kind war im ganzen Kj 2016 in einem Internatsgymnasium auswärtig untergebracht. Die Eltern haben während des gesamten Kj 2016 Kindergeld erhalten.
>
> Da den Eltern Aufwendungen für die Berufsausbildung entstanden sind, das Kind auswärts untergebracht ist, sie Anspruch auf Kindergeld haben und das Kind im August das 18. Lebensjahr vollendet hat, ist der Freibetrag ab August, das ist der Monat, in dem es volljährig wurde, zu berücksichtigen. „Angebrochene" Monate sind also zugunsten des Stpfl. zu rechnen.
>
> Bei der Veranlagung zur ESt 2016 der Eltern ist der Freibetrag i. H. von $5/12$ Monate von 924 € = 385 € zu berücksichtigen:

(Einstweilen frei) 928–929

8.3.4.7 Aufteilung des Freibetrages zur Abgeltung des Sonderbedarfs für ein volljähriges, in Berufsausbildung stehendes auswärts untergebrachtes Kind

Erfüllen mehrere Stpfl. hinsichtlich desselben Kindes die Voraussetzungen für die Inan- 930 spruchnahme des Freibetrages, kann der Freibetrag gleichwohl insgesamt nur einmal gewährt werden (§ 33a Abs. 2 Satz 3 EStG). Jedem Elternteil steht grds. die Hälfte des Freibetrages zu (§ 33a Abs. 2 Satz 4 EStG). Diese Vorschrift erlangt Bedeutung bei Eltern, die die Voraussetzungen des § 26 Abs. 1 Satz 1 EStG nicht erfüllen oder nicht zusammenveranlagt werden.

> **BEISPIEL:** Die in Karlsruhe lebende A und der in Stuttgart wohnende B sind die unverheirateten Eltern des Kindes K; beide erhalten für K im Kj 2016 die Freibeträge nach § 32 Abs. 6 Satz 1 EStG. K hat zu Beginn des Kj 2016 das 18. Lebensjahr vollendet und befindet sich in Würzburg zur Berufsausbildung. Ihnen sind Aufwendungen für die Berufsausbildung des K entstanden. Einen gemeinsamen Antrag auf eine bestimmte Aufteilung des Freibetrages haben sie nicht gestellt.
>
> A und B erhalten insgesamt den Freibetrag zur Abgeltung des Sonderbedarfs i. H. von 924 € für K. Er ist jedem Elternteil zur Hälfte und damit i. H. von 462 € zu gewähren.

Die hälftige Aufteilung des Freibetrags ist nicht zwingend. Die Eltern können bei einer 931 Veranlagung zur Einkommensteuer gemeinsam eine andere Aufteilung beantragen (§ 33a Abs. 2 Satz 5 EStG). Werden die Eltern nicht bereits aus anderen Gründen zur Einkommensteuer veranlagt, so sind beide Elternteile aufgrund des Antrags auf Übertragung des Freibetrages zu veranlagen (§ 46 Abs. 2 Nr. 4a Buchst. d EStG).

> **BEISPIEL:** Sachverhalt wie in dem Beispiel zu Rdn. 930. A und B beantragen gemeinsam, den Freibetrag in voller Höhe bei B zu berücksichtigen. Bei den aufgrund dieses Tatbestands nach

§ 46 Abs. 2 Nr. 4a Buchst. d EStG durchzuführenden Veranlagungen zur ESt von A und B ist der Freibetrag in vollem Umfang bei B zu berücksichtigen.

932 Befinden sich mehrere volljährige Kinder in einem VZ in auswärtiger Berufsausbildung und haben die Eltern Anspruch auf Kindergeld oder für jedes Kind auf einen Freibetrag nach § 32 Abs. 6 EStG besteht die Möglichkeit, den Freibetrag für jedes Kind gesondert zu übertragen.

933–952 *(Einstweilen frei)*

8.4 Pauschbeträge für behinderte Menschen, Hinterbliebene und Pflegepersonen (§ 33b EStG)

8.4.1 Allgemeines

953 Da behinderten Menschen aufgrund ihrer Behinderung ständig größere Aufwendungen entstehen, deren konkrete Feststellung häufig Schwierigkeiten bereitet, wurde zur Vereinfachung § 33b EStG in das EStG aufgenommen. Er soll die unmittelbar durch die Behinderung regelmäßig wiederkehrenden außergewöhnlichen Belastungen pauschal und abschließend entsprechend dem Grad der Behinderung abgelten (§ 33b Abs. 1 – 3 EStG, BFH 28. 2. 1968, BStBl II 437). Aus ähnlichen Gründen sieht § 33b Abs. 4 EStG einen Hinterbliebenen-Pauschbetrag bzw. § 33b Abs. 6 EStG einen Pflege-Pauschbetrag vor (vgl. die nachfolgende Übersicht). Der Abzug der Pauschbeträge erfolgt vom Gesamtbetrag der Einkünfte.

954

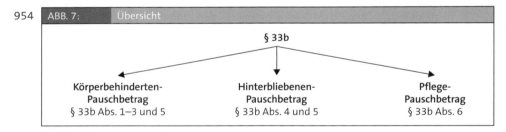

ABB. 7:   Übersicht

§ 33b

| Körperbehinderten-Pauschbetrag § 33b Abs. 1–3 und 5 | Hinterbliebenen-Pauschbetrag § 33b Abs. 4 und 5 | Pflege-Pauschbetrag § 33b Abs. 6 |

8.4.2 Pauschbeträge für behinderte Menschen

8.4.2.1 Die Voraussetzungen für die Gewährung eines Behinderten-Pauschbetrages

955 Für die Gewährung eines Behinderten-Pauschbetrages müssen folgende Voraussetzungen erfüllt sein:

► Grad der Behinderung i. H. von mindestens 25,

► Antrag auf Gewährung eines Behinderten-Pauschbetrages und

► Nachweis der Behinderung in der vorgeschriebenen Form.

8.4.2.2 Vorliegen einer Behinderung

956 Nach § 33b EStG gelten Menschen als behindert, bei denen eine Behinderung i. S. des § 2 SGB IX vorliegt. Hiernach ist jede Auswirkung, die auf eine atypische körperliche,

geistige oder seelische Verfassung beruht und mehr als 6 Monate andauert, als Behinderung anzusehen.

Hierunter fallen bspw. nicht nur Menschen, die durch äußere Einflüsse wie Kriegsverletzung oder aufgrund seines Unfalls körperbehindert sind, sondern auch Personen, bei denen aufgrund innerer oder psychischer Leiden eine Behinderung oder Pflegebedürftigkeit vorliegt (BFH 30.11.1966 VI 313/64, BStBl 1967 III 457). Eine Einbuße der körperlichen Beweglichkeit kommt nicht nur bei Schäden am Stütz- und Bewegungsapparat in Betracht. Sie kann in besonderen Fällen auch bei inneren Krankheiten vorliegen, die bei gewöhnlicher Belastung zu einer äußerlich erkennbaren Einbuße der körperlichen Beweglichkeit, z.B. durch Atemnot, führen, oder bei Schäden an den Sinnesorganen, z.B. Erblindung eines Auges. Der Grad der Behinderung kann auch auf Alterserscheinungen beruhen.

Das Vorliegen der Behinderung muss der Stpfl. dem Finanzamt in der gesetzlich vorgeschriebenen Form nachweisen, da dem Finanzamt die hierfür notwendige Sachkenntnis fehlt (§ 33b Abs. 7 EStG i.V. mit § 65 EStDV).

8.4.2.3 Anspruchsberechtigte

Anspruch auf die Gewährung eines Behinderten-Pauschbetrages haben folgende Stpfl.: 957

8.4.2.3.1 Schwerbehinderte Menschen

Das sind Personen, deren Grad der Behinderung auf mindestens 50 festgestellt ist 957a (§ 33b Abs. 2 Nr. 1 EStG).

8.4.2.3.2 Minderbehinderte Menschen

Hierunter fallen Menschen, deren Grad der Behinderung weniger als 50, aber mindes- 958 tens 25 beträgt (§ 33b Abs. 2 Nr. 2 EStG).

Schwerbehinderte Menschen erhalten gem. § 33b Abs. 2 Nr. 1 EStG den Körperbehinderten- Pauschbetrag allein aufgrund des Grades ihrer Behinderung zugebilligt.

Minderbehinderten Menschen wird der Körperbehinderten- Pauschbetrag dagegen nur gewährt, wenn sie zusätzlich eine der nachfolgenden Voraussetzungen erfüllen:

▶ Bestehen von Rentenansprüchen

Den behinderten Menschen stehen wegen der Behinderung nach gesetzlichen Vorschriften Renten oder andere laufende Bezüge zu (z.B. Unfallgeschädigte, Beamte mit Unfallruhegehalt). Es spielt keine Rolle, ob der Anspruch auf die Bezüge ruht oder durch Zahlung eines (kapitalisierten) Einmalbetrages abgefunden ist (§ 33b Abs. 2 Nr. 2 Buchst. a EStG).

▶ Kein Bestehen von Rentenansprüchen

– Die Behinderung hat zu einer dauernden Einbuße der körperlichen Beweglichkeit geführt (§ 33b Abs. 2 Nr. 2 Buchst. b EStG, 1. Alternative) oder

– die Behinderung beruht auf einer typischen Berufskrankheit (§ 33b Abs. 2 Nr. 2 Buchst. b EStG, 2. Alternative).

Liegen diese Voraussetzungen nicht vor, so hat der Stpfl. nur die Möglichkeit, seine behinderungsbedingten Aufwendungen nach § 33 EStG geltend zu machen (BFH 30.11.1966 VI 313/64, BStBl 1967 III 457).

BEISPIEL 1: ► Stpfl. A hat ein vom Bundesversorgungsamt anerkanntes Leiden. Hierfür bezieht er eine monatliche Rente i. H. von 600 €. Der Grad der Behinderung beträgt 30.

Der Stpfl. erhält auf Antrag einen Körperbehinderten-Pauschbetrag i. H. von 310 €.

BEISPIEL 2: ► Stpfl. B hat sich bei einem Unfall auf einer Privatfahrt eine Verletzung an der Hüfte zugezogen. Das Versorgungsamt stellte einen Grad der Behinderung i. H. von 20 fest.

Dem Stpfl. steht aufgrund des Grades seiner Behinderung kein Körperbehinderten-Pauschbetrag zu, so dass er die unfallbedingten Aufwendungen nur nach § 33 EStG geltend machen kann.

8.4.2.4   Nachweis der Behinderung

959   Der Nachweis ist gem. § 65 EStDV wie folgt zu erbringen:

8.4.2.4.1   Schwerbehinderte Menschen

959a   Sie haben den Nachweis der Behinderung durch einen Ausweis nach SGB IX oder durch Vorlage eines Bescheides der für die Durchführung des BVG zuständigen Behörde zu erbringen (§ 65 Abs. 1 Nr. 1 EStDV).

8.4.2.4.2   Minderbehinderte Menschen

959b   Sie haben als Nachweis vorzulegen:

► eine Bescheinigung der für die Durchführung des BVG zuständigen Behörde aufgrund eines Feststellungsbescheides nach § 69 Abs. 1 SGB IX, die eine Angabe dazu enthält, ob die Behinderung zu einer dauernden Einbuße der körperlichen Beweglichkeit geführt hat oder auf einer typischen Berufskrankheit beruht (§ 65 Abs. 1 Nr. 2 Buchst. a EStG),

► einen Rentenbescheid oder einen anderen Bescheid, wenn ihnen wegen ihrer Behinderung nach den gesetzlichen Vorschriften Renten oder andere laufende Bezüge zustehen (§ 65 Abs. 1 Nr. 2 Buchst. b EStG).

► Das ist bspw. der Rentenbescheid des Versorgungsamtes oder eines Trägers der gesetzlichen Unfallversicherung oder bei Beamten, die Unfallruhegeld beziehen, der entsprechende Bescheid ihrer Behörde. Der Rentenbescheid eines Trägers der gesetzlichen Rentenversicherung der Arbeiter und Angestellten ist hingegen nicht ausreichend (H 33b „Nachweis der Behinderung" EStH).

8.4.2.4.3   Erblindete und Hilflose

960   Sie müssen die gesundheitlichen Merkmale „blind" und „hilflos" durch einen Ausweis nach SGB IX, der mit dem Merkzeichen „Bl" oder „H" gekennzeichnet ist, oder durch einen Bescheid der für die Durchführung des BVG zuständigen Behörde, der die entsprechenden Feststellungen enthält, nachweisen. Dem Merkzeichen „H" steht die Einstufung als Schwerstpflegebedürftiger in Pflegestufe III nach dem SGB XI, dem SGB XII oder diesen entsprechenden gesetzlichen Bestimmungen gleich. Die Einstufung als

Schwerstpflegebedürftiger in Pflegestufe III ist durch einen entsprechenden Bescheid der Pflegekasse nachzuweisen (§ 65 Abs. 2 EStDV).

Die (außersteuerlichen) Verwaltungsakte, die die Voraussetzungen für die Inanspruch- 961
nahme der Pauschbeträge feststellen, sind Grundlagenbescheide i. S. der §§ 171 Abs. 10, 175 Abs. 1 Satz 1 Nr. 1 AO (BFH 5. 2. 1988 III R 244/83, BStBl 1988 II 436), die die Finanzämter und die Finanzgerichte für die Gewährung der Behinderten-Pauschbeträge binden (H 33b „Allgemeines" und „Nachweis der Behinderung" EStH).

8.4.2.5 Höhe des Körperbehinderten-Pauschbetrages

Die Höhe des Körperbehinderten-Pauschbetrages ist nach dem dauernden Grad der Be- 962
hinderung **gestaffelt** (§ 33b Abs. 3 EStG). Sie beläuft sich bei einem Grad der Behinderung

von 25 u. 30	auf 310 €
von 35 u. 40	auf 430 €
von 45 u. 50	auf 570 €
von 55 u. 60	auf 720 €
von 65 u. 70	auf 890 €
von 75 u. 80	auf 1 060 €
von 85 u. 90	auf 1 230 €
von 95 u. 100	auf 1 420 €

Für Behinderte, die hilflos i. S. des § 33b Abs. 6 EStG sind, und für Blinde erhöht sich der Körperbehinderten-Pauschbetrag auf 3 700 € (§ 33b Abs. 3 Satz 3 EStG).

Hilflos i. S. des § 33b Abs. 6 EStG und damit auch nach § 33b Abs. 3 Satz 3 EStG ist eine 963
Person, wenn sie nicht nur vorübergehend, sondern dauerhaft für eine Reihe von gewöhnlich und regelmäßig wiederkehrenden Verrichtungen zur Sicherung ihrer persönlichen Existenz täglich fremder Hilfe bedarf. Nach BSG 12. 3. 2003, Beilage zu BFH/NV 2004, 189, liegt Hilflosigkeit in diesem Sinne stets vor, wenn die Person für mindestens zwei Stunden täglich fremder Hilfe dauernd bedarf. Bei einem täglichen Zeitaufwand für fremde Hilfe zwischen einer Stunde und zwei Stunden ist Hilflosigkeit ebenfalls anzunehmen, wenn der wirtschaftliche Wert der erforderlichen Pflege besonders hoch ist.

Zu den gewöhnlich und regelmäßig wiederkehrenden Verrichtungen des täglichen Lebens gehören zunächst die Bereiche der Körperpflege (Waschen, Duschen, Baden, Zahnpflege, Kämmen, Rasieren, Darm- und Blasenentleerung), Ernährung (mundgerechtes Zubereiten und Aufnahme der Nahrung) und der Mobilität (Aufstehen, Zubettgehen, An- und Auskleiden, Gehen, Stehen, Treppensteigen, Verlassen und Wiederaufsuchen der Wohnung).

Hinzu kommen noch Maßnahmen zur psychischen Erholung, geistige Anregungen und die Kommunikation (Sehen, Hören und Sprechen; vgl. BSG 12. 3. 2003, Beilage zu BFH/NV 2004, 189).

Diese Voraussetzungen sind auch erfüllt, wenn die Hilfe in Form einer Überwachung oder einer Anleitung zu den genannten Verrichtungen erforderlich ist oder wenn die

Hilfe zwar nicht dauernd geleistet werden muss, jedoch eine ständige Bereitschaft zur Hilfeleistung erforderlich ist. Dies entspricht im Wesentlichen der Einstufung in Pflegestufe III als schwerstpflegebedürftig nach § 15 Abs. 1 Nr. 3 SGB XI. Sie wird deshalb dem Merkmal „H" gleichgestellt.

Hilflosigkeit liegt auch vor, wenn der Stpfl. zwar mehr als 6 Monate hilflos und damit nicht nur vorübergehend hilflos ist, aber mit einer Minderung oder gänzlich mit dem Wegfall der Hilflosigkeit gerechnet werden kann (BFH 28. 9. 1984 VI R 164/80, BStBl 1985 II 129).

964   Hilflose und Blinde erhalten den Körperbehinderten-Pauschbetrag unabhängig vom Grad ihrer Behinderung (H 33b „Allgemeines" EStH); d. h. also auch dann, wenn der festgestellte Grad der Behinderung weniger als 100 beträgt.

> **BEISPIEL:** Stpfl. A hat einen Grad der Behinderung i. H. von 80 und in dem, dem Finanzamt vorliegendem Ausweis ist das Merkzeichen „H" eingetragen. A beschäftigt eine Pflegeperson.
>
> Der zu gewährende Körperbehinderten-Pauschbetrag beläuft sich auf 3 700 €.

965   Die Frage, ob ein Körperbehinderten-Pauschbetrag zu gewähren ist, muss für jeden behinderten Menschen gesondert entschieden werden. So können z. B. zusammenveranlagte Ehegatten insgesamt zwei Körperbehinderten-Pauschbeträge erhalten, wenn beide Eheleute die Anspruchsvoraussetzungen erfüllen (R 33b Abs. 1 EStR).

966   Die Höhe der Körperbehinderten-Pauschbeträge verringert sich nicht, wenn die Voraussetzungen für deren Gewährung nicht das ganze Kj vorgelegen haben. Bei einer Änderung des Ausmaßes der Behinderung im laufenden Kj richtet sich die Höhe des Körperbehinderten-Pauschbetrags nach dem höchsten Grad der Behinderung; eine Zwölftelung ist nicht vorzunehmen (BFH 26. 1. 1979 VI R 107/76, BStBl 1979 II 260, R 33b Abs. 8 EStR).

> **BEISPIEL:** Für den Stpfl. A war ein Grad der Behinderung i. H. von 80 festgesetzt. Mit Wirkung zum 1. 7. 2016 wird er auf 40 herabgesetzt.
>
> Der zu gewährende Körperbehinderten-Pauschbetrag beläuft sich im Kj 2016 auf 1 060 €. Ab dem Kj 2017 beträgt er nur noch 430 €.

8.4.2.6   Wahlrecht

967   Der Stpfl. hat ein Wahlrecht, ob er für die laufenden und typischen Aufwendungen für die Hilfe bei den gewöhnlichen und regelmäßig wiederkehrenden Verrichtungen des täglichen Lebens, für die Pflege sowie für einen erhöhten Wäschebedarf den Körperbehinderten-Pauschbetrag nach § 33b EStG (Pauschalregelung, kein Nachweis der Aufwendungen erforderlich) oder die Vergünstigung nach § 33 EStG (Einzelnachweis, d. h. Nachweis der im Kj erwachsenen Aufwendungen) in Anspruch nehmen will (§ 33b Abs. 1 EStG).

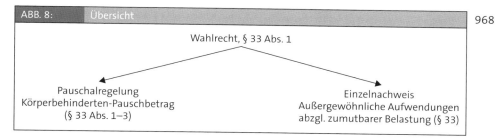

ABB. 8: Übersicht

968

Wahlrecht, § 33 Abs. 1

Pauschalregelung
Körperbehinderten-Pauschbetrag
(§ 33 Abs. 1–3)

Einzelnachweis
Außergewöhnliche Aufwendungen
abzgl. zumutbarer Belastung (§ 33)

BEISPIEL: Stpfl. S hat einen Grad der Behinderung von 50. Der Nachweis liegt dem Finanzamt vor. Im VZ 2016 sind ihm laufende mit der Behinderung zusammenhängende Kosten i. H. von 3 500 € erwachsen, die er selbst zu tragen hat. Seine zumutbare Belastung beträgt 1 500 €.

Der Körperbehinderten-Pauschbetrag beläuft sich gem. § 33b Abs. 3 EStG bei einem Grad der Behinderung i. H. von 50 auf 570 €.

Beansprucht der Stpfl. S den Abzug der tatsächlichen Aufwendungen, deren Saldo nach Abzug der zumutbaren Belastung 2 000 € (= 3 500 € abzgl. 1 500 €) beträgt, erhält er eine höhere Steuerermäßigung.

8.4.2.7 Abgeltung der außergewöhnlichen Belastungen

Durch die **Körperbehinderten-Pauschbeträge** des § 33b Abs. 3 EStG werden die laufen- 969
den und typischen Aufwendungen für die Hilfe bei den gewöhnlichen und regelmäßig wiederkehrenden Verrichtungen im täglichen Leben, für die Pflege und für den erhöhten Wäschebedarf abgegolten. Diese Aufwendungen erwachsen behinderten Menschen erfahrungsgemäß auf Grund ihrer Erkrankung bzw. Behinderung und ihre alleinige behinderungsbedingte Veranlassung ist generell nur schwer feststellbar (R 33b Abs. 1 Satz 2 und 3 EStR).

Neben dem **Körperbehinderten-Pauschbetrag** kann die behinderte Person **außerordent-** 970
liche Krankheitskosten, die durch einen akuten Anlass verursacht werden (z. B. Operation), auch wenn diese mit dem Leiden, das die Behinderung bewirkt oder erst verursacht hat, zusammenhängen, nach § 33 EStG abziehen (BFH 29. 8. 1996 III R 4/95, BStBl 1997 II 199; R 33b Abs. 1 Satz 4 EStR). Hierzu gehören auch Aufwendungen für Heilkuren, so dass auch sie neben dem Körperbehinderten-Pauschbetrag geltend gemacht werden können (H 33b „Neben den Pauschbeträgen …" EStH).

BEISPIEL: Stpfl B hat einen Grad der Behinderung von 90 dem Finanzamt nachgewiesen. Aufgrund seiner Behinderung muss er sich einer Operation unterziehen. Die Aufwendungen betragen 10 000 €, davon erstattet die Krankenkasse 7 000 €. Ihm entstehen weitere mit der Behinderung unmittelbar zusammenhängende Aufwendungen i. H. von 1 500 €. Die zumutbare Belastung beläuft sich auf 1 000 €.

Für die unmittelbar mit der Behinderung zusammenhängenden Aufwendungen kann er zwischen der Inanspruchnahme des Körperbehinderten-Pauschbetrags oder dem Abzug nach § 33 EStG wählen. Die Kosten für die Operation sind dagegen außerordentliche Krankheitskosten, die ausschließlich § 33 EStG abgilt.

	1. Möglichkeit: § 33 EStG	2. Möglichkeit: § 33b und § 33 EStG
Unmittelbar mit der Behinderung zusammenhängende Aufwendungen	1 500 €	
Außerordentliche Krankheitskosten (10 000 € ./. 7 000 € =)	3 000 €	3 000 €
Summe der Aufwendungen	4 500 €	3 000 €
Zumutbare Belastung	./. 1 000 €	./. 1 000 €
Abzugsfähige Aufwendungen	3 500 €	2 000 €
Körperbehinderten-Pauschbetrag		1 230 €
Insgesamt abzugsfähig	3 500 €	3 230 €

971 Außerdem können unter bestimmten Voraussetzungen **Kraftfahrzeugkosten,** soweit diese nicht Betriebsausgaben oder Werbungskosten darstellen, zu einer weiteren Steuerermäßigung nach § 33 EStG führen (BFH 26. 3. 1993 III R 9/92, BStBl 1993 II 749; R 33b Abs. 1 Satz 4 EStR; H 33b „Neben den Pauschbeträgen ..." EStH; vgl. im Einzelnen Rdn. 973).

Ferner ist bei Inanspruchnahme des entsprechenden Pauschbetrages nach § 33b EStG unter den Voraussetzungen des § 35a EStG eine zusätzliche Steuerermäßigung möglich.

972

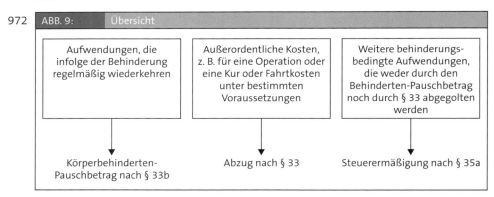

ABB. 9:   Übersicht

Aufwendungen, die infolge der Behinderung regelmäßig wiederkehren	Außerordentliche Kosten, z. B. für eine Operation oder eine Kur oder Fahrtkosten unter bestimmten Voraussetzungen	Weitere behinderungsbedingte Aufwendungen, die weder durch den Behinderten-Pauschbetrag noch durch § 33 abgegolten werden
Körperbehinderten-Pauschbetrag nach § 33b	Abzug nach § 33	Steuerermäßigung nach § 35a

973 Im Einzelnen gilt hinsichtlich der Fahrtkosten nach H 33.1–33.4 „Fahrtkosten behinderter Menschen" EStH Folgendes:

8.4.2.7.1 Geh- und stehbehinderte Stpfl.

Behinderte mit einem

▶ Grad der Behinderung von mindestens 80 bzw.

▶ von mindestens 70, bei denen eine „Geh- und Stehbehinderung" vorliegt (Merkzeichen „G"),

können neben dem Körperbehinderten-Pauschbetrag ihre privaten Pkw-Kosten in angemessenem Rahmen als außergewöhnliche Belastung nach § 33 EStG berücksichtigten. Als angemessen kann aus Vereinfachungsgründen ein nachgewiesener oder glaubhaft gemachter Aufwand für Privatfahrten bis zu 3 000 km jährlich angesehen werden. Dies entspricht 250 km im Monat. Haben die Voraussetzungen nicht während des ganzen Jahres vorgelegen, so ist u. E. die Kilometeranzahl in diesem Jahr nur zeitanteilig zu berücksichtigen. Es kann von einem Kilometersatz von 0,30 € pro gefahrenen Kilometer ausgegangen werden. Bei 3 000 km entspricht dies einem Aufwand von 900 € im Kj.

Eine höhere Fahrleistung als 3 000 km im Jahr kann nur anerkannt werden, wenn die Fahrten durch die Behinderung verursacht sind und dies z. B. anhand eines Fahrtenbuches oder durch eine Aufstellung der von dem Behinderten durchgeführten Privatfahrten nachgewiesen wird. Ein höherer Aufwand als 0,30 €/km ist unangemessen und darf deshalb nicht berücksichtigt werden (BFH 19. 5. 2004, BStBl 2005 II 23).

8.4.2.7.2 Außergewöhnlich gehbehinderte, blinde und hilflose Stpfl.

Bei Stpfl., die

▶ außergewöhnlich gehbehindert (Merkzeichen „aG"),

▶ blind (Merkzeichen Bl) oder

▶ hilflos (Merkzeichen H), sind,

974

kann eine Fahrleistung bis zu 15 000 km regelmäßig als angemessen angesehen werden und folglich als außergewöhnliche Belastung nach § 33 EStG neben dem Körperbehinderten-Pauschbetrag abgezogen werden. Bei diesem Personenkreis werden nicht nur die unvermeidbaren Kosten zur Erledigung privater Angelegenheiten, sondern im angemessenen Rahmen auch die Kosten für Erholungs-, Freizeit- und Besuchsfahrten anerkannt. Auch hier gilt ein Kilometersatz bis zu 0,30 €/km als angemessen.

Ferner können auch nachgewiesene oder glaubhaft gemachte Aufwendungen für andere Verkehrsmittel, z. B. Taxifahrten, in angemessenem Umfang als außergewöhnliche Belastung nach § 33 EStG neben dem Körperbehinderten-Pauschbetrag berücksichtigt werden. Werden zugleich behinderungsbedingte Kfz-Kosten geltend gemacht, ist die für Kfz-Kosten im Allgemeinen als angemessen anzusehende jährliche Fahrleistung von 3 000 km bzw. 15 000 km entsprechend zu kürzen (R 33.4 Abs. 4 EStR).

8.4.3 Pauschbetrag für Hinterbliebene

Stpfl., die laufende Hinterbliebenenbezüge erhalten, wird auf Antrag ein Hinterbliebenen-Pauschbetrag nach § 33b Abs. 4 EStG i. H. von 370 € gewährt. Die Höhe der tatsächlichen Aufwendungen ist unerheblich. Den Verzicht auf den Hinterbliebenen-Pauschbetrag und dafür die Abgeltung der Aufwendungen in angefallener Höhe sieht § 33b Abs. 4 EStG nicht vor. Zu den Hinterbliebenenbezügen, deren Erhalt für die Inanspruchnahme des Hinterbliebenen-Pauschbetrages erforderlich ist, vgl. § 33b Abs. 4 EStG.

975

Ist ein Hinterbliebener zugleich körperbehindert, können die Pauschbeträge nach § 33b Abs. 3 und 4 EStG nebeneinander berücksichtigt werden (R 33b Abs. 1 EStR).

Der Hinterbliebenen-Pauschbetrag ist – wie der Behinderten-Pauschbetrag – personenbezogen, so dass er beiden Ehegatten gewährt werden kann, wenn die Voraussetzungen vorliegen (R 33b Abs. 1 EStR). Ferner ist eine Zwölftelung nicht vorzunehmen, wenn die Voraussetzungen nicht im gesamten Kj vorliegen (R 33b Abs. 8 Satz 2 u. 3 EStR).

8.4.4 Übertragung des Körperbehinderten- und Hinterbliebenen-Pauschbetrages

976   Hat der Stpfl. für ein Kind

- ▶ zumindest zeitweise Anspruch auf Kindergeld oder einen Freibetrag nach § 32 Abs. 6 EStG im VZ und

- ▶ steht dem Kind der Körperbehinderten- oder Hinterbliebenen-Pauschbetrag zu und

- ▶ nimmt ihn das Kind nicht in Anspruch,

so wird der Körperbehinderten- oder Hinterbliebenen-Pauschbetrag auf Antrag auf den Stpfl. übertragen (§ 33b Abs. 5 Satz 1 EStG).

Unbeachtlich ist, aus welchen Gründen das Kind den Pauschbetrag nicht selbst in Anspruch nimmt.

977   Der Behinderten- oder Hinterbliebenen-Pauschbetrag ist grundsätzlich auf beide Elternteile je zur Hälfte zu übertragen (§ 33b Abs. 5 Satz 2, 1. Hs. EStG). Wurde jedoch der Kinderfreibetrag auf den anderen Elternteil übertragen, scheidet die hälftige Aufteilung und Übertragung des Pauschbetrages gemäß § 33b Abs. 5 Satz 2, 2. Hs. EStG aus. Demzufolge ist der Pauschbetrag in vollem Umfang auf den Elternteil zu übertragen, der den ganzen Kinderfreibetrag erhalten hat. Auf gemeinsamen Antrag eines unbeschränkt steuerpflichtigen Elternpaares, bei dem die Voraussetzungen des § 26 Abs. 1 EStG nicht vorliegen, ist bei einer Veranlagung zur Einkommensteuer eine andere Aufteilung zulässig (§ 33b Abs. 5 Satz 3 EStG). In diesem Fall kann eine Steuerermäßigung nach § 33 EStG für die Aufwendungen, die der Pauschbetrag abgilt, nicht gewährt werden (§ 33b Abs. 5 letzter Satz EStG).

978   Da der Anspruch auf **Kindergeld oder auf einen Freibetrag nach § 32 Abs. 6** EStG **Voraussetzung** für die **Übertragung** des Pauschbetrages ist, kann bei der Übertragung sämtlicher Freibeträge des § 32 Abs. 6 EStG auf den anderen Elternteil der Behinderten- oder Hinterbliebenen-Pauschbetrag nur auf den anderen Elternteil übertragen werden (§ 33b Abs. 5 Satz 1 EStG).

979   Sind dem Stpfl. für das **körperbehinderte Kind** Aufwendungen erwachsen, die der **Pauschbetrag nicht abgilt,** sind diese Aufwendungen (z. B. Kraftfahrzeugkosten, H 33.1– 33.4 „Fahrtkosten behinderter Menschen" EStH) auch bei der Übertragung des Körperbehinderten-Pauschbetrags vom Kind auf den Stpfl. nach § 33 EStG neben dem Pauschbetrag abziehbar (BFH 1. 8. 1975 VI R 158/72, BStBl 1975 II 825, R 33b Abs. 2 EStR).

Unter den Voraussetzungen des § 33b Abs. 6 EStG können die Eltern auch den Pflege-Pauschbetrag neben dem übertragenen Behinderten-Pauschbetrag beanspruchen (R 33b Abs. 6 EStR). Des Weiteren ist eine Steuerermäßigung unter den Voraussetzungen des § 35a Abs. 1 oder 2 EStG möglich.

Derselbe Aufwand kann jedoch nicht doppelt berücksichtigt werden.

8.4.5 Pauschbetrag für Pflegepersonen

8.4.5.1 Allgemeines

Erwachsen einem Stpfl. zwangsläufig Aufwendungen wegen der Pflege einer hilflosen   980
Person, kann er gem. § 33b Abs. 6 EStG anstelle einer Steuerermäßigung nach § 33 EStG
(Einzelnachweis) den Pflege-Pauschbetrag (Pauschalregelung) von 924 € im Kj geltend
machen (§ 33b Abs. 6 Satz 1 EStG).

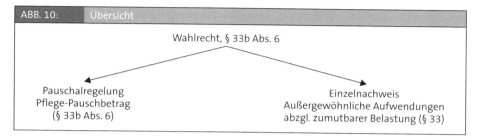

ABB. 10:   Übersicht

Wahlrecht, § 33b Abs. 6

Pauschalregelung
Pflege-Pauschbetrag
(§ 33b Abs. 6)

Einzelnachweis
Außergewöhnliche Aufwendungen
abzgl. zumutbarer Belastung (§ 33)

8.4.5.2 Voraussetzungen für die Inanspruchnahme des Pflege-Pauschbetrages

Für die Gewährung des Pflege-Pauschbetrages i. H. von 924 € sind nach § 33b Abs. 6   980a
EStG erforderlich:

► Pflegebedürftigkeit der zu pflegenden Person:

Die gepflegte Person muss hilflos sein, d. h. die Voraussetzungen für die Inanspruchnahme des erhöhten Körperbehinderten-Pauschbetrages i. H. von 3 700 € müssen
erfüllt sein. Der Nachweis ist gem. § 65 Abs. 2 EStDV zu erbringen (Merkzeichen H
oder Bl durch Vorlage des entsprechenden Ausweises bzw. Schwerstpflegebedürf-
tigkeit in Pflegestufe III durch einen Bescheid der Pflegekasse, BFH 20. 2. 2003 III
R 9/02, BStBl 2003 II 476).

► Persönliche Pflege durch den Stpfl.:

Der Stpfl. muss die Pflege selbst vornehmen, da der Pflege-Pauschbetrag keine Aufwendungen abgelten soll, die durch die Beschäftigung einer fremden Pflegeperson
erwachsen. Ein Stpfl. führt die Pflege jedoch auch dann noch persönlich durch,
wenn er sich zur Unterstützung zeitweise, bspw. im Urlaub oder bei eigener Verhinderung, einer ambulanten Pflegekraft bedient (R 33b Abs. 4 EStR).

► Vornahme der Pflege – im Inland – entweder in der Wohnung des pflegenden Stpfl.
oder in der Wohnung der zu pflegenden Person;

► Unentgeltliche Pflege:

Der Pflege-Pauschbetrag ist ausgeschlossen, wenn nachweislich eine Vergütung für
die Pflege gezahlt wird. Der Grund hierfür liegt darin, dass der Pflege-Pauschbetrag
Aufwendungen berücksichtigen soll, die nach § 33 EStG abzugsfähig sind. Soweit
die Pflegeperson für die Pflege und die dadurch angefallenen Aufwendungen Einnahmen erhält, ist sie nicht belastet. Deshalb kann in diesem Fall kein Pflege-
Pauschbetrag gewährt werden.

BEISPIEL: ▶ Die 25-jährige Enkelin pflegt ihre noch in einer eigenen Wohnung lebende Großmutter. Die Großmutter bezahlt ihre Enkelin in der Weise für die Pflege, dass sie ihr Pflegegeld nach § 37 des SGB XI an diese weiterleitet.

Die Enkelin kann den Pflege-Pauschbetrag nach § 33b Abs. 6 EStG nicht beanspruchen, da sie die Pflege nicht unentgeltlich vornimmt. Die Einnahme ist bei der Enkelin nach § 3 Nr. 36 EStG steuerfrei. Weist die Enkelin nach, dass ihre Aufwendungen für die Pflege der Großmutter die Einnahmen übersteigen, kann sie den übersteigenden Betrag nach § 33 EStG geltend machen.

Nach § 33b Abs. 6 Satz 2 EStG gilt diese Regelung nicht, wenn die Eltern Pflegegeld für die Pflege ihres behinderten Kindes beziehen. Sie erhalten auch im Falle des Bezugs von Pflegegeld auf Antrag den Pflege-Pauschbetrag. Folglich spielt es auch keine Rolle, wofür sie das Pflegegeld verwenden.

▶ Zwangsläufigkeit der Pflege:

Zur Zwangsläufigkeit vgl. § 33 Abs. 2 EStG.

Bei der zu pflegenden Person kann es sich auch um den Ehegatten oder um Kinder handeln, deren Körperbehinderten-Pauschbetrag nach § 33b Abs. 5 EStG auf den Stpfl. übertragen worden ist (R 33b Abs. 6 EStR). Unter den Voraussetzungen der Zwangsläufigkeit (Sittliche Verpflichtung) kann auch Nachbarschaftshilfe begünstigt sein (BFH 29. 8. 1996 III R 4/95, BStBl 1997 II 199; H 33b „Pflege-Pauschbetrag" EStH).

8.4.5.3   Höhe des Pflege-Pauschbetrages/Abgeltung höherer Aufwendungen

980b   Der Pflege-Pauschbetrag beträgt – unabhängig von der Höhe der tatsächlichen Kosten des pflegenden Stpfl. – 924 €. Es erfolgt keine Zwölftelung, wenn die Voraussetzungen für seine Inanspruchnahme nicht während des ganzen Kj erfüllt sind (R 33b Abs. 8 Satz 2 u. 3 EStR).

Die Berücksichtigung höherer Pflegeaufwendungen kann nur im Rahmen des § 33 EStG erfolgen.

Pflegt ein Stpfl. mehrere pflegebedürftige Personen, steht ihm der Pauschbetrag mehrfach zu. Dies ergibt sich aus der Formulierung in § 33b Abs. 6 Satz 1 EStG: „. . . außergewöhnlichen Belastungen, die einem Steuerpflichtigen durch die Pflege einer Person erwachsen,. . . einen Pauschbetrag von 924 €. . .".

8.4.5.4   Pflege durch mehrere Personen

980c   Erfolgt die Pflege gleichzeitig oder nacheinander durch mehrere Personen in einem Kj, ist der Pauschbetrag nach der Zahl der Pflegepersonen, die die Voraussetzungen für die Inanspruchnahme erfüllen, aufzuteilen (§ 33b Abs. 6 Satz 6 EStG). Der Pauschbetrag ist auch dann aufzuteilen, wenn nur eine von mehreren Personen den Pauschbetrag in Anspruch nimmt und die anderen Pflegepersonen ihn entweder nicht bzw. wenn sie ihre Aufwendungen nach § 33 EStG geltend machen (R 33b Abs. 5 EStR).

8.4.5.5   Gewährung mehrerer Pauschbeträge in einem VZ

980d   Erfüllt eine Person die Voraussetzungen für die Inanspruchnahme des Körperbehinderten-Pauschbetrages, Hinterbliebenen-Pauschbetrages und des Pflege-Pauschbetrages kann sie sämtliche Pauschbeträge erhalten. Damit kann beispielsweise eine Person bei

entsprechender Erfüllung der Voraussetzungen neben dem Hinterbliebenen-Pauschbetrag auch den Pflege-Pauschbetrag erhalten (R 33b Abs. 1 EStR).

8.4.6 Rückwirkende Anerkennung der Behinderung und der Hinterbliebenen-Eigenschaft

Häufig wird die Behinderung erst eine geraume Zeit nach ihrem Eintritt erkannt; das 981
Gleiche ist oft bei der Bewilligung der Hinterbliebenenbezüge der Fall. Da die Verwaltungsakte, die die Voraussetzungen für die Inanspruchnahme des Pauschbetrages feststellen, **Grundlagenbescheide** i. S. der §§ 171 Abs. 10 und 175 Abs. 1 Satz 1 Nr. 1 AO
sind, können frühere Steuerfestsetzungen auch dann geändert werden, wenn der Antrag nach § 33b EStG für den VZ nicht gestellt und der Einkommensteuerbescheid bestandskräftig wurde. Die Änderung ist für alle Kj vorzunehmen, auf die sich der Grundlagenbescheid erstreckt (H 33b „Allgemeines" EStH, BFH 13. 12. 1985 III R 204/81, BStBl
1986 II 245, BFH 22. 2. 1991 III R 35/87, BStBl 1991 II 717).

Mit Urteil vom 21. 2. 2013 V R 27/11, BStBl 2013 II 529, hat der BFH entschieden, dass
Grundlagenbescheide ressortfremder Behörden nur noch dann zu einer Ablaufhemmung i. S. des § 171 Abs. 10 AO und folglich zu einer Änderung eines bestandskräftigen
Steuerbescheides führen, wenn sie vor Ablauf der Festsetzungsfrist für die betroffene
Steuer erlassen worden sind. Der Erlass der Verwaltungsakte, die die Inanspruchnahme
des Körperbehinderten-Pauschbetrages begründen, erfolgt nicht von der Finanzverwaltung, sondern von den nach dem Bundesversorgungsgesetz zuständigen Behörden, beispielsweise von den Versorgungsämtern. Damit werden diese Verwaltungsakte von
ressortfremden Behörden erlassen. Demzufolge können nunmehr Fälle eintreten, in denen bestandskräftige Einkommensteuerbescheide nicht mehr nach § 175 Abs. 1 Satz 1
Nr. 1 AO geändert werden können. Dies ist der Fall, wenn der Einkommensteuerbescheid bereits bestandskräftig geworden ist und das Versorgungsamt den – die Behinderung ausweisenden – (Grundlagen-)Bescheid erst nach Ablauf der Festsetzungsfrist für die Einkommensteuer für dieses Jahr erlassen hat. Da die Finanzverwaltung
dieses Urteil im BStBl Teil II – und damit amtlich – veröffentlicht hat, hat sie dokumentiert, dass sie diese Entscheidung beachtet und folglich anwendet.

8.5 Kontrollfragen

FRAGEN

		Rdn.	
1.	Geben Sie einen Überblick über die steuerliche Behandlung der außergewöhnlichen Belastung?	803	☐
2.	Welche Voraussetzungen müssen für den Abzug von außergewöhnlichen Belastungen nach § 33 EStG erfüllt sein?	804	☐
3.	Erläutern Sie den Begriff „Aufwendungen".	806	☐
4.	Erläutern Sie den Begriff „Zwangsläufigkeit".	830 f.	☐

5. Wie wird die abzugsfähige außergewöhnliche Belastung nach § 33 EStG berechnet? — 845–847 ☐

6. Geben sie einen Überblick über die Voraussetzungen und die Höhe des Abzugsbetrages i. S. des § 33a Abs. 1 EStG. — 877 ☐

7. Kann ein Stpfl. Aufwendungen nach § 33a Abs. 1 EStG und anderweitige Aufwendungen für die gleiche Person nach § 33 EStG abziehen? — 878–880 ☐

8. Stellen Sie das Berechnungsschema für den Abzug von Aufwendungen nach § 33a Abs. 1 EStG dar. — 902 ☐

9. Wie erfolgt die Berechnung des Abzugsbetrages, wenn § 33a Abs. 1 EStG nicht für das gesamte Kalenderjahr anwendbar ist? — 905 ☐

10. Wie ermittelt sich der Abzugsbetrag i. S. des § 33a Abs. 1 EStG für einen Stpfl., wenn mehrere Stpfl. eine gesetzlich unterhaltsberechtigte Person unterstützen? — 908–909 ☐

11. Welche Voraussetzungen müssen für die Gewährung des Freibetrages i. S. des § 33a Abs. 2 EStG erfüllt sein? — 910 ☐

12. Spielen die Einkünfte und Bezüge für die Berechnung des Freibetrages i. S. des § 33a Abs. 2 EStG ab dem VZ 2012 noch eine Rolle? — 920 ☐

13. In welcher Höhe können Elternteile, die die Voraussetzungen des § 26 Abs. 1 Satz 1 EStG nicht erfüllen, den Freibetrag i. S. des § 33a Abs. 2 EStG erhalten? — 930–932 ☐

14. Wieviele Pauschbeträge sind in § 33b EStG geregelt? — 953–954 ☐

15. Welche Stpfl. haben Anspruch auf den Körperbehinderten-Pauschbetrag — 957–958 ☐

16. Wie ist die Höhe der Körperbehinderten-Pauschbetrages geregelt? — 962 ☐

17. Kann ein Stpfl. seine behinderungsbedingten Aufwendungen anstelle des Körperbehinderten-Pauschbetrages nach § 33 EStG berücksichtigen? — 967–968 ☐

18. Kann ein Stpfl. neben der Inanspruchnahme des Körperbehinderten-Pauschbetrages weitere Aufwendungen steuerlich berücksichtigen? — 970 ☐

19. Ist die Übertragung des einem Kind zustehenden Körperbehinderten-Pauschbetrages auf die Eltern möglich? — 976 ☐

20. Unter welchen Voraussetzungen kann ein Stpfl. den Pflege-Pauschbetrag i. S. des § 33b Abs. 6 EStG erhalten? — 980a ☐

21. Kann ein Stpfl. seine pflegebedingten Aufwendungen anstelle der Inanspruchnahme des § 33b Abs. 6 EStG nach § 33 EStG geltend machen? — 980 + 980b ☐

982–990 *(Einstweilen frei)*

412

KAPITEL 9: GEWINNERMITTLUNG

Kapitel 9:
Gewinnermittlung

9.1 Grundbegriffe der Gewinnermittlung

9.1.1 Begriff und Bedeutung der Gewinnermittlung

9.1.1.1 Begriff der Gewinnermittlung

991 Einkünfte i. S. des § 2 Abs. 1 EStG sind bei Land- und Forstwirtschaft, Gewerbebetrieb und selbständiger Arbeit der Gewinn (§ 2 Abs. 2 Nr. 1 EStG). Man nennt diese Einkünfte deshalb auch **Gewinneinkünfte.** Der Begriff der Gewinnermittlung bezeichnet die verschiedenen Verfahren zur Ermittlung der Einkünfte aus diesen drei Einkunftsarten. Die Vorschriften über die Gewinnermittlung enthalten die §§ 4 – 7k EStG (§ 2 Abs. 2 Nr. 1 EStG). Das Gesetz fasst diese Vorschriften unter der Überschrift „Gewinn" zusammen. Sie regeln die Ermittlung des sog. laufenden Gewinns.

992 Die Gewinnermittlungsvorschriften des EStG lassen sich ihrem Inhalt nach in drei Gruppen gliedern,

► in Vorschriften, die den Gewinnbegriff und die Formen der Gewinnermittlung regeln (§§ 4, 5 EStG),

► die Bewertungsvorschriften (§§ 6, 6a – 6d EStG) und

► die Vorschriften über Absetzungen für Abnutzung und Abschreibung (§§ 7, 7a – 7k EStG).

9.1.1.2 Die Bedeutung der Gewinnermittlungsvorschriften des Einkommensteuergesetzes

993 Die Vorschriften des EStG über die Gewinnermittlung gelten nicht nur für die ESt, sondern auch für die **Körperschaftsteuer.** Auch auf dem Gebiet der KSt ist der regelmäßige Steuergegenstand das zu versteuernde Einkommen (§ 7 Abs. 1 KStG). Der Begriff und die Ermittlung des Einkommens bestimmen sich auch im Körperschaftsteuerrecht – abgesehen von den im KStG enthaltenen Sondervorschriften – nach den Vorschriften des EStG (§ 8 Abs. 1 KStG, vgl. so schon BFH 2. 11. 1965, BStBl 1966 III 255).

994 Darüber hinaus wirken sich die einkommensteuerlichen Gewinnermittlungsvorschriften auch auf die **Gewerbesteuer** aus, da der Gewerbeertrag auf dem einkommensteuerlichen Gewinn aufbaut (§ 7 GewStG). Allerdings ist der Gewinn, der der ESt- oder KSt-Veranlagung zugrunde gelegt wird, nicht ohne weiteres Ausgangspunkt für die Ermittlung des Gewerbeertrags. Dieser ist vielmehr grundsätzlich verfahrensrechtlich selbständig zu ermitteln (H 7.1 (1) „Eigenständige Ermittlung des Gewerbeertrags" GewStR). In der Regel wird aber der für die Einkommensteuer bzw. die Körperschaftsteuer maßgebende Gewinn mit dem zur Ermittlung des Gewerbeertrags festzustellenden Gewinn übereinstimmen.

9.1.2 Der steuerliche Gewinnbegriff

9.1.2.1 Unterschiedliche Gewinnauffassungen im Handelsrecht und im Steuerrecht

Die **steuerrechtlichen Gewinnermittlungsvorschriften** verfolgen den Zweck, den wah- 995
ren Gewinn voll zum Vorschein zu bringen. Dies geschieht nicht nur zur Sicherung des
Steueraufkommens, sondern vor allem im Interesse der Gerechtigkeit und Gleichmäßigkeit der Besteuerung. Zwar ist der Spielraum, den das Handelsrecht dem Kaufmann lässt, weniger als Gewinn auszuweisen, als er tatsächlich verdient hat, durch das
Bilanzrichtlinien-Gesetz eingeschränkt worden. Das Gebot der kaufmännischen Vor-
sicht bei der Bewertung ist damit aber nicht aufgehoben. Deshalb muss das Steuerrecht nach wie vor grundsätzliche Einschränkungen vornehmen, um gleiche bzw. vergleichbare Besteuerungsgrundlagen zu erhalten.

Es handelt sich hierbei um die Vorschriften

► über die Entnahmen und Einlagen (§ 4 Abs. 1 EStG),

► über die Zulässigkeit der Bilanzänderung (§ 4 Abs. 2 EStG),

► über die Betriebsausgaben (§ 4 Abs. 4 – 7 EStG, §§ 4b, 4c, 4d, 4e und 4h EStG),

► über die Bewertung (§§ 6 und 6a EStG) und

► über die Absetzungen für Abnutzung oder Substanzverringerung (§§ 7 – 7k EStG).

Die **handelsrechtlichen Bilanzierungsvorschriften** (vgl. §§ 238 ff., HGB, §§ 152, 160 996
AktG; § 42 GmbHG, § 33 GenG, §§ 140 ff. und 154 AO) dagegen stellen mehr auf die
zutreffende Darstellung des Vermögens ab. Der Kaufmann ist nach § 238 Abs. 1 HGB
verpflichtet, in den Büchern „die Lage des Unternehmens" ersichtlich zu machen. Die
Buchführung eines Kaufmanns ist dann ordnungsmäßig, wenn aus ihr jederzeit „ein
das Verhältnis des Vermögens und der Schulden darstellender Abschluss erstellt werden kann". So gesehen ist die Handelsbilanz des Kaufmanns in erster Linie eine **Vermögensbilanz.** Es ist bemerkenswert, dass in §§ 238 ff. HGB der Gewinn nicht erwähnt
wird; er ist von Gesetzes wegen ein zweitrangiger Begriff. Gleichwohl ist auch der Kaufmann an dem Ergebnis seiner wirtschaftlichen Betätigung interessiert. Es wäre deshalb
nicht richtig, die Handelsbilanz als reine Vermögensbilanz zu sehen.

9.1.2.2 Gewinnbegriff des Einkommensteuerrechts

Als Gewinn bezeichnet man im Wirtschaftsleben sowohl das Ergebnis eines einzelnen 997
Geschäfts (z. B. der Veräußerung eines Kraftfahrzeugs) als auch einer Gruppe von Geschäften (z. B. der Veräußerung einer Ernte) wie eines bestimmten Betriebs oder einer
wirtschaftlichen Betätigung im Ganzen.

Im Sinne des ESt-Rechts sind als Gewinn aus Land- und Forstwirtschaft, Gewerbebetrieb und selbständiger Arbeit die Einkünfte aus diesen Einkunftsarten anzusehen
(§ 2 Abs. 2 Nr. 1 EStG).

Das EStG kennt zwar verschiedene Formen der Ermittlung dieses Gewinns, aber nur einen materiellen Gewinnbegriff, nämlich den des § 4 Abs. 1 EStG, der zugleich die
Grundform der Gewinnermittlung beschreibt.

DEFINITION

Gewinn ist der Unterschiedsbetrag zwischen dem Betriebsvermögen am Schluss des Wirtschaftsjahres und dem Betriebsvermögen am Schluss des vorangegangenen Wirtschaftsjahres, vermehrt um den Wert der Entnahmen und vermindert um den Wert der Einlagen (§ 4 Abs. 1 Satz 1 EStG). Oder als Formel: Betriebsvermögen am Schluss des Wirtschaftsjahres ./. Betriebsvermögen am Schluss des vorangegangenen Wirtschaftsjahres = Betriebsvermögensänderung + Wert der Entnahmen ./. Wert der Einlagen = Gewinn

Dieser Gewinnbegriff umfasst auch den Begriff des Verlustes, der im Gesetz nicht selbständig bestimmt wird. Da aber das Ergebnis einer bestimmten Gewinnermittlungsart nicht notwendig positiv sein muss, sondern auch negativ sein kann, stellt sich der Verlust als negativer Gewinn bzw. negative Einkünfte dar.

Die Vorschriften über die Gewinnermittlung in den §§ 4 – 5 EStG beziehen sich immer nur auf einen bestimmten Betrieb, denn nur die Gegenüberstellung zweier Betriebsvermögen eines bestimmten Betriebes erscheint sinnvoll.

Hat ein Stpfl. mehrere Betriebe, so hat er auch mehrere Gewinne (oder Verluste) i. S. der §§ 4, 5 EStG. Die Gewinne aus mehreren Betrieben der gleichen Einkunftsart sind dann die Einkünfte i. S. von § 2 Abs. 2 Nr. 1 EStG, also z. B. die Gewinne aus mehreren Gewerbebetrieben desselben Stpfl. sind zusammen die Einkünfte aus Gewerbebetrieb.

998   Der allgemeine Gewinnbegriff des § 4 Abs. 1 EStG erfasst die Ergebnisse **sämtlicher Geschäftsvorfälle** des laufenden Betriebs und nicht nur der Geschäfte, die entsprechend der Zweckbestimmung der gewerblichen oder beruflichen Tätigkeit durchgeführt werden, wie z. B. die Warenverkäufe bei einem Handelsbetrieb; deshalb gehören grundsätzlich auch die Gewinne dazu, die beim Ausscheiden eines Wirtschaftsgutes des Anlagevermögens aus dem Betriebsvermögen dadurch verwirklicht werden, dass der für das Wirtschaftsgut erzielte Erlös höher ist als dessen Buchwert (BFH 4.4.1957 IV 460/56 U, BStBl 1957 III 195).

Von diesem Grundsatz der Gewinnverwirklichung bei Veräußerung und Entnahme gibt es zahlreiche bedeutsame Ausnahmen, die nur zum kleineren Teil im EStG selbst geregelt sind (§§ 6b bis 6d EStG).

999   Das EStG verwendet den allgemeinen Gewinnbegriff nur für das im laufenden Geschäftsjahr erzielte Ergebnis eines bestimmten Betriebs. Zu den Gewinneinkünften gehört aber auch der **Veräußerungsgewinn.** Das ist der Gewinn, der bei der Veräußerung oder Aufgabe eines land- und forstwirtschaftlichen oder eines gewerblichen Betriebs oder eines Teilbetriebs oder eines Anteils am Betriebsvermögen sowie bei der Veräußerung oder Aufgabe des Vermögens oder eines selbständigen Teils des Vermögens oder eines Anteils am Vermögen, das der selbständigen Arbeit dient (§§ 14, 14a EStG, § 16 Abs. 1 EStG, § 18 Abs. 3 EStG) erzielt wird. Der bis zur Veräußerung erzielte Gewinn ist der **laufende Gewinn.** Für die Ermittlung des Veräußerungsgewinns gelten besondere Regeln (§ 14a, § 16 Abs. 2 EStG). Soweit Veräußerungsgewinne steuerpflichtig sind, unterliegen sie im Allgemeinen dem ermäßigten Steuertarif des § 34 EStG.

Auch außerhalb der Gewinneinkünfte verwendet das Gesetz den Gewinnbegriff, so bei 1000
der Veräußerung von Anteilen an Kapitalgesellschaften (§ 17 EStG) und bei den Einkünften aus privaten Veräußerungsgeschäften i. S. des § 23 EStG. Die Ermittlung des
Veräußerungsgewinns ergibt sich in diesen Fällen aus § 17 Abs. 2 EStG und § 23 Abs. 3
EStG.

9.1.3 Die Formen der steuerlichen Gewinnermittlung

Für die steuerliche Gewinnermittlung gibt es drei verschiedene Möglichkeiten, nämlich 1001
die beiden Formen der Gewinnermittlung durch Betriebsvermögensvergleich (§ 4 Abs. 1
und § 5 EStG) und die Form der Gewinnermittlung ohne Vermögensvergleich (Einnah-
men-Überschussrechnung, § 4 Abs. 3 EStG). Wenn der Gewinn nach diesen Verfahren
nicht ermittelt oder berechnet werden kann, ist er aufgrund von § 162 AO zu schätzen.

9.1.3.1 Überblick über die Gewinnermittlungsarten

9.1.3.1.1 Betriebsvermögensvergleich

Die Grundform der Gewinnermittlung ist der Vergleich des Betriebsvermögens am 1002
Ende des Ermittlungszeitraums mit dem Betriebsvermögen am Ende des vorangegangenen Ermittlungszeitraums. Dem Unterschiedsbetrag (Vermehrung oder Verminderung) ist der Wert der Entnahmen hinzuzurechnen, und der Wert der Einlagen ist abzuziehen.

9.1.3.1.2 Arten des Betriebsvermögensvergleichs

Das Gesetz unterscheidet zwischen dem Vermögensvergleich nach § 4 Abs. 1 EStG und 1003
dem Vermögensvergleich nach § 5 EStG. Der Unterschied besteht einerseits im Umfang, andererseits in der Bewertung der zu vergleichenden Betriebsvermögen. Beim
Vermögensvergleich nach § 5 EStG sind – im Gegensatz zum Vermögensvergleich nach
§ 4 Abs. 1 EStG – auch die handelsrechtlichen Bilanzierungs- und Bewertungsvorschriften zu beachten, soweit steuerliche Vorschriften dem nicht entgegenstehen.

9.1.3.1.3 Einnahme-Überschussrechnung

Eine gegenüber dem Betriebsvermögensvergleich vereinfachte Form der Gewinnermitt- 1004
lung ist die Ermittlung des Überschusses der Betriebseinnahmen über die Betriebsausgaben (§ 4 Abs. 3 EStG). Hierbei bleiben grundsätzlich sämtliche Bestände außer Ansatz, ein Betriebsvermögensvergleich wird nicht durchgeführt.

Jedoch sind auch bei dieser vereinfachten Form der Gewinnermittlung die Vorschriften
über die Absetzung für Abnutzung oder Substanzverringerung zu befolgen (§ 4 Abs. 3
Satz 3 EStG). (Die Darstellung der Gewinnermittlung nach § 4 Abs. 3 EStG erfolgt im
Einzelnen in Rdn. 1131 ff.).

9.1.3.1.4 Schätzung des Gewinns

Wenn eine Gewinnermittlung nach den vorstehend beschriebenen Gewinnermitt- 1005
lungsarten nicht möglich ist, muss der Gewinn geschätzt werden (§ 162 AO). Und zwar

erfolgt die Schätzung bei Land- und Forstwirten nach den Grundsätzen des § 4 Abs. 1 EStG, bei Gewerbetreibenden, die zur Buchführung verpflichtet sind, nach § 5 EStG, anderenfalls nach § 4 Abs. 1 EStG, bei Angehörigen der freien Berufe und anderen selbständig Tätigen nach § 4 Abs. 1 EStG; in bestimmten Fällen kann der Gewinn auch nach § 4 Abs. 3 EStG geschätzt werden.

9.1.3.2 Die Gewinnermittlungsarten bei den einzelnen Gewinneinkünften

1006 Steuerpflichtige, die Gewinneinkünfte erzielen, müssen sich bei Aufnahme ihrer Tätigkeit darüber klar werden, aufgrund welcher Vorschriften sie den Gewinn zu ermitteln haben. Die Stpfl. sind nämlich in der Wahl der Gewinnermittlungsart nicht völlig frei. Diese ist vielmehr abhängig einerseits von der Gewinneinkunftsart und andererseits vom Bestehen einer Buchführungspflicht.

9.1.3.2.1 Einkünfte aus Gewerbebetrieb

1007 Gewerbetreibende, die buchführungspflichtig sind oder freiwillig Bücher führen, müssen den Gewinn nach § 5 EStG ermitteln (R 4.1 Abs. 2 Satz 1 EStR). Die Verpflichtung zur Buchführung ergibt sich für Gewerbetreibende, die Kaufleute i. S. der §§ 1 bis 4 EStG und des § 6 HGB sind, aus §§ 238 ff. HGB, für andere Gewerbetreibende aus § 141 Abs. 1 Nr. 1 und 4 AO. Besteht zwar Buchführungspflicht, werden aber keine Bücher geführt oder ist die Buchführung nicht ordnungsmäßig, so ist der Gewinn nach § 5 EStG zu schätzen (R 4.1 Abs. 2 Satz 3 EStR). Entsprechendes gilt, wenn für einen gewerblichen Betrieb freiwillig Bücher geführt werden, die Buchführung jedoch nicht ordnungsmäßig ist und die Aufzeichnungen auch nicht für eine Gewinnermittlung nach § 4 Abs. 3 EStG ausreichen (R 4.1 Abs. 2 Satz 4 EStR). Gewerbetreibende, die nicht buchführungspflichtig sind und die auch freiwillig keine Bücher führen, können den Gewinn nach § 4 Abs. 3 EStG ermitteln, wenn sie die für diese Gewinnermittlungsart ausreichenden Aufzeichnungen haben (R 4.1 Abs. 2 Satz 5 EStR).

1008 Ist ein Gewerbetreibender nicht zum Betriebsvermögensvergleich nach § 5 EStG verpflichtet, und liegen auch keine Anhaltspunkte dafür vor, dass er sich für eine Gewinnermittlung nach § 4 Abs. 3 EStG entschieden hat, so ist der Gewinn nach § 4 Abs. 1 EStG zu schätzen (BFH 30. 9. 1980 VIII R 201/78, BStBl 1981 II 301). Hat der Gewerbetreibende jedoch zulässigerweise die Gewinnermittlung nach § 4 Abs. 3 EStG gewählt, so ist ggf. auch eine Gewinnschätzung nach dieser Vorschrift durchzuführen (BFH 2. 3. 1982 VIII R 225/80, BStBl 1984 II 504).

9.1.3.2.2 Einkünfte aus Land- und Forstwirtschaft

1009 Der Gewinn ist bei Land- und Forstwirten nach § 4 Abs. 1 EStG zu ermitteln, wenn sie verpflichtet sind, Bücher zu führen und regelmäßig Abschlüsse zu machen (R 4.1 Abs. 1 Satz 1 EStR). Die Buchführungspflicht ergibt sich für Land- und Forstwirte aus § 141 Abs. 1 Nr. 1, 3 und 5 AO. Dabei ist zu beachten, dass hier nicht der Gewinn eines Wirtschaftsjahres, sondern die bei der letzten Veranlagung festgestellten Einkünfte maßgebend sind (vgl. Rdn. 1022 ff.).

BEISPIEL: Das Wj eines Landwirts umfasst den Zeitraum vom 1.7. bis zum 30.6. Die Gewinne haben betragen im Wj 01/02 20 000 € und im Wj 02/03 30 000 €. Die bei der Veranlagung für das Kj 02 festzustellenden Einkünfte betragen gem. § 4a Abs. 2 Nr. 1 EStG 25 000 €. Nach § 141 Abs. 1 EStG tritt Buchführungspflicht nicht ein.

Auch wenn die Voraussetzungen des § 141 Abs. 1 AO nicht vorliegen, kann sich für Land- und Forstwirte eine Verpflichtung zur Buchführung und zur Gewinnermittlung nach § 4 Abs. 1 oder nach Abs. 3 EStG aufgrund von § 13a Abs. 1 EStG ergeben.

Eine Gewinnermittlung nach § 5 EStG ist bei Land- und Forstwirten nicht zulässig.

Bei Land- und Forstwirten, die nicht aufgrund gesetzlicher Vorschriften zur Buchführung verpflichtet sind, ist der Gewinn nach § 13a Abs. 3 bis 8 EStG zu ermitteln, es sei denn, der Stpfl. stellt einen Antrag nach § 13a Abs. 2 EStG und führt freiwillig Bücher.

9.1.3.2.3 Einkünfte aus selbständiger Arbeit

Bei den Einkünften aus selbständiger Arbeit ist eine Gewinnermittlung nach § 5 EStG ebenfalls nicht zulässig. Im Übrigen ist für die Gewinnermittlung zu unterscheiden zwischen den Einkünften aus **freiberuflicher** Tätigkeit und den **übrigen** Einkünften aus **selbständiger Arbeit.**   1010

Nach § 141 AO besteht eine Verpflichtung zur Buchführung nur für gewerbliche Unternehmen sowie Land- und Forstwirte; die selbständig Tätigen sind nicht aufgeführt.

Angehörige der freien Berufe (§ 18 Abs. 1 Nr. 1 EStG) ermitteln ihren Gewinn regelmäßig nach § 4 Abs. 3 EStG. Sie haben den Gewinn nach § 4 Abs. 1 EStG zu ermitteln, wenn sie freiwillig Bücher führen und regelmäßig Abschlüsse machen.

Eine Buchführungspflicht kann sich im Einzelfall aus § 140 AO ergeben, wenn freiberuflich Tätige nach anderen Gesetzen als den Steuergesetzen verpflichtet sind, Bücher zu führen.

Eine erweiterte Aufzeichnungspflicht ergibt sich auch aus § 6 Abs. 2 und § 7a Abs. 8 EStG sowie aus § 22 UStG.

9.1.3.3 Bindung an die Gewinnermittlungsart

Die Stpfl. sind an die bei der Betriebseröffnung bzw. bei Beginn der Berufstätigkeit gewählte Gewinnermittlungsart nicht für die ganze Dauer der Einkunftserzielung aus der Gewinneinkunftsart gebunden.   1011

9.1.3.3.1 Verpflichtung zum Wechsel

Eine Verpflichtung zum Wechsel der Gewinnermittlungsart kann sich aus verschiedenen Gründen ergeben. Der häufigste Fall ist der, dass die gesetzlichen Voraussetzungen der Buchführungspflicht erfüllt werden. Dann sind Gewerbetreibende sowie Land- und Forstwirte zur Gewinnermittlung durch Vermögensvergleich verpflichtet.   1012

Die Verpflichtung zur Buchführung und damit zur Gewinnermittlung nach § 4 Abs. 1 EStG (Land- und Forstwirte) oder § 5 EStG (Gewerbetreibende) beginnt mit dem Anfang des Wirtschaftsjahres, das auf die Bekanntgabe der Mitteilung folgt, durch die die Finanzbehörde auf den Beginn dieser Verpflichtung hingewiesen hat (§ 141 Abs. 2 AO). Diese Mitteilung setzt weder einen Steuer- oder Feststellungsbescheid noch eine

Rechtsbehelfsentscheidung voraus. Sie kann auch in anderer Weise erfolgen und soll mindestens einen Monat vor Beginn des Wirtschaftsjahres bekannt gegeben werden.

1013   Die **Buchführungsgrenzen** beziehen sich stets auf den einzelnen Betrieb, auch wenn der Stpfl. mehrere Betriebe der gleichen Einkunftsart hat.

> **BEISPIEL:** A hat zwei Gewerbebetriebe. Für das Wj 01 stellt das FA fest, dass der Gewinn des Betriebs I 70 000 € und der des Betriebs II 30 000 € beträgt.
>
> A ist zur Führung von Büchern nur für den Betrieb I verpflichtet, und zwar von Beginn des Wj an, das auf die Bekanntgabe der Mitteilung über das Bestehen der Buchführungspflicht folgt – hier also ab Beginn des Wj 03, sofern die Bekanntgabe in 02 erfolgt ist. Für den Betrieb II kann er dagegen den Gewinn weiterhin nach § 4 Abs. 3 EStG ermitteln.
>
> Bei einem nur einmaligen Überschreiten der Buchführungsgrenzen soll das FA auf Antrag gem. § 148 AO von der Buchführungspflicht befreien, wenn nicht zu erwarten ist, dass die Grenzen auch später überschritten werden.
>
> Sind die Grenzen des § 141 Abs. 1 AO nicht mehr erfüllt, so endet die Buchführungspflicht erst mit Ablauf des Wirtschaftsjahres, das auf das Wirtschaftsjahr folgt, in dem die Finanzbehörde den Wegfall der Buchführungspflicht festgestellt hat. Dieser Wegfall wird jedoch nicht wirksam, wenn das FA vor dem Erlöschen der Verpflichtung wiederum das Bestehen der Buchführungspflicht festgestellt hat.

> **BEISPIEL:** A hat für das Wj 05 in seinem Gewerbebetrieb einen Gewinn i. H. von 30 000 € erzielt. Wj ist das Kj. Im Kj 07 teilt ihm das FA mit, dass eine Verpflichtung zur Buchführung nicht mehr besteht. Im Kj 08 stellt das FA aufgrund der Steuererklärungen für den VZ 07 fest, dass der Gewinn aus dem Gewerbebetrieb 65 000 € beträgt. Es teilt noch im Kj 08 A die Verpflichtung zur Buchführung mit.
>
> Aufgrund der Mitteilung im Kj 07, dass eine Buchführungspflicht nicht mehr besteht, hätte A mit Ablauf des Kj (Wj) 08 von der Führung von Büchern absehen können. Da ihm aber vor Ablauf dieses Jahres wieder die Verpflichtung zur Buchführung mitgeteilt wurde, ist der Wegfall der Buchführungspflicht nicht wirksam geworden.

1014   Für Stpfl., die den Gewinn nach § 4 Abs. 3 EStG ermitteln, ergibt sich außer dem Eintritt in die Buchführungspflicht noch ein weiterer Tatbestand, der sie zum Übergang zur Gewinnermittlung durch Vermögensvergleich zwingt. Diese Stpfl. werden bei der Veräußerung ihres Betriebs so behandelt, als wären sie im Zeitpunkt der Veräußerung zunächst zur Gewinnermittlung durch Vermögensvergleich nach § 4 Abs. 1 EStG übergegangen. Das Gleiche gilt bei der Veräußerung eines Teilbetriebs oder eines Mitunternehmeranteils und bei der Aufgabe eines Betriebs. Dadurch werden die im Laufe der Gewinnermittlung nach § 4 Abs. 3 EStG bisher nicht erfassten Gewinne im letztmöglichen Zeitpunkt erfasst (zur Durchführung der Anpassungsrechnung vgl. Rdn. 1164 ff.).

Kommt der Stpfl. der Verpflichtung zum Wechsel der Gewinnermittlungsart nicht nach, kann ihn das FA mit den Zwangsmitteln der AO dazu anhalten, notfalls muss es den Gewinn schätzen.

9.1.3.3.2   Möglichkeit des Wechsels

1015   Sofern dem Stpfl. nicht eine bestimmte Gewinnermittlungsart gesetzlich vorgeschrieben ist, kann er grundsätzlich nach eigenem Ermessen zu einer anderen zulässigen Form der Gewinnermittlung übergehen. Ein wiederholter Wechsel ohne wirtschaftliche Begründung ist jedoch unzulässig. Insbesondere darf er nicht innerhalb eines Gewinnermittlungszeitraums die Form der Gewinnermittlung ändern.

Solange ein Stpfl. freiwillig ordnungsmäßige Bücher führt und Abschlüsse macht, muss er seinen Gewinn durch Betriebsvermögensvergleich ermitteln bzw. den so ermittelten Gewinn auch in seiner Steuererklärung angeben.

Die Gewinnermittlung durch Betriebsvermögensvergleich ist die genauere Form der   1016 Gewinnermittlung; der sich dabei ergebende Gewinn muss daher bei ordnungsmäßiger Buchführung auch der Besteuerung zugrunde gelegt werden (BFH 28. 1. 1960 IV 226/58 S, BStBl 1960 III 291). Dies ergibt sich ausdrücklich aus § 4 Abs. 3 EStG, der die vereinfachte Form der Gewinnermittlung u. a. davon abhängig macht, dass nicht freiwillig ordnungsmäßige Bücher geführt und regelmäßig Abschlüsse gemacht werden. Ein Übergang von der Gewinnermittlung durch Vermögensvergleich zur Überschussrechnung erfordert deshalb bei Stpfl., die freiwillig ordnungsmäßig Bücher führen, stets einen Verzicht auf die Buchführung. Das gilt nicht bei freiwillig buchführenden Land- und Forstwirten, die unter § 13a EStG fallen und damit ein Wahlrecht haben, ob sie ihren aufgrund ordnungsmäßiger Buchführung ermittelten Gewinn der Besteuerung zugrunde legen wollen (§ 13a Abs. 2 EStG).

Wenn ein nicht zur Buchführung verpflichteter Stpfl. freiwillig Bücher geführt und ei   1017 nen Abschluss gemacht hat, die Buchführung aber schwerwiegende, ihre Ordnungsmäßigkeit ausschließende Mängel aufweist, so kann der Stpfl. den Gewinn nach § 4 Abs. 3 EStG ermitteln. Der so ermittelte Gewinn ist aber nur dann der Besteuerung zugrunde zu legen, wenn der Stpfl. diese Form der Gewinnermittlung bereits in seiner Steuererklärung gewählt hat. Wird dagegen die mangelnde Ordnungsmäßigkeit der Buchführung erst später entdeckt und daraufhin die Gewinnermittlung durch Betriebsvermögensvergleich nicht anerkannt, so soll es dem Stpfl. verwehrt sein, nunmehr den Gewinn nach § 4 Abs. 3 EStG zu ermitteln (BFH 19. 1. 1967 IV 12/63, BStBl 1967 III 288). Dagegen ist das FA in diesem Fall berechtigt, der Gewinnermittlung den Überschuss der Einnahmen über die Ausgaben zugrunde zu legen (BFH 9. 2. 1967 IV 291/64, BStBl 1967 III 310).

Ob eine freiwillig eingerichtete Buchführung eine geeignete Grundlage für eine Ge   1018 winnermittlung durch Vermögensvergleich bildet und damit zum Vermögensvergleich zwingt, hängt von den Umständen des einzelnen Falles ab. Bei Angehörigen der freien Berufe kann i. d. R. davon ausgegangen werden, dass sie nicht mehr an Buchführung einrichten wollen, als die Verwaltung im Interesse der Besteuerung von ihnen verlangt (BFH 24. 11. 1959 I 47/58 U, BStBl 1960 III 188).

9.1.3.3.3   Schätzung als Wechsel der Gewinnermittlungsart

Wird der gesamte Gewinn geschätzt (sog. Vollschätzung), so erfolgt diese Schätzung   1019 bei buchführungspflichtigen Gewerbetreibenden nach den Grundsätzen des § 5 EStG, bei allen übrigen Stpfl. mit Gewinneinkünften nach den Grundsätzen von § 4 Abs. 1 EStG, es sei denn, der Stpfl. hatte zulässigerweise die Gewinnermittlung nach § 4 Abs. 3 EStG gewählt (BFH 2. 3. 1982 VIII R 225/80, BStBl 1984 II 504). Sofern in dem der Schätzung nach § 4 Abs. 1 EStG unmittelbar vorangehenden Wirtschaftsjahr der Gewinn in Form der Überschussrechnung ermittelt worden ist, bedeutet also die Schätzung einen Wechsel der Gewinnermittlungsart (R 4.6 Abs. 1 Satz 1 und 2 EStR).

425

9.1.4 Gewinnermittlung und Veranlagung

9.1.4.1 Veranlagungszeitraum und Gewinnermittlungszeitraum

1020   Da der Veranlagungs- und der Bemessungszeitraum nach § 2 Abs. 7 EStG und nach § 25 Abs. 1 EStG das Kalenderjahr ist, ergibt sich daraus die Notwendigkeit, dass auch das Einkommen für das Kalenderjahr ermittelt wird.

Von dem Bemessungszeitraum für das Einkommen ist der Ermittlungszeitraum für bestimmte Einkünfte zu unterscheiden. Während bei den in § 2 Abs. 1 Nr. 3 bis 7 EStG genannten Einkunftsarten der Ermittlungszeitraum für die Einkünfte grundsätzlich das Kalenderjahr ist, ist bei Land- und Forstwirten und bei Gewerbetreibenden der Gewinn nach dem **Wirtschaftsjahr** zu ermitteln (§ 4a Abs. 1 Satz 1 EStG).

1021   Das Wirtschaftsjahr ist also der Zeitraum, für den der Gewinn aus einem land- oder forstwirtschaftlichen oder einem gewerblichen Betrieb ermittelt wird. Er umfasst einen Zeitraum von zwölf Monaten (§ 8b Satz 1 EStDV). Wirtschaftsjahre, die einen kürzeren Zeitraum umfassen, werden **Rumpfwirtschaftsjahre** genannt. Eine Verkürzung des Wirtschaftsjahres ist jedoch nur in den in § 8b Satz 2 EStDV genannten Fällen zulässig. Dabei ist der Wegfall der unbeschränkten Steuerpflicht, z. B. durch Tod des Betriebsinhabers oder durch Aufgabe des Wohnsitzes oder des gewöhnlichen Aufenthalts im Inland, der Betriebsaufgabe insofern gleichzustellen, als auch dadurch das Wirtschaftsjahr beendet wird (vgl. Rdn. 52 ff.). Stimmt das Wirtschaftsjahr mit dem Kalenderjahr nicht überein, spricht man von einem **abweichenden Wirtschaftsjahr.**

9.1.4.1.1 Gewinnermittlungszeitraum bei Land- und Forstwirten

1022   Land- und Forstwirte ermitteln ihren Gewinn grundsätzlich nach einem vom Kalenderjahr abweichenden Wirtschaftsjahr (§ 4a Abs. 1 Nr. 1 Satz 1 EStG). Dies gilt sowohl für buchführende als auch für nicht buchführende Land- und Forstwirte. Wird der Gewinn geschätzt, so muss ebenfalls für das abweichende Wirtschaftsjahr geschätzt werden. Der Grund für diese Regelung ist der, dass bei Landwirten regelmäßig die Aufwendungen für die Feldbestellung und die dazu gehörigen Ernteerlöse nicht in dasselbe Kalenderjahr fallen.

Wirtschaftsjahr ist bei den Land- und Forstwirten grundsätzlich der Zeitraum vom 1. Juli bis zum 30. Juni. Dieser Zeitraum umfasst sowohl den überwiegenden Teil der Feldbestellungskosten als auch des beim Verkauf der Ernte erzielten Erlöses.

Entsprechend den betriebsbedingten Besonderheiten ist das Wirtschaftsjahr bei Betrieben mit einem Futterbauanteil von 80 % und mehr der landwirtschaftlichen Nutzung der Zeitraum vom 1. 5. bis zum 30. 4., bei reiner Forstwirtschaft der Zeitraum vom 1. 10. bis zum 30. 9. und bei reinem Weinbau der Zeitraum vom 1. 9. bis zum 31. 8. (§ 8c Abs. 1 EStDV). Gartenbaubetriebe und reine Forstbetriebe können auch das Kalenderjahr als Wirtschaftsjahr bestimmen (§ 8c Abs. 2 EStDV).

1023   Da Veranlagungs- und Bemessungszeitraum bei der ESt stets das Kalenderjahr ist, muss der für ein vom Kalenderjahr abweichendes Wirtschaftsjahr ermittelte bzw. geschätzte Gewinn auf die zugehörigen Kalenderjahre verteilt werden. Bei Land- und Forstwirten ist der Gewinn des Wirtschaftsjahres auf das Kalenderjahr, in dem das

Wirtschaftsjahr beginnt, und auf das Kalenderjahr, in dem das Wirtschaftsjahr endet, entsprechend dem zeitlichen Anteil aufzuteilen (§ 4a Abs. 2 Nr. 1 Satz 1 EStG).

BEISPIELE:

a) Das Wj eines Landwirts umfasst den Zeitraum vom 1.7. bis 30.6. Der Gewinn wird durch Vermögensvergleich nach § 4 Abs. 1 EStG ermittelt. Er beträgt für das Wj 01/02 22 000 € und für das Wj 02/03 18 000 €. Die Einkünfte aus Land- und Forstwirtschaft im Kj 02 setzen sich aus den zeitanteiligen Gewinnen der beiden beteiligten Wj zusammen:

Gewinnanteil des Wj 01/02	11 000 €
Gewinnanteil des Wj 02/03	9 000 €
Einkünfte	20 000 €

Von jedem der beiden Wj entfallen 6 Monate auf das Kj 02, so dass des Gewinns jedes Wj diesem Kj zuzurechnen ist.

b) Das Wj eines Forstwirtes umfasst den Zeitraum vom 1.10. bis 30.9. Die durch Vermögensvergleich ermittelten Gewinne betragen für das Wj 01/02 24 000 € und für das Wj 02/03 30 000 €. Die Einkünfte im Kj 02 errechnen sich wie folgt:

Gewinnanteil des Wj 01/02	18 000 €
Gewinnanteil des Wj 02/03	7 500 €
Einkünfte	25 500 €

Von dem Wj 01/02 entfallen 9 Monate auf das Kj 02, mithin sind des Gewinns dieses Wj dem Kj 02 zuzurechnen. Vom Wj 02/03 entfallen 3 Monate auf das Kj 02, so dass des Gewinns dieses Wj dem Kj 02 zuzurechnen sind.

Die zeitanteilige Aufteilung erfolgt nur hinsichtlich der laufenden Gewinne; Veräußerungsgewinne i. S. des § 14 EStG sind auszuscheiden und den Einkünften des Kalenderjahres hinzuzurechnen, in dem sie entstanden sind (§ 4a Abs. 2 Nr. 1 Satz 2 EStG).

BEISPIEL: Ein Landwirt, dessen Wj den Zeitraum vom 1.7. bis 30.6. umfasst, hat seinen Betrieb am 1.5.03 veräußert. Folgende Gewinne werden ermittelt:

Wj 01/02	36 000 €
Rumpf-Wj 02/03	6 000 €
Veräußerungsgewinn	48 000 €

Die Einkünfte aus Land- und Forstwirtschaft im Kj 02 errechnen sich wie folgt:

Gewinnanteil des Wj 01/02	18 000 €
Gewinnanteil des Rumpf-Wj 02/03	3 600 €
Einkünfte	21 600 €

Von dem Wj 01/02 entfallen 6 Monate auf das Kj 02, mithin sind des Gewinns dieses Wj dem Kj 02 zuzurechnen. Das Rumpfwirtschaftsjahr 02/03 umfasst nur 10 Monate. Davon entfallen 6 Monate auf das Kj 02, dem mithin des Gewinns dieses Wj zuzurechnen sind. Die anderen des Gewinns dieses Wj sind dem Kj 03 zuzurechnen, dem ebenfalls der ganze Veräußerungsgewinn zuzurechnen ist.

Verluste aus Land- und Forstwirtschaft sind nach den gleichen Grundsätzen aufzuteilen.

9.1.4.1.2 Gewinnermittlungszeitraum bei Gewerbetreibenden

Bei Gewerbetreibenden ist das Wirtschaftsjahr regelmäßig das Kalenderjahr (§ 4a Abs. 1 Nr. 3 EStG). Wenn die Firma im Handelsregister eingetragen ist, ist das Wirtschaftsjahr der Zeitraum, für den der Gewerbetreibende regelmäßig Abschlüsse macht (§ 4a Abs. 1 Nr. 2 EStG). **Abschlusszeitpunkt** kann dann jeder beliebige Zeitpunkt sein,

1024

also nicht nur der 31. 12. eines jeden Kj. Der gewählte Abschlusszeitpunkt muss aber als regelmäßiger Abschlusszeitpunkt beibehalten werden; ein willkürlicher Wechsel ist nicht zulässig.

> **BEISPIEL:** ▶ Ein Großhändler, dessen Firma im Handelsregister eingetragen ist, eröffnet seinen Betrieb am 1. 4. 01 und stellt auf diesen Tag seine Eröffnungsbilanz auf. Er wählt als regelmäßigen Abschlusszeitpunkt den 31. 3. jeden Jahres. Sein Wj umfasst mithin den Zeitraum vom 1. 4. bis 31. 3. und weicht damit vom Kj ab.
>
> Der Großhändler kann aber auch den 31. 12. als regelmäßigen Abschlusszeitpunkt wählen. Dann umfasst das erste Wj den Zeitraum vom 1. 4. bis 31. 12. 01, es bildet mithin ein Rumpfwirtschaftsjahr (§ 8b Satz 2 Nr. 1 EStDV). Die folgenden Wj umfassen den Zeitraum vom 1. 1. bis 31. 12. eines jeden Jahres, stimmen also mit dem Kj überein.
>
> Ausnahmsweise können auch Gewerbetreibende, deren Firma nicht im Handelsregister eingetragen ist, ein vom Kalenderjahr abweichendes Wirtschaftsjahr haben, wenn sie nämlich gleichzeitig buchführende Land- und Forstwirte sind, z. B. ein Landwirt, der gleichzeitig eine kleine Landmaschinenfabrik betreibt. Diese Stpfl. können dann mit Zustimmung des FA den Gewinn aus Gewerbebetrieb nach dem Zeitraum ermitteln, der dem land- und forstwirtschaftlichen Wirtschaftsjahr entspricht, wenn sie für den Gewerbebetrieb Bücher führen und für diesen Zeitraum regelmäßig Abschlüsse machen (§ 4a Abs. 1 Nr. 3 Satz 2 EStG).
>
> Der Gewinn ist auch dann nach dem abweichenden Wirtschaftsjahr zu ermitteln, wenn keine ordnungsmäßige Buchführung vorliegt. Wird der Gewinn geschätzt, so ist die Schätzung nach dem abweichenden Wirtschaftsjahr vorzunehmen (R 4a Abs. 4 EStR).

1025   Die **Umstellung des Wirtschaftsjahres** auf einen vom Kalenderjahr abweichenden Zeitraum ist steuerlich nur wirksam, wenn sie im Einvernehmen mit dem FA vorgenommen wird (§ 4a Abs. 1 Nr. 2 Satz 2 EStG). Ein Gewerbetreibender, dessen Firma im Handelsregister eingetragen ist, kann also ohne Einvernehmen mit dem FA nur bei der Betriebseröffnung einen vom Schluss des Kalenderjahres abweichenden Abschlusszeitpunkt wählen. Ebenso kann er ohne Einvernehmen mit dem FA sein abweichendes Wirtschaftsjahr auf das Kalenderjahr umstellen.

> **BEISPIEL:** ▶ Der Großhändler, dessen Wj den Zeitraum vom 1. 4. bis 31. 3. umfasst, kann später ohne Einvernehmen mit dem FA sein Wj auf das Kj umstellen, indem er für den Zeitraum vom 1. 4. bis 31. 12. ein Rumpfwirtschaftsjahr bildet (§ 8b Satz 2 Nr. 2 EStDV) und dann regelmäßig am 31. 12. abschließt.
>
> Dagegen kann er sein abweichendes Wj nur im Einvernehmen mit dem FA auf ein anderes abweichendes Wj umstellen (§ 8b Satz 2 Nr. 2 Satz 2 EStDV).
>
> Bei Gewerbetreibenden gilt der Gewinn des Wirtschaftsjahres als in dem Kalenderjahr bezogen, in dem das Wirtschaftsjahr endet (§ 4a Abs. 2 Nr. 2 EStG).

> **BEISPIEL:** ▶ Der Großhändler, der sein Wj vom 1. 1. 03 an auf das Kj umgestellt hat, hat im Kj 02 den Gewinn des Wj 01/02, das am 31. 3. 02 endete, und den Gewinn des Rumpfwirtschaftsjahres 02, das am 31. 12. 02 endete, bezogen.

9.1.4.1.3   Einvernehmen mit dem Finanzamt

1026   Der Stpfl. hat einen Anspruch auf eine vor dem Veranlagungsverfahren liegende selbständige Entscheidung des FA über dessen Einvernehmen, d. h. über die steuerliche Wirksamkeit der beabsichtigten Umstellung des Wirtschaftsjahres. Dabei bedeutet Einvernehmen nichts anderes als Zustimmung. Der Gesetzgeber hat die steuerliche Wirksamkeit der Umstellung auf ein abweichendes Wirtschaftsjahr vom Einvernehmen des FA abhängig gemacht, „weil mit der Umstellung und der Einschaltung eines evtl. auf nur einen Monat verkürzten Rumpfwirtschaftsjahres ungewöhnliche steuerliche Vorteile verbunden sein können (Hinausschieben der Besteuerung von Gewinnen), die es im Interesse der Gleichmäßigkeit und Gerechtigkeit der Besteuerung geboten erscheinen lassen, die steuerliche Umstellung nicht in das Belieben des Stpfl. zu stellen" (BFH 24.4.1980 IV R 149/76, BStBl 1981 II 50, 15.6.1983 I R 76/82, BStBl 1983 II 672).

Das FA hat bei seiner Entscheidung im Rahmen pflichtgemäßen Ermessens die betriebswirtschaftlichen Erwägungen des Stpfl. für die Umstellung und die die Allgemeinheit berührenden steuerlichen Auswirkungen gegeneinander abzuwägen (R 4a Abs. 2 EStR und H 4a „Zustimmung" EStH).

Die nicht im Einvernehmen mit dem FA vorgenommene Umstellung ist steuerlich unwirksam. Der nach dem abweichenden Wirtschaftsjahr ermittelte Gewinn ist umsatzanteilig auf den zulässigen Ermittlungszeitraum umzurechnen, ggf. für diesen zu schätzen. Die Ordnungsmäßigkeit der Buchführung wird dadurch jedoch nicht berührt.

9.1.4.2 Notwendige Gewinnkorrekturen bei der Veranlagung

Regelmäßig ist der nach den Gewinnermittlungsvorschriften des EStG ermittelte Gewinn unverändert als Gewinneinkunft der Besteuerung zugrunde zu legen. In gewissen Fällen bedarf der Gewinn jedoch vorher einer Korrektur. So müssen sämtliche steuerfreien Betriebseinnahmen aus dem Gewinn ausgeschieden werden, z. B. steuerfreie Investitionszulagen nach § 13 des InvZulG 2010.   1027

9.2 Allgemeines zur Gewinnermittlung durch Vermögensvergleich

9.2.1 Begriff und Bedeutung der Steuerbilanz

Ein Vergleich zweier Betriebsvermögen, wie ihn § 4 Abs. 1 EStG und § 5 EStG verlangen, setzt voraus, dass das Betriebsvermögen für einen bestimmten Zeitpunkt durch Inventur **(Bestandsaufnahme)** mengenmäßig festgestellt, bewertet und in übersichtlicher Form dargestellt wird. Das Ergebnis der Inventur ist das Inventar, das ist das Verzeichnis der einzelnen positiven und negativen Wirtschaftsgüter (Vermögenswerte und Schulden) eines Unternehmens nach Art, Menge und Wert. Aufgrund des Inventars wird dann die Bilanz aufgestellt. Darunter versteht das Handelsrecht „einen das Verhältnis des Vermögens und der Schulden darstellenden Abschluss" (§ 242 Abs. 1 HGB). Das ESt-Recht bezeichnet die Bilanz treffend als **Vermögensübersicht** (§ 4 Abs. 2 EStG).   1028

Kaufleute sind schon nach § 242 HGB verpflichtet, Bilanzen aufzustellen. Sie haben dabei die handelsrechtlichen Rechnungslegungsvorschriften zu beachten. Diese Vorschriften lassen dem Kaufmann einen größeren Bewertungsspielraum. Das Steuerrecht schränkt diesen durch § 6 EStG wieder ein. Auf diese Weise können sich für dasselbe Wirtschaftsgut unterschiedliche Wertansätze ergeben, je nachdem, ob man die handelsrechtlichen oder die steuerrechtlichen Bewertungsvorschriften zugrunde legt. Bei Kaufleuten unterscheidet man deshalb zwischen der Handelsbilanz und der Steuerbilanz. **Handelsbilanz** ist die den handelsrechtlichen Vorschriften entsprechende Vermögensübersicht. **Steuerbilanz** ist die den steuerlichen Vorschriften entsprechende   1029

Vermögensübersicht (§ 60 Abs. 2 Satz 2 EStDV). Dem steuerlichen Betriebsvermögens-vergleich ist stets die Steuerbilanz zugrunde zu legen.

9.2.2 Entnahmen und Einlagen

1030   Das Ergebnis des Vergleichs zweier Betriebsvermögen ist zunächst ein **Unterschieds-betrag,** der positiv oder negativ sein kann, je nachdem, ob das Betriebsvermögen am Ende des Wirtschaftsjahres größer oder kleiner als das Anfangsvermögen ist. Dieser Unterschiedsbetrag ist aber noch nicht der Gewinn. Das Betriebsvermögen kann im Laufe des Jahres durch Einlagen erhöht oder durch Entnahmen vermindert worden sein.

Hierbei handelt es sich um Veränderungen des Betriebsvermögens, die nicht durch den Betrieb veranlasst sind und folglich nicht den Gewinn beeinflussen können. Deshalb bestimmt § 4 Abs. 1 EStG, dass der Unterschiedsbetrag zwischen den beiden Betriebs-vermögen um den Wert der Entnahmen zu vermehren und um den Wert der Einlagen zu vermindern ist. Erst durch die Korrektur des Unterschiedsbetrages ergibt sich der Ge-winn.

> **BEISPIEL:** Das Betriebsvermögen eines Gewerbetreibenden hatte am 31. 12. 01 40 000 € betra-gen; am 31. 12. 02 beträgt es 80 000 €, hat sich also um 40 000 € vermehrt (Unterschieds-betrag). Im Laufe des Jahres 02 hat der Gewerbetreibende für private Zwecke 17 000 € in bar und Waren im Teilwert von 8 000 € entnommen, das Betriebsvermögen also um 25 000 € ver-mindert. Um diesen Betrag ist der Unterschiedsbetrag zu erhöhen. Andererseits hat der Stpfl. aus einer Erbschaft 10 000 € erhalten, die er in die Geschäftskasse eingelegt hat. Um diesen Betrag hat er also das Betriebsvermögen erhöht. Der Unterschiedsbetrag ist um 10 000 € zu vermindern. Der Gewinn 02 beträgt also (40 000 € + 25 000 € ./. 10 000 €) 55 000 €.
>
> Die Stpfl. tragen vielfach diesem Gewinnbegriff in ihrer Steuerbilanz schon dadurch Rechnung, dass sie Entnahmen und Einlagen gesondert ausweisen, also nicht mit dem Kapital (Betriebs-vermögen) verrechnen. In diesen Fällen erübrigt sich natürlich eine Korrektur des Betriebsver-mögens.

9.2.2.1 Entnahmen

9.2.2.1.1 Begriff

1031   Entnahmen (Privatentnahmen) sind alle Wirtschaftsgüter, die der Stpfl. dem Betrieb für sich, für seinen Haushalt oder für andere betriebsfremde Zwecke im Laufe des Wirt-schaftsjahres entnommen hat (§ 4 Abs. 1 Satz 2 EStG; R 4.3 EStR u. H 4.3 EStH). Der Hauptfall ist die Entnahme von Bargeld zur privaten Lebensführung. Aber auch Waren, Nutzungen (BFH 12. 7. 1973 IV R 205/69, BStBl 1973 II 842) und Leistungen können ent-nommen werden.

> **BEISPIEL:** A lässt den Garten seines Einfamilienhauses durch einen Arbeiter seines Betriebes während der normalen betrieblichen Arbeitszeit pflegen. Er entnimmt seinem Betrieb die Ar-beitsleistung (Lohnaufwand).
>
> Zu den Entnahmen gehören ferner alle Beträge, die zur Zahlung von nicht abzugsfähigen Steu-ern (z. B. **ESt**) aus dem Betriebsvermögen entnommen werden. Eine Entnahme liegt auch dann vor, wenn Wirtschaftsgüter aus **privaten** Gründen an Dritte zu Preisen abgegeben werden, die unter ihrem wirklichen Wert liegen.

BEISPIEL: ▶ Ein Gewerbetreibender „verkauft" einen zum Betriebsvermögen gehörenden Pkw, dessen Teilwert 2 500 € beträgt, für 500 € seinem Freund. In Höhe von 2 000 € liegt eine Entnahme vor.

Kein Wirtschaftsgut ist die eigene **Arbeitskraft** des Stpfl. Eine Entnahme liegt mithin nicht vor, wenn z. B. ein Rechtsanwalt seine Familienangehörigen berät. Ein Malermeister, der sein eigenes Haus anstreicht, tätigt eine Entnahme nur hinsichtlich des Materials, nicht hinsichtlich seiner Arbeitskraft.   1032

Ob eine Entnahme vorliegt, kann beim Einzelunternehmer anders zu beurteilen sein als beim Gesellschafter einer **Personengesellschaft.** Der Einzelunternehmer entscheidet allein und unabhängig, ob und wie lange er einen Gegenstand seinem Betrieb widmen will. Der Gesellschafter einer Personengesellschaft kann aber nicht allein entscheiden, ob er einen Gegenstand in sein Privatvermögen überführt. Das Vermögen einer Personengesellschaft ist gesamthänderisch gebundenes Vermögen aller Gesellschafter. Jeder Gesellschafter kann daher nur mit Zustimmung seiner Mitgesellschafter einen der Personengesellschaft gehörenden Gegenstand in sein Privatvermögen entnehmen.   1033

Die Entnahme setzt begrifflich ein **Tätigwerden** des Stpfl. voraus, d. h. das Ausscheiden des Wirtschaftsgutes aus dem Betriebsvermögen muss auf einem bewussten Willensakt des Stpfl. beruhen (BFH 27. 1. 1977 I R 48/75, BStBl 1977 II 388). Ein Beweisanzeichen dafür ist regelmäßig die buchmäßige Behandlung. Sie ist jedoch nicht entscheidend.   1034

BEISPIELE: ▶

a) Ein Gebäude, das bisher ausschließlich Büro- und Lagerräume eines Gewerbebetriebs enthielt und damit notwendiges Betriebsvermögen darstellte, dient nach einer Betriebsverlagerung nur noch Wohnzwecken des Betriebsinhabers. Dadurch, dass der Betriebsinhaber das Gebäude für eigene Wohnzwecke in Anspruch genommen hat, hat er das Gebäude dem Betriebsvermögen entnommen. Es spielt keine Rolle, wenn er das Gebäude (rechtsirrtümlich) buchmäßig weiter als Betriebsvermögen behandelt (BFH 12. 3. 1964, HFR 373).

b) Ein Stpfl. hat irrtümlich das von ihm selbst bewohnte Einfamilienhaus als Betriebsvermögen behandelt, obwohl es notwendiges Privatvermögen ist. Die Ausbuchung stellt keine Entnahme dar. Es handelt sich lediglich um die buchmäßige Klarstellung des rechtlichen Zustandes, dass nämlich das Einfamilienhaus überhaupt nicht zum Betriebsvermögen gehört (BFH 2. 7. 1969 I R 143/66, BStBl 1969 II 617).

Ein Wille zur Gewinnverwirklichung oder das Bewusstsein der Gewinnverwirklichung ist nicht erforderlich (BFH 31. 1. 1985 IV R 130/82, BStBl 1985 II 395).

Die Wirtschaftsgüter müssen dem Betrieb im Laufe eines Wirtschaftsjahres zu betriebsfremden Zwecken entzogen sein, damit eine Entnahme vorliegt.   1035

BEISPIELE: ▶

a) Ein Lebensmittelgroßhändler schenkt einzelne Einrichtungsgegenstände seinem Sohn, damit dieser sich leichter selbständig machen kann. Es liegt eine Entnahme zu betriebsfremden Zwecken vor (BFH 14. 4. 1967 VI R 9/65, BStBl 1967 III 391).

b) Der Lebensmittelgroßhändler schenkt seinem Sohn den ganzen Betrieb. Es liegt keine Entnahme vor, da dem bestehenden Betrieb keine Wirtschaftsgüter entzogen wurden, sondern der Betrieb als Ganzes übertragen wurde (BFH 24. 10. 1951 IV 233/51 U, BStBl 1952 III 5).

1036 Eine Entnahme setzt weiter voraus, dass die Wirtschaftsgüter **endgültig** aus dem Betrieb entfernt und **betriebsfremden** Zwecken zugeführt, insbesondere in das Privatvermögen des Stpfl. überführt werden (R 4.3 Abs. 2 Satz 1 EStR).

Eine Verwendung zu betriebsfremden Zwecken liegt aber nicht nur bei der Überführung eines Wirtschaftsgutes in das Privatvermögen, sondern auch dann vor, wenn ein Wirtschaftsgut innerhalb des betrieblichen Bereichs von einem Betrieb oder Betriebsteil in einen anderen übergeht und dabei eine spätere steuerliche Erfassung der im Buchansatz für dieses Wirtschaftsgut enthaltenen stillen Reserven nicht gewährleistet ist (BFH 7. 10. 1974 GrS 1/73, BStBl 1975 II 168, und die dort angegebene Rechtsprechung).

> **BEISPIEL:** ▸ Ein Stpfl. hat zwei gesondert geführte Betriebe, nämlich eine Maschinenfabrik und eine Lebensmittelgroßhandlung. Er überführt Einrichtungsgegenstände der Maschinenfabrik in das Betriebsvermögen der Großhandlung. Eine Entnahme liegt nicht vor.

1037 Keine Entnahme liegt allerdings vor, wenn der Stpfl. von der Gewinnermittlung durch Bestandsvergleich zur Gewinnermittlung durch Überschussrechnung (§ 4 Abs. 3 EStG) oder nach Durchschnittssätzen (§ 13a EStG) übergeht (§ 4 Abs. 1 Satz 4 EStG). Entsprechendes gilt, wenn ein Stpfl., der seinen Gewinn nach § 13a EStG ermittelt, also grundsätzlich kein gewillkürtes Betriebsvermögen haben kann, die Nutzung eines Wirtschaftsgutes so ändert, dass es nicht mehr zum notwendigen Betriebsvermögen gehört, im Falle der Gewinnermittlung durch Bestandsvergleich aber zum gewillkürten Betriebsvermögen gehören würde (§ 4 Abs. 1 Satz 5 EStG). Der Vorgang führt dann zu sog. „geduldetem Betriebsvermögen".

Werden Wirtschaftsgüter aus dem gewerblichen Bereich in den land- und forstwirtschaftlichen Bereich oder in den Bereich selbständiger Tätigkeit überführt, so liegt regelmäßig keine Entnahme vor, soweit eine spätere einkommensteuerliche Erfassung der stillen Reserven sichergestellt ist; eine Versteuerung bei der Gewerbesteuer ist nicht erforderlich (BFH 14. 6. 1988 VIII R 387/83, BStBl 1989 II 187). Entsprechendes gilt, wenn Wirtschaftsgüter aus den bezeichneten Bereichen in den gewerblichen Bereich überführt werden.

1038 Als Sonderform der Entnahme (sog. **Totalentnahme)** sieht der BFH die **Betriebsaufgabe** (im Gegensatz zur Betriebsveräußerung) an, weil insoweit der Betrieb als selbständiger Organismus des Wirtschaftslebens zu bestehen aufhört. Eine derartige Betriebsaufgabe ist auch dann gegeben, wenn der ganze Betrieb aus dem Inland in ein Land verlegt wird, dem nach einem Abkommen zur Vermeidung der Doppelbesteuerung das Besteuerungsrecht für diesen Betrieb zusteht (BFH 28. 4. 1971 I R 55/66, BStBl 1971 II 630, und 7. 10. 1974 GrS 1/73, BStBl 1975 II 168).

9.2.2.1.2 Rückgängigmachen von Entnahmen

1039 Stpfl. äußern oft den Wunsch, Entnahmen rückwirkend wieder aufzuheben, weil sie sich der Rechtsfolgen der Entnahmehandlung nicht bewusst gewesen sind.

> **BEISPIEL:** ▸ Ein Gewerbetreibender, dessen Wj mit dem Kj übereinstimmt, entnimmt im April 10 ein im Jahre 01 erworbenes Grundstück zum Buchwert i. H. von 5 000 €. Bei einer Betriebsprüfung im Juli 13 wird er darauf hingewiesen, dass Entnahmen nach § 6 Abs. 1 Nr. 4 EStG mit

dem Teilwert anzusetzen sind. Infolge der gestiegenen Grundstückspreise betrug der Teilwert im April 10 20 000 €, also ein Mehrfaches des Buchwertes. Der Unterschiedsbetrag i. H. von 15 000 € ist Gewinn. Diese Auswirkung war sich der Steuerpflichtige nicht bewusst, als er das Grundstück entnahm.

Grundsätzlich können Entnahmen nicht mit der Wirkung rückgängig gemacht werden, dass sie von vornherein als nicht geschehen gelten. Eine Entnahme ist ein tatsächlicher Vorgang, dessen Wirkungen nur durch einen entgegengesetzten tatsächlichen Vorgang, nämlich eine Einlage, wieder beseitigt werden können (BFH 22. 6. 1967, BStBl 1968 II 4). Eine Rückgängigmachung von Entnahmen wird in der älteren Rechtsprechung des BFH nur zugelassen, wenn sich der Stpfl. nachweislich über die steuerlichen Folgen seiner Handlungsweise nicht klar gewesen ist, die Möglichkeit eines unkorrekten Verhaltens (einer „Schiebung") des Steuerpflichtigen ausscheidet und die Entnahme sich steuerlich noch nicht ausgewirkt hat (BFH 22. 10. 1953 IV 278/53 U, BStBl 1953 III 359). Eine Entnahme hat sich steuerlich ausgewirkt, wenn der Steueranspruch für das Jahr, in dem die Entnahme bewirkt worden ist, entstanden ist. Der Steueranspruch entsteht aber bei der ESt spätestens mit Ablauf des Kalenderjahres, für das die Veranlagung vorgenommen wird (§ 36 Abs. 1 EStG).

BEISPIEL: ▶ Der Stpfl. könnte danach im obigen Beispiel die Entnahme des Grundstücks bis zum 31. 12. 10 noch rückgängig machen, wenn er sich nachweislich über die dadurch ausgelöste Gewinnrealisierung nicht klar gewesen ist und die Möglichkeit einer „Schiebung" ausscheidet.

Nach dem 31. 12. 10 jedoch ist eine Rückgängigmachung mit steuerlicher Wirkung nach der Rechtsprechung des BFH überhaupt nicht mehr möglich (BFH 20. 9. 1989 X R 140/87, BStBl 1990 II 368 str.).

9.2.2.2 Einlagen

Einlagen sind alle Wirtschaftsgüter, die der Stpfl. dem Betrieb im Laufe eines Wirt- 1040 schaftsjahres aus einem Privatvermögen zugeführt hat (§ 4 Abs. 1 Satz 5 EStG). Die Einlagen können in Geld oder in geldwerten Gütern bestehen, z. B. in Grundstücken, Einrichtungsgegenständen, Patenten (BFH 22. 1. 1980 VIII R 74/77, BStBl 1980 II 24), Leistungen. Es darf sich dabei jedoch nicht um Gegenstände des notwendigen Privatvermögens handeln.

BEISPIEL: ▶ Das vom Stpfl. selbst bewohnte Einfamilienhaus ist notwendiges Privatvermögen und deshalb nicht einlagefähig.

Auch Ansprüche auf Erstattung von ESt, Kirchensteuer oder Erbschaftsteuer gehören notwendig zum Privatvermögen des Stpfl. und können deshalb nicht in ein Betriebsvermögen eingelegt werden (BFH 22. 7. 1966 VI 12/65, BStBl 1966 III 542).

Die Einlage ist in dem Zeitpunkt bewirkt, in dem eine entsprechende Buchung tatsächlich und zweifelsfrei erfolgt (Verbot der Rückbeziehung von Einlagen, BFH 22. 6. 1967 I 192/64, BStBl 1968 II 4).

BEISPIEL: ▶ Ein Kaufmann erwirbt am 18. 3. 01 Wertpapiere mit Mitteln seines Privatvermögens. Im Laufe des Jahres sinkt der Kurs der Papiere. Dieser Wertverlust wirkt sich bei den Einkünften aus Kapitalvermögen nicht aus. Der Kaufmann möchte deshalb die Papiere rückwirkend zum 18. 3. 01 in sein Betriebsvermögen einlegen, damit sich die Wertminderung durch Ansatz des niedrigeren Teilwerts in der Bilanz zum 31. 12. 01 auf den gewerblichen Gewinn auswirkt. Das ist jedoch nicht möglich. Die Einlage kann erst zu dem Tag erfolgen, an dem die Einlagehandlung durch eine entsprechende Buchung tatsächlich vorgenommen worden ist. Sie hat zum Teilwert zu erfolgen (§ 6 Abs. 1 Nr. 5 EStG), so dass sich der bis dahin entstandene Kursverlust steuerlich nicht auswirkt.

Mittel, die ein Stpfl. zur Gründung eines Betriebes aufwendet, sind nicht Einlagen im Laufe eines Wirtschaftsjahres. Der Begriff der Einlage setzt voraus, dass bereits ein Betrieb besteht, in den etwas eingelegt wird.

9.2.3 Bedeutung der Bewertungsvorschriften für den Vermögensvergleich

1041 Nach § 4 Abs. 1 Satz 1 EStG und § 5 Abs. 1 EStG ist für die steuerliche Gewinnermittlung das Ergebnis eines Vermögensvergleichs maßgebend. Dieses Ergebnis wird wesentlich beeinflusst durch den Wertansatz der einzelnen Wirtschaftsgüter, die zu den zu vergleichenden Betriebsvermögen gehören. Ein ordnungsmäßiger Vermögensvergleich ist nicht denkbar ohne ordnungsmäßige **Bewertung;** sie ist das **Kernstück jeden Vermögensvergleichs.** Bei unrichtiger Bewertung der dem Betriebe dienenden Wirtschaftsgüter gibt der Vermögensvergleich zwangsläufig ein falsches Bild von der Höhe des Gewinns. Der Bewertungsfreiheit, die der Kaufmann nach Handelsrecht für die Errichtung seiner Handelsbilanz hat, und die, wenn auch in beschränktem Umfang, auch die Land- und Forstwirte und die selbständig Tätigen i. S. von § 18 EStG haben, kann das Steuerrecht nicht folgen, sondern muss ihr für die steuerliche Gewinnermittlung zwecks Wahrung der Gleichmäßigkeit Grenzen ziehen.

Mit welchen Wertansätzen die Wirtschaftsgüter bei der steuerlichen Gewinnermittlung zu berücksichtigen sind, musste daher gesetzlich geregelt werden.

Das geschieht in den §§ 6 u. 6a EStG. Für Gewerbetreibende, die ihren Gewinn nach § 5 EStG ermitteln, gelten in erster Linie die handelsrechtlichen Grundsätze ordnungsmäßiger Buchführung (§ 5 Abs. 1 EStG).

9.2.4 Bilanzberichtigung und Bilanzänderung

1042 Sobald der Stpfl. die Steuerbilanz beim FA eingereicht hat, ist er grundsätzlich an sie gebunden. Die Bindung erstreckt sich auf den Wertansatz für jedes einzelne bewertungsfähige Wirtschaftsgut, gleichgültig, ob dieses einzeln bilanziert oder mit anderen Wirtschaftsgütern in der Bilanz zu einem Sammelposten zusammengefasst ist.

> **BEISPIEL:** Zum Betriebsvermögen eines Großhändlers gehören zwei Lastkraftwagen. Auf den 31. 12. 01 hat er den Lkw A mit 20 000 € bewertet, den Lkw B mit 15 000 €. In der Bilanz zum 31. 12. 01 erscheint nur ein Posten: Lastkraftwagen 35 000 €. Der Stpfl. ist an den Wertansatz jedes einzelnen Lkw gebunden; er kann nicht ohne Weiteres nachträglich den Wertansatz für Lkw A auf 18 000 € und den für den Lkw B auf 17 000 € ändern, obwohl der Bilanzansatz Lastkraftwagen mit 35 000 € derselbe bleibt.
>
> Die Bindung erstreckt sich auch auf die Aufnahme bzw. Nichtaufnahme von Wirtschaftsgütern in die Bilanz überhaupt. Das gilt auch für die Wirtschaftsgüter, die als gewillkürtes Betriebsvermögen behandelt werden können.
>
> Eine Änderung der Steuerbilanz ist nur unter den in § 4 Abs. 2 EStG bezeichneten Voraussetzungen zulässig. Hierbei wird zwischen Bilanzberichtigung und Bilanzänderung unterschieden.

9.2.5 Der Bilanzenzusammenhang

9.2.5.1 Begriff des Bilanzenzusammenhangs

1043 Der Grundsatz des allgemeinen oder formellen Bilanzenzusammenhangs ergibt sich aus § 4 Abs. 1 Satz 1 EStG. Danach ist beim Betriebsvermögensvergleich als Anfangsvermögen das Betriebsvermögen vom Schluss des vorangegangenen Jahres anzusetzen.

Der Grundsatz des Bilanzenzusammenhangs besagt also, dass das Betriebsvermögen am Schluss des Jahres gleich ist dem Betriebsvermögen am Anfang des folgenden Jahres. Da das Betriebsvermögen in der Bilanz dargestellt wird, spricht man vom Bilanzenzusammenhang **(Bilanzidentität)**.

Von der Bilanzidentität zu unterscheiden ist der besondere oder materielle Bilanzenzusammenhang (sog. Bilanzkontinuität oder Wertzusammenhang). 1044

9.2.5.2 Bedeutung des Bilanzenzusammenhangs

Das Betriebsvermögen am Schluss des vorangegangenen Jahres i. S. von § 4 Abs. 1 Satz 1 1045
EStG ist das Betriebsvermögen, das der Veranlagung des Gewinns dieses Wirtschaftsjahres **tatsächlich** zugrunde gelegt worden ist. Dadurch, dass dieses Betriebsvermögen zugleich das Anfangsvermögen des folgenden Jahres ist, wirkt es sich auch auf die Gewinnermittlung dieses Jahres aus. Das Schlussvermögen des Vorjahres ist selbst dann als Anfangsvermögen des folgenden Jahres anzusetzen, wenn sich bei richtiger Anwendung der steuerlichen Bilanzierungsvorschriften ein anderes Betriebsvermögen ergeben hätte (BFH 9. 6. 1964 I 287/63 U, BStBl 1965 III 48). Der Sinn des Bilanzenzusammenhangs besteht gerade darin, dass sich fehlerhafte Bilanzierungen im Laufe der Zeit selbsttätig ausgleichen und damit der durch die gewerbliche oder berufliche Tätigkeit insgesamt erzielte Gewinn auch vollständig erfasst wird.

> **BEISPIEL:** ▶ In der Schlussbilanz zum 31. 12. 01 ist versehentlich eine Forderung i. H. von 10 000 € nicht angesetzt worden. Dadurch wurde das Betriebsvermögen am Ende des Jahres um 10 000 € zu niedrig ausgewiesen, der Gewinn mithin um 10 000 € verkürzt. Die Anfangsbilanz des folgenden Jahres muss gleich der Schlussbilanz des Vorjahres sein, darf also die Forderung ebenfalls nicht enthalten. Wenn jetzt der Gegenwert der Forderung am 10. 11. 02 eingeht, liegt eine Erhöhung des Betriebsvermögens des Jahres 02 vor und damit eine Gewinnerhöhung. Die Gewinnminderung hat sich wieder ausgeglichen.

Die Berichtigung eines fehlerhaften Schlussvermögens (sog. **Rückwärtsberichtigung)** 1046
findet grundsätzlich nur statt, wenn

▶ eine Veranlagung des darauf beruhenden Gewinns noch nicht stattgefunden hat, oder

▶ wenn die Veranlagung noch nach den allgemeinen Grundsätzen berichtigt oder geändert werden kann und berichtigt oder geändert worden ist (BFH 30. 11. 1967 IV R 96/67, BStBl 1968 II 144), oder

▶ wenn sich die Berichtigung des Schlussvermögens auf die Höhe der veranlagten Steuern nicht auswirken würde (BFH 29. 11. 1965 GrS 1/65 S, BStBl 1966 III 142). Die Frage, ob sich ein Fehler bisher „steuerlich ausgewirkt" hat, beantwortet sich allein nach dem endgültig festgesetzten, unanfechtbar gewordenen Steuerbetrag.

Von der Berichtigung eines fehlerhaften Schlussvermögens ist die stattdessen erfolgen- 1047
de Berichtigung des Anfangsvermögens des folgenden Wirtschaftsjahres (sog. **Durchbrechung des Bilanzenzusammenhangs)** zu unterscheiden. Eine Durchbrechung kommt überhaupt nur dann in Betracht, wenn die Schlussbilanz, die den unrichtigen Bilanzansatz enthält, nicht mehr berichtigt werden kann, also die Voraussetzungen für eine Rückwärtsberichtigung nicht vorliegen. In derartigen Fällen können die Grundsätze von Treu und Glauben ausnahmsweise eine Berichtigung des Anfangsvermögens gebieten.

Außer in diesen Fällen ist eine Durchbrechung des Bilanzenzusammenhangs nur zulässig, wenn es sich um einen individuellen Gegenstand handelt und der falsche Bilanzansatz sich bei den früheren Veranlagungen nicht ausgewirkt hat.

Liegen weder die Voraussetzungen für eine Rückwärtsberichtigung noch für eine Durchbrechung des Bilanzenzusammenhangs vor, kann der falsche Bilanzansatz nur in der Schlussbilanz eines späteren Wirtschaftsjahres richtig gestellt werden, für das der Gewinn noch nicht veranlagt ist oder dessen Veranlagung noch nach den allgemeinen Grundsätzen berichtigt werden kann (BFH 9. 9. 1980 VIII R 64/79, BStBl 1981 II 125).

9.2.5.3 Wertzusammenhang und Bewertungsstetigkeit

1048 Der Grundsatz des Bilanzenzusammenhangs verbietet auch Wertänderungen von einer Schlussbilanz zur folgenden Schlussbilanz, wenn ein Wirtschaftsgut noch **unverändert** vorhanden ist (sog. Wertzusammenhang), und er verbietet jeden Wechsel in den Bewertungsgrundsätzen (sog. Bewertungsstetigkeit). Die Grundsätze des Wertzusammenhangs und der Bewertungsstetigkeit sollen sicherstellen, dass der Erfolg eines jeden Jahres unter den gleichen Voraussetzungen ermittelt wird.

9.2.5.4 Bilanzenzusammenhang und Schätzung

1049 Der Grundsatz des Bilanzenzusammenhangs gilt nicht nach einer Schätzung. In einem solchen Fall muss für den folgenden Steuerabschnitt eine neue Anfangsbilanz aufgestellt werden (RFH, RStBl 1934, 141). Ergibt dann die Eröffnungsbilanz der vom Steuerpflichtigen angelegten Buchführung, dass die Schätzung des Vorjahres nicht stimmen kann, so besteht die Möglichkeit einer Berichtigungsveranlagung nach § 173 AO.

9.2.6 Die Bedeutung der Grundsätze ordnungsmäßiger Buchführung für den Vermögensvergleich

9.2.6.1 Begriff der ordnungsmäßigen Buchführung

1050 Der Begriff „ordnungsmäßige Buchführung" stammt aus dem Handelsrecht.

Jeder Kaufmann ist nach § 238 Abs. 1 HGB verpflichtet, Bücher zu führen und in diesen seine Handelsgeschäfte sowie die Lage seines Vermögens nach den Grundsätzen ordnungsmäßiger Buchführung ersichtlich zu machen. Eine erschöpfende gesetzliche Regelung dieser handelsrechtlichen Buchführungsvorschriften besteht auch nach der grds. Neugestaltung des HGB durch das Bilanzrichtliniengesetz (BiRiLiG) v. 19. 12. 1985 (BGBl 1985 I 2355) nicht.

Als Grundsätze ordnungsmäßiger Buchführung und Bilanzierung werden vielmehr diejenigen Regeln bezeichnet, nach denen der Kaufmann zu verfahren hat, um zu einer dem gesetzlichen Zweck entsprechenden Bilanz zu gelangen (BFH 3. 2. 1969 GrS 2/68, BStBl 1969 II 291).

Diese Regeln haben sich im Laufe der Zeit durch die Übung ordentlicher und ehrlicher Kaufleute herausgebildet und entwickeln sich noch heute entsprechend der sich ändernden Auffassung dieser Kreise laufend weiter.

Im Steuerrecht ist eine Buchführung dann ordnungsmäßig, wenn sie den **Grundsätzen des Handelsrechts** entspricht. Es ist nicht erforderlich, dass daneben auch die besonderen steuerlichen Grundsätze (z.B. die Bewertungsgrundsätze des § 6 EStG) beachtet worden sind (BFH 31. 5. 1967 I 208/63, BStBl 1967 III 607).

9.2.6.2 Ordnungsmäßige Buchführung beim Vermögensvergleich

Die handelsrechtlichen Grundsätze gelten insbesondere bei der steuerlichen Gewinner-   1051
mittlung. So haben Gewerbetreibende, die zur Gewinnermittlung nach § 5 EStG verpflichtet sind, das **Betriebsvermögen anzusetzen,** das nach den handelsrechtlichen Grundsätzen ordnungsmäßiger Buchführung auszuweisen ist.

Das gilt uneingeschränkt für den Umfang des Betriebsvermögens. Durch die Formulie-   1052
rung des Einleitungssatzes von § 6 Abs. 1 EStG ist klargestellt worden, dass § 6 EStG keine eigenständige steuerrechtliche **Bilanzierungs**vorschrift ist, sondern eine reine **Bewertungs**vorschrift. **Was** zu bilanzieren ist, richtet sich somit auch im Steuerrecht nach den handelsrechtlichen Grundsätzen ordnungsmäßiger Buchführung.

Bei der **Bewertung** der einzelnen Wirtschaftsgüter ist dagegen im Steuerrecht § 5 Abs. 6   1053
EStG zu beachten, wonach handelsrechtliche Bewertungsvorschriften nur insoweit gelten, als das Steuerrecht (insbes. § 6 EStG) keine andere Bewertung vorschreibt.

Die Grundsätze ordnungsmäßiger Buchführung gelten nicht nur für die Gewinnermittlung nach § 5 EStG, sondern sinngemäß auch für die Gewinnermittlung nach § 4 Abs. 1 EStG.

9.2.6.3 Beweiskraft der Gewinnermittlung

Bei einer Gewinnermittlung durch Betriebsvermögensvergleich aufgrund ordnungs-   1054
mäßiger Buchführung muss das FA deren Ergebnisse grundsätzlich gegen sich gelten lassen (§ 158 AO). Es ist in einem solchen Fall Sache des FA, darzutun, dass das Buchergebnis trotzdem nicht stimmen kann. Allerdings braucht das FA nicht darzulegen, dass das Ergebnis der formell ordnungsmäßigen Buchführung schlechthin ausgeschlossen ist. Es genügt ein erheblicher Anlass, der an der sachlichen Richtigkeit der Buchführung zweifeln lässt (BFH 18. 3. 1964 IV 176/60 U, BStBl 1964 III 381).

(Einstweilen frei)   1055

9.3 Das Betriebsvermögen als Gegenstand des Vermögensvergleichs

9.3.1 Begriff des Betriebsvermögens

Der Begriff Betriebsvermögen wird im EStG häufig verwendet, jedoch wird an keiner   1056
Stelle gesagt, was man unter dem Betriebsvermögen versteht bzw. unter welchen Voraussetzungen ein Wirtschaftsgut zum Betriebsvermögen gehört. Diese Begriffsbestimmung ist aber für die steuerliche Gewinnermittlung von großer Bedeutung. Während im Handelsrecht beim Einzelkaufmann im Allgemeinen zwischen dem Geschäftsvermögen und dem Privatvermögen nicht unterschieden zu werden braucht, muss das

Steuerrecht eine genaue **Abgrenzung** des **Betriebsvermögens** vom **Privatvermögen** vornehmen, damit die Grenzen zwischen den Einkunftsarten nicht verwischt werden.

BEISPIEL: ► Der Stahlwarenfabrikant A ist Eigentümer eines Mietwohnhauses. Wenn das Haus zu seinem Betriebsvermögen gehört, weil es z. B. nur Werkswohnungen speziell für die Arbeitnehmer des A enthält, sind die Mieteinnahmen Betriebseinnahmen und die Hausaufwendungen Betriebsausgaben. Gehört das Haus dagegen zum Privatvermögen des A, handelt es sich um Einkünfte aus Vermietung und Verpachtung.

In den Betriebsvermögensvergleich sind nur die zum Betriebsvermögen gehörenden Wirtschaftsgüter einzubeziehen. Grundsätzlich dürfen auch nur die mit Wirtschaftsgütern des Betriebsvermögens im Zusammenhang stehenden Einnahmen und Ausgaben den Gewinn beeinflussen.

Da das Gesetz selbst schweigt, kann die erforderliche Abgrenzung zwischen Betriebsvermögen einerseits und Privatvermögen andererseits nur im Wege der Auslegung des Begriffs Betriebsvermögen gewonnen werden.

Wie bei allen zusammengesetzten Wörtern zwischen den einzelnen Bestandteilen des Wortes eine Beziehung besteht, so muss auch zwischen dem Betrieb und dem Vermögen eine Beziehung bestehen, damit vom Betriebsvermögen gesprochen werden kann. Dementsprechend hat die Rechtsprechung dargelegt, dass nur solche Wirtschaftsgüter zum Betriebsvermögen gehören können, „die in einem gewissen objektiven Zusammenhang mit dem Betrieb stehen und ihn zu fördern bestimmt und geeignet sind" (BFH 15. 7. 1960 VI 10/60 S, BStBl 1960 III 484).

1057 Dabei kann die Beziehung zum Betrieb des Stpfl. je nach der Art des Wirtschaftsgutes und den tatsächlichen Verhältnissen im Einzelfall mehr oder weniger eng sein. Daraus folgt die Unterscheidung zwischen **notwendigem Betriebsvermögen** und **gewillkürtem Betriebsvermögen** im Gegensatz zum **(notwendigen) Privatvermögen**.

1058 Wirtschaftsgüter, die ihrer Art nach so eng mit dem Betrieb des Stpfl. zusammenhängen, dass sie für die Führung des Betriebs wesentlich oder sogar unentbehrlich sind, wie z. B. die Fallhämmer in einer Gesenkschmiede, werden als **notwendiges Betriebsvermögen** bezeichnet. Im Gegensatz dazu gehören Wirtschaftsgüter, die in keiner Beziehung zum Betrieb stehen bzw. bei denen die Beziehung zur privaten Lebensführung des Steuerpflichtigen besonders eng ist, wie z. B. das vom Steuerpflichtigen selbst bewohnte Einfamilienhaus, zum **notwendigen Privatvermögen**. Schließlich gibt es eine dritte Gruppe von Wirtschaftsgütern, die weder mit dem Betrieb noch mit der privaten Lebensführung des Stpfl. eng verknüpft sind, die vielmehr ihrer Art nach sowohl zu dem einen als auch zu dem anderen Bereich gerechnet werden können, wie z. B. Wertpapiere. Bei derartigen Wirtschaftsgütern kann der Stpfl. wählen, welchem Bereich er sie zurechnen will. Rechnet er derartige Wirtschaftsgüter zum Betrieb, dann bilden sie **gewillkürtes** (gewähltes) **Betriebsvermögen** (vgl. zur Zuordnung des Vermögens im Detail R 4.2 EStR und H 4.2 EStH).

9.3.2 Allgemeines zu den Bewertungsvorschriften des Einkommensteuergesetzes (§ 6 EStG)

1059 Die Bewertungsvorschrift des § 6 EStG bildet das Kernstück der Vorschriften über die Gewinnermittlung durch Betriebsvermögensvergleich. Der Vermögensvergleich kann nur dann den richtigen, d. h. den tatsächlich erzielten Gewinn ergeben, wenn die zum

Betriebsvermögen gehörenden Wirtschaftsgüter nicht nur mengenmäßig vollständig erfasst, sondern auch zutreffend bewertet sind.

MERKE:

Bewerten heißt, den Wert eines Wirtschaftsgutes in Geld auszudrücken.

Der (wirkliche) Geldwert eines Wirtschaftsgutes muss, wenn er sich nicht anhand von objektiven Maßstäben (z. B. anhand des Börsen- oder Marktpreises) ermitteln lässt, regelmäßig geschätzt werden. Dabei kann sich allein schon aufgrund der persönlichen Anschauung des Bewertenden ein erheblicher Bewertungsspielraum ergeben. Im Interesse der Gleichmäßigkeit der Besteuerung schränkt § 6 EStG diesen natürlichen Bewertungsspielraum sowohl nach oben als auch nach unten ein. Das geschieht dadurch, dass § 6 EStG für die Bewertung der zum Betriebsvermögen gehörenden Wirtschaftgüter ganz bestimmte Bewertungsmaßstäbe vorschreibt, die eine willkürliche Beeinflussung des durch Betriebsvermögensvergleich zu ermittelnden Gewinns verhindern sollen. **1060**

9.4   Die Betriebseinnahmen

9.4.1   Begriff

Der Einnahmebegriff des § 8 Abs. 1 EStG gilt in erster Linie für die Überschusseinkünfte (§ 2 Abs. 1 Nr. 4 – 7 EStG). Bei den Gewinneinkünften sprechen wir von Betriebseinnahmen, das sind alle Wirtschaftsgüter, die in Geld oder Geldeswert bestehen und dem Stpfl. im Rahmen eines land- und forstwirtschaftlichen, gewerblichen oder der selbständigen Arbeit dienenden Betriebs zugeflossen sind. **1061**

Betriebseinnahmen sind nicht nur die durch die gewerbliche oder berufliche Tätigkeit bestimmungsgemäß erzielten Einnahmen (z. B. Erlöse aus Warenverkäufen), sondern auch die Einnahmen aus **Hilfs- und Nebengeschäften** und die Erstattung früherer Betriebsausgaben.

BEISPIELE:

a) Einnahmen aus Schrottverkäufen, aus dem Verkauf von gebrauchten und nicht mehr benötigten Maschinen und Einrichtungsgegenständen, erstattete Gewerbesteuer, Telefon-, Porto- und Verpackungskosten. Auch die einem freiberuflich tätigen Arzt für die Aufgabe seiner Praxisräume gezahlte Abfindung ist eine Betriebseinnahme (BFH 8. 10. 1964 IV 365/62 U, BStBl 1965 III 12).

b) Werden früher gezahlte Schmiergelder zurückgezahlt, so liegen auch dann steuerpflichtige Betriebseinnahmen vor, wenn die Schmiergeldzahlungen nicht als Betriebsausgaben geltend gemacht worden sind (BFH 28. 5. 1968 IV R 65/67, BStBl 1968 II 581).

Die Betriebseinnahmen setzen also wie die Betriebsausgaben einen ursächlichen Zusammenhang mit dem Betrieb voraus. Deshalb gehören auch **Geschenke,** die dem Stpfl. mit Rücksicht auf die geschäftlichen Beziehungen von einem Geschäftsfreund gemacht werden, zu den Betriebseinnahmen. Sie sind mit dem Teilwert als Betriebseinnahme anzusetzen. **1062**

BEISPIEL: Eine Brauerei-AG schenkt ihrem langjährigen Hauptabnehmer zur Vollendung des 70. Lebensjahres einen Pkw. Der Wert des Kraftwagens stellt für den beschenkten Kunden eine Betriebseinnahme dar, wenn für die Schenkung nachweislich allein die geschäftlichen Beziehungen der Beteiligten bestimmend waren (BFH 13. 12. 1973 I R 136/72, BStBl 1974 II 210).

1063 Lediglich die im Geschäftsleben üblichen **Aufmerksamkeiten** sind wegen ihres geringen Wertes nicht als Betriebseinnahme zu behandeln.

BEISPIEL: Hätte die Brauerei-AG ihrem Kunden zum Geburtstag ein Blumengebinde geschenkt, läge keine Betriebseinnahme vor, selbst wenn auch dieses Geschenk ausschließlich betrieblich veranlasst gewesen wäre.

Entschädigungen, die der Stpfl. erhält, sind Betriebseinnahmen, soweit sie einen Ersatz für erhöhte Betriebsausgaben bzw. entgangene Betriebseinnahmen darstellen (BFH 8. 12. 1971 I R 80/70, BStBl 1972 II 292).

BEISPIEL: Bei einem Verkehrsunfall wird das Kraftfahrzeug eines Mietwagenunternehmers beschädigt. Die Versicherung des schuldigen Kraftfahrers zahlt dem Unternehmer für Reparaturkosten 1 000 € und für entgangenen Gewinn während der Reparaturzeit 500 €. Die 1 500 € sind Betriebseinnahmen des Mietwagenunternehmers.

Einnahmen aus zum Betriebsvermögen gehörenden Schadens- und Haftpflichtversicherungen sind ebenfalls Betriebseinnahmen (BFH 14. 3. 1972 VIII R 26/67, BStBl 1972 II 536).

Ersparte Betriebsausgaben sind keine Betriebseinnahmen, weil dem Betrieb dadurch weder Güter in Geld noch in Geldeswert zufließen. Jedoch erhöht sich durch Ausgabenersparnisse mittelbar der Gewinn.

BEISPIEL: Ein Rechtsanwalt betreibt seine Praxis in Räumen seines eigenen Mietwohnhauses. Für die beruflich genutzten Räume ist kein Mietwert als Einnahme anzusetzen. Der Gewinn wird schon dadurch höher, dass keine Büromiete zu zahlen ist, die als Betriebsausgabe abzugsfähig wäre.

1064 **Durchlaufende Posten** sind ebenfalls keine Betriebseinnahmen (§ 4 Abs. 3 Satz 2 EStG). Durchlaufende Gelder sind Einnahmen, die der Stpfl. im Namen und für Rechnung eines Dritten erhält mit der Verpflichtung, sie an den Dritten als den Berechtigten weiterzuleiten.

9.4.2 Betriebseinnahmen und Gewinnermittlung

1065 Der Begriff der Betriebseinnahmen ist bei den verschiedenen Arten der Gewinnermittlung derselbe. Ein Unterschied besteht jedoch hinsichtlich der Gewinnauswirkung. Bei der Gewinnermittlung durch Betriebsvermögensvergleich bewirken sämtliche Betriebseinnahmen eine Erhöhung (Vermehrung) des Betriebsvermögens. Sie haben jedoch eine Erhöhung des Gewinns nur insoweit zur Folge, als sie Ertrag darstellen.

BEISPIELE:

a) Ein Kaufmann kauft Ware für 10 000 € ein und verkauft sie wieder für 15 000 €. Der Zufluss an Gütern in Geld (beim Barverkauf) beträgt 15 000 €. Der (Roh-)Ertrag beträgt aber nur 5 000 €, da gleichzeitig Ware im Werte von 10 000 € abgeflossen ist. Der Erhöhung des Betriebsvermögens um 15 000 € steht eine Verminderung um 10 000 € gegenüber.

b) Die Bank schreibt Zinsen gut, die Stadtsteuerkasse zahlt Gewerbesteuer zurück. In diesen Fällen liegen i. H. der Zinsgutschrift bzw. der Steuerrückzahlung Betriebseinnahmen vor und in gleicher Höhe Erträge.

Auch die Bestimmungen über die zeitliche Zurechnung der Einnahmen (§ 11 Abs. 1   1066
EStG), die grundsätzlich auch für die Betriebseinnahmen gelten, treten gegenüber den
für die Gewinnermittlung durch Betriebsvermögensvergleich geltenden Regeln zurück
(§ 11 Abs. 1 Satz 5 EStG). Da bei der Gewinnermittlung nach § 4 Abs. 3 EStG eine Aktivierung und Passivierung nicht möglich ist, wirken sich bei dieser Gewinnermittlungsart die Betriebseinnahmen zwangsläufig in dem Jahr auf den Gewinn aus, in dem sie
zugeflossen sind. § 11 Abs. 1 EStG regelt die Zurechnung sämtlicher Einnahmen, nicht
nur derjenigen, die endgültig als Betriebseinnahmen zu behandeln sind. Deshalb sind
auch Vorschüsse (Anzahlungen) im Zeitpunkt des Zufließens Betriebseinnahmen (R 4.5
Abs. 2 Satz 2 EStR), soweit es sich dabei nicht um Gelder handelt, die der Stpfl. in fremdem Namen und für fremde Rechnung vereinnahmt und verausgabt hat (§ 4 Abs. 3
Satz 2 EStG). Zur Durchführung der § 4 Abs. 3 EStG -Rechnung vgl. Rdn. 1131 ff.

BEISPIEL: ► Rechtsanwalt K ermittelt den Gewinn nach § 4 Abs. 3 EStG. Sein Mandant B beauftragt ihn, einen Prozess zu führen, und zahlt einen Vorschuss i. H. von 500 €. Davon zahlt K
alsbald 200 € bestimmungsgemäß für Gerichtskosten an die Gerichtskasse.

Der Rechtsanwalt hat nur den Honorarvorschuss von 300 € als Betriebseinnahmen anzusetzen. Der Gerichtskostenvorschuss ist weder als Betriebseinnahme noch bei der Weiterleitung
an die Gerichtskasse als Betriebsausgabe zu berücksichtigen (BFH 29. 3. 1961 427/60 U, BStBl
1961 III 500).

Werden jedoch Beträge im fremden Namen und für fremde Rechnung verausgabt,   1067
ohne dass in demselben Wirtschaftsjahr entsprechende Gelder vereinnahmt werden,
so kann der Stpfl. in diesem Wirtschaftsjahr in Höhe des nicht erstatteten Betrages
eine Betriebsausgabe geltend machen. Wird der Betrag jedoch in einem späteren Wirtschaftsjahr erstattet, ist er als Betriebseinnahme anzusetzen (R 4.5 Abs. 2 Satz 4 EStR).

Geldbeträge, die dem Betrieb durch die Aufnahme von Darlehen zugeflossen sind, stel-   1068
len jedoch keine Betriebseinnahmen bei dieser Form der Gewinnermittlung dar, da sie
nicht als Zufluss aus der Geschäftätigkeit, sondern als Eingang aus einer Schuldaufnahme anzusehen sind (H 4.5 (2) EStH).

Andererseits werden Sachentnahmen, z. B. die Entnahme von Waren, bei der Über-   1069
schussrechnung als Betriebseinnahmen behandelt, wenn bzw. soweit die Anschaffungskosten für den entnommenen Gegenstand als Betriebsausgaben behandelt worden sind. Als Betriebseinnahme ist der Teilwert des entnommenen Gegenstandes anzusetzen (§ 6 Abs. 1 Nr. 4 EStG). Das folgt daraus, dass die Gewinnermittlung nach § 4
Abs. 3 EStG nur eine erleichterte Form der Gewinnermittlung nach § 4 Abs. 1 EStG darstellt.

9.5 Die Betriebsausgaben

Betriebsausgaben sind nach der Systematik des Gesetzes die Aufwendungen, die bei   1070
der Ermittlung der Gewinneinkünfte abgezogen werden dürfen. Bei den Überschusseinkünften heißen die entsprechenden Aufwendungen Werbungskosten. Über die man-
nigfaltigen Unterschiede zwischen Betriebsausgaben und Werbungskosten siehe
Rdn. 134 ff.

9.5.1 Allgemeines

9.5.1.1 Der Betriebsausgabenbegriff des § 4 Abs. 4 EStG

1071 Der Betriebsausgabenbegriff des § 4 Abs. 4 EStG gilt einheitlich für alle Gewinneinkunftsarten.

Betriebsausgaben sind die Aufwendungen, die durch den Betrieb veranlasst sind. Zwischen Aufwand und Betrieb des Stpfl. muss also ein **ursächlicher Zusammenhang** bestehen.

Ein solcher Zusammenhang kann schon vor der Betriebseröffnung bestehen und nach der Betriebsaufgabe noch andauern. Deshalb sind auch die zur Eröffnung eines **bestimmten** Betriebes oder Berufes getätigten Aufwendungen und die nach der Veräußerung oder Aufgabe eines Betriebes noch entstehenden Aufwendungen als nachträgliche bzw. vorbereitende Betriebsausgaben abzugsfähig (BFH 18. 7. 1972 VIII R 12/68, BStBl 1972 II 930).

Für den Begriff der Betriebsausgaben kommt es nicht darauf an, ob die Aufwendungen für den Betrieb des Stpfl. notwendig, zweckmäßig oder üblich sind.

BEISPIELE:

a) Ein Rechtsanwalt lässt seine Büroräume alle zwei Jahre tapezieren sowie Türen, Fenster und Fußleisten anstreichen. Die Aufwendungen sind Betriebsausgaben. Darauf, ob die Malerarbeiten schon nach zwei Jahren oder erst nach vier Jahren notwendig sind, kommt es nicht an.

b) Eine Spezialmaschinenfabrik, die nur an Bergbauunternehmen liefert, wirbt regelmäßig im Werbefernsehen. Obwohl diese Art der Werbung bei dem begrenzten Kundenkreis des Unternehmers nicht zweckmäßig ist, sind die Aufwendungen Betriebsausgaben.

Es liegt also grundsätzlich im Ermessen des Betriebsinhabers, ob er Aufwendungen für seinen Betrieb tätigen will und welcher Art und Höhe diese Aufwendungen sein sollen.

Die Entscheidungsfreiheit des Stpfl. wird allerdings durch § 12 EStG eingeschränkt. In dieser Vorschrift zieht der Gesetzgeber eine objektive Grenze zwischen betrieblich veranlasstem Aufwand einerseits und den nicht abzugsfähigen Ausgaben (Privatausgaben) andererseits (BFH 19. 10. 1970 GrS 2/70, GrS 3/70, BStBl 1971 II 17 und 21; 13. 4. 1972 IV R 119/67, BStBl 1972 II 728).

BEISPIEL: Ein Lebensmittelhändler benutzt den betrieblichen Pkw u. a. dazu, während der Mittagspause von 13 bis 15 Uhr nach Hause zu fahren, um dort die Mittagsmahlzeit einzunehmen und sich etwas auszuruhen. Der Stpfl. kann sich nicht mit Erfolg darauf berufen, dass diese Heimfahrt durch die betrieblich bedingte Mittagspause veranlasst sei und die Kosten deshalb Betriebsausgaben seien. Denn nach § 12 Nr. 1 EStG sind die Einnahme der Mittagsmahlzeit und die häusliche Entspannung der privaten Lebenshaltung zuzurechnen. Dann ist es aber die zu diesem Zweck durchgeführte sog. **Zwischenheimfahrt** ebenfalls. Das gilt selbst dann, wenn z. B. alle Geschäfte während der Mittagsstunden geschlossen halten.

9.5.1.2 Abgrenzung der Betriebsausgaben von den Privatausgaben

1072 Zwischen der gewerblichen bzw. beruflichen Lebenssphäre eines Stpfl. und seiner privaten Lebenssphäre bestehen **vielfältige Wechselwirkungen** und Überschneidungen, die eine klare Trennung von Betriebsausgaben und Privatausgaben äußerst erschweren.

BEISPIEL: Ein Rechtsanwalt trägt denselben Anzug im Büro und zu Hause.

Deshalb zählt § 12 EStG die wesentlichsten Aufwendungen auf, die weder bei den einzelnen Einkunftsarten als Betriebsausgaben oder Werbungskosten abgezogen werden dürfen noch vom Gesamtbetrag der Einkünfte, es sei denn, dass es sich um Sonderausgaben (§§ 10, 10b EStG) handelt. Hierzu gehören insbesondere die Repräsentationsaufwendungen und die Aufwendungen für Ernährung, Kleidung und Wohnung des Stpfl. (sog. **Kosten der Lebensführung).** Es ist dabei bedeutungslos, inwieweit diese Aufwendungen durch die wirtschaftliche und berufliche Stellung des Stpfl. bedingt sind oder zur Förderung des Berufs oder der Tätigkeit des Stpfl. erfolgen (§ 12 Nr. 1 Satz 2 EStG).

BEISPIEL: Der selbständige Handelsvertreter einer angesehenen Londoner Exportgesellschaft trägt nur maßgeschneiderte Anzüge aus besten englischen Stoffen. Es handelt sich um Kosten der Lebensführung, auch wenn er diese Anzüge im Interesse seines Geschäftes trägt.

Aufwendungen für Ernährung, Kleidung und Wohnung sind jedoch ausnahmsweise Betriebsausgaben, wenn sie **ausschließlich** betrieblich bzw. beruflich veranlasst sind und nichts mit dem Privatleben des Stpfl. zu tun haben. So sind z. B. die Aufwendungen für typische Berufskleidung Betriebsausgaben (BFH 30. 9. 1970 I R 33/69, BStBl 1971 II 50). Der Mehraufwand für Verpflegung bei Geschäftsreisen gehört zu den Reisekosten und damit zu den Betriebsausgaben. Die Aufwendungen für ein **häusliches Arbeitszimmer** sind seit 2007 nur dann als Betriebsausgaben abzugsfähig, wenn der Stpfl. den Raum innerhalb seiner Wohnung tatsächlich ausschließlich betrieblich (beruflich) benutzt bzw. eine private Mitbenutzung gegenüber der betrieblichen Nutzung von untergeordneter Bedeutung ist und das Arbeitszimmer den Mittelpunkt der gesamten betrieblichen und beruflichen Betätigung bildet (s. Rdn. 1101). 1073

Um Kosten der Lebensführung handelt es sich stets bei den Aufwendungen, die der Stpfl. aus Anlass von gesellschaftlichen Veranstaltungen seines Berufsverbandes, seines Wirtschaftsverbandes oder seines Fachverbandes gemacht hat, und zwar auch dann, wenn die gesellschaftliche Veranstaltung im Zusammenhang mit einer rein fachlichen oder beruflichen Tagung oder Sitzung stand (H 12.1 EStH). **Spenden und Mitgliedsbeiträge** gehören ebenfalls grundsätzlich zu den Kosten der Lebensführung, auch wenn sie durch betriebliche Erwägungen mit veranlasst werden (R 12.5 EStR). Ein Abzug als Betriebsausgaben ist nur möglich, wenn die Aufwendungen nachweislich ausschließlich durch den Betrieb veranlasst sind. 1074

BEISPIEL: Der Inhaber eines Sportartikelgeschäfts in Düsseldorf gehört sämtlichen Sportvereinen dieser Stadt als Mitglied an.

Die sportliche Betätigung gehört an sich zur privaten Lebensführung. Aber ein Sportler wird regelmäßig nur Mitglied eines Sportvereins sein, in besonderen Ausnahmefällen auch in zwei Vereinen. Die Mitgliedschaft des Steuerpflichtigen in sämtlichen Vereinen einer Großstadt lässt erkennen, dass hierfür nur betriebliche Gründe maßgebend waren. Er wollte die Vereinsmitglieder als Kunden gewinnen. Deshalb sind die Beiträge, soweit sie das Übliche übersteigen, als Betriebsausgaben abzugsfähig.

Bei nicht ausschließlich betrieblich veranlassten Sachspenden für steuerbegünstigte Zwecke wird auf die Besteuerung der stillen Reserven bei der Entnahme verzichtet (§ 6 Abs. 1 Nr. 4 Satz 4 EStG).

Zuwendungen an politische Parteien, z. B. Spenden für den Wahlkampffonds, sind niemals als Betriebsausgaben abzugsfähig, weil die politische Betätigung ihrem Wesen nach zur privaten Lebenssphäre eines Steuerpflichtigen gehört (BFH 17. 5. 1952 I D 1075

1/52 S, BStBl 1952 III 228), ebenso nun § 4 Abs. 6 EStG. Wegen der Behandlung von Geldstrafen und der Kosten eines Strafprozesses vgl. Rdn. 271 ff.

1076 Aufwendungen zur Wiederherstellung der Gesundheit sind grundsätzlich der privaten Lebensführung zuzurechnen, selbst wenn die Krankheit durch den Beruf mit verursacht worden sein sollte, da sich in derartigen Fällen nicht leicht und eindeutig abgrenzen lässt, inwieweit die Krankheit auf die berufliche Tätigkeit zurückzuführen ist. Eine Steuerermäßigung kann nur über § 33 EStG nach Abzug der zumutbaren Belastung erreicht werden (vgl. dazu Rdn. 801 ff.). Ausnahmsweise sind **Krankheitskosten** Betriebsausgaben (bzw. Werbungskosten), wenn entweder eine typische Berufskrankheit vorliegt oder die Krankheit zwar keine typische Berufskrankheit darstellt, aber unzweifelhaft bzw. mit an Sicherheit grenzender Wahrscheinlichkeit eine Folge der Berufsausübung ist (BFH 5. 10. 1967, BStBl 1968 II 179).

BEISPIELE:
   a) Ein Chirurg infiziert sich bei der Operation eines an Gelbsucht erkrankten Patienten.
   b) Ein Malermeister fällt beim Anstreichen einer Zimmerdecke von der Leiter und bricht sich ein Bein.
   c) Ein Rechtsanwalt verunglückt mit dem Pkw auf der Fahrt zum Büro.
In diesen Fällen können die Krankheitskosten (unter Berücksichtigung etwaiger Ersatzleistungen Dritter als Betriebseinnahmen) als Betriebsausgaben abgezogen werden.

9.5.1.3 Behandlung gemischter Aufwendungen

1077 Aufwendungen, die nur zum Teil durch den Betrieb (Beruf) veranlasst sind, im Übrigen aber mit der Lebensführung des Stpfl. zusammenhängen, werden als gemischte Aufwendungen bezeichnet. Eine Aufteilung dieser Aufwendungen in Betriebsausgaben und Privatausgaben ist steuerlich nur dann zulässig, wenn sich dafür ein objektiv nachprüfbarer Maßstab finden lässt. Der Große Senat des BFH hat zwar entschieden (BFH GrS 1/06 v. 21. 9. 2009, BStBl 2010 II S. 672), dass § 12 Nr. 1 Satz 2 EStG kein allgemeines Aufteilungs- und Abzugsverbot für gemischte Aufwendungen enthält, aber eine Aufteilung kommt nur in Betracht, wenn der Steuerpflichtige die betriebliche oder berufliche (Mit-)veranlassung umfassend darlegt und nachweist (vgl. hierzu im Einzelnen BMF v. 6. 7. 2010, BStBl 2010 I 614, insbes. Rz. 2).

1078 Lässt sich eine Trennung gemischter Aufwendungen auch im **Schätzungswege** nicht leicht und einwandfrei durchführen, oder ist nur schwer erkennbar, ob die Aufwendungen mehr dem Beruf oder mehr der privaten Lebensführung gedient haben, so gehört der gesamte Betrag nach § 12 Nr. 1 EStG zu den nicht abzugsfähigen Ausgaben (BMF a. a. O. Rz. 3).

BEISPIELE: Aufwendungen für Kleidung und Schuhe, soweit es sich nicht um typische Berufskleidung handelt; Aufwendungen für die Bewirtung von Geschäftsfreunden im Hause (in der Wohnung) des Steuerpflichtigen; Aufwendungen für Tageszeitungen und allgemeine Nachschlagewerke, Rundfunk und Fernsehen.

1079 Zu den gemischten Aufwendungen gehören häufig auch die **Steuerberatungskosten.** Das gilt insbesondere dann, wenn für die Beratung insgesamt nur ein einheitlicher Betrag in Rechnung gestellt wurde, also nicht zwischen der Beratung für Personensteuern und betrieblichen Steuern unterschieden wird. Gegebenenfalls müssen die Aufwendungen im Wege der Schätzung aufgeteilt werden. Seit 2006 kann der private Anteil der Steuerberatungskosten nicht mehr als Sonderausgaben abgesetzt werden.

9.5.2 Abzugsfähigkeit der Betriebsausgaben

9.5.2.1 Begriff des Aufwands

Def: Betriebsausgaben sind die Aufwendungen, die durch den Betrieb veranlasst sind (§ 4 Abs. 4 EStG).   1080

In der Betriebswirtschaftslehre und im kaufmännischen Rechnungswesen haben die Begriffe Ausgaben und Aufwendungen eine völlig verschiedene Bedeutung. Ausgaben liegen vor, wenn Geld oder geldwerte Güter aus dem Betriebsvermögen abfließen. Aufwendungen sind dagegen alle Vorgänge, die die Erfolgsrechnung belasten. Der Unterschied wird besonders deutlich bei den Posten der Rechnungsabgrenzung (§ 5 Abs. 3 EStG).

> **BEISPIEL:** Das Wj eines Gewerbetreibenden ist der Zeitraum vom 1.1. bis zum 31.12. Er zahlt am 30.12.01 die Geschäftsraummiete für Januar 02 im Voraus. Die Mietzahlung ist eine Ausgabe des Monats Dezember 01, weil in diesem Monat das Geld tatsächlich abgeflossen ist. Die Zahlung betrifft aber wirtschaftlich (erfolgsmäßig) erst den Monat Januar 02, sie ist folglich erst Aufwand dieses Monats. Der Gewerbetreibende muss in Höhe der Mietzahlung in der Bilanz zum 31.12.01 einen aktiven Rechnungsabgrenzungsposten bilden (§ 5 Abs. 3 Nr. 1 EStG).
>
> Das EStG macht diesen Unterschied nicht, wenn es die Begriffe Ausgaben und Aufwendungen verwendet. Das geht schon daraus hervor, dass es den Begriff Aufwendungen nicht nur bei den Gewinneinkünften verwendet, sondern auch bei den Überschusseinkünften (§ 9 EStG) und bei der Ermittlung des Einkommens (§§ 10, 12, 33, 33a EStG). Der Begriff der Betriebsausgaben umfasst somit **alle Ausgaben eines Betriebes,** ohne Rücksicht darauf, ob sie im Veranlagungszeitraum bereits Aufwand geworden sind oder nicht.

Die Legaldefinition des § 4 Abs. 4 EStG hat ihre eigentliche Bedeutung in der Abgren-   1081 zung der Betriebsausgaben von allen anderen Ausgaben, insbesondere den in den §§ 10, 12 EStG genannten Aufwendungen. Nur die durch den Betrieb veranlassten Aufwendungen dürfen den Gewinn mindern.

9.5.2.2 Allgemeine Voraussetzungen für die Abzugsfähigkeit

Der Stpfl. hat auf Verlangen des FA im Rahmen des Zumutbaren nachzuweisen, dass   1082 die als Betriebsausgaben geltend gemachten Aufwendungen dem Grunde und der Höhe nach auch tatsächlich betrieblich veranlasst waren (§ 97 AO).

Von dieser allgemeinen Nachweispflicht des Stpfl. abgesehen, kann das FA nach § 160 AO ferner verlangen, dass der Stpfl. den **Empfänger** von Betriebsausgaben genau bezeichnet. Betriebsausgaben i. S. von § 160 AO sind auch die Anschaffungskosten für aktivierungspflichtige Wirtschaftsgüter, wenn der Empfänger nicht benannt wird (BFH 22.5.1968 I 59/65, BStBl 1968 II 727). Kann der Stpfl. den Empfänger nicht benennen oder will er es nicht, sind die Aufwendungen nach § 160 AO grundsätzlich nicht abzugsfähig.

Das Abzugsverbot nach § 160 AO betrifft die Fälle, in denen nach der Lebenserfahrung der Verdacht besteht, dass das Verschweigen des Empfängers diesem die Nichtversteuerung der empfangenen Beträge objektiv ermöglicht oder (subjektiv) ermöglichen soll. Diese Voraussetzungen liegen z. B. bei Schmiergeldzahlungen an unbeschränkt steuerpflichtige Personen regelmäßig vor.

Die Regelung soll jedoch nicht bezwecken, dass sämtliche Betriebsausgaben, deren Empfänger nicht benannt werden kann, vom Abzug ausgeschlossen werden. Die Vorschrift des § 160 AO ist vielmehr einengend dahin auszulegen, dass das FA einen Ermessensspielraum nicht nur bei der Entscheidung darüber hat, ob es vom Stpfl. die Bezeichnung des Empfängers verlangen will (§ 160 AO), sondern dass es auch im Rahmen seines pflichtgemäßen Ermessens liegt, in welcher Höhe es bei der Nichtbezeichnung des Empfängers die geltend gemachten Betriebsausgaben nicht anerkennt (BFH 22. 5. 1968 I 59/65, BStBl II 727).

> **BEISPIEL:** ► Ein Möbelhersteller hat Holz zum Preise von 20 000 € angeschafft und bar bezahlt; den Lieferanten und Zahlungsempfänger kann er nicht benennen.
>
> Bei der Bezahlung von Warenlieferungen kann im Allgemeinen angenommen werden, dass der gezahlte Betrag den Gewinn des Empfängers nicht in vollem Umfang erhöhte, weil die Lieferung für den Empfänger gleichfalls mit Aufwendungen verbunden war. Aufgrund dieser Annahme kann es geboten erscheinen, die vom Möbelhersteller geltend gemachten Betriebsausgaben für Rohstoffeinkünfte nur um einen angemessenen Teil zu kürzen.

1083 Es gibt auch einige Ausnahmen von dem Grundsatz, dass die **betragsmäßig** nachgewiesenen Betriebsausgaben abgezogen werden können. So kann ein Steuerpflichtiger die Mehraufwendungen für Verpflegung aus Anlass einer Geschäftsreise nur mit bestimmten, nach der Dauer der Abwesenheit gestaffelten Pauschbeträgen geltend machen. Bei Auslandsreisen können auch die Aufwendungen für Unterbringung neben den Mehraufwendungen für Verpflegung mit besonderen Pauschbeträgen anerkannt werden.

Aufwendungen, die dem Grunde nach zu den Betriebsausgaben gehören, können im Übrigen dann nicht abgezogen werden, wenn sie im Zusammenhang mit steuerfreien Einnahmen anfallen (§ 3c Abs. 1 EStG).

9.5.2.3 Bedeutung der Gewinnermittlungsart für die Abzugsfähigkeit

1084 Die durch den Betrieb veranlassten Aufwendungen werden hinsichtlich ihrer Abzugsfähigkeit im Allgemeinen in sofort abzugsfähige, nicht sofort abzugsfähige und nicht abzugsfähige Betriebsausgaben eingeteilt. Dabei hängt die Abzugsfähigkeit sowohl von der Art des Aufwands als auch von der Form der Gewinnermittlung ab.

Bei der Gewinnermittlung nach § 4 Abs. 3 EStG sind z. B. grundsätzlich alle betrieblich veranlassten Aufwendungen sofort abzugsfähig. Eine Ausnahme bilden die Anschaffungs- oder Herstellungskosten der Wirtschaftsgüter des Anlagevermögens. Nach § 4 Abs. 3 Satz 4 EStG sind die Anschaffungs- oder Herstellungskosten für nicht abnutzbare Anlagegüter des Anlagevermögens, für Anteile an Kapitalgesellschaften, für Wertpapiere und vergleichbare nicht verbriefte Forderungen und Rechte, für Grund und Boden sowie Gebäude des Umlaufvermögens im Rahmen der Gewinnermittlung nach § 4 Abs. 3 EStG erst im Zeitpunkt des Zuflusses des Veräußerungserlöses oder Entnahme des Wirtschaftsgutes abzugsfähige Aufwendungen. Bei abnutzbaren Wirtschaftsgütern des Anlagevermögens ist § 7 EStG zu beachten (§ 4 Abs. 3 Satz 3 EStG). Danach sind die Anschaffungs- oder Herstellungskosten auf die Nutzungsdauer des Wirtschaftsgutes zu verteilen und jährlich mit dem entsprechenden Teilbetrag gewinnmindernd zu berücksichtigen.

BEISPIEL: ► Ein Schlossermeister erwirbt eine Drehbank für 2 000 €, deren voraussichtliche Nutzungsdauer 5 Jahre beträgt. Der betrieblich veranlasste Aufwand i. H. von 2 000 € ist nicht auf einmal, sondern jährlich mit 400 € gewinnmindernd zu berücksichtigen.

Das Gleiche gilt auch bei der Gewinnermittlung durch Betriebsvermögensvergleich, so dass insoweit kein Unterschied zwischen diesen beiden Grundformen der Gewinnermittlung besteht. Auch der Kreis der nach § 4 Abs. 5 EStG nicht abzugsfähigen Betriebsausgaben ist in beiden Fällen der gleiche.

Im Übrigen aber bestehen tiefgreifende Unterschiede zwischen der Gewinnermittlung 1085
durch Betriebsvermögensvergleich und der Überschussrechnung. So sind z. B. die Anschaffungs- oder Herstellungskosten für Wirtschaftsgüter des Umlaufvermögens (außer Gebäude) bei der Gewinnermittlung nach § 4 Abs. 3 EStG sofort abzugsfähige Aufwendungen. Bei der Gewinnermittlung durch Vermögensvergleich gehören diese Aufwendungen zu den nicht sofort abzugsfähigen Betriebsausgaben. Sie werden dort erst bei der Veräußerung der Wirtschaftsgüter gewinnmindernd berücksichtigt.

BEISPIEL: ► Ein Händler erwirbt am 31. 12. 01 Waren für 1 000 € und veräußert sie am 15. 1. 02 für 1 500 €. Bei der Überschussrechnung kann er die Anschaffungskosten i. H. von 1 000 € sofort als Betriebsausgaben abziehen; der Verkaufserlös i. H. von 1 500 € ist dann im folgenden Jahr in voller Höhe Betriebseinnahme.

Beim Vermögensvergleich muss er die Anschaffungskosten zunächst aktivieren. Erst beim Verkauf der Waren kann er die Anschaffungskosten als Wareneinsatz gewinnmindernd berücksichtigen.

Der Wert der Sacheinlagen, z. B. von eingelegten Waren oder Maschinen, ist bei der 1086
Überschussrechnung nach denselben Regeln als Betriebsausgabe zu behandeln, die bei entgeltlicher Anschaffung des Wirtschaftsgutes gelten. Dabei bestimmt sich der Wert der Sacheinlage nach § 6 Abs. 1 Nr. 5 EStG.

9.5.2.4   Nicht abzugsfähige Betriebsausgaben

9.5.2.4.1   Allgemeines

Für den Begriff der Betriebsausgaben ist es ohne Bedeutung, ob die Aufwendungen 1087
zweckmäßig, notwendig, typisch oder wirtschaftlich sind. Damit gehören i. d. R. auch kostspielige und luxuriöse Aufwendungen zu den Betriebsausgaben, wenn sie in einem ursächlichen Zusammenhang mit dem Betrieb stehen, also ausschließlich durch den Betrieb veranlasst sind.

BEISPIEL: ► Ein Fabrikant stattet sein Büro mit echten antiken Möbeln und Orientteppichen aus.

Der Gesetzgeber hat es aber aus steuerlichen und politischen Gründen für erforderlich 1088
gehalten, Missbräuchen beim sog. Spesenabzug entgegenzuwirken und deshalb den Abzug bestimmter Betriebsausgaben, die die **Lebensführung** des Steuerpflichtigen oder anderer Personen **berühren,** eingeschränkt bzw. ganz verboten (§ 4 Abs. 5 EStG). Durch derartige Aufwendungen wird deshalb nicht mehr die Allgemeinheit, sondern allein der Steuerpflichtige belastet.

In § 4 Abs. 5 Nr. 1, 3, 4, 8, 8a, 9, 10 und 11 EStG werden zunächst drei Gruppen von Auf- 1089
wendungen aufgezählt, die in jedem Fall vom Abzug ausgeschlossen sind. Außer diesen

fest umrissenen Aufwendungen sind nach § 4 Abs. 5 Nr. 7 EStG ganz allgemein solche Aufwendungen nicht abzugsfähig, die die Lebensführung des Stpfl. oder anderer Personen berühren, soweit sie nach der allgemeinen Verkehrsauffassung als **unangemessen** anzusehen sind. Darüber hinaus sind einige als unangemessen anzusehende Aufwendungen ausdrücklich vom Abzug ausgeschlossen worden. In allen Fällen muss es sich aber um betrieblich veranlasste Aufwendungen (also Betriebsausgaben) handeln; Lebenshaltungskosten sind schon nach § 12 Nr. 1 EStG nicht abzugsfähig. Vor Anwendung von § 4 Abs. 5 EStG ist daher stets zu prüfen, ob überhaupt Betriebsausgaben vorliegen.

So sind Aufwendungen zur Förderung staatspolitischer Zwecke (§ 10b Abs. 2 EStG) nach § 4 Abs. 6 EStG keine Betriebsausgaben.

Seit dem Kalenderjahr 2008 sind auch die Gewerbesteuer und die darauf entfallenden Nebenleistungen gem. § 4 Abs. 5b EStG steuerlich keine Betriebsausgaben mehr.

9.5.2.4.2 Aufwendungen für Geschenke

1090 Die Abzugsfähigkeit von Aufwendungen für betrieblich veranlasste Geschenke hängt einerseits von dem Verhältnis des Beschenkten zum Stpfl. ab, andererseits vom Wert der Geschenke im Einzelfall (§ 4 Abs. 5 Satz 1 Nr. 1 EStG).

Aufwendungen für Geschenke an Personen, die nicht Arbeitnehmer des Stpfl. sind, können grundsätzlich nicht abgezogen werden (§ 4 Abs. 5 Nr. 1 Satz 1 EStG), das bedeutet aber auch, dass Geschenke an Arbeitnehmer als Betriebsausgaben abzugsfähig sind. Personen, die zu dem Stpfl. aufgrund eines Werkvertrages oder eines Handelsvertretervertrages in ständiger Geschäftsbeziehung stehen, sind den Arbeitnehmern des Stpfl. nicht gleichgestellt; Geschenke an sie sind somit ebenfalls nicht abzugsfähig. Übt ein Angestellter unter Mithilfe anderer Angestellter desselben Arbeitgebers auch eine selbständige Tätigkeit aus, handelt es sich bei diesen Mitarbeitern nicht um Arbeitnehmer des Steuerpflichtigen (BFH 8. 11. 1984 IV R 186/82, BStBl 1985 II 286).

1091 Eine **Ausnahme vom Abzugsverbot** gilt allerdings, wenn die Anschaffungs- oder Herstellungskosten – einschließlich der nicht abziehbaren Vorsteuer – aller einem Empfänger in einem Wirtschaftsjahr zugewendeten Geschenke insgesamt 35 € nicht übersteigen. Dieser Betrag ist eine Freigrenze, d. h. Aufwendungen bis zu 35 € sind voll abzugsfähig, sobald dieser Betrag überschritten wird, sind diese Geschenke in voller Höhe nicht abzugsfähig.

Der Begriff des Geschenks erfordert, dass die Beteiligten sich über die Unentgeltlichkeit der Zuwendung (Geldleistung, Sachleistung, sonstiger geldwerter Vorteil) einig sind. Wenn auch nur einer von ihnen die Zuwendung als Entgelt für eine bestimmte Leistung ansieht, liegt keine Schenkung vor.

BEISPIEL: ► Ein Rechtsanwalt erhält von einem Gewerbetreibenden, den er in einem Wettbewerbsprozess vertreten hat, neben dem üblichen Honorar eine Kiste mit 50 Flaschen besten Weines als besondere Anerkennung.

Der Wein ist kein Geschenk, sondern zusätzliches Honorar und deshalb beim Gewerbetreibenden als Betriebsausgabe abzugsfähig. Andererseits liegt beim Rechtsanwalt eine Betriebseinnahme vor.

Die Zuwendung darf also nicht in einem zeitlichen oder sonstigen unmittelbaren Zusammenhang mit einer Leistung des Empfängers stehen. Die Unentgeltlichkeit einer Zuwendung wird jedoch nicht schon dadurch ausgeschlossen, dass mit der Zuwendung der Zweck verfolgt wird, Geschäftsbeziehungen zu sichern, zu verbessern oder für ein Erzeugnis zu werben.

BEISPIEL: Typische Werbegeschenke (Wandkalender, Taschenkalender, Kugelschreiber und dergleichen) sind stets Geschenke, gleichgültig, aus welchem Anlass sie gegeben werden.

Aufwendungen für die Bewirtung, Unterhaltung und Beherbergung von Geschäftsfreunden stellen keine Geschenke dar. Dagegen können sog. **Schmiergelder** den Begriff des Geldgeschenks erfüllen und, sofern der Empfänger nachgewiesen wird (§ 160 AO), im Rahmen des § 4 Abs. 5 EStG abzugsfähig sein (einschränkend mit teilweiser Abzugsfähigkeit unter bestimmten Voraussetzungen BFH 9. 8. 1989 I R 66/86, BStBl 1989 II 995). Wegen der Behandlung von betrieblich veranlassten Geschenken beim Empfänger als Betriebseinnahmen (vgl. Rdn. 1062 f.).

9.5.2.4.3   Aufwendungen für Bewirtung

Aufwendungen für die Gästebewirtung dürfen den Gewinn nur insoweit mindern, als sie 70 % der Aufwendungen nicht übersteigen, die nach der allgemeinen Verkehrsauffassung als angemessen anzusehen sind (vgl. hierzu R 4.10 Abs. 5–9 EStR und H 4.10 (5–9) EStH).   1092

Weitere Voraussetzung für die Abzugsfähigkeit ist, dass der Stpfl. die Höhe und die betriebliche Veranlassung der Aufwendungen nachweist (ein amtlich vorgeschriebener Vordruck braucht nicht mehr ausgefüllt zu werden) und hierzu die folgenden Angaben macht:

- ▶ Ort und Tag der Bewirtung,
- ▶ Bezeichnung der Teilnehmer,
- ▶ Anlass der Bewirtung und
- ▶ Art und Umfang der Aufwendungen.

Hat die Bewirtung in einer Gaststätte stattgefunden, so muss die Rechnung Name und Anschrift der Gaststätte enthalten; die Rechnung über die Bewirtung ist beizufügen (§ 4 Abs. 5 Nr. 2 EStG). Bei Rechnungen bis zu einem Betrag von 150 € kann auf die Angabe des Namens der bewirtenden Person verzichtet werden, d. h. die Rechnung muss nicht auf den Namen des Steuerpflichtigen ausgestellt sein (R 4.10 Abs. 8 EStR).

Die Rechnung muss nach Auffassung der Finanzverwaltung außerdem maschinell erstellt und registriert sein (R 4.10 Abs. 8 Satz 8 EStR).

Die Teilnehmer (bewirtete und bewirtende Personen) sind grundsätzlich **einzeln mit Namen** aufzuführen. Das gilt auch für etwa teilnehmende Arbeitnehmer und den Stpfl. selbst (BFH 30. 1. 1986 IV R 150/85, BStBl 1986 II 488). Auf die Feststellung der Namen kann nur dann verzichtet werden, wenn diese Feststellung dem Stpfl. (z. B. wegen der großen Zahl der an der Bewirtung teilnehmenden Personen) unzumutbar ist.   1093

Von dem Kürzungsgebot betroffen sind nur Aufwendungen für einen geschäftlichen Anlass einschließlich der Aufwendungen, die auf Arbeitnehmer des Stpfl. entfallen. Aufwendungen für die ausschließliche Bewirtung von Arbeitnehmern unterliegen nicht der Abzugsbeschränkung (R 4.10 Abs. 7 EStR).

Zu den nicht abzugsfähigen Betriebsausgaben gehört auch die auf den nicht abzugsfähigen Teil der Aufwendungen entfallende, nach den umsatzsteuerlichen Vorschriften
nicht abzugsfähige Vorsteuer (§ 15 Abs. 1a UStG; außer bei angemessenen Bewirtungsaufwendungen).

BEISPIEL: ▶ Eine Bewirtungsrechnung lautet auf 500 € zzgl. USt. Hiervon sollen 300 € zzgl. USt
als unangemessen anzusehen sein. Als Bewirtungskosten abzugsfähig sind 70 % der angemessenen Aufwendungen, somit 140 €; die auf diesen Betrag entfallende Vorsteuer i. H. von
26,60 € ist abzugsfähig. Auf dem Konto nicht abzugsfähige Betriebsausgaben sind der unangemessene Teil der Bewirtungskosten (300 €) und der nicht abzugsfähige Teil der angemessenen Kosten (60 €) nebst der auf den unangemessenen Teil entfallenden Vorsteuern (57 €), insgesamt somit 417 € zu erfassen.

Es ergibt sich folgende Verbuchung:

Abzugsfähige Bew.kosten	140,– €			
VSt	26,60 € an	BK (etc.)		166,60 €
Nicht abzugsfähige Bew.kosten	417,– €			
VSt	11,40 € an	BK (etc.)		428,40 €

Aufwendungen für die Bewirtung von Geschäftsfreunden in der Wohnung gehören nicht zu
den Betriebsausgaben, sondern zu den nach § 12 Nr. 1 EStG nicht abzugsfähigen Kosten der
Lebenshaltung (R 4.10 Abs. 6 Satz 8 EStR).

9.5.2.4.4 Aufwendungen für Gästehäuser

1094 Sämtliche Aufwendungen für Gästehäuser, die ohne Gewinnerzielungsabsicht betrieben werden, einschließlich der Absetzungen für Abnutzung sind nach § 4 Abs. 5 Nr. 3
EStG nicht abzugsfähig, wenn sich das Gästehaus außerhalb des Ortes eines Betriebes
des Stpfl. befindet (R 4.10 Abs. 10 und 11 EStR).

Dagegen können Aufwendungen für Gästehäuser am Ort des Betriebes des Stpfl. sowie
die Kosten für die Unterbringung von Geschäftsfreunden in fremden Beherbergungs-
betrieben in voller Höhe als Betriebsausgaben abgezogen werden, soweit sie nicht unangemessen hoch sind (R 4.10 Abs. 2 Nr. 2 EStR). Überlässt der Arbeitgeber seinen Arbeitnehmern Ferienhäuser – auch im Ausland – unentgeltlich, sind die Aufwendungen
unbegrenzt als Betriebsausgaben abziehbar (BFH 9. 4. 1997 I R 20/96, BStBl 1997 II
539).

9.5.2.4.5 Aufwendungen für Jagd, Fischerei usw.

1095 Aufwendungen für die Pacht oder die Ausübung einer Jagd oder einer Fischerei, für die
Haltung oder Benutzung von Segeljachten oder Motorjachten sowie für ähnliche Zwecke und die hiermit zusammenhängenden Bewirtungen sind nach § 4 Abs. 5 Nr. 4 EStG
ebenfalls nicht abzugsfähig, weil diese Repräsentationsaufwendungen häufig auch im
privaten Bereich anfallen und ihre betriebliche Veranlassung kaum nachprüfbar ist.
Übt der Stpfl. diese Tätigkeit mit Gewinnerzielungsabsicht aus, sind die Ausgaben in
voller Höhe abziehbar.

BEISPIEL: ▶ Der Stpfl. betreibt mit Gewinnerzielungsabsicht die Vermietung von Segelbooten.

9.5.2.4.6 Mehraufwendungen für Verpflegung

Nach § 4 Abs. 5 Nr. 5 EStG dürfen Mehraufwendungen für Verpflegung den Gewinn nur 1096 in Höhe gesetzlich festgelegter Pauschbeträge mindern, wenn der Steuerpflichtige außerhalb seines Betriebes vorübergehend tätig wird. Der früher mögliche Einzelnachweis höherer Kosten ist vollständig entfallen.

Eine Mindestentfernung ist für die Auswärtstätigkeit nicht mehr erforderlich; die früher notwendige Unterscheidung zwischen Geschäftsreise und Geschäftsgang ist entfallen. Nach dem Gesetzeswortlaut ist nur darauf abzustellen, dass der Steuerpflichtige vorübergehend auswärts tätig wird. Auswärts bedeutet dabei, dass er sich sowohl von seiner Wohnung als auch vom Mittelpunkt seiner auf Dauer angelegten betrieblichen Tätigkeit entfernt.

Die Pauschbeträge für Verpflegungsmehraufwendungen betragen im Inland:

▶ bei einer Abwesenheit von 24 Stunden und mehr: 24 €,

▶ bei einer Abwesenheit von weniger als 24 Stunden, aber 12 €.
mehr als 8 Stunden:

Für den Abzug von Verpflegungsmehraufwendungen bei Auslandsreisen gelten Pauschbeträge, die länderweise verschieden sind. Diese werden vom BMF im Einvernehmen mit den obersten Finanzbehörden der Länder aufgrund der höchsten Auslandstagegelder nach dem Bundesreisekostengesetz bekannt gemacht.

Bei mehreren Reisen an einem Tag sind die Abwesenheitszeiten an diesem Tag zusammenzurechnen.

Wird eine Reise nach 16.00 Uhr angetreten und vor 8.00 Uhr am nachfolgenden Kalendertag beendet, ohne dass eine Übernachtung stattfindet, so ist die gesamte Abwesenheitsdauer dem Tag mit der überwiegenden Abwesenheit zuzurechnen.

Hat der Steuerpflichtige während der Reise Bewirtungsaufwendungen für Geschäftsfreunde getätigt, an denen er selbst teilgenommen hat, werden die gesetzlichen Pauschbeträge nicht gekürzt.

Die Mehraufwendungen für Verpflegung aus Anlass einer doppelten Haushaltsführung können ebenfalls nur mit den genannten gesetzlich vorgeschriebenen Pauschbeträgen berücksichtigt werden.

Sowohl bei einer Auswärtstätigkeit als auch beim Vorliegen der Voraussetzungen für die doppelte Haushaltsführung dürfen die Pauschalen nur für die ersten drei Monate in Anspruch genommen werden.

9.5.2.4.7 Fahrten zwischen Wohnung und Betrieb

Nach § 4 Abs. 5 Nr. 6 EStG dürfen Aufwendungen für Fahrten mit dem eigenen Kraft- 1097 fahrzeug zwischen Wohnung und Betrieb nur in der Höhe als Betriebsausgaben abgezogen werden, wie sie auch von einem Arbeitnehmer gem. § 9 Abs. 1 Satz 3 Nr. 4 oder Abs. 2 EStG als Werbungskosten geltend gemacht werden können.

Für die Ermittlung der als nicht abzugsfähige Betriebsausgaben zu behandelnden Differenz gibt es zwei Möglichkeiten:

Weist der Steuerpflichtige die tatsächlichen Aufwendungen für den Pkw belegmäßig nach und ermittelt er den Umfang der betrieblichen bzw. privaten Fahrten mittels eines ordnungsgemäßen Fahrtenbuches, so sind die nicht abziehbaren Betriebsausgaben für Fahrten zwischen Wohnung und Betriebsstätte anhand der tatsächlichen Aufwendungen und der tatsächlichen Fahrten zu ermitteln (vgl. § 4 Abs. 5 Nr. 6 Satz 3 EStG).

BEISPIEL: Die Gesamtkosten des vom Stpfl. genutzten Pkw bei einer Laufleistung von 40 000 km jährlich betragen 20 000 € pro Jahr, so dass Kosten von 0,5 Euro pro gefahrenem Kilometer entstehen. Laut Fahrtenbuch fährt der Stpfl. an 200 Tagen zwischen Wohnung und Betrieb; die einfache Entfernung beträgt 30 km.

Auf die Fahrten Wohnung/Betrieb entfallen somit 30 × 2 × 200 = 12 000 km und entsprechend 6 000 € Kosten.

Ein Arbeitnehmer könnte nur 200 Fahrten × 30 Entfernungskilometer × 0,30 € = 1800 € als Werbungskosten absetzen. Der Differenzbetrag zwischen 6 000 € Kosten und 1800 € möglicher Werbungskosten ist als nicht abziehbare Betriebsausgabe dem Gewinn hinzuzurechnen (**Beachte**: Dieser Betrag wird dem Gewinn neben den anteiligen Kosten für die Privatfahrten als Privatentnahme nach § 6 Abs. 1 Nr. 4 EStG hinzugerechnet).

Kann dieser Nachweis nicht geführt werden, so werden die tatsächlichen Kosten durch eine im Gesetz festgelegte Pauschale ermittelt. Anzusetzen sind für jeden Entfernungskilometer (von der Wohnung zur Betriebsstätte) pro Monat 0,03 % des Bruttolistenpreises des Pkw zzgl. der Sonderausstattungen.

BEISPIEL: Der Bruttolistenpreis des Pkw soll 60 000 € und die Entfernung zwischen Wohnung und Betrieb 30 km betragen.

Dann sind pro Monat 0,03 % × 60 000 € × 30 km = 540 € anzusetzen, auf das Jahr gerechnet 6 480 €.

Gegenüberzustellen sind die Beträge, die der Steuerpflichtige als Arbeitnehmer als Werbungskosten abziehen könnte. Bei Fahrten zwischen Wohnung und Betrieb an 220 Arbeitstagen betragen die Pauschbeträge 220 Tage × 30 km × 0,30 € = 1980 €. Die Differenz zu den pauschal geschätzten tatsächlichen Kosten i. H. von (6 480 € ./. 1980 €) = 4 500 € gehört zu den nicht abziehbaren Betriebsausgaben.

1098   Fahrten zwischen Wohnung und Betrieb i. S. dieser Vorschrift sind die **einmaligen** täglichen Fahrten von der Wohnung zum Betrieb bei Beginn der Tätigkeit und vom Betrieb zur Wohnung nach Beendigung der Tätigkeit.

1099   Legt der Stpfl. den Weg zwischen Wohnung und Betrieb aus privaten Gründen mehrfach zurück, z. B. zur Einnahme eines Mittagessens, so können die dadurch entstehenden Aufwendungen nicht als Betriebsausgaben abgezogen werden (Privatfahrten = Privatentnahmen). Keine Fahrten zwischen Wohnung und Arbeitsstätte sind dagegen die Fahrten eines Unternehmers zwischen mehreren Betriebsstätten seines Unternehmens. Die Aufwendungen sind daher in vollem Umfang abzugsfähig. Das gilt auch dann, wenn sich eine Betriebsstätte und die Wohnung des Unternehmers auf demselben Grundstück befinden (BFH 31. 5. 1978 I R 69/76, BStBl 1978 II 564). Eine andere Beurteilung gilt allerdings dann, wenn sich in der Wohnung eine weitere Betriebsstätte befindet, dieser Teil der Wohnung von der übrigen Wohnung aber baulich nicht getrennt ist und keine in sich geschlossene Einheit bildet (BFH 15. 7. 1986 VIII R 134/83, BStBl 1986 II 744).

Etwaige Mehraufwendungen, die anlässlich einer Fahrt zwischen Wohnung und Betrieb durch die Erledigung privater Angelegenheiten entstehen, gehören zu den nicht abzugsfähigen Kosten der Lebensführung.

BEISPIEL: ▶ Der Unternehmer A fährt morgens von seiner Wohnung zu seinem Betrieb und nimmt dabei seine Kinder mit, um sie zur Schule zu bringen. Die Gesamtfahrstrecke beträgt 30 km, die Fahrstrecke zum Betrieb – ohne den Umweg zur Schule – beträgt nur 25 km. Die durch den Umweg von 5 km entstandenen Mehraufwendungen sind in **voller Höhe** nicht abzugsfähige Kosten der Lebensführung.

Dagegen sind Mehraufwendungen, die anlässlich einer solchen Fahrt durch die Erledigung anderer betrieblicher Angelegenheiten entstehen (z. B. den Besuch eines Lieferanten), in **voller Höhe** Betriebsausgaben. Die Kraftfahrzeugkosten eines Unternehmers sind danach aufzuteilen in abzugsfähige Betriebsausgaben und Kosten der Lebensführung (BFH 17. 2. 1977 IV R 87/72, BStBl 1977 II 543).

BEISPIEL: ▶ Ein Gewerbetreibender bringt auf der morgendlichen Fahrt zu seinem Betrieb einem Kunden Waren. Der dafür erforderliche Umweg beträgt 5 km.

Für diese 5 km kann der Stpfl. die tatsächlichen Kraftfahrzeugkosten als Betriebsausgaben abziehen. Dagegen können für die übliche Entfernung zwischen Wohnung und Betrieb nur die Pauschbeträge nach § 9 Abs. 1 Nr. 4 EStG abgezogen werden.

Körperbehinderte, deren Minderung der Erwerbsfähigkeit mindestens 70 % beträgt, sowie erheblich gehbehinderte Personen, die zwar weniger als 70 %, jedoch mindestens 50 % in der Erwerbsfähigkeit gemindert sind, können nach § 4 Abs. 5 Nr. 6 Satz 2 EStG i.V. mit § 9 Abs. 2 EStG grundsätzlich ihre tatsächlichen Kosten – und damit die vollen Kosten – für die Benutzung eines eigenen Kraftfahrzeugs als Betriebsausgaben absetzen. 1100

9.5.2.4.8   Aufwendungen für ein häusliches Arbeitszimmer

Die Anerkennung von Aufwendungen für häusliche Arbeitszimmer wird durch § 4 Abs. 5 Nr. 6b EStG weitestgehend eingeschränkt. 1101

Ein Abzug als Betriebsausgaben (und über den Verweis in § 9 Abs. 5 Satz 1 EStG als Werbungskosten) ist nur möglich, wenn für die betriebliche oder berufliche Tätigkeit kein anderer Arbeitsplatz zur Verfügung steht; aber auch in diesem Fall ist der Betriebsausgabenabzug auf 1 250 € im Kalenderjahr beschränkt, d. h. Aufwendungen, die diesen Betrag übersteigen, sind nicht abzugsfähig.

Ein uneingeschränkter Betriebsausgabenabzug ist nur möglich, wenn das häusliche Arbeitszimmer den Mittelpunkt der gesamten betrieblichen und beruflichen Betätigung bildet.

HINWEIS

Eine ausführliche Darstellung der neuesten Rechtslage zur Abzugsfähigkeit von häuslichen Arbeitszimmern enthält das BMF-Schreiben vom 2. 3. 2011, BStBl 2011 S. 195).

9.5.2.4.9   Andere die Lebensführung berührende Aufwendungen

1102   Andere die Lebensführung des Stpfl. oder anderer Personen berührende Betriebsausgaben sind insoweit nicht abzugsfähig, als sie nach der allgemeinen Verkehrsauffassung als unangemessen anzusehen sind (§ 4 Abs. 5 Nr. 7 EStG).

Es muss sich also um Betriebsausgaben handeln (§ 4 Abs. 4 EStG), deren Besonderheit darin besteht, dass sie die Lebensführung berühren. Dazu gehören z. B. Reisekosten, Unterhaltung und Beherbergung von Geschäftsfreunden außerhalb von Gästehäusern und der eigenen Wohnung des Steuerpflichtigen, Aufwendungen für Personenkraftwagen, Flugzeuge (BFH 4. 8. 1977 IV R 157/74, BStBl 1978 II 93) und die Ausstattung der Geschäftsräume (R 4.10 Abs. 12 EStR).

1103   Maßstab für die **Angemessenheit** ist die allgemeine Verkehrsauffassung, d. h. nicht die Ansicht der beteiligten Berufszweige oder Wirtschaftskreise, sondern die Auffassung breitester Bevölkerungskreise. Im Wesentlichen ist darauf abzustellen, ob ein ordentlicher und gewissenhafter Unternehmer angesichts der zu erwartenden Vorteile die Aufwendungen ebenfalls auf sich genommen hätte (BFH 27. 2. 1985 I R 20/82, BStBl 1985 II 458; 20. 8. 1986 I R 80/83, BStBl 1986 II 904). Wenn danach die Aufwendungen die Grenze des Angemessenen erheblich überschreiten und als solche ins Gewicht fallen, ist der unangemessene Teil der Aufwendungen nicht abzugsfähig. Dieser Teil der Aufwendungen muss ggf. geschätzt werden. Die Kürzung bereitet bei Betriebsausgaben, die nicht aktivierungspflichtig sind, keine besonderen Schwierigkeiten.

> **BEISPIEL:** ▸ Ein Steuerpflichtiger bewohnt auf einer Geschäftsreise das Fürsten-Appartement eines Luxushotels. Die abzugsfähigen Reisekosten sind um den Mehraufwand für das Fürsten-Appartement zu kürzen.
>
> Schwieriger ist dagegen die Kürzung aktivierungspflichtiger Betriebsausgaben.

> **BEISPIEL:** ▸ Ein Gewerbetreibender hält sich als Geschäftswagen einen in Einzelanfertigung hergestellten ausländischen Luxussportwagen, der (geschätzt) 320 000 € gekostet hat. Der unangemessene Teil der Betriebsausgaben wird auf 160 000 € geschätzt. Hier kann die Kürzung in der Weise erfolgen, dass die AfA, die auf den unangemessenen Teil der Anschaffungskosten entfällt, nicht abgezogen wird, indem z. B. dieser Teil der AfA außerhalb der Bilanz dem Gewinn wieder hinzugerechnet wird.
>
> Wenn man eine zehnjährige Nutzungsdauer unterstellt, sind also 10 % von 160 000 € = 16 000 € jährlich nicht als AfA abzugsfähig. Diese Lösung entspricht dem Gesetz am besten, weil die Anschaffungskosten eines zum abnutzbaren Anlagevermögen gehörenden Wirtschaftsgutes regelmäßig nur im Wege der AfA als Betriebsausgaben abgezogen werden können (§ 7 EStG).
>
> Denkbar ist allerdings auch, dass man im Jahr der Anschaffung den unangemessenen Teil der Anschaffungskosten sofort dem Gewinn hinzurechnet und dann in den folgenden Jahren jeweils die AfA von den ungekürzten Anschaffungskosten zulässt. Diese Lösung macht zwar die laufende Überwachung des AfA-Abzugs überflüssig, widerspricht aber § 7 EStG.

9.5.2.4.10   Geldbußen usw.

1104   Der BFH (21. 11. 1983 GrS 2/82, BStBl 1984 II 160) sah unter Abkehr von der bisherigen Rechtsprechung Geldstrafen und Geldbußen, die im Zusammenhang mit einer betrieblichen Tätigkeit verhängt werden, als Betriebsausgaben an. § 4 Abs. 5 Nr. 8 EStG stellte daraufhin fest, dass Geldbußen, Ordnungsgelder und Verwarnungsgelder **nicht als Be-**

triebsausgaben abgezogen werden dürfen, wenn diese von Gerichten und Behörden in der Bundesrepublik Deutschland oder von Organen der Europäischen Gemeinschaft verhängt worden sind. Entsprechendes gilt für Auflagen und Weisungen in einem berufsgerichtlichen Verfahren. Die bloße Schadenswiedergutmachung fällt aber nicht unter das Abzugsverbot (wegen Einzelheiten vgl. R 4.13 EStR).

Verfahrenskosten, die mit den betrieblich veranlassten Sanktionen zusammenhängen, insbesondere Gerichts- und Anwaltsgebühren, sind auch dann abziehbare Betriebsausgaben, wenn die Sanktion selbst nach § 4 Abs. 5 Nr. 8 EStG vom Abzug ausgeschlossen ist. Wegen des Abzugsverbots für Geldstrafen vgl. Rdn. 271 ff.   1105

Dagegen können **Konventionalstrafen** (Vertragsstrafen i. S. von §§ 339 ff. BGB), wie sie   1106
z. B. für den Fall der Überschreitung von Lieferfristen vereinbart werden, als Betriebsausgaben abgezogen werden.

Ebenfalls abzugsfähig sind die mit Betriebssteuern zusammenhängenden Säumniszuschläge, Verspätungszuschläge, Erzwingungsgelder, Prozesszinsen (§ 112 FGO) und Stundungszinsen (§ 234 AO).

9.5.2.4.11 Zinsen auf hinterzogene Steuern

Zinsen auf hinterzogene Betriebssteuern dürfen nicht als Betriebsausgaben abgezogen   1107
werden (§ 4 Abs. 5 Nr. 8a EStG). Die Regelung stellt eine Ergänzung zum Abzugsverbot von Geldbußen usw. dar.

9.5.2.4.12 Ausgleichszahlungen bei Organschaft

Ausgleichszahlungen, die nach §§ 14, 17 und 18 KStG an außenstehende Anteilseigner   1108
gezahlt werden müssen, sind nach § 4 Abs. 5 Nr. 9 EStG keine abzugsfähige Betriebsausgabe.

9.5.2.4.13 Bestechungs- und Schmiergelder

Nach § 4 Abs. 5 Nr. 10 EStG dürfen an andere zugewendete Vorteile sowie damit zu-   1109
sammenhängende Aufwendungen nicht als Betriebsausgaben abgezogen werden, wenn die Zuwendung der Vorteile eine rechtswidrige Handlung darstellt, die den Tatbestand eines Strafgesetzes erfüllt oder eine Ordnungswidrigkeit darstellt. Als Empfänger kommen in erster Linie nur Amtsträger (Beamte) und Richter, Soldaten, Abgeordnete und öffentlich-rechtliche Angestellte, bei Wettbewerbsverstößen auch Privatleute (vgl. § 299 StGB) in Betracht. Dies gilt auch für ausländische Amtsträger und Abgeordnete.

Damit diese Nichtabzugsfähigkeit auch durchgeführt werden kann, sind in § 4 Abs. 5 Nr. 10 Satz 2–4 EStG gegenseitige Mitteilungspflichten der Finanzbehörden einerseits und von Gerichten, Staatsanwaltschaften oder Verwaltungsbehörden andererseits geregelt.

9.5.2.4.14 Tonnagesteuer

1109a   § 4 Abs. 5 Nr. 11 EStG schließt den Abzug von Betriebsausgaben aus, die bei bestimmten Gestaltungen im Rahmen der Gewinnermittlung nach § 5a EStG (Tonnagesteuer-Gewinnermittlung) erreicht werden können.

9.5.2.4.15 Zuschläge nach § 162 Abs. 4 AO

1109b   Gemäß § 4 Abs. 5 Nr. 12 EStG ist der Abzug von Zuschlägen nach § 162 Abs. 4 AO ausgeschlossen, die von der Finanzverwaltung wegen der Verletzung von Aufzeichnungspflichten nach § 90 Abs. 5 AO festgesetzt werden.

9.5.2.4.16 Gewerbesteuer

1109c   Seit 2008 sind die Gewerbesteuer sowie die darauf entfallenden Nebenleistungen nach § 4 Abs. 5b EStG keine Betriebsausgabe mehr, d. h. die handelsrechtlich richtigerweise als Aufwand gebuchten Beträge für Gewerbesteuer-Vorauszahlungen und für die Bildung der Gewerbesteuer-Rückstellung sind für steuerliche Zwecke dem Gewinn wieder hinzuzurechnen.

9.5.2.4.17 Parteispenden

1110   Parteispenden, genauer Aufwendungen zur Förderung staatspolitischer Zwecke i. S. des § 10b Abs. 2 EStG, sind keine Betriebsausgaben (systematisch richtig nicht als nicht abzugsfähige Betriebsausgaben einzuordnen, sondern überhaupt nicht als Betriebsausgaben abzugsfähig, vgl. Rdn. 1089).

9.5.2.4.18 Aufzeichnungen

1111   Aufwendungen i. S. des § 4 Abs. 5 EStG (ausgenommen Aufwendungen für Fahrten zwischen Wohnung und Betrieb und für Familienheimfahrten) müssen nach § 4 Abs. 7 EStG getrennt von den übrigen Betriebsausgaben aufgezeichnet werden. Es genügt, wenn diese Aufwendungen fortlaufend auf besonderen Konten oder – bei Gewinnermittlung nach § 4 Abs. 3 EStG – getrennt von den übrigen Betriebsausgaben aufgezeichnet werden (R 4.11 Abs. 1 EStR).

Bei Aufwendungen für Geschenke muss der Name des Empfängers aus der Buchung oder dem Buchungsbeleg hervorgehen. Im Fall der Bewirtung von Geschäftsfreunden werden seit dem 30. 6. 1994 nur noch maschinell erstellte und registrierte Rechnungen anerkannt (R 4.10 Abs. 8 Satz 8 EStR).

Ein Verstoß gegen das Gebot der gesonderten Aufzeichnung hat zur Folge, dass die nicht besonders aufgezeichneten Aufwendungen nicht als Betriebsausgaben abgezogen werden können (§ 4 Abs. 7 EStG, vgl. auch BFH 22. 1. 1988 III R 171/82, BStBl 1988 II 535).

BEISPIEL: ▶ Eine Bewirtungsrechnung über 300 € zzgl. 57 € USt wurde nicht auf ein Konto Bewirtungsaufwendungen, sondern unter Inanspruchnahme des Vorsteuerabzugs auf ein Konto allgemeine Verwaltungskosten gebucht.

Nach § 4 Abs. 5 Nr. 2 EStG sind 30 % der Bewirtungsaufwendungen nicht als Betriebsausgaben abzugsfähig. Da die Rechnung aber nicht auf einem separaten Konto gebucht wurde, sind die restlichen 70 % der Kosten (210 €) ebenfalls nicht als Betriebsausgaben abzugsfähig. Die Vorsteuern auf die 30 % bleiben abzugsfähig nach § 15 Abs. 1a Satz 2 UStG; auf die falsch verbuchten 70 % bleiben sie abzugsfähig, weil § 15 Abs. 1a UStG nicht auf § 4 Abs. 7 EStG verweist.

9.5.2.5 Zuwendungen an eine Direktversicherung

Eine Direktversicherung ist eine Lebensversicherung auf das Leben des Arbeitnehmers   1112
oder einer anderen Person, die aus betrieblichem Anlass eine Versorgung erhalten soll, die durch den Arbeitgeber oder Auftraggeber abgeschlossen worden ist und bei der der Arbeitnehmer (oder die andere Person) oder seine Hinterbliebenen hinsichtlich der Leistungen des Versicherers ganz oder teilweise bezugsberechtigt sind (§ 1 Abs. 2 Satz 1 EStG Gesetz zur Verbesserung der betrieblichen Altersversorgung v. 19. 12. 1974, BStBl 1975 I 22). Es ist gleichgültig, ob es sich um eine Kapitalversicherung, Rentenversicherung oder fondsgebundene Lebensversicherung handelt.

Beiträge eines Unternehmers zu einer Direktversicherung sind im Jahr der Verausgabung Betriebsausgabe, obwohl Ansprüche aus der Versicherung nicht zu aktivieren sind. Voraussetzung ist lediglich, dass die Zuwendungen betrieblich veranlasst sind. Der Betriebsausgabenabzug wird auch nicht dadurch berührt, dass die Ansprüche aus der Direktversicherung beliehen oder abgetreten sind. Voraussetzung ist, dass sich der Stpfl. gegenüber den Bezugsberechtigten schriftlich verpflichtet hat, sie bei Eintritt des Versicherungsfalles so zu stellen, als ob die Abtretung oder Beleihung nicht erfolgt wäre (zu Einzelheiten vgl. R 4b EStR).

9.5.2.6 Zuwendungen an Pensionskassen

Unter einer Pensionskasse versteht man eine rechtsfähige Versorgungseinrichtung, die   1113
den Leistungsberechtigten (z. B. Arbeitnehmern) auf ihre Leistungen einen Rechtsanspruch gewährt. Es ist nicht erforderlich, dass die Pensionskasse ihren Sitz im Inland hat.

Nach § 4c Abs. 1 EStG dürfen Zuwendungen an eine Pensionskasse nur insoweit als Betriebsausgaben abgezogen werden, als sie auf einer in der Satzung oder im Geschäftsplan der Kasse festgelegten Verpflichtung oder auf einer Anordnung der Versicherungsaufsichtsbehörde beruhen oder zur Abdeckung von Fehlbeträgen bei der Kasse dienen. Auch Einmalbeträge sind unter diesen Voraussetzungen Betriebsausgaben.

Voraussetzung für den Abzug ist, dass die Leistungen der Kasse, wenn sie vom Trägerunternehmen unmittelbar erbracht würden, bei diesem als Betriebsausgaben abzugsfähig wären (§ 4c Abs. 2 EStG).

An dieser Möglichkeit fehlt es, soweit es sich um Leistungen der Kasse an den oder die Inhaber des Trägerunternehmens handelt. Wegen Zuwendungen an eine Pensionskasse im Rahmen eines steuerlich anzuerkennenden Ehegatten-Arbeitsverhältnisses (zu Einzelheiten vgl. R 4c EStR).

9.5.2.7 Zuwendungen an Unterstützungskassen

1114 Eine Unterstützungskasse ist eine rechtsfähige Versorgungseinrichtung, die im Gegensatz zur Pensionskasse auf die Leistungen keine Rechtsansprüche gewährt (H 4d Abs. 1 EStH).

Zuwendungen an Unterstützungskassen dürfen nach § 4d Abs. 1 EStG von dem Trägerunternehmen nur im Rahmen bestimmter Höchstbeträge als Betriebsausgaben abgezogen werden. Dabei ist zu unterscheiden zwischen Kassen, die lebenslänglich laufende und nicht lebenslänglich laufende Leistungen erbringen.

Zuwendungen an Unterstützungskassen sind von dem Trägerunternehmen in dem Wirtschaftsjahr als Betriebsausgaben abzuziehen, in dem sie geleistet werden. Ausnahmsweise können die Zuwendungen durch eine Rückstellung für das abgelaufene Wirtschaftsjahr gewinnmindernd berücksichtigt werden, wenn sie innerhalb eines Monats nach Aufstellung oder Feststellung der Bilanz geleistet werden (§ 4d Abs. 2 EStG).

Zuwendungen, die die Höchstbeträge nach § 4d Abs. 1 EStG übersteigen, können insoweit im Wege der Rechnungsabgrenzung auf die folgenden drei Wirtschaftsjahre vorgetragen werden (wegen der Einzelheiten vgl. R 4d EStR).

9.5.2.8 Zuwendungen an Pensionsfonds

1115 Ein Pensionsfonds i. S. des § 112 VAG ist eine rechtsfähige Versorgungseinrichtung in der Rechtsform einer AG oder eines Pensionsfondsvereins auf Gegenseitigkeit, die dem Leistungsberechtigten einen eigenen Rechtsanspruch ausschließlich auf Altersversorgungsleistungen gegen den Pensionsfonds einräumt (H 4e EStH).

Die Beitragszahlungen dürfen gem. § 4e EStG von dem Unternehmen, das die Zahlungen leistet (Trägerunternehmen) insoweit als Betriebsausgabe abgezogen werden, als sie auf einer festgelegten Verpflichtung beruhen oder der Abdeckung von Fehlbeträgen bei dem Pensionsfonds dienen.

1116 *(Einstweilen frei)*

9.5.2.9 Betriebsausgabenabzug für Zinsaufwendungen (Zinsschranke)

9.5.2.9.1 Grundprinzip

1117 Mit der Zinsschranke des § 4h EStG soll der Betriebsausgabenabzug für Schuldzinsen beschränkt werden.

Zinsaufwendungen eines Betriebs sind danach abzugsfähig:

▶ zunächst bis zur Höhe der Zinserträge,

▶ darüber hinaus bis zu 30 % des um die Zinsaufwendungen und die Abschreibungen erhöhten und um die Zinserträge verminderten maßgeblichen Gewinns (steuerliches EBITDA = „earnings before interest, taxes, depreciation and amortization"; wörtlich übersetzt: „Ertrag vor Zinsen, Steuern, Abschreibungen auf Sachanlagen und Abschreibungen auf immaterielle Vermögensgegenstände").

Überschreitet der Zinsüberhang 30 % des steuerlichen EBITDA **nicht,** sind alle Schuldzinsen abzugsfähig.

Zinsaufwendungen, die auf Grund des § 4h Abs. 1 EStG nicht abgezogen werden dürfen, sind in die folgenden Wirtschaftsjahre vorzutragen (Zinsvortrag). Für die Prüfung der 30 %-Grenze im Vortragsjahr bleiben diese vorgetragenen Zinsen jedoch unberücksichtigt. Ein Rücktrag ist nicht vorgesehen.

BEISPIEL: Der Einzelunternehmer A erzielt im Wirtschaftsjahr 01 einen Gewinn vor Zinsergebnis und Abschreibungen (EBITDA) i. H. v. 6 Mio. €. E sind Zinsaufwendungen i. H. v. 3,6 Mio. € und Abschreibungen i. H. v. 400 000 € angefallen, so dass sich lt. GuV ein Gewinn von 2 Mio. € ergibt.

Aufgrund der Zinsschranke des § 4h EStG sind die Zinsaufwendungen nur i. H. v. 30 % des Gewinns vor Zinsergebnis abzugsfähig (30 % von 6 Mio. € = 1 800 000 €). Damit ergibt sich ein zu versteuernder Gewinn von 3 800 000 € (6 000 000 € ./. 1 800 000 € ./. 400 000 €). Die übersteigenden Zinsaufwendungen i. H. v. 1 800 000 € werden gesondert festgestellt und in die Folgejahre vorgetragen (§ 4h Abs. 4 EStG).

Die Zinsschranke kann auch dazu führen, dass Betriebe, die tatsächlich Verluste erzielen, Gewinne versteuern müssen.

BEISPIEL: Wie zuvor, der Einzelunternehmer A erzielt jedoch im Wirtschaftsjahr 01 einen Gewinn vor Zinsergebnis und Abschreibungen (EBITDA) i. H. v. 1 Mio. €. E sind Zinsaufwendungen i. H. v. 3,6 Mio. € und Abschreibungen i. H. v. 400 000 € angefallen, so dass sich lt. GuV ein Verlust von 3 Mio. € ergibt.

Aufgrund der Zinsschranke des § 4h EStG sind die Zinsaufwendungen nur i. H. v. 30 % des Gewinns vor Zinsergebnis abzugsfähig (30 % von 1 Mio. € = 300 000 €). Damit ergibt sich ein zu versteuernder Gewinn von 300 000 € (1 000 000 € ./. 300 000 € ./. 400 000 €), obwohl A tatsächlich einen Verlust erzielt hat.

Die übersteigenden Zinsaufwendungen i. H. v. 3 300 000 € werden wie oben gesondert festgestellt und in die Folgejahre vorgetragen (§ 4h Abs. 4 EStG).

Ist bereits das steuerliche EBITDA negativ, können überhaupt keine Zinsen abgezogen werden. Der Zinsvortrag nach § 4h Abs. 4 EStG tritt in diesem Fall neben den „normalen" Verlustabzug nach § 10d EStG und § 10a GewStG.

9.5.2.9.2 Begriff der Zinsaufwendungen und -erträge

Zinsaufwendungen sind Vergütungen für Fremdkapital, die den maßgeblichen Gewinn 1118 gemindert haben. Zinserträge sind Erträge aus Kapitalforderungen jeder Art, die den maßgeblichen Gewinn erhöht haben. Auch die Auf- und Abzinsung unverzinslicher oder niedrig verzinslicher Verbindlichkeiten oder Kapitalforderungen führt zu Zinserträgen oder Zinsaufwendungen im Sinne des § 4h EStG.

Nicht erfasst werden Dividenden, Steuerzinsen nach §§ 233 ff. AO sowie Skonti und Boni.

Die Zinsaufwendungen und -erträge sind vor der Prüfung der 30 %-Grenze zunächst zu saldieren. Sind die Zinserträge höher als die Zinsaufwendungen, ist § 4h EStG — unabhängig von der absoluten Höhe der Zinsaufwendungen — im Ergebnis nicht anzuwenden.

BEISPIEL: Einzelunternehmer B erzielt im Kalenderjahr 01 Zinserträge i. H. v. 4 Mio. €. Der EBITDA beträgt 10 Mio. €.

Die Zinsaufwendungen (4 Mio. €) sind nach § 4h Abs. 1 Satz 1 EStG bis zur Höhe der Zinserträge (5 Mio. €) abzugsfähig. Somit greift keine Abzugsbeschränkung ein, unabhängig davon, dass die Zinsaufwendungen für sich betrachtet über 30 % des EBITDA (3 Mio. €) betragen.

9.5.2.9.3   Maßgeblicher Gewinn

1119   Maßgeblicher Gewinn ist gem. § 4h Abs. 3 Satz 1 EStG der nach dem EStG ermittelte Gewinn (also der steuerliche, nicht der handelsrechtliche Gewinn) vor Zinsergebnis und Abschreibungen.

Die Korrektur um Abschreibungen betrifft gem. § 4h Abs. 1 Satz 1 EStG

► die AfA nach § 7 EStG (linear oder degressiv, für Gebäude oder für andere materielle oder immaterielle Wirtschaftsgüter),

► den Aufwand für GWG nach § 6 Abs. 2 EStG sowie

► die lineare Abschreibung auf fünf Jahre des ab 2008 eingeführten Sammelpostens nach § 6 Abs. 2a EStG für Wirtschaftsgüter mit Anschaffungs- oder Herstellungskosten zwischen 150 € und 1 000 €.

Vorgetragene Zinsüberschüsse der Vorjahre erhöhen gem. § 4h Abs. 1 Satz 3 EStG im Vortragsjahr den maßgeblichen Gewinn nicht, da sie diesen im betreffenden Vorjahr auch nicht gemindert haben.

9.5.2.9.4   Ausnahmen von der Zinsschranke

1120   ► Freigrenze (§ 4h Abs. 2 Buchst. a EStG): Liegen die Zinsaufwendungen nach der Saldierung mit den Zinserträgen unter 3 Mio. €, ist die Regelung über die Zinsschranke nicht anwendbar. Die Ausgestaltung als Freigrenze (und nicht als Freibetrag) kann bei geringfügiger Überschreitung der Grenze von 3 Mio. € zu gravierenden Einschnitten bei der Abzugsfähigkeit von Zinsaufwendungen führen.

► Konzernklausel (§ 4h Abs. 2 Buchst. b EStG) und

► Escape-Klausel bei konzernangehörigen Betrieben (§ 4h Abs. 2 Buchst. c EStG).

9.5.2.9.5   Auswirkung bei anderen Gesetzen

1120a   § 4h EStG ist gem. § 8a Abs. 1 KStG auch bei Kapitalgesellschaften anwendbar, wobei § 8a KStG noch weitere ergänzende Regelungen enthält.

Bei der Gewerbesteuer können die im laufenden Jahr nicht abzugsfähigen Zinsen nicht zu einer (nochmaligen) Hinzurechnung nach § 8 Nr. 1 GewStG (mit 25 %) führen. Diese Zinsen haben den Gewinn aus Gewerbebetrieb i. S. v. § 7 GewStG nämlich nicht gemindert und erfüllen somit nicht diese Voraussetzung einer Hinzurechnung.

9.6   Besonderheiten beim Vermögensvergleich nach § 4 Abs. 1 EStG

9.6.1   Umfang des Betriebsvermögens

1121   Für die Zugehörigkeit von Gegenständen zum Betriebsvermögen gelten bei der Gewinnermittlung nach § 4 Abs. 1 EStG die allgemeinen Grundsätze (vgl. Rdn. 1056 ff.). Insbesondere schließt diese Gewinnermittlungsart die Bildung von gewillkürtem Betriebsvermögen nicht aus. Im Gegensatz zum RFH hat der BFH wiederholt entschieden, dass nicht nur Gewerbetreibende mit Gewinnermittlung nach § 5 EStG, sondern auch

Steuerpflichtige, die ihren Gewinn nach § 4 Abs. 1 EStG ermitteln, Wirtschaftsgüter als Betriebsvermögen behandeln können, die zum sog. gewillkürten Betriebsvermögen rechnen (BFH 19. 7. 1960 I 185/59 S, BStBl 1960 III 485).

Unterschiede ergeben sich lediglich daraus, dass der für die Gewinnermittlung nach § 4 Abs. 1 EStG in Betracht kommende Personenkreis geringere Möglichkeiten hat, gewillkürtes Betriebsvermögen zu bilden, als die Steuerpflichtigen, die zur Gewinnermittlung nach § 5 EStG verpflichtet sind. Zum Anwendungsbereich der Gewinnermittlung nach § 4 Abs. 1 EStG vgl. Rdn. 1001 ff.

9.6.2 Bewertung des Umlaufvermögens

Ein entscheidender Unterschied gegenüber der Gewinnermittlung nach § 5 EStG liegt   1122
in der Bewertung des Umlaufvermögens. Bei der Gewinnermittlung nach § 5 EStG ist das sog. Niederstwertprinzip zu beachten. Steuerpflichtige, die den Gewinn nach § 4 Abs. 1 EStG ermitteln, sind dagegen nur an die Bewertungsvorschrift des § 6 Abs. 1 Nr. 2 EStG gebunden (R 6.8 Abs. 1 Satz 5 EStR) und haben ein Bewertungswahlrecht. Im Übrigen gelten für die Bilanzierung die gleichen Grundsätze, die bei einer Gewinnermittlung nach § 5 EStG zu beachten sind.

9.6.3 Übergang zur Gewinnermittlung nach § 5 bzw. nach § 4 Abs. 3 EStG

9.6.3.1 Übergang zur Gewinnermittlung nach § 5 EStG

Ein Übergang zu dieser Form der Gewinnermittlung wird z. B. erforderlich, wenn sich   1123
die Struktur eines land- und forstwirtschaftlichen Betriebs oder einer selbständigen Tätigkeit i. S. von § 18 EStG derart ändert, dass ein Gewerbebetrieb entsteht.

BEISPIELE:

a) Ein Gartenbaubetrieb, der sich zunächst auf den Absatz selbstgewonnener Erzeugnisse beschränkt hatte, kauft später dauernd und nachhaltig fremde Erzeugnisse über den betriebsnotwendigen Umfang hinaus dazu. Er ist nicht mehr als land- und forstwirtschaftlicher Betrieb, sondern als Gewerbebetrieb zu behandeln (R 15.5 EStR).

b) Ein Architekt weitet seine Geschäftstätigkeit im Laufe der Zeit in der Weise aus, dass er immer mehr fachlich vorgebildete Arbeitskräfte anstellt, die die fachliche Arbeit ausführen, während er selbst sich auf die Beschaffung von Aufträgen beschränkt. Er übt damit keinen freien Beruf mehr aus, da er nicht mehr als Architekt persönlich leitend und eigenverantwortlich tätig wird.

Bei diesem Wechsel der Gewinnermittlungsart ist das Vorratsvermögen in der Eröffnungsbilanz mit dem niedrigeren Teilwert anzusetzen. Dies macht es allerdings erforderlich, dass insoweit beim Übergang von der Gewinnermittlung nach § 4 Abs. 1 EStG zur Gewinnermittlung nach § 5 EStG ein Korrekturposten, nämlich ein Gewinnabschlag in Höhe der Teilwertminderung beim Gewinn des Übergangsjahres berücksichtigt wird. Anderenfalls würde sich das Herabgehen auf den niedrigeren Teilwert nicht auf den Gewinn auswirken.

9.6.3.2 Übergang zur Gewinnermittlung nach § 4 Abs. 3 EStG

Anlass zum Übergang vom Betriebsvermögensvergleich nach § 4 Abs. 1 EStG zur Über-   1124
schussrechnung kann einmal sein, dass nicht bzw. nicht mehr buchführungspflichtige

Land- und Forstwirte (soweit nicht der Gewinn nach § 13a EStG zu ermitteln ist) oder bisher freiwillig Bücher führende selbständig Tätige i. S. von § 18 EStG zwecks Vereinfachung der Buchführungsarbeit dazu übergehen, als Gewinn den Überschuss der Betriebseinnahmen über die Betriebsausgaben anzusetzen. Zum anderen kann der Wechsel darauf beruhen, dass der Gewinn für die Vorjahre nach § 4 Abs. 1 EStG geschätzt worden ist, und der Stpfl. zur Vermeidung weiterer Schätzungen künftig den Gewinn zulässigerweise nach § 4 Abs. 3 EStG ermittelt. Beim Übergang sind die Unterschiede zwischen diesen beiden Formen der Gewinnermittlung zu berücksichtigen (vgl. Rdn. 1164 ff.).

9.7 Besonderheiten beim Vermögensvergleich nach § 5 EStG

9.7.1 Maßgeblichkeit und Durchbrechung

1125 Die Gewinnermittlungsvorschrift des § 5 EStG trifft lediglich eine besondere Bestimmung für das beim Vermögensvergleich (§ 4 Abs. 1 Satz 1 EStG) anzusetzende Betriebsvermögen, indem sie vorschreibt, dass für den Schluss des Wirtschaftsjahres das Betriebsvermögen anzusetzen ist, das nach den handelsrechtlichen Grundsätzen ordnungsmäßiger Buchführung auszuweisen ist. Diese Grundsätze sind damit Rechtsvorschriften geworden, die ebenso beachtet werden müssen wie das Gesetz. § 5 Abs. 1 Satz 1 EStG kodifiziert den Grundsatz der **Maßgeblichkeit** der Handelsbilanz für die Steuerbilanz.

Dieser Grundsatz gilt allerdings nur insoweit, als nicht spezielle steuerrechtliche Vorschriften den handelsrechtlichen Buchführungs- und Bewertungsvorschriften entgegenstehen oder eigenständige steuerliche Wahlrechte bestehen.

So ist in § 5 Abs. 2 EStG bestimmt, dass für immaterielle Wirtschaftsgüter des Anlagevermögens nur dann ein Aktivposten anzusetzen ist, wenn diese entgeltlich erworben wurden.

1126 Auch dürfen Rückstellungen wegen Verletzung fremder Patent-, Urheber- oder ähnlicher Schutzrechte nur unter den besonderen Voraussetzungen des § 5 Abs. 3 EStG und Rückstellungen für Verpflichtungen zu Zuwendungen anlässlich von Dienstjubiläen unter den Voraussetzungen von § 5 Abs. 4 EStG gebildet werden. Rückstellungen für drohende Verluste aus schwebenden Geschäften dürfen nach § 5 Abs. 4a EStG und Rückstellungen für Aufwendungen, die Anschaffungs- oder Herstellungskosten für ein Wirtschaftsgut sind, dürfen nach § 5 Abs. 4b EStG steuerlich nicht gebildet werden. Ferner sind aktive bzw. passive Rechnungsabgrenzungsposten nur zu bilden, soweit die Ausgaben bzw. Einnahmen Aufwand bzw. Ertrag für eine bestimmte Zeit nach dem Abschlussstichtag darstellen (§ 5 Abs. 5 EStG).

Darüber hinaus schreibt § 5 Abs. 6 EStG zur Wahrung der Gleichmäßigkeit der Besteuerung die Befolgung der steuerlichen Vorschriften über die Entnahmen und Einlagen, die Betriebsausgaben und insbesondere die Bewertung vor.

9.7.2 Das Betriebsvermögen beim Vermögensvergleich nach § 5 EStG

Für die Zurechnung von Wirtschaftsgütern zum Betriebsvermögen (**Bilanzierung**) gelten die allgemeinen Grundsätze (vgl. Rdn. 1056 ff.). 1127

Für die **Bewertung** ist bei der Gewinnermittlung nach § 5 EStG das Betriebsvermögen nach den handelsrechtlichen Grundsätzen ordnungsmäßiger Buchführung anzusetzen. Das bedeutet, dass auch die Bewertungsvorschriften des Handelsrechts (z. B. §§ 246, 252 HGB) beachtet werden müssen, insbesondere das sog. **Niederstwertprinzip.** Danach ist bei Wirtschaftsgütern des Umlaufvermögens, insbesondere des Vorratsvermögens, deren Teilwert am Bilanzstichtag aufgrund einer voraussichtlich dauernden Wertminderung niedriger ist als die Anschaffungs- oder Herstellungskosten, der niedrigere Teilwert anzusetzen. Bei der Gewinnermittlung nach § 4 Abs. 1 EStG dürfen dagegen die Anschaffungs- oder Herstellungskosten auch dann noch angesetzt werden, wenn der Teilwert darunter liegt (§ 6 Abs. 1 Nr. 2 EStG; R 6.8 Abs. 1 EStR).

9.7.3 Übergang zur Gewinnermittlung nach § 4 Abs. 3 EStG

Ein Übergang von § 5 EStG zur Gewinnermittlung nach § 4 Abs. 3 EStG kommt vor bei Gewerbetreibenden, die nicht mehr buchführungspflichtig sind bzw. bei freiwillig buchführenden Gewerbetreibenden, die zur Vereinfachung ihres Rechnungswesens künftig auf den Vermögensvergleich verzichten wollen. Eine Verpflichtung zur Gewinnermittlung nach § 4 Abs. 3 EStG besteht jedoch in keinem Fall; die Gewerbetreibenden haben in den genannten Fällen lediglich die **Möglichkeit,** den Gewinn nach § 4 Abs. 3 EStG zu ermitteln. 1128

Die grundlegenden Unterschiede zwischen Betriebsvermögensvergleich und Überschussrechnung machen es erforderlich, dass der Überschuss des ersten Jahres, in dem die Überschussrechnung durchgeführt wird, berichtigt wird. Diese **Berichtigung** erfolgt nach Maßgabe der Anlage 1 der EStR. Es gelten hierbei also grundsätzlich die gleichen Regeln wie beim Übergang von der Gewinnermittlung nach § 4 Abs. 1 EStG zur Überschussrechnung. 1129

Die Berichtigung betrifft in erster Linie den Warenverkehr. Bei der Gewinnermittlung nach § 4 Abs. 3 EStG sind die Ausgaben für Waren sofort abzugsfähige Betriebsausgaben, während erst die Einnahmen aus den Warenverkäufen als Betriebseinnahmen den Gewinn erhöhen. Dagegen wirkt sich beim Betriebsvermögensvergleich die Anschaffung von Waren als bloße Umschichtung des Betriebsvermögens zunächst überhaupt nicht auf den Gewinn aus. Erst beim Warenverkauf entsteht in Höhe des Unterschiedsbetrages zwischen den Anschaffungskosten (und den Vertriebskosten) der Waren einerseits und dem Verkaufserlös andererseits ein Gewinn, und zwar schon in dem Zeitpunkt, in dem die Waren veräußert werden, also nicht erst beim Eingang des Erlöses. 1130

BEISPIEL: Bei einem Stpfl. betragen in der Bilanz zum 31. 12. 01:

Warenbestand	10 000 €
Warenforderungen	5 000 €
Warenschulden	3 000 €

Der Stpfl. geht ab 1. 1. 02 zur Gewinnermittlung nach § 4 Abs. 3 EStG über. Wenn jetzt die Warenforderungen von 5 000 € eingehen, ist der Betrag nach den Regeln der Überschussrechnung als Betriebseinnahme zu behandeln. Er hat sich jedoch schon durch die Aktivierung im Vorjahr auf den Gewinn dieses Jahres erhöhend ausgewirkt. Deshalb muss der Gewinn 02 um diese 5 000 € wieder vermindert werden. Auch der beim Verkauf des zu Beginn der Überschussrechnung vorhandenen Warenbestandes erzielte Erlös wirkt sich in voller Höhe gewinnerhöhend aus, soweit der Warenbestand bereits bezahlt war. Eine Gewinnerhöhung darf jedoch nur in Höhe des Unterschiedsbetrages zwischen Anschaffungskosten und Veräußerungserlös eintreten. Deshalb ist der Gewinn 02 um den Wert der bezahlten übernommenen Waren zu kürzen (Warenbestand 10 000 €, davon noch nicht bezahlt 3 000 €, also bezahlt 7 000 €).

Gesamtberichtigung: Warenforderungen		5 000 €
./. Warenbestand	10 000 €	
+ Warenschulden	3 000 €	7 000 €
Gewinnminderung 02		12 000 €

Der nach den Regeln der Überschussrechnung ermittelte Gewinn 02 ist also um 12 000 € zu kürzen.

9.8   Gewinnermittlung nach § 4 Abs. 3 EStG

9.8.1   Berechtigter Personenkreis

1131   Bei der Gewinnermittlung nach § 4 Abs. 3 EStG handelt es sich um eine Gewinnermittlungsart; daher scheiden alle Personen aus, die Überschusseinkünfte gem. § 2 Abs. 1 Nr. 4 – 7 EStG erzielen.

Steuerpflichtige, die nach §§ 140, 141 AO buchführungspflichtig sind oder die freiwillig Bücher führen, ohne dazu verpflichtet zu sein, scheiden ebenfalls aus (R 4.1 Abs. 1 und 2).

Eine Verpflichtung, den Gewinn nach § 4 Abs. 3 EStG zu ermitteln, besteht nicht. Wollen Steuerpflichtige, die den Gewinn nach § 4 Abs. 3 EStG ermitteln könnten, dies nicht tun, müssen sie entweder nach § 4 Abs. 1 EStG oder § 5 EStG einen Jahresabschluss erstellen.

In der Praxis ermitteln ihren Gewinn nach § 4 Abs. 3 EStG im Wesentlichen:

▶ kleine Gewerbetreibende, die weder Kaufleute noch eingetragene Minderkaufleute i. S. des Handelsrechts sind und deren Betriebe auch die Grenzen des § 141 AO nicht übersteigen,

▶ alle Landwirte, deren Betriebe die Grenzen des § 141 AO nicht übersteigen und die nicht unter § 13a EStG fallen (nur auf Antrag für mindestens 4 aufeinander folgende Wirtschaftsjahre),

▶ fast alle Freiberufler mit Einkünften nach § 18 EStG, denn sie sind keine Kaufleute und daher nicht buchführungspflichtig nach § 140 AO; nach § 141 AO kann für sie keine Buchführungspflicht entstehen, da sie dort nicht aufgeführt sind.

9.8.2   Unterschiede zum Betriebsvermögensvergleich

1132   Gewinn nach § 4 Abs. 3 EStG ist der Überschuss der Betriebseinnahmen über die Betriebsausgaben. Diese Gewinnermittlung ist im Prinzip eine Geldverkehrsrechnung, bei der allerdings von Rechtsprechung und Verwaltung einige Ausnahmen gemacht werden.

Durch die Vorschrift des § 4 Abs. 3 EStG soll kein eigener Gewinnbegriff geprägt werden, sondern nur die Grundform der Gewinnermittlung (§ 4 Abs. 1 EStG) vereinfacht werden (BFH 23. 11. 1961 IV 98/60 S, BStBl 1962 III 199). Es werden lediglich die Betriebseinnahmen den Betriebsausgaben gegenübergestellt; eine Feststellung und Bewertung der einzelnen zum Betriebsvermögen gehörenden Wirtschaftsgüter entfällt, ausgenommen die abnutzbaren Wirtschaftsgüter des Anlagevermögens (§ 4 Abs. 3 Satz 3 EStG). Wertverluste eines Wirtschaftsgutes können z. B. nicht durch den Ansatz des niedrigeren Teilwertes gewinnmindernd berücksichtigt werden.

BEISPIEL: Bei einem Lebensmitteleinzelhändler, der seinen Gewinn nach § 4 Abs. 3 EStG ermittelt, sind Waren verdorben, die er für 1 000 € angeschafft hatte. Außerdem sind Kundenforderungen i. H. von 500 € uneinbringlich. Da ein Vermögensvergleich nicht stattfindet, bleiben diese Wertverluste unberücksichtigt. Sie wirken sich allerdings mittelbar insofern auf den Gewinn aus, als der Warenbezahlung (Betriebsausgabe) keine entsprechenden Betriebseinnahmen aus dem Verkauf der Ware gegenüberstehen.

Dagegen können Wertverluste eines abnutzbaren Wirtschaftsgutes, die gleichzeitig eine Verminderung der Nutzbarkeit zur Folge haben, durch Absetzungen für außergewöhnliche Abnutzung (§ 7 Abs. 1 Satz 7 EStG) berücksichtigt werden (vgl. Rdn. 1180).

Die grundsätzliche Nichtberücksichtigung der Wertänderungen des Betriebsvermögens führt natürlich in den einzelnen Jahren zu einer Abweichung vom Gewinn, der sich für den gleichen Zeitraum aufgrund eines Vermögensvergleichs ergeben hätte. Das wird besonders deutlich bei den Warengeschäften.

BEISPIEL: Dem Einzelhändler A bietet sich im Dezember 01 eine günstige Einkaufsmöglichkeit. Er erwirbt für 5 000 € Waren. Die Warenbezahlung ist eine Betriebsausgabe; sie wirkt sich also bei der Gewinnermittlung nach § 4 Abs. 3 EStG für das Jahr 01 gewinnmindernd aus. Dass sich andererseits der Warenbestand um 5 000 € erhöht hat, wird bei dieser Form der Gewinnermittlung nicht berücksichtigt.

Würde A den Gewinn nach § 5 EStG ermitteln, läge lediglich eine Vermögensumschichtung vor. Der Gewinn des Jahres 01 würde durch diesen Vorgang nicht beeinflusst.

Diese objektive Unrichtigkeit des Ergebnisses nimmt der Gesetzgeber jedoch in Kauf. Einmal deshalb, weil bei den Stpfl., die ihren Gewinn nach § 4 Abs. 3 EStG ermitteln dürfen, das Betriebsvermögen gering ist und wesentliche Wertänderungen von Jahr zu Jahr im Allgemeinen nicht vorkommen. Zum anderen muss die Gewinnermittlung nach § 4 Abs. 3 EStG im Ganzen und auf die Dauer gesehen – vom Anlaufen bis zum Auslaufen der Überschussrechnung – zum selben Ergebnis führen wie die Gewinnermittlung nach § 4 Abs. 1 EStG.

BEISPIEL: Wenn der Einzelhändler A im Jahre 02 die im Dezember 01 eingekauften Waren für 6 500 € verkauft, erzielt er Betriebseinnahmen i. H. von 6 500 €. Diese wirken sich bei der Gewinnermittlung nach § 4 Abs. 3 EStG gewinnerhöhend aus. Nimmt man jetzt die beiden Jahre 01 und 02 zusammen und stellt den Betriebsausgaben i. H. von 5 000 € die Betriebseinnahmen i. H. von 6 500 € gegenüber, dann ergibt sich aus diesem Vorfall insgesamt der richtige Gewinn i. H. von 1 500 €. Obwohl das Ergebnis eines jeden Jahres für sich betrachtet objektiv unrichtig ist, ist es im Ganzen, d. h. hier auf die Dauer von zwei Jahren gesehen, richtig.

Hätte A den Gewinn nach § 5 EStG ermittelt, würde sich aus dem Vorfall allein im Jahre 02 der richtige Gewinn ergeben (Warenverkauf 6 500 € ./. Wareneinsatz 5 000 € = 1 500 €).

9.8.3 Betriebseinnahmen

9.8.3.1 Allgemeines

1133 Der Begriff Betriebseinnahmen ist gesetzlich nicht definiert. In entsprechender Anwendung/Anlehnung an § 8 Abs. 1 EStG sind Betriebseinnahmen alle **Güter, die in Geld oder Geldeswert** bestehen und im Rahmen der Einkunftsarten der §§ 13, 15 und 18 EStG zufließen. Auch der Umkehrschluss aus § 4 Abs. 4 EStG führt zum selben Ergebnis: Betriebseinnahmen sind alle Erträge, die betrieblich veranlasst sind.

1134 Hierzu gehören vor allem:

- ▶ Betriebseinnahmen aus Lieferungen und Leistungen (je nach Tätigkeit **Warenverkäufe, Dienstleistungen, Provisionseinnahmen, Schadensersatzleistungen, Entschädigungen,** unentgeltliche Zuwendungen bei betrieblicher Veranlassung, aber auch **Sacheinnahmen,** etwa in der Form, dass Patienten dem behandelnden Zahnarzt die zuvor entfernten Goldbrücken/-füllungen überlassen; BFH 17. 4. 1986 IV R 115/84, BStBl 1986 II 607);

- ▶ Betriebseinnahmen aus **Hilfs- und Nebengeschäften.** Darunter versteht man die Veräußerung von Wirtschaftsgütern des Betriebsvermögens einschließlich der geringwertigen Wirtschaftsgüter;

- ▶ Die **vereinnahmte Umsatzsteuer,** die der Verkäufer vom Käufer erhält, d. h. als Einnahme wird der zugeflossene Bruttobetrag angesetzt, unabhängig davon, ob die Umsatzsteuer in der Rechnung gesondert ausgewiesen wurde oder nicht. In gleicher Weise wird die vom Finanzamt **erstattete Vorsteuer** als Betriebseinnahme angesetzt. (Die Zahlung der Umsatzsteuer an das Finanzamt – Zahllast – wird dagegen als Betriebsausgabe angesetzt, so dass die Umsatzsteuer – wie beim Bilanzierenden – den Gewinn nicht beeinflusst.)

9.8.3.2 Zeitpunkt

1135 Der Zeitpunkt der Entstehung des Anspruchs, der Forderung, ist bei der Gewinnermittlung nach § 4 Abs. 3 EStG nicht entscheidend, vielmehr gilt das **Zuflussprinzip** des § 11 EStG, d. h. die Betriebseinnahmen sind im Moment der Erlangung der tatsächlichen Verfügungsmacht zu erfassen. In diesem Zeitpunkt sind somit auch **Vorschüsse, Anzahlungen, Vorauszahlungen** oder **Abschlagszahlungen** (jeweils einschl. USt) zu erfassen.

Auch § 11 Abs. 1 Satz 2 EStG gilt bei der Gewinnermittlung nach § 4 Abs. 3 EStG, so dass z. B. monatliche Abschlagszahlungen der kassenärztlichen Vereinigung, die z. B. Anfang Januar 02 für Dezember 01 gezahlt werden, noch im Jahr 01 als Betriebseinnahmen zu erfassen sind.

9.8.3.3 Besonderheiten bei Arzthonoraren

1136 Honorare eines Arztes für Leistungen an **Privatpatienten,** die er durch eine privatärztliche Verrechnungsstelle einziehen lässt, sind dem Arzt bereits mit Eingang bei der Verrechnungsstelle zugeflossen, denn diese werden als Bevollmächtigte des Arztes tätig. Dies gilt daher auch, wenn Arzt und Verrechnungsstelle die Weiterleitung der eingegangenen Honorare an den Arzt nur zu bestimmten Terminen vereinbart haben.

Honorare eines Arztes für **kassenärztliche Tätigkeit** sind dem Arzt mit Zuleitung durch die kassenärztliche Vereinigung zugeflossen. Die kassenärztlichen Vereinigungen sind keine Bevollmächtigten des Arztes, sondern vereinnahmen die Honorare aufgrund eigenen Rechts von den gesetzlichen Krankenkassen (z. B. AOK, Ersatzkassen). Dem Arzt steht ein Honoraranspruch nur gegen die kassenärztliche Vereinigung, nicht gegen die Krankenkassen zu.

9.8.4 Betriebsausgaben

9.8.4.1 Allgemeines

Betriebsausgaben sind gem. § 4 Abs. 4 EStG betrieblich veranlasste Aufwendungen. Für   1137
ihre steuerliche Berücksichtigung gilt das Abflussprinzip des § 11 Abs. 2 EStG. Für ihre Behandlung ist streng zu unterscheiden zwischen sofort abzugsfähigen Betriebsausgaben und dem Erwerb von abnutzbarem Anlagevermögen, nicht abnutzbarem Anlagevermögen und von Umlaufvermögen.

9.8.4.2 Sofort abzugsfähige Betriebsausgaben

Soweit es sich bei den Aufwendungen um **sofort abzugsfähige Betriebsausgaben** han- 1138
delt (Löhne und Gehälter, Mieten, Heizung und Beleuchtung, Werbekosten, Zinsen, Gewerbesteuerzahlungen etc.), entstehen hierbei keine besonderen Probleme.

Zu den Betriebsausgaben gehört auch die USt, die der Käufer an den Verkäufer bezahlt, und zwar zum Zeitpunkt des Geldabflusses, es sei denn, dass die Vorsteuerbeträge den Anschaffungskosten des zugehörigen Wirtschaftsguts zuzurechnen sind (H 9b EStH).

> **BEISPIEL:** ► Ein Stpfl. erwirbt einen PC für 1 000 € zzgl. 190 € USt.
>
> ► Ist der Stpfl. Arzt, kann er die Vorsteuer nicht abziehen; sie ist gem. § 9b EStG den Anschaffungskosten zuzurechnen. Der Gesamtbetrag von 1 190 € wird daher erst über die AfA zu Betriebsausgaben (wie bei einem Bilanzierenden).
>
> ► Kann der Stpfl. als Gewerbetreibender oder als Freiberufler die Vorsteuer abziehen, ist diese bei Bezahlung der Rechnung Betriebsausgabe. Die Geltendmachung der Vorsteuer ist dafür wieder eine Betriebseinnahme. Der Nettoanschaffungsbetrag wird über die AfA Betriebsausgabe.

9.8.4.3 Erwerb von abnutzbarem Anlagevermögen

Gemäß § 4 Abs. 3 Satz 3 EStG sind die AfA-Regeln auch bei der Gewinnermittlung nach 1139
§ 4 Abs. 3 EStG zu befolgen. Die Anschaffungs-/Herstellungskosten von abnutzbaren Wirtschaftsgütern des Anlagevermögens (Gebäude, Maschinen, Einrichtungsgegenstände, Fahrzeuge, Geschäfts- oder Praxiswert etc.) sind daher erst über die Nutzungsdauer verteilt Betriebsausgaben. Der entgeltlich erworbene **Praxiswert** ist auf 3 – 5 Jahre abschreibbar (BMF-Schreiben v. 15. 1. 1995, BStBl 1995 I 14), nicht auf 15 Jahre nach § 7 Abs. 1 Satz 3 EStG.

Die AfA-Berechtigung besteht auch, wenn die Wirtschaftsgüter zwar schon angeschafft oder hergestellt, aber noch nicht bezahlt worden sind.

> **BEISPIEL:** ► Der vorsteuerabzugsberechtigte Gewerbetreibende G mit Gewinnermittlung nach § 4 Abs. 3 EStG hat im Juni 01 einen Pkw für 12 000 € + 2 280 € USt angeschafft und bar be-

zahlt. Die Vorsteuer wird am 10.7.01 erstattet. Der Pkw wird ausschließlich betrieblich genutzt, die AfA beträgt für 01 und 02 je 2 400 €.

G verkauft den Pkw am 1.1.03 für 8 400 € + 1 596 € USt; die USt wird am 10.2.03 an das Finanzamt abgeführt.

Im Jahr 01 hat G Betriebsausgaben i.H. von 2 280 € (USt bei Zahlung an den Verkäufer) und 2 400 € (AfA 01) sowie Betriebseinnahmen i.H. von 2 280 € (VSt bei Erstattung am 10.7.01).

Im Jahr 02 hat G Betriebsausgaben i.H. von 2 400 € (AfA 02).

Im Jahr 03 hat G Betriebsausgaben i.H. von 7 200 € (Restbuchwert des Pkw) und 1 596 € (gezahlte USt am 10.2.03) und Betriebseinnahmen i.H. von 8 400 € zzgl. 1 596 € USt (Verkaufspreis brutto).

ABWANDLUNG: Der Pkw wird zu 80 % betrieblich und zu 20 % privat genutzt.

Auch bei 80 % betrieblicher Nutzung ist der Pkw zu 100 % notwendiges Betriebsvermögen, insofern ergibt sich keine Änderung. Werden zum Betriebsvermögen gehörende Wirtschaftsgüter veräußert, rechnet der vereinnahmte Veräußerungserlös in voller Höhe zu den Einnahmen.

1140 **Teilwertabschreibungen** sind, da § 6 Abs. 1 Nr. 2 EStG nicht anwendbar ist, nicht statthaft, wohl aber außerordentliche Abschreibungen nach § 7 Abs. 1 Satz 6 und Abs. 4 Satz 3 EStG.

1141 Aufwendungen für ein abnutzbares Wirtschaftsgut, die bis zu seiner Veräußerung noch nicht im Wege der AfA berücksichtigt werden konnten, können als Betriebsausgaben abgesetzt werden (H 4.5 Abs. 3 „Unterlassene AfA" EStH), und zwar auch dann, wenn die AfA in den Vorjahren zu Unrecht unterlassen wurde, es sei denn, diese Unterlassung war willkürlich und verstieß gegen Treu und Glauben (BFH 17.10.1971 IV R 181/66, BStBl 1972 II 271).

1142 Auch § 6 Abs. 2 und 2a EStG (**geringwertige Wirtschaftsgüter**) sind bei der Gewinnermittlung nach § 4 Abs. 3 EStG anwendbar. Es gelten die gleichen Regeln wie beim Bestandsvergleich, d.h. der Stpfl. muss die Anschaffungs- oder Herstellungskosten sofort als Betriebsausgabe absetzen, wenn sie max. 150 € betragen; er kann für die Wirtschaftsgüter mit Anschaffungs- oder Herstellungskosten zwischen 150 € und 1 000 € einen Sammelposten bilden und diesen auf 5 Jahre linear abschreiben. Seit 2010 gilt auch wieder das bis 2007 bestehende Wahlrecht, WG mit Anschaffungs- oder Herstellungskosten bis maximal 410 € in voller Höhe als Betriebsausgaben geltend zu machen.

BEACHTE:

Zur Überprüfung der 150- und 1 000-€-Grenze ist die Vorsteuer stets auszuklammern, gleichgültig, ob der Stpfl. die Vorsteuer abziehen kann oder nicht (R 9b Abs. 2 EStR).

BEISPIEL: Gewerbetreibender G mit Vorsteuerabzugsberechtigung kauft und erhält am 12.12.01 einen Bürostuhl für 150 € zzgl. 28,50 € USt. Er bezahlt die 178,50 € am 10.2.02.

Es liegt ein GWG (§ 6 Abs. 2 EStG) vor, da die 150 €-Grenze eine Nettogrenze ist (R 9b Abs. 2 EStR). G muss daher im Jahr 01 (Anschaffungsjahr) die Anschaffungskosten i.H. von − nur − 150 € als Betriebsausgabe ansetzen. Die USt ist erst bei Zahlung am 10.2.02 Betriebsausgabe. Bei Abrechnung mit dem Finanzamt (USt-Voranmeldung) ist sie Betriebseinnahme.

ABWANDLUNG: ▶ G ist zum Vorsteuerabzug nicht berechtigt.

Es liegt weiterhin ein GWG vor, da es für die Eigenschaft als GWG (150 €-Grenze) nicht auf die Vorsteuerabzugsberechtigung ankommt (R 9b EStR). Jetzt betragen die Anschaffungskosten des Bürostuhls aber 178,50 € (§ 9b EStG). G kann in 01 (Anschaffungsjahr) eine Betriebsausgabe i. H. von 178,50 € geltend machen; auf die Bezahlung kommt es nicht an.

9.8.4.4 Erwerb von nicht abnutzbarem Anlagevermögen/Grund und Boden und Gebäude im Umlaufvermögen

Nicht abnutzbare Wirtschaftsgüter des Anlagevermögens (Grund und Boden, Wert-   1143
papiere, GmbH-Beteiligungen sowie Grund und Boden und Gebäude im Umlaufvermögen) werden gem. § 4 Abs. 3 Satz 5 EStG unter Angabe des Anschaffungs-/Herstel-
lungszeitpunktes und -wertes in ein **besonderes Verzeichnis** aufgenommen.

Die Anschaffungskosten selbst wirken sich nicht auf den Gewinn aus; erst im Zeitpunkt   1144
der Veräußerung oder Entnahme wird der Veräußerungspreis bzw. der Entnahmewert
um den aufgezeichneten Buchwert gekürzt. Der **Differenzbetrag** abzgl. der Veräußerungskosten ist im Jahr des Ausscheidens aus dem Betriebsvermögen als Betriebsein-
nahme/-ausgabe anzusetzen und zu versteuern.

Bei Veräußerung gegen wiederkehrende Zahlungen (**Kaufpreisraten**) hat der Verkäufer   1145
ein Wahlrecht, den Veräußerungsgewinn im Zeitpunkt der Veräußerung zu versteuern
oder die zufließenden Zahlungen zunächst mit dem noch nicht als Betriebsausgabe abgezogenen Buchwert zu verrechnen (R 4.5 Abs. 5 Satz 1 EStR).

BEISPIEL: ▶ G kauft ein unbebautes Grundstück zur langfristigen betrieblichen Nutzung im November 01 und bezahlt den Kaufpreis i. H. von 100 000 € am 20. 1. 02. Am 30. 6. 05 verkauft G
das Grundstück und erhält einen Kaufpreis i. H. von 150 000 € in bar.

Der Einkauf hat noch keine Gewinnauswirkung. Die Anschaffungskosten des Grundstücks sind
erst bei Veräußerung Betriebsausgaben. Der Verkauf am 30. 6. 05 führt somit in 05 zu Betriebseinnahmen i. H. von 150 000 € und zu Betriebsausgaben i. H. von 100 000 € oder saldiert zu
Betriebseinnahmen i. H. von 50 000 € (jeweils abzgl. eventueller Veräußerungskosten).

Abwandlung:

Der Kaufpreis wird in drei Jahresraten zu je 50 000 € am 30. 6. 05, 30. 6. 06 und 30. 6. 07 bezahlt.

G hat ein Wahlrecht. Er kann

▶ entweder die Anschaffungskosten beim Ausscheiden des Grundstücks in voller Höhe
(150 000 €) als Betriebsausgaben und die Ratenzahlungen jeweils beim Zufluss (05, 06
und 07 jeweils 50 000 €) als Betriebseinnahmen ansetzen

▶ oder die Ratenzahlungen mit den Anschaffungskosten des Grundstücks verrechnen (05
und 06 je 50 000 €) und erst dann eine Betriebseinnahme ansetzen und den Gewinn versteuern, wenn die Anschaffungskosten aufgezehrt sind (50 000 € am 30. 6. 07).

9.8.4.5 Erwerb von Umlaufvermögen (außer Grund und Boden/Gebäude)

Zahlungen für den Erwerb von Gegenständen des Umlaufvermögens (Waren, Vorräte,   1146
Roh-, Hilfs- und Betriebsstoffe) sind im Jahr der Zahlung Betriebsausgaben. Es gilt das
reine Zu- und Abflussprinzip. Die Behandlung beim Bestandsvergleich und bei der Gewinnermittlung nach § 4 Abs. 3 EStG ist dabei völlig verschieden (vgl. Rdn. 1025 f.).

Teilwertabschreibungen sind beim Umlaufvermögen nicht statthaft.

9.8.5 Besonderheiten

9.8.5.1 Geldgeschäfte/Darlehen

1147   Geldbewegungen als solche sind in der Gewinnermittlung nach § 4 Abs. 3 EStG ohne Bedeutung, auch die Entnahme oder Einlage von Bargeld ist ohne Gewinnauswirkung.

Nimmt der Stpfl. aus betrieblichen Gründen ein **Darlehen** auf, ist der Geldeingang keine Betriebseinnahme, Tilgungen des Darlehens sind keine Betriebsausgabe (H 4.5 „Darlehen"). Wenn und soweit das Darlehen betrieblich veranlasst ist, sind die Zinszahlungen Betriebsausgaben.

1148   Wird bei der Darlehensauszahlung ein **Damnum** (Disagio, Darlehensabgeld) einbehalten, liegen beim Darlehensnehmer im Jahr der Einbehaltung Betriebsausgaben vor (Abflussprinzip); soweit das Disagio nicht marktüblich ist, wird eine Verteilung auf die Dauer der Zinsfestschreibung vorgenommen (§ 11 Abs. 2 Satz 4 EStG).

1149   Der **Verlust** eines Darlehens sowie der Verlust von Beteiligungen an Kapitalgesellschaften können aber als Betriebsausgaben abgezogen werden, wenn ausschließlich betriebliche Gründe für den Verlust gegeben waren (H 4.5 Abs. 2 „Darlehensverluste" EStH). Der Grund hierfür liegt darin, dass Darlehensverluste bei bilanzierenden Gewerbetreibenden zu Aufwand bei der Ausbuchung führen und beide Gewinnermittlungsarten grundsätzlich dieselbe Gewinnauswirkung haben sollen.

1150   **Geldgeschäfte** (z. B. Darlehensgewährung, Bürgschaftsübernahme, Beteiligung an einer Kapitalgesellschaft) eines **Rechtsanwalts** oder **Notars** können nur in Ausnahmefällen objektiv in einem unmittelbaren und notwendigen wirtschaftlichen Zusammenhang mit der freiberuflichen Betätigung stehen, da derartige Geschäfte nicht dem Berufsbild des freien Berufs entsprechen. Im Fall der Gewährung eines Darlehens gegen eine den jeweiligen Kapitalmarktverhältnissen und den Risiken des Einzelfalls angemessene Verzinsung beinhaltet dieses Geschäft ein so erhebliches wirtschaftliches Eigengewicht, dass ein mit dem Geldgeschäft verknüpftes Bestreben, einen Mandanten zu gewinnen oder zu behalten, eine ausschließliche oder weitaus überwiegende betriebliche Veranlassung des Geldgeschäfts nicht mehr zu begründen vermag, sondern eine Zuordnung zum Kapitalvermögen i. S. von § 20 EStG erfordert (st. Rspr. des BFH).

TAB. 1:	Übersicht zu Darlehensgeschäften	
Vorgang	Behandlung bei aufgenommenen Darlehen	Behandlung bei hingegebenen Darlehen
Auszahlung des Darlehens	keine Auswirkung	keine Auswirkung
Tilgungsbeträge	keine Auswirkung	keine Auswirkung
Zinszahlungen	Betriebsausgaben	Betriebseinnahmen
Einbehalt eines Damnums	Betriebsausgabe im Zeitpunkt des Einbehalts	Betriebseinnahme im Zeitpunkt des Einbehalts
Erlass einer Restschuld aus betrieblichen Gründen	Betriebseinnahme im Zeitpunkt des Erlasses	Betriebsausgabe im Zeitpunkt des Erlasses

BEISPIELE: ▶

a) G nimmt am 1.7.01 ein Darlehen über 10 000 € zum Kauf einer Maschine auf, Laufzeit 5 Jahre, 10 % Zins. Am 1.7.01 werden ihm 500 € als Damnum einbehalten und 9 500 € ausbezahlt. Am 30.6.02 tilgt G 2 000 € und zahlt 1 000 € Zins.

Die Darlehensaufnahme ist keine Betriebseinnahme, die Darlehenstilgung ist keine Betriebsausgabe; lediglich die Schuldzinsen und das Damnum für ein betriebliches Darlehen sind Betriebsausgaben.

Hier sind also das Damnum i. H. von 500 € Betriebsausgabe bei Einbehaltung in 01 und der Zins i. H. von 1 000 € Betriebsausgabe bei Zahlung in 02.

b) G gibt dem Schuldner S ein Darlehen i. H. von 10 000 €. S beantragt ein Insolvenzverfahren, so dass die Darlehensforderung wertlos wird.

Hier liegt eine Ausnahme vor. Ein Darlehensausfall aus betrieblichen Gründen stellt Betriebsausgeben dar.

Bei einem Bilanzierenden wäre zu buchen: Forderungsverluste an Darlehen 10 000 €. Also werden auch bei Gewinnermittlung nach § 4 Abs. 3 EStG 10 000 € Betriebsausgaben angesetzt.

c) G hat am 1.1.01 ein Darlehen in ausländischer Währung aufgenommen (100 000 Schweizer Franken, Kurs 1,50 €). Bei Darlehensrückzahlung am 31.12.02 ist der Frankenkurs

aa) auf 1,60 € gestiegen, so dass G 160 000 € zurückzahlen muss,

bb) auf 1,40 € gefallen, so dass G nur 140 000 € zurückzahlen muss.

aa) Aufnahme wie Tilgung eines Darlehens für betriebliche Zwecke haben grundsätzlich weder bei der Gewinnermittlung durch Betriebsvermögensvergleich noch bei der Gewinnermittlung durch Überschussrechnung Einfluss auf die Höhe des Gewinns. Dies gilt auch für **Fremdwährungsdarlehen**. Bei der Gewinnermittlung durch Vermögensvergleich wirkt sich ein infolge des Anstiegs der Fremdwährung ergebender Kursverlust durch Erhöhung der Darlehensverbindlichkeit gewinnmindernd aus (Buchung: Kursverluste an Fremdwährungsverbindlichkeit 10 000 €). Die Mehrausgaben, die sich bei der Tilgung eines Fremdwährungsdarlehens nach einer Kurssteigerung der ausländischen Währung ergeben, müssen auch bei § 4 Abs. 3 EStG gewinnmindernd als Betriebsausgaben abgezogen werden: daher 10 000 € Betriebsausgaben in 02.

bb) Dementsprechend ist das Fremdwährungsdarlehen im Fall des Kursrückgangs zu behandeln. Ein infolge Kursrückgangs der Fremdwährung sich ergebender Kursgewinn (wenn also ein geringerer als der ursprünglich zugeflossene Betrag abfließt) ist als Betriebseinnahme zu erfassen (BFH 15.11.1990 IV R 103/89, BStBl II 1991 228). Damit wird dem Umstand Rechnung getragen, dass die Einnahme-Überschussrechnung denselben Totalgewinn ergeben soll wie der Bestandsvergleich.

9.8.5.2 Entnahmen

Bargeldentnahmen haben keinen Einfluss auf den nach § 4 Abs. 3 EStG zu ermittelnden Gewinn; das ergibt sich aus der Besonderheit der Geldverkehrsrechnung. 1151

Sachentnahmen sind jedoch als Betriebseinnahmen zu erfassen nach dem Grundsatz, dass der Totalgewinn bei der Gewinnermittlung nach § 4 Abs. 3 EStG einerseits und nach § 4 Abs. 1 EStG, § 5 Abs. 1 EStG andererseits, berechnet vom Beginn bis zum Ende des Betriebs, identisch sein muss. Sie sind wie fiktive Betriebseinnahmen zu betrachten. 1152

Sachentnahmen sind mit dem Teilwert zzgl. USt zu bewerten; auch die bei der Entnahme entstehende USt (§ 3 Abs. 1b UStG) ist eine Betriebseinnahme und bei Bezahlung an das Finanzamt eine Betriebsausgabe. Im Hinblick auf § 12 Nr. 3 EStG ist es m. E.

auch vertretbar, diese USt bei der Gewinnermittlung nach § 4 Abs. 3 EStG überhaupt nicht anzusetzen.

Bei nicht abnutzbaren Wirtschaftsgütern und bei abnutzbaren Wirtschaftsgütern hinsichtlich des Restwerts hat die Entnahme eine doppelte Auswirkung.

> **BEISPIEL:** ▸ Wird ein betriebliches Grundstück entnommen, ist die Entnahme zunächst in Höhe des Teilwerts eine Betriebseinnahme. Gleichzeitig sind aber die Anschaffungs-/Herstellungskosten als Betriebsausgaben zu berücksichtigen (§ 4 Abs. 3 Satz 4 EStG).

1153 **Nutzungsentnahmen** werden ebenfalls erfasst. Werden Wirtschaftsgüter des Betriebsvermögens privat verwendet oder Dienstleistungen an den Privatbereich erbracht (z. B. Einsatz von Arbeitskräften im Privatbereich), muss eine Betriebseinnahme angesetzt werden. Damit werden die angesetzten Betriebsausgaben teilweise rückgängig gemacht. Auch für diesen Vorgang fällt i. d. R. Umsatzsteuer an (§ 3 Abs. 9a UStG).

Keine Entnahme liegt bei **Nutzungsänderungen** vor. Wenn bei einem Wirtschaftsgut, das zunächst zu mehr als 50 % betrieblich genutzt wird und daher zum notwendigen Betriebsvermögen gehört, in den Folgejahren eine Nutzungsänderung eintritt, bleibt das Wirtschaftsgut auch dann Betriebsvermögen, wenn die betriebliche Nutzung auf bis zu 10 % absinkt. Es entsteht sog. „gewillkürtes Betriebsvermögen" (§ 4 Abs. 1 Satz 4 EStG). Gleiches gilt, wenn der Steuerpflichtige als Bilanzierender ein Grundstück als gewillkürtes Betriebsvermögen behandelt und später zur Gewinnermittlungsart nach § 4 Abs. 3 EStG übergeht (§ 4 Abs. 1 Satz 3 EStG), da auch bei § 4 Abs. 3 EStG gewillkürtes Betriebsvermögen zugelassen ist (BFH 2. 10. 2003 IV R 13/03, BStBl 2004 II 985).

> **BEISPIEL:** ▸ Gewerbetreibender G erwirbt im Jahr 01 eine Maschine und nutzt sie zu 80 % betrieblich. Im Jahr 02 sinkt die betriebliche Nutzung auf 40 % (alternativ auf 5 %). Der Buchwert der Maschine beträgt im Jahr 02 5 000 €, der Teilwert 8 000 €.
>
> Wenn die Nutzung auf 40 % sinkt, kann die Maschine weiterhin Betriebsvermögen („gewillkürtes Betriebsvermögen") bleiben.
>
> Sinkt die Nutzung auf unter 10 % (Alternativfall 5 %), gehört die Maschine zwangsweise zum notwendigen Privatvermögen. Die Entnahme führt zu fiktiven Betriebseinnahmen i. H. des Teilwerts (8 000 €) zzgl. USt und zu Betriebsausgaben i. H. des Restbuchwerts (5 000 €).

TAB. 2:	Übersicht zur Auswirkung von Sachentnahmen	
Entnommenes Wirtschaftsgut gehörte zum	**Auswirkung**	
	Betriebseinnahmen	**Betriebsausgaben**
Umlaufvermögen	Teilwert (ggf. zzgl. USt)	Kein Ansatz von Betriebsausgaben, da bereits bei Bezahlung Abzug vorgenommen
Abnutzbaren Anlagevermögen	Teilwert (ggf. zzgl. USt)	Restbuchwert im Zeitpunkt der Entnahme
Nicht abnutzbaren Anlagevermögen	Teilwert (ggf. zzgl. USt)	Anschaffungs-/Herstellungskosten

9.8.5.3 Einlagen

1154 Die Einlage von **Bargeld** ist ohne Gewinnauswirkung.

Die Einlage von **Wirtschaftsgütern** hat den Charakter von Betriebsausgaben. Es kommt darauf an, welche Wirtschaftsgüter eingelegt werden.

▶ Werden privat angeschaffte Wirtschaftsgüter des **Umlaufvermögens** eingelegt, führt der Einlagewert (§ 6 Abs. 1 Nr. 5 u. 6 EStG) sofort zu Betriebsausgaben;

▶ die Einlage von abschreibungsfähigen **Wirtschaftsgütern des Anlagevermögens** führt über die AfA zu Betriebsausgaben (zzgl. des Restbuchwerts bei einem späteren Ausscheiden) und

▶ bei der Einlage von nicht abnutzbaren Wirtschaftsgütern kann der Einlagewert erst bei einem späteren Verkauf oder einer Entnahme als Betriebausgabe abgezogen werden.

Wird ein nicht abziehbares **Geschenk** i. S. von § 4 Abs. 5 Nr. 1 EStG privat angeschafft, eingelegt und an einen Kunden verschenkt, liegt zwar eine Einlage vor, der Einlagewert darf jedoch nicht als Betriebsausgabe geltend gemacht werden.

Die **Nutzung** von zum **Privatvermögen** gehörenden Gegenständen für betriebliche Zwecke führt zu abzugsfähigen Betriebsausgaben i. H. der anteiligen Kosten, soweit sie auf die betriebliche Nutzung entfallen.

> **BEISPIEL** ▶ G legt seinen am 1. 7. 01 für 20 000 € gekauften und bisher voll privat genutzten Pkw am 1. 7. 03 in sein Betriebsvermögen ein. Der Teilwert beträgt zu diesem Zeitpunkt 15 000 €, die betriebsgewöhnliche Nutzungsdauer 5 Jahre.
>
> Die Einlage von Sachwerten führt zu fiktiven Betriebsausgaben i. H. des Einlagewerts. Für die Frage, ob diese Betriebsausgaben sofort abgezogen werden dürfen, kommt es darauf an, welche Art von Wirtschaftsgütern eingelegt wird. Der Einlagewert nach § 6 Abs. 1 Nr. 5 EStG kann als Betriebsausgaben abgezogen werden bei privat angeschafftem
>
> ▶ abnutzbaren Anlagevermögen:
>
> ▶ über die AfA und bei Ausscheiden aus dem Betriebsvermögen über den Restbuchwert;
>
> ▶ nicht abnutzbaren Anlagevermögen:
>
> ▶ erst bei Ausscheiden aus dem Betriebsvermögen;
>
> ▶ Umlaufvermögen: sofort bei Einlage.
>
> Für die Festsetzung des Einlagewerts ist § 6 Abs. 1 Nr. 5a EStG zu beachten: Innerhalb der Dreijahresfrist nach Anschaffung im Privatvermögen geht der Restwert im Privatvermögen dem Teilwert bei Einlage vor, wenn der Restwert geringer ist. Als Begründung gilt für diese Vorschrift: Es soll nicht möglich sein, durch Einlage eine höhere AfA-Bemessungsgrundlage zu schaffen. Also hat G hier als Einlagewert 12 000 € anzusetzen.
>
> Berechnung:
>
> | | |
> |---|---:|
> | AK 1. 7. 01 | 20 000 € |
> | „AfA 01" (PV) | 2 000 € |
> | 31. 12. 01 | 18 000 € |
> | „AfA 02" (PV) | 4 000 € |
> | 31. 12. 02 | 14 000 € |
> | „AfA 03" (PV) | 2 000 € |
> | „RBW" 1. 7. 03 | 12 000 € |
>
> Die weitere AfA ist anzusetzen:
>
> ▶ linear 12 000 € : 3 Jahre RND (neu zu schätzen) = 4 000 €.
>
> ▶ Von diesem Betrag werden Jahres-AfA angesetzt, da die Einlage Anfang Juli 03 erfolgt.

9.8.5.4 Anzahlungen, Vorauszahlungen, Teilzahlungen, Abschlagszahlungen

1155 Diese werden genauso wie die endgültige (einmalige) Zahlung behandelt. Soweit diese sofort abzugsfähig sind – beim Erwerb von Umlaufvermögen –, sind auch Teilleistungen sofort abzugsfähig. Soweit der Erwerb sich nicht sofort auswirkt – beim Erwerb von abnutzbarem und nicht abnutzbarem Anlagevermögen – werden auch Teilzahlungen entsprechend behandelt.

BEISPIELE:

1. G will ein bebautes Grundstück erwerben. Schon vor dem notariellen Vertragsabschluss zahlt er 100 000 € an.

   G kann zu diesem Zeitpunkt noch keine Betriebsausgaben geltend machen. Die Kosten für das Gebäude kann er erst über die AfA abziehen (§ 4 Abs. 3 Satz 3 EStG), nachdem er das Gebäude erworben hat (i. d. R. Übergang von Nutzen und Lasten) und Zahlungen für Grund und Boden sind erst bei einem späteren Verkauf abziehbar (§ 4 Abs. 3 Satz 4 EStG). Eine Aufteilung des angezahlten Betrags auf Grund und Boden sowie auf das Gebäude ist daher zum Zeitpunkt der Anzahlung ebenfalls überflüssig.

2. Rechtsanwalt R erwarb am 20. 1. 01 ein betrieblich genutztes unbebautes Grundstück (Parkplätze) für 20 000 €.

   Mit notariellem Vertrag vom 30. 6. 03 veräußert er dieses Grundstück an K zum Preis von 36 000 €. K zahlt vereinbarungsgemäß am 20. 2. 03 10 000 € an, am 30. 7. 03 einen Teilbetrag i. H. von 8 000 €, am 20. 8. 03 einen Teilbetrag i. H. von 6 000 € und am 14. 1. 04 den Restbetrag i. H. von 12 000 €. Die Veräußerungskosten i. H. von 1 000 € zahlt R am 18. 7. 03.

Die Anschaffungskosten i. H. von 20 000 € sind erst bei der Veräußerung zu berücksichtigen (§ 4 Abs. 3 Satz 4 EStG), da ein nicht abnutzbares Wirtschaftsgut vorliegt.

Da jedoch auch § 11 EStG gilt, ist unter Veräußerung nicht der Kaufvertrag vom 30. 6. 03 zu verstehen, sondern der Zufluss des Geldes bei der Veräußerung.

Daraus ergeben sich folgende Betriebseinnahmen und Betriebsausgaben:

Datum	Betriebsausgaben	Betriebseinnahmen
20. 1. 01 (Kauf)	–	–
20. 2. 03 (Anzahlung)	10 000 € (bis zur Höhe der Anzahlung)	10 000 € (Anzahlung)
30. 6. 03 (Verkauf)	–	–
18. 7. 03 (Kosten)	1 000 €	–
30. 7. 03 (Teilzahlung I)	8 000 €	8 000 €
10. 8. 03 (Teilzahlung II)	1 000 € (Rest der AK)	6 000 €
14. 1. 04 (Restzahlung)	–	12 000 €
Summe	21 000 €	36 000 €

9.8.5.5 Forderungen und Verbindlichkeiten

9.8.5.5.1 Grundsatz

1156 Forderungen und Verbindlichkeiten entstehen auch bei § 4 Abs. 3 EStG als Betriebsvermögen, haben aber zunächst keinen Einfluss auf den Gewinn.

Im Rahmen der Gewinnermittlung nach § 4 Abs. 3 EStG ist der Erlös aus dem Verkauf eines Wirtschaftsgutes erst im Jahre des Zuflusses des Veräußerungserlöses als Betriebseinnahme anzusetzen (§ 4 Abs. 3 Satz 4 EStG).

9.8.5.5.2 Ausfall von Forderungen

TAB. 3: Folgen des Forderungsausfalls		1157
Tatbestand	**Steuerliche Auswirkung**	
Schulderlass im Zusammenhang mit Umlaufvermögen und Aufwendungen, die sofort abzugsfähig sind (z. B. Mietaufwand, Reparaturaufwand)	Vorgang bleibt unberücksichtigt (dadurch, dass weniger bezahlt wird, hat sich der Vorgang bereits ausgewirkt)	
Schulderlass im Zusammenhang mit dem Erwerb von WG des nicht abnutzbaren Anlagevermögens	Vorgang bleibt zunächst unberücksichtigt (bei Veräußerung bzw. Entnahme des WG sind die um den Schuldenerlass gekürzten Anschaffungskosten BA)	
Schulderlass im Zusammenhang mit dem Erwerb von WG des abnutzbaren Anlagevermögens		
– im zeitlichen Zusammenhang mit dem Erwerb (z. B. Preisnachlass nach Mängelrüge), – kein zeitlicher Zusammenhang mit dem Erwerb (z. B. Schulderlass 2 Jahre später).	– Abschreibung von den um den Preisnachlass gekürzten Anschaffungskosten, – Schulderlass = Betriebseinnahme, Abschreibung von den ursprünglichen Anschaffungskosten.	

Wird eine betriebliche Schuld aus privaten Gründen erlassen, sind die zugrunde liegenden Geschäftsvorfälle so zu behandeln, als ob kein Schulderlass erfolgt wäre.

BEISPIELE:

1. Dem Arzt A schuldet sein Patient P 1 000 € Honorar für die im Dez. 01 abgeschlossene Behandlung. Die Honorarforderung ist uneinbringlich geworden, weil P am 2. 2. 02 ohne Erben vermögenslos verstorben ist.

    Die Forderung ist aus betrieblichen Gründen uneinbringlich geworden. Daher keine Korrektur, es liegen weder Betriebsausgaben noch Betriebseinnahmen vor.

    Die Unterschiede zur Behandlung einer Forderung beim Betriebsvermögensvergleich zeigen folgende Überlegungen:

    ► Honorarforderung würde gewinnerhöhend eingebucht: Forderungen an Erlöse.

    ► Dann ist die Ausbuchung über Aufwand lediglich Neutralisierung.

    ► Bei § 4 Abs. 3 EStG wurde die Forderung nicht erfasst, und deshalb muss auch der Ausfall außer Ansatz bleiben.

2. Arzt A erlässt dem Patienten O die bereits vereinbarte Honorarforderung, weil beide Familien befreundet sind.

    Der Erlass der Forderung aus privaten Gründen führt zur Entnahme der Forderung und damit zu fiktiven BE.

9.8.5.5.3 Wegfall von Verbindlichkeiten

Bei Wegfall einer Schuld aus **betrieblichen Gründen** fallen grds. keine Betriebseinnah- 1158 men an. Der Wegfall der Schuld verhindert den Abfluss von Ausgaben.

a) Wenn laufende Verbindlichkeiten (z. B. Lohnfortzahlung) oder Verbindlichkeiten aus der Anschaffung von Umlaufvermögen entfallen, sind keine Betriebsausgaben (keine Zahlung) und keine Betriebseinnahmen anzusetzen.

b) Bei Wegfall einer Verbindlichkeit für die Anschaffung/Herstellung von abnutzbarem Anlagevermögen ist zwar die AfA nach den ursprünglichen AK/HK fortzuführen. Der ursprünglich verteilte Aufwand, der im Wege der AfA verteilt wird, muss aber durch eine Betriebseinnahme i. H. der vollen AK berichtigt werden (BFH 31. 8. 1972 IV R 93/67, BStBl 1973 II 51). Eigentlich handelt es sich um eine durch § 4 Abs. 3 Satz 3 EStG bedingte Aufwandskorrektur.

c) Bei Wegfall einer Verbindlichkeit für die Anschaffung/Herstellung von nicht abnutzbarem Anlagevermögen fallen nach dem Sinn und Zweck des § 4 Abs. 3 Satz 4 EStG die aufgezeichneten AK weg. Der Wegfall der Verbindlichkeit wirkt sich erst bei Veräußerung oder Entnahme des Wirtschaftsguts durch Nichtansatz einer Betriebsausgabe in Höhe der AK aus mit der Folge der Erhöhung des späteren Veräußerungs- oder Entnahmegewinns.

d) Bei Wegfall einer Darlehensverbindlichkeit entsteht eine Betriebseinnahme.

9.8.5.6 Unentgeltliche Geschäfte

1159 Bei **betrieblicher Veranlassung** sind unentgeltliche Zuflüsse an den Steuerpflichtigen grds. Betriebseinnahmen (BFH 21. 11. 1963 IV 345/61 S, BStBl 1964 II 183; 9. 5. 1985 IV R 184/82, BStBl 1985 II 427).

a) Unentgeltliche Gewährung von Vorteilen, die dem Betrieb zugute kommen (z. B. Erhalt eines zinslosen Darlehens, Mithilfe im Betrieb): Diese sind zwar Betriebseinnahme in Höhe des geldwerten Vorteils, aber die Zuwendung wirkt sich bereits durch den fehlenden Betriebsausgabenabzug auf den Gewinn aus, so dass es gerechtfertigt ist, die Zuwendung nicht als Betriebseinnahmen zu erfassen (BFH 14. 7. 1961, BStBl 1961 II 405).

b) Betrieblich veranlasste Schenkung, die dem privaten Bereich zuzuordnen ist:

Betriebseinnahme in Höhe des geldwerten Vorteils (BFH 13. 12. 1973 I R 136/72, BStBl 1974 II 210 : Sachgeschenk einer Brauerei an einen Gastwirt = Betriebseinnahme in Höhe des gemeinen Werts).

c) Schenkung von abnutzbarem Anlagevermögen: Betriebseinnahmen in Höhe des gemeinen Werts (§ 6 Abs. 4 EStG), aber Verteilung der fiktiven Anschaffungskosten, die dem gemeinen Wert entsprechen, im Wege der AfA.

d) Schenkung von nicht abnutzbarem Anlagevermögen: Betriebseinnahmen in Höhe des gemeinen Werts (§ 6 Abs. 4 EStG), aber Aufnahme in das Verzeichnis nach § 4 Abs. 3 Satz 5 EStG, um eine nochmalige Gewinnauswirkung bei Veräußerung/Entnahme zu verhindern.

9.8.5.7 Durchlaufende Posten (§ 4 Abs. 3 Satz 2 EStG)

1160 Durchlaufende Posten sind im Namen und für **Rechnung eines anderen** vereinnahmte und verausgabte Gelder. Sie betreffen wirtschaftlich das Betriebsvermögen nicht und werden daher nicht als Betriebseinnahmen bzw. Betriebsausgaben erfasst. Lediglich bei Störungen im Austauschverhältnis können Gewinnauswirkungen auftreten, wenn mit dem Ausfall der verauslagten Gelder gerechnet werden muss (vgl. R 4.5 Abs. 2 Satz 3 EStR).

BEISPIELE:

1. Arzt A hat in einer Honorarrechnung an den Patienten X 1 000 € für Leistungen eines Labors abgerechnet, die er zunächst selbst an das Labor bezahlt hat. Es liegt ein durchlaufender Posten vor, der nicht als Betriebseinnahmen bzw. Betriebsausgaben erfasst wird.

2. Rechtsanwalt R kassierte neben seinen Rechtsanwaltsgebühren einen Gerichtskostenvorschuss sowie Zeugen- und Sachverständigengebühren, die er an die Gerichtskasse weiterleitete. Es liegt ein durchlaufender Posten vor, der nicht als Betriebseinnahmen bzw. Betriebsausgaben erfasst wird.

3. Der Mandant M erstattete dem Rechtsanwalt R die Auslagen für Porti und Telefonate i. H. von 200 €. Hier liegt kein durchlaufender Posten vor, denn es darf sich bei einem durchlaufenden Posten nicht um die Begleichung einer eigenen Verbindlichkeit des Rechtsanwalts handeln.

4. Der Mandant zahlt an den Rechtsanwalt R die in der Rechnung enthaltene Umsatzsteuer, die dieser an das Finanzamt abführt. Auch die USt ist nie ein durchlaufender Posten i. S. des § 4 Abs. 3 Satz 2 EStG, weil der Anwalt selbst Schuldner der USt ist; es handelt sich um seine eigene Verbindlichkeit, wenn er sie an das Finanzamt bezahlt.

9.8.5.8   Diebstahl und Unterschlagung

Bei Diebstählen, Unterschlagungen sowie anderen Arten von höherer Gewalt (Brand, 1161 Hochwasser etc.) gelten für den § 4 Abs. 3 EStG-Ermittler nachstehende Grundsätze:

TAB. 4: Diebstahl und Unterschlagung	
Tatbestand	**Steuerliche Behandlung**
Diebstahl oder Unterschlagung von Geldbeträgen	Falls feststeht, dass es sich um betriebliche Gelder handelt (z. B. Portokasse), liegen Betriebsausgaben vor. Kann der Überschussrechner den Zusammenhang zwischen Geldverlust und Betrieb nicht nachweisen, spricht eine Vermutung dafür, dass das Geld für private Zwecke verwendet wurde.
Diebstahl von WG des Umlaufvermögens	Keine Gewinnauswirkung, da sich AK bereits im Zeitpunkt der Bezahlung als Betriebsausgaben ausgewirkt haben.
Diebstahl von WG des abnutzbaren Anlagevermögens	Der Restbuchwert (falls vorhanden) ist als Betriebausgaben abzusetzen (= AfA nach § 7 Abs. 1 Satz 5 EStG).
Diebstahl von WG des nicht abnutzbaren Anlagevermögens	Die AK/HK sind im Zeitpunkt des Diebstahls als Betriebsausgaben absetzbar.

9.8.5.9   Betriebsvermögen

Hinsichtlich des **notwendigen** Betriebsvermögens bestehen zwischen der Gewinner- 1162 mittlung nach § 4 Abs. 1 EStG und der nach Abs. 3 keine Unterschiede. Die Einnahmen aus der Veräußerung von Gegenständen des (notwendigen) Betriebsvermögens sind Betriebseinnahmen.

Auch **gewillkürtes** Betriebsvermögen ist nach der Entscheidung des BFH (2. 10. 2003 IV R 13/03 BStBl 2004 II 985) nunmehr möglich, wenn die betriebliche Nutzung der Gegenstände zwischen 10 % und 50 % beträgt. Somit gibt es bei der Zuordnung zum Betriebs- oder Privatvermögen keine Unterschiede zwischen der Gewinnermittlung nach § 4 Abs. 1 und Abs. 3 EStG mehr.

9.8.5.10 Erwerb gegen Leibrente

1163 Ein Steuerpflichtiger mit Gewinnermittlung nach § 4 Abs. 3 EStG, der abnutzbare Wirtschaftsgüter des Anlagevermögens gegen eine Veräußerungsrente erwirbt, muss im Jahr der Anschaffung die Anschaffungskosten mit dem versicherungsmathematischen Rentenbarwert aktivieren. Von den aktivierten Anschaffungskosten kann er dann AfA vornehmen. Ferner darf nur der in den Rentenzahlungen enthaltene Zinsanteil den Gewinn mindern.

Technisch geschieht das in der Weise, dass in einer Art „Schattenbilanz" zum Ende eines jeden Veranlagungszeitraums der jeweils neue Rentenbarwert ermittelt wird. Die durch das Älterwerden des Rentenberechtigten bedingten Minderungen des Rentenbarwerts werden als Betriebseinnahmen erfasst. Werden nunmehr die Rentenzahlungen als Betriebsausgaben behandelt, so entspricht der Saldo beider Beträge dem Zinsanteil. Es wird insoweit ebenso verfahren wie bei bilanzierenden Steuerpflichtigen. Daraus folgt, dass der Steuerpflichtige mit Einnahme-Überschussrechnung ebenso wie der mit Betriebsvermögensvergleich in Höhe des aktuellen Rentenbarwertes eine Betriebseinnahme ausweisen muss, wenn die Rentenverpflichtung wegfällt (vgl. BFH 23. 5. 1991 IV R 48/90, BStBl 1991 II 796).

Fällt bei einem Steuerpflichtigen mit Gewinnermittlung nach § 4 Abs. 3 EStG die Verpflichtung aus einer wertgesicherten Veräußerungsrente – z. B. wegen des Todes des Rentenberechtigten – weg, ist die Rentenverpflichtung in Höhe des Barwerts im Zeitpunkt des Wegfalls gewinnerhöhend aufzulösen. Dabei sind der Ermittlung des Rentenbarwerts die ursprünglich vereinbarten Rentenzahlungen (ohne Berücksichtigung der Erhöhung aufgrund der Versicherungsklausel) zugrunde zu legen.

Die in R 4.5 Abs. 4 Satz 5 EStR vorgesehene Möglichkeit, den Barwert um die geleisteten Rentenzahlungen zu kürzen und nur den Restbetrag als Betriebseinnahme anzusetzen, ist nur dann anwendbar, wenn der Steuerpflichtige in den Vorjahren die von der Finanzverwaltung zugelassene Möglichkeit (in R 4.5 Abs. 4 Satz 4 EStR) gewählt hat, die tatsächlichen Zinszahlungen zunächst gegen den Rentenbarwert zu verrechnen, also erfolgsneutral zu behandeln (sog. buchhalterische Methode).

9.8.6 Übergang zum Betriebsvermögensvergleich

9.8.6.1 Grundsätze

1164 Die Höhe des Totalgewinns aus einer Einkunftsquelle ist hinsichtlich der Gewinnermittlungsart neutral. Unter zeitlichen Aspekten können sich jedoch unterschiedliche Periodengewinne ergeben. Grundsätzlich gleichen sich diese zeitlichen Unterschiede – mit Blick auf das Totalergebnis – aus.

Diese Ausgleichsmöglichkeit wird jedoch dann unterbrochen, wenn ein Wechsel der Gewinnermittlungsart erfolgt. Um sicherzustellen, dass sich – wiederum mit Blick auf das Totalergebnis – jeder erfolgswirksame Geschäftsvorfall genau einmal auf den Totalgewinn auswirkt (also weder doppelt noch etwa überhaupt nicht), sind anlässlich des Wechsels der Gewinnermittlungsart Gewinnkorrekturen in Form von Hinzurechnungen bzw. Abrechnungen vorzunehmen.

Hierbei zählt der Übergangsgewinn bei einem Wechsel von der Einnahme-Überschussrechnung zum Betriebsvermögensvergleich als laufender Gewinn, der in der ersten Bilanz zu erfassen ist. Aus Billigkeitsgründen wird gem. R 4.6 Abs. 1 Satz 4 EStR eine Verteilung dieses Gewinns auf die ersten drei durch Betriebsvermögensvergleich ermittelten Ergebnisse zugelassen.

Beim Übergang von der Gewinnermittlung durch Betriebsvermögensvergleich zur Einnahme-Überschussrechnung (der ja immer nur freiwillig erfolgen kann) erhöht oder vermindert sich – ohne Verteilungsmöglichkeit – das erste gem. § 4 Abs. 3 EStG ermittelte Ergebnis.

Dadurch wird sichergestellt, dass der Gewinn von Anfang an ohne Einschränkungen nach der neuen Gewinnermittlungsmethode ermittelt werden kann (Maßgeblichkeit der neuen Gewinnermittlung). Das Gesetz selbst enthält keine Regelung („offene Regelungslücke"). Die Gewinnkorrektur wird im Wege der Rechtsanalogie aus dem Grundsatz der Totalgewinnidentität abgeleitet. Bei Veräußerung oder Aufgabe des Betriebs gehören die Gewinnkorrekturen zum laufenden, nicht zum nach §§ 16, 34 EStG begünstigten Gewinn.

9.8.6.2 Anwendungsbereich

Denkbare Fälle für den Wechsel der Gewinnermittlungsart sind: 1165

(1) Überschreiten der Buchführungsgrenzen (§§ 140 u. 141 AO).

(2) Strukturwechsel (z. B. Freiberufler → Gewerbetreibender).

(3) Betriebsveräußerung, Betriebsaufgabe.

(4) Freiwillig können Steuerpflichtige zum Bestandsvergleich prinzipiell ohne Einschränkung übergehen, lediglich ein beliebiges „Hin und Her" ist unzulässig (BFH 2. 3. 1978 IV R 45/73, BStBl 1978 II 431).

(5) Schätzung eines § 4 Abs. 3 EStG -Rechners.

Nach Auffassung des BFH kann nicht nur die Betriebsvermögensdifferenz, sondern auch der Unterschied zwischen Betriebseinnahmen und Betriebsausgaben geschätzt werden (BFH 2. 3. 1982 VIII R 225/80, BStBl 1984 II 504). Bei der Schätzung eines Überschussrechners muss daher nicht notwendigerweise die Gewinnermittlungsart gewechselt werden. Bei der Schätzung eines § 4 Abs. 3 EStG -Rechners ist von folgenden Grundsätzen auszugehen:

▶ Geht einer Schätzung nach § 4 Abs. 1 EStG eine Überschussrechnung voraus oder folgt ihr nach, so sind keine Korrekturen vorzunehmen, da die notwendigen Größen nicht bekannt sind.

▶ Geht dagegen einer Schätzung nach § 4 Abs. 3 EStG ein Bestandsvergleich voraus oder folgt ihr nach, so sind Korrekturen vorzunehmen, da die Bestände/Bilanzpositionen bekannt sind.

▶ Wird lediglich (in einzelnen Punkten) eine ergänzende Schätzung vorgenommen, gelten die allgemeinen Grundsätze.

9.8.6.3 Gewinnkorrekturen

1166 Durch die Zu- und Abrechnungen wird der § 4 Abs. 3 EStG -Rechner so gestellt, als habe er den Gewinn während der ganzen Zeit des Bestehens des Betriebs durch Bestandsvergleich ermittelt. Der richtigen Besteuerung des einzelnen Geschäftsvorfalls wird Vorrang eingeräumt vor dem Grundsatz der Abschnittsbesteuerung. Die Gewinnermittlung und Veranlagung früherer Jahre bleiben unverändert. Es muss aber bei jedem im Zeitpunkt des Wechsels bilanzierten Aktiv- und Passivposten der Bilanz geprüft werden, inwieweit eine Hinzurechnung oder Abrechnung beim Gewinn erforderlich ist. Verfahrensrechtlich wird über Höhe und Verteilung im ersten Jahr nach dem Wechsel (Übergangsjahr) entschieden.

Es sind grds. keine Korrekturen vorzunehmen, wenn die jeweiligen Geschäftsvorfälle nach beiden Methoden gleich behandelt werden oder sich in der Erfolgsauswirkung nicht unterscheiden, wie z. B. bei

▶ abnutzbarem Anlagevermögen (§ 4 Abs. 3 Satz 3 EStG),

▶ nicht abnutzbarem Anlagevermögen (§ 4 Abs. 3 Satz 4, 5 EStG),

▶ Geld und Bankguthaben,

▶ Darlehensforderungen und -verbindlichkeiten,

▶ durchlaufende Posten.

Gemäß Abschn. 17 Abs. 1 Satz 4 ist eine Verteilung des Übergangsgewinns auf Antrag möglich (gleichmäßige Verteilung auf das Jahr des Überganges und die beiden Folgejahre).

Prüfungsschema: (Hinweis auf Anlage 1 zu EStR)

(1) Wie hat sich der Vorgang gewinnmäßig bei § 4 Abs. 3 EStG ausgewirkt?

(2) Wie wird er sich in Zukunft bei EStG 4 Abs. 1 u. § 5 EStG auswirken?

(3) Wie soll er sich insgesamt auf den Gewinn auswirken?

BEISPIEL: ▶ Ein Gewerbetreibender G hat seinen Betrieb am 1. 1. 01 eröffnet und in den Wj = Kj 01 und 02 seinen Gewinn zulässigerweise nach § 4 Abs. 3 EStG ermittelt. Am 1. 1. 03 wechselt er zum Betriebsvermögensvergleich und stellt zum 1. 1. 03 die folgende Eröffnungsbilanz auf:

Aktiva	Eröffnungsbilanz 1. 1. 03		Passiva
Grundstück	120 000 €	Eigenkapital	169 000 €
Pkw	10 000 €	Verbindlichkeiten aus Lieferungen	20 000 €
Waren	21 000 €	USt-Schuld	4 000 €
Darlehen	5 000 €		
Forderungen aus Lieferungen	30 000 €		
Rechnungsabgrenzung	2 000 €		
Geldbestände	5 000 €		
	193 000 €		193 000 €

Erläuterungen zu den einzelnen Bilanzposten:

1. G hat das Grundstück 01 für 100 000 € gekauft und nutzt es als betrieblichen Lagerplatz. Der TW zum 1. 1. 03 beträgt 120 000 €.

   Vorrangig vor der Frage der Zu- und Abrechnungen nach R 4.6 Abs. 1 EStR ist zu prüfen, ob die Bilanzansätze in der Eröffnungsbilanz den handelsrechtlichen und steuerrechtlichen Vorschriften entsprechen. Der Wertansatz mit 120 000 € verstößt gegen das Realisationsprinzip (§ 252 Abs. 1 Nr. 4 HGB, § 5 Abs. 1 Satz 1 EStG): Anzusetzen sind die Anschaffungskosten i. H. von 100 000 €. Die Änderung der Anfangsbilanz hat keine Gewinnberichtigung zur Folge, da sich der Schlussbestand des Grundstücks entsprechend vermindert.

   Darüber hinaus ist keine Korrektur erforderlich: Die Anschaffungskosten des Grund und Bodens haben sich bei § 4 Abs. 3 EStG noch nicht ausgewirkt. Bei § 5 EStG liegt bei Verkauf lediglich ein Aktivtausch vor. Die Teilwertdifferenz wird bei Verkauf erfasst.

2. G hatte den Pkw zur Eröffnung des Betriebs erworben (AK 20 000) und jährlich mit 4 000 € abgeschrieben. Der niedrigere Teilwert zum 1. 1. 03 beträgt 10 000 €.

   Bei § 4 Abs. 3 EStG und bei § 5 EStG wirken sich die AK von abnutzbaren WG des Anlagevermögens nur über die AfA auf den Gewinn aus. Daher grds. keine Zu- und Abrechnung.

   Hier ist der Bilanzposten aber in der Eröffnungsbilanz zulässig mit dem niedrigeren Teilwert aktiviert (§ 253 Abs. 3 Satz 3 HGB, § 6 Abs. 1 Nr. 1 Satz 4 EStG), woraus sich folgende Überlegung ergibt:

   – Bei § 4 Abs. 3 EStG war eine Teilwertabschreibung unzulässig, also ist noch keine Gewinnminderung eingetreten.

   – Bei § 5 EStG ergibt sich in der Zukunft keine Gewinnminderung, da bereits der niedrigere Teilwert aktiviert ist.

   – Die Teilwertabschreibung muss aber einmal den Gewinn mindern, daher ist ein Abschlag i. H. von 2 000 € erforderlich.

3. Von den bilanzierten Waren sind 1 000 € bezahlt worden.

   Wegen der Waren hat ein Zuschlag i. H. von 21 000 € und wegen der Verbindlichkeiten ein Abschlag i. H. von 20 000 € zu erfolgen:

a) Soweit die Waren bei § 4 Abs. 3 EStG schon bezahlt sind, haben sie den Gewinn gemindert. Bezahlt sind hier Waren i. H. von 1 000 € (21 000 € Bestand ./. 20 000 € Warenverbindlichkeiten). Man könnte daher 1 000 € hinzurechnen, um eine zweimalige Gewinnminderung zu verhindern.

   Wenn umgekehrt der Warenbestand niedriger wäre als die Warenverbindlichkeiten (z. B. eingekaufte und noch nicht bezahlte Ware ist bereits verkauft), müsste der Differenzbetrag abgezogen werden.

   Um diese umständliche Verfahrensweise zu vermeiden, werden die Bilanzpositionen getrennt betrachtet. Dabei ist es unerheblich, ob die Waren schon bezahlt sind oder nicht. Die Bezahlung der Waren während der § 4 Abs. 3 EStG -Zeit wird unterstellt. Also:

   – § 4 Abs. 3 EStG : Betriebsausgaben bei Zahlung.

   – § 5 EStG : Nochmals Gewinnminderung bei Abgang über den Wareneinsatz.

   – Die doppelte Gewinnminderung ist durch eine Zurechnung i. H. des Bilanzpostens Waren auszugleichen.

b) Bei den Warenverbindlichkeiten wird analog unterstellt, dass sie Waren betreffen, die noch nicht bezahlt, aber schon abgegangen, d. h. veräußert sind.

   – Bei § 4 Abs. 3 EStG : noch keine Betriebsausgaben.

   – Bei § 5 EStG : Aktiv-Passiv-Tausch bei Zahlung.

   – Einmal soll sich der Vorgang gewinnmindernd auswirken, daher wird ein Abschlag in Höhe des Bilanzpostens Warenverbindlichkeiten vorgenommen.

4. Das Darlehen wurde einem Angestellten in 02 gewährt.

   Keine Korrektur, da sich Aufnahme und Tilgung des Darlehens bei § 4 Abs. 3 EStG nicht auf den Gewinn auswirken (H 4.5 Abs. 2 EStH) und auch beim Bestandsvergleich gewinnneutral gebucht werden.

5. Die Forderungen aus Lieferungen und Leistungen wurden mit dem Nennwert angesetzt.
   - *Bei § 4 Abs. 3 EStG erfolgte noch keine Gewinnauswirkung mangels Geldzufluss.*
   - *Bei § 5 EStG wird bei Geldeingang umschichtend gebucht (Bank an Forderungen).*
   - *Einmal ist aber eine Gewinnerhöhung erforderlich, daher wird ein Zuschlag i. H. von 30 000 € vorgenommen.*

6. Dem Rechnungsabgrenzungsposten lagen Vorauszahlungen für die Büromiete zugrunde.
   - *Bei § 4 Abs. 3 EStG hat die Mietzahlung als Betriebsausgabe den Gewinn des Jahres 02 gemindert (§ 11 Abs. 2 Satz 1 EStG).*
   - *Bei § 5 EStG erfolgt die Auflösung des ARAP im Jahr 03 gewinnmindernd (Aufwand an ARAP).*
   - *Um die doppelte Gewinnminderung auszugleichen, hat ein Zuschlag i. H. von 2 000 € zu erfolgen.*

7. Geldbestände

   Keine Korrektur, da Geldbestände bei beiden Gewinnermittlungsarten gewinnmäßig gleich erfasst werden.

8. USt-Schuld
   - *Bei § 4 Abs. 3 EStG ist die USt Betriebseinnahme, wenn sie vom Kunden bezahlt wurde.*
   - *Bei § 5 EStG erfolgt eine umschichtende Buchung bei Abführung an das Finanzamt (USt-Schuld an Bank).*
   - *USt darf sich nicht auf den Gewinn auswirken, also Abschlag i. H. von 4 000 €.*
   - *Oder:*
   - *Bei § 4 Abs. 3 EStG : noch keine BE, wenn sie vom Kunden noch nicht bezahlt wurde.*
   - *Bei § 5 EStG erfolgt die umschichtende Buchung bei Abführung an das Finanzamt (USt-Schuld an Bank).*
   - *Debitoren werden mit dem Bruttobetrag (einschl. USt) zugeschlagen (vgl. oben 5: + 30 000 €). USt darf sich nicht auf den Gewinn auswirken, also erfolgt ein Abschlag i. H. von 4 000 €.*

Zusammenfassung

	Hinzurechnung	Abrechnung
Grundstück	–	–
Pkw		2 000 €
Waren	21 000 €	
Darlehen	–	–
Forderungen aus Lieferungen	30 000 €	
Rechnungsabgrenzungsposten	2 000 €	
Geldbestände	–	–
Eigenkapital	–	–
Verbindlichkeiten aus Liefe-rungen		20 000 €
USt-Schuld		4 000 €
Summe Hinzurechnungen	53 000 €	
Summe Abrechnungen		26 000 €
Übergangsgewinn	27 000 €	

Der Übergangsgewinn erhöht den laufenden Gewinn 03 (oder auf Antrag zu je ⅓ die Gewinne 03 – 05, R 4.6 Abs. 1 Satz 6 EStR).

9.8.6.4 Korrekturen bei Gesamtrechtsnachfolge

Der Erbe des Steuerpflichtigen bzw. der unentgeltlich zu Lebzeiten des Steuerpflichti- 1167
gen Übernehmende tritt als Gesamt- bzw. Einzelrechtsnachfolger in die Rechtsstellung des Steuerpflichtigen ein (§ 1922 BGB, § 6 Abs. 3 EStG). Wenn der Rechtsnachfolger die Gewinnermittlungsart seines Rechtsvorgängers wechselt, ist er so zu behandeln, als ob er bereits in der Person seines Vorgängers den Betrieb geführt hätte ("Fußstapfentheorie"). Dem Rechtsnachfolger sind die Hinzurechnungen und Kürzungen zuzurechnen, soweit sie sich beim Rechtsvorgänger noch nicht ausgewirkt haben (BFH 7. 12. 1971 VIII R 22/67, BStBl 1972 II 338).

> **BEISPIEL:** Vater V überträgt seinen Betrieb im Wege der vorweggenommenen Erbfolge am 1. 1. 02 unentgeltlich auf seinen Sohn S. Im Jahr vor der Betriebsübertragung ist V von der Gewinnermittlung des § 4 Abs. 3 EStG zur Gewinnermittlung aufgrund Bestandsvergleichs übergegangen. V hat beantragt, den Übergangsgewinn auf das Jahr des Übergangs und die beiden folgenden Wirtschaftsjahre zu verteilen. Diesem Antrag hat das Finanzamt entsprochen.
>
> Der Übergangsgewinn ist grds. im ersten Jahr des Bestandsvergleichs (02) zu erfassen. Zur Vermeidung von Härten kann auf Antrag der Übergangsgewinn auf das Jahr des Übergangs und die beiden folgenden Jahre verteilt werden (R 4.6 Abs. 1 Satz 4 EStR). Im Fall der unentgeltlichen Übertragung ist der Übergangsgewinn, soweit er auf die Jahre nach dem Übergang zu verteilen ist, dem Rechtsnachfolger S zuzurechnen und nicht dem Rechtsvorgänger V. S ist insoweit in die Rechtsstellung des V eingerückt.

9.8.6.5 Betriebsveräußerung/Betriebsaufgabe

Um auch die **Wertänderungen** zu erfassen, die sich im Laufe der Jahre des Geschäfts- 1168
betriebes nicht selbsttätig ausgeglichen haben, ist bei der Veräußerung eines Betriebes, Teilbetriebes oder eines Mitunternehmeranteils und bei der Aufgabe eines Betriebes der Stpfl., der den Gewinn nach § 4 Abs. 3 EStG ermittelt, so zu behandeln, als wäre er im Augenblick der Veräußerung **zunächst** zur Gewinnermittlung durch Vermögensvergleich nach § 4 Abs. 1 EStG übergegangen. Ein sich ergebender Zurechnungsbetrag kann nicht auf drei Jahre verteilt werden.

9.9 Ermittlung des Gewinns aus Land- und Forstwirtschaft nach Durchschnittssätzen

Bei Stpfl., die nicht aufgrund gesetzlicher Vorschriften verpflichtet sind, für einen land- 1169
und forstwirtschaftlichen Betrieb Bücher zu führen und regelmäßig Abschlüsse zu machen, ist der Gewinn für diesen Betrieb nach § 13a Abs. 3 – 7 EStG zu ermitteln (§ 13a Abs. 1 Nr. 1 EStG).

Weitere Voraussetzungen sind, dass die am 15. Mai innerhalb des Wirtschaftsjahres selbstbewirtschaftete landwirtschaftliche Fläche (§ 160 Abs. 2 Satz 1 Nr. 1a BewG) ohne Sonderkulturen unter 20 Hektar liegt, die Tierbestände insgesamt 50 Vieheinheiten nicht übersteigen, die selbst bewirtschafteten Forstflächen 50 Hektar nicht überschreiten und der Wert selbst bewirtschafteter Sondernutzungen jeweils unter bestimmten, in der Anlage 1 a zum EStG genannten Grenzen liegt (§ 13a Abs. 1 Nr. 2 – 5 EStG).

Die Gewinnermittlung nach § 13a EStG entfällt bei Wegfall einer der vorstehenden Voraussetzungen (§ 13a Abs. 1 Satz 2 EStG) oder auf Antrag des Steuerpflichtigen, wenn dieser den Gewinn nach § 4 Abs. 1 bzw. Abs. 3 EStG ermitteln will (§ 13a Abs. 2 EStG).

Der Durchschnittssatzgewinn ist die Summe aus

1. dem Gewinn der landwirtschaftlichen Nutzung (§ 13a Abs. 4 EStG),

2. dem Gewinn der forstwirtschaftlichen Nutzung (§ 13a Abs. 5 EStG),

3. dem Gewinn der Sondernutzungen(§ 13a Abs. 6 EStG),

4. den Sondergewinnen (§ 13 a Abs. 7 EStG),

5. den Einnahmen aus der Vermietung und Verpachtung von Wirtschaftsgütern des land- und forstwirtschaftlichen Betriebsvermögens

6. und den Einnahmen aus Kapitalvermögen, soweit sie nach § 20 Abs. 8 EStG zu den Einnahmen aus Land- und Forstwirtschaft gehören. (vgl. auch Rdn. 1415 ff.).

9.10 Gewinnschätzung

9.10.1 Voraussetzungen der Schätzung

1170 Nur dann, wenn der Stpfl. keine Gewinnermittlung vorgenommen hat oder seine Bücher oder Aufzeichnungen unvollständig oder unrichtig sind, darf das FA aufgrund von § 162 AO den Gewinn schätzen. Aus dem Wortlaut von § 162 AO ergibt sich, dass der Gesetzgeber im Interesse einer zutreffenden und gleichmäßigen Besteuerung der genauen zahlenmäßigen Ermittlung der Besteuerungsgrundlagen den Vorrang vor jeder Schätzung einräumt. Auch bei einer Schätzung sind alle Umstände zu berücksichtigen, die für die Schätzung von Bedeutung sind (§ 162 AO). Das FA hat also den Sachverhalt aufzuklären, insbesondere die für die Aufklärung notwendigen Beweise zu erheben. Das gilt selbst dann, wenn jegliche Aufzeichnungen und Belege fehlen und der Gewinn deshalb „griffweise" geschätzt werden muss.

Andererseits hat aber auch der Stpfl. gem. §§ 90 und 200 AO nach besten Kräften an der Aufklärung des Sachverhalts mitzuwirken. Die Aufklärungspflicht des FA (§§ 88, 162 AO) und die Nachweispflicht des Stpfl. (§§ 90 und 200 AO) hängen voneinander ab. Wenn der Steuerpflichtige z. B. jede Mitwirkung verweigert, dürfen auch an die Erfüllung der Aufklärungspflicht des FA keine gesteigerten Anforderungen gestellt werden.

Insbesondere besteht für das Steuerrecht kein Grundsatz, dass bei Schätzungen im Zweifel zugunsten des Stpfl. zu schätzen ist. Zwar muss versucht werden, im Rahmen des Möglichen und Zumutbaren dem wirklichen Gewinn möglichst nahe zu kommen. Aber es entspricht auch der ständigen Rechtsprechung des BFH, dass bei gröblicher Verletzung der Buchführungspflichten die einer jeden Schätzung anhaftende Unsicherheit zulasten des Stpfl. geht, der selbst Anlass zur Schätzung gegeben hat.

BEISPIEL: ► Ein Bauhandwerker, dessen Gewinn geschätzt werden muss, kann nicht verlangen, dass das FA sämtliche von ihm ausgeführten Arbeiten nach den vorhandenen Unterlagen einzeln kalkuliert, um dem wirklichen Gewinn möglichst nahe zu kommen.

Aus dem Grundsatz, dass der Stpfl. die jeder Schätzung anhaftende Unsicherheit zu tragen hat, ergibt sich auch die Berechtigung zu sog. **Sicherheitszuschlägen** (auch Unsicherheitszuschläge genannt).

BEISPIEL: ► Der Betriebsprüfer hat im Einzelnen festgestellt, dass der Stpfl. Betriebseinnahmen i. H. von 3 651 € nicht verbucht hat. Es besteht jedoch die nicht ganz entfernte Möglichkeit, dass der Stpfl. darüber hinaus weitere Betriebseinnahmen nicht verbucht hat, deren Höhe sich aber im Einzelnen nicht mehr feststellen lässt. Dieser Unsicherheit ist durch einen Zuschlag zu den festgestellten nicht verbuchten Betriebseinnahmen Rechnung zu tragen. Die Höhe des Zuschlags richtet sich nach dem Grad der Unsicherheit. Entsprechendes gilt, wenn andere, nicht oder unvollständig erfasste Geschäftsvorfälle festgestellt werden und es dem Betriebsprüfer nicht möglich ist, deren Umfang zahlenmäßig restlos zu ermitteln.

Die Höhe des Sicherheitszuschlages richtet sich in jedem Falle nach dem Umfang der 1171
zahlenmäßig nicht mehr feststellbaren Geschäftsvorfälle. Je erschöpfender und sorgfältiger die Feststellungen des Prüfers sind, desto kleiner bzw. niedriger kann der Sicherheitszuschlag bemessen werden.

Aber auch in einem solchen Fall stellt die Schätzung keine Bestrafung des Stpfl. dar; der Sicherheitszuschlag ist also kein „Strafzuschlag". Die Schätzung hat lediglich mit Hilfe von Wahrscheinlichkeitserwägungen den Gewinn (oder andere Besteuerungsgrundlagen) so festzustellen, wie er sich mutmaßlich bei ordnungsmäßiger Gewinnermittlung ergeben hätte.

9.10.2 Umfang der Schätzung

Der Umfang jeder Schätzung richtet sich nach dem Befund der Buchführung bzw. der 1172
Aufzeichnungen im Einzelfall. Sind überhaupt keine Bücher oder Aufzeichnungen vorhanden, weil sie entweder nicht geführt worden sind oder nicht vorgelegt werden können (z. B. Verlust der Buchführung bei einem Brand), muss der gesamte Gewinn geschätzt werden (sog. **Vollschätzung).** Sind Bücher oder Aufzeichnungen vorhanden, so sind diese zunächst auf ihre Richtigkeit und Vollständigkeit zu prüfen. Mängel formeller oder sachlicher Art, die das Ergebnis der Buchführung beeinflussen und nicht berichtigt werden können, sind möglichst durch ergänzende Schätzungen (sog. **Teilschätzungen** oder **Zuschätzungen)** auszugleichen. Nur wenn dies im Einzelfall nicht möglich ist, darf der ganze Gewinn unter Berücksichtigung der verwertbaren Teile der Buchführung geschätzt werden.

9.10.2.1 Die Vollschätzung

Bei der Vollschätzung wird der gesamte Gewinn geschätzt. Hierbei sind zwei Arten der 1173
Schätzung (Schätzungsmethoden) zu unterscheiden: die Schätzung nach Richtsätzen und die Einzelschätzung.

9.10.2.1.1 Richtsatzschätzung

1174 Die Richtsätze beruhen auf Verwaltungsanordnung. Sie sind nicht bindend, sondern nur ein Hilfsmittel der Finanzverwaltung bei der Veranlagung. Sie werden regelmäßig für die Bezirke mehrerer Oberfinanzdirektionen von diesen festgesetzt und in sog. **Richtsatzsammlungen** veröffentlicht. Sie dienen zur Nachprüfung der erklärten Besteuerungsgrundlagen und zur schätzungsweisen Ermittlung der Gewinne kleinerer Gewerbetreibender. Die Richtsätze gehen vom wirtschaftlichen Umsatz aus und stellen das übliche Verhältnis von Umsatz zu Reingewinn oder Rohgewinn in dem betreffenden Wirtschaftszweig fest.

> **BEISPIEL:** ▶ Beim Möbeleinzelhandel beträgt für ein bestimmtes Kj der Rohgewinn im Mittelsatz 31 %, der Reingewinn im Mittelsatz 11 %.
>
> Bei einem festgestellten Umsatz i. H. von 100 000 € kann danach der Rohgewinn auf 31 000 € geschätzt werden (Rohgewinnschätzung). Von diesem geschätzten Rohgewinn werden dann die übrigen Betriebsausgaben in der nachgewiesenen Höhe abgezogen, um zum Reingewinn zu gelangen.
>
> Sind die Betriebsausgaben nicht oder unvollständig aufgezeichnet, wird der Reingewinn auf 11 000 € geschätzt (Reingewinnschätzung).
>
> Richtsätze dürfen nicht schematisch angewendet werden. Sie stellen die Betriebsergebnisse eines Normalbetriebs dar, und zwar aufgrund eines Betriebsvermögensvergleichs nach § 4 Abs. 1 EStG. Die Verhältnisse des Betriebes, auf den die Richtsätze im Einzelfall angewendet werden, entsprechen aber nur in seltenen Ausnahmefällen den Verhältnissen des Normalbetriebes. Die Ergebnisse der Richtsatzschätzung bedürfen daher regelmäßig einer Anpassung an die besonderen Verhältnisse des einzelnen Betriebes (Einzelheiten siehe Vorbemerkungen zur Richtsatzsammlung).

9.10.2.1.2 Einzelschätzung

1175 Der Anwendungsbereich der Richtsatzschätzung ist in doppelter Hinsicht beschränkt: Einmal werden nicht für alle Gewerbeklassen Richtsätze aufgestellt, zum anderen sind die Richtsätze nicht anwendbar auf Großbetriebe i. S. der BPO. Kann danach im Einzelfall eine Richtsatzschätzung nicht durchgeführt werden, muss der Gewinn nach anderen geeigneten Merkmalen geschätzt werden. Solche Merkmale sind z. B. die ordnungsmäßig ermittelten Betriebsergebnisse früherer Jahre desselben Betriebes oder anderer vergleichbarer Betriebe, ferner je nach Art des Betriebes und den vorgefundenen Aufzeichnungen und Belegen, der Wareneingang, Wareneinsatz, Warenumschlag, die Lohn- und Gehaltsaufwendungen, die Arbeitskraft des Betriebsinhabers, der Vermögenszuwachs, der Verbrauch.

Erst wenn keinerlei brauchbare Schätzungsgrundlagen vorhanden sind, darf der Gewinn **griffweise,** d. h. aufgrund freier, aus den Umständen geschöpfter Überzeugung geschätzt werden.

> **BEISPIEL:** ▶ Ein Altwarenhändler hat keinerlei Aufzeichnungen und Belege über seine Betriebseinnahmen und Betriebsausgaben. Einkäufe und Verkäufe hat er nur gegen Barzahlung getätigt. Der Wareneinkauf lässt sich nicht ermitteln, da der Steuerpflichtige gebrauchte Gegenstände bei einer Vielzahl von Privatleuten eingekauft hat. Das Geschäft hat ihm gerade so viel eingebracht, wie er zum Leben benötigt.
>
> Mangels geeigneter Schätzungsgrundlagen kann in einem solchen Fall der Gewinn nur griffweise geschätzt werden. Dabei ist der Lebensstandard des Steuerpflichtigen angemessen zu

berücksichtigen (§ 162 AO). Andererseits muss aber auch eine zu niedrige Schätzung vermieden werden, da sie eine Begünstigung gegenüber den Steuerpflichtigen darstellen würde, die ihre steuerlichen Buchführungs- und Aufzeichnungspflichten ordnungsmäßig erfüllen.

9.10.2.2 Die Teilschätzung

Bei der Teilschätzung muss nur ein Teil der Gewinnermittlungsgrundlagen geschätzt werden.   1176

> **BEISPIEL:** ▸ Eine Handelsgesellschaft tätigt fast ausschließlich Kreditverkäufe. In geringem Umfang erfolgen auch Barverkäufe ab Lager. Diese sind nicht gebucht worden. Die Bareinnahmen aus den Lagerverkäufen sind zu schätzen.

Die Teilschätzung bedeutet also eine schätzungsweise Ergänzung des Buchführungsergebnisses. Sie wird deshalb auch ergänzende Schätzung (oder Zuschätzung) genannt. Eine ergänzende Schätzung berührt die Ordnungsmäßigkeit der Buchführung dann nicht, wenn nach dem Gesamtbild die nicht ordnungsmäßig verbuchten Geschäfte nur einen belanglosen Teil der gewerblichen Betätigung und des Gewinns ausmachen (sog. unschädliche ergänzende Schätzung).

> **BEISPIEL:** ▸ Beträgt der Gewinn der Handelsgesellschaft ohne die nicht verbuchten Lagerverkäufe 120 000 € und erhöht er sich durch die Zuschätzung um 5 000 € auf 125 000 €, so liegt eine unschädliche Zuschätzung vor. Die Ordnungsmäßigkeit der Buchführung wird nicht berührt. Damit können Steuervergünstigungen, die Ordnungsmäßigkeit der Buchführung voraussetzen, gewährt bzw. belassen werden.

9.10.3 Schätzung bei Auslandssachverhalten

Verletzt ein Steuerpflichtiger seine Mitwirkungspflichten bei der Aufklärung von Auslandssachverhalten nach § 90 Abs. 3 AO dadurch, dass er die Aufzeichnungen nicht vorlegt, oder sind vorgelegte Aufzeichnungen im Wesentlichen unverwertbar oder wird festgestellt, dass der Steuerpflichtige Aufzeichnungen i. S. des § 90 Abs. 3 Satz 3 AO nicht zeitnah erstellt hat, so wird widerlegbar vermutet, dass seine im Inland steuerpflichtigen Einkünfte, zu deren Ermittlung die Aufzeichnungen i. S. des § 90 Abs. 3 AO dienen, höher als die von ihm erklärten Einkünfte sind. Hat in solchen Fällen die Finanzbehörde eine Schätzung vorzunehmen, und können diese Einkünfte nur innerhalb eines bestimmten Rahmens, insbesondere nur aufgrund von Preisspannen bestimmt werden, kann dieser Rahmen zulasten des Steuerpflichtigen ausgeschöpft werden (§ 162 Abs. 3 AO).   1177

Legt ein Steuerpflichtiger Aufzeichnungen i. S. des § 90 Abs. 3 AO nicht vor oder sind vorgelegte Aufzeichnungen im Wesentlichen unverwertbar, ist ein Zuschlag i. H. von 5 000 € festzusetzen (§ 162 Abs. 4 AO).

Der Zuschlag beträgt mindestens 5 % und höchstens 10 % des Mehrbetrags der Einkünfte, der sich nach einer Berichtigung aufgrund der Anwendung des § 90 Abs. 3 AO ergibt, wenn sich danach ein Zuschlag von mehr als 5 000 € ergibt. Bei verspäteter Vorlage von verwertbaren Aufzeichnungen beträgt der Zuschlag bis zu 1 000 000 €, mindestens jedoch 100 für jeden vollen Tag der Fristüberschreitung (§ 162 Abs. 4 AO).

Soweit den Finanzbehörden Ermessen hinsichtlich der Höhe des Zuschlags eingeräumt ist, sind neben dessen Zweck, den Steuerpflichtigen zur Erstellung und fristgerechten Vorlage der Aufzeichnungen i. S. des § 90 Abs. 3 AO anzuhalten, insbesondere die von ihm gezogenen Vorteile und bei verspäteter Vorlage auch die Dauer der Fristüberschreitung zu berücksichtigen. Von der Festsetzung eines Zuschlags ist abzusehen, wenn die Nichterfüllung der Pflichten nach § 90 Abs. 3 AO entschuldbar erscheint oder ein Verschulden nur geringfügig ist. Das Verschulden eines gesetzlichen Vertreters oder eines Erfüllungsgehilfen steht dem eigenen Verschulden gleich.

Der Zuschlag ist regelmäßig nach Abschluss einer Außenprüfung festzusetzen.

9.10.4 Bedeutung der Gewinnermittlungsart für die Schätzung

9.10.4.1 Gewinnermittlungsart und Schätzung

1178 Die Unterschiede in den drei ordentlichen Gewinnermittlungsarten sind auch bei der Schätzung zu beachten. Ist z. B. eine Vollschätzung erforderlich, so ist der Gewinn bei buchführungspflichtigen Gewerbetreibenden nach den Grundsätzen von § 5 EStG, bei anderen Stpfl. nach den Grundsätzen von § 4 Abs. 1 EStG, in Ausnahmefällen auch nach § 4 Abs. 3 EStG zu schätzen (BFH 2. 3. 1982 VIII R 225/80, BStBl 1984 II 504).

Die ergänzende Schätzung hat die vom Stpfl. gewählte zulässige Gewinnermittlungsart zu berücksichtigen, d. h. die schätzungsweise Ergänzung der Besteuerungsgrundlagen hat sich in die jeweilige Gewinnermittlungsart einzuordnen.

BEISPIEL: ▶ Bei einem Gewerbetreibenden, der seinen Gewinn zulässigerweise nach § 4 Abs. 3 EStG ermittelt, werden Einnahmeverkürzungen festgestellt. Die aufgezeichneten Betriebseinnahmen sind um einen geschätzten Betrag zu erhöhen. Es ist in einem solchen Fall nicht zulässig, den ganzen Gewinn nach § 4 Abs. 1 EStG zu schätzen.

9.10.4.2 Abweichendes Wirtschaftsjahr und Gewinnschätzung

1179 Muss bei einem Land- und Forstwirt der Gewinn geschätzt werden, so ist diese Schätzung nach dem abweichenden Wirtschaftsjahr vorzunehmen. Das Gleiche gilt bei einem Gewerbetreibenden, dessen Firma in das Handelsregister eingetragen ist, wenn er seinen Gewinn regelmäßig nach einem abweichenden Wirtschaftsjahr ermittelt.

9.10.4.3 Eröffnungsbilanz nach Vollschätzung

1180 Das Ergebnis einer Vollschätzung ist das mutmaßliche Ergebnis eines Vermögensvergleichs. Wird der Gewinn für die an die Schätzung anschließenden Gewinnermittlungszeiträume durch Vermögensvergleich ermittelt, so muss entsprechend § 6 Abs. 1 EStDV eine Eröffnungsbilanz aufgestellt werden. Ergibt die Eröffnungsbilanz der vom Steuerpflichtigen angelegten Buchführung, dass die Schätzung des Vorjahres nicht stimmen kann, so besteht die Möglichkeit einer Berichtigung der Schätzung nach § 173 Abs. 1 Nr. 1 AO.

1181–1185 *(Einstweilen frei)*

LITERATURHINWEIS:

Friebel/Rick/Schoor/Siegle, Fallsammlung Einkommensteuer, 19. Auflage, Kapitel 8

9.11 Kontrollfragen

FRAGEN

		Rdn.	
1.	Welchen Zweck verfolgen die handelsrechtlichen Gewinnermittlungsvorschriften?	995–996	☐
2.	Welche Formen der steuerlichen Gewinnermittlung gibt es?	1001–1005	☐
3.	Nach welcher Gewinnermittlungsmethode ist der Gewinn von einem Gewerbetreibenden zu ermitteln?	1007–1008	☐
4.	Wie hat ein Land- und Forstwirt seinen steuerlichen Gewinn zu ermitteln?	1009	☐
5.	Wie wird der steuerliche Gewinn bei Einkünften aus selbständiger Tätigkeit ermittelt?	1010	☐
6.	Muss eine einmal gewählte Gewinnermittlungsmethode immer beibehalten werden?	1011–1019	☐
7.	Wie ist der Gewinnermittlungszeitraum bei Land- und Forstwirten geregelt?	1022–1023	☐
8.	Wann beginnt und wann endet die Bilanzierungspflicht?	1024	☐
9.	Welche Beziehung besteht zwischen den Begriffen Gewinnermittlungszeitraum, Veranlagungszeitraum und Wirtschaftsjahr?	1020–1027	☐
10.	Was versteht man unter Entnahmen und Einlagen? Überlegen Sie sich Beispiele!	1030–1040	☐
11.	Was versteht man unter den Begriffen Bilanzenzusammenhang, Bilanzberichtigung und Bilanzänderung?	1042–1044	☐
12.	Welche Bedeutung hat der Bilanzenzusammenhang?	1045	☐
13.	Auf welche Weise kann eine fehlerhafte Bilanz berichtigt werden?	1046–1049	☐
14.	Was versteht man unter ordnungsgemäßer Buchführung und wo sind deren Grundsätze geregelt?	1050–1054	☐
15.	Welche Arten von Vermögen gibt es im Steuerrecht?	1056–1058	☐
16.	Welche Mittelzuflüsse werden als Betriebseinnahmen erfasst, welche nicht?	1061–1069	☐
17.	Was versteht man unter Betriebsausgaben und wie werden sie von den Privatausgaben abgegrenzt?	1070–1076	☐
18.	Was versteht man unter gemischten Aufwendungen und unter welchen Voraussetzungen sind sie steuerlich abzugsfähig?	1077–1079	☐
19.	Sind alle Betriebsausgaben steuerlich abzugsfähig? An welche Voraussetzungen ist die Abzugsfähigkeit geknüpft?	1080 ff.	☐

20.	Welche besonderen Voraussetzungen bestehen für die Berücksichtigung von Bewirtungsaufwendungen?	1092–1093	☐
21.	Wie ermittelt man den Betrag nicht abziehbarer Betriebsausgaben für die Pkw-Nutzung eines Gewerbetreibenden nach der Pauschalwert- und nach der exakten Methode?	1097–1100	☐
22.	Unter welchen Voraussetzungen sind Aufwendungen für ein häusliches Arbeitszimmer steuerlich abzugsfähig?	1101	☐
23.	Sind Geldbußen, die betrieblich veranlasst sind, steuerlich berücksichtigungsfähig?	1104–1106	☐
24.	Wie werden Zuwendungen an Direktversicherungen beim Arbeitgeber behandelt?	1112	☐
25.	Wie werden Zuwendungen an Pensionskassen beim Arbeitgeber behandelt?	1113	☐
26.	Wie werden Zuwendungen an Unterstützungskassen beim Arbeitgeber behandelt?	1114	☐
27.	Können Zuwendungen an einen Pensionsfonds steuerlich geltend gemacht werden?	1115	☐
28.	Sind Zinsaufwendungen in unbeschränkter Höhe als Betriebsausgaben abzugsfähig?	1117–1120a	☐
29.	Gibt es Unterschiede zwischen der Gewinnermittlung durch Betriebsvermögensvergleich nach § 5 bzw. nach § 4 Abs. 1 EStG?	1121–1127	☐
30.	Was gilt es beim Übergang vom Betriebsvermögensvergleich zur Einnahme-Überschuss-Rechnung zu beachten?	1028–1030	☐
31.	Welcher Personenkreis darf seinen Gewinn durch Einnahme-Überschuss-Rechnung ermitteln?	1031	☐
32.	Wie wird eine Einnahme-Überschuss-Rechnung grundsätzlich durchgeführt?	1032	☐
33.	Welche Zu- und Abflüsse sind beim 4-III-Rechner als Betriebseinnahmen anzusetzen?	1133–1134	☐
34.	Zu welchem Zeitpunkt werden beim 4-III-Rechner die Betriebseinnahmen angesetzt?	1135	☐
35.	Welcher Zeitpunkt gilt für den Zufluss von Arzthonoraren als Betriebseinnahmen?	1136	☐
36.	Zu welchem Zeitpunkt werden beim 4-III-Rechner die Betriebsausgaben angesetzt?	1137–1138	☐
37.	Wie wird beim 4-III-Rechner der Erwerb von abnutzbarem Anlagevermögen behandelt?	1139–1142	☐
38.	Wie wird beim 4-III-Rechner der Erwerb von nicht abnutzbarem Anlagevermögen behandelt?	1143–1145	☐
39.	Wie werden beim 4-III-Rechner Geldgeschäfte und Darlehen behandelt?	1147–1150	☐
40.	Wie werden beim 4-III-Rechner Sachentnahmen und Sacheinlagen behandelt?	1151–1154	☐
41.	Wie werden beim 4-III-Rechner Anzahlungen, Vorauszahlungen, Teilzahlungen, Abschlagszahlungen behandelt?	1155	☐
42.	Wie sind beim 4-III-Rechner Forderungen und Forderungsausfälle zu behandeln?	1156–1157	☐

43.	Wie wird beim 4-III-Rechner der Wegfall von Verbindlichkeiten behandelt?	1158 ☐
44.	Welche Grundsätze gelten beim § 4-III-Rechner für die Behandlung von Diebstahl und Unterschlagung?	1161 ☐
45.	Welche Arten von Betriebsvermögen gibt es beim § 4-III-Rechner?	1162 ☐
46.	Wie wird beim § 4-III-Rechner der Erwerb eines Wirtschaftsguts gegen eine Leibrente behandelt?	1163 ☐
47.	Wie wird der Übergang von der Gewinnermittlung nach § 4 Abs. 3 zum Betriebsvermögensvergleich behandelt?	1164–1168 ☐
48.	Gibt es neben dem Betriebsvermögensvergleich und der Einnahme-Überschuss-Rechnung noch eine weitere Gewinnermittlungsart?	1169 ☐
49.	In welchen Fällen kann der Gewinn durch Schätzung ermittelt werden?	1170–1171 ☐
50.	Nach welchen Grundsätzen wird der Gewinn durch Schätzung ermittelt?	1172–1176 ☐
51.	Welche Besonderheiten gibt es bei der Schätzung von Auslandssachverhalten?	1177 ☐
52.	Hat die Gewinnermittlungsart Auswirkungen auf die Schätzung?	1178–1180 ☐

KAPITEL 10: ABSETZUNG FÜR ABNUTZUNG

Kapitel 10:
Absetzung für Abnutzung

10.1 Begriff und Bedeutung der Abschreibungen

10.1.1 Begriff der Abschreibungen

Als **Abschreibung** bezeichnet man die buchmäßige Darstellung von Wertminderungen 1186 einzelner Vermögensgegenstände. Es handelt sich um einen Oberbegriff, der sowohl die **Absetzungen für Abnutzung** und **Absetzung für Substanzverringerung** als auch die Bewertung mit dem **niedrigeren Teilwert (sog. Teilwertabschreibung)** umfasst.

Abschreibungen können so lange vorgenommen werden, bis die Anschaffungs- oder Herstellungskosten des Wirtschaftsgutes auf einen Erinnerungswert von 1 € herabgesetzt sind. Die Summe der Abschreibungsbeträge darf also während der Zugehörigkeit des Wirtschaftsgutes zum Vermögen eines Steuerpflichtigen die Anschaffungs- oder Herstellungskosten nicht übersteigen. Im Übrigen unterscheiden sich die einzelnen **Abschreibungsformen** begrifflich und hinsichtlich ihrer Voraussetzungen voneinander.

10.1.1.1 Absetzungen für Abnutzung

Unter **Abnutzung** ist die Minderung der Gebrauchsfähigkeit eines Wirtschaftsgutes zu 1187 verstehen. Die Gebrauchsfähigkeit kann gemindert werden durch den mechanischen Verschleiß des Wirtschaftsgutes, insbesondere infolge des Gebrauchs **(technische Abnutzung).** Sie kann aber auch unabhängig vom Verschleiß durch **wirtschaftliche** Umstände gemindert werden. Ursachen dieser **wirtschaftlichen Abnutzung** sind z. B.:

a) Marktveränderungen: Die Leistung einer Maschine genügt nicht mehr den gestiegenen Qualitätsansprüchen der Kundschaft.

b) Wandel des Publikumsgeschmacks: Eine Ladeneinrichtung muss umgebaut oder ganz ausgetauscht werden, weil die Kundschaft im modernen Stil eingerichtete Geschäfte bevorzugt.

c) Technischer Fortschritt: Die Wirtschaftsgüter könnten zwar noch längere Zeit verwendet werden, sie sind aber gegenüber den Anlagen neuester Entwicklung technisch-wirtschaftlich überholt und damit nicht mehr rationell einzusetzen.

Immer aber muss es sich darum handeln, dass die Gebrauchsfähigkeit des Wirtschaftsgutes eine Einbuße erlitten hat; Wertminderungen, die die Gebrauchsfähigkeit nicht beeinträchtigen (z. B. gesunkene Wiederbeschaffungskosten), können durch die reguläre AfA nicht berücksichtigt werden.

Die Abnutzung hat zwar regelmäßig auch eine Wertminderung des gebrauchten Wirt- 1188 schaftsgutes zur Folge. Jedoch ist die Vornahme der AfA nicht davon abhängig, dass der Wert des Wirtschaftsgutes tatsächlich gesunken ist. So könnte z. B. der Wert (Teilwert) einer gebrauchten Maschine deshalb gleich geblieben sein, weil inzwischen die Wiederbeschaffungskosten für die Maschine ganz erheblich gestiegen sind. Gleichwohl sind AfA vorzunehmen, denn bei der Abnutzungsabsetzung steht weniger der Gedanke der Wertminderung im Vordergrund, als vielmehr der Gesichtspunkt der Aufwandverteilung (BFH 14.2.1978 VIII R 176/73, BStBl 1978 II 343).

10.1.1.2   Absetzungen für Substanzverringerung („AfS")

1189   Bei der **Substanzverringerung** handelt es sich dagegen begrifflich nicht um eine Minderung der Gebrauchsfähigkeit, sondern um den bestimmungsgemäßen **Verbrauch** einer abbaufähigen Bodensubstanz (Bodenschatz). Durch die AfS (§ 7 Abs. 6 EStG) wird der durch den Abbau der Bodenschätze eingetretene Wertverlust ausgeglichen.

10.1.1.3   Teilwertabschreibungen

1190   Als **Teilwertabschreibung** bezeichnet man die Bewertung eines Wirtschaftsgutes mit dem niedrigeren Teilwert. Der Teilwert wird also nicht abgeschrieben (ermäßigt), sondern die – ggf. um die AfA verminderten – Anschaffungs- oder Herstellungskosten eines Wirtschaftsgutes werden auf den Teilwert ermäßigt (abgeschrieben). Dabei wird durch einen einmaligen Vorgang einer nicht in der Abnutzung begründeten Wertminderung des Wirtschaftsgutes Rechnung getragen.

10.1.1.4   Erhöhte Absetzungen und Sonderabschreibungen

1191   Eine von § 7 EStG abweichende Verteilung der Anschaffungs- oder Herstellungskosten abnutzbarer Wirtschaftsgüter auf die Nutzungsdauer wird durch zahlreiche Sondervorschriften gestattet. Dabei ist die Ausdrucksweise des Gesetzes nicht einheitlich.

Im Folgenden wird der Begriff **Sonderabschreibungen** verwendet, wenn **neben** der nach § 7 EStG zu bemessenden AfA ein bestimmter Vomhundertsatz der Anschaffungs- oder Herstellungskosten kurzfristig abgesetzt werden kann, z. B. § 7g Abs. 5 EStG. Als **erhöhte Absetzungen** wird es bezeichnet, wenn **anstelle bzw. abweichend von** der nach § 7 EStG zu bemessenden AfA höhere Absetzungen zulässig sind, z. B. § 7d EStG.

10.1.2   Zweck der steuerlichen Abschreibungen

10.1.2.1   Berücksichtigung von Wertminderungen (Aufwandverrechnung)

1192   Die steuerlichen Vorschriften über die **AfA** beruhen auf dem Gedanken der **Aufwandverteilung.** Die Anschaffungs- oder Herstellungskosten der Wirtschaftsgüter des abnutzbaren Anlagevermögens dürfen grundsätzlich nicht schon im Jahre der Anschaffung oder Herstellung der Wirtschaftsgüter in voller Höhe als Betriebsausgaben abgezogen werden. Das ist nur dann möglich, wenn es sich um sog. geringwertige Wirtschaftsgüter i. S. von § 6 Abs. 2 EStG handelt oder wenn das Wirtschaftsgut bereits im Jahr der Anschaffung oder Herstellung vollständig abgenutzt wird. Alternativ hierzu ist bei diesen Wirtschaftsgütern mit Anschaffungs- oder Herstellungskosten zwischen 150 € und 1 000 € ein einheitlicher Sammelposten zu bilden, der über fünf Jahre verteilt aufzulösen ist (§ 6 Abs. 2a EStG). Von diesen Ausnahmefällen abgesehen, sind die Anschaffungs- oder Herstellungskosten auf die individuelle Nutzungsdauer des Wirtschaftsgutes (gleichmäßig oder ungleichmäßig) zu verteilen und jährlich mit dem entsprechenden Teilbetrag gewinnmindernd zu berücksichtigen (§ 7 Abs. 1 Satz 1 EStG).

Die steuerliche Abschreibung ist eine **bilanzmäßige Abschreibung,** d. h. eine jeweils am Ende eines Wirtschaftsjahres verrechnete Minderung der Anschaffungs- oder Herstellungskosten der abnutzbaren Anlagegüter, die in der Gewinn- und Verlustrechnung als Aufwand erscheint.

In Abgrenzung hierzu kennt die Betriebswirtschaftslehre neben dieser bilanzmäßigen Aufwandverrechnung noch die **kalkulatorischen Abschreibungen.** Aus der Sicht des Unternehmers steht nämlich nicht die Verteilungsfunktion der AfA im Vordergrund, sondern die Finanzierungsfunktion: Die gewinnmindernd verbuchten Absetzungsbeträge sollen zur Erneuerung abgenutzter Anlagen verwendet werden. Zu diesem Zweck werden AfA als Kostenart den Leistungen (Kostenträger) zugerechnet, dem Kunden in Rechnung gestellt und dem Unternehmer im Preis rückerstattet. Diese sog. kalkulatorischen AfA werden regelmäßig unabhängig von der bilanzmäßigen Abschreibung nach den Zwecken der Kalkulation ermittelt. Da dieser Zweck auch in der Substanzerhaltung besteht, werden vielfach die Wiederbeschaffungskosten als Bemessungsgrundlage der kalkulatorischen AfA genommen. 1193

Da bei der Ermittlung der kalkulatorischen AfA der tatsächliche Wertverzehr der betriebsbedingten Anlagegüter zugrunde gelegt wird, weichen die kalkulatorischen AfA oft von den steuerlich zulässigen AfA ab.

10.1.3 Gliederung und Anwendungsbereich der steuerlichen Abschreibungsvorschriften

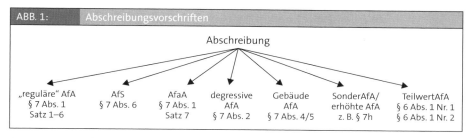

ABB. 1: Abschreibungsvorschriften

(Einstweilen frei) 1194–1195

10.1.3.1 Absetzungen für Abnutzung und für Substanzverringerung

Die grundlegende Vorschrift des § 7 EStG steht in engem Zusammenhang mit § 6 Abs. 1 Nr. 1 EStG. Danach sind Wirtschaftsgüter des Anlagevermögens, die der **Abnutzung** unterliegen, mit den Anschaffungs- oder Herstellungskosten, vermindert um die Absetzungen für Abnutzung nach § 7 EStG zu bewerten. 1196

Für Steuerpflichtige, die ihren Gewinn durch Betriebsvermögensvergleich nach § 4 Abs. 1 EStG oder § 5 EStG ermitteln, besteht also eine Verpflichtung („sind ... anzusetzen"), bei **abnutzbaren Anlagegütern** zumindest die gewöhnlichen AfA nach § 7 EStG vorzunehmen. Diese Verpflichtung besteht unbeschadet des Rechts, ggf. erhöhte Absetzungen oder Sonderabschreibungen vorzunehmen. Wie die Abnutzungsabsetzungen im Einzelnen zu bemessen sind, ergibt sich aus § 7 EStG. Danach sind folgende Verfahren zulässig:

▶ die AfA in gleichen Jahresbeträgen (§ 7 Abs. 1 Satz 1 – 3 EStG),

▶ die AfA nach Maßgabe der Leistung (§ 7 Abs. 1 Satz 6 EStG),

▶ die AfA für außergewöhnliche technische und wirtschaftliche Abnutzung („AfaA" § 7 Abs. 1 Satz 7 EStG),

▶ die AfA in fallenden Jahresbeträgen (§ 7 Abs. 2 EStG),

▶ die AfA bei Gebäuden in gleichen und in fallenden Jahresbeträgen (§ 7 Abs. 4, 5 und 5a EStG),

▶ die Absetzungen für Substanzverringerung (§ 7 Abs. 6 EStG).

Für Steuerpflichtige, die ihren Gewinn in vereinfachter Form nach § 4 Abs. 3 EStG ermitteln, ergibt sich die Verpflichtung zur Vornahme der Abnutzungsabsetzungen nach § 7 EStG aus § 4 Abs. 3 Satz 3 EStG („sind zu befolgen").

1197 Der Anwendungsbereich des § 7 EStG ist jedoch nicht auf die Gewinneinkünfte beschränkt. Da nach § 9 Abs. 1 Nr. 7 EStG die Absetzungen für Abnutzung nach § 7 Abs. 1, 4 – 5a EStG und für Substanzverringerung (§ 7 Abs. 6 EStG) zu den Werbungskosten gehören, sind sie auch bei der Ermittlung des Überschusses der Einnahmen über die Werbungskosten zu berücksichtigen. Auch für den Sonderausgabenabzug gem. § 10 Abs. 1 Nr. 7 EStG (Berufsausbildungskosten) sind diese AfA-Methoden anwendbar, nicht hingegen für außergewöhnliche Belastungen gem. § 33 EStG, wenn z. B. durch einen behindertengerechten Umbau ein eigenständiges Wirtschaftsgut entsteht

10.1.3.2 Teilwertabschreibungen

1198 Der Begriff des Teilwerts ergibt sich aus § 6 Abs. 1 Nr. 1 Satz 3 EStG. **Teilwertabschreibungen** (vgl. Rdn. 1190) können nur bei der Gewinnermittlung durch Betriebsvermögensvergleich vorgenommen werden, und zwar sowohl beim Anlagevermögen als auch beim Umlaufvermögen. Wegen der Besonderheiten bei der Teilwertabschreibung abnutzbarer Anlagegüter s. Rdn. 1302 ff. bzw. 1345 ff.

10.1.3.3 Erhöhte Absetzungen und Sonderabschreibungen

1199 Die in den folgenden Kapiteln erläuterten erhöhten Abschreibungen und Sonderabschreibungen stellen lediglich einen Überblick über die wichtigsten Steuervergünstigungen im Bereich der Abschreibungen dar.

10.1.4 Verhältnis der steuerlichen Abschreibungsvorschriften zum Handelsrecht

10.1.4.1 Handelsrechtliche Abschreibungsvorschriften

1200 Der Kaufmann (§§ 1 – 7 HGB) hat sämtliche Vermögensgegenstände und Schulden mit dem Wert anzusetzen, der ihnen am Bilanzstichtag beizulegen ist (§ 242 HGB). Welcher Wert das ist, d. h. welche Bewertungsmaßstäbe gelten, ist im dritten Buch des HGB (Bewertungsvorschriften §§ 252 ff. HGB) bestimmt; der Wertansatz richtet sich nach den Grundsätzen ordnungsmäßiger Buchführung.

Die Buchführungspflicht nach dem Handelsrecht betrifft alle Kaufleute (§ 238 Abs. 1 HGB). Sie gilt über § 140 AO auch für das Besteuerungsverfahren.

Im Rahmen dieser handelsrechtlichen Verpflichtungen hat der Kaufmann auf seine Vermögensgegenstände des Anlagevermögens, deren Nutzung zeitlich begrenzt ist, **Abschreibungen** nach Maßgabe des § 253 Abs. 3 HGB vorzunehmen.

10.1.4.1.1 Planmäßige Abschreibungen

Abschreibungen auf Gegenstände des Anlagevermögens, deren Nutzung zeitlich be- 1201
grenzt ist, müssen grundsätzlich **planmäßig** erfolgen (§ 253 Abs. 3 Satz 1 HGB). Damit wird – wie im Steuerrecht – die Verteilungsfunktion der Abschreibung klargestellt. Die Anschaffungs- oder Herstellungskosten müssen in einer den Grundsätzen ordnungsmäßiger Buchführung entsprechenden Weise auf die Gesamtdauer der voraussichtlichen Nutzung verteilt werden. Die **Wiederbeschaffungskosten** bilden keine Bemessungsgrundlage für die Abschreibungen. Damit besteht keine Bindung an eine bestimmte Abschreibungsmethode; handelsrechtlich sind die lineare, die degressive, die digitale, die progressive und die Leistungsabschreibung ohne die für einzelne Formen geltenden steuerlichen Beschränkungen zulässig. Dagegen würde es keine planmäßige Abschreibung darstellen, wenn die Höhe der Abschreibung nach dem jeweiligen Ergebnis des Geschäftsjahres bemessen wird, d. h. in Verlustjahren wenig und in Gewinnjahren viel abgeschrieben wird. **Planmäßigkeit der Abschreibungen** verlangt vielmehr eine Stetigkeit hinsichtlich der Methode. Das bedeutet allerdings nicht – ebenso wenig wie im Steuerrecht –, dass der Abschreibungsplan unumstößlich ist. So kann z. B. eine wesentliche Änderung der Nutzungsdauer eine entsprechende Anpassung der Abschreibungen gebieten. Dagegen scheidet der Gesichtspunkt der Substanzerhaltung für die Bemessung der Abschreibungen aus.

10.1.4.1.2 Außerplanmäßige Abschreibungen

Unter bestimmten Voraussetzungen muss bei Vermögensgegenständen des Anlage- 1202
vermögens vom ursprünglichen Abschreibungsplan abgewichen werden (§ 253 Abs. 3 Satz 3 HGB). Dabei handelt es sich insbesondere um den Fall, dass der Zeitwert des Anlagegegenstandes niedriger ist als die um die planmäßigen Abschreibungen verminderten Anschaffungs- oder Herstellungskosten. Dies gilt jedoch nur für den Fall, dass am maßgeblichen Bilanzstichtag von einer **voraussichtlich dauernden** Wertminderung auszugehen ist.

Ein in einem Vorjahr festgestellter niedrigerer Wertansatz darf nicht mehr beibehalten werden, wenn die Gründe der außerplanmäßigen Abschreibung nicht mehr bestehen (§ 253 Abs. 5 HGB).

10.1.4.2 Maßgeblichkeit der Handelsbilanz für die Steuerbilanz bei den Abschreibungen

10.1.4.2.1 Das anzusetzende Betriebsvermögen (§ 5 Abs. 1 Satz 1, 1. Halbsatz EStG)

1203 Nach § 5 Abs. 1 **Satz 1, 1. Halbsatz** EStG ist für steuerliche Zwecke das Betriebsvermögen anzusetzen, das nach den Grundsätzen ordnungsgemäßer Buchführung („GoB") auszuweisen ist.

Dieser sog. Maßgeblichkeitsgrundsatz ist durch den Gesetzgeber aus finanz- und wirtschaftspolitischen Gründen mehrfach durchbrochen worden, z. B. durch das Verbot der Bildung von Rückstellungen für drohende Verluste (§ 5 Abs. 4a Satz 1 EStG).

10.1.4.2.2 Steuerlicher Bewertungsvorbehalt (§ 5 Abs. 6 EStG)

1204 In der Frage, mit welchem **Wert** ein Wirtschaftsgut steuerlich zu berücksichtigen ist, gilt der Maßgeblichkeitsgrundsatz nur insoweit, wie die handelsrechtlichen Regelungen nicht dem Bewertungsvorbehalt des § 5 Abs. 6 EStG widersprechen, d. h. steuerlich kann eine Abschreibung nicht entgegen § 7 EStG vorgenommen werden.

10.1.4.2.3 Steuerliche Wahlrechte (§ 5 Abs. 1 Satz 1 2. Halbsatz EStG)

1205 Soweit **rein steuerliche** Abschreibungswahlrechte bestehen (z. B. erhöhte AfA), ist die Ausübung dieses Wahlrechts in der Steuerbilanz nicht an die Übernahme in der Handelsbilanz gebunden.

> **BEISPIEL:** ▶ Bei einer voraussichtlich dauernden Wertminderung muss auf den Buchwert des Vermögensgegenstandes handelsrechtlich eine außerordentliche Abschreibung vorgenommen werden (§ 253 Abs. 3 Satz 3 HGB; s. o.). Steuerlich besteht ein von der Handelsbilanz unabhängiges Wahlrecht, den Wert beizubehalten oder ebenfalls eine a. o. AfA / Teilwertabschreibung vorzunehmen (§ 6 Abs. 1 Nr. 1 Satz 2 EStG – „kann").

Soweit Wahlrechte bestehen, die **sowohl handels- als auch steuerrechtlich** bestehen, können diese in der Handelsbilanz und der Steuerbilanz unterschiedlich ausgeübt werden. Voraussetzung hierfür ist allerdings die Aufnahme der entsprechenden Wirtschaftsgüter in ein gesondertes, laufend zu führendes Verzeichnis, § 5 Abs. 1 Satz 2 EStG.

> **BEISPIEL:** ▶ Handelsrechtlich kann ein Vermögensgegenstand des Anlagevermögens entweder linear, degressiv oder auch progressiv abgeschrieben werden, § 253 Abs. 3 Satz 1 HGB.
>
> **Steuerlich** kann für dasselbe Wirtschaftsgut unabhängig von der Behandlung in der Handelsbilanz die degressive AfA gem. § 7 Abs. 2 EStG gewählt werden, soweit es vor dem 1. 1. 2011 angeschafft oder hergestellt wurde.

1206–1207 *(Einstweilen frei)*

10.1.5 Grundregeln der steuerlichen AfA

10.1.5.1 Einzelbewertung

1208 Wie sich aus den einleitenden Worten des § 6 EStG ergibt, gilt im Steuerrecht der Grundsatz der **Einzelbewertung.** Daraus folgt, dass Abschreibungen grundsätzlich für das einzelne, einer selbständigen Nutzung fähige Wirtschaftsgut vorzunehmen sind **(Grundsatz der Einzelabschreibung).** Eine **Gesamtabschreibung** ist danach nicht zulässig. (Es ist jedoch unbedenklich und auch allgemein üblich, die einzeln ermittelten Abschreibungsbeträge in der Bilanz und in der Verlust- und Gewinnrechnung zusammenzufassen.)

In Abgrenzung hierzu gilt für Wirtschaftsgüter, die einer selbständigen Nutzung **nicht** fähig sind, da

a) sie nach ihrer betrieblichen Zweckbestimmung nur zusammen mit anderen Wirtschaftsgütern des Anlagevermögens genutzt werden können, und

b) die in dem Nutzungszusammenhang eingefügten Wirtschaftsgüter aufeinander abgestimmt sind,

dass insoweit keine eigene Abschreibung vorgenommen werden kann: die entsprechenden Anschaffungs- oder Herstellungskosten sind in diesen Fällen dem Wirtschaftsgut zuzurechnen, zu dem sie in einem einheitlichen Nutzungs- und Funktionszusammenhang stehen (§ 6 Abs. 2 Satz 2, 3 EStG).

BEISPIEL: ▶ Wird ein bereits beruflich verwendeter Computer aufgerüstet, d. h. durch den Einbau von Hardwarekomponenten in seiner Funktionsweise erweitert oder in seiner Leistungsfähigkeit gesteigert, so erhöht sich insoweit grundsätzlich der im Zeitpunkt des Einbaus maßgebliche Restwert des Rechners (OFD Berlin 2. 6. 2000, FR 2000, 949).

Abzugrenzen sind von den o. g. Fallgestaltungen die auch für das Steuerrecht zugelassenen Bewertungsvereinfachungsverfahren des § 240 Abs. 3 und 4 HGB: 1209

Beim sog. **Festwert** (§ 240 Abs. 3 HGB) werden bestimmte Wirtschaftsgüter des Sachanlagevermögens sowie Roh-, Hilfs- und Betriebsstoffe zu einer Gruppe zusammengefasst und mit einem konstanten Wert bewertet. Im Rahmen einer (in der Regel nach drei Jahren stattfindenden) Inventur ist dann unter Zugrundelegung einer durchschnittlichen Abschreibungsdauer ein neuer Wert zu ermitteln.

Nach § 240 Abs. 4 HGB können dagegen unter bestimmten Voraussetzungen die am 1210 Bilanzstichtag noch vorhandenen Wirtschaftsgüter einer bestimmten Gruppe mit einem sich aus dem abgelaufenen Wirtschaftsjahr ergebenden durchschnittlichen Einkaufspreis angesetzt werden **(gewogener Durchschnitt).**

10.1.5.2   Einheitlichkeit

Aus dem Grundsatz der Einzelbewertung ergibt sich im Umkehrschluss die Verpflich- 1211 tung zur einheitlichen Abschreibung eines Wirtschaftsgutes.

Die Anschaffungs- oder Herstellungskosten eines „Abschreibungssubjekts" dürfen demnach nicht in mehrere Teile zur Anwendung unterschiedlicher AfA-Methoden unterteilt werden (für selbständige Gebäudeteile gelten hierbei gesonderte Regelungen, s. u.).

10.1.5.3   Vollständige Abschreibung

Die **Absetzungen für Abnutzung** nach § 7 EStG sind so **zu bemessen,** dass die Anschaf- 1212 fungs- oder Herstellungskosten (ggf. der an ihre Stelle tretende Hilfswert) nach Ablauf der betriebsgewöhnlichen Nutzungsdauer des Wirtschaftsgutes bis auf einen **Erinnerungswert** von 1 € abgesetzt sind. Nur wenn ein Schrottwert zu erwarten ist, der im Vergleich zu den Anschaffungs- oder Herstellungskosten erheblich ins Gewicht fällt – wie im Allgemeinen bei Gegenständen von großem Gewicht oder bei Gegenständen aus wertvollem Material, z. B. bei Schiffen –, ist dieser bei der Verteilung der Anschaffungs- oder Herstellungskosten auf die betriebsgewöhnliche Nutzungsdauer in der Weise zu berücksichtigen, dass lediglich der Unterschied zwischen den Anschaffungs- oder Herstellungskosten und dem Schrottwert verteilt wird (BFH 7. 12. 1967 GrS 1/67, BStBl 1968 II 268; OFD Hannover 21. 9. 2007, S 2172 - 3 - StO 221).

10.1.6   Der Absetzungsberechtigte

10.1.6.1   Begriff

1213   Zur **Vornahme** der AfA ist derjenige **berechtigt,** der den Wertverzehr des Wirtschaftsgutes wirtschaftlich zu tragen hat. Das ist grundsätzlich der **bürgerlich-rechtliche Eigentümer** der Sache. Ist jedoch ein anderer als **wirtschaftlicher Eigentümer** der Sache anzusehen, so ist dieser zur Vornahme der AfA berechtigt. Wirtschaftlicher Eigentümer ist derjenige, der die tatsächliche Herrschaftsgewalt über das Wirtschaftsgut so ausübt, wie es im Allgemeinen einem Eigentümer zusteht, und der dadurch den bürgerlichrechtlichen Eigentümer von der Herrschaft über das Wirtschaftsgut ausschließt (§ 39 Abs. 2 Nr. 1 AO). Ist der wirtschaftliche Eigentümer zur Vornahme der AfA berechtigt, so kann der bürgerlich-rechtliche Eigentümer insoweit keine AfA vornehmen.

▮ BEISPIELE: ▶

1. Ein Stpfl. hat eine Maschine seiner Bank zur Sicherung eines Kredits übereignet. Die Bank ist damit bürgerlich-rechtlicher Eigentümer der Maschine geworden (§ 930 BGB). Der Stpfl. ist aber wirtschaftlicher Eigentümer der Maschine geblieben und als solcher zur Vornahme der AfA berechtigt und verpflichtet.

2. Ein Stpfl. hat eine Maschine unter Eigentumsvorbehalt geliefert bekommen. Der Verkäufer (Lieferant) bleibt bis zur restlosen Bezahlung des Kaufpreises bürgerlich-rechtlicher Eigentümer der Maschine (§ 449 BGB). Der Stpfl. (Käufer) ist aber bereits mit der Lieferung wirtschaftlicher Eigentümer der Maschine geworden und damit zur Vornahme der AfA berechtigt und verpflichtet.

1214   *(Einstweilen frei)*

10.1.6.2   Einzelfälle

10.1.6.2.1   Miete/Pacht

1215   Bei **Mietverträgen** (zeitliche Gebrauchsüberlassung gegen Entgelt) bleibt der Vermieter bürgerlich-rechtlicher Eigentümer der Mietsache. Der Mieter ist auch nicht als wirtschaftlicher Eigentümer anzusehen. Zur Vornahme der AfA ist deshalb nur der Vermieter berechtigt und verpflichtet. Das gilt auch im Falle eines echten Mietkaufvertrages. Stellt sich dagegen der Mietkaufvertrag wirtschaftlich als Kaufvertrag mit gestundeten Kaufpreisraten dar, ist nur der Käufer („Mieter") zur Vornahme der AfA berechtigt.

Der Mieter eines Gebäudes oder Gebäudeteiles kann jedoch unter Umständen seine Aufwendungen für Aus- und Umbauten abschreiben. Zur Abschreibung dieser Mietereinbauten vgl. Rdn. 1319.

Bei **Pachtverträgen** ist grundsätzlich der Verpächter zur Vornahme der AfA berechtigt. 1216 Das gilt auch dann, wenn der Pächter verpflichtet ist, nicht nur die Pachtgegenstände instand zu halten, sondern auch unbrauchbar gewordene Stücke auf seine Kosten durch neue zu ersetzen (vgl. hierzu BMF-Schreiben vom 21.2.2002, BStBl 2002 I, 262). Eine solche Verpflichtung zielt im wirtschaftlichen Ergebnis darauf ab, dem Verpächter die Substanz des Pachtobjekts zu erhalten.

Werden Substanzausbeutungsrechte an Grundstücken an Dritte übertragen, so sind 1217 diese Verträge i.d.R. als Pachtverträge anzusehen. Da der Verpächter den Verlust an der Substanz (Abbau der Bodenschätze) erleidet, steht ihm auch die AfS zu (BFH 21.10.1960 VI 169/59 S, BStBl 1961 III 45). Dies gilt jedoch nur dann, wenn ihm tatsächlich Anschaffungskosten für das Grundstück entstanden waren.

10.1.6.2.2 Nießbrauch

Die steuerliche Behandlung der Einräumung des Nießbrauchs und anderer Nutzungs- 1218 rechte bei den Einkünften aus Vermietung und Verpachtung erfolgt nach dem BMF-Schreiben vom 30.9.2013, BStBl 2013 I 1184. Demnach verbleibt bei einem **Vorbehaltsnießbrauch** die AfA-Berechtigung für das Grundstück beim Nießbraucher (bisheriger Eigentümer). Soweit das Grundstück unter Vorbehalt des Nießbrauchs **entgeltlich** übertagen wurde, ist die AfA – Bemessungsgrundlage nicht um die Gegenleistung des Erwerbers zu kürzen.

Im Falle eines **entgeltlich eingeräumten Zuwendungsnießbrauchs** behält der Eigentümer die AfA-Berechtigung für das Gebäude (zur Behandlung der Einmalzahlungen für die Einräumung des Nießbrauchs **beim Nießbraucher** vgl. BMF v. 30.9.2013, Rdn. 26).

Beim **unentgeltlichen Zuwendungsnießbrauch** dürfen weder der Nießbraucher (keine eigenen Anschaffungskosten) noch der Eigentümer (keine Einkünfte gem. § 21 EStG) Abschreibungen auf das Gebäude vornehmen.

Zu den weiteren Besonderheiten vgl. Rdn. 2089 ff.

10.1.6.2.3 Leasing

Die AfA-Berechtigung bei Leasingverträgen richtet sich danach, wem das Leasingobjekt 1219 im Einzelfall zuzuordnen ist. Auf die hierzu ergangenen BMF-Schreiben v. 19.4.1971 (BStBl 1971 I 264 für bewegliche Wirtschaftsgüter) und v. 21.3.1972 (BStBl 1972 I 188 für unbewegliche Wirtschaftsgüter) wird verwiesen.

10.1.6.2.4 Eigenaufwand/Drittaufwand

Der obige Grundsatz, dass die AfA-Befugnis regelmäßig an das zivilrechtliche oder wirt- 1220 schaftliche Eigentum des entsprechenden Wirtschaftsgutes geknüpft ist, erfährt eine Einschränkung in den Fällen, in denen Steuerpflichtige aus beruflichem/betrieblichem

Interesse Anschaffungs- oder Herstellungskosten für ein im (Mit-) Eigentum einer dritten Person stehendes Wirtschaftsgut leisten.

1221 Bereits durch Urteil v. 30. 1. 1995 (GrS 4/92, BStBl 1995 II 281) hatte der BFH grundsätzlich festgestellt, dass es im Bereich der Gebäude auf fremdem Grund und Boden für die Abzugsfähigkeit der vom „Nichteigentümer" aufgewendeten AK/HK nicht auf die Zurechnung des Wirtschaftsgutes beim Eigentümer, sondern ausschließlich auf die Tatsache ankommt, dass dieser Steuerpflichtige die Aufwendungen aus betrieblichem Interesse getragen hat. Nach dem sog. **steuerlichen Nettoprinzip** sei auch für diese Fälle eine Abziehbarkeit der Kosten bei demjenigen, der sie aufgewendet hat, sicherzustellen (vgl. BMF-Schreiben v. 5. 11. 1996, BStBl 1996 I 1257, durch lfd. Rspr. teilweise überholt, soll überarbeitet werden).

Durch zahlreiche, im Nachgang zu diesem Urteil ergangene Rechtsprechung, insbesondere durch die Beschlüsse des GrS v. 23. 8. 1999 (BStBl 1999 II 774, 778, 782, 787) zur Problematik des häuslichen Arbeitszimmers bei Ehegatten sowie zuletzt durch das Urteil des BFH v. 25. 2. 2010 IV R 2/07 (BStBl 2010 II 670), wurden diese Grundsätze weiterentwickelt, ohne dass bis zum heutigen Tage sämtliche Fragestellungen in diesem Zusammenhang gelöst sind

Zusammenfassend kommt man jedoch zu folgenden Feststellungen:

1222 (1) Hat der Eigentümer eines Wirtschaftsgutes die Anschaffungs- oder Herstellungskosten selbst getragen und nutzt ein Dritter dieses Wirtschaftsgut unentgeltlich zu beruflichen/betrieblichen Zwecken, so hat dieser Dritte insoweit keine AfA-Befugnis (sog. „echter Drittaufwand", vgl. hierzu auch H 4.7 EStH „Drittaufwand").

(Kein schädlicher Drittaufwand liegt jedoch in dem Fall vor, in dem durch förmliche Übernahme einer Schuld des Steuerpflichtigen die Zuwendung eines Geldbetrags durch einen Dritten im Wege eines abgekürzten Zahlungswegs erfolgt; dies gilt als originärer Aufwand des Stpfl. mit der Folge der AfA-Berechtigung bei diesem).

1223 (2) Trägt ein Steuerpflichtiger im eigenen betrieblichen/beruflichen Interesse Anschaffungs- oder Herstellungskosten für ein im (Mit-)Eigentum einer fremden Person stehendes Wirtschaftsgut und darf er den Eigentumsanteil dieser fremden Person unentgeltlich nutzen, so kann er diese Kosten „wie ein Wirtschaftsgut" nach den für Gebäude geltenden Regeln abschreiben, vgl. H 4.7 EStH; Eigenaufwand für ein fremdes Wirtschaftsgut"

1224 (3) Soweit ein Ehegatte betrieblich/beruflich veranlassten Eigenaufwand für einen seinem Ehegatten gehörenden Gebäudeteil geltend macht, hat er diesen Aufwand nachzuweisen: Soweit er z. B. Mitschuldner des Darlehens ist, mit dem die Anschaffungs- und Herstellungskosten des Gebäudes finanziert wurden, und die von ihm aufgebrachten Tilgungsleistungen, die auf den von ihm genutzten Gebäudeteil entfallenden AK/HK abdecken, hat er insoweit die vollständige AfA-Befugnis.

BEISPIELE: ▶ Die Eheleute A und B errichten aus gemeinsamen Mitteln auf dem Grundstück des A ein Einfamilienhaus, in dem nach ihrem Einzug für B ein (steuerlich anzuerkennendes) Arbeitszimmer eingerichtet wird.

Soweit die B zuzurechnenden Eigenmittel die anteiligen Herstellungskosten des Arbeitszimmers abdecken, kann B diese als „Nicht-Eigentümerin" nach den Gebäudegrundsätzen abschreiben.

Die Eheleute A und B errichten aus gemeinsamen Mitteln auf einem den Ehegatten zu je ¹/₂ gehörenden Grundstück ein Einfamilienhaus, in dem nach ihrem Einzug für beide jeweils ein (steuerlich anzuerkennendes) Arbeitszimmer eingerichtet wird.

Über die ohnehin vorzunehmende Zuordnung der Herstellungskosten des jeweils 50%igen Miteigentumsanteils zu A bzw. B können die Ehegatten AfA für die gesamten, auf das jeweilige Arbeitszimmer entfallende HK geltend machen.

10.1.7 Die absetzungsfähigen Wirtschaftsgüter

10.1.7.1 Grundsätzliches

AfA sind vorzunehmen bei allen **abnutzbaren** Wirtschaftsgütern, die der Erzielung von   1225
Einkünften dienen. Abnutzbar sind die Wirtschaftsgüter, deren Verwendung oder Nutzung durch den Stpfl. sich erfahrungsgemäß auf einen Zeitraum von mehr als einem Jahr erstreckt (§ 7 Abs. 1 EStG).

BEISPIELE: ▶ Wohn-, Werkstatt-, Lager- und Bürogebäude, Wasch- und Pflegehallen, Garagen, Maschinen und maschinelle Anlagen, Fahrzeuge, Werkzeuge, Geräte, Betriebs- und Geschäftseinrichtungen stellen regelmäßig abnutzbare Wirtschaftsgüter dar; ferner auch ein erworbener Geschäfts- oder Firmenwert, für den eine betriebsgewöhnliche Nutzungsdauer von fünfzehn Jahren gilt (§ 7 Abs. 1 Satz 3 EStG).

Darunter fallen aber auch die Vermögensgegenstände, deren Nutzung deshalb zeitlich   1226
begrenzt ist, weil ihre Substanz durch den Gebrauch allmählich verbraucht wird, insbesondere die Bodenschätze (BFH 24. 5. 1967 I 194/64, BStBl 1968 II 3). Dagegen gehören Grund und Boden, Beteiligungen (z. B. Genossenschaftsanteile) zu den **nichtabnutzbaren** Wirtschaftsgütern.

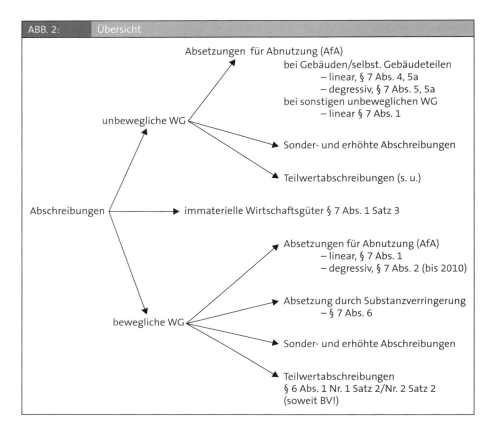

ABB. 2:   Übersicht

Abschreibungen

unbewegliche WG

Absetzungen für Abnutzung (AfA)
bei Gebäuden/selbst. Gebäudeteilen
– linear, § 7 Abs. 4, 5a
– degressiv, § 7 Abs. 5, 5a
bei sonstigen unbeweglichen WG
– linear § 7 Abs. 1

Sonder- und erhöhte Abschreibungen

Teilwertabschreibungen (s. u.)

immaterielle Wirtschaftsgüter § 7 Abs. 1 Satz 3

bewegliche WG

Absetzungen für Abnutzung (AfA)
– linear, § 7 Abs. 1
– degressiv, § 7 Abs. 2 (bis 2010)

Absetzung durch Substanzverringerung
– § 7 Abs. 6

Sonder- und erhöhte Abschreibungen

Teilwertabschreibungen
§ 6 Abs. 1 Nr. 1 Satz 2/Nr. 2 Satz 2
(soweit BV!)

10.1.7.2   Bewegliche und unbewegliche materielle Wirtschaftsgüter

1227   Innerhalb der Gruppe der **materiellen** abnutzbaren Wirtschaftsgüter des Anlagevermögens wird zwischen **beweglichen** und **unbeweglichen Wirtschaftsgütern** unterschieden (**immaterielle** Wirtschaftsgüter vgl. Rdn. 1229).

Die Unterscheidung ist für die Absetzungsmethode von wesentlicher Bedeutung: So können z. B. degressive Absetzungen nach § 7 Abs. 2 EStG (unter den dort genannten zeitlichen Voraussetzungen) nur bei beweglichen Anlagegütern vorgenommen werden. Das sind alle zum abnutzbaren Anlagevermögen gehörenden Sachen, die weder Grundstücke noch Grundstücksbestandteile sind. Bei unbeweglichen abnutzbaren Wirtschaftsgütern sind Absetzungen nach § 7 Abs. 2 EStG nicht zulässig. Unbewegliche abnutzbare Wirtschaftsgüter sind vor allem die Gebäude sowie sonstige selbständige Gebäudeteile (R 4.2 Abs. 3 Nr. 5 EStR).

1228   Andere Gebäudeteile, die nicht in einem einheitlichen Nutzungs- und Funktionszusammenhang zum Gebäude stehen, gehören jedoch zu den beweglichen Wirtschaftsgütern, wenn es sich um sog. **Betriebsvorrichtungen** handelt (R 7.1 Abs. 3 EStR). Betriebsvorrichtungen sind die (u. U.) fest mit dem Grund und Boden oder dem Gebäude eines Betriebs verbundenen Anlagen (Maschinen und Vorrichtungen aller Art), die ganz oder überwiegend dem Betriebsvorgang dienen (BFH 14.8.1958 VI 194/57 U, BStBl 1958 III 400; zur Abgrenzung der Betriebsvorrichtungen von den Betriebsgrundstücken vgl. gleich lautende Erlasse der obersten Finanzbehörden der Länder v. 5.6.2013, BStBl 2013 I 734).

BEISPIELE: ▸ Lastenaufzüge, Hebebühnen, eingebaute Tanks, Zapfsäulen, Kompressoranlagen. Ob die Zapfstellenüberdachung bei Tankstellen zu den Betriebsvorrichtungen gehört oder als Gebäude anzusehen ist, richtet sich nach der Verkehrsauffassung.

Grundstücksbestandteile, die ganz oder überwiegend der Benutzung des Grundstücks, insbesondere des Gebäudes, dienen, sind keine Betriebsvorrichtungen und damit unbewegliche Wirtschaftsgüter.

BEISPIELE: ▸ Sammelheizungs- und Beleuchtungsanlagen, Personenaufzüge.

Derartige Grundstücksbestandteile können nicht gesondert vom übrigen Gebäude abgeschrieben werden (BFH 26.11.1973 GrS 5/71, BStBl 1974 II 132).

10.1.7.3 Immaterielle Wirtschaftsgüter

Zu den abnutzbaren Wirtschaftsgütern gehören auch immaterielle (unkörperliche) 1229 Wirtschaftsgüter, wie z. B. Geschäfts- oder Firmenwerte, Patente, Urheberrechte, Gebrauchsmuster, Warenzeichen, Lizenzen, Verlagsrechte und ungeschützte Erfindungen sowie solche Wirtschaftsgüter, die infolge einer zeitlichen Nutzungsbeschränkung einem abnutzbaren Wirtschaftsgut gleichgestellt sind.

BEISPIELE: ▸ Abnutzbar sind aktivierte Mietrechte, Abstandszahlungen an den Vormieter oder Pächter (BFH 2.3.1970 GrS 1/69, BStBl 1970 II 382), zeitlich begrenzte Wettbewerbsverbote (BFH 14.2.1973 I R 89/71, BStBl 1973 II 580), Entgelte für den Eintritt in Geschäftsbeziehungen zu Lieferanten (BFH 18.12.1970 VI R 99/67, BStBl 1971 II 237), Zuckerrübenlieferrechte (BFH 17.3.2010, BStBl. 2014 II 512).

Bei diesen Wirtschaftsgütern sind nur lineare AfA nach § 7 Abs. 1 EStG zulässig, denn es handelt sich nicht um bewegliche Sachen, sondern um sonstige Vermögenswerte.

Die Abschreibungsdauer des entgeltlich erworbenen Geschäfts- oder Firmenwertes ei- 1230 nes Gewerbe- oder land- und forstwirtschaftlichen Betriebs beträgt gem. § 7 Abs. 1 Satz 3 EStG 15 Jahre. Diese Nutzungsdauer gilt nach Auffassung der FinVerw auch für entgeltlich erworbene Warenzeichen und Arzneimittelzulassungen (BMF-Schreiben v. 12.7.1999, BStBl 1999 I 686) nicht jedoch für das vom jeweiligen Vorgänger erworbene sog. „Vertreterrecht" eines Handelsvertreters: hier ist die Ermittlung der Nutzungsdauer nach betriebsindividuellen Verhältnissen vorzunehmen.

Im Übrigen stellen sich die Entscheidungen zur Nutzungsdauer eines immateriellen Wirtschaftsgutes mangels gesetzlicher Normierung oftmals als Einzelfallentscheidungen dar, die abhängig von den individuellen Gegebenheiten durchaus sehr unterschiedlich ausfallen können (zur Abschreibung eines **Praxiswertes:** BFH 24.2.1994 IV R 33/93, BStBl 1994 II 590; grds. keine regelmäßige AfA für **Güterverkehrskonzessionen,** jedoch erleichterte Teilwertabschreibung: BMF-Schreiben v. 12.3.1996, BStBl 1996 I 372).

Keinem Wertverzehr unterliegend und damit auch nicht abschreibungsfähig sind Domainnamen (BFH 19.10.2006, BStBl 2007 II 301).

10.1.8 Nutzungsdauer und Restnutzungsdauer

1231   In Rdn. 1196 f. ist zwischen Wirtschaftsgütern des **Betriebsvermögens** und des **übrigen Vermögens** unterschieden worden. Die folgenden Ausführungen beziehen sich im Wesentlichen auf das Betriebsvermögen. Sie gelten jedoch für das übrige Vermögen entsprechend.

10.1.8.1 Begriff der betriebsgewöhnlichen Nutzungsdauer

1232   Die **betriebsgewöhnliche Nutzungsdauer** ist nicht gleich der Lebensdauer des Anlagegutes. Man versteht darunter vielmehr den Zeitraum, während dessen das Wirtschaftsgut voraussichtlich seiner Zweckbestimmung entsprechend im Betrieb des Steuerpflichtigen genutzt werden kann.

1233   Der betrieblichen Verwendung sind Grenzen gesetzt, einmal durch den mechanischen Verschleiß des Wirtschaftsgutes **(technische Abnutzung).** Die Nutzungsdauer kann nie länger sein als der Zeitraum, während dessen das Anlagegut überhaupt für den Betrieb technisch verwendungsfähig ist. Erfahrungsgemäß werden aber viele Wirtschaftsgüter schon vor ihrer technischen Abnutzung aus wirtschaftlichen Gründen durch neue ersetzt. Die Nutzungsdauer kann also auch dadurch begrenzt werden, dass einer weiteren Verwendung des Anlagegutes wirtschaftliche Gründe entgegenstehen, z. B. weil die Technik modernere und leistungsfähigere Maschinen entwickelt hat, die der Unternehmer anstelle der alten einsetzt **(wirtschaftliche Abnutzung).** Bei der Bemessung der betriebsgewöhnlichen Nutzungsdauer sind beide Formen (Ursachen) der Abnutzung zu berücksichtigen. Ist die nachgewiesene wirtschaftliche Nutzungsdauer kürzer als die technische, so ist der Zeitraum der wirtschaftlichen Abnutzung der AfA zugrunde zu legen (BFH 19. 11. 1997 X R 78/94, BStBl 1998 II 59).

In dem oben erwähnten BFH-Urteil v. 19. 11. 1997 wird diesbezüglich jedoch klargestellt, dass ein **wirtschaftlicher Verbrauch,** der in der Regel zu einer kürzeren Abschreibungsdauer gegenüber dem technischen Verbrauch führt, dann noch nicht angenommen werden kann, wenn das Wirtschaftsgut nach Ablauf seiner technischen Nutzbarkeit noch einer anderweitigen wirtschaftlich sinnvollen Nutzung im Betrieb zugeführt werden kann.

1234   Maßgebend ist die **gewöhnliche Nutzungsdauer** im Betrieb des Stpfl. Damit scheiden einmal außergewöhnliche Umstände für die Bemessung der Nutzungsdauer aus, z. B. die entfernte Möglichkeit, dass eine Maschine durch einen Brand beschädigt wird. Wenn solche Ereignisse eintreten, kann der dadurch hervorgerufenen Minderung der Nutzbarkeit des Wirtschaftsgutes durch eine Absetzung für außergewöhnliche technische oder wirtschaftliche Abnutzung Rechnung getragen werden (§ 7 Abs. 1 Satz 7 EStG). Zum anderen ist nicht die für ein Wirtschaftsgut dieser Art allgemein übliche Nutzungsdauer zugrunde zu legen, sondern der Zeitraum, in dem das Wirtschaftsgut gerade im Betrieb des Steuerpflichtigen genutzt wird (sog. betriebsindividuelle Nutzungsdauer). Dabei sind die die Abnutzung beeinflussenden besonderen Verhältnisse und Bedingungen im Betrieb des Steuerpflichtigen zu berücksichtigen, z. B. die mehrschichtige Nutzung des Wirtschaftsgutes, der Einsatz eines Lastkraftwagens im Baustellenverkehr, der regelmäßige Ersatz unmoderner Maschinen schon vor dem technischen Verschleiß durch moderne, leistungsfähigere Maschinen.

Die betriebsgewöhnliche Nutzungsdauer von gebrauchten Wirtschaftsgütern wird als Restnutzungsdauer bezeichnet. Man versteht darunter den Zeitraum, in dem das gebrauchte und damit bereits zum Teil abgenutzte Wirtschaftsgut voraussichtlich noch im Betrieb des Steuerpflichtigen genutzt werden kann. 1235

10.1.8.2 Schätzung der betriebsgewöhnlichen Nutzungsdauer

Die **betriebsgewöhnliche Nutzungsdauer** lässt sich nicht mit einer wissenschaftlich genauen mathematischen Formel errechnen. Es handelt sich vielmehr um eine Voraussage, d. h. eine **Schätzung** (BFH 19. 5. 1976 I R 164/74, BStBl 1977 II 60). Bei einer Schätzung sind alle Umstände zu berücksichtigen, die hierfür von Bedeutung sind (§ 162 Abs. 1 Satz 2 AO). Deshalb ist auch in erster Linie der Unternehmer selbst zur Schätzung der betriebsgewöhnlichen Nutzungsdauer berufen, weil er die Verhältnisse seines Betriebes am besten kennt. Seine Schätzung muss sich jedoch in einem angemessenen Rahmen halten, insbesondere in den objektiv nachprüfbaren Verhältnissen seines Betriebes eine Grundlage haben. 1236

Anhaltspunkte für die Schätzung können in der Vergangenheit gewonnene Erfahrungen im eigenen Betrieb sein. Das gilt besonders für solche Anlagegüter, die regelmäßig in kürzeren Zeitabständen ersetzt zu werden pflegen, wie z. B. Kraftwagen. Fehlt es dagegen an Erfahrungssätzen, z. B. weil der Betrieb neu eröffnet oder ein Wirtschaftsgut dieser Art erstmals angeschafft wurde, bereitet die Schätzung oftmals Schwierigkeiten. Das gilt insbesondere für die Schätzung der wirtschaftlichen Nutzungsdauer. Unbestimmte Zukunftsaussichten genügen nicht, um eine von der technischen Nutzungsdauer abweichende kürzere wirtschaftliche Nutzungsdauer anzunehmen. Die **wirtschaftliche Nutzungsdauer** richtet sich vielmehr nach der betriebswirtschaftlichen Zweckmäßigkeit der Weiterbenutzung des Anlagegutes. Die Tatsache, dass z. B. eine Maschine durch den technischen Fortschritt überholt oder eine Ladeneinrichtung infolge Wandlung des Geschmacks unmodern geworden ist, genügt allein nicht. Vielmehr muss die Weiterbenutzung dieser technisch noch nicht verbrauchten Anlagegüter die Ertragslage des Unternehmens tatsächlich negativ beeinflussen, und nach den finanziellen und wirtschaftlichen Verhältnissen des Betriebs muss damit gerechnet werden können, dass die veralteten Anlagegüter deshalb gegen moderne ausgetauscht werden (BFH 23. 4. 1965 VI 327/64 U, BStBl 1965 III 382). 1237

Schwierigkeiten bereitet häufig auch die Schätzung der **Restnutzungsdauer** beim Eigentumswechsel. Hier darf im Einzelfall die betriebsgewöhnliche Nutzungsdauer für das gebraucht erworbene Wirtschaftsgut so bemessen werden, als hätte kein Eigentumswechsel stattgefunden. Der Erwerber setzt dann seine Anschaffungskosten innerhalb des Zeitraumes ab, der von der Gesamtnutzungsdauer noch verbleibt. 1238

Um grobe Fehlschätzungen zu vermeiden, muss vielfach auf die Erfahrungen anderer Betriebe der gleichen Branche zurückgegriffen werden. Da jedoch die Verhältnisse auch innerhalb der gleichen Branche von Betrieb zu Betrieb verschieden liegen, kann man nur die durchschnittliche Nutzungsdauer innerhalb der Branche zugrunde legen. Diese kann der Steuerpflichtige natürlich nicht selbst feststellen. Als Anhaltspunkt dienen 1239 vielmehr die vom Bundesminister der Finanzen herausgegebenen AfA-Tabellen, die aufgrund jahrelanger Erfahrungen bei Betriebsprüfungen im Bundesgebiet und unter Beteiligung der interessierten Wirtschaftskreise zusammengestellt worden sind.

10.1.8.3 Bedeutung der AfA-Tabellen für die Schätzung der betriebsgewöhnlichen Nutzungsdauer

1240 Die amtlichen **AfA-Tabellen** sollen dem Steuerpflichtigen, insbesondere wenn er über keine eigenen Erfahrungen hinsichtlich der betriebsgewöhnlichen Nutzungsdauer bestimmter Anlagegüter verfügt, einen Anhaltspunkt für die Schätzung geben, ohne ihn in seiner Entscheidungsfreiheit bezüglich der Berücksichtigung betrieblicher Besonderheiten einzuschränken.

Die AfA-Tabellen geben für die einzelnen abnutzbaren Anlagegüter die durchschnittliche betriebsgewöhnliche Nutzungsdauer in Jahren an; dabei sind die technische und die wirtschaftliche Abnutzung berücksichtigt, die sich bei einem unter üblichen Bedingungen in einer Schicht arbeitenden Betrieb ergeben.

Bei der Aufstellung der AfA-Tabellen hat man zwischen den **branchengebundenen** und den **nicht branchengebundenen Wirtschaftsgütern** unterschieden. Als branchengebunden werden die Wirtschaftsgüter bezeichnet, deren Nutzungsdauer verschieden ist, je nachdem in welchem Wirtschaftszweig sie verwendet werden. Vielfach handelt es sich auch um Wirtschaftsgüter, die für den betreffenden Gewerbezweig typisch sind, was aber nicht ausschließt, dass diese Wirtschaftsgüter auch in anderen Wirtschaftszweigen verwendet werden.

Durch das BFH-Urteil v. 19. 11. 1997 (X R 78/94, BStBl 1998 II 59), ergab sich für den Verordnungsgeber die Notwendigkeit der Überarbeitung der bisherigen amtlichen Abschreibungstabellen:

Nach dem genannten Urteil ist zwar weiterhin davon auszugehen, dass sich die Schätzung der betriebsgewöhnlichen Nutzungsdauer wie bisher sowohl nach der technischen als auch der wirtschaftlichen Nutzbarkeit zu orientieren hat.

Eine von der technischen Absetzung abweichende (wirtschaftliche) Nutzungsdauer ist jedoch nur dann zugrunde zu legen, wenn das Wirtschaftsgut nach Ablauf der technischen Nutzbarkeit auch anderweitig im Betrieb nicht mehr sinnvoll genutzt werden kann. Hierzu zählt der BFH ausdrücklich die Möglichkeit der Erzielung eines nicht unerheblichen Veräußerungsgewinns.

Aufgrund dessen wurden am 15. 12. 2000 überarbeitete amtliche Abschreibungstabellen veröffentlicht, die auf den Erfahrungen der steuerlichen Betriebsprüfung beruhen (zuletzt BMF-Schreiben v. 6. 12. 2001, BStBl 2001 I 860).

10.1.8.4 Bindung an die einmal geschätzte Nutzungsdauer

1241 An die einmal **geschätzte Nutzungsdauer** ist der Steuerpflichtige grundsätzlich gebunden. Diese Bindung soll verhindern, dass durch wechselnde Schätzung der Nutzungsdauer desselben Wirtschaftsgutes der Gewinn unzulässig beeinflusst wird.

Andererseits lassen sich aber auch bei einer sorgfältigen und gewissenhaften Schätzung Fehler nicht vermeiden, d. h. es stellt sich später heraus, dass die tatsächliche Nutzungsdauer kürzer oder länger als ursprünglich erwartet sein wird. Insbesondere hat die Änderung der Nutzungsart (z. B. der Übergang von einschichtiger Nutzung zu mehrschichtiger Nutzung) regelmäßig auch eine Änderung der technischen Nutzungsdauer zur Folge. Wenn in derartigen Fällen die tatsächliche Nutzungsdauer kürzer als ursprünglich angenommen ist, die Abnutzungsabsetzungen bisher also zu niedrig waren, **muss** die AfA geändert werden. Ist dagegen die tatsächliche Nutzungsdauer länger als ursprünglich angenommen, waren die Abnutzungsabsetzungen also zu hoch, so **kann** die AfA geändert werden.

Die Anpassung der AfA hat in der Weise zu geschehen, dass der Restbuchwert des Anlagegutes auf die Restnutzungsdauer verteilt wird.

10.1.9 Bemessungsgrundlage der AfA

10.1.9.1 Anschaffungs- oder Herstellungskosten

Regelmäßig sind die tatsächlichen **Anschaffungs- oder Herstellungskosten** die Bemes- 1242
sungsgrundlage der AfA. Grundlage sind hierbei die handelsrechtlichen Begriffsdefinitionen:

Zu den Anschaffungskosten gehören demnach alle Aufwendungen, die der Steuerpflichtige tätigt, um ein Wirtschaftsgut zu erwerben und in einen betriebsbereiten Zustand zu versetzen (§ 255 Abs. 1 HGB). Maßgeblich sind die dem Wirtschaftsgut **einzeln** zuzuordnenden Kosten, nicht dagegen seine Gemeinkosten (vgl. BFH 13. 4. 1988 I R 104/86, BStBl 1988 II 892).

Zu den Herstellungskosten rechnen alle Aufwendungen, die durch den Verbrauch von Gütern und die Inanspruchnahme von Diensten für die Herstellung eines Wirtschaftsgutes entstehen (§ 255 Abs. 2 HGB). Hierbei sind neben den notwendigen Einzelkosten auch angemessene Teile der notwendigen Materialgemeinkosten, der notwendigen Fertigungskosten sowie des Wertverzehr des Anlagevermögens, soweit er durch die Herstellung bedingt ist, zu berücksichtigen (vgl. R 6.3 EStR).

(Weitere Erläuterungen zum Begriff der Anschaffungs- und Herstellungskosten eines Grundstücks ergeben sich aus den Rdn. 2055 ff.)

10.1.9.2 Nachträgliche Anschaffungs- oder Herstellungskosten

Nachträgliche Anschaffungs- oder Herstellungskosten sind Aufwendungen, die erst 1243
nach Anschaffung- oder Fertigstellung anfallen. Sie erhöhen grundsätzlich die Abschreibungsbemessungsgrundlage des Wirtschaftsgutes, für das sie aufgewendet werden.

BEISPIEL 1: ▶ Eine in 01 angeschaffte Druckmaschine wird in 02 zur Leistungssteigerung technisch aufgerüstet (nachträgliche Anschaffungskosten 02).

BEISPIEL 2: ▶ Der Kaufpreis für einen in 01 erworbenen Gewerbebetrieb wird in 04 nach gerichtlicher Entscheidung über bisher bestrittene Kaufpreisforderungen nachträglich um 10 000 €

erhöht (nachträgliche Anschaffungskosten des Jahres 01, ggf. Berichtigung bestandskräftiger Veranlagungen gem. § 175 Abs. 1 Nr. 2 AO).

Sind nachträgliche Anschaffungs- oder Herstellungskosten angefallen, so können diese aus Vereinfachungsgründen so behandelt werden, als wären sie direkt zu Beginn des Wirtschaftsjahres angefallen (R 7.4 Abs. 9 Satz 3 EStR).

(Bezüglich der genauen Auswirkungen dieser Aufwendungen auf AfA-Bemessungs- grundlage, AfA-Volumen und AfA-Satz wird auf die nachfolgenden Ausführungen zu den beweglichen und unbeweglichen Wirtschaftsgütern [Rdn. 1296 ff.] sowie zu den Gebäuden [Rdn. 1336 f.] verwiesen.)

Abzugrenzen sind die nachträglichen Anschaffungs- und Herstellungskosten von fol- genden Aufwendungen:

10.1.9.2.1 (Sofort abzugsfähiger) Erhaltungsaufwand

1244   Erhaltungsaufwand liegt immer dann vor, wenn die Kosten vornehmlich der Reparatur oder der Substanzerhaltung des Wirtschaftsgutes dienen und im Gegenzug weder zu dessen Erweiterung noch zu einer über seinen ursprünglichen Zustand hinausgehen- den wesentlichen Verbesserung führen (Abgrenzung zu § 255 Abs. 2 Satz 1 HGB).

Zur Problematik der Abgrenzung von Herstellungs- zu Erhaltungsaufwand bei Gebäu- den vgl. Rdn. 2020 ff.

10.1.9.2.2 Anschaffungs- und Herstellungsaufwand für ein neues Wirtschaftsgut

1245   Nach Auffassung der FinVerw kann immer dann von Herstellungsaufwand für ein neu- es Wirtschaftsgut ausgegangen werden, wenn das bisherige Wirtschaftsgut im Wesen geändert und so tiefgreifend umgestaltet oder in einem solchen Maße erweitert wird, dass die eingefügten neuen Teile der Gesamtsache das Gepräge geben und die verwen- deten Altteile bedeutungs- und wertmäßig untergeordnet erscheinen (vgl. H 7.3 „keine nachträglichen Herstellungskosten" EStH).

So steht z. B. der grundlegende Umbau eines Gebäudes nur dann einem Neubau gleich, wenn die neu eingefügten Gebäudeteile dem Gesamtgebäude das bautechnische Ge- präge eines neuen Gebäudes verleihen. Das ist nach Auffassung des BFH insbesondere dann der Fall, wenn verbrauchte Teile ersetzt werden, die für die Nutzungsdauer des Gebäudes bestimmend sind, wie z. B. Fundamente, tragende Außen- und Innenwände, Geschoßdecken und die Dachkonstruktion (BFH v. 31. 03. 1992, BStBl. 1992 II, 808).

10.1.9.3 Zuschüsse

1246   Erhält ein Steuerpflichtiger zur Anschaffung oder Herstellung eines Anlagegutes aus öffentlichen oder privaten Mitteln Zuschüsse, so hat er nach Maßgabe der R 6.5 Abs. 2 EStR die Wahl, den Zuschuss bei Vereinnahmung sofort zu versteuern oder den zuge- wendeten Betrag von den eigenen Anschaffungs- oder Herstellungskosten abzuziehen. Im letztgenannten Fall mindert sich natürlich auch die entsprechende AfA-Bemes- sungsgrundlage (eine spiegelbildliche Bilanzierung in der Handelsbilanz ist seit Inkraft- treten des BilMoG nicht mehr notwendig; im Falle einer von der Handelsbilanz abweichenden Bewertung ist das Wirtschaftsgut jedoch in ein besonderes, laufend zu führendes Verzeichnis aufzunehmen).

Entsprechend ist zu verfahren in Fällen der Inanspruchnahme eines Abzugs nach § 6b Abs. 1 u. 3 EStG:

Wenn von den Anschaffungs- oder Herstellungskosten ein Betrag nach § 6b Abs. 1 oder Abs. 3 EStG abgezogen worden ist, so gilt der verbleibende Betrag als Anschaffungs- oder Herstellungskosten des Wirtschaftsgutes (§ 6b Abs. 6 EStG). Das gilt auch für Steuerpflichtige, die ihren Gewinn nach § 4 Abs. 3 EStG ermitteln und von den Anschaffungs- oder Herstellungskosten begünstigter Investitionen einen Abzug nach § 6c EStG i. V. mit § 6b Abs. 1 Satz 1 oder Abs. 3 EStG vorgenommen haben (R 6c EStR).

Sind stille Reserven nach Maßgabe der R 6.6 EStR auf ein Ersatzwirtschaftsgut übertragen worden, so sind der AfA ebenfalls die um den Betrag der übertragenen stillen Reserven verminderten Anschaffungs- oder Herstellungskosten zugrunde zu legen.

10.1.9.4 Ersatztatbestände

Neben den originären Anschaffungs- und Herstellungskosten als Grundlage für die Bemessung der vorzunehmenden Abschreibungen sind des weiteren diverse Ersatztatbestände geschaffen worden, die die AfA-Bemessungsgrundlage für bestimmte Sonderfälle bestimmt. 1247

10.1.9.4.1 Einlagen/Entnahmen

Wird eine Wirtschaftsgut aus dem Betriebsvermögen entnommen, wird die weitere AfA i. d. R. nach dem **Teilwert** bemessen (§ 6 Abs. 1 Nr. 4 Satz 1 EStG; d. h. Teilwert = AfA-Bemessungsgrundlage). 1248

Im Falle einer Überführung von Wirtschaftsgütern in das Privatvermögen im Rahmen einer Betriebsaufgabe (§ 16 Abs. 3 Satz 3 bis 6 EStG) ist hingegen der **gemeine Wert** für die weitere AfA maßgeblich (vgl. R 7.3 Abs. 6 Satz 1 EStR).

Die AfA-Bemessungsgrundlage im Falle der **Einlage** eines Wirtschaftsgutes in ein Betriebsvermögen ermittelt sich wie folgt: 1249

10.1.9.4.1.1 Einlagewert (ohne Änderung)

Die Einlage erfolgt grundsätzlich mit dem Teilwert, § 6 Abs. 1 Nr. 5 Satz 1, **1. Halbsatz** EStG. Wurde das Wirtschaftsgut innerhalb der letzten drei Jahre vor der Einlage angeschafft oder hergestellt, ist der Einlagewert zu beschränken auf die ursprünglichen Anschaffungs- oder Herstellungskosten, gekürzt um bis dahin angefallene AfA, § 6 Abs. 1 Nr. 5 Satz 1 **Buchst. a Satz 2** EStG (dies gilt auch nach einer vorherigen Nutzung des Wirtschaftsgutes außerhalb der Einkunftsarten (R 6.12 Abs. 1 EStR). 1249a

10.1.9.4.1.2 AfA-Bemessungsgrundlage

Bei Einlagen aus dem Privatvermögen in ein Betriebsvermögen tritt an die Stelle der Anschaffungs- oder Herstellungskosten grundsätzlich der Einlagewert (s. o.) als AfA-Bemessungsgrundlage. 1249b

Wurde das dem Betriebsvermögen zugeführte Wirtschaftsgut vorher zur Erzielung von Überschusseinkünften gem. § 2 Abs. 1 Satz 1 Nr. 4 bis 7 EStG verwendet, ist gem. § 7 Abs. 1 Satz 5 EStG u. U. eine vom Einlagewert abweichende AfA-Bemessungsgrundlage zu ermitteln:

1. Der Einlagewert ist höher oder gleich den historischen Anschaffungs- oder Herstellungskosten: die AfA-Bemessungsgrundlage bestimmt sich nach dem Einlagewert abzüglich der bis dahin in Anspruch genommenen Abschreibungen.

2. Der Einlagewert ist kleiner als die historischen Anschaffungs- oder Herstellungskosten: AfA Bemessungsgrundlage sind hier die fortgeführten Anschaffungs- oder Herstellungskosten.

3. Für den Fall, dass der Einlagewert sogar kleiner als die fortgeführten Anschaffungs- oder Herstellungskosten ist, bildet dieser ungemilderte Einlagewert die AfA-Bemessungsgrundlage.

4. Soweit der Einlagewert bereits begrenzt war (Einlage eines abnutzbaren Wirtschaftsgutes binnen drei Jahren nach Erwerb/Herstellung; § 6 Abs. 1 Nr. 5 Satz 2 EStG), gilt dieser Wert auch als Bemessungsgrundlage für die Abschreibung.

Einzelne Fallbeispiele hierzu finden sich in dem BMF-Schreiben v. 27. 10. 2010 (BStBl 2010 I 1204).

10.1.9.4.2   Unentgeltliche Erwerbe

1250   aa) Erfolgt der unentgeltliche Erwerb des Wirtschaftsgutes im Zusammenhang mit der unentgeltlichen Übertragung eines Betriebs, eines Teilbetriebs oder eines Anteils eines Mitunternehmers an einem Betrieb, so verändert sich die Bemessungsgrundlage der AfA nicht. Der unentgeltliche Erwerber ist an die Wertansätze gebunden, die für den bisherigen Betriebsinhaber maßgebend waren (**§ 6 Abs. 3 EStG,** zwingende Buchwertfortführung). Darüber hinaus besteht eine Bindung an die Absetzungsmethode des Rechtsvorgängers. Andererseits hat der Rechtsnachfolger alle Wahlrechte, die auch der Rechtsvorgänger hatte, z. B. hinsichtlich einer betriebsgewöhnlichen Nutzungsdauer.

1251   bb) Erwirbt ein Steuerpflichtiger unentgeltlich ein bisher betrieblich genutztes Wirtschaftsgut eines anderen Steuerpflichtigen und überführt dieses in sein eigenes Betriebsvermögen, so gilt der gemeine Wert als Anschaffungskosten für das aufnehmende Betriebsvermögen und damit als AfA-Bemessungsgrundlage (**§ 6 Abs. 4**). Diese Regelung gilt ausdrücklich nur für betrieblich veranlasste unentgeltliche Übertragungen. Ist die Überführung eines Wirtschaftsgutes aus dem Betriebsvermögen des einen Steuerpflichtigen in das Betriebsvermögen des anderen Steuerpflichtigen dagegen privat veranlasst, liegt nacheinander zunächst eine Entnahme (§ 6 Abs. 1 Nr. 4 EStG) und danach eine Einlage (§ 6 Abs. 1 Nr. 5 EStG) vor.

1252   cc) Erwirbt ein Steuerpflichtiger unentgeltlich ein Wirtschaftsgut für das Privatvermögen (z. B. um es dort zur Erzielung von Überschusseinkünften zu verwenden), so bemisst sich die AfA nach den Anschaffungs- oder Herstellungskosten des Rechtsvorgängers oder dem Wert der beim Rechtsvorgänger an deren Stelle getreten wäre, wenn dieser noch Eigentümer wäre (**§ 11d Abs. 1 EStDV**).

> **BEISPIEL:** A erwirbt in 01 unentgeltlich ein zur Vermietung (§ 21 Abs. 1 EStG) bestimmtes Grundstück von einer Privatperson B, die vor 10 Jahren hierfür 100 000 € aufgewendet hatte.
>
> A führt als unentgeltlicher Erwerber die AfA-Bemessungsgrundlage des Rechtsvorgängers i. H. von 100 000 € fort.

> **ABWANDLUNG:** A erwirbt in 01 unentgeltlich aus privater Veranlassung ein zur privaten Vermietung bestimmtes Grundstück aus dem Betriebsvermögen eines anderen Steuerpflichtigen C, für das dieser vor 10 Jahren 50 000 € aufgewendet hatte. Der Teilwert bei Überführung beträgt 70 000 €.
>
> C tätigt im Zeitpunkt der Übertragung des Wirtschaftsgutes eine Entnahme, die mit dem Teilwert i. H. von 70 000 € zu bemessen ist (§ 6 Abs. 1 Nr. 4 EStG).
>
> A führt als unentgeltlicher Erwerber den Entnahmewert des C als AfA-Bemessungsgrundlage fort.

10.1.9.4.3 Bemessungsgrundlage nach Inanspruchnahme von Sonderabschreibungen

Zu den Besonderheiten der AfA-Bemessungsgrundlage für ein Wirtschaftsgut nach Inanspruchnahme von Sonderabschreibungen vgl. Rdn. 1354 ff.   1253

10.1.9.4.4 „Umwidmung" von Privatvermögen

Nutzt ein Steuerpflichtiger ein Wirtschaftsgut des Privatvermögens erstmalig zur Erzielung von Überschusseinkünften, so sind seine originären Anschaffungs- oder Herstellungskosten grundsätzlich auch die AfA-Bemessungsgrundlage. Tatsächlich als Abschreibung geltend machen (AfA-Volumen) kann er jedoch nur den Teilbetrag dieser AK/HK, der nach Abzug einer bis zum Zeitpunkt der Umwidmung zu verrechnenden „fiktiven" AfA verbleibt (BFH 14. 2. 1989 IX R 109/84, BStBl 1989 II 922; vgl. R 7.3 Abs. 6 Satz 2 Nr. 1b EStR, R 7.4 Abs. 10 Satz 1 Nr. 2 EStR).   1254

(Einstweilen frei)   1255–1256

10.2 Abschreibungen für bewegliche und unbewegliche Wirtschaftsgüter (ohne Gebäude/selbständige Gebäudeteile)

10.2.1 Lineare Abschreibung gem. § 7 Abs. 1 Satz 1 und 2 EStG

Bei dieser Abschreibungsmethode ist jeweils für ein Jahr der Teil der Anschaffungs- oder Herstellungskosten abzusetzen, der bei **gleichmäßiger Verteilung** dieser Kosten auf die **betriebsgewöhnliche Nutzungsdauer** auf ein Jahr entfällt (§ 7 Abs. 1 Satz 1 u. 2 EStG).   1257

Diese sog. **lineare AfA** stellt die Grundform der Abnutzungsabsetzungen dar. Sie ist steuerrechtlich bei allen abnutzbaren Wirtschaftsgütern zulässig, gleichgültig, ob diese zum Betriebs- oder zum Privatvermögen des Stpfl. gehören. Für die lineare AfA auf Gebäude gilt die Sonderregelung des § 7 Abs. 4 EStG (s. u.).

Bei Wirtschaftsgütern, die nach der linearen Methode abgesetzt werden, sind Absetzungen für außergewöhnliche technische oder wirtschaftliche Abnutzung zulässig (§ 7 Abs. 1 Satz 7 EStG).

BEISPIEL 1: ▶ Der Gewerbetreibende A (Wj = Kj) erwirbt für seinen Betrieb im Januar 01 eine Maschine. Die Anschaffungskosten belaufen sich auf 10 000 €. Die betriebsgewöhnliche Nutzungsdauer nach den amtlichen AfA-Tabellen soll 10 Jahre betragen.

Für das dem Anlagevermögen zuzurechnende Wirtschaftsgut kann A bei linearer Abschreibung gem. § 7 Abs. 1 EStG über einen Zeitraum von zehn Jahren von 10 000 € = 1 000 € p. a. AfA vom gewinnmindernd berücksichtigen. Die Maschine ist demzufolge zum 31. 12. 10 vollständig abgeschrieben.

10.2.2 Degressive Abschreibung gem. § 7 Abs. 2 EStG a. F.

1258 Auch bei dieser AfA-Methode werden die Anschaffungs- oder Herstellungskosten auf die Nutzungsdauer des Wirtschaftsgutes verteilt, jedoch nicht gleichmäßig, sondern in immer kleiner werdenden Absetzungsbeträgen. Die Absetzungsbeträge sind zunächst größer als bei der linearen AfA, von einem gewissen Zeitpunkt an sind sie kleiner. Diese sog. **degressive AfA** berücksichtigt, dass der Wertverzehr (Wertverlust) eines Wirtschaftsgutes vielfach gerade in den ersten Jahren der Nutzung besonders hoch ist.

1259 Die degressive AfA ist nur zulässig bei beweglichen Wirtschaftsgütern des Anlagevermögens, also nur im Rahmen der Gewinneinkünfte, nicht dagegen bei den Überschusseinkünften (§ 9 Abs. 1 Nr. 7 EStG).

Ihre Anwendung ist anstatt der o. g. linearen AfA wahlweise möglich („kann"), die Ausübung dieses Wahlrechts kann unabhängig von der Abschreibungsmethode in der Handelsbilanz vorgenommen werden (§ 5 Abs. 1 Satz 2 EStG, vgl. Rdn. 1205).

Für die betreffenden Wirtschaftsgüter sind nach § 7 Abs. 2 Satz 3 EStG a. F. besondere Aufzeichnungen zu führen (§ 7a Abs. 8 EStG, die Verpflichtung erübrigt sich bei ohnehin buchführungspflichtigen Steuerpflichtigen).

Zum Begriff der beweglichen Wirtschaftsgüter vgl. R 7.1 Abs. 2 – 4 EStR.

1260 Demnach können bewegliche Wirtschaftsgüter nur Sachen (§ 90 BGB), Tiere (§ 90a BGB) sowie Scheinbestandteile (§ 95 BGB) sein. Hierzu zählen vor allem die sog. Betriebsvorrichtungen, bei denen es sich um Maschinen und sonstige Vorrichtungen handelt, mit denen der Betrieb unmittelbar betrieben wird, auch dann, wenn sie (bürgerlich-rechtlich) wesentlicher Bestandteil des Grundstücks sein sollten (§ 68 Abs. 2 Nr. 2 BewG, eine genaue Erörterung der Abgrenzungskriterien von Betriebsvorrichtungen und Grundstücken sowie eine beispielhafte Aufzählung der Zuordnung bestimmter Einzelwirtschaftsgüter enthält der gleich lautende Ländererlass zu § 68 BewG v. 5. 6. 2013, BStBl 2013 I 734).

1261 Wird von der degressiven AfA Gebrauch gemacht, so sind für diese Wirtschaftsgüter Absetzungen für außergewöhnliche technische oder wirtschaftliche Absetzung nicht zulässig (§ 7 Abs. 2 Satz 4 EStG a. F.).

Ebenfalls ausgeschlossen ist die gleichzeitige Anwendung von degressiver AfA und Inanspruchnahme von Sonderabschreibungen (§ 7a Abs. 4 EStG).

10.2.2.1 Buchwertabschreibung

Die **Buchwertabschreibung,** bei der die AfA nach einem unveränderlichen Hundertsatz 1262 vom jeweiligen Buchwert (Restbuchwert) bemessen ist, ist die gebräuchlichste Form der **degressiven AfA.** Der Gesetzgeber hat es allerdings für erforderlich gehalten, die degressive AfA der Höhe nach zu begrenzen.

Demnach konnte der Steuerpflichtige für **bewegliche** Wirtschaftsgüter des **Anlagevermögens,** die **nach dem 31. 12. 2008 und vor dem 1. 1. 2011 angeschafft oder hergestellt** wurden, abweichend von der AfA in gleichen Jahresbeträgen (§ 7 Abs. 1 EStG) die Abschreibung in fallenden Jahresbeiträgen vornehmen. Der hierbei anzusetzende Prozentsatz durfte **höchstens das Zweieinhalbfache** des bei linearer AfA anzusetzenden Prozentsatzes betragen **und 25 % nicht übersteigen** (§ 7 Abs. 2 EStG i. d. F. des Gesetzes zur Umsetzung steuerrechtlicher Regelungen des Maßnahmepakets „Beschäftigungssicherung und Wachstumsstärkung" vom 21. 12. 2008).

> **BEISPIEL:** Ausgangsfall wie in Rdn. 1257:
>
> Die Anschaffung der Maschine erfolgte im Januar 2009.

> **LÖSUNG:** Der degressive AfA-Satz gem. § 7 Abs. 2 EStG a. F. beträgt das Zweieinhalbfache des linearen AfA-Satzes, hier 25 % (Höchstbetrag). Die AfA in 2009 beträgt demnach 25 % von 10 000 € = 2 500 €, in den Folgejahren jeweils 25 % vom Restbuchwert.

> **ABWANDLUNG:** Die Anschaffung der Maschine erfolgte bereits in 2008.

> **LÖSUNG:** Die Inanspruchnahme degressiver AfA für **in 2008** angeschaffte oder hergestellte bewegliche Wirtschaftsgüter des Anlagevermögens ist nicht möglich.

10.2.2.2 Andere Abschreibungsmethoden

Andere Abschreibungsmethoden, z. B. die AfA in fallenden Staffelsätzen oder die digita- 1263 le AfA, sind steuerlich nicht zulässig.

10.2.3 AfA nach Maßgabe der Leistung gemäß § 7 Abs. 1 Satz 6 EStG

Bei bestimmten beweglichen Wirtschaftsgütern des Anlagevermögens kann die Nut- 1264 zungsdauer nach der individuellen Beanspruchung des Wirtschaftsgutes bemessen werden (**Leistungsabschreibung,** § 7 Abs. 1 Satz 6 EStG).

Dabei ist die voraussichtliche Leistung des Wirtschaftsgutes während der gesamten betriebsgewöhnlichen Nutzungsdauer zu schätzen. Bei Ermittlung der Leistung wird man auf äußerlich leicht erkennbare Merkmale abstellen müssen, z. B. bei Maschinen auf die Anzahl der Arbeitsvorgänge, bei Kraftfahrzeugen auf die gefahrene Strecke. Von den Anschaffungs- oder Herstellungskosten wird jedes Jahr der Teilbetrag abgesetzt, der dem in diesem Jahr erbrachten Teil der Gesamtleistung entspricht.

> **BEISPIEL 3:** wie Ausgangsfall (Rdn. 1257). Es handelt sich um eine Spezialmaschine, die 10 000 Betriebsstunden mit der erforderlichen Genauigkeit zu arbeiten vermag. Die Absetzung pro Betriebsstunde beträgt mithin 1 €. Nach dem an der Maschine angebrachten Betriebsstundenzähler haben die Maschinenstunden betragen: im 1. Jahr 2 000 Stunden (AfA 2 000 €), im

2. Jahr 2 500 Stunden (AfA 2 500 €), im 3. Jahr 1 000 Stunden (AfA 1 000 €), im 4. Jahr 3 000 Stunden (AfA 3 000 €) und im letzten Jahr 1 500 Stunden (AfA 1 500 €).

Obwohl die Leistungsabschreibung in erster Linie der technischen Abnutzung Rechnung trägt, können bei der Bemessung der voraussichtlichen Gesamtleistung auch wirtschaftliche Gesichtspunkte berücksichtigt werden.

1265 Steuerrechtlich ist die Leistungsabschreibung zulässig, wenn sie wirtschaftlich begründet ist. Das ist dann der Fall, wenn die Leistung i. d. R. von Gewinnermittlungszeitraum zu Gewinnermittlungszeitraum erheblich schwankt und der Verschleiß dementsprechend wesentliche Unterschiede aufweist. Der Steuerpflichtige muss den auf das einzelne Jahr entfallenden Umfang der Leistung nachweisen. Die Leistungsabschreibung berücksichtigt sowohl eine nur teilweise Ausnutzung als auch eine mehrschichtige Nutzung des Wirtschaftsgutes (R 7.4 Abs. 5 Satz 2–3 EStR).

1266 Entfallen in einem der Folgejahre die wirtschaftlichen Gründe für die Inanspruchnahme der Leistungs-AfA, so kann diese AfA-Methode trotzdem beibehalten werden, daneben ist jedoch auch ein Wechsel zwischen der „normalen" linearen Abschreibung gem. § 7 Abs. 1 Satz 1 u. 2 EStG und der Leistungs-AfA nicht ausgeschlossen.

10.2.4 Wechsel der Absetzungsmethode

1267 Aus betriebswirtschaftlichen Gründen kann ein **Wechsel der Absetzungsmethode** während der Nutzungsdauer eines Wirtschaftsgutes geboten sein. Das Steuerrecht schränkt die Möglichkeit des Wechsels jedoch im Interesse der Bewertungsgleichmäßigkeit ein. Ein Übergang von der linearen AfA oder der Leistungsabschreibung zur degressiven AfA ist nicht zulässig (§ 7 Abs. 3 Satz 3 EStG).

1268 Zulässig ist es jedoch, von der degressiven AfA zur linearen AfA überzugehen. In diesem Fall ist die lineare AfA vom Zeitpunkt des Übergangs an nach dem dann noch vorhandenen Restwert und der Restnutzungsdauer des einzelnen Wirtschaftsgutes zu bemessen (§ 7 Abs. 3 Satz 1 und 2 EStG). Der Übergang ist insbesondere zweckmäßig, sobald sich bei linearer AfA vom Restwert höhere Absetzungsbeträge ergeben als bei Fortführung der degressiven AfA und wenn nach Ablauf der betriebsgewöhnlichen Nutzungsdauer kein Restbuchwert mehr verbleiben soll.

BEISPIEL 4: ► Ausgangsfall wie in Rdn. 1257

die degressive AfA und die nach einem Wechsel zu berücksichtigende lineare „Restwert-AfA" ermitteln sich im Vergleich wie folgt:

Jahr der Nutzung	Restwert-AfA	degressive AfA
1.	1 000 €	2 000 €
2.	888 €	1 600 €
3.	800 €	1 280 €
4.	731 €	1 024 €
5.	682 €	819 €
6.	655 €	655 €
7.	656 €	524 €
usw.		

Ein Übergang zur linearen AfA würde hier nach Ablauf des 6. Jahres zu einer höheren Abschreibung führen.

Der Übergang ist ferner notwendig, wenn eine Absetzung für außergewöhnliche technische oder wirtschaftliche Abnutzung durchzuführen ist, weil diese bei degressiver AfA nicht möglich ist (§ 7 Abs. 2 Satz 4 EStG, s. u.).   1269

Kein Wechsel der Absetzungsmethode in diesem Sinne liegt vor, wenn der Stpfl. statt der zunächst gewählten Absetzungsmethode im Wege einer Bilanzänderung eine andere Absetzungsmethode wählt.   1270

10.2.5 Absetzungen für außergewöhnliche Abnutzung gemäß § 7 Abs. 1 Satz 7 EStG

10.2.5.1 Begriff

Neben der betriebsgewöhnlichen technischen oder wirtschaftlichen Abnutzung kann eine **außergewöhnliche Abnutzung** eintreten (§ 7 Abs. 1 Satz 7 EStG). Dabei kann es sich zum einen darum handeln, dass durch besondere Umstände ein erhöhter Substanzverzehr eines abnutzbaren Wirtschaftsgutes eingetreten ist (außergewöhnliche technische Abnutzung).   1271

> **BEISPIEL:** ▶ Beschädigung oder Zerstörung eines Wirtschaftsgutes durch äußere Umstände: Der Turmdrehkran eines Bauunternehmers wird durch einen Sturm umgestürzt; der Dachstuhl eines Gebäudes wird durch Brand, Schwammbildung, Holzfäule, Insektenfraß angegriffen; das Mauerwerk eines Gebäudes erleidet durch Bodensenkungen Risse (Bergschäden).

Zum anderen sind Fallgestaltungen denkbar, in denen die Substanz zwar erhalten bleibt, jedoch die wirtschaftliche Nutzbarkeit eines Wirtschaftsgutes durch außergewöhnliche Umstände sinkt (außergewöhnliche wirtschaftliche Abnutzung).

> **BEISPIEL:** ▶ Eine Maschine wird durch eine Erfindung unrentabel. Ein Hotelgebäude wird unrentabel, weil infolge Geschmackswandels der Reisenden Ziele in anderen Gegenden besucht werden. Besondere Einbauten in einem Gebäude, die nur den Zwecken eines bestimmten Mieters dienen, verlieren durch vorzeitige Beendigung des Mietverhältnisses ihre Nutzbarkeit.

Immer aber muss es sich um eine Verminderung der Nutzbarkeit (Nutzungsdauer) handeln; eine bloße Wertminderung (insbes. durch Sinken der Wiederbeschaffungskosten) allein rechtfertigt keine Absetzungen für außergewöhnliche Abnutzung.

10.2.5.2 Anwendungsbereich

Die **Absetzungen für außergewöhnliche Abnutzung** sind grundsätzlich vorstellbar für alle Wirtschaftsgüter, die der Einkünfteerzielung dienen; sie haben vor allem Bedeutung für die Überschusseinkünfte (insbes. Vermietung und Verpachtung) sowie für Gewinnermittlungen nach § 4 Abs. 3 EStG. Bei Gewinnermittlung durch Betriebsvermögensvergleich erfolgt dagegen die Berücksichtigung außergewöhnlicher Abnutzungen regelmäßig durch eine Teilwertabschreibung (vgl. Rdn. 1302, 1345), weil das außergewöhnliche Ereignis immer auch eine über die normale AfA hinausgehende Wertminderung des Wirtschaftsgutes zur Folge hat. Es ist allerdings denkbar, dass eine Absetzung für außergewöhnliche Abnutzung zu einem Wert führt, der niedriger ist als der   1272

Teilwert. In diesem Ausnahmefall ist auch bei Gewinnermittlung durch Betriebsvermögensvergleich eine Absetzung für außergewöhnliche Abnutzung einer Teilwertabschreibung vorzuziehen.

10.2.5.3 Durchführung der außergewöhnlichen Absetzung

1273 Die Absetzung für außergewöhnliche Abnutzung muss in dem Wirtschaftsjahr (bzw. Kalenderjahr) vorgenommen werden, in dem das außergewöhnliche Ereignis eingetreten ist. Wird die außergewöhnliche Abnutzung (z. B. der Befall des Hauses mit Schwamm) erst in einem späteren Zeitraum entdeckt, so ist die Absetzung ausnahmsweise noch im Jahr der Entdeckung zulässig. Hierbei ist allerdings zu berücksichtigen, dass der Steuerpflichtige, wenn er in der Zeit zwischen Bilanzstichtag und dem Tag der Bilanzerstellung Kenntnis von wertmindernden Umständen erlangt, die schon am Bilanzstichtag objektiv vorlagen, diese Umstände bei der Bewertung zu berücksichtigen hat.

Technisch wird im Jahr der Wertminderung grundsätzlich zunächst die „normale" AfA abgezogen, die durch das außergewöhnliche Ereignis erforderliche AfaA wird danach bis zum maßgeblichen wertgeminderten Betrag vorgenommen. Zu beachten in diesem Zusammenhang ist jedoch, dass für bewegliche Wirtschaftsgüter, die nach § 7 Abs. 2 EStG abgeschrieben werden, die Vornahme der AfaA ausgeschlossen ist (§ 7 Abs. 2 Satz 4 EStG).

BEISPIEL: ▶ Der Fabrikant A erwirbt Anfang 01 für 50 000 € eine neue computergestützte Fertigungsmaschine, die nach den amtlichen Abschreibungstabellen grds. über einen Zeitraum von 8 Jahren linear (§ 7 Abs. 1 EStG) abgeschrieben werden soll.

In 03 kommt es infolge eines Brandschadens zu einer Verkürzung der Nutzungsdauer der Maschine auf insgesamt 5 Jahre.

a) Ermittlung der AfaA im Schadensjahr:

Buchwert am Ende des „Schadensjahres" 03 bei bisheriger Nutzungsdauer:	50 000 €	
	./. 18 750 €	(AfA 01/03)
	31 250 €	
Buchwert am Ende des „Schadensjahres" 03 bei verkürzter Nutzungsdauer 5 Jahre:	50 000 €	
	./. 30 000 €	(AfA 01/03)
	20 000 €	
Unterschiedsbetrag = AfaA	11 250 €	

b) Buchwertermittlung im Schadensjahr:

Buchwert 1. 1. 03:	37 500 €	(50 000 € abzgl. 2 Jahre AfA i. H. von je 6 250 €)
▶ „normale" AfA 03:	./. 6 250 €	
▶ AfA 03:	./. 11 250 €	
Buchwert 31. 12. 03:	20 000 €	

Für die Fortführung der AfA im Folgejahr gelten dieselben Grundsätze wie nach einer Teilwertabschreibung (vgl. Rdn. 1307 f.).

Fallen neben der AfaA noch zusätzliche Reparaturaufwendungen an, um das Wirt- 1274
schaftsgut wieder gebrauchsfähig zu machen, gilt Folgendes:

Eine AfaA **neben** dem Abzug der Reparaturaufwendungen als Werbungskosten oder Betriebsausgaben kommt dann nicht in Betracht, wenn die Reparatur technisch fehlerfrei
ausgeführt ist, keine Substanzeinbuße mehr hinterlässt und lediglich ein merkantiler
Minderwert verbleibt (BFH 31. 1. 1992 VI R 57/88, BStBl 1992 II 401).

Behebt die Reparatur den Schaden jedoch nur teilweise und verbleibt eine auf technischen Mängeln beruhende erhebliche Wertminderung, ist eine gleichzeitige Geltendmachung von Reparaturaufwand und AfaA möglich (BFH 2. 3. 1962 VI 79/60 S,
BStBl 1962 III 192).

10.2.5.4   Wertaufholung

Fällt der Grund für die außergewöhnliche Absetzung in einem der Folgejahre weg, ist 1275
sie durch eine entsprechende Zuschreibung wieder rückgängig zu machen, wenn der
Stpfl. seinen Gewinn nach § 4 Abs. 1 oder 5 EStG ermittelt (diese Einschränkung gilt
demzufolge nicht für die Überschusseinkünfte des § 2 Abs. 1 Nr. 4 bis 7 und für Gewinnermittlungen gem. § 4 Abs. 3).

Diese Vorschrift stellt insofern eine Ergänzung der Regelungen zur Wertaufholung
nach Teilwertabschreibungen dar (§ 6 Abs. 1 Nr. 1 Satz 4 bzw. § 6 Abs. 1 Nr. 2 Satz 3
EStG).

10.2.6   Absetzungen für Substanzverringerung gemäß § 7 Abs. 6 EStG

10.2.6.1   Anwendungsbereich der AfS

Auch die abbaufähige Bodensubstanz stellt ein Wirtschaftsgut dar, dessen Verwen- 1276
dung oder Nutzung (Ausbeute) sich erfahrungsgemäß auf einen Zeitraum von mehreren Jahren erstreckt. Deshalb ist § 7 Abs. 1 EStG entsprechend anzuwenden (§ 7 Abs. 6
EStG), d. h. die Anschaffungskosten der Bodensubstanz sind gleichmäßig auf die Nutzungsdauer (d. h. auf die Dauer der Ausbeute) zu verteilen. Da § 7 Abs. 6 EStG allgemein
auf § 7 Abs. 1 EStG Bezug nimmt, sind auch Absetzungen für außergewöhnliche Abnutzung zulässig (BFH 29. 10. 1965 VI 64/65 U, BStBl 1966 III 88). Die Bemessung der Absetzungen nach der Zeitdauer wird jedoch den betriebswirtschaftlichen Verhältnissen
in den wenigsten Fällen gerecht. Deshalb bestimmt § 7 Abs. 6 EStG weiter, dass Absetzungen nach Maßgabe des Substanzverzehrs zulässig sind.

Hauptanwendungsbereich sind die Betriebe, die einen Verzehr der Bodensubstanz mit 1277
sich bringen, z. B. Bergbau, Steinbrüche, Kaligruben, Sandgruben. Während bürgerlich-
rechtlich der Grund und Boden und der in ihm ruhende Bodenschatz (d. h. die wirtschaftlich verwertbare Bodensubstanz, z. B. Kohle, Kali, Mineralien, Erdöl, Steine, Ziegel-
lehm, Kies, Sand, Bims usw.) eine Einheit bilden, sind steuerrechtlich u. U. zwei Wirtschaftsgüter anzunehmen (BFH 9. 5. 1957 IV 186/56 U, BStBl 1957 III 246). Zur Frage,
wann ein im Eigentum des Grundstückseigentümers stehender Bodenschatz als selbstständig bewertbares Wirtschaftsgut entsteht vgl. BMF-Schreiben v. 7. 10. 1998 (BStBl
1998 I 1221). Der Grund und Boden als solcher (die Erdoberfläche) gehört dann zu den

nicht abnutzbaren Wirtschaftsgütern, der Bodenschatz dagegen stellt ein verbrauchbares Wirtschaftsgut dar.

1278 Die Verwertung des Bodenschatzes kann sich darstellen als Gewerbebetrieb (gewerbliche Bodenbewirtschaftung, § 15 Abs. 1 Nr. 1 EStG), als land- und forstwirtschaftlicher Nebenbetrieb (Substanzbetrieb, vgl. Rdn. 1403) oder als privater Vorgang (vgl. Rdn. 1961). Soweit die Verwertung der Bodenschätze ein privater Vorgang ist, gehören Entgelte aus der Verpachtung des Bodenschatzes (der zeitlich begrenzten Überlassung der Entnahme von Bodenschätzen gegen Entgelt) zu den Einkünften aus Vermietung und Verpachtung; die Substanzverringerung ist dann als Werbungskosten zu berücksichtigen (§ 9 Abs. 1 Nr. 7 EStG). Die Veräußerung privater Bodenschätze ist nur unter den Voraussetzungen des § 22 Nr. 2 i. V. mit § 23 Abs. 1 Nr. 2 EStG steuerpflichtig.

> **BEISPIEL:** Ein Bankdirektor erwirbt im Mai 01 eine Wiese mit einem darunter befindlichen Kiesvorkommen. Im September 03 veräußert er das Grundstück an eine Kiesbaggerei. Der bei der Veräußerung erzielte Überschuss ist steuerpflichtig, soweit er auf den Grund und Boden entfällt (§ 23 Abs. 1 Nr. 1 EStG); dagegen ist der auf den Bodenschatz entfallende Überschuss nicht mehr zu erfassen, da die einjährige Spekulationsfrist für „andere Wirtschaftsgüter" bereits abgelaufen ist (§ 23 Abs. 1 Nr. 2 EStG).

10.2.6.2   Die verschiedenen Methoden der AfS

10.2.6.2.1   AfS in gleichen Jahresbeträgen

1279 Die lineare Methode setzt lediglich voraus, dass der voraussichtliche Ausbeutezeitraum geschätzt wird. Auf diesen sind dann die Anschaffungskosten für den gesamten abbaufähigen Substanzvorrat gleichmäßig zu verteilen. Diese Methode ist betriebswirtschaftlich nur dann gerechtfertigt, wenn die Jahresfördermenge in etwa gleichbleibend ist.

10.2.6.2.2   AfS nach Maßgabe des Substanzverzehrs

1280 Bei dieser AfS-Methode ist jährlich der Teil der Anschaffungskosten abzusetzen, der dem Verhältnis der geförderten Menge zum gesamten abbauwürdigen Vorrat entspricht.

$$\text{AfS} = \frac{\text{Anschaffungskosten} \times \text{geförderte Menge im Wirtschaftsjahr}}{\text{Substanzvorrat}}$$

Diese Methode erfordert also eine Schätzung des Substanzvorrats.

> **BEISPIEL:** Der Stpfl. hat eine Bodensubstanz i. H. von 1 Mio. t für 3 Mio. € erworben. Die im Wj 01 geförderte Menge beträgt 100 000 t, im Wj 02 werden 150 000 t gefördert.
>
> Die AfS beträgt für das Wj 01 $\dfrac{3 \text{ Mio.} \, € \times 100\,000\,t}{1 \text{ Mio.} \, t} = 300\,000\,€;$
>
> für das Wj 02 beträgt die AfS $\dfrac{3 \text{ Mio.} \, € \times 150\,000\,t}{1 \text{ Mio.} \, t} = 450\,000\,€.$

10.2.6.3 Bemessungsgrundlagen der AfS

10.2.6.3.1 Bemessungsgrundlagen bei entgeltlich erworbenen Bodenschätzen

Soweit tatsächlich Aufwendungen für die Anschaffung der Bodensubstanz gemacht worden sind, bilden die **Anschaffungskosten** die **Bemessungsgrundlage.** Wird ein Grundstück samt Bodenschatz zu einem Gesamtpreis erworben, müssen die Anschaffungskosten auf den Grund und Boden (die Erdoberfläche) und den darunter befindlichen Bodenschatz aufgeteilt werden. Dabei gelten die gleichen Grundsätze wie bei der Aufteilung eines einheitlichen Kaufpreises auf Grund und Boden und Gebäude (BFH 19.12.1972 VIII R 124/69, BStBl 1973 II 295). 1281

10.2.6.3.2 Bemessungsgrundlagen bei unentgeltlich erworbenen Bodenschätzen

Ob ein Bodenschatz **unentgeltlich erworben** wurde, lässt sich nicht immer leicht feststellen. Wird z.B. ein Grundstück (i.S. des bürgerlichen Rechts) unentgeltlich übertragen, in dem sich ein Bodenschatz befindet, dann kommt es darauf an, ob den Beteiligten das Vorhandensein und die Abbaufähigkeit der Bodensubstanz bekannt waren. Hatten die Beteiligten keine Kenntnis von dem Bodenschatz bzw. hielten sie die Bodensubstanz für wirtschaftlich wertlos, dann ist steuerrechtlich lediglich der Grund und Boden unentgeltlich erworben. Wenn der Erwerber des Grundstücks später feststellt, dass sich in dem Grundstück eine wirtschaftlich verwertbare Bodensubstanz befindet, hat er den Bodenschatz „entdeckt", jedoch nicht erworben. 1282

Ein unentgeltlicher Erwerb setzt demnach voraus, dass der Erwerber vom Vorhandensein des Bodenschatzes Kenntnis hat. Außerdem muss der Bodenschatz ein Wirtschaftsgut darstellen. Diese Voraussetzungen sind erfüllt, wenn begründete Vorstellungen über den Umfang und die Abbauwürdigkeit des Bodenschatzes bestehen und mit dem Abbau des Vorkommens zu rechnen ist (BFH 14.2.1978 VIII R 176/73, BStBl 1978 II 343).

Bei unentgeltlich erworbenen Bodenschätzen richtet sich die Bemessungsgrundlage der AfS nach § 6 Abs. 4 EStG, wenn der Bodenschatz aus betrieblichem Anlass aus einem Betriebsvermögen in das Betriebsvermögen eines anderen Stpfl. übertragen wurde; gehört dagegen der unentgeltlich erworbene Bodenschatz zum Privatvermögen des Erwerbers, so sind die Anschaffungskosten des Rechtsvorgängers maßgeblich, § 11d Abs. 1 EStDV (vgl. Rdn. 1251 ff.).

10.2.6.3.3 Bemessungsgrundlagen bei vom Steuerpflichtigen „entdeckten" Bodenschätzen

Bei Bodenschätzen, die vom Steuerpflichtigen originär entdeckt wurden, sind folgende Regelungen zu beachten: 1283

Soweit sich die Bodenschätze im **Privatvermögen** des Steuerpflichtigen befinden, verbietet bereits § 11 Abs. 2 EStDV den Abzug einer AfS.

BEISPIEL: ▶ Der Stpfl. ist Eigentümer einer größeren Weidefläche, die er an einen Landwirt verpachtet hat. Er entdeckt, dass sich unter der Weidefläche ein Kiesvorkommen befindet. Nunmehr überlässt er einem Dritten die entgeltliche Ausbeutung des Vorkommens. Der Pachtzins stellt Einnahmen aus Vermietung und Verpachtung dar, AfS sind nach § 11d Abs. 2 EStDV nicht zulässig.

1284 Das Gleiche gilt, wenn der Steuerpflichtige einen von seinem Rechtsvorgänger entdeckten Bodenschatz unentgeltlich übertragen bekommen hat, denn nach § 11d Abs. 1 EStDV setzt der unentgeltliche Rechtsnachfolger die AfS seines Rechtsvorgängers fort. Konnte der Rechtsvorgänger aber wegen § 11d Abs. 2 EStDV keine AfS vornehmen, dann gilt das auch für den unentgeltlichen Rechtsnachfolger.

1285 Gehört der vom Steuerpflichtigen entdeckte Bodenschatz zu seinem **Betriebsvermögen,** kann § 11d Abs. 2 EStDV nicht angewendet werden; auch § 6 Abs. 4 EStG findet keine Anwendung, da es an der unentgeltlichen Übertragung fehlt. Nach BFH (28. 5. 1979 I R 66/76, BStBl 1979 II 624) kommt bei gewerblicher Bodenbewirtschaftung AfS nur in Betracht, soweit tatsächliche oder fiktive Anschaffungskosten gegeben sind.

Hinsichtlich der Frage, wie die Einlage eines sich im Privatvermögen konkretisierten Bodenschatzes in ein Betriebsvermögen zu behandeln ist, ist der GrS des BFH mit Urteil vom 4. 12. 2006 GrS 1/05 (BStBl 2007 II 508) zu folgenden grundsätzlichen Feststellungen gekommen:

1. Der im eigenen Grund und Boden entdeckte und damit unentgeltlich und originär erworbene Bodenschatz (hier: Kiesvorkommen) ist ein **materielles** Wirtschaftsgut.

2. Die Eigenschaft eines selbständigen Wirtschaftsgutes erlangt der Bodenschatz mit Beginn seiner Aufschließung oder Verwertung (Bestätigung der Rspr., s. o.).

3. Die Einlage in das Betriebsvermögen erfolgt mit dem **Teilwert** (§ 6 Abs. 1 Nr. 5 EStG).

4. Da der Teilwert eines Bodenschatzes grundsätzlich den Abbauertrag verkörpert, der nach Gesetzeswillen vollumfänglich der Besteuerung unterliegt, dürfen abbaubedingte AfS auf den Einlagewert jedoch nicht vorgenommen werden.

10.2.7 Zeitpunkt der Absetzungen

10.2.7.1 Beginn der Absetzungsberechtigung

1286 **AfA** kann und muss vom **Zeitpunkt** der Anschaffung oder Herstellung an vorgenommen werden. Auf die Ingebrauchnahme des Wirtschaftsgutes kommt es nicht an (R 7.4 Abs. 1 EStR). Ebenso unbeachtlich ist die Frage, ob das angeschaffte oder hergestellte Wirtschaftsgut bereits bezahlt ist.

AfA von Teilanschaffungs- oder Teilherstellungskosten sind nur dann zulässig, wenn dies besonders geregelt ist (z. B. § 7d Abs. 5 EStG).

Als Zeitpunkt der Anschaffung ist der Zeitpunkt der Lieferung, als Zeitpunkt der Herstellung der Zeitpunkt der Fertigstellung anzusehen (§ 9a EStDV). Fertig gestellt ist ein Wirtschaftsgut dann, wenn es bestimmungsgemäß genutzt oder benutzt werden kann. Geliefert ist ein Wirtschaftsgut dann, wenn die Nutzungen und Lasten auf den Erwerber übergegangen sind.

10.2.7.2   Ende der Absetzungsberechtigung

Die Abschreibungsberechtigung für ein Wirtschaftsgut endet zu dem Zeitpunkt, in   1287
dem es nicht mehr der Einkünfteerzielung (§ 2 Abs. 1 Nr. 4–7 EStG) zur Verfügung steht
bzw. verkauft oder aus dem Betriebsvermögen entnommen worden ist (R 7.4 Abs. 8
EStR).

10.2.7.3   AfA bei Eintritt oder Ausscheiden eines Wirtschaftsgutes im Laufe eines Wirtschaftsjahres

Entsprechend dem Grundsatz der Aufwandverteilung kann für das Wirtschaftsjahr der   1288
Anschaffung oder Herstellung die (lineare oder degressive) **AfA nur zeitanteilig (pro
rata temporis)** abgesetzt werden, d. h. es kann nur der Teil des auf ein Jahr entfallenden
Absetzungsbetrages abgesetzt werden, der dem Zeitraum zwischen der Anschaffung
oder Herstellung des Anlagegutes und dem Ende des Wirtschaftsjahres entspricht, § 7
Abs. 1 Satz 4 EStG. Das gilt entsprechend beim Ausscheiden eines Wirtschaftsgutes im
Laufe eines Wirtschaftsjahres. Die AfA braucht jedoch nicht auf den Tag genau berechnet zu werden; es genügt vielmehr, wenn sie für volle Monate ermittelt und dabei der
Monat der Anschaffung oder Herstellung bzw. des Ausscheidens in den Absetzungs-
zeitraum einbezogen wird (R 7.4 Abs. 2 EStR).

BEISPIEL: ▸ Eine Maschine wird am 29. 1. 01 fertig gestellt. Der Stpfl. kann im Jahre 01 den Abset-
zungsbetrag für ein volles Kalenderjahr absetzen.

Zur Berechnung der übertragbaren stillen Reserven nach § 6b Abs. 2 EStG ist die AfA
jedoch bis zum Veräußerungszeitpunkt zu berechnen (R 6b.1 Abs. 2 EStR).

(Einstweilen frei)   1289–1290

10.2.8   Nachholung unterlassener Absetzungen

10.2.8.1   Allgemeines

Der Stpfl. ist zur Vornahme der linearen Absetzungen verpflichtet; er kann stattdessen   1291
die degressive AfA oder bei Vorliegen der besonderen Voraussetzungen die Leistungs-
absetzung wählen. Er ist jedoch nicht berechtigt, AfA willkürlich von einem Steuerabschnitt in einen späteren Steuerabschnitt zu verschieben, wenn ihm das aus steuerlichen Gründen vorteilhaft erscheint. Deshalb müssen z. B. auch in Verlustjahren AfA vorgenommen bzw. fortgeführt werden. Wenn ein Steuerpflichtiger in einem Jahr die AfA
unterlassen und dann in einem späteren Jahr **nachholen** könnte, würde ihm die Möglichkeit gegeben, seinen Gewinn und damit die Steuer zu manipulieren. Das **wider-
spricht** aber dem Grundsatz des Ertragsteuerrechts, dass der wirkliche, dem jeweiligen
Besteuerungszeitraum zuzuordnende Gewinn zu erfassen ist.

10.2.8.2   Schätzungsfehler bei betriebsgewöhnlicher Nutzungsdauer

Anders liegen die Dinge, wenn sich der Steuerpflichtige in der betriebsgewöhnlichen   1292
Nutzungsdauer eines Anlagegutes verschätzt hat. Dann liegt in der nachträglichen Anpassung der AfA an die tatsächlichen Verhältnisse kein unzulässiges Nachholen (BFH
29. 10. 1965 VI 64/65 U, BStBl 1966 III 88).

> **BEISPIEL:** ▶ Die Anschaffungskosten einer Maschine betragen 5 000 €. Der Stpfl. schätzt die betriebsgewöhnliche Nutzungsdauer auf 10 Jahre und schreibt die Maschine linear mit 10 % jährlich ab. Nach drei Jahren stellt sich heraus, dass die Maschine voraussichtlich nur noch drei weitere Jahre technisch nutzbar bleibt. Die AfA hätte also von Anfang an 16 % (statt 10 %) betragen müssen. Es bedeutet keine unzulässige Nachholung, wenn der Stpfl. jetzt den Restbuchwert von 3 500 € mit jährlich 33 % abschreibt. Das gilt sowohl bei der Gewinnermittlung nach § 5 EStG als auch bei der Gewinnermittlung nach § 4 Abs. 3 EStG (BFH 7. 10. 1971 IV R 181/66, BStBl 1972 II 271).

10.2.8.3 Versehentliches Unterlassen der Abschreibungen

1293   Soweit **AfA** versehentlich unterblieben sind, können sie in der Weise **nachgeholt** werden, dass die noch nicht abgesetzten Anschaffungs- oder Herstellungskosten entsprechend der bei dem Anlagegut angewandten Absetzungsmethode auf die Restnutzungsdauer verteilt werden (H 7.4 „Unterlassene oder überhöhte AfA" EStH). Bei versehentlich unterlassenen AfS dürfen die noch nicht abgesetzten Anschaffungskosten nur in gleichen Beträgen (also nicht nach Maßgabe des Substanzverzehrs) auf die restliche Nutzungsdauer verteilt werden.

Evtl. kommt auch eine außergewöhnliche AfA in Betracht (BFH 29. 10. 1965 VI 64/65 U, BStBl 1966 III 88).

10.2.8.4 Vorsätzliches Unterlassen der Abschreibungen

1294   Wird die Abschreibung vorsätzlich unterlassen oder in zu geringer Höhe vorgenommen, so unterscheidet der BFH zwei Fallvarianten (BFH 3. 7. 1980 IV R 31/77, BStBl 1981 II 255):

a) Verlagert der Steuerpflichtige bewusst Abschreibungsbeträge in andere Veranlagungszeiträume, um dadurch unberechtigte Steuervorteile zu erlangen (z. B. aus Gründen der Progression), so darf die bisher unterlassene AfA nicht nachgeholt werden. Dies gilt auch in den Fällen, in denen ein Wirtschaftsgut des notwendigen Betriebsvermögens in einem der Folgejahre erstmalig bilanziert wird: Die Abschreibungsbeträge für die Vorjahre bleiben in diesem Fall definitiv verloren, da die Einbuchung mit dem Wert erfolgt der bei von vornherein korrekter Bilanzierung zu Buche gestanden hätte (BFH 24. 10. 2001 X R 153/97, BStBl 2002 II 75).

> **BEISPIEL:** ▶ Der Gewerbetreibende A nutzt das in 01 für 20 000 € erworbene Kfz fast ausschließlich zu betrieblichen Zwecken. Eine Bilanzierung erfolgt jedoch bewusst zunächst nicht. Im Rahmen einer für die Jahre 03 bis 05 durchgeführten Betriebsprüfung wird der Sachverhalt aufgedeckt. Das Kfz gehört von Beginn an zum notwendigen Betriebsvermögen des Gewerbebetriebs des A. Die Einbuchung in das Betriebsvermögen in 03 erfolgt mit dem um die „verlorene" AfA für 01 und 02 (8 000 €) geminderten Anschaffungspreis (12 000 €). Eine Nachholung der unterlassenen AfA ist nicht möglich.

b) Standen dagegen außersteuerliche Gründe für die Nichtvornahme der AfA in der gebotenen Höhe im Vordergrund, so sieht der BFH darin keinen Verstoß gegen Treu und Glauben und lässt die Nachholung der AfA zu (BFH v. 3. 7. 1980 IV R 31/77 BStBl 1981 II 255).

10.2.8.5   Überhöhte AfA

Für den Fall der Inanspruchnahme überhöhter AfA gelten für die Folgejahre die o. g.   1295
Grundsätze bei versehentlichem Unterlassen der AfA (vgl. auch BFH 4. 5. 1993 VIII R
14/90, BStBl 1993 II 661).

10.2.9   Besonderheiten

10.2.9.1   AfA nach nachträglichen Herstellungs- oder Anschaffungskosten

10.2.9.1.1   Bisherige Abschreibung gemäß § 7 Abs. 1 Satz 1 und 2 EStG

Fallen nachträgliche HK/AK bei Wirtschaftsgütern an, die bisher linear gem. § 7 Abs. 1   1296
Satz 1 u. 2 EStG abgeschrieben wurden, bemisst sich die AfA der Folgejahre nach dem
Restbuchwert (nicht: ursprüngliche AfA-Bemessungsgrundlage!) zzgl. nachträglicher
AK/HK und der (ggf. neu zu schätzenden) Restnutzungsdauer des Wirtschaftsgutes
(R 7.4 Abs. 9 Satz 1 EStR).

> **BEISPIEL:** ► Fabrikant A erwirbt in 01 eine Fertigungsmaschine mit einer betriebsgewöhnlichen
> Nutzungsdauer von 8 Jahren für 15 000 €. In 06 wird die Maschine durch einen Umbau erwei-
> tert. Die Umbaukosten (nachträgliche Herstellungskosten) belaufen sich auf 5 000 € und füh-
> ren zu einer Verlängerung der Restnutzungsdauer auf 5 Jahre.

Zugang 01:   15 000 €, AfA 01 bis 05: 9 375 € (1 875 € p. a.),
              Restbuchwert 31. 12. 05: 5 625 €

AfA 06:   5 625 € Restbuchwert

              + 5 000 € nachtr. HK

              10 625 € AfA-Bemessungsgrundlage (= AfA-Volumen)

Jahres-AfA ab 06: 10 625 €/5 Jahre: 2 125 € p. a.

10.2.9.1.2   Bisherige Abschreibung gem. § 7 Abs. 2 EStG a. F.

Wurde die AfA für das Wirtschaftsgut bisher nach § 7 Abs. 2 EStG a. F. vorgenommen,   1297
so gilt für die AfA-Bemessungsgrundlage und die Berechnung der Rest-AfA das zur linearen AfA Gesagte entsprechend. Unter Umständen bietet sich jedoch ein Wechsel
zur linearen AfA an (§ 7 Abs. 3 EStG).

10.2.9.2   AfA nach Entnahme

Wird ein Wirtschaftsgut aus dem Betriebsvermögen in das Privatvermögen überführt,   1298
so ist der anzusetzende Entnahmewert (Teilwert, § 6 Abs. 1 Nr. 4 EStG; gemeiner Wert,
§ 16 Abs. 3 Satz 7 EStG) zugleich AfA-Bemessungsgrundlage und AfA-Volumen für seine
Nutzung im Rahmen der Überschusseinkünfte. Die AfA ermittelt sich nach § 7 Abs. 1
EStG und der (ggf. neu zu schätzenden) Restnutzungsdauer (R 7.3 Abs. 6 Satz 1, R 7.4
Abs. 10 Satz 1 Nr. 1 EStR).

10.2.9.3   AfA nach Einlage

Bei der Einlage eines Wirtschaftsgutes in ein Betriebsvermögen ist zu unterscheiden   1299
zwischen dem Wert, zu dem das Wirtschaftsgut erstmalig zu bilanzieren ist (Einlagewert) und der (u. U. Umständen davon abweichenden) AfA-Bemessungsgrundlage.

1300   Der **Einlagewert** bestimmt sich gem. § 6 Abs. 1 Nr. 5 EStG. Vom Grundsatz des Ansatzes des Teilwerts wird dann abgewichen, wenn das (abnutzbare) Wirtschaftsgut innerhalb von drei Jahren vor der Einlage angeschafft oder hergestellt worden ist: in diesem Fall erfolgt die Einlage mit den Anschaffungs- bzw. Herstellungskosten. Wurden für das entsprechende Witschaftsgut zuvor im Bereich der Überschusseinkünfte Abschreibungen vorgenommen worden, stellen die fortgeführten AK/HK den maßgeblichen Einlagewert dar.

1301   Die **Abschreibungsbemessungsgrundlage** bestimmt sich dagegen unter Beachtung des § 7 Abs. 1 Satz 5 EStG (vgl. Rdn. 1249).

Die Berechnung der AfA nach der Einlage erfolgt sodann wie bei der Entnahme gem. § 7 Abs. 1 EStG und der verbleibenden Restnutzungsdauer.

Der in einigen Anwendungsfällen der Einlage notwendigerweise verbleibende Restbuchwert des eingelegten Wirtschaftsgutes nach Ablauf der Restnutzungsdauer unterliegt nicht der regulären AfA, sondern ist erst bei Verkauf/Untergang aufwandswirksam auszubuchen.

BEISPIEL: Anschaffung eines beweglichen Wirtschaftsgutes in 01 für 100 000 €,

betriebsgewöhnliche Nutzungsdauer 10 Jahre,

in den Jahren 01 – 05 wird das Wirtschaftgut zur Erzielung von Überschusseinkünften (§ 2 Abs. 1 Nr. 4 – 7 EStG) genutzt;

bei einer AfA in Höhe von 10 000 € ergibt sich somit zum 31. 12. 2005 ein noch nicht abgeschriebener Betrag von 50 000 €.

Einlage ins Betriebsvermögen zum 1. 1. 06, Teilwert 60 000 €.

LÖSUNG:

a)   Die **Einlage** erfolgt mit dem **Teilwert in Höhe von 60 000 €**, § 6 Abs. 1 Nr. 5 EStG; (der Einlagewert ist **nicht** auf die fortgeführten Anschaffungskosten zu begrenzen, da die Anschaffung des Wirtschaftsgutes nicht innerhalb von drei Jahren vor Einlage erfolgte).

b)   Die **AfA-Bemessungsgrundlage** ist begrenzt auf die **fortgeführten Anschaffungskosten,** § 7 Abs. 1 Satz 5 EStG, hier: **50 000 €** (Teilwert geringer als historische, aber höher als fortgeführte Anschaffungskosten).

c)   Die im Betriebsvermögen anzusetzende AfA beträgt unter Berücksichtigung einer Restnutzungsdauer von fünf Jahren 10 000 € p. a.; verbleibender, nicht abschreibbarer Restbuchwert am 31. 12. 10: 10 000 €.

(Hinweis auf BFH 18. 8. 2009 X R 40/06, BStBl 2010 II 961, bzw. 28. 10. 2009 VIII R 46/07, BStBl 2010 II 964.)

10.2.10   Teilwertabschreibungen

10.2.10.1   Zulässigkeit der Teilwertabschreibung

1302   Bei abnutzbaren Anlagegütern **kann** der Steuerpflichtige den **Teilwert** ansetzen, wenn dieser aufgrund einer voraussichtlich dauernden Wertminderung niedriger ist als der Abnutzungswert, d. h. niedriger als die fortgeführten Anschaffungs- oder Herstellungskosten (§ 6 Abs. 1 Nr. 1 Satz 2 EStG).

BEISPIEL: ▶

1. Eine Maschine ist am 31.12.01 mit ihrem Abnutzungswert i. H. von 2 000 € bilanziert worden. Am 31.12.02 beträgt der Abnutzungswert 1 500 €, der Teilwert 1 000 €. Der Stpfl. kann einen Wertansatz wählen, der zwischen 1 000 € und 1 500 € liegt, d. h. er darf höchstens den Abnutzungswert und muss mindestens den Teilwert ansetzen.

2. Der Stpfl. hat die Maschine am 31.12.02 mit einem Zwischenwert i. H. von 1 200 € angesetzt. Am 31.12.03 beträgt der Abnutzungswert 800 €, der Teilwert 500 €. Der Stpfl. kann einen Wertansatz wählen, der zwischen 500 € und 800 € liegt.

10.2.10.2   Notwendigkeit der Teilwertabschreibung

Nach § 253 Abs. 3 HGB **müssen** Gegenstände des Anlagevermögens bei einer voraussichtlich dauernden Wertminderung mit dem niedrigeren Wert, der ihnen am Abschlussstichtag beizulegen ist, angesetzt werden („Niederstwertprinzip beim Anlagevermögen"). Damit ergibt sich aufgrund der handelsrechtlichen Bewertungsvorschriften bei abnutzbaren Anlagegütern der Zwang, die fortgeführten Anschaffungs- oder Herstellungskosten zu unterschreiten, wenn der Wert dieser Wirtschaftsgüter voraussichtlich dauernd niedriger ist.   1303

Nach dem Grundsatz der Maßgeblichkeit der Handelsbilanz für die Steuerbilanz muss in diesen Fällen auch in der Steuerbilanz der „niedrigere Wert" angesetzt werden. Es besteht insofern also auch steuerrechtlich ein Zwang, die fortgeführten Anschaffungs- oder Herstellungskosten zu unterschreiten, jedoch nicht den Teilwert.

BEISPIEL: ▶ Der normale Abnutzungswert einer Maschine beträgt am Bilanzstichtag 3 000 €, der handelsrechtlich beizulegende Wert nach § 253 Abs. 3 HGB beträgt 2 500 €, der steuerliche Teilwert 2 000 €. In der Handelsbilanz **muss** die Firma 2 500 € ansetzen, steuerlich gilt dieser Wertansatz ebenfalls als Höchstbetrag. In der Steuerbilanz **kann** darüber hinaus ein Wert von 2 000 € angesetzt werden, die notwendige einheitliche Ausübung eines steuerlichen Wahlrechts für die Handelsbilanz (§ 254 HGB a. F.) wurde durch das BilMoG aufgehoben.

(Einstweilen frei)   1304

10.2.10.3   Notwendigkeit der Abnutzungsabsetzungen

Nach § 6 Abs. 1 Nr. 1 i.V. mit § 7 Abs. 1 EStG besteht ein Zwang, zumindest lineare Abnutzungsabsetzungen vorzunehmen. Der Steuerpflichtige muss also den Abnutzungswert ansetzen, wenn dieser am Bilanzstichtag niedriger als der Teilwert ist.   1305

BEISPIEL: ▶ Der Abnutzungswert einer Maschine beträgt am 31.12.01 2 000 € und am 31.12.02 1 500 €, der Teilwert beträgt am 31.12.02 1 750 €. Der Stpfl. muss die Maschine am 31.12.02 mit 1 500 € bilanzieren.

10.2.10.4   Wertaufholung

Wird eine Teilwertabschreibung vorgenommen, ist der Steuerpflichtige verpflichtet, das Wirtschaftsgut in der nachfolgenden Bilanz wieder mit den fortgeführten Anschaffungs- oder Herstellungskosten anzusetzen (§ 6 Abs. 1 Nr. 1 Satz 4 EStG). Bei Beibehaltung eines niedrigeren Wertes ist der Steuerpflichtige zum Nachweis verpflichtet.   1306

10.2.10.5 AfA nach Teilwertabschreibung

1307 Durch die Teilwertabschreibung wird die Bemessungsgrundlage der AfA verändert; die weiteren AfA sind vom Buchwert vorzunehmen, der nach Durchführung der Teilwertabschreibung verbleibt. Dieser Buchwert kann gleich dem Teilwert sein, er kann aber auch höher sein, da der Steuerpflichtige bei abnutzbaren Anlagegütern auch einen Zwischenwert ansetzen darf. Dieser verbleibende Buchwert ist auf die **restliche Nutzungsdauer** zu verteilen.

> **BEISPIEL:** Die Anschaffungskosten einer Maschine betragen 10 000 €, die betriebsgewöhnliche Nutzungsdauer ist auf 10 Jahre geschätzt. Die Maschine wird linear abgesetzt. Am Ende des 5. Nutzungsjahres würden die fortgeführten Anschaffungskosten 5 000 € betragen, der Teilwert beträgt jedoch nur 3 000 €. Der Stpfl. wählt als Bilanzansatz einen Zwischenwert und bilanziert die Maschine mit 3 500 €. Die weiteren AfA für das 6. bis 10. Nutzungsjahr sind mit jährlich 700 € vorzunehmen.

1308–1315 *(Einstweilen frei)*

10.3 Abschreibungen für Gebäude und selbständige Gebäudeteile

10.3.1 Grundsätzliches

10.3.1.1 Begriff des Gebäudes

1316 Die Definition des ertragsteuerlichen Gebäudebegriffs orientiert sich am Bewertungsrecht (vgl. R 7.1 Abs. 5 EStR). Demnach ist ein Bauwerk dann als Gebäude anzusehen, wenn es

a) Menschen oder Sachen durch räumliche Umschließung Schutz gegen äußere Einflüsse gewährt,

b) den Aufenthalt von Menschen gestattet,

c) fest mit dem Grund und Boden verbunden ist sowie

d) von einiger Beständigkeit und ausreichend standfest ist.

Nr. vom.. - 516 -

Zum Gebäude gehören grundsätzlich auch alle wesentlichen Bestandteile sowie das Zubehör, aber auch alle anderen unselbständigen Gebäudeteile, soweit sie in einem einheitlichen **Nutzungs- und Funktionszusammenhang** zum Gebäude stehen (Beispiele zu den unselbständigen Gebäudeteilen enthält H 4.2 Abs. 5 EStH „Unselbständige Gebäudteile").

Grund für die genaue Abgrenzung der Gebäude/Gebäudeteile von den übrigen, selbständigen oder unselbständigen Gebäudebestandteilen ist der Wille des Gesetzgebers, aufgrund der allgemein anzunehmenden Langlebigkeit dieser Wirtschaftsgüter besondere Abschreibungsvorschriften zu schaffen.

Niederschlag gefunden hat dieser Wille in den gesetzlichen Normen des **§ 7 Abs. 4, 5 u. 5a EStG**.

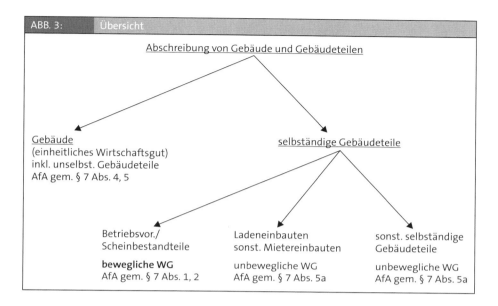

ABB. 3: Übersicht

10.3.1.2 **Abgrenzung: selbständige Gebäudeteile, die als bewegliche Wirtschaftsgüter zu bilanzieren sind**

Steuerlich nicht zum Gebäude gehörend, sondern als selbständige bewegliche Wirt-   1317
schaftsgüter zu behandeln sind Betriebsvorrichtungen (R 4.2 Abs. 3 Nr. 1, R 7.1 Abs. 3
EStR) sowie Scheinbestandteile (R 4.2 Abs. 3 Nr. 2, R 7.1 Abs. 4 EStR), und zwar auch
dann, wenn sie zivilrechtlich wesentlicher Bestandteil des Grundstücks sind.

Die Abschreibung für diese Wirtschaftsgüter erfolgt nach Maßgabe des § 7 Abs. 1 oder
Abs. 2 EStG. (vgl. Abschn. „B").

10.3.1.3 **Abgrenzung: selbständige unbewegliche Wirtschaftsgüter, die keine Gebäudeteile sind**

Zu den selbständigen Wirtschaftsgütern, die unbeweglich, aber keine Gebäude/Gebäu-   1318
deteile sind, zählen insbesondere Außenanlagen, wenn sie nicht in einem einheitlichen
Nutzungs- und Funktionszusammenhang zum Gebäude stehen (s. o.) und keine Betriebsvorrichtungen sind.

Die AfA richtet sich in diesem Fall nach § 7 Abs. 1 EStG.

10.3.1.4 **Selbständige Gebäudeteile i. S. des § 7 Abs. 5a EStG**

Selbständige unbewegliche Gebäudeteile sind gem. § 7 Abs. 5a EStG vor allem   1319

a) Ladeneinbauten und ähnliche Einbauten (R 4.2 Abs. 3 Nr. 3, R 7.1 Abs. 6 EStR, AfA
   i. d. R. über 7 Jahre, vgl. BMF-Schreiben v. 30. 5. 1996, BStBl 1996 I 643);

b) sonstige Mietereinbauten, die keine Betriebsvorrichtungen oder Scheinbestandteile
   darstellen (R 4.2 Abs. 3 Nr. 4 EStR; zur Behandlung der Mietereinbauten vgl. BMF-

Schreiben v. 15. 1. 1976, BStBl 1976 I 66, zur Abschreibungsdauer bei selbständigen unbeweglichen Mietereinbauten BFH 15. 10. 1996 VIII R 44/94, BStBl 1997 II 533);

c) sonstige, selbständige Gebäudeteile (R 4.2 Abs. 3 Nr. 5 EStR). Hierzu zählen neben den Eigentumswohnungen und den im Teileigentum stehenden Räumlichkeiten insbesondere einzelne Gebäudeteile, die teils eigenbetrieblich, teils fremdbetrieblich, teils eigenen und teils fremden Wohnzwecken dienen und deshalb in unterschiedlichen Nutzungs- und Funktionszusammenhängen stehen (R 4.2 Abs. 4 EStR).

Für diese Gebäudeteile sind die Abschreibungsvorschriften des § 7 Abs. 4 u. 5 EStG entsprechend anzuwenden.

10.3.2 AfA gemäß § 7 Abs. 4 Satz 1 EStG

10.3.2.1 Allgemeines

1320 Die Abschreibung nach § 7 Abs. 4 Satz 1 EStG ist eine sog. „typisierte" AfA: Die dort genannten AfA-Sätze sind grundsätzlich zwingend anzusetzen (soweit keine degressive AfA gem. § 7 Abs. 5 EStG gewählt wurde).

Eine niedrigere Abschreibung als die hier vorgegebene ist ausgeschlossen (R 7.4 Abs. 4 Satz 2 EStR).

Die Zugrundelegung einer kürzeren Nutzungsdauer und damit ein höherer AfA-Satz ist nur unter den Voraussetzungen des Satzes 2 gestattet (s. u.).

10.3.2.2 § 7 Abs. 4 Satz 1 Nr. 1 EStG

1321 Der typisierte AfA-Satz beträgt 3 % der Anschaffungs- oder Herstellungskosten, wenn folgende Voraussetzungen kumulativ erfüllt sind:

a) Das Gebäude muss zu einem **Betriebsvermögen** gehören.

Hierzu zählt sowohl das notwendige als auch das gewillkürte Betriebsvermögen.

b) Das Gebäude darf **nicht Wohnzwecken** dienen.

Zum Begriff der „Wohnzwecke" vgl. R 7.2 Abs. 1 EStR. Eine vorübergehende Beherbergung von Personen, z. B. in Ferienwohnungen, stellt keine Nutzung zu Wohnzwecken i. S. dieser Vorschrift dar.

c) Der **Bauantrag** für das Gebäude muss nach dem 31. 3. 1985 gestellt worden sein.

10.3.2.3 § 7 Abs. 4 Satz 1 Nr. 2 EStG

1322 Für **alle anderen Gebäude,** die nicht die Voraussetzungen der Nr. 1 erfüllen und die auch nicht degressiv gem. § 7 Abs. 5 EStG abgeschrieben werden, beträgt der verbindliche AfA-Satz

a) 2 % der Anschaffungs- oder Herstellungskosten, wenn das Gebäude nach dem 31. 12. 1924 fertig gestellt worden ist bzw.

b) 2,5 % bei Fertigstellung vor dem 1. 1. 1925.

Maßgeblich ist demnach hierbei ausschließlich der Zeitpunkt der Fertigstellung des Gebäudes, der Zeitpunkt der Anschaffung ist insoweit unmaßgeblich.

Die Tatsache, dass Gebäude, die nicht die Tatbestandsmerkmale des § 7 Abs. 4 Satz 1 Nr. 1 EStG erfüllen, mit einem vergleichsweise geringeren AfA-Satz abzuschreiben sind, rechtfertigt für sich genommen noch keine AfaA oder Teilwertabschreibung (§ 7 Abs. 4 Satz 4 EStG).

BEISPIEL: Apotheker A (Gewinnermittlung gem. § 4 Abs. 1 EStG, § 5 EStG) erwirbt mit notariellem Vertrag vom 2. 1. 2001 ein Mehrfamilienhaus (Bauantrag nach 31. 3. 1985). Die auf das Gebäude entfallenden AK belaufen sich auf 400 000 € und entfallen wie folgt auf folgende Räumlichkeiten:

a) Erdgeschoss/1. OG: 200 000 €, Nutzung als Verkaufs- und Lagerräume

b) 2. OG: 100 000 €, Vermietung an einen Arzt (Praxisräume)

c) 3. OG: 100 000 €, Nutzung zu eigenen Wohnzwecken

Durch die Nutzung des Gebäudes zu teils eigenbetrieblichen und teils fremdbetrieblichen sowie zu eigenen Wohnzwecken entstehen drei unterschiedliche selbständige Gebäudeteile, für die die Anwendung der Abschreibungsregeln des § 7 Abs. 4 u. 5 EStG jeweils einzeln zu überprüfen ist (§ 7 Abs. 5a, R 4.2 Abs. 4, R 7.1 Abs. 6 EStR).

Die **Büro- und Lagerräume** stellen notwendiges Betriebsvermögen dar, die darauf entfallenden Anschaffungskosten sind gem. § 7 Abs. 4 Satz 1 Nr. 1 EStG mit 3 % p. a. abzuschreiben.

Die Räumlichkeiten der **Arztpraxis** kann A als gewillkürtes Betriebsvermögen behandeln (R 4.2 Abs. 9 EStR).

Da insoweit keine Nutzung zu Wohnzwecken erfolgt, kann auch für diesen Gebäudeteil die AfA nach der Nr. 1 (3 %) in Anspruch genommen werden. Würde er die Arztpraxis seinem Privatvermögen zuordnen, käme insoweit lediglich die AfA gem. § 7 Abs. 4 Satz 1 Nr. 2 EStG (2 %) in Betracht.

Eine Abschreibung für den zu **eigenen Wohnzwecken** genutzten Gebäudeteil kommt mangels Einkünfteerzielung nicht in Betracht.

10.3.3 AfA gemäß § 7 Abs. 4 Satz 2 EStG

Die typisierten, d. h. nicht auf die individuelle betriebsgewöhnliche Nutzungsdauer abgestellten AfA-Sätze des § 7 Abs. 4 Satz 1 EStG führen grds. innerhalb eines Zeitraums von 33 $^{1}/_{3}$ Jahren (Nr. 1) bzw. 50/40 Jahren (Nr. 2 Buchst. a u. b) zu einer vollständigen Abschreibung des Gebäudes. 1323

Für den Fall, dass aufgrund bestimmter technischer oder wirtschaftlicher Umstände **die tatsächliche Nutzungsdauer** eines Gebäudes jedoch **nachweislich** geringer ist als die o. g. Zeiträume, sieht § 7 Abs. 4 Satz 2 EStG die Möglichkeit vor, die Abschreibung entsprechend der kürzeren (Rest-)Nutzungsdauer vorzunehmen. 1324

Der Zeitraum der „Nutzungsdauer" in diesem Sinne beginnt nach Maßgabe des § 11c Abs. 1 EStDV (d. h. grundsätzlich im Zeitpunkt der Fertigstellung oder Anschaffung durch den Steuerpflichtigen).

In Fällen des unentgeltlichen Erwerbs ist der Rechtsnachfolger nicht nur an die AfA-Bemessungsgrundlage seines Rechtsvorgängers, sondern auch an den von ihm in Anspruch genommenen Prozentsatz gebunden (§ 11d Abs. 1 EStDV).

BEISPIEL: ▶ B erwirbt in 01 ein Mietwohngebäude (Baujahr 1980) für 100 000 €. Anhand eines Gutachtens belegt er, dass die tatsächliche Nutzungsdauer lediglich noch 20 Jahre beträgt.

Abweichend von § 7 Abs. 4 Satz 1 Nr. 2 Buchst. a EStG (2 %) kann A das Gebäude auf die nachgewiesene geringere Restnutzungsdauer von 20 Jahren abschreiben (= 5 % p. a.).

10.3.4 AfA gemäß § 7 Abs. 5 EStG

1325

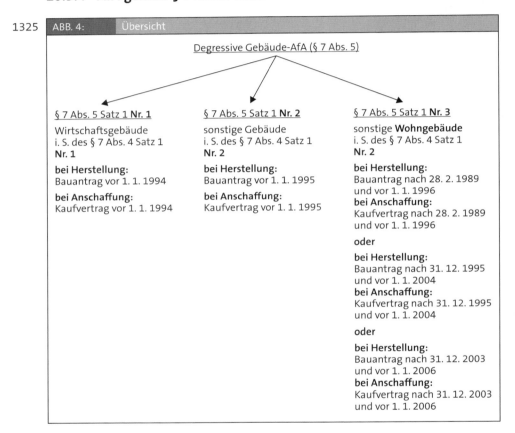

ABB. 4:   Übersicht

Degressive Gebäude-AfA (§ 7 Abs. 5)

§ 7 Abs. 5 Satz 1 **Nr. 1**	§ 7 Abs. 5 Satz 1 **Nr. 2**	§ 7 Abs. 5 Satz 1 **Nr. 3**
Wirtschaftsgebäude i. S. des § 7 Abs. 4 Satz 1 **Nr. 1**	sonstige Gebäude i. S. des § 7 Abs. 4 Satz 1 **Nr. 2**	sonstige **Wohngebäude** i. S. des § 7 Abs. 4 Satz 1 **Nr. 2**
bei Herstellung: Bauantrag vor 1. 1. 1994	**bei Herstellung:** Bauantrag vor 1. 1. 1995	**bei Herstellung:** Bauantrag nach 28. 2. 1989 und vor 1. 1. 1996
bei Anschaffung: Kaufvertrag vor 1. 1. 1994	**bei Anschaffung:** Kaufvertrag vor 1. 1. 1995	**bei Anschaffung:** Kaufvertrag nach 28. 2. 1989 und vor 1. 1. 1996
		oder
		bei Herstellung: Bauantrag nach 31. 12. 1995 und vor 1. 1. 2004
		bei Anschaffung: Kaufvertrag nach 31. 12. 1995 und vor 1. 1. 2004
		oder
		bei Herstellung: Bauantrag nach 31. 12. 2003 und vor 1. 1. 2006
		bei Anschaffung: Kaufvertrag nach 31. 12. 2003 und vor 1. 1. 2006

10.3.4.1 Allgemeine Voraussetzungen

1326 Alternativ zur „normalen" linearen AfA gem. § 7 Abs. 4 EStG **kann** der Steuerpflichtige unter bestimmten weiteren Voraussetzungen eine ebenfalls nach typisierten Prozentsätzen bestimmte Abschreibung in fallenden Jahresbeträgen in Anspruch nehmen, § 7 Abs. 5 EStG.

Die hierbei im Gesetz genannten Staffelsätze sind verbindlich, der Steuerpflichtige hat keine Wahl zur anderweitigen „Verteilung" der AfA-Sätze innerhalb des vorgegebenen Abschreibungszeitraums (R 7.4 Abs. 6 EStR).

Alle Formen dieser degressiven Gebäude-AfA haben folgende Gemeinsamkeiten: 1327

a) das Gebäude muss in einem Mitgliedstaat der Europäischen Union oder in einem anderen Staat belegen sein, auf den das Abkommen über den Europäischen Wirtschaftsraum angewendet wird (§ 7 Abs. 5 Satz 1 EStG).

b) es ist entweder vom Steuerpflichtigen hergestellt oder bis zum Ende des Jahres der Fertigstellung angeschafft worden.

Daneben führen die Nr. 1–3 der Vorschrift noch weitere Voraussetzungen insbesondere in zeitlicher Hinsicht auf.

Für den Begriff Herstellung eines Neubaus i. S. des § 7 Abs. 5 EStG vgl. H 7.4, „Neubau" 1328 EStH: Demnach liegen Neubauten bei Umbauten, Ausbauten und Modernisierungen nicht bereits dann vor, wenn sich dadurch die Zweckbestimmung des Gebäudes ändert (z. B. beim Umbau eines bisher zu eigenen Wohnzwecken genutzten EFH zu einem zur Vermietung genutzten ZFH). Entscheidend ist vielmehr, ob das Gebäude in **bautechnischer** Hinsicht neu ist.

Fertig gestellt ist ein Gebäude dann, wenn es bezugsfertig, d. h. nach Erledigung der 1329 wesentlichen Arbeiten bewohnbar ist (BFH 7. 4. 1987 IX R 140/84, BStBl 1987 II 567). Eine Eigentumswohnung ist auch dann bereits mit der Bezugsfertigkeit „fertig gestellt" i. S. von § 7 Abs. 5, 5a EStG, wenn zu diesem Zeitpunkt bürgerlich-rechtlich noch kein Wohnungseigentum begründet und die Teilungserklärung noch nicht abgegeben worden ist (BFH 26. 1. 1999 IX R 53/96, BStBl 1999 II 589).

Im Fall der Anschaffung durch den Steuerpflichtigen kommt die Anwendung der de- 1330 gressiven AfA nur dann in Betracht, wenn der Hersteller für dieses Gebäude weder die degressive AfA noch erhöhte oder Sonderabschreibungen in Anspruch genommen hat (§ 7 Abs. 5 Satz 2 EStG). Dies gilt jedoch nur für das Jahr der Veräußerung; im Folgejahr könnte ein Erwerber auch in diesem Fall zur AfA gem. § 7 Abs. 5 EStG wechseln (BFH 3. 4. 2001 IX R 16/98, BStBl 2001 II 599).

10.3.4.2   AfA gemäß § 7 Abs. 5 Satz 1 Nr. 1 EStG (Wirtschaftsgebäude)

Für „Wirtschaftsgebäude" i. S. des § 7 Abs. 4 Satz 1 Nr. 1 EStG kommt eine degressive 1331 AfA unter den folgenden Voraussetzungen in Betracht:

a) im Herstellungsfall: Bauantrag gestellt vor 1. 1. 1994 oder

b) im Anschaffungsfall: Abschluss des obligatorischen Vertrags vor 1. 1. 1994

In diesem Fall können folgende Abschreibungssätze in Anspruch genommen werden:

a) im Fertigstellungsjahr und den folgenden 3 Jahren: jeweils 10 %

b) in den folgenden 3 Jahren: jeweils 5 %

c) in den darauf folgenden 18 Jahren: jeweils 2,5 %

der Anschaffungs- oder Herstellungskosten.

10.3.4.3   AfA gemäß § 7 Abs. 5 Satz 1 Nr. 2 EStG (sonstige Gebäude)

1332   Für **alle anderen** Gebäude i. S. des § 7 Abs. 4 Satz 1 Nr. 2 EStG ist die degressive AfA nach Maßgabe folgender zeitlicher Bedingungen zu gewähren:

a) im Herstellungsfall: Bauantrag gestellt vor 1. 1. 1995 oder

b) im Anschaffungsfall: Abschluss des obligatorischen Vertrags vor 1. 1. 1995.

Folgende Staffelsätze gelangen zur Anwendung:

a)	im Fertigstellungsjahr und den folgenden 7 Jahren:	jeweils 5 %
b)	in den folgenden 6 Jahren:	jeweils 2,5 %
c)	in den darauf folgenden 36 Jahren	jeweils 1,25 %

der Anschaffungs- oder Herstellungskosten.

10.3.4.4   AfA gemäß § 7 Abs. 5 Satz 1 Nr. 3 EStG (Mietwohnungen)

1333   Ergänzend zu Nr. 2 des Abs. 5 hat der Gesetzgeber zur Förderung des Mietwohnungsbaus für Gebäude i. S. des § 7 Abs. 4 Satz 1 Nr. 2 EStG eine günstigere degressive AfA-Methode geschaffen. Sie gilt demzufolge nur für die Gebäude/Gebäudeteile, die **Wohnzwecken** dienen.

Folgende **drei** Fallgestaltungen sind zu unterscheiden:

a) Herstellungsfall: Bauantrag gestellt **nach 28. 2. 1989 und vor 1. 1. 1996** gestellt oder

Anschaffungsfall: Abschluss des obligatorischen Vertrags **nach 28. 2. 1989 und vor 1. 1. 1996.**

In diesem Fall sind die folgenden AfA-Sätze anzuwenden:

aa)	im Fertigstellungsjahr und den folgenden 3 Jahren:	jeweils 7 %
bb)	in den folgenden 6 Jahren:	jeweils 5 %
cc)	in den folgenden 6 Jahren:	jeweils 2 %
dd)	in den darauf folgenden 24 Jahren:	jeweils 1,25 %

b) Alternativ sind für Gebäude, für die der Bauantrag bzw. der Kaufvertrag **nach dem 31. 12. 1995 und vor dem 1. 1. 2004** gestellt/abgeschlossen wurde, folgende Sätze anzuwenden:

aa)	im Fertigstellungsjahr und den folgenden 7 Jahren:	jeweils 5 %
bb)	in den folgenden 6 Jahren:	jeweils 2,5 %
cc)	in den darauf folgenden 36 Jahren:	jeweils 1,25 %

c) In Fällen, in denen die Herstellung (maßgeblich: Bauantrag) bzw. der Erwerb (Abschluss Kaufvertrag) **nach dem 31. 12. 2003 und vor dem 1. 1. 2006** erfolgten, sind die folgenden AfA-Sätze maßgeblich:

aa)	im Fertigstellungsjahr und den folgenden 9 Jahren:	jeweils 4 %
bb)	in den folgenden 8 Jahren:	jeweils 2,5 %
cc)	in den darauf folgenden 32 Jahren:	jeweils 1,25 %

10.3.5 Nachholung unterlassener AfA

Wie bei den sonstigen Wirtschaftsgütern (vgl. Rdn. 1293 ff.) ist in den Fällen, in denen 1334
in abgelaufenen Veranlagungszeiträumen AfA für Gebäude zu hoch oder zu niedrig angesetzt wurden, die entsprechenden Veranlagungen jedoch nicht mehr änderbar sind,
zu unterscheiden, ob die Falschberechnungen versehentlich oder zur Erlangung unge-
rechtfertigter Steuervorteile vorgenommen wurden.

Im zweiten Fall ist das Nachholen der zu niedrig berechneten AfA grds. nicht möglich.

Bei versehentlicher Falschberechnung gilt Folgendes:

a) bisherige AfA gem. § 7 Abs. 4 Satz 2 EStG:

Verteilung des verbleibenden Restwerts/Buchwerts auf die verbleibende Restnutzungsdauer;

b) bisherige AfA gem. § 7 Abs. 4 Satz 1 EStG oder § 7 Abs. 5 EStG:

Beibehaltung der bisherigen AfA-Sätze; dadurch Verlängerung der effektiven Abschreibungsdauer (H 7.4 „Unterlassene oder überhöhte AfA" EStH).

10.3.6 Besonderheiten

10.3.6.1 Beginn/Ende der AfA

Für den Beginn und das Ende der AfA gilt grds. das zu den übrigen Wirtschaftsgütern 1335
Gesagte entsprechend (vgl. Rdn. 1286 ff.).

Die degressive AfA gem. § 7 Abs. 5 EStG darf darüber hinausgehend im Erstjahr unabhängig vom Zeitpunkt der Fertigstellung oder Anschaffung mit dem vollen Jahresbetrag berücksichtigt werden (vgl. § 7 Abs. 5 Satz 3 EStG).

10.3.6.2 Fortführung der AfA in besonderen Fällen

10.3.6.2.1 AfA bei nachträglichen Anschaffungs- oder Herstellungskosten

Bemessungsgrundlage für die AfA bei Gebäuden sind die Anschaffungs- und Herstel- 1336
lungskosten (zum Begriff der AK/HK bei Grundstücken vgl. Ausführungen zu § 21 EStG,
Rdn. 2055 ff.).

Fallen während der Nutzung des Gebäudes zur Einkünfteerzielung **nachträgliche An-
schaffungs- oder Herstellungskosten** an, so erhöhen diese sowohl das abschreibungsfähige AfA-Volumen als auch die AfA-Bemessungsgrundlage.

Abhängig von den unterschiedlichen AfA-Methoden gilt für die Berechnung der AfA unter Berücksichtigung nachträglicher AK/HK Folgendes:

10.3.6.2.1.1 Bisherige Abschreibung gemäß § 7 Abs. 4 Satz 1 EStG oder § 7 Abs. 5 EStG

Die nachträglichen AK/HK erhöhen die **bisherige AfA-Bemessungsgrundlage.**   1337

Bei der Berechnung der AfA ist weiterhin von den **gesetzlichen Prozentsätzen** auszugehen.

Eine Ausnahme von diesem Grundsatz gilt bei Gebäuden i. S. des § 7 Abs. 4 Satz 1 EStG dann, wenn durch das Festhalten an den gesetzlichen AfA-Sätzen eine vollständige Abschreibung des Gesamtaufwands innerhalb der **tatsächlichen Nutzungsdauer** nicht mehr erreicht werden kann: In diesem Fall ist die AfA ab dem Zeitpunkt der Beendigung der nachträglichen AK/HK nach der (nachzuweisenden) Restnutzungsdauer zu bemessen (BFH 7. 6. 1977 VIII R 105/73, BStBl 1977 II 606).

10.3.6.2.1.2 Bisherige Abschreibung gem. § 7 Abs. 4 Satz 2 EStG

1338 Wurde die AfA für das Gebäude bisher nach der nachgewiesenen tatsächlichen Nutzungsdauer berechnet, so ermittelt sich die neue AfA-Bemessungsgrundlage nach Beendigung der nachträglichen AK/HK aus **der Summe des Restwerts** und den **nachträglichen HK/AK** (H 7.3 „nachträgliche Anschaffungs- oder Herstellungskosten" EStH).

Die Höhe der AfA bestimmt sich nach der neu zu schätzenden **Restnutzungsdauer.** Aus Vereinfachungsgründen ist es jedoch nicht zu beanstanden, wenn der bisherige Prozentsatz beibehalten wird (R 7.4 Abs. 9 Satz 1 u. 2 EStR).

1339 Abzugrenzen sind die o. g. Fälle von den Fallgestaltungen, in denen die nachträglichen Herstellungskosten zur Entstehung eines **neuen Wirtschaftsgutes** führen (zur Abgrenzung von Anschaffungskosten, Herstellungskosten und Erhaltungsaufwendungen bei Gebäuden vgl. insbesondere BMF-Schreiben v. 18. 7. 2003, BStBl 2003 I 386, und die dort genannten BFH-Urteile). Abschreibungsbemessungsgrundlage für das neue Wirtschaftsgut ist dann die Summe des Restwerts und der nachträglichen Herstellungskosten (R 7.3 Abs. 5 EStR).

Die AfA für diese Gebäude/Gebäudeteile ermittelt sich i. d. R nach § 7 Abs. 4 Satz 1 EStG oder bei nachgewiesener geringerer Nutzungsdauer nach § 7 Abs. 4 Satz 2 EStG. Die degressive AfA gem. § 7 Abs. 5 EStG kommt nur dann in Betracht (neben den übrigen Voraussetzungen), wenn es sich bautechnisch um einen Neubau handelt (R 7.4 Abs. 9 Satz 5 EStR).

10.3.6.2.2 AfA nach Einlage in ein Betriebsvermögen

1340 Auf Rdn. 1249 ff. wird verwiesen.

Bei der Einlage von Gebäuden, die vorher zur Erzielung von Überschusseinkünften genutzt wurden, ist davon ausgehen, dass der Einlagewert (Teilwert, ggf. beschränkt auf fortgeführte AK/HK bei Einlage innerhalb von drei Jahren nach Anschaffung oder Herstellung, § 6 Abs. 1 Nr. 5 Satz 1 u. 2 EStG) nicht mehr identisch mit der AfA-Bemessungsgrundlage sein muss (uneingeschränkter Ansatz der fortgeführten AK/HK, § 7 Abs. 1 Satz 5, § 7 Abs. 4 Satz 1 2. Hs. EStG, R 7.3 Abs. 6 EStR).

BEISPIEL: Erwerb eines Gebäudes in 01 für 150 000 €; Nutzung zu Vermietungszwecken bis einschließlich 05; Anfang 06 Einlage in ein Betriebsvermögen; Teilwert bei Einlage: 200 000 €.

Die **Einlage** erfolgt mit einem Teilwert von 200 000 €.

Die **AfA-Bemessungsgrundlage** für die Jahre ab 06 ermittelt sich wie folgt:

Einlagewert (= TW, da höher als historische AK)	200 000 €
AfA 01–05 (2 % p. a.):	./. 15 000 €
	185 000 €

Die **AfA-Höhe** bestimmt sich in den Folgejahren nach § 7 Abs. 4 Satz 1 oder 2 EStG (vgl. R 7.4 Abs. 10 Satz 1 Nr. 1 EStR).

FORTFÜHRUNG DES BEISPIELS: ▶ Erfüllt das eingelegte Gebäude die Tatbestandsvoraussetzungen eines „Wirtschaftsgebäudes" i. S. des § 7 Abs. 4 Satz 1 Nr. 1 EStG, kann ab dem Jahr der Einlage eine AfA i. H. von 3 % p. a. abgezogen werden.

10.3.6.2.3 AfA nach Entnahme

Bei der Entnahme aus einem Betriebsvermögen bildet der Entnahmewert (Teilwert 1341 oder gemeiner Wert) die neue AfA-Bemessungsgrundlage (R 7.3 Abs. 6 Satz 1 EStR), auch hierbei ist als künftige AfA-Methode grundsätzlich die lineare AfA gem. § 7 Abs. 4 Satz 1 oder 2 EStG vorgesehen (R 7.4 Abs. 10 Satz 1 Nr. 1 EStR).

Ausnahme: Die Entnahme erfolgt bereits im Fertigstellungsjahr; in diesem Fall kann ab dem Folgejahr die degressive AfA in Anspruch genommen werden (BFH 3. 4. 2001 IX R 16/98, BStBl 2001 II 599).

10.3.6.2.4 AfA nach Nutzungsänderung im Privatvermögen

Wird ein Gebäude des Privatvermögens, das einkommensteuerlich bisher unbeachtlich 1342 war (z. B. wegen Nutzung zu eigenen Wohnzwecken), erstmalig zur Erzielung von Einkünften aus Vermietung und Verpachtung (§ 21 Abs. 1 EStG) genutzt, so bemisst sich die AfA nach den HK/AK des Steuerpflichtigen (oder seines Rechtsvorgängers beim unentgeltlichen Erwerb, R 7.3 Abs. 6 Satz 2 Nr. 1a) EStR).

Tatsächlich als AfA abgezogen werden kann jedoch in den Folgejahren nur der um „fiktive" AfA gekürzte Teilbetrag der AK/HK. Maßgeblich ist hierbei die AfA, die bei Wahl der entsprechenden AfA-Methode hätte abgezogen werden können, wenn das Wirtschaftsgut von Beginn an zur Erzielung von Einkünften genutzt worden wäre (vermindertes AfA-Volumen). In diesen Fällen kann auch noch nach Ablauf des Anschaffungs- oder Herstellungsjahres neben der linearen die degressive AfA in Anspruch genommen werden (R 7.4 Abs. 10 Nr. 2 EStR).

BEISPIEL: ▶ A stellt in 01 ein Einfamilienhaus fertig und nutzt es zunächst bis Ende 03 zu eigenen Wohnzwecken. Die auf das Gebäude entfallenden Herstellungskosten belaufen sich auf 200 000 €.

Ab Beginn des Jahres 04 vermietet er das Haus und erzielt hierdurch Einnahmen gem. § 21 Abs. 1 EStG.

1. Die AfA-Bemessungsgrundlage beträgt unverändert 200 000 €.

2. A kann wählen, ob er für das Gebäude lineare AfA gem. § 7 Abs. 4 Satz 1 Nr. 2 Buchst. a EStG oder degressive AfA gem. § 7 Abs. 5 Satz 1 Nr. 3 Buchst. b EStG in Anspruch nimmt. Hierbei muss er beachten, dass, abhängig von der Wahl seiner AfA-Methode, das verbleibende AfA-Volumen gemindert wird (bei linearer AfA: um 3 Jahre × 2 % p. a. × 200 000 € = 12 000 €, bei degressiver AfA: um 3 Jahre × 5 % p. a. × 200 000 € = 30 000 €).

3. Die AfA beträgt fortan 4 000 € p. a. (2 %, § 7 Abs. 4 Satz 1 Nr. 2a EStG) oder 10 000 € p. a. (5 % im 4. Jahr, § 7 Abs. 5 Satz 1 Nr. 3b EStG) bis zur vollständigen Verrechnung des verminderten AfA-Volumens.

10.3.6.2.5   Wechsel der AfA-Methode (R 7.4 Abs. 7 EStR)

1343   Grundsätzlich ist der Steuerpflichtige an die einmal getroffene Wahl der AfA-Methode (§ 7 Abs. 4 oder 5 EStG) gebunden, er kann nicht beliebig zwischen den Methoden hin- und herwechseln.

1344   Eine **Verpflichtung** zum Wechsel besteht jedoch in folgenden Fällen:

1.   Für ein Gebäude liegen erstmals die Tatbestandsmerkmale eines „Wirtschaftsgebäudes" vor:

Die AfA ist künftig nach § 7 Abs. 4 Satz 1 Nr. **1** EStG zu berechnen.

2.   Ein Gebäude erfüllt erstmals nicht mehr die Merkmale eines Wirtschaftsgebäudes.

3.   Ein bisher nach § 7 Abs. 5 Nr. **3** EStG abgeschriebenes Mietwohngebäude dient nicht mehr Wohnzwecken.

Hier ist für die Folge-AfA § 7 Abs. 4 Nr. **2 Buchst. a** EStG einschlägig.

Dies gilt jedoch dann nicht, wenn dieses Gebäude nunmehr zu fremdbetrieblichen Zwecken genutzt wird: in diesem Fall kann der Stpfl. (bei Vorliegen der zeitlichen Voraussetzungen) die degressive AfA gem. § 7 Abs. 5 Nr. 2 EStG beanspruchen (vgl. BFH 15. 2. 2005 IX R 32/03, BStBl 2006 II 51).

10.3.7   Absetzungen für außergewöhnliche Abnutzung gemäß § 7 Abs. 1 Satz 7 EStG – Teilwertabschreibungen

10.3.7.1   Anwendungsbereich

1345   Absetzungen für außergewöhnliche Abnutzungen (§ 7 Abs. 1 Satz 7 EStG) sind bei Gebäuden grundsätzlich ebenso zulässig wie Teilwertabschreibungen (§ 6 Abs. 1 Nr. 2 EStG).

Nach dem Gesetzeswortlau ist § 7 Abs. 1 Satz 7 EStG zwar den Fällen der linearen Gebäude-AfA vorbehalten (§ 7 Abs. 4 Satz 3 EStG), die FinVerw lässt sie jedoch auch bei Anwendung der degressiven AfA gem. § 7 Abs. 5 EStG zu (R 7.4 Abs. 11 EStR).

Zu den einzelnen Tatbestandsvoraussetzungen einer AfaA bzw. Teilwertabschreibung sowie für eine evtl. Wertaufholung bei Steuerpflichtigen, die ihren Gewinn nach § 4 Abs. 1 EStG u. § 5 EStG ermitteln vgl. im Übrigen Rdn. 1275 bzw. 1306 ff.

1346   **Besonderheiten:**

1.   Zur Behandlung von Abbruchkosten eines Gebäudes vgl. H 6.4 „Abbruchkosten" EStH.

2.   Ein beim Erwerb eines Grundstücks gezahlter Überpreis rechtfertigt allein keine Teilwertabschreibung. Eine Berufung auf eine Fehlmaßnahme ist ausgeschlossen. Der Überpreis nimmt jedoch an einer aus anderen Gründen gerechtfertigten Teilwertabschreibung in dem Verhältnis teil, das demgegenüber dem Anschaffungszeitpunkt gesunkenen Vergleichswert entspricht (BFH 7. 2. 2002 IV R 87/99, BStBl 2002 II 294).

10.3.7.2 Durchführung der AfaA und Abschreibungen im Folgejahr

Gemäß § 11c Abs. 2 Satz 1 EStDV wird die Abschreibungsbemessungsgrundlage für das 1347
Gebäude **erst im Jahr nach** Vornahme der AfaA um die festgestellte Wertminderung
gemindert (beachte in Abgrenzung dazu: auch bei Vornahme einer AfaA/Teilwert-
abschreibung gelten die Grundsätze zur Berücksichtigung nachträglicher Anschaf-
fungs- oder Herstellungskosten **im Jahr ihrer Entstehung** weiter).

Die AfA selbst ist nach dem bisherigen Prozentsatz zu berechnen.

BEISPIEL: ▶ Das von A im Januar 01 fertig gestelltes Gebäude (HK 200 000 €) wird privat an eine
Apotheke vermietet.

Am 30. 6. 04 wird es durch einen Brand im Kellergeschoss so stark beschädigt, dass von einer
außerordentlichen Wertminderung von 30 % des aktuellen Restwerts auszugehen ist.

Restwert 1. 1. 04:	Herstellungskosten:	200 000 €	
	AfA 01–03	./. 12 000 €	
	(2 % p. a., 3 Jahre):		
			188 000 €
„reguläre" AfA 04 (wie bisher):			./. 4 000 €
Berechnung der AfaA:	Restwert 1. 1. 04:	188 000 €	
	abzgl. AfA 04		
	bis Schadenseintritt:	./. 2 000 €	
	fiktiver Restwert am 30. 6.:	186 000 €	
	AfA: 30 % von 186 000 €:		./. 55 800 €
Restwert 31. 12. 04:			128 200 €
Berechnung der AfA 05:	Bemessungsgrundlage bisher:		
	abzgl. AfaA 03	200 000 €	
	(§ 11c Abs. 2 Satz 1 EStDV):	./. 55 800 €	
	Bemessungsgrundlage neu:	144 200 €	
	AfA: 2 % von 144 200 €:		./. 2 884 €
Restwert 31. 12. 05:			125 316 €

Bei Teilwertabschreibungen erfolgt die Berechnung entsprechend.

10.4 Gemeinsame Vorschriften für erhöhte Absetzungen und Sonderabschreibungen (§ 7a EStG)

10.4.1 Formelle Voraussetzungen

Vorschriften für erhöhte Absetzungen und Sonderabschreibungen finden sich sowohl 1348
im EStG als auch in anderen Gesetzen, z. B. dem FördG. Sie sind grundsätzlich zulässig
für bewegliche und unbewegliche Wirtschaftsgüter sowohl des Privat- als auch des Betriebsvermögens, es sei denn, die einzelne Vorschrift enthält diesbezüglich eine Einschränkung (z. B. § 7g Abs. 5 EStG: **bewegliche** Wirtschaftsgüter des **Anlagevermögens**).

Bei Wirtschaftsgütern, die zu einem Betriebsvermögen gehören, sind erhöhte Abset- 1349
zungen oder Sonderabschreibungen nur zulässig, wenn sie in ein **besonderes,** laufend
zu führendes **Verzeichnis** aufgenommen werden. Das Verzeichnis braucht nicht geführt
zu werden, wenn aus der Buchführung der Tag der Anschaffung oder Herstellung, die
Anschaffungs- oder Herstellungskosten, die betriebsgewöhnliche Nutzungsdauer und
die Höhe der jährlichen Absetzungen für Abnutzung sowie die erhöhten Absetzungen
und Sonderabschreibungen ersichtlich sind (§ 7a Abs. 8 EStG).

Gemeinsam für die erhöhten Absetzungen und Sonderabschreibungen ist der in der jeweiligen Einzelvorschrift festgelegte „Begünstigungszeitraum", innerhalb dessen das Wahlrecht zur Inanspruchnahme der entsprechenden Steuervergünstigung ausgeübt werden muss (R 7a Abs. 2 EStR).

10.4.2 Absetzungen in Sonderfällen

1350 Entstehen für ein Wirtschaftsgut **nachträgliche Herstellungskosten,** so bemessen sich sowohl die „normale" AfA als auch die erhöhten Absetzungen und Sonderabschreibungen vom Jahr ihrer Entstehung an nach den um die nachträglichen Herstellungskosten erhöhten Anschaffungs- oder Herstellungskosten (§ 7a Abs. 1 EStG). Aus Vereinfachungsgründen ist hierbei davon auszugehen, dass diese Kosten zu Beginn des Kalender- bzw. Wirtschaftsjahres angefallen sind (R 7a Abs. 3 EStR, H 7a Bsp. 1 EStH). Das gilt für nachträgliche Anschaffungskosten entsprechend, nicht jedoch für die Fälle, in denen durch die angefallenen Kosten ein neues, selbständig abzuschreibendes Wirtschaftsgut entstanden ist.

1351 Soweit erhöhte Absetzungen oder Sonderabschreibungen für **Anzahlungen** auf Anschaffungskosten oder für **Teilherstellungskosten** in Anspruch genommen werden können, treten diese an die Stelle der Anschaffungs- oder Herstellungskosten (§ 7a Abs. 2 EStG).

1352 Bei der Inanspruchnahme erhöhter Absetzungen müssen in jedem Jahr des Begünstigungszeitraums **mindestens** die Absetzungen nach § 7 Abs. 1 oder 4 EStG berücksichtigt werden (§ 7a Abs. 3 EStG).

Werden Sonderabschreibungen abgesetzt, ist **daneben** die AfA gem. § 7 Abs. 1 bzw. Abs. 4 EStG zu berechnen (§ 7a Abs. 4 EStG). Für bewegliche Wirtschaftsgüter ist eine degressive AfA gem. § 7 Abs. 2 EStG in diesen Fällen deshalb nicht möglich (Ausnahme: § 7g EStG, s. u.).

Die Inanspruchnahme degressiver AfA nach § 7 Abs. 2 oder Abs. 5 EStG **in den Vorjahren** führt hingegen nicht zum Ausschluss von Sonderabschreibungen in den Folgejahren.

> **BEISPIEL:** ▸ Erwerb eines beweglichen Wirtschaftsgutes in 01;
>
> In den Jahren 01 und 02 degressive AfA gem. § 7 Abs. 2 EStG.
>
> In 03 will der Stpfl. eine Sonderabschreibung nach § 4 Abs. 2 Fördergebietsgesetz (FördG) in Anspruch nehmen (Voraussetzungen hierfür liegen grds. vor).
>
> Die Inanspruchnahme degressiver AfA in 01 und 02 ist für die Geltendmachung der Fördergebiets-AfA in 03 nicht schädlich (vgl. BFH 14. 3. 2006 I R 83/05, BStBl 2006 II 799).
>
> **Daneben** hat der Stpfl. zusätzlich die lineare AfA gem. § 7 Abs. 1 EStG zu berücksichtigen.

Die gleichzeitige Inanspruchnahme von erhöhten Absetzungen oder Sonderabschreibungen bei einem Wirtschaftsgut aufgrund mehrerer Vorschriften ist nicht zulässig (§ 7a Abs. 5 EStG).

1353 Ist ein Wirtschaftsgut mehreren Beteiligten zuzurechnen, so sind erhöhte Absetzungen oder Sonderabschreibungen nur bei den Beteiligten zu berücksichtigen, die die individuellen gesetzlichen Voraussetzungen hierfür erfüllen, da die Inanspruchnahme der Steuervergünstigungen grundsätzlich personenbezogen ist (§ 7a Abs. 7 **Satz 1** EStG).

Dabei sind von diesen „begünstigten" Beteiligten die auf sie entfallenden erhöhten Absetzungen und Sonderabschreibungen einheitlich vorzunehmen (§ 7a Abs. 7 **Satz 2** EStG).

Sind für ein Wirtschaftsgut Sonderabschreibungen vorgenommen worden, so bemessen sich die Absetzungen nach Ablauf des Begünstigungszeitraums für diese Wirtschaftsgüter nach Maßgabe des § 7a Abs. 9 EStG.

10.4.2.1 Gebäude

Bei Gebäuden bildet nach Ablauf des Begünstigungszeitraums der zu diesem Zeitpunkt   1354
verbleibende Restwert die neue AfA-Bemessungsgrundlage. Die AfA bemisst sich nach
dem um den Begünstigungszeitraum verminderten fiktiven Abschreibungszeitraum
des § 7 Abs. 4 Satz 1 EStG.

> **BEISPIEL:** Restwert eines Gebäudes i. S. des § 7 Abs. 4 Satz 1 Nr. 2 Buchst. a EStG nach Ablauf
> des 5-jährigen Begünstigungszeitraums: 100 000 €;
> verminderter Abschreibungszeitraum 50 Jahre abzgl. 5 Jahre: 45 Jahre (2,22 % p. a.)

10.4.2.2 Sonstige Wirtschaftsgüter

Bei den übrigen Wirtschaftsgütern bemisst sich die AfA nach dem Restbuchwert und   1355
der ggf. neu zu schätzenden Restnutzungsdauer (vgl. R 7a Abs. 10 EStR).

(Einstweilen frei)   1356–1368

10.5 Investitionsförderung kleiner und mittlerer Betriebe gemäß § 7g EStG

LITERATURHINWEIS:

Zu § 7g a. F. siehe Online-Version

10.5.1 Investitionsabzugsbetrag gemäß § 7g Abs. 1 – 4 EStG

Vgl. hierzu auch das BMF- Schreiben vom 20. 11. 2013, BStBl 2013 I 1493

10.5.1.1 Investitionsabzugsbetrag, 7g Abs. 1 EStG

Steuerpflichtige können für   1369

► künftige Anschaffungs- oder Herstellungskosten eines

► abnutzbaren beweglichen Wirtschaftsgutes (nicht erforderlich: **neues** Wirtschaftsgut)

► des Anlagevermögens

einen den Gewinn mindernden Investitionsabzugsbetrag in Höhe von maximal 40 %
der voraussichtlichen Anschaffungs- oder Herstellungskosten in Anspruch nehmen.

Die sich hierbei ergebende Gewinnkorrektur erfolgt **außerbilanziell** (somit können sich auch keine Fragestellungen im Zusammenhang mit Bilanzberichtigungen bzw. Bilanzänderungen gem. § 4 Abs. 2 EStG ergeben).

BEISPIEL (GRUNDFALL): Fabrikant A beabsichtigt in 06 die Anschaffung einer neuen Maschine mit voraussichtlichen Anschaffungskosten von 100 000 €.

LÖSUNG: A kann im Vorgriff auf die geplante Anschaffung bereits in seinem Jahresabschluss für 05 einen Investitionsabzugsbetrag in Höhe von max. 40 % v. 100 000 € = 40 000 € außerbilanziell gewinnmindernd berücksichtigen.

Die Inanspruchnahme des Investitionsabzugsbetrags ist an weitere Voraussetzungen geknüpft:

a) **keine Überschreitung folgender betrieblicher Größenmerkmale**

   – bei Gewerbebetrieben und selbständig Tätigen (soweit Gewinn nach § 4 Abs. 1 EStG oder § 5 EStG ermittelnd): Betriebsvermögen 235 000 €

   – bei Betrieben der Land- und Forstwirtschaft: Wirtschaftswert 125 000 €

   – bei Betrieben der o. g. Art, die ihren Gewinn nach § 4 Abs. 3 EStG durch Einnahme-Überschussrechnung ermitteln: Gewinn 100 000 € (vor Abzug des Investitionsabzugsbetrags; **§ 7g Abs. 1 Satz 2 Nr. 1** EStG);

Bei bilanzierenden Gewerbebetrieben ist davon auszugehen, dass eine eventuell in der Steuerbilanz zu bildende Gewerbesteuerrückstellung das maßgebliche Betriebsvermögen mindert, obwohl die GewSt für Erhebungszeiträume, die nach dem 31. 12. 2007 enden, gem. § 4 Abs. 5b EStG bei der Einkommensermittlung nicht mehr berücksichtigungsfähig ist.

b) **Absicht des Steuerpflichtigen, das Wirtschaftsgut**

   – in den dem Abzugsjahr folgenden **drei** Wirtschaftsjahren anzuschaffen bzw. herzustellen (entscheidend dürfte in diesem Zusammenhang wohl sein, dass der Stpfl. beabsichtigt, die Investition persönlich und nicht durch einen potentiellen Betriebsübernehmer tätigen zu lassen, Rev. beim BFH unter IV R 14/12).

   – mindestens bis zum Ende des dem Jahr der Anschaffung/Herstellung folgenden Wirtschaftsjahres in einer inländischen Betriebsstätte des Betriebs ausschließlich oder fast ausschließlich (d. h. mindestens zu 90 %) betrieblich zu nutzen (**§ 7g Abs. 1 Satz 2 Nr. 2** EStG);

   und

c) **Benennung des begünstigten Wirtschaftsgutes** gegenüber dem Finanzamt in Funktion und voraussichtlichen Anschaffungs- bzw. Herstellungskosten (**§ 7g Abs. 1 Satz 2 Nr. 3** EStG).

Hinsichtlich der Einhaltung der Betriebsgrößenmerkmale sind hierbei die Verhältnisse am Schluss des Wirtschaftsjahres, **in dem der Abzug vorgenommen wird,** maßgeblich.

Ein Investitionsabzugsbetrag darf unter Beachtung der o. g. Voraussetzungen auch nach erstmaliger Steuerfestsetzung in Anspruch genommen werden. In diesen Fällen ist vom Steuerpflichtigen jedoch darzulegen, warum der Abzugsbetrag nicht bei Abgabe der ursprünglichen Steuererklärung beantragt wurde und dass in dem maßgeblichen Gewinnermittlungszeitraum eine „voraussichtliche Investitionsabsicht" bestand (BMF v. 20. 11. 2013, a. a. O., Rdn. 24).

Vergleichbar den Regelungen zur bisherigen Ansparabschreibung darf auch die Inan- 1370 spruchnahme des Investitionsabzugsbetrags zu einem Verlust führen bzw. einen bereits bestehenden Verlust erhöhen (**§ 7g Abs. 1 Satz 3 EStG**).

Der Abzugsbetrag ist beschränkt auf einen Betrag von 200 000 €. In diesen Höchstbetrag sind auch die in den drei vorhergehenden Wirtschaftsjahren in Anspruch genommenen Investitionsabzugsbeträge enthalten (**§ 7g Abs. 1 Satz 4 EStG**).

BEISPIEL (ABWANDLUNG ZU GRUNDFALL): A hatte bereits in den Vorjahren Investitionsabzugsbeträge in folgender Höhe in Anspruch genommen:

03:	70 000 €
04:	110 000 €

LÖSUNG: A kann im Rahmen seines Jahresabschlusses für 05 lediglich einen Investitionsabzugsbetrag in folgender Höhe geltend machen:

Höchstbetrag:	200 000 €
in Anspruch genommen 03:	./. 70 000 €
in Anspruch genommen 04:	./. 110 000 €
verbleibender Höchstbetrag 05:	**20 000 €**

10.5.1.2 Folgewirkungen bei Anschaffung/Herstellung des begünstigten Wirtschaftsgutes, § 7g Abs. 2 EStG

10.5.1.2.1 Hinzurechnung des Investitionsabzugsbetrages, § 7g Abs. 2 Satz 1 EStG

Kommt es sodann zur planmäßigen Anschaffung oder Herstellung des Wirtschafts- 1371 gutes, für das der Investitionsabzugsbetrag nach Abs. 1 in Anspruch genommen worden war, ist der entsprechende Abzugsbetrag in Höhe von 40 % der Anschaffungs- oder Herstellungskosten **außerbilanziell** dem Gewinn wieder hinzuzurechnen. Hierbei ist die Hinzurechnung betragsmäßig beschränkt auf den tatsächlich in Anspruch genommenen Investitionsabzugsbetrag;

BEISPIEL (ABWANDLUNG ZU GRUNDFALL): Die Anschaffungskosten der Maschine belaufen sich in 06 tatsächlich auf

a) 150 000 €

b) 80 000 €.

LÖSUNG ZU A) Die Gewinnhinzurechnung beträgt grundsätzlich 40 % von 150 000 € = 60 000 €, ist jedoch begrenzt auf den für das begünstigte Wirtschaftsgut in Anspruch genommenen Investitionsabzugsbetrag, hier 40 000 €.

LÖSUNG ZU B) Die Gewinnkorrektur richtet sich nach den **tatsächlichen** Anschaffungskosten, da sie die der Berechnung des Investitionsabzugsbetrages zugrunde liegenden **voraussichtlichen** Anschaffungskosten nicht übersteigen; die Hinzurechnung nach Abs. 1 Satz 1 beträgt mithin 40 % von 80 000 € = 32 000 € (in diesem Fall ist ggf. nach Ablauf von drei Jahren nach Berücksichtigung des Investitionsabzugsbetrags gem. § 7g Abs. 3 EStG eine Korrektur vorzunehmen, vgl. Rdn. 1372).

10.5.1.2.2 Minderung der Anschaffungs- und Herstellungskosten, § 7g Abs. 2 Satz 2 EStG

1371a Parallel zur außerbilanziellen Hinzurechnung nach Satz 1 **kann** der Steuerpflichtige zusätzlich die buchmäßigen Anschaffungs- oder Herstellungskosten (und auch die AfA-Bemessungsgrundlage) des begünstigten Wirtschaftsgutes um maximal 40 % vermindern. Diese bilanzielle, sofort aufwandswirksame Buchwertminderung ist betragsmäßig zu beschränken auf den tatsächlichen Hinzurechnungsbetrag nach Satz 1.

Durch diese Verrechnung können die Anschaffungs- oder Herstellungskosten auch insoweit gemindert werden, dass ein geringwertiges Wirtschaftsgut gem. § 6 Abs. 2 EStG bzw. ein Wirtschaftsgut, das in den Sammelposten gem. § 6 Abs. 2a EStG aufzunehmen ist, entstehen kann.

10.5.1.3 Korrekturen bei unterlassener Investition, § 7g Abs. 3 EStG

1372 Unterbleibt die Investition, für die der Investitionsabzugsbetrag in Anspruch genommen worden war, auch nach Ablauf des dritten, auf den Abzug nach Abs. 1 folgenden Wirtschaftsjahres, ist der Investitionsabzugsbetrag rückgängig zu machen (**§ 7g Abs. 3 Satz 1** EStG). Im Gegensatz zu den bisherigen Regelungen erfolgt diese Korrektur **im Abzugsjahr.** Hierzu hat der Gesetzgeber in Satz 2 und 3 eine gesonderte Berichtigungsnorm mit eigenständiger Festsetzungsfrist eingefügt.

> **BEISPIEL (ABWANDLUNG ZU GRUNDFALL):** Entgegen seinen ursprünglichen Absichten kauft A die Maschine, für deren voraussichtliche Anschaffungskosten er in 05 ein Investitionsabzugsbetrag von 40 000 € in Anspruch genommen hatte, weder in 06 noch in den beiden darauf folgenden Wirtschaftsjahren 07 und 08.

> **LÖSUNG:** Gemäß § 7g Abs. 3 Satz 2 EStG ist der Gewinn **des Jahres 05** um den ursprünglichen Investitionsabzugsbetrag von 40 000 € zu erhöhen. Die Festsetzungsfrist für diese Berichtigungsveranlagung endet insoweit nicht vor Ablauf der Festsetzungsfrist für das Jahr 08 (§ 7g Abs. 3 Satz 3 EStG).

§ 7g Abs. 3 EStG ist jedoch nicht nur einschlägig, wenn überhaupt keine begünstigte Investition erfolgt, sondern auch, wenn die „voraussichtlichen Anschaffungs- oder Herstellungskosten" (= als Berechnungsgrundlage für den Investitionsabzugsbetrag) höher sind als die späteren tatsächlichen Kosten („Soweit...").

> **BEISPIEL (ABWANDLUNG ZU GRUNDFALL):** Die Anschaffungskosten der in 06 erworbenen Maschine betragen tatsächlich nur 80 000 €.

> **LÖSUNG:** Im Jahr der Anschaffung ist zum einen der Investitionsabzugsbetrag in Höhe von 40 % der Anschaffungskosten dem Gewinn hinzuzurechnen, hier: 32 000 € (§ 7g Abs. 2 Satz 1 EStG).
>
> Da der Investitionsabzugsbetrag von ursprünglich 40 000 € nicht in vollem Umfang wieder hinzugerechnet worden ist, ist er insoweit durch eine Berichtigung der ESt-Veranlagung 05 um 8 000 € auf 32 000 € zu begrenzen, § 7g Abs. 3 Satz 1 EStG.

Soweit bereits vor Ablauf der drei Jahre die Investitionsabsicht aufgegeben wird, kann die Korrektur des Investitionsabzugsbetrags bereits früher vorgenommen werden. Dies kann für den Steuerpflichtigen u.U. den Vorteil einer geringeren Verzinsung gem. § 233a AO beinhalten.

10.5.1.4 Korrekturen bei schädlicher Verwendung des begünstigten Wirtschaftsgutes, § 7g Abs. 4 EStG

Folgende „schädliche" Verwendungen führen zur Versagung der steuerlichen Vergüns-   1373
tigungen der Abs. 1 und 2:

a) das Wirtschaftsgut verbleibt nicht bis zum Ablauf des der Anschaffung oder Herstellung folgenden Wirtschaftsjahres in einer inländischen Betriebsstätte,

oder

b) das Wirtschaftsgut wird im Betrieb innerhalb dieses Zeitraums nicht ausschließlich bzw. fast ausschließlich (Unschädlichkeitsgrenze 10 %) betrieblich genutzt.

In diesen Fällen ist sowohl der Investitionsabzugsbetrag nach Abs. 1, die Hinzurechnung nach Abs. 2 Satz 1 sowie die Minderung der Anschaffungs- bzw. Herstellungskosten nach Abs. 2 Satz 2 rückgängig zu machen (**§ 7g Abs. 4 Satz 1 EStG**). Ebenso wie im vorhergehenden Absatz, beinhalten die Sätze 2 und 3 die entsprechende Berichtigungsvorschrift.

BEISPIEL: A hatte in 05 einen Investitionsabzugsbetrag für die geplante Anschaffung eines Pkws in Höhe von 40 % v. 60 000 € = 24 000 € in Abzug gebracht.

In 06 erfolgt die Anschaffung des Fahrzeugs mit Anschaffungskosten von 60 000 €. Dementsprechend wurden der Investitionsabzugsbetrag in 06 dem Gewinn wieder hinzugerechnet und zugleich die buchhalterischen Anschaffungskosten um 60 000 € auf 0 gemindert.

Im Wirtschaftsjahr 07 nutzt A das Fahrzeug lediglich zu 80 % zu betrieblichen Zwecken.

LÖSUNG: Ein betrieblicher Nutzungsanteil von lediglich 80 % stellt eine schädliche Verwendung i. S. des § 7g Abs. 4 Satz 1 EStG dar.

Die Veranlagungen der Vorjahre sind deshalb wie folgt zu ändern:

05: Rückgängigmachung des Abzugs des Investitionsabzugsbetrags;

06: Rückgängigmachung der Hinzurechnung des Investitionsabzugsbetrages sowie der Buchwertminderung des Pkws.

10.5.2 Sonderabschreibungen, § 7g Abs. 5 und 6 EStG

Unabhängig vom Abzug eines Investitionsabzugsbetrages nach den Absätzen 1 bis 4   1374
kann der Steuerpflichtige

► neben der normalen (linearen) AfA

► im Jahr der Anschaffung oder Herstellung und den folgenden vier Jahren

► Sonderanschreibungen bis zu insgesamt 20 % der AK/HK in Anspruch nehmen (**§ 7g Abs. 5 EStG),** wenn **zusätzlich** noch folgende Tatbestandsmerkmale erfüllt werden:

  − keine Überschreitung der Größenmerkmale des § 7g Abs. 1 Satz 2 Nr. 1 EStG für den Schluss des Wirtschaftsjahres, das der Anschaffung oder Herstellung vorangeht (**§ 7g Abs. 6 Nr. 1 EStG**) und

– Nutzung des Wirtschaftsgutes im Anschaffungs- bzw. Herstellungsjahr und im folgenden Jahr in einer inländischen Betriebsstätte des Betriebs ausschließlich bzw. fast ausschließlich zu betrieblichen Zwecken (**§ 7g Abs. 6 Nr. 2 EStG).**

Wird das neue Wirtschaftsgut im Folgejahr der Anschaffung oder Herstellung nicht entsprechend den Vorgaben der Nr. 2 genutzt, ist Absatz 4 entsprechend anzuwenden, d. h. eine im Vorjahr gewährte Sonderabschreibung ist rückgängig zu machen (**§ 7g Abs. 6, 2. Halbsatz EStG).**

10.5.3 Anwendung bei Personengesellschaften und Gemeinschaften, § 7g Abs. 7 EStG

1375 Bei Personengesellschaften und Gemeinschaften sind die Regelungen zum Investitionsabzugsbetrag und zu den Sonderabschreibungen mit der Maßgabe anzuwenden, dass an die Stelle des Steuerpflichtigen die entsprechende Personengesellschaft bzw. Gemeinschaft tritt.

LITERATURHINWEIS:

Friebel/Rick/Schoor/Siegle, Fallsammlung Einkommensteuer, 19. Auflage, Kapitel 9

10.6 Kontrollfragen

FRAGEN

		Rdn.	
1.	Was ist „Abschreibung"?	1186	☐
2.	Welche grundsätzlichen Abschreibungsregeln gibt es?	1186 ff.	☐
3.	Wer darf AfA auf ein Wirtschaftsgut vornehmen?	1213 ff.	☐
4.	Welche Bedeutung hat die „betriebsgewöhnliche Nutzungsdauer" eines Wirtschaftsgutes?	1232 ff.	☐
5.	Was ist **grundsätzlich** die Bemessungsgrundlage für die AfA?	1242	☐
6.	Wie erfolgt die Berechnung der Abschreibung bei der „linearen AfA" gem. § 7 Abs. 1 Satz 1 und 2 EStG ?	1257	☐
7.	Was bedeutet „AfA nach Maßgabe der Leistung"?	1264	☐
8.	In welchem Bereich findet sich der Hauptanwendungsfall für die Absetzungen für Substanzverringerungen (§ 7 Abs. 6 EStG)?	1276 ff.	☐
9.	Ab wann ist für ein Wirtschaftsgut AfA vorzunehmen?	1286	☐
10.	Wie lässt sich ertragsteuerlich ein „Gebäude" in Abgrenzung zu sonstigen beweglichen oder unbeweglichen Wirtschaftsgütern definieren?	1316	☐
11.	Wo erfolgt die einkommensmäßige Berücksichtigung des Investitionsabzugsbetrages gem. § 7g Abs. 1 EStG ?	1369	☐

12. Welche steuerlichen Folgen ergeben sich im Jahr der Anschaffung / Herstellung eines Wirtschaftsgutes, für das im Vorjahr ein Investitionsabzugsbetrag gem. § 7g Abs. 1 EStG berücksichtigt worden ist? 1369 ☐

13. In welchem Jahr erfolgt bei tatsächlich unterlassener Investition die Korrektur des Investitionsabzugsbetrages? 1372 ☐

KAPITEL 11: EINKUNFTSARTEN

Kapitel 11:
Einkunftsarten

11.1 Einleitung

1376 Das EStG unterscheidet gem. § 2 Abs. 1 Nr. 1–7 EStG **sieben Einkunftsarten,** und zwar:

1. Einkünfte aus Land- und Forstwirtschaft (§§ 13, 13a, 14, 14a EStG),

2. Einkünfte aus Gewerbetrieb (§§ 15, 16, 17 EStG),

3. Einkünfte aus selbständiger Arbeit (§ 18 EStG),

4. Einkünfte aus nichtselbständiger Arbeit (§ 19 EStG),

5. Einkünfte aus Kapitalvermögen (§ 20 EStG),

6. Einkünfte aus Vermietung und Verpachtung (§ 21 EStG),

7. sonstige Einkünfte (§ 22 EStG).

1377 Als Einkünfte der ersten drei Einkunftsarten, also der Einkünfte nach § 13 EStG, § 15 EStG und § 18 EStG (§ 2 Abs. 1 Nr. 1–3 EStG), wird der **Gewinn** angesetzt (§ 2 Abs. 2 Nr. 1 EStG). Er wird nach den Vorschriften der §§ 4–7k EStG ermittelt, sofern nicht der Gewinn aus Land- und Forstwirtschaft nach Durchschnittssätzen (§ 13a EStG) ermittelt wird. Eine besondere Art der Gewinnermittlung gilt für die Fälle der Veräußerungsgewinne nach den §§ 14, 16, 17 und 18 Abs. 3 EStG (vgl. die jeweiligen Ausführungen zu diesen Bestimmungen).

1378 Im Gegensatz zu den Gewinneinkünften werden die „**Überschusseinkünfte**", also die Einkünfte nach § 19 EStG, § 20 EStG, § 21 EStG und § 22 EStG (§ 2 Abs. 1 Nr. 4–7 EStG), als Überschuss der Einnahmen über die Werbungskosten (§§ 8–9a EStG) ermittelt.

11.2 Einkünfte aus Land- und Forstwirtschaft

LITERATURHINWEIS:

Friebel/Rick/Schoor/Siegle, Fallsammlung Einkommensteuer, 19. Aufl., Fall 147–150

11.2.1 Allgemeine Grundsätze

1379 Nach § 2 Abs. 1 Nr. 1 EStG und § 13 EStG unterliegen Einkünfte aus Land- und Forstwirtschaft der Einkommensteuer. Im Allgemeinen versteht man unter Landwirtschaft die **planmäßige Nutzung der natürlichen Kräfte des Bodens zur Erzeugung und Verwertung von lebenden Pflanzen und Tieren.**

1380 Somit führt die **Bodenbewirtschaftung,** die in dem Abbau von Substanz besteht (z. B. Kiesgruben, Sandgruben), **grundsätzlich nicht** zu **land- und forstwirtschaftlichen Einkünften** (vgl. zu Ausnahmen Rdn. 1403).

Der Gesetzgeber unterscheidet im § 13 Abs. 1 EStG mehrere Arten von Einkünften aus 1381
Land- und Forstwirtschaft, und zwar in der Nr. 1 die Einkünfte aus der nichtgewerblichen Bodenbewirtschaftung, der Tierhaltung und Tierzucht sowie in den Nr. 2–4 insbesondere die Einkünfte aus Binnenfischerei, Teichwirtschaft, Imkerei, Wanderschäferei
und der Jagd, sofern diese mit einem land- und forstwirtschaftlichen Betrieb im Zusammenhang stehen, sowie die Einkünfte aus Realgemeinden i. S. des § 3 Abs. 2 KStG.

Die Entscheidung, ob Einkünfte aus Land- und Forstwirtschaft oder solche aus Gewerbebetrieb vorliegen, ist bedeutungsvoll, weil die Gewinnermittlungsvorschriften für
beide Einkunftsarten voneinander abweichen und weil Land- und Forstwirte nicht gewerbesteuerpflichtig sind.

11.2.2 Einkünfte aus Land- und Forstwirtschaft durch Bodenbewirtschaftung, Tierzucht und Tierhaltung

11.2.2.1 Die verschiedenen Betriebsarten

Die Vorschrift des § 13 Abs. 1 Nr. 1 Satz 1 EStG nennt als wichtigste Fälle der nicht 1382
gewerblichen Bodenbewirtschaftung:

► die Landwirtschaft (darunter ist die Landwirtschaft im engeren Sinne zu verstehen),

► die Forstwirtschaft, den Wein- und Gartenbau

► sowie Obst- und Gemüseanbau und die Baumschulen.

Zur **Landwirtschaft** im engeren Sinne gehören im Wesentlichen die **Bewirtschaftung
des Ackers** (insbesondere Anbau von Getreide und Hackfrüchten) und des **Dauergrünlandes** (Weiden und Wiesen).

Gartenbau ist die verfeinerte Bodenbewirtschaftung zur Gewinnung hochwertiger
pflanzlicher Bodenerzeugnisse. Zweig des Gartenbaus ist die Friedhofsgärtnerei, die allerdings i. d. R. gewerblich betrieben wird. Die Pilzzucht in Kellern und die Pflanzenzucht
in Gewächshäusern rechnet zu den Einkünften aus Gärtnerei bzw. Pflanzenzucht.
Baumschulen sind Betriebe zur Anzucht von Holzgewächsen.

Unter **Forstwirtschaft** i. S. des § 13 Abs. 1 Nr. 1 EStG versteht man die Bodenbewirt 1383
schaftung zur Gewinnung von Walderzeugnissen, soweit sie nicht im Rahmen eines
landwirtschaftlichen Betriebes erfolgt oder gewerblicher Natur ist.

11.2.2.2 Abgrenzung zum Gewerbebetrieb

Da das Wesen der Land- und Forstwirtschaft darin besteht, mit Hilfe der Naturkräfte 1384
Pflanzen und pflanzliche Produkte zu gewinnen, fragt es sich, ob und inwieweit noch
ein land- und forstwirtschaftlicher Betrieb anzunehmen ist, wenn der Steuerpflichtige
neben der von ihm betriebenen Urproduktion fremde landwirtschaftliche Erzeugnisse
zum Zwecke der Weiterveräußerung oder sonstigen Verwendung **zukauft.** Rechtsprechung und Verwaltung sehen einen solchen Betrieb **als Gewerbebetrieb an, wenn dauernd und nachhaltig fremde Produkte über den betriebsnotwendigen Umfang hinaus
zugekauft werden** (Zur Abgrenzung im Detail vgl. BMF v. 19. 12. 2011 BStBl I S. 1249
mit Verweis auf BMF v. 15. 12. 2011 BStBl I S. 1213).

1385 **Fremde Erzeugnisse** sind solche, die für die Weiterzucht im Rahmen des Erzeugungsprozesses im eigenen Betrieb verwendet werden (Saatgut, Zwiebeln und Knollen, Stecklinge u. a.). Es liegt schon im Wesen der Land- und Forstwirtschaft begründet, dass zu ihr die Nutzung der Bodenkräfte für die Weiterzucht zugekaufter Erzeugnisse gehört. Als fremde Erzeugnisse gelten folglich **nur** solche **für die Weiterveräußerung** zugekauften Erzeugnisse, die nicht im eigenen Betrieb im Wege des Erzeugungsprozesses bearbeitet werden (steuerschädlicher Zukauf).

1386 Betragen die Betriebseinnahmen aus den zugekauften Waren weniger als ein Drittel des Gesamtumsatzes des Betriebs oder weniger als 51 500 €, so ist grundsätzlich ein Betrieb der Land- und Forstwirtschaft anzuerkennen.

1387 Werden diese Grenzen überschritten, so ist steuerlich ein **Gewerbebetrieb** anzunehmen. Für die Beurteilung der Frage, ob aus einem land- und forstwirtschaftlichen Betrieb ein Gewerbebetrieb geworden ist, gehen Rechtsprechung und Verwaltung i. d. R. von einem 3-jährigen Beurteilungszeitraum aus: Wird die Grenze während eines Zeitraums von 3 Jahren regelmäßig überschritten, gerechnet ab 2012, so beginnt die gewerbliche Tätigkeit im darauffolgenden Wirtschaftsjahr; wird jedoch die schädliche Grenze des Zukaufs erheblich überschritten (sofortiger Strukturwandel), ist der Betrieb umstrukturiert worden, und ab diesem Moment werden gewerbliche Einkünfte erwirtschaftet.

1388 Grundsätzlich zählt auch die **gelegentliche Vermietung von Räumen an Feriengäste** zu den Einkünften aus § 13 EStG. Nur wenn die Vermietung gewerblichen Charakter hat (mehr als 4 Zimmer, mehr als 6 Betten, Teilpension), sind sie auch gesondert zu erfassen (BFH 28. 6. 1984 IV R 150/82, BStBl 1985 II 211; R 15.5 Abs. 12 EStR).

1389 Wird ein Steuerpflichtiger sowohl land- und forstwirtschaftlich als auch gewerblich tätig, handelt es sich um **zwei selbständige Betriebe,** wenn die **Verbindung beider Tätigkeiten nur zufällig, vorübergehend** und ohne Nachteil für das Gesamtunternehmen lösbar ist. Ist dagegen die Verbindung eine enge, planmäßige und im Interesse des Hauptberufs gewollte, wird i. d. R. steuerlich die Betätigung als einheitliche anzusehen sein. Ob bei einer derart **engen Verflechtung** sich der Betrieb als ein land- und forstwirtschaftlicher oder als gewerblicher darstellt, hängt von den tatsächlichen Gegebenheiten des einzelnen Falles ab.

> **BEISPIEL:** Ein Gemüsebauer verkauft seine im eigenen Betrieb gewonnenen Produkte von seinem Hof aus. Außerdem hat er im selben Ort an anderer Stelle ein Ladengeschäft, von dem aus er ausschließlich zugekauftes Gemüse veräußert. Da eine enge Verbindung beider Betriebe nicht besteht, bezieht der Steuerpflichtige aus dem Absatz von seinem Hof Einkünfte aus Land- und Forstwirtschaft und aus dem Absatz von seinem Ladengeschäft Einkünfte aus Gewerbebetrieb.

11.2.2.3 Tierhaltung und Tierzucht

1390 Im Allgemeinen werden die Tierhaltung und Tierzucht der Landwirtschaft zugerechnet (§ 13 Abs. 1 Nr. 1 Satz 2 EStG). Da aber bei verstärkter Tierhaltung und Tierzucht das Wesen der Landwirtschaft bisweilen nicht mehr bejaht werden kann, insbesondere wenn Futtermittel in erheblichem Umfang zugekauft werden müssen, ist es notwendig, Abgrenzungsmerkmale zu entwickeln. Diese sollen es ermöglichen, die Erträge aus der Tierhaltung und Tierzucht den Einkünften aus Land- und Forstwirtschaft oder denen aus Gewerbebetrieb zuzurechnen.

Nach § 13 Abs. 1 Nr. 1 EStG richtet sich die Entscheidung über die Zurechnung zu den Einkünften aus Land- und Forstwirtschaft oder aus Gewerbebetrieb nach der **Größe der landwirtschaftlich genutzten Fläche und** dem **Viehbestand.** Dabei hat der Gesetzgeber die Absicht verfolgt, die Entwicklung der Veredelungswirtschaft in den kleineren landwirtschaftlichen Betrieben zu fördern und bei den größeren etwas einzudämmen. 1391

Die Vorschrift des § 13 Abs. 1 Nr. 1 EStG entspricht der des § 51 BewG, so dass die Abgrenzung zwischen Land- und Forstwirtschaft und Gewerbebetrieb im ESt-Recht und im Bewertungsrecht gleich geregelt ist.

In § 13 Abs. 1 Nr. 1 EStG ist bestimmt, dass zu den Einkünften aus Land- und Forstwirtschaft auch die Einkünfte aus der Tierhaltung gehören, wenn im Wirtschaftsjahr

für die ersten 20 ha nicht mehr als 10 Vieheinheiten (VE),

für die nächsten 10 ha nicht mehr als 7 VE,

für die nächsten 20 ha nicht mehr als 6 VE,

für die nächsten 50 ha nicht mehr als 3 VE

und für die weitere Fläche nicht mehr als 1,5 VE **je ha** der vom Inhaber des Betriebes regelmäßig landwirtschaftlich genutzten Fläche erzeugt oder gehalten werden.

BEISPIEL: Ein Landwirt bearbeitet eine landwirtschaftlich genutzte Fläche von 86 ha. Er darf 498 VE ($20 \times 10 + 10 \times 7 + 20 \times 6 + 36 \times 3$) haben, ohne dass die Gewinne aus der Tierzucht und Tierhaltung den gewerblichen Einkünften zuzurechnen sind.

Zu den landwirtschaftlichen Flächen i. S. des § 13 Abs. 1 Nr. 1 Satz 2 EStG gehören **die eigenen und zugepachteten Flächen,** soweit sie von dem Steuerpflichtigen landwirtschaftlich genutzt werden; bei Schwankungen ist auf die regelmäßig landwirtschaftlich genutzten Flächen abzustellen. Keine landwirtschaftliche Nutzung in diesem Sinne liegt bei den forstwirtschaftlich, weinbaumäßig und gärtnerisch genutzten Flächen, dem Abbauland, dem Geringstland und dem Unland vor (R 13.2 Abs. 3 EStR). 1392

Im § 13 Abs. 1 Nr. 1 Satz 3 und 4 EStG ist weiter angeordnet, dass die Tierbestände nach dem Futterbedarf in VE umzurechnen sind (§ 51 Abs. 2–5 BewG sowie § 122 Abs. 2 BewG). Der Umrechnungsschlüssel für Tierbestände in Vieheinheiten ergibt sich aus R 13.2 Abs. 1 EStR, der identisch ist mit der Anlage 1 zum BewG, auf die verwiesen wird (§ 51 Abs. 4 Satz 1 BewG).

BEISPIEL: Ein Landwirt hat 3 Kälber, 10 Kühe, 5 Mastschweine und 20 Legehennen. Die VE berechnen sich nach R 13.2 Abs. 1 EStR wie folgt:

3 Kälber (unter 1 Jahr)	$3 \times 0,3 = 0,9$
10 Kühe	$10 \times 1,0 = 10,0$
5 Mastschweine (aus selbsterzeugten Ferkeln)	$5 \times 0,16 = 0,8$
20 Legehennen	$20 \times 0,02 = \underline{0,4}$
VE insgesamt	$\overline{12,1}$

Wenn der Landwirt 2 ha landwirtschaftlich nutzt, gehören die Gewinne aus dem gesamten Viehbestand zu den land- und forstwirtschaftlichen Einkünften, da die Grenze von 10 VE je ha nicht überschritten wird; dabei spielt es keine Rolle, ob der Landwirt die für die Tiere notwendigen Futtermittel selbst erzeugt oder von Dritten erwirbt.

Zur Ermittlung der VE ist von dem durchschnittlichen Bestand des Wirtschaftsjahres auszugehen.

1393   Übersteigt die Anzahl der VE die im § 13 Abs. 1 Nr. 1 Satz 2 EStG bezeichneten Grenzen nicht, sind alle Erträge aus der Tierhaltung und Tierzucht zu den Einkünften aus Land- und Forstwirtschaft zu rechnen. Werden diese **Grenzen nachhaltig überschritten**, gehören nur die Zweige des Tierbestandes zum landwirtschaftlichen Betrieb, deren VE zusammen diese Grenzen nicht übersteigen. Hat ein Betrieb nur einen **Tierbestand eines Zweiges** und übersteigt die Zahl der VE den Höchstsatz, so gehört der gesamte Tierbestand zur **gewerblichen Tierzucht**; eine Aufteilung ist nicht statthaft (wegen der Einzelheiten vgl. R 13.2 Abs. 2 EStR).

1394   Zur landwirtschaftlichen Tierzucht kann auch die **Pferdezucht** zählen. Häufig ist jedoch bei Vollblutzucht, Reit- und Rennpferdehaltung Liebhaberei gegeben (Rdn. 458 ff., vgl. dazu Liebhaberei).

1395   Für die Annahme von Tierhaltung i. S. des § 13 EStG und für die Anwendung des VE-Schlüssels in § 13 Abs. 1 EStG kommt es nicht darauf an, wem die Tiere gehören. Tiere, die im Rahmen einer sog. **Pensionstierhaltung** vom Landwirt versorgt werden, zählen also zum Tierbestand, sofern nicht Sonderleistungen (wie z. B. Einreiten, Dressur) erbracht werden. Dann kann (insoweit) im Einzelfall eine gewerbliche Tätigkeit angenommen werden (vgl. BFH 16. 11. 1978 IV R 191/74, BStBl 1979 II 246).

Die Aufzucht und Veräußerung von Hunden ist – mangels landwirtschaftlicher Bodennutzung – nach BFH 30. 9. 1980 VIII R 22/79, BStBl 1981 II 210, eine gewerbliche Tätigkeit.

11.2.3   Andere Arten von Einkünften aus Land- und Forstwirtschaft

1396   Gemäß § 13 Abs. 1 Nr. 2 EStG (mit Verweis auf § 62 BewG) gehören zu den Einkünften aus Land- und Forstwirtschaft auch die Einkünfte aus **Binnenfischerei, Teichwirtschaft, Fischzucht** für Binnenfischerei und Teichwirtschaft, **Imkerei** und **Wanderschäferei**. Binnenfischerei, Teichwirtschaft und Fischzucht sind nur unter der Voraussetzung landwirtschaftliche Betriebe, dass sie in eigenen oder gepachteten Binnengewässern oder im Zusammenhang mit einem landwirtschaftlichen Betrieb ausgeübt werden. Wie aus dem Wortlaut dieser Bestimmung durch Umkehrschluss hervorgeht, rechnet die Küsten- und Hochseefischerei nicht zur Landwirtschaft; sie stellt eine gewerbliche Tätigkeit dar.

1397   Eine weitere Unterart der Einkünfte aus Land- und Fortwirtschaft sind nach § 13 Abs. 1 Nr. 3 EStG die Einkünfte aus einer Jagd, sofern diese mit dem Betrieb einer Landwirtschaft oder Forstwirtschaft im Zusammenhang steht. Dies ist insbesondere anzunehmen, wenn der Land- und Forstwirt auf eigenem oder gepachtetem land- oder forstwirtschaftlich genutzten Grund und Boden die Jagd ausübt. Nach BFH (13. 7. 1978 IV R 35/77, BStBl 1979 II 100) steht eine Jagd nur dann mit dem Betrieb einer Land- und

Forstwirtschaft im Zusammenhang, wenn das zugehörige Jagdrevier zumindest überwiegend aus den land- und forstwirtschaftlichen Flächen des betreffenden Betriebes besteht. Liegen diese Voraussetzungen vor, dann stellt die Jagdausübung auch dann keine Liebhaberei dar, wenn sie selbst nur Verluste bringt.

Nach § 13 Abs. 1 Nr. 4 EStG rechnen die Einkünfte von Hauberg-, Wald-, Forst- und 1398 Laubgenossenschaften und ähnlichen Realgemeinden i. S. des § 3 Abs. 2 KStG ebenfalls zu den Einkünften aus Land- und Forstwirtschaft.

11.2.4 Einkünfte aus land- und forstwirtschaftlichen Nebenbetrieben

Land- und forstwirtschaftliche Nebenbetriebe sind nach § 13 Abs. 2 Nr. 1 EStG solche 1399 Betriebe, die **dem land- und forstwirtschaftlichen Hauptbetrieb zu dienen bestimmt sind.** Der Nebenbetrieb muss also in seiner wirtschaftlichen Bedeutung dem Hauptbetrieb untergeordnet sein. Nach § 13 Abs. 2 Nr. 1 EStG sind die Einkünfte aus dem Nebenbetrieb, auch wenn er für sich allein betrachtet die Merkmale des Gewerbebetriebs erfüllt, land- und forstwirtschaftliche i. S. des § 13 EStG.

Die häufigsten Erscheinungsformen des land- und forstwirtschaftlichen Nebenbetrie- 1400 bes sind einerseits die **Be- und Verarbeitungs-** und andererseits die **Substanzbetriebe.**

Unter **Be- und Verarbeitungsbetrieben** versteht man Betriebe, in denen die eingesetzte 1401 Rohstoffmenge überwiegend im eigenen land- und forstwirtschaftlichen Hauptbetrieb erzeugt wird.

BEISPIELE: ▸ Molkereien, Käsereien, Brennereien, Sägewerke.

Bei einem Be- und Verarbeitungsbetrieb liegt ein land- und forstwirtschaftlicher Nebenbetrieb i. S. des § 13 Abs. 2 Nr. 1 EStG vor, wenn er gegenüber dem land- oder forstwirtschaftlichen Hauptbetrieb von untergeordneter Bedeutung ist. Dies ist grundsätzlich anzunehmen, wenn die eingesetzte Rohstoffmenge überwiegend im eigenen land- und forstwirtschaftlichen Hauptbetrieb erzeugt wird und die be- und verarbeiteten Produkte überwiegend für den Verkauf bestimmt sind (R 15.5 Abs. 3 EStR). Das Endprodukt muss noch als Erzeugnis der Land- und Forstwirtschaft anzusehen sein.

Soweit der Verarbeitung der land- und forstwirtschaftlichen Erzeugnisse im Einzelfall 1402 die Hauptbedeutung beizumessen ist, sind die beiden Tätigkeitsbereiche für die Frage, welche Einkunftsart gegeben ist, steuerlich i. d. R. getrennt zu betrachten. Ein einheitliches gewerbliches Unternehmen liegt nur vor, wenn eine enge, planmäßige und im Interesse des Hauptbetriebs gewollte Verbindung beider Betriebe besteht. Demnach sind z. B. im Allgemeinen als selbständig existierende Gewerbebetriebe anzusehen: Die von Landwirten betriebenen Brauereien, Brennereien sowie Fleischfabriken, die von Landwirten neben ihren land- und forstwirtschaftlichen Unternehmen betrieben werden. Allerdings darf auch nicht übersehen werden, dass u. U. der land- und forstwirtschaftliche Betrieb auch **Nebenbetrieb des gewerblichen Betriebes** sein kann. Dieses Problem kann sich z. B. ergeben bei Verwertung der eigenen landwirtschaftlichen Eigenerzeugnisse in einer Konservenfabrik. Auch hier ist wiederum danach zu entscheiden, welcher wirtschaftliche Hauptzweck besteht und welcher der beiden Betriebe zu dienen bestimmt ist.

1403 Ein **Substanzbetrieb** ist ein land- und forstwirtschaftlicher Nebenbetrieb, wenn die in ihm gewonnene Substanz (z. B. Sand und Kies) im eigenen land- und forstwirtschaftlichen Hauptbetrieb Verwendung findet. Wird die Substanz auch an Fremde verkauft, sind die Einkünfte aus dem Substanzbetrieb solche aus Land- und Forstwirtschaft, wenn die gewonnene Substanz überwiegend im eigenen land- und forstwirtschaftlichen Betrieb verwendet wird.

1404 Nach R 15.5 Abs. 6 EStR ist für den Fall, dass in einem Nebenbetrieb über ein eigenes Handelsgeschäft die selbstgewonnenen land- und forstwirtschaftlichen Erzeugnisse vertrieben werden, zu prüfen, ob zwei selbständige oder ein einheitlicher Betrieb vorliegen. Unter Bezugnahme auf die BFH-Entscheidung v. 25. 3. 2009 IV R 21/06, BStBl 2009 II 113 hat der BMF v. 18. 1. 2010, BStBl 2010 I 46 die Kriterien hierfür neu gefasst; danach wird ein von der Land- und Forstwirtschaft getrennter Gewerbebetrieb angenommen „wenn die Betriebseinnahmen (ohne Umsatzsteuer) aus den zugekauften Waren ein Drittel des Gesamtumsatzes des Betriebs (Summe der Betriebseinnahmen ohne Umsatzsteuer) oder 51 500 € (ohne Umsatzsteuer) im Wirtschaftsjahr nachhaltig übersteigen".

11.2.5 Unternehmensgemeinschaften

1405 Die Land- und Forstwirtschaft kann – wie das auch bei Gewerbebetrieben und Betrieben i. S. des § 18 Abs. 1 EStG möglich ist – von **Einzelunternehmen oder von Unternehmensgemeinschaften** betrieben werden. Bei Letzteren wird es sich meistens um **Gesellschaften des bürgerlichen Rechts** (GbR) handeln. Soweit eine **OHG** oder **KG** ausschließlich land- oder forstwirtschaftlich tätig wird, erzielen die Gesellschafter Einkünfte aus Land- und Forstwirtschaft gem. § 13 EStG; diese Einkünfte rechnen nicht deshalb zu denen aus Gewerbebetrieb, weil der Betrieb in Form einer OHG oder KG geführt wird.

1406 Nicht selten sind in der Land- und Forstwirtschaft **Familiengesellschaften,** die in der Rechtsprechung, Literatur und Praxis grundsätzlich auch steuerlich anerkannt werden, wenn sie ernsthaft vereinbart sind (vgl. BFH 7. 10. 1982 IV R 32/80, BStBl 1983 II 99; 30. 6. 1983 IV R 206/80, BStBl 1983 II 636; BFH 6. 2. 1986 IV R 311/84, BStBl 1986 II 455) und das Gesellschaftsverhältnis auch tatsächlich durchgeführt wird (R 15.9 EStR).

1407 **Körperschaften** des § 1 Abs. 1 Nr. 1 bis 3 KStG, also insbes. die Kapitalgesellschaften, erzielen stets Einkünfte aus Gewerbebetrieb (vgl. § 2 Abs. 2 GewStG; § 8 Abs. 2 KStG).

1408 Durch § 13 Abs. 7 EStG wird einerseits **gesetzlich klargestellt,** dass § 15 Abs. 1 Nr. 2 EStG auch im Bereich der land- und forstwirtschaftlichen Einkünfte gilt mit der Folge, dass Wirtschaftsgüter, die ein Mitglied einer land- und forstwirtschaftlichen Mitunternehmergemeinschaft der Gemeinschaft zur Nutzung überlässt, zum Betriebsvermögen der Mitunternehmergemeinschaft gehören (Veräußerungsgewinne = Gewinne aus § 13 EStG). Die weitere Konsequenz der Anwendung des § 15 Abs. 1 Nr. 2 EStG ist, dass Vergütungen i. S. dieser Bestimmung, die an einen Gesellschafter dieser Mitunternehmergemeinschaft gezahlt werden, zu den Einkünften aus § 13 EStG zu rechnen sind. Die in Abs. 7 angeordnete entsprechende Anwendung des § 15a EStG hat im Bereich des § 13 EStG wohl mehr rechtssystematische als praktische Bedeutung.

11.2.6 Gewinnermittlung

11.2.6.1 Allgemeine Grundsätze

Der Gesetzgeber unterscheidet bei der Gewinnermittlung von Land- und Forstwirten 1409
drei Gruppen:

▶ eine Gewinnermittlung nach § 4 Abs. 1 EStG durch Bestandsvergleich,

▶ eine Gewinnermittlung durch Einnahme-Überschussrechnung nach § 4 Abs. 3 EStG
und

▶ eine Gewinnermittlung nach Durchschnittssätzen gem. § 13a EStG.

11.2.6.1.1 Gewinnermittlung durch Bestandsvergleich (§ 4 Abs. 1 EStG)

Land- und Forstwirte ermitteln den Gewinn nach § 4 Abs. 1 EStG durch **Betriebsver-** 1410
mögensvergleich, wenn sie buchführungspflichtig sind (§ 141 AO). Gemäß § 141 Abs. 1
Nr. 1, 3 und 5 AO gelten folgende Wertgrenzen:

▶ **Gesamtumsatz** mehr als 600 000 € oder   1411

▶ **selbstbewirtschaftete land- und forstwirtschaftliche Flächen** mit einem **Wirtschaftswert** von mehr als 25 000 € oder

▶ Gewinn aus Land- und Forstwirtschaft von mehr als 60 000 €.

Bei der Anwendung des § 141 Abs. 1 Nr. 3 AO ist der Wirtschaftswert aller vom Land-
und Forstwirt selbstbewirtschafteten Flächen maßgebend, unabhängig davon, ob sie in
seinem Eigentum stehen oder nicht (§ 141 Abs. 1 Satz 3 AO); zugepachtete Flächen sind
also einzubeziehen.

Das FA muss Land- und Forstwirten, falls ihre Betriebe erstmalig die Voraussetzungen
der Buchführungspflicht erfüllen, den Zeitpunkt des Beginns der Buchführungspflicht
bekannt geben, damit die Buchführungspflicht gem. § 141 Abs. 2 AO eintritt. Für den
Wegfall der Buchführungspflicht ist eine solche Mitteilung ebenfalls erforderlich (§ 141
Abs. 2 Satz 2 AO).

Hinsichtlich der Grundsätze der Ordnungsmäßigkeit der Buchführung ergeben sich keine Besonderheiten, außer, dass gem. § 142 AO neben den jährlichen Bestandsaufnah-
men und Abschlüssen ein Anbauverzeichnis zu führen ist, durch das nachzuweisen ist,
mit welchen Fruchtarten die selbstbewirtschafteten Flächen im abgelaufenen Wirtschaftsjahr bestellt waren (§ 142 Satz 2 AO).

Darüber hinaus besteht auch für **nicht buchführungspflichtige Land- und Forstwirte** 1412
die **Möglichkeit,** nach § 13a Abs. 2 Nr. 1 EStG ihren Gewinn durch **Betriebsvermögensvergleich** zu ermitteln. Dieser Antrag kann noch 12 Monate nach Ablauf des ersten
Wirtschaftsjahres gestellt werden, auf das sich der Antrag bezieht. Im Übrigen muss er
bis zur Abgabe der Steuererklärung gestellt werden. Innerhalb der bezeichneten Fristen
kann er auch zurückgenommen werden.

Die Gewinnermittlung durch Bestandsvergleich kann ein nicht buchführungspflichtiger 1413
Land- und Forstwirt nur für **vier aufeinanderfolgende Wirtschaftsjahre** stellen, und
zwar ferner nur dann, wenn für das erste dieser Wirtschaftsjahre Bücher geführt werden und ein Abschluss gemacht worden ist.

Bezüglich Sonderabschreibungen für Land- und Forstwirte in den fünf neuen Ländern (Berlin, Brandenburg, Mecklenburg-Vorpommern, Sachsen, Sachsen-Anhalt und Thüringen) s. §§ 1 ff. FördG.

11.2.6.1.2 Gewinnermittlung durch Einnahme-Überschussrechnung (§ 4 Abs. 3 EStG)

1414 Die Grundsätze, die oben zur Gewinnermittlung durch Bestandsvergleich nichtbuchführungspflichtiger Land- und Forstwirte erörtert wurden, gelten entsprechend für die Gewinnermittlung durch Einnahme-Überschussrechnung gem. § 4 Abs. 3 EStG, die gem. § 13a Abs. 2 Nr. 2 EStG ebenfalls auf Antrag ermöglicht wird. Allerdings greift die Bindung von 4 Jahren in diesen Fällen nur ein, sofern nicht die Voraussetzungen einer Buchführungspflicht gem. § 141 AO eintreten.

11.2.6.1.3 Gewinnermittlung nach Durchschnittssätzen gem. § 13a EStG

1415 **Mit dem ZollkodexAnpG vom 22. 12. 2014 wurden** sowohl die Voraussetzungen für die Gewinnermittlung nach Durchschnittssätzen als auch die Durchführung der Besteuerung neu geregelt. Die Änderungen gelten erstmals für Wirtschaftsjahre, die nach dem 30. 12. 2015 enden (§ 52 Abs. 22 a Satz 2 EStG). Voraussetzung für die Anwendung des § 13a EStG (Durchschnittssatzbesteuerung) ist:

1. der Land- und Forstwirt ist nicht buchführungspflichtig (§ 13a Abs. 1 Nr. 1 EStG);

2. die am 15. Mai des Wirtschaftsjahres selbstbewirtschaftete Fläche der landwirtschaftlichen Nutzung – ohne Sonderkulturen – liegt unter 20 ha (§ 13a Abs. 1 Nr. 2 EStG);

3. die Tierbestände übersteigen insgesamt nicht 50 VE (§ 13a Abs. 1 Nr. 3 EStG);

4. die selbst bewirtschafteten Flächen der forstwirtschaftlichen Nutzung (§ 160 Abs. 2 Satz 1 Nr. 1 b BewG) liegen unter 50 ha und

5. die selbstbewirtschafteten Flächen der Sondernutzungen überschreitet nicht die Grenzen, die in der Anlage 1a Nr. 2 Spalte 2 zum EStG festgelegt sind.

11.2.6.2 Durchführung der Durchschnittsbesteuerung (Grundzüge)

1416 Der Durchschnittssatzgewinn ist gem. § 13a Abs. 3 EStG die Summe aus:

1. dem Gewinn der landwirtschaftlichen Nutzung,

2. dem Gewinn der forstwirtschaftlichen Nutzung,

3. dem Gewinn der Sondernutzungen,

4. den Sondergewinnen,

5. den Einnahmen aus Vermietung und Verpachtung von Wirtschaftsgütern des land- und forstwirtschaftlichen Betriebsvermögens und

6. den Einnahmen aus Kapitalvermögen, soweit sie nach § 20 Abs. 8 EStG zu den Einkünften aus Land- und Forstwirtschaft gehören.

Zu 1.: Der Gewinn aus der landwirtschaftlichen Nutzung ist die Summe aus dem Grundbetrag für die selbst bewirtschafteten Flächen und den Zuschlägen für Tierzucht und Tierhaltung (§ 13a Abs. 4 EStG). Als Grundbetrag wird je Hektar der landwirtschaftlichen Nutzung ein Betrag von 350 € angesetzt (Betrag lt. Anlage 1a Nr. 1 zum EStG). Mit diesem Grundbetrag sind sämtliche Betriebseinnahmen und Betriebsausgaben abgegolten. Im Grundbetrag ist auch eine Tierhaltung von bis zu 25 Vieheinheiten enthalten. Bei mehr als 25 Vieheinheiten wird pro Vieheinheit ein Zuschlag von 300 € pro Vieheinheit vorgenommen (vgl. Anlage 1a Nr. 1 EStG).

Zu 2.: Der Gewinn aus der forstwirtschaftlichen Nutzung ist gem. § 13a Abs. 5 EStG 1417 nach § 51 Abs. 2 bis 5 EStDV zu ermitteln. Danach werden von den Einnahmen aus der Verwertung des eingeschlagenen Holzes pauschal 55 % als Betriebsausgaben abgezogen. Beim Verkauf von Stammholz betragen die pauschalen Betriebsausgaben nur 20 % des stehenden Holzes. Mit diesen pauschalen Betriebsausgaben sind ebenfalls – wie bei der landwirtschaftlichen Nutzung – sämtliche Betriebsausgaben mit Ausnahme von Wiederaufforstungskosten und Buchwertminderungen für das Wirtschaftsgut Baumbestand abgegolten.

Zu 3.: Der Begriff der Sondernutzung wird durch einen Verweis auf § 160 Abs. 2 Satz 1 1418 Nr. 1 Buchstabe c bis e BewG (weinbauliche- und gärtnerische- sowie übrige land- und forstwirtschaftliche Nutzungen) und eine Aufzählung von wesentlichen Sondernutzungen in der Anlage 1a Nr. 2 definiert. Für diese Sondernutzungen ist ein Gewinn von 1.000 € je Sondernutzung anzusetzen, wenn die Sondernutzung die in der Anlage 1a Nr. 2 Spalte 3 genannten Grenzen übersteigt; für unter diesen Grenzen liegende Sondernutzungen ist kein Gewinn anzusetzen. Für die nicht in der Anlage aufgeführten Sondernutzungen ist der Gewinn nach § 4 Abs. 3 EStG zu ermitteln.

Zu 4.: Für die in § 13a Abs. 7 EStG aufgeführten besonderen Tätigkeiten werden Sondergewinne angesetzt; diese Sondergewinne werden nach § 4 Abs. 3 EStG ermittelt.

11.2.6.3 Schätzungslandwirte

Eine Gewinnschätzung ist durchzuführen, wenn der Land- und Forstwirt zwar buchfüh- 1419 rungspflichtig ist, aber dieser Buchführungsverpflichtung nicht nachkommt. Zwar ist in diesem Fall § 13a EStG nicht direkt anwendbar; da jedoch über § 162 AO alle Schätzungsgrundlagen heranzuziehen sind, erfolgt in der Praxis eine Schätzung in Anlehnung an § 13a EStG.

11.2.6.4 Gewinnermittlungszeitraum, Wirtschaftsjahr

Bei Land- und Forstwirten ist der Gewinnermittlungszeitraum gem. § 4a Abs. 1 EStG 1420 das Wirtschaftsjahr. Das **Wirtschaftsjahr** ist bei **Landwirten** i. d. R. gem. Nr. 1 der Zeitraum vom **1. 7. bis 30. 6.** und bei **Forstwirten** der **1. 10. bis 30. 9.** (§ 8c Abs. 1 Nr. 2 EStDV) eines Jahres. Der Gewinn eines Wirtschaftsjahres wird bei Einkünften aus Land- und Forstwirtschaft im Gegensatz zu den Einkünften aus Gewerbebetrieb **zeitanteilig** auf die Kalenderjahre verteilt (§ 4a Abs. 2 Nr. 1 Satz 1 EStG).

Das gilt **unabhängig von der Gewinnermittlungsart.** Veräußerungsgewinne sind nicht zeitanteilig aufzuteilen, sondern dem Kalenderjahr zuzurechnen, in dem sie entstanden sind.

BEISPIEL: ▸ A hat einen forstwirtschaftlichen Betrieb und erzielt im Wj 01/02 einen Gewinn i. H. von 60 000 € und im Wj 02/03 einen Gewinn i. H. von 690 000 € einschließlich eines Veräußerungsgewinns von 600 000 € aus der Veräußerung am 30. 6. 03.

Die Einkünfte aus Forstwirtschaft betragen gem. § 4a i. V. mit § 8c EStDV

im Jahre 02:	des Gewinns aus 01/02:	45 000 €
+	des Gewinns aus 02/03 bis zum 30. 6. 03	
	i. H. von 90 000 €:	30 000 €
		75 000 €
im Jahre 03:	des Gewinns 02/03 (Jan. bis Juni 03)	
	i. H. von 90 000 €:	60 000 €
+	Veräußerungsgewinn (§§ 14 u. 14a EStG)	600 000 €

11.2.6.5 Einzelne Aktivierungs- und Bewertungsfragen; Probleme der Entnahme bei Nutzungsänderung und Änderung der Gewinnermittlung

11.2.6.5.1 Wechsel der Gewinnermittlungsart

1421 Auch Land- und Forstwirte können gewillkürtes Betriebsvermögen bilden, wenn sie ihren Gewinn nach § 4 Abs. 1 EStG ermitteln.

Nach dem BFH (12. 2. 1976 IV R 188/74, BStBl 1976 II 663) führte der **Übergang** von der Gewinnermittlung nach § 4 Abs. 1 EStG zur Gewinnermittlung nach § 13a EStG bei Wirtschaftsgütern des gewillkürten Betriebsvermögens zwangsläufig zur Entnahme des Wirtschaftsgutes, da es in den Fällen des § 13a EStG gewillkürtes Betriebsvermögen (n. st. BFH-Rspr.) nicht gibt. Dieses unerwünschte Ergebnis hat der Gesetzgeber ausgeschaltet, indem er in den § 4 Abs. 1 EStG einen neuen Satz 3 eingefügt hat, wonach der o. a. Übergang in der Gewinnermittlungsart **keine zwangsweise Entnahme** des bislang gewillkürten Betriebsvermögens bewirkt.

Außerdem regelt § 4 Abs. 1 Satz 4 EStG, dass auch eine **Nutzungsänderung** im Falle der Gewinnermittlung nach § 13a EStG dann keine Entnahme ist, wenn die Nutzungsänderung auch bei der Gewinnermittlung des § 4 Abs. 1 EStG keine Entnahme darstellt.

11.2.6.5.2 Grund und Boden

1422 Der Grund und Boden gehört als Anlagevermögen zum land- und forstwirtschaftlichen Betriebsvermögen. Die Gewinne aus der Veräußerung des zum land- und forstwirtschaftlichen Betriebsvermögen gehörenden Grund und Bodens unterliegen daher grundsätzlich der Besteuerung. Wegen der Einzelheiten der Berechnung bzw. der Bilanzierung des Grund und Bodens vgl. Erlass des BdF (v. 29. 2. 1972, BStBl 1972 I 102 ff.).

11.2.6.5.3 Besondere Anlagen auf oder im Grund und Boden

1423 Besondere Anlagen auf oder im Grund und Boden, die zum beweglichen Anlagevermögen oder zum Umlaufvermögen gehören, sind grundsätzlich selbständige, aktivierungspflichtige Wirtschaftsgüter (BFH 14. 3. 1961, BStBl 1961 III 398). Ihre Werte sind bei der Ermittlung des land- und forstwirtschaftlichen Gewinns zu berücksichtigen. Eine Ausnahme von dem Grundsatz der Aktivierungspflicht gilt nach allgemeiner Ansicht aus praktischen Erwägungen bei landwirtschaftlichen Betrieben mit jährlicher Fruchtfolge für das Feldinventar (z. B. im Boden befindliche Saat, Dünger, Aufwand für Feldbestellungsarbeiten) und die stehende Ernte (Ernte auf dem Halm oder im Boden). In diesen Fällen kann von der Aktivierung abgesehen werden, weil der Wert des Feldinventars und der stehenden Ernte zum Beginn und Ende eines Wirtschaftsjahres i. d. R. annähernd gleich ist. In den Fällen des Besitzwechsels (z. B. Verkauf, Verpachtung, Wechsel des Pächters, Zurücknahme in Eigenbewirtschaftung) sind die Entschädigungszahlungen für die stehende Ernte und das Feldinventar bei dem alten Betriebsinhaber Betriebseinnahmen und bei dem neuen Betriebsausgaben.

Aufwendungen für reine **Bodenverbesserungsarbeiten,** durch die keine besonderen An- 1424 lagen errichtet werden, sind sofort abzugsfähige Betriebsausgaben.

> **BEISPIEL:** Landwirte können Aufwendungen für Auflesen von Steinen, Düngung, Freimachen von Unkraut, Umbruch und Neuansaat einer Wiese (ESt-Kartei NW § 4 Abs. 1 A 9) und für Planierungen (BFH 19. 12. 1962, BStBl 1963 III 207) sofort als Betriebsausgaben abziehen.

Diese Grundsätze gelten jedoch nicht, wenn eine bislang nicht landwirtschaftlich genutzte Fläche erworben wird und im Verhältnis zum Kaufpreis hohe erstmalige Bearbeitungskosten anfallen, um auf der Fläche eine intensive Mastviehzucht zu betreiben. In diesem Fall liegen aktivierungspflichtige Kosten vor (BFH 8. 11. 1979 IV R 42/78, BStBl 1980 II 147).

11.2.6.5.4 Bewertung von Vieh

Buchführende Land- und Forstwirte können nach BMF-Schreiben (v. 22. 2. 1995, 1425 BStBl 1995 I 179) den zum Anlagevermögen gehörenden Viehbestand mit den Anschaffungs- oder Aufzuchtkosten, vermindert um die Absetzungen nach § 7 EStG, ggf. mit einem niedrigeren Teilwert oder mit den Durchschnittswerten ansetzen, die dann auch in den Schlussbilanzen einzuhalten sind. AfA sind bei der Durchschnittsbewertung nicht zulässig. Etwaige stille Reserven werden im Falle der Veräußerung oder Entnahme durch Einsatz des Teilwertes nach § 6 Abs. 1 Nr. 4 EStG ausgelöst. Die Ermittlung der Durchschnittswerte ergibt sich aus Verwaltungsanweisungen, die in den einzelnen Ländern ergangen sind. Tiere, die von vornherein zur Veräußerung bestimmt sind, gehören zum Umlaufvermögen (Mastkälber, Mastschweine).

Für **besonders wertvolle Tiere** (z. B. Zuchttiere) und für Tiere, die zum Umlaufvermögen 1426 gehören, kommt die Durchschnittsbewertung nicht in Betracht. Als Umlaufvermögen sind i. d. R. nur solche Tiere zu bewerten, die zum Verbrauch oder Verkauf bestimmt sind.

11.2.7 Freibeträge für Land- und Forstwirte

11.2.7.1 Freibetrag für Land- und Forstwirte nach § 13 Abs. 3 EStG

Nach § 13 Abs. 3 EStG können Land- und Forstwirte bei der Ermittlung des Gesamt- 1427 betrages der Einkünfte von ihren Einkünften aus Land- und Forstwirtschaft einen Freibetrag i. H. von 900 € abziehen. Der Freibetrag wird also **unabhängig von der Gewinnermittlungsart** und **der Höhe der Einkünfte aus Land- und Forstwirtschaft** gewährt. Er kann jedoch nur bis zur Höhe der Summe der positiven Einkünfte aus Land- und Forstwirtschaft gewährt werden. Bei Ehegatten, die nach §§ 26 u. 26b EStG zusammenveranlagt werden, erhöht sich der Freibetrag auf 1 800 €, ohne dass erforderlich ist, dass jeder Ehegatte Einkünfte aus Land- und Forstwirtschaft erzielt hat. Hat von zusammenveranlagten Ehegatten der eine positive und der andere negative Einkünfte aus Land- und Forstwirtschaft bezogen, hängt die Höhe des nach § 13 Abs. 3 EStG zu gewährenden Freibetrages von den zusammengerechneten Einkünften der Ehegatten aus Land- und Forstwirtschaft ab (BFH 25. 2. 1988 IV R 32/86, BStBl 1988 II 827).

1428   Der Freibetrag gem. § 13 Abs. 3 Satz 1 EStG ist jedoch **nur zu gewähren,** wenn die **Summe der Einkünfte** ohne Berücksichtigung des Freibetrages (900 €/1 800 €) den Betrag von 30 700 € bzw. 61 400 € nicht übersteigt.

11.2.7.2   Freibetrag nach § 14a Abs. 4 EStG bei Veräußerung/Entnahme von Betriebsgrundstücken

1429   Als Besonderheit ist in diesem Zusammenhang für **Gewinne aus der Veräußerung bzw. Entnahme** eines oder einzelner land- und forstwirtschaftlicher Grundstücke der Freibetrag nach § 14a Abs. 4 EStG i. H. von 61 800 € anzumerken. Der Gewinn, der aus der Veräußerung bzw. Entnahme eines oder einzelner betrieblicher Grundstücke erzielt wird, fällt nicht unter die Betriebsveräußerung des § 14a Abs. 1 EStG und ist daher auch nicht nach § 34 Abs. 1 EStG tarifbegünstigt. Gleichwohl erschien es dem Gesetzgeber aus agrarpolitischen Gründen geboten, auch für die Veräußerung bzw. Entnahme eines Teiles des Grund und Bodens eines land- und forstwirtschaftlichen Betriebes eine Steuerermäßigung zu gewähren. Es sollen durch diese Bestimmungen wirtschaftlich lebensfähige Betriebe geschaffen bzw. erhalten werden. Für § 14a Abs. 4 EStG ist der **Begünstigungszeitraum nur bis zum 1. 1. 2006** verlängert worden.

1430–1434   *(Einstweilen frei)*

11.2.7.3   Freibetrag nach § 14a Abs. 5 EStG bei Schuldentilgung

1435   Für Veräußerungsgewinne aus der Veräußerung von Grund und Boden nach dem 31. 12. 1985 und vor dem 1. 1. 2001 (§ 14a Abs. 5 EStG) wurde ein Freibetrag i. H. von 90 000 DM gewährt, wenn der Veräußerungsgewinn zur **Tilgung betrieblicher Schulden,** die vor dem 1. 7. 1985 bestanden haben, verwandt wurde und im Übrigen die Voraussetzungen des § 14 Abs. 4 Satz 2 Nr. 2 EStG vorlagen.

Zur Frage des Freibetrages bei Veräußerung oder Aufgabe eines land- und forstwirtschaftlichen Betriebes gem. § 14a Abs. 1–3 EStG vgl. ergänzend die Ausführung zu § 16 EStG.

11.2.7.4   Vergünstigung bei der Veräußerung bestimmter land- und forstwirtschaftlicher Betriebe gem. § 14a Abs. 1–3 EStG

1436   Zu dieser ebenfalls bereits ausgelaufenen Vergünstigung siehe die Ausführungen zu Rdn. 1797 ff.

11.2.7.5   Kontrollfragen

		Rdn.	
1.	Welche Einkünfte gehören zur Land- und Forstwirtschaft und warum müssen sie von gewerblichen Einkünften abgegrenzt werden?	1382 ff.	☐
2.	Auf welche Arten kann ein Land- und Forstwirt seinen Gewinn ermitteln?	1409 ff.	☐
3.	Wie erfolgt in groben Zügen die Gewinnermittlung nach Durchschnittssätzen?	1416 – 1418	☐
4.	Welche einkommensteuerrechtlichen Vergünstigungen erhalten Land- und Forstwirte?	1427 ff.	☐

(Einstweilen frei)   1437–1440

11.3   Einkünfte aus Gewerbebetrieb

LITERATURHINWEIS:

Friebel/Rick/Schoor/Siegle, Fallsammlung Einkommensteuer, 19. Aufl., Fall 154–170

11.3.1   Begriff des Gewerbebetriebes

Nach § 15 Abs. 2 EStG ist unter einem Gewerbebetrieb die **Betätigung** zu verstehen, die   1441
selbständig, nachhaltig und mit **Gewinnerzielungsabsicht** ausgeübt wird und die sich
als **Beteiligung** am allgemeinen **wirtschaftlichen Verkehr** darstellt. Die Betätigung darf
jedoch weder zur Land- und Forstwirtschaft noch zur selbständigen Arbeit i. S. des ESt-
Rechts gehören.

Die einzelnen gesetzlichen Tatbestandsmerkmale des Begriffs „Gewerbebetrieb" sind
demnach:

1. Selbständigkeit,

2. Nachhaltigkeit,

3. Beteiligung am allgemeinen wirtschaftlichen Verkehr,

4. Gewinnerzielungsabsicht,

5. Betätigung darf nicht zur Land- und Forstwirtschaft (§ 13 EStG) und nicht zur selbständigen Arbeit (§ 18 EStG) gehören.

Der Begriff des Gewerbebetriebs ist im Einkommen- und Gewerbesteuerrecht gleich.
Dennoch ist die bei der **ESt-Veranlagung ergangene Feststellung**, dass Einkünfte aus
Gewerbebetrieb vorliegen oder nicht, für das **Gewerbesteuermessbescheidsverfahren**

nicht bindend, da der ESt-Bescheid nach der AO gegenüber der Gewerbesteuer keine Feststellungswirkung erzeugt (vgl. §§ 179 ff. AO). Dasselbe gilt für den umgekehrten Fall.

Der einkommensteuerliche und gewerbesteuerliche Begriff des Gewerbebetriebs ist **nicht identisch** mit dem **Unternehmerbegriff des Umsatzsteuerrechts.** Nach § 2 Abs. 1 Satz 1 UStG ist im Umsatzsteuerrecht nur die Absicht, Einnahmen zu erzielen, nicht die Gewinnabsicht erforderlich.

11.3.1.1 Selbständigkeit

1442 Selbständig ist, wer auf **eigene Rechnung** und **Verantwortung** tätig wird (vgl. R und H 15.1). Das ist derjenige, den tatsächlich die Erfolge, Misserfolge und Lasten des Gewerbebetriebs **(Unternehmerrisiko)** treffen. Es kommt nicht darauf an, wer Eigentümer des Betriebsvermögens ist; auch z. B. ein Nießbraucher oder Pächter kann selbständig tätig sein. Ebenso wenig ist (im Gegensatz etwa zur USt) entscheidend, wer nach außen als Betriebsinhaber auftritt.

1443 Ob Selbständigkeit anzunehmen ist, richtet sich nach dem **Gesamtbild der Verhältnisse.** Dabei sind u. a. die vertraglichen Abmachungen, die Art der Tätigkeit, Weisungsmöglichkeit bzw. -abhängigkeit, die Form des Entgelts bzw. der Entlohnung, die Dauer der Verpflichtung, die Bindung an Arbeitszeit und Arbeitsplatz und der Umfang der Haftung wichtige Abgrenzungsmerkmale.

Keinen Gewerbebetrieb unterhält – wegen des Fehlens der Selbständigkeit – der Steuerpflichtige, soweit er als Arbeitnehmer tätig wird. Das ist nach § 1 Abs. 2 LStDV der Fall, wenn jemand in der Betätigung seines geschäftlichen Willens unter der Leitung eines anderen steht oder im geschäftlichen Organismus eines anderen an dessen Weisungen gebunden ist. Somit sind z. B. Beamte, Angestellte und Arbeiter sowie Vorstandsmitglieder, Geschäftsführer einer Kapitalgesellschaft mangels Selbständigkeit keine Gewerbetreibende.

1444 **Schwarzarbeiter** können je nach den Umständen des Einzelfalls nichtselbständig oder selbständig sein. Das entscheidet sich insbesondere danach, ob sie im selben Umfang wie ein Bauunternehmer (z. B.) weisungsunabhängig, risikobelastet sind oder nicht (BFH 21. 3. 1975 VI R 60/73, BStBl 1975 II 513).

11.3.1.2 Nachhaltigkeit

1445 Ein Steuerpflichtiger wird nachhaltig tätig, wenn er die **Absicht hat, die Handlung bei sich bietender Gelegenheit zu wiederholen,** und daraus eine selbständige Erwerbsquelle zu machen (BFH 11. 4. 1989 VIII 266/84, BStBl 1989 II 621; R und H 15.2). Demnach reicht schon ein **einmaliges** Tätigwerden zur Annahme der Nachhaltigkeit aus, falls Wiederholungsabsicht besteht; diese besteht auch, wenn eine einmalige Handlung von Wiederholungsabsicht getragen und auf Wiederholung angelegt ist, jedoch die Wiederholung mangels Gelegenheit unterbleibt.

> **BEISPIEL:** A eröffnet ein Geschäft als Grundstücksmakler. Es gelingt ihm, den Abschluss eines Grundstückskaufvertrages zu vermitteln. Da weitere Versuche erfolglos bleiben, gibt A seine Bemühungen auf und tritt als Angestellter in ein anderes Unternehmen ein.
>
> Hinsichtlich der Vermittlung des Grundstückskaufvertrages ist A nachhaltig tätig geworden, da er Wiederholungsabsicht hatte, auch wenn er sie nicht verwirklichen konnte.

Hat der Steuerpflichtige **mehrere gleichartige Handlungen** vorgenommen, ist die **Nach-** 1446 **haltigkeit** gegeben, ohne dass die Absicht der Wiederholung vorzuliegen braucht; in diesem Falle müssen die Handlungen jedoch in einem zeitlichen Zusammenhang stehen.

Nachhaltigkeit wird nicht dadurch begründet, dass durch die Betätigung ein Dauerzustand geschaffen wird, in dem für einen längeren Zeitraum Vergütungen anfielen.

> **BEISPIEL:** Der Angestellte B hat durch einmaliges Tätigwerden erreicht, dass die Firma X bei der Firma Y für einen Zeitraum von zwei Jahren laufend Waren bestellt. Die Firma Y zahlte für jede Lieferung eine Provision an B. Wiederholungsabsicht ist nicht anzunehmen.
>
> B ist nicht gewerblich tätig geworden, da es an der Nachhaltigkeit fehlt.

Nachhaltigkeit ist aber zu bejahen, wenn die einmalige Handlung auch in Zukunft lau- 1447 fende Verpflichtungen und damit Tätigkeiten des Steuerpflichtigen bedingt, denn bei der Frage der Nachhaltigkeit sind auch der **Umfang** und die **Dauer der Abwicklung** von wesentlicher Bedeutung.

Den **Gegensatz zur „Nachhaltigkeit"** bildet das **„gelegentliche" Tätigwerden** i. S. des 1448 § 22 Nr. 3 EStG. So ist z. B. das einmalige, wenn auch aus mehreren Verkaufsvorgängen bestehende Verkaufen auf einem Flohmarkt kein nachhaltiges Tätigwerden i. S. des § 15 EStG.

11.3.1.3 Beteiligung am allgemeinen wirtschaftlichen Verkehr

Eine Beteiligung am allgemeinen wirtschaftlichen Verkehr ist anzunehmen, wenn je- 1449 mand **nach außen hin erkennbar durch eigene Leistungen gegen Entgelt am allgemeinen Güter- und Leistungsaustausch teilnimmt** (BFH 23. 6. 1964 GrS, BStBl 1964 III 501; R und H 15.4). Allgemeiner Leistungsaustausch bedeutet grundsätzlich, dass der Unternehmer die Möglichkeit hat, seine Leistungen einer **unbestimmten Anzahl von Personen** und nicht nur einem fest umgrenzten Personenkreis anzubieten; dies gilt stets nur im Rahmen der wirtschaftlichen Leistungsfähigkeit des Unternehmens. Auch in den Fällen, in denen der Geschäftsmann tatsächlich nur wenige oder sogar nur einen Kunden hat, kann eine Beteiligung am allgemeinen wirtschaftlichen Verkehr vorliegen (BFH 9. 7. 1986 I R 85/83, BStBl 1986 II 851; 2. 9. 1988 III R 58/85, BStBl 1989 II 24). Das ist insbesondere anzunehmen, wenn durch die Bedienung eines Kunden die Arbeitszeit und Arbeitskraft des Unternehmens voll beansprucht wird oder wenn der Steuerpflichtige sich rechtlich verpflichtet hat, nur für einen Auftraggeber tätig zu werden (Konkurrenzverbot, Wettbewerbsbeschränkung).

> **BEISPIEL:** A arbeitet als selbständiger Handelsvertreter für die Firma X. Nach den vertraglichen Abmachungen darf A für andere Firmen nicht tätig sein.

Eine **nach außen erkennbare wirtschaftliche Betätigung** liegt vor, sofern sich der Steu- 1450 erpflichtige Dritten gegenüber wie ein Gewerbetreibender aufführt; dies kann z. B. angenommen werden, falls eine äußerlich erkennbare Organisation (z. B. ein Geschäftslokal) vorhanden ist oder falls durch Art und Umfang der Tätigkeit sowie durch Reklame Dritter kenntlich gemacht wird, dass der Steuerpflichtige sich nachhaltig und mit Gewinnerzielungsabsicht wirtschaftlich betätigt.

Nach diesen Grundsätzen erzielt auch ein **Sportler** aus Vergütungen für Werbeleistungen gewerbliche Einkünfte (BFH 19. 11. 1985 VIII R 104/85, BStBl 1986 II 424).

11.3.1.3.1   Vermögensverwaltung

1451   In der **Vermögensverwaltung** ist i. d. R. **keine gewerbliche Tätigkeit** zu sehen, obwohl die Vermögensverwaltung die Tatbestandsmerkmale des § 15 Abs. 2 EStG zu erfüllen scheint. Nach h. M. (vgl. BFH 25. 6. 1984 GrS 4/82, BStBl 1984 II 751, 762) wird aber für die Annahme einer gewerblichen Tätigkeit verlangt, dass die **Tätigkeit den Rahmen einer privaten Vermögensverwaltung überschreitet – ungeschriebenes, negatives Tatbestandsmerkmal.** Vermögensverwaltung liegt vor, wenn sich die Betätigung noch als **Nutzung von Vermögen** i. S. einer Fruchtziehung aus zu erhaltenden Substanzwerten darstellt und die Ausnutzung substantieller Vermögenswerte durch Umschichtung nicht entscheidend in den Vordergrund tritt. Anders ist es nur, wenn in der Vermögensverwaltung selbst eine nach außen erkennbare Beteiligung am allgemeinen wirtschaftlichen Verkehr gegeben ist (R 15.7 Abs. 1 EStR).

11.3.1.3.2   Vermögensverwaltung und Vermietung und Verpachtung

1452   Die Vermietung und Verpachtung von Grundbesitz rechnet auch dann nicht zu den Einkünften aus Gewerbebetrieb, wenn das vermietete Objekt oder die Zahl der Mieter sehr groß ist und deshalb umfangreiche Verwaltungsarbeiten erforderlich sind. Ohne Bedeutung ist ferner, ob die Verwaltung des Hausbesitzes nach kaufmännischen Grundsätzen geführt wird und welchen Zwecken das vermietete Gebäude dient. Eine Beteiligung am allgemeinen wirtschaftlichen Verkehr liegt nur vor, wenn zu der Vermögensnutzung noch **besondere Umstände** hinzukommen. Diese können darin bestehen, dass der Steuerpflichtige neben der Vermögensverwaltung eine fortgesetzte, dem Begriff des Gewerbebetriebs eigentümliche Tätigkeit entfaltet. Eine solche ist z. B. zu bejahen, wenn sich der Vermieter zur besonderen **Herrichtung oder Reinigung des Gebäudes** verpflichtet, wenn eine besondere **Reklametätigkeit** entfaltet wird oder wenn ein ständiges und schnelles **Wechseln der Mieter** gegeben ist (vgl. H 15.7 EStH). Das ist der Fall bei **Vermietung von Wohnungen und Zimmern** an **Ferien- und Kurgäste.** Die Vermietung einer **Ferienwohnung kann** unter Berücksichtigung folgender Faktoren **gewerblich sein:** voll eingerichtet und ausgestattet, in reinem Feriengebiet, in Verbund mit einer Vielzahl gleichartiger Objekte, kurzfristige Vermietung an laufend wechselnde Mieter, Feriendienstorganisation, rezeptionsähnliche Verwaltung (BFH 25. 6. 1976 III R 167/73, BStBl 1976 II 728). Im Falle der **Untervermietung** von Wohnräumen an Dauermieter ist ein Gewerbebetrieb anzunehmen, sofern gleichzeitig ein **Pensionsvertrag** abgeschlossen wird, durch den dem Untermieter Frühstück, Mittag- und Abendessen gewährt wird (vgl. zur Untervermietung die Ausführungen zu § 21 EStG). Die **Dauervermietung** bei Zimmern (z. B. an ältere Dauermieter) kann durch Übernahme von Nebenleistungen gewerblichen Charakter erlangen, sogar wenn mit der Vermietung nicht einmal Reinigung der Zimmer und Beköstigung verbunden sind, sondern die bloße Veräußerung von Lebensmitteln mit einem nicht unerheblichen Gewinnaufschlag (BFH 21.12.1976 VIII R 27/72, BStBl 1977 II 244). In der Regel liegt ein Gewerbebetrieb vor bei der Vermietung von **Ausstellungsräumen, Messeständen, Garagen und Tennisplätzen** (BFH 25.10.1988 VIII R 262/80, BStBl 1989 II 291), insbesondere aber auch bei der **Vermietung von Campingplätzen,** wenn der Vermieter wesentliche Nebenleistung erbringt (sanitäre Anlagen, Versorgungseinrichtungen, Reinigung, Müllbeseitigung; BFH 27.1.1983 IV R 215/80, BStBl 1983 II 426).

11.3.1.3.3 Vermögensverwaltung und Grundstücksgeschäfte

Bei der Prüfung einer Beteiligung am allgemeinen wirtschaftlichen Verkehr in den Fällen, in denen Grundstücke erschlossen, bebaut und veräußert werden, sind folgende Faktoren von entscheidender Bedeutung: Dauer der Zugehörigkeit der veräußerten Grundstücke zum Privatvermögen; bloße Vermögensumschichtungen; Anzahl der veräußerten Objekte; zusätzliche Tätigkeiten (Parzellierung; Erschließung); u.U. berufliche Tätigkeit des Veräußerers (Architekt, Bauunternehmer). Das Motiv für die Veräußerung ist dabei relativ unbedeutend (BFH [st. Rspr.] 8.8.1979 I R 186/78, BStBl 1980 II 106). 1453

Im Einzelnen sind folgende Fälle zu unterscheiden, die im BMF-Schreiben v. 26.3.2004, BStBl 2004 I 434 zusammengestellt sind: 1454

1. **Veräußerung** eines **unbebauten Grundstücks** aus dem Privatvermögen: Keine gewerbliche Tätigkeit, da es schon an der Nachhaltigkeit mangelt; das Gleiche gilt für die gelegentliche Veräußerung einzelner oder aller Grundstücke, die seit längerem – 10-Jahresfrist – im Eigentum des Steuerpflichtigen standen.

2. Auch in der Umwandlung eines seit längerem im Eigentum des Steuerpflichtigen stehenden Mietshauses in Wohnungs-/Teileigentum und der anschließenden Veräußerung der Einheiten an verschiedene Erwerber ist keine gewerbliche Tätigkeit zu sehen. „Länger" im o.a. Sinne ist eine Spanne von 5 Jahren.

3. **Parzellierung** eines **Grundstücks und Veräußerung** der einzelnen unbebauten Parzellen: Die hierbei entfaltete Tätigkeit geht über die übliche Tätigkeit zur Nutzung und Verwaltung eigenen Vermögens nicht hinaus.

4. **Parzellierung und Erschließung eines Grundstücks und Veräußerung** der unbebauten Parzellen: Hier ist eine gewerbliche Tätigkeit anzunehmen, insbesondere wenn der Veräußerer aktiv bei der Verpflichtung der Käufer mitwirkt, selbst Einfluss auf die zukünftige Bebauung und Nutzung ausübt und darüber hinaus Erschließungskosten freiwillig übernimmt sowie kostenlos Straßengrund an die Gemeinde abtritt (BFH 29.8.1973 I R 214/71, BStBl 1974 II 6) oder die für die Parzellierung und Erschließung notwendigen Maßnahmen durch ein Immobilienunternehmen ausführen lässt (BFH 14.11.1972 VIII R 71/72, BStBl 1973 II 239, vgl. auch BFH 7.2.1973 I R 210/71, BStBl 1973 II 642).

5. **Bebauung eines Grundstücks zum Zweck späterer Vermietung:**

   Grundsätzlich keine gewerbliche Tätigkeit, auch wenn ein Bauunternehmer das Haus für sich errichtet.

6. **Bebauung eines Grundstücks** mit einer Mehrzahl von **Eigentumswohnungen,** die **nicht vermietet,** sondern **veräußert** werden sollen:

Die Veräußerung von **bis zu drei Objekten** ist grundsätzlich **nicht gewerblich;** das gilt auch dann, wenn der veräußernde Stpfl. eine dem Bau- und Grundstücksmarkt nahe stehende Person ist, z. B. Architekt, Bauunternehmer, Makler (Änderung der Rspr., BFH 14. 3. 1989 VIII R 373/83, BStBl 1990 II 1053; 29. 11. 1989 X R 100/88, BStBl 1990 II 1060). Die Veräußerung von **mehr als drei Objekten** führt – bei Vorliegen der übrigen Voraussetzungen des § 15 Abs. 2 EStG – zur **Gewerblichkeit aller,** d. h. auch der ersten drei **Objektveräußerungen** (BFH 18. 9. 1991 XI R 23/90, BStBl 1992 II 135).

7. **Objekte** i. S. dieser Grundsätze sind: Eigentumswohnungen, Einfamilienhäuser, Zweifamilienhäuser, Bauparzellen; bei anderen Objekten: z. B. Mehrfamilienhäusern, betrieblich genutzten Grundstücken kann auch bei Veräußerung von weniger als vier Objekten bereits ein gewerblicher Grundstückshandel gegeben sein.

1455   Bei **Ehegatten** ist eine Zusammenfassung der Grundstücksaktivitäten im Regelfall nicht zulässig (BVerfG 12. 3. 1985 1 BvR 571/81, BStBl 1985 II 475), so dass i. d. R. jeder Ehegatte bis zu drei Objekte im Bereich der nicht einkommensteuerpflichtigen Vermögensverwaltung veräußern kann.

Entscheidend für die Abgrenzung zwischen Vermögensverwaltung und gewerblichem Grundstückshandel ist somit:

(1) Befand sich das Grundstück vor der Bebauung schon längere Zeit im Eigentum des Stpfl.?

(2) Waren die errichteten Wohnungseinheiten (zunächst) zur Vermietung bestimmt?

(3) War ein Wille auf Ausnutzung substantieller Vermögenswerte durch Umschichtung schon zur Zeit der Bebauung erkennbar?

8. Veräußert ein Landwirt aus seinem land- und forstwirtschaftlichen Betriebsvermögen Grundstücke, so gehören die Gewinne zu denen aus § 13 EStG. Parzelliert aber der Landwirt derartige Grundstücke und wirkt er bei der Erschließung und Baureifmachung mit, wird er gewerblich tätig mit der Folge: Die land- und forstwirtschaftlichen Grundstücke werden unmittelbar in den Gewerbebetrieb überführt. Sie werden dem land- und forstwirtschaftlichen Vermögen entnommen mit dem Teilwert (§ 6 Abs. 1 Nr. 4 EStG) und mit diesem Wert in das gewerbliche Betriebsvermögen eingelegt (§ 6 Abs. 1 Nr. 5 EStG).

9. Der gewerbliche Grundstückshandel beginnt zu dem Zeitpunkt, in dem der Steuerpflichtige mit Tätigkeiten beginnt, die objektiv erkennbar auf die Vorbereitung der Grundstücksgeschäfte gerichtet sind, i. d. R. somit bereits mit der Bauplanung. Mit diesem Augenblick wird das Grundstück notwendiges gewerbliches Betriebsvermögen; die Einlage ist gem. § 6 Abs. 1 Nr. 5 EStG zu bewerten (BFH 9. 2. 1983 I R 29/79, BStBl 1983 II 451). Die Veräußerungen der einzelnen Objekte führen zu laufendem Gewinn.

11.3.1.3.4 Vermögensverwaltung und Wertpapiergeschäfte

Der An- und Verkauf von Wertpapieren stellt in aller Regel eine Tätigkeit im Rahmen   1456
der üblichen Vermögensverwaltung und nicht ein Gewerbe dar, selbst wenn diese An-
und Verkäufe in größerem Umfang erfolgen und sich über einen verhältnismäßig lan-
gen Zeitraum erstrecken, denn das gehört regelmäßig zur Verwaltung eines jeden größeren Vermögens. Indiz für eine Vermögensverwaltung ist die Einschaltung einer Bank
in das Wertpapiergeschäft. Zweifel tauchen nur dann auf, wenn unter Ausnutzung der
persönlichen, fachlichen Kenntnisse im Wertpapiergeschäft (etwa bei Bankiers) Käufe
und Verkäufe getätigt werden. Hier müssen die gesamten Umstände des Einzelfalls zur
Entscheidung herangezogen werden. Tätigt z. B. ein Bankier Wertpapiergeschäfte, die
auch im Rahmen einer privaten Vermögensverwaltung getätigt werden können, entnimmt er aber für diese Zwecke Betriebsmittel, schließt die Käufe und Verkäufe über
die Bank ab und führt die Erlöse alsbald wieder dem Betrieb zu, so liegt keine einkom-
mensneutrale Vermögensverwaltung, sondern gewerbliche Tätigkeit vor (BFH
19. 1. 1977 I R 10/74, BStBl 1977 II 287). Auch private Differenzgeschäfte über Devisen
oder Edelmetalle zählen zur Vermögensverwaltung (BFH 13. 10. 1988 IV R 220/85,
BStBl 1989 II 39).

11.3.1.3.5 Vermögensverwaltung und Betriebsverpachtung

Bei der **Verpachtung eines gewerblichen Betriebes** erzielt im Regelfall der Verpächter   1457
Einkünfte aus § 15 EStG. Allerdings räumen ihm Rechtsprechung und Verwaltung das
Wahlrecht ein, einerseits zwischen Aufgabe des Betriebes und Versteuerung der stillen
Reserven nach § 16 EStG sowie laufender Versteuerung der Pachteinnahmen nach § 21
EStG und andererseits fortlaufender Versteuerung der Pachteinnahmen nach § 15 EStG
(allerdings ohne Gewerbesteuerpflicht) zu wählen (R 16 Abs. 5 EStR; siehe im Einzelnen
zu diesem Fragenkreis die Ausführungen zu § 16 EStG Rdn. 1714).

Zur Frage der Vermögensverwaltung bei Betriebsaufspaltung siehe Rdn. 1568.

Abschließend hierzu muss jedoch betont werden, dass sich die Entscheidung gewerbliche Tätigkeit oder Vermögensverwaltung jeweils nur nach den besonderen Verhältnissen des Einzelfalls treffen lässt. Die aufgezeigten Kriterien können lediglich als Anhaltspunkte, nicht aber als tatbestandliche Voraussetzungen für eine Entscheidung gewertet werden.

11.3.1.4 Gewinnerzielungsabsicht, Liebhaberei

Gewerbetreibender ist nur, wer die **Absicht** hat, aus seiner Tätigkeit **Gewinne zu erzie-**   1458
len; diese Absicht braucht **nicht Hauptzweck** der Betätigung zu sein. Der BFH
(25. 6. 1984 GrS 4/82, BStBl 1984 II 751, 765) versteht unter Gewinnerzielungsabsicht:
Streben nach Gewinn, also nach einer Vermögensmehrung, die sich in einer nach steuerrechtlichen Grundsätzen ermittelten Betriebsvermögensvermehrung oder in einem
allgemeinen wirtschaftlichen Vorteil zeigen kann. Erstrebt der Steuerpflichtige mit seinen Einnahmen nur eine **Deckung der Selbstkosten,** liegt ein Gewerbebetrieb nicht vor
(BFH 25. 6. 1984, a. a. O.). **Ob** tatsächlich auch **Gewinne erzielt werden,** ist für die Annahme eines Gewerbebetriebs **belanglos.** Erreicht der Steuerpflichtige auf die Dauer je-

doch nicht mindestens einen Ausgleich von Aufwand und Ertrag, kann es sich um **Liebhaberei** handeln.

1459   Bei Verlustzuweisungsgesellschaften ist zu vermuten, dass sie zunächst keine Gewinnerzielungsabsicht haben, sondern lediglich die Möglichkeit einer späteren Gewinnerzielung in Kauf nehmen. Deshalb kann bei ihnen in der Regel eine Gewinnerzielungsabsicht erst von dem Zeitpunkt an angenommen werden (Vermutung), in dem sich die in Kauf genommene Möglichkeit der Erzielung eines Totalgewinns in einer solchen Weise konkretisiert hat, dass nach dem Urteil eines ordentlichen Kaufmanns mit großer Wahrscheinlichkeit ein solcher Totalgewinn erzielt werden kann (BFH 10. 9. 1991 VIII R 39/86, BStBl 1992 II 328).

1460   **Liebhaberei** liegt vor, wenn

a)   ein Betrieb nicht nach betriebswirtschaftlichen Grundsätzen geführt wird und

b)   er nach seiner Wesensart und nach der Art seiner Bewirtschaftung

c)   auf Dauer gesehen nicht nachhaltig mit Gewinn arbeitet – Totalgewinn – (vgl. auch BFH 25. 6. 1984, a. a. O.).

1461   Der **Totalgewinn** berechnet sich bei den **Gewinneinkünften** unter **Einschluss** des **Veräußerungsgewinns**, bei den **Überschusseinkünften** unter **Ausschluss** des Veräußerungsgewinns.

1462   Die Abgrenzung zwischen Liebhaberei und einkommensteuerlich relevanter Einkunftserzielung erfolgt somit nach objektiven Kriterien. Die subjektive Vorstellung des Steuerpflichtigen ist relativ belanglos (h. M.). **Anlaufverluste** sind selbstverständlich bei jeder einkommensteuerlich zu erfassenden Tätigkeit auch steuerlich anzuerkennen; sofern sie jedoch über Jahre erwachsen, ohne dass eine Änderung in der betrieblichen Situation erwartet werden kann, ist diese Tätigkeit aus dem einkommensteuerlich zu berücksichtigenden Rahmen auszuscheiden (vgl. BFH 18. 3. 1976 IV R 113/73, BStBl 1978 II 485:

1463   „Anlaufverluste" über 14 Jahre). Bemerkenswert erscheint in diesem Zusammenhang das Urteil des BFH (22. 11. 1979 IV R 88/76, BStBl 1980 II 152); hier hat der BFH bei insgesamt 7-jähriger Tätigkeit einer **Reisejournalistin** keine Liebhaberei angenommen, obwohl in 5 der 7 Jahre Verluste erwirtschaftet wurden. Dazu erwähnenswert ist die Entscheidung des BFH (23. 5. 1985 IV R 84/82, BStBl 1985 II 515), in der bei einem Schriftsteller Liebhaberei bezüglich seines Wirkens angenommen wurde, der nach den Umständen des Einzelfalls keinen wirtschaftlichen Erfolg, sondern lediglich ein kulturelles oder kulturpolitisches Anliegen verfolgte (Betriebseinnahmen: 185 DM, Betriebsausgaben: 22 000 DM).

1464   Liebhaberei ist bei einer Vielzahl von Tätigkeiten denkbar, bspw. beim Betrieb einer **Pferdezucht** (BFH 23. 1. 1969, BStBl 1969 II 340; 18. 12. 1969, BStBl 1970 II 377; 4. 3. 1970 I R 123/68, BStBl 1970 II 470; 21. 3. 1985 IV R 25/82, BStBl 1985 II 399);

1465   bei **Betrieb eines Gutshofes** ohne realistische Grundlage dafür, dass der Betrieb auf Dauer gesehen nachhaltig mit Gewinn arbeiten kann (BFH 22. 7. 1982 IV R 74/79, BStBl 1983 II 2); **Vercharterung eines Motorbootes,** wenn der Eigentümer Inhaber eines Motorbootführerscheins ist (BFH 28. 8. 1987 III R 273/83, BStBl 1988 II 10); ferner bei der **Ausübung der Jagd** (BFH 13. 7. 1978 IV R 35/77, BStBl 1979 II 100); bei der **Vermietung und Verpachtung – übergroßes Grundstück** bei der Anwendung des § 21a EStG – (BFH 10. 8. 1972 VIII 80/69, BStBl 1973 II 10, vgl. auch BFH 14. 12. 1976 VIII R 99/72, BStBl 1977 II 305); bei der Vermietung einer Ferienwohnung; wenn aber diese Vermietung als gewerbliche Tätigkeit zu werten ist, sind auch die Wertsteigerungen bei der Berechnung der „Verluste" zu berücksichtigen (BFH 5. 5. 1988 III R 41/85, BStBl 1988 II 778); bei gewerblicher Zimmervermietung (Unterhalten eines Gästehauses) und daraus entstehenden Verlusten über 10 Jahre (BFH 13. 12. 1984 VIII R 59/82, BStBl 1985 II 455). Weitere Einzelfälle enthält H 15.3 EStH.

Bei Einkünften aus **Vermietung und Verpachtung** spricht der **Beweis des ersten Anscheins für** das Vorliegen einer **Einkunftserzielungsabsicht,** da nicht auf das Ergebnis der Vermögensnutzung eines oder weniger Jahre, sondern auf das positive Gesamtergebnis der voraussichtlichen Vermögensnutzung durch den Stpfl. und seinen Gesamtrechtsnachfolger oder seinen voll unentgeltlichen Einzelrechtsnachfolger abzustellen ist (Zeitraum von 100 Jahren!). Veräußerungsgewinne sind jedoch nicht einzubeziehen (BFH 23. 3. 1982 VIII R 132/80, BStBl 1982 II 463). Vgl. dazu BMF-Schreiben v. 23. 7. 1992, BStBl 1992 I 434 (s. o.).

Die Abgrenzungsschwierigkeiten zwischen Liebhaberei und steuerpflichtiger Einkunft ergeben sich ferner in folgenden Fällen: **Sammeln und Tauschen von Briefmarken; Malerei, Schriftstellerei, journalistische Tätigkeit** (vgl. BFH 22. 11. 1979 IV R 88/76, BStBl 1980 II 152); **Kleintierzucht** (Hunde-, Tauben-, Fisch- und Vogelzucht).

Auch bei **Rennställen** hat die Rspr. in verschiedenen Fällen angenommen, dass keine Gewinnerzielungsabsicht bestehe (vgl. z. B. BFH 4. 3. 1970 I R 123/68, BStBl 1970 II 470). Die auf das äußere Erscheinungsbild gestützte Vermutung ist jedoch widerlegbar, wobei zweifelhaft ist, ob sie bei einem **Traberstall** zutrifft. Soweit eine solche Vermutung besteht, kann sie dadurch widerlegt werden, dass über mehrere Jahre hinweg tatsächlich erhebliche Gewinne erzielt worden sind (BFH 19. 7. 1990 IV R 82/89, BStBl 1991 II 333, 335; im Urteilsfall: 8-jährige Gewinnphase). Je länger die Gewinnphase dauert, desto weniger Gewicht wird gegen die Gewinnerzielungsabsicht sprechenden Umständen beizumessen sein.

Entfällt später, nachdem zunächst eine Gewinnaussicht bestanden hat bzw. auch tatsächlich Gewinne erzielt worden sind, die Gewinnaussicht, ist von diesem Zeitpunkt an die Land- und Forstwirtschaft als Liebhaberei zu behandeln (BFH 29. 10. 1981 IV R 138/78, BStBl 1982 II 381), allerdings nicht mit der Folge, dass in diesem Zeitpunkt eine Betriebsaufgabe (§ 14 EStG) mit der damit regelmäßig erfolgenden Überführung der Wirtschaftsgüter ins Privatvermögen anzunehmen ist. Eine Aufgabe i. S. des § 16 Abs. 3 EStG i. V. mit § 14 EStG liegt nur vor, wenn sie durch einen eindeutigen einkommensteuerrechtlichen Realisierungsvorgang dokumentiert wird. Bis dahin sind die stillen Reserven festzuschreiben.

11.3.1.5 Weitere Voraussetzungen, Sonderfragen

Der Begriff des Gewerbebetriebes setzt weiter voraus, dass die Betätigung **nicht zur Land- und Forstwirtschaft** i. S. des § 13 EStG und **nicht zur selbständigen Arbeit** i. S. des

1466

1467

1468

1469

§ 18 EStG gehört. Die mit dieser Abgrenzung zusammenhängenden Fragen sind zu § 13 EStG in Rdn. 1384 und § 18 EStG in Rdn. 1638 behandelt.

Die **Eintragung oder Nichteintragung ins Handelsregister** ist für die Frage, ob ein Gewerbebetrieb gegeben ist, **nicht entscheidend,** zumal die Eintragung im Handelsregister z.T. ohnehin lediglich deklaratorische Bedeutung hat.

Liegen der Betätigung **nichtige oder unsittliche Rechtsgeschäfte** zugrunde, kann dennoch ein Gewerbebetrieb angenommen werden (vgl. § 41 AO). Nicht gewerbliche, wohl aber sonstige Einkünfte gem. § 22 Nr. 3 EStG werden bei gewerbsmäßiger Unzucht angenommen (BFH 17. 4. 1970 VI R 164/68, BStBl 1970 II 620).

11.3.1.6 Einkünfte vor Eröffnung und nach Einstellung des Gewerbebetriebes

1470 Im Gegensatz zur gewerbesteuerlichen Behandlung ist einkommensteuerlich ein Gewerbebetrieb schon mit der ersten, auf die Gründung des Betriebes gerichteten, vorbereitenden Handlung bis zur letzten Abwicklungshandlung gegeben. Demnach sind alle in diesem Zeitraum anfallenden Einnahmen und Ausgaben (z. B. Mietzinsen für ein Geschäftslokal) den Einkünften aus Gewerbebetrieb zuzurechnen. Somit können sog. **„Anlaufverluste"** entstehen, die steuerrechtlich anzuerkennen sind. Kommt es nicht zur Eröffnung des Betriebes, sind die Aufwendungen aufgrund der Vorbereitungshandlungen dennoch erfolglos aufgewandte, aber gleichwohl abzugsfähige Betriebsausgaben, wenn eine klar erkennbare Verbindung zwischen ihnen und der geplanten geschäftlichen Tätigkeit besteht (BFH 3. 11. 1961 VI 196/60 U, BStBl 1962 III 123).

Nach § 24 Nr. 2 EStG zählen zu den Einkünften i. S. des § 2 Abs. 1 EStG auch die **Einkünfte aus einer ehemaligen Tätigkeit** (s. dazu im Einzelnen die Ausführungen unter Rdn. 2252 ff.).

11.3.2 Arten der Einkünfte aus Gewerbebetrieb

1471 Im § 15 EStG sind als Einkünfte aus Gewerbebetrieb aufgeführt:

1. Einkünfte aus gewerblichen **Einzel-Unternehmen** (§ 15 Abs. 1 Nr. 1 EStG) – damit sind die **gewerblichen Einzelunternehmen** – im Gegensatz zu den Mitunternehmen, siehe Nr. 2 – gemeint;

2. Gewinnanteile der **Gesellschafter einer Gesellschaft,** bei der die Gesellschafter als **Mitunternehmer** (eines gewerblichen Betriebs) anzusehen sind (§ 15 Abs. 1 Nr. 2 EStG) und

3. Gewinnanteile der **Komplementäre einer Kommanditgesellschaft auf Aktien** (§ 15 Abs. 1 Nr. 3 EStG).

Unter Unternehmen i. S. des § 15 EStG ist jeder **einzelne** Gewerbebetrieb des Steuerpflichtigen zu verstehen. Davon abweichend stellt nach § 2 Abs. 1 UStG die **gesamte** gewerbliche oder berufliche Tätigkeit des Unternehmers das Unternehmen dar.

11.3.2.1 Begriff des Mitunternehmers

Die von einer gewerblich tätigen Personengesellschaft erzielten Einkünfte sind den Ge- 1472 sellschaftern als gewerbliche Einkünfte i.S. des §15 Abs.1 Nr.2 EStG zuzurechnen, wenn sie als **Mitunternehmer** anzusehen sind.

Eine **Personengesellschaft** ist bürgerlich-rechtlich und einkommensteuerrechtlich **nicht** 1473 **rechtsfähig**; sie kann **einkommensteuerrechtlich nicht Rechtssubjekt** sein. Steuerpflichtig und damit Steuerschuldner sind die Gesellschafter als natürliche Personen. Nach der BFH-Rspr. (vgl. 25.6.1984 GrS 4/82, BStBl 1984 II 751, 761) ist eine Personengesellschaft jedoch für die ESt (und die KSt) insoweit Rechtssubjekt, als sie in der Einheit ihrer Gesellschafter Merkmale eines Besteuerungstatbestandes verwirklicht, welche den Gesellschaftern für ihre Besteuerung zuzurechnen sind (sog. begrenzte Steuerrechtsfähigkeit).

Der Begriff des Mitunternehmers i.S. des ESt-Rechts stimmt mit dem handelsrechtlichen Begriff des Gesellschafters zwar weitgehend, aber doch nicht völlig überein (BFH 8.12.1972, BStBl 1973 II 526; 21.2.1974 IV B 28/73, BStBl 1974 II 404; 25.6.1984, a.a.O.). Für die einkommensteuerliche Beurteilung des Mitunternehmerbegriffs sind in erster Linie wirtschaftliche Gesichtspunkte maßgebend. Der Begriff „Mitunternehmer" setzt sich aus einer **Vielzahl von Einzelkriterien** zusammen, die untereinander auch noch **verschieden wichtig sind** (vgl. BFH 21.2.1974, a.a.O.).

Eine Mitunternehmerschaft liegt steuerlich vor, wenn der Steuerpflichtige nach dem Gesamtbild der tatsächlichen Verhältnisse **„auf Gedeih und Verderb" mit dem Unternehmen verbunden ist** (BFH 17.11.1964 VI 319/63 U, BStBl 1965 III 260; 28.1.1971 IV 127/64, BStBl 1971 II 662).

Die hierfür entscheidenden Begriffe sind:

► **Mitunternehmerrisiko** und

► **Mitunternehmerinitiative**.

Unternehmerrisiko bedeutet, dass er den Betrieb auf eigene Rechnung und Gefahr ent- 1474 sprechend seinem Gesellschaftsanteil mitführt, wenn auch nicht notwendig nach außen erkennbar.

Anhaltspunkte dafür sind:

► **Haftung und Verlustbeteiligung**,

► **erfolgsabhängige Vergütung** und

► **am Geschäftserfolg orientierte Entnahmerechte**.

Als Zweites wird von einem Mitunternehmer eine gewisse **Unternehmerinitiative** gefordert, wobei diese jedoch nicht weiter zu reichen braucht, als sie dem Gesellschafter handelsrechtlich eingeräumt und üblich ist (BFH 30.7.1975 I R 174/73, BStBl 1975 II 818).

Anhaltspunkte für das Vorliegen von Unternehmerinitiative sind:

► **Teilhabe an unternehmerischen Entscheidungen**,

► **Geschäftsführung, Mitarbeit**,

▶ Stimmrechte, Zustimmungsbefugnisse,

▶ Veto- und Kontrollrechte.

1475   Es kommt ferner wesentlich darauf an, dass der Steuerpflichtige **am laufenden Gewinn und Verlust** sowie am **Betriebsvermögen einschließlich der stillen Reserven** und des Geschäftswertes **beteiligt** ist (BFH 25. 6. 1984, a. a. O.; vgl. dazu auch R u. H 15.8 EStR). Je nach den besonderen Gegebenheiten des Einzelfalles kann auch beim Ausschluss der Beteiligung am Verlust, an den stillen Reserven und dem Geschäftswert eine Mitunternehmerschaft angenommen werden, so insbesondere, wenn der Gesellschafter maßgebenden Einfluss auf die Gesellschaft, z. B. als Geschäftsführer, nehmen kann (BFH 28. 1. 1982 IV R 197/79, BStBl 1982 II 389).

1476   Ist die **Mitunternehmerstellung eines Kommanditisten** zu beurteilen, so muss dieser nach dem Gesellschaftsvertrag und der tatsächlichen Durchführung zumindest eine Stellung haben, die nicht wesentlich hinter derjenigen zurückbleibt, die handelsrechtlich das Bild des Kommanditisten bestimmt (BFH 25. 6. 1984 GrS, a. a. O.; H 15.8).

Für die steuerliche Anerkennung einer Mitunternehmerschaft ist nicht erforderlich, dass die Beteiligung des Gesellschafters an der Gesellschaft einen bestimmten Umfang erreicht (BFH 29. 9. 1959, DB 1959, 1422). Auch **Zwerganteile** begründen eine Mitunternehmerschaft.

1477   **Mitunternehmer** ist nach st. Rspr. des BFH (vgl. 25. 6. 1984, a. a. O.) **nicht bereits jeder Gesellschafter einer OHG oder KG,** was eigentlich der Wortlaut des § 15 Abs. 1 Nr. 2 EStG nahe legen könnte. Es gibt durchaus auch OHGs und KGs, die keine gewerblichen Einkünfte, sondern etwa solche aus § 13 EStG oder § 18 EStG erzielen oder Vermögensverwaltung betreiben. Die Eintragung im Handelsregister begründet nämlich nicht die Einkunftsart des § 15 EStG.

1478   Ist der Steuerpflichtige nach bürgerlich-rechtlichen Grundsätzen Gesellschafter einer Personengesellschaft, aber kein Mitunternehmer i. S. des § 15 Abs. 1 Nr. 2 EStG, erzielt er aufgrund seiner Gesellschafterstellung je nach der Sachlage entweder Einkünfte aus nichtselbständiger Arbeit (§ 19 EStG), aus Kapitalvermögen (§ 20 EStG) oder vielleicht sogar aus beiden Einkunftsarten.

> **BEISPIEL:** ▶ A war zunächst Prokurist der aus den Gesellschaften X und Y bestehenden KG, die Möbel herstellt. Zum 1. 4. 01 wurde A als Gesellschafter in die KG aufgenommen. Im Handelsregister wurde A als Gesellschafter der KG eingetragen. A erhält als Gesellschafter, ohne am Verlust beteiligt zu sein, ein festes Monatsgehalt und eine Tantieme von 6 % des Reingewinns. Bezüge in derselben Höhe standen A bereits als Prokurist zu. A darf kein Kapitalkonto bilden; Gehalt und Tantieme müssen alsbald nach Fälligkeit entnommen werden. Für den Fall der Beendigung des Gesellschaftsverhältnisses kann A keine Ansprüche am Betriebsvermögen geltend machen.
>
> a) Ist A Kommanditist, dann ist er kein Mitunternehmer i. S. des § 15 Abs. 1 Nr. 2 EStG. Von einer „Mitführung" des Betriebes kann keine Rede sein; er ist auch nicht am Gesellschaftsvermögen beteiligt. Gehalt und Tantieme fallen unter die Einkünfte aus nichtselbständiger Arbeit (§ 19 EStG).
>
> b) Wenn A Komplementär ist, wird er trotz seiner schwachen Stellung als Mitunternehmer behandelt, weil es bereits genügt, dass er als Komplementär im Außenverhältnis voll haften muss (BFH 11. 6. 1985, BStBl 1987 II 33).

Umgekehrt kann der Steuerpflichtige, der z. B. in einem Vertrag mit einem gewerblich tätigen Unternehmer als dessen Angestellter bezeichnet ist, Mitunternehmer sein, wenn die oben geschilderten Voraussetzungen erfüllt sind.

Andererseits kann aber auch ein in der äußeren Form eines „Dienstvertrages" begrün- 1479 detes Rechtsverhältnis einkommensteuerrechtlich als Mitunternehmerschaft zu beurteilen sein, etwa in dem Fall, in dem ein Steuerpflichtiger sein Unternehmen an eine durch seine Frau und seine Kinder gegründete KG veräußert, als alleiniger Geschäftsführer/Prokurist für die KG tätig ist, alle unternehmerischen Entscheidungen weiterhin trifft, unbeschränkte Verfügungsmacht besitzt und alle Kundenkontakte über ihn laufen. Hier liegt kein Austausch von beiderseitigen Leistungen vor wie beim Dienstvertrag, sondern eine partnerschaftliche Gleichberechtigung zur Erreichung eines gemeinsamen Zwecks, sog. **verdeckte Mitunternehmerschaft** (BFH 5. 6. 1986 IV R 272/84, BStBl 1986 II 802 f., H 15.8 Abs. 1 „Verdeckte Mitunternehmerschaft" EStH).

Ein **Nichtgesellschafter** ist **i. d. R. nicht Mitunternehmer** (vgl. BFH 13. 7. 1993 VIII R 1480 50/92, BStBl 1994 II 282, zum Fall eines GmbH-Geschäftsführers einer GmbH & Co. KG, der nicht Kommanditist war).

11.3.2.2 Allgemeine Grundsätze zur Mitunternehmerschaft

Zu den wichtigsten i. d. R. gewerblich tätigen Gesellschaften, deren Gesellschafter als 1481 Mitunternehmer i. S. des § 15 Abs. 1 Nr. 2 EStG angesehen werden können, gehören:

► die **Offene Handelsgesellschaft** (OHG),

► die **Kommanditgesellschaft** (KG),

► die **Gesellschaft des bürgerlichen Rechts** (GbR) und

► die **Europäische Wirtschaftliche Interessenvereinigung** (EWIV).

Voraussetzung für die Annahme einer Mitunternehmerschaft ist, dass die Gesellschaft einen Gewerbebetrieb im oben dargestellten Sinne ausübt (BFH 9. 7. 1964, BStBl 1964 III 530; 17. 1. 1973 I R 191/72, BStBl 1973 II 260).

Deshalb beziehen die Teilhaber einer Personengesellschaft, die land- und forstwirtschaftlich oder freiberuflich tätig sind, keine Einkünfte aus Gewerbebetrieb, sondern solche gem. § 13 EStG oder § 18 Abs. 1 Nr. 1 EStG.

Besteht der einzige Geschäftszweig einer Gesellschaft in reiner **Vermögensverwaltung,** 1482 liegen im Allgemeinen ebenfalls **keine gewerblichen Einkünfte** vor, da die Vermögensverwaltung – wie unter Rdn. 1451 ff. ausgeführt – i. d. R. keinen Gewerbebetrieb darstellt; in diesem Fall erzielen die Gesellschafter, soweit das ihnen gehörende Vermögen verwaltet wird und Erträge abwirft, evtl. Einkünfte i. S. von § 20 EStG oder § 21 EStG.

Eine Ausnahme hiervon stellt die gewerblich geprägte Personengesellschaft dar (vgl. unter Rdn. 1541 ff.).

Auch wenn es sich um eine ins Handelsregister eingetragene OHG oder KG handelt, bedarf es einer Prüfung, ob die Gesellschaft gewerblich tätig wird. Zwar werden Gesellschaften als OHG oder KG i. d. R. (vgl. § 6 HGB) nur ins Handelsregister eingetragen, falls sie ein Handelsgewerbe betreiben. Der **handelsrechtliche Begriff** des Handelsgewerbes ist aber mit dem **steuerlichen Begriff** des Gewerbebetriebs **nicht völlig identisch** (BFH

9. 7. 1964, BStBl 1964 III 530). Die Eintragung einer OHG oder KG ins Handelsregister ist demnach zwar ein „starkes Anzeichen", aber keine „nur in Ausnahmefällen widerlegbare Vermutung" für die Annahme eines Gewerbebetriebs (BFH 6. 10. 1977 IV R 176/74, BStBl 1978 II 54: Errichtung und Vermietung von Wohnungen durch eine OHG).

1483 Übt eine Personengesellschaft **nur zum Teil eine gewerbliche Tätigkeit** (partielle gewerbliche Tätigkeit) aus und ist sie im Übrigen z. B. land- und forstwirtschaftlich, freiberuflich oder vermögensverwaltend tätig, fallen die **Einkünfte aus dem gesamten Betrieb** – also auch die Erträge aus der nichtgewerblichen Betätigung – unter § 15 Abs. 1 Nr. 2 EStG. Dieses stellt § 15 Abs. 3 Nr. 1 EStG ausdrücklich fest (**Abfärbetheorie, Infektionstheorie** oder Durchsäuerungstheorie genannt). Alle nichtgewerblichen Einkünfte werden somit in gewerbliche umqualifiziert.

> ▮▮▮**BEISPIEL:** ▶ A, B und C haben im Jahre 01 eine OHG gegründet, die ins Handelsregister eingetragen worden ist. Zum Tätigkeitsbereich der OHG gehören Werbeberatungen und Werbevermittlungen, treuhänderische Verwaltungen sowie Betriebsberatungen. Vom Jahre 03 an hat die OHG nur noch Betriebsberatungen durchgeführt. Die Eintragung ins Handelsregister ist bestehen geblieben.
>
> Da die Tätigkeit der Werbeberater und Werbevermittler gewerblich ist, rechnen bis zum Jahre 02 einschließlich die Gewinnanteile aus der OHG in vollem Umfang (auch hinsichtlich der Betriebsberatungen) zu den gewerblichen Einkünften i. S. des § 15 Abs. 1 Nr. 2 EStG. Vom Jahre 03 an erzielen A, B und C lediglich Einkünfte nach § 18 Abs. 1 Nr. 1 EStG, weil die Gewinne aus der Betriebsberatung zu den Einkünften nach § 18 Abs. 1 Nr. 1 EStG gehören.
>
> Der BFH hat nun in 3 Urteilen vom 27. 8. 2014 (VIII R 6/12, VIII R 16/11 und VIII R 41/11) entschieden, dass eine geringfügige gewerbliche Tätigkeit (bis max. 3 % der Umsätze und zusätzlich als feste Grenze weniger als 24 500 €) die negativen Folgen der Abfärbung nicht auslöst; die Finanzverwaltung wendet diese Rechtsprechung an (Mitteilung BMF v. 18. 2. 2016)..

Die Negativwirkung der Abfärbetheorie lässt sich in der Praxis auch bei größeren Anteilen durch Gründung von zwei gesellschafteridentischen Personengesellschaften für den gewerblichen und den nichtgewerblichen Bereich vermeiden (BMF-Schreiben v. 13. 5. 1996, BStBl 1996 I 621; BFH 19. 2. 1998 IV R 11/97, BStBl 1998 II 603).

11.3.2.3   Die Regelung des § 15 Abs. 1 Nr. 2 EStG (Bilanzbündel- und Beitragstheorie)

11.3.2.3.1   Frühere Bilanzbündeltheorie

1484 Mitunternehmerschaften sind, wie aus § 1 EStG hervorgeht, einkommensteuerlich – in Parallelität zum Zivilrecht – keine selbständigen Rechtssubjekte. Der ESt unterliegen lediglich die einzelnen Mitunternehmer mit ihren Gewinnanteilen (§ 15 Abs. 1 Nr. 2 EStG). Sind die Gesellschafter Körperschaften i. S. des § 1 KStG, werden diese mit ihrem Gewinnanteil zur Körperschaftsteuer herangezogen. Mitunternehmerschaften sind als solche weder buchführungs- noch einkommensteuererklärungspflichtig. Gegen sie können keine ESt-Verwaltungsakte ergehen.

1485 Im § 15 Abs. 1 Nr. 2 EStG ist bestimmt, dass zu den versteuernden Gewinnanteilen auch die Vergütungen, die die Mitunternehmer von der Gesellschaft für geleistete Dienste, die Hingabe von Darlehen oder die Überlassung von Wirtschaftsgütern bezogen haben. Ausgehend von dieser Vorschrift und diese ergänzend, hatte die höchstrichterliche Rechtsprechung (RFH 14. 7. 1937, RStBl S. 937; 10. 1. 1940, RStBl S. 134; BFH

15.11.1957, BStBl 1958 III 68; 8.10.1965 VI 185/64 U, BStBl 1965 III 708; vgl. auch 28.8.1975, HFR 1975 181 mit Anm.) die **Bilanzbündeltheorie** entwickelt, die auch in der Literatur weitgehend anerkannt wurde, aus der aber doch z.T. unterschiedliche Folgerungen gezogen wurden. Dieser Theorie liegt der Gedanke zugrunde, dass jeder Gesellschafter in der Personengesellschaft seinen eigenen Gewerbebetrieb führt. Die Regelung des § 15 Abs. 1 Nr. 2 EStG, wonach die Vergütungen für die der Gesellschaft geleisteten Dienste in vollem Umfang Einkünfte aus Gewerbebetrieb sind, stellt eine gesetzliche Fiktion dar, nach der alles, was der Gesellschafter in Bezug auf die Gesellschaft unternimmt, gewerbliche Tätigkeit darstellt. Diese Abweichung vom Handelsrecht ist wegen der besonderen Bedürfnisse des Steuerrechts auch verfassungsrechtlich unbedenklich (vgl. BFH 1.4.1966, BStBl 1966 III 365), denn die steuerrechtliche Notwendigkeit liegt gerade darin, den Personengesellschafter einkommensteuerrechtlich nicht besser zu stellen als den Einzelunternehmer. Diesem Zweck soll die Bestimmung des § 15 Abs. 1 Nr. 2 EStG gerade dienen. Die Bilanzbündeltheorie sollte daher den § 15 Abs. 1 Nr. 2 EStG lediglich begrifflich verdeutlichen (BFH 29.9.1971 I R 161/68, BStBl 1972 II 118).

Da die im § 15 Abs. 1 Nr. 2 EStG genannten Vergütungen für den Mitunternehmer keine   **1486** Einkünfte gem. den §§ 19, 20 oder 21 EStG, sondern solche aus dem eigenen Gewerbebetrieb sind, stellen sie Entnahmen des Gesellschafters dar, während z. B. die Darlehensgewährung durch den Gesellschafter als Einlage zu werten ist. Die Bilanzbündeltheorie führte ferner dazu, dass einkommensteuerlich grundsätzlich keine Forderungen und Schulden zwischen den Gesellschaftern und der Gesellschaft bestehen konnten (BFH 27.3.1963, BStBl 1963 III 290; vgl. zu Ausnahmen BFH 14.6.1960, BStBl 1961 III 123).

Die im Allein- oder Miteigentum (zur gesamten Hand oder zu Bruchteilen) des Mit-   **1487** unternehmers stehenden und von ihm der Gesellschaft überlassenen Wirtschaftsgüter gehören steuerlich ebenso wie die Wirtschaftsgüter, die Gesamthandseigentum der Gesellschaft sind, zum Betriebsvermögen der Gesellschaft, wenn die Wirtschaftsgüter (als Allein- oder Bruchteilseigentum) – würde der Mitunternehmer den Betrieb als Alleinunternehmer führen – zum Betriebsvermögen des Einzelunternehmers zu rechnen wären (BFH 3.12.1964, BStBl 1965 III 92; 12.2.1965, HFR 1965 404; BFH 1.4.1966 IV 419/62 U, BStBl 1966 III 365); dabei spielte es keine Rolle, ob es sich um Wirtschaftsgüter des notwendigen oder gewillkürten Betriebsvermögens handelt.

> **BEISPIEL:** ▶ Eine OHG überträgt ein in ihrem Gesamthandsvermögen stehendes, zum Betriebsvermögen gehörendes Grundstück auf ihre Gesellschafter zu Miteigentum (Bruchteilseigentum). Auch nach der Übertragung dient das Grundstück noch dem Betrieb.
>
> Dieser Vorgang ist keine – den Gewinn erhöhende oder mindernde – Entnahme, da das Grundstück nach wie vor zum Betriebsvermögen zu rechnen ist (BFH 3.12.1964, a.a.O.).
>
> In dieser Verfahrensweise liegt eine Abweichung des Steuerrechts vom Handelsrecht, da in der Handelsbilanz nur die Wirtschaftsgüter, die Gesamthandseigentum der Gesellschaft sind, ausgewiesen werden dürfen.

Die Lehre vom Bilanzbündel war nicht so zu verstehen, als würden die von der Gesell-   **1488** schaft in der Gesellschaft geführten Betriebe voneinander völlig getrennte und unabhängige Einzelbetriebe darstellen. Diese Theorie hatte nicht die Auflösung der Einheit der Personengesellschaft zur Folge (BFH 13. 2. 1962, BStBl 1962 III 287; 31. 1. 1964, BStBl 1964 III 240). „Die Vorstellung, dass jeder Gesellschafter selbst einen Betrieb führe, soll die Regelung des § 15 Abs. 1 Nr. 2 EStG verständlich machen, nach der grundsätzlich alles, was der Gesellschafter von der Gesellschaft bezieht, Gewinn darstellt." Dies „darf aber nicht darüber hinwegtäuschen, dass der Gesellschafter seinen Betrieb doch immer nur als Mitunternehmer, also in Verbindung mit den Betrieben der anderen Gesellschafter führt" (BFH 15. 11. 1957, BStBl 1958 III 68 f.).

Deshalb durfte in der Gesellschaft **nicht lediglich die Summe der Einzelbetriebe** der Gesellschafter und in der Bilanz der Personengesellschaft **nicht nur** die **rechnerische Zusammenfassung der Einzelbilanzen** der Gesellschafter gesehen werden. Andernfalls wäre, wie schon gesagt, die Bestimmung des § 15 Abs. 1 Nr. 2 EStG, dass die Vergütung z. B. für die der Gesellschaft geleisteten Dienste in vollem Umfang zu seinen Einkünften aus Gewerbebetrieb zählt, nicht verständlich gewesen; denn bei Annahme einer völligen Isolierung der Betriebe der Mitunternehmer wäre die Tätigkeit z. T. als Arbeitnehmertätigkeit für einen anderen Betrieb ausgeübt worden, und die Bezüge daraus müssten folgerichtig zu den Einkünften aus nichtselbständiger Arbeit gehören.

Demzufolge waren Rechtsgeschäfte, die nur einen einzelnen Teilhaber angehen, aber zum Betrieb der Personengesellschaft gehörten, weil sie nach ihrem Wesen nicht betriebsfremd waren, als solche der Mitunternehmerschaft zu behandeln; dies schloss nicht aus, dass die Gewinne oder Verluste aus solchen Geschäften nur einzelnen Gesellschaftern zuzurechnen waren.

11.3.2.3.2 Beitragstheorie

1489 Ausgehend von der BFH-Entscheidung (21. 12. 1972 IV R 53/72, BStBl 1973 II 298) hat sich die Rechtsprechung des BFH in gewisser Weise gewandelt. Die Nichtabzugsfähigkeit einer Pensionsrückstellung für Gesellschafter-Geschäftsführer wurde damit begründet, dass diese Vergütungen ihre **Grundlage im Gesellschaftsvertrag** hätten und somit wirtschaftlich und gesellschaftsrechtlich den Gewinnanteilen gleichgestellt werden müssten. Deutlicher wird der BFH in dem Urteil v. 8. 1. 1975 I R 142/72, BStBl 1975 II 437. Zu den Sondervergütungen i. S. des § 15 Abs. 1 Nr. 2 EStG führt er aus: Diese „werden gewährt für Leistungen der Gesellschafter, die bei wirtschaftlicher Betrachtung als Beitrag zur Förderung des Gesellschaftszwecks anzusehen sind, mögen sie auch in das Gewand schuldrechtlicher Verträge, wie Dienst-, Darlehens-, Miet- und Pachtverträge, gekleidet sein".

1490 Der von der Bilanzbündeltheorie – von Ausnahmen abgesehen – vertretene Grundsatz, Rechtsbeziehungen zwischen Gesellschaftern und Gesellschaft seien mit einkommensteuerrechtlicher Wirkung nicht anzuerkennen, wird eingeschränkt auf die Fälle, in denen Arbeitskraft, Wirtschaftsgüter oder Kapital an die Gesellschaft überlassen wird. Es ist zu fragen: Liegt ein **gesellschaftsrechtlicher oder wirtschaftlicher Beitrag** zur Förderung des Gesellschaftszwecks vor; wenn ja: Hinzurechnung der Vergütungen gem. § 15 Abs. 1 Nr. 2 EStG. Liegt **keine derartige Förderung** vor, werden die Rechtsbeziehungen **wie unter fremden Dritten** behandelt, d. h. die Forderungen und Verbindlichkeiten, Aufwendungen und Erträge sind einkommensteuerrechtlich anzuerkennen (so der I. Senat des BFH 23. 5. 1979 I R 163/77, BStBl 1979 II 757; 23. 5. 1979 I R 56/77, BStBl 1979 II 763).

Der IV. Senat des BFH (24. 1. 1980 IV R 154-155/77, BStBl 1980 II 269; 25. 1. 1980 IV R 159/78, BStBl 1980 II 275) interpretiert § 15 Abs. 1 Nr. 2 EStG dahingehend, dass grundsätzlich alle Leistungen eines Mitunternehmers auf gesellschaftsrechtlicher oder auf besonderer schuldrechtlicher Grundlage zu erfassen sind.

Die Entscheidung, ob ein gesellschaftsrechtlicher Beitrag vorliegt oder nicht, ist nicht immer leicht zu fällen. Es sei nur hingewiesen auf den Fall der Sekretärin einer KG, die an dieser KG einen Zwerganteil besitzt, und den des Rechtsanwalts, der die KG, bei der er Kommanditist ist, in einem Prozess entgeltlich berät. Lösungsmöglichkeiten werden versucht, ohne dass sie insgesamt zu befriedigen vermögen, nach folgenden Gesichtspunkten:

Eine **Hinzurechnung** gem. § 15 Abs. 1 Nr. 2 EStG **unterbleibt,**   1491

a) wenn Mitunternehmerschaft und Arbeitsverhältnis nur **zufällig** (z. B. durch Erbfall), **vorübergehend** und kurzfristig zusammentreffen (BFH 24. 1. 1980 IV R 157/78, BStBl 1980 II 271) und das Arbeitsverhältnis alsbald aufgelöst wird,

b) wenn Mitunternehmerschaft und Leistung nur zufällig und vorübergehend zusammentreffen und demgemäß jeglicher wirtschaftlicher Zusammenhang zwischen Leistung und Mitunternehmerverhältnis ausgeschlossen erscheint (Beispiel: ein an einer Publikums-KG beteiligter Anwalt erhält ein Mandat von ihr; BFH 24. 1. 1980, a. a. O.).

Eine **Hinzurechnung** gem. § 15 Abs. 1 Nr. 2 EStG **erfolgt** aber:

11.3.2.3.2.1 BFH 23. 5. 1979 I R 163/77, BStBl 1979 II 757:   1492

Die beiden einzigen Kommanditisten einer Verlags-GmbH & Co. KG waren zugleich deren Hauptautoren. Die an sie gezahlten Honorare betrugen etwa $2/3$ des Gesamtgewinns der KG. Der BFH sah die gezahlten Vergütungen als durch das Gesellschaftsverhältnis veranlasst, obwohl sie auf Autorenverträgen basierten, also nicht auf einer konkret im Gesellschaftsvertrag normierten Verpflichtung, denn diese Tätigkeit diene der Sache nach der Verwirklichung des Gesellschaftszwecks. Im Urteil scheint der BFH aber diese Auffassung insbesondere aus dem hohen Anteil der Honorare am Gesamtgewinn der Gesellschaft zu begründen.

11.3.2.3.2.2 BFH 23. 5. 1979 I R 56/77, BStBl 1979 II 763:   1493

Bei einer GmbH & Co. KG, die sich mit dem Bau und Verkauf von Eigentumswohnungen beschäftigte, hatten sich 3 Kommanditisten, die von Beruf Architekten waren, verpflichtet, im Gesellschaftsvertrag „auf dem Gebiet ihrer besonderen Sachkenntnis der Gesellschaft zur Verfügung zu stehen". Die an sie gezahlten Vergütungen betrugen etwa $1/5$ der gesamten Architektenhonorare. Der BFH sah in dem Tätigwerden der 3 Kommanditisten insbesondere deshalb eine auf die Verwirklichung des Gesellschaftszwecks gerichtete Tätigkeit, die zur Hinzurechnung der gezahlten Vergütungen nach § 15 Abs. 1 Nr. 2 EStG führte, weil die Gesellschafter in Aufgabenbereichen tätig wurden, die für die Erfüllung des Gesellschaftszwecks wesentlich waren. Ob dabei andere Personen, die nicht Gesellschafter sind, ähnliche oder gleiche Tätigkeiten erbringen, ist dabei unerheblich.

1494   **11.3.2.3.2.3   BFH 23. 5. 1979 I R 85/77, BStBl 1979 II 767:**

Der Sachverhalt deckt sich im Wesentlichen mit der letztgenannten Entscheidung. Hier wurden jedoch sämtliche Architekten- und Bauingenieurleistungen vom Kommanditisten erbracht. Die Tätigkeit des Kommanditisten war demgemäß „wesentlich" für die Gesellschaft.

1495   **11.3.2.3.2.4   BFH 24. 1. 1980 IV R 157/78, BStBl 1980 II 271:**

Einen wesentlichen Beitrag zur Erreichung und Verwirklichung des Gesellschaftszwecks sah der BFH in diesem Urteil bei einem Arbeitnehmer, der Kommanditist wurde. Die wesentliche Bedeutung sieht der BFH darin, dass gerade durch die Begründung der Kommanditistenstellung eine Bindung des Arbeitnehmers an das Unternehmen bezweckt werden sollte und außerdem sein Kommanditanteil (3 000 DM) im Verhältnis zu allen anderen Kommanditisten (7 000 DM) nicht schlechthin belanglos erschien.

1496   **11.3.2.3.2.5   BFH 25. 1. 1980 IV R 159/78, BStBl 1980 II 275:**

Diese Grundsätze des o. g. Urteils wendet der BFH (U.v. 25. 1. 1980 IV R 159/78, BStBl 1980 II 275) auch auf den Fall an, dass ein Kommanditist einer Bank-KG bei der KG private Giro-, Festgeld- und Sparguthaben unterhält und dafür Habenzinsen erhält. Diese Zinsen sind Vergütungen für die Hingabe von Darlehen i. S. des § 15 Abs. 1 Nr. 2 EStG und gehören daher zu den gewerblichen Einkünften.

Festzustellen bleibt aber, dass die Theorie des Beitragsgedankens nichts ändert an den Kriterien des Sonderbetriebsvermögens, dass von Beiträgen an die Gesellschaft nur während des Bestehens des Gesellschaftsverhältnisses gesprochen werden kann, und letztlich, dass Beiträge nur denkbar sind vom Gesellschafter an die Gesellschaft, nicht umgekehrt, so dass die Leistungen der Gesellschaft an den Gesellschafter wie unter fremden Dritten (Nichtgesellschaftern) einkommensteuerlich behandelt werden.

11.3.2.4   Beginn der Mitunternehmerschaft

1497   Steuerlich gelten Mitunternehmerschaften in dem Zeitpunkt als entstanden, in dem sie ihren Geschäftsbetrieb aufnehmen. Auch eine **Vorgesellschaft,** die den Zweck verfolgt, eine andere (nichtrechtsfähige oder rechtsfähige) Gesellschaft zu gründen, erzielt gewerbliche Gewinne, soweit sie vor dem rechtlichen Entstehungszeitpunkt der zu gründenden Gesellschaft schon gewerblich tätig wird. Eine vertragliche Rückbeziehung ist mit steuerlicher Wirkung nicht zulässig (BFH 7. 7. 1983 IV R 209/80, BStBl 1984 II 53). Auch stillschweigend kann ein Gesellschaftsvertrag begründet werden und so eine Mitunternehmerschaft entstehen (BFH 27. 2. 1980 I R 196/77, BStBl 1981 II 210).

11.3.2.5 Einzelfälle der Mitunternehmerschaft

11.3.2.5.1 Offene Handelsgesellschaft (§ 105 ff. HGB)

Die offene Handelsgesellschaft ist nach § 105 Abs. 1 HGB eine Gesellschaft, deren 1498
Zweck auf den Betrieb eines Handelsgewerbes unter gemeinschaftlicher Firma gerichtet ist und bei der für keinen Gesellschafter die Haftung gegenüber den Gesellschaftsgläubigern beschränkt ist. Die **unbeschränkte Haftung** der Gesellschafter kann auch
nicht durch Vertrag der Gesellschafter untereinander mit Wirkung gegenüber Dritten
ausgeschlossen werden. Wohl ist im Innenverhältnis unter den Gesellschaftern die Vereinbarung möglich, dass einzelne Gesellschafter nur beschränkt haften. Dies kann steuerlich für die Frage, ob der Gesellschafter Mitunternehmer ist oder nicht, bedeutungsvoll sein, denn nicht jeder, der gesellschaftsrechtlich Gesellschafter ist, ist allein deshalb schon Mitunternehmer im einkommensteuerrechtlichen Sinn. Mitunternehmerschaft setzt ein Mindestmaß an Unternehmerrisiko und Unternehmerinitiative voraus.

Die **Europäische wirtschaftliche Interessenvereinigung** (EWIV), die erste Gesellschafts- 1499
form europäischen Rechts, ist ein Zusammenschluss von natürlichen und/oder juristischen Personen und/oder Personengesellschaften, um insbesondere kleinen und mittleren Unternehmen eine grenzüberschreitende Kooperation zu ermöglichen, ohne dabei eine Fusion eingehen zu müssen oder die Eigenständigkeit einzubüßen. Die Rechtsgrundlage ist die VO des Ministerrats der EG v. 25. 7. 1985 (EWIV -VO) sowie das deutsche Ausführungsgesetz v. 14. 4. 1988, BGBl 1988 I 514 (EWIV-AG). Die EWIV ist gesellschaftsrechtlich eine Personengesellschaft, strukturiert weitgehend wie die OHG, so
dass sie auch gesellschaftsrechtlich der OHG gleichgestellt ist. Die Geschäftsführung
der EWIV entspricht der GmbH-Geschäftsführung, so dass eine Fremdgeschäftsführung
möglich ist.

11.3.2.5.2 Partnerschaft (PartGG)

Die **Partnerschaft** gem. dem Partnerschaftsgesellschaftsgesetz (PartGG) v. 25. 7. 1994, 1500
BStBl 1994 I 1744, ist eine **Personengesellschaft,** die geschaffen wurde für Freiberufler.
Für die rechtsberatenden und die Heilberufe war die GmbH lange Jahre nicht konsensfähig; die GbR war ebenfalls nur schwer zu praktizieren wegen der Nichtanwendung
des § 124 HGB: Grundbuchfähigkeit, Prozessfähigkeit und wegen der gesamtschuldnerischen Haftung aller Gesellschafter. Deshalb ist in der Partnerschaft eine Gesellschaftsform entwickelt worden, die der OHG angenähert ist; Partner können **nur Freiberufler** und nur **natürliche Personen** sein; sie ist nicht körperschaftsteuerpflichtig. Vielmehr sind die Partner einkommensteuerpflichtig; es wird eine **einheitliche und gesonderte Feststellung** durchgeführt, und die Partner haben stets Einkünfte aus § 18 EStG.

Die Vorschrift des § 124 HGB, der der Partnerschaft die Grundbuchfähigkeit und Prozessfähigkeit sichert, ist **entsprechend anzuwenden** (§ 7 Abs. 2 PartGG).

Die **Haftung** aller Partner ist **grds. gesamtschuldnerisch** (§ 8 Abs. 1 PartGG); die Partner 1501
können jedoch die Haftung auf den von ihnen beschränken, der innerhalb der Partnerschaft die berufliche Leistung zu erbringen oder verantwortlich zu leiten oder zu überwachen hat **(Haftungskonzentration).**

11.3.2.5.3   Kommanditgesellschaft (§§ 161 ff. HGB)

1502   Nach § 161 Abs. 1 HGB unterscheidet sich die Kommanditgesellschaft allein dadurch von der OHG, dass einige Gesellschafter gegenüber den Gläubigern **nur mit ihrer Vermögenseinlage (Kommanditisten)** und die übrigen Gesellschafter **in unbeschränkter Höhe (Komplementäre)** haften. Die KG muss aus mindestens einem Kommanditisten und mindestens einem Komplementär bestehen. Die Haftungsbeschränkung des Kommanditisten steht – wie aus § 15 Abs. 1 Nr. 2 EStG hervorgeht – der Annahme, dass er Mitunternehmer ist, nicht entgegen. Auch der Kommanditist bezieht somit aus seiner Beteiligung an einer KG i. d. R. Einkünfte i. S. des § 15 Abs. 1 Nr. 2 EStG; anders ist es nur, wenn die Voraussetzungen der Mitunternehmerschaft nicht erfüllt sind. Die Kommanditisten einer gewerblich tätigen KG sind i. d. R. Mitunternehmer, wenn sie wenigstens annähernd die Rechte haben, die ihnen nach den weitgehend dispositiven Vorschriften des HGB zustehen (BFH 15. 10. 1981 IV R 52/79, BStBl 1982 II 342). Vgl. zum negativen Kapitalkonto des Kommanditisten und zur Regelung der Einschränkung der Verlustverrechnungsmöglichkeiten unten die Rdn. 1411 ff.

1503   Eine besondere Form der KG ist die **GmbH & Co. KG.** Man versteht darunter eine KG, bei der der Komplementär oder einer der Komplementäre eine GmbH ist. Die Kommanditisten sind häufig gleichzeitig die Gesellschafter der GmbH. Diese Rechtsform ist handelsrechtlich und steuerlich allgemein anerkannt.

11.3.2.5.4   Gesellschaft des bürgerlichen Rechts (§§ 705 ff. BGB)

1504   Die Gesellschaft des bürgerlichen Rechts ist die Grundform der Personengesellschaften. Die für sie geltenden Vorschriften (§§ 705 ff. BGB) finden auch auf die OHG und KG Anwendung, sofern im HGB keine Sonderregelungen enthalten sind. Nach § 705 BGB liegt eine GbR vor, wenn sich die Gesellschafter verpflichten, die Erreichung eines gemeinsamen Zwecks in der durch Vertrag bestimmten Weise zu fördern, insbesondere die vereinbarten Beiträge zu leisten. Die Gesellschaft und die Mitunternehmerschaft können auch stillschweigend begründet werden (BFH 27. 2. 1980 I R 196/77, BStBl 1981 II 210). Die Gesellschafter sind – wie das auch bei den übrigen Personengesellschaften der Fall ist – nur als Mitunternehmer i. S. des § 15 Abs. 1 Nr. 2 EStG anzusehen, wenn die GbR gewerblich tätig wird. Demnach beziehen z. B. Freiberufler, die ihren Betrieb in Form einer GbR gemeinsam führen, keine Einkünfte aus § 15 Abs. 1 Nr. 2 EStG, sondern aus § 18 Abs. 1 Nr. 1 EStG. § 15 Abs. 1 Nr. 2 EStG gilt allerdings auch in diesen Fällen entsprechend gem. § 18 Abs. 4 EStG.

> **BEISPIELE** ▶ für Gesellschaften des bürgerlichen Rechts, die Mitunternehmerschaften sein können: Handwerker und sonstige Kleingewerbetreibende führen ihren Betrieb gemeinsam; wenn diese Personen sich nicht gem. § 1 Abs. 2 HGB ins Handelsregister eintragen lassen, stellt der Zusammenschluss eine GbR dar.
>
> Selbständige Musikkapellen, die nicht künstlerisch tätig sind und die eine gemeinsame Kasse haben.

11.3.2.5.4.1   Arbeitsgemeinschaften

1505   In Form von Gesellschaften des bürgerlichen Rechts werden i. d. R. auch Arbeitsgemeinschaften geführt. Dabei handelt es sich um den Zusammenschluss mehrerer selbständiger Unternehmer zur gemeinsamen Durchführung meist größerer Aufträge. Arbeitsgemeinschaften kommen insbesondere im Baugewerbe vor. Sie sind einkommensteuerlich Mitunternehmerschaften, falls sie nach außen im eigenen Namen auftreten. Die Dauer des Bestehens der Arbeitsgemeinschaft und die Anzahl der auszuführenden Aufträge sind für die Annahme einer Mitunternehmerschaft grundsätzlich ohne Bedeutung. Nach § 180 Abs. 4 AO werden jedoch einheitliche und gesonderte Gewinnfeststellungen für solche Arbeitsgemeinschaften nicht durchgeführt, deren alleiniger Zweck sich auf die Erfüllung eines einzigen Werkvertrages oder Werklieferungsvertrages beschränkt (§ 180 Abs. 4 AO). Umsatzsteuerrechtlich können solche Arbeitsgemeinschaften jedoch Unternehmer sein.

11.3.2.5.4.2   Kartelle, Syndikate

Kartelle und Syndikate, die ebenfalls häufig die Rechtsform von Gesellschaften des bür gerlichen Rechts wählen, unterlagen früher der Körperschaftsteuer. Der BFH (3. 7. 1974 I R 107/72, BStBl 1974 II 695) hat die KartStVO für rechtsunwirksam erklärt. § 15 Abs. 1 Nr. 2 EStG findet somit auf Kartelle und Syndikate nunmehr Anwendung, sofern sie in der Form einer GbR begründet wurden.   **1506**

11.3.2.5.5   Stille Gesellschaft (§§ 230 ff. HGB)

Unter stiller Gesellschaft versteht man die **nach außen nicht in Erscheinung** tretende Beteiligung an dem Handelsgewerbe eines anderen Unternehmers – dieser kann eine natürliche oder juristische Person oder Personenhandelsgesellschaft sein – mit einer Vermögenseinlage, die in das Vermögen des Inhabers des Handelsgewerbes übergeht. Die stille Gesellschaft ist somit eine **Innengesellschaft.** Nach allgemeiner Meinung genügt zur Begründung der stillen Gesellschaft die Einbringung der Einlage in Form von Dienstleistungen.   **1507**

Im EStR ist zwischen **echten (typischen)** oder **unechten (atypischen) stillen Gesellschaftern** zu unterscheiden. Der echte stille Gesellschafter bezieht, falls seine Beteiligung zum Privatvermögen gehört, Einkünfte aus Kapitalvermögen nach § 20 Abs. 1 Nr. 4 EStG und, falls die Beteiligung zum Betriebsvermögen eines Gewerbebetriebes des stillen Gesellschafters gehört, Einkünfte aus Gewerbebetrieb gem. § 15 Abs. 1 Nr. 1 EStG; in beiden Fällen unterliegt der Gewinnanteil der Kapitalertragsteuer (§ 43 Abs. 1 Nr. 3). Der unechte (atypische) stille Gesellschafter ist Mitunternehmer i. S. des § 15 Abs. 1 Nr. 2 EStG und erzielt nach dieser Vorschrift Einkünfte aus Gewerbebetrieb; von den Gewinnanteilen des unechten stillen Gesellschafters ist keine Kapitalertragsteuer zu erheben.   **1508**

Das Entscheidungskriterium für die atypische stille Gesellschaft ist die Mitunternehmerschaft des stillen Gesellschafters. Ob der stille Gesellschafter Mitunternehmer ist, muss unter Berücksichtigung aller Umstände nach wirtschaftlichen Gesichtspunkten beurteilt werden. Dabei sind die Grundsätze zu beachten, die oben zum Mitunternehmerbegriff dargestellt sind (s. Rdn. 1472 ff.). Demnach ist für die Annahme der Mitunternehmerschaft entscheidendes Gewicht darauf zu legen, ob der stille Gesellschafter nicht nur am Gewinn, sondern auch an den stillen Reserven und am Firmenwert des

Betriebsvermögens beteiligt ist. Der Geschäftswert muss dabei nach den verkehrsüblichen Methoden berechnet werden; eine hiervon abweichende Pauschalabfindung genügt nicht (BFH 25. 6. 1981 IV R 61/78, BStBl 1982 II 59).

Die Beteiligung am Verlust ist nicht notwendige Voraussetzung der Annahme einer Mitunternehmerschaft, aber doch ein starkes Indiz für eine solche.

Die Beteiligung des stillen Gesellschafters an den stillen Reserven ist zwar nur in schuldrechtlicher Form möglich, denn Gesamthandsvermögen wird zwischen dem Unternehmer und dem stillen Gesellschafter nicht begründet (s. Wortlaut des § 230 HGB). Die Beteiligung an den stillen Reserven des atypischen stillen Gesellschafters wird dementsprechend als „bloße schuldrechtliche Mitberechtigung" bezeichnet.

Auch ohne Beteiligung am Verlust, an den stillen Reserven und am Geschäftswert kann eine atypische stille Beteiligung und Mitunternehmerschaft bestehen, wenn der Beteiligte wie ein Unternehmer auf das Unternehmen Einfluss nehmen kann, etwa durch die Geschäftsführertätigkeit (BFH 28. 1. 1982 IV R 197/79, BStBl 1982 II 389).

Um zu vermeiden, dass Unternehmen aufgrund der Abschaffung der körperschaftsteuerlichen Mehrmütter-Organschaft auf Gestaltungen in Form atypischer stiller Gesellschaften, Unterbeteiligungen oder sonstiger Innengesellschaften an Kapitalgesellschaften ausweichen, bestimmen § 15 Abs. 4 Sätze 6 und 7 EStG, dass Verluste aus dem vorstehend genannten Gesellschaften, bei denen der Gesellschafter oder Beteiligte eine Kapitalgesellschaft ist und diese als Mitunternehmer anzusehen ist, nur noch mit Gewinnen aus derselben stillen Gesellschaft, Unterbeteiligung oder Innengesellschaft verrechnet werden können, die der Gesellschafter oder Beteiligte in dem unmittelbar vorangegangenen Veranlagungszeitraum und in den folgenden Veranlagungszeiträumen bezogen hat bzw. bezieht.

11.3.2.5.6 Unterbeteiligung

1509 Die Unterbeteiligung ist eine **Beteiligung an einer Gesellschaftsbeteiligung,** die nach dem Grundsatz der Vertragsfreiheit **generell** für **zulässig** gehalten wird. Die Zustimmung der Gesellschaft oder der Mitgesellschafter ist zur Begründung einer Unterbeteiligung grundsätzlich nicht erforderlich. Sie kann zwar gesellschaftsvertraglich vereinbart werden. Wenn allerdings ohne die gesellschaftsvertraglich erforderliche Zustimmung eine Unterbeteiligung begründet wird, so ist das für den Unterbeteiligten ohne Bedeutung. Der Hauptbeteiligte macht sich lediglich evtl. gegenüber den Mitgesellschaftern schadensersatzpflichtig. Gerade in dieser generellen Zulässigkeit der Unterbeteiligung ohne Zustimmung der übrigen Gesellschafter liegt die wesentliche Bedeutung dieses Instituts: Grundsätzlich ist gem. § 719 BGB die Verfügung über den Anteil an einer GbR (und dementsprechend auch an einer OHG und KG; vgl. §§ 104 Abs. 2 und 171 Abs. 2 HGB) ohne Zustimmung der übrigen Gesellschafter nicht statthaft. Die Unterbeteiligung kann aber praktisch nicht von den übrigen Gesellschaftern verhindert werden. Es besteht nicht einmal eine Offenbarungsverpflichtung gegenüber den Mitgesellschaftern über die Begründung einer Unterbeteiligung.

Aus der weiteren Erörterung im Rahmen des § 15 EStG soll ausgenommen werden die Unterbeteiligung an Anteilen einer Kapitalgesellschaft, weil diese unstreitig zu Einkünften aus Kapitalvermögen (§ 20 EStG) führt, wobei es dahingestellt bleiben kann, ob es sich um eine Unterbeteiligung in der Form der typischen oder der atypischen stillen Gesellschaft handelt.

Von einer **Unterbeteiligung in der Form der typischen stillen Gesellschaft** spricht man 1510
(vgl. BFH 8. 8. 1979 I R 82/76, BStBl 1979 II 768) – unter Anwendung der oben entwickelten Grundsätze –, wenn der Unterbeteiligte gegen den Hauptgesellschafter lediglich einen Anspruch auf einen Anteil an dem auf diesen entfallenden laufenden Gewinn hat, ohne auch noch an einem möglichen Liquidationserlös (unter Einbeziehung der stillen Reserven und evtl. des Firmenwertes) beteiligt zu sein.

Bei der **Unterbeteiligung in der Form der atypischen stillen Gesellschaft** ist jedoch der 1511
Unterbeteiligte an den stillen Reserven und am Firmenwert bei Liquidation beteiligt. Die Unterbeteiligung in der Form der **typischen stillen Gesellschaft** am Gesellschaftsanteil einer gewerblichen Personengesellschaft führt zu Einkünften i. S. des **§ 20 Abs. 1 Nr. 4** EStG, die Beteiligung in der Form der **atypischen stillen Gesellschaft** zu Einkünften i. S. des **§ 15 Abs. 1 Nr. 2** EStG; der Unterbeteiligte ist dann nämlich Mitunternehmer (vgl. BFH 21. 2. 1991 IV R 35/89, BStBl 1995 II 449).

Besondere Probleme hat die Unterbeteiligung im Rahmen der einheitlichen Gewinn- 1512
feststellung aufgeworfen. Diese sind aber für die atypische stille Unterbeteiligung durch die Bestimmung des § 179 Abs. 2 Satz 3 AO geklärt worden. Hiernach kann über die Frage, **ob** eine **atypische stille Unterbeteiligung** besteht und **wie hoch der Gewinnanteil** des Unterbeteiligten ist, in einem besonderen Gewinnfeststellungsverfahren für die Innengesellschaft entschieden werden. Die atypische stille Unterbeteiligung stellt eine **Innengesellschaft** in Form einer GbR dar oder, wie z. T. in der Literatur vertreten, eine Gesellschaft eigener Art – sui generis. Zwischen Hauptgesellschaft und Unterbeteiligten bestehen keine Rechtsbeziehungen. Hauptgesellschaft und Unterbeteiligungsgesellschaft sind zwei selbständige nebeneinander stehende Rechtsgebilde. Das FA wird also nach pflichtgemäßem Ermessen bei erkennbarem Geheimhaltungsinteresse eines Beteiligten oder auf entsprechende Anregung stets einen besonderen Bescheid erlassen. Im Übrigen besteht aber selbstverständlich auch die Möglichkeit, im Feststellungsverfahren der Hauptgesellschaft die Leistungen an den Unterbeteiligten als Sonderbetriebsausgaben des Hauptbeteiligten festzustellen, wenn kein Geheimhaltungsinteresse der Beteiligten feststellbar ist.

Bei einer **typischen stillen Unterbeteiligung** sind Hauptbeteiligter und Unterbeteiligter 1513
nicht an denselben Einkünften beteiligt. Eine gesonderte Feststellung i. S. des § 180 Abs. 2 Satz 3 AO findet deshalb nicht statt.

Nach Ansicht des BFH (9. 11. 1988 I R 191/84, BStBl 1989 II 343) muss somit über die Anerkennung einer typischen stillen Unterbeteiligung im Verfahren über die einheitliche und gesonderte Feststellung der Hauptgesellschaft entschieden werden. Das gilt auch bezüglich der Sonderbetriebsausgaben des Hauptbeteiligten, zu denen die Gewinnanteilsüberweisungen des Hauptbeteiligten an den typisch still Unterbeteiligten gehören (so auch die Finanzverwaltung AEAO § 179 Nr. 5 EStG, die diese Zahlungen bisher noch für berücksichtigungsfähig hielt, in der ESt-Veranlagung des Hauptbeteiligten, ohne dass diese Zahlungen in dem Feststellungsverfahren der Hauptgesellschaft erfasst waren).

Verluste, die der Unterbeteiligte zu tragen hat, sind erst zu berücksichtigen, wenn der Jahresabschluss der Hauptgesellschaft sowie der Verlustanteil des Haupt- und dann des Unterbeteiligten berechnet worden sind (BFH 10. 11. 1987 VIII R 53/84, BStBl 1988 II 186).

Der Grundsatz, dass der Unterbeteiligte regelmäßig nicht als Mitunternehmer der Hauptgesellschaft angesehen werden kann, wird vom BFH (23. 1. 1974, BStBl 1974 II 84) für den Fall durchbrochen, dass der Unterbeteiligte im Unternehmen der Gesellschaft unternehmerische Entscheidungen zu treffen hat und unternehmerisches Risiko trägt. Wenn ein Unterbeteiligter selbst leitender Angestellter ist, einen nicht unbedeutenden Entscheidungsspielraum im Rahmen der Geschäftsführung besitzt und auf die Geschäftspolitik tatsächlichen Einfluss ausübt, so ist er als Mitunternehmer anzusehen (zur Höhe der Gewinnbeteiligung des Unterbeteiligten vgl. die Ausführungen zu Rdn. 1528).

11.3.2.5.7 Wirtschaftlich vergleichbares Gemeinschaftsverhältnis

1514 Sinn und Zweck des § 15 Abs. 1 Nr. 2 EStG, Einkünfte beim gemeinschaftlichen Bezug von Einkünften aus einem gewerblichen Unternehmen zu bestimmen, erlauben es nach Ansicht des BFH (25. 6. 1984 GrS 4/82, BStBl 1984 II 751, 768), als Mitunternehmer auch solche Personen anzusehen, die nicht in einem zivilrechtlichen Gesellschaftsverhältnis einer Außen- oder Innengesellschaft, sondern in einem wirtschaftlich vergleichbaren Gemeinschaftsverhältnis zueinander stehen, z. B. in Form einer Gesamthandsgemeinschaft in der Form einer **Erben-** oder **Gütergemeinschaft** oder in Form einer **Bruchteilsgemeinschaft.** Ein zur Mitunternehmerschaft führendes Gesellschaftsverhältnis kann auch verdeckt mittels anders bezeichneter Verträge begründet werden (BFH 22. 10. 1987 IV R 17/84, BStBl 1988 II 62). Häufig dürfte aber in diesen Fällen bereits stillschweigend ein Gesellschaftsverhältnis begründet worden sein.

11.3.2.5.8 Besonderheiten bei Familienpersonengesellschaften, Verträge mit Familienangehörigen

11.3.2.5.8.1 Begriff „Familienpersonengesellschaften"

1515 Unter Familienpersonengesellschaften verstehen wir Gesellschaften, deren Gesellschafter Angehörige i. S. des § 15 AO sind, im Grundfall Gesellschaften zwischen Eltern und Kindern. Hierbei ist bürgerlich-rechtlich **kein Unterschied** zu machen für die Fälle,

1. in denen eine neue Gesellschaft (erstmals) **gegründet** wird; Neugründung einer Familienpersonengesellschaft; Einbringung des bisherigen Einzelunternehmens z. B. durch einen Elternteil, Begründung (neuer) Gesellschaftsrechte zugunsten des Kindes,

2. Aufnahme eines Familienangehörigen in eine bestehende Familienpersonengesellschaft durch **Einräumung eines neuen Gesellschaftsrechts** (Aufnahme eines wei-

teren Gesellschafters) oder der Familienangehörige einen Anteil (Teilanteil) eines bisherigen Gesellschafters erwirbt,

3. **Übertragung** eines Gesellschaftsanteils (des Vaters, der Mutter) oder eines Teils eines solchen Gesellschaftsanteils auf das Kind.

In allen Fällen ist bei Familienpersonengesellschaften die Zustimmung aller anderen Mitgesellschafter erforderlich, und zwar 1516

im Fall 1: zum **erstmaligen Abschluss des Gesellschaftsvertrags** (Neugründung);

im Fall 2: **Aufnahme eines weiteren Gesellschafters** in eine bestehende Gesellschaft. Hierzu ist zu bemerken, dass nach h. M. nicht etwa die bisherige Gesellschaft aufgelöst und eine neue Gesellschaft mit dem neuen eintretenden Gesellschafter gegründet wird, sondern die alte Gesellschaft fortbesteht und nur um den neuen Gesellschafter erweitert wird. Auf der Basis des alten (u. U. modifizierten) Gesellschaftsvertrages wird zwar ein neuer Gesellschaftsvertrag zwischen allen Gesellschaftern der neuen Gesellschaft geschlossen, die Kontinuität der Gesellschaft (Altgesellschaft) bleibt aber (h. M.) gewahrt;

im Fall 3: **Anteils-(Teilanteils-)Übertragung** von einem Personengesellschafter auf einen neuen (weiteren) Gesellschafter. Hierfür ist wegen der grundsätzlichen Nichtübertragbarkeit eines Personengesellschaftsanteils stets die Zustimmung der übrigen (und zwar aller) Gesellschafter erforderlich (§ 719 BGB: abdingbares Recht). Die Zustimmung kann im Gesellschaftsvertrag vorgesehen, aber auch im Einzelfall erklärt werden.

In den Fällen 1 bis 3 sind bürgerlich-rechtliche Formvorschriften zu beachten, deren Beachtung nach der st. Rspr. des BFH auch für die steuerliche Anerkennung Voraussetzung ist (H 15.9 EStH). Die Erörterung erfolgt deshalb im Rahmen der besonderen steuerrechtlichen Anerkennungsvoraussetzungen. 1517

11.3.2.5.8.2 Zivilrechtliche Wirksamkeit als Voraussetzung für die steuerliche Anerkennung

Einhaltung der bürgerlich-rechtlichen Formvorschriften:

Der BFH (st. Rspr., 28. 11. 1973 I R 101/72, BStBl 1974 II 289; 19. 9. 1974 IV R 95/73, BStBl 1975 II 141; vgl. auch H 15.9 EStH) normiert diese Anerkennungsvoraussetzungen. Diese formellen bürgerlich-rechtlichen Voraussetzungen sind im Einzelnen: 1518

§§ 516 u. 518 BGB: Notarielle Beurkundung des **Schenkungsversprechens,** z. B. bei Schenkung eines Kapitalbetrages, der als Einlage eingebracht werden soll, oder eines Gesellschaftsanteils. Hierzu ist allerdings zu bemerken, dass gem. § 518 Abs. 2 BGB durch die Bewirkung der Leistung (also z. B. durch Hingabe des Geldes, Umbuchung etc.) der Formmangel geheilt werden kann. Bei Begründung einer gesellschaftsrechtlichen Beteiligung genügt zur Heilung des Formmangels allerdings die Eintragung im Handelsregister und die lediglich formelle Beteiligung nicht (BFH 1. 2. 1973 IV R 138/67, BStBl 1973 II 526). Eine Heilung durch Vollziehung i. S. des § 518 Abs. 2 BGB ist nach zivilrechtlicher und steuerrechtlicher Rechtsprechung (BGH v. 29. 10. 1952, BGHZ 7, 378 ff.; BFH 19. 9. 1974 IV R 95/73, BStBl 1975 II 141) bei Begründung einer stillen Gesellschaft und einer Unterbeteiligung auch nicht möglich, indem der vereinbarte Anteil 1519 lediglich umgebucht wird, denn in diesem Fall hat der Beitrag des stillen Gesellschafters/Unterbeteiligten die Vermögenssphäre des Unternehmers/Hauptbeteiligten nie verlassen, und es kann deswegen auch keine Leistung einer Vermögenseinlage angenommen werden, die „in das Vermögen des Inhabers übergeht" i. S. des § 230 Abs. 1 HGB. Das wird damit begründet, dass bei der stillen Gesellschaft kein Gesamthandsvermögen besteht, deshalb auch keine Leistung bewirkt werden kann, wenn keine dingliche Mitberechtigung geschaffen werden kann (vgl. zum Vollzug der Zuwendung einer Unterbeteiligung BFH 8. 8. 1979 I R 82/76, BStBl 1979 II 768; der BFH stellt fest, dass durch den Unterbeteiligungsvertrag – sei es eine typische oder atypische Unterbeteiligung – nur schuldrechtliche Beziehungen geschaffen werden, so dass ein „Vollzug" i. S. des § 518 Abs. 2 BGB nicht angenommen werden könne).

1520 **§ 311b BGB:** Notarielle Beurkundung des Vertrages, durch den sich jemand verpflichtet, das **Eigentum an einem Grundstück zu übertragen** oder zu erwerben, z. B. in einem Gesellschaftsvertrag – Einbringungsvertrag (Heilungsmöglichkeit: s. § 311b Abs. 1 Satz 2 BGB).

1521 **§§ 104, 107, 181, 1909 BGB:** Bestellung eines **Ergänzungspflegers** bei Aufnahme eines geschäftsunfähigen oder beschränkt geschäftsfähigen Kindes in ein Einzelunternehmen bzw. in eine Gesellschaft (vgl. BFH 31. 10. 1989 IX R 216/84, BStBl 1992 II 506, bei Missbrauchsbestellung; 23. 4. 1992 IV R 46/91, BStBl 1992 II 1024, bei Mietvertrag mit Minderjährigen). Die typischerweise mit der Schenkung eines Geldbetrages verbundene Auflage, die Summe als Kommanditeinlage in die KG einzubringen, hindert (rechtlicher Nachteil) i. d. R. die Anwendung des § 107 BGB. Eine **Dauerergänzungspflegschaft** zur Wahrung der Rechte des Minderjährigen während des Bestehens der Gesellschaft ist nicht zu fordern (BGH v. 18. 9. 1975, BB 1975, 1452; BFH 29. 1. 1976 IV R 102/73, BStBl 1976 II 328).

1522 **Vormundschaftsgerichtliche Genehmigung** (§§ 1822 Nr. 3, 1643 Abs. 1, 112 BGB): Der Gesellschaftsvertrag, der zum Betrieb eines Erwerbsgeschäfts eingegangen wird, bedarf der vormundschaftsgerichtlichen Genehmigung. Hierzu ist anzumerken, dass die bürgerlich-rechtliche **Rückwirkung** der vormundschaftsgerichtlichen Genehmigung auf den Zeitpunkt des Vertragsabschlusses (§ 1829 BGB) **steuerrechtlich** nur dann eintritt, wenn die Genehmigung unverzüglich nach Vertragsschluss beantragt worden ist und innerhalb einer angemessenen Frist erteilt wird (BFH 8. 12. 1972, BStBl 1973 II 827; 1. 2. 1973 IV R 49/68, BStBl 1973 II 307; vgl. auch BFH 5. 3. 1981 IV R 150/76, BStBl 1981 II 435; R 15.9 Abs. 3 Satz 12 ff.).

Auch bei der Begründung einer typischen stillen Gesellschaft und einer typischen stillen Unterbeteiligung, aber auch bei den atypischen Arten dieser beiden Formen, ist eine Pflegerbestellung nach § 1909 BGB unumgänglich, sofern ein eigenes Kind des Unternehmers bzw. Beteiligten aufgenommen werden soll (bürgerlich-rechtlich unterscheidet man nämlich nicht zwischen typischer und atypischer Beteiligung; vgl. BFH 28. 11. 1973 I R 101/72, BStBl 1974 II 289). Hinsichtlich der vormundschaftsgerichtlichen Genehmigung besteht aber insofern eine Besonderheit, als sie entbehrlich ist, wenn der stille Gesellschafter bzw. der Unterbeteiligte lediglich am Gewinn beteiligt ist (BFH 28. 11. 1973, a. a. O.; OLG Hamm 22. 1. 1974; DB 1974, 424).

11.3.2.5.8.3 Ertragsteuerliche Anerkennungsvoraussetzungen (zusätzliche)

Bei Familienpersonengesellschaften ergeben sich **zusätzlich** bei der Prüfung der **steuer-** 1523
lichen Anerkennung zwei Problemkreise:

Liegt eine (echte) **Mitunternehmerschaft** vor und

ist die **Gewinnverteilung anzuerkennen?**

Diese Fragen sind nach denselben Grundsätzen zu entscheiden sowohl bei den bürger-
lich- und steuerrechtlichen Personengesellschaftsformen OHG, KG bzw. GbR, als auch
bei den mehr steuerrechtlichen Formen: atypische stille Gesellschaft und atypische stille Unterbeteiligung (zur Anerkennung von Darlehensverträgen zwischen Eltern und
Kindern vgl. BFH 16. 3. 1977 I R 213/74, BStBl 1977 II 414; 14. 4. 1983 IV R 198/80, BStBl
1983 II 555, und 21. 8. 1985 I R 73/82, BStBl 1986 II 250 – nach Ansicht des BFH ist nur
eine vertragliche Gestaltung anzuerkennen, die auch unter fremden Dritten üblich wäre).

11.3.2.5.8.3.1 Mitunternehmerschaft

Die Mitunternehmereigenschaft von Familienangehörigen in einer Personengesell- 1524
schaft ist grundsätzlich nach denselben Kriterien zu entscheiden wie die von fremden
Mitgesellschaftern; allerdings ist zu beachten, dass bei Gründung von Gesellschaften
mit nahen Angehörigen kaufmännische Gesichtspunkte zugunsten von persönlichen in
den Hintergrund treten können. Es ist jedoch ausdrücklich anzuerkennen, dass die
Gründung von Familienpersonengesellschaften auch

▶ aus **nichtbetrieblichen Gründen** (BFH 22. 8. 1951 IV 246/50 S, BStBl 1951 III 181
[st. Rspr.], vgl. auch R u. H 15.9 EStR),

▶ aus **Gründen der Sicherung der Unternehmensnachfolge** (vgl. insbes. BFH 6. 4. 1979
I R 116/77, BStBl 1979 II 620), aber

▶ auch **aus Gründen der Steuerersparnis** erfolgen kann, ohne dass steuerlich dagegen
etwas eingewandt werden könnte. Die Grenzen der steuerlichen Anerkennung einer
solchen Familienpersonengesellschaft sind dann erreicht, wenn zwischen den Angehörigen **Vertragsgestaltungen** gewählt werden, die zwischen Fremden nicht nur
nicht üblich, sondern darüber hinaus auch nicht annehmbar sind und/oder wenn
diese Vertragsgestaltungen tatsächlich nicht durchgeführt werden. In diesem Zusammenhang ist auf die von Rechtsprechung und Lehre entwickelten Grundsätze
zum Scheingeschäft (§ 41 AO) und zur Steuerumgehung (§ 42 AO) zu verweisen (vgl.
BFH 24. 7. 1969 IV 275/64, BStBl 1969 II 618; 25. 9. 1969, BStBl 1970 II 114;
22. 1. 1970 IV 85/65, BStBl 1970 II 413, 416; 18. 7. 1974 IV B 34/74, BStBl 1974 II 740;
30. 7. 1975 I R 174/73, BStBl 1975 II 818; R 15.9).

11.3.2.5.8.3.2 Tatsächlich eingeräumte Unternehmerstellung

Die Anerkennung einer Familienpersonengesellschaft setzt – außer der Einhaltung der 1525
bürgerlich-rechtlichen Formvorschriften – ferner voraus, dass die tatsächliche Gestaltung der gesellschaftsrechtlichen Beziehungen **mit** ihrer **formellen Gestaltung übereinstimmt,** die aufgenommenen Familienangehörigen also auch **volle Gesellschaftsrechte**

genießen, und die Bestimmungen des Gesellschaftsvertrages auch tatsächlich verwirklicht werden. Ausgeschlossen erscheint deshalb die Anerkennung einer Familienpersonengesellschaft in folgenden Fällen (H 15.9):

► Schenkung von Kapitalanteilen unter dem **Vorbehalt des jederzeitigen Widerrufs** (BFH 18. 7. 1974, a. a. O.);

► jederzeitige Ausschlussmöglichkeit, gekoppelt mit einer Buchwertabfindung (BFH 29. 4. 1981 IV R 131/78, BStBl 1981 II 663) bzw. ohne Beteiligung am Firmenwert (BFH 15. 10. 1981 IV R 52/79, BStBl 1982 II 342);

► **Ausschluss der Kündigungsmöglichkeit** ausschließlich zu Lasten der aufgenommenen Kinder (BFH 21. 12. 1974, BStBl 1974 II 404);

► **Verfügungsmöglichkeit** über Gewinnanteile nur mit Zustimmung der Eltern (BFH 4. 8. 1971 I R 209/69, BStBl 1972 II 10; vgl. auch BFH 8. 2. 1979 IV R 163/76, BStBl 1979 II 405);

► langfristige **Entnahmebeschränkungen** (BFH 25. 9. 1969, BStBl 1970 II 114);

► **generelle Änderbarkeit** des Gesellschaftsvertrages durch mehrheitlich beteiligte **Eltern** (BFH 1. 2. 1973 IV R 61/72, BStBl 1973 II 309, 312 f.);

► vertragsgemäßer **Ausschluss von Unternehmerinitiative** und -risiko (BFH 29. 1. 1976, BB 1976, 729);

► **Verwaltungsrecht** bezüglich der Einlagen und Gewinnanteile bis zur Vollendung des 28. Lebensjahres der Kinder (BFH 25. 6. 1981 IV R 135/78, BStBl 1981 II 779);

► **befristete** Gesellschafterstellung (BFH 29. 1. 1976, BB 1976, 588);

► **Vorbehalt der Kündigung** der Gesellschafterstellung der minderjährigen Kinder zum Ende des Jahres der Erreichung ihrer Volljährigkeit (BFH 23. 6. 1976 I R 178/74, BStBl 1976 II 678);

► **langfristiger Ausschluss der Kündigung** für die Kinder als Kommanditisten (BFH 8. 2. 1979 IV R 163/76, BStBl 1979 II 405) i. V. mit starker Entnahmebeschränkung;

► **Entnahmebeschränkung** und **Kündigungsbeschränkung** und **Auszahlung** des Abfindungsguthabens erst **10 Jahre nach dem Ausscheiden** (BFH 3. 5. 1979 IV R 153/78, BStBl 1979 II 515);

► **Ausschluss jeglicher Kontrollrechte** (BFH 8. 8. 1974 IV R 101/73, BStBl 1975 II 34);

► **keine Einrichtung** und **Führung getrennter Kapitalkonten** mit jährlicher Gewinngutschrift;

► bei Kündigung der stillen Beteiligung bleibt die **Einlage unkündbar als partiarisches Darlehen** in dem Unternehmen bis zu dessen Einstellung (BFH 19. 12. 1979 I R 176/77, BStBl 1980 II 242).

11.3.2.5.8.3.3 Anzuerkennende Gewinnverteilungsabrede

1526 Nach st. Rspr. des BFH kann eine Gewinnverteilung bei einer Familienpersonengesellschaft (und einer typischen stillen Gesellschaft bzw. einer typischen stillen Unterbeteiligung) nur unter Berücksichtigung der **Höhe der Kapitaleinlage,** des **Herkommens dieser Einlage,** des eingegangenen **Unternehmerrisikos,** der **Tätigkeit des Gesellschafters** im Dienste der Gesellschaft sowie der **Beteiligung an den stillen Reserven** im Falle seines Ausscheidens steuerlich anerkannt werden. Bei einem Missverhältnis von Leistung und Gegenleistung kann allerdings von der durch die Gesellschaft vorgenommene Verteilung nur bei einer wesentlichen Diskrepanz abgewichen werden (BFH 26. 5. 1971 IV R 11/70, BStBl 1971 II 557).

Unter Berücksichtigung dieser Grundsätze sind in Übereinstimmung mit der Rechtsprechung des BFH folgende Regeln aufzustellen:

► **Beteiligung als Gesellschafter an einer OHG bzw. GbR**

Die zulässige Höhe der Gewinnbeteiligung ist im Hinblick auf die übernommene Voll- 1527 haftung und das damit verbundene hohe Unternehmerrisiko danach zu entscheiden, welche Gewinnanteile einem fremden Dritten eingeräumt würden. Hierbei sind auch Branchenbesonderheiten zu berücksichtigen. Die Grundsätze des BFH 29. 5. 1972 GrS 4/71, BStBl 1973 II 5, sind auf diese Arten der Beteiligung nicht anzuwenden.

► **Beteiligung als Kommanditist, atypischer stiller Gesellschafter oder atypischer stiller Unterbeteiligter**

Einem **nicht mitarbeitenden Familienangehörigen,** der seine **Einlage aus dem Betriebs-** 1528 **vermögen des bisherigen Inhabers** erhält, ist ein Gewinnanteil i. H. **von 15 % des tat- sächlichen Wertes des Gesellschaftsanteils** – also einschließlich des Firmenwertes – zu- zubilligen (BFH 29. 5. 1972, a. a. O.; 29. 3. 1973 IV R 158/68, BStBl 1973 II 489; 26. 6. 1974 I R 206/67, BStBl 1974 II 676: Atypische stille Unterbeteiligung). Muss der Beteiligte aber nach dem Gesellschaftsvertrag bei Kündigung zu Buchwerten ausscheiden, ist der tatsächliche Wert der Beteiligung gleich dem Buchwert (BFH 27. 9. 1973 IV R 33/71, BStBl 1974 II 51).

BEISPIEL: ► Einzelkaufmann K schenkt seinem minderjährigen Sohn S am 1. 1. 06 unter Beach- tung der zivilrechtlichen Vorschriften eine stille typische Kapitalbeteiligung i. H. von 100 000 €. S soll eine Verzinsung von 20 % des Jahresertrags erhalten. Der gemeine Wert des Kapital- anteils soll 200 000 € betragen. Der Betrieb hat in den letzten fünf Jahren einen durchschnitt- lichen Gewinn (nach Abzug einer angemessenen Tätigkeits- und Haftungsvergütung für K) i. H. von 200 000 € erwirtschaftet, im Jahr 06 beträgt er 230 000 € (ohne Berücksichtigung des Ge- winnanteils für S).

Die angemessene Kapitalkontenverzinsung – und damit auch der angemessene Gewinnanteil – beträgt 15 % des eingesetzten Kapitals zum Verkehrswert, das sind hier 15 % von 200 000 € = 30 000 €. Diese 30 000 € entsprechen 15 % des durchschnittlichen Gewinns i. H. von 200 000 €. Damit ist auch nur eine Gewinnbeteiligung für S von 15 % des künftigen Jahres- gewinns steuerlich anzuerkennen (für 06 sind dies 15 % von 230 000 € = 34 500 €); die über- steigenden 5 % (11 500 €) sind steuerlich weiterhin dem K zuzurechnen. Sollte K sie, wozu er zivilrechtlich verpflichtet ist, dem S zuwenden, handelt es sich um eine einkommensteuerlich unbeachtliche Zuwendung im privaten Bereich.

Einem nicht mitarbeitenden Familienangehörigen, der seine Einlage aus **eigenen** Mit- teln erbringt, gebührt ein Gewinnanteil, wie er unter fremden Dritten üblich wäre. Die 15-%-Regelung ist in diesem Fall nicht anzuwenden; es kommt evtl. sogar eine Gewinn- beteiligung von bis zu 35 % in Betracht (BFH 16. 12. 1981 I R 16/78, BStBl 1982 II 387; BFH 4. 6. 1973 IV R 26/68, BStBl 1973 II 866); dasselbe gilt für den Fall, dass der Famili- enangehörige im Betrieb mitarbeitet. Die Berechnung des steuerlich zulässigen Ge- winnanteils erfolgt in diesem Fall unter Berücksichtigung der speziellen Arbeitsleistung des Angehörigen für den Betrieb, wie das bei einem Außenstehenden ebenfalls geschähe.

11.3.2.5.8.4 Beteiligung als typischer stiller Gesellschafter bzw. als typischer stiller Unterbeteiligter

1529 Bewirkt der Gesellschafter bzw. der Unterbeteiligte seine Einlage aus Mitteln, die ihm vom Unternehmer bzw. Hauptbeteiligten zur Verfügung gestellt wurden, gilt die 15-%-Regelung entsprechend. Tatsächlicher Wert der Beteiligung ist in diesem Falle regelmäßig der **Nennwert** (BFH 29. 3. 1973 IV R 56/70, BStBl 1973 II 650). Ist lediglich eine Beteiligung am Gewinn vereinbart, ermäßigt sich der zulässige Beteiligungssatz auf 12 % (BFH 29. 3. 1973, a. a. O.).

Stammt die Einlage des stillen Gesellschafters **nicht** aus dem Unternehmen, anerkennt der BFH (16. 12. 1981 I R 167/78, BStBl 1982 II 387) eine Rendite bis zu 35 %.

1530 Arbeitet der typische stille Gesellschafter mit, können zu niedrige Arbeitsentgelte nicht eine zu hohe Gewinnbeteiligung kompensieren, wenn klare Vereinbarungen darüber fehlen, dass auch die Arbeitskraft eine Vermögenseinlage sein soll (BFH 14. 2. 1978 VIII R 11/75, BStBl 1978 II 427).

1531 Nach dem Urteil des BFH (13. 3. 1980 IV R 59/76, BStBl 1980 II 437) sind auch bei einem **geschenkten Kommanditanteil,** der zuvor in Händen der schenkenden Mutter längere Zeit gelegen hat, u.U. die Grundsätze des BFH (29. 5. 1972 GrS 4/71, BStBl 1973 II 5) entsprechend anzuwenden; zulässiger Gewinnanteil also auch in diesem Fall (u.U.): 15 % des gemeinen Wertes der Einlage.

1532 Der Teil, der **ertragsteuerlich** als **Gewinnübermaß den Kindern nicht zugerechnet,** vielmehr bei den Eltern erfasst wird, steht **bürgerlich-rechtlich** ohne jeden Zweifel **den Kindern zu** und darf dann nicht etwa auf ein (Privat-)Konto der Eltern gebucht werden. Die Kinder haben diesen Gewinnanspruch bürgerlich-rechtlich wirksam aufgrund des abgeschlossenen Gesellschaftsvertrages, und an dem bürgerlich-rechtlichen Bestand dieses Gewinnanspruchs ändert die (ertrag-)steuerliche Anerkennung oder Nichtanerkennung überhaupt nichts.

11.3.2.5.8.5 Darlehensverträge zwischen Angehörigen

1533 Mit der Problematik der Anerkennung von Darlehensverträgen hat sich die BFH-Rspr. verschiedentlich beschäftigt. Die Anerkennung setzt insbesondere voraus:

► eine Vereinbarung über die Laufzeit und über Art und Zeit der Rückzahlung des Darlehens,

► Entrichtung der Zinsen zu den Fälligkeitszeitpunkten,

► ausreichende Sicherung des Rückzahlungsanspruchs.

Es ist ein Fremdvergleich durchzuführen. Wegen weiterer Einzelheiten s. BMF-Schreiben v. 1. 12. 1992, BStBl 1992 I 729; R u. H 19 EStR.

11.3.2.5.8.6 Mietverträge zwischen Angehörigen

Die für die steuerliche Anerkennung von Verträgen zwischen nahen Angehörigen maß- 1534
gebenden Grundsätze gelten auch für Mietverträge zwischen Eltern und ihren erwachsenen Kindern. Ein Mietverhältnis zwischen nahen Angehörigen hält einem **Fremdvergleich** nicht stand und kann der Besteuerung nicht zugrunde gelegt werden, wenn z. B.
die tatsächliche Mietzinsentrichtung nicht der vertraglich vereinbarten entspricht (un-
regelmäßige Überweisung, behauptete Barzahlung ohne Quittungen; BFH 25. 5. 1993
IX R 17/90, BStBl 1993 II 834).

11.3.2.5.9 Eheliches Güterrecht und Mitunternehmerschaft

Eheleute, die im vertraglichen Güterstand der **Gütergemeinschaft** (§§ 1415 ff. BGB) le- 1535
ben, sind steuerlich Mitunternehmer hinsichtlich eines Gewerbebetriebes, der zum Gesamtgut der Eheleute gehört (BFH 18. 2. 1959 VI D 1/58 S, BStBl 1959 III 263;
11. 3. 1966, BStBl III 389; vgl. aber auch BFH 20. 3. 1980 IV R 53/76, BStBl 1980 II 634).
Als Folge werden in einem solchen Fall Ehegattenarbeitsverträge steuerlich nicht anerkannt, wenn die gewerbliche Tätigkeit nicht ausgesprochen personenbezogen ist, wie
z. B. bei einem Handelsvertreter. Entsprechendes würde auch für die Gütergemeinschaft eines Freiberuflers gelten.

Haben die Eheleute dagegen **Gütertrennung** (§ 1414 BGB) vereinbart oder leben sie im
gesetzlichen **Güterstand der Zugewinngemeinschaft** (§§ 1363 ff. BGB) – diese stellt
rechtlich nichts anderes als Gütertrennung mit Zugewinnausgleich dar –, werden gesellschaftsrechtliche Beziehungen zwischen den Eheleuten hinsichtlich eines Betriebes,
der im Alleineigentum eines Ehegatten steht, nicht begründet.

11.3.2.5.10 Erbfall und Erbauseinandersetzung 1536

aa) Vererbung eines Einzelunternehmens siehe dazu die Rdn. 1745 ff.

bb) Vererbung eines Mitunternehmeranteils siehe dazu die Rdn. 1757 ff.

11.3.2.6 Mittelbare Beteiligung/mehrstöckige Personengesellschaft (§ 15 Abs. 1 Nr. 2 Satz 2 EStG)

Nach dem Wortlaut des § 15 Abs. 1 Nr. 2 Satz 1 EStG sind als steuerlicher Gewinn der 1537
Mitunternehmerschaft auch die Sondervergütungen zu erfassen, die ein Gesellschafter
von der Gesellschaft erhält. Ist nun die natürliche Person nicht unmittelbar an der Personengesellschaft beteiligt, sondern mittelbar, so fragt es sich, ob die Hinzurechnungs-
vorschrift des § 15 Abs. 1 Nr. 2 Satz 1 EStG greifen kann.

BEISPIEL:

a) An der ABC-OHG ist A unmittelbar beteiligt; Sondervergütungen der ABC-OHG an A sind
gem. § 15 Abs. 1 Nr. 1 Satz 1 EStG hinzuzurechnen.

b) A ist an der Z-OHG beteiligt – Obergesellschaft; die Z-OHG ist neben der Y-OHG Gesell-
schafterin des YZ-OHG – Untergesellschaft.

Leistet die Untergesellschaft YZ-OHG an A Sondervergütungen, waren nach Ansicht des BFH (25. 2. 1991 GrS 7/89, BStBl 1991 II 691) diese Vergütungen **keine** Vorabvergütungen i. S. des § 15 Abs. 1 Nr. 2 EStG.

Daraufhin wurde an § 15 Abs. 1 Nr. 2 ein Satz 2 EStG angefügt. Danach wird auch der nur **mittelbar Beteiligte** (also im obigen Beispiel b der A als über die Z-OHG nur mittelbar an der YZ-OHG Beteiligter) wie ein **unmittelbar Beteiligter** als Mitunternehmer behandelt. Sondervergütungen der Untergesellschaft an die Gesellschafter der Obergesellschaft sind danach nicht mehr als Betriebsausgaben bei der Untergesellschaft abzuziehen. Die Untergesellschaft kann keine Pensionsrückstellungen zugunsten von Obergesellschaftern bilden, die Obergesellschafter haben Sonderbetriebsvermögen insoweit, als sie Wirtschaftsgüter der Untergesellschaft zur Nutzung überlassen.

1538 Die **Rechtslage für mehrstöckige Personengesellschaften** wird dadurch **der bei einstöckigen Personengesellschaften angeglichen.** Mittelbarer Unternehmer i. S. des § 15 Abs. 1 Nr. 2 Satz 2 EStG ist aber nur, wer durch eine ununterbrochene Mitunternehmerkette mit dem Betrieb der Untergesellschaft verbunden ist, von der er die Sondervergütungen erhält.

11.3.2.7   Einkünfte des Komplementärs der KGaA (§ 15 Abs. 1 Nr. 3 EStG)

1539 Da zu den im § 15 Abs. 1 Nr. 2 EStG genannten Beteiligungen nur die an Personengesellschaften und nicht die an Kapitalgesellschaften zählen, erzielen die Gesellschafter einer Kapitalgesellschaft nur dann Einkünfte aus Gewerbebetrieb, wenn ihre Anteile zum Betriebsvermögen eines gewerblichen Unternehmens gehören. Rechnen die Anteile zum Privatvermögen, beziehen die Gesellschafter von Kapitalgesellschaften Einkünfte i. S. des § 20 Abs. 1 Nr. 1 EStG. Von diesem Grundsatz besteht gem. § 15 Abs. 1 Nr. 3 EStG eine **Ausnahme** für die **Komplementäre einer Kommanditgesellschaft auf Aktien.** Die auf die Komplementäre einer KGaA entfallenden Gewinnanteile sind einschließlich der Vergütungen für eine Tätigkeit im Dienste der Gesellschaft oder für die Hingabe von Darlehen oder für die Überlassung von Wirtschaftsgütern den Einkünften aus Gewerbebetrieb zuzurechnen; mit diesen ist der Komplementär zur ESt zu veranlagen. Soweit der Komplementär auch am Grundkapital der KGaA beteiligt ist, rechnen die darauf entfallenden Gewinnanteile zu den Einkünften aus Kapitalvermögen (§ 20 Abs. 1 Nr. 1 EStG).

Der Vorschrift des § 15 Abs. 1 Nr. 3 EStG **entspricht** die Bestimmung des **§ 9 Abs. 1 Nr. 1 KStG,** nach der der nicht auf die Beteiligung am Grundkapital entfallende Gewinnanteil des Komplementärs das der Körperschaftsteuer unterliegende Einkommen der KGaA mindert.

Weil die KGaA als Kapitalgesellschaft ohne Rücksicht auf die Art ihres Geschäftsbetriebs kraft ihrer Rechtsform stets und ausschließlich Einkünfte aus Gewerbebetrieb erzielt (§ 8 Abs. 2 KStG, § 2 Abs. 2 GewStG), sind auch die Einkünfte des Komplementärs aus der nicht am Grundkapital bestehenden Beteiligung ausnahmslos den Einkünften aus Gewerbebetrieb zuzurechnen.

BEISPIEL: ▶ Eine KGaA betreibt einen landwirtschaftlichen Betrieb.

Der dem Komplementär zustehende Gewinnanteil, der nicht auf die Beteiligung am Grundkapital entfällt, gehört zu den Einkünften aus Gewerbebetrieb nach § 15 Abs. 1 Nr. 3 EStG.

Eine einheitliche und gesonderte Feststellung des gesamten Gewinns der KGaA einschließlich des auf den Komplementär entfallenden Anteils findet nicht statt. Der Komplementär hat den ihm zustehenden Gewinn erst in dem Jahr zu versteuern, in dem er ihm zufließt.

11.3.2.8 Versorgungsleistungen an ausgeschiedene Mitunternehmer (§ 15 Abs. 1 Satz 2 EStG)

§ 15 Abs. 1 Nr. 2 (und 3) EStG ist auch auf Vergütungen anzuwenden, die als **nachträg-** 1540
liche Einkünfte (§ 24 Nr. 2 EStG) bezogen werden; damit werden Versorgungsleistungen an ehemalige Unternehmer und deren Rechtsnachfolger erfasst; zu Einzelheiten vgl. BMF-Schreiben v. 10. 3. 1992, BStBl 1992 I 190; BFH 25. 11. 1994, BStBl 1994 II 455.

11.3.2.9 Die gewerblich geprägte Personengesellschaft (§ 15 Abs. 3 Nr. 2 EStG)

Nach der früheren ständigen BFH-Rspr. (22. 11. 1972 I R 252/70, BStBl 1973 II 405) und 1541
der früheren Verwaltungsauffassung, die in der Literatur stets bestritten war (vgl. die Zusammenstellung zu BFH 25. 6. 1984 GrS 4/82, BStBl 1984 II 751, 761), war die **Tätigkeit oder Vermögensnutzung einer Personengesellschaft stets** als **gewerblich** einzuordnen, wenn an der Gesellschaft nur Kapitalgesellschaften beteiligt waren oder wenn an der Gesellschaft neben natürlichen Personen eine Kapitalgesellschaft beteiligt war, die der Personengesellschaft das **Gepräge** gab und ihre Tätigkeit entscheidend bestimmte.

Das wurde somit stets angenommen, wenn bei einer GmbH & Co. KG die GmbH der 1542
einzige persönlich haftende und geschäftsführende Gesellschafter war.

Dagegen betonte der **BFH** (25. 6. 1984, a. a. O.), dass eine Personengesellschaft für die 1543
ESt (und KSt) insoweit **Steuerrechtssubjekt** ist, als sie in der Einheit ihrer Gesellschafter Merkmale eines Besteuerungstatbestandes verwirklicht, welche den Gesellschaftern für ihre Besteuerung zuzurechnen sind. Voraussetzung für die Annahme gewerblicher Einkünfte einer Personengesellschaft ist, dass die Gesellschafter in ihrer **Verbundenheit** als Personengesellschaft **ein gewerbliches Unternehmen** betreiben und als Mitunternehmer anzusehen sind. Deshalb ist ein Unternehmen **nicht schon deshalb gewerblich** tätig, weil ein – möglicherweise beherrschender oder allein haftender oder allein geschäftsführender – Gesellschafter als Kapitalgesellschaft **gewerbliche Einkünfte** erzielt. Somit könne ein einzelner oder einzelne Gesellschafter der Personengesellschaft nicht das Gepräge geben. Diese Grundsätze gelten nicht nur für die GmbH & Co. KG, sondern auch für die mehrstufige (doppelstöckige) GmbH & Co. KG (dabei ist Komplementär der KG nicht eine GmbH, sondern wiederum eine GmbH & Co. KG).

Auswirkung dieser Aufgabe der Geprägerechtsprechung war es somit, dass (insbeson- 1544
dere) GmbH & Co. KGs durchaus Einkünfte aus § 20 oder § 21 EStG haben oder gar lediglich vermögensverwaltend tätig sein konnten. Durch die Aufgabe der Geprägerechtsprechung hätten einzelne Steuerpflichtige aber ungerechtfertigte Steuervorteile insoweit erlangt, als bei einer von Anfang an nur vermögensverwaltend tätigen GmbH & Co. KG, aber auch bei einer zunächst gewerblich tätigen, dann aber nur noch

vermögensverwaltend tätigen GmbH & Co. KG, **Gewinne aus der Veräußerung von „Betriebsvermögen"** nicht nach § 15 EStG versteuert und **negative Kapitalkonten von Kommanditisten** (insbesondere von sog. Anlage-/Abschreibungsgesellschaften) bei „Wegfall", d. h. bei Liquidation der GmbH & Co. KG oder bei Ausscheiden des Kommanditisten aus der KG, **nicht** mehr nach § 16 EStG hätten **nachversteuert** werden können.

1545 Um diese fiskalisch nicht wünschenswerte Folge aus der Aufgabe der Geprägerechtsprechung auszuschalten, hat der Gesetzgeber gem. § 15 Abs. 3 Nr. 2 EStG die frühere Geprägerechtsprechung festgeschrieben. Danach ist **stets gewerblich tätig** eine **Personengesellschaft**, bei der **ausschließlich** eine oder mehrere **Kapitalgesellschaften persönlich haftende** Gesellschafter sind und **nur diese oder Personen, die nicht Gesellschafter** sind, zur **Geschäftsführung** befugt sind und eine mit **Einkunftserzielungsabsicht** unternommene Tätigkeit entwickelt wird. Letztlich darf diese Gesellschaft nicht unter § 15 Abs. 3 Nr. 1 EStG fallen, also nicht schon aufgrund der einheitlichen Beurteilung einer nur teilweise gewerblich tätigen Personengesellschaft als insgesamt gewerblich tätig anzusehen sein.

1546 Unter § 15 Abs. 3 Nr. 2 EStG fallen somit insbesondere:

▶ die (echte) GmbH & Co. KG, bei der die GmbH alleiniger Komplementär ist;

▶ die OHG, deren Gesellschafter sämtlich Kapitalgesellschaften sind und

▶ die mehrstöckige GmbH & Co. KG (§ 15 Abs. 3 Nr. 2 Satz 1 i.V. mit Satz 2 EStG).

Nicht unter § 15 Abs. 3 Nr. 2 EStG fallen insbesondere:

▶ eine OHG, bei der zumindest ein Gesellschafter eine natürliche Person oder nicht gewerblich geprägte Personengesellschaft ist;

▶ eine KG, bei der zumindest auch eine natürliche Person Komplementär ist oder

▶ eine GmbH & Co. KG, bei der die GmbH (Komplementärin) zugunsten eines Kommanditisten von der Geschäftsführung ausgeschlossen ist.

Vgl. ergänzend R und H 15.8 Abs. 6 EStR.

11.3.3 Ermittlung des Gewinns bei Mitunternehmerschaften

1547 Für die Ermittlung des von den Mitunternehmerschaften erzielten Gewinns oder Verlustes gelten grundsätzlich die **allgemeinen Vorschriften** der §§ 4 ff. EStG. Dies gilt auch für den Zeitpunkt der Versteuerung; es kommt also nicht darauf an, ob überhaupt und wann dem Mitunternehmer der Gewinn von der Gesellschaft ausgezahlt wurde bzw. wann der Gewinn entnommen wurde. Damit der gesamte Gewinn der Mitunternehmerschaft und die auf die einzelnen Mitunternehmer entfallenden Gewinnanteile für alle Beteiligten einheitlich ermittelt und widersprechende Entscheidungen vermieden werden, ist im § 180 Abs. 1 Nr. 2a EStG und § 179 Abs. 2 Satz 2 AO angeordnet, dass die genannten Einkünfte **einheitlich und gesondert festzustellen** sind.

11.3.3.1 Gewinnverteilung unter den Mitunternehmern

1548 Die Feststellung der von den einzelnen Mitunternehmern zu versteuernden Gewinnanteile richtet sich danach, wie der Gewinn von der Gesellschaft auf die Mitunternehmerschaft verteilt wird.

Für die Verteilung des Gewinns sind in erster Linie die **Vereinbarungen im Gesellschaftsvertrag maßgebend.**

Haben die Gesellschafter darüber keine Abmachung getroffen, gelten die **gesetzlichen Bestimmungen.**

Diese besagen im Wesentlichen Folgendes:

a) Bei **Gesellschaften des bürgerlichen Rechts** sind gem. § 722 BGB die Gewinne **nach Kopfteilen** aufzuteilen.

b) Bei **Offenen Handelsgesellschaften** gebührt nach § 121 HGB jedem Gesellschafter **ein Anteil in Höhe von 4 % seines Kapitalanteils,** während der **Rest nach Köpfen** verteilt wird; reicht der Gewinn dazu nicht aus, ist der Prozentsatz entsprechend geringer.

c) Bei **Kommanditgesellschaften** stehen den Gesellschaften nach § 168 HGB ebenfalls **zunächst 4 % der Kapitalanteile** oder entsprechend geringere Sätze zu; an dem **verbleibenden Gewinn** sind die Gesellschafter der KG **nach einem angemessenen Verhältnis** beteiligt.

Die FinVerw ist bei den einheitlichen und gesonderten Feststellungen des Gewinns der Mitunternehmerschaft grundsätzlich an die vereinbarte bzw. gesetzlich bestimmte Gewinnverteilung gebunden. Weicht die tatsächliche Durchführung der Gewinnverteilung von der im Gesellschaftsvertrag oder Gesetz vorgesehenen Regelung ab, kann einkommensteuerlich die tatsächlich vorgenommene Gewinnverteilung maßgebend sein, wenn in der vom Gesetz oder Vertrag abweichenden Gestaltung eine (stillschweigende) Änderung des Gesellschaftsvertrags gesehen werden kann.

Die **tatsächlich vollzogene Verteilung des Gewinns** auf die Mitunternehmer ist jedoch 1549 steuerlich **nur anzuerkennen,** soweit sie den **Leistungen** der Gesellschafter für die Gesellschaft **entspricht.** Insbesondere bei Mitunternehmerschaften zwischen nahen Angehörigen ist zu prüfen, ob die Gewinnverteilung angemessen ist. Eine Beanstandung wird aber nur in Frage kommen, „wenn hinsichtlich der Angemessenheit wesentliche Bedenken bestehen, also ein offensichtliches Missverhältnis von Leistung und Gegenleistung gegeben ist" (vgl. dazu die Ausführungen zur Familienpersonengesellschaft Rdn. 1355 ff.). Ist die tatsächlich vorgenommene Verteilung des Gewinns nach den Beiträgen der einzelnen Gesellschafter unangemessen, muss die Höhe der den Gesellschaftern zuzurechnenden Gewinnanteile **nach den Kapitalkonten,** der **Mitarbeit** der Gesellschafter und den **sonstigen betrieblichen Verhältnissen geschätzt** werden (vgl. dazu BFH 26. 6. 1964, BStBl 1964 III 619).

Die für die Verteilung des Gewinns maßgebenden Grundsätze gelten, falls das Ergebnis der Personengesellschaft negativ ist, entsprechend für die Verteilung des Verlustes.

Ist der Steuerbilanzgewinn höher als der Handelsbilanzgewinn, können hinsichtlich der Verteilung des Mehrbetrags die für die Verteilung des laufenden Gewinns oder die im Falle der Liquidation geltenden Vorschriften anzuwenden sein.

Eine **rückwirkende Änderung der Gewinnverteilung** ist handelsrechtlich zwar möglich, wird nach der Rechtsprechung des BFH (21. 12. 1972 IV R 194/69, BStBl 1973 II 389;

7.7.1983 IV R 209/80, BStBl 1984 II 53) **steuerrechtlich aber nicht anerkannt,** zumindest nicht, wenn die Änderung am Ende oder nach Ablauf des Wirtschaftsjahres vereinbart wird.

11.3.3.2 Vorabvergütungen

1550 Häufig ist im Gesellschaftsvertrag vereinbart, dass die Gesellschafter für

► eine **Tätigkeit im Dienste der Gesellschaft** (z. B. als Geschäftsführer),

► für die **Hingabe von Darlehen** oder

► für die **Überlassung von Wirtschaftsgütern** besondere Vergütungen erhalten.

Einkommensteuerlich dürfen die genannten Vergütungen den einheitlich und gesondert festzustellenden Gesamtgewinn der Gesellschaft nicht mindern; sie sind gem. § 15 Abs. 1 Nr. 2 EStG Teil der gewerblichen Einkünfte des Mitunternehmers. Es liegen insoweit keine Einkünfte aus nichtselbständiger Arbeit (§ 19 EStG), Kapitalvermögen (§ 20 EStG) oder Vermietung und Verpachtung (§ 21 EStG) vor. Dies ist auch dann der Fall, wenn bürgerlich-rechtlich z. B. ein Dienstvertrag, Darlehens- oder Mietvertrag abgeschlossen worden ist. Sind die Vorabvergütungen buchmäßig als Aufwand behandelt worden, müssen sie bei der einheitlichen und gesonderten Feststellung dem Gesamtgewinn der Gesellschaft wieder hinzugerechnet werden.

1551 Für die technische Durchführung dieser Hinzurechnungen gibt es zwei Möglichkeiten:

a) Es besteht einerseits die Möglichkeit, alle Leistungen des Gesellschafters an die Gesellschaft und der Gesellschaft an den Gesellschafter über eine **Sonderbilanz** und **Sonder-Gewinn- und Verlust-Rechnung** laufen zu lassen. Darlehen an die Gesellschaft werden dann bei der Gesellschaft wie Fremdkapital behandelt; steuerlich wirken sie sich aber im Ergebnis nicht als Fremdkapital aus, weil der Gesellschafter in seiner Sonderbilanz eine Darlehensforderung aktivieren muss (sog. korrespondierende Bilanzierung); **Zahlungen der Gesellschaft** an den Gesellschafter sind bei diesem **Entnahmen;** dieser Lösungsweg ist – wegen der Konsequenz in der Durchführung – der klarere;

b) andererseits besteht aber auch die **Möglichkeit,** die **Darlehen** als **Einlage** im Bereich der Hauptbilanz zu behandeln und die Zinszahlungen als Entnahmen.

Beide Methoden führen aber, das ist ausdrücklich zu betonen, zum selben Ergebnis.

1552 Die Bezüge, die dem Gesellschafter für die Tätigkeit im Dienste der Gesellschaft, für die Hingabe von Darlehen oder für die Überlassung von Wirtschaftsgütern gezahlt werden, bezeichnet man als „**Vorabvergütungen**". Diese dürfen den **Gesamtgewinn der Gesellschaft nicht mindern.** Sie sind zur Feststellung der Gewinnanteile der einzelnen Mitunternehmer vorweg von dem Gesamtgewinn abzuziehen und den berechtigten Gesellschaftern zuzurechnen; der Restgewinn ist entsprechend den oben angegebenen Grundsätzen auf die einzelnen Gesellschafter zu verteilen.

BEISPIEL 1: ► A und B sind Gesellschafter einer OHG. Nach dem Gesellschaftsvertrag wird der Gewinn gemäß der Vorschrift des § 121 HGB verteilt. Der für die Berechnung der Zinsen maßgebende Kapitalanteil des A beträgt 50 000 € und der des B 30 000 €. A, der alleiniger Geschäftsführer ist, bezieht ein Gehalt i. H. von jährlich 40 000 € und B, der an die Gesellschaft ein Grundstück vermietet hat, 20 000 € Jahresmiete. Der gesamte Gewinn einschließlich der Vorabvergütungen beläuft sich auf 123 200 €.

A hat nach § 15 Abs. 1 Nr. 2 EStG einen Gewinnanteil i. H. von 72 000 € und B einen solchen i. H. von 51 200 € zu versteuern. Dies ergibt sich aus folgender Berechnung:

	Gesellschafter A	Gesellschafter B
Gehalt	+ 40 000 €	0 €
Miete	0 €	+ 20 000 €
4 % Zinsen	+ 2 000 €	+ 1 200 €
Restbetrag i. H. von 60 000 €	+ 30 000 €	+ 30 000 €
Gewinnanteile	+ 72 000 €	+ 51 200 €
Steuerlicher Gesamtgewinn der OHG	+ 123 200 €	

BEISPIEL 2: Die aus den Gesellschaftern A und B bestehende OHG hat einen Verlust i. H. von 40 000 €. Im Übrigen ist der Sachverhalt derselbe wie im Beispiel 1.

	Gesellschafter A	Gesellschafter B
Gehalt	+ 40 000 €	0 €
Miete	0 €	+ 20 000 €
Verlust nach Abzug der Vorabvergütungen 100 000 €		
(vgl. zur Verlustverteilung § 121 Abs. 3 HGB)	./. 50 000 €	./. 50 000 €
Verlustanteile	./. 10 000 €	./. 30 000 €
Steuerlicher Gesamtverlust der OHG	./. 40 000 €	

„Tätigkeit im Dienste der Gesellschaft" ist die **nichtselbständig ausgeübte Tätigkeit,** 1553 die – losgelöst von der Mitunternehmerstellung – die Voraussetzungen des § 19 EStG erfüllen würde. Sie ist zu den im § 15 Abs. 1 Nr. 2 EStG genannten Leistungen zu rechnen. Dabei spielt es keine Rolle, ob der Mitunternehmer eine leitende Funktion innehat oder ob ihm ein untergeordnetes Arbeitsgebiet zugewiesen ist.

Die **Zurechnung** der Tätigkeitsvergütungen zu den Einkünften aus Gewerbebetrieb ist 1554 **auch bei geringfügigen Beteiligungen** vorzunehmen. Eine Ausnahme soll nur bei zufälligem, vorübergehendem und kurzfristigem Zusammentreffen von Mitunternehmerstellung und Dienstvertrag gelten. Zu den Vergütungen i. S. des § 15 Abs. 1 Nr. 2 EStG gehören alle Entgelte für die im Dienste der Gesellschaft geleisteten Tätigkeiten, insbesondere feste Gehälter, Tantiemen und Provisionen.

Streitig ist, ob und inwieweit darüber hinaus als Vorabvergütungen auch die Bezüge 1555 der Mitunternehmer für andere als nichtselbständige Tätigkeiten anzusehen sind, also für solche, die ohne Zugehörigkeit des Mitunternehmers zur Gesellschaft zu den Einkünften aus Gewerbebetrieb nach § 15 Abs. 1 Nr. 1 EStG (z. B. die Vergütungen der Handelsvertreter oder Makler) oder zu den Einkünften aus selbständiger Arbeit (z. B. Honorare der Rechtsanwälte oder Steuerberater) zählen würden. Diese Frage kann nur bejaht werden, **wenn** die **genannten Tätigkeiten im Gesellschaftsverhältnis ihre Grundlage haben** (siehe dazu die Ausführungen in den Rdn. 1489 ff.). Die Betriebsausgaben, die gleichzeitig auf die Tätigkeit im Dienste der Gesellschaft und auf den eigenen gewerblichen oder freiberuflichen Betrieb entfallen, sind notfalls im Wege der Schätzung auf die in Betracht kommenden Tätigkeitsbereiche aufzuteilen (vgl. dazu BFH 6.9.1960, BStBl 1960 III 443 a.E.).

1556 Außer den Vergütungen für Tätigkeiten im Dienste der Gesellschaft, für die Darlehenshingabe und für die Überlassung von Wirtschaftsgütern rechnen auch alle weiteren sich aus dem Gesellschaftsverhältnis ergebenden Vorteile zu den Gewinnanteilen des Mitunternehmers. Dazu gehört z.B. die **Pensionszusage an Gesellschafter-Geschäftsführer einer Personengesellschaft.** Der BFH hält diese Zusage für eine der Gewinnverteilungsabrede entsprechende Zusage; die Zuführungen zur Pensionsrückstellung fallen unter das Abzugsverbot des § 15 Abs. 1 Nr. 2 EStG (BFH 21.12.1972 IV R 53/72, BStBl 1973 II 298; 8.1.1975 I R 142/72, BStBl 1975 II 437).

1557 Die Vorabvergütungen sind beim Mitunternehmer in dem **Geschäftsjahr als Gewinnanteile anzusetzen,** dessen Ergebnis sie **gemindert haben.**

Werden Vergütungen an Ehegatten oder andere nahe Angehörige des Mitunternehmers für Tätigkeiten im Dienste der Gesellschaft oder für die Überlassung von Geld oder anderen Wirtschaftsgütern geleistet, dürfen diese den Gewinn der Gesellschaft mindern; sie sind weder für den Mitunternehmer noch für seine Angehörigen Einkünfte i.S. des § 15 Abs. 1 Nr. 2 EStG (vgl. zur Problematik der Pensionszusage an Ehegatten und Angehörige H 6a Abs. 10; BVerfG 22.7.1970 1 BvR 285/66, BStBl 1970 II 652; BFH 29.1.1976 IV R 42/73, BStBl 1976 II 372).

11.3.3.3 Sonderbetriebsausgaben und Sonderbetriebseinnahmen

1558 Zu unterscheiden sind von den Vorabvergütungen, die nur als Gewinnverteilungsabreden wirken, solche Aufwendungen, die zwar durch das gemeinschaftliche Unternehmen veranlasst sind, aber nicht in der Bilanz der Gesellschaft erfasst werden. Hierbei handelt es sich um **Betriebsausgaben, die nur den Gewinnanteil des betroffenen Gesellschafters** und nicht die Gewinnanteile der übrigen Gesellschafter **mindern** dürfen. Man spricht in diesen Fällen von „**Sonderaufwendungen**" oder „**Sonderbetriebsausgaben**". Da die Summe der Gewinnanteile aller Gesellschafter den Gesamtgewinn bildet, müssen diese Aufwendungen bei der einheitlichen und gesonderten Feststellung des Gewinns auch von diesem abgezogen werden.

1559 Entsprechend gibt es sog. **Sonderbetriebseinnahmen,** die von einem Gesellschafter erzielt werden, der z.B. an die Gesellschaft, an der er beteiligt ist, ein Grundstück vermietet und zwar nicht aufgrund des Gesellschaftsvertrags, sondern aufgrund eines separaten Vertrags, durch den er der Gesellschaft grundsätzlich wie ein fremder Dritter gegenüber steht. Diese Sonderbetriebseinnahmen werden, wenn sie bei der Gesellschaft als Aufwand verbucht wurden (was i.d.R. so gehandhabt wird), dem um die Sonderbetriebsausgaben geminderten Gewinn der Gesellschaft wieder hinzugerechnet und anschließend bei der Gewinnverteilung dem Gesellschafter vorab zugerechnet.

BEISPIEL: ▶ A, B und C haben eine Gesellschaft des bürgerlichen Rechts gegründet, die gewerblich tätig wird; am Gewinn sind nach dem Gesellschaftsvertrag alle mit gleichen Anteilen beteiligt. A hat ein von ihm zum 1.1.01 erworbenes bebautes Grundstück zum selben Termin der Gesellschaft gegen eine jährliche Miete i.H. von 20 000 € zu betrieblichen Zwecken überlassen. Die Anschaffungskosten des Grund und Bodens betragen 20 000 € und die des Gebäudes 100 000 €. Nach dem Vertrag mit der Gesellschaft hat A alle auf das Gebäude entfallenden

Kosten selbst zu tragen, einschließlich der 2 %igen AfA. Im Jahre 01 sind A an Erhaltungsaufwendungen und sonstigen Grundstückskosten 1 000 € entstanden. Die Aufwendungen und die das Gebäude betreffende AfA sind in der Buchführung der Gesellschaft nicht berücksichtigt worden; dagegen hat die Mietzahlung i. H. von 20 000 € buchmäßig den Gewinn der Gesellschaft gemindert.

Der sich nach Abzug der Sonderbetriebsausgaben und ohne Berücksichtigung auf Grundstückskosten ergebende Gewinn der Gesellschaft im Jahre 01 betrug 60 000 €.

Der Betrag i. H. von 60 000 € ist um die Sonderbetriebsausgaben i. H. von 20 000 € zu erhöhen und um die Grundstückskosten i. H. von 3 000 € (2 000 € AfA nach § 7 Abs. 4 EStG und 1 000 € sonstige Aufwendungen) zu verringern, so dass insgesamt 77 000 € einheitlich und gesondert festzustellen sind.

Dieser Gewinn ist wie folgt auf die Gesellschafter zu verteilen:

	A	B	C
Miete	+ 20 000 €	–	–
Sonderaufwendungen	./. 3 000 €	–	–
Restbetrag von 60 000 €	+ 20 000 €	+ 20 000 €	+ 20 000 €
Gewinnanteil	+ 37 000 €	+ 20 000 €	+ 20 000 €
Gesamtgewinn der Gesellschaft		+ 77 000 €	

Der **Zeitpunkt der Abzugsfähigkeit** der Sonderaufwendungen als Betriebsausgaben bestimmt sich nach den für die **Gesellschaft maßgebenden Gewinnermittlungsvorschriften.** Ermittelt die Gesellschaft den Gewinn nach dem Bestandsvergleich, kommt es darauf an, wann die Beträge nach Buchführungsgrundsätzen Aufwand darstellen; ermittelt dagegen die Gesellschaft den Gewinn nach § 4 Abs. 3 EStG, ist der Abzug im Jahr der Verausgabung vorzunehmen.   1560

WEITERE BEISPIELE FÜR SONDERAUFWENDUNGEN: ▶ **Fahrtkosten des Gesellschafters für Fahrten zwischen Wohnung und Betrieb,** soweit sie nach allgemeinen Grundsätzen Betriebsausgaben sind (beachte § 4 Abs. 5 Nr. 6 EStG); **Prozesskosten,** die durch den das Gesellschaftsverhältnis betreffenden Streit mit anderen Gesellschaftern entstehen; **Zinsen für ein Darlehen,** das zur Finanzierung des Erwerbs einer Gesellschaftsbeteiligung aufgenommen wurde (sog. Sonderbetriebsvermögen II, vgl. R 4.2 Abs. 2 EStR); **Honorare** dafür, dass ein Mitunternehmer einen Buchsachverständigen oder einen Steuerberater mit der Überprüfung der Bücher der Gesellschaft beauftragt hat.

11.3.3.4 Sonderbilanz, Ergänzungsbilanz

11.3.3.4.1 Sonderbilanz

Soweit betriebliche Vorgänge nur einzelne Mitunternehmer betreffen (ein Wirtschaftsgut steht z. B. im Eigentum nur eines Gesellschafters), können sich bei der Gewinnermittlung **bilanztechnische Schwierigkeiten** ergeben. Deshalb werden in der Praxis vielfach Sonderbilanzen – die genauere Bezeichnung wäre eigentlich Sonderbetriebsvermögensbilanzen – aufgestellt, in denen das Sonderbetriebsvermögen, also die nicht zum Gesamthandsvermögen, sondern einem einzelnen oder mehreren Gesellschaftern gehörenden Gegenstände des Betriebsvermögens aufgenommen werden, die in die gemeinsame Gesellschaftsbilanz keine Aufnahme finden können (vgl. R 4.2 Abs. 2 EStR).   1561

Eine **rechtliche Notwendigkeit,** Sonderbilanzen aufzustellen, **besteht nicht.** Der Gewinn kann auch durch die Gesellschaftsbilanz und ergänzende Berechnungen ermittelt werden. Trotzdem ist in der Praxis die Aufstellung der Sonderbilanzen wegen der damit einhergehenden besseren Übersichtlichkeit die Regel.

11.3.3.4.2 Ergänzungsbilanz

1562 Ergänzungsbilanzen (und nicht Sonderbilanzen) werden insbesondere in den Fällen aufgestellt, in denen ein **Gesellschafter den Gesellschaftsanteil zu einem über oder unter dem Kapitalkonto liegenden Anschaffungspreis** erwirbt (vgl. § 24 UmwStG). Ergänzungsbilanzen enthalten **Wertkorrekturen** zu den Bilanzansätzen in der Steuer- bzw. Handelsbilanz.

> **BEISPIEL:** ▶ A, der Mitunternehmer einer OHG war, veräußerte seinen Anteil für 800 000 € an X. Das Kapitalkonto des A betrug 500 000 €. Der Mehrpreis i. H. von 300 000 € ist gezahlt worden, da in dem zum Anlagevermögen gehörenden Grund und Boden, in den Gebäuden und Waren stille Reserven i. H. von je 100 000 € steckten.
>
> X folgt A in dessen Rechtsstellung bei der OHG nach und erhält das Kapitalkonto des A i.H.v. 500 000 €, die Mehrzahlung von 300 000 € als zusätzliche Anschaffungskosten wird für X in einer Ergänzungsbilanz dargestellt.
>
> Danach ergibt sich für X folgende Ergänzungsbilanz:

Aktiva			Passiva
Mehrwert für		Mehrwert des	
Grund und Boden	100 000 €	Kapitals	300 000 €
Mehrwert für Gebäude	100 000 €		
Waren	100 000 €		
	300 000 €		300 000 €

Ergänzungsbilanzen sind auch für die auf die Anschaffung folgenden Bilanzstichtage zu bilden, und zwar so lange, wie noch Mehrwerte für die einzelnen Wirtschaftsgüter vorhanden sind.

Auch soweit der Kaufpreis für den Erwerb des Gesellschaftsanteils geringer als das Kapitalkonto ist, kommt die Bildung einer Ergänzungsbilanz in Frage. In diesem Falle sind auf der Aktivseite der Minderwert für das Kapital und auf der Passivseite die Minderwerte für die einzelnen Wirtschaftsgüter auszuweisen (sog. **negative Ergänzungsbilanz;** vgl. dazu auch die sich aus § 24 UmwStG ergebende Problematik; vgl. unten Rdn. 1683 ff.).

11.3.3.4.3 Steuerliche Gesamtbilanz einer Personengesellschaft

Als steuerliche Gesamtbilanz einer Personengesellschaft bezeichnet man dann die zusammengefassten Bilanzen aus:

1563 ▶ **Gesamthandsbilanz,** in der das steuerliche Vermögen der Gesamthand angesetzt wird,

▶ **Sonderbilanzen,** in denen das Vermögen angesetzt wird, das der Gesellschaft dient, aber einem oder mehreren Gesellschaftern gehört, und

▶ **Ergänzungsbilanzen,** in denen die Mehr- bzw. Minderwerte für einzelne Gesellschafter angesetzt werden.

Die Ergebnisse aller Bilanzen zusammen addiert ergeben den steuerlichen Gesamtgewinn; man spricht von **additiver Gewinnermittlung mit korrespondierender Bilanzierung.**

11.3.3.5 Besonderheiten bei der GmbH & Co. KG

Bei der einheitlichen Feststellung des Gewinns einer GmbH & Co. KG ist, falls die **GmbH** gleichzeitig **Geschäftsführerin der KG** ist, für die Zurechnung der Gewinnanteile nach der Rechtsprechung des BFH zu unterscheiden, ob sich die GmbH bei der **Geschäftsführung** solcher Personen, die **Gesellschafter der KG sind,** oder **anderer (fremder) Personen** bedient.

1564

Im erstgenannten Fall sind die Bezüge, die die KG für die Geschäftsführertätigkeit der GmbH zahlt und die von der GmbH an den geschäftsführenden Gesellschafter weitergegeben werden, **diesen Gesellschaftern,** und nicht der GmbH bei der einheitlichen und gesonderten Gewinnfeststellung als Gewinnanteile i. S. des § 15 Abs. 1 Nr. 2 EStG unmittelbar **zuzurechnen** (BFH 2. 8. 1960, BStBl 1960 III 408; 21. 4. 1971 I R 76/70, BStBl 1971 II 816; die Rechtsprechung ist bestätigt durch BVerfG v. 23. 11. 1965, GmbHR 1966 S. 38; vgl. zur Pensionsrückstellung an den Geschäftsführer, der zugleich Kommanditist ist: BFH 22. 1. 1970 IV R 47/68, BStBl 1970 II 415). Dies wird im Wesentlichen damit begründet, dass bei wirtschaftlicher Betrachtung in diesem Falle die **Geschäftsführertätigkeit nicht von der Gesellschafterstellung** (Kommanditistenstellung) und damit von der Eigenschaft des Gesellschafters als Unternehmer der KG **gelöst werden kann,** so dass der Gesellschafter insoweit im Dienste der KG tätig wird (BFH 21. 3. 1968, BStBl 1968 II 579). Es liegen somit bei den Gesellschaftern nicht Einkünfte aus § 19 EStG, sondern Sonderbetriebseinnahmen nach § 15 Abs. 1 Nr. 2 EStG vor.

Im zweiten Fall ist das Geschäftsführergehalt bei der einheitlichen und gesonderten Gewinnfeststellung der KG als Sonderbetriebsausgabe der GmbH zu berücksichtigen, soweit es für die Führung der Geschäfte der KG aufgewendet wurde; das Geschäftsführergehalt mindert den Gewinnanteil der GmbH.

BEISPIEL 1: ▶ A und B sind Kommanditisten und die GmbH X Komplementärin einer GmbH & Co. KG. Die GmbH X, deren Gesellschafter ebenfalls A und B sind, ist an der KG mit einer Kapitaleinlage beteiligt und verpflichtet, die Geschäfte zu führen. Diese Aufgabe hat für die GmbH ihr alleiniger Geschäftsführer A übernommen. Für die Geschäftsführung zahlt die KG jährlich 60 000 € (mtl. 5 000 €) an die GmbH. Das Geschäftsführergehalt, das A wegen seiner Tätigkeit für die KG von der GmbH bezieht, beträgt ebenfalls jährlich 60 000 €. Nach Abzug dieses Betrags verbleibt ein Restgewinn i. H. von 120 000 €, der allen Gesellschaftern gleichmäßig zustehen soll.

In diesem Fall beläuft sich der gesamte, einheitlich und gesondert festzustellende Gewinn auf 180 000 €, denn das an A als Gesellschafter der KG gezahlte Geschäftsführergehalt stellt bei diesem Sonderbetriebseinnahmen dar und wird somit als gewerbliche Einkünfte dem Restgewinn i. H. von 120 000 € wieder hinzugerechnet. Für die Zurechnung der Gewinnanteile bei der einheitlichen und gesonderten Gewinnfeststellung ergibt sich folgende Übersicht:

	GmbH	A	B
Sonderbetriebseinnahmen	60 000 €	+ 60 000 €	0 €
Sonderbetriebsausgaben	60 000 €		
Verteilung des Restgewinns	+ 40 000 €	+ 40 000 €	+ 40 000 €
Gewinnanteile i. S. des § 15 Abs. 1 Nr. 2 EStG	+ 40 000 €	+ 100 000 €	+ 40 000 €

Würde die GmbH von ihrem Geschäftsführer A auch eigene Geschäfte, die sich nicht aus der Gesellschafterstellung in der KG ergeben, besorgen lassen, wäre die dem A zuzurechnenden Sonderbetriebseinnahmen entsprechend geringer; der Restbetrag der Sonderbetriebseinnahmen wäre sodann der GmbH als Gewinnanteil zuzurechnen.

BEISPIEL 2: ▶ Der Sachverhalt ist der gleiche wie im Beispiel 1; allerdings ist C, der weder Gesellschafter der KG noch der GmbH ist, zum Geschäftsführer der GmbH bestellt. Als solcher führt er auch die Geschäfte der KG.

In diesem Falle gehören die Sonderbetriebseinnahmen zu den Gewinnanteilen der GmbH. Geht man davon aus, dass die GmbH das Geschäftsführergehalt i. H. von 60 000 € an A nur wegen seiner Tätigkeit für die KG zahlt, ist es bereits bei der einheitlichen und gesonderten Gewinnfeststellung der KG als Sonderbetriebsausgabe vom Gewinnanteil der GmbH abzuziehen. Der Gesamtgewinn der KG beträgt in diesem Fall nur 120 000 €, der auf die drei Gesellschafter mit je 40 000 € verteilt wird.

1565   Die von einem Kommanditisten gehaltenen **Geschäftsanteile** an der Komplementär-GmbH gehören zu seinem **Betriebsvermögen,** da sie – wegen der damit möglichen Einflussnahme auf die Geschäftsführung der KG – der Gesellschafterstellung dienen (BFH 15. 10. 1975 I R 16/73, BStBl 1976 II 188). Folgerichtig sind dann auch die **Gewinnausschüttungen der GmbH** an den GmbH-Gesellschafter = Kommanditisten bei diesem **Sonderbetriebseinnahmen** und erhöhen den steuerlichen Gesamtgewinn der KG (BFH 5. 12. 1979 I R 184/76, BStBl 1980 II 119).

11.3.3.6   Einheitliche und gesonderte Feststellung des Gewinns

1566   Durch die einheitliche und gesonderte Feststellung des Gewinns soll sichergestellt werden, dass über den gesamten Gewinn der Gesellschaft und über die Gewinnanteile der einzelnen Gesellschafter **einheitliche Entscheidungen** getroffen werden.

Im Verfahren über die einheitliche und gesonderte Gewinnfeststellung (§§ 179 u. 180 AO) wird bindend für die Durchführung der ESt-Veranlagung der einzelnen Mitunternehmer auch entschieden, ob eine Mitunternehmerschaft i. S. des § 15 Abs. 1 Nr. 2 EStG vorliegt oder nicht. Kommt das FA zu dem Ergebnis, dass eine Mitunternehmerschaft nicht gegeben ist, muss es dies durch einen **negativen Feststellungsbescheid** (oder Ablehnungsbescheid) aussprechen (BFH 24. 5. 1977 IV R 47/76, BStBl 1977 II 737; § 155 Abs. 1 Satz 3 2. Variante AO). In diesem wird festgestellt, dass eine einheitliche und gesonderte Gewinnfeststellung nicht durchzuführen ist; über die Höhe der Gewinne der einzelnen Beteiligten wird keine Entscheidung getroffen.

1567   Mit der Klärung der Frage, ob eine Mitunternehmerschaft i. S. des § 15 Abs. 1 Nr. 2 EStG besteht, wird gleichzeitig entschieden, zu welcher Einkunftsart die Einkünfte der Gemeinschaft gehören. Die einheitliche und gesonderte Gewinnfeststellung legt ferner **bindend für das Veranlagungsverfahren** der einzelnen Beteiligten fest, welche Personen Mitunternehmer und wie hoch ihre Gewinn- und Verlustanteile sind. Deshalb müssen **Vorabvergütungen, Sonderbetriebseinnahmen, Sonderbetriebsausgaben** und die Ergebnisse einer etwaigen Sonder-/Ergänzungsbilanz im Feststellungsbescheid **mit berücksichtigt** werden (§ 182 AO).

Sind in dem Gewinn der Mitunternehmerschaft außerordentliche Einkünfte i. S. des § 34 EStG (z. B. Veräußerungsgewinne) enthalten, müssen diese auch in dem nach § 180 AO ergehenden Bescheid besonders festgestellt werden (BFH 10. 7. 1964, BStBl 1964 III 550); ohne diese Feststellung kann bei der ESt-Veranlagung die Tarifvergünstigung nicht gewährt werden. Ist die Feststellung, dass außerordentliche Einkünfte i. S. des § 34 EStG vorliegen, unterblieben, kann sie durch einen Ergänzungsbescheid nach § 179 Abs. 3 AO nachgeholt werden (BFH 26. 11. 1975 I R 44/74, BStBl 1976 II 304).

Sind die Mitunternehmer Ehegatten, ist der Gewinn ebenfalls einheitlich und gesondert festzustellen, und zwar auch dann, wenn die Eheleute zusammen veranlagt werden; ein Fall von geringerer Bedeutung i. S. des § 180 Abs. 3 AO liegt hier i. d. R. nicht vor (BFH 3. 12. 1976, BStBl 1976 II 396).

11.3.4 Betriebsteilungen – echte und unechte Betriebsaufspaltung

11.3.4.1 Vorgang

Betriebsinhaber können ihren bislang einheitlichen Gewerbebetrieb in ein **Besitz-Unternehmen** und in ein **Betriebs-Unternehmen** aufspalten. Dieses geschieht bei Personengesellschaften meist in der Weise, dass die Gesellschafter eine Kapitalgesellschaft (z. B. eine GmbH) gründen, die die Produktion und ggf. auch den Handel betreibt **(Betriebskapitalgesellschaft),** und dass Eigentümerin der wesentlichen Betriebsgrundlagen eine Personengesellschaft **(Besitzpersonengesellschaft)** bleibt, die diese Betriebsgrundlagen jedoch an die Kapitalgesellschaft zum Betreiben des Unternehmens vermietet oder verpachtet – **Betriebsaufspaltung im eigentlichen Sinne (echte Betriebsaufspaltung).** Eine solche Betriebsaufspaltung ist auch bei einem Einzelunternehmen denkbar, indem dieses das Anlagevermögen einer Kapitalgesellschaft, deren einziger Gesellschafter der Einzelunternehmer ist, vermietet oder verpachtet. **1568**

Im Gegensatz dazu spricht man von einer **uneigentlichen oder unechten Betriebsaufspaltung,** wenn ein Besitzunternehmen und ein Betriebs- bzw. Vertriebsunternehmen selbständig gegründet werden oder bereits existieren und diese dann in gleicher Weise zusammenarbeiten. **1569**

Bei der Betriebsaufspaltung im eigentlichen Sinn sind häufig die gleichen Gesellschafter im gleichen Verhältnis am Besitz- und Betriebsunternehmen beteiligt. Das braucht jedoch nicht so zu sein. Unterschiedliche Beteiligungsquoten in beiden Gesellschaften und nicht identische Gesellschafter im Besitz- und Betriebsunternehmen sind durchaus üblich. Die Rechtsform des Besitzunternehmens ist allerdings unerheblich.

Der **zivilrechtliche** Grund für solche Betriebsteilungen ist insbesondere in der Einschränkung der Haftung zu erblicken, die dadurch erreicht wird, dass das Betriebsunternehmen kein Anlagevermögen besitzt und deshalb wertvolle Betriebsvermögensgegenstände (z. B. Grundstücke) aus der Haftungsmasse herausgehalten werden.

11.3.4.2 Vor- und Nachteile

1570 **Steuerrechtlich** bietet die Betriebsaufspaltung folgende **Vor- und Nachteile:**

▶ **Vorteile** (Überblick):

Keine Doppelbelastung der Gesellschaft und der Gesellschafter bei der Besitzpersonengesellschaft mit Vermögensteuer (bis einschl. Kj 1996); unmittelbare Verlustzurechnungsmöglichkeit bei den Gesellschaftern der Besitzpersonengesellschaft; Abzugsfähigkeit der Gesellschafter-Geschäftsführervergütungen und gewinnmindernde Pensionsrückstellung für Pensionszusagen an Gesellschafter-Geschäftsführer bei der GewSt; Freibetrag gem. § 11 Abs. 1 GewSt für die Besitzpersonengesellschaft.

▶ **Nachteile** (Überblick):

Sie ergeben sich fast ausschließlich bei der unechten Betriebsaufspaltung; wenn nämlich eine Besitzpersonengesellschaft Gegenstände vermietet, so kann sie durchaus Einkünfte aus Vermietung und Verpachtung erzielen (Grundstücks-GbR, hervorgegangen z. B. aus einer Erbengemeinschaft); ist diese GbR aber Besitzpersonengesellschaft im Rahmen einer (unechten) Betriebsaufspaltung, so erzielt sie gewerbesteuerpflichtige Einkünfte gem. § 15 EStG. Das Vermögen der GbR ist Betriebsvermögen; Wertsteigerungen werden im Rahmen der gewerblichen Einkünfte steuerpflichtig (§ 15 evtl. i.V. mit § 16 EStG).

11.3.4.3 Voraussetzungen

1571 Voraussetzung für die Annahme einer Betriebsaufspaltung ist aber eine enge **sachliche** und **personelle Verflechtung** zwischen dem Besitz- und dem Betriebsunternehmen.

▶ **Sachliche Verflechtung:**

1572 Die Betriebsgesellschaft muss Wirtschaftsgüter zur Nutzung überlassen (schuldrechtlich oder dinglich), die für die Besitz- und die Betriebsgesellschaft eine wesentliche Betriebsgrundlage sind, für die Betriebsführung wirtschaftliches Gewicht besitzen (BFH 24. 11. 1978 III R 121/76, BStBl 1979 II 366). Eine solche sachliche Verflechtung liegt i. d. R. bei einer Betriebsverpachtung als solcher vor, aber **auch** bei der Überlassung **einzelner wesentlicher Betriebsgrundlagen,** z. B. eines für Produktionszwecke notwendigen Grundstücks (H 15.7 Abs. 5 EStH).

Das gilt vor allem für **Wirtschaftsgüter des Anlagevermögens,** die für den **Betriebsablauf unerlässlich** sind, so dass ein Erwerber dieses Betriebs diesen nur mit ihrer Hilfe in der bisherigen Form fortführen könnte. Diese Wirtschaftsgüter werden benötigt, um den Betrieb als intakte Wirtschafts- und Organisationseinheit zu erhalten (BFH 24. 8. 1989 IV R 135/86, BStBl 1989 II 1014). Beispiele: **bebautes Grundstück, ohne das** der Betrieb in der bisherigen Weise **nicht fortgeführt werden könnte;** Fabrikgrundstücke (BFH 12. 9. 1991 IV R 8/90, BStBl 1992 II 347); Grundstück, das **speziell für die Bedürfnisse des Betriebsunternehmens gestaltet** wird (BFH 17. 11. 1992 VIII R 36/91, BStBl 1993 II 233); eine sachliche Verflechtung wird **nicht** (mehr) dadurch **ausgeschlossen,** dass das Betriebsunternehmen **jederzeit am Markt** ein für seine Belange **gleichartiges Grundstück mieten** oder **kaufen** könnte (BFH 26. 5. 1993 X R 78/91, BStBl 1993 II 718, unter Aufgabe der bisherigen großzügigeren Rechtsprechung des BFH).

Bewegliche Wirtschaftsgüter, wenn sie für die Betriebsführung wirtschaftliches Gewicht besitzen und nicht jederzeit ersetzbar sind; u.U. auch Firmenname, Erfindungen, Patente.

▶ **Personelle Verflechtung:**

Eine personelle Verflechtung, ein Gesamtorganismus, eine einheitliche Unternehmer- 1573 tätigkeit zwischen Besitz- und Betriebsunternehmern liegt nicht nur vor bei Gesellschafter- und Beteiligungsidentität in beiden Unternehmen, sondern auch bei **einheitlichem geschäftlichen Betätigungswillen,** wenn unterschiedliche Personen oder dieselben zu unterschiedlichem Verhältnis an beiden Unternehmen beteiligt sind, die Gesellschafter des Besitzunternehmens aber die Betriebsgesellschaft **beherrschen,** wenn also die Gesellschafter der Besitzpersonengesellschaft in der Lage sind, auch in der Betriebsgesellschaft ihren Willen durchzusetzen (vgl. R 15.7 Abs. 6 EStR).

Nach BFH (2. 8. 1972 IV 87/65, BStBl 1972 II 796) unter Anwendung der Grundsätze des BFH (8. 11. 1971 GrS 2/71, BStBl 1972 II 63) beherrschen die Gesellschafter des Besitzunternehmens die Betriebsgesellschaft, wenn sie von beiden Unternehmen **mehr als die Hälfte der Anteile** besitzen. Diejenigen Gesellschafter, die sowohl an der Besitzgesellschaft als auch an der Betriebsgesellschaft beteiligt sind, bilden **unabhängig von ihrer jeweiligen Beteiligungsquote eine durch gleichgerichtete Interessen geschlossene Personengruppe** (BFH 16. 6. 1982 I R 118/80, BStBl 1982 II 662).

> **BEISPIEL:** ▶ Am Besitzunternehmen sind die Gesellschafter A mit 20 %, B mit 30 % und C mit 30 % und X mit 20 % beteiligt; an der Betriebsgesellschaft die Gesellschafter A mit 20 %, B mit 15 %, C mit 50 % und Y mit 15 %: das Betriebsunternehmen ist von den Gesellschaftern der Besitzgesellschaft beherrscht i. S. der o. a. Rechtsprechung des BFH.

Die **Beteiligungen von Ehegatten und minderjährigen Kindern** werden für die Frage, ob 1574 ein einheitlicher geschäftlicher Betätigungswille besteht, grds. **nicht zusammengerechnet** (BVerfG 12. 3. 1985 1 BvR 581/81, BStBl 1985 II 475, 480; vgl. auch H 15.7 EStH Abs. 7 EStH und R 15.7 Abs. 8 EStR). Das würde eine Diskriminierung der Familie (Verstoß gegen Art. 6 GG) bedeuten. Die Tatsache der ehelichen Verbindung kann aber bei der Prüfung der engen personellen Verflechtung zwischen Besitz- und Betriebsunternehmen nicht außer Acht gelassen werden. So können es die konkreten Umstände des Einzelfalls durchaus rechtfertigen, Anteile der Ehefrau an einem Unternehmen denen des Ehemanns wie eigene Anteile zuzurechnen (oder umgekehrt). Durch **gleichgerichtete wirtschaftliche Interessen** kann eine personelle Verflechtung i. S. der Betriebsaufspaltung begründet werden. Die **Beweislast** (Feststellungslast) für das Vorliegen derartiger gleichgerichteter Interessen hat die Finanzverwaltung. Als Indizien für gleichgerichtete Interessen sind zu sehen: Jahrelanges konfliktfreies Zusammenwirken innerhalb der Gesellschaft; „Gepräge" der Betriebsgesellschaft durch den Ehemann, d. h. der Ehemann führt die Geschäfte und verfügt (allein) über die erforderlichen Sachkenntnisse; Geschäftsführung in dem Betriebsunternehmen (vgl. dazu BFH 27. 11. 1985 I R 115/85, BStBl 1986 II 362; 18. 2. 1986 VIII 125/85, BStBl 1986 II 611; BMF-Schreiben 18. 11. 1986 S 2240, BStBl 1986 I 537). Derartige gleichgerichtete Interessen und damit eine enge personelle Verflechtung im o. a. Sinne = faktische Beherrschung dürfte daher insbesondere schwer fallen nachzuweisen beim sog. **„Wiesbadener Modell"**; dabei ist ein Ehegatte nur am Besitzunternehmen und der andere Ehegatte nur am Betriebsunternehmen beteiligt (vgl. BFH 9. 9. 1986 VIII R 198/84, BStBl 1987 II 28).

1575 Gilt für das Besitzunternehmen allgemein, insbesondere für die Führung der Geschäfte des täglichen Lebens das **Einstimmigkeitsprinzip,** schließt auch ein nur geringfügig Beteiligter „Nur-Besitzgesellschafter" die Beherrschungsidentität nach h. M. aus, weil die am Besitzunternehmen mehrheitlich (und evtl. an der Betriebsgesellschaft allein) beteiligten Gesellschafter infolge des Vetorechts des „Nur-Besitzgesellschafters" nicht in der Lage sind, ihren geschäftlichen Betätigungswillen im Besitzunternehmen durchzusetzen (BFH 29. 10. 1987 VIII R 5/87, BStBl 1989 II 96). Das soll nach Ansicht der Finanzverwaltung (BMF-Schreiben v. 7. 10. 2002, BStBl 2002 I 1028) nicht gelten, wenn es den das Betriebsunternehmen beherrschenden Gesellschaftern möglich ist, ihren unternehmerischen Willen im Besitzunternehmen trotz der Einstimmigkeitsabrede **tatsächlich** zu verwirklichen.

1576 Betriebsteilungen sind auch in der Weise denkbar, dass die **Personengesellschaft** (oder das Einzelunternehmen) die **Produktion** und die **Kapitalgesellschaft den Vertrieb** der Waren übernimmt. Ist der von dem Vertriebs- an das Produktionsunternehmen gezahlte Preis unangemessen niedrig, ist der Unterschiedsbetrag zwischen dem berechneten und dem angemessenen Preis dem Gewinn der Produktionsgesellschaft nach § 42 AO zuzurechnen.

11.3.4.4 Folgen der Betriebsaufspaltung

1577 Liegt eine enge sachliche und personelle Verflechtung im o. a. Sinne vor, betreibt nicht nur die Betriebs-(Vertriebs-)Gesellschaft ein gewerbliches Unternehmen, sondern auch die Besitzgesellschaft (sog. **„Durchgriffstheorie"** des BFH). Das Besitzunternehmen erzielt dann nicht etwa Einkünfte aus § 21 EStG; die **vermieteten Wirtschaftsgüter,** evtl. das gesamte vermietete Unternehmen, sind nicht etwa Privat-, sondern **Betriebsvermögen. Rechtlich** sind aber **im Übrigen** beide Unternehmen **selbständig,** so dass sie auch ihren Gewinn selbständig ermitteln.

1578 **Solange** die **Voraussetzungen der Betriebsaufspaltung bestehen,** kann auch bei völliger Betriebsverpachtung durch das Besitzunternehmen an das Betriebsunternehmen die **Aufgabe** des Betriebs **nicht erklärt** werden nach den Grundsätzen zur Aufgabeerklärung bei Betriebsverpachtung, weil das Besitzunternehmen weiterhin gewerblich tätig ist.

1579 Gewinne aus der **Veräußerung** von **Betriebsvermögen,** die nicht an das Betriebsunternehmen verpachtet wurden, sind beim Besitzunternehmen **laufender Gewinn,** unabhängig davon, ob sie eine wesentliche oder nicht wesentliche Grundlage des bisherigen einheitlichen Unternehmens waren. Diese nicht verpachteten Wirtschaftsgüter können jedoch auch beim Besitzunternehmen entnommen werden (mit den Wertansätzen des § 6 Abs. 1 Nr. 4 EStG) und aus dem Privatvermögen vermietet/verpachtet und (evtl. zukünftig) veräußert werden; hierbei ist die nach Entnahme eingetretene Wertsteigerung nicht einkommensteuerpflichtig.

1580 Zum **notwendigen Betriebsvermögen** des Besitzunternehmens gehören nicht nur die der Betriebsgesellschaft **zur Nutzung überlassenen Wirtschaftsgüter** (also auch die verpachteten, nicht wesentlichen Betriebsgrundlagen, BFH 21. 9. 1977 I R 40/70, BStBl 1978 II 67; 23. 1. 1991 X R 47/87, BStBl 1991 II 405), sondern auch die **Anteile an der Betriebskapitalgesellschaft,** sofern diese Beteiligung der Durchsetzung des einheitlichen geschäftlichen Betätigungswillens in der Betriebsgesellschaft dient (BFH 23. 7. 1981 IV R 103/78, BStBl 1982 II 60). Die Anteile von Gesellschaftern an der Betriebskapitalgesellschaft, die nicht an der Besitzpersonengesellschaft beteiligt sind, werden somit nicht von dieser Auswirkung erfasst.

Ist das **Besitzunternehmen** eine **Personengesellschaft,** ist die **gesamte Tätigkeit** der 1581 Mitunternehmerschaft gewerblich (§ 15 Abs. 3 Nr. 1 EStG: „Abfärbe-", „Infektions"-Theorie). Das betrifft nicht nur die Wirtschaftsgüter, die an die Betriebsgesellschaft vermietet werden, sondern auch die an Dritte vermieteten. Darüber hinaus bewirkt diese Fiktion, dass **alle** am **Besitzunternehmen beteiligten Personen** (also nicht nur die, die auch an der Betriebsgesellschaft beteiligt sind) **gewerbliche Einkünfte** erzielen (BFH 12. 11. 1985 VIII R 240/81, BStBl 1986 II 296).

Folgerichtig sind **Gewinnausschüttungen** der Betriebsgesellschaft an die Gesellschafter 1582 der Besitzgesellschaft insoweit bei ihr **Betriebseinnahmen,** als die Anteile der Gesellschafter zum Betriebsvermögen zu rechnen sind. Etwaige Dividendenansprüche sind **zu aktivieren** (vgl. BFH 8. 3. 1989 X R 9/86, BStBl 1989 II 714). Zahlt das Betriebsunternehmen an einen Gesellschafter oder den Inhaber des Besitzunternehmens Vergütungen (etwa für Geschäftsführertätigkeit), so gehören diese Vergütungen nicht zum Gewinn des Besitzunternehmens; sie sind vielmehr Einkünfte aus § 19 EStG (BFH 9. 7. 1970 IV R 16/69, BStBl 1970 II 722). Auch im Verhältnis Betriebsgesellschaft/Besitzgesellschaft sind **verdeckte Gewinnausschüttungen** denkbar; insoweit wird auf die allgemeinen Grundsätze verwiesen. Dabei sind insbesondere denkbar: überhöhte Pachtzinsen für die verpachteten Wirtschaftsgüter an das Besitzunternehmen und überhöhte Geschäftsführervergütungen an das Besitzunternehmen für die Geschäftsführung des Betriebsunternehmens.

11.3.4.5 Beendigung der Betriebsaufspaltung

Geht die sachliche oder personelle Verflechtung verloren, **endet** die **Betriebsaufspal-** 1583 **tung,** d. h. es bestehen von dem Zeitpunkt an zwei auch steuerrechtlich völlig selbständige Rechtsgebilde. Diese Situation kann z. B. eintreten,

► **wenn** die bisher an das Betriebsunternehmen verpachteten **wesentlichen Betriebsgrundlagen** an das Betriebsunternehmen oder an einen Dritten **veräußert werden,** der nicht an dem Betriebsunternehmen beteiligt ist, oder

► wenn der **beherrschende Einfluss** des Besitzunternehmens auf das Betriebsunternehmen **verloren geht** (Tod eines Gesellschafters z. B.), etwa weil sich das Beteiligungsverhältnis im Besitz- und/oder Betriebsunternehmen so veränderte, dass von einer Beherrschung nicht mehr gesprochen werden kann. Das kann sich in der Praxis insbesondere durch Anteilsübertragung auf Familienangehörige oder deren Aufnahme in die einzelnen Gesellschaften ergeben (BFH 25. 8. 1993 XI R 6/93, BStBl 1994 II 23). Dabei sind jedoch die Grundsätze der sog. „gleichgerichteten Interessen" zu berücksichtigen (s. dazu BVerfG 12. 3. 1985 1 BvR 571/81, BStBl 1985 II 475; BFH

27.11.1985 I R 115/85, BStBl 1986 II 362; und 18.2.1986 VIII 125/85, BStBl 1986 II 611).

1584 **Endet die Betriebsaufspaltung** wegen Auflösung der sachlichen, insbesondere aber auch der personellen Verflechtung, führt dies zur **Aufgabe** der gewerblichen Tätigkeit i. S. der Grundsätze des § 16 Abs. 3 EStG, **soweit nicht** die Voraussetzungen der **Betriebsverpachtung** im Ganzen vorliegen (BFH 15.12.1988 IV R 36/84, BStBl 1989 II 363). Das gilt aber **nur** für den Fall, dass ein **gesamter Betrieb verpachtet** wird, nicht aber auch, wenn nur einzelne wesentliche Grundlagen der Betriebskapitalgesellschaft vom Besitzunternehmen verpachtet wurden. Im letzteren Fall ist im Wegfall der personellen bzw. sachlichen Verflechtung automatisch eine Aufgabe (kein Wahlrecht) gegeben (BFH 13.12.1983 VIII R 90/81, BStBl 1983 84 II 474 f.).

Wurde ein ganzer Betrieb verpachtet, so lebt nach Beendigung der Betriebsaufspaltung durch Wegfall der personellen bzw. sachlichen Verflechtung das überlagerte **Verpächterwahlrecht** wieder auf mit der Folge, dass entweder der Verpächter weiterhin gewerbliche (nicht gewerbesteuerpflichtige) Einkünfte hat und keine sofortige Versteuerung des Aufgabegewinns erfolgt oder der Verpächter entscheidet sich für die Betriebsaufgabe. In diesem Fall erfolgt eine Versteuerung des Aufgabegewinns, begünstigt nach § 16 Abs. 4 EStG und § 34 EStG, die danach erzielten Einkünfte aus der Verpachtung sind Einkünfte aus § 21 Abs. 1 Nr. 2 EStG.

11.3.5 Einkünfte aus gewerblicher Tierzucht und/oder gewerblicher Tierhaltung (§ 15 Abs. 4 EStG) – eingeschränkter Verlustausgleich und Verlustabzug

1585 Einkünfte aus gewerblicher Tierzucht und/oder Tierhaltung liegen vor, wenn die Erzeugung oder Haltung der Tiere der Erzielung von Einkünften dient und diese Einkünfte nicht unter die Einkünfte aus Land- und Forstwirtschaft fallen. Darunter fallen sie nicht mehr, wenn das in § 13 Abs. 1 Nr. 1 Satz 2–4 EStG aufgestellte Verhältnis der Zahl von Vieheinheiten zur landwirtschaftlich genutzten Fläche überschritten wird. Für die Berechnung der VE ist der Umrechnungsschlüssel des § 51 Abs. 2–5 BewG, R 13.2 Abs. 1 anzuwenden.

> **BEISPIEL:** Der Stpfl. hat einen Betrieb von 7 ha landwirtschaftlich genutzter Fläche. Er betreibt darauf eine Schweinemast nur aus zugekauften leichten Ferkeln. Der Bestand an Mastschweinen im Jahr beträgt im Wj regelmäßig und nachhaltig 600 Schweine. Anzusetzen sind gem. Abschn. 124a Abs. 2 0,14 VE je Mastschwein: 600 × 0,14 = 84 VE; somit ist die Grenze von 10 VE je ha überschritten (70 VE überschritten). Es liegt gewerbliche Tierhaltung i. S. des § 15 EStG vor, da es sich um einen **Tierbestand lediglich eines Zweiges** handelt. Handelt es sich um einen Tierbestand mehrerer Zweige, so stellen nur die Zweige der Tierhaltung eine gewerbliche Tätigkeit dar, die über den höchstzulässigen VE liegen (wegen der Einzelheiten der Zurechnung vgl. R 13.2 Abs. 2).
>
> Ohne Bedeutung für die Annahme von Einkünften aus gewerblicher Tierzucht und/oder Tierhaltung i. S. des § 15 EStG ist die Rechtsform des Unternehmens und ferner, ob nur dadurch gewerbliche Einkünfte vorliegen, weil ein ursprünglich land- und forstwirtschaftlicher Betrieb die Größengrenzen des § 13 Abs. 1 Nr. 1 EStG nachhaltig überschreitet.

Ein **Ausgleich von Verlusten** aus gewerblicher Tierzucht und/oder gewerblicher Tierhal- 1586
tung ist weder mit anderen Verlusten aus gewerblicher Tätigkeit noch mit Verlusten
aus allen anderen Einkunftsarten statthaft (§ 15 Abs. 4 EStG).

Ebenso ist ein **Verlustabzug** i. S. des § 10d EStG grds. ausgeschlossen. Eine Ausnahme 1587
gilt nach § 15 Abs. 4 Satz 2 EStG nur für den Fall, dass im Vorjahr und in den Folgejahren
erzielte Gewinne aus gewerblicher Tierzucht und/oder Tierhaltung unter den Voraussetzungen des § 10d EStG um die Verluste aus gewerblicher Tierzucht bzw. Tierhaltung
gemindert werden dürfen.

11.3.6 Verluste aus gewerblichen Termingeschäften und aus mitunternehmerischen Innengesellschaften

11.3.6.1 Verluste aus gewerblichen Termingeschäften

Sind Termingeschäfte betrieblich veranlasst, d. h. Gewinne und Verluste hieraus gehö- 1588
ren zu den Einkünften aus Gewerbebetrieb, unterliegen Verluste aus diesen Geschäften
gem. § 15 Abs. 4 Satz 3 EStG einem Abzugs- und Ausgleichsverbot im selben Umfang
wie die Einkünfte aus gewerblicher Tierzucht (Verweis auf § 15 Abs. 4 Satz 1 und 2
EStG).

Unter Verlust versteht man dabei den Saldo aus allen einschlägigen Termingeschäften
eines Wj des Steuerpflichtigen sowie seines Ehegatten (vgl. *Schmidt*, § 15 EStG
Anm. 903).

Termingeschäfte sind Geschäfte, die ein Recht auf Zahlung eines Geldbetrags oder auf 1589
einen sonstigen Vorteil (z. B. die Lieferung von Wertpapieren) einräumen, der sich nach
anderen Bezugsgrößen (z. B. Wertentwicklung von Wertpapieren, Indices, Futures oder
Zinssätzen) bestimmt.

Ausgenommen vom Abzugs- oder Ausgleichsverbot sind gem. § 15 Abs. 4 Satz 4 EStG 1590
Geschäfte, die zum **gewöhnlichen Geschäftsbetrieb** bei Kreditinstituten, Finanzdienst-
leistungsunternehmen und Finanzunternehmen i. S. des Gesetzes über das Kreditwesen
(KWG) gehören oder die der Absicherung von Geschäften des gewöhnlichen Geschäftsbetriebs dienen (zum Begriff des gewöhnlichen Geschäftsbetriebs i. S. dieser Vorschrift
vgl. BMF-Schreiben v. 25. 7. 2002, BStBl 2002 I 712).

Diese Ausnahmen greifen aber nach § 15 Abs. 4 Satz 5 EStG dann nicht, wenn diese Geschäfte Aktiengeschäfte absichern, bei denen der Veräußerungsgewinn teilweise (§ 3
Nr. 40 EStG) oder in vollem Umfang (§ 8b Abs. 2 KStG) steuerfrei ist.

11.3.6.2 Verluste aus mitunternehmerischen Innengesellschaften

Ein weiteres Ausgleichs- und Abzugsverbot für Verluste enthält § 15 Abs. 4 Satz 6 EStG. 1591
Danach sind Verluste nur eingeschränkt abzugsfähig, die aus stillen Gesellschaften,
Unterbeteiligungen und sonstigen Innenbeteiligungen an Kapitalgesellschaften herrühren, wenn der Gesellschafter oder Beteiligte eine Kapitalgesellschaft und **als Mitunternehmer anzusehen** ist. Damit sind diese Beteiligungen in ihrer **atypischen** Form
betroffen; für die entsprechenden **typischen** Formen der Beteiligungen enthält § 20
Abs. 1 Nr. 4 Satz 2 EStG eine Parallelvorschrift.

11.3.7 Einschränkung der Verlustverrechnungsmöglichkeiten gem. § 15a EStG

11.3.7.1 Allgemeines

1592 Nach der h. M. im handelsrechtlichen Schrifttum wird ein **negatives Kapitalkonto eines Kommanditisten** anerkannt trotz des Wortlauts der Bestimmung des § 167 Abs. 3 HGB (hier soll das negative Kapitalkonto des Komplementärs bzw. der OHG-Gesellschafter nicht erörtert werden; dieses ist handelsrechtlich und steuerrechtlich i. d. R. unproblematisch; Verluste dieser Gesellschafter werden diesen Gesellschaftern uneingeschränkt zugerechnet).

Nach § 167 Abs. 3 HGB nimmt der Kommanditist am Verlust nur bis zum Betrag seines Kapitalanteils und seiner noch rückständigen Einlage teil. Entgegen dem Wortlaut ist die h. M. im Handelsrecht der Ansicht, dass der Kommanditist mit Verlusten über den Stand seines Kapitalkontos zuzüglich einer evtl. ausstehenden Kommanditeinlage hinaus belastet werden kann, er also ein negatives Kapitalkonto haben kann. Dieses „Kapitalkonto" ist praktisch ein **Verrechnungskonto,** auf dem Gewinne und Verluste gebucht werden (auch Einlagen und Entnahmen). Auf der anderen Seite werden aber später evtl. anfallende Gewinne erst wieder zum Ausgleich des negativen Kapitalkontos und zur Wiederauffüllung der Einlage verwandt. Im Falle des Ausscheidens des Kommanditisten aus der KG ist dieser i. d. R. nicht verpflichtet, sein negatives Kapitalkonto auszugleichen.

1593 Die **Steuerpraxis anerkennt** dieses **negative Kapitalkonto** auch − seit der Entscheidung des BFH (10.11.1980 GrS 1/79, BStBl 1981 II 164) − inzwischen uneingeschränkt für den **Bereich des Steuerrechts.**

Unabhängig von der bis zum Ergehen des § 15a EStG noch streitigen Frage der Zulässigkeit eines negativen Kapitalkontos hat der Gesetzgeber im § 15a EStG die steuerliche Anerkennung eines negativen Kapitalkontos bzw. die Verlustzurechnung über den Betrag der Hafteinlage bzw. des Haftungsbetrages (s. u.) hinaus ausgeschlossen bzw. eingeschränkt. Begründung dafür ist, dass sog. Abschreibungsgesellschaften (auch Verlustzuweisungsgesellschaften genannt) durch Inanspruchnahme von Steuervergünstigungen (z. B. erhöhte Abschreibungen, Sonderabschreibungen), durch Geltendmachung hoher Betriebsausgaben (z. B. hoher Explorationskosten im Erdölsektor), hoher (Teilwert-)Abschreibungen (z. B. auf entgeltlich erworbene Bohrrechte) hohe Verluste erwirtschafteten, die sie an ihre Kommanditisten weitergaben (§ 15 Abs. 1 Nr. 2 EStG) und die bei diesen mit anderen positiven Einkünften ausgleichsfähig waren, was wiederum bei den Kommanditisten zu Steuerersparnissen führte, die bisweilen den Betrag der tatsächlich geleisteten Kommanditeinlage überstiegen (vgl. auch R 15a EStR).

11.3.7.2 Die Grundsatzregelung des § 15a Abs. 1 und 2 EStG

1594 § 15a Abs. 1 EStG anerkennt zwar ein negatives Kapitalkonto auch in dem Sinne, dass der Kommanditist an Verlusten beteiligt ist, wenn sie bei ihm zur Entstehung oder Erhöhung eines negativen Kapitalkontos führen, aber **diese Verlustbeteiligungen** unterliegen, **soweit** sie zur **Entstehung oder Erhöhung** eines negativen Kapitalkontos **führen,** einem **Ausgleichsverbot.** Sie können weder im horizontalen Ausgleich mit anderen Einkünften nach § 15 EStG noch im vertikalen Verlustausgleich mit anderen Einkünften noch im Verlustvortrag oder -rücktrag gem. § 10d EStG berücksichtigt werden.

Die Verluste, die demnach nach § 15a Abs. 1 EStG nicht ausgleichsfähig sind, bezeichnet man als verrechenbare Verluste. Sie werden nach § 15a Abs. 4 EStG jedes Jahr gesondert festgestellt und mindern nach § 15a Abs. 2 EStG künftige Gewinne (vgl. Rdn. 1600).

> **BEISPIEL 1:** ▶ A ist Kommanditist einer KG und hat seine Kommanditeinlage i. H. von 20 000 € in 01 voll einbezahlt. Für das Jahr 01 entfällt auf A ein Verlustanteil i. H. von 25 000 €. Diese 25 000 € sind als Verlust bei den Einkünften steuerrechtlich anzuerkennen; ausgleichsfähig (mit anderen positiven Einkünften) sind jedoch lediglich 20 000 €. Die überschießenden 5 000 € sind in 01 nicht ausgleichsfähig, sondern nur verrechenbare Verluste i. S. des § 15 Abs. 2 EStG.

Hervorzuheben ist allerdings, dass das Kapitalkonto i. S. des § 15a EStG das **steuerliche**, 1595 **nicht** das **handelsrechtliche Kapitalkonto** ist.

Das **steuerliche Kapitalkonto** i. S. des § 15a EStG **umfasst**

▶ die **Kapitalkonten der Handelsbilanz**

▶ sowie das **Kapitalkonto der Ergänzungsbilanz** eines Kommanditisten

nicht jedoch das **Kapitalkonto der Sonderbilanz** (so BFH 14. 5. 1991 VIII R 31/88, BStBl 1992 II 167; 30. 3. 1993 VIII R 63/91, BStBl 1993 II 706; FinVerw – BMF-Schreiben v. 30. 5. 1997 S 2241a, BStBl 1997 I 627).

Das Kapitalkonto des Kommanditisten umfasst somit nicht diejenigen Wirtschaftsgüter, die als sog. Sonderbetriebsvermögen in den steuerlichen Betriebsvermögensbereich der Gesellschaft einzubeziehen sind, einschließlich etwaiger Darlehen, die der Kommanditist der Gesellschaft gewährt.

> **BEISPIEL 2:** ▶

KG-Bilanz 31. 12. 01

Aktiva	80 000 €	Passiva	270 000 €
Kap. des Komm. B	20 000 €	Kap. des Komm. C	30 000 €
Verlust	200 000 €	Kap. des Kompl. D	0 €

Sonderbilanz B (31. 12. 01)

Aktiva	90 000 €	Kap. des Komm. B	90 000 €

(B hat der KG ein unbebautes Grundstück = 90 000 € zur Nutzung überlassen.)

Vom Verlust des Wj/Kj von insgesamt 200 000 € entfallen auf

B:	50 000 €
C:	50 000 €
D:	100 000 €

> **LÖSUNG:** ▶ Die Kapitalkonten haben (einschl. der Sonderbilanzen) folgende Bestände:

Kapitalkonto des B:	70 000 €
Kapitalkonto des C:	30 000 €
Kapitalkonto des D:	0 €

Der Verlust des B i. H. von 50 000 € ist nicht ausgleichsfähig, da sich sein negatives Kapitalkonto erhöht. Für Zwecke des § 15a EStG bleibt sein positives Kapital lt. Sonderbilanz außer Ansatz. Der verrechenbare Verlust des B erhöht sich um 50 000 €.

Der Verlust des C ist bis zur Höhe von 30 000 € ausgleichsfähig; da i. H. von 20 000 € ein negatives Kapitalkonto entsteht, entsteht ein verrechenbarer Verlust i. S. des § 15a Abs. 2 EStG i. H. von 20 000 €.

Der Verlust des D (i. H. von 100 000 €) ist voll ausgleichsfähig, da D Vollhafter ist, § 15a EStG also auf ihn keine Anwendung findet.

Hätte C im obigen Fall seine Kapitalbeteiligung durch Aufnahme eines Darlehens i. H. von 20 000 € finanziert, ergäbe sich für ihn:

BEISPIEL 3: ▶

Sonderbilanz C

Kap. d. C:	20 000	Passiva:	20 000

Da das Kapitalkonto der Sonderbilanz nicht mit einbezogen wird, bleibt es beim ausgleichsfähigen Verlust i. H. von 30 000 € und beim verrechenbaren Verlust i. H. von 20 000 €.

1596   Unter die Verlustausgleichsbeschränkungen des § 15a EStG fallen nur Verluste im Gesellschaftsbereich, nicht im Sonderbilanzbereich; das ist zu folgern aus der Formulierung „Anteil am Verlust der KG" in § 15a EStG (h. M., vgl. BFH 14. 5. 1991, a. a. O.; H 15a; BMF-Schreiben v. 30. 5. 1997, BStBl 1997 I 627). **Verluste im Sonderbilanzbereich** sind folglich uneingeschränkt ausgleichsfähig.

Entstünde im Beispiel (3) bei C im Sonderbilanzbereich ein zusätzlicher Verlust i. H. von 15 000 € (Zerstörung eines der KG zur Nutzung überlassenen Lkws), so wären diese 15 000 € voll ausgleichsfähig.

Besonders hervorzuheben ist, dass der nicht ausgleichsfähige Verlust eines Jahres in einem späteren Jahr durchaus mit Gewinnen des Kommanditisten aus dieser KG ausgeglichen werden kann (§ 15a Abs. 2 EStG). Insofern behält das „negative Kapitalkonto" nach wie vor seine Bedeutung.

Wie § 10d EStG bietet auch § 15a Abs. 2 EStG den Vorteil, dass nicht ausgeglichene Verluste **zeitlich unbegrenzt** mit späteren Gewinnen der KG saldiert werden können.

11.3.7.3   Nicht voll erbrachte Einlage (§ 15a Abs. 1 Satz 2 EStG)

1597   Wenn ein Kommanditist seine Einlage noch nicht voll entrichtet hat, sein Kapitalkonto folglich nicht die Höhe der zum Handelsregister angemeldeten Kommanditeinlage erreicht, haftet er bis zur Höhe der angemeldeten Einlage gem. § 171 Abs. 1 HGB den Gläubigern der KG. Der Kommanditist ist auch bezüglich dieses **Haftungsbetrages,** der sich aus der Differenz zwischen der nominellen Kommanditeinlage und der tatsächlich geleisteten Einlage ergibt, **verlustausgleichsberechtigt,** da er insoweit unbeschränkt haftet.

BEISPIEL 4: ▶ Der Kommanditist E hat von seiner Einlage i. H. von 10 000 € erst 6 000 € eingezahlt. Auf ihn entfällt in 01 ein Verlust i. H. von 12 000 €.

Diese 12 000 € sind in 01 i. H. von 10 000 € ausgleichsfähig: 6 000 € gem. § 15a Abs. 1 Satz 1 EStG und 4 000 € gem. § 15a Abs. 1 Satz 2 EStG. Durch den Verlust entsteht ein negatives Kapitalkonto i. H. von 6 000 €; der verrechenbare Verlust beträgt 2 000 €.

Diese erweiterte Verlustverrechnungsmöglichkeit ist nur einmal möglich und an beson-dere Voraussetzungen gem. § 15a Abs. 1 Satz 3 EStG geknüpft:

► namentliche Eintragung im Handelsregister,

► Nachweis der Haftung durch Handelsregister-Auszug,

► kein Haftungsausschluss im Gesellschaftsvertrag,

► die Inanspruchnahme darf nicht unwahrscheinlich sein (BFH 14. 5. 1991, a. a. O.; zur Unwahrscheinlichkeit der Inanspruchnahme bei Einkünften aus Vermietung und Verpachtung vgl. BMF-Schreiben v. 30. 6. 1994, BStBl 1994 I 355) und

► weitere Voraussetzungen in R 15a Abs. 3 EStR.

11.3.7.4 Nachträgliche Einlagen (§ 15a Abs. 1a EStG)

Der BFH hat in zwei Urteilen (14. 10. 2003, BStBl 2004 II S. 359 und 26. 6. 2007, BStBl   1597a
2007 II S. 934) entschieden, dass Einlagen, die zum Ausgleich eines negativen Kapital-kontos geleistet und im Wirtschaftsjahr der Einlage nicht durch ausgleichsfähige Ver-luste verbraucht werden, regelmäßig zum Ansatz eines Korrekturpostens führen mit der weiteren Folge, dass – abweichend vom Wortlaut des § 15a Abs. 1 Satz 1 EStG – Verluste späterer Wirtschaftsjahre bis zum Verbrauch dieses Postens auch dann als ausgleichsfähig zu qualifizieren sind, wenn hierdurch (erneut) ein negatives Kapital-konto entsteht oder sich erhöht.

Infolge dieser Rechtsprechung wurde § 15a Abs. 1a EStG ins Gesetz eingefügt, der ver-hindert, dass durch nachträgliche Einlagen Verlustausgleichspotenzial geschaffen wird.

BEISPIEL: ► Ende 01 entfiel auf Kommanditist A ein verrechenbarer Verlust in Höhe von 10 000 €. Sein Kapitalkonto beträgt Minus 15 000 €. Im Jahr 02 legt er zur Abdeckung seines negativen Kapitalkontos den Betrag von 5 000 € ein. Im Jahr 02 erzielt die KG weder Gewinn noch Ver-lust.

Gemäß § 15a Abs. 1a EStG bewirkt die Einlage weder, dass der in 01 als verrechenbar einge-stufte Verlust in einen ausgleichsfähigen Verlust umgewandelt wird, noch, dass ein künftiger Verlust durch die Einlage i. H. von 5 000 € ausgleichsfähig wird.

11.3.7.5 Einlagenminderung und Verlustausgleich (§ 15a Abs. 3 Satz 1 EStG)

Das Verbot des Verlustausgleichs ließe sich durch entsprechende Einlagen auf dem Ka-   1598
pitalkonto I leicht umgehen. Deshalb schreibt § 15a Abs. 3 EStG vor, dass, **soweit** ein negatives (Gesamt-)Kapitalkonto im o. a. Sinn durch Entnahmen entsteht oder sich er-höht (Einlageminderung), dem Kommanditisten der Betrag der Einlageminderung als Gewinn im Jahr der Einlageminderung (hier also in 02) zugerechnet wird, sofern nicht aufgrund der Entnahmen eine nach Abs. 1 Satz 2 zu berücksichtigende **Haftung besteht oder entsteht.** Eine Haftung lebt bei Entnahme vom Kapitalkonto I (wieder) auf, so dass dem Kommanditisten in diesem Fall der Betrag der Einlageminderung **nicht** als Ge-winn zuzurechnen ist (vgl. zu den Beträgen, die auf dem Kapitalkonto I und den Kapital-konten II gebildet werden, BMF-Schreiben v. 30. 5. 1997, BStBl 1997 I 627).

BEISPIEL 5: ► Hat F seine Kommanditeinlage i. H. von 20 000 € in 01 voll bewirkt und für 01 ent-fällt auf ihn ein Verlustanteil i. H. von 20 000 €, so ist dieser Verlust voll ausgleichsfähig. Sein Kapitalkonto beträgt zum 31. 12. 01 0 €. Entnimmt er Anfang 02 10 000 €, so entsteht zwar ein negatives Kapitalkonto i. H. von 10 000 €, gleichwohl liegt kein Fall des § 15a Abs. 3 EStG vor, da durch die Entnahme i. H. von 10 000 € eine Haftung i. H. von 10 000 € gem. § 171 Abs. 1 HGB wieder auflebt, weil ein Fall der teilweisen Rückzahlung der Kommanditeinlage gem. § 172 Abs. 4 HGB angenommen wird.

Abschließend hierzu ist jedoch hervorzuheben, dass der gem. § 15a Abs. 3 EStG hinzuzurechnende Gewinn hinsichtlich seiner Höhe begrenzt ist auf den Gesamtbetrag der Verlustanteile, die im Jahr der Einlagenminderung und den 10 vorangegangenen Wirtschaftsjahren beim Kommanditisten ausgleichs- oder abzugsfähig waren (§ 15a Abs. 3 Satz 2 EStG).

11.3.7.6   Haftungsminderung und Verlustausgleich (§ 15a Abs. 3 Satz 3 EStG)

1599   Ebenso wie die Einlagenminderung zu einer Gewinnzurechnung führt (§ 15a Abs. 3 Satz 2 EStG), muss auch der Fall der Haftungsminderung zu einer entsprechenden Gewinnzurechnung führen. Ist nämlich z. B. die zum Handelsregister angemeldete Einlage i. H. von 80 000 €, von der 20 000 € in 01 eingezahlt waren, nachträglich in 02 auf 40 000 € gemindert worden, obwohl in 02 dem Kommanditisten ein Verlust i. H. von 60 000 € über § 15a Abs. 1 Satz 2 EStG als vollausgleichsfähig zuerkannt wurde, so ist nach der Haftungsbeschränkung auf 40 000 € lediglich ein Verlust ausgleichsfähig bis zur Höhe von 40 000 €.

Die ihm zuviel zuerkannten 20 000 € sind in 02 als Gewinnhinzurechnung zu erfassen. In dieser Höhe wird ein ausgleichsfähiger in einen verrechenbaren Verlust umgewandelt.

Die Zeit- und Höhenbegrenzung (§ 15a Abs. 3 Satz 2 EStG) gilt auch hier.

11.3.7.7   Ausgleich von nicht ausgleichs- und abzugsfähigen Verlusten mit späteren Gewinnen

1600   Die nach § 15a Abs. 1 EStG nicht ausgleichs- und abzugsfähigen Verluste sowie die gem. § 15a Abs. 3 EStG nachträglich zu solchen Verlusten gewordenen Beträge **(verrechenbare Verluste)** sind mit späteren Gewinnen dieser KG zu kompensieren, und zwar:

► mit **laufenden** (späteren) **Gewinnen** der KG,

► mit **Veräußerungsgewinnen** nach § 16 EStG und

► mit Gewinnen im **Ergänzungsbilanzbereich.**

1601   Diese Ausgleichsmöglichkeit ist von Amts wegen zu berücksichtigen und zeitlich unbegrenzt möglich, also auch **außerhalb der Fristen des § 10d EStG und der Verjährungsvorschriften.**

11.3.7.8   Verfahrensrechtliche Fragen

1602   Es ist gem. § 15a Abs. 4 EStG ein besonderes Feststellungsverfahren (neben dem Gewinnfeststellungsverfahren) eingeführt worden, in dem jährlich – ausgehend von dem verrechenbaren Verlust des vorausgegangenen Wirtschaftsjahres – der nicht ausgleichs- oder abzugsfähige Verlust wie folgt festgestellt wird:

Schema zur Feststellung des verrechenbaren Verlustes

verrechenbarer Verlust des vorausgegangenen Wirtschaftsjahres

+   gem. § 15a Abs. 1 EStG im lfd. Jahr nicht ausgleichs- oder abzugsfähiger Verlust

./. nach § 15a Abs. 2 bzw. Abs. 3 Satz 4 EStG tatsächlich abgezogene Beträge

+   Gewinnhinzurechnungen nach § 15a Abs. 3 EStG wegen Einlagen- oder Haftungsminderungen

=   festzustellender verrechenbarer Verlust

11.3.7.9 Negatives Kapitalkonto beim Ausscheiden des Kommanditisten aus der KG

Beim Wegfall eines durch Verlustzurechnung entstandenen negativen Kapitalkontos 1603 eines Kommanditisten ergibt sich in Höhe dieses negativen Kapitalkontos ein steuerpflichtiger Gewinn des Kommanditisten. Dieser Gewinn entsteht zu dem Zeitpunkt, in dem der Betrieb der KG veräußert oder aufgegeben wird. Soweit jedoch schon früher feststeht, dass ein Ausgleich des negativen Kapitalkontos des Kommanditisten mit künftigen Gewinnanteilen nicht mehr in Betracht kommt, ist dieser Zeitpunkt maßgebend (BFH 10. 11. 1980 GrS 1/79, BStBl 1981 II 164).

Hierbei sind folgende Fälle zu unterscheiden:

a) Es handelt sich um negative Kapitalkonten, die **nach früherer steuerrechtlicher Praxis** gebildet worden sind und damit zu ausgleichs- oder abzugsfähigen Verlusten geführt haben, oder um solche negative Kapitalkonten, die aufgrund der **Übergangsregelung** des § 52 Abs. 20a EStG a. F. (z. B. **bis zum 31. 12. 1984** bei Alt-KGs) noch **steuerlich wirksam** gebildet werden konnten.

b) Es handelt sich um negative Kapitalkonten, die **unter der Geltung des § 15a** EStG erst **gebildet** wurden, also um nicht ausgleichs- oder abzugsfähige, aber verrechenbare Verluste.

Zu a):

▶ Scheidet der Kommanditist **gegen Entgelt** aus (trotz negativen Kapitalkontos), so 1604 entsteht ein Veräußerungsgewinn i. H. des Entgelts zuzüglich des Nominalbetrags des negativen Kapitalkontos. Dieser Veräußerungsgewinn kann saldiert werden mit laufenden Verlusten bzw. mit dem gem. § 10d EStG vortragsfähigen Verlust bzw. Verlusten aus anderen Einkunftsarten (normaler Verlustausgleich; BFH 10. 11. 1980, a. a. O. Leitsatz 2);

▶ scheidet der Kommanditist **ohne Zahlung** aus der KG aus, entsteht ein Veräußerungsgewinn i. H. des negativen Kapitalkontos mit der Folge (s. o.) normaler Verlustausgleich (vgl. BFH 10. 11. 1980, a. a. O. Leitsatz 2);

▶ scheidet der Kommanditist durch **Tod** aus der KG aus oder verschenkt er seinen KG-Anteil (mit negativem Kapitalkonto), so tritt der Rechtsnachfolger (Erbe oder Beschenkte) in die Rechtsposition des Rechtsvorgängers ein, d. h. bezüglich des negativen Kapitalkontos erfolgt durch die Erbschaft/Schenkung akut nichts. In Höhe des nicht ausgleichungspflichtigen negativen Kapitalkontos (vgl. § 167 Abs. 3 HGB) des Kommanditisten entstehen dann bei dem/den Vollhafter(n) Verluste.

Zu b):

Handelt es sich um negative Kapitalkonten unter der Geltung des § 15a EStG:

1605 ► **Ausscheiden des Kommanditisten gegen Entgelt** (trotz negativen Kapitalkontos): Es entsteht ein Veräußerungsgewinn (§ 16 EStG) i. H. des Entgelts zzgl. dem Nominal-betrag des negativen Kapitalkontos; mit diesem Veräußerungsgewinn können ver-rechnet werden: der laufende Gewinn des Wirtschaftsjahres und die gesondert fest-gestellten verrechenbaren Verluste früherer Jahre;

► **Ausscheiden durch Tod/Verschenken des Anteils:** noch nicht verrechnete Verluste gehen auf Erben/Beschenkten über;

► **Ausscheiden ohne Entschädigungszahlung:** i. H. des negativen Kapitalkontos ent-steht ein Veräußerungsgewinn; dagegengerechnet werden alle noch nicht verrech-neten Verluste früherer Jahre; im Übrigen gehen alle jetzt nicht ausgleichsfähigen Verluste früherer Jahre verloren; sie können bei niemandem mehr berücksichtigt werden.

11.3.7.10 Entsprechende Anwendung des § 15a EStG

1606 a) Gemäß § 15a Abs. 5 EStG gilt die Grundsatzregel des § 15a EStG auch für andere be-schränkt haftende Unternehmer; das sind **insbesondere:**

- atypische stille Gesellschafter,
- atypische stille Unterbeteiligte,
- Gesellschafter einer GbR, soweit deren Haftung durch Vertrag ausgeschlossen oder eine **Haftung unwahrscheinlich** ist.

b) Gemäß § 13 Abs. 7 EStG und § 18 Abs. 4 EStG gilt § 15a EStG entsprechend bei die-sen Einkunftsarten sowie gem. § 20 Abs. 1 Nr. 4 Satz 2 EStG bei den Einkünften aus stiller Beteiligung und gem. § 21 Abs. 1 Satz 2 EStG auch bei den Einkünften aus Ver-mietung und Verpachtung i. S. des § 21 Abs. 1 EStG.

Vgl. zur Frage, wann bei einer **GbR** die **Inanspruchnahme** der Gesellschafter **unwahr-scheinlich** ist: BFH 17. 12. 1992 IX R 150/89, BStBl 1994 II 490; 17. 12. 1992 IX R 7/91, BStBl 1994 II 492; 25. 7. 1995 IX R 61/93, BStBl 1996 II 128.

11.3.8 Kontrollfragen

FRAGEN

		Rdn.	
1.	Nennen Sie die fünf Merkmale, die zum Begriff des Gewerbebetriebs gehö-ren.	1441 ff.	☐
2.	Wie grenzt man die Verwaltung eigenen Vermögens von der gewerblichen Tätigkeit ab?	1451 ff.	☐
3.	Was versteht man unter Liebhaberei und welche steuerlichen Folgen hat die Zuordnung einer Tätigkeit zu diesem Begriff?	1458 ff.	☐

1607–1625 *(Einstweilen frei)*

11.4 Einkünfte aus selbständiger Arbeit

LITERATURHINWEIS:

Friebel/Rick/Schoor/Siegle, Fallsammlung Einkommensteuer, 19. Aufl., Kapitel 10.3

11.4.1 Allgemeine Grundsätze

1626 Der Begriff „Einkünfte aus selbständiger Arbeit" ist im EStG nicht definiert; in der Vorschrift des § 18 Abs. 1 EStG sind lediglich **vier verschiedene Arten von Einkünften aus selbständiger Arbeit** aufgeführt, nämlich

▶ die Einkünfte der **Freiberufler** (§ 18 Abs. 1 Nr. 1 EStG),

▶ die der **Einnehmer einer staatlichen Lotterie** (§ 18 Abs. 1 Nr. 2 EStG) und

▶ die **Einkünfte aus sonstiger selbständiger Arbeit** (§ 18 Abs. 1 Nr. 3 EStG).

▶ Vergütungen an einen Beteiligten an einer vermögensverwaltenden Gesellschaft (Wagniskapital-Gesellschaft § 18 Abs. 1 Nr. 4 EStG).

1627 Die den Gewerbebetrieb kennzeichnenden Merkmale der **Selbständigkeit** und der **Nachhaltigkeit** müssen auch bei den Einkünften aus selbständiger Arbeit erfüllt sein. Nach § 18 Abs. 2 EStG können auch bei **vorübergehender,** d. h. einer mit Wiederholungsabsicht vorgenommenen **Tätigkeit,** Einkünfte aus selbständiger Arbeit vorliegen. Wird die Tätigkeit weder dauernd noch vorübergehend ausgeübt, können die Einkünfte unter § 22 Nr. 3 EStG fallen. Auch die **Gewinnerzielungsabsicht** und die **Beteiligung am allgemeinen wirtschaftlichen Verkehr** werden bei Personen, die selbständig i. S. des § 18 EStG tätig sind, i. d. R. gegeben sein. Durch das Erfordernis der **Selbständigkeit** schließen sich hinsichtlich ein und derselben Tätigkeit die Einkünfte gem. § 18 und § 19 EStG gegenseitig aus. Für das Vorliegen der Selbständigkeit gelten die gleichen Grundsätze wie bei den Einkünften aus Gewerbebetrieb.

Im Allgemeinen versteht man unter selbständiger Arbeit i. S. des § 18 EStG im Gegensatz zur gewerblichen Tätigkeit eine solche, bei der vorwiegend das **geistige Vermögen** sowie die **persönliche Arbeitskraft** und **weniger das Kapital und die kaufmännische Tätigkeit** eine Rolle spielen. Hierbei handelt es sich jedoch nicht um uneingeschränkt anwendbare Abgrenzungsmerkmale. Die Frage, ob Einkünfte aus Gewerbebetrieb oder aus selbständiger Arbeit vorliegen, ist gesondert für die verschiedenen Arten der Einkünfte aus selbständiger Arbeit und jeweils nach den für diese maßgebenden Vorschriften zu beantworten; dabei ist im Einzelnen auf die Art der ausgeübten Tätigkeit abzustellen. 1628

Die Unterscheidung zwischen den Einkünften aus selbständiger Arbeit und denen aus Gewerbebetrieb ist einkommensteuerrechtlich von wesentlicher Bedeutung, weil für die Selbständigen i. S. des § 18 EStG nicht die Gewinnermittlungsvorschriften des § 5 EStG, sondern nur die des § 4 EStG, insbesondere auch der § 4 Abs. 3 EStG gelten. Außerdem unterliegen die Steuerpflichtigen mit den Einkünften aus § 18 EStG nicht der Gewerbesteuer.

11.4.2 Einkünfte aus freiberuflicher Tätigkeit

Die wichtigste Gruppe der Selbständigen i. S. des § 18 EStG ist die der **Freiberufler.** Im § 18 Abs. 1 Nr. 1 EStG ist im Einzelnen aufgeführt, aus welchen Berufen Einkünfte aus freiberuflicher Tätigkeit erzielt werden, und zwar unterscheidet man in der Gruppe Freiberufler zwei Untergruppen, nämlich: 1629

§ 18 Abs. 1 Nr. 1 Satz 2 EStG erster Teil: selbständig ausgeübte **wissenschaftliche, künstlerische, schriftstellerische, unterrichtende** oder **erzieherische** Tätigkeit; 1630

§ 18 Abs. 1 Nr. 1 Satz 2 zweiter Teil EStG: die Tätigkeit der in dem Katalog bezeichneten Berufe **(Katalogberufe).** 1631

Soweit Personen einen der im § 18 Abs. 1 Nr. 1 EStG genannten Berufe nicht selbständig ausüben, erzielen sie Einkünfte aus nichtselbständiger Arbeit i. S. des § 19 EStG. Dies ist z. B. bei Ärzten, die in einem Krankenhaus angestellt sind, und bei Lehrern der Fall, die in einem Arbeitsverhältnis stehen.

11.4.2.1 Die einzelnen selbständigen Tätigkeiten i. S. des § 18 Abs. 1 Nr. 1 EStG

11.4.2.1.1 Wissenschaftliche Tätigkeit

Wissenschaft ist die Gesamtheit der Erkenntnisse auf einzelnen Gebieten. Die wissenschaftliche Betätigung erstreckt sich auf die Darstellung, Vermehrung und Begründung der Erkenntnisse. Der BFH (25. 10. 1955, BStBl 1955 III 386) bezeichnet eine Tätigkeit 1632 als eine wissenschaftliche, „wenn **für ihre Ausübung wissenschaftliche Kenntnisse vorausgesetzt** werden und eine **hochstehende, qualifizierte Tätigkeit entfaltet** wird, die der **Forschungstätigkeit vergleichbar** ist. Es muss eine schwierige Aufgabe nach wissenschaftlichen Grundsätzen, d. h. nach sachlichen und objektiven Gesichtspunkten zu lösen versucht werden". Auch wer das aus der Forschung hervorgegangene Wissen und Erkennen auf konkrete Vorgänge anwendet – **angewandte Wissenschaft** –, arbeitet wissenschaftlich i. S. des § 18 EStG (vgl. H 15.6 „wissenschaftliche Tätigkeit"). Ein abgeschlossenes Hochschulstudium ist keine Voraussetzung für die Annahme einer wissenschaftlichen Tätigkeit.

Schreiben von Büchern, Aufsätzen usw., Erstattung von Gutachten, Vortragstätigkeit sowie Lehr- und Prüfungstätigkeit ist wissenschaftliches Arbeiten i. S. des Gesetzes.

Eine wissenschaftliche Betätigung kann nicht zu freiberuflichen Einkünften führen, wenn sie Teil einer typisch kaufmännischen Tätigkeit ist; demnach hat der BFH (16. 1. 1974 I R 106/72, BStBl 1974 II 293) den Beruf des Werbeberaters nicht als freiberuflichen angesehen.

11.4.2.1.2 Künstlerische Tätigkeit

1633 Das Wesen der künstlerischen Tätigkeit ist darin zu erblicken, dass eine **eigenschöpferische Leistung** des Steuerpflichtigen auf einem nach der Verkehrsauffassung der Kunst zuzurechnenden Gebiet (insbesondere Malerei, Bildhauerei, Musik, Dichtkunst) vorliegt. Bei Schriftstellern kommt es einkommensteuerlich nicht darauf an, dass ihre Werke künstlerische Leistungen darstellen, weil ihre Tätigkeit ohnehin als schriftstellerische unter § 18 Abs. 1 Nr. 1 EStG fällt.

„**Künstlerisch** ist eine Tätigkeit dann, wenn sie **aufgrund einer persönlichen, nicht erlernbaren Begabung Gegenstände oder Gestaltungen** (nicht notwendigerweise körperlicher Art) **hervorbringt**" (BFH 7. 11. 1963, BStBl 1964 III 45). Anerkanntermaßen können auch die Personen, die die Kunstwerke anderer wiedergeben (reproduktive Tätigkeit), Künstler sein, so z. B. Dirigenten, Schauspieler, Musiker. In Zweifelsfällen muss das FA ein Gutachten einholen, um die Künstlereigenschaft festzustellen; dies gilt insbesondere für Gebrauchsgrafiker und Kunstgewerbler, für die von Fall zu Fall zu entscheiden ist, ob sie Künstler sind oder nicht. Aber selbst wenn eine Gutachterkommission einer staatlichen Kunstakademie selbstgemalte Bilder eines Stpfl. als „künstlerisch ohne Belang" kennzeichnet, so kann trotzdem eine künstlerische Tätigkeit angenommen werden (BFH 14. 8. 1980 IV R 9/77, BStBl 1981 II 21); es besteht also **keine Bindungswirkung** an die Entscheidung der Gutachterkommission.

BEISPIELE:

1. Musiker, die gelegentlich bei Darbietungen unterhaltender Art (einschl. Tanzmusik) im Rundfunk und für Schallplattenaufnahmen mitwirken, sind insoweit im Allgemeinen künstlerisch tätig (BFH 3. 11. 1955, BStBl 1956 III 112). Eine musikalische Tätigkeit ist dann künstlerisch, wenn sie einen bestimmten Qualitätsstandard erreicht, wenn die Musiker bestimmte Fähigkeiten als Musikinterpreten beweisen (BFH 19. 8. 1982 IV R 64/79, BStBl 1983 II 7).

2. Ein Kunsthandwerker ist künstlerisch tätig, wenn er nicht wieder vorkommende Einzelstücke herstellt, deren objektiver Kunstwert den Gebrauchswert erheblich übersteigt, wobei

es sich auch um Gegenstände des täglichen Lebens handeln kann (BFH 26.9.1968 IV 43/64, BStBl 1969 II 70); vgl. ferner die Entscheidungen des BFH: 2.10.1968 I R 1/66, BStBl 1969 II 138: Modeberater; 25.11.1970 I R 78/69, BStBl 1971 II 267: Fotograf für Luftaufnahmen = gewerblich; 7.10.1971 IV R 139/66, BStBl 1972 II 335: Fotografieren von Kunstwerken, Bildern in Museen = gewerblich; 7.3.1974 IV R 196/72, BStBl 1974 II 383: bei einem selbständigen Kameramann, der neben aktueller Bildberichterstattung und Herstellung von Werbe- und Fachfilmen für Unternehmen auch die Herstellung und Lieferung von Kopien etc. betreibt, soll das Gesamtbild über eine Zuordnung zu § 18 EStG bzw. § 15 EStG entscheiden. Filmhersteller sind nur dann künstlerisch tätig, wenn sie bei allen Tätigkeiten, die für den künstlerischen Wert des Films bestimmend sind, mitwirken (Drehbuch, Regie, Kamera, Vertonung; BFH 2.12.1980 VIII R 32/75, BStBl 1981 II 170); die Tätigkeit eines Trauerredners kann künstlerisch sein, wenn er seine Reden in der Masse der Fälle nicht nach Redeschablonen hält (BFH 29.7.1981 I R 183/79, BStBl 1982 II 22).

11.4.2.1.3 Schriftstellerische Tätigkeit

Die schriftstellerische Tätigkeit erfordert, dass in selbständiger Gestaltung Gedanken   1634
für die Öffentlichkeit niedergeschrieben werden. Das Vortragen eigener Gedanken genügt grundsätzlich nicht. Für die Beurteilung, ob Einkünfte aus schriftstellerischer Tätigkeit vorliegen, kommt es auf den Gegenstand des Schriftwerkes und auf die Qualität nicht an, insbesondere ist ein wissenschaftlicher oder künstlerischer Inhalt nicht erforderlich. Der selbständige Lokalberichterstatter oder der Verfasser von sog. Groschenromanen ist ebenso schriftstellerisch tätig wie der Verfasser wissenschaftlicher Aufsätze, wobei es dahingestellt bleiben kann, ob Letzterer nicht bereits wissenschaftlich i. S. des § 18 Abs. 1 Nr. 1 EStG tätig ist.

11.4.2.1.4 Unterrichtende und erzieherische Tätigkeit

Unterrichtend ist derjenige tätig, der Wissen, Kenntnisse und Fähigkeiten aller Art an   1635
Menschen vermittelt. Eine wissenschaftliche oder in anderer Weise qualifizierte Tätigkeit wird nicht vorausgesetzt.

BEISPIELE: ▸ Die Tätigkeit eines Schülers, Studenten oder Lehrers als Nachhilfelehrer, aber auch die des Fahrlehrers, Tennislehrers, Tanzlehrers, Ballettlehrers, Reitlehrers, Gymnastiklehrers und Skilehrers ist unterrichtende Tätigkeit (vgl. BFH 16.11.1978 IV R 191/74, BStBl 1979 II 246, H 18.1 EStH).

Auch andere als die vorgenannten Sporttrainer haben einen unterrichtenden Beruf; sie werden aber meistens (ebenso wie die Lehrer an öffentl. Schulen) Arbeitnehmer i. S. des § 19 EStG sein.

Erzieherisches Wirken liegt vor bei einer planmäßigen Tätigkeit zur körperlichen, geisti-   1636
gen und sittlichen Formung junger Menschen (BFH 27.6.1974 IV R 204/70, BStBl 1975 II 147 f.). Eine erzieherische Tätigkeit i. S. des § 18 Abs. 1 Nr. 1 EStG kann auch ohne Ablegung einer fachlichen Prüfung ausgeübt werden (BFH 25.4.1974 VIII R 166/73, BStBl 1974 II 642).

BEISPIEL: ▸ Die Kindergärtnerin, die einen eigenen Kindergarten betreibt, hat Einkünfte aus erzieherischer Tätigkeit gem. § 18 Abs. 1 Nr. 1 EStG, auch wenn sie keine Prüfung abgelegt hat. Dagegen ist der Betrieb eines Kindererholungsheims keine freiberufliche Tätigkeit.

11.4.2.1.5 Andere freie Berufe

1637 Bei den übrigen in § 18 Abs. 1 Nr. 1 EStG ausdrücklich aufgeführten freien Berufen ist jeweils zu prüfen, ob der Beruf des Steuerpflichtigen sich unter den Katalog dieser Vorschrift einordnen lässt. In § 18 Abs. 1 Nr. 1 EStG sind als freie Berufe bspw. genannt:

Ärzte, Zahnärzte, Tierärzte, Heilpraktiker, Rechtsanwälte, Notare, Wirtschaftsprüfer, Steuerberater, Steuerbevollmächtigte, beratende Volks- und Betriebswirte, Ingenieure, Architekten, Journalisten, Bildberichterstatter, Dolmetscher, Übersetzer, Lotsen.

Die Aufzählung im Katalog des § 18 Abs. 1 Nr. 1 Satz 2 EStG ist nicht erschöpfend, wie sich aus dem Zusatz „und ähnliche Berufe" ergibt.

Übt der Steuerpflichtige eine der in § 18 Abs. 1 Nr. 1 EStG aufgeführten Tätigkeiten oder einen der dort namentlich bezeichneten Berufe nicht aus, kann seine Tätigkeit als freiberufliche i. S. des § 18 Abs. 1 Nr. 1 EStG nur gewertet werden, wenn sie einem der erwähnten Berufe **ähnlich** ist. Ähnlichkeit liegt vor, wenn der Beruf des Steuerpflichtigen „in wesentlichen Punkten mit einem oder mehreren der im Gesetz genannten Berufe verglichen werden kann" (BFH 24. 2. 1965 I 349/61 U, BStBl 1965 III 263).

BEISPIELE: ▶ (für die Bejahung der Ähnlichkeit; vgl. auch die Aufzählung in H 15.6 EStH):
Synchronsprecher (BFH 3. 7. 1978, BStBl 1979 II 131); Hebammen, Heilmasseure, Rechtsbeistände, Fleischbeschauer, Diplominformatiker, wenn er „Systemanalysen" erstellt (BFH 4. 8. 1983 IV R 6/80, BStBl 1983 II 677), Diplommathematiker mit Zusatzausbildung im EDV-Bereich als Unternehmensberater für Datenverarbeitung (BFH 19. 7. 1985 III R 175/80, BStBl 1986 II 15); Kfz-Sachverständiger, der mathematisch-technische Kenntnisse anwendet (BFH 10. 11. 1988 IV R 63/86, BStBl 1989 II 198).

BEISPIELE: ▶ (für die Verneinung der Ähnlichkeit; vgl. auch die Aufzählung in H 15.6 EStH) Artisten, Berufssportler (auch bzgl. ihrer entgeltlichen Mitwirkung an Werbeveranstaltungen; BFH 3. 11. 1982 I R 39/80, BStBl 1983 II 182), Berg- und Fremdenführer (BFH 9. 7. 1986 I R 85/83, BStBl 1986 II 851); Detektive; Künstleragenten (BFH 30. 11. 1965, BStBl 1966 III 36); Fotografen (es sei denn, sie sind Künstler; vgl. Rdn. 1264); Zahntechniker; anders ist es bei Zahnpraktikern, die Zahnersatz anfertigen und einpassen und die auch die Vorbehandlung der Zähne durchführen; diese Personen haben einen dem Zahnarzt ähnlichen freien Beruf (BFH 29. 10. 1965, BStBl 1965 III 692, BStBl 1965 II 576); Werbeberater (dieser Beruf ist nicht dem des beratenden Betriebswirts vergleichbar: BFH 16. 1. 1974 I R 81/72, BStBl 1974 II 291); Public-Relation-Berater: BFH 25. 4. 1978 VIII R 149/74, BStBl 1978 II 565; Berater für Datenverarbeitung – nicht vergleichbar dem beratenden Betriebswirt –, wenn sich die Beratung auf die Verwendung bereits vorhandener Anlagen beschränkt: BFH 3. 12. 1981 IV R 79/80, BStBl 1982 II 267; BFH 11. 12. 1985 I R 285/82, BStBl 1986 II 484; Hersteller von Softwareprogrammen: BFH 19. 11. 1985 VIII R 25/85, BStBl 1986 II 520; EDV-Berater im Bereich der Anwendersoftwareentwicklung (BFH 7. 11. 1991 IV R 17/90, BStBl 1993 II 324); Anlageberater („Finanzanalyst"): BFH 2. 9. 1988 III R 58/85, BStBl 1989 II 24; anders – s. o. bei Systemanalytikern; Kfz-Sachverständige – ohne Ingenieurexamen: BFH 18. 6. 1980 I R 109/77, BStBl 1981 II 118; Bauleiter (BFH 17. 11. 1981 VIII R 121/80, BStBl 1982 II 492; BFH 22. 1. 1988 III R 43-44/85, BStBl 1988 II 497), Finanz- und Kreditberater (BFH 13. 4. 1988 I R 300/83, BStBl 1988 II 666), Systemanalytiker (EDV-Berater), der Computer-Anwendungsprogramme entwickelt (BFH 7. 12. 1989 IV R 115/87, BStBl 1990 II 337); BFH 7. 11. 1991 IV R 17/90, BStBl 1993 II 324; Krankenpflegehelfer (BFH 26. 8. 1993 V R 45/89, BStBl 1993 II 887).

Apotheker werden als Gewerbetreibende angesehen, da sie ihren Beruf nur in Form eines Gewerbes und als Kaufmann ausüben können (BVerfG v. 13. 2. 1964, DB 1964 296; BFH 20. 2. 1979 VIII R 52/77, BStBl 1979 II 414).

11.4.2.2 Vervielfältigung der Arbeitskraft, Vertretung

Der Einsatz der persönlichen Arbeitskraft ist im Allgemeinen ein Wesensmerkmal der 1638
freiberuflichen Tätigkeit. Deshalb ist es problematisch, ob jemand noch als Freiberufler
anzusehen ist, wenn er andere fachlich vorgebildete **Mitarbeiter** beschäftigt, die gleichartige Arbeit leisten. Soweit der Steuerpflichtige andere Arbeitskräfte, die fachlich nicht
vorgebildet sind (z. B. Schreibkräfte, Sprechstundenhilfen), eingestellt hat, kann aus diesem Grunde die Annahme freiberuflicher Einkünfte nicht in Frage gestellt werden.
Durch § 18 Abs. 1 Nr. 1 Satz 3 EStG ist aber auch bestimmt, dass trotz der **Mithilfe fachlich vorgebildeter Kräfte** ein Steuerpflichtiger Freiberufler ist, wenn er aufgrund eigener
Fachkenntnisse leitend und eigenverantwortlich tätig ist. Sind diese Voraussetzungen
nicht erfüllt, ist der Steuerpflichtige, der sich der Mithilfe fachlich vorgebildeter Arbeitskräfte bedient, Gewerbetreibender.

Unter dem Begriff „eigene Leitung" ist die Festlegung der **Grundzüge der Organisation,** 1639
die Bestimmung der für die sachliche Arbeit maßgebenden Richtlinien, die Entscheidung der Fälle von grundsätzlicher Bedeutung und die **Überwachung** der Tätigkeit der
Mitarbeiter zu verstehen. Die Übernahme der Verantwortung des Berufsträgers für die
Ausführung des Auftrags setzt voraus, dass er auch tatsächlich in der Lage ist, die Verantwortung zu tragen. Dies ist anzunehmen, wenn der Berufsträger in einem wesentlichen Umfang bei der praktischen Arbeit (nicht notwendigerweise in jedem einzelnen
Fall) selbst mitwirkt (BFH 25. 10. 1963 IV 373/60 U, BStBl 1963 III 595). Die Tätigkeit der
Mitarbeiter muss **„den Stempel der Eigenpersönlichkeit"** des Berufsträgers tragen (BFH
29. 7. 1965, BStBl 1965 III 557).

> **BEISPIELE:** ▶ Der Architekt A lässt die fachliche Arbeit allein durch seine fünf Mitarbeiter ausfüh-
> ren. Er befasst sich nur mit der Beschaffung von Aufträgen und der Erledigung des kaufmän-
> nischen Teils seines Betriebes. A ist Gewerbetreibender.
>
> Nur wenn A selbst durch Entwürfe von Bauplänen sowie durch Übernahme von Bauleitungen
> und auch sonst leitend und eigenverantwortlich mitarbeitet, wäre er Freiberufler; vgl. auch
> BFH 7. 10. 1987 X B 54/87, BStBl 1988 II 17: Danach wurde ein Arzt für Laboratoriumsmedizin,
> der in seiner Praxis einen weiteren Facharzt und über 60 weitere Mitarbeiter beschäftigte, als
> Gewerbetreibender behandelt, weil dessen Tätigkeit nicht mehr sein Gepräge erhalte durch
> den unmittelbaren, persönlichen und deshalb individuellen Einsatz und den eigenen Kontakt
> mit den Patienten.

Allgemeine Grundsätze darüber, wie hoch die Zahl der im Betrieb des Freiberuflers ein- 1640
gestellten fachlich vorgebildeten Arbeitskräfte sein darf, ohne dass der Betrieb den
Charakter eines freiberuflichen verliert, lassen sich nicht aufstellen. Entscheidend sind
stets die Umstände des Einzelfalles. Der BFH (29. 7. 1965, a. a. O.) hat das Urteil eines
FG in einem Fall bestätigt, in dem ein Steuerbevollmächtigter als Gewerbetreibender
behandelt worden war, weil er für die Erledigung der Arbeiten seiner Buchstelle 53 Personen angestellt hatte.

Ebenso ist es unwesentlich, ob der Berufstätige seinen Auftraggebern gegenüber die
Verantwortung für die vereinbarungsgemäße Auftragsausführung übernimmt. Entscheidend kommt es auf den Umfang der persönlichen Beteiligung an der praktischen
Arbeit an. Die Möglichkeit einer solchen wesentlichen Beteiligung sieht der BFH
(11. 9. 1968 I R 173/66, BStBl 1968 II 820) als ausgeschlossen an bei einem beratenden

Ingenieur und Statiker bei der Beschäftigung von 75 Angestellten, darunter 12 hochqualifizierten Fachleuten.

Im Bereich der unterrichtenden Tätigkeit hat der BFH den Inhaber einer Sprachenschule, in der 30 Lehrkräfte in 3 Orten etwa 750 Wochenstunden unterrichteten, nicht als Freiberufler angesehen (5.12.1968 IV R 125/66, BStBl 1969 II 165), es andererseits aber nicht für ausgeschlossen gehalten, dass der Betrieb einer von 2 Personen geleiteten Handelsschule, an der außerdem 5 bis 10 ständig und bis zu 24 teilbeschäftigte Lehrkräfte 260 bis 500 Schüler unterrichten, freiberufliche Tätigkeit darstellen kann (BFH 13.12.1973 I R 138/71, BStBl 1974 II 213).

Ein Arzt für Laboratoriumsmedizin ist nur dann eigenverantwortlich i.S. des § 18 EStG tätig, wenn die persönliche Teilnahme an der praktischen Arbeit in ausreichendem Umfang gewährleistet ist (BFH 7.10.1987 X B 54/87, BStBl 1988 II 17).

1641　Die **Vertretung** im Falle einer vorübergehenden Verhinderung (z. B. Erkrankung) schließt nach § 18 Abs. 1 Nr. 1 EStG letzter Satz die Annahme einer leitenden und eigenverantwortlichen Tätigkeit nicht aus.

1642　Wird aber nach dem **Tode eines Freiberuflers** dessen Praxis von einem beruflich nicht qualifizierten Erben in eigener Verantwortung und auf eigene Rechnung fortgeführt, so bezieht der Erbe in der Zukunft Einkünfte aus § 15 EStG und nicht aus § 18 Abs. 1 Nr. 1 EStG (BFH 15.4.1975 VIII R 43/70, BStBl 1977 II 539). Die dem Erben zufließenden, nachträglichen Einkünfte aus der Tätigkeit des Erblassers (§ 24 i.V. mit § 18 EStG) sind jedoch in der Person des Erben auch §-18-Einkünfte.

Übt ein Steuerpflichtiger eine sachlich gleiche freiberufliche Tätigkeit an örtlich verschiedenen Stellen aus und ist er nur in einigen von ihnen leitend und eigenverantwortlich tätig, so liegen insoweit freiberufliche und im Übrigen gewerbliche Einkünfte vor.

> **BEISPIEL:** Ein Arzt hat im Ort A und im Ort B je eine Unfallklinik. Nur hinsichtlich der Unfallklinik in A ist er leitend und eigenverantwortlich tätig. Die Einkünfte aus dieser Klinik sind freiberufliche und die Einkünfte aus der Klinik im Ort B gewerbliche (BFH 25.10.1963 IV 373/60 U, BStBl 1963 III 595).

1643　Im Übrigen kann eine **gleichartige** Tätigkeit des Steuerpflichtigen im Falle der steuerschädlichen Vervielfältigung der Arbeitskraft nicht in der Weise aufgespalten werden, dass zum Teil freiberufliche und zum Teil gewerbliche Einkünfte gegeben sind. Anders ist es allerdings, wenn der Steuerpflichtige der **Art** nach verschiedene Tätigkeiten ausübt (sog. Segmentierung, vgl. hierzu eingehend BFH 25.6.1996 VIII R 28/94, BStBl 1997 II 202) und Rdn. 1647.

11.4.2.3　Gemeinschaftliches Ausüben der freiberuflichen Tätigkeit

1644　Üben mehrere Personen einen Beruf gemeinsam in der Form einer **Personengesellschaft** (OHG, KG oder auch GbR) aus, erzielt jede von ihnen Einkünfte aus einem freien Beruf, falls die Tätigkeit die Voraussetzungen des § 18 Abs. 1 Nr. 1 EStG erfüllt; insbesondere muss **jeder Gesellschafter** auch **leitend** und **eigenverantwortlich** tätig sein, wobei sich die Tätigkeit des einzelnen Gesellschafters auf einzelne Teilbereiche beschränken kann. Auf die Rechtsform des Zusammenschlusses – meistens wird es eine Gesellschaft des bürgerlichen Rechts sein – kommt es grundsätzlich nicht an.

BEISPIEL: Drei Rechtsanwälte bilden eine Anwaltssozietät.

Betreiben Freiberufler ihre gemeinsame Tätigkeit jedoch in der Form einer **Kapitalgesellschaft,** so erzielt diese stets gewerbliche Einkünfte (vgl. § 8 Abs. 2 KStG) – Beispiel: Wirtschaftsprüfungs- und Steuerberatungs-GmbH.

Wird die Personengesellschaft **zum Teil auch** gewerblich tätig, liegen in vollem Umfang   1645 Einkünfte aus Gewerbebetrieb vor (§ 15 Abs. 3 Nr. 1 EStG). Ist an der Gesellschaft, die eine der im § 18 Abs. 1 Nr. 1 EStG genannten Tätigkeiten ausübt, auch nur eine **berufsfremde** Person als Mitunternehmer beteiligt, sind die Einkünfte aller Gesellschafter als gewerbliche zu behandeln (BFH 8. 2. 1966, BStBl 1966 III 246; BFH 11. 6. 1985 VIII R 254/80, BStBl 1985 II 584; H 15.6 „Gesellschaft"). Das gilt auch für den Fall der Beteiligung einer juristischen Person – „freiberufliche" GmbH & Co. KG; BFH 17. 1. 1980 IV R 115/76, BStBl 1980 II 336.

BEISPIEL: Architekt A nimmt als Gesellschafter in seine Praxis den berufsfremden Kaufmann B auf, der die geschäftlichen Belange des Betriebes wahrnimmt. Da B ein berufsfremder Teilhaber ist, beziehen beide Gesellschafter Einkünfte aus Gewerbebetrieb (BFH 22. 8. 1961, HFR S. 274).

Bürogemeinschaften sind keine Personengesellschaften; hierbei erschöpft sich das Ge-   1646 meinsame im gemeinschaftlichen Betrieb einer Büroorganisation; ein gemeinsamer Zweck wird nicht verfolgt; das Gemeinsame erschöpft sich im gemeinsamen Haben von Gegenständen (Bruchteilsgemeinschaft). **Laborgemeinschaften, Apparategemeinschaften** erbringen Hilfstätigkeiten für die beteiligten Ärzte, wenn die Gemeinschaften lediglich kostendeckend Leistungen für die beteiligten Ärzte erbringen. In diesen Fällen **kann** gem. § 180 Abs. 2 AO eine einheitliche und gesonderte Feststellung ergehen. Diese Gemeinschaften können jedoch auch GbRs sein mit Gesamthandsvermögen; dann wäre jedoch eine einheitliche und gesonderte Feststellung gem. § 180 Abs. 1 Nr. 2a AO erforderlich.

Zur Tätigkeit in einer Partnerschaft s. u. Rdn. 1500 ff.

11.4.2.4   Mehrere Tätigkeiten – gemischte Tätigkeiten

Es fragt sich dann, ob diese Tätigkeiten unterschiedlich oder einheitlich, z. B. als ge-   1647 werbliche oder freiberufliche Tätigkeit, zu bewerten sind. In diesen Fällen sind die Einkünfte aus den Tätigkeiten nach Möglichkeit einkommensteuerlich **gesondert** zu betrachten und den jeweiligen Einkunftsarten zuzurechnen, und zwar ohne Rücksicht darauf, ob es sich um die gleiche Art der Tätigkeit handelt oder nicht (vgl. BFH 7. 3. 1974 IV R 196/72, BStBl 1974 II 383).

BEISPIEL: Ein Arzt ist als Chefarzt in einem Krankenhaus angestellt. Außerdem hat er noch – was ihm durch den Vertrag mit dem Krankenhaus gestattet ist – eine Praxis, in der er seine Privatpatienten behandelt.

Der Arzt hat hinsichtlich der Krankenhaustätigkeit Einkünfte aus § 19 EStG und im Übrigen freiberufliche Einkünfte nach § 18 Abs. 1 Nr. 1 EStG.

Bei der Beurteilung der Fälle, in denen neben die freiberufliche noch eine gewerbliche Tätigkeit tritt, ergeben sich häufig rechtliche Schwierigkeiten, zumal die damit zusammenhängenden

Probleme durch die Rechtsprechung nicht restlos geklärt sind. Allgemein ist anerkannt, dass die **Tätigkeiten steuerlich getrennt** zu behandeln sind, **wenn eine Trennung** nach der Verkehrsauffassung ohne besondere Schwierigkeiten **möglich** ist. Getrennte Buchführung ist dazu nicht Voraussetzung; die Besteuerungsgrundlagen sind notfalls zu schätzen (BFH 23.10.1956, BStBl 1957 III 17). Eine leichte Trennbarkeit ist in erster Linie anzunehmen, wenn die Tätigkeiten der Sache nach verschieden sind.

BEISPIEL: Ein Steuerpflichtiger ist Inhaber einer Steuerberaterpraxis und eines Büromittelgroßhandels.

1648 Eine getrennte Behandlung ist selbst dann geboten, wenn in einem Beruf freiberufliche und gewerbliche Merkmale zusammentreffen und ein enger sachlicher und wirtschaftlicher Zusammenhang zwischen den Tätigkeitsarten besteht (sog. gemischte Tätigkeit, BFH 28.3.1957, BStBl 1957 III 182). Die Vermittlungstätigkeit eines Steuerberaters beim Absatz von Eigentumswohnungen zählt nicht zum freiberuflichen, sondern zum gewerblichen Bereich (BFH 9.8.1983 VIII R 92/83, BStBl 1984 II 129).

1649 Die gesamte Tätigkeit eines Steuerpflichtigen muss aber in ihrer einkommensteuerlichen Beurteilung als eine einheitliche angesehen werden, sofern sich die vom Steuerpflichtigen ausgeübten Tätigkeiten gegenseitig unlösbar bedingen (BFH 15.12.1971 I R 49/70, BStBl 1972 II 291) oder wenn sie „sachlich und wirtschaftlich derart zusammengehören, dass sie nur einheitlich behandelt werden können" (BFH 12.11.1964 IV 153/64 U, BStBl 1965 III 90). Tätigkeiten bedingen sich unlösbar, wenn das Ergebnis der einen Tätigkeit ohne die andere Tätigkeit unbrauchbar ist (BFH 27.6.1974 IV R 204/70, BStBl 1975 II 147: Betrieb eines Kindererholungsheimes ist gewerbliche Tätigkeit insgesamt).

BEISPIELE:

1. Der Architekt A kauft neben seiner freiberuflichen Praxistätigkeit laufend Grundstücke an, die er auf eigene Rechnung bebaut und sodann wieder veräußert. Die im Zusammenhang mit der Planung und Durchführung der Bauvorhaben ausgeführten Tätigkeiten sind so miteinander verflochten, dass der gesamte Betrieb als Einheit angesehen werden muss, auch wenn die Entgelte für die einzelnen Leistungen in den Rechnungen und der Buchführung getrennt ausgewiesen werden (BFH 15.12.1971, a.a.O.).

2. Kauft dagegen ein Architekt Grundstücke, parzelliert sie, bereitet die Bebauung vor und veräußert sie durch Makler unter Architektenbindung und wird dann aufgrund neuer Verträge als Architekt tätig, so liegt eine gemischte, trennbare Tätigkeit für den ersten Bereich (Erwerb und Veräußerung) nach § 15 EStG und für die Architektentätigkeit nach § 18 Abs. 1 Nr. 1 EStG vor (BFH 23.10.1975 VIII R 60/70, BStBl 1976 II 152) vor.

3. Ein Gartenarchitekt übernimmt neben der Planung auch die Gartenausführung mit eigenen Arbeitskräften. Die Einkünfte aus dieser Tätigkeit sind in vollem Umfang gewerbliche (BFH 16.3.1962, BStBl 1962 III 302). Soweit der Gartenarchitekt noch Aufträge **anderer** Kunden, die sich lediglich auf die Planung und Überwachung der Gartenausführung erstrecken, durchführt, erzielt er daraus freiberufliche Einkünfte, weil insoweit die Voraussetzungen für eine einheitliche Betrachtung nicht gegeben sind.

4. Ein Arzt betreibt eine Klinik, die notwendiges Hilfsmittel seiner ärztlichen Praxis ist. Die gesamten Einkünfte des Arztes aus dem Anstaltsbetrieb und aus der Behandlung der Krankenhauspatienten sind steuerlich einheitlich zu beurteilen (BFH 12.11.1964, a.a.O.). Wird mit dem Anstaltsbetrieb kein Gewinn erstrebt, liegen in vollem Umfang freiberufliche und andernfalls in vollem Umfang gewerbliche Einkünfte vor.

Liegt eine Verflechtung vor, so dass die Tätigkeiten nicht getrennt werden können, ist nach dem Gesamtbild zu entscheiden, ob die Gesamttätigkeit dem § 15 EStG oder dem § 18 EStG zuzuordnen ist (BFH 7. 3. 1974 IV R 196/72, BStBl 1974 II 383).

11.4.2.5 Freiberufliche Tätigkeit als Nebentätigkeit

Personen, die im Hauptberuf z. B. Landwirte, Gewerbetreibende oder Arbeitnehmer 1650
sind, üben nicht selten eine Nebentätigkeit aus, die die Merkmale eines in § 18 Abs. 1 Nr. 1 EStG genannten Berufs erfüllt. Für die Zurechnung der Einkünfte aus der Nebentätigkeit kommt es nicht darauf an, dass die Tätigkeit den Charakter einer „Nebentätigkeit" hat; maßgebend bleiben i. d. R. die allgemeinen Grundsätze über das Vorliegen der jeweiligen Einkunftsart (vgl. dazu BFH 24. 11. 1961 VI 183/59 S, BStBl 1962 III 37, 39; vgl. auch H 18.1).

> **BEISPIELE:** ▶ Ein Landwirt ist nebenberuflich als Fleischbeschauer tätig. Ein Handwerkermeister hält nebenberuflich Fachvorträge vor Berufskollegen. Ein beamteter Lehrer erteilt Nachhilfeunterricht. In diesen Fällen sind die Einkünfte aus dem Nebenberuf freiberufliche i. S. des § 18 Abs. 1 Nr. 1 EStG.

Auch die Vortragstätigkeit eines Hochschullehrers an einer anderen schulischen Ein- 1651
richtung (z. B. Fachhochschule) bleibt, wenn auch nebenberuflich, so aber doch selbständig i. S. des § 18 EStG und wird nicht etwa durch die fachliche Verklammerung zur (lohnsteuerpflichtigen) nichtselbständigen Tätigkeit (BFH 4. 10. 1984 IV R 131/82, BStBl 1985 II 51).

11.4.3 Einkünfte der Einnehmer einer staatlichen Lotterie

Nach § 18 Abs. 1 Nr. 2 EStG beziehen auch die Einnehmer einer staatlichen Lotterie (vgl. 1652
zum Begriff der staatlichen Lotterie: BFH 13. 11. 1963 GrS 1/62 S, BStBl 1964 III 190) Einkünfte aus selbständiger Arbeit, wenn die Einkünfte nicht zu denen aus Gewerbebetrieb gehören. Nach allgemeiner Ansicht ist ein Gewerbebetrieb anzunehmen, sofern die Tätigkeit nach Art und Umfang einen in kaufmännischer Weise eingerichteten Geschäftsbetrieb erfordert (§ 2 HGB) oder sich die Tätigkeit als Hilfs- oder Nebengeschäft eines Gewerbebetriebes darstellt. Die Frage, ob Einkünfte aus Gewerbebetrieb oder aus selbständiger Arbeit vorliegen, ist **für die Gewerbesteuer ohne Belang,** weil nach § 13 GewStDV die Einnehmer einer staatlichen Lotterie von der Gewerbesteuer auch dann befreit sind, wenn sie ihre Tätigkeit im Rahmen eines Gewerbebetriebes ausüben.

11.4.4 Einkünfte aus sonstiger selbständiger Arbeit

Was im Einzelnen unter die Einkünfte aus sonstiger selbständiger Arbeit i. S. des § 18 1653
Abs. 1 Nr. 3 EStG fällt, ist in Rechtsprechung und Schrifttum nicht restlos geklärt. Die Vorschrift des § 18 Abs. 1 Nr. 3 EStG nennt als Beispiele die Vergütungen für die **Testamentsvollstreckung,** für die **Vermögensverwaltung** und für die Tätigkeit als **Aufsichtsratsmitglied.** Diese Aufzählung ist nicht vollständig, sondern nur beispielhaft. Es ist daher möglich, außer den Tätigkeiten, die in § 18 Abs. 1 Nr. 3 EStG genannt und diesen ähnlich sind, noch andere als Ausübung einer sonstigen selbständigen Arbeit anzuerkennen.

1654 Demgemäß können zu den Einkünften i. S. des § 18 Abs. 1 Nr. 3 EStG insbesondere die Vergütungen der **Insolvenzverwalter, Zwangsverwalter** (BFH 23.5.1984 I R 122/81, BStBl 1984 II 823), **Nachlasspfleger** und **Hausverwalter** gerechnet werden. Bei Letzteren liegen aber Einkünfte aus Gewerbebetrieb vor, wenn die Verwaltung gleichzeitig mit einer Grundstücksmaklertätigkeit verbunden ist oder wenn die persönliche Arbeitsleistung des Steuerpflichtigen nicht im Vordergrund steht (BFH 25.11.1970 I R 123/69, BStBl 1971 II 239). Verwaltungstätigkeiten und Testamentsvollstreckungen von Rechtsanwälten werden i. d. R. zu deren freiberuflicher Tätigkeit gehören.

1655 Hervorzuheben ist neuerdings, dass auch bei der Tätigkeit i. S. des § 18 Abs. 1 Nr. 3 EStG die Bestimmung des § 18 Abs. 1 Nr. 1 Satz 3 EStG gilt. Die **Vervielfältigung** der Arbeitskraft des selbständig Tätigen i. S. des § 18 Abs. 1 Nr. 3 EStG durch Beschäftigung von fachlich vorgebildeten Hilfskräften führt daher nicht mehr zu Einkünften aus Gewerbebetrieb (BFH 15.12.2010 VIII R 50/09 BStBl 2011 II 506).

Unter den in § 18 Abs. 1 Nr. 3 EStG erwähnten Aufsichtsratsmitgliedern sind die Personen zu verstehen, die zur Überwachung der Geschäftsführung bei Kapitalgesellschaften und anderen juristischen Personen bestellt sind, so z. B. Aufsichtsratsmitglieder einer AG, Beiratsmitglieder von GmbHs, Vereinen etc.

1656 Auch die Einkünfte eines **Arbeitnehmervertreters im Aufsichtsrat** einer Gesellschaft sind solche i. S. des § 18 Abs. 1 Nr. 3 EStG. Die von den Arbeitnehmern an die Stiftung „Mitbestimmung" oder andere soziale Einrichtungen abgeführten Beträge der Aufsichtsratsvergütungen stellen, wenn die Abführung auf einer rechtlichen Verpflichtung beruht, die vor der Wahl eingegangen ist, Betriebsausgaben dar (BFH 3.3.1966, BStBl 1966 III 450); ansonsten sind die Zahlungen nicht abzugsfähige Kosten der Lebensführung i. S. des § 12 Nr. 1 EStG. Auch die Tätigkeit von **Tagesmüttern** soll unter § 18 Abs. 1 Nr. 3 EStG fallen.

11.4.5 Gewinnermittlung nach § 4 Abs. 3 EStG

1657 Als Einkünfte aus selbständiger Arbeit i. S. des § 18 EStG ist gem. § 2 Abs. 2 Nr. 1 EStG der Gewinn anzusetzen. Dieser Gewinn wird entweder gem. § 4 Abs. 1 oder Abs. 3 EStG ermittelt. Die Buchführungsgrenzen des § 141 AO gelten für den Selbständigen i. S. des § 18 EStG nicht, so dass die Einkünfte aus § 18 EStG i. d. R. – aber nicht notwendig – gem. § 4 Abs. 3 EStG durch Einnahme-Überschussrechnung ermittelt werden (die Gewinnermittlung nach § 4 Abs. 1 EStG durch den Selbständigen könnte aber bei Gründung, Übernahme einer Praxis [z. B.] in Betracht kommen, wenn die Gewinne in den Anfangsjahren erkennbar niedriger sind, als für die späteren Jahre erwartet – Ausnutzung der niedrigeren ESt-Progression). Durch die Gewinnermittlung nach § 4 Abs. 3 EStG erfüllen die Selbständigen auch die Voraussetzungen des § 22 UStG, der allen Unternehmern die Aufzeichnung der Entgelte, die vereinbart oder vereinnahmt wurden, und die Aufzeichnung des privaten Verbrauchs vorschreibt.

Zur Durchführung der Gewinnermittlung nach § 4 Abs. 3 EStG vgl. Rdn. 1131 ff.

11.4.6 Kontrollfragen

		Rdn.	
1.	Bei welchen Tätigkeiten werden Einkünfte aus selbständiger Tätigkeit erzielt?	1626 ff.	☐
2.	Welche Einkünfte aus selbständiger Tätigkeit gibt es neben den sog. Katalogberufen?	1637	☐
3.	Liegen freiberufliche Einkünfte vor, wenn Angestellte beschäftigt werden?	1638 ff.	☐
4.	Aus welchen Tätigkeiten erzielt man Einkünfte aus sonstiger selbständiger Tätigkeit?	1653 ff.	☐
5.	Wie ermittelt ein Selbständiger seine Einkünfte?	1657	☐

11.4.7 Veräußerungsgewinn gem. § 18 Abs. 3 EStG

Vgl. die Ausführungen zu § 16 EStG, siehe Rdn. 1659 ff. 1658

11.5 Besteuerung der Veräußerungsgewinne i. S. der §§ 14, 16 und 18 Abs. 3 EStG

LITERATURHINWEIS:

Friebel/Rick/Schoor/Siegle, Fallsammlung Einkommensteuer, 19. Aufl., Fall 178–219

11.5.1 Die maßgebenden gesetzlichen Vorschriften und ihre Bedeutung

Die Bestimmungen über die Bewertung betrieblicher Wirtschaftsgüter entsprechen 1659 dem Grundsatz, dass nicht **realisierte Gewinne nicht ausgewiesen werden dürfen.** Demzufolge ist es insbesondere im Allgemeinen nicht zulässig, den Teilwert eines Wirtschaftsgutes in der Bilanz anzusetzen, wenn er höher ist als die Anschaffungs- oder Herstellungskosten. Die auf diese Weise entstehenden **stillen Reserven** beeinflussen die Höhe des Gewinns erst, wenn die **Wirtschaftsgüter,** bei denen sie sich gebildet haben, **aus dem Betriebsvermögen ausscheiden.** Dies gilt nicht nur, wenn einzelne Wirtschaftsgüter veräußert oder in das Privatvermögen überführt werden; auch bei der Veräußerung des ganzen Betriebes, Teilbetriebes oder Mitunternehmeranteils wirken sich die vorhandenen stillen Reserven gewinnerhöhend aus, denn beim Abschluss des Vertrages mit dem Erwerber richtet sich das Entgelt nicht nach den **Buchwerten** der veräußerten Wirtschaftsgüter, sondern nach dem **Verkehrswert** des Betriebes, Teilbetriebes oder Mitunternehmeranteils. Das Ergebnis dieses letzten Geschäftsvorfalls ist handelsrechtlich wie steuerlich bei der Gewinnermittlung zu berücksichtigen.

1660 Das ESt-Recht enthält in den allgemeinen Gewinnermittlungsvorschriften der **§§ 4 ff.** EStG . bereits **Regelungen,** nach denen die **Gewinne und Verluste aus der Veräußerung oder Aufgabe eines Betriebes** an sich zu erfassen sind. **Außerdem** wird für die **Einkünfte aus Land- und Forstwirtschaft** in **§§ 14, 14a** EStG, für **gewerbliche Einkünfte in § 16** EStG und für **Einkünfte aus selbständiger Arbeit in § 18 Abs. 3** EStG ausdrücklich auf die Steuerpflicht der Veräußerungsgewinne hingewiesen. Insoweit dienen diese Vorschriften lediglich der **Klarstellung.** Hiervon abgesehen, besteht ihre Bedeutung darin, dass über diese Vorschriften **Härten ausgeräumt oder gemildert** werden, von denen der Veräußerer betroffen wäre, wenn er die allmählich gebildeten stillen Reserven in einem einzigen Jahr nach den allgemeinen Regeln zu versteuern hätte. Die genannten Bestimmungen schaffen also keine neuen steuerpflichtigen Einkünfte, sondern eröffnen nur technisch die **Möglichkeit einer milderen Besteuerung.** Zu diesem Zweck sehen die §§ 14, 14a, 16 und 18 Abs. 3 EStG, ergänzt durch § 34 Abs. 1 i. V. mit Abs. 2 Nr. 1 und Abs. 3 EStG, die folgenden steuerlichen Vergünstigungen vor:

11.5.1.1   Freibeträge

1661 Gewinne aus der **Veräußerung eines ganzen Gewerbebetriebes** bzw. **eines Vermögens, das der selbständigen Arbeit dient,** sind gem. § 16 Abs. 4 EStG, § 18 Abs. 3 EStG nur insoweit steuerpflichtig, als sie einen Betrag von 45 000 € übersteigen und der Steuerpflichtige das 55. Lebensjahr vollendet oder er seinen Gewerbebetrieb wegen dauernder Berufsunfähigkeit aufgegeben hat. Der Freibetrag ermäßigt sich um den Betrag, um den der Veräußerungsgewinn 136 000 € übersteigt.

Für die Veräußerung von **land- und forstwirtschaftlichen Betrieben, Teilbetrieben** bzw. **Mitunternehmeranteilen** gilt § 16 Abs. 4 EStG entsprechend (§ 14 EStG), sofern nicht die Voraussetzungen des § 14a Abs. 1 EStG vorliegen.

Nach § 14a EStG wurden Gewinne aus der Veräußerung eines **ganzen land- und forstwirtschaftlichen Betriebes** bis einschl. VZ 2000 nur der Besteuerung unterworfen, wenn sie mehr als **150 000 DM** betragen und der **Einheitswert** des Betriebes **40 000 DM** und die **Einkünfte des Steuerpflichtigen** i. S. des § 2 Abs. 1 Nr. 2 bis 7 EStG **in den beiden der Veräußerung vorangehenden Veranlagungszeiträumen 35 000 DM nicht überstiegen haben** (§ 14a Abs. 1 EStG).

11.5.1.2   Milderung der Steuerbelastung bei Belastung mit ErbSt (bis VZ 1999)

1662 Die ESt, die auf den Veräußerungsgewinn entfällt, wird ermäßigt bzw. sie entfällt u. U. vollkommen, falls der Veräußerungsgewinn im Veranlagungszeitraum oder in den vier vorangegangenen Veranlagungszeiträumen als Erwerb von Todes wegen der **Erbschaftsteuer** unterlegen hat (§ 35 EStG). Diese Vergünstigung ist ab 1999 weggefallen.

11.5.1.3   Milderung bei der ESt-Belastung gem. § 34 EStG

1663 Soweit der Veräußerungsgewinn der ESt unterliegt und zu den **außerordentlichen Einkünften i. S. des § 34 Abs. 1 Nr. 1** EStG gehört, wurde er ab 1999 mit der sog. Fünftelungs-Regelung ermäßigt besteuert (§ 34 Abs. 1 EStG).

Ab VZ 2002 wird der bis 1998 geltende ermäßigte Steuersatz bis zu einer Höhe des Veräußerungsgewinns von 5 Mio. € wieder ermöglicht, der auf Antrag bei der Versteuerung gewählt werden kann.

11.5.1.4 Begünstigte Vorgänge

Die erwähnten steuerlichen Vergünstigungen setzen zunächst voraus, dass ein nach 1663a
den §§ 14, 16 oder 18 Abs. 3 EStG **begünstigter Vorgang** gegeben ist.

Hierzu gehören:

a) Veräußerung oder Aufgabe des **ganzen Betriebes,**

b) Veräußerung oder Aufgabe eines **Teilbetriebes,**

c) Veräußerung eines **Mitunternehmeranteils,**

d) Veräußerung des **Anteils des Komplementärs an einer Kommanditgesellschaft auf Aktien.**

Ist eine Veräußerung oder Aufgabe dieser Art erfolgt, so muss alsdann geprüft werden, ob und in welcher Höhe hierdurch ein Veräußerungsgewinn verwirklicht worden ist. Im Folgenden werden zunächst im Einzelnen die Voraussetzungen einer Veräußerung oder Aufgabe eines **Gewerbebetriebes** und eines **Vermögens, das der selbständigen Arbeit dient** (§ 18 Abs. 3 EStG), untersucht.

11.5.2 Veräußerung des ganzen Betriebes

11.5.2.1 Begriff „Veräußerung"

Die Bestimmungen des EStG und der EStDV erläutern nicht, was unter „Veräußerung" 1664
zu verstehen ist. **Bürgerlich-rechtlich** ist die Veräußerung **eine entgeltliche rechtsgeschäftliche Übertragung eines Gegenstandes auf einen Dritten.** Ein Betrieb wird daher veräußert, wenn der bisherige Inhaber die Wirtschaftsgüter des Betriebsvermögens entgeltlich auf einen Dritten überträgt, was bei Sachen durch Übereignung, bei Forderungen und anderen Rechten durch Abtretung geschieht. **Auch einkommensteuerlich** ist hiervon auszugehen. Da sich jedoch die Rechtsinhaberschaft abweichend vom bürgerlichen Recht für steuerliche Zwecke nach wirtschaftlichen Grundsätzen richtet (vgl. § 39 Abs. 2 AO), **genügt zur Annahme einer Veräußerung** i. S. der §§ 14, 16 und 18 Abs. 3 EStG, dass der Veräußerer sein **wirtschaftliches Eigentum** einbüßt und der Erwerber es erlangt. Insbesondere reicht es aus, wenn der Erwerber Eigenbesitzer geworden ist, weil dadurch das wirtschaftliche Eigentum auf ihn übergegangen ist (vgl. § 39 Abs. 2 Nr. 1 EStG a. E.). Eine **Veräußerung** i. S. des § 16 EStG ist **auch** in einem **Tausch,** aber auch in der Übertragung zur Abgeltung eines **Zugewinnausgleichsanspruchs** (Betriebsübertragung zur Abgeltung eines Zugewinnausgleichsanspruchs) zu sehen (Leistung an Erfüllungs statt bzw. Verrechnung von Zugewinnausgleichs(-zahlungs-)anspruch mit dem Kaufpreisanspruch aus der Veräußerung).

Wechselt der Inhaber eines Betriebes durch **Erbfolge,** so liegt hierin **keine Veräußerung** 1665
durch den Erblasser, denn bei der Erbfolge vollzieht sich der Übergang des Betriebsvermögens **nicht** wie bei der Veräußerung **durch Rechtsgeschäft,** sondern kraft Gesetzes

(§ 1922 BGB). Schon aus diesem Grunde kann ein Veräußerungsgewinn des Erblassers nicht entstehen. Ob die Erbfolge auf Testament oder Erbvertrag beruht oder ob sie sich nach den gesetzlichen Bestimmungen richtet, ist insoweit unerheblich. Von dem Übergang des Betriebes durch Erbfolge ist dessen **Veräußerung durch den Erben** zu unterscheiden. Veräußert der Erbe den als Teil des Nachlasses angefallenen Betrieb, so unterliegt der hierdurch von ihm erzielte Gewinn nach den Grundsätzen der §§ 14, 16 bzw. 18 Abs. 3 EStG grundsätzlich der ESt in der Person des Erben. Auch die Übertragung eines Betriebes durch den Erben auf einen insoweit berechtigten **Vermächtnisnehmer** ist keine Veräußerung, wohl aber die Übertragung eines Betriebes durch den Erben auf einen **Pflichtteilsberechtigten** oder **Erbersatzberechtigten** (§§ 1934a ff. BGB) zur Abgeltung dieser Geldzahlungsansprüche (Leistung an Erfüllungs statt bzw. Verrechnung von Forderungen, s. o.). Insoweit gelten die gleichen Argumente wie bei der Abgeltung des Zugewinnausgleichsanspruches.

1666 Der **Veräußerer,** dem das Betriebsvermögen bis zu seiner Übertragung gehört hat, **muss** keine **natürliche Person** sein. Auch eine **Körperschaft,** insbesondere eine Kapitalgesellschaft, kommt in Betracht. Der durch die Veräußerung eines Betriebes entstehende Gewinn einer Körperschaft ist jedoch **nicht begünstigt.** Der Freibetrag des § 16 Abs. 4 EStG kommt Körperschaften nicht zugute, und auch § 34 EStG ist in diesen Fällen nicht anwendbar.

1667 Dass eine **Gesamthandsgemeinschaft** als **Veräußerer** denkbar ist, wird deutlich, wenn zum Gesellschaftsvermögen einer offenen Handelsgesellschaft, Kommanditgesellschaft oder Gesellschaft des bürgerlichen Rechts mehrere Betriebe gehören, von denen einer veräußert wird. Es handelt sich dann nicht etwa um die Veräußerung der Mitunternehmeranteile durch die Gesellschafter. Die Gesellschafter bleiben auch nach der Veräußerung Mitunternehmer. Der Veräußerungsgewinn oder -verlust ist ihnen anteilig zuzurechnen (§ 15 Abs. 1 Nr. 2, § 180 AO), da die Gesellschaft nicht einkommensteuerpflichtig ist.

11.5.2.2   Die Bedeutung des der Veräußerung zugrunde liegenden Verpflichtungsgeschäftes – Zeitpunkt der Veräußerung

1668 Die Veräußerung des Betriebes, die in der entgeltlichen Übertragung der Rechte an den betrieblichen Wirtschaftsgütern besteht, ist von dem zugrunde liegenden Rechtsgeschäft zu unterscheiden, das lediglich die Verpflichtung zur Veräußerung begründet. Nicht selten werden die Wirtschaftsgüter erst einige Zeit nach dem Zustandekommen des Verpflichtungsgeschäfts übertragen. Die Veräußerung erfolgt dann nach allgemeiner Ansicht in dem **Zeitpunkt, in welchem der Veräußerer seine Verpflichtung aus dem Vertrag erfüllt,** in welchem der Erwerber das wirtschaftliche Eigentum erwirbt. Ausschlaggebend ist also für den **Zeitpunkt der Veräußerung** das **Erfüllungsgeschäft,** das **dingliche Rechtsgeschäft;** das Verpflichtungsgeschäft ist lediglich maßgeblich für das Kriterium der Entgeltlichkeit (vgl. BFH 17. 2. 1971 I R 170/69, BStBl 1971 II 484).

BEISPIEL: A hat sein in gemieteten Räumen betriebenes Einzelhandelsgeschäft am 15. 11. 01 an B verkauft. Da B seine bisherige Tätigkeit erst am 30. 6. 02 aufgeben kann, soll er das Geschäft nach dem Kaufvertrag zum 1. 7. 02 mit dem gesamten Inventar und Warenbestand übernehmen. A soll bis dahin Eigentümer bleiben. Am 1. 7. 02 ist auch der Kaufpreis zu entrichten, über dessen Berechnung der Vertrag wegen des sich verändernden Warenbestandes nähere Einzelheiten enthält. A, der das Geschäft bis zum 30. 6. 02 weitergeführt hat, hat durch den Verkauf 22 000 € Veräußerungsgewinn erzielt. Der Veräußerungsgewinn ist im Jahre 02 zu erfassen, wobei der Freibetrag des § 16 Abs. 4 berücksichtigt werden muss. Der Gewinn ist nicht schon im Vorjahr mit dem Abschluss des Kaufvertrags entstanden. Erst die Übereignung der betrieblichen Wirtschaftsgüter im Jahre 02 stellt die Veräußerung des Betriebes dar (§ 16 Abs. 1 Nr. 1 EStG).

11.5.2.3 Abgrenzung der entgeltlichen gegen die unentgeltliche, teilentgeltliche Übertragung

11.5.2.3.1 Unentgeltliche Übertragungen

Die Art des schuldrechtlichen Vertrages, auf dem die Veräußerung beruht, ist insofern von Bedeutung, als durch die **unentgeltliche Übertragung** des ganzen Betriebes einkommensteuerlich **weder Gewinn noch Verlust** entstehen kann. Das wird durch § 6 Abs. 3 EStG bestätigt, wonach der unentgeltliche Erwerber in seine Eröffnungsbilanz die Buchwerte der Schlussbilanz des Veräußerers zu übernehmen hat – Fortführung der Buchwerte. Die Vorschriften über die Besteuerung der Veräußerungsgewinne beziehen sich aus diesem Grunde nur auf **entgeltliche Übertragungen.**   1669

Entgeltlichkeit oder Unentgeltlichkeit eines Rechtsgeschäftes sind nach den Grundsätzen des bürgerlichen Rechts zu beurteilen (BFH 21. 8. 1962, BStBl 1963 III 178). Es kommt dabei nicht auf die Bezeichnung des Vertrages an, sondern auf dessen Inhalt (BFH 9. 11. 1961, HFR 1962 S. 156).

DEFINITION

Unentgeltlichkeit liegt stets vor, wenn für eine Leistung keine Gegenleistung erbracht wird.

Schenkungen lösen demnach auch **keine Gewinnverwirklichung** aus, auch nicht, wenn sie unter Auflagen erfolgen (§ 525 BGB).

Unter **Auflagen** versteht man die Verpflichtung zu einer Leistung **nicht für die Zuwendung,** sondern **aus dem Wert** des zugewendeten Gegenstandes (BFH 23. 8. 1963, BStBl III 484).

Wird ein **Einzelunternehmen** an eine Person geschenkt, so hat der Beschenkte die Buchwerte insgesamt als Einzel- bzw. Gesamtrechtsnachfolger fortzuführen. Es liegt hinsichtlich der **mit übernommenen Schulden nicht** etwa eine **Teilgegenleistung** (gemischte Schenkung) oder Auflage (Schenkung unter Auflage) vor, so dass die Grundsätze der gemischten Schenkung/Schenkung unter Auflage mit der Aufteilung: entgeltlicher und unentgeltlicher Erwerb hier nicht anzuwenden sind. **Gegenstand der Schenkung/des Erbfalls ist nämlich der Betrieb, das Unternehmen als Ganzes** (das Kapital als Differenzgröße), nicht etwa einerseits die Aktiva und andererseits die Passiva.   1670

11.5.2.3.2 Vorweggenommene Erbfolge und Gleichstellungsgelder, Abstandszahlungen und Versorgungszusagen

1671 Seit der Entscheidung des **BFH** (5. 7. 1990 GrS 4-6/89, BStBl 1990 II 847) liegen in den Fällen

▶ der Entrichtung von **Gleichstellungsgeldern** an Dritte (z. B. an Geschwister),

▶ der Zahlung von **Abstandszahlungen** an den Schenker und

▶ des Eintritts in bestehende Schulden **(Schuldübernahme)**

durch jemanden, der im Wege der **vorweggenommenen Erbfolge** bedacht wurde, in Höhe dieser Zahlungen oder Leistungen **Anschaffungskosten** beim Beschenkten vor (vgl. ergänzend BMF-Schreiben v. 13. 1. 1993, BStBl 1993 I 80 geändert 26. 2. 2007 BStBl 2007 I 269).

1672 Die Grundsätze, die der Große Senat des BFH in diesem Beschluss vom 5. 7. 1990 (a. a. O.) zur vorweggenommenen Erbfolge im **Privatvermögen** aufgestellt hat, gelten **in gleicher Weise** für die Übertragung von **Betriebsvermögen** im Rahmen einer vorweggenommenen Erbfolge. Darauf hat der Große Senat ausdrücklich hingewiesen.

■ BEISPIEL: ▶ Eltern E übertragen unentgeltlich auf ihr Kind K ein Einzelunternehmen mit einem Verkehrswert i. H. von 800 000 €.

Abwandlung:

K verpflichtet sich seinen Eltern gegenüber,

Variante a: ihnen 300 000 € „Kaufpreis" zu zahlen,

Variante b: seinen beiden Schwestern je 200 000 € zu zahlen,

Variante c: auf dem Betriebsgrundstück ruhende Belastungen, valutiert mit 500 000 €, zu übernehmen.

■ LÖSUNG: ▶ Im Grundfall hat K das Einzelunternehmen in vollem Umfang unentgeltlich erworben; K führt gem. § 6 Abs. 3 EStG die Buchwerte fort; stille Reserven werden nicht aufgedeckt; ein „Veräußerungsgewinn" entsteht nicht.

Abwandlung:

Variante a: K hat den Betrieb zu unentgeltlich erworben (Verkehrswert: 800 000 €; Teil-gegenleistung: 300 000 €); insoweit führt er zu die Buchwerte gem. § 6 Abs. 3 EStG fort; im Übrigen hat er Anschaffungskosten i. H. von 300 000 €, die er, verteilt auf die Nutzungsdauer, abschreiben kann.

Variante b: K hat zu $^1/_2$ () unentgeltlich erworben mit Anschaffungskosten i. H. von 400 000 €; im Übrigen entsprechend Variante a;

Variante c: K hat hat zu unentgeltlich erworben mit Anschaffungskosten i. H. von 500 000 €; im Übrigen entsprechend Variante a.

1673 Erwirbt ein Stpfl. eine zu eigenen Wohnzwecken genutzte Wohnung im Wege vorweggenommener Erbfolge durch **Übernahme von Verbindlichkeiten,** so liegt ein teilentgeltlicher Erwerb vor; dasselbe gilt bei Vereinbarung von **Gleichstellungsgeldern** oder/und **Abstandszahlungen.** In diesem Fall liegen in voller Höhe der Entgelte Anschaffungskosten vor.

1674 Werden jedoch im Zusammenhang mit einer vorweggenommenen Erbfolge (Übergabeverträge) **Versorgungsleistungen** (s. dazu Rdn. 2148 ff.) an den Schenker bzw. an einen Dritten gewährt, so sollen diese Leistungen nach Ansicht des BFH (5. 9. 1990, a. a. O.)

weder auf der Seite des Schenkers Veräußerungsentgelte noch auf der Seite des Beschenkten Anschaffungskosten darstellen. Das begründet der BFH damit, dass Versorgungsleistungen vorbehaltene Vermögenserträge darstellen.

BEISPIEL: E (60 Jahre alt) überträgt auf sein Kind K sein Einzelunternehmen mit einem Verkehrswert von 500 000 € gegen Zahlung einer monatlichen Rente i. H. von 2 000 €

Variante a: an E,

Variante b: an die jüngere Ehefrau des E,

Variante c: an 2 Geschwister des K.

Der Kapitalwert der Rente beträgt mehr als 250 000 € und weniger als 500 000 €.

LÖSUNG: Es sind keine Abstandszahlungen/Gleichstellungsgelder, sondern Versorgungsleistungen vereinbart worden, die bei E nicht zu Veräußerungsentgelten und bei K nicht zu Anschaffungskosten führen. Da eine private Versorgungsrente (keine Unterhaltszuwendungsrente i. S. der h. M.) vorliegt, kann K die Rentenzahlungen mit ihrem Ertragsanteil als Sonderausgabe (§ 10 Abs. 1 Nr. 1a EStG) abziehen und E muss – in der Variante a – die Ertragsanteile gem. § 22 Nr. 1 EStG versteuern. Entsprechendes gilt für die Varianten b und c. Das gilt sowohl bei Übertragung von Privat- als auch von Betriebsvermögen.

11.5.2.3.3 Entgeltliche Übertragungen

Als Betriebsveräußerungen (entgeltliche Übertragungen) i. S. des § 16 EStG lassen sich   1674a
im Einzelnen die Fälle der Übertragung nennen:

▶ aufgrund eines **Kaufvertrages** (§ 433 BGB; nicht die Verpachtung – § 581 BGB –, weil hier kein wirtschaftliches Eigentum übertragen wird);

▶ aufgrund eines **Tauschvertrages** (§ 515 BGB);

▶ aufgrund eines **Einbringungsvertrages;** als solchen bezeichnet man einen Vertrag, durch den sich ein Gesellschafter verpflichtet, sein Einzelunternehmen, seinen Gesellschaftsanteil oder Teile seines Gesellschaftsanteils in eine Personengesellschaft oder Kapitalgesellschaft gegen Gewährung von Gesellschaftsrechten einzubringen. Vom Rahmen des § 16 EStG wird jedoch nur die Einbringung von Mitunternehmeranteilen erfasst, da die **§§ 20 bis 23 und § 24 UmwStG vorrangig** sind;

▶ aufgrund eines **Abfindungsvertrages** beim Ausscheiden eines Gesellschafters aus einer Personengesellschaft; die Abfindungsgrundlagen können dabei selbstverständlich bereits im Gesellschaftsvertrag festgesetzt sein;

▶ aufgrund eines **Erbauseinandersetzungsvertrages** (vgl. im Einzelnen Rdn. 1745 ff.); die Erbauseinandersetzung hat im Allgemeinen die **Rechtsnatur eines Vergleichs,** eines **Kaufs** oder eines **kaufähnlichen Vertrages** und damit eines gegenseitigen Vertrages i. S. der §§ 320 ff. BGB. Gegenseitige Verträge sind durchweg entgeltliche Verträge, denn jede der beiden Leistungen wird um der anderen willen übernommen.

11.5.3 Überblick über die steuerliche Behandlung der vorweggenommenen Erbfolge

11.5.3.1 Vermögensübertragung ohne Gegenleistung

a) **Privatvermögen:** unentgeltlicher Übergang: § 11d EStDV.   1675

b) **Betriebsvermögen:**

aa) Betrieb, Teilbetrieb, Mitunternehmeranteil: Fortführung der Buchwerte; keine Realisierung der stillen Reserven; keine Anschaffungskosten;

bb) einzelne Wirtschaftsgüter des Betriebsvermögens: Entnahme zum Teilwert beim Schenker.

11.5.3.2 Vermögensübertragung gegen Versorgungsleistung

1676 Grundsätzlich nur für Übertragung existenzsichernden Vermögens:

a) **Privatvermögen:** unentgeltlicher Übergang (§ 11d EStDV, s. o. 1a).

b) **Betriebsvermögen:** unentgeltlicher Übergang (s. o. 1b, aa).

11.5.3.3 Vermögensübertragung gegen Abstandszahlung, Ausgleichszahlung Gleichstellungsgelder

1676a a) **Privatvermögen:**

Aufteilung in einen **entgeltlichen** und einer **unentgeltlichen Teil; Aufteilung nach dem Verhältnis** des **Entgelts** zum **Verkehrswert** des übertragenen Wirtschaftsgutes.

Entgeltlicher Teil: es ist beim Veräußerer § 23 bzw. § 17 EStG zu prüfen; beim Erwerber liegen i. H. des entgeltlichen Teils Anschaffungskosten vor.

Unentgeltlicher Teil: unentgeltlicher Übergang (s. o. 11.5.3.1b, aa).

Besonderheiten: bei Fremdfinanzierung der Abstandszahlung oder Abfindungszahlung sind die Zinsen Werbungskosten, wenn mit dem erworbenen Vermögen stpfl. Einkünfte erzielt werden.

b) **Betriebsvermögen:**

aa) **Betrieb, Teilbetrieb, Mitunternehmeranteil: Einheitstheorie** (BFH 10. 7. 1986 IV R 12/81, BStBl 1986 II 811): Bei der teilentgeltlichen Veräußerung eines Betriebes ist der Vorgang **nicht** in ein voll entgeltliches und ein voll unentgeltliches Geschäft **zu zerlegen.**

Der Veräußerungsgewinn ist vielmehr durch Gegenüberstellung des Entgelts und des Kapitalkontos zu ermitteln.

– Soweit das Kapitalkonto nicht überschritten wird, Empfängerseite: Fortführung der Buchwerte, Schenkerseite: kein Veräußerungsverlust.

– Soweit das Kapitalkonto überschritten wird, durch die Teilentgeltlichkeit (Abstands-, Abfindungszahlung): Empfängerseite: nachträgliche, aktivierungspflichtige Anschaffungskosten, Schenkerseite: Veräußerungsgewinn in Höhe der Differenz: Entgelt ./. Kapitalkonto;

bb) einzelne Wirtschaftsgüter des Betriebsvermögens:

Empfängerseite: **soweit** entgeltlich: Anschaffungskosten,

soweit unentgeltlich: Einlage zum Teilwert;

„Schenker"seite: **soweit** entgeltlich: Veräußerung (lfd. Gewinn),

soweit unentgeltlich: Entnahme (lfd. Gewinn).

c) **Mischfälle: Übertragung von Privat- und Betriebsvermögens gegen Abstands-, Abfindungszahlung**

Aufteilung des Entgeltes auf den Teil der Übertragung von Privatvermögen und von Betriebsvermögen, danach in beiden Gruppen: Aufteilung jeweils in entgeltlichen und unentgeltlichen Teil;

Übertragung von Mischvermögen gegen Übernahme von Schulden:

a) bei Übernahme von Privatschulden: entgeltliche(r) Veräußerung/Erwerb (BFH 8. 11. 1990 IV R 73/87, BStBl 1991 II 450),

b) bei Übernahme von (passivierten) Betriebsschulden: unentgeltliche(r) Veräußerung/Erwerb: „Saldotheorie": es wird der Saldo der Aktiva und Passiva geschenkt; keine gemischte Schenkung.

Schuldzinsen sind in beiden Fällen Betriebsausgaben (BFH 8. 11. 1990, a. a. O.).

11.5.3.4 Übertragung unter Vorbehalt eines Nutzungsrechtes

► dinglich (Nießbrauchsrecht) oder schuldrechtlich, 1676b

a) **Privatvermögen**

Empfängerseite: unentgeltlicher Erwerb (BFH 25. 3. 1992 X R 100/91, BStBl 1992 II 803 und 1012); § 11d EStDV;

„Schenker"seite: (Nießbraucher): Besteuerung der lfd. Einnahmen./. Werbungskosten (einschl. AfA).

b) **Betriebsvermögen**

Empfängerseite: unentgeltlicher Erwerb bei Betriebsübertragung (§ 6 Abs. 3 EStG);

„Schenker"seite: unentgeltliche Übertragung; kein Veräußerungs-/Entnahmegewinn, außer er veräußert/entnimmt als Inhaber/Eigentümer einzelne Wirtschaftsgüter bzw. den Betrieb.

11.5.3.5 Der Betrieb als Gegenstand der Veräußerung

11.5.3.5.1 Inhaberwechsel als entscheidendes Merkmal

Ein Betrieb ist veräußert, wenn er „als lebender Organismus des Wirtschaftslebens" ei- 1677 nen **anderen Inhaber** erhält (RFH und BFH [st. Rspr.], vgl. z. B. BFH 1. 2. 1960, BStBl 1961 III 274; 13. 1. 1966 IV 76/63, BStBl 1966 III 168; R 16 Abs. 1 EStR). Das Betriebsvermögen muss daher u. U. übertragen werden, welche die **Fortsetzung der bisherigen Tätigkeit** des Veräußerers in demselben Wirkungskreis **ausschließen**. Andererseits muss es dem Erwerber möglich sein, mit den übernommenen Wirtschaftsgütern die **betriebliche Tätigkeit** ohne umfangreiche Neuanschaffungen **aufzunehmen** (vgl. BFH 23. 7. 1965 VI 67, 68/64 U, BStBl 1965 III 612). Die Identität des Betriebes muss also gewahrt bleiben. Der Inhaberwechsel schließt nicht aus, dass der Veräußerer sich in demselben Berufszweig weiterhin als Unternehmer betätigt, indem er einen neuen Betrieb gründet. Gleichgültig ist auch, ob der Erwerber den Betrieb tatsächlich weiterführt oder ihn stilllegt oder die erworbenen Wirtschaftsgüter auf andere Weise verwertet (R 16 Abs. 1 EStR).

Der Wortlaut des § 18 Abs. 3 EStG entspricht dem der §§ 14, 14a und 16 Abs. 1 EStG insofern nicht vollständig, als dort nicht von der Veräußerung des Betriebes die Rede ist, sondern von der Veräußerung „des der selbständigen Arbeit dienenden Vermögens". Ein sachlicher Unterschied ist damit jedoch nicht verbunden. Die Rechtsfolgen des § 18 Abs. 3 EStG können nur eintreten, wenn der selbständig Tätige sich von der Veräußerung des Betriebsvermögens an wenigstens für einen gewissen Zeitraum jeglicher Tätigkeit in dem bisherigen räumlichen Wirkungskreis enthält (BFH 7. 11. 1985 IV R 44/83, BStBl 1986 II 335), so dass von diesem Zeitpunkt an nur der Erwerber in Beziehungen zu der Kundschaft seines Vorgängers tritt. Als nichtselbständig Tätiger kann der Veräußerer aber auf seinem bisherigen Tätigkeitsgebiet weiterhin beruflich tätig bleiben/werden. Auch Nebentätigkeiten (z. B. als Betriebsarzt) werden ihm gestattet (BFH 7. 11. 1991 IV R 14/90, BStBl 1992 II 457).

11.5.3.5.2   Der erforderliche Umfang der Veräußerung: wesentliche Grundlagen

1678   Die **Veräußerung** des ganzen Betriebes **erfordert nicht die lückenlose Übertragung** aller dazu gehörenden Wirtschaftsgüter. Wollte man derart strenge Anforderungen stellen, würde man sich in Widerspruch zu den Gepflogenheiten des Wirtschaftslebens setzen, denn meistens behält der Veräußerer irgendwelche Gegenstände seines Betriebsvermögens zurück, die er in sein Privatvermögen überführt oder an einen Dritten veräußert (BFH 24. 3. 1987 I R 202/83, BStBl 1987 II 705; 29. 10. 1987 IV R 93/85, BStBl 1988 II 374). Nach st. Rspr. genügt es, wenn die **wesentlichen Grundlagen** des Betriebes auf den Erwerber übergehen. Welche Wirtschaftsgüter die wesentlichen Grundlagen bilden, kann nur von Fall zu Fall beurteilt werden (vgl. BFH 6. 2. 1962, BStBl 1962 III 190, m. w. N.; 28. 10. 1964 IV 102/64 U, BStBl 1965 III 88) und **richtet sich insbesondere nach der Art des Betriebes.** Beispielsweise hat bei Einzelhandelsunternehmen der Warenbestand besondere Bedeutung. Daher ist der Betrieb veräußert, wenn der gesamte Bestand an Arzneimitteln, der zu einer gepachteten Apotheke gehört, übertragen wird. Vom Einzelfall hängt es auch ab, ob das Betriebsgrundstück zu den wesentlichen Grundlagen gehört. In einer Reihe höchstrichterlicher Entscheidungen ist eine Betriebsveräußerung bejaht worden, obwohl das Grundstück Eigentum des Veräußerers blieb und dem Erwerber des Betriebes nur vermietet oder verpachtet worden war. Häufig, vor allem bei Fertigungsbetrieben, ist das Grundstück jedoch für die betriebliche Tätigkeit so wichtig, dass ohne seine Übertragung nicht der ganze Betrieb als veräußert angesehen werden kann (BFH 28. 10. 1964, a. a. O.). Die Einbringung des Mandantenstammes einer freiberuflichen Praxis in eine Sozietät allein stellt keine „Betriebsveräußerung" i. S. des § 18 Abs. 3 i. V. mit § 16 EStG dar (BFH 26. 2. 1981 IV R 98/79, BStBl 1981 II 568).

1679   Die Rechtsfolgen der §§ 14, 16 oder 18 Abs. 3 EStG treten nur ein, wenn mit der Veräußerung der wesentlichen Grundlagen des Betriebes die **Realisierung** der darin enthaltenen **stillen Reserven in einem Zuge** verbunden ist. Werden anlässlich der Veräußerung des Betriebes Wirtschaftsgüter von nicht untergeordneter Bedeutung, in denen erhebliche stille Reserven enthalten sind, als Betriebsvermögen in einen anderen inländischen Betrieb des Veräußerers übernommen, so können die Buchwerte dieser Wirtschaftsgüter gem. § 6 Abs. 5 EStG, fortgeführt werden, weil die Gewinne der beiden Betriebe nach den gleichen Grundsätzen ermittelt werden. Eine steuerlich begünstigte Betriebsveräußerung/Betriebsaufgabe ist in derartigen Fällen nur dann anzunehmen, wenn **alle stillen Reserven** aufgedeckt werden, d. h. auch nicht zum geringen Teil von der Möglichkeit des § 24 UmwStG, den Buchwert oder einen Zwischenwert zu wählen, Gebrauch gemacht wird (s. Rdn. 1683).

11.5.3.5.3 Veräußerung der wesentlichen Grundlagen ohne Wechsel des Betriebsinhabers – Ersetzung, Verlagerung

Eine Veräußerung des Betriebes liegt **nicht** vor, wenn die Wirtschaftsgüter, welche die 1680
wesentliche Grundlage des Betriebes bilden, lediglich durch **gleichartige oder ähnliche Betriebsmittel ersetzt** werden und sich die **bisherige Tätigkeit** des Veräußerers im Übrigen **nicht ändert.** Dies gilt z. B. für einen Fischer, der seinen einzigen Kutter verkauft und sofort einen anderen erwirbt, um damit auch künftig in den bisherigen Revieren und für denselben Abnehmerkreis Fische zu fangen (BFH 1. 2. 1960, BStBl 1961 III 274; 10. 8. 1961, HFR 1962 178; 13. 1. 1966 IV 76/63, BStBl 1966 III 168; vgl. ferner BFH 24. 6. 1976 IV R 199/72, BStBl 1976 II 670: Veräußerung eines Küstenschiffes und Erwerb eines größeren Schiffes; der Erwerb erfolgte im Entscheidungsfall jedoch nicht durch den Veräußerer, sondern durch eine GbR, an der der Veräußerer beteiligt ist). Ein etwaiger Gewinn, der bei einem derartigen Verkauf und nachfolgender Ersetzung des verkauften Betriebsmittels erzielt wurde, ist daher unter den geschilderten Voraussetzungen nicht nach den §§ 16, 34 EStG begünstigt. Ebenso wäre die Rechtslage zu beurteilen, wenn ein Transportunternehmer seinen einzigen Lastwagen verkauft und einen anderen erwirbt, mit dem er von demselben Ort aus seine bisherige Tätigkeit fortsetzt. Der Betrieb ist in derartigen Fällen nicht veräußert, weil die zugehörigen Wirtschaftsgüter nur im Zusammenhang mit einem bestimmten Bereich, in dem sich die Tätigkeit des Inhabers vollzieht, einen „Betrieb" bilden. Auch bei der Veräußerung sämtlicher Fernlastzüge durch einen Spediteur, aber weiterer Betreuung seiner bisherigen Kunden durch Einschaltung fremder Frachtführer, liegt weder eine Betriebs- noch Teilbetriebsveräußerung vor (BFH 22. 11. 1988 VIII R 323/84, BStBl 1989 II 357).

Auch bei **örtlicher Verlagerung** der Tätigkeit kann die Identität des Betriebes trotz des 1681
Verkaufs der wesentlichen Teile des Betriebsvermögens gewahrt bleiben. Ob der bisherige Betrieb verlegt wurde oder ob seine Veräußerung und der anschließende Aufbau eines neuen Unternehmens durch den bisherigen Inhaber erfolgt, richtet sich nach den Umständen des einzelnen Falles (vgl. BFH 13. 1. 1966, a. a. O.; 24. 6. 1976 IV R 200/72, BStBl 1976 II 672; vgl. auch BFH 3. 10. 1984 I R 116/81, BStBl 1985 II 131: dort nahm der BFH eine Verlegung an bei Neueröffnung einer Bäckerei in räumlicher Entfernung von 200–300 m zur alten Betriebsstätte). Bleibt der Kundenstamm eines von seiner Lage stark abhängigen Geschäftes erhalten, so ist ein wichtiger Anhaltspunkt gegeben, der für die bloße Verlegung des Betriebes spricht.

BEISPIEL: ► A hat in einer Kleinstadt in gemieteten Räumen einen Friseursalon betrieben. Er hat den Mietvertrag zum 30. 9. 01 gekündigt und die gesamte, zum großen Teil veraltete Einrichtung an diesem Tage dem B verkauft. Seit dem 1. 10. 01 übt er seine Tätigkeit in den von ihm modern eingerichteten, erheblich größeren Räumen eines in derselben Straße gelegenen Hauses aus. Seine Arbeitnehmer sind weiterhin bei ihm beschäftigt.

A hat den Betrieb nicht veräußert, sondern lediglich verlegt. Ausschlaggebend dürfte sein, dass der Kundenstamm unverändert bleibt und die Arbeitsverträge weiter bestehen. Demgegenüber sind die Aufgabe der bisherigen Räume und der Verkauf der ursprünglichen Einrichtungsgegenstände von untergeordneter Bedeutung.

11.5.3.5.4 Besonderheiten bei Einbringungsverträgen

1682 Die Einbringung eines Betriebes, eines Teilbetriebes oder eines Mitunternehmeranteils in eine Personen- oder Kapitalgesellschaft gegen Gewährung von Gesellschaftsrechten kann bürgerlich-rechtlich als Tausch oder aber auch als eine Art der Gesamtrechtsnachfolge angesehen werden.

Sieht man in einem derartigen Vorgang einen **Tausch,** so liegt ein entgeltlicher Übergang eines Betriebes usw. vor; Entgelt sind die gewährten Gesellschaftsrechte; Gewinnrealisierungen sind somit zwangsläufig mit einem solchen Vorgang verbunden.

Nimmt man allerdings an, diese Einbringungsvorgänge stellten Arten einer **Gesamtrechtsnachfolge,** eine Änderung der Rechtsform dar, brauchten stille Reserven u.U. nicht aufgedeckt zu werden.

Nach dem UmwStG werden die Einbringungen wie folgt behandelt:

11.5.3.5.4.1 Einbringung in eine Personengesellschaft (§ 24 UmwStG)

1683 Nach § 24 Abs. 2 UmwStG steht es der Personengesellschaft frei, das von einem Personengesellschafter eingebrachte Betriebsvermögen in ihrer Bilanz (einschl. der Ergänzungsbilanzen für die einzelnen Gesellschafter) mit dem **Buchwert,** dem **gemeinen Wert** oder einem **Zwischenwert** anzusetzen. Da dieses **Wahlrecht** für jedes einzelne Wirtschaftsgut des eingebrachten Betriebsvermögens gilt, können nebeneinander Buch-, gemeine und Zwischenwerte von der Personengesellschaft angesetzt werden. Da der Wert, den die Personengesellschaft ansetzt, der Veräußerungspreis des Einbringenden ist (§ 24 Abs. 3 Satz 1 UmwStG – Buchwertverknüpfung), führt diese Wahlmöglichkeit im Rahmen der Anwendung des § 16 Abs. 4 EStG und des § 34 Abs. 2 i.V. mit Abs. 1 und 3 EStG notwendig zu der Konsequenz, dass diese Steuervergünstigungen – entsprechend der Funktion dieser beiden Bestimmungen – nur gewährt werden können, wenn das übernommene Betriebsvermögen mit dem gemeinen Wert, also unter Aufdeckung aller stillen Reserven von der Personengesellschaft bilanziert wird (§ 24 Abs. 3 Satz 2 UmwStG; BFH 11. 8. 1971 VIII 13/65, BStBl 1972 II 270).

Es müssen also nicht nur die wesentlichen Grundlagen eines Betriebes, Teilbetriebes oder eines Mitunternehmeranteils in die Personengesellschaft eingebracht werden, es müssen darüber hinaus **alle stillen Reserven aufgedeckt** werden, es muss also **auch der gemeine Wert eines evtl. Geschäftswertes/Firmenwertes** angesetzt werden, um die Vergünstigungen der §§ 16 Abs. 4 und 34 EStG gewähren zu können (Tz 24.15 des Erlasses zum UmwStG vom 11. 11. 2011, BStBl 2011 I S. 1314). Der Freibetrag nach § 16 Abs. 4 EStG ist allerdings nur anteilig zu gewähren, wenn nicht ein ganzer Betrieb eingebracht wird.

Für den Fall, dass der Einbringende neben dem Mitunternehmeranteil an der Personen- 1684
gesellschaft eine **Zuzahlung** erhält, die nicht Betriebsvermögen der Personengesellschaft wird, vgl. Tz 24.08 ff. des Erlasses zum UmwStG.

§ 24 UmwStG findet auch auf die Einbringung einer freiberuflichen Praxis in eine Personengesellschaft Anwendung (BFH 13.12.1979 IV R 69/74, BStBl 1980 II 239;
26. 2. 1981 IV R 98/79, BStBl 1981 II 568).

Nach § 24 Abs. 3 UmwStG sind die §§ 16 Abs. 4 u. 34 EStG nur anzuwenden, wenn das
eingebrachte Betriebsvermögen mit dem gemeinen Wert angesetzt wird. §§ 16 Abs. 4
u. 34 EStG sind aber nicht anzuwenden, soweit der Einbringende **selbst** an der Personengesellschaft **beteiligt** ist; insoweit gilt der durch die Einbringung entstandene Gewinn als laufender Gewinn (Parallelvorschrift zur Neufassung des § 16 Abs. 2 Satz 3
EStG).

Diese Regelung gilt für Gewerbetreibende, Land- und Forstwirte und Freiberufler.

Der bei Ansatz des eingebrachten Betriebsvermögens mit dem gemeinen Wert entste- 1685
hende Einbringungsgewinn soll als laufender Gewinn behandelt werden, der auch der
GewSt unterliegt, **soweit** der Einbringende an der Personengesellschaft, in die eingebracht wird, selbst beteiligt ist. **Soweit** der Einbringende an der Personengesellschaft,
in die eingebracht wird, **nicht selbst beteiligt** ist, sollen auf den Veräußerungsgewinn
unverändert in vollem Umfang der Freibetrag nach § 16 Abs. 4 EStG und die Tarifvergünstigung nach § 34 EStG gewährt werden.

> **BEISPIEL:** A bringt in die neu gegründete ABC-OHG sein bisheriges Einzelunternehmen ein; A, B
> und C sind zu je einem Drittel an der OHG beteiligt. Buchkapital des eingebrachten Einzel-
> unternehmens des A: 400 000 €; stille Reserven und Firmenwert: 240 000 €. Dementspre-
> chend leisten B und C jeweils Einlagen i. H. von 640 000 €. Die Einbringung des Einzelunterneh-
> mens soll zu gemeinen Werten nach § 24 UmwStG erfolgen.
>
> Der Veräußerungsgewinn i. H. von 240 000 € ist i. H. von einem Drittel (80 000 €) laufender Ge-
> winn (§ 24 Abs. 3 letzter Satz UmwStG), und i. H. von zwei Dritteln (160 000 €) begünstigter
> Veräußerungsgewinn nach §§ 16 Abs. 4 u. 34 EStG. Die 80 000 € laufender Gewinn unterliegen
> der GewSt.

11.5.3.5.4.2 Einbringung in eine Kapitalgesellschaft (§§ 20–23 UmwStG)

Ebenso wie bei der Einbringung in eine Personengesellschaft kann bei der **Einbringung** 1686
in eine unbeschränkt körperschaftsteuerpflichtige **Kapitalgesellschaft** das eingebrachte
Betriebsvermögen mit seinem **Buch-, gemeinen oder einem Zwischenwert** angesetzt
werden (§ 20 Abs. 2 Satz 1 und 2 UmwStG).

Als **Ausnahme** von dem Wahlrecht des § 20 Abs. 2 Satz 1 und 2 UmwStG ist allerdings 1687
§ 20 Abs. 3 Satz 2 UmwStG zu erwähnen, wonach **alle stillen Reserven zwingend auf-
zudecken** sind, wenn der Einbringende **beschränkt steuerpflichtig** ist oder sich kraft
Doppelbesteuerungsabkommens keine Besteuerung hinsichtlich des Veräußerungsgewinns in der Bundesrepublik Deutschland ergibt.

Voraussetzung ist, dass der Einbringende **neue Anteile** für die Sacheinlage in den Fällen 1688
der Gesellschaftsgründung oder der Kapitalerhöhung erhält. Nicht mehr wird – in Abweichung von der Rechtsprechung des RFH und BFH – gefordert, dass der Einbringende

an der Kapitalgesellschaft wesentlich beteiligt ist; auch die Einräumung von Splitterbeteiligungen reicht zur Anwendung der §§ 20 ff. UmwStG aus. Auch für die Frage der Einbringung in eine Kapitalgesellschaft gilt der Grundsatz der sog. Buchwertverknüpfung (§ 20 Abs. 3 Satz 1 UmwStG: Der Wert für das eingebrachte Betriebsvermögen bei der Kapitalgesellschaft ist der Veräußerungspreis für den Einbringenden).

1689 Auch in dem Fall der Einbringung in eine Kapitalgesellschaft wird die Begünstigung des § 16 Abs. 4 EStG nur gewährt, wenn **alle** stillen Reserven aufgedeckt werden, wenn also das eingebrachte Betriebsvermögen mit dem gemeinen Wert angesetzt wird. (Vgl. Erlass zum UmwStG a. a. O. Rz. 20.25 ff.).

11.5.3.5.5 Umwandlung einer Kapitalgesellschaft nach den Vorschriften des Umwandlungssteuergesetzes

1690 Die Besprechung dieser Thematik würde den Rahmen dieses Lehrbuches sprengen. Es wird verwiesen auf die einschlägigen Erläuterungsbücher zum Körperschaftsteuergesetz.

11.5.3.5.6 Besonderheiten beim Eintritt in eine bestehende Personengesellschaft

1691 Von dem Fall, dass eine Personengesellschaft gegründet wird und die neuen Gesellschafter in die Gesellschaft ihre Gesellschafterleistungen in der Form von Bar- oder Sacheinlagen (z. B. durch Einbringung eines Unternehmens) erbringen, ist der Fall zu unterscheiden, dass **in eine bereits bestehende Gesellschaft ein weiterer Gesellschafter aufgenommen** wird. Es handelt sich in diesem Fall um eine teilweise Veräußerung der Beteiligung der bisherigen Gesellschafter an den neuen Gesellschafter.

Für diesen Fall sind aber **dieselben Grundsätze anzuwenden,** wie sie für den Fall der Einbringung bei Gründung einer Personengesellschaft entwickelt worden sind.

Das bedeutet im Einzelnen:

1692 Sofern der neue Gesellschafter bei seinem Eintritt Leistungen bewirkt, die den Wert seines gesellschaftsrechtlichen Kapitalkontos übersteigen, wird dieser übersteigende Betrag geleistet für in der Personengesellschaft gebildete stille Reserven. In dieser Höhe entsteht bei den bisherigen Gesellschaftern ein **Veräußerungsgewinn,** und zwar aus der Veräußerung jeweils eines Teiles ihres Mitunternehmeranteils i. S. des § 16 EStG. Diese Gewinne sind nach § 16 Abs. 1 Satz 2 EStG **laufende Gewinne** der bisherigen Gesellschafter; auf sie ist somit § 16 Abs. 4 EStG bzw. § 34 EStG nicht anzuwenden.

11.5.4 Aufgabe des Betriebes

11.5.4.1 Gleichstellung der Aufgabe mit der Veräußerung

1693 Die Vorschriften über die Begünstigung der Veräußerungsgewinne wären zu eng gefasst, wenn ihr Anwendungsbereich auf die Übernahme des Betriebsvermögens durch einen einzigen Erwerber beschränkt bliebe. Wird die betriebliche Tätigkeit auf andere Art als durch Verkauf des Betriebes im Ganzen beendet, kann sich ebenfalls die Notwendigkeit ergeben, die im Betriebsvermögen enthaltenen stillen Reserven in einem

Jahr zu versteuern. Deshalb ist die **Aufgabe eines Gewerbebetriebes** in § 16 Abs. 3 EStG **der Veräußerung gleichgestellt** worden. Ebenso gilt die Aufgabe eines landwirtschaftlichen oder forstwirtschaftlichen Betriebes oder eines Betriebes, aus dem Einkünfte aus selbständiger Arbeit erzielt werden, als Veräußerung, da die §§ 14, 14a und 18 Abs. 3 EStG auf § 16 Abs. 3 EStG verweisen. Damit sind **sämtliche Aufgabegewinne** in derselben Weise **wie Veräußerungsgewinne begünstigt.**

11.5.4.2 Der Begriff „Aufgabe"

Die Aufgabe des Betriebes liegt vor, wenn die betriebliche Tätigkeit endgültig einge-   1694
stellt wird und der Betrieb in zeitlichem Zusammenhang mit der Einstellung **aufhört, als lebender Organismus des Wirtschaftslebens** zu bestehen (BFH 6. 8. 1964, BStBl 1964 III 642; R 16 Abs. 2). Davon kann nur gesprochen werden, wenn die **wesentlichen Grundlagen des Betriebes** mit dem Entschluss, das Geschäft nicht mehr fortzusetzen, entweder **unter Aufteilung** – also nicht insgesamt an einen Erwerber, da sonst eine Geschäftsveräußerung (s. o.) vorliegt – **veräußert und/oder** ins **Privatvermögen überführt werden** (R 16 Abs. 2). Der Tod des Inhabers hat die Aufgabe nicht notwendigerweise zur Folge. Entscheidend ist, ob die Erben die betriebliche Tätigkeit fortsetzen. Führen allerdings die Erben den Betrieb nicht fort, wird er vielmehr sogleich nach dem Erbfall eingestellt, so liegt eine Betriebsaufgabe vor; der Aufgabegewinn ist den Erben zuzurechnen (BFH 7. 10. 1965 IV 346/61 U, BStBl 1965 III 666).

11.5.4.2.1 Einstellung des Betriebes

Mit dem im Gesetz enthaltenen Ausdruck „Aufgabe" könnte sowohl der gesamte Zeit-   1695
raum der Liquidation des Betriebes gemeint sein als auch der Augenblick der Einstellung der betrieblichen Tätigkeit. Dass nur die letztgenannte Auslegung dem Willen des Gesetzgebers entspricht, geht jedoch klar aus § 16 Abs. 3 Satz 7 EStG hervor, wo von dem **„Zeitpunkt der Aufgabe"** die Rede ist. Der **Betrieb wird eingestellt, wenn die Tätigkeit,** der er dient, in ihm **endgültig aufhört** (BFH 7. 11. 1963, BStBl 1964 III 71). Dieser Zeitpunkt ist insbesondere bei Gewerbebetrieben mitunter schwierig zu bestimmen. Eine Entscheidung lässt sich nur unter Berücksichtigung aller Umstände des Einzelfalles treffen. Einige allgemeine Grundsätze sind jedoch durch die Rechtsprechung zur Gewerbesteuer entwickelt worden, die sich mehrfach mit dem Problem zu befassen hatte, weil die Gewerbesteuerpflicht der natürlichen Personen und Personengesellschaften mit der Einstellung des Betriebes endet.

Bei einem **Fabrikationsbetrieb** hört hiernach die „werbende" Tätigkeit, d. h. die einen   1696
Gewerbebetrieb als solchen kennzeichnende Tätigkeit, nicht immer schon mit der **Einstellung der Fertigung** auf. Auch wenn lediglich der Restbestand an Waren verkauft wird, kann hierin die Fortführung des Betriebes zu erblicken sein.

BEISPIEL: ► A, der eine Lederwarenfabrik betreibt, hat die Fertigung zum 31. 12. 01 eingestellt und die mit der Fabrikation beschäftigten Arbeitskräfte entlassen. Die Verkaufsabteilung des Betriebes arbeitet bis zum 31. 5. 02 weiter, indem sie Bestellungen annimmt und die Kunden mit dem noch vorhandenen Bestand an Fertigwaren beliefert. Die Umsätze haben sich in den ersten fünf Monaten des Jahres 02 auf ca. 20 % der in der gleichen Zeit des Vorjahres erzielten Umsätze belaufen. Am 31. 5. 02 wird auch die Verkaufsabteilung des Betriebes aufgelöst.

Der Zeitpunkt der Aufgabe ist der 31. 5. 02, weil der Betrieb erst an diesem Tage eingestellt wurde. Das Ende der Fertigung am 31. 12. 01 ist nicht entscheidend, denn der Betrieb hat auch danach noch durch den Warenverkauf als nachhaltige Ertragsquelle gedient, was die Höhe der Umsätze zeigt. Solange der Verkauf in der bisherigen Weise fortgesetzt wird, kommt eine Betriebseinstellung nur in Betracht, wenn lediglich kleine Restposten veräußert werden, bei denen der Umsatz in keinem Verhältnis zu den laufenden Unkosten des Verkaufs steht (vgl. dazu auch BFH 2. 7. 1981 IV R 136/79, BStBl 1981 II 798).

1697 In einem **Einzelhandelsgeschäft** wird die gewerbliche Tätigkeit **nicht** schon eingestellt, wenn der **Wareneinkauf aufhört, sondern** erst, wenn der regelmäßige **Warenverkauf** im Ladengeschäft **endet** (BFH 26. 9. 1961 I 5/61, BStBl 1961 III 517). Bleibt das Geschäft jedoch nach diesem Zeitpunkt zur Durchführung eines Ausverkaufs geöffnet, so wird damit die werbende Tätigkeit bis zum Abschluss des Ausverkaufs fortgesetzt (vgl. BFH 2. 7. 1981, a. a. O.; 29. 11. 1988 VIII R 316/82, BStBl 1989 II 602).

> **BEISPIEL:** ▶ B ist Inhaber eines großen Textileinzelhandelsgeschäftes. Am 15. 11. 01 entscheidet er sich, den Betrieb aufzugeben. Seit diesem Tag bestellt er bei den Lieferanten keine Ware mehr. Er beschränkt sich darauf, die vorhandenen Bestände zu verkaufen. Das Geschäft bleibt bis zum 20. 2. 02 durchweg zu den üblichen Verkaufszeiten geöffnet. Der Restbestand an Waren wird am 23. 2. und am 26. 2. 02 von zwei anderen Einzelhändlern erworben.
>
> Die Aufgabe ist erst am 20. 2. 02 erfolgt, weil an diesem Tag der regelmäßige Verkauf endete. Der Gewinn aus den Verkäufen, die zwischen dem 15. 11. 01 und dem 20. 2. 02 erfolgt sind, ist nicht Teil des Veräußerungsgewinns. Er gehört zum laufenden Gewinn, da er vor der Einstellung des Betriebes erzielt worden ist.

1698 Bei **Großhandelsgeschäften** endet die werbende Tätigkeit mit dem Tage, von dem an die restlichen Warenvorräte nicht mehr dazu dienen, die Kunden in gewohnter Weise zu beliefern, sondern anderweitig veräußert werden, bspw. an andere Großhandelsgeschäfte.

1699 Die **Eröffnung des Insolvenzverfahrens** bewirkt nicht, dass der Betrieb als eingestellt anzusehen ist (vgl. § 4 Abs. 2 GewStDV). Entscheidend ist allein, ob und ggf. wann der Insolvenzverwalter die betriebliche Tätigkeit beendet (BFH 7. 11. 1963, BStBl 1964 III 71; Abschn. 19 Abs. 5 GewStR).

1700 Auch im Fall der **Vernichtung eines Betriebes** durch Brand ist eine Aufgabe zu sehen. Das gilt auch dann, wenn zwar das Unternehmen seine Tätigkeit wieder aufnimmt, aber in einer völlig anderen Sparte (BFH 11. 3. 1982 IV R 25/79, BStBl 1982 II 707).

Nach den dargelegten Grundsätzen ist **auch der Aufgabezeitpunkt** für Betriebe von **Personengesellschaften** zu bestimmen, obwohl Letztere bis zum Abschluss der Liquidation weiter bestehen (vgl. Abschn. 19 Abs. 1 GewStR). Wann Betriebe von Kapitalgesellschaften als eingestellt gelten, kann hier unerörtert bleiben, da die einkommensteuerlichen Vorschriften über die Begünstigung der Veräußerungsgewinne insoweit nicht anwendbar sind.

11.5.4.2.2 Zusammenhang zwischen der Einstellung und dem Ende der Existenz des Betriebes

11.5.4.2.2.1 Die verschiedenen Arten der Auflösung des Betriebes im Rahmen der Aufgabe

Über die Einstellung der bisherigen Tätigkeit hinaus erfordert die Aufgabe des Betriebes, dass dieser im Zusammenhang mit der Einstellung aufhört, als lebender Organismus zu bestehen.   1701

Deshalb müssen seine wesentlichen Grundlagen nach der Einstellung in einem einheitlichen Vorgang aus dem Betriebsvermögen ausscheiden (BFH [st. Rspr.], vgl. z. B. Urteil v. 20. 8. 1964 IV 40/62 U, BStBl 1964 III 504 f.), sei es, dass sie sämtlich veräußert oder durchweg in das Privatvermögen überführt werden oder dass ein Teil von ihnen veräußert und der Rest entnommen wird.

Das **Schicksal** der **Wirtschaftsgüter,** die **nicht zu den wesentlichen Grundlagen** des Betriebes zählen, ist für die Beurteilung der Frage, ob eine Aufgabe vorliegt, **ohne Bedeutung.**

Die bloße **Verlegung** einer Betriebsstätte eines Unternehmens führt nur dann zu einer Aufgabe i. S. des § 16 Abs. 3 EStG, wenn die wesentlichen Grundlagen nicht in die neuen Betriebsstätten bzw. Geschäftsräume übernommen werden.   1702

> **BEISPIEL:** Der A schließt sein bisheriges Café in der Stadt X und eröffnet in der Stadt Y ein neues Café.
>
> Hier werden die wesentlichen Grundlagen seines bisherigen Betriebes (insbesondere der Kundenstamm) nicht in das Unternehmen übernommen. Es liegt somit eine Aufgabe vor.
>
> Anders in dem folgenden Beispiel:
>
> Der A schließt sein Café, veräußert das Inventar an einzelne Interessenten und eröffnet ein paar Häuser weiter ein neues Café. Dort bewirtet er im Wesentlichen dieselbe Kundschaft. Hier liegt eine bloße Verlegung des Betriebes in andere Geschäftsräume vor, wobei die wesentlichen Geschäftsgrundlagen dieselben bleiben (vgl. dazu auch BFH 14. 3. 1975, BStBl 1975 II 661: Aufgabe i. S. des § 18 Abs. 3 EStG der freiberuflichen Steuerberaterpraxis nur, wenn die Tätigkeit für alle Mandanten wenigstens zeitweise eingestellt wurde).

Wird der Betrieb nach der Einstellung durch Verkauf im Ganzen oder seiner wesentlichen Teile aufgelöst, ist der Vorgang als Aufgabe anzusehen, wenn mehrere Erwerber die Wirtschaftsgüter übernehmen und nicht einer von ihnen alle wesentlichen Grundlagen erlangt. Hierdurch unterscheidet sich die Aufgabe von der Betriebsveräußerung.   1703

> **BEISPIEL:** A, Inhaber eines Bauunternehmens, hat seine gewerbliche Tätigkeit am 30. 9. 01 eingestellt. Am 5. 10. 01 hat er einen Baukran und eine Planierraupe dem Bauunternehmer B verkauft, am 10. 10. 01 das gesamte Baumaterial an C. Maurermeister D, der sich selbständig machen will, hat am 21. 10. 01 die restlichen Baumaschinen sowie die Werkzeuge und Geräte erworben. Einen Tag später hat A sein Betriebsgrundstück, auf dem lediglich eine Lagerhalle steht, an den Fabrikanten E verkauft. Die Büroeinrichtung ist an demselben Tag in sein Privatvermögen übergegangen.
>
> A hat den Betrieb am 30. 9. 01 aufgegeben (§ 16 Abs. 3 EStG). Der auf diesen Tag zu ermittelnde Aufgabegewinn ist in derselben Weise begünstigt, wie das bei einer etwaigen Veräußerung des ganzen Betriebes an einen einzigen Erwerber der Fall gewesen wäre, da die Aufgabe nach § 16 Abs. 3 Satz 1 EStG als Veräußerung gilt. Der zeitliche Zusammenhang zwischen der Einstellung des Betriebes und dem Ende seiner Auflösung (vgl. Rdn. 1474) ist gewahrt.

11.5.4.2.2.2 Unentgeltliche Übertragung und Betriebsaufgabe

1704 Um eine Aufgabe des ganzen Betriebes handelt es sich auch, wenn **ein Teil** der wesentlichen Grundlagen **unentgeltlich übertragen** und der **andere Teil** der wesentlichen Grundlagen in das **Privatvermögen überführt** werden (BFH 9.7.1981 IV R 101/77, BStBl 1982 II 20).

> **BEISPIEL:** A, Inhaber eines Zimmereigeschäftes, stellt seinen Betrieb am 30.6.01 ein. Er schenkt seinem Sohn an diesem Tage den Warenbestand, Maschinen und Werkzeuge sowie einen Kraftwagen. Die Buchwerte dieser WG belaufen sich auf 110 000 €. Die übrigen WG, insbesondere das Betriebsgrundstück mit Werkstatt, Holzlagerplatz und Schuppen, hat A gleichzeitig in sein Privatvermögen überführt.
>
> Der Betrieb ist aufgegeben (§ 16 Abs. 3 EStG). Eine unentgeltliche Betriebsübertragung, die nach § 7 EStDV nicht zu einer Gewinnrealisierung geführt hätte, liegt nicht vor. Hierzu wäre es notwendig gewesen, dem Sohn unentgeltlich sämtliche WG zu übertragen, welche die wesentlichen Grundlagen des Betriebes bilden. Das ist jedoch nicht geschehen, weil im vorliegenden Fall das Betriebsgrundstück Teil der wesentlichen Grundlagen war (vgl. BFH 27.7.1961 IV 295/60 U, BStBl 1961 III 514).
>
> Sofern **die wesentlichen Grundlagen** eines Betriebes **unentgeltlich übertragen** werden, der Steuerpflichtige aber **Wirtschaftsgüter,** die **nicht** zu den **wesentlichen Grundlagen** des Betriebes gehören, veräußert oder in sein Privatvermögen überführt, liegt einerseits eine **unentgeltliche Betriebsübertragung** bezüglich der wesentlichen Grundlagen des Betriebes i. S. des § 6 **Abs. 3 EStG, andererseits** aber auch ein **laufender Gewinn** (Veräußerungs- bzw. Entnahmegewinn) hinsichtlich der nicht wesentlichen Teile des Betriebsvermögens vor (BFH 19.2.1981 IV R 116/77, BStBl 1981 II 566).
>
> Denkbar ist auch, dass ein Teilbetrieb unentgeltlich veräußert wird und in zeitlichem Zusammenhang hiermit die Aufgabe des Restbetriebes erfolgt.

11.5.4.2.2.3 Zeitlicher Zusammenhang zwischen der Einstellung und dem Abschluss der Auflösung des Betriebes

1705 Die steuerlichen Erleichterungen, die das Gesetz für Veräußerungsgewinne i. S. der §§ 14, 14a, 16 und 18 Abs. 3 EStG sowie § 34 EStG vorsieht, sind nur gerechtfertigt, wenn die in den wesentlichen Grundlagen des Betriebsvermögens enthaltenen stillen Reserven **gleichzeitig mit der Einstellung** der betrieblichen Tätigkeit **oder innerhalb eines verhältnismäßig kurzen Zeitraums** danach realisiert werden (RFH und BFH [st. Rspr.], vgl. 25.6.1970 IV 350/64, BStBl 1970 II 719; H 16 Abs. 2 EStH). Deshalb birgt der Begriff „Aufgabe" eine zeitliche Begrenzung in sich, innerhalb der die Einstellung des Betriebs abgewickelt sein muss. Die Dauer der Frist lässt sich nicht allgemein bestimmen. Sie ist von den Gegebenheiten des einzelnen Falles abhängig und muss so bemessen werden, dass es zumutbar ist, den Betrieb bis zu ihrem Ende aufzulösen. Es ist zu fragen: Sind die **Aufgabehandlungen wirtschaftlich** als **einheitlicher Vorgang** zu werten (BFH 16.9.1966 VI 118-119/65, BStBl 1967 III 70)?

1706 Die Betriebsaufgabe **beginnt** mit der ersten vom Aufgabeentschluss getragenen Handlung, die objektiv auf die Auflösung des Betriebes als selbständigen Organismus gerichtet ist (z. B. Einstellung der werbenden Tätigkeit, Veräußerung wesentlicher Betriebsgrundlagen).

Sie **endet** mit der Veräußerung der letzten wesentlichen Betriebsgrundlage bzw. mit deren Überführung ins Privatvermögen (BFH 26.5.1993 X R 101/90, BStBl 1993 II 710).

Der zeitliche Zusammenhang ist **nicht mehr gewahrt** bei Veräußerung der einzelnen Filialen eines Lebensmittelgeschäftes innerhalb von **5 Jahren** (BFH 8. 9. 1976 I R 99/75, BStBl 1977 II 66), ja sogar – im Standardfall –, wenn er mehr als **36 Monate** umfasst (BFH 26. 5. 1993, a. a. O.).

Bleibt nach Verwertungshandlungen im Zuge einer Betriebsaufgabe lediglich eine we- 1707 sentliche Betriebsgrundlage zurück, die sich – zurzeit – nicht veräußern lässt, wird diese notwendiges Privatvermögen, unabhängig davon, ob eine Überführungserklärung abgegeben wird oder nicht. In diesem Zeitpunkt ist die Betriebsaufgabe beendet (BFH 21. 5. 1992, BFH/NV 659).

Der Betriebsinhaber darf i. d. R. nicht genötigt sein, schwer verkäufliche Wirtschaftsgüter unter ihrem Wert abzusetzen, um die steuerliche Begünstigung des Veräußerungsgewinns zu erlangen. So kann z. B. bei einem Weingut mit mehreren Weinbergen und landwirtschaftlichem Streubesitz trotz vierzehnmonatiger Abwicklung eine steuerbegünstigte Betriebsaufgabe vorliegen (BFH 16. 9. 1966, a. a. O.).

Wird die im Einzelfall maßgebende Frist für die Auflösung des Betriebes überschritten, 1708 handelt es sich nicht um eine „Aufgabe", sondern um die **allmähliche Liquidation** des Betriebes. Die aus der Veräußerung oder Entnahme der Wirtschaftsgüter erzielten Gewinne sind dann jeweils im Jahr der Veräußerung bzw. Entnahme als **nachträgliche Einkünfte** (§ 24 Nr. 2 EStG) aus der früheren Tätigkeit **nach den allgemeinen Vorschriften,** d. h. ohne Freibetrag und zu den normalen Steuersätzen zu versteuern.

Aus dieser Interessenlage heraus ist es auch verständlich, dass der **BFH** (12. 12. 2000 VIII R 10/99, BStBl 2001 II 282, und ihm folgend H 16 Abs. 2 EStH die Vergünstigungen der §§ 16 u. 34 EStG **ablehnt** für die Fälle, in denen der Steuerpflichtige Wirtschaftsgüter zurückbehält und sie **formell ins Privatvermögen überführt,** um sie anschließend zwar so bald wie möglich, aber **außerhalb** des von der Rechtsprechung und Literatur verlangten **kurzen Zeitraums zu veräußern.** Durch die bloße formelle Überführung von Wirtschaftsgütern ins Privatvermögen soll diese Zeitspanne nicht willkürlich beeinflussbar werden (vgl. auch Rdn. 1710 ff.).

Keine Betriebsaufgabe liegt vor bei sog. **Strukturwandel,** z. B. beim Übergang von einer 1709 gewerblichen gärtnerischen Tätigkeit zur Land- und Forstwirtschaft oder auch von einer land- und forstwirtschaftlichen Tätigkeit zur nicht steuerpflichtigen Liebhaberei (vgl. H 16 Abs. 2 EStH). Im Falle eines solchen Strukturwandels werden die bisherigen stillen Reserven „vorgehalten" für eine zukünftige Besteuerung, die erst bei späterer entgeltlicher Veräußerung bzw. Entnahme durchzuführen ist (BFH 29. 10. 1981 IV R 138/78, BStBl 1982 II 381).

11.5.4.2.2.4 Zulässigkeit von Entnahmen nach der Einstellung des Betriebes

Da eine einkommensteuerlich begünstigte „Aufgabe" des Betriebes voraussetzt, dass 1710 der nicht in zeitlichem Zusammenhang mit der Einstellung veräußerte Teil der wesentlichen Grundlagen des Betriebsvermögens in das Privatvermögen überführt worden ist, erlangt die Frage Bedeutung, ob die Überführung dieser Wirtschaftsgüter in den privaten Bereich nach der Einstellung des Betriebes uneingeschränkt erfolgen darf. Grundsätzlich besteht ein Wahlrecht. Ist die Überführung ins Privatvermögen für einzelne

Stücke des Betriebsvermögens nicht zulässig, so handelt es sich nicht um die „Aufgabe", sondern um eine allmähliche Liquidation des Betriebes.

Das Wahlrecht des Betriebsinhabers, nach der Einstellung der betrieblichen Tätigkeit Wirtschaftsgüter in das Privatvermögen zu überführen, wird durch zwei wichtige Ausnahmen eingeschränkt:

1711 1. Die erste Einschränkung betrifft **Wirtschaftsgüter,** die auch nach der Einstellung **notwendiges Betriebsvermögen geblieben** sind und deshalb nicht in das Privatvermögen überführt werden können. So ist es bspw. nicht möglich, Darlehensforderungen in das Privatvermögen zu überführen (BFH 25. 7. 1972 VIII R 3/66, BStBl 1972 II 936).

Welche Wirtschaftsgüter auch nach der Betriebseinstellung zum notwendigen Betriebsvermögen gehören und daher nicht in das Privatvermögen überführt werden können, ist noch nicht abschließend geklärt. Die Überführung von Betriebsgrundstücken ist möglich (BFH 12. 3. 1964, BStBl 1964 III 406). Ebenso hat der BFH die Entnahme von Verbindlichkeiten anerkannt (BFH 12. 3. 1964, a. a. O.). Zur Begründung hat er darauf hingewiesen, die **Tilgung von Schulden** sei **kein typischer Betriebsvorgang.** Zweifelhaft ist, ob das Gleiche auch für Rückstellungen gilt. Die § 6b-Rücklage ist fortführbar. Noch nicht eindeutig geklärt ist ferner, ob Forderungen und bewegliches Anlagevermögen nach der Einstellung des Betriebes weiterhin notwendiges Betriebsvermögen darstellen. Für Forderungen bejaht das der BFH (25. 7. 1972 VIII R 3/66, BStBl 1972 II 936). Erkennt man die Entnahme von Verbindlichkeiten an, so ist es richtig, Forderungen in der gleichen Weise zu behandeln, da auch ihre Einziehung dann nicht als typischer Betriebsvorgang gewertet werden darf. Bewegliche Wirtschaftsgüter, z. B. Maschinen, verlieren die Eigenschaft als notwendiges Betriebsvermögen, weil sie im Privatvermögen ebenso wie Betriebsgrundstücke durch Vermietung genutzt werden können.

1712 2. Wirtschaftsgüter, die nach der Einstellung nicht mehr notwendiges Betriebsvermögen sind oder die schon vorher zum gewillkürten Betriebsvermögen gehörten, können nicht in das Privatvermögen übernommen werden, wenn der Betriebsinhaber sie zurückbehalten hat, um sie **bei sich bietender Gelegenheit** nach und nach zu verkaufen. Wie die Entnahme von Wirtschaftsgütern aus dem laufenden Betrieb, erfordert auch die Überführung von Wirtschaftsgütern aus dem laufenden Betrieb, auch die Überführung von Wirtschaftsgütern nach der Einstellung des Betriebes, dass mit ihr außerbetriebliche Zwecke verfolgt werden. Veräußerungen, die von Anfang an bei der Einstellung geplant waren, bleiben daher betriebliche Vorgänge. Würde dieser Grundsatz nicht gelten, wäre es möglich, auf dem Wege der Übernahme in das Privatvermögen die für Veräußerungsgewinne geltenden Vergünstigungen selbst bei langfristiger Liquidation zu erlangen, was dem Gesetzeszweck nicht entsprechen würde.

11.5.4.2.2.5 Entnahmehandlung

1713 Die **Überführung** der wesentlichen Grundlagen des Betriebsvermögens oder von Teilen derselben **in das Privatvermögen,** setzt eine **eindeutige Entnahmehandlung** voraus (BFH 12. 3. 1964, BStBl 1964 III 406; 4. 11. 1965 IV 411/61 U, BStBl 1966 III 49; vgl. auch BFH 12. 12. 1973 I R 122/72, BStBl 1974 II 208: wesentliche Umgestaltung des Betriebs). Fehlt sie, so ist davon auszugehen, dass die betreffenden Wirtschaftsgüter auch nach der Einstellung Betriebsvermögen geblieben sind. Die Entnahmehandlung kann sich einerseits aus den Umständen ergeben, also z. B. in einer **baulichen Umgestaltung,** nach der der Betrieb in seiner bisherigen Art nicht mehr fortgeführt werden kann (vgl. BFH 19. 1. 1983 I R 84/79, BStBl 1983 II 412: Umgestaltung einer Bäckerei [z. T.], Konditorei [z. T.] und kleinen Gaststätte nach Verpachtung in eine Diskothek; vgl. H 16 Abs. 5 „Umgestaltung" EStH; Verpachtung eines forstwirtschaftlichen Grundstücks zu Wochenendzwecken"; 15. 10. 1987 IV R 91/85, BStBl 1988 II 257; vgl. auch BFH 12. 12. 1973 I R 122/72, BStBl 1974 II 208). Andererseits kann die Entnahme erklärt werden durch eine **ausdrückliche Erklärung** gegenüber dem FA (BFH 27. 2. 1985 I R 235/80, BStBl 1985 II 456). Die Überführung in das Privatvermögen ist insbesondere bei Mietwohngrundstücken und Geschäftsgrundstücken im Allgemeinen **aus den Umständen** zu entnehmen, wenn diese zu irgendwelchen nicht betrieblichen Zwecken vermietet werden (BFH 26. 9. 1961 I 5/61, BStBl 1961 III 517; 12. 4. 1967, BStBl 1967 III 420).

11.5.4.2.2.6 Entnahmehandlung und Verpachtung

Verpachtet ein Unternehmer seinen Betrieb an einen Dritten, so kann er **nach Ablauf** 1714 **des Pachtvertrages** durchaus gewillt sein, seine gewerbliche, eigenunternehmerische **Tätigkeit wieder aufzunehmen.** Deshalb räumen ihm Rechtsprechung und Verwaltung ein Wahlrecht (sog. **Verpächterwahlrecht)** ein:

Er kann **weiterhin** aus der Verpachtung **gewerbliche Einkünfte** erzielen, vermeidet so aber die (sofortige) Versteuerung der stillen Reserven,

oder aber

er **erklärt die Aufgabe des Betriebes,** hat dann aber im Zeitpunkt der Aufgabeerklärung den Aufgabegewinn zu versteuern, erzielt jedoch aus der Verpachtung lediglich Einkünfte aus § 21 Abs. 1 Nr. 2 EStG (BFH [st. Rspr.] 26. 7. 1984 IV R 137/82, BStBl 1984 II 829; R 16 Abs. 5).

Eine **eindeutige Erklärung** gegenüber dem FA ist notwendig, wenn ein Betrieb im Ganzen, also **alle wesentlichen Grundlagen** des Betriebes, an einen Pächter **verpachtet** wird und aus diesem Anlass die Aufgabe erfolgen soll (BFH 13. 11. 1963 GrS 1/63 S, BStBl 1964 III 124; R 16 Abs. 5 EStR; ab 2012 gesetzlich geregelt in § 16 Abs. 3b EStG). Der Verpächter kann sich dann nicht darauf berufen, die Absicht, die Wirtschaftsgüter in das Privatvermögen zu überführen, gehe aus den Umständen des Falles hervor. Vermietet allerdings ein Gewerbetreibender das bisherige Betriebsgebäude, nachdem er seine werbende Tätigkeit eingestellt und seine Waren verkauft oder vernichtet hat, und betreibt der Mieter in dem Gebäude ein Gewerbe einer vollkommen anderen Branche, so liegt keine Betriebsverpachtung, sondern eine Betriebsaufgabe vor (BFH 26. 6. 1975 IV R 122/71, BStBl 1975 II 885).

Obwohl die Gewerbesteuerpflicht bei Verpachtung des Betriebes im Ganzen für den Verpächter endet, ist die Verpachtung ebenso als betrieblicher wie als privater Vorgang denkbar. **Erklärt der Verpächter,** den Betrieb **nicht aufgeben zu wollen,** oder gibt er **keine Erklärung** ab, ist der **Betrieb** als **weiter bestehend** zu behandeln. Der Verpächter erzielt während der Pachtzeit weiterhin gewerbliche Einkünfte nach § 15 EStG, die nach den allgemeinen Vorschriften über die Gewinnermittlung zu ermitteln sind.

1715   **Die Aufgabeerklärung** kann **nicht nur bei Beginn** der Verpachtung abgegeben werden, sondern **auch jederzeit später,** solange der Betrieb im Ganzen verpachtet ist. In diesem Rahmen kann der Verpächter den **Zeitpunkt der Aufgabe** bestimmen. Geht die Erklärung dem FA innerhalb von **drei Monaten** nach dem vom Steuerpflichtigen gewählten Tag zu, ist die Aufgabe für den vom Steuerpflichtigen **gewählten Zeitpunkt** anzuerkennen. Erfolgt die Mitteilung erst später, gilt der Betrieb als mit ihrem Zugehen aufgegeben. Der Aufgabegewinn wird stets auf den Tag der Aufgabe berechnet. Die geschilderten Grundsätze gelten gleichermaßen für landwirtschaftliche, forstwirtschaftliche und gewerbliche Betriebe (wegen der land- und forstwirtschaftlichen Betriebe bestätigt durch BFH 18. 3. 1964, BStBl 1964 II 303). Sie sind darüber hinaus auch anzuwenden, wenn Vermögen verpachtet wird, das der selbständigen Arbeit (§ 18 EStG) gedient hat.

Auch ohne Erklärung des Verpächters muss die Aufgabe des Betriebes angenommen werden, wenn die Verpachtung der wesentlichen Grundlagen als einheitliches Ganzes endet, wenn z. B. die wesentlichen Grundlagen an verschiedene Erwerber veräußert oder/und entnommen werden.

11.5.4.2.2.7   Übergang zur Liebhaberei: keine Aufgabe

1716   Ist eine bislang einkommensteuerrechtlich relevante Tätigkeit (z. B. der Betrieb einer Land- und Forstwirtschaft) in Zukunft als Liebhaberei zu werten, weil in Zukunft nach betriebswirtschaftlichen Gesichtspunkten nicht (mehr) mit Gewinnen gerechnet werden kann, ist für die Annahme einer Betriebsaufgabe eine eindeutige Handlung oder ein eindeutiger Rechtsvorgang erforderlich, aus dem der Betriebsaufgabewille eindeutig geschlossen werden kann. Ist ein solcher Wille nicht feststellbar, bleiben die stillen Reserven einstweilen (latent) unversteuert (BFH 29. 10. 1981 IV R 138/78, BStBl 1982 II 381).

11.5.5   Betriebsveräußerung und gleichzeitige Aufgabe

1717   Nach BFH (6. 2. 1962, BStBl 1962 III 190) ist es möglich, die **Veräußerung des Betriebes mit dessen Aufgabe zu verbinden.** Zu diesem Zweck müssen alle wesentlichen Teile des Betriebsvermögens von einem Erwerber übernommen werden. Die gleichzeitige Aufgabe wird darin erblickt, dass der Betriebsinhaber die restlichen Wirtschaftsgüter in zeitlichem Zusammenhang mit der Betriebsveräußerung an andere Personen veräußert oder in sein Privatvermögen überführt. Die Bedeutung dieser Rechtsprechung besteht darin, dass die stillen Reserven der Wirtschaftsgüter, die der Erwerber des Betriebes nicht erwirbt, zum begünstigten Veräußerungsgewinn gerechnet werden. Dieser Rechtsprechung ist – trotz konstruktiver Bedenken aus der Definition des Begriffs „Aufgabe" – im Ergebnis zuzustimmen.

11.5.6   Aufgabe bei Betriebsverlegung ins Ausland

1718   Verlegt ein Steuerpflichtiger seinen Betrieb **aus dem Inland in einen ausländischen Staat** und wird der Gewinn dieses Betriebes aufgrund eines Doppelbesteuerungsabkommens nicht im Inland erfasst, so liegt in der Betriebsverlegung eine Aufgabe

i. S. des § 16 Abs. 3 EStG (BFH 28. 4. 1971 I R 55/66, BStBl 1971 II 630). Das wird damit begründet, dass auf jeden Fall sicherzustellen ist, die stillen Reserven, die im Inland gebildet und einstweilen der Besteuerung nicht unterworfen werden, **irgendwann einmal der inländischen Besteuerung zu unterwerfen.** Dieser Zeitpunkt ist mit der Betriebsverlegung ins Ausland erreicht (vgl. zur Frage der Überführung von Wirtschaftsgütern in eine ausländische Betriebsstätte als Entnahme: BFH 16. 7. 1969, BStBl 1970 II 175).

11.5.7 Veräußerung und Aufgabe eines Teilbetriebes

11.5.7.1 Gesetzliche Regelung (§ 16 Abs. 1 Nr. 1 2. Variante EStG)

Die Veräußerung oder Aufgabe eines Teilbetriebes löst dieselben einkommensteuerli- 1719 chen Wirkungen aus wie die des ganzen Betriebes. Dabei ist es **gleichgültig,** ob aus dem Teilbetrieb **Einkünfte aus Land- und Forstwirtschaft** oder aus **Gewerbebetrieb** erzielt worden waren oder ob es sich um einen selbständigen Teil des der **selbständigen Arbeit** (§ 18 EStG) dienenden Vermögens handelt. Im Gegensatz zu der Veräußerung eines Teilbetriebes ist dessen **Aufgabe** im Gesetz zwar nicht erwähnt; in **Analogie** zu § 16 Abs. 3 EStG ist sie jedoch durch st. Rspr. ebenfalls als begünstigter Tatbestand anerkannt (BFH 6. 12. 1963, BStBl 1964 III 135; 28. 10. 1964 IV 102/64 U, BStBl 1965 II 88). Für die Frage, unter welchen Voraussetzungen ein Teilbetrieb als veräußert oder aufgegeben anzusehen ist, gelten die Ausführungen zur Veräußerung und Aufgabe des ganzen Betriebes sinngemäß.

11.5.7.2 Der Begriff „Teilbetrieb"

11.5.7.2.1 Allgemeine Grundsätze

Ein Teilbetrieb ist **ein in sich geschlossener, mit einer gewissen Selbständigkeit versehe-** 1720 **ner Teil eines Betriebes,** der für sich betrachtet alle **Merkmale eines Betriebes** i. S. des EStG aufweist und für sich **lebensfähig** ist (BFH [st. Rspr.], vgl. Urteil v. 15. 3. 1984 IV R 189/81, BStBl 1984 II 486; R 16 Abs. 3 EStR). Eine Teilbetriebsveräußerung ist nur dann zu bejahen, wenn **alle wesentlichen Grundlagen des Teilbetriebes** veräußert werden, nicht, wenn einzelne wesentliche Grundlagen (z. B. Maschinen, in denen möglicherweise keine stillen Reserven stecken) zurückbehalten werden (BFH 19. 1. 1983 I R 57/79, BStBl 1983 II 312). Der Teilbetrieb muss folglich **ohne wesentliche Veränderung** als unabhängiger Betrieb **aufrechterhalten** werden können (BFH 13. 1. 1966 IV 76/63, BStBl 1966 III 168). Es ist jedoch nicht notwendig, dass in ihm schon vor der Veräußerung Gewinn erzielt worden ist.

Aus der erforderlichen Selbständigkeit ergibt sich, dass eine größere Anzahl von Wirtschaftsgütern nicht ohne Weiteres einen Teilbetrieb bilden, sondern nur, wenn diese Gegenstände innerhalb des Unternehmens in der geschilderten Weise **organisatorisch zusammengefasst** sind. Die Entscheidung, ob ein bestimmtes Gebilde einen Teilbetrieb darstellt, wird durch die Art des Betriebes stark beeinflusst. Für land- und forstwirtschaftliche Betriebe gelten insofern andere Regeln als für gewerbliche. Auch bei den Betrieben der freiberuflich Tätigen ist die Abgrenzung nach eigenen Maßstäben vorzunehmen.

Allgemein ist aber auch für die Begünstigung einer Teilbetriebsveräußerung zu fordern, dass **alle** stillen Reserven des Teilbetriebs realisiert werden (BFH 29. 7. 1981 I R 2/78, BStBl 1982 II 62).

11.5.7.2.2 Landwirtschaftlicher Teilbetrieb

1721 Ein landwirtschaftlicher Teilbetrieb setzt i. d. R. voraus, dass Wirtschaftsgebäude und Inventar insoweit vorhanden sind, wie sie ein selbständiger Betrieb mindestens ausweisen muss. Es ist aber **nicht erforderlich,** dass der Teilbetrieb bereits **organisatorisch getrennt** geführt wird; es genügt vielmehr, dass er, wenn auch erst nach einigen Änderungen und Ergänzungen, künftig als selbständiger Betrieb **geführt werden kann** (vgl. R 14 Abs. 3 EStR). Wegen der Bedeutung der Gebäude und des Inventars ist der Verkauf von Grund und Boden ohne Rücksicht auf die Flächengröße niemals Veräußerung eines Teilbetriebes. Diese liegt dagegen bei der Übertragung eines zu einem Gut gehörenden Vorwerks oder eines landwirtschaftlichen Nebenbetriebes vor, z. B. einer Molkerei, Brennerei, Kiesgrube und dergleichen. Ferner stellt der räumlich zusammenhängende Waldbesitz eines Landwirts (Bauernwald) einen Teilbetrieb innerhalb des landwirtschaftlichen Betriebes dar, sofern er nicht so umfangreich ist, dass ein von der Landwirtschaft unabhängiger Forstwirt existiert. Abgesehen von dieser Einschränkung ist eine geschlossene Fläche Bauernwaldes in jedem Fall ein Teilbetrieb (BFH 14. 7. 1965, BStBl 1965 III 643).

Wenn der Pächter das gesamte Inventar oder einen Teil davon zum Schätzungswert zurückzugewähren hat (Verpachtung mit eisernem Inventar, § 587 BGB), ist § 14 EStG bei diesem Vertragsinhalt nicht anwendbar, weil eine Veräußerung des „eisern" übernommenen Inventars nicht stattfindet. Der Verpächter bleibt stets Eigentümer der Sachen, die er dem Pächter übergeben hat. Dieser erlangt i. d. R. auch nicht wirtschaftliches Eigentum. Eine Ausnahme ist nur bei außergewöhnlich langfristigen Verträgen denkbar.

11.5.7.2.3 Forstwirtschaftlicher Teilbetrieb

1722 Innerhalb eines forstwirtschaftlichen Betriebes ist ein Teilbetrieb nur denkbar, falls es sich um einen Nachhaltsbetrieb handelt, nicht dagegen bei aussetzenden Betrieben (BFH 9. 10. 1960, BStBl 1961 III 124). Der Unterschied zwischen beiden Arten besteht darin, dass die vorhandenen Baumbestände in Nachhaltsbetrieben nach Art und Altersklassen planmäßig jährliche Erträge ermöglichen, während bei aussetzenden Betrieben wegen der geringen Zahl von Altersklassen nur in längeren Zeitabständen Erträge anfallen. Ausreichende organisatorische Selbständigkeit eines Teilbereichs innerhalb eines Nachhaltsbetriebes haben RFH und BFH bejaht, „falls eine eigene betriebliche und rechnungsmäßige Verwaltung (eigener Betriebsplan, gesonderte Betriebsrechnung) vorlag, oder auch dann, wenn durch die Abtrennung zwei oder mehrere kleinere Nachhaltsbetriebe entstanden sind" (RFH 1. 12. 1937, RStBl 1938, 108; BFH 9. 12. 1960, BStBl 1961 III 124). Bei aussetzenden Betrieben ist i. d. R. der Gewinn aus der Veräußerung von Teilflächen nach den allgemeinen Vorschriften zu besteuern. Allerdings sieht der BFH (5. 11. 1981 IV R 180/77, BStBl 1982 II 158) in der Veräußerung von 130 ha von insgesamt rd. 500 ha Waldbesitz eine Teilbetriebsveräußerung.

11.5.7.2.4 Gewerblicher Teilbetrieb

Als Beispiele für Teilbetriebe im gewerblichen Bereich sind in erster Linie **Zweignieder-** 1723
lassungen, nicht bloße **Verkaufsstellen** (BFH 2. 8. 1978 I R 78/76, BStBl 1979 II 15) eines
Unternehmens zu nennen. Verkauft eine Brauerei eine zu ihrem Betriebsvermögen gehörende Gastwirtschaft, liegt im Allgemeinen ebenfalls die Veräußerung eines Teilbetriebes vor (BFH 3. 8. 1966 IV 380/62, BStBl 1967 III 47), ebenso, wenn von einem Sä-
gewerk die damit verbundene Zimmerei oder wenn eine Zweigstelle, die nicht – wie
der Hauptbetrieb – im Fertigungsbereich, sondern nur im Vertrieb und Reparaturwesen
tätig ist, verkauft wird (BFH 4. 7. 1973 I R 154/71, BStBl 1973 II 838). Nach BFH
(15. 3. 1984 IV R 189/81, BStBl 1984 II 486), kann auch in der **Veräußerung eines einzel-**
nen Fachgebietes eines Verlagsunternehmens eine Teilbetriebsveräußerung i. S. des
§ 16 EStG darstellen. Hat ein Handelsvertreter in derselben Branche mehrere Vertretungen übernommen, sind diese i. d. R. nicht als Teilbetriebe anzusehen, da ihre organisatorische Selbständigkeit zumeist zu verneinen ist. **Keine Teilbetriebe** stellen ferner dar:
Eine einzelne **Tankstelle** eines Treibstoffhandelsunternehmens (BFH 5. 4. 1968, BStBl
1968 III 523), auch nicht deshalb, weil sie an einzelne Pächter verpachtet sind (BFH
13. 2. 1980 I R 14/77, BStBl 1980 II 498); ein einzelner **Produktionszweig eines Fer-**
tigungsbetriebes, wenn für jeden Produktionszweig wesentliche Maschinen nur für alle
Produktionsabteilungen gemeinsam vorhanden sind (BFH 8. 9. 1971 I R 66/68, BStBl
1972 II 118); ein **einzelner von insgesamt 3 Schleppkähnen,** ein **einzelnes von mehreren**
Taxen eines Taxiunternehmens (BFH 21. 2. 1973 IV R 168/69, BStBl 1973 II 361; vgl. im
Übrigen auch BFH 20. 2. 1974 I R 127/71, BStBl 1974 II 357; R 139 Abs. 3 EStR).

Eine **Teilbetriebsveräußerung** erfordert **nicht,** dass der Veräußerer seine (gewerbliche) 1724
Tätigkeit in vollem Umfang beendet. Es ist ausreichend, wenn er die (gewerbliche) Tätigkeit aufgibt, die sich auf die veräußerten wesentlichen Grundlagen bezieht (BFH
9. 8. 1989 X R 62/87, BStBl 1989 II 973).

Trifft mit einer Teilbetriebsveräußerung eine Entnahme zusammen, so ist die Entnahme insoweit nicht steuerbegünstigt nach §§ 16 u. 34 EStG (BFH 18. 4. 1973 I R 57/71,
BStBl 1973 II 700).

BEISPIEL: ▶ Der Steuerpflichtige betreibt auf seinem Grundstück, das insgesamt zum Betriebsvermögen gehört, einen Großhandel und einen Einzelhandel. Die betriebliche Nutzung des
Grundstücks beträgt 60 %, die private Nutzung 40 %.

Anlässlich der Einstellung des Großhandels (der hierfür genutzte Grundstücksanteil beträgt
35 %) entnahm der Steuerpflichtige auch den bisher nicht betrieblich genutzten Teil des
Grundstücks i. H. von 40 %.

§§ 16 u. 34 EStG sind nicht auf den entnommenen Grundstücksteil, sondern nur auf den vom
Großhandel bislang benötigten Teil anzuwenden.

11.5.7.2.5 Teilbetrieb bei freiberuflicher Tätigkeit

Ein Teil der Praxis eines Freiberuflers ist organisatorisch selbständig, wenn die Tätigkeit 1725
in mehreren örtlich gegeneinander abgegrenzten Bereichen ausgeübt wird, zu jedem
Wirkungsfeld ein anderer Kundenkreis gehört und darüber hinaus für jeden Teilbereich
ein eigenes eingerichtetes Büro bzw. eigene Praxisräume und das dazu gehörende Personal vorhanden sind (BFH 6. 12. 1963, BStBl 1964 III 135).

BEISPIEL: ➤ A ist Steuerberater in einer kleinen norddeutschen Küstenstadt. Seine Mandanten wohnen zum Teil auf dem Festland, in der Mehrzahl jedoch auf den vorgelagerten Inseln. A richtet deshalb im Frühjahr 01 auf einer der Inseln ein zweites Büro ein, in dem ständig drei Angestellte tätig sind. Im Herbst 01 verkauft A dem Steuerbevollmächtigten B den in der Küstenstadt gelegenen Praxisteil, um künftig nur noch die Mandanten auf den Inseln zu betreuen.

B ist in den Mietvertrag über das Büro auf dem Festland eingetreten und hat auch die dort beschäftigte Angestellte in seine Dienste übernommen.

A hat einen selbständigen Teil des seiner freiberuflichen Tätigkeit dienenden Vermögens veräußert (§ 18 Abs. 3 Satz 1 EStG). Der Veräußerungsgewinn ist nach dieser Vorschrift begünstigt.

Kein selbständiger Teil liegt bspw. vor, wenn ein Steuerberater einen Teil seines Mandantenstammes veräußert oder die Beratertätigkeit weiter ausübt, die Buchführungsarbeiten aber überträgt.

Veräußert ein Tierarzt seine „Großtierpraxis" und behält seine „Kleintierpraxis" zurück, so handelt es sich nicht um ein Teilbetriebsveräußerung i. S. des § 18 Abs. 3 EStG (BFH 29. 10. 1992 IV R 16/91, BStBl 1993 II 182).

11.5.7.2.6   Zum Betriebsvermögen gehörende Beteiligungen

11.5.7.2.6.1   Beteiligung an einer Mitunternehmerschaft

1726   Die zu einem Betriebsvermögen gehörende Beteiligung an einer **Mitunternehmerschaft** ist selbst **kein Teilbetrieb.** Bei ihrer Veräußerung durch einen Einzelunternehmer oder eine Mitunternehmerschaft, zu deren Betriebsvermögen diese Beteiligung gehört, erzielt der Veräußernde einen Veräußerungsgewinn nach § 16 Abs. 1 Nr. 2 EStG und nicht gem. § 16 Abs. 1 Nr. 1 EStG (Teilbetrieb). Dieser Veräußerungsgewinn ist – bei einem veräußernden Mitunternehmer oder bei einer veräußernden Mitunternehmerschaft – als solcher in der einheitlichen und gesonderten Gewinnfeststellung gem. § 180 Abs. 1 Nr. 2a AO zu qualifizieren.

11.5.7.2.6.2   Beteiligung an einer Kapitalgesellschaft

1727   Auch die Beteiligung an einer Kapitalgesellschaft ist begrifflich kein Teilbetrieb des Gesellschafters (BFH 12. 2. 1965, BStBl 1965 III 316). Auf die Höhe der Beteiligung kommt es hierbei nicht an. Die scharfe Unterscheidung zwischen der rechtlich selbständigen Kapitalgesellschaft und deren Gesellschaftern, die das Gesellschaftsrecht fordert, enthält auch das Steuerrecht. Wirtschaftliche Überlegungen haben demgegenüber zurückzutreten.

11.5.7.2.6.3   Fiktion eines Teilbetriebes: 100 %ige Beteiligung

1728   Umfasst die Beteiligung an einer Kapitalgesellschaft aber **sämtliche Anteile,** gilt sie gem. der Fiktion des § 16 Abs. 1 Nr. 1 EStG, 2. Hs. als Teilbetrieb. Diese Bestimmung stellt einerseits klar, dass Beteiligungen an Kapitalgesellschaften keine Teilbetriebe sind, denn Kapitalgesellschaften sind rechtsfähig und können demgemäß rechtlich keine Teilbetriebe sein (s. o.). Andererseits wird durch § 16 Abs. 1 Nr. 1 EStG, 2. Hs. anerkannt, dass die Veräußerung einer solchen 100 %igen Beteiligung wirtschaftlich der Veräußerung eines Teilbetriebes entspricht.

Da nur die gesamte Beteiligung als Teilbetrieb gilt, ist zur Veräußerung dieses fingier- 1729
ten Teilbetriebes erforderlich, dass die Anteile ausnahmslos übertragen werden, und
zwar an **einen Erwerber**. Die Veräußerung der wesentlichen Grundlagen, die sonst bei
der Veräußerung eines Teilbetriebes genügt, reicht hier nicht aus. Diese Auslegung entspricht der Absicht des Gesetzgebers. Wird eine Kapitalgesellschaft, an der eine
100 %ige Beteiligung besteht, in der Weise aufgelöst und beendet, dass ihr Vermögen
auf den Alleingesellschafter übertragen wird, so fällt der hieraus entstandene Gewinn
beim Alleingesellschafter unter § 16 Abs. 1 Nr. 1 EStG 2. Variante (BFH 15. 9. 1988 IV R
75/87, BStBl 1991 II 624).

Bei **Veräußerung** einer 100 %igen Beteiligung **an mehrere Erwerber** liegt **keine begüns-** 1730
tigte Veräußerung i. S. des § 16 Abs. 1 Nr. 1 EStG, 2. Hs., vor. **Allerdings** liegt bei Entnahme dieser 100 %igen Beteiligung eine **Aufgabe eines Teilbetriebes** i. S. des § 16 Abs. 3
EStG vor (BFH 24. 6. 1982 IV R 151/79, BStBl 1982 II 751). Dasselbe Ergebnis hat zu gelten für eine teilweise Veräußerung und die Überführung der restlichen Beteiligung einer insgesamt 100 %igen Beteiligung; dann liegen vor: eine teilweise Teilbetriebsveräußerung und eine teilweise Aufgabe eines Teilbetriebes. Schließlich soll nach R 16
Abs. 3 Satz 8 die Vorschrift des § 16 Abs. 1 Nr. 1 EStG, 2. Hs. dann nicht anwendbar sein,
wenn sich die 100 %ige Beteiligung nicht zu 100 % im Betriebsvermögen, sondern zu
einem Teil im Privatvermögen befindet.

11.5.8 Veräußerung eines Mitunternehmeranteils

11.5.8.1 Veräußerung des gesamten Anteils

Der Gewinn, der bei der Veräußerung eines Mitunternehmeranteils entsteht, ist eben- 1731
falls einkommensteuerlich begünstigt (§ 16 Abs. 1 Nr. 2 EStG), und zwar unabhängig
von der prozentualen Beteiligung des Gesellschafters. Diese Regelung erscheint als
selbstverständlich. Es wäre unbillig, dem Gesellschafter einer Personengesellschaft die
Vorteile zu versagen, die das Gesetz dem alleinigen Inhaber eines Betriebes bei Veräußerung seines Betriebes zuerkennt.

Ob ein Gesellschafter Mitunternehmer ist, muss im Einzelfall geklärt werden. Mitunternehmer sind insbesondere die Gesellschafter einer OHG, einer KG, einer GbR, einer Europäischen wirtschaftlichen Interessenvereinigung (EWIV), atypische stille Gesellschafter sowie atypische stille Unterbeteiligte (vgl. dazu die Ausführungen zu Rdn. 1498 ff.
und BFH 29. 8. 1973 I R 242/71, BStBl 1974 II 100).

Der Gewinn aus der Veräußerung eines Mitunternehmeranteils ist ohne Rücksicht auf
die Art des Unternehmens begünstigt. Für Personengesellschaften im gewerblichen Bereich geht das aus § 16 Abs. 1 Nr. 2 EStG hervor, für die Veräußerung des Anteils an einer land- und forstwirtschaftlichen Mitunternehmergemeinschaft aus §§ 14 u. 14a
EStG und für die Veräußerung eines Anteils am Vermögen, das der selbständigen Arbeit dient, aus § 18 Abs. 3 EStG.

Die „Veräußerung" des gesamten Mitunternehmeranteils geschieht durch **entgeltliche** 1732
Übertragung des Anteils auf einen neuen Gesellschafter (mit Zustimmung der anderen
Gesellschafter) oder aber durch **Ausscheiden** des Gesellschafters und damit zusammen-

hängender **Anwachsung** (gegen Abfindungszahlung = Entgelt) bei den verbleibenden Gesellschaftern.

Die Anwachsung erfolgt kraft Gesetzes gem. § 738 BGB, der über § 105 Abs. 2 HGB auch für die OHG und über § 161 Abs. 2 HGB auch für die KG gilt. Die Anwachsung tritt auch ein, wenn ein Gesellschafter das gesamte Gesellschaftsvermögen ohne Auseinandersetzung unter Ausscheiden der übrigen Gesellschafter übernimmt (§ 142 Abs. 3 HGB). Dies gilt auch für eine GbR, und zwar selbst dann, wenn es sich bei dem Gesellschaftsvermögen nicht um einen Gewerbebetrieb handelt.

1733 Der **Tausch** von **Mitunternehmeranteilen** führt grundsätzlich zur Gewinnrealisierung i. S. des § 16 Abs. 1 Nr. 2 EStG. Dies gilt auch für den Tausch von Anteilen von gesellschafteridentischen Personengesellschaften (BFH 8. 7. 1992 XI R 51/89, BStBl 1992 II 946).

1734 Ein Mitunternehmeranteil besteht aus einem Anteil am Gesamthandsvermögen sowie dem Sonderbetriebsvermögen, das zu den wesentlichen Betriebsgrundlagen gehört.

Wird daher ein Mitunternehmeranteil veräußert und werden gleichzeitig von dem einzelnen Mitunternehmer zu seinem **Sonderbetriebsvermögen** gehörende Wirtschaftsgüter veräußert, so ist auch der Gewinn aus der Veräußerung des Sonderbetriebsvermögens begünstigt nach § 16 EStG, denn der **Mitunternehmeranteil** besteht aus dem **Gesellschaftsanteil und dem Sonderbetriebsvermögen.**

1735 Werden im Zusammenhang mit der Anteilsveräußerung Gegenstände des **Sonderbetriebsvermögens ins Privatvermögen** überführt, liegt insoweit ein begünstigter Gewinn vor (vgl. BFH 31. 8. 1995 VIII B 21/93, BStBl 1995 II 890). Ob dieser ein **Aufgabe** oder ein Veräußerungsgewinn ist, ist strittig (vgl. BFH 24. 8. 1989 IV R 67/85, BStBl 1990 II 132).

Nach den BFH-Urteilen (19. 3. 1991 VIII R 76/87, BStBl 1991 II 685; 2. 10. 1997 IV R 84/96, BStBl 1998 II 104), sind §§ 16 u. 34 EStG **nicht** anzuwenden, wenn **gleichzeitig** mit der Veräußerung eines Mitunternehmeranteils Wirtschaftsgüter des Sonderbetriebsvermögens zum **Buchwert** in einen anderen Betrieb des Mitunternehmers überführt werden; gleichzeitig in diesem Sinne bedeutet: in zeitlichem und wirtschaftlichem Zusammenhang.

11.5.8.2   Veräußerung eines Bruchteils eines Mitunternehmeranteils

1736 Die Veräußerung eines Bruchteils an dem Anteil eines Mitunternehmers kann natürlich ebenso wie die Veräußerung des gesamten Mitunternehmeranteils zu einem Veräußerungsgewinn führen.

MERKE:

Der Gewinn aus der Veräußerung eines Teils eines Mitunternehmeranteils wird jedoch nach der ausdrücklichen Vorschrift des § 16 Abs. 1 Satz 2 EStG als laufender Gewinn behandelt.

TIPP:

Klausurtipp:

Dieser Vorgang ist vor allem zu prüfen, wenn zwar der Anteil am Gesamthandsvermögen veräußert wird, aber nicht das dem Mitunternehmer gehörende Sonderbetriebsvermögen, denn der Mitunternehmeranteil besteht aus dem Anteil am Gesamthandvermögen und dem Sonderbetriebsvermögen (vgl. Rdn. 1734).

11.5.8.3   Entgeltliche Änderung der Gewinnverteilung

Wird die bisher **maßgebende Gewinnverteilung** bei unverändert bleibenden Kapital-   1737
konten gegen Entgelt **geändert,** so ist auch hierin die **Veräußerung des Bruchteils eines Mitunternehmers zu erblicken** (vgl. BFH 10. 2. 1972 IV 317/65, BStBl 1972 II 419, 422; die damit verbundenen bilanzsteuerlichen Probleme deutet der BFH nur an, ohne sie zu entscheiden).

Der Gesellschafter, dessen Gewinnanteil sich aufgrund der Neuverteilung künftig verringert und der sich gegen Entgelt hiermit einverstanden erklärt hat, erzielt einen Veräußerungsgewinn. In Höhe des Entgelts sind die in seiner Beteiligung enthaltenen stillen Reserven realisiert worden. Der Vorgang entspricht wirtschaftlich der Veräußerung des Bruchteils eines Mitunternehmeranteils, denn der Wert einer Beteiligung wird – außer durch den Kapitalanteil – auch durch die Beteiligung an Gewinn und Verlust bestimmt. In besonderem Maße zeigt sich das, wenn sich der Gewinnanteil nicht nach dem Verhältnis der Kapitalkonten richtet.

Aber: Auch dieser Veräußerungsgewinn wird nach § 16 Abs. 1 Satz 2 EStG als laufender Gewinn behandelt.

11.5.9   Unentgeltliche, teilentgeltliche Betriebsübertragung – Erbfall – Erbauseinandersetzung

11.5.9.1   Schenkung

Von einer unentgeltlichen Betriebsübertragung spricht man, wenn die **wesentlichen**   1738
Grundlagen eines Betriebes oder Teilbetriebes auf einen Erwerber übertragen werden, ohne dass dieser für dieses Betriebsvermögen ein Entgelt/Kaufpreis zu zahlen hat.

Auch Mitunternehmeranteile können selbstverständlich unentgeltlich übertragen werden, sofern die zivilrechtlichen Voraussetzungen, gesellschaftsvertraglich geregelte Übertragbarkeit bzw. Zustimmung aller Mitgesellschafter erfüllt sind.

Für die Interpretation der Begriffe: wesentliche Grundlagen, Betrieb, Teilbetrieb gelten die gleichen Kriterien wie zur Betriebsveräußerung.

Unentgeltliche Betriebsübertragungen kommen in der Praxis vor allem in folgenden Formen vor, die in der steuerlichen Behandlung verschieden zu behandeln sind:

11.5.9.1.1 Übertragung des gesamten Betriebs an einen Beschenkten

1739   Werden **alle wesentlichen Grundlagen** des Betriebes an einen Erwerber **verschenkt,** werden die stillen Reserven, die in den unentgeltlich übertragenen Wirtschaftsgütern enthalten sind, nicht aufgedeckt, die **Buchwerte** sind vom Erwerber **fortzuführen** (§ 6 Abs. 3 EStG); selbstverständlich ist dieser Vorgang schenkungsteuerbar.

§ 6 Abs. 3 EStG kann nur angewandt werden, wenn **alle wesentlichen Grundlagen** eines Betriebes, eines Teilbetriebes oder ein Mitunternehmeranteil übertragen werden.

Eine Betriebsübergabe i. S. des § 6 Abs. 3 EStG kann auch in mehreren **Teilakten** verwirklicht werden, allerdings nur unter der Voraussetzung, dass zwischen den einzelnen Übertragungsakten ein enger zeitlicher und sachlicher Zusammenhang besteht. Auch eine rund zwei Jahre andauernde Gesamtübertragung kann noch als einheitlicher Vorgang beurteilt werden (besondere persönliche Umstände, einheitliche Planung; BFH 14. 7. 1993 X R 74-75/90, BStBl 1994 II 15 f.).

11.5.9.1.2 Alle wesentlichen Betriebsgrundlagen werden übertragen, nicht wesentliche Betriebsgrundlagen werden vom Schenker zurückbehalten bzw. veräußert

1740   Werden **nur nicht wesentliche Grundlagen** des Betriebes anlässlich der Übertragung der wesentlichen Grundlagen auf den Beschenkten vom Schenker **veräußert,** ist der Gewinn aus der Veräußerung dieser Gegenstände **laufender Gewinn** des Schenkers; werden derartige Gegenstände **entnommen,** sind die entnommenen Wirtschaftsgüter mit dem gemeinen Wert anzusetzen; der Entnahmegewinn ist **laufender Gewinn.** Im Übrigen (für die wesentlichen Betriebsgrundlagen) greift § 6 Abs. 3 EStG.

11.5.9.1.3 Wesentliche Betriebsgrundlagen werden teils verschenkt, teils zurückbehalten

1741   Werden **nur einzelne wesentliche Grundlagen** eines Betriebes/Teilbetriebes **unentgeltlich übertragen, andere wesentliche** (und unwesentliche) **Grundlagen zurückbehalten,** so hat der Übertragende/Schenker die unentgeltlich übertragenen und die ins Privatvermögen überführten, zurückbehaltenen Wirtschaftsgüter mit dem gemeinen Wert anzusetzen. Das gilt auch, wenn der Schenker die zurückbehaltenen Wirtschaftsgüter an den Beschenkten vermietet oder verpachtet.

Sollten gleichzeitig einige (wesentliche oder nicht wesentliche) Wirtschaftsgüter an Dritte veräußert worden sein, so ist insoweit der Veräußerungspreis anzusetzen. § 6 Abs. 3 EStG ist nicht anzuwenden, da keine Betriebsübertragung vorliegt; es liegt vielmehr insgesamt eine **Betriebsaufgabe** vor mit der Folge: Freibetrag nach § 16 Abs. 4 EStG und begünstigter Steuersatz für diesen Aufgabegewinn nach § 34 EStG.

11.5.9.1.4 Ein Mitunternehmeranteil wird verschenkt

1742   Wird ein **Mitunternehmeranteil unentgeltlich übertragen,** so entsteht gem. § 6 Abs. 3 EStG in der Person des Übertragenden kein Veräußerungsgewinn, weil der Beschenkte/ Erwerber gem. § 6 Abs. 3 EStG die Buchwerte fortzuführen hat.

11.5.9.2   Vorweggenommene Erbfolge

Den Begriff „vorweggenommene Erbfolge" gibt es im **bürgerlichen Recht nicht.** Es han-   1743
delt sich bei der vorweggenommenen Erbfolge um eine **Schenkung i. S. der §§ 516 ff.**
BGB, die nur im Hinblick auf eine zukünftige Erbregelung vorgezogen wird. Zivilrechtlich ist diese vorgezogene Erbregelung Schenkung, und auch steuerrechtlich, insbesondere auch einkommensteuerrechtlich, sind auf die „vorweggenommene Erbfolge" die
Regeln über die Schenkung anzuwenden.

Die Grundsätze, die der Große Senat des BFH in seinem Beschluss (5. 7. 1990 GrS
4-6/89, BStBl 1990 II 847) zur **vorweggenommenen Erbfolge** im Privatvermögen aufgestellt hat, gelten auch für die Übertragung von Betriebsvermögen im Rahmen einer
vorweggenommenen Erbfolge, worauf der Große Senat ausdrücklich hingewiesen hat.
Die Grundsätze sind in Rdn. 1671 ff. dargestellt.

Diese Grundsätze gelten auch bei der Übertragung von **Mitunternehmeranteilen** im
Wege der vorweggenommenen Erbfolge.

Die Zusage sog. **Gleichstellungsgelder** an Angehörige, die **Übernahme von Verbindlich-**   1744
keiten und die Zusage einer **Abstandszahlung** führen auf Seiten des Übertragenden zu
einem Veräußerungsentgelt, auf Seiten des Erwerbers zu Anschaffungskosten. **Versor-**
gungsleistungen, die vom Betriebsübernehmer zugesagt werden, sind allerdings weder
Veräußerungsentgelt noch Anschaffungskosten (vgl. im Einzelnen BMF-Schreiben v.
13. 1. 1993, BStBl 1993 I 80, und Rdn. 1671 ff.).

11.5.9.3   Erbfall und Erbauseinandersetzung – im Betriebs- und
Privatvermögensbereich

11.5.9.3.1   Erbfall – Erbe ist eine Einzelperson

Stirbt der Erblasser und gehört zu seinem Nachlass Betriebs- und Privatvermögen, so   1745
ist beim Übergang des Vermögens auf einen Alleinerben zu unterscheiden:

Geht ein **Einzelunternehmen** auf den Erben über, ist in dem Erbfall in der Person des
Erblassers **weder** eine **Betriebsveräußerung noch** eine **Betriebsaufgabe** zu sehen; der
Erbe führt gem. § 6 Abs. 3 EStG die **Buchwerte** notwendigerweise fort; die **Erbfallschul-**
den (Nachlassverbindlichkeiten) stellen **keine Anschaffungskosten** für den Alleinerben
dar; **veräußert** der **Alleinerbe** den Betrieb an einen Dritten oder **gibt** er den Betrieb **auf,**
entsteht **in der Person des Alleinerben** ein Veräußerungs- bzw. Aufgabegewinn unabhängig davon, ob der Alleinerbe den Betrieb zeitweilig fortgeführt oder unmittelbar
nach dem Erbfall veräußert bzw. aufgegeben hat; der Betrieb ist durch den Erbfall auf
den Erben durch Gesamtrechtsnachfolge übergegangen und erlischt einkommensteuerrechtlich erst durch ein dem Erben zuzurechnendes Verhalten.

Die gleichen Grundsätze gelten, wenn sich im Nachlass ein **Personengesellschaftsanteil**   1746
befindet, der auf den Erben durch eine **gesellschaftsrechtliche Fortsetzungsklausel i. V.**
mit einer Nachfolgeklausel übergeht (bei einer Kommanditbeteiligung oder stillen Beteiligung ist diese Nachfolge in § 177 und § 234 Abs. 2 HGB gesetzlich geregelt):

Der Alleinerbe führt das Kapitalkonto, die Buchwerte des Erblassers fort; es entsteht in der Person des Erblassers weder ein Veräußerungs-/Aufgabegewinn noch in der Person des Alleinerben Anschaffungsaufwand; s. dazu ferner die Ausführungen zu Rdn. 1517.

1747 Wird **Privatvermögen** an einen **Alleinerben** vererbt, bemessen sich für den Alleinerben die **Absetzungen für Abnutzung** nach den Anschaffungs- oder Herstellungskosten des Rechtsvorgängers **(§ 11d EStDV)**. Auf Seiten des Erblassers liegt keine Veräußerung vor, so dass der Erbfall selbst auch keine Versteuerung nach § 23 EStG auslösen kann.

11.5.9.3.2 Erbfall – Erben sind mehrere Personen (Erbengemeinschaft)

1748 Wird **Betriebsvermögen** an mehrere Personen vererbt und setzen sich die Miterben **nicht auseinander**, setzen also das **Einzelunternehmen** fort oder folgen die Miterben in den **Personengesellschaftsanteil** gemeinsam nach (Fortsetzungsklausel mit [qualifizierter] Nachfolgeklausel), gelten die Grundsätze unter Buchst. a entsprechend: Fortführung der Buchwerte, anteilig verteilt auf die Erben gem. ihren Erbquoten; keine (neuen) Anschaffungskosten auf Seiten der Erben; kein Veräußerungs-/Aufgabegewinn auf Seiten des Erblassers.

1749 Wird **Privatvermögen** an mehrere Personen vererbt, gelten ebenfalls die unter Buchst. a aufgezeigten Grundsätze für die Miterben: (anteilige) Fortsetzung der AfA-Kette des Erblassers gem. § 11d EStDV.

11.5.9.3.3 Einzelunternehmen als Vermächtnisgegenstand

1750 Wird ein Einzelunternehmen jemandem als Vermächtnis in einem Testament zugewandt, so ist der Vermächtnisnehmer **steuerrechtlich unmittelbar unentgeltlicher Rechtsnachfolger** nach dem Erblasser, obwohl er zivilrechtlich als Vermächtnisnehmer nur einen schuldrechtlichen Anspruch gegen den oder die Erben auf Auskehrung des Vermächtnisses hat.

Zivilrechtlich findet somit im Gegensatz zum Steuerrecht ein Zwischenerwerb durch den/die Erben statt.

In Abweichung vom Zivilrecht erfolgt einkommensteuerrechtlich somit dann auch folgerichtig die Zuordnung des Vermächtnisgegenstandes mit dem Zeitpunkt des Erbfalls.

11.5.9.3.4 Erbauseinandersetzung – Miterbengemeinschaft – über Betriebsvermögen

1751 Sind mehrere Erben vorhanden, so ist die Erbengemeinschaft selbst **keine Gesellschaft,** da sie kein rechtsgeschäftlicher Personenzusammenschluss ist und auch nicht auf gemeinsame Zweckverfolgung, sondern auf Auseinandersetzung angelegt ist.

Gehört aber zum Nachlass ein Einzelunternehmen, so können sich die Miterben entschließen, dieses gemeinsam fortzuführen.

Der BFH hat durch Beschluss (5. 7. 1990 GrS 2/89 BStBl 1990 II 837) entschieden, dass Erbfall und die nachfolgende Erbauseinandersetzung (nicht nur zivilrechtlich, sondern auch einkommensteuerrechtlich **zwei selbständige Rechtsvorgänge** sind.

Das bedeutet: Gehört zum Nachlass ein **Einzelunternehmen** und sind mehrere Erben vorhanden, so werden diese Miterben im Zeitpunkt des Erbfalls **zwingend** zunächst einmal **Mitunternehmer.** Daraus ergeben sich folgende Konsequenzen:

Laufende Besteuerung:

Mit dem Tod des Einzelunternehmers werden die Miterben bürgerlich-rechtlich Ge- 1752 samthandseigentümer/(-inhaber) des ererbten Vermögens und einkommensteuer-rechtlich **Mitunternehmer i. S. des § 15 Abs. 1 Nr. 2 EStG** . Sie tragen wegen ihrer Haftung gem. § 1967 BGB **Unternehmerrisiko** und entfalten aufgrund ihres Mitverwaltungsrechtes (§ 2038 Abs. 1 BGB) auch **Unternehmerinitiative.** Die Miterben versteuern den Gewinn und Verlust der Mitunternehmerschaft **entsprechend** ihren jeweiligen **Erbquoten** ab dem Todestage. Bis zum Todestag ist dem Erblasser der Gewinn einkommensteuerlich zuzurechnen. Für die Erbengemeinschaft ist eine **einheitliche und gesonderte Gewinnfeststellung** durchzuführen gem. §§ 179, 180 Abs. 1 Nr. 2a AO. Gehört zum Nachlass außer dem Einzelunternehmen auch Privatvermögen, z. B. ein Mietwohnhaus, hat die Erbengemeinschaft nicht nur gemeinschaftliche gewerbliche Einkünfte (ererbtes Einzelunternehmen), sondern auch gemeinschaftliche Einkünfte aus Vermietung und Verpachtung, die ebenfalls einheitlich und gesondert festgestellt werden müssen. Verfahrensrechtlich bestehen nach Sinn und Zweck der §§ 179 ff. AO keine Bedenken, diese beiden Feststellungen in einem Feststellungsbescheid zu erlassen.

Besteuerung der Erbauseinandersetzung

Die Problematik der Erbauseinandersetzung und ihrer Besteuerung lässt sich am bes- 1753 ten anhand einiger Grundgestaltungen verdeutlichen; weitere Details zur steuerlichen Behandlung enthält der BMF-Erlass v. 14. 3. 2006, BStBl 2006 I 253.

Fall 1:

Ausscheiden gegen Abfindung – Barabfindung

Erblasser E war Einzelunternehmer; seine Erben (gesetzlich oder testamentarisch) sind seine beiden Kinder K1 und K2. Der Buchwert des Einzelunternehmens beträgt 200 000 €, der Verkehrswert 800 000 €. Alsbald nach dem Tode des E einigen sich K1 und K2 dahingehend, dass K1 den Betrieb allein fortführen und dem K2 eine **Barabfindung** i. H. von 400 000 € zahlen soll.

Lösung:

K1 und K2 sind mit dem Erbfall Mitunternehmer des ererbten Unternehmens geworden. K1 erwirbt die eine Hälfte des Unternehmens unentgeltlich von E, während er die zweite Hälfte des Unternehmens seinem Miterben K2 gleichsam abkauft.

K1 führt bezüglich der ererbten Betriebshälfte i. H. von 100 000 € die Buchwerte des E fort (unentgeltlicher Erwerb gem. § 6 Abs. 3 EStG), während er die zweite Betriebshälfte quasi dem K2 abkauft gegen einen Kaufpreis i. H. von 400 000 €; K1 hat i. H. von 400 000 € **Anschaffungskosten.**

Die Ausgleichszahlung (400 000 €) ist im Verhältnis der Teilwerte **auf die einzelnen Wirtschaftsgüter aufzuteilen.** Eine Aktivierung eines anteiligen **Firmenwerts** kommt nur insoweit in Betracht, als die 400 000 € die Hälfte der Summe der Teilwerte der übrigen Wirtschaftsgüter übersteigen. Auf der Seite des K1 bewirkt diese Erbauseinandersetzung, dass K2, der ja einen „Veräußerungspreis" i. H. von 400 000 € für seinen Buchwertanteil i. H. von 100 000 € erzielt, einen **Veräußerungsgewinn** i. H. von 300 000 € erzielt, den er nach § 16 i. V. mit § 34 EStG zu versteuern hat.

Hierin liegt eine wesentliche **Schlechterstellung** des weichenden Erben in der Weise, dass er aus seinem Erbteil die Steuern auf den Veräußerungsgewinn zu erbringen hat; diese Konsequenz muss bei der Erbauseinandersetzung (aus der Sicht des weichenden Erben) beachtet werden und lässt sich nicht umgehen.

Diese Lösung gilt, unabhängig davon, ob sich die Erben alsbald oder erst später auseinandersetzen, und auch unabhängig davon, mit welchen Mitteln K1 die Abfindung bewirkt, ob er die 400 000 € aus sonstigem ererbten Vermögen, aus eigenem Vermögen oder mit Hilfe eines Kredits bezahlt. Zahlt K1 die Abfindung mit Kreditmitteln, ist der Kredit eine **Betriebsschuld,** die Schuldzinsen sind Betriebsausgaben (BFH 5. 7. 1990 GrS 2/89, BStBl 1990 II 837; 6. 2. 1987 III R 203/83, BStBl 1987 II 423; vgl. BMF-Schreiben, a. a. O., Tz 40).

Fall 2:

Entgeltlicher Erbanteilserwerb

wie Fall 1, nur zahlt K1 dem K2 für dessen **Erbanteil** 400 000 € – Kauf eines Erbanteils.

Lösung:

Die (entgeltliche) Übertragung eines Erbanteils, die gem. § 2033 BGB zulässig ist, steht der Veräußerung eines Mitunternehmeranteils i. S. des § 16 Abs. 1 Nr. 2 EStG gleich; der Erbanteilserwerb wird somit der Abfindung eines weichenden Erben im Fall 1 gleichgestellt mit der Folge

bei K1: unentgeltlicher Erwerb der einen Hälfte der Wirtschaftsgüter; **Fortführung der Buchwerte** im Volumen von 100 000 €; entgeltlicher Erwerb jeweils der zweiten Hälfte der Wirtschaftsgüter mit **Anschaffungskosten** i. H. von 400 000 €; Aktivierung bei den entsprechenden Wirtschaftsgütern; etwaige aufgenommene Kredite zur Bezahlung des Kaufpreises des Erbanteils sind Betriebsschulden; Schuldzinsen sind Betriebsausgaben;

bei K2: entsteht (wie im Fall 1) ein Veräußerungsgewinn i. H. von 300 000 € (400 000 € Kaufpreis ./. 100 000 € Buchwert), der gem. §§ 16 u. 34 EStG zu versteuern ist (vgl. BMF-Schreiben, a. a. O., Tz 39).

Fall 3:

Ausscheiden gegen Abfindung – Sachwertabfindung

wie Fall 1: K1 übernimmt das Unternehmen, findet aber K2 ab mit einem Grundstück im Werte von 400 000 € **aus dem Betriebsvermögen** des ererbten Unternehmens; das Grundstück hatte einen Buchwert i. H. von 100 000 €. In den übrigen Wirtschaftsgütern des Unternehmens sind ebenfalls stille Reserven i. H. von 300 000 € enthalten.

Lösung:

Zunächst werden K1 und K2 mit dem Erbfall Mitunternehmer mit einem Kapitalkonto von je 100 000 €.

Für die weitere Lösung kommt es darauf an, wie das Grundstück bei K2 in der Folge verwendet wird.

Wird das Grundstück bei K2 **Betriebsvermögen,** brauchen die stillen Reserven nicht realisiert zu werden (§ 6 Abs. 3 EStG); allerdings hat K2 im Falle der späteren Entnahme die gesamten übernommenen und später bei ihm in diesem Grundstück gebildeten stillen Reserven zu versteuern.

Wird das Grundstück bei K2 **Privatvermögen,** so wird der Vorgang bei einer Sachwertabfindung in zwei Stufen zerlegt:

1. Stufe: Ausscheiden des K2: Wenn K2 ausscheidet, realisiert er in Höhe der Differenz zwischen seinem Abfindungsanspruch i. H. von 400 000 € und seinem Kapitalkonto einen begünstigten (§ 34 EStG) Veräußerungsgewinn i. H. von 300 000 €.

K1 hat eine Abfindungsschuld i. H. von 400 000 € einzubuchen und die Buchwerte des Betriebsvermögens um 300 000 € entsprechend der Verteilung der stillen Reserven aufzustocken. Bei einer Verteilung der stillen Reserven wie im Sachverhalt entfällt auf das Grundstück die Hälfte der stillen Reserven.

Buchungssatz:

Kapital K2	100 000 €		
Grundstück	150 000 €		
Übrige Aktiva	150 000 €	an Abfindungsschuld K2	400 000 €

2. Stufe: Erfüllung der Abfindungsschuld: Bei der Erfüllung der Abfindungsschuld durch die Hingabe des Betriebsgrundstücks entsteht bei K1 ein nicht begünstigter, laufender Gewinn i. H. von 150 000 € (Differenz zwischen aufgestocktem Buchwert und Abfindungsschuld).

Buchungssatz:

Abfindungsschuld K2	400 000 €	an Grundstück	250 000 €
		Sonstige betriebliche Erträge	150 000 €

Fall 4:

Auflösung der Erbengemeinschaft – Veräußerung des gemeinschaftlichen Vermögens – Verteilung des Erlöses

Weder K1 noch K2 im Fall 1 wollen das Unternehmen fortführen; sie veräußern vielmehr das Vermögen an einen oder mehrere Erwerber gegen Zahlung i. H. von 800 000 € und teilen den Erlös entsprechend ihren Erbanteilen.

Lösung:

In diesem Fall liegt für K1 und K2 eine gemeinschaftliche Betriebsveräußerung gem. § 16 Abs. 1 Nr. 2 EStG (bei Veräußerung an einen Erwerber) oder eine Betriebsaufgabe gem. § 16 Abs. 3 EStG (bei Veräußerung an verschiedene Erwerber) mit der steuerlichen

Konsequenz vor, dass der Veräußerungs-/Aufgabegewinn von insgesamt 600 000 € (Veräußerungspreis: 800 000 € ./. 200 000 € Buchwert) von K1 und K2 je zur Hälfte (je 300 000 € gem. §§ 16 u. 34 EStG) tarifbegünstigt zu versteuern ist (vgl. BMF-Schreiben, a. a. O., Tz 34).

Fall 5:

Auflösung der Erbengemeinschaft – Realteilung ohne Ausgleichsleistung

Im Fall 1 besteht das Betriebsvermögen aus Wirtschaftsgütern der Gruppe I: Buchwert: 120 000 € und Verkehrswert: 400 000 € und der Gruppe II: Buchwert: 80 000 € und Verkehrswert: 400 000 €; K1 und K2 setzen sich dergestalt auseinander, dass K1 die Wirtschaftsgüter der Gruppe I übernimmt und K2 die Wirtschaftsgüter der Gruppe II. Ausgleichszahlungen werden wegen der Wertgleichheit der Gruppen nicht gezahlt. Bei K1 und K2 werden die Wirtschaftsgüter **Privatvermögen.**

Lösung:

Wenn die Wirtschaftsgüter bei K1 und K2 **Privatvermögen** werden, liegt in dieser Realteilung (ohne Ausgleichsleistung) eine Betriebsaufgabe. Der Gesamtaufgabegewinn i. H. von 600 000 € ist hälftig von K1 und K2 tarifbegünstigt gem. §§ 16 u. 34 EStG zu versteuern, unabhängig davon, dass K1 die Gruppe I mit stillen Reserven i. H. von 280 000 € (Buchwert der Gruppe I: 120 000 €, Verkehrswert der Gruppe I: 400 000 €) und K2 die Gruppe II mit stillen Reserven i. H. von 320 000 € (Buchwert der Gruppe II: 80 000 €, Verkehrswert der Gruppe II: 400 000 €) übernimmt.

Würden K1 und K2 die ihnen zugewiesenen Wirtschaftsgüter in ein **Betriebsvermögen** überführen, haben K1 und K2 die Wirtschaftsgüter unter Vermeidung der Aufdeckung stiller Reserven zum Buchwert in ihr Betriebsvermögen einzulegen (§ 16 Abs. 3 Satz 2 EStG). Werden die zum Buchwert übertragenen Wirtschaftsgüter jedoch innerhalb einer Sperrfrist von drei Jahren (nach Abgabe der Steuererklärung für den VZ der Realteilung) veräußert oder entnommen, so sind rückwirkend für die Realteilung die gemeinen Werte anzusetzen und die stillen Reserven zu versteuern.

Fall 6:

Erblasser E hinterlässt seinen beiden Kindern K1 und K2 ein Einzelunternehmen mit einem Verkehrswert i. H. von 800 000 € und Grundstücke mit einem Verkehrswert i. H. von 800 000 €. E hat in seinem Testament angeordnet, dass K1 das Einzelunternehmen und K2 die Grundstücke erhalten soll. Danach richten sich K1 und K2 bei der Erbauseinandersetzung.

Lösung:

Es liegt eine **Teilungsanordnung** i. S. des § 2048 BGB vor. Die Rechtsfolgen der Teilungsanordnung entsprechen denen bei der Realteilung, so dass K1 das Einzelunternehmen und K2 die Grundstücke jeweils in vollem Umfang unentgeltlich erwerben mit der Folge, dass K1 die Buchwerte des Erblassers gem. § 6 Abs. 3 EStG und K2 die AfA-Kette des Erblassers gem. § 11d EStDV fortführt. (Zur Teilungsanordnung und einem evtl. damit verbundenen Vorausvermächtnis und ihren steuerlichen Folgen vgl. BMF-Schreiben, a. a. O., Tz 67 und 68).

Fall 7:

Auflösung der Erbengemeinschaft – Realteilung mit Ausgleichsleistung

Das Betriebsvermögen besteht im Fall 1 nur aus Wirtschaftsgütern der Gruppe I mit einem Buchwert i. H. von 120 000 € und einem Verkehrswert i. H. von 600 000 € und Wirtschaftsgütern der Gruppe II mit einem Buchwert i. H. von 80 000 € und einem Verkehrswert i. H. von 200 000 €. K1 und K2 setzen sich folgendermaßen auseinander: K1 erhält die Wirtschaftsgüter der Gruppe I, K2 die der Wirtschaftsgruppe II; als **Ausgleich** zahlt K1 an K2 einen Wertausgleich i. H. von 200 000 €. K1 und K2 nutzen die übernommenen Wirtschaftsgüter **privat.**

Lösung:

Bei der Erbengemeinschaft liegt insgesamt ein **Aufgabegewinn** vor i. H. von 600 000 €, der tarifbegünstigt ist gem. § 16 Abs. 3 EStG, § 34 EStG und der hälftig K1 und K2 zuzurechnen ist. K1 hat jedoch in Höhe der Abfindungszahlung (200 000 €) Anschaffungskosten; die Wirtschaftsgüter der Gruppe I erwirbt K1 somit i. H. von 400 000 € unentgeltlich mit der Wirkung der Fortführung der Buchwerte des Erblassers (120 000 €) und i. H. von 200 000 € entgeltlich; durch die **zusätzlichen Anschaffungskosten** i. H. von 200 000 € wird neues AfA-Volumen (soweit abschreibungsfähige Wirtschaftsgüter vorliegen) geschaffen.

Fall 8:

Nach dem Tode des E sind seine beiden Kinder K1 und K2 seine (gesetzlichen oder testamentarischen) Erben. Das Einzelunternehmen hat einen Buchwert i. H. von 200 000 € und einen Verkehrswert i. H. von 800 000 €. K2 schlägt aber die Erbschaft aus und verlangt seinen Pflichtteil.

Lösung:

Der **Pflichtteil** des K2 besteht in einer Forderung an K1 i. H. der Hälfte seines gesetzlichen Erbteils (§ 2303 BGB); der gesetzliche Erbteil beträgt (neben K1 als einzigem Geschwister) $\frac{1}{2}$; der Pflichtteil beträgt somit $\frac{1}{4}$ von 800 000 € = 200 000 €. Die Zahlung der 200 000 € an K2 ist **kein Entgelt für das übernommene Einzelunternehmen;** Pflichtteilsleistungen sind als Erbfallschulden Nachlassverbindlichkeiten. K1 erwirbt somit **in voller Höhe** das Einzelunternehmen **unentgeltlich** vom Erblasser; er führt dessen Buchwerte fort; K1 hat **keine Anschaffungskosten.**

Fall 9:

Wie Fall 8; E hat den K1 zum Alleinerben eingesetzt, zugunsten des K2 jedoch ein Vermächtnis i. H. von 400 000 € ausgesetzt.

Lösung:

Das **Vermächtnis** ist **kein Entgelt für das übernommene Betriebsvermögen** (BFH 17. 10. 1991 IV R 97/89, BStBl 1992 II 392; BMF-Schreiben, a. a. O., Tz. 60). Wie bei der Erfüllung von Pflichtteilsansprüchen durch Barzahlung hat K1 somit den gesamten Betrieb unentgeltlich vom Erblasser erworben mit der Folge: Fortführung der Buchwerte, keine (neuen) Anschaffungskosten und damit kein neues AfA-Volumen; K1 steht sich also schlechter als im Fall 1, während K2 sich indirekt besser steht, weil er keinen Veräußerungsgewinn – also anders als im Fall 1 – zu versteuern hat.

11.5.9.3.5   Erbauseinandersetzung – Miterbengemeinschaft – über Privatvermögen

1754 Setzen sich Miterben über das **Privatvermögen** des Erblassers dergestalt auseinander, dass ein Miterbe einen Gegenstand des Privatvermögens (z. B. ein Grundstück) gegen Abfindung an die übrigen Miterben übernimmt, so liegt für den erwerbenden Erben ein **entgeltlicher Erwerb** vor. Die frühere Auffassung, dass dieser Grundsatz nur insoweit gilt, als für die Abfindung Vermögenswerte über den Anteil des Abfindenden am Nachlass hinaus eingesetzt werden, wird ausdrücklich durch den BFH (5. 7. 1990 GrS 4-6/89, BStBl 1990 II 837) aufgegeben. Hierbei wird nicht verlangt, dass die Erbauseinandersetzung innerhalb angemessener Frist erfolgen muss.

Fall 10:

Erben zu je ¹/₂ sind K1 und K2; zum Nachlass gehören 2 Grundstücke: das Grundstück A mit einem Verkehrswert i. H. von 100 000 € erhält K1, das Mietwohngrundstück B mit einem Verkehrswert i. H. von 300 000 € erhält K2; K2 ist verpflichtet, an K1 einen Wertausgleich i. H. von 100 000 € zu leisten.

Lösung:

K1 hat das Grundstück A in vollem Umfang unentgeltlich erworben. Er setzt gem. § 11d EStDV die AfA vom Gebäudewert des Erblassers fort; K2 hat das Grundstück B zu ²/₃ unentgeltlich erworben; insoweit gilt für ihn auch § 11d EStDV. Im Übrigen (restliches ¹/₃) hat K2 entgeltlich erworben mit der Folge, dass diese Anschaffungskosten von ihm (neu) abgeschrieben werden können, soweit sie auf das Gebäude entfallen. Die AfA des K2 setzt sich somit aus der nach § 11d EStDV und der nach § 7 Abs. 4 EStG zusammen.

1755 Nimmt der abfindende Erbe **zum Zwecke der Abfindung** ein **Darlehen** auf, sind die gezahlten **Zinsen** in vollem Umfang **Werbungskosten** aus § 21 EStG, wenn der abfindende Erbe die Abfindung zahlt, um aus der Erbmasse das Mietwohnhaus zu erhalten (BFH 9. 7. 1985 IX R 49/83, BStBl 1985 II 722 f.).

Auflösung der Erbengemeinschaft – Realteilung ohne Ausgleichszahlung

Fall 11:

E stirbt; seine beiden Erben zu gleichen Teilen sind K1 und K2; der Nachlass des E besteht aus einem zum Privatvermögen gehörenden bebauten Grundstück (Anschaffungskosten vor 10 Jahren: 100 000 €; Verkehrswert im Todeszeitpunkt: 400 000 €) und Kapitalvermögen mit einem Verkehrswert i. H. von 400 000 €. K1 und K2 setzen sich so auseinander, dass K1 das Grundstück und K2 das Kapitalvermögen erhalten.

Lösung:

Einkommensteuerlich erhält – entsprechend dem Fall 5 – K1 unentgeltlich das Grundstück; K1 führt die AfA-Kette des Rechtsvorgängers, des Erblassers, fort (§ 11d EStDV; AfA-Bemessungsgrundlage: Anschaffungskosten des Erblassers ./. Grund- und Bodenanteil); der AfA-Satz bleibt unverändert. K2 erwirbt unentgeltlich das Kapitalvermögen.

Stille Reserven werden nicht steuerpflichtig realisiert, da sich die Vermögensgegenstände im Privatvermögen befanden.

Auflösung der Erbengemeinschaft – Realteilung mit Ausgleichszahlung

Fall 12:

Wie der Fall 11 mit der Abwandlung: der Verkehrswert des bebauten Grundstücks beträgt 600 000 € und der Verkehrswert des Kapitalvermögens lediglich 200 000 €, so dass K1 an K2 eine Abfindung zahlt i. H. von 200 000 €.

Lösung:

K1 hat nach der Erbauseinandersetzung ein Grundstück im Verkehrswert von 600 000 € für das er 200 000 € aufgewendet hat; also hat er das Grundstück zu 200/600 (= $\frac{1}{3}$) entgeltlich und zu $\frac{2}{3}$ unentgeltlich ($\frac{1}{2}$ durch Erbschaft und $\frac{1}{6}$ durch Realteilung) erworben, was zu Fortführung der AfA des Erblassers zu $\frac{2}{3}$ führt (§ 11 EStDV).

Die 200 000 € AK führen zu einer neuen AfA-Reihe (grds. 2 % nach § 7 Abs. 4 Nr. 2a EStG).

11.5.9.3.6 Erbauseinandersetzung über einen Mischnachlass (Betriebsvermögen und Privatvermögen)

Auch die Realteilung eines Mischnachlasses, bestehend aus Betriebs- und Privatvermögen, ist **erfolgsneutral möglich** (BFH 5. 7. 1990, a. a. O.), d. h. auch die Erbauseinandersetzung durch Realteilung eines solchen Nachlasses führt zwischen den Erben nicht zu Anschaffungs- und Veräußerungsgeschäften. In einer solchen **Realteilung** ist somit weder ein Tausch von Miteigentumsanteilen an den Betriebsvermögens- bzw. Privatvermögensgegenständen noch eine Veräußerung der einzelnen zu den Vermögensgruppen gehörenden Vermögensgegenstände durch die Erbengemeinschaft an die einzelnen Miterben zu sehen. 1756

Realteilung ohne Abfindungszahlung:

Fall 13:

Erblasser E setzt seine beiden Kinder K1 und K2 zu Erben zu je $\frac{1}{2}$ ein; der Nachlass besteht aus einem Betriebsvermögen (Einzelunternehmen) mit einem Buchwert i. H. von 200 000 € und einem Verkehrswert i. H. von 400 000 € sowie aus einem zum Privatvermögen gehörenden Zweifamilienhaus mit einem Verkehrswert i. H. von 400 000 €. K1 und K2 setzen sich dergestalt auseinander, dass K1 das Einzelunternehmen und K2 das Zweifamilienhaus erhalten.

Lösung:

Die Auseinandersetzung löst **keinen Veräußerungsgewinn** aus; K1 erwirbt das Einzelunternehmen in vollem Umfang unentgeltlich mit der Folge: Fortführung der Buchwerte gem. § 6 Abs. 3 EStG; K2 erwirbt das Zweifamilienhaus in vollem Umfang unentgeltlich mit der Folge: Fortführung der AfA-Kette des Erblassers gem. § 11d EStDV; K1 und K2 haben aus der Erbauseinandersetzung keine (neuen) Anschaffungskosten.

Realteilung mit Abfindungszahlung:

Fall 14:

Wie Fall 13 mit der Maßgabe, dass das Einzelunternehmen einen Verkehrswert i. H. von 500 000 € haben soll (Buchwert: 200 000 €), während das Zweifamilienhaus einen Verkehrswert i. H. von 300 000 € haben soll. Zum Ausgleich der Wertdifferenz zahlt K1 an K2 100 000 €.

Lösung:

Die Ausgleichszahlung des K1, der bei der Auseinandersetzung mehr an Vermögenswerten erhalten hat, als ihm nach seiner Erbquote zustand, führen bei K2 zu einem Veräußerungsgewinn aus der Veräußerung (eines Teiles) seines Mitunternehmeranteils; der Veräußerungsgewinn beträgt 40 000 € (100 000 € ./. dem Kapitalkontoanteil von 60 000 €) und ist bei K2 gem. §§ 16, 34 EStG tarifbegünstigt. Bei K1 liegen i. H. von 100 000 € Anschaffungskosten bezüglich seines Betriebsvermögens vor, so dass er zu $^4/_5$ das Betriebsvermögen des Erblassers unentgeltlich erworben hat (Folge: Fortführung der Buchwerte zu $^4/_5$ gem. § 6 Abs. 3 EStG) und darüber hinaus Anschaffungskosten bezüglich des Teils von K2 am Betriebsvermögen hat (100 000 € Zahlung ./. Kapitalkonto K2 von 60 000 €). Also muss er die Buchwerte des Erblassers im Verhältnis der Verkehrswerte zu den Teilwerten um 40 000 € aufstocken. Finanziert K1 die Abfindungszahlung an K2 mit einem **Kredit,** so ist dieser bei K1 Betriebsschuld; die **Kreditzinsen** sind bei K1 **Betriebsausgaben,** K2 erwirbt das Zweifamilienhaus in vollem Umfang unentgeltlich; er führt die AfA-Kette des Erblassers gem. § 11d EStDV fort.

Werden jedoch bei der Realteilung zwar keine Ausgleichszahlungen geleistet, aber in der **Realteilung Wirtschaftsgüter,** die beim **Erblasser** zum **Betriebsvermögen** gehörten, bei einem **Miterben** zum **Privatvermögen,** wird in Höhe des Unterschieds zwischen dem Buchwert und dem Verkehrswert (Teilwert) ein **Entnahmegewinn** realisiert, der als laufender Gewinn der Erbengemeinschaft zugerechnet wird.

11.5.9.3.7 Erbauseinandersetzung bei Personengesellschaftsbeteiligung

1757 Besonderheiten ergeben sich, wenn zum Nachlass ein **Personengesellschaftsanteil** gehört; es kann in einem solchen Fall eine **Fortsetzungsklausel ohne Nachfolgeklausel** z. B. in folgender Form bestehen:

„Im Falle des Todes eines Gesellschafters wird die Gesellschaft unter den verbleibenden Gesellschaftern fortgesetzt; der Anteil des verstorbenen Gesellschafters wächst den anderen Gesellschaftern an:

in Variante a: entschädigungslos,

in Variante b: gegen Abfindung der Erben zum Buchwert und

in Variante c: gegen Abfindung der Erben zu Verkehrswerten."

In diesem Fall hätte nur in der Variante c: der **Erblasser** einen Veräußerungsgewinn (quasi) gem. §§ 16 u. 34 EStG zu versteuern.

Besteht für den Fall des Todes eines Personengesellschafters eine **Fortsetzungsklausel mit Nachfolgeklausel** z. B. in folgender Form:

„Stirbt ein Gesellschafter, so wird die Gesellschaft fortgeführt zwischen den bisherigen Gesellschaftern und

in Variante a: den Erben,

in Variante b: einzelnen Erben,

in Variante c: einem Erben oder

in Variante d: einem vom Erblasser zu bestimmenden Dritten",

so treten die Erben, der Erbe, der Dritte als unentgeltliche Rechtsnachfolger in die gesellschaftsrechtliche Stellung des Erblassers unter Fortführung seiner Buchwerte und seines Kapitalkontos ohne Realisierung etwaiger stiller Reserven ein.

Problematisch sind in einem solchen Fall allenfalls testamentarisch festgelegte Abfindungsleistungen an nicht bedachte weichende Erben.

11.5.9.3.8 Erbauseinandersetzung und Vermächtnis   1758

Fall 15:

E hat in seinem Testament K1 zum Alleinerben eingesetzt und zugunsten des K2 ein Vermächtnis ausgesetzt in Form eines zum Betriebsvermögen gehörenden Grundstücks, das einen Buchwert i. H. von 100 000 € und einen Verkehrswert i. H. von 400 000 € hat.

Lösung:

K1 erbt den Betrieb in vollem Umfang unentgeltlich; die Erfüllung des Vermächtnisses an K2 stellt bei K1 keine Anschaffungskosten dar; K1 hat den Entnahmegewinn i. H. v. 300 000 € (Verkehrswert = Teilwert: 400 000 € ./. Buchwert 100 000 €) als laufenden Gewinn zu versteuern – bei einer Steuerbelastung von 40 % beträgt die ESt-Belastung bei K1 allein schon 120 000 €; hinzu kommt noch die GewSt –, während K2 das Grundstück einkommen- und gewerbesteuerfrei erwerben würde –, ein kaum von E gewolltes und deshalb testamentarisch regelungsbedürftiges Ergebnis.

11.5.10 Veräußerung des Anteils des persönlich haftenden Gesellschafters einer Kommanditgesellschaft auf Aktien

Als begünstigten Vorgang nennt § 16 Abs. 1 Nr. 3 EStG schließlich die Veräußerung des   1759
Anteils eines persönlich haftenden Gesellschafters einer Kommanditgesellschaft auf Aktien (vgl. §§ 278 ff. AktG). Ist der persönlich haftende Gesellschafter gleichzeitig Kommanditaktionär der Gesellschaft und veräußert er die ihm gehörenden Aktien, so fällt der hierdurch erzielte Gewinn nicht unter § 16 Abs. 1 Nr. 3 EStG. Die Vorschrift betrifft nur die Veräußerung des nicht in Aktien bestehenden Anteils, nämlich des Geschäftsanteils des Komplementärs.

11.5.11 Veräußerungsgewinn – Aufgabegewinn

11.5.11.1 Allgemeine Grundsätze

1760 Dem Ziel, die allmählich entstandenen stillen Reserven begünstigt zu besteuern, entspricht es, dass der **Veräußerungs-/Aufgabegewinn** in den Fällen der §§ 14, 16 und 18 Abs. 3 EStG stets **gesondert zu berechnen** ist. Er muss **gegen den laufenden Gewinn** des letzten vor der Veräußerung liegenden Wirtschaftsjahres **abgegrenzt** werden, der der ESt mit den normalen Steuersätzen unterliegt. Darüber hinaus kann sich die Notwendigkeit ergeben, den Veräußerungsgewinn von **nachträglichen Einkünften** aus der ehemaligen betrieblichen Tätigkeit zu unterscheiden (§ 24 Nr. 2 EStG), die ebenfalls nicht begünstigt sind.

Wie der Veräußerungsgewinn zu berechnen ist, bestimmt § 16 Abs. 2 EStG, auf den die §§ 14 und 18 Abs. 3 EStG verweisen. Veräußerungsgewinn ist hiernach der Betrag, um den der **Veräußerungspreis nach Abzug der Veräußerungskosten** den gem. § 5 bzw. § 4 Abs. 1 EStG für den **Zeitpunkt der Veräußerung** ermittelten **Buchwert** des Betriebsvermögens oder des Anteils am Betriebsvermögen **übersteigt.** Diese Berechnungsweise entspricht den Grundsätzen über die Gewinnermittlung durch Betriebsvermögensvergleich. Der Veräußerungsgewinn ist deshalb stets in dem Kalenderjahr zu erfassen, in dem er als **realisiert** angesehen werden kann, im Allgemeinen also im Jahr der Veräußerung. Es ist abzustellen auf den Zeitpunkt der **Übertragung mindestens des wirtschaftlichen Eigentums** an den veräußerten wesentlichen Betriebsgrundlagen (BFH 26. 7. 1984 IV R 137/82, BStBl 1984 II 829). Da er regelmäßig mit der Veräußerung verwirklicht wird, richtet sich seine Höhe im Allgemeinen nach den Gegebenheiten im Veräußerungszeitpunkt, insbesondere auch hinsichtlich der Vereinbarungen zwischen dem Veräußerer und dem Erwerber über das Veräußerungsentgelt. Demzufolge kommt es auf das **Zufließen des Veräußerungspreises** und das **Abfließen der Veräußerungskosten i. d. R. nicht an.** § 11 EStG ist **nicht anwendbar** (BFH [st. Rspr.], zuletzt Urteil v. 6. 10. 1993 I R 97/92, BStBl 1994 II 287), soweit nicht die noch zu schildernden Ausnahmen eingreifen. Sie betreffen vor allem die Besteuerung der Veräußerungsgewinne, wenn der Kaufpreis in Form von „laufenden Bezügen" gezahlt wird. Vgl. hierzu Rdn. 1790.

BEISPIEL: A veräußert dem B seinen Gewerbebetrieb am 15. 12. 01 aufgrund eines notariell beurkundeten Vertrages. B übernimmt sämtliche WG des Betriebsvermögens einschließlich der Verbindlichkeiten. Der Kaufpreis beträgt 128 000 €. Er ist in einer Summe am 1. 2. 02 zu entrichten. B hat zur Sicherung des Kaufpreisanspruchs zugunsten des A auf seinem Grundstück eine Hypothek eintragen lassen. Die gesamten von A getragenen Veräußerungskosten belaufen sich auf 1 500 €. Die den gesetzlichen Vorschriften entsprechende Schlussbilanz des A zeigt folgendes Bild:

Inventar	5 000 €	Kapital	100 000 €
Maschinen u. Werkzeuge	95 000 €		
Forderungen	2 000 €		
Bank	3 000 €		
Kasse	1 000 €	Verbindlichkeiten	6 000 €
	106 000 €		106 000 €

Ohne Rücksicht darauf, dass der Veräußerungsgewinn erst im Jahre 02 dem A zufließt und dass A möglicherweise die Veräußerungskosten erst 02 bezahlt hat, ist der Veräußerungsgewinn im Jahre 01 in voller Höhe realisiert, da in diesem Jahr die Veräußerung erfolgt ist. Der Veräußerungsgewinn wird wie folgt berechnet (§ 16 Abs. 2 EStG):

Veräußerungspreis	128 000 €
Veräußerungskosten	./. 1 500 €
Wert des Betriebes (Kapital)	./. 100 000 €
Veräußerungsgewinn	26 500 €

Ist der Veräußerungspreis niedriger als die Summen aus dem Wert des Betriebsver- 1761
mögens und den Veräußerungskosten, so muss dieser **Veräußerungsverlust** zunächst innerhalb derselben Einkunftsart mit einem etwaigen Gewinn, insbesondere dem laufenden Gewinn, verrechnet werden. Sind die Einkünfte aus dieser Einkunftsart negativ, so findet der Verlustausgleich mit positiven Einkünften aus anderen Einkunftsarten im Rahmen des § 2 Abs. 3 EStG statt. Im Übrigen greift § 10d EStG ein.

11.5.11.2 Veräußerungspreis

11.5.11.2.1 Der Begriff „Veräußerungspreis"

Der Veräußerungspreis ist das **Entgelt für die Übertragung des Betriebsvermögens** 1762
bzw. des Anteils am Betriebsvermögen. Er umfasst **sämtliche Vorteile in Geld oder Geldeswert,** die als Gegenleistung für die veräußerten betrieblichen Wirtschaftsgüter oder für den Mitunternehmeranteil vereinbart worden sind. Dabei kommt es **auf die Bezeichnung** als Kaufpreis **nicht an.** Deshalb können auch **Entschädigungen** Bestandteile des Veräußerungspreises sein, die wegen eines bei der Veräußerung angenommenen Konkurrenzverbotes für den Wegfall künftig zu erwartender Gewinne im Zusammenhang mit der Aufgabe der Geschäftsräume durch den Veräußerer (**Abstandssumme;** BFH 29. 10. 1970 IV R 141/67, BStBl 1971 II 92) oder aus ähnlichen Gründen zu zahlen sind. Gelegentlich umfasst der Veräußerungspreis auch Leistungen, die nicht der Erwerber, sondern ein Dritter erbringt. Ein Beispiel bildet die Zahlung eines vom Kaufvertrag zurückgetretenen Käufers zum Ausgleich der Einbuße, die der Veräußerer durch ungünstigen Verkauf des Betriebes an einen anderen Erwerber erlitten hat (BFH 26. 10. 1961, BStBl 1962 III 220). Des Weiteren zählen **öffentliche Zuschüsse** für die Stilllegung eines Betriebes, z. B. von Mühlen oder Molkereien, zum Veräußerungspreis.

Der **Ausgleichsanspruch eines Handelsvertreters** wegen Beendigung des Vertragsver- 1763
hältnisses mit seinem Auftraggeber (§ 89b HGB) ist nicht Teil des Veräußerungspreises (BFH [st. Rspr.] vgl. 10. 7. 1973 VIII R 228/72, BStBl 1973 II 775 f.), da er nicht als Gegenleistung für die Veräußerung betrieblicher Wirtschaftsgüter gedacht ist, sondern als gesetzlich geregelte Vergütung für die Tätigkeit des Handelsvertreters, die vor Vertragsende geleistet wurde und nach Vertragsende fortwirkt. Gibt ein Handelsvertreter seine gewerbliche Tätigkeit auf, so ist die Entstehung des Ausgleichsanspruchs der letzte laufende Geschäftsvorteil. Der Anspruch muss daher in der Schlussbilanz aktiviert werden (BFH 10. 7. 1973, a. a. O.). Die Ausgleichszahlung ist zwar tarifbegünstigt (§ 34 Abs. 2 Nr. 2 EStG, § 24 Nr. 1c EStG), ein Freibetrag gem. § 16 Abs. 4 EStG kann aber nicht gewährt werden.

1764   Der Veräußerungspreis kann ganz oder teilweise darin bestehen, dass der Erwerber Schulden des Veräußerers tilgt, etwa aufgrund einer **Schuldübernahme** (§§ 414 u. 415 BGB), wobei es dahingestellt bleiben kann, ob es sich um betriebliche oder private Schulden handelt (BFH 12.1.1983 IV R 180/80, BStBl 1983 II 595).

11.5.11.2.2   Bewertung der zum Veräußerungspreis gehörenden Wirtschaftsgüter

1765   § 16 Abs. 2 EStG regelt nicht, wie der Anspruch auf den Veräußerungspreis zu bewerten ist. Daher gelten die Bestimmungen des § 6 EStG, wenn es sich im Moment der Veräußerung um eine betriebliche Forderung handelt. Andernfalls richtet sich die Bewertung nach den Vorschriften des BewG, bei Geldforderungen also nach § 12 BewG, bei Ansprüchen auf Sachleistungen nach § 9 BewG. In Rechtsprechung und Literatur geht man zumeist davon aus, dass der Anspruch auf den Veräußerungspreis zum außerbetrieblichen Vermögen des Veräußerers gehört (BFH 23.11.1967, BStBl 1968 II 93). Die **Zinsen bei ratenweiser Zahlung** des Kaufpreises werden nach herrschender Ansicht als **Einnahmen aus Kapitalvermögen** angesehen (§ 20 EStG).

1766   Geht man mit der h.M. davon aus, dass die Höhe des Veräußerungspreises nach dem BewG zu ermitteln ist, so müssen Geldforderungen regelmäßig mit dem Nennbetrag angesetzt werden. Besondere Gründe können jedoch einen höheren oder niedrigeren Wert begründen (§ 12 Abs. 1 BewG).

Eine Ausnahme von der Bewertung mit dem Nennbetrag kommt vor allem in Betracht, wenn der Kaufpreis in **Raten** zu zahlen ist, **ohne** dass der Erwerber des Betriebes oder Mitunternehmeranteils den jeweiligen Restbetrag **zu verzinsen** hat. Für diesen Fall schreibt § 12 Abs. 3 BewG vor, dass der Nennbetrag unter Berücksichtigung von Zinseszinsen **abzuzinsen** ist, wobei der Zinssatz 5,5 % beträgt. Der so ermittelte Barwert stellt den Veräußerungspreis dar.

Wird der Veräußerungspreis **verzinslich gestundet,** so ist der Nennwert der Forderung der Veräußerungspreis; die Zinsen sind bei ihrem Zufluss als Einkünfte aus Kapitalvermögen (§ 20 EStG) zu erfassen.

11.5.11.2.3   „Veräußerungspreis" bei der Realteilung

1767   Besonderheiten gelten, wenn eine Mitunternehmergemeinschaft aufgelöst wird. Hierbei sind folgende Fälle denkbar:

a)   **Realteilung,** d.h. an den Wirtschaftsgütern, die im Gesamthandseigentum stehen, wird Alleineigentum eines bisherigen Gesamthandseigentümers begründet (reine Realteilung);

1768   b)   diese **Realteilung** wird **mit einem Wertausgleich** (Zuzahlung) verbunden;

c)   **Veräußerung** der einzelnen Wirtschaftsgüter **an Dritte** und Verteilung des Erlöses an die früheren Gesamthandseigentümer.

Zu den ersten beiden Fallgruppen ist Folgendes zu bemerken: Nach § 16 Abs. 3 Satz 2 EStG sind bei der Realteilung immer die Buchwerte anzusetzen; ein Veräußerungsgewinn entsteht daher nicht.

Die bilanzsteuerliche Problematik, die sich aus der Realteilung in mehrere Teilbetriebe ergibt, in denen die bisherigen Buchwerte fortgeführt werden, entscheidet der BFH und ihm folgend die Verwaltung dahingehend, dass eine erfolgsneutrale Anpassung der Kapitalkonten zu erfolgen hat, wenn die Summen der Buchwerte der von den einzelnen Gesellschaftern übernommenen Wirtschaftsgüter nicht der bisherigen Höhe ihrer Kapitalkonten entsprechen (vgl. auch BFH 10. 12. 1991 VIII R 69/86, BStBl 1992 II 385).

Scheiden die den einzelnen Gesellschaftern zugewiesenen Wirtschaftsgüter **aus dem** **Betriebsvermögensbereich aus,** gehören sie also nicht mehr zu anderen Betriebsvermögen der ehemaligen Gesellschafter, sind die Wirtschaftsgüter mit dem **Teilwert** anzusetzen. Es tritt also eine Gewinnrealisierung bezüglich der stillen Reserven ein. Dies gilt rückwirkend auch dann, wenn die zu Buchwerten übertragenen Wirtschaftsgüter innerhalb einer Sperrfrist von 3 Jahren aus den Betriebsvermögen entnommen oder veräußert werden (§ 16 Abs. 3 Satz 3 EStG). 1769

Der Fall, dass im Zusammenhang mit der Auflösung einer Personengesellschaft eine Barabfindung der Buchwertunterschiede vereinbart wird, wird in Literatur und Rechtsprechung unterschiedlich behandelt (siehe dazu *Schmidt-Wacker,* § 16 EStG Anm. 530 ff.; BFH 5. 7. 1963, BStBl 1963 III 492).

11.5.11.2.4 „Veräußerungspreis" beim Ausscheiden eines Gesellschafters aus einer Mitunternehmerschaft

Ein Gesellschafter kann aus einer Personengesellschaft ausscheiden, indem er entweder **seinen Anteil** an einen Dritten oder einen Mitgesellschafter **veräußert oder** sein Anteil am Gesellschaftsvermögen **wächst** den übrigen Gesellschaftern **gegen Abfindung** an – § 738 BGB – (BFH 11. 7. 1973 I R 126/71, BStBl 1974 II 50). 1770

Die Fälle des unentgeltlichen Übergangs (Schenkung, Anwachsung ohne Abfindung) können unerörtert bleiben, da § 16 EStG nur die entgeltlichen Übertragungen erfasst (s. Rdn. 1674a); zur Erbauseinandersetzung über einen Mitunternehmeranteil s. Rdn. 1751.

Veräußert der Gesellschafter seinen Anteil an einen fremden Dritten bzw. an einen Mitgesellschafter, so handelt es sich um die Veräußerung eines Mitunternehmeranteils. Die steuerlichen Konsequenzen sind unter Rdn. 1731 behandelt.

Erhält der ausscheidende Gesellschafter im Falle der **Anwachsung** für die Aufgabe seiner Gesellschaftsrechte ein **Entgelt,** das **über dem Wert seines Kapitalkontos** liegt, so liegt ein Veräußerungsgewinn i. S. des § 16 EStG vor, wenn das Entgelt den Buchwert sämtlicher Konten des Gesellschafters, also auch der Privat- und Darlehenskonten des Gesellschafters zuzüglich der Veräußerungskosten übersteigt. Bei den verbleibenden Gesellschaftern stellt die Abfindungssumme die Anschaffungskosten für den Anteil des ausscheidenden Gesellschafters am Betriebsvermögen dar mit der Folge, dass der über das Kapitalkonto hinausgehende Mehrbetrag grundsätzlich zu aktivieren ist durch entsprechende (Teil-)Aufstockung der Buchwerte der Wirtschaftsgüter, bei denen stille Reserven gebildet waren, ggf. auch durch Aktivierung eines (Teil-)Geschäftswertes. 1771

11.5.11.2.4.1 Ausscheiden eines lästigen Gesellschafters

1772 Gehen die übrigen Gesellschafter davon aus, dass durch das Verhalten des ausscheidenden Gesellschafters der Betrieb geschädigt wird, es also im betrieblichen Interesse liegt, ihn aus der Gesellschaft auszuschalten, und zahlen sie deshalb an den **lästigen Gesellschafter** eine über dem Teilwert (Buchwert + stille Reserven + evtl. Geschäftswert) seines Kapitalkontos liegende Abfindung, so stellt dieser **Mehrbetrag** i. d. R. beim ausscheidenden Gesellschafter einen **Veräußerungsgewinn** i. S. des § 16 EStG mit der weiteren Folge der Begünstigung nach § 34 EStG dar. Bei den verbleibenden Gesellschaftern ist dieser Mehrbetrag aber **sofort abzugsfähige Betriebsausgabe** (BFH 25. 1. 1979 IV R 56/75, BStBl 1979 II 302), sofern die Mehrzahlungen nicht außerbetrieblich veranlasst waren und ein Geschäftswert nicht feststellbar ist.

11.5.11.2.4.2 Ausscheiden eines Kommanditisten bei negativem Kapitalkonto (Regelfall)

1773 Ein **Kommanditist** kann ein **negatives Kapitalkonto** haben, das durch seine unbeschränkte Beteiligung an den Verlusten in den Vorjahren entstanden ist. Die **Möglichkeit von negativen Kapitalkonten** eines Kommanditisten **trotz seiner grundsätzlich beschränkten Haftung** gem. § 167 Abs. 3 HGB ist **zivilrechtlich und steuerrechtlich** allgemein **anerkannt** (vgl. BFH 10. 11. 1980 GrS 1/79, BStBl 1981 II 164). Einkommensteuerlich ist ein negatives Kapitalkonto eines Kommanditisten anzuerkennen, wenn die Gesellschafter ausdrücklich vereinbart haben, dass der Kommanditist (obwohl er gem. § 167 Abs. 3 HGB im Innen- und Außenverhältnis bei Auflösung der Gesellschaft nur bis zur Höhe seiner Einlage am Verlust teilnimmt) während des Bestehens der Gesellschaft unbegrenzt am Verlust in der Form beteiligt wird, dass er seinen Anteil an künftigen Gewinnen zur Deckung früherer Verluste zur Verfügung stellen muss (oder wenn wenigstens entsprechend verfahren wird).

Der **ausgleichslose Wegfall des negativen Kapitalkontos** führt beim ausscheidenden **Kommanditisten** zu einem **Veräußerungsgewinn** in Höhe des negativen Kapitalkontos (BFH 10. 11. 1980, a. a. O.).

Ein **ausgleichsloser Wegfall** eines **negativen Kapitalkontos** eines Gesellschafters einer **OHG** führt wegen der grundsätzlich unbeschränkten Haftung nach § 128 HGB unstreitig i. d. R. zu einem **Veräußerungsgewinn** nach § 16 EStG, wenn der Gesellschafter von den übrigen Gesellschaftern ohne Gegenleistung im Innenverhältnis von den Gesellschaftsverbindlichkeiten **freigestellt** wird (BFH 30. 11. 1977 I R 27/75, BStBl 1978 II 149; 10. 11. 1980, a. a. O.).

1774 Scheidet ein Gesellschafter aus und liegt die **Abfindung unter dem Buchwert** seiner Beteiligung, entsteht i. d. R. auch bei den verbleibenden Gesellschaftern kein Gewinn, da die Buchwerte der betreffenden Wirtschaftsgüter grundsätzlich herabzusetzen sind. Eine Bilanzierung über den tatsächlichen Anschaffungskosten ist nicht statthaft (§ 6 Abs. 1 Nr. 1, 2 und 7 EStG). Nur wenn die ehemaligen Gesellschafter sich darüber einig sind, dass aus persönlichen Gründen die Abfindung unter dem wirklichen Wert der Beteiligung erfolgen soll, dass also insoweit eine unentgeltliche Zuwendung des Ausscheidens an die verbleibenden Gesellschafter vorliegen soll, sind die Buchwerte fortzuführen (§ 6 Abs. 3; BFH 11. 7. 1973 I R 126/71, BStBl 1974 II 50).

11.5.11.2.4.3 Ausscheiden eines Kommanditisten bei negativem Kapitalkonto (Fall des § 15a EStG)

Liegt ein Veräußerungsfall des Kommanditanteils vor, so kann ein Veräußerungs-   1775
gewinn entstehen, wenn der Veräußerungspreis in Höhe des zusätzlichen Entgelts und
des negativen Kapitalkontos den nach § 15a Abs. 2 EStG noch verrechenbaren Verlust
übersteigt.

Wird die Gesellschaft aufgelöst und liquidiert, so ist der Wegfall des negativen Kapitalkontos einkommensteuerrechtlich irrelevant, sofern er durch einen in gleicher Höhe
noch vorhandenen verrechenbaren Verlust (§ 15a Abs. 2 EStG) kompensiert werden
kann. Für die verbleibenden Gesellschafter (i. d. R. für die Komplementäre) entsteht in
gleicher Höhe ein Verlust (vgl. auch Rdn. 1603 ff.).

11.5.11.2.5 Nachträgliche Änderung des Veräußerungspreises

Wird die Kaufpreisforderung aus einer Betriebsveräußerung uneinbringlich, wirkt die-   1776
ses Ereignis auf den Zeitpunkt der Veräußerung zurück (BFH 19. 7. 1993 III R 2/89,
BStBl 1993 II 897). Die Berechnung des Veräußerungsgewinns wird geändert und die
Veranlagung des Veräußerungsjahres nach § 175 Abs. 1 Satz 1 Nr. 2 AO korrigiert.

Dasselbe gilt für den Fall, dass der Erwerber eines Betriebes unter Anrechnung auf den
Kaufpreis Betriebsschulden übernommen hat (unter Freistellung des Veräußerers im Innenverhältnis), dieser Freistellungsverpflichtung aber nicht nachkommt, so dass der
Veräußerer die Betriebsschulden begleichen muss. Auch in diesem Fall bejaht der BFH
(19. 7. 1993 GrS 1/92, BStBl 1993 II 894) die Berichtigungsmöglichkeit des Veräuße-
rungs-Veranlagungsjahres nach § 175 Abs. 1 Satz 1 Nr. 2 AO, weil ein rückwirkendes Ereignis i. S. dieser Norm vorliege.

Diese rückwirkende Kraft ist immer schon von der Rechtsprechung und Verwaltung bejaht worden, wenn ein Rechtsgeschäft mit rückwirkender Kraft aufgehoben bzw. verändert wurde, entweder durch Parteivereinbarung oder durch Ausübung von gesetzlichen Gestaltungsrechten. Der Veräußerungspreis ist deshalb als nicht vereinbart anzusehen, wenn der Vertrag, auf dem die Veräußerung beruht, durch Anfechtung (§§ 119,
123, 142 BGB), vertraglich vorbehaltenen Rücktritt (§ 346 BGB) oder Wandlung
(§§ 462 ff. BGB) aufgehoben wird. Da auch eine nach den §§ 462 u. 472 BGB durchgeführte Minderung des Kaufpreises wegen eines Sachmangels zurückwirkt, stellt in
diesem Fall der verbleibende Rest des Entgelts den Veräußerungspreis dar (BFH
7. 9. 1972 IV 311/65, BStBl 1973 II 11). War die Veranlagung bereits durchgeführt und
ändert sich dann der Veräußerungspreis aus einem der genannten Gründe rückwirkend, so ist der Steuerbescheid nach den §§ 41 u. 175 Abs. 1 Nr. 2 AO zu berichtigen.

Kein rückwirkendes Ereignis ist der Tod des Rentenberechtigten, wenn die Veräußerung
gegen eine abgekürzte Leibrente erfolgte und die Veräußerung sofort versteuert wurde
(BFH 19. 8. 1999 IV R 67/98, BStBl 2000 II 179).

Nach Veräußerung oder Aufgabe des gewerblichen Betriebes können bei der Ermittlung nachträglicher Einkünfte aus Gewerbebetrieb Rückstellungen für künftige Betriebsausgaben nicht mehr gebildet werden, da mit dem Zeitpunkt der Betriebsveräußerung bzw. -aufgabe die Pflicht und das Recht zur Buchführung und Bilanzierung

endet, die o. a. Rückstellungen aber die Gewinnermittlung nach § 4 Abs. 1 EStG bzw. § 5 EStG voraussetzen.

11.5.11.3   Veräußerungskosten

1777   Zu den vom Veräußerer getragenen abzugsfähigen Veräußerungskosten, die in unmittelbarer sachlicher Beziehung zur Betriebsveräußerung/Betriebsaufgabe stehen müssen, rechnen vor allem

Vermittlungsgebühren (Maklerkosten),

Notargebühren,

Gerichtskosten,

Reisekosten und

evtl. auch **Prozesskosten.**

1778   Dagegen gehören **Abfindungszahlungen** des Veräußerers an bisherige Pächter oder Arbeitnehmer, die gezahlt werden für die vorzeitige Beendigung des Pacht- bzw. des Arbeitsverhältnisses, nicht zu den beim Veräußerungsgewinn abzugsfähigen Kosten, sondern sind laufende Betriebsausgaben (BFH 6. 5. 1982 IV R 56/79, BStBl 1982 II 691).

11.5.11.4   Wert des Betriebes bzw. Mitunternehmeranteils

1779   Sind sämtliche Wirtschaftsgüter des Betriebsvermögens veräußert worden, so stellt das in der Schlussbilanz ausgewiesene Kapital den nach § 4 Abs. 1 EStG bzw. § 5 EStG ermittelten Wert des Betriebes dar. Entsprechend ist das Kapital des Mitunternehmers in der auf den Tag seines Ausscheidens erstellten Bilanz der Wert seines Mitunternehmeranteils.

1780   Ist der laufende Gewinn **nicht durch Betriebsvermögensvergleich** ermittelt worden, sondern nach **§ 4 Abs. 3** EStG oder nach § 13a EStG, so ist der Veräußerer so zu behandeln, als sei er im Augenblick der Veräußerung zum Bestandsvergleich übergegangen (vgl. R 4.5 Abs. 6 EStR). Die hierbei erforderlichen Gewinnkorrekturen betreffen den laufenden Gewinn (BFH 23. 11. 1961 IV 98/60 S, BStBl 1962 III 199 f.). Für die Höhe des Veräußerungsgewinns ist lediglich das bei der Aufstellung der Bilanz errechnete Kapital von Bedeutung.

1781   Steuerfreie Rücklagen (z. B. nach § 6b oder § 74 EStDV) müssen bei der Veräußerung des Betriebes regelmäßig gewinnerhöhend aufgelöst werden, weil der Zweck, dem die Rücklage dient, mit der Veräußerung im Allgemeinen unerreichbar wird. Nach der Ansicht des BFH und der Verwaltung **erhöht** sich **durch die Auflösung der laufende Gewinn** (BFH 25. 6. 1975 I R 201/73, BStBl 1975 II 848; 17. 10. 1991 IV R 97/89, BStBl 1992 II 392; vgl. auch H 16 Abs. 9 „Rücklage" EStH).

Bei einem negativen Kapitalkonto ist dessen Betrag dem Veräußerungspreis hinzuzurechnen. Von der Summe werden die Veräußerungskosten abgezogen, und der Restbetrag stellt den Veräußerungsgewinn dar.

11.5.11.5 Berechnung des Veräußerungsgewinns, wenn nicht sämtliche Wirtschaftsgüter veräußert worden sind

11.5.11.5.1 Überführung eines Teiles der Wirtschaftsgüter in das Privatvermögen

Die Veräußerung oder Aufgabe eines Betriebes oder Teilbetriebes muss grundsätzlich 1782 bewirken, dass **sämtliche** im Betriebsvermögen enthaltenen **stillen Reserven** der ESt unterworfen werden. Dieses Ziel wird durch die Definition des Begriffs „Veräußerungsgewinn" in § 16 Abs. 2 EStG nur erreicht, wenn der bisherige Betriebsinhaber sämtliche Wirtschaftsgüter veräußert. Da er jedoch zumeist einige Gegenstände des Betriebsvermögens behält und in sein Privatvermögen übernimmt, ist deren Wert dem Veräußerungspreis hinzuzurechnen, um auch insoweit die stillen Reserven zu erfassen. Dabei ist nicht der Teilwert anzusetzen, der nach § 6 Abs. 1 Nr. 4 EStG bei Entnahme aus dem laufenden Betrieb maßgebend ist, sondern der gemeine Wert. Für den Fall der Aufgabe ordnet **§ 16 Abs. 3 Satz 7** EStG diese Rechtsfolge an. Sie muss **sinngemäß** gelten, wenn ein Betrieb oder Teilbetrieb im Ganzen veräußert worden ist und der Betriebsinhaber **einzelne Wirtschaftsgüter in das Privatvermögen überführt hat.**

Zum Veräußerungs- bzw. Aufgabegewinn gehören jedoch nicht die Erträge aus normalen, während und nach der Aufgabe anfallenden Geschäften.

11.5.11.5.2 Einzelne Wirtschaftsgüter bleiben Betriebsvermögen des Veräußerers

Wenn einzelne Wirtschaftsgüter anlässlich der Veräußerung oder Aufgabe des Betrie- 1783 bes oder Teilbetriebes nicht mitveräußert werden und der Inhaber des Betriebes sie **auch nicht in sein Privatvermögen übernimmt** bzw. übernehmen kann, scheiden sie für die Berechnung des Veräußerungsgewinns aus – fortbestehendes Betriebsvermögen ohne Gewerbebetrieb. Ihr gemeiner Wert darf daher dem Veräußerungspreis nicht hinzugerechnet werden. Andererseits ist ihr Buchwert vom Kapital der Schlussbilanz abzuziehen. Die spätere Veräußerung dieser Wirtschaftsgüter führt zu nachträglichen Einkünften aus der früheren betrieblichen Tätigkeit (§ 24 Nr. 2 EStG), die tariflich nicht begünstigt sind, wenn kein zeitlicher Zusammenhang mit der Betriebsveräußerung/-aufgabe mehr besteht.

ZUSAMMENFASSENDES BEISPIEL: A hat in eigenen Räumen einen Buchhandel betrieben. Am 1. 12. 01 hat er das gesamte Inventar sowie den Buchbestand an B verkauft, der von diesem Zeitpunkt an von A die Räume gemietet hat, um darin die Buchhandlung weiterzuführen. Die ordnungsgemäß erstellte Schlussbilanz des A weist die folgenden Werte aus:

Grund und Boden	20 000 €	Kapital	157 000 €
Gebäude	40 000 €		
Inventar	5 000 €		
Buchbestand	95 000 €		
Forderungen	2 000 €		
Kasse	1 000 €	Verbindlichkeiten	6 000 €
	163 000 €		163 000 €

Als Kaufpreis hat A von B 130 000 € erhalten. A hat dem FA erklärt, dass er die nicht an B veräußerten WG am 1. 12. 01 in sein Privatvermögen überführt hat. Der gemeine Wert des Grundstücks beträgt 110 000 €. Im Übrigen decken sich die gemeinen Werte der A verbliebenen WG mit den Buchwerten. Die Veräußerungskosten haben 1 100 € betragen.

A hat die wesentlichen Grundlagen des Betriebes veräußert. Der Veräußerungsgewinn ist wie folgt zu ermitteln:

Veräußerungspreis: 130 000 €

Gemeiner Wert der in das Privatvermögen überführten WG:

Grundstück u. Gebäude		110 000 €
Forderungen		+ 2 000 €
Kasse	+ 1 000 €	+ 113 000 €
	243 000 €	243 000 €
./. Veräußerungskosten		./. 1 100 €
Wert des Betriebes		
./. Kapitalkonto	./. 157 000 €	./. 157 000 €
Veräußerungsgewinn		84 900 €

11.5.11.6 Einschränkung der Tarifbegünstigung für Veräußerungsgewinne (§ 16 Abs. 2 Satz 3 EStG)

1784 Die Begünstigung von Veräußerungsgewinnen gem. § 16 Abs. 4 EStG, § 34 Abs. 1, 2 und 3 EStG hält der Gesetzgeber (nicht mehr) für gerechtfertigt, wenn z. B. ein Einzelunternehmer sein Unternehmen unter Aufdeckung sämtlicher stiller Reserven an eine Personengesellschaft veräußert, an der er als Gesellschafter (und Unternehmer) beteiligt ist. Entsprechendes muss gelten bei Veräußerung eines Unternehmeranteils an eine Personengesellschaft, an der der Veräußernde als Gesellschafter beteiligt ist. Gemäß § 16 Abs. 2 Satz 3 EStG gilt der Gewinn, der bei der Veräußerung eines Einzelunternehmens oder Mitunternehmeranteils erzielt wird, **insoweit** als **laufender** (nicht tarifbegünstigter) Gewinn, soweit auf der Seite des Veräußerers und auf der Seite des Erwerbers dieselben Personen Unternehmer oder Mitunternehmer sind.

> **BEISPIEL:** ► A veräußert sein Einzelunternehmen im Ganzen an die OHG A, B und C, an der A zu 40 % beteiligt ist. Der gem. § 16 Abs. 2 Satz 1 EStG ermittelte Veräußerungsgewinn beträgt 200 000 €.
>
> In Höhe von 40 % dieses Gewinns von insgesamt 200 000 € = 80 000 € liegt ein laufender Gewinn i. S. des § 15 EStG vor. Der überschießende Betrag i. H. von 120 000 € ist gem. § 16 Abs. 4 EStG i. H. von 45 000 € steuerfrei, wenn A das 55. Lebensjahr vollendet hat; A hat somit einen tarifbegünstigten Veräußerungsgewinn i. H. von 75 000 € und einen laufenden Gewinn i. H. von 80 000 € zu versteuern.

11.5.11.7 Aufgabegewinn

1785 Der Gewinn aus der Aufgabe eines ganzen Gewerbebetriebes bzw. eines Teilbetriebes wird ermittelt nach der Formel:

► **Veräußerungspreis** für die im Rahmen der Aufgabe **veräußerten Wirtschaftsgüter,**

► zuzüglich des **gemeinen Wertes** der nicht veräußerten, **ins Privatvermögen überführten** aktiven und passiven **Wirtschaftsgüter** (BFH 2.2.1990 III R 173/86, BStBl 1990 II 497) und etwaiger als Betriebsvermögen zurückbleibender Schulden;

► zuzüglich in wirtschaftlichem Zusammenhang mit der Aufgabe erzielter **sonstiger Erträge,** z. B. Versicherungsleistungen, Stilllegungsgelder der öffentlichen Hand;

► abzüglich der **Aufgabekosten;** das sind solche Aufwendungen, die in unmittelbarem sachlichen Zusammenhang mit der Betriebsaufgabe stehen, z. B. Veräußerungskosten der einzelnen Wirtschaftsgüter, Lohnzahlungen an abweichende Arbeitnehmer;

► = Aufgabegewinn.

Soweit einzelne dem Betrieb gewidmete Wirtschaftsgüter im Rahmen der Aufgabe des Betriebes veräußert werden und soweit auf der Seite des Veräußerers und auf der Seite des Erwerbers dieselben Personen Unternehmer oder Mitunternehmer sind, gilt der Gewinn aus der Aufgabe des Gewerbebetriebes als laufender Gewinn (§ 16 Abs. 3 Satz 5 EStG). Diese Vorschrift entspricht der Regelung in § 16 Abs. 2 Satz 3 EStG (vgl. Rdn. 1784).

11.5.12 Probleme der Gewinnrealisierung bei Veräußerungsgewinnen (Zahlungsarten)

11.5.12.1 Allgemeine Grundsätze

Wie bereits ausgeführt, gilt das Verbot, nicht realisierte Gewinne zu besteuern, auch   1786 für Veräußerungsgewinne. Die in § 16 Abs. 2 EStG enthaltene Begriffsbestimmung für Veräußerungsgewinne besagt nichts darüber, unter welchen Voraussetzungen ein solcher Gewinn als verwirklicht angesehen werden kann (BFH 25. 5. 1962, BStBl 1962 III 351). Diese Frage ist daher nach § 6 EStG zu beurteilen. Gewinnrealisierung setzt hiernach voraus, dass entweder betriebliche Wirtschaftsgüter an Dritte veräußert werden oder dass der Betriebsinhaber sie in sein Privatvermögen überführt. Dementsprechend ist mit der Veräußerung eines Betriebes, Teilbetriebes oder Mitunternehmeranteils normalerweise ein **Gewinn bzw. Verlust,** der sich nach § 16 Abs. 2 EStG ergibt, **sofort in voller Höhe verwirklicht.** Die Entscheidung muss jedoch von Fall zu Fall getroffen werden, denn nicht jede Veräußerung oder Entnahme löst Gewinnrealisierung aus. Dabei sind insbesondere die wirtschaftlichen Gegebenheiten gebührend zu berücksichtigen. Ferner können die bürgerlich-rechtliche Gestaltung, der Gesichtspunkt der Rechtsnachfolge und die Möglichkeit, die stillen Reserven zu einem späteren Zeitpunkt der ESt zu unterwerfen, von Bedeutung sein. Bei der Umwandlung von Unternehmen ist vom Gesetzgeber (vgl. die Bestimmungen des UmwStG) auch der Auffassung des Betriebsinhabers, ob stille Reserven aufgelöst werden sollen oder nicht, Rechnung getragen worden.

11.5.12.2 Besteuerung des Veräußerungsgewinns bei festem Kaufpreis

Ist ein **fester Kaufpreis** vereinbart worden und ist dieser nicht gestundet, so gilt dieser   1787 Preis als Veräußerungspreis i. S. des § 16 EStG. **Nachträgliche Änderungen des Veräußerungspreises** (z. B. aufgrund eines Vergleiches oder aufgrund von Einwendungen des Erwerbers) führen zu einer Richtigstellung des Veräußerungsgewinns im Veräußerungsjahr (gem. **§ 175 Abs. 1 Nr. 2 AO**) und nicht zu einem Verlust im Vergleichsjahr (BFH 9. 7. 1972, BStBl 1973 II 11; 23. 6. 1988 IV R 84/86, BStBl 1989 II 41).

Auch die Zahlung von Schadensersatzleistungen für betriebliche Schäden nach Betriebsaufgabe beeinflusst als rückwirkendes Ereignis die Höhe des Aufgabegewinns (BFH 10. 2. 1994 IV R 37/92, BStBl 1994 II 564).

Teil des Veräußerungspreises ist auch eine Verpflichtung des Erwerbers, den Veräußerer **von einer privaten Schuld gegenüber einem Dritten** oder von einer betrieblichen Schuld, die nicht bilanziert ist, durch befreiende Schuldübernahme (§ 414 BGB) oder durch Schuldbeitritt mit befreiender Wirkung im Innenverhältnis **freizustellen** (BFH 12. 1. 1983 IV R 180/80, BStBl 1983 II 595; H 16 Abs. 10 „Schuldenübernahme" EStH).

11.5.12.3   Sachwertübertragung statt Kaufpreiszahlung (Tausch)

1788   Wird der Veräußerungspreis nicht in Geld bezahlt, sondern werden für den übertragenen (Teil-)Betrieb **Sachwerte übertragen** (= Tausch), sind die übertragenen Sachwerte **mit ihrem gemeinen Wert** als „Veräußerungspreis" anzusetzen.

11.5.12.4   Besteuerung des Veräußerungsgewinns bei Ratenzahlung

1789   Da es **auf den Zufluss** des Kaufpreises gem. § 11 EStG für die Ermittlung des Veräußerungsgewinns i. S. des § 16 EStG **nicht ankommt** (§ 16 EStG normiert eine Gewinnermittlung eigener Art), sind bei der Vereinbarung von **Ratenzahlungen** auch die erst in Zukunft fällig werdenden Teilzahlungen bei der Berechnung des Veräußerungsgewinns zu berücksichtigen. Die künftigen Raten sind nach den Vorschriften des Bewertungsgesetzes abzuzinsen.

BEISPIEL: A – 50 Jahre alt, nicht dauernd berufsunfähig – verkauft seinen Kommanditanteil (20 %ige Beteiligung) zum 31. 12. 01. Der Kapitalkontenstand zum 31. 12. 01 beträgt 100 000 €. Der Kaufpreis i. H. von 300 000 € soll in 10 Jahresraten gezahlt werden, erstmalig am 31. 12. 02. Die Raten werden pünktlich bezahlt. Die Veräußerungskosten trägt der Erwerber.

Der Barwert der Kaufpreisforderung beträgt gem. Anlage 9a zu § 13 BewG

Laufzeit der Raten	10 Jahre
Vervielfältiger	7,745
Gegenwartswert (30 000 × 7,745)	232 350 €

Dieser Wert ist der für die Berechnung des Veräußerungsgewinns maßgebliche Veräußerungspreis (BFH 29. 10. 1970 IV R 141/67, BStBl 1971 II 92); abzgl. des Kapitalkontos i. H. von 100 000 € verbleibt ein Veräußerungsgewinn i. H. von 132 350 €, da die Veräußerungskosten der Erwerber trägt.

Dieser Veräußerungsgewinn ist in vollem Umfang steuerpflichtig; da die Voraussetzungen des § 16 Abs. 4 EStG (über 55 Jahre alter Stpfl. bzw. dauernde Berufsunfähigkeit) nicht erfüllt sind, wird kein Freibetrag abgezogen.

Die in den jährlichen Raten i. H. von je 30 000 € enthaltenen Zinsanteile sind beim Veräußerer steuerpflichtig gem. § 20 Abs. 1 Nr. 7 EStG als Einkünfte aus Kapitalvermögen.

Dieser Zinsanteil berechnet sich für das Jahr 01 folgendermaßen:

Gegenwartswert: 31. 12. 01 (30 000 × 7,745)	232 350 €
Gegenwartswert: 31. 12. 02 (30 000 × 7,143)	
Gemäß Anlage 9a zu § 13 BewG	
(Restlaufzeit: 9 Jahre)	214 290 €
die Barwertminderung beträgt somit	18 060 €
der Zinsanteil (in der 1. Rate i. H. von 30 000 €)	
beträgt somit	30 000 €
	./. 18 060 €
	11 940 €

Dieser Zinsanteil ist vom Veräußerer im Jahr 02 als Einkunft gem. § 20 Abs. 1 Nr. 7 EStG zu versteuern.

Für die folgenden Jahre ist dieser Zinsanteil in gleicher Weise – mit den jeweils sich ändernden Vervielfältigern und Restkaufpreisschuldständen – zu ermitteln.

11.5.12.5 Besteuerung des Veräußerungsgewinns bei Vereinbarung laufender Bezüge

Veräußert ein Stpfl. seinen Betrieb **gegen eine Leibrente** (Gleiches gilt für eine langlau-   1790
fende Zeitrente, vgl. H 16 Abs. 11 „Zeitrente" EStH), so räumt ihm Rechtsprechung und
Verwaltung (vgl. R 16 Abs. 11 EStR und BMF-Schreiben v. 11. 3. 2010, BStBl 2010 I 227
Rz. 68) ein **Wahlrecht** ein.

a) Er kann den bei der Veräußerung entstandenen Gewinn **sofort versteuern** mit folgenden Konsequenzen:

   Bei der Ermittlung des Veräußerungsgewinns i. S. des § 16 Abs. 2 EStG ist als Veräußerungspreis der Rentenbarwert, ermittelt nach dem BewG (vgl. R 16 Abs. 11 Satz 4 EStR) – **nicht** nach versicherungsmathematischer Methode –, anzusetzen.

   § 16 Abs. 4 EStG, § 34 EStG ist auf den so ermittelten Veräußerungsgewinn anzuwenden;

   der Leibrentenanspruch gehört zum Privatvermögen; der Ertragsanteil ist nach § 22 Nr. 1 Satz 3 Buchst. a Doppelbuchstabe bb EStG zu versteuern (so die zzt. bestehende Verwaltungsauffassung; a. A. der X. Senat des BFH (25. 11. 1992, BStBl 1993 II 298), der den Ertragsanteil, ermittelt nach der Tabelle zu § 22 Nr. 1 EStG, als Zinseinkünfte gem. § 20 Abs. 1 Nr. 7 EStG einstuft);

   oder

b) der Stpfl. kann die Rentenzahlungen als nachträgliche, laufende gewerbliche Einkünfte (§ 15 Abs. 1 Nr. 1 i. V. mit § 24 Nr. 2 EStG) besteuern;

   dabei ist § 11 EStG anzuwenden, d. h. die Einkünfte sind erst im Zuflusszeitpunkt zu erfassen;

   allerdings sind sie steuerlich erst anzusetzen, wenn der **Kapitalanteil** der wiederkehrenden Leistungen das steuerliche Kapitalkonto zuzüglich evtl. vom Veräußerer zu tragender Veräußerungskosten übersteigt **(nachträgliche Versteuerung);** der in den wiederkehrenden Leistungen enthaltene **Zinsanteil** stellt bereits im Zeitpunkt des Zuflusses nachträgliche Betriebseinnahmen dar; § 16 Abs. 4 EStG, § 34 EStG ist bei der **nachträglichen Versteuerung nicht** anzuwenden (BFH 21. 12. 1988 III B 15/88, BStBl 1989 II 409); bei der nachträglichen Besteuerung gehört der Rentenanspruch weiterhin zum Betriebsvermögen des Veräußerers; die laufenden nachträglichen gewerblichen Einkünfte unterliegen allerdings nicht der GewSt (vgl. R 7.1 Abs. 3 Satz 1 GewStR; wegen weiterer Einzelheiten s. die Beispiele und Erörterungen zu § 22 EStG Rdn. 2168 ff.).

Entsprechend ist zu verfahren, wenn **neben** der **Leibrente** ein **Barpreis** gezahlt wird; allerdings bezieht sich das Wahlrecht dann lediglich auf die Rentenzahlung. Wählt dann der Steuerpflichtige die Zuflussbesteuerung, kommt es darauf an, ob der feste Kaufpreisanteil (Barpreis) das Kapitalkonto zzgl. der Veräußerungskosten übersteigt oder nicht. Ist der Barpreis kleiner als das Kapitalkonto, sind die Kapitalanteile der Renten erst zu versteuern, wenn sie den noch verbleibenden Anteil des Kapitalkontos übersteigen; ist der Barpreis gleich oder größer als das Kapitalkonto, sind die Kapitalanteile jeweils sofort nach §§ 15, 24 Nr. 2 EStG zu versteuern. Die Zinsanteile sind aber in beiden Fällen sofort bei Zufluss der einzelnen Rentenzahlungen zu versteuern.

Ebenso ist nach den dargelegten Grundsätzen vorzugehen, wenn keine Rentenzahlung, sondern eine **Ratenzahlung** vereinbart ist (vgl. Rdn. 1789). In dem Fall ist als Veräußerungspreis der **Barwert** der **Raten** anzusetzen, wenn die Raten eine **längere Laufzeit als 10 Jahre** haben und die Ratenzahlungen erkennbar **der Versorgung** dienen (BFH [st. Rspr.], vgl. H 16 Abs. 11 „Ratenzahlungen" EStH).

Dieses Wahlrecht besteht auch bei der Veräußerung einer freiberuflichen Praxis gegen eine Leibrente (vgl. BFH 30. 1. 1974, BStBl 1974 II 452).

11.5.12.6 Gewinnrealisierung bei Aufgabe

1791   Der Aufgabegewinn wird zumeist in vollem Umfang **in dem Jahr verwirklicht,** in dem die betriebliche **Tätigkeit eingestellt** worden ist (BFH 17. 2. 1971 I R 170/69, BStBl 1971 II 484). Erfolgt die Einstellung erst gegen Ende eines Jahres, kann sich die Veräußerung der betrieblichen Wirtschaftsgüter bzw. ihre Überführung in das Privatvermögen jedoch trotz engen zeitlichen Zusammenhangs mit der Einstellung der werbenden Tätigkeit **auf zwei Veranlagungszeiträume** erstrecken. **In jedem der beiden Jahre** ist der **Teil des Veräußerungsgewinns** zu besteuern, der in ihm erzielt wurde, soweit er nicht nach § 16 Abs. 4 EStG steuerfrei bleibt. Für die Anwendung des Freibetrages nach § 16 Abs. 4 EStG ist die Gesamthöhe des Veräußerungsgewinns entscheidend. § 34 EStG ist auch auf den Veräußerungsgewinn anwendbar, der auf mehr als einen Veranlagungszeitraum entfällt, wenn sich die Veräußerung auf mehr als zwei Veranlagungszeiträume erstreckt (BFH 16. 9. 1966 VI 118-119/65, BStBl 1967 III 70).

> **BEISPIEL:** ▶ A, 60 Jahre alt, hat seinen Betrieb am 1. 12. 01 endgültig eingestellt. Er veräußert im Dezember 01 WG mit 70 000 € Buchwert an verschiedene Käufer für insgesamt 85 000 €. Den gesamten Rest des Betriebsvermögens verkauft A bei 40 000 € Buchwert im Januar 02 für 85 000 €. Die Veräußerungskosten haben 2 000 € betragen.
>
> A hat den Betrieb aufgegeben (§ 16 Abs. 3 EStG). Im Jahre 01 hat A 85 000 € ./. 2 000 € ./. 70 000 € = 13 000 € Veräußerungsgewinn erzielt. Dieser Betrag ist gem. § 16 Abs. 4 EStG steuerfrei. Der Veräußerungsgewinn des Jahres 02 beträgt 85 000 € ./. 40 000 € = 45 000 €. Soweit der Freibetrag noch nicht ausgenutzt ist, ist auch dieser Veräußerungsgewinn steuerfrei (45 000 € ./. 13 000 € = 32 000 €). Der restliche Veräußerungsgewinn (45 000 € ./. 32 000 € = 13 000 €) ist nach § 34 EStG begünstigt. Es ist auch vertretbar, den Freibetrag auf die einzelnen Jahre anteilig zu verteilen entsprechend den Veräußerungsgewinnanteilen, wie sie auf die einzelnen Jahre entfallen.

Im Falle der **Aufgabe** eines Betriebes anlässlich einer Verpachtung ist nach Ansicht des BFH (14. 2. 1978 VIII R 158/73, BStBl 1979 II 99) ein etwa vorhandener **originärer Geschäftswert** nicht auszuweisen und einstweilen **nicht zu versteuern,** da im Falle der Aufgabe für den Firmenwert kein Entgelt gezahlt, kein Gewinn verwirklicht wird. Wird ein solcher verpachteter Betrieb aber später aus dem Privatvermögen veräußert, muss der Teil des Verkaufserlöses, der auf den Firmenwert entfällt (sofern ein solcher überhaupt noch vorhanden ist), quasi nachversteuert werden.

Werden einzelne, zu den wesentlichen Grundlagen des verpachteten Betriebes gehörende Wirtschaftsgüter **vor der Aufgabeerklärung** an Dritte veräußert, so sind die Veräußerungsgewinne laufende Gewinne. Ein Verpächter eines gewerblichen Betriebes, der die Aufgabe nicht erklärt hat, braucht die stillen Reserven in diesem Zeitpunkt noch nicht zu versteuern. Sie harren quasi auf ihre Besteuerung im Zeitpunkt der Aufgabeerklärung.

11.5.12.7 Einkünfte aus Gewerbebetrieb nach der Betriebsveräußerung/Betriebsaufgabe

Nach der Betriebsveräußerung existiert zwar der Gewerbebetrieb nicht mehr in der Hand des bisherigen Unternehmers, es sind aber positive und negative Einkünfte aus dem (ehemaligen) gewerblichen Betrieb noch denkbar. Beispiele aus der Rechtsprechung: BFH 11. 12. 1980 I R 119/78, BStBl 1981 II 460: nachträgliche Zinszahlungen für betriebliche Schulden (ebenso 11. 12. 1980 I R 61/79, BStBl 1981 II 461 ff.); Eingang von Beträgen auf im Zeitpunkt der Betriebsaufgabe abgeschriebene Forderungen; Prozesskosten nach Betriebsaufgabe bzw. Betriebsveräußerung; vgl. die Ausführungen zu Rdn. 2252 ff. zu § 24 Nr. 2 EStG. **1792**

11.5.12.8 Verlustausgleich – Verlustabzug

Verluste aus einer (Teil-)Betriebsveräußerung bzw. aus einer Betriebsaufgabe sind mit anderen Einkünften im Rahmen des § 2 Abs. 3 EStG verrechenbar/ausgleichsfähig. Nicht ausgleichsfähige Veräußerungs-/Aufgabeverluste sind rück- bzw. vortragsfähig im Rahmen des § 10d EStG. **1793**

11.5.13 Begünstigung der Veräußerungsgewinne

11.5.13.1 Freibetrag (§ 16 Abs. 4 EStG, § 18 Abs. 3 EStG)

11.5.13.1.1 Voraussetzungen

Bei Personen, die das 55. Lebensjahr vollendet haben bzw. die dauernd berufsunfähig im sozialversicherungsrechtlichen Sinne sind, wird auf Antrag vom Veräußerungsgewinn ein Freibetrag i. H. von 45 000 € abgezogen. Zum Nachweis der Berufsunfähigkeit ist der Bescheid des Rentenversicherungsträgers vorzulegen oder ein amtsärztliches Gutachten zu erbringen. **1794**

11.5.13.1.2 Personenbezogenheit

Der Freibetrag ist personenbezogen, d. h. er darf einer Person nur einmal im Leben gewährt werden. Hierbei werden alle Veräußerungsvorgänge nach dem 31. 12. 1995 (Gesetzesänderung) einbezogen. **1795**

Soweit ein Freibetrag nach § 14 Satz 2 EStG, § 16 Abs. 4 EStG oder § 18 Abs. 3 EStG bereits gewährt worden ist, ist ein weiterer Abzug eines Freibetrages ausgeschlossen (R 16 Abs. 14 Satz 5 EStR). Der Antrag auf Abzug des Freibetrages muss also sorgfältig abgewogen werden, wenn mehrere Veräußerungsvorgänge für einen Steuerpflichtigen für die Inanspruchnahme des Freibetrages in Frage kommen.

11.5.13.1.3 Auslaufgrenze

1796 Der Freibetrag wird nur bis zu einem Veräußerungsgewinn i. H. von 136 000 € gewährt. Ist der Gewinn höher, entfällt der Freibetrag aber nicht vollständig, sondern wird um den Betrag ermäßigt, um den der Veräußerungsgewinn den Betrag i. H. von 136 000 € übersteigt (Grenzbetrag).

> **BEISPIEL:** ▶ Der Veräußerungsgewinn beträgt 160 000 €. Dieser Betrag übersteigt den Grenzbetrag i. H. von 136 000 € um 24 000 €. Um diesen Betrag mindert sich der Freibetrag und beträgt nur noch 21 000 €.
>
> Ab einem Veräußerungsgewinn i. H. von 181 000 € entfällt der Freibetrag somit völlig.

11.5.13.2 Besonderheiten bei Gewinnen aus der Veräußerung land- und forstwirtschaftlicher Betriebe (§ 14a EStG; bis VZ 2001)

1797 Die Grundbestimmung des § 14 EStG entspricht nach Inhalt und Bedeutung den §§ 16 u. 18 Abs. 3 EStG. **Besonderheiten** ergeben sich daher **grundsätzlich** für die Betriebsveräußerung und Betriebsaufgabe eines land- und forstwirtschaftlichen Betriebes **nicht.**

Die Sonderbestimmung des § 14a EStG galt nur für Veräußerungsgewinne bestimmter land- und forstwirtschaftlicher Betriebe und für Veräußerungen nach dem **30. 6. 1970** und vor dem **1. 1. 2001.**

1798 *(Einstweilen frei)*

11.5.13.3 Tarifliche Begünstigung

1799 Soweit Veräußerungsgewinne i. S. der §§ 14, 16 und 18 Abs. 3 EStG nicht steuerfrei (Freibetrag) sind, unterliegen sie einem **ermäßigten Steuersatz** (§ 34 Abs. 2 Nr. 1 EStG; vgl. im Einzelnen dazu die Ausführungen zu § 34 EStG, Rdn. 2404 ff.).

11.5.13.4 Halb-/Teileinkünfteverfahren

1800 Nach Einführung des Halbeinkünfteverfahrens ab VZ 2002 bleibt die **Hälfte,** ab 2009 40 % des Veräußerungs- oder Aufgabegewinns nach § 3 Nr. 40b EStG **außer Ansatz,** soweit er auf die **Anteile an Kapitalgesellschaften** entfällt. Der steuerpflichtige Teil ist dann aber nicht nach § 34 EStG tarifbegünstigt (§ 34 Abs. 2 Nr. 1 EStG).

11.5.14 Kontrollfragen

		Rdn.	
FRAGEN			
1.	Warum müssen Veräußerungsgewinne und laufende Gewinne auseinander gehalten werden?	1659 ff.	☐
2.	Welche steuerlichen Vergünstigungen gibt es bei Veräußerungsgewinnen?	1161 ff.	☐

3.	Welche Vorgänge sind als Veräußerungsgewinne begünstigt?	1663a	☐
4.	Welche Vorgänge fallen unter den Begriff „Veräußerung" eines Betriebs?	1664 ff.	☐
5.	Was versteht man unter einer unentgeltlichen Übertragung eines Betriebs? Welche Folgen zieht dies nach sich?	1669 ff.	☐
6.	Was versteht man unter Gleichstellungsgeldern und wie werden sie steuerlich behandelt?	1671 ff.	☐
7.	Welche Zahlungen führen bei der vorweggenommenen Erbfolge zu entgeltlichen Vorgängen?	1671 ff.	☐
8.	Wie wird bei der vorweggenommenen Erbfolge die Vermögensübertragung ohne Gegenleistung behandelt?	1675	☐
9.	Wie wird bei der vorweggenommenen Erbfolge die Vermögensübertragung gegen Versorgungsleistung behandelt?	1676	☐
10.	Wie wird bei der vorweggenommenen Erbfolge die Vermögensübertragung von Privatvermögen gegen Abstandszahlung, Ausgleichzahlung oder Gleichstellungsgelder behandelt?	1676	☐
11.	Wie wird bei der vorweggenommenen Erbfolge die Vermögensübertragung von Betriebsvermögen gegen Abstandszahlung, Ausgleichzahlung oder Gleichstellungsgelder behandelt?	1676	☐
12.	Wie wird bei der vorweggenommenen Erbfolge die Vermögensübertragung von Betriebsvermögen und Privatvermögen (Mischfälle) gegen Abstandszahlung, Ausgleichzahlung oder Gleichstellungsgelder behandelt?	1676	☐
13.	Wie wird bei der vorweggenommenen Erbfolge die Übertragung gegen Vorbehalt eines Nutzungsrechts behandelt?	1676b	☐
14.	Warum müssen bei einer Betriebsveräußerung alle wesentlichen Betriebsgrundlagen veräußert oder entnommen werden?	1677 ff.	☐
15.	Welche Folgen hat die Verlagerung eines Gewerbebetriebes?	1680 ff.	☐
16.	Mit welchen Werten ist Betriebsvermögen bei der Einbringung in eine Personengesellschaft anzusetzen? Ist eine begünstigte Betriebsveräußerung möglich?	1682 ff.	☐
17.	Mit welchen Werten ist Betriebsvermögen bei der Einbringung in eine Kapitalgesellschaft anzusetzen?	1686 ff.	☐
18.	Welche Maßnahmen sind erforderlich, damit eine steuerlich begünstigte Betriebsaufgabe vorliegt?	1693 ff.	☐
19.	Wie unterscheidet man eine Betriebseinstellung von einer Betriebsaufgabe?	1695 ff.	☐
20.	Wie werden bei einer Betriebsaufgabe der laufende Gewinn und der begünstigte Aufgabegewinn voneinander abgegrenzt?	1705 ff.	☐
21.	Was versteht man unter einem „Strukturwandel"?	1709	☐
22.	Was versteht man unter dem sog. Verpächterwahlrecht und welche Folgen hat es?	1714 ff., 1957	☐
23.	Welche Voraussetzungen hat die steuerliche Begünstigung der Teilbetriebsveräußerung?	1719 ff.	☐
24.	Kann eine zu einem Betriebsvermögen gehörende Beteiligung als Teilbetrieb begünstigt veräußert werden?	1726 ff	☐
25.	Ist die Veräußerung eines Mitunternehmeranteils sowie die Veräußerung eines Teils eines Mitunternehmeranteils begünstigt?	1731 ff.	☐
26.	Muss bei der begünstigten Veräußerung eines Mitunternehmeranteils auch das Sonderbetriebsvermögen mit veräußert werden?	1734	☐

27. Wie wird die unentgeltliche Betriebsübertragung steuerlich behandelt? 1738 ff. □

28. Welche steuerlichen Folgen treten grundsätzlich nach einem Erbfall bei einem Alleinerben ein? 1745 ff. □

29. Welche steuerlichen Folgen treten grundsätzlich nach einem Erbfall bei einer Erbengemeinschaft ein? 1748 ff. □

30. Welche steuerlichen Folgen hat es, wenn ein Einzelunternehmen als Vermächtnis ausgesetzt wird? 1750 □

31. Wie wird die Erbauseinandersetzung gegen Barabfindung behandelt, wenn nur ein Einzelunternehmen vererbt wird? 1753 □

32. Wie wird die Erbauseinandersetzung gegen Sachwertabfindung behandelt, wenn nur ein Einzelunternehmen vererbt wird? 1753 □

33. Wie wird die Erbauseinandersetzung über einen ererbten Betrieb durch Realteilung ohne Ausgleichszahlung behandelt? 1755 ff. □

34. Wie wird die Erbauseinandersetzung über einen ererbten Betrieb durch Realteilung mit einer Ausgleichszahlung behandelt? 1755 ff. □

35. Wie wird die Erfüllung eines Pflichtteilsanspruchs durch den Alleinerben eines Betriebs behandelt? 1753 □

36. Wie wird die Erfüllung eines Vermächtnisses durch den Alleinerben eines Betriebs behandelt? 1753 □

37. Wie wird die Erbauseinandersetzung einer Miterbengemeinschaft über Privatvermögen behandelt? 1754 ff. □

38. Was versteht man unter einem Mischnachlass und wie wird dessen Auseinandersetzung ohne Ausgleichszahlung behandelt? 1756 □

39. Was versteht man unter einem Mischnachlass und wie wird dessen Auseinandersetzung mit einer Ausgleichszahlung durch den Übernehmer des Betriebs behandelt? 1756 □

40. Was versteht man unter Anwachsung und welches sind die steuerlichen Folgen? 1757, 1770 ff. □

41. Wie wird der Veräußerungsgewinn bei einer Betriebsveräußerung ermittelt? 1760 ff. □

42. Wie wird das Ausscheiden eines lästigen Gesellschafters bei der Gesellschaft und beim Gesellschafter behandelt? 1772 □

43. Kann ein Kommanditist ein negatives Kapitalkonto haben und welche Folgen treten ein, wenn ein Kommanditist mit negativem Kapitalkonto ausscheidet? 1773 ff. □

44. Welche Folgen hat es, wenn sich der Veräußerungspreis nachträglich ändert? 1776 □

45. Welche Veräußerungskosten können bei der Ermittlung des Veräußerungsgewinns abgezogen werden? 1777 □

46. Wie sind bei einer Betriebsveräußerung die bisherigen steuerfreien Rücklagen zu behandeln? 1781 □

47. Wie werden bei einer Betriebsveräußerung die nicht mitveräußerten Wirtschaftsgüter behandelt? 1769, 1782 ff. □

48. Welche Folgen hat es, wenn der Veräußerer des Betriebs am Erwerber des Betriebs beteiligt ist? 1784 □

49. Wie wird der Veräußerungsgewinn bei einer Betriebsaufgabe ermittelt? 1785 □

50. Wie und wann wird ein Veräußerungsgewinn bei Ratenzahlung erfasst? 1789 □

51. Erläutern Sie die Begriffe Sofortversteuerung und laufende Versteuerung bei der Veräußerung eines Betriebes gegen eine Leibrente. 1790 ff., 2168 ff. □

52. In welchem Veranlagungszeitraum wird der Veräußerungsgewinn erfasst? 1791 ff. □

53. Wie hoch ist der Freibetrag bei einer Betriebsveräußerung, wem wird er ge-   1794 ff.   ☐
währt und bis zu welcher Höhe des Veräußerungsgewinns kann er nur ge-
währt werden?

(Einstweilen frei)   1801–1810

11.6 Veräußerung von Anteilen an Kapitalgesellschaften (§ 17 EStG)

LITERATURHINWEIS:

Friebel/Rick/Schoor/Siegle, Fallsammlung Einkommensteuer, 19. Aufl., Fall 220-226

11.6.1 Bedeutung der Vorschrift

Gehört ein **Anteil an einer Kapitalgesellschaft** zum **Betriebsvermögen** einer natürlichen   1811
Person, einer Personengesellschaft oder einer Kapitalgesellschaft, so wirkt sich die Veräußerung der Anteile nach den allgemeinen Grundsätzen über die **Gewinnermittlung**
auf die Höhe des **laufenden Gewinns** aus. Es wäre daher **überflüssig,** diese Rechtsfolge
in einer **speziellen Bestimmung** ausdrücklich festzulegen. Des Weiteren besteht kein
Anlass, eine derartige Veräußerung gegenüber der Veräußerung einzelner Wirtschaftsgüter anderer Art zu begünstigen.

Die Vorschrift des § 17 EStG bezieht sich deshalb **ausschließlich auf Anteile an Kapitalgesellschaften,** die **zum Privatvermögen** des Gesellschafters gehören.

Wie bei der Besteuerung von Gewinnen aus privaten Veräußerungsgeschäften nach   1812
§ 22 Nr. 2 EStG i.V. mit § 23 EStG, besteht die Bedeutung des § 17 EStG in einer **Durchbrechung des Grundsatzes,** dass im **Bereich des Privatvermögens** erzielte **Veräußerungsgewinne nicht der ESt** unterliegen. Der Zweck der Regelung wird nach dem He-
rabsetzen der Beteiligungsgrenze auf 1 % in der Gleichbehandlung von laufenden Einkünften und Veräußerungsgewinnen, der Verhinderung von missbräuchlichen Gestaltungsmöglichkeiten (sog. Anteilsrotation, vgl. BMF-Schreiben v. 3. 2. 1998, BStBl 1998 I
207) sowie den Auswirkungen des Systemwechsels vom Anrechnungs- zum Halbeinkünfteverfahren gesehen. Die Regelung des § 17 EStG ist verfassungsmäßig (BVerfG
7. 10. 1969, BStBl 1970 II 160).

§ 17 EStG nimmt nach § 3 Nr. 40c EStG am **Teileinkünfteverfahren** teil, die **Tarifbegünstigung** des § 34 EStG entfällt dafür.

11.6.2 Voraussetzungen des § 17 EStG

11.6.2.1 Veräußerung eines Anteils an einer Kapitalgesellschaft

1813 Kapitalgesellschaften i. S. des § 17 EStG sind die in § 1 Abs. 1 Nr. 1 KStG genannten: AG, KGaA, GmbH, bergrechtliche Gewerkschaften. Auch ausländische Kapitalgesellschaften, die den genannten inländischen Gesellschaften entsprechen, sind Kapitalgesellschaften i. S. des § 17 EStG. Jedoch ist bei der Veräußerung einer Beteiligung einer ausländischen Beteiligung durch einen unbeschränkt Steuerpflichtigen das jeweilige DBA zu beachten. Bei beschränkt Steuerpflichtigen wird gem. § 49 Abs. 1 Nr. 2 Buchst. e EStG nur der Gewinn aus der Veräußerung einer inländischen Beteiligung erfasst.

1814 Die Anteile, auf die sich § 17 EStG bezieht, sind in der Vorschrift aufgezählt. Außer **Aktien, Anteilen an GmbHs, Genussscheinen** und **ähnlichen Beteiligungen** nennt das Gesetz auch **Anwartschaften** auf Beteiligungen dieser Art. Genussscheine verbriefen zwar keine Gesellschaftsrechte; sie sind aber ausdrücklich den Gesellschaftsrechten gleichgestellt. Bei den Anwartschaften sind vor allem **Bezugsrechte** auf Aktien von Bedeutung, die dem Aktionär anlässlich einer Kapitalerhöhung gewährt werden. Ob die Gewährung der Bezugsrechte auf einer gesetzlichen Bestimmung beruht (vgl. § 186 AktG) oder auf vertraglichen Abmachungen, ist unerheblich. Der Gewinn aus der Veräußerung derartiger Bezugsrechte kann daher der ESt unterliegen.

Veräußerung i. S. des § 17 Abs. 1 EStG ist die **Übertragung des rechtlichen oder zumindest des wirtschaftlichen Eigentums** an einer wesentlichen Beteiligung **auf einen anderen Rechtsträger gegen Entgelt** (BFH 27. 7. 1988 I R 147/83, BStBl 1989 II 271).

1815 Daher ist eine **verdeckte Einlage** – mangels Entgelts – auch keine Veräußerung, im Gegensatz zur Einbringung gegen Gewährung von Gesellschaftsrechten (BFH 27. 7. 1988, a. a. O.). Diese Ansicht hatte zur Folge, dass sich bei der verdeckten Einlage einer wesentlichen Beteiligung in eine Kapitalgesellschaft – anders als bei Sacheinlage – die Anschaffungskosten einer privat gehaltenen Beteiligung an der Gesellschaft, in die eingelegt wird, erhöhen, ohne dass gleichzeitig ein Veräußerungsgewinn besteuert wird. Um eine Umgehung des § 17 EStG auf diese Weise zu vermeiden, wird die **verdeckte Einlage einer wesentlichen Beteiligung** gem. § 17 Abs. 1 Satz 2 EStG ihrer **Veräußerung gleichgestellt.** Bei der Ermittlung des Veräußerungsgewinns tritt dann gem. § 17 Abs. 2 Satz 2 EStG an die Stelle des Veräußerungspreises der gemeine Wert der eingelegten Anteile.

Auch die Übertragung eines **wertlosen GmbH-Anteils** ohne Gegenleistung ist – abgesehen von den Fällen der unentgeltlichen Übertragung – i. d. R. eine Veräußerung (BFH 18. 8. 1992 VIII R 13/90, BStBl 1993 II 34).

Ein Veräußerungsgeschäft i. S. des § 17 EStG liegt nicht nur vor, wenn die Veräußerung auf der **Basis eines Vertrages** erfolgt, sondern **auch,** wenn die Veräußerung **zwangsweise** erfolgt, indem die Anteile im **Zwangsversteigerungsverfahren** entzogen werden (BFH 10. 12. 1969 I R 43/67, BStBl 1970 II 310).

Auch ein **Tausch von Gesellschaftsanteilen** ist eine Veräußerung i. S. des § 17 EStG (H 17 Abs. 4 EStH), die zur Gewinnrealisierung führt (§ 6 Abs. 6 EStG). Die frühere Möglichkeit (bis 1998), dass Steuerfreiheit im Falle des Tausches angenommen wird, wenn zwischen den hingegebenen und den erworbenen Anteilen **wirtschaftliche Identität** besteht, d. h. wenn beide Anteile **wert-, art- und funktionsgleich** sind (vgl. BFH 17. 10. 1974 IV R 223/72, BStBl 1975 II 58; 8. 7. 1992 XI R 51/89, BStBl 1992 II 946), besteht nach der Gesetzesneufassung seit 1999 nicht mehr.

11.6.2.2 Auflösung einer Kapitalgesellschaft und die Kapitalherabsetzung

Ob die Rückgewähr von Anteilsrechten an die Kapitalgesellschaft anlässlich ihrer Auflösung oder im Zusammenhang mit einer Kapitalherabsetzung als „Veräußerung" der Anteile angesehen werden kann, ist zweifelhaft.   1816

11.6.2.2.1 Auflösung einer Kapitalgesellschaft

Eine Kapitalgesellschaft kann aufgelöst werden, indem sie   1817

▶ **aufgrund eines Auflösungsbeschlusses liquidiert** wird (Fall 1);

▶ durch **Verschmelzung** mit einer anderen Kapitalgesellschaft, indem eine Kapitalgesellschaft die andere Kapitalgesellschaft aufnimmt und die Gesellschafter der übertragenden Kapitalgesellschaft Gesellschafter der aufnehmenden Kapitalgesellschaft werden – **Verschmelzung durch Aufnahme** (§ 339 Abs. 1 Nr. 1 AktG, Fall 2);

▶ indem eine **neue Kapitalgesellschaft gegründet** wird, auf die das Vermögen der untergehenden und übertragenden Gesellschaft übergeht – **Verschmelzung durch Neubildung** (§ 339 Abs. 1 Nr. 2 AktG, Fall 3);

▶ durch **Umwandlung einer Kapitalgesellschaft** in eine andere Kapitalgesellschaft, in eine Personengesellschaft oder auf einen Einzelunternehmer (Fall 4).

Gemäß § 17 Abs. 4 EStG gilt die Auflösung einer Gesellschaft als Veräußerung i. S. des § 17 Abs. 1–3 EStG.

Die **Liquidation aufgrund eines Auflösungsbeschlusses** (Fall 1) führt daher, wenn die Liquidationserlöse über den Buchwerten der Anteile liegen und die übrigen Voraussetzungen der Abs. 1–3 vorliegen – also insbesondere eine wesentliche Beteiligung vor der Auflösung bestand –, zu einem Liquidations-(Veräußerungs-)Gewinn i. S. des § 17 EStG. Das gilt jedoch nur, soweit das zurückgezahlte Vermögen nicht nach § 20 Abs. 1 Nr. 1 oder 2 EStG zu den Einnahmen aus Kapitalvermögen gehört (§ 17 Abs. 4 Satz 3 EStG; vgl. Rdn. 1664).   1818

Wird die Kapitalgesellschaft **verschmolzen** oder **umgewandelt** (Fälle 2 bis 4), so wäre an sich ein Auflösungsgewinn gem. § 17 Abs. 4 EStG unter den Voraussetzungen der Abs. 1–3 zu erfassen. Es kann dabei dahingestellt bleiben, ob es sich um eine Verschmelzung durch Aufnahme oder Neubildung handelt, denn in beiden Fällen erlischt ebenfalls – rechtlich gesehen – die aufgelöste Kapitalgesellschaft. Liegt eine echte Verschmelzung vor, so gilt für die an sich unter § 17 EStG fallenden Sachverhalte die Befreiung des § 13 Abs. 2 UmwStG. Liegen die Voraussetzungen des § 13 UmwStG nicht vor oder entfallen sie später (vgl. § 15 UmwStG), so tritt in diesen Fällen **Gewinnrealisierung** i. S. des § 17 EStG ein.   1819

Wird eine **Kapitalgesellschaft in eine andere Kapitalgesellschaft** (vgl. für die Aktiengesellschaft die Bestimmungen der §§ 362 ff. AktG – sog. **formwechselnde Umwandlung**)   1820 oder in eine Personengesellschaft umgewandelt (Fall 4), so liegt rechtlich ein Tausch zwischen den Gesellschaftsanteilen der umgewandelten Gesellschaft in solche der Gesellschaft vor, in die umgewandelt worden ist. Für die formwechselnde Umwandlung von Kapitalgesellschaften waren früher die Grundsätze des sog. Tauschgutachtens des BFH (16.12.1958 I D 1/57 S, BStBl 1959 III 30) anzuwenden. Seit 1999 tritt Gewinnverwirklichung ein; es liegt im Bereich des § 17 EStG eine einen Veräußerungsgewinn begründende Veräußerung vor.

1821   Wird eine **Kapitalgesellschaft in eine Personengesellschaft oder auf ein Einzelunternehmen** umgewandelt, galten die Grundsätze des Tauschgutachtens des BFH auch früher nicht. Grundsätzlich gehen in diesem Fall die Wirtschaftsgüter der Kapitalgesellschaft in das Betriebsvermögen oder Privatvermögen der Gesellschafter der Personengesellschaft bzw. des Einzelunternehmens über. Grundsätzlich löst daher auch dieser Vorgang einen „Auflösungsgewinn" aus.

11.6.2.2.2   Kapitalherabsetzung

1822   Im Falle der Kapitalherabsetzung (vgl. §§ 222 ff. AktG, §§ 58 f. GmbHG) wird gem. § 17 Abs. 4 EStG ein Veräußerungsgewinn fingiert, der in dem Unterschied zwischen den Anschaffungskosten und dem zurückgezahlten Kapital besteht (das kann aber praktisch **nur** der Fall sein **bei einem Erwerb unter Nennwert**). Dies wird damit begründet, dass die Kapitalherabsetzung eine Teilliquidation darstellt. Hierbei ist allerdings noch zu beachten, dass die Kapitalherabsetzung nicht innerhalb eines Zeitraums von 5 Jahren nach einer begünstigten Kapitalerhöhung nach dem „Steuerlichen Kapitalerhöhungsgesetz" (StKapErhG) erfolgen darf, da nach § 6 StKapErhG alle Zahlungen innerhalb des Zeitraums von 5 Jahren nach der Kapitalerhöhung als Einkünfte aus Kapitalvermögen angesehen werden. In diesem Fall geht die Bestimmung des § 6 StKapErhG i.V. mit § 20 EStG dem milderen § 17 EStG vor.

11.6.2.3   Die relevante Beteiligung

1823   Als Beteiligung bezeichnet das Gesetz eine **unmittelbare oder mittelbare Beteiligung** des Veräußerers von **mindestens 1 %**

Bei der Prüfung der Beteiligung ist von einem **um die eigenen Anteile der Gesellschaft verminderten Nennkapital** auszugehen (BFH 24.9.1970 IV R 138/69, BStBl 1971 II 89; H 17 Abs. 2 EStH).

Unmittelbar ist beteiligt, wer selbst Gesellschafter der Kapitalgesellschaft ist, an der die Beteiligung besteht.

Eine **mittelbare** Beteiligung besteht, soweit Anteile an einer Kapitalgesellschaft einer anderen Kapitalgesellschaft oder einer Personengesellschaft zuzurechnen sind, an der der Veräußerer seinerseits unmittelbar oder wiederum auch nur mittelbar beteiligt ist (vgl. BFH 10.2.1982 I B 39/81, BStBl 1982 II 392).

1824   Die **unmittelbaren und mittelbaren Beteiligungen** sind grundsätzlich **zusammenzurechnen.** Für die Hinzurechnung der mittelbaren Beteiligung ist es **nicht** erforderlich, dass der Anteilsveräußerer außerdem die Kapitalgesellschaft wirtschaftlich und/oder gesellschaftsrechtlich beherrscht (BFH 28.6.1978 I R 90/76, BStBl 1978 II 590; h. M., vgl. *Schmidt-Weber-Grellet,* § 17 EStG Anm. 68).

> **BEISPIEL:** A ist an der B-GmbH zu 0,5 %, außerdem an der C-GmbH zu 60 % beteiligt. Die C-GmbH ist wiederum zu 5 % an der B-GmbH beteiligt. Die unmittelbare Beteiligung des A i. H. von 0,5 % und die mittelbare Beteiligung des A: 60 % von 5 % = 3 % ergeben zusammengerechnet die Gesamtbeteiligung des A i. S. des § 17 EStG mit 3,5 %.

Dass die **Anteile am Gesellschaftskapital sämtlich** zum **Privatvermögen** des Veräuße-   1825
rers gehören, ist für die Berechnung der relevanten Beteiligung selbst **nicht erforderlich.** § 17 EStG setzt zwar voraus, dass die **veräußerten** Anteile Privatvermögen des Veräußerten waren. Für die weitere Frage, ob der Veräußerer relevant beteiligt war, sind jedoch **die zum Betriebsvermögen rechnenden Anteile und** die **privaten Anteile zusammenzurechnen.**

> **BEISPIEL:** A hat im Jahre 01 0,5 % der Aktien der X-AG erworben, die seitdem zu seinem Betriebsvermögen gehören. Im Jahre 02 hat er weitere 0,8 % der Aktien dieser Gesellschaft gekauft, die Privatvermögen darstellen. Im Sommer 04 verkauft A die zuletzt erworbenen 0,8 % der Anteile.
>
> Hat A einen Veräußerungsgewinn erzielt, so ist dieser nach § 17 EStG zu besteuern, da A die privaten Anteile veräußert hat und auch die übrigen Voraussetzungen des § 17 EStG erfüllt sind. Insbesondere war A relevant beteiligt, denn vor der Veräußerung gehörten ihm 1,3 % der Anteile der X-AG.

Die Besteuerung des Veräußerungsgewinns erfordert **nicht,** dass der Veräußerer **im**   1826
Zeitpunkt der Veräußerung noch relevant beteiligt ist. Es genügt, dass er **innerhalb der letzten 5 Jahre vor der Veräußerung relevant beteiligt** war, ohne dass es darauf ankommt, wie lange ihm innerhalb dieses Zeitraums mindestens 1 % der Anteile am Gesellschaftskapital gehört haben (vgl. BFH 5.10.1976 VIII R 38/72, BStBl 1977 II 198).

Hat der **Veräußerer** den veräußerten Anteil innerhalb der letzten 5 Jahre vor der Veräußerung **unentgeltlich erworben,** so ist § 17 EStG auch anwendbar, wenn zwar **nicht er selbst, jedoch** sein oder bei mehrfacher unentgeltlicher Übertragung seine **Rechtsvorgänger** (Erblasser oder Schenker) innerhalb des Fünfjahreszeitraums **relevant beteiligt** war oder waren (§ 17 Abs. 1 letzter Satz EStG).

> **BEISPIEL:** B ist alleiniger Erbe seines im Frühjahr 04 verstorbenen Vaters. Zum Nachlass gehören 0,5 % der Aktien der Y-AG. Diese Aktien veräußert B im Herbst 05. Der Vater des B hatte im Jahr 01 5 % der Anteile an der Y-AG gekauft, die Hälfte davon jedoch schon nach einem Jahr wieder verkauft.
>
> Ein etwaiger Veräußerungsgewinn des B ist nach § 17 EStG zu besteuern. B war zwar nicht selbst relevant beteiligt, da ihm nicht mindestens 1 % der Anteile gehört haben. Er hat die Anteile jedoch innerhalb der letzten 5 Jahre vor dieser Veräußerung unentgeltlich erworben, und sein Vater war innerhalb dieses Zeitraums relevant an der Y-AG beteiligt.

11.6.3 Ermittlung des Veräußerungsgewinns

11.6.3.1 Begriff des Veräußerungsgewinns

Veräußerungsgewinn i. S. des § 17 EStG ist der Betrag, um den der **Veräußerungspreis**   1827
nach **Abzug der Veräußerungskosten** die **Anschaffungskosten** übersteigt. Da es sich hierbei um eine **Gewinnermittlung eigener Art** handelt, kommt es auf den **Zufluss des**

Entgelts i. S. des § 11 EStG **nicht** an (BFH 12. 2. 1980 VIII R 114/77, BStBl 1980 II 494; 21. 9. 1982 VIII R 140/79, BStBl 1983 II 289 f.). Vielmehr erfolgt die Gewinnermittlung nach einer **„Stichtagsbewertung auf den Zeitpunkt der Veräußerung".** Somit ist der Zeitpunkt der Veräußerung der Zeitpunkt, zu dem bei einer Gewinnermittlung durch Betriebsvermögensvergleich nach handelsrechtlichen Grundsätzen ordnungsmäßiger Buchführung der Gewinn realisiert wäre, nicht also der Zeitpunkt des Abschlusses des schuldrechtlichen Verpflichtungsgeschäftes, sondern der Zeitpunkt des **Übergangs des rechtlichen oder wirtschaftlichen Eigentums** (BFH 30. 6. 1983 IV R 113/81, BStBl 1983 II 640). Zum Veräußerungspreis gehört alles, was der Gesellschafter als Gegenleistung für die Übertragung der Anteile erhält. Wegen der Problematik, die sich bei der Begleichung des Kaufpreises in Form von Raten und laufenden Bezügen ergibt, wird auf die Ausführungen unter Rdn. 1789 ff. verwiesen.

Anschaffungskosten sind außer dem Kaufpreis auch die Nebenkosten der Anschaffung, z. B. Bankspesen, Börsenumsatzsteuer oder Vermittlungsprovision.

BEACHTE:

Zu den Anschaffungskosten gehören auch nachträgliche Anschaffungskosten, die durch verdeckte Einlagen entstehen (vgl. hierzu H40 „Behandlung beim Gesellschafter" KStR).

DEFINITION:

Verdeckte Einlagen i. S. des Körperschaftsteuerrechts liegen vor, wenn ein Gesellschafter oder eine ihm nahestehende Person der Körperschaft außerhalb der gesellschaftsrechtlichen Einlagen einen einlagefähigen Vermögensvorteil zuwendet und diese Zuwendung durch das Gesellschaftsverhältnis veranlasst ist (vgl. R 40 KStR).

1828   Im Falle des **Erwerbs eines Anteils unter Ausnutzung eines Bezugsrechtes** gehört auch der Wert des Bezugsrechtes zu den Anschaffungskosten (BFH 6. 12. 1968 IV R 174/67, BStBl 1969 II 105).

11.6.3.2   Nachträgliche Anschaffungskosten in den Fällen des Darlehensverlustes eines beteiligten Gesellschafters

1829   Nach Auffassung des BFH (BFH-Urteile v. 24. 4. 1997 VIII R 24/90, BStBl 1999 II 339 und VIII R 23/93, BStBl 1999 II 342, v. 4. 11. 1997 VIII R 18/94, BStBl 1999 II 344, sowie vom 10. 11. 1998 VIII R 6/96, BStBl 1999 II 348) gehören zu den Anschaffungskosten einer Beteiligung i. S. des § 17 EStG auch nachträgliche Aufwendungen auf die Beteiligung, wenn sie durch das Gesellschaftsverhältnis veranlasst und weder Werbungskosten bei den Einkünften aus Kapitalvermögen noch Veräußerungskosten sind. Danach zählt zu diesen Aufwendungen auch die Wertminderung des Rückzahlungsanspruchs aus einem der Gesellschaft gewährten Darlehen.

Ein Darlehen ist nach Auffassung des BFH u. a. dann durch das Gesellschaftsverhältnis veranlasst, wenn im Zeitpunkt seiner Gewährung oder Weitergewährung die Rückzahlung des Darlehens angesichts der finanziellen Situation der Gesellschaft in dem Maße gefährdet ist, dass ein ordentlicher Kaufmann das Risiko einer Kreditgewährung zu denselben Bedingungen wie der Gesellschafter nicht mehr eingegangen wäre (sog. Krise).

Was im Fall der Hingabe des Darlehens in der Krise der Gesellschaft gilt, gilt nach Auffassung des BFH grundsätzlich auch bei einem der Gesellschaft vor der Krise gewährten Darlehen, wenn der Gesellschafter das Darlehen stehen lässt, obwohl er es hätte abziehen können und es angesichts der veränderten finanziellen Situation der Gesellschaft absehbar war, dass die Rückzahlung gefährdet sein wird (sog. stehen gelassenes Darlehen).

Weitere Details zur Behandlung dieser Darlehen enthält das BMF-Schreiben v. 21. 10. 2010, BStBl 2010 I 832.

11.6.3.3 Entnahme aus einem Betriebsvermögen

Gehörte die **Beteiligung** zunächst zum **Betriebsvermögen** und ist sie **entnommen** worden, so ist als Entnahmewert der Teilwert (§ 6 Abs. 1 Nr. 4 EStG) anzusetzen. Sofern von dieser Beteiligung nunmehr Anteile veräußert werden, sind die Entnahmewerte und nicht die Anschaffungskosten in Beziehung zum Veräußerungspreis zu setzen. Die stillen Reserven bis zur Entnahme sind bereits bei der Entnahme versteuert worden; nunmehr werden nach § 17 EStG nur noch die stillen Reserven erfasst, die sich seit der Entnahme gebildet haben. | 1830

11.6.3.4 Unentgeltlicher Erwerb

Hat der Veräußerer die veräußerten Anteile innerhalb der letzten fünf Jahre vor der Veräußerung **unentgeltlich erworben,** so sind für die Berechnung des Veräußerungsgewinns die **Anschaffungskosten des Rechtsvorgängers** maßgebend, der die Anteile zuletzt entgeltlich erworben hat (§ 17 Abs. 2 Satz 3 EStG; BFH 5. 12. 1973 I R 68/71, BStBl 1974 II 236). | 1831

Zweifelhaft ist, ob § 17 Abs. 2 Satz 3 EStG auch angewendet werden darf, wenn die **Beteiligung zum Betriebsvermögen des Rechtsvorgängers** gehört hat und durch Schenkung auf den Veräußerer übergegangen ist. § 17 Abs. 2 Satz 3 EStG führt dann zu einer nochmaligen Besteuerung der stillen Reserven, die bereits aufgrund der in der Schenkung zu erblickenden Entnahme mit dem Teilwert (§ 6 Abs. 1 Nr. 4 EStG) einkommensteuerlich erfasst worden sind. In diesem Fall ist der Ansicht zuzustimmen, die § 17 Abs. 2 Satz 3 EStG einschränkend interpretiert und in den erwähnten Fällen **§ 6 Abs. 4 EStG analog anwendet.** Hiernach sind die Anschaffungskosten maßgebend, die der unentgeltliche Erwerber der Anteile bei entgeltlichem Erwerb hätte aufwenden müssen. | 1832

Geht eine Beteiligung im Wege der **gemischten Schenkung** über, so ist die Übertragung nach dem Verhältnis der tatsächlichen Gegenleistung zum Verkehrswert der übertragenen Anteile **in eine voll entgeltliche Anteilsübertragung** (§ 17 Abs. 1 Satz 1 und Abs. 2 Satz 1 EStG) und eine **voll unentgeltliche Anteilsübertragung** (§ 17 Abs. 1 Satz 4 und Abs. 2 Satz 3 EStG) **aufzuteilen** (BFH 17. 7. 1980 IV R 15/76, BStBl 1981 II 11). | 1833

11.6.3.5 Begriff des Veräußerungspreises

1834 Der **Veräußerungspreis** besteht regelmäßig in **Geld.** Werden Anteile getauscht und ist dieser Tausch steuerpflichtig (s. Rdn. 1815), ist als Veräußerungspreis der gemeine Wert der eingetauschten Anteile anzusetzen.

11.6.3.6 Veräußerung gegen Renten und Raten

1835 Wird eine Beteiligung i. S. des § 17 EStG gegen eine **Leibrente** veräußert, gelten die **gleichen Grundsätze wie bei der Betriebsveräußerung gegen Leibrente (R 17 Abs. 7 Satz 2 EStR); (vgl. Rz 1790).** Der Veräußerer hat ein Wahlrecht zwischen

a) Sofortversteuerung nach § 17 EStG und Versteuerung der in den Rentenzahlungen enthaltenen Ertragsanteile gem. § 22 Nr. 1 Satz 3 Buchst. a EStG (bzw. gem. § 20 Abs. 1 Nr. 7 – X Senat des BFH) oder

b) nachträgliche Versteuerung. Hierbei ist die Rentenzahlung von Anfang an in einen Zins- und einen Tilgungsanteil aufzuteilen; der Zinsanteil ist von Beginn an als nachträgliche Einnahmen aus § 17 i. V. mit § 24 Nr. 2 EStG zu versteuern, der Kapitalanteil erst dann, wenn die Rentenzahlungen die Anschaffungskosten für die Beteiligung (plus evtl. anfallende Kosten) übersteigen (vgl. Bsp. In Rz 2172).

Wird der Kaufpreis in **Raten** beglichen, ist der Barwert der Raten der Veräußerungspreis. Der evtl. in den Zahlungen enthaltene Zinsanteil ist sodann Einkunft i. S. des § 20 Abs. 1 Nr. 7 EStG.

11.6.3.7 Veräußerungskosten

1836 Als **Veräußerungskosten** kommen in Betracht: Notarkosten (etwa bei der Übertragung von GmbH-Anteilen), Gerichts-, Gutachter-, Reisekosten, Bankspesen, Vermittlungsprovisionen, Maklerkosten etc.

11.6.4 Teileinkünfteverfahren

1837 Nach § 3 Nr. 40 Buchst. c EStG sind bei Veräußerungen und verdeckten Einlagen von Kapitalbeteiligungen im Privatvermögen des Anteilseigners 40 % des Veräußerungsgewinnes steuerfrei; somit sind nur 60 % anzusetzen. Für den steuerpflichtige Teil wird zwar der Freibetrag nach § 17 Abs. 3 EStG gewährt, nicht jedoch der ermäßigte Steuersatz nach § 34 EStG, da Veräußerungsgewinne i. S. des § 17 EStG in § 34 Abs. 2 Nr. 1 EStG nicht aufgeführt sind.

11.6.5 Freibetrag (§ 17 Abs. 3 EStG)

1838 Gemäß § 17 Abs. 3 EStG wird der Gewinn aus der Veräußerung einer Beteiligung zur ESt nur herangezogen, soweit er den Teil von 9 060 € übersteigt, der dem veräußerten Anteil entspricht. Da auch durch diese Bestimmungen nur Gesellschafter kleiner und mittlerer Betriebe begünstigt werden sollen, wird der Freibetrag in voller Höhe nur gewährt, wenn der fiktive Gesamtveräußerungsgewinn aller Anteile 36 100 € nicht übersteigt.

BEISPIEL: A besitzt 40 % der Anteile einer GmbH. Diese gehören zum Privatvermögen des A. Die Anschaffungskosten der Anteile betrugen 50 000 €. A veräußert ein Viertel seiner Anteile an der GmbH für 15 000 €. Der Veräußerungsgewinn beträgt somit 2 500 € (Anschaffungskosten für 10 % der Anteile an der GmbH einem Viertel der Anteile des A: 12 500 €; Veräußerungspreis: 15 000 €).

Hiervon sind nach § 3 Nr. 40c EStG 40 % steuerfrei, der steuerpflichtige Veräußerungsgewinn beträgt somit 1 500 €.

Der Freibetrag gem. § 17 Abs. 3 EStG beträgt 10 % von 9 060 € = 906 €. Eine Kürzung gem. § 17 Abs. 3 Satz 2 EStG wird nicht durchgeführt, da der fiktive Gesamtveräußerungsgewinn für alle Anteile 36 100 € nicht übersteigt; er beträgt umgerechnet auf 100 % der Anteile 25 000 €.

Variante: Der Veräußerungspreis beträgt statt 15 000 € 17 000 €; der Veräußerungsgewinn steigt auf 4 500 €. Der Gesamthöchstbetrag i. H. von 36 100 € wird überschritten: 10 × 4 500 € = 45 000 €; dementsprechend ist der Freibetrag i. H. von 906 € zu kürzen um 10 % des 36 100 € übersteigenden Betrages = 10 % von 8 900 € = 890 €; der zu gewährende Freibetrag beträgt somit lediglich 16 €.

Der Freibetrag nach § 17 Abs. 3 EStG wird für **mehrere Veräußerungen** von Teilen **einer Beteiligung in einem Veranlagungszeitraum nur einmal** gewährt. Werden aber aus **mehreren Beteiligungen** Teile in einem Veranlagungszeitraum veräußert, so ist bezüglich jeder einzelnen Veräußerung ein gesonderter Freibetrag nach § 17 Abs. 3 EStG zu berechnen.

11.6.6 Verlustausgleich, Verlustabzug

Nach § 17 Abs. 2 Satz 6 EStG kann ein **Veräußerungsverlust nicht berücksichtigt** wer-   1839
den,

a) soweit er auf Anteile entfällt, die der Steuerpflichtige innerhalb der letzten fünf Jahre **unentgeltlich** erworben hat. Hätte allerdings der Rechtsvorgänger, von dem unentgeltlich erworben wurde, den Verlust geltend machen können, kann dies auch der Steuerpflichtige tun (§ 17 Abs. 2 Satz 6 Buchst. a Satz 2 EStG). Mit dieser Regelung soll verhindert werden, dass ein nicht relevant Beteiligter seine Anteile einem relevant Beteiligten schenkt, und dieser dann den Verlustabzug geltend macht;

b) soweit er auf Anteile entfällt, die **entgeltlich** erworben wurden, wenn diese Anteile nicht während der letzten fünf Jahre zu einer relevanten Beteiligung gehört haben. Anders ausgedrückt ist der Verlustabzug zulässig, wenn die veräußerten Anteile bis zur Veräußerung fünf Jahre **ununterbrochen** Teil einer relevanten Beteiligung waren. Abzugsfähig ist der Verlust auch (Satz 2 des Buchst. b von § 17 Abs. 2 Satz 6 EStG), wenn die veräußerten Anteile zusätzlich zu einer relevanten Beteiligung erworben wurden oder der Erwerb erst zu einer relevanten Beteiligung geführt hat.

(Einstweilen frei)   1840–1841

11.6.7 Relevante Beteiligung und § 6 AStG

Verlegt eine **natürliche Person**, die 10 Jahre lang unbeschränkt einkommensteuerpflich-   1842
tig war, ihren **Wohnsitz/gewöhnlichen Aufenthalt ins Ausland,** und **endet dadurch** ihre

unbeschränkte Steuerpflicht, so wird eine **Veräußerung** einer inländischen relevanten Beteiligung **fingiert.** Im Zeitpunkt der Beendigung der unbeschränkten Steuerpflicht wird eine Veräußerung gesetzlich unterstellt, weil andernfalls eine **Entstrickung** aus dem deutschen Steuerschuldverhältnis eintreten würde. Anstelle des Veräußerungspreises tritt der gemeine Wert der Anteile im Zeitpunkt der Beendigung der unbeschränkten Steuerpflicht (§ 6 Abs. 1 Satz 4 AStG). Die Steuer wird aber bis zu einer späteren Veräußerung gestundet (§ 6 Abs. 4 AStG). Die **Freibetragsregelung des § 17 Abs. 3 EStG ist anwendbar.**

Wird die relevante Beteiligung von dem dann beschränkt Steuerpflichtigen im Ausland veräußert, verbleibt für die Besteuerung nach § 49 Abs. 1 Nr. 2e EStG nur noch der **Unterschiedsbetrag** zwischen dem Wert, der bei der Besteuerung nach § 6 AStG als gemeiner Wert angesetzt worden war, und dem nunmehr erzielten Veräußerungspreis.

11.6.8   Kontrollfragen

FRAGEN

		Rdn.	
1.	In welchen Fällen und warum werden Wertsteigerungen von Privatvermögen besteuert?	1811 ff.	☐
2.	Wie wird die verdeckte Einlage einer wesentlichen Beteiligung i. S. des § 17 EStG behandelt?	1815	☐
3.	Wie kann eine Kapitalgesellschaft aufgelöst werden und welche steuerlichen Folgen hat dies?	1816 ff.	☐
4.	Was versteht man unter einer relevanten Beteiligung i. S. des § 17 EStG ?	1823 ff.	☐
5.	Wie wird der Veräußerungsgewinn i. S. § 17 EStG ermittelt und wann wird er angesetzt?	1827 ff.	☐
6.	Wie werden Darlehensverluste behandelt, wenn ein Gesellschafter das Darlehen einer Kapitalgesellschaft gewährt hat, an der er selbst beteiligt ist?	1829	☐
7.	Welcher Wert wird bei unentgeltlichem bzw. teilentgeltlichem Erwerb als Anschaffungskosten angesetzt?	1831	☐
8.	Wie erfolgt die Besteuerung bei Veräußerung einer relevanten Beteiligung gegen Renten- oder Ratenzahlung?	1835	☐
9.	Wie hoch ist der Freibetrag des § 17 Abs. 3 EStG und wem wird er gewährt?	1838	☐
10.	In welchen Fällen kann ein Veräußerungsverlust bei § 17 EStG nicht berücksichtigt werden?	1839	☐

11.7   Einkünfte aus nichtselbständiger Arbeit (§ 19 EStG)

LITERATURHINWEIS:

Friebel/Rick/Schoor/Siegle, Fallsammlung Einkommensteuer, 19. Aufl., Kapitel 10.6

11.7.1 Nichtselbständigkeit

Einnahmen aus nichtselbständiger Arbeit bezieht, wer „**Arbeitnehmer**" ist. § 19 EStG 1843
definiert diesen Begriff zwar nicht; er wird jedoch durch § 1 Abs. 1 LStDV erläutert. Danach umfasst der steuerliche Arbeitnehmerbegriff drei Gruppen von Personen:

DEFINITION:

Arbeitnehmer ist eine Person, die in einem öffentlichen oder privaten Dienst angestellt ist oder
war und die

a) aus diesem **gegenwärtigen Dienstverhältnis** Arbeitslohn bezieht,

b) aus einem **früheren Dienstverhältnis,** in dem er gestanden hat, Einnahmen emp-
    fängt oder

c) **Rechtsnachfolger** der vorstehend genannten Person ist, die Einnahmen aus dem
    früheren Dienstverhältnis ihres Rechtsvorgängers erhält, z. B. die Witwe eines Be-
    amten.

Ein **Dienstverhältnis** liegt vor, wenn der Beschäftigte dem Arbeitgeber seine **Arbeits-** 1844
kraft schuldet, in der Betätigung seines geschäftlichen Willens **unter der Leitung des**
Arbeitgebers steht oder im geschäftlichen Organismus des Arbeitgebers dessen **Wei-**
sungen zu folgen verpflichtet ist (§ 1 Abs. 2 LStDV). Der Begriff der nichtselbständigen
Arbeit ist **unabhängig von** anderen Rechtsgebieten, z. B. vom **bürgerlichen Recht, Sozial-**
versicherungsrecht oder **Beamtenrecht,** geregelt, so dass die Auslegungen des Begriffs
„nichtselbständig" in anderen Rechtsgebieten nur bedingt heranzuziehen sind für das
Lohnsteuerrecht (BFH 18. 1. 1974 VI R 221/69, BStBl 1974 II 301).

Die Feststellung, ob eine bestimmte Person steuerlich Arbeitnehmer ist, bereitet trotz 1845
der Definition des Begriffs in der LStDV häufig **Schwierigkeiten.** Die Vielgestaltigkeit
des Wirtschaftslebens hat zur Folge, dass oft einzelne Merkmale für Selbständigkeit
sprechen, andere jedoch dagegen. In derartigen Fällen ist nach st. Rspr. des BFH das
Gesamtbild der Tätigkeit ausschlaggebend (BFH 3. 12. 1965, BStBl 1966 III 153;
2. 10. 1968, BStBl 1969 III 103; 14. 6. 1985 VI R 150-152/82, BStBl 1985 II 661).

Die Umstände, die auf die Arbeitnehmereigenschaft schließen lassen, müssen deshalb
jeweils gegen die übrigen Anhaltspunkte abgewogen werden. Die Entscheidung hängt
davon ab, in welche Richtung die Merkmale mit dem insgesamt größeren Gewicht weisen (BFH 3. 12. 1965, a. a. O.).

Als **Merkmale für die Nichtselbständigkeit** lassen sich insbesondere hervorheben: 1846
Schulden der Arbeitskraft (nicht eines Erfolges); **kein Unternehmerrisiko; feste Arbeits-**
zeit; Urlaubsregelung; Weisungsabhängigkeit hinsichtlich des Arbeitsortes, der **Art** und
Weise der Durchführung der Arbeit, und zwar nicht nur im großen Rahmen (Rahmen-
anweisung), sondern auch in Einzelheiten (vgl. BFH 18. 1. 1974 VI R 221/69, BStBl
1974 II 301 f.; vgl. zur Tätigkeit eines Filmschauspielers: BFH 6. 10. 1971, BStBl 1972 II
1988; zur Tätigkeit eines Oberarztes, der seinen Klinikdirektor vertritt: BFH 11. 11. 1971
IV R 241/70, BStBl 1972 II 213; zur Tätigkeit von Werbedamen: BFH 14. 6. 1985 VI R

150-152/82, BStBl 1985 II 661; **Dauer der Tätigkeit für einen Arbeitgeber;** ständig von einem Unternehmer beschäftigte Vorführdamen sind nichtselbständig tätig: BFH 2.10.1968, BStBl 1969 II 71); trotz relativ kurzer Beschäftigungsdauer werden aber andererseits Gaststättenmusiker i.d.R. als Nichtselbständige angesehen (BFH 9.8.1974 VI R 40/72, BStBl 1974 II 720; 16.4.1971 VI R 153/68, BStBl 1971 II 656). Aus der Dauer des Engagements einer Sängerin (90 Vorstellungen in zwei Spielzeiten) zieht der BFH (6.11.1970 VI 385/65, BStBl 1971 II 22) den Schluss, dass sie nichtselbständig tätig sei.

1847 Nach den geschilderten Grundsätzen ist auch zu entscheiden, ob eine **Nebentätigkeit** oder eine **Aushilfstätigkeit** selbständig ausgeübt wird. Die Art einer etwaigen Haupttätigkeit ist für die Beurteilung der Nebentätigkeit nur von Bedeutung, wenn beide Tätigkeiten unmittelbar zusammenhängen, wenn also die Nebentätigkeit z.B. auf Nebenpflichten aus dem Arbeitsvertrag beruht (BFH 8.2.1972 VI R 7/69, BStBl 1972 II 460; R 68 LStR; vgl. dazu insbesondere die Ausführungen des BFH 21.3.1975 VI R 60/73, BStBl 1975 II 513, zur rechtlichen Einordnung der „Schwarzarbeiter").

11.7.2 Arbeitslohn

1848 Zu den Einnahmen aus nichtselbständiger Arbeit, dem Arbeitslohn, zählen **sämtliche Einnahmen aus einem Dienstverhältnis** (also alle Güter in Geld oder Geldeswert, § 8 EStG) **ohne Rücksicht auf ihre Bezeichnung.** Somit gehören auch **Sachbezüge** (z.B. freie Unterkunft und Verpflegung, Deputate u.Ä.) zum Arbeitslohn. Die **Bewertung dieser Sachbezüge** erfolgt nach § 2 der Sozialversicherungsentgeltverordnung (SVEV). Da auch die **Bezeichnung** für die Annahme von Lohn **nicht entscheidend** ist, fallen z.B. auch die **Anwärterbezüge der Beamten** (Beamtenanwärter) unter die Einnahmen i.S. des § 19 EStG (vgl. BFH 7.4.1972 VI R 58/69, BStBl 1972 II 643), ferner Zahlung für die Abgeltung nicht genommenen Urlaubs (BFH 22.11.1968, BStBl 1969 II 182) und **Trinkgelder** (BFH 23.10.1992 VI R 62/88, BStBl 1993 II 117).

1849 Unerheblich ist, ob die Einnahmen aus nichtselbständiger Arbeit **einmalig** oder **laufend** zufließen oder ob ein **Rechtsanspruch** (aus Gesetz oder Vertrag) auf die Einnahmen besteht. Übernimmt der Arbeitgeber die Lohnsteuer oder Kirchensteuer oder den Arbeitnehmeranteil zur Sozialversicherung **(Nettolohnzahlung),** so zählen auch die von ihm übernommenen Beiträge zum Arbeitslohn (BFH 5.4.1974 VI R 110/71, BStBl 1974 II 664; R 19.3 Abs.2 LStR). Sie unterliegen daher ebenfalls dem Steuerabzug.

1850 Zu den Einkünften aus nichtselbständiger Arbeit gehören ferner die in § 19 Abs.1 Nr.1 EStG genannten Leistungen. Unter **Gratifikationen** versteht man Sonderzuwendungen an Arbeitnehmer aus besonderen Anlässen bzw. bei besonderen Gelegenheiten (z.B. Weihnachtsgratifikationen), während **Tantiemen oder Umsatzbeteiligungen** Leistungen sind, die an leitende Angestellte (entweder freiwillig oder aufgrund des Angestelltenvertrages) als Leistungsprämien nach dem Gesamtbetriebsergebnis gezahlt werden. Werden **Provisionen** (Entgelte für Vermittlung von Verträgen oder für Geschäftsbesorgung) gezahlt, so sind sie Arbeitslohn, wenn sie für eine im Rahmen eines Arbeitsverhältnisses geleistete Tätigkeit zufließen (vgl. R 19.4 LStR).

1851 Da auch **andere Bezüge** aus einem Dienstverhältnis zum Arbeitslohn gehören, fallen folgende Leistungen unter die Einkünfte i.S. des § 19 EStG (vgl. die Zusammenstellung in R und H 19.3 LStR): **Studienbeihilfen** des zukünftigen Arbeitgebers; **Zukunftssiche-rungsaufwendungen;** steuerpflichtig sind diese jedoch nur, soweit sie den Rahmen des § 3 Nr. 62 EStG übersteigen; u. U. Zukunftssicherungsleistungen des Arbeitgeber-Ehegatten (vgl. dazu BMF-Schreiben 1. 2. 1977, BStBl 1977 I 56); **Zuschüsse im Krankheitsfall; Überstundenvergütungen; Arbeitserschwerniszuschläge;** Losgewinne aus einer Verlosung, an der z. B. nur Arbeitnehmer teilnahmeberechtigt sind, die in bestimmten Zeiträumen wegen Krankheit nicht gefehlt haben (BFH 15. 12. 1977 VI R 150/75, BStBl 1978 II 239). Kein Arbeitslohn stellt die **Sparzulage** nach dem jeweils geltenden Vermögensbildungsgesetz dar, denn sie wird nicht vom Arbeitgeber, sondern vom Staat gewährt, sie fließt also nicht aus einem Dienstverhältnis.

Steuerpflichtiger Arbeitslohn sind aber die vom Arbeitgeber getragenen Beiträge für die Mitgliedschaft in Gesellschafts- oder Sportclubs, selbst wenn die Mitgliedschaft auf Entscheidungen des Arbeitgebers beruht (BFH 15. 5. 1992 VI R 106/88, BStBl 1993 II 840: Rotary-Club, Tennisclub).

Zum Arbeitslohn gehören aber auch **Wartegelder, Ruhegelder, Witwen- und Waisen-gelder** und andere Bezüge sowie Vorteile aus früheren Dienstleistungen (§ 19 Abs. 1 Nr. 2 EStG). **Wartegelder** werden an Beamte (i. d. R. politische Beamte) gezahlt, die in den einstweiligen Ruhestand gesetzt werden; **Ruhegelder** sind nachträgliche Vergütungen, Entschädigungen, Pensionen, die nach der Beendigung der Dienstzeit für früher geleistete Dienste vom früheren Arbeitgeber gezahlt werden, auch wenn ein Dritter die Dienste geleistet hat (Pension der Witwe eines Beamten). Da **Sozialversicherungsrenten nicht** vom früheren Arbeitgeber gezahlt werden, gehören sie nicht zu den Einkünften aus § 19 EStG, sondern aus § 22 Nr. 1 EStG. Auch die nach dem Tode eines Arbeitnehmers an seine Witwe und Waisen gezahlten Gelder sind Arbeitslohn, es sei denn, dass die Zahlungen, wenn auch nur teilweise, auf früheren Zahlungen des Arbeitnehmers beruhen. 1852

Streikunterstützungen bzw. **Aussperrungsunterstützungen** werden weder vom Arbeitgeber noch sonst unmittelbar aufgrund eines Arbeitsverhältnisses gezahlt; sie sind daher **kein Arbeitslohn;** nach Ansicht des BFH (24. 10. 1990 X R 161/88, BStBl 1991 II 337) fallen Streikunterstützungen auch nicht unter § 24 Nr. 1 Buchst. a EStG, so dass sie nicht steuerpflichtig sind. 1853

11.7.3 Zuwendungen bei Betriebsveranstaltungen, Aufmerksamkeiten, Fort- und Weiterbildungsleistungen

Zuwendungen des Arbeitgebers an die Arbeitnehmer bei **Betriebsveranstaltungen** gehören nach Ansicht des BFH (22. 3. 1985 VI R 170/82, VI R 82/83, BStBl 1985 II 529, 532) als Leistungen im **ganz überwiegenden betrieblichen Interesse** des Arbeitgebers **nicht** zum **Arbeitslohn,** wenn es sich um **herkömmliche** (übliche) **Betriebsveranstaltungen** und um **bei diesen Veranstaltungen übliche Zuwendungen** handelt. 1854

Zu den Begriffen: Betriebsveranstaltung, Herkömmlichkeit, übliche Zuwendung — 110-€-Grenze je Veranstaltung bis einschl. VZ 2014 (vgl. im Einzelnen R 19.5 LStR). 1855

Ab 2015 wurde in § 19 Abs. 1 Nr. 1a EStG für Betriebsveranstaltungen eine andere Regelung dergestalt getroffen, dass anstelle einer Freigrenze ein Freibetrag von 110 € pro Arbeitnehmer steuerfrei bleibt.

Sachleistungen des Arbeitgebers, die auch im gesellschaftlichen Verkehr üblicherweise ausgetauscht werden und zu keiner ins Gewicht fallenden Bereicherung der Arbeitnehmer führen, gehören als bloße **Aufmerksamkeiten** nicht zum Arbeitslohn (Beispiele: Buch, Blumen, Genussmittel bis zu einem Wert von 60 €; vgl. im Einzelnen R 19.6 LStR).

1856 **Berufliche Fort- und Weiterbildungsleistungen** führen nicht zu Arbeitslohn, wenn diese Bildungsmaßnahmen im ganz überwiegenden betrieblichen Interesse des Arbeitgebers durchgeführt werden (R 19.7 LStR). So genannte **Incentive-Reisen** haben jedoch Arbeitslohncharakter (vgl. dazu BFH 9. 3. 1990 VI R 48/87, BStBl 1990 II 711; R 19.7 LStR).

1857 Gemäß § 8 Abs. 3 EStG gelten **Waren oder Dienstleistungen (Belegschaftsrabatte),** die ein Arbeitgeber seinem Arbeitnehmer zuwendet und die der Arbeitgeber nicht überwiegend für den Bedarf seiner Arbeitnehmer herstellt, vertreibt oder erbringt, als Arbeitslohn, allerdings nur in folgendem Volumen: Anzusetzen sind **die um 4 % geminderten Endpreise,** die im allgemeinen Geschäftsverkehr erzielt werden; Jahresfreibetrag: 1 080 €; wegen weiterer Einzelheiten s. R 8.2 LStR.

1858 Gewährt der Arbeitgeber dem Arbeitnehmer **unverzinsliche** oder **zinsverbilligte Darlehen,** so wird als geldwerter Vorteil der Unterschiedsbetrag angesetzt zwischen dem marktüblichen Zins und dem Zins, den der Arbeitnehmer im konkreten Fall zahlt (im Einzelnen vgl. H 8.1 EStR, BFH 4. 5. 2007 VI R 28/05 BStBl 2007 II, 781 und Erlass BMF vom 13. 6. 2007, BStBl 2007 I 502).

11.7.4 Befreiungen

1859 Über die beschriebenen Fälle hinaus sehen eine Vielzahl von gesetzlichen Bestimmungen und Verwaltungsanweisungen (Teil-) **Befreiungen** von **Leistungen des Arbeitgebers an den Arbeitnehmer** vor, teils aus sozialpolitischen, teils aus Vereinfachungsgründen, obwohl alle diese Leistungen Einnahmen i. S. des § 8 u. § 2 Abs. 1 Satz 2 LStDV darstellen. Aus dieser Zahl sollen nur die wichtigsten erwähnt werden:

Arbeitslosengeld, Kurzarbeitergeld, Schlechtwettergeld und das **Unterhaltsgeld** sowie die übrigen **Leistungen nach dem Arbeitsförderungsgesetz** (§ 3 Nr. 2 EStG);

gesetzliche **Bezüge der Wehr- bzw. Kriegsbeschädigten** etc. (§ 3 Nr. 6 EStG);

Aufwandsentschädigungen aus öffentlichen Kassen (§ 3 Nr. 12 EStG);

Auslagenersatz (§ 3 Nr. 50 EStG);

Reisekostenerstattung u. a. (§ 3 Nr. 13 und 16 EStG);

Kindergeld (§ 3 Nr. 24 EStG);

Leistungen für Zukunftssicherung (§ 3 Nr. 62 EStG);

Beihilfen und Unterstützungen (§ 3 Nr. 11 EStG);

Trinkgelder (§ 3 Nr. 51 EStG);

Überlassung von Aktien an Arbeitnehmer zu Vorzugskursen (§ 3 Nr. 39 EStG).

11.7.5　Werbungskosten

Zu den Werbungskosten bei den Einkünften i. S. des § 19 EStG gehören alle **Aufwendun-**　1860
gen, die **durch den Beruf veranlasst** sind. Eine berufliche Veranlassung setzt voraus,
dass **objektiv ein Zusammenhang mit dem Beruf** besteht und **subjektiv** die Aufwendungen **zur Förderung des Berufs gemacht** werden. Ein Zusammenhang mit dem Beruf
ist gegeben, wenn die Aufwendungen in einem **wirtschaftlichen Zusammenhang mit**
der auf Einnahmeerzielung gerichteten **Tätigkeit** des Arbeitnehmers stehen.

Aus der Vielzahl der denkbaren Werbungskosten bei Einkünften aus nichtselbständiger
Arbeit sollen nur die wichtigsten erwähnt werden:

11.7.5.1　Beiträge zu Berufsverbänden

deren Zweck nicht auf eine wirtschaftliche Geschäftstätigkeit gerichtet ist (§ 9 Abs. 1　1861
Nr. 3 EStG), z. B. Beiträge an Gewerkschaften und Berufsverbände (Philologenverband
u. Ä.).

11.7.5.2　Aufwendungen für Wege des Arbeitnehmers zwischen Wohnung und erster　　　Tätigkeitsstätte (§ 9 Abs. 1 Nr. 4 EStG; R 9.10 LStR)

Die Wahl des Verkehrsmittels für den Weg zur Arbeit steht dem Arbeitnehmer frei; für　1862
die Aufwendungen kann jedoch nur eine Entfernungspauschale angesetzt werden. Diese beträgt – gerechnet nach der kürzesten benutzbaren Straßenverbindung – 0,30 €
für jeden vollen Kilometer, den die Wohnung von der ersten Tätigkeitsstätte entfernt
liegt, max. 4 500 € im Jahr; benutzt der Arbeitnehmer einen Pkw, kann er auch einen
höheren Betrag geltend machen.

Die in § 9 Abs. 2 Satz 3 EStG genannten behinderten Personen können anstatt der Pauschale von 0,30 €/Entfernungskilometer die tatsächlichen Kosten geltend machen.

Weitere Einzelheiten zu dieser Werbungskostenart, die ja die meisten Arbeitnehmer
betrifft, enthält die R 9.10 LStR nebst ihren Hinweisen und das BMF-Schreiben vom
3. 1. 2013, BStBl 2013 I 215.

11.7.5.3　Aufwendungen für Arbeitsmittel

Z. B. Werkzeuge, typische Berufskleidung und ausschließlich der Berufsausübung die-　1863
nende Fachliteratur (§ 9 Abs. 1 Nr. 6 EStG); die Entscheidung, ob die Aufwendungen für
Arbeitsmittel Werbungskosten darstellen, richtet sich jeweils nach den besonderen
Verhältnissen des Einzelfalls, insbesondere dem ausgeübten Beruf. So sind die Kosten
für ein **Tonbandgerät bei einem hauptberuflichen Musiker** Werbungskosten (BFH
29. 1. 1971, DStZ/B 1971 246), bei einem **Richter** allerdings **nicht abzugsfähige Kosten**
der Lebensführung i. S. des § 12 Nr. 1 EStG (BFH 29. 1. 1971 VI R 31/68, BStBl 1971 II
327); die Anschaffungskosten einer **Schreibmaschine** sind auch bei einem Richter Werbungskosten (BFH 29. 1. 1971, a. a. O.); die Kosten eines **Konversationslexikons** sind
auch bei einem Lehrer Kosten der Lebensführung (BFH 19. 10. 1970 GrS 2/70, BStBl
1971 II 17), die **Kosten für einen häuslichen Schreibtisch** eines Studienrats aber Werbungskosten (BFH 18. 2. 1977 VI R 182/75, BStBl 1977 II 464). Aufwendungen eines Arbeitnehmers zur **Ausschmückung eines Arbeitszimmers** mit Kunstgegenständen sind

keine Werbungskosten (BFH 12.3.1993 VI R 92/92, BStBl 1993 II 506). In Abweichung von der Rechtsprechung des BFH (8.2.1974 VI R 326/70, BStBl 1974 II 306) lässt die Verwaltung aus Vereinfachungsgründen den **sofortigen Abzug der Anschaffungskosten** von Arbeitsmitteln zu, wenn die Anschaffungskosten für das einzelne Arbeitsmittel **410 € nicht übersteigen.** Bei höheren Anschaffungskosten ist wie im betrieblichen Bereich die AfA nur zeitanteilig (monatsweise) anzusetzen.

11.7.5.4   Weitere Einzelfälle von Werbungskosten

1864 **Aufwendungen wegen doppelter Haushaltsführung** aus beruflichen Gründen (R 9.11 LStR; vgl. zur doppelten Haushaltsführung bei Gastarbeitern auch BFH 2.9.1977 VI R 114/76, BStBl 1978 II 26; 6.9.1977 VI R 5/77, BStBl 1978 II 31).

1865 **Häusliches Arbeitszimmer:** Nach § 4 Abs. 5 Nr. 6b EStG dürfen Aufwendungen für das häusliche Arbeitszimmer den Gewinn nicht mindern bzw. nicht als Werbungskosten abgesetzt werden (§ 9 Abs. 5 EStG).

Dies gilt seit 2007 zum einen dann nicht, wenn das Arbeitszimmer den Mittelpunkt der gesamten betrieblichen oder beruflichen Betätigung bildet; zum anderen sind max. 1 250 € jährlich abzugsfähig, wenn kein anderer Arbeitsplatz zur Verfügung steht (typ. Lehrerfall).

Der Große Senat des BFH hat am 27.7.2015 entschieden (GrS 1/14), dass bei einem gemischt genutzten Zimmer keine Möglichkeit besteht, den auf die „Arbeitsecke" entfallenden Anteil steuerlich zu berücksichtigen.

1866 **Telefonkosten:** Gesprächskosten = abzugsfähig; Anteil an Grundgebühr = abzugsfähig (BFH 21.11.1980 VI R 202/79, BStBl 1981 II 131).

1867 **Reisekosten,** Fahrt-, Unterbringungskosten und Mehraufwendungen für Verpflegung (vgl. die Regelungen in den R 9.4 LStR).

1868 **Umzugskosten,** wenn der Wechsel der Tätigkeit ursächlich für den Umzug ist; nicht entscheidend ist, ob der Steuerpflichtige dadurch seine Lebensstellung wesentlich verändert (BFH 18.10.1974 VI R 72/72, BStBl 1975 II 327; 6.11.1986 VI R 106/85, BStBl 1987 II 81).

Zieht ein Arbeitnehmer in eine größere Wohnung um, sind die Umzugskosten keine Werbungskosten, selbst wenn sich dadurch die Fahrtzeit zur Arbeitsstätte täglich um 20 Minuten verkürzt und in der neuen, größeren Wohnung nunmehr Platz für ein häusliches Arbeitszimmer besteht (BFH 16.10.1992 VI R 132/88, BStBl 1993 II 610). Zieht dagegen der Arbeitnehmer nach einem Arbeitsplatzwechsel in eine um **eine Stunde** näher zum Arbeitsort gelegene Wohnung, sind die Umzugskosten Werbungskosten (BFH 22.11.1991 VI R 77/89, BStBl 1992 II 494).

1869 **Fortbildungskosten,** das sind Kosten, die durch eine **Weiterbildung in einem ausgeübten Beruf** veranlasst werden, um in diesem auf dem Laufenden zu bleiben und den jeweiligen Anforderungen gerecht zu werden (vgl. R 9.2 LStR; BFH [st. Rspr.] 3.12.1974 VI R 189/73, BStBl 1975 II 280); sehr weit gehendes Beispiel: BFH 23.6.1978 VI R 127/77, BStBl 1978 II 543: Sachbearbeiterin beim Rundfunk studiert (ohne Examensambition) an Fachhochschule Rechnungs- und EDV-Wesen sowie Betriebs- und Volkswirtschaftslehre; Sprachlehrgang einer Hotelsekretärin = Fortbildungskosten: BFH 20.10.1978 VI R 132/76, BStBl 1979 II 114; u.U. auch Aufwendungen von Lehrern für einen Skilehrgang, BFH 26.8.1988 VI R 175/85, BStBl 1989 II 91.

Aufwendungen eines **Finanzbeamten** zur Vorbereitung auf die **Steuerberaterprüfung** 1870 sind als Fortbildungskosten abziehbare Werbungskosten (BFH 6.11.1992 VI R 12/90, BStBl 1993 II 108).

Bei **Rückzahlung eines Ausbildungsdarlehens nebst Zuschlag** sind die Aufwendungen 1871 für den Zuschlag **Ausbildungskosten,** wenn damit die im Zusammenhang mit der Ausbildung gewährten Vorteile abgegolten werden sollen und der Zuschlag nicht überwiegend als Druckmittel zur Einhaltung vorvertraglicher Verpflichtungen dient (BFH 28.2.1992 VI R 97/89, BStBl 1992 II 834).

Reinigungskosten für typische Berufskleidung; vgl. dazu BFH 29.6.1993 VI R 77/91, 1872 BStBl 1993 II 837 f.

Aufwendungen, die durch den **Diebstahl** des privaten Pkw bei einer Dienstreise eines 1873 **Arbeitnehmers** entstanden sind, sind Werbungskosten (BFH 25.5.1992 VI R 171/88, BStBl 1993 II 44).

Unfallkosten, sofern die Fahrt ausschließlich beruflichen Zwecken diente, auch wenn 1874 der Schaden bewusst oder leichtfertig vom Steuerpflichtigen verursacht wurde (BFH 28.11.1977 GrS 2-3/77, BStBl 1978 II 105). Diese Kosten sind ab 2007 durch die Pauschbeträge des § 9 Abs. 1 Nr. 4 EStG mit abgedeckt (§ 9 Abs. 2 Satz 1 EStG).

11.7.5.5 Werbungskosten und Lohnsteuerabzug

Werbungskosten des Arbeitnehmers hat der Arbeitgeber im Steuerabzugsverfahren 1875 vom Arbeitslohn abzuziehen, wenn das FA auf Antrag des Arbeitnehmers einen Freibetrag als Lohnsteuerabzugsmerkmal gebildet hat (§ 39a Abs. 1 EStG). Das tut dies, wenn der Arbeitnehmer nachweist, dass die Werbungskosten, die im Zusammenhang mit dem Dienstverhältnis entstanden sind, zuzüglich der Aufwendungen i.S. des § 10 Abs. 1 Nr. 1a, 4 bis 7 EStG, der §§ 10b, 33, 33a, 33b Abs. 6 EStG und der nach § 33c EStG abziehbaren Beträge im laufenden Kalenderjahr voraussichtlich den **Arbeitnehmer-Pauschbetrag** i.H. von 1 000 € **bezüglich der Werbungskosten bzw. den Pauschbetrag bezüglich der Sonderausgaben und zusätzlich den Betrag i.H. von 600 € übersteigen werden** (§ 39a Abs. 2 Satz 4; R 39a.1 LStR) — Einschränkung der Eintragung von Freibeträgen für bestimmte Aufwendungen. Die Einzelheiten des Verfahrens regeln § 39a und R 39a.1 LStR.

11.7.5.6 Aufwendungsersatz und Werbungskosten

Ersetzt der Arbeitgeber Aufwendungen, die zu den Werbungskosten gehören, so stellt 1876 die **Ersatzleistung Arbeitslohn** dar. Ist die Ersatzleistung steuerfrei, was bspw. für den Ersatz von Reisekosten gilt (§ 3 Nr. 13, 16 EStG), so sind die entstandenen Aufwendungen nicht als Werbungskosten anzuerkennen (§ 3c EStG). Das Gleiche gilt für Aufwendungen, die durch eine steuerfreie Aufwandsentschädigung abgegolten werden. Der Abzug von Werbungskosten ist dagegen uneingeschränkt zulässig, wenn die Ersatzleistungen des Arbeitgebers zum steuerpflichtigen Arbeitslohn rechnen.

Wegen weiterer Einzelheiten zum Werbungskostenbegriff vgl. die Ausführungen zu § 9 EStG (Rdn. 134 ff.).

11.7.6 Einkunftsermittlung

1877   Von den Einnahmen aus nichtselbständiger Tätigkeit war bis einschl. 2004 der **Versorgungsfreibetrag i. H. von 40 % der Versorgungsbezüge,** höchstens jedoch 3 072 € abzuziehen (§ 19 Abs. 2 Satz 1 EStG alte Fassung). Diese Regelung wurde durch das Urteil des BVerfG vom 6. 3. 2002 BStBl 2002 II 618 für verfassungswidrig erklärt, der Gesetzgeber hat daher mit Wirkung zum 1. Januar 2005 eine Neuregelung getroffen.

Der Versorgungsfreibetrag wird bis zum Jahr 2040 vollständig abgebaut; der **Abbau** erfolgt aber **in Stufen** nach einer in § 19 Abs. 2 Satz 3 EStG enthaltenen Tabelle.

Der maßgebende verbleibende Betrag richtet sich nach dem Jahr des Beginns der Versorgungszahlungen und wird für die gesamte Dauer der Zahlung in derselben Höhe in Abzug gebracht (§ 19 Abs. 2 Satz 8 EStG).

Er beginnt bei Versorgungsbeginn 2005 mit 40 %, max. 3 000 € jährlich. Erfolgt der Versorgungseintritt in den folgenden Jahren, sinkt der Prozentsatz in den Jahren bis 2020 um jeweils 1,6 % und ab 2021 bis 2040 um 0,8 % jährlich und parallel der Höchstbetrag bis 2020 um jeweils 120 € und ab 2021 um 60 € jährlich (vgl. Tabelle § 19 Abs. 2 Satz 3 EStG).

Gleiches gilt für einen ab 2005 neu hinzugekommenen **Zuschlag zum Versorgungsfreibetrag,** der die ebenfalls ab 2005 vorgenommene Absenkung des Werbungskosten-Pauschbetrags für Versorgungsempfänger (§ 9 Satz 1 Nr. 1b EStG) auf nur noch 102 € kompensieren soll. Er beträgt bei Versorgungseintritt im Kalenderjahr 2005 jährlich 900 € und wird bei einem späteren Versorgungseintritt bis 2020 um jährlich 36 € und ab 2021 um jährlich 18 € abgesenkt (vgl. Tabelle § 19 Abs. 2 Satz 3 EStG).

Bei einem Versorgungseintritt ab 2040 fällt sowohl der Versorgungsfreibetrag als auch der Zuschlag komplett weg.

> **BEISPIEL:** ▶ Der Beamte B tritt im Ablauf 2004 in den Ruhestand und erhält ab Januar 2005 Versorgungsbezüge in Höhe von monatlich 2 000 €. Von seinen Einnahmen nach § 19 Abs. 2 EStG in Höhe von 24 000 € wird ein Versorgungsfreibetrag von 40 % von 24 000 € = 9 600 €, max. aber 3 000 €, in Abzug gebracht. Anschließend erfolgt der Abzug des Zuschlags zum Versorgungsfreibetrag in Höhe von 900 €, so dass ein Betrag von 20 100 € verbleibt. Nach Abzug des Werbungskosten-Pauschbetrags für Versorgungsempfänger (§ 9a Satz 1 Nr. 1b EStG) in Höhe von 102 € erzielt B Einkünfte in Höhe von 19 998 €. Während der gesamten Bezugszeit dieser Versorgungsbezüge des B bleibt der Abzugsbetrag von zusammen 3 900 € zeitlebens derselbe.
>
> Folgt auf einen Versorgungsbezug später ein **Hinterbliebenenbezug,** so bleibt für die Frage der Höhe des Versorgungsfreibetrags wie auch des Zuschlags der **Beginn des Versorgungsbezugs** maßgeblich.

> **BEISPIEL:** ▶ Der Beamte B aus dem vorigen Beispiel stirbt im Jahr 2010, seine Witwe W bezieht Hinterbliebenenbezüge in Höhe von 1 200 € monatlich. Auch der W wird der für 2005 maßgebende Versorgungsfreibetrag von 40 %, max. 3 000 € und der Zuschlag von 900 € berücksichtigt (nicht die für 2010 maßgebenden Beträge des Versorgungsfreibetrags von 32 %, max. 2 400 € und des Zuschlags von 720 €).

Der Versorgungsfreibetrag und der Zuschlag zum Versorgungsfreibetrag sind anders als bis 2004 keine **Jahreshöchstbeträge** mehr und werden daher für jeden vollen Kalendermonat ermäßigt, in dem keine Versorgungsleistungen gezahlt werden (Zwölftelung; § 19 Abs. 2 Satz 12 EStG).

Von den Einnahmen aus nichtselbständiger Arbeit ist gem. § 9a Nr. 1a EStG bei der Ermittlung der Einkünfte ein **Arbeitnehmer-Pauschbetrag von 1 000 €** abzuziehen, sofern **nicht höhere Werbungskosten nachgewiesen werden.** 1878

Handelt es sich bei den Einnahmen aus nichtselbständiger Arbeit um **Versorgungsbezüge** i. S. des § 19 Abs. 2 EStG, ist nur ein **Werbungskosten-Pauschbetrag von 102 €** zu berücksichtigen.

11.7.7 Kontrollfragen

FRAGEN

		Rdn.	
1.	Welche Merkmale kennzeichnen einen Arbeitnehmer i. S. des § 19 EStG ?	1843 ff.	☐
2.	Welche anders bezeichneten Mittelzuflüsse fallen ebenso unter den Begriff des Arbeitslohns?	1848 ff.	☐
3.	Warum gehören Betriebsveranstaltungen nicht zu den einkommensteuerlich relevanten Vorgängen?	1854 ff.	☐
4.	Nennen Sie einige typische steuerbefreite Leistungen an Arbeitnehmer.	1859	☐
5.	Wie lautet die Definition der Werbungskosten?	1860	☐
6.	Welche besonderen Voraussetzungen gibt es für den Werbungskostenabzug von häuslichen Arbeitszimmern?	1865	☐
7.	Können Werbungskosten eines Arbeitnehmers bereits beim Lohnsteuerabzug berücksichtigt werden?	1875	☐
8.	In welcher Höhe kann ein Arbeitgeber dem Arbeitnehmer Werbungskosten steuerfrei ersetzen?	1876	☐
9.	Wer erhält einen Versorgungsfreibetrag und wie hoch ist dieser?	1877 ff.	☐

11.8 Einkünfte aus Kapitalvermögen (§ 20 EStG)

LITERATURHINWEIS:

Friebel/Rick/Schoor/Siegle, Fallsammlung Einkommensteuer, 19. Aufl., Fall 232–238

11.8.1 Bedeutung der Vorschrift

1879 Zu den Überschusseinkünften, die durch Abzug der Werbungskosten von den Einnahmen zu ermitteln sind (§ 2 Abs. 2 Nr. 2 EStG), gehören auch die Einkünfte aus Kapitalvermögen. Bei dieser Einkunftsart werden die **Erträge** erfasst, **die das Kapitalvermögen abwirft,** es sei denn, dass diese Erträge den Einkünften aus Land- und Forstwirtschaft, Gewerbebetrieb, selbständiger Arbeit oder Vermietung und Verpachtung zuzurechnen sind (§ 20 Abs. 8 EStG) – **Subsidiaritätsprinzip.**

> **BEISPIEL:** ▶ A ist Gewerbetreibender. Er ermittelt den Gewinn nach § 5 EStG. Zu seinem (notwendigen) Betriebsvermögen gehören 25 % der Aktien der X-AG. Im Jahre 01 hat A von der X-AG 15 000 € Dividende erhalten.
>
> Die Dividende erhöht den Gewinn des A aus Gewerbebetrieb (§ 15 EStG), obwohl auch die Voraussetzungen des § 20 Abs. 1 Nr. 1 EStG erfüllt sind. Aus § 20 Abs. 8 EStG ergibt sich jedoch, dass § 15 EStG Vorrang vor § 20 EStG hat.

1880 Die in § 20 Abs. 1 bis 3 EStG enthaltene **Aufzählung** von Erträgen aus Kapitalvermögen ist nach der Rechtsprechung des BFH und h. M. in der Literatur **nicht erschöpfend.** Daher gehören z. B. auch die Erträge, die den Genossen einer Realgemeinde (z. B. einer Forstgenossenschaft, BFH 5. 9. 1963, BStBl 1964 III 117) zufließen, zu den Einnahmen aus Kapitalvermögen.

1881 Zu den Einkünften aus Kapitalvermögen gehörten bis 2008 nur die Einnahmen, die ein Gläubiger als **Nutzungsentgelt für die Überlassung von Kapital** erhält. Seit 2009 werden durch § 20 Abs. 2 EStG auch **Veräußerungsgewinne** besteuert. Damit wird nicht mehr unterschieden zwischen dem Teil des Entgeltes, der ein Nutzungsentgelt darstellt, und dem Teil, der Kapitalrückzahlung und/oder Wertsteigerung ist.

11.8.2 Gewinnanteile und damit zusammenhängende Einnahmen (§ 20 Abs. 1 Nr. 1–4 EStG)

11.8.2.1 Gewinnanteile aus Anteilen an Kapitalgesellschaften, Erwerbs- und Wirtschaftsgenossenschaften usw. (§ 20 Abs. 1 Nr. 1 EStG)

11.8.2.1.1 Unterschied zwischen der Besteuerung der Gewinnanteile aus Personengesellschaften und denen aus Kapitalgesellschaften

1882 § 20 Abs. 1 Nr. 1 EStG betrifft diejenigen **Gesellschaften, bei denen die Gesellschafter nicht als Mitunternehmer anzusehen** sind. Gewinnanteile aus Mitunternehmergemeinschaften, insbesondere aus OHG, KG, EWIV und GbR, gehören zu den Einkünften aus Gewerbebetrieb (§ 15 Abs. 1 Nr. 2 EStG). Im Gegensatz zu diesen Personengesellschaften besteht bei **Kapitalgesellschaften keine Mitunternehmerschaft.** Kapitalgesellschaften sind vielmehr als juristische Person **selbst rechtsfähig,** d. h. selbst **Träger auch der steuerrechtlichen Rechte und Pflichten.** Der Gewinn einer Kapitalgesellschaft kann daher nicht unmittelbar als Gewinn ihrer Gesellschafter angesehen werden und wird auch nicht nach § 180 AO einheitlich und gesondert festgestellt. Sie unterliegen der Körperschaftsteuer (§ 1 Abs. 1 Nr. 1 KStG). Ihr Einkommen (§ 7 KStG) ist daher von dem Einkommen ihrer Gesellschafter zu unterscheiden. Der Gewinn der Kapitalgesellschaft berührt die Höhe des Einkommens ihrer Gesellschafter erst, wenn dieser Gewinn von der Kapitalgesellschaft an die Gesellschafter ausgeschüttet wird.

> **BEISPIEL:** ▶ B ist mit 20 % an der X-AG beteiligt. Die Beteiligung gehört zu seinem Privatvermögen. Der Handelsbilanzgewinn der Gesellschaft hat im Jahre 01 250 000 € betragen. Auf Beschluss der Hauptversammlung, die im Juli 09 stattgefunden hat, ist die Ausschüttung von Dividende unterblieben und der Gewinn in voller Höhe einer Rücklage zugeführt worden. Nach der Handelsbilanz des Jahres 09 hat die Gesellschaft 300 000 € Gewinn erzielt. Die Hauptversammlung hat im Juni 10 die Ausschüttung der Hälfte des Gewinns (150 000 €) beschlossen. B hat demgemäß am 28. 6. 03 nach § 20 Abs. 1 Nr. 1 EStG 150 000 €: 5 = 30 000 € Dividende, vermindert um die einbehaltene Kapitalertragsteuer (§§ 43, 43a, 44 EStG), erhalten.
>
> Da nur zugeflossene Gewinnanteile die Höhe des Einkommens des Gesellschafters B beeinflussen, ergeben sich aus dem geschilderten Sachverhalt lediglich im Jahre 10 einkommensteuerliche Folgerungen. Die in diesem Jahr dem B zugeflossenen 30 000 € sind als Einnahmen aus Kapitalvermögen (§ 20 Abs. 1 Nr. 1 EStG) zu erfassen.

Zum Zeitpunkt des Zuflusses vgl. die Ausführungen zu § 11 EStG; zusammenfassend und ergänzend sind Einnahmen **zugeflossen,** sobald der Steuerpflichtige über sie **wirtschaftlich verfügen** kann. Der Betrag muss dem Berechtigten **zur Verwendung zur Verfügung stehen.** Das geschieht i. d. R. durch **Gutschrift** auf einem für den Gesellschafter (Gläubiger) gesondert geführten Konto. Abweichend von diesem Grundsatz fließen einem Alleingesellschafter oder beherrschenden Gesellschafter Beträge, die ihm die GmbH schuldet, im Zeitpunkt der **Beschlussfassung** zu (vgl. H 20.2 „Zuflusszeitpunkt bei Gewinnausschüttungen" EStH). Voraussetzung ist dabei jedoch, dass der Schuldner (die Gesellschaft) **leistungsfähig** ist; Leistungsfähigkeit läge auch vor, wenn eine Kreditaufnahme möglich und sinnvoll wäre. 1883

11.8.2.1.2 Unter § 20 Abs. 1 Nr. 1 EStG fallende Gewinnanteile (auch Genussscheine, Investmenterträge)

Der Kreis der Gesellschaften, die im Steuerrecht als Kapitalgesellschaften behandelt werden, ist in § 1 Abs. 1 Nr. 1 KStG genannt. Er umfasst Aktiengesellschaften, Kommanditgesellschaften auf Aktien, Gesellschaften mit beschränkter Haftung sowie bergbautreibende Vereinigungen, die die Rechte einer juristischen Person haben. 1884

a) Die Gewinnanteile an diesen Gesellschaften werden i. d. R. als offene Gewinnausschüttungen an die Gesellschafter ausgeschüttet. **Offene Gewinnausschüttungen** sind solche, die auf einem gesellschaftsrechtlichen Vorschriften (vgl. §§ 58, 174 AktG, §§ 29, 46 Nr. 1 GmbHG)entsprechenden Gewinnverteilungsbeschluss beruhen.

Eine Einschränkung gilt lediglich für den Gewinnteil, den der **Gesellschafter einer Kommanditgesellschaft auf Aktien** aufgrund seiner Stellung **als persönlich haftender Gesellschafter** erzielt. Es handelt sich insoweit um Einkünfte aus Gewerbebetrieb (§ 15 Abs. 1 Nr. 3 EStG).

Vorabausschüttungen (in Erwartung eines zukünftigen Gewinns) stellen Einnahmen i. S. des § 20 Abs. 1 Nr. 1 EStG dar. Werden diese Vorabausschüttungen zurückgezahlt, weil (wider Erwarten) kein Gewinn erwirtschaftet wird, liegen **negative Einnahmen** 1885

i. S. des § 20 Abs. 1 Nr. 1 EStG, nicht etwa Werbungskosten vor (BFH 6. 3. 1979 VIII R 26/78, BStBl 1979 II 510).

Wird ein Gewinnverteilungsbeschluss aufgehoben und werden sodann Gewinnausschüttungen von den Gesellschaftern an die Gesellschaft zurückgezahlt, so wirkt die Aufhebung des Beschlusses einkommensteuerrechtlich nicht zurück; die Ausschüttungen bleiben als dem Gesellschafter zugeflossen bei ihm einkommensteuerrechtlich erfasst. Ausschüttungen werden selbst dann beim Empfänger erfasst, wenn sie handelsrechtlich unzulässig sind (§ 40 AO).

1886   Die Bezüge gehören auch dann nicht zu den steuerbaren Einnahmen, wenn die Ausschüttungen aus dem **steuerlichen Einlagekonto** einer Kapitalgesellschaft i. S. des § 27 KStG stammen (§ 20 Abs. 1 Nr. 1 Satz 3 EStG).

1887   b)   **Nicht** zu den Einkünften aus Anteilen gehört der Wert der **Bezugsrechte,** die im Falle der Kapitalerhöhung einem Gesellschafter eingeräumt werden. Diese Bezugsrechte stellen keinen Ertrag dar, sondern nur eine **Abspaltung des Stammrechts.** Das wird schon dadurch verdeutlicht, dass bei den Altaktien ein Bezugsrechtsabschlag bei Börsennotierung vorgenommen wird, wenn Bezugsrechte eingeräumt werden. Das Bezugsrecht ist ein **Sonderrecht, selbständig veräußerbar** und auch **selbständig bewertbar** (vgl. hierzu § 1 EStG des Gesetzes über steuerrechtliche Maßnahmen bei Erhöhung des Nennkapitals aus Gesellschaftsmitteln v. 10. 10. 1967, BGBl 1967 I 977).

1888   c)   Nach § 20 Abs. 1 Nr. 1 EStG kommen auch Gewinnanteile aus **Genussscheinen** als Einkünfte aus Kapitalvermögen in Betracht. Genussscheine verbriefen i. d. R. das Recht der Beteiligung am Gewinn und/oder Liquidationserlös, ohne dass dem Berechtigten Mitgliedschaftsrechte eingeräumt werden sollen. Diese Genussscheine können sehr verschiedenartig ausgestaltet sein und werden aus unterschiedlichen Gründen gewährt. Mitunter stellen sie eine Vergütung für schwer bewertbare Sacheinlagen – wie Patente – dar, oder sie werden als Vergütung einem Angestellten gewährt oder in Sanierungsfällen einem zuzahlenden Aktionär oder verzichtenden Gläubiger überlassen. Sämtliche Gewinnanteile aus Genussscheinen bilden, vorbehaltlich des § 20 Abs. 3 EStG, Einnahmen aus Kapitalvermögen.

1889   d)   Außer den Gewinnanteilen aus Anteilen an Kapitalgesellschaften betrifft § 20 Abs. 1 Nr. 1 auch Gewinnanteile aus **Anteilen an Erwerbs- und Wirtschaftsgenossenschaften** (vgl. § 1 Abs. 1 Nr. 2 KStG) und an bergbautreibenden Vereinigungen, die die Rechte einer juristischen Person haben. Die letztgenannten Vereinigungen kommen nur selten vor, denn es muss sich um Vereinigungen handeln, die nicht die Rechtsform einer Kapitalgesellschaft haben.

1890   e)   Ausschüttungen auf Anteilscheine an einem **Wertpapiersondervermögen (Investmentzertifikate)** gehören zu den Einkünften aus § 20 Abs. 1 Nr. 1, wenn sie nicht Betriebseinnahmen des Steuerpflichtigen sind.

1891   **Kapitalanlagegesellschaften** sind Unternehmen in der Rechtsform einer AG oder GmbH – Träger sind meist Banken –, die bei ihnen **eingelegtes Geld im eigenen Namen für gemeinschaftliche Rechnung** der Anleger nach dem **Grundsatz der Risikomischung** in Wertpapieren anlegen. Das eingezahlte Geld bzw. die damit erworbenen Wertpapiere bilden ein **Sondervermögen (Fondsvermögen),** und über die Beteiligung der Anleger an diesem Fondsvermögen werden Urkunden **(Zertifikate)** ausgestellt. Die Investmentfonds schütten i. d. R. die von ihnen erwirtschafteten Gewinne aus ihnen zugeflossenen Dividenden, aus realisierten Kurssteigerungen, aus der Veräußerung von Bezugsrechten aus **(Ausschüttungsfonds).** Daneben gibt es aber auch sog. **Thesaurierungsfonds** oder **Wachstumsfonds,** die keinerlei Erträge ausschütten, sondern mit den Erträgen sofort neue Wertpapiere für die Anteilseigner anschaffen.

11.8.2.1.2.1 Besteuerung der Erträge aus deutschen Investmentfonds

Da die Kapitalanlagegesellschaften eine sozialpolitische Funktion ausüben sollen (risikoarme Beteiligungen an Wirtschaftsunternehmen durch eine Vielzahl von Steuerpflichtigen auch mit kleineren Einkommen), gelten nach dem InvStG steuerliche Sonderregeln.   1892

So ist z. B. das Fondsvermögen (das Wertpapier-Sondervermögen gilt als Zweckvermögen i. S. des § 1 Abs. 1 Nr. 5 KStG) **von der Körperschaftsteuer** und der **Gewerbesteuer befreit.** Darüber hinaus sind u. a. Ausschüttungen auf Anteilscheine insofern steuerfrei, als sie auf Gewinne aus Veräußerungen von Grundstücken und grundstücksgleichen Rechten durch den Fonds entfallen, es sei denn, die Ausschüttungen sind Betriebseinnahmen des Anlegers oder es handelt sich um Gewinne aus privaten Veräußerungsgeschäften i. S. des § 23.   1893

Im Übrigen sind die Ausschüttungen steuerpflichtig, aber auch sämtliche von einem Fonds vereinnahmten, nicht zur Kostendeckung oder zur Ausschüttung verwendeten Erträge, so dass sichergestellt wird, dass Thesaurierungsfonds (auch ohne Ausschüttungen vorzunehmen) wie die übrigen Fonds behandelt werden.

Besonderheiten sind zu den sog. **Immobilienfonds** anzumerken. Das **Fondsvermögen** besteht bei Immobilienfonds **in Grundstücken,** nicht in Wertpapieren. Gleichwohl erzielen die Anteilsinhaber gem. der gesetzlichen Fiktion in § 2 InvStG nicht etwa Einkünfte aus Vermietung und Verpachtung, sondern aus Kapitalvermögen.   1894

Bei den hier beschriebenen Immobilienfonds handelt es sich um sog. **„offene Immobilienfonds",** d. h. es können jederzeit neue Kapitalanleger hinzukommen, es besteht kein geschlossener Kreis von Anlegern, über die Anteile kann frei verfügt werden, und die Anteile können zurückgegeben werden. Im Gegensatz dazu stehen die **„geschlossenen Immobilienfonds",** die unter Rdn. 1954 behandelt werden.   1895

Zur Berechnung der steuerlich zu erfassenden Erträge aus Anteilen inländischer Investmentfonds wird auf die vom BMF jährlich veröffentlichte Tabelle verwiesen.

11.8.2.1.2.2 Besteuerung der Erträge aus ausländischen Investmentfonds

Die Besteuerung der Erträge aus ausländischen Investmentfonds war bis Ablauf 2003 geregelt im Gesetz über den Vertrieb ausländischer Investmentanteile v. 28. 7. 1969 (AuslInvestmG).   1896

Mit Inkrafttreten des Investmentsteuergesetzes ab 1. 1. 2004 wurden ausländische Investmentfonds den inländischen weitestgehend gleichgestellt.

11.8.2.1.3   Ausbeuten und sonstige Bezüge i. S. des § 20 Abs. 1 Nr. 1 EStG (verdeckte Gewinnausschüttungen)

1897   Dass durch § 20 Abs. 1 Nr. 1 EStG sämtliche Erträge aus Anteilen und Kapitalgesellschaften usw. als Einnahmen aus Kapitalvermögen der Besteuerung unterworfen werden sollen, lässt der Wortlaut der Vorschrift erkennen, denn in ihr sind außer Gewinnanteilen (Dividenden) und Ausbeuten auch „**sonstige Bezüge**" erwähnt. Zudem bestimmt § 20 Abs. 3 EStG, dass zu den Einkünften aus Kapitalvermögen auch **besondere Entgelte oder Vorteile** gehören, die neben den im § 20 Abs. 1 EStG bezeichneten Einkünften oder an deren Stelle gewährt werden. Eine andere Regelung wäre im Übrigen sinnwidrig, da die Besteuerung der Erträge aus Kapitalvermögen nicht davon abhängen kann, in welcher Form die Erträge zufließen.

1898   Als „**sonstige Bezüge**" aus Anteilen an Kapitalgesellschaften sind vor allem die **verdeckten Gewinnausschüttungen** (vGA) zu nennen (so ausdrücklich § 20 Abs. 1 Nr. 1 Satz 2 EStG). Die vGA unterscheidet sich dadurch von den offenen Gewinnausschüttungen, dass sie **nicht aufgrund eines Beschlusses** erfolgen, der den gesellschaftsrechtlichen Vorschriften entspricht. Diese Art von Gewinnausschüttungen beruht darauf, dass die Kapitalgesellschaften als juristische Personen Rechtsgeschäfte mit ihren Gesellschaftern abschließen können. Wird der Inhalt eines solchen Rechtsgeschäftes so ausgestaltet, dass der **Gesellschafter von der Gesellschaft** einen **Vorteil** in Geld oder Geldeswert erhält, der ihm **nur wegen seiner Gesellschafterstellung** gewährt wird, den ein **Nichtgesellschafter** bei Anwendung der Sorgfalt eines ordentlichen und gewissenhaften Geschäftsleiters also **nicht erhalten würde,** so liegt hierin eine vGA (vgl. BFH 29. 10. 1974 I R 83/73, BStBl 1975 II 366; 19. 3. 1975 I R 173/73, BStBl 1975 II 614; s. im Übrigen R 36 KStR). Im Einzelfall kann die Frage, ob eine vGA erfolgt ist, erhebliche Schwierigkeiten bereiten. Es muss jeweils geklärt werden, wie das Rechtsgeschäft abgewickelt worden wäre, wenn es sich bei dem Vertragspartner der Gesellschaft nicht um einen Gesellschafter, sondern um einen Dritten gehandelt hätte. § 20 EStG zwingt somit nach dem Willen des Gesetzgebers zu einer **wirtschaftlichen Wertung** sämtlicher Rechtsgeschäfte zwischen der Gesellschaft und ihren Gesellschaftern. Umgehungsabsicht i. S. des § 42 AO ist für die Annahme einer vGA nicht erforderlich. In allen Fällen, in denen vGA vorliegen, müssen sowohl die Auswirkungen auf das Einkommen der ausschüttenden Kapitalgesellschaft als auch die steuerlichen Rechtsfolgen für den Gesellschafter geprüft werden. Wenn der Gesellschafter eine natürliche Person ist, hängt die betroffene Einkunftsart, wie beim Zufließen offen ausgeschütteter Beträge, davon ab, ob der Anteil an der Kapitalgesellschaft zum Betriebsvermögen oder zum Privatvermögen gehört. Nur letzterenfalls führt die vGA zu Einnahmen aus § 20 EStG.

1899   Verdeckte Gewinnausschüttungen sind **nicht nur durch Leistungen an den Gesellschafter** selbst möglich, sondern auch dadurch, dass die Leistung von der Gesellschaft an eine dem Gesellschafter **nahe stehende Person** bewirkt wird, ohne dass diese Person oder der Gesellschafter eine entsprechende Gegenleistung bewirkt. Auch in diesem Fall fließt **dem Gesellschafter** ein Ertrag aus einer Beteiligung zu, durch den sich seine Einnahmen aus Kapitalvermögen erhöhen. **Voraussetzung** ist allerdings, dass durch die Zuwendung der **Gesellschafter selbst bevorteilt** wird (vgl. BFH 27. 1. 1972 I R 28/69, BStBl 1972 II 320; ferner BFH 3. 2. 1971 I R 51/66, BStBl 1971 II 408).

Bei der Vielgestaltigkeit des Wirtschaftslebens ist es nicht möglich, die verschiedenen 1900 Arten von vGA im Rahmen dieses Lehrbuchs erschöpfend aufzuzählen. Besonders häufig werden sie in **Kaufverträge, Dienstverträge, Darlehensverträge** sowie **Miet-** oder **Pachtverträge** eingekleidet, in denen die **Gegenleistung nicht nach kaufmännischen Gesichtspunkten ausgewogen gegenübersteht.** Aber auch in einer **Schuldübernahme** oder **Bürgschaft** und in der **Veränderung des Gesellschaftskapitals** können vGA enthalten sein. Aus der Vielzahl der Entscheidungen des BFH zur vGA sollen nur einige Beispiele angeführt werden (vgl. auch H 36 V KStH „Einzelfälle"):

► **Kapitalherabsetzung,** weil ein Gesellschafter das zurückgezahlte Kapital benötigt, um private Verbindlichkeiten zu erfüllen, und nach relativ kurzer Zeit **Wiederaufstockung** des Kapitals (BFH 1.12.1967, BStBl 1968 II 145);

► **Verzicht** auf die **Annahme eines günstigen Kaufangebots** zugunsten eines Gesellschafters (BFH 3.11.1971 I R 68/70, BStBl 1972 II 227);

► **Überlassung eines Einfamilienhauses** an einen Gesellschafter **zu einem niedrigeren als bei Fremdvermietung erzielbaren Preis** (BFH 19.4.1972 I R 62/70, BStBl 1972 II 594);

► **rückwirkende Zahlungen** von nicht eindeutig im Voraus vereinbarten Gehältern und Vergütungen an beherrschende Gesellschafter (BFH 3.4.1974 I R 241/71, BStBl 1974 II 497; vgl. auch BFH 10.7.1974 I R 205/72, BStBl 1974 II 719);

► **Auszahlung eines Gehaltsrückstandes,** der wegen finanzieller Schwierigkeiten der Gesellschaft nicht früher gezahlt werden konnte, den die Gesellschaft aber auch nicht in den früheren Jahren als Gehaltsschuld ausgewiesen hat (BFH 2.5.1974 I R 194/72, BStBl 1974 II 585);

► **Übernahme einer risikohaften Kreditbürgschaft** (BFH 19.3.1975 I R 173/73, BStBl 1975 II 614).

Eine vGA wird nicht dadurch ausgeschlossen, dass die Angemessenheit des Kaufpreises eines Wirtschaftsgutes bei Verkauf von Gesellschaft an Gesellschafter durch einen Sachverständigen ermittelt wird (BFH 11.10.1977 VIII R 191/74, BStBl 1978 II 109).

Überlässt eine AG satzungsmäßig ihren Aktionären Ferienwohnungen zur zeitlich vorübergehenden Nutzung nach Maßgabe eines Wohnberechtigungspunktesystems (**„Hapimag"-Fall),** so erzielt der Aktionär einen **sonstigen Bezug** i.S. des § 20 Abs.1 Nr.1 Satz 1 EStG. Der Zufluss dieses sonstigen Bezuges erfolgt erst mit der Nutzungsüberlassung der Wohnung. Es ist mit dem üblichen Mittelpreis des Verbrauchsorts zu bewerten (BFH 16.12.1992 I R 32/92, BStBl 1993 II 399).

11.8.2.1.4 Abgrenzung der laufenden Erträge aus Anteilen an Kapitalgesellschaften gegen Wertsteigerung des Kapitals, Rückzahlung von Einlagen, Kapitalrückzahlung infolge Kapitalherabsetzung, Liquidationsraten und Veräußerungsgewinne

11.8.2.1.4.1 Wertsteigerungen

Wertsteigerungen der Anteile an Kapitalgesellschaften fallen nicht unter § 20 Abs.1 1901 Nr.1 EStG. Sie stellen kein Nutzungsentgelt für die Überlassung von Kapital dar. Außer gegen Wertsteigerungen sind Gewinnanteile aus Anteilen an Kapitalgesellschaften auch gegen die nicht unter § 20 Abs. 1 Nr. 1 EStG fallenden **Gewinne aus der Veräuße-rung** solcher Anteile sowie gegen **Kapitalrückzahlung** abzugrenzen. Seit 2009 werden diese Wertsteigerungen aber von § 20 Abs. 2 EStG erfasst.

11.8.2.1.4.2 Rückzahlung von Einlagen

1902   Nicht zu den Einnahmen i. S. des § 20 Abs. 1 Nr. 1 EStG gehören Bezüge aus Ausschüt-tungen einer unbeschränkt körperschaftsteuerpflichtigen Körperschaft, wenn für diese Ausschüttungen Beträge aus dem steuerlichen Einlagekonto i. S. des § 27 KStG als ver-wendet gelten (§ 20 Abs. 1 Nr. 1 Satz 3 EStG). Hierbei handelt es sich um die **Rückzah-lung von Einlagen,** die an die Körperschaft bewirkt wurden (vgl. auch H 20.2 „Einlagen-rückgewähr" EStH).

11.8.2.1.5 Halbeinkünfteverfahren (VZ 2002 bis 2008)

1903   Das frühere Anrechnungsverfahren für Gewinnausschüttungen von Kapitalgesellschaf-ten wurde mit Wirkung vom VZ 2002 an abgeschafft und durch das Halbeinkünfteverfah-ren ersetzt. Der Körperschaftsteuersatz sank – bereits ab 2001 – auf 25 % (nur für 2003: 26,5 %) und galt unterschiedslos für ausgeschüttete und einbehaltene, den Rück-lagen zugeführte Gewinne.

Die Ausschüttungen waren anschließend beim inländischen Anteilseigner nur noch zur Hälfte zu versteuern, da die andere Hälfte nach § 3 Nr. 40 Buchst. d EStG steuerfrei war.

BEISPIEL

zur Ausschüttung bestimmter Gewinn	100
abzügl. KSt 25 % (§ 23 KStG)	25
= Ausschüttungsbetrag	75
./. 20 % KSt (§§ 43, 43a EStG)	15
= tatsächlicher Auszahlungsbetrag	60
Auswirkungen beim Anteilseigner:	
Als Einnahme nach § 20 Abs. 1 Nr. 1 EStG anzusetzen	
(75 ./. 37,5 nach § 3 Nr. 40d EStG steuerfreier Teil)	37,5
hierauf ESt (angenommener ESt-Satz 42 %)	15,75
abzgl. anzurechnende KESt (§ 36 Abs. 2 Nr. 2 EStG)	15
Nachzahlung an ESt	0,75

Insgesamt ergibt sich in diesem Beispiel eine Steuerbelastung i. H. von 40,75 % (25 % KSt und 15,75 % ESt).

11.8.2.1.6 Teileinkünfteverfahren

1903a   Das oben angesprochene Halbeinkünfteverfahren wurde ab 2009 bei Kapitaleinkünf-ten, die in ein Privatvermögen fließen, abgeschafft und bei Kapitaleinkünften, die nicht zu privaten Einkünften führen (vgl. Wortlaut des § 3 Nr. 40 Satz 2) – also bei betriebli-chen Kapitaleinkünften – zu einem Teileinkünfteverfahren modifiziert. Danach sind jetzt nur noch 40 Prozent des Ertrags gem. § 3 Nr. 40d steuerfrei und 60 Prozent steuerpflichtig.

11.8.2.2 Kapitalrückzahlung infolge Kapitalherabsetzung und Liquidationsraten (§ 20 Abs. 1 Nr. 2 EStG)

Die Rückzahlung von Nennkapital sowie die Zahlung von Liquidationsraten (Zahlungen   1904
bei Auflösung der Gesellschaft) sind Bezüge i. S. des § 20 Abs. 1 Nr. 2 EStG. Voraussetzung dafür ist jedoch, dass es sich bei den Bezügen nicht um Beträge aus dem steuerlichen Einlagekonto i. S. des § 27 KStG handelt. Bei der Rückzahlung von Nennkapital ist die Steuerpflicht nur dann gegeben, wenn das Nennkapital durch Umwandlung von Rücklagen entstanden ist, diese Rücklagen aus dem Gewinn eines abgelaufenen Wirtschaftsjahres herrühren und dieser Gewinn mit Körperschaftsteuer belastet war (vgl. hierzu H 20.2 „Einlagenrückgewähr" EStH).

> **BEISPIEL:** C ist Gesellschafter einer GmbH mit einer Stammeinlage i. H. von 200 000 €. Sein Gesellschaftsvermögen gehört zum Privatvermögen. Er erhält von der Gesellschaft am 20.9.02 den Betrag i. H. von 20 000 € Dividende für das Jahr 01 sowie weitere 50 000 € aufgrund der zugleich mit dem Ausschüttungsbeschluss in der Gesellschaftsversammlung beschlossenen Kapitalherabsetzung.
>
> Als Einnahmen aus Kapitalvermögen i. S. des § 20 Abs. 1 Nr. 1 EStG sind nur 20 000 € zu erfassen. Die 50 000 € stellen die Rückzahlung eines Teils der von C geleisteten Einzahlung auf das Stammkapital dar.

(Einstweilen frei)   1905

Durch Satz 1 von § 20 Abs. 1 Nr. 2 EStG ist klargestellt, dass alles, was der Steuerpflich-   1906
tige bei Auflösung der Gesellschaft über seine Anschaffungskosten hinaus erhält, Ertrag aus der Kapitalanlage ist, und zwar auch insoweit, als mit den Liquidationsraten auch aufgespeicherte Gewinne aus früheren Jahren ausgezahlt werden, ausgenommen (s. o.) der Fall der Rdn. 1904. Wird aber während der Liquidation noch eine werbende Tätigkeit durch das Unternehmen entfaltet, ist die einzelne Liquidationsrate aufzuteilen in steuerfreie Kapitalrückzahlung und steuerpflichtigen laufenden Gewinn, was insbesondere bei einer Liquidation über einen längeren Zeitraum geboten sein kann.

11.8.2.3 Gewinnanteil des stillen Gesellschafters und partiarischen Darlehensgebers (§ 20 Abs. 1 Nr. 4 EStG)

Der Gewinnanteil des stillen Gesellschafters zählt zu den Einnahmen aus Kapitalver-   1907
mögen, wenn es sich um eine **echte (typische) stille Gesellschaft** handelt (zur stillen Gesellschaft und Unterbeteiligung s. Rdn. 1347 ff.). Dasselbe gilt für den Unterbeteiligten, der in der Form des typischen stillen Gesellschafters unterbeteiligt ist. Wegen der Abgrenzung gegen die unechte (atypische) stille Gesellschaft, bei der der stille Gesellschafter Mitunternehmer ist, vgl. Rdn. 1347. Wie bei den Gewinnanteilen der Gesellschafter einer Kapitalgesellschaft und der Genossen einer Erwerbs- und Wirtschaftgenossenschaft, ist auch bei dem Gewinnanteil des an einer echten stillen Gesellschaft beteiligten Gesellschafters zu beachten, dass dieser Gewinnanteil erst in dem Kalenderjahr erfasst werden darf, in dem er zugeflossen ist. Der Zuflusszeitpunkt ergibt sich nach der Regelung im § 11 EStG.

1908 **Deckt der stille Gesellschafter** einen von ihm zu tragenden **Verlustanteil ab,** so verringern sich dementsprechend in dem betreffenden Jahr seine Einkünfte aus Kapitalvermögen. Die Aufwendungen, die er zu diesem Zweck leistet, sind **Werbungskosten,** denn die Zahlung dient der Sicherung, Erhaltung bzw. dem Erwerb zukünftiger Einnahmen. Das gilt **auch** für den Fall und in dem Zeitpunkt, dass **durch den Verlust seine Einlage selbst gemindert** wird (§ 232 Abs. 2 HGB). Dagegen ist der **Verlust seiner Einlage,** den der stille Gesellschafter durch die Insolvenz des Unternehmens erleidet, nicht abzugsfähig, da der Verlust **auf der Vermögensebene** liegt.

Zur Höhe der Gewinnbeteiligung bei einer stillen Beteiligung eines Familienangehörigen siehe Rdn. 1529.

1909 § 20 Abs. 1 Nr. 4 EStG stellt klar, dass die Einkünfte aus einem **partiarischen Darlehen** zu den Einkünften der Nr. 4 wie die der typischen stillen Beteiligten gehören. Das partiarische Darlehen ist ausdrücklich gesetzlich in §§ 607 ff. BGB nicht geregelt, aber nach dem Grundsatz der Vertragsfreiheit zu vereinbaren. Es unterscheidet sich von dem normalen Darlehen dadurch, dass keine feste, sondern eine gewinnabhängige Verzinsung (evtl. neben festen Zinsen) vereinbart wird. Von einer Gesellschaft unterscheidet sich das partiarische Darlehen dadurch, dass es auf Leistungsaustausch (Kapitalüberlassung gegen Entgelt) und nicht auf Leistungsvereinigung (Beiträge) gerichtet ist. Diese beiden Einkunftstypen ähneln sich bürgerlich-rechtlich und wirtschaftlich sehr und werden deshalb einkommensteuerlich in § 20 Abs. 1 Nr. 4 EStG gleichbehandelt.

Wegen der sinngemäßen Anwendung des § 15a EStG auf Anteile des stillen Gesellschafters (§ 20 Abs. 1 Nr. 4 Satz 2 EStG) vgl. die Ausführungen zu Rdn. 1606 ff.

11.8.3   Zinsen aus Geldforderungen (§ 20 Abs. 1 Nr. 5–9 EStG)

1910 § 20 Abs. 1 Nr. 5–9 EStG betrifft Zinsen aus Geldforderungen aller Art einschließlich der Diskontbeträge von Wechseln und Anweisungen. Unerheblich ist, ob die Verzinsung gesetzlich vorgeschrieben ist oder ob sie auf vertraglicher Grundlage beruht. Es kommt des Weiteren nicht darauf an, ob die Zinsen **laufend** gezahlt werden **oder** als **einmalige** Vergütung (z. B. Damnum) dem Gläubiger zufließen. Im Einzelnen ist hier Folgendes anzumerken:

11.8.3.1   Zinsen aus Hypotheken und Grundschulden, Renten aus Rentenschulden (§ 20 Abs. 1 Nr. 5 EStG)

1911 Die **Zinsen aus Hypotheken** (§§ 1113 ff. BGB) und **Grundschulden** (§§ 1191 ff. BGB) unterliegen im Regelfall auch der Besteuerung als Zinsen aus Darlehen i. S. des § 20 Abs. 1 Nr. 7 EStG, die durch die Hypotheken bzw. Grundschulden gesichert werden sollen, so dass die Besteuerung der Hypotheken- und Grundschuldzinsen lediglich Bedeutung hat bei Inanspruchnahme eines Grundstückseigentümers, der nicht persönlicher Schuldner des Darlehens ist. Bei Tilgungshypotheken ist selbstverständlich nur der Zins-, nicht auch der Tilgungsanteil der einzelnen Zahlungen nach § 20 Abs. 1 Nr. 5 EStG zu erfassen. **Renten aus Rentenschulden** (§§ 1199 ff. BGB) unterliegen in voller Höhe der Besteuerung. Die Ablösesumme i. S. des § 1199 Abs. 2 BGB ist dagegen keine Einnahme aus Kapitalvermögen.

11.8.3.2　Zinsen aus Sparanteilen, die in bestimmten Versicherungsbeiträgen enthalten sind (§ 20 Abs. 1 Nr. 6 EStG)

Altfassung

Für Versicherungen, die vor dem 31. 12. 2004 abgeschlossen wurden, gilt die im Folgen-　1912
den beschriebene Art der Besteuerung weiter (vgl. § 52 Abs. 36 Satz 5 EStG).

Für ab dem 1. 1. 2005 abgeschlossenen Verträge vgl. nachfolgende Rdn. 1913 mit der Neufassung.

Lebensversicherungsprämien setzen sich i. d. R. zusammen aus **Kosten-, Spar- und Risikoanteilen.** Der Sparanteil wird zur Schaffung des Deckungskapitals von den Versicherungsgesellschaften angelegt. Die Zinsen aus diesen angelegten Sparanteilen sind steuerpflichtig unter folgenden Voraussetzungen:

a)　Es muss sich um **rechnungsmäßige oder auch außerrechnungsmäßige Zinsen** handeln, nicht auch um solche Überschüsse, die von dem Versicherungsunternehmen aus anderen Gründen erwirtschaftet wurden. Die Höhe der steuerpflichtigen Kapitalerträge ist von dem Versicherer zu ermitteln (R 20.2 Abs. 3 Satz 5 EStR);

b)　es darf sich nicht um förderungswürdige Versicherungen i. S. des § 10 Abs. 1 Nr. 2b EStG handeln.

Förderungswürdige Versicherungen i. S. des § 10 Abs. 1 Nr. 2b EStG sind:

▶　**Risikoversicherungen,** die **nur** für den **Todesfall** eine Leistung vorsehen,

▶　Rentenversicherungen ohne Kapitalwahlrecht,

▶　**Rentenversicherungen mit Kapitalwahlrecht** gegen laufende Beitragsleistung, wenn das Kapitalwahlrecht nicht vor Ablauf von **12 Jahren** seit Vertragsabschluss ausgeübt werden kann,

▶　**Kapitalversicherungen** gegen laufende Beitragsleistungen mit Sparanteil, wenn der Vertrag für die Dauer von mindestens 12 Jahren abgeschlossen worden ist.

Die Art der Zinsen ist nicht maßgeblich.

Nach a) und b) steuerpflichtige Zinsen aus Sparanteilen sind grundsätzlich nur dann steuerbefreit, wenn die Ansprüche aus diesen Versicherungsverträgen zur Finanzierung der selbstgenutzten Wohnung, des Mietwohnungsbaus und betrieblicher Investitionen im Anlagevermögen dienen (vgl. die Ausführungen zu § 10 Abs. 2 Satz 2 EStG [Rdn. 379 ff.] und die zusammenfassende Darstellung der Problematik im BMF-Schreiben v. 15. 6. 2000, BStBl 2000 I 1118).

Neufassung

Verträge über Lebensversicherungen, die ab dem 1. 1. 2005 abgeschlossen werden, sind　1913
im Zuge der Neuordnung der Besteuerung der Alterseinkünfte nach der Neufassung des § 20 Abs. 1 Nr. 6 EStG wie folgt zu behandeln:

Der **Unterschiedsbetrag** zwischen der ausbezahlten **Versicherungsleistung** und der **Summe** der auf sie entrichteten **Beiträge** wird als **Einkünfte aus Kapitalvermögen** erfasst

▶ bei Rentenversicherungen mit Kapitalwahlrecht, bei denen die Kapitalauszahlung gewählt wird,

▶ bei Kapitalversicherungen mit Sparanteilen und

▶ bei entsprechenden fondsgebundenen Lebensversicherungen.

Wird die Versicherungsleistung nach Vollendung des 60. Lebensjahres ausgezahlt und sind seit Vertragsschluss mindestens 12 Jahre vergangen, wird nur die **Hälfte des genannten Unterschiedsbetrags** angesetzt.

Durch § 20 Abs. 1 Nr. 6 Satz 4 EStG wird klargestellt, dass die Erträge aus sog. **fondsgebundenen Lebensversicherungen** unter denselben Voraussetzungen wie bei den auf eine Geldleistung gerichteten Lebensversicherungen steuerlich erfasst werden.

HINWEIS:

Die Besteuerung von Versicherungserträgen i. S. des § 20 Abs. 1 Nr. 6 EStG wird ausführlich dargestellt im BMF-Schreiben v. 1. 10. 2009, BStBl 2009 I 1172.

11.8.3.3   Zinsen aus sonstigen Kapitalforderungen (§ 20 Abs. 1 Nr. 7 EStG)

1914 Zinsen aus sonstigen Kapitalforderungen jeder Art, z. B. **aus Darlehen, Anleihen** und **Guthaben bei Sparkassen,** Banken und anderen Kreditinstituten sind Kapitalerträge i. S. dieser Bestimmung. Hierzu gehören ferner Zinsen aus **Sparkonten,** aber auch **aus privaten Kontokorrentkonten, Zinsen i. S. des § 236 AO** (BFH 18. 2. 1975 VIII R 104/70, BStBl 1975 II 568; 8. 4. 1986 VIII R 260/82, BStBl 1986 II 557), Zinsen für eine Enteignungsentschädigung (BFH 22. 4. 1980 VIII R 120/76, BStBl 1980 II 570), Zinsen auf ein zugunsten des Steuerpflichtigen angelegtes Sperrkonto (BFH 23. 4. 1980 VIII R 156/75, BStBl 1980 II 643), **Verzugszinsen** (BFH 29. 9. 1981 VIII R 39/79, BStBl 1982 II 113), aber auch Zinsen aus **Pfandbriefen, Schuldverschreibungen, Obligationen** und ähnlichen Papieren, die kein Mitgliedschaftsrecht, sondern ein Forderungsrecht verbriefen. Da im Falle der Pfandbriefe, Schuldverschreibungen etc. feste Zinsen geschuldet werden, spricht man auch von festverzinslichen Wertpapieren. Unter § 20 Abs. 1 Nr. 7 EStG gehören auch Zinsen aus **Sparbriefen,** die von Kreditinstituten ausgegeben werden, und zwar sowohl aus normal verzinslichen als auch aus abgezinsten. Beide Arten sind unterschiedlich nur zu behandeln im Hinblick auf den Zuflusszeitpunkt, der bei normal verzinslichen mit dem Jahresabschluss, bei abgezinsten aber erst mit dem Zeitpunkt der Einlösung bzw. **der rechtlichen Möglichkeit** der Einlösung angenommen werden darf (Sperrfrist). Wird ein abgezinster Sparbrief vererbt, so hat der Erbe im Zeitpunkt der Einlösung sämtliche (auch die auf die Besitzzeit des Erblassers entfallenden) Zinsanteile gem. § 20 Abs. 1 Nr. 7 EStG zu versteuern (BFH 9. 3. 1982 VIII R 160/81, BStBl 1983 II 540).

1915 **Bundesschatzbriefe** werden in **2 Typen** herausgegeben. Beim **Typ A** hat der Sparer den Nennwert einzuzahlen. Die Zinsen werden nachträglich jährlich gutgeschrieben; sie sind steuerlich mit der Gutschrift zugeflossen (§ 11 Abs. 1 EStG). Entsprechendes gilt für **Bundesobligationen** und für ähnlich ausgestaltete **Sparschuldverschreibungen** und **Sparbriefe** von inländischen Kreditinstituten. Bei Bundesschatzbriefen **Typ B** werden die jährlichen Zinsen dem Kapitalbetrag zugeschlagen (ergibt Rückzahlungswert); nach einer Sperrfrist von zwölf Monaten kann jederzeit die Rückzahlung des Kapitals zum jeweiligen Rückzahlungswert verlangt werden. Die bei Fälligkeit oder vorzeitiger Rückgabe tatsächlich gezahlten Zinsen sind zu versteuern.

Entsprechendes gilt für vergleichbare Sparschuldverschreibungen sowie für sog. **Kapitalsparbücher** von Banken und **Wachstumszertifikate** mit Zinsansammlungscharakter. Bei bestimmten Sparschuldverschreibungen und Sparbriefen zahlt der Sparer einen unter dem Nennwert liegenden (abgezinsten) Betrag und erhält nach Ablauf der unkündbaren Laufzeit (z. B. von 5 Jahren) den vollen Nennwert, oder der Sparer erhält einen über dem gezahlten Nennwert liegenden (aufgezinsten) Betrag. Der Steigerungsbetrag – das sind die aufgelaufenen Zinsen und Zinseszinsen – ist für die gesamte Laufzeit oder Besitzzeit erst im Jahr der Rückgabe, Einlösung, Veräußerung oder Abtretung der Rechte zugeflossen (vgl. BFH 9. 3. 1982, a. a. O.). Entsprechendes gilt für Nullkupon-Anleihen (vgl. BMF-Schreiben v. 24. 1. 1985, BStBl 1985 I 77). 1916

Der Unterschiedsbetrag zwischen Erwerbs- und Einlösungspreis von **Schatzanweisungen der Deutschen Bundesbank** (sog. Finanzierungs- oder U-Schätze = **unverzinsliche Schatzanweisungen**) fließt mit der Einlösung zu und unterliegt in diesem Zeitpunkt der Besteuerung. Werden **festverzinsliche Wertpapiere** über die Börse zu einem **unter dem Nennwert** liegenden Kurs erworben, bleibt der am Ende der Laufzeit erzielte Tilgungsgewinn unversteuert. Der Unterschiedsbetrag zwischen Nennwert und höherem Erwerbspreis rechnet weder zu den negativen Einkünften noch zu den Werbungskosten. 1917

Zero Coupon Bonds sind ihrer Natur nach festverzinsliche Wertpapiere, bei denen die Zinsen nicht wie gewöhnlich zu bestimmten Terminen in festen Beträgen an den Inhaber geleistet werden, sondern in dem Unterschiedsbetrag zwischen Emissionspreis und Einlösungspreis (Diskont) liegen. Dieser Kapitalertrag fließt dem Inhaber bei der Einlösung am Ende der Laufzeit zu; er ist nach § 20 Abs. 1 Nr. 7 EStG zu versteuern. Veräußert ein Steuerpflichtiger ein Zero Coupon Bond während der Laufzeit, ist der Zinsertrag bei ihm mit dem Betrag der ESt zu unterwerfen, der rechnerisch auf die Zeit entfällt, in der er das Wertpapier innehatte (§ 20 Abs. 2 Nr. 7 EStG). 1918

(Einstweilen frei) 1919–1922

Guthabenzinsen auf ein **Bausparguthaben** fallen grundsätzlich unter § 20 Abs. 1 Nr. 7 EStG; stehen sie aber in einem engen zeitlichen Zusammenhang mit dem Erwerb eines Hauses, so sind sie wegen der Subsidiarität der Einkünfte aus Kapitalvermögen gegenüber denen aus Vermietung und Verpachtung gem. § 20 Abs. 8 EStG Einnahmen gem. § 21 EStG (BFH 9. 11. 1982 VIII R 188/79, BStBl 1983 II 172; 8. 2. 1983 VIII R 163/81, BStBl 1983 II 355; s. auch Rdn. 1771). 1923

Der Begriff der Kapitalerträge ist gegenüber nicht steuerpflichtigen Vermögensmehrungen klar abgegrenzt. Es ist für die Annahme von Kapitalerträgen nicht erforderlich, dass die Rückzahlung des überlassenen Kapitals zugesagt wird. Auch wenn nicht sicher ist, ob und ggf. in welcher Höhe das überlassene Kapital zurückbezahlt wird, liegt ein Kapitalertrag vor, wenn ein bestimmter Zins zugesagt wird. Schließlich sind gem. § 20 Abs. 1 Nr. 7 Satz 2 EStG die Bezeichnung und die zivilrechtliche Ausgestaltung der Kapitalanlage nicht maßgeblich für die Klassifizierung als Ertrag i. S. des § 20 Abs. 1 Nr. 7

EStG; es ist vielmehr entscheidend, ob der Sache nach ein Nutzungsentgelt gezahlt wird für die Kapitalüberlassung (wirtschaftliche Betrachtungsweise).

1924 **Darlehensverträge zwischen Angehörigen** werden nur steuerrechtlich anerkannt, wenn

► eine Vereinbarung über die Laufzeit und über Art und Zeit der Rückzahlung des Darlehens vorliegt,

► die Zinsen zu den Fälligkeitszeitpunkten entrichtet werden,

► eine ausreichende Sicherung des Rückzahlungsanspruchs erfolgt.

Wegen weiterer Einzelheiten siehe BMF-Schreiben v. 1.12.1992, BStBl 1992 I 729 und v. 30.5.2001, BStBl 2001 I 348.

11.8.3.4 Diskontbeträge (§ 20 Abs. 1 Nr. 8 EStG)

1925 Diskontbeträge von Wechseln und Anweisungen einschließlich der Schatzwechsel sind ebenfalls Kapitaleinkünfte i.S. des § 20 EStG. Diskont ist der Betrag, um den der der Wechselnehmer für die Zeit bis zur Fälligkeit des Wechsels den Nominalbetrag des Wechsels kürzt, um den der Schuldbetrag also hinter dem ausgezahlten Betrag zurückbleibt.

11.8.3.5 Sonstige Leistungen von steuerpflichtigen Körperschaften (§ 20 Abs. 1 Nr. 9 EStG)

1926 Jede offene oder verdeckte Weitergabe von Gewinnen der Körperschaft, auch wenn sie nicht durch Ausschüttungen erfolgt, soll steuerlich erfasst werden.

11.8.3.6 Einnahmen aus Betrieben gewerblicher Art und aus wirtschaftlichen Geschäftsbetrieben (§ 20 Abs. 1 Nr. 10 EStG)

1927 Die unter § 20 Abs. 1 Nr. 10 Buchst. a EStG aufgeführten Leistungen betreffen Leistungen der steuerpflichtigen Betriebe gewerblicher Art an ihre nicht steuerpflichtigen Anteilseigner und Trägerkörperschaften.

§ 20 Abs. 1 Nr. 10 Buchst. b EStG betrifft in erster Linie Gewinne von Betrieben gewerblicher Art, die durch Betriebsvermögensvergleich ermittelt wurden, soweit sie nicht den Rücklagen zugeführt wurden, sondern offen oder verdeckt an die Anteilseigner gelangten. Interessant ist die gesetzliche Annahme, dass bei Werbesendungen inländischer Rundfunkanstalten drei Viertel des körperschaftsteuerlichen Einkommens als Gewinn gelten.

11.8.3.7 Stillhalterprämien, die für die Einräumung von Optionen vereinnahmt werden (§ 20 Abs. 1 Nr. 11 EStG)

1927a Bei einem Optionsgeschäft wird ein Recht gekauft oder verkauft. Der Optionsinhaber (Rechteinhaber) kann eine bestimmte Menge eines Basiswertes (z.B. von Aktien) während der Laufzeit des Optionsgeschäfts jederzeit an seinen Vertragspartner (Stillhalter) zu einem im Voraus festgelegten Preis kaufen oder verkaufen oder die Auszahlung der Kursdifferenz verlangen.

BEISPIEL: ► Kaufoption:

Vereinbart ist eine Kaufoption für eine Aktie zum Preis von 50 € bis 31.12. des Jahres. Wenn der Preis in diesem Zeitabschnitt steigt, hat der Optionsinhaber aber das Recht, die Aktie jederzeit zum Preis von 50 € zu kaufen. Sein Kaufpreis ist abgesichert. Fällt der Preis, übt er seine Option nicht aus.

BEISPIEL: Verkaufsoption:

Vereinbart ist eine Verkaufsoption, ein Wertpapier zum Preis von 80 € bis Ende des Jahres zu verkaufen. Fällt der Preis in diesem Zeitabschnitt, hat der Optionsinhaber das Recht, das Wertpapier zum vereinbarten Preis zu verkaufen. Sein Verkaufspreis ist abgesichert. Steigt der Preis, lässt der Optionsinhaber seine Option verfallen und verkauft am freien Markt zu einem höheren Preis.

Für dieses Recht hat der Optionsinhaber dem Vertragspartner bei Abschluss dieses Geschäfts ein Entgelt zu bezahlen, die sog. Options- oder Stillhalterprämie. Vom Stillhalter spricht man deshalb, weil dieser Vertragspartner nur abwarten kann, wie sich der Optionsinhaber entscheidet. Die Prämie ist somit das Entgelt für die vertragliche Bindung und für das Risiko, zu einem für den Stillhalter ungünstigen Preis kaufen oder verkaufen zu müssen.

Die Vereinnahmung dieser Prämien wurde bis Ablauf 2008 unter § 22 Nr. 3 EStG erfasst; ab 1.1.2009 wurde sie unter § 20 Abs. 1 Nr. 11 EStG als Einkunft aus Kapitalvermögen subsumiert.

11.8.4 Veräußerungserträge (§ 20 Abs. 2 EStG)

Die Besteuerung der privaten Veräußerungsgeschäfte war bis 31.12.2008 ausschließlich in § 22 Nr. 2 i.V. m. § 23 EStG geregelt. Nach der ab 1.1.2009 geltenden Rechtslage erfasst § 22 Nr. 2 i.V. m. § 23 EStG nur noch Veräußerungsgeschäfte in Zusammenhang mit Grundstücken und anderen Wirtschaftsgütern; die Gewinne aus der Veräußerung von Kapitalanlagen, deren Erträge unter § 20 Abs. 1 EStG fallen, wurde in § 20 Abs. 2 EStG neu geregelt.   1928

Die Begriffe Veräußerung, Anschaffung etc. werden aber weiterhin identisch verwendet, so dass auf die Ausführungen in Rdn. 2194 ff. verwiesen werden kann.

Vorausgeschickt soll noch werden, dass als Veräußerung i. S. des § 20 Abs. 2 EStG gem. § 20 Abs. 2 Satz 2 EStG auch gilt:

► die Einlösung,

► Rückzahlung,

► Abtretung oder

► die verdeckte Einlage in eine Kapitalgesellschaft.

Die Anschaffung oder Veräußerung einer unmittelbaren oder mittelbaren Beteiligung an einer Personengesellschaft gilt als Anschaffung oder Veräußerung der anteiligen Wirtschaftsgüter (§ 20 Abs. 2 Satz 3 EStG; vgl. auch § 23 Abs. 1 Satz 4 EStG).

11.8.4.1 Gewinn aus der Veräußerung von Anteilen an einer Körperschaft (§ 20 Abs. 2 Nr. 1 EStG)

Die Gewinne aus der Veräußerung von Aktien oder GmbH-Anteilen wurden bisher, wenn die Beteiligung weniger als 1 % betrug, nach § 23 Abs. 1 Satz 1 Nr. 2 EStG nur besteuert, wenn sie innerhalb der einjährigen Behaltefrist veräußert wurden. Dies gilt weiterhin für Aktien und Anteile, die vor dem 1.1.2009 erworben wurden (Bestandsschutz).   1928a

Für nach dem 31. 12. 2008 erworbene Anteile gilt, dass Veräußerungserträge (Kurs- und/oder Währungsgewinne) unabhängig von einer Veräußerungsfrist insgesamt der Besteuerung unterliegen (Abgeltungsteuer; hierzu unten).

Für Beteiligungen ab 1 % gilt nach wie vor, dass sie im Rahmen des § 17 EStG zu erfassen sind, lediglich das Halbeinkünfteverfahren in § 3 Nr. 40 EStG wurde durch das Teileinkünfteverfahren – geregelt im selben Paragrafen – ersetzt, wonach nur noch 40 % des Gewinns steuerbefreit sind.

11.8.4.2 Gewinn aus der Veräußerung von Dividendenscheinen, Zinsscheinen und Zinsforderungen (§ 20 Abs. 2 Nr. 2 EStG)

1928b   Diese Gewinne unterfielen bisher ebenfalls gem. § 23 Abs. 1 Satz 1 Nr. 2 EStG nur der Besteuerung, wenn sie innerhalb der Behaltefrist von 1 Jahr veräußert wurden. Sie unterfallen jetzt als Einkünfte aus Kapitalvermögen ebenfalls der Abgeltungsteuer.

11.8.4.2.1 Bei Wertpapieren, bei denen sich der erwartete Ertrag im Kurswert ausdrückt (z. B. Aktien)

1928c   Einnahmen aus Kapitalvermögen fließen grundsätzlich nur dem Inhaber des Stammrechts oder einem dinglich Nutzungsberechtigten (z. B. Nießbraucher) zu. Dementsprechend sind bei der Veräußerung von Aktien folgende Fälle zu unterscheiden:

11.8.4.2.1.1 Veräußerung der Aktie mit Dividendenschein

1928d   Werden Aktien gleichzeitig mit dem Dividendenschein veräußert, so ist der vereinnahmte Kaufpreis nicht auf das Wertpapier einerseits und den Dividendenschein andererseits schätzungsweise aufzuteilen. Der Veräußerer erzielt bei derartigen Veräußerungsvorgängen Einnahmen aus Kapitalvermögen. Im Regelfall ist der gesamte Veräußerungspreis, der auch den im Kurswert zum Ausdruck gelangten erwarteten Ertrag umfasst, zu besteuern, wenn die veräußerten Wertpapiere zum Privatvermögen des Veräußerers gehört haben. Für den Erwerber ist die gesamte, ihm nach dem Erwerbsvorgang zufließende Dividende Einnahme aus Kapitalvermögen (BFH 22. 5. 1984 VIII R 316/83, BStBl 1984 II 746); das gilt zumindest bis zum Zeitpunkt der Abtrennung durch einen Gewinnverteilungsbeschluss. Der wegen der erwarteten Dividende gezahlte Mehrpreis für die Aktie gehört nicht zu den Werbungskosten.

11.8.4.2.1.2 Veräußerung des Dividendenscheins ohne die Aktien

1928e   Nach § 20 Abs. 2 Nr. 2 EStG ist das zufließende Entgelt für die Veräußerung des Dividendenscheins als Einnahme des Veräußerers aus Kapitalvermögen zu erfassen. Beim Erwerber spielt sich der Vorgang auf der Vermögensebene ab. Er kauft eine Forderung. Wird diese erfüllt, handelt es sich für den Erwerber nicht um einen Ertrag aus Kapitalvermögen, sondern um eine Kapitalrückzahlung, um die Realisierung einer ausstehenden Forderung (BFH 11. 12. 1968, BStBl 1969 II 188; 12. 12. 1969, BStBl 1970 II 212). Der vom Erwerber aufgewendete Kaufpreis für den Dividendenschein rechnet dementsprechend nicht zu den Werbungskosten.

Die Besteuerung der Einnahmen aus der Veräußerung von Dividendenscheinen und sonstigen Ansprüchen erfolgt nicht beim „Anteilseigner", sondern beim „Inhaber des Stammrechts", weil der Veräußerer eines noch nicht entstandenen Dividendenspruchs insoweit nicht Anteilseigner ist. Danach gehören Einnahmen aus der Veräußerung von Zinsscheinen auch dann zu den Einkünften aus Kapitalvermögen, wenn der Veräußerer nicht/nicht mehr Inhaber des Wertpapiers ist. Früher war unklar, wer in den Fällen, in denen sich Anteil und Dividendenschein in verschiedenen Händen befinden, den Tatbestand der Erzielung steuerpflichtiger Kapitalerträge verwirklicht. Absatz 2a stellt klar, dass ein Dividendenanspruch bis zum Zeitpunkt des Gewinnverwendungsbeschlusses unselbständiger Bestandteil des Stammrechts ist; deshalb hat derjenige den Dividendenanspruch als Kapitalertrag zu versteuern, dem im Zeitpunkt des Gewinnverteilungsbeschlusses das Stammrecht steuerlich zuzurechnen ist. Vereinbarungen über die Berechtigung, die Gewinnanteile zu beziehen (§ 101 Nr. 2 2. Hs. BGB), betreffen die Gewinnverwendung und berühren die steuerrechtliche Zurechnung nicht.

BEISPIEL 1: ► Veräußerung eines Dividendenscheins mit oder ohne Aktie nach dem Gewinnverteilungsbeschluss: Veräußerer hat die Dividende als Kapitalertrag gem. § 20 Abs. 1 Nr. 1 EStG zu versteuern; der Erwerber zieht mit der ausbezahlten Dividende nur eine Forderung (Vermögensebene) ein.

BEISPIEL 2: ► Veräußerung eines Dividendenscheins ohne die Aktie vor dem Gewinnverwendungsbeschluss: Der Veräußerer hat als **Inhaber des Stammrechts** den Erlös nach § 20 Abs. 1 Nr. 1 EStG zu versteuern (§ 20 Abs. 2 Satz 1 Nr. 2a EStG); der Erwerber hat die an ihn ausgezahlte Dividende nicht zu versteuern, da er nicht Inhaber des Stammrechts ist.

11.8.4.2.2 Bei festverzinslichen Wertpapieren

11.8.4.2.2.1 Veräußerung des Zinsscheins ohne das Wertpapier

Die Rechtslage entspricht derjenigen, die bei der Veräußerung eines Dividendenscheins   1928f
ohne Veräußerung der Aktie entsteht.

11.8.4.2.2.2 Veräußerung des Wertpapiers mit dem Zinsschein (Stückzinsen)

Der Erwerber hat in diesem Fall dem Veräußerer i. d. R. den Zinsbetrag zu vergüten, der   1928g
auf die Zeit seit dem Beginn des laufenden Zinszahlungszeitraumes bis zum Veräußerungszeitpunkt entfällt. Diese Zinsen heißen **Stückzinsen.** Beträge, die der Veräußerer als Stückzinsen vereinnahmt, sind als Teil des Veräußerungserlöses anzusehen und gem. § 20 Abs. 2 Nr. 7 EStG zu erfassen. Gezahlte Stückzinsen gehören zu den Anschaffungskosten der Wertpapiere und mindern bei einer späteren Veräußerung den als Einkünfte gem. § 20 Abs. 2 Nr. 7 EStG anzusetzenden Veräußerungsgewinn.

11.8.4.2.2.3 Veräußerung des Wertpapiers ohne den Zinsschein

Werden die Wertpapiere veräußert, die Dividendenscheine aber zurückbehalten, so   1928h
sind die dem Veräußerer zufließenden Dividendeneinnahmen Einnahmen aus Kapitalvermögen (BFH 14. 2. 1973 I R 77/71, BStBl 1973 II 452).

11.8.4.3 Gewinn aus Termingeschäften (§ 20 Abs. 2 Nr. 3 EStG)

1928i   Diese Gewinne gelten nicht mehr als private Veräußerungsgeschäfte i. S. § 23 Abs. 1 Satz 1 Nr. 4 EStG (bis 2008), sondern als Einkünfte aus Kapitalvermögen. Dies gilt auch bei einem Gewinn aus einem als Termingeschäft ausgestalteten Finanzinstrument, z. B. einer Kauf- oder Verkaufsoption. Nach § 20 Abs. 2 Nr. 3 EStG wird der Gewinn des **Optionsinhabers** besteuert; vgl. oben die Besteuerung des **Stillhalters** gem. § 20 Abs. 1 Nr. 11 EStG mit zugehörigem Beispiel.

11.8.4.4 Gewinn aus der Veräußerung einer typisch stillen Beteiligung oder eines partiarischen Darlehens (§ 20 Abs. 2 Nr. 4 EStG)

1928j   In dieser Ziffer werden Erträge erfasst, die erzielt werden:

► bei der Veräußerung von stillen Beteiligungen

► als Auseinandersetzungsguthaben bei Beendigung der stillen Beteiligung

► oder bei Abtretung und bei Beendigung der Laufzeit von partiarischen Darlehen.

11.8.4.5 Gewinn aus der Übertragung von Grundpfandrechten (§ 20 Abs. 2 Nr. 5 EStG)

1928k   Gewinne aus der Übertragung von Hypotheken, Grundschulden und Rentenschulden sind seit 1. 1. 2009 ebenfalls als Einkünfte aus Kapitalvermögen zu versteuern.

11.8.4.6 Gewinn aus der Veräußerung von Ansprüchen auf Lebens- oder Rentenversicherungen mit Kapitalwahlrecht (§ 20 Abs. 2 Nr. 6 EStG)

1928l   Werden Ansprüche aus Versicherungsverträgen künftig **abgetreten,** ist ein anfallender Gewinn als Einkünfte aus Kapitalvermögen zu versteuern. Als Gewinn gilt hierbei der Unterschiedsbetrag zwischen der Summe der eingezahlten Beiträge als Anschaffungskosten und dem Veräußerungspreis (§ 20 Abs. 4 Satz 4 EStG).

Zur Besteuerung der Zinsanteile in Lebensversicherungen siehe Rdn. 1912 ff.

Damit der Besteuerungsanspruch auch realisiert werden kann, hat das Versicherungsunternehmen das zuständige Finanzamt gem. § 20 Abs. 2 Nr. 6 Satz 2 EStG unverzüglich in Kenntnis zu setzen und dem Steuerpflichtigen eine Bescheinigung über die Höhe des der entrichteten Beiträge zu erteilen.

11.8.4.7 Gewinn aus der Veräußerung von sonstigen Kapitalforderungen jeder Art (§ 20 Abs. 2 Nr. 7 EStG)

1928m   Diese Ziffer ist ein Auffangtatbestand (entspr. § 20 Abs. 1 Nr. 7 EStG für die aus diesen Forderungen zufließenden Erträge, vgl. zusätzlich Rdn. 1914 ff.). Hierunter fallen z. B.:

► Festgeld, Spar- oder Bausparguthaben, Tagesgeld etc.

Bei diesen Kapitalanlagen fallen zwar laufende Erträge an, aber regelmäßig keine Veräußerungsgewinne. Dies ist lediglich bei Fremdwährungsguthaben möglich und dann auch nach § 20 Abs. 2 Nr. 7 EStG zu versteuern.

► **Festzinsanleihen**

Festzinsanleihen sind Anleihen, die bei der Erstausgabe (Emission) mit einem feststehenden Zins für die gesamte Laufzeit ausgestattet sind. Hierzu gehören z. B. Anleihen von Unternehmen oder Staatsanleihen (Bundesschatzbriefe etc). Wenn sich das Zinsniveau für diese Papiere ändert, ändert sich auch der Kurs dieser Papiere. Wird dann das Papier mit Gewinn verkauft, so ist dieser Gewinn nach § 20 Abs. 2 Nr. 7 EStG zu versteuern.

> **BEISPIEL:** ► Eine Anleihe (festverzinslich mit 8 %) wurde 01 zum Kurs von 100 mit einer Laufzeit von 10 Jahren ausgegeben. Im Jahr 05 sinkt das allgemeine Zinsniveau für derartige Anleihen auf 5 %. Wird die Anleihe dann verkauft, zahlt der Erwerber für diese Anleihe einen Aufschlag (höheren Kurs) von z. B. 108, weil er ja für die restliche Laufzeit mehr Zinsen bekommt als 05 marktüblich. Der Verkäufer hat die Differenz zwischen Anschaffungs- und Verkaufspreis zu versteuern, hier 8 €.

► **Floater/Reverse Floater**

Das sind Finanzprodukte (sog. Finanzinnovationen) mit variablem Zins. Dieser ist oft an einen bestimmten Index gebunden. Der Floater entwickelt sich hierbei entsprechend dem Index; er bildet ihn ab. Steigt der Index, steigt auch der Zins und umgekehrt. Beim Reverse Floater wird der Index von einem festen Zinssatz abgerechnet und bildet dann den maßgeblichen Zinssatz für die Kapitalanlage (z. B. 10 % minus Index).

11.8.5 Besondere Entgelte oder Vorteile (§ 20 Abs. 3 EStG)

Zu den Einkünften aus Kapitalvermögen gehören schließlich auch besondere Entgelte oder Vorteile, die neben den genannten Einkünften i. S. des § 20 Abs. 1 und 2 EStG oder an deren Stelle gewährt werden. Als besondere Entgelte sind **Vermögensmehrungen** zu verstehen, die bei wirtschaftlicher Betrachtung als **Nutzung** des darlehensweise **hingegebenen Kapitals** angesehen werden müssen. 1929

Zu diesen besonderen Entgelten und Vorteilen gehören insbesondere:

Agio

Das ist der über den Ausgabekurs bzw. den Nennbetrag hinaus zurückzuzahlende Mehrbetrag eines Darlehens (vgl. BFH 25. 6. 1974 VIII R 109/69, BStBl 1974 II 735 f.). 1929a

Damnum

Der Betrag, um den der Auszahlungsbetrag gekürzt wird, der aber gleichwohl zurückzuzahlen ist (vielfach als Feineinstellung der Verzinsung gedacht); gewährt ein Steuerpflichtiger ein Darlehen unter **Einbehaltung** eines Damnums, so fließen ihm im Jahr der Hingabe des Darlehens Einnahmen aus Kapitalvermögen in Höhe des Damnums zu. Eine Verteilung auf die Laufzeit kommt i. d. R. nicht in Betracht (BFH 7. 11. 1978 VIII R 183/75, BStBl 1979 II 169). 1929b

Disagio

Der Unterschiedsbetrag zwischen Ausgabebetrag und Rückzahlungsbetrag (Disagio) einer Schuldverschreibung gehört grundsätzlich zu den Einnahmen aus Kapitalvermögen, es sei denn, sie fallen nicht ins Gewicht. Das ist der Fall bei Unterschiedsbeträgen bis 1930 zu 1 % des Nominalwerts für Abschnitte von jeweils 2 Jahren Laufzeit, höchstens 6 % bei einer Schuldverschreibung mit einer Laufzeit von mehr als 10 Jahren. Die Einnahmen fließen erst zu bei Rückgabe der Schuldverschreibung (BFH 13. 10. 1987 VIII R 156/84, BStBl 1988 II 252).

Genussscheine, die unentgeltlich an Gesellschafter gewährt werden.

Kursgarantie und **Ausgleichszahlungen** für die Verminderung des realen Wertes eines Gelddarlehens aufgrund einer Wertsicherungsklausel (BFH 25. 6. 1974, a. a. O.).

Freianteile, Freiaktien

1931 Die steuerliche Behandlung von Freianteilen ist nach wie vor bestritten, wenn auch der Streit an Bedeutung verloren hat. Eine Kapitalgesellschaft kann ihr Kapital heraufsetzen und die dafür erforderlichen Mittel durch **neue Einlagen der Gesellschafter** beschaffen **(effektive Kapitalerhöhung,** Regelfall). Darüber hinaus kann aber auch das für eine Kapitalerhöhung erforderliche Kapital **aus Gesellschaftsmitteln** (z. B. Rücklagen) beschafft werden **(Kapitalerhöhung aus Gesellschaftsmitteln;** nominelle Kapitalerhöhung). Die neu geschaffenen Anteile werden an die Gesellschafter ohne zusätzliches Entgelt ausgegeben.

Während gewichtige Stimmen in der Literatur die Auffassung vertreten, den Gesellschaftern flösse durch die Ausgabe der Freianteile kein Vorteil zu, da nur bisher frei verfügbare Vermögensteile (freie Rücklagen) in haftendes Kapital umgewandelt würden, liegt nach st. Rspr. des RFH und BFH eine **Doppelmaßnahme** bei einer Kapitalerhöhung aus Gesellschaftsmitteln vor: Zunächst eine steuerpflichtige **Ausschüttung an die Gesellschafter** und **sodann** die **Wiedereinzahlung** auf das erhöhte Kapital (BFH 17. 9. 1957 I 165/54 S, BStBl 1957 III 401; 1. 8. 1958, BStBl 1958 III 390; 21. 1. 1966 VI 140/64, BStBl 1966 III 220). Dieser Rechtsauffassung hat sich die FinVerw angeschlossen, vgl. H 20.2 „Freianteile" EStH.

Dieses Problem ist in der Praxis im Wesentlichen ausgestanden durch das steuerliche Kapitalerhöhungsgesetz i. d. F. v. 10. 10. 1967, BGBl 1967 I 977 mit späteren Änderungen.

Nach § 1 KapErhStG gehört der **Wert der neuen Anteilsrechte** bei einer Kapitalerhöhung aus Gesellschaftsmitteln **nicht zu den Einkünften** i. S. des § 2 Abs. 1 EStG, wenn die Kapitalerhöhung durch Umwandlung von Rücklagen in Nennkapital erfolgt (mit Fällen, in denen diese formellen Voraussetzungen nicht erfüllt waren, beschäftigt sich der BFH in seinen Urteilen v. 10. 10. 1973 I R 18/72, BStBl 1974 II 32; 27. 3. 1979 VIII R 147/76, BStBl 1979 II 560). Die Problematik bleibt jedoch auch für die Zukunft erhalten bei Kapitalerhöhungen durch ausländische Kapitalgesellschaften (vgl. im Einzelnen § 7 KapErhStG).

11.8.6　Abgeltungsteuer

11.8.6.1　Bemessungsgrundlage

Seit dem 1.1.2009 gilt für private Einkünfte aus Kapitalvermögen die sog. Abgeltung-　1932
steuer. Sie ist erhebungstechnisch wie eine Kapitalertragsteuer ausgestaltet und wie
diese in § 43 ff. EStG geregelt.

Die steuerliche Bemessungsgrundlage bei **laufenden Erträgen** i. S. des § 20 Abs. 1 Nr. 1
– 11 EStG richtet sich nach der Höhe der zugeflossenen Erträge.

Bei **Veräußerungsgeschäften** i. S. des § 20 Abs. 2 Nr. 1 – 7 EStG ist die Bemessungsgrundlage grundsätzlich der **Überschuss des Veräußerungserlöses über die Anschaffungskosten.**

11.8.6.2　Höhe und Abgeltungswirkung

Die Abgeltungsteuer beträgt gem. § 32d EStG grundsätzlich **25 % des Kapitalertrags.**　1933
Zuzüglich des Solidaritätszuschlags ergibt sich eine Steuerbelastung von 26,375 %. Je
nach Konfessionszugehörigkeit kann außerdem noch Kirchensteuer anfallen.

Mit der Abgeltungsteuer ist, wie der Name schon sagt, die Einkommensteuerschuld
auf die ihr unterliegenden Kapitalerträge abgegolten. Sie sind bei der Einkommensteuer-Veranlagung nicht mehr anzugeben.

Es gibt aber Ausnahmen:

► Nicht sämtliche Kapitalerträge unterliegen dem Steuereinbehalt an der Quelle (Fälle
des § 32d Abs. 2 EStG),

► die betrieblichen Kapitalerträge i. S. des § 43 Abs. 2 EStG sind vom Steuerabzug ausgenommen,

► führt die Anwendung des individuellen Steuersatzes zu einer niedrigeren Einkom-
mensteuerbelastung, kann der Steuerpflichtige die Einbeziehung der Kapitaleinkünfte in seine Einkommensteuer-Veranlagung beantragen. Es wird dann eine
„Günstigerprüfung" durchgeführt und der (niedrigere) persönliche Steuersatz unter
Anrechnung der Steuerabzugsbeträge angewandt (§ 32d Abs. 6 EStG).

HINWEIS:

Zur Abgeltungsteuer vgl. auch die Ausführungen zur Erhebung der Steuer in Rdn. 2512 ff.

11.8.7　Verluste

Grundsätzlich können ab 2009 negative Einkünfte nicht mit positiven Einkünften aus　1934
anderen Einkunftsarten ausgeglichen und auch nicht in den vorangegangenen Veranlagungszeitraum zurückgetragen werden (§ 20 Abs. 6 Satz 2 EStG). Es gibt künftig bei den
Kapitaleinkünften dennoch Möglichkeiten, Verluste zu berücksichtigen.

11.8.7.1   Laufende Verluste aus Kapitalvermögen

1934a   Für alle laufenden Einkünfte aus Kapitalvermögen – positive wie negative – ist bei der depotführenden Bank ein „Topf" zu bilden. Der Abgeltungsteuer unterliegt nur der positive Gesamtertrag. Verluste, die auf Grund fehlender positiver Einkünfte nicht verrechnet werden können, können vorgetragen und in den Folgejahren nach denselben Regeln verrechnet werden. Sollen Verluste mit positiven Ergebnissen anderer Kapitalquellen ausgeglichen werden (z. B. Depots bei mehreren Banken), kann der Steuerpflichtige bei der depotführenden Bank eine Bescheinigung über den nicht ausgeglichenen Verlust verlangen (§ 43a Abs. 3 Satz 4 EStG).

11.8.7.2   Verluste aus Aktiengeschäften

1934b   Für Verluste aus Aktiengeschäften, die nach dem 31. 12. 2008 erworben werden, ist ein weiterer „Topf" zu bilden. Denn für Veräußerungsverluste aus Aktiengeschäften gilt die weitere Einschränkung, dass sie nur mit Gewinnen aus Aktiengeschäften verrechnet werden können.

11.8.8   Werbungskosten

1935   Ab 2009 ist bei den Einkünften aus Kapitalvermögen grundsätzlich kein Abzug der tatsächlichen Werbungskosten mehr möglich, da der Steuerabzug abgeltende Wirkung hat (vgl. § 20 Abs. 9 Satz 1 2. Hs. EStG). Depotgebühren, Vermögensverwaltungsgebühren oder Refinanzierungskosten etc. können somit nicht mehr geltend gemacht werden (anhängig ist dagegen für bestimmte Fälle ein Revisionsverfahren gegen ein Urteil des FG Baden-Württemberg (Az. des BFH VIII R 13/13).

Veräußerungskosten beim Verkauf von Aktien oder Fondsanteilen werden allerdings im Rahmen der Ermittlung des zu besteuernden Veräußerungsgewinns berücksichtigt. Im klassischen Sinne liegen hierbei aber keine Werbungskosten vor.

1936   Der Werbungskostenabzug erfolgt typisierend im Rahmen des **Sparer-Pauschbetrags** (§ 20 Abs. 9 EStG). Er beträgt 801 € für alleinstehende und 1 602 € für verheiratete Steuerpflichtige. Der Ansatz des Sparer-Pauschbetrags kann nicht zu negativen Einkünften aus Kapitalvermögen führen (§ 20 Abs. 9 Satz 4 EStG).

Der gemeinsame Sparer-Pauschbetrag ist bei zusammenveranlagten Steuerpflichtigen aufzuteilen, wenn die Einkünfte jedes Ehegatten gesondert berechnet werden müssen.

Nutzt ein Ehegatte den Sparer-Pauschbetrag nicht voll aus, weil er keine oder nur geringe Einnahmen aus Kapitalvermögen hat, ist der überschießende Teil des nicht ausgenutzten Pauschbetrags beim anderen Ehegatten anzusetzen (§ 20 Abs. 9 Satz 3 EStG).

1937   *(Einstweilen frei)*

11.8.9   Nießbrauch bei den Einkünften aus Kapitalvermögen

1938   Bürgerlich-rechtlich kann gem. § 1068 BGB auch an Rechten wirksam ein dingliches Nießbrauchsrecht eingeräumt werden, so z. B. an verzinslichen Forderungen und an

(Kapital-)Gesellschaftsanteilen (Aktien, GmbH-Anteilen etc.). Auf dieses **Nießbrauchs-recht an einem Recht** finden gem. § 1068 Abs. 2 BGB die Vorschriften über den Nieß-brauch an Sachen entsprechende Anwendung, folglich auch § 1030 Abs. 1 BGB. Danach ist derjenige, zu dessen Gunsten das Nießbrauchsrecht begründet worden ist, berech-tigt, die Nutzungen des Rechts zu ziehen. Der Nießbraucher ist also berechtigt, die Zin-sen aus einer verzinslichen Forderung, die Dividenden aus Aktien, die Gewinnanteile aus einem GmbH-Anteil zu ziehen; ihm stehen diese Nutzungen zu. Kraft der ding-lichen Natur dieses Nutzungsrechtes ist der Nießbraucher Inhaber des Nutzungsrech-tes; ihm fließen also zivilrechtlich die Nutzungen zu.

Das gilt zivilrechtlich sowohl für den Fall des

▶ **Vorbehaltsnießbrauchs:** Der Inhaber der Forderung des Gesellschaftsanteils über-   1939
    trägt das Recht auf einen Dritten, behält sich aber das dingliche Nutzungsrecht, den
    Nießbrauch, vor; als auch für den Fall des

▶ **Zuwendungsnießbrauchs:** Der Inhaber der Forderung des Gesellschaftsanteils über-   1940
    trägt dieses Recht nicht, wendet aber einem Dritten das dingliche Nutzungsrecht,
    den Nießbrauch, an diesen Rechten zu.

Abweichend von diesen zivilrechtlichen Regeln hat nach Ansicht des BFH und der Ver-waltung (entgegen der fast einhelligen Ansicht in der Literatur, sofern ihre Verfasser nicht der Rechtsprechung oder der Verwaltung angehören) aber nicht stets der Nieß-braucher, sondern je nach Art des Nießbrauchs, mal der Nießbraucher, mal der Nieß-brauchsverpflichtete die Einnahmen zu versteuern.

Im Folgenden wird, weil der Rahmen eines ESt-Lehrbuches durch eine Auseinanderset-zung mit allen Problemen und Ansichten gesprengt würde, lediglich auf die BFH- und Verwaltungsauffassung eingegangen (niedergelegt im BMF-Schreiben v. 23.11.1983, BStBl 1983 I 508, Rdn. 55 ff., das für den Bereich des Nießbrauchs bei Kapitalvermögen weiterhin gilt:

1. Beim **Vorbehaltsnießbrauch** (gekoppelt mit einer Schenkung des Rechts) hat der
   Nießbraucher die Einnahmen zu versteuern;

2. Gleiches gilt beim **Vermächtnisnießbrauch,** bei dem der Erbe dem Vermächtnisnehmer aufgrund einer letztwilligen Verfügung gem. §§ 1939 u. 2147 ff. BGB verpflichtet ist, ein Nießbrauchsrecht einzuräumen;

3. ist ein **Zuwendungsnießbrauch unentgeltlich** bestellt worden, hat der **Nießbrauchbesteller** die Einnahmen zu versteuern (BFH 14.12.1976 VIII R 146/73, BStBl 1977 II
   115), denn die Nießbrauchsbestellung wird als Vorausverfügung über zukünftige
   Zins-/Dividenden-/Gewinnansprüche, und damit als einkommensteuerrechtlich ir-
   relevante Einkommensverwendung angesehen;

4. ist der **Nießbrauch** entgeltlich bestellt, hat der **Nießbrauchbesteller** das gezahlte
   Entgelt gem. § 20 Abs. 2 Nr. 2 EStG zu versteuern; er hat quasi einen Ertrag veräußert. Der Nießbraucher hat lediglich eine Forderung gekauft, deren Realisierung
   einkommensteuerrechtlich irrelevant ist (BFH 12.12.1969, BStBl 1970 II 212).

11.8.10 Kontrollfragen

		Rdn.	
1.	Was versteht man unter dem Subsidiaritätsprinzip?	1879, 1955	☐
2.	Welcher grundsätzliche Unterschied besteht zwischen der Besteuerung der Gewinnanteile von Kapital- und Personengesellschaften?	1882	☐
3.	Was sind Kapitalanlagegesellschaften?	1891	☐
4.	Nennen Sie den Unterschied zwischen Ausschüttungs- und Thesaurierungs-fonds.	1653	☐
5.	Wie werden Erträge aus inländischen Investmentfonds besteuert?	1892 ff.	☐
6.	Wie werden Erträge aus ausländischen Investmentfonds besteuert?	1896 ff.	☐
7.	Was versteht man unter verdeckten Gewinnausschüttungen? Nennen Sie Beispiele.	1897 ff.	☐
8.	Wie werden Wertsteigerungen einer Kapitalanlage und wie Kapitalrückzahlungen an die Anteilseigner behandelt?	1901 ff.	☐
9.	Welche steuerlichen Folgen hat es, wenn einem Gesellschafter Einlagen zurückgewährt werden?	1902	☐
10.	Was versteht man unter dem Teileinkünfteverfahren und wie wird es bei Ausschüttungen von Kapitalgesellschaften durchgeführt?	1903a	☐
11.	Wie wird eine Kapitalherabsetzung, wie die Liquidation einer Kapitalgesellschaft behandelt?	1904 ff.	☐
12.	Was versteht man unter einem partiarischen Darlehen und wie wird es steuerlich behandelt?	1909	☐
13.	Welche praktische Bedeutung hat die Steuerbarkeit der Zinsen aus den Grundpfandrechten?	1911	☐
14.	In welchen Fällen wird der Zinsanteil in Lebensversicherungen versteuert?	1913 ff.	☐
15.	Nennen Sie Beispiele für Zinsen aus sonstigen Kapitalforderungen i. S. § 20 Abs. 1 Nr. 7.	1914	☐
16.	Wie unterscheiden sich Bundesschatzbriefe des Typs A und B?	1915	☐
17.	Wie werden Zero-Bonds versteuert?	1918	☐
18.	Was versteht man unter einer Stillhalterprämie und wie wird sie steuerlich behandelt?	1927a	☐
19.	Wie werden Wertsteigerungen von Kapitalanlagen steuerlich behandelt?	1928 ff.	☐
20.	Was sind Dividendenscheine; werden Erträge aus ihrer Veräußerung steuerlich erfasst?	1928b ff.	☐
21.	Was sind Stückzinsen? Wie werden sie steuerlich erfasst?	1928g	☐
22.	Kann die Abtretung eines Versicherungsvertrags steuerliche Folgen auslösen?	1928l	☐
23.	Können auch bei der Veräußerung festverzinslicher Wertpapiere steuerpflichtige Erträge anfallen?	1928m	☐
24.	Wie werden Damnum und Disagio bei den Kapitaleinkünften behandelt?	1929 ff.	☐
25.	Auf welche Arten kann eine Kapitalgesellschaft ihr Kapital erhöhen?	1931	☐

26.	Wie werden Bezugsrechte und wie Freianteile steuerlich behandelt?	1887, 1931	☐
27.	Wie hoch ist die Abgeltungssteuer; in welchen Fällen wird sie angewendet?	1932 ff.	☐
28.	Können Verluste bei der Veräußerung von Kapitalanlagen steuerlich geltend gemacht werden?	1934 ff.	☐
29.	Nennen Sie Beispiele für Werbungskosten bei den Einkünften aus Kapitalvermögen. Können sie steuerlich geltend gemacht werden?	1935 ff.	☐
30.	Bis zu welcher Höhe bleiben Einkünfte aus Kapitalvermögen außer Ansatz?	1936	☐
31.	Zu welchen steuerlichen Folgen führt die Bestellung des Nießbrauchs an einem Wertpapierdepot?	1938 ff.	☐

(Einstweilen frei)   1941–1950

11.9 Einkünfte aus Vermietung und Verpachtung (§ 21 EStG)

LITERATURHINWEIS:

Friebel/Rick/Schoor/Siegle, Fallsammlung Einkommensteuer, 19. Aufl., Kapitel 10.8

11.9.1 Begriff und Zurechnung

Bürgerlich-rechtlich versteht man unter der **Vermietung** einen Vertrag, durch den der 1951
Mieter **gegen Entgelt berechtigt** ist, eine **Sache** für die **vereinbarte Zeit** zu **gebrauchen**
(§ 535 BGB). Mit der **Verpachtung** wird dem Pächter die Befugnis eingeräumt, Gegen-
stände (Sachen oder Rechte) während der Pachtzeit zu gebrauchen **und** aus ihnen
Früchte zu ziehen, soweit sie nach den Regeln einer ordnungsgemäßen Wirtschaft als
Ertrag anzusehen sind (§ 581 BGB).

Der **einkommensteuerliche Begriff** der Vermietung und Verpachtung stimmt mit dem
des privaten Rechts **nicht vollständig überein.** Wie sich aus **§ 21 Abs. 1 Nr. 1 bis 3 EStG**
ergibt, ist die **Vermietung und Verpachtung** i. S. des EStG die **zeitlich begrenzte Überlassung von Grundstücken, grundstücksgleichen** Sachen und **Rechten** (§ 21 Abs. 1 Nr. 1
EStG) sowie von **Sachinbegriffen** (§ 21 Abs. 1 Nr. 2 EStG) und **anderen Rechten** (§ 21
Abs. 1 Nr. 3 EStG). Eine **zeitliche Begrenzung** der Überlassung ist anzunehmen, wenn
die **Zeitdauer genau festgelegt** oder die **Überlassung nicht unkündbar** ist. Durch die Befristung unterscheiden sich Vermietung und Verpachtung von Veräußerungsgeschäften, bei denen Sachen und Rechte zur **dauernden** Inhaberschaft auf andere übergehen.
Zur Einkunftserzielungsabsicht bei Einkünften aus § 21 EStG s. Rdn. 1465.

Es **kommt grundsätzlich nicht darauf** an, ob die Überlassungsverträge **lediglich schuldrechtlich oder auch dinglichen Charakter** haben. So sind z. B. die Erträge, die der Eigentümer aus der **Bestellung eines Erbbaurechts,** also eines dinglichen Rechts, erzielt, die
Erbbauzinsen, den Einkünften aus Vermietung und Verpachtung zuzurechnen. Das

Gleiche gilt, wenn der **Eigentümer** einem anderen ein **Nießbrauchsrecht** am Gebäude bestellt hat und dafür (was allerdings nicht sehr häufig ist) ein **Entgelt** erhält. In diesem Fall bezieht nur der Eigentümer Einkünfte aus Vermietung und Verpachtung, und zwar in Form des Entgelts für das Nießbrauchsrecht (BFH 27. 6. 1978 VIII R 54/74, BStBl 1979 II 332; s. Rdn. 2091 ff.). Auch bei der entgeltlichen Bestellung eines dinglichen Wohnrechts i. S. des § 1093 BGB oder Dauerwohnrechts i. S. der §§ 31 ff. EStG. WEG erzielt der Eigentümer durch das von dem dinglichen Wohnrechtsinhaber bzw. Dauerwohnberechtigten gezahlte Entgelt Einkünfte aus Vermietung und Verpachtung. Die Erfassung beim Nießbraucher/dinglichen Wohnberechtigten müsste allerdings erfolgen, wenn der Wohnberechtigte oder der Nießbraucher als wirtschaftlicher Eigentümer anzusehen ist. In diesen Fällen bezieht nur der wirtschaftliche Eigentümer Einkünfte aus Vermietung und Verpachtung.

Zur Anerkennung von **Mietverträgen zwischen Angehörigen** s. Rdn. 1534.

1952   Die Einkünfte aus Vermietung und Verpachtung sind grundsätzlich demjenigen **zuzurechnen, der dem Benutzenden die Sache oder das Recht zum Gebrauch überlassen hat.** Das wird **i. d. R. der Eigentümer** der Sache (auch der wirtschaftliche Eigentümer) oder der Inhaber des Rechtes sein. Es ist aber **auch denkbar,** dass z. B. durch die Vermietung von Wohnungen **Nießbrauchsberechtigte, Wohnberechtigte** (dingliche Wohnrechtsinhaber, BFH 26. 3. 1974 VIII R 120/69, BStBl 1974 II 424, oder Dauerwohnrechtsinhaber) oder **Mieter** (auch Untervermieter) Einkünfte aus Vermietung und Verpachtung beziehen. Sind mehrere Personen Miteigentümer eines Grundstücks, sind die Einkünfte grundsätzlich nach dem Verhältnis der Miteigentumsanteile auf die Miteigentümer zu verteilen (BFH 5. 2. 1965, BStBl 1965 III 256).

11.9.1.1   Bauherren-(Vermieter-)Gemeinschaften – Besonderheiten

1953   Im Falle des Zusammenschlusses der künftigen Eigentümer von zu errichtenden Bauvorhaben (i. d. R. Eigentumswohnungen) zu einer sog. **Bauherrengemeinschaft** ist zwar **nicht zwingend** für alle an dem Objekt beteiligten Bauherren, eine einheitliche und gesonderte Feststellung der Einkünfte aus Vermietung und Verpachtung durchzuführen (BFH 22. 4. 1980 VIII R 149/75, BStBl 1980 II 441), wohl aber **„kann"** eine gesonderte Feststellung gem. § 180 Abs. 2 AO erfolgen, denn bei einer Bauherrengemeinschaft sind die einzelnen Eigentumswohnungen mehreren Personen getrennt zuzurechnen, die bezüglich des Gesamtobjekts bei der Planung, Herstellung, Erhaltung oder dem Erwerb gleichartige Rechtsbeziehungen zu Dritten hergestellt oder unterhalten haben (§ 1 Abs. 1 Nr. 2 der VO zu § 180 Abs. 2 AO v. 19. 12. 1986, BStBl 1987 I 2). Das gilt für die Bauphase, aber auch für die Zeit nach Fertigstellung des Gesamtobjekts.

11.9.1.2   Geschlossene Immobilienfonds

1954   Im **Gegensatz zu den offenen Immobilienfonds** (s. o. Rdn. 1895), die eine spezielle Form der Investment-Gesellschaft (Kapitalanlagegesellschaft) sind, unterliegen die geschlossenen Immobilienfonds nicht dem InvStG. Sie sind **regelmäßig in der Form einer GbR, OHG oder KG oder auch in Form einer Bruchteilsgemeinschaft** nach §§ 741 ff. BGB organisiert. Die häufigste Form ist die der KG. Die Zertifikatsinhaber sind Kommanditisten. Geschlossene Immobilienfonds sind i. d. R. so gestaltet, dass die Anleger (= Zertifikatsinhaber = i. d. R. Kommanditisten) Einkünfte aus Vermietung und Verpachtung haben. Beschränkt sich die Tätigkeit des geschlossenen Immobilienfonds nicht auf die reine Vermögensverwaltung, insbesondere also auf die Vermietung und Verpachtung des Grundbesitzes, so werden vom Fonds gewerbliche Einkünfte erzielt, die auf die Mitunternehmer gem. §§ 179 u. 180 AO zu verteilen sind.

Die **Anzahl der Anleger** ist **nicht beliebig erweiterbar** (im Gegensatz zum offenen Fonds). Das Fondsvermögen ist beim geschlossenen Fonds durch die Zahl der bei Gründung des Fonds vorhandenen Objekte begrenzt, während beim offenen Fonds (i. d. R.) laufend Objekte erworben und veräußert werden.

Schließlich werden die einkommensteuerpflichtigen **Einkünfte** der Zertifikatsinhaber beim geschlossenen Fonds gem. §§ 179, 180 AO **einheitlich und gesondert festgestellt.** Weitere Einzelheiten s. BMF-Schreiben v. 31. 8. 1990, BStBl 1990 I 366, Tz 5 ff.

11.9.2   Abgrenzung gegenüber anderen Einkunftsarten

Die im § 21 EStG genannten Einkünfte sind nach Abs. 3 dieser Bestimmung nicht den   1955 Einkünften aus Vermietung und Verpachtung, sondern einer anderen Einkunftsart zuzurechnen, wenn sie zu dieser gehören. Die Vorschrift des § 21 Abs. 3 EStG bedeutet, dass in den Fällen, in denen bei einer Vermietung und Verpachtung sowohl die Voraussetzungen des § 21 Abs. 1 oder Abs. 2 EStG als auch die einer anderen Einkunftsart gegeben sind, grundsätzlich die andere Einkunftsart vorgeht **(Subsidiaritätsklausel).** Dies gilt aber nicht im Verhältnis zu den Einkünften aus Kapitalvermögen (§ 20 Abs. 3 EStG) und zu den sonstigen Einkünften. Die Vorschrift des § 20 Abs. 3 EStG räumt die Vorrangigkeit auch der Einkünfte i. S. des § 21 EStG und die Bestimmung des § 22 EStG die Vorrangigkeit aller anderen Einkunftsarten ausdrücklich ein.

11.9.2.1   Vermietung und Verpachtung im Rahmen eines bereits bestehenden Betriebes

Hat der Steuerpflichtige einen **gewerblichen Betrieb** und vermietet oder verpachtet er   1956 **im Rahmen dieses Betriebes** einzelne zum Betriebsvermögen gehörende Gegenstände, erzielt er durch die Vermietung grundsätzlich **Einkünfte aus Gewerbebetrieb.** Entsprechendes gilt grundsätzlich auch bei Einkünften aus selbständiger Arbeit.

BEISPIEL: Unternehmer A vermietet ein zu seinem Betriebsvermögen gehörendes Grundstück an X. A erzielt aus der Vermietung des zum Betriebsvermögen gehörenden Grundstücks Einkünfte aus § 15 Abs. 1 Nr. 1 EStG und nicht aus § 21 EStG, da die Einkünfte aus § 21 EStG subsidiär sind gegenüber denen aus § 15 EStG.

11.9.2.2   Vermietung und Verpachtung als selbständiger Gewerbebetrieb

Bei der **Verpachtung eines Gewerbebetriebes** können Einkünfte aus Vermietung und   1957 Verpachtung oder Einkünfte aus Gewerbebetrieb vorliegen. Letzteres ist anzunehmen, wenn der Steuerpflichtige seinen bis zur Verpachtung von ihm selbst geführten Betrieb noch nicht aufgegeben hat und deshalb die Gegenstände des Betriebes noch zum Betriebsvermögen gehören. Hat der Verpächter die einzelnen Wirtschaftsgüter des Betriebes in sein Privatvermögen überführt, bezieht er aus der Verpachtung Einkünfte i. S. des

§ 21 Abs. 1 EStG. Solange der Steuerpflichtige eine **eindeutige Erklärung** darüber, ob er den Betrieb aufgeben wolle, **nicht abgibt,** gilt der **Betrieb** als **fortbestehend,** so dass die Pachtzinsen zu den Einkünften aus Gewerbebetrieb gehören (BFH 12. 3. 1964, BStBl 1964 III 406; R 16 Abs. 5; vgl. auch die Ausführungen zu Rdn. 1457).

Diese Grundsätze sind entsprechend anzuwenden, wenn ein land- und forstwirtschaftlicher Betrieb oder ein Betrieb i. S. des § 18 EStG verpachtet worden ist.

Hat der Steuerpflichtige Vermögensteile, die in ihrer Gesamtheit die Begriffsmerkmale des Gewerbebetriebs nicht erfüllen (z. B. umfangreicher Grundbesitz), vermietet oder verpachtet, ist die Verpachtung i. d. R. als Vermögensnutzung und nicht als Gewerbebetrieb anzusehen. Es liegen insoweit Einkünfte aus Vermietung und Verpachtung vor, falls die Voraussetzungen des § 21 Abs. 1 EStG gegeben sind. Wegen der Ausnahmefälle, in denen in der Vermietung und Verpachtung von Grundbesitz ein Gewerbebetrieb zu erblicken ist, vgl. die Ausführungen zu § 15 EStG (Vermögensverwaltung, Rdn. 1452 ff.). Zur Frage, ob die Vermietung von Ferienwohnungen zu gewerblichen Einkünften führt s. BFH 25. 6. 1976 III R 167/73, BStBl 1976 II 728; H 15.7 Abs. 2 „Ferienwohnung" EStH.

11.9.2.3   Sonstige Abgrenzungsfälle

1958   Häufig **überlässt** ein **Arbeitgeber** seinem **Arbeitnehmer eine Wohnung** ohne Mietzahlung oder mietverbilligt. In diesem Falle findet die Konkurrenzvorschrift des **§ 21 Abs. 3 EStG keine Anwendung,** da Einkünfte des Arbeitnehmers gem. § 21 Abs. 2 EStG gar nicht vorliegen, denn die Wohnung wird dem Arbeitnehmer nicht ganz oder teilweise unentgeltlich zur Verfügung gestellt. Die **Überlassung ist ein zusätzliches Entgelt** für die vom Arbeitnehmer **geleisteten Dienste,** so dass der Mietwert zu den **Einkünften** des Arbeitnehmers **aus nichtselbständiger Arbeit** zu rechnen ist (§ 8 EStG).

Ebenso ist in den Fällen, in denen der Hypothekenschuldner zur Abgeltung der Zinsen eine Wohnung „unentgeltlich" dem Gläubiger zur Verfügung stellt, die Bestimmung des § 21 Abs. 2 EStG nicht anwendbar, da in der Überlassung der Wohnung der Zufluss von Einnahmen i. S. des § 20 Abs. 1 Nr. 7 EStG, nämlich von Zinsen, zu erblicken ist. Darin liegt kein Widerspruch zu der Vorschrift des § 20 Abs. 8 EStG, die besagt, dass die Einkünfte aus Vermietung und Verpachtung Vorrang vor denen aus Kapitalvermögen haben, weil wegen des Fehlens der Unentgeltlichkeit begrifflich die Voraussetzungen des § 21 Abs. 2 EStG nicht erfüllt sind.

1959   Entsprechendes gilt für die **mietfreie oder verbilligte Überlassung einer Wohnung** durch eine **Kapitalgesellschaft** an einen ihrer Gesellschafter, die als **verdeckte Gewinnausschüttung** zu den Einkünften i. S. des § 20 Abs. 1 Nr. 1 EStG gehört.

11.9.3   Die einzelnen Fälle der Vermietung und Verpachtung

11.9.3.1   Vermietung und Verpachtung von unbeweglichem Vermögen

1960   Steuerpflichtige Einkommen aus Vermietung und Verpachtung i. S. des § 21 EStG liegen nur vor, wenn es sich um die **zeitlich begrenzte Überlassung** von solchen **Gegenstän-**

den handelt, die **im § 21 Abs. 1 Nr. 1–3 EStG genannt** sind. Werden **andere Gegenstände** vermietet oder verpachtet, können Einkünfte gem. **§ 22 Nr. 3 EStG** in Betracht kommen.

Der wichtigste im § 21 EStG geregelte Fall ist der der Vermietung und Verpachtung **von unbeweglichem Vermögen** (§ 21 Abs. 1 Nr. 1 EStG). Dazu gehören insbesondere **unbebaute oder bebaute Grundstücke, Gebäude, Gebäudeteile, Schiffe,** die in ein Schiffsregister eingetragen sind, und **Rechte,** die den **Vorschriften des bürgerlichen Rechts über Grundstücke unterliegen.**

11.9.3.1.1 Vermietung und Verpachtung von unbebauten Grundstücken (Substanzausbeuteverträge)

Die zeitlich begrenzte entgeltliche Überlassung von unbebauten Grundstücken an andere führt zu Einkünften gem. § 21 Abs. 1 Nr. 1 EStG, wenn der Grund und Boden z. B. zu **Lagerzwecken vermietet oder verpachtet** ist. Insbesondere sind als Beispiele für die Vermietung und Verpachtung unbebauter Grundstücke auch die **Substanzausbeuteverträge** zu nennen. Darunter sind Vereinbarungen zu verstehen, die den Benutzenden **gegen Zahlung eines Entgelts berechtigen, Bodenschätze** (Erdöl, Kohle, Mineralien, Sand, Steine, Kies usw.) **abzubauen und sich anzueignen.** Bei diesen Verträgen kann es zweifelhaft sein, ob überhaupt zu versteuernde Einkünfte gegeben sind und welche Einkunftsart bejahendenfalls vorliegt. Im Wesentlichen sind folgende Fälle zu unterscheiden: 1961

a) Der Eigentümer des Grund und Bodens gestattet anderen Personen gegen Entgelt, aus dem Grundstück **Bodenschätze zu entnehmen.** Es liegt grundsätzlich ein Pachtvertrag vor. Gehört der Grund und Boden zum **Privatvermögen** oder zu einem landwirtschaftlichen Betrieb, sind Einkünfte aus Vermietung und Verpachtung i. S. des § 21 Abs. 1 Nr. 1 EStG gegeben (BFH [st. Rspr.], zuletzt 21. 7. 1993 IX R 9/89, BStBl 1994 II 231); dabei kommt es nicht darauf an, ob das Abbaurecht dinglich oder schuldrechtlich begründet ist. Bei einem **Land- oder Forstwirt** gehören die Einnahmen aus der Veräußerung von Bodenbestandteilen **nicht** zu den Einkünften i. S. des **§ 13 EStG,** da diese Einnahmen nicht unter die Tatbestandsmerkmale dieser Vorschrift (Gewinnung von Pflanzen und Pflanzenteilen mit Hilfe der Naturkräfte bzw. Tierzucht) zu subsumieren sind (wegen der Ausnahme: Nebenbetrieb s. u. Rdn. 1739). 1962

Ein **Gewerbebetrieb** kann **nicht angenommen** werden, da die Nutzung des Grund und Bodens auf diese Weise **nur** eine **Vermögensverwaltung** darstellt. Dabei spielt es für die steuerliche Beurteilung keine Rolle, ob der Pachtzins sich nach der verkauften Menge oder nach anderen Maßstäben (z. B. nach der Zeitdauer der Nutzungsüberlassung) richtet oder ob er in einem Betrag oder laufend bezahlt wird (BFH 10. 7. 1963, BStBl 1964 III 116).

b) Wenn im vorgenannten Fall der **Grund und Boden Betriebsvermögen eines Gewerbebetriebes** des Verpächters ist, handelt es sich um **Einkünfte gem. § 15.** Dasselbe ist anzunehmen, wenn der Eigentümer, ohne dass der Grund und Boden Betriebsvermögen eines bereits bestehenden anderen Gewerbebetriebs ist, die Bodenschätze selbst abbaut und sodann an interessierte Personen verkauft. Unter dieser Vo- 1963

raussetzung ist in dem Vorgehen des Eigentümers ein typisches gewerbliches Tätigwerden i. S. des § 15 Abs. 2 EStG zu erblicken, das über die reine Vermögensverwaltung hinausgeht.

1964 c) Die Pachtzinsen für die Überlassung des Ausbeuterechts an einem Grundstück, das
zu einem **landwirtschaftlichen Betrieb** gehört, sind nur dann zu den Einkünften aus
Land- und Forstwirtschaft zu rechnen, wenn sie in einem **landwirtschaftlichen**

1965 **Nebenbetrieb** anfallen. Ein Nebenbetrieb liegt vor, wenn die Sand- oder Kiesgrube
dem land- oder forstwirtschaftlichen Hauptbetrieb zu dienen bestimmt ist (§ 13
Abs. 2 Nr. 1 EStG).

1966 d) Es ist auch denkbar, dass der Eigentümer den Grund und Boden nicht verpachtet,
sondern ihn oder die in ihm befindlichen Bodenschätze an einen Dritten veräußert.
Ein **Verkauf** wird **nur anzunehmen** sein, wenn außer der abzubauenden Substanz
auch der Grund und Boden übereignet wird oder wenn es sich um eine **einmalige
Lieferung einer bestimmten und fest abgegrenzten Menge** handelt (BFH
12. 12. 1969, BStBl 1970 II 210). Im Falle des Verkaufs liegen keine steuerpflichtigen
Einkünfte vor, es sei denn, dass die Voraussetzungen eines Spekulationsgeschäfts
(§ 23 EStG) gegeben sind oder dass die Bodenschätze zum Betriebsvermögen eines
Gewerbebetriebs gehören. Einkünfte aus Land- und Forstwirtschaft können beim
Verkauf der Bodenbestandteile nicht in Betracht kommen, da die Veräußerung der
Bodenschätze bei Land- und Forstwirten, abgesehen von dem Falle, dass ein land-
oder forstwirtschaftlicher Nebenbetrieb besteht, weder eine Veräußerung eines
Grundstücks noch die Gewinnung von Pflanzen und Pflanzenteilen mit Hilfe der Na-
turkräfte bzw. Tierzucht darstellt.

1967 Die **Abgrenzung** zwischen **steuerfreien Erlösen** und Substanzausbeuteverträgen im Falle der isolierten Veräußerung von Bodenbestandteilen eines zum Privatvermögen oder
zum land- und forstwirtschaftlichen Vermögen gehörenden Grundstücks **oder** der isolierten **Veräußerung eines nicht zum Betriebsvermögen gehörenden Grundstücks** zu
den steuerpflichtigen Einkünften aus der Verpachtung eines Grundstücks zum Zwecke
der Substanzausbeute ist in der Praxis **außerordentlich schwierig**. Selbstverständlich
kommt es dabei nicht auf die Vertragsbezeichnung, sondern auf den Gehalt der vertraglichen Abmachungen an. Trotz Bezeichnung eines Vertrages als Kaufvertrag eines
(land- und forstwirtschaftlichen) Grundstücks hat der BFH (5. 10. 1973 VIII R 78/70,
BStBl 1974 II 130) einen Pachtvertrag angenommen im folgenden Fall: Jemand „kaufte"
für 368 000 DM ein Grundstück, um es zu entkiesen. Nach Ablauf der Entkiesung hatte
der Verkäufer einen Anspruch auf Rückkauf des Grundstücks für 6 000 DM. Die Käufer
verpflichteten sich, den für die Zeit der Entkiesung gelagerten Mutterboden wieder auf-
zutragen. Wegen dieser für einen Kaufvertrag atypischen Leistungen des Erwerbers
wurde der Vertrag steuerlich nicht als Kauf-, sondern als Pachtvertrag gewertet. Die
Grundstücksübertragung sollte nicht endgültig, sondern nur für eine bestimmte Zeit
erfolgen (vgl. dazu ferner BFH 12. 12. 1969, BStBl 1970 II 210; 30. 10. 1967, BStBl 1968 II
30).

In logischer Konsequenz dieser aufgezeigten Grundsätze wertet der BFH (14. 10. 1982
IV R 19/79, BStBl 1983 II 203) einen Vertrag, durch den die Aussohlung eines Salzstocks

auf einem zum land- und forstwirtschaftlichen Vermögen gehörenden Grundstück gestattet wird und die so entstandenen Hohlräume zur Lagerung von Erdöl „vermietet" werden, einheitlich als Vermietungs-/Verpachtungsvertrag und die daraus stammenden Nutzungszinsen als Einnahmen i. S. des § 21 Abs. 1 EStG.

11.9.3.1.2　Vermietung und Verpachtung von Gebäuden und Gebäudeteilen

Der **häufigste Fall** von Vermietung und Verpachtung i. S. des § 21 Abs. 1 EStG ist die　1968 **Überlassung von Wohnungen.** Auch die **Untervermietung** von Teilen einer gemieteten Wohnung führt zu Einkünften des Untervermieters aus Vermietung und Verpachtung, da es nicht darauf ankommt, dass der Vermieter Eigentümer des Gebäudes ist. Werden die **Räume möbliert untervermietet,** liegen Einkünfte nach **§ 21 Abs. 1 Nr. 1 i. V. mit Nr. 2 EStG** vor; die Möbeleinrichtung ist ein Sachinbegriff i. S. des § 21 Abs. 1 Nr. 2 EStG.

Oft verpflichten sich die Untervermieter noch zu zusätzlichen Leistungen, z. B. Lieferung des Frühstücks und Reinigung des Raumes. Da diese Leistungen gegenüber der Vermietung des möblierten Zimmers von untergeordneter Bedeutung sind, ist eine einheitliche Behandlung geboten und die gesamte Vergütung des Untermieters zu den Einkünften aus Vermietung und Verpachtung zu rechnen (R 15.7 Abs. 3 Satz 2).

11.9.3.1.3　Vermietung und Verpachtung von Schiffen

Für **Schiffe, die in das Schiffsregister eingetragen** sind, gelten bürgerlich-rechtlich ähn-　1969 liche Vorschriften wie für unbewegliche Sachen. Deshalb gehört die Vermietung von solchen Schiffen zu den Einkünften i. S. des § 21 Abs. 1 Nr. 1 EStG.

In das bei den Amtsgerichten geführte Schiffsregister werden See- und Binnenschiffe von einer bestimmten Größe an eingetragen. Werden kleinere Schiffe, z. B. Segelschiffe, die nicht ins Schiffsregister aufgenommen sind, vermietet, liegen keine Einkünfte gem. § 21 Abs. 1 Nr. 1 EStG, sondern Einkünfte gem. § 22 Nr. 3 vor EStG.

Die Vermietung eines Schiffes kann aber auch zu Einkünften aus Gewerbebetrieb führen, wenn das Schiff zum Betriebsvermögen eines bereits bestehenden Gewerbebetriebs gehört und im Rahmen dieses Betriebs einer anderen Person zum Gebrauch überlassen wird.

11.9.3.1.4　Vermietung und Verpachtung von grundstücksgleichen Rechten

Zu den grundstücksgleichen Rechten gehören z. B. das **Erbbaurecht,** Mineralgewin-　1970 nungsrecht, Fischereirecht und Apothekenrealrecht. Die Gegenleistung für die Einräumung solcher Rechte ist Einnahme i. S. des § 21 Abs. 1 Nr. 1 EStG.

Der Wortlaut des § 21 Abs. 1 Nr. 1 EStG ist nicht eindeutig und lässt sowohl die Auslegung: „Einkünfte aus Vermietung und Verpachtung von... Rechten" als auch „Einkünfte aus... Rechten" zu. Bei der ersteren Auslegungsmöglichkeit würde der Besteller eines Erbbaurechts, der Eigentümer, mit den von ihm erzielten Erbbauzinsen nicht erfasst. Mit dem BFH (4. 7. 1969 VI R 259/63, BStBl 1969 II 724) und der herrschende Lehre ist der zweiten Auslegungsmöglichkeit zuzustimmen, die den Erbbauzins als Entgelt für die Einräumung eines zeitlich begrenzten dinglichen Nutzungsrechts am Grund

und Boden beim Grundeigentümer als Einnahme aus Vermietung und Verpachtung erfasst.

> **BEISPIEL:** A ist Eigentümer eines baureifen Grundstücks. Er räumt B ein Erbbaurecht gegen ein jährliches Entgelt von 5 000 € ein. B errichtet auf dem Grundstück ein Zweifamilienhaus, von dem er ein Geschoss selbst bewohnt, während er das andere vermietet hat.
>
> A fließen mit der jährlichen Vergütung i. H. von 5 000 € Einnahmen gem. § 21 Abs. 1 Nr. 1 EStG zu. Ebenso erzielt B Einkünfte aus Vermietung und Verpachtung, und zwar durch die Vermietung der zweiten Wohnung nach § 21 Abs. 1 Nr. 1 EStG.

Wegen der sinngemäßen Anwendung des § 15a EStG auf Einkünfte aus Vermietung und Verpachtung (§ 21 Abs. 1 EStG) vgl. die Ausführungen zu Rdn. 1411 ff.

11.9.3.2 Vermietung und Verpachtung von Sachinbegriffen

1971 Bei der Vermietung und Verpachtung von Sachinbegriffen liegen Einkünfte gem. § 21 Abs. 1 Nr. 2 EStG vor. Der **Sachinbegriff** ist eine **Mehrheit von beweglichen Sachen, die durch einen gemeinsamen wirtschaftlichen Zweck zu einer Einheit verbunden** sind. Demnach ist eine Sache allein – auch wenn sie, wie z. B. beim Kraftwagen, aus mehreren Teilen besteht – kein Sachinbegriff. Zwei Sachen können jedoch schon einen Sachinbegriff darstellen.

> **BEISPIELE** für Sachinbegriffe sind: landwirtschaftliches Inventar; **das gesamte bewegliche Betriebsvermögen eines Gewerbebetriebs; Einrichtung einer freiberuflichen Praxis;** Bibliothek; Büro- und Wohnungseinrichtung.
>
> Wird eine einzelne bewegliche Sache (z. B. ein Segelschiff), die nicht zu einem Betriebsvermögen gehört, vermietet, erzielt der Vermieter Einkünfte, die nach § 22 Nr. 3 EStG zu versteuern sind.

11.9.3.3 Zeitlich begrenzte Überlassung von Rechten

1972 Die Vorschrift des § 21 EStG bestimmt, dass der Steuerpflichtige bei der **zeitlich begrenzten Überlassung von Rechten** auch Einkünfte aus Vermietung und Verpachtung bezieht. Diese Bestimmung ist anzuwenden, **soweit nicht schon eine Versteuerung nach § 21 Abs. 1 Nr. 1 EStG anzunehmen ist.** Werden Rechte für eine unbegrenzte Zeit und unkündbar überlassen, liegt darin eine Übertragung der Rechte (Abtretung), aus der keine Einkünfte aus Vermietung und Verpachtung erzielt werden. **Zeitlich begrenzte Überlassung** liegt auch dann vor, **wenn** bei Vertragsabschluss **ungewiss ist, ob und wann die Nutzungsüberlassung endet** (BFH 7. 12. 1977 I R 54/75, BStBl 1978 II 355).

1973 Zu den wichtigsten Rechten i. S. des § 21 Abs. 1 Nr. 3 EStG gehören insbesondere die künstlerischen, schriftstellerischen und gewerblichen **Urheberrechte** (z. B. Patente) sowie **gewerbliche Erfahrungen** (z. B. Herstellungsverfahren). Bei der zeitlich begrenzten Überlassung solcher Rechte liegen **meistens Einkünfte aus selbständiger Arbeit oder aus Gewerbebetrieb** vor. Künstler, Schriftsteller und freie Erfinder haben aus ihrer Tätigkeit i. d. R. Einkünfte gem. § 18 Abs. 1 Nr. 1 EStG (vgl. BFH 28. 2. 1973 I R 145/70, BStBl 1973 II 660: GEMA-Einnahmen eines Textdichters).

Einkünfte aus Vermietung und Verpachtung können jedoch bei der zeitlich begrenzten Überlassung von Urheberrechten angenommen werden, wenn es sich um eine **Zufallserfindung** handelt (RFH 7. 7. 1927, RStBl S. 200). Auch die Nutzungsüberlassung entgeltlich erworbener Rechte i. S. des § 21 Abs. 1 Nr. 3 EStG führt zu Einkünften i. S. des § 21 EStG.

Unter **gewerblichen Erfahrungen** sind **Herstellungsverfahren, Know-how, Pläne, Muster,** aber auch Adressensammlungen zu verstehen.

Zu den Rechten i. S. der Nr. 3 gehören ferner (sofern sie nicht bereits unter Nr. 1 fallen) **Gerechtigkeiten** (Fähr-, Fischerei- und Mühlengerechtigkeiten) und **Gefälle** (z. B. Recht zur Weidenutzung – Almen –, zum Holzbezug, z. B. aus einem Gemeindewald).

Die **Aufzählung** der Rechte in Nr. 3 ist **nur beispielhaft,** so dass auch die zeitlich begrenzte Überlassung ähnlicher Rechte zu Einkünften i. S. der Nr. 3 führen kann, wenn die Einkünfte durch eine Auswertung des überlassenen Rechtes, also durch weiteres Zutun des Berechtigten erzielt werden. Das ist nicht der Fall, und somit liegen keine Einkünfte i. S. der Nr. 3, sondern i. S. des § 20 Abs. 2 Nr. 2 EStG vor, wenn ein Nießbrauchsrecht an einem GmbH-Anteil entgeltlich eingeräumt wird, weil in diesem Fall das Nießbrauchsrecht ohne weiteres Zutun einen Ertrag bringt (BFH 12. 12. 1969, BStBl 1970 II 212).

11.9.3.4 Einkünfte aus der Veräußerung von Miet- und Pachtzinsforderungen

Zu den Einkünften aus Vermietung und Verpachtung sind ferner die **Gegenleistungen**   1974 **für die Veräußerung** (Abtretung) **von Miet- oder Pachtzinsforderungen** zu rechnen (§ 21 Abs. 1 Nr. 4 EStG). Dies ist ein allgemein geltender Grundsatz des ESt-Rechts, der auch bei den anderen sechs Einkunftsarten zu beachten ist.

Eine Steuerpflicht gem. § 21 EStG ist im Falle der Abtretung von Miet- oder Pachtzinsansprüchen jedoch nur anzunehmen, wenn Gegenstände vermietet oder verpachtet worden sind, die im § 21 Abs. 1 Nr. 1 bis 3 EStG aufgezählt sind. Demnach fällt z. B. die Veräußerung einer Mietforderung, die durch die Vermietung einer einzelnen beweglichen Sache entstanden ist, nicht unter § 21 Abs. 1 Nr. 4 EStG; es kommt allerdings die Vorschrift des § 22 Nr. 3 EStG in Frage.

Die Einkünfte aus der Abtretung von Miet- oder Pachtzinsforderungen sind **auch dann**   1975 **zu versteuern,** wenn **gleichzeitig mit der Forderungsabtretung** das **vermietete Grundstück veräußert** wird und die **Gegenleistung** für die Abtretung **im Gesamtveräußerungspreis enthalten** ist, ohne dass vereinbart sein muss, welcher Betrag auf die Übertragung der Miet- oder Pachtforderung entfällt.

BEISPIEL: A ist Eigentümer eines zum Privatvermögen gehörenden Geschäftshauses, das für einen Mietpreis von 24 000 € jährlich vermietet ist. Der Mietpreis ist halbjährlich, jeweils am 1. 2. und 1. 8. nachträglich zu entrichten. Am 1. 10. 01 veräußert A das Grundstück zum Preise i. H. von 400 000 € an B. Der Kaufpreis wird bar entrichtet. Die nach dem 1. 10. 01 eingehenden Mieten sollen dem neuen Eigentümer zustehen.

In diesem Fall beziehen sich die am 1. 2. 02 gezahlten 12 000 € Mietzinsen hinsichtlich der Monate August und September 01 auf einen Zeitraum, in dem der Veräußerer noch Besitzer war. Dementsprechend sind 2 × 2 000 € des Gesamtveräußerungspreises bei A im Jahre 01 als Einkünfte aus § 21 Abs. 1 Nr. 4 EStG zu erfassen. Der bereinigte Veräußerungspreis (möglicherweise maßgeblich für die Berechnung eines Gewinns aus einem privaten Veräußerungsgeschäft nach § 23 EStG) beträgt somit lediglich 396 000 €; das sind auch die Anschaffungskosten des B. Die im Jahre 01 zufließenden Mieteinnahmen betragen 24 000 €. B hat keine negativen Einnahmen aus Vermietung und Verpachtung i. H. von 4 000 € im Jahre 01; vielmehr erwirbt er lediglich eine Forderung, deren Realisierung sich im Vermögensbereich abspielt und einkommensteuerlich unbeachtlich ist.

11.9.4 Die Einnahmen bei den Einkünften aus Vermietung und Verpachtung

11.9.4.1 Allgemeine Grundsätze

1976 Die Einkünfte aus Vermietung und Verpachtung werden nach dem § 2 Abs. 2 Nr. 2 EStG durch den **Überschuss der Einnahmen über die Werbungskosten** ermittelt. Es ist gesetzlich nicht zugelassen, die Einkünfte durch einen Vermögensvergleich ähnlich § 4 Abs. 1 EStG zu errechnen; dies gilt auch dann, wenn der Steuerpflichtige freiwillig Bücher über seine Einkünfte aus Vermietung und Verpachtung führt.

Für den **Zeitpunkt der Vereinnahmung und Verausgabung** ist **§ 11 EStG maßgebend.** Es spielt deshalb keine Rolle, für welches Kalenderjahr die Mieten gezahlt werden; entscheidend ist allein, **in welchem Kalenderjahr sie zufließen** (vgl. jedoch zu den Mieterzuschüssen unter Rdn. 1965). Der Steuerpflichtige **kann** jedoch Vorauszahlungen, die auf einer Nutzungsüberlassung von mehr als 5 Jahren beruhen, auf die Dauer der Nutzungsüberlassung verteilen (§ 11 Abs. 1 Satz 3 EStG).

1977 Zu den Einnahmen i. S. des § 21 EStG sind **alle Güter** zu rechnen, die **in Geld oder Geldeswert** bestehen und die der Steuerpflichtige **im Rahmen der Einkünfte aus Vermietung und Verpachtung erzielt** (§ 8 EStG). **In der Regel** werden die Mietzahlungen **Geldleistungen** sein. Es ist aber **auch** (insbesondere bei der Verpachtung landwirtschaftlicher Betriebe) möglich, dass **Sachleistungen** das Entgelt für die Überlassung der in § 21 Abs. 1 EStG genannten Gegenstände bilden. In diesem Fall ist eine Umrechnung der Sachbezüge in Geld nach § 8 Abs. 2 EStG vorzunehmen. Ferner kann die Übernahme und Tilgung laufender Schulden des Vermieters durch den Mieter als Einnahme bei der Einkunftsart Vermietung und Verpachtung in Betracht kommen.

Die Einnahme kann auch vorliegen, wenn der Mieter (Pächter) ohne Gegenleistung des Vermieters (Verpächters) auf dem Grund und Boden ein Gebäude errichtet, da das Gebäude grundsätzlich gem. §§ 946 u. 94 BGB in das Eigentum des Vermieters (Verpächters) übergeht. Diese Einnahme fließt in dem Augenblick zu, in dem der Vermieter (Verpächter) auch wirtschaftlicher Eigentümer des Gebäudes wird (vgl. dazu im Einzelnen BFH 30. 10. 1964, BStBl 1964 III 125; 26. 7. 1983 VIII R 30/82, BStBl 1983 II 755).

11.9.4.2 Die Rechtsgrundlagen der Einnahmen aus Vermietung und Verpachtung

1978 **Einnahmen** aus Vermietung und Verpachtung sind in erster Linie **die durch Vertrag festgelegten Miet- oder Pachtzinsen** oder andere Entgelte für die zeitlich begrenzte Überlassung von Gegenständen. Sie können **laufend oder in einem einmaligen Betrag** gezahlt werden. Auch die von den Mietern eines Wohnhauses **vertraglich geschuldeten Nebenleistungen oder Umlagen** (z. B. Einnahmen aus der Umlegung des Wassergeldes, der Kosten der Zentralheizung sowie der Hausflur- und Kellerbeleuchtung) **gehören** zunächst einmal **dazu,** auch wenn die Kosten für Wasser, Heizung und Beleuchtung selbst wiederum beim Vermieter Werbungskosten darstellen. Rückzahlungen von Umlagen (etwa gem. Jahresabrechnung) stellen negative Einnahmen dar.

Zu den Einnahmen aus Vermietung und Verpachtung zählen auch die **Guthabenzinsen** 1979
auf einem Bausparvertrag, wenn sie in einem engen Zusammenhang mit dem Erwerb
eines Hauses stehen: Subsidiarität der Einkünfte aus § 20 EStG gegenüber denen aus
§ 21 EStG (§ 20 Abs. 3 EStG; BFH 8. 2. 1983 VIII R 163/81, BStBl 1983 II 355).

Rückstellungen für zukünftige Instandsetzungsarbeiten **dürfen** bei § 21 EStG **nicht ge-** 1980
bildet werden, so dass die anteiligen Beträge für Schönheitsreparaturen in den Mieten
Einnahmen i. S. des § 21 EStG sind (BFH 14. 10. 1980 VIII R 22/76, BStBl 1981 II 128).

Für den Begriff der Einnahmen aus Vermietung und Verpachtung ist nicht erforderlich,
dass sie auf einem bürgerlich-rechtlichen Vertrag beruhen. Sie können ihre Rechtsgrundlage auch im **öffentlichen Recht** haben. So sind z. B. die Nutzungsentschädigun-
gen für beschlagnahmte Wohngebäude Einnahmen i. S. des § 21 Abs. 1 Nr. 1 EStG (§ 24
Nr. 3 EStG).

11.9.4.3 Schadensersatzzahlungen und Verzugszinsen

Einnahmen aus Vermietung und Verpachtung sind nur die Beträge, die dem Vermieter 1981
als Gegenleistung für die bestimmungsgemäße Benutzung des vermieteten Gegenstands zufließen. Deshalb fallen grundsätzlich **Schadensersatzleistungen,** die der Mieter wegen einer **Beschädigung des Gebäudes** schuldet, **nicht unter die zu versteuern-**
den Einnahmen des Vermieters. Außerdem ist in dem Schadensersatz in erster Linie
eine Leistung zu sehen, die dem **Ausgleich des beim Vermieter eingetretenen Sach-**
oder Vermögensschadens dient. Auch aus diesem Grunde ist eine Zuordnung der in
den Vermögensbereich fallenden Entschädigungszahlungen zu der Einkunftsart Vermietung und Verpachtung nicht möglich. Eine Steuerpflicht ergibt sich in diesen Fällen
auch nicht aus § 24 Nr. 1 EStG, da die Entschädigung nicht für entgangene Einnahmen
gezahlt wird. Diese Grundsätze sind selbst dann maßgebend, wenn die Schadens-
ersatzverpflichtung auf dem Mietvertrag beruht.

Nach Ansicht des BFH sollen die Entschädigungen, die bei **übermäßiger Beanspruchung** 1982
der Mietsache (22. 4. 1966 VI 264/65, BStBl 1966 III 395), bei vertragswidriger **Vernach-**
lässigung der Pachtsache (29. 11. 1968 VI R 316/66, BStBl 1969 II 184) und bei **vertrags-**
widriger Vorenthaltung der Mietsache (5. 5. 1971 I R 166/69, BStBl 1971 II 624) gezahlt
werden, **Einkünfte aus Vermietung und Verpachtung** darstellen. Im Falle der übermäßi-
gen Beanspruchung der Mietsache ist diese Ansicht jedoch nur zu teilen, wenn eine
übermäßige räumliche Beanspruchung (so der Urteilsfall), nicht aber auch, wenn eine
die Substanz verändernde, schädigende Beanspruchung vorliegt. Im letzteren Fall stellt
die Entschädigung keine Einnahme aus Vermietung und Verpachtung dar; sie ist vielmehr eine Entschädigung auf der Vermögensebene.

Die **Aufwendungen,** die dem **Vermieter** zur Beseitigung des Schadens entstehen, kann 1983
er **bis zur Höhe der Schadensersatzzahlung nicht** als **Werbungskosten** (auch nicht in
Form von AfA) geltend machen, da es keinen Unterschied machen kann, ob der Schädi-
ger den Schaden durch Naturalrestitution oder durch Geldleistungen ersetzt (BFH
9. 3. 1962, BStBl 1962 III 219). Hat jedoch der Steuerpflichtige die Aufwendungen für
die Schadensbeseitigung bereits als Werbungskosten abgezogen (er war z. B. der Annahme, dass der Schaden von dritter Seite nicht ersetzt würde), ist die Schadensersatzzahlung, die dem Vermieter in späteren Jahren zufließt, bis zur Höhe der Werbungskos-

ten als Einnahme i. S. des § 21 Abs. 1 Nr. 1 EStG anzusehen; es gelten hier die **gleichen Grundsätze wie bei erstatteten Werbungskosten.** Deshalb können **Bergschädenvergütungen,** die von Bergbauunternehmen an Hauseigentümer gezahlt werden, den Einnahmen aus Vermietung und Verpachtung nur hinzugerechnet werden, wenn durch die Vergütung Aufwendungen, die sich bereits als Werbungskosten ausgewirkt haben, abgegolten werden. Die Verwaltung (FinMin NW 12. 6. 1980, ESt-Kartei § 21 Nr. 4 II) räumt ihm ein **Wahlrecht** ein: Erfassung der Entschädigung als Einnahme und ungeschmälerter Abzug der Werbungskosten bzw. Nichterfassung der Entschädigung plus Nichtabzug der Werbungskosten.

Nach den oben dargestellten Grundsätzen sind Einnahmen i. S. des § 21 Abs. 1 EStG auch nicht anzunehmen, wenn eine **Feuerversicherung** für die **Vernichtung oder Beschädigung eines Gebäudes** eine Brandentschädigung zahlt (BFH 9. 3. 1962, BStBl 1962 III 219). Allerdings kann der Hauseigentümer den **Brandschaden** einkommensteuerlich durch eine **Absetzung für eine außergewöhnliche Abnutzung** nach § 7 Abs. 1 EStG letzter Satz berücksichtigen. Im Falle des **Wiederaufbaus** muss der Eigentümer die neuen **Herstellungskosten** aus den o. g. Gründen **um die Brandentschädigung mindern.**

1984 Hat der Mieter **wegen verspäteter Mietzahlung Verzugszinsen** in der gesetzlich vorgeschriebenen Höhe oder in vertraglich vereinbarter Höhe zu entrichten, sind diese den Einkünften aus Vermietung und Verpachtung zuzurechen. Darüber hinaus handelt es sich um eine andere Form des Schadensersatzes, der nur beim Vorliegen der Voraussetzungen des § 24 Nr. 1 EStG zu versteuern ist. Die Verzugszinsen sind **keine Einkünfte aus Kapitalvermögen** nach § 20 Abs. 1 Nr. 7 EStG, da im Konkurrenzfalle die Einkunftsart Vermietung und Verpachtung den Vorrang hat.

11.9.4.4　Mieterzuschüsse, Zuschüsse aus öffentlichen Mitteln

1985 Bisweilen beteiligen sich die Mieter oder die öffentliche Hand (z. B. die Gemeinde) an den Baukosten des vermieteten Objekts in der Weise, dass sie an den Vermieter außer der laufenden Miete einen einmaligen Mieterzuschuss zahlen, der entweder auf die künftige Miete angerechnet wird **(Mietvorauszahlung)** oder bei dem dies nicht vorgesehen ist **(verlorener Zuschuss).** Die außerhalb eines Betriebs zufließenden Mieterzuschüsse sind, gleichgültig, ob sie anzurechnen oder verloren sind, grundsätzlich Einnahmen gem. § 21 Abs. 1 Nr. 1 EStG in dem Veranlagungszeitraum, in dem sie gezahlt werden. Dies folgt aus § 11 Abs. 1 EStG. Anders ist es nur, wenn man in der Zahlung des Mieters ein **zinsloses Darlehen,** das durch Aufrechnung mit der Mietzahlung getilgt wird, erblicken könnte (s. dazu im Einzelnen die Verwaltungsauffassung in R 21.5 EStR; BFH 28. 10. 1980 VIII R 34/76, BStBl 1981 II 161).

11.9.4.5　Andere Fälle der Einnahmen

1986 Bei vorzeitiger Lösung des Mietvertrages können Teile des **anzurechnenden oder auch des verlorenen Mieterzuschusses** dem Mieter **zurückgezahlt** werden. In der Rückzahlung sind nach BFH (13. 12. 1963 VI 22/61 S, BStBl 1964 III 184) **negative Einnahmen** zu erblicken, die im Jahr des Zuflusses von den positiven Einnahmen abzuziehen sind und zu einem ausgleichsfähigen Verlust führen können. Dieselben Grundsätze gelten, wenn aus anderen Gründen Mieten an den Mieter erstattet werden.

Es kann auch vorkommen, dass dem Vermieter **Werbungskosten,** die er in Vorjahren 1987 geltend gemacht hat, **erstattet** werden (z. B. Rückzahlungen durch den Handwerker, weil sich herausstellte, dass seine Rechnungen übersetzt waren). Diese Leistungen sind **Einnahmen des Vermieters,** denn die Beträge fließen ihm im Rahmen seiner Einkünfte aus Vermietung und Verpachtung zu (§ 8 Abs. 1 EStG; BFH 22. 9. 1994 IX R 13/93, BStBl 1995 II 118). Auch ein **zurückgezahltes Disagio** ist Einnahme aus Vermietung und Verpachtung (BFH 28. 3. 1995 IX R 43/93, BStBl 1995 II 704).

Bei Verträgen über die Zurverfügungstellung von Grundstücken zur **Substanzausbeute** 1988 sind neben den üblichen Entgelten für die Nutzungsüberlassung auch „Wartegelder", die schon vor Beginn der Förderung gezahlt werden, und Oberflächenentschädigungen, mit denen die Wertminderungen des Grund und Bodens insbesondere bei der Ausbeute abgegolten werden sollen, Einnahmen i. S. des § 21 Abs. 1 Nr. 1 EStG (BFH 21. 10. 1960 VI 169/59 S, BStBl 1961 III 45; 21. 10. 1960, HFR 1961 49; 10. 7. 1963, BStBl 1964 III 116). Die **Oberflächenentschädigungen,** die der Abbauberechtigte zahlt, stellen keinen steuerfreien Schadensersatz dar, weil sie als Teil einer einheitlich zu behandelnden Gesamtvergütung anzusehen sind. Oft ist auch ungewiss, welche Schäden des Grund und Bodens nach Beendigung des Abbaues gegeben sind, so dass auch aus diesem Grund die Zurechnung zum Pachtentgelt gerechtfertigt ist.

Einnahmen aus Vermietung und Verpachtung liegen auch vor, wenn der Mieter nach Ende der Mietzeit von ihm durchgeführte Verbesserungen an dem vermieteten Gegenstand (z. B. Umbauten) unentgeltlich dem Vermieter überlässt – Verzicht auf den Bereicherungsanspruch nach § 952 i. V. mit § 946 BGB.

11.9.4.6 Teilweise unentgeltliche Überlassung einer Wohnung

Wird eine Wohnung zu einem Preis überlassen, der unter der marktüblichen Miete liegt 1989 – Gestaltung vor allem unter nahen Angehörigen –, wäre dieser Vorgang nach den allgemeinen Grundsätzen des Einkommensteuerrechts in einen entgeltlichen und einen unentgeltlichen Teil aufzuteilen.

In diesem Problembereich bestimmt aber § 21 Abs. 2 Satz 2 EStG, dass ein solches teilweise entgeltliches, teilweise unentgeltliches Nutzungsverhältnis nur aufzuteilen ist, wenn das Entgelt für die Überlassung der Wohnung weniger als 66 % der ortsüblichen Miete (ortsübliche Kaltmiete zzgl. umlagefähiger Nebenkosten, d. h. verglichen wird eigentlich die „Warmmiete") beträgt.

BEISPIEL: Die ortsübliche Miete beträgt 800 €; die vereinbarte (und gezahlte) Miete beträgt 300 €. Da die vereinbarte Miete geringer ist als 66 % der ortsüblichen Miete, ist die Nutzungsüberlassung aufzuteilen in einen unentgeltlichen und in einen entgeltlichen Teil mit der Folge:

Die Aufwendungen können (einschließlich der AfA) nur zu drei Achtel als Werbungskosten abgezogen werden. Zu fünf Achtel besteht keine Abzugsmöglichkeit, da es an entsprechenden Einnahmen mangelt.

Umgekehrt wäre bei einer Vermietung zu 600 € (ortsübliche Miete 800 €) **keine** Aufteilung in eine entgeltliche und eine unentgeltliche Nutzungsüberlassung vorzunehmen, da das Entgelt die 66 %-Grenze überschreitet. Die Werbungskosten (einschließlich der AfA) wären beim Vermieter voll **abzugsfähig.**

Im Urteil v. 5. 11. 2002 IX R 48/01, BStBl 2002 II 646, hatte der BFH entschieden, dass auch bei Mieten von über 56 % der Marktmiete eine Aufteilung vorgenommen wird, wenn die aufgrund einer verbilligten Vermietung angezeigte **Überschussprognose** zur Überprüfung der Einkünfteerzielungsabsicht negativ ist.

1990 Bei einer langfristigen Vermietung sei grundsätzlich nur dann von dem Vorliegen einer Einkünfteerzielungsabsicht auszugehen, solange der Mietzins nicht weniger als 75 % der ortsüblichen Marktmiete betrage.

Betrage er zwischen 56 % und 75 %, sei die Einkünfteerzielungsabsicht anhand einer Überschussprognose zu überprüfen. Führe diese zu positiven Ergebnissen, seien die mit der verbilligten Vermietung zusammenhängenden Werbungskosten in voller Höhe abziehbar. Sei die Überschussprognose indes negativ, so müsse die Vermietungstätigkeit in einen entgeltlichen und einen unentgeltlichen Teil aufgeteilt werden. Die anteilig auf den unentgeltlichen Teil entfallenden Werbungskosten seien dann nicht abziehbar.

Durch das Steuervereinfachungsgesetz vom 1. 11. 2011 (BGBl 2011 I 2131) wurde daraufhin die Grenze für die Aufteilung von 56 % auf 66 % angehoben; dafür ist die vom BFH geforderte Überschussprognose entfallen, d. h. ab 2012 gilt: Beträgt das Entgelt mehr als 66 % der ortsüblichen Miete, gilt die Vermietung als voll entgeltlich (§ 21 Abs. 2 Satz 2 EStG) und der Werbungskostenabzug ist in voller Höhe möglich.

11.9.5   Werbungskosten (mit Ausnahme des Erhaltungs- und Herstellungsaufwands sowie der Anschaffungskosten)

1991 Werbungskosten sind nach § 9 EStG Aufwendungen, die dem Zwecke dienen, Einnahmen zu erwerben, zu sichern und zu erhalten. Die allgemeinen Grundsätze des Begriffs der Werbungskosten sind zu § 9 EStG dargestellt. Dass für Werbungskosten bei den Einkünften aus Vermietung und Verpachtung wie für Betriebsausgaben das **Veranlassungsprinzip** gilt, ist inzwischen h. M. in der Literatur, aber auch in der Rechtsprechung (vgl. BFH 21. 7. 1981 VIII R 154/76, BStBl 1982 II 37). Danach wäre die Aufzählung in Nr. 1–7 des § 9 Abs. 1 Satz 3 EStG (nach Aufgabe der finalen Betrachtung entgegen dem Wortlaut des § 9 Abs. 1 Satz 1 EStG) im Wesentlichen entbehrlich.

Für den Zeitpunkt der Abzugsfähigkeit der Werbungskosten gilt § 11 Abs. 2 EStG (vgl. Rdn. 1997).

11.9.5.1   Werbungskosten gem. § 9 Abs. 1 Satz 3 EStG

1992 Von den in § 9 Abs. 1 Satz 3 EStG aufgeführten Werbungskosten kommen bei der Einkunftsart Vermietung und Verpachtung insbesondere die **Schuldzinsen,** die **Steuern vom Grundbesitz, sonstige öffentliche Abgaben** sowie die **Versicherungsbeiträge** für vermietete Gebäude bzw. Zimmereinrichtungen und die **Absetzungen für Abnutzung** in Frage.

11.9.5.1.1   Schuldzinsen und andere Finanzierungskosten

11.9.5.1.1.1   Wirtschaftlicher Zusammenhang mit den Einkünften aus Vermietung und Verpachtung

Nach § 9 Abs. 1 Satz 3 Nr. 1 EStG sind Zinsen Werbungskosten bei den Einkünften aus   1993
Vermietung und Verpachtung, wenn sie in **wirtschaftlichem Zusammenhang mit dieser
Einkunftsart** stehen. Dies ist zu bejahen, falls die verzinsliche Schuld für Zwecke des
vermieteten oder verpachteten Gegenstands übernommen worden ist. Das gilt auch
für Zinsen für einen Kredit zur **Finanzierung eines Bausparvertrages** (Zwischenkredit),
um auf diese Weise alsbald ein Bauspardarlehen zu erhalten (BFH 6. 2. 1979 VIII R
70/76, BStBl 1979 II 550).

Der Eigentümer eines Mietwohngrundstücks kann **Schuldzinsen** für ein **Darlehen,** das
er zur **Erfüllung** seiner auf dem Wert des Grundstücks beruhenden **Zugewinnaus-
gleichsverpflichtung** aufgenommen hat, mangels eines wirtschaftlichen Zusammenhangs mit seiner Einkünfteerzielung **nicht als Werbungskosten** bei seinen Einkünften
aus § 21 EStG abziehen (BFH 11. 5. 1993 IX R 25/89, BStBl 1993 II 751).

Auch Kosten für einen Kredit zur Anschaffung eines **Grundstücks,** das **bebaut werden
soll** und aus dem dann Einkünfte aus § 21 EStG erzielt werden sollen, sind (als **vorab
entstandene Werbungskosten)** abziehbar, auch in einem Jahr, in dem noch keine Einkünfte aus § 21 EStG anfallen (BFH 8. 2. 1983 VIII R 130/79, BStBl 1983 II 554). Sind Bau-
zeitzinsen während der Herstellungsphase nicht als (vorab entstandene) Werbungskosten abziehbar, können sie in die Herstellungskosten des Gebäudes einbezogen werden,
wenn das fertiggestellte Gebäude durch Vermietung genutzt wird (BFH IX R 2/12 vom
23. 5. 2012, BStBl 2012 II 674).

Grundsätzlich ist daher bei der Aufnahme eines Darlehens zum Bau oder zur Verbes-   1994
serung eines Gebäudes oder bei der Stundung einer für den Erwerb eines Hauses eingegangenen Kaufpreisschuld ein wirtschaftlicher Zusammenhang zwischen den Schuldzinsen und den Einkünften aus Vermietung und Verpachtung gegeben.

Die **hypothekarische Sicherung** der Schuld auf dem Grundstück, aus dem der Steuerpflichtige Einkünfte aus Vermietung und Verpachtung bezieht, ist für die Annahme des
wirtschaftlichen Zusammenhangs **belanglos.** Deshalb sind Zinsen einer Hypothek oder
Grundschuld, die für **nicht mit dem Grundstück zusammenhängende Zwecke** aufgenommen wurde, z. B. zur Bezahlung hoher Krankheitskosten oder zur Anschaffung
eines privaten Pkw, **keine Werbungskosten** der Einkunftsart Vermietung und Verpachtung. Ebenso führt nicht die Absicherung auf dem Grundstück B eines Darlehens, das
zur Errichtung eines Gebäudes auf dem Grundstück A bestimmt ist, zu abziehbaren
Schuldzinsen bei den Einkünften des Grundstücks B, nur weil auf ihm die dingliche Absicherung erfolgt (BFH 15. 1. 1980 VIII R 70/78, BStBl 1980 II 348). Daher sind auch **Zinsen eines laufenden Kontos** nur dann abziehbar, wenn **von diesem Konto keine Kosten
der privaten Lebensführung bezahlt** wurden (BFH 18. 11. 1980 VIII R 194/98, BStBl
1981 II 510).

Unter Schuldzinsen ist jedes laufende oder einmalige Entgelt für die leihweise Überlassung von Kapital zu verstehen. Es kommt nicht darauf an, wie die Vertragsparteien den
Preis für die Darlehensgewährung bezeichnen.

1995 Vielfach unterscheidet man zwischen **Finanzierungskosten,** die wirtschaftlich Schuldzinsen darstellen (z. B. Kreditprovisionen, Bereitstellungsgebühren, Zuteilungsgebühren bei Bausparkassen und das Damnum), und **anderen Geldbeschaffungskosten,** die zwar der **Erlangung** des Kredits dienen, nicht aber als Gegenleistung für die Zurverfügungstellung des Kapitals angesehen werden können (z. B. Vermittlungsgebühren an Dritte, Kosten der Eintragung der Hypothek; Gebühr für die Schätzung der Beleihungsunterlagen u. a.). Während die erstgenannten Aufwendungen unzweifelhaft Werbungskosten i. S. des § 9 Abs. 1 Satz 3 Nr. 1 EStG sind, ist die steuerliche Behandlung der anderen Finanzierungskosten umstritten. Mit BFH (24. 4. 1959 BStBl III 236; 1. 7. 1960 BStBl 1960 III 347) sind die Vermittlungsgebühren an Dritte, Eintragungskosten der Sicherheiten und Schätzungsgebühren im Ergebnis den Zinsen gleichzustellen, da es nicht gerechtfertigt ist, die zur Baufinanzierung notwendigen Nebenkosten anders als die Zinsen zu behandeln. Demnach sind von den Einnahmen aus Vermietung und Verpachtung auch die der Geldbeschaffung dienenden Leistungen an dritte Personen, die nicht Geldgeber sind, als Werbungskosten, und zwar als solche i. S. des § 9 Abs. 1 Satz 1 EStG, abzuziehen.

Zum Schuldzinsenabzug bei Erwerb durch vorweggenommene Erbfolge und fremdfinanzierten Abstands-/Ausgleichsleistungen s. Rdn. 1449 ff.

1996 **Abschlussgebühren für Bausparverträge** sind Werbungskosten bei den Einkünften aus § 21 EStG, wenn alleiniger Zweck des Vertragsabschlusses die Erlangung des Baudarlehens und die Verwendung der Kreditmittel zur Erzielung von Einkünften aus § 21 EStG ist (BFH 8. 2. 1983 VIII R 163/81, BStBl 1983 II 355).

11.9.5.1.1.2 Zeitpunkt der Abzugsfähigkeit

1997 Die Zinsen und übrigen Finanzierungskosten sind, wie schon dargestellt, nach § 11 Abs. 2 EStG **im Zeitpunkt der Leistung** abzugsfähig. Bei **Banküberweisung** ist dabei maßgeblich der **Zugang des Überweisungsauftrags** bei der Bank, nicht die Ausführung des Auftrages 1998 (BFH 14. 1. 1986 IX R 51/80, BStBl 1986 II 453). Bei der Anwendung dieser Bestimmung treten hinsichtlich der laufend mit einem bestimmten Vomhundertsatz zu zahlenden Zinsen und der an Dritte zu leistenden Beträge im Wesentlichen keine rechtlichen Schwierigkeiten auf. Anders ist es jedoch beim **Damnum** und den schon erwähnten **Geldbeschaffungskosten,** die **wirtschaftlich den Schuldzinsen gleichstehen.** Unter dem Damnum (Disagio) ist eine Vergütung für die Gewährung eines Darlehens zu verstehen, die bei der Darlehenshingabe von der Darlehenssumme abgezogen wird.

1998 In seinem Beschluss v. 6. 12. 1965 (BStBl 1966 III 144) hat der Große Senat des BFH hinsichtlich des Damnums entschieden, dass der **Zeitpunkt des Abflusses** (§ 11 Abs. 2 EStG) sich **nach den bürgerlich-rechtlichen Vereinbarungen** richtet, **sofern** sie von den Parteien **tatsächlich durchgeführt** worden sind. „Einigen sich die Vertragsparteien darüber, dass der Darlehensgeber bei der Auszahlung des zugesagten Darlehens einen Teil als Damnum **einbehalten** darf …, so ist darin nicht nur die Vereinbarung des Damnums, sondern auch eine Abrede über die Tilgung der Damnumsschuld zu sehen." In diesem Falle ist also das Damnum im Zeitpunkt der Darlehensauszahlung abgeflossen i. S. der Vorschrift des § 11 Abs. 2 EStG.

> **BEISPIEL:** ▶ A hat zum Bau eines Hauses von der Bank B die Zusage über eine mit 6 % zu verzinsende Hypothek i. H. von 100 000 € erhalten. Bei der Auszahlung des Darlehens am 1.7.01 kürzte die Bank den Betrag i. H. von 100 000 € vereinbarungsgemäß um ein Damnum i. H. von 7 000 €, nach dem Vertrag erfolgen Rückzahlung und Verzinsung mit jährlich 7 000 €, worin die Zinsen mit 6 % der Schuld bzw. Restschuld enthalten sind. Die erste Rate i. H. von 7 000 € ist am 1.7.02 zu zahlen.
>
> Bei der Ermittlung der Einkünfte aus Vermietung und Verpachtung für das Jahr 01 ist das Damnum gem. § 9 Abs. 1 Satz 3 Nr. 1 EStG i. H. von 7 000 € abzusetzen. In den folgenden Jahren sind die Zinsen mit 6 % der Restschuld als Werbungskosten zu berücksichtigen.

Gemäß § 11 Abs. 2 Satz 2 EStG besteht allerdings seit dem VZ 2004 ein Zwang, Vorauszahlungen für eine Nutzungsüberlassung von mehr als 5 Jahren auf die Dauer der Nutzungsüberlassung gleichmäßig zu verteilen; für ein marktübliches Disagio oder Damnum gilt dies nicht (§ 11 Abs. 2 Satz 3 EStG).

Bisweilen vereinbaren Darlehensgeber und Darlehensnehmer, dass das Damnum nicht   1999
einzubehalten, sondern im Laufe einiger Jahre vor Beginn der Tilgung der Hauptschuld
zu zahlen ist **(Tilgungsstreckung).**

> **BEISPIEL:** ▶ Der Sachverhalt ist derselbe wie im vorgenannten Beispiel mit der Ausnahme, dass die Darlehenssumme am 1.7.01 i. H. von 100 000 € ausgezahlt worden ist. Das vertraglich festgelegte Damnum i. H. von 7 000 € wird durch eine Zahlung in derselben Höhe am 1.7.02 getilgt. Die Rückzahlung der Hauptschuld beginnt erst am 1.7.03.
>
> A kann erst bei der Veranlagung 02 7 000 € Werbungskosten abziehen, da das Damnum erst am 1.7.02 abfliesst (BFH 6.12.1965, a.a.O.). Vom Jahre 03 an mindern dann die Zinsen in Höhe von 6 % der Schuld (Restschuld) die Einkünfte.

Es kommt auch vor, dass im Falle der Tilgungsstreckung in Höhe des Damnums ein **Zu-**   2000
satzdarlehen vereinbart wird, das vor der Tilgung der Hauptschuld zurückzuzahlen ist.
In dem Fall sind nur die **Tilgungsbeträge auf das Zusatzdarlehen gleich einem Damnum**
als Werbungskosten abzugsfähig (BFH 26.11.1974 VIII R 105/70, BStBl 1975 II 330).

Diese Grundsätze über den Zeitpunkt der Abzugsfähigkeit des Damnums gelten nicht   2001
nur bei Tilgungs-, sondern **auch bei Fälligkeitsdarlehen.**

Dass Steuerpflichtige, die den **Gewinn nach § 4 Abs. 1** EStG **oder § 5** EStG ermitteln, das
Damnum grundsätzlich auf die **Laufzeit des Darlehens verteilen** (H 6.10 „Damnum"
EStH), steht der vorgenannten Lösung nicht entgegen, da für die genannten Fälle § 11
Abs. 2 Satz 1 u. 2 EStG nicht gilt (BFH 6.12.1965, a.a.O.).

Da banktechnisch das Damnum nichts anderes ist als eine „**Feineinstellung des Nor-**   2002
malzinses", ist steuerlich ein Damnum auch nur in einer **marktüblichen** Höhe anzuerkennen. Was marktüblich ist, richtet sich allein nach dem Zinsniveau im Zeitpunkt der
Vereinbarung des Damnums.

Das Damnum ist jedoch grundsätzlich nur dann abziehbar, wenn es im **engen zeitli-**   2003
chen Zusammenhang zur Darlehensaufnahme geleistet wird (BFH 13.12.1983 VIII R
64/83, BStBl 1984 II 426 f.). Diesen Zusammenhang nahm der BFH (3.2.1987 IX R
85/85, BStBl 1987 II 492) noch an in einem Fall, in dem das Damnum am 28.12.01 geleistet, das Darlehen aber erst im Laufe des Jahres 02 ausbezahlt wurde.

Eine besondere Rolle spielen in der Praxis die **Vorauszahlungen von Schuldzinsen und**   2004
anderen Werbungskosten. Vorausgezahlte Schuldzinsen und andere Werbungskosten

werden nur dann steuerlich anerkannt, wenn für die Vorauszahlung **wirtschaftlich vernünftige Gründe** vorliegen. Im Regelfall dürften Vorauszahlungen folglich steuerlich nicht anerkannt werden (vgl. dazu BFH 14. 11. 1989 IX R 197/84, BStBl 1990 II 299: Bauherrengemeinschaften).

11.9.5.1.2 Öffentliche Lasten, Versicherungsbeiträge und Leistungen an Berufsstände

2005 Nach § 9 Abs. 1 Satz 3 Nr. 2 EStG sind **öffentliche Abgaben,** die von der Einnahmeerzielung dienenden Gebäuden erhoben werden, Werbungskosten. Dazu gehören in den Fällen der Vermietung von Gebäuden insbesondere die **Grundsteuer** sowie die **Straßenreinigungs-, Kanalbenutzungs- und Müllabfuhrgebühren sowie die Kosten für den Kaminkehrer,** nicht jedoch die Grunderwerbsteuer und die Einkommensteuer, die auf die Einkünfte aus dem vermieteten Gegenstand entfällt (§ 12 Nr. 3 EStG).

2006 Desgleichen sind **Versicherungsbeiträge,** die sich auf das Gebäude oder andere vermietete Gegenstände beziehen, als Werbungskosten zu berücksichtigen. Hier sind als Beispiele die für das Gebäude abgeschlossene **Haftpflicht-, Feuer-, Glas- und Wasserschadenversicherung** zu nennen (§ 9 Abs. 1 Satz 3 Nr. 2 EStG) einschließlich der **Bauwesenversicherung** (vgl. BFH 25. 2. 1976 VIII B 81/74, BStBl 1980 II 294). Die Leistungen für die Hausratversicherung rechnen i. d. R. nicht zu den Werbungskosten bei den Einkünften aus Vermietung und Verpachtung. Eine Ausnahme besteht jedoch bei der Vermietung eines möblierten Zimmers, wenn und soweit der Steuerpflichtige die Hausratversicherung für die vermieteten Hausratgegenstände abgeschlossen hat.

2007 Beiträge zu einer **Lebensrisikoversicherung,** deren Abschluss die **Bausparkasse** verlangt, sind **keine Werbungskosten,** sondern Sonderausgaben (BFH 29. 10. 1985 IX R 56/82, BStBl 1986 II 143).

2008 **Beiträge zu Berufsverbänden** gehören zu den Werbungskosten gem. § 9 Abs. 1 Satz 3 Nr. 3 EStG. Berufsverbände sind die **Haus- und Grundbesitzervereine;** die Mitgliedsbeiträge an diese können daher als Werbungskosten abgezogen werden.

11.9.5.2 Werbungskosten gem. § 9 Abs. 1 Satz 1 EStG

2009 Wie bereits erwähnt, können Aufwendungen, die nicht im § 9 Abs. 1 Satz 3 Nr. 1–7 EStG ausgeführt sind, als Werbungskosten nur abgezogen werden, wenn sie durch die Vermietung und Verpachtung veranlasst sind.

Beispiele für Werbungskosten nach § 9 Abs. 1 Satz 1 EStG:

2010 **Kosten der Verwaltung** des vermieteten Gegenstandes, wenn sie überwiegend mit der Erzielung von Einnahmen zusammenhängen (z. B. Ausgaben für den **Hausverwalter und Hausmeister** des Gebäudes), Zahlungen für die **Gas-, Wasser- und Stromversorgung** sowie für die **Beheizung,** soweit sie sich auf vermietete Wohnungen beziehen; **Kosten des Rechtsstreits** über die Zahlung von Mieteinnahmen oder über Ausgaben, die Werbungskosten darstellen; **Reisekosten,** die dem Steuerpflichtigen z. B. entstehen, weil sich das Wohnhaus an einem anderen Ort als seinem Wohnort befindet (BFH 10. 3. 1981 VIII R 195/77, BStBl 1981 II 470); **Abstandszahlungen** an weichenden Wohnungsmieter, wenn die Räume zu anderen als Wohnzwecken vermietet werden können (BFH 24. 10. 1979 VIII R 92/77, BStBl 1980 II 187).

Steuerberatungskosten rechnen ebenfalls zu den Werbungskosten, soweit sie bei der   2011
Ermittlung der Einkünfte (der Einnahmen und Werbungskosten) angefallen sind (BFH
30. 4. 1965, BStBl III 410). Ausgaben für das Ausfüllen der ESt-Erklärung und für Bera-
tungen, die sich nicht auf die Ermittlung der Einkünfte beziehen (z. B. Tariffragen), sind
dagegen keine Werbungskosten.

Abgesehen von der Möglichkeit der jährlichen Absetzung für Abnutzung nach § 9 Abs. 1   2012
Satz 3 Nr. 6 EStG sind **Wertminderungen** des vermieteten oder verpachteten Gegenstands, die während der Miet- oder Pachtzeit eintreten, grundsätzlich keine Werbungskosten (BFH 9. 12. 1960, BStBl 1961 III 155 f.), da keine Aufwendungen vorliegen, denn
es fließen keine Güter ab.

11.9.5.3   Werbungskosten in besonderen Fällen

11.9.5.3.1   Werbungskosten im Falle der Bestellung eines Erbbaurechts

Der Erbbauberechtigte kann i. d. R. dieselben Werbungskosten abziehen wie ein Grund-   2013
stückseigentümer. Außerdem ist aber das Entgelt, das der Erbbauberechtigte für die
Zurverfügungstellung des Grund und Bodens zahlt, zu den Werbungskosten zu rechnen. Soweit es sich um die **laufend zu zahlenden Erbbauzinsen** handelt, liegen **dauernde Lasten** vor, die nach § 9 Abs. 1 Satz 3 Nr. 1 EStG abzugsfähig sind, sofern ein ausreichender zeitlicher Zusammenhang zwischen dem Erwerb des Erbbaurechts und der Errichtung des Hauses auf dem Erbbaugrundstück besteht (entsprechende Anwendung
des BFH-Urteil v. 8. 2. 1983 VIII R 130/79, BStBl 1983 II 554). Bei den **einmaligen Aufwendungen für das Erbbaurecht** ist zu beachten, dass dieses ein abnutzbares Wirtschaftsgut i. S. des § 7 EStG ist, weil es nach Ablauf der vereinbarten Frist erlischt und
sich sein Wert während der Vertragsdauer laufend mindert. Aus diesem Grunde sind
die einmaligen Aufwendungen für die Einräumung des Erbbaurechts, zu denen auch
die Nebenkosten (Notariats-, Vermessungs- und Gerichtskosten) zählen, gem. § 9 Abs. 1
Nr. 6 EStG i.V. mit § 7 Abs. 1 EStG **auf die Laufzeit des Erbbaurechts zu verteilen** (BFH
31. 1. 1964, BStBl 1964 III 187).

Übernimmt der **Erbbauberechtigte** die **Erschließungskosten,** so sind diese übernomme-   2014
nen Kosten zwar grundsätzlich zusätzliches Entgelt für die Nutzung des Grundstücks
und **im Jahr des Zuflusses beim Grundstückseigentümer Einnahmen** i. S. des § 21 EStG.
Der Zufluss entsprechender Einnahmen aus Vermietung und Verpachtung beim Grundstückseigentümer setzt aber die Realisierung eines Wertzuwachses des Grundstücks
voraus. Hieran fehlt es so lange, als sich am Grundeigentum des Erbbaurechtsverpflich-
teten oder an den Bedingungen des Erbbaurechts nichts ändert (BFH 21. 11. 1989 IX R
170/85, BStBl 1990 II 310). Der Wertzuwachs fließt dem Erbbauverpflichteten erst im
Zeitpunkt des Heimfalls oder der Beendigung des Erbbaurechts zu. Die Höhe der Einnahmen bestimmt sich nach § 8 Abs. 2. EStG

Der Erbbauberechtigte kann die von ihm gezahlten Erschließungskosten nur verteilt
über die Laufzeit des Erbbaurechts als Werbungskosten abziehen (BMF-Schreiben v.
16. 12. 1991, BStBl 1991 I 1011).

Vom Erbbauberechtigten in einem Betrag **vorausbezahlte Erbbauzinsen** sind keine An-   2015
schaffungskosten des Erbbaurechts.

Der Erbbauberechtigte kann die vorausgezahlten oder in einem Einmalbetrag gezahlten Erbbauzinsen im Rahmen der Einkünfte aus Vermietung und Verpachtung als Werbungskosten grundsätzlich im Zeitpunkt der Zahlung abzuziehen, seit 2004 **sind** die Erbbauzinsen aber gem. § 11 Abs. 2 Satz 3 EStG gleichmäßig auf den Zeitraum **zu verteilen,** für den die Vorauszahlung geleistet wurde.

Beim Empfänger stellen sie im Jahr des Zuflusses Einnahmen aus Vermietung und Verpachtung nach § 21 Abs. 1 Nr. 1 EStG dar, die (auf Antrag) gleichmäßig auf den Zeitraum **verteilt werden können,** für den sie geleistet wurden (§ 11 Abs. 1 Satz 3 EStG).

11.9.5.3.2   Vorweggenommene und nachträgliche Werbungskosten

2016   Die Berücksichtigung von Werbungskosten ist bei den Einkünften aus Vermietung und Verpachtung wie bei den anderen Einkunftsarten unabhängig davon möglich, ob im Jahr der Verausgabung Einnahmen angefallen sind oder nicht, da es nach § 9 EStG nur auf die Absicht, Einnahmen zu erzielen oder auf den wirtschaftlichen Zusammenhang der Aufwendungen mit den Einkünften aus Vermietung und Verpachtung ankommt, und nicht darauf, dass im Jahr der Verausgabung tatsächlich Einnahmen erzielt worden sind. Demnach können **Werbungskosten** schon in den Jahren **vor Beginn der Bebauung** vorliegen (BFH 10. 11. 1961, BStBl 1962 III 54; 8. 2. 1983 VIII R 130/79, VIII R 163/81, BStBl 1983 II 554, 355), z. B. Schuldzinsen und Grundsteuer. Es kommt in diesen Fällen nur darauf an, dass ein klar erkennbarer Zusammenhang zu der Einkunftsart Vermietung und Verpachtung besteht. Dieser wird i. d. R. zu bejahen sein, wenn der Steuerpflichtige den Bau des Hauses auch tatsächlich durchführt, es sei denn, der Bauherr hat die Absicht, das Gebäude nicht zu vermieten, sondern zu verkaufen (vgl. hierzu H 21.2 „Einkünfteerzielungsabsicht" EStH).

Nachträgliche Werbungskosten liegen nach der Rechtsprechung des BFH (Urteile vom 12. 10. 2005 (BStBl 2006 II 407, vom 28. 3. 2007, BStBl 2007 II 642 und vom 20. 6. 2012, BStBl 2013 II 275 und vom 16. 9. 2015 IX R 40/14) z. B. vor, wenn ein Mietobjekt veräußert wird und danach noch Schuldzinsen anfallen, weil der Veräußerungserlös nicht ausreicht, die zur Finanzierung des Mietobjekts aufgenommenen Darlehen abzulösen. Dies gilt nach dem BFH-Urteil vom 8. 4. 2014 – IX R 45/13 (BFH NV 2014 S. 1151) auch dann, wenn die Veräußerung nach Ablauf des 10-Jahreszeitraums des § 23 Abs. 1 Satz 1 Nr. 1 EStG erfolgte und damit der Verkauf nicht steuerbar war.

11.9.5.3.3   Planungskosten

2017   Planungskosten gehören **grundsätzlich zu den Herstellungskosten** eines Gebäudes, und zwar auch dann, wenn die ursprüngliche Planung nicht durchführbar war, das Gebäude dann aber aufgrund eines völlig neu konzipierten Planes errichtet wird (BFH 6. 3. 1965, BStBl II 574; vgl. dazu auch BFH 11. 3. 1976 IV R 176/72, BStBl 1976 II 614; 29. 11. 1983 VIII R 96/81, BStBl 1984 II 303). Das gilt jedoch nur, wenn die **nicht verwirklichte Planung** in eine **spätere Errichtung** eines Hauses **nicht Eingang** findet (BFH 29. 11. 1983 VIII R 173/81, BStBl 1984 II 306). **Vergeblich aufgewandte Planungskosten** sind aber nach Ansicht des BFH (13. 11. 1973, BStBl 1974 II 161) als Werbungskosten abzugsfähig, wenn der feste Entschluss zur Erzielung von Einkünften aus Vermietung und Verpachtung an Hand gewichtiger objektiver Umstände eindeutig feststellbar ist. Das ist ausgeschlossen, wenn der Bauherr die Absicht hatte, das Haus nach Fertigstellung zu verkaufen (vgl. hierzu H 21.2 „Einkünfteerzielungsabsicht" EStH).

11.9.5.3.4 Vergebliche Aufwendungen zur Anschaffung oder Herstellung eines Wohnhauses

Diese sind denkbar in Fällen, in denen z. B. ein **Bauträger das Insolvenzverfahren bean- 2018 tragt,** nachdem vom Baubewerber Anzahlungen geleistet worden sind. Soweit diese Anzahlungen auf das Gebäude (und nicht auf den Grund und Boden) entfallen, sind die vergeblichen Aufwendungen als Werbungskosten abziehbar (BFH 14. 2. 1978 VIII R 9/76, BStBl 1978 II 455), sofern sie nicht etwa zu den Anschaffungs- oder Herstellungskosten zu rechnen sind. Dies wäre auch dann der Fall, wenn etwa Planungsunterlagen beim zweiten Haus verwertbar wären (BFH 11. 3. 1976 IV R 176/72, BStBl 1976 II 614; 25. 7. 1978 VIII R 42/76, BStBl 1979 II 14; 9. 9. 1980 VIII R 44/78, BStBl 1981 II 418), oder aber, wenn das Haus vom Bauherrn weitergebaut wird (s. BFH 24. 3. 1987 IX R 31/84, BStBl 1987 II 695, s. Rdn. 2063).

11.9.5.3.5 Werbungskosten bei bestehendem Nießbrauchsrecht   2019

Siehe dazu Rdn. 2089 ff.

11.9.6 Erhaltungs- und Herstellungsaufwand

Herstellungskosten werden, auch wenn sie in den Jahren nach der Bezugsfertigkeit des 2020 Hauses anfallen, nach § 9 Abs. 1 Satz 3 Nr. 7 EStG i. V. mit § 7 EStG **auf die Nutzungszeit verteilt.** Nur der von den Herstellungskosten zu berechnende Betrag der **jährlichen Abnutzung** kann vom Jahr der Herstellung an bei den Werbungskosten berücksichtigt werden, und zwar **ohne Rücksicht** darauf, **wann** diese Aufwendungen **bezahlt** worden sind.

Anders ist es bei den **Erhaltungsaufwendungen.** Diese sind Werbungskosten i. S. des § 9 2021 Abs. 1 Satz 1 EStG. Aus diesem Grunde sind sie i. d. R. nach § 11 Abs. 2 EStG in dem Jahr, in dem sie **geleistet** werden, als Werbungskosten abzuziehen (Ausnahme: § 82b EStDV). Eine Verteilung der Erhaltungsaufwendungen auf die Nutzungszeit kommt nicht in Frage.

Herstellungsaufwendungen sind alle Aufwendungen **zur Errichtung eines Wirtschafts- 2022 gutes.** Es ist nunmehr gesicherte Rechtsprechung, dass der Anschaffungs- und Herstellungskostenbegriff des § 255 Abs. 1 u. 2 HGB bei sämtlichen Einkunftsarten gleichermaßen gilt. Gebäudeherstellungskosten sind alle Aufwendungen, die die **Gebäudesubstanz wesentlich vermehren oder verbessern, die Funktion wesentlich ändern** oder **seine Wesensart oder seinen Zustand wesentlich ändern.**

Eine **wesentliche Substanzmehrung** liegt vor bei **Ausbau- und Erweiterungsmaßnahmen** und beim **Einbau** von bisher nicht vorhandenen Anlagen und Einrichtungen in das Gebäude.

2023 **Erhebliche Wesensveränderung** ist anzunehmen z. B. bei Änderung von Großwohnungen in Kleinwohnungen, **Umbau** gewerblicher Räume in Wohnräume, **Umbau** eines Lagerhauses oder Bürogebäudes in ein Wohnhaus, Umbau eines Einfamilienhauses in ein Mehrfamilienhaus.

2024 Eine **deutliche Zustandsverbesserung** tritt ein, wenn die erneuerten Teile, Einrichtungen, Anlagen **gegenüber den bisher verwandten Teilen so artverschieden** sind, dass die Baumaßnahme nach der Verkehrsauffassung nicht mehr in erster Linie dazu dient, das Gebäude in seiner bestimmungsmäßigen Nutzungsmöglichkeit zu erhalten, sondern **etwas Neues, bisher nicht Vorhandenes** zu schaffen.

Zu den Herstellungskosten eines Gebäudes rechnen auch die Aufwendungen für die Bestandteile des Gebäudes (vgl. dazu BFH 15. 1. 1965, BStBl 1965 III 192); das sind nach § 94 BGB die zur Herstellung des Gebäudes eingefügten Sachen.

2025 Im Gegensatz zum Herstellungsaufwand spricht man von **Erhaltungsaufwand,** wenn die Aufwendungen der **Erhaltung oder Wiederherstellung der Substanz oder der Verwendungs- und Nutzungsmöglichkeit** eines Wirtschaftsgutes dienen oder, anders ausgedrückt, wenn durch die Aufwendungen das Grundstück **in ordnungsmäßigem, bestimmungsmäßigem Zustand gehalten** werden soll, die **Aufwendungen regelmäßig in ungefähr gleicher Höhe** wiederkehren und die **Wesensart** des Grundstücks **nicht geändert** wird.

Zur Abgrenzung zwischen Erhaltungs- und Herstellungsaufwendungen findet sich ein ABC der Aufwendungen im Zusammenhang mit einem Grundstück in H 6.4 EStH.

Nach der **neuen Rechtsprechung des BFH** (zuletzt vom 12. 9. 2001 IX R 39/97, IX R 52/00, BStBl 2003 II 569, 574; 22. 1. 2003 X R 9/99, BStBl 2003 II 596) gilt für die Abgrenzung von Anschaffungskosten, Herstellungskosten und Erhaltungsaufwendungen bei der **Instandsetzung und Modernisierung von Gebäuden** Folgendes:

11.9.6.1   Anschaffungskosten zur Herstellung der Betriebsbereitschaft

2026 Anschaffungskosten eines Gebäudes sind die Aufwendungen, die geleistet werden, um das Gebäude zu erwerben und es in einen **betriebsbereiten** Zustand zu versetzen, soweit sie dem Gebäude einzeln zugeordnet werden können, ferner die Nebenkosten und die nachträglichen Anschaffungskosten (§ 255 Abs. 1 HGB).

2027 Ein Gebäude ist betriebsbereit, wenn es entsprechend seiner **Zweckbestimmung genutzt** werden kann. Die Betriebsbereitschaft ist bei einem Gebäude für jeden Teil des Gebäudes, der nach seiner Zweckbestimmung selbständig genutzt werden soll, gesondert zu prüfen. Dies gilt auch für Gebäudeteile (z. B. die einzelnen Wohnungen eines Mietwohngebäudes), die als Folge des einheitlichen Nutzungs- und Funktionszusammenhangs mit dem Gebäude keine selbständigen Wirtschaftsgüter sind (vgl. § 7 Abs. 5a EStG und R 4.2 Abs. 3).

Nutzt der Erwerber das Gebäude ab dem Zeitpunkt der Anschaffung (d. h. ab Übergang von Besitz, Gefahr, Nutzungen und Lasten) zur Erzielung von Einkünften oder zu eigenen Wohnzwecken, ist es ab diesem Zeitpunkt grundsätzlich betriebsbereit. Instandsetzungs- und Modernisierungsaufwendungen können in diesem Fall keine Anschaffungskosten i. S. des § 255 Abs. 1 Satz 1 HGB sein. Dies gilt nicht, wenn der Erwerber ein vermietetes Gebäude erworben hat und umgehend die Mietverträge kündigt, weil das Gebäude aus der Sicht des Erwerbers nicht zur Erzielung der vor der Veräußerung erwirtschafteten Einkünfte aus Vermietung und Verpachtung bestimmt war, auch wenn diese während einer kurzen Übergangszeit tatsächlich erzielt wurden.

Wird das Gebäude im Zeitpunkt der Anschaffung nicht genutzt, ist zunächst offen, ob es aus Sicht des Erwerbers betriebsbereit ist. Führt der Erwerber im Anschluss an den Erwerb und vor der erstmaligen Nutzung Baumaßnahmen durch, um das Gebäude entsprechend seiner Zweckbestimmung nutzen zu können, sind die Aufwendungen hierfür Anschaffungskosten. Zweckbestimmung bedeutet die konkrete Art und Weise, in der der Erwerber das Gebäude zur Erzielung von Einnahmen im Rahmen einer Einkunftsart nutzen will (z. B. ob er das Gebäude zu Wohnzwecken oder als Büroraum nutzen will).

Die **Betriebsbereitschaft** setzt die objektive und subjektive Funktionstüchtigkeit des Gebäudes voraus.   2028

11.9.6.1.1 Objektive Funktionsuntüchtigkeit

Ein Gebäude ist objektiv funktionsuntüchtig, wenn für den Gebrauch wesentliche Teile   2029
objektiv nicht nutzbar sind. Dies gilt unabhängig davon, ob das Gebäude im Zeitpunkt der Anschaffung bereits genutzt wird oder leer steht. Mängel, vor allem durch Verschleiß, die durch laufende Reparaturen beseitigt werden, schließen die Funktionstüchtigkeit hingegen nicht aus. Werden für den Gebrauch wesentliche Teile des Gebäudes funktionstüchtig gemacht, führen die Aufwendungen zu Anschaffungskosten.

11.9.6.1.2 Subjektive Funktionsuntüchtigkeit

Ein Gebäude ist subjektiv funktionsuntüchtig, wenn es für die konkrete Zweckbestim-   2030
mung des Erwerbers nicht nutzbar ist. Aufwendungen für Baumaßnahmen, welche zur Zweckerreichung erforderlich sind, führen zu Anschaffungskosten.

BEISPIELE:

- ▶ Die Elektroinstallation eines Gebäudes, die für Wohnzwecke, jedoch nicht für ein Büro brauchbar ist, wird für die Nutzung als Bürogebäude erneuert.
- ▶ Büroräume, die bisher als Anwaltskanzlei genutzt wurden, werden zu einer Zahnarztpraxis umgebaut.

Zur **Zweckbestimmung** gehört auch die Entscheidung, welchem Standard das Gebäude   2031
künftig entsprechen soll (sehr einfach, mittel oder sehr anspruchsvoll). Baumaßnahmen, die das Gebäude auf einen höheren Standard bringen, machen es betriebsbereit; ihre Kosten sind Anschaffungskosten.

Der Standard eines Wohngebäudes bezieht sich auf die Eigenschaften einer Wohnung. Wesentlich sind vor allem Umfang und Qualität der Heizungs-, Sanitär- und Elektroinstallationen sowie der Fenster (zentrale Ausstattungsmerkmale).

Führt ein Bündel von Baumaßnahmen bei mindestens drei Bereichen der zentralen Aus-   2032
stattungsmerkmale zu einer Erhöhung und Erweiterung des Gebrauchwertes, hebt sich der **Standard eines Gebäudes.**

a) Sehr einfacher Standard

Sehr einfacher Wohnungsstandard liegt vor, wenn die zentralen Ausstattungsmerkmale im Zeitpunkt der Anschaffung nur im nötigen Umfang oder in einem technisch überholten Zustand vorhanden sind.

BEISPIELE:

► Das Bad besitzt kein Handwaschbecken.

► Das Bad ist nicht beheizbar.

► Eine Entlüftung ist im Bad nicht vorhanden.

► Die Wände im Bad sind nicht überwiegend gefliest.

► Die Badewanne steht ohne Verblendung frei.

► Es ist lediglich ein Badeofen vorhanden.

► Die Fenster haben nur eine Einfachverglasung.

► Es ist eine technisch überholte Heizungsanlage vorhanden (z. B. Kohleöfen).

► Die Elektroversorgung ist unzureichend.

b) Mittlerer Standard

Mittlerer Standard liegt vor, wenn die zentralen Ausstattungsmerkmale durchschnittlichen und selbst höheren Ansprüchen genügen.

c) Sehr anspruchsvoller Standard (Luxussanierung)

Sehr anspruchsvoller Standard liegt vor, wenn bei dem Einbau der zentralen Ausstattungsmerkmale nicht nur das Zweckmäßige, sondern das Mögliche, vor allem durch den Einbau außergewöhnlich hochwertiger Materialien, verwendet wurde (Luxussanierung).

Standardhebung und Erweiterung i. S. des § 255 Abs. 2 Satz 1 HGB:

2033 Treffen Baumaßnahmen, die ihrer Art nach – z. B. als Erweiterung i. S. von § 255 Abs. 2 Satz 1 HGB – stets zu Herstellungskosten führen und einen der den Nutzungswert eines Gebäudes bestimmenden Bereich der zentralen Ausstattungsmerkmale betreffen, mit der Verbesserung von mindestens zwei weiteren Bereichen der zentralen Ausstattungsmerkmale zusammen, ist ebenfalls eine Hebung des Standards anzunehmen.

BEISPIEL: Im Anschluss an den Erwerb eines leer stehenden, bisher als Büro genutzten Einfamilienhauses, das für eine Vermietung zu fremden Wohnzwecken vorgesehen ist, wird im bisher nicht ausgebauten Dachgeschoss ein zusätzliches Badezimmer eingerichtet. Außerdem werden einfach verglaste Fenster durch isolierte Sprossenfenster ersetzt und die Leistungskapazität der Elektroinstallation durch den Einbau dreiphasiger anstelle zweiphasiger Elektroleitungen maßgeblich aufgebessert sowie die Zahl der Anschlüsse deutlich gesteigert.

Neben die Erweiterung des Gebäudes als Herstellungskosten i. S. des § 255 Abs. 2 Satz 1 HGB durch den Einbau des Badezimmers tritt die Verbesserung von zwei weiteren Bereichen der zentralen Ausstattungsmerkmale ein. Die hierdurch verursachten Aufwendungen führen zu Anschaffungskosten des Gebäudes.

Unentgeltlicher oder teilentgeltlicher Erwerb

2034 Aufwendungen für Baumaßnahmen, die das Gebäude in einen betriebsbereiten Zustand versetzen, führen bei einem unentgeltlichen Erwerb mangels Anschaffung i. S. des § 255 Abs. 1 HGB nicht zu Anschaffungskosten; vielmehr handelt es sich um Erhaltungsaufwendungen oder, sofern die Voraussetzungen des § 255 Abs. 2 HGB erfüllt sind, um Herstellungskosten.

Bei einem teilentgeltlichen Erwerb können Anschaffungskosten zur Herstellung der Betriebsbereitschaft nur im Verhältnis zum entgeltlichen Teil des Erwerbvorganges gegeben sein. Im Übrigen liegen Erhaltungsaufwendungen oder, sofern die Voraussetzungen des § 255 Abs. 2 HGB erfüllt sind, Herstellungskosten vor.

11.9.6.2 Herstellungskosten

Herstellungskosten eines Gebäudes sind nach § 255 Abs. 2 Satz 1 HGB Aufwendungen   2035
für die Herstellung eines Gebäudes sowie Aufwendungen, die für die Erweiterung oder für die über den ursprünglichen Zustand hinausgehende wesentliche Verbesserung eines Gebäudes entstehen.

Herstellung

Instandsetzungs- und Modernisierungsarbeiten können ausnahmsweise auch im Zu-   2036
sammenhang mit der (Neu-)Herstellung eines Gebäudes stehen. Dies ist der Fall, wenn das Gebäude so sehr abgenutzt ist, dass es unbrauchbar geworden ist (Vollverschleiß), und durch die Instandsetzungsarbeiten unter Verwendung der übrigen noch nutzbaren Teile ein neues Gebäude hergestellt wird. Ein Vollverschleiß liegt vor, wenn das Gebäude schwere Substanzschäden an den für die Nutzbarkeit als Bau und die Nutzungsdauer des Gebäudes bestimmenden Teilen hat.

Erweiterung

Instandsetzungs- und Modernisierungsaufwendungen bilden unabhängig von ihrer   2037
Höhe Herstellungskosten, wenn sie für eine Erweiterung i. S. von § 255 Abs. 2 Satz 1 HGB entstehen.

Eine Erweiterung liegt in folgenden Fällen vor:

11.9.6.2.1 Aufstockung oder Anbau

Ein Gebäude wird aufgestockt oder ein Anbau daran errichtet.   2038

11.9.6.2.2 Vergrößerung der nutzbaren Fläche

Die nutzbare Fläche des Gebäudes wird vergrößert. Hierfür reicht es aus, wenn die Bau-   2039
maßnahmen zu einer – wenn auch nur geringfügigen – Vergrößerung der Nutzfläche führen. Die Nutzfläche ist in sinngemäßer Anwendung der §§ 42 u. 44 EStG der II. Berechnungsverordnung zu ermitteln. Von Herstellungskosten ist z. B. auszugehen, wenn die Nutzfläche durch eine zuvor nicht vorhandene Dachgaube, den Anbau eines Balkons oder einer Terrasse über die ganze Gebäudebreite vergrößert wird oder durch ein das Flachdach ersetzendes Satteldach erstmals ausbaufähiger Dachraum geschaffen wird (vgl. BFH 19. 6. 1991 IX R 1/87, BStBl 1992 II 73 und BFH 15. 5. 2013 IX R 36/12, BStBl 2013 II 732).

11.9.6.2.3 Vermehrung der Substanz

2040 Ein Gebäude wird in seiner Substanz vermehrt, ohne dass zugleich seine nutzbare Fläche vergrößert wird, z. B. bei Einsetzen von zusätzlichen Trennwänden, bei Errichtung einer Außentreppe, bei Einbau einer Alarmanlage (vgl. BFH 16. 2. 1993 IX R 85/88, BStBl 1993 II 544), einer Sonnenmarkise (vgl. BFH 29. 8. 1989 IX R 176/84, BStBl 1990 II 430), einer Treppe zum Spitzboden, eines Kachelofens oder eines Kamins.

2041 Keine zu Herstellungsaufwendungen führende Substanzmehrung liegt dagegen vor, wenn der neue Gebäudebestandteil oder die neue Anlage die Funktion des bisherigen Gebäudebestandteils für das Gebäude in vergleichbarer Weise erfüllen. Erhaltungsaufwendungen können daher auch angenommen werden, wenn der neue Gebäudebestandteil für sich betrachtet nicht die gleiche Beschaffenheit aufweist wie der bisherige Gebäudebestandteil oder die Anlage technisch nicht in der gleichen Weise wirkt, sondern lediglich entsprechend dem technischen Fortschritt modernisiert worden ist. Von einer Substanzmehrung ist danach regelmäßig z. B. nicht auszugehen bei

► Anbringen einer zusätzlichen Fassadenverkleidung (z. B. Eternitverkleidung oder Verkleidung mit Hartschaumplatten und Sichtklinker) zu Wärme- oder Schallschutzzwecken (vgl. BFH 13. 3. 1979, BStBl 1979 II 435),

► Umstellung einer Heizungsanlage von Einzelöfen auf eine Zentralheizung (vgl. BFH 24. 7. 1979 VIII R 162/78, BStBl 1980 II 7),

► Ersatz eines Flachdaches durch ein Satteldach, wenn dadurch lediglich eine größere Raumhöhe geschaffen wird, ohne die nutzbare Fläche und damit die Nutzungsmöglichkeit zu erweitern,

► Vergrößern eines bereits vorhandenen Fensters oder

► Versetzen von Wänden.

2042 Ein neuer Gebäudebestandteil erfüllt auch dann regelmäßig die Funktion des bisherigen Gebäudebestandteils in vergleichbarer Weise, wenn er dem Gebäude lediglich deshalb hinzugefügt wird, um bereits eingetretene Schäden zu beseitigen oder einen konkret drohenden Schaden abzuwenden. Das ist z. B. der Fall bei Anbringung einer Betonvorsatzschale zur Trockenlegung der durchfeuchteten Fundamente (insoweit entgegen BFH 10. 5. 1995 IX R 62/94, BStBl 1996 II 639), bei Überdachung von Wohnungszugängen oder einer Dachterrasse mit einem Glasdach zum Schutz vor weiteren Wasserschäden (vgl. BFH 24. 2. 1981 VIII R 122/79, BStBl 1981 II 468).

Über den ursprünglichen Zustand hinausgehende wesentliche Verbesserung

2043 Instandsetzungs- oder Modernisierungsaufwendungen sind, soweit sie nicht als Folge der Herstellung der Betriebsbereitschaft bereits zu den Anschaffungskosten gehören, nach § 255 Abs. 2 Satz 1 HGB als Herstellungskosten zu behandeln, wenn sie zu einer über den ursprünglichen Zustand hinausgehenden wesentlichen Verbesserung führen. Dies gilt auch, wenn oder soweit das Gebäude unentgeltlich erworben wurde.

2044 **Ursprünglicher Zustand** i. S. von § 255 Abs. 2 Satz 1 HGB ist grundsätzlich der Zustand des Gebäudes im Zeitpunkt der Herstellung oder Anschaffung durch den Steuerpflichtigen oder seinen Rechtsvorgänger im Fall des unentgeltlichen Erwerbs. Erforderlich ist danach ein Vergleich des Zustands des Gebäudes, in dem es sich bei Herstellung oder

Anschaffung befunden hat, mit dem Zustand, in den es durch die vorgenommenen Instandsetzungs- oder Modernisierungsarbeiten versetzt worden ist. Hiervon abweichend ist in Fällen, in denen die ursprünglichen Herstellungs- oder Anschaffungskosten zwischenzeitlich z. B. durch anderweitige Herstellungs- oder Anschaffungskosten, durch Absetzungen für außergewöhnliche Abnutzung nach § 7 Abs. 4 Satz 3 i. V. mit Abs. 1 Satz 5 EStG oder durch Teilwertabschreibung verändert worden sind, für den Vergleich auf den für die geänderte AfA-Bemessungsgrundlage maßgebenden Zustand abzustellen. Wird ein Gebäude dem Betriebsvermögen entnommen oder in das Betriebsvermögen eingelegt, kommt es für die Bestimmung des ursprünglichen Zustandes auf den Zeitpunkt der Entnahme oder der Einlage an.

Eine **wesentliche Verbesserung** i. S. von § 255 Abs. 2 Satz 1 HGB liegt nicht bereits dann 2045
vor, wenn ein Gebäude generalüberholt wird, d. h. Aufwendungen, die für sich genommen als Erhaltungsaufwendungen zu beurteilen sind, in ungewöhnlicher Höhe zusammengeballt in einem Veranlagungszeitraum oder Wirtschaftsjahr anfallen.

Eine wesentliche Verbesserung i. S. von § 255 Abs. 2 Satz 1 HGB und damit Herstellungskosten sind vielmehr erst dann gegeben, wenn die Maßnahmen zur Instandsetzung und Modernisierung eines Gebäudes in ihrer Gesamtheit über eine zeitgemäße substanzerhaltende (Bestandteil-)Erneuerung hinausgehen, den Gebrauchswert des Gebäudes insgesamt deutlich erhöhen und damit für die Zukunft eine erweiterte Nutzungsmöglichkeit geschaffen wird. Von einer deutlichen Erhöhung des Gebrauchswerts ist z. B. auszugehen, wenn der Gebrauchswert des Gebäudes (Nutzungspotenzial) von einem sehr einfachen auf einen mittleren oder von einem mittleren auf einen sehr anspruchsvollen Standard gehoben wird. Zum Standard des Wohngebäudes vgl. Rdn. 2032.

Eine **substanzerhaltende (Bestandteil-)Erneuerung** liegt vor, wenn ein Gebäude durch 2046
die Ersetzung einzelner Bestandteile oder Instandsetzungs- oder Modernisierungsmaßnahmen an dem Gebäude als Ganzem lediglich in ordnungsgemäßem Zustand entsprechend seinem ursprünglichen Zustand erhalten oder dieser in zeitgemäßer Form wiederhergestellt wird. Dem Gebäude wird in diesem Fall nur der zeitgemäße Wohnkomfort wiedergegeben, den es ursprünglich besessen, aber durch den technischen Fortschritt und die Veränderung der Lebensgewohnheiten verloren hat.

BEISPIEL: ▸ Der Eigentümer eines bewohnten, verwahrlosten Wohnhauses lässt die alten Kohleöfen durch eine moderne Heizungsanlage ersetzen. Er baut anstelle der einfach verglasten Fenster Isolierglasfenster ein. Er modernisiert das Bad, wobei er neben der Badewanne separat eine Dusche einbaut. Außerdem lässt er es durchgängig fliesen. Im Übrigen lässt er Schönheitsreparaturen durchführen.

Hinsichtlich der Aufwendungen für die zentralen Ausstattungsmerkmale liegen Herstellungskosten als wesentliche Verbesserung i. S. von § 255 Abs. 2 Satz 1 HGB vor. Bei den Schönheitsreparaturen handelt es sich um sofort abziehbare Erhaltungsaufwendungen.

Sanierung in Raten

Aufwendungen für Baumaßnahmen innerhalb eines Veranlagungszeitraumes oder 2047
Wirtschaftsjahres sind Herstellungskosten i. S. von § 255 Abs. 2 Satz 1 HGB, wenn die Baumaßnahmen zwar für sich gesehen noch nicht zu einer wesentlichen Verbesserung führen, wenn sie aber Teil einer Gesamtmaßnahme sind, die sich planmäßig in zeitli-

chem Zusammenhang über mehrere Veranlagungszeiträume erstreckt und die insgesamt zu einer Hebung des Standards führt (Sanierung in Raten). Von einer Sanierung in Raten ist grundsätzlich auszugehen, wenn die Maßnahmen innerhalb eines Fünfjahreszeitraumes durchgeführt worden sind.

11.9.6.3 Zusammentreffen von Anschaffungs- oder Herstellungskosten mit Erhaltungsaufwendungen

2048 Sind im Rahmen einer umfassenden Instandsetzungs- und Modernisierungsmaßnahme sowohl Arbeiten zur Schaffung eines betriebsbereiten Zustandes, zur Erweiterung des Gebäudes oder Maßnahmen, die über eine zeitgemäße substanzerhaltende Erneuerung hinausgehen, als auch Erhaltungsarbeiten durchgeführt worden, sind die hierauf jeweils entfallenden Aufwendungen grundsätzlich – ggf. im Wege der Schätzung – in Anschaffungs- oder Herstellungskosten und Erhaltungsaufwendungen aufzuteilen, die mit den jeweiligen Aufwendungsarten im Zusammenhang stehen.

> **BEISPIEL:** Ein für die Gesamtmaßnahme geleistetes Architektenhonorar oder Aufwendungen für Reinigungsarbeiten sind entsprechend dem Verhältnis von Anschaffungs- oder Herstellungskosten und Erhaltungsaufwendungen aufzuteilen.

2049 Aufwendungen für ein Bündel von Einzelmaßnahmen, die für sich genommen teils Anschaffungs- oder Herstellungskosten, teils Erhaltungsaufwendungen darstellen, sind insgesamt als Anschaffungs- oder Herstellungskosten zu beurteilen, wenn die Arbeiten im sachlichen Zusammenhang stehen.

Ein sachlicher Zusammenhang in diesem Sinne liegt vor, wenn die einzelnen Baumaßnahmen – die sich auch über mehrere Jahre erstrecken können – bautechnisch ineinander greifen. Ein **bautechnisches Ineinandergreifen** ist gegeben, wenn die Erhaltungsarbeiten

▶ Vorbedingung für Schaffung des betriebsbereiten Zustandes oder für die Herstellungsarbeiten

oder

▶ durch Maßnahmen, welche den betriebsbereiten Zustand schaffen, oder durch Herstellungsarbeiten veranlasst (verursacht) worden sind.

> **BEISPIEL:** Um eine Überbauung zwischen zwei vorhandenen Gebäuden durchführen zu können, sind zunächst Ausbesserungsarbeiten an den Fundamenten des einen Gebäudes notwendig (vgl. BFH 9. 3. 1962, BStBl 1962 III 195).
> Ein solcher Zusammenhang wird nicht dadurch gelöst, dass die Arbeiten in verschiedenen Stockwerken des Gebäudes ausgeführt werden.

> **BEISPIEL:** Im Dachgeschoss eines mehrgeschossigen Gebäudes werden erstmals Bäder eingebaut. Diese Herstellungsarbeiten machen das Verlegen von größeren Fallrohren bis zum Anschluss an das öffentliche Abwassernetz erforderlich. Die hierdurch entstandenen Aufwendungen sind ebenso wie die Kosten für die Beseitigung der Schäden, die durch das Verlegen der größeren Fallrohre in den Badezimmern der darunter liegenden Stockwerke entstanden sind, den Herstellungskosten zuzurechnen.

2050 Von einem bautechnischen Ineinandergreifen ist nicht allein deswegen auszugehen, weil der Steuerpflichtige solche Herstellungsarbeiten zum Anlass nimmt, auch sonstige anstehende Renovierungsarbeiten vorzunehmen. Allein die gleichzeitige Durchführung der Arbeiten, z. B. um die mit den Arbeiten verbundenen Unannehmlichkeiten abzukürzen, reicht für einen solchen sachlichen Zusammenhang nicht aus. Ebenso wird ein sachlicher Zusammenhang nicht dadurch hergestellt, dass die Arbeiten unter dem Gesichtspunkt der rationellen Abwicklung eine bestimmte zeitliche Abfolge der einzelnen Maßnahmen erforderlich machen – die Arbeiten aber ebenso unabhängig voneinander hätten durchgeführt werden können.

BEISPIEL: Wie im vorigen Beispiel, jedoch werden die Arbeiten in den Bädern der übrigen Stockwerke zum Anlass genommen, diese Bäder vollständig neu zu verfliesen und neue Sanitäranlagen einzubauen. Diese Modernisierungsarbeiten greifen mit den Herstellungsarbeiten (Verlegung neuer Fallrohre) nicht bautechnisch ineinander. Die Aufwendungen führen daher zu Erhaltungsaufwendungen. Die einheitlich in Rechnung gestellten Aufwendungen für die Beseitigung der durch das Verlegen der größeren Fallrohre entstandenen Schäden und für die vollständige Neuverfliesung sind dementsprechend in Herstellungs- und Erhaltungsaufwendungen aufzuteilen.

BEISPIEL: Durch das Aufsetzen einer Dachgaube wird die nutzbare Fläche des Gebäudes geringfügig vergrößert. Diese Maßnahme wird zum Anlass genommen, gleichzeitig das alte, schadhafte Dach neu einzudecken. Die Erneuerung der gesamten Dachziegel steht insoweit nicht in einem bautechnischen Zusammenhang mit der Erweiterungsmaßnahme. Die Aufwendungen für Dachziegel, die zur Deckung der neuen Gauben verwendet werden, sind Herstellungskosten, die Aufwendungen für die übrigen Dachziegel sind Erhaltungsaufwendungen.

BEISPIEL: Im Zusammenhang mit einer Erweiterungsmaßnahme erhält ein Gebäude ein zusätzliches Fenster. Zudem wird die Einfachverglasung der schon vorhandenen Fenster durch Isolierverglasung ersetzt. Die Erneuerung der bestehenden Fenster ist nicht durch die Erweiterungsmaßnahme und das Einsetzen des zusätzlichen Fensters veranlasst, greift daher nicht bautechnisch mit diesen Maßnahmen ineinander (BMF-Schreiben v. 18. 7. 2003, BStBl 2003 I 386, entgegen BFH 9. 5. 1995 IX R 2/94, BStBl 1996 II 637). Die auf die Fenstererneuerung entfallenden Aufwendungen können demnach als Erhaltungsaufwendungen abgezogen werden.

Feststellungslast

Die Feststellungslast für die Tatsachen, die eine Behandlung als Anschaffungs- oder 2051 Herstellungskosten begründen (wie z. B. die Herstellung der Betriebsbereitschaft oder eine wesentliche Verbesserung über den ursprünglichen Zustand hinaus), trägt das Finanzamt. Soweit das Finanzamt nicht in der Lage ist, den Zustand des Gebäudes im Zeitpunkt der Anschaffung oder den ursprünglichen Zustand i. S. des § 255 Abs. 2 HGB festzustellen, trifft den Steuerpflichtigen hierbei eine erhöhte Mitwirkungspflicht (§ 90 Abs. 1 Satz 3 AO). Kann der maßgebliche Zustand des Wohngebäudes nicht sicher festgestellt werden, kann das FA aus Indizien auf die Hebung des Standards eines Gebäudes und somit auf Anschaffungs- oder Herstellungskosten schließen.

Indizien für die Hebung des Standards liegen vor, wenn

▶ ein Gebäude in zeitlicher Nähe zum Erwerb im Ganzen und von Grund auf modernisiert wird,

▶ hohe Aufwendungen für die Sanierung der zentralen Ausstattungsmerkmale getätigt werden,

▶ aufgrund dieser Baumaßnahmen der Mietzins erheblich erhöht wird.

Anschaffungsnaher Herstellungsaufwand

Aufwendungen für die **Instandsetzung und Modernisierung** des Gebäudes, die innerhalb der ersten drei Jahre nach der Anschaffung des Gebäudes anfallen, gehören nach der gesetzlichen Regelung in § 6 Abs. 1 Nr. 1a EStG zu den **Herstellungskosten** des Gebäudes, wenn der Nettobetrag der Aufwendungen insgesamt 15 % der Anschaffungskosten des Gebäudes übersteigt.

In die 15-%-Grenze sind Aufwendungen für Erhaltungsaufwand, die üblicherweise jährlich anfallen, nicht einzubeziehen. Desgleichen werden Aufwendungen für Erweiterungen nicht mitgerechnet, die die Voraussetzungen des Herstellungskostenbegriffs i. S. des § 255 Abs. 2 HGB erfüllen.

Verwaltungsvereinfachung

2052 Die Abgrenzung zwischen Erhaltungs- und Herstellungsaufwand ist in der Praxis nur interessant für Aufwendungen von mehr als **4 000 €** im Veranlagungszeitraum für **jede einzelne Baumaßnahme je Gebäude,** da unterhalb dieser Grenzen gem. R 21.1 Abs. 2 Satz 2 EStR stets Erhaltungsaufwand zu unterstellen ist, es sei denn, es handelt sich eindeutig um Aufwendungen zur endgültigen Fertigstellung eines neu errichteten Gebäudes.

BEISPIELE FÜR HERSTELLUNGSKOSTEN EINES GEBÄUDES: ▶ **Zahlungen an Bauhandwerker** bei Errichtung des Gebäudes (z. B. Maurer, Dachdecker, Schreiner, Installateure, Anstreicher etc.); Architektenhonorar; **Gebühren für die Bauerlaubnis und die Bauabnahme;** Ausgaben für das **Richtfest;** Aufwendungen für eine **Küchenspüle** (BFH 11. 12. 1973 VIII R 171/71, BStBl 1974 II 474; 2. 4. 1974 VIII R 96/69, BStBl 1974 II 479); die Aufwendungen für einen **Einbauschrank** (BFH 11. 12. 1973 VIII R 11/71, BStBl 1974 II 476); eine Schranktrennwand (BFH 11. 12. 1973 VIII R 207/71, BStBl 1974 II 477); eine **Sauna** (BFH 11. 12. 1973 VIII R 117/69, BStBl 1974 II 478); eine **komplette Einbauküche** (BFH 11. 12. 1973 VIII R 174/71, BStBl 1974 II 631); **Hausanschlusskosten** an die Straßenkanalisation, die Strom-, Gas- und Wasserversorgung, nicht dagegen der Anliegerbeitrag bzw. der Kanalbaubeitrag (BFH 15. 1. 1965 VI 115/63 U, BStBl 1965 III 226; 6. 7. 1972 VIII R 20/72, BStBl 1972 II 790), ebenso die Kosten für die **Umzäunung** einschließlich der Hecken (BFH 30. 6. 1966 VI 292/65, BStBl 1966 III 541; 15. 12. 1977 VIII R 121/73, BStBl 1978 II 210). Wird ein Haus mit Elektrospeicherheizungen ausgestattet, so werden sie, obwohl sie i. d. R. keine wesentlichen Bestandteile werden, gleichwohl als Teile des Gebäudes angesehen. Die Aufwendungen zählen somit zu den Herstellungskosten.

Zu den Herstellungskosten gehören: **Rolladeneinbau** (BFH 20. 10. 1981 VIII R 178/80, BStBl 1982 II 67); **Alarmanlage** (BFH 16. 2. 1993 IX R 85/88, BStBl 1993 II 544), **Vorhangfassade/**Verblendmauerwerk; die Maßnahme kann aber als Wärmedämmung unter § 82a EStDV fallen (BFH 20. 10. 1981 VIII R 85/79, BStBl 1982 II 64).

Der Einbau einer Waschmaschine gehört zu den Herstellungskosten eines Gebäudes, wenn sie mit Schrauben an einem Zementsockel fest verbunden ist (BFH 30. 10. 1970 VI R 88/68, BStBl 1971 II 95).

Die **eigene Arbeitsleistung** zählt **nicht zu den Herstellungskosten,** da keine Aufwendungen vorliegen.

Die Herstellungskosten werden i. d. R. durch verlorene Mieterzuschüsse nicht gemindert (vgl. R 21.5 EStR und die dort genannten Ausnahmen), wohl jedoch durch nicht zurückzuzahlende Zuschüsse aus öffentlichen Mitteln.

BEISPIELE FÜR ERHALTUNGSAUFWAND: ▶ **Hausanstrich;** Außenverkleidung eines Hauses mit Eternitplatten (BFH 13. 3. 1979, BStBl 1979 II 435); **Erneuerung des Dachstuhls; Ersetzen von verbrauchten Fahrstuhlanlagen, Heizöltanks** und **Heizungen** (auch wenn die Beheizungsgrundlage umgestellt wird, z. B. Koks- auf Ölheizung); das gilt nach BFH 7. 12. 1976 VIII R 42/75, BStBl 1977 II 281 (unter Aufgabe BFH 23. 6. 1961, BStBl 1961 III 403) sogar, wenn die ersetzte Feuerungsanlage technisch noch funktionsfähig war. Etwas anderes muss jedoch gelten, wenn ein zwar verbrauchtes Heizungssystem auf ein anderes System umgestellt wird (**Warmluft-durch Warmwassersystem,** BFH 18. 7. 1969, BStBl 1969 II 702). Erhaltungsaufwand liegt ferner vor, wenn zentral **warmwasserbeheizte Radiatoren durch Elektronachtspeicheröfen** (BFH 9. 11. 1976 VIII R 28/76, BStBl 1977 II 279), wenn **Einzelöfen durch Nachtspeicheröfen** ersetzt werden (BFH 9. 11. 1976 VIII R 27/75, BStBl 1977 II 306) und wenn die Heizung in einem Miet- wohnhaus von **Kohleöfen auf Zentralheizung** umgestellt wird (BFH 24. 7. 1979 VIII R 162/78, BStBl 1980 II 7). Erhaltungsaufwand ist auch gegeben bei der Erneuerung von Türen, Fenstern, Treppen, Lichtanlagen etc. – vgl. R 21.1 Abs. 1 EStR.

Abweichend von der Regelung des § 11 Abs. 2 EStG ist in § 82b EStDV ab 2004 angeord- net worden, dass der Steuerpflichtige bestimmte **größere Erhaltungsaufwendungen gleichmäßig auf zwei bis fünf Jahre verteilen** kann. Diese Bestimmung soll Härten, die bei strenger Anwendung des Abflussprinzips des § 11 EStG eintreten können, bei den Einkünften aus Vermietung und Verpachtung beseitigen helfen.

11.9.7 Absetzung für Abnutzung

11.9.7.1 Ausgangswerte

Nach § 9 Abs. 1 Satz 3 Nr. 7 i. V. mit § 7 Abs. 1, 4 u. 5 EStG sind Werbungskosten bei den Einkünften aus Vermietung und Verpachtung auch die jährlich vorzunehmenden Ab- setzungen für Abnutzung. Sie sind von den **Anschaffungs- oder Herstellungskosten** zu ermitteln. Dabei spielt es **keine Rolle,** in welchem Jahr der Steuerpflichtige die **Kosten entrichtet** hat. Im Falle des unentgeltlichen Erwerbs gilt § 11d EStDV. Bei der Entnahme eines Grundstücks aus dem Betriebsvermögen ist die AfA nach dem Teilwert (§ 6 Abs. 1 Nr. 4 EStG) oder gemeinen Wert (§ 16 Abs. 3 Satz 7 EStG) zu bemessen, mit dem das Gebäude bei der Überführung steuerlich erfasst worden ist (BFH 9. 8. 1983 VIII R 177/80, BStBl 1983 II 759). 2053

Zur Vornahme der AfA ist **grundsätzlich der (wirtschaftliche) Eigentümer** berechtigt, da er den wirtschaftlichen Wertverzehr i. d. R. zu tragen hat. 2054

Allerdings ist hervorzuheben, dass AfA auf alle Wirtschaftsgüter des Privat- und des Be- triebsvermögens, seien es nur materielle oder immaterielle Wirtschaftsgüter, zu ge- währen ist, sofern sie zur Einkunftserzielung eingesetzt werden und sich verzehren (BFH 27. 6. 1978 VIII R 12/72, BStBl 1979 II 38). Eine AfA ist also denkbar auch bei ei- nem Nießbrauchs-, Wohn- und Erbbaurecht.

11.9.7.1.1 Anschaffungskosten

Anschaffungskosten sind alle **Aufwendungen,** die der Steuerpflichtige macht, um ein **Wirtschaftsgut zu erwerben.** Das können auch Leistungen des Erwerbers an andere Per- sonen als den Veräußerer sein. Demnach gehören z. B. zu den Anschaffungskosten ei- nes Gebäudes: 2055

Kaufpreis, Notargebühren für den Kaufvertrag, **Kosten der Grundbuchumschreibung,** vom Käufer getragene **Grunderwerbsteuer, Vermittlungsprovisionen, Kosten der Be- gutachtung** des zu erwerbenden Grundstücks und die im Zusammenhang mit dem Er- 2056 werb eines Gebäudes vereinbarte Abfindung für die Räumung des Gebäudes, beim Hersteller angefallene **Bauzinsen,** auch wenn sie vom Käufer als Schuld übernommen werden (BFH 19. 4. 1977 VIII R 237/73, BStBl 1977 II 598 f.).

2057 **Zinsen und sonstige Finanzierungskosten** zählen **nicht** zu den **Anschaffungskosten,** sondern sind sofort abzugsfähige Werbungskosten.

2058 Beim Erwerb eines bebauten oder unbebauten Grundstücks sind für die Bemessung der AfA die auf den **Grund und Boden** entfallenden Anschaffungskosten **auszuscheiden,** da der Grund und Boden nicht der Abnutzung unterliegt und für ihn deshalb eine Absetzung nicht in Frage kommt.

Da i. d. R. der Kaufpreis für den Grund und Boden und für das Gebäude in etwa dem Verkehrswert dieser Güter entspricht, kann man im Allgemeinen das auszuscheidende Entgelt für den Grund und Boden dadurch zutreffend ermitteln, dass man den Kaufpreis einschließlich aller Nebenkosten im Verhältnis des Verkehrswerts des Bodens zum Verkehrswert des Gebäudes aufteilt (vgl. auch BFH 19. 12. 1972 VIII R 124/69, BStBl 1973 II 295).

> **BEISPIEL:** A hat zum 1. 4. 05 sein 01 erbautes Mietwohnhaus an B notariell zum Preise von 240 000 € verkauft. Die von B getragenen Nebenkosten haben 20 000 € betragen. Es wurde festgestellt, dass der Anteil des Grund und Bodens 20 % vom Verkehrswert des gesamten Grundstücks ausmacht.
>
> Demnach belaufen sich die Anschaffungskosten des Grund und Bodens auf 52 000 € (20 % von 260 000 €) und die des Gebäudes auf 208 000 € (80 % von 260 000 €). Die AfA kann somit von 208 000 € geltend gemacht werden.
>
> Zu den Anschaffungskosten beim Erwerb durch vorweggenommene Erbfolge mit Abstands-/Abfindungszahlungen vgl. Rdn. 1675 ff.

11.9.7.1.2 Herstellungskosten

Vgl. die Ausführungen zu Rdn. 2020 ff.

2059 **Keine Herstellungskosten** für ein Gebäude sind die **auf den Grund und Boden entfallenden Aufwendungen;** diese können nicht als Werbungskosten abgezogen werden. So gehören die **Grundstückserschließungskosten** (z. B. auch die Vermessungsgebühren) zu den **Aufwendungen für den Grund und Boden** und bleiben daher bei der Ermittlung der Einkünfte außer Betracht. Nach der Rechtsprechung des BFH (18. 9. 1964 VI 100/63 S, BStBl 1965 III 85; 29. 6. 1965, BStBl 1965 III 580; 19. 2. 1974 VIII R 65/72, BStBl 1974 II 337) rechnen diese **Straßenanliegerbeiträge** (Erschließungsbeiträge i. S. des § 127 BauGB) nicht zu den Herstellungskosten des Gebäudes, sondern zu den Anschaffungskosten des Grund und Bodens (vgl. auch H 6.4 EStH); das Gleiche gilt für freiwillige Zuschüsse zum Ausbau einer Straße (BFH 29. 6. 1965, a. a. O.). Dagegen werden die **Kosten zur Herrichtung des Fahr- und Gehweges** von der Grundstücksgrenze bis zum Gebäudeeingang als **Herstellungskosten** des Gebäudes angesehen. **Ebenso** ist grundsätzlich hinsichtlich der **Umzäunung** zu entscheiden (vgl. R 21.1 Abs. 3). Die Ablösezahlungen der Verpflichtung zur Einrichtung von Einstellplätzen sind Herstellungskosten des Gebäudes (BFH 8. 3. 1984 IX R 45/80, BStBl 1984 II 702).

Aufwendungen für die **Herrichtung von Gartenanlagen** zählen i.d.R. nicht zu den Ge-　2060
bäudeherstellungskosten (BFH 15.10.1965 VI 181/65 U, BStBl 1966 III 12; 3.7.1959,
HFR 1961, 74; R 21.1 Abs. 3 EStR). Im Übrigen gilt R 21.1 Abs. 3 EStR; **Aufwendungen für
Nutzgärten** sind nicht abzugsfähige Kosten. Anders ist es im Falle der Errichtung von
Vorgärten und Grünanlagen, da diese i.d.R. den Mietwert des Gebäudes erhöhen. Diese Anlagen sind als selbständige Wirtschaftsgüter anzusehen, so dass die Aufwendungen gem. § 9 Abs. 1 Nr. 7 i.V. mit § 7 Abs. 1 EStG auf die Nutzungszeit, die im Allgemeinen mit 10 Jahren angenommen werden kann, zu verteilen sind. Laufende Aufwendungen zur Erhaltung der Vorgärten und Grünanlagen sind Werbungskosten i.S. des § 9
Abs. 1 Satz 1 EStG.

Aufwendungen für den Bau eines **Schwimm- oder Planschbeckens** sind unter densel-　2061
ben Voraussetzungen wie die Ausgaben für die Anlegung eines Gartens Herstellungskosten i.S. des § 7 Abs. 1 EStG (BFH 27.11.1962, BStBl 1963 III 115). Befindet sich das
Schwimmbecken im Keller des Gebäudes, ist die Nutzungszeit dieselbe wie beim Gebäude. Liegt das Schwimmbecken dagegen im Freien, ist es wie die Gartenanlage ein
besonderes Wirtschaftsgut, für das die Lebensdauer unabhängig von der des Gebäudes
festzustellen ist.

Abbruchkosten unter dem Buchwert eines Gebäudes rechnen im Fall des Neubaus im　2062
Allgemeinen zu den **Herstellungskosten,** wenn das Gebäude mit Abbruchabsicht erworben wurde, das Gebäude technisch oder wirtschaftlich **nicht** verbraucht war und
der Abbruch des Gebäudes mit der Herstellung eines neuen Wirtschaftsguts **in einem
engen wirtschaftlichen Zusammenhang** stand. Andernfalls gehören Abbruchkosten zu
den Anschaffungskosten des Grund und Bodens, insbesondere also dann, wenn das Gebäude objektiv wertlos war (BFH 12.6.1978 GrS 1/77, BStBl 1978 II 620; 15.11.1978 I R
2/76, BStBl 1979 II 299; H 6.4 EStH). Wird ein Gebäude erst 3 Jahre nach Erwerb abge-
brochen (gerechnet vom Zeitpunkt des Abschlusses des obligatorischen Rechtsgeschäftes), spricht der Beweis des ersten Anscheins nicht für einen Erwerb in Abbruchabsicht
(BFH 6.2.1979 VIII R 105/75, BStBl 1979 II 509).

Vergeblicher Aufwand ist Herstellungsaufwand (BFH 24.3.1987 IX R 31/84,　2063
BStBl 1987 II 695). Der zunächst beauftragte Bauunternehmer machte in dem BFH-Fall
Konkurs. Bauleistungen waren erbracht i.H. von 65 000 €, während Zahlungen i.H. von
100 000 € geleistet worden waren. Der Bauherr fiel mit seinen Forderungen (35 000 €)
im Konkurs des Unternehmers aus. Die 35 000 € sind nicht, wie der Bauherr anstrebte,
als Werbungskosten, sondern als Herstellungsaufwand vom BFH behandelt worden.

Sind **Bauzeitinsen** während der Herstellungsphase nicht als (vorab entstandene) Werbungskosten abziehbar, können sie in die Herstellungskosten des Gebäudes einbezogen werden, wenn das fertiggestellte Gebäude durch Vermietung genutzt wird (BFH
23.5.2012 IX R 2/12, BStBl 2012 II 674). Da die Substanzvermehrung den Begriff der
Herstellung erfüllt, liegt nicht nur bei Errichtung eines Gebäudes, sondern **auch bei An-
bauten, Umbauten und Aufstockungen Herstellungsaufwand** vor.

Nach der Entscheidung des BFH (26.11.1973 GrS 5/71, BStBl 1974 II 132) müssen **un-**　2064
selbständige Gebäudeteile einheitlich mit dem Gebäude abgeschrieben werden. Als
Folge ergibt sich für die Frage, ob Herstellungs- oder Erhaltungsaufwand vorliegt, dass

Aufwendungen für die **Erneuerung unselbständiger Gebäudeteile** stets Erhaltungsaufwendungen sind, weil kein verbrauchtes Wirtschaftsgut neu hergestellt wird, sondern ein fortbestehendes Wirtschaftsgut instand gesetzt wird. Aufwendungen für die Erneuerung **selbständiger** Gebäudeteile sind dagegen stets Herstellungsaufwand.

Zur Abgrenzung von Anschaffungskosten, Herstellungskosten und Erhaltungsaufwendungen bei der **Instandsetzung und Modernisierung** von Gebäuden vgl. die Ausführungen in Rdn. 2026 ff.

11.9.7.1.3   Anschaffungs-, Herstellungs- und Werbungskosten bei Bauherrengemeinschaften

2065   Das Bauherrenmodell geht in seiner Konstruktion davon aus, dass der zukünftige Eigentümer ein Grundstück vom Betreuungsunternehmen oder einem Dritten erwirbt und dann das Wohnungs-(Betreuungs-)Unternehmen nur als **Baubetreuer** auftritt, so dass der Bauinteressent als Bauherr anzusehen ist mit allen steuerlichen Vorteilen, die für den Bauherrn im Gegensatz zu einem Erwerber eines fertigen Hauses, einer fertigen Eigentumswohnung bestehen. Hingewiesen sei nur auf die sofortige Abzugsfähigkeit von Finanzierungskosten beim Bauherrn und auf die besonderen Bauherrenvergünstigungen beim § 7 Abs. 5 EStG.

2066   Nach ständiger BFH-Rechtsprechung und Verwaltungsmeinung ist **Bauherr**, wer **auf eigene Rechnung und Gefahr** ein Gebäude **baut** oder **bauen lässt** und das **Baugeschehen beherrscht.** Der Bauherr muss das **Bauherrenwagnis** tragen und **rechtlich und tatsächlich die Planung und Ausführung** in der Hand haben. Schließen sich mehrere zusammen, um gemeinsam einen Bau zu erstellen, dann sind sie Bauherren, wenn sie selbst (im Wege der Arbeitsteilung oder durch unselbständige Arbeitskräfte) das Baugeschehen beherrschen. **Keine Bauherreneigenschaft** liegt vor, wenn **Planung und Genehmigung des Bauvorhabens bereits abgeschlossen** sind, bevor der Bauinteressent in Vertragsverhandlungen mit dem Betreuungsunternehmen eintritt, es sei denn, er tritt kurze Zeit nach Baubeginn der Bauherrengemeinschaft bei, konnte aber noch wesentlichen Einfluss auf das Baugeschehen ausüben.

2067   Ist nach den tatsächlichen Verhältnissen des Einzelfalls der Bauinteressent **Bauherr,** so sind die Gesamtaufwendungen des Bauherrn daraufhin zu untersuchen, ob sie Teil der Herstellungskosten oder sofort abziehbare Werbungskosten sind.

2068   Bei dem Vertrag zwischen Betreuungsunternehmen und Bauinteressent handelt es sich um eine **Bündelung von Vertragsarten: Treuhandvertrag, Bürgschafts- und Garantievertrag, Vermietungsvertrag, Finanzierungsvermittlungsvertrag.** Die Teilentgelte, die für jede Einzelleistung im Rahmen des Gesamtvertrages an das Betreuungsunternehmen gezahlt werden, sind einzeln auf ihre Zugehörigkeit zu den Herstellungs- oder sofort abziehbaren Werbungskosten zu untersuchen.

Die Kosten, die der **Bauherr** im Zusammenhang mit der Errichtung des Gebäudes oder der Eigentumswohnung aufzubringen hat, können Anschaffungskosten des Grund und Bodens und – bei Beitritt nach Baubeginn – des bereits erstellten Teils des Gebäudes oder der Eigentumswohnung, **Herstellungskosten** des Gebäudes oder der Eigentumswohnung **oder** sofort abziehbare **Werbungskosten** sein (siehe dazu im Einzelnen BMF-Schreiben v. 31. 8. 1990, BStBl 1990 I 366, Tz 4.1 ff.).

Gebühren für die **Vermittlung** und die damit verbundene **Bearbeitung** der **Zwischen-** **und Endfinanzierung** sind in Höhe der marktüblichen Konditionen als Werbungskosten abziehbar. Erfahrungsgemäß betragen sie insgesamt 2 % des jeweils vermittelten Darlehens. Der darüber hinausgehende Teil ist den Herstellungskosten des Gebäudes oder der Eigentumswohnung und den Anschaffungskosten anteilig hinzuzurechnen. **2069**

Gebühren für die **Vermittlung** des Objekts oder Eigenkapitals und des Treuhandauftrags, Abschlussgebühren, Courtage, Agio, **Beratungs- und Bearbeitungsgebühren** sowie Platzierungsgarantiegebühren sollen Leistungen des Anlageberaters an den Bauherrn abgelten. Sie sind auf die Erlangung des Bauobjekts gerichtet und gehören deshalb anteilig zu den Herstellungskosten des Gebäudes oder der Eigentumswohnung und zu den Anschaffungskosten.

Kosten für die Ausarbeitung der **technischen, wirtschaftlichen** und **steuerlichen Grund-** **konzeption,** für die Werbung der Bauinteressenten, für die Prospektprüfung und sonstige Vorbereitungskosten decken regelmäßig Kosten der Initiatoren des Bauvorhabens ab. Werden solche Aufwendungen vom Bauherrn übernommen, gehören sie anteilig zu den Herstellungskosten des Gebäudes oder der Eigentumswohnung und zu den Anschaffungskosten. **2070**

Treuhandgebühren betreffen zum Teil die Geldbeschaffung und die spätere Vermietung. Die hierauf entfallenden Teile der Treuhandgebühren können als Werbungskosten abgezogen werden. **2071**

Bei **Baubetreuungskosten** ist stets zu prüfen, ob die Aufwendungen des Bauherrn zu den Herstellungskosten des Gebäudes oder der Eigentumswohnung, den Anschaffungskosten oder den sofort abziehbaren Werbungskosten gehören. **2072**

Anschaffungskosten des Grund und Bodens sind z. B. Kosten für die Regelung der eigentums- und bauplanungsrechtlichen Verhältnisse am Grundstück, z. B. betreffend Abtretung von Straßenland, Vorbereitung und Abschluss von Erschließungs- und Versorgungsverträgen sowie für Maßnahmen bei Vermessung und Erschließung des Grundstücks.

Im Wesentlichen betreffen die Leistungen die Herstellung des Gebäudes oder der Eigentumswohnung.

Zu den **Herstellungskosten** gehören insbesondere z. B. Entgeltsanteile für **2073**

► die **Vertretung** des Bauherrn **gegenüber Baubehörden,** den an der Baudurchführung beteiligten Architekten, Ingenieuren und bauausführenden Unternehmen,

► die **Aufstellung** eines **Baufristenplans,**

► die Aufstellung eines **Geldbedarfs- und Zahlungsplans** in Koordination mit dem Baufristenplan,

► die Führung eines **Baugeld-Sonderkontos** für den Bauherrn,

► die Vornahme des gesamten das Bauobjekt betreffenden **Zahlungsverkehrs,**

► die **laufende Unterrichtung** des Treuhänders.

Zu den sofort abziehbaren **Werbungskosten** gehören z. B. Entgeltsanteile für

► eine **Wirtschaftlichkeitsberechnung,** die Finanzierungszwecken des Bauherrn zu dienen bestimmt ist,

► Leistungen, die den **Vermietungsbereich** betreffen,

► Leistungen, die den **Betreuungsbereich** nach Fertigstellung des Objekts (z. B. Abschluss von Wartungsverträgen) betreffen.

Nach allgemeiner Erfahrung können den Werbungskosten ein Achtel der Baubetreuungskosten, in aller Regel jedoch nicht mehr als 0,5 % des Gesamtaufwands zugeordnet werden.

2074 Der Anleger, der sich aufgrund eines von den Projektanbietern vorformulierten Vertragswerks beteiligt und sich bei den damit zusammenhängenden Rechtsgeschäften durch die Projektanbieter oder von ihnen eingeschalteten sonstigen Personen (z. B. Treuhänder, Geschäftsbesorger, Betreuer) umfassend vertreten lässt, ist **regelmäßig nicht Bauherr, sondern Erwerber** des bebauten und ggf. sanierten oder modernisierten Grundstücks.

2075 Die mit der Errichtung und dem Vertrieb der Objekte befassten Personen sind regelmäßig bestrebt, **möglichst hohe Werbungskosten** auszuweisen. Hierzu wird der Gesamtaufwand durch eine Vielzahl von Verträgen und durch Einschaltung zahlreicher, zum Teil finanziell und personell verbundener Unternehmen aufgespalten. Die geltend gemachten Aufwendungen können, auch wenn sie im Einzelfall nach dem Wortlaut der Vereinbarungen Werbungskosten sind, nicht als solche anerkannt werden, wenn sie in Wirklichkeit für andere als die in den Verträgen bezeichneten Leistungen gezahlt werden, die nicht zu Werbungskosten führen können. Die vereinbarten Kosten sind deshalb nicht nach der vertraglichen Bezeichnung, sondern nach dem tatsächlichen wirtschaftlichen Gehalt der erbrachten Leistungen zu beurteilen (vgl. BFH 29. 10. 1985 IX R 107/82, BStBl 1986 II 217).

Diese Beurteilung ist auch vorzunehmen, wenn Leistungen, die zu Anschaffungs- oder Herstellungskosten führen, nicht oder zu niedrig berechnet werden. Erfahrungsgemäß erfolgt in diesen Fällen ein Ausgleich, der dem tatsächlichen wirtschaftlichen Gehalt der Leistungen entspricht.

Die Beurteilung nach dem tatsächlichen wirtschaftlichen Gehalt ist auch dann maßgebend, wenn für den Teil der Aufwendungen, der den Werbungskosten zuzurechnen ist, im Folgenden Vomhundertsätze oder Bruchteile angegeben werden.

2076 Zu den **Anschaffungskosten** gehören grundsätzlich alle aufgrund des vorformulierten Vertragswerks an die Anbieterseite geleisteten Aufwendungen, die auf den Erwerb des Grundstücks mit dem bezugsfertigen Gebäude gerichtet sind, insbesondere die **Baukosten** für die Errichtung des Gebäudes, die **Baubetreuungsgebühren, Treuhandgebühren,** Finanzierungsvermittlungsgebühren, Zinsfreistellungsgebühren, **Gebühren für die Vermittlung des Objekts oder Eigenkapitals** und des Treuhandauftrags, **Abschlussgebühren,** Courtage, Agio, Beratungs- und Bearbeitungsgebühren, Platzierungsgarantiegebühren, Kosten für die Ausarbeitung der technischen, wirtschaftlichen und steuerlichen Grundkonzeption, für die Werbung der Bauinteressenten, für die Prospektprüfung und sonstige Vorbereitungskosten sowie Gebühren für die Übernahme von Garantien und Bürgschaften.

Eine Aufspaltung dieser Aufwendungen in sofort abziehbare Werbungskosten und Anschaffungskosten danach, ob sie auf die Finanzierung, die steuerliche Beratung oder die Errichtung des Gebäudes entfallen, kommt nicht in Betracht.

Aufwendungen, die **nicht auf den Erwerb des Grundstücks** mit dem bezugsfertigen Ge-   2077
bäude gerichtet sind und die auch der Erwerber eines bebauten Grundstücks außerhalb eines Gesamtobjekts als **Werbungskosten** abziehen könnte, sind nicht den Anschaffungskosten des Objekts zuzurechnen.

Werden sie an die Anbieterseite geleistet, sind sie unter den nachfolgenden Voraussetzungen Werbungskosten (vgl. BFH 14. 11. 1989 IX R 197/84, BStBl 1990 II 299):

► Bereits **vor der Zahlung** müssen **klare Vereinbarungen** über den Grund und die Höhe dieser Aufwendungen bestehen.

► Die vereinbarten Leistungen und das jeweils zugehörige Entgelt müssen den **tatsächlichen Gegebenheiten** entsprechen; der Rechtsgedanke des § 42 AO darf dem Werbungskostenabzug in der begehrten Höhe nicht entgegenstehen.

► Die Aufwendungen müssen **von den übrigen Aufwendungen,** die mit der Anschaffung des Erwerbsgegenstandes in Zusammenhang stehen, **einwandfrei abgrenzbar** sein.

11.9.7.1.4   Immobilien-Mietkauf-Modell

Ein Immobilien-Mietkauf-Modell liegt vor, wenn nach dem typischen oder von den Be-   2078
teiligten gewollten Ablauf folgende Maßnahmen vorgesehen und vertraglich bereits weitgehend sichergestellt sind: **Inanspruchnahme** der bei dem Modell **während der Bauzeit** und in den ersten Jahren nach Fertigstellung des Baues (Verlustphase) **entstehenden negativen Einkünfte aus Vermietung und Verpachtung durch den Bauherrn; Veräußerung** des Gebäudes oder der Eigentumswohnung **bis zum Ende der voraussichtlichen Verlustphase** an den ursprünglichen Mieter oder dessen Nachfolger.

Eine weitgehende Sicherstellung der vorgesehenen Maßnahmen liegt vor, wenn die   2079
Veräußerung des Gebäudes oder der Eigentumswohnung nach dem Gesamtbild der Verhältnisse bei wirtschaftlich vernünftigem Handeln der Beteiligten zu erwarten ist, oder bei einem Kaufangebot des Mieters. Bei derartigen Gestaltungen ist davon auszugehen, dass der Bauherr im Zeitpunkt seines Beitritts zu dem Immobilien-Mietkauf-Modell bei typischem Geschehensablauf wegen seiner **von vornherein** auf die Verlustphase befristeten Eigentümerstellung **nicht die Absicht** hat, sich **eine Einkunftsquelle zu verschaffen,** aus der die Erzielung eines (wenn auch geringen) Überschusses der Einnahmen über die Werbungskosten objektiv möglich ist. Erfahrungsgemäß reichen die Mieteinnahmen in der Zeit bis zu der vorgesehenen Veräußerung regelmäßig nicht einmal aus, die für die Fremdmittel zu zahlenden Zinsen auszugleichen. Das Mietkauf-Modell unterliegt deshalb **nicht** der Besteuerung nach § 21 EStG. Ein Ausgleich oder Abzug der vom Bauherrn im Rahmen des Immobilien-Mietkauf-Modells erwirtschafteten Verluste ist einkommensteuerrechtlich nicht zulässig (vgl. hierzu auch H 21.2 „Einkünfteerzielungsabsicht" EStH).

11.9.7.1.5   Anschaffungskosten (AfA-Bemessungsgrundlage) im Falle des § 11d EStDV

2080   Für zum Privatvermögen gehörende Gebäude oder andere Wirtschaftsgüter, die unentgeltlich erworben worden sind, enthält § 11d EStDV Vorschriften über die Ausgangswerte zur Berechnung der AfA. Im Falle des unentgeltlichen Erwerbs tritt der Rechtsnachfolger hinsichtlich der AfA-Sätze und der Ausgangswerte in die Stellung seines Vorgängers ein.

Hat der Steuerpflichtige das Gebäude **nach** dem 20. 6. 1948 unentgeltlich erworben (z. B. durch Erbschaft oder Schenkung), ist zu unterscheiden, ob der Rechtsvorgänger das Gebäude nach dem 20. 6. 1948 angeschafft oder hergestellt hat oder ob dies vor dem Währungsstichtag geschehen ist. Im erstgenannten Fall sind die tatsächlichen Anschaffungs- oder Herstellungskosten des Rechtsvorgängers abzüglich der von ihm vorgenommenen AfA maßgebend (§ 11d EStDV). Im anderen Fall ist der um den Grund und Boden gekürzte Einheitswert zuzüglich der Herstellungskosten des Rechtsvorgängers als Ausgangswert für die Berechnung der künftigen AfA zugrunde zu legen (§§ 10a u. 11d EStDV).

Gehört das Gebäude nur teilweise zum Privatvermögen, ist die AfA anteilig nach den genannten Bestimmungen und nach den Vorschriften über die steuerliche Gewinnermittlung zu errechnen.

11.9.7.2   Höhe der Absetzung für Abnutzung

2081   Erzielt der Steuerpflichtige aus der Vermietung oder Verpachtung **beweglicher Wirtschaftsgüter** Einkünfte gem. § 21 EStG, ist die AfA gem. § 9 Abs. 1 Satz 3 Nr. 7 i.V. mit § 7 Abs. 1 EStG grundsätzlich nach der tatsächlichen Nutzungsdauer zu bemessen.

2082   Für **Gebäude** richtet sich die Höhe der AfA nach den Vorschriften des § 7 Abs. 4 u. 5 EStG. In § 7 Abs. 4 EStG ist die lineare und im Abs. 5 die degressive Gebäude-AfA geregelt. Auf die Erläuterungen dieser Vorschriften wird verwiesen.

11.9.7.3   Erhöhte Absetzung von Herstellungskosten und bestimmten Erhaltungsaufwendungen für moderne Heizungstechnologien (§ 82a EStDV)

2083   Nach § 82a EStDV **können** bestimmte Aufwendungen für **moderne Heizungstechnologien** mit jährlich 10 % gesondert von der AfA der übrigen Anschaffungs-/Herstellungskosten des Gebäudes abgezogen werden.

11.9.7.4   Erhöhte Absetzung für neue, mit Sozialbindung vermietete Wohnungen (§ 7k EStG)

2084   Für neue inländische **Wohnungen,** die **zehn Jahre mit Sozialbindung vermietet** werden, bot § 7k EStG eine zeitlich befristete erhöhte Absetzungsmöglichkeit. Die Absetzungsmöglichkeit besteht derzeit nicht mehr; vgl. die Voraussetzungen unten. Anstelle von § 7 Abs. 4 oder 5 EStG waren im Jahr der Fertigstellung und den folgenden vier Jahren je 10 %, in den folgenden fünf Jahren je 7 % und danach bis zur Vollabsetzung jährlich 3 $\frac{1}{3}$ % auf den Restwert abzuziehen.

Die erhöhten Absetzungen waren nach § 7k Abs. 2 EStG an folgende Voraussetzungen geknüpft:

▶ Der Steuerpflichtige muss sie entweder selbst aufgrund eines nach dem **28. 2. 1989** gestellten Bauantrags **herstellen** oder aber nach dem 28. 2. 1989 aufgrund eines nach diesem Zeitpunkt rechtswirksam abgeschlossenen obligatorischen Vertrages bis zum Ende des **Jahres der Fertigstellung anschaffen.**

▶ Die Wohnungen müssen **vor dem 1. 1. 1996** fertig gestellt sein.

▶ Es dürfen **keine Mittel aus öffentlichen Haushalten** unmittelbar oder mittelbar gewährt werden.

▶ Die Wohnungen müssen im Jahr der Anschaffung oder Herstellung und den folgenden neun Jahren (Verwendungszeitraum) dem Steuerpflichtigen zu **fremden Wohnzwecken** dienen.

▶ Der Steuerpflichtige muss – soweit eine Vermietung gelungen ist – für jedes Jahr des Verwendungszeitraums durch eine **Bescheinigung** der zuständigen Behörde nachweisen, dass mit **Sozialbindung** i. S. von § 7k Abs. 3 EStG vermietet worden ist.

▶ Aus den Vorschriften des Bescheinigungsverfahrens in § 7k Abs. 3 EStG ergibt sich, dass die **Größe** der Wohnungen begrenzt ist.

Zur Anwendung des § 7k EStG vgl. auch BMF-Schreiben v. 17. 2. 1992, BStBl 1992 I 115.

11.9.7.5 Herstellungsaufwand an Gebäuden in städtebaulichen Sanierungs- und Entwicklungsgebieten (§ 7h EStG)

Die erhöhte Abschreibung kann nicht nur für Herstellungskosten, sondern auch „für 2085 **Anschaffungskosten** “ in Anspruch genommen werden, die auf begünstigte Maßnahmen „entfallen, soweit diese nach dem rechtswirksamen Abschluss eines obligatorischen Erwerbsvertrags oder eines gleichstehenden Rechtsakts durchgeführt worden sind". Damit wird die erhöhte Absetzung von der Bauherreneigenschaft abgekoppelt.

11.9.7.6 Herstellungsaufwand an Baudenkmälern (§ 7i EStG)

Wie bei der Städtebauförderung sind Anschaffungskosten für begünstigte Baumaß- 2086 nahmen im Anschluss an den Erwerb in die erhöhten Absetzungen einbezogen (also auch hier **Abkopplung von der Bauherreneigenschaft).**

Weitere Punkte sind:

▶ Nur durch öffentlich-rechtliche Zuschüsse nicht gedeckte Aufwendungen sind begünstigt.

▶ Die Steuervergünstigung hängt nicht davon ab, dass die Baumaßnahmen sowohl unmittelbar die Substanz des Baudenkmals erhalten als auch zu dessen sinnvoller Nutzung erforderlich sein müssen (eine der beiden Voraussetzungen genügt).

▶ Die Bestimmungen über das Bescheinigungsverfahren und die Wirkung der Bescheinigung der Denkmalbehörden als Grundlagenbescheid werden deutlich gemacht.

11.9.7.7 Herstellungs- und Erhaltungsaufwendungen zur Städtebauförderung und Baudenkmalerhaltung bei eigengenutzten Wohnungen (§ 10f EStG)

2087 Für eigengenutzte Wohnungen in **eigenen Gebäuden** (Eigentumswohnungen) kann der Steuerpflichtige für Aufwendungen i. S. von § 7h EStG oder § 7i EStG i. H. von je 10 % in 10 Jahren nach § 10f EStG wie Sonderausgaben abziehen. Die Aufwendungen dürfen aber nicht in die Bemessungsgrundlage nach § 10e EStG einbezogen oder nach § 7h EStG oder § 7i EStG abgezogen worden sein.

2088 § 10f Abs. 2 EStG eröffnet den Eigennutzern von Wohnungen in einem Baudenkmal oder einem Gebäude in Sanierungsgebieten und städtebaulichen Entwicklungsbereichen die Möglichkeit, auch **Erhaltungsaufwand** auf 10 Jahre verteilt wie Sonderausgaben abzuziehen, wenn dieser die Voraussetzungen der neuen §§ 11a u. 11b EStG erfüllt und deshalb bei vermieteten Gebäuden auf 2–5 Jahre verteilt werden könnte.

11.9.8 Nießbrauch und dingliches Wohnrecht an einem Mietwohngrundstück

11.9.8.1 Die heutige Rechtsauffassung des BFH und der Finanzverwaltung

2089 Die Rechtsprechung des BFH wurde von der Finanzverwaltung in den Erlassen v. 15. 11. 1984 (BStBl 1984 I 561) und v. 24. 7. 1998 (BStBl 1998 I 914) übernommen. Diese Grundsätze wurden überarbeitet und im neuen Nießbrauchserlass vom 30. 9. 2013 (BStBl 2013 I 1184) niedergelegt.

Im Rahmen eines Lehrbuchs für angehende Praktiker wäre es verfehlt, die Rechtsdiskussion mit allem Für und Wider der BFH-Rechtsprechung zu entfachen. Deshalb beschränken wir uns darauf, die im Nießbrauchserlass niedergelegten, von der FinVerw in Übereinstimmung mit der BFH-Rechtsprechung in Zukunft vertretenen Rechtsauffassungen, die von den steuerlichen Beratern mehr oder weniger hingenommen werden müssen, kommentarlos darzulegen.

11.9.8.2 Erläuterung einiger zivilrechtlicher/steuerrechtlicher Begriffe

2090 Bürgerlich-rechtlich und steuerrechtlich unterscheidet man:

Zuwendungsnießbrauch. Der **Eigentümer räumt** (schenkweise – unentgeltlich oder aufgrund eines Kaufvertrages – entgeltlich) **dem Nießbraucher** das **dingliche Nutzungsrecht** (§§ 1030 ff. BGB) **ein.**

Vorbehaltsnießbrauch. Der **bisherige Eigentümer überträgt das Eigentum** an dem Nießbrauchsgegenstand (hier an dem Grundstück), lässt sich aber von dem neuen Eigentümer bürgerlich-rechtlich ein **Nießbrauchsrecht „rückübertragen",** behält sich also das **Nießbrauchsrecht** quasi **zurück.**

Bruttonießbrauch. Der **Nießbraucher** erlangt das Recht, die **Erträge zu vereinnahmen, ohne** die damit verbundenen **Ausgaben** (Werbungskosten: z. B. die gewöhnlichen Unterhaltungskosten) **tragen zu müssen.**

Nettonießbrauch. Der **Nießbraucher** muss die **gewöhnlichen Kosten** (z. B. Versicherung, gewöhnliche Unterhaltungskosten, Zinsen, vgl. §§ 1041 ff. BGB) **tragen;** ihm verbleibt also lediglich der **Nettoertrag.**

Quotennießbrauch. Da an Teilen eines Gebäudes kein dingliches Recht begründet werden kann (§ 93 BGB: wesentliche Bestandteile können nicht Gegenstand besonderer Rechte sein), verbleibt bisweilen nur die Möglichkeit, ein dingliches Teilnutzungsrecht einzuräumen in Form des zivilrechtlich anerkannten Quotennießbrauchs (z. B. **Nießbrauch zu 40 % an den Erträgen eines Grundstücks).** Entsprechendes gilt für den in der Praxis seltenen „Bruchteilsnießbrauch".

Dingliches Wohnrecht (§ 1093 BGB) ist das Recht, ein **Gebäude oder Teil eines Gebäudes selbst** (oder durch seine Angehörigen) **unter Ausschluss des Eigentümers** als **Wohnung nutzen zu können.** Da auf dieses Recht die Nießbrauchsregeln entsprechende Anwendung finden, gelten die darzulegenden Behandlungsgrundsätze, soweit sie für das Nießbrauchsrecht bestehen, auch für das dingliche Wohnrecht.

Vermächtnisnießbrauch. Ein Vermächtnisnießbrauch liegt vor, wenn **aufgrund einer letztwilligen Verfügung** des Grundstückseigentümers durch dessen Erben einem Dritten ein Nießbrauchsrecht an dem Grundstück einzuräumen ist und eingeräumt wird.

11.9.8.3 Die Grundsätze der steuerlichen Behandlung

Die hier dargestellten Grundsätze betreffen allgemein die steuerliche Behandlung des Nießbrauchs im Bereich der Einkünfte aus Vermietung und Verpachtung. 2091

11.9.8.3.1 Unentgeltlicher Zuwendungsnießbrauch

Der **Nießbraucher hat die Einnahmen zu versteuern** (Bruttonießbrauch); sofern er die üblichen Kosten (s. §§ 1041 ff. BGB) zu tragen hat, kann er diese abziehen (Nettonießbrauch); **die AfA kann er nicht abziehen** (Regelfall), da er nicht den Wertverzehr zu tragen hat; auf das unentgeltlich erworbene Nießbrauchsrecht kann er keine AfA vornehmen (BFH 28. 7. 1981 VIII R 141/77, BStBl 1982 II 454; Nießbraucherlass Tz. 20). 2092

Der **Eigentümer** kann **keine AfA** und auch keine sonstigen evtl. von ihm zu **tragenden Kosten** (etwa im Fall des Bruttonießbrauchs) **absetzen,** weil er **keine Einnahmen** hat (BFH 13. 5. 1980 VIII R 128/78, BStBl 1981 II 299; Nießbraucherlass Tz 19 u. 21).

11.9.8.3.2 Entgeltlicher Zuwendungsnießbrauch

Der Nießbraucher hat Einnahmen aus § 21 EStG im Falle der Fremdvermietung und kann Zahlungen für das **entgeltlich erworbene Nießbrauchsrecht als Werbungskosten abziehen, entweder im Zeitpunkt der Zahlung bei einer Vorauszahlung bis zu 5 Jahren, bei einer Vorauszahlung für eine längere Zeit ist eine gleichmäßige Verteilung auf die gesamte Zeit vorzunehmen** (Tz 26). 2093

Der **Eigentümer** hat das **Entgelt als Einnahme nach § 21 EStG zu versteuern** (BFH 27. 6. 1978 VIII R 54/74, BStBl 1979 II 332, Tz 28), die er allerdings auf die Laufzeit des Nießbrauchsrechts verteilen kann, wenn die Zahlung des Nießbrauchers für einen Zeitraum von mehr als 5 Jahren erfolgt (Tz 29); der Eigentümer ist AfA-Berechtigter.

11.9.8.3.3 Vorbehaltsnießbrauch

2094 Der **Vorbehaltsnießbraucher** nutzt das Grundstück in gleicher Weise, in gleichem Maße und gegen Entzug gesichert nutzt wie vor der Eigentumsübertragung: Die Einkünfte werden dem Nießbraucher zugerechnet (Tz 42); **er ist AfA-Berechtigter** (bezüglich des Gebäudes); er trägt die gewöhnlichen laufenden Aufwendungen auch steuerrechtlich.

Der **Eigentümer** hat **keine Einnahmen und keine Werbungskosten** i.S. des § 21 EStG (Tz 45 bis 48).

11.9.8.3.4 Vermächtnisnießbrauch (§§ 2147 ff. BGB)

2095 Gemäß Tz 32 wird der Vermächtnisnießbrauch steuerrechtlich behandelt wie ein unentgeltlicher Zuwendungsnießbrauch.

11.9.8.3.5 Dingliches Wohnrecht (§ 1093 BGB)

2096 Dieses Nutzungsrecht ist steuerrechtlich wie ein Nießbrauchsrecht zu behandeln, also je nach der Basis der Begründung als „Zuwendungs-" oder „Vorbehalts-Wohnrecht" (Tz 33, 34 und 49 ff.).

11.9.8.3.6 Obligatorische Nutzungsrechte

2097 Ein unentgeltlich begründetes, nicht dingliches Nutzungsrecht wird regelmäßig nur anerkannt, wenn der Nutzende eine gesicherte Rechtsposition hat (BFH 29. 11. 1983 VIII R 215/79, BStBl 1984 II 366). Das setzt nach Ansicht der FinVerw (Tz 6–8) regelmäßig einen schriftlichen Nutzungsvertrag und eine Nutzungsmöglichkeit für einen festgelegten Zeitraum von mindestens einem Jahr voraus. Weiter wird auch bei obligatorischen Nutzungsrechten zwischen Nutzungsrechten (Tz 35–38) und vorbehaltenen (Tz 51–54) Rechten unterschieden.

11.9.8.3.7 Nießbrauchsrechte zugunsten minderjähriger Kinder

2098 Räumen Eltern ihren minderjährigen Kindern einen Nießbrauch an einem Grundstück ein, bedarf es i. d. R. der Mitwirkung eines Pflegers, weil das mit dem Nießbrauch regelmäßig verbundene gesetzliche Schuldverhältnis zwischen Eigentümer und Nießbraucher neben Rechten auch Pflichten des Nießbrauchers begründet und der Nießbraucher daher nicht nur einen rechtlichen Vorteil erlangt (BFH 13. 5. 1980 VIII R 75/79, BStBl 1981 II 297). Insbesondere der Eintritt des Nießbrauchers in die Vermieterstellung ist insoweit als rechtlich nachteilig anzusehen. Daher ist auch in den Fällen des Bruttonießbrauchs die Mitwirkung eines Ergänzungspflegers erforderlich, wenn der Nießbraucher in bestehende Mietverhältnisse eintreten oder zur Vermietung verpflichtet sein soll (BMF-Schreiben v. 26. 5. 1992, BStBl 1992 I 370). Die Anordnung einer Ergänzungspflegschaft ist aber nur für die Bestellung, nicht für die Dauer des Nießbrauchs erforderlich (BFH v. 13. 5. 1980 VIII R 63/79, BStBl 1981 II 295).

Die Bestellung des Nießbrauchs ohne Mitwirkung eines Ergänzungspflegers ist in diesen Fällen jedoch einkommensteuerrechtlich anzuerkennen, wenn das Vormundschaftsgericht die Mitwirkung eines Ergänzungspflegers für entbehrlich gehalten hat (Tz. 4 und 5).

11.9.9 Kontrollfragen

		Rdn.	
1.	Ist die Unterscheidung zwischen Vermietung und Verpachtung von steuerlicher Bedeutung?	1951	☐
2.	Welcher Einkunftsart sind Erbbauzinsen zuzurechnen?	1951	☐
3.	Wie werden offene Immobilienfonds steuerlich behandelt?	1895	☐
4.	Wie werden geschlossene Immobilienfonds steuerlich behandelt?	1954	☐
5.	Wie wird die Vermietung einer Wohnung an einen Arbeitnehmer oder an den Gesellschafter einer Kapitalgesellschaft behandelt?	1958	☐
6.	Was versteht man unter Substanzausbeuteverträgen und wie werden sie steuerlich behandelt?	1961 ff.	☐
7.	Was fällt unter den Begriff des unbeweglichen Vermögens in § 21 Abs. 1 Nr. 1?	1960, 1968 ff.	☐
8.	Was ist ein Sachinbegriff?	1971	☐
9.	Welche Rechte können zeitlich begrenzt überlassen werden und zu welchen Einkünften führt die Überlassung?	1972 ff.	☐
10.	Welche steuerlichen Folgen hat die Veräußerung von Miet- und Pachtforderungen?	1974 ff.	☐
11.	Wie sind Guthabenzinsen aus Bausparverträgen einzuordnen?	1979	☐
12.	Wie werden Zahlungen des Mieters für Beschädigungen der Mietsache behandelt?	1981 ff.	☐
13.	Wie werden Zahlungen der Versicherung für ein abgebranntes Gebäude zu behandeln?	1983	☐
14.	Wie werden Mieterzuschüsse steuerlich behandelt?	1985	☐
15.	Wie wird die verbilligte Vermietung einer Wohnung von Eltern an ihr Kind behandelt?	1989 ff.	☐
16.	Welche Kosten sind als Finanzierungskosten Werbungskosten bei Vermietung und Verpachtung?	1993 ff.	☐
17.	Wonach richtet sich der Zeitpunkt der Abzugsfähigkeit von Werbungskosten?	1997 ff.	☐
18.	Nennen Sie weitere Beispiele von Werbungskosten bei der Einkunftsart Vermietung und Verpachtung außer den Finanzierungskosten und der Abschreibung.	2005 ff.	☐
19.	Wie werden Kosten im Zusammenhang mit der Bestellung von Erbbaurechten behandelt?	2013 ff.	☐
20.	Wie sind vergebliche Aufwendungen zur Errichtung von Mietobjekten anzusehen?	2017 ff.	☐
21.	Stellen Sie die allgemeinen Grundsätze zur Abgrenzung von Erhaltungs- zu Herstellungsaufwand dar.	2020 ff.	☐

2099–2100   *(Einstweilen frei)*

11.10   Sonstige Einkünfte (§ 22 EStG)

LITERATURHINWEIS:

Friebel/Rick/Schoor/Siegle, Fallsammlung Einkommensteuer, 19. Aufl., Kapitel 10.9

2101   § 22 EStG unterscheidet folgende Arten von sonstigen Einkünften:

§ 22 Nr. 1 EStG: Einkünfte aus **wiederkehrenden Bezügen,**

§ 22 Nr. 1a EStG: Einkünfte aus **Unterhaltsleistungen,**

§ 22 Nr. 1b EStG: Einkünfte aus **Versorgungsleistungen,**

§ 22 Nr. 1c EStG: Einkünfte bei **schuldrechtlichem Versorgungsausgleich,**

§ 22 Nr. 2 EStG: Einkünfte aus **privaten Veräußerungsgeschäften,**

§ 22 Nr. 3 EStG: Einkünfte **aus sonstigen Leistungen,**

§ 22 Nr. 4 EStG: Leistungen aufgrund des **Abgeordnetengesetzes,**

§ 22 Nr. 5 EStG: Leistungen aus **Altersvorsorgeverträgen.**

2102   Diese sonstigen Einkünfte sind **subsidiär** gegenüber den Einkünften i. S. des § 2 Abs. 1 Nr. 1 – 6 EStG, und innerhalb des § 22 EStG gehen die gem. Nr. 1 u. 2 wiederum denen gem. Nr. 3 vor. Für die Zuordnung zu den Einkünften i. S. des § 2 Abs. 1 Nr. 1 – 6 EStG oder zu § 22 Nr. 1 EStG gelten die gleichen Kriterien wie für einmalige Leistungen.

11.10.1 Einkünfte aus wiederkehrenden Bezügen (§ 22 Nr. 1 EStG)

LITERATURHINWEIS:

Jansen/Myßen/Risthaus, Renten, Raten, Dauernde Lasten, 15. Aufl.

11.10.1.1 Allgemeine Grundsätze, Definition

Unter wiederkehrenden Bezügen versteht man: 2103

► **Leistungen in Geld oder Geldeswert,**

► die wirtschaftlich **nicht Raten** darstellen,

► dem Empfänger **aufgrund eines einheitlichen Entschlusses** des Gebers

► **von Zeit zu Zeit** zufließen sollen,

► **ohne dass** sie regelmäßig,

► **für einen bestimmten Zeitraum** und

► **jeweils in derselben Höhe erbracht** werden müssen (BFH 20. 7. 1971 VIII 24/65, BStBl 1972 II 170 f.; R 22.1 Abs. 1 EStR).

Es ist **nicht zu fordern,** dass **tatsächlich mehrere Leistungen** erbracht werden, es genügt, dass mehrere Leistungen erbracht werden sollten, z. B. wenn der Verpflichtete nach der ersten Leistung stirbt.

Die Leistungen müssen nach der o. a. Definition einem von **vornherein gefassten einheitlichen Entschluss** entstammen. Sich wiederholende Bezüge, die jeweils auf einer **neuen Entschlussfassung** oder Vereinbarung beruhen, sind dagegen **keine wiederkehrenden Bezüge** (BFH 2. 7. 1971, BStBl 1972 II 170).

Zuschüsse, z. B. Ausbildungsbeihilfen, fallen dementsprechend nur dann unter § 22 Nr. 1 EStG, **wenn von vornherein** die **laufende Unterstützung vorgesehen** war, im Gegensatz zu einmaligen, möglicherweise sich jeweils für einzelne Ausbildungsabschnitte wiederholende Zuwendungen (vgl. dazu auch BFH 28. 2. 1978 VIII R 116/75, BStBl 1978 II 387: Zahlungen an einen Tutor können unter § 22 Nr. 1 Satz 3 Buchst. b EStG fallen).

Wenn auch eine **Kaufpreisrate** die übrigen Definitionsmerkmale des wiederkehrenden 2104 Bezuges erfüllt, müssen diese Raten aus dem Kreis der unter § 22 Nr. 1 EStG fallenden wiederkehrenden Bezüge ausscheiden, da Ratenzahlungen i. d. R. **einkommensteuerlich unbeachtliche Vermögensumschichtungen sind** und daher eine Erfassung dieser Leistungen unter § 22 Nr. 1 EStG nicht systemgerecht wäre. Wegen der Abgrenzungen von Raten zu Renten, insbesondere zu Zeitrenten, vgl. Rdn. 2125.

11.10.1.2 Arten der wiederkehrenden Bezüge

2105 Wiederkehrende Bezüge i. S. des § 22 Nr. 1 EStG sind in **drei Hauptgruppen** zu unterteilen:

- ► Renten,
- ► dauernde Lasten,
- ► sonstige wiederkehrende Bezüge.

11.10.1.3 Renten (allgemein)

2106 **11.10.1.3.1 Begriff der Rente**

Der **Begriff Rente** ist ebenso wie der der dauernden Lasten und allgemein auch der des wiederkehrenden Bezuges **gesetzlich nicht definiert.** Aus dem Grundsatz der **Einheitlichkeit der Rechtsordnung** wird jedoch der im **Zivilrecht entwickelte Rentenbegriff auch** für den Bereich des **Steuerrechts** angewandt (BFH 29. 3. 1962 VI 105/61 U, BStBl 1962 III 304; 25. 5. 1973 VI R 375/69, BStBl 1973 II 680, st. Rspr.).

Danach ist eine **Rente**

- ► ein **einheitlich nutzbares, selbständiges Recht** (Stammrecht),
- ► dessen Erträge **aus regelmäßig wiederkehrenden, gleichmäßigen Leistungen**
- ► in **Geld** oder **vertretbaren Sachen** bestehen und
- ► das dem/den Berechtigten **auf die Lebenszeit** eines oder mehrerer Menschen
- ► **oder auf die Dauer von mindestens 10 Jahren** eingeräumt ist (RGZ, Bd. 67 S. 204; BFH 18. 3. 1980 VIII R 69/78, BStBl 1980 II 501, 502, Nr. 2).

Diese Definition gilt sowohl für **Leibrenten,** deren **Laufzeit regelmäßig von der Lebensdauer** eines Menschen abhängt, als auch für **Zeitrenten,** bei denen die Dauer der Verpflichtung **von der Lebenszeit** eines Menschen **unabhängig** ist, aber auch für entgeltliche und unentgeltliche Renten.

Zu den einzelnen Definitionsmerkmalen sind folgende Anmerkungen zu machen:

11.10.1.3.2 Leistungen in Geld oder vertretbaren Sachen

2107 Vertretbare Sachen sind **bewegliche Sachen,** die **im Verkehr nach Maß, Zahl oder Gewicht bestimmt zu werden pflegen** (§ 91 BGB). Daher können z. B. Dienstleistungen, Wohnrechte, Leibgedinge u. Ä. (**Naturalleistungen**) nicht Gegenstand von Renten, sondern allenfalls von dauernden Lasten − s. u. − sein (vgl. dazu BFH 25. 5. 1973 VI R 375/69, BStBl 1973 II 680; 28. 7. 1983 IV R 174/80, BStBl 1984 II 97).

2108 Werden neben Geldleistungen auch **Naturalleistungen** erbracht, so sind die einzelnen Leistungsarten nach bisher st. Rspr. (vgl. BFH 16. 9. 1965, BStBl 1965 III 706; BFH 25. 5. 1973, a. a. O.; BFH 1. 8. 1975 VI R 48/73, BStBl 1975 II 881 f.; BFH 18. 3. 1980, a. a. O.) **getrennt zu prüfen,** ob sie eine Rente oder dauernde Last sind (wegen der Besonderheiten bei Altenteilsleistungen im Zusammenhang mit Vermögensübertragungen s. u. Rdn. 1906 ff. und 1927 ff.). Eine **einheitliche Behandlung** − als dauernde Last bzw. als Rente − ist **nur geboten,** wenn die Geldleistungen im Verhältnis zu den Naturalleistungen **von untergeordneter Bedeutung** sind (Naturalleistung plus 100 € Taschengeld = insgesamt Naturalleistung = insgesamt dauernde Last; BFH 15. 7. 1991 GrS 1/90, BStBl 1992 II 78, 82, unter C I 4c).

11.10.1.3.3 Regelmäßige Wiederkehr

Die Leistungen müssen in **regelmäßigen Zeitabständen** (monatlich, vierteljährlich, jähr- 2109
lich) **fällig** werden. Auf die tatsächliche Zahlung in den Abständen kommt es nicht an, so dass ein Zahlungsverzug nicht schadet.

11.10.1.3.4 Gleichmäßigkeit der Leistung

Der **Umfang der einzelnen Bezüge** muss **fest bestimmt** sein. Anpassungen, ja sogar die 2110
bloße **Anpassungsmöglichkeit** an veränderte Verhältnisse beim Verpflichteten oder Berechtigten gem. § 323 ZPO (Abänderungsklage i.V. mit dem Grundsatz von Treu und Glauben § 242 BGB: Wegfall der Geschäftsgrundlage) müssen ausgeschlossen sein; vgl. BFH 15. 7. 1991, a. a. O. Ob die Beteiligten bei rechtlich bestehender Änderungsmöglichkeit mit einer solchen gerechnet haben, ist bedeutungslos (BFH 20. 5. 1980 VI R 108/77, BStBl 1980 II 573); zur Frage der Abänderbarkeit nach § 323 ZPO bei Vermögensübertragungen gegen Versorgungsleistungen s. Rdn. 1927 ff.

Unterhaltsverträge sind daher, da bei ihnen der Gedanke der Unterhaltsgewährung 2111
und der Unterhaltssicherung im Vordergrund steht, **i. d. R. keine Rente** (sondern evtl. eine dauernde Last), **wenn** sich **nicht eindeutig** aus dem Vertragsinhalt ein **Verzicht auf die Abänderbarkeit nach § 323 ZPO** ergibt (BFH 27. 9. 1973 VIII R 77/69, BStBl 1974 II 103; vgl. auch BFH 1. 8. 1975 VI R 48/73, BStBl 1975 II 881; 12. 11. 1985 VI R 48/73, BStBl 1986 II 261).

Im Falle der **Vermächtnisrente** – die durch eine testamentarischer Verfügung begrün- 2112
det wird – hat der BFH (1. 8. 1975, a. a. O.) eine Abänderungsmöglichkeit im Regelfall verneint. Der fehlende Ausschluss des § 323 ZPO hindert folglich auch im Falle der Vermächtnisrente regelmäßig nicht die Annahme einer Rente.

Wertsicherungsklauseln bzw. Währungsklauseln schließen die Annahme einer Rente 2113
i. d. R. nicht aus, wenn die **Bezugsgröße geeignet** ist, die **Gleichmäßigkeit der Leistung sicherzustellen** (BFH [st. Rspr.], 28. 1. 1986 IX R 12/80, BStBl 1986 II 348). Eine Leibrente ist dann nicht gegeben, wenn die vertraglichen Vereinbarungen ausdrücklich vorsehen, dass eine Änderung nach § 323 ZPO nicht ausgeschlossen ist (BFH 1. 8. 1975, a. a. O.; 20. 5. 1980, BStBl 1980 II 348). Zu Besonderheiten bei Vermögensübertragungen gegen Versorgungsleistungen s. u. Rdn. 2148 ff. Anpassung an **Lebenshaltungskostenindex, Beamtengehalt, Sozialversicherungsrente** (auch die jährliche Anpassung der Sozialrenten) ist **unschädlich.**

Die Gleichmäßigkeit der Leistungen **nicht sicherzustellen,** vermag die Bezugsgröße: **Gewinn, Umsatz, Preis eines Wirtschaftsgutes,** auch wenn feste Mindestbeträge vereinbart worden sind (BFH 30. 8. 1980, BStBl 1980 II 573).

Die Anpassung einer Rente aufgrund der Wertsicherungsklausel führt aber **nicht zur Begründung einer weiteren Rente** bezüglich des Erhöhungsbetrages.

Von dem Fall der fehlenden Gleichmäßigkeit ist der Fall **zu unterscheiden,** in dem **zwei Renten** vereinbart werden, und zwar die erste (z. B. i. H. von 2 000 €) für den Fall, dass der Reingewinn nicht 150 000 € übersteigt, und die zweite (z. B. i. H. von 2 500 €) für den Fall, dass der Reingewinn 150 000 € übersteigt. Diese Vereinbarung stellt **keine** für eine Rente schädliche **Wertsicherungsklausel** dar (BFH 18. 3. 1980 VIII R 69/78, BStBl 1980 II 501), sondern es liegen **zwei selbständige Rentenrechte** vor.

2114   **11.10.1.3.5   Einheitlich nutzbares Recht (Rentenstammrecht)**

Die Rentenzahlungen müssen auf einen **einheitlichen Verpflichtungsgrund** zurückzuführen sein; **ein einheitlicher Entschluss** zur Zahlung auf Seiten des Leistenden **genügt nicht.** Ein solcher Verpflichtungsgrund kann sich aufgrund eines **Vertrages** (Kaufvertrag, Auseinandersetzungsvertrag, Schenkungsvertrag, Ergänzungsvertrag zum Dienstvertrag, Versicherungsvertrag u. a.), **Testamentes** (Vermächtnis) oder **Gesetzes** (Renten nach der RVO) ergeben.

Eine bürgerlich-rechtlich wirksame Verpflichtung wird aber nur begründet bei **Wahrung der bürgerlich-rechtlichen Formvorschriften.** Hier sind insbesondere folgende Vorschriften herauszuheben:

2115   ▶   § 516 BGB: Schenkungsversprechen bei Schenkung einer Rente: notarielle Beurkundung; die **Heilung des Formmangels** durch Vollzug gem. § 518 Abs. 2 BGB bewirkt zwar eine Heilung des Formmangels für jede einzelne Leistung, ein Verpflichtungsgrund, ein **Stammrecht wird** aber durch § 518 Abs. 2 BGB **nicht begründet,** so dass durch Vollziehung, durch Bewirken der einzelnen Leistungen, keine Rente begründet wird. Auch über § 41 AO lässt sich mit steuerlicher Wirkung kein Rentenstammrecht begründen. § 22 EStG ist insoweit eine dem § 41 AO vorgehende Spezialregelung;

   ▶   § 761 BGB: Schriftform für Leibrentenversprechen;

   ▶   §§ 2231 u. 2247 BGB: Formvorschriften für die Wirksamkeit eines Testamentes (Vermächtnisrente). Diese Formen müssen auch für das Steuerrecht eingehalten sein.

11.10.1.3.6   Selbständigkeit des Stammrechts

2116   Entsprechend der h. M. im Zivilrecht wird diese Selbständigkeit des Stammrechts gefordert (RGZ [st. Rspr.], vgl. Bd. 67 S. 210). Die Selbständigkeit des Stammrechts bedeutet, dass die **einzelnen Rentenansprüche aus dem Rentengrundrecht fließen** müssen. Sie müssen sich somit von den Gegenleistungen des zugrunde liegenden Rechtsgrundes (Vertrag oder Gesetz) lösen. Eine derartige Selbständigkeit liegt **nicht** vor bei **Lohn- und Gehaltszahlungen** einschließlich Ruhegehaltszahlungen; Miet-, Pacht-, Erbbauzinsen; aber auch **nicht** bei **Schadensersatzleistungen** in den Fällen des § 843 BGB – Geldrente bei Körperverletzung – und § 844 BGB – Geldrente an Unterhaltsberechtigte bei unerlaubter Handlung (vgl. BFH 5. 4. 1965, BStBl 1965 III 359); das BFH-Urteil v. 19. 10. 1978 VIII R 9/77, BStBl 1979 II 133, geht auf die fehlende Selbständigkeit des Stammrechts bei einer Schadensrente i. S. des § 844 Abs. 2 BGB nicht ein, kommt aber zum selben Ergebnis, wo ausgeführt ist, es fehle bei einer solchen Rente an der Gleichmäßigkeit der Leistung (Höhe und Dauer). Der BFH kommt zum Schluss, diese „Rente" sei ein wiederkehrender Bezug i. S. des § 22 Nr. 1 Satz 1 EStG. Wegen der Möglichkeit, auch in diesen

Fällen die Selbständigkeit des Rentenstammrechts zu schaffen durch **Novation** in Form eines abstrakten Schuldversprechens gem. § 780 BGB.

11.10.1.3.7 Laufzeit der Rente

Die Rente muss begründet werden **entweder für die Lebenszeit** eines oder mehrerer   2117
Menschen **oder mindestens auf die Dauer von 10 Jahren.**

Diese Voraussetzung ist gesondert zu untersuchen für die verschiedenen Arten von Leibrenten und für die Zeitrenten.

Man unterscheidet: 2118

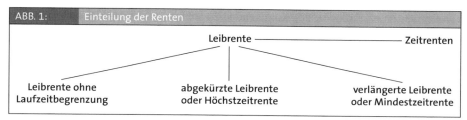

ABB. 1: Einteilung der Renten

Leibrente — Zeitrenten

Leibrente ohne Laufzeitbegrenzung | abgekürzte Leibrente oder Höchstzeitrente | verlängerte Leibrente oder Mindestzeitrente

Die **Leibrente** ist **weder im BGB noch im EStG definiert;** es ist die typische Form der Rente, die die Funktion hat, den **Empfänger zu versorgen** und deren besonderes Wagnis für Empfänger und Verpflichteten darin liegt, dass sie **auf die unbestimmte Lebenszeit** – meist des Empfängers – zugesagt wird (BFH 15. 7. 1991 GrS 1/90, BStBl 1992 II 78).

Eine **abgekürzte Leibrente (Höchstzeitrente)** ist eine **Leibrente,** weil sie **bis zum Tode**   2119
des Bezugsberechtigten, höchstens jedoch für eine **bestimmte Zeit** laufen soll. Diese **Höchstzeit** muss aber für die Annahme einer Rente **mindestens 10 Jahre betragen.**

> **BEISPIEL:** A räumt dem B eine Rente auf Lebenszeit, höchstens aber auf die Dauer von 15 Jahren ein.
>
> Beim Tod des Berechtigten innerhalb der Höchstzeit erlischt das Rentenrecht. Es geht nicht für die Restlaufzeit auf den Erben über. Ansonsten erlischt das Rentenrecht mit Erreichen der Höchstzeit.

Eine **verlängerte Leibrente** wird **auf die Lebenszeit einer Person** eingeräumt, **unabhän-**   2120
gig davon aber **für eine Mindestzeit.** Die **verlängerte Leibrente** ist **stets** eine Rente, unabhängig von der Mindestzeit.

> **BEISPIEL:** A räumt dem B eine Rente auf Lebenszeit, mindestens aber auf die Dauer von 8 Jahren ein.

Hinzuweisen ist in diesem Zusammenhang auf BFH (29. 10. 1974 VIII R 131/70, BStBl   2121
1975 II 173), wonach eine vereinbarte **verlängerte Leibrente als Rate** zu bewerten ist, **wenn die Mindestlaufzeit erheblich über** der durchschnittlichen **Lebenserwartung** des Berechtigten liegt.

Schließlich ist auch noch eine **Kombination von abgekürzter und verlängerter Leibrente** denkbar.

> **BEISPIEL:** ► A räumt dem B eine Rente auf Lebenszeit, mindestens auf die Dauer von 8 Jahren, höchstens auf die Dauer von 15 Jahren ein.
>
> In diesem Fall der Kombination muss – wie bei der abgekürzten Leibrente – die **Höchstzeit mindestens 10 Jahre** betragen.
>
> Im Gegensatz zur Leibrente **muss** eine **Zeitrente** stets eine **Mindestlaufzeit von 10 Jahren** aufweisen.

11.10.1.4   Dauernde Lasten

2122   Die dauernden Lasten sind **gesetzlich nicht definiert.** An sich umfasst der Begriff „Dauernde Last" auch den Begriff der Rente. Da aber das EStG in § 9 Abs. 1 Nr. 1 EStG und § 10 Abs. 1 Nr. 1a EStG diese Begriffe nebeneinander gebraucht, ist eine Abgrenzung, die im Übrigen steuerlich im Wesentlichen nur im außerbetrieblichen Bereich im Falle von Leibrenten eine Rolle spielt, dahingehend zu treffen, dass **dauernde Lasten** i. S. der §§ 9 u. 10 EStG sind:

► **wiederkehrende Leistungen,**

► die **für eine gewisse Dauer**

► in **Geld** oder **Sachwerten** geleistet werden und

► **nicht alle Kriterien der Rente** erfüllen (vgl. BFH 4. 4. 1989 X R 14/85, BStBl 1989 II 779).

Dauernde Lasten **unterscheiden** sich von Renten in folgenden Punkten:

Die **Leistungen** brauchen **nicht in Geld** oder vertretbaren Sachen zu bestehen; Leistungsinhalte können **auch Naturalleistungen** sein, z. B. Dienstleistungen (Pflegeleistungen); Gewährung von Unterkunft und Verpflegung u. a. (vgl. dazu BFH 28. 7. 1983 IV R 174/80, BStBl 1984 II 97 ff.).

Regelmäßigkeit und **Gleichmäßigkeit** der Leistungen werden ebenfalls **nicht gefordert,** so dass schädliche Wertsicherungs- und Währungsklauseln zwar die Annahme einer Rente, nicht aber einer dauernden Last hindern. Auch die Abänderbarkeit von wiederkehrenden Leistungen nach § 323 ZPO führt zur dauernden Last.

2123   Ob die **Selbständigkeit des Stammrechts** zu fordern ist, lässt der BFH (5. 4. 1965, BStBl III 357; 4. 5. 1965, BStBl III 444) offen, *Jansen/Myßen/Risthaus,* a. a. O., verneint die Notwendigkeit (die praktische Auswirkung liegt darin, dass nach *Jansen/Myßen/Risthaus* eine auf Gesetz beruhende Schadensersatzleistung eine dauernde Last i. S. der §§ 9 u. 10 EStG sein kann).

Ein **besonderer Verpflichtungsgrund** muss aber bestehen.

Die Mindestlaufzeit von 10 Jahren bzw. die **Abhängigkeit vom Leben** eines oder mehrerer Menschen wird im selben Umfang **wie bei der Rente** gefordert.

11.10.1.5   Raten

2124   Insbesondere bei hohen Kaufpreisen wird zwar ein fester Kaufpreis vereinbart, es müssen jedoch häufig **Zahlungsraten** eingeräumt werden. Der ziffernmäßig fest bestimmte Kaufpreis wird **gestundet** und in **Teilbeträgen gezahlt** (BFH 30. 7. 1965, BStBl 1965 III 613). Diese Zahlungsweise in Form von Kaufpreisraten wirkt sich einkommensteuerlich nicht aus, da sie lediglich **vermögensumschichtend** ist (BFH 20. 7. 1971 VIII 24/65, BStBl 1972 II 170). Der in den Raten regelmäßig enthaltene **Zinsanteil** ist als **Einkunft aus § 20 Abs. 1 Nr. 7 EStG** zu versteuern, wenn er nicht bereits nach den §§ 13, 15 u. 18 EStG steuerlich zu erfassen ist. Wenn die Parteien keinen besonderen Zinssatz vereinbart haben, ist der Zinsanteil gem. § 12 Abs. 3 BewG auf der Basis einer Verzinsung von 5,5 % zu berechnen (s. Hilfstafel 9, 9a zum BewG – Mittelwert zwischen dem Kapitalwert für jährlich vorschüssige und jährlich nachschüssige Zahlungsweise).

11.10.1.6 Abgrenzung zwischen Renten, dauernden Lasten und Raten

11.10.1.6.1 Abgrenzung von Leibrenten zu Zeitrenten

Diese **Abgrenzung** ist – unabhängig von der gewählten Bezeichnung, die in der Praxis häufig lediglich Indiz für die Entscheidung sein kann – **nach den tatsächlichen Umständen,** nach den erkennbaren Vorstellungen der Beteiligten durchzuführen. Insbesondere beim Verhältnis von abgekürzter Leibrente zur Zeitrente kommt es auf diese Momente entscheidend an. 2125

> **BEISPIEL:** ▶ A räumt seiner Schwester B eine Rente auf die Dauer von 15 Jahren ein.
>
> In diesem Fall kann es sich um eine Zeitrente handeln, wenn das Rentenrecht für die Restlaufzeit beim Tode der B auf deren Erben übergehen soll.
>
> Es ist aber eine abgekürzte Leibrente gewollt, wenn die Rente auf jeden Fall mit dem Tode der B enden soll.

In der Praxis sind demnach unentgeltliche private Zeitrenten, wenn sie aus Versorgungsgründen gegeben werden, äußerst selten. Im Regelfall dürfte es sich in diesen Fällen um abgekürzte private Leibrenten handeln. 2126

11.10.1.6.2 Abgrenzung von Renten zu Raten

Grundsätzlich erfolgt diese **Abgrenzung,** die begrifflich nur notwendig werden kann bei entgeltlichen Vorgängen, **nach der Interessenlage der Beteiligten:** Steht das Interesse des Empfängers im Vordergrund, durch die über Jahre erfolgte Verteilung der Zahlungen seine **Versorgung sicherzustellen,** liegt eine **Rente** vor; wird dagegen das **Stundungsinteresse** des Verpflichteten vorrangig erfüllt, liegt eine **Rate** vor. Diese Kriterien sind allerdings regelmäßig nicht ausschlaggebend für die Abgrenzung einer Zeitrente von einer Rate, da eine **Zeitrente wie eine Rate** behandelt wird, denn **bei Zeitrenten** steht der **Versorgungscharakter regelmäßig nicht im Vordergrund** (BFH 24. 4. 1970 VI R 212/69, BStBl 1970 II 541; 29. 10. 1974 VIII R 131/70, BStBl 1975 II 173; h. M.). Darüber hinaus ist aber sogar auch bei einer verlängerten Leibrente nicht das Versorgungsinteresse, sondern das Stundungsinteresse vorrangig, wenn die Mindestlaufzeit erheblich über der durchschnittlichen Lebenserwartung des Berechtigten liegt. In einem solchen Fall sind also Ratenzahlungen anzunehmen (BFH 29. 10. 1974, a. a. O.; vgl. aber auch H 139 Abs. 11 „Zeitrente" EStH unter Hinweis auf BFH 26. 7. 1984 IV R 137/82, BStBl 1984 II 829, wonach u. U. die Rate wie eine Rente behandelt wird). 2127

11.10.1.7 Steuerliche Behandlung der privaten wiederkehrenden Bezüge bzw. Leistungen (allgemein)

2128 Beim **Leistenden** sind **private Renten** und **private dauernde Lasten abzugsfähig** als **Werbungskosten** gem. § 9 Abs. 1 Nr. 1 EStG bzw. wiederkehrende Versorgungsleistungen als **Sonderausgaben** gem. § 10 Abs. 1 Nr. 1a EStG, **sofern** das **Abzugsverbot** des § 12 Nr. 2 EStG **nicht eingreift.** Diese Abzugsfähigkeit besteht aber nur bei entgeltlichen und unentgeltlichen privaten Leibrenten sowie bei unentgeltlichen privaten Zeitrenten, da entgeltliche private Zeitrenten nach h. M. wie Raten behandelt werden, Raten aber weder nach § 9 Abs. 1 Nr. 1 EStG noch nach § 10 Abs. 1 Nr. 1a EStG abzugsfähig sind, wohl aber evtl. ein in den Raten enthaltener Zinsanteil.

2129 Die **Abzugsfähigkeit** ist jedoch gem. § 9 Abs. 1 Nr. 1 EStG eingeschränkt bei **Leibrenten** auf den **Ertragsanteil**. Diese **Einschränkung** besteht bei **unentgeltlichen privaten Zeitrenten** und bei **dauernden Lasten nicht** (BFH 25. 11. 1980 VIII R 71/76, BStBl 1981 II 358). Unentgeltliche private Zeitrenten sind allerdings in der Praxis extrem selten; diese Renten dürften daher i. d. R. abgekürzte Leibrenten darstellen.

2130 Beim **Empfänger** sind private Renten und private dauernde Lasten, darüber hinaus aber auch alle sonstigen wiederkehrenden Bezüge **nach § 22 Nr. 1 EStG zu versteuern, sofern** die **Einschränkung** des **§ 22 Nr. 1 Satz 2 EStG nicht eingreift** (s. Rdn. 2146).

Im Einzelnen sind folgende **Besonderheiten für die Ermittlung der Einkünfte** hervorzuheben:

11.10.1.7.1 Berechnung des Ertragsanteils von Leibrenten ohne zeitliche Begrenzung

2131 Die Berechnung des Ertragsanteils von **Leibrenten ohne zeitliche Begrenzung** erfolgt auf der Basis der **Tabellen zu § 22 Nr. 1a EStG** , der von **Leibrenten mit abgekürzter oder verlängerter Laufzeit** auf der Grundlage eines Vergleichs der Tabellen aus **§ 22 Nr. 1a bb** und **§ 55 Abs. 2 EStDV.**

Dabei ist **bei** einer **abgekürzten Leibrente** der **niedrigere Betrag** aus beiden Tabellen, **bei** einer **verlängerten Leibrente** jedoch der **höhere Betrag** von beiden anzusetzen (FG Rheinland-Pfalz, EFG 1973, 162).

Maßgebend dabei ist das **bei Entstehung des Rentenanspruchs vollendete Lebensjahr** des Berechtigten bzw. der Bezugsperson (BFH 30. 9. 1980 VIII R 13/79, BStBl 1981 II 155). Bei **Rentennachzahlungen** ist maßgeblicher Zeitpunkt der der Entstehung des Rentenanspruchs, nicht der Beantragung oder gar Zahlung (BFH 6. 4. 1976 VIII R 184/72, BStBl 1976 II 452).

11.10.1.7.2 Mehrere Rentenberechtigte

2132 Sind **mehrere Personen** gemeinsam Berechtigte bezüglich **einer Rente,** ist bei Leibrenten grundsätzlich das **Lebensalter der jüngsten bezugsberechtigten Person** zugrunde zu legen.

Sind dagegen mehrere Personen in der Weise gemeinsam rentenberechtigt, dass sich nach dem Tode des Erstversterbenden die Rente ermäßigt, ist bei der Ermittlung des Grundbetrages der Rente, d. h. des Betrages, auf den sie später ermäßigt wird, das Lebensjahr der jüngsten Person zugrunde zu legen. Für den Ertragsanteil des über den Grundbetrag hinausgehenden Rententeils ist das Lebensjahr der ältesten Person maßgebend.

BEISPIEL: Einem Ehepaar wird gemeinsam eine lebenslängliche Rente i. H. von 24 000 € jährlich mit der Maßgabe gewährt, dass sie beim Ableben des zuerst Sterbenden auf 15 000 € jährlich ermäßigt wird. Der Ehemann ist zu Beginn des Rentenbezugs im Jahr 2005 55, die Ehefrau 50 Jahre alt.

Es sind zu versteuern:

a) bis zum Tod des zuletzt Sterbenden der Ertragsanteil des Sockelbetrags i. H. von 15 000 €. Dabei ist nach § 55 Abs. 1 Nr. 3 EStDV das Lebensalter der jüngsten Person, mithin der Ehefrau, zugrunde zu legen. Der Ertragsanteil beträgt:

30 % von 15 000 € = 4 500 € (§ 22 Nr. 1 Satz 3 Buchst. a Doppelbuchst. bb EStG);

b) außerdem bis zum Tod des zuerst Sterbenden der Ertragsanteil des über den Sockelbetrag hinausgehenden Rententeils i. H. von 9 000 €. Dabei ist nach § 55 Abs. 1 Nr. 3 EStDV das Lebensalter der ältesten Person, mithin des Ehemanns, zugrunde zu legen. Der Ertragsanteil beträgt:

26 % von 9 000 € = 2 340 € (§ 22 Nr. 1 Satz 3 Buchst. a Doppelbuchst. bb EStG).

Der jährliche Ertragsanteil beläuft sich somit auf (4 500 € + 2 340 € =) 6 840 €.

Steht die Rente nur einer Person zu, z. B. dem Ehemann, und erhält eine andere Person, z. B. die Ehefrau, nur für den Fall eine Rente, dass sie die erste Person überlebt, so liegen zwei aufeinander folgende Renten vor, von denen die letzte aufschiebend bedingt ist, z. B. die Hinterbliebenenrente aus den gesetzlichen Rentenversicherungen der Arbeiter und der Angestellten. Der Ertragsanteil für diese Rente ist erst von dem Zeitpunkt an zu versteuern, in dem die Bedingung eintritt.

Im Zusammenhang mit der Frage der Versteuerung der Leibrenten wird nochmals hingewiesen auf BFH (29. 10. 1974 VIII R 131/70, BStBl 1975 II 173), wonach eine verlängerte Leibrente als Rate zu behandeln ist, wenn die Mindestlaufzeit erheblich (im Urteilsfall 10 Jahre) über der durchschnittlichen Lebenserwartung liegt. In dem Fall ist dann der Zinsanteil jeder einzelnen Rate nach § 20 Abs. 1 Nr. 7 zu versteuern.

11.10.1.7.3 Rentenerhöhungen

Rentenerhöhungen sind grundsätzlich hinsichtlich des **Erhöhungsbetrages** als **neue,** 2133 **selbständige Rente** anzusehen, anders nur bei Rentenerhöhungen aufgrund einer Anpassung an gestiegene Lebenshaltungskosten (Wertsicherungsklausel) oder bei Veränderung der allgemeinen Bemessungsgrundlage (z. B. bei gesetzlichen Rentenversicherungen; BFH 10. 10. 1969 VI R 267/66, BStBl 1970 II 9).

11.10.1.7.4 Herabsetzung von Renten

Wird die Rente herabgesetzt, so sind die folgenden Fälle zu unterscheiden: 2134

1. Wird **von vornherein** eine spätere Herabsetzung **vereinbart,** so ist zunächst der Ertragsanteil des Grundbetrags der Rente zu ermitteln, d. h. des Betrags, auf den die Rente später ermäßigt wird. Diesen Ertragsanteil muss der Berechtigte während der gesamten Laufzeit versteuern, da er den Grundbetrag bis zu seinem Tod erhält. Außerdem hat er bis zum Zeitpunkt der Herabsetzung den Ertragsanteil des über den Grundbetrag hinausgehenden Rententeils zu versteuern. Dieser Teil der Rente ist

eine **abgekürzte** Leibrente **§ 55 Abs. 2 EStDV** , die längstens bis zum Zeitpunkt der Herabsetzung läuft.

BEISPIEL: A gewährt dem B eine lebenslängliche Rente von 8 000 € jährlich mit der Maßgabe, dass sie nach Ablauf von acht Jahren auf 5 000 € jährlich ermäßigt wird. B ist zu Beginn des Rentenbezugs 50 Jahre alt.

B hat zu versteuern:

a) während der gesamten Dauer des Rentenbezugs – nach Abzug von Werbungskosten – den Ertragsanteil des Grundbetrags. Der Ertragsanteil beträgt nach der in § 22 Nr. 1 Satz 3 Buchst. a Doppelbuchst. bb EStG aufgeführten Tabelle

   30 % von 5 000 € = 1 500 €;

b) außerdem in den ersten acht Jahren den Ertragsanteil des über den Grundbetrag hinausgehenden Rententeils i. H. von 3 000 €. Dieser Teil der Rente ist eine abgekürzte Leibrente mit einer beschränkten Laufzeit von acht Jahren; der Ertragsanteil beträgt nach der in § 55 Abs. 2 EStDV aufgeführten Tabelle 9 % von 3 000 € = 270 €.

Der jährliche Ertragsanteil beläuft sich somit für die ersten acht Jahre ab Rentenbeginn auf (1 500 € + 270 € =) 1 770 €.

2. Wird die Herabsetzung **während des Rentenbezugs vereinbart** und sofort wirksam, so bleibt der Hundertsatz des Ertragsanteils unverändert.

3. Wird die Herabsetzung **während des Rentenbezugs mit der Maßgabe vereinbart,** dass sie erst zu einem späteren Zeitpunkt wirksam wird, so bleibt der Hundertsatz des Ertragsanteils bis zum Zeitpunkt der Vereinbarung unverändert. Von diesem Zeitpunkt an ist Nr. 1 entsprechend anzuwenden. Dabei sind jedoch das zu Beginn des Rentenbezugs vollendete Lebensjahr des Rentenberechtigten und insoweit, als die Rente eine abgekürzte Leibrente gem. § 55 Abs. 2 EStDV ist, die beschränkte Laufzeit ab Beginn des Rentenbezugs zugrunde zu legen.

BEISPIEL: A gewährt dem B ab 1. 1. 05 eine lebenslängliche Rente i. H. von jährlich 9 000 €. Am 1. 1. 07 wird vereinbart, dass die Rente vom 1. 1. 11 an auf jährlich 6 000 € herabgesetzt wird. B ist zu Beginn des Rentenbezugs 50 Jahre alt. In den VZ 05 und 06 beträgt der Ertragsanteil 30 % von 9 000 € = 2 700 € (§ 22 Nr. 1 Satz 3 Buchst. a Doppelbuchst. bb EStG).

Ab 1. 1. 07 hat B zu versteuern:

a) während der gesamten weiteren Laufzeit des Rentenbezugs den Ertragsanteil des Sockelbetrags der Rente i. H. von 6 000 €. Der Ertragsanteil beträgt unter Zugrundelegung des Lebensalters zu Beginn des Rentenbezugs nach der in § 22 Nr. 1 Satz 3 Buchst. a Doppelbuchst. bb EStG aufgeführten Tabelle

   ab VZ 07: 30 % von 6 000 € = 1 800 €;

b) außerdem bis zum 31. 12. 10 den Ertragsanteil des über den Sockelbetrag hinausgehenden Rententeils i. H. von 3 000 €. Dieser Teil der Rente ist eine abgekürzte Leibrente mit einer beschränkten Laufzeit von sechs Jahren; der Ertragsanteil beträgt nach der in § 55 Abs. 2 EStDV aufgeführten Tabelle 7 % von 3 000 € = 210 €.

Der jährliche Ertragsanteil beläuft sich somit für die Jahre VZ 07 – 11 auf (1 800 € + 210 € =) 2 010 €.

11.10.1.7.5 Kapitalabfindungen

2135 Kapitalabfindungen für Renten sind, da sie sich auf der Vermögensebene abspielen, **einkommensteuerlich unbeachtlich** (BFH 26. 5. 1971 I R 79/69, BStBl 1971 II 655).

11.10.1.7.6 Rentennachzahlungen

Rentennachzahlungen sind **weder begünstigt nach § 24 Nr. 1a i.V. mit § 34 EStG** als   2136
Entschädigungen **noch** handelt es sich bei ihnen um eine **nachträgliche Entlohnung
i. S. des § 34 Abs. 3. EStG** Sie unterliegen daher der Regelbesteuerung nach § 22 Nr. 1
EStG (BFH 31. 7. 1970 VI R 177/68, BStBl 1970 II 784).

11.10.1.8 Abzugsverbot beim Verpflichteten gem. § 12 Nr. 2 EStG, Erfassungsverbot beim Berechtigten gem. § 22 Nr. 1 Satz 2 EStG

11.10.1.8.1 Abzugsverbot beim Verpflichteten (allgemein)

Gemäß **§ 12 Nr. 2 EStG** dürfen (unbeschadet der Vorschrift des § 10 EStG) **weder bei**   2137
den einzelnen Einkunftsarten (als Betriebsausgaben oder Werbungskosten) **noch vom
Gesamtbetrag der Einkünfte** (als Sonderausgaben oder außergewöhnliche Belastung)
abgezogen werden:

▶ freiwillige Zuwendungen,

▶ **Zuwendungen** aufgrund einer **freiwillig begründeten Rechtspflicht** und   2138

▶ **Zuwendungen** an **gesetzlich Unterhaltsberechtigte** des Zuwendenden, **auch wenn**
   diese Zuwendungen **auf** einer **Rechtspflicht beruhen.**

Durch § 12 Nr. 2 EStG wird allerdings eine Abzugsfähigkeit in den Grenzen der §§ 33 u.
33a EStG nicht berührt.

Zuwendungen sind Leistungen **ohne Gegenleistung oder ohne angemessene Gegenleistung;**

▶ keine Gegenleistung liegt daher vor **bei unentgeltlichem Erwerb;**

▶ keine angemessene Gegenleistung liegt vor, wenn bei **grober und überschlägiger
   Berechnung** der Wert des übernommenen Vermögens **weniger als die Hälfte des
   Wertes der Leistungen** des Übernehmers ausmachen, da in einem solchen Fall der
   Unterhaltscharakter überwiegt (BFH 23. 1. 1964 IV 8/62 U, BStBl 1964 III 422;
   28. 7. 1983 IV R 174/80, BStBl 1984 II 97, 100; BMF v. 11. 3. 2010 BStBl 2010 I 227
   Tz. 66).

Zur Durchführung der Berechnung ist der **wiederkehrende Bezug nach dem BewG** zu   2139
kapitalisieren.

Liegt der Wert des übernommenen Vermögens unter dieser 50-%-Grenze, liegt eine Zu-   2140
wendung vor, und wir sprechen von einer **Unterhalts-(Zuwendungs-)rente**, da der **Unterhaltscharakter überwiegt.** Eine **Aufteilung** in **Kaufpreisrente** (entgeltlicher Teil) und
Unterhaltsrente (unentgeltlicher Teil) wird vom BFH und der Verwaltung **abgelehnt**
(BFH 23. 1. 1964, a. a. O.; BMF v. 11. 3. 2010 BStBl I S. 227 Tz. 66). Liegt der Wert der Gegenleistung bei 50 % oder darüber, ist er aber nicht nach kaufmännischen Gesichtspunkten ausgewogen, ist jedenfalls § 12 Nr. 2 EStG mangels einer Zuwendung nicht anwendbar.

BEISPIEL 1: ▶ Übertragung von Vermögen im Werte von 100 000 € gegen eine Rente mit einem
Kapitalwert von 250 000 €. Der Wert des übernommenen Vermögens beträgt **weniger als
50 % des Wertes der Leistung des Übernehmers.**

Folge: Zuwendungsrente/Unterhaltsrente; Anwendung des § 12 Nr. 2 EStG.

BEISPIEL 2: ▶ Übertragung von Vermögen im Werte von 150 000 € gegen eine Rente mit einem Kapitalwert von 250 000 €. Der Wert des übernommenen Vermögens beträgt **mehr als 50 % des Wertes der Leistung** des Übernehmers.

Folge: keine Zuwendungs-/Unterhaltsrente, sondern evtl. eine **Versorgungsrente; keine** Anwendung des § 12 Nr. 2 EStG.

2141 **Freiwillig** ist eine Zuwendung, wenn sie **nicht auf einer wirksam begründeten Rechtspflicht** beruht, z. B. eine schenkweise begründete Rentenverpflichtung ist nicht notariell (§ 516 BGB) beurkundet worden.

2142 Nach **§ 12 Nr. 2 EStG** scheidet eine **Abzugsfähigkeit** aber **auch aus,** wenn zwar eine rechtliche Verpflichtung für die Zuwendung begründet wurde, z. B. notariell beurkundetes Schenkungsversprechen einer Rentenverpflichtung, aber diese **Verpflichtung freiwillig eingegangen** worden ist.

2143 Wird die Rente durch ein **Vermächtnis** (§§ 1939 u. 2147 ff. BGB) begründet (Vermächtnisrente kraft Testament), greift § 12 Nr. 2 EStG nach h. M. ein, da die testamentarisch angeordnete Leistungspflicht eben „**freiwillig begründet**" ist **aus der Sicht des leistungsverpflichteten Erblassers,** worauf die h. M. abstellt (vgl. die Zusammenstellung in BFH 27. 2. 1992 X R 139/88, BStBl 1992 II 612, 615 f.) Demgegenüber kommt der **BFH** (27. 2. 1992, a. a. O.) mit einer anderen Begründung zum selben Ergebnis, indem er wiederkehrende Leistungen, die der Erbe aufgrund eines Vermächtnisses an einen Dritten zu zahlen hat, **mit dem Wert des empfangenen Vermögens verrechnet.** Derartige Zahlungen sind dann – mangels wirtschaftlicher Belastung des Erben – nicht als Sonderausgaben nach § 10 Abs. 1 Nr. 1a EStG abziehbar.

2144 Schließlich ist ein wiederkehrender Bezug nicht abzugsfähig gem. § 12 Nr. 2 EStG, wenn er an (potenziell) **unterhaltsberechtigte Personen** oder deren Ehegatten gezahlt wird. **Unterhaltsverpflichtungen** bestehen gegenüber **Ehegatten** (§ 1360 BGB); **geschiedenen Ehegatten** (§§ 1569 ff. BGB); **Verwandten in gerader Linie** (§ 1601 BGB); **Adoptivkindern** (§§ 1755 u. 1601 BGB).

Entgeltliche Verträge zwischen unterhaltsberechtigten Personen werden allerdings – das ist ausdrücklich hervorzuheben – wie Verträge unter fremden Dritten behandelt und durch § 12 Nr. 2 EStG nicht berührt.

2145 **Unterhaltsleistungen** an den **geschiedenen** oder **dauernd getrennt lebenden Ehegatten** können als Sonderausgaben (§ 10 Abs. 1 Nr. 1, s. dazu auch R 10.2 EStR) oder als außergewöhnliche Belastung nach § 33a EStG (s. dazu R 33a.1 EStR) berücksichtigt werden; damit korrespondiert allerdings die Erfassung beim Empfänger gem. § 22 Nr. 1a EStG (s. die Ausführungen zu Rdn. 2192 ff.).

11.10.1.8.2 Erfassungsverbot beim Berechtigten (§ 22 Nr. 1 Satz 2 EStG)

2146 Nach dieser Bestimmung sind Bezüge, die die o. a. Voraussetzungen des § 12 Nr. 2 EStG erfüllen, **nicht dem Empfänger zuzurechnen, wenn** der Geber unbeschränkt steuerpflichtig ist. Das **Erfassungsverbot korrespondiert** mit dem **Abzugsverbot** (§ 12 Nr. 2 EStG) und basiert auf dem Gedanken, dass wiederkehrende Bezüge beim Berechtigten bzw. beim Verpflichteten **insgesamt nur einmal von der deutschen ESt erfasst werden sollen:** entweder sind sie beim Verpflichteten abzugsfähig, dann sind sie beim Empfänger, dem Berechtigten, zu versteuern oder sie sind beim Verpflichteten nicht zu erfassen, da sie dann bereits vom Verpflichteten versteuert worden sind. Eine **gewisse Durchbrechung** dieser Wechselbeziehung greift jedoch ein, **wenn** der **Geber beschränkt steuerpflichtig** ist; dann werden nämlich die Bezüge **stets nach § 22 Nr. 1 EStG** erfasst. Das beruht auf dem Gedanken, dass diese Beträge wenigstens einmal von der deutschen ESt erfasst werden sollen (vgl. auch BFH 27. 9. 1973 VIII R 71/69, BStBl 1974 II 101; vgl. auch Tz 51 ff. des BMF-Erlasses v. 11. 3. 2010, BStBl I 2010 227 – „sog. Rentenerlass"). Die Erläuterungen zu den Begriffen: Zuwendung, freiwillig, Unterhaltsberechtigung gelten hier im selben Umfang.

11.10.1.8.3 Besonderheiten bei Vermögensübertragungen/Vermögensübergabe gegen Versorgungsleistungen

Nach Ansicht des BFH (5. 7. 1990 GrS 2/89, BStBl 1990 II 827) findet § 12 Nr. 2 EStG **keine** Anwendung in Fällen der **vorweggenommenen Erbfolge** gegen Versorgungsleistungen. Der Vermögensübergeber behält sich in einem solchen Fall in Gestalt der Versorgungsleistungen gleichsam Erträge seines Vermögens vor. Diese so **vorbehaltenen Vermögenserträge** können daher **keine Zuwendungen** des Vermögensübernehmers aufgrund einer freiwillig begründeten Rechtspflicht sein i. S. des § 12 Nr. 2 EStG. Typischerweise werden in derartigen Fällen Wirtschaftseinheiten übertragen, die die **Existenz** des **Übertragenden wenigstens teilweise sichern.** Eine Wirtschaftseinheit in diesem (existenzsichernden) Sinn ist zu bejahen, wenn das übertragene Vermögen für eine Generationen übergreifende dauerhafte Anlage geeignet und bestimmt ist (BFH 27. 2. 1992 X R 136/88, BStBl 1992 II 609, 611).   2147

Existenzsichernd ist eine derartige Übertragung, wenn durch sie **Grundbedürfnisse** des Bezugsberechtigten, wie Wohnung, Ernährung und der sonstige Lebensbedarf abgedeckt werden (BFH 25. 3. 1992 X R 196/87, BStBl 1992 II 1012 f.).   2148

Wirtschaftseinheiten in diesem Sinne sind typischerweise **Betriebe, Teilbetriebe, Mitunternehmeranteile, Anteile an Kapitalgesellschaften, Geschäfts- oder Mietwohnhausgrundstücke, Einfamilienhäuser, Eigentumswohnungen** und **verpachtete unbebaute Grundstücke,** weitere Voraussetzung ist nach BFH (12. 5. 2003 GrS 2/00, BStBl 2004 I 100), dass das Unternehmen über einen positiven Substanz- oder Ertragswert verfügt. Andernfalls stelle der Betrieb kein „Vermögen" dar, das übertragen werden kann. Beachte hierzu die Änderungen ab 2008 (Rdn. 2154a).

Keine existenzsichernde Wirtschaftseinheit ist dagegen Vermögen, das dem Übernehmer nicht zur Fortsetzung des Wirtschaftens überlassen wird. Hierzu gehört vor allem:

ertragloses Vermögen, wie z. B. Hausrat, Wertgegenstände, Kunstgegenstände, Sammlungen und unbebaute Grundstücke (Brachland). Aber auch ertraglose Wirtschaftsgüter sind nach der Entscheidung BFH GrS v. 25. 5. 2003, BStBl 2003 II 95 geeignetes Vermögen, wenn sie mit der Auflage übertragen werden, sie in eine ihrer Art nach bestimmte Vermögensanlage **umzuschichten,** die einen zur Erbringung der Versorgungsleistungen ausreichenden Nettoertrag abwirft (vgl. Rz 36 ff. Rentenerlass bei Umschichtung).

2149   **Vorbehaltene Versorgungsleistungen** unterliegen damit in diesem Sinne **nicht dem § 12 Nr. 2 EStG;** sie sind als **Sonderausgaben** (Rente bzw. dauernde Last) abziehbar (BFH 27. 2. 1992 X R 139/88, BStBl 1992 II 612 ff.).

2150   **Derartige Versorgungsleistungen sind i. d. R. abänderbar,** also auch dann, wenn eine ausdrückliche Änderungsklausel fehlt (BFH 11. 3. 1992 X R 141/88, BStBl 1992 II 499), so dass sie i. d. R. dauernde Lasten darstellen. Diese sind in voller Höhe abziehbar **ohne Wertverrechnung** (BFH 11. 3. 1992, a. a. O.; 3. 6. 1992 X R 14/89, BStBl 1993 II 23; s. a. BFH 27. 2. 1992 X R 136/88, BStBl 1992 II 609).

In personeller Hinsicht sind diese Grundsätze aber nur anwendbar, wenn die Versorgungsleistungen an Mitglieder des Generationenverbundes – Ehegatten, Abkömmlinge bzw. Vermögensübergeber –, nicht auch an Geschwister oder andere Verwandte erbracht werden müssen.

Die Behandlung der Vermögensübergabe gegen Versorgungsleistungen basiert (s. o.) auf dem Gedanken, dass der Übernehmer die Erträge aus dem übernommenen Vermögen erwirtschaftet und an den Übertragenden in der Form der Versorgungsleistungen wieder zuwendet. Diese Überlegung kann nicht Platz greifen, wenn sich der Übergeber den gesamten Ertrag vorbehält **(Vorbehaltsnießbrauch),** da er die Erträge wie bisher selbst erwirtschaftet; ihm werden also nicht die Erträge zugewendet. Dementsprechend greift im Falle des totalen Vorbehaltsnießbrauchs das Abzugsverbot des § 12 Nr. 2 EStG ein (BFH 25. 3. 1992 X R 100/91, BStBl 1992 II 803; 25. 3. 1992 X R 196/97, BStBl 1992 II 1012).

2151   Wird ein (Total-)Nießbrauch, den sich ein Übergeber eines Vermögens vorbehalten hat, durch eine private Versorgungsrente **abgelöst,** wird auf diese Weise eine als Sonderausgabe abziehbare dauernde Last begründet (BFH 3. 6. 1992 X R 147/88, BStBl 1993 II 98; 3. 6. 1992 X R 14/89, BStBl 1993 II 23, 25; 14. 7. 1993 X R 54/91, BStBl 1994 II 19).

2152   Eine **Vermögensübergabe gegen Versorgungsleistungen** ist gegeben, wenn eine existenzsichernde und ertragsbringende Wirtschaftseinheit des Privat- und/oder Betriebsvermögens übertragen wird, deren **Erträge ausreichen, um** die **wiederkehrenden Leistungen zu erbringen.**

Eine existenzsichernde und ihrem Wesen nach ertragsbringende **Wirtschaftseinheit, deren Erträge** aber **nicht ausreichen,** um die wiederkehrenden Leistungen zu erbringen, kann lt. BFH (12. 5. 2003 GrS 1/00, BStBl 2004 I 95) nicht Gegenstand einer Vermögensübergabe sein.

Von einer **ausreichend ertragsbringenden Wirtschaftseinheit** ist auszugehen, wenn nach überschlägiger Berechnung die Versorgungsleistungen **nicht höher** sind **als** der langfristig **erzielbare Ertrag** des übergebenen Vermögens.

Voraussetzung für eine Vermögensübergabe i. S. des Rentenerlasses ist grundsätzlich, dass der Wert des Vermögens im Zeitpunkt der Vermögensübergabe **bei überschlägiger und großzügiger Berechnung mindestens die Hälfte des Kapitalwertes** der wiederkehrenden Leistungen beträgt (vgl. BFH 15. 7. 1991 GrS 1/90, BStBl 1992 II 78). Beträgt der Wert des Vermögens **weniger als die Hälfte des Kapitalwertes** der wiederkehrenden

Leistungen, sind die wiederkehrenden Leistungen nach § 12 Nr. 2 EStG **nicht abziehbare Unterhaltsleistungen** (Tz 66 Rentenerlass).

Nicht abziehbare Unterhaltsleistungen i. S. des § 12 Nr. 2 EStG **verbleiben demgemäß,**　2153 **wenn keine Versorgungsleistungen** im oben beschriebenen Grund vorliegen **und** der **Unterhaltscharakter überwiegt.** Ob das der Fall ist, ist (s. o.) danach zu entscheiden, ob der Wert des übernommenen Vermögens bei überschlägiger Berechnung weniger als die Hälfte des Wertes der Leistung des Übernehmers beträgt (BFH 27. 2. 1992 X R 136/88, BStBl 1992 II 609; Rz 6 und 66 Rentenerlass).

Versorgungsleistungen-Wertberechnung

Da **Versorgungsleistungen** – wie dargestellt – **keine Gegenleistung** des Übernehmers　2154 sind, müssen sie **nicht vorab mit dem Wert der Gegenleistung verrechnet** werden (BFH 5. 7. 1990 GrS 4-6/89, BStBl 1990 II 847, 852 [C. I. 2c]; 27. 2. 1992, a. a. O.). Das gilt nach der Rechtsprechung **nicht** für **Kauf-** oder **darlehensähnliche Verträge** und für **wieder- kehrende Leistungen** im **Austausch mit einer Gegenleistung** (BFH 5. 7. 1990, a. a. O. [C. II. 1c]; 27. 2. 1992, a. a. O.). Eine dauernde Last setzt eine wirtschaftliche Belastung voraus; daran mangelt es, wenn die Aufwendungen aus einer empfangenen Gegenleis- tung erbracht werden können (lebenslängliche wiederkehrende Leistungen des Kindes an die Eltern gegen Zuwendung eines Einmalbetrages i. H. von 12 000 €).

Änderungen ab 2008　　　　　　　　　　　　　　　　　　　　　　　2154a

Die bisher dargestellte Rechtslage zum Rechtsinstitut der Vermögensübergabe gegen Versorgungsleistungen gilt nach Vertrauensschutzgrundsätzen uneingeschränkt weiter für alle Verträge, die vor dem 1. 1. 2008 abgeschlossen wurden (vgl. § 52 Abs. 23a EStG).

Ab 2008 soll die Vermögensübergabe gegen Versorgungsleistungen auf ihren Kern- bereich reduziert (Gesetzesbegründung) werden. Es können daher nur noch lebenslan- ge Versorgungsleistungen abgezogen werden, die im Zusammenhang stehen mit der Übertragung

▶ eines Mitunternehmeranteils an einer Personengesellschaft, die eine Tätigkeit im Sinne der §§ 13, 15 Abs. 1 Nr. 1 oder des § 18 Abs. 1 EStG ausübt,

▶ eines Betriebes oder eines Teilbetriebs oder

▶ einer mindestens 50 % umfassenden Beteiligung an einer GmbH unter der weiteren Voraussetzung, dass der Übergebende Geschäftsführer war und der Übernehmende auch Geschäftsführer wird.

Die Vermögensübergabe gegen Versorgungsleistungen ist daher ab 2008 nicht mehr möglich für alle anderen Vermögensgegenstände, insbesondere nicht für die Übertra- gung

▶ von Immobilienvermögen,

▶ von Wertpapieren oder

▶ von typischen stillen Beteiligungen.

Auch ab 2008 ändert sich in den hiernach zulässigen Fällen nichts an der Beurteilung der Vermögensübergabe als unentgeltlicher Vorgang.

Durch die Gesetzesformulierung „Übertragung gegen Versorgungsleistungen" fällt aber die bisher geltende Unterscheidung zwischen Leibrente und dauernder Last weg; die Versorgungsleistungen werden vom Übergeber in jedem Fall in vollem Umfang als sonstige Einkünfte versteuert und – wegen des nunmehr gesetzlich verankerten Korrespondenzprinzips – vom Übernehmer als Sonderausgaben abgezogen.

HINWEIS:

Da der Ansatz von Versorgungsleistungen als Einkünfte unmittelbar von der Abzugsfähigkeit dieser Beträge als Sonderausgaben gem. § 10 Abs. 1 Nr. 1a EStG abhängt, wird auch auf die ausführliche Darstellung der Sonderausgabenabzugsmöglichkeit in Rdn. 310 ff. verwiesen.

11.10.1.9 Einkommensteuerliche Behandlung der Renten (im Einzelnen)

2155 Im Einzelnen **unterscheiden wir folgende Arten von Renten,** deren einkommensteuerliche Behandlung im Folgenden stichpunktartig behandelt werden sollen (wegen weiterer Einzelheiten vgl. die ausführliche Behandlung bei *Jansen/Myßen/Risthaus,* a. a. O.).

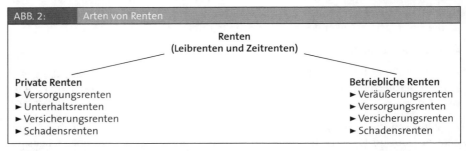

Die einkommensteuerliche Behandlung einschließlich der Frage betriebliche oder private Rente, ist jeweils **getrennt für den Berechtigten und für den Verpflichteten zu untersuchen;** es kann **auf Seiten des Verpflichteten durchaus** eine **betriebliche Rente** gegeben sein, **während diese Rente beim Berechtigten privater Natur ist** (und umgekehrt).

2156 **11.10.1.9.1   Einkommensteuerliche Behandlung der privaten Renten**

2157 **11.10.1.9.1.1   Private Veräußerungsrente**

Voraussetzungen:

1) **Gegenleistung** für einen **zum Privatvermögen gehörenden Vermögensgegenstand** (Empfängerseite);

2) **Erwerb zum Privatvermögen** (Verpflichtetenseite);

3) Leistung und Gegenleistung stehen **nach kaufmännischen Gesichtspunkten** einander **ausgewogen** gegenüber und

4) die Beteiligten gehen von einer **vollen Entgeltlichkeit** aus (keine gemischte Schenkung).

Dies ist im Einzelfall auch bei Betriebsübertragungen von Eltern auf Kinder denkbar, auch für den Fall, dass die Zahlungen dem Versorgungsbedürfnis der Eltern angepasst sind (BFH 24. 10. 1978 VIII R 172/75, BStBl 1979 II 135), allerdings besteht eine Vermutung dafür, dass keine Veräußerungsrente, sondern eine private Versorgungsrente vorliegt (BFH 28. 7. 1983 IV R 174/80, BStBl 1984 II 97, 99; vgl. auch BFH 22. 9. 1982 IV R 154/79, BStBl 1983 II 99).

Steuerliche Behandlung beim Berechtigten/Veräußerer:

Besteuerung nach den Grundsätzen des X. Senats:

► Urteile 25. 11. 1992 X R 34/89, BStBl 1996 II 663; 26. 11. 1992 X R 187/87, BStBl 1993 II 298 –

„Werden anlässlich einer auf die Lebenszeit einer Bezugsperson zeitlich gestreckten entgeltlichen privaten Vermögensumschichtung gleichbleibende wiederkehrende Leistungen vereinbart, ist deren Ertragsanteil (Zinsanteil), da dieser Entgelt für die Überlassung von Kapital (Zins) ist und private Schuldzinsen nicht abgezogen werden dürfen, bei verfassungskonformer Auslegung nicht als Sonderausgaben abziehbar" (Fortführung der BFH-Entscheidung 27. 2. 1992, s. Rdn. 2154).

Aus den BFH-Urteilen ist zu folgern,

1. dass nach seiner Ansicht bei Vermögensübertragungen gegen wiederkehrende Bezüge nur dann ein Sonderausgabenabzug nach § 10 Abs. 1 Nr. 1a EStG und, korrespondierend damit, eine Besteuerung nach § 22 Nr. 1a EStG erfolgt, wenn es sich um einen Fall der vorweggenommenen Erbfolge handelt. Dieser liegt nach Ansicht des BFH nur dann vor, wenn **existenzsicherndes Vermögen** im **Wege der vorweggenommenen Erbfolge** übertragen wird und sich der Übertragende in Gestalt von **Versorgungsleistungen** Erträge seines Vermögens vorbehält, die zukünftig vom **Vermögenserwerber** erwirtschaftet werden;

2. dass **außerhalb einer vorweggenommenen Erbfolge** bei einer **entgeltlichen Vermögensübertragung gegen wiederkehrende Bezüge** gleichsam **Ratenzahlungen** vorliegen mit der Folge: Der Verpflichtete leistet mit den Raten, in den Raten auch **Zinsen,** die bei ihm Schuldzinsen sind, beim Empfänger, beim Berechtigten **Zinsen für die Überlassung von Kapital**, also **Zinseinnahmen i. S. des § 20 Abs. 1 Nr. 7 EStG, und nicht mehr Ertragsanteile** i. S. des § 22 Nr. 1a EStG mit der Folge: Gewährung des **Sparerfreibetrages** nach § 20 Abs. 4 EStG und: Der Veräußerer hat z. B. bei Veräußerung seines Einfamilienhauses auf Rentenbasis nicht mehr den Ertragsanteil nach § 22 Nr. 1a EStG, sondern die Zinsen gem. § 20 Abs. 1 Nr. 7 EStG zu versteuern, während der Erwerber den Ertragsanteil nicht als Sonderausgaben abziehen kann. Er zahlt Zinsen, und die sind nicht nach § 10 Abs. 1 Nr. 1a EStG abzugsfähig.

Der IX. Senat folgt in seinen Urteilen (9. 2. 1994 IX R 110/90, BStBl 1995 II 47; 18. 10. 1994 IX R 46/88, BStBl 1995 II 169), den Auffassungen des X. Senats.

Die **Finanzverwaltung** – Tz 75 Rentenerlass – **differenziert:**   2158

► Der in **dauernden Lasten** enthaltene Zinsanteil ist auf die Laufzeit der wiederkehrenden Leistungen zu verteilendes Entgelt (Zinsen) für die Stundung des Veräußerungspreises. In diesen Fällen ist der zu ermittelnde Zinsanteil als Einkünfte aus Kapitalvermögen nach § 20 Abs. 1 Nr. 7 EStG zu versteuern (vgl. BFH 25. 11. 1992 X R 34/89, BStBl 1996 II 663; 26. 11. 1992 X R 187/87, BStBl 1993 II 298).

► Der in **Veräußerungsleibrenten** enthaltene Ertragsanteil ist nach § 22 Nr. 1 Satz 3 Buchst. a Doppelbuchstabe bb EStG zu versteuern.

BEISPIEL: ► A veräußert an B ein bei A und B zum Privatvermögen gehörendes Mehrfamilienhaus. B verpflichtet sich, dem A auf Lebenszeit monatlich eine Rente i. H.v. 2 000 € zu zahlen. Die Zahlungen sollen am 1.1.05 beginnen. In diesem Zeitpunkt hat A sein 60. Lebensjahr vollendet. Der Grund- und Bodenanteil beträgt 20 %;

Versteuerung auf Seiten des A:

A versteuert den Ertragsanteil gem. Tabelle zu § 22 Nr. 1a Doppelbuchstabe bb EStG beim Lebensalter von 60 Jahren zu Beginn der Rentenzahlung: 22 % bei jährlicher Rentenzahlung von 12 × 2 000 € = 24 000 €

hat A daher gem. § 22 Nr. 1a EStG zu versteuern:	5 280 €
./. Werbungskostenpauschbetrag gem. § 9a Nr. 3 EStG	102 €
stpfl. Einkünfte	5 178 €

Besteuerung auf Seiten des B, des Verpflichteten/Erwerbers:

Der Ertragsanteil der Leibrente: 5 280 € jährlich zählt zu den Werbungskosten bei den Einkünften aus Vermietung und Verpachtung; der Rentenbarwert – **ermittelt nach § 14 BewG** oder nach versicherungsmathematischen Grundsätzen (R 32a Abs. 2 Satz 2 EStR) – stellt die **Anschaffungskosten** für das **Grundstück** dar:

24 000 € × 10,448 (Anlage 9 zu § 14 BewG) = 250 752 €. Dieser Betrag minus 20 % Grund- und Bodenanteil = 200 602 € ist die Bemessungsgrundlage für vorzunehmende Abschreibungen bei B.

Diese steuerliche Behandlung gilt für A und B unabhängig davon, ob A über die rechtliche Lebenserwartung hinaus lebt oder ob A vorher stirbt.

Rentenerhöhungen aufgrund einer zulässigen **Wertsicherungsklausel** wirken sich auf die Anschaffungskosten des B nicht aus. Der erhöhte (ermäßigte) Rentenbetrag ist bei A nach dem unveränderten Prozentsatz von 22 % zu versteuern (bis zu dessen Tod).

2159 **11.10.1.9.1.2 Private Versorgungsrente**

Voraussetzungen: Sie liegen vor, wenn Leistung und Gegenleistung **nicht nach kaufmännischen Gesichtspunkten ausgewogen** gegenüberstehen, die Gegenleistung aber **50 % oder mehr des Wertes des Rentenrechts** beträgt.

Eine Versorgungsrente im weiteren Sinne liegt auch vor, wenn die Gegenleistung nicht 50 % des Rentenbarwertes erreicht, weil auch in diesem Fall Leistung und Gegenleistung nicht nach kaufmännischen Gesichtspunkten ausgeglichen sind; dieser Fall ist aber ein Spezialfall der Versorgungsrente, nämlich der einer **Unterhalts-(Zuwendungs-)rente** (s. Rdn. 1898).

Derartige private Versorgungsrenten sind, da der **Versorgungscharakter** stark **ausgeprägt** ist, i. d. R. **Leibrenten.** Sie sind einheitlich als Versorgungsrenten zu behandeln. Eine Aufteilung in einen unentgeltlichen und einen entgeltlich erworbenen Teil (s. Rdn. 1898) ist nicht statthaft. Ab 2008 wird nur noch der Begriff Versorgungsleistungen verwendet (vgl. Rdn. 2154a).

Steuerliche Behandlung beim Berechtigten:

Versteuerung gem. § 22 Nr. 1a EStG, bei einer Leibrente mit dem Ertragsanteil (wegen der Versteuerung der Zeitrente vgl. Rdn. 2125 f.). **2160**

Steuerliche Behandlung beim Verpflichteten:

Sonderausgabenabzug gem. § 10 Abs. 1 Nr. 1a EStG des Ertragsanteils; § 12 Nr. 2 EStG **2161** steht nicht entgegen, da **keine Zuwendung** vorliegt, denn die **50-%-Gegenwertgrenze** wird **überschritten** (wegen der Versteuerung der Zeitrente s. Rdn. 2125 f.).

Wenn die **Leistungen nicht ausgewogen** einander gegenüberstehen (was i. d. R. in sol- **2162** chen Fällen gegeben ist), werden die Rentenleistungen **insgesamt** im Hinblick auf die Vermögensübertragungen gewährt und sind daher **nicht betriebliche Aufwendungen.** Es besteht insoweit eine **Vermutung für den außerbetrieblichen Charakter** der Rente (BFH 6. 3. 1975, BStBl 1975 II 600). Diese Vermutung gilt auch, wenn die Übertragung oder Vererbung eines Gesellschaftsanteils in einem Gesellschaftsvertrag geregelt ist (BFH 16. 11. 1972 IV R 36/68, BStBl 1973 II 184; 21. 12. 1977 I R 52/76, BStBl 1978 II 332). Dieser Grundsatz gilt auch i. d. R. in den Fällen, in denen ein Betrieb auf einen nicht unterhaltsverpflichteten Familienangehörigen übergeht (BFH 25. 8. 1966, BStBl 1966 III 675). **Betriebliche** Versorgungsrenten sind aber ausnahmsweise bei Personengesellschaften denkbar (s. Rdn. 2184).

Zu den Vermögensübertragungen gegen **Versorgungsleistungen** s. Rdn. 2148.

11.10.1.9.1.3   Private Unterhaltsrente

2163

Eine private **Unterhaltsrente (Zuwendungsrente)** liegt vor, wenn für die Rente **keine oder keine angemessene Gegenleistung** (s. o. Rdn. 2137) bewirkt wird.

Steuerliche Behandlung beim Berechtigten:

Grundsätzlich keine Steuerpflicht; Versteuerung nur, wenn der Rentenverpflichtete beschränkt steuerpflichtig ist (§ 22 Nr. 1 Satz 2 EStG), siehe Rdn. 2147.

Steuerliche Behandlung beim Verpflichteten:

Nicht abzugsfähig gem. § 12 Nr. 2 EStG, siehe Rdn. 2137 ff.

11.10.1.9.1.4   Vorweggenommene Erbfolge mit Versorgungsleistungen/Vermögensübergabe – Privatvermögen

2164

Überträgt ein Vermögensinhaber der Einkünfteerzielung dienendes Privatvermögen im Wege der **vorweggenommenen Erbfolge,** so stellen nach BFH (5. 7. 1990 GrS 4-6/89, BStBl 1990 II 847) dem Vermögensübernehmer **auferlegte Versorgungsleistungen** (im **Gegensatz zu Abfindungszahlungen** und **Gleichstellungsgeldern) weder** auf Seiten des Zuwendenden **Veräußerungsentgelte** noch auf Seiten des Bedachten **Anschaffungskosten** dar. Bei der Übertragung von **Vermögen gegen Versorgungsleistungen** gelten daher **weiterhin die Grundsätze** zur Abgrenzung und Behandlung von **Veräußerungsrenten, Versorgungsrenten** und **Unterhaltsrenten.** Zu den Besonderheiten im Hinblick auf § 12 Nr. 2 EStG die Rdn. 2148 ff.

2165 **11.10.1.9.1.5   Private Versicherungsrente**

Nach den Vorgaben des Bundesverfassungsgerichts wurde die Besteuerung der Alterseinkünfte ab 2005 neu geregelt, um eine **Gleichheit der Besteuerung von Renten aus der gesetzlichen Rentenversicherung und von Beamtenpensionen** zu erreichen.

Die Aufwendungen für die Altersversorgung sollen im Grundsatz von der Besteuerung ausgenommen werden (als Sonderausgaben; vgl. hierzu die Ausführungen in Rz. 466 ff.), und im Gegenzug die Alterseinkünfte besteuert werden **(Prinzip der nachgelagerten Besteuerung).**

Diese Umstellung erfolgte nicht zu einem bestimmten Stichtag, sondern wurde schrittweise in den Jahren 2005 bis 2040 eingeführt. Im Einzelnen gilt seit 2005 Folgendes:

2166 **Besteuerung der Leibrenten (§ 22 Nr. 1 Satz 3 Buchst. a Doppelbuchstabe aa EStG)**

Leibrenten und andere Leistungen

▶ aus gesetzlichen Rentenversicherungen (Sozialversicherungsrenten),

▶ aus landwirtschaftlichen Alterskassen,

▶ aus berufsständischen Versorgungseinrichtungen und

▶ aus vergleichbaren Rentenversicherungen im Sinne des § 10 Abs. 1 Nr. 2 Buchstabe b EStG

werden vom Prinzip der pauschalierten Ertragsanteilsbesteuerung auf die nachgelagerte Besteuerung umgestellt.

Alle Renten, auch die bereits bestehenden, werden nach einer neuen Ertragsanteilstabelle der Besteuerung unterworfen. Der Ertragsanteil beträgt für die Renten, die 2005 erstmals gezahlt werden sowie für alle bestehenden Renten unabhängig von ihrem bisherigen Ertragsanteil nach altem Recht ab 2005 nunmehr 50 %. Dieser Ertragsanteil steigt bis 2020 um jährlich 2 % und ab 2021 um jährlich 1 % an, bis im Jahr 2040 die volle Besteuerung der Leibrenten erreicht ist.

Da sich der Ertragsanteil nach dem Jahr des Rentenbeginns richtet, hat jeder Rentenjahrgang seinen eigenen Ertragsanteil (sog. Kohortenprinzip).

Ist der Ertragsanteil als Prozentsatz ermittelt, wird ein **steuerfreier Rentenbetrag** errechnet. Dies ist der Unterschiedsbetrag zwischen dem Jahresbetrag der Rente und dem der Besteuerung unterliegenden Anteil der Rente (§ 22 Nr. 1 Satz 3 Buchst. a Doppelbuchstabe aa Satz 4 EStG). Dieser steuerfreie Rentenbetrag gilt ab dem Jahr, das auf den erstmaligen Bezug der Rente folgt, für die gesamte Laufzeit der Rente.

BEISPIEL: ▶ Die Steuerpflichtige A bezieht seit 1998 eine Altersrente, die im Jahr 2005 monatlich 1 500 € beträgt. Der ab 2005 neu festzusetzende Ertragsanteil beträgt 50 %, so dass sich bei einem Jahresbetrag der Rente von 18 000 € ein steuerfreier Betrag von 9 000 € ergibt. Dieser steuerfreie Betrag wird sodann für die gesamte Laufzeit der Rente, also auch für 2006 und später, berücksichtigt.

Es bleiben nicht etwa für die gesamte Laufzeit der Rente 50 % der jeweiligen jährlichen Zahlung außer Ansatz, so dass Anpassungsbeträge der Rente sofort der vollen Besteuerung unterliegen.

BEISPIEL: ▶ Die Rente der A im vorherigen Beispiel wird im Jahr 2006 um 1 % erhöht, der jährliche Rentenbezug beträgt somit 18 180 €, hiervon wird der 2005 ermittelte steuerfreie Betrag von

9 000 € abgezogen, so dass sich ein steuerpflichtiger Teil von 9 180 € ergibt; der Erhöhungsbetrag ist voll steuerbar.

Eine **Neuberechnung** des **steuerfreien Rentenbetrags** erfolgt nur bei nicht regelmäßigen Änderungen der Rente (z. B. Einkommensanrechnungen bei Witwenrenten, Wechsel von Voll- zu Teilrenten etc.).

In diesen Fällen ist der Rentenfreibetrag in dem Verhältnis anzupassen, in dem der veränderte Jahresbetrag der Rente zum Jahresbetrag der Rente steht, der der Ermittlung des steuerfreien Teils der Rente zugrunde gelegen hat (§ 22 Nr. 1 Satz 3 Buchst. a Doppelbuchstabe aa Satz 6 EStG).

Formel:

$$\frac{\text{Veränderter Jahresbetrag der Rente}}{\substack{\text{Jahresbetrag der Rente bei Ermittlung des bis-}\\ \text{herigen Freibetrags}}} \times \text{bisheriger Rentenfreibetrag} = \text{neuer Freibetrag}$$

BEISPIEL: ▶ Die Steuerpflichtige B bezieht seit 1998 eine Große Witwenrente von monatlich 600 €, zum 1. 1. 2006 wird die Rente aufgrund von Einkommensanrechnungen auf 700 € erhöht.

Im Jahre 2005 errechnet sich bei einem Ertragsanteil von 50 % ein steuerfreier Rentenbetrag von 3 600 € (50 % des Jahresbetrags von 7 200 €).

Im Jahr 2006 ist der Rentenfreibetrag auf der Grundlage einer Jahresrente von 8 400 € neu zu errechnen. Nach der Formel beträgt er:

$$\frac{8\,400\text{ € (veränderter Jahresbetrag)}}{7\,200\text{ € (bisheriger Jahresbetrag)}} \times 3\,600\text{ (bish. Freibetrag)} = \text{neuer Rentenfreibetrag }4\,200\text{ €}$$

Renten aus demselben Versicherungsvertrag, die einander nachfolgen (z. B. Hinterbliebenenrente nach Altersrente oder Altersrente nach Erwerbsminderungsrente), werden bezüglich der Laufzeit als Einheit behandelt, d. h. die Laufzeit bzw. der entsprechende Prozentsatz richtet sich nach dem Jahr der zuerst beginnenden Rente. Der Prozentsatz muss jedoch mindestens 50 % betragen (§ 22 Nr. 1 Satz 3 Buchst. a Doppelbuchstabe aa Satz 8 EStG).

Ertragsanteilsbesteuerung (§ 22 Nr. 1 Satz 3 Buchst. a Doppelbuchstabe bb EStG)

Auch nach neuem Recht wird die Besteuerung **auf Dauer nur mit dem Ertragsanteil** vorgenommen, wenn es sich um Renten handelt, deren Sparanteil in vollem Umfang aus versteuertem Einkommen gebildet wurde.

Dies ist der Fall bei allen Renten, die nicht unter § 22 Nr. 1 Satz 3 Buchst. a Doppelbuchstabe aa EStG fallen, z. B. bei

▶ Leibrenten gegen Einmalbetrag,

▶ Veräußerungsleibrenten,

▶ Renten aus Vermögensübertragungen gegen Versorgungsleistungen zur vorgenommenen Erbfolge, soweit es sich nicht um dauernde Lasten handelt,

▶ Renten, die die Voraussetzungen des § 10 Abs. 1 Nr. 2 Buchst. b EStG nicht erfüllen (weil sie z. B. ein Kapitalwahlrecht vorsehen) und bei

▶ privaten Rentenversicherungen, die vor dem 1. 1. 2005 abgeschlossen wurden (Altverträge).

Auf Antrag wird diese Besteuerung auch für Leibrenten und andere Leistungen vorgenommen, soweit diese auf bis zum 31.12.2004 geleisteten Beiträgen beruhen, die oberhalb des Betrags des Höchstbeitrags zur gesetzlichen Rentenversicherung gezahlt wurden. In diesem Fall muss der Steuerpflichtige nachweisen, dass der Höchstbeitrag mindestens 10 Jahre überschritten wurde.

Die **Ertragsanteile der neuen Tabelle** in § 22 Nr. 1 Satz 3 Buchst. a Doppelbuchstabe bb Satz 4 EStG wurden im Verhältnis zur bis 2004 gültigen Tabelle **abgesenkt,** z. B. beim Rentenbeginn nach Ablauf des 65. Lebensjahres von bisher 27 % auf nunmehr 18 %

Entsprechend wurden auch die Ertragsanteile in der Tabelle zur Ermittlung des Ertrags abgekürzter privater Leibrenten in § 55 Abs. 2 EStDV abgesenkt. Abgekürzte Leibrenten sind lebenslang laufende Renten, die zusätzlich auf eine bestimmte Laufzeit beschränkt sind. Sie erlöschen, wenn die Person, von deren Laufzeit sie abhängen, vor Ablauf der zeitlichen Begrenzung stirbt. Überlebt die Person die zeitliche Begrenzung, so endet die abgekürzte Leibrente mit ihrem Zeitablauf.

BEISPIEL: ▶ Der Steuerpflichtige A, der sein 60. Lebensjahr vollendet hat, soll eine lebenslängliche Rente von monatlich 500 € erhalten, die aber maximal 20 Jahre laufen soll. Wird A älter als 80 Jahre, erlischt die Rente nach Ablauf der 20-jährigen Laufzeitbegrenzung, stirbt A im 70. Lebensjahren, erlischt die Rente ebenfalls.

Der Ertragsanteil dieser Rente beträgt nach der ab 2005 geltenden Tabelle zu § 55 Abs. 2 EStDV 21 %, hätte A bei Rentenbeginn bereits das 63. Lebensjahr vollendet, wäre der Ertragsanteil nach der dritten Spalte der Tabelle zu § 55 Abs. 2 EStDV der Tabelle zu § 22 Nr. 1 Satz 3 Buchst. a Doppelbuchstabe bb EStG zu entnehmen und beträgt nur 20 %.

HINWEIS:

Zur Besteuerung der Altersbezüge vgl. auch das BMF-Schreiben v. 13.9.2010, BStBl 2010 I 681 Rz. 133–203.

Mitteilungspflicht

Gemäß § 22a EStG haben die Träger der gesetzlichen Rentenversicherung, der Gesamtverband der landwirtschaftlichen Alterskassen für die Träger der Alterssicherung der Landwirte, die berufsständischen Versorgungseinrichtungen, die Pensionskassen, die Pensionsfonds und die Versicherungsunternehmen, die Anbieter von Verträgen i. S. der Riester-Rente sind, der zentralen Stelle der Bundesversicherungsanstalt für Angestellte bis zum 31. Mai des Folgejahres auf elektronischem Wege folgende Daten zu übermitteln (Rentenbezugsmitteilung):

► Identifikationsnummer (§ 139b der Abgabenordnung), Familienname, Vorname und Geburtsdatum des Leistungsempfängers,

► je gesondert den Betrag der Leibrenten und anderen Leistungen,

► Zeitpunkt des Beginns und des Endes des jeweiligen Leistungsbezugs sowie

► Bezeichnung und Anschrift des Mitteilungspflichtigen (Leistungspflichtigen).

11.10.1.9.1.6 Private Schadensrente

2167

Schadensersatz in Form von wiederkehrenden Bezügen kann geleistet werden:

▶ wegen der Vermehrung der Bedürfnisse (sog. Mehrbedarfsrenten, § 843 Abs. 1 2. Alternative BGB),

▶ zum Ausgleich eines Schmerzensgeldanspruchs (§ 253 Abs. 2 BGB),

▶ wegen des Wegfalls eines gesetzlichen Unterhaltsanspruchs infolge Tötung des Unterhaltsverpflichteten (§ 844 Abs. 2 BGB) oder von gesetzlich geschuldeten Diensten (§ 845 BGB) oder

▶ wegen des Entgehens von Einkünften aufgrund einer Beeinträchtigung der Erwerbsfähigkeit (§ 843 Abs. 1 2. Alternative BGB).

Diese Zahlungen werden nach den BFH-Urteilen v. 25.10.1994 VIII R 79/91, BStBl 1995 II 121 und v. 26.11.2008 X R 31/07, BStBl 2009 II 651 und dem BMF-Schreiben v. 15.7.2009 BStBl 2009 I 836 wie folgt behandelt:

Mehrbedarfsrenten und Schmerzensgeldrenten sind weder als Leibrenten noch als sonstige wiederkehrende Bezüge nach § 22 Nr. 1 EStG steuerbar, obwohl sie ihrer äußeren Form nach wiederkehrende Leistungen sind.

Ebenso sind die Unterhaltsrenten nach § 844 Abs. 2 EStG und § 845 BGB nicht steuerbar, weil sie kein Ersatz für entgehende Einnahmen i. S. des § 2 EStG sind und die wirtschaftliche Leistungsfähigkeit des Empfängers nicht erhöhen.

Bei Renten wegen Aufhebung der Erwerbsfähigkeit (§ 843 Abs. 1 1. Alternative BGB) kommt es darauf an, wofür die Zahlungen erfolgen:

▶ werden die wiederkehrenden Bezüge zum Ausgleich für entgangene oder entgehende steuerbare Einkünfte gezahlt, erzielt der Empfänger Einkünfte der Einkunftsart, die ihm durch die zum Schadensersatz verpflichtende Handlung entgangen sind (vgl. § 24 Nr. 1 Buchst. a EStG); wiederkehrende Bezüge i. S. § 22 EStG liegen wegen der Subsidiarität dieser Einkunftsart nicht vor,

▶ sind einem Kind durch das Schadensereignis künftige Einkünfte entgangen und ist ungewiss, welchen Beruf das Kind ergriffen hätte, so bezieht das Kind mit den Schadensersatzleistungen wiederkehrende Bezüge i. S. des § 22 Nr. 1 EStG.

HINWEIS:

Wird der Schaden in Form einer Einmalzahlung geleistet, gelten für die Zuordnung dieser Zahlung zu den Einkunftsarten dieselben Grundsätze.

11.10.1.9.2 Einkommensteuerliche Behandlung der betrieblichen Renten

11.10.1.9.2.1 Betriebliche Veräußerungsleibrente bei Betriebsveräußerungen

Voraussetzungen: Ausgewogenheit von Leistung und Gegenleistung nach kaufmännischen Gesichtspunkten; Rente ist **Gegenleistung** für die **Veräußerung eines Betriebes**, eines **Teilbetriebes**, eines **Mitunternehmeranteils** oder **eines Teiles eines Mitunternehmeranteils.**

2168

Steuerliche Behandlung beim Berechtigten (Gewinnermittlung nach § 4 Abs. 1 EStG, § 5 EStG):

2169 Rechtsprechung und Verwaltung räumen dem Steuerpflichtigen ein **Wahlrecht** ein (BFH 28.9.1967, BStBl 1968 II 76; 20.1.1971 I R 147/69, BStBl 1971 II 302 [st. Rspr.]; R 16 Abs. 11 Satz 2 und 6 EStR).

2170 **Sofortversteuerung:** Ermittlung des Veräußerungsgewinns durch Gegenüberstellung des **nach den Vorschriften des BewG ermittelten Barwerts** der Rente (zwingend gem. § 14 BewG mit dem Vervielfältiger, vom BMF aufgrund aktualisierter Sterbetafeln jedes Jahr im BStBl festgesetzt wird) und etwaigen Veräußerungskosten des Veräußerers **zum Buchwert** im Zeitpunkt der Veräußerung; Begünstigung des Veräußerungsgewinns gem. § 16 Abs. 4 EStG und § 34 EStG; Versteuerung des Ertragsanteils aus der Rente laufend nach § 22 Nr. 1a Doppelbuchstabe bb EStG (folgt man der Rechtsprechung des X. Senats – s. o. Rdn. 2157 –, so sind die Zinsanteile der „Rente" nach § 20 Abs. 1 Nr. 7 EStG steuerpflichtig) oder **laufende Versteuerung** der Rentenzahlungen als nachträgliche Einkünfte aus Gewerbebetrieb (§ 15 i.V. mit § 24 Nr. 2 EStG), **beginnend jedoch erst, wenn** der **Kapitalanteil der Rente** das **Kapitalkonto** nebst den Veräußerungskosten des Veräußerers **übersteigen;** bei dieser Wahl entfällt die Vergünstigung der §§ 16 Abs. 4 u. 34 EStG; die Besteuerung der Ertragsanteile wird von der Versteuerung gem. §§ 15 u. 24 EStG bereits erfasst.

Steuerliche Behandlung beim Verpflichteten:

2171 **Passivierung der Rentenverpflichtung** mit dem nach den **§§ 12 ff. BewG oder** nach dem **versicherungsmathematisch** ermittelten **Barwert** (vgl. H 6.2 „Rentenverpflichtung" EStH; dazu ergänzend: BFH 31.1.1980 IV R 126/76, BStBl 1980 II 491); **Aktivierung** der übernommenen **Wirtschaftsgüter einschließlich** eines **Firmenwerts;** die laufenden **Rentenzahlungen** sind **laufender Aufwand,** die jährlichen **Barwertminderungen** sind **Ertrag,** so dass sich im Endergebnis nur die Zinsanteile in den einzelnen Rentenleistungen als Aufwand auswirken.

2172 Es wird auch die **buchhalterische Methode** zugelassen (vgl. R 4.5 Abs. 4 Satz 4 EStR), aber nur, wenn der Gewinn nach § 4 Abs. 3 EStG ermittelt wird. Hierbei wird aus Vereinfachungsgründen die jährliche Neubewertung und Neupassivierung der Rentenverbindlichkeit unterlassen und die laufenden Rentenzahlungen mit der auf den Zeitpunkt der Veräußerung (versicherungsmathematisch) festgestellten Rentenschuld verrechnet (Buchungssatz: per Konto Rentenverbindlichkeit an Geldkonto). Bis zum Erreichen des Barwertes der Rentenschuld beeinflussen die Rentenzahlungen dann nicht den Gewinn; nach Übersteigen des Barwertes sind sie in vollem Umfang Betriebsausgaben.

> **BEISPIEL:** **(zur betrieblichen Veräußerungsrente)** A, 65 Jahre alt, Inhaber eines Gewerbebetriebes mit Aktiva: 600 000 € und Passiva (Verbindlichkeiten) von 300 000 € und stillen Reserven von 200 000 €, veräußert diesen Gewerbebetrieb am 31.12.15 gegen Zahlung einer monatlichen Leibrente i.H. von 5 000 € an B, zahlbar jeweils bis zum 5. eines jeden Monats; die Veräußerungskosten i.H. von 5 000 € zahlt A. A und B ermitteln ihren Gewinn nach § 5 EStG.
>
> **LÖSUNG:** Versteuerung bei A (Veräußerer) in VZ 16:
> **Wahlrecht** zwischen: **Sofortversteuerung** und **laufender** (nachträglicher) **Versteuerung** (R 16 Abs. 11).

a) **Sofortversteuerung**

Rentenbarwert (§ 12 BewG) = Veräußerungpreis: 60 000 €

(Jahreswert) × 11,346 (Anlage 2016 zu § 14 BewG) =	680 760 €
./. von A getragene Veräußerungskosten	5 000 €
./. Kapitalkonto zum 31. 12. 15	300 000 €
steuerbarer Veräußerungsgewinn gem. § 16 Abs. 2 EStG	375 750 €

Kein Freibetrag gem. § 16 Abs. 4 EStG, obwohl über 55 Jahre alt – 136 000-€-Grenze wird überschritten –

steuerpflichtiger Veräußerungsgewinn, begünstigt nach § 34 EStG	375 750 €

zusätzlich:

Rentenzahlungen (ab VZ 16), steuerpflichtig nach § 22 Nr. 1a Doppelbuchstabe bb EStG (Verwaltungsauffassung) bzw. § 20 Abs. 1 Nr. 7 EStG (Auffassung des X. Senats, nach dessen Ansicht auch ermittelt nach der Tabelle zu § 22 Nr. 1a Doppelbuchstabe bb) EStG:

60 000 € × 18 %: Ertragsanteil	10 800 €
./. Werbungskostenpauschbetrag gem. § 9a Nr. 3 (FinVerw)	102 €
Einkünfte gem. § 22 Nr. 1a Doppelbuchstabe bb (FinVerw)	10 698 €

b) **Nachträgliche Versteuerung:**

Der Zinsanteil der Rente ist jeweils bei Zahlung der Renten sofort als laufender, nachträglicher Gewinn zu versteuern (§ 15 i. V. m. § 24 Nr. 2 EStG). Er ergibt sich gem. untenstehender Berechnung aus der Differenz zwischen der Barwertminderung von 17 520 € und der tatsächlichen Rentenzahlung von 60 000 € und beträgt somit 42 480 €.

Bzgl. des Kapitalanteils anteils entsteht laufender Gewinn aus Gewerbebetrieb erst, wenn der Kapitalanteil der Rentenzahlungen das Kapitalkonto des Veräußerers (hier 300 000 €) zzgl. der vom Veräußerer getragenen Veräußerungskosten übersteigt. Der Kapitalanteil der Rentenzahlungen entspricht der Minderung der Rentenbarwerte vom 31. 12. 15 auf den 31. 12. 16. Die Rentenbarwerte werden mit Hilfe des Vervielfältigers aus der jährlich neu vom BMF festgesetzten Anlage zu § 14 BewG ermittelt.

Rentenbarwert 31. 12. 15	
(60 000 € × 11,346)	680 760 €
Rentenbarwert 31. 12. 16	
(60 000 € × 11,054)	663 240 €
Barwertminderung	17 520 €

Das Kapitalkonto wird nach dieser Berechnung erst nach etwa 17 Jahren überschritten, wenn die – aufgrund der jährlichen Neuberechnung variable – Barwertminderung den Betrag des Kapitalkontos von 300000 € übersteigt.

Diese Einkünfte sind **nicht begünstigt** nach § 34 EStG, es wird **kein Freibetrag** gem. § 16 Abs. 4 EStG gewährt; sie sind jedoch **nicht gewerbesteuerpflichtig,** sind aber **ausgleichs- und (ggf.) abzugsfähig.**

Versteuerung bei B (Erwerber):

B hat die erworbenen **Wirtschaftsgüter** gem. § 6 Abs. 1 Nr. 7 EStG mit den Anschaffungskosten **zu aktivieren** und den **Rentenbarwert,** ermittelt nach dem BewG oder nach versicherungsmathematischen Grundsätzen zu **passivieren** (R 6.2 EStR). Seine Eröffnungsbilanz lautet:

Aktiva			Passiva
Aktiva	800 000	Verbindlichkeiten	300 000
Firmenwert*	180 760	Rentenbarwert	680 760
	980 760		980 760

*der Mehrbetrag i. H. von 180 760 € über Aktiva (500 000 €) + Stille Reserven (300 000 €) ./. Passiva (300 000 €) kann nur gezahlt worden sein für den Firmenwert.

Die Rentenzahlungen sind ab 16 als Aufwand zu buchen (Aufwand an Geldkonto: 60 000 € jährlich); die jährliche Barwertminderung ist Ertrag (Rentenbarwert an Ertrag); die Barwertminderung beträgt in16: vgl. oben beim Veräußerer unter b): 17 520 €.

11.10.1.9.2.2 Betriebliche Veräußerungszeitrenten bei Betriebsveräußerungen

2173   **In der Regel** dürfte es sich bei „vereinbarten Zeitrenten" in Wirklichkeit um **Raten** handeln (vgl. auch BFH 24. 4. 1970, BStBl 1970 II 621; 29. 10. 1974, BStBl 1975 II 173).

Der in den Zahlungen enthaltene **Zinsanteil** ist den **Einkünften aus Kapitalvermögen i. S. des § 20 Abs. 1 Nr. 7 EStG** zuzurechnen, **nicht** den Einkünften aus Gewerbebetrieb.

Etwas **anderes** gilt nur für den Fall der **Veräußerung einzelner Wirtschaftsgüter** gegen eine Zeitrente/Rate (vgl. BFH 20. 8. 1970, BStBl 1970 II 807 f.). Sollte ausnahmsweise jedoch eine **echte Zeitrente** vorliegen, so unterscheidet sich die Behandlung dieser Rente von der der Leibrente nur dadurch, dass die **laufende Versteuerung nicht gewählt werden kann,** da die Wahlmöglichkeit der laufenden Versteuerung mit dem sonst zu hohen Risiko für den Veräußerer, den Berechtigten begründet wird, der u.U. andernfalls einen zu hohen Veräußerungsgewinn versteuern würde bei kürzerer als erwarteter Laufzeit (vgl. BFH 21. 1. 1971, BStBl 1971 II 302 f.). Dieses Risiko entfällt aber (wegen der festen Laufzeit) bei der Zeitrente. **Gleichwohl** räumt die Verwaltung (H 16 Abs. 11 „Ratenzahlungen" EStH) auch dem Berechtigten ein **Wahlrecht** i. S. des Abs. 11 Satz 1 ff. ein, wenn er sich durch die vereinbarte Ratenzahlung eine **Versorgung** schaffen will **(Billigkeitsregelung).**

11.10.1.9.2.3 Betriebliche Veräußerungsleibrente und fester Kaufpreis bei Betriebsveräußerung

2174   **Steuerliche Behandlung beim Berechtigten:**

Sofortversteuerung wie bei Rdn. 2169 **oder laufende Besteuerung** wie bei Rdn. 2170, allerdings mit der Maßgabe, dass diese einsetzt, sobald die **Barzahlung** und die Kapitalanteile der **Rentenzahlungen** den **Buchwert** übersteigen. Folglich ist somit bei einem Barbetrag in Höhe des Buchwerts oder darüber sofort mit der laufenden Besteuerung einzusetzen. Die Vergünstigung des § 34 EStG soll nach Ansicht des BFH (28. 9. 1967, BStBl 1968 II 76) auf den Barbetrag, der das Kapitalkonto nebst Veräußerungskosten des Veräußerers übersteigt, angewendet werden. Zur Frage der Berechnung des Freibetrages nach § 16 Abs. 4 EStG in einem solchen Fall s. Rdn. 1790.

11.10.1.9.2.4 Betriebliche Veräußerungsleibrente bei Veräußerung eines einzelnen zum Betriebsvermögen gehörenden Gegenstandes

2175   Behandlung wie bei Veräußerung eines Betriebes, jedoch **keine Möglichkeit, die laufende Versteuerung** zu wählen (BFH 20. 1. 1971, a. a. O.). Der **Rentenanspruch** ist **beim Veräußerer,** dem Rentenberechtigten, zu **aktivieren;** die **Rentenzahlungen** sind **Betriebseinnahmen;** die **Minderung des Barwerts** ist **Aufwand;** effektiver laufender Ertrag ist somit nur der Zinsanteil jeder einzelnen Rentenzahlung.

Daneben steht dem Veräußerer, dem Berechtigten **auch das Recht** zu, das Wirtschaftsgut aus dem Betriebsvermögen **zu entnehmen** und damit in diesem Zeitpunkt die Auflösung der in dem Wirtschaftsgut enthaltenen stillen Reserven zu bewirken (vgl. BFH 20.1.1971, a.a.O.), und bei der Veräußerung aus dem Privatvermögen eine private Rente zu vereinbaren mit der Folge der Besteuerung nach § 22 EStG.

11.10.1.9.2.5 Betriebliche Veräußerungszeitrente bei Veräußerung eines einzelnen zum Betriebsvermögen gehörenden Gegenstandes

Gemäß BFH (20.8.1970, BStBl 1970 II 807) ist der in den einzelnen Rentenleistungen   2176
enthaltene Zinsanteil als Betriebseinnahme zu erfassen. Nur die Tilgungsanteile der einzelnen Rentenbeträge sind mit dem für die Gewinnermittlung maßgebenden Wert des veräußerten Wirtschaftsguts zu verrechnen.

11.10.1.9.2.6 Sonderfragen, Sonderfälle der betrieblichen Veräußerungsrente

11.10.1.9.2.6.1 Gewinnermittlung nach § 4 Abs. 3 EStG und Betriebsveräußerung   2177

Fiktiver Übergang des Berechtigten zum Bestandsvergleich; wegen weiterer Einzelheiten vgl. *Jansen/Myßen/Risthaus*, a.a.O.

11.10.1.9.2.6.2 Wegfall der Rentenverpflichtung, Ausfall der Rentenforderung   2178

Stirbt der Berechtigte, so führt das beim Verpflichteten einer betrieblichen Veräußerungsrente, der seinen Gewinn nach § 4 Abs. 1 EStG oder § 5 EStG ermittelt, zu einer **Gewinnerhöhung** (vgl. BFH 31.8.1972 IV R 93/67, BStBl 1973 II 51; H 4.5 Abs. 4 EStH); eine Minderung der Anschaffungskosten der übernommenen Wirtschaftsgüter des Anlagevermögens kommt nicht in Betracht.

Wird die **Rentenberechtigung wertlos,** weil etwa der Rentenverpflichtete **zahlungs-**   2179
unfähig wird, stellt das ein Ereignis mit rückwirkender Kraft i.S. des **§ 175 Abs. 1 Satz 1 Nr. 2 AO** dar, so dass auf Seiten des Rentenberechtigten der Veräußerungsgewinn im Veräußerungs-Veranlagungsjahr berichtigt wird (BFH 19.7.1993 GrS 1/92, BStBl 1993 II 894).

11.10.1.9.2.6.3 Rentenzahlungen an ausscheidende Gesellschafter   2180
(Veräußerungsrente)

Leistung und Gegenleistung stehen einander gleichwertig gegenüber;

steuerliche Behandlung beim Berechtigten (ausscheidenden Gesellschafter):

Behandlung **wie bei der normalen betrieblichen Veräußerungsrente:** Sofortversteuerung oder laufende Versteuerung **(Wahlrecht);**

steuerliche Behandlung beim Verpflichteten:

wie bei der betrieblichen Veräußerungsrente, nur mit der Maßgabe, dass die stillen Reserven der einzelnen Wirtschaftsgüter bzw. der Geschäftswert nur mit dem Anteil aufgedeckt bzw. aktiviert werden dürfen, zu dem der Ausscheidende am Gesellschaftsvermögen beteiligt war.

11.10.1.9.2.6.4   Rentenzahlungen an ausscheidende Gesellschafter ("Lästigkeitsrente")

2181   Es kommt vor, dass ein Gesellschafter zum Ausscheiden aus einer Gesellschaft veranlasst wird, **ohne** dass die **Voraussetzungen eines Ausschlusses aus wichtigem Grunde** (vgl. § 737 BGB, § 140 HGB) gegeben sind, **oder** weil dieses **Ausschlussverfahren zu umständlich** ist. In solchen Fällen wird dem ausscheidenden Gesellschafter regelmäßig über den nach kaufmännischen Gesichtspunkten berechneten Abfindungsanspruch hinaus eine Zusatzzahlung, u.U. auch in Form einer Rente gewährt.

Steuerliche Behandlung beim Berechtigten:

Die Möglichkeit, zwischen sofortiger und laufender Versteuerung zu wählen, muss im selben Umfang auch für den lästigen Gesellschafter wie für den normal ausscheidenden Gesellschafter gelten, jedoch mit der Maßgabe, dass das Zusatzentgelt bzw. die darauf entfallende Rente und das Entgelt für den Mitunternehmeranteil einheitlich als Veräußerungsrente zu behandeln sind.

Steuerliche Behandlung beim Verpflichteten:

2182   Die gesamte Rentenverpflichtung (Entgelt für Mitunternehmeranteil und Zusatzentgelt) ist zu passivieren, und zwar der Teil, der dem Kapitalkonto, den anteiligen stillen Reserven und dem anteiligen Geschäftswert des ausscheidenden Gesellschafters entspricht, erfolgsneutral, der überschießende **(Lästigkeits-)Anteil gewinnmindernd.**

11.10.1.9.2.6.5   Ablösung einer Veräußerungsrente und Steuerbegünstigung § 34 EStG

2183   Ein später gezahlter Einmalbetrag, mit dem eine zunächst vereinbarte betriebliche Veräußerungsrente abgelöst wird, kann nach § 34 EStG ermäßigt besteuert werden. Das gilt auch, wenn von vornherein ein größerer Einmalbetrag und anschließende Rentenzahlungen vereinbart wurden, sofern die bei der Veräußerung geleistete Einmalzahlung nicht den Buchwert überstieg (BFH 21.9.1993, DStR 1994, 132, DB 1994, 610).

11.10.1.9.2.7   Betriebliche Versorgungsrente

2184   Wenn Leistung (übertragenes Vermögen) und Gegenleistung (Rentenbarwert) **nicht nach kaufmännischen Gesichtspunkten ausgewogen** einander gegenüberstehen, liegt, da die Leistungen dann nicht auf betrieblichen, sondern auf privaten Motiven (Unterhalt, sittliche Pflicht) beruhen, i.d.R. eine **private Rente** vor. Insoweit besteht eine **Vermutung für den außerbetrieblichen Charakter** der Rente (BFH 6.3.1975, BStBl 1975 II 600; 28.7.1983 IV R 174/80, BStBl 1984 II 97, 100; 12.11.1985 VIII R 286/81, BStBl 1986 II 55). **Ausnahmsweise** anerkennt aber die Rechtsprechung und Verwaltung den betrieblichen Charakter einer solchen Rente beim **Ausscheiden eines Gesellschafters aus einer Personengesellschaft,** wenn dadurch die bisherige Arbeitsleistung des ausscheidenden Gesellschafters ihm selbst oder seinen Angehörigen gegenüber honoriert wird (nachträgliche Entlohnung).

Für die **steuerliche** Behandlung ist von entscheidender Bedeutung, ob die Rente **auch** für die Überlassung von Wirtschaftsgütern gezahlt wird oder nur frühere Tätigkeiten abgelten soll, sowie, ob eine einheitliche oder – was durchaus möglich ist – zwei Renten (Veräußerungsrente und Versorgungsrente) vereinbart wurden.

Problematisch ist nur der Fall: **Einheitliche Rente** (Entgelt plus Versorgung):

Steuerliche Behandlung beim Berechtigten:

Nach der h. M. (vgl. *Jansen/Myßen/Risthaus*; BFH 10.10.1963 VI 115/61 U, BStBl 1963 III 592) bezieht der Berechtigte Einkünfte gem. § 24 Nr. 2 i.V. mit §§ 13, 15 bzw. 18 EStG (Subsidiarität des § 22 EStG), und zwar beginnend mit der ersten Rentenzahlung (BFH 3.7.1964, BStBl 1964 III 548; 27.4.1977 I R 12/74, BStBl 1977 II 603; *Jansen/Myßen/Risthaus*, a.a.O.). Dies folgt aus der konsequenten Anwendung des Grundsatzes der Einheitlichkeit der einzelnen Rente.

Steuerliche Behandlung beim Verpflichteten:

Nach der Einheitstheorie im Rentenrecht kommt eine Aktivierung von anteiligen stillen Reserven und anteiligem Geschäftswert nicht in Betracht, da dafür kein Entgelt gezahlt worden ist. Allerdings sind die Buchwerte der Wirtschaftsgüter, die dem Betrieb verblieben sind, fortzuführen (§ 6 Abs. 3 EStG). Etwas anderes gilt grds. nur, wenn für die übernommenen Wirtschaftsgüter eine Barzahlung geleistet worden ist. Die Rentenverpflichtung ist nicht zu passivieren (BFH 3.7.1964, a.a.O.; 14.12.1965, BStBl 1966 III 192; 27.4.1977 I R 12/74, BStBl 1977 II 603, [st. Rspr.], h. L., vgl. *Jansen/Myßen/Risthaus*, a.a.O.). Begründet wird diese Auffassung, trotz der bestehenden bilanzrechtlichen Bedenken, damit, dass betriebliche Versorgungsrenten bemessen würden nach der Ertragsaussicht des Betriebes und die einzelnen Rentenleistungen aus den laufenden Erträgen des Betriebes bestritten würden.

11.10.1.9.2.8　Vorweggenommene Erbfolge und Versorgungsleistungen – Betriebsvermögen

Bei der Übertragung eines **Betriebes, Teilbetriebes, Mitunternehmeranteils** oder **Mehr-** 2185 **heitsanteils an einer GmbH** gegen **Versorgungsbezüge** führt der Übernehmer die Buchwerte gem. § 6 Abs. 3 EStG fort, der Übertragende erzielt keinen Veräußerungsgewinn (BFH 5.7.1990 GrS 4-6/89, BStBl 1990 II 847); vgl. dazu auch Rdn. 1906 ff.

11.10.1.9.2.9　Betriebliche Versicherungsrenten, betriebliche Unfallrenten

Gehört der Versicherungsbetrag zum Betriebsvermögen (nur denkbar bei gefahrgeneig- 2186 ter Tätigkeit, bei hoher betrieblicher Unfallgefahr), sind die Prämienzahlungen Betriebsausgaben und der Rentenanspruch im Schadensfall zu aktivieren mit der Folge, dass die Rentenzahlungen Ertrag, die Barwertminderungen Aufwand sind und sich somit nur effektiv die laufenden Zinserträge gewinnerhöhend auswirken. Ermittelt der Steuerpflichtige seinen Gewinn nach § 4 Abs. 3 EStG, sind die Rentenzahlungen beim Zufluss (§ 11 EStG zu versteuern. Hinsichtlich des Umfangs der Erfassung der Rente bei den einzelnen Einkunftsarten vgl. die Ausführung zu § 24 EStG. Handelt es sich um eine gesetzliche Unfallversicherung, sind die Leistungen gem. § 3 Nr. 1 EStG steuerfrei.

11.10.1.9.2.10 Betriebliche Schadensrente

2187 (Zur Schadensrente vgl. im Einzelnen Rdn. 2167).

Steuerliche Behandlung beim Berechtigten:

Gewinnermittlung nach § 4 Abs. 1 EStG oder § 5 EStG: Aktivierung des Anspruchs (BFH 21. 2. 1957, BStBl 1957 III 164; strittig).

Gewinnermittlung nach § 4 Abs. 3 EStG: Versteuerung bei Zufluss (§ 11 EStG) nach den allgemeinen Grundsätzen der jeweiligen Einkunftsart.

Steuerliche Behandlung beim Verpflichteten:

Gewinnermittlung nach §§ 4 oder 5 EStG: Passivierung der Verpflichtung, sofern betrieblich veranlasst; Gewinnermittlung nach § 4 Abs. 3 EStG: Die Rentenzahlungen sind laufender Aufwand.

11.10.1.9.2.11 Sonderfall: Teilhaberversicherung

2188 Gesellschaften schließen bisweilen Versicherungen ab, um im Falle des Todes eines Gesellschafters zur Abfindung der Erben des Gesellschafters über entsprechende Mittel zu verfügen (RFH 11. 3. 1942, RStBl S. 601). Die Prämienzahlungen sind für die Gesellschaft Betriebsausgaben; die Ansprüche aus dem Versicherungsvertrag sind in Höhe des jeweils zu berechnenden Deckungskapitals zu aktivieren. Im Versicherungsfall sind die Zahlungen der Versicherungsgesellschaft Betriebseinnahmen; die aktivierten Ansprüche werden ausgebucht.

11.10.1.10 Veräußerung eines Betriebes, Teilbetriebes, Mitunternehmeranteils und einzelner Wirtschaftsgüter gegen laufende Bezüge, die nicht Renten sind

2189 Anwendungsfälle:

► **Dauernde Last**

Zum Beispiel: Leistung besteht **nicht in vertretbaren Sachen** (Wohnrecht, freie Unterkunft und Verpflegung, Pflege) **oder** es **mangelt** an der **Gleichmäßigkeit der Leistung** (Umsatz- oder Gewinnbeteiligung), vgl. Rdn. 2110.

► **Sonstiger wiederkehrender Bezug**

Zum Beispiel: es **mangelt** an der **Mindestlaufzeit von 10 Jahren** für die Annahme einer Rente oder dauernden Last.

Grundsätzlich gilt für diese Fälle dasselbe wie für Veräußerungsleibrenten: Der Berechtigte hat die Bezüge gem. § 24 i.V. mit den §§ 13, 15 u. 18 EStG zu versteuern, sobald das Kapitalkonto überschritten wird. Der Verpflichtete hat den Wert der Verpflichtung (z. B. des Wohnrechts) zu passivieren; im Übrigen vgl. die Ausführungen zur Veräußerungsrente.

Zumindest für diesen Fall müsste zugunsten des Berechtigten das Wahlrecht zwischen sofortiger und laufender Versteuerung anerkannt werden. Gemäß R 16 Abs. 11 EStR gilt das Wahlrecht zwar nur für die Leibrente; die Veräußerung, z. B. gegen Einräumung eines Wohnrechts, ist der Interessenlage bei einer Leibrente allerdings vergleichbar (kein

Wahlrecht ist jedoch einzuräumen bei der Veräußerung gegen eine Umsatz- oder Gewinnbeteiligung).

Eine **Sonderstellung** nimmt die Besteuerung der **laufenden Bezüge** bei **Gewinn- und Umsatzbeteiligung** ein. Hinsichtlich der Behandlung beim Berechtigten ergeben sich insoweit keine Besonderheiten.

Der BFH (2. 2. 1967 IV 246/64, BStBl 1967 III 366) modifiziert für die Seite des Verpflichteten die Passivierungsverpflichtungen:

Sofern Leistungen erbracht werden **für schwer bewertbare Wirtschaftsgüter** (Firmenwert etc.), besteht für den Verpflichteten ein **Wahlrecht:** Passivierung der Verpflichtung mit dem geschätzten Zeitwert und entsprechende Aktivierung der immateriellen Wirtschaftsgüter **oder** Behandlung der laufenden Zahlungen als Anschaffungskosten der immateriellen Wirtschaftsgüter.

Die **Zahlungen** für **andere, nicht schwer bewertbare Wirtschaftsgüter** sind zu behandeln wie bei einer normalen Kaufpreisrente. Strittig ist die Behandlung der laufenden Umsatz- bzw. Gewinnzahlungen, sofern eine Passivierung der immateriellen Wirtschaftsgüter erfolgt ist. Die h. L. vertritt in diesem Fall die buchhalterische Methode (vgl. R 4.5 Abs. 4 Satz 6 EStR): Verrechnung der jährlichen Zahlungen in voller Höhe mit dem passivierten Wert des immateriellen Wirtschaftsgutes und nach Tilgung dieses Wertes volle gewinnmindernde Auswirkung der Zahlungen.

(Einstweilen frei)   2190

11.10.1.11 Pauschbeträge für Werbungskosten; Werbungskosten

Für Werbungskosten bei wiederkehrenden Bezügen i. S. des § 22 Nr. 1 EStG wird ein   2191
Pauschbetrag i. H. von 102 € gem. § 9a Nr. 3 EStG gewährt. Dieser Pauschbetrag darf jedoch nur bis zur Höhe der Einnahmen abgezogen werden. Im Regelfall dürften die tatsächlichen Werbungskosten im Zusammenhang mit wiederkehrenden Bezügen außerordentlich gering sein und nur selten den Pauschbetrag gem. § 9a Nr. 3 EStG übersteigen. Als **Werbungskosten** wären denkbar: Beratungskosten und Prozesskosten im Zusammenhang mit der Durchsetzung von Rentenzahlungsansprüchen.

11.10.2 Einkünfte aus Unterhaltsleistungen, Versorgungsleistungen und Versorgungsausgleich § 22 Nr. 1a EStG – sog. begrenztes Realsplitting

11.10.2.1 Unterhaltsleistungen – sog. begrenztes Realsplitting

Unterhaltsleistungen an geschiedene oder dauernd getrennt lebende Ehegatten waren   2192
früher nur in den engen Grenzen des § 33a Abs. 1 EStG beim Unterhaltsverpflichteten abzugsfähig. Ein Sonderausgabenabzug nach § 10 Abs. 1 Nr. 1a EStG schied regelmäßig aus im Hinblick auf die Vorschrift des § 12 Nr. 2 EStG. Da sich die Unterhaltsleistungen nicht mindernd beim Verpflichteten auswirkten, wurden sie auch beim Empfänger nicht als Einkunft erfasst.

Seit 1979 sind nach § 22 Nr. 1a EStG Einkünfte aus Unterhaltsleistungen, soweit sie nach EStG 10 Abs. 1a Nr. 1 vom Geber abgezogen werden können, zu den sonstigen Einkünften des § 22 EStG zu zählen.

Im Einzelnen müssen dafür folgende **Voraussetzungen** erfüllt sein:

1. es muss sich um Unterhaltsleistungen i. S. der §§ 1569 ff. bzw. 1360 BGB handeln,

2. diese müssen an den geschiedenen oder dauernd getrennt lebenden Ehegatten gezahlt werden,

3. der Empfänger muss unbeschränkt steuerpflichtig sein,

4. der Geber muss einen entsprechenden Antrag stellen,

5. der Empfänger muss dem zustimmen,

6. abzugsfähig ist beim Geber höchstens ein Betrag i. H. von 13 805 € und dementsprechend ist auch beim Empfänger höchstens erfassbar der entsprechende Betrag als sonstige Einkunft.

Der Antrag gilt jeweils nur für einen Veranlagungszeitraum und kann nicht zurückgenommen werden.

Die Zustimmung kann der Höhe nach beschränkt werden; sie gilt grundsätzlich auf Dauer, kann jedoch vor Beginn des Wirtschaftsjahrs, für das sie nicht mehr gelten soll, widerrufen werden.

Beim Empfänger sind die sonstigen Einkünfte i. S. des § 22 Nr. 1a EStG um evtl. Werbungskosten zu kürzen, mindestens um den Werbungskostenpauschbetrag gem. § 9a Nr. 3 EStG i. H. von 102 €.

> **BEISPIEL:** ▶ Die geschiedenen Eheleute A und B stellen gemeinsam einen Antrag gem. § 10 Abs. 1a Nr. 1 EStG dahingehend, dass die Unterhaltsleistungen des A an seine geschiedene Ehefrau B i. H. von monatlich 3 000 € bei A als Sonderausgaben abzugsfähig sein sollen.
>
> Dem Antrag ist zu entsprechen, allerdings lediglich i. H. von 13 805 €. Diese 13 805 € sind gem. § 22 Nr. 1a EStG bei B als sonstige Einkünfte (abzgl. 102 € Werbungskostenpauschbetrag) zu erfassen. Der darüber hinausgehende Betrag i. H. von 12 × 3 000 € = 36 000 € ./. 13 805 € (abzugsfähiger Betrag) = 22 195 € kann von A auch nicht nach § 33a Abs. 1 EStG geltend gemacht werden, da B mit ihren Einkünften i. H. von 13 703 € (13 805 € ./. 102 €) die Einkunftsgrenze i. H. von 624 € deutlich überschreitet.

11.10.2.2 Vermögensübergabe gegen Versorgungsleistungen

2192a   Ab 2008 wurde das Rechtsinstitut der Vermögensübergabe gegen Versorgungsleistungen gesetzlich geregelt und auf bestimmte Fälle reduziert.

Der Empfänger der Leistungen hat diese in vollem Umfang als sonstige Leistungen nach § 22 Nr. 1a EStG zu versteuern, wenn sie beim Leistenden als Sonderausgaben nach § 10 Abs. 1a Nr. 2 EStG abgezogen werden können (Korrespondenzprinzip). Vgl. hierzu die Erläuterungen zur vorweggenommenen Erbfolge in Rdn. 2148 ff., zur Neuregelung Rdn. 2154a ff.

11.10.2.3   Schuldrechtlicher Versorgungsausgleich

Bei einer Ehescheidung werden die in der Ehezeit begründeten Versorgungsanwart-   2192b
schaften der Eheleute ausgeglichen (z. B. Anwartschaften aus der gesetzlichen Rentenversicherung, aus einer betrieblichen Altersversorgung, Pensionsanwartschaften oder
Anwartschaften aus berufsständischen Versorgungswerken).

Dieser Ausgleich erfolgt in aller Regel öffentlich-rechtlich, d. h. es werden zugunsten
des ausgleichsberechtigten Ehegatten eigene Versorgungsanwartschaften bei der gesetzlichen Rentenversicherung begründet oder solche übertragen. In den in § 1587f
BGB genannten Fällen werden die Versorgungsanwartschaften dagegen ausnahmsweise schuldrechtlich ausgeglichen. Der ausgleichsverpflichtete Ehegatte zahlt dazu in der
Regel eine Geldrente an den anderen Ehegatten, welche die Differenz zwischen den
auszugleichenden Altersbezügen ausgleicht („Ausgleichsrente"). Die Zahlung beginnt
gem. § 1587g Abs. 1 Satz 2 BGB frühestens, wenn der ausgleichsverpflichtete Ehegatte
eine Versorgung erlangt hat, d. h. eine Sozialversicherungsrente, Pension, Werksrente,
Werkspension etc. bezieht.

Der Empfänger der Zahlung muss diese nach § 22 Nr. 1a EStG in der gleichen Höhe versteuern, in der sie der Leistende gem. § 10 Abs. 1a Nr. 3 EStG steuerlich abziehen kann
(Korrespondenzprinzip).

BEISPIEL: ▶ Der Steuerpflichtige A erhält eine Leibrente i. H. v. 12 000 € jährlich, die gem. § 22
Nr. 1 Satz 3 Buchst. a Doppelbuchst. bb EStG mit einem Ertragsanteil von 20 % besteuert wird.
A zahlt an seinen geschiedenen Ehegatten B eine Ausgleichsrente von 2 000 € jährlich.

Dann kann A gem. § 10 Abs. 1a Nr. 3 EStG den Betrag von 400 € = 20 % von 2 000 € als Sonderausgaben abziehen; somit muss B diesen Betrag von 400 € nach § 22 Nr. 1a EStG versteuern.

ABWANDLUNG: ▶ Bei den Altersbezügen des A handelt es sich um eine Betriebsrente, die gem.
§ 19 EStG in voller Höhe besteuert wird.

Dann kann A gern. § 10 Abs. 1a Nr. 3 EStG den vollen Betrag von 2 000 € als Sonderausgaben
abziehen und B muss diesen Betrag nach § 22 Nr. 1a EStG versteuern.

HINWEIS:

Details zur steuerlichen Behandlung der Ausgleichszahlungen im Rahmen des Versorgungsausgleich enthält auch das BMF-Schreiben v. 9. 4. 2010, BStBl 2010 I 323.

11.10.3   Einkünfte aus privaten Veräußerungsgeschäften (§ 22 Nr. 2, § 23 EStG)

Einkünfte aus Veräußerungsgeschäften sind grds. nur dann einkommensteuerpflichtig,   2193
wenn sie **im Rahmen** der in § 2 Abs. 1 Nr. 1–3 EStG genannten **Einkunftsarten** (Gewinneinkünfte) erzielt worden sind. Bei den **Überschusseinkünften** nach § 2 Abs. 1 Nr. 4–7
EStG sind Einkünfte aus Veräußerungen **nur in Ausnahmefällen** einkommensteuerpflichtig, so z. B. im Falle der Veräußerung einer wesentlichen Beteiligung (§ 17 EStG),
der entgeltlichen Abtretung einer Mietforderung (§ 21 Abs. 1 Nr. 4 EStG) sowie seit
2009 bei der Veräußerung von Finanzanlagen (§ 20 Abs. 2). Daneben ist von besonderer

Bedeutung die Vorschrift des § 22 Nr. 2 EStG, nach der Einkünfte aus solchen Veräuße-rungen, die als private Veräußerungsgeschäfte bezeichnet werden, zur ESt heranzuzie-hen sind. Der Begriff des privaten Veräußerungsgeschäfts und die Ermittlung der Ein-künfte daraus sind in § 23 EStG geregelt. Die Bestimmung des § 23 EStG ist verfas-sungsmäßig (BVerfG 9. 7. 1969, BStBl 1970 II 156).

11.10.3.1 Voraussetzungen des privaten Veräußerungsgeschäftes

2194 Unter einem privaten Veräußerungsgeschäft ist ein Geschäft zu verstehen, bei dem der Steuerpflichtige einen Gegenstand innerhalb einer bestimmten Frist nach der Anschaf-fung veräußert.

11.10.3.1.1 Gegenstände des privaten Veräußerungsgeschäftes

2195 Die privaten Veräußerungsgeschäfte können sich grundsätzlich auf **alle Gegenstände** erstrecken, da § 23 Abs. 1 Nr. 1a und 1b EStG von „Grundstücken" und „anderen Wirt-schaftsgütern" spricht. Bis 2008 lag auch bei der **Veräußerung von Forderungen** und **anderen Rechten** (z. B. Aktien, Anteilen an einer GmbH) ein privates Veräußerungs-geschäft vor (ab 2009 Neuregelung in § 20 Abs. 2 EStG).

2196 Seit dem 14. 12. 2010 werden Veräußerungen von Gegenständen des täglichen Ge-brauchs durch die Einfügung eines neuen Satzes 2 in § 23 Abs. 1 Satz 1 Nr. 2 EStG nicht mehr erfasst.

11.10.3.1.2 Gewinnerzielungsabsicht und Frist zwischen Anschaffung und Veräußerung

2197 Der Gesetzgeber verlangt in § 23 EStG als Voraussetzung für das Vorliegen eines pri-vaten Veräußerungsgeschäfts **nicht** die **Gewinnerzielungsabsicht** des Veräußernden. Sie wird **unwiderleglich vermutet, wenn** die Veräußerung **innerhalb** der in § 23 Abs. 1 EStG **bestimmten Zeit nach der Anschaffung erfolgt** (BFH 8. 3. 1967, BStBl 1967 III 317; 29. 8. 1969 VI R 319/67, BStBl 1969 II 705; BVerfG 9. 7. 1969, a. a. O.).

Nach § 23 Abs. 1 EStG ist es erforderlich, dass der Zeitraum zwischen Anschaffung und Veräußerung bei **Grundstücken** und grundstücksgleichen Rechten (z. B. Erbbaurechten) **nicht mehr als 10 Jahre** und bei **anderen Wirtschaftsgütern nicht mehr als ein Jahr** be-trägt. Für die Fristberechnung gelten nach § 108 AO die Vorschriften der §§ 187–193 BGB.

11.10.3.1.3 Eigengenutzte Wirtschaftsgüter

2198 Nach § 23 Abs. 1 Nr. 1 Satz 3 EStG sind Veräußerungsgeschäfte über Wirtschaftsgüter von der Besteuerung ausgenommen, wenn die Wirtschaftsgüter im Jahr der Veräuße-rung und in den beiden vorangegangenen Jahren (auch) zu eigenen Wohnzwecken oder (bei kürzeren Zeiträumen) zwischen Anschaffung oder Herstellung und Veräuße-rung ausschließlich zu eigenen Wohnzwecken gedient haben.

11.10.3.1.4   Begriffsmerkmale: Anschaffung und Veräußerung

11.10.3.1.4.1   Anschaffung

Unter Anschaffung i. S. des § 23 EStG ist nach allgemeiner Ansicht der **Abschluss des** **schuldrechtlichen Verpflichtungsgeschäftes** zu verstehen (h. M. BFH 17. 3. 1967, BStBl 1967 III 390; H 23 EStH).

> **BEISPIEL:** A hat durch einen am 4. 4. 01 geschlossenen notariellen Vertrag ein Grundstück zum Preise von 10 000 € gekauft; in demselben Vertrag wurde auch die Auflassung erklärt. Am 8. 5. 01 wurde A als Eigentümer in das Grundbuch eingetragen. Durch notariellen Vertrag vom 20. 3. 11 verkaufte A das Grundstück an B für 15 000 €; diese Urkunde enthielt auch die Auflassungserklärung. Das Amtsgericht trug B am 10. 5. 11 als neuen Eigentümer ins Grundbuch ein.
>
> Die Voraussetzungen des Veräußerungsgeschäftes liegen vor, da die Anschaffung am 4. 4. 01 und die Veräußerung am 20. 3. 11, also innerhalb des 10-Jahreszeitraums, erfolgt sind.

Nach Auffassung der Rechtsprechung ist für die Erfassung eines Veräußerungsgewinns maßgebend die **„steuerlich bedeutsame Besitzzeit"** (RFH 1. 2. 1933, RStBl 424). Diese Rechtsprechung setzt der BFH fort. Die Besitzzeit beginnt aber bei **bürgerlich-rechtlich formungültigen Verträgen** mit **Beseitigung des Formmangels** bzw. mit Heilung des Mangels durch Vollziehung, **nicht rückwirkend** (BFH 23. 4. 1965, StRK EStG § 23 EStG Rdn. 24; RFH 21. 3. 1930, RStBl 330).

Beim **unentgeltlichen Erwerb** eines Gegenstandes soll **keine Anschaffung** i. S. des § 23 EStG gesehen werden können (BFH 4. 7. 1950, BStBl 1951 III 237; H 23 EStH). Der steuerliche Ausgleich wird aber dadurch erreicht, dass die **Frist** für den Rechtsnachfolger vom Zeitpunkt des entgeltlichen Erwerbs des Rechtsvorgängers an berechnet wird (BFH 21. 3. 1969, BStBl 1969 II 520). Das gilt jedoch **nur für den Fall** der **Gesamtrechtsnachfolge** im Erbgang.

Bei der **schenkweisen Übertragung (unentgeltliche Einzelrechtsnachfolge)** gilt gem. § 23 Abs. 1 Satz 3 EStG die sog. Fußstapfentheorie, d. h. dem Erwerber ist die Anschaffung des Rechtsvorgängers zuzurechnen.

Die **durch Hoheitsakt erfolgte Zuweisung** von Ersatzland nach vorausgegangener Enteignung eines Grundstücks ist ebenfalls **nicht als Anschaffung** gem. § 23 EStG zu werten (BFH 5. 5. 1961 VI 107/60 U, BStBl 1961 III 385; vgl. auch BFH 15. 1. 1974 VIII R 63/68, BStBl 1974 II 606).

Nach der im Steuerrecht herrschenden **wirtschaftlichen Betrachtungsweise** wird man zu demselben Ergebnis kommen, wenn eine unmittelbar **bevorstehende Enteignung durch Verkauf abgewendet** und das Ersatzgrundstück durch einen privatrechtlichen Vertrag erworben wird. Auch beim **Austausch im Rahmen eines Umlegungsverfahrens** kann eine Anschaffung i. S. des § 23 EStG nicht angenommen werden. Wird jedoch in diesen Fällen das erworbene Ersatzgrundstück innerhalb von 10 Jahren nach der Anschaffung des enteigneten Grundstücks veräußert, sind die Voraussetzungen des privaten Veräußerungsgeschäfts erfüllt.

Die **Entnahme** eines Gegenstandes aus dem Betriebsvermögen ist ebenfalls eine **Anschaffung** i. S. des § 23 Abs. 1 Satz 2 EStG ebenso wie eine **Betriebsaufgabe** oder die **Anteilsentstrickung** nach § 21 Abs. 2 des UmwStG. Später im Privatvermögen vorgenommene Veräußerungen führen hier nachträglich zur Steuerbarkeit der Differenz zwischen dem Wert, der bei Überführung ins Privatvermögen angesetzt wurde, und dem späteren Veräußerungspreis.

11.10.3.1.4.2 Veräußerung

2202 Für den Begriff der Veräußerung gelten im Wesentlichen die gleichen Grundsätze wie für den der Anschaffung, d. h. auch hierbei wird abgestellt auf den Zeitpunkt des Abschlusses des schuldrechtlichen Verpflichtungsgeschäfts (Verkaufsvertrag). **Veräußerung bedeutet also: entgeltlicher Übergang von Vermögen zwischen zwei verschiedenen Personen.** Unter Umständen kann aber auch bereits ein **verbindliches Verkaufsangebot** als „Veräußerung" angesehen werden (BFH 13. 12. 1983 VIII R 16/83, BStBl 1984 II 311), wenn nämlich der Anbietende von sich aus rechtlich nicht mehr in der Lage ist, von seinem Angebot zurückzutreten oder es zu widerrufen (notariell beurkundetes Vertragsangebot; Eintragung einer Vormerkung zur Sicherung des Anspruchs aus diesem Angebot: BFH 7. 8. 1970 VI R 166/67, BStBl 1970 II 806); **Abgabe eines verbindlichen** (wenn auch befristeten) notariell **beurkundeten Verkaufsangebots** nebst Vollmacht an den Bürovorsteher des Notars, die Auflassung nach Annahme zu erklären: BFH 23. 9. 1966 VI 147/65, BStBl 1967 III 73; vgl. auch BFH 19. 10. 1971 VIII R 84/71, BStBl 1972 II 452, wonach ein befristetes Vorkaufsrecht und gleichzeitige Verpachtung an den Vorkaufsberechtigten noch keine Veräußerung darstellt.

2203 Eine **Veräußerung** i. S. des § 23 Abs. 1 EStG ist **auch dann** gegeben, wenn der Steuerpflichtige **zur Veräußerung gezwungen** wird (z. B. im Falle der **Zwangsversteigerung,** Krankheit oder der Veräußerung zur Abwendung einer drohenden Enteignung), da nicht notwendig ist, dass die Veräußerung auf einer freien Willensentscheidung beruht (BFH 29. 6. 1962 VI 82/61 U, BStBl 1962 III 387; 16. 1. 1973 VIII R 96/70, BStBl 1973 II 455). Wenn jedoch alsbald nach der erzwungenen Veräußerung ein Ersatzwirtschaftsgut angeschafft wird, ist wegen des Fehlens der Gewinnverwirklichung eine Veräußerung i. S. des § 23 EStG nicht anzunehmen (BFH 15. 1. 1974 VIII R 63/68, BStBl 1974 II 606). Die Enteignung selbst ist eine erzwungene Veräußerung, und die unmittelbar bevorstehende – nicht die bloß drohende – Enteignung ist der Enteignung gleichzustellen (BFH 16. 1. 1973, a. a. O.).

2204 Die **Einziehung einer Forderung** bei Fälligkeit wird von der höchstrichterlichen Rechtsprechung (RFH 14. 3. 1934, RStBl 711; BFH 13. 12. 1961, BStBl 1962 III 127) mit der Begründung **als Veräußerung angesehen,** der genannte Tatbestand sei wirtschaftlich dem Verkauf gleichzustellen, da in beiden Fällen eine Verwertung der Forderung vorliege.

2205 Die **Veräußerung einer Beteiligung an einer Personengesellschaft,** die nicht gewerblich tätig ist und zu deren Vermögen Grundstücke gehören, war nach Ansicht des BFH (4. 10. 1990 X R 148/88, BStBl 1992 II 211) kein damals sog. Spekulationsgeschäft, wenn die Beteiligung innerhalb von 2 (alte Frist) Jahren nach ihrer Anschaffung veräußert würde. Die Finanzverwaltung (BMF-Schreiben v. 27. 2. 1992, BStBl 1992 I 125) vertrat dagegen den Standpunkt, es liege zu einem solchen Fall ein Spekulationsgeschäft vor. Der Gesetzgeber hat diese Verwaltungsauffassung **im § 23 Abs. 1 Satz 4 EStG abgesichert,** nach dem nunmehr die Anschaffung oder Veräußerung einer unmittelbaren oder mittelbaren Beteiligung an einer Personengesellschaft auch für Zwecke des § 23 EStG als Anschaffung oder Veräußerung der anteiligen Wirtschaftsgüter gilt.

Als Veräußerung gilt auch die **Einlage eines Wirtschaftsguts in ein Betriebsvermögen,**   2206 wenn die Veräußerung aus dem Betriebsvermögen innerhalb von 10 Jahren nach der ursprünglichen Anschaffung im Privatvermögen erfolgt (§ 23 Abs. 1 Satz 5 Nr. 1). Gleiches gilt für verdeckte Einlagen in eine Kapitalgesellschaft (§ 23 Abs. 1 Satz 5 Nr. 2 EStG). Damit kann die Besteuerung von Wertsteigerungen im Privatvermögen nicht mehr durch solche Einlagen unterlaufen werden.

> **BEISPIEL:** ▶ A legt ein im Jahre 01 für 20 000 € privat angeschafftes unbebautes Grundstück im Jahr 07 zum Teilwert i. H. von 50 000 € in das Betriebsvermögen seines Einzelunternehmens ein. Im Juni 08 verkauft er das Grundstück für 55 000 €.
>
> A hat die Differenz zwischen 55 000 € (Erlös) und 50 000 € (Anschaffungswert) als laufenden gewerblichen Ertrag gem. § 15 EStG zu versteuern.
>
> Da er das Grundstück nach der Einlage in das Betriebsvermögen innerhalb von 10 Jahren nach der Anschaffung im Privatvermögen veräußert hat, gilt auch die Einlage im Jahr 07 als Veräußerung i. S. des § 23 EStG. Er hat somit auch die Differenz zwischen Einlagewert (50 000 €), der als Veräußerungspreis gilt (§ 23 Abs. 3 Satz 2 EStG), und den Anschaffungskosten (20 000 €) als Gewinn aus einem privaten Veräußerungsgeschäft nach § 23 Abs. 1 Satz 5 i. V. mit Abs. 1 Satz 1 Nr. 1 EStG zu versteuern.

11.10.3.1.5 Wechsel der Steuerpflicht in der Zeit zwischen Anschaffung und Veräußerung

Für die Frage, ob der Steuerpflichtige Einkünfte aus privaten Veräußerungsgeschäften   2207 als unbeschränkt oder als beschränkt Steuerpflichtiger versteuern muss, kommt es allein auf die **Steuerpflicht im Zeitpunkt der Veräußerung** an. Der Steuerpflichtige muss die Einkünfte aus dem privaten Veräußerungsgeschäft bei der Veranlagung als unbeschränkt Steuerpflichtiger ansetzen, wenn er zur Zeit der Veräußerung unbeschränkt steuerpflichtig ist. Dabei spielt es **keine Rolle,** dass er **im Augenblick des Erwerbs beschränkt steuerpflichtig** war. Ist der Steuerpflichtige im Zeitpunkt der Veräußerung beschränkt steuerpflichtig, hat er die Einkünfte aus dem privaten Veräußerungsgeschäft nur unter den Voraussetzungen des § 49 Abs. 1 Nr. 8 EStG zu versteuern, ohne dass die persönliche Steuerpflicht für den Augenblick der Anschaffung zu prüfen ist.

11.10.3.2 Abgrenzung gegenüber anderen Einkunftsarten

Sind bei einem Veräußerungsgeschäft auch die Vorschriften einer anderen Einkunftsart   2208 erfüllt, geht diese grundsätzlich den §§ 22 Nr. 2, 23 EStG vor (§ 23 Abs. 2 EStG; BFH 13. 12. 1961, BStBl 1962 III 127; 6. 2. 1970, BStBl 1970 II 400; 27. 9. 1973 VIII R 94/72, BStBl 1974 II 55). Gehört das veräußerte Wirtschaftsgut zu einem land- und forstwirtschaftlichen, gewerblichen oder freiberuflichen Betrieb, liegen Gewinneinkünfte nach § 2 Abs. 1 Nr. 1 bis 3 EStG vor.

Schließt der Steuerpflichtige **mehrere private Veräußerungsgeschäfte** ab, kann u. U. in   2209 dieser Tätigkeit **ein selbständiger Gewerbebetrieb** mit Einkünften gem. § 15 EStG erblickt werden. Dies hängt davon ab, ob sich durch die Veräußerungsgeschäfte der Steuerpflichtige selbständig, nachhaltig und mit Gewinnerzielungsabsicht am allgemeinen wirtschaftlichen Verkehr beteiligt hat (§ 15 Abs. 2 EStG). Beim Vorliegen einer Vielzahl von privaten Veräußerungsgeschäften wird es für die Abgrenzung der gewerblichen von den sonstigen Einkünften insbesondere darauf ankommen, ob die Veräußerungstätigkeit nach außen als besonderer Betrieb ersichtlich geworden ist.

2210–2211 *(Einstweilen frei)*

11.10.3.3 Ermittlung der Einkünfte

11.10.3.3.1 Einnahmen und Werbungskosten

2212 Die Bestimmung des § 23 Abs. 3 EStG, die die Ermittlung der Einkünfte aus privaten Veräußerungsgeschäften behandelt, spricht ungenauerweise von „Gewinn". Trotz dieser Formulierung sind die Einkünfte nach § 23 EStG **keine Gewinn-, sondern Überschusseinkünfte** (BFH 13. 4. 1962, BStBl 1962 III 306). Die Einkünfte aus dem privaten Veräußerungsgeschäft ergeben sich durch Abzug der Anschaffungskosten von dem **Veräußerungspreis.** Unter dem Veräußerungspreis sind alle Güter in Geld oder Geldeswert zu verstehen, die dem Steuerpflichtigen aus Anlass der Veräußerung zufließen; das sind in erster Linie die als Kaufpreis bezeichneten Beträge, ferner auch Entschädigungen, die z. B. für die vorzeitige Räumung eines veräußerten Hauses gezahlt werden, sowie auch durch den Käufer übernommene Mietvorauszahlungen.

2213 Der Begriff **Anschaffungskosten** stimmt mit dem entsprechenden Begriff bei der Gewinnermittlung und den Einkünften aus der Vermietung und Verpachtung überein. Ist der veräußerte Gegenstand gegen eine **Kaufpreisrente** erworben, stellt der Rentenbarwert die Anschaffungskosten dar. Ist der veräußerte Gegenstand **unentgeltlich erworben,** stellen die **Anschaffungskosten des Rechtsvorgängers** auch die Anschaffungskosten bzw. Herstellungskosten des Rechtsnachfolgers, des Erwerbers dar (BFH 18. 9. 1964, BStBl 1964 III 647). Für den Abzug der Anschaffungskosten kommt es nicht darauf an, dass sie im Jahr der Veräußerung geleistet worden sind. Insoweit regelt § 23 Abs. 4 EStG nur die Frage, **wie** der Gewinn aus dem privaten Veräußerungsgeschäft zu berechnen ist.

2214 Die Anschaffungs-/Herstellungskosten **mindern** sich um **Absetzungen für Abnutzung,** erhöhte Absetzungen und Sonderabschreibungen, soweit sie bei der Ermittlung der Einkünfte i. S. des § 2 Abs. 1 Satz 1 Nr. 4–6 EStG abgezogen worden sind.

BEISPIEL: Anschaffung eines Mietwohngrundstücks im Januar 01. Anschaffungskosten: 300 000 €; Grund- und Bodenanteil: 20 %; Anschaffungsnebenkosten: 12 000 €; Veräußerung im Dezember 02 für 350 000 € (Grund- und Bodenanteil: 20 %): Der Veräußerer hat Abschreibungen nach § 7 Abs. 4 EStG geltend gemacht.

LÖSUNG:

Kaufpreis	300 000 €
+ Anschaffungsnebenkosten	12 000 €
./. § 7 Abs. 4 EStG AfA: 2 × (01 und 02) 2 % = 4 %	
von 240 000 € (300 000 € ./. 20 % Grund und Boden)	./. 9 600 €
Anschaffungskosten	302 400 €
Veräußerungspreis	350 000 €
Gewinn aus privaten Veräußerungsgeschäften	47 600 €

Werbungskosten bei den Einkünften aus privaten Veräußerungsgeschäften sind die 2215 Aufwendungen, die dem Steuerpflichtigen zur Herbeiführung der Veräußerung entstehen. Das sind z. B. die **Kosten des Veräußerungsvertrages, Gerichtsgebühren, Grunderwerbsteuer, Maklergebühren, Reklamekosten, Schuldzinsen** des für die Anschaffung des Wirtschaftsgutes aufgenommenen Kredits (BFH 26. 11. 1974 VIII R 266/72, BStBl 1975 II 331).

Bei Anschaffung eines unbebauten Grundstücks durch den Erwerber, danach Errichtung eines Gebäudes auf diesem Grundstück durch den Erwerber und anschließender Veräußerung des – inzwischen – bebauten Grundstücks liegt ein privates Veräußerungsgeschäft sowohl bezüglich des Grund und Bodens als auch bezüglich des errichteten Gebäudes vor, wenn die 10-Jahresfrist sowohl für den Grund und Boden als auch für das Gebäude erfüllt ist.

Die Wertsteigerungen, die im Gebäudewert liegen, sind somit im Veräußerungsgewinn mit erfasst (vgl. hierzu ausführlich BMF-Schreiben v. 5. 10. 2000, BStBl 2000 I 1383, mit zahlreichen Beispielen).

BEISPIEL: ▶ B kauft im Juli 01 ein unbebautes Grundstück für 100 000 €. Im Jahr 03 errichtet er darauf ein Einfamilienhaus mit Herstellungskosten i. H. von 250 000 € (Fertigstellung 1. 10. 03). Er nutzt das Grundstück bis Ende 08 zu eigenen Wohnzwecken, anschließend hat er es vermietet. Das bebaute Grundstück veräußert er

a)　im Juli 10,

b)　im August 11 für 420 000 €.

In Variante a) wird das Grundstück innerhalb des 10-Jahreszeitraums seit der Anschaffung des Grund und Bodens veräußert. Bei der Berechnung des Veräußerungsgewinns wird das Gebäude mit eingerechnet, da zwischen 03 und 10 ebenfalls noch keine 10 Jahre vergangen sind. Das Grundstück bleibt auch nicht nach § 23 Abs. 1 Nr. 1 Satz 3 EStG außer Ansatz, weil B es weder die gesamte Zeit zwischen Fertigstellung und Veräußerung noch im Veräußerungsjahr und den beiden Vorjahren eigenen Wohnzwecken gedient hat.

Der Veräußerungsgewinn beträgt:

Veräußerungspreis		420 000 €
Anschaffungskosten Grund und Boden		./. 100 000 €
Herstellungskosten Gebäude	250 000 €	
Abschreibung 09 und 10: 1,5 Jahre × 2 % =	7 500 €	
„Restwert" Gebäude	242 500 €	./. 242 500 €
Veräußerungsgewinn		= 77 500 €.

In Variante b) wird das Grundstück außerhalb der 10-Jahresfrist nach der Anschaffung des Grund und Bodens veräußert; es liegt daher kein privates Veräußerungsgeschäft vor. Für das Gebäude alleine greift § 23 EStG nicht, es wird nach § 23 Abs. 1 Nr. 1 Satz 2 EStG nur „einbezogen", wenn bezgl. eines Grundstücks die Voraussetzungen des § 23 EStG vorliegen.

Wird ein **Grundstück erworben und parzelliert** und werden einzelne Parzellen innerhalb der Frist für private Veräußerungsgeschäfte – berechnet nach dem Erwerb des nicht parzellierten Grundstücks – veräußert, so wird **§ 23 EStG verwirklicht** (BFH 19. 7. 1983 VIII R 161/82, BStBl 1984 II 26).

2216 **11.10.3.3.2   Veräußerungsgeschäfte bei anderen Wirtschaftsgütern**

Nachdem ab 2009 die Veräußerung von Wertpapieren ausschließlich in § 20 Abs. 2 EStG geregelt ist, fehlen griffige Beispiele für die Veräußerung von anderen Wirtschaftsgütern.

Der BFH hat aber z. B. in der Entscheidung vom 22. 4. 2008 IX R 29/06, BStBl 2009 II S. 296 entschieden, dass die **Veräußerung eines Gebrauchtwagens** innerhalb eines Jahres nach seiner Anschaffung nach § 23 Abs. 1 Satz 1 Nr. 2 steuerbar ist. Damit widersprach der BFH der Auffassung der Finanzverwaltung und des Finanzgerichts, die Veräußerungsgeschäfte mit Gegenständen des täglichen Lebens nicht unter § 23 EStG subsumieren wollten.

Auf diese Rechtsprechung hat der Gesetzgeber reagiert die Einfügung eines neuen Satzes 2 in § 23 Abs. 1 Satz 1 Nr. 2 EStG; seit dessen Geltung ab dem 14. 12. 2010 werden Veräußerungen von Gegenständen des täglichen Gebrauchs von § 23 EStG nicht mehr erfasst.

2217–2220   *(Einstweilen frei)*

11.10.3.3.3   Freigrenze i. H. von 600 € und Verluste aus privaten Veräußerungsgeschäften

2221 Die Einkünfte aus den privaten Veräußerungsgeschäften sind gem. § 23 Abs. 3 Satz 5 EStG steuerfrei, wenn sie **im Kalenderjahr geringer als 600 €** sind. Dabei handelt es sich um eine **Freigrenze;** sind die Einkünfte genau 600 € oder höher, müssen sie in vollem Umfang versteuert werden. Bei der Frage, ob die Grenze von 600 € erreicht ist, kommt es auf die **Summe der positiven und negativen Einkünfte aus privaten Veräußerungsgeschäften** an, die **in einem Kalenderjahr** erzielt worden sind.

> **BEISPIEL:** ► A hat ein Grundstück, das er am 1. 3. 01 für 5 000 € angeschafft hatte, am 1. 7. 02 für 5 700 € veräußert. Ferner hat A einen Pkw, den er am 10. 4. 02 für 7 000 € erworben hatte, am 10. 9. 02 für 7 500 € verkauft. Besondere Kosten, die mit der Veräußerung zusammenhängen, sind A nicht entstanden. Die Veräußerungserlöse sind A im Jahre 02 zugeflossen.
>
> Die Einkünfte aus privaten Veräußerungsgeschäften aus beiden Geschäften betragen zusammen 1 200 € und sind daher zu versteuern.
>
> Wäre A aus einem weiteren privaten Veräußerungsgeschäft ein Verlust i. H. von 700 € entstanden, beträgt der Gesamtgewinn nur 500 € und es liegen keine steuerpflichtigen Einkünfte nach § 23 EStG vor.

2222 Die **Einkünfte aus privaten Veräußerungsgeschäften von Ehegatten,** die nach § 26b EStG zusammenveranlagt werden, sind nur bei dem Ehegatten in der ESt-Veranlagung anzusetzen, bei dem sie 600 € oder mehr betragen (H 23 „Freigrenze" EStH).

2223 Wie bereits ausgeführt, sind die **Verluste aus privaten Veräußerungsgeschäften** mit den positiven Einkünften aus privaten Veräußerungsgeschäften zu verrechnen. Ist aber die Summe der Einkünfte aus privaten Veräußerungsgeschäften eines Jahres negativ, kann gem. § 23 Abs. 3 Satz 7 EStG ein **Verlustausgleich mit anderen Einkunftsarten** (§ 2 Abs. 1 Nr. 1–6 EStG) und den sonstigen Einkünften nach § 22 **nicht** durchgeführt werden. Ein Abzug nach § 10d EStG ist ebenfalls ausgeschlossen (§ 23 Abs. 3 Satz 6 EStG).

Die Verluste können jedoch nach § 23 Abs. 3 Satz 8 EStG mit positiven Einkünften aus privaten Veräußerungsgeschäften, die der Steuerpflichtige im Vorjahr erzielt hat oder in den Folgejahren erzielt, ausgeglichen werden.

11.10.3.3.4 Bedeutung des § 11 EStG bei privaten Veräußerungsgeschäften

Da die **Einkünfte aus privaten Veräußerungsgeschäften** zu den **Überschusseinkünften** 2224 gehören, sind abweichend von den für die Veräußerungsgewinne nach §§ 14, 16 und 18 Abs. 3 EStG geltenden Regeln für den Zeitpunkt der Erfassung der Einkünfte die **Grundsätze des § 11 EStG maßgebend.** Die Einnahmen sind **im Jahr des Zufließens** anzusetzen, sofern sie die Anschaffungs- oder Herstellungskosten übersteigen. Davon werden die **Werbungskosten** auch **insoweit abgezogen,** als sie **in dem Jahre vor oder nach** der **Veräußerung entrichtet** worden sind; dasselbe gilt für die Anschaffungskosten des veräußerten Gegenstandes. Diese Abweichungen von § 11 Abs. 2 EStG ergeben sich zwangsläufig aus dem Wesen der Besteuerung von Einkünften, die durch Veräußerung entstehen.

> **BEISPIEL:** A hat ein am 1. 7. 01 für 20 000 € erworbenes Grundstück am 15. 11. 02 für 28 000 € verkauft. Der Verkaufspreis fließt am 15. 11. 02 und am 15. 11. 03 mit je 14 000 € zu. A hat die auf ihn entfallenden Veräußerungskosten am 10. 1. 03 mit insgesamt 2 000 € bezahlt.
>
> Bei der Veranlagung des A für das Jahr 02 sind keine Einkünfte nach § 23 EStG anzusetzen, da der im Jahre 02 zugeflossene Betrag unter den Anschaffungskosten liegt. Auch ein mit anderen Einkünften aus privaten Veräußerungsgeschäften auszugleichender Verlust liegt nicht vor. Bei der Veranlagung für das Jahr 03 ergeben sich Einkünfte aus privaten Veräußerungsgeschäften i. H. von 6 000 €; der zugeflossene Betrag i. H. von 14 000 € ist zu kürzen um die Veräußerungskosten i. H. von 2 000 € und um die noch nicht aufgezehrten Anschaffungskosten i. H. von 6 000 €.
>
> Zu demselben Ergebnis müsste man gelangen, wenn die Veräußerungskosten i. H. von 2 000 € oder andere Werbungskosten schon im Jahre 02 geleistet worden wären. Denn in diesem Fall hätte die Zahlung der ersten Kaufpreisrate am 15. 11. 02 zuerst auf die Veräußerungskosten, sodann auf die Anschaffungskosten angerechnet werden müssen. Somit wären für das Jahr 03 noch 8 000 € Anschaffungskosten zum Abzug von dem in diesem Jahr zugeflossenen Kaufpreis verblieben.

Nach diesen Grundsätzen ist beim **Verkauf eines Gegenstandes gegen laufende Raten** 2225 nicht von dem Barwert der Forderung als dem Veräußerungspreis auszugehen, vielmehr ist die Versteuerung der Einkünfte erst im Jahr des Zuflusses der Raten durchzuführen.

Der in den Raten enthaltene **Zinsanteil** ist **Einnahme i. S. des § 20 Abs. 1 Nr. 7 EStG.** Die in den Zahlungen enthaltenen Tilgungsanteile sind jedoch **frühestens von dem Zeitpunkt** an zu erfassen, **in dem sie die Anschaffungskosten oder Herstellungskosten übersteigen.**

Wird der **Veräußerungspreis in Form einer Leibrente** gezahlt, gehören nur die **Tilgungsanteile** der einzelnen Rentenleistungen zum **Veräußerungspreis.** Der Ertragsanteil stellt vom Beginn der Rentenzahlung eine Einkunft i. S. des § 22 Nr. 1 EStG dar. Auch in diesem Falle beginnt die Besteuerung nach § 22 Nr. 2 EStG u. § 23 EStG erst, wenn die Tilgungsleistungen die Anschaffungskosten bzw. die Herstellungskosten übersteigen.

2226   Nach dem Wortlaut des § 23 Abs. 3 Satz 5 EStG ist die **Freigrenze** von 600 € auch dann **für jedes Jahr** zu berücksichtigen, wenn der **Kaufpreis in mehreren Jahren gezahlt** wird und deshalb die Einkünfte aus einem privaten Veräußerungsgeschäft sich auf entsprechend viele Jahre verteilen.

> **BEISPIEL:** ▶ A hat ein Grundstück am 1.7.01 für 5 000 € erworben, er veräußert es am 1.6.03 an B für 8 000 €. B hat 5 500 € am 1.7.03 und 500 € in den folgenden 5 Jahren vertragsgemäß gezahlt. Veräußerungskosten sind A nicht entstanden. A hat in den Jahren 03–08 keine weiteren privaten Veräußerungsgeschäfte abgeschlossen.
>
> A hat bei den Veranlagungen für das Jahr 03–08 keine Einkünfte nach § 23 EStG zu versteuern. Im Jahre 03 belaufen sich die Einkünfte aus privaten Veräußerungsgeschäften auf 500 € und in den folgenden 5 Jahren auf weniger als 500 € (die einzelne Rate ist in einen Tilgungs- und einen Zinsanteil zu zerlegen; der Zinsanteil ist Einnahme i. S. des § 20 Abs. 1 Nr. 7 EStG). Die jährlichen Tilgungsanteile sind gem. § 23 Abs. 3 Satz 5 EStG steuerfrei.

11.10.4   Einkünfte aus Leistungen (§ 22 Nr. 3 EStG)

2227   Nach § 22 Nr. 3 EStG sind **Einkünfte aus Leistungen** zu versteuern. Diese Vorschrift ist nur anzuwenden, wenn nicht schon die Voraussetzungen für eine Besteuerung der Einkünfte aus anderen Einkunftsarten (§ 2 Abs. 1 Nr. 1–6 EStG oder nach § 22 Nr. 1, 1a, 2 oder 4 EStG) vorliegen.

In Übereinstimmung mit der Rechtsprechung des BFH (23. 6. 1964 GrS, BStBl 1964 II 500) ist unter dem **Begriff „Leistung"** i. S. von § 22 Nr. 3 EStG grds. **jedes Tun, Dulden oder Unterlassen** zu verstehen, das **Gegenstand eines entgeltlichen Vertrages** sein kann und **um des Entgeltes willen** erbracht wird.

Der Wortlaut der Bestimmung des § 22 Nr. 3 EStG gebietet diese Auslegung, wenn auch dadurch die **Gefahr besteht,** dass durch diese Bestimmung ein **unbestimmter Auffangtatbestand** geschaffen wird.

2228   Bei diesen Leistungen darf es sich i. d. R. **nur** um ein **gelegentliches Tätigwerden** handeln, da der Steuerpflichtige sonst Einkünfte aus den §§ 13, 15 EStG oder aus § 18 EStG hat. Keine Leistungen i. S. des § 22 Nr. 3 EStG sind Veräußerungen (RFH 28. 10. 1936, RStBl 1937 338; BFH 9. 10. 1965, BStBl 1965 III 361; 5. 8. 1976 VIII R 117/75, BStBl 1977 II 27), da insoweit eine Steuerpflicht nur angenommen werden kann, wenn die Voraussetzungen der anderen Einkunftsarten oder des § 23 EStG gegeben sind. Um so überraschender ist es, dass der BFH das Entgelt für die **Einräumung eines Vorkaufsrechtes** nicht als Teilveräußerung wertet, sondern als **Leistung i. S. des § 22 Nr. 3 EStG** (BFH 10. 12. 1985 IX R 67/81, BStBl 1986 II 340; 10. 8. 1994 X R 42/91, BStBl 1995 II 57).

> **BEISPIELE:** ▶ für Einkünfte aus Leistungen sind: **Vermietung einzelner beweglicher Sachen** (bei der Vermietung von Sachinbegriffen liegen Einkünfte nach § 21 Abs. 1 Nr. 2 EStG vor); **gelegentliche Vermittlung von Rechtsgeschäften;** die Auslobung (FG v. Düsseldorf 21. 8. 1968, EFG 1989, 120 rkr.); Zahlung von Schmiergeldern (RFH 21. 9. 1944, RStBl 731); Geschlechtsverkehr gegen Entgelt (BFH [st. Rspr.], vgl. 23. 6. 1964 GrS, BStBl 1964 III 500; 17. 4. 1970 VI R 164/68, BStBl 1970 II 620); **Mitfahrvergütungen für die Mitnahme von Kollegen** (FG Stuttgart 21. 2. 1973, EFG S. 429 rkr.); Sammeln und Verwerten von Leergut gegen Entgelt (BFH 6. 6. 1973 I R 203/71, BStBl 1973 II 727); Einkünfte aufgrund von Erpressungen (FG Münster 18. 2. 1966, EFG 409 rkr.); **Entgelt für ein bindendes Kaufangebot über ein Grundstück** (BFH 26. 4. 1977 VIII R 2/75, BStBl 1977 II 631); **Entgelt für Verzicht auf gesetzlich vorgeschriebenen Grenzabstand**

(BFH 5.8.1976, a.a.O.); dagegen **nicht:** Abfindungen für Wohnwertminderungen (BFH 5.8.1976, a.a.O.) und auch nicht: Entgelt für die Einräumung einer Grunddienstbarkeit (U-Bahnbau, BFH 18.8.1977 VIII R 7/74, BStBl 1977 II 796); **wohl aber** bezgl. eines Entgelts für die Weitergabe eines zufällig erlangten Wissens (Anbahnung einer dann zustande kommenden Geschäftsbeziehung, BFH 21.9.1982 VIII R 73/79, BStBl 1983 II 201) und bezgl. eines Entgelts für ein Wettbewerbsverbot (anlässlich der Veräußerung einer wesentlichen Beteiligung, BFH 21.9.1982 VIII R 140/79, BStBl 1983 II 289) sowie eines **Entgelts für die Duldung eines Bauvorhabens** (höhere Geschosszahl als planungsrechtlich vorgesehen, BFH 26.10.1982 VIII R 83/79, BStBl 1983 II 404). Die **Vergütungen an eine Bürgerinitiative für die Rücknahme eines Widerspruchs** ist Leistung i.S. des § 22 Nr. 3 EStG (BFH 12.11.1985, BStBl 1986 II 340); nicht unter § 22 Nr. 3 EStG fällt die Entschädigung, die eine Kommune dafür zahlt, dass eine Baugenehmigung versagt worden wäre, wenn sie beantragt worden wäre (faktische Bausperre, BFH 12.9.1985 VIII R 306/81, BStBl 1986 II 252); auch nicht nach § 22 Nr. 3 EStG steuerpflichtig sind die Einkünfte aus privaten Differenzgeschäften über Devisen oder Edelmetalle (BFH 13.10.1988 IV R 220/85, BStBl 1989 II 39).

Da es an einem Entgelt für eine bestimmte Leistung fehlt, werden die **Voraussetzungen** **des § 22 Nr. 3 EStG verneint** beim Goethe-, Schiller-, Nobelpreis und ähnlichen Preisen, da diese **Preise für das Gesamtwerk** des Auszuzeichnenden zugesprochen werden (vgl. BFH 1.10.1964, BStBl 1964 III 629). Aus diesem Grunde stellen auch grundsätzlich die **Filmpreise** aus öffentlichen Mitteln **keine steuerfreien Leistungen** i.S. des § 3 Nr. 11 EStG, sondern berufliche Einnahmen i.S. der §§ 15 bzw. 18 EStG dar (vgl. BFH 7.11.1974, BStBl 1975 II 378). Ferner sind **keine Leistungen** i.S. des § 22 Nr. 3 EStG **Gewinne aus einer Lotterie,** aus **Fußballtoto oder Lotto** (BFH 24.10.1969, BStBl 1970 II 411), ferner **Ehrenpreise für Amateursportler** und Gewinne aus der Teilnahme an einem **Preisausschreiben** oder Quiz. 2229

Gemäß BFH v. 28.11.2007 BStBl 2008 II 469 sind Preisgelder für die Teilnahme als Kandidat an einer Fernsehshow als sonstige Einkünfte steuerbar, wenn der Auftritt des Kandidaten und das gewonnene Preisgeld in einem gegenseitigen Leistungsverhältnis stehen (Präzisierung der Voraussetzungen im BMF-Schreiben vom 30.5.2008 BStBl 2008 I S. 645).

Die Einkünfte aus Leistungen i.S. des § 22 Nr. 3 EStG, die durch den Überschuss der Einnahmen über die Werbungskosten ermittelt werden, unterliegen der Besteuerung, wenn die Summe aller in einem Kalenderjahr erzielten Einkünfte **256 € oder höher ist** (§ 22 Nr. 3 Satz 2 EStG). Dabei sind **Verluste,** die bei einem Leistungsgeschäft entstehen, zu berücksichtigen. Ergibt sich für alle Leistungsgeschäfte zusammen ein Verlust, kann dieser **mit den anderen Einkunftsarten** nach § 2 Abs. 1 Nr. 1–6 EStG **nicht ausgeglichen werden** (§ 22 Nr. 3 Satz 3 EStG). Dasselbe gilt nach dem Gesetzeswortlaut auch für den Verlustausgleich mit den Einkünften i.S. des § 22 Nr. 1 u. 2 EStG. Ebenso ist ein Abzug nach § 10d EStG ausgeschlossen (§ 22 Nr. 3 Satz 3 EStG a.E.). 2230

Der Verlust darf jedoch nach § 22 Nr. 3 Satz 4 EStG von positiven Einkünften aus Leistungen im Vorjahr und in den Folgejahren abgezogen werden.

11.10.5 Leistungen aufgrund des Abgeordnetengesetzes (§ 22 Nr. 4 EStG)

2231 § 22 Nr. 4 EStG ist auf Leistungen anzuwenden, die **aufgrund des Abgeordnetengesetzes** bzw. **der jeweiligen Landesgesetze** gezahlt werden.

Steuerpflichtig sind **Entschädigungen, Amtszulagen, Zuschüsse zu Krankenversicherungsbeiträgen, Übergangsgelder, Sterbegelder, Versorgungsabfindungen, Versorgungsbezüge,** die aufgrund des Abgeordnetengesetzes bzw. der entsprechenden Landesgesetze gezahlt werden. Die Bestimmungen der §§ 3 Nr. 62 Satz 1, 19 Abs. 2, 34 Abs. 1 EStG bleiben anwendbar im Rahmen des § 22 Nr. 4 Satz 4a–c EStG.

Gesetzlich (§ 22 Nr. 4 Satz 3 EStG) klargestellt ist, dass **durch das Mandat veranlasste Aufwendungen nicht** als **Werbungskosten** abgezogen werden dürfen, **wenn** zur Abgeltung des durch das Mandat veranlassten Aufwandes **Aufwandsentschädigungen** gezahlt werden (BFH 29. 3. 1983 VIII R 97/82, BStBl 1983 II 601).

Auch ist gesetzlich (§ 22 Nr. 4 Satz 4 EStG) festgelegt, dass **Wahlkampfkosten** für ein Bundes- oder Landtagsmandat **keine Werbungskosten** sind. Diese Regelung verstößt nicht gegen den Gleichheitssatz (BFH 8. 12. 1987 IX R 161/83, BStBl 1988 II 433). Auch die Kosten eines erfolglosen Bewerbers sind keine Werbungskosten (BFH 8. 12. 1987 IX R 255/87, BStBl 1988 II 435).

11.10.6 Leistungen aus Altersvorsorgeverträgen

11.10.6.1 Allgemeines

2232 Leistungen aus zertifizierten Altersvorsorgeverträgen (sog. **Riester-Rente)** sowie aus Pensionsfonds, Pensionskassen und Direktversicherungen werden erst in der Auszahlungsphase besteuert (sog. **nachgelagerte Besteuerung)**. Die Besteuerung richtet sich in allen Fällen – auch bei Fonds – nach § 22 Nr. 5 EStG, der kraft ausdrücklicher gesetzlicher Regelung allen anderen Vorschriften (z. B. auch dem Investmentsteuergesetz) vorgeht.

2233 Während der **Ansparphase** erfolgt bei zertifizierten Altersvorsorgeverträgen **keine Besteuerung** von Erträgen und Wertsteigerungen. Dies gilt unabhängig davon, ob oder in welchem Umfang die Altersvorsorgebeiträge gefördert wurden. Laufende Erträge ausschüttender Fonds, die unverzüglich und kostenfrei wieder angelegt werden, werden in der Ansparphase nicht besteuert.

2234 Der Umfang der **Besteuerung** der Leistungen in der **Auszahlungsphase** richtet sich danach, ob die in der Ansparphase eingezahlten Beiträge in vollem Umfang, nur teilweise oder gar nicht gefördert worden sind.

11.10.6.2 Leistungen gem. § 22 Nr. 5 Satz 1 EStG

2235 Grundsätzlich unterliegen **alle Leistungen,** die in § 22 Nr. 5 Satz 1 EStG genannt werden, der **vollen nachgelagerten Besteuerung,** unabhängig davon, ob sie auf geförderten oder nicht geförderten Beiträgen beruhen.

Hierunter fallen alle Leistungen

► aus zertifizierten Altersvorsorgeverträgen,

► Pensionsfonds,

► Pensionskassen (auch wenn umlagefinanziert) und

► Direktversicherungen.

Insoweit handelt es sich nach der Aufzählung zu Beginn des Satzes 2 des § 22 Nr. 5 EStG um folgende Beiträge und Zahlungen:

► Beiträge, die nach § 3 Nr. 63 EStG steuerfrei waren,

► Beiträge, auf die § 10a EStG angewendet wurde,

► Beiträge, auf die Abschnitt XI EStG angewendet wurde,

► Zulagen im Sinne des Abschnitts XI,

► Zahlungen i. S. von § 92a Abs. 2 Satz 4 Nr. 1 und § 92a Abs. 3 Satz 9 Nr. 2 EStG,

► Steuerfreie Leistungen i. S. des § 3 Nr. 66 EStG und

► Ansprüche, die durch steuerfreie Zuwendungen erworben wurden.

11.10.6.3 Leistungen gem. § 22 Nr. 5 Satz 2 EStG

Satz 2 des § 22 Nr. 5 EStG regelt die Besteuerung von Leistungen, die **nicht auf geförder-**   2236
ten Beiträgen beruhen. Hierunter fallen z. B.:

► Zahlungen aus dem versteuerten Einkommen,

► Beträge, die nach § 40b EStG pauschal versteuert wurden und

► Überzahlungen bei Altersvorsorgeverträgen, d. h. Zahlungen, die den Höchstbetrag des § 10a EStG überstiegen haben.

Die Besteuerung dieser Leistungen wird im zweiten Teil des Satzes 2 des § 22 Nr. 5 EStG   2237
nach den Buchstaben a – c in 3 Gruppen unterteilt.

► Gem. Buchst. a werden Leistungen in Form von lebenslangen Rentenzahlungen sowie bei Berufsunfähigkeits-, Erwerbsminderungs- und Hinterbliebenenrenten durch den Verweis auf die Besteuerung nach § 22 Nr. 1 Satz 3 Buchst. b EStG entweder mit der Kohorte (§ 22 Nr. 1 Satz 3 Buchst. b Doppelbuchst. aa) EStG oder mit dem Ertragsanteil (§ 22 Nr. 1 Satz 3 Buchst. b Doppelbuchst. bb) EStG erfasst.

► Nach Buchst. b treten für andere Leistungen aus Versicherungsverträgen, Pensionsfonds, Pensionskassen und Direktversicherungen, die nicht unter Buchst. a fallen, die Rechtsfolgen des § 20 Abs. 1 Nr. 6 EStG in der für den jeweiligen Vertrag geltenden Fassung ein. Es kommt somit darauf an, ob der Vertrag vor oder nach dem 1. 1. 2005 geschlossen wurde.

► Nach Buchst. c wird in allen anderen Fällen (z. B. bei Bank- oder Fondssparplänen, die nicht auf geförderten Beiträgen beruhen) der Unterschiedsbetrag zwischen den eingezahlten Beiträgen und der späteren Auszahlung besteuert.

11.10.6.4 Schädliche Verwendung

Wird gefördertes Altersvermögen schädlich verwendet i. S. des § 93 EStG (§ 22 Nr. 5   2238
Satz 3 EStG) oder § 92a EStG (§ 22 Nr. 5 Satz 4 EStG), so wird die gem. § 10a EStG oder

Abschnitt XI gewährte Förderung ganz oder zum Teil rückabgewickelt. Damit werden die Beiträge zu nicht geförderten, so dass die Besteuerung sich nach Satz 2 richtet (vgl. oben unter 3.).

11.10.6.5   Erforderliche Bescheinigung

2239   Nach § 22 Nr. 5 Satz 7 ff. EStG hat der Anbieter i. S. des § 80 EStG dem Steuerpflichtigen beim erstmaligen Bezug und bei späteren Änderungen der Leistung die Beträge i. S. der Sätze 1 bis 4, die dieser im jeweils abgelaufenen Jahr bezogen hat, nach amtlichem vorgeschriebenem Vordruck jeweils gesondert mitzuteilen. Diese Mitteilung soll dem Steuerpflichtigen das Ausfüllen der Steuererklärung erleichtern.

11.10.7   Kontrollfragen

?

FRAGEN

		Rdn.	
1.	Was kennzeichnet wiederkehrende Bezüge und wie werden sie eingeteilt?	2103 ff.	☐
2.	Welche Voraussetzungen müssen vorliegen, damit man von einer Rente spricht?	2106 ff.	☐
3.	Welchen Einfluss haben Wertsicherungsklauseln auf die Rente?	2113	☐
4.	Was ist eine Leib-, was eine Zeitrente?	2117 ff.	☐
5.	Was ist eine abgekürzte, was eine verlängerte Leibrente?	2119 ff.	☐
6.	Wie unterscheidet sich eine dauernde Last, wie eine Ratenzahlung von einer Rente?	2122 ff.	☐
7.	In welcher Höhe sind Renten und dauernde Lasten beim Zahlenden abzugsfähig? Wie werden sie beim Empfänger besteuert?	2128 ff.	☐
8.	Wie wird eine Rente bei einem Ehepaar erfasst?	2132	☐
9.	Wie wird eine Rentenerhöhung, wie eine Herabsetzung behandelt?	2133 ff.	☐
10.	In welchen Fällen wird eine Rente weder beim Berechtigten noch beim Verpflichteten steuerlich berücksichtigt?	2137 ff.	☐
11.	Wie wird die Übergabe eines Betriebes oder eines Mitwohngrundstücks an Kinder gegen die Zusage einer lebenslänglichen Versorgung steuerlich behandelt?	2147 ff.	☐
12.	Was versteht man unter einer privaten Veräußerungsrente und wie wird sie beim Empfänger und beim Verpflichteten behandelt?	2156 ff.	☐
13.	Welche steuerlichen Folgen treten beim Berechtigten und beim Verpflichteten bei privaten Versorgungs- und bei privaten Unterhaltsrenten ein?	2159 ff.	☐
14.	Wie werden Renten aus der Sozialversicherung behandelt?	2165 ff.	☐
15.	Wie werden Schadensersatzzahlungen in Rentenform steuerlich behandelt?	2167	☐
16.	Wann spricht man von einer betrieblichen Veräußerungs-, wann von einer Versorgungsrente? Wie wird sie behandelt?	2168 ff.	☐
17.	Wie wird das sog. „Realsplitting" durchgeführt?	2192 ff.	☐
18.	Wie wird der Versorgungsausgleich nach der Ehescheidung durchgeführt? Welche steuerlichen Folgen zieht dies nach sich?	2192b	☐

(Einstweilen frei) 2240–2242

11.11 Entschädigungen, nachträgliche Einkünfte, Nutzungsvergütungen (§ 24 EStG)

LITERATURHINWEIS:

Friebel/Rick/Schoor/Siegle, Fallsammlung Einkommensteuer, 19. Aufl., Kapitel 10.10

Die Vorschrift des § 24 EStG ordnet an, dass bestimmte **Entschädigungen** und **Nut-** 2243
zungsvergütungen sowie **nachträgliche Einkünfte** der ESt unterliegen. Durch diese Regelung wird **keine zusätzliche Einkunftsart** geschaffen, sondern nur **klargestellt,** dass
die in § 24 EStG aufgeführten Bezüge auch den einzelnen Einkunftsarten zuzurechnen
sind. Dies wäre auch ohne Bestimmung des § 24 EStG der Fall.

Die Entschädigungen i. S. des § 24 Nr. 1 EStG stellen innerhalb der Einkünfte eine **beson-** 2244
dere Art von Einkünften dar (BFH 17.12.1959 IV 223/58 S, BStBl 1960 III 72 f.), da sie
unter den Voraussetzungen des § 34 Abs. 1 EStG tarifbegünstigt sind (vgl. die Ausführungen zu § 34 EStG). Dies gilt nicht für die nachträglichen Einkünfte i. S. des § 24 Nr. 2
EStG.

In § 24 Nr. 3 EStG ist vorgeschrieben, dass Nutzungsvergütungen für die Inanspruchnahme von Grundstücken für öffentliche Zwecke sowie Zinsen auf solche Nutzungsvergütungen und auf Entschädigungen, die mit der Inanspruchnahme von Grundstücken
für öffentliche Zwecke zusammenhängen, steuerpflichtige Einnahmen sind. In der Regel handelt es sich um Einkünfte aus Gewerbebetrieb oder aus Vermietung und Ver-

pachtung. Die Einkünfte i. S. des § 24 Nr. 3 EStG sind nach näherer Maßgabe des § 34 Abs. 2 Nr. 3 EStG tarifbegünstigt.

11.11.1 Entschädigungen

2245   Nach § 24 Nr. 1 EStG sind solche Entschädigungen zu versteuern, die

1. als **Ersatz für entgangene oder entgehende Betriebseinnahmen oder Einnahmen,**

2. für die **Aufgabe oder Nichtausübung einer Tätigkeit** oder für die **Aufgabe einer Gewinnbeteiligung** oder

3. als **Ausgleichszahlung an Handelsvertreter nach § 89b HGB** gezahlt werden.

Die Unterscheidung der Entschädigungen i. S. des § 24 Nr. 1 EStG von den laufenden Betriebseinnahmen oder Einnahmen ist von **Bedeutung,** da – wie schon erwähnt – für die Entschädigungen die **steuerliche Vergünstigung des § 34 Abs. 1 u. 2 EStG** beim Vorliegen bestimmter weiterer Voraussetzungen in Betracht kommt (vgl. dazu BFH 12. 3. 1975 I R 180/73, BStBl II 485). Die Grenzen sind jedoch flüssig. Deshalb ergeben sich in der Praxis oft Schwierigkeiten bei der Entscheidung der Frage, ob eine Entschädigung vorliegt oder nicht.

2246   Allgemein wird für die Annahme einer Entschädigung i. S. des § 24 Nr. 1a u. b EStG verlangt, dass **einkommensteuerpflichtige Betriebseinnahmen oder Einnahmen wegfallen** oder weggefallen sind und dass **dadurch ein Schaden entsteht** oder entstanden ist. **Entschädigungen** sind bei **allen Einkunftsarten** denkbar.

An die Stelle der **entgehenden (entgangenen) Betriebseinnahmen** oder Einnahmen **muss die Entschädigung treten,** von der gefordert wird, dass sie aus Rechts- oder Billigkeitsgründen gezahlt wird. Die Entschädigung muss **unmittelbar** durch den Verlust der Betriebseinnahmen oder Einnahmen **bedingt** sein (BFH [st. Rspr.], 17. 7. 1970 VI R 66/67, BStBl 1970 II 683; R 24.1 EStR).

Für die Feststellung des Schadens ist die wirtschaftliche Lage des Steuerpflichtigen vor dem Ereignis, das den Verlust der Einkünfte begründet, mit der Lage danach zu vergleichen.

2247   Der **Schaden** i. S. des § 24 Nr. 1a u. b EStG muss i. d. R. **ohne oder gegen den Willen des Steuerpflichtigen eingetreten** sein (so im Ergebnis BFH 20. 7. 1978 IV R 43/74, BStBl 1979 II 9; 16. 4. 1980 VI R 86/77, BStBl 1980 II 393; H 24.1 EStH). Eine Entschädigung kann auch vorliegen, wenn der Steuerpflichtige Vereinbarungen zur Ausgleichung eines eingetretenen oder drohenden Schadens trifft. Die Mitwirkung des Steuerpflichtigen steht also einer Entschädigung i. S. des § 24 Nr. 1a EStG nicht entgegen (BFH 18. 12. 1981 III R 133/78, BStBl 1982 II 305, für den Fall einer **Entlassungsentschädigung).**

2248   Eine **Entschädigung** i. S. des § 24 EStG kann begrifflich aber **nicht** vorliegen, wenn der zur Ersatzleistung führende Sachverhalt einen **normalen und üblichen Geschäftsvorfall** darstellt oder, wenn der Steuerpflichtige das schadensstiftende Ereignis aus eigenem Antrieb herbeigeführt hat. Nicht erforderlich ist, dass auf die Entschädigung ein Rechtsanspruch besteht; auch eine Entschädigung, die aus Billigkeitsgründen gezahlt wird, fällt unter die Bestimmung des § 24 Nr. 1a EStG (BFH 30. 10. 1970 VI R 273/67, BStBl 1971 II 138).

Folgende Beispiele

für Entschädigungen i. S. des § 24 Nr. 1a EStG lassen sich aus der Rechtsprechung erwähnen: Streikunterstützungen (BFH 30. 10. 1970, a. a. O.); Aussperrungsunterstützungen (BFH 30. 3. 1982 III R 150/80, BStBl 1982 II 552, 556); Entschädigungen bei einer mit Sicherheit zu erwartenden Kündigung (BFH 20. 3. 1974 I R 198/72, BStBl 1974 II 486);

keine Entschädigungen liegen vor: Verzicht auf Pensionsansprüche gegen Auszahlung der in der Bilanz gebildeten Rückstellung (Grund: Freiwilligkeit; BFH 20. 11. 1970 VI R 183/68, BStBl 1971 II 263; vgl. auch BFH 11. 12. 1970 VI R 218/66, BStBl 1971 II 266); Abfindungen, die zur Erfüllung der auf einem Anstellungsvertrag beruhenden laufenden Bezüge gezahlt werden (BFH 17. 7. 1970 VI R 66/67, BStBl 1970 II 683), auch nicht, wenn die Kapitalisierung erfolgt, weil die verpflichtete GmbH liquidiert wird (BFH 17. 3. 1978 VI R 63/75, BStBl 1978 II 375); Ausgleichszahlungen an einen Architekten bzw. Bauunternehmer wegen Nichtdurchführung des Bauvorhabens (BFH 27. 7. 1978 IV R 149/77, BStBl 1979 II 66; 27. 7. 1978 IV R 153/77, BStBl 1979 II 69).

Wegen der **Entschädigung an Arbeitnehmer** bei Beendigung des Dienstverhältnisses vgl. § 3 Nr. 9 u. 10 EStG und dazu BFH 3. 11. 1972 VI R 341/69, BStBl 1973 II 240; 21. 3. 1975 VI R 37/73, BStBl 1975 II 763; der über diese Befreiungen hinausgehende Betrag kann, wenn er nicht laufender Bezug ist, eine Entschädigung i. S. des § 24 Nr. 1a EStG darstellen (vgl. BFH 20. 10. 1978 VI R 107/77, BStBl 1979 II 176 in Fortentwicklung des Urteils 20. 7. 1978 IV R 43/74, BStBl 1979 II 9; 18. 12. 1981 III R 133/78, BStBl 1982 II 305). Voraussetzung ist jeweils jedoch, dass der Arbeitgeber die Aufhebung des Dienstverhältnisses veranlasst hat (BFH 20. 10. 1978, a. a. O.).

Entschädigungen, die im Falle einer **Betriebsverlegung** gezahlt werden, unterliegen nur insoweit dem § 24 Nr. 1a EStG, als sie den Ausgleich von Gewinnausfall während der zwangsläufigen Arbeitspause darstellen.

Entschädigungen **für ehrenamtliche Tätigkeiten** in Berufs- und Standesorganisationen können Aufwandsentschädigungen i. S. des § 3 Nr. 2 Satz 2 EStG sein, der über diese Steuerbefreiung hinausgehende Betrag allerdings eine Entschädigung i. S. des § 24 Nr. 1a EStG.

Schadensersatzleistungen können sowohl einkommensteuerpflichtige als auch nicht der Einkommensbesteuerung unterliegende Einnahmen sein (vgl. auch Rdn. 2167); im Einzelnen ist zu unterscheiden:

Ersatz für **Sachschäden im privaten Vermögensbereich**: sie gehören zu keiner Einkunftsart; sie sind daher grundsätzlich steuerfrei;

Ersatz für **Sachschäden im betrieblichen Bereich**: die Ersatzleistungen sind Betriebseinnahmen bzw. Ersatzforderungen sind zu aktivieren;

Ersatz für **Personenschäden:** Arzt- und Krankheitskosten, Schmerzensgeld, Beerdigungskosten sind nicht steuerpflichtig; diese Ersatzleistungen mindern höchstens eine außergewöhnliche Belastung i. S. des § 33 EStG;

2249 **Verdienstausfallentschädigungen** dagegen sind Entschädigungen i. S. des § 24 Nr. 1a EStG.

Erwähnenswert in diesem Zusammenhang ist das BFH-Urteil (16. 8. 1978 I R 73/76, BStBl 1979 II 120); danach war von einer Beratungsgesellschaft Schadensersatz zu leisten, weil eine Investitionszulage nicht rechtzeitig beantragt worden war. Da die Investitionszulage nicht steuerpflichtig sei, sei auch die entsprechende Entschädigung nicht steuerpflichtig.

Auch **Entschädigungen,** die **für die Aufgabe oder Nichtausübung einer Tätigkeit** gewährt werden, zählen gem. **§ 24 Nr. 1b EStG** zu den Einkünften i. S. von § 2 Abs. 1 EStG, aber auch Entschädigungen für die Aufgabe einer Gewinnbeteiligung bzw. einer Anwartschaft auf eine solche.

2250 **Abfindungszahlungen** an ausscheidende (auch lästige) Gesellschafter einer Personengesellschaft fallen jedoch nicht in den Rahmen des § 24 Nr. 1b EStG, da sie als Teil des Veräußerungsgewinns nach § 16 i. V. mit § 34 EStG zu erfassen sind. Gewinnnachzahlungen als „Entschädigung für in der Vergangenheit zu niedrige Gewinnbeteiligung" stellen im Regelfall keine Entschädigungen i. S. des § 24 Nr. 1b EStG dar, es sei denn, diese Verpflichtungen sind als solche in den Bilanzen der Vorjahre bei der Gesellschaft ausgewiesen.

Eine genaue Abgrenzung zwischen den Entschädigungen nach § 24 Nr. 1a EStG und denen nach § 24 Nr. 1b EStG ist nicht erforderlich, weil sie praktisch keine wesentliche Bedeutung hat. Es ist jedoch hervorzuheben, dass im Falle des § 24 Nr. 1b EStG die Tätigkeit **mit Willen** des Betroffenen aufgegeben wird (vgl. BFH 2. 4. 1976 VI R 67/74, BStBl 1976 II 490; 5. 10. 1976 VIII R 38/72, BStBl 1977 II 198 f.).

2251 Für die Einkünfte gem. **§ 24 Nr. 1c EStG** bedarf es keiner Klärung des Begriffs der Entschädigung, denn Leistungen i. S. der genannten Bestimmungen liegen vor, wenn ein **Handelsvertreter von dem Unternehmer nach Beendigung des Vertragsverhältnisses eine Ausgleichszahlung** erhält, für die die besonderen Voraussetzungen des § 89b HBG erfüllt sind.

Nach dieser Vorschrift hat ein Handelsvertreter gegen den vertretenen Unternehmer nach Beendigung des Vertretungsverhältnisses einen **Anspruch auf angemessenen Ausgleich, sofern** das Vertragsverhältnis **nicht von dem Handelsvertreter gekündigt** worden ist (vgl. im Einzelnen § 89b Abs. 3 HGB), wenn der **Unternehmer** aufgrund der Vertretertätigkeit **weiterhin erhebliche Vorteile** hat, der **Handelsvertreter** sonst **weiter laufende Provisionsansprüche verliert** und eine Ausgleichszahlung der **Billigkeit** entspricht. Somit ist § 24 Nr. 1c EStG und damit § 34 EStG nicht anwendbar auf Zahlungen, die ein Handelsvertreter von seinem Nachfolgevertreter erhält (BFH 31. 5. 1972 IV R 44/69, BStBl 1972 II 899).

Abgrenzungsschwierigkeiten bestehen in den Fällen, in denen ein Handelsvertreter seine **Vertretung veräußert** bzw. **aufgibt,** darüber hinaus aber von dem bisher von ihm vertretenen Unternehmer eine Abfindungszahlung erhält. Hierzu vertritt die Verwaltung unter Berufung auf BFH (5.12.1968 IV R 270/66, BStBl 1969 II 196) die Auffassung, diese Ausgleichszahlungen seien nicht als Teil des Veräußerungs- bzw. Aufgabegewinns anzusehen, sondern eine Entschädigung i. S. des § 24 Nr. 1c EStG.

Sind an den Entschädigungen i. S. des § 24 Nr. 1 EStG mehrere beteiligt und findet deshalb eine einheitliche und gesonderte Feststellung der Einkünfte nach § 180 Abs. 1 Nr. 2a AO statt, muss in dem Feststellungsbescheid auch darüber entschieden werden, ob die Einkünfte nach § 34 Abs. 1 u. 2 EStG tarifbegünstigt sind.

11.11.2 Einkünfte aus einer ehemaligen Tätigkeit oder aus einem früheren Rechtsverhältnis

Oft fließen dem Steuerpflichtigen noch Bezüge zu, **nachdem er die Tätigkeit** i. S. des § 2 Abs. 1 Nr. 1 – 4 EStG **aufgegeben** hat oder **nachdem** ein **Rechtsverhältnis** i. S. des § 2 Abs. 1 Nr. 5 – 7 EStG **nicht mehr besteht.** In diesen Fällen sind die **nachträglich zufließenden Beträge** gem. § 24 Nr. 2 EStG zu versteuern, und zwar als Betriebseinnahmen oder Einnahmen derjenigen Einkunftsart, die früher vorgelegen hat.

2252

BEISPIELE:

1. A hat seinen Gewerbebetrieb zum 1.7.01 gegen eine betriebliche Veräußerungsrente übertragen. Nach Übersteigen des Kapitalkontos und der Veräußerungskosten ist die Rente nach § 24 Nr. 2 i.V. mit § 15 EStG zu versteuern.

2. B bezieht nach Beendigung seines Arbeitsverhältnisses zum 31.12.01 eine Pension. Ferner erhält er am 1.4.02 eine Gehaltsnachzahlung i. H. von 1 000 €. Pension und Gehaltsnachzahlung fallen unter § 24 Nr. 2 EStG; die Pension fällt jedoch bereits unter § 19 Abs. 1 Nr. 2 EStG; vgl. auch § 2 LStDV.

3. Der Hauseigentümer C hat dem Mieter M wegen hoher Mietrückstände zum 31.10.01 gekündigt. Am 1.8.02 zahlte M die rückständige Miete, die C gem. § 24 Nr. 2 EStG bei der ESt-Veranlagung 02 als Einnahmen bei den Einkünften aus Vermietung und Verpachtung ansetzen muss.

Falls der Steuerpflichtige einen **land- und forstwirtschaftlichen, gewerblichen oder freiberuflichen Betrieb veräußert oder aufgibt,** können ihm aufgrund der am Tage der Veräußerung oder Aufgabe noch bestehenden Forderungen **nachträglich Geld oder andere Wirtschaftsgüter** zufließen. In diesen Fällen werden allerdings i. d. R. keine nachträglichen Einkünfte i. S. des § 24 Nr. 2 EStG gegeben sein, da der Steuerpflichtige die **ausstehenden Forderungen** in der Schlussbilanz aktivieren musste und damit die Versteuerung spätestens im Zeitpunkt der Betriebsveräußerung oder -aufgabe durchgeführt worden ist (abgesehen von dem Fall, dass die Forderungen abgeschrieben waren).

Diese Grundsätze sind **auch maßgebend,** wenn der Steuerpflichtige den laufenden **Gewinn nach § 4 Abs. 3 EStG ermittelt** hat. Es können bei der Betriebsveräußerung oder -aufgabe aber auch nachträgliche Einkünfte entstehen.

Soweit z. B. der Steuerpflichtige für eine zweifelhafte Forderung einen höheren Betrag erzielt, als er in der Schlussbilanz ausgewiesen ist, liegen **nachträglich Betriebseinnahmen** i. S. des § 24 Nr. 2 EStG vor (vgl. R 24.2 EStR).

Nachträgliche Einkünfte i. S. des § 24 Nr. 2 EStG sind auch anzunehmen, wenn sie dem **Rechtsnachfolger** (Gesamt- oder Einzelrechtsnachfolger) desjenigen **zufließen,** der früher die Tätigkeit ausgeübt hat oder in dessen Person früher das Rechtsverhältnis bestand. Die Einkünfte sind in diesem Fall dem Rechtsnachfolger als eigene Einkünfte zuzurechnen (BFH 6. 5. 1960, BStBl 1960 III 404; R 24.2 Abs. 2 EStR).

> **BEISPIEL:** Der A hat die am 30. 6. 01 verstorbene Witwe W beerbt. Die der Witwe zustehende Witwenpension für die Monate Mai und Juni 01 ist i. H. von insgesamt 2 000 € erst am 10. 7. 01 ausgezahlt worden, und zwar an den Erben A. Diesem sind dadurch keine Unkosten entstanden.
>
> In der Veranlagung des A für das Jahr 01 sind bei den Einkünften aus nicht selbständiger Arbeit 2 000 € anzusetzen, von denen 1 044 € Arbeitnehmer-Pauschbetrag nach § 9a EStG abzuziehen sind.

2253 Da § 24 Nr. 2 EStG von „Einkünften" spricht, sind auch **nachträglich gezahlte Betriebsausgaben und Werbungskosten,** zumindest **analog § 24 Nr. 2 EStG, abzugsfähig,** ohne dass es erforderlich ist, dass in dem betreffenden Jahr Betriebseinnahmen oder Einnahmen vorliegen; in diesem Fall entsteht also in Höhe der Betriebsausgaben oder Werbungskosten ein Verlust bei der jeweiligen Einkunftsart.

11.11.3   Nutzungsvergütungen (§ 24 Nr. 3 EStG)

2254 Da Nutzungsvergütungen nebst Zinsen für die Inanspruchnahme von Grundstücken für öffentliche Zwecke **häufig erst nach längerer Zeit** und sodann in einem Betrag gezahlt werden, erschien dem Gesetzgeber für diese Zahlung eine besondere **steuerliche Vergünstigung geboten,** die in § 34 Abs. 2 Nr. 3 EStG geschaffen wurde (vgl. im Einzelnen die Ausführungen zu § 34 EStG). Dafür war es aber gesetzestechnisch erforderlich, diese Nutzungsvergütungen in § 24 Nr. 3 EStG als Sonderfall aufzunehmen. Begrifflich fallen sie an sich schon unter § 15 oder § 21 Abs. 1 Nr. 1 EStG (BFH 14. 6. 1963 VI 216/61 U, BStBl 1963 III 380).

11.11.4   Kontrollfragen

		Rdn.	
1.	Welche besonderen Folgen hat es, wenn einem Steuerpflichtigen Entschädigungen für weggefallene Einnahmen gezahlt werden?	2245 ff.	☐
2.	Müssen auch Einnahmen versteuert werden, die erst zufließen, nachdem die entsprechende Tätigkeit schon aufgegeben wurde?	2252 ff.	☐

11.12 Altersentlastungsbetrag (§ 24a EStG)

LITERATURHINWEIS:

Friebel/Rick/Schoor/Siegle, Fallsammlung Einkommensteuer, 19. Aufl., Kapitel 10.11

11.12.1 Allgemeines

Neben den begünstigten „**Alterseinkünften**" i. S. des § 19 Abs. 2 EStG (Versorgungs- 2255 bezüge) und § 22 Nr. 1a (Altersruhegeld in Form von Leibrenten) werden **auch** die übrigen „**Alterseinkünfte**" begünstigt.

Es sind im Rahmen des § 24a EStG zwei Arten dieser übrigen „Alterseinkünfte" zu unterscheiden:

► einerseits der **Arbeitslohn (nicht: Einkünfte aus nichtselbständiger Arbeit)** und

► andererseits die **positive Summe der nicht unter § 19 EStG fallenden Einkünfte.**

Die Unterscheidung zwischen beiden Gruppen ist aus Praktikabilitätsgründen eingeführt worden, insbesondere weil der Altersentlastungsbetrag ohne die Bezugsgröße „Arbeitslohn" nicht vom Arbeitgeber bereits bei den einzelnen Lohnzahlungen lohnsteuerlich berücksichtigt werden könnte (vgl. § 39b Abs. 2 Satz 2 EStG).

Der Altersentlastungsbetrag wird gewährt, wenn entweder Arbeitslohn und/oder positive andere Einkünfte vorliegen.

11.12.2 Bemessungsgrundlage

Bemessungsgrundlage sind der **Arbeitslohn** und die **positive Summe der Einkünfte,** die 2256 **nicht** solche **aus nichtselbständiger Arbeit** sind.

11.12.2.1 Arbeitslohn

Hierunter sind die **Bruttoeinnahmen** zu verstehen; die Summe der Bruttoeinnahmen 2257 wird somit auch nicht um den Arbeitnehmerpauschbetrag gem. § 9a Nr. 1 EStG gekürzt. Auf steuerfreie Einnahmen ist § 24a EStG nicht anzuwenden, da die Bemessungsgrundlage „Arbeitslohn" nur aus Praktikabilitätsgründen (s. o.) gewählt wurde und beim Ansatz der „Einkünfte" gem. § 19 EStG als Bemessungsgrundlage steuerfreie Einnahmen ebenfalls bei der Berechnung des § 24a EStG-Entlastungsbetrages ohne Auswirkungen blieben.

11.12.2.2 Positive Summe

der nicht zu § 19 EStG gehörenden Einkünfte: Durch den Ansatz dieser zweiten Gruppe 2258 von Einkünften wird der Altersentlastungsbetrag immer gewährt (abgesehen von den Fällen der Zahlung von Versorgungsbezügen), **wenn Arbeitslohn gezahlt** worden ist **und/oder die Summe der übrigen Einkünfte positiv ist. Positive Summe der Einkünfte** ist zu **unterscheiden** von positiven Einkünften; demgemäß müssen **auch negative Ein-**

künfte bei der Berechnung des Altersentlastungsbetrages **berücksichtigt werden,** sofern ein horizontaler und vertikaler Verlustausgleich insgesamt noch zu einer positiven Summe der nicht zu § 19 EStG gehörenden Einkünfte führt. Sind die übrigen Einkünfte negativ, so mindern sie nicht den nach dem Arbeitslohn berechneten Altersentlastungsbetrag, auch nicht in einem evtl. später durchgeführten Veranlagungsverfahren.

11.12.2.3   Behandlung der Versorgungsbezüge und Leibrenten

2259   Da diese Bezüge bereits durch § 19 Abs. 2 EStG (**Versorgungsfreibetrag**) bzw. § 22 EStG (**Ertragsanteilbesteuerung**) steuerlich begünstigt werden, **erübrigt sich eine Erfassung im Rahmen des § 24a EStG.** Daher werden gem. § 24a Satz 2 diese Beträge in den Nummern 1-5 bei der Berechnung ausgenommen.

11.12.3   Altersvoraussetzung

2260   Die berechtigte Person muss **vor Beginn des Veranlagungszeitraums** das **64. Lebensjahr vollendet** haben.

11.12.4   Höhe des Altersentlastungsbetrages

2261   Wie der Versorgungsfreibetrag wird auch der **Altersentlastungsbetrag** in den Jahren 2005–2040 ganz abgeschmolzen, weil er durch die schrittweise Angleichung der Besteuerung der Renten aus der gesetzlichen Rentenversicherung und der Pensionen nicht mehr notwendig ist. Der maßgebende Prozentsatz und der maßgebende Höchstbetrag richten sich nach einer in § 24a EStG enthaltenen Tabelle. Abgestellt wird auf das Jahr, das dem Jahr der Vollendung des 64. Lebensjahrs folgt. Der für dieses Jahr maßgebliche Prozentsatz und der für dieses Jahr maßgebliche Höchstbetrag bleiben dann lebenslang dieselben.

> **BEISPIEL:** ➤ Hat ein Steuerpflichtiger das 64. Lebensjahr 2004 oder früher vollendet, beträgt der Altersentlastungsbetrag in 2005 40 %, max. 1 900 €, vollendet er sein 64. Lebensjahr in 2005, beträgt der maßgebende Prozentsatz in 2006 38,4 %, max. 1 824 €. In 2007 36,8 %, max. 1 748 €, in 2008 35,2 %, max. 1 672 € und in 2009 33,6 %, max. 1 596 €.
>
> So fällt der Prozentsatz bis 2020 um 1,6 % pro Jahr, ab 2021 um 0,8 % pro Jahr; der Höchstbetrag verringert sich bis 2020 um jährlich 76 €, ab 2021 um 38 € jährlich. Bei Vollendung des 64. Lebensjahrs in 2039 beträgt der Altersentlastungsbetrag in 2040 0 %, max. 0 €, entfällt also für diesen Steuerpflichtigen völlig.

11.12.5   Altersentlastungsbetrag bei Zusammenveranlagung (§ 24a Satz 4 EStG)

2262   Jedem Ehegatten, der die Altersvoraussetzung des § 24a EStG erfüllt, steht der Altersentlastungsbetrag zu. Für die Berechnung des einzelnen Altersentlastungsbetrages ist **bei jedem Ehegatten** von **jeweils seinen Einkünften** bzw. seinem **Arbeitslohn** auszugehen.

11.13   Entlastungsbetrag für Alleinerziehende (§ 24b EStG)

11.13.1   Überblick

Durch das Haushaltsbegleitgesetz 2004 wurde der bisherige Haushaltsfreibetrag (§ 32   2263
Abs. 7 EStG) zum 1. 1. 2004 aufgehoben.

Gleichzeitig wurde ein **Entlastungsbetrag für Alleinerziehende** i. H. von 1 308 € jährlich   2264
eingeführt (§ 24b EStG), der von der Summe der Einkünfte abzuziehen ist. Ab 2016 beträgt dieser Altersentlastungsbetrag für das erste Kind 1 908 €, für jedes weitere Kind
erhöht er sich um 240 € und beträgt somit ab dem zweiten Kind 2 148 € pro Kind.

Voraussetzung für diesen neuen Entlastungsbetrag ist, dass zum Haushalt des Steuer-   2265
pflichtigen mindestens ein Kind gehört, für das ihm ein Freibetrag nach § 32 Abs. 6
EStG (Kinderfreibetrag) oder Kindergeld zusteht.

Die Zugehörigkeit zum Haushalt ist anzunehmen, wenn das Kind in der Wohnung des
allein stehenden Steuerpflichtigen gemeldet ist.

Wenn das Kind bei mehreren Steuerpflichtigen gemeldet ist, steht der Entlastungsbetrag für Alleinerziehende demjenigen Alleinstehenden zu,

► der die Voraussetzungen für die Auszahlung des Kindergelds nach § 64 Abs. 2 Satz 1
EStG erfüllt oder

► diese Voraussetzungen erfüllen würde, wenn nur ein Anspruch auf einen Freibetrag
nach § 32 Abs. 6 EStG (Kinder-, Betreuungsfreibetrag) besteht.

Damit wird eine Doppelberücksichtigung verhindert, weil gem. § 64 Abs. 1 EStG Kindergeld nur jeweils **einem** Berechtigten gezahlt wird.

Als **allein stehend i. S. der Vorschrift** gelten Steuerpflichtige, die   2266

► nicht die Voraussetzungen für eine Ehegattenveranlagung nach § 26 Abs. 1 EStG erfüllen oder verwitwet sind und

► mit keiner anderen volljährigen Person eine Haushaltsgemeinschaft bilden, es sei
denn, für diese steht ihnen ein Freibetrag nach § 32 Abs. 6 EStG oder Kindergeld zu
oder es handelt sich um ein Kind i. S. des § 63 Abs. 1 Satz 1 EStG, das einen Dienst
nach § 32 Abs. 5 Satz 1 Nr. 1 und 2 EStG leistet (Grundwehrdienst, Zivildienst oder
sich freiwillig für nicht mehr als 3 Jahre zum Wehrdienst verpflichtet hat) oder eine
Tätigkeit nach § 32 Abs. 5 Satz 1 Nr. 3 EStG ausübt (Entwicklungshilfe).

Der Gesetzgeber nimmt regelmäßig eine Haushaltsgemeinschaft mit einer anderen
Person an, wenn diese mit Haupt- oder Nebenwohnsitz in der Wohnung des Steuerpflichtigen gemeldet ist (§ 24b Abs. 2 EStG).

Liegen die Voraussetzungen nicht während des gesamten Jahres vor, ermäßigt sich der
Entlastungsbetrag um je ein Zwölftel (§ 24b Abs. 3 EStG), d. h. der Entlastungsbetrag
für Alleinerziehende beträgt beim ersten Kind 159 € für jeden Monat, in dem die Voraussetzungen vorliegen, beim zweiten und jedem weiteren Kind 179 € pro Monat.

Der Entlastungsbetrag für Alleinerziehende kann gem. § 38b Satz 2 Nr. 2 EStG auf der   2267
Lohnsteuerkarte eingetragen werden; der Arbeitnehmer erhält dann die Lohnsteuerklasse II. Die Gemeinde hat bei der Ausstellung der Lohnsteuerkarte die Voraussetzun-

gen für die Gewährung des Entlastungsbetrags für Alleinerziehende zu prüfen. Dies tut sie, indem sie sich schriftlich versichern lässt, dass die Voraussetzungen vorliegen. Ändern sich die Verhältnisse im Laufe des Jahres, ist der Arbeitnehmer verpflichtet, die unzutreffende Steuerklasse II ändern zu lassen (§ 39 Abs. 4 Satz 1 EStG).

11.13.2 Kontrollfragen

FRAGEN

		Rdn.	
1.	Welche Alterseinkünfte werden durch den Altersentlastungsbetrag begünstigt?	2255 ff.	☐
2.	Unter welchen Voraussetzungen erhält ein Steuerpflichtiger einen Entlastungsbetrag für Alleinerziehende?	2263 ff.	☐

2268–2280 *(Einstweilen frei)*

KAPITEL 12: VERANLAGUNG VON EHEGATTEN UND LEBENSPARTNERN

Kapitel 12:
Veranlagung von Ehegatten und Lebenspartnern

12.1 Allgemeines

2281

Die Vorschrift des § 25 EStG bestimmt als Grundsatz die **Einzelveranlagung** eines jeden Steuerpflichtigen. Das bedeutet, dass jede Person grundsätzlich nur mit dem von ihr selbst bezogenen zu versteuernden Einkommen zur ESt veranlagt wird. Abweichend hiervon können Ehegatten, die die Voraussetzungen des § 26 Abs. 1 Satz 1 EStG erfüllen, nach der **bis einschließlich VZ 2012** gültigen Rechtslage zwischen der **getrennten** Veranlagung nach § 26a EStG und der **Zusammenveranlagung** nach § 26b EStG wählen. Darüber hinaus besteht für den Veranlagungszeitraum der Eheschließung die Möglichkeit der **besonderen Veranlagung** nach § 26c EStG. Liegen die Voraussetzungen des § 26 Abs. 1 Satz 1 EStG nicht vor – was z. B. der Fall ist, wenn die Ehegatten im gesamten Veranlagungszeitraum dauernd getrennt leben –, werden die Eheleute wie Unverheiratete nach § 25 EStG einzeln veranlagt.

Nach der ab VZ 2013 gültigen neuen Rechtslage können Ehegatten, die die Voraussetzungen des § 26 Abs. 1 Satz 1 Nr. 1 bis 3 EStG erfüllen, nur noch zwischen der **Einzelveranlagung** nach § 26a EStG und der **Zusammenveranlagung** nach § 26b EStG wählen. Dabei wurde zum einen die bis VZ 2012 mögliche „getrennte" Veranlagung mit Wirkung ab VZ 2013 begrifflich durch die „Einzelveranlagung" von Ehegatten ersetzt. Darüber hinaus hat der Gesetzgeber im Rahmen der Neufassung des § 26a EStG auch inhaltliche Änderungen bei der Aufteilung von Sonderausgaben, außergewöhnlichen Belastungen und der Steuerermäßigung nach § 35a EStG auf die Ehegatten vorgenommen (siehe Rdn. 2318 ff). Eine weitere wesentliche Neuerung liegt darin, dass die Möglichkeit der besonderen Veranlagung für den Veranlagungszeitraum der Eheschließung ab VZ 2013 ersatzlos gestrichen wurde, § 26c EStG ist somit letztmals im VZ 2012 anzuwenden. Liegen die Voraussetzungen des § 26 Abs. 1 Satz 1 Nr. 1 bis 3 EStG nicht vor, so werden die Ehegatten auch nach der ab VZ 2013 gültigen Rechtslage wie Unverheiratete nach § 25 EStG einzeln veranlagt. Somit kommt ab VZ 2013 eine Einzelveranlagung begrifflich sowohl für Ehegatten als auch für Unverheiratete und sonstige Personen in Frage, die die Voraussetzungen des § 26 Abs. 1 Satz 1 Nr. 1 bis 3 EStG nicht erfüllen.

2281a

12.2 Gleichstellung von Lebenspartnern

Die Zusammenveranlagung für eingetragene Lebenspartner mit der damit verbundenen Möglichkeit des Splittingtarifs wurde vom BFH lange Zeit abgelehnt (vgl. Urteile 20. 7. 2006 III R 8/04, BStBl 2006 II 883, und 26. 1. 2006 III R 51/05, BStBl 2006 II 515), mit der Begründung, das Rechtsinstitut der gleichgeschlechtlichen eingetragenen Lebenspartnerschaft sei zwar der Ehe nachempfunden (Art. 6 GG, §§ 1303 ff. BGB), entspreche dieser aber nicht. Dementgegen hat das Bundesverfassungsgericht in seinem Beschluss vom 7. 5. 2013 die Ungleichbehandlung von eingetragenen Lebenspartnerschaften und Ehen beim Ehegattensplitting für verfassungswidrig erklärt. Die entsprechenden Vorschriften des Einkommensteuergesetzes verstoßen nach Ansicht des Ge-

2281b

richts gegen den allgemeinen Gleichheitssatz des Art. 3 Abs. 1 GG, da es an hinreichend gewichtigen Sachgründen für die Ungleichbehandlung fehle. Folgerichtig hat das Bundesverfassungsgericht den Gesetzgeber beauftragt, die Rechtslage rückwirkend ab der Einführung des Lebenspartnerschaftsgesetzes zum 1. 8. 2001 zu ändern. Diesem Auftrag ist der Gesetzgeber mit dem Gesetz zur Änderung des Einkommensteuergesetzes in Umsetzung der Entscheidung des Bundesverfassungsgerichtes vom 7. 5. 2013 (EStGÄndG) umgehend nachgekommen. Nach § 2 Abs. 8 EStG gelten nunmehr alle Regelungen des EStG zu Ehen und Ehegatten entsprechend auch für eingetragene Lebenspartner und Lebenspartnerschaften. Somit kann für eingetragene Lebenspartner rückwirkend ab Veranlagungszeitraum 2001 grundsätzlich eine Zusammenveranlagung mit Splittingtarif durchgeführt werden. Dies gilt jedoch nur in den Fällen, in denen die Einkommensteuer noch nicht bestandskräftig i. S. der AO festgesetzt ist.

12.3 Voraussetzungen der Veranlagung von Ehegatten bzw. Lebenspartnern § 26 EStG

2282 Die Veranlagung von Ehegatten bzw. Lebenspartnern nach den §§ 26a, 26b u. 26c EStG (bis VZ 2012) bzw. nach den §§ 26a, 26b EStG (ab VZ 2013) ist möglich, wenn folgende Voraussetzungen des § 26 Abs. 1 Satz 1 EStG bzw. § 26 Abs. 1 Satz 1 Nr. 1 bis 3 EStG kumulativ erfüllt sind:

► die Ehe bzw. Lebenspartnerschaft muss rechtswirksam bestanden haben,

► die Ehegatten bzw. Lebenspartner dürfen nicht dauernd getrennt gelebt haben,

► die Ehegatten bzw. Lebenspartner müssen unbeschränkt steuerpflichtig gewesen sein (§ 1 Abs. 1 oder 2 EStG) oder als unbeschränkt einkommensteuerpflichtig behandelt werden (§ 1 Abs. 3 i. V. mit § 1a EStG),

► diese Voraussetzungen müssen zu Beginn des VZ vorgelegen haben oder im Laufe des VZ eingetreten sein.

Liegen die genannten Voraussetzungen vor, so können die Ehegatten bzw. Lebenspartner bis einschließlich VZ 2012 wählen, ob sie zusammen oder getrennt veranlagt werden bzw. ob im Jahr der Eheschließung oder Begründung der Lebenspartnerschaft die besondere Veranlagung durchgeführt werden soll. Dies gilt entsprechend auch für VZ ab 2013 mit der Einschränkung, dass das Wahlrecht lediglich zwischen Einzel- und Zusammenveranlagung besteht (vgl. Rdn. 2281 f.).

12.3.1 Bestand der Ehe

2283 Die Entscheidung der Frage, ob eine rechtsgültige **Ehe** besteht, richtet sich nach den Vorschriften des bürgerlichen Rechts (BFH 21. 6. 1957 VI 115/55 U, BStBl 1957 III 300 sowie H 26 „Allgemeines" EStH).

2283a Eine Ehe kommt dadurch zustande, dass sie vor dem Standesbeamten geschlossen wird (§ 11 EheG), die kirchliche Trauung ist nicht entscheidend. Die Ehe wird aufgelöst durch den Tod eines Ehegatten, durch rechtskräftiges Ehescheidungsurteil (§ 1564 BGB) oder durch ein rechtskräftiges Urteil, das die Ehe aufhebt (§ 29 EheG und § 1564 BGB). Die Aufhebungsgründe (z. B. Irrtum über persönliche Eigenschaften des Ehegatten, arglistige Täuschung) sind in den §§ 30 – 34 EheG aufgeführt. Im Falle der Scheidung und der Aufhebung ist die Ehe vom Zeitpunkt der Rechtskraft des Urteils an aufgelöst. Ist eine Ehe nach den §§ 17 – 21 EheG nichtig (z. B. Mangel der Geschäftsfähigkeit, Doppelehe, nahe Verwandtschaft), gilt sie so lange als bestehend, wie sie nicht durch rechtskräftiges Urteil für nichtig erklärt ist (§ 23 EheG). Die Nichtigkeitserklärung wirkt auf den Zeitpunkt der Eheschließung zurück. Deshalb muss eine Berichtigung nach § 175 Abs. 1 Satz 1 Nr. 2 AO (rückwirkendes Ereignis) durchgeführt werden, wenn eine Veranlagung nach den §§ 26a oder 26b EStG auf einer für nichtig erklärten Ehe beruht.

Bei der Prüfung der Frage, ob die Ehe besteht, finden die §§ 40 – 42 AO keine Anwendung. Deshalb kann z. B. auch dann, wenn die Geschiedenen nach nicht ernst gemeinter Ehescheidung weiter zusammenleben, das Vorliegen einer Ehe nicht mit der Begründung angenommen werden, die Ehescheidung sei nur zum Schein erfolgt.   2284

Ausnahmsweise sind die bürgerlich-rechtlichen Bestimmungen nicht ausschlaggebend, wenn ein Ehegatte verschollen und deshalb für tot erklärt worden ist. Nach § 49 AO gilt die für tot erklärte Person mit steuerlicher Wirkung erst mit dem Tag als verstorben, mit dessen Ablauf der Todeserklärungsbeschluss rechtskräftig wird. Zum selben Zeitpunkt ist die Ehe des Verschollenen steuerlich als aufgelöst anzusehen. Ist aber bei Personen, deren Tod gewiss ist, die Todeszeit nach § 39 VerschG durch Gerichtsbeschluss festgelegt worden, muss die in der Entscheidung festgelegte Todeszeit auch steuerlich beachtet werden (s. a. H 26 „Allgemeines" EStH).   2285

12.3.2 Bestand der eingetragenen Lebenspartnerschaft

Eine Lebenspartnerschaft wird gem. § 1 Abs. 1 Lebenspartnerschaftsgesetz (LPartG) dadurch begründet, dass zwei Personen gleichen Geschlechts gegenüber einem Standesbeamten persönlich und bei gleichzeitiger Anwesenheit erklären, miteinander eine Partnerschaft auf Lebenszeit als Lebenspartnerinnen oder Lebenspartner führen zu wollen. Die Erklärungen können nicht unter einer Bedingung oder Zeitbestimmung abgegeben werden. Dabei befragt der Standesbeamte gem. § 1 Abs. 2 LPartG die Lebenspartner einzeln, ob sie eine Lebenspartnerschaft begründen wollen. Bejahen die Lebenspartner dies, so erklärt der Standesbeamte, dass die Lebenspartnerschaft nunmehr begründet ist. Eine Lebenspartnerschaft kann gem. § 1 Abs. 3 LPartG insbesondere nicht mit Personen wirksam begründet werden, die minderjährig bzw. verheiratet sind oder bereits mit einer anderen Person eine Lebenspartnerschaft führen.   2285a

Die Lebenspartnerschaft wird gem. § 15 LPartG auf Antrag eines oder beider Lebenspartner durch richterliche Entscheidung aufgehoben, wenn die Lebenspartner seit einem Jahr getrennt leben und beide die Aufhebung beantragen oder der Antragsgegner der Aufhebung zustimmt oder nicht erwartet werden kann, dass eine partnerschaftliche Lebensgemeinschaft wieder hergestellt werden kann. Außerdem wird die Lebenspartnerschaft auch dann aufgehoben, wenn ein Lebenspartner es beantragt und die Lebenspartner seit drei Jahren getrennt leben. Eine Aufhebung erfolgt schließlich auch dann, wenn die Fortsetzung der Lebenspartnerschaft für den Antragsteller aus Gründen, die in der Person des anderen Lebenspartners liegen, eine unzumutbare Härte wäre. Das Gericht hebt die Lebenspartnerschaft ferner – analog zur Ehe – auf, wenn bei   2285b einem Lebenspartner ein Willensmangel i. S. d. § 1314 Abs. 2 Nr. 1 bis 4 BGB vorlag; hinsichtlich der Antragsberechtigung gilt § 1316 Abs. 1 Nr. 2 BGB entsprechend. Dagegen soll die Lebenspartnerschaft nicht aufgehoben werden, obwohl die Lebenspartner seit mehr als drei Jahren getrennt leben, wenn und solange die Aufhebung für den Antragsgegner aufgrund außergewöhnlicher Umstände eine so schwere Härte darstellen würde, dass die Aufrechterhaltung der Lebenspartnerschaft auch unter Berücksichtigung der Belange des Antragstellers ausnahmsweise geboten erscheint. Die Lebenspartner leben getrennt, wenn zwischen ihnen keine häusliche Gemeinschaft besteht und ein Lebenspartner sie erkennbar nicht herstellen will, weil er die lebenspartnerschaftliche Gemeinschaft ablehnt; die für die Ehe geltenden Bestimmungen des § 1567 BGB zum Getrenntleben sind entsprechend anzuwenden.

12.3.3 Nicht dauerndes Getrenntleben

2286 Wenn die zwischen Ehegatten bzw. Lebenspartnern bestehende Lebensgemeinschaft aufgehoben ist, liegt kein Grund mehr vor, die besonderen Veranlagungsformen für Eheleute bzw. Lebenspartner anzuwenden. Ein **dauerndes Getrenntleben** von Ehegatten bzw. Lebenspartnern ist anzunehmen, wenn nach dem Gesamtbild ihrer gegenseitigen Beziehungen die zum Wesen der Ehe bzw. Lebenspartnerschaft gehörende Lebens- und Wirtschaftsgemeinschaft endgültig aufgehoben ist. Wird das bejaht, so sind die Voraussetzungen des § 26 Abs. 1 Satz 1 EStG bzw. § 26 Abs. 1 Satz 1 Nr. 1 bis 3 EStG nicht mehr erfüllt. Dies ist nach den Verhältnissen des Einzelfalles zu beurteilen (R 26 Abs. 1 EStR und H 26 „Getrenntleben" EStH).

2287 Zur Feststellung des Sachverhalts sind den Finanzbehörden Eingriffe in den persönlichen Lebensbereich und die Intimsphäre der Ehegatten bzw. Lebenspartner nicht gestattet, weil andernfalls das grundgesetzlich geschützte Gebot der Achtung der Menschenwürde verletzt wird; die Ermittlungen dürfen nicht weiter als unbedingt nötig ausgedehnt werden. Deshalb haben die Finanzämter die Angaben der Steuerpflichtigen, sie lebten nicht dauernd getrennt – i. d. R. ohne Prüfung – der ESt-Veranlagung zugrunde zu legen, wenn – was insbesondere bei räumlich zusammenlebenden Ehegatten bzw. Lebenspartnern anzunehmen ist – nach dem äußeren Anschein die eheliche Lebens- und Wirtschaftsgemeinschaft noch besteht. Im Übrigen haben die Finanzbehörden das Recht und die Pflicht, hauptsächlich nach äußeren Merkmalen zu prüfen, ob die eheliche Lebens- und Wirtschaftsgemeinschaft aufgehoben ist oder nicht.

2288 Ein dauerndes Getrenntleben kann nach der Rechtsprechung (BFH 15. 6. 1973 VI R 150/69, BStBl 1973 II 640) im Allgemeinen dann bejaht werden, wenn die Ehegatten bzw. Lebenspartner auseinander gehen, um die Scheidungs- bzw. Aufhebungsklage zu erheben.

2289 Ein dauerndes Getrenntleben setzt nicht voraus, dass die Ehegatten bzw. Lebenspartner miteinander verfeindet sind. Deshalb können auch Eheleute bzw. Lebenspartner, die sich gelegentlich besuchen oder gemeinsam einkaufen, dauernd getrennt leben. Einer auf Dauer herbeigeführten räumlichen Trennung in Form unterschiedlicher Wohn- bzw. Aufenthaltsorte wird bei Abwägung der für und gegen die Annahme eines dauernden Getrenntlebens sprechenden Merkmale regelmäßig eine besondere Bedeutung zukommen.

Die **Lebens- und Wirtschaftsgemeinschaft** besteht jedoch im Allgemeinen fort, wenn 2290 die Ehegatten bzw. Lebenspartner sich nur vorübergehend räumlich getrennt haben (R 26 Abs. 1 EStR), z. B. bei beruflich bedingtem Auslandsaufenthalt, Krankenhausaufenthalt oder bei Gefängnisstrafe eines Partners. Ebenso ist es, wenn Ehegatten bzw. Lebenspartner gezwungen sind, für längere Zeit (z. B. durch Unterbringung in einer Heilanstalt) getrennt zu leben, aber die erkennbare Absicht haben, die Gemeinschaft in dem noch möglichen Rahmen aufrechtzuerhalten und sie nach Wegfall der Hindernisse in vollem Umfang wieder herzustellen. Deshalb sind auch Ehegatten bzw. Lebenspartner, von denen einer vermisst ist, im Allgemeinen nicht als dauernd getrennt lebend zu behandeln.

Zusammenfassend kann man feststellen, dass zu der **Tatsache** der räumlichen Tren- 2290a nung auch der ausdrückliche **Trennungswille** der Ehegatten bzw. Lebenspartner hinzukommen muss, um von einem „dauernden Getrenntleben" auszugehen.

12.3.4 Unbeschränkte Steuerpflicht

Eheleute bzw. Lebenspartner müssen, um zusammen, getrennt oder besonders bzw. ab 2291 VZ 2013 zusammen oder einzeln veranlagt werden zu können, beide unbeschränkt steuerpflichtig sein bzw. als unbeschränkt Steuerpflichtige behandelt werden. Für den Zeitraum, in dem ein Ehegatte bzw. Lebenspartner beschränkt steuerpflichtig ist, werden die Ehegatten bzw. Lebenspartner – ebenso wie Alleinstehende – grds. einzeln veranlagt (vgl. Rdn. 2281).

Zu beachten ist in diesem Zusammenhang die Vorschrift des § 1a EStG. Danach können 2292 die Regelungen für die Ehegattenveranlagung bzw. die Veranlagung von Lebenspartnern auch Anwendung finden, wenn ein Ehegatte bzw. Lebenspartner **Staatsangehöriger** eines Staates der **EU** oder des **EWR** und gleichzeitig nach § 1 Abs. 1 EStG unbeschränkt steuerpflichtig ist bzw. nach § 1 Abs. 3 EStG als unbeschränkt steuerpflichtig zu behandeln ist. Voraussetzung für die Anwendung ist außerdem, dass der andere Ehegatte bzw. Lebenspartner seinen Wohnsitz in der EU oder dem EWR hat. Dabei ist für die Prüfung der Grenzen des § 1 Abs. 3 Satz 2 EStG auf die Einkünfte beider Ehegatten bzw. Lebenspartner abzustellen und der Grundfreibetrag nach § 32a Abs. 1 Satz 2 Nr. 1 EStG zu verdoppeln (§ 1a Abs. 1 Nr. 2 EStG).

BEISPIEL 1: ▶ Die holländischen Eheleute Piet und Mareike leben in Venlo; Piet arbeitet in Köln. Die holländischen Einkünfte betragen 4 500 € je Ehegatte.

Piet ist Staatsangehöriger eines Mitgliedstaates der EU (Niederlande). Er ist grundsätzlich beschränkt steuerpflichtig (§ 1 Abs. 4 EStG), da er inländische Einkünfte nach § 49 Abs. 1 Nr. 4 EStG bezieht.

Mareike hat ihren Wohnsitz in der EU. Sie ist Ehegatte i. S. des § 1a Abs. 1 Nr. 2 EStG.

Die nicht der deutschen Einkommensteuer unterliegenden Einkünfte beider Ehegatten liegen unter dem doppelten Grundfreibetrag nach § 32a Abs. 1 Satz 2 Nr. 1 EStG. Piet und Mareike erfüllen somit die Voraussetzungen des § 1 Abs. 3 EStG.

Auf Antrag werden Piet und Mareike nach § 26b EStG zusammen veranlagt. Hierzu ist die Vorlage einer Bescheinigung über die Höhe der niederländischen Einkünfte beider Ehegatten erforderlich (§ 1 Abs. 3 Satz 5 EStG).

BEISPIEL 2: ▶ Der marokkanische ArbN Maurice lebt und arbeitet in Hamburg; seine Ehefrau Anne lebt in Casablanca.

Maurice ist unbeschränkt einkommensteuerpflichtig, denn er hat seinen Wohnsitz im Inland (§ 1 Abs. 1 EStG). Seine Ehefrau Anne ist, soweit sie inländische Einkünfte i. S. von § 49 EStG bezieht, beschränkt steuerpflichtig (§ 1 Abs. 4 EStG).

Da Maurice kein Staatsangehöriger der EU oder der EWR ist, kommt die Anwendung des § 1a EStG nicht in Betracht. Eine Zusammenveranlagung nach § 26b EStG ist somit nicht möglich.

BEISPIEL 3: ▶ Der französische Kaufmann François lebt und arbeitet in Stuttgart. Die Ehefrau Marie lebt in Straßburg. Die Ehegatten haben keine Einkünfte in Frankreich.

François ist unbeschränkt steuerpflichtig, denn er hat seinen Wohnsitz im Inland (§ 1 Abs. 1 EStG). Er ist Staatsangehöriger eines Mitgliedstaates der EU (Frankreich).

Seine Ehefrau Marie ist, soweit sie inländische Einkünfte bezieht, grundsätzlich beschränkt steuerpflichtig (§ 1 Abs. 4 EStG). Sie hat ihren Wohnsitz in einem EU -Mitgliedstaat (Frankreich). Die Einkünfte der Ehegatten unterliegen in vollem Umfang der deutschen Einkommensteuer. Auf Antrag können François und Marie nach § 26b EStG zusammen veranlagt werden (§ 1a Abs. 1 Nr. 2 EStG).

12.3.5 Übrige Voraussetzungen

2293 § 26 Abs. 1 EStG bestimmt, dass die vorgenannten Erfordernisse (unbeschränkte Steuerpflicht, keine dauernde Trennung) zu Beginn des Veranlagungszeitraums vorgelegen haben oder im Laufe des Veranlagungszeitraums eingetreten sein müssen.

BEISPIEL: ▶

1. Ein Ehegatte bzw. Lebenspartner ist am 1. 1. 2015 gestorben.
2. Ein Ehegatte bzw. Lebenspartner hat am 10. 1. 2015 die eheliche Wohnung verlassen, um die Scheidungsklage einzureichen.
3. A und B heiraten am 30. 12. 2015.

In allen Fällen können die Lebenspartner bzw. Ehegatten für den VZ 2015 zwischen der Zusammenveranlagung nach § 26b EStG und der Einzelveranlagung nach § 26a EStG wählen.

2294 Hat die unbeschränkte Steuerpflicht nur eines Ehegatten bzw. Lebenspartners nicht während des ganzen Jahres vorgelegen, sind die inländischen Einkünfte (§ 49 EStG), die dieser während einer eventuellen beschränkten Steuerpflicht bezogen hat, mit in die Ehegatten- bzw. Lebenspartnerveranlagung einzubeziehen (vgl. Rdn. 231).

BEISPIEL: ▶ Der während des ganzen Kj in Düsseldorf lebende A hat am 15. 8. 2015 geheiratet. Seine Ehefrau E hat ihren Wohnsitz und gewöhnlichen Aufenthalt am 1. 6. 2015 von Warschau nach Düsseldorf verlegt.

Die Eheleute A und E werden im VZ 2015 je nach Antragstellung zusammen oder einzeln veranlagt, und zwar A mit seinem gesamten zu versteuernden Einkommen des Kj und E mit ihrem zu versteuernden Einkommen vom 1. 6. – 31. 12. 2015. Soweit E vom 1. 1. – 31. 5. 2015 inländische Einkünfte i. S. des § 49 EStG bezogen hatte, werden diese in die Veranlagung mit einbezogen. Soweit sie Einkünfte in Polen hatte, werden diese im Rahmen des Progressionsvorbehalts berücksichtigt (§ 32b Abs. 1 Nr. 2 EStG).

12.3.6 Zwei Ehen bzw. zwei Lebenspartnerschaften in einem VZ

2295 Nach § 26 Abs. 1 Satz 2 EStG bleibt eine Ehe bzw. Lebenspartnerschaft, die im Laufe des VZ durch Tod, Scheidung oder Aufhebung aufgelöst worden ist, beim Veranlagungswahlrecht für Ehegatten bzw. Lebenspartner außer Betracht, wenn **einer der Ehegatten** bzw. Lebenspartner in demselben Veranlagungszeitraum **wieder geheiratet** bzw. eine neue Lebenspartnerschaft begründet hat und bei ihm und dem neuen Ehegatten bzw. Lebenspartner die Voraussetzungen des § 26 Abs. 1 Satz 1 EStG bzw. § 26 Abs. 1 Satz 1 Nr. 1 bis 3 EStG ebenfalls vorliegen. Für die erste Ehe bzw. Lebenspartnerschaft kann somit grundsätzlich nicht zwischen getrennter und Zusammenveranlagung bzw. zwischen Einzel- und Zusammenveranlagung gewählt werden; der frühere, nicht wiederverheiratete Ehegatte wird **einzeln veranlagt** (§ 25 Abs. 3 Satz 1 EStG) und unter den Voraussetzungen des § 32a Abs. 6 Satz 1 Nr. 2 EStG nach dem Splitting-Tarif (sog. Gnadensplitting) besteuert, vgl. Rdn. 2403.

Die Regelung des § 26 Abs. 1 Satz 2 EStG gilt nach Satz 3 der Vorschrift jedoch nicht, 2296 wenn die erste Ehe bzw. Lebenspartnerschaft durch den Tod eines Ehegatten bzw. Lebenspartners beendet wurde und die Partner der neuen Ehe bzw. Lebenspartnerschaft die besondere Veranlagung nach § 26c EStG wählen (R 26 Abs. 2 EStR 2008). Da die besondere Veranlagung letztmals für den VZ 2012 anzuwenden ist, entfällt auch § 26 Abs. 1 Satz 3 EStG mit Wirkung ab VZ 2013.

BEISPIEL 1: Herr A ist am 15. 1. 2012 nach zehnjähriger Ehe gestorben. Seine Ehefrau B heiratet am 10. 12. 2012 Herrn C. Bezüglich beider Ehen lagen die Voraussetzungen des § 26 Abs. 1 Satz 1 EStG vor.

B und C werden für den VZ 2012 zusammen oder getrennt veranlagt (§ 26 Abs. 1 Satz 2 EStG), wenn die hierzu erforderlichen Anträge gestellt werden.

Eine Zusammenveranlagung von B mit dem verstorbenen A oder eine getrennte Veranlagung dieser beiden Personen ist für den VZ 2012 nur möglich, wenn B und C die besondere Veranlagung nach § 26c EStG wählen (§ 26 Abs. 1 Satz 3 EStG).

BEISPIEL 2: Der Sachverhalt ist wie im Beispiel 1. Allerdings wohnte Herr C im Kj 2012 in Moskau, wo auch am 10. 12. 2012 die Ehe geschlossen wurde. Erst am 15. 1. 2013 verlegt Herr C seinen Wohnsitz in die Bundesrepublik Deutschland.

Da C im VZ 2012 nicht unbeschränkt steuerpflichtig war, liegen bezüglich der Ehe von B und C die Voraussetzungen des § 26 Abs. 1 Satz 1 EStG nicht vor. Infolgedessen kann B für den VZ 2012 nur mit ihrem verstorbenen Ehemann A zusammen oder getrennt veranlagt werden. Eine Zusammenveranlagung oder getrennte Veranlagung von B und C kommt für den VZ 2012 nicht in Frage; ebenso entfällt das Wahlrecht für die besondere Veranlagung nach § 26c EStG.

2297 ## 12.4 Veranlagung von Ehegatten bzw. Lebenspartnern ab VZ 2013

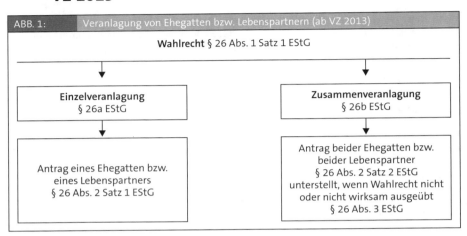

ABB. 1:   Veranlagung von Ehegatten bzw. Lebenspartnern (ab VZ 2013)

Wahlrecht § 26 Abs. 1 Satz 1 EStG

Einzelveranlagung
§ 26a EStG

Zusammenveranlagung
§ 26b EStG

Antrag eines Ehegatten bzw.
eines Lebenspartners
§ 26 Abs. 2 Satz 1 EStG

Antrag beider Ehegatten bzw.
beider Lebenspartner
§ 26 Abs. 2 Satz 2 EStG
unterstellt, wenn Wahlrecht nicht
oder nicht wirksam ausgeübt
§ 26 Abs. 3 EStG

12.4.1 Einzelveranlagung nach § 26a EStG

2298 Im Wege der **Einzelveranlagung** nach § 26a EStG können sich Ehegatten bzw. Lebenspartner in Veranlagungszeiträumen ab 2013 aus steuerlichen oder außersteuerlichen Gründen für die Einzelbesteuerung entscheiden.

Dabei sind jedem Ehegatten bzw. Lebenspartner die von ihm bezogenen Einkünfte zuzurechnen. Einkünfte eines Ehegatten bzw. Lebenspartners sind nicht allein deshalb zum Teil dem anderen Ehegatten bzw. Lebenspartner zuzurechnen, weil dieser bei der Erzielung der Einkünfte mitgewirkt hat (§ 26a Abs. 1 Satz 2 EStG).

2299 Nach § 26a Abs. 2 Satz 1 EStG sind Sonderausgaben, außergewöhnlichen Belastungen und die Steuerermäßigung nach § 35a EStG grundsätzlich dem Ehegatten bzw. Lebenspartner zuzurechnen, der die Aufwendungen wirtschaftlich getragen hat. Die jeweils hälftige Zurechnung der Aufwendungen ist auf übereinstimmenden Antrag beider Ehegatten bzw. Lebenspartner möglich (§ 26a Abs. 2 Satz 2 EStG). In begründeten Einzelfällen ist hierzu auch der einseitige Antrag des Ehegatten bzw. Lebenspartners ausreichend, der die Aufwendungen wirtschaftlich getragen hat (§ 26a Abs. 2 Satz 3 EStG).

Beim Abzug außergewöhnlicher Belastungen nach § 33 EStG wird die zumutbare Belastung nach dem Gesamtbetrag der Einkünfte eines jeden Ehegatten bzw. Lebenspartners bestimmt und nicht wie bei der bisherigen getrennten Veranlagung nach dem Gesamtbetrag der Einkünfte beider Ehegatten bzw. Lebenspartner. Dies entspricht dem Prinzip der Individualbesteuerung (vgl. Gesetzesbegründung in BT-Drucks. 17/5125, 40).

2300 Bei der Einzelveranlagung i. S. d. § 26a EStG ist stets der Grundtarif nach § 32a Abs. 1 EStG anzuwenden. Auch die Anwendung des Splittingtarifs nach § 32a Abs. 6 EStG (Witwensplitting) ist nicht möglich, da nach Satz 2 dieser Vorschrift gerade die Einzelveranlagung nach §§ 26, 26a EStG die Anwendung des Splittingtarifs ausschließt.

12.4.2 Zusammenveranlagung nach § 26b EStG

Bei der Zusammenveranlagung nach § 26b EStG werden die Einkünfte beider Ehegatten   2301
bzw. Lebenspartner zu einem einheitlichen Einkommen zusammengerechnet, es wird
eine gemeinsame ESt festgesetzt.

Die **Einkünfte** sind bei der Zusammenveranlagung wie bei der Einzelveranlagung zu-   2302
nächst für jeden Ehegatten bzw. Lebenspartner **gesondert zu ermitteln** (R 26b Abs. 1
EStR, H 26b „Gesonderte Ermittlung der Einkünfte" EStH) und dem Steuerpflichtigen
zuzurechnen, der sie bezogen hat. Die gesonderte Ermittlung der Einkünfte für jeden
Ehegatten bzw. Lebenspartner hat insbesondere Bedeutung für die Gewährung der
Werbungskostenpauschbeträge nach § 9a EStG und für die bei den Einkünften in Betracht kommenden Freibeträge und Freigrenzen. Haben beispielsweise beide Ehegatten
bzw. Lebenspartner Einnahmen aus nichtselbständiger Arbeit gem. § 19 EStG oder Einnahmen i. S. des § 22 Nr. 1, Nr. 1a, Nr. 5 EStG erzielt, kann jeder von ihnen den Pauschbetrag für Werbungskosten nach § 9a Satz 1 Nr. 1 bzw. Nr. 3 EStG bis zur Höhe seiner
Einnahmen abziehen. Betragen die Einkünfte der zusammen veranlagten Ehegatten
bzw. Lebenspartner aus privaten Veräußerungsgeschäften nach §§ 22 Nr. 2, 23 EStG
z. B. jeweils 600 €, so sind diese Einkünfte nach § 23 Abs. 3 Satz 5 EStG jeweils steuerfrei. Jedem Ehegatten bzw. Lebenspartner steht die Freigrenze von 600 € zu, höchstens
jedoch bis zur Höhe seines Gesamtgewinns aus privaten Veräußerungsgeschäften
(H 23 „Freigrenze" EStH, BMF v. 5. 10. 2000, BStBl 2000 I 1383).

Können Verluste eines Ehegatten bzw. Lebenspartners nicht mit positiven eigenen Ein-   2303
künften ausgeglichen werden, so werden sie im Rahmen der Zusammenveranlagung
mit positiven Einkünften des anderen Ehegatten bzw. Lebenspartners verrechnet.

Die gesondert ermittelten Einkünfte beider Ehegatten bzw. Lebenspartner sind nach   2304
Abzug des jeweils getrennt zu ermittelnden Altersentlastungsbetrags (§ 24a EStG), des
Entlastungsbetrags für Alleinerziehende (§ 24b EStG) und des Freibetrags für Land- und
Forstwirte (§ 13 Abs. 3 EStG) zu einem gemeinsamen Gesamtbetrag der Einkünfte zusammenzurechnen. Durch Abzug der für die Ehegatten bzw. Lebenspartner gemeinsam
festgestellten Sonderausgaben und außergewöhnlichen Belastungen ergibt sich für
beide Steuerpflichtige ein einheitliches Einkommen und nach Abzug der Freibeträge
für Kinder (§§ 31, 32 Abs. 6 EStG) und des Härteausgleichs (§ 46 Abs. 3 EStG, § 70 EStDV)
ein einheitliches zu versteuerndes Einkommen.

Bei einer Zusammenveranlagung können Verlustabzüge auch für Verluste der Veranla-   2305
gungszeiträume erfolgen, in denen die Ehegatten bzw. Lebenspartner getrennt oder
(bis VZ 2012) nach § 26c EStG besonders veranlagt worden sind (§ 62d Abs. 2 EStDV).
Liegen bei beiden Ehegatten bzw. Lebenspartnern nicht ausgeglichene Verluste vor, so
ist der Verlustabzug nach § 10d Abs. 1 EStG (Verlustrücktrag) bei beiden bis zum gemeinsamen Höchstbetrag von 2 Mio. € vorzunehmen.

Nach § 32a Abs. 5 EStG wird die tarifliche ESt im Fall der Zusammenveranlagung – vor-   2306
behaltlich der §§ 32b, 32d, 34, 34a, 34b und 34c EStG – nach dem Splittingtarif ermittelt
(vgl. Rdn. 2399).

2307 Aufgrund der Zusammenveranlagung schulden die Ehegatten bzw. Lebenspartner die gegen sie festgesetzte ESt gem. § 44 AO als Gesamtschuldner. Wenn einer von beiden geringere Einkünfte als der andere hat, kann er zur Einschränkung oder Abwendung der Zwangsvollstreckung eine entsprechende Aufteilung der Einkommensteuerschuld gem. § 268 AO beantragen.

ABB. 2:	Veranlagungsschema bei Zusammenveranlagung (§ 26b EStG)		
Einkünfte VZ 2015 **Beträge in Euro**	**Ehemann (65. Lebensjahr vollendet)** **Beträge in Euro**		**Ehefrau** **Beträge in Euro**
§ 13 Abs. 1 Nr. 1 EStG	5 000		–
§ 15 Abs. 1 Nr. 1 EStG			./. 40 000
Gewerbe 1: 60 000		horizontaler Verlustausgleich	–
Gewerbe 2: ./. 20 000	40 000		–
§ 18 Abs. 1 Nr. 1 EStG	–		30 000
§ 21 Abs. 1 Nr. 1 EStG	./. 5 000		
Haus 1: 15 000		horizontaler Verlustausgleich	./. 5 000
Haus 2: ./. 20 000			
Summe der Einkünfte (getrennt für jeden Ehegatten)	40 000	vertikaler Verlustausgleich	./. 15 000
abzüglich eventuell AEB gem. § 24a EStG lt. Tabelle (für 2015)	./. 1 140	Ehefrau: kein AEB möglich, da kein Arbeitslohn und keine positive Summe der Einkünfte	–
Zwischensumme	38 860		./. 15 000
Zusammenrechnung nach § 26b EStG			**23 860**
hier: vertikaler Verlustausgleich zwischen den Ehegatten			
abzüglich Freibetrag gem. § 13 Abs. 3 EStG; gemeinsame Summe der Einkünfte (vor Berücksichtigung des AEB) beträgt 25 000 € und ist nicht größer als 61 400 € (ZV)			./. 1 340
Gesamtbetrag der Einkünfte § 2 Abs. 3 EStG (R 26b Abs. 1 EStR; H 26b „Gesonderte Ermittlung der Einkünfte" EStH)			**22 520**
abzüglich Sonderausgaben usw. (R 10.1 EStR)			

12.4.3   Antragstellung nach § 26 Abs. 2 u. 3 EStG

Ehegatten bzw. Lebenspartner, die beide unbeschränkt einkommensteuerpflichtig sind 2308
und nicht dauernd getrennt leben und bei denen diese Voraussetzungen zu Beginn des
VZ vorgelegen haben oder im Laufe des VZ eingetreten sind (vgl. § 26 Abs. 1
Satz 1 Nr. 1–3 EStG) können ab VZ 2013 zwischen der Einzelveranlagung (§ 26a EStG)
und der Zusammenveranlagung (§ 26b EStG) wählen.

Nach § 26 Abs. 1 Satz 2 EStG besteht in Fällen, in denen im gleichen VZ mehrere Ehen 2309
bzw. Lebenspartnerschaften bestehen, für die die Voraussetzungen des § 26 Abs. 1
Satz 1 Nr. 1–3 EStG vorliegen, ein Wahlrecht grundsätzlich nur für die **letzte** (die **neue)**
Ehe bzw. Lebenspartnerschaft. Für die vorherige Ehe bzw. Lebenspartnerschaft besteht
somit grundsätzlich kein Wahlrecht. Der frühere, nicht wiederverheiratete Ehegatte
wird nach § 25 Abs. 3 Satz 1 EStG als Einzelperson **veranlagt** und unter den Voraussetzungen des § 32a Abs. 6 Satz 1 Nr. 2 EStG nach dem Splitting-Tarif (Gnadensplitting) besteuert. Auf diese Weise wird die Konkurrenz zweier Ehen bzw. Lebenspartnerschaften
zugunsten der neuen Ehe bzw. Lebenspartnerschaft vermieden.

Wie bereits dargestellt, können die Ehegatten bzw. Lebenspartner gem. § 26 2310
Abs. 2 Satz 1 EStG zwischen Einzelveranlagung (§ 26a EStG) und Zusammenveranlagung (§ 26b EStG) wählen. Es erfolgt eine Zusammenveranlagung, wenn beide Ehegatten bzw. Lebenspartner diese Veranlagungsart wählen (§ 26 Abs. 2 Satz 2 EStG). Dagegen werden Ehegatten bzw. Lebenspartner einzeln veranlagt, wenn nur einer von ihnen
die Einzelveranlagung wählt (§ 26 Abs. 2 Satz 1 EStG). Die Wahl wird für den betreffenden Veranlagungszeitraum durch Angabe in der Steuererklärung getroffen.

Wird von dem Wahlrecht nach § 26 Abs. 2 EStG nicht oder nicht wirksam Gebrauch ge- 2311
macht, so ist eine Zusammenveranlagung durchzuführen (§ 26 Abs. 3 EStG). Bei der Zusammenveranlagung (§ 26b EStG) haben die Ehegatten bzw. Lebenspartner eine gemeinsame Steuererklärung abzugeben, die von beiden eigenhändig zu unterschreiben
ist (§ 25 Abs. 3 Satz 2 EStG).

Ab VZ 2013 ist die Wahl einer Veranlagungsart innerhalb eines Veranlagungszeitraums 2312
ab Eingang der Steuererklärung bei der zuständigen Finanzbehörde grundsätzlich bindend (§ 26 Abs. 2 Satz 3 EStG). Nach Eintritt der Unanfechtbarkeit des Steuerbescheids
können die Ehegatten bzw. Lebenspartner die Wahl der Veranlagungsart nur noch unter den nachfolgenden kumulativen Voraussetzungen nochmals ändern:

▶ Der Einkommensteuerbescheid der zusammen veranlagten Eheleute bzw. Lebenspartner oder einer oder beide Einkommensteuerbescheide der einzeln veranlagten
  Ehegatten bzw. Lebenspartner werden aufgehoben, geändert oder berichtigt. Dabei
  ist unerheblich, nach welcher Korrekturnorm die Änderung oder Berichtigung erfolgt (§ 26 Abs. 2 Satz 4 Nr. 1 EStG),

▶ die Änderung der Wahl der Veranlagungsart wird der zuständigen Finanzbehörde
  bis zum Eintritt der Unanfechtbarkeit des Änderungs- oder Berichtigungsbescheides
  schriftlich oder elektronisch mitgeteilt oder zur Niederschrift erklärt; dies entspricht
  den schon bisher geltenden Grundsätzen zur Ausübung steuerlicher Wahlrechte
  und wird im Interesse der Rechtsklarheit ausdrücklich bestimmt (§ 26 Abs. 2 Satz 4
  Nr. 2 EStG) und

▶ der Unterschiedsbetrag zwischen der festzusetzenden Einkommensteuer im Änderungsbescheid und der festzusetzenden Einkommensteuer, die sich bei einer geänderten Ausübung des Veranlagungswahlrechts ergeben würde, ist positiv; die sich bei Einzelveranlagung der Ehegatten bzw. Lebenspartner ergebenden Steuerbeträge sind hierfür zusammenzurechnen (§ 26 Abs. 2 Satz 4 Nr. 3 EStG).

Eine Änderung des Wahlrechts ist ab VZ 2013 nur noch dann möglich, wenn sich per Saldo für beide Ehegatten bzw. Lebenspartner eine niedrigere Steuerbelastung ergibt.

2313 Infolge der Abschaffung der getrennten und besonderen Veranlagung sowie der Einführung einer Einzelveranlagung von Ehegatten (§ 26a EStG) wurde auch § 25 Abs. 3 EStG ab VZ 2013 entsprechend angepasst und einfacher gefasst. Nach § 25 Abs. 3 Satz 1 EStG hat die steuerpflichtige Person für den VZ eine eigenhändig unterschriebene Einkommensteuererklärung abzugeben. Betroffen von dieser Regelung sind die steuerpflichtigen Personen, für die eine Einzelveranlagung durchzuführen ist, also Steuerpflichtige ohne Ehe bzw. Lebenspartnerschaft, Ehegatten bzw. Lebenspartner, die die Voraussetzungen des § 26 Abs. 1 Satz 1 Nr. 1 – 3 EStG nicht erfüllen sowie Ehegatten bzw. Lebenspartner, wenn einer von ihnen nach § 26 Abs. 2 Satz 1 EStG die Einzelveranlagung gewählt hat.

12.5 Zurechnung der Einkünfte von Ehegatten bzw. Lebenspartnern

12.5.1 Bedeutung der Verträge zwischen Ehegatten bzw. Lebenspartnern

2314 Bei allen Veranlagungen von Ehegatten bzw. Lebenspartnern sind die Einkünfte für jeden von ihnen gesondert zu ermitteln. Zu diesem Zweck muss die Frage geklärt werden, welcher Ehegatte bzw. Lebenspartner die jeweiligen Einkünfte bezogen hat. Für die Zurechnung der Einkünfte sind grundsätzlich dieselben steuerlichen Vorschriften wie bei anderen Steuerpflichtigen anzuwenden. Dabei ist zu beachten, dass die Eheleute bzw. Lebenspartner **durch Verträge** untereinander darauf Einfluss nehmen können, wer von ihnen in welcher Höhe die Einkünfte bezieht. So kann der Ehemann bzw. Lebenspartner, der Inhaber eines Gewerbebetriebes ist, einen Teil seiner Einkünfte bspw. durch Abschluss eines Arbeitsvertrags auf seine Ehefrau bzw. seinen Lebenspartner übertragen.

Im Folgenden sollen die wichtigsten Vertragsgestaltungen zwischen Ehegatten bzw. Lebenspartnern sowie die Voraussetzungen, unter denen diese Vereinbarungen steuerlich anzuerkennen sind, erörtert werden.

12.5.2 Allgemeine Voraussetzungen für die steuerliche Anerkennung von Verträgen zwischen Ehegatten bzw. Lebenspartnern

2315 Es ist ein aus §§ 41, 42 AO folgender allgemein anerkannter Grundsatz, dass Verträge unter Stpfl. nur dann steuerlich anzuerkennen sind, wenn sie **ernsthaft vereinbart** und **tatsächlich durchgeführt** worden sind. Da bei Verträgen zwischen Ehegatten bzw. Lebenspartnern die Gefahr des Missbrauchs und des Vortäuschens nicht ernstgemeinter Vereinbarungen größer als bei anderen Stpfl. ist, haben Rechtsprechung und Verwaltung besonders strenge Anforderungen an den Nachweis der Ernsthaftigkeit dieser Verträge gestellt. Darin ist kein Verstoß gegen das Grundrecht der Gleichheit aller vor dem Gesetz (Art. 3 Abs. 1 GG) und das des Schutzes der Ehe und der Familie durch die staatliche Ordnung (Art. 6 Abs. 1 GG) zu sehen (BVerfG v. 14. 4. 1959, BStBl 1959 I 204).

Ob ein Vertrag zwischen Ehegatten bzw. Lebenspartnern steuerlich anerkannt werden kann, ist stets im Einzelfall unter Abwägung aller für und gegen die Anerkennung sprechenden Umstände zu entscheiden.   2316

12.5.2.1 Ernsthaftigkeit der Verträge

Bei der Beurteilung der **Ernsthaftigkeit** der Verträge ist von entscheidender Bedeutung, ob ein Vertrag gleichen Inhalts auch zwischen Fremden abgeschlossen worden wäre (BFH 17. 7. 1984 VIII R 69/84, BStBl 1986 II 48; BFH 18. 12. 1990 VIII R 290/82, BStBl 1991 II 391). Ist das zu verneinen, so kann der Vertrag steuerlich nicht anerkannt werden. Die in einem solchen Vertrag vereinbarte Verteilung der Einkünfte bleibt bei der Veranlagung der Eheleute bzw. Lebenspartner unberücksichtigt; es ist so zu verfahren, als hätten die Ehegatten bzw. Lebenspartner den betreffenden Vertrag nicht abgeschlossen.   2317

Die Verträge müssen klare und eindeutige Abmachungen enthalten, die jeden Zweifel über die wesentlichen Bestandteile des Vertrages ausschließen (BFH 24. 5. 1962 IV 146/61 U, BStBl II 383); Klarheit muss insbesondere hinsichtlich Art und Umfang der sich nach dem Vertrag ergebenden gegenseitigen Leistungen bestehen.   2318

Einer bestimmten Form (z. B. notarielle Beurkundung, Schriftform) bedürfen auch Verträge zwischen Ehegatten bzw. Lebenspartnern nur dann, wenn es nach den Vorschriften des BGB vorgeschrieben ist. Fehlt die gesetzlich vorgesehene Form, kann daraus im Einzelfall der Schluss gezogen werden, dass die Ehegatten bzw. Lebenspartner den Vertrag nicht ernsthaft gemeint haben. Dem steht die Bestimmung des § 41 Abs. 1 AO nicht entgegen, nach der der Formmangel so lange ohne Bedeutung ist, wie die Beteiligten das wirtschaftliche Ergebnis des Vertrages tatsächlich herbeiführen. Hier geht es nur um die Frage, ob die Eheleute bzw. Lebenspartner den Vertrag ernsthaft wollen, was bei ihnen schon aus dem Fehlen der gesetzlich vorgeschriebenen Form gefolgert werden kann. Demnach ist z. B. die steuerliche Wirksamkeit eines Gesellschaftsvertrages, bei dem ein Ehegatte bzw. Lebenspartner ein Grundstück in die Gesellschaft einbringt, i. d. R. nur gegeben, wenn er notariell beurkundet ist (§ 313 BGB). Für die weitaus meisten Verträge, die zwischen Ehegatten bzw. Lebenspartnern üblich sind, verlangt das bürgerliche Recht jedoch keine bestimmte Form.   2319

Die Ernsthaftigkeit eines Vertrages zwischen Ehegatten bzw. Lebenspartnern kann auch dann angenommen werden, wenn er stillschweigend abgeschlossen worden ist.   2320

Ein stillschweigend abgeschlossener Vertrag, der von einer ausdrücklichen mündlichen Vereinbarung zu unterscheiden ist, liegt vor, wenn aus den Umständen und Handlungen der Parteien auf deren Vertragswillen geschlossen werden kann, ohne dass sie ihren Willen ausdrücklich und wörtlich erklärt haben. Nach bürgerlichem Recht können   2321 grundsätzlich alle Verträge – abgesehen von den Fällen, in denen Formvorschriften bestehen – stillschweigend abgeschlossen werden. Dies muss auch steuerlich beachtet werden. Die für die steuerrechtliche Anerkennung von Verträgen geforderte Ernsthaftigkeit und tatsächliche Vollziehung des Vereinbarten kann bei stillschweigenden Abmachungen ebenso wie bei ausdrücklichen gegeben sein, so dass keine Gründe ersichtlich sind, solchen Verträgen die steuerliche Wirksamkeit zu versagen.

12.5.2.2 Tatsächliche Durchführung der Verträge

2322 Die Eheleute bzw. Lebenspartner müssen die zwischen ihnen zustande gekommenen Verträge **tatsächlich so durchführen**, wie sie vereinbart sind. Dies ergibt sich aus der im Steuerrecht gem. § 42 AO gebotenen wirtschaftlichen Betrachtungsweise. Oft wird die tatsächliche Gestaltung auch der praktisch wichtigste Beurteilungsmaßstab für das Vorliegen der Ernsthaftigkeit des Vertrages sein.

2323 Aus der Notwendigkeit der tatsächlichen Durchführung der Verträge folgt, dass Vereinbarungen, die den Verträgen rückwirkende Kraft beimessen, hinsichtlich der Rückwirkung nicht anerkannt werden können (BFH 29. 11. 1988 VIII R 83/82, BStBl 1989 II 281). Das Gleiche muss für sog. Abfindungsverträge gelten, nach denen Abfindungen an einen Ehegatten bzw. Lebenspartner für Arbeitsleistungen gezahlt werden, die vorher nicht vereinbart waren (BFH 8. 3. 1962 IV 168/60 U, BStBl 1962 III 218).

> **BEISPIEL:** ▶ Der Gewerbetreibende A schließt mit seiner Ehefrau am 2. 1. 02 einen Arbeitsvertrag, der rückwirkend ab 1. 1. 01 gelten soll. Frau A hat schon seit Anfang 01 im Betrieb ihres Mannes mitgearbeitet, ohne dass ein Gehalt vereinbart und gezahlt wurde. Nach dem Vertrag vom 2. 1. 02 soll Frau A zur Abfindung ihrer Leistungen im Jahr 01 einen einmaligen Betrag i. H. von 4 000 € erhalten.
>
> Der Arbeitsvertrag ist steuerlich erst mit Wirkung vom 2. 1. 02 anzuerkennen. Die Abfindungssumme i. H. von 4 000 € ist weder Betriebsausgabe bei den Einkünften des A noch Einnahme aus nichtselbständiger Arbeit der Ehefrau (vgl. auch H 4.8 „Arbeitsverhältnisse zwischen Ehegatten – Rückwirkung" EStH).

2324 Keine rückwirkend abgeschlossenen Verträge liegen vor, wenn Eheleute bzw. Lebenspartner in einer schriftlichen Abmachung bestätigen, was früher schon zwischen ihnen ernsthaft mündlich – auch stillschweigend – vereinbart und tatsächlich durchgeführt worden ist (BFH 25. 10. 1960 I 116/60 U, BStBl 1961 III 94). In diesen Fällen sind die Verträge von ihrem mündlichen oder stillschweigenden Zustandekommen an steuerlich wirksam.

12.5.2.3 Mitwirkung des Ehegatten bzw. Lebenspartners bei der Erzielung von Einkünften § 26a Abs. 1 EStG

2325 Die steuerliche Anerkennung von Verträgen zwischen Ehegatten bzw. Lebenspartnern wird durch die Vorschrift des § 26a Abs. 1 Satz 2 EStG nicht ausgeschlossen. Diese Bestimmung besagt nur, dass Einkünfte eines Ehegatten bzw. Lebenspartners nicht allein deshalb zum Teil dem anderen Ehegatten bzw. Lebenspartner zuzurechnen sind, weil dieser **bei der Erzielung** der Einkünfte **mitgewirkt hat**. Die Vorschrift ist demnach nicht anzuwenden, wenn die Mitarbeit eines Ehegatten bzw. Lebenspartners auf einem Vertrag beruht, weil sich daraus die rechtliche Grundlage für die Zurechnung der Einkünfte ergibt.

12.5.2.4 Verträge vor Eingehen und nach Auflösung der Ehe bzw. Lebenspartnerschaft bzw. bei dauerndem Getrenntleben

Verträge, die vor Eingehen der Ehe bzw. Lebenspartnerschaft geschlossen worden sind, dürften für die Zeit des Bestehens der Ehe bzw. Lebenspartnerschaft grundsätzlich wie die während der Ehe bzw. Lebenspartnerschaft vereinbarten Verträge zu behandeln sein. Der Abschluss eines Vertrages vor der Ehe bzw. Lebenspartnerschaft wird häufig ein für die Prüfung der Ernsthaftigkeit bedeutender Umstand sein. Auch wird ein mehrere Jahre vor der Ehe bzw. Lebenspartnerschaft geschlossener Arbeitsvertrag steuerlich i. d. R. anzuerkennen sein, wenn er nach der Heirat in gleicher Form vollzogen wird wie vorher; dies gilt insbesondere, wenn Teile des Gehalts wie vor der Eheschließung bzw. Begründung der Lebenspartnerschaft nicht sofort ausgezahlt werden (BFH 21. 10. 1966 IV R 83/66, BStBl 1967 III 22). 2326

Die steuerliche Anerkennung von Verträgen zwischen Geschiedenen richtet sich nach den für nahe Angehörige (§ 15 AO) maßgebenden Grundsätzen, die hinsichtlich Ernsthaftigkeit und tatsächlicher Durchführung weitgehend den Regelungen für Verträge zwischen Ehegatten bzw. Lebenspartnern entsprechen. Ebenso werden die Verträge zwischen dauernd getrennt lebenden Ehegatten bzw. Lebenspartnern zu beurteilen sein. 2327

Nach Ansicht des BFH (14. 4. 1988 IV R 225/85, BStBl 1988 II 670) können die für die steuerliche Beurteilung von Verträgen zwischen Ehegatten bzw. eingetragenen Lebenspartnern geltenden Grundsätze nicht auf Verträge zwischen Partnern einer nichtehelichen Lebensgemeinschaft bzw. zwischen Verlobten (BFH 17. 1. 1985 IV R 149/84, BFH/NV 1986, 148) übertragen werden. Dies gilt u. E. auch entsprechend für Verträge zwischen gleichgeschlechtlichen Lebenspartnern, wenn **keine** eingetragene Lebenspartnerschaft im Sinne des LPartG vorliegt. 2328

12.5.3 Arbeitsverträge

Durch den **Arbeitsvertrag** wird der ArbN zur Leistung der versprochenen Dienste und der ArbG zur Zahlung der vereinbarten Vergütung verpflichtet. Arbeitsverträge bedürfen keiner Form. Der ArbG kann den Arbeitslohn als Betriebsausgabe bei seinen Gewinneinkünften abziehen, während der ArbN den Lohn nach § 19 EStG versteuern muss. 2329

Die Entscheidung des BVerfG v. 24. 1. 1962 (BStBl 1962 I 492 u. 506) hat klargestellt, dass Arbeitsverträge zwischen Ehegatten grundsätzlich steuerlich anerkannt werden können. Voraussetzung dafür ist, dass die Verträge ernsthaft vereinbart und tatsächlich durchgeführt werden (R 4.8 Abs. 1 EStR); es sind die o. g. Grundsätze zu beachten. Arbeitsverträge zwischen einem Ehegatten und einer Personengesellschaft, an der der andere Ehegatte beteiligt ist, sind grundsätzlich unter denselben Voraussetzungen wie die Verträge unter Ehegatten steuerlich anzuerkennen (R 4.8 Abs. 2 EStR). Diese Regelungen gelten entsprechend auch für eingetragene Lebenspartner. 2330

12.5.3.1 Ernsthaftigkeit des Arbeitsvertrages

2331 Das Vorliegen der **Ernsthaftigkeit** des Arbeitsvertrages setzt voraus, dass durch die Mitarbeit des Ehegatten bzw. Lebenspartners eine fremde Arbeitskraft ersetzt wird. Das ist u. E. auch dann der Fall, wenn der Unternehmer bei Nichtbeschäftigung seines Ehegatten bzw. Lebenspartners auf die Einstellung eines Fremden verzichten und die Arbeit selbst übernehmen würde, da es Sache des Steuerpflichtigen ist, welche Betriebsausgaben er tätigt. Es kommt allein darauf an, ob der ArbN-Ehegatte bzw. -Lebenspartner die Arbeitsleistung erbringt, die der Unternehmer-Ehegatte bzw. -Lebenspartner von einem Fremden, wäre er im Betrieb angestellt, verlangen würde. Die notwendige Klarheit des Vertrages erfordert, dass dem mitarbeitenden Ehegatten bzw. Lebenspartner ein bestimmtes Arbeitsgebiet zugewiesen wird, ohne dass die Arbeitszeit bestimmt sein muss.

2332 Die Höhe des Gehalts muss vertraglich genau festgelegt sein (BFH 8. 3. 1962 IV 168/60 U, BStBl 1962 III 218). Diese Voraussetzung ist auch erfüllt, wenn das Gehalt sich nach einem bestimmten Prozentsatz des Umsatzes oder des Gewinns richtet; dabei wird man aber fordern müssen, dass ein fremder ArbN für die geleistete Arbeit in derselben Form entlohnt worden wäre. Die Höhe des **vereinbarten Gehalts muss angemessen** sein, was im Vergleich zu fremden ArbN, die gleichwertige Arbeit leisten, beurteilt werden kann. Bei der Prüfung der Angemessenheit des Gehalts ist auch die Höhe des dem Unternehmer-Ehegatten bzw. -Lebenspartner verbleibenden Gewinns zu berücksichtigen. Ist das Gehalt unangemessen hoch, kann der Arbeitsvertrag nur bis zur Grenze der Angemessenheit des Gehalts einschließlich aller Nebenleistungen anerkannt werden. In diesem Falle ist nur der Betrag Einnahme des ArbN-Ehegatten bzw. -Lebenspartners gem. § 19 EStG und Betriebsausgabe im Betrieb des Unternehmer-Ehegatten bzw. -Lebenspartners, der üblicherweise an eine fremde Arbeitskraft für die gleiche Arbeitsleistung gezahlt wird; die darüber hinausgehenden Beträge sind steuerlich unbeachtliche Zuwendungen i. S. des § 12 Nr. 2 EStG. Ohne Bedeutung für die Anerkennung des Arbeitsvertrags ist i. d. R. der Umstand, dass die Entlohnung des mitarbeitenden Ehegatten bzw. Lebenspartners zu gering bemessen ist, es sei denn, dass daraus im Einzelfall auf den Mangel der Ernsthaftigkeit des Vertrages geschlossen werden kann (BFH 28. 7. 1983 IV R 103/82, BStBl 1984 II 60).

2333 Ein Vertrag, der aus tatsächlichen Gründen nicht durchführbar ist, ist nicht ernsthaft gemeint; deshalb ist ein Arbeitsvertrag, mit dem sich zwei Ehegatten bzw. Lebenspartner wechselseitig verpflichten, mit ihrer vollen Arbeitskraft jeweils im Gewerbebetrieb des anderen Ehegatten bzw. Lebenspartners tätig zu sein, steuerrechtlich nicht anzuerkennen (BFH 26. 2. 1969 I R 165/66, BStBl 1969 II 315; BFH 12. 10. 1988 X R 2/86, BStBl 1989 II 354).

12.5.3.2 Tatsächliche Durchführung des Arbeitsvertrages

2334 Zum Vollzug des Arbeitsverhältnisses gehört, dass der ArbN-Ehegatte bzw. -Lebenspartner **tatsächlich mitarbeitet** und das Gehalt in der vereinbarten Höhe auch **tatsächlich ausgezahlt** wird. Die Auszahlung des Gehalts muss monatlich oder in den sonst üblichen Lohnzahlungszeiträumen (BFH 14. 10. 1981 I R 34/80, BStBl 1982 II 119) erfolgen und grundsätzlich in der Buchführung ihren Niederschlag gefunden haben. Der

BFH hat es als ausreichend erachtet, dass die Lohnzahlungen, die in den Ausgabeauf-zeichnungen nicht verbucht waren, durch ein Gehaltsquittungsbuch, das als Bestand-teil der Buchführung angesehen wurde, nachgewiesen wurden. Der Umstand, dass das vereinbarte Entgelt fortlaufend nur teilweise ausgezahlt und der Restbetrag als Darle-hen behandelt wird, spricht gegen die Ernsthaftigkeit. Im Übrigen steht es der steuerli-chen Anerkennung eines sonst ordnungsgemäß vereinbarten und tatsächlich durch-geführten Arbeitsverhältnisses nicht entgegen, wenn der vom ArbN-Ehegatten bzw. -Lebenspartner bezogene Arbeitslohn dem ArbG-Ehegatten bzw. -Lebenspartner als Darlehen wieder zur Verfügung gestellt wird. Voraussetzung ist jedoch, dass das Darle-hen beim ArbG ordnungsgemäß verbucht und bilanziert ist und dass eindeutige Ver-einbarungen zumindest über angemessene Verzinsung und Rückzahlung des Darlehens getroffen worden sind (BFH 17. 7. 1984 VIII R 69/84, BStBl 1986 II 48). Zur steuerrecht-lichen Anerkennung von Darlehensvertragen zwischen Angehörigen vgl. BMF vom 23. 12. 2010 (BStBl 2011 I 37) in der geänderten Fassung vom 29.4. 2014 (BStBl 2014 I 809).

Ist ein Arbeitsvertrag steuerlich zu berücksichtigen, sind Tätigkeitsvergütungen, für die 2335
der verpflichtete Ehegatte bzw. Lebenspartner eine Rückstellung bildet, dem anderen Ehegatten bzw. Lebenspartner zugeflossen i. S. des § 11 Abs. 1 EStG (BFH 11. 2. 1965 IV 213/64 U, BStBl 1965 III 407). Zur steuerlichen Anerkennung eines Ehegatten-Arbeits-vertrags bzw. Lebenspartner-Arbeitsvertrags ist eine klare Trennung der sich für die Ehegatten bzw. Lebenspartner als Wirtschaftsgemeinschaft ergebenden Einkommens- und Vermögensverhältnisse von den mit dem Arbeitsverhältnis zusammenhängenden Rechtsbeziehungen erforderlich. Diese Voraussetzung ist nicht gegeben, wenn die Be-züge der Ehefrau bzw. Lebenspartners auf ein privates Konto des Ehemannes bzw. an-deren Lebenspartners überwiesen werden, über das der Ehefrau bzw. dem Lebenspart-ner nur ein Mitverfügungsrecht zusteht (BFH 15. 1. 1980 VIII R 154/78, BStBl 1980 II 350; BFH 27. 11. 1989 GrS 1/88, BStBl 1990 II 160; BFH 21. 2. 1990 X R 80/88, BStBl 1990 II 636; siehe aber BVerfG v. 7. 11. 1995 2 BvR, BStBl 1996 II 34). Demgegenüber ist es aber unschädlich, wenn die Bezüge des mitarbeitenden Ehegatten bzw. Lebenspart-ners auf dessen eigenes Bankkonto überwiesen werden, über das auch der ArbG-Ehe-gatte bzw. -Lebenspartner unbeschränkte Verfügungsvollmacht besitzt (BFH 16. 1. 1974 I R 176/72, BStBl 1974 II 294; BFH 22. 3. 1988 VIII R 289/84, BStBl 1988 II 880). Vgl. hierzu auch H 4.8 „Arbeitsverhältnisse zwischen Ehegatten" EStH.

Die Ehegatten bzw. Lebenspartner müssen aus dem Arbeitsvertrag alle gesetzlichen 2336
Folgerungen ziehen; vom Arbeitslohn ist die Lohnsteuer einzubehalten und an das Fi-nanzamt abzuführen. Soweit bei den Arbeitsverhältnissen Sozialversicherungspflicht besteht, kann der tatsächliche Vollzug des Vertrags grundsätzlich nur angenommen werden, wenn die Sozialversicherungsbeiträge einbehalten und an die Sozialversiche-rungsträger abgeführt worden sind.

12.5.3.3 Verwendung des Gehalts im Haushalt

Der steuerlichen Anerkennung des Arbeitsvertrages steht es nicht entgegen, dass der 2337
ArbN-Ehegatte bzw. ArbN-Lebenspartner sein Gehalt im gemeinsamen Haushalt der Ehegatten bzw. Lebenspartner verwendet. Denn dazu ist der Ehegatte und entspre-

chend auch der Lebenspartner gem. § 1360 BGB – zumindest mit einem Teil seiner Einkünfte – gesetzlich verpflichtet.

12.5.3.4 Steuerliche Behandlung von Pensionen und Sozialleistungen

2338 Die Frage der steuerlichen Behandlung von Aufwendungen des ArbG für die betriebliche Altersversorgung des im Betrieb mitarbeitenden Ehegatten ist durch das BMF-Schreiben v. 4. 9. 1984, BStBl 1984 I 495, ergänzt durch BMF-Schreiben v. 9. 1. 1986, BStBl 1986 I 7, wie folgt geregelt worden (vgl. auch R 4b EStR und H 4b „Arbeitnehmer-Ehegatten" LStH):

2339 Für **Pensionszusagen**, die im Rahmen eines steuerlich anzuerkennenden Arbeitsverhältnisses dem ArbN-Ehegatten gegeben werden, können nach Maßgabe des § 6a EStG **Pensionsrückstellungen** gebildet werden. Voraussetzung ist, dass eine ernstlich gewollte, klar und eindeutig vereinbarte Verpflichtung vorliegt, die Zusage dem Grunde nach üblich und der Höhe nach angemessen ist, und der ArbG-Ehegatte tatsächlich mit einer Inanspruchnahme aus der gegebenen Pensionszusage rechnen muss. Eine Zusage auf Witwen-/Witwerrente ist in diesem Rahmen nicht rückstellungsfähig, weil hier bei Eintritt des Versorgungsfalles der Anspruch und die Verpflichtung in einer Person zusammentreffen. Sagt hingegen eine Personengesellschaft einem ArbN, dessen Ehegatte Mitunternehmer dieser Gesellschaft ist, eine Witwen-/Witwerrente zu, so kann sie hierfür eine Rückstellung bilden (BFH 29. 1. 1976 IV R 42/73, BStBl 1976 II 372).

2340 Prämienzahlungen für eine Rückdeckungsversicherung können insoweit als Betriebsausgaben abgezogen werden, als die Pensionszusage als rückstellungsfähig anerkannt wird (R 4b EStR).

2341 Beiträge des ArbG zu einer zugunsten des ArbN-Ehegatten abgeschlossenen **Direktversicherung** (§ 4b EStG) können als Betriebsausgaben anerkannt werden, wenn der Versicherungsvertrag ernstlich gewollt ist und klar und deutlich vereinbart wurde, die Versicherung dem Grunde nach üblich und der Versicherungsbeitrag der Höhe nach angemessen ist (BFH 28. 7. 1983 IV R 103/82, BStBl 1984 II 60).

2342 Ernsthafte Vereinbarungen liegen dann vor, wenn familienfremde ArbN, die eine gleiche oder ähnliche oder geringwertigere Tätigkeit wie der ArbN-Ehegatte ausüben, im Zeitpunkt der Pensionszusage oder des Abschlusses des Versicherungsvertrages dem Betrieb nicht länger angehört haben als der ArbN-Ehegatte und das gleiche Lebensalter erreicht haben wie dieser, im Zeitpunkt der Zusage oder des Abschlusses des Vertrages eine vergleichbare Pensionszusage erhalten haben (BFH 23. 2. 1984 IV R 148/81, BStBl 1984 II 551; BFH 8. 10. 1986 I R 220/82, BStBl 1987 II 205; BFH 14. 7. 1989 III R 97/86, BStBl 1989 II 969).

2343 Die vorstehenden Grundsätze gelten auch bei einer Teilzeitbeschäftigung des ArbN-Ehegatten, soweit Pensionszusagen oder Direktversicherungen auch für andere Teilzeitbeschäftigte im Betrieb üblich sind. Die Regelung gilt jedoch nicht für eine Aushilfs- oder Kurzbeschäftigung.

2344 Ist ein Arbeitsverhältnis zwischen Ehegatten steuerlich anzuerkennen und ist der ArbN-Ehegatte aufgrund des SGB rentenversicherungspflichtig, kann der ArbG-Ehegatte den **Arbeitgeberbeitrag** zur gesetzlichen Rentenversicherung, der sich nach dem Arbeitslohn des mitarbeitenden Ehegatten bemisst, stets als Betriebsausgabe abziehen (BFH 8. 2. 1983 VIII R 27/80, BStBl 1983 II 496). Die ArbN-Anteile sind dagegen Teile des Arbeitslohns und beim ArbG-Ehegatten als Betriebsausgaben sowie beim ArbN-Ehegatten als Sonderausgaben im Rahmen der gesetzlichen Höchstbeträge zu berücksichtigen.

Für Zuwendungen des ArbG-Ehegatten an eine **Pensions**- und/oder **Unterstützungs-** 2345 **kasse** (§§ 4c u. 4d EStG) sowie für andere Sozialleistungen, wie z. B. Heirats- und Geburtsbeihilfen an den ArbN-Ehegatten, gelten bei steuerlich anerkanntem Arbeitsverhältnis die vorstehenden Grundsätze entsprechend.

Die in den o. a. Rdn. 2351–2358 dargestellten Regelungen zur steuerlichen Behandlung 2346 von Pensionen und Sozialleistungen im Rahmen von Ehegattenarbeitsverhältnissen sind auf Arbeitsverhältnisse zwischen eingetragenen Lebenspartnern im Sinne des LPartG entsprechend anzuwenden.

12.5.4 Gesellschaftsverträge

Auch durch Gründung von Personengesellschaften können die Ehegatten bzw. Lebens- 2347 partner die Verteilung der Einkünfte untereinander regeln. Durch den Gesellschaftsvertrag schließen sich Personen zur Erreichung eines gemeinsamen Zwecks zusammen, und jeder Beteiligte verpflichtet sich, die vereinbarten Beiträge zu leisten. Die wichtigsten Formen der Personengesellschaft sind die Gesellschaft des bürgerlichen Rechts (§§ 705 ff. BGB), die OHG (§§ 105 ff. HGB) und die KG (§§ 161 ff. HGB). Haben die Ehegatten bzw. Lebenspartner einen Gesellschaftsvertrag abgeschlossen, werden jedem die ihm vertraglich zustehenden Gewinnanteile als Einkünfte aus Gewerbebetrieb (Mitunternehmerschaft nach § 15 Abs. 1 Nr. 2 EStG), aus Land- und Forstwirtschaft oder aus selbständiger Arbeit zugerechnet. Wegen der Einzelheiten Hinweis auf Rdn. 1515 ff.

Für die steuerliche Anerkennung von Gesellschaftsverträgen gelten die vorstehenden Grundsätze – insbesondere Ernsthaftigkeit und Durchführung – entsprechend (BFH 26. 11. 1992 IV R 53/92, BStBl 1993 II 395).

12.5.5 Schenkungsverträge

Aus **Schenkungsverträgen** zwischen Ehegatten bzw. Lebenspartnern ergeben sich keine 2348 unmittelbaren einkommensteuerlichen Auswirkungen. Die unentgeltliche Übertragung von Vermögensgegenständen (z. B. Grundbesitz, Wertpapiere) zwischen Ehegatten bzw. Lebenspartnern ist kein einkommensteuerpflichtiger Vorgang beim Erwerber. Das Gleiche ist, wie aus § 12 Nr. 2 EStG folgt, auch der Fall, wenn ein Ehegatte bzw. Lebenspartner dem anderen unentgeltlich seine Einkünfte überlässt.

Schenkungsverträge führen dazu, dass die Einkünfte aus dem übereigneten Vermögen 2349 vom Zeitpunkt der Übereignung an dem beschenkten Ehegatten bzw. Lebenspartner zuzurechnen sind. Das gilt jedoch nur, wenn der Schenkungsvertrag privatrechtlich wirksam zustande gekommen ist. Der Vertrag muss also notariell beurkundet (§ 518 Abs. 1 BGB) oder durch Übereignung erfüllt sein (§ 518 Abs. 2 BGB). Häufig nimmt ein Ehegatte bzw. Lebenspartner den anderen in seinen Gewerbebetrieb als Mitgesellschafter auf, indem er ihm schenkungsweise Kapital überträgt, das anschließend von dem beschenkten Ehegatten bzw. Lebenspartner als eigene Beitragsleistung in die Gesellschaft eingebracht wird. Auch in diesen Fällen ist zur steuerlichen Anerkennung der Verträge erforderlich, dass die Vorschriften des § 518 BGB beachtet sind. Oft unterlassen die Ehegatten bzw. Lebenspartner in diesen Fällen die notarielle Beurkundung und bringen die Beteiligung des Ehegatten bzw. Lebenspartners durch eine Gutschrift in der Buchführung des Unternehmens zum Ausdruck. Ob dies zur tatsächlichen Vollziehung der Schenkung und damit zur steuerlichen Anerkennung des Gesellschaftsvertrages ausreicht, hängt davon ab, ob sich aus den Umständen des Falles die Ernsthaftigkeit der Vermögensübertragung entnehmen lässt.

12.5.6 Andere Verträge

2350 Ehegatten bzw. Lebenspartner können ferner durch Miet-, Pacht- und Darlehensverträge sowie durch Verträge über die Eingehung einer echten (typischen) stillen Gesellschaft eine anderweitige Verteilung der Einkünfte erreichen. Diese Verträge können steuerlich anerkannt werden, wenn sie ernsthaft gemeint sind und die tatsächliche Durchführung mit der formellen Vertragsgestaltung übereinstimmt (R 4.8 Abs. 1 EStR). Hierzu gehört, dass die vereinbarten Miet-, Pacht- und Darlehenszinsen tatsächlich gezahlt worden sind (BFH 4. 6. 1991 IX R 150/85, BStBl 1991 II 838; BFH 12. 2. 1992 X R 121/88, BStBl 1992 II 468). Häufig wird die Prüfung der Voraussetzungen, die zur steuerlichen Berücksichtigung dieser Verträge notwendig sind, Schwierigkeiten bereiten.

2351 Zu den Darlehensverträgen zwischen nahen Angehörigen, also auch zwischen Ehegatten bzw. Lebenspartnern, hat die Verwaltung im BMF-Schreiben v. 23. 12. 2010 (BStBl 2011 I 37) in der geänderten Fassung vom 29. 4. 2014 (BStBl 2014 I 809) Stellung genommen und die Voraussetzungen für die steuerliche Anerkennung zusammengefasst. Danach ist insbesondere von Bedeutung, dass der geschlossene Vertrag einem Fremdvergleich standhalten und eine Abgrenzung zur Unterhaltsgewährung und verschleierten Schenkung möglich sein muss (BFH 7. 11. 1990 X R 126/87, BStBl 1991 II 291; BFH 4. 6. 1991 IX R 150/85, BStBl 1991 II 838).

12.5.7 Auswirkungen des gesetzlichen Güterstandes und der Gütertrennung auf das Zufließen der Einkünfte

2352 Wenn Eheleute bzw. Lebenspartner **keine** Vereinbarungen über ihre vermögensrechtlichen Beziehungen getroffen haben, leben sie im gesetzlichen **Güterstand** der Zugewinngemeinschaft (§§ 1363 – 1390 BGB, § 6 LPartG). Dabei bleiben wie beim Güterstand der Gütertrennung die Vermögen der Ehegatten bzw. Lebenspartner getrennt. Nach Auflösung der Ehe bzw. Lebenspartnerschaft ist der während der Ehe bzw. Lebenspartnerschaft erzielte Zugewinn zwischen den Beteiligten auszugleichen; darin liegt der wesentliche Unterschied zur **Gütertrennung**.

2353 Im Falle der **Zugewinngemeinschaft** und der Gütertrennung sind während des Bestehens der Ehe bzw. Lebenspartnerschaft jedem Ehegatten bzw. Lebenspartner die Erträge aus der Nutzung des eigenen Vermögens als Einkünfte zuzurechnen. Der Ausgleich des Zugewinns nach Auflösung der Ehe bzw. Lebenspartnerschaft ist ein Vermögenszufluss, der nicht zu den nach § 2 EStG steuerpflichtigen Einkünften gehört.

12.5.8 Vereinbarung der allgemeinen Gütergemeinschaft

Durch Ehevertrag bzw. Lebenspartnerschaftsvertrag können die Eheleute bzw. Lebenspartner die **Gütergemeinschaft** vereinbaren (§§ 1415 ff. BGB i.V. m. § 7 LPartG). Das vor der Ehe bzw. Lebenspartnerschaft vorhandene und währenddessen erworbene Vermögen wird als sog. **Gesamtgut** grundsätzlich gemeinschaftliches Vermögen der Ehegatten bzw. Lebenspartner; es handelt sich um Gesamthandseigentum. Ausnahmsweise gehören Vermögensgegenstände zum **Sondergut** (§ 1417 BGB) oder zum **Vorbehaltsgut** (§ 1418 BGB). Sondergut ist das Vermögen eines Ehegatten bzw. Lebenspartners, das nicht durch Rechtsgeschäft übertragen werden kann (z. B. Nießbrauch, Gesellschaftsanteil, Schmerzensgeldanspruch), Vorbehaltsgut hauptsächlich das Vermögen, das durch Ehevertrag bzw. Lebenspartnerschaftsvertrag aus dem Gesamtgut ausgeschlossen worden ist. Die Erträge des Sonderguts fließen ins Sondergut und die Erträge des Vorbehaltsguts in dieses. | 2354

Der BFH hat im Gutachten v. 18. 2. 1959 (VI D 1/58 S, BStBl 1959 III 263) zu der Frage Stellung genommen, welcher Ehegatte bzw. Lebenspartner bei der **Gütergemeinschaft** die Einkünfte bezogen hat. Danach hat die Gütergemeinschaft keine unmittelbaren einkommensteuerlichen Wirkungen. Nur soweit durch den Vertrag über die Gütergemeinschaft eine Vermögensgemeinschaft zwischen Ehegatten bzw. Lebenspartnern entsteht, wie sie auch zwischen Fremden möglich wäre, können die aus dem Gesamtgut stammenden Einkünfte entsprechend § 39 Abs. 2 Nr. 2 AO anteilig auf die Ehegatten bzw. Lebenspartner aufgeteilt werden. | 2355

Gehört das Vermögen, aus dem die Einkünfte fließen, zum **Sondergut** oder **Vorbehaltsgut** eines Ehegatten bzw. Lebenspartners, können die Einkünfte nur diesem Ehegatten bzw. Lebenspartner zugerechnet werden.

Zu den einzelnen Einkünften hat der BFH unter der Voraussetzung, dass die Vermögensgegenstände, aus denen die Erträge erzielt werden, ins **Gesamtgut** fallen, folgende Grundsätze entwickelt, die im Wesentlichen in dem vorgenannten Gutachten enthalten sind:

12.5.8.1 Einkünfte aus Land- und Forstwirtschaft (§§ 13 – 14a EStG)

Die **Einkünfte aus Land- und Forstwirtschaft** sind i. d. R. je zur Hälfte den Ehegatten bzw. Lebenspartnern zuzurechnen, da beide das Betriebsvermögen gemeinschaftlich aus dem Gesamtgut zur Verfügung stellen und ihre Arbeitskraft üblicherweise in gleichem Umfang dem Betrieb widmen. U. E. ist nicht anders zu entscheiden, wenn der land- und forstwirtschaftliche Betrieb gepachtet ist, da auch in diesem Fall anzunehmen ist, dass die Ehegatten bzw. Lebenspartner durch ihre Mitarbeit im gleichen Maße zur Erzielung der Einkünfte beitragen. | 2356

Zur Vereinbarung eines Arbeitsvertrages bei in Gütergemeinschaft lebenden Ehegatten bzw. Lebenspartner wird auf die Ausführungen in Rdn. 2342 ff verwiesen.

12.5.8.2   Einkünfte aus Gewerbebetrieb (§§ 15 – 17 EStG)

2357   Ähnlich ist es bei den **Einkünften aus Gewerbebetrieb,** die ebenfalls durch Einsatz von Betriebskapital und Unternehmertätigkeit erzielt werden. Da das Betriebsvermögen den Ehegatten bzw. Lebenspartnern gemeinschaftlich gehört und grundsätzlich davon ausgegangen werden kann, dass sie gleichwertige Arbeit im Betrieb geleistet haben, sind sie je zur Hälfte am Gewinn beteiligt. Steht aber fest, dass ein Ehegatte bzw. Lebenspartner gar nicht mitgearbeitet hat oder seine Mitarbeit geringer als die des anderen war, ist eine andere Aufteilung der Einkünfte – ggf. durch Schätzung – vorzunehmen. Dabei muss beachtet werden, dass auch der nicht mitarbeitende Ehegatte bzw. Lebenspartner durch Bereitstellung von Kapital zur Erzielung der Einkünfte beigetragen hat. Ist das nicht der Fall (wie z. B. bei einem Handelsvertreter), kann es gerechtfertigt sein, die Einkünfte nur dem allein tätigen Ehegatten bzw. Lebenspartner zuzurechnen.

2358   Haben die in Gütergemeinschaft lebenden Ehegatten bzw. Lebenspartner einen Arbeitsvertrag vereinbart, ist dieser, falls der Gewerbebetrieb zum Gesamtgut und nicht zum Vorbehaltsgut gehört, steuerlich nicht anzuerkennen; die vereinbarte Vergütung rechnet zum Gewinnanteil nach § 15 Abs. 1 Nr. 2 EStG.

2359   Ist ein Ehegatte bzw. Lebenspartner an einer Personengesellschaft beteiligt, sind die gewerblichen Einkünfte nur von diesem Ehegatten bzw. Lebenspartner bezogen, da der Anteil an der Gesellschaft gem. § 717 Satz 1 BGB (ggf. i. V. mit §§ 105 Abs. 3 und 161 Abs. 2 HGB) nicht übertragbar und daher dem Sondergut zuzurechnen ist (BFH 7. 3. 1961 I 287/60 U, BStBl 1961 III 253). Dass die Gewinne aus der Beteiligung an der Personengesellschaft nach bürgerlichem Recht ins Gesamtgut fallen, ist nach der Auffassung des BFH unbeachtlich, da eine Aufteilung der Einkünfte steuerlich nur möglich ist, wenn das Vermögen, aus dem sie erzielt wurden, den Eheleuten bzw. Lebenspartnern gemeinsam gehört. Haben jedoch die Ehegatten bzw. Lebenspartner die Beteiligung an einer Personengesellschaft aus den Mitteln des Gesamtguts erworben, sind ihnen die Gewinne je zur Hälfte zuzurechnen, auch wenn handelsrechtlich nur einer der Ehegatten bzw. Lebenspartner Gesellschafter ist (BFH 15. 5. 1962 I 79/61 U, BStBl 1962 III 346). In diesem Fall ist anzunehmen, dass der Ehegatte bzw. Lebenspartner, der Gesellschafter ist, die Beteiligung gem. § 34 Abs. 2 Nr. 1 AO als Treuhänder für das Gesamtgut verwaltet und dass sie deshalb steuerlich als zum Gesamtgut gehörend zu behandeln ist.

2360   Wenn der Betrieb gepachtet ist, dürfte es, da es an einem gemeinschaftlichen Kapital fehlt, für die Zurechnung der Einkünfte i. d. R. allein auf den Umfang der Arbeitsleistungen eines jeden Ehegatten bzw. Lebenspartners ankommen.

2361   Die Veräußerungsgewinne nach § 16 EStG sind u. E. wie die laufenden Einkünfte nach § 15 EStG auf die Ehegatten bzw. Lebenspartner aufzuteilen, denn es handelt sich bei den Veräußerungsgewinnen um in den Vorjahren laufend erzielte, aber nicht versteuerte Einkünfte, die in gleichem Maße wie die jährlich versteuerten Gewinne durch Kapital und Arbeitsleistung entstanden sind.

2362   Bei den Einkünften aus der Veräußerung von Anteilen an Kapitalgesellschaften i. S. d. § 17 EStG spielt die Mitarbeit der Ehegatten bzw. Lebenspartner keine Rolle, so dass in diesem Falle die Einkünfte stets je zur Hälfte aufzuteilen sind.

12.5.8.3 Einkünfte aus selbständiger Arbeit (§ 18 EStG)

Die **freiberuflichen Einkünfte** gem. § 18 Abs. 1 Nr. 1 EStG werden im Wesentlichen durch die persönliche Arbeitsleistung des Berufsträgers erzielt; dem Betriebsvermögen kommt nur eine untergeordnete Bedeutung zu. Ein Gesellschaftsvertrag wäre zwischen Fremden in der Weise nicht denkbar, dass ein Gesellschafter an den Einkünften des anderen Gesellschafters aus freiberuflicher Arbeit beteiligt würde. Deshalb bezieht diese Einkünfte allein der Ehegatte bzw. Lebenspartner, der freiberuflich tätig geworden ist. Erfüllen beide die Berufsvoraussetzungen und üben sie die Tätigkeit gemeinsam aus, sind die Gewinne wie bei einem Gesellschaftsvertrag entsprechend den Arbeitsleistungen aufzuteilen. 2363

Wenn ein Freiberufler ausnahmsweise erhebliches Betriebskapital zur Ausübung seines Berufs benötigt und dieses aus dem Gesamtgut der Ehegatten bzw. Lebenspartner bereitgestellt wird, liegt regelmäßig ein Gesellschaftsverhältnis vor. Die Ehegatten bzw. Lebenspartner haben in diesem Fall Einkünfte aus Gewerbebetrieb, falls nicht beide freiberuflich tätig sind. Die Aufteilung der Einkünfte richtet sich nach dem Umfang der Kapitalleistung und der Mitarbeit (vgl. Rdn. 2368 ff.). 2364

Erzielt ein Ehegatte bzw. Lebenspartner Einkünfte aus sonstiger selbständiger Tätigkeit i. S. des § 18 Abs. 1 Nr. 3 EStG (z. B. als Testamentvollstrecker, Vermögensverwalter, Aufsichtsratsmitglied) müssen u. E. dieselben Grundsätze wie bei Freiberuflern gelten, da auch hier der Einsatz der persönlichen Arbeitskraft im Vordergrund steht. Dagegen dürften für die Verteilung der Einkünfte des Einnehmers einer staatlichen Lotterie (§ 18 Abs. 1 Nr. 2 EStG) die für gewerbliche Einkünfte geltenden Regeln anzuwenden sein, weil nach wirtschaftlicher Betrachtung kein Unterschied zu den unter § 15 EStG fallenden Einnahmen privater Lotterieeinnehmer besteht. 2365

12.5.8.4 Einkünfte aus nichtselbständiger Arbeit (§§ 19 u. 19a EStG)

Die Einkünfte aus nichtselbständiger Arbeit sind nur dem Ehegatten bzw. Lebenspartner zuzurechnen, der ArbN ist, da er durch seine Arbeitsleistung diese Einkünfte allein erwirtschaftet hat. Es sind dieselben Grundsätze wie bei Freiberuflern anzuwenden. 2366

12.5.8.5 Einkünfte aus Kapitalvermögen sowie aus Vermietung und Verpachtung (§§ 20–21a EStG)

Bei den **Einkünften aus Kapitalvermögen** sowie aus **Vermietung und Verpachtung** ist das jeweilige Vermögen die Grundlage für den Erwerb der Einkünfte. Wenn dieses den Ehegatten bzw. Lebenspartnern bei der Gütergemeinschaft gemeinschaftlich zur gesamten Hand gehört, sind ihnen auch die Einkünfte je zur Hälfte zuzurechnen. 2367

12.5.8.6 Sonstige Einkünfte (§§ 22 u. 23 EStG)

Renteneinkünfte nach § 22 Nr. 1 EStG werden auf die Ehegatten bzw. Lebenspartner je zur Hälfte aufgeteilt, wenn das Rentenstammrecht ins Gesamtgut fällt. Die gleiche Aufteilung ist auch bei Einkünften aus privaten Veräußerungsgeschäften (§ 22 Nr. 2 und § 23 EStG) vorzunehmen; das gilt selbstverständlich nicht, wenn die durch private Veräußerungsgeschäfte veräußerten Gegenstände nicht zum Gesamtgut gehören. 2368

2369 Welcher Ehegatte bzw. Lebenspartner **Einkünfte aus Leistungen** gem. § 22 Nr. 3 EStG bezogen hat, hängt u. E. davon ab, ob Einkünfte durch Nutzung der eigenen Arbeitskraft erzielt werden oder ob es Erträge des Vermögens sind. So sind z. B. die Einkünfte aus gelegentlichen Vermittlungen dem Ehegatten bzw. Lebenspartner zuzurechnen, der die Vermittlungsleistung erbracht hat. Bei der Vermietung einzelner beweglicher Sachen des Gesamtguts sind die Einkünfte auf beide Ehegatten bzw. Lebenspartner aufzuteilen.

12.5.8.7 Einkünfte nach § 24 EStG

2370 Wenn den Ehegatten bzw. Lebenspartnern **Entschädigungen** oder nachträgliche Einkünfte i. S. des § 24 EStG zufließen (z. B. betriebliche Veräußerungsrenten), gelten die für die jeweilige Einkunftsart maßgebenden Grundsätze in entsprechender Form.

12.5.8.8 Aufteilung der Einkünfte im Jahr der Vereinbarung der Gütergemeinschaft

2371 Die Gesamtguteigenschaft des Vermögens der Ehegatten bzw. Lebenspartner tritt ein mit Abschluss des Vertrags über die Gütergemeinschaft oder mit dem Eingehen der Ehe bzw. Lebenspartnerschaft, falls die Gütergemeinschaft schon vorher vereinbart war. Spätere Zugänge von Wirtschaftsgütern werden im Zeitpunkt des Erwerbs gemeinschaftliches Vermögen.

2372 Fraglich ist, wie die Einkünfte in dem Jahr, in dem die Gütergemeinschaft zustande gekommen ist, aufzuteilen sind, wenn der Vertrag nicht zu Beginn, sondern im Laufe des Jahres abgeschlossen worden ist. Es wird vielfach die Auffassung vertreten, dass die während des ganzen Jahres erzielten Gewinneinkünfte den Ehegatten bzw. Lebenspartnern entsprechend den oben behandelten Grundsätzen zuzurechnen seien, da der Gewinn erst zum Schluss des Jahres entstehe und deshalb in vollem Umfang ins Gesamtgut falle.

2373 Dementgegen fließen u. E. die Gewinne aus Land- und Forstwirtschaft, Gewerbebetrieb und selbständiger Arbeit dem Berechtigten bürgerlich-rechtlich und steuerlich im Kalenderjahr laufend zu. Aus diesem Grunde können diese Einkünfte erst vom Zeitpunkt des Wirksamwerdens der Gütergemeinschaft auf die Ehegatten bzw. Lebenspartner in der oben dargelegten Weise aufgeteilt werden. Auch für die Überschusseinkünfte kommt es darauf an, ob sie vor oder nach Abschluss des Vertrags über die Gütergemeinschaft bzw. vor oder nach der Eheschließung oder Begründung der Lebenspartnerschaft erzielt worden sind; insoweit ist hinsichtlich der Einnahmen und Werbungskosten § 11 EStG anzuwenden. So sind z. B. die Jahreszinsen aus einem Guthaben bei einer Bank, die zum Schluss des Jahres gutgeschrieben werden, den Ehegatten bzw. Lebenspartnern je zur Hälfte zuzurechnen, selbst wenn die Gütergemeinschaft erst in den letzten Monaten des Jahres vereinbart worden ist.

12.5.8.9 Fortgesetzte Gütergemeinschaft

2374 Eine **fortgesetzte Gütergemeinschaft** liegt vor, wenn die Ehegatten bzw. Lebenspartner durch Ehevertrag bzw. Lebenspartnerschaftsvertrag vereinbaren, dass die Gütergemeinschaft nach dem Tod eines Ehegatten bzw. Lebenspartners zwischen dem überlebenden Ehegatten bzw. Lebenspartner und den gemeinschaftlichen Abkömmlingen fortgesetzt wird (§§ 1483 ff. BGB). In diesen Fällen gelten nach § 28 EStG Einkünfte, die in das Gesamtgut fallen, als Einkünfte des überlebenden Ehegatten bzw. Lebenspartners, wenn dieser unbeschränkt steuerpflichtig ist. Die Vorschrift des § 28 EStG ist aber eine Ausnahmebestimmung. Wird die Gütergemeinschaft im Innenverhältnis nicht fortgesetzt, sondern verabreden der überlebende Ehegatte und die Kinder die Aufteilung der Einkünfte, greift § 28 EStG nicht ein. Die Einkünfte sind dann wie bei anderen Beteiligungen den einzelnen Beteiligten zuzurechnen (BFH 13. 5. 1966 VI 238/64, BStBl 1966 III 505).

12.5.8.10   Verfahren bei Gütergemeinschaft

Machen die Ehegatten bzw. Lebenspartner geltend, dass aufgrund der zwischen ihnen bestehenden Gütergemeinschaft die Einkünfte aus Land- und Forstwirtschaft, Gewerbebetrieb, selbständiger Arbeit sowie Vermietung und Verpachtung unbeweglichen Vermögens auf sie aufzuteilen seien, ist darüber gem. §§ 179, 180 AO im Verfahren der gesonderten und einheitlichen Feststellung der Einkünfte zu entscheiden (H 26a „Gütergemeinschaft" EStH).   2375

(Einstweilen frei)   2376–2380

12.6   Kontrollfragen

11. Wie sind Einkünfte aus Vermietung und Verpachtung auf die Ehegatten auf-   2367   ☐
zuteilen, wenn das vermietete oder verpachtete Vermögen zum Gesamtgut
der Ehegatten gehört?

KAPITEL 13: STEUERTARIF

Kapitel 13:
Steuertarif

LITERATURHINWEIS:

Friebel/Rick/Schoor/Siegle, Fallsammlung Einkommensteuer, 19. Aufl., Kapitel 12

13.1 Allgemeines

13.1.1 Solidaritätszuschlag

13.1.1.1 Wesen und Geltungsdauer

2381 Der Solidaritätszuschlag, der bereits in der Zeit vom 1. 7. 1991 − 30. 6. 1992 erhoben wurde, wurde ab 1. 1. 1995 wieder eingeführt.

Er ist eine Ergänzungsabgabe und als solche eine selbständige, gesondert von der Einkommen- und Körperschaftsteuer zu erhebende Steuer. Nur aus technischen Gründen knüpft er an die Einkommen- bzw. Körperschaftsteuer an. Damit ist er in der Systematik der Kirchensteuer vergleichbar, die ebenfalls an die Einkommensteuer anknüpft, sich also durch den Solidaritätszuschlag nicht erhöht.

Nach § 2 SolZG umfasst der Kreis der Abgabepflichtigen alle unbeschränkt und beschränkt Einkommen- und Körperschaftsteuerpflichtigen.

In der Folge sollen nur die Auswirkungen auf die Einkommensteuerpflichtigen dargestellt werden.

13.1.1.2 Bemessungsgrundlage

2382 Nach § 3 SolZG bemisst sich der Solidaritätszuschlag,

a) soweit eine ESt-Veranlagung vorzunehmen ist, nach der Einkommensteuer, die − abweichend von § 2 Abs. 6 EStG − unter Berücksichtigung der Freibeträge des § 32 Abs. 6 EStG in allen Fällen des § 32 EStG festzusetzen wäre;

b) soweit Vorauszahlungen zur ESt zu leisten sind, nach den Vorauszahlungen auf die Steuer für Veranlagungszeiträume ab 2002;

c) soweit Lohnsteuer zu erheben oder ein Lohnsteuerjahresausgleich durchzuführen ist, nach der sich nach § 3 Abs. 2a SolZG ergebenden Lohnsteuer;

d) soweit ein Steuerabzug vom Kapitalertrag vorzunehmen ist, nach der ab 1. 1. 1998 zu erhebenden Kapitalertragsteuer oder dem ab diesem Zeitpunkt zu erhebenden Zinsabschlag;

e) soweit ein Steuerabzug von Einkünften bei beschränkt Steuerpflichtigen nach § 50a EStG vorzunehmen ist, nach dem ab 1. 1. 1998 zu erhebenden Steuerabzugsbetrag.

13.1.1.3 Tarif

Die Höhe des Solidaritätszuschlags betrug von 1995 – 1997 7,5 %, seit 1998 beträgt er 2383
5,5 % der Bemessungsgrundlage (§ 4 SolZG).

Die Bemessungsgrundlage muss bei Anwendung der Splittingtabelle mindestens
1944 € und bei Anwendung der Grundtabelle mindestens 972 € betragen (§ 3 Abs. 3
SolZG). Nach diesem Tarif wird der Solidaritätszuschlag bei der ESt-Veranlagung und
beim Lohnsteuerjahresausgleich erhoben.

13.1.2 Grundsätze zum Steuertarif

Das EStG unterscheidet die Bestimmungen über die tariflichen Freibeträge und über 2384
die Höhe der Steuersätze. Die vom Einkommen abzuziehenden tariflichen Freibeträge
(z. B. Haushaltsfreibetrag) sind an anderer Stelle dargestellt. Im Folgenden werden nur
die Vorschriften über die Steuersätze erörtert.

Die für die jeweiligen Stufen des zu versteuernden Einkommens zu zahlende ESt ergibt
sich grundsätzlich aus den Tarifformeln in § 32a Abs. 1 EStG. Die früheren amtlich veröffentlichten Tabellen gibt es seit 2001 nicht mehr. Übergangsweise wurden aber noch
für 2 Jahre Tabellen ohne amtlichen Charakter veröffentlicht.

Durch die Gewährung eines persönlichen Grundfreibetrages i. H. von 8 652 €/17 304 €
(Grund-/Splittingtarif 2016), bis zu dem keine ESt erhoben wird, und durch die progressive Gestaltung soll der ESt-Tarif der wirtschaftlichen Leistungsfähigkeit des Steuerpflichtigen weitgehend Rechnung tragen.

Das Bundesverfassungsgericht hat durch Beschluss (v. 25. 9. 1992 2 BvL 5/91, BStBl 2385
1993 II 413) gefordert, dass bei der Einkommensbesteuerung dem Steuerpflichtigen
die Erwerbsbezüge belassen werden, die er zur Deckung seines existenznotwendigen
Bedarfs benötigt.

Durch die Steuerreformen werden daher die Grundfreibeträge laufend weiter erhöht,
der Eingangssteuersatz abgesenkt und der Tarifverlauf geändert. Allen Beispielen wurde der Tarif des Jahres 2016 zugrunde gelegt.

Der Tarif 2016 ist – abgesehen vom Grundfreibetrag – mehrfach unterteilt, und zwar

▶ schließt sich an den Grundfreibetrag ein progressiver Tarif an, der nach einem Eingangssteuersatz von 14 % in zwei linear steigenden Stufen verläuft;

▶ ab einem zu versteuernden Einkommen i. H. von 53 666 €/107 332 € verläuft der
Tarif proportional zum Einkommen mit einem Spitzensteuersatz von 42 %;

▶ 2008 wurde der Spitzensteuersatz ab einem zu versteuernden Einkommen von
254 447/508 894 € um 3 Prozentpunkte auf 45 % angehoben.

Bei Anwendung des **Splittingtarifs** sind neben der Tarifformel nach § 32a Abs. 1 Nr. 4 2386
EStG die nach § 32a Abs. 5 EStG erforderlichen Rechenschritte zu berücksichtigen.

> **BEISPIEL:** A und B werden zusammen veranlagt. Das zu versteuernde Einkommen beträgt 500 000 €. Tarifbegünstigte Einkünfte sind von den Ehegatten nicht erzielt worden. Die ESt-Schuld beträgt 193 522 €. Sie errechnet sich wie folgt:
>
> Das zu versteuernde Einkommen i. H. von 500 000 € ist zu halbieren (§ 32a Abs. 5 EStG). Die ESt ist aus der Grundtabelle abzulesen und zu verdoppeln.
>
> | | |
> |---|---:|
> | 42 % von 250 000 € (§ 32a Abs. 1 Nr. 4 EStG) | 105 000 € |
> | davon abzuziehen (§ 32a Abs. 1 Nr. 4 EStG) | ./. 8 394 € |
> | | 96 606 € |
> | verdoppelter Betrag (§ 32a Abs. 5 EStG) = ESt-Schuld | 193 212 € |

2387 Nicht in allen Fällen ist die ESt nach diesen Grundsätzen zu ermitteln. Hat z. B. der Steuerpflichtige außerordentliche Einkünfte i. S. des § 34 EStG oder des § 34b EStG bezogen, ermäßigen sich für diese Einkünfte die nach der ESt-Tabelle maßgebenden Steuersätze entsprechend den in diesen Vorschriften genannten Regeln.

Weitere Steuerermäßigungen kommen durch Anrechnung oder Abzug ausländischer Steuern (§ 34c EStG), bei Einkünften aus Land- und Forstwirtschaft (§ 34e EStG), für Steuerpflichtige mit Kindern bei Inanspruchnahme erhöhter Absetzungen nach § 10e und § 7b EStG (§ 34f EStG) für Beiträge zu staatspolitischen Zwecken (§ 34g EStG), für Steuerpflichtige mit Einkünften aus Gewerbebetrieb (§ 35 EStG) sowie bei Aufwendungen für haushaltsnahe Beschäftigungsverhältnisse und für die Inanspruchnahme haushaltsnaher Dienstleistungen (§ 35a EStG) in Betracht.

13.2 Progressionsvorbehalt

13.2.1 Allgemeines

2388 Zwar sind das Arbeitslosengeld, das Kurzarbeitergeld, das Schlechtwettergeld und die Arbeitslosenhilfe sowie die anderen in § 32b Abs. 1 Nr. 1 Buchst. a bis j EStG genannten Zahlungen nach § 3 EStG sowie bestimmte ausländische Einkünfte u. U. nach einem DBA steuerbefreit, doch ist nach § 32b EStG der Steuersatz für die übrigen Einkünfte, die in das zu versteuernde Einkommen eingehen, unter Einschluss dieser – ansonsten steuerbefreiten – Einkünfte zu ermitteln.

Durch die Einbeziehung dieser Einkünfte nur für Zwecke der Ermittlung des Steuersatzes kann dieser (progressiv) höher oder – im Falle negativer ausländischer Einkünfte – auch niedriger werden; deshalb spricht man vom Progressionsvorbehalt.

13.2.2 Arbeitslosengeld, Kurzarbeitergeld, Schlechtwettergeld, Krankengeld und ähnliche Sozialleistungen

2389 Nach § 32b Abs. 2 Nr. 1 EStG ist (nur für die Ermittlung des Steuersatzes) von der Summe der bezogenen Leistungen auszugehen. Davon wird der Arbeitnehmerpauschbetrag (§ 9a Nr. 1 EStG) abgezogen, soweit er nicht bei der Ermittlung von Einkünften aus nichtselbständiger Arbeit, die daneben erzielt werden, abgezogen werden kann.

Die Höhe der zu berücksichtigenden – fiktiven – Bruttobeträge ergibt sich aus den gem. § 32b Abs. 3 EStG von den Trägern der Sozialversicherungsleistungen erteilten Bescheinigungen.

Diese Lohnersatzleistungen sind für Zwecke des Progressionsvorbehalts in dem Veranlagungszeitraum zu berücksichtigen, in dem sie bezogen – demnach nach § 11 Abs. 1 EStG dem Steuerpflichtigen zugeflossen – sind. Zur Wahrnehmung des Progressionsvorbehalts ist in den Fällen, in denen ein Lohnsteuerjahresausgleich nach §§ 42 u. 42a EStG nicht durchzuführen ist, gem. § 46 Abs. 2 Nr. 1 EStG eine ESt-Veranlagung vorzunehmen, wenn die dem Progressionsvorbehalt unterliegenden Einkünfte 410 € übersteigen.

13.2.3 Ausländische Einkünfte

Besteht während eines Kalenderjahres sowohl unbeschränkte als auch beschränkte Steuerpflicht, so sind nach § 2 Abs. 7 Satz 3 EStG die während der beschränkten Steuerpflicht erzielten inländischen Einkünfte den während der unbeschränkten Steuerpflicht erzielten Einkünften hinzuzurechnen. 2390

Für die Berechnung des Steuersatzes sind weiter die während der beschränkten Steuerpflicht erzielten ausländischen Einkünfte, die der deutschen Steuerpflicht nicht unterlegen haben, nach § 32b Abs. 1 Nr. 2 EStG den übrigen Einkünften hinzuzurechnen.

Der Steuersatz wird somit nach den gesamten, im Kalenderjahr auf der Welt erzielten Einkünften bemessen.

13.2.4 Aufgrund von DBA steuerbefreite ausländische Einkünfte

Sind Einkünfte der unbeschränkt Steuerpflichtigen aufgrund von DBA steuerfrei, ist in diesen – mit Ausnahme des Abkommens mit Italien – ein **Progressionsvorbehalt** vereinbart. Da der in einem DBA enthaltene Progressionsvorbehalt Bestandteil eines völkerrechtlichen Vertrages ist, wird er durch Zustimmungsgesetz nach Art. 59 Abs. 2 Satz 1 GG innerstaatliches Recht. Es würde demnach keiner ausdrücklichen Vorschrift im EStG bedürfen; gleichwohl ist – u. a. aus Gründen der Rechtssicherheit – in § 32b Abs. 1 Nr. 3 EStG der Progressionsvorbehalt nochmals zusätzlich geregelt. Durch diese Vorschrift kann jedoch nicht ein in einem DBA nicht vereinbarter Progressionsvorbehalt ersetzt werden. Deshalb können Einkünfte aus Italien, die nach dem DBA mit Italien, das keinen Progressionsvorbehalt vorsieht, steuerbefreit sind, nicht in den Progressionsvorbehalt einbezogen werden (BFH 8.9.1982 I B 9/82, BStBl 1983 II 71). Der Progressionsvorbehalt bedeutet, dass die ESt der unbeschränkt Steuerpflichtigen für das zu versteuernde Einkommen, das um die steuerfreien Einkünfte gemindert ist, nach dem Satz bemessen werden kann, der sich ergibt, wenn die steuerfreien Einkünfte bei der Festsetzung der ESt einbezogen bleiben. 2391

BEISPIEL: ▶ Der unbeschränkt steuerpflichtige ledige C hat neben seinen im Inland erzielten Einkünften weitere Einkünfte aus den Niederlanden erzielt, die nach dem deutsch-niederländischen DBA zwar steuerfrei sind, hier jedoch für die Bemessung des Steuersatzes berücksichtigt werden können.

Es ergibt sich folgende Ermittlung der ESt (2016):

zu versteuerndes Einkommen	15 000 €
steuerfreie, nur für die Bemessung des Steuersatzes einzubeziehende Einkünfte aus den Niederlanden	20 000 €
	35 000 €
Steuer lt. Grundtabelle	7 091 €

Berechnung des Steuersatzes $\dfrac{7\,091 \times 100}{35\,000} = 20{,}26\,\%$

zu versteuerndes Einkommen,	15 000 €
darauf ist der oben ermittelte Steuersatz anzuwenden 20,26 % von 15 000 € z.v. E =	3 039 €
Ohne Anwendung des Progressionsvorbehalts würde die ESt betragen (Steuer auf 15 000 € lt. Grundtabelle)	1 275 €

2392 Durch den Progressionsvorbehalt soll sichergestellt werden, dass die Besteuerung nach Maßgabe der Leistungsfähigkeit, die u. a. durch die progressive Gestaltung des Steuertarifs bewirkt wird, durch den Abschluss eines DBA unberührt bleibt. Die gesamte Steuerkraft des Steuerpflichtigen soll erfasst werden (BFH 6. 10. 1982 I R 121/79, BStBl 1983 II 34). Dabei ist zu beachten, dass sich bei Ehegatten, die zusammenveranlagt werden, die Steuerkraft nach dem Gesamteinkommen beider Eheleute bemisst. Dies bedeutet, dass im Falle der Zusammenveranlagung nach § 26b EStG das Einkommen auch mit dem sich aufgrund des Progressionsvorbehalts ergebenden Steuersatz zu besteuern ist, wenn der eine Ehegatte ausschließlich ausländische Einkünfte bezieht, die in der BRD nach dem DBA steuerbefreit sind (BFH 6. 10. 1982, a. a. O.).

2393 Da die wirtschaftliche Leistungsfähigkeit durch negative Einkünfte vermindert wird, sind im Rahmen des Progressionsvorbehalts nicht nur nach einem DBA steuerbefreite positive, sondern auch **negative ausländische Einkünfte** zu berücksichtigen. Dieser sog. negative Progressionsvorbehalt kann zu einem Steuersatz von 0 % und somit zu einer völligen Steuerfreiheit des im Inland zu versteuernden Einkommens führen (BFH 25. 5. 1970 I R 109/68, BStBl 1970 II 660).

BEISPIEL: ▶ Das zu versteuernde Einkommen des ledigen D beträgt 20 000 €. Bei dessen Ermittlung nicht berücksichtigt wurde der Verlust aus einer in Österreich gelegenen gewerblichen Betriebsstätte i. H. von 18 000 €, der nach dem deutsch-österreichischen DBA in der BRD steuerfrei zu lassen ist (vgl. § 2a Abs. 1 Nr. 2 i.V. m. § 2a Abs. 2 Satz 1); jedoch ist er im Rahmen des Progressionsvorbehalts zu berücksichtigen. Der Steuersatz errechnet sich demnach wie folgt:

zu versteuerndes Einkommen	20 000 €
lediglich für die Bemessung des Steuersatzes zu berücksichtigende ausländische Einkünfte	./. 18 000 €
	2 000 €
Steuersatz	0 %

Die Steuerschuld beträgt 0 €; dies ergibt sich aus der Anwendung des Steuersatzes von 0 % auf das zu versteuernde Einkommen i. H. von 20 000 €.

Ohne Progressionsvorbehalt würde die ESt (2016) betragen:	2 560 €

Erzielt ein unbeschränkt Steuerpflichtiger **negative Einkünfte** aus einem Staat, mit 2394
dem ein DBA besteht, und lässt dieses DBA positive Einkünfte aus diesem Staat in der
BRD steuerfrei, so sind für die Bemessung des Steuersatzes diese negativen Einkünfte
nicht nur in dem Jahr, in dem sie bezogen werden, zu berücksichtigen, sondern unter
den gegebenen Voraussetzungen im Rahmen des § 10d EStG auch in den beiden vorangegangenen Veranlagungszeiträumen (Verlustrücktrag) bzw. in den folgenden Veranlagungszeiträumen (Verlustvortrag).

Zur Berücksichtigung eines Verlustrücktrags nach § 10d EStG kann ein bestandskräftiger Einkommensteuerbescheid geändert werden. § 10d Satz 2 u. 3 EStG ist hierfür sinngemäß anzuwenden.

Nimmt ein Steuerpflichtiger die Vergünstigung nach **§ 2 AIG** (BStBl 1969 I 477, 480) in 2395
Anspruch, so erübrigt sich im Jahr der Inanspruchnahme die Anwendung des Progressionsvorbehalts, weil sich der ausländische Verlust bereits bei der Ermittlung des zu versteuernden Einkommens ausgewirkt hat.

Handelt es sich bei den nach dem DBA „steuerbefreiten" ausländischen Verlusten um
schädliche negative ausländische Einkünfte i. S. des § 2a Abs. 1 EStG (vgl. Rdn. 160), so
sind sie auch nicht im Rahmen des negativen Progressionsvorbehalts berücksichtigungsfähig. Aufgrund des Progressionsvorbehalts ist nämlich der Steuersatz anzuwenden, der sich ergibt, wenn der Steuerpflichtige mit dem gesamten in- und ausländischen Einkommen der inländischen Besteuerung unterläge (BFH 6. 10. 1982, a. a. O.).

Unter Außerachtlassung des DBA könnten negative ausländische Einkünfte i. S. des § 2a
Abs. 1 EStG grundsätzlich nicht mit anderen, insbesondere inländischen positiven Einkünften für die Ermittlung der Summe der Einkünfte ausgeglichen werden, so dass sich
folglich auch keine Minderung des für den Steuersatz maßgeblichen Einkommens ergeben würde.

BEISPIEL: ▶ A hat aus Österreich negative Einkünfte aus der Vermietung von Grundbesitz bezogen; weitere Einkünfte aus Österreich hat A nicht erzielt. Nach dem DBA mit Österreich können Einkünfte aus Grundbesitz nur im Belegenheitsstaat (hier Österreich) besteuert werden;
sie sind im Wohnsitzstaat (hier BRD) steuerfrei, können jedoch im Wohnsitzstaat im Wege des
Progressionsvorbehalts berücksichtigt werden. Es handelt sich hier um schädliche negative
ausländische Einkünfte i. S. des § 2a Abs. 1 Nr. 6a EStG, so dass der negative Progressionsvorbehalt nicht eingreift.

Sind negative ausländische Einkünfte aufgrund des § 2a EStG vom negativen Progressionsvorbehalt ausgenommen worden, so sind positive Einkünfte derselben Art, die in
den folgenden sieben Veranlagungszeiträumen aus demselben Staat erzielt werden, in
entsprechender Anwendung des § 2a Abs. 1 Satz 2 EStG zunächst um die – im Entstehungsjahr nicht berücksichtigten – Verluste zu kürzen, bevor es zur Anwendung des
positiven Progressionsvorbehalts kommt.

Bei der Ermittlung der dem **Progressionsvorbehalt** unterliegenden ausländischen Ein- 2396
künfte sind die Vorschriften des deutschen Steuerrechts und nicht diejenigen des Staates, in dem sie erzielt worden sind, zu beachten (BFH 11. 7. 1979, HFR 1979, 425). So ist
z. B. bei der Ermittlung der dem Progressionsvorbehalt unterliegenden ausländischen
Einkünfte aus nichtselbständiger Arbeit der Arbeitnehmerpauschbetrag abzuziehen
(BFH 6. 10. 1982, a. a. O., zu den früheren entsprechenden Beträgen).

2397 Die Vorschriften der DBA, die den Progressionsvorbehalt vorsehen, machen keinen Unterschied, ob es sich bei den lediglich für die Bemessung des Steuersatzes zu berücksichtigenden Einkünften um – wären sie in der BRD nicht steuerbefreit – nach der Tabelle zu besteuernde oder aber um **außerordentliche Einkünfte** handelt. Eine solche Unterscheidung ist aber in § 32b EStG getroffen worden; sofern es sich bei den nach DBA steuerbefreiten ausländischen Einkünften um außerordentliche Einkünfte handelt, sind diese für den Progressionsvorbehalt zu einem Fünftel mit zu berücksichtigen.

BEISPIEL: M und F werden zusammen veranlagt. Das zu versteuernde Einkommen beträgt 59 000 €. Darüber hinaus hat M nach DBA steuerbefreite ausländische Einkünfte i. H. von 20 000 € erzielt, von denen 5 000 € außerordentliche Einkünfte sind.

Die ESt ermittelt sich wie folgt:

zu versteuerndes Einkommen	59 000 €
lediglich für die Bemessung des Steuersatzes einzubeziehende ausländische Einkünfte (20 000 €) gem. § 32b EStG, unter Einbeziehung eines Fünftels der außerordentlichen Einkünfte (1/5 × 5 000 = 1 000 €)	16 000 €
	75 000 €
Steuer lt. Splittingtabelle	15 888 €

Berechnung des Steuersatzes: $\frac{15\,888 \times 100}{75\,000} = 21{,}18\,\%$

nach der Tabelle zu versteuerndes Einkommen	59 000 €
darauf ist der oben ermittelte Steuersatz anzuwenden:	
21,18 % von 59 000 € ESt =	12 496 €
Ohne Anwendung des Progressionsvorbehalts würde die ESt betragen (ESt auf 59 000 € lt. Splittingtabelle)	10 624 €

13.3 Grund- und Splittingtarif

13.3.1 Bedeutung und Anwendungsbereich des Grund- und Splittingtarifs

2398 Unter dem **Grundtarif** versteht man die ESt, die sich unmittelbar aus der Berechnung nach § 32a Abs. 1–3 EStG ergibt.

2399 Der **Splittingtarif** ist bei Ehegatten, die nach den §§ 26 u. 26b EStG zusammen veranlagt werden, anzuwenden (§ 32a Abs. 5 EStG). Bis zu einer gesetzlichen Neuregelung ist nach dem Urteil des BVerfG vom 7. 5. 2013 - 2 BvR 909/06, 2 BvR 1981/06 und 2 BvR 288/07 (BGBl. 2013 I S. 1647) der Splittingtarif auch auf eingetragene Lebenspartnerschaften anzuwenden.

Grundsätzlich ermittelt sich die ESt beim Splittingverfahren in der Weise, dass der sich für die Hälfte des zu versteuernden Einkommens nach § 32a Abs. 1–3 EStG ermittelnde Steuerbetrag verdoppelt wird.

BEISPIEL: Das zu versteuernde Einkommen der zusammen zu veranlagenden Ehegatten AA und BA beträgt 60 000 €.

Dieser Betrag ist zu halbieren (§ 32a Abs. 5 EStG):	30 000 €
ESt nach dem Grundtarif (§ 32a Abs. 4 EStG):	5 468 €
Verdopplung ergibt die ESt nach dem Splittingtarif (§ 32a Abs. 5 EStG)	10 936 €

Das **Splittingverfahren** ist nicht nur bei Ehegatten, die nach den §§ 26 u. 26b EStG zu-   2400
sammen veranlagt werden, anzuwenden, sondern unter den in § 32a Abs. 6 EStG näher
bezeichneten Voraussetzungen auch bei Verwitweten, Geschiedenen oder anderen Personen, deren Ehe aufgelöst ist.

Der Grund für die Splittingversteuerung bei Verheirateten ist darin zu erblicken, dass
durch das Zusammenrechnen der beiden zu versteuernden Einkommen der Ehegatten,
verbunden mit der progressiven Gestaltung des Steuertarifs, eine nicht gerechtfertigte
steuerliche Mehrbelastung eintreten würde. Steuerlich sollen Ehegatten so gestellt
werden, als hätte jeder das gemeinsame zu versteuernde Einkommen zur Hälfte bezogen. Der BFH hat in verschiedenen Urteilen bestätigt, dass es nicht gegen die Art. 2, 3
und 6 GG verstößt, dass der Gesetzgeber in § 26 Abs. 1 EStG das Recht, die Zusammenveranlagung zu wählen und dadurch die Vorteile des Splittingverfahrens zu erlangen,
nur den nicht dauernd getrennt lebenden Ehegatten eingeräumt hat (BFH 23. 7. 1965,
BStBl III 616; BFH 17. 7. 1970 VI 337/64, BStBl 1970 II 739; vgl. auch die unter Rdn. 2119
zitierte Entscheidung des BVerfG).

Zur Vermeidung von Härten ist das Splittingverfahren unter bestimmten Voraussetzungen auch auf die in § 32a Abs. 6 EStG genannten Personen, jedoch nur für den dort
genannten Zeitraum und unter den dort genannten Voraussetzungen ausgedehnt worden. Es soll dadurch erreicht werden, dass alsbald nach der Auflösung der Ehe durch
Tod, Scheidung oder Aufhebung keine steuerliche Verschlechterung eintritt.

13.3.2 Voraussetzungen des Splittingverfahrens nach Auflösung der Ehe

Verwitwete Personen erhalten den Splittingtarif, wenn die Erfordernisse des § 32a   2401
Abs. 6 Nr. 1 EStG gegeben sind. Danach ist Verwitweten, die im Zeitpunkt des Todes des
verstorbenen Ehegatten mit diesem die Voraussetzungen des § 26 Abs. 1 Satz 1 EStG
erfüllt haben, auch in dem dem Todesjahr des Ehegatten folgenden Veranlagungszeitraum der Splittingtarif zu gewähren.

BEISPIEL: Die Ehegatten A und B haben bis zum Tod der B am 2. 2. 01 nicht dauernd getrennt
gelebt. A hat nicht wieder geheiratet.

Im Todesjahr 01 erfolgt auf Antrag eine Zusammenveranlagung, in deren Rahmen der Splittingtarif angewandt wird (§§ 26, 26b, 32a Abs. 5 EStG).

Im folgenden Kj 02 ist A einzeln zu veranlagen. Ihm wird jedoch nach § 32a Abs. 6 EStG der
Splittingtarif gewährt.

Ab dem Kj 03 ist die ESt des A im Rahmen der jeweiligen ESt-Veranlagungen nach dem Grundtarif zu ermitteln.

Verwitweter i. S. des § 32a Abs. 6 Nr. 1 EStG ist derjenige, bei dem und dessen verstorbe-
nem Ehegatten im Zeitpunkt dessen Todes die Voraussetzungen des § 26 Abs. 1 Satz 1
EStG vorgelegen haben. Im Fall der Wiederverheiratung gilt er jedoch nur dann als verwitwet, wenn für die neue Ehe die Voraussetzungen des § 26 Abs. 1 Satz 1 EStG nicht
vorliegen.

> **BEISPIEL:** ► C und D erfüllten zum Zeitpunkt des Todes der D am 3.4.05 die Voraussetzungen des § 26 Abs. 1 Satz 1 EStG.
>
> Am 6.5.06 heiratet C die E, mit der er fortan die Voraussetzungen des § 26 Abs. 1 Satz 1 EStG erfüllt. Für den VZ 06 hat E die Einzelveranlagung beantragt.
>
> C kann im Rahmen der Einzelveranlagung der Splittingtarif nach § 32a Abs. 6 Nr. 1 EStG nicht gewährt werden, denn er hat seinen Stand als Verwitweter durch die Eheschließung mit E verloren (BFH 19. 8. 1966, BStBl 1967 III 21).

Wird die neue Ehe in dem Veranlagungszeitraum, in dem der andere Ehegatte verstorben ist, aufgehoben oder geschieden, so gilt der vor der neuen Eheschließung als verwitwet zu betrachtende Steuerpflichtige nach Auflösung der neuen Ehe wieder als verwitwet (BFH 9. 6. 1965 VI 78/62 U, BStBl 1965 III 590).

> **BEISPIEL:** ► Die Ehegattin des F, mit der dieser seit der Heirat stets die Voraussetzungen des § 26 Abs. 1 Satz 1 EStG erfüllte, ist am 2. 1. 07 verstorben. Am 4. 4. 07 heiratet F die G, von der er jedoch am 22. 12. 07 wieder geschieden wird. Während der Ehe erfüllten F und G die Voraussetzungen des § 26 Abs. 1 Satz 1 EStG. F hat nach der Scheidung nicht wieder geheiratet.
>
> Im Kj 07 werden F und G auf Antrag zusammen veranlagt mit der Folge, dass der Splittingtarif nach § 32a Abs. 5 EStG anzuwenden ist.
>
> Im Kj 08 wird F zwar einzeln veranlagt, doch gilt er inzwischen nach der Scheidung von G wieder als verwitwet, so dass nach § 32a Abs. 6 Nr. 1 EStG der Splittingtarif gewährt werden kann.

2402 Im Fall der **Verschollenheit** des Ehegatten gilt ein Steuerpflichtiger erst mit Ablauf des Tages als **verwitwet,** an dem der Todeserklärungsbeschluss rechtskräftig geworden ist (BFH 24. 8. 1956 I 9/55 U, BStBl 1956 III 310). Das Jahr der Rechtskraft des Todeserklärungsbeschlusses gilt demnach steuerlich als das Todesjahr des Verschollenen, so dass der überlebende Ehegatte im darauf folgenden Kalenderjahr den Splittingtarif erhält, soweit die bereits genannten Voraussetzungen gegeben sind.

2403 Der Splittingtarif ist gem. § 32a Abs. 6 Nr. 2 EStG ferner bei denjenigen Steuerpflichtigen anzuwenden, deren Ehe im Veranlagungszeitraum durch **Tod, Scheidung oder Aufhebung** aufgelöst worden ist und der bisherige Ehegatte in demselben Veranlagungszeitraum wieder geheiratet hat. Voraussetzungen sind jedoch, dass sowohl die Ehegatten der aufgelösten Ehe als auch der wieder heiratende Ehegatte und dessen neuer Ehegatte in der jeweiligen Ehe die Voraussetzungen des § 26 Abs. 1 Satz 1 EStG erfüllen.

> **BEISPIEL:** ► Die Eheleute K haben bis zum Tode des Ehemannes am 4. 6. 01 die Voraussetzungen des § 26 Abs. 1 Satz 1 EStG erfüllt. Die Ehefrau heiratet am 10. 12. 01 den unbeschränkt steuerpflichtigen L, mit dem sie vom Hochzeitstag an zusammenlebt.
>
> Da die Ehefrau im VZ, in dem die Ehe durch den Tod des Ehemannes aufgelöst worden ist, wieder geheiratet hat, bleibt im Rahmen der Besteuerung mit dem neuen Ehegatten die aufgelöste Ehe für diesen Zeitraum unberücksichtigt (§ 26 Abs. 1 Satz 2 EStG). Der verstorbene Ehemann ist deshalb einzeln zu veranlagen. Jedoch ist im Rahmen dieser Veranlagung gem. § 32a Abs. 6 Nr. 2 EStG der Splittingtarif anzuwenden.

Der Splittingtarif, im Hinblick auf die aufgelöste Ehe, ist nach § 32a Abs. 6 Nr. 2 EStG letzter Satz jedoch dann nicht anzuwenden, wenn **beide** bisherigen Ehegatten im Veranlagungszeitraum der Auflösung der bisherigen Ehe wieder andere Personen geheiratet haben.

BEISPIEL: ▶ Die unbeschränkt steuerpflichtigen Eheleute AS und BS sind am 3.1.02 geschieden worden. Erst am Tage der Scheidung hat die bisherige Ehefrau die bis dahin gemeinsam genutzte Wohnung verlassen und ist zu N gezogen, den sie dann am 21.7.02 heiratet.

Der ehemalige Ehemann heiratet am 26.10.02 die B.

Die jeweiligen Ehegatten der neu begründeten Ehen erfüllen die Voraussetzungen des § 26 Abs. 1 Satz 1 EStG.

Die Eheleute BS/N werden auf deren Antrag zusammen veranlagt mit der Folge der Anwendung des Splittingtarifs gem. § 32a Abs. 5 EStG.

Die neue Ehefrau des AS, die B, hat die Einzelveranlagung nach § 26a EStG gewählt; in deren Rahmen kann dem AS der Splittingtarif gem. § 32a Abs. 6 Nr. 2 EStG letzter Satz nicht gewährt werden.

In den Fällen, in denen eine Ehe für **nichtig** erklärt worden ist, kann der Splittingtarif unter den weiteren Voraussetzungen des § 32a Abs. 6 Nr. 2 EStG ebenfalls angewandt werden.

13.4 Steuersätze bei außerordentlichen Einkünften

Bei bestimmten Einkünften ist nach § 34 EStG ein geringerer Steuersatz als der nach 2404 der ESt-Tabelle anzuwenden. Dafür sind verschiedene Gründe ausschlaggebend. Insbesondere sollen steuerliche Härten gemildert werden, die sich durch die Steuerprogression bei Einkünften ergeben, die in **einem** Jahr zu versteuern sind, bei denen aber die Vermögensmehrungen in **mehreren** Jahren eingetreten sind oder bei denen aus anderen Gründen eine wirtschaftliche Zugehörigkeit zu mehreren Jahren vorliegt.

13.4.1 Außerordentliche Einkünfte nach § 34 Abs. 2 EStG

13.4.1.1 Allgemeine Grundsätze

Als steuerbegünstigte außerordentliche Einkünfte kommen nach § 34 Abs. 2 EStG in Be- 2405 tracht

▶ Veräußerungsgewinne i. S. der §§ 14, 14a Abs. 1 EStG,

▶ Veräußerungsgewinne gem. §§ 16 u. 18 Abs. 3 EStG mit Ausnahme des steuerpflichtigen Teils der Veräußerungsgewinne, die nach § 3 Nr. 40b i.V. mit § 3c Abs. 2 teilweise steuerbefreit sind,

▶ Entschädigungen i. S. des § 24 Nr. 1 EStG,

▶ die in § 34 Abs. 2 Nr. 3 EStG genannten Nutzungsvergütungen und Zinsen sowie

▶ Vergütungen für mehrjährige Tätigkeiten.

Einkünfte aus der Veräußerung **einzelner** Wirtschaftsgüter, die zum laufenden Gewinn eines Betriebes gehören (dazu gehören z. B. auch die Gewinne, die bei der Einstellung des Betriebes durch allmähliche Veräußerung entstehen, so BFH 7.11.1963, BStBl 1964 III 70 bzw. 20.12.1967, BStBl 1968 II 276), und Einkünfte aus privaten Veräußerungsgeschäften nach § 23 EStG sind nicht nach § 34 Abs. 2 EStG tariflich begünstigt. Das Gleiche gilt für die nachträglichen Einkünfte nach § 24 Nr. 2 EStG. Soweit jedoch zusammen mit der Veräußerung einzelner Wirtschaftsgüter ein Betrieb veräußert, aufgegeben oder unentgeltlich übertragen worden ist (BFH 6.2.1962 I 197/61 S, BStBl

1962 III 190), kann die Anwendung der Tarifvergünstigung auch für den durch die Veräußerung der einzelnen Wirtschaftsgüter entstandenen Gewinn in Frage kommen.

Die Entschädigungen i. S. des § 24 Nr. 1 EStG sind – wie das auch bei den Veräußerungsgewinnen und den Nutzungsvergütungen sowie den Zinsen i. S. des § 34 Abs. 2 Nr. 3 EStG der Fall ist – nur mit den Beträgen nach Abzug der damit zusammenhängenden Betriebsausgaben und Werbungskosten tarifbegünstigt (BFH 9. 4. 1970 IV R 262/69, BStBl 1970 II 421).

2406   Werden Einkünfte einheitlich festgestellt, ist über die Frage, ob und in welchem Umfang es sich bei den einheitlich festzustellenden Einkünften um begünstigte Einkünfte i. S. des § 34 Abs. 2 EStG handelt, im Feststellungsverfahren zu entscheiden. Dies gilt für alle Fälle von Veräußerungs- und Aufgabegewinnen (BFH 10. 9. 1957 I 294/56 U, BStBl 1957 III 414; 26. 10. 1972 I R 229/70, BStBl 1973 II 121; 28. 3. 1974 IV B 58/73, BStBl 1974 II 459) ebenso wie für die Besteuerung von Entschädigungen (BFH 1. 10. 1959, BStBl 1960 III 23). Hat das FA in dem Gewinnfeststellungsbescheid für eine Personengesellschaft die gesamten gewerblichen Einkünfte als „laufenden Gewinn" ausgewiesen, kann über die Frage des Vorliegens eines steuerbegünstigten Gewinns i. S. des § 34 Abs. 2 EStG nicht in einem Ergänzungsbescheid entschieden werden (BFH 26. 11. 1975 I R 44/74, BStBl 1976 II 304).

13.4.1.2   Entschädigungen nach § 24 Nr. 1 EStG

2407   Entschädigungen gem. § 24 Nr. 1 EStG sind grundsätzlich dann außerordentliche Einkünfte nach § 34 Abs. 1 u. 2 EStG, wenn in **einem** Veranlagungszeitraum Beträge zufließen, mit denen entgangene Einkünfte **mehrerer** Jahre abgegolten werden, oder wenn die Entschädigung zwar nur für den Verlust von Einkünften eines Jahres gezahlt wird, der Steuerpflichtige aber im Jahr des Bezugs der Entschädigung noch andere Einkünfte zu versteuern hat, die im Jahr des Verlustes der Einkünfte nicht vorgelegen hätten (BFH 17. 12. 1959 IV 223/58 S, BStBl 1960 III 72). Im letztgenannten Fall ist für die Anwendung des § 34 Abs. 1 u. 2 EStG eine Prüfung der Frage, ob eine Besteuerung im Jahre des Zuflusses der Einkünfte nach der ESt-Tabelle günstiger gewesen wäre als eine Besteuerung im Jahre des Verlustes, nicht erforderlich (BFH 17. 12. 1959, a. a. O.).

> **BEISPIEL 1:** ▶ A ist selbständiger Handelsvertreter, der den Gewinn nach § 4 Abs. 3 EStG ermittelt. Durch einen von B verschuldeten Verkehrsunfall am 2. 1. 04 war A während des ganzen Jahres 04 arbeitsunfähig. Aus der Haftpflichtversicherung des B erhielt A am 15. 12. 04 als Entschädigung für den entgangenen Gewinn des Jahres 04 80 000 €. Andere Einkünfte hatte A im Jahre 04 nicht.
>
> Die Entschädigung i. H. von 80 000 € ist bei der Veranlagung des A für das Jahr 04 nicht nach § 34 Abs. 1 u. 2 EStG begünstigt.

> **BEISPIEL 2:** ▶ Der Sachverhalt ist wie im ersten Beispiel. Die Entschädigung i. H. von 80 000 € ist jedoch erst am 15. 4. 05 gezahlt worden. Da A seit dem 1. 1. 05 wieder arbeitsfähig war, erzielte er durch eigene Tätigkeit im Jahre 05 noch weitere Einkünfte i. H. von 90 000 €.
>
> Bei der ESt-Veranlagung für das Jahr 05 ist die Entschädigung i. H. von 80 000 € nach § 34 Abs. 1 u. 2 EStG zu versteuern.

BEISPIEL 3: ▸ Der Sachverhalt ist der gleiche wie im ersten Beispiel. Allerdings dauert die Arbeitsunfähigkeit des A auch während des ganzen Jahres 05 an. Die Entschädigung für die Jahre 04 und 05 von zusammen 160 000 € ist in mehreren Teilbeträgen im Jahre 05 gezahlt worden.

Bei der ESt-Veranlagung 05 sind die Entschädigungszahlungen von zusammen 160 000 € nach § 34 Abs. 1 u. 2 EStG tariflich begünstigt.

Wenn auch grundsätzlich nur bei Entschädigungen, die **in einem Veranlagungszeit-** 2408 **raum** voll zu versteuern sind, die Tarifvergünstigung des § 34 Abs. 1 u. 2 EStG zu gewähren ist, so ist jedoch nach der Rechtsprechung des BFH (1. 2. 1957 VI 87/55 U, BStBl 1957 III 104; 17. 12. 1959, a. a. O.; 4. 4. 1968 IV 210/61, BStBl 1968 II 411) bei Entschädigungszahlungen, die sich auf höchstens zwei Kalenderjahre verteilen, unter besonderen Umständen eine andere steuerliche Beurteilung geboten. Eine solche Ausnahme ist gerechtfertigt, wenn Billigkeitsgründe für die Anwendung der Steuervergünstigung sprechen. Diese Auslegung ergibt sich aus dem Sinn des Gesetzes, da die Bestimmung des § 34 Abs. 1 u. 2 EStG in erster Linie Billigkeitscharakter hat. Dabei ist es jedoch stets Voraussetzung, dass die Entschädigung als einmalig beabsichtigt gewesen ist (vgl. H 34.3 „Entschädigung in zwei Kalenderjahren" EStH). Demzufolge hat der BFH entschieden (Urteil vom 8. 4. 2014 IX R 28/13, BFH NV 2014 S. 1514), dass die Ermäßigung in Betracht kommt, wenn bei einer Abfindung zunächst nur eine geringfügige Teilleistung erfolgt und die ganz überwiegende Hauptleistung in einem weiteren Betrag ausgezahlt wird. Der BFH hält dabei im Urteil eine Teilleistung von mehr als 10 % für nicht geringfügig, das BMF geht von einer unschädlichen Teilleistung aus, wenn sie 5 % der Hauptleistung nicht übersteigt (BMF v. 1. 11. 2013, BStBl 2013 I S. 1326). Nach H 34.3 EStH (außerordentliche Einkünfte) rechnen die Entschädigungen gem. § 24 Nr. 1 Buchst. c EStG (Ausgleichszahlungen an Handelsvertreter nach § 89 HGB) stets zu den nach § 34 Abs. 1 u. 2 EStG begünstigten Einkünften, ohne dass die bereits geschilderte Voraussetzung der Außerordentlichkeit dieser Einkünfte noch besonders zu prüfen ist.

Im Gegensatz dazu führen sog. „Vorabentschädigungen" an Handelsvertreter, die als 2409 Teilzahlungen auf künftige Wettbewerbsentschädigungen (§ 90a HGB) oder auf den Ausgleichsanspruch (§ 89 HGB) gezahlt werden, nicht zu einer Zusammenballung von Einkünften und damit zu keiner Vergünstigung (BFH 20. 7. 1988 I R 250/83, BStBl 1988 II 936).

Die Gewährung der Tarifvergünstigung des § 34 Abs. 1 u. 2 EStG ist nicht davon abhängig, zu welcher Einkunftsart die Entschädigung i. S. des § 24 Nr. 1 EStG gehört (BFH 17. 12. 1959, a. a. O.; BFH 10. 5. 1961 IV 275/59 U, BStBl 1961 III 532; R 34.3 Abs. 1 EStR).

13.4.1.3 Veräußerungsgewinne

Auch bei Veräußerungsgewinnen nach den §§ 14, 14a Abs. 1, 16 u. 18 Abs. 3 EStG 2410 kommt die Tarifvergünstigung des § 34 Abs. 1 u. 2 EStG nur in Betracht, wenn sie außerordentliche Einkünfte sind (so ausdrücklich BFH 17. 12. 1959, a. a. O.). Deshalb sind Veräußerungen gegen laufende Bezüge (z. B. betriebliche Veräußerungsrenten auf Lebenszeit oder auf Zeit) nicht nach § 34 Abs. 1 u. 2 EStG zu versteuern. Anders ist es jedoch, wenn der Veräußerungspreis gestundet und in Raten zu zahlen ist (Kaufpreisraten). Da der Veräußerungsgewinn in diesem Fall im Jahr der Veräußerung voll versteuert wird, liegen insoweit grundsätzlich stets außerordentliche einmalige Einkünfte i. S. des § 34 Abs. 1 u. 2 EStG vor. Wird ein Betrieb gegen einen festen Kaufpreis und eine Leibrente veräußert, so wird für den durch den festen Kaufpreis realisierten Veräußerungsgewinn die Tarifvergünstigung des § 34 Abs. 1 EStG gewährt (BFH 28. 9. 1967, BStBl 1968 II 76). Die Rentenzahlungen dagegen, auch soweit sie im Jahr der Veräußerung zufließen, sind laufende nachträgliche Einnahmen i. S. des § 24 Nr. 2 EStG, die nicht nach § 34 Abs. 1 u. 2 EStG begünstigt sind.

Der BFH hat ferner anerkannt, dass bei Nachzahlungen auf den Veräußerungspreis in einem auf das Veräußerungsjahr folgenden Kalenderjahr die im Zuflussjahr zu versteuernden Gewinne nach § 34 Abs. 1 u. 2 EStG tarifbegünstigt sind.

Hat der Steuerpflichtige auf die Veräußerungsgewinne ganz oder teilweise die Vorschriften der §§ 6b oder 6c EStG angewendet, wird die Steuervergünstigung des § 34 Abs. 1 Satz 1 EStG nicht gewährt (§ 34 Abs. 1 Satz 4 EStG).

2411 Wesentliche Voraussetzung für die Tarifbegünstigung der Veräußerungsgewinne ist, dass sämtliche stillen Reserven **in einem einheitlichen** Vorgang aufgedeckt werden (R 34.1 Abs. 2 EStR).

> **BEISPIEL:** ➤ A bringt sein Einzelunternehmen in eine mit B neu gegründete OHG ein. Grundsätzlich werden in der Eröffnungsbilanz der OHG sämtliche eingebrachten Wirtschaftsgüter mit den sich aus der Schlussbilanz der Einzelfirma ergebenden Buchwerten angesetzt; lediglich die Darlehensforderungen und die geringwertigen Wirtschaftsgüter werden mit den jeweiligen Teilwerten berücksichtigt, so dass sich ein Aufstockungsgewinn i. H. von 20 000 € ergibt. Für diesen Gewinn hat A die Tarifvergünstigung des § 34 Abs. 1 EStG beantragt.
>
> Dieser Antrag ist abzulehnen. Maßgebend für die Anwendung des § 34 EStG ist allein der Umstand, ob eine sofortige Realisierung aller wesentlichen stillen Reserven einschließlich eines etwaigen Firmenwertes stattgefunden hat; das ist hier nicht der Fall (BFH 4. 4. 1968 IV R 122/66, BStBl 1968 II 580; 11. 8. 1971 VIII 13/65, BStBl 1972 II 270).

Entsprechendes gilt bei der Einbringung einer freiberuflichen Praxis in eine Sozietät, wenn dabei nicht alle stillen Reserven aufgedeckt werden (BFH 26. 2. 1981 IV R 98/79, BStBl 1981 II 568).

2412 Wird eine freiberufliche Praxis (z. B. Steuerberater-Praxis) veräußert, so setzt die Tarifbegünstigung des Veräußerungsgewinns voraus, dass neben der Veräußerung des der freiberuflichen Praxis dienenden Vermögens (einschließlich der Beziehungen zur Mandantenschaft), die freiberufliche Tätigkeit in dem bisherigen örtlich begrenzten Wirkungskreis wenigstens für eine gewisse Zeit eingestellt wird (BFH 14. 5. 1970 IV 136/65, BStBl 1970 II 566; 14. 3. 1975, BStBl 1975 II 661).

> **BEISPIEL:** ➤ Der Steuerberater B hat in Berlin-Schöneberg seit dem Jahre 03 eine Praxis, in der er 67 Mandanten betreut. Im Jahre 07 errichtet er eine weitere Praxis in Berlin-Tegel, von der aus er 55 seiner bisherigen Mandanten weiter betreut. Die Praxis in Berlin-Schöneberg (einschließlich der Beziehungen zu den 12 übrigen Mandanten) veräußert er an den Steuerberater K.
>
> Der Veräußerungsgewinn ist entsprechend der o. g. Rechtsprechung des BFH nicht nach § 34 Abs. 1 u. 2 EStG tarifbegünstigt.

Eine tarifbegünstigte Teilpraxisveräußerung liegt nur unter den folgenden Voraussetzungen vor:

a) Veräußerung einer Praxis (mit Mandantenstamm), die nicht Teil einer sachlich einheitlichen Praxis mit einheitlicher Tätigkeit ist; es müssen verschiedene Berufstätigkeiten – mit verschiedenen Mandantenkreisen – ausgeübt werden;

b) Veräußerung einer Praxis, die zwar Teil einer sachlich einheitlichen Praxis mit gleichartiger Tätigkeit ist, die verschiedenen Büros (der Gesamtpraxis) aber organisatorisch verselbständigt sind, jeweils besonderes Personal tätig ist und die Büros – grundsätzlich – an verschiedenen Orten, also in voneinander entfernten örtlichen Wirkungsbereichen (mit getrennten Kundenkreisen) unterhalten werden.

Diese Voraussetzungen für die Tarifbegünstigung liegen z. B. nicht vor, wenn ein Steuerberater, der am selben Ort in einem einheitlichen örtlichen Wirkungsbereich, jedoch in organisatorisch getrennten Büros eine landwirtschaftliche Buchstelle und eine Steuerpraxis für Gewerbetreibende betreibt, die Steuerpraxis veräußert (BFH 27. 4. 1978 IV R 102/74, BStBl 1978 II 562).

Ein nach den §§ 16 u. 34 Abs. 2 Nr. 1 EStG begünstigter **Aufgabegewinn** kann nur ange-   2413
nommen werden, wenn der Betrieb eingestellt wird und die wesentlichen Grundlagen des Betriebs innerhalb kurzer Zeit in einem einheitlichen wirtschaftlichen Vorgang an einen oder mehrere Abnehmer veräußert oder in das Privatvermögen überführt werden (BFH 20. 12. 1967, BStBl 1968 II 276). Eine Betriebsaufgabe liegt dann vor, wenn der Betrieb als selbständiger Organismus des Wirtschaftslebens zu bestehen aufhört. Tarifbegünstigt nach § 34 EStG ist bei der Betriebsaufgabe nur, was auch bei der Betriebsveräußerung begünstigt wäre (BFH 25. 6. 1970 IV 350/64, BStBl 1970 II 719). Daher berühren die während der Betriebsaufgabe anfallenden normalen Geschäfte und ihre Abwicklung nicht den begünstigten Aufgabegewinn.

Tarifbegünstigt ist auch ein Aufgabegewinn i. S. des § 14a Abs. 3 EStG, weil die Betriebsaufgabe als Veräußerung i. S. des § 14a Abs. 1 EStG gilt. Veräußert ein Landwirt seinen Betrieb und pachtet er diesen unmittelbar nach der Veräußerung zurück, so ist auch in diesem Fall der Veräußerungsgewinn tarifbegünstigt (H 34.1 „Betriebsveräußerung" EStH).

13.4.1.4   Nutzungsvergütungen und Zinsen nach § 34 Abs. 2 Nr. 3 EStG

Bei den Nutzungsvergütungen und Zinsen i. S. des § 24 Nr. 3 EStG ist die Tarifvergüns-   2414
tigung zu gewähren, soweit es sich um Nachzahlungen handelt, und diese für einen Zeitraum von mehr als drei Jahren – d. h. für mehr als 36 Monate – geleistet werden. Der Tarifvergünstigung unterliegt der gesamte Nachzahlungsbetrag (BFH 14. 3. 1985 IV R 143/82, BStBl 1985 II 463; R 34.1 Abs. 2 EStR).

13.4.1.5   Vergütung für eine mehrjährige Tätigkeit

Nach § 34 Abs. 2 Nr. 4 EStG steht dem Steuerpflichtigen auch dann die tarifliche Ver-   2415
günstigung zu, wenn ihm Einkünfte aus einer mehrjährigen Tätigkeit zufließen. Sinn des § 34 Abs. 3 EStG ist es, die Tarifprogression bei zusammengeballter Entlohnung für die Tätigkeit mehrerer Jahre zum Teil zu beseitigen.

In besonders gelagerten Ausnahmefällen ist die tarifbegünstigte Besteuerung nach § 34 Abs. 3 EStG auch dann möglich, wenn eine Entlohnung für eine mehrjährige Tätigkeit, die in einem Betrag festgesetzt wurde, dem Steuerpflichtigen nicht in einem Jahr, sondern in zwei Kalenderjahren in Teilbeträgen ausbezahlt wird (BFH 16. 9. 1966 VI 381/65, BStBl 1967 III 2).

13.4.1.5.1 Voraussetzungen der Steuervergünstigung

2416   Die Vorschrift des § 34 Abs. 2 Nr. 4 EStG nennt zwar selbst nicht die unbeschränkte Steuerpflicht als Voraussetzung für die Tarifbegünstigung. Der Ausschluss der beschränkt Steuerpflichtigen von der Vergünstigung ergibt sich vielmehr aus § 50 Abs. 1 Satz 4 EStG.

Es ist Sache des Steuerpflichtigen, ausreichend darzutun, dass eine Vergütung für eine mehrjährige Tätigkeit vorliegt; andernfalls kann davon ausgegangen werden, dass die Vergütung wirtschaftlich zu dem Jahr gehört, in dem sie zugeflossen ist (BFH 8. 3. 1957 VI 32/56 U, BStBl 1957 III 185).

13.4.1.5.2 Dauer und Zeitpunkt der Tätigkeit

2417   Die Entlohnung muss für eine Tätigkeit gewährt werden, die länger als 12 Monate gedauert hat und sich über mindestens 2 Veranlagungszeiträume erstreckt. Der Steuerpflichtige muss somit in mehr als einem Kalenderjahr tätig geworden sein.

2418   Es ist zu beachten, dass der Gesichtspunkt der Zusammenballung nicht nur bei Nachzahlungen, sondern auch bei **Vorauszahlungen** von Arbeitslohn besteht. Deshalb kann auch bei Vorauszahlungen von Arbeitslohn die Tarifbegünstigung des § 34 Abs. 2 Nr. 4 EStG angewendet werden (BFH 17. 7. 1970 VI R 66/67, BStBl 1970 II 683).

13.4.1.5.3 Vergütung für eine Tätigkeit (Abgrenzungsfragen)

2419   Die Steuervergünstigung des § 34 Abs. 2 Nr. 4 EStG wird gewährt, wenn die Einkünfte eine **Vergütung für eine Tätigkeit** darstellen. Es können demnach nur solche Einkünfte in Betracht kommen, bei denen der Steuerpflichtige diese durch eine Tätigkeit erzielt hat. Es muss ein Zusammenhang mit einer in der Vergangenheit geleisteten Arbeit bestehen; der Zahlende darf mit der Zahlung keine künftigen Leistungen des Zahlungsempfängers honorieren wollen (z. B. das nicht begünstigte **Übergangsgeld** aufgrund eines Tarifvertrags). Gleichwohl muss es sich bei der Vergütung nicht um Arbeitslohn handeln, denn die Vergütung ist begrifflich weitergehend als der Arbeitslohn. Unter Vergütung versteht man jedes Entgelt, das für ein Tun im Rahmen eines gegenseitigen Vertrags oder öffentlich-rechtlichen Dienst- oder Amtsverhältnisses geleistet wird. Erfasst werden von § 34 Abs. 2 Nr. 4 EStG nicht nur nachzuzahlende Arbeitslöhne, sondern auch **freiwillige Leistungen** i. S. einer Vergütung (BFH 30. 7. 1971 VI R 258/68, BStBl 1971 II 802). Zahlt ein Arbeitgeber seinem Arbeitnehmer bei dessen Ausscheiden wegen Erreichens der Altersgrenze einen der Höhe nach entsprechend der Dauer der Betriebszugehörigkeit gestaffelten Geldbetrag, so kann in dem einmaligen Bezug eine – begünstigte – Vergütung für eine mehrjährige Tätigkeit liegen (BFH 10. 6. 1983 VI R 106/79, BStBl 1983 II 575).

Die Vergütung muss nicht in einer Geldzahlung bestehen, sie kann auch durch die Zu- 2420
wendung eines **geldwerten Vorteils** erfolgen. Für die Veranlassung eines Vorteils durch
das Dienstverhältnis reicht es auch, wenn sich aufgrund der objektiven Betrachtung
der gesamten Umstände ergibt, dass z. B. ein Grundstücksgeschäft, in dem die Zuwendung des Vorteils liegt, mit Rücksicht auf das Dienstverhältnis abgeschlossen worden
ist (BFH 18. 10. 1974 VI R 249/71, BStBl 1975 II 182). Dabei setzt § 34 Abs. 2 Nr. 4 EStG
jedoch **keine bewusste** Vorteilszuwendung voraus. Die objektive Vorteilszuwendung,
die nach den Gesamtumständen des Einzelfalls nur im Hinblick auf eine mehrjährige
Tätigkeit verständlich ist, reicht aus (BFH 10. 6. 1983 VI R 15/80, BStBl 1983 II 642).

Hingegen hat der BFH (23. 7. 1974 VI R 41/72, BStBl 1974 II 743) entschieden, dass § 34
Abs. 2 Nr. 4 EStG nicht anzuwenden ist, wenn ein Arbeitnehmer infolge Zeitablaufs aus
dem Dienst ausscheidet und er, ohne dass Versorgungsleistungen vereinbart waren,
anlässlich des Ausscheidens vom Arbeitgeber einen größeren Betrag erhält.

Nicht zu den nach § 34 Abs. 2 Nr. 4 EStG begünstigten Einkünften gehören die verein- 2421
barten und regelmäßig ausgezahlten **Tantiemen,** die eine Erhöhung des laufenden Gehalts darstellen und die erst nach Ablauf eines zusammenhängenden Zeitraums von
12 Monaten (Wirtschaftsjahr) ihrer Höhe nach berechnet und dann ausgezahlt werden
können (BFH 30. 8. 1966 VI 211/65, BStBl 1966 III 545). Werden Tantiemen jedoch aus
Gründen, die der Steuerpflichtige nicht zu vertreten hat, für mehrere Jahre in einem
Jahr zusammengeballt ausgezahlt, so kann die Tarifvergünstigung nach § 34 Abs. 2
Nr. 4 EStG gewährt werden (BFH 11. 6. 1970 VI R 338/67, BStBl 1970 II 639). Erhält ein
Arbeitnehmer von seinem

Arbeitgeber eine **Erfindervergütung** für mehrere Jahre in einem Betrag ausgezahlt, so 2422
kann er die Tarifvergünstigung in Anspruch nehmen. Die Besteuerung nach dem Gesetz
über die steuerliche Behandlung der Vergütungen für Arbeitnehmererfindungen ist
ebenso wie die Begünstigung der Zahlungen an freie Erfinder mit Ablauf des VZ 1989
weggefallen. § 34 Abs. 2 Nr. 4 EStG kann auch in dem Fall angewendet werden, in dem
der Anspruch auf ein laufendes Ruhegehalt nach Eintritt des Versorgungsfalls aus wirtschaftlich vernünftigen Gründen, die in der Person des Arbeitnehmers liegen, kapitali-
siert wird (BFH 23. 7. 1974 VI R 116/72, BStBl 1974 II 680). Erfolgt die Einmalzahlung
jedoch willkürlich (z. B. aus Gründen der Steuerersparnis), kommt eine Anwendung von
§ 34 Abs. 2 Nr. 4 EStG nicht in Betracht.

Durch die ständige Rechtsprechung des RFH und des BFH ist die Anwendung des § 34 2423
Abs. 2 Nr. 4 EStG bei Einkünften aus Tätigkeiten, die nicht zu denen aus § 19 gehören,
in starkem Maße eingeschränkt worden. Demnach kommt die Vergünstigung des § 34
Abs. 2 Nr. 4 EStG bei Einkünften aus Land- und Forstwirtschaft, aus Gewerbebetrieb
und bei Einkünften aus selbständiger Arbeit nur ausnahmsweise in Frage (RFH,
RStBl 1944 641; BFH 10. 5. 1961 IV 275/59 U, BStBl 1961 III 354, 532; 28. 6. 1973 IV R
77/70, BStBl 1973 II 729; 22. 5. 1975 IV R 33/72, BStBl 1975 II 765), weil es bei diesen
Einkünften nicht als „etwas Außergewöhnliches" anzusehen ist, dass einmalige Betriebseinnahmen für eine mehrjährige Tätigkeit anfallen. Bei diesen Einkünften kommt
die Verteilungsmöglichkeit des § 34 Abs. 2 Nr. 4 EStG in Betracht, wenn die Vergütung
für die mehrjährige Tätigkeit in **einem** Veranlagungszeitraum zufließt und entweder
der Steuerpflichtige in mehreren Kalenderjahren ausschließlich die eine Tätigkeit aus-

geübt hat oder wenn es sich um eine hinreichend abgrenzbare Sondertätigkeit handelt, die nicht zum regelmäßigen Gewinnbetrieb gehört (BFH 10. 5. 1961, a. a. O.; 10. 2. 1972 IV R 8/68, BStBl 1972 II 529; 28. 6. 1973 IV R 77/70, BStBl 1973 II 729; 22. 5. 1975 IV R 33/72, BStBl 1975 II 765).

Darüber hinaus kann bei den Gewinneinkunftsarten eine Zusammenballung von Einkünften nur bei Gewinnermittlung nach § 4 Abs. 3 EStG eintreten.

2424 Übt der Steuerpflichtige hauptberuflich eine sog. Katalogtätigkeit i. S. des § 18 Abs. 1 Nr. 1 EStG aus, so muss die Sondertätigkeit von dieser hauptberuflichen Tätigkeit abgrenzbar sein. **Abgrenzbar** ist eine Tätigkeit dann, wenn sie sich von der hauptsächlich ausgeübten Berufstätigkeit i. S. des Katalogs in § 18 Abs. 1 Nr. 1 EStG in einer Weise abhebt, die sie als nicht mehr zu ihr gehörend eindeutig erkennen lässt (BFH 14. 7. 1966 IV 192/62, BStBl 1966 III 623).

Die Abgrenzbarkeit kann z. B. nicht angenommen werden, wenn ein Wirtschaftsprüfer oder Steuerberater gemeinsam mit einem Rechtsanwalt in mehrjähriger Tätigkeit ein Rechtsgutachten erstellt, zu dem er betriebswirtschaftliche Kenntnisse beisteuert (BFH 3. 8. 1972 IV R 57/70, BStBl 1972 II 791, zum ehemaligen § 34 Abs. 4 EStG).

In den folgenden Fällen hat der BFH zur Anwendung des § 34 Abs. 2 Nr. 4 EStG bei Einkünften aus selbständiger Arbeit entschieden:

BEISPIEL 1: Der Schriftsteller A schrieb in den Jahren 02–04 einen Roman, für den er am 1. 12. 04 von einem Verlag eine einmalige Vergütung i. H. von 100 000 € erhielt. Eine andere Tätigkeit übte A in den bezeichneten Jahren nicht aus. Als Hauseigentümer erzielte A jährlich Einkünfte aus Vermietung und Verpachtung i. H. von etwa 15 000 €.

Das Honorar i. H. von 100 000 € ist gem. § 34 Abs. 2 Nr. 4 EStG steuerbegünstigt, da A sich in den Jahren 02–04 nur mit dem Schreiben des Romans befasst hat und die gesamte Vergütung in einem VZ gezahlt wurde.

Hätte A ein laufendes von dem Absatz des Werkes abhängendes Honorar bezogen, hätte § 34 Abs. 2 Nr. 4 EStG nicht angewendet werden können (BFH 5. 12. 1963, BStBl 1964 III 130).

BEISPIEL 2: Der Rechtsanwalt B war am 15. 4. 03 zum Insolvenzverwalter bestellt worden und übte diese Tätigkeit in den Jahren 03 und 04 neben seiner Praxis aus. Das gesamte Entgelt für die Insolvenzverwaltung ist ihm im Jahre 04 zugeflossen.

Eine Vergünstigung nach § 34 Abs. 2 Nr. 4 EStG ist nicht möglich, da es sich hier weder um eine ausschließliche Betätigung noch um eine abgrenzbare Sondertätigkeit handelt (RFH, RStBl 1938, 809).

Gleiches gilt für einen Wirtschaftsprüfer, der als Testamentsvollstrecker für die mehrere Jahre andauernde Auseinandersetzung eines Nachlasses eine einmalige Vergütung erhält (BFH 28. 6. 1973 IV R 77/70, BStBl 1973 II 729).

BEISPIEL 3: Übt ein Steuerpflichtiger neben seiner nichtselbständigen Tätigkeit laufend mehrere selbständige Tätigkeiten aus, die ihrem Wesen nach auf einem ähnlichen Gebiet liegen (z. B. ein Versicherungsdirektor übt Pfleg- bzw. Treuhandschaften für Versicherungsunternehmen selbständig aus), so kann er für die nachträgliche Vergütung einer dieser Tätigkeiten, die sich über mehrere Jahre erstreckte, die Vergünstigung des § 34 Abs. 2 Nr. 4 EStG nicht beanspruchen (BFH 22. 5. 1975 IV R 33/72, BStBl 1975 II 765).

2425 Bei den Einkünften aus selbständiger Arbeit wird die Anwendung des § 34 Abs. 2 Nr. 4 EStG – bei im übrigen Vorliegen der Voraussetzungen – dann ausgeschlossen, wenn das Honorar für die mehrjährige **Sondertätigkeit** bereits durch ins Gewicht fallende Teilzahlungen auf mehrere Jahre verteilt worden ist (BFH 10. 2. 1972, a. a. O.).

Bei den Einkünften aus nichtselbständiger Arbeit wird zur Gewährung der Vergüns- 2426 tigung des § 34 Abs. 2 Nr. 4 EStG nicht vorausgesetzt, dass die Einkünfte auf einer ausschließlichen Tätigkeit oder einer abgrenzbaren Sondertätigkeit beruhen. Diese Abweichung gegenüber den Einkünften aus selbständiger Arbeit hängt im Wesentlichen damit zusammen, dass bei den Einkünften aus selbständiger Arbeit es im Gegensatz zu denen aus nichtselbständiger Arbeit „nichts Besonderes" ist, „wenn Einnahmen zufließen, die aus Aufträgen herrühren, die sich über mehrere Jahre erstreckt haben" (BFH 10. 5. 1961 IV 275/59 U, BStBl 1961 III 532). Arbeitnehmer haben nämlich i. d. R. auf die Gestaltung des Zahlungsverkehrs nicht den Einfluss gegenüber dem Arbeitgeber wie der Selbständige gegenüber seinem Auftraggeber. Für die Anwendung der Steuervergünstigung bei Einkünften aus nichtselbständiger Arbeit wird lediglich gefordert, dass die mehrjährige Tätigkeit aus wirtschaftlich vernünftigen Gründen nachträglich durch eine einmalige Vergütung entlohnt wird (BFH 8. 3. 1957 VI 32/56 U, BStBl 1957 III 185; 30. 7. 1971 VI R 258/68, BStBl 1971 II 802).

Die Voraussetzungen des § 34 Abs. 2 Nr. 4 EStG bei Einkünften aus nichtselbständiger 2427 Arbeit sind bspw. in folgenden Fällen bejaht worden:

▶ Jubiläumsgeschenke, soweit sie nicht steuerfrei sind und eine mehr als 12-monatige Tätigkeit abgelten sollen;

▶ Gehaltsnachzahlungen, weil dem Arbeitgeber die flüssigen Mittel zur rechtzeitigen Zahlung fehlten (BFH 8. 3. 1957, a. a. O.);

▶ Kapitalzahlung an einen Arbeitnehmer aufgrund einer früheren Versorgungszusage (BFH 2. 2. 1962, BStBl III 130).

§ 34 Abs. 2 Nr. 4 EStG ist auch anzuwenden, wenn ohne jede ersichtliche Grundlage Nachzahlungen lediglich mit der Begründung geleistet werden, die bisherigen Zahlungen seien ungenügend gewesen. Dies entspricht dem bereits erwähnten Grundsatz, dass für die Vergütung wirtschaftlich vernünftige Gründe vorliegen müssen. So hat der BFH die Tarifvergünstigung des § 34 Abs. 2 Nr. 4 EStG für Nachzahlungen von Ruhegehalt zugelassen, obwohl im Sachverhalt nur darauf hingewiesen war, dass der Arbeitnehmer die verspätete Zahlung nicht zu vertreten habe (BFH 28. 2. 1958 VI 155/56 U, BStBl 1958 III 169).

13.4.1.5.4 Anwendung der Tarifvorschriften zugunsten des Rechtsnachfolgers

Für die Gewährung der Steuervergünstigung nach § 34 Abs. 2 Nr. 4 EStG ist nicht die 2428 persönliche Arbeitsleistung das Ausschlaggebende. Deshalb kann u. E. die Tarifmilderung des § 34 Abs. 2 Nr. 4 EStG auch demjenigen zuerkannt werden, der die Vergütungseinkünfte im Wege der Gesamtrechtsnachfolge erworben hat.

13.4.2 Errechnung der Tarifvergünstigung für die Einkünfte nach § 34 Abs. 2 EStG

13.4.2.1 Umfang der steuerbegünstigten Einkünfte

2429   Der Umfang der Steuerbegünstigung nach § 34 Abs. 1 u. 2 EStG ist davon abhängig, ob die Verluste einer Einkunftsart, die Sonderausgaben sowie die tariflichen Freibeträge und die sonstigen vom Einkommen abzuziehenden Beträge in erster Linie auf die tarifbegünstigten Einkünfte oder die übrigen Einkünfte anzurechnen sind. Nach einhelliger Meinung sind alle diese Abzüge für die Frage, auf welche Beträge die Tarifvergünstigung des § 34 Abs. 1 u. 2 EStG anzuwenden ist, zuerst von den nicht begünstigten Einkünften vorzunehmen. Dies gilt selbst dann, wenn Verluste bei der Einkunftsart vorliegen, zu der auch die steuerbegünstigten Einkünfte gehören.

> **BEISPIEL:** ▶ Der verheiratete A hat im Jahre 2016 das folgende zu versteuernde Einkommen:
>
> | | |
> |---|---:|
> | laufender Verlust aus Gewerbe (Beteiligung als Kommanditist an einer KG mit 10 %) | ./. 10 000 € |
> | Veräußerungsgewinn nach § 16 Abs. 1 Nr. 2 EStG | + 15 000 € |
> | Einkünfte als Steuerberater | + 21 000 € |
> | Gesamtbetrag der Einkünfte | 26 000 € |
> | Sonderausgaben | ./. 5 000 € |
> | außergewöhnliche Belastungen | ./. 2 000 € |
> | zu versteuerndes Einkommen | 19 000 € |
>
> Nach § 34 Abs. 1 u. 2 EStG sind 15 000 € tarifbegünstigt und 4 000 € nach der Tabelle zu versteuern.

Sind bei der Veranlagung Ausgleichsbeträge nach § 46 Abs. 3 EStG oder nach § 70 EStDV gewährt worden, sind die Ausgleichsbeträge zugunsten des Steuerpflichtigen in erster Linie auf die nicht steuerbegünstigten Einkünfte und erst danach auf die nach § 34 steuerbegünstigten Einkünfte anzurechnen. Veräußerungsgewinne i. S. der §§ 14, 14a, 16 u. 18 Abs. 3 EStG sind nur insoweit tarifbegünstigt, als sie steuerpflichtig sind. Die steuerfreien Beträge nach den §§ 14 Satz 2, 14a Abs. 1, 16 Abs. 4 und 18 Abs. 3 Satz 2 EStG mindern also bei der Ermittlung der Steuer nach § 34 Abs. 1 EStG die tarifbegünstigten Einkünfte i. S. des § 34 Abs. 2 Nr. 1 EStG.

13.4.2.2 Ermittlung der ermäßigten Einkommensteuer (seit VZ 1999)

2430   Seit 1999 berechnet sich die ESt für alle außerordentlichen Einkünfte i. S. des § 34 Abs. 2 EStG grundsätzlich nach einer neu eingeführten **„Fünftelungs-Regelung"**.

Nach der Formel in § 34 Abs. 1 Satz 2 EStG wird folgendermaßen vorgegangen:

Zum „normalen", d. h. ohne die begünstigten Einkünfte errechneten zu versteuernden Einkommen wird ein Fünftel der begünstigten Einkünfte hinzugezählt. Von dem sich hierfür ergebenden Steuerbetrag wird der Steuerbetrag, der sich auf die „normalen" Einkünfte ergibt, abgezogen. Der Differenzbetrag wird verfünffacht und stellt die Steuer auf die begünstigten Einkünfte dar.

BEISPIEL: Der ledige A (60 Jahre alt) hat im Jahre 2016 das folgende zu versteuernde Einkommen:

Gewinn aus Gewerbebetrieb:

► laufender Gewinn	+40 000 €
► steuerpflichtiger Teil des Veräußerungsgewinns wegen Veräußerung eines Teilbetriebes (steuerfreier Betrag nach § 16 Abs. 4 EStG bereits abgezogen)	+15 000 €
Einkünfte aus Kapitalvermögen	+3 000 €
Verlust aus Vermietung und Verpachtung	./. 5 000 €
Gesamtbetrag der Einkünfte	+53 000 €
Sonderausgaben	./. 3 000 €
außergewöhnliche Belastungen	./. 2 000 €
Einkommen/zu versteuerndes Einkommen	+48 000 €

Die sich für den Veranlagungszeitraum 2016 ergebende ESt-Schuld errechnet sich folgendermaßen:

Zu versteuerndes Einkommen ohne den ermäßigt zu besteuernden Veräußerungsgewinn („normales Einkommen")	33 000 €
ESt hierauf lt. Grundtabelle	6 428 €
Normales Einkommen plus ein Fünftel des Veräußerungsgewinns	
(33 000 € + 3 000 €)	36 000 €
ESt hierauf lt. Tabelle	7 429 €
Differenz	1 001 €
Die ESt beträgt somit: für das „normale Einkommen"	6 428 €
für den begünstigten Veräußerungsgewinn das Fünffache der Differenz (1 001 x 5)	5 005 €
Insgesamt	11 433 €

Ohne Anwendung des § 34 EStG hätte A auf ein zu versteuerndes Einkommen i.H. von 48 000 € eine Einkommensteuer i.H. von 11 838 € gezahlt.

Ist das „normale" zu versteuernde Einkommen negativ und das zu versteuernde Einkommen positiv, beträgt die ESt gem. § 34 Abs. 1 Satz 3 EStG das Fünffache der auf ein Fünftel des zu versteuernden Einkommens entfallenden ESt.

BEISPIEL: Der ledige B (60 Jahre alt) hat im Jahr 2016 das folgende zu versteuernde Einkommen:

Einkünfte aus Gewerbebetrieb:

► laufender Verlust	./. 60 000 €
► steuerpflichtiger Teil des Veräußerungsgewinn nach § 16 EStG	150 000 €
Gesamtbetrag der Einkünfte	+90 000 €
Sonderausgaben und außergewöhnliche Belastungen	./. 5 000 €
Einkommen/zu versteuerndes Einkommen	+85 000 €
Die ESt beträgt:	
Ein Fünftel des zu versteuernden Einkommens:	17 000 €
ESt hierauf lt. Grundtabelle	1 775 €
Betrag verfünffacht (1 775 € x 5) ergibt die ESt-Steuerschuld 2016 i.H. von	8 875 €

2431 Die Begünstigungswirkung der **„Fünftelungs-Regelung"** bleibt ohne Auswirkung, wenn das „normale" Einkommen über den Beträgen von 254 447 €/508 894 € liegt. Die Hinzurechnung nur eines Fünftels der außerordentlichen Einkünfte statt des vollen Betrags entfaltet dann keine Minderung der Progressionswirkung mehr. Es ergibt sich mit und ohne Anwendung des § 34 EStG derselbe Steuerbetrag.

> **BEISPIEL:** Der ledige C (60 Jahre alt) hat im Jahr 2016 das folgende zu versteuernde Einkommen:
>
> | | |
> |---|---:|
> | Einkünfte aus Gewerbebetrieb | + 320 000 € |
> | Veräußerungsgewinn nach § 16 EStG | + 500 000 € |
> | (Freibetrag § 16 Abs. 4 EStG entfällt, da Veräußerungsgewinn höher ist als 136 000 €) | 0 € |
> | Gesamtbetrag der Einkünfte | + 820 000 € |
> | Sonderausgaben und außergewöhnliche Belastungen | ./. 20 000 € |
> | zu versteuerndes Einkommen | 800 000 € |
> | Die ESt hierauf beträgt: nach § 32a Abs. 1 Nr. 5 EStG | |
> | (800 000 € x 0,45 ./. 16 028 €) | 343 972 € |
> | bei Anwendung des § 34 Abs. 1 Satz 2 EStG : | |
> | „normales" zu versteuerndes Einkommen ESt nach § 32a Abs. 1 Nr. 5 EStG | 300 000 € |
> | (300 000 € x 0,45 ./. 16 028 €) | 118 972 € |
> | Steuer auf „normales" Einkommen zzgl. ein Fünftel des Veräußerungsgewinns | |
> | (300 000 € + 100 000 € x 0,45 ./. 16 028 €) | 163 972 € |
> | Differenz | 45 000 € |
> | Das Fünffache der Differenz beträgt | 225 000 € |
> | zzgl. Steuer auf „normales" Einkommen | 118 972 € |
> | | 343 972 € |

Diese Steuerschuld entspricht der oben direkt auf ein zu versteuerndes Einkommen i. H. von 800 000 € nach der Tarifformel berechneten Steuerschuld.

13.4.2.3   Ermittlung des Steuersatzes für Veräußerungsgewinne

2432 Seit dem VZ 2000 wurde in § 34 Abs. 3 EStG der bereits früher einmal geltende ermäßigte Steuersatz – allerdings nur für Veräußerungsgewinne – wieder eingeführt. Ein Steuerpflichtiger kann diese Begünstigung beantragen, wenn er das 55. Lebensjahr vollendet hat oder im sozialversicherungsrechtlichen Sinne dauernd berufsunfähig ist. Außerdem ist diese Begünstigung nur einmal im Leben möglich. Weitere außerordentliche Einkünfte können dann nur nach der „Fünftelungs-Regelung" begünstigt sein.

Nach § 34 Abs. 3 EStG beträgt die ESt für die Einkünfte i. S. des § 34 Abs. 2 EStG bis zur Höhe von 5 Mio. € 56 % des durchschnittlichen Steuersatzes, der sich aus der ESt-Tabelle für das **gesamte** zu versteuernde Einkommen – unter Berücksichtigung der nach einem DBA steuerbefreiten Einkünfte – ergeben würde, mindestens 14 % Bei über 5 Mio. € entfällt die Begünstigung; der übersteigende Betrag ist zum vollen Tarif zu versteuern.

BEISPIEL: Der verheiratete A, 60 Jahre alt, hat im Jahre 2016 das folgende zu versteuernde Einkommen:

Gewinn aus Gewerbebetrieb laufender Gewinn	+60 000 €
Veräußerungsgewinn i. S. des § 16 Abs. 1 EStG wegen Veräußerung eines Teilbetriebs	+95 000 €
steuerfreier Betrag nach § 16 Abs. 4 EStG	./. 45 000 €
Verlust aus Vermietung und Verpachtung	./. 2 000 €
Gesamtbetrag der Einkünfte	+108 000 €
Sonderausgaben	./. 3 000 €
außergewöhnliche Belastungen	./. 5 000 €
Einkommen/zu versteuerndes Einkommen	+100 000 €

Die sich für den VZ 2016 ergebende ESt-Schuld errechnet sich folgendermaßen:

a) Berechnung des ermäßigten Steuersatzes

zu versteuerndes Einkommen	100 000 €
ESt lt. Splittingtabelle	25 272 €

durchschnittlicher Steuersatz

$$\frac{25\,272 \times 100}{100\,000} \quad = \quad 25{,}27\,\%$$

der ermäßigte Steuersatz beträgt

25,27 x 0,56 % =	= 14,15 %

Der Mindestsatz von 14 % ist überschritten, also weiter mit: 14,15 %

b) Nach der Einkommensteuer (Grundtabelle) zu versteuern

zu versteuerndes Einkommen	100 000 €
abzgl. des dem ermäßigten Steuersatz unterliegenden Teil des Veräußerungsgewinns (95 000 € ./. 45 000 €)	./. 50 000 €
nach der Tabelle zu versteuern	50 000 €
ESt lt. Splittingtabelle	7 914 €

c) Mit dem ermäßigten Steuersatz zu versteuern

zu versteuerndes Einkommen	100 000 €
abzgl. des Anteils, der nach der Tabelle versteuert worden ist (s. unter Buchst. b)	./. 50 000 €
Anteil, der dem ermäßigten Steuersatz unterliegt	50 000 €
Anwendung des ermäßigten Steuersatzes (14,15 %)	7 075 €

d) ESt insgesamt

	7 914 €
	+ 7 075 €
	14 989 €

13.5 Steuersätze bei außerordentlichen Einkünften aus Forstwirtschaft

13.5.1 Sinn und Bedeutung des § 34b EStG

2433 Die Vorschrift des § 34b EStG legt fest, welche Einkünfte aus bestimmten Holznutzungsarten als außerordentliche Einkünfte anzusehen und daher nach § 34 Abs. 2 Nr. 5 EStG tarifbegünstigt sind.

Die jährliche Bestandsaufnahme des buchführenden Forstwirts braucht sich nach § 141 Abs. 1 Satz 4 AO nicht auf das stehende Holz zu erstrecken. Der Forstwirt ist demgemäß auch nicht verpflichtet, die Gewinne aus der Holznutzung durch Bestandsvergleich zu ermitteln. Dies hat seine Gründe darin, dass eine Bestandsaufnahme des stehenden Holzes mit zu großen praktischen Schwierigkeiten verbunden wäre.

Diese Regelung kann infolge der Progression des Steuertarifs zu Härten führen, wenn in einem Wirtschaftsjahr der Holzzuwachs geringer ist als der durch den tatsächlichen Einschlag erzielte Ertrag. Darin liegt der Grund für die in § 34b EStG vorgesehene Tarifvergünstigung.

13.5.2 Arten und Steuersätze der Holznutzungen

2434 Nach § 34b Abs. 1 EStG werden außerordentliche Holznutzungen und Holznutzungen infolge höherer Gewalt (Kalamitätsnutzungen) unterschieden.

Außerordentliche Nutzungen sind die über den festgesetzten Nutzungssatz hinausgehenden Nutzungen, wenn sie aus volks- oder staatswirtschaftlichen Gründen erfolgt sind.

Kalamitätsnutzungen sind solche, die durch Eis-, Schnee-, Windbruch oder Windwurf, Erdbeben, Bergrutsch, Insektenfraß, Brand oder ein anderes ähnliches Naturereignis verursacht werden (§ 34b Abs. 1 Nr. 2 EStG).

Entsprechendes gilt für Holznutzungen, die durch den sog. „sauren Regen" und andere Immissionsschäden verursacht werden.

2435 *(Einstweilen frei)*

2436 Bei den a. o. Holznutzungen bemisst sich die ESt gem. § 34b Abs. 3 Nr. 2 EStG nach der Hälfte des durchschnittlichen Steuersatzes, der sich ergäbe, wenn die tarifliche ESt nach dem gesamten zu versteuernden Einkommen zzgl. der dem Progressionsvorbehalt unterliegenden Einkünfte zu bemessen wäre, soweit sie den festgelegten Nutzungssatz übersteigen; soweit sie den doppelten Nutzungssatz überschreiten, ist die Hälfte dieses Steuersatzes anzuwenden.

2437 Die Steuervergünstigung ist für die jeweiligen Einkünfte, die gem. § 4a Abs. 2 Nr. 1 EStG auf das Kalenderjahr entfallen, zu gewähren.

13.5.3 Ermittlung der Einkünfte aus den Nutzungsarten und Voraussetzungen für die Anwendung der begünstigten Steuersätze

Zur Ermittlung der tarifbegünstigten Einkünfte sind von den Einnahmen sämtlicher 2438
Holznutzungen die damit in Zusammenhang stehenden Betriebsausgaben abzuziehen.

Das so ermittelte Ergebnis ist auf die ordentlichen und außerordentlichen Nutzungen aufzuteilen; dabei sind die ordentlichen zu den außerordentlichen Nutzungen ins Verhältnis zu setzen. Das Verhältnis ergibt sich bei einer Gewinnermittlung durch Betriebsvermögensvergleich nach den im Wirtschaftsjahr veräußerten und entnommenen Holzmengen; bei einer Gewinnermittlung durch Einnahme-Überschuss-Rechnung erfolgt die Aufteilung nach dem Verhältnis der im Wirtschaftsjahr für die jeweiligen Holzmengen zugeflossenen Einnahmen.

Weitere, sich aus § 34b Abs. 2 und 4 EStG ergebenden Voraussetzungen für die Anwendung der Tarifvergünstigung sind folgende:

1. Der Forstwirt muss die Tarifvergünstigung beantragen.

2. Die verschiedenen Nutzungen müssen mengenmäßig nachgewiesen werden und

3. Schäden, die infolge höherer Gewalt entstehen, müssen dem zuständigen Finanzamt unverzüglich mitgeteilt und nach der Aufarbeitung mengenmäßig nachgewiesen werden.

Für die Anwendung der Steuervergünstigung des § 34b EStG ist es ohne Bedeutung, ob hinsichtlich der Holznutzungen Einkünfte aus Land- und Forstwirtschaft oder aus Gewerbebetrieb vorliegen (BFH 25. 8. 1960 IV 262/595, BStBl 1960 III 486).

13.6 Steuerermäßigung bei ausländischen Einkünften

13.6.1 Allgemeines

Ein unbeschränkt Steuerpflichtiger wird grundsätzlich mit sämtlichen in- und auslän- 2439
dischen Einkünften (Welteinkommen) zur ESt herangezogen. Bei ausländischen Einkünften tritt dann eine Doppelbesteuerung ein, wenn nicht nur die BRD (Wohnsitzstaat), sondern auch der ausländische Staat, aus dem die Einkünfte stammen (Belegenheitsstaat, Quellenstaat), diese Einkünfte besteuert.

Um eine solche Doppelbesteuerung zu vermeiden, hat die BRD mit einer Vielzahl von 2440
ausländischen Staaten DBA abgeschlossen, in denen geregelt worden ist, welcher der beiden Vertragsstaaten die Einkünfte besteuern darf bzw. wenn beiden Vertragsstaaten das Besteuerungsrecht zugeteilt wird, welcher Vertragsstaat die Steuern des anderen Vertragsstaates auf die von ihm erhobene ESt anrechnen muss. Bei der ersten Alternative darf der Vertragsstaat, aus dem die Einkünfte stammen, diese besteuern; der Staat, in dem der Steuerpflichtige ansässig ist (Wohnsitzstaat), muss diese Einkünfte steuerfrei lassen, darf sie jedoch in der Regel (Ausnahme: DBA mit Italien) bei der Bemessung des Steuersatzes berücksichtigen (Progressionsvorbehalt). Man bezeichnet eine solche Regelung als sog. Freistellungsmethode. Im Rahmen der zweiten Alternative weist das DBA beiden Vertragsstaaten das Besteuerungsrecht zu, verpflichtet jedoch

den Wohnsitzstaat, auf die von ihm erhobene ESt die auf diese Einkünfte entfallenden Steuern des anderen Vertragsstaates (Quellensteuern) anzurechnen (sog. Anrechnungsmethode). Nach § 34c Abs. 6 Satz 2 EStG erfolgt dabei die Anrechnung unter entsprechender Anwendung des § 34c Abs. 1 Satz 2 und 3 EStG.

Stammen Einkünfte aus einem ausländischen Staat, mit dem kein DBA besteht, tritt grundsätzlich eine Doppelbesteuerung ein. Um diese jedoch zumindest weitgehend zu vermeiden, hat der Gesetzgeber in § 34c EStG eine einseitige (ohne Mitwirkung des ausländischen Staates) Regelung zur Berücksichtigung der ausländischen Steuern getroffen.

Der Steuerpflichtige hat grundsätzlich ein Wahlrecht, ob die ausländische Steuer

a) auf die deutsche ESt angerechnet (§ 34c Abs. 1 EStG) oder

b) bei der Ermittlung der Einkünfte abgezogen (§ 34c Abs. 2 EStG)

werden soll.

2441 Die Steueranrechnung nach § 34c Abs. 1 EStG bzw. der Steuerabzug nach § 34c Abs. 2 EStG kommt nicht in Betracht, wenn die Einkünfte aus einem ausländischen Staat stammen, mit dem ein DBA besteht (§ 34c Abs. 6 Satz 1 EStG). Dies ist verständlich, weil die DBA selbst – wie oben dargestellt – eine Steueranrechnung vorsehen. Von dem in § 34c Abs. 6 Satz 1 EStG niedergelegten Grundsatz sieht § 34c Abs. 6 Satz 3 EStG eine Ausnahme vor, wenn für die Einkünfte eine Doppelbesteuerung durch das Abkommen nicht vermieden wird oder sich das Abkommen nicht auf die erhobene ausländische Steuer vom Einkommen bezieht.

> **BEISPIEL:** A bezieht aus dem Staat X Einkünfte aus Kapitalvermögen. Das DBA, das hinsichtlich des Staates X nur auf nationale Steuern vom Einkommen anzuwenden ist, weist das Besteuerungsrecht für die Einkünfte der BRD zu, die jedoch auf die von diesen Einkünften erhobene ESt etwaige nationale Steuern vom Einkommen, die im Staate X an der Quelle einbehalten worden sind, anrechnen muss.
>
> Im Fall des A ist an der Quelle sowohl eine nationale Steuer vom Einkommen als auch eine Gemeindesteuer vom Einkommen einbehalten worden.
>
> Auf die deutsche ESt können grundsätzlich beide Quellensteuern angerechnet werden:
>
> ▶ die nationale Steuer vom Einkommen aufgrund des DBA,
>
> ▶ die Gemeindesteuer aufgrund des § 34c Abs. 6 Satz 3 EStG i. V. mit § 34c Abs. 1 EStG.
>
> Hinsichtlich der Gemeindesteuer kann A wegen des Verweises in § 34c Abs. 6 Satz 3 EStG auch beantragen, dass unter entsprechender Anwendung des § 34c Abs. 2 EStG diese bei der Ermittlung der Einkünfte abgezogen wird.

Gibt der Steuerpflichtige in seiner ESt-Erklärung ausländische Einkünfte und die darauf entfallenden ausländischen Steuern vom Einkommen an, so hat das FA grundsätzlich von Amts wegen die Steueranrechnung nach § 34c Abs. 1 EStG vorzunehmen. Nur auf besonderen Antrag des Steuerpflichtigen kommt der Steuerabzug nach § 34c Abs. 2 EStG in Betracht.

13.6.2 Voraussetzungen

Die deutsche ESt ist durch Steueranrechnung oder -abzug zu ermäßigen, wenn folgen- 2442
de Voraussetzungen erfüllt sind:

a) Es muss sich um einen unbeschränkt Steuerpflichtigen handeln (§ 34c Abs. 1 Satz 1 EStG).

b) Mit dem Staat, aus dem die ausländischen Einkünfte stammen, darf ein DBA nicht bestehen, es sei denn, die Doppelbesteuerung wird nach den Vorschriften des Abkommens nicht beseitigt (§ 34c Abs. 6 EStG).

c) Es muss sich um ausländische Einkünfte i. S. des § 34d EStG handeln.

d) Für die ausländischen Einkünfte muss der Steuerpflichtige eine ausländische Steuer gezahlt haben, die der deutschen ESt entspricht. Die ausländischen Steuern, bei denen diese Voraussetzungen vorliegen, sind in der Anlage 10 der EStR aufgeführt.

e) Die ausländische Steuer muss festgesetzt und gezahlt worden sein; ein Ermäßigungsanspruch gegenüber dem ausländischen Fiskus muss gekürzt werden (§ 34c Abs. 1 Satz 1 EStG). Damit kann nur der Betrag der ausländischen Steuer berücksichtigt werden, der nach Ausnutzung des im ausländischen Staat etwa bestehenden Ermäßigungsanspruchs verblieben ist oder – wenn die Ermäßigung dort nicht beansprucht worden ist – verblieben wäre.

In den Fällen, in denen die unter den Buchst. c und d genannten Voraussetzungen nicht vorliegen, kommt keine Steueranrechnung nach § 34c Abs. 1 EStG, wohl aber ein – von Amts wegen durchzuführender – Abzug der ausländischen Steuer bei der Ermittlung des Gesamtbetrags der Einkünfte in Betracht (§ 34c Abs. 3 EStG). Dieselbe Möglichkeit besteht in den Fällen, in denen die ausländische Steuer nicht in dem Staat erhoben wurde, aus dem die Einkünfte stammen.

13.6.3 Errechnung der anrechenbaren ausländischen Steuer

Die in § 34c Abs. 1 EStG vorgesehene Steuerermäßigung besteht darin, dass die fest- 2443
gesetzte, gezahlte und um einen Ermäßigungsanspruch gekürzte ausländische Steuer von der deutschen ESt abgezogen wird. Der Steuerpflichtige muss die Festsetzung und Zahlung der ausländischen Steuer gem. § 68b EStDV durch Urkunden (z. B. Steuerbescheid, Quittung) nachweisen. Die Steuerbeträge sind nach dem im Bundesanzeiger veröffentlichten Devisenkurs in € umzurechnen.

Die ausländischen Steuern sind nur insoweit anzurechnen, als sie auf die im Veranlagungszeitraum bezogenen Einkünfte entfallen (§ 34c Abs. 1 letzter Satz EStG); es kommt also nicht auf den Zeitpunkt der Zahlung der ausländischen Steuern an.

BEISPIEL: ▶ A hat für Einkünfte, die er im Jahre 15 im Sudan erzielt hat, am 1. 10. 16 umgerechnet 500 € sudanesische ESt, die der deutschen ESt entspricht, gezahlt.
Der Betrag i. H. von 500 € ist bei der ESt-Veranlagung 16 auf die deutsche ESt in den durch § 34c EStG gesetzten Grenzen anzurechnen.

Die ausländische Steuer darf nicht in unbeschränkter Höhe von der deutschen ESt ab- 2444
gezogen werden. Die Anrechnung kommt höchstens bis zur Höhe der auf die Einkünfte

aus dem ausländischen Staat entfallenden deutschen ESt in Frage. Ab 2015 werden die ausländischen Steuern höchstens mit der durchschnittlichen tariflichen deutschen Einkommensteuer auf die ausländischen Einkünfte angerechnet (§ 34 c Abs. 1 Satz 2 und 3 EStG). Formelhaft dargestellt erfolgt die Berechnung wie folgt:

Maximaler Anrechnungsbetrag an ausländischen Steuern = ausländische Einkünfte x durchschnittliche deutsche tarifliche Einkommensteuer auf alle Einkünfte einschließlich der ausländischen Einkünfte.

> **BEISPIEL:** Der in Aachen wohnende ledige A, der die sudanesische Staatsangehörigkeit besitzt, ist für das Jahr 2016 mit einem zu versteuernden Einkommen i. H. von 19 720 € zu einer ESt von 2 485 € heranzuziehen. In der Summe der Einkünfte i. H. von 25 000 € sind im Sudan erzielte Einkünfte i. S. des § 34d EStG i. H. von 5 000 € enthalten, für die A sudanesische ESt gezahlt hat. Es wird unterstellt, dass die am 10. 5. 2015 entrichtete sudanesische Steuer umgerechnet 1 000 € beträgt.
>
> Die Voraussetzungen für die Anrechnung der ausländischen ESt nach § 34c EStG sind gegeben. Die im Sudan gezahlte Steuer kann jedoch nur i. H. von 630 € – das ist die durchschnittliche deutsche ESt, die auf die gesamten deutschen und der ausländischen Einkünfte entfällt – abgezogen werden. Dieser Betrag errechnet sich wie folgt:
>
> Zuerst wird die durchschnittliche deutsche Einkommensteuer errechnet; dies ergibt einen Satz von 12,60 % (2485 € x 100 : 19720 €).
>
> Dieser durchschnittliche Steuersatz wird dann auf die ausländischen Einkünfte angewandt (5 000 x 12,60 %), so dass sich der obige Betrag von 630 € ergibt.

Hat der Steuerpflichtige ausländische Einkünfte aus verschiedenen ausländischen Staaten bezogen, so ist der Höchstbetrag der anrechenbaren ausländischen Steuern für jeden ausländischen Staat gesondert zu ermitteln (sog. per country-limitation).

13.6.4   Steuerabzug nach § 34c Abs. 2 EStG

2445   Statt der Anrechnung (Abs. 1) kann der Steuerpflichtige durch Antrag den Abzug der ausländischen Steuer bei der Ermittlung der Einkünfte begehren. Von diesem Wahlrecht wird der Steuerpflichtige insbesondere dann Gebrauch machen, wenn für dieselben ausländischen Einkünfte einer geringen – darauf entfallenden – deutschen ESt eine weitaus höhere ausländische Steuer gegenübersteht und somit ein beachtlicher Teilbetrag der ausländischen Steuer nicht nach § 34c Abs. 1 EStG angerechnet werden kann. Ob der Steuerabzug nach Abs. 2 sich steuerlich günstiger auswirkt als die Steueranrechnung nach Abs. 1, ist jeweils nach den Merkmalen des Einzelfalls – durch Vergleich der jeweiligen Steuerersparnis – vom Steuerpflichtigen auszurechnen.

Der Steuerabzug kann zu einem negativen Gesamtbetrag der Einkünfte führen und somit in den nach § 10d EStG abzugsfähigen Betrag eingehen.

Der Steuerabzug als Alternative zur Steueranrechnung kommt grundsätzlich nur für ausländische Steuern aus solchen Staaten, mit denen kein DBA besteht, in Betracht; denn § 34c EStG stellt eine nur einseitige – nationale – Maßnahme zur Beseitigung einer Doppelbesteuerung dar.

2446   Fraglich ist, ob eine ausländische Steuer auch dann nach § 34c Abs. 2 EStG abzugsfähig ist, wenn die ausländischen Einkünfte, von denen sie erhoben wurde, nach deutschem Steuerrecht negativ und nach Maßgabe des § 2a EStG nicht ausgleichsfähig sind.

BEISPIEL: B bezieht Einkünfte aus einem ausländischen Grundbesitz. Nach dem Steuerrecht des ausländischen Staates sind diese positiv, so dass dort eine ausländische Steuer erhoben wurde. Nach deutschem Steuerrecht sind die Einkünfte negativ und somit nach § 2a EStG nicht ausgleichsfähig; sie bleiben deshalb bei der Ermittlung der Summe der Einkünfte unberücksichtigt.

Da auf die negativen Einkünfte keine anteilige deutsche ESt entfällt, kommt eine Anrechnung der ausländischen Steuer nach § 34c Abs. 1 EStG nicht in Betracht. Kann diese Steuer – auch wenn die ihr zugrunde liegenden Einkünfte nach § 2a EStG nicht ausgleichsfähig sind – gleichwohl bei der Ermittlung der Einkünfte abgezogen werden?

Meines Erachtens kann auch in diesem Fall die ausländische Steuer nach § 34c Abs. 2 EStG bei der Ermittlung des Gesamtbetrags der Einkünfte abgezogen werden.

Auch wenn der ausländische Verlust nach § 2a EStG nicht ausgleichsfähig ist, verliert er gleichwohl nicht den Charakter als ausländische Einkünfte i. S. des § 34d EStG. Dieses Tatbestandsmerkmal ist somit ebenso wie die übrigen Voraussetzungen des § 34c Abs. 1 EStG gegeben. Dass eine Steueranrechnung nach § 34c Abs. 1 EStG nicht möglich ist, liegt allein in der Anrechnungssystematik der Ermittlung des Höchstbetrags begründet. Scheitert die Steueranrechnung an dem Höchstbetrag von 0 €, so ist eben deshalb der Steuerabzug nach § 34c Abs. 2 EStG möglich. Dass hierfür die Erfassung der zugrunde liegenden – negativen – Einkünfte bei der Ermittlung der Summe der Einkünfte notwendig wäre, kann der Vorschrift des § 34c EStG nicht entnommen werden.

Nach § 34c Abs. 5 EStG kann unter bestimmten Voraussetzungen die auf die ausländischen Einkünfte entfallende deutsche ESt erlassen oder in einem Pauschbetrag festgesetzt werden. Dazu haben die Länder im Einvernehmen mit dem BdF gleich lautende Erlasse (BStBl 1983 I 470; BStBl 1984 I 252) herausgegeben.

13.7 Steuerermäßigung bei Einkünften aus Land- und Forstwirtschaft (§ 34e EStG)

Soweit bei der Ermittlung der tariflichen ESt ein Gewinn aus Land- und Forstwirtschaft 2447 berücksichtigt wird, konnte die tarifliche ESt grundsätzlich um die auf diesen Gewinn entfallende – anteilige – ESt, höchstens jedoch um 1 000 DM ermäßigt werden. Diese Ermäßigung galt nur für die VZ 1999 und 2000.

13.8 Steuerermäßigung bei Mitgliedsbeiträgen und Spenden an politische Parteien und an unabhängige Wählervereinigungen

Nach § 10b Abs. 2 EStG stellen Mitgliedsbeiträge und Spenden an politische Parteien 2448 i. S. des § 2 PartG Ausgaben zur Förderung staatspolitischer Zwecke dar. Werden Ausgaben in diesem Sinne geleistet, wird für diese eine Steuerermäßigung nach § 34g EStG gewährt. Es handelt sich dabei um eine Ermäßigung der tariflichen ESt, die zunächst um sonstige Steuerermäßigungen zu vermindern ist.

Die Steuerermäßigung ist jedoch in dreifacher Hinsicht begrenzt:

a) zunächst kommt eine Ermäßigung von 50 % der Ausgaben in Betracht;

b) die so ermittelte Steuerermäßigung darf jedoch höchstens 825 € und im Fall der Zusammenveranlagung höchstens 1 650 € betragen;

c) da es sich um eine Steuerermäßigung und nicht um eine Steuerminderung handelt, kann dieser Abzug nicht zu einem Ergebnis von unter 0 € führen.

> **BEISPIEL 1:** ▶ Der ledige Steuerpflichtige A hat begünstigte Spenden an eine politische Partei i. H. von 1 000 € geleistet. Die tarifliche ESt beträgt 10 000 €; die sonstigen Steuerermäßigungen belaufen sich auf 9 600 €. Der grundsätzlich abzugsfähige Betrag i. H. von 500 € (50 % von 1 000 €) würde zu einem Ergebnis unter 0 € führen; deshalb ist die Steuerermäßigung auf 400 € (10 000 ./. 9 600) beschränkt.

> **BEISPIEL 2:** ▶ Die begünstigten Spenden und Mitgliedsbeiträge der zusammen veranlagten Eheleute B betragen 11 000 €. Die tarifliche ESt, die nicht um weitere Steuerermäßigungen zu kürzen ist, beläuft sich auf 40 000 €.
>
> Statt des zunächst in Betracht kommenden Abzugsbetrags i. H. von 5 500 € (50 % von 11 000 €), ist die Steuerermäßigung auf den Höchstbetrag von 1 650 € begrenzt. Die festzusetzende ESt beträgt somit 38 350 € (40 000 ./. 1 650).

2449 Soweit die Spenden oder Mitgliedsbeiträge nicht zu einer Steuerermäßigung geführt haben, können sie im Rahmen des § 10b EStG als **Sonderausgaben** abgezogen werden. Berücksichtigt nach § 34g EStG sind stets die Beträge, die dem doppelten der gewährten Steuerermäßigung entsprechen.

Im vorigen Beispiel 1 haben 800 € der Ausgaben zu einer Steuerermäßigung i. H. von 400 € (50 % von 800 €) geführt; der nicht berücksichtigte Restbetrag i. H. von 200 € (1 000 ./. 800) ist unter den Voraussetzungen des § 10b EStG als Sonderausgaben abzugsfähig. Im vorigen Beispiel 2 sind von den begünstigten Ausgaben i. H. von insgesamt 11 000 € 3 300 €, die zu einer Steuerermäßigung von 1 650 € geführt haben, nach § 34g EStG berücksichtigt worden.

2450 Durch das Steuerreformgesetz 1990 wurde die Steuerermäßigung auf unabhängige Wählervereinigungen ausgedehnt. Nach dem Wortlaut des Gesetzes wird die Ermäßigung davon abhängig gemacht, dass sich der Verein ernsthaft durch die Teilnahme an Wahlen an der politischen Willensbildung beteiligt oder beteiligen will. Der ausschließliche Zweck des Vereins muss daher darauf gerichtet sein, an Wahlen auf Bundes-, Landes- oder Kommunalebene mitzuwirken. Der Verein muss weiter bei der jeweils letzten Wahl mindestens ein Mandat errungen oder er muss der zuständigen Wahlbehörde angezeigt haben, dass er an der nächsten Wahl mit eigenen Wahlvorschlägen teilnehmen will. Wird letztere Absicht nicht erfüllt, so sind Beiträge und Spenden an den Verein nur bis zum Wahltag abzugsfähig und dann erst wieder ab Beginn des Jahres, in dem er sich tatsächlich an Wahlen beteiligt.

13.9 Steuerermäßigung wegen Gewerbesteuer

13.9.1 Zweck der Regelung

2451 Gewinne von Personenunternehmen (Einzelunternehmen und Personengesellschaften) unterliegen unabhängig davon, ob sie entnommen oder im Betrieb belassen werden, sowohl der Gewerbesteuer (nach Abzug des Freibetrags i. H. von 24 500 €) als auch der ESt. Die Gesamtsteuerbelastung des Gewinns erreicht so schnell über 50 %. § 35 EStG soll die Doppelbelastung gewerblicher Einkünfte mit Einkommen- und Gewerbesteuer (so das Wunschergebnis) beseitigen, so dass im Ergebnis nur die normale Belastung mit ESt bleibt. Diese Entlastung ist auch vor dem Hintergrund zu sehen, dass der Gewinn von Kapitalgesellschaften bei Thesaurierung im Ergebnis nur eine Gesamtsteuerbelastung von maximal etwa 30 % hat. Neben der Gewerbesteuer (ohne Freibetrag und Staffelsätze) von (im Normalfall) etwa 15 % kommt hier nur eine Körperschaftsteuerbelastung von 15 % (bei Gewinnthesaurierung) dazu. Es darf aber nicht übersehen werden, dass bei Ausschüttung des Gewinns noch die ESt-Belastung des Anteilseigners (bis 2008 im Halbeinkünfteverfahren) hinzu tritt. So dient § 35 EStG auch zur Nivellierung von Belastungsunterschieden gewerblicher Gewinne, die von Betrieben in unterschiedlicher Rechtsform (Personenunternehmen bzw. Kapitalgesellschaft) erzielt werden.

13.9.2 Grundprinzip der Steuerermäßigung

Bei der Ermäßigung der ESt um die Gewerbesteuer wird die ESt des Unternehmers durch eine pauschalierte Anrechnung der Gewerbesteuer gemindert. Die ESt-Ermäßigung beträgt das 3,8-fache des Gewerbesteuermessbetrags. 2452

Die Gewerbesteuer ist seit 2008 nicht mehr als Betriebsausgabe abzugsfähig.

Die Steuerermäßigung nach § 35 EStG führt zu einer wesentlichen Entspannung bei der Problematik der Abgrenzung gewerblicher Einkünfte. So wird z. B. das Vorliegen eines gewerblichen Grundstückshandels oder die Abgrenzung zwischen freiberuflichen und gewerblichen Einkünften (Streitpunkt derzeit z. B. der umfangreiche Bereich der Softwareentwicklung) weitgehend an Bedeutung verlieren. Bei Gemeinden mit niedrigen Hebesätzen kann es sogar günstiger sein, gewerblich tätig zu sein, da die Steuerermäßigung nach § 35 EStG hier i. d. R. zu einer niedrigeren Steuer führt als dies z. B. bei Annahme einer freiberuflichen Tätigkeit der Fall wäre. 2453

(Einstweilen frei) 2454

13.9.3 Begünstigter Personenkreis

Begünstigt sind folgende Unternehmertätigkeiten mit gewerblichen Einkünften: 2455

► Einzelunternehmer,

► Mitunternehmer,

► unmittelbar beteiligte Mitunternehmer,

► mittelbar beteiligte Mitunternehmer und

► persönlich haftende Gesellschafter von Kommanditgesellschaften auf Aktien.

Der Geltungsbereich erstreckt sich nur auf natürliche Personen, die mit ihren Gewinnen der ESt unterliegen, nicht aber auf Kapitalgesellschaften.

13.9.4 Berechnung der Steuerermäßigung

13.9.4.1 Einzelunternehmen

2456 Bei einem Einzelunternehmer ermäßigt sich die tarifliche ESt um das 3,8-fache des für seinen Gewerbebetrieb festgesetzten GewSt-Messbetrags. Damit muss zukünftig zunächst die GewSt-Veranlagung durchgeführt werden, um die Höhe der festzusetzenden ESt zu ermitteln. Dann kann auf den festgesetzten GewSt-Messbetrag zugegriffen werden, der Ausgangsgröße für die ESt-Ermäßigung ist.

Auswirkungen auf die Ermittlung der GewSt-Rückstellung ergeben sich durch die Steuerermäßigung nicht.

Auf die tatsächliche Höhe der GewSt kommt es bei der pauschalen Steuerermäßigung nicht an.

2457 Die Höhe des Hebesatzes ist nicht entscheidend, weil die Ermäßigung nur an den GewSt-Messbetrag und nicht an die festgesetzte Gewerbesteuer anknüpft.

2458 Der GewSt-Messbescheid ist Grundlagenbescheid für die Steuerermäßigung bei der Einkommensteuer (§ 35 Abs. 3 Satz 3 u. 4 EStG).

Wird der GewSt-Messbescheid geändert, ist der ESt-Steuerbescheid nach § 175 Abs. 1 Nr. 1 AO als Folgebescheid ebenfalls zu ändern.

2459 Die Steuerermäßigung setzt voraus, dass im zu versteuernden Einkommen positive gewerbliche Einkünfte enthalten sind. Denn nur die darauf entfallende anteilige ESt kann ermäßigt werden (ggf. bis auf 0). Wird die ESt auf 0 festgesetzt, z. B. aufgrund von Verlusten aus anderen Einkunftsarten, so geht die Steuerermäßigung vollständig ins Leere. Sie kann nicht zu einer negativen ESt führen; auch ein Rück- oder Vortrag einer nicht ausgenutzten Steuerermäßigung ist nicht vorgesehen. Die auf die gewerblichen Einkünfte entfallende ESt wird im Verhältnis der gewerblicher Einkünfte zur Summe der Einkünfte ermittelt (wie bei § 34c EStG).

> **BEISPIEL 1:** Malermeister M hatte im Jahr 2016 einen Gewinn aus Gewerbebetrieb i. H. von 140 000 €. Der Gewerbeertrag für 2016 beträgt wegen hoher Hinzurechnungen 154 500 €. Die Summe der Einkünfte beträgt zusammen mit Vermietungseinkünften 210 000 €, das zu versteuernde Einkommen 200 000 €.
>
> Zunächst ist die GewSt-Veranlagung durchzuführen:
>
> | | |
> |---|---:|
> | Gewerbeertrag | 154 500 |
> | ./. Freibetrag | 24 500 |
> | Verbleiben | 130 000 |
> | × Messzahl 3,5 % | |
> | GewSt-Messbetrag | 4 550 |
>
> Anschließend kann die ESt-Veranlagung durchgeführt werden:
>
> | | |
> |---|---:|
> | Gewerbliche Einkünfte | 140 000 |
> | Summe der Einkünfte | 210 000 |
> | zu versteuerndes Einkommen | 200 000 |
> | tarifliche ESt lt. Grundtabelle | 75 605 |
> | anteilige ESt auf die gewerblichen Einkünfte | |

$$\frac{\text{ESt} \times \text{gewerbliche Einkünfte}}{\text{Summe der Einkünfte}}$$

$$= \frac{75\,605 \times 140\,000}{210\,000} = 50\,403$$

./. Ermäßigung nach § 35 EStG (maximal bis 0) (GewSt-Messbetrag

4 550 × 3,8) = 17 290   ./. 17 290

festzusetzende ESt   58 315

Sind die gewerblichen Einkünfte negativ, kann dennoch Gewerbesteuer anfallen (etwa wegen gewerbesteuerlicher Hinzurechnungen). In diesen Fällen kommt es trotz GewSt-Belastung nicht zur Steuermäßigung bei der ESt (sog. Anrechnungsüberhang).

BEISPIEL 2: M erwirtschaftete mit seinem Einzelunternehmen im Jahr 2016 einen Verlust i.H.von 10 000 €. Aufgrund hoher Dauerschuldentgelte und sonstiger Hinzurechnungen beträgt der Gewerbeertrag 200 000 €. M kann trotz der entstehenden GewSt-Belastung im Jahr 2016 keine (anteilige) Steuermäßigung erhalten, da er keine positiven gewerblichen Einkünfte erzielt. Das Ermäßigungsvolumen beträgt damit 0 €, weil auf dem gewerblichen Verlust keine ESt lastet. Dies gilt unabhängig davon, ob er andere positive Einkünfte hat oder nicht.

Die Ermäßigung wird für jeden Gewerbebetrieb getrennt ermittelt. Hat ein Steuerpflichtiger mehrere Gewerbebetriebe und/oder ist er an mehreren Gewerbebetrieben beteiligt, sind die Ermäßigungen getrennt zu berechnen und bei seiner ESt zusammenzufassen. Vgl. hierzu und zu weiteren Details auch das Anwendungsschreiben des BMF-Schreibens zu § 35 EStG v. 24. 2. 2009, in BStBl 2009 I 440.

13.9.4.2 Personengesellschaften

Bei Personengesellschaften ist die Besonderheit zu beachten, dass die GewSt auf der 2460 Ebene der Gesellschaft, die ESt jedoch gegenüber den Gesellschafter festgesetzt wird. Hier erfolgt die Steuermäßigung auf der Grundlage des anteiligen GewSt-Messbetrages (§ 35 Abs. 1 Nr. 2, Abs. 3 Satz 2 EStG). Der jedem Mitunternehmer zuzurechnende Anteil bestimmt sich nach dem gesellschaftsvertraglich vereinbarten Gewinnverteilungsschlüssel. Vorabgewinne, Sondervergütungen sowie die Ergebnisse aus Sonder- und Ergänzungsbilanzen beeinflussen die Verteilung des Messbetrages nicht.

Ergibt sich bei einem Gesellschafter ein Gewinnanteil, bei einem anderen hingegen ein Verlustanteil, z. B. wegen hoher Verluste aus dem Sonderbetriebsvermögen oder aus einer Ergänzungsbilanz, ändert sich am Verteilungsschlüssel für den GewSt-Messbetrag nichts, d. h. auch dem Gesellschafter mit Verlustanteil wird ein Anteil am GewSt-Messbetrag nach dem allgemeinen Gewinnverteilungsschlüssel zugewiesen. Damit läuft bei diesem Gesellschafter die Steuermäßigung ins Leere, d. h. dadurch wird Steuerermäßigungsvolumen bei den anderen Gesellschaftern vernichtet, weil ihnen kein höherer Anteil am GewSt-Messbetrag zugewiesen werden kann.

Der GewSt-Messbetrag und der Anteil eines jeden Gesellschafters daran (als Vomhun- 2461 dertsatz mit zwei Nachkommastellen) sind im Rahmen des Gewinnfeststellungsverfahrens vom Betriebsfinanzamt gesondert und einheitlich festzustellen (§ 35 Abs. 3 u. 4 EStG). Bei der ESt-Veranlagung der Gesellschafter wird der mit Bindungswirkung (§ 351

Abs. 2 AO) festgestellte Anteil am GewSt-Messbetrag dann zur Berechnung der Steuerermäßigung übernommen.

> **BEISPIEL:** An der ABC-OHG sind A, B und C zu je 1/3 beteiligt. Die OHG erzielt im Jahr 2014 einen Gesamtgewinn i. H. von 600 000 €. A erhält eine (als Aufwand bei der OHG behandelte) Tätigkeitsvergütung i. H. von 100 000 €. B hat der OHG ein Grundstück überlassen und erzielt dadurch einen Verlust i. H. von 40 000 €. C hat seinen Anteil erst vor kurzem erworben und erzielt wegen höherer AfA einen Verlust in seiner Ergänzungsbilanz i. H. von 60 000 €. Der GewSt-Messbetrag der OHG beträgt 27 000 €. Der GewSt-Messbetrag (27 000 €) und die Anteile der Gesellschafter (nach dem allgemeinen Gewinnverteilungsschlüssel jeweils ¹/₃ = 9 000 €) sind gesondert und einheitlich festzustellen.

2462 Die Gewinnverteilung bei der ABC-OHG mit Aufteilung des GewSt-Messbetrages sieht dann so aus:

TAB. 1:	Übersicht				
Beteiligter	Laufende Einkünfte	Hinzuzusetzen	Abzusetzen	Zuzurechnende Einkünfte	GewSt-Messbetrag
A	+ 200 000 €	+ 100 000 €	–	+ 300 000 €	33,33 % = 9 000 €
B	+ 200 000 €	–	./. 40 000 €	+ 160 000 €	33,33 % = 9 000 €
C	+ 200 000 €	–	./. 60 000 €	+ 140 000 €	33,33 % = 9 000 €
Summe	+ 600 000 €	+ 100 000 €	./. 100 000 €	+ 600 000 €	100 % = 27 000 €

13.10 Steuerermäßigung bei Aufwendungen für haushaltsnahe Beschäftigungsverhältnisse, haushaltsnahe Dienstleistungen und Handwerkerleistungen (§ 35a EStG)

13.10.1 Allgemeines

2463 Die Regelung des § 35a EStG nennt zwei Begünstigungstatbestände, denen der Begriff haushaltsnah gemeinsam ist. Hierfür ist erforderlich, dass die Tätigkeit zur Haushaltsführung oder zur Versorgung der Haushaltsangehörigen erfolgt; die Unterrichtung von Kindern und ihre Unterweisung in besonderen Fähigkeiten fällt nicht darunter. Beide Begünstigungen werden nur auf Antrag gewährt. Einzelheiten und Zweifelsfragen zu § 35a EStG klärt der überarbeitete Erlass vom 10. 1. 2014, BStBl 2014 I 75.

13.10.2 Haushaltsnahe Beschäftigungsverhältnisse

2464 Für **haushaltsnahe Beschäftigungsverhältnisse,** die in einem in der EU liegenden Haushalt ausgeübt werden, ermäßigt sich nach § 35a EStG auf Antrag die tarifliche ESt

▶ um 20 %, höchstens 510 €, bei einer geringfügigen Beschäftigung i. S. des § 8a SGB IV,

der Aufwendungen des Steuerpflichtigen, die nicht Betriebsausgaben oder Werbungskosten darstellen und soweit sie nicht als außergewöhnliche Belastung berücksichtigt worden sind.

Unter Beschäftigungsverhältnis ist ein abhängiges Arbeitsverhältnis zu verstehen; auch Teilzeitarbeitsverhältnisse fallen darunter.

13.10.3 Haushaltsnahe Dienstleistungen

Für die **Inanspruchnahme von haushaltsnahen Dienstleistungen** (ohne Handwerkerleis- 2465 tungen) durch einen privaten Haushalt (z. B. durch Dienstleistungsagenturen) ermäßigt sich die tarifliche ESt auf Antrag um 20 % der Aufwendungen, höchstens um 4 000 € (§ 35a Abs. 2 Satz 1 EStG).

Zu den haushaltsnahen Dienstleistungen gehören nur Tätigkeiten, die gewöhnlich sonst durch Mitglieder des privaten Haushalts erledigt werden und für die nunmehr eine Dienstleistungsagentur oder ein selbständiger Dienstleister in Anspruch genommen wird. Hierunter fallen z. B. die Reinigung der Wohnung durch Angestellte einer Dienstleistungsagentur oder einen selbständigen Fensterputzer, Gartenarbeiten wie Rasenmähen oder Heckenschneiden durch einen selbständigen Gärtner, Umzugskosten etc. (vgl. hierzu ausführlich BMF-Schreiben a. a. O.).

Diese Steuerermäßigung kann im Rahmen des Höchstbetrags auch für

► Pflege- und Betreuungsleistungen

► Aufwendungen, die einem Steuerpflichtigen für eine Heimunterbringung oder für dauernde Pflege entstehen, soweit darin Kosten enthalten sind, die mit einer Hilfe im Haushalt verglichen werden können

in Anspruch genommen werden.

Diese Steuerermäßigung steht auch Angehörigen von Personen mit Pflege- oder Betreuungsbedarf zu, wenn sie für Pflege- oder Betreuungsleistungen aufkommen, die im eigenen inländischen Haushalt oder im Haushalt der gepflegten oder betreuten Person durchgeführt werden.

13.10.4 Handwerkerleistungen

Für die **Inanspruchnahme von Handwerkerleistungen für Renovierungs-, Erhaltungs-** 2466 **und Modernisierungsmaßnahmen** im inländischen Haushalt des Steuerpflichtigen ermäßigt sich die Einkommensteuer auf Antrag um 20 % des gezahlten Rechnungsbetrags, soweit dieser auf Arbeitskosten entfällt, höchstens jedoch um 1 200 € (§ 35a Abs. 3 EStG). Auch Wohnungseigentümer können diese Kosten geltend machen, soweit sie anteilig auf sein Wohnungseigentum entfallen.

Zu den berücksichtigungsfähigen Aufwendungen gehören z. B.

► die Arbeiten an Innen- und Außenwänden (Streichen, aber auch Verputzen), sowie das Streichen/Lackieren von Türen, Fenstern (innen und außen), Wandschränken, Heizkörpern und Rohren,

► Arbeiten am Dach, an der Fassade, an Garagen,

► die Modernisierung des Badezimmers,

► die Beseitigung kleinerer Schäden und die Erneuerung des Bodenbelags,

- die Erneuerung bzw. der Austausch von Fenstern und Türen,

- die Reparatur und Wartung von Heizungsanlagen, Elektro-, Gas- und Wasserinstallationen,

- die Reparatur von Haushaltsgeräten,

- Maßnahmen der Gartengestaltung und Wegearbeiten (jedoch nicht Gartenpflegearbeiten; diese fallen unter § 35a Abs. 2 Satz 1 EStG),

unabhängig davon, ob die Aufwendungen für die einzelne Maßnahme Erhaltungs- oder Herstellungsaufwand darstellen; nicht jedoch handwerkliche Tätigkeiten im Rahmen einer Neubaumaßnahme.

Steuerlich begünstigt werden nur die Aufwendungen für den Arbeitslohn (einschl. der gesondert ausgewiesenen Fahrtkosten) der Handwerkerleistung, nicht Materialkosten und sonstige gelieferte Waren.

Können die Handwerkerleistungen dem Bereich der Betriebsausgaben, Werbungskosten, Sonderausgaben oder außergewöhnliche Belastungen zugeordnet werden, kommt eine Begünstigung im Rahmen des § 35a EStG nicht in Betracht (§ 35a Abs. 5 EStG).

Voraussetzung für die Steuerermäßigung ist weiter, dass der Steuerpflichtige die Aufwendungen durch Vorlage einer Rechnung und die Zahlung auf das Konto des Erbringers der haushaltsnahen Dienstleistung, der Handwerkerleistung oder der Pflege bzw. Betreuungsleistung durch einen Beleg des Kreditinstituts nachweist (§ 35a Abs. 5 Satz 3 EStG).

13.10.5   Zeitanteilige Kürzung

2467   Die Höchstbeträge des § 35a EStG sind Jahresbeträge. Eine Kürzung für die Monate, in denen kein entsprechendes Beschäftigungsverhältnis besteht; ist nicht vorgesehen.

13.10.6   Haushaltsgemeinschaften

2468   Alleinstehende, die gemeinsam in einem Haushalt leben, können die Begünstigung des § 35a EStG nur einmal geltend machen. Es ist also weder eine Verdoppelung der Beträge möglich noch kann der eine Alleinstehende die Begünstigung nach Abs. 1 und der andere diejenige nach Abs. 2 wählen.

13.10.7   Lohnsteuerabzug

2469   Die Begünstigung des § 35a EStG ist in Höhe des Vierfachen des Entlastungsbetrags nach § 39a Abs. 1 Nr. 5c EStG als Lohnsteuerabzugsmerkmal berücksichtigbar, so dass sich die Begünstigung bereits beim Lohnsteuerabzug auswirkt.

2470–2475   *(Einstweilen frei)*

KAPITEL 14: ENTRICHTUNG DER EINKOMMEN-STEUER

Kapitel 14:
Entrichtung der Einkommensteuer

14.1 Voraus- und Abschlusszahlungen

14.1.1 Grundsätzliches

2476 Da die ESt-Schuld grundsätzlich erst nach Ablauf des Kalenderjahres durch die Veranlagung ermittelt wird, ordnet § 37 Abs. 1 EStG an, dass der Steuerpflichtige schon im laufenden Jahr Vorauszahlungen auf die später festzusetzende ESt zu entrichten hat. Die Vorauszahlungen sind am 10. 3., 10. 6., 10. 9. und 10. 12. fällig, und zwar jeweils ein Viertel der auf das ganze Jahr entfallenden Vorauszahlungen.

Das FA setzt die Vorauszahlungen durch Vorauszahlungsbescheid fest. Die Vorauszahlungen werden nach der ESt bemessen, die sich nach der Anrechnung der Steuerabzugsbeträge (§ 36 Abs. 2 Nr. 2 EStG) bei der letzten Veranlagung ergeben hat (§ 37 Abs. 3 Satz 2 EStG).

Das FA kann die Vorauszahlungen an die ESt anpassen, die sich für den Veranlagungszeitraum voraussichtlich ergeben wird (§ 37 Abs. 3 Satz 3 EStG). Die beiden in § 37 EStG vorgesehenen Bemessungsgrundlagen bestimmen nur die für den jeweiligen Veranlagungszeitraum insgesamt zu entrichtende Summe der Vorauszahlungen. Die Vorschrift enthält indes keine ausdrückliche Bestimmung, nach welchem Maßstab die insgesamt zu entrichtenden Vorauszahlungen auf die einzelnen Termine zu verteilen sind. Da sich die ESt nach dem Einkommen des Veranlagungszeitraums bemisst, sind hierauf auch die Vorauszahlungen zu leisten. Die Auslegung der Vorschrift ergibt, dass die insgesamt zu entrichtenden Vorauszahlungen grundsätzlich in gleich hohen Teilbeträgen festzusetzen sind. Eine Ausnahme hiervon kommt insbesondere nicht in Betracht, soweit der Steuerpflichtige geltend macht, der Gewinn des laufenden Veranlagungszeitraums entstehe nicht gleichmäßig (BFH 22. 11. 2011 VIII R 11/09, BStBl 2012 II 329).

14.1.2 Anpassung der Vorauszahlungen

14.1.2.1 Allgemeines

2477 Für das FA besteht die Möglichkeit, bis zum Ablauf des 15. Kalendermonats nach Ende des VZ die Vorauszahlungen so anzupassen, dass diese bereits die voraussichtlich für diesen VZ zu entrichtende ESt in ihrer Höhe erreichen (§ 37 Abs. 3 Satz 3 EStG). Dieser Zeitraum verlängert sich auf 23 Monate (bis einschl. VZ 2010 21 Monate), wenn die Einkünfte aus Land- und Forstwirtschaft bei der erstmaligen Steuerfestsetzung die anderen Einkünfte voraussichtlich überwiegen werden. Der Erhöhungsbetrag (im Rahmen der letzten Vorauszahlung für den VZ) ist gem. § 37 Abs. 4 EStG innerhalb eines Monats nach Bekanntgabe des Vorauszahlungsbescheids fällig. Die vorgenannte Frist gilt jedoch nicht für Vorauszahlungen nach § 37 Abs. 3 Satz 2 EStG (BFH 22. 8. 1974 IV R 86/74, BStBl 1975 II 15; BFH 25. 6. 1981 IV R 241/80, BStBl 1982 II 105).

Bei der Anpassung der Vorauszahlungen bleiben bestimmte Sonderausgaben und außergewöhnliche Belastungen, soweit sie den Betrag von 600 € nicht übersteigen, außer

Ansatz (§ 37 Abs. 3 Satz 4 EStG). Die Steuerermäßigung nach § 34a EStG sowie der Sonderausgabenabzug nach § 10a Abs. 1 EStG bleiben ebenfalls außer Ansatz (§ 37 Abs. 3 Satz 5 und 6 EStG). In § 37 Abs. 3 Satz 4 EStG bleiben die Vorsorgeaufwendungen unerwähnt; das bedeutet, dass diese im Rahmen der Höchstbeträge (§ 10 Abs. 3, 4 und 4a EStG) bei der Bemessung der Vorauszahlungen berücksichtigt werden. Unerwähnt in § 37 Abs. 3 Satz 4 EStG bleiben ebenfalls die außergewöhnlichen Belastungen i. S. des § 33b EStG.

14.1.2.2   Anpassung wegen negativer Einkünfte aus Vermietung und Verpachtung

Eine Anpassung der Vorauszahlungen an die voraussichtliche ESt ist für negative Einkünfte aus der Vermietung und Verpachtung von Vermögensgegenständen und Rechten i. S. des § 21 Abs. 1 Nr. 1–3 EStG durch § 37 Abs. 3 Satz 8–11 EStG erheblich eingeschränkt. Dabei wird unterschieden zwischen der Vermietung oder Verpachtung von Gebäuden (§ 37 Abs. 3 Satz 8–10 EStG) und anderen Vermögensgegenständen (§ 37 Abs. 3 Satz 11 EStG). Deshalb ist eine Abgrenzung dieser Begriffe erforderlich.   2478

Ein **Gebäude** ist – nach dem Bewertungsrecht – ein Bauwerk auf eigenem oder fremdem Grund und Boden, das Menschen oder Sachen durch räumliche Umschließung Schutz gegen äußere Einflüsse gewährt, den Aufenthalt von Menschen gestattet, fest mit dem Grund und Boden verbunden sowie von einiger Beständigkeit und standfest ist.   2479

Abzugrenzen vom Begriff des Gebäudes ist der ebenfalls in § 21 Abs. 1 Nr. 1 EStG verwendete Begriff der **Gebäudeteile.** Da in § 37 Abs. 3 Satz 9 EStG nur auf Gebäude verwiesen wird, sind Gebäudeteile den anderen Vermögensgegenständen zuzurechnen, für die die in § 37 Abs. 3 Satz 11 EStG getroffene Regelung gilt. Es stellt sich die Frage, was Gebäudeteile in dem in § 21 Abs. 1 Nr. 1 EStG neben Gebäuden verwendeten Begriffssinn sind; eine Legaldefinition gibt es nicht. Meines Erachtens ist zur Begriffsbestimmung auf R 4.2 Abs. 3 EStR zurückzugreifen, wonach Gebäudeteilen eine gewisse vom übrigen Gebäude im Nutzungs- und Funktionszusammenhang losgelöste Selbständigkeit (dort als Wirtschaftsgut) zukommt.   2480

Geht man von der eingangs dargestellten Definition des Gebäudes aus, so muss auch die **Eigentumswohnung** begrifflich den Gebäuden zugerechnet werden; auf Verluste aus der Vermietung einer Eigentumswohnung sind demzufolge der Satz 8–10 des § 37 Abs. 3 EStG anzuwenden.   2481

Als **andere Vermögensgegenstände** i. S. des § 37 Abs. 3 Satz 11 EStG kommen in Betracht: Grund und Boden, Schiffe, Sachinbegriffe, Rechte, aber auch zu Wohnzwecken genutzte – selbständige – Gebäudeteile i. S. von R 4.2 Abs. 3 EStR.   2482

Die Regelungen in § 37 Abs. 3 Satz 8 – 11 EStG beziehen sich wegen des Hinweises auf § 21 EStG ausschließlich auf die Vermietung oder Verpachtung von Privatvermögen. Sie sind **objektbezogen;** das heißt, dass sie sich ausschließlich auf die Verluste des noch nicht fertig gestellten (Satz 8 u. 9) bzw. noch nicht genutzten (Satz 11) Objekts beziehen, so dass sie keine Auswirkung auf andere bereits fertig gestellte bzw. genutzte Objekte, aus denen negative Einkünfte erzielt werden, haben.   2483

Im Einzelnen sind folgende Regelungen getroffen:

Nach § 37 Abs. 3 Satz 8 EStG werden negative Einkünfte aus der Vermietung oder Verpachtung eines Gebäudes i. S. des § 21 Abs. 1 Nr. 1 EStG bei der Festsetzung der Vorauszahlungen nur für Kalenderjahre berücksichtigt, die nach der Anschaffung oder Fertigstellung dieses Gebäudes beginnen.

> **BEISPIEL:** ▸ A ist Bauherr eines Mehrfamilienhauses, mit dessen Errichtung im Jahr 01 begonnen wird. Das Gebäude wird in 03 fertig gestellt.
>
> Die in der Bauphase einschließlich des Jahres der Fertigstellung entstehenden Verluste können bei der Bemessung der Vorauszahlungen für die Jahre 01–03 nicht berücksichtigt werden. Erst bei der Festsetzung der Vorauszahlungen des Jahres 04 können sich negative Einkünfte aus diesem Objekt auswirken.

Wird ein Gebäude vor dem Kalenderjahr seiner Fertigstellung angeschafft, tritt an die Stelle der Anschaffung die Fertigstellung (§ 37 Abs. 3 Satz 9 EStG).

> **BEISPIEL:** ▸ B erwirbt im Jahr 01 ein Gebäude, das er vor der Vermietung noch erheblich umbauen lässt. Die Umbauarbeiten werden erst im Jahr 02 abgeschlossen.
>
> Verluste aus diesem Gebäude können erstmals für das Jahr 03 bei der Festsetzung der Vorauszahlungen berücksichtigt werden.

2484 Grundsätzlich gelten die zuvor (für Gebäude) dargestellten Regelungen auch für **andere Vermögensgegenstände** i. S. des § 21 Abs. 1 Nr. 1–3 EStG. § 37 Abs. 3 Satz 11 EStG weicht jedoch für Objekte anderer Art insoweit von der Grundsatzregelung ab, als negative Einkünfte aus der Vermietung oder Verpachtung anderer Vermögensgegenstände erstmals für Kalenderjahre berücksichtigt werden können, die nach der Aufnahme der Nutzung durch den Steuerpflichtigen (Selbstnutzung, Überlassung, Vermietung oder Verpachtung an andere Personen) beginnen.

> **BEISPIEL:** ▸ D hat im Jahr 01 Grund und Boden erworben, den er ab dem Jahr 04 verpachtet.
>
> Negative Einkünfte, die dem D in den Jahren 01–04 entstehen, können bei der Bemessung der Vorauszahlungen dieser VZ nicht berücksichtigt werden.
>
> Dies ist erstmals für das Jahr 05 möglich.

14.1.2.3 Mindestbeträge

2485 Gemäß § 37 Abs. 5 EStG sind sowohl für die Festsetzung als auch für die Erhöhung der Vorauszahlungen Mindestbeträge zu beachten. Eine Festsetzung kommt nur in Betracht, wenn die Vorauszahlungen mindestens 400 € jährlich und mindestens 100 € für einen Vorauszahlungszeitpunkt betragen. Vorauszahlungen können nur erhöht werden, wenn in den Fällen des § 37 Abs. 3 Satz 2–4 EStG der Erhöhungsbetrag für einen Vorauszahlungszeitpunkt auf mindestens 100 € und im Falle der nachträglichen Erhöhung der letzten Vorauszahlung für den Veranlagungszeitraum (§ 37 Abs. 4 EStG) auf mindestens 5 000 € lautet.

> **BEISPIEL 1:** ▸ A hat für den VZ 09 insgesamt 12 273 € an in dieser Höhe auch festgesetzten ESt-Vorauszahlungen geleistet. Bei der Festsetzung der Vorauszahlungen war das FA ursprünglich von einem zu versteuernden Einkommen i. H. von 54 000 € ausgegangen. Im Januar 10 erfährt das FA jedoch Merkmale, die darauf schließen lassen, dass das zu versteuernde Einkommen im Jahr 09 vielmehr 70 000 € betragen hat; eine ESt-Erklärung für das Jahr 09 hat A noch nicht eingereicht.

Das FA passt daraufhin die ESt-Vorauszahlungen 01 auf insgesamt 18 004 € an und fordert A durch Vorauszahlungsbescheid auf, den Erhöhungsbetrag von 5 731 € innerhalb eines Monats nach Bekanntgabe des Vorauszahlungsbescheids zu entrichten (§ 37 Abs. 4 EStG).

BEISPIEL 2: Das für den ledigen B zuständige FA führt im Januar 03 die ESt-Veranlagung für den VZ 01 durch. Nach Abzug der Steuerabzugsbeträge (§ 36 Abs. 2 Nr. 2 EStG) ergibt sich eine ESt i. H. von 5 800 €. Das FA setzt daraufhin die Vorauszahlungen zum 10. 3., 10. 6., 10. 9. und 10. 12. 03 auf je 1 450 € fest (§ 37 Abs. 3 Satz 2 EStG).

Im November 03 wird die ESt-Veranlagung für den VZ 02 durchgeführt; die ESt beträgt nach Abzug der Steuerabzugsbeträge 6 300 €. In dem am 4. 12. 03 zur Post gegebenen Vorauszahlungsbescheid wird die ESt-Vorauszahlung zum 10. 12. 03 auf 1 950 € angepasst. B muss diese um 500 € erhöhte Vorauszahlung am 10. 12. 03 entrichten; die Frist nach § 37 Abs. 4 EStG gilt hier nicht (BFH 22. 8. 1975 IV R 86/74, BStBl 1975 II 15; BFH 25. 6. 1981 IV R 241/80, BStBl 1982 II 105).

14.1.3 Abschlusszahlung

Soweit sich aufgrund der Veranlagung eine ESt-Schuld ergibt, die höher ist als die Summe der entrichteten Vorauszahlungen, der Steuerabzugsbeträge (Lohnsteuer und Kapitalertragsteuer), muss der Steuerpflichtige in Höhe des Unterschieds eine Abschlusszahlung leisten. Die Abschlusszahlung ist in Höhe der nicht entrichteten Vorauszahlungen sofort und im Übrigen innerhalb eines Monats nach Bekanntgabe des Steuerbescheids fällig (§ 36 Abs. 4 Satz 1 EStG).

2486

Ist die im ESt-Bescheid festgesetzte ESt-Schuld geringer als die Summe der geleisteten Vorauszahlungen und Steuerabzugsbeträge, wird die Differenz dem Steuerpflichtigen gutgeschrieben oder zurückgezahlt (§ 36 Abs. 4 Satz 2 EStG). Die Ermittlung von Einkommensteuer-Erstattungsansprüchen nach § 37 Abs. 2 AO bzw. die Erstattungsberechtigung – einschließlich der Reihenfolge der Anrechnung – richtet sich nach den Grundsätzen des BMF-Schreibens vom 14. 1. 2015 (BStBl 2015 I 83).

Auch wenn im ESt-Bescheid die Steuerabzugsbeträge auf die ESt angerechnet werden, so stellt diese Abrechnung keinen Teil des Steuerbescheids dar; sie ist auch nicht ein Abrechnungsbescheid i. S. des § 218 Abs. 2 AO (BFH 11. 11. 1966 VI R 68/66, BStBl 1967 III 214). Aus diesem Grunde kann die Anrechnung von einbehaltenen Steuerabzugsbeträgen im ESt-Bescheid auch nach der Unanfechtbarkeit dieses Steuerbescheids bis zum Ablauf der Verjährungsfrist zugunsten des Steuerpflichtigen unbeschränkt berichtigt werden; zuungunsten des Steuerpflichtigen ist dies nur möglich, wenn entweder nach § 129 AO geändert wird oder die einschränkenden Voraussetzungen des § 130 Abs. 2 AO vorliegen (BFH 16. 10. 1986 VII R 159/83, BStBl 1987 II 405).

2487

Die einbehaltene Lohnsteuer kann nur insoweit auf die festgesetzte ESt angerechnet werden, als die zugehörigen Einkünfte bei der Veranlagung erfasst worden sind (BFH 19. 12. 2000 VII R 69/99, BStBl 2001 II 353).

Die Kapitalertragsteuer ist nur insoweit auf die ESt anzurechnen, als sie auf die bei der Veranlagung erfassten Einkünfte entfällt (§ 36 Abs. 2 Nr. 2 EStG). Dabei ist auch von einem „Erfassen" der Einnahmen bei der Veranlagung auszugehen, wenn diese nach Abzug des Sparer-Pauschbetrages im Ergebnis unbesteuert bleiben. Werden Kapitalerträge erst nach Bekanntgabe des ESt-Bescheids erklärt/bekannt und unterbleibt eine Än-

2488

derung der Steuerfestsetzung, weil sich weder die Höhe des zu versteuernden Einkommens noch die der festgesetzten ESt ändern würde, sind die auf die nachträglich bekannt gewordenen Einkünfte entfallende Kapitalertragsteuer – innerhalb der Zahlungsverjährungsfrist – auf die ESt anzurechnen. Es erfolgt eine Änderung der Steueranrechnung nach § 130 Abs. 1 AO.

14.2 Pauschalierung der Einkommensteuer

14.2.1 Pauschalierung der Einkommensteuer nach § 37a EStG

14.2.1.1 Voraussetzungen der Pauschalierung

2489 Nach § 37a Abs. 1 EStG kann das Unternehmen, das Sachprämien i. S. d. § 3 Nr. 38 EStG gewährt, die ESt für den Teil der Prämien, der nicht steuerfrei ist, pauschal erheben. Das Unternehmen muss sämtliche Sachprämien an Inländer in die Pauschalbesteuerung einbeziehen. Die pauschale Steuer soll lediglich die steuerpflichtigen Teile der Sachprämien erfassen. Bemessungsgrundlage für die pauschale Steuer ist aber der gesamte Wert der Sachprämien; dadurch erklärt sich auch der niedrige Steuersatz. Der Pauschsteuersatz beträgt 2,25 %. Die pauschale ESt gilt als LSt und ist von dem Unternehmen in der Lohnsteueranmeldung anzumelden und an das FA abzuführen. Das Unternehmen muss die Kunden von der Steuerübernahme unterrichten (§ 37a Abs. 2 EStG). Solange und soweit sie nicht unterrichtet werden, müssen die Kunden die Sachprämien in ihrer Steuererklärung angeben.

14.2.1.2 Steuerbefreiung nach § 3 Nr. 38 EStG

2490 Nach § 3 Nr. 38 EStG sind Sachprämien steuerfrei, die der Stpfl. für die persönliche Inanspruchnahme von Dienstleistungen von Unternehmen unentgeltlich erhält, die diese zum Zwecke der Kundenbindung im allgemeinen Geschäftsverkehr in einem jedermann zugänglichen planmäßigen Verfahren gewähren, soweit der Wert der Prämien **1 080 €** im Kj nicht übersteigt.

14.2.2 Pauschalierung der Einkommensteuer nach § 37b EStG

14.2.2.1 Allgemeines

2491 Durch das Jahressteuergesetz 2007 vom 13.12.2006 (BGBl I 2006, 2878) wurde mit § 37b EStG ab dem Veranlagungszeitraum 2007 eine weitere Pauschalierungsmöglichkeit der ESt geschaffen.

2492 Zahlreiche Stpfl. tätigen aus betrieblicher Veranlassung **Sachzuwendungen** an ArbN sowie an Personen, die zu ihnen nicht in einem Dienstverhältnis stehen (z. B. Geschäftspartner und deren Arbeitnehmer; Rz. 2 und 3 des BMF-Schreibens v. 19.5.2015, BStBl 2015 I 468). Für den Empfänger handelt es sich bei der Zuwendung regelmäßig um einen steuerpflichtigen geldwerten Vorteil, dessen Wert für ihn häufig schwer zu ermitteln ist. Zur Vereinfachung des Besteuerungsverfahrens wird eine Pauschalierungsmöglichkeit eingeführt, die es dem zuwendenden Stpfl. ermöglicht, die ESt pauschal mit 30 % zu erheben. Diese Pauschalsteuer gilt die steuerliche Erfassung des geldwerten

Vorteils beim Zuwendungsempfänger ab. Der Zuwendende übernimmt die Steuer und unterrichtet den Zuwendungsempfänger darüber. Damit wird für alle Beteiligten Rechtssicherheit geschaffen. Die Regelung betrifft nur Sachzuwendungen. Das BMF-Schreiben vom 19. 5. 2015 (BStBl 2015 I 468) nimmt zur Pauschalierung der ESt bei Sachzuwendungen nach § 37b EStG ausführlich Stellung.

14.2.2.2 Anwendungsbereich

Pauschalierungsfähig ist die ESt für (§ 37b Abs. 1 Nr. 1 und 2 EStG)   2493

1. betrieblich veranlasste Zuwendungen, die zusätzlich zur ohnehin vereinbarten Leistung oder Gegenleistung erbracht werden, und

2. Geschenke i. S. d. § 4 Abs. 5 Satz 1 Nr. 1 EStG.

Die Pauschalierungsmöglichkeit bei Sachzuwendungen besteht unabhängig von der   2494
Rechtsform für alle Stpfl. (natürliche Personen, Personengesellschaften und Kapitalgesellschaften; Rz. 2 des BMF-Schreibens v. 19. 5. 2015, BStBl 2015 I 468). Zuwendungsempfänger können auch eigene Arbeitnehmer des Zuwendenden sein (§ 37b Abs. 2 EStG).

Mit Urteil vom 12. 12. 2013 (VI R 47/12, BStBl 2015 II 490) hat der BFH entschieden,   2495
dass die Pauschalierung der Einkommensteuer nach § 37b EStG nicht alle Zuwendungen schlechthin erfasst. § 37b EStG beschränkt sich vielmehr auf **Zuwendungen**, die bei den **Zuwendungsempfängern** zu einkommensteuerpflichtigen **Einkünften** führen (s. a. BFH 16. 10. 2013 VI R 57/11, BStBl 2015 II 457; Rz. 13 des BMF-Schreibens vom 19. 5. 2015, BStBl 2015 I 468). Weiter setzt § 37b EStG ausdrücklich die **betriebliche Veranlassung** der Zuwendungen voraus und fordert darüber hinaus, dass diese Zuwendungen zusätzlich zur ohnehin vereinbarten Leistung oder Gegenleistung erbracht werden (s. a. BFH 16. 10. 2013 VI R 78/12, BStBl 2015 II 495).

Entscheidend ist die Veranlassung der Zuwendung. Danach fallen »aus gesellschaftsrechtlicher Veranlassung« gewährte Zuwendungen, »z. B. verdeckte Gewinnausschüttungen«, nicht unter die Pauschalierung (Rz. 9 des BMF-Schreibens vom 19. 5. 2015, BStBl 2015 I 468).

Weiter ist im Rahmen der Auslegung des § 37b EStG auch zu berücksichtigen, dass   2496
nicht alle betrieblich veranlassten Zuwendungen pauschalierungsfähig sind, sondern nur solche, die i. S. d. § 37b Abs. 1 Satz 1 Nr. 1 EStG zusätzlich zur ohnehin vereinbarten Leistung oder Gegenleistung erbracht wurden. Diese tatbestandliche Voraussetzung schränkt den Anwendungsbereich der Pauschalierungsnorm weiter ein. Denn dadurch sind Zuwendungen, die etwa zur Anbahnung eines Vertragsverhältnisses erbracht werden, mangels einer zu diesem Zeitpunkt ohnehin schon vereinbarten Leistung oder Gegenleistung nicht in den Anwendungsbereich des § 37b Abs. 1 Satz 1 Nr. 1 EStG einbezogen. Offenkundig erfasst der Tatbestand auch insoweit nicht schlechthin sämtliche unabhängig von einem bestehenden Leistungsaustausch erbrachten Zuwendungen, sondern nur solche, die ergänzend zu einem synallagmatischen Leistungsaustausch hinzutreten, in dem die Zuwendungen zwar nicht geschuldet, aber durch den Leistungsaustausch veranlasst sind (Rz. 9a des BMF-Schreibens vom 19. 5. 2015, BStBl 2015 I 468).

2497 Die »Zusätzlichkeitsvoraussetzung« für zusätzlich zum ohnehin geschuldeten Arbeitslohn erbrachte betrieblich veranlasste Zuwendungen nach § 37b Abs. 2 Satz 1 EStG erfordert, dass die Zuwendung zu dem Arbeitslohn hinzukommt, den der Arbeitgeber arbeitsrechtlich schuldet; eine Gehaltsumwandlung erfüllt diese Voraussetzung nicht. Kommt die zweckbestimmte Leistung zu dem Arbeitslohn hinzu, den der Arbeitgeber schuldet, ist das Tatbestandsmerkmal auch dann erfüllt, wenn der Arbeitnehmer arbeitsvertraglich oder aufgrund einer anderen arbeits- oder dienstrechtlichen Rechtsgrundlage einen Anspruch auf die zweckbestimmte Leistung hat (Rz. 9b des BMF-Schreibens vom 19. 5. 2015, BStBl 2015 I 468).).

Hinsichtlich der zusätzlich zum ohnehin geschuldeten Arbeitslohn gewährten Zuwendungen an eigene Arbeitnehmer ordnet das BMF diese Leistungen den Sachbezügen i. S. d. § 8 Abs. 2 Satz 1 EStG zu, die weder nach § 8 Abs. 2 Satz 2 bis 10 und Abs. 3 EStG bewertet noch nach § 40 Abs. 2 EStG pauschaliert besteuert werden können. In Fällen des § 8 Abs. 3 EStG hält es das BMF für unzulässig, dass die Steuer nach § 37b Abs. 2 EStG pauschaliert wird, wenn der Steuerpflichtige nach R 8.2 Abs. 1 Satz 1 Nr. 4 LStR die Bewertung des geldwerten Vorteils nach § 8 Abs. 2 EStG wählt (Rz. 3 des BMF-Schreibens vom 19. 5. 2015, BStBl 2015 I 468).

2498 Weiterhin kann sich ein Steuerpflichtiger sowohl nach Ansicht des BMF als auch des BFH bei sonstigen Sachbezügen, für die nach § 40 Abs. 1 EStG die pauschalierte Besteuerung möglich ist, alternativ für die Pauschalierung nach § 37b EStG entscheiden. Schließlich ist für die Zuwendung von Vermögensbeteiligungen an eigene Arbeitnehmer eine Pauschalierung nach § 37b EStG ausgeschlossen (Rz. 3 des BMF-Schreibens vom 19. 5. 2015, BStBl 2015 I 468).

Mit Urteil vom 16. 10. 2013 (VI R 57/11, BStBl 2015 II 457) hat der BFH entschieden, dass § 37b EStG eine besondere pauschalierende Erhebungsform der Einkommensteuer zur Wahl stellt und daher nur solche Zuwendungen erfasst, die bei den Empfängern der Zuwendungen zu einkommensteuerbaren und grundsätzlich auch einkommensteuerpflichtigen Einkünften führen. Entsprechend dem Gegenstand und Umfang der Einkommensbesteuerung sind mit § 37b EStG nur Zuwendungen erfasst, die durch Nutzung einer einkommensteuerrechtlichen Erwerbsgrundlage als Einkünfte im Rahmen einer der Einkunftsarten erzielt werden (Rz. 3 des BMF-Schreibens vom 19. 5. 2015, BStBl 2015 I 468).

2499 Geschenke aus betrieblichem Anlass, die ein Unternehmen seinen Geschäftsfreunden gewährt, können bei diesen zu einkommensteuerpflichtigen Einnahmen führen. Lädt daher ein Unternehmen Geschäftsfreunde z. B. auf eine Reise ein, ist grundsätzlich der Wert dieser Reise von den Geschäftsfreunden als Betriebseinnahme zu versteuern. Nach § 37b EStG kann jedoch der Zuwendende die Einkommensteuer für die Geschäftsfreunde mit einem Pauschsteuersatz von 30 % abgeltend erheben.

2500 In seinem Urteil vom 16. 10. 2013 (VI R 52/11, BStBl 2015 II 455) macht der BFH deutlich, dass § 37b Abs. 1 Satz 1 Nr. 2 EStG sich auf alle Geschenke i. S. d. § 4 Abs. 5 Satz 1 Nr. 1 EStG bezieht, ohne danach zu differenzieren, ob sie den Wert von 35 € überschreiten, ob also ein Fall des § 4 Abs. 5 Satz 1 Nr. 1 Satz 1 EStG vorliegt und ein Betriebsausgabenabzug daher ausscheidet, oder ob die Rückausnahme des § 4 Abs. 5 Satz 1 Nr. 1

Satz 2 EStG greift und damit der Betriebsausgabenabzug noch zur Anwendung kommt. Denn § 37b Abs. 1 Satz 1 Nr. 2 EStG nimmt auf Nr. 1 des § 4 Abs. 5 Satz 1 EStG insgesamt Bezug und unterscheidet so schon nach seinem Wortlaut nicht zwischen den Sätzen 1 und 2 und den dort normierten Regelungsgegenständen, nämlich dem grundsätzlichen Ausschluss des Betriebsausgabenabzugs einerseits und der Ausnahme davon für Geschenke im Wert bis zu 35 € andererseits.

§ 37b Abs. 1 Satz 1 Nr. 2 EStG bezieht sich weiter auf alle Geschenke, erfasst grundsätz- 2501
lich also auch Sachzuwendungen, deren Anschaffungs- oder Herstellungskosten 10 € nicht übersteigen. Das Gesetz selbst kennt keine solche Wertgrenze. Soweit die Finanzverwaltung Sachzuwendungen, deren Anschaffungs- oder Herstellungskosten 10 € nicht übersteigen, als sogenannte Streuwerbeartikel qualifiziert und diese deshalb nicht in den Anwendungsbereich des § 37b EStG einbezieht, gibt es dafür keine Rechtsgrundlage. Nach Rz. 10 des BMF-Schreibens vom 19. 5. 2015 (BStBl 2015 I 468) ist die Regelung bezüglich der Streuwerbeartikel trotz entgegenstehender Auffassung des BFH im Urteil vom 16. 10. 2013 (VI R 52/11, BStBl 2015 II 455) weiter anzuwenden.

Nach § 37b Abs. 1 Satz 2 EStG sind die Zuwendungen mit den Aufwendungen des Steu- 2502
erpflichtigen einschließlich USt zu bewerten. In die Bemessung sind alle tatsächlich angefallenen Aufwendungen einzubeziehen, die der jeweiligen Zuwendung direkt zugeordnet werden können.

Sachbezüge, die im ganz überwiegenden eigenbetrieblichen Interesse des Arbeitgebers 2503
gewährt werden sowie steuerfreie Sachbezüge, werden von § 37b Abs. 2 EStG nicht erfasst. Wird die Freigrenze des § 8 Abs. 2 Satz 11 EStG in Höhe von 44 € nicht überschritten, liegt kein steuerpflichtiger Sachbezug vor (Rz. 17 des BMF-Schreibens vom 19. 5. 2015, BStBl 2015 I 468).

Zuwendungen des Steuerpflichtigen an seine Arbeitnehmer, die als bloße Aufmerksam- 2504
keiten (R 19.6 LStR) anzusehen sind und deren jeweiliger Wert 60 € nicht übersteigt, gehören nicht zum Arbeitslohn und sind daher nicht in die Pauschalierung nach § 37b EStG einzubeziehen. Bei Überschreitung des Betrags von 60 € ist die Anwendung des § 37b EStG möglich (Rz. 19 des BMF-Schreibens vom 19. 5. 2015, BStBl 2015 I 468).

Eine Pauschalierung der ESt nach § 37b EStG ist auch bei Körperschaften des öffent- 2505
lichen Rechts und damit auch bei Kommunen möglich. Nach der Intention des Gesetzes sollen jedoch von der Pauschalierungsvorschrift nur die Fälle erfasst werden, in denen Steuerpflichtige aus betrieblicher Veranlassung Sachzuwendungen an Arbeitnehmer sowie an Personen tätigen, die zu ihnen nicht in einem Dienstverhältnis stehen. Deshalb fallen Sachzuwendungen, die eine juristische Person des öffentlichen Rechts an Nichtarbeitnehmer leistet und die durch die „hoheitliche Tätigkeit" veranlasst sind, nicht in den Anwendungsbereich des § 37b Abs. 1 Satz 1 EStG. Befindet sich unter den Jubilaren ein Arbeitnehmer der juristischen Person des öffentlichen Rechts, fällt die Zuwendung dennoch in den hoheitlichen Bereich, wenn die Geschenke unabhängig von der Arbeitnehmereigenschaft allen Bürgerinnen und Bürgern zugewendet werden.

> ■■■■ **BEISPIEL:** ► Eine Gemeinde schenkt jedem Jubilar zum 80. Geburtstag einen Präsentkorb im Wert von 50 EUR; zur Goldenen Hochzeit wird jeweils ein Blumenstrauß überreicht.

> ■■■■ **LÖSUNG:** ► Entscheidet sich z. B. eine Kommune für die Pauschalierung der Einkommensteuer nach § 37b Abs. 1 EStG, ist deshalb für jede Sachzuwendung nach dem zugrunde liegenden Veranlassungs-, Verursachungs- und Motivationshintergrund zu fragen. So kann es sich einerseits um Zuwendungen an Gemeindemitglieder im hoheitlichen Bereich handeln, die nicht der Pauschalierung nach § 37b Abs. 1 EStG unterliegen. Andererseits können Zuwendungen an Personen vorliegen, mit denen die Gemeinde in Geschäftsbeziehungen steht (Auftragnehmer der Gemeinde); in diesen Fällen ist die Regelung des § 37b Abs. 1 EStG anzuwenden.
>
> Zu beachten ist, dass ein Betrieb gewerblicher Art als Bestandteil der juristischen Person des öffentlichen Rechts ein eigenständiger Steuerpflichtiger ist. Die Ausübung des Wahlrechts zur Anwendung des § 37b EStG durch einen Betrieb gewerblicher Art bindet nicht auch den hoheitlichen Bereich und den Bereich der Vermögensverwaltung einer Kommune. Die Anwendung des § 37b EStG durch die Kommune selbst wird dadurch nicht ausgeschlossen (Vfg. der OFD Frankfurt vom 10. 10. 2012, S 2297bA - 1 - St 222, DokID: [WAAAE-25005]).

2506 Als Sachzuwendungen i. S. d. § 37b EStG kommen auch die dem Empfänger gewährten Vorteile anlässlich des Besuchs von sportlichen, kulturellen oder musikalischen Veranstaltungen in Betracht. Die bestehenden Vereinfachungsregelungen, die zur der Aufteilung der Gesamtaufwendungen für VIP-Logen in Sportstätten und in ähnlichen Sachverhalten ergangen sind, gelten unverändert (Rdn. 14 und 19, BMF-Schreiben vom 22. 8. 2005, BStBl I 2005, 845 und vom 11. 7. 2006, BStBl I 2006, 447). Der danach ermittelte, auf Geschenke entfallende pauschale Anteil (einschließlich USt) ist die Bemessungsgrundlage für die Pauschalierung nach § 37b EStG (Rz. 15 des BMF-Schreibens v. 19. 5. 2015, a. a. O.).

2507 Um bei hohen Sachzuwendungen eine Besteuerung mit dem individuellen Steuersatz des Empfängers der Zuwendung zu gewährleisten, wird die Pauschalierungsmöglichkeit ausgeschlossen,

1. soweit die Aufwendungen je Empfänger und Wj. oder

2. wenn die Aufwendungen für die einzelne Zuwendung

den Betrag von 10 000 € übersteigen. Zur Überprüfung dieser Grenze sind die Aufzeichnungen des Stpfl. nach § 4 Abs. 7 Satz 1 EStG heranzuziehen.

2508 Die Beträge des § 37b Abs. 1 Satz 3 EStG i. H. v. 10 000 € sind auf die Bruttoaufwendungen anzuwenden. Bei dem Betrag nach § 37b Abs. 1 Satz 3 Nr. 1 EStG handelt es sich um einen Höchstbetrag (z. B. drei Zuwendungen im Wert von jeweils 4 000 €. § 37b EStG ist nicht nur für die ersten beiden Zuwendungen anwendbar, sondern auch die Hälfte der Aufwendungen für die dritte Zuwendung muss in die Pauschalbesteuerung einbezogen werden); bei dem Betrag nach § 37b Abs. 1 Satz 3 Nr. 2 EStG handelt es sich um eine Höchstgrenze (z. B. Zuwendung im Wert von 15 000 €, § 37b EStG ist auf diese Zuwendung nicht anwendbar). Wird die Höchstgrenze für eine Zuwendung überschritten, ist eine Pauschalierung für andere Zuwendungen an diesen Zuwendungsempfänger im Rahmen des § 37b Abs. 1 Satz 3 Nr. 1 EStG zulässig.

> ■■■■ **BEISPIEL:** ► Drei Zuwendungen im Wert von 3 000 €, 5 000 € und 12 000 €: Die Aufwendungen für die Einzelzuwendung i. H. v. 12 000 € können nicht nach § 37b EStG pauschal besteuert werden, in die Pauschalbesteuerung sind indes die Aufwendungen für die beiden anderen Einzelzuwendungen von insgesamt 8 000 € einzubeziehen.

Bei Zuzahlungen durch den Zuwendungsempfänger mindert sich der Wert der Zuwendung, auf den der Höchstbetrag/die Höchstgrenze anzuwenden ist (Rz. 21 des BMF-Schreibens vom 19. 5. 2015, BStBl 2015 I 468).

14.2.2.3   Wirkungsweise der Pauschalsteuer

Der zuwendende Stpfl. hat die Pauschalsteuer gem. § 37b Abs. 3 i.V. m. § 40 Abs. 3 EStG   2509
zu übernehmen; er wird insoweit Steuerschuldner. Auf die Pauschalsteuer sind Solidaritätszuschlag und Kirchensteuer zu erheben. Die Zuwendungen und die Pauschalsteuer bleiben bei der Ermittlung der Einkünfte (§ 2 Abs. 2 EStG) des Zuwendungsempfängers außer Ansatz. Ist der Zuwendungsempfänger Gewerbetreibender, sind die Zuwendungen daher nach § 7 GewStG nicht in seinem Gewinn und damit nicht in seinem Gewerbeertrag enthalten. Der zuwendende Stpfl. wird durch § 37b Abs. 3 EStG verpflichtet, den Empfänger über die Pauschalierung zu unterrichten. Dies ist erforderlich, damit – andernfalls – der Empfänger seine steuerlichen Pflichten zutreffend erfüllen kann. Die Unterrichtung kann in einfachster, sachgerechter Weise erfolgen. Welche Anforderungen an die Unterrichtung zu stellen sind, wird sich auch nach dem Empfängerkreis richten.

14.2.2.4   Anmeldung und Abführung der Pauschalsteuer

Die pauschale ESt wird im Rahmen des bestehenden LSt-Anmeldungsverfahrens er-   2510
fasst. § 37b Abs. 4 EStG enthält die hierzu erforderlichen verfahrensrechtlichen Regelungen. Die Übernahme der Pauschalsteuer ist aus Sicht des zuwendenden Stpfl. ein Geschenk i. S. d. § 4 Abs. 5 Satz 1 Nr. 1 Satz 1 EStG; die Pauschalsteuer ist daher nur dann als Betriebsausgabe abziehbar, wenn der Empfänger der Zuwendung ArbN des Stpfl. ist oder die dem Empfänger im Wj. zugewendete Geschenke zzgl. der Pauschalsteuer insgesamt 35 € nicht übersteigen.

14.2.2.5   Pauschalierung der Kirchensteuer

Zur KiSt bei der Pauschalierung der ESt nach § 37b EStG nimmt der gleich lautende Län-   2511
dererlass vom 28. 12. 2006 (BStBl I 2007, 76) Stellung. In den Fällen der Pauschalierung der ESt gem. § 37b EStG kann der Stpfl. bei der Erhebung der Kirchensteuer zwischen einem vereinfachten Verfahren und einem Nachweisverfahren wählen.

LITERATURHINWEIS:

Weber, Pauschalierung von Sachzuwendungen nach § 37b EStG, NWB 29/2015, 2136.

14.3   Steuerabzugsverfahren

14.3.1   Allgemeines

Einkommensteuer wird – wie bereits erwähnt – auch im Wege des Steuerabzugs an   2512
der Quelle erhoben, und zwar in Form der Lohnsteuer und der Kapitalertragsteuer.

2513 Durch das Unternehmensteuerreformgesetz 2008 vom 14. 8. 2007 (BGBl I 2007, 1912) tritt grundsätzlich durch den Kapitalertragsteuerabzug eine Abgeltungswirkung hinsichtlich der Einkünfte aus Kapitalvermögen ein. § 43 Abs. 5 EStG bildet dafür die zentrale Vorschrift für die grundsätzliche Abgeltungswirkung der KapESt. Die Abgeltungswirkung gilt erstmals für Kapitalerträge, die nach dem 31. 12. 2008 zufließen bzw. zugeflossen sind. Zur Abgeltungswirkung siehe auch die Regelungen in § 32d EStG. In den Fällen des § 32d Abs. 2 EStG tritt die Abgeltungswirkung nicht ein. Auf Antrag des Stpfl. kann auf die Anwendung der Abgeltungswirkung verzichtet werden (§ 32d Abs. 6 EStG).

14.3.2   Allgemeine Hinweise zum Lohnsteuerabzug

2514 Die Vorschriften über den bei Einkünften aus nichtselbständiger Arbeit vorzunehmenden Steuerabzug vom Arbeitslohn sind in den §§ 38–42g EStG und in der LStDV enthalten. Der Arbeitgeber ist verpflichtet, vom Arbeitslohn des Arbeitnehmers, die in einer besonderen Tabelle festgelegte Lohnsteuer einzubehalten und an das FA abzuführen. Dadurch gilt die ESt, die auf die Einkünfte aus nichtselbständiger Arbeit entfällt, für den Arbeitnehmer grundsätzlich als abgegolten (§ 46 Abs. 4 EStG); die sich aus § 46 Abs. 2 EStG ergebenden Ausnahmen sind weiter unten dargestellt.

14.3.3   Die einzelnen Fälle und die Höhe der Kapitalertragsteuer

14.3.3.1   Allgemeines

2515 Durch das Unternehmensteuerreformgesetz 2008 vom 14. 8. 2007 (BGBl I 2007, 1912) tritt grundsätzlich durch den Kapitalertragsteuerabzug eine Abgeltungswirkung hinsichtlich der Einkünfte aus Kapitalvermögen ein. § 43 Abs. 5 EStG bildet dafür die zentrale Vorschrift für die grundsätzliche Abgeltungswirkung der KapESt. Die Abgeltungswirkung gilt erstmals für Kapitalerträge, die nach dem 31. 12. 2008 zufließen bzw. zugeflossen sind.

Kapitaleinkünfte von Privatanlegern unterliegen einem einheitlichen Steuersatz von 25 % (§ 32d Abs. 1 i.V. m. § 43a Abs. 1 Nr. 1 EStG). Die Abgeltungswirkung tritt nicht ein, wenn

▶ die Kapitalerträge zu den Einkünften aus Land- und Forstwirtschaft, Gewerbebetrieb, selbständiger Arbeit oder Vermietung und Verpachtung gehören (Fälle des § 20 Abs. 8 EStG) oder

▶ bestimmte Ausnahmetatbestände vorliegen; die Abgeltungsteuer gilt z. B. nicht bei bestimmten in § 32d Abs. 2 EStG genannten Kapitalerträgen unter bestimmten Voraussetzungen, z. B. bei sog. Fällen von „Back-to-back-Finanzierungen", oder wenn ein Zusammenhang besteht zwischen der Kapitalanlage und der Kapitalüberlassung. Ein Zusammenhang zwischen Kapitalanlage und Kapitalüberlassung besteht nach § 32d Abs. 2 Nr. 1 Satz 1 Buchst. c Satz 3 EStG dann, wenn die Kapitalanlage und die Kapitalüberlassung auf einem einheitlichen Plan beruhen.

Die Abgeltungswirkung tritt auch nicht ein bei bestimmten Lebens- und Rentenversicherungen i.S.v. § 20 Abs. 1 Nr. 6 Satz 2 EStG. Hier gilt der progressive Steuertarif. Es dürfen jedoch auch Werbungskosten angesetzt sowie die allgemeinen Verlustausgleichs- und Verlustverrechnungsregeln angewendet werden.

Die Tarifvorschrift des § 32d EStG sieht sowohl **Pflicht-** als auch **Wahlveranlagungstatbestände** vor:

▶ Pflichtveranlagung nach § 32d Abs. 3 EStG bei Kapitalerträgen, die nicht der KapESt unterlegen haben (z. B. Auslandserträge); aber hier 25 % KapESt auf die veranlagten Kapitalerträge – es erhöht sich die festzusetzende ESt auf die übrigen Einkünfte um die 25%ige KapESt für die Kapitalerträge.

▶ Wahlveranlagung nach § 32d Abs. 4 EStG für Kapitalerträge, die bereits der KapESt unterlegen haben. Unter Berücksichtigung der Tatbestände, die beim Kapitalertragsteuerabzug nicht berücksichtigt werden konnten (z. B. nicht vollständig ausgeschöpfter Sparer-Pauschbetrag) wird hier auf die Kapitalerträge eine KapESt von 25 % erhoben. Gegebenenfalls kommt es unter Anrechnung bereits gezahlter KapESt zur Erstattung.

▶ Wahlveranlagung nach § 32d Abs. 6 EStG für Stpfl., deren Kapitalerträge dem Steuerabzug unterlegen haben, deren persönlicher Steuersatz aber niedriger ist als 25 %. Dann kommt es zum Ansatz des niedrigeren Steuersatzes. Eine Günstigerprüfung wird durchgeführt. Nach Abs. 6 können die Kapitaleinkünfte abweichend von den Vorschriften des § 32d EStG den allgemeinen Regelungen zur Ermittlung der tariflichen ESt unterworfen werden. Das Wahlrecht kann nur einheitlich für alle Kapitalerträge ausgeübt werden (s. a. BMF-Schreiben vom 18.1.2016 (BStBl 2016 I 85, Rz. 150). Durch das BMF-Schreiben vom 9.12.2014 (BStBl 2014 I 1608) wird das BMF-Schreiben vom 18.1.2016 (a. a. O.) ersetzt.

14.3.3.2 Überblick über Kapitalerträge und Steuersätze ab dem 1.1.2009

Die Kapitalerträge mit Steuerabzug und die jeweilige Kapitalertragsteuer sind in den 2516 §§ 43 und 43a EStG geregelt. Welche der nach § 20 EStG einkommensteuerpflichtigen Einkünfte dem Kapitalertragsteuerabzug unterliegen, bestimmt § 43 EStG abschließend.

TAB. 1:	Kapitalertragsteuerabzug ab 2009
Kapitalertragsteuerpflichtige Einnahmen	**Kapitalertragsteuer/Erläuterungen**
§ 20 Abs. 1 Nr. 1 und 2 EStG; § 20 Abs. 2 Satz 1 Nr. 2 Buchst. a und Nr. 2 Satz 2 EStG; § 43 Abs. 1 Nr. 1 EStG. Erfasst werden u. a. ▶ Gewinnanteile und Dividenden und ▶ verdeckte Gewinnausschüttungen, ▶ Erträge aus Investmentanteilen ▶ einschließlich der nach § 3 Nr. 40 EStG steuerfreien Erträge, ▶ Einnahmen aus der Veräußerung von Dividendenscheinen. Voraussetzung ist ab 1. 1. 2012, dass die Kapitalerträge i. S. d. § 20 Abs. 1 Nr. 1 EStG nicht in § 43 Abs. 1 Nr. 1a EStG genannt sind (OGAW-IV-Umsetzungsgesetz vom 22. 6. 2011, BGBl 2011 I 1126).	§ 43a Abs. 1 Nr. 1 EStG: 25 % des Kapitalertrags. Die KapESt wird aus der vollen (ungekürzten) Dividende (Bruttodividende) berechnet (§ 43a Abs. 2 Satz 1 EStG).
§ 20 Abs. 1 Nr. 1 EStG; § 43 Abs. 1 Nr. 1a EStG ab 1. 1. 2012. Erfasst werden Kapitalerträge i. S. d. § 20 Abs. 1 Nr. 1 EStG aus Aktien und Genussscheinen (AmtshilfeRLUmsG vom 26. 6. 2013, BGBl 2013 I 1809), ▶ die entweder gem. § 5 des Depotgesetzes zur Sammelverwahrung durch eine Wertpapiersammelbank zugelassen sind und dieser zur Sammelverwahrung im Inland anvertraut sind, ▶ bei denen eine Sonderverwahrung gem. § 2 Satz 1 des Depotgesetzes erfolgt oder ▶ bei denen die Erträge gegen Aushändigung der Dividendenscheine ausgezahlt oder gutgeschrieben werden. Zur Begründung des OGAW-IV-UmsG vom 22. 6. 2011 (BGBl 2011 I 1126) s. u. Zu Anwendungsfragen im Zusammenhang mit der Änderung des KapESt-Verfahrens durch das OGAW-IV-UmsG s. BMF vom 8. 7. 2011 (FR 2011, 779, DokID: [KAAAD-87166]). Zur Berücksichtigung von Freistellungsaufträgen sowie Verrechnung von Verlusten im Zusammenhang mit dem Zufluss von Kapitalerträgen i. S. von § 43 Abs. 1 Nr. 1a EStG durch die auszahlende Stelle s. das BMF-Schreiben vom 23. 6. 2011 (BStBl 2011 I 625).	§ 43a Abs. 1 Nr. 1 EStG: 25 % des Kapitalertrags. Die KapESt wird aus der vollen (ungekürzten) Dividende (Bruttodividende) berechnet (§ 43a Abs. 2 Satz 1 EStG). Bei Dividendenausschüttungen von Aktiengesellschaften an ihre Anteilseigner, bei denen sich Aktien in der Girosammelverwahrung befinden oder eine Streifbandverwahrung i. S. d. § 2 Satz 1 DepotG erfolgt oder bei denen die Erträge gegen Aushändigung der Dividendenscheine ausgezahlt oder gutgeschrieben werden, wird ab 1. 1. 2012 der Kapitalertragsteuereinbehalt nicht mehr durch die Aktiengesellschaft, sondern durch das depotführende Institut oder, wenn die Dividende auf ein ausländisches Depot gezahlt wird, durch die letzte inländische Stelle (vgl. § 44 Abs. 1 Satz 4 Nr. 3 EStG) durchgeführt. Da das Kapitalertragsteuerabzugsverfahren bei Dividendenausschüttungen nicht mehr in einem einheitlichen Verfahren erfolgt, bedarf es rechtstechnisch einer gesonderten Aufführung für Dividendenausschüttungen an Aktien in Girosammelverwahrung in § 43 Abs. 1 EStG.

Kapitalertragsteuerpflichtige Einnahmen	Kapitalertragsteuer/Erläuterungen
Bestimmte Erträge aus § 20 Abs. 1 Nr. 7 EStG; § 43 Abs. 1 Nr. 2 EStG. Erfasst werden Zinsen aus ▶ Wandelanleihen, ▶ Gewinnobligationen und ▶ Genussrechten.	§ 43a Abs. 1 Nr. 1 EStG: 25 % des Kapitalertrags.
§ 20 Abs. 1 Nr. 4 EStG; § 43 Abs. 1 Nr. 3 EStG. Erträge aus typischen stillen Beteiligungen und aus partiarischen Darlehen.	§ 43a Abs. 1 Nr. 1 EStG: 25 % des Kapitalertrags. Erträge aus atypischen stillen Beteiligungen fallen nicht unter § 20 Abs. 1 Nr. 4 EStG, sondern unter § 15 Abs. 1 Nr. 2 EStG.
§ 20 Abs. 1 Nr. 6; § 43 Abs. 1 Nr. 4 EStG. Zinserträge auf Sparanteile von Lebensversicherungen. Als Bemessungsgrundlage ist der Unterschiedsbetrag anzusetzen. Die Anschaffungskosten statt der entrichteten Beiträge kann der Stpfl. nur im Rahmen der Veranlagung nach § 32d Abs. 4 oder 6 EStG geltend machen.	§ 43a Abs. 1 Nr. 1 EStG: 25 % des Kapitalertrags.
Ausländische Kapitalerträge i. S. d. § 43 Abs. 1 Nr. 1 EStG; § 43 Abs. 1 Nr. 6 EStG. Insbesondere ausländische Dividenden werden künftig dem KapESt-Abzug unterworfen. Anders als bei inländischen Dividenden wird der Steuerabzug nicht vom Schuldner der Kapitalerträge, sondern von der auszahlenden Stelle vorgenommen.	§ 43a Abs. 1 Nr. 1 EStG: 25 % des Kapitalertrags.
§ 20 Abs. 1 Nr. 7 EStG; § 43 Abs. 1 Nr. 7 EStG. Kapitalerträge i. S. d. § 20 Abs. 1 Nr. 7 EStG außer den Erträgen i. S. d. § 43 Abs. 1 Nr. 2 EStG.	§ 43a Abs. 1 Nr. 1 EStG: 25 % des Kapitalertrags. In den Fällen des § 43 Abs. 1 Nr. 7 Buchst. a EStG wird die KapESt auch bei ausländischen Kapitalerträgen erhoben (§ 43 Abs. 1 Satz 1 EStG).
§ 20 Abs. 1 Nr. 9 EStG, Nr. 10 Buchst. a und Buchst. b; § 43 Abs. 1 Nr. 7a bis 7c EStG. Es handelt sich dabei um Vermögensübertragungen von Körperschaften, bei denen es grundsätzlich keine Ausschüttungen gibt.	§ 43a Abs. 1 Nr. 1 i. V. m. § 43 Abs. 1 Nr. 7a EStG: 25 % des Kapitalertrags i. S. d. § 20 Abs. 1 Nr. 9 EStG. § 43a Abs. 1 Nr. 2 i. V. m. § 43 Abs. 1 Nr. 7b und 7c EStG: 15 % des Kapitalertrags i. S. d. § 20 Abs. 1 Nr. 10 Buchst. a EStG und § 20 Abs. 1 Nr. 10 Buchst. c EStG.
§ 20 Abs. 1 Nr. 11 EStG; § 43 Abs. 1 Nr. 8 EStG. Es handelt sich dabei um Stillhalterprämien, die für die Einräumung von Optionen vereinnahmt werden.	§ 43a Abs. 1 Nr. 1 EStG: 25 % des Kapitalertrags.
§ 20 Abs. 2 Satz 1 Nr. 1 Satz 1 und 2 EStG; § 43 Abs. 1 Nr. 9 EStG. Es handelt sich dabei um Gewinne aus der Veräußerung von Anteilen an Kapitalgesellschaften.	§ 43a Abs. 1 Nr. 1 EStG: 25 % des Kapitalertrags. Kapitalertrag ist der Veräußerungsgewinn i. S. d. § 20 Abs. 4 EStG (§ 43a Abs. 2 Satz 2 EStG).
§ 20 Abs. 2 Satz 1 Nr. 2 Buchst. b und Nr. 7 EStG; § 43 Abs. 1 Nr. 10 EStG.	§ 43a Abs. 1 Nr. 1 EStG: 25 % des Kapitalertrags.

Kapitalertragsteuerpflichtige Einnahmen	Kapitalertragsteuer/Erläuterungen
§ 20 Abs. 2 Satz 1 Nr. 3 EStG; § 43 Abs. 1 Nr. 11 EStG. Es handelt sich dabei um Gewinne aus Termingeschäften.	§ 43a Abs. 1 Nr. 1 EStG: 25 % des Kapitalertrags.
§ 20 Abs. 2 Satz 1 Nr. 8 EStG; § 43 Abs. 1 Nr. 12 EStG.	§ 43a Abs. 1 Nr. 1 EStG: 25 % des Kapitalertrags.
§ 20 Abs. 3 EStG; § 43 Abs. 1 Satz 2 EStG. Es handelt sich dabei um besondere Vorteile und Entgelte, die neben den oder statt der in § 20 Abs. 1 und 2 EStG bezeichneten Einnahmen gewährt werden.	§ 43a Abs. 1 Nr. 1 EStG: 25 % des Kapitalertrags.

2517–2520 *(Einstweilen frei)*

2521 § 43a Abs. 1 Satz 2 EStG regelt, dass sich im Falle der Kirchensteuerpflicht die KapESt um 25 % der auf die Kapitalerträge entfallenden KiSt ermäßigt. Mit dieser Regelung wird die Abziehbarkeit der KiSt als Sonderausgabe nach § 10 Abs. 1 Nr. 4 EStG pauschal berücksichtigt. Satz 3 verweist zur Berechnung der KapESt bei Berücksichtigung der KiSt sowie der anzurechnenden ausländischen Quellensteuer auf § 32d Abs. 1 Satz 4 und 5 EStG.

14.3.3.3 Kein Kapitalertragsteuerabzug

2522 Für Kapitaleinkünfte i. S. v. § 20 Abs. 1 Nr. 5, Nr. 7 (private Zinsen – Umkehrschluss aus § 43 Abs. 1 Satz 1 Nr. 7 Buchst. b EStG) und Nr. 8 EStG, sowie aus § 20 Abs. 2 Satz 1 Nr. 4 und 6 EStG bestehen keine Einbehaltungspflichten. Nach § 32d Abs. 3 Satz 1 EStG hat der Stpfl. diese Kapitalerträge in seiner Steuererklärung anzugeben. Aus § 32d Abs. 3 Satz 2 EStG wird deutlich, dass diese Kapitalerträge dem Abgeltungsteuersatz, aber nicht dem KapESt-Einbehalt unterliegen.

2523 Der Veräußerungserlös von GmbH-Anteilen (§ 20 Abs. 2 Satz 1 Nr. 1 EStG) unterliegt nicht dem KapESt-Abzug, da keine auszahlende Stelle im Inland i. S. d. § 44 Abs. 1 Satz 3 i. V. m. Satz 4 Nr. 1 EStG (inländisches Kreditinstitut) vorhanden ist. Auch hier besteht eine Veranlagungspflicht nach § 32d Abs. 3 EStG mit dem Abgeltungstarif von 25 %.

14.3.4 Verfahrensrechtliche Fragen bei der Erhebung der Kapitalertragsteuer

2524 Der Gläubiger der Kapitalerträge ist der Steuerschuldner der Kapitalertragsteuer (§ 44 Abs. 1 EStG). Der Schuldner der Kapitalerträge haftet für die Einbehaltung und Abführung der Kapitalertragsteuer (§ 44 Abs. 5 EStG).

Der Schuldner der Kapitalerträge ist verpflichtet, den Steuerabzug in dem Zeitpunkt vorzunehmen, in dem die Kapitalerträge dem Gläubiger zufließen (§ 44 Abs. 1 EStG). Dies ist gemäß der auch hier anwendbaren Bestimmung des § 11 Abs. 1 EStG der Fall, wenn der Steuerpflichtige über den Betrag „wirtschaftlich verfügen kann" (BFH 2. 11. 1962 VI 284/61 S, BStBl 1963 III 96).

Einzelheiten über den Zufluss sind in § 44 Abs. 2 u. 3 EStG geregelt.

Die Kapitalertragsteuer entsteht in dem Zeitpunkt, in dem Kapitalerträge dem Gläubiger zufließen. In diesem Zeitpunkt hat der Schuldner der Kapitalerträge oder die die Kapitalerträge auszahlende Stelle den Steuerabzug für Rechnung des Gläubigers vorzunehmen (§ 44 Abs. 1 Satz 2 EStG). 2525

Zinsen fließen als regelmäßig wiederkehrende Einnahmen dem Stpfl. nach § 11 Abs. 1 Satz 2 EStG in dem Jahr zu, zu dem sie wirtschaftlich gehören. Die wirtschaftliche Zugehörigkeit bestimmt sich nach dem Jahr, in dem sie zahlbar, d. h. fällig sind, unabhängig davon, für welchen Zeitraum die Zinsen gezahlt werden oder wann die Gutschrift tatsächlich vorgenommen wird. Auch bei auf- und abgezinsten Kapitalforderungen ist für den Zufluss nicht der Zeitraum maßgebend, für den die Zinsen gezahlt werden, sondern der Zeitpunkt der Fälligkeit. Bei Bundesschatzbriefen Typ B, bei denen der Zinslauf am 1.1. beginnt, ist die KapESt ebenfalls bei Fälligkeit, d. h. am 1.1., abzuziehen (Rz. 241 bis 243 des BMF-Schreibens vom 18.1.2016, BStBl 2016 I 85). 2526

Die innerhalb eines Kalendermonats einbehaltene Kapitalertragsteuer ist jeweils bis zum 10. des Folgemonats an das für die Besteuerung nach dem Einkommen des Schuldners zuständige FA abzuführen (§ 44 Abs. 1 Satz 5 EStG). Bei Kapitalerträgen i. S. d. § 20 Abs. 1 Nr. 1 und 2 EStG (§ 43 Abs. 1 Nr. 1 EStG) müssen Kapitalgesellschaften die auf Gewinnausschüttungen an ihre Anteilseigner einbehaltene Kapitalertragsteuer bereits in dem Zeitpunkt abführen, in dem die Gewinnausschüttungen den Anteilseignern zufließen. Dem FA ist innerhalb dieser Frist auch eine Anmeldung der einbehaltenen Kapitalertragsteuer nach amtlich vorgeschriebenem Vordruck auf elektronischem Weg nach Maßgabe der Steuerdaten-Übermittlungsverordnung vorzulegen (§ 45a Abs. 1 EStG). Ist die Kapitalertragsteuer nicht ordnungsgemäß abgeführt worden, fordert sie das FA entweder von dem Schuldner der Kapitalerträge oder von dem Gläubiger nach (§ 44 Abs. 5 EStG). Letzterer kann jedoch nach § 44 Abs. 5 EStG nur in Anspruch genommen werden, wenn 2527

1. der Schuldner die Kapitalerträge nicht vorschriftsmäßig gekürzt hat oder

2. der Gläubiger von der nicht vorschriftsmäßigen Abführung der Kapitalertragsteuer weiß, ohne dies dem FA unverzüglich mitzuteilen oder

3. das die Kapitalerträge auszahlende Kreditinstitut die Kapitalerträge zu Unrecht ohne Abzug der Kapitalertragsteuer ausgezahlt hat.

Zur Durchführung der Kapitalertragsteueranrechnung bei der ESt-Veranlagung (§ 36 Abs. 2 Nr. 2 EStG) hat der Schuldner der Kapitalerträge dem Gläubiger eine Bescheinigung auszustellen, in der u. a. die Höhe der Kapitalerträge und die des Steuerabzugs angegeben sind (§ 45a Abs. 2 EStG). 2528

Durch das JStG 2010 vom 8.12.2010 (BGBl 2010 I 1768) wird § 20 Abs. 3a EStG neu in das Gesetz eingefügt. Die Einfügung steht im Zusammenhang mit der Neuregelung des § 43a Abs. 3 Satz 7 EStG. Korrekturen i. S. d. § 43a Abs. 3 Satz 7 EStG sind erst zu dem dort genannten Zeitpunkt zu berücksichtigen. Weist der Stpfl. durch eine Bescheinigung der auszahlenden Stelle nach, dass sie die Korrektur nicht vorgenommen hat und auch nicht vornehmen wird, kann der Stpfl. die Korrektur nach § 32d Abs. 4 und 6 EStG geltend machen.

Die Abgeltungsteuer ist darauf angelegt, beim privaten Kapitalanleger die Veranlagung von Kapitaleinkünften, soweit sie vom KapESt-Abzug erfasst werden, weitestgehend entbehrlich zu machen. Dieser gewünschte administrative Entlastungseffekt macht es erforderlich, dass auch bei Aufdeckung von Fehlern bei der KapESt-Ermittlung die Kontinuität des „Veranlagungsverfahrens beim Kreditinstitut" nicht unterbrochen wird. Mit Ablauf des Kj tritt auch im Rahmen der Abgeltungsteuer eine Zäsur ein, weil Verlustverrechnungen nach § 43a Abs. 3 Satz 2 EStG zeitraumbezogen nur innerhalb des Kj erfolgen können, nicht ausgeglichene Verlustsalden nur in Folgejahre vorgetragen oder aber bescheinigt werden können.

Über die im Kj abgeführte KapESt, SolZ und ggf. KiSt erhält der Kunde auf Verlangen eine Steuerbescheinigung. Mit diesen Zäsuren zum Kalenderjahresende wäre es nicht vereinbar, wenn bei Änderungen der KapESt-Bemessungsgrundlage, die sich auf inländische und ausländische Geschäftsvorfälle in einem früheren Kj beziehen, jeweils eine rückwirkende Korrektur erfolgen müsste. Die auszahlende Stelle kann daher materielle Fehler beim KapESt-Abzug grundsätzlich nur mit Wirkung für die Zukunft berücksichtigen. Eine solche Regelung ist für den KapESt-Abzug als solchen unverzichtbar und bedarf – zur Vermeidung von Veranlagungsfällen – einer entsprechenden materiell-rechtlichen Absicherung.

14.3.5   Abstandnahme vom Kapitalertragsteuerabzug

14.3.5.1   Freistellungsauftrag

14.3.5.1.1   Allgemeines

2529 Unter bestimmten Voraussetzungen kann vom Kapitalertragsteuerabzug Abstand genommen werden, z. B. durch Erteilung eines Freistellungsauftrages (§ 44a Abs. 1 Nr. 1 EStG) oder durch Vorlage einer Nichtveranlagungsbescheinigung (§ 44a Abs. 1 Nr. 2 EStG).

2530 Jeder Freistellungsauftrag muss nach amtlich vorgeschriebenem Muster erteilt werden (vgl. Anlage 2 des BMF-Schreibens vom 18. 1. 2016, BStBl 2016 I 85). Das Muster sieht die Unterschrift des Kunden vor. Eine Vertretung ist zulässig. Der Freistellungsauftrag kann auch per Fax erteilt werden. Daneben ist die Erteilung im elektronischen Verfahren zulässig. In diesem Fall muss die Unterschrift durch eine elektronische Authentifizierung des Kunden z. B. in Form des banküblichen gesicherten PIN/TAN-Verfahrens ersetzt werden. Hierbei wird zur Identifikation die persönliche Identifikationsnummer (PIN) verwendet und die Unterschrift durch Eingabe der Transaktionsnummer (TAN) ersetzt.

Nach § 44a Abs. 2a EStG i. d. F. des JStG 2010 vom 8. 12. 2010 (BGBl 2010 I 1768) kann ab 1. 1. 2011 (§ 52a Abs. 16 Satz 3 EStG) ein **Freistellungsauftrag** nur noch neu erteilt oder geändert werden, wenn der Gläubiger der Kapitalerträge darin seine Identifikationsnummer angibt. Bei gemeinsamen Freistellungsaufträgen von Ehepaaren ist auch die Identifikationsnummer des Ehegatten im Antragsvordruck mitzuteilen.

Freistellungsaufträge, die vor diesem Stichtag gestellt wurden (Altbestand), bleiben zunächst weiterhin wirksam. Nach § 44a Abs. 2a Satz 2 EStG wird ein Freistellungsauftrag jedoch ab dem 1.1.2016 unwirksam, wenn der zum Steuerabzug und zur Meldung nach § 45d Abs. 1 EStG verpflichteten Stelle (Meldestelle) bis dahin keine Identifikationsnummer vorliegt. Alte Freistellungsaufträge können damit gültig bleiben, wenn der Stpfl. die Identifikationsnummer der Meldestelle zur Weiterleitung nachträglich mitteilt oder die Meldestelle erfolgreich eine automatisierte Abfrage vornimmt oder wenn die Identifikationsnummer aufgrund anderer steuerlicher Vorschriften bereits von der Meldestelle erhoben wurde und damit zur Weiterleitung zur Verfügung steht.

Wird im Laufe des Kj ein dem jeweiligen Kreditinstitut bereits erteilter Freistellungsauftrag geändert, handelt es sich insgesamt nur um einen Freistellungsauftrag. Wird der freizustellende Betrag herabgesetzt, muss das Kreditinstitut prüfen, inwieweit das bisherige Freistellungsvolumen bereits durch Abstandnahme vom Steuerabzug ausgeschöpft ist. Ein Unterschreiten des bereits freigestellten und ausgeschöpften Betrages ist nicht zulässig. Eine Erhöhung des freizustellenden Betrages darf ebenso wie die erstmalige Erteilung eines Freistellungsauftrages nur mit Wirkung für das Kj, in dem der Antrag geändert wird, und spätere Kj erfolgen. 2530a

Freistellungsaufträge können nur noch mit Wirkung zum Kalenderjahresende widerrufen oder befristet werden. Eine Herabsetzung bis zu dem im laufenden Kj bereits ausgenutzten Betrag ist jedoch zulässig. Eine Beschränkung des Freistellungsauftrags auf einzelne Konten oder Depots desselben Kreditinstituts ist nicht möglich. 2530b

Jede Änderung muss nach amtlich vorgeschriebenem Muster vorgenommen werden (Rz. 257 bis 260 des BMF-Schreibens vom 18.1.2016, BStBl 2016 I 85). 2530c

14.3.5.1.2 Freistellungsvolumen

Zur Erteilung eines Freistellungsauftrages s. OFD Frankfurt vom 8.10.2013 (S 2400 A – 33 – St 54, DokID: [PAAAE-50862]). 2531

Bei Vorlage eines Freistellungsauftrags ist der Steuerabzug bei den unten genannten Kapitalerträgen nicht vorzunehmen, soweit die maßgeblichen Kapitalerträge den Sparer-Pauschbetrag nach § 20 Abs. 9 EStG von 801 € bzw. 1 602 € bei Zusammenveranlagung nicht übersteigen (§§ 44a Abs. 2 Satz 1 Nr. 1 i.V.m. Abs. 1 Satz 1 bis 3 EStG). Dies sind im Einzelnen Kapitalerträge i. S. d.: 2531a

▶ § 43 Abs. 1 Satz 1 Nr. 1 und 2 EStG aus Genussrechten (s. § 44a Abs. 1 Satz 1 Nr. 1 EStG);

▶ § 43 Abs. 1 Satz 1 Nr. 1 und 2 EStG aus Anteilen, die von einer Kapitalgesellschaft ihren Arbeitnehmern überlassen worden sind und von ihr, einem von der Kapitalgesellschaft bestellten Treuhänder, einem inländischen Kreditinstitut oder einer inländischen Zweigniederlassung einer der in § 53b Abs. 1 oder 7 des Kreditwesengesetzes genannten Institute oder Unternehmen verwahrt werden (s. § 44a Abs. 1 Satz 1 Nr. 2 EStG) und

▶ die folgenden Kapitalerträge (s. § 44a Abs. 1 Satz 1 Nr. 3 EStG:

   – § 43 Abs. 1 Satz 1 Nr. 3 EStG: Einnahmen aus der Beteiligung als stiller Gesellschafter und Zinsen aus partiarischen Darlehen i. S. d. § 20 Abs. 1 Nr. 4 EStG,

- § 43 Abs. 1 Satz 1 Nr. 4 EStG: Zinsen aus Sparanteilen einer Lebensversicherung i. S. d. § 20 Abs. 1 Nr. 6 EStG,

- § 43 Abs. 1 Satz 1 Nr. 6 EStG: Ausländische Kapitalerträge i. S. d. § 43 Ab. 1 Nr. 1 EStG,

- § 43 Abs. 1 Satz 1 Nr. 7 EStG: Zinserträge i. S. d. § 20 Abs. 1 Nr. 7 EStG,

- § 43 Abs. 1 Satz 1 Nr. 8 EStG: Stillhalterprämien i. S. d. § 20 Abs. 1 Nr. 11 EStG,

- § 43 Abs. 1 Satz 1 Nr. 9–12 EStG: Einnahmen aus der Veräußerung bestimmter Wirtschaftsgüter i. S. d. § 20 Abs. 2 Satz 1 Nr. 1 Satz 1 und 2, § 20 Abs. 2 Satz 1 Nr. 2 Buchst. b und Nr. 7, § 20 Abs. 2 Satz 1 Nr. 3 und § 20 Abs. 2 Satz 1 Nr. 8 EStG,

- § 43 Abs. 1 Satz 2 EStG: Bestimmte besondere Entgelte oder Vorteile i. S. d. § 20 Abs. 3 EStG.

2531b   Durch Vorlage eines Freistellungsauftrages kann bei Kapitalerträgen i. S. d. § 43 Abs. 1 Nr. 1, 1a und 2 EStG (u. a. Dividenden/Gewinnausschüttungen, Erträge aus Wandelanleihen etc.) nicht vom Kapitalertragsteuerabzug Abstand genommen werden. Der Schuldner der Kapitalerträge ist trotz des Freistellungsauftrages grundsätzlich verpflichtet, den Kapitalertragsteuerabzug vorzunehmen (§ 44 Abs. 1 Satz 3 EStG), eine Kapitalertragsteueranmeldung elektronisch zu übermitteln (§ 45a Abs. 1 EStG) und die KapESt ans FA abzuführen (§ 44 Abs. 1 Satz 5 EStG).

2531c   Anstelle der Abstandnahme vom Kapitalertragsteuerabzug tritt für Kapitalerträge i. S. d. § 43 Abs. 1 Satz 1 Nr. 1 und 2 EStG im Falle eines erteilten Freistellungsauftrages das Erstattungsverfahren nach § 44b Abs. 6 Satz 4 EStG im Rahmen der Kapitalertragsteueranmeldung, wenn die entsprechenden Wertpapiere durch ein Kreditinstitut verwahrt werden.

2531d   Wird der auszahlenden Stelle (s. § 44 Abs. 1 Satz 4 Nr. 3 EStG – z. B. inländisches Kreditinstitut) ein Freistellungsauftrag erteilt, der auch Kapitalerträge i. S. d. § 43 Abs. 1 Satz 1 Nr. 1a EStG (z. B. Dividenden) erfasst, so hat die auszahlende Stelle den Steuerabzug nicht vorzunehmen, soweit die Kapitalerträge zusammen mit den Kapitalerträgen, für die nach § 44a Abs. 1 EStG kein Steuerabzug vorzunehmen ist oder die KapESt nach § 44b EStG zu erstatten ist, den mit dem Freistellungsauftrag beantragten Freistellungsbetrag nicht übersteigen (§ 44a Abs. 10 Satz 2 EStG).

2531e   Da eine Freistellung nur bei Einkünften aus Kapitalvermögen in Betracht kommt, kann ein steuerlich wirksamer Freistellungsauftrag nicht erteilt werden, wenn die Kapitalerträge nach der Subsidiaritätsklausel des § 20 Abs. 8 EStG bei einer anderen Einkunftsart zu erfassen sind.

2531f   Durch das JStG 2009 vom 19. 12. 2008 (BGBl 2008 I 2794) wird in § 43 Abs. 2 Satz 3 bis 8 EStG der Ausnahmekatalog bezüglich der Abstandnahme vom Steuerabzug erweitert. So wird bei unbeschränkt Steuerpflichtigen i. S. d. § 1 Abs. 1 Nr. 1 bis 3 und 6 KStG aufgrund der Rechtsform vom Steuerabzug abgesehen (§ 43 Abs. 2 Satz 3 Nr. 1 EStG). Weiterhin wird auf den Steuerabzug in den Fällen abgesehen, in denen die Kapitalerträge Betriebseinnahmen eines inländischen Betriebs sind und der Gläubiger der Kapitalerträge dies gegenüber der auszahlenden Stelle nach amtlich vorgeschriebenen Vordruck erklärt (§ 43 Abs. 2 Satz 3 Nr. 2 EStG). Dies gilt auch für Kapitalerträge aus Options- und Termingeschäften i. S. d. § 43 Abs. 1 Satz 1 Nr. 8 und 11 EStG, wenn sie zu den Einkünften aus Vermietung und Verpachtung gehören (Rz. 176 des BMF-Schreibens vom 18. 1. 2016, BStBl 2016 I 85).

Die Ausweitung der Abstandnahme vom Kapitalertragsteuerabzug auf Kapitalerträge   2531g aus Options- und Termingeschäften, die zu den Einkünften aus Vermietung und Verpachtung gehören, beruht auf der Tatsache, dass derartige Geschäfte von den Stpfl. – wie bei den betrieblichen Einkünften – meist zu Absicherungszwecken (Absicherung von Darlehen, die der Finanzierung vermieteter Immobilien dienen) abgeschlossen und während ihrer regelmäßig mehrjährigen Laufzeit als schwebendes Geschäft behandelt werden. Zur Vermeidung drohender Liquiditätsnachteile bei einem Kapitalertragsteuerabzug mit dem Abgeltungsteuersatz wird bei derartigen Kapitalerträgen vom Steuerabzug abgesehen. Im Übrigen gelten die gleichen Erklärungspflichten gegenüber dem Erhebungspflichtigen wie bei der Abstandnahme im betrieblichen Bereich (BT-Drs. 16/11108, 24).

Die auszahlende Stelle hat die Fälle des § 43 Abs. 2 Satz 3 Nr. 2 EStG gesondert auf-   2531h zuzeichnen und die Erklärung der Zugehörigkeit der Kapitalerträge zu den Betriebseinnahmen oder zu den Einnahmen aus Vermietung und Verpachtung zehn Jahre aufzubewahren.

(Einstweilen frei)   2532

14.3.5.1.3   Gemeinsamer Freistellungsauftrag bei Eheleuten

14.3.5.1.3.1   Grundsätzliches zum Freistellungsauftrag

Ehegatten, die unbeschränkt einkommensteuerpflichtig sind und nicht dauernd ge-   2533 trennt leben, haben ein gemeinsames Freistellungsvolumen (§ 20 Abs. 9 Satz 2 EStG) und können entweder einen gemeinsamen Freistellungsauftrag oder Einzel-Freistellungsaufträge erteilen. Der gemeinsame Freistellungsauftrag gilt sowohl für Gemeinschaftskonten als auch für Konten oder Depots, die auf den Namen nur eines Ehegatten geführt werden (Rz. 231 und 261 bis 279 des BMF-Schreibens vom 18. 1. 2016, BStBl 2016 I 85).

Haben Ehegatten bereits vor dem Zeitpunkt ihrer Eheschließung einzeln Freistellungs-   2533a aufträge erteilt, kann der gemeinsame Freistellungsauftrag für den Veranlagungszeitraum der Eheschließung erteilt werden. In diesem Fall ist der Freistellungsauftrag mindestens in Höhe der Summe der Kapitalerträge, die bereits aufgrund der von den Ehegatten einzeln erteilten Freistellungsaufträge vom KapESt-Abzug freigestellt worden sind, zu erteilen. Die Summe der Kapitalerträge, die bereits aufgrund der einzeln erteilten Freistellungsaufträge vom KapESt-Abzug freigestellt worden sind, wird von der auszahlenden Stelle auf das Freistellungsvolumen des gemeinsamen Freistellungsauftrags angerechnet. Eine (rückwirkende) Erstattung bereits einbehaltener KapESt aufgrund des gemeinsamen Freistellungsauftrags ist zulässig (Rz. 263 des BMF-Schreibens vom 18. 1. 2016, BStBl 2016 I 85).

Ehegatten, die unbeschränkt einkommensteuerpflichtig sind und nicht dauernd ge-   2533b trennt gelebt haben, haben im Jahr der Trennung noch ein gemeinsames Freistellungsvolumen (§ 20 Abs. 9 Satz 2 EStG). Sie können daher für das Kj der Trennung auch für die Zeit nach der Trennung gemeinsame Freistellungsaufträge erteilen. Dies gilt sowohl für Gemeinschaftskonten als auch für nur auf den Namen eines der Ehegatten geführte Konten oder Depots.

2533c   Für Kj, die auf das Kj der Trennung folgen, dürfen nur auf den einzelnen Ehegatten bezogene Freistellungsaufträge erteilt werden (Rz. 264 und 265 des BMF-Schreibens vom 18. 1. 2016, BStBl 2016 I 85).

2533d   Die Bestimmungen zu Ehegatten finden ab dem Inkrafttreten des Gesetztes zur Änderung des Einkommensteuergesetzes in Umsetzung der Entscheidung des Bundesverfassungsgerichts vom 7. 5. 2013 vom 15. 7. 2013 (BGBl 2013 I 2397) auf Lebenspartner Anwendung.

14.3.5.1.3.2   Ehegattenübergreifende Verlustverrechnung

2534   Für die – ab dem Kj 2010 mögliche – ehegattenübergreifende Verlustverrechnung ist Voraussetzung, dass es sich um zusammen veranlagte Ehegatten handelt, die gegenüber dem Kreditinstitut einen gemeinsamen Freistellungsauftrag erteilt haben. Zwar können Ehegatten zwischen Zusammenveranlagung und getrennter Veranlagung wählen. In welcher Form die Ehegatten dieses Wahlrecht ausüben, ist für das Steuerabzugsverfahren unbeachtlich. Erteilen Eheleute einen gemeinsamen Freistellungsauftrag (vgl. Anlage 2 des BMF-Schreibens vom 18. 1. 2016, BStBl 2016 I 85), haben die Kreditinstitute die neue übergreifende Verlustverrechnung durchzuführen.

2534a   Ehegatten können auch einen gemeinsamen Freistellungsauftrag über 0 € erteilen. Dies ist erforderlich, wenn Ehegatten eine übergreifende Verlustverrechnung vom Kreditinstitut durchführen lassen möchten, ihr gemeinsames Freistellungsvolumen aber schon bei einem anderen Institut ausgeschöpft haben.

2534b   Haben Ehegatten vor 2010 einen gemeinsamen Freistellungsauftrag erteilt, hat dieser weiterhin Bestand und führt zu einer gemeinsamen Verlustverrechnung.

Die Kapitaleinkünfte sind unter Berücksichtigung des Freistellungsauftrags zunächst getrennt zu ermitteln, d. h. wie bisher gesondert für die Einzelkonten und -depots des Ehemannes, der Ehefrau sowie für die Gemeinschaftskonten und -depots. Einmalig zum Jahresende erfolgt dann die Verrechnung bestehender Verlustüberhänge über einen Ausgleich der einzelnen Verlusttöpfe. Voraussetzung ist, dass am Jahresende ein gemeinschaftlich gestellter gültiger Freistellungsauftrag vorliegt (Rz. 266 bis 272 des BMF-Schreibens vom 18. 1. 2016, BStBl 2016 I 85).

BEISPIEL 1: Die Ehegatten haben einen gemeinsamen Freistellungsauftrag von 0 € gestellt.
Verlustverrechnung am Jahresende:

		Ehemann	Ehefrau
15. 2.	Einnahme	1 000 €	
20. 3.	Verlust		./. 1 000 €
28. 6.	Einnahme		500 €
	Summe	1 000 €	./. 500 €
31. 12.	Verlustverrechnung	./. 500 €	500 €
	Verbleiben	500 €	0 €

Eine fortlaufende Verlustverrechnung ist nicht zulässig.

BEISPIEL 2:

		Ehemann	Ehefrau
15.2.	Einnahme	1 000 €	
20.3.	Verlust		./. 1 000 €
20.3.	Verlustverrechnung	./. 1 000 €	1 000 €
	Zwischensumme	0 €	0 €
28.6.	Einnahme		500 €
31.12.	Kapitalerträge	0 €	500 €
	Verbleiben	0 €	500 €

Die Beispiele zeigen, dass nur die Verlustverrechnung am Jahresende zu nachvollziehbaren und plausiblen Ergebnissen führt (siehe Beispiel 1). Bei fortlaufender Verlustverrechnung (Beispiel 2) fällt hingegen KapESt auf die von der Ehefrau am 28.6. erzielte Einnahme an, obwohl die Ehefrau insgesamt in dem Jahr einen Verlust erzielt hat. Hier ergeben sich rein zufällig unterschiedlich hohe Kapitalerträge für die Ehegatten, je nachdem, in welcher zeitlichen Reihenfolge positive und negative Erträge anfallen. Da die KiSt an die KapESt anknüpft, ergeben sich zwangsläufig auch Zufallsergebnisse bei der KiSt, wenn z.B. nur ein Ehegatte Mitglied einer kirchensteuerberechtigten Religionsgemeinschaft ist oder wenn die Ehegatten unterschiedlichen Religionsgemeinschaften angehören.

Beenden die Ehegatten die gesamte Geschäftsbeziehung im Laufe des Kj., können die Kreditinstitute eine ehegattenübergreifende Verlustverrechnung nicht mehr durchführen. Eine Verlustverrechnung am Jahresende setzt voraus, dass noch mindestens ein Konto bzw. Depot der Kunden geführt wird, um den erforderlichen Geldausgleich für die Erstattung der KapESt vorzunehmen. 2534c

Sofern am Jahresende keine Geschäftsbeziehung mehr besteht, werden die Kreditinstitute die Verluste bzw. die gezahlte KapESt in der jeweiligen Steuerbescheinigung für Ehemann, Ehefrau sowie für die Gemeinschaftskonten und -depots ausweisen, ohne dass eine übergreifende Verlustverrechnung stattfindet (zur automatischen Erstellung einer Verlustbescheinigung zum Jahresende bei Beendigung der Kundenbeziehung vgl. Rz. 234 des BMF-Schreibens vom 18.1.2016, BStBl 2016 I 85).

Bei der übergreifenden Verlustverrechnung aus Aktienveräußerungen werden zunächst der Aktienverlust und dann der allgemeine Verlust verrechnet (Rz. 273 des BMF-Schreibens vom 18.1.2016, BStBl 2016 I 85). Dabei werden ausschließlich die am Jahresende vorhandenen „Verlustüberhänge" verrechnet. Es erfolgt keine umfassende Verrechnung von Aktienverlusten zwischen den Ehegatten mit der Folge, dass ggf. der allgemeine Verlusttopf wieder auflebt (anders als bei der zeitnahen Verlustverrechnung für die Einzelperson). 2534d

BEISPIEL 3:

		Ehemann	Ehefrau
15.2.	Aktiengewinn		100 €
20.3.	Aktienverlust	./. 100 €	
27.5	allgemeiner Verlust	./. 100 €	
31.12.	Saldo je Ehegatten	./. 100 €	50 €
		jeweils Aktienverlust	
	allgemeiner Verlust	./. 100 €	

31. 12.	Übergreifende Verlustverrechnung	50 €	./. 50 €
	Verbleiben		0 €
	Aktienverlust	./. 50 €	
	allgemeiner Verlust	./. 100 €	

Die übergreifende Verlustverrechnung am Jahresende führt nicht dazu, dass der Aktiengewinn der Ehefrau in vollem Umfang mit dem Aktienverlust des Ehemannes verrechnet wird; die bereits erfolgte Verrechnung mit dem allgemeinen Verlusttopf i. H. v. 50 € bleibt vielmehr bestehen. Verrechnet wird nur der am Jahresende noch nicht verrechnete Aktiengewinn (im Beispiel 50 €). Ein Wiederaufleben von Verlusttöpfen kommt nicht in Betracht (Rz. 273 des BMF-Schreibens vom 18. 1. 2016, BStBl 2016 I 85).

2534e Im Rahmen der Veranlagung wird der gemeinsame Sparer-Pauschbetrag auch dann gewährt, wenn nur ein Ehegatte positive Einkünfte aus Kapitalvermögen in dieser Höhe erzielt hat, die Ehegatten aber insgesamt einen Verlust aus Kapitalvermögen erzielt haben. Für das Steuerabzugsverfahren folgt daraus, dass zuerst die Einkünfte der Ehegatten unter Berücksichtigung des gemeinsamen Freistellungsauftrags zu ermitteln und dann die danach noch bestehenden Verluste am Jahresende ehegattenübergreifend zu verrechnen sind (Rz. 274 und 275 des BMF-Schreibens vom 18. 1. 2016, BStBl 2016 I 85).

▐▬▬ **BEISPIEL 4:** ▶ Die Ehegatten haben einen gemeinsamen Freistellungsauftrag i. H. v. 1 602 € erteilt.

▐▬▬ **LÖSUNG 4:** ▶ Ehegattenübergreifende Verlustverrechnung nach Berücksichtigung des Freistellungsauftrags:

	Ehemann	Ehefrau
Einnahme	10 000 €	./. 15 000 €
Freistellungsauftrag	./. 1 602 €	
Saldo	8 398 €	./. 15 000 €
Verlustverrechnung	./. 8 398 €	8 398 €
Verbleiben	0 €	./. 6 602 €
Verlustvortrag	0 €	./. 6 602 €

2534f Zur Quellensteueranrechnung siehe Rz. 276 des BMF-Schreibens vom 18. 1. 2016, BStBl 2016 I 85).

14.3.5.1.3.3 Freistellungsaufträge nach dem Tod eines Ehegatten

2535 Mit dem Tod eines Ehegatten entfällt die Wirkung eines gemeinsam erteilten Freistellungsauftrags für Gemeinschaftskonten der Ehegatten sowie Konten und Depots, die auf den Namen des Verstorbenen lauten. Da dem verwitweten Stpfl. im Todesjahr noch der gemeinsame Sparer-Pauschbetrag zusteht, bleibt der gemeinsame Freistellungsauftrag allerdings bis zum Ende des laufenden Veranlagungszeitraums noch für solche Kapitalerträge wirksam, bei denen die alleinige Gläubigerstellung des Verwitweten feststeht (vgl. § 44a Abs. 6 EStG). Entsprechendes gilt für eine den Ehegatten erteilte NV-Bescheinigung.

2535a Es bestehen keine Bedenken dagegen, dass der verwitwete Stpfl. Freistellungsaufträge, die er gemeinsam mit dem verstorbenen Ehegatten erteilt hat, im Todesjahr ändert oder neue Freistellungsaufträge erstmals erteilt. In diesen Fällen sind anstelle der Unterschrift des verstorbenen Ehegatten Vorname, Name und Todestag des Verstorbenen einzutragen. Wird ein ursprünglich gemeinsam erteilter Freistellungsauftrag geändert, muss das Kreditinstitut prüfen, inwieweit das bisherige Freistellungsvolumen bereits durch Abstandnahme vom KapESt-Abzug ausgeschöpft ist. Durch die Änderung darf der bereits freigestellte und ausgeschöpfte Betrag nicht unterschritten werden.

Ein Widerruf ist nur zum Jahresende möglich (vgl. Rz. 258 des BMF-Schreibens vom 18.1.2016, BStBl 2016 I 85). Für das auf das Todesjahr folgende Jahr dürfen unabhängig von der Gewährung des Splitting-Tarifs nur Einzel-Freistellungsaufträge über den Sparer-Pauschbetrag des verwitweten Stpfl., d.h. nur bis zur Höhe von insgesamt 801 € erteilt werden (Rz. 278 und 279 des BMF-Schreibens vom 18.1.2016, BStBl 2016 I 85).   **2535b**

14.3.5.1.3.4 Abstandnahme vom Steuerabzug bei nicht steuerbefreiten Körperschaften

Unbeschränkt steuerpflichtigen und nicht steuerbefreiten Körperschaften, Personenvereinigungen und Vermögensmassen steht, wenn sie Einkünfte aus Kapitalvermögen erzielen, nach § 8 Abs. 1 KStG der Sparer-Pauschbetrag von 801 € (§ 20 Abs. 9 Satz 1 EStG) zu. Sie können mit dem gleichen Muster wie es für natürliche Personen vorgesehen ist, einen Freistellungsauftrag erteilen, wenn das Konto auf ihren Namen lautet und soweit die Kapitalerträge den Sparer-Pauschbetrag nicht übersteigen. Bei ihnen kann im Rahmen des KapESt-Abzugs auch eine Verlustverrechnung sowie eine Quellensteueranrechnung durchgeführt werden. Dies gilt auch für nichtrechtsfähige Vereine.   **2535c**

Die Regelung zum Freistellungsauftrag gilt nicht für Gesellschaften des bürgerlichen Rechts.

Ein nichtrechtsfähiger Verein liegt vor, wenn die Personengruppe   **2535d**

► einen gemeinsamen Zweck verfolgt,

► einen Gesamtnamen führt,

► unabhängig davon bestehen soll, ob neue Mitglieder aufgenommen werden oder bisherige Mitglieder ausscheiden,

► einen für die Gesamtheit der Mitglieder handelnden Vorstand hat.

Das Kreditinstitut hat sich anhand einer Satzung der Personengruppe zu vergewissern, ob die genannten Wesensmerkmale gegeben sind.

Unbeschränkt steuerpflichtige und nicht steuerbefreite Körperschaften, Personenvereinigungen und Vermögensmassen, denen der Freibetrag nach § 24 KStG zusteht und deren Einkommen den Freibetrag von 5 000 € nicht übersteigt, haben Anspruch auf Erteilung einer NV-Bescheinigung (Rz. 280 bis 284 des BMF-Schreibens vom 18.1.2016, BStBl 2016 I 85).   **2535e**

14.3.5.2 Nicht der Körperschaftsteuer unterliegende Zusammenschlüsse

Ein nicht körperschaftsteuerpflichtiger Personenzusammenschluss (z. B. eine Gesellschaft bürgerlichen Rechts oder eine Personenvereinigung, die nicht die oben beschrie-   **2535f** benen Wesensmerkmale eines nichtrechtsfähigen Vereins erfüllt) darf einen Freistellungsauftrag nicht erteilen. Die ihm zufließenden Kapitalerträge unterliegen der KapESt nach den allgemeinen Grundsätzen.

2535g Die Einnahmen aus Kapitalvermögen, die Gewinne und Verluste i. S. d. § 20 Abs. 4 EStG und die anzurechnende KapESt sind grundsätzlich nach § 180 Abs. 1 Nr. 2 Buchst. a AO gesondert und einheitlich festzustellen.

2535h Die Erklärung zur gesonderten und einheitlichen Feststellung ist vom Geschäftsführer bzw. vom Vermögensverwalter abzugeben. Soweit ein Geschäftsführer oder Vermögensverwalter nicht vorhanden ist, kann sich das FA an jedes Mitglied oder jeden Gesellschafter halten.

2535i Die gesondert und einheitlich festgestellten Besteuerungsgrundlagen werden bei der ESt-Veranlagung des einzelnen Mitglieds oder Gesellschafters berücksichtigt. Dabei wird auch der Sparer-Pauschbetrag angesetzt (s. Zeilen 31 bis 48 der Anlage KAP).

2535j Von einer gesonderten und einheitlichen Feststellung der Besteuerungsgrundlagen kann gem. § 180 Abs. 3 Satz 1 Nr. 2 AO abgesehen werden, wenn es sich um einen Fall von geringer Bedeutung handelt. In diesen Fällen reicht es aus, dass der Geschäftsführer bzw. Vermögensverwalter (Kontoinhaber) die anteiligen Einnahmen aus Kapitalvermögen auf die Mitglieder oder Gesellschafter aufteilt und sie den Beteiligten mitteilt. Die Anrechnung der KapESt bei den einzelnen Beteiligten ist nur zulässig, wenn neben der Mitteilung des Geschäftsführers bzw. Vermögensverwalters über die Aufteilung der Einnahmen und der KapESt eine Ablichtung der Steuerbescheinigung des Kreditinstituts vorgelegt wird.

2535k Aus Vereinfachungsgründen ist es nicht zu beanstanden, wenn bei losen Personenzusammenschlüssen (z. B. Sparclubs, Schulklassen, Sportgruppen), die aus mindestens sieben Mitgliedern bestehen, wie folgt verfahren wird: Das Kreditinstitut kann vom Steuerabzug i. S. d. § 43 Abs. 1 EStG Abstand nehmen, wenn

▶ das Konto neben dem Namen des Kontoinhabers einen Zusatz enthält, der auf den Personenzusammenschluss hinweist (z. B. Sparclub XX, Klassenkonto der Realschule YY, Klasse 5 A),

▶ die Kapitalerträge bei den einzelnen Guthaben des Personenzusammenschlusses im Kj. den Betrag von 10 €, vervielfältigt mit der Anzahl der Mitglieder, höchstens 300 € im Kj., nicht übersteigen und

▶ Änderungen der Anzahl der Mitglieder dem Kreditinstitut zu Beginn eines Kj. mitgeteilt werden.

Die Verpflichtung zur Erstellung einer Steuerbescheinigung i. S. d. § 45a Abs. 2 EStG ist hiervon unberührt.

Die Anwendung der Vereinfachungsregelung setzt grundsätzlich voraus, dass die insgesamt – d. h. auch bei Aufsplittung des Guthabens auf mehrere Konten und auch ggf. verteilt auf mehrere Kreditinstitute – zugeflossenen Kapitalerträge die genannten Grenzen im Kj. nicht übersteigen.

Ein „loser Personenzusammenschluss" i. S. dieser Vereinfachungsregel ist z. B. nicht ge-   2535l
geben bei

► Grundstücksgemeinschaften,

► Erbengemeinschaften,

► Wohnungseigentümergemeinschaften,

► Mietern im Hinblick auf gemeinschaftliche Mietkautionskonten.

Siehe die Rz. 286 bis 294 des BMF-Schreibens vom 18. 1. 2016, BStBl 2016 I 85).

14.3.5.3   Geltungsdauer des Freistellungsauftrages

Kapitalerträge sind einem Stpfl. steuerlich grundsätzlich nur bis zu seinem Tode zuzu-   2535m
rechnen. Nach seinem Tode sind Gläubiger der Kapitalerträge seine Erben. Sofern der
Kontoinhaber einen Freistellungsauftrag erteilt hatte, hat das Kreditinstitut diesen
grundsätzlich nur bis zum Todestag des Kontoinhabers zu berücksichtigen. Erfährt das
Kreditinstitut erst verspätet vom Tod des Kontoinhabers, so besteht eine Verpflichtung
zur Nachholung des Zinsabschlags nicht. Grob fahrlässige Unkenntnis führt zur Haftung (OFD Frankfurt vom 8. 10. 2013, S 2400 A – 33 – St 54, DokID: [PAAAE-50862]).

14.3.5.4   Beendigung eines Freistellungsauftrages

Nach vollständiger Auflösung einer Kundenbeziehung gilt für die Frage des Fortbeste-   2535n
hens eines ohne zeitliche Befristung erteilten Freistellungsauftrages – sofern keine ausdrückliche Erklärung des Kunden vorliegt – Folgendes:

a) In der Auflösung der Geschäftsverbindung liegt keine (wirksame) Erklärung des Kunden, dass er den Freistellungsauftrag für das laufende Jahr bis zur Höhe des bereits
ausgenutzten Betrags herabsetze. Eine solche Herabsetzung ist nämlich nur dann
wirksam, wenn sie schriftlich geschieht, und zwar unter Verwendung des amtlich
vorgeschriebenen Vordrucks »Freistellungsauftrag« (vgl. Anlage 2 des BMF-Schreibens vom 18. 1. 2016, BStBl 2016 I 85). Dies gilt auch dann, wenn der Freistellungsauftrag bisher noch nicht ausgenutzt wurde.

b) Anders ist es in Bezug auf die späteren Jahre. Der Kunde, der die Geschäftsverbindung zu seinem früheren Institut beendet hat, wird ab dem folgenden Jahr nicht
mehr an den Freistellungsauftrag denken, den er jenem Institut erteilt hat, oder er
wird ihn für gegenstandslos halten. Wenn er Geld- und/oder Depotkonten bei einem anderen Kreditinstitut eröffnet, wird er diesem einen (neuen) Freistellungsauftrag erteilen. Würde der dem bisherigen Institut erteilte Freistellungsauftrag als
fortbestehend angesehen werden, so würde dies für den Kunden selbst, für die Finanzverwaltung und für die beteiligten Kreditinstitute zu unnötigen Problemen
führen können. Unter Berücksichtigung der Interessenlage des Kunden ist in seinem
Verhalten die konkludente Willenserklärung zu sehen, dass der dem bisherigen Kreditinstitut erteilte Freistellungsauftrag mit Ablauf des Kj., in dem die Geschäftsverbindung endete, auslaufen soll. Eine solche Erklärung ist formlos möglich, weil der
Kunde ab dem folgenden Jahr von seinem früheren Institut keine Erträge mehr gutgeschrieben bekommt.

Für das Kj., in dem die Geschäftsverbindung endete, muss das Kreditinstitut den ihm erteilten Freistellungsauftrag noch an das Bundesamt für Finanzen melden, für die Folgejahre aber nicht mehr (OFD Frankfurt vom 8. 10. 2013, S 2400 A – 33 – St 54).

14.3.5.5 Vertretung bei der Erteilung von Freistellungsaufträgen

2535o Einer Vertretung bei der Erteilung von Freistellungsaufträgen steht weder § 150 AO noch § 44a Abs. 2 Nr. 1 EStG i.V. m. dem amtlichen Muster des Freistellungsauftrags (vgl. zuletzt BMF vom 16. 10. 2010, BStBl 2010 I 1305) entgegen. Eine Verpflichtung des Stpfl., den Freistellungsauftrag eigenhändig zu unterschreiben, kann aus beiden Vorschriften nicht abgeleitet werden (OFD Frankfurt vom 8. 10. 2013, S 2400 A – 33 – St 54).

14.3.5.6 Nichtveranlagungsbescheinigung

2536 Nach Vorlage einer Nichtveranlagungsbescheinigung (§ 44a Abs. 1 Satz 4 i.V. m. Abs. 2 Nr. 2 EStG) kann vom KapESt-Abzug Abstand genommen werden. Mit einer NV-Bescheinigung können Zinsen und andere Kapitaleinkünfte über den Sparer-Pauschbetrag hinaus steuerfrei vereinnahmt werden. Voraussetzung ist, dass der Gesamtbetrag der Einkünfte den Grundfreibetrag nach § 32a Abs. 1 Satz 2 Nr. 1 EStG nicht überstiegen hat, so dass auch für Fälle der Günstigerprüfung nach § 32d Abs. 6 EStG keine Steuer entsteht.

Eine NV-Bescheinigung i. S. d. § 44a Abs. 2 Satzes 1 Nr. 2 EStG ist auch in den Fällen des § 44a Abs. 1 Satz 4 EStG nicht zu erteilen, wenn der Stpfl. voraussichtlich oder auf Antrag zur ESt veranlagt wird. Daher ist eine NV-Bescheinigung in allen Fällen eines festgestellten verbleibenden Verlustabzugs sowie in den Fällen, in denen eine Antragsveranlagung nach § 46 Abs. 2 Nr. 8 EStG in Betracht kommt, nicht zu erteilen.

Nach § 44a Abs. 2 Satz 2 und 3 EStG ist die NV-Bescheinigung unter dem Vorbehalt des Widerrufs mit einer Geltungsdauer von höchstens drei Jahren auszustellen; sie muss am Schluss eines Kj enden.

2536a Der Widerruf einer NV-Bescheinigung dürfte in der Regel mit Wirkung ab Beginn des folgenden Kj ausgesprochen werden. Sollte die Geltungsdauer in Widerrufsfällen ausnahmsweise während des Jahres enden und der Stpfl. im Anschluss daran einen Freistellungsauftrag erteilen, muss im Hinblick auf das noch zur Verfügung stehende Freistellungsvolumen berücksichtigt werden, in welcher Höhe zuvor während des Kj der KapESt-Abzug unterblieben ist und etwaige Anträge auf Erstattung von KapESt gestellt worden sind oder noch gestellt werden.

Wird dagegen neben einem Freistellungsauftrag oder nach dessen Widerruf eine NV-Bescheinigung vorgelegt, ist es unerheblich, in welchem Umfang zuvor eine Abstandnahme vom Kapitalertragsteuerabzug vorgenommen wurde und Anträge auf Erstattung gestellt worden sind. Nach Ablauf der Geltungsdauer oder Widerruf der NV-Bescheinigung lebt der erteilte Freistellungsauftrag wieder auf.

2536b Es bestehen keine Bedenken, neben dem Original der NV-Bescheinigung auch eine amtlich beglaubigte Kopie für steuerliche Zwecke anzuerkennen. Gleiches gilt, wenn durch einen Mitarbeiter des zum Steuerabzug Verpflichteten oder eines anderen Kreditinstituts auf einer Kopie vermerkt wird, dass das Original der NV-Bescheinigung vorgelegen hat (Rz. 252 bis 256 des BMF-Schreibens vom 18. 1. 2016, BStBl 2016 I 85).

14.3.6 Kapitalertragsteuer-Anmeldung

Die Anmeldung der einbehaltenen KapESt ist dem FA nach amtlich vorgeschriebenem Vordruck auf elektronischem Weg nach Maßgabe der Steuerdaten-Übermittlungsverordnung zu übersenden (§ 45a Abs. 1 EStG). 2537

Auf Antrag kann das FA zur Vermeidung unbilliger Härten auf eine elektronische Übermittlung verzichten (§ 45a Abs. 1 Satz 4 EStG).

(Einstweilen frei) 2538

14.3.7 Anrechnung der Kapitalertragsteuer im Rahmen der Veranlagung

Die Anrechnung von Kapitalertragsteuer setzt nach § 36 Abs. 2 Nr. 2 EStG voraus, dass die der Anrechnung zugrunde liegenden Einnahmen bei der Veranlagung erfasst werden (R 36 Abs. 1 EStR). Zur Korrektur der ESt-Festsetzung aufgrund nachträglich bekannt gewordener steuerabzugspflichtiger Kapitalerträge s. die Vfg. der OFD Hannover vom 3. 6. 2008 (S 0351 – 77 – StO 143, NWB DokID: [PAAAC-83359]). Nach Ablauf der durch die Anrechnungsverfügung in Lauf gesetzten Zahlungsverjährungsfrist kann die bisher unterbliebene Anrechnung der KapESt nicht mehr nachgeholt werden (BFH 12. 2. 2008 VII R 33/06, BStBl 2008 II 504). 2539

Sofern die Steuerschuld des Gläubigers der Kapitalerträge letztlich niedriger ist als die einbehaltene Kapitalertragsteuer, wird diese im Rahmen der Veranlagung ganz oder teilweise erstattet. 2540

Für Kapitalerträge, die ab 2009 zufließen und der KapESt unterlegen haben, ist die ESt mit dem Steuerabzug abgegolten (§ 43 Abs. 5 EStG). Diese Kapitalerträge sind in das zu versteuernde Einkommen nach § 2 Abs. 5b EStG nicht einzubeziehen. Da die Einnahmen bei der Veranlagung nicht erfasst werden, ist auch eine Anrechnung nach § 36 Abs. 2 EStG nicht möglich (s. a. Rz. 182 und 183 des BMF-Schreibens vom 18. 1. 2016, BStBl 2016 I 85). 2541

14.3.8 Ausstellung von Steuerbescheinigungen

Für Kapitalerträge, die nach dem 31. 12. 2013 zufließen, nimmt das BMF-Schreiben vom 3. 12. 2014 (BStBl 2014 I 1586) zur Ausstellung von Steuerbescheinigungen für Kapitalerträge nach § 45a Abs. 2 und 3 EStG Stellung und enthält drei Muster, nämlich 2542

1. **Muster I:** Steuerbescheinigung für Privatkonten und/oder Depots sowie Verlustbescheinigung i. S. d. § 43a Abs. 3 Satz 4 EStG; das Muster I ist in den Rz. 24 bis 36b des BMF-Schreibens vom 3. 12. 2014 (BStBl 2014 I 1586) erläutert;

2. **Muster II:** Steuerbescheinigung einer leistenden Körperschaft, Personenvereinigung oder Vermögensmasse oder eines Personenunternehmens (Rz. 37 bis 47 des BMF-Schreibens vom 3. 12. 2014, BStBl 2014 I 1586);

3. **Muster III:** Steuerbescheinigung der die Kapitalerträge auszahlenden Stelle für Konten und/oder Depots bei Einkünften i. S. d. §§ 13, 15, 18 und 21 EStG (Rz. 48 bis 51 des BMF-Schreibens vom 3. 12. 2014, BStBl 2014 I 1586).

2543 Zu beachten gilt, dass für Kapitalerträge, die vor dem 1. 1. 2014 zufließen, das BMF-Schreiben vom 20. 12. 2012 (BStBl 2013 I 36) anzuwenden ist. Wurden bereits Steuerbescheinigungen für das Kalenderjahr 2014 nach den bisherigen Mustern ausgestellt, behalten diese ihre Gültigkeit. Für Einzelsteuerbescheinigungen ist es nicht zu beanstanden, wenn die Grundsätze des BMF-Schreibens vom 3. 12. 2014 (a. a. O.) erst für Kapitalerträge angewendet werden, die nach dem 31. 12. 2014 zufließen (Rz. 57 des BMF-Schreibens vom 3. 12. 2014, a. a. O.).

2544 Für Kapitalerträge, die nach § 43 Abs. 1 EStG dem Steuerabzug unterliegen, sind der Schuldner der Kapitalerträge oder die auszahlende Stelle verpflichtet, dem Gläubiger der Kapitalerträge auf Verlangen eine Steuerbescheinigung nach amtlich vorgeschriebenem Muster auszustellen, die die nach § 32d EStG erforderlichen Angaben enthält; die Verpflichtung besteht unabhängig von der Vornahme eines Steuerabzugs.

2545 Das BMF-Schreiben vom 3. 12. 2014 (BStBl 2014 I 1586) regelt insbesondere auch die Ausstellung von Steuerbescheinigungen für einbehaltene KapESt in besonderen Fällen wie

a) Bescheinigung der von Zinsen aus Mietkautionskonten, die auf den Namen des Vermieters lauten, einbehaltenen KapESt (Rz. 14 bis 17);

b) Bescheinigung der von Zinsen aus der Anlage von Instandhaltungsrücklagen von Wohnungseigentümergemeinschaften einbehaltenen KapESt:
   – Bescheinigung des Vermögensverwalters,
   – Behandlung der Kapitalertragsteuer (Rz. 18 und 19);

c) Bescheinigung der von Zinsen aus Notaranderkonten einbehaltenen KapESt (Rz. 20 und 21);

d) Bescheinigung der von Erträgen aus Gemeinschaftskonten bei nichtehelichen Lebensgemeinschaften einbehaltenen KapESt (Rz. 22);

14.4 Veranlagung von Steuerpflichtigen mit Einkünften aus nichtselbständiger Arbeit

2546 Durch den Steuerabzug vom Arbeitslohn gilt nach § 46 Abs. 4 EStG die ESt, die auf die Einkünfte aus nichtselbständiger Arbeit entfällt, für den Arbeitnehmer grundsätzlich als abgegolten, wenn die Voraussetzungen für seine Inanspruchnahme (§ 38 Abs. 4 EStG) nicht vorliegen. In einigen Fällen ist jedoch eine Veranlagung des unbeschränkt steuerpflichtigen Arbeitnehmers und die Einbeziehung der Einkünfte aus nichtselbständiger Arbeit in die Veranlagung erforderlich, damit die ESt in zutreffender Höhe gezahlt wird. Soweit dieses Ergebnis bereits durch den Lohnsteuerjahresausgleich durch den Arbeitgeber (§ 42b Abs. 1 EStG) erreicht werden kann, kommt eine Veranlagung nicht in Betracht.

14.4.1 Allgemeine Voraussetzungen der Veranlagungen nach § 46 Abs. 2 EStG

Die Fälle, in denen Steuerpflichtige mit ihren Einkünften aus nichtselbständiger Arbeit zur ESt veranlagt werden, sind in § 46 Abs. 2 EStG aufgezählt. Wie aus dem Wortlaut des § 46 Abs. 2 EStG hervorgeht, ist Voraussetzung für die Vornahme einer Veranlagung nach diesen Vorschriften, dass der Steuerpflichtige Einkünfte aus nichtselbständiger Arbeit bezogen hat, von denen ein Steuerabzug tatsächlich vorgenommen worden ist. $\quad$ 2547

Somit muss, wenn die Beteiligten irrtümlich Einkünfte aus nichtselbständiger Arbeit angenommen haben, rechtlich aber eine andere Einkunftsart gegeben ist, eine Veranlagung nach den allgemeinen Grundsätzen des § 25 EStG und nicht nach § 46 EStG vorgenommen werden, bei der die zu Unrecht einbehaltene Lohnsteuer nach § 36 Abs. 2 EStG anzurechnen ist (BFH 9. 7. 1959 IV 209/58 U, BStBl 1959 III 348); eine Gewährung des Härteausgleichs nach § 46 Abs. 3 oder nach § 70 EStDV kommt nicht in Frage.

Hat der Steuerpflichtige Einkünfte aus nichtselbständiger Arbeit erzielt, ist aber aufgrund einer besonderen Regelung ein Lohnsteuerabzug nicht durchzuführen (z. B. im Falle der Beschäftigung bei einer ausländischen Botschaft), muss der Steuerpflichtige nach § 25 EStG veranlagt werden; es sind jedoch die Vergünstigungen des § 46 EStG (Härteausgleich nach § 46 Abs. 3 oder nach § 46 Abs. 5 i. V. mit § 70 EStDV) entsprechend dem Sinn dieser Vorschrift analog anzuwenden (BFH 7. 8. 1959 VI 299/57 U, BStBl 1959 III 462).

BEISPIEL: ▸ Der in Aachen wohnende A arbeitet als Arbeitnehmer bei B in Eupen (Belgien) und hat im Jahr 04 umgerechnet jährlich 25 000 € verdient. Außerdem hat A noch 400 € Einkünfte aus Kapitalvermögen erzielt.

Da der Belgier B nicht verpflichtet ist, den Lohnsteuerabzug durchzuführen, muss A für das Jahr 04 nach § 25 EStG veranlagt werden. Dabei ist in sinngemäßer Anwendung des § 46 Abs. 3 EStG ein Betrag i. H. von 400 € vom Einkommen abzuziehen.

Es kann auch vorkommen, dass vom Arbeitslohn des Steuerpflichtigen vorschriftswidrig ein Lohnsteuerabzug nicht erhoben worden ist. In diesem Fall ist das Lohnsteuerabzugsverfahren nachträglich durchzuführen, wenn die Voraussetzungen des § 46 EStG nicht vorliegen (R 41c.3 Abs. 4 LStR).

BEISPIEL: ▸ A ist für den Fabrikanten B als nichtselbständiger Vertreter tätig und hat Einkünfte i. H. von 25 000 € erzielt. Da beide irrtümlich annahmen, dass die Beschäftigung des A als gewerbliche zu werten sei, ist der Steuerabzug unterblieben.

A wird nicht zur ESt veranlagt. Im Wege des nunmehr durchzuführenden Lohnsteuerabzugsverfahrens nimmt das FA den A in Anspruch. Es steht nicht im Ermessen des FA, auch den B in Anspruch zu nehmen, da dieser einem Rechtsirrtum unterlegen ist (R 42d.1 LStR).

Hätte A außer den genannten Einkünften noch 2 000 € Einkünfte aus Vermietung und Verpachtung bezogen, wäre er nach § 46 Abs. 2 Nr. 1 EStG zur ESt veranlagt worden; das Steuerabzugsverfahren wäre dann nicht nachgeholt worden.

14.4.2   Die Veranlagungsfälle des § 46 Abs. 2 EStG im Einzelnen

14.4.2.1   Einkünfte, von denen der Lohnsteuerabzug nicht vorzunehmen ist, von mehr als 410 €

2548   Hat der Arbeitnehmer noch andere Einkünfte als solche aus nichtselbständiger Arbeit, muss er grundsätzlich zur ESt veranlagt werden, weil sonst die ESt in zu geringer Höhe erhoben würde.

2549   Mit Urteilen vom 21. 9. 2006 (VI R 47/05, BFH/NV 2006 2364 und VI R 52/04, BH/NV 2006 2359) hat der BFH entgegen der bisherigen Verwaltungsauffassung entschieden, dass eine Pflichtveranlagung nach § 46 Abs. 2 Nr. 1 EStG von Amts wegen durchzuführen ist, wenn die positive oder die negative Summe der einkommensteuerpflichtigen Einkünfte, die nicht dem Steuerabzug vom Arbeitslohn zu unterwerfen waren, vermindert um die darauf entfallenden Beträge nach § 13 Abs. 3 EStG und § 24a EStG, jeweils mehr als 410 € beträgt. Durch das Jahressteuergesetz 2007 vom 13. 12. 2006 (BGBl 2006 I 2878) wird in § 46 Abs. 2 Nr. 1 EStG klargestellt, dass lediglich die jeweils positive Summe zu einer Pflichtveranlagung führt. Die Änderung durch das Jahressteuergesetz gilt auch für Veranlagungszeiträume vor 2006 (s. a. Vfg. OFD Frankfurt vom 12. 7. 2012, S 2270 A - 11- St 216, DB 2012, 2015). Nach dem BFH-Urteil vom 17. 1. 2013 (VI R 32/12, BStBl 2013 II 439) verstößt die rückwirkende Geltungsanordnung der Vorschrift nicht gegen das rechtsstaatliche Rückwirkungsverbot.

Der BFH hat mit Urteil vom 26. 3. 2013 (VI R 22/11, BStBl 2013 II 631) entschieden, dass unter der »Summe der Einkünfte« i. S. d. § 46 Abs. 2 Nr. 1 EStG derjenige Saldo zu verstehen ist, der nach horizontaler und vertikaler Verrechnung der Einkünfte verbleibt. Versagt das Gesetz – wie in § 23 Abs. 3 Satz 8 EStG im Falle eines Verlustes aus privaten Veräußerungsgeschäften – die Verrechnung eines Verlustes aus einer Einkunftsart mit Gewinnen bzw. Überschüssen aus anderen Einkunftsarten, fließt dieser Verlust nicht in die »Summe der Einkünfte« ein.

In einem weiteren Urteil vom 21. 9. 2006 (VI R 80/04, BStBl 2007 II 11) nimmt der BFH zur Amtsveranlagung bei Einzelveranlagung von Eheleuten Stellung. Ist ein Ehegatte zur ESt zu veranlagen und wird auf seinen Antrag eine Einzelveranlagung durchgeführt, ist auch der andere Ehegatte gem. § 26 Abs. 2 Satz 1 EStG zwingend einzeln zu veranlagen. Für die Veranlagung des anderen Ehegatten kommt es in einem solchen Fall auf das Vorliegen der Voraussetzungen des § 46 Abs. 2 Nr. 1 bis Nr. 8 nicht mehr an.

2549a   Unter Lohnsteuerabzug i. S. des § 46 Abs. 2 Nr. 1 EStG ist nur ein nach deutschen Steuergesetzen vorgenommener Steuerabzug (§§ 38 ff. EStG) zu verstehen. Dementsprechend ist der Lohnsteuerabzug nicht vorgenommen, wenn vom Arbeitgeber nur ausländische Quellensteuer einbehalten worden ist (BFH 25. 5. 1970 I R 77/69, BStBl 1970 II 640).

BEISPIEL: A ist in einem ausländischen Staat für einen dort ansässigen Arbeitgeber nichtselbständig tätig geworden. Die Einkünfte für die vierwöchige Tätigkeit haben 4 000 € betragen. Von diesen Einkünften, die nach dem DBA zwischen Deutschland und dem ausländischen Staat in Deutschland steuerbefreit, aber im Rahmen des Progressionsvorbehalts zu berücksichtigen sind, hat der ausländische Arbeitgeber nach dem Steuerrecht des ausländischen Staates einen Steuerabzug i. H. von 1 000 € vorgenommen. Nach Rückkehr aus dem Ausland ist der ledige A im selben VZ im Inland nichtselbständig tätig geworden; die Einkünfte i. H. von 14 000 € sind dem Lohnsteuerabzug unterworfen worden.

A ist nach § 46 Abs. 2 Nr. 1 EStG zu veranlagen, weil die Einkünfte, die nicht der Lohnsteuer zu unterwerfen waren, mehr als 410 € betragen.

Für die Frage, ob die Einkünfte, von denen der Lohnsteuerabzug nicht vorgenommen   2549b
worden ist, höher als 410 € sind, bleiben steuerfreie Einkünfte (z. B. die Einkünfte nach den §§ 3 u. 3a EStG) außer Betracht. Beim Ansatz von Einkünften aus Land- und Forstwirtschaft ist der Freibetrag nach § 13 Abs. 3 EStG zu berücksichtigen.

Auch der Altersentlastungsbetrag (§ 24a EStG) ist zu berücksichtigen.

14.4.2.2 Veranlagung zur Anwendung des Progressionsvorbehalts

Nach § 46 Abs. 2 Nr. 1 EStG 2. Hs. ist eine Veranlagung auch dann durchzuführen, wenn   2550
die positive Summe der Einkünfte und Leistungen, die dem Progressionsvorbehalt unterliegen, mehr als 410 € beträgt. Diese sind in § 32b EStG abschließend aufgezählt, und zwar sowohl in Abs. 1 Nr. 1 als auch in Abs. 1 Nr. 2 und 3; die dem Progressionsvorbehalt gem. Abs. 1 Nr. 1 unterliegenden Leistungen werden somit zum Teil für die Prüfung der Veranlagungspflicht mit einbezogen.

14.4.2.3 Einkünfte aus mehr als einem Dienstverhältnis

Die Vorschrift des § 46 Abs. 2 Nr. 2 EStG bestimmt, dass eine Veranlagung durchzufüh-   2551
ren ist, wenn der Steuerpflichtige nebeneinander von mehreren Arbeitgebern Arbeitslohn bezogen hat, d. h.

a) wenn bei Anwendung des Grundtarifs der zu veranlagende Steuerpflichtige Einkünfte i. S. des § 19 EStG aus mehr als einem Dienstverhältnis oder

b) wenn bei Anwendung des Splittingtarifs nach § 32a Abs. 5 oder 6 EStG der zu veranlagende Steuerpflichtige (bei zusammen veranlagten Ehegatten der **einzelne** Ehegatte) nebeneinander von mehreren Arbeitgebern Arbeitslohn bezogen hat.

BEISPIEL 1: Der ledige A unterrichtet tagsüber an einem Gymnasium als beamteter Lehrer (Lohnsteuerklasse I); nebenher gibt er abends an einer privaten Abendschule Unterricht (Lohnsteuerklasse VI). Es sind zwei Lohnsteuerkarten ausgestellt worden.

A ist gem. § 46 Abs. 2 Nr. 2 EStG zu veranlagen.

BEISPIEL 2: Der pensionierte, verheiratete B erhält von seinem ehemaligen Arbeitgeber Versorgungsbezüge. Diese haben im Jahr 11 30 000 € betragen. Ferner ist B bei einem Verlag als Angestellter halbtags tätig. Die von diesem Arbeitgeber erhaltenen Bezüge betragen im Jahre 11 14 000 €. Die Ehefrau ist nicht als Arbeitnehmerin tätig geworden.

Die Eheleute B sind gem. § 46 Abs. 2 Nr. 2 EStG zu veranlagen.

BEISPIEL 3: Die Eheleute C sind beide nichtselbständig tätig. Der Lohnsteuerabzug ist jeweils nach der Lohnsteuerklasse IV vorgenommen worden.

Eine Veranlagung nach § 46 Abs. 2 Nr. 2 EStG kommt für die Eheleute C nicht in Betracht, weil weder der Ehemann noch die Ehefrau jeweils nebeneinander von mehreren Arbeitgebern Arbeitslohn bezogen haben.

Soweit durch Arbeitgeberwechsel mehrere Dienstverhältnisse zeitlich nacheinander   2551a
vorgelegen haben, sind die Voraussetzungen für eine Veranlagung nach § 46 Abs. 2 Nr. 2 EStG nicht erfüllt. Für die Durchführung der Veranlagung kommt es auf die Höhe der Einkünfte aus dem zweiten Dienstverhältnis nicht an.

2551b § 46 Abs. 2 Nr. 2 EStG ist nicht anzuwenden, soweit nach § 38 Abs. 3a Satz 7 EStG Arbeitslohn von mehreren Arbeitgebern für den Lohnsteuerabzug zusammengerechnet
worden ist.

14.4.2.4 Veranlagung von Personen, deren Vorsorgepauschale höher ist als die tatsächlichen Aufwendungen für die Basisversorgung

2552 *(Einstweilen frei)*

2553 Der Pflichtveranlagungstatbestand in § 46 Abs. 2 Nr. 3 EStG in der Fassung des Bürgerentlastungsgesetzes Krankenversicherung vom 16. 7. 2009 (BGBl 2009 I 1959) stellt sicher, dass Arbeitnehmer keine ungerechtfertigten Vorteile haben, wenn den im Lohnsteuerabzugsverfahren pauschal berücksichtigten Beiträgen für eine Krankenversicherung und eine gesetzliche Pflegeversicherung (soziale Pflegeversicherung und private
Pflege-Pflichtversicherung) keine Aufwendungen in entsprechender Höhe gegenüberstehen und auch aus sonstigen Gründen keine Einkommensteuerveranlagung vorgeschrieben ist. Bei der Einkommensteuerveranlagung werden dann nur die tatsächlichen Versicherungsbeiträge berücksichtigt.

Damit der Arbeitnehmer erkennen kann, ob die Verpflichtung besteht, eine Einkommensteuererklärung abzugeben, wird in der Lohnsteuerbescheinigung die Bescheinigung der Beiträge zur gesetzlichen Krankenversicherung und sozialen Pflegeversicherung bzw. des beim Lohnsteuerabzug für die private Krankenversicherung und für die
private Pflege-Pflichtversicherung berücksichtigten Teilbetrags der Vorsorgepauschale
vorgeschrieben (vgl. § 41b Abs. 1 Satz 2 Nr. 13 und 15 EStG).

2553a Durch die Ergänzung des § 46 Abs. 2 Nr. 3 EStG durch das Steuervereinfachungsgesetz
2011 vom 1. 11. 2011 (BGBl 2011 I 2131) werden Arbeitnehmer mit geringem Jahres-
arbeitslohn (10 200 € bzw. 19 400 €, wenn die Voraussetzungen für die Zusammenveranlagung vorliegen) von der Pflicht zur Abgabe einer Einkommensteuererklärung allein
wegen einer zu hohen Mindestvorsorgepauschale ab dem Veranlagungszeitraum 2010
(§ 52 Abs. 55j Satz 2 EStG) befreit. Durch das Gesetz zur Änderung und Vereinfachung
der Unternehmensbesteuerung und des steuerlichen Reisekostenrechts vom 20. 2. 2013
(BGBl 2013 I 285) werden die Jahresarbeitslohngrenzen geändert für den VZ 2013 auf
10 500 € und für den VZ 2014 auf 10 700 €. Für Ehegatten betragen die Grenzen im
VZ 2013 19 700 € und im VZ 2014 20 200 €. Durch das Gesetz zur Anhebung des
Grundfreibetrags, des Kinderfreibetrags, des Kindergeldes und des Kinderzuschlags
vom 16. 7. 2015 (BGBl 2015 I 1202) wurden die Grenzen erneut erhöht: im VZ 2015 auf
10 800 € und im VZ 2016 auf 11 000 €; für Ehegatten betragen die Grenzen im VZ
2015 20 500 € und im VZ 2016 20 900 €.

Auf die Durchführung einer Pflichtveranlagung kann trotz einer möglicherweise im
Lohnsteuerabzugsverfahren berücksichtigten zu hohen Mindestvorsorgepauschale allerdings verzichtet werden bei niedrigen Arbeitslöhnen, bei denen die Durchführung einer Veranlagung grundsätzlich nicht zur Festsetzung einer Einkommensteuerschuld
führt. Dies gilt für alle Arbeitnehmer, deren Arbeitslohn aus allen Dienstverhältnissen
im Laufe des Kalenderjahres die die Summe der in der Steuerklasse I enthaltenen, gesetzlich zu gewährenden Frei- und Pauschbeträge grundsätzlich nicht überschreitet
(gerundet 10 800 € im VZ 2015).

Bei Ehegatten, die die Voraussetzungen des § 26 Abs. 1 EStG erfüllen, gilt der erhöhte Arbeitslohnbetrag, der den in der Lohnsteuerklasse III enthaltenen gesetzlichen Frei- und Pauschbeträgen entspricht (gerundet 20 500 € im VZ 2015). Dabei ist es ausreichend, wenn bei diesen Ehegatten die **Summe** der Arbeitslöhne **beider Ehegatten** insgesamt die Bagatellgrenze nicht übersteigt, unabhängig davon, welcher den Betrag erzielt. Ist der Steuerpflichtige nach anderen Vorschriften verpflichtet, eine Einkommensteuererklärung abzugeben, bleibt diese Verpflichtung von der Änderung unberührt.

Es werden damit die gleichen Jahresarbeitslohngrenzen (10 800 € bzw. 20 500 € im VZ 2015) zugrunde gelegt wie bei der Ausnahmeregelung zu § 46 Abs. 2 Nr. 4 EStG. Durch die Parallelität der beiden Ausnahmeregelungen wird sichergestellt, dass die Arbeitnehmer mit geringem Arbeitslohn insgesamt – also sowohl in Fällen der Eintragung von Freibeträgen als auch wegen einer zu hohen Mindestvorsorgepauschale – von der Pflicht zur Abgabe einer Steuererklärung befreit sind.

14.4.2.5 Veranlagung von doppelverdienenden Ehegatten bei Lohnsteuerklassen V und VI sowie beim Faktorverfahren

Ehegatten werden nach § 46 Abs. 2 Nr. 3a EStG veranlagt, wenn   2554

a) sie nach den §§ 26 u. 26b EStG zusammen zu veranlagen sind **und**

b) beide Arbeitslohn bezogen haben **und**

c) einer von ihnen für den gesamten Veranlagungszeitraum oder für einen Teil des Veranlagungszeitraums nach der Lohnsteuerklasse V oder VI besteuert oder bei Steuerklasse IV der Faktor (§ 39f EStG) eingetragen worden ist.

Eine Veranlagung nach dieser Vorschrift kommt i. d. R. dann in Betracht, wenn der eine 2555 Ehegatte nach der Lohnsteuerklasse III und der andere nach der Lohnsteuerklasse V besteuert worden ist. Wird einer der Ehegatten nach der Lohnsteuerklasse VI besteuert, kommt eine Veranlagung bereits nach § 46 Abs. 2 Nr. 2 EStG dann in Betracht, wenn die Einstufung in die Lohnsteuerklasse VI darin begründet ist, dass dieser Ehegatte nebeneinander von mehreren Arbeitgebern Arbeitslohn bezieht (§ 38b Nr. 6 EStG). Wird die Lohnsteuer jedoch deshalb nach der Steuerklasse VI einbehalten, weil z. B. der Ehegatte seinem Arbeitgeber schuldhaft die ihm zugeteilte Identifikationsnummer sowie den Tag der Geburt nicht mitgeteilt hat oder das BZSt für Steuern die Mitteilung elektronischer Lohnsteuerabzugsmerkmale ablehnt (§ 39c Abs. 1 EStG), so kommt bei Vorliegen der übrigen Voraussetzungen eine Veranlagung nach § 46 Abs. 2 Nr. 3a EStG in Betracht.

BEISPIEL: Die Eheleute D, die beide nichtselbständig tätig sind, erfüllen die Voraussetzungen der §§ 26 u. 26b EStG. Der Ehemann ist im Jahre 11 nach der Lohnsteuerklasse III, die Ehefrau nach der Lohnsteuerklasse V besteuert worden.

Die Eheleute sind nach § 46 Abs. 2 Nr. 3a EStG zu veranlagen, wenn sie die Zusammenveranlagung wählen.

Würde z. B. der Ehemann nebenher noch Arbeitslohn von einem anderen Arbeitgeber erhalten (Lohnsteuerklasse VI), käme eine Veranlagung bereits nach § 46 Abs. 2 Nr. 2 EStG in Betracht.

14.4.2.6 Veranlagung wegen Ermittlung eines Freibetrags

2555a   Durch das JStG 2010 wird § 46 Abs. 2 Nr. 4 EStG rückwirkend ab dem VZ 2009 geändert. Danach ist eine Pflichtveranlagung durchzuführen, wenn für einen Stpfl. ein Freibetrag i. S. d. § 39a Abs. 1 Nr. 1 bis 3, 5 oder Nr. 6 EStG ermittelt worden ist und der im Kj insgesamt erzielte Arbeitslohn 10 500 € im VZ 2013 (10 700 € im VZ 2014; 10 800 € im VZ 2015 und 11 000 € im VZ 2016) übersteigt oder bei Ehegatten, die die Voraussetzungen des § 26 Abs. 1 erfüllen, der im Kj von den Ehegatten insgesamt erzielte Arbeitslohn 19 700 € im VZ 2013 (20 200 € im VZ 2014; 20 500 € im VZ 2015 und 20 900 € im VZ 2016) übersteigt; dasselbe gilt für einen Stpfl., der zum Personenkreis des § 1 Abs. 2 gehört oder für einen beschränkt einkommensteuerpflichtigen Arbeitnehmer, wenn diese Eintragungen auf einer Bescheinigung für den Lohnsteuerabzug (§ 39 Abs. 3 Satz 1 EStG) erfolgt sind.

Durch die Neufassung des § 46 Abs. 2 Nr. 4 EStG werden Bagatellfälle von der Pflicht zur Abgabe einer Einkommensteuererklärung befreit, die durch die Ermittlung eines Freibetrags nach § 39a Abs. 1 Nr. 1 bis 3, 5 oder Nr. 6 EStG grundsätzlich besteht. Auf die Durchführung einer Pflichtveranlagung kann trotz Ermittlung eines Freibetrages verzichtet werden, weil bei Arbeitslöhnen bis zu den genannten Grenzen, unabhängig von einem Freibetrag, grundsätzlich keine Einkommensteuerschuld entsteht. Dies gilt für alle Arbeitnehmer, die im Laufe des Kalenderjahres aus allen Dienstverhältnissen insgesamt lediglich Arbeitslohn in einer Höhe erzielt haben, die in der Summe alle gesetzlich zu gewährenden Frei- bzw. Pauschbeträge nicht überschreitet.

Bei Ehegatten, die die Voraussetzungen des § 26 Abs. 1 EStG erfüllen, gilt der erhöhte Arbeitslohnbetrag, der den in der Lohnsteuerklasse III enthaltenen gesetzlichen Frei- und Pauschbeträgen entspricht. Dabei ist es ausreichend, wenn bei diesen Ehegatten die Summe der Arbeitslöhne beider Ehegatten insgesamt die Bagatellgrenze nicht übersteigt, unabhängig davon, welcher den Betrag erzielt. Ist der Stpfl. nach anderen Vorschriften verpflichtet, eine Einkommensteuererklärung abzugeben, bleibt diese Verpflichtung von der Änderung unberührt.

Die Überwachung bzw. die Überschreitung der Bagatellgrenzen für den Vollzug wird durch den umfangreichen Einsatz der Steueridentifikationsnummer in Zukunft problemlos möglich sein. Im Rahmen des geplanten flächendeckenden Einsatzes der elektronischen Lohnsteuerabzugsmerkmale wird es ermöglicht, auch mehrere elektronische Lohnsteuerbescheinigungen, soweit sie von verschiedenen Arbeitgebern geliefert wurden, zusammenzuführen und entsprechend auszuwerten.

Mittels der Steueridentifikationsnummer wird auch eine Verknüpfung von Ehegattendaten möglich sein. Zudem wird den Forderungen nach einer einfachen bürgerfreundlichen und bürokratiearmen Lösung auch für beschränkt Steuerpflichtige entsprochen. Insbesondere für Arbeitnehmer, die nur für einen befristeten Zeitraum im Inland tätig sind, entfällt nunmehr in Bagatellfällen ebenfalls die Pflicht zur Abgabe einer Steuererklärung. Damit werden unbeschränkt und beschränkt Stpfl. gleich behandelt.

14.4.2.7 Veranlagung wegen der Übertragung und Aufteilung von Freibeträgen (§ 46 Abs. 2 Nr. 4a EStG)

Beantragt bei einem Ehepaar ein Elternteil im Fall des § 33a Abs. 2 Satz 5 EStG die Über- 2556
tragung des Anteils am abzuziehenden Ausbildungsfreibetrag, oder soll im Fall des
§ 33b Abs. 5 Satz 3 EStG der Pauschbetrag für Körperbehinderte oder der Pauschbetrag
für Hinterbliebene anders als je zur Hälfte aufgeteilt werden, so ist gem. § 46 Abs. 2
Nr. 4a Buchst. d bzw. e EStG eine Veranlagung durchzuführen.

14.4.2.8 Veranlagung bei Zahlung sonstiger Bezüge

Wurde während des Kalenderjahres vom Arbeitgeber Lohnsteuer von Entschädigungen 2557
oder Vergütungen für mehrjährige Tätigkeiten nach § 39b Abs. 3 Satz 9 EStG einbehalten, so wird mit der Veranlagung nach § 46 Abs. 2 Nr. 5 EStG überprüft, ob beim Lohnsteuerabzug vom Arbeitgeber Fehler gemacht worden sind.

Hat der Arbeitgeber die Lohnsteuer von einem sonstigen Bezug berechnet und ist dabei 2558
der Arbeitslohn aus früheren Dienstverhältnissen des Kalenderjahres außer Betracht
geblieben (§ 39b Abs. 3 Satz 2 EStG, § 41 Abs. 1 Satz 6, Großbuchst. S) EStG, ist eine Veranlagung nach § 46 Abs. 2 Nr. 5a EStG durchzuführen.

14.4.2.9 Veranlagung bei Auflösung der Ehe durch Tod, Scheidung oder Aufhebung

Nach § 46 Abs. 2 Nr. 6 EStG ist eine Veranlagung für einen solchen steuerpflichtigen Ar- 2559
beitnehmer durchzuführen, dessen Ehe durch Tod, Scheidung oder Aufhebung im betreffenden Veranlagungszeitraum aufgelöst worden ist und er oder sein ehemaliger
Ehegatte in demselben Veranlagungszeitraum wieder geheiratet hat.

BEISPIEL 1: A und B waren zu Beginn des VZ 11 verheiratet. Am 2. 2. 11 verstirbt der Ehemann
A, der bis zu seinem Tode als Beamter tätig war. B heiratet am 1. 11. 11 den C.

Für A ist für den VZ 11 gem. § 46 Abs. 2 Nr. 6 EStG eine Veranlagung durchzuführen.

BEISPIEL 2: Die Ehe des Angestellten D mit der E wird am 3. 4. 12 durch Scheidung aufgelöst. E
heiratet noch im selben Kj den F.

Für D ist für den VZ 12 gem. § 46 Abs. 2 Nr. 6 EStG eine Veranlagung durchzuführen.

14.4.2.10 Veranlagung beschränkt Steuerpflichtiger

Nach § 46 Abs. 2 Nr. 7 Buchst. a EStG erfolgt eine Veranlagung, wenn bei einem unbe- 2560
schränkt steuerpflichtigen Arbeitnehmer sein Ehegatte gem. § 1a EStG bei der Bildung
der Lohnsteuerabzugsmerkmale berücksichtigt wurde. Der Ehegatte muss aber seinen
Wohnsitz in der EU oder im EWR haben.

Gemäß § 46 Abs. 2 Nr. 7 Buchst. b EStG wird für einen Steuerpflichtigen, der zum Personenkreis des § 1 Abs. 3 oder des § 1a EStG gehört und für den Lohnsteuerabzugsmerkmale nach § 39 Abs. 2 EStG gebildet worden sind, eine Veranlagung durchgeführt.
Das nach § 39 Abs. 2 Satz 2 bis 4 EStG zuständige Betriebsstättenfinanzamt ist dann
auch für die Veranlagung zuständig.

14.4.2.11   Veranlagung auf Antrag

14.4.2.11.1   Die Subsidiarität des § 46 Abs. 2 Nr. 8 EStG

2561   Der BFH hat mit zahlreichen Urteilen vom 22. 5. und vom 21. 9. 2006 zur Problematik der Antragsveranlagung Stellung genommen.

Die Antragsveranlagung gem. § 46 Abs. 2 Nr. 8 EStG ist subsidiär. Sie ist deshalb nicht möglich, wenn der Stpfl. bereits nach § 46 Abs. 2 Nr. 1 bis 7 EStG von Amts wegen zu veranlagen ist. Ein Antrag des Stpfl. nach § 46 Abs. 2 Nr. 8 EStG ist nicht erforderlich, wenn das FA das Veranlagungsverfahren von sich aus bereits durchgeführt hat und die ESt durch Erlass eines Steuerbescheids (§ 155 Abs. 1 AO) festgesetzt hat. Dies gilt jedenfalls dann, wenn bei Erlass des Steuerbescheids aus der insoweit maßgeblichen Sicht des FA die Voraussetzungen für eine Veranlagung von Amts wegen vorlagen (BFH 22. 5. 2006 VI R 15/05, BStBl 2006 II 912).

> **BEISPIEL:** Beispiel und Lösung ergeben sich aus dem BFH-Urteil vom 22. 5. 2006 (VI R 15/05, a. a. O.).
>
> Ein Stpfl. erzielte im Veranlagungszeitraum 01 im Wesentlichen Einkünfte aus nichtselbstständiger Arbeit sowie geringe Einkünfte (über 410 €) aus Vermietung und Verpachtung. Da im Dezember 04 noch keine ESt-Erklärung für 02 beim FA eingegangen war, schätzte das FA die Besteuerungsgrundlagen und erließ am 10. 12. 04 einen entsprechenden ESt-Bescheid. Gegen diesen Bescheid legte der Stpfl. form- und fristgerecht Einspruch ein. Zur Begründung reichte er am 20. 1. 05 die ESt-Erklärung für 02 ein. Darin erklärte er neben Einkünften aus nichtselbstständiger Arbeit einen Verlust aus Vermietung und Verpachtung. Daraufhin hob das FA den ESt-Bescheid auf und erklärte den Einspruch für erledigt. Am 15. 2. 05 stellte der Stpfl. einen Antrag auf Durchführung einer Veranlagung zur ESt 02.

> **LÖSUNG:** Im Streitfall hat das FA eine Veranlagung rechtmäßig durchgeführt. Da die Kläger trotz Aufforderung (§ 149 Abs. 1 Satz 2 AO) keine ESt-Erklärung abgegeben hatten, musste das FA gem. § 162 AO die Besteuerungsgrundlagen schätzen. Die Schätzung der Besteuerungsgrundlagen ergab, dass die Voraussetzungen für eine Veranlagung der Kläger nach § 46 Abs. 2 Nr. 1 EStG vorlagen, weil die Summe der einkommensteuerpflichtigen Einkünfte, die nicht dem Steuerabzug vom Arbeitslohn zu unterwerfen waren, mehr als 410 € betrug. Folglich war das FA gem. § 25 Abs. 1 EStG verpflichtet, die Kläger zur ESt zu veranlagen und durch Erlass des (angefochtenen) Steuerbescheids die ESt festzusetzen. Die Veranlagung konnte nicht nach § 46 EStG unterbleiben.
>
> Ein Antrag nach § 46 Abs. 2 Nr. 8 EStG war im Streitfall für die (weitere) Durchführung des Veranlagungsverfahrens nicht (mehr) erforderlich. Besteht das Einkommen ganz oder teilweise aus Einkünften aus nichtselbständiger Arbeit, von denen ein Steuerabzug vorgenommen worden ist, wird eine Veranlagung nur unter den in § 46 Abs. 2 Nr. 1 bis Nr. 8 EStG genannten Voraussetzungen durchgeführt. Die Antragsveranlagung gem. § 46 Abs. 2 Nr. 8 EStG ist gegenüber den Veranlagungstatbeständen aus § 46 Abs. 2 Nr. 1 bis Nr. 7 EStG subsidiär. Der Stpfl. kann die Veranlagung nach § 46 Abs. 2 Nr. 8 EStG nur beantragen, wenn er nicht bereits nach § 46 Abs. 2 Nr. 1 bis Nr. 7 EStG von Amts wegen zu veranlagen ist. Der Antrag nach § 46 Abs. 2 Nr. 8 EStG ist verfahrensrechtlicher Natur. Er leitet nur das Veranlagungsverfahren ein, mittels dessen die materiell gem. § 36 Abs. 1 EStG entstandene ESt ermittelt und festgesetzt wird. Nach der Konzeption der §§ 25, 46 EStG soll der Antrag auf Durchführung der Veranlagung die Finanzbehörde zu einem Handeln veranlassen, wenn sie nicht von sich aus tätig werden muss. Der Veranlagungsantrag soll das Veranlagungsverfahren in Gang setzen. Er macht den Erlass des Einkommensteuerbescheids aber nicht antragsabhängig. Ausgehend hiervon bedarf es für die Durchführung des Veranlagungsverfahrens keines Antrags des Stpfl. nach § 46 Abs. 2 Nr. 8 EStG mehr, wenn das FA das Veranlagungsverfahren von sich aus bereits durchgeführt und ESt durch Erlass eines Steuerbescheids (§ 155 Abs. 1 Satz 1 AO) festgesetzt hat. Dies gilt jedenfalls

dann, wenn bei Erlass des Steuerbescheids die Voraussetzungen für eine Veranlagung von Amts wegen aus der insoweit maßgeblichen Sicht des FA vorlagen. In einem solchen Fall kann der Antrag auf Durchführung der Veranlagung seinen Zweck, ein Veranlagungsverfahren in Gang zu setzen, nicht mehr erreichen. Dabei ist die Frage der Durchführung der Veranlagung grundsätzlich losgelöst von der – erst später erkennbar gewordenen – inhaltlichen Unrichtigkeit des Steuerbescheids zu beurteilen. § 46 Abs. 2 Nr. 8 EStG steht der vom Stpfl. begehrten Festsetzung der materiell richtigen ESt nicht entgegen, wenn sich später nach Erlass des ESt-Bescheids herausstellt, dass die Finanzbehörde zu Unrecht angenommen hat, sie müsse von Amts wegen tätig werden und die Veranlagung durchführen. § 46 Abs. 2 Nr. 8 EStG verdrängt nicht die Amtsveranlagung nach § 46 Abs. 2 Nr. 1 bis Nr. 7 EStG. Aufgabe sowohl der Antrags- als auch der Amtsveranlagung nach § 46 EStG ist es, Unvollkommenheiten des ausschließlich auf die Einkünfte aus nichtselbständiger Arbeit bezogenen LSt-Abzugsverfahrens auszugleichen und über die Veranlagung die Gleichheit zwischen allen Steuerpflichtigen herzustellen. Dieser Gesetzeszweck gebietet eine Auslegung der Vorschrift, die die Festsetzung der materiell richtigen ESt ermöglicht und sie nicht verhindert.

Zusammenfassung:

▶ Bei bereits durchgeführter Veranlagung ist kein Antrag nach § 46 Abs. 2 Nr. 8 EStG mehr erforderlich;

▶ bei irrtümlicher Amtsveranlagung ist keine Antragsveranlagung gegeben.

§ 46 EStG enthält keine Rechtsgrundlage für die Änderung bestandskräftiger Steuerbescheide. Ist über den Einkommensteueranspruch bereits durch bestandskräftigen Bescheid entschieden worden, vermag auch ein fristgerechter Antrag auf Veranlagung nach § 46 Abs. 2 Nr. 8 EStG keine erneute Entscheidung über diesen Anspruch herbeizuführen (BFH 22. 5. 2006 VI R 17/05, BStBl 2006 II 806). Der Stpfl. hat das nachträgliche Bekanntwerden der steuermindernden Tatsachen grob verschuldet. Grobes Verschulden i. S. des § 173 Abs. 1 Nr. 2 AO ist Vorsatz oder grobe Fahrlässigkeit. Grobe Fahrlässigkeit ist anzunehmen, wenn der Stpfl. die ihm nach seinen persönlichen Verhältnissen zumutbare Sorgfalt in ungewöhnlichem Maße und in nicht entschuldbarer Weise verletzt. 2562

14.4.2.11.2 Antragsfrist

§ 46 Abs. 2 Nr. 8 EStG regelte bisher, dass der Antrag auf Durchführung einer ESt-Veranlagung bis zum Ablauf des auf den Veranlagungszeitraum folgenden zweiten Kj durch Abgabe einer ESt-Erklärung zu stellen ist. Durch das JStG 2008 vom 20. 12. 2007 (BGBl 2007 I 3150) ist die zweijährige Antragsfrist aufgehoben worden. 2563

Zur Frage, ob die Anlaufhemmung nach § 170 Abs. 2 Satz 1 Nr. 1 AO gilt, hat der BFH mit Urteilen vom 14. 4. 2011 (VI R 53/10, BStBl 2011 II 746; VI R 77/10, DokID: [WAAAD-95583]; VI R 82/10, BFH/NV 2011, 1504; VI R 86/10, BFH/NV 2011, 1515) entschieden, dass eine Anlaufhemmung gem. § 170 Abs. 2 Satz 1 Nr. 1 AO in den Fällen des § 46 Abs. 2 Nr. 8 EStG i. d. F. des JStG 2008 nicht in Betracht kommt und damit im Ergebnis keine siebenjährige Festsetzungsfrist gilt. 2564

BEACHTE:

Nach dem Urteil des FG Niedersachsen vom 5. 12. 2014 (2 K 113/14, EFG 2015, 701, Revision eingelegt, Az. BFH: VI R 43/15) wird die Anlaufhemmung nach § 170 Abs. 2 Nr. 1 AO für eine Einkommensteuererklärung wegen § 56 Satz 2 EStDV auch durch zum Schluss des Vorjahres festgestellte Verluste ausgelöst.

Um den gesondert festgestellten Verlust aus dem Jahr 2005 von über 46 000 € in den Folgejahren weiter fortzuschreiben, beantragte ein Kläger aus Niedersachsen Ende 2013 die Veranlagung für die Jahre 2006 bis 2008. Das Finanzamt erkannte zwar die Pflicht zur Abgabe einer Steuererklärung an (§ 56 Satz 2 EStDV), nicht jedoch eine Pflicht zur Einkommensteuerveranlagung. Wer eine Steuererklärung abzugeben habe, ergebe sich insbesondere aus § 56 EStDV. Dabei bestimme Satz 1, wer verpflichtet sei, eine Einkommensteuererklärung abzugeben. Satz 2 bestimme darüber hinaus, wann eine Steuererklärung abzugeben sei. Da also zwischen Einkommensteuererklärung und Steuererklärung differenziert werde, enthalte Satz 2 lediglich die Verpflichtung zur Abgabe einer Erklärung zur Verlustfeststellung.

Von der Festsetzungsfrist für die Einkommensteuer wiederum sei die Frist für die Verlustfeststellung zu unterscheiden. Für die Verlustfeststellungsanträge gelte aufgrund der Verpflichtung zur Erklärungsabgabe eine bis zu dreijährige Anlaufhemmung.

Nach dem Sinn und Zweck des § 56 Satz 2 EStDV dient die Erklärungsabgabe in diesen Fällen der möglichen Überprüfung und Fortschreibung der zum Ende des vorangegangenen Veranlagungszeitraums festgestellten Verluste. Gleichwohl folgt das FG Niedersachsen nicht der Auffassung des FA, in der Vorschrift würde die Verpflichtung zur Abgabe einer Feststellungserklärung geregelt. Hiergegen spricht zum einen der Wortlaut der Vorschrift. Denn nach Satz 1 ist die Einkommensteuererklärung in bestimmten Fällen abzugeben, nach Satz 2 ist eine Steuererklärung außerdem bei vorangegangener Verlustfeststellung abzugeben. Aus Sicht des FG regelt Satz 2 damit lediglich eine Ergänzung des Satzes 1, ohne damit eine andere Erklärung in Bezug zu nehmen. Hinzu tritt der Umstand, dass der Gesetzgeber ausdrücklich zwischen einer Steuererklärung und einer – für die Verlustfeststellung maßgeblichen – Erklärung zur gesonderten Feststellung unterscheidet (§ 181 Abs. 1 Satz 2 AO). Auch in der Rechtsprechung des BFH wird eine ausdrückliche Unterscheidung zwischen der Steuererklärung und der Erklärung zur gesonderten Feststellung betrieben (BFH 15. 5. 2013 IX R 5/11, BStBl 2014 II 143). Im Übrigen ist in der Rechtsprechung des BFH auch bereits geklärt, dass sich § 56 Satz 2 EStDV auf die Einkommensteuererklärung bezieht (BFH 25. 5. 2011 IX R 36/10, BStBl 2011 II 807).

14.4.2.11.3 Form des Antrages

2565 Der Antrag auf Veranlagung ist durch Abgabe einer ESt-Erklärung zu stellen (§ 46 Abs. 2 Nr. 8 Satz 2 EStG). Das Formerfordernis hat den Zweck, den Antrag auf Veranlagung eindeutig zum Ausdruck zu bringen (BFH 22. 5. 2006 VI R 49/04, BStBl 2006 II 808). Das EStG enthält keine Definition des Begriffs der ESt-Erklärung. Im Schrifttum wird einhellig die Meinung vertreten, der durch Abgabe einer ESt-Erklärung zu stellende Veranlagungsantrag müsse den für die ESt-Erklärung maßgeblichen Formvorschriften des § 150 AO und des § 25 Abs. 3 EStG genügen; ansonsten sei der Antrag nicht wirksam gestellt (*Schmidt/Glanegger*, § 46 EStG Rz. 86). Auch nach der Rechtsprechung des BFH verknüpft § 46 Abs. 2 Nr. 8 Satz 2 EStG die Wirksamkeit des Antrags auf Veranlagung mit den Anforderungen an eine formal wirksame ESt-Erklärung. Liegt eine ordnungsgemäße ESt-Erklärung vor, ist die Finanzbehörde verpflichtet, die ESt-Veranlagung durchzuführen. Fehlt es daran, so ist der Antrag nicht wirksam gestellt (BFH 7. 11. 1997 VI R 45/97, BStBl 1998 II 54; 18. 8. 1998 VII R 114/97, BStBl 1999 II 84; 10. 4. 2002 VI R 66/98, BStBl 2002 II 455 und vom 22. 5. 2006 VI R 15/05, BStBl 2006 II 912).

Nach § 25 Abs. 3 EStG muss die Einkommensteuererklärung eigenhändig unterschrieben sein. Eigenhändigkeit der Unterschrift bedeutet, dass sie »von der Hand« des Antragstellers bzw. des Steuerpflichtigen stammen muss (BFH 7.11.1997 VI R 45/97, BStBl 1998 II 54). Eine Blankounterschrift genügt diesen Anforderungen nicht. Der Steuerpflichtige soll grundsätzlich erkennbar, d.h. durch seine eigenhändige Unterschrift, die Verantwortung für die tatsächlichen Angaben in der Steuererklärung übernehmen. Darüber hinaus soll durch die unmittelbar auf dem Erklärungsvordruck geleistete Unterschrift sichergestellt werden, dass sich der Steuerpflichtige über die Lückenlosigkeit und Richtigkeit der ggf. von einer dritten Person, insbesondere seinem steuerlichen Berater, vorgenommenen Eintragungen und den Umfang der im Vordruck vorgesehenen Angaben vergewissern kann (BFH 8.7.1983 VI R 80/81, BStBl 1984 II 13; 20.1.1984 VI R 16/82, BStBl 1984 II 436; 10.10.1986 VI R 208/83, BStBl 1987 II 77). Unter Heranziehung dieser Erwägungen hat der BFH bereits entschieden, dass eine eigenhändige Unterschrift dann nicht vorliegt, wenn der Steuerpflichtige auf einem Unterschriftsstreifen unterschreibt, der vom steuerlichen Berater nach Erstellung der Erklärung auf die für die Unterschriftsleistung vorgesehene Stelle des amtlichen Vordrucks für den Lohnsteuer-Jahresausgleich oder die Einkommensteuererklärung geklebt wird.

Nach dem BFH-Urteil vom 8.10.2014 (VI R 82/13, BStBl 2015 II 359) kann eine Einkommensteuererklärung auch wirksam per Fax an das FA übermittelt werden. Es ist nicht erforderlich, dass der Steuerpflichtige den Inhalt der Einkommensteuererklärung tatsächlich in vollem Umfang zur Kenntnis genommen hat. Voraussetzung ist, dass die Erklärung mit der im ELSTER-Verfahren erzeugten Erklärung übereinstimmt. Sie ist damit, wie § 150 Abs. 1 Satz 1 AO fordert, nach amtlichem Vordruck abgegeben worden. Die Erklärung muss die für die Durchführung der Veranlagung erforderlichen Mindestangaben enthalten (Auskunft über den Besteuerungstatbestand und seine Bemessungsgrundlagen, vgl. BFH 10.7.1987 VI R 160/86, BStBl 1987 II 827; 15.3.1974 VI R 108/71, BStBl 1974 II 590). Die Fax-Erklärung ist dann eigenhändig unterschrieben wenn eine Unterschrift »von der Hand« des Steuerpflichtigen vorliegt. Dem steht nicht entgegen, dass das unterschriebene Deckblatt der Erklärung beim FA als Faxkopie eingereicht wurde. Denn sowohl die Steuererklärung als auch die Unterschrift des Steuerpflichtigen können per Fax an das FA übermittelt oder in Faxkopie beim FA vorgelegt werden. Das Formerfordernis des § 25 Abs. 3 EStG wird hierdurch gewahrt. Es ist bereits höchstrichterlich entschieden, dass die Übermittlung fristwahrender Schriftsätze per Telefax in allen Gerichtszweigen uneingeschränkt zulässig ist. Dies gilt für Klagen und Rechtsmittel (vgl. BFH 26.3.1991 VIII B 83/90, BStBl 1991 II 463) sowie im finanzgerichtlichen Verfahren für die Einreichung der Prozessvollmacht, wenn hierfür eine Ausschlussfrist gesetzt wurde (BFH 19.1.1989 IV R 21-23/87, BStBl 1989 II 567). Für die Abgabe der Einkommensteuererklärung mit der hierfür erforderlichen Unterschrift kann nichts anderes gelten. Denn zum einen gehört zum Erfordernis der Schriftform auch die eigenhändige Unterschrift unter dem Schriftstück (BFH 10.3.1982 I R 91/81, BStBl 1982 II 573). Zum anderen treffen die Gründe für das Erfordernis der Schriftlichkeit fristgebundener Erklärungen auch auf die Einkommensteuererklärung zu. Nach ständiger Rechtsprechung soll das Schriftlichkeitserfordernis, soweit es durch prozessrechtliche Vorschriften zwingend gefordert ist, gewährleisten, dass der Inhalt der Erklärung und die erklärende Person hinreichend zuverlässig festgestellt werden können. Des Weiteren soll das aus dem Schriftformerfordernis abgeleitete Gebot einer Unterschrift des Erklärenden sicherstellen, dass das Schriftstück keinen Entwurf betrifft, sondern mit Wissen und Wollen des Erklärenden an das Gericht gesandt wurde. Dieselben Zwecke verfolgen die Formerfordernisse der Steuererklärung nach § 25 Abs. 3 EStG. Auch hier soll sichergestellt werden, dass Person und Inhalt der Erklärung eindeutig festgestellt werden können und dass es sich nicht lediglich um einen Entwurf handelt. So soll vermieden werden, dass Einkommensteuererstattungen von Nichtberechtigten beansprucht und falsche Erklärungen ohne Wissen und Wollen des Steuerpflichtigen abgegeben werden können. Ferner soll durch die eigenhändige Unterschrift sichergestellt werden, dass der Steuerpflichtige die Verantwortung für die Angaben in der Steuererklärung übernimmt und sich über deren Lückenlosigkeit und Richtigkeit vergewissern kann. Diese Zwecke werden aber auch dann erfüllt, wenn der Steuerpflichtige die Einkommensteuererklärung unterschreibt und sie per Telefax an das FA schickt. So sind hierbei etwa Inhalt und Urheberschaft gleichermaßen anhand der gemachten Angaben eindeutig erkennbar (vgl. FG München 1. 12. 1994 10 K 1427/94; FG Brandenburg 24. 2. 2003 1 K 57/02, EFG 2003, 777). An die Abgabe einer Einkommensteuererklärung höhere Formanforderungen zu stellen als an bestimmende Schriftsätze, wäre nicht gerechtfertigt.

Die Steuererklärung ist eine formalisierte Auskunft des Stpfl. oder seines Vertreters, die dem FA die Festsetzung der Steuer oder die Feststellung von Besteuerungsgrundlagen ermöglichen soll und in der Regel zum Erlass eines Steuerbescheides führt (BFH 2. 7. 1986 I R 70/83, BFH/NV 1987 704, und 14. 1. 1998 X R 84/95, BStBl 1999 II 203). Ein Stpfl. hat eine Steuererklärung ordnungsgemäß abgegeben, wenn er dem FA die gesetzlich formalisierte Auskunft über den Besteuerungstatbestand und seine Bemessungsgrundlage in einer Weise erteilt, dass dieses die Steuer festsetzen bzw. die Besteuerungsgrundlagen feststellen kann. Durch die Abgabe der Steuererklärung wirkt der Stpfl. bei der Ermittlung des Sachverhalts mit (vgl. § 90 Abs. 1 Satz 1 AO), indem er der Finanzbehörde die für die Besteuerung erheblichen Tatsachen offen legt und auf diese Weise die Sachverhaltsbasis für das Veranlagungsverfahren schafft. Nur wenn der Stpfl. dieser Mitwirkungspflicht nachkommt, kann die Finanzbehörde das reguläre Veranlagungsverfahren einleiten, indem sie die ihr vom Stpfl. mitgeteilten Tatsachen auf ihre Vollständigkeit und Richtigkeit überprüft. Die Rechtsprechung des BFH hat bereits für einen wirksamen Antrag auf Lohnsteuer-Jahresausgleich verlangt, dass der ArbN dem FA nach amtlichem Vordruck innerhalb der Antragsfrist nicht nur die erforderlichen Personalangaben macht, sondern auch zumindest den Bruttoarbeitslohn und die einbehaltene LSt mitteilt (BFH 15. 3. 1974 VI R 108/71, BStBl 1974 II 590 und 10. 7. 1987 VI R 160/86, BStBl 1987 II 827).

14.4.2.12   Veranlagung zur Anrechnung von Kapitalertragsteuer auf die Steuerschuld

14.4.2.12.1   Antragsveranlagung nach § 32d Abs. 4 EStG

2566   Hat der Arbeitnehmer Kapitalerträge bezogen, die dem Kapitalertragsteuerabzug unterlegen haben, ist die ESt grundsätzlich mit dem Kapitalertragsteuerabzug abgegolten (§ 43 Abs. 5 EStG). Die Kapitalerträge sind nach § 2 Abs. 5b EStG nicht in die Summe der Einkünfte einzubeziehen. Eine Pflichtveranlagung nach § 46 Abs. 2 Nr. 1 EStG findet in diesen Fällen nicht statt.

Für Kapitalerträge, die dem Steuerabzug unterlegen haben kann nach § 32d Abs. 4 EStG 2566a
die Veranlagung beantragt werden (Antragsveranlagung). Grundsätzlich werden die
steuerabgegoltenen Kapitalerträge bei der Veranlagung nicht weiter berücksichtigt.
Die Antragsveranlagung des § 32d Abs. 4 EStG eröffnet die Möglichkeit für die Berücksichtigung besonderer steuermindernder Umstände, die sich beim KapESt-Abzug nicht
ausgewirkt haben. Es bleibt bei der Anwendung des Abgeltungsteuersatzes; ein Werbungskostenabzug ist bis auf den Sparer-Pauschbetrag nicht möglich. Es gelten die besonderen Verlustberücksichtigungsvorschriften gem. § 20 Abs. 6 EStG.

Durch die Möglichkeit einer Wahlveranlagung erhält der Stpfl. das Recht, den Steuereinbehalt dem Grund oder der Höhe nach überprüfen zu lassen.

Wird für Kapitalerträge, die dem Steuerabzug unterlegen haben, die Veranlagung be- 2566b
antragt, so erhöht sich die tarifliche ESt um die nach § 32d Abs. 1 EStG ermittelte Abgeltungsteuer. Die einbehaltene KapESt wird in diesen Fällen nach § 36 Abs. 2 Nr. 2
EStG auf die ESt angerechnet.

14.4.2.12.2 Antragsveranlagung nach § 32d Abs. 6 EStG

Für alle Kapitalerträge kann nach § 32d Abs. 6 EStG die Günstigerprüfung beantragt 2566c
werden. Die nach § 20 EStG ermittelten Einkünfte aus Kapitalvermögen sind abweichend von § 32d i.V.m. § 2 Abs. 5b EStG in der Summe der Einkünfte und somit auch
im zu versteuernden Einkommen zu berücksichtigen. Die Einkünfte aus Kapitalvermögen sind somit der tariflichen ESt zu unterwerfen. Die Einbeziehung der Einkünfte
aus Kapitalvermögen in die allgemeine Veranlagung ist günstiger, wenn die sich daraus
ergebende ESt niedriger ist als die Summe aus ESt nach § 32d EStG und aus der ESt
ohne Kapitaleinkünfte.

14.4.3 Härteausgleich

Wie in einigen Beispielen schon erwähnt, ist hinsichtlich der einkommensteuerpflichti- 2567
gen Einkünfte, von denen ein Steuerabzug vom Arbeitslohn nicht vorgenommen worden ist, ein Härteausgleich gem. § 46 Abs. 3 EStG oder gem. § 46 Abs. 5 i.V. mit § 70
EStDV durchzuführen. Dies ist notwendig, weil bei den Veranlagungen von Arbeitnehmern – wie sich aus § 46 Abs. 2 Nr. 1 EStG ergibt – von den bezeichneten Einkünften
keine ESt zu zahlen ist, wenn sie 410 € oder weniger betragen, und ferner, weil eine
allmähliche Überleitung geboten ist, falls die genannten Einkünfte 410 € übersteigen.

Mit Urteilen vom 21. 9. 2006 (VI R 47/05, BStBl 2007 II 47 und VI R 52/04, BStBl 2007 II 2567a
45) hat der BFH entgegen der bisherigen Verwaltungsauffassung entschieden, dass
eine Pflichtveranlagung nach § 46 Abs. 2 Nr. 1 EStG von Amts wegen durchzuführen ist,
wenn die **positive** oder die **negative Summe der einkommensteuerpflichtigen Einkünfte,** die nicht dem Steuerabzug vom Arbeitslohn zu unterwerfen waren, vermindert um
die darauf entfallenden Beträge nach § 13 Abs. 3 EStG und § 24a EStG, jeweils mehr als
410 € beträgt.

Durch das Jahressteuergesetz 2007 vom 13. 12. 2006 (BGBl 2006 I 2878) wird § 46 2567b
Abs. 2 Nr. 1 EStG dahingehend geändert, dass nur die positive Summe der Einkünfte

bzw. nur die positive Summe der Einkünfte und Leistungen, die dem Progressionsvorbehalt unterliegen von mehr als jeweils 410 € zu einer Pflichtveranlagung führt. Die Änderung ist auch für Veranlagungszeiträume vor 2006 anzuwenden.

2568 Der nach § 46 Abs. 3 EStG oder § 70 EStDV zu berücksichtigende Ausgleichsbetrag ist nicht bei der Einkünfteermittlung, sondern vom Einkommen abzuziehen. In den Fällen des § 46 Abs. 2 Nr. 1–7 EStG ist der Ausgleichsbetrag in Höhe der Summe der Einkünfte, von denen der Lohnsteuerabzug nicht vorgenommen worden ist und die nicht nach § 32d Abs. 6 EStG der tariflichen Einkommensteuer unterworfen wurden, zu gewähren, wenn diese Einkünfte nicht höher als 410 € sind (§ 46 Abs. 3 EStG). Der Begriff der Einkünfte, von denen der Steuerabzug vom Arbeitslohn nicht durchgeführt wurde, ist derselbe wie im Falle des § 46 Abs. 2 Nr. 1 EStG. Hat der Arbeitnehmer positive und negative Einkünfte, die dem Lohnsteuerabzug nicht unterlegen haben, erzielt, ist der Ausgleichsbetrag in Höhe des Saldos zu berücksichtigen, allerdings nur, wenn dieser positiv ist.

BEISPIEL: Der ledige, 40-jährige A hat aus seinem ersten Dienstverhältnis 15 000 € Einkünfte und aus dem zweiten Dienstverhältnis, das gleichzeitig neben dem ersten bestanden hat, 5 000 € Einkünfte bezogen. Die Einkünfte aus dem zweiten Dienstverhältnis haben vorschriftswidrig nicht der Lohnsteuer unterlegen. Außerdem hat A noch 800 € positive Einkünfte aus Gewerbebetrieb, und durch hohe Reparaturkosten 400 € negative Einkünfte aus Vermietung und Verpachtung erzielt. Die abzuziehenden Sonderausgaben haben 2 000 € betragen.

A ist gem. § 46 Abs. 2 Nr. 2 EStG zu veranlagen. Der Gesamtbetrag der Einkünfte beläuft sich auf 15 000 € + 5 000 € + 800 € ./. 400 € = 20 400 €. Davon sind die Sonderausgaben i. H. von 2 000 € abzuziehen, so dass 18 400 € verbleiben. Bei der Berechnung des Ausgleichsbetrags nach § 46 Abs. 3 EStG sind die Einkünfte, bei denen der LSt-Abzug vorschriftswidrig unterblieben war, außer Ansatz zu lassen. Es ergibt sich dann ein Ausgleichsbetrag von 800 ./. 400 = 400 €.

Nach Abzug des Ausgleichsbetrags ergibt sich ein zu versteuerndes Einkommen i. H. von 18 000 €.

2569 Wird der Arbeitnehmer nach § 46 Abs. 2 Nr. 1–7 EStG veranlagt, ist der Härteausgleich für die 410 € überschreitenden Einkünfte, bei denen der Lohnsteuerabzug unterblieben ist und die nicht nach § 32d Abs. 6 EStG der tariflichen Einkommensteuer unterworfen wurden, nach § 70 EStDV durchzuführen. Der Härteausgleich kommt nur in Frage, wenn die bezeichneten Einkünfte zusammen nicht mehr als 820 € betragen. Der Ausgleichsbetrag ergibt sich dadurch, dass die Summe der Einkünfte, von denen der Lohnsteuerabzug nicht vorgenommen wurde und die nicht nach § 32d Abs. 6 EStG der tariflichen Einkommensteuer unterworfen wurden, von dem Betrag i. H. von 820 € abzuziehen ist.

BEISPIEL: Ehemann A sind 60 000 € Einkünfte aus nichtselbständiger Arbeit, von denen Lohnsteuer einbehalten und abgeführt wurde zugeflossen. Ehefrau B sind aufgrund einer nichtselbständigen Beschäftigung in der Schweiz 166 000 € Einkünfte, die zu Recht der Lohnsteuer nicht unterworfen worden sind, zugeflossen. Als Grenzgänger i. S. von Art. 15a DBA Schweiz unterliegt B mit ihren Einkünften der inländischen Besteuerung. Außerdem hat A noch 450 € sonstige Einkünfte.

Die Sonderausgaben betragen 2 000 €.

A und B werden nach § 46 Abs. 2 Nr. 1 EStG veranlagt. Das Einkommen beträgt 60 000 € + 166 000 € + 450 € ./. 2 000 € = 224 450 €.

Nach dem BFH-Beschluss vom 27.11.2014 (I R 69/13, BStBl 2015 II 793) sind die Härteausgleichsregelungen in § 46 Abs. 3 und 5 EStG aus Gleichbehandlungsgründen analog bei solchen Arbeitnehmern anzuwenden, die mit ihrem von einem ausländischen Arbeitgeber bezogenen Arbeitslohn im Inland unbeschränkt steuerpflichtig sind und mangels Vornahme eines Lohnsteuerabzugs nicht gemäß § 46 EStG, sondern nach der Grundnorm des § 25 Abs. 1 EStG zu veranlagen sind.

Der Ausgleichsbetrag beläuft sich auf 820 € ./. 450 € = 370 €.

Hat der Arbeitnehmer auch steuerbegünstigte Einkünfte i. S. der §§ 34 ff. EStG. bezogen, ist für die Anwendung des begünstigten Steuersatzes zugunsten des Steuerpflichtigen der Ausgleichsbetrag nach § 70 EStDV in erster Linie auf die nicht steuerbegünstigten Einkünfte und nur der Rest des Ausgleichsbetrags auf die Einkünfte i. S. der §§ 34 ff. EStG anzurechnen (BFH 29.5.1963 IV 359/62 S, BStBl 1963 III 379; 2.12.1971 IV R 142/70, BStBl 1972 II 278). **2570**

Bei der Berechnung der Freigrenze von 410 € sind der Altersentlastungsbetrag nach § 24a EStG, soweit dieser nicht auf die Einkünfte aus nichtselbständiger Arbeit entfällt, und der Freibetrag nach § 13 Abs. 3 EStG zu berücksichtigen (§ 46 Abs. 3 Satz 2 EStG; H 46.3 [Allgemeines] EStH). Der Altersentlastungsbetrag ist unter Verwendung des nach § 24a Satz 5 EStG maßgebenden Prozentsatzes zu ermittelnden Anteils zu berücksichtigen (§ 46 Abs. 3 Satz 2 EStG). **2571**

BEISPIEL: ▶ Der ledige, 65-jährige Stpfl. A hat Einnahmen aus § 19 Abs. 1 Nr. 1 EStG i. H. v. 20 920 € sowie Einkünfte aus Land- und Forstwirtschaft nach § 13 Abs. 1 Nr. 1 EStG i. H. v. 1 000 €. A hat im Kj. 2014 das 64. Lebensjahr vollendet.

LÖSUNG: ▶

Summe der Einkünfte, die nicht dem LSt-Abzug unterliegen	1 000 €
vermindert um den Freibetrag nach § 13 Abs. 3 EStG	./. 670 €
Verbleiben	330 €

Der Altersentlastungsbetrag 2015 i. S. d. § 24a EStG entfällt i. H. v. max. 1 140 € (24,0 % von 20 920 € = 5 020 €) in voller Höhe auf den Arbeitslohn und ist somit bei den Einkünften aus Land- und Forstwirtschaft nicht zu berücksichtigen. Eine Veranlagung nach § 46 Abs. 2 Nr. 1 EStG ist nicht durchzuführen, da die Einkünfte aus § 13 EStG vermindert um den Freibetrag nach § 13 Abs. 3 EStG nicht mehr als 410 € betragen.

BEISPIEL: ▶ Der ledige, 65-jährige Stpfl. A (s. o.) hat Einnahmen aus § 19 Abs. 1 Nr. 2 i. V. m. Abs. 2 Satz 2 Nr. 1 Buchst. a EStG (Versorgungsbezüge) i. H. v. 20 920 € sowie Einkünfte aus Land- und Forstwirtschaft nach § 13 Abs. 1 Nr. 1 EStG i. H. v. 1 800 €.

LÖSUNG: ▶

Summe der Einkünfte, die nicht dem LSt-Abzug unterliegen	1 800 €
vermindert um den Freibetrag nach § 13 Abs. 3 EStG	./. 670 €
Verbleiben	1 130 €
Nach § 24a Satz 2 EStG ist für Versorgungsbezüge kein Altersentlastungsbetrag zu berücksichtigen. Der Altersentlastungsbetrag i. H. v. 24,0 % von 1 800 € (max. 1 140 €) entfällt in voller Höhe auf die Einkünfte aus § 13 EStG.	./. 432 €
Verbleiben	698 €

Eine Veranlagung nach § 46 Abs. 2 Nr. 1 EStG ist durchzuführen, da die Einkünfte aus § 13 EStG vermindert um den Freibetrag nach § 13 Abs. 3 EStG und den Altersentlastungsbetrag mehr als 410 € betragen.

Nach § 70 EStDV ist bei steuerpflichtigen Nebeneinkünften von mehr als 410 € eine stufenweise Kürzung vom Einkommen vorzunehmen. Der Härteausgleich nach § 46 Abs. 3 i.V. m. § 70 EStDV beträgt (820 € ./. 698 € =) 122 €.

BEISPIEL: Beide Ehegatten haben Einkünfte aus § 19 EStG i. H. von jeweils 35 000 € und Einkünfte nach § 18 EStG i. H. von jeweils 380 €. Die abzugsfähigen Sonderausgaben betragen jeweils 10 000 €.

Lösung:

Bei Einzelveranlagung nach § 26a EStG:

Einkünfte § 19 EStG	35 000 €
Einkünfte § 18 EStG	380 €
Gesamtbetrag der Einkünfte	35 380 €
abzüglich Sonderausgaben	./. 10 000 €
Einkommen	25 380 €
Härteausgleich nach § 46 Abs. 3 EStG	./. 380 €
zu versteuerndes Einkommen	25 000 €
tarifliche ESt für den Ehemann (2015)	4 016 €
tarifliche ESt für die Ehefrau (2015)	4 016 €
Zusammen	8 032 €

Bei Zusammenveranlagung:

Gesamtbetrag der Einkünfte	70 760 €
abzüglich Sonderausgaben	./. 20 000 €
Einkommen	50 760 €
Härteausgleich nach § 46 Abs. 3 EStG i.V. mit § 70 EStDV	./. 60 €
zu versteuerndes Einkommen	50 700 €
tarifliche ESt (2015)	8 238 €
bei Einzelveranlagung	8 032 €
Steuerersparnis	206 €

14.5 Abzugsbesteuerung bei Bauleistungen

14.5.1 Allgemeiner Überblick

2572 Durch das Gesetz zur Eindämmung illegaler Betätigung im Baugewerbe v. 30.8. 2001 (BGBl I 2001 2267) soll die illegale Beschäftigung im Baugewerbe eingedämmt werden. Dafür wird ein Steuerabzug, verbunden mit einem Anmeldeverfahren, einem Freistellungsverfahren sowie ein Anrechnungsverfahren eingeführt (§§ 48 ff. EStG). Das BMF-Schreiben (v. 27.12. 2002, BStBl 2002 I 1399) regelt ausführlich die Anwendung des Bausteuerabzugs.

2573 Nach § 20a AO ist die Zuständigkeit für Steuern vom Einkommen für Bauleistungen neu geregelt. Für Unternehmer im Ausland ist das Finanzamt nach § 21 AO zuständig. Maßgeblich dafür ist die Verordnung über die örtliche Zuständigkeit für die USt im Ausland ansässiger Unternehmer.

2574 Nach § 20a Abs. 3 AO kann die Besteuerung von Personen, die von Bauleistungsunternehmen im Inland beschäftigt werden, durch Rechtsverordnung abweichend von § 19

AO geregelt werden. Die Zuständigkeit für diese Arbeitnehmer regelt die Verordnung über die örtliche Zuständigkeit für die ESt von im Ausland ansässigen Arbeitnehmern des Baugewerbes. Für die ESt des Arbeitnehmers, der von einem Bauleistungsunternehmer im Inland beschäftigt ist und der seinen Wohnsitz im Ausland hat, ist das in der USt-Zuständigkeitsverordnung für seinen Wohnsitzstaat genannte Finanzamt zuständig. Die Arbeitnehmer-Zuständigkeitsverordnung-Bau tritt am 7.9.2001 in Kraft.

14.5.2 Die Regelungen im Einzelnen

14.5.2.1 Der Steuerabzug

Ab 1.1.2002 haben unternehmerisch tätige Auftraggeber von Bauleistungen (Leistungsempfänger) im Inland einen Steuerabzug i.H. von 15% der Gegenleistung für Rechnung des die Bauleistung erbringenden Unternehmens (Leistender) vorzunehmen, wenn nicht eine gültige, vom zuständigen FA des Leistenden ausgestellte Freistellungsbescheinigung vorliegt oder bestimmte Freigrenzen nicht überschritten werden. 2575

Dem Steuerabzug unterliegt der volle Betrag der Gegenleistung (§ 48 Abs. 3 EStG). Zur Gegenleistung gehört das Entgelt für die Bauleistung zuzüglich der Umsatzsteuer. Das gilt auch im Falle des § 13b UStG, obwohl der Leistungsempfänger Schuldner der Umsatzsteuer ist. Der Steuerabzug beträgt 15% der Gegenleistung. Ein Solidaritätszuschlag wird auf den Abzugsbetrag nicht erhoben. Bei nachträglicher Erhöhung oder Minderung der Gegenleistung gilt Folgendes:

Bei einer nachträglichen Erhöhung der Gegenleistung ist nur der Differenzbetrag zu der vorherigen Anmeldung in dem Anmeldungszeitraum, in dem der erhöhte Betrag erbracht wurde, anzumelden (§ 48a Abs. 1 EStG). Bei einer Minderung der Gegenleistung ist keine Berichtigung vorzunehmen.

Auch die nachträgliche Auszahlung von Sicherheitseinbehalten (z.B. nach Ablauf der Gewährleistungspflicht) stellt die Erbringung von Gegenleistungen dar. Der Steuerabzug ist hierauf vorzunehmen, sofern keine Freistellungsbescheinigung vorliegt und die Bagatellgrenze überschritten wird, auch wenn die zugrunde liegende Bauleistung vor dem 1.1.2002 erfolgte.

Zum umsatzsteuerlichen Entgelt gem. § 10 Abs. 1 Satz 2 UStG gehören auch Zahlungen des Leistungsempfängers an Dritte (vgl. Abschn. 10.1 Abs. 7 Satz 1 UStAE). Deshalb ist bei der Ermittlung des Entgelts auch der vom Leistungsempfänger einzubehaltende und an das für den leistenden Unternehmer zuständige FA abzuführende Betrag zu berücksichtigen.

BEISPIEL: ► Der Unternehmer erteilt dem Leistungsempfänger für erbrachte Bauleistungen folgende Rechnung:

Auftragssumme netto:	100 000 €
Umsatzsteuer 19 %	19 000 €
Bruttobetrag	119 000 €

Der Leistungsempfänger überweist dem Unternehmer (119 000 € abzgl. 15 % Bauabzugssteuer 17 850 €) 101 150 €.

Das umsatzsteuerliche Entgelt beträgt 100 000 €, die darauf entfallende USt 19 000 €.

2576 Versteuert der leistende Unternehmer seine Umsätze nach vereinnahmten Entgelten (§ 20 UStG), ist die Versteuerung in dem Voranmeldungszeitraum vorzunehmen, in dem das Entgelt bzw. Teilentgelt vereinnahmt wird. Hierbei ist es unerheblich, dass der Leistungsempfänger den Steuerabzug gem. § 48a Abs. 1 EStG (15 %) erst am 10. des Folgemonats an das FA entrichtet.

> **BEISPIEL:** Der Unternehmer erteilt dem Leistungsempfänger für erbrachte Bauleistungen die im obigen Beispiel bezeichnete Rechnung. Der Leistungsempfänger überweist im März 02 (59 500 € abzgl. 15 % Steuerabzug 8 925 €) 50 575 € und nochmals 50 575 € im Mai 02.
>
> Der leistende Unternehmer hat gem. § 13 Abs. 1 Nr. 1b UStG im März 02 ein Teilentgelt i. H. von 50 000 € und im Mai 02 den Restbetrag i. H. von 50 000 € zu versteuern.

2577 Versteuert hingegen der leistende Unternehmer seine Umsätze nach vereinbarten Entgelten (Sollversteuerung), ist die Versteuerung in dem Voranmeldungszeitraum vorzunehmen, in dem die Bauleistung ausgeführt worden ist. Die vor Ausführung der Leistung vereinnahmten Vorauszahlungen, Abschlagszahlungen usw. führen jedoch nach § 13 Abs. 1 Nr. 1 Buchst. a Satz 4 UStG zu einer früheren Steuerentstehung (vgl. Abschn. 13.5 UStAE).

> **BEISPIEL:** Der Unternehmer führt im April 02 Bauleistungen aus. Das vereinbarte Entgelt entspricht der im Mai 02 erteilten Rechnung (s. o.). Der Leistungsempfänger überweist im März 02 (59 500 € abzgl. 15 % Steuerabzug 8 925 €) 50 575 € als Vorauszahlung und nochmals 50 575 € im Mai 02. Der leistende Unternehmer hat gem. § 13 Abs. 1 Nr. 1 Buchst. a Satz 4 UStG im März 02 ein Teilentgelt i. H. von 50 000 € und im April 2002 gem. § 13 Abs. 1 Nr. 1 Buchst. a Satz 1 UStG den Restbetrag i. H. von 50 000 € zu versteuern.

Der Steuerabzug ist auch bei der Aufrechnung und beim Tausch vorzunehmen.

> **BEISPIEL:** Die fällige Forderung des Leistenden aus einem Bauauftrag beträgt 30 000 €. Hiergegen rechnet der Leistungsempfänger mit einer fälligen Gegenforderung i. H. von 17 000 € auf. Aus der verbleibenden Verbindlichkeit i. H. von 13 000 € wird der Steuerabzug i. H. von 4 500 € vorgenommen und der Restbetrag i. H. von 8 500 € an den Leistenden gezahlt.

Der Steuerabzug ist auch vorzunehmen, wenn sich im Rahmen der Aufrechnung Hauptforderung und Gegenforderung in gleicher oder annähernd gleicher Höhe gegenüberstehen.

2578 Unter Bauleistung sind alle Leistungen zu verstehen, die der Herstellung, Instandsetzung oder Instandhaltung, Änderung oder Beseitigung von Bauwerken dienen (§ 48 Abs. 1 Satz 3 EStG). Diese Definition entspricht der Regelung in § 211 Abs. 1 Satz 2 SGB III i. V. mit der Baubetriebe-Verordnung (Rz. 5–14 des BMF-Schreibens vom 27. 12. 2002, BStBl I 2002, 1399). Der Begriff des Bauwerks ist weit auszulegen und umfasst nicht nur Gebäude, sondern darüber hinaus sämtliche irgendwie mit dem Erdboden verbundene oder infolge ihrer eigenen Schwere auf ihm ruhende, aus Baustoffen oder Bauteilen mit baulichem Gerät hergestellte Anlagen. Zu den Bauleistungen gehören u. a. der Einbau von Fenstern und Türen sowie Bodenbelägen, Aufzügen, Rolltreppen und Heizungsanlagen, aber auch von Einrichtungsgegenständen, wenn sie mit einem Gebäude fest verbunden sind, wie z. B. Ladeneinbauten, Schaufensteranlagen, Gaststätteneinrichtungen. Ebenfalls zu den Bauleistungen zählen die Installation einer Lichtwerbeanlage, Dachbegrünung eines Bauwerks oder der Hausanschluss durch Energieversorgungsunternehmen (die Hausanschlusskosten umfassen regelmäßig Erdarbeiten, Mauerdurchbruch, Installation des Hausanschlusskastens und Verlegung des Hausanschlusskabels vom Netz des Elektrizitätsversorgungsunternehmens [EVU] zum Hausanschlusskasten).

Die in der Baubetriebe-Verordnung aufgeführten Tätigkeiten sind nicht in allen Fällen 2579
dem Steuerabzug zu unterwerfen. Voraussetzung für den Steuerabzug ist immer, dass die in der Baubetriebe-Verordnung aufgeführten Tätigkeiten im Zusammenhang mit einem Bauwerk durchgeführt werden, also der Herstellung, Instandsetzung, Instandhaltung, Änderung oder Beseitigung von Bauwerken dienen. Die Annahme einer Bauleistung setzt voraus, dass sie sich unmittelbar auf die Substanz des Bauwerks auswirkt, d. h. eine Substanzveränderung im Sinne einer Substanzerweiterung, Substanzverbesserung oder Substanzbeseitigung bewirkt, hierzu zählen auch Erhaltungsaufwendungen.

Ausschließlich planerische Leistungen (z. B. von Statikern, Architekten, Garten- und In- 2580
nenarchitekten, Vermessungs-, Prüf- und Bauingenieuren), Labordienstleistungen (z. B. chemische Analyse von Baustoffen) oder reine Leistungen zur Bauüberwachung, zur Prüfung von Bauabrechnungen und zur Durchführung von Ausschreibungen und Vergaben sind keine Bauleistungen.

Künstlerische Leistungen an Bauwerken, die sich unmittelbar auf die Substanz auswir- 2581
ken, unterliegen grundsätzlich dem Steuerabzug. Dies gilt jedoch nicht, wenn der Künstler nicht die Ausführung des Werks als eigene Leistung schuldet, sondern lediglich Ideen oder Planungen zur Verfügung stellt oder die Ausführung des von einem Dritten geschuldeten Werks durch Bauunternehmer überwacht.

Die bloße Reinigung von Räumlichkeiten oder Flächen, z. B. Fenstern, stellt keine Bau- 2582
leistung dar, es sei denn, es handelt sich um eine Nebenleistung zu weiteren als Bauleistung zu qualifizierenden Tätigkeiten. Eine Bauleistung stellt dagegen einen Reinigungsvorgang dar, bei dem die zu reinigende Oberfläche verändert wird.

Reine Wartungsarbeiten an Bauwerken oder Teilen von Bauwerken stellen keine Bauleistung dar, solange nicht Teile verändert, bearbeitet oder ausgetauscht werden.

Folgende Leistungen fallen für sich genommen nicht unter den Steuerabzug: 2583

► Materiallieferungen (z. B. durch Baustoffhändler oder Baumärkte),

► Anliefern von Beton (demgegenüber stellt das Anliefern und das anschließende fachgerechte Verarbeiten des Betons durch den Anliefernden eine Bauleistung dar),

► Zurverfügungstellen von Betonpumpen,

► Zurverfügungstellen von anderen Baugeräten (es sei denn, es wird zugleich Bedienungspersonal für substanzverändernde Arbeiten zur Verfügung gestellt),

► Aufstellen von Material- und Bürocontainern, mobilen Toilettenhäusern,

► Entsorgung von Baumaterialien (Schuttabfuhr durch Abfuhrunternehmer,)

► Aufstellen von Messeständen,

► Gerüstbau,

► Schiffbau,

▶ Anlegen von Bepflanzungen und deren Pflege (z. B. Bäume, Gehölze, Blumen, Rasen), außer bei Dachbegrünungen.

2584 Werden im Rahmen eines Vertragsverhältnisses mehrere Leistungen erbracht, bei denen es sich teilweise um Bauleistungen handelt, kommt es darauf an, welche Leistung im Vordergrund steht, also der vertraglichen Beziehung das Gepräge gibt. Eine Abzugsverpflichtung besteht dann, und zwar insgesamt, wenn die Bauleistung als Hauptleistung anzusehen ist. Die Nebenleistung teilt jeweils das Schicksal der Hauptleistung.

BEISPIELE: ▶ Die von einem Gastwirt bestellte Theke ist von dem beauftragten Schreiner individuell nach den Wünschen des Auftraggebers geplant, gefertigt, geliefert und vor Ort montiert worden. Bei der Fertigung und Montage handelt es sich um Bauleistungen. Demgegenüber sind Planung und Transport durch den Schreiner nicht als Bauleistungen anzusehen. Sie teilen aber hier als Nebenleistungen das Schicksal der Hauptleistung, so dass von der Vergütung insgesamt ein Steuerabzug vorzunehmen ist.

Einem Handwerksbetrieb wird eine Maschine geliefert. Der Lieferant nimmt die Maschine beim Auftraggeber in Betrieb. Zu diesem Zweck muss beim Auftraggeber eine Steckdose versetzt werden, was durch einen Arbeitnehmer des Lieferanten erfolgt. Ein Steuerabzug ist nicht vorzunehmen, denn die Lieferung der Maschine ist keine Bauleistung. Bei dem Versetzen der Steckdose handelt es sich zwar um eine Bauleistung, die jedoch als Nebenleistung hinter die Lieferung der Maschine zurücktritt.

Abzugsverpflichtet ist der Leistungsempfänger, wenn es sich hierbei um einen Unternehmer i. S. des § 2 UStG oder um eine juristische Person des öffentlichen Rechts handelt.

Umsatzsteuerlich ist Unternehmer, wer eine gewerbliche oder berufliche Tätigkeit selbständig nachhaltig ausübt. Entscheidend ist hierbei, dass die Tätigkeit auf die Erzielung von Einnahmen gerichtet ist; auf die Absicht, mit der Tätigkeit Gewinn zu erzielen, kommt es nicht an. Daher werden auch Tätigkeiten erfasst, die einkommensteuerlich eine Liebhaberei darstellen. Dabei umfasst das Unternehmen die gesamte gewerbliche oder berufliche Tätigkeit. Die Abzugsverpflichtung besteht demzufolge auch für Kleinunternehmer (§ 19 UStG), pauschalversteuernde Land- und Forstwirte (§ 24 UStG) und Unternehmer, die ausschließlich steuerfreie Umsätze tätigen. Dazu gehört auch die Vermietung und Verpachtung von Grundstücken, von Gebäuden und Gebäudeteilen. Im Falle des Nießbrauchs ist der Nießbrauchsberechtigte Unternehmer. Der Gebäudeeigentümer (Nießbrauchsverpflichteter) ist nur bei entgeltlich bestelltem Nießbrauch Unternehmer (nachhaltige Duldungsleistung). Bei unentgeltlich bestelltem Nießbrauch (z. B. Vorbehalts-, Zuwendungsnießbrauch) fehlt es zur Unternehmereigenschaft an der Einnahmeerzielungsabsicht. Die Abzugsverpflichtung betrifft nur den unternehmerischen Bereich des Auftraggebers. Wird eine Bauleistung ausschließlich für den nicht unternehmerischen Bereich eines Unternehmers erbracht, findet der Steuerabzug nicht statt.

2585 Wird die Bauleistung für ein Bauwerk erbracht, das nur teilweise unternehmerischen Zwecken dient, kommt es abweichend von Abschn. 15.2c Abs. 2 UStAE darauf an, ob die Bauleistung dem unternehmerisch oder nicht unternehmerisch genutzten Teil des Bauwerks zugeordnet werden kann. Bauleistungen, die einem Teil des Bauwerks nicht eindeutig zugeordnet werden können, sind dem Zweck zuzuordnen, der überwiegt. Der überwiegende Zweck ist anhand des Wohn-/Nutzflächenverhältnisses oder anderer sachgerechter Maßstäbe festzustellen.

BEISPIELE: ▸ Ein Bäcker lässt im Verkaufsraum seiner Bäckerei eine neue Ladeneinrichtung installieren. Die Vergütung unterliegt dem Steuerabzug nach § 48 EStG.

Ein freiberuflich tätiger Journalist lässt die Fliesen im Badezimmer seiner zu eigenen Wohnzwecken genutzten Eigentumswohnung erneuern. Die Vergütung unterliegt nicht dem Steuerabzug, obwohl es sich beim Leistungsempfänger um einen Unternehmer handelt, denn die Bauleistung wurde in dessen Privatwohnung vorgenommen.

Ein Eigentümer lässt in einem Vierfamilienhaus, in dem er eine Wohnung selbst bewohnt und die übrigen Wohnungen vermietet, Verbundglasfenster einbauen. Da es sich bei dem Eigentümer hinsichtlich seiner Vermietungstätigkeit um einen Unternehmer handelt, unterliegt die Vergütung insoweit dem Steuerabzug, als sie sich auf den Einbau von Fenstern in den vermieteten Wohnungen bezieht. Fenster in Gemeinschaftsräumen (z. B. Flure, Treppenhäuser) sind der überwiegenden Nutzung zuzuordnen. Da in dem Beispiel die größere Zahl der Wohnungen vermietet ist, ist von der Gegenleistung für diese Fenster der Steuerabzug vorzunehmen.

Ein Arbeitnehmer ist nebenberuflich als Bausparkassenvertreter tätig und lässt das Dach seines selbst genutzten Eigenheims neu eindecken, in dem sich ein häusliches Arbeitszimmer befindet. Der Arbeitnehmer ist zwar hinsichtlich seiner Nebentätigkeit Unternehmer. Ein Steuerabzug unterbleibt jedoch, weil die Bauleistung dem unternehmerischen Zweck nicht unmittelbar zugeordnet werden kann und die Wohnnutzung überwiegt.

Leistungsempfänger – und damit zum Steuerabzug verpflichtet – ist auch ein General- 2586 unternehmer, der sich zur Erfüllung seiner Leistungspflicht Subunternehmer bedient. Der Generalunternehmer gilt im Verhältnis zum Auftraggeber auch dann als Leistender, wenn er selbst keine Bauleistungen erbringt, sondern lediglich über solche Leistungen abrechnet. Im Verhältnis zu den Subunternehmern handelt es sich indessen bei dem Generalunternehmer um einen Leistungsempfänger, der als Unternehmer zum Steuerabzug verpflichtet ist.

Leistungsempfänger kann auch eine Gesellschaft bürgerlichen Rechts (z. B. eine Arbeits- 2587 gemeinschaft) sein. Entrichtungsschuldner des Steuerabzugsbetrags ist die Personengesellschaft. In diesen Fällen sind die geschäftsführenden Gesellschafter (§ 713 BGB) zur Vornahme des Steuerabzugs verpflichtet.

Bei Wohnungseigentümergemeinschaften ist zwischen dem Sondereigentum und dem 2588 Gemeinschaftseigentum zu unterscheiden. Bei Bauleistungen für das Sondereigentum ist der jeweilige Sondereigentümer als Leistungsempfänger zur Durchführung des Steuerabzugs verpflichtet, sofern er die Voraussetzungen des § 48 Abs. 1 EStG erfüllt. Bei Bauleistungen für das Gemeinschaftseigentum ist die Wohnungseigentümergemeinschaft als Leistungsempfängerin zur Durchführung des Steuerabzugs verpflichtet. Die Wohnungseigentümergemeinschaft ist Unternehmerin i. S. des § 2 UStG, denn sie erbringt Leistungen gegenüber den Eigentümern. Dazu gehört auch die Instandhaltung des Bauwerks.

Im Rahmen einer umsatzsteuerlichen Organschaft ist der Organträger Unternehmer. 2589 Bei Bauleistungen, die von Leistenden außerhalb des Organkreises an die Organgesellschaft erbracht werden, ist deshalb der Organträger Leistungsempfänger und zur Durchführung des Steuerabzugs verpflichtet. Er haftet für das Unterlassen des Steuerabzugs. Es wird jedoch nicht beanstandet, wenn die Durchführung des Steuerabzugs durch die Organgesellschaft im Auftrage des Organträgers erfolgt.

Organgesellschaften einer umsatzsteuerlichen Organschaft sind keine Unternehmer. Bei Innenumsätzen zwischen verschiedenen Organgesellschaften bzw. zwischen der Organgesellschaft und dem Organträger besteht daher keine Abzugsverpflichtung.

Bei juristischen Personen des öffentlichen Rechts kann der Steuerabzug auch durch einzelne Organisationseinheiten der juristischen Person des öffentlichen Rechts (z. B. Ressorts, Behörden, Ämter) vorgenommen werden.

Der Beginn und das Ende der Unternehmereigenschaft richten sich nach den Grundsätzen des Umsatzsteuergesetzes (Hinweis auf Abschn. 2.3 u. 2.6 UStAE).

2590 Der Steuerabzug ist vom Leistungsempfänger unabhängig davon durchzuführen, ob der Leistende (Auftragnehmer) im Inland oder im Ausland ansässig ist (§§ 8–11 AO). Es kommt auch nicht darauf an, ob es zum Unternehmenszweck des Leistenden gehört, Bauleistungen zu erbringen oder ob er mit seinem Unternehmen überwiegend Bauleistungen erbringt. Auch wenn jemand nur ausnahmsweise gegenüber einem Unternehmer eine Bauleistung erbringt, unterliegt die Vergütung dem Steuerabzug. Die Vergütungen für Bauleistungen, die juristische Personen des öffentlichen Rechts im Rahmen ihrer hoheitlichen Tätigkeit erbringen, unterliegen nicht dem Steuerabzug. Sie haben bei der Ausführung der Bauleistungen bzw. der Abrechnung in geeigneter Weise auf ihren Status als juristische Person des öffentlichen Rechts hinzuweisen. Diese Grundsätze gelten auch, wenn eine juristische Person des öffentlichen Rechts eine Bauleistung bzw. eine Abrechnung (i. S. des § 48 Abs. 1 Satz 4 EStG) gegenüber einer anderen juristischen Person des öffentlichen Rechts erbringt. Der Steuerabzug ist vorzunehmen, wenn die juristische Person des öffentlichen Rechts im Rahmen eines Betriebes gewerblicher Art tätig wird.

Als Leistender gilt auch derjenige, der über eine Leistung abrechnet, ohne sie selbst erbracht zu haben. Daher ist der Steuerabzug auch von der Vergütung vorzunehmen, die ein Generalunternehmer erhält, der selbst nicht als Bauunternehmer tätig wird, aber mit dem Leistungsempfänger die Leistungen der beauftragten Subunternehmer abrechnet. Dagegen ist die Abrechnung einer Wohnungseigentümergemeinschaft mit den Eigentümern keine Abrechnung i. S. von § 48 Abs. 1 Satz 4 EStG.

2591 Auch eine Personengesellschaft kann Leistender sein, ebenso eine Arbeitsgemeinschaft. Schließt eine Arbeitsgemeinschaft Verträge über Bauleistungen mit Leistungsempfängern ab, so ist die Arbeitsgemeinschaft der Leistende. Erbringt ein Partner der Arbeitsgemeinschaft aufgrund eines eigenen Vertrages Bauleistungen gegenüber der Arbeitsgemeinschaft, so ist insofern auch der Partner Leistender und die Arbeitsgemeinschaft Leistungsempfänger.

Erbringt eine Organgesellschaft Bauleistungen an Leistungsempfänger außerhalb des umsatzsteuerlichen Organkreises, ist Leistender die Organgesellschaft.

2592 Der Steuerabzug muss nicht vorgenommen werden, wenn die Gegenleistung im laufenden Kalenderjahr insgesamt die Freigrenze i. H. von 5 000 € bzw. 15 000 € voraussichtlich nicht übersteigen wird. Der Steuerabzug ist nicht vorzunehmen, wenn der Leistende (Auftragnehmer) dem Leistungsempfänger (Auftraggeber) eine im Zeitpunkt der Gegenleistung gültige Freistellungsbescheinigung vorlegt (§ 48 Abs. 2 Satz 1 EStG) oder der Leistungsempfänger nicht mehr als zwei Wohnungen vermietet.

Die Freigrenze i. H. von 5 000 € erhöht sich auf 15 000 €, wenn der Leistungsempfänger allein deswegen als Unternehmer abzugpflichtig ist, weil er ausschließlich steuerfreie Umsätze nach § 4 Nr. 12 Satz 1 UStG (= umsatzsteuerbefreite Vermietungsumsätze) ausführt. Die erhöhte Freigrenze von 15 000 € ist nicht anzuwenden, wenn der Unternehmer die nach § 4 Nr. 12 Satz 1 UStG steuerfreien Umsätze nach § 9 UStG als umsatzsteuerpflichtig behandelt (Option zur Umsatzsteuer). Erbringt der Leistungsempfänger neben steuerfreien Umsätzen nach § 4 Nr. 12 Satz 1 UStG weitere, ggf. nur geringfügige umsatzsteuerpflichtige Umsätze, gilt insgesamt die Freigrenze i. H. von 5 000 €.

Nimmt in den Fällen der umsatzsteuerlichen Organschaft die Organgesellschaft den Steuerabzug im Auftrag des Organträgers für Bauleistungen von Leistenden außerhalb des Organkreises vor, sind die Freigrenzen nur zu beachten, wenn eine zentrale Überwachung der Freigrenzen im Organkreis erfolgt.

Wird der Steuerabzug bei juristischen Personen des öffentlichen Rechts von einzelnen Organisationseinheiten der juristischen Person des öffentlichen Rechts vorgenommen, sind die Freigrenzen nur zu beachten, wenn eine zentrale Überwachung der Freigrenzen für alle Organisationseinheiten der juristischen Person des öffentlichen Rechts erfolgt.

Wird die Gegenleistung für ein Bauwerk erbracht, das nur teilweise unternehmerisch genutzt wird, bezieht sich die Freigrenze nur auf Gegenleistungen für den unternehmerisch genutzten Teil des Bauwerkes.

Für die Ermittlung des Betrags sind die für denselben Leistungsempfänger im Kalenderjahr erbrachten und voraussichtlich noch zu erbringenden Bauleistungen zusammenzurechnen. Daher ist eine Abstandnahme vom Steuerabzug im Hinblick auf diese Freigrenzen nur zulässig, wenn im laufenden Kalenderjahr nicht mit weiteren Zahlungen für Bauleistungen an denselben Auftragnehmer zu rechnen ist oder die Zahlungen insgesamt nicht die Freigrenze überschreiten werden. Geht der Leistungsempfänger zunächst davon aus, dass die Freigrenze nicht überschritten wird, und nimmt er bei Erfüllung der Gegenleistung den Steuerabzug nicht vor, so ist der unterlassene Steuerabzug nachzuholen, wenn es im Nachhinein zur Überschreitung der maßgeblichen Freigrenze im laufenden Kalenderjahr kommt. Auf ein Verschulden des Leistungsempfängers kommt es insoweit nicht an. Eine Gegenleistung für eine weitere Bauleistung an denselben Leistungsempfänger, für die jedoch eine Freistellungsbescheinigung vorgelegt wird, bleibt für die Berechnung der Freigrenze außer Ansatz.

BEISPIELE: ▶ Ein Steuerpflichtiger lässt an einem vermieteten Mehrfamilienhaus das Dach neu eindecken. Der beauftragte Dachdecker legt keine Freistellungsbescheinigung vor. Die Kosten der Dachreparatur werden insgesamt ca. 20 000 € betragen. Hiervon sind 10 000 € zunächst als Abschlagszahlung und der Rest nach Erteilung der Schlussrechnung noch im selben Kalenderjahr zu erbringen. Damit steht von vornherein fest, dass die Freigrenze i. H. von 15 000 € überschritten wird, so dass bereits von der Abschlagszahlung der Steuerabzug vorzunehmen ist.

Ein Steuerpflichtiger lässt an seinem vermieteten Dreifamilienhaus das Dach reparieren. Der beauftragte Dachdecker legt keine Freistellungsbescheinigung vor. Nach dem Kostenvoranschlag soll die Dachreparatur 14 500 € kosten. Vereinbarungsgemäß zahlt der Leistungsempfänger nach Baufortschritt eine Abschlagszahlung i. H. von 10 000 €. Durch Zusatzarbeiten verteuert sich der Auftrag, so dass in der Schlussrechnung noch 6 000 € in Rechnung gestellt werden, die der Leistungsempfänger noch im selben Jahr zahlt. Damit wurde die Freigrenze i. H. von 15 000 € überschritten, so dass die gesamte Gegenleistung (16 000 €) dem Steuerabzug unterliegt. Sofern bei der Leistung der Abschlagszahlung der Steuerabzug unterblieben ist, muss er nun bei Erfüllung der Restzahlung nachgeholt werden, es sei denn, der Dachdecker legt vor Zahlung der Restsumme eine Freistellungsbescheinigung vor.

2593 Reicht der Betrag der Gegenleistung, die im Laufe des Jahres nachträglich zum Überschreiten der Freigrenze führt, für die Erfüllung der Abzugsverpflichtung nicht aus, so entfällt die Abzugsverpflichtung in der Höhe, in der sie die Gegenleistung übersteigt.

> **BEISPIEL:** Ein Steuerpflichtiger lässt zu Beginn des Jahres Reparaturarbeiten an Regenrinnen seines vermieteten Dreifamilienhauses ausführen. Die Gegenleistung beträgt 14 000 €. Ein Steuerabzug wird nicht vorgenommen. Im November lässt er durch denselben Dachdecker an dem Gebäude ein Dachflächenfenster reparieren. Diese Reparatur führt zu einer Gegenleistung i. H. von 2 000 €. Der Steuerabzugsbetrag i. H. von insgesamt 2 400 € kann aus der letzten Gegenleistung nicht erbracht werden. Es ist ein Steuerabzug in Höhe der Gegenleistung von 2 000 € vorzunehmen.
>
> Danach wird noch eine weitere kleine Reparatur durch denselben Dachdecker vorgenommen. Die Gegenleistung beträgt 1 000 €. Der Steuerabzugsbetrag beträgt nunmehr insgesamt 2 550 €. Ein Abzug i. H. von 2 000 € ist bereits vorgenommen worden. Der noch verbleibende Steuerabzug i. H. von 550 € ist von der Gegenleistung durchzuführen.

2594 Vermietet der Leistungsempfänger nicht mehr als zwei Wohnungen, ist der Steuerabzug auf Bauleistungen für diese Wohnungen nicht anzuwenden (Zweiwohnungsregelung).

Eine Wohnung ist eine Zusammenfassung von Räumen, die von anderen Wohnungen oder Räumen baulich getrennt sind. Es muss ein dauerhafter baulicher Abschluss vorhanden sein, der jedoch nicht in allen Belangen den Anforderungen an die Abgeschlossenheit nach den Bestimmungen zum Wohnungseigentumsgesetz oder nach den DIN-Vorschriften entsprechen muss. Weiter muss ein eigener Zugang bestehen, der nicht durch einen anderen Wohnbereich führt. Diese Voraussetzung ist z. B. erfüllt, wenn ein eigener Zugang unmittelbar von außen vorhanden ist oder wenn jede Wohneinheit in dem Gebäude jeweils durch eine abschließbare Eingangstür gegenüber dem gemeinsamen Treppenhaus oder Vorraum abgetrennt ist. Die zu einer Wohneinheit zusammengefassten Räume müssen über eine Küche verfügen. Dabei reicht es aus, wenn in dem als Küche vorgesehenen Raum die Anschlüsse für diejenigen Einrichtungs- und Ausstattungsgegenstände vorhanden sind, die für die Führung eines selbständigen Haushalts notwendig sind, insbesondere Stromanschluss für den Elektroherd bzw. Gasanschluss für den Gasherd, Kalt- und ggf. Warmwasserzuleitung und ein Ausguss. Weiter müssen ein Bad mit Wanne oder Dusche und eine Toilette vorhanden sein; ein Waschbecken reicht nicht aus. Die Wohnfläche muss mindestens 23 qm betragen (R B 181.1 Abs. 3 ErbStR).

Bei einzeln vermieteten Zimmern ist die Nutzung der gesamten Wohnung ausschlaggebend. Wird diese im Übrigen selbst genutzt oder unentgeltlich überlassen, ist kein Steuerabzug vorzunehmen. Werden sämtliche Zimmer an mehrere Mieter vermietet, rechnet die Wohnung als ein Objekt für die Zweiwohnungsregelung.

Die Verpflichtung zum Steuerabzug besteht für alle Wohnungen, wenn von einem Vermieter mehr als zwei Wohnungen vermietet werden. Der Steuerabzug für Bauleistungen für andere unternehmerische Zwecke bleibt von der Zweiwohnungsgrenze unberührt.

> **BEISPIEL:** Sind eigenbetrieblich genutzte Gebäude und ein Zweifamilienhaus neben einer privat genutzten Villa vorhanden, ist der Steuerabzug nur auf die eigenbetrieblichen Gebäude anzuwenden. Hinsichtlich des Zweifamilienhauses gilt die Zweiwohnungsregelung. Die privat genutzte Villa unterliegt nicht dem Steuerabzug.

Unentgeltlich überlassene Wohnungen bleiben unberücksichtigt.

Vorübergehend leer stehende Wohnungen sind im Rahmen der Zweiwohnungsgrenze zu berücksichtigen, es sei denn, der Vermieter hat die Vermietungsabsicht aufgegeben.

Es ist unerheblich, zu welchem Zweck vermietet wird und ob sich die vermieteten Wohnungen im Privatvermögen oder Betriebsvermögen des Vermieters befinden. Gewerblich oder zu freiberuflichen Zwecken vermietete Wohnungen sind daher zu berücksichtigen. Werden z. B. zwei Wohnungen des Privatvermögens zu Wohnzwecken und eine Wohnung, die zum Betriebsvermögen des Unternehmers gehört, gewerblich vermietet, ist die Zweiwohnungsregelung nicht anzuwenden.

Vermietete Wohnungen im Ausland sind bei der Anwendung der Zweiwohnungsregelung zu berücksichtigen.

Die Zweiwohnungsregelung wird auf die jeweilige Grundstücksgesellschaft/-gemeinschaft angewendet, die umsatzsteuerlich als eigenständiger Unternehmer qualifiziert wird. Demjenigen, der an mehreren Grundstücksgesellschaften/-gemeinschaften beteiligt ist, werden die einzelnen Beteiligungen nicht als Wohnungen zugerechnet. 2595

Jede Grundstücksgesellschaft/-gemeinschaft ist für sich zu beurteilen. Bei entsprechender umsatzsteuerlicher Anerkennung können daher eine Vielzahl von Objektgesellschaften mit den gleichen Beteiligten bestehen.

Bei Ehegatten ist die Zweiwohnungsgrenze für jeden Ehegatten getrennt zu ermitteln. Eine Ehegatten-Eigentümergemeinschaft ist ein eigener Leistungsempfänger.

Garagen stellen nur dann einen Bestandteil einer Wohnung dar, wenn sie zusammen mit der Wohnung vermietet werden. Bauleistungen für eine nicht gemeinsam mit einer Wohnung vermietete Garage unterliegen dem Steuerabzug.

14.5.2.2 Das Anmeldeverfahren

Ähnlich des LSt-Anmeldungsverfahrens in § 41a EStG hat der Leistungsempfänger bis zum 10. Tag nach Ablauf des Monats, in dem die Gegenleistung i. S. des § 48 EStG erbracht wird, eine Anmeldung abzugeben, in der er den Steuerabzug für den Anmeldezeitraum selbst zu berechnen hat. Der Abzugsbetrag ist am 10. Tag nach Ablauf des Anmeldungszeitraums fällig. Der Steuerabzug wird durch den Leistungsempfänger für Rechnung des Leistenden an das für den Leistenden im Inland zuständige Finanzamt abgeführt (§ 48a Abs. 1 EStG). 2596

Der Leistungsempfänger hat mit dem Leistenden unter Angabe

1. des Namens und der Anschrift des Leistenden,

2. des Rechnungsbetrages, des Rechnungsdatums und des Zahlungstags,

3. der Höhe des Steuerabzugs und

4. des Finanzamts, bei dem der Abzugsbetrag angemeldet worden ist, über den Steuerabzug abzurechnen (§ 48a Abs. 2 EStG).

14.5.2.3   Das Anrechnungsverfahren (§ 48c EStG)

2597   Die Abführung des Abzugsbetrages hat für den Leistungsempfänger und den Leistenden folgende Konsequenzen:

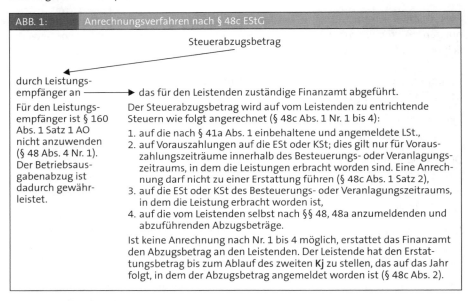

ABB. 1:   Anrechnungsverfahren nach § 48c EStG

Steuerabzugsbetrag

durch Leistungsempfänger an ⟶ das für den Leistenden zuständige Finanzamt abgeführt.

Für den Leistungsempfänger ist § 160 Abs. 1 Satz 1 AO nicht anzuwenden (§ 48 Abs. 4 Nr. 1). Der Betriebsausgabenabzug ist dadurch gewährleistet.

Der Steuerabzugsbetrag wird auf vom Leistenden zu entrichtende Steuern wie folgt angerechnet (§ 48c Abs. 1 Nr. 1 bis 4):

1. auf die nach § 41a Abs. 1 einbehaltene und angemeldete LSt.,
2. auf Vorauszahlungen auf die ESt oder KSt; dies gilt nur für Vorauszahlungszeiträume innerhalb des Besteuerungs- oder Veranlagungszeitraums, in dem die Leistungen erbracht worden sind. Eine Anrechnung darf nicht zu einer Erstattung führen (§ 48c Abs. 1 Satz 2),
3. auf die ESt oder KSt des Besteuerungs- oder Veranlagungszeitraums, in dem die Leistung erbracht worden ist,
4. auf die vom Leistenden selbst nach §§ 48, 48a anzumeldenden und abzuführenden Abzugsbeträge.

Ist keine Anrechnung nach Nr. 1 bis 4 möglich, erstattet das Finanzamt den Abzugsbetrag an den Leistenden. Der Leistende hat den Erstattungsbetrag bis zum Ablauf des zweiten Kj zu stellen, das auf das Jahr folgt, in dem der Abzugsbetrag angemeldet worden ist (§ 48c Abs. 2).

14.5.2.4   Das Freistellungsverfahren (§ 48b EStG)

2598   Der Leistende kann bei dem für ihn zuständigen FA eine Freistellungsbescheinigung beantragen (§ 48b EStG). Ist Leistender eine Personengesellschaft, z. B. eine Arbeitsgemeinschaft, ist der Antrag bei dem für die Personengesellschaft bzw. Arbeitsgemeinschaft zuständigen FA zu stellen. Ist eine Personengesellschaft ertragsteuerlich nicht zu führen, ist auf die umsatzsteuerliche Zuständigkeit abzustellen. Der Antrag bedarf keiner Form. Gegebenenfalls ermittelt das FA Angaben durch einen Fragebogen. Bei Leistenden, die ihren Wohnsitz, Sitz, Geschäftsleitung oder gewöhnlichen Aufenthalt nicht im Inland haben, ist eine Freistellungsbescheinigung zu erteilen, wenn ein inländischer Empfangsbevollmächtigter bestellt ist und der Steueranspruch nicht gefährdet erscheint, also sichergestellt ist, dass der Leistende seine steuerlichen Pflichten im Inland ordnungsgemäß erfüllt. Bei Leistenden mit Wohnsitz, Sitz, Geschäftsleitung oder gewöhnlichem Aufenthalt in einem Mitgliedstaat der Europäischen Union ist die Bestellung eines inländischen Empfangsbevollmächtigten nicht Voraussetzung für die Erteilung einer Freistellungsbescheinigung.

Der Steueranspruch ist insbesondere dann gefährdet und die Versagung einer Freistellungsbescheinigung gerechtfertigt, wenn   2599

1. der Leistende seine Anzeigepflicht nach § 138 AO nicht erfüllt;

2. der Leistende seiner Mitwirkungspflicht nach § 90 AO nicht nachkommt.

   Insbesondere bei Leistenden, die bislang noch nicht steuerlich erfasst sind, soll das FA die notwendigen Angaben zur Prüfung der Frage, ob durch einen Steuerabzug zu sichernde Steueransprüche bestehen können und die steuerliche Erfassung des Leistenden notwendig ist, mittels eines Fragebogens erheben. Werden diese Angaben nicht oder nicht vollständig erbracht, ist nach den Gesamtumständen des Einzelfalls abzuwägen, ob wegen einer Verletzung von Auskunfts- und Mitteilungspflichten die Freistellungsbescheinigung zu versagen ist;

3. der im Ausland ansässige Leistende den Nachweis der steuerlichen Ansässigkeit nicht durch eine Bescheinigung der zuständigen ausländischen Steuerbehörde erbringt.

Der dem Antragsteller auferlegte Nachweis der steuerlichen Ansässigkeit nach § 48b   2600 Abs. 1 Satz 2 Nr. 3 EStG wird grundsätzlich dadurch erbracht, dass die ausländische Steuerbehörde die steuerliche Erfassung im Sitzstaat bestätigt. In Zweifelsfällen kann das FA nach § 90 Abs. 2 AO vom Antragsteller eine qualifizierte Sitzbescheinigung verlangen, in der die ausländische Steuerbehörde bestätigt, dass sich auch der Ort der Geschäftsleitung (BFH 16. 12. 1998 I R 138/97, BStBl 1999 II 437) im Sitzstaat befindet und in welchem Umfang der Antragsteller im Sitzstaat selbst wirtschaftliche Aktivitäten entfaltet.

Über diese im Gesetz ausdrücklich erwähnten Versagungsgründe hinaus kann auch   2601 dann eine Gefährdung des zu sichernden Steueranspruchs vorliegen, wenn z. B. nachhaltig Steuerrückstände bestehen oder unzutreffende Angaben in Steueranmeldungen bzw. Steuererklärungen festgestellt werden oder der Leistende diese wiederholt nicht oder nicht rechtzeitig abgibt. Gegebenenfalls kann in diesen Fällen eine Freistellungsbescheinigung mit einer kurzen Geltungsdauer oder auftragsbezogen erteilt werden.

Nach § 48b Abs. 2 EStG soll eine Freistellungsbescheinigung erteilt werden, wenn mit   2602 großer Wahrscheinlichkeit kein zu sichernder Anspruch besteht. Dies ist insbesondere dann der Fall, wenn mit großer Wahrscheinlichkeit kein Gewinn erzielt wird, z. B. bei Existenzgründern. Der Leistende muss die Voraussetzungen glaubhaft machen. Einem Leistenden, der darlegt und glaubhaft macht, dass wegen seines nur kurzzeitigen Tätigwerdens im Inland keine zu sichernden Steueransprüche bestehen, soll eine Freistellungsbescheinigung erteilt werden, wenn das Vorbringen schlüssig ist und nicht in Widerspruch zu anderweitigen Erkenntnissen des Finanzamts steht.

Liegen keine Versagungsgründe vor, erteilt das für den Leistenden zuständige FA die   2603 Freistellungsbescheinigung nach amtlich vorgeschriebenem Vordruck. Die Freistellungsbescheinigung kann dabei auf bestimmte Zeit, längstens jedoch für einen Zeitraum von drei Jahren, oder bezogen auf einen bestimmten Auftrag erteilt werden. Insbesondere der Finanzverwaltung erstmals bekannt werdenden Unternehmern kann eine Freistellungsbescheinigung mit einer kürzeren Laufzeit als drei Jahre ausgestellt werden. Die Freistellungsbescheinigung gilt ab dem Tag der Ausstellung. Ist dem Unternehmer eine Freistellungsbescheinigung auf eine bestimmte Zeit erteilt worden, werden ihm zusätzlich keine auftragsbezogenen Freistellungsbescheinigungen erteilt.

2604 Für die Erteilung von Freistellungsbescheinigungen an Leistende mit Wohnsitz, Sitz, Geschäftsleitung oder gewöhnlichem Aufenthalt im Ausland gelten die für Inländer anzuwendenden Grundsätze.

2605 Bei nur vorübergehender Tätigkeit im Inland, insbesondere wenn nur ein Auftrag im Inland beabsichtigt ist, kann die Freistellungsbescheinigung auftragsbezogen erteilt werden. Das FA kann die Erteilung einer Freistellungsbescheinigung von der Vorlage des Werkvertrages abhängig machen, wenn sie auf einen bestimmten Auftrag bezogen erteilt werden soll. Auch in Fällen, in denen die Freistellungsbescheinigung für einen bestimmten Auftrag erteilt wird, kann sie auf einen Gültigkeitszeitraum befristet werden.

2606 Wird dem Antrag auf Erteilung einer Freistellungsbescheinigung nicht entsprochen, erlässt das FA unter Angabe der Gründe einen Ablehnungsbescheid. Hiergegen ist der Rechtsbehelf des Einspruchs statthaft.

2607 Bei Verlust der Freistellungsbescheinigung wird eine Ersatzbescheinigung gleichen Inhalts und mit gleicher Sicherheitsnummer erteilt oder auf Antrag bei Vorliegen der übrigen Voraussetzungen eine neue Freistellungsbescheinigung ausgefertigt.

2608 Bei Änderung eines der in der Freistellungsbescheinigung eingetragenen persönlichen Identifikationsmerkmale (Steuernummer, Name oder Anschrift bzw. Firma) ist auf Antrag des Steuerpflichtigen eine neue Freistellungsbescheinigung vom ggf. neu zuständigen FA zu erteilen. Die neue Freistellungsbescheinigung kann eine von der bisherigen Freistellungsbescheinigung abweichende Befristung enthalten. Die bisherige Freistellungsbescheinigung bleibt daneben bestehen. Beim Bundesamt für Finanzen werden die Daten beider Bescheinigungen gespeichert und zur Abfrage bereitgehalten.

14.5.2.5   Steuerschuldnerschaft des Leistungsempfängers nach § 13b Abs. 2 Nr. 4 i.V. m. Abs. 5 UStG

2609 Für Bauleistungen ab dem 1. 10. 2014 finden die Neuregelungen in § 13b Abs. 5 UStG i. d. F. des KroatienG zwingend Anwendung. Mit dem KroatienG vom 25. 7. 2014 (BGBl 2014 I 1266) wurden u. a. in § 13b Abs. 5 UStG die Sätze 2, 5 und 7 neu eingeführt um die Folgen der BFH-Urteile vom 22. 8. 2013 (V R 37/10, BStBl 2014 II 128) und vom 11. 12. 2013 (XI R 21/11, BStBl 2014 II 425) in der Praxis zu vermeiden. Mit der Neuregelung des § 13b Abs. 5 Satz 2 UStG werden im Prinzip die bis 14. 2. 2014 geltenden Verwaltungsregelungen gesetzlich festgeschrieben. Das BMF-Schreiben vom 26. 9. 2014 (BStBl 2014 I 1297) nimmt u. a. zur Änderung der Bauleistungsbesteuerung Stellung.

Unter folgenden Voraussetzungen ist von bauleistenden Unternehmern als Leistungsempfängern auszugehen (Abschn. 13b.3 Abs. 1 bis Abs. 13 UStAE i. d. F. des BMF-Schreibens vom 26. 9. 2014, BStBl 2014 I 1297):

1. Der Leistungsempfänger muss Unternehmer sein und selbst nachhaltig Bauleistungen erbringen. Die erhalten Bauleistungen müssen seinerseits aber nicht wieder zur Erbringung von Bauleistungen verwendet werden (Abschn. 13b.3 Abs. 1 UStAE i. d. F. des BMF-Schreibens vom 26. 9. 2014, BStBl 2014 I 1297).

2. Der Leistungsempfänger erbringt nachhaltig Bauleistungen i. S. v. § 13b Abs. 2 Nr. 4 Satz 1 UStG (§ 13b Abs. 5 Satz 2 UStG).

3. Die Voraussetzungen der Nr. 1 und 2 sind erfüllt, wenn dem Unternehmer das nach den abgabenrechtlichen Vorschriften für die Besteuerung seiner Umsätze zuständige FA auf Antrag oder von Amts wegen eine im Zeitpunkt der Ausführung des Umsatzes gültige Bescheinigung nach dem Vordruckmuster USt 1 TG erteilt hat; hinsichtlich dieses Musters wird auf das BMF-Schreiben vom 1. 10. 2014 (BStBl 2014 I 1322) verwiesen (Abschn. 13b.3 Abs. 3 UStAE i. d. F. des BMF-Schreibens vom 1. 10. 2014, BStBl 2014 I 1322).

Erfüllt der Leistungsempfänger die Voraussetzungen des § 13b Abs. 5 Satz 2 UStG, ist er auch dann Steuerschuldner, wenn die Leistung für den nichtunternehmerischen Bereich erbracht wird (§ 13b Abs. 5 Satz 6 UStG). Ausgenommen hiervon sind Bauleistungen, die ausschließlich an den hoheitlichen Bereich von juristischen Personen des öffentlichen Rechts erbracht werden, auch wenn diese im Rahmen von Betrieben gewerblicher Art unternehmerisch tätig sind und nachhaltig Bauleistungen erbringen (Abschn. 13b.3 Abs. 12 UStAE i. d. F. des BMF-Schreibens vom 26. 9. 2014, BStBl 2014 I 1297).

Die Steuerschuldnerschaft des Leistungsempfängers gilt vor allem nicht für Nichtunternehmer sowie für Unternehmer mit anderen als den vorgenannten Umsätzen, z. B. Baustoffhändler, die ausschließlich Baumaterial liefern, oder Unternehmer, die ausschließlich Lieferungen erbringen, die unter das GrEStG fallen.

Zur Auswirkung des Steuerabzugs auf die Höhe der USt und des Vorsteuerabzugs sowie zur Auswirkung der USt auf die Höhe des Steuerabzugs siehe Vfg. der OFD Cottbus vom 12. 12. 2001 (S 7200-0041-St 244, UR 2002 187).

Der Steuerabzug hat umsatzsteuerrechtlich keinen Einfluss auf die Bemessungsgrundlage. Obwohl der Leistungsempfänger gem. § 48 Abs. 1 EStG zur Einbehaltung des 15%igen Steuerabzugs verpflichtet ist, gehört der Steuerabzug zum Entgelt, weil er für Rechnung des Leistenden gezahlt wird und demnach ausschließlich im wirtschaftlichen Interesse des leistenden Unternehmers steht (Abschn. 10.1 Abs. 7 Satz 1 UStAE).

Auch in den Fällen, in denen ausländische Unternehmer Bauleistungen ausführen, hat der 15%ige Steuerabzug gem. § 48 EStG keinen Einfluss auf die Höhe der USt-Schuld gem. § 13b UStG. Bemessungsgrundlage für die Steuer gem. § 48 EStG ist das Entgelt zzgl. der USt, die gem. § 13b UStG vom Leistungsempfänger geschuldet wird.

BEISPIEL: Der ausländische Bauunternehmer erteilt dem inländischen Leistungsempfänger für erbrachte Bauleistungen folgende Rechnung:

Auftragssumme 100 000 €. In der Rechnung wird auf die Steuerschuldnerschaft des Leistungsempfängers nach § 13b UStG hingewiesen.

LÖSUNG: Nach § 13b UStG schuldet der Leistungsempfänger eine USt von 19 000 €. Die Steuer gem. § 48 EStG beträgt 15 % von 119 000 € = 17 850 €.

14.6 Kontrollfragen

		Rdnr.	
1.	Wann sind die Einkommensteuer-Vorauszahlungen fällig?	2476	☐
2.	Sind bei der Festsetzung bzw. Anpassung von Vorauszahlungen Mindestbeträge zu beachten?	2485	☐
3.	Worin unterscheidet sich die Pauschalierung der Einkommensteuer nach § 37a EStG von der Pauschalierung nach § 37b EStG ?	2489 ff.	☐
4.	Ist es richtig, dass durch die Abgeltungswirkung der Lohnsteuer, die Einkünfte aus nichtselbständiger Arbeit in der Einkommensteuer-Erklärung grundsätzlich nicht mehr zu erfassen sind?	2512–2514	☐
5.	Ist es richtig, dass durch die Abgeltungswirkung der Kapitalertragsteuer, die Einkünfte aus Kapitalvermögen in der Einkommensteuer-Erklärung grundsätzlich nicht mehr zu erfassen sind?	2515 ff.	☐
6.	Kapitalerträge, die nicht dem Kapitalertragsteuerabzug unterliegen, sind auf jeden Fall mit dem individuellen Steuersatz nach § 32a EStG zu versteuern?	2515	☐
7.	Auch Gewinne aus der Veräußerung von Kapitalbeteiligungen können der Kapitalertragsteuer unterliegen?	2516	☐
8.	Die einbehaltene Kapitalertragsteuer ist nach § 36 Abs. 2 Nr. 2 EStG auf die Einkommensteuer anzurechnen?	2541	☐
9.	Steuerpflichtige, die ausschließlich Einkünfte aus nichtselbständiger Arbeit erzielen, sind auf keinen Fall zur Abgabe einer Einkommensteuererklärung verpflichtet?	2546 ff.	☐
10.	Was versteht man unter dem Härteausgleich und in welchen Fällen wird er durchgeführt?	2567 ff.	☐

2610–2615 *(Einstweilen frei)*

KAPITEL 15: BESTEUERUNG BESCHRÄNKT STEUERPFLICHTIGER

Kapitel 15:
Besteuerung beschränkt Steuerpflichtiger

15.1 Allgemeine Grundsätze und Einschränkungen der beschränkten Steuerpflicht

15.1.1 Allgemeines

2616   Ähnlich wie bei der unbeschränkten kann auch bei der beschränkten Steuerpflicht zwischen der „einfachen" beschränkten Steuerpflicht nach § 1 Abs. 4 EStG und der erweiterten beschränkten Steuerpflicht nach § 2 AStG unterschieden werden. Die hierzu jeweils erforderlichen persönlichen und sachlichen Merkmale ergeben sich aus folgendem Schaubild:

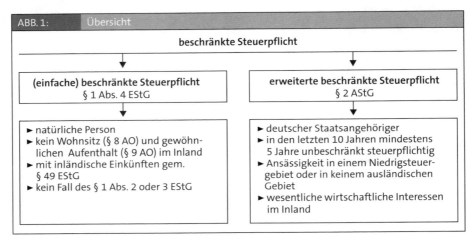

ABB. 1:   Übersicht

Das Schaubild verdeutlicht, dass es auch für die beschränkte Steuerpflicht von Bedeutung ist, ob ein Wohnsitz oder gewöhnlicher Aufenthalt im Inland vorliegt. Während diese Voraussetzungen allerdings im Falle der unbeschränkten Steuerpflicht nach § 1 Abs. 1 EStG erfüllt sein müssen, ist im Rahmen der beschränkten Steuerpflicht die Negativabgrenzung erforderlich (vgl. Rdn. 20, 27 ff.).

2617   Hinzu kommt im Fall des § 1 Abs. 4 EStG die sachliche Voraussetzung, dass inländische Einkünfte vorliegen müssen, die in § 49 EStG aufgezählt werden. Darunter fallen grundsätzlich alle in § 2 Abs. 1 EStG bezeichneten sieben Einkunftsarten, allerdings unter den weiteren besonderen Voraussetzungen des § 49 EStG. Dabei ist die Frage, ob es sich um inländische Einkünfte handelt, für die einzelnen Einkunftsarten jeweils unterschiedlich geregelt. Für die Zuordnung der Einkünfte zu den einzelnen Einkunftsarten sind die Vorschriften des deutschen Einkommensteuerrechts entsprechend anzuwenden; dies gilt auch bei Vorliegen eines DBA, weil die Abgrenzung der Einkunftsarten darin nicht besonders geregelt wird (BFH 29. 11. 1966 I 216/64, BStBl 1967 III 392).

2618   Im Übrigen gelten bei beschränkter Steuerpflicht hinsichtlich der zu erfassenden Einkünfte dieselben Einschränkungen wie bei unbeschränkt Steuerpflichtigen. Es werden demnach nicht alle inländischen Einkünfte i. S. des § 49 EStG besteuert. So sind durch zwischenstaatliche Abkommen befreite Einkünfte und steuerfreie Einnahmen (§§ 3–3b EStG, vgl. Rdn. 83-124) nicht anzusetzen. Dass die Befreiungsvorschriften auch bei beschränkt Steuerpflichtigen anzuwenden sind, ergibt sich im Umkehrschluss aus § 50 Abs. 1 EStG, der zahlreiche steuerliche Vergünstigungen im Rahmen der Ermittlung des zu versteuernden Einkommens bei beschränkt Steuerpflichtigen für nicht anwendbar erklärt, die §§ 3–3b EStG jedoch nicht ausnimmt.

15.1.2 Einschränkung der sachlichen Steuerpflicht durch Doppelbesteuerungsabkommen (DBA)

Ist die beschränkt steuerpflichtige Person in einem Staat ansässig, mit dem ein **DBA** 2619 besteht, so muss geprüft werden, ob Deutschland an der Besteuerung der jeweiligen inländischen Einkünfte aufgrund der Regelungen im DBA ganz oder teilweise gehindert ist.

Die Steuerpflicht unbeschränkt steuerpflichtiger Personen knüpft unmittelbar an den Wohnsitz oder gewöhnlichen Aufenthalt an (§ 1 Abs. 1 Satz 1 EStG). Der sachlichen Steuerpflicht unterliegt dabei das Welteinkommen der im Inland ansässigen Person (H 1a „Allgemeines" EStH). Demgegenüber ergibt sich aus § 1 Abs. 4 i. V. mit § 49 EStG, dass der beschränkten Steuerpflicht nur solche Einkünfte unterliegen, die aus einer inländischen Einkunftsquelle stammen.

Diese Zweigleisigkeit – Anknüpfung der Steuerpflicht einerseits an das Wohnsitzprinzip, andererseits an den Ort der Einkunftsquelle – gilt nicht nur in Deutschland, sondern auch in nahezu allen anderen Staaten. Wenn also der Wohnsitz bzw. der gewöhnliche Aufenthalt und die jeweilige Einkunftsquelle nicht in demselben Staat belegen sind, kann sich eine doppelte Besteuerung der betreffenden Einkünfte ergeben, zum einen die Besteuerung des Welteinkommens im Wohnsitzstaat (d. h. Besteuerung aller Einkünfte), zum anderen die Besteuerung einzelner Einkünfte im „Quellenstaat".

Je nach Höhe der Steuersätze in den einzelnen Staaten könnte dies dazu führen, dass dem Steuerpflichtigen von den Einkünften nur ein geringer oder kein Betrag verbleibt, im Extremfall sogar, dass die Steuerbelastung die Höhe der Einkünfte übersteigt (z. B. Steuersatz in Wohnsitz- und Quellenstaat jeweils mehr als 50 %). Da derartige Doppelbesteuerungen zu beträchtlichen wirtschaftlichen Hemmnissen führen, haben die Staaten schon seit langem zwischenstaatliche Abkommen zur Vermeidung der Doppelbesteuerung abgeschlossen (H 1a „Doppelbesteuerungsabkommen" EStH).

Da es sich bei den DBA um bilaterale Verträge handelt, sind die einzelnen Abkommen 2620 nicht miteinander identisch, sondern weisen meist Besonderheiten auf, die die jeweils beteiligten Staaten individuell miteinander vereinbart haben. Folglich kann grundsätzlich keine allgemein gültige Darstellung darüber gegeben werden, welche Regeln bei allen DBA zu beachten sind. Eine Richtlinie, wie im Regelfall die DBA aufgebaut sind, ergibt sich jedoch aus dem Musterabkommen der OECD vom 1. 10. 2010 (OECD-MA 2010), an dem sich die meisten neueren Abkommen inhaltlich orientieren. Danach gelten die Abkommen regelmäßig für Personen, die in einem Vertragsstaat oder in beiden Vertragsstaaten ansässig sind (Art. 1 OECD-MA 2010), die Staatsangehörigkeit der Person ist regelmäßig ohne Bedeutung. Die Frage, wann eine Person als in einem Vertragsstaat **ansässig** gilt, ist in den Abkommen gesondert geregelt und getrennt von der Frage des Wohnsitzes zu betrachten (Art. 4 OECD-MA 2010). Eine Übersicht über alle Staaten, mit denen Deutschland ein DBA abgeschlossen hat, wird alljährlich in aktualisierter Fassung von der Finanzverwaltung veröffentlicht (vgl. BMF v. 19. 1. 2015, IV B 2 – S 1301/07/10017-06).

2621 Neben der Definition der Ansässigkeit in einem Vertragsstaat enthalten die Abkommen umfangreiche weitere Begriffsbestimmungen, z. B. bezüglich der Begriffe „Person", „Unternehmen", „Staatsangehöriger", „Geschäftstätigkeit", „Betriebstätte" usw. Insbesondere der Begriff der „Betriebstätte" ist vielfach abweichend von der deutschen Gesetzesdefinition in § 12 AO bestimmt. Das hat zur Konsequenz, dass bei Anwendung der DBA die Begriffsdefinition einer Betriebsstätte nach dem jeweiligen Abkommen und nicht § 12 AO maßgebend ist (siehe auch Vorrang völkerrechtlicher Vereinbarungen nach § 2 AO).

2622 Was die Besteuerung der einzelnen Einkünfte betrifft, so enthalten die Abkommen sog. Zuteilungsnormen, d. h. es wird geregelt, welche der fraglichen Einkünfte – abweichend vom Grundsatz der Besteuerung im Ansässigkeitsstaat – im Quellenstaat besteuert werden dürfen. Als Einkünfte in diesem Sinne sind allerdings nicht immer die Einkunftsarten i. S. des § 2 EStG anzusehen, vielmehr werden die einzelnen Einkünfte in den Abkommen gelegentlich gesondert definiert. Nach dem OECD-Musterabkommen gelten bezüglich des Besteuerungsrechts die folgenden Grundsätze:

a) Einkünfte aus unbeweglichem Vermögen können grundsätzlich im Belegenheitsstaat des Grundstücks besteuert werden (Art. 6 OECD-MA). Ausnahmen gelten z. B. in den DBA mit der Schweiz und mit Spanien, nach denen zwar ein Besteuerungsrecht des Belegenheitsstaates vorgesehen ist, aber auch der Wohnsitzstaat die Besteuerung vornehmen kann. Der Wohnsitzstaat muss in diesem Fall allerdings die im Belegenheitsstaat erhobene Steuer auf seine auf diese Einkünfte erhobene Steuer anrechnen.

b) Unternehmensgewinne werden gem. Art. 7 OECD-MA von dem Vertragsstaat besteuert, in dessen Gebiet die Betriebstätte des Unternehmens belegen ist (Betriebstättenprinzip). Für den Begriff der Betriebstätte sind dabei die Regeln des jeweiligen Abkommens, nicht die des nationalen Rechts maßgebend (vgl. Rdn. 2621).

c) Dividenden (Art. 10 OECD-MA), Zinsen (Art. 11 OECD-MA) und Lizenzgebühren (Art. 12 OECD-MA) werden regelmäßig im Ansässigkeitsstaat des Zahlungsempfängers besteuert. Dem Quellenstaat steht jedoch das Recht zu, von diesen Beträgen eine sog. Quellensteuer (z. B. in Deutschland die Kapitalertragsteuer) bis zu einem bestimmten Höchstbetrag zu erheben. Diese Quellensteuer wird jedoch im Falle der Besteuerung im Ansässigkeitsstaat auf die dortige Steuer angerechnet. Eine Ausnahme von diesem Grundsatz gilt für Lizenzgebühren, die im Rahmen einer Betriebstätte anfallen. In diesem Fall gilt nicht das Ansässigkeits-, sondern das Betriebstättenprinzip (vgl. Art. 12 i. V. m. Art. 7 OECD-MA unter b).

d) Bei Gewinnen aus der Veräußerung von Vermögen (Art. 13 OECD-MA) muss zwischen beweglichem und unbeweglichem Vermögen unterschieden werden. Bei der

Veräußerung von unbeweglichem Vermögen, insbesondere von Grundstücken gilt das Belegenheitsprinzip (vgl. a). Bei beweglichem Vermögen, das zu einer Betriebsstätte gehört, gilt das Betriebstättenprinzip (vgl. b). Soweit bewegliches Vermögen veräußert wird, das nicht zu einer Betriebsstätte gehört, obliegt die Besteuerung allein dem Wohnsitzstaat.

e) Bei den Einkünften aus nichtselbständiger Arbeit (Art. 15, 18 u. 19 OECD-MA) obliegt das Besteuerungsrecht regelmäßig dem Staat, in dem die nichtselbständige Tätigkeit ausgeübt wird. Eine Ausnahme hiervon besteht allerdings dann, wenn der ArbN außerhalb seines Wohnsitzstaates nur vorübergehend tätig wird. In derartigen Fällen kann u.U. das Besteuerungsrecht beim Wohnsitzstaat verbleiben. Arbeitslohn, der nicht für eine in einem anderen Staat ausgeübte Tätigkeit gezahlt wird, kann grundsätzlich nur im Wohnsitzstaat besteuert werden. Auch in diesem Fall gilt eine Ausnahme, wenn es sich um Arbeitslohn aus öffentlichen Kassen handelt. Derartige Bezüge, auch Ruhegehaltsbezüge, können regelmäßig in dem Staat besteuert werden, in dem sich die öffentliche Kasse befindet.

f) Für Aufsichtsrats- und Verwaltungsratsvergütungen (Art. 16 OECD-MA) obliegt das Besteuerungsrecht in der Regel dem Vertragsstaat, in dem die Gesellschaft ihren Sitz hat, die die Aufsichtsrats- oder Verwaltungsratsvergütungen zahlt.

g) Die Einkünfte von Künstlern (Bühnen-, Film-, Rundfunk- und Fernsehkünstler), Musikern und Berufssportlern (Art. 17 OECD-MA) können regelmäßig nur in dem Staat besteuert werden, in dem die jeweilige Tätigkeit ausgeübt wird.

Unabhängig davon, ob und inwieweit der Quellenstaat Einkünfte besteuern darf, ist 2623 die Frage zu beurteilen, wie die daraus resultierende Doppelbesteuerung ggf. vermieden wird. Soweit dem Quellenstaat das Besteuerungsrecht abgesprochen ist, erfolgt die Besteuerung ausschließlich im Ansässigkeitsstaat, so dass eine Doppelbesteuerung ausgeschlossen ist. Soweit allerdings einerseits dem Quellenstaat ein Besteuerungsrecht zugewiesen wurde, andererseits aber auch der Ansässigkeitsstaat (Wohnsitzstaat) nach dem Welteinkommensprinzip besteuert, müssen Maßnahmen zur Vermeidung der Doppelbesteuerung festgelegt werden.

Hierfür sieht das OECD-Musterabkommen zwei verschiedene Methoden vor: Bei der **Befreiungsmethode** (Art. 23A OECD-MA) verzichtet der Wohnsitzstaat auf die Besteuerung der vom Quellenstaat bereits besteuerten Einkünfte. Nach den meisten geltenden DBA hat sich jedoch der Wohnsitzstaat für derartige Einkünfte das Recht vorbehalten, die freigestellten Einkünfte bei der Bemessung des Steuersatzes für die übrigen zu besteuernden Einkünfte einzubeziehen (Progressionsvorbehalt, vgl. in Deutschland § 32b EStG).

Die zweite Methode zur Vermeidung der Doppelbesteuerung ist die **Anrechnungsmethode** (Art. 23B OECD-MA), d.h. der Wohnsitzstaat besteuert die bereits vom Quellenstaat besteuerten Einkünfte ebenfalls in voller Höhe, rechnet jedoch die im Quellenstaat erhobenen Steuern an. Bei Anwendung der Anrechnungsmethode in Deutschland sind regelmäßig die Grundsätze des § 34c EStG zu beachten.

Abschließend ist darauf hinzuweisen, dass das Besteuerungsrecht Deutschlands durch 2624 ein DBA zwar eingeschränkt werden kann, eine Erweiterung des Besteuerungsrechts durch ein Abkommen ist dagegen nicht möglich. Sinnvollerweise ist daher zunächst festzustellen, ob für die jeweiligen Einkünfte ein **nationales Besteuerungsrecht** im Rahmen der unbeschränkten oder beschränkten Steuerpflicht besteht. Danach ist im zweiten Schritt zu prüfen, ob das nationale Besteuerungsrecht durch ein mit dem jeweiligen anderen Staat bestehendes DBA eingeschränkt wird.

> **BEISPIEL:** A hat seinen Wohnsitz in Lyon (Frankreich), wo er ein Reisebüro betreibt. Eine Filiale des Unternehmens befindet sich in Köln. A ist ferner Eigentümer eines Mietwohngrundstücks in Düsseldorf. Außerdem hat A von einem Freund in Köln 500 € Zinsen für ein privates Darlehen erhalten, das durch eine Hypothek auf einem in Deutschland gelegenen Grundstück des Freundes dinglich gesichert ist.
>
> Die Einkünfte aus der Filiale in Köln sind als Einkünfte aus einer inländischen Betriebstätte der deutschen ESt zu unterwerfen (§ 49 Abs. 1 Nr. 2a EStG, Art. 4 Abs. 1 DBA Frankreich). Ebenfalls steuerpflichtig in Deutschland sind die Einkünfte aus der Vermietung des Grundstücks in Düsseldorf (§ 49 Abs. 1 Nr. 6 EStG, Art. 3 Abs. 1 DBA Frankreich). Die Zinsen können allerdings nicht in Deutschland besteuert werden, obwohl sie infolge der dinglichen Sicherung durch inländischen Grundbesitz grundsätzlich zu den inländischen Einkünften i. S. des § 49 Abs. 1 Nr. 5c Doppelbst. aa EStG gehören. Nach der vorrangigen Bestimmung in Art. 10 Abs. 1 DBA Frankreich (vgl. § 2 AO) ist ohne Rücksicht auf die dingliche Sicherung nur der Ansässigkeitsstaat berechtigt, Zinsen aus Darlehensforderungen zu besteuern. Insgesamt gesehen ist A in Deutschland beschränkt steuerpflichtig; er hat weder einen Wohnsitz noch seinen gewöhnlichen Aufenthalt im Inland, bezieht jedoch inländische Einkünfte i. S. d. § 49 EStG (§ 1 Abs. 4 EStG).

15.1.3   Sonstige Einschränkungen der sachlichen Steuerpflicht

15.1.3.1   Zwischenstaatliche Vereinbarungen

2625   Neben den DBA bestehen zahlreiche weitere zwischenstaatliche Vereinbarungen, durch die bestimmte Personen (z. B. bei bestimmten internationalen Organisationen tätige Personen) und bestimmte Organisationen von der deutschen Steuer vom Einkommen freigestellt werden (vgl. BMF-Schreiben v. 18. 3. 2013, BStBl 2013 I 404).

15.1.3.2   Einseitiger Steuerverzicht

2626   Nach der Ermächtigungsvorschrift des § 50 Abs. 4 EStG kann die ESt auf inländische Einkünfte beschränkt steuerpflichtiger Personen ganz oder teilweise erlassen oder mit einem Pauschbetrag erhoben werden, wenn dies im besonderen öffentlichen Interesse liegt. Ein besonderes öffentliches Interesse besteht insbesondere an der inländischen Veranstaltung international bedeutsamer kultureller und sportlicher Ereignisse, um deren Ausrichtung ein internationaler Wettbewerb stattfindet, oder am inländischen Auftritt einer ausländischen Kulturvereinigung, wenn ihr Auftritt wesentlich aus öffentlichen Mitteln gefördert wird.

15.1.4   Isolierende Betrachtungsweise (§ 49 Abs. 2 EStG)

2627   Die Zuordnung der Einkünfte zu den einzelnen Einkunftsarten richtet sich wegen des objektsteuerähnlichen Charakters der beschränkten Steuerpflicht danach, wie sich die Einkünfte „vom Inland aus gesehen" darstellen (BFH 20. 1. 1959 I 112/57 S, BStBl 1959 III 133; BFH 13. 12. 1961 I 209/60 U, BStBl 1962 III 85). Aus diesem Grund ist für die Frage, ob inländische Einkünfte i. S. des § 49 EStG vorliegen, im Zweifel auf das objektive Wesen der aus dem Inland bezogenen Einkünfte abzustellen (sog. isolierende Betrachtungsweise).

Nach der isolierenden Betrachtungsweise i. S. des § 49 Abs. 2 EStG bleiben im Ausland   2628 gegebene Besteuerungsmerkmale außer Betracht, soweit bei ihrer Berücksichtigung inländische Einkünfte i. S. des § 49 Abs. 1 EStG nicht angenommen werden könnten (vgl. auch R 49.3 EStR). Diese Betrachtungsweise ersetzt nicht etwa den Inlandsbezug, sondern reduziert lediglich die Beurteilung auf die inländischen Tatbestandsmerkmale unter Nichtbeachtung der bestehenden (stärkeren) Auslandsbezüge. Die Prüfung, ob inländische Einkünfte nach § 49 Abs. 1 EStG vorliegen, ist dabei in zwei Stufen durchzuführen: In einem ersten Schritt ist der gesamte einkunftsrelevante Sachverhalt einschließlich der ausländischen Besteuerungsmerkmale unter die Tatbestände des § 49 Abs. 1 EStG zu subsumieren. Fallen die betreffenden Einkünfte schon danach unter § 49 Abs. 1 EStG, so unterliegen sie der beschränkten Steuerpflicht. Die Anwendung der isolierenden Betrachtungsweise erübrigt sich, da die Voraussetzungen des § 49 Abs. 1 EStG bereits ohne diese Betrachtungsweise erfüllt sind.

Nur wenn der Sachverhalt keinen der Tatbestände des § 49 Abs. 1 EStG erfüllt, ist in einem zweiten Schritt die isolierende Betrachtungsweise anzuwenden. Dazu sind nur die im Inland verwirklichten Sachverhalte „isoliert" unter die Tatbestände des § 49 Abs. 1 EStG zu subsumieren, die ausländischen Besteuerungsmerkmale sind außer Acht zu lassen. Sind die betreffenden Einkünfte bei dieser zweiten Prüfung unter § 49 Abs. 1 EStG einzuordnen, so unterliegen sie nach § 49 Abs. 2 EStG der beschränkten Steuerpflicht. Falls auch hier kein Tatbestand des § 49 Abs. 1 EStG erfüllt ist, ist der Vorgang endgültig nicht steuerbar.

BEISPIEL 1: ▶ Auf einem in Mainz stattfindenden internationalen Kongress haben die französischen Teilnehmer eigene Dolmetscher mitgebracht, die ihnen von der in Paris ansässigen F-SA (Kapitalgesellschaft französischen Rechts) überlassen worden sind. Die französischen Teilnehmer müssen an die SA für diese Leistung umgerechnet 10 000 € entrichten. Die SA hat in Deutschland weder eine Betriebsstätte noch einen ständigen Vertreter.

Eine Kapitalgesellschaft erzielt kraft ihrer Rechtsform stets gewerbliche Einkünfte. Die Einkünfte der SA fallen grds. nicht unter § 49 Abs. 1 Nr. 2 Buchst. a EStG, da die SA im Inland weder eine Betriebsstätte unterhält noch einen ständigen Vertreter bestellt hat.

Bei Anwendung der isolierenden Betrachtungsweise (§ 49 Abs. 2 EStG) sind für die Zurechnung der Einkünfte nur die Besteuerungsmerkmale im Inland maßgebend. Danach bleibt die Tatsache, dass eine Kapitalgesellschaft als Bezieherin der Einkünfte keine Einkünfte aus freiberuflicher Tätigkeit erzielen kann, außer Betracht (BFH 7. 7. 1971 I R 41/70, BStBl 1971 II 771). Somit handelt es sich bei den Einkünften der SA um Einkünfte aus freiberuflicher Tätigkeit, die im Inland ausgeübt wird. Es liegen somit inländische Einkünfte nach § 49 Abs. 1 Nr. 3 EStG vor.

BEISPIEL 2: ▶ Sachverhalt wie im vorigen Beispiel, jedoch mit dem Unterschied, dass die SA in Saarbrücken eine Betriebsstätte unterhält, von der die Dolmetscher zu dem Kongress entsandt werden.

§ 49 Abs. 2 EStG braucht nicht angewendet zu werden, denn selbst bei Berücksichtigung der im Ausland gegebenen Besteuerungsmerkmale (Rechtsform der Bezieherin der Einkünfte) stellen die Vergütungen der französischen Kongressteilnehmer an die SA inländische Einkünfte aus Gewerbebetrieb i. S. des § 49 Abs. 1 Nr. 2 Buchst. a EStG dar, weil die SA im Inland eine Betriebsstätte unterhält.

2629 Besondere Bedeutung hat die isolierende Betrachtungsweise auch in Fällen, in denen Vergütungen für die Überlassung der Nutzung oder des Rechts auf Nutzung von gewerblichem **Know-how** an eine nicht unbeschränkt steuerpflichtige Person gezahlt werden.

> **BEISPIEL 3:** ▶ Der in Graz (Österreich) wohnhafte A ist Gewerbetreibender, in Deutschland hat er weder eine Betriebsstätte noch einen ständigen Vertreter. Der in München ansässigen X-GmbH hat er das Recht auf Nutzung von in seinem Betrieb gewonnenem Know-how gegen ein jährliches Entgelt i. H. von 200 000 € erteilt.
>
> Die Vergütungen stellen zwar grundsätzlich Einkünfte aus Gewerbebetrieb dar, weil A das Know-how als Gewerbetreibender in seinem eigenen Betrieb gewonnen hat. Da A im Inland jedoch weder eine Betriebsstätte unterhält noch einen ständigen Vertreter bestellt hat, handelt es sich bei Berücksichtigung der im Ausland gegebenen Besteuerungsmerkmale nicht um inländische Einkünfte i. S. des § 49 Abs. 1 Nr. 2 Bst. a EStG.
>
> Nach der isolierenden Betrachtungsweise des § 49 Abs. 2 EStG sind die im Ausland gegebenen Besteuerungsmerkmale außer Betracht zu lassen, so dass die Vergütungen als sonstige inländische Einkünfte i. S. des § 49 Abs. 1 Nr. 9 EStG anzusehen sind und der beschränkten Steuerpflicht unterliegen (§ 1 Abs. 4 EStG).
>
> Falls A im Inland eine Betriebsstätte unterhalten oder einen ständigen Vertreter bestellt hätte, würden die Vergütungen inländische Einkünfte i. S. des § 49 Abs. 1 Nr. 2 Bst. a EStG darstellen. In diesem Fall erübrigt sich die Anwendung der isolierenden Betrachtungsweise, weil bereits unter Berücksichtigung der im Ausland gegebenen Besteuerungsmerkmale inländische Einkünfte vorliegen würden.

15.1.5 Begriff der inländischen Einkünfte

15.1.5.1 Einkünfte aus Land- und Forstwirtschaft

2630 Die Einkünfte aus Land- und Forstwirtschaft (§§ 13 u. 14 EStG) sind inländische Einkünfte, soweit der land- und forstwirtschaftliche Grund und Boden im Inland liegt (§ 49 Abs. 1 Nr. 1 EStG), auf den Ort der Betriebsleitung kommt es nicht an. Liegen die zum land- und forstwirtschaftlichen Betrieb gehörenden Parzellen zum Teil im Inland und zum Teil im Ausland, erstreckt sich die beschränkte Steuerpflicht nur auf Gewinne, die aus im Inland liegendem Grund und Boden erzielt worden sind.

Auch die bestehenden DBA weisen das Besteuerungsrecht in aller Regel dem Staat zu, in dem das land- und forstwirtschaftliche Vermögen liegt.

15.1.5.2 Einkünfte aus Gewerbebetrieb

15.1.5.2.1 Allgemeines

2631 Die Einkünfte aus Gewerbebetrieb i. S. der §§ 15, 16 u. 17 EStG rechnen gem. § 49 Abs. 1 Nr. 2 EStG zu den inländischen Einkünften, wenn

(a) für den Gewerbebetrieb im Inland eine Betriebsstätte unterhalten wird oder ein ständiger Vertreter bestellt ist,

(b) die Einkünfte aus dem Betrieb eigener oder gecharterter Seeschiffe oder Luftfahrzeuge aus Beförderungen zwischen inländischen und von inländischen zu ausländischen Häfen erzielt werden, einschließlich der Einkünfte aus anderen mit solchen

Beförderungen zusammenhängenden, sich auf das Inland erstreckenden Beförderungsleistungen,

(c) sie von einem Unternehmen im Rahmen einer internationalen Betriebsgemeinschaft oder eines Pool-Abkommens, bei denen ein Unternehmen mit Sitz oder Geschäftsleitung im Inland die Beförderung durchführt, aus Beförderungen und Beförderungsleistungen nach Buchst. b erzielt werden,

(d) sie durch im Inland ausgeübte oder verwertete künstlerische, sportliche, artistische, unterhaltende oder ähnliche Darbietungen erzielt werden, einschließlich der Einkünfte aus anderen mit diesen zusammenhängenden Leistungen, unabhängig davon, wem die Einnahmen zufließen. Dies gilt jedoch nur, wenn die betreffenden Erträge nicht zu den Einkünften aus selbständiger oder nichtselbständiger Arbeit i. S. von § 49 Abs. 1 Nr. 3 u. 4 EStG gehören,

(e) es sich um Einkünfte aus der Veräußerung eines Anteils an einer Kapitalgesellschaft handelt (§ 17 EStG),

– die ihre Geschäftsleitung oder ihren Sitz im Inland hat, **oder**

– bei deren Erwerb aufgrund eines Antrags nach § 13 Abs. 2 oder § 21 Abs. 2 Satz 3 Nr. 2 UmwStG nicht der gemeine Wert der eingebrachten Anteile angesetzt worden ist, **oder**

– auf die in Fällen der Sitzverlegung einer Kapitalgesellschaft § 17 Abs. 5 Satz 2 EStG anzuwenden war.

(f) es sich um Einkünfte handelt aus der Vermietung und Verpachtung oder der Veräußerung von unbeweglichem Vermögen, Sachinbegriffen oder Rechten, die im Inland belegen oder in ein inländisches öffentliches Buch oder Register eingetragen sind oder deren Verwertung in einer inländischen Betriebsstätte oder anderen Einrichtung erfolgt, sofern diese nicht schon nach Buchst. a als Einkünfte aus Gewerbebetrieb zu behandeln sind,

(g) sie aus der Verschaffung der Gelegenheit erzielt werden, einen Berufssportler im Inland vertraglich zu verpflichten; dies gilt jedoch nur, wenn die Gesamteinnahmen die Freigrenze von 10 000 € übersteigen.

15.1.5.2.2 Begriff der Betriebsstätte

Unter einer Betriebsstätte ist nach § 12 AO jede feste örtliche Anlage oder Einrichtung 2632 zu verstehen, die der Ausübung des Betriebs eines stehenden Gewerbes dient. Dazu ist erforderlich, dass der Gewerbetreibende über einen bestimmten Raum oder über eine bestimmte Fläche Verfügungsmacht besitzt (R 2.9 Abs. 1 GewStR). Das Vorhandensein der Anlage oder Einrichtung allein (z. B. der bloße Besitz von Grundstücken) reicht jedoch für die Annahme einer Betriebsstätte noch nicht aus. Es muss noch eine örtlich gebundene, den Betrieb betreffende menschliche Tätigkeit hinzukommen; dabei reichen auch Betriebshandlungen aus, die von verhältnismäßig nebensächlicher oder untergeordneter Bedeutung sind (BFH 10. 5. 1961 IV 155/60 U, BStBl 1961 III 317).

Als Betriebstätten gelten insbesondere die in § 12 Satz 2 AO bezeichneten Einrichtungen, z. B. Stätten der Geschäftsleitung, Zweigniederlassungen, Fabrikations- oder Werkstätten, Warenlager sowie Ein-oder Verkaufsstellen.

Zu den Betriebstätten gehören nach § 12 Satz 2 Nr. 8 AO auch Bauausführungen, wenn die Dauer der einzelnen Bauausführung oder mehrerer ohne Unterbrechung aufeinander folgender Bauausführungen in einer Gemeinde sechs Monate übersteigt oder voraussichtlich übersteigen wird; die Betriebstätte gilt vom Beginn der Bauarbeiten an als begründet.

Nicht erforderlich ist, dass die Anlage, Einrichtung usw. dem Gewerbetreibenden gehört. Es genügt, dass sie ihm für die Zwecke des Gewerbebetriebs zur Verfügung steht. Die Verfügungsbefugnis kann auch auf einem Mietvertrag oder auf unentgeltlicher Überlassung beruhen.

2633 Eine inländische Betriebstätte eines ausländischen Unternehmens liegt auch dann vor, wenn der Betrieb in Räumen ausgeübt wird, die ein leitender Angestellter des Unternehmens unter seinem Namen gemietet und dem Unternehmen zur Verfügung gestellt hat (BFH 5. 10. 1977 I R 90/75, BStBl 1978 II 205).

Auch eine Marktverkaufsstelle, die der Gewerbetreibende regelmäßig am jeweils gleichen Standort unterhält, stellt eine Betriebstätte dar (BFH 9. 10. 1974 I R 128/73, BStBl 1975 II 203).

BEISPIEL: Der in Venlo (Niederlande) wohnhafte N betreibt einen Groß- und Einzelhandel mit Blumen. Von der Stadtverwaltung Krefeld hat er einen Marktschein erhalten, der ihn berechtigt, auf dem jeweils donnerstags stattfindenden Wochenmarkt in Krefeld an einem ihm regelmäßig zur Verfügung stehenden bestimmten Marktstand Blumen an Endverbraucher zu verkaufen.

Die Marktverkaufsstelle in Krefeld stellt eine Betriebstätte des N dar, so dass die aus dem Blumenverkauf erzielten Einkünfte inländische Einkünfte i. S. des § 49 Abs. 1 Nr. 2 Buchst. a EStG sind.

2634 Durch vorrangige Bestimmungen in DBA ist der Betriebstättenbegriff in vielen Fällen wesentlich enger gefasst worden, als er sich aus § 12 AO ergibt, so dass insoweit auch der Umfang der inländischen Einkünfte aus Gewerbebetrieb nach § 49 Abs. 1 Nr. 2 Buchst. a EStG erheblich eingeschränkt ist.

BEISPIEL: Der niederländische Bauunternehmer B hat von der in Münster ansässigen M-AG den Auftrag übernommen, in Münster eine Werkhalle zu errichten. Die Dauer der Bauausführung hat 8 Monate betragen.

B hat in Münster eine Betriebstätte i. S. des § 12 Satz 2 Nr. 8 AO, weil die Dauer der Bauausführung in Münster 6 Monate überstiegen hat. Es liegen somit inländische Einkünfte i. S. des § 49 Abs. 1 Nr. 2 Buchst. a EStG vor.

Nach Art. 7 Abs. 1 des deutsch-niederländischen DBA hat Deutschland das Besteuerungsrecht für die gewerblichen Einkünfte des B nur insoweit, als diese Einkünfte auf eine im Inland befindliche Betriebsstätte entfallen. Der hier maßgebliche Begriff der Betriebstätte richtet sich jedoch nicht nach § 12 AO, sondern nach dem vorrangigen Art. 5 Abs. 3 des deutsch-niederländischen DBA. Nach der dortigen Bestimmung stellt eine Bauausführung nur dann eine Betriebsstätte dar, wenn ihre Dauer 12 Monate überschreitet.

Da die Dauer der Bauausführung im vorliegenden Fall lediglich 8 Monate betragen hat, liegt keine Betriebstätte i. S. des deutsch-niederländischen DBA vor, so dass Deutschland kein Besteuerungsrecht für die inländischen Einkünfte innehat.

15.1.5.2.3 Begriff des ständigen Vertreters

Unterhält der beschränkt Steuerpflichtige im Inland keine Betriebsstätte, liegen inlän- **2635** dische Einkünfte aus Gewerbebetrieb i. S. des § 49 Abs. 1 Nr. 2 Buchst. a EStG auch dann vor, wenn der Steuerpflichtige einen ständigen Vertreter im Inland bestellt hat. Als ständiger Vertreter ist eine Person anzusehen, die nachhaltig die Geschäfte eines Unternehmens besorgt und dabei dessen Sachanweisungen unterliegt (§ 13 AO). Ein persönliches Abhängigkeitsverhältnis, das über die sachliche Weisungsgebundenheit hinausgeht, ist nicht erforderlich.

Ständige Vertreter können sein: **2635a**

(a) Angestellte des ausländischen Unternehmers,

(b) im Inland ansässige Gewerbetreibende, die für den ausländischen Unternehmer eine außerhalb des eigenen Geschäftsbereiches liegende zusätzliche Tätigkeit wahrnehmen,

(c) im Inland ansässige Gewerbetreibende, die die für den ausländischen Unternehmer wahrzunehmende Tätigkeit im Rahmen des eigenen Gewerbebetriebes ausüben (BFH 28. 6. 1972 I R 35/70, BStBl 1972 II 785),

(d) Personen, die für ein ausländisches Unternehmen nachhaltig Verträge abschließen oder vermitteln oder Aufträge einholen (§ 13 Satz 2 Nr. 1 AO),

(e) Personen, die für ein ausländisches Unternehmen nachhaltig einen Bestand von Gütern oder Waren unterhalten und davon Auslieferungen vornehmen (§ 13 Satz 2 Nr. 2 AO).

BEISPIEL: ▸ Die amerikanische Reederei X unterhält zwischen Europa und den USA einen regelmäßigen Frachtliniendienst, in dessen Rahmen sie Hamburg und Bremen anläuft. Sie wird in Europa durch einen in den Niederlanden ansässigen Generalagenten vertreten, der wiederum die Schiffsmaklerfirma D in Hamburg zum Linienagenten für diesen Hafen bestellt hat. D besorgt für X die Vermittlung und den Abschluss von Frachten, zieht die Fracht ein und betreut die anlaufenden Schiffe und die Ladungen. D ist an die Weisungen der Reederei X und des Generalagenten gebunden.

D ist ständiger Vertreter der Reederei X im Inland, so dass die auf das Inland entfallenden Einkünfte der X inländische Einkünfte i. S. des § 49 Abs. 1 Nr. 2 Buchst. a EStG sind.

Wegen der Fälle, in denen der ständige Vertreter ein Kommissionär, Makler oder Handelsvertreter ist, wird auf R 49.1 Abs. 1 Sätze 2 und 3 EStR verwiesen.

15.1.5.2.4 Einkünfte durch den Betrieb von Seeschiffen oder Luftfahrzeugen

Einkünfte i. S. des § 49 Abs. 1 Nr. 2 Buchst. b EStG durch den Betrieb eigener oder ge- **2636** charterter Seeschiffe oder Luftfahrzeuge aus Beförderungen zwischen inländischen und von inländischen zu ausländischen Häfen (einschließlich der Einkünfte aus anderen mit solchen Beförderungen zusammenhängenden, sich auf das Inland erstreckenden Beförderungsleistungen) werden nach § 49 Abs. 3 EStG mit 5 % der für die Beförderungsleistungen vereinbarten Entgelte besteuert. Diese Vorzugsbesteuerung ist auch in den Fällen zu gewähren, in denen diese Einkünfte über eine inländische Betriebsstätte oder einen ständigen Vertreter im Inland erzielt werden, es sich also um inländische Einkünfte i. S. des § 49 Abs. 1 Nr. 2 Buchst. a EStG handelt.

2637 Die hier behandelten Einkünfte sind sogar steuerfrei, wenn sie von einem beschränkt Steuerpflichtigen aus einem Unternehmen mit Geschäftsleitung in einem ausländischen Staat, in dem auch der beschränkt Steuerpflichtige ansässig ist, bezogen werden (§ 49 Abs. 4 EStG). Die Steuerbefreiung erfolgt jedoch nur im Wege der Gegenseitigkeit, d. h., dass auch der jeweilige ausländische Staat den in Deutschland unbeschränkt Steuerpflichtigen eine entsprechende Steuerbefreiung für derartige Einkünfte gewährt. Ferner muss der Bundesminister für Verkehr, Bau und Städteentwicklung die zu gewährende Steuerbefreiung für verkehrspolitisch unbedenklich erklären. Eine Übersicht der Staaten, mit denen die o. a. Gegenseitigkeit besteht, beinhaltet BMF v. 19. 1. 2015 - IV B 2 – S 1301/07/10017-06 (vgl. H 49.1 „Schiff- und Luftfahrt" EStH).

15.1.5.2.5   Einkünfte aus verpachtetem Betrieb

2638 Inländische Einkünfte können auch aus einem verpachteten Gewerbebetrieb im Inland erzielt werden, sofern der im Ausland wohnhafte Betriebsinhaber noch keine Betriebsaufgabe erklärt hat und im Inland einen ständigen Vertreter (u. U. auch den Pächter des Betriebes) bestellt hat (BFH 12. 4. 1978 I R 136/77, BStBl 1978 II 494).

15.1.5.2.6   Einkünfte aus Beteiligungen an Beförderungsgemeinschaften

2639 Über die Vorschrift des § 49 Abs. 1 Nr. 2 Buchst. c EStG erzielen auch solche Unternehmen inländische Einkünfte, die selbst nicht die Voraussetzungen des § 49 Abs. 1 Nr. 2 Buchst. b EStG erfüllen, aber über internationale Vertragsbeziehungen an inländischen Beförderungsaufträgen beteiligt sind.

15.1.5.2.7   Einkünfte aus gewerblich erzielten Einkünften von Künstlern, Sportlern und Artisten

2640 Nach § 49 Abs. 1 Nr. 2 Buchst. d EStG gehören auch Einkünfte aus im Inland ausgeübten oder verwerteten künstlerischen, sportlichen, artistischen, unterhaltenden oder ähnlichen Darbietungen zu den inländischen Einkünften. Dies gilt nur insoweit, als es sich nicht um Einkünfte aus selbständiger Tätigkeit nach § 49 Abs. 1 Nr. 3 EStG oder aus nichtselbständiger Tätigkeit nach § 49 Abs. 1 Nr. 4 EStG, sondern um gewerbliche Einkünfte handelt. Wesentliches Besteuerungsmerkmal – auch für die ebenfalls steuerpflichtigen Verwertungs- und Nebeneinnahmen – ist dabei der Begriff der Darbietungen im Inland. Dieser erfordert ein persönliches Tätigwerden in Einzel- oder Gruppendarbietungen, wobei eigene und/oder fremde Werke oder eigene Fähigkeiten vor oder für Publikum präsentiert werden (Details enthält das BMF-Schreiben v. 25. 11. 2010, BStBl 2010 I 1350).

2641 Die Steuerpflicht umfasst nicht nur die eigentliche Tätigkeitsvergütung, sondern auch ausdrücklich Vergütungen für die Verwertung der Darbietungen im Inland und für andere mit den Leistungen verbundene Nebenleistungen. Der Darbietende braucht dabei nicht der Gläubiger der Vergütungen zu sein, auch bei einer zwischengeschalteten Kapitalgesellschaft greift die Steuerpflicht ein.

BEISPIEL: ▶ Ein bekannter Tennisprofi bestreitet im Inland einen Schaukampf. Der Steuerpflicht unterliegen nicht nur das eigentliche Honorar einschließlich aller Spesen und Nebenkosten, sondern auch Vergütungen für die Verwertung im Fernsehen, die Vermietung von Werbeflächen und für Autogrammstunden, die im Rahmen der Veranstaltung durchgeführt werden, auch wenn die gesamten Vergütungen nicht an den Tennisspieler persönlich, sondern an eine zwischengeschaltete GmbH gezahlt werden.

15.1.5.2.8 Einkünfte aus der Veräußerung von Anteilen an einer Kapitalgesellschaft

Der beschränkten ESt-Pflicht unterliegen gem. § 49 Abs. 1 Nr. 2 Buchst. e EStG insb.   2642
auch Gewinne aus der Veräußerung von Anteilen an Kapitalgesellschaften i. S. des § 17 EStG, die ihren Sitz oder ihre Geschäftsleitung im Inland haben. Hat der Steuerpflichtige die Beteiligung während seiner unbeschränkten Steuerpflicht erworben und seinen Wohnsitz später ins Ausland verlegt, so ist eine etwaige Besteuerung des Vermögenszuwachses der Beteiligung nach § 6 AStG zu berücksichtigen (fiktive Veräußerung). Dieser Vermögenszuwachs ist nach § 6 Abs. 1 Satz 5 AStG vom tatsächlichen Veräußerungsgewinn abzusetzen. Nur der danach verbleibende Restbetrag des Veräußerungsgewinns ist im Rahmen der beschränkten Steuerpflicht gem. § 49 Abs. 1 Nr. 2 Buchst. e EStG zu erfassen. War der nach § 6 AStG besteuerte Vermögenszuwachs höher als der nunmehr tatsächlich eingetretene Veräußerungsgewinn, so ist der sich durch den Vergleich ergebende Verlust mit anderen – unter Beachtung des § 50 Abs. 2 EStG – veranlagungspflichtigen inländischen Einkünften auszugleichen (R 49.1 Abs. 4 EStR).

BEISPIEL: ▶ Der am 2. 6. 01 nach Frankreich verzogene G ist zu 50 % an der Y-GmbH (Sitz in München) beteiligt. Für den Zeitraum von 1. 1. 01 bis zum 2. 6. 01 (Tag der Beendigung der unbeschränkten Steuerpflicht) ist eine Veranlagung zur unbeschränkten Steuerpflicht durchgeführt worden, in deren Rahmen – nach Maßgabe der einschlägigen Regelungen in § 6 AStG bzw. § 17 EStG – der damalige Vermögenszuwachs der Beteiligung mit 2 000 € versteuert worden ist.

Am 3. 4. 03 veräußert G seine Anteile, die er für 48 000 € erworben hatte, für 70 000 €, Veräußerungskosten sind nicht entstanden.

Die inländischen Einkünfte i. S. des § 49 Abs. 1 Nr. 2 Bst. e EStG werden wie folgt ermittelt:

Veräußerungspreis	70 000 €
davon steuerfrei 40 % § 3 Nr. 40 Buchst. c EStG	28 000 €
verbleiben steuerpflichtig	42 000 €
Anschaffungskosten	48 000 €
davon abzugsfähig 60 % § 3c Abs. 2 EStG	./. 28 800 €
steuerpflichtiger Veräußerungsgewinn § 17 Abs. 2 Satz 1 EStG	13 200 €
nach § 6 AStG bereits versteuert	./. 2 000 €
verbleibender Veräußerungsgewinn	11. 200 €
anteiliger Freibetrag § 17 Abs. 3 EStG (50 % von 9 060 €) (keine Abschmelzung, da Gewinn nicht höher als 18.050 € (50 % von 36 100 €)	4 530 €
bei der Veranlagung zur beschränkten Steuerpflicht zu versteuern	6 670 €

15.1.5.2.9 Sonstige gewerbliche Vermietungs-, Verpachtungs- und Veräußerungseinkünfte

2643 **Nach** § 49 Abs. 1 Nr. 2 Buchst. f EStG gehören Gewinne aus der Vermietung, Verpachtung oder Veräußerung von unbeweglichem Vermögen, Sachinbegriffen oder Rechten, die im Inland belegen oder in ein inländisches öffentliches Buch oder Register eingetragen sind oder deren Verwertung in einer inländischen Betriebsstätte oder anderen Einrichtung erfolgt, die im Rahmen einer gewerblichen Tätigkeit erzielt werden, immer zu den gewerblichen Einkünften, auch wenn im Inland weder eine Betriebstätte unterhalten wird noch ein ständiger Vertreter bestellt ist. Die Vorschrift hat somit Vorrang vor § 49 Abs. 1 Nr. 6 EStG. Nach § 49 Abs. 1 Nr. 2 Buchst. f Satz 2 EStG gilt dies unabhängig von der Rechtsform des Veräußerers. Weitere Details enthalten die BMF-Schreiben v. 15. 12. 1994, BStBl 1994 I 883 und v. 16. 5. 2011, BStBl 2011 I 530.

15.1.5.2.10 Vermittlung von Berufssportlern

2643/1 Gem. § 49 Abs. 1 Nr. 2 Buchst. g EStG unterliegen Transferleistungen eines inländischen Sportvereins an einen nicht im Inland ansässigen Verein für die vertragliche Verpflichtung eines Berufssportlers der beschränkten Steuerpflicht. Beschränkt steuerpflichtig ist dabei der nicht im Inland ansässige Verein als Empfänger der Transferleistung. Da die Regelung nicht auf eine bestimmte Form bzw. Dauer der vertraglichen Verpflichtung abstellt, gilt sie sowohl für die zeitlich begrenzte Spielerleihe als auch für den endgültigen Spielertransfer. Der zugrundeliegende Vertrag mit dem Berufssportler muss auf die Erbringung sportlicher Leistungen gerichtet sein, die Vermittlung von Werbeverträgen fällt u. E. nicht unter § 49 Abs. 1 Nr. 2 Buchst. g EStG. Die beschränkte Steuerpflicht tritt nicht ein, wenn die Gesamteinnahmen die Freigrenze von 10 000 € nicht übersteigen.

15.1.5.2.11 Nachträgliche Einkünfte

2644 Zu den nach § 49 Abs. 1 Nr. 2 EStG zu versteuernden Einkünften gehören auch nachträgliche Einkünfte aus einem Gewerbebetrieb, für den im Inland eine Betriebsstätte unterhalten wird (BFH 15. 7. 1964 I 415/61 U, BStBl 1964 III 551). Hierunter fallen insbesondere betriebliche Veräußerungsrenten (vgl. FG Münster v. 31.1.1975, EFG 1975, 314) oder betriebliche Versorgungsrenten. Auch bei nachträglichen Einkünften aus Gewerbebetrieb ist demnach das Merkmal der inländischen Betriebsstätte Voraussetzung für die Annahme von inländischen Einkünften i. S. des § 49 Abs. 1 Nr. 2 EStG. Gleichermaßen können nachträgliche, nach Einstellung der werbenden Tätigkeit geleistete Ausgaben nur dann zu negativen inländischen Einkünften aus Gewerbebetrieb führen, wenn sie im Rahmen einer im Inland noch unterhaltenen Betriebsstätte angefallen sind (BFH 16. 7. 1969 I R 186/66, BStBl 1970 II 56).

15.1.5.2.12 Methoden der Gewinnermittlung

2645 Hat der beschränkt Steuerpflichtige inländische Einkünfte aus Gewerbebetrieb gem. § 49 Abs. 1 Nr. 2 EStG erzielt, ist nur der Gewinn festzustellen und zu versteuern, der durch die inländische Betriebstätte oder durch die Tätigkeit des inländischen ständigen

Vertreters entstanden ist. Der Gewinn kann nach zwei unterschiedlichen Methoden, der direkten oder der indirekten Methode ermittelt werden.

Bei der in der Praxis bevorzugten direkten Methode wird der Gewinn für den inländi- 2646 schen Betrieb gesondert – d. h. unabhängig vom Geschäftsergebnis des Gesamtunternehmens – aufgrund getrennter Buchführung ermittelt. Dabei sind jedoch bestimmte Gewinnkorrekturen vorzunehmen. Alle dem inländischen Betrieb zurechenbaren Ausgaben, insbesondere auch Kosten der Geschäftsführung und allgemeine Verwaltungskosten, sind anteilig zu berücksichtigen.

Hieraus lässt sich erkennen, dass die inländische Betriebstätte – auch im Verhältnis zu ihrer Hauptniederlassung – wie ein selbständiges Unternehmen behandelt wird. Gleichwohl darf die Fiktion der Selbständigkeit nicht zu ungerechtfertigten Ergebnissen führen (BFH 27. 7. 1965 I 110/63 S, BStBl 1966 III 24; 21. 1. 1972 III R 57/71, BStBl 1972 II 374). Es sind nur die tatsächlichen für die inländische Betriebstätte entstandenen Aufwendungen zum Abzug zuzulassen.

Viele DBA enthalten eine Klausel, nach der Verrechnungen zwischen der Hauptniederlassung und der Betriebstätte nur insoweit anerkannt werden, als sie Geschäften unter voneinander unabhängigen Unternehmen entsprechen. Bei Anwendung der **direkten Methode** würde es z. B. zu beanstanden sein, wenn die Verrechnungspreise für die gelieferten Waren zwischen Hauptniederlassung und inländischer Betriebstätte überhöht wären. Die Hauptniederlassung darf gegenüber der inländischen Betriebstätte nur die Preise verrechnen, die auch im gewöhnlichen Geschäftsverkehr unter Fremden angemessen wären (Fremdvergleichsgrundsatz § 1 Abs. 1 AStG).

Die **indirekte Gewinnermittlungsmethode** – es handelt sich dabei um eine besondere 2647 Form der Schätzung – wird im Allgemeinen nur angewendet, wenn die gesonderte Ermittlung des inländischen Gewinns nicht oder nur unter großen Schwierigkeiten möglich ist. Bei Anwendung dieses Verfahrens ist als inländischer Gewinn ein bestimmter Prozentsatz des Gesamtgewinns des Unternehmens anzusetzen. Verschiedene DBA sehen sogar vor, dass die Anwendung der indirekten Methode einer Genehmigung der beteiligten Staaten im Wege eines sog. Verständigungsverfahrens bedarf. Häufig wird dabei schon im Rahmen dieses Genehmigungsverfahrens bestimmt, nach welchem Aufteilungsschlüssel bzw. Prozentsatz der auf die inländische Betriebstätte entfallende Anteil am Gewinn des Gesamtunternehmens zu ermitteln ist.

15.1.5.2.13 Übliche Regelungen der DBA

Das Besteuerungsrecht für Unternehmensgewinne hat nach den üblichen Regelungen 2648 der DBA grundsätzlich der Staat, in dem das Unternehmen ansässig ist. Unterhält dieses Unternehmen jedoch in einem anderen Staat eine Betriebstätte, so liegt das Besteuerungsrecht bei dem anderen Staat (**Betriebstättenprinzip**); dies gilt jedoch nur für den Teil des Gewinns, der der ausländischen Betriebstätte zuzurechnen ist. Viele DBA sehen bereits vor, dass der Betriebstättengewinn grundsätzlich nach der direkten Methode zu ermitteln ist, die Anwendung der indirekten Methode jedoch im Einzelfall genehmigt werden kann.

2649 Einkünfte aus dem **Betrieb von Seeschiffen und Luftfahrzeugen** im internationalen Verkehr können üblicherweise nur von dem Staat besteuert werden, in dem sich die tatsächliche Geschäftsleitung des Unternehmens befindet.

2650 Hinsichtlich der Gewinne aus der Veräußerung von Anteilen an Kapitalgesellschaften – gleich welcher Höhe die Anteile sind – sehen die DBA i. d. R. vor, dass der Wohnsitzstaat das Besteuerungsrecht hat (**Wohnsitzprinzip**). Wohnsitzstaat ist der Staat, in dem der Veräußerer im Zeitpunkt der Veräußerung seinen Wohnsitz hat. Gerade im Hinblick auf diese Regelung, die zur Folge hat, dass in den Anteilen enthaltene stille Reserven bei der Veräußerung durch eine beschränkt steuerpflichtige natürliche Person nicht in Deutschland besteuert werden können, ist § 6 AStG für den Fall geschaffen worden, dass eine Person, die an einer Kapitalgesellschaft beteiligt ist, den Wohnsitz in Deutschland aufgibt. Die in dieser Vorschrift geregelte Vermögenszuwachsbesteuerung stellt einen letzten Akt innerhalb des Zeitraums der unbeschränkten Steuerpflicht dar, in dem Wohnsitz des Anteilsinhabers als auch Sitz der Kapitalgesellschaft noch gemeinsam in Deutschland liegen. Dies hat zur Folge, dass das DBA mit dem Staat, in den der Steuerpflichtige seinen Wohnsitz verlegt, noch nicht angewendet werden kann (vgl. hierzu Rdn. 2642).

15.1.5.3 Einkünfte aus selbständiger Arbeit

2651 Nach § 49 Abs. 1 Nr. 3 EStG gehören Einkünfte aus selbständiger Arbeit (§ 18 EStG) zu den inländischen Einkünften, wenn die betreffende Tätigkeit im Inland ausgeübt oder verwertet wird oder worden ist. Ein **Ausüben** der selbständigen Arbeit im Inland ist auch anzunehmen, wenn der beschränkt Steuerpflichtige nur einmalig im Inland tätig geworden ist.

> **BEISPIEL:** ▶ Ein in Belgien wohnender Arzt verbringt seinen Urlaub in Deutschland und operiert hier einen bei einem Verkehrsunfall Schwerverletzten.
>
> Der Arzt übt die selbständige Tätigkeit – wenn auch nur einmalig – im Inland aus. Die Einkünfte aus der Operation gehören somit zu den inländischen Einkünften i. S. des § 49 Abs. 1 Nr. 3 EStG.

Eine **Verwertung** der selbständigen Arbeit im Inland liegt vor, wenn die Tätigkeit zwar nicht im Inland ausgeübt wird, aber ihr wirtschaftlicher Erfolg der inländischen Volkswirtschaft unmittelbar zu dienen bestimmt ist.

> **BEISPIELE:** ▶
> - ▶ Ein ausländischer Rechtsanwalt berät von seiner ausländischen Praxis aus eine deutsche Firma in schriftlicher Form.
> - ▶ Die Oper eines ausländischen Komponisten wird in Deutschland aufgeführt.
> - ▶ Ein im Ausland wohnender Erfinder hat seine Erfindung einem deutschen Unternehmen gegen Lizenzgebühren für mehrere Jahre zur Auswertung überlassen.
>
> In allen Fällen erfolgt die Verwertung der selbständigen Arbeit im Inland, so dass die daraus erzielten Einkünfte unter § 49 Abs. 1 Nr. 3 EStG fallen.

2652 Wird das Ergebnis der selbständigen Arbeit nicht durch denjenigen, der die Arbeit bewirkt hat, sondern vielmehr durch eine andere Person, die das Ergebnis erworben hat, im Inland verwertet, so liegen keine Einkünfte i. S. des § 49 Abs. 1 Nr. 3 EStG vor (BFH 16. 12. 1970 I R 137/68, BStBl 1971 II 200; 18. 10. 1972 I R 191/70, BStBl 1973 II 134).

Veräußert ein freiberuflich Tätiger seine inländische Praxis gegen Beteiligung an den   2653
künftigen Honorareinnahmen des Erwerbers, so stellen diese **nachträglich erzielten Einkünfte** inländische Einkünfte i. S. des § 49 Abs. 1 Nr. 3 EStG dar, wenn der Veräußerer
nach der Praxisübergabe seinen Wohnsitz ins Ausland verlegt hat (BFH 12. 10. 1978 I R
69/75, BStBl 1979 II 64). Es handelt sich um (nachträgliche) Einkünfte aus einer selbständigen Tätigkeit, die im Inland ausgeübt worden ist.

Im Unterschied zu Regelung des § 49 Abs. 1 Nr. 3 EStG ist in manchen DBA angeordnet,
dass beschränkt Steuerpflichtige die Einkünfte aus selbständiger Arbeit nur versteuern
müssen, wenn sie die Tätigkeit im Inland ausgeübt haben, und nicht, wenn die Tätigkeit lediglich im Inland verwertet worden ist.

Soweit die Einkünfte für eine im Inland **ausgeübte** Tätigkeit erzielt werden, können die-   2654
se Einkünfte üblicherweise nur dann von Deutschland besteuert werden, wenn der beschränkt Steuerpflichtige für die Ausübung der Tätigkeit im Inland regelmäßig über
eine feste Einrichtung verfügt (z. B. Praxisraum eines Arztes, Büro eines Architekten
oder Rechtsanwalts).

Das Besteuerungsrecht Deutschlands ist üblicherweise auch für Vergütungen gegeben,
die beschränkt steuerpflichtige Personen für ihre Tätigkeit als Mitglied des Aufsichts-
oder Verwaltungsrats einer im Inland ansässigen Gesellschaft erhalten. Es kommt in
diesem Fall nicht darauf an, wo die jeweilige Tätigkeit ausgeübt wird.

15.1.5.4   Einkünfte aus nichtselbständiger Arbeit

15.1.5.4.1   Einkünfte i. S. von § 49 Abs. 1 Nr. 4 EStG

Auch die beschränkte Steuerpflicht der Einkünfte aus nichtselbständiger Arbeit (§ 19   2655
EStG) ist nach § 49 Abs. 1 Nr. 4 Buchst. a EStG davon abhängig, dass die Tätigkeit im
Inland ausgeübt oder verwertet wird oder worden ist. Ferner liegen inländische Einkünfte aus nichtselbständiger Arbeit vor, wenn das Gehalt oder die Pension von einer
inländischen öffentlichen Kasse einschließlich der Kassen des Bundeseisenbahnvermögens und der Deutschen Bundesbank aufgrund eines gegenwärtigen oder früheren
Dienstverhältnisses gezahlt wird (§ 49 Abs. 1 Nr. 4 Buchst. b EStG). In diesem Fall spielt
es keine Rolle, ob die Tätigkeit im Inland ausgeübt oder verwertet worden ist; es muss
auch kein Zahlungsanspruch gegenüber der inländischen öffentlichen Kasse bestehen.

Unter **Verwertung** der Tätigkeit im Inland versteht man einen Vorgang, durch den der   2656
ArbN das Ergebnis seiner nichtselbständigen Arbeit seinem ArbG zuführt. Damit ist ein
Nutzbarmachen gemeint, das an einem Ort geschieht, der vom Ort der Ausübung der
nichtselbständigen Arbeit verschieden sein kann (BFH 12. 11. 1986 I R 38/83, I R 69/83,
I R 320/83, I R 192/85, BStBl 1987 II 377, 379, 381 und 383; R 39.4 Abs. 2 Satz 2 LStR).

Die DBA schließen i. d. R. das Besteuerungsrecht des Staates aus, in dem die nichtselbständige Arbeit lediglich verwertet wird, und weisen es stattdessen dem Wohnsitzstaat
des ArbN zu (R 39.4 Abs. 3 Nr. 1 LStR). Darüber hinaus ist in R 39.4 Abs. 3 Nr. 2 LStR bestimmt, dass auch in den Fällen, in denen keine DBA abgeschlossen sind, die Einkünfte
aus nichtselbständiger Arbeit, für die infolge der Verwertung der Tätigkeit im Inland
die Voraussetzungen des § 49 Abs. 1 Nr. 4 EStG erfüllt sind, steuerfrei bleiben, falls der

Steuerpflichtige im Ausland zu einer der deutschen ESt entsprechenden Steuer herangezogen worden ist.

2657 Unter **Ausübung** der nichtselbständigen Tätigkeit im Inland ist grundsätzlich ein persönliches Tätigwerden im Inland zu verstehen (R 39.4 Abs. 2 Satz 1 LStR). Abweichend davon übt der Geschäftsführer einer inländischen GmbH, der von seinem ausländischen Wohnsitz aus die Geschäfte der GmbH führt, seine persönliche Tätigkeit am Sitz der Gesellschaft im Inland aus (BFH 15. 11. 1971 GrS 1/71, BStBl 1972 II 68; 12. 4. 1978 I R 100/75, BStBl 1978 II 425; 22. 6. 1983 I R 67/83, BStBl 1983 II 625).

2657a Mit den §§ 49 Abs. 1 Nr. 4 Buchst. c und Buchst. e EStG wurden zusätzliche Regelungen für bestimmte Berufsgruppen geschaffen. Hierzu zählen Geschäftsführer, Prokuristen und Vorstandsmitglieder sowie Bordpersonal im internationalen Luftverkehr, die eine nichtselbständige Tätigkeit für eine Gesellschaft oder ein Unternehmen mit Geschäftsleitung im Inland ausgeübt haben.

2657b Ferner gehören zu den inländischen Einkünften i. S. des 49 Abs. 1 Nr. 4 Buchst. d EStG auch Entschädigungen nach § 24 Nr. 1 EStG für die Auflösung eines Dienstverhältnisses, sofern sie mit einer Tätigkeit zusammenhängen, die der inländischen Besteuerung unterlegen hat.

2658 Wegen der **Durchführung des Lohnsteuerabzugs** für beschränkt steuerpflichtige ArbN wird auf die Regelungen in §§ 39 Abs. 2 und Abs. 3, 39a Abs. 4 und 39b EStG verwiesen.

15.1.5.4.2 Übliche Regelungen der DBA

2659 Aufgrund von DBA wird auf die Besteuerung der Arbeitseinkünfte im Allgemeinen verzichtet, wenn die nichtselbständige Tätigkeit nur vorübergehend im Inland ausgeübt worden ist. Mit einigen Staaten (z. B. Österreich, Frankreich) ist hinsichtlich der sog. Grenzgänger im DBA vereinbart, dass das Besteuerungsrecht dem Staat zusteht, in dem der ArbN seinen Wohnsitz hat. Unter Grenzgängern versteht man dabei tägliche Berufspendler, die im Grenzgebiet des einen Staates arbeiten und im Grenzgebiet des anderen Staates ihren Wohnsitz haben, zu dem sie an jedem Arbeitstag zurückkehren.

> **BEISPIEL:** A wohnt im französischen Forbach in der Nähe der Grenze zu Deutschland und arbeitet in einer Produktionsfirma in Saarbrücken. An jedem Arbeitstag fährt er morgens von Forbach nach Saarbrücken (Entfernung 10 Kilometer) und kehrt nach Ende seiner Arbeitszeit wieder zu seiner Wohnung in Frankreich zurück.

> **LÖSUNG:** A hat keinen Wohnsitz oder gewöhnlichen Aufenthalt im Inland, bezieht jedoch Einkünfte aus nichtselbständiger Arbeit, die im Inland ausgeübt wird (§ 49 Abs. 1 Nr. 4 EStG). Er ist somit grundsätzlich beschränkt einkommensteuerpflichtig (§ 1 Abs. 4 EStG). Nach Art. 13 Abs. 5 des DBA zwischen Deutschland und Frankreich können Einkünfte aus nichtselbständiger Arbeit von Personen, die im Grenzgebiet eines Vertragsstaats arbeiten und ihre ständige Wohnstätte, zu der sie in der Regel arbeitstäglich zurückkehren, im Grenzgebiet des anderen Vertragsstaats haben, nur in diesem anderen Staat (Wohnsitzstaat) besteuert werden. Die Einkünfte des A unterliegen somit aufgrund der im Vergleich zum nationalen deutschen Recht vorrangigen DBA-Regelung (vgl. § 2 AO) der Besteuerung in Frankreich.

Abweichend von dieser Regelung können Vergütungen – einschließlich der Ruhegehälter – aus öffentlichen Kassen auch bei Grenzgängern i. d. R. nur von dem Staat besteuert werden, in dem sich die öffentliche Kasse befindet. Dagegen steht das Besteuerungsrecht für Ruhegehälter aus privaten Arbeitsverhältnissen üblicherweise dem Wohnsitzstaat zu.

15.1.5.5 Einkünfte aus Kapitalvermögen

15.1.5.5.1 Einkünfte i. S. von § 49 Abs. 1 Nr. 5 EStG

Die Gruppe der **inländischen** Einkünfte aus Kapitalvermögen i. S. d. § 49 EStG umfasst 2660 nicht alle in § 20 EStG aufgeführten Einkünfte aus Kapitalvermögen. Nach § 49 Abs. 1 Nr. 5 EStG kommen im Rahmen der beschränkten Steuerpflicht insbesondere folgende Arten der Einkünfte aus Kapitalvermögen als inländische Einkünfte in Betracht:

(a) Einkünfte i. S. des § 20 Abs. 1 Nr. 1, 2, 4, 6 u. 9 EStG, wenn der Schuldner der Kapitalerträge Wohnsitz, Geschäftsleitung oder Sitz im Inland hat, oder es sich um bestimmte Erträge i. S. des Auslandinvestitionsgesetzes handelt.

> **BEISPIEL:** ▶ Der in Wien wohnende A besitzt Aktien einer AG, die Geschäftsleitung und Sitz in Düsseldorf hat.
>
> Falls A von der AG Dividenden erhält, liegen inländische Einkünfte i. S. des § 49 Abs. 1 Nr. 5 Buchst. a EStG vor.

Zu den inländischen Einkünften in diesem Sinne gehören auch verdeckte Gewinnausschüttungen, die z. B. der im Ausland ansässige Gesellschafter einer inländischen GmbH von dieser bezieht (BFH 21. 12. 1972 I R 70/70, BStBl 1973 II 449).

(b) Einkünfte i. S. des § 20 Abs. 1 Nr. 5 u. 7 EStG (Zinsen aus Hypotheken, Grundschulden und sonstigen Kapitalforderungen sowie Renten aus Rentenschulden) rechnen gem. § 49 Abs. 1 Nr. 5 Buchst. c EStG nur dann zu den beschränkt steuerpflichtigen Kapitaleinkünften, wenn die betreffende Kapitalforderung durch inländischen Grundbesitz oder diesem gleichgestellte inländische Rechte oder Schiffe, die in ein inländisches Schiffsregister eingetragen sind, unmittelbar oder mittelbar dinglich gesichert ist.

> **BEISPIEL 1:** ▶ Der in Lüttich wohnhafte A hat X in Aachen ein Darlehen i. H. von 10 000 € gewährt, das jährlich mit 5 % zu verzinsen und für das auf einem Grundstück des X in Aachen eine Hypothek eingetragen worden ist.
>
> Bei den Zinsen handelt es sich um Einkünfte aus sonstigen Kapitalforderungen nach § 20 Abs. 1 Nr. 7 EStG. Sie gehören zu den inländischen Einkünften gem. § 49 Abs. 1 Nr. 5 Buchst. c EStG, da die Kapitalforderung unmittelbar hypothekarisch im Inland gesichert ist.

> **BEISPIEL 2:** ▶ Wie Beispiel 1. Allerdings hat X für das Darlehen keine Hypothek bestellt. Zur Sicherung hat X seine ihm gegen Y zustehende Forderung, für die auf einem dem Y gehörenden Grundstück in Hamburg eine Hypothek eingetragen ist, rechtswirksam verpfändet.
>
> Auch in diesem Falle liegen inländische Kapitaleinkünfte gem. § 49 Abs. 1 Nr. 5 Buchst. c EStG vor, da das Darlehen des A **mittelbar** durch inländischen Grundbesitz gesichert ist.

> **BEISPIEL 3:** ▶ Wie Beispiel 1. Anstelle der Hypothek hat X das Darlehen durch Verpfändung seiner wertvollen Briefmarkensammlung dinglich gesichert.
>
> Die Zinsen rechnen nicht zu den inländischen Einkünften nach § 49 Abs. 1 Nr. 5 Buchst. c EStG, weil das Darlehen nur durch eine bewegliche Sache gesichert ist.

> **BEISPIEL 4:** ▸ Der in Amsterdam wohnhafte N erhält Zinsen aus einem Sparkonto bei der Y-Bank in Bremen.
>
> Die aus dem Sparguthaben fließenden Zinsen stellen keine inländischen Einkünfte i. S. des § 49 Abs. 1 Nr. 5 Buchst. c EStG dar, weil die Kapitalforderung weder unmittelbar noch mittelbar dinglich gesichert ist.

Wie sich aus den o. a. Beispielen ergibt, muss das Kapitalvermögen im Inland dinglich gesichert sein, und zwar im Jahr der Zinszahlung (vgl. BFH 28. 3. 1984 I R 129/79, BStBl 1984 II 620). Dagegen braucht der Schuldner der Kapitalerträge kein Inländer zu sein.

15.1.5.5.2 Übliche Regelungen der DBA

2661 Nach den **DBA** wird das Besteuerungsrecht für Einkünfte aus Kapitalvermögen grundsätzlich dem Wohnsitzstaat des Steuerpflichtigen zugeteilt (Wohnsitzprinzip). Ist Deutschland der Staat, in dem die ausschüttende Gesellschaft ansässig ist bzw. aus dem die Zinsen stammen, so ist Deutschland in der Regel zu einem Steuerabzug berechtigt, dessen Höhe sich aus dem einschlägigen Artikel des jeweiligen DBA ergibt.

2662 Sofern § 43 EStG einen Steuerabzug von den jeweiligen Kapitalerträgen vorsieht, ist der Schuldner der Dividenden, Zinsen usw. zunächst verpflichtet, den nach § 43a EStG vorgesehenen vollen Kapitalertragsteuerabzug vorzunehmen. Der beschränkt steuerpflichtige Gläubiger kann dann nachträglich beim Bundeszentralamt für Steuern unter Verwendung der vorgeschriebenen Formulare beantragen, dass ihm der Teil des vom Schuldner vorgenommenen Steuerabzugs erstattet wird, der den im jeweiligen DBA bestimmten Steuersatz übersteigt.

> **BEISPIEL:** ▸ Der in Enschede (Niederlande) ansässige E erhält von der in Hannover ansässigen X-AG Dividenden i. H. von 1 000 €.
>
> Die X-AG ist nach den §§ 43, 43a u. 44 EStG verpflichtet, von den Dividenden zunächst Kapitalertragsteuer i. H. von 250 € (= 25 %) einzubehalten und an das zuständige FA abzuführen.
>
> Nach Art. 13 Abs. 1 des deutsch-niederländischen DBA haben die Niederlande als Wohnsitzstaat das Besteuerungsrecht für die Dividende, die E erhalten hat. Nach Art. 13 Abs. 2 u. 3 DBA darf Deutschland als Quellenstaat jedoch einen Steuerabzug vornehmen, der 15 % der Dividenden nicht übersteigen darf. Da von der X-AG zunächst Kapitalertragsteuer i. H. von 250 € (25 %) einbehalten wurde, kann E beim Bundeszentralamt für Steuern die Erstattung i. H. von 100 € beantragen (Differenz zwischen 25 % = 250 € und 15 % = 150 €).

15.1.5.6 Einkünfte aus Vermietung und Verpachtung

15.1.5.6.1 Einkünfte i. S. von § 49 Abs. 1 Nr. 6 EStG

2663 Die Einkünfte aus Vermietung und Verpachtung gehören gem. § 49 Abs. 1 Nr. 6 EStG unter folgenden Voraussetzungen zu den inländischen Einkünften:

(a) Bei der Vermietung und Verpachtung von Grundvermögen muss dieses im Inland liegen. Sind Schiffe vermietet oder verpachtet, ist erforderlich, dass sie in ein inländisches Schiffsregister eingetragen sind (RFH, RStBl 1941, 250).

(b) Im Falle der Vermietung und Verpachtung eines Sachinbegriffs (z. B. eines Gewerbebetriebs) kommt es darauf an, dass dieser sich im Inland befindet.

(c) Sind Rechte zeitlich begrenzt überlassen (§ 21 Abs. 1 Nr. 3 EStG), hängt die Besteuerung davon ab, dass sie in ein inländisches Register eingetragen sind oder in einer inländischen Betriebsstätte oder anderen Einrichtung verwertet werden; dabei kann es sich um einen inländischen Betrieb bzw. eine inländische Einrichtung eines beschränkt oder unbeschränkt Steuerpflichtigen handeln.

(d) Die Einkünfte dürfen nicht bereits zu den Einkünften nach § 49 Abs. 1 Nr. 1–5 gehören, insbesondere nicht im Rahmen einer gewerblichen Tätigkeit erzielt werden, vgl. § 49 Abs. 1 Nr. 2 Buchst. f EStG (Rdn. 2643).

Unter Verwerten von Rechten ist in aller Regel ein Nutzen, Benutzen oder Gebrauchen 2664 von Rechten im Rahmen eigener Tätigkeit zu verstehen, das die Steuerpflicht nach § 49 Abs. 1 Nr. 6 EStG auslöst, wenn diese Tätigkeit in einer inländischen Betriebsstätte des Berechtigten erfolgt.

15.1.5.6.2   Übliche Regelungen der DBA

Nach den DBA steht das Besteuerungsrecht für die Einkünfte aus unbeweglichem Ver- 2665 mögen dem Staat zu, in dem dieses Vermögen liegt (Belegenheitsprinzip). Dabei gelten Schiffe und Luftfahrzeuge in den meisten DBA nicht als unbewegliches Vermögen. Werden solche Wirtschaftsgüter vermietet, so hat der Wohnsitzstaat im Regelfall das Besteuerungsrecht.

Einige DBA (z. B. mit Spanien und der Schweiz) sehen vor, dass Einkünfte aus unbeweg- 2666 lichem Vermögen sowohl vom Belegenheitsstaat als auch vom Wohnsitzstaat besteuert werden dürfen. Der Wohnsitzstaat rechnet jedoch die im Belegenheitsstaat gezahlten Steuern an, um eine Doppelbesteuerung zu vermeiden.

Lizenzgebühren können nach den einschlägigen Bestimmungen der DBA grundsätzlich 2667 nur vom Wohnsitzstaat besteuert werden.

15.1.5.7   Sonstige Einkünfte

15.1.5.7.1   Allgemeines

Unter welchen Voraussetzungen sonstige Einkünfte i. S. des § 22 Nr. 1 Satz 3 Buchst. a 2668 und § 22 Nr. 2 bis 5 EStG zu den inländischen Einkünften gehören, ist in § 49 Abs. 1 Nr. 7–10 EStG geregelt.

15.1.5.7.2   Einkünfte aus wiederkehrenden Bezügen

§ 49 Abs. 1 Nr. 7 EStG bestimmt, dass sonstige Einkünfte im Sinne des § 22 Nr. 1 Satz 3 2669 Buchst. a EStG zu erfassen sind, wenn Leibrenten und andere Leistungen von den inländischen gesetzlichen Rentenversicherungsträgern, der inländischen landwirtschaftlichen Alterskasse, den inländischen berufsständischen Versorgungseinrichtungen, den inländischen Versicherungsunternehmen oder sonstigen inländischen Zahlstellen gewährt werden; dies gilt entsprechend für Leibrenten und andere Leistungen ausländischer Zahlstellen, wenn die zugrunde liegenden Beiträge ganz oder teilweise als Sonderausgaben nach § 10 Abs. 1 Nr. 2 EStG berücksichtigt wurden.

15.1.5.7.3   Einkünfte aus privaten Veräußerungsgeschäften

2670   Einkünfte aus privaten Veräußerungsgeschäften (§ 22 Nr. 2 i.V. mit § 23 EStG) gehören nach § 49 Abs. 1 Nr. 8 EStG zu den inländischen Einkünfte, wenn im Inland gelegene Grundstücke oder inländische Rechte, die den Vorschriften des bürgerlichen Rechts über Grundstücke unterliegen, veräußert worden sind.

15.1.5.7.4   Einkünfte i. S. des § 22 Nr. 4 EStG

2671   Nach § 49 Abs. 1 Nr. 8a EStG unterliegen sonstige Einkünfte nach § 22 Nr. 4 EStG ausnahmslos der beschränkten Steuerpflicht. Es handelt sich hierbei um Leistungen (Entschädigungen, Amtszulagen, Zuschüsse zu Kranken- und Pflegeversicherungsbeiträgen, Übergangs-, Überbrückungs- und Sterbegelder, Versorgungsabfindungen, Versorgungsbezüge und vergleichbare Bezüge), die aufgrund des Abgeordnetengesetzes, des Europaabgeordnetengesetzes oder der entsprechenden Gesetze der Länder an die jeweiligen Parlamentsmitglieder gezahlt werden. Die Vorschrift ist vor allem für die Besteuerung der Versorgungsbezüge von Abgeordneten von Bedeutung, die ihren Wohnsitz nach Ende der politischen Laufbahn ins Ausland verlagert haben.

15.1.5.7.5   Einkünfte i. S. des § 22 Nr. 3 EStG

2672   Zu den inländischen Einkünften i. S. des § 49 Abs. 1 Nr. 9 EStG gehören grundsätzlich die Einkünfte aus Leistungen i. S. des § 22 Nr. 3 EStG. Die Vorschrift beinhaltet allerdings im Vergleich § 22 Nr. 3 EStG sowohl eine Einschränkung als auch eine Erweiterung hinsichtlich der darin erfassten Einkünfte.

2673   Die **Einschränkung** liegt darin, dass die in § 22 Nr. 3 EStG genannten Einkünfte aus Leistungen nur insoweit zu den inländischen Einkünften nach § 49 Abs. 1 Nr. 9 EStG gehören, als es sich handelt um:

(a) Einkünfte aus inländischen unterhaltenden Darbietungen oder

(b) Einkünfte aus der Nutzung beweglicher Sachen im Inland oder

(c) Einkünfte aus der Überlassung der Nutzung oder des Rechts auf Nutzung von gewerblichen, technischen, wissenschaftlichen oder ähnlichen Erfahrungen, Kenntnissen und Fertigkeiten (z. B. Plänen, Mustern und Verfahren), die im Inland genutzt werden oder worden sind,

Dagegen stellen andere unter § 22 Nr. 3 EStG einzuordnende Einkünfte (z. B. Einkünfte aus gelegentlichen Vermittlungen) keine inländischen Einkünfte i. S. des § 49 Abs. 1 Nr. 9 EStG dar. Gleichwohl können solche Einkünfte dann inländische Einkünfte sein, wenn sie anderen in § 49 Abs. 1 Nr. 1–8 EStG genannten Einkunftsarten zuzuordnen sind.

2674/1   Die **Erweiterung** gegenüber § 22 Nr. 3 EStG liegt darin, dass Einkünfte aus den vorgenannten Leistungen auch dann unter § 49 Abs. 1 Nr. 9 EStG fallen, wenn sie bei strenger Anwendung des § 22 Nr. 3 EStG einer anderen Einkunftsart zuzuordnen wären, es sei denn, die Einkünfte können bereits im Rahmen dieser anderen vorrangigen Einkunftsart als inländische Einkünfte i. S. des § 49 Abs. 1 Nr. 1–8 EStG erfasst werden (Ausfluss der isolierenden Betrachtungsweise).

BEISPIEL 1: ▶ Der in St. Gallen (Schweiz) wohnhafte A hat in seinem dortigen Unternehmen ein besonderes Verfahren entwickelt, das er der in Ulm ansässigen X-GmbH für ein jährliches Entgelt i. H. von 200 000 € zur Nutzung überlässt. A unterhält in Deutschland keine Betriebsstätte und hat auch keinen ständigen Vertreter im Inland bestellt.

Die Vergütungen stellen zwar wegen der Subsidiaritätsklausel in § 22 Nr. 3 EStG Einkünfte aus Gewerbebetrieb dar. Bei Zuordnung der Einkünfte zu dieser Einkunftsart wären die Vergütungen jedoch keine inländischen Einkünfte i. S. des § 49 Abs. 1 Nr. 2 Buchst a EStG, weil es an der inländischen Betriebsstätte oder an einem ständigen Vertreter im Inland mangelt.

Deshalb ist die Subsidiaritätsklausel in § 22 Nr. 3 EStG außer Acht zu lassen, so dass die Vergütungen inländische Einkünfte i. S. des § 49 Abs. 1 Nr. 9 EStG darstellen.

BEISPIEL 2: ▶ Sachverhalt wie im Beispiel 1, jedoch mit dem Unterschied, dass A in Neu-Ulm eine Betriebsstätte unterhält, der die Vergütungen zuzurechnen sind.

Die Vergütungen stellen inländische Einkünfte i. S. des § 49 Abs. 1 Nr. 2 Buchst. a EStG dar, so dass sich eine Erfassung unter § 49 Abs. 1 Nr. 9 EStG erübrigt (§ 49 Abs. 1 Nr. 9 Halbsatz 2 EStG).

BEISPIEL 3: ▶ Der in Luxemburg ansässige L unterhält in Kaiserslautern eine Betriebsstätte seines Produktionsunternehmens. Sofern Aufträge dort eingehen, die die eigene Produktionskapazität übersteigen, vermittelt er diese Aufträge gelegentlich an den Unternehmer M in Mainz. M zahlt an L für jeden vermittelten Auftrag eine Provision von 15 % des Verkaufspreises.

Die Provisionen für die gelegentlichen Vermittlungen stellen inländische Einkünfte i. S. des § 49 Abs. 1 Buchst. a EStG dar, weil L sie im Rahmen seiner inländischen Betriebsstätte erzielt hat. Eine Erfassung unter § 49 Abs. 1 Nr. 9 EStG erübrigt sich (§ 49 Abs. 1 Nr. 9 Halbsatz 2 EStG).

BEISPIEL 4: ▶ Der in Antwerpen ansässige C ist ausschließlich als nichtselbständiger Lehrer an einer belgischen Schule tätig. Seine Freizeit gehört seinem Hobby, dem Bootsport. Ein guter Freund von ihm ist Hersteller von Sportbooten und nimmt C zu allen Bootsausstellungen in Europa mit. Der Freund hat C gebeten, sich bei den Ausstellungen umzusehen und potenzielle Kunden zu seinem Messestand zu bringen. Falls mit einem von C vermittelten Kunden ein Kaufvertrag zustande kommt, erhält C eine Provision von 5 % des Verkaufspreises. Auf den Bootsausstellungen in Düsseldorf und Hamburg hat C von seinem Freund für solche Vermittlungen insgesamt 1 300 € erhalten.

Die Vergütungen gehören zwar als Einkünfte aus gelegentlichen Vermittlungen zu den sonstigen Einkünften i. S. des § 22 Nr. 3 EStG, sind jedoch keine inländischen Einkünfte i. S. des § 49 EStG. Sie fallen insbesondere nicht unter § 49 Abs. 1 Nr. 9 EStG, da sie nicht zu den in dieser Vorschrift genannten Einkünften gehören.

§ 49 Abs. 1 Nr. 9 EStG ist insbesondere bedeutsam für Vergütungen, die für die Überlassung von **„Know-how"** gezahlt werden. Da unter Know-how die Vermittlung von Kenntnissen und Erfahrungen zur eigenen Anwendung des Know-how-Nehmers zu verstehen ist, liegt eine solche Vermittlung nicht vor, wenn das Erfahrungswissen nicht vermittelt, sondern vom „Vermittler" selbst angewandt wird. Der „Vermittler" übt bei eigener Anwendung u. U. eine selbständige Tätigkeit aus (BFH 16. 12. 1970 I R 44/67, BStBl 1971 II 235). 2674/2

15.1.5.7.6 Einkünfte i. S. des § 22 Nr. 5 EStG

Zu den inländischen Einkünften i. S. des § 49 Abs. 1 Nr. 10 EStG gehören Leistungen aus Altersvorsorgeverträgen, Pensionsfonds, Pensionskassen und Direktversicherungen nach § 22 Nr. 5 EStG; dies gilt auch für Leistungen ausländischer Zahlstellen, soweit die Leistungen bei einem unbeschränkt Steuerpflichtigen zu Einkünften nach § 22 Nr. 5 2675

EStG führen würden oder wenn die den Leistungen zugrunde liegenden Beiträge ganz oder teilweise als Sonderausgaben nach § 10 Abs. 1 Nr. 2 EStG berücksichtigt wurden.

15.1.5.7.7 Übliche Regelungen der DBA

2676/1   In der Regel sehen die DBA keine allgemeingültigen Bestimmungen für die Besteuerung der sonstigen Einkünfte vor. Einige DBA beinhalten allerdings eine Regelung, nach der für Einkünfte, die in den übrigen Artikeln des Abkommens nicht erwähnt sind, nur der Wohnsitzstaat das Besteuerungsrecht innehat. In diesen Fällen steht Deutschland kein Besteuerungsrecht für die sonstigen inländischen Einkünfte i. S. des § 49 Abs. 1 Nr. 7–10 EStG zu. Fehlt es jedoch im maßgebenden DBA an einer solchen Bestimmung und sind die betreffenden Einkünfte auch nicht in anderen Artikeln des Abkommens geregelt, so kann Deutschland die sonstigen inländischen Einkünfte besteuern.

2676/2   Sind diese Einkünfte gleichzeitig nach dem nationalen Steuerrecht des Wohnsitzstaates des beschränkt Steuerpflichtigen zu besteuern, so kommt es zu einer Doppelbesteuerung, die nur durch eine einseitige Maßnahme des Wohnsitzstaates vermieden werden kann. Im umgekehrten Fall, in dem Deutschland der Wohnsitzstaat ist und die sonstigen Einkünfte gleichzeitig von einem anderen Staat im Rahmen der dortigen beschränkten Steuerpflicht besteuert werden, ist die Steuerermäßigung nach § 34c EStG eine solche einseitige Maßnahme Deutschlands. Dabei wird die Doppelbesteuerung dadurch vermieden, dass die ausländische, der deutschen ESt entsprechende Steuer auf die ESt angerechnet (§ 34c Abs. 1 EStG) oder bei der Ermittlung der Einkünfte abgezogen wird (§ 34c Abs. 2 EStG).

15.2 Einkünfte- und Einkommensermittlung bei beschränkter Steuerpflicht

15.2.1 Allgemeines

2677   Für die Ermittlung der Einkünfte bei beschränkter Steuerpflicht gelten grundsätzlich die gleichen Bestimmungen wie bei der unbeschränkten Steuerpflicht. Betriebsausgaben und Werbungskosten dürfen jedoch nach § 50 Abs. 1 Satz 1 EStG nur insoweit abgezogen werden, als sie mit inländischen Einkünften in wirtschaftlichem Zusammenhang stehen. Die Werbungskostenpauschbeträge nach § 9a Satz 1 Nr. 1 EStG werden – im Gegensatz zur unbeschränkten Steuerpflicht – nur zeitanteilig berücksichtigt, wenn Einkünfte aus nichtselbständiger Arbeit nach § 49 Abs. 1 Nr. 4 EStG nicht in einem vollen Kalenderjahr oder Kalendermonat zugeflossen sind (§ 50 Abs. 1 Satz 5 EStG).

2678   Bei der Ermittlung des **Gesamtbetrags der Einkünfte** bleiben die Einkünfte, die dem Steuerabzug vom Arbeitslohn, dem Steuerabzug vom Kapitalertrag oder dem Steuerabzug nach § 50a EStG unterliegen, grundsätzlich außer Betracht, da die ESt bei beschränkt Steuerpflichtigen insoweit nach § 50 Abs. 2 Satz 1 EStG durch den Steuerabzug abgegolten ist. Dies gilt jedoch nicht in Fällen des § 50 Abs. 2 Satz 2 EStG, bspw. wenn die dem Steuerabzug unterworfenen Einkünfte im Rahmen eines inländischen Betriebs angefallen sind (§ 50 Abs. 2 Satz 2 Nr. 1 EStG).

Die Möglichkeit des Abzugs von Sonderausgaben vom Gesamtbetrag der Einkünfte ist 2679 durch entsprechende Abzugsverbote in § 50 Abs. 1 Satz 3 EStG nur in eingeschränktem Maße zulässig. Im Ergebnis können bei der Ermittlung des Einkommens im Rahmen der beschränkten Steuerpflicht nur folgende Abzugsbeträge geltend gemacht werden:

1. die Spenden i. S. des § 10b EStG,

2. der Verlustabzug nach § 10d EStG; ein Abzug ist jedoch nur insoweit möglich, als der Verlust in wirtschaftlichem Zusammenhang mit inländischen Einkünften steht.

Alle übrigen Sonderausgaben i. S. des § 10 EStG sowie der Sonderausgaben-Pauschbetrag nach § 10c EStG können grundsätzlich nicht abgezogen werden; Ausnahmen hiervon bestehen nach § 50 Abs. 1 Satz 4 EStG für beschränkt steuerpflichtige ArbN, die inländische Einkünfte nach § 49 Abs. 1 Nr. 4 EStG beziehen (siehe Rdn. 2683).

Aus § 50 Abs. 1 Satz 3 EStG ergibt sich ferner, dass zur Ermittlung des zu versteuernden 2680 Einkommens beschränkt Steuerpflichtiger weder der **Entlastungsbetrag** für Alleinerziehende nach § 24b EStG noch der **Freibetrag** nach § 16 Abs. 4 EStG für betriebliche Veräußerungsgewinne noch die Freibeträge § 32 EStG für Kinder abgezogen werden dürfen. Außerdem können keine außergewöhnlichen Belastungen nach §§ 33, 33a, 33b EStG und keine Steuerermäßigungen nach § 35a EStG für haushaltsnahe Beschäftigungsverhältnisse, haushaltsnahe Dienstleistungen und Handwerkerleistungen berücksichtigt werden. Auch die Anwendung des Splittingtarifs in Fällen des § 32a Abs. 6 EStG (Witwen- bzw. Gnadensplitting) ist bei beschränkter Steuerpflicht durch § 50 Abs. 1 Satz 3 EStG ausgeschlossen.

ABB. 2:	Veranlagungsschema bei beschränkter Steuerpflicht
	Einkünfte i. S. d. § 49 Abs. 1 Nr. 1 bis 10 EStG (ohne Einkünfte, bei denen die Einkommensteuer durch den Steuerabzug abgegolten ist)
=	**Summe der Einkünfte**
./. ./.	Altersentlastungsbetrag § 24a EStG Freibetrag für Land- und Forstwirte § 13 Abs. 3 EStG
=	**Gesamtbetrag der Einkünfte**
./. ./.	Spenden § 10b EStG Verlustabzug § 10d EStG (kein Abzug von außergewöhnlichen Belastungen nach §§ 33, 33a, 33b EStG)
=	**Einkommen**
+	(kein Abzug von Freibeträgen für Kinder, kein Entlastungsbetrag für Alleinerziehende § 24b EStG) Grundfreibetrag § 32a Abs. 1 Satz 2 Nr. 1 EStG (§ 50 Abs. 1 Satz 2 EStG)
=	**Zu versteuerndes Einkommen**

15.2.2 Fiktive unbeschränkte Steuerpflicht

2681   Beschränkt steuerpflichtige natürliche Personen erhalten unter den gesetzlichen Voraussetzungen der §§ 1 Abs. 3, 1a EStG die Möglichkeit, auf Antrag wie unbeschränkt Steuerpflichtige behandelt zu werden, verbunden mit der Möglichkeit des Splittingtarifs für Ehegatten bzw. eingetragene Lebenspartner (vgl. Rdn. 24 ff.). Die ggf. zur Anwendung der unbeschränkten Steuerpflicht beantragte ESt-Veranlagung wird vom Betriebsstättenfinanzamt durchgeführt (§ 50 Abs. 2 Satz 3 EStG).

15.2.3 Besonderheiten für beschränkt steuerpflichtige Arbeitnehmer

2682   Die ESt für Einkünfte, die dem Lohnsteuerabzug unterliegen, gilt bei beschränkt steuerpflichtigen ArbN gem. § 50 Abs. 2 Satz 1 EStG grundsätzlich mit dem Steuerabzug als abgegolten, so dass keine Veranlagung erfolgt. Dies gilt jedoch nicht, wenn als Lohnsteuerabzugsmerkmal ein Freibetrag nach § 39a Abs. 4 EStG gebildet wurde oder wenn die Veranlagung nach § 46 Abs. 2 Nr. 8 EStG beantragt wird (§ 50 Abs. 2 Satz 2 Nr. 4 EStG). Örtlich zuständig für die Veranlagung ist in diesen Fällen das Betriebstättenfinanzamt, das nach § 39 Abs. 2 Satz 2 oder Satz 4 EStG auch für die Bildung und die Änderung der Lohnsteuerabzugsmerkmale zuständig ist, vgl. § 50 Abs. 2 Sätze 3 bis 6 EStG. Zu beachten ist, dass eine Antragsveranlagung nach § 46 Abs. 2 Nr. 8 EStG nur

Staatsangehörigen eines EU- oder EWR-Staates offensteht, die gleichzeitig ihren Wohnsitz oder gewöhnlichen Aufenthalt in einem dieser Staaten haben, § 50 Abs. 2 Satz 7 EStG.

Abweichend von § 50 Abs. 1 Satz 3 EStG sind nach Satz 4 der Vorschrift bei beschränkt 2683 steuerpflichtigen ArbN die Regelungen für den Abzug von Sonderausgaben nach § 10 Abs. 1 Nr. 2a EStG (Beiträge zu gesetzlichen Rentenversicherungen, zur landwirtschaftlichen Alterskasse und zu vergleichbaren Versorgungseinrichtungen), nach § 10 Abs. 1 Nr. 3 EStG (Beiträge zur Basiskrankenversicherung und zur gesetzlichen Pflegeversicherung) und § 10 Abs. 3 EStG (Ermittlung der Höchstbeträge) sowie für den Sonderausgaben-Pauschbetrag nach § 10c EStG anzuwenden, soweit die Aufwendungen auf Zeiträume entfallen, in denen inländische Einkünfte nach § 49 Abs. 1 Nr. 4 EStG erzielt wurden und sie diese Einkünfte nicht übersteigen. Der Sonderausgaben-Pauschbetrag nach § 10c EStG ermäßigt sich zeitanteilig, wenn die Einkünfte i. S. d. § 49 Abs. 1 Nr. 4 EStG nicht während eines vollen Kalenderjahres oder Kalendermonats zugeflossen sind (§ 50 Abs. 1 Satz 5 EStG).

15.3 Tarif

Für beschränkt Steuerpflichtige ist ausnahmslos der Grundtarif nach § 32a Abs. 1 EStG 2684 anzuwenden, jedoch ohne Berücksichtigung des Grundfreibetrages. Im Rahmen der Steuerermittlung wird dies dadurch erreicht, dass das zu versteuernde Einkommen des beschränkt Steuerpflichtigen vor Anwendung der Grundtabelle um den Grundfreibetrag nach § 32a Abs. 1 Satz 2 Nr. 1 EStG erhöht wird (§ 50 Abs. 1 Satz 2 EStG). Die Erhöhung ist auch dann vorzunehmen, wenn die beschränkt steuerpflichtigen Einkünfte unterhalb des Grundfreibetrags liegen. Sie gilt nicht für beschränkt steuerpflichtige ArbN mit Einkünften i. S. d. § 49 Abs. 1 Nr. 4 EStG, wenn diese Einkünfte nach Abzug der Sonderausgaben i. S. des § 10 Abs. 1 Nr. 2a und Nr. 3 EStG den Grundfreibetrag übersteigen. Falls der Grundfreibetrag den so ermittelten Betrag übersteigt, ist nur der übersteigende Teil des Grundfreibetrages dem zu versteuernden Einkommen hinzuzurechnen.

Steuerpflichtige, die in einem inländischen Betrieb Einkünfte aus Land- und Forstwirt- 2685 schaft, Gewerbebetrieb oder selbständiger Arbeit erzielen, können unter den Voraussetzungen des § 50 Abs. 3 EStG etwaige auf diese Einkünfte angefallenen ausländischen Steuern nach Maßgabe des § 34c Abs. 1 – Abs. 3 EStG entweder im Wege des Steuerabzugs oder der Steueranrechnung berücksichtigen.

Die mit ausländischen Steuern bereits belasteten Einkünfte dürfen jedoch nicht aus ei- 2686 nem ausländischen Staat stammen, in dem der Steuerpflichtige nach Grundsätzen, die den für unbeschränkt Steuerpflichtige in Deutschland maßgeblichen Vorschriften vergleichbar sind, besteuert wird; damit sind solche Staaten gemeint, in denen der Steuerpflichtige ansässig oder wohnhaft i. S. der dortigen Steuergesetze ist.

BEISPIEL: Der ausschließlich in Österreich wohnhafte A unterhält in Ulm eine gewerbliche Betriebsstätte. Im Rahmen dieser Betriebsstätte hat A unter anderem Erträge aus der Schweiz erzielt, die dort mit Quellensteuer i. H. von 30 % belastet worden sind. Ferner sind dieser Betriebsstätte Erträge aus Österreich zuzurechnen, die ebenfalls einem Steuerabzug (15 %) unterlegen haben.

Die Einkünfte i. S. des § 49 Abs. 1 Nr. 2 Buchst. a EStG sind in Deutschland im Rahmen einer ESt-Veranlagung zu erfassen. Der Gewinn aus der inländischen Betriebsstätte unterliegt nach dem deutsch-österreichischen DBA der deutschen Besteuerung.

Auf die deutsche Steuer kann, soweit diese anteilig auf die schweizerischen Erträge entfällt, nach den Grundsätzen des § 34c Abs. 1 EStG die schweizerische Steuer angerechnet werden. Alternativ hat A jedoch auch die Möglichkeit, den Abzug der Quellensteuer bei der Ermittlung des Gesamtbetrags der Einkünfte zu beantragen (§ 34c Abs. 2 EStG).

Die österreichische Quellensteuer kann nicht berücksichtigt werden, weil A in Österreich wie ein unbeschränkt Steuerpflichtiger behandelt wird (§ 50 Abs. 3 EStG).

2687   Die Vorschrift des § 50 Abs. 4 EStG ermöglicht es, dass die obersten Finanzbehörden der Länder die ESt bei beschränkt Steuerpflichtigen mit Zustimmung des Bundesministeriums der Finanzen ganz oder zum Teil erlassen oder in einem Pauschbetrag festsetzen können, wenn dies im besonderen öffentlichen Interesse liegt.

2688–2690   *(Einstweilen frei)*

15.4 Abgeltung der Einkommensteuer durch den Steuerabzug

2691   Wie schon erwähnt, ist die ESt bei beschränkt Steuerpflichtigen nach § 50 Abs. 2 Satz 1 EStG grundsätzlich abgegolten, sofern die Einkünfte dem Steuerabzug vom Arbeitslohn, vom Kapitalertrag oder dem Steuerabzug nach § 50a EStG unterliegen. In folgenden Fällen des § 50 Abs. 2 Satz 2 Nr. 1 – 5 EStG tritt die Abgeltungswirkung jedoch nicht ein:

► für Einkünfte eines inländischen Betriebs,

► wenn nachträglich festgestellt wird, dass die Voraussetzungen der unbeschränkten Steuerpflicht nach § 1 Abs. 2 oder 3 EStG oder des § 1a EStG nicht vorgelegen haben,

► wenn ein Fall des Wechsels der persönlichen Steuerpflicht nach § 2 Abs. 7 Satz 3 EStG vorliegt,

► für Einkünfte aus nichtselbständiger Arbeit nach § 49 Abs. 1 Nr. 4 EStG, wenn als Lohnsteuerabzugsmerkmal ein Freibetrag nach § 39a Abs. 4 EStG eingetragen wurde oder eine Veranlagung zur Einkommensteuer nach § 46 Abs. 2 Nr. 8 EStG beantragt wurde (vgl. Rdn. 2682),

► für Einkünfte i. S. des § 50a Abs. 1 Nr. 1, 2 und 4 EStG, wenn die Veranlagung zur ESt beantragt wird.

Ansonsten sind die Einkünfte, für die ein Steuerabzug vorgenommen wurde, im Falle einer Veranlagung nicht in die Ermittlung des zu versteuernden Einkommens einzubeziehen. Sie können auch dann nicht in die Veranlagung einbezogen werden, wenn der Steuerabzug vorschriftswidrig unterblieben ist (z. B. bei verdeckten Gewinnausschüttungen, BFH 29. 1. 1964 I 153/61 S, BStBl 1964 III 165). In diesem Fall muss das Steuerabzugsverfahren durch einen Haftungsbescheid nachgeholt werden. Sind die Bezüge zu den Betriebseinnahmen eines inländischen Betriebs zu rechnen, werden sie auch im Falle eines Steuerabzugs in der Veranlagung mit erfasst.

15.4.1 Steuerabzug von Einkünften aus nichtselbständiger Arbeit und aus Kapitalvermögen

Der Steuerabzug ist von den Einkünften aus nichtselbständiger Arbeit, den Kapital- 2692
erträgen i. S. des § 43 EStG und den in § 50a EStG bezeichneten Einkünften vorzunehmen.

Für die Durchführung des Lohnsteuerabzugs bei den Einkünften aus nichtselbständiger 2693
Arbeit i. S. des § 49 Abs. 1 Nr. 4 EStG gelten − wie bereits erwähnt - besondere Bestim-
mungen, die teilweise von den Grundsatzregelungen in § 50 EStG abweichen (siehe
Rdn. 2682 ff). Soweit Bezüge von Berufssportlern, Künstlern etc. i. S. des § 50a Abs. 1
Nr. 1 EStG zu den Einkünften aus nichtselbständiger Arbeit gehören und von einem in-
ländischen ArbG i. S. des § 38 Abs. 1 Satz 1 Nr. 1 EStG gezahlt werden, unterliegen sie
dem Steuerabzug vom Arbeitslohn und den dafür maßgebenden Regelungen (R 39.4
Abs. 4 LStR).

15.4.2 Steuerabzug nach § 50a EStG

Dem Steuerabzug nach § 50a Abs. 1 Nr. 1 − 3 EStG unterliegen folgende Einkünfte, 2694
wenn für sie die Voraussetzungen des § 49 EStG gegeben sind:

► Einkünfte, die durch im Inland ausgeübte künstlerische, sportliche, artistische, un-
terhaltende oder ähnliche Darbietungen erzielt werden (vgl. § 49 Abs. 1 Nr. 2
Buchst. d EStG) einschließlich Einkünften aus anderen damit zusammenhängenden
Leistungen, unabhängig davon, wem die Einkünfte zufließen,

► Einkünfte aus der inländischen Verwertung der o. a. Darbietungen,

► Einkünfte aus Vergütungen für die Überlassung der Nutzung oder des Rechts auf
Nutzung von Rechten, insbesondere von Urheberrechten und gewerblichen Schutzrechten, von gewerblichen, technischen, wissenschaftlichen und ähnlichen Erfahrungen, Kenntnissen und Fertigkeiten (z. B. Überlassung von Plänen, Mustern, Verfahren) sowie Einkünfte, die aus der Verschaffung der Gelegenheit erzielt werden,
einen Berufssportler über einen begrenzten Zeitraum vertraglich zu verpflichten.

Unter § 50a Abs. 1 Nr. 1 und 2 EStG fallen insbesondere Einkünfte aus der Tätigkeit als
Künstler, Schriftsteller, Berufssportler, Journalist oder Bildberichterstatter einschließlich
solcher Tätigkeiten für Rundfunk oder Fernsehen. Dabei spielt es keine Rolle, ob die Tätigkeit im Rahmen eines inländischen Gewerbebetriebs, selbständig oder nichtselbständig ausgeübt wird. Eine Ausnahme gilt nur, wenn es sich um Einkünfte aus nichtselbständiger Arbeit handelt, die dem Steuerabzug vom Arbeitslohn nach § 38 Abs. 1
Satz 1 Nr. 1 EStG unterliegen.

Urheberrechte nach § 50a Abs. 1 Nr. 3 EStG sind die Rechte, die nach Maßgabe des Ur- 2695
heberrechtsgesetzes v. 9. 9. 1965 geschützt sind (§ 73a Abs. 2 EStDV). Unter gewerblichen Schutzrechten sind die nach dem Geschmacksmustergesetz, Patentgesetz, Ge-
brauchsmustergesetz und dem Markengesetz geschützten Rechte zu verstehen (§ 73a
Abs. 3 EStDV).

Der Steuerabzug beträgt in den Fällen des § 50a Abs. 1 Nr. 1 − 3 EStG 15 % der gesam- 2696
ten Einnahmen aus der jeweiligen Tätigkeit. Vom Schuldner der Vergütung ersetzte

oder übernommene Reisekosten gehören nur insoweit zu den Einnahmen, als die Fahrt- und Übernachtungsauslagen die tatsächlichen Kosten und die Vergütungen für Verpflegungsmehraufwand die Pauschbeträge nach § 4 Abs. 5 Satz 1 Nr. 5 EStG (ab 2014 i.V. mit § 9 Abs. 4a EStG) übersteigen. Bei Einkünften i. S. des § 50a Abs. 1 Nr. 1 EStG wird ein Steuerabzug nicht erhoben, wenn die Einnahmen je Darbietung 250 € nicht übersteigen (vgl. hierzu § 50a Abs. 2 EStG).

2697 Nach § 50a Abs. 1 Nr. 4 EStG ist der Steuerabzug auch von den Vergütungen durchzuführen, die an die beschränkt steuerpflichtigen Mitglieder der Aufsichtsräte, Verwaltungsräte, Grubenvorstände etc. für die Überwachung der Geschäftsführung von inländischen Kapitalgesellschaften oder anderen inländischen Personenvereinigungen des öffentlichen oder privaten Rechts gezahlt werden, bei denen die Gesellschafter nicht als Unternehmer bzw. Mitunternehmer anzusehen sind. Zu den Unternehmen, die zur Vornahme des Steuerabzugs verpflichtet sind, gehören demnach auch nicht rechtsfähige Vereine und Erwerbsbetriebe von öffentlich-rechtlichen Körperschaften, nicht jedoch Personengesellschaften und Hoheitsbetriebe.

2698 Der Steuerabzug (Aufsichtsratsteuer) beträgt in Fällen des § 50a Abs. 1 Nr. 4 EStG 30 % der Einnahmen (§ 50a Abs. 2 Satz 1 EStG), wenn die Steuer zulasten des beschränkt Steuerpflichtigen gezahlt wird. Sie ist grundsätzlich vom vollen Betrag (einschließlich Umsatzsteuer) der Aufsichtsratsvergütung ohne jeden Abzug zu erheben. Wie in Fällen des § 50a Abs. 1 Nr. 1 – 3 EStG gehören jedoch vom Schuldner der Vergütung ersetzte oder übernommene Reisekosten nur insoweit zu den Einnahmen, als die Fahrt- und Übernachtungsauslagen die tatsächlichen Kosten und die Vergütungen für Verpflegungsmehraufwand die Pauschbeträge nach § 4 Abs. 5 Satz 1 Nr. 5 EStG (ab 2014 i.V. mit § 9 Abs. 4a EStG) übersteigen.

2699 Der Schuldner der Vergütung kann in den Fällen des § 50a Abs. 1 Nr. 1, 2 und 4 EStG die mit den Einnahmen in unmittelbarem wirtschaftlichen Zusammenhang stehenden Betriebsausgaben oder Werbungskosten abziehen, die ihm der beschränkt Steuerpflichtige in einer für das Bundeszentralamt für Steuern nachprüfbaren Form nachgewiesen hat oder die vom Schuldner der Vergütung übernommen worden sind. In diesem Fall beträgt der Steuerabzug 30% der nach Abzug der Betriebsausgaben oder Werbungskosten verbleibenden Nettoeinnahmen. Dieses Verfahren gilt allerdings nur, wenn der beschränkt Steuerpflichtige Staatsangehöriger eines EU/EWR -Staates ist und im Hoheitsgebiet eines dieser Staaten seinen Wohnsitz oder gewöhnlichen Aufenthalt hat (§ 50a Abs. 3 EStG).

2700 **Auch in den Fällen des** § 50a Abs. 1 Nr. 1, 2 und 4 EStG ist die ESt grundsätzlich, durch den Steuerabzug abgegolten; dies gilt jedoch nicht, wenn die Veranlagung zur ESt gem. § 50 Abs. 2 Satz 2 Nr. 5 EStG beantragt wird. In diesem Fall erfolgt die Veranlagung durch das Bundeszentralamt für Steuern (§ 50 Abs. 2 Satz 8 EStG).

BEISPIEL: Der 75-jährige deutsche Staatsangehörige D lebte bis zu seiner Pensionierung im Jahr 2001 in Deutschland und seither in Südtirol (Italien). Im VZ 2016 bezieht er folgende Einkünfte:

► Einkünfte aus einem Hotel in Meran (Italien) i. H. v. 100.000 €,

► Gewinnanteil aus der Beteiligung als Kommanditist an einer KG mit Sitz (Ort der Leitung) in Hamburg i. H. v. 5.000 €,

► Gewinn aus der Veräußerung der o.a. Beteiligung i. H.v. 40.000 €,

► Ruhegehalt (Versorgungsbezüge) von der Bundesrepublik Deutschland aus seiner früheren Tätigkeit als Bundesbeamter i. H.v. 30.000 € (Bruttolohn),

► Einkünfte aus der Vermietung eines unbebauten Grundstücks in München i. H.v. 3.000 €.

LÖSUNG: ► D unterliegt in Deutschland der beschränkten Steuerpflicht nach § 1 Abs. 4 EStG, da er weder einen Wohnsitz noch einen gewöhnlichen Aufenthalt im Inland hat, aber inländische Einkünfte i. S. d. § 49 EStG bezieht. Da er im Wohnsitzstaat Italien der unbeschränkten Steuerpflicht unterliegt, kommt eine erweiterte unbeschränkte Steuerpflicht in Deutschland nach § 1 Abs. 2 EStG nicht in Betracht. Auch die antragsgebundene fiktive unbeschränkte Steuerpflicht nach § 1 Abs. 3 EStG scheidet aus, da die nicht der deutschen Einkommensteuer unterliegenden Einkünfte aus dem Hotelbetrieb in Italien (Meran) sowohl die 10%-Grenze als auch den Grundfreibetrag übersteigen.

Die Einkünfte aus dem Hotelbetrieb in Italien (Meran) sind keine inländischen Einkünfte i. S. d. § 49 EStG und unterliegen der Besteuerung in Italien.

Der Gewinnanteil aus der Beteiligung an der KG gehört zu den inländischen Einkünften aus Gewerbebetrieb nach § 15 Abs. 1 Nr. 2 i.V. m. § 49 Abs. 1 Nr. 2 Buchst. a ESt, da die KG ihre Geschäftstätigkeit in Deutschland über eine dortige Betriebsstätte i. S. des Art. 5 Abs. 2 Buchst. a DBA (Ort der Leitung) ausübt. Die Einkünfte werden gem. Art. 7 Abs. 1 DBA in Deutschland im Wege der Veranlagung besteuert.

Auch durch die Veräußerung des KG-Anteils erzielt D inländische Einkünfte aus Gewerbebetrieb nach § 16 Abs. 1 Nr. 2 i.V. m. § 49 Abs. 1 Nr. 2 Buchst. a EStG, die nach Art 13 Abs. 2 DBA in Deutschland besteuert werden können. Für den Veräußerungsgewinn kann der Freibetrag nach § 16 Abs. 4 EStG nicht in Anspruch genommen werden, da § 50 Abs. 1 Satz 3 EStG die Anwendung dieser Vorschrift bei beschränkt Steuerpflichtigen ausschließt.

Das Ruhegehalt gehört nach § 49 Abs. 1 Nr. 4 Buchst. b EStG zu den inländischen Einkünften, für die Deutschland nach Art. 19 Abs. 2a des DBA das Besteuerungsrecht besitzt. Die ESt ist gem. § 50 Abs. 2 Satz 1 EStG durch den Steuerabzug vom Arbeitslohn (Lohnsteuerabzug) abgegolten, so dass die Einkünfte nicht mehr in die Veranlagung des D einbezogen werden.

Die Einkünfte aus der Vermietung des Grundstücks in München gehören zu den inländischen Einkünften nach § 21 Abs. 1 Nr. 1 i.V. m. § 49 Abs. 1 Nr. 6 EStG. Das Besteuerungsrecht obliegt gem. Art. 6 Abs. 1 und Abs. 3 DBA dem Belegenheitsstaat Deutschland. Die Erhebung der ESt erfolgt auch hier im Wege der Veranlagung.

Für die Veranlagung des D im Rahmen der beschränkten Steuerpflicht ergibt sich somit folgendes Veranlagungsschema:

Einkünfte aus Gewerbebetrieb (Gewinnanteil KG)	5 000 €
Einkünfte aus Gewerbebetrieb (Veräußerungsgewinn Anteil KG)	40 000 €
Einkünfte aus Vermietung und Verpachtung (Grundstück München)	3 000 €
Summe der Einkünfte	**48 000 €**
- Altersentlastungsbetrag § 24a EStG	- 1 900 €
= Gesamtbetrag der Einkünfte, § 2 Abs. 3 EStG (kein Abzug von Sonderausgaben nach §§ 10, 10a, 10c EStG und außergewöhnlichen Belastungen nach §§ 33, 33a, 33b EStG möglich, § 50 Abs. 1 Satz 3 EStG)	46 100 €
= Einkommen = zu versteuerndes Einkommen, § 2 Abs. 4 und Abs. 5 EStG	**46 100 €**

Bei der Ermittlung der tariflichen Einkommensteuer nach § 32a EStG ist zu berücksichtigen, dass das zu versteuernde Einkommen gem. § 50 Abs. 1 Satz 2 EStG um den Grundfreibetrag zu erhöhen ist.

Außerdem gehört der Gewinn aus der Veräußerung der KG-Beteiligung zu den außerordentlichen Einkünften nach § 34 Abs. 2 Nr. 1 EStG, für die die Tarifermäßigung nach § 34 Abs. 1 EStG oder – unter den weiteren gesetzlichen Voraussetzungen – der ermäßigte Steuersatz nach

§ 34 Abs. 3 EStG gewährt werden können. Anders als für den Freibetrag nach § 16 Abs. 4 EStG beinhaltet § 50 Abs. 1 Satz 3 EStG nämlich kein Anwendungsverbot für die Tarifermäßigungen des § 34 EStG.

15.5 Erweiterungen der beschränkten und unbeschränkten Steuerpflicht

15.5.1 Erweiterte beschränkte Steuerpflicht

2701 Für beschränkt Steuerpflichtige i. S. des § 1 Abs. 4 EStG können Einkünfte über den Rahmen des § 49 EStG hinaus in Deutschland zur ESt heranzuziehen sein, wenn die Voraussetzungen des § 2 AStG vorliegen. Diese Vorschrift soll verhindern, dass sich die betroffenen Personen durch Wegzug in ein Niedrigsteuerland (sog. Steueroase) der deutschen Besteuerung entziehen können, und somit einer Steuerflucht entgegenwirken.

15.5.1.1 Persönliche Voraussetzungen

2702 Die natürliche Person muss ihre unbeschränkte Steuerpflicht durch Aufgabe des Wohnsitzes oder des gewöhnlichen Aufenthaltes im Inland beendet haben. Sie muss darüber hinaus vor Ende der unbeschränkten Steuerpflicht innerhalb eines Zeitraums von 10 Jahren (nicht Kalenderjahren) mindestens insgesamt 5 Jahre (ebenfalls nicht Kalenderjahre) unbeschränkt steuerpflichtig und Deutscher i. S. des Art. 116 GG gewesen sein. Anschließend muss die Person in einem ausländischen Gebiet ansässig werden, in dem sie mit ihrem Einkommen nur einer **niedrigen Besteuerung** unterliegt. Als Ansässigkeit gilt dabei die Steuerpflicht aufgrund des Wohnsitzes oder gewöhnlichen Aufenthaltes. Wird die Person in keinem Gebiet ansässig, so wird sie behandelt, als sei sie in einem Niedrigsteuergebiet ansässig geworden (§ 2 Abs. 1 Nr. 1, Abs. 2 AStG). Wegen des Begriffs Niedrigsteuergebiet vgl. Rdn. 2705 ff. Darüber hinaus setzt die erweiterte beschränkte Steuerpflicht voraus, dass die Person **wesentliche wirtschaftliche Interessen in Deutschland** hat (§ 2 Abs. 1 Nr. 2, Abs. 3 AStG, vgl. Rdn. 2708 f.).

15.5.1.2 Dauer der erweiterten beschränkten Steuerpflicht

2703 Die erweiterte beschränkte Steuerpflicht beginnt in dem Veranlagungszeitraum, in dem die unbeschränkte Steuerpflicht endet und gilt auch in den nachfolgenden zehn Veranlagungszeiträumen. Tritt an die Stelle der erweiterten beschränkten Steuerpflicht die „einfache" beschränkte Steuerpflicht (z. B. beim Wohnsitzwechsel in ein Hochsteuerland), so läuft die Frist von zehn Veranlagungszeiträumen weiter. Im Gegensatz dazu endet die Frist im Falle der Beendigung der erweiterten beschränkten Steuerpflicht durch Eintritt der unbeschränkten Steuerpflicht.

15.5.1.3 Umfang der erweiterten beschränkten Steuerpflicht

2704 Der erweiterten beschränkten Steuerpflicht unterliegen alle Einkünfte i. S. des § 2 Abs. 1 Satz 1 EStG, die nicht bereits als inländische Einkünfte i. S. des § 49 EStG unter die „einfache" beschränkte Steuerpflicht fallen, und die im Falle der unbeschränkten Steuerpflicht nicht als ausländische Einkünfte i. S. des § 34d EStG anzusehen wären. Zu diesen Einkünften gehören insbesondere:

► Einkünfte aus Gewerbebetrieb, die weder einer inländischen noch einer ausländischen Betriebsstätte zuzurechnen sind;

► Einkünfte aus der Vermietung und Verpachtung von beweglichem Vermögen im Inland, sofern dies nicht zu einem im Ausland belegenen Sachinbegriff gehört;

► Einkünfte aus Kapitalvermögen i. S. des § 20 EStG, wenn der Schuldner der Kapitalerträge unbeschränkt steuerpflichtig ist.

Wegen weiterer Einzelheiten vgl. „Grundsätze zur Anwendung des Außensteuergesetzes " (BMF v. 14. 5. 2004, BStBl 2004 I Sondernummer 1 S. 3).

15.5.1.4   Niedrige Besteuerung

Zur Feststellung einer niedrigen Besteuerung sieht § 2 Abs. 2 Nr. 1 AStG zunächst einen   2705
abstrakten Vergleich vor. Danach liegt eine niedrige Besteuerung vor, wenn der Steuerpflichtige in einem Gebiet ansässig wird, das von einer unverheirateten Person bei einem steuerpflichtigen Einkommen i. H. von 77 000 € eine ESt erhebt, die um mehr als $1/3$ niedriger ist als die deutsche ESt. Als ausländische Steuern sind dabei nur solche Steuern zu berücksichtigen, die der deutschen ESt entsprechen. Für die Umrechnung des Betrages i. H. von 77 000 € sind die amtlichen Umrechnungskurse zu Beginn, für die Umrechnung der Steuerbeträge die amtlichen Umrechnungskurse am Ende des Steuerjahres maßgebend.

Eine Niedrigbesteuerung wird auch angenommen, wenn der betreffenden Person in   2706
dem Gebiet, in dem sie ansässig ist, eine im Vergleich zur allgemeinen Besteuerung bevorzugte Besteuerung eingeräumt worden ist (§ 2 Abs. 2 Nr. 2 AStG). Als Vorzugsbesteuerung in diesem Sinne werden angesehen:

► Steuerbefreiungen für aus dem Ausland zuziehende Personen,

► Steuervergünstigungen,

► Einkünfte aus Deutschland werden nicht oder erheblich niedriger besteuert als die übrigen Einkünfte.

Der Steuerpflichtige hat allerdings in jedem Fall die Möglichkeit, nachzuweisen, dass   2707
die von seinem Einkommen insgesamt zu entrichtenden Steuern mindestens $2/3$ der deutschen ESt beträgt, die er im Falle der unbeschränkten Steuerpflicht nach § 1 Abs. 1 EStG zu entrichten hätte. Dabei ist als deutsche ESt im Falle der unbeschränkten Steuerpflicht die Steuer anzusetzen, die sich für alle in- und ausländischen Einkünfte ergeben würde, allerdings vor Anrechnung ausländischer Steuern und unabhängig von nach dem jeweiligen DBA bestehenden Steuerbefreiungen. Falls der Steuerpflichtige diesen Nachweis führen kann, entfällt die erweiterte beschränkte Steuerpflicht.

15.5.1.5   Wesentliche wirtschaftliche Inlandsinteressen

Die Frage der erweiterten beschränkten Steuerpflicht ist für jeden Veranlagungszeit-   2708
raum neu zu prüfen. Dabei ist insbesondere zu untersuchen, ob in dem jeweiligen Veranlagungszeitraum wesentliche wirtschaftliche Inlandsinteressen in Deutschland bestehen. Diese Voraussetzung ist erfüllt, wenn der Steuerpflichtige zu Beginn eines Ver-

anlagungszeitraums Unternehmer oder Mitunternehmer eines inländischen Gewerbebetriebs ist, er als Kommanditist eines inländischen Gewerbebetriebs zu mehr als 25 % an den Einkünften der Gesellschaft beteiligt ist oder er Beteiligter i. S. des § 17 Abs. 1 EStG an einer inländischen Kapitalgesellschaft ist (§ 2 Abs. 3 Nr. 1 AStG).

2709 Darüber hinaus liegen wesentliche wirtschaftliche Inlandsinteressen auch dann vor, wenn die Einkünfte, die im Falle unbeschränkter Steuerpflicht nicht als ausländische Einkünfte i. S. des § 34c Abs. 1 EStG anzusehen wären, im Veranlagungszeitraum mehr als 30 % der Gesamteinkünfte oder mehr als 62 000 € betragen haben (§ 2 Abs. 3 Nr. 2 AStG), oder wenn das Vermögen, dessen Erträge bei unbeschränkter Steuerpflicht nicht als ausländische Einkünfte i. S. des § 34c Abs. 1 EStG anzusehen wären, zu Beginn des Veranlagungszeitraums mehr als 30 % des Gesamtvermögens oder mehr als 154 000 € beträgt (§ 2 Abs. 3 Nr. 3 AStG).

Bei der Anwendung des § 2 Abs. 1 und 3 AStG sind bei einer Person Gewerbebetriebe, Beteiligungen, Einkünfte und Vermögen einer ausländischen Gesellschaft im Sinne des § 5 AStG (zwischengeschaltete Gesellschaften), an der die Person unter den dort genannten Voraussetzungen beteiligt ist, entsprechend ihrer Beteiligung zu berücksichtigen (§ 2 Abs. 4 AStG).

15.5.1.6 Bagatellgrenze

2710 Zur Vermeidung eines überdurchschnittlichen Verwaltungsaufwands, der sich insbesondere dann ergeben würde, wenn im Rahmen der beschränkten Steuerpflicht nur geringe Einkünfte erzielt werden, beinhaltet § 2 Abs. 1 Satz 3 AStG eine Bagatellgrenze. Danach liegt eine erweiterte beschränkte Steuerpflicht dann nicht vor, wenn die Einkünfte aus der erweiterten und der einfachen beschränkten Steuerpflicht insgesamt im Veranlagungszeitraum nicht mehr als 16 500 € betragen haben. Diese Grenze gilt bei verheirateten Steuerpflichtigen für jeden Ehegatten gesondert; sie ist für den Fall, dass die erweiterte beschränkte Steuerpflicht nicht während des ganzen Jahres bestanden hat, nicht auf einen Jahresbetrag umzurechnen. Außerdem sind Sonderausgaben usw. nicht abzuziehen, da die Einkünfte maßgebend sind.

15.5.2 Erweiterung der sachlichen Steuerpflicht für unbeschränkt Steuerpflichtige

15.5.2.1 Berichtigung von Einkünften § 1 AStG

2711 Im Rahmen internationaler Geschäftsbeziehungen kann der Steuerpflichtige daran interessiert sein, ausländische Einkünfte der inländischen Besteuerung zu entziehen oder Einkünfte, die dem Grunde nach im Inland erzielt werden, ins Ausland zu verlagern, um damit der inländischen Besteuerung zu entgehen. Dies geschieht in aller Regel durch Gründung von Gesellschaften im Ausland, die als dem Steuerpflichtigen nahe stehende Personen (vgl. Rdn. 2712) anzusehen sind. Soweit durch Vereinbarungen, die zwischen fremden Dritten nicht üblich sind, im Rahmen der Geschäftsbeziehungen zwischen dieser ausländischen Gesellschaft und dem Steuerpflichtigen Einkünfte der inländischen Besteuerung entzogen werden, will § 1 AStG die betreffenden Einkünfte wieder der inländischen Besteuerung zuführen, d. h. die Einkünfte des Steuerpflichtigen werden so ermittelt, als ob der Steuerpflichtige mit der ausländischen Gesellschaft Vereinbarungen getroffen hätte, die zwischen fremden Dritten üblich sind.

Aufgrund seiner Zielsetzung kann § 1 AStG nur dann eingreifen, wenn an den grenzüberschreitenden Geschäftsbeziehungen zwei oder mehr Personen beteiligt sind. Bei Geschäftsbeziehungen innerhalb des Unternehmens derselben Person (z. B. zwischen einer inländischen und einer ausländischen Betriebsstätte) findet § 1 AStG keine Anwendung, es gelten vielmehr die Gewinnabgrenzungen nach den Vorschriften des EStG oder der DBA.

Die Berichtigung der Einkünfte wird allerdings nur vorgenommen, wenn es sich bei der 2712 ausländischen Gesellschaft um eine dem Steuerpflichtigen **nahestehende Person** handelt. Dies setzt regelmäßig wirtschaftliche Verflechtungen voraus. Ein Nahestehen in diesem Sinne nimmt § 1 Abs. 2 Nr. 1 AStG an, wenn diese Person an den Unternehmungen des Steuerpflichtigen oder der Steuerpflichtige an den Unternehmungen dieser Person mindestens zu $1/4$ mittelbar oder unmittelbar (wesentlich) beteiligt ist. Entsprechendes gilt, wenn eine dritte Person sowohl an dem Unternehmen der (nahe stehenden) Person als auch an dem des Steuerpflichtigen wesentlich in diesem Sinne beteiligt ist. Liegt zwar keine wesentliche Beteiligung vor, kann aber der Steuerpflichtige auf die Unternehmungen der Person oder die Person auf die Unternehmungen des Steuerpflichtigen oder eine dritte Person auf den Steuerpflichtigen und die Person einen beherrschenden Einfluss ausüben, so wird ebenfalls davon ausgegangen, dass es sich um eine nahe stehende Person handelt (§ 1 Abs. 2 Nr. 2 AStG).

Schließlich wird eine Person auch dann als nahestehend betrachtet, wenn diese bei der Vereinbarung der Bedingungen über eine Geschäftsbeziehung mit dem Steuerpflichtigen, oder wenn der Steuerpflichtige bei der Vereinbarung der Bedingungen einer Geschäftsbeziehung mit dieser Person einen Einfluss ausüben kann, der außerhalb der Geschäftsbeziehungen begründet ist oder wenn einer der Beteiligten ein eigenes Interesse an der Erzielung der Einkünfte des jeweils anderen hat (§ 1 Abs. 2 Nr. 3 AStG).

Wie bereits erwähnt, sind die Einkünfte dann so zu versteuern, wie sie angefallen wä- 2713 ren, wenn übliche Vereinbarungen getroffen worden wären. Einzelheiten insbesondere zur Ermittlung der Verrechnungspreise innerhalb der Geschäftsbeziehung ergeben sich aus § 1 Abs. 3 AStG.

15.5.2.2   Besteuerung des Vermögenszuwachses (Wegzugsbesteuerung)

Durch die Aufgabe des inländischen Wohnsitzes oder gewöhnlichen Aufenthaltes kann 2714 der Steuerpflichtige sich in vielen Fällen weitgehend der inländischen Besteuerung entziehen. Das gilt umso mehr, als das Besteuerungsrecht Deutschlands durch DBA erheblich eingeschränkt wird. § 6 AStG sieht daher für derartige Fälle eine sog. Wegzugsbesteuerung vor, allerdings nur dann, wenn der Steuerpflichtige an einer inländischen Kapitalgesellschaft i. S. des § 17 Abs. 1 Satz 1 EStG beteiligt war.

Voraussetzung für die Wegzugsbesteuerung ist, dass der Steuerpflichtige vor Beendigung der unbeschränkten Steuerpflicht insgesamt mindestens 10 Jahre i. S. des § 1 Abs. 1 EStG unbeschränkt steuerpflichtig war. In diesem Falle wird im Zeitpunkt der Beendigung der unbeschränkten Steuerpflicht die Veräußerung i. S. des § 17 EStG fingiert, d.h. die in der Beteiligung enthaltenen stillen Reserven werden aufgedeckt (§ 6 Abs. 1 Satz 1 AStG). An die Stelle des Veräußerungspreises i. S. des § 17 Abs. 2 EStG tritt der gemeine Wert der Anteile im Zeitpunkt der Beendigung der unbeschränkten Steuerpflicht (§ 6 Abs. 1 Satz 4 AStG). Für die Ermittlung der Einkünfte im Übrigen gelten die Grundsätze des § 17 EStG entsprechend.

Wird der Steuerpflichtige innerhalb von 5 Jahren seit Beendigung der unbeschränkten Steuerpflicht wieder unbeschränkt einkommensteuerpflichtig (vorübergehende Abwesenheit), so wird auf die Aufdeckung der stillen Reserven verzichtet, soweit der Steuerpflichtige die Anteile in der Zwischenzeit nicht veräußert hat oder die Anteile durch anderweitige Verfügung des Steuerpflichtigen der inländischen Besteuerung entzogen worden sind. Das FA kann die Frist von 5 Jahren um höchstens weitere 5 Jahre verlängern, wenn der Steuerpflichtige glaubhaft macht, dass berufliche Gründe für seine Abwesenheit maßgebend sind und die Absicht zur Rückkehr unverändert fortbesteht (§ 6 Abs. 3 AStG).

2715 Hat der Steuerpflichtige seine Anteile durch ein **unentgeltliches Rechtsgeschäft** erworben, so sind in den Zeitraum von mindestens 10 Jahren unbeschränkter Steuerpflicht, der für die Anwendung der Wegzugsbesteuerung maßgebend ist, auch solche Zeiten einzubeziehen, in denen der Rechtsvorgänger bis zur Übertragung der Anteile unbeschränkt steuerpflichtig war (§ 6 Abs. 2 AStG).

2716 Um zu vermeiden, dass der Steuerpflichtige vor einem etwaigen Wegzug die Beteiligung i. S. des § 17 EStG in anderer Weise der inländischen Besteuerung entzieht, sieht § 6 Abs. 1 AStG vier Sachverhalte vor, in denen eine **Verfügung über die Anteile dem Wegzug gleichgestellt** wird. Die Besteuerung eines Gewinns und die damit verbundene Aufdeckung der stillen Reserven ist nach dieser Vorschrift – auch ohne Aufgabe der unbeschränkten Steuerpflicht – vorzunehmen, wenn

► die Anteile durch Rechtsgeschäft unter Lebenden oder durch Erwerb von Todes wegen auf einen nicht unbeschränkt Steuerpflichtigen ganz oder teilweise unentgeltlich übertragen werden;

► der Steuerpflichtige, ohne seinen inländischen Wohnsitz aufzugeben, daneben in einem ausländischen Staat seinen Wohnsitz oder gewöhnlichen Aufenthalt begründet, und mit diesem Staat ein DBA besteht, nach dem der Steuerpflichtige in diesem Staat als ansässig anzusehen ist;

► die Anteile in einen Betrieb oder eine Betriebstätte des Steuerpflichtigen in einem ausländischen Staat eingelegt werden, deren Einkünfte aufgrund eines DBA nicht in Deutschland besteuert werden können;

► das Besteuerungsrecht Deutschlands hinsichtlich des Gewinns aus der Veräußerung der Anteile aufgrund anderer Ereignisse ausgeschlossen oder beschränkt ist.

15.5.2.3 Sonstige Einkünfteberichtigungen

2717 Neben den oben dargestellten Hinzurechnungen sieht das Außensteuerrecht noch weitere Hinzurechnungen vor, die sich aus §§ 7 ff. AStG ergeben.

15.6 Kontrollfragen

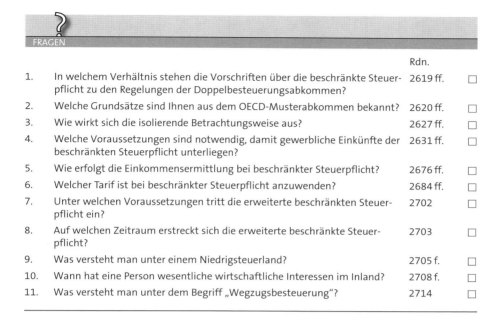

		Rdn.	
1.	In welchem Verhältnis stehen die Vorschriften über die beschränkte Steuerpflicht zu den Regelungen der Doppelbesteuerungsabkommen?	2619 ff.	☐
2.	Welche Grundsätze sind Ihnen aus dem OECD-Musterabkommen bekannt?	2620 ff.	☐
3.	Wie wirkt sich die isolierende Betrachtungsweise aus?	2627 ff.	☐
4.	Welche Voraussetzungen sind notwendig, damit gewerbliche Einkünfte der beschränkten Steuerpflicht unterliegen?	2631 ff.	☐
5.	Wie erfolgt die Einkommensermittlung bei beschränkter Steuerpflicht?	2676 ff.	☐
6.	Welcher Tarif ist bei beschränkter Steuerpflicht anzuwenden?	2684 ff.	☐
7.	Unter welchen Voraussetzungen tritt die erweiterte beschränkten Steuerpflicht ein?	2702	☐
8.	Auf welchen Zeitraum erstreckt sich die erweiterte beschränkte Steuerpflicht?	2703	☐
9.	Was versteht man unter einem Niedrigsteuerland?	2705 f.	☐
10.	Wann hat eine Person wesentliche wirtschaftliche Interessen im Inland?	2708 f.	☐
11.	Was versteht man unter dem Begriff „Wegzugsbesteuerung"?	2714	☐

STICHWORTVERZEICHNIS

(Es sind jeweils die Randnummern – Rdn. – angegeben.)